PALÄSTINA
zur Zeit des
Neuen Testaments
Maßstab 1:1 800 000
VI Gebiet der Zehnstädte
Die Zahlen geben die Höhen in Meter an
Höhenschichten siehe Karte ›Palästina zur Zeit des Alten Testaments‹
MITTELLÄNDISCHES MEER
SYRO-PHOENIZIEN
ITURÄA
ABILENE
TRACHONITIS
GAULANITIS
BATANÄA
AURANITIS
GALILÄA
SAMARIA
JUDÄA
IDUMÄA
DECAPOLIS
PERÄA
Nabatäer
Libanon-Gebirge
Antilibanos-Gebirge
Hermon
Saron
Karmel
Sebulon
Naphthali
Jordan
See Semachonitis
See Genezareth
Sidon
Sarepta
Tyrus
Damaskus
Cäsarea Philippi
Gischala
Ptolemais
Chorazin
Julias
Bethsaida
Kapernaum
Kana
Magdala
Tiberias
Gergesa
Hippos
Raphana?
Sepphoris
Nazareth
Tabor
Nain
Dion
Abila
Gadara
Cäsarea
Skythopolis
Ginäa
Pella
Salim
Änon
Sebaste
Sychar
Mabortha
Sichem
Gerasa
Akrabata
Antipatris
Alexandreion
Joppe
Arimathia
Thamna
Phasaelis
Archelais
Lydda
Gophna
Modein
Ephraim
Philadelphia
Jamnia
Jericho
Emmaus
Livias
Jerusalem
Bethanien
Azotos
Qumran
Medeba
Askalon
Bethlehem
Hyrkaneion
Herodeion
Beth-Sur
Machaerus
Hebron
Gaza
Masada
Raphia
Zoara
1853
2814
1204
70
1208
546
588
-212
940
881
1247
1016
821
808
997
1019
I
IIa
IIb
III
IV
V
VI

Die Bibel

oder die ganze Heilige Schrift
des Alten und Neuen Testaments
nach der Übersetzung
Martin Luthers

Württembergische Bibelanstalt
Stuttgart

Diese 1956 und 1964 vom Rat der Evangelischen Kirche in Deutschland im Einvernehmen mit dem Verband der Evangelischen Bibelgesellschaften in Deutschland genehmigte Fassung des revidierten Textes darf nur mit Erlaubnis des Rates der Evangelischen Kirche in Deutschland nachgedruckt werden

Wo das Wort «Herr» den hebräischen Gottesnamen Jahwe wiedergibt, wird es in der Form HERR gedruckt. Durch **halbfette** Schrift werden eine Reihe von sog. Kernstellen und einzelne sinnbetonte Wörter hervorgehoben. Die halbfetten Überschriften sind als Inhaltsangabe zum biblischen Text hinzugefügt.

Die im Neuen Testament in Klammern ⟨ ⟩ gesetzten Worte finden sich nur in einem Teil der Handschriften des griechischen Grundtextes

ISBN
3 438 01231 6 Leinen schwarz
3 438 01232 4 Leinen grün
3 438 01237 5 Ziegenleder

Versbibel

Gesamtherstellung Württembergische Bibelanstalt Stuttgart

Printed in Germany

1982 81 80 79 78

INHALT DES ALTEN TESTAMENTS

Das erste Buch Mose	7
Das zweite Buch Mose	63
Das dritte Buch Mose	108
Das vierte Buch Mose	141
Das fünfte Buch Mose	186
Das Buch Josua	226
Das Buch der Richter	253
Das Buch Ruth	279
Das erste Buch Samuel	283
Das zweite Buch Samuel	319
Das erste Buch der Könige	348
Das zweite Buch der Könige	382
Das erste Buch der Chronik	415
Das zweite Buch der Chronik	446
Das Buch Esra	483
Das Buch Nehemia	494
Das Buch Esther	510
Das Buch Hiob	519
Der Psalter	548
Die Sprüche Salomos	616
Der Prediger Salomo	640
Das Hohelied Salomos	648
Der Prophet Jesaja	653
Der Prophet Jeremia	707
Die Klagelieder Jeremias	768
Der Prophet Hesekiel	773
Der Prophet Daniel	829
Der Prophet Hosea	845
Der Prophet Joel	853
Der Prophet Amos	856
Der Prophet Obadja	863
Der Prophet Jona	864
Der Prophet Micha	866
Der Prophet Nahum	870
Der Prophet Habakuk	872
Der Prophet Zephanja	875
Der Prophet Haggai	877
Der Prophet Sacharja	879
Der Prophet Maleachi	888
Liste der abweichenden Verszählung	895

INHALT DES NEUEN TESTAMENTS

Das Evangelium nach Matthäus 5
Das Evangelium nach Markus 42
Das Evangelium nach Lukas 66
Das Evangelium nach Johannes 106
Die Apostelgeschichte des Lukas 136

Der Brief des Paulus an die Römer 174
Der erste Brief des Paulus an die Korinther 190
Der zweite Brief des Paulus an die Korinther 205
Der Brief des Paulus an die Galater 215
Der Brief des Paulus an die Epheser 220
Der Brief des Paulus an die Philipper 225
Der Brief des Paulus an die Kolosser 229
Der erste Brief des Paulus an die Thessalonicher 232
Der zweite Brief des Paulus an die Thessalonicher 236
Der erste Brief des Paulus an Timotheus 238
Der zweite Brief des Paulus an Timotheus 242
Der Brief des Paulus an Titus 245
Der Brief des Paulus an Philemon 247
Der erste Brief des Petrus 248
Der zweite Brief des Petrus 252
Der erste Brief des Johannes 255
Der zweite Brief des Johannes 259
Der dritte Brief des Johannes 259
Der Brief an die Hebräer 260
Der Brief des Jakobus 271
Der Brief des Judas 275

Die Offenbarung des Johannes 277

Anhang

Maße, Gewichte und Münzen 297
Sach- und Worterklärungen 299
Zeittafel 310
Ortsregister zu den Landkarten 315

Landkarten

DAS ALTE TESTAMENT

DAS ERSTE BUCH MOSE

Die Schöpfung

1 Am Anfang schuf Gott Himmel und
Erde.
2 Und die Erde war wüst und leer, und
es war finster auf der Tiefe; und der Geist
Gottes schwebte auf dem Wasser.
3 Und Gott sprach: Es werde Licht!
Und es ward Licht.
4 Und Gott sah, daß das Licht gut war.
Da schied Gott das Licht von der Finster-
nis
5 und nannte das Licht Tag und die
Finsternis Nacht. Da ward aus Abend
und Morgen der erste Tag.
6 Und Gott sprach: Es werde eine Feste
zwischen den Wassern, die da scheide
zwischen den Wassern.
7 Da machte Gott die Feste und schied
das Wasser unter der Feste von dem Was-
ser über der Feste. Und es geschah so.
8 Und Gott nannte die Feste Himmel.
Da ward aus Abend und Morgen der
zweite Tag.
9 Und Gott sprach: Es sammle sich das
Wasser unter dem Himmel an besondere
Orte, daß man das Trockene sehe. Und es
geschah so.
10 Und Gott nannte das Trockene Erde,
und die Sammlung der Wasser nannte er
Meer. Und Gott sah, daß es gut war.
11 Und Gott sprach: Es lasse die Erde
aufgehen Gras und Kraut, das Samen
bringe, und fruchtbare Bäume auf Erden,
die ein jeder nach seiner Art Früchte tra-
gen, in denen ihr Same ist. Und es ge-
schah so.
12 Und die Erde ließ aufgehen Gras und
Kraut, das Samen bringt, ein jedes nach
seiner Art, und Bäume, die da Früchte
tragen, in denen ihr Same ist, ein jeder
nach seiner Art. Und Gott sah, daß es gut
war.
13 Da ward aus Abend und Morgen der
dritte Tag.
14 Und Gott sprach: Es werden Lichter
an der Feste des Himmels, die da scheiden
Tag und Nacht und geben Zeichen, Zei-
ten, Tage und Jahre
15 und seien Lichter an der Feste des
Himmels, daß sie scheinen auf die Erde.
Und es geschah so.
16 Und Gott machte zwei große Lichter:
ein großes Licht, das den Tag regiere, und
ein kleines Licht, das die Nacht regiere,
dazu auch die Sterne.
17 Und Gott setzte sie an die Feste des
Himmels, daß sie schienen auf die Erde
18 und den Tag und die Nacht regierten
und schieden Licht und Finsternis. Und
Gott sah, daß es gut war.
19 Da ward aus Abend und Morgen der
vierte Tag.
20 Und Gott sprach: Es wimmle das
Wasser von lebendigem Getier, und Vögel
sollen fliegen auf Erden unter der Feste
des Himmels.
21 Und Gott schuf große Walfische und
alles Getier, das da lebt und webt, davon
das Wasser wimmelt, ein jedes nach seiner
Art, und alle gefiederten Vögel, einen je-
den nach seiner Art. Und Gott sah, daß
es gut war.
22 Und Gott segnete sie und sprach:
Seid fruchtbar und mehret euch und er-
füllet das Wasser im Meer, und die Vögel
sollen sich mehren auf Erden.
23 Da ward aus Abend und Morgen der
fünfte Tag.
24 Und Gott sprach: Die Erde bringe
hervor lebendiges Getier, ein jedes nach
seiner Art: Vieh, Gewürm und Tiere des
Feldes, ein jedes nach seiner Art. Und es
geschah so.
25 Und Gott machte die Tiere des Fel-
des, ein jedes nach seiner Art, und das
Vieh nach seiner Art und alles Gewürm
des Erdbodens nach seiner Art. Und Gott
sah, daß es gut war.
26 Und Gott sprach: Lasset uns Men-
schen machen, ein Bild, das uns gleich sei,
die da herrschen über die Fische im Meer
und über die Vögel unter dem Himmel
und über das Vieh und über alle Tiere des

Feldes und über alles Gewürm, das auf
Erden kriecht.
27 Und **Gott schuf den Menschen zu sei-
nem Bilde, zum Bilde Gottes schuf er ihn;
und schuf sie als Mann und Weib.**
28 Und Gott segnete sie und sprach zu
ihnen: Seid fruchtbar und mehret euch
und füllet die Erde und machet sie euch
untertan und herrschet über die Fische im
Meer und über die Vögel unter dem Him-
mel und über das Vieh und über alles Ge-
tier, das auf Erden kriecht.
29 Und Gott sprach: Sehet da, ich habe
euch gegeben alle Pflanzen, die Samen
bringen, auf der ganzen Erde, und alle
Bäume mit Früchten, die Samen bringen,
zu eurer Speise.
30 Aber allen Tieren auf Erden und allen
Vögeln unter dem Himmel und allem Ge-
würm, das auf Erden lebt, habe ich alles
grüne Kraut zur Nahrung gegeben. Und
es geschah so.
31 Und **Gott sah an alles, was er gemacht
hatte, und siehe, es war sehr gut.** Da ward
aus Abend und Morgen der sechste Tag.
2 So wurden vollendet Himmel und
Erde mit ihrem ganzen Heer.
2 Und so vollendete Gott am siebenten
Tage seine Werke, die er machte, und
ruhte am siebenten Tage von allen seinen
Werken, die er gemacht hatte.
3 Und Gott segnete den siebenten Tag
und heiligte ihn, weil er an ihm ruhte von
allen seinen Werken, die Gott geschaffen
und gemacht hatte.
4 So sind Himmel und Erde geworden,
als sie geschaffen wurden.

Das Paradies

Es war zu der Zeit, da Gott der HERR
Erde und Himmel machte.
5 Und alle die Sträucher auf dem Fel-
de waren noch nicht auf Erden, und all
das Kraut auf dem Felde war noch nicht
gewachsen; denn Gott der HERR hatte
noch nicht regnen lassen auf Erden, und
kein Mensch war da, der das Land be-
baute;
6 aber ein Nebel stieg auf von der Erde
und feuchtete alles Land.
7 Da machte Gott der HERR den Men-
schen aus Erde vom Acker und blies ihm
den Odem des Lebens in seine Nase. Und
so ward der Mensch ein lebendiges Wesen.
8 Und Gott der HERR pflanzte einen
Garten in Eden gegen Osten hin und setz-
te den Menschen hinein, den er gemacht
hatte.
9 Und Gott der HERR ließ aufwachsen
aus der Erde allerlei Bäume, verlockend
anzusehen und gut zu essen, und den
Baum des Lebens mitten im Garten und
den Baum der Erkenntnis des Guten und
Bösen.
10 Und es ging aus von Eden ein Strom,
den Garten zu bewässern, und teilte sich
von da in vier Hauptarme.
11 Der erste heißt Pischon, der fließt um
das ganze Land Hewila, und dort findet
man Gold;
12 und das Gold des Landes ist kostbar.
Auch findet man da Bedolachharz und den
Edelstein Schoham.
13 Der zweite Strom heißt Gihon, der
fließt um das ganze Land Kusch.
14 Der dritte Strom heißt Tigris, der
fließt östlich von Assyrien. Der vierte
Strom ist der Euphrat.
15 Und Gott der HERR nahm den Men-
schen und setzte ihn in den Garten Eden,
daß er ihn bebaute und bewahrte.
16 Und Gott der HERR gebot dem Men-
schen und sprach: Du darfst essen von
allen Bäumen im Garten,
17 aber von dem Baum der Erkenntnis
des Guten und Bösen sollst du nicht essen;
denn an dem Tage, da du von ihm issest,
mußt du des Todes sterben.
18 Und Gott der HERR sprach: **Es ist
nicht gut, daß der Mensch allein sei; ich will
ihm eine Gehilfin machen, die um ihn sei.***
19 Und Gott der HERR machte aus Erde
alle die Tiere auf dem Felde und alle die
Vögel unter dem Himmel und brachte sie
zu dem Menschen, daß er sähe, wie er sie
nennte; denn wie der Mensch jedes Tier
nennen würde, so sollte es heißen.
20 Und der Mensch gab einem jeden
Vieh und Vogel unter dem Himmel und
Tier auf dem Felde seinen Namen; aber
für den Menschen ward keine Gehilfin
gefunden, die um ihn wäre.
21 Da ließ Gott der HERR einen tiefen
Schlaf fallen auf den Menschen, und er
schlief ein. Und er nahm eine seiner Rip-
pen und schloß die Stelle mit Fleisch.

* Wörtlich: ich will ihm eine Hilfe schaffen als sein Gegenüber (d. h. die zu ihm paßt).

22 Und Gott der HERR baute ein Weib
aus der Rippe, die er von dem Menschen
nahm, und brachte sie zu ihm.
23 Da sprach der Mensch: Das ist doch
Bein von meinem Bein und Fleisch von
meinem Fleisch; man wird sie Männin
nennen, weil sie vom Manne genommen
ist.*
24 Darum wird ein Mann seinen Vater
und seine Mutter verlassen und seinem
Weibe anhangen, und sie werden sein **ein**
Fleisch.
25 Und sie waren beide nackt, der
Mensch und sein Weib, und schämten
sich nicht.

Der Sündenfall

3 Aber die Schlange war listiger als
alle Tiere auf dem Felde, die Gott der
HERR gemacht hatte, und sprach zu dem
Weibe: Ja, sollte Gott gesagt haben: ihr
sollt nicht essen von allen Bäumen im
Garten?
2 Da sprach das Weib zu der Schlange:
Wir essen von den Früchten der Bäume
im Garten;
3 aber von den Früchten des Baumes
mitten im Garten hat Gott gesagt: Esset
nicht davon, rühret sie auch nicht an, daß
ihr nicht sterbet!
4 Da sprach die Schlange zum Weibe:
Ihr werdet keineswegs des Todes sterben,
5 sondern Gott weiß: an dem Tage, da
ihr davon esset, werden eure Augen auf-
getan, und ihr werdet sein wie Gott und
wissen, was gut und böse ist.
6 Und das Weib sah, daß von dem Baum
gut zu essen wäre und daß er eine Lust für
die Augen wäre und verlockend, weil er
klug machte. Und sie nahm von der
Frucht und aß und gab ihrem Mann, der
bei ihr war, auch davon, und er aß.
7 Da wurden ihnen beiden die Augen
aufgetan, und sie wurden gewahr, daß sie
nackt waren, und flochten Feigenblätter
zusammen und machten sich Schurze.
8 Und sie hörten Gott den HERRN, wie
er im Garten ging, als der Tag kühl gewor-
den war. Und Adam versteckte sich mit
seinem Weibe vor dem Angesicht Gottes
des HERRN unter den Bäumen im Gar-
ten.
9 Und Gott der HERR rief Adam und
sprach zu ihm: Wo bist du?
10 Und er sprach: Ich hörte dich im
Garten und fürchtete mich; denn ich bin
nackt, darum versteckte ich mich.
11 Und er sprach: Wer hat dir gesagt,
daß du nackt bist? Hast du nicht gegessen
von dem Baum, von dem ich dir gebot, du
solltest nicht davon essen?
12 Da sprach Adam: Das Weib, das du
mir zugesellt hast, gab mir von dem
Baum, und ich aß.
13 Da sprach Gott der HERR zum Wei-
be: Warum hast du das getan? Das Weib
sprach: Die Schlange betrog mich, so daß
ich aß.
14 Da sprach Gott der HERR zu der
Schlange: Weil du das getan hast, seist du
verflucht, verstoßen aus allem Vieh und
allen Tieren auf dem Felde. Auf deinem
Bauche sollst du kriechen und Erde fres-
sen dein Leben lang.
15 Und **ich will Feindschaft setzen zwi-
schen dir und dem Weibe und zwischen dei-
nem Nachkommen und ihrem Nachkom-
men; der soll dir den Kopf zertreten, und du
wirst ihn in die Ferse stechen.**
16 Und zum Weibe sprach er: Ich will
dir viel Mühsal schaffen, wenn du schwan-
ger wirst; unter Mühen sollst du Kinder
gebären. Und dein Verlangen soll nach
deinem Manne sein, aber er soll dein Herr
sein.
17 Und zum Manne sprach er: Weil du
gehorcht hast der Stimme deines Weibes
und gegessen von dem Baum, von dem
ich dir gebot und sprach: Du sollst nicht
davon essen –, verflucht sei der Acker um
deinetwillen! Mit Mühsal sollst du dich
von ihm nähren dein Leben lang.
18 Dornen und Disteln soll er dir tragen,
und du sollst das Kraut auf dem Felde
essen.
19 Im Schweiße deines Angesichts sollst
du dein Brot essen, bis du wieder zu Erde
werdest, davon du genommen bist. Denn
du bist Erde und sollst zu Erde werden.
20 Und Adam nannte sein Weib Eva;
denn sie wurde die Mutter aller, die da
leben.
21 Und Gott der HERR machte Adam
und seinem Weibe Röcke von Fellen und
zog sie ihnen an.
22 Und Gott der HERR sprach: Siehe,

* Luther versucht mit «Männin» und «Mann» ein hebräisches Wortspiel wiederzugeben.

der Mensch ist geworden wie unsereiner und weiß, was gut und böse ist. Nun aber, daß er nur nicht ausstrecke seine Hand und breche auch von dem Baum des Lebens und esse und lebe ewiglich!

23 Da wies ihn Gott der HERR aus dem Garten Eden, daß er die Erde bebaute, von der er genommen war.

24 Und er trieb den Menschen hinaus und ließ lagern vor dem Garten Eden die Cherubim mit dem flammenden, blitzenden Schwert, zu bewachen den Weg zu dem Baum des Lebens.

Kains Brudermord

4 Und Adam erkannte sein Weib Eva, und sie ward schwanger und gebar den Kain und sprach: Ich habe einen Mann gewonnen mit Hilfe des HERRN.

2 Danach gebar sie Abel, seinen Bruder. Und Abel wurde ein Schäfer, Kain aber wurde ein Ackermann.

3 Es begab sich aber nach etlicher Zeit, daß Kain dem HERRN Opfer brachte von den Früchten des Feldes.

4 Und auch Abel brachte von den Erstlingen seiner Herde und von ihrem Fett. Und der HERR sah gnädig an Abel und sein Opfer,

5 aber Kain und sein Opfer sah er nicht gnädig an. Da ergrimmte Kain sehr und senkte finster seinen Blick.

6 Da sprach der HERR zu Kain: Warum ergrimmst du? Und warum senkst du deinen Blick?

7 Ist's nicht also? Wenn du fromm bist, so kannst du frei den Blick erheben. Bist du aber nicht fromm, so lauert die Sünde vor der Tür, und nach dir hat sie Verlangen; du aber herrsche über sie.

8 Da sprach Kain zu seinem Bruder Abel: Laß uns aufs Feld gehen! Und es begab sich, als sie auf dem Felde waren, erhob sich Kain wider seinen Bruder Abel und schlug ihn tot.

9 Da sprach der HERR zu Kain: Wo ist dein Bruder Abel? Er sprach: Ich weiß nicht; soll ich meines Bruders Hüter sein?

10 Er aber sprach: Was hast du getan? Die Stimme des Blutes deines Bruders schreit zu mir von der Erde.

11 Und nun: Verflucht seist du auf der Erde, die ihr Maul hat aufgetan und deines Bruders Blut von deinen Händen empfangen.

12 Wenn du den Acker bebauen wirst, soll er dir hinfort seinen Ertrag nicht geben. Unstet und flüchtig sollst du sein auf Erden.

13 Kain aber sprach zu dem HERRN: Meine Strafe ist zu schwer, als daß ich sie tragen könnte.*

14 Siehe, du treibst mich heute vom Acker, und ich muß mich vor deinem Angesicht verbergen und muß unstet und flüchtig sein auf Erden. So wird mir's gehen, daß mich totschlägt, wer mich findet.

15 Aber der HERR sprach zu ihm: Nein, sondern wer Kain totschlägt, das soll siebenfältig gerächt werden. Und der HERR machte ein Zeichen an Kain, daß ihn niemand erschlüge, der ihn fände.

16 So ging Kain hinweg von dem Angesicht des HERRN und wohnte im Lande Nod, jenseits von Eden, gegen Osten.

Kains Nachkommen

17 Und Kain erkannte sein Weib; die ward schwanger und gebar den Henoch. Und er baute eine Stadt, die nannte er nach seines Sohnes Namen Henoch.

18 Henoch aber zeugte Irad, Irad zeugte Mahujaël, Mahujaël zeugte Methuschaël, Methuschaël zeugte Lamech.

19 Lamech aber nahm zwei Frauen, eine hieß Ada, die andere Zilla.

20 Und Ada gebar Jabal; von dem sind hergekommen, die in Zelten wohnen und Vieh halten.

21 Und sein Bruder hieß Jubal; von dem sind hergekommen alle Zither- und Flötenspieler.

22 Zilla aber gebar auch, nämlich den Tubal-Kain; von dem sind hergekommen alle Erz- und Eisenschmiede. Und die Schwester des Tubal-Kain war Naëma.

23 Und Lamech sprach zu seinen Frauen: Ada und Zilla, höret meine Rede, ihr Weiber Lamechs, merkt auf, was ich sage: Einen Mann erschlug ich für meine Wunde und einen Jüngling für meine Beule.

24 Kain soll siebenmal gerächt werden, aber Lamech siebenundsiebzigmal.

* Luther übersetzte: «Meine Sünde ist größer, denn daß sie mir vergeben werden möge.»

Seth und Enosch

25 Adam erkannte abermals sein Weib,
und sie gebar einen Sohn, den nannte sie
Seth; denn Gott hat mir, sprach sie, einen
andern Sohn gegeben für Abel, den Kain
erschlagen hat.
26 Und Seth zeugte auch einen Sohn
und nannte ihn Enosch. Zu der Zeit fing
man an, den Namen des HERRN anzurufen.

Geschlechtsregister von Adam bis Noah

5 Dies ist das Buch von Adams Geschlecht. Als Gott den Menschen
schuf, machte er ihn nach dem Bilde Gottes
2 und schuf sie als Mann und Weib und
segnete sie und gab ihnen den Namen
«Mensch»* zur Zeit, da sie geschaffen
wurden.
3 Und Adam war 130 Jahre alt und
zeugte einen Sohn, ihm gleich und nach
seinem Bilde, und nannte ihn Seth;
4 und lebte danach 800 Jahre und zeugte
Söhne und Töchter,
5 daß sein ganzes Alter ward 930 Jahre,
und starb.
6 Seth war 105 Jahre alt und zeugte
Enosch
7 und lebte danach 807 Jahre und zeugte
Söhne und Töchter,
8 daß sein ganzes Alter ward 912 Jahre,
und starb.
9 Enosch war 90 Jahre alt und zeugte
Kenan
10 und lebte danach 815 Jahre und zeugte Söhne und Töchter,
11 daß sein ganzes Alter ward 905 Jahre,
und starb.
12 Kenan war 70 Jahre alt und zeugte
Mahalalel
13 und lebte danach 840 Jahre und zeugte Söhne und Töchter,
14 daß sein ganzes Alter ward 910 Jahre,
und starb.
15 Mahalalel war 65 Jahre alt und zeugte Jared
16 und lebte danach 830 Jahre und zeugte Söhne und Töchter,
17 daß sein ganzes Alter ward 895 Jahre,
und starb.

*Mensch heißt auf hebräisch Adam und wird teils als Eigenname, teils als Gattungsname gebraucht.

18 Jared war 162 Jahre alt und zeugte
Henoch
19 und lebte danach 800 Jahre und zeugte Söhne und Töchter,
20 daß sein ganzes Alter ward 962 Jahre,
und starb.
21 Henoch war 65 Jahre alt und zeugte
Methuschelach.
22 Und Henoch wandelte mit Gott. Und
nachdem er Methuschelach gezeugt hatte,
lebte er 300 Jahre und zeugte Söhne und
Töchter,
23 daß sein ganzes Alter ward 365 Jahre.
24 Und weil er mit Gott wandelte, nahm
ihn Gott hinweg, und er ward nicht mehr
gesehen.
25 Methuschelach war 187 Jahre alt und
zeugte Lamech
26 und lebte danach 782 Jahre und zeugte Söhne und Töchter,
27 daß sein ganzes Alter ward 969 Jahre,
und starb.
28 Lamech war 182 Jahre alt und zeugte
einen Sohn
29 und nannte ihn Noah und sprach:
Der wird uns trösten in unserer Mühe und
Arbeit auf dem Acker, den der HERR verflucht hat.
30 Danach lebte er 595 Jahre und zeugte
Söhne und Töchter,
31 daß sein ganzes Alter ward 777 Jahre,
und starb.
32 Noah war 500 Jahre alt und zeugte
Sem, Ham und Japheth.

Gottessöhne und Menschentöchter

6 Als aber die Menschen sich zu mehren begannen auf Erden und ihnen Töchter geboren wurden,
2 da sahen die Gottessöhne*, wie schön
die Töchter der Menschen waren, und
nahmen sich zu Frauen, welche sie wollten.
3 Da sprach der HERR: Mein Geist soll
nicht immerdar im Menschen walten, denn
auch der Mensch ist Fleisch. Ich will ihm
als Lebenszeit geben hundertundzwanzig
Jahre.
4 Zu der Zeit und auch später noch, als
die Gottessöhne zu den Töchtern der
Menschen eingingen und sie ihnen Kinder

*Gottessöhne sind keine leiblichen Söhne Gottes, sondern gehören zur Umgebung Gottes (vgl. Hiob 1,6), wie das Gefolge zu einem König gehört.

gebaren, wurden daraus die Riesen auf
Erden. Das sind die Helden der Vorzeit,
die hochberühmten.

Ankündigung der Sintflut. Noahs Erwählung. Bau der Arche

5 Als aber der HERR sah, daß der Men-
schen Bosheit groß war auf Erden und
alles Dichten und Trachten ihres Herzens
nur böse war immerdar,
6 da reute es ihn, daß er die Menschen
gemacht hatte auf Erden, und es beküm-
merte ihn in seinem Herzen,
7 und er sprach: Ich will die Menschen,
die ich geschaffen habe, vertilgen von der
Erde, vom Menschen an bis hin zum Vieh
und bis zum Gewürm und bis zu den Vö-
geln unter dem Himmel; denn es reut
mich, daß ich sie gemacht habe.
8 Aber Noah fand Gnade vor dem
HERRN.
9 Dies ist die Geschichte von Noahs Ge-
schlecht. Noah war ein frommer Mann
und ohne Tadel zu seinen Zeiten; er wan-
delte mit Gott.
10 Und er zeugte drei Söhne: Sem, Ham
und Japheth.
11 Aber die Erde war verderbt vor Got-
tes Augen und voller Frevel.
12 Da sah Gott auf die Erde, und siehe,
sie war verderbt; denn alles Fleisch hatte
seinen Weg verderbt auf Erden.
13 Da sprach Gott zu Noah: Das Ende
alles Fleisches ist bei mir beschlossen,
denn die Erde ist voller Frevel von ihnen;
und siehe, ich will sie verderben mit der
Erde.
14 Mache dir einen Kasten von Tannen-
holz und mache Kammern darin und ver-
piche ihn mit Pech innen und außen.
15 Und mache ihn so: Dreihundert El-
len sei die Länge, fünfzig Ellen die Breite
und dreißig Ellen die Höhe.
16 Ein Fenster sollst du daran machen
obenan, eine Elle groß. Die Tür sollst du
mitten in seine Seite setzen. Und er soll
drei Stockwerke haben, eines unten, das
zweite in der Mitte, das dritte oben.
17 Denn siehe, ich will eine Sintflut kom-
men lassen auf Erden, zu verderben alles
Fleisch, darin Odem des Lebens ist, unter
dem Himmel. Alles, was auf Erden ist,
soll untergehen.
18 Aber mit dir will ich meinen Bund
aufrichten, und du sollst in die Arche ge-
hen mit deinen Söhnen, mit deiner Frau
und mit den Frauen deiner Söhne.
19 Und du sollst in die Arche bringen
von allen Tieren, von allem Fleisch, je ein
Paar, Männchen und Weibchen, daß sie
leben bleiben mit dir.
20 Von den Vögeln nach ihrer Art, von
dem Vieh nach seiner Art und von allem
Gewürm auf Erden nach seiner Art: von
den allen soll je ein Paar zu dir hinein-
gehen, daß sie leben bleiben.
21 Und du sollst dir von jeder Speise
nehmen, die gegessen wird, und sollst sie
bei dir sammeln, daß sie dir und ihnen zur
Nahrung diene.
22 Und Noah tat alles, was ihm Gott
gebot.

Die Sintflut

7 Und der HERR sprach zu Noah: Geh
in die Arche, du und dein ganzes
Haus; denn dich habe ich gerecht erfun-
den vor mir zu dieser Zeit.
2 Von allen reinen Tieren nimm zu dir
je sieben, das Männchen und sein Weib-
chen, von den unreinen Tieren aber je ein
Paar, das Männchen und sein Weibchen.
3 Desgleichen von den Vögeln unter dem
Himmel je sieben, das Männchen und sein
Weibchen, um das Leben zu erhalten auf
dem ganzen Erdboden.
4 Denn von heute an in sieben Tagen
will ich regnen lassen auf Erden vierzig
Tage und vierzig Nächte und vertilgen von
dem Erdboden alles Lebendige, das ich
gemacht habe.
5 Und Noah tat alles, was ihm der HERR
gebot.
6 Er war aber sechshundert Jahre alt,
als die Sintflut auf Erden kam.
7 Und er ging in die Arche mit seinen
Söhnen, seiner Frau und den Frauen
seiner Söhne vor den Wassern der Sint-
flut.
8 Von den reinen Tieren und von den
unreinen, von den Vögeln und von allem
Gewürm auf Erden
9 gingen sie zu ihm in die Arche paar-
weise, je ein Männchen und Weibchen,
wie ihm Gott geboten hatte.
10 Und als die sieben Tage vergangen
waren, kamen die Wasser der Sintflut auf
Erden.

11 In dem sechshundertsten Lebensjahr
Noahs am siebzehnten Tag des zweiten
Monats, an diesem Tag brachen alle Brun-
nen der großen Tiefe auf und taten sich
die Fenster des Himmels auf,
12 und ein Regen kam auf Erden vierzig
Tage und vierzig Nächte.
13 An eben diesem Tage ging Noah in
die Arche mit Sem, Ham und Japheth,
seinen Söhnen, und mit seiner Frau und
den drei Frauen seiner Söhne;
14 dazu alles wilde Getier nach seiner
Art, alles Vieh nach seiner Art, alles Ge-
würm, das auf Erden kriecht, nach seiner
Art und alle Vögel nach ihrer Art, alles,
was fliegen konnte, alles, was Fittiche
hatte;
15 das ging alles zu Noah in die Arche
paarweise, von allem Fleisch, darin Odem
des Lebens war.
16 Und das waren Männchen und
Weibchen von allem Fleisch, und sie
gingen hinein, wie denn Gott ihm gebo-
ten hatte. Und der HERR schloß hinter
ihm zu.
17 Und die Sintflut war vierzig Tage auf
Erden, und die Wasser wuchsen und ho-
ben die Arche auf und trugen sie empor
über die Erde.
18 Und die Wasser nahmen überhand
und wuchsen sehr auf Erden, und die
Arche fuhr auf den Wassern.
19 Und die Wasser nahmen überhand
und wuchsen so sehr auf Erden, daß alle
hohen Berge unter dem ganzen Himmel
bedeckt wurden.
20 Fünfzehn Ellen hoch gingen die Was-
ser über die Berge, so daß sie ganz be-
deckt wurden.
21 Da ging alles Fleisch unter, das sich
auf Erden regte, an Vögeln, an Vieh, an
wildem Getier und an allem, was da wim-
melte auf Erden, und alle Menschen.
22 Alles, was Odem des Lebens hatte auf
dem Trockenen, das starb.
23 So wurde vertilgt alles, was auf dem
Erdboden war, vom Menschen an bis hin
zum Vieh und zum Gewürm und zu den
Vögeln unter dem Himmel; das wurde
alles von der Erde vertilgt. Allein Noah
blieb übrig und was mit ihm in der Arche
war.
24 Und die Wasser wuchsen gewaltig auf
Erden hundertundfünfzig Tage.

Ende der Sintflut. Noahs Opfer. Verheißung des Herrn

8 Da gedachte Gott an Noah und an
alles wilde Getier und an alles Vieh,
das mit ihm in der Arche war, und ließ
Wind auf Erden kommen, und die Wasser
fielen.
2 Und die Brunnen der Tiefe wurden
verstopft samt den Fenstern des Himmels,
und dem Regen vom Himmel wurde ge-
wehrt.
3 Da verliefen sich die Wasser von der
Erde und nahmen ab nach hundertund-
fünfzig Tagen.
4 Am siebzehnten Tag des siebenten
Monats ließ sich die Arche nieder auf das
Gebirge Ararat.
5 Es nahmen aber die Wasser immer
mehr ab bis auf den zehnten Monat. Am
ersten Tage des zehnten Monats sahen die
Spitzen der Berge hervor.
6 Nach vierzig Tagen tat Noah an der
Arche das Fenster auf, das er gemacht
hatte,
7 und ließ einen Raben ausfliegen; der
flog immer hin und her, bis die Wasser
vertrockneten auf Erden.
8 Danach ließ er eine Taube ausfliegen,
um zu erfahren, ob die Wasser sich ver-
laufen hätten auf Erden.
9 Da aber die Taube nichts fand, wo
ihr Fuß ruhen konnte, kam sie wieder zu
ihm in die Arche; denn noch war Wasser
auf dem ganzen Erdboden. Da tat er die
Hand heraus und nahm sie zu sich in die
Arche.
10 Da harrte er noch weitere sieben
Tage und ließ abermals eine Taube fliegen
aus der Arche.
11 Die kam zu ihm um die Abendzeit,
und siehe, ein Ölblatt hatte sie abgebro-
chen und trug's in ihrem Schnabel. Da
merkte Noah, daß die Wasser sich verlau-
fen hätten auf Erden.
12 Aber er harrte noch weitere sieben
Tage und ließ eine Taube ausfliegen; die
kam nicht wieder zu ihm.
13 Im sechshundertundersten Lebens-
jahr Noahs am ersten Tage des ersten Mo-
nats waren die Wasser vertrocknet auf
Erden. Da tat Noah das Dach von der
Arche und sah, daß der Erdboden trocken
war.

14 Und am siebenundzwanzigsten Tage
des zweiten Monats war die Erde ganz
trocken.
15 Da redete Gott mit Noah und sprach:
16 Geh aus der Arche, du und deine
Frau, deine Söhne und die Frauen deiner
Söhne mit dir.
17 Alles Getier, das bei dir ist, von allem
Fleisch, an Vögeln, an Vieh und allem Ge-
würm, das auf Erden kriecht, das gehe
heraus mit dir, daß sie sich regen auf Er-
den und fruchtbar seien und sich mehren
auf Erden.
18 So ging Noah heraus mit seinen Söh-
nen und mit seiner Frau und den Frauen
seiner Söhne,
19 dazu alle wilden Tiere, alles Vieh, alle
Vögel und alles Gewürm, das auf Erden
kriecht; das ging aus der Arche, ein jedes
mit seinesgleichen.
20 Noah aber baute dem HERRN einen
Altar und nahm von allem reinen Vieh
und von allen reinen Vögeln und opferte
Brandopfer auf dem Altar.
21 Und der HERR roch den lieblichen
Geruch und sprach in seinem Herzen: **Ich
will hinfort nicht mehr die Erde verfluchen
um der Menschen willen; denn das Dichten
und Trachten des menschlichen Herzens ist
böse von Jugend auf.** Und ich will hinfort
nicht mehr schlagen alles, was da lebt, wie
ich getan habe.
22 **Solange die Erde steht, soll nicht auf-
hören Saat und Ernte, Frost und Hitze,
Sommer und Winter, Tag und Nacht.**

Gottes Bund mit Noah

9 Und Gott segnete Noah und seine
Söhne und sprach: Seid fruchtbar und
mehret euch und füllet die Erde.
2 Furcht und Schrecken vor euch sei
über allen Tieren auf Erden und über allen
Vögeln unter dem Himmel, über allem,
was auf dem Erdboden wimmelt, und über
allen Fischen im Meer; in eure Hände
seien sie gegeben.
3 Alles, was sich regt und lebt, das sei
eure Speise; wie das grüne Kraut habe
ich's euch alles gegeben.
4 Allein esset das Fleisch nicht mit sei-
nem Blut, in dem sein Leben ist!
5 Auch will ich euer eigen Blut, das ist
das Leben eines jeden unter euch, rächen
und will es von allen Tieren fordern und
will des Menschen Leben fordern von
einem jeden Menschen.
6 Wer Menschenblut vergießt, dessen
Blut soll auch durch Menschen vergossen
werden; denn Gott hat den Menschen zu
seinem Bilde gemacht.
7 Seid fruchtbar und mehret euch und
reget euch auf Erden, daß euer viel darauf
werden.
8 Und Gott sagte zu Noah und seinen
Söhnen mit ihm:
9 Siehe, ich richte mit euch einen Bund
auf und mit euren Nachkommen
10 und mit allem lebendigen Getier bei
euch, an Vögeln, an Vieh und an allen
Tieren des Feldes bei euch, von allem, was
aus der Arche gegangen ist, was für Tiere
es sind auf Erden.
11 Und ich richte meinen Bund so mit
euch auf, daß hinfort nicht mehr alles
Fleisch verderbt werden soll durch die
Wasser der Sintflut und hinfort keine Sint-
flut mehr kommen soll, die die Erde ver-
derbe.
12 Und Gott sprach: Das ist das Zeichen
des Bundes, den ich geschlossen habe zwi-
schen mir und euch und allem lebendigen
Getier bei euch auf ewig:
13 Meinen Bogen habe ich in die Wol-
ken gesetzt; der soll das Zeichen sein des
Bundes zwischen mir und der Erde.
14 Und wenn es kommt, daß ich Wetter-
wolken über die Erde führe, so soll man
meinen Bogen sehen in den Wolken.
15 Alsdann will ich gedenken an meinen
Bund zwischen mir und euch und allem
lebendigen Getier unter allem Fleisch, daß
hinfort keine Sintflut mehr komme, die
alles Fleisch verderbe.
16 Darum soll mein Bogen in den Wol-
ken sein, daß ich ihn ansehe und gedenke
an den ewigen Bund zwischen Gott und
allem lebendigen Getier unter allem
Fleisch, das auf Erden ist.
17 Und Gott sagte zu Noah: Das sei das
Zeichen des Bundes, den ich aufgerichtet
habe zwischen mir und allem Fleisch auf
Erden.

Noahs Fluch und Segen über seine Söhne

18 Die Söhne Noahs, die aus der Ar-
che gingen, sind diese: Sem, Ham und
Japheth. Ham aber ist der Vater Kana-
ans.

19 Das sind die drei Söhne Noahs; von
ihnen kommen her alle Menschen auf
Erden.
20 Noah aber, der Ackermann, pflanzte
als erster einen Weinberg.
21 Und da er von dem Wein trank, ward
er trunken und lag im Zelt aufgedeckt.
22 Als nun Ham, Kanaans Vater, seines
Vaters Blöße sah, sagte er's seinen beiden
Brüdern draußen.
23 Da nahmen Sem und Japheth ein
Kleid und legten es auf ihrer beider Schul-
tern und gingen rückwärts hinzu und
deckten ihres Vaters Blöße zu; und ihr
Angesicht war abgewandt, damit sie ihres
Vaters Blöße nicht sähen.
24 Als nun Noah erwachte von seinem
Rausch und erfuhr, was ihm sein jüngster
Sohn angetan hatte,
25 sprach er: Verflucht sei Kanaan und
sei seinen Brüdern ein Knecht aller
Knechte!
26 Und sprach weiter: Gelobt sei der
HERR, der Gott Sems, und Kanaan sei
sein Knecht!
27 Gott breite Japheth aus und lasse ihn
wohnen in den Zelten Sems, und Kanaan
sei sein Knecht!
28 Noah aber lebte nach der Sintflut
dreihundertundfünfzig Jahre,
29 daß sein ganzes Alter ward neunhun-
dertundfünfzig Jahre, und starb.

Die Völkertafel

10 Dies ist das Geschlecht der Söhne
Noahs: Sem, Ham und Japheth.
Und es wurden ihnen Söhne geboren nach
der Sintflut.
2 Die Söhne Japheths sind diese: Gomer,
Magog, Madai, Jawan, Tubal, Meschech
und Tiras.
3 Die Söhne Gomers sind diese: Asch-
kenas, Riphath und Togarma.
4 Die Söhne Jawans sind diese: Elischa,
Tarsis, die Kittiter und die Rodaniter.
5 Von diesen haben sich ausgebreitet die
Bewohner der Inseln der Heiden. Das sind
die Söhne Japheths nach ihren Ländern,
ihren Sprachen, Geschlechtern und Völ-
kern.
6 Die Söhne Hams sind diese: Kusch,
Mizraim, Put und Kanaan.
7 Und die Söhne des Kusch sind diese:
Seba, Hewila, Sabta, Ragma und Sabte-
cha. Aber die Söhne Ragmas sind diese:
Saba und Dedan.
8 Kusch aber zeugte den Nimrod. Der
war der erste, der Macht gewann auf
Erden,
9 und war ein gewaltiger Jäger vor dem
HERRN. Daher spricht man: Das ist ein
gewaltiger Jäger vor dem HERRN wie Nim-
rod.
10 Und der Anfang seines Reichs war
Babel, Erech, Akkad und Kalne im Lande
Sinear.
11 Von diesem Lande ist er nach Assur
gekommen und baute Ninive und Reho-
both-Ir und Kelach,
12 dazu Resen zwischen Ninive und Ke-
lach. Das ist die große Stadt.
13 Mizraim zeugte die Luditer, die Ana-
miter, die Lehabiter, die Naphtuhiter,
14 die Pathrusiter, die Kasluhiter und
die Kaphtoriter; von denen sind gekom-
men die Philister.
15 Kanaan aber zeugte Sidon, seinen
ersten Sohn, und Heth
16 und den Jebusiter, den Amoriter, den
Girgasiter,
17 den Hewiter, den Arkiter, den Siniter,
18 den Arwaditer, den Zemariter und
den Hamathiter. Nachher haben sich die
Geschlechter der Kanaaniter weiter aus-
gebreitet,
19 und ihre Grenzen waren von Sidon in
der Richtung auf Gerar bis nach Gaza, in
der Richtung auf Sodom, Gomorra, Ad-
ma, Zeboïm bis nach Lascha.
20 Das sind die Söhne Hams nach ihren
Geschlechtern, Sprachen, Ländern und
Völkern.
21 Sem aber, dem Vater aller Söhne
Ebers, Japheths älterem Bruder, wurden
auch Söhne geboren.
22 Und dies sind seine Söhne: Elam,
Assur, Arpachschad, Lud und Aram.
23 Aber die Söhne Arams sind diese:
Uz, Hul, Gether und Masch.
24 Arpachschad aber zeugte Schelach,
Schelach zeugte Eber.
25 Eber wurden zwei Söhne geboren.
Einer hieß Peleg, weil zu seiner Zeit die
Erde zerteilt wurde; und sein Bruder hieß
Joktan.
26 Und Joktan zeugte Almodad, Scha-
leph, Hazarmaweth, Jerach,
27 Adoram, Usal, Dikla,

28 Obal, Abimaël, Saba,
29 Ophir, Hewila und Jobab. Das sind alles Söhne Joktans.
30 Und ihre Wohnsitze waren von Mescha bis man kommt nach Sephar, an das Gebirge im Osten.
31 Das sind die Söhne Sems nach ihren Geschlechtern, Sprachen, Ländern und Völkern.
32 Das sind nun die Nachkommen der Söhne Noahs nach ihren Geschlechtern und Völkern. Von denen her haben sich ausgebreitet die Völker auf Erden nach der Sintflut.

Der Turmbau zu Babel

11 Es hatte aber alle Welt einerlei Zunge und Sprache.
2 Als sie nun nach Osten zogen, fanden sie eine Ebene im Lande Sinear und wohnten daselbst.
3 Und sie sprachen untereinander: Wohlauf, laßt uns Ziegel streichen und brennen! – und nahmen Ziegel als Stein und Erdharz als Mörtel
4 und sprachen: Wohlauf, laßt uns eine Stadt und einen Turm bauen, dessen Spitze bis an den Himmel reiche, damit wir uns einen Namen machen; denn wir werden sonst zerstreut in alle Länder.
5 Da fuhr der HERR hernieder, daß er sähe die Stadt und den Turm, die die Menschenkinder bauten.
6 Und der HERR sprach: Siehe, es ist einerlei Volk und einerlei Sprache unter ihnen allen, und dies ist der Anfang ihres Tuns; nun wird ihnen nichts mehr verwehrt werden können von allem, was sie sich vorgenommen haben zu tun.
7 Wohlauf, laßt uns herniederfahren und dort ihre Sprache verwirren, daß keiner des andern Sprache verstehe!
8 So zerstreute sie der HERR von dort in alle Länder, daß sie aufhören mußten, die Stadt zu bauen.
9 Daher heißt ihr Name Babel, weil der HERR daselbst verwirrt hat aller Länder Sprache und sie von dort zerstreut hat in alle Länder.

Geschlechtsregister von Sem bis Abram

10 Dies ist das Geschlecht Sems: Sem war 100 Jahre alt und zeugte Arpachschad zwei Jahre nach der Sintflut
11 und lebte danach 500 Jahre und zeugte Söhne und Töchter.
12 Arpachschad war 35 Jahre alt und zeugte Schelach
13 und lebte danach 403 Jahre und zeugte Söhne und Töchter.
14 Schelach war 30 Jahre alt und zeugte Eber
15 und lebte danach 403 Jahre und zeugte Söhne und Töchter.
16 Eber war 34 Jahre alt und zeugte Peleg
17 und lebte danach 430 Jahre und zeugte Söhne und Töchter.
18 Peleg war 30 Jahre alt und zeugte Regu
19 und lebte danach 209 Jahre und zeugte Söhne und Töchter.
20 Regu war 32 Jahre alt und zeugte Serug
21 und lebte danach 207 Jahre und zeugte Söhne und Töchter.
22 Serug war 30 Jahre alt und zeugte Nahor
23 und lebte danach 200 Jahre und zeugte Söhne und Töchter.
24 Nahor war 29 Jahre alt und zeugte Tharah
25 und lebte danach 119 Jahre und zeugte Söhne und Töchter.
26 Tharah war 70 Jahre alt und zeugte Abram, Nahor und Haran.

Tharahs Geschlecht. Sein Zug von Ur nach Haran

27 Dies ist das Geschlecht Tharahs: Tharah zeugte Abram, Nahor und Haran; und Haran zeugte Lot.
28 Haran aber starb vor seinem Vater Tharah in seinem Vaterland zu Ur in Chaldäa.
29 Da nahmen sich Abram und Nahor Frauen. Abrams Frau hieß Sarai und Nahors Frau Milka, Harans Tochter, der der Vater war der Milka und der Jiska.
30 Aber Sarai war unfruchtbar und hatte kein Kind.
31 Da nahm Tharah seinen Sohn Abram und Lot, den Sohn seines Sohnes Haran, und seine Schwiegertochter Sarai, die Frau seines Sohnes Abram, und führte sie aus Ur in Chaldäa, um ins Land Kanaan zu ziehen. Und sie kamen nach Haran und wohnten dort.

32 Und Tharah wurde zweihundertundfünf Jahre alt und starb in Haran.

Abrams Berufung und Zug nach Kanaan

12 Und der HERR sprach zu Abram: Geh aus deinem Vaterland und von deiner Verwandtschaft und aus deines Vaters Hause in ein Land, das ich dir zeigen will.

2 Und ich will dich zum großen Volk machen und will dich segnen und dir einen großen Namen machen, und du sollst ein Segen sein.

3 Ich will segnen, die dich segnen, und verfluchen, die dich verfluchen; und **in dir sollen gesegnet werden alle Geschlechter auf Erden.**

4 Da zog Abram aus, wie der HERR zu ihm gesagt hatte, und Lot zog mit ihm. Abram aber war fünfundsiebzig Jahre alt, als er aus Haran zog.

5 So nahm Abram Sarai, seine Frau, und Lot, seines Bruders Sohn, mit aller ihrer Habe, die sie gewonnen hatten, und die Leute, die sie erworben hatten in Haran, und zogen aus, um ins Land Kanaan zu reisen. Und sie kamen in das Land,

6 und Abram durchzog das Land bis an die Stätte bei Sichem, bis zur Eiche More; es wohnten aber zu der Zeit die Kanaaniter im Lande.

7 Da erschien der HERR dem Abram und sprach: Deinen Nachkommen will ich dies Land geben. Und er baute dort einen Altar dem HERRN, der ihm erschienen war.

8 Danach brach er von dort auf ins Gebirge östlich der Stadt Bethel und schlug sein Zelt auf, so daß er Bethel im Westen und Ai im Osten hatte, und baute dort dem HERRN einen Altar und rief den Namen des HERRN an.

9 Danach zog Abram weiter ins Südland.

Abram und Sarai in Ägypten

10 Es kam aber eine Hungersnot in das Land. Da zog Abram hinab nach Ägypten, daß er sich dort als ein Fremdling aufhielte; denn der Hunger war groß im Lande.

11 Und als er nahe an Ägypten war, sprach er zu Sarai, seiner Frau: Siehe, ich weiß, daß du ein schönes Weib bist.

12 Wenn dich nun die Ägypter sehen, so werden sie sagen: Das ist seine Frau –, und werden mich umbringen und dich leben lassen.

13 So sage doch, du seist meine Schwester, auf daß mir's wohlgehe um deinetwillen und ich am Leben bleibe um deinetwillen.

14 Als nun Abram nach Ägypten kam, sahen die Ägypter, daß seine Frau sehr schön war.

15 Und die Großen des Pharao sahen sie und priesen sie vor ihm. Da wurde sie in das Haus des Pharao gebracht.

16 Und er tat Abram Gutes um ihretwillen; und er bekam Schafe, Rinder, Esel, Knechte und Mägde, Eselinnen und Kamele.

17 Aber der HERR plagte den Pharao und sein Haus mit großen Plagen um Sarais, Abrams Frau, willen.

18 Da rief der Pharao Abram zu sich und sprach zu ihm: Warum hast du mir das angetan? Warum sagtest du mir nicht, daß sie deine Frau ist?

19 Warum sprachst du denn: Sie ist meine Schwester –, so daß ich sie mir zur Frau nahm? Und nun siehe, da hast du deine Frau; nimm sie und zieh hin.

20 Und der Pharao bestellte Leute um seinetwillen, daß sie ihn geleiteten und seine Frau und alles, was er hatte.

Abram und Lot trennen sich

13 So zog Abram herauf aus Ägypten mit seiner Frau und mit allem, was er hatte, und Lot auch mit ihm, ins Südland.

2 Abram aber war sehr reich an Vieh, Silber und Gold.

3 Und er zog immer weiter vom Südland bis nach Bethel, an die Stätte, wo zuerst sein Zelt war, zwischen Bethel und Ai,

4 eben an den Ort, wo er früher den Altar errichtet hatte. Dort rief er den Namen des HERRN an.

5 Lot aber, der mit Abram zog, hatte auch Schafe und Rinder und Zelte.

6 Und das Land konnte es nicht ertragen, daß sie beieinander wohnten; denn ihre Habe war groß, und sie konnten nicht beieinander wohnen.

7 Und es war immer Zank zwischen den Hirten von Abrams Vieh und den Hirten

von Lots Vieh. Es wohnten auch zu der
Zeit die Kanaaniter und Perisiter im Lande.
8 Da sprach Abram zu Lot: Laß doch
nicht Zank sein zwischen mir und dir und
zwischen meinen und deinen Hirten; denn
wir sind Brüder.
9 Steht dir nicht alles Land offen? Trenne dich doch von mir! Willst du zur Linken, so will ich zur Rechten, oder willst du
zur Rechten, so will ich zur Linken.
10 Da hob Lot seine Augen auf und besah die ganze Gegend am Jordan. Denn
ehe der HERR Sodom und Gomorra vernichtete, war sie wasserreich, bis man nach
Zoar kommt, wie der Garten des HERRN,
gleichwie Ägyptenland.
11 Da erwählte sich Lot die ganze Gegend am Jordan und zog nach Osten. Also
trennte sich ein Bruder von dem andern,
12 so daß Abram wohnte im Lande Kanaan und Lot in den Städten am unteren
Jordan. Und Lot zog mit seinen Zelten bis
nach Sodom.
13 Aber die Leute zu Sodom waren böse
und sündigten sehr wider den HERRN.

Der Herr wiederholt seine Verheißung an Abram

14 Als nun Lot sich von Abram getrennt
hatte, sprach der HERR zu Abram: Hebe
deine Augen auf und sieh von der Stätte
aus, wo du wohnst, nach Norden, nach
Süden, nach Osten und nach Westen.
15 Denn all das Land, das du siehst, will
ich dir und deinen Nachkommen geben
für alle Zeit
16 und will deine Nachkommen machen
wie den Staub auf Erden. Kann ein
Mensch den Staub auf Erden zählen, der
wird auch deine Nachkommen zählen.
17 Darum mach dich auf und durchzieh
das Land in die Länge und Breite, denn
dir will ich's geben.
18 Und Abram zog weiter mit seinem
Zelt und kam und wohnte im Hain Mamre, der bei Hebron ist, und baute dort dem
HERRN einen Altar.

Abram errettet Lot und wird von Melchisedek gesegnet

14 Und es begab sich zu der Zeit des
Königs Amraphel von Sinear, Arjochs, des Königs von Ellasar, Kedor-Laomers, des Königs von Elam, und Tidals, des Königs von Völkern,
2 daß sie Krieg führten mit Bera, dem
König von Sodom, und mit Birscha, dem
König von Gomorra, und mit Schinab,
dem König von Adma, und mit Schemeber, dem König von Zeboïm, und mit dem
König von Bela, das ist Zoar.
3 Diese kamen alle zusammen in das
Tal Siddim, wo nun das Salzmeer ist.
4 Denn sie waren zwölf Jahre dem König Kedor-Laomer untertan gewesen, und
im dreizehnten Jahr waren sie von ihm
abgefallen.
5 Darum kamen Kedor-Laomer und die
Könige, die mit ihm waren, im vierzehnten Jahr und schlugen die Rephaiter zu
Aschtaroth-Karnajim und die Susiter zu
Ham und die Emiter in der Ebene Kirjathajim
6 und die Horiter auf ihrem Gebirge
Seïr bis El-Paran, das an die Wüste stößt.
7 Danach wandten sie um und kamen
nach En-Mischpat, das ist Kadesch, und
schlugen das ganze Land der Amalekiter,
dazu die Amoriter, die zu Hazezon-Thamar wohnten.
8 Da zogen aus der König von Sodom,
der König von Gomorra, der König von
Adma, der König von Zeboïm und der
König von Bela, das ist Zoar, und rüsteten
sich, zu kämpfen im Tal Siddim
9 mit Kedor-Laomer, dem König von
Elam, und mit Tidal, dem König von Völkern, und mit Amraphel, dem König von
Sinear, und mit Arjoch, dem König von
Ellasar, vier Könige gegen fünf.
10 Das Tal Siddim aber hatte viele Erdharzgruben. Und die Könige von Sodom
und Gomorra wurden in die Flucht geschlagen und fielen da hinein, und was
übrigblieb, floh auf das Gebirge.
11 Da nahmen sie alle Habe von Sodom
und Gomorra und alle Vorräte und zogen
davon.
12 Sie nahmen auch mit sich Lot,
Abrams Brudersohn, und seine Habe,
denn er wohnte in Sodom, und zogen davon.
13 Da kam einer, der entronnen war,
und sagte es Abram an, dem Hebräer, der
da wohnte im Hain Mamres, des Amoriters, des Bruders von Eschkol und Aner.
Diese waren mit Abram im Bund.

14 Als nun Abram hörte, daß seines Bruders Sohn gefangen war, wappnete er seine Knechte, dreihundertundachtzehn, in seinem Hause geboren, und jagte ihnen nach bis Dan

15 und teilte seine Schar, fiel des Nachts über sie her mit seinen Knechten und schlug sie und jagte sie bis nach Hoba, das nördlich der Stadt Damaskus liegt.

16 Und er brachte alle Habe wieder zurück, dazu auch Lot, seines Bruders Sohn, mit seiner Habe, auch die Frauen und das Volk.

17 Als er nun zurückkam von dem Sieg über Kedor-Laomer und die Könige mit ihm, ging ihm entgegen der König von Sodom in das Tal Schawe, das ist das Königstal.

18 Aber Melchisedek, der König von Salem, trug Brot und Wein heraus. Und er war ein Priester Gottes des Höchsten

19 und segnete ihn und sprach: Gesegnet seist du, Abram, vom höchsten Gott, der Himmel und Erde geschaffen hat;

20 und gelobt sei Gott der Höchste, der deine Feinde in deine Hand gegeben hat. Und Abram gab ihm den Zehnten von allem.

21 Da sprach der König von Sodom zu Abram: Gib mir die Leute, die Güter behalte für dich!

22 Aber Abram sprach zu dem König von Sodom: Ich hebe meine Hand auf zu dem HERRN, dem höchsten Gott, der Himmel und Erde geschaffen hat,

23 daß ich von allem, was dein ist, nicht einen Faden noch einen Schuhriemen nehmen will, damit du nicht sagest, du habest Abram reich gemacht,

24 ausgenommen, was die Knechte verzehrt haben; doch laß die Männer Aner, Eschkol und Mamre, die mit mir gezogen sind, ihr Teil nehmen.

Gott verheißt Abram einen Sohn und gewährt ihm den Bund

15 Nach diesen Geschichten begab sich's, daß zu Abram das Wort des HERRN kam in einer Offenbarung: Fürchte dich nicht, Abram! Ich bin dein Schild und dein sehr großer Lohn.

2 Abram sprach aber: HERR, mein Gott, was willst du mir geben? Ich gehe dahin ohne Kinder, und mein Knecht Eliëser von Damaskus wird mein Haus besitzen.

3 Und Abram sprach weiter: Mir hast du keine Nachkommen gegeben; und siehe, einer von meinen Knechten wird mein Erbe sein.

4 Und siehe, der HERR sprach zu ihm: Er soll nicht dein Erbe sein, sondern der von deinem Leibe kommen wird, der soll dein Erbe sein.

5 Und er hieß ihn hinausgehen und sprach: Sieh gen Himmel und zähle die Sterne; kannst du sie zählen? Und sprach zu ihm: So zahlreich sollen deine Nachkommen sein!

6 **Abram glaubte dem HERRN, und das rechnete er ihm zur Gerechtigkeit.**

7 Und er sprach zu ihm: Ich bin der HERR, der dich aus Ur in Chaldäa geführt hat, auf daß ich dir dies Land zu besitzen gebe.

8 Abram aber sprach: HERR, mein Gott, woran soll ich merken, daß ich's besitzen werde?

9 Und er sprach zu ihm: Bringe mir eine dreijährige Kuh, eine dreijährige Ziege, einen dreijährigen Widder, eine Turteltaube und eine andere Taube.

10 Und er brachte ihm dies alles und zerteilte es in der Mitte und legte je einen Teil dem andern gegenüber; aber die Vögel zerteilte er nicht.

11 Und die Raubvögel stießen hernieder auf die Stücke, aber Abram scheuchte sie davon.

12 Als nun die Sonne am Untergehen war, fiel ein tiefer Schlaf auf Abram, und siehe, Schrecken und große Finsternis überfiel ihn.

13 Da sprach der HERR zu Abram: Das sollst du wissen, daß deine Nachkommen werden Fremdlinge sein in einem Lande, das nicht das ihre ist; und da wird man sie zu dienen zwingen und plagen vierhundert Jahre.

14 Aber ich will das Volk richten, dem sie dienen müssen. Danach sollen sie ausziehen mit großem Gut.

15 Und du sollst fahren zu deinen Vätern mit Frieden und in gutem Alter begraben werden.

16 Sie aber sollen erst nach vier Menschenaltern wieder hierher kommen; denn die Missetat der Amoriter ist noch nicht voll.

17 Als nun die Sonne untergegangen und
es finster geworden war, siehe, da war ein
rauchender Ofen, und eine Feuerflamme
fuhr zwischen den Stücken hin.
18 An dem Tage schloß der HERR einen
Bund mit Abram und sprach: Deinen
Nachkommen will ich dies Land geben,
von dem Strom Ägyptens an bis an den
großen Strom Euphrat:
19 die Keniter, die Kenisiter, die Kad-
moniter,
20 die Hethiter, die Perisiter, die Re-
phaiter,
21 die Amoriter, die Kanaaniter, die
Girgasiter, die Jebusiter.

Hagar und Ismael

16 Sarai, Abrams Frau, gebar ihm kein
Kind. Sie hatte aber eine ägyptische
Magd, die hieß Hagar.
2 Und Sarai sprach zu Abram: Siehe,
der HERR hat mich verschlossen, daß ich
nicht gebären kann. Geh doch zu meiner
Magd, ob ich vielleicht durch sie zu einem
Sohn komme. Und Abram gehorchte der
Stimme Sarais.
3 Da nahm Sarai, Abrams Frau, ihre
ägyptische Magd Hagar und gab sie
Abram, ihrem Mann, zur Frau, nachdem
sie zehn Jahre im Lande Kanaan gewohnt
hatten.
4 Und er ging zu Hagar, die ward schwan-
ger. Als sie nun sah, daß sie schwanger
war, achtete sie ihre Herrin gering.
5 Da sprach Sarai zu Abram: Das Un-
recht, das mir geschieht, komme über
dich! Ich habe meine Magd dir in die
Arme gegeben; nun sie aber sieht, daß sie
schwanger geworden ist, bin ich gering
geachtet in ihren Augen. Der HERR sei
Richter zwischen mir und dir.
6 Abram aber sprach zu Sarai: Siehe,
deine Magd ist unter deiner Gewalt; tu
mit ihr, wie dir's gefällt.
Als nun Sarai sie demütigen wollte, floh
sie von ihr.
7 Aber der Engel des HERRN fand sie bei
einer Wasserquelle in der Wüste, nämlich
bei der Quelle am Wege nach Schur.
8 Der sprach zu ihr: Hagar, Sarais
Magd, wo kommst du her, und wo willst
du hin? Sie sprach: Ich bin von Sarai, mei-
ner Herrin, geflohen.
9 Und der Engel des HERRN sprach zu
ihr: Kehre wieder um zu deiner Herrin
und demütige dich unter ihre Hand.
10 Und der Engel des HERRN sprach zu
ihr: Ich will deine Nachkommen so meh-
ren, daß sie der großen Menge wegen
nicht gezählt werden können.
11 Weiter sprach der Engel des HERRN
zu ihr: Siehe, du bist schwanger geworden
und wirst einen Sohn gebären, dessen Na-
men sollst du Ismael nennen; denn der
HERR hat dein Elend erhört.
12 Er wird ein wilder Mensch sein: seine
Hand wider jedermann und jedermanns
Hand wider ihn, und er wird wohnen all
seinen Brüdern zum Trotz.
13 Und sie nannte den Namen des
HERRN, der mit ihr redete: Du bist ein
Gott, der mich sieht. Denn sie sprach:
Gewiß hab ich hier hinter dem hergesehen,
der mich angesehen hat.
14 Darum nannte man den Brunnen
«Brunnen des Lebendigen, der mich sieht».
Er liegt zwischen Kadesch und Bered.
15 Und Hagar gebar Abram einen Sohn,
und Abram nannte den Sohn, den ihm
Hagar gebar, Ismael.
16 Und Abram war sechsundachtzig
Jahre alt, als ihm Hagar den Ismael gebar.

Ewiger Bund und neue Namen. Verheißung Isaaks und Beschneidung

17 Als nun Abram neunundneunzig
Jahre alt war, erschien ihm der
HERR und sprach zu ihm: Ich bin der all-
mächtige Gott; wandle vor mir und sei
fromm.
2 Und ich will meinen Bund zwischen
mir und dir schließen und will dich über
alle Maßen mehren.
3 Da fiel Abram auf sein Angesicht. Und
Gott redete weiter mit ihm und sprach:
4 Siehe, **ich** habe meinen Bund mit dir,
und du sollst ein Vater vieler Völker wer-
den.
5 Darum sollst du nicht mehr Abram
heißen, sondern Abraham soll dein Name
sein; denn ich habe dich gemacht zum Va-
ter vieler Völker.
6 Und ich will dich sehr fruchtbar ma-
chen und will aus dir Völker machen, und
auch Könige sollen von dir kommen.
7 Und ich will aufrichten meinen Bund
zwischen mir und dir und deinen Nach-
kommen von Geschlecht zu Geschlecht,

daß es ein ewiger Bund sei, so daß ich dein
und deiner Nachkommen Gott bin.
8 Und ich will dir und deinem Ge-
schlecht nach dir das Land geben, darin
du ein Fremdling bist, das ganze Land
Kanaan, zu ewigem Besitz, und will ihr
Gott sein.
9 Und Gott sprach zu Abraham: So hal-
tet nun meinen Bund, du und deine Nach-
kommen von Geschlecht zu Geschlecht.
10 Das aber ist mein Bund, den ihr hal-
ten sollt zwischen mir und euch und dei-
nem Geschlecht nach dir: Alles, was
männlich ist unter euch, soll beschnitten
werden;
11 eure Vorhaut sollt ihr beschneiden.
Das soll das Zeichen sein des Bundes
zwischen mir und euch.
12 Jedes Knäblein, wenn's acht Tage alt
ist, sollt ihr beschneiden bei euren Nach-
kommen. Desgleichen auch alles, was an
Gesinde im Hause geboren oder was ge-
kauft ist von irgendwelchen Fremden, die
nicht aus eurem Geschlecht sind.
13 Beschnitten soll werden alles Gesin-
de, was dir im Hause geboren oder was ge-
kauft ist. Und so soll mein Bund an eurem
Fleisch zu einem ewigen Bund werden.
14 Wenn aber ein Männlicher nicht be-
schnitten wird an seiner Vorhaut, wird er
ausgerottet werden aus seinem Volk, weil
er meinen Bund gebrochen hat.
15 Und Gott sprach abermals zu Abra-
ham: Du sollst Sarai, deine Frau, nicht
mehr Sarai nennen, sondern Sara soll ihr
Name sein.
16 Denn ich will sie segnen, und auch
von ihr will ich dir einen Sohn geben; ich
will sie segnen, und Völker sollen aus ihr
werden und Könige über viele Völker.
17 Da fiel Abraham auf sein Angesicht
und lachte und sprach in seinem Herzen:
Soll mir mit hundert Jahren ein Kind ge-
boren werden, und soll Sara, neunzig
Jahre alt, gebären?
18 Und Abraham sprach zu Gott: Ach
daß Ismael möchte leben bleiben vor dir!
19 Da sprach Gott: Nein, Sara, deine
Frau, wird dir einen Sohn gebären, den
sollst du Isaak nennen, und mit ihm will
ich meinen ewigen Bund aufrichten und
mit seinem Geschlecht nach ihm.
20 Und für Ismael habe ich dich auch
erhört. Siehe, ich habe ihn gesegnet und
will ihn fruchtbar machen und über alle
Maßen mehren. Zwölf Fürsten wird er
zeugen, und ich will ihn zum großen Volk
machen.
21 Aber meinen Bund will ich aufrichten
mit Isaak, den dir Sara gebären soll um
diese Zeit im nächsten Jahr.
22 Und er hörte auf, mit ihm zu reden.
Und Gott fuhr auf von Abraham.
23 Da nahm Abraham seinen Sohn Is-
mael und alle Knechte, die im Hause ge-
boren, und alle, die gekauft waren, und
alles, was männlich war in seinem Hause,
und beschnitt ihre Vorhaut an eben die-
sem Tage, wie ihm Gott gesagt hatte.
24 Und Abraham war neunundneunzig
Jahre alt, als er seine Vorhaut beschnitt.
25 Ismael aber, sein Sohn, war dreizehn
Jahre alt, als seine Vorhaut beschnitten
wurde.
26 Eben auf diesen Tag wurden sie alle
beschnitten, Abraham, sein Sohn Ismael,
27 und was männlich in seinem Hause
war, im Hause geboren und gekauft von
Fremden; es wurde alles mit ihm be-
schnitten.

Der Herr bei Abraham in Mamre

18 Und der HERR erschien ihm im Hain
Mamre, während er an der Tür sei-
nes Zeltes saß, als der Tag am heißesten
war.
2 Und als er seine Augen aufhob und
sah, siehe, da standen drei Männer vor
ihm. Und als er sie sah, lief er ihnen ent-
gegen von der Tür seines Zeltes und neigte
sich zur Erde
3 und sprach: Herr, hab ich Gnade ge-
funden vor deinen Augen, so geh nicht an
deinem Knecht vorüber.
4 Man soll euch ein wenig Wasser brin-
gen, eure Füße zu waschen, und laßt euch
nieder unter dem Baum.
5 Und ich will euch einen Bissen Brot
bringen, daß ihr euer Herz labet; danach
mögt ihr weiterziehen. Denn darum seid
ihr bei eurem Knecht vorübergekommen.
Sie sprachen: Tu, wie du gesagt hast.
6 Abraham eilte in das Zelt zu Sara und
sprach: Eile und menge drei Maß feinsten
Mehls, knete und backe Kuchen.
7 Er aber lief zu den Rindern und holte
ein zartes gutes Kalb und gab's dem
Knechte; der eilte und bereitete es zu.

8 Und er trug Butter und Milch auf und von dem Kalbe, das er zubereitet hatte, und setzte es ihnen vor und blieb stehen vor ihnen unter dem Baum, und sie aßen.

9 Da sprachen sie zu ihm: Wo ist Sara, deine Frau? Er antwortete: Drinnen im Zelt.

10 Da sprach er: Ich will wieder zu dir kommen übers Jahr; siehe, dann soll Sara, deine Frau, einen Sohn haben. Das hörte Sara hinter ihm, hinter der Tür des Zeltes.

11 Und sie waren beide, Abraham und Sara, alt und hochbetagt, so daß es Sara nicht mehr ging nach der Frauen Weise.

12 Darum lachte sie bei sich selbst und sprach: Nun ich alt bin, soll ich noch der Liebe pflegen, und mein Herr ist auch alt!

13 Da sprach der HERR zu Abraham: Warum lacht Sara und spricht: Meinst du, daß es wahr sei, daß ich noch gebären werde, die ich doch alt bin?

14 **Sollte dem HERRN etwas unmöglich sein?** Um diese Zeit will ich wieder zu dir kommen übers Jahr; dann soll Sara einen Sohn haben.

15 Da leugnete Sara und sprach: Ich habe nicht gelacht –, denn sie fürchtete sich. Aber er sprach: Es ist nicht so, du hast gelacht.

Abrahams Fürbitte für Sodom

16 Da brachen die Männer auf und wandten sich nach Sodom, und Abraham ging mit ihnen, um sie zu geleiten.

17 Da sprach der HERR: Wie könnte ich Abraham verbergen, was ich tun will,

18 da er doch ein großes und mächtiges Volk werden soll und alle Völker auf Erden in ihm gesegnet werden sollen?

19 Denn dazu habe ich ihn auserkoren, daß er seinen Kindern befehle und seinem Hause nach ihm, daß sie des HERRN Wege halten und tun, was recht und gut ist, auf daß der HERR auf Abraham kommen lasse, was er ihm verheißen hat.

20 Und der HERR sprach: Es ist ein großes Geschrei über Sodom und Gomorra, daß ihre Sünden sehr schwer sind.

21 Darum will ich hinabfahren und sehen, ob sie alles getan haben nach dem Geschrei, das vor mich gekommen ist, oder ob's nicht so sei, damit ich's wisse.

22 Und die Männer wandten ihr Angesicht und gingen nach Sodom.

Aber Abraham blieb stehen vor dem HERRN

23 und trat zu ihm und sprach: Willst du denn den Gerechten mit dem Gottlosen umbringen?

24 Es könnten vielleicht fünfzig Gerechte in der Stadt sein; wolltest du die umbringen und dem Ort nicht vergeben um fünfzig Gerechter willen, die darin wären?

25 Das sei ferne von dir, daß du das tust und tötest den Gerechten mit dem Gottlosen, so daß der Gerechte wäre gleich wie der Gottlose! Das sei ferne von dir! Sollte der Richter aller Welt nicht gerecht richten?

26 Der HERR sprach: Finde ich fünfzig Gerechte zu Sodom in der Stadt, so will ich um ihretwillen dem ganzen Ort vergeben.

27 Abraham antwortete und sprach: Ach siehe, ich habe mich unterwunden, zu reden mit dem Herrn, wiewohl ich Erde und Asche bin.

28 Es könnten vielleicht fünf weniger als fünfzig Gerechte darin sein; wolltest du denn die ganze Stadt verderben um der fünf willen? Er sprach: Finde ich darin fünfundvierzig, so will ich sie nicht verderben.

29 Und er fuhr fort mit ihm zu reden und sprach: Man könnte vielleicht vierzig darin finden. Er aber sprach: Ich will ihnen nichts tun um der vierzig willen.

30 Abraham sprach: Zürne nicht, Herr, daß ich noch mehr rede. Man könnte vielleicht dreißig darin finden. Er aber sprach: Finde ich dreißig darin, so will ich ihnen nichts tun.

31 Und er sprach: Ach siehe, ich habe mich unterwunden, mit dem Herrn zu reden. Man könnte vielleicht zwanzig darin finden. Er antwortete: Ich will sie nicht verderben um der zwanzig willen.

32 Und er sprach: Ach, zürne nicht, Herr, daß ich nur noch einmal rede. Man könnte vielleicht zehn darin finden. Er aber sprach: Ich will sie nicht verderben um der zehn willen.

33 Und der HERR ging weg, nachdem er aufgehört hatte, mit Abraham zu reden; und Abraham kehrte wieder um an seinen Ort.

**Untergang von Sodom und Gomorra.
Lots Errettung**

19 Die zwei Engel kamen nach Sodom
am Abend; Lot aber saß zu Sodom
unter dem Tor. Und als er sie sah, stand er
auf, ging ihnen entgegen und neigte sich
bis zur Erde
2 und sprach: Siehe, liebe Herren, kehrt
doch ein im Hause eures Knechts und
bleibt über Nacht; laßt eure Füße waschen und brecht frühmorgens auf und
zieht eure Straße. Aber sie sprachen:
Nein, wir wollen über Nacht im Freien
bleiben.
3 Da nötigte er sie sehr, und sie kehrten
zu ihm ein und kamen in sein Haus. Und
er machte ihnen ein Mahl und backte ungesäuerte Kuchen, und sie aßen.
4 Aber ehe sie sich legten, kamen die
Männer der Stadt Sodom und umgaben
das Haus, jung und alt, das ganze Volk
aus allen Enden,
5 und riefen Lot und sprachen zu ihm:
Wo sind die Männer, die zu dir gekommen sind diese Nacht? Führe sie heraus
zu uns, daß wir uns über sie her machen.
6 Lot ging heraus zu ihnen vor die Tür
und schloß die Tür hinter sich zu
7 und sprach: Ach, liebe Brüder, tut
nicht so übel!
8 Siehe, ich habe zwei Töchter, die wissen noch von keinem Manne; die will ich
herausgeben unter euch, und tut mit ihnen,
was euch gefällt; aber diesen Männern tut
nichts, denn darum sind sie unter den
Schatten meines Dachs gekommen.
9 Sie aber sprachen: Weg mit dir! Und
sprachen auch: Du bist der einzige Fremdling hier und willst regieren? Wohlan, wir
wollen dich noch übler plagen als jene.
Und sie drangen hart ein auf den Mann
Lot. Doch als sie hinzuliefen und die Tür
aufbrechen wollten,
10 griffen die Männer hinaus und zogen
Lot herein zu sich ins Haus und schlossen
die Tür zu.
11 Und sie schlugen die Leute vor der
Tür des Hauses, klein und groß, mit
Blindheit, so daß sie es aufgaben, die Tür
zu finden.
12 Und die Männer sprachen zu Lot:
Hast du hier noch einen Schwiegersohn
und Söhne und Töchter und wer dir sonst
angehört in der Stadt, den führe weg von
dieser Stätte.
13 Denn wir werden diese Stätte verderben, weil das Geschrei über sie groß ist
vor dem HERRN; der hat uns gesandt, sie
zu verderben.
14 Da ging Lot hinaus und redete mit
den Männern, die seine Töchter heiraten
sollten: Macht euch auf und geht aus diesem Ort, denn der HERR wird diese Stadt
verderben. Aber es war ihnen lächerlich.
15 Als nun die Morgenröte aufging,
drängten die Engel Lot zur Eile und sprachen: Mach dich auf, nimm deine Frau
und deine beiden Töchter, die hier sind,
damit du nicht auch umkommst in der
Missetat dieser Stadt.
16 Als er aber zögerte, ergriffen die
Männer ihn und seine Frau und seine beiden Töchter bei der Hand, weil der HERR
ihn verschonen wollte, und führten ihn
hinaus und ließen ihn erst draußen vor der
Stadt wieder los.
17 Und als sie ihn hinausgebracht hatten, sprach der eine: Rette dein Leben und
sieh nicht hinter dich, bleib auch nicht
stehen in dieser ganzen Gegend. Auf das
Gebirge rette dich, damit du nicht umkommst!
18 Aber Lot sprach zu ihnen: Ach nein,
Herr!
19 Siehe, dein Knecht hat Gnade gefunden vor deinen Augen, und du hast deine
Barmherzigkeit groß gemacht, die du an
mir getan hast, als du mich am Leben erhieltest. Ich kann mich nicht auf das Gebirge retten; es könnte mich sonst das Unheil ereilen, so daß ich stürbe.
20 Siehe, da ist eine Stadt nahe, in die
ich fliehen kann, und sie ist klein; dahin
will ich mich retten – ist sie doch klein –,
damit ich am Leben bleibe.
21 Da sprach er zu ihm: Siehe, ich habe
auch darin dich angesehen, daß ich die
Stadt nicht zerstöre, von der du geredet
hast.
22 Eile und rette dich dahin; denn ich
kann nichts tun, bis du hineinkommst.
Daher ist diese Stadt Zoar genannt.
23 Und die Sonne war aufgegangen auf
Erden, als Lot nach Zoar kam.
24 Da ließ der HERR Schwefel und Feuer
regnen vom Himmel herab auf Sodom
und Gomorra

25 und vernichtete die Städte und die
ganze Gegend und alle Einwohner der
Städte und was auf dem Lande gewachsen
war.
26 Und Lots Weib sah hinter sich und
ward zur Salzsäule.
27 Abraham aber machte sich früh am
Morgen auf an den Ort, wo er vor dem
HERRN gestanden hatte,
28 und wandte sein Angesicht gegen Sodom und Gomorra und alles Land dieser
Gegend und schaute, und siehe, da ging
ein Rauch auf vom Lande wie der Rauch
von einem Ofen.
29 Und es geschah, als Gott die Städte
in der Gegend vernichtete, gedachte er an
Abraham und geleitete Lot aus den Städten, die er zerstörte, in denen Lot gewohnt
hatte.

Lot und seine Töchter

30 Und Lot zog weg von Zoar und blieb
auf dem Gebirge mit seinen beiden Töchtern; denn er fürchtete sich, in Zoar zu
bleiben; und so blieb er in einer Höhle
mit seinen beiden Töchtern.
31 Da sprach die ältere zu der jüngeren:
Unser Vater ist alt, und kein Mann ist
mehr im Lande, der zu uns eingehen könnte nach aller Welt Weise.
32 So komm, laß uns unserm Vater Wein
zu trinken geben und uns zu ihm legen,
daß wir uns Nachkommen schaffen von
unserm Vater.
33 Da gaben sie ihrem Vater Wein zu
trinken in derselben Nacht. Und die erste
ging hinein und legte sich zu ihrem Vater;
und er ward's nicht gewahr, als sie sich
legte noch als sie aufstand.
34 Am Morgen sprach die ältere zu der
jüngeren: Siehe, ich habe gestern bei meinem Vater gelegen. Laß uns ihm auch diese Nacht Wein zu trinken geben, daß du
hineingehst und dich zu ihm legst, damit
wir uns Nachkommen schaffen von unserm Vater.
35 Da gaben sie ihrem Vater auch diese
Nacht Wein zu trinken. Und die jüngere
machte sich auch auf und legte sich zu
ihm; und er ward's nicht gewahr, als sie
sich legte noch als sie aufstand.
36 So wurden die beiden Töchter Lots
schwanger von ihrem Vater.
37 Und die ältere gebar einen Sohn,
den nannte sie Moab. Von dem kommen
her die Moabiter bis auf den heutigen
Tag.
38 Und die jüngere gebar auch einen
Sohn, den nannte sie Ben-Ammi. Von
dem kommen her die Ammoniter bis auf
den heutigen Tag.

Abraham und Sara bei Abimelech

20 Abraham aber zog von dannen ins
Südland und wohnte zwischen Kadesch und Schur und lebte nun als ein
Fremdling zu Gerar.
2 Er sagte aber von Sara, seiner Frau:
Sie ist meine Schwester. Da sandte Abimelech, der König von Gerar, hin und ließ
sie holen.
3 Aber Gott kam zu Abimelech des
Nachts im Traum und sprach zu ihm: Siehe, du bist des Todes um des Weibes willen, das du genommen hast; denn sie ist
eines Mannes Ehefrau.
4 Abimelech aber hatte sie nicht berührt
und sprach: Herr, willst du denn auch ein
gerechtes Volk umbringen?
5 Hat er nicht zu mir gesagt: sie ist meine Schwester? Und sie hat auch gesagt: er
ist mein Bruder. Hab ich das doch getan
mit einfältigem Herzen und unschuldigen
Händen.
6 Und Gott sprach zu ihm im Traum:
Ich weiß auch, daß du das mit einfältigem
Herzen getan hast. Darum habe ich dich
auch behütet, daß du nicht wider mich
sündigtest, und habe es nicht zugelassen,
daß du sie berührtest.
7 So gib nun dem Mann seine Frau wieder, denn er ist ein Prophet, und laß ihn
für dich bitten, so wirst du am Leben bleiben. Wenn du sie aber nicht wiedergibst,
so wisse, daß du des Todes sterben mußt
und alles, was dein ist.
8 Da stand Abimelech früh am Morgen
auf und rief alle seine Großen und sagte
dieses alles vor ihren Ohren. Und die
Männer fürchteten sich sehr.
9 Und Abimelech rief Abraham auch
herzu und sprach zu ihm: Warum hast du
uns das angetan? Und was habe ich an dir
gesündigt, daß du eine so große Sünde
wolltest auf mich und mein Reich bringen? Du hast an mir gehandelt, wie man
nicht handeln soll.
10 Und Abimelech sprach weiter zu

Abraham: Wie bist du dazu gekommen,
daß du solches getan hast?
11 Abraham sprach: Ich dachte, gewiß
ist keine Gottesfurcht an diesem Orte, und
sie werden mich um meiner Frau willen
umbringen.
12 Auch ist sie wahrhaftig meine Schwe-
ster, denn sie ist meines Vaters Tochter,
aber nicht meiner Mutter Tochter; so ist
sie meine Frau geworden.
13 Als mich aber Gott aus meines Vaters
Hause wandern hieß, sprach ich zu ihr:
Die Liebe tu mir an, daß, wo wir hinkom-
men, du von mir sagst, ich sei dein Bruder.
14 Da nahm Abimelech Schafe und Rin-
der, Knechte und Mägde und gab sie
Abraham und gab ihm Sara, seine Frau,
wieder
15 und sprach: Siehe da, mein Land steht
dir offen; wohne, wo dir's wohlgefällt.
16 Und zu Sara sprach er: Siehe da, ich
habe deinem Bruder tausend Silberstücke
gegeben; siehe, das soll eine Decke sein
über den Augen aller, die bei dir sind, dir
zugute. Damit ist dir bei allen Recht ver-
schafft.
17 Abraham aber betete zu Gott. Da
heilte Gott Abimelech und seine Frau und
seine Mägde, daß sie wieder Kinder ge-
baren.
18 Denn der HERR hatte zuvor hart ver-
schlossen jeden Mutterschoß im Hause
Abimelechs um Saras, Abrahams Frau,
willen.

Isaaks Geburt

21 Und der HERR suchte Sara heim,
wie er gesagt hatte, und tat an ihr,
wie er geredet hatte.
2 Und Sara ward schwanger und gebar
dem Abraham in seinem Alter einen Sohn
um die Zeit, von der Gott zu ihm geredet
hatte.
3 Und Abraham nannte seinen Sohn,
der ihm geboren war, Isaak, den ihm Sara
gebar,
4 und beschnitt ihn am achten Tage, wie
ihm Gott geboten hatte.
5 Hundert Jahre war Abraham alt, als
ihm sein Sohn Isaak geboren wurde.
6 Und Sara sprach: Gott hat mir ein
Lachen zugerichtet; denn wer es hören
wird, der wird über mich lachen.
7 Und sie sprach: Wer hätte wohl von
Abraham gesagt, daß Sara Kinder stille!
Und doch habe ich ihm einen Sohn ge-
boren in seinem Alter.

Austreibung Ismaels und seiner Mutter

8 Und das Kind wuchs heran und wurde
entwöhnt. Und Abraham machte ein gro-
ßes Mahl am Tage, da Isaak entwöhnt
wurde.
9 Und Sara sah den Sohn Hagars, der
Ägypterin, den sie Abraham geboren hat-
te, wie er Mutwillen trieb.
10 Da sprach sie zu Abraham: Treibe
diese Magd aus mit ihrem Sohn; denn der
Sohn dieser Magd soll nicht erben mit
meinem Sohn Isaak.
11 Das Wort mißfiel Abraham sehr um
seines Sohnes willen.
12 Aber Gott sprach zu ihm: Laß es dir
nicht mißfallen wegen des Knaben und
der Magd. Alles, was Sara dir gesagt hat,
dem gehorche; denn nur nach Isaak soll
dein Geschlecht benannt werden.
13 Aber auch den Sohn der Magd will
ich zu einem Volk machen, weil er dein
Sohn ist.
14 Da stand Abraham früh am Morgen
auf und nahm Brot und einen Schlauch
mit Wasser und legte es Hagar auf ihre
Schulter, dazu den Knaben, und schickte
sie fort. Da zog sie hin und irrte in der
Wüste umher bei Beerseba.
15 Als nun das Wasser in dem Schlauch
ausgegangen war, warf sie den Knaben
unter einen Strauch
16 und ging hin und setzte sich gegen-
über von ferne, einen Bogenschuß weit;
denn sie sprach: Ich kann nicht ansehen
des Knaben Sterben. Und sie setzte sich
gegenüber und erhob ihre Stimme und
weinte.
17 Da erhörte Gott die Stimme des Kna-
ben. Und der Engel Gottes rief Hagar vom
Himmel her und sprach zu ihr: Was ist
dir, Hagar? Fürchte dich nicht; denn Gott
hat gehört die Stimme des Knaben, der
dort liegt.
18 Steh auf, nimm den Knaben und füh-
re ihn an deiner Hand; denn ich will ihn
zum großen Volk machen.
19 Und Gott tat ihr die Augen auf, daß
sie einen Wasserbrunnen sah. Da ging sie
hin und füllte den Schlauch mit Wasser
und tränkte den Knaben.

20 Und Gott war mit dem Knaben. Der wuchs heran und wohnte in der Wüste und wurde ein guter Schütze.

21 Und er wohnte in der Wüste Paran, und seine Mutter nahm ihm eine Frau aus Ägyptenland.

Abrahams Bund mit Abimelech

22 Zu der Zeit redete Abimelech zusammen mit Pichol, seinem Feldhauptmann, zu Abraham und sprach: Gott ist mit dir in allem, was du tust.

23 So schwöre mir nun bei Gott, daß du mir und meinen Söhnen und meinen Enkeln keine Untreue erweisen wollest, sondern die Barmherzigkeit, die ich an dir getan habe, an mir auch tust und an dem Lande, darin du ein Fremdling bist.

24 Da sprach Abraham: Ich will schwören.

25 Und Abraham stellte Abimelech zur Rede um des Wasserbrunnens willen, den Abimelechs Knechte mit Gewalt genommen hatten.

26 Da antwortete Abimelech: Ich habe es nicht gewußt, wer das getan hat; weder hast du mir's angesagt, noch hab ich's gehört bis heute.

27 Da nahm Abraham Schafe und Rinder und gab sie Abimelech, und die beiden schlossen einen Bund miteinander.

28 Und Abraham stellte sieben Lämmer besonders.

29 Da sprach Abimelech zu Abraham: Was sollen die sieben Lämmer, die du besonders gestellt hast?

30 Er antwortete: Sieben Lämmer sollst du von meiner Hand nehmen, damit sie für mich ein Zeugnis seien, daß ich diesen Brunnen gegraben habe.

31 Daher heißt die Stätte Beerseba, weil sie beide miteinander da geschworen haben.

32 Und so schlossen sie den Bund zu Beerseba.

Da machten sich auf Abimelech und Pichol, sein Feldhauptmann, und zogen wieder in der Philister Land.

33 Abraham aber pflanzte einen Tamariskenbaum in Beerseba und rief dort den Namen des HERRN, des ewigen Gottes, an.

34 Und er war ein Fremdling in der Philister Lande eine lange Zeit.

Abrahams Versuchung. Bestätigung der Verheißung

22 Nach diesen Geschichten versuchte Gott Abraham und sprach zu ihm: Abraham! Und er antwortete: Hier bin ich.

2 Und er sprach: Nimm Isaak, deinen einzigen Sohn, den du liebhast, und geh hin in das Land Morija und opfere ihn dort zum Brandopfer auf einem Berge, den ich dir sagen werde.

3 **D**a stand Abraham früh am Morgen auf und gürtete seinen Esel und nahm mit sich zwei Knechte und seinen Sohn Isaak und spaltete Holz zum Brandopfer, machte sich auf und ging hin an den Ort, von dem ihm Gott gesagt hatte.

4 Am dritten Tage hob Abraham seine Augen auf und sah die Stätte von ferne

5 und sprach zu seinen Knechten: Bleibt ihr hier mit dem Esel. Ich und der Knabe wollen dorthin gehen, und wenn wir angebetet haben, wollen wir wieder zu euch kommen.

6 **U**nd Abraham nahm das Holz zum Brandopfer und legte es auf seinen Sohn Isaak. Er aber nahm das Feuer und das Messer in seine Hand; und gingen die beiden miteinander.

7 Da sprach Isaak zu seinem Vater Abraham: Mein Vater! Abraham antwortete: Hier bin ich, mein Sohn. Und er sprach: Siehe, hier ist Feuer und Holz; wo ist aber das Schaf zum Brandopfer?

8 Abraham antwortete: Mein Sohn, Gott wird sich ersehen ein Schaf zum Brandopfer. Und gingen die beiden miteinander.

9 **U**nd als sie an die Stätte kamen, die ihm Gott gesagt hatte, baute Abraham dort einen Altar und legte das Holz darauf und band seinen Sohn Isaak, legte ihn auf den Altar oben auf das Holz

10 und reckte seine Hand aus und faßte das Messer, daß er seinen Sohn schlachtete.

11 **D**a rief ihn der Engel des HERRN vom Himmel und sprach: Abraham! Abraham! Er antwortete: Hier bin ich.

12 Er sprach: Lege deine Hand nicht an den Knaben und tu ihm nichts; denn nun weiß ich, daß du Gott fürchtest und hast deines einzigen Sohnes nicht verschont um meinetwillen.

13 Da hob Abraham seine Augen auf
und sah einen Widder hinter sich in der
Hecke mit seinen Hörnern hängen und
ging hin und nahm den Widder und opfer-
te ihn zum Brandopfer an seines Sohnes
Statt.
14 Und Abraham nannte die Stätte «Der
HERR sieht». Daher man noch heute sagt:
Auf dem Berge, da der HERR sieht.
15 Und der Engel des HERRN rief Abra-
ham abermals vom Himmel her
16 und sprach: Ich habe bei mir selbst
geschworen, spricht der HERR: Weil du
solches getan hast und hast deines einzi-
gen Sohnes nicht verschont,
17 will ich dein Geschlecht segnen und
mehren wie die Sterne am Himmel und
wie den Sand am Ufer des Meeres, und
deine Nachkommen sollen die Tore ihrer
Feinde besitzen;
18 und durch dein Geschlecht sollen alle
Völker auf Erden gesegnet werden, weil du
meiner Stimme gehorcht hast.
19 So kehrte Abraham zurück zu seinen
Knechten. Und sie machten sich auf und
zogen miteinander nach Beerseba, und
Abraham blieb daselbst.

Die Nachkommen Nahors

20 Nach diesen Geschichten begab
sich's, daß Abraham angesagt wurde: Sie-
he, Milka hat auch Söhne geboren deinem
Bruder Nahor,
21 nämlich Uz, den Erstgeborenen, und
Bus, seinen Bruder, und Kemuël, von dem
die Aramäer herkommen,
22 und Kesed und Haso und Pildasch
und Jidlaph und Bethuël.
23 Bethuël aber zeugte Rebekka. Diese
acht gebar Milka dem Nahor, Abrahams
Bruder.
24 Und seine Nebenfrau, mit Namen
Rehuma, gebar auch, nämlich den Te-
bach, Gaham, Tahasch und Maacha.

Sara stirbt. Abraham erwirbt ein Erbbegräbnis

23 Sara wurde hundertsiebenundzwan-
zig Jahre alt
2 und starb in Kirjath-Arba – das ist He-
bron – im Lande Kanaan. Da kam Abra-
ham, daß er sie beklagte und beweinte.
3 Danach stand er auf von seiner Toten
und redete mit den Hethitern und sprach:
4 Ich bin ein Fremdling und Beisasse bei
euch; gebt mir ein Erbbegräbnis bei euch,
daß ich meine Tote hinaustrage und be-
grabe.
5 Da antworteten die Hethiter Abraham
und sprachen zu ihm:
6 Höre uns, lieber Herr! Du bist ein
Fürst Gottes unter uns. Begrabe deine
Tote in einem unserer vornehmsten Grä-
ber; kein Mensch unter uns wird dir weh-
ren, daß du in seinem Grabe deine Tote
begrabest.
7 Da stand Abraham auf und verneigte
sich vor dem Volk des Landes, vor den
Hethitern.
8 Und er redete mit ihnen und sprach:
Gefällt es euch, daß ich meine Tote hin-
austrage und begrabe, so höret mich und
bittet für mich Ephron, den Sohn Zohars,
9 daß er mir gebe seine Höhle in Mach-
pela, die am Ende seines Ackers liegt; er
gebe sie mir um Geld, soviel sie wert ist,
zum Erbbegräbnis unter euch.
10 Ephron aber saß unter den Hethitern.
Da antwortete Ephron, der Hethiter, dem
Abraham vor den Ohren der Hethiter, vor
allen, die beim Tor seiner Stadt versam-
melt waren, und sprach:
11 Nein, mein Herr, sondern höre mir
zu! Ich schenke dir den Acker und die
Höhle darin und übergebe dir's vor den
Augen der Söhne meines Volks, um deine
Tote dort zu begraben.
12 Da verneigte sich Abraham vor dem
Volk des Landes
13 und redete mit Ephron, so daß das
Volk des Landes es hörte, und sprach:
Willst du ihn mir lassen, so bitte ich,
nimm von mir das Geld für den Acker,
das ich dir gebe, so will ich meine Tote
dort begraben.
14 Ephron antwortete Abraham und
sprach zu ihm:
15 Mein Herr, höre mich doch! Das Feld
ist vierhundert Lot Silber wert; was ist das
aber zwischen mir und dir? Begrabe nur
deine Tote!
16 Abraham gehorchte Ephron und wog
ihm die Summe dar, die er genannt hatte
vor den Ohren der Hethiter, vierhundert
Lot Silber nach dem Gewicht, das im
Kauf gang und gäbe war.
17 So wurde Ephrons Acker in Mach-
pela östlich von Mamre Abraham zum

Eigentum bestätigt, mit der Höhle darin
und mit allen Bäumen auf dem Acker
umher,
18 vor den Augen der Hethiter und aller,
die beim Tor seiner Stadt versammelt
waren.
19 Danach begrub Abraham Sara, seine
Frau, in der Höhle des Ackers in Mach-
pela östlich von Mamre, das ist Hebron,
im Lande Kanaan.
20 So wurden Abraham der Acker und
die Höhle darin zum Erbbegräbnis be-
stätigt von den Hethitern.

Rebekka wird Isaaks Frau

24 Abraham war alt und hochbetagt,
und der HERR hatte ihn gesegnet
allenthalben.
2 Und er sprach zu dem ältesten Knecht
seines Hauses, der allen seinen Gütern vor-
stand: Lege deine Hand unter meine Hüfte
3 und schwöre mir bei dem HERRN, dem
Gott des Himmels und der Erde, daß du
meinem Sohn keine Frau nehmest von den
Töchtern der Kanaaniter, unter denen ich
wohne,
4 sondern daß du ziehest in mein Vater-
land und zu meiner Verwandtschaft und
nehmest meinem Sohn Isaak dort eine
Frau.
5 Der Knecht sprach: Wie, wenn das
Mädchen mir nicht folgen wollte in dies
Land, soll ich dann deinen Sohn zurück-
bringen in jenes Land, von dem du ausge-
zogen bist?
6 Abraham sprach zu ihm: Davor hüte
dich, daß du meinen Sohn wieder dahin
bringest!
7 Der HERR, der Gott des Himmels, der
mich von meines Vaters Hause genommen
hat und von meiner Heimat, der mir zuge-
sagt und mir auch geschworen hat: Dies
Land will ich deinen Nachkommen ge-
ben –, der wird seinen Engel vor dir her
senden, daß du meinem Sohn dort eine
Frau nehmest.
8 Wenn aber das Mädchen dir nicht fol-
gen will, so bist du dieses Eides ledig. Nur
bringe meinen Sohn nicht wieder dorthin!
9 Da legte der Knecht seine Hand unter
die Hüfte Abrahams, seines Herrn, und
schwor es ihm.
10 So nahm der Knecht zehn Kamele
von den Kamelen seines Herrn und zog
hin und hatte mit sich allerlei Güter seines
Herrn und machte sich auf und zog nach
Mesopotamien, zu der Stadt Nahors.
11 Da ließ er die Kamele sich lagern
draußen vor der Stadt bei dem Wasser-
brunnen des Abends um die Zeit, da die
Frauen pflegten herauszugehen und Was-
ser zu schöpfen.
12 Und er sprach: HERR, du Gott Abra-
hams, meines Herrn, laß es mir heute ge-
lingen und tu Barmherzigkeit an Abra-
ham, meinem Herrn!
13 Siehe, ich stehe hier bei dem Wasser-
brunnen, und die Töchter der Leute in
dieser Stadt werden herauskommen, um
Wasser zu schöpfen.
14 Wenn nun ein Mädchen kommt, zu
dem ich spreche: Neige deinen Krug und
laß mich trinken, und es sprechen wird:
Trinke, ich will deine Kamele auch trän-
ken –, das sei die, die du deinem Diener
Isaak beschert hast, und daran werde ich
erkennen, daß du Barmherzigkeit an mei-
nem Herrn getan hast.
15 Und ehe er ausgeredet hatte, siehe, da
kam heraus Rebekka, die Tochter Be-
thuëls, der ein Sohn der Milka war, die die
Frau Nahors, des Bruders Abrahams, war,
und trug einen Krug auf ihrer Schulter.
16 Und das Mädchen war sehr schön
von Angesicht, eine Jungfrau, die noch
von keinem Manne wußte. Die stieg hin-
ab zum Brunnen und füllte den Krug und
stieg herauf.
17 Da lief ihr der Knecht entgegen und
sprach: Laß mich ein wenig Wasser aus
deinem Kruge trinken.
18 Und sie sprach: Trinke, mein Herr!
Und eilends ließ sie den Krug hernieder
auf ihre Hand und gab ihm zu trinken.
19 Und als sie ihm zu trinken gegeben
hatte, sprach sie: Ich will deinen Kamelen
auch schöpfen, bis sie alle genug getrun-
ken haben.
20 Und eilte und goß den Krug aus in
die Tränke und lief abermals zum Brun-
nen, um zu schöpfen, und schöpfte allen
seinen Kamelen.
21 Der Mann aber betrachtete sie und
schwieg still, bis er erkannt hätte, ob der
HERR zu seiner Reise Gnade gegeben hätte
oder nicht.
22 Als nun die Kamele alle getrunken
hatten, nahm er einen goldenen Stirnreif,

sechs Gramm schwer, und zwei goldene
Armreifen für ihre Hände, hundertund-
zwanzig Gramm schwer,
23 und sprach: Wessen Tochter bist du?
Das sage mir doch! Haben wir auch
Raum in deines Vaters Hause, um zu her-
bergen?
24 Sie sprach zu ihm: Ich bin die Toch-
ter Bethuëls, des Sohnes der Milka, den
sie dem Nahor geboren hat.
25 Und sagte weiter zu ihm: Es ist auch
viel Stroh und Futter bei uns und Raum
genug, um zu herbergen.
26 Da neigte sich der Mann und betete
den HERRN an
27 und sprach: Gelobt sei der HERR, der
Gott Abrahams, meines Herrn, der seine
Barmherzigkeit und seine Treue von mei-
nem Herrn nicht hat weichen lassen; denn
der HERR hat mich geradeswegs geführt
zum Hause des Bruders meines Herrn.
28 Und das Mädchen lief und sagte dies
alles in ihrer Mutter Hause.
29 Und Rebekka hatte einen Bruder, der
hieß Laban; und Laban lief zu dem Mann
draußen bei dem Brunnen.
30 Denn als er den Stirnreif und die
Armreifen an den Händen seiner Schwe-
ster gesehen hatte und die Worte Rebek-
kas, seiner Schwester, gehört hatte: So hat
mir der Mann gesagt –, da kam er zu dem
Mann, und siehe, er stand bei den Kame-
len am Brunnen.
31 Und er sprach: Komm herein, du
Gesegneter des HERRN! Warum stehst du
draußen? Ich habe das Haus bereitet und
für die Kamele auch Raum gemacht.
32 Da führte er den Mann ins Haus und
zäumte die Kamele ab und gab ihnen
Stroh und Futter, dazu auch Wasser, zu
waschen seine Füße und die Füße der
Männer, die mit ihm waren.
33 Und man setzte ihm Essen vor. Er
sprach aber: Ich will nicht essen, bis ich
zuvor meine Sache vorgebracht habe. Sie
antworteten: Sage an!
34 Er sprach: Ich bin Abrahams Knecht.
35 Und der HERR hat meinen Herrn
reich gesegnet, daß er groß geworden ist,
und hat ihm Schafe und Rinder, Silber
und Gold, Knechte und Mägde, Kamele
und Esel gegeben.
36 Dazu hat Sara, die Frau meines
Herrn, einen Sohn geboren meinem Herrn
in seinem Alter; dem hat er alles gegeben,
was er hat.
37 Und mein Herr hat einen Eid von
mir genommen und gesagt: Du sollst mei-
nem Sohn keine Frau nehmen von den
Töchtern der Kanaaniter, in deren Land
ich wohne,
38 sondern zieh hin zu meines Vaters
Hause und zu meinem Geschlecht; dort
nimm meinem Sohn eine Frau.
39 Ich sprach aber zu meinem Herrn:
Wie, wenn mir das Mädchen nicht folgen
will?
40 Da sprach er zu mir: Der HERR, vor
dem ich wandle, wird seinen Engel mit dir
senden und Gnade zu deiner Reise geben,
daß du meinem Sohn eine Frau nehmest
von meiner Verwandtschaft und meines
Vaters Hause.
41 Dann sollst du deines Eides ledig
sein: Wenn du zu meiner Verwandtschaft
kommst und sie geben sie dir nicht, so bist
du deines Eides ledig.
42 So kam ich heute zum Brunnen und
sprach: HERR, du Gott Abrahams, meines
Herrn, hast du Gnade zu meiner Reise
gegeben, auf der ich bin,
43 siehe, so stehe ich hier bei dem Was-
serbrunnen. Wenn nun ein Mädchen her-
auskommt, um zu schöpfen, und ich zu
ihr spreche: Gib mir ein wenig Wasser zu
trinken aus deinem Krug,
44 und sie sagen wird: Trinke du, ich
will deinen Kamelen auch schöpfen –, das
sei die Frau, die der HERR dem Sohn mei-
nes Herrn beschert hat.
45 Ehe ich nun diese Worte ausgeredet
hatte in meinem Herzen, siehe, da kommt
Rebekka heraus mit einem Krug auf ihrer
Schulter und geht hinab zum Brunnen
und schöpft. Da sprach ich zu ihr: Gib
mir zu trinken.
46 Und sie nahm eilends den Krug von
ihrer Schulter und sprach: Trinke, und
deine Kamele will ich auch tränken. Da
trank ich, und sie tränkte die Kamele
auch.
47 Und ich fragte sie und sprach: Wes-
sen Tochter bist du? Sie antwortete: Ich
bin die Tochter Bethuëls, des Sohnes Na-
hors, den ihm Milka geboren hat. Da
legte ich einen Reif an ihre Stirn und Arm-
reifen an ihre Hände
48 und neigte mich und betete den

Herrn an und lobte den Herrn, den Gott Abrahams, meines Herrn, der mich den rechten Weg geführt hat, daß ich für seinen Sohn die Tochter des Bruders meines Herrn nehme.
49 Seid ihr nun die, die an meinem Herrn Freundschaft und Treue beweisen wollen, so sagt mir's; wenn nicht, so sagt mir's auch, daß ich mich wende zur Rechten oder zur Linken.
50 Da antworteten Laban und Bethuël und sprachen: Das kommt vom Herrn, darum können wir nichts dazu sagen, weder Böses noch Gutes.
51 Da ist Rebekka vor dir, nimm sie und zieh hin, daß sie die Frau sei des Sohnes deines Herrn, wie der Herr geredet hat.
52 Als Abrahams Knecht diese Worte hörte, neigte er sich vor dem Herrn bis zur Erde.
53 Danach zog er hervor silberne und goldene Kleinode und Kleider und gab sie Rebekka; auch ihrem Bruder und der Mutter gab er kostbare Geschenke.
54 Dann aß und trank er samt den Männern, die mit ihm waren, und sie blieben über Nacht allda.
Am Morgen aber standen sie auf, und er sprach: Laßt mich ziehen zu meinem Herrn.
55 Aber ihr Bruder und ihre Mutter sprachen: Laß doch das Mädchen noch einige Tage bei uns bleiben; danach sollst du ziehen.
56 Da sprach er zu ihnen: Haltet mich nicht auf, denn der Herr hat Gnade zu meiner Reise gegeben. Laßt mich, daß ich zu meinem Herrn ziehe.
57 Da sprachen sie: Wir wollen das Mädchen rufen und fragen, was sie dazu sagt.
58 Und sie riefen Rebekka und sprachen zu ihr: Willst du mit diesem Manne ziehen? Sie antwortete: Ja, ich will es.
59 Da ließen sie Rebekka, ihre Schwester, ziehen mit ihrer Amme, samt Abrahams Knecht und seinen Leuten.
60 Und sie segneten Rebekka und sprachen zu ihr: Du, unsere Schwester, wachse zu vieltausendmal tausend, und dein Geschlecht besitze die Tore seiner Feinde.
61 So machte sich Rebekka auf mit ihren Mägden, und sie setzten sich auf die Kamele und zogen dem Manne nach. Und der Knecht nahm Rebekka und zog von dannen.
62 Isaak aber war gezogen zum «Brunnen des Lebendigen, der mich sieht» und wohnte im Südlande.
63 Und er war ausgegangen, um zu beten auf dem Felde gegen Abend, und hob seine Augen auf und sah, daß Kamele daherkamen.
64 Und Rebekka hob ihre Augen auf und sah Isaak; da stieg sie eilends vom Kamel
65 und sprach zu dem Knecht: Wer ist der Mann, der uns entgegenkommt auf dem Felde? Der Knecht sprach: Das ist mein Herr. Da nahm sie den Schleier und verhüllte sich.
66 Und der Knecht erzählte Isaak alles, was er ausgerichtet hatte.
67 Da führte sie Isaak in das Zelt seiner Mutter Sara und nahm die Rebekka, und sie wurde seine Frau, und er gewann sie lieb. Also wurde Isaak getröstet über seine Mutter.

Abrahams zweite Ehe. Sein Tod und Begräbnis

25 Abraham nahm wieder eine Frau, die hieß Ketura.
2 Die gebar ihm Simran und Jokschan, Medan und Midian, Jischbak und Schuach.
3 Jokschan aber zeugte Saba und Dedan. Die Söhne Dedans aber waren: die Aschuriter, die Letuschiter und die Lëumiter.
4 Die Söhne Midians waren: Epha, Epher, Henoch, Abida und Eldaa. Diese alle sind Söhne der Ketura.
5 Und Abraham gab all sein Gut Isaak.
6 Aber den Söhnen, die er von den Nebenfrauen hatte, gab er Geschenke und schickte sie noch zu seinen Lebzeiten fort von seinem Sohn Isaak, nach Osten hin ins Morgenland.
7 Das ist aber Abrahams Alter, das er erreicht hat: hundertundfünfundsiebzig Jahre.
8 Und Abraham verschied und starb in einem guten Alter, als er alt und lebenssatt war, und wurde zu seinen Vätern versammelt.
9 Und es begruben ihn seine Söhne Isaak und Ismael in der Höhle von Mach-

pela auf dem Acker Ephrons, des Sohnes Zohars, des Hethiters, die da liegt östlich von Mamre

10 auf dem Felde, das Abraham von den Hethitern gekauft hatte. Da ist Abraham begraben mit Sara, seiner Frau.

11 Und nach dem Tode Abrahams segnete Gott Isaak, seinen Sohn. Und er wohnte bei dem «Brunnen des Lebendigen, der mich sieht».

Ismaels Nachkommen

12 Dies ist das Geschlecht Ismaels, des Sohnes Abrahams, den ihm Hagar gebar, die Magd Saras aus Ägypten;

13 und dies sind die Namen der Söhne Ismaels, nach denen ihre Geschlechter genannt sind: der erstgeborene Sohn Ismaels Nebajoth, dann Kedar, Adbeel, Mibsam,

14 Mischma, Duma, Massa,

15 Hadar, Tema, Jetur, Naphisch und Kedma.

16 Das sind die Söhne Ismaels mit ihren Namen nach ihren Gehöften und Zeltdörfern, zwölf Fürsten nach ihren Stämmen. –

17 Und das ist das Alter Ismaels: hundertundsiebenunddreißig Jahre. Und er verschied und starb und wurde versammelt zu seinen Vätern. –

18 Und sie wohnten von Hewila an bis nach Schur östlich von Ägypten nach Assyrien hin. So ließ er sich nieder all seinen Brüdern zum Trotz.

Esaus und Jakobs Geburt

19 Dies ist das Geschlecht Isaaks, des Sohnes Abrahams: Abraham zeugte Isaak.

20 Isaak aber war vierzig Jahre alt, als er Rebekka zur Frau nahm, die Tochter Bethuëls, des Aramäers aus Mesopotamien, die Schwester des Aramäers Laban.

21 Isaak aber bat den HERRN für seine Frau, denn sie war unfruchtbar. Und der HERR ließ sich erbitten, und Rebekka, seine Frau, ward schwanger.

22 Und die Kinder stießen sich miteinander in ihrem Leib. Da sprach sie: Wenn mir's so gehen soll, warum bin ich schwanger geworden? Und sie ging hin, den HERRN zu befragen.

23 Und der HERR sprach zu ihr: Zwei Völker sind in deinem Leibe, und zweierlei Volk wird sich scheiden aus deinem Leibe; und ein Volk wird dem andern überlegen sein, und der Ältere wird dem Jüngeren dienen.

24 Als nun die Zeit kam, daß sie gebären sollte, siehe, da waren Zwillinge in ihrem Leibe.

25 Der erste, der herauskam, war rötlich, ganz rauh wie ein Fell, und sie nannten ihn Esau.

26 Danach kam heraus sein Bruder, der hielt mit seiner Hand die Ferse des Esau, und sie nannten ihn Jakob. Sechzig Jahre alt war Isaak, als sie geboren wurden.

27 Und als nun die Knaben groß wurden, wurde Esau ein Jäger und streifte auf dem Felde umher, Jakob aber ein gesitteter Mann und blieb bei den Zelten.

28 Und Isaak hatte Esau lieb und aß gern von seinem Wildbret; Rebekka aber hatte Jakob lieb.

Esau verkauft sein Erstgeburtsrecht

29 Und Jakob kochte ein Gericht. Da kam Esau vom Feld und war müde

30 und sprach zu Jakob: Laß mich essen das rote Gericht; denn ich bin müde. Daher heißt er Edom.

31 Aber Jakob sprach: Verkaufe mir heute deine Erstgeburt.

32 Esau antwortete: Siehe, ich muß doch sterben; was soll mir da die Erstgeburt?

33 Jakob sprach: So schwöre mir zuvor. Und er schwor ihm und verkaufte so Jakob seine Erstgeburt.

34 Da gab ihm Jakob Brot und das Linsengericht, und er aß und trank und stand auf und ging davon. So verachtete Esau seine Erstgeburt.

Erneute Verheißung. Isaak und Rebekka in Gerar

26 Es kam aber eine Hungersnot ins Land nach der früheren, die zu Abrahams Zeiten war. Und Isaak zog zu Abimelech, dem König der Philister, nach Gerar.

2 Da erschien ihm der HERR und sprach: Zieh nicht hinab nach Ägypten, sondern bleibe in dem Lande, das ich dir sage.

3 Bleibe als Fremdling in diesem Lande, und ich will mit dir sein und dich segnen; denn dir und deinen Nachkommen will

ich alle diese Länder geben und will meinen Eid wahr machen, den ich deinem Vater Abraham geschworen habe,

4 und will deine Nachkommen mehren wie die Sterne am Himmel und will deinen Nachkommen alle diese Länder geben. Und durch dein Geschlecht sollen alle Völker auf Erden gesegnet werden,

5 weil Abraham meiner Stimme gehorsam gewesen ist und gehalten hat meine Rechte, meine Gebote, meine Weisungen und mein Gesetz.

6 So wohnte Isaak zu Gerar.

7 Und wenn die Leute am Ort fragten nach seiner Frau, so sprach er: Sie ist meine Schwester; denn er fürchtete sich zu sagen: Sie ist meine Frau. Er dachte nämlich: Sie könnten mich töten um Rebekkas willen, denn sie ist schön von Gestalt.

8 Als er nun eine Zeit lang da war, sah Abimelech, der König der Philister, durchs Fenster und wurde gewahr, daß Isaak scherzte mit Rebekka, seiner Frau.

9 Da rief Abimelech den Isaak und sprach: Siehe, es ist deine Frau. Wie hast du denn gesagt: sie ist meine Schwester? Isaak antwortete ihm: Ich dachte, ich würde vielleicht sterben müssen um ihretwillen.

10 Abimelech sprach: Warum hast du uns das angetan? Es wäre leicht geschehen, daß jemand vom Volk sich zu deiner Frau gelegt hätte, und du hättest so eine Schuld auf uns gebracht.

11 Da gebot Abimelech allem Volk und sprach: Wer diesen Mann oder seine Frau antastet, der soll des Todes sterben.

Isaaks Streit mit den Philistern. Sein Bund mit Abimelech

12 Und Isaak säte in dem Lande und erntete in jenem Jahre hundertfältig; denn der HERR segnete ihn.

13 Und er wurde ein reicher Mann und nahm immer mehr zu, bis er sehr reich wurde,

14 so daß er viel Gut hatte an kleinem und großem Vieh und ein großes Gesinde. Darum beneideten ihn die Philister.

15 Nun hatten sie aber alle Brunnen verstopft, die seines Vaters Knechte gegraben hatten zur Zeit Abrahams, seines Vaters, und hatten sie mit Erde gefüllt.

16 Und Abimelech sprach zu ihm: Zieh von uns, denn du bist uns zu mächtig geworden.

17 Da zog Isaak von dannen und schlug seine Zelte auf im Grunde von Gerar und wohnte da

18 und ließ die Wasserbrunnen wieder aufgraben, die sie zur Zeit Abrahams, seines Vaters, gegraben hatten, und die die Philister verstopft hatten nach Abrahams Tod, und nannte sie mit denselben Namen, mit denen sein Vater sie genannt hatte.

19 Auch gruben Isaaks Knechte im Grunde und fanden dort eine Quelle lebendigen Wassers.

20 Aber die Hirten von Gerar zankten mit den Hirten Isaaks und sprachen: Das Wasser ist unser. Da nannte er den Brunnen «Zank», weil sie mit ihm da gezankt hatten.

21 Da gruben sie einen andern Brunnen. Darüber stritten sie auch, darum nannte er ihn «Streit».

22 Da zog er weiter und grub noch einen andern Brunnen. Darüber zankten sie sich nicht, darum nannte er ihn «Weiter Raum» und sprach: Nun hat uns der HERR Raum gemacht, und wir können wachsen im Lande.

23 Danach zog er von dannen nach Beerseba.

24 Und der HERR erschien ihm in derselben Nacht und sprach: Ich bin der Gott deines Vaters Abraham. Fürchte dich nicht, denn ich bin mit dir und will dich segnen und deine Nachkommen mehren um meines Knechtes Abraham willen.

25 Dann baute er dort einen Altar und rief den Namen des HERRN an und schlug dort sein Zelt auf, und seine Knechte gruben dort einen Brunnen.

26 Und Abimelech ging zu ihm von Gerar mit Ahusath, seinem Freund, und Pichol, seinem Feldhauptmann.

27 Aber Isaak sprach zu ihnen: Warum kommt ihr zu mir? Hasset ihr mich doch und habt mich von euch getrieben.

28 Sie sprachen: Wir sehen mit sehenden Augen, daß der HERR mit dir ist. Darum sprachen wir: Es soll ein Eid zwischen uns und dir sein, und wir wollen einen Bund mit dir schließen,

29 daß du uns keinen Schaden tust, gleichwie wir dich nicht angetastet haben

und dir nur alles Gute getan und dich mit Frieden haben ziehen lassen. Du bist ja doch der Gesegnete des HERRN.

30 Da machte er ihnen ein Mahl, und sie aßen und tranken.

31 Und früh am Morgen standen sie auf, und einer schwor dem andern. Und Isaak ließ sie gehen, und sie zogen von ihm mit Frieden.

32 Am selben Tage kamen Isaaks Knechte und sagten ihm von dem Brunnen, den sie gegraben hatten, und sprachen zu ihm: Wir haben Wasser gefunden.

33 Und er nannte ihn «Schwur»; daher heißt die Stadt Beerseba* bis auf den heutigen Tag.

Esaus Frauen

34 Als Esau vierzig Jahre alt war, nahm er zur Frau Judith, die Tochter Beeris, des Hethiters, und Basemath, die Tochter Elons, des Hethiters.

35 Die machten Isaak und Rebekka lauter Herzeleid.

Jakob gewinnt mit List den Erstgeburtssegen

27 Und es begab sich, als Isaak alt geworden war und seine Augen zu schwach zum Sehen wurden, rief er Esau, seinen älteren Sohn, und sprach zu ihm: Mein Sohn! Er aber antwortete ihm: Hier bin ich.

2 Und er sprach: Siehe, ich bin alt geworden und weiß nicht, wann ich sterben werde.

3 So nimm nun dein Gerät, Köcher und Bogen, und geh aufs Feld und jage mir ein Wildbret

4 und mach mir ein Essen, wie ich's gern habe, und bring mir's herein, daß ich esse, auf daß dich meine Seele segne, ehe ich sterbe.

5 Rebekka aber hörte diese Worte, die Isaak zu seinem Sohn Esau sagte. Und Esau ging hin aufs Feld, daß er ein Wildbret jagte und heimbrächte.

6 Da sprach Rebekka zu Jakob, ihrem Sohn: Siehe, ich habe deinen Vater mit Esau, deinem Bruder, reden hören:

7 Bringe mir ein Wildbret und mach mir ein Essen, daß ich esse und dich segne vor dem HERRN, ehe ich sterbe.

8 So höre nun, mein Sohn, auf mich und tu, was ich dich heiße.

9 Geh hin zu der Herde und hole mir zwei gute Böcklein, daß ich deinem Vater ein Essen davon mache, wie er's gerne hat.

10 Das sollst du deinem Vater hineintragen, daß er esse, auf daß er dich segne vor seinem Tod.

11 Jakob aber sprach zu seiner Mutter Rebekka: Siehe, mein Bruder Esau ist rauh, doch ich bin glatt;

12 so könnte vielleicht mein Vater mich betasten, und ich würde vor ihm dastehen, als ob ich ihn betrügen wollte, und brächte über mich einen Fluch und nicht einen Segen.

13 Da sprach seine Mutter zu ihm: Der Fluch sei auf mir, mein Sohn; gehorche nur meinen Worten, geh und hole mir.

14 Da ging er hin und holte und brachte es seiner Mutter. Da machte seine Mutter ein Essen, wie es sein Vater gerne hatte,

15 und nahm Esaus, ihres älteren Sohnes, Feierkleider, die sie bei sich im Hause hatte, und zog sie Jakob an, ihrem jüngeren Sohn.

16 Aber die Felle von den Böcklein tat sie ihm um seine Hände und wo er glatt war am Halse.

17 Und so gab sie das Essen mit dem Brot, wie sie es gemacht hatte, in die Hand ihres Sohnes Jakob.

18 Und er ging hinein zu seinem Vater und sprach: Mein Vater! Er antwortete: Hier bin ich. Wer bist du, mein Sohn?

19 Jakob sprach zu seinem Vater: Ich bin Esau, dein erstgeborener Sohn; ich habe getan, wie du mir gesagt hast. Komm nun, setze dich und iß von meinem Wildbret, auf daß mich deine Seele segne.

20 Isaak aber sprach zu seinem Sohn: Wie hast du so bald gefunden, mein Sohn? Er antwortete: Der HERR, dein Gott, bescherte mir's.

21 Da sprach Isaak zu Jakob: Tritt herzu, mein Sohn, daß ich dich betaste, ob du mein Sohn Esau bist oder nicht.

22 So trat Jakob zu seinem Vater Isaak. Und als er ihn betastet hatte, sprach er: Die Stimme ist Jakobs Stimme, aber die Hände sind Esaus Hände.

23 Und er erkannte ihn nicht; denn seine Hände waren rauh wie Esaus, seines Bruders, Hände.

*d. h. Schwurbrunnen.

Und er segnete ihn
24 und sprach: Bist du mein Sohn Esau?
Er antwortete: Ja, ich bin's.
25 Da sprach er: So bringe mir her,
mein Sohn, zu essen von deinem Wildbret,
daß dich meine Seele segne. Da brachte
er's ihm, und er aß; und er trug ihm auch
Wein hinein, und er trank.
26 Und Isaak, sein Vater, sprach zu ihm:
Komm her und küsse mich, mein Sohn!
27 Er trat hinzu und küßte ihn. Da roch
er den Geruch seiner Kleider und segnete
ihn und sprach: Siehe, der Geruch meines
Sohnes ist wie der Geruch des Feldes, das
der HERR gesegnet hat.
28 Gott gebe dir vom Tau des Himmels
und von der Fettigkeit der Erde und Korn
und Wein die Fülle.
29 Völker sollen dir dienen, und Stämme sollen dir zu Füßen fallen. Sei ein
Herr über deine Brüder, und deiner Mutter Söhne sollen dir zu Füßen fallen. Verflucht sei, wer dir flucht; gesegnet sei, wer
dich segnet!
30 Als nun Isaak den Segen über Jakob
vollendet hatte und Jakob kaum hinausgegangen war von seinem Vater Isaak,
da kam Esau, sein Bruder, von seiner
Jagd
31 und machte auch ein Essen und trug's
hinein zu seinem Vater und sprach zu ihm:
Richte dich auf, mein Vater, und iß von
dem Wildbret deines Sohnes, daß mich
deine Seele segne.
32 Da antwortete ihm Isaak, sein Vater:
Wer bist du? Er sprach: Ich bin Esau, dein
erstgeborener Sohn.
33 Da entsetzte sich Isaak über die Maßen sehr und sprach: Wer? Wo ist denn
der Jäger, der mir gebracht hat, und ich
habe von allem gegessen, ehe du kamst,
und hab ihn gesegnet? Er wird auch gesegnet bleiben.
34 Als Esau diese Worte seines Vaters
hörte, schrie er laut und wurde über die
Maßen sehr betrübt und sprach zu seinem
Vater: Segne mich auch, mein Vater!
35 Er aber sprach: Dein Bruder ist gekommen mit List und hat deinen Segen
weggenommen.
36 Da sprach er: Er heißt mit Recht Jakob*, denn er hat mich nun zweimal überlistet. Meine Erstgeburt hat er genommen,
und siehe, nun nimmt er auch meinen Segen. Und er sprach: Hast du mir denn
keinen Segen vorbehalten?
37 Isaak antwortete und sprach zu ihm:
Ich habe ihn zum Herrn über dich gesetzt,
und alle seine Brüder hab ich ihm zu
Knechten gemacht, mit Korn und Wein
hab ich ihn versehen; was soll ich nun dir
noch tun, mein Sohn?
38 Esau sprach zu seinem Vater: Hast
du denn nur **einen** Segen, mein Vater?
Segne mich auch, mein Vater! Und er erhob seine Stimme und weinte.
39 Da antwortete Isaak, sein Vater, und
sprach zu ihm: Siehe, du wirst wohnen
ohne Fettigkeit der Erde und ohne Tau
des Himmels von oben her.
40 Von deinem Schwerte wirst du dich
nähren, und deinem Bruder sollst du dienen. Aber es wird geschehen, daß du einmal sein Joch von deinem Halse reißen
wirst.

Jakobs Flucht nach Haran

41 Und Esau war Jakob gram um des
Segens willen, mit dem ihn sein Vater gesegnet hatte, und sprach in seinem Herzen: Es wird die Zeit bald kommen, daß
man um meinen Vater Leid tragen muß;
dann will ich meinen Bruder Jakob umbringen.
42 Da wurden Rebekka angesagt diese
Worte ihres älteren Sohnes Esau. Und sie
schickte hin und ließ Jakob, ihren jüngeren Sohn, rufen und sprach zu ihm: Siehe,
dein Bruder Esau droht dir, daß er dich
umbringen will.
43 Und nun höre auf mich, mein Sohn:
Mach dich auf und flieh zu meinem Bruder Laban nach Haran
44 und bleib eine Weile bei ihm, bis sich
der Grimm deines Bruders legt
45 und bis sein Zorn wider dich sich von
dir wendet und er vergißt, was du ihm
getan hast; dann will ich schicken und
dich von dort holen lassen. Warum sollte
ich euer beider beraubt werden auf **einen**
Tag?
46 Und Rebekka sprach zu Isaak: Mich
verdrießt zu leben, wegen der Hethiterinnen. Wenn Jakob eine Frau nimmt von
den Hethiterinnen wie diese, eine von den
Töchtern des Landes, was soll mir das
Leben?

*d. h. der Hinterlistige.

28 Da rief Isaak seinen Sohn Jakob und segnete ihn und gebot ihm und sprach zu ihm: Nimm dir nicht eine Frau von den Töchtern Kanaans,
2 sondern mach dich auf und zieh nach Mesopotamien zum Hause Bethuëls, des Vaters deiner Mutter, und nimm dir dort eine Frau von den Töchtern Labans, des Bruders deiner Mutter.
3 Und der allmächtige Gott segne dich und mache dich fruchtbar und mehre dich, daß du werdest ein Haufe von Völkern,
4 und gebe dir den Segen Abrahams, dir und deinen Nachkommen mit dir, daß du besitzest das Land, darin du jetzt ein Fremdling bist, das Gott dem Abraham gegeben hat.
5 So entließ Isaak den Jakob, daß er nach Mesopotamien zog zu Laban, dem Sohn des Aramäers Bethuël, dem Bruder Rebekkas, Jakobs und Esaus Mutter.
6 Nun sah Esau, daß Isaak Jakob gesegnet und nach Mesopotamien entlassen hatte, um sich dort eine Frau zu nehmen; er hatte ihn nämlich gesegnet und ihm geboten: Du sollst dir keine Frau nehmen von den Töchtern Kanaans.
7 Auch sah Esau, daß Jakob seinem Vater und seiner Mutter gehorchte und nach Mesopotamien zog
8 und daß Isaak, sein Vater, die Töchter Kanaans nicht gerne sah.
9 Da ging er hin zu Ismael und nahm zu den Frauen, die er bereits hatte, Mahalath, die Tochter Ismaels, des Sohnes Abrahams, die Schwester Nebajoths, zur Frau.

Jakob schaut die Himmelsleiter

10 Aber Jakob zog aus von Beerseba und machte sich auf den Weg nach Haran
11 und kam an eine Stätte, da blieb er über Nacht, denn die Sonne war untergegangen. Und er nahm einen Stein von der Stätte und legte ihn zu seinen Häupten und legte sich an der Stätte schlafen.
12 Und ihm träumte, und siehe, eine Leiter stand auf Erden, die rührte mit der Spitze an den Himmel, und siehe, die Engel Gottes stiegen daran auf und nieder.
13 Und der HERR stand oben darauf und sprach: Ich bin der HERR, der Gott deines Vaters Abraham, und Isaaks Gott; das Land, darauf du liegst, will ich dir und deinen Nachkommen geben.
14 Und dein Geschlecht soll werden wie der Staub auf Erden, und du sollst ausgebreitet werden gegen Westen und Osten, Norden und Süden, und durch dich und deine Nachkommen sollen alle Geschlechter auf Erden gesegnet werden.
15 Und siehe, ich bin mit dir und will dich behüten, wo du hinziehst, und will dich wieder herbringen in dies Land. Denn ich will dich nicht verlassen, bis ich alles tue, was ich dir zugesagt habe.
16 Als nun Jakob von seinem Schlaf aufwachte, sprach er: Fürwahr, der HERR ist an dieser Stätte, und ich wußte es nicht!
17 Und er fürchtete sich und sprach: Wie heilig ist diese Stätte! Hier ist nichts anderes als Gottes Haus, und hier ist die Pforte des Himmels.
18 Und Jakob stand früh am Morgen auf und nahm den Stein, den er zu seinen Häupten gelegt hatte, und richtete ihn auf zu einem Steinmal und goß Öl oben darauf
19 und nannte die Stätte Bethel*; vorher aber hieß die Stadt Lus.
20 Und Jakob tat ein Gelübde und sprach: Wird Gott mit mir sein und mich behüten auf dem Wege, den ich reise, und mir Brot zu essen geben und Kleider anzuziehen
21 und mich mit Frieden wieder heim zu meinem Vater bringen, so soll der HERR mein Gott sein.
22 Und dieser Stein, den ich aufgerichtet habe zu einem Steinmal, soll ein Gotteshaus werden; und von allem, was du mir gibst, will ich dir den Zehnten geben.

Jakob dient um Lea und Rahel

29 Da machte sich Jakob auf den Weg und ging in das Land, das im Osten liegt,
2 und sah sich um, und siehe, da war ein Brunnen auf dem Felde; und siehe, drei Herden Schafe lagen dabei, denn von dem Brunnen pflegten sie die Herden zu tränken. Und ein großer Stein lag vor dem Loch des Brunnens.
3 Und sie pflegten die Herden alle dort zu versammeln und den Stein von dem

*d. h. Haus Gottes.

Brunnenloch zu wälzen und die Schafe zu tränken und taten alsdann den Stein wieder vor das Loch an seine Stelle.

4 Und Jakob sprach zu ihnen: Liebe Brüder, wo seid ihr her? Sie antworteten: Wir sind von Haran.

5 Er sprach zu ihnen: Kennt ihr auch Laban, den Sohn Nahors? Sie antworteten: Ja, wir kennen ihn.

6 Er sprach: Geht es ihm auch gut? Sie antworteten: Es geht ihm gut; und siehe, da kommt seine Tochter Rahel mit den Schafen.

7 Er sprach: Es ist noch hoher Tag und ist noch nicht Zeit, das Vieh einzutreiben; tränkt die Schafe und geht hin und weidet sie.

8 Sie antworteten: Wir können es nicht, bis alle Herden zusammengebracht sind und wir den Stein von des Brunnens Loch wälzen und dann die Schafe tränken.

9 Als er noch mit ihnen redete, kam Rahel mit den Schafen ihres Vaters, denn sie hütete die Schafe.

10 Als Jakob aber Rahel sah, die Tochter Labans, des Bruders seiner Mutter, und die Schafe Labans, des Bruders seiner Mutter, trat er hinzu und wälzte den Stein von dem Loch des Brunnens und tränkte die Schafe Labans, des Bruders seiner Mutter.

11 Und er küßte Rahel und weinte laut

12 und sagte ihr, daß er ihres Vaters Verwandter wäre und Rebekkas Sohn. Da lief sie und sagte es ihrem Vater.

13 Als aber Laban hörte von Jakob, seiner Schwester Sohn, lief er ihm entgegen und herzte und küßte ihn und führte ihn in sein Haus. Da erzählte er Laban alles, was sich begeben hatte.

14 Da sprach Laban zu ihm: Fürwahr, du bist von meinem Gebein und Fleisch.

Und als er nun einen Monat lang bei ihm gewesen war,

15 sprach Laban zu Jakob: Zwar bist du mein Verwandter, aber solltest du mir darum umsonst dienen? Sage an, was soll dein Lohn sein?

16 Laban aber hatte zwei Töchter; die ältere hieß Lea, die jüngere Rahel.

17 Aber Leas Augen waren ohne Glanz, Rahel dagegen war schön von Gestalt und von Angesicht.

18 Und Jakob gewann Rahel lieb und sprach: Ich will dir sieben Jahre um Rahel, deine jüngere Tochter, dienen.

19 Laban antwortete: Es ist besser, ich gebe sie dir als einem andern; bleib bei mir.

20 So diente Jakob um Rahel sieben Jahre, und es kam ihm vor, als wären's einzelne Tage, so lieb hatte er sie.

21 Und Jakob sprach zu Laban: Gib mir nun meine Braut; denn die Zeit ist da, daß ich zu ihr gehe.

22 Da lud Laban alle Leute des Ortes ein und machte ein Hochzeitsmahl.

23 Am Abend aber nahm er seine Tochter Lea und brachte sie zu Jakob; und er ging zu ihr.

24 Und Laban gab seiner Tochter Lea seine Magd Silpa zur Leibmagd.

25 Am Morgen aber, siehe, da war es Lea. Und Jakob sprach zu Laban: Warum hast du mir das angetan? Habe ich dir nicht um Rahel gedient? Warum hast du mich denn betrogen?

26 Laban antwortete: Es ist nicht Sitte in unserm Lande, daß man die jüngere weggebe vor der älteren.

27 Halte mit dieser die Hochzeitswoche, so will ich dir die andere auch geben für den Dienst, den du bei mir noch weitere sieben Jahre leisten sollst.

28 Das tat Jakob und hielt die Hochzeitswoche. Da gab ihm Laban seine Tochter Rahel zur Frau.

29 Und er gab seiner Tochter Rahel seine Magd Bilha zur Leibmagd.

30 So ging Jakob auch zu Rahel ein und hatte Rahel lieber als Lea; und er diente bei ihm noch weitere sieben Jahre.

Jakobs Kinder

31 Als aber der HERR sah, daß Lea ungeliebt war, machte er sie fruchtbar; Rahel aber war unfruchtbar.

32 Und Lea ward schwanger und gebar einen Sohn; den nannte sie Ruben und sprach: Der HERR hat angesehen mein Elend; nun wird mich mein Mann liebhaben.

33 Und sie ward abermals schwanger und gebar einen Sohn und sprach: Der HERR hat gehört, daß ich ungeliebt bin, und hat mir diesen auch gegeben. Und nannte ihn Simeon.

34 Abermals ward sie schwanger und

gebar einen Sohn und sprach: Nun wird mein Mann mir doch zugetan sein, denn ich habe ihm drei Söhne geboren. Darum nannte sie ihn Levi.

35 Zum viertenmal ward sie schwanger und gebar einen Sohn und sprach: Nun will ich dem HERRN danken. Darum nannte sie ihn Juda. Und sie hörte auf, Kinder zu gebären.

30 Als Rahel sah, daß sie Jakob kein Kind gebar, beneidete sie ihre Schwester und sprach zu Jakob: Schaffe mir Kinder, wenn nicht, so sterbe ich.

2 Jakob aber wurde sehr zornig auf Rahel und sprach: Bin ich doch nicht Gott, der dir deines Leibes Frucht nicht geben will.

3 Sie aber sprach: Siehe, da ist meine Magd Bilha; geh zu ihr, daß sie auf meinem Schoß gebäre und ich doch durch sie zu Kindern komme.

4 So gab sie ihm Bilha, ihre Leibmagd, zur Frau, und Jakob ging zu ihr.

5 Und Bilha ward schwanger und gebar Jakob einen Sohn.

6 Da sprach Rahel: Gott hat mir Recht verschafft und mich erhört und mir einen Sohn gegeben. Darum nannte sie ihn Dan.

7 Abermals ward Bilha, Rahels Leibmagd, schwanger und gebar Jakob ihren zweiten Sohn.

8 Da sprach Rahel: Über alle Maßen habe ich gekämpft mit meiner Schwester, und ich habe gesiegt. Und nannte ihn Naphthali.

9 Als nun Lea sah, daß sie aufgehört hatte zu gebären, nahm sie ihre Leibmagd Silpa und gab sie Jakob zur Frau.

10 Und Silpa, Leas Leibmagd, gebar Jakob einen Sohn.

11 Da sprach Lea: Glück zu! Und nannte ihn Gad.

12 Danach gebar Silpa, Leas Leibmagd, Jakob ihren zweiten Sohn.

13 Da sprach Lea: Wohl mir, denn mich werden selig preisen die Töchter. Und nannte ihn Asser.

14 Ruben ging aus zur Zeit der Weizenernte und fand Liebesäpfel auf dem Felde und brachte sie heim zu seiner Mutter Lea. Da sprach Rahel zu Lea: Gib mir von den Liebesäpfeln deines Sohnes.

15 Sie antwortete: Hast du nicht genug, daß du mir meinen Mann genommen hast, und willst auch die Liebesäpfel meines Sohnes nehmen? Rahel sprach: Wohlan, laß ihn diese Nacht bei dir schlafen für die Liebesäpfel deines Sohnes.

16 Als nun Jakob am Abend vom Felde kam, ging Lea hinaus ihm entgegen und sprach: Zu mir sollst du kommen, denn ich habe dich erkauft mit den Liebesäpfeln meines Sohnes. Und er schlief die Nacht bei ihr.

17 Und Gott erhörte Lea, und sie ward schwanger und gebar Jakob ihren fünften Sohn

18 und sprach: Gott hat mir gelohnt, daß ich meine Magd meinem Manne gegeben habe. Und nannte ihn Isaschar.

19 Abermals ward Lea schwanger und gebar Jakob ihren sechsten Sohn

20 und sprach: Gott hat mich reich beschenkt; nun wird mein Mann doch bei mir bleiben; denn ich habe ihm sechs Söhne geboren. Und nannte ihn Sebulon.

21 Danach gebar sie eine Tochter, die nannte sie Dina.

22 Gott gedachte aber an Rahel und erhörte sie und machte sie fruchtbar.

23 Da ward sie schwanger und gebar einen Sohn und sprach: Gott hat meine Schmach von mir genommen;

24 und sie nannte ihn Joseph und sprach: Der HERR wolle mir noch einen Sohn dazu geben!

Jakob kommt zu Reichtum

25 Als nun Rahel den Joseph geboren hatte, sprach Jakob zu Laban: Laß mich ziehen und reisen an meinen Ort und in mein Land.

26 Gib mir meine Frauen und meine Kinder, um die ich dir gedient habe, daß ich ziehe; denn du weißt, wie ich dir gedient habe.

27 Laban sprach zu ihm: Laß mich Gnade vor deinen Augen finden. Ich spüre, daß mich der HERR segnet um deinetwillen.

28 Bestimme den Lohn, den ich dir geben soll.

29 Er aber sprach zu ihm: Du weißt, wie ich dir gedient habe und was aus deinem Vieh geworden ist unter mir.

30 Du hattest wenig, ehe ich herkam; nun aber ist's geworden zu einer großen Menge, und der HERR hat dich

gesegnet auf jedem meiner Schritte. Und nun, wann soll ich auch für mein Haus sorgen?
31 Er aber sprach: Was soll ich dir denn geben? Jakob sprach: Du sollst mir gar nichts geben; sondern wenn du mir tun willst, was ich dir sage, so will ich deine Schafe wieder weiden und hüten.
32 Ich will heute durch alle deine Herden gehen und aussondern alle gefleckten und bunten Schafe und alle schwarzen Schafe und die bunten und gefleckten Ziegen. Was nun bunt und gefleckt sein wird, das soll mein Lohn sein.
33 So wird meine Redlichkeit morgen für mich zeugen, wenn du kommst wegen meines Lohnes, den ich von dir nehmen soll: was nicht gefleckt oder bunt unter den Ziegen und nicht schwarz sein wird unter den Lämmern, das sei ein Diebstahl, wenn es sich bei mir findet.
34 Da sprach Laban: Wohlan, es sei, wie du gesagt hast.
35 Und er sonderte an jenem Tage aus die sprenkligen und bunten Böcke und alle gefleckten und bunten Ziegen, wo nur etwas Weißes daran war, und alles, was schwarz war unter den Lämmern, und tat's unter die Hand seiner Söhne
36 und machte einen Raum, drei Tagereisen weit, zwischen sich und Jakob. Jakob aber weidete die übrigen Herden Labans.
37 Und Jakob nahm frische Stäbe von Pappeln, Mandelbäumen und Platanen und schälte weiße Streifen daran aus, so daß an den Stäben das Weiße bloß wurde,
38 und legte die Stäbe, die er geschält hatte, in die Tränkrinnen, wo die Herden hinkommen mußten zu trinken, daß sie da empfangen sollten, wenn sie zu trinken kämen.
39 So empfingen die Herden über den Stäben und brachten Sprenklige, Gefleckte und Bunte.
40 Da sonderte Jakob die Lämmer aus und machte sich eigene Herden; die tat er nicht zu den Herden Labans.
41 Wenn aber die Brunstzeit der kräftigen Tiere war, legte er die Stäbe in die Rinnen vor die Augen der Herde, daß sie über den Stäben empfingen.
42 Aber wenn die Tiere schwächlich waren, legte er sie nicht hinein. So wurden die schwächlichen Tiere dem Laban zuteil, aber die kräftigen dem Jakob.
43 Daher wurde der Mann über die Maßen reich, so daß er viele Schafe, Mägde und Knechte, Kamele und Esel hatte.

Jakobs Flucht mit den Seinen. Sein Vertrag mit Laban

31 Und es kamen vor ihn die Reden der Söhne Labans, daß sie sprachen: Jakob hat alles Gut unseres Vaters an sich gebracht, und nur von unseres Vaters Gut hat er solchen Reichtum zuwege gebracht.
2 Und Jakob sah an das Angesicht Labans, und siehe, er war gegen ihn nicht mehr wie zuvor.
3 Und der Herr sprach zu Jakob: Zieh wieder in deiner Väter Land und zu deiner Verwandtschaft; ich will mit dir sein.
4 Da sandte Jakob hin und ließ rufen Rahel und Lea aufs Feld zu seiner Herde
5 und sprach zu ihnen: Ich sehe an eures Vaters Angesicht, daß er gegen mich nicht ist wie zuvor; aber der Gott meines Vaters ist mit mir gewesen.
6 Und ihr wißt, daß ich aus allen meinen Kräften eurem Vater gedient habe.
7 Und er hat mich getäuscht und zehnmal meinen Lohn verändert; aber Gott hat ihm nicht gestattet, daß er mir Schaden täte.
8 Wenn er sprach: Die Bunten sollen dein Lohn sein, so trug die ganze Herde Bunte. Wenn er aber sprach: Die Sprenkligen sollen dein Lohn sein, so trug die ganze Herde Sprenklige.
9 So hat Gott die Güter eures Vaters ihm entwunden und mir gegeben.
10 Denn wenn die Brunstzeit kam, hob ich meine Augen auf und sah im Traum, und siehe, die Böcke, die auf die Herde sprangen, waren sprenklig, gefleckt und bunt.
11 Und der Engel Gottes sprach zu mir im Traum: Jakob! Und ich antwortete: Hier bin ich.
12 Er aber sprach: Hebe deine Augen auf und sieh! Alle Böcke, die auf die Herde springen, sind sprenklig, gefleckt und bunt; denn ich habe alles gesehen, was Laban dir antut.
13 Ich bin der Gott, der dir zu Bethel er-

schienen ist, wo du den Stein gesalbt hast,
und du hast mir daselbst ein Gelübde ge-
tan. Nun mach dich auf und zieh aus die-
sem Lande und kehre zurück in das Land
deiner Verwandtschaft.
14 Da antworteten Rahel und Lea und
sprachen zu ihm: Wir haben doch kein
Teil noch Erbe mehr in unseres Vaters
Hause.
15 Haben wir ihm doch gegolten wie die
Fremden, denn er hat uns verkauft und
unsern Kaufpreis verzehrt.
16 Fürwahr, der ganze Reichtum, den
Gott unserm Vater entzogen hat, gehört
uns und unsern Kindern. Alles nun, was
Gott dir gesagt hat, das tu!
17 Da machte sich Jakob auf und lud
seine Kinder und Frauen auf die Kamele
18 und führte weg all sein Vieh und alle
seine Habe, die er in Mesopotamien er-
worben hatte, daß er käme zu Isaak, sei-
nem Vater, ins Land Kanaan.
19 Laban aber war gegangen, seine Her-
de zu scheren. Und Rahel stahl ihres Va-
ters Hausgott.
20 Und Jakob täuschte Laban, den Ara-
mäer, damit, daß er ihm nicht ansagte,
daß er ziehen wollte.
21 So floh er mit allem, was sein war,
machte sich auf und fuhr über den Eu-
phrat und richtete seinen Weg nach dem
Gebirge Gilead.
22 Am dritten Tage wurde Laban ange-
sagt, daß Jakob geflohen wäre.
23 Und er nahm seine Brüder zu sich
und jagte ihm nach, sieben Tagereisen
weit, und ereilte ihn auf dem Gebirge
Gilead.
24 Aber Gott kam zu Laban, dem Ara-
mäer, im Traum des Nachts und sprach
zu ihm: Hüte dich, mit Jakob anders zu
reden als freundlich.
25 Und Laban holte Jakob ein. Jakob
aber hatte sein Zelt aufgeschlagen auf dem
Gebirge, und Laban mit seinen Brüdern
schlug sein Zelt auch auf dem Gebirge
Gilead auf.
26 Da sprach Laban zu Jakob: Was hast
du getan, daß du mich getäuscht hast und
hast meine Töchter entführt, als wenn sie
im Krieg gefangen wären?
27 Warum bist du heimlich geflohen und
hast mich hintergangen und hast mir's
nicht angesagt, daß ich dich geleitet hätte
mit Freuden, mit Liedern, mit Pauken
und Harfen?
28 Und hast mich nicht einmal lassen
meine Enkel und Töchter küssen? Nun,
du hast töricht getan.
29 Ich hätte wohl so viel Macht, daß ich
euch Böses antun könnte; aber eures Va-
ters Gott hat diese Nacht zu mir gesagt:
Hüte dich, mit Jakob anders zu reden als
freundlich.
30 Und wenn du schon weggezogen bist
und sehntest dich so sehr nach deines
Vaters Hause, warum hast du mir dann
aber meinen Gott gestohlen?
31 Jakob antwortete und sprach zu La-
ban: Ich fürchtete mich und dachte, du
würdest deine Töchter von mir reißen.
32 Bei wem du aber deinen Gott findest,
der sterbe! Hier vor unsern Brüdern suche
das Deine bei mir und nimm's hin. Jakob
wußte aber nicht, daß Rahel ihn gestohlen
hatte.
33 Da ging Laban in die Zelte Jakobs
und Leas und der beiden Mägde und fand
nichts. Und ging aus dem Zelte Leas in
das Zelt Rahels.
34 Rahel aber hatte den Hausgott ge-
nommen und unter den Kamelsattel ge-
legt und sich darauf gesetzt. Laban aber
betastete das ganze Zelt und fand nichts.
35 Da sprach sie zu ihrem Vater: Mein
Herr, zürne nicht, denn ich kann nicht
aufstehen vor dir, denn es geht mir nach
der Frauen Weise. Daher fand er den
Hausgott nicht, wie sehr er auch suchte.
36 Und Jakob wurde zornig und schalt
Laban und sprach zu ihm: Was hab ich
Übles getan oder gesündigt, daß du so
hitzig hinter mir her bist?
37 Du hast all meinen Hausrat betastet.
Was hast du von deinem Hausrat gefun-
den? Lege das her vor meinen und deinen
Brüdern, daß sie zwischen uns beiden
richten.
38 Diese zwanzig Jahre bin ich bei dir
gewesen, deine Schafe und Ziegen haben
keine Fehlgeburt gehabt; die Widder dei-
ner Herde hab ich nie gegessen;
39 was die wilden Tiere zerrissen, brach-
te ich dir nicht, ich mußte es ersetzen; du
fordertest es von meiner Hand, es mochte
mir des Tages oder des Nachts gestohlen
sein.
40 Des Tages kam ich um vor Hitze und

des Nachts vor Frost, und kein Schlaf kam in meine Augen.

41 So habe ich diese zwanzig Jahre in deinem Hause gedient, vierzehn um deine Töchter und sechs um deine Herde, und du hast mir meinen Lohn zehnmal verändert.

42 Wenn nicht der Gott meines Vaters, der Gott Abrahams und der Schrecken Isaaks*, auf meiner Seite gewesen wäre, du hättest mich leer ziehen lassen. Aber Gott hat mein Elend und meine Mühe angesehen und hat diese Nacht rechtes Urteil gesprochen.

43 Laban antwortete und sprach zu Jakob: Die Töchter sind meine Töchter, und die Kinder sind meine Kinder, und die Herden sind meine Herden, und alles, was du siehst, ist mein. Was kann ich heute für meine Töchter oder ihre Kinder tun, die sie geboren haben?

44 So komm nun und laß uns einen Bund schließen, ich und du, der ein Zeuge sei zwischen mir und dir.

45 Da nahm Jakob einen Stein und richtete ihn auf zu einem Steinmal.

46 Laban aber sprach zu seinen Brüdern: Leset Steine auf! Und sie nahmen Steine und machten davon einen Haufen und aßen daselbst auf dem Steinhaufen.

47 Und Laban nannte ihn Jegar-Sahadutha, Jakob aber nannte ihn Gilead.

48 Da sprach Laban: Der Steinhaufe sei heute Zeuge zwischen mir und dir. Daher nennt man ihn Gilead**

49 und Mizpa***; denn er sprach: Der HERR wache als Späher über mir und dir, wenn wir voneinander gegangen sind,

50 daß du meine Töchter nicht bedrückst oder andere Frauen dazu nimmst zu meinen Töchtern. Es ist hier kein Mensch bei uns; siehe aber, Gott ist der Zeuge zwischen mir und dir.

51 Und Laban sprach weiter zu Jakob: Siehe, das ist der Haufe, und das ist das Steinmal, das ich aufgerichtet habe zwischen mir und dir.

52 Dieser Steinhaufe sei Zeuge, und das Steinmal sei auch Zeuge, daß ich nicht an diesem Haufen vorüberziehe zu dir hin oder du vorüberziehest zu mir hin an diesem Haufen und diesem Mal in böser Absicht!

53 Der Gott Abrahams und der Gott Nahors sei Richter zwischen uns – der Gott ihres Vaters!

54 Und Jakob schwor ihm bei dem Schrecken Isaaks, dem Gott seines Vaters. Und Jakob opferte auf dem Gebirge und lud seine Brüder zum Essen. Und als sie gegessen hatten, blieben sie auf dem Gebirge über Nacht.

Jakob rüstet sich zur Begegnung mit Esau

32 °Am Morgen aber stand Laban früh auf, küßte seine Enkel und Töchter und segnete sie und zog hin und kam wieder an seinen Ort.

2 Jakob aber zog seinen Weg. Und es begegneten ihm die Engel Gottes.

3 Und als er sie sah, sprach er: Hier ist Gottes Heerlager, und nannte diese Stätte Mahanajim.

4 Jakob aber schickte Boten vor sich her zu seinem Bruder Esau ins Land Seïr, in das Gebiet von Edom,

5 und befahl ihnen und sprach: So sprecht zu Esau, meinem Herrn: Dein Knecht Jakob läßt dir sagen: Ich bin bisher bei Laban lange in der Fremde gewesen

6 und habe Rinder und Esel, Schafe, Knechte und Mägde, und habe ausgesandt, es dir, meinem Herrn, anzusagen, damit ich Gnade vor deinen Augen fände.

7 Die Boten kamen zu Jakob zurück und sprachen: Wir kamen zu deinem Bruder Esau, und er zieht dir auch entgegen mit vierhundert Mann.

8 Da fürchtete sich Jakob sehr, und ihm wurde bange. Und er teilte das Volk, das bei ihm war, und die Schafe und die Rinder und die Kamele in zwei Lager

9 und sprach: Wenn Esau über das eine Lager kommt und macht es nieder, so wird das andere entrinnen.

10 Weiter sprach Jakob: Gott meines Vaters Abraham und Gott meines Vaters Isaak, der du zu mir gesagt hast: Zieh wieder in dein Land und zu deiner Verwandtschaft, ich will dir wohltun –,

11 **HERR, ich bin zu gering aller Barmherzigkeit und aller Treue, die du an deinem Knechte getan hast**; denn ich hatte nicht

* «Schrecken Isaaks» ist eine alte Bezeichnung für den von Isaak verehrten Gott.
** d. h. Steinhaufe des Zeugnisses.
*** d. h. Spähort.

mehr als diesen Stab, als ich hier über den Jordan ging, und nun sind aus mir zwei Lager geworden.

12 Errette mich von der Hand meines Bruders, von der Hand Esaus; denn ich fürchte mich vor ihm, daß er komme und schlage mich, die Mütter samt den Kindern.

13 Du hast gesagt: Ich will dir wohltun und deine Nachkommen machen wie den Sand am Meer, den man der Menge wegen nicht zählen kann.

14 Und er blieb die Nacht da und nahm von dem, was er erworben hatte, ein Geschenk für seinen Bruder Esau:

15 zweihundert Ziegen, zwanzig Böcke, zweihundert Schafe, zwanzig Widder

16 und dreißig säugende Kamele mit ihren Füllen, vierzig Kühe und zehn junge Stiere, zwanzig Eselinnen und zehn Esel,

17 und tat sie unter die Hand seiner Knechte, je eine Herde besonders, und sprach zu ihnen: Geht vor mir her und laßt Raum zwischen einer Herde und der andern.

18 Und er gebot dem ersten und sprach: Wenn dir mein Bruder Esau begegnet und dich fragt: Wem gehörst du an und wo willst du hin und wessen Eigentum ist das, was du vor dir hertreibst?,

19 sollst du sagen: Es gehört deinem Knechte Jakob, der sendet es als Geschenk seinem Herrn Esau und zieht hinter uns her.

20 Ebenso gebot er auch dem zweiten und dem dritten und allen, die den Herden nachgingen, und sprach: Wie ich euch gesagt habe, so saget zu Esau, wenn ihr ihm begegnet,

21 und saget ja auch: Siehe, dein Knecht Jakob kommt hinter uns. Denn er dachte: Ich will ihn versöhnen mit dem Geschenk, das vor mir hergeht. Danach will ich ihn sehen; vielleicht wird er mich annehmen.

22 So ging das Geschenk vor ihm her; er aber blieb diese Nacht im Lager.

Jakobs Kampf am Jabbok. Sein neuer Name

23 Und Jakob stand auf in der Nacht und nahm seine beiden Frauen und die beiden Mägde und seine elf Söhne und zog an die Furt des Jabbok,

24 nahm sie und führte sie über das Wasser, so daß hinüberkam, was er hatte,

25 und blieb allein zurück.

Da rang ein Mann mit ihm, bis die Morgenröte anbrach.

26 Und als er sah, daß er ihn nicht übermochte, schlug er ihn auf das Gelenk seiner Hüfte, und das Gelenk der Hüfte Jakobs wurde über dem Ringen mit ihm verrenkt.

27 Und er sprach: Laß mich gehen, denn die Morgenröte bricht an. Aber Jakob antwortete: **Ich lasse dich nicht, du segnest mich denn.**

28 Er sprach: Wie heißest du? Er antwortete: Jakob.

29 Er sprach: Du sollst nicht mehr Jakob heißen, sondern Israel; denn du hast mit Gott und mit Menschen gekämpft und hast gewonnen.

30 Und Jakob fragte ihn und sprach: Sage doch, wie heißest du? Er aber sprach: Warum fragst du, wie ich heiße? Und er segnete ihn daselbst.

31 Und Jakob nannte die Stätte Pniel*; denn, sprach er, ich habe Gott von Angesicht gesehen, und doch wurde mein Leben gerettet.

32 Und als er an Pniel vorüberkam, ging ihm die Sonne auf; und er hinkte an seiner Hüfte.

33 Daher essen die Kinder Israel nicht das Muskelstück auf dem Gelenk der Hüfte bis auf den heutigen Tag, weil er auf den Muskel am Gelenk der Hüfte Jakobs geschlagen hatte.

Jakobs Versöhnung mit Esau

33 Jakob hob seine Augen auf und sah seinen Bruder Esau kommen mit vierhundert Mann. Und er verteilte seine Kinder auf Lea und auf Rahel und auf die beiden Leibmägde

2 und stellte die Mägde mit ihren Kindern vornean und Lea mit ihren Kindern dahinter und Rahel mit Joseph zuletzt.

3 Und er ging vor ihnen her und neigte sich siebenmal zur Erde, bis er zu seinem Bruder kam.

4 Esau aber lief ihm entgegen und herzte ihn und fiel ihm um den Hals und küßte ihn, und sie weinten.

5 Und Esau hob seine Augen auf und sah die Frauen mit den Kindern und sprach: Wer sind diese bei dir? Er antwortete:

* d. h. Angesicht Gottes.

Es sind die Kinder, die Gott deinem Knecht beschert hat.

6 Und die Mägde traten herzu mit ihren Kindern und neigten sich vor ihm.

7 Lea trat auch herzu mit ihren Kindern, und sie neigten sich vor ihm. Danach traten Joseph und Rahel herzu, und sie neigten sich auch vor ihm.

8 Und Esau sprach: Was willst du mit all den Herden, denen ich begegnet bin? Er antwortete: Daß ich Gnade fände vor meinem Herrn.

9 Esau sprach: Ich habe genug, mein Bruder; behalte, was du hast.

10 Jakob antwortete: Ach nein! Hab ich Gnade gefunden vor dir, so nimm mein Geschenk von meiner Hand; denn ich sah dein Angesicht, als sähe ich Gottes Angesicht, und du hast mich freundlich angesehen.

11 Nimm doch diese Segensgabe von mir an, die ich dir zugebracht habe; denn Gott hat sie mir beschert, und ich habe von allem genug. So nötigte er ihn, daß er sie nahm.

12 Und Esau sprach: Laß uns aufbrechen und fortziehen; ich will mit dir ziehen.

13 Er aber sprach zu ihm: Mein Herr weiß, daß ich zarte Kinder bei mir habe, dazu säugende Schafe und Kühe; wenn sie auch nur einen Tag übertrieben würden, würde mir die ganze Herde sterben.

14 Mein Herr ziehe vor seinem Knechte her. Ich will gemächlich hintennach treiben, wie das Vieh und die Kinder gehen können, bis ich komme zu meinem Herrn nach Seïr.

15 Esau sprach: So will ich doch bei dir lassen etliche von meinen Leuten. Er antwortete: Ist das denn nötig? Laß mich nur Gnade vor meinem Herrn finden.

16 So zog Esau an jenem Tage wiederum seines Weges nach Seïr.

Jakob siedelt sich bei Sichem an

17 Und Jakob zog nach Sukkoth und baute sich ein Haus und machte seinem Vieh Hütten; daher heißt die Stätte Sukkoth*.

18 Danach kam Jakob wohlbehalten zu der Stadt Sichem, die im Lande Kanaan liegt, nachdem er aus Mesopotamien gekommen war, und lagerte vor der Stadt

19 und kaufte das Land, wo er sein Zelt aufgeschlagen hatte, von den Söhnen Hemors, des Vaters Sichems, um hundert Goldstücke

20 und errichtete dort einen Altar und nannte ihn «Gott ist der Gott Israels».

Die Schandtat an Dina und das Blutbad zu Sichem

34 Dina aber, Leas Tochter, die sie Jakob geboren hatte, ging aus, die Töchter des Landes zu sehen.

2 Als Sichem sie sah, der Sohn des Hewiters Hemor, der des Landes Herr war, nahm er sie, legte sich zu ihr und tat ihr Gewalt an.

3 Und sein Herz hing an ihr, und er hatte das Mädchen lieb und redete freundlich mit ihr.

4 Und Sichem sprach zu seinem Vater Hemor: Nimm mir das Mädchen zur Frau.

5 Und Jakob erfuhr, daß seine Tochter Dina geschändet war; und seine Söhne waren mit dem Vieh auf dem Felde, und Jakob schwieg, bis sie kamen.

6 Da ging Hemor, Sichems Vater, hinaus zu Jakob, um mit ihm zu reden.

7 Indessen kamen die Söhne Jakobs vom Felde. Und als sie es hörten, verdroß es die Männer, und sie wurden sehr zornig, daß er eine Schandtat an Israel begangen und bei Jakobs Tochter gelegen hatte. Denn solches durfte nicht geschehen.

8 Da redete Hemor mit ihnen und sprach: Das Herz meines Sohnes Sichem sehnt sich nach eurer Tochter; gebt sie ihm doch zur Frau.

9 Verschwägert euch mit uns; gebt uns eure Töchter und nehmt ihr unsere Töchter

10 und wohnt bei uns. Das Land soll euch offen sein; bleibt und treibt Handel und werdet ansässig.

11 Und Sichem sprach zu ihrem Vater und zu ihren Brüdern: Laßt mich Gnade bei euch finden; was ihr mir sagt, das will ich geben.

12 Fordert nur getrost von mir Brautpreis und Geschenk, ich will's geben, wie ihr's verlangt; gebt mir nur das Mädchen zur Frau.

*d. h. Hütten.

13 **Da** antworteten Jakobs Söhne dem
Sichem und seinem Vater Hemor hinter-
hältig, weil ihre Schwester Dina geschän-
det war,
14 und sprachen zu ihnen: Wir können
das nicht tun, daß wir unsere Schwester
einem unbeschnittenen Mann geben; denn
das wäre uns eine Schande.
15 Doch dann wollen wir euch zu Willen
sein, wenn ihr uns gleich werdet und alles,
was männlich unter euch ist, beschnitten
wird.
16 Dann wollen wir unsere Töchter euch
geben und eure Töchter uns nehmen und
bei euch wohnen und **ein** Volk sein.
17 Wenn ihr aber nicht einwilligen
wollt, euch zu beschneiden, so wollen wir
unsere Schwester nehmen und davonzie-
hen.
18 Die Rede gefiel Hemor und seinem
Sohn gut.
19 Und der Jüngling zögerte nicht, dies
zu tun; denn er hatte großes Gefallen an
der Tochter Jakobs. Und er war mehr an-
gesehen als alle in seines Vaters Hause.
20 **Da** kamen sie nun, Hemor und sein
Sohn Sichem, zum Tor ihrer Stadt und
redeten mit den Bürgern der Stadt und
sprachen:
21 Diese Leute sind friedsam bei uns;
laßt sie im Lande wohnen und Handel
treiben; das Land ist weit genug für sie.
Wir wollen uns ihre Töchter zu Frauen
nehmen und ihnen unsere Töchter geben.
22 Aber nur dann wollen sie uns zu
Willen sein, daß sie bei uns wohnen und
ein Volk mit uns werden, wenn wir alles,
was männlich unter uns ist, beschneiden,
gleichwie sie beschnitten sind.
23 Ihr Vieh und ihre Güter und alles,
was sie haben, wird es nicht unser sein?
So wollen wir ihnen nur zu Willen sein,
damit sie bei uns wohnen.
24 Und sie gehorchten dem Hemor und
Sichem, seinem Sohn, alle, die zum Tor
seiner Stadt aus- und eingingen, und be-
schnitten alles, was männlich war, das zu
seiner Stadt aus- und einging.
25 **Aber** am dritten Tage, als sie Schmer-
zen hatten, nahmen die zwei Söhne Ja-
kobs Simeon und Levi, die Brüder der
Dina, ein jeder sein Schwert und überfie-
len die friedliche Stadt und erschlugen al-
les, was männlich war,
26 und erschlugen auch Hemor und sei-
nen Sohn Sichem mit der Schärfe des
Schwerts und nahmen ihre Schwester
Dina aus dem Hause Sichems und gingen
davon.
27 Da kamen die Söhne Jakobs über die
Erschlagenen und plünderten die Stadt,
weil man ihre Schwester geschändet hatte,
28 und nahmen ihre Schafe, Rinder, Esel
und was in der Stadt und auf dem Felde
war
29 und alle ihre Habe; alle Kinder und
Frauen führten sie gefangen hinweg und
plünderten alles, was in den Häusern war.
30 Aber Jakob sprach zu Simeon und
Levi: Ihr habt mich ins Unglück gestürzt
und in Verruf gebracht bei den Bewohnern
dieses Landes, den Kanaanitern und Peri-
sitern, und ich habe nur wenige Leute.
Wenn sie sich nun gegen mich versam-
meln, werden sie mich erschlagen. So
werde ich vertilgt samt meinem Hause.
31 Sie antworteten aber: Durfte er denn
an unserer Schwester wie an einer Hure
handeln?

Gott segnet Jakob in Bethel

35 Und Gott sprach zu Jakob: Mach
dich auf und zieh nach Bethel und
wohne daselbst und errichte dort einen
Altar dem Gott, der dir erschien, als du
flohest vor deinem Bruder Esau.
2 Da sprach Jakob zu seinem Hause und
zu allen, die mit ihm waren: Tut von euch
die fremden Götter, die unter euch sind,
und reinigt euch und wechselt eure Klei-
der,
3 und laßt uns aufbrechen und nach
Bethel ziehen, daß ich dort einen Altar er-
richte dem Gott, der mich erhört hat zur
Zeit meiner Trübsal und mit mir gewesen
ist auf dem Wege, den ich gezogen bin.
4 Da gaben sie ihm alle fremden Götter,
die in ihren Händen waren, und ihre Ohr-
ringe, und er vergrub sie unter der Eiche,
die bei Sichem stand.
5 Und sie brachen auf. Und es kam ein
Gottesschrecken über die Städte, die um
sie her lagen, so daß sie den Söhnen Ja-
kobs nicht nachjagten.
6 So kam Jakob nach Lus im Lande Ka-
naan, das nun Bethel heißt, samt all dem
Volk, das mit ihm war,
7 und er baute dort einen Altar und

nannte die Stätte El-Bethel, weil Gott sich ihm daselbst offenbart hatte, als er vor seinem Bruder floh.

8 Da starb Debora, die Amme der Rebekka, und wurde begraben unterhalb von Bethel unter der Eiche; die wurde genannt die Klageeiche.

9 Und Gott erschien Jakob abermals, nachdem er aus Mesopotamien gekommen war, und segnete ihn

10 und sprach zu ihm: Du heißt Jakob; aber du sollst nicht mehr Jakob heißen, sondern Israel sollst du heißen. Und so nannte er ihn Israel.

11 Und Gott sprach zu ihm: Ich bin der allmächtige Gott; sei fruchtbar und mehre dich! Ein Volk und eine Menge von Völkern sollen von dir kommen, und Könige sollen von dir abstammen,

12 und das Land, das ich Abraham und Isaak gegeben habe, will ich dir geben und will's deinem Geschlecht nach dir geben.

13 Und Gott fuhr auf von ihm an der Stätte, da er mit ihm geredet hatte.

14 Jakob aber richtete ein steinernes Mal auf an der Stätte, da er mit ihm geredet hatte, und goß Trankopfer darauf und begoß es mit Öl.

15 Und Jakob nannte die Stätte, da Gott mit ihm geredet hatte, Bethel.

Benjamins Geburt und Rahels Tod

16 Und sie brachen auf von Bethel. Und als es noch eine Strecke Weges war bis Ephratha, da gebar Rahel. Und es kam sie hart an über der Geburt.

17 Da ihr aber die Geburt so schwer wurde, sprach die Wehmutter zu ihr: Fürchte dich nicht, denn auch diesmal wirst du einen Sohn haben.

18 Als ihr aber das Leben entwich und sie sterben mußte, nannte sie ihn Ben-Oni*, aber sein Vater nannte ihn Ben-Jamin**.

19 So starb Rahel und wurde begraben an dem Wege nach Ephratha, das nun Bethlehem heißt.

20 Und Jakob richtete einen Stein auf über ihrem Grab; das ist das Grabmal Rahels bis auf diesen Tag.

21 Und Israel zog weiter und schlug sein Zelt auf jenseits von Migdal-Eder.

*d. h. Sohn meines Unglücks.
**d. h. Sohn des Glücks.

22 Und es begab sich, als Israel im Lande wohnte, ging Ruben hin und legte sich zu Bilha, seines Vaters Nebenfrau. Und das kam vor Israel.

Jakobs Söhne

Es hatte aber Jakob zwölf Söhne.

23 Die Söhne Leas waren diese: Ruben, der erstgeborene Sohn Jakobs, Simeon, Levi, Juda, Isaschar und Sebulon.

24 Die Söhne Rahels waren: Joseph und Benjamin.

25 Die Söhne Bilhas, Rahels Magd: Dan und Naphthali.

26 Die Söhne Silpas, Leas Magd: Gad und Asser. Das sind die Söhne Jakobs, die ihm geboren sind in Mesopotamien.

Jakobs Heimkehr. Isaaks Tod

27 Und Jakob kam zu seinem Vater Isaak nach Mamre, nach Kirjath-Arba, das ist Hebron, wo Abraham und Isaak als Fremdlinge gelebt hatten.

28 Und Isaak wurde hundertundachtzig Jahre alt,

29 verschied und starb und wurde versammelt zu seinen Vätern, alt und lebenssatt. Und seine Söhne Esau und Jakob begruben ihn.

Geschlechtsregister Esaus

36 Dies ist das Geschlecht Esaus, der auch Edom heißt:

2 Esau nahm sich Frauen von den Töchtern Kanaans: Ada, die Tochter Elons, des Hethiters, und Oholibama, die Tochter des Ana, des Sohnes Zibons, des Horiters,

3 und Basemath, Ismaels Tochter, Nebajoths Schwester.

4 Und Ada gebar dem Esau Eliphas, und Basemath gebar Reguël.

5 Oholibama gebar Jëusch, Jalam und Korah. Das sind Esaus Söhne, die ihm geboren sind im Lande Kanaan.

6 Und Esau nahm seine Frauen, Söhne und Töchter und alle Leute seines Hauses, seine Habe und alles Vieh mit allen Gütern, die er im Lande Kanaan erworben hatte, und zog in das Land Seïr, hinweg von seinem Bruder Jakob.

7 Denn ihre Habe war zu groß, als daß sie beieinander wohnen konnten; das Land, darin sie Fremdlinge waren, ver-

mochte sie nicht zu ernähren wegen der
Menge ihres Viehs.
8 Daher wohnte Esau auf dem Gebirge
Seïr. Esau ist Edom.
9 Dies ist das Geschlecht Esaus, von
dem die Edomiter herkommen auf dem
Gebirge Seïr,
10 und so heißen die Söhne Esaus: Eli-
phas, der Sohn Adas, der Frau Esaus; Re-
guël, der Sohn Basemaths, der Frau Esaus.
11 Des Eliphas Söhne aber waren diese:
Teman, Omar, Zepho, Gaëtam und Ke-
nas.
12 Und Timna war eine Nebenfrau des
Eliphas, des Sohnes Esaus; die gebar ihm
Amalek. Das sind die Söhne von Ada, der
Frau Esaus.
13 Die Söhne aber Reguëls sind diese:
Nahath, Serach, Schamma, Misa. Das
sind die Söhne von Basemath, der Frau
Esaus.
14 Die Söhne aber von Oholibama, der
Frau Esaus, der Tochter des Ana, des
Sohnes Zibons, die sie dem Esau gebar,
sind diese: Jëusch, Jalam und Korah.
15 Dies sind die Stammesfürsten der
Söhne Esaus. Die Söhne des Eliphas, des
ersten Sohnes Esaus: Der Fürst Teman,
der Fürst Omar, der Fürst Zepho, der
Fürst Kenas,
16 der Fürst Korah, der Fürst Gaëtam,
der Fürst Amalek. Das sind die Fürsten
von Eliphas im Lande Edom und sind
Söhne von der Ada.
17 Und dies sind die Söhne Reguëls, des
Sohnes Esaus: Der Fürst Nahath, der
Fürst Serach, der Fürst Schamma, der
Fürst Misa. Das sind die Fürsten von
Reguël im Lande der Edomiter und
sind Söhne von der Basemath, der Frau
Esaus.
18 Dies sind die Söhne Oholibamas, der
Frau Esaus: Der Fürst Jëusch, der Fürst
Jalam, der Fürst Korah. Das sind die
Fürsten von Oholibama, der Tochter des
Ana, der Frau Esaus.
19 Das sind Esaus Söhne und ihre Für-
sten. Das ist Edom.
20 Die Söhne aber von Seïr, dem Hori-
ter, die im Lande wohnten, sind diese:
Lotan, Schobal, Zibon, Ana,
21 Dischon, Ezer und Dischan. Das sind
die Stammesfürsten der Horiter, Söhne
des Seïr, im Lande Edom.
22 Aber des Lotan Söhne waren diese:
Hori und Hemam; und Lotans Schwester
hieß Timna.
23 Die Söhne von Schobal waren diese:
Alwan, Manahath, Ebal, Schephi und
Onam.
24 Die Söhne von Zibon waren: Ajja
und Ana. Das ist der Ana, der in der Step-
pe die warmen Quellen fand, als er die
Esel seines Vaters Zibon hütete.
25 Der Sohn Anas aber war: Dischon;
und Oholibama war die Tochter Anas.
26 Die Söhne Dischons waren: Hemdan,
Eschban, Jithran und Keran.
27 Die Söhne Ezers waren: Bilhan, Saa-
wan und Akan.
28 Die Söhne Dischans waren: Uz und
Aran.
29 Dies sind die Stammesfürsten der
Horiter: Der Fürst Lotan, der Fürst Scho-
bal, der Fürst Zibon, der Fürst Ana,
30 der Fürst Dischon, der Fürst Ezer,
der Fürst Dischan. Das sind die Fürsten
der Horiter nach ihren Stämmen im Lan-
de Seïr.

Die früheren Könige der Edomiter

31 Die Könige aber, die im Lande Edom
regiert haben, bevor Israel Könige hatte,
sind diese:
32 Bela war König von Edom, ein Sohn
Beors, und seine Stadt hieß Dinhaba.
33 Und als Bela starb, wurde König an
seiner Statt Jobab, ein Sohn Serachs von
Bozra.
34 Als Jobab starb, wurde an seiner
Statt König Huscham aus dem Lande der
Temaniter.
35 Als Huscham starb, wurde König
an seiner Statt Hadad, ein Sohn Bedads,
der die Midianiter schlug auf dem Fel-
de der Moabiter; und seine Stadt hieß
Awwith.
36 Als Hadad starb, regierte Samla von
Masrek.
37 Als Samla starb, wurde Saul von Re-
hoboth am Strom König an seiner Statt.
38 Als Saul starb, wurde König an sei-
ner Statt Baal-Hanan, der Sohn Achbors.
39 Als Baal-Hanan, Achbors Sohn,
starb, wurde König an seiner Statt Hadar;
und seine Stadt hieß Pagu, und seine Frau
hieß Mehetabel, eine Tochter Matreds,
die Mesahabs Tochter war.

Die Stammesfürsten der Edomiter

40 So heißen die Fürsten von Esau nach ihren Geschlechtern, Orten und Namen: Der Fürst Timna, der Fürst Alwa, der Fürst Jetheth,
41 der Fürst Oholibama, der Fürst Ela, der Fürst Pinon,
42 der Fürst Kenas, der Fürst Teman, der Fürst Mibzar,
43 der Fürst Magdiël, der Fürst Iram. Das sind die Fürsten von Edom nach ihren Wohnsitzen in ihrem Erblande. Das ist Esau, der Stammvater der Edomiter.

Josephs Träume

37 Jakob aber wohnte im Lande, in dem sein Vater ein Fremdling gewesen war, im Lande Kanaan.
2 Und dies ist die Geschichte von Jakobs Geschlecht: Joseph war siebzehn Jahre alt und war ein Hirte bei den Schafen mit seinen Brüdern; er war Gehilfe bei den Söhnen Bilhas und Silpas, der Frauen seines Vaters, und brachte es vor ihren Vater, wenn etwas Schlechtes über sie geredet wurde.
3 Israel aber hatte Joseph lieber als alle seine Söhne, weil er der Sohn seines Alters war, und machte ihm einen bunten Rock.
4 Als nun seine Brüder sahen, daß ihn ihr Vater lieber hatte als alle seine Brüder, wurden sie ihm feind und konnten ihm kein freundliches Wort sagen.
5 Dazu hatte Joseph einmal einen Traum und sagte seinen Brüdern davon; da wurden sie ihm noch mehr feind.
6 Denn er sprach zu ihnen: Höret doch, was mir geträumt hat.
7 Siehe, wir banden Garben auf dem Felde, und meine Garbe richtete sich auf und stand, aber eure Garben stellten sich ringsumher und neigten sich vor meiner Garbe.
8 Da sprachen seine Brüder zu ihm: Willst du unser König werden und über uns herrschen? Und sie wurden ihm noch mehr feind um seines Traumes und seiner Worte willen.
9 Und er hatte noch einen zweiten Traum, den erzählte er seinen Brüdern und sprach: Ich habe noch einen Traum gehabt; siehe, die Sonne und der Mond und elf Sterne neigten sich vor mir.
10 Und als er das seinem Vater und seinen Brüdern erzählte, schalt ihn sein Vater und sprach zu ihm: Was ist das für ein Traum, den du geträumt hast? Soll ich und deine Mutter und deine Brüder kommen und vor dir niederfallen?
11 Und seine Brüder wurden neidisch auf ihn. Aber sein Vater behielt diese Worte.

Joseph wird nach Ägypten verkauft

12 Als nun seine Brüder hingegangen waren, um das Vieh ihres Vaters in Sichem zu weiden,
13 sprach Israel zu Joseph: Hüten nicht deine Brüder das Vieh in Sichem? Komm, ich will dich zu ihnen senden. Er aber sprach: Hier bin ich.
14 Und er sprach: Geh hin und sieh, ob's gut steht um deine Brüder und um das Vieh, und sage mir dann, wie sich's verhält. Und er sandte ihn aus dem Tal von Hebron, und er kam nach Sichem.
15 Da fand ihn ein Mann, wie er umherirrte auf dem Felde; der fragte ihn und sprach: Wen suchst du?
16 Er antwortete: Ich suche meine Brüder; sage mir doch, wo sie hüten.
17 Der Mann sprach: Sie sind von dannen gezogen; denn ich hörte, daß sie sagten: Laßt uns nach Dothan gehen. Da zog Joseph seinen Brüdern nach und fand sie in Dothan.
18 Als sie ihn nun sahen von ferne, ehe er nahe zu ihnen kam, machten sie einen Anschlag, daß sie ihn töteten,
19 und sprachen untereinander: Seht, der Träumer kommt daher!
20 So kommt nun und laßt uns ihn töten und in eine Grube werfen und sagen, ein böses Tier habe ihn gefressen; so wird man sehen, was seine Träume sind.
21 Als das Ruben hörte, wollte er ihn aus ihren Händen erretten und sprach: Laßt uns ihn nicht töten!
22 Und weiter sprach Ruben zu ihnen: Vergießt nicht Blut, sondern werft ihn in die Grube hier in der Wüste und legt die Hand nicht an ihn! Er wollte ihn aber aus ihrer Hand erretten und ihn seinem Vater wiederbringen.
23 Als nun Joseph zu seinen Brüdern kam, zogen sie ihm seinen Rock aus, den bunten Rock, den er anhatte,

24 und nahmen ihn und warfen ihn in die Grube; aber die Grube war leer und kein Wasser darin.

25 Und sie setzten sich nieder, um zu essen. Indessen hoben sie ihre Augen auf und sahen eine Karawane von Ismaelitern kommen von Gilead mit ihren Kamelen; die trugen kostbares Harz, Balsam und Myrrhe und zogen hinab nach Ägypten.

26 Da sprach Juda zu seinen Brüdern: Was hilft's uns, daß wir unsern Bruder töten und sein Blut verbergen?

27 Kommt, laßt uns ihn den Ismaelitern verkaufen, damit sich unsere Hände nicht an ihm vergreifen; denn er ist unser Bruder, unser Fleisch und Blut. Und sie gehorchten ihm.

28 Als aber die midianitischen Kaufleute vorüberkamen, zogen sie ihn heraus aus der Grube und verkauften ihn um zwanzig Silberstücke den Ismaelitern; die brachten ihn nach Ägypten.

29 Als nun Ruben wieder zur Grube kam und Joseph nicht darin fand, zerriß er sein Kleid

30 und kam wieder zu seinen Brüdern und sprach: Der Knabe ist nicht da! Wo soll ich hin?

31 Da nahmen sie Josephs Rock und schlachteten einen Ziegenbock und tauchten den Rock ins Blut

32 und schickten den bunten Rock hin und ließen ihn ihrem Vater bringen und sagen: Diesen haben wir gefunden; sieh, ob's deines Sohnes Rock sei oder nicht.

33 Er erkannte ihn aber und sprach: Es ist meines Sohnes Rock; ein böses Tier hat ihn gefressen, ein reißendes Tier hat Joseph zerrissen!

34 Und Jakob zerriß seine Kleider und legte ein härenes Tuch um seine Lenden und trug Leid um seinen Sohn lange Zeit.

35 Und alle seine Söhne und Töchter kamen zu ihm, ihn zu trösten; aber er wollte sich nicht trösten lassen und sprach: Ich werde mit Leid hinunterfahren zu den Toten, zu meinem Sohn. Und sein Vater beweinte ihn.

36 Aber die Midianiter verkauften ihn in Ägypten an Potiphar, des Pharao Kämmerer und Obersten der Leibwache.

Juda und Thamar

38 Es begab sich um diese Zeit, daß Juda hinabzog von seinen Brüdern und gesellte sich zu einem Mann aus Adullam, der hieß Hira.

2 Und Juda sah dort die Tochter eines Kanaaniters, der hieß Schua, und nahm sie zur Frau. Und als er zu ihr einging,

3 ward sie schwanger und gebar einen Sohn, den nannte er Ger.

4 Und sie ward abermals schwanger und gebar einen Sohn, den nannte sie Onan.

5 Sie gebar abermals einen Sohn, den nannte sie Schela; und sie war in Kesib, als sie ihn gebar.

6 Und Juda gab seinem ersten Sohn Ger eine Frau, die hieß Thamar.

7 Aber Ger war böse vor dem HERRN, darum ließ ihn der HERR sterben.

8 Da sprach Juda zu Onan: Geh zu deines Bruders Frau und nimm sie zur Schwagerehe, auf daß du deinem Bruder Nachkommen schaffest.

9 Aber da Onan wußte, daß die Kinder nicht sein eigen sein sollten, ließ er's auf die Erde fallen und verderben, wenn er einging zu seines Bruders Frau, auf daß er seinem Bruder nicht Nachkommen schaffe.

10 Dem HERRN mißfiel aber, was er tat, und er ließ ihn auch sterben.

11 Da sprach Juda zu seiner Schwiegertochter Thamar: Bleibe eine Witwe in deines Vaters Hause, bis mein Sohn Schela groß wird. Denn er dachte, vielleicht würde der auch sterben wie seine Brüder. So ging Thamar hin und blieb in ihres Vaters Hause.

12 Als nun viele Tage verlaufen waren, starb Judas Frau, die Tochter des Schua. Und nachdem Juda ausgetrauert hatte, ging er hinauf, seine Schafe zu scheren, nach Timna mit seinem Freunde Hira von Adullam.

13 Da wurde der Thamar gesagt: Siehe, dein Schwiegervater geht hinauf nach Timna, seine Schafe zu scheren.

14 Da legte sie die Witwenkleider von sich, die sie trug, deckte sich mit einem Schleier und verhüllte sich und setzte sich vor das Tor von Enajim an dem Wege nach Timna; denn sie hatte gesehen, daß

Schela groß geworden war, aber sie wurde
ihm nicht zur Frau gegeben.
15 Als Juda sie nun sah, meinte er, es
wäre eine Hure, denn sie hatte ihr Ange-
sicht verdeckt.
16 Und er machte sich zu ihr am Wege
und sprach: Laß mich doch zu dir kom-
men; denn er wußte nicht, daß es seine
Schwiegertochter war. Sie antwortete:
Was willst du mir geben, wenn du zu mir
kommst?
17 Er sprach: Ich will dir einen Ziegen-
bock von der Herde senden. Sie antworte-
te: So gib mir ein Pfand, bis du ihn mir
sendest.
18 Er sprach: Was willst du für ein
Pfand, das ich dir geben soll? Sie antwor-
tete: Dein Siegel und deine Schnur und
deinen Stab, den du in der Hand hast. Da
gab er's ihr und kam zu ihr; und sie ward
von ihm schwanger.
19 Und sie machte sich auf und ging
hinweg und legte den Schleier ab und zog
ihre Witwenkleider wieder an.
20 Juda aber sandte den Ziegenbock
durch seinen Freund von Adullam, damit
er das Pfand zurückholte von der Frau.
Und er fand sie nicht.
21 Da fragte er die Leute des Ortes und
sprach: Wo ist die Hure, die zu Enajim am
Wege saß? Sie antworteten: Es ist keine
Hure da gewesen.
22 Und er kam wieder zu Juda und
sprach: Ich habe sie nicht gefunden; dazu
sagen die Leute des Ortes, es sei keine
Hure da gewesen.
23 Juda sprach: Sie mag's behalten, da-
mit wir nur nicht in Verruf geraten! Siehe,
ich habe den Bock gesandt, und du hast
sie nicht gefunden.
24 Nach drei Monaten wurde Juda an-
gesagt: Deine Schwiegertochter Thamar
hat Hurerei getrieben; und siehe, sie ist
davon schwanger geworden. Juda sprach:
Führt sie heraus, daß sie verbrannt
werde.
25 Und als man sie hinausführte, schick-
te sie zu ihrem Schwiegervater und sprach:
Von dem Mann bin ich schwanger, dem
dies gehört. Und sie sprach: Erkennst du
auch, wem dies Siegel und diese Schnur
und dieser Stab gehören?
26 Juda erkannte es und sprach: Sie ist
gerechter als ich; denn ich habe sie mei-
nem Sohn Schela nicht gegeben. Doch
wohnte er ihr nicht mehr bei.
27 Und als sie gebären sollte, wurden
Zwillinge in ihrem Leibe gefunden.
28 Und als sie gebar, tat sich eine Hand
heraus. Da nahm die Wehmutter einen
roten Faden und band ihn darum und
sprach: Der ist zuerst herausgekommen.
29 Als aber der seine Hand wieder hin-
einzog, kam sein Bruder heraus, und sie
sprach: Warum hast du um deinetwillen
solchen Riß gerissen? Und man nannte
ihn Perez.
30 Danach kam sein Bruder heraus, der
den roten Faden um seine Hand hatte.
Und man nannte ihn Serach.

Joseph in Potiphars Haus

39 Joseph wurde hinab nach Ägypten
geführt, und Potiphar, ein ägypti-
scher Mann, des Pharao Kämmerer und
Oberster der Leibwache, kaufte ihn von
den Ismaelitern, die ihn hinabgebracht
hatten.
2 Und der HERR war mit Joseph, so daß
er ein Mann wurde, dem alles glückte.
Und er war in seines Herrn, des Ägypters,
Hause.
3 Und sein Herr sah, daß der HERR mit
ihm war; denn alles, was er tat, das ließ
der HERR in seiner Hand glücken,
4 so daß er Gnade fand vor seinem
Herrn und sein Diener wurde. Der setzte
ihn über sein Haus; und alles, was er hat-
te, tat er unter seine Hände.
5 Und von der Zeit an, da er ihn über
sein Haus und alle seine Güter gesetzt hat-
te, segnete der HERR des Ägypters Haus
um Josephs willen, und es war lauter Se-
gen des HERRN in allem, was er hatte, zu
Hause und auf dem Felde.
6 Darum ließ er alles unter Josephs
Händen, was er hatte, und kümmerte sich,
da er ihn hatte, um nichts außer um das,
was er aß und trank. Und Joseph war schön
an Gestalt und hübsch von Angesicht.
7 Und es begab sich danach, daß seines
Herrn Frau ihre Augen auf Joseph warf
und sprach: Lege dich zu mir!
8 Er weigerte sich aber und sprach zu
ihr: Siehe, mein Herr kümmert sich, da er
mich hat, um nichts, was im Hause ist,
und alles, was er hat, das hat er unter mei-
ne Hände getan;

9 er ist in diesem Hause nicht größer als ich, und er hat mir nichts vorenthalten außer dir, weil du seine Frau bist. **Wie sollte ich denn nun ein solch großes Übel tun und gegen Gott sündigen?**

10 Und sie bedrängte Joseph mit solchen Worten täglich. Aber er gehorchte ihr nicht, daß er sich zu ihr legte und bei ihr wäre.

11 Es begab sich eines Tages, daß Joseph in das Haus ging, seine Arbeit zu tun, und kein Mensch vom Gesinde des Hauses war dabei.

12 Und sie erwischte ihn bei seinem Kleid und sprach: Lege dich zu mir! Aber er ließ das Kleid in ihrer Hand und floh und lief zum Hause hinaus.

13 Als sie nun sah, daß er sein Kleid in ihrer Hand ließ und hinaus entfloh,

14 rief sie das Gesinde ihres Hauses und sprach zu ihnen: Seht, er hat uns den hebräischen Mann hergebracht, daß der seinen Mutwillen mit uns treibe. Er kam zu mir herein und wollte sich zu mir legen; aber ich rief mit lauter Stimme.

15 Und als er hörte, daß ich ein Geschrei machte und rief, da ließ er sein Kleid bei mir und floh und lief hinaus.

16 Und sie legte sein Kleid neben sich, bis sein Herr heimkam,

17 und sagte zu ihm ebendieselben Worte und sprach: Der hebräische Knecht, den du uns hergebracht hast, kam zu mir herein und wollte seinen Mutwillen mit mir treiben.

18 Als ich aber ein Geschrei machte und rief, da ließ er sein Kleid bei mir und floh hinaus.

Joseph im Gefängnis

19 Als sein Herr die Worte seiner Frau hörte, die sie ihm sagte und sprach: So hat dein Knecht an mir getan, wurde er sehr zornig.

20 Da nahm ihn sein Herr und legte ihn ins Gefängnis, in dem des Königs Gefangene waren. Und er lag allda im Gefängnis.

21 Aber der HERR war mit ihm und neigte die Herzen zu ihm und ließ ihn Gnade finden vor dem Amtmann über das Gefängnis,

22 so daß er ihm alle Gefangenen im Gefängnis unter seine Hand gab und alles, was dort geschah, durch ihn geschehen mußte.

23 Der Amtmann über das Gefängnis kümmerte sich um nichts; denn der HERR war mit Joseph, und was er tat, dazu gab der HERR Glück.

Joseph legt zwei Gefangenen ihre Träume aus

40 Und es begab sich danach, daß sich der Mundschenk des Königs von Ägypten und der Bäcker versündigten an ihrem Herrn, dem König von Ägypten.

2 Und der Pharao wurde zornig über seine beiden Kämmerer, gegen den Obersten über die Schenken und gegen den Obersten über die Bäcker,

3 und ließ sie setzen in des Amtmanns Haus ins Gefängnis, wo Joseph gefangen lag.

4 Und der Amtmann gab ihnen Joseph bei, daß er ihnen diente. Und sie saßen etliche Zeit im Gefängnis.

5 Und es träumte ihnen beiden, dem Schenken und dem Bäcker des Königs von Ägypten, in **einer** Nacht einem jeden ein eigener Traum, und eines jeden Traum hatte seine Bedeutung.

6 Als nun am Morgen Joseph zu ihnen hineinkam und sah, daß sie traurig waren,

7 fragte er sie und sprach: Warum seid ihr heute so traurig?

8 Sie antworteten: Es hat uns geträumt, und wir haben niemand, der es uns auslege. Joseph sprach: Auslegen gehört Gott zu; doch erzählt mir's.

9 Da erzählte der oberste Schenk seinen Traum und sprach zu Joseph: Mir hat geträumt, daß ein Weinstock vor mir wäre,

10 der hatte drei Reben, und er grünte, wuchs und blühte, und seine Trauben wurden reif.

11 Und ich hatte den Becher des Pharao in meiner Hand und nahm die Beeren und zerdrückte sie in den Becher und gab den Becher dem Pharao in die Hand.

12 Joseph sprach zu ihm: Das ist seine Deutung: Drei Reben sind drei Tage.

13 Nach drei Tagen wird der Pharao dein Haupt erheben und dich wieder in dein Amt setzen, daß du ihm den Becher in die Hand gebest wie vormals, als du sein Schenk warst.

14 Aber gedenke meiner, wenn dir's

wohlgeht, und tu Barmherzigkeit an mir,
daß du dem Pharao von mir sagst und
mich so aus diesem Hause bringst.
15 Denn ich bin aus dem Lande der
Hebräer heimlich gestohlen worden; und
auch hier hab ich nichts getan, weswegen
sie mich hätten ins Gefängnis setzen dür-
fen.
16 Als der oberste Bäcker sah, daß die
Deutung gut war, sprach er zu Joseph:
Mir hat auch geträumt, ich trüge drei
Körbe mit feinem Backwerk auf meinem
Haupt
17 und im obersten Korbe allerlei Ge-
backenes für den Pharao, und die Vögel
fraßen aus dem Korbe auf meinem Haupt.
18 Joseph antwortete und sprach: Das
ist seine Deutung: Drei Körbe sind drei
Tage.
19 Und nach drei Tagen wird der Pha-
rao dein Haupt erheben und dich an den
Galgen hängen, und die Vögel werden
dein Fleisch von dir fressen.
20 Und es geschah am dritten Tage, da
beging der Pharao seinen Geburtstag.
Und er machte ein Festmahl für alle seine
Großen und erhob das Haupt des ober-
sten Schenken und das Haupt des ober-
sten Bäckers unter seinen Großen
21 und setzte den obersten Schenken
wieder in sein Amt, daß er den Becher
reiche in des Pharao Hand,
22 aber den obersten Bäcker ließ er auf-
hängen, wie ihnen Joseph gedeutet hatte.
23 Aber der oberste Schenk dachte nicht
an Joseph, sondern vergaß ihn.

Joseph deutet die Träume des Pharao

41 Und nach zwei Jahren hatte der Pha-
rao einen Traum, er stünde am Nil
2 und sähe aus dem Wasser steigen sie-
ben schöne, fette Kühe; die gingen auf der
Weide im Grase.
3 Nach diesen sah er andere sieben Kühe
aus dem Wasser aufsteigen; die waren
häßlich und mager und traten neben die
Kühe am Ufer des Nils.
4 Und die häßlichen und mageren fra-
ßen die sieben schönen, fetten Kühe. Da
erwachte der Pharao.
5 Und er schlief wieder ein, und ihm
träumte abermals, und er sah, daß sieben
Ähren aus **einem** Halm wuchsen, voll und
dick.
6 Danach sah er sieben dünne Ähren auf-
gehen, die waren vom Ostwind versengt.
7 Und die sieben mageren Ähren ver-
schlangen die sieben dicken und vollen
Ähren. Da erwachte der Pharao und
merkte, daß es ein Traum war.
8 Und als es Morgen wurde, war sein
Geist bekümmert, und er schickte aus und
ließ rufen alle Wahrsager in Ägypten und
alle Weisen und erzählte ihnen seine Träu-
me. Aber da war keiner, der sie dem Pha-
rao deuten konnte.
9 Da redete der oberste Schenk zum
Pharao und sprach: Ich muß heute an
meine Sünden denken:
10 Als der Pharao zornig wurde über
seine Knechte und mich mit dem obersten
Bäcker ins Gefängnis legte in des Amt-
manns Hause,
11 da träumte uns beiden in **einer** Nacht
einem jeden sein Traum, dessen Deutung
ihn betraf.
12 Da war bei uns ein hebräischer Jüng-
ling, des Amtmanns Knecht, dem erzähl-
ten wir's. Und er deutete uns unsere Träu-
me, einem jeden nach seinem Traum.
13 Und wie er uns deutete, so ist's ge-
kommen; denn ich bin wieder in mein
Amt gesetzt, aber jener wurde aufgehängt.
14 Da sandte der Pharao hin und ließ
Joseph rufen, und sie ließen ihn eilends
aus dem Gefängnis. Und er ließ sich sche-
ren und zog andere Kleider an und kam
hinein zum Pharao.
15 Da sprach der Pharao zu ihm: Ich
habe einen Traum gehabt, und es ist nie-
mand, der ihn deuten kann. Ich habe aber
von dir sagen hören, wenn du einen Traum
hörst, so kannst du ihn deuten.
16 Joseph antwortete dem Pharao und
sprach: Das steht nicht bei mir; Gott wird
jedoch dem Pharao Gutes verkünden.
17 Der Pharao sprach zu Joseph: Mir
träumte, ich stand am Ufer des Nils
18 und sah aus dem Wasser steigen sie-
ben schöne, fette Kühe; die gingen auf der
Weide im Grase.
19 Und nach ihnen sah ich andere sie-
ben dürre, sehr häßliche und magere Kühe
heraussteigen. Ich hab in ganz Ägypten-
land nicht so häßliche gesehen.
20 Und die sieben mageren und häßli-
chen Kühe fraßen die sieben ersten, fetten
Kühe auf.

21 Und als sie die hineingefressen hatten, merkte man's ihnen nicht an, daß sie die gefressen hatten, und waren häßlich wie zuvor. Da wachte ich auf.
22 Und ich sah abermals in meinem Traum sieben Ähren auf **einem** Halm wachsen, voll und dick.
23 Danach gingen auf sieben dürre Ähren, dünn und versengt.
24 Und die sieben dünnen Ähren verschlangen die sieben dicken Ähren. Und ich habe es den Wahrsagern gesagt, aber die können's mir nicht deuten.
25 Joseph antwortete dem Pharao: Beide Träume des Pharao bedeuten das gleiche. Gott verkündet dem Pharao, was er vorhat.
26 Die sieben schönen Kühe sind sieben Jahre, und die sieben guten Ähren sind dieselben sieben Jahre. Es ist ein und derselbe Traum.
27 Die sieben mageren und häßlichen Kühe, die nach jenen aufgestiegen sind, das sind sieben Jahre, und die sieben mageren und versengten Ähren sind sieben Jahre des Hungers.
28 Das meinte ich, wenn ich gesagt habe zum Pharao, daß Gott dem Pharao zeigt, was er vorhat.
29 Siehe, sieben reiche Jahre werden kommen in ganz Ägyptenland.
30 Und nach ihnen werden sieben Jahre des Hungers kommen, so daß man vergessen wird alle Fülle in Ägyptenland. Und der Hunger wird das Land verzehren,
31 daß man nichts wissen wird von der Fülle im Lande vor der Hungersnot, die danach kommt; denn sie wird sehr schwer sein.
32 Daß aber dem Pharao zweimal geträumt hat, bedeutet, daß Gott solches gewiß und eilends tun wird.
33 Nun sehe der Pharao nach einem verständigen und weisen Mann, den er über Ägyptenland setze,
34 und sorge dafür, daß er Amtleute verordne im Lande und nehme den Fünften in Ägyptenland in den sieben reichen Jahren
35 und lasse sie sammeln den ganzen Ertrag der guten Jahre, die kommen werden, daß sie Getreide aufschütten in des Pharao Kornhäusern zum Vorrat in den Städten und es verwahren,
36 damit für Nahrung gesorgt sei für das Land in den sieben Jahren des Hungers, die über Ägyptenland kommen werden, und das Land nicht vor Hunger verderbe.

Josephs Erhöhung

37 Die Rede gefiel dem Pharao und allen seinen Großen gut.
38 Und der Pharao sprach zu seinen Großen: Wie könnten wir einen Mann finden, in dem der Geist Gottes ist wie in diesem?
39 Und er sprach zu Joseph: Weil dir Gott dies alles kundgetan hat, ist keiner so verständig und weise wie du.
40 Du sollst über mein Haus sein, und deinem Wort soll all mein Volk gehorsam sein; allein um den königlichen Thron will ich höher sein als du.
41 Und weiter sprach der Pharao zu Joseph: Siehe, ich habe dich über ganz Ägyptenland gesetzt.
42 Und er tat seinen Ring von seiner Hand und gab ihn Joseph an seine Hand und kleidete ihn mit kostbarer Leinwand und legte ihm eine goldene Kette um seinen Hals
43 und ließ ihn auf seinem zweiten Wagen fahren und ließ vor ihm her ausrufen: Der ist des Landes Vater! Und setzte ihn über ganz Ägyptenland.
44 Und der Pharao sprach zu Joseph: Ich bin der Pharao, aber ohne deinen Willen soll niemand seine Hand oder seinen Fuß regen in ganz Ägyptenland.
45 Und er nannte ihn Zaphenath-Paneach und gab ihm zur Frau Asenath, die Tochter Potipheras, des Priesters zu On.
46 Und Joseph war dreißig Jahre alt, als er vor dem Pharao stand, dem König von Ägypten. Und er ging hinweg vom Pharao und zog durch ganz Ägyptenland.

Josephs Fürsorge für Ägypten. Die Geburt seiner Söhne

47 Und das Land trug in den sieben reichen Jahren die Fülle.
48 Und Joseph sammelte die ganze Ernte der sieben Jahre, da Überfluß im Lande Ägypten war, und tat sie in die Städte. Was an Getreide auf dem Felde rings um eine jede Stadt wuchs, das tat er hinein.
49 So schüttete Joseph das Getreide auf,

über die Maßen viel wie Sand am Meer, so daß er aufhörte zu zählen; denn man konnte es nicht zählen.

50 Und Joseph wurden zwei Söhne geboren, bevor die Hungerzeit kam; die gebar ihm Asenath, die Tochter Potipheras, des Priesters zu On.

51 Und er nannte den ersten Manasse; denn Gott, sprach er, hat mich vergessen lassen all mein Unglück und mein ganzes Vaterhaus.

52 Den andern nannte er Ephraim; denn Gott, sprach er, hat mich wachsen lassen in dem Lande meines Elends.

53 Als nun die sieben reichen Jahre um waren im Lande Ägypten,

54 da fingen an die sieben Hungerjahre zu kommen, wie Joseph gesagt hatte. Und es ward eine Hungersnot in allen Landen, aber in ganz Ägyptenland war Brot.

55 Als nun ganz Ägyptenland auch Hunger litt, schrie das Volk zum Pharao um Brot. Aber der Pharao sprach zu allen Ägyptern: Geht hin zu Joseph; was der euch sagt, das tut.

56 Als nun im ganzen Lande Hungersnot war, tat Joseph alle Kornhäuser auf und verkaufte den Ägyptern; denn der Hunger ward je länger je größer im Lande.

57 Und alle Welt kam nach Ägypten, um bei Joseph zu kaufen; denn der Hunger war groß in allen Landen.

Erste Reise der Söhne Jakobs nach Ägypten

42 Als aber Jakob sah, daß Getreide in Ägypten zu haben war, sprach er zu seinen Söhnen: Was seht ihr euch lange an?

2 Siehe, ich höre, es sei in Ägypten Getreide zu haben; zieht hinab und kauft uns Getreide, daß wir leben und nicht sterben.

3 Da zogen hinab zehn Brüder Josephs, um in Ägypten Getreide zu kaufen.

4 Aber den Benjamin, Josephs Bruder, ließ Jakob nicht mit seinen Brüdern ziehen; denn er sprach: Es könnte ihm ein Unfall begegnen.

5 So kamen die Söhne Israels, Getreide zu kaufen, samt andern, die mit ihnen zogen; denn es war auch im Lande Kanaan Hungersnot.

6 Aber Joseph war der Regent im Lande und verkaufte Getreide allem Volk im Lande. Als nun seine Brüder kamen, fielen sie vor ihm nieder zur Erde auf ihr Antlitz.

7 Und er sah sie an und erkannte sie, aber er stellte sich fremd gegen sie und redete hart mit ihnen und sprach zu ihnen: Woher kommt ihr? Sie sprachen: Aus dem Lande Kanaan, Getreide zu kaufen.

8 Aber wiewohl er sie erkannte, erkannten sie ihn doch nicht.

9 Und Joseph dachte an die Träume, die er von ihnen geträumt hatte, und sprach zu ihnen: Ihr seid Kundschafter und seid gekommen zu sehen, wo das Land offen ist.

10 Sie antworteten ihm: Nein, mein Herr! Deine Knechte sind gekommen, Getreide zu kaufen.

11 Wir sind alle **eines** Mannes Söhne; wir sind redlich, und deine Knechte sind nie Kundschafter gewesen.

12 Er sprach zu ihnen: Nein, sondern ihr seid gekommen zu sehen, wo das Land offen ist.

13 Sie antworteten ihm: Wir, deine Knechte, sind zwölf Brüder, **eines** Mannes Söhne im Lande Kanaan, und der jüngste ist noch bei unserm Vater, aber der eine ist nicht mehr vorhanden.

14 Joseph sprach zu ihnen: Es ist, wie ich euch gesagt habe: Kundschafter seid ihr.

15 Daran will ich euch prüfen: So wahr der Pharao lebt: ihr sollt nicht von hier wegkommen, es komme denn her euer jüngster Bruder!

16 Sendet einen von euch hin, der euren Bruder hole, ihr aber sollt gefangen sein. Daran will ich prüfen eure Rede, ob ihr mit Wahrheit umgeht. Andernfalls – so wahr der Pharao lebt! – seid ihr Kundschafter!

17 Und er ließ sie zusammen in Gewahrsam legen drei Tage lang.

18 Am dritten Tage aber sprach er zu ihnen: Wollt ihr leben, so tut nun dies, denn ich fürchte Gott:

19 Seid ihr redlich, so laßt einen eurer Brüder gebunden liegen in eurem Gefängnis; ihr aber zieht hin und bringt heim, was ihr gekauft habt für den Hunger.

20 Und bringt euren jüngsten Bruder zu mir, so will ich euren Worten glauben, so daß ihr nicht sterben müßt. Und sie gingen darauf ein.

21 Sie sprachen aber untereinander: Das
haben wir an unserm Bruder verschuldet!
Denn wir sahen die Angst seiner Seele, als
er uns anflehte, und wir wollten ihn nicht
erhören; darum kommt nun diese Trübsal
über uns.
22 Ruben antwortete ihnen und sprach:
Sagte ich's euch nicht, als ich sprach: Versündigt euch nicht an dem Knaben, doch
ihr wolltet nicht hören? Nun wird sein
Blut gefordert.
23 Sie wußten aber nicht, daß es Joseph
verstand; denn er redete mit ihnen durch
einen Dolmetscher.
24 Und er wandte sich von ihnen und
weinte. Als er sich nun wieder zu ihnen
wandte und mit ihnen redete, nahm er aus
ihrer Mitte Simeon und ließ ihn binden
vor ihren Augen.
25 Und Joseph gab Befehl, ihre Säcke
mit Getreide zu füllen und ihnen ihr Geld
wiederzugeben, einem jeden in seinen
Sack, dazu auch Zehrung auf den Weg;
und so tat man ihnen.
26 Und sie luden ihre Ware auf ihre Esel
und zogen von dannen.
27 Als aber einer seinen Sack auftat, daß
er seinem Esel Futter gäbe in der Herberge, sah er sein Geld, das oben im Sack lag,
28 und sprach zu seinen Brüdern: Mein
Geld ist wieder da, siehe, in meinem Sack
ist es! Da entfiel ihnen ihr Herz, und sie
blickten einander erschrocken an und
sprachen: Warum hat Gott uns das angetan?
29 Als sie nun heimkamen zu ihrem Vater Jakob ins Land Kanaan, sagten sie
ihm alles, was ihnen begegnet war, und
sprachen:
30 Der Mann, der im Lande Herr ist,
redete hart mit uns und hielt uns für Kundschafter.
31 Und wir antworteten ihm: Wir sind
redlich und nie Kundschafter gewesen,
32 sondern zwölf Brüder, unseres Vaters Söhne; einer ist nicht mehr vorhanden, und der jüngste ist noch bei unserm
Vater im Lande Kanaan.
33 Da sprach der Herr im Lande zu uns:
Daran will ich merken, ob ihr redlich seid:
einen eurer Brüder laßt bei mir und
nehmt für euer Haus, wieviel ihr bedürft,
und zieht hin
34 und bringt euren jüngsten Bruder zu
mir, so merke ich, daß ihr nicht Kundschafter, sondern redlich seid; dann will
ich euch auch euren Bruder wiedergeben,
und ihr mögt im Lande Handel treiben.
35 Und als sie die Säcke ausschütteten,
fand ein jeder seinen Beutel Geld in seinem Sack. Und als sie sahen, daß es die
Beutel mit ihrem Geld waren, erschraken
sie samt ihrem Vater.
36 Da sprach Jakob, ihr Vater, zu ihnen:
Ihr beraubt mich meiner Kinder! Joseph
ist nicht mehr da, Simeon ist nicht mehr
da, Benjamin wollt ihr auch wegnehmen;
es geht alles über mich.
37 Ruben antwortete seinem Vater und
sprach: Wenn ich ihn dir nicht wiederbringe, so töte meine zwei Söhne. Gib ihn
nur in meine Hand, ich will ihn dir wiederbringen.
38 Er sprach: Mein Sohn soll nicht mit
euch hinabziehen; denn sein Bruder ist
tot, und er ist allein übriggeblieben. Wenn
ihm ein Unfall auf dem Wege begegnete,
den ihr reiset, würdet ihr meine grauen
Haare mit Herzeleid hinunter zu den Toten bringen.

Zweite Reise der Söhne Jakobs nach Ägypten

43 Die Hungersnot aber drückte das
Land.
2 Und als verzehrt war, was sie an Getreide aus Ägypten gebracht hatten,
sprach ihr Vater zu ihnen: Zieht wieder
hin und kauft uns ein wenig Getreide.
3 Da antwortete ihm Juda und sprach:
Der Mann schärfte uns das hart ein und
sprach: Ihr sollt mein Angesicht nicht
sehen, es sei denn euer Bruder mit euch.
4 Willst du nun unsern Bruder mit uns
senden, so wollen wir hinabziehen und
dir zu essen kaufen.
5 Willst du ihn aber nicht senden, so
ziehen wir nicht hinab. Denn der Mann
hat zu uns gesagt: Ihr sollt mein Angesicht nicht sehen, euer Bruder sei denn
mit euch.
6 Israel sprach: Warum habt ihr so übel
an mir getan, daß ihr dem Mann sagtet,
daß ihr noch einen Bruder habt?
7 Sie antworteten: Der Mann forschte
so genau nach uns und unserer Verwandtschaft und sprach: Lebt euer Vater noch?
Habt ihr auch noch einen Bruder? Da

antworteten wir ihm, wie er uns fragte.
Wie konnten wir wissen, daß er sagen
würde: Bringt euren Bruder mit herab?
8 Da sprach Juda zu Israel, seinem Va-
ter: Laß den Knaben mit mir ziehen, daß
wir uns aufmachen und reisen und leben
und nicht sterben, wir und du und unsere
Kinder.
9 Ich will Bürge für ihn sein; von meinen
Händen sollst du ihn fordern. Wenn ich
ihn dir nicht wiederbringe und vor deine
Augen stelle, so will ich mein Leben lang
die Schuld tragen.
10 Denn wenn wir nicht gezögert hätten,
wären wir wohl schon zweimal wiederge-
kommen.
11 Da sprach Israel, ihr Vater, zu ihnen:
Wenn es denn so ist, wohlan so tut's und
nehmt von des Landes besten Früchten in
eure Säcke und bringt dem Manne Ge-
schenke hinab, ein wenig Balsam und
Honig, Harz und Myrrhe, Nüsse und
Mandeln.
12 Nehmt auch anderes Geld mit euch,
und das Geld, das ihr obenauf in euren
Säcken wiederbekommen habt, bringt
auch wieder hin. Vielleicht ist ein Irrtum
da geschehen.
13 Dazu nehmt euren Bruder, macht
euch auf und geht wieder zu dem Manne.
14 Aber der allmächtige Gott gebe euch
Barmherzigkeit vor dem Manne, daß er
mit euch ziehen lasse euren andern Bru-
der und Benjamin. Ich aber muß sein wie
einer, der seiner Kinder ganz und gar be-
raubt ist.
15 Da nahmen sie diese Geschenke und
das doppelte Geld mit sich, dazu Benja-
min, machten sich auf, zogen nach Ägyp-
ten und traten vor Joseph.
16 Als Joseph sie sah mit Benjamin,
sprach er zu seinem Haushalter: Führe
diese Männer ins Haus und schlachte und
richte zu, denn sie sollen zu Mittag mit
mir essen.
17 Und der Mann tat, wie ihm Joseph
gesagt hatte, und führte die Männer in
Josephs Haus.
18 Sie fürchteten sich aber, weil sie in
Josephs Haus geführt wurden, und spra-
chen: Wir sind hereingeführt um des Gel-
des willen, das wir in unsern Säcken das
vorige Mal wiedergefunden haben; man
will auf uns eindringen und über uns her-
fallen und uns zu Sklaven machen und uns
die Esel nehmen.
19 Darum traten sie zu Josephs Haus-
halter und redeten mit ihm vor der Haus-
tür
20 und sprachen: Mein Herr, wir sind
das vorige Mal herabgezogen, Getreide
zu kaufen,
21 und als wir in die Herberge kamen
und unsere Säcke auftaten, siehe, da war
eines jeden Geld oben in seinem Sack mit
vollem Gewicht. Darum haben wir's wie-
der mit uns gebracht,
22 haben auch anderes Geld mit uns
herabgebracht, Getreide zu kaufen. Wir
wissen aber nicht, wer uns unser Geld in
unsere Säcke gesteckt hat.
23 Er aber sprach: Seid guten Mutes,
fürchtet euch nicht! Euer Gott und eures
Vaters Gott hat euch einen Schatz gege-
ben in eure Säcke. Euer Geld habe ich er-
halten. Und er führte Simeon zu ihnen
heraus
24 und brachte sie in Josephs Haus, gab
ihnen Wasser, daß sie ihre Füße wuschen,
und gab ihren Eseln Futter.
25 Sie aber richteten das Geschenk zu,
bis Joseph mittags käme; denn sie hatten
gehört, daß sie dort essen sollten.
26 Als nun Joseph ins Haus trat, brach-
ten sie ihm das Geschenk ins Haus, das sie
mitgebracht hatten, und fielen vor ihm
nieder zur Erde.
27 Er aber grüßte sie freundlich und
sprach: Geht es eurem alten Vater gut,
von dem ihr mir sagtet? Lebt er noch?
28 Sie antworteten: Es geht deinem
Knechte, unserm Vater, gut, und er lebt
noch. Und sie verneigten sich und fielen
vor ihm nieder.
29 Und er hob seine Augen auf und sah
seinen Bruder Benjamin, seiner Mutter
Sohn, und sprach: Ist das euer jüngster
Bruder, von dem ihr mir sagtet? Und
sprach weiter: Gott sei dir gnädig, mein
Sohn!
30 Und Joseph eilte hinaus; denn sein
Herz entbrannte ihm gegen seinen Bru-
der, und er suchte, wo er weinen könnte,
und ging in seine Kammer und weinte
daselbst.
31 Und als er sein Angesicht gewaschen
hatte, ging er heraus und hielt an sich und
sprach: Legt die Speisen auf!

32 Und man trug ihm besonders auf und
jenen auch besonders und den Ägyptern,
die mit ihm aßen, auch besonders. Denn
die Ägypter dürfen nicht essen mit den
Hebräern; denn es ist ein Greuel für sie.
33 Und man setzte sie ihm gegenüber,
den Erstgeborenen nach seiner Erstge-
burt und den Jüngsten nach seiner Jugend.
Darüber verwunderten sie sich unterein-
ander.
34 Und man trug ihnen Essen auf von
seinem Tisch, aber Benjamin bekam fünf-
mal mehr als die andern. Und sie tranken
und wurden fröhlich mit ihm.

Josephs Brüder werden hart geängstigt

44 Und Joseph befahl seinem Haushal-
ter und sprach: Fülle den Männern
ihre Säcke mit Getreide, soviel sie fort-
bringen, und lege jedem sein Geld oben in
seinen Sack.
2 Und meinen silbernen Becher lege
oben in des Jüngsten Sack mit dem Gelde
für das Getreide. Der tat, wie ihm Joseph
gesagt hatte.
3 Am Morgen, als es licht ward, ließen
sie die Männer ziehen mit ihren Eseln.
4 Als sie aber zur Stadt hinaus waren
und noch nicht weit gekommen, sprach
Joseph zu seinem Haushalter: Auf, jage
den Männern nach, und wenn du sie er-
eilst, so sprich zu ihnen: Warum habt ihr
Gutes mit Bösem vergolten?
5 Warum habt ihr den silbernen Becher
gestohlen? Ist das nicht der, aus dem mein
Herr trinkt und aus dem er wahrsagt? Ihr
habt übel getan.
6 Und als er sie ereilte, redete er mit
ihnen diese Worte.
7 Sie antworteten ihm: Warum redet
mein Herr solche Worte? Es sei ferne von
deinen Knechten, solches zu tun.
8 Siehe, das Geld, das wir fanden oben
in unsern Säcken, haben wir wiederge-
bracht zu dir aus dem Lande Kanaan. Wie
sollten wir da aus deines Herrn Hause Sil-
ber oder Gold gestohlen haben?
9 Bei wem er gefunden wird unter deinen
Knechten, der sei des Todes; dazu wollen
auch wir meines Herrn Sklaven sein.
10 Er sprach: Ja, es sei, wie ihr geredet
habt. Bei wem er gefunden wird, der sei
mein Sklave, ihr aber sollt frei sein.
11 Und sie legten eilends ein jeder seinen
Sack ab auf die Erde, und ein jeder tat
seinen Sack auf.
12 Und er suchte und fing an beim Äl-
testen bis hin zum Jüngsten. Da fand sich
der Becher in Benjamins Sack.
13 Da zerrissen sie ihre Kleider, und ein
jeder belud seinen Esel, und sie zogen wie-
der in die Stadt.
14 Und Juda ging mit seinen Brüdern in
Josephs Haus, denn er war noch dort.
Und sie fielen vor ihm nieder auf die Erde.
15 Joseph aber sprach zu ihnen: Wie
habt ihr das tun können? Wußtet ihr
nicht, daß ein solcher Mann, wie ich bin,
wahrsagen kann?
16 Juda sprach: Was sollen wir meinem
Herrn sagen, oder wie sollen wir reden,
und womit können wir uns rechtfertigen?
Gott hat die Missetat deiner Knechte ge-
funden. Siehe, wir und der, bei dem der
Becher gefunden ist, sind meines Herrn
Sklaven.
17 Er aber sprach: Das sei ferne von mir,
solches zu tun! Der, bei dem der Becher ge-
funden ist, soll mein Sklave sein; ihr aber
zieht hinauf mit Frieden zu eurem Vater.
18 Da trat Juda zu ihm und sprach:
Mein Herr, laß deinen Knecht ein Wort
reden vor den Ohren meines Herrn, und
dein Zorn entbrenne nicht über deinen
Knecht, denn du bist wie der Pharao.
19 Mein Herr fragte seine Knechte und
sprach: Habt ihr noch einen Vater oder
Bruder?
20 Da antworteten wir: Wir haben einen
Vater, der ist alt, und einen jungen Kna-
ben, in seinem Alter geboren, und sein
Bruder ist tot, und er ist allein übrigge-
blieben von seiner Mutter, und sein Vater
hat ihn lieb.
21 Da sprachst du zu deinen Knechten:
Bringt ihn herab zu mir, ich will ihm
Gnade erweisen.
22 Wir aber antworteten meinem Herrn:
Der Knabe kann seinen Vater nicht ver-
lassen; wenn er ihn verließe, würde der
sterben.
23 Da sprachst du zu deinen Knechten:
Wenn euer jüngster Bruder nicht mit euch
herkommt, sollt ihr mein Angesicht nicht
mehr sehen.
24 Da zogen wir hinauf zu deinem
Knecht, meinem Vater, und sagten ihm
meines Herrn Rede.

25 Da sprach unser Vater: Zieht wieder hin und kauft uns ein wenig Getreide.
26 Wir aber sprachen: Wir können nicht hinabziehen; nur wenn unser jüngster Bruder mit uns ist, wollen wir hinabziehen; denn wir dürfen des Mannes Angesicht nicht sehen, wenn unser jüngster Bruder nicht mit uns ist.
27 Da sprach dein Knecht, mein Vater, zu uns: Ihr wißt, daß mir meine Frau zwei Söhne geboren hat;
28 **einer** ging von mir, und ich mußte mir sagen: Er ist zerrissen. Und ich hab ihn nicht gesehen bisher.
29 Werdet ihr diesen auch von mir nehmen und widerfährt ihm ein Unfall, so werdet ihr meine grauen Haare mit Jammer hinunter zu den Toten bringen.
30 Nun, wenn ich heimkäme zu deinem Knecht, meinem Vater, und der Knabe wäre nicht mit uns, an dem er mit ganzer Seele hängt,
31 so wird's geschehen, daß er stirbt, wenn er sieht, daß der Knabe nicht da ist. So würden wir, deine Knechte, die grauen Haare deines Knechtes, unseres Vaters, mit Herzeleid hinunter zu den Toten bringen.
32 Denn ich, dein Knecht, bin Bürge geworden für den Knaben vor meinem Vater und sprach: Bringe ich ihn dir nicht wieder, so will ich mein Leben lang die Schuld tragen.
33 Darum laß deinen Knecht hier bleiben an des Knaben Statt als Sklaven meines Herrn und den Knaben mit seinen Brüdern hinaufziehen.
34 Denn wie soll ich hinaufziehen zu meinem Vater, wenn der Knabe nicht mit mir ist? Ich könnte den Jammer nicht sehen, der über meinen Vater kommen würde.

Joseph gibt sich seinen Brüdern zu erkennen

45 Da konnte Joseph nicht länger an sich halten vor allen, die um ihn her standen, und er rief: Laßt jedermann von mir hinausgehen! Und stand kein Mensch bei ihm, als sich Joseph seinen Brüdern zu erkennen gab.
2 Und er weinte laut, daß es die Ägypter und das Haus des Pharao hörten,
3 und sprach zu seinen Brüdern: Ich bin Joseph. Lebt mein Vater noch? Und seine Brüder konnten ihm nicht antworten, so erschraken sie vor seinem Angesicht.
4 **Er** aber sprach zu seinen Brüdern: Tretet doch her zu mir! Und sie traten herzu. Und er sprach: Ich bin Joseph, euer Bruder, den ihr nach Ägypten verkauft habt.
5 Und nun bekümmert euch nicht und denkt nicht, daß ich darum zürne, daß ihr mich hierher verkauft habt; denn um eures Lebens willen hat mich Gott vor euch hergesandt.
6 Denn es sind nun zwei Jahre, daß Hungersnot im Lande ist, und sind noch fünf Jahre, daß weder Pflügen noch Ernten sein wird.
7 Aber Gott hat mich vor euch hergesandt, daß er euch übriglasse auf Erden und euer Leben erhalte zu einer großen Errettung.
8 Und nun, ihr habt mich nicht hergesandt, sondern Gott; der hat mich dem Pharao zum Vater gesetzt und zum Herrn über sein ganzes Haus und zum Herrscher über ganz Ägyptenland.
9 Eilt nun und zieht hinauf zu meinem Vater und sagt ihm: Das läßt dir Joseph, dein Sohn, sagen: Gott hat mich zum Herrn über ganz Ägypten gesetzt; komm herab zu mir, säume nicht!
10 Du sollst im Lande Gosen wohnen und nahe bei mir sein, du und deine Kinder und deine Kindeskinder, dein Kleinvieh und Großvieh und alles, was du hast.
11 Ich will dich dort versorgen, denn es sind noch fünf Jahre Hungersnot, damit du nicht verarmst mit deinem Hause und allem, was du hast.
12 Siehe, eure Augen sehen es und die Augen meines Bruders Benjamin, daß ich leibhaftig mit euch rede.
13 Verkündet meinem Vater alle meine Herrlichkeit in Ägypten und alles, was ihr gesehen habt; eilt und kommt herab mit meinem Vater hierher.
14 Und er fiel seinem Bruder Benjamin um den Hals und weinte, und Benjamin weinte auch an seinem Halse,
15 und er küßte alle seine Brüder und weinte an ihrer Brust. Danach redeten seine Brüder mit ihm.
16 Und als das Gerücht kam in des Pharao Haus, daß Josephs Brüder gekommen

wären, gefiel es dem Pharao gut und allen
seinen Großen.
17 Und der Pharao sprach zu Joseph:
Sage deinen Brüdern: Macht es so: Beladet eure Tiere, ziehet hin!
18 Und wenn ihr ins Land Kanaan
kommt, so nehmt euren Vater und alle die
Euren und kommt zu mir; ich will euch
das Beste geben in Ägyptenland, daß ihr
essen sollt das Fett des Landes.
19 Und gebiete ihnen: Macht es so:
Nehmt mit euch aus Ägyptenland Wagen
für eure Kinder und Frauen und bringt
euren Vater mit und kommt.
20 Und seht euren Hausrat nicht an;
denn das Beste des ganzen Landes Ägypten soll euer sein.
21 Die Söhne Israels taten so. Und Joseph gab ihnen Wagen nach dem Befehl
des Pharao und Zehrung auf den Weg
22 und gab ihnen allen, einem jeden
ein Feierkleid, aber Benjamin gab er dreihundert Silberstücke und fünf Feierkleider.
23 Und seinem Vater sandte er zehn
Esel, mit dem Besten aus Ägypten beladen, und zehn Eselinnen mit Getreide und
Brot und mit Zehrung für seinen Vater
auf den Weg.
24 Damit entließ er seine Brüder, und
sie zogen hin. Und er sprach zu ihnen:
Zanket nicht auf dem Wege!
25 So zogen sie hinauf von Ägypten und
kamen ins Land Kanaan zu ihrem Vater
Jakob
26 und verkündeten ihm und sprachen:
Joseph lebt noch und ist Herr über ganz
Ägyptenland! Aber sein Herz blieb kalt,
denn er glaubte ihnen nicht.
27 Da sagten sie ihm alle Worte Josephs,
die er zu ihnen gesagt hatte. Und als er die
Wagen sah, die ihm Joseph gesandt hatte,
um ihn zu holen, wurde der Geist Jakobs,
ihres Vaters, lebendig.
28 Und Israel sprach: Mir ist genug, daß
mein Sohn Joseph noch lebt; ich will hin
und ihn sehen, ehe ich sterbe.

Jakobs Reise nach Ägypten. Seine Kinder und Enkel

46 Israel zog hin mit allem, was er hatte. Und als er nach Beerseba kam,
brachte er Opfer dar dem Gott seines Vaters Isaak.
2 Und Gott sprach zu ihm des Nachts in
einer Offenbarung: Jakob, Jakob! Er
sprach: Hier bin ich.
3 Und er sprach: Ich bin Gott, der Gott
deines Vaters; fürchte dich nicht, nach
Ägypten hinabzuziehen; denn daselbst
will ich dich zum großen Volk machen.
4 Ich will mit dir hinab nach Ägypten
ziehen und will dich auch wieder heraufführen, und Joseph soll dir mit seinen
Händen die Augen zudrücken.
5 Da machte sich Jakob auf von Beerseba. Und die Söhne Israels hoben Jakob,
ihren Vater, mit ihren Kindern und
Frauen auf die Wagen, die der Pharao gesandt hatte, um ihn zu holen,
6 und nahmen ihr Vieh und ihre Habe,
die sie im Lande Kanaan erworben hatten,
und kamen so nach Ägypten, Jakob und
sein ganzes Geschlecht mit ihm.
7 Seine Söhne und seine Enkel, seine
Töchter und seine Enkelinnen und seine
ganze Nachkommenschaft brachte er mit
sich nach Ägypten.
8 Dies sind die Namen der Söhne Israels, die nach Ägypten kamen: Jakob und
seine Söhne. Der erstgeborene Sohn Jakobs: Ruben.
9 Die Söhne Rubens: Henoch, Pallu,
Hezron und Karmi.
10 Die Söhne Simeons: Jemuël, Jamin,
Ohad, Jachin, Zohar und Saul, der Sohn
der Kanaaniterin.
11 Die Söhne Levis: Gerson, Kehath
und Merari.
12 Die Söhne Judas: Ger, Onan, Schela,
Perez und Serach. Aber Ger und Onan
waren gestorben im Lande Kanaan. Die
Söhne aber des Perez: Hezron und Hamul.
13 Die Söhne Isaschars: Tola, Pua, Jaschub und Schimron.
14 Die Söhne Sebulons: Sered, Elon und
Jachleel.
15 Das sind die Söhne der Lea, die sie
Jakob gebar in Mesopotamien, dazu seine
Tochter Dina. Die machen zusammen
mit ihren Söhnen und Töchtern dreiunddreißig Seelen.
16 Die Söhne Gads: Ziphjon, Haggi,
Schuni, Ezbon, Eri, Arodi und Areli.
17 Die Söhne Assers: Jimna, Jischwa,
Jischwi, Beria, dazu Serach, ihre Schwester; und die Söhne Berias: Heber und
Malkiël.

18 Das sind die Söhne der Silpa, die La-
ban seiner Tochter Lea gegeben hatte, und
sie gebar Jakob diese sechzehn Seelen.
19 Die Söhne Rahels, der Frau Jakobs:
Joseph und Benjamin.
20 Und dem Joseph wurden geboren in
Ägyptenland Manasse und Ephraim, die
ihm Asenath gebar, die Tochter Potiphe-
ras, des Priesters zu On.
21 Die Söhne Benjamins: Bela, Becher,
Aschbel, Gera, Naaman, Ehi, Rosch,
Muppim, Huppim und Ard.
22 Das sind die Söhne der Rahel, die
Jakob geboren wurden, zusammen vier-
zehn Seelen.
23 Der Sohn Dans: Schuham.
24 Die Söhne Naphthalis: Jachzeel, Gu-
ni, Jezer und Schillem.
25 Das sind die Söhne der Bilha, die La-
ban seiner Tochter Rahel gegeben hatte,
und sie gebar Jakob diese sieben Seelen.
26 Alle Seelen, die mit Jakob nach Ägyp-
ten kamen, seine Nachkommen – ausge-
nommen die Frauen seiner Söhne – sind
alle zusammen sechsundsechzig Seelen.
27 Die Söhne Josephs, die in Ägypten
geboren sind, waren zwei Seelen; so daß
alle Seelen des Hauses Jakobs, die nach
Ägypten kamen, waren siebzig.

Jakobs Wiedersehen mit Joseph

28 Und Jakob sandte Juda vor sich her
zu Joseph, daß dieser ihm Gosen anwiese.
Als sie in das Land Gosen kamen,
29 spannte Joseph seinen Wagen an und
zog hinauf seinem Vater Israel entgegen
nach Gosen. Und als er ihn sah, fiel er
ihm um den Hals und weinte lange an sei-
nem Halse.
30 Da sprach Israel zu Joseph: Ich will
nun gerne sterben, nachdem ich dein An-
gesicht gesehen habe, daß du noch lebst.
31 Joseph sprach zu seinen Brüdern und
zu seines Vaters Hause: Ich will hinauf-
ziehen und dem Pharao ansagen und zu
ihm sprechen: Meine Brüder und meines
Vaters Haus sind zu mir gekommen aus
dem Lande Kanaan
32 und sind Viehhirten, denn es sind
Leute, die Vieh haben; ihr Kleinvieh und
Großvieh und alles, was sie haben, haben
sie mitgebracht.
33 Wenn euch nun der Pharao wird ru-
fen und sagen: Was ist euer Gewerbe?,
34 so sollt ihr sagen: Deine Knechte
sind Leute, die Vieh haben, von unserer
Jugend an bis jetzt, wir und unsere Vä-
ter –, damit ihr wohnen dürft im Lande
Gosen. Denn alle Viehhirten sind den
Ägyptern ein Greuel.

Jakob vor dem Pharao

47 Da kam Joseph und sagte es dem
Pharao an und sprach: Mein Vater
und meine Brüder, ihr Kleinvieh und
Großvieh und alles, was sie haben, sind
gekommen aus dem Lande Kanaan, und
siehe, sie sind im Lande Gosen.
2 Und er nahm von allen seinen Brüdern
fünf und stellte sie vor den Pharao.
3 Da sprach der Pharao zu seinen Brü-
dern: Was ist euer Gewerbe? Sie antwor-
teten: Deine Knechte sind Viehhirten, wir
und unsere Väter.
4 Und sagten weiter zum Pharao: Wir
sind gekommen, bei euch zu wohnen im
Lande; denn deine Knechte haben nicht
Weide für ihr Vieh, so hart drückt die
Hungersnot das Land Kanaan. So laß
doch nun deine Knechte im Land Gosen
wohnen.
5 Der Pharao sprach zu Joseph: Es ist
dein Vater, und es sind deine Brüder, die
zu dir gekommen sind.
6 Das Land Ägypten steht dir offen, laß
sie am besten Ort des Landes wohnen, laß
sie im Lande Gosen wohnen; und wenn du
weißt, daß Leute unter ihnen sind, die
tüchtig sind, so setze sie über mein Vieh.
7 Joseph brachte auch seinen Vater Ja-
kob hinein und stellte ihn vor den Pharao.
Und Jakob segnete den Pharao.
8 Der Pharao aber fragte Jakob: Wie alt
bist du?
9 Jakob sprach zum Pharao: Die Zeit
meiner Wanderschaft ist hundertunddrei-
ßig Jahre; wenig und böse ist die Zeit
meines Lebens und reicht nicht heran an
die Zeit meiner Väter in ihrer Wander-
schaft.
10 Und Jakob segnete den Pharao und
ging hinaus von ihm.
11 Aber Joseph ließ seinen Vater und
seine Brüder in Ägyptenland wohnen und
gab ihnen Besitz am besten Ort des Lan-
des, im Lande Ramses, wie der Pharao ge-
boten hatte.
12 Und er versorgte seinen Vater und

seine Brüder und das ganze Haus seines Vaters mit Brot, einen jeden nach der Zahl seiner Kinder.

Die Ägypter verkaufen ihre Habe und sich selbst dem Pharao

13 Es war aber kein Brot im ganzen Lande; denn die Hungersnot war sehr schwer, so daß Ägypten und Kanaan verschmachteten vor Hunger.

14 Und Joseph brachte alles Geld zusammen, das in Ägypten und Kanaan gefunden wurde, für das Getreide, das sie kauften; und er tat alles Geld in das Haus des Pharao.

15 Als es nun an Geld gebrach im Lande Ägypten und in Kanaan, kamen alle Ägypter zu Joseph und sprachen: Schaffe uns Brot! Warum läßt du uns vor dir sterben, nun wir ohne Geld sind?

16 Joseph sprach: Schafft euer Vieh her, so will ich euch Brot als Entgelt für das Vieh geben, weil ihr ohne Geld seid.

17 Da brachten sie Joseph ihr Vieh, und er gab ihnen Brot als Entgelt für ihre Pferde, Schafe, Rinder und Esel. So ernährte er sie mit Brot das Jahr hindurch für all ihr Vieh.

18 Als das Jahr um war, kamen sie zu ihm im zweiten Jahr und sprachen zu ihm: Wir wollen unserm Herrn nicht verbergen, daß nicht allein das Geld, sondern auch alles Vieh dahin ist an unsern Herrn, und ist nichts mehr übrig vor unserm Herrn als nur unsere Leiber und unser Feld.

19 Warum läßt du uns vor dir sterben und unser Feld? Kaufe uns und unser Land für Brot, daß wir und unser Land leibeigen seien dem Pharao; gib uns Korn zur Saat, daß wir leben und nicht sterben und das Feld nicht wüst werde.

20 So kaufte Joseph dem Pharao das ganze Ägypten. Denn die Ägypter verkauften ein jeder seinen Acker, weil die Hungersnot schwer auf ihnen lag. Und so wurde das Land dem Pharao zu eigen.

21 Und er machte das Volk leibeigen von einem Ende Ägyptens bis ans andere.

22 Ausgenommen das Feld der Priester, das kaufte er nicht; denn es war vom Pharao für die Priester verordnet, daß sie sich nähren sollten von dem Landanteil, den er ihnen gegeben hatte. Darum durften sie ihr Feld nicht verkaufen.

23 Da sprach Joseph zu dem Volk: Siehe, ich hab heute euch und euer Feld für den Pharao gekauft; siehe, da habt ihr Korn zur Saat, und nun besäet das Feld.

24 Und von dem Getreide sollt ihr den Fünften dem Pharao geben; vier Teile sollen euer sein, das Feld zu besäen und zu eurer Speise und für euer Haus und eure Kinder.

25 Sie sprachen: Du hast uns beim Leben erhalten; laß uns nur Gnade finden vor dir, unserm Herrn, dann wollen wir dem Pharao leibeigen sein.

26 So machte es Joseph zum Gesetz bis auf diesen Tag, den Fünften vom Feld der Ägypter dem Pharao zu geben; ausgenommen blieb das Feld der Priester, das wurde nicht dem Pharao zu eigen.

Jakobs letzter Wunsch

27 So wohnte Israel in Ägypten im Lande Gosen, und sie hatten es inne und wuchsen und mehrten sich sehr.

28 Und Jakob lebte siebzehn Jahre in Ägyptenland, daß sein ganzes Alter wurde hundertundsiebenundvierzig Jahre.

29 Als nun die Zeit herbeikam, daß Israel sterben sollte, rief er seinen Sohn Joseph und sprach zu ihm: Hab ich Gnade vor dir gefunden, so lege deine Hand unter meine Hüfte, daß du die Liebe und Treue an mir tust und begrabest mich nicht in Ägypten,

30 sondern ich will liegen bei meinen Vätern, und du sollst mich aus Ägypten führen und in ihrem Grab begraben. Er sprach: Ich will tun, wie du gesagt hast.

31 Er aber sprach: So schwöre mir. Und er schwor ihm. Da neigte sich Israel anbetend über das Kopfende des Bettes hin.

Jakobs Segen über Ephraim und Manasse

48 Danach wurde Joseph gesagt: Siehe, dein Vater ist krank. Und er nahm mit sich seine beiden Söhne Manasse und Ephraim.

2 Da wurde Jakob angesagt: Siehe, dein Sohn Joseph kommt zu dir. Und Israel machte sich stark und setzte sich auf im Bett

3 und sprach zu Joseph: Der allmächtige Gott erschien mir zu Lus im Lande Kanaan und segnete mich

4 und sprach zu mir: Siehe, ich will dich

wachsen lassen und mehren und will dich
zu einer Menge von Völkern machen und
will dies Land zu eigen geben deinen
Nachkommen für alle Zeit.
5 So sollen nun deine beiden Söhne
Ephraim und Manasse, die dir geboren
sind in Ägyptenland, ehe ich hergekom-
men bin zu dir, mein sein gleichwie Ruben
und Simeon.
6 Die du aber nach ihnen zeugst, sollen
dein sein und genannt werden nach dem
Namen ihrer Brüder in deren Erbteil.
7 Und als ich aus Mesopotamien kam,
starb mir Rahel im Land Kanaan auf der
Reise, als noch eine Strecke Weges war
nach Ephratha, und ich begrub sie dort an
dem Wege nach Ephratha, das nun Beth-
lehem heißt.
8 **Und** Israel sah die Söhne Josephs und
sprach: Wer sind die?
9 Joseph antwortete seinem Vater: Es
sind meine Söhne, die mir Gott hier ge-
geben hat. Er sprach: Bringe sie her zu
mir, daß ich sie segne.
10 Denn die Augen Israels waren
schwach geworden vor Alter, und er konn-
te nicht mehr sehen. Und Joseph brachte
sie zu ihm. Er aber küßte sie und herzte
sie
11 und sprach zu Joseph: Siehe, ich habe
dein Angesicht gesehen, was ich nicht ge-
dacht hätte, und siehe, Gott hat mich
auch deine Söhne sehen lassen.
12 Und Joseph nahm sie von seinem
Schoß und verneigte sich vor ihm zur
Erde.
13 **Dann** nahm sie Joseph beide, Ephra-
im an seine rechte Hand gegenüber Isra-
els linker Hand und Manasse an seine
linke Hand gegenüber Israels rechter
Hand, und brachte sie zu ihm.
14 Aber Israel streckte seine rechte Hand
aus und legte sie auf Ephraims, des Jün-
geren, Haupt und seine linke auf Manas-
ses Haupt und kreuzte seine Arme, ob-
wohl Manasse der Erstgeborene war.
15 Und er segnete Joseph und sprach:
Der Gott, vor dem meine Väter Abraham
und Isaak gewandelt sind, der Gott, der
mein Hirte gewesen ist mein Leben lang
bis auf diesen Tag,
16 der Engel, der mich erlöst hat von
allem Übel, der segne die Knaben, daß
durch sie mein und meiner Väter Abra-
ham und Isaak Name fortlebe, daß sie
wachsen und viel werden auf Erden.
17 **Als** aber Joseph sah, daß sein Vater
die rechte Hand auf Ephraims Haupt
legte, mißfiel es ihm, und er faßte seines
Vaters Hand, daß er sie von Ephraims
Haupt auf Manasses Haupt wendete,
18 und sprach zu ihm: Nicht so, mein
Vater, dieser ist der Erstgeborene; lege
deine rechte Hand auf sein Haupt.
19 Aber sein Vater weigerte sich und
sprach: Ich weiß wohl, mein Sohn, ich
weiß wohl. Dieser soll auch ein Volk wer-
den und wird groß sein, aber sein jüngerer
Bruder wird größer als er werden, und
sein Geschlecht wird eine Menge von
Völkern werden.
20 So segnete er sie an jenem Tage und
sprach: Wer in Israel jemanden segnen
will, der sage: Gott mache dich wie Ephra-
im und Manasse! Und so setzte er Ephra-
im vor Manasse.
21 **Und** Israel sprach zu Joseph: Siehe,
ich sterbe; aber Gott wird mit euch sein
und wird euch zurückbringen in das Land
eurer Väter.
22 Ich gebe dir ein Stück Land vor dei-
nen Brüdern, das ich mit meinem Schwert
und Bogen aus der Hand der Amoriter ge-
nommen habe.

Jakobs Segen über seine Söhne

49 Und Jakob berief seine Söhne und
sprach: Versammelt euch, daß ich
euch verkünde, was euch begegnen wird
in künftigen Zeiten.
2 Kommt zuhauf und höret zu, ihr Söh-
ne Jakobs, und höret euren Vater Israel.
3 **Ruben,** mein erster Sohn bist du, meine
Kraft und der Erstling meiner Stärke, der
Oberste in der Würde und der Oberste in
der Macht.
4 Weil du aufwalltest wie Wasser, sollst
du nicht der Oberste sein; denn du bist auf
deines Vaters Lager gestiegen, daselbst
hast du mein Bett entweiht, das du be-
stiegst.
5 **Die** Brüder **Simeon** und **Levi,** ihre
Schwerter sind mörderische Waffen.
6 Meine Seele komme nicht in ihren Rat,
und mein Herz sei nicht in ihrer Versamm-
lung; denn in ihrem Zorn haben sie Män-
ner gemordet, und in ihrem Mutwillen
haben sie Stiere gelähmt.

7 Verflucht sei ihr Zorn, daß er so heftig
ist, und ihr Grimm, daß er so grausam ist.
Ich will sie versprengen in Jakob und zer-
streuen in Israel.
8 **Juda,** du bist's! Dich werden deine
Brüder preisen. Deine Hand wird deinen
Feinden auf dem Nacken sein, vor dir wer-
den deines Vaters Söhne sich verneigen.
9 Juda ist ein junger Löwe. Du bist
hochgekommen, mein Sohn, vom Raube.
Wie ein Löwe hat er sich hingestreckt und
wie eine Löwin sich gelagert. Wer will ihn
aufstören?
10 **Es wird das Zepter von Juda nicht wei-
chen noch der Stab des Herrschers von sei-
nen Füßen, bis daß der Held komme, und
ihm werden die Völker anhangen.**
11 Er wird seinen Esel an den Weinstock
binden und seiner Eselin Füllen an die
edle Rebe. Er wird sein Kleid in Wein wa-
schen und seinen Mantel in Traubenblut.
12 Seine Augen sind dunkel von Wein
und seine Zähne weiß von Milch.
13 **Sebulon** wird am Gestade des Meeres
wohnen und am Gestade der Schiffe und
reichen bis Sidon.
14 **Isaschar** wird ein knochiger Esel sein
und sich lagern zwischen den Sattelkörben.
15 Und er sah die Ruhe, daß sie gut ist,
und das Land, daß es lieblich ist; da hat er
seine Schultern geneigt, zu tragen, und ist
ein fronpflichtiger Knecht geworden.
16 **Dan** wird Richter sein in seinem Volk
wie nur irgend ein Stamm in Israel.
17 Dan wird eine Schlange werden auf
dem Wege und eine Otter auf dem Steige
und das Pferd in die Fersen beißen, daß
sein Reiter zurückfalle.
18 **HERR, ich warte auf dein Heil!**
19 **Gad** wird gedrängt werden von
Kriegshaufen, er aber drängt ihnen nach
auf der Ferse.
20 **Assers** Brot wird fett sein, und er
wird leckere Speise wie für Könige geben.
21 **Naphthali** ist ein schneller Hirsch, er
gibt schöne Rede.
22 **Joseph** wird wachsen, er wird wach-
sen wie ein Baum an der Quelle, daß die
Zweige emporsteigen über die Mauer.
23 Und wiewohl ihn die Schützen er-
zürnen und gegen ihn kämpfen und ihn
verfolgen,
24 so bleibt doch sein Bogen fest, und
seine Arme und Hände stark durch die
Hände des Mächtigen in Jakob, durch ihn,
den Hirten und Fels Israels.
25 Von deines Vaters Gott werde dir ge-
holfen, und von dem Allmächtigen seist
du gesegnet mit Segen oben vom Himmel
herab, mit Segen von der Flut, die drun-
ten liegt, mit Segen der Brüste und des
Mutterleibes.
26 Die Segnungen deines Vaters waren
stärker als die Segnungen der ewigen Ber-
ge, die köstlichen Güter der ewigen Hügel.
Mögen sie kommen auf das Haupt Jo-
sephs und auf den Scheitel des Geweihten
unter seinen Brüdern!
27 **Benjamin** ist ein reißender Wolf; des
Morgens wird er Raub fressen und des
Abends wird er Beute austeilen.
28 **D**as sind die zwölf Stämme Israels
alle, und das ist's, was ihr Vater zu ihnen
geredet hat, als er sie segnete, einen jeden
mit einem besonderen Segen.

Jakobs Tod

29 Und Jakob gebot ihnen und sprach
zu ihnen: Ich werde versammelt zu mei-
nem Volk; begrabt mich bei meinen Vä-
tern in der Höhle auf dem Acker Ephrons,
des Hethiters,
30 in der Höhle auf dem Felde von
Machpela, die östlich von Mamre liegt im
Lande Kanaan, die Abraham kaufte samt
dem Acker von Ephron, dem Hethiter,
zum Erbbegräbnis.
31 Da haben sie Abraham begraben und
Sara, seine Frau. Da haben sie auch Isaak
begraben und Rebekka, seine Frau. Da
habe ich auch Lea begraben,
32 in dem Acker und der Höhle, die von
den Hethitern gekauft ist.
33 Und als Jakob dies Gebot an seine
Söhne vollendet hatte, tat er seine Füße
zusammen auf dem Bett und verschied
und wurde versammelt zu seinen Vätern.

Jakobs Bestattung

50 Da warf sich Joseph über seines Va-
ters Angesicht und weinte über ihm
und küßte ihn.
2 Und Joseph befahl seinen Dienern, den
Ärzten, daß sie seinen Vater zum Begräb-
nis salbten. Und die Ärzte salbten Israel,
3 bis vierzig Tage um waren; denn so
lange währen die Tage der Salbung. Und
die Ägypter beweinten ihn siebzig Tage.

4 Als nun die Trauertage vorüber waren,
redete Joseph mit den Leuten des Pharao und sprach: Hab ich Gnade vor euch gefunden, so redet mit dem Pharao und sprecht:
5 Mein Vater hat einen Eid von mir genommen und gesagt: Siehe, ich sterbe; begrabe mich in meinem Grabe, das ich mir im Lande Kanaan gegraben habe. So will ich nun hinaufziehen und meinen Vater begraben und wiederkommen.
6 Der Pharao sprach: Zieh hinauf und begrabe deinen Vater, wie du ihm geschworen hast.
7 Da zog Joseph hinauf, seinen Vater zu begraben. Und es zogen mit ihm alle Großen des Pharao, die Ältesten seines Hauses und alle Ältesten des Landes Ägypten,
8 dazu das ganze Haus Josephs und seine Brüder und die vom Hause seines Vaters. Allein ihre Kinder, Schafe und Rinder ließen sie im Lande Gosen.
9 Und es zogen auch mit ihm hinauf Wagen und Gespanne, und es war ein sehr großes Heer.
10 Als sie nun nach Goren-Atad kamen, das jenseits des Jordan liegt, da hielten sie eine sehr große und feierliche Klage. Und Joseph hielt Totenklage über seinen Vater sieben Tage.
11 Und als die Leute im Lande, die Kanaaniter, die Klage bei Goren-Atad sahen, sprachen sie: Die Ägypter halten da große Klage. Daher nennt man den Ort «Der Ägypter Klage»; er liegt jenseits des Jordan.
12 Und seine Söhne taten, wie er ihnen befohlen hatte,
13 und brachten ihn ins Land Kanaan und begruben ihn in der Höhle auf dem Felde von Machpela, die Abraham gekauft hatte mit dem Acker zum Erbbegräbnis von Ephron, dem Hethiter, gegenüber Mamre.
14 Als sie ihn nun begraben hatten, zog Joseph wieder nach Ägypten mit seinen Brüdern und mit allen, die mit ihm hinaufgezogen waren, seinen Vater zu begraben.

Josephs Edelmut und sein Tod

15 Die Brüder Josephs aber fürchteten sich, als ihr Vater gestorben war, und sprachen: Joseph könnte uns gram sein und uns alle Bosheit vergelten, die wir an ihm getan haben.
16 Darum ließen sie ihm sagen: Dein Vater befahl vor seinem Tode und sprach:
17 So sollt ihr zu Joseph sagen: Vergib doch deinen Brüdern die Missetat und ihre Sünde, daß sie so übel an dir getan haben. Nun vergib doch diese Missetat uns, den Dienern des Gottes deines Vaters! Aber Joseph weinte, als sie solches zu ihm sagten.
18 Und seine Brüder gingen hin und fielen vor ihm nieder und sprachen: Siehe, wir sind deine Knechte.
19 Joseph aber sprach zu ihnen: Fürchtet euch nicht! Stehe ich denn an Gottes Statt?
20 **Ihr gedachtet es böse mit mir zu machen, aber Gott gedachte es gut zu machen,** um zu tun, was jetzt am Tage ist, nämlich am Leben zu erhalten ein großes Volk.
21 So fürchtet euch nun nicht; ich will euch und eure Kinder versorgen. Und er tröstete sie und redete freundlich mit ihnen.
22 So wohnte Joseph in Ägypten mit seines Vaters Hause und lebte hundertundzehn Jahre
23 und sah Ephraims Kinder bis ins dritte Glied. Auch die Söhne von Machir, Manasses Sohn, wurden dem Hause Josephs zugerechnet.
24 Und Joseph sprach zu seinen Brüdern: Ich sterbe; aber Gott wird euch gnädig heimsuchen und aus diesem Lande führen in das Land, das er Abraham, Isaak und Jakob zu geben geschworen hat.
25 Darum nahm er einen Eid von den Söhnen Israels und sprach: Wenn euch Gott heimsuchen wird, so nehmt meine Gebeine mit von hier.
26 Und Joseph starb, als er hundertundzehn Jahre alt war. Und sie salbten ihn und legten ihn in einen Sarg in Ägypten.

DAS ZWEITE BUCH MOSE

Israels Bedrückung in Ägypten

1 Dies sind die Namen der Söhne Israels,
die mit Jakob nach Ägypten kamen;
ein jeder kam mit seinem Hause:
2 Ruben, Simeon, Levi, Juda,
3 Isaschar, Sebulon, Benjamin,
4 Dan, Naphthali, Gad, Asser.
5 Und alle leiblichen Nachkommen Ja-
kobs zusammen waren siebzig an Zahl.
Joseph aber war schon vorher in Ägypten.
6 Als nun Joseph gestorben war und alle
seine Brüder und alle, die zu der Zeit ge-
lebt hatten,
7 wuchsen die Kinder Israel und zeugten
Kinder und mehrten sich und wurden
überaus stark, so daß von ihnen das Land
voll ward.
8 Da kam ein neuer König auf in Ägyp-
ten, der wußte nichts von Joseph
9 und sprach zu seinem Volk: Siehe, das
Volk Israel ist mehr und stärker als wir.
10 Wohlan, wir wollen sie mit List nie-
derhalten, daß sie nicht noch mehr wer-
den. Denn wenn ein Krieg ausbräche,
könnten sie sich auch zu unsern Feinden
schlagen und gegen uns kämpfen und aus
dem Lande ausziehen.
11 Und man setzte Fronvögte über sie,
die sie mit Zwangsarbeit bedrücken soll-
ten. Und sie bauten dem Pharao die
Städte Pithom und Ramses als Vorrats-
städte.
12 Aber je mehr sie das Volk bedrück-
ten, desto stärker mehrte es sich und brei-
tete sich aus. Und es kam sie ein Grauen
an vor Israel.
13 Da zwangen die Ägypter die Kinder
Israel unbarmherzig zum Dienst
14 und machten ihnen ihr Leben sauer
mit schwerer Arbeit in Ton und Ziegeln
und mit mancherlei Frondienst auf dem
Felde, mit all ihrer Arbeit, die sie ihnen
auflegten ohne Erbarmen.
15 Und der König von Ägypten sprach
zu den hebräischen Hebammen, von denen
die eine Schiphra hieß und die andere Pua:
16 Wenn ihr den hebräischen Frauen
helft und bei der Geburt seht, daß es ein
Sohn ist, so tötet ihn; ist's aber eine Toch-
ter, so laßt sie leben.
17 Aber die Hebammen fürchteten Gott
und taten nicht, wie der König von Ägyp-
ten ihnen gesagt hatte, sondern ließen die
Kinder leben.
18 Da rief der König von Ägypten die
Hebammen und sprach zu ihnen: Warum
tut ihr das, daß ihr die Kinder leben laßt?
19 Die Hebammen antworteten dem
Pharao: Die hebräischen Frauen sind
nicht wie die ägyptischen, denn sie sind
kräftige Frauen. Ehe die Hebamme zu
ihnen kommt, haben sie geboren.
20 Darum tat Gott den Hebammen Gu-
tes. Und das Volk mehrte sich und wurde
sehr stark.
21 Und weil die Hebammen Gott fürch-
teten, segnete er ihre Häuser.
22 Da gebot der Pharao seinem ganzen
Volk und sprach: Alle Söhne, die geboren
werden, werft in den Nil, aber alle Töch-
ter laßt leben.

Moses Geburt und wunderbare Errettung

2 Und es ging hin ein Mann vom Hause
Levi und nahm ein Mädchen aus dem
Hause Levi zur Frau.
2 Und sie ward schwanger und gebar
einen Sohn. Und als sie sah, daß es ein
feines Kind war, verbarg sie ihn drei Mo-
nate.
3 Als sie ihn aber nicht länger verbergen
konnte, machte sie ein Kästlein von Rohr
und verklebte es mit Erdharz und Pech
und legte das Kind hinein und setzte das
Kästlein in das Schilf am Ufer des Nils.
4 Aber seine Schwester stand von ferne,
um zu erfahren, wie es ihm ergehen würde.
5 Und die Tochter des Pharao ging hin-
ab und wollte baden im Nil, und ihre Ge-
spielinnen gingen am Ufer hin und her.
Und als sie das Kästlein im Schilf sah,
sandte sie ihre Magd hin und ließ es holen.
6 Und als sie es auftat, sah sie das Kind,

und siehe, das Knäblein weinte. Da jam-
merte es sie, und sie sprach: Es ist eins von
den hebräischen Kindlein.
7 Da sprach seine Schwester zu der
Tochter des Pharao: Soll ich hingehen und
eine der hebräischen Frauen rufen, die da
stillt, daß sie dir das Kindlein stille?
8 Die Tochter des Pharao sprach zu ihr:
Geh hin. Das Mädchen ging hin und rief
die Mutter des Kindes.
9 Da sprach die Tochter des Pharao zu
ihr: Nimm das Kindlein mit und stille es
mir; ich will es dir lohnen. Die Frau nahm
das Kind und stillte es.
10 Und als das Kind groß war, brachte
sie es der Tochter des Pharao, und es
ward ihr Sohn, und sie nannte ihn Mose;
denn sie sprach: Ich habe ihn aus dem
Wasser gezogen.

Moses Flucht nach Midian

11 Zu der Zeit, als Mose groß geworden
war, ging er hinaus zu seinen Brüdern und
sah ihren Frondienst und nahm wahr, daß
ein Ägypter einen seiner hebräischen Brü-
der schlug.
12 Da schaute er sich nach allen Seiten
um, und als er sah, daß kein Mensch da
war, erschlug er den Ägypter und ver-
scharrte ihn im Sande.
13 Am andern Tage ging er wieder hin-
aus und sah zwei hebräische Männer mit-
einander streiten und sprach zu dem, der
im Unrecht war: Warum schlägst du dei-
nen Nächsten?
14 Er aber sprach: Wer hat dich zum
Aufseher oder Richter über uns gesetzt?
Willst du mich auch umbringen, wie du
den Ägypter umgebracht hast? Da fürch-
tete sich Mose und sprach: Wie ist das be-
kannt geworden?
15 Und es kam vor den Pharao; der
trachtete danach, Mose zu töten. Aber
Mose floh vor dem Pharao und hielt sich
auf im Lande Midian. Und er setzte sich
nieder bei einem Brunnen.
16 **D**er Priester aber in Midian hatte sie-
ben Töchter; die kamen, Wasser zu schöp-
fen, und füllten die Rinnen, um die Schafe
ihres Vaters zu tränken.
17 Da kamen Hirten und stießen sie
weg. Mose aber stand auf und half ihnen
und tränkte ihre Schafe.
18 Und als sie zu ihrem Vater Reguël
kamen, sprach er: Warum seid ihr heute
so bald gekommen?
19 Sie sprachen: Ein ägyptischer Mann
stand uns bei gegen die Hirten und schöpf-
te für uns und tränkte die Schafe.
20 Er sprach zu seinen Töchtern: Wo ist
er? Warum habt ihr den Mann draußen
gelassen? Ladet ihn doch ein, mit uns zu
essen.
21 Und Mose willigte ein, bei dem Mann
zu bleiben. Und er gab Mose seine Toch-
ter Zippora zur Frau.
22 Die gebar einen Sohn, und er nannte
ihn Gerschom; denn, sprach er, ich bin ein
Fremdling geworden im fremden Lande.
23 **L**ange Zeit aber danach starb der
König von Ägypten. Und die Kinder
Israel seufzten über ihre Knechtschaft
und schrien, und ihr Schreien über ihre
Knechtschaft kam vor Gott.
24 Und Gott erhörte ihr Wehklagen und
gedachte seines Bundes mit Abraham,
Isaak und Jakob.
25 Und Gott sah auf die Kinder Israel
und nahm sich ihrer an.

Moses Berufung

3 Mose aber hütete die Schafe Jethros,
seines Schwiegervaters, des Priesters
in Midian, und trieb die Schafe über die
Steppe hinaus und kam an den Berg Got-
tes, den Horeb.
2 Und der Engel des HERRN erschien
ihm in einer feurigen Flamme aus dem
Dornbusch. Und er sah, daß der Busch
im Feuer brannte und doch nicht verzehrt
wurde.
3 Da sprach er: Ich will hingehen und
die wundersame Erscheinung besehen,
warum der Busch nicht verbrennt.
4 Als aber der HERR sah, daß er hinging,
um zu sehen, rief Gott ihn aus dem Busch
und sprach: Mose, Mose! Er antwortete:
Hier bin ich.
5 Gott sprach: Tritt nicht herzu, zieh
deine Schuhe von deinen Füßen; denn der
Ort, darauf du stehst, ist heiliges Land!
6 Und er sprach weiter: Ich bin der Gott
deines Vaters, der Gott Abrahams, der
Gott Isaaks und der Gott Jakobs. Und
Mose verhüllte sein Angesicht; denn er
fürchtete sich, Gott anzuschauen.
7 Und der HERR sprach: Ich habe das
Elend meines Volks in Ägypten gesehen

und ihr Geschrei über ihre Bedränger gehört; ich habe ihre Leiden erkannt.

8 Und ich bin herniedergefahren, daß ich sie errette aus der Ägypter Hand und sie herausführe aus diesem Lande in ein gutes und weites Land, in ein Land, darin Milch und Honig fließt, in das Gebiet der Kanaaniter, Hethiter, Amoriter, Perisiter, Hewiter und Jebusiter.

9 Weil denn nun das Geschrei der Kinder Israel vor mich gekommen ist und ich dazu ihre Not gesehen habe, wie die Ägypter sie bedrängen,

10 so geh nun hin, ich will dich zum Pharao senden, damit du mein Volk, die Kinder Israel, aus Ägypten führst.

11 Mose sprach zu Gott: Wer bin ich, daß ich zum Pharao gehe und führe die Kinder Israel aus Ägypten?

12 Er sprach: Ich will mit dir sein. Und das soll dir das Zeichen sein, daß ich dich gesandt habe: Wenn du mein Volk aus Ägypten geführt hast, werdet ihr Gott opfern auf diesem Berge.

13 Mose sprach zu Gott: Siehe, wenn ich zu den Kindern Israel komme und spreche zu ihnen: Der Gott eurer Väter hat mich zu euch gesandt! und sie mir sagen werden: Wie ist sein Name?, was soll ich ihnen sagen?

14 Gott sprach zu Mose: **Ich werde sein, der ich sein werde.** Und sprach: So sollst du zu den Kindern Israel sagen: «Ich werde sein», der hat mich zu euch gesandt.

15 Und Gott sprach weiter zu Mose: So sollst du zu den Kindern Israel sagen: Der HERR*, der Gott eurer Väter, der Gott Abrahams, der Gott Isaaks, der Gott Jakobs, hat mich zu euch gesandt. Das ist mein Name auf ewig, mit dem man mich anrufen soll von Geschlecht zu Geschlecht.

16 Darum geh hin und versammle die Ältesten von Israel und sprich zu ihnen: Der HERR, der Gott eurer Väter, ist mir erschienen, der Gott Abrahams, der Gott Isaaks, der Gott Jakobs, und hat gesagt: Ich habe mich euer angenommen und gesehen, was euch in Ägypten widerfahren ist,

17 und habe gesagt: Ich will euch aus dem Elend Ägyptens führen in das Land der Kanaaniter, Hethiter, Amoriter, Perisiter, Hewiter und Jebusiter, in das Land, darin Milch und Honig fließt.

18 Und sie werden auf dich hören. Danach sollst du mit den Ältesten Israels hineingehen zum König von Ägypten und zu ihm sagen: Der HERR, der Gott der Hebräer, ist uns erschienen. So laß uns nun gehen drei Tagereisen weit in die Wüste, daß wir opfern dem HERRN, unserm Gott.

19 Aber ich weiß, daß euch der König von Ägypten nicht wird ziehen lassen, er werde denn gezwungen durch eine starke Hand.

20 Daher werde ich meine Hand ausstrecken und Ägypten schlagen mit all den Wundern, die ich darin tun werde. Danach wird er euch ziehen lassen.

21 Auch will ich diesem Volk Gunst verschaffen bei den Ägyptern, daß, wenn ihr auszieht, ihr nicht leer auszieht,

22 sondern jede Frau soll sich von ihrer Nachbarin und Hausgenossin silbernes und goldenes Geschmeide und Kleider geben lassen. Die sollt ihr euren Söhnen und Töchtern anlegen und von den Ägyptern als Beute nehmen.

4 Mose antwortete und sprach: Siehe, sie werden mir nicht glauben und nicht auf mich hören, sondern werden sagen: Der HERR ist dir nicht erschienen.

2 Der HERR sprach zu ihm: Was hast du da in deiner Hand? Er sprach: Einen Stab.

3 Der HERR sprach: Wirf ihn auf die Erde. Und er warf ihn auf die Erde; da ward er zur Schlange, und Mose floh vor ihr.

4 Aber der HERR sprach zu ihm: Strecke deine Hand aus und erhasche sie beim Schwanz. Da streckte er seine Hand aus und ergriff sie, und sie ward zum Stab in seiner Hand.

5 Und der HERR sprach: Darum werden sie glauben, daß dir erschienen ist der HERR, der Gott ihrer Väter, der Gott Abrahams, der Gott Isaaks, der Gott Jakobs.

6 Und der HERR sprach weiter zu ihm: Stecke deine Hand in den Bausch deines Gewandes. Und er steckte sie hinein. Und

*Im Hebräischen lautet der Gottesname Jahwe; daraus wurde durch ein Mißverständnis des Mittelalters «Jehova». An unserer Stelle wird der Gottesname Jahwe von dem hebräischen Zeitwort für «sein» her gedeutet. Nach altem, schon vorchristlichem Herkommen wird für Jahwe die Bezeichnung «der HERR» gebraucht.

als er sie wieder herauszog, siehe, da war
sie aussätzig wie Schnee.
7 Und er sprach: Tu sie wieder in den
Bausch deines Gewandes. Und er tat sie
wieder hinein. Und als er sie herauszog,
siehe, da war sie wieder wie sein anderes
Fleisch.
8 Und der HERR sprach: Wenn sie dir
nun nicht glauben und nicht auf dich
hören werden bei dem einen Zeichen, so
werden sie dir doch glauben bei dem an-
dern Zeichen.
9 Wenn sie aber diesen zwei Zeichen
nicht glauben und nicht auf dich hören
werden, so nimm Wasser aus dem Nil und
gieß es auf das trockene Land; dann wird
das Wasser, das du aus dem Strom genom-
men hast, Blut werden auf dem trockenen
Land.
10 Mose aber sprach zu dem HERRN:
Ach, mein Herr, ich bin von jeher nicht
beredt gewesen, auch jetzt nicht, seitdem
du mit deinem Knecht redest; denn ich
hab eine schwere Sprache und eine schwe-
re Zunge.
11 Der HERR sprach zu ihm: Wer hat
dem Menschen den Mund geschaffen?
Oder wer hat den Stummen oder Tauben
oder Sehenden oder Blinden gemacht?
Habe ich's nicht getan, der HERR?
12 So geh nun hin: Ich will mit deinem
Munde sein und dich lehren, was du sagen
sollst.
13 Mose aber sprach: Mein Herr, sende,
wen du senden willst.
14 Da wurde der HERR sehr zornig über
Mose und sprach: Weiß ich denn nicht,
daß dein Bruder Aaron aus dem Stamm
Levi beredt ist? Und siehe, er wird dir
entgegenkommen, und wenn er dich sieht,
wird er sich von Herzen freuen.
15 Du sollst zu ihm reden und die Worte
in seinen Mund legen. Und ich will mit
deinem und seinem Munde sein und euch
lehren, was ihr tun sollt.
16 Und er soll für dich zum Volk reden;
er soll dein Mund sein, und du sollst für
ihn Gott sein.
17 Und diesen Stab nimm in deine
Hand, mit dem du die Zeichen tun sollst.

Moses Rückkehr nach Ägypten

18 Mose ging hin und kam wieder zu
Jethro, seinem Schwiegervater, und sprach
zu ihm: Laß mich doch gehen, daß ich
wieder zu meinen Brüdern komme, die in
Ägypten sind, und sehe, ob sie noch leben.
Jethro sprach zu ihm: Geh hin mit Frie-
den.
19 Auch sprach der HERR zu Mose in
Midian: Geh hin und zieh wieder nach
Ägypten, denn die Leute sind tot, die dir
nach dem Leben standen.
20 So nahm denn Mose seine Frau und
seinen Sohn und setzte sie auf einen Esel
und zog wieder nach Ägyptenland und
nahm den Stab Gottes in seine Hand.
21 Und der HERR sprach zu Mose: Sieh
zu, wenn du wieder nach Ägypten
kommst, daß du alle die Wunder tust vor
dem Pharao, die ich in deine Hand ge-
geben habe. Ich aber will sein Herz ver-
stocken, daß er das Volk nicht ziehen
lassen wird.
22 Und du sollst zu ihm sagen: So
spricht der HERR: Israel ist mein erstge-
borener Sohn;
23 und ich gebiete dir, daß du meinen
Sohn ziehen läßt, daß er mir diene. Wirst
du dich weigern, so will ich deinen erstge-
borenen Sohn töten.
24 Und als Mose unterwegs in der Her-
berge war, kam ihm der HERR entgegen
und wollte ihn töten.
25 Da nahm Zippora einen scharfen
Stein und beschnitt ihrem Sohn die Vor-
haut und berührte damit seine Scham und
sprach: Du bist mir ein Blutbräutigam.
26 Da ließ er von ihm ab. Sie sagte aber
Blutbräutigam um der Beschneidung wil-
len.
27 Und der HERR sprach zu Aaron: Geh
hin Mose entgegen in die Wüste. Und er
ging hin und begegnete ihm am Berge
Gottes und küßte ihn.
28 Und Mose tat Aaron kund alle Worte
des HERRN, der ihn gesandt hatte, und
alle Zeichen, die er ihm befohlen hatte.
29 Und sie gingen hin und versammel-
ten alle Ältesten der Kinder Israel.
30 Und Aaron sagte alle Worte, die der
HERR mit Mose geredet hatte, und Mose
tat die Zeichen vor dem Volk.
31 Und das Volk glaubte. Und als sie
hörten, daß der HERR sich der Kinder
Israel angenommen und ihr Elend an-
gesehen habe, neigten sie sich und bete-
ten an.

Noch härtere Bedrückung Israels

5 Danach gingen Mose und Aaron hin
und sprachen zum Pharao: So spricht
der HERR, der Gott Israels: Laß mein
Volk ziehen, daß es mir ein Fest halte in
der Wüste.
2 Der Pharao antwortete: Wer ist der
HERR, daß ich ihm gehorchen müsse und
Israel ziehen lasse? Ich weiß nichts von
dem HERRN, will auch Israel nicht ziehen
lassen.
3 Sie sprachen: Der Gott der Hebräer
ist uns erschienen. So laß uns nun hinzie-
hen drei Tagereisen weit in die Wüste und
dem HERRN, unserm Gott, opfern, daß er
uns nicht schlage mit Pest oder Schwert.
4 Da sprach der König von Ägypten zu
ihnen: Mose und Aaron, warum wollt ihr
das Volk von seiner Arbeit freimachen?
Gehet hin an eure Dienste!
5 **W**eiter sprach der Pharao: Siehe, sie
sind schon mehr als das Volk des Landes,
und ihr wollt sie noch feiern lassen von
ihrem Dienst!
6 Darum befahl der Pharao am selben
Tage den Vögten des Volks und ihren Auf-
sehern und sprach:
7 Ihr sollt dem Volk nicht mehr Häcksel
geben, daß sie Ziegel machen, wie bisher;
laßt sie selbst hingehen und Stroh dafür
zusammenlesen.
8 Aber die Zahl der Ziegel, die sie bisher
gemacht haben, sollt ihr ihnen gleichwohl
auferlegen und nichts davon ablassen,
denn sie gehen müßig; darum schreien sie
und sprechen: Wir wollen hinziehen und
unserm Gott opfern.
9 Man drücke die Leute mit Arbeit, daß
sie zu schaffen haben und sich nicht um
falsche Reden kümmern.
10 **D**a gingen die Vögte des Volks und
ihre Aufseher hinaus und sprachen zum
Volk: So spricht der Pharao: Man wird
euch kein Häcksel mehr geben.
11 Geht ihr selbst hin und beschafft euch
Häcksel, wo ihr's findet; aber von eurer
Arbeit soll euch nichts erlassen werden.
12 Da zerstreute sich das Volk ins ganze
Land Ägypten, um Stroh zu sammeln, da-
mit sie Häcksel hätten.
13 Und die Vögte trieben sie an und
sprachen: Erfüllt euer Tagewerk wie da-
mals, als ihr Häcksel hattet.
14 Und die Aufseher aus den Reihen der
Kinder Israel, die die Vögte des Pharao
über sie gesetzt hatten, wurden geschla-
gen, und es wurde zu ihnen gesagt: War-
um habt ihr nicht auch heute euer festge-
setztes Tagewerk getan wie bisher?
15 Da gingen die Aufseher der Kinder
Israel hin und schrien zu dem Pharao:
Warum verfährst du so mit deinen Knech-
ten?
16 Man gibt deinen Knechten kein
Häcksel, und wir sollen dennoch die Zie-
gel machen, die uns bestimmt sind; und
siehe, deine Knechte werden geschlagen,
und du versündigst dich an deinem Volke.
17 Der Pharao sprach: Ihr seid müßig,
müßig seid ihr; darum sprecht ihr: Wir
wollen hinziehen und dem HERRN opfern.
18 So geht nun hin und tut euren Fron-
dienst! Häcksel soll man euch nicht geben,
aber die Anzahl Ziegel sollt ihr schaffen.
19 **D**a sahen die Aufseher der Kinder
Israel, daß es mit ihnen übel stand, weil
man sagte: Ihr sollt nichts ablassen von
dem Tagewerk an Ziegeln.
20 Und als sie von dem Pharao weggin-
gen, begegneten sie Mose und Aaron, die
dastanden und auf sie warteten,
21 und sprachen zu ihnen: Der HERR
richte seine Augen wider euch und strafe
es, daß ihr uns in Verruf gebracht habt
vor dem Pharao und seinen Großen und
habt ihnen so das Schwert in ihre Hände
gegeben, uns zu töten.
22 Mose aber kam wieder zu dem
HERRN und sprach: Herr, warum tust du
so übel an diesem Volk? Warum hast du
mich hergesandt?
23 Denn seitdem ich hingegangen bin
zum Pharao, um mit ihm zu reden in dei-
nem Namen, hat er das Volk noch härter
geplagt, und du hast dein Volk nicht er-
rettet.
6 Da sprach der HERR zu Mose: Nun
sollst du sehen, was ich dem Pharao
antun werde; denn durch eine starke Hand
gezwungen muß er sie ziehen lassen, ja,
er muß sie durch eine starke Hand ge-
zwungen aus seinem Lande treiben.

Erneuter Bericht über Moses Sendung

2 Und Gott redete mit Mose und sprach
zu ihm: Ich bin der HERR
3 und bin erschienen Abraham, Isaak

und Jakob als der allmächtige Gott, aber mit meinem Namen «HERR» habe ich mich ihnen nicht offenbart.

4 Auch habe ich meinen Bund mit ihnen aufgerichtet, daß ich ihnen geben will das Land Kanaan, das Land, in dem sie Fremdlinge gewesen sind.

5 Auch habe ich gehört die Wehklage der Kinder Israel, die die Ägypter mit Frondienst beschweren, und habe an meinen Bund gedacht.

6 Darum sage den Kindern Israel: Ich bin der HERR und will euch wegführen von den Lasten, die euch die Ägypter auflegen, und will euch erretten von eurem Frondienst und will euch erlösen mit ausgerecktem Arm und durch große Gerichte;

7 ich will euch annehmen zu meinem Volk und will euer Gott sein, daß ihr's erfahren sollt, daß ich der HERR bin, euer Gott, der euch wegführt von den Lasten, die euch die Ägypter auflegen,

8 und euch bringt in das Land, um dessentwillen ich meine Hand zum Schwur erhoben habe, daß ich's geben will Abraham, Isaak und Jakob; das will ich euch zu eigen geben, ich, der HERR.

9 Mose sagte das den Kindern Israel; aber sie hörten nicht auf ihn vor Kleinmut und harter Arbeit.

10 **D**a redete der HERR mit Mose und sprach:

11 Geh hin und rede mit dem Pharao, dem König von Ägypten, daß er Israel aus seinem Lande ziehen lasse.

12 Mose aber redete vor dem HERRN und sprach: Siehe, die Kinder Israel hören nicht auf mich; wie sollte denn der Pharao auf mich hören! Dazu bin ich ungeschickt zum Reden.

13 So redete der HERR mit Mose und Aaron und ordnete sie ab an die Kinder Israel und an den Pharao, den König von Ägypten, um Israel aus Ägypten zu führen.

Die Vorfahren Moses und Aarons

14 Dies sind die Häupter ihrer Sippen: **D**ie Söhne Rubens, des ersten Sohnes Israels, sind diese: Henoch, Pallu, Hezron, Karmi. Das sind die Geschlechter von Ruben.

15 **D**ie Söhne Simeons sind diese: Jemuël, Jamin, Ohad, Jachin, Zohar und Saul, der Sohn der Kanaaniterin. Das sind Simeons Geschlechter.

16 **D**ies sind die Namen der Söhne Levis nach ihrem Stammesverzeichnis: Gerson, Kehath, Merari. Und Levi wurde 137 Jahre alt.

17 **D**ie Söhne Gersons sind diese: Libni und Simeï nach ihren Geschlechtern.

18 **D**ie Söhne Kehaths sind diese: Amram, Jizhar, Hebron, Usiël. Kehath aber wurde 133 Jahre alt.

19 **D**ie Söhne Meraris sind diese: Machli und Muschi. Das sind die Geschlechter Levis nach ihrem Stammesverzeichnis.

20 **A**mram nahm Jochebed, die Schwester seines Vaters, zur Frau; die gebar ihm Aaron und Mose. Und Amram wurde 137 Jahre alt.

21 **D**ie Söhne Jizhars sind diese: Korah, Nepheg, Sichri.

22 Die Söhne Usiëls sind diese: Mischaël, Elizaphan, Sithri.

23 **A**aron nahm zur Frau Elischeba, die Tochter Amminadabs, Nachschons Schwester; die gebar ihm Nadab, Abihu, Eleasar, Ithamar.

24 **D**ie Söhne Korahs sind diese: Assir, Elkana, Abiasaph. Das sind die Geschlechter der Korahiter.

25 **E**leasar aber, Aarons Sohn, nahm eine Frau von den Töchtern Putiëls; die gebar ihm den Pinhas. Das sind die Häupter der Leviten nach ihren Geschlechtern.

26 **D**as sind Aaron und Mose, zu denen der HERR sprach: Führt die Kinder Israel nach ihren Scharen geordnet aus Ägyptenland!

27 Sie sind es, die mit dem Pharao, dem König von Ägypten, redeten, um die Kinder Israel aus Ägypten zu führen. Das sind Mose und Aaron.

28 **U**nd als der HERR mit Mose in Ägyptenland redete,

29 sprach er zu ihm: Ich bin der HERR; sage dem Pharao, dem König von Ägypten, alles, was ich mit dir rede.

30 Und er antwortete vor dem HERRN: Siehe, ich bin ungeschickt zum Reden; wie wird denn der Pharao auf mich hören?

Moses erstes Wunder vor dem Pharao

7 Der HERR sprach zu Mose: Siehe, ich habe dich zum Gott gesetzt für den Pharao, und Aaron, dein Bruder, soll dein Prophet sein.

2 Du sollst alles reden, was ich dir ge-

bieten werde; aber Aaron, dein Bruder,
soll es vor dem Pharao reden, damit er die
Kinder Israel aus seinem Lande ziehen
lasse.
3 Aber ich will das Herz des Pharao ver-
härten und viele Zeichen und Wunder tun
in Ägyptenland.
4 Und der Pharao wird nicht auf euch
hören. Dann werde ich meine Hand auf
Ägypten legen und durch große Gerichte
meine Heerscharen, mein Volk Israel, aus
Ägyptenland führen.
5 Und die Ägypter sollen innewerden,
daß ich der HERR bin, wenn ich meine
Hand über Ägypten ausstrecken und die
Kinder Israel aus ihrer Mitte wegführen
werde.
6 Mose und Aaron taten, wie ihnen der
HERR geboten hatte.
7 Und Mose war achtzig Jahre und
Aaron dreiundachtzig Jahre alt, als sie
mit dem Pharao redeten.
8 Und der HERR sprach zu Mose und
Aaron:
9 Wenn der Pharao zu euch sagen wird:
Weist euch aus durch ein Wunder!, so
sollst du zu Aaron sagen: Nimm deinen
Stab und wirf ihn hin vor dem Pharao,
daß er zur Schlange werde!
10 Da gingen Mose und Aaron hinein
zum Pharao und taten, wie ihnen der
HERR geboten hatte. Und Aaron warf sei-
nen Stab hin vor dem Pharao und vor sei-
nen Großen, und er ward zur Schlange.
11 Da ließ der Pharao die Weisen und
Zauberer rufen, und die ägyptischen Zau-
berer taten ebenso mit ihren Künsten:
12 Ein jeder warf seinen Stab hin, da
wurden Schlangen daraus; aber Aarons
Stab verschlang ihre Stäbe.
13 Aber das Herz des Pharao wurde ver-
stockt, und er hörte nicht auf sie, wie der
HERR gesagt hatte.

Die erste Plage: Verwandlung aller Gewässer in Blut

14 Und der HERR sprach zu Mose: Das
Herz des Pharao ist hart; er weigert sich,
das Volk ziehen zu lassen.
15 Geh hin zum Pharao morgen früh.
Siehe, er wird ans Wasser gehen; so tritt
ihm entgegen am Ufer des Nils und nimm
den Stab in deine Hand, der zur Schlange
wurde,
16 und sprich zu ihm: Der HERR, der
Gott der Hebräer, hat mich zu dir gesandt
und dir sagen lassen: Laß mein Volk zie-
hen, daß es mir diene in der Wüste. Aber
du hast bisher nicht hören wollen.
17 Darum spricht der HERR: Daran
sollst du erfahren, daß ich der HERR bin:
Siehe, ich will mit dem Stabe, den ich in
meiner Hand habe, auf das Wasser schla-
gen, das im Nil ist, und es soll in Blut ver-
wandelt werden,
18 daß die Fische im Strom sterben und
der Strom stinkt. Und die Ägypter wird es
ekeln, das Wasser aus dem Nil zu trinken.
19 Und der HERR sprach zu Mose: Sage
Aaron: Nimm deinen Stab und recke dei-
ne Hand aus über die Wasser in Ägypten,
über ihre Ströme und Kanäle und Sümpfe
und über alle Wasserstellen, daß sie zu
Blut werden, und es sei Blut in ganz
Ägyptenland, selbst in den hölzernen und
steinernen Gefäßen.
20 Mose und Aaron taten, wie ihnen der
HERR geboten hatte, und Mose hob den
Stab und schlug ins Wasser, das im Nil
war, vor dem Pharao und seinen Großen.
Und alles Wasser im Strom wurde in
Blut verwandelt.
21 Und die Fische im Strom starben,
und der Strom wurde stinkend, so daß die
Ägypter das Wasser aus dem Nil nicht
trinken konnten; und es war Blut in ganz
Ägyptenland.
22 Und die ägyptischen Zauberer taten
ebenso mit ihren Künsten. So wurde das
Herz des Pharao verstockt, und er hörte
nicht auf Mose und Aaron, wie der HERR
gesagt hatte.
23 Und der Pharao wandte sich und ging
heim und nahm's nicht zu Herzen.
24 Aber alle Ägypter gruben am Nil
entlang nach Wasser zum Trinken, denn
das Wasser aus dem Strom konnten sie
nicht trinken.
25 Und das währte sieben Tage lang,
nachdem der HERR den Strom geschlagen
hatte.

Die zweite Plage: Frösche

°26 Da sprach der HERR zu Mose: Geh
hin zum Pharao und sage zu ihm: So
spricht der HERR: Laß mein Volk ziehen,
daß es mir diene!
27 Wenn du dich aber weigerst, siehe, so

will ich dein ganzes Gebiet mit Fröschen
plagen,
28 daß der Nil von Fröschen wimmeln
soll. Die sollen heraufkriechen und in dein
Haus kommen, in deine Schlafkammer,
auf dein Bett, auch in die Häuser deiner
Großen und deines Volks, in deine Back-
öfen und in deine Backtröge;
29 ja, die Frösche sollen auf dich selbst
und auf dein Volk und auf alle deine Gro-
ßen kriechen.
8 °Und der Herr sprach zu Mose: Sage
Aaron: Recke deine Hand aus mit
deinem Stabe über die Ströme, Kanäle
und Sümpfe und laß Frösche über Ägyp-
tenland kommen.
2 Und Aaron reckte seine Hand aus
über die Wasser in Ägypten, und es kamen
Frösche herauf, so daß Ägyptenland be-
deckt wurde.
3 Da taten die Zauberer ebenso mit
ihren Künsten und ließen Frösche über
Ägyptenland kommen.
4 Da ließ der Pharao Mose und Aaron
rufen und sprach: Bittet den Herrn für
mich, daß er die Frösche von mir und von
meinem Volk nehme, so will ich das Volk
ziehen lassen, daß es dem Herrn opfere.
5 Mose sprach: Bestimme über mich in
deiner Majestät, wann ich für dich, für
deine Großen und für dein Volk bitten
soll, daß bei dir und in deinem Haus die
Frösche vertilgt werden und allein im Nil
bleiben.
6 Er sprach: Morgen. Mose antwortete:
Ganz wie du gesagt hast; auf daß du er-
fahrest, daß niemand ist wie der Herr,
unser Gott.
7 Die Frösche sollen von dir, von deinem
Hause, von deinen Großen und von dei-
nem Volk weichen und allein im Nil übrig-
bleiben.
8 So gingen Mose und Aaron vom Pha-
rao. Und Mose schrie zu dem Herrn we-
gen der Frösche, wie er dem Pharao zuge-
sagt hatte.
9 Und der Herr tat, wie Mose gesagt
hatte, und die Frösche starben in den
Häusern, in den Höfen und auf dem Felde.
10 Und man häufte sie zusammen, hier
einen Haufen und da einen Haufen, und
das Land stank davon.
11 Als aber der Pharao merkte, daß er
Luft gekriegt hatte, verhärtete er sein
Herz und hörte nicht auf sie, wie der Herr
gesagt hatte.

Die dritte Plage: Stechmücken

12 Und der Herr sprach zu Mose: Sage
Aaron: Strecke deinen Stab aus und
schlag in den Staub der Erde, daß er zu
Stechmücken werde in ganz Ägyptenland.
13 Sie taten so, und Aaron reckte seine
Hand aus mit seinem Stabe und schlug in
den Staub auf der Erde. Und es kamen
Mücken und setzten sich an die Menschen
und an das Vieh; aller Staub der Erde
ward zu Mücken in ganz Ägyptenland.
14 Die Zauberer taten ebenso mit ihren
Künsten, um Mücken hervorzubringen;
aber sie konnten es nicht. Und die Mücken
waren sowohl an den Menschen als am
Vieh.
15 Da sprachen die Zauberer zum Pha-
rao: Das ist Gottes Finger. Aber das Herz
des Pharao wurde verstockt, und er hörte
nicht auf sie, wie der Herr gesagt hatte.

Die vierte Plage: Stechfliegen

16 Und der Herr sprach zu Mose: Mach
dich morgen früh auf und tritt vor den
Pharao, wenn er hinaus ans Wasser geht,
und sage zu ihm: So spricht der Herr:
Laß mein Volk ziehen, daß es mir diene;
17 wenn nicht, siehe, so will ich Stech-
fliegen kommen lassen über dich, deine
Großen, dein Volk und dein Haus, daß
die Häuser der Ägypter und das Land, auf
dem sie wohnen, voller Stechfliegen wer-
den sollen.
18 An dem Lande Gosen aber, wo sich
mein Volk aufhält, will ich an dem Tage
etwas Besonderes tun, daß dort keine
Stechfliegen seien, damit du innewerdest,
daß ich der Herr bin, inmitten dieses
Landes,
19 und ich will einen Unterschied ma-
chen zwischen meinem und deinem Volk.
Morgen schon soll das Zeichen geschehen.
20 Und der Herr tat so, und es kamen
viele Stechfliegen in das Haus des Pharao,
in die Häuser seiner Großen und über
ganz Ägyptenland, und das Land wurde
verheert von den Stechfliegen.
21 Da ließ der Pharao Mose und Aaron
rufen und sprach: Geht hin, opfert eurem
Gott hier im Lande.
22 Mose sprach: Das geht nicht an, denn

was wir dem HERRN, unserm Gott, opfern,
ist den Ägyptern ein Greuel. Siehe, wenn
wir vor ihren Augen opfern, was ihnen ein
Greuel ist, werden sie uns dann nicht
steinigen?
23 Drei Tagereisen weit wollen wir in
die Wüste ziehen und dem HERRN, unserm
Gott, opfern, wie er uns gesagt hat.
24 Der Pharao sprach: Ich will euch ziehen lassen, daß ihr dem HERRN, eurem
Gott, opfert in der Wüste. Nur zieht nicht
zu weit, und bittet für mich!
25 Mose sprach: Siehe, wenn ich jetzt
von dir hinausgegangen bin, so will ich
den HERRN bitten, daß die Stechfliegen
morgen vom Pharao und seinen Großen
und seinem Volk weichen; nur täusche
uns nicht abermals, daß du das Volk nicht
ziehen läßt, dem HERRN zu opfern.
26 Und Mose ging hinaus vom Pharao
und bat den HERRN.
27 Und der HERR tat, wie Mose gesagt
hatte, und schaffte die Stechfliegen weg
vom Pharao, von seinen Großen und von
seinem Volk, so daß auch nicht eine übrigblieb.
28 Aber der Pharao verhärtete sein Herz
auch diesmal und ließ das Volk nicht ziehen.

Die fünfte Plage: Viehpest

9 Da sprach der HERR zu Mose: Geh hin
zum Pharao und sage zu ihm: So
spricht der HERR, der Gott der Hebräer:
Laß mein Volk ziehen, daß sie mir dienen!
2 Wenn du dich weigerst und sie weiter
aufhältst,
3 siehe, so wird die Hand des HERRN
kommen über dein Vieh auf dem Felde,
über die Pferde, Esel, Kamele, Rinder
und Schafe, mit sehr schwerer Pest.
4 Aber der HERR wird einen Unterschied machen zwischen dem Vieh der
Israeliten und dem der Ägypter, daß
nichts sterbe von allem, was die Kinder
Israel haben.
5 Und der HERR bestimmte eine Zeit
und sprach: Morgen wird der HERR solches an dem Lande tun.
6 Und der HERR tat es am andern Morgen; da starb alles Vieh der Ägypter, aber
von dem Vieh der Kinder Israel starb
nicht eins.
7 Und der Pharao sandte hin, und siehe,
es war von dem Vieh Israels nicht eins gestorben. Aber das Herz des Pharao wurde
verstockt, und er ließ das Volk nicht ziehen.

Die sechste Plage: Blattern

8 Da sprach der HERR zu Mose und
Aaron: Füllt eure Hände mit Ruß aus
dem Ofen, und Mose werfe ihn vor dem
Pharao gen Himmel,
9 daß er über ganz Ägyptenland staube
und böse Blattern aufbrechen an den
Menschen und am Vieh in ganz Ägyptenland.
10 Und sie nahmen Ruß aus dem Ofen
und traten vor den Pharao, und Mose
warf den Ruß gen Himmel. Da brachen
auf böse Blattern an den Menschen und
am Vieh,
11 so daß die Zauberer nicht vor Mose
treten konnten wegen der bösen Blattern;
denn es waren an den Zauberern ebenso
böse Blattern wie an allen Ägyptern.
12 Aber der HERR verstockte das Herz
des Pharao, daß er nicht auf sie hörte, wie
denn der HERR zu Mose gesagt hatte.

Die siebente Plage: Hagel

13 Da sprach der HERR zu Mose: Mach
dich morgen früh auf und tritt vor den
Pharao und sage zu ihm: So spricht der
HERR, der Gott der Hebräer: Laß mein
Volk ziehen, daß es mir diene;
14 sonst werde ich diesmal alle meine
Plagen über dich selbst senden, über deine
Großen und über dein Volk, damit du
innewirst, daß meinesgleichen nicht ist in
allen Landen.
15 Denn ich hätte schon meine Hand
ausrecken und dich und dein Volk mit
Pest schlagen können, daß du von der
Erde vertilgt würdest,
16 aber dazu habe ich dich erhalten, daß
meine Kraft an dir erscheine und mein
Name verkündigt werde in allen Landen.
17 Du stellst dich noch immer wider
mein Volk und willst es nicht ziehen lassen.
18 Siehe, ich will morgen um diese Zeit
einen sehr großen Hagel fallen lassen, wie
er noch nie in Ägypten gewesen ist von der
Zeit an, als es gegründet wurde, bis heute.
19 Und nun sende hin und verwahre
dein Vieh und alles, was du auf dem Felde

hast. Denn alle Menschen und das Vieh, alles, was auf dem Felde gefunden und nicht in die Häuser gebracht wird, muß sterben, wenn der Hagel auf sie fällt.

20 Wer nun von den Großen des Pharao das Wort des HERRN fürchtete, der ließ seine Knechte und sein Vieh in die Häuser fliehen.

21 Wessen Herz sich aber nicht an des HERRN Wort kehrte, der ließ seine Knechte und sein Vieh auf dem Felde.

22 **D**a sprach der HERR zu Mose: Recke deine Hand aus gen Himmel, daß es hagelt über ganz Ägyptenland, über Menschen, über Vieh und über alles Gewächs auf dem Felde in Ägyptenland.

23 Da streckte Mose seinen Stab gen Himmel, und der HERR ließ donnern und hageln, und Feuer schoß auf die Erde nieder. So ließ der HERR Hagel fallen über Ägyptenland,

24 und Blitze zuckten dazwischen, und der Hagel war so schwer, wie er noch nie in ganz Ägyptenland gewesen war, seitdem Leute dort wohnen.

25 Und der Hagel erschlug in ganz Ägyptenland alles, was auf dem Felde war, Menschen und Vieh, und zerschlug alles Gewächs auf dem Felde und zerbrach alle Bäume auf dem Felde.

26 Nur im Lande Gosen, wo die Kinder Israel waren, da hagelte es nicht.

27 **D**a schickte der Pharao hin und ließ Mose und Aaron rufen und sprach zu ihnen: Diesmal hab ich mich versündigt; der HERR ist im Recht, ich aber und mein Volk sind schuldig.

28 Bittet aber den HERRN, daß er ein Ende mache mit diesem Donnern und Hageln, so will ich euch ziehen lassen, daß ihr nicht länger hier bleiben müßt.

29 Mose sprach zu ihm: Wenn ich zur Stadt hinauskomme, will ich meine Hände ausbreiten zum HERRN, so wird der Donner aufhören und kein Hagel mehr fallen, damit du innewirst, daß die Erde des HERRN ist.

30 Ich weiß aber: Du und deine Großen, ihr fürchtet euch noch nicht vor Gott dem HERRN.

31 So wurden zerschlagen der Flachs und die Gerste, denn die Gerste stand in Ähren und der Flachs in Blüte.

32 Aber der Weizen und das Korn wurden nicht zerschlagen, denn es ist Spätgetreide.

33 So ging nun Mose von dem Pharao zur Stadt hinaus und breitete seine Hände aus zum HERRN, und Donner und Hagel hörten auf, und der Regen troff nicht mehr auf die Erde.

34 Als aber der Pharao sah, daß Regen, Donner und Hagel aufhörten, versündigte er sich weiter und verhärtete sein Herz, er und seine Großen.

35 So wurde des Pharao Herz verstockt, daß er die Kinder Israel nicht ziehen ließ, wie der HERR durch Mose gesagt hatte.

Die achte Plage: Heuschrecken

10 Da sprach der HERR zu Mose: Geh hin zum Pharao; denn ich habe sein und seiner Großen Herz verhärtet, auf daß ich diese meine Zeichen unter ihnen tue

2 und auf daß du verkündigest vor den Ohren deiner Kinder und deiner Kindeskinder, wie ich mit den Ägyptern verfahren bin und welche Zeichen ich unter ihnen getan habe, damit ihr wisset: Ich bin der HERR.

3 So gingen Mose und Aaron hin zum Pharao und sprachen zu ihm: So spricht der HERR, der Gott der Hebräer: Wie lange weigerst du dich, dich vor mir zu demütigen? Laß mein Volk ziehen, daß es mir diene!

4 Weigerst du dich aber, mein Volk ziehen zu lassen, siehe, so will ich morgen Heuschrecken kommen lassen über dein Gebiet,

5 daß sie das Land so bedecken, daß man von ihm nichts mehr sehen kann. Und sie sollen fressen, was euch noch übrig und verschont geblieben ist von dem Hagel, und sollen alle Bäume kahlfressen, die wieder sprossen auf dem Felde;

6 und sie sollen füllen deine Häuser und die Häuser deiner Großen und aller Ägypter, wie es nicht gesehen haben deine Väter und deiner Väter Väter, seit sie auf Erden waren, bis auf diesen Tag. Und er wandte sich und ging vom Pharao hinaus.

7 **D**a sprachen die Großen des Pharao zu ihm: Wie lange soll dieser Mann uns Verderben bringen? Laß die Leute ziehen, daß sie dem HERRN, ihrem Gott, dienen. Willst du erst erfahren, daß Ägypten untergegangen ist?

8 Da wurden Mose und Aaron wieder vor den Pharao gebracht. Der sprach zu ihnen: Geht hin und dienet dem HERRN, eurem Gott. Wer von euch soll aber hinziehen?

9 Mose sprach: Wir wollen ziehen mit jung und alt, mit Söhnen und Töchtern, mit Schafen und Rindern; denn wir haben ein Fest des HERRN.

10 Er sprach zu ihnen: O ja, der HERR sei mit euch, so gewiß wie ich euch und eure Kinder ziehen lasse! Ihr seht doch selbst, daß ihr Böses vorhabt!

11 Nein, nur ihr Männer zieht hin und dient dem HERRN! Denn das ist es doch, was ihr begehrt habt. Und man stieß sie hinaus vom Pharao.

12 Da sprach der HERR zu Mose: Rekke deine Hand über Ägyptenland, daß Heuschrecken auf Ägyptenland kommen und alles auffressen, was im Lande wächst, alles, was der Hagel übriggelassen hat.

13 Mose streckte seinen Stab über Ägyptenland, und der HERR trieb einen Ostwind ins Land, den ganzen Tag und die ganze Nacht. Und am Morgen führte der Ostwind die Heuschrecken herbei.

14 Und sie kamen über ganz Ägyptenland und ließen sich nieder überall in Ägypten, so viele, wie nie zuvor gewesen sind noch hinfort sein werden.

15 Denn sie bedeckten den Erdboden so dicht, daß er ganz dunkel wurde. Und sie fraßen alles, was im Lande wuchs, und alle Früchte auf den Bäumen, die der Hagel übriggelassen hatte, und ließen nichts Grünes übrig an den Bäumen und auf dem Felde in ganz Ägyptenland.

16 Da ließ der Pharao eilends Mose und Aaron rufen und sprach: Ich habe mich versündigt an dem HERRN, eurem Gott, und an euch.

17 Vergebt mir meine Sünde nur noch diesmal und bittet den HERRN, euren Gott, daß er doch diesen Tod von mir wegnehme.

18 Und Mose ging hinaus vom Pharao und betete zum HERRN.

19 Da wendete der HERR den Wind, so daß er sehr stark aus Westen kam; der hob die Heuschrecken auf und warf sie ins Schilfmeer, daß nicht eine übrigblieb in ganz Ägypten.

20 Aber der HERR verstockte das Herz des Pharao, daß er die Kinder Israel nicht ziehen ließ.

Die neunte Plage: Finsternis

21 Da sprach der HERR zu Mose: Recke deine Hand gen Himmel, daß eine solche Finsternis werde in Ägyptenland, daß man sie greifen kann.

22 Und Mose reckte seine Hand gen Himmel. Da ward eine so dicke Finsternis in ganz Ägyptenland drei Tage lang,

23 daß niemand den andern sah noch weggehen konnte von dem Ort, wo er gerade war, drei Tage lang. Aber bei allen Kindern Israel war es licht in ihren Wohnungen.

24 Da rief der Pharao nach Mose und sprach: Zieht hin und dienet dem HERRN! Nur eure Schafe und Rinder laßt hier; aber eure Frauen und Kinder dürfen mit euch ziehen.

25 Mose sprach: Willst du uns denn Schlachtopfer und Brandopfer mitgeben, die wir unserm Gott, dem HERRN, darbringen?

26 Auch unser Vieh soll mit uns gehen – nicht eine Klaue darf dahintenbleiben –; denn davon müssen wir nehmen zum Dienst unseres Gottes, des HERRN. Wir wissen nicht, womit wir dem HERRN dienen sollen, bis wir dorthin kommen.

27 Aber der HERR verstockte das Herz des Pharao, daß er sie nicht ziehen lassen wollte.

28 Und der Pharao sprach zu ihm: Geh von mir und hüte dich, daß du mir nicht mehr vor die Augen kommst; denn an dem Tage, da du mir vor die Augen kommst, sollst du sterben.

29 Mose antwortete: Wie du gesagt hast; ich werde dir nicht mehr vor die Augen kommen.

Ankündigung der zehnten Plage: Tötung der Erstgeburt

11 Und der HERR sprach zu Mose: **Eine** Plage noch will ich über den Pharao und Ägypten kommen lassen. Dann wird er euch von hier wegziehen lassen, und nicht nur das, sondern er wird euch von hier sogar vertreiben.

2 So sage nun zu dem Volk, daß ein jeder sich von seinem Nachbarn und eine

jede von ihrer Nachbarin silbernes und goldenes Geschmeide geben lasse.

3 Und der HERR verschaffte dem Volk Gunst bei den Ägyptern, und Mose war ein sehr angesehener Mann in Ägyptenland vor den Großen des Pharao und vor dem Volk.

4 Und Mose sprach: So spricht der HERR: Um Mitternacht will ich durch Ägyptenland gehen,

5 und alle Erstgeburt in Ägyptenland soll sterben, vom ersten Sohn des Pharao an, der auf seinem Thron sitzt, bis zum ersten Sohn der Magd, die hinter ihrer Mühle hockt, und alle Erstgeburt unter dem Vieh.

6 Und es wird ein großes Geschrei sein in ganz Ägyptenland, wie nie zuvor gewesen ist noch werden wird;

7 aber gegen ganz Israel soll nicht ein Hund mucken, weder gegen Mensch noch Vieh, auf daß ihr erkennt, daß der HERR einen Unterschied macht zwischen Ägypten und Israel.

8 Dann werden zu mir herabkommen alle diese deine Großen und mir zu Füßen fallen und sagen: Zieh aus, du und alles Volk, das dir nachgeht. Und daraufhin werde ich ausziehen.

Und Mose ging vom Pharao mit grimmigem Zorn.

9 Der HERR aber sprach zu Mose: Der Pharao wird nicht auf euch hören, auf daß meiner Wunder noch mehr werden in Ägyptenland.

10 Und Mose und Aaron haben diese Wunder alle getan vor dem Pharao; aber der HERR verstockte ihm das Herz, so daß er die Kinder Israel nicht ziehen ließ aus seinem Lande.

Einsetzung des Passafestes

12 Der HERR aber sprach zu Mose und Aaron in Ägyptenland:

2 Dieser Monat soll bei euch der erste Monat sein, und von ihm an sollt ihr die Monate des Jahres zählen.

3 Sagt der ganzen Gemeinde Israel: Am zehnten Tage dieses Monats nehme jeder Hausvater ein Lamm, je ein Lamm für ein Haus.

4 Wenn aber in einem Hause für ein Lamm zu wenige sind, so nehme er's mit seinem Nachbarn, der seinem Hause am nächsten wohnt, bis es so viele sind, daß sie das Lamm aufessen können.

5 Ihr sollt aber ein solches Lamm nehmen, an dem kein Fehler ist, ein männliches Tier, ein Jahr alt. Von den Schafen und Ziegen sollt ihr's nehmen

6 und sollt es verwahren bis zum vierzehnten Tag des Monats. Da soll es die ganze Gemeinde Israel schlachten gegen Abend.

7 Und sie sollen von seinem Blut nehmen und beide Pfosten an der Tür und die obere Schwelle damit bestreichen an den Häusern, in denen sie's essen,

8 und sollen das Fleisch essen in derselben Nacht, am Feuer gebraten, und ungesäuertes Brot dazu und sollen es mit bitteren Kräutern essen.

9 Ihr sollt es weder roh essen noch mit Wasser gekocht, sondern am Feuer gebraten mit Kopf, Schenkeln und inneren Teilen.

10 Und ihr sollt nichts davon übriglassen bis zum Morgen; wenn aber etwas übrigbleibt bis zum Morgen, sollt ihr's mit Feuer verbrennen.

11 So sollt ihr's aber essen: Um eure Lenden sollt ihr gegürtet sein und eure Schuhe an euren Füßen haben und den Stab in der Hand und sollt es essen als die, die hinwegeilen; es ist des HERRN Passa.

12 Denn ich will in derselben Nacht durch Ägyptenland gehen und alle Erstgeburt schlagen in Ägyptenland unter Mensch und Vieh und will Strafgericht halten über alle Götter der Ägypter, ich, der HERR.

13 Dann aber soll das Blut euer Zeichen sein an den Häusern, in denen ihr seid: Wo ich das Blut sehe, will ich an euch vorübergehen, und die Plage soll euch nicht widerfahren, die das Verderben bringt, wenn ich Ägyptenland schlage.

14 Ihr sollt diesen Tag als Gedenktag haben und sollt ihn feiern als ein Fest für den HERRN, ihr und alle eure Nachkommen, als ewige Ordnung.

15 Sieben Tage sollt ihr ungesäuertes Brot essen. Schon am ersten Tag sollt ihr den Sauerteig aus euren Häusern tun. Wer gesäuertes Brot ißt, vom ersten Tag an bis zum siebenten, der soll ausgerottet werden aus Israel.

16 Am ersten Tag soll heilige Versammlung sein, und am siebenten soll auch heilige Versammlung sein. Keine Arbeit sollt ihr dann tun; nur was jeder zur Speise braucht, das allein dürft ihr euch zubereiten.

17 Haltet das Gebot der ungesäuerten Brote. Denn eben an diesem Tage habe ich eure Scharen aus Ägyptenland geführt; darum sollt ihr diesen Tag halten, ihr und alle eure Nachkommen, als ewige Ordnung.

18 Am vierzehnten Tage des ersten Monats am Abend sollt ihr ungesäuertes Brot essen bis zum Abend des einundzwanzigsten Tages des Monats,

19 so daß man sieben Tage lang keinen Sauerteig finde in euren Häusern. Denn wer gesäuertes Brot ißt, der soll ausgerottet werden aus der Gemeinde Israel, auch ein Fremdling oder ein Einheimischer des Landes.

20 Keinerlei gesäuertes Brot sollt ihr essen, sondern nur ungesäuertes Brot, wo immer ihr wohnt.

21 Und Mose berief alle Ältesten Israels und sprach zu ihnen: Leset Schafe aus und nehmt sie für euch nach euren Geschlechtern und schlachtet das Passa.

22 Und nehmt ein Büschel Ysop und taucht es in das Blut in dem Becken und bestreicht damit die Oberschwelle und die beiden Pfosten. Und kein Mensch gehe zu seiner Haustür heraus bis zum Morgen.

23 Denn der HERR wird umhergehen und die Ägypter schlagen. Wenn er aber das Blut sehen wird an der Oberschwelle und an den beiden Pfosten, wird er an der Tür vorübergehen und den Verderber nicht in eure Häuser kommen lassen, um euch zu schlagen.

24 Darum so halte diese Ordnung für dich und deine Nachkommen ewiglich.

25 Und wenn ihr in das Land kommt, das euch der HERR geben wird, wie er gesagt hat, so haltet diesen Brauch.

26 Und wenn eure Kinder zu euch sagen werden: Was habt ihr da für einen Brauch?,

27 sollt ihr sagen: Es ist das Passaopfer des HERRN, der an den Kindern Israel vorüberging in Ägypten, als er die Ägypter schlug und unsere Häuser errettete. Da neigte sich das Volk und betete an.

28 Und die Kinder Israel gingen hin und taten, wie der HERR es Mose und Aaron geboten hatte.

Das Sterben der Erstgeburt Ägyptens. Der Auszug Israels

29 Und zur Mitternacht schlug der HERR alle Erstgeburt in Ägyptenland vom ersten Sohn des Pharao an, der auf seinem Thron saß, bis zum ersten Sohn des Gefangenen im Gefängnis und alle Erstgeburt des Viehs.

30 Da stand der Pharao auf in derselben Nacht und alle seine Großen und alle Ägypter, und es ward ein großes Geschrei in Ägypten; denn es war kein Haus, in dem nicht ein Toter war.

31 Und er ließ Mose und Aaron rufen in der Nacht und sprach: Macht euch auf und ziehet weg aus meinem Volk, ihr und die Kinder Israel. Geht hin und dienet dem HERRN, wie ihr gesagt habt.

32 Nehmt auch mit euch eure Schafe und Rinder, wie ihr gesagt habt. Geht hin und bittet auch um Segen für mich.

33 Und die Ägypter drängten das Volk und trieben es eilends aus dem Lande; denn sie sprachen: Wir sind alle des Todes.

34 Und das Volk trug den rohen Teig, ehe er durchsäuert war, ihre Backschüsseln in ihre Mäntel gewickelt, auf ihren Schultern.

35 Und die Kinder Israel hatten getan, wie Mose gesagt hatte, und hatten sich von den Ägyptern silbernes und goldenes Geschmeide und Kleider geben lassen.

36 Dazu hatte der HERR dem Volk Gunst verschafft bei den Ägyptern, daß sie ihnen willfährig waren, und so nahmen sie es von den Ägyptern zur Beute.

37 Also zogen die Kinder Israel aus von Ramses nach Sukkoth, sechshunderttausend Mann zu Fuß ohne die Frauen und Kinder.

38 Und es zog auch mit ihnen viel fremdes Volk, dazu Schafe und Rinder, sehr viel Vieh.

39 Und sie backten aus dem rohen Teig, den sie aus Ägypten mitbrachten, ungesäuerte Brote; denn er war nicht gesäuert, weil sie aus Ägypten weggetrieben wurden und sich nicht länger aufhalten konnten und keine Wegzehrung zubereitet hatten.

40 Die Zeit aber, die die Kinder Israel in Ägypten gewohnt haben, ist vierhundertunddreißig Jahre.

41 Als diese um waren, an eben diesem Tage zog das ganze Heer des HERRN aus Ägyptenland.

42 Eine Nacht des Wachens war dies für den HERRN, um sie aus Ägyptenland zu führen; darum sollen die Kinder Israel diese Nacht dem HERRN zu Ehren wachen, sie und ihre Nachkommen.

43 Und der HERR sprach zu Mose und Aaron: Dies ist die Ordnung für das Passa: Kein Ausländer soll davon essen.

44 Ist er ein gekaufter Sklave, so beschneide man ihn; dann darf er davon essen.

45 Ist er aber ein Beisasse oder Tagelöhner, so darf er nicht davon essen.

46 In **einem** Hause soll man es verzehren; ihr sollt nichts von seinem Fleisch hinaus vor das Haus tragen und sollt keinen Knochen an ihm zerbrechen.

47 Die ganze Gemeinde Israel soll das tun.

48 Wenn ein Fremdling bei dir wohnt und dem HERRN das Passa halten will, der beschneide alles, was männlich ist; alsdann trete er herzu, daß er es halte, und er sei wie ein Einheimischer des Landes. Aber ein Unbeschnittener darf nicht davon essen.

49 Ein und dasselbe Gesetz gelte für den Einheimischen und den Fremdling, der unter euch wohnt.

50 Und alle Kinder Israel taten, wie der HERR es Mose und Aaron geboten hatte.

51 An eben diesem Tage führte der HERR die Kinder Israel aus Ägyptenland, Schar um Schar.

Heiligung der Erstgeburt Israels. Fest der ungesäuerten Brote

13 Und der HERR redete mit Mose und sprach:

2 Heilige mir alle Erstgeburt bei den Kindern Israel; alles, was zuerst den Mutterschoß durchbricht bei Mensch und Vieh, das ist mein.

3 Da sprach Mose zum Volk: Gedenket an diesen Tag, an dem ihr aus Ägypten, aus der Knechtschaft, gezogen seid, denn der HERR hat euch mit mächtiger Hand von dort herausgeführt; darum sollst du nicht gesäuertes Brot essen.

4 Heute zieht ihr aus, im Monat Abib.

5 Wenn dich nun der HERR bringen wird in das Land der Kanaaniter, Hethiter, Amoriter, Hewiter und Jebusiter, das er dir geben wird, wie er deinen Vätern geschworen hat, ein Land, darin Milch und Honig fließt, so sollst du diesen Brauch halten in diesem Monat.

6 Sieben Tage sollst du ungesäuertes Brot essen, und am siebenten Tage ist des HERRN Fest.

7 Du sollst sieben Tage ungesäuertes Brot essen, daß bei dir weder Sauerteig noch gesäuertes Brot gesehen werde an allen deinen Orten.

8 Ihr sollt euren Söhnen sagen an demselben Tage: Das halten wir um dessentwillen, was uns der HERR getan hat, als wir aus Ägypten zogen.

9 Darum soll es dir wie ein Zeichen sein auf deiner Hand und wie ein Merkzeichen zwischen deinen Augen, damit des HERRN Gesetz in deinem Munde sei; denn der HERR hat dich mit mächtiger Hand aus Ägypten geführt.

10 Darum halte diese Ordnung Jahr für Jahr zu ihrer Zeit.

11 Wenn dich nun der HERR ins Land der Kanaaniter gebracht hat, wie er dir und deinen Vätern geschworen hat, und es dir gegeben hat,

12 so sollst du dem HERRN alles aussondern, was zuerst den Mutterschoß durchbricht. Alle männliche Erstgeburt unter dem Vieh gehört dem HERRN.

13 Die Erstgeburt vom Esel sollst du auslösen mit einem Schaf; wenn du sie aber nicht auslöst, so brich ihr das Genick. Beim Menschen aber sollst du alle Erstgeburt unter deinen Söhnen auslösen.

14 Und wenn dich heute oder morgen dein Sohn fragen wird: Was bedeutet das?, sollst du ihm sagen: Der HERR hat uns mit mächtiger Hand aus Ägypten, aus der Knechtschaft, geführt.

15 Denn als der Pharao hartnäckig war und uns nicht ziehen ließ, erschlug der HERR alle Erstgeburt in Ägyptenland, von der Erstgeburt des Menschen bis zur Erstgeburt des Viehs. Darum opfere ich dem HERRN alles Männliche, das zuerst den Mutterschoß durchbricht, aber die Erstgeburt meiner Söhne löse ich aus.

16 Und das soll dir wie ein Zeichen auf

deiner Hand sein und wie ein Merkzeichen
zwischen deinen Augen; denn der HERR
hat uns mit mächtiger Hand aus Ägypten
geführt.

Die Wolken- und Feuersäule

17 Als nun der Pharao das Volk hatte
ziehen lassen, führte sie Gott nicht den
Weg durch das Land der Philister, der am
nächsten war; denn Gott dachte, es könn-
te das Volk gereuen, wenn sie Kämpfe vor
sich sähen, und sie könnten wieder nach
Ägypten umkehren.
18 Darum ließ er das Volk einen Um-
weg machen und führte es durch die Wüste
zum Schilfmeer. Und Israel zog wohlge-
ordnet aus Ägyptenland.
19 Und Mose nahm mit sich die Gebeine
Josephs; denn dieser hatte den Kindern
Israel einen Eid abgenommen und ge-
sprochen: Gott wird sich gewiß euer an-
nehmen; dann führt meine Gebeine von
hier mit euch fort.
20 So zogen sie aus von Sukkoth und
lagerten sich in Etham am Rande der
Wüste.
21 Und der HERR zog vor ihnen her, am
Tage in einer Wolkensäule, um sie den
rechten Weg zu führen, und bei Nacht in
einer Feuersäule, um ihnen zu leuchten,
damit sie Tag und Nacht wandern konn-
ten.
22 Niemals wich die Wolkensäule von
dem Volk bei Tage noch die Feuersäule
bei Nacht.

Israels Durchzug durchs Schilfmeer

14 Und der HERR redete mit Mose und
sprach:
2 Rede zu den Kindern Israel und sprich,
daß sie umkehren und sich lagern bei
Pihachiroth zwischen Migdol und dem
Meer, vor Baal-Zephon; diesem gegen-
über sollt ihr euch lagern.
3 Der Pharao aber wird sagen von den
Kindern Israel: Sie haben sich verirrt im
Lande; die Wüste hat sie eingeschlossen.
4 Und ich will sein Herz verstocken, daß
er ihnen nachjage, und will meine Herr-
lichkeit erweisen an dem Pharao und aller
seiner Macht, und die Ägypter sollen inne-
werden, daß ich der HERR bin. – Und sie
taten so.
5 Als es dem König von Ägypten ange-
sagt wurde, daß das Volk geflohen war,
wurde sein Herz verwandelt und das Herz
seiner Großen gegen das Volk, und sie
sprachen: Warum haben wir das getan
und haben Israel ziehen lassen, so daß sie
uns nicht mehr dienen?
6 Und er spannte seinen Wagen an und
nahm sein Volk mit sich
7 und nahm sechshundert auserlesene
Wagen und was sonst an Wagen in Ägyp-
ten war mit Kämpfern auf jedem Wagen.
8 Und der HERR verstockte das Herz des
Pharao, des Königs von Ägypten, daß er
den Kindern Israel nachjagte. Aber die
Kinder Israel waren unter der Macht einer
starken Hand ausgezogen.
9 Und die Ägypter jagten ihnen nach
mit Rossen, Wagen und ihren Männern
und mit dem ganzen Heer des Pharao und
holten sie ein, als sie sich gelagert hatten
am Meer bei Pihachiroth vor Baal-Ze-
phon.
10 Und als der Pharao nahe herankam,
hoben die Kinder Israel ihre Augen auf,
und siehe, die Ägypter zogen hinter ihnen
her. Und sie fürchteten sich sehr und
schrien zu dem HERRN
11 und sprachen zu Mose: Waren nicht
Gräber in Ägypten, daß du uns wegführen
mußtest, damit wir in der Wüste sterben?
Warum hast du uns das angetan, daß du
uns aus Ägypten geführt hast?
12 Haben wir's dir nicht schon in Ägyp-
ten gesagt: Laß uns in Ruhe, wir wollen
den Ägyptern dienen? Es wäre besser für
uns, den Ägyptern zu dienen, als in der
Wüste zu sterben.
13 Da sprach Mose zum Volk: Fürchtet
euch nicht, stehet fest und sehet zu, was
für ein Heil der HERR heute an euch tun
wird. Denn wie ihr die Ägypter heute seht,
werdet ihr sie niemals wiedersehen.
14 **Der HERR wird für euch streiten, und
ihr werdet stille sein.**
15 Und der HERR sprach zu Mose: Was
schreist du zu mir? Sage den Kindern
Israel, daß sie weiterziehen.
16 Du aber hebe deinen Stab auf und
recke deine Hand über das Meer und teile
es mitten durch, so daß die Kinder Israel
auf dem Trockenen mitten durch das Meer
gehen.
17 Siehe, ich will das Herz der Ägypter
verstocken, daß sie hinter euch herziehen,

und will meine Herrlichkeit erweisen an
dem Pharao und aller seiner Macht, an
seinen Wagen und Männern.
18 Und die Ägypter sollen innewerden,
daß ich der HERR bin, wenn ich meine
Herrlichkeit erweise an dem Pharao und
an seinen Wagen und Männern.
19 Da erhob sich der Engel Gottes, der
vor dem Heer Israels herzog, und stellte
sich hinter sie. Und die Wolkensäule vor
ihnen erhob sich und trat hinter sie
20 und kam zwischen das Heer der
Ägypter und das Heer Israels. Und dort
war die Wolke finster, und hier erleuchtete
sie die Nacht, und so kamen die Heere die
ganze Nacht einander nicht näher.
21 Als nun Mose seine Hand über das
Meer reckte, ließ es der HERR zurückwei-
chen durch einen starken Ostwind die
ganze Nacht und machte das Meer trok-
ken, und die Wasser teilten sich.
22 Und die Kinder Israel gingen hinein
mitten ins Meer auf dem Trockenen, und
das Wasser war ihnen eine Mauer zur
Rechten und zur Linken.
23 Und die Ägypter folgten und zogen
hinein ihnen nach, alle Rosse des Pharao,
seine Wagen und Männer, mitten ins
Meer.
24 Als nun die Zeit der Morgenwache
kam, schaute der HERR auf das Heer der
Ägypter aus der Feuersäule und der Wol-
ke und brachte einen Schrecken über ihr
Heer
25 und hemmte die Räder ihrer Wagen
und machte, daß sie nur schwer vorwärts-
kamen. Da sprachen die Ägypter: Laßt
uns fliehen vor Israel; der HERR streitet für
sie wider Ägypten.
26 Aber der HERR sprach zu Mose:
Recke deine Hand aus über das Meer, daß
das Wasser wiederkomme und herfalle
über die Ägypter, über ihre Wagen und
Männer.
27 Da reckte Mose seine Hand aus über
das Meer, und das Meer kam gegen Mor-
gen wieder in sein Bett, und die Ägypter
flohen ihm entgegen. So stürzte der HERR
sie mitten ins Meer.
28 Und das Wasser kam wieder und be-
deckte Wagen und Männer, das ganze
Heer des Pharao, das ihnen nachgefolgt
war ins Meer, so daß nicht einer von ihnen
übrigblieb.
29 Aber die Kinder Israel gingen trocken
mitten durchs Meer, und das Wasser war
ihnen eine Mauer zur Rechten und zur
Linken.
30 So errettete der HERR an jenem Tage
Israel aus der Ägypter Hand. Und sie sahen
die Ägypter tot am Ufer des Meeres liegen.
31 So sah Israel die mächtige Hand, mit
der der HERR an den Ägyptern gehandelt
hatte. Und das Volk fürchtete den HERRN,
und sie glaubten ihm und seinem Knecht
Mose.

Moses Lobgesang

15 Damals sangen Mose und die Kin-
der Israel dies Lied dem HERRN und
sprachen:
Ich will dem HERRN singen, denn er hat
eine herrliche Tat getan, Roß und Mann
hat er ins Meer gestürzt.
2 Der HERR ist meine Stärke und mein
Lobgesang und ist mein Heil. Das ist
mein Gott, ich will ihn preisen, er ist mei-
nes Vaters Gott, ich will ihn erheben.
3 Der HERR ist der rechte Kriegsmann,
HERR ist sein Name.
4 Des Pharao Wagen und seine Macht
warf er ins Meer, seine auserwählten Strei-
ter versanken im Schilfmeer.
5 Die Tiefe hat sie bedeckt, sie sanken
auf den Grund wie die Steine.
6 HERR, deine rechte Hand tut große
Wunder, HERR, deine rechte Hand hat die
Feinde zerschlagen.
7 Und mit deiner großen Herrlichkeit
hast du deine Widersacher gestürzt; denn
als du deinen Grimm ausließest, verzehrte
er sie wie Stoppeln.
8 Durch dein Schnauben türmten die
Wasser sich auf, die Fluten standen wie
ein Wall; die Tiefen erstarrten mitten im
Meer.
9 Der Feind gedachte: Ich will nachja-
gen und ergreifen und den Raub austeilen
und meinen Mut an ihnen kühlen. Ich will
mein Schwert ausziehen, und meine Hand
soll sie verderben.
10 Da ließest du deinen Wind blasen,
und das Meer bedeckte sie, und sie sanken
unter wie Blei im mächtigen Wasser.
11 HERR, wer ist dir gleich unter den
Göttern? Wer ist dir gleich, der so mäch-
tig, heilig, schrecklich, löblich und wun-
dertätig ist?

12 Als du deine rechte Hand ausrecktest, verschlang sie die Erde.

13 Du hast geleitet durch deine Barmherzigkeit dein Volk, das du erlöst hast, und hast sie geführt durch deine Stärke zu deiner heiligen Wohnung.

14 Als das die Völker hörten, erbebten sie; Angst kam die Philister an.

15 Da erschraken die Fürsten Edoms, Zittern kam die Gewaltigen Moabs an, alle Bewohner Kanaans wurden feig.

16 Es fiel auf sie Erschrecken und Furcht; vor deinem mächtigen Arm erstarrten sie wie die Steine, bis dein Volk, HERR, hindurchzog, bis das Volk hindurchzog, das du erworben hast.

17 Du brachtest sie hinein und pflanztest sie ein auf dem Berge deines Erbteils, den du, HERR, dir zur Wohnung gemacht hast, zu deinem Heiligtum, Herr, das deine Hand bereitet hat.

18 Der HERR wird König sein immer und ewig.

19 **D**enn der Pharao zog hinein ins Meer mit Rossen und Wagen und Männern. Und der HERR ließ das Meer wieder über sie kommen. Aber die Kinder Israel gingen trocken mitten durchs Meer.

20 **D**a nahm Mirjam, die Prophetin, Aarons Schwester, eine Pauke in ihre Hand, und alle Frauen folgten ihr nach mit Pauken im Reigen.

21 Und Mirjam sang ihnen vor: Laßt uns dem HERRN singen, denn er hat eine herrliche Tat getan, Roß und Mann hat er ins Meer gestürzt.

Israel in Mara und Elim

22 Mose ließ Israel ziehen vom Schilfmeer hinaus zu der Wüste Schur. Und sie wanderten drei Tage in der Wüste und fanden kein Wasser.

23 Da kamen sie nach Mara; aber sie konnten das Wasser von Mara nicht trinken, denn es war sehr bitter. Daher nannte man den Ort Mara.

24 Da murrte das Volk wider Mose und sprach: Was sollen wir trinken?

25 Er schrie zu dem HERRN, und der HERR zeigte ihm ein Holz; das warf er ins Wasser, da wurde es süß.

Dort gab er ihnen Gesetz und Recht und versuchte sie

26 und sprach: Wirst du der Stimme des HERRN, deines Gottes, gehorchen und tun, was recht ist vor ihm, und merken auf seine Gebote und halten alle seine Gesetze, so will ich dir keine der Krankheiten auferlegen, die ich den Ägyptern auferlegt habe; denn **ich bin der HERR, dein Arzt.**

27 **U**nd sie kamen nach Elim; da waren zwölf Wasserquellen und siebzig Palmbäume. Und sie lagerten sich dort am Wasser.

Speisung mit Wachteln und Manna

16 Von Elim zogen sie aus, und die ganze Gemeinde der Kinder Israel kam in die Wüste Sin, die zwischen Elim und Sinai liegt, am fünfzehnten Tage des zweiten Monats, nachdem sie von Ägypten ausgezogen waren.

2 **U**nd es murrte die ganze Gemeinde der Kinder Israel wider Mose und Aaron in der Wüste.

3 Und sie sprachen: Wollte Gott, wir wären in Ägypten gestorben durch des HERRN Hand, als wir bei den Fleischtöpfen saßen und hatten Brot die Fülle zu essen. Denn ihr habt uns dazu herausgeführt in diese Wüste, daß ihr diese ganze Gemeinde an Hunger sterben laßt.

4 Da sprach der HERR zu Mose: Siehe, ich will euch Brot vom Himmel regnen lassen, und das Volk soll hinausgehen und täglich sammeln, was es für den Tag bedarf, daß ich's prüfe, ob es in meinem Gesetz wandle oder nicht.

5 Am sechsten Tage aber wird's geschehen, wenn sie zubereiten, was sie einbringen, daß es doppelt soviel sein wird, wie sie sonst täglich sammeln.

6 Mose und Aaron sprachen zu ganz Israel: Am Abend sollt ihr innewerden, daß euch der HERR aus Ägyptenland geführt hat,

7 und am Morgen werdet ihr des HERRN Herrlichkeit sehen, denn er hat euer Murren wider den HERRN gehört. Was sind wir, daß ihr wider uns murret?

8 Weiter sprach Mose: Der HERR wird euch am Abend Fleisch zu essen geben und am Morgen Brot die Fülle, weil der HERR euer Murren gehört hat, womit ihr wider ihn gemurrt habt. Denn was sind wir? Euer Murren ist nicht wider uns, sondern wider den HERRN.

9 Und Mose sprach zu Aaron: Sage der ganzen Gemeinde der Kinder Israel: Kommt herbei vor den HERRN, denn er hat euer Murren gehört.

10 Und als Aaron noch redete zu der ganzen Gemeinde der Kinder Israel, wandten sie sich zur Wüste hin, und siehe, die Herrlichkeit des HERRN erschien in der Wolke.

11 Und der HERR sprach zu Mose:

12 Ich habe das Murren der Kinder Israel gehört. Sage ihnen: Gegen Abend sollt ihr Fleisch zu essen haben und am Morgen von Brot satt werden und sollt innewerden, daß ich, der HERR, euer Gott bin.

13 Und am Abend kamen Wachteln herauf und bedeckten das Lager. Und am Morgen lag Tau rings um das Lager.

14 Und als der Tau weg war, siehe, da lag's in der Wüste rund und klein wie Reif auf der Erde.

15 Und als es die Kinder Israel sahen, sprachen sie untereinander: Man hu*? Denn sie wußten nicht, was es war. Mose aber sprach zu ihnen: Es ist das Brot, das euch der HERR zu essen gegeben hat.

16 Das ist's aber, was der HERR geboten hat: Ein jeder sammle, soviel er zum Essen braucht, einen Krug voll für jeden nach der Zahl der Leute in seinem Zelte.

17 Und die Kinder Israel taten's und sammelten, einer viel, der andere wenig.

18 Aber als man's nachmaß, hatte der nicht darüber, der viel gesammelt hatte, und der nicht darunter, der wenig gesammelt hatte. Jeder hatte gesammelt, soviel er zum Essen brauchte.

19 Und Mose sprach zu ihnen: Niemand lasse etwas davon übrig bis zum nächsten Morgen.

20 Aber sie gehorchten Mose nicht. Und etliche ließen davon übrig bis zum nächsten Morgen; da wurde es voller Würmer und stinkend. Und Mose wurde zornig auf sie.

21 Sie sammelten aber alle Morgen, soviel ein jeder zum Essen brauchte. Wenn aber die Sonne heiß schien, zerschmolz es.

22 Und am sechsten Tage sammelten sie doppelt soviel Brot, je zwei Krüge voll für einen. Und alle Vorsteher der Gemeinde kamen hin und verkündeten's Mose.

*d. h. Was ist das?

23 Und er sprach zu ihnen: Das ist's, was der HERR gesagt hat: Morgen ist Ruhetag, heiliger Sabbat für den HERRN. Was ihr backen wollt, das backt, und was ihr kochen wollt, das kocht; was aber übrig ist, das legt beiseite, daß es aufgehoben werde bis zum nächsten Morgen.

24 Und sie legten's beiseite bis zum nächsten Morgen, wie Mose geboten hatte. Da wurde es nicht stinkend, und war auch kein Wurm darin.

25 Da sprach Mose: Eßt dies heute, denn heute ist der Sabbat des HERRN; ihr werdet heute nichts finden auf dem Felde.

26 Sechs Tage sollt ihr sammeln; aber der siebente Tag ist der Sabbat, an dem wird nichts da sein.

27 Aber am siebenten Tage gingen etliche vom Volk hinaus, um zu sammeln, und fanden nichts.

28 Da sprach der HERR zu Mose: Wie lange weigert ihr euch, meine Gebote und Weisungen zu halten?

29 Sehet, der HERR hat euch den Sabbat gegeben; darum gibt er euch am sechsten Tage für zwei Tage Brot. So bleibe nun ein jeder, wo er ist, und niemand verlasse seinen Wohnplatz am siebenten Tage.

30 Also ruhte das Volk am siebenten Tage. –

31 Und das Haus Israel nannte es Manna. Und es war wie weißer Koriandersamen und hatte einen Geschmack wie Semmel mit Honig.

32 Und Mose sprach: Das ist's, was der HERR geboten hat: Fülle einen Krug davon, um es aufzubewahren für eure Nachkommen, auf daß man sehe das Brot, mit dem ich euch gespeist habe in der Wüste, als ich euch aus Ägyptenland führte.

33 Und Mose sprach zu Aaron: Nimm ein Gefäß und tu Manna hinein, den zehnten Teil eines Scheffels, und stelle es hin vor den HERRN, daß es aufbewahrt werde für eure Nachkommen.

34 Wie der HERR es Mose geboten hatte, so stellte Aaron das Gefäß vor die Lade mit dem Gesetz, damit es aufbewahrt werde.

35 Und die Kinder Israel aßen Manna vierzig Jahre lang, bis sie in bewohntes Land kamen; bis an die Grenze des Landes Kanaan aßen sie Manna.

36 Ein Krug aber ist der zehnte Teil eines Scheffels.

Israel in Massa und Meriba

17 Und die ganze Gemeinde der Kin-
der Israel zog aus der Wüste Sin
weiter ihre Tagereisen, wie ihnen der
HERR befahl, und sie lagerten sich in
Raphidim. Da hatte das Volk kein Wasser
zu trinken.
2 Und sie haderten mit Mose und spra-
chen: Gib uns Wasser, daß wir trinken.
Mose sprach zu ihnen: Was hadert ihr
mit mir? Warum versucht ihr den HERRN?
3 Als aber dort das Volk nach Wasser
dürstete, murrten sie wider Mose und
sprachen: Warum hast du uns aus Ägyp-
ten ziehen lassen, daß du uns, unsere Kin-
der und unser Vieh vor Durst sterben läßt?
4 Mose schrie zum HERRN und sprach:
Was soll ich mit dem Volk tun? Es fehlt
nicht viel, so werden sie mich noch steini-
gen.
5 Der HERR sprach zu ihm: Tritt hin vor
das Volk und nimm einige von den Älte-
sten Israels mit dir und nimm deinen Stab
in deine Hand, mit dem du den Nil
schlugst, und geh hin.
6 Siehe, ich will dort vor dir stehen auf
dem Fels am Horeb. Da sollst du an den
Fels schlagen, so wird Wasser herauslau-
fen, daß das Volk trinke. Und Mose tat so
vor den Augen der Ältesten von Israel.
7 Da nannte er den Ort Massa und
Meriba, weil die Kinder Israel dort ge-
hadert und den HERRN versucht und ge-
sagt hatten: Ist der HERR unter uns oder
nicht?

Sieg über die Amalekiter

8 Da kam Amalek und kämpfte gegen
Israel in Raphidim.
9 Da sprach Mose zu Josua: Erwähle
uns Männer, zieh aus und kämpfe gegen
Amalek. Morgen will ich oben auf dem
Hügel stehen mit dem Stab Gottes in mei-
ner Hand.
10 Und Josua tat, wie Mose ihm sagte,
und kämpfte gegen Amalek. Mose aber
und Aaron und Hur gingen auf die Höhe
des Hügels.
11 Und wenn Mose seine Hand empor-
hielt, siegte Israel; wenn er aber seine
Hand sinken ließ, siegte Amalek.
12 Aber Mose wurden die Hände
schwer; darum nahmen die beiden einen
Stein und legten ihn hin, daß er sich dar-
aufsetzte. Aaron aber und Hur stützten
ihm die Hände, auf jeder Seite einer. So
blieben seine Hände erhoben, bis die Son-
ne unterging.
13 Und Josua überwältigte Amalek und
sein Volk durch des Schwertes Schärfe.
14 Und der HERR sprach zu Mose:
Schreibe dies zum Gedächtnis in ein Buch
und präge es Josua ein; denn ich will
Amalek unter dem Himmel austilgen, daß
man seiner nicht mehr gedenke.
15 Und Mose baute einen Altar und
nannte ihn: Der HERR mein Feldzeichen.
16 Und er sprach: Die Hand an den
Thron des HERRN! Der HERR führt Krieg
gegen Amalek von Kind zu Kindeskind.

Jethros Besuch bei Mose

18 Und Jethro, der Priester in Midian,
Moses Schwiegervater, hörte alles,
was Gott an Mose und seinem Volk Israel
getan hatte, daß der HERR Israel aus Ägyp-
ten geführt hatte.
2 Da nahm er mit sich Zippora, die
Frau des Mose, die er zurückgesandt
hatte,
3 samt ihren beiden Söhnen; von denen
hieß einer Gerschom, denn Mose sprach:
Ich bin ein Gast geworden in fremdem
Lande,
4 und der andere Eliëser, denn er sprach:
Der Gott meines Vaters ist meine Hilfe
gewesen und hat mich errettet vor dem
Schwert des Pharao.
5 Als nun Jethro, Moses Schwiegervater,
und seine Söhne und seine Frau zu ihm in
die Wüste kamen, an den Berg Gottes, wo
er sich gelagert hatte,
6 ließ er Mose sagen: Ich, Jethro, dein
Schwiegervater, bin zu dir gekommen und
deine Frau und ihre beiden Söhne mit ihr.
7 Da ging Mose hinaus ihm entgegen
und neigte sich vor ihm und küßte ihn.
Und als sie sich untereinander gegrüßt
hatten, gingen sie in das Zelt.
8 Da erzählte Mose seinem Schwieger-
vater alles, was der HERR um Israels wil-
len dem Pharao und den Ägyptern ange-
tan hatte, und alle die Mühsal, die ihnen
auf dem Wege begegnet war, und wie sie
der HERR errettet hatte.
9 Jethro aber freute sich über all das
Gute, das der HERR an Israel getan hatte,

wie er sie errettet hatte aus der Ägypter Hand.
10 Und Jethro sprach: Gelobt sei der HERR, der euch errettet hat aus der Ägypter und des Pharao Hand.
11 Nun weiß ich, daß der HERR größer ist als alle Götter; denn er hat das Volk aus der Ägypter Hand errettet, weil sie vermessen an Israel gehandelt haben.
12 Und Jethro, Moses Schwiegervater, brachte Gott ein Brandopfer und Schlachtopfer dar. Da kamen Aaron und alle Ältesten von Israel, um mit Moses Schwiegervater das Mahl zu halten vor Gott.

Einsetzung von Helfern für Mose

13 Am andern Morgen setzte sich Mose, um dem Volk Recht zu sprechen. Und das Volk stand um Mose her vom Morgen bis zum Abend.
14 Als aber sein Schwiegervater alles sah, was er mit dem Volk tat, sprach er: Was tust du denn mit dem Volk? Warum mußt du ganz allein da sitzen, und alles Volk steht um dich her vom Morgen bis zum Abend?
15 Mose antwortete ihm: Das Volk kommt zu mir, um Gott zu befragen.
16 Denn wenn sie einen Streitfall haben, kommen sie zu mir, damit ich richte zwischen dem einen und dem andern und tue ihnen kund die Satzungen Gottes und seine Weisungen.
17 Sein Schwiegervater sprach zu ihm: Es ist nicht gut, wie du das tust.
18 Du machst dich zu müde, dazu auch das Volk, das mit dir ist. Das Geschäft ist dir zu schwer; du kannst es allein nicht ausrichten.
19 Aber gehorche meiner Stimme; ich will dir raten, und Gott wird mit dir sein. Vertritt du das Volk vor Gott und bringe ihre Anliegen vor Gott
20 und tu ihnen die Satzungen und Weisungen kund, daß du sie lehrest den Weg, auf dem sie wandeln, und die Werke, die sie tun sollen.
21 Sieh dich aber unter dem ganzen Volk um nach redlichen Leuten, die Gott fürchten, wahrhaftig sind und dem ungerechten Gewinn feind. Die setze über sie als Oberste über tausend, über hundert, über fünfzig und über zehn,
22 daß sie das Volk allezeit richten. Nur wenn es eine größere Sache ist, sollen sie diese vor dich bringen, alle geringeren Sachen aber sollen sie selber richten. So mach dir's leichter und laß sie mit dir tragen.
23 Wirst du das tun, so kannst du ausrichten, was dir Gott gebietet, und dies ganze Volk kann mit Frieden an seinen Ort kommen.
24 Mose gehorchte dem Wort seines Schwiegervaters und tat alles, was er sagte,
25 und erwählte redliche Leute aus ganz Israel und machte sie zu Häuptern über das Volk, zu Obersten über tausend, über hundert, über fünfzig und über zehn,
26 daß sie das Volk allezeit richteten, die schwereren Sachen vor Mose brächten und die kleineren Sachen selber richteten.
27 Und Mose ließ seinen Schwiegervater wieder in sein Land ziehen.

Ankunft am Sinai. Zurüstung des Volkes. Erscheinung des Herrn

19 Am ersten Tag des dritten Monats nach dem Auszug der Kinder Israel aus Ägyptenland, genau auf den Tag, kamen sie in die Wüste Sinai.
2 Denn sie waren ausgezogen von Raphidim und kamen in die Wüste Sinai und lagerten sich dort in der Wüste gegenüber dem Berge.
3 Und Mose stieg hinauf zu Gott. Und der HERR rief ihm vom Berge zu und sprach: So sollst du sagen zu dem Hause Jakob und verkündigen den Kindern Israel:
4 Ihr habt gesehen, was ich mit den Ägyptern getan habe und wie ich euch getragen habe auf Adlerflügeln und euch zu mir gebracht.
5 **Werdet ihr nun meiner Stimme gehorchen und meinen Bund halten, so sollt ihr mein Eigentum sein vor allen Völkern; denn die ganze Erde ist mein.**
6 **Und ihr sollt mir ein Königreich von Priestern und ein heiliges Volk sein.** Das sind die Worte, die du den Kindern Israel sagen sollst.
7 Mose kam und berief die Ältesten des Volks und legte ihnen alle diese Worte vor, die ihm der HERR geboten hatte.
8 Und alles Volk antwortete einmütig und sprach: Alles, was der HERR geredet

hat, wollen wir tun. Und Mose sagte die
Worte des Volks dem HERRN wieder.
9 Und der HERR sprach zu Mose: Siehe,
ich will zu dir kommen in einer dichten
Wolke, auf daß dies Volk es höre, wenn
ich mit dir rede, und dir für immer glaube.
Und Mose verkündete dem HERRN die
Worte des Volks.
10 Und der HERR sprach zu Mose: Geh
hin zum Volk und heilige sie heute und
morgen, daß sie ihre Kleider waschen
11 und bereit seien für den dritten Tag;
denn am dritten Tage wird der HERR vor
allem Volk herabfahren auf den Berg
Sinai.
12 Und zieh eine Grenze um das Volk
und sprich zu ihnen: Hütet euch, auf den
Berg zu steigen oder seinen Fuß anzurüh-
ren; denn wer den Berg anrührt, der soll
des Todes sterben.
13 Keine Hand soll ihn anrühren, son-
dern er soll gesteinigt oder erschossen
werden; es sei Tier oder Mensch, sie sollen
nicht leben bleiben. Wenn aber das Wid-
derhorn lange tönen wird, dann soll man
auf den Berg steigen.
14 Mose stieg vom Berge zum Volk her-
ab und heiligte sie, und sie wuschen ihre
Kleider.
15 Und er sprach zu ihnen: Seid bereit
für den dritten Tag, und keiner rühre eine
Frau an.
16 Als nun der dritte Tag kam und es
Morgen ward, da erhob sich ein Donnern
und Blitzen und eine dichte Wolke auf
dem Berge und der Ton einer sehr starken
Posaune. Das ganze Volk aber, das im
Lager war, erschrak.
17 Und Mose führte das Volk aus dem
Lager Gott entgegen, und es trat unten an
den Berg.
18 Der ganze Berg Sinai aber rauchte,
weil der HERR auf den Berg herabfuhr im
Feuer; und der Rauch stieg auf wie der
Rauch von einem Schmelzofen, und der
ganze Berg bebte sehr.
19 Und der Posaune Ton ward immer
stärker. Und Mose redete, und Gott ant-
wortete ihm laut.
20 Als nun der HERR herniedergekom-
men war auf den Berg Sinai, oben auf
seinen Gipfel, berief er Mose hinauf auf
den Gipfel des Berges, und Mose stieg
hinauf.
21 Da sprach der HERR zu ihm: Steig
hinab und verwarne das Volk, daß sie
nicht durchbrechen zum HERRN, ihn zu
sehen, und viele von ihnen fallen.
22 Auch die Priester, die sonst zum
HERRN nahen dürfen, sollen sich heiligen,
daß sie der HERR nicht zerschmettere.
23 Mose aber sprach zum HERRN: Das
Volk kann nicht auf den Berg Sinai stei-
gen, denn du hast uns verwarnt und ge-
sagt: Zieh eine Grenze um den Berg und
heilige ihn.
24 Und der HERR sprach zu ihm: Geh
hin, steig hinab und komm wieder herauf,
du und Aaron mit dir; aber die Priester
und das Volk sollen nicht durchbrechen,
daß sie hinaufsteigen zu dem HERRN, da-
mit er sie nicht zerschmettere.
25 Und Mose stieg hinunter zum Volk
und sagte es ihm.

Die zehn Gebote

20 Und Gott redete alle diese Worte:
2 **Ich bin der HERR, dein Gott, der
ich dich aus Ägyptenland, aus der Knecht-
schaft, geführt habe.**
3 **Du sollst keine anderen Götter haben
neben mir.**
4 **Du sollst dir kein Bildnis noch irgendein
Gleichnis* machen, weder von dem, was
oben im Himmel, noch von dem, was unten
auf Erden, noch von dem, was im Wasser
unter der Erde ist:**
5 **Bete sie nicht an und diene ihnen nicht!
Denn ich, der HERR, dein Gott, bin ein eifern-
der Gott, der die Missetat der Väter heim-
sucht bis ins dritte und vierte Glied an den
Kindern derer, die mich hassen,**
6 **aber Barmherzigkeit erweist an vielen
Tausenden, die mich lieben und meine Ge-
bote halten.**
7 **Du sollst den Namen des HERRN, deines
Gottes, nicht mißbrauchen; denn der HERR
wird den nicht ungestraft lassen, der seinen
Namen mißbraucht.**
8 **Gedenke des Sabbattages, daß du ihn
heiligest.**
9 **Sechs Tage sollst du arbeiten und alle
deine Werke tun.**
10 **Aber am siebenten Tage ist der Sabbat
des HERRN, deines Gottes. Da sollst du keine
Arbeit tun, auch nicht dein Sohn, deine
Tochter, dein Knecht, deine Magd, dein**

*d. h. hier Abbild.

Vieh, auch nicht dein Fremdling, der in deiner Stadt lebt.

11 Denn in sechs Tagen hat der HERR Himmel und Erde gemacht und das Meer und alles, was darinnen ist, und ruhte am siebenten Tage. Darum segnete der HERR den Sabbattag und heiligte ihn.

12 Du sollst deinen Vater und deine Mutter ehren, auf daß du lange lebest in dem Lande, das dir der HERR, dein Gott, geben wird.

13 Du sollst nicht töten.

14 Du sollst nicht ehebrechen.

15 Du sollst nicht stehlen.

16 Du sollst nicht falsch Zeugnis reden wider deinen Nächsten.

17 Du sollst nicht begehren deines Nächsten Haus.

Du sollst nicht begehren deines Nächsten Weib, Knecht, Magd, Rind, Esel noch alles, was dein Nächster hat.

18 Und alles Volk wurde Zeuge von dem Donner und Blitz und dem Ton der Posaune und dem Rauchen des Berges. Als sie aber solches sahen, flohen sie und blieben in der Ferne stehen

19 und sprachen zu Mose: Rede du mit uns, wir wollen hören; aber laß Gott nicht mit uns reden, wir könnten sonst sterben.

20 Mose aber sprach zum Volk: Fürchtet euch nicht, denn Gott ist gekommen, euch zu versuchen, damit ihr's vor Augen habt, wie er zu fürchten sei, und ihr nicht sündigt.

21 So stand das Volk von ferne, aber Mose nahte sich dem Dunkel, darinnen Gott war.

Vom rechten Gottesdienst in Israel

22 Und der HERR sprach zu ihm: So sollst du den Kindern Israel sagen: Ihr habt gesehen, daß ich mit euch vom Himmel geredet habe.

23 Darum sollt ihr euch keine andern Götter neben mir machen, weder silberne noch goldene sollt ihr euch machen.

24 Einen Altar von Erde mache mir, auf dem du dein Brandopfer und Dankopfer, deine Schafe und Rinder, opferst. An jedem Ort, wo ich meines Namens gedenken lasse, da will ich zu dir kommen und dich segnen.

25 Und wenn du mir einen steinernen Altar machen willst, sollst du ihn nicht von behauenen Steinen bauen; denn wenn du mit deinem Eisen darüber kommst, so wirst du ihn entweihen.

26 Du sollst auch nicht auf Stufen zu meinem Altar hinaufsteigen, daß nicht deine Blöße aufgedeckt werde vor ihm.

RECHTSORDNUNGEN
(Kap 21,1-23,19)

21 Dies sind die Rechtsordnungen, die du ihnen vorlegen sollst:

Rechte hebräischer Sklaven

2 Wenn du einen hebräischen Sklaven kaufst, so soll er dir sechs Jahre dienen; im siebenten Jahr aber soll er freigelassen werden ohne Lösegeld.

3 Ist er ohne Frau gekommen, so soll er auch ohne Frau gehen; ist er aber mit seiner Frau gekommen, so soll sie mit ihm gehen.

4 Hat ihm aber sein Herr eine Frau gegeben und hat sie ihm Söhne oder Töchter geboren, so sollen Frau und Kinder seinem Herrn gehören, er aber soll ohne Frau gehen.

5 Spricht aber der Sklave: Ich habe meinen Herrn lieb und mein Weib und Kind, ich will nicht frei werden,

6 so bringe ihn sein Herr vor Gott und stelle ihn an die Tür oder den Pfosten und durchbohre mit einem Pfriemen sein Ohr, und er sei sein Sklave für immer.

7 Verkauft jemand seine Tochter als Sklavin, so darf sie nicht freigelassen werden wie die Sklaven.

8 Hat ihr Herr sie für sich genommen und sie gefällt ihm nicht, so soll er sie auslösen lassen. Er hat aber nicht Macht, sie unter ein fremdes Volk zu verkaufen, nachdem er sie verschmäht hat.

9 Hat er sie aber für seinen Sohn bestimmt, so soll er nach dem Recht der Töchter an ihr tun.

10 Nimmt er sich aber noch eine andere, so soll er der ersten an Nahrung, Kleidung und ehelichem Recht nichts abbrechen.

11 Erfüllt er an ihr diese drei Pflichten nicht, so soll sie umsonst freigelassen werden, ohne Lösegeld.

Vergehen gegen Leib und Leben

12 Wer einen Menschen schlägt, daß er stirbt, der soll des Todes sterben.

13 Hat er ihm aber nicht nachgestellt, sondern hat Gott es seiner Hand widerfahren lassen, so will ich dir einen Ort bestimmen, wohin er fliehen kann.

14 Wenn aber jemand an seinem Nächsten frevelt und ihn mit Hinterlist umbringt, so sollst du ihn von meinem Altar wegreißen, daß man ihn töte.

15 Wer Vater oder Mutter schlägt, der soll des Todes sterben.

16 Wer einen Menschen raubt, sei es, daß er ihn verkauft, sei es, daß man ihn bei ihm findet, der soll des Todes sterben.

17 Wer Vater oder Mutter flucht, der soll des Todes sterben.

18 Wenn Männer miteinander streiten und einer schlägt den andern mit einem Stein oder mit der Faust, daß er nicht stirbt, sondern zu Bett liegen muß

19 und wieder aufkommt und ausgehen kann an seinem Stock, so soll der, der ihn schlug, nicht bestraft werden; er soll ihm aber bezahlen, was er versäumt hat, und das Arztgeld geben.

20 Wer seinen Sklaven oder seine Sklavin schlägt mit einem Stock, daß sie unter seinen Händen sterben, der soll dafür bestraft werden.

21 Bleiben sie aber einen oder zwei Tage am Leben, so soll er nicht dafür bestraft werden; denn es ist sein Geld.

22 Wenn Männer miteinander streiten und stoßen dabei eine schwangere Frau, so daß ihr die Frucht abgeht, ihr aber sonst kein Schaden widerfährt, so soll man ihn um Geld strafen, wieviel ihr Ehemann ihm auferlegt, und er soll's geben durch die Hand der Richter.

23 Entsteht ein dauernder Schaden, so sollst du geben Leben um Leben,

24 Auge um Auge, Zahn um Zahn, Hand um Hand, Fuß um Fuß,

25 Brandmal um Brandmal, Beule um Beule, Wunde um Wunde.

26 Wenn jemand seinen Sklaven oder seine Sklavin ins Auge schlägt und zerstört es, der soll sie freilassen um des Auges willen.

27 Desgleichen, wenn er seinem Sklaven oder seiner Sklavin einen Zahn ausschlägt, soll er sie freilassen um des Zahnes willen.

28 Wenn ein Rind einen Mann oder eine Frau stößt, daß sie sterben, so soll man das Rind steinigen und sein Fleisch nicht essen; aber der Besitzer des Rindes soll nicht bestraft werden.

29 Ist aber das Rind zuvor stößig gewesen und seinem Besitzer war's bekannt und er hat das Rind nicht verwahrt und es tötet nun einen Mann oder eine Frau, so soll man das Rind steinigen, und sein Besitzer soll sterben.

30 Will man ihm aber ein Lösegeld auferlegen, so soll er geben, was man ihm auferlegt, um sein Leben auszulösen.

31 Ebenso soll man mit ihm verfahren, wenn das Rind einen Sohn oder eine Tochter stößt.

32 Stößt es aber einen Sklaven oder eine Sklavin, so soll der Besitzer ihrem Herrn dreißig Lot Silber geben, und das Rind soll man steinigen.

Ersatzleistungen

33 Wenn jemand eine Zisterne aufdeckt oder gräbt eine Zisterne und deckt sie nicht zu und es fällt ein Rind oder Esel hinein,

34 so soll der Besitzer der Zisterne mit Geld dem andern Ersatz leisten, das tote Tier aber soll ihm gehören.

35 Wenn jemandes Rind eines andern Rind stößt, daß es stirbt, so sollen sie das lebendige Rind verkaufen und das Geld teilen und das tote Tier auch teilen.

36 Ist's aber bekannt gewesen, daß das Rind zuvor stößig gewesen ist, und sein Besitzer hat es nicht verwahrt, so soll er ein Rind für das andere erstatten und das tote Tier haben.

°37 Wenn jemand ein Rind oder ein Schaf stiehlt und schlachtet's oder verkauft's, so soll er fünf Rinder für ein Rind wiedergeben und vier Schafe für ein Schaf.

22 °Wenn ein Dieb ergriffen wird beim Einbruch und wird dabei geschlagen, daß er stirbt, so liegt keine Blutschuld vor.

2 War aber schon die Sonne aufgegangen, so liegt Blutschuld vor.

Es soll aber ein Dieb wiedererstatten; hat er nichts, so verkaufe man ihn um den Wert des Gestohlenen.

3 Findet man bei ihm das Gestohlene lebendig, es sei Rind, Esel oder Schaf, so soll er's zweifach erstatten.

4 Wenn jemand in einem Acker oder Weinberg Schaden anrichtet, weil er sein

Vieh das Feld eines andern abweiden läßt,
so soll er's mit dem Besten seines Ackers
und Weinberges erstatten.
5 Wenn ein Feuer ausbricht und ergreift
die Dornen und verbrennt einen Garben-
haufen oder das Getreide, das noch steht,
oder den Acker, so soll Ersatz leisten, wer
das Feuer angezündet hat.
6 Wenn jemand seinem Nächsten Geld
oder Gegenstände zu verwahren gibt und
es wird ihm aus seinem Hause gestohlen:
findet man den Dieb, so soll er's zweifach
erstatten;
7 findet man aber den Dieb nicht, so soll
der Herr des Hauses vor Gott treten, ob er
nicht etwa seine Hand an seines Nächsten
Habe gelegt hat.
8 Wenn einer den andern einer Verun-
treuung beschuldigt, es handle sich um
Rind oder Esel oder Schaf oder Kleider
oder um etwas, was sonst noch verloren
gegangen ist, so soll beider Sache vor
Gott kommen. Wen Gott für schuldig er-
klärt, der soll's seinem Nächsten zwei-
fach erstatten.
9 Wenn jemand seinem Nächsten einen
Esel oder ein Rind oder ein Schaf oder
irgendein Stück Vieh in Obhut gibt und es
stirbt ihm oder kommt zu Schaden oder
wird ihm weggetrieben, ohne daß es je-
mand sieht,
10 so soll es unter ihnen zum Eid vor
dem HERRN kommen, ob er nicht etwa
seine Hand an seines Nächsten Habe ge-
legt hat, und der Besitzer soll es hinneh-
men, so daß jener nicht Ersatz zu leisten
braucht.
11 Stiehlt es ihm aber ein Dieb, so soll
er's dem Besitzer ersetzen.
12 Wird es zerrissen, so soll er es zum
Zeugnis herbeibringen und nicht ersetzen.
13 Wenn es jemand von seinem Näch-
sten leiht und es kommt zu Schaden oder
stirbt, wenn der Besitzer nicht dabei ist,
so soll er's ersetzen.
14 Ist aber der Besitzer dabei, soll er's
nicht ersetzen. Wenn es gemietet ist, so
soll es auf den Mietpreis angerechnet
werden.
15 Wenn jemand eine Jungfrau beredet,
die noch nicht verlobt ist, und ihr bei-
wohnt, so soll er den Brautpreis für sie
geben und sie zur Frau nehmen.
16 Weigert sich aber ihr Vater, sie ihm
zu geben, so soll er Geld darwägen, soviel
einer Jungfrau als Brautpreis gebührt.

Todeswürdige Vergehen

17 Die Zauberinnen sollst du nicht am
Leben lassen.
18 Wer einem Vieh beiwohnt, der soll
des Todes sterben.
19 Wer den Göttern opfert und nicht dem
HERRN allein, der soll dem Bann verfallen.

Rechtsschutz für die Schwachen

20 Die Fremdlinge sollst du nicht be-
drängen und bedrücken; denn ihr seid
auch Fremdlinge in Ägyptenland gewesen.
21 Ihr sollt Witwen und Waisen nicht
bedrücken.
22 Wirst du sie bedrücken und werden
sie zu mir schreien, so werde ich ihr
Schreien erhören.
23 Dann wird mein Zorn entbrennen,
daß ich euch mit dem Schwert töte und
eure Frauen zu Witwen und eure Kinder
zu Waisen werden.
24 Wenn du Geld verleihst an einen aus
meinem Volk, an einen Armen neben dir,
so sollst du an ihm nicht wie ein Wucherer
handeln; du sollst keinerlei Zinsen von
ihm nehmen.
25 Wenn du den Mantel deines Näch-
sten zum Pfande nimmst, sollst du ihn
wiedergeben, ehe die Sonne untergeht,
26 denn sein Mantel ist seine einzige
Decke für seinen Leib; worin soll er sonst
schlafen? Wird er aber zu mir schreien, so
werde ich ihn erhören; denn ich bin gnä-
dig.

Einzelne Gebote der Gottesfurcht

27 Gott sollst du nicht lästern, und ei-
nem Obersten in deinem Volk sollst du
nicht fluchen.
28 Den Ertrag deines Feldes und den
Überfluß deines Weinberges sollst du
nicht zurückhalten.
Deinen ersten Sohn sollst du mir geben.
29 So sollst du auch tun mit deinem
Stier und deinem Kleinvieh. Sieben Tage
laß es bei seiner Mutter sein, am achten
Tage sollst du es mir geben.
30 Ihr sollt mir heilige Leute sein; dar-
um sollt ihr kein Fleisch essen, das auf
dem Felde von Tieren zerrissen ist, son-
dern es vor die Hunde werfen.

Gebote der Gerechtigkeit und Nächstenliebe

23 Du sollst kein falsches Gerücht verbreiten; du sollst nicht einem Schuldigen Beistand leisten und kein falscher Zeuge sein.

2 **D**u sollst der Menge nicht auf dem Weg zum Bösen folgen und nicht so antworten vor Gericht, daß du der Menge nachgibst und vom Rechten abweichst.

3 **D**u sollst den Geringen nicht begünstigen in seiner Sache.

4 **W**enn du dem Rind oder Esel deines Feindes begegnest, die sich verirrt haben, so sollst du sie ihm wieder zuführen.

5 Wenn du den Esel deines Widersachers unter seiner Last liegen siehst, so laß ihn ja nicht im Stich, sondern hilf mit ihm zusammen dem Tiere auf.

6 **D**u sollst das Recht deines Armen nicht beugen in seiner Sache.

7 **H**alte dich ferne von einer Sache, bei der Lüge im Spiel ist. Den Unschuldigen und den, der im Recht ist, sollst du nicht töten; denn ich lasse den Schuldigen nicht Recht haben.

8 Du sollst dich nicht durch Geschenke bestechen lassen; denn Geschenke machen die Sehenden blind und verdrehen die Sache derer, die im Recht sind.

9 **D**ie Fremdlinge sollt ihr nicht unterdrücken; denn ihr wisset um der Fremdlinge Herz, weil ihr auch Fremdlinge in Ägyptenland gewesen seid.

Sabbatjahr und Sabbat

10 Sechs Jahre sollst du dein Land besäen und seine Früchte einsammeln.

11 Aber im siebenten Jahr sollst du es ruhen und liegen lassen, daß die Armen unter deinem Volk davon essen; und was übrig bleibt, mag das Wild auf dem Felde fressen. Ebenso sollst du es halten mit deinem Weinberg und deinen Ölbäumen.

12 **S**echs Tage sollst du deine Arbeit tun; aber am siebenten Tage sollst du feiern, auf daß dein Rind und Esel ruhen und deiner Sklavin Sohn und der Fremdling sich erquicken.

13 **A**lles, was ich euch gesagt habe, das haltet. Aber die Namen anderer Götter sollt ihr nicht anrufen, und aus eurem Munde sollen sie nicht gehört werden.

Die drei großen Jahresfeste. Opfervorschriften

14 Dreimal im Jahr sollt ihr mir ein Fest feiern:

15 Das Fest der ungesäuerten Brote sollst du so halten, daß du sieben Tage ungesäuertes Brot ißt, wie ich dir geboten habe, im Monat Abib, denn zu dieser Zeit bist du aus Ägypten gezogen – erscheint aber nicht mit leeren Händen vor mir! –,

16 und das Fest der Ernte, der Erstlinge deiner Früchte, die du auf dem Felde gesät hast, und das Fest der Lese am Ausgang des Jahres, wenn du den Ertrag deiner Arbeit eingesammelt hast vom Felde.

17 **D**reimal im Jahre soll erscheinen vor dem HERRN, dem Herrscher, alles, was männlich ist unter dir.

18 **D**u sollst das Blut meines Opfers nicht zugleich mit dem Sauerteig opfern, und das Fett von meinem Fest soll nicht über Nacht bleiben bis zum Morgen.

19 **D**as Beste von den Erstlingen deines Feldes sollst du in das Haus des HERRN, deines Gottes, bringen.

Du sollst das Böcklein nicht kochen in seiner Mutter Milch.

Mahnungen und Verheißungen für die Zukunft

20 Siehe, ich sende einen Engel vor dir her, der dich behüte auf dem Wege und dich bringe an den Ort, den ich bestimmt habe.

21 Hüte dich vor ihm und gehorche seiner Stimme und sei nicht widerspenstig gegen ihn; denn er wird euer Übertreten nicht vergeben, weil mein Name in ihm ist.

22 Wirst du aber auf seine Stimme hören und alles tun, was ich dir sage, so will ich deiner Feinde Feind und deiner Widersacher Widersacher sein.

23 Ja, mein Engel wird vor dir hergehen und dich bringen zu den Amoritern, Hethitern, Perisitern, Kanaanitern, Hewitern und Jebusitern, und ich will sie vertilgen.

24 Du sollst ihre Götter nicht anbeten noch ihnen dienen noch tun, wie sie tun, sondern du sollst ihre Steinmale umreißen und zerbrechen.

25 Aber dem HERRN, eurem Gott, sollt ihr dienen, so wird er dein Brot und dein

Wasser segnen, und ich will alle Krank-
heit von dir wenden.
26 Es soll keine Frau in deinem Lande
eine Fehlgeburt haben oder unfruchtbar
sein, und ich will dich lassen alt werden.
27 Ich will meinen Schrecken vor dir her
senden und alle Völker verzagt machen,
wohin du kommst, und will geben, daß
alle deine Feinde vor dir fliehen.
28 Ich will Angst und Schrecken vor dir
her senden, die vor dir her vertreiben die
Hewiter, Kanaaniter und Hethiter.
29 Aber ich will sie nicht in **einem** Jahr
ausstoßen vor dir, auf daß nicht das Land
wüst werde und sich die wilden Tiere wi-
der dich mehren.
30 Einzeln nacheinander will ich sie vor
dir her ausstoßen, bis du zahlreich bist
und das Land besitzt.
31 Und ich will deine Grenze festsetzen
von dem Schilfmeer bis an das Philister-
meer und von der Wüste bis an den Eu-
phratstrom. Denn ich will dir in deine
Hand geben die Bewohner des Landes,
daß du sie ausstoßen sollst vor dir her.
32 Du sollst mit ihnen und mit ihren
Göttern keinen Bund schließen.
33 Laß sie nicht wohnen in deinem
Lande, daß sie dich nicht verführen zur
Sünde wider mich; denn wenn du ihren
Göttern dienst, wird dir das zum Fall-
strick werden.

Der Bundesschluß am Sinai

24 Und zu Mose sprach er: Steig her-
auf zum HERRN, du und Aaron,
Nadab und Abihu und siebzig von den
Ältesten Israels, und betet an von ferne.
2 Aber Mose allein nahe sich zum
HERRN und lasse jene sich nicht nahen,
und das Volk komme auch nicht mit ihm
herauf.
3 Mose kam und sagte dem Volk alle
Worte des HERRN und alle Rechtsord-
nungen. Da antwortete alles Volk wie aus
einem Munde: Alle Worte, die der HERR
gesagt hat, wollen wir tun.
4 Da schrieb Mose alle Worte des HERRN
nieder und machte sich früh am Morgen
auf und baute einen Altar unten am Berge
und zwölf Steinmale nach den zwölf
Stämmen Israels
5 und sandte junge Männer aus den
Kindern Israel hin, daß sie darauf dem
HERRN Brandopfer opferten und Dank-
opfer von jungen Stieren.
6 Und Mose nahm die Hälfte des Blutes
und goß es in die Becken, die andere
Hälfte aber sprengte er an den Altar.
7 Und er nahm das Buch des Bundes
und las es vor den Ohren des Volks. Und
sie sprachen: Alles, was der HERR gesagt
hat, wollen wir tun und darauf hören.
8 Da nahm Mose das Blut und be-
sprengte das Volk damit und sprach:
Seht, das ist das Blut des Bundes, den der
HERR mit euch geschlossen hat auf Grund
aller dieser Worte.
9 Da stiegen Mose und Aaron, Nadab
und Abihu und siebzig von den Ältesten
Israels hinauf
10 und sahen den Gott Israels. Unter
seinen Füßen war es wie eine Fläche von
Saphir und wie der Himmel, wenn es klar
ist.
11 Und er reckte seine Hand nicht aus
wider die Edlen Israels. Und als sie Gott
geschaut hatten, aßen und tranken sie.

Mose soll die Gesetzestafeln empfangen

12 Und der HERR sprach zu Mose:
Komm herauf zu mir auf den Berg und
bleib daselbst, daß ich dir gebe die steiner-
nen Tafeln, Gesetz und Gebot, die ich ge-
schrieben habe, um sie zu unterweisen.
13 Da machte sich Mose auf mit seinem
Diener Josua und stieg auf den Berg Got-
tes.
14 Aber zu den Ältesten sprach er:
Bleibt hier, bis wir zu euch zurückkom-
men. Siehe, Aaron und Hur sind bei euch;
hat jemand eine Rechtssache, der wende
sich an sie.
15 Als nun Mose auf den Berg kam, be-
deckte die Wolke den Berg,
16 und die Herrlichkeit des HERRN ließ
sich nieder auf dem Berg Sinai, und die
Wolke bedeckte ihn sechs Tage; und am
siebenten Tage erging der Ruf des HERRN
an Mose aus der Wolke.
17 Und die Herrlichkeit des HERRN war
anzusehen wie ein verzehrendes Feuer auf
dem Gipfel des Berges vor den Kindern
Israel.
18 Und Mose ging mitten in die Wolke
hinein und stieg auf den Berg und blieb
auf dem Berge vierzig Tage und vierzig
Nächte.

GESETZE FÜR DIE STIFTSHÜTTE (Kap 25-31)

Gaben für die Stiftshütte

25 Und der HERR redete mit Mose und sprach:
2 Sage den Kindern Israel, daß sie für mich eine Opfergabe erheben von jedem, der es freiwillig gibt.
3 Das ist aber die Opfergabe, die ihr von ihnen erheben sollt: Gold, Silber, Kupfer,
4 blauer und roter Purpur, Scharlach, feine Leinwand, Ziegenhaar,
5 rotgefärbte Widderfelle, Dachsfelle, Akazienholz,
6 Öl für die Lampen, Spezerei zum Salböl und zu wohlriechendem Räucherwerk,
7 Onyxsteine und eingefaßte Steine zum Priesterschurz und zur Brusttasche.
8 Und sie sollen mir ein Heiligtum machen, daß ich unter ihnen wohne.
9 Genau nach dem Bild, das ich dir von der Wohnung und ihrem ganzen Gerät zeige, sollt ihr's machen.

Die Bundeslade

10 Macht eine Lade aus Akazienholz; zwei und eine halbe Elle soll die Länge sein, anderthalb Ellen die Breite und anderthalb Ellen die Höhe.
11 Du sollst sie mit feinem Gold überziehen innen und außen und einen goldenen Kranz an ihr ringsherum machen.
12 Und gieß vier goldene Ringe und tu sie an ihre vier Ecken, so daß zwei Ringe auf der einen Seite und zwei auf der andern seien.
13 Und mache Stangen von Akazienholz und überziehe sie mit Gold
14 und stecke sie in die Ringe an den Seiten der Lade, daß man sie damit trage.
15 Sie sollen in den Ringen bleiben und nicht herausgetan werden.
16 Und du sollst in die Lade das Gesetz legen, das ich dir geben werde.
17 Du sollst auch einen Gnadenthron machen aus feinem Golde; zwei und eine halbe Elle soll seine Länge sein und anderthalb Ellen seine Breite.
18 Und du sollst zwei Cherubim machen aus getriebenem Golde an beiden Enden des Gnadenthrones,
19 so daß ein Cherub sei an diesem Ende, der andere an jenem, daß also zwei Cherubim seien an den Enden des Gnadenthrones.
20 Und die Cherubim sollen ihre Flügel nach oben ausbreiten, daß sie mit ihren Flügeln den Gnadenthron bedecken und eines jeden Antlitz gegen das des andern stehe; und ihr Antlitz soll zum Gnadenthron gerichtet sein.
21 Und du sollst den Gnadenthron oben auf die Lade tun und in die Lade das Gesetz legen, das ich dir geben werde.
22 Dort will ich dir begegnen, und vom Gnadenthron aus, der auf der Lade mit dem Gesetz ist, zwischen den beiden Cherubim will ich mit dir alles reden, was ich dir gebieten will für die Kinder Israel.

Der Tisch für die Schaubrote

23 Du sollst auch einen Tisch machen aus Akazienholz; zwei Ellen soll seine Länge sein, eine Elle seine Breite und anderthalb Ellen seine Höhe.
24 Und du sollst ihn überziehen mit feinem Gold und einen goldenen Kranz ringsherum machen
25 und eine Leiste ringsherum eine Handbreit hoch und einen goldenen Kranz an der Leiste ringsherum;
26 und du sollst vier goldene Ringe machen an die vier Ecken an seinen vier Füßen.
27 Dicht unter der Leiste sollen die Ringe sein, so daß man Stangen hineintun und den Tisch tragen könne.
28 Und du sollst die Stangen aus Akazienholz machen und sie mit Gold überziehen, daß der Tisch damit getragen werde.
29 Du sollst auch aus feinem Golde seine Schüsseln und Schalen machen, seine Kannen und Becher, in denen man das Trankopfer darbringe.
30 Und du sollst auf den Tisch allezeit Schaubrote legen vor mein Angesicht.

Der Leuchter

31 Du sollst auch einen Leuchter aus feinem Golde machen, Fuß und Schaft in getriebener Arbeit, mit Kelchen, Knäufen und Blumen.
32 Sechs Arme sollen von dem Leuchter nach beiden Seiten ausgehen, nach jeder Seite drei Arme.

33 Jeder Arm soll drei Kelche wie Man-
delblüten haben mit Knäufen und Blu-
men. So soll es sein bei den sechs Armen
an dem Leuchter.
34 Aber der Schaft am Leuchter soll
vier Kelche wie Mandelblüten haben mit
Knäufen und Blumen,
35 und je einen Knauf unter zwei von
den sechs Armen, die von dem Leuchter
ausgehen.
36 Beide, Knäufe und Arme, sollen aus
einem Stück mit ihm sein, lauteres Gold
in getriebener Arbeit.
37 Und du sollst sieben Lampen machen
und sie oben anbringen, so daß sie nach
vorn leuchten,
38 und Lichtscheren und Löschnäpfe
aus feinem Golde.
39 Aus einem Zentner feinen Goldes
sollst du den Leuchter machen mit allen
diesen Geräten.
40 **Und** sieh zu, daß du alles machest
nach dem Bilde, das dir auf dem Berge
gezeigt ist.

Die Stiftshütte

26 Die Wohnung sollst du machen aus
zehn Teppichen von gezwirnter fei-
ner Leinwand, von blauem und rotem
Purpur und von Scharlach. Cherubim
sollst du einweben in kunstreicher Arbeit.
2 Die Länge eines Teppichs soll acht-
undzwanzig Ellen sein, die Breite vier
Ellen, und sie sollen alle zehn gleich sein;
3 und es sollen je fünf zu einem Stück
zusammengefügt werden, einer an den
andern.
4 Und du sollst Schlaufen machen von
blauem Purpur bei jedem Stück an dem
Rand, wo die zwei Stücke zusammenge-
heftet werden,
5 fünfzig Schlaufen an jedem Stück, daß
eine Schlaufe der andern gegenüberstehe.
6 Und du sollst fünfzig goldene Haken
machen, mit denen man die Teppiche zu-
sammenhefte, einen an den andern, damit
es **eine** Wohnung werde.
7 **Du** sollst auch Teppiche aus Ziegen-
haar machen als Zelt über der Wohnung,
elf Teppiche.
8 Die Länge eines Teppichs soll dreißig
Ellen sein, die Breite aber vier Ellen, und
sie sollen alle elf gleich groß sein.
9 Fünf sollst du aneinanderfügen und
die sechs andern auch, damit du den sech-
sten Teppich vorn an dem Zelt doppelt
legst;
10 und sollst an jedes Stück fünfzig
Schlaufen machen an dem Rand, wo die
Stücke zusammengeheftet werden.
11 Und du sollst fünfzig Haken aus
Kupfer machen und die Haken in die
Schlaufen tun, daß beide Stücke zu einem
einzigen Zelt zusammengefügt werden.
12 Aber vom Überhang der Teppiche
des Zeltes sollst du einen halben Teppich
hinten an dem Zelte überhängen lassen
13 und auf beiden Seiten je eine Elle, daß
der Überhang an den Seiten des Zeltes sei
und es auf beiden Seiten bedecke.
14 Über die Decke des Zeltes sollst du
eine Decke von rotgefärbten Widderfellen
machen und darüber noch eine Decke von
Dachsfellen.
15 **Du** sollst auch Bretter machen für die
Wohnung, aus Akazienholz, zum Auf-
stellen;
16 zehn Ellen lang soll ein Brett sein und
anderthalb Ellen breit.
17 Zwei Zapfen soll ein Brett haben, daß
eins an das andere gesetzt werden könne.
So sollst du alle Bretter der Wohnung
machen.
18 Zwanzig von ihnen sollen nach Sü-
den stehen.
19 Die sollen vierzig silberne Füße unten
haben, je zwei Füße unter jedem Brett für
seine zwei Zapfen.
20 Ebenso sollen auf der andern Seite,
nach Norden, auch zwanzig Bretter stehen
21 mit vierzig silbernen Füßen, je zwei
Füße unter jedem Brett.
22 Und für die Rückseite der Wohnung
nach Westen sollst du sechs Bretter ma-
chen;
23 dazu zwei Bretter für die zwei Ecken
an der Rückseite der Wohnung,
24 daß beide mit ihren Eckbrettern un-
ten und oben verbunden sind und so die
Ecken bilden.
25 Acht Bretter sollen es sein mit ihren
silbernen Füßen; sechzehn Füße sollen es
sein, je zwei unter einem Brett.
26 **Und** du sollst Riegel machen aus
Akazienholz, fünf zu den Brettern auf der
einen Langseite der Wohnung
27 und fünf zu den Brettern auf der an-
dern Langseite der Wohnung und fünf zu

den Brettern auf der Rückseite der Woh-
nung nach Westen,
28 und sollst einen Mittelriegel in halber
Höhe an den Brettern entlanglaufen lassen
von einem Ende zu dem andern.
29 Und du sollst die Bretter mit Gold
überziehen und ihre Ringe aus Gold ma-
chen, in die man die Riegel hineintut.
30 Und die Riegel sollst du mit Gold
überziehen. So sollst du die Wohnung in
der Weise aufrichten, wie du sie auf dem
Berge gesehen hast.
31 Du sollst einen Vorhang machen aus
blauem und rotem Purpur, Scharlach und
gezwirnter feiner Leinwand und sollst Che-
rubim einweben in kunstreicher Arbeit
32 und sollst ihn aufhängen an vier Säu-
len von Akazienholz, die mit Gold über-
zogen sind und goldene Nägel und vier
silberne Füße haben.
33 Und du sollst den Vorhang an die
Haken hängen und die Lade mit dem Ge-
setz hinter den Vorhang setzen, daß er
euch eine Scheidewand sei zwischen dem
Heiligen und dem Allerheiligsten.
34 Und du sollst den Gnadenthron auf
die Lade mit dem Gesetz tun, die im Al-
lerheiligsten steht.
35 Den Tisch aber setze außen vor den
Vorhang und den Leuchter dem Tisch ge-
genüber an die Südseite in der Wohnung,
daß der Tisch nach Norden zu steht.
36 Und du sollst eine Decke machen für
den Eingang des Zeltes aus blauem und
rotem Purpur, Scharlach und gezwirnter
feiner Leinwand in Buntwirkerarbeit
37 und für die Decke fünf Säulen aus
Akazienholz, mit Gold überzogen, mit
goldenen Nägeln, und sollst für sie fünf
Füße aus Kupfer gießen.

Der Brandopferaltar

27 Du sollst einen Altar machen aus
Akazienholz, fünf Ellen lang und
ebenso breit, daß er viereckig sei, und drei
Ellen hoch.
2 Und du sollst auf seinen vier Ecken
Hörner machen, die sollen mit ihm ver-
bunden sein, und sollst ihn mit Kupfer
überziehen.
3 Mache auch Töpfe für die Asche,
Schaufeln, Becken, Gabeln, Kohlenpfan-
nen; alle seine Geräte sollst du aus Kupfer
machen.
4 Du sollst auch ein Gitterwerk aus
Kupfer machen wie ein Netz und vier
Ringe aus Kupfer an seine vier Enden.
5 Du sollst es aber von untenher um den
Altar legen unterhalb der Einfassung, daß
das Gitter bis zur Mitte des Altars reiche.
6 Und du sollst zu dem Altar auch Stan-
gen machen aus Akazienholz, mit Kupfer
überzogen.
7 Und man soll die Stangen in die Ringe
tun, daß die Stangen an beiden Seiten des
Altars seien, wenn man ihn trägt.
8 Als einen Kasten von Brettern sollst
du ihn machen, daß er inwendig hohl sei,
wie er dir auf dem Berge gezeigt wurde.

Der Vorhof

9 Du sollst einen Vorhof für die Woh-
nung machen, Behänge von gezwirnter
feiner Leinwand, für eine Seite hundert
Ellen lang, für die Südseite,
10 und zwanzig Säulen auf zwanzig
Füßen von Kupfer und ihre Nägel und
ihre Ringbänder von Silber.
11 Ebenso sollen an der Nordseite Be-
hänge sein, hundert Ellen lang, und zwan-
zig Säulen auf zwanzig Füßen von Kupfer
und ihre Nägel und ihre Ringbänder von
Silber.
12 Und nach Westen soll die Breite des
Vorhofes Behänge haben, fünfzig Ellen
lang, zehn Säulen auf zehn Füßen.
13 Nach Osten aber soll die Breite des
Vorhofes fünfzig Ellen haben,
14 fünfzehn Ellen Behänge auf einer
Seite, dazu drei Säulen auf drei Füßen,
15 und wieder fünfzehn Ellen auf der
andern Seite, dazu drei Säulen auf drei
Füßen.
16 Und in dem Tor des Vorhofes soll eine
Decke sein, zwanzig Ellen breit, gewirkt
aus blauem und rotem Purpur, Scharlach
und gezwirnter feiner Leinwand, dazu
vier Säulen auf ihren vier Füßen.
17 Alle Säulen um den Vorhof her sol-
len silberne Ringbänder und silberne Nä-
gel und kupferne Füße haben.
18 Die Länge des Vorhofes soll hundert
Ellen sein, die Breite fünfzig Ellen, die
Höhe fünf Ellen, und alle Behänge sollen
von gezwirnter feiner Leinwand sein und
seine Füße aus Kupfer.
19 Alle Geräte der Wohnung für den ge-
samten Dienst und alle ihre Zeltpflöcke

und alle Zeltpflöcke des Vorhofes sollen
aus Kupfer sein.

Das Öl für den Leuchter

20 Gebiete den Kindern Israel, daß sie
zu dir bringen das allerreinste Öl aus zer-
stoßenen Oliven für den Leuchter, daß
man ständig Lampen aufsetzen könne.
21 In der Stiftshütte, außen vor dem
Vorhang, der vor der Lade mit dem Ge-
setz hängt, sollen Aaron und seine Söhne
den Leuchter zurichten, daß er brenne
vom Abend bis zum Morgen vor dem
HERRN. Das soll eine ewige Ordnung sein
für die Nachkommen der Kinder Israel

Die Kleidung der Priester

28 Du sollst Aaron, deinen Bruder,
und seine Söhne zu dir herantreten
lassen aus der Mitte der Kinder Israel,
daß er mein Priester sei, er und seine
Söhne Nadab, Abihu, Eleasar und Itha-
mar.
2 Und du sollst Aaron, deinem Bruder,
heilige Kleider machen, die herrlich und
schön seien,
3 und sollst reden mit allen, die sich dar-
auf verstehen, die ich mit dem Geist der
Weisheit erfüllt habe, daß sie Aaron Klei-
der machen zu seiner Weihe, daß er mein
Priester sei.
4 Dies sind aber die Kleider, die sie ma-
chen sollen: Brusttasche, Schurz, Oberge-
wand, gewirktes Untergewand, Kopf-
bund und Gürtel. Diese heiligen Kleider
sollen sie deinem Bruder Aaron und sei-
nen Söhnen machen, daß er mein Priester
sei.
5 Sie sollen Gold, blauen und roten
Purpur, Scharlach und feine Leinwand
dazu nehmen.
6 Den Priesterschurz sollen sie machen
aus Gold, blauem und rotem Purpur,
Scharlach und gezwirnter feiner Lein-
wand, kunstreich gewirkt.
7 Zwei Schulterteile soll er haben, die
angefügt sind; an seinen beiden Enden
soll er zusammengebunden werden.
8 Und die Binde, die daran ist, um ihn
anlegen zu können, soll von derselben Ar-
beit und aus einem Stück mit ihm sein, aus
Gold, blauem und rotem Purpur, Schar-
lach und gezwirnter feiner Leinwand.
9 Und du sollst zwei Onyxsteine neh-
men und darauf eingraben die Namen der
Söhne Israels,
10 auf jeden sechs Namen nach der Ord-
nung ihres Alters.
11 Das sollst du tun in Steinschneider-
arbeit nach der Weise der Siegelstecher,
und sie sollen mit Goldgeflecht eingefaßt
werden.
12 Und du sollst sie auf die Schulterteile
des Schurzes heften, daß es Steine seien
zum gnädigen Gedenken an die Kinder
Israel, so daß Aaron ihre Namen auf sei-
nen beiden Schultern trage vor dem
HERRN, damit der HERR ihrer gedenke.
13 Und du sollst andere Goldgeflechte
machen
14 und zwei Ketten von feinem Golde wie
gedrehte Schnüre und sollst die gefloch-
tenen Ketten an diese Goldgeflechte tun.
15 Die Brusttasche für die Losentschei-
dungen sollst du wie den Priesterschurz
machen, kunstreich gewirkt, aus Gold,
blauem und rotem Purpur, Scharlach und
gezwirnter feiner Leinwand.
16 Viereckig soll sie sein und doppelt
gelegt; eine Spanne soll ihre Länge sein
und eine Spanne ihre Breite.
17 Und du sollst sie besetzen mit vier
Reihen von Steinen. Die erste Reihe sei
ein Sarder, ein Topas und ein Smaragd,
18 die andere ein Rubin, ein Saphir und
ein Diamant,
19 die dritte ein Lynkurer, ein Achat
und ein Amethyst,
20 die vierte ein Türkis, ein Onyx und
ein Jaspis; in Goldgeflecht sollen sie ge-
faßt sein.
21 Zwölf sollen es sein in Siegelstecher-
arbeit nach den Namen der Söhne Israels,
daß auf jedem ein Name stehe nach den
zwölf Stämmen.
22 Und du sollst Ketten zu der Tasche
wie gedrehte Schnüre machen aus feinem
Golde
23 und zwei goldene Ringe für die Ta-
sche, so daß du die beiden Ringe an zwei
Ecken der Tasche heftest
24 und die beiden goldenen Ketten in
die beiden Ringe an den Ecken der Tasche
tust.
25 Aber die beiden andern Enden der
zwei Ketten sollst du an den beiden Gold-
geflechten befestigen und sie an die Schul-
terteile des Priesterschurzes vorn anheften.

26 Und du sollst zwei andere goldene Ringe machen und an die beiden andern Ecken der Tasche heften an ihren Rand innen zum Schurz hin.

27 Und du sollst abermals zwei goldene Ringe machen und sie unten an die beiden Schulterteile vorn am Schurz anheften, wo der Schurz zusammengeht, oben über der Binde des Schurzes.

28 Und man soll die Tasche mit ihren Ringen mit einer Schnur von blauem Purpur an die Ringe des Schurzes knüpfen, daß sie über der Binde des Schurzes anliege und die Tasche sich nicht von dem Schurz losmache.

29 So soll Aaron die Namen der Söhne Israels in der Brusttasche auf seinem Herzen tragen, wenn er in das Heiligtum geht, zum gnädigen Gedenken vor dem Herrn allezeit.

30 Und du sollst in die Brusttasche tun die Lose «Licht und Recht», so daß sie auf dem Herzen Aarons seien, wenn er hineingeht vor den Herrn, daß er die Entscheidungen für die Kinder Israel auf seinem Herzen trage vor dem Herrn allezeit.

31 Du sollst auch das Obergewand unter dem Schurz ganz aus blauem Purpur machen.

32 Und oben in der Mitte soll eine Öffnung sein und eine Borte um die Öffnung herum in Weberarbeit wie bei einem Panzerhemd, daß sie nicht einreiße.

33 Und unten an seinem Saum sollst du Granatäpfel machen aus blauem und rotem Purpur und Scharlach ringsherum und zwischen sie goldene Schellen auch ringsherum,

34 daß eine goldene Schelle sei, danach ein Granatapfel und wieder eine goldene Schelle und wieder ein Granatapfel ringsherum an dem Saum des Obergewandes.

35 Und Aaron soll ihn anhaben, wenn er dient, daß man seinen Klang höre, wenn er hineingeht ins Heiligtum vor dem Herrn und wieder herauskommt; so wird er nicht sterben.

36 Du sollst auch ein Stirnblatt machen aus feinem Golde und darauf eingraben, wie man Siegel eingräbt: «Heilig dem Herrn».

37 Und du sollst es heften an eine Schnur von blauem Purpur vorn an den Kopfbund.

38 Und es soll sein auf der Stirn Aarons, damit Aaron bei allen ihren Opfern alle Sünde trage, die an den heiligen Gaben der Kinder Israel haftet. Und es soll allezeit an seiner Stirn sein, daß sie wohlgefällig seien vor dem Herrn.

39 Du sollst auch das Untergewand kunstreich wirken aus feiner Leinwand und einen Kopfbund aus feiner Leinwand machen und einen buntgewirkten Gürtel.

40 Und den Söhnen Aarons sollst du Untergewänder, Gürtel und hohe Mützen machen, die herrlich und schön seien,

41 und sollst sie deinem Bruder Aaron samt seinen Söhnen anlegen und sollst sie salben und ihre Hände füllen* und sie weihen, daß sie meine Priester seien.

42 Und du sollst ihnen leinene Beinkleider machen, um ihre Blöße zu bedecken, von den Hüften bis an die Schenkel.

43 Und Aaron und seine Söhne sollen sie anhaben, wenn sie in die Stiftshütte gehen oder hinzutreten zum Altar, um im Heiligtum zu dienen, damit sie keine Schuld auf sich laden und sterben müssen. Das soll für ihn und sein Geschlecht nach ihm eine ewige Ordnung sein.

Weihe der Priester und des Altars

29 Dies ist's, was du mit ihnen tun sollst, daß sie mir zu Priestern geweiht werden: Nimm einen jungen Stier und zwei Widder ohne Fehler,

2 ungesäuertes Brot und ungesäuerte Kuchen, mit Öl vermengt, und ungesäuerte Fladen, mit Öl bestrichen; aus feinem Weizenmehl sollst du das alles machen

3 und sollst es in einen Korb legen und in dem Korbe herzubringen samt dem Stier und den beiden Widdern.

4 Und du sollst Aaron und seine Söhne vor die Tür der Stiftshütte treten lassen und sie mit Wasser waschen

5 und die Kleider nehmen und Aaron anziehen das Untergewand und das Obergewand und den Priesterschurz und die Brusttasche und sollst ihm den Schurz mit der Binde umgürten

6 und den Kopfbund auf sein Haupt setzen und den heiligen Kronreif am Kopfbund befestigen.

*Damit ist eine besondere Opfersitte bei der Priesterweihe gemeint, vgl. Kap 29,24 und 3. Mose 8,12.22-31.

7 Und du sollst das Salböl nehmen und
auf sein Haupt gießen und ihn salben.
8 Und seine Söhne sollst du auch herzu-
führen und ihnen das Untergewand an-
ziehen
9 und sie, Aaron und seine Söhne, mit
Gürteln umgürten und den Söhnen die
hohen Mützen aufsetzen, daß sie das Prie-
stertum haben nach ewiger Ordnung. Und
du sollst Aaron und seinen Söhnen die
Hände füllen.
10 Und du sollst den jungen Stier herzu-
führen vor die Stiftshütte, und Aaron und
seine Söhne sollen ihre Hände auf den
Kopf des Stieres legen.
11 Und du sollst den Stier schlachten
vor dem HERRN, vor der Tür der Stifts-
hütte,
12 und sollst von seinem Blut nehmen
und mit deinem Finger an die Hörner des
Altars streichen und alles andere Blut an
den Fuß des Altars schütten.
13 Und du sollst alles Fett am Einge-
weide nehmen und den Lappen an der
Leber und die beiden Nieren mit dem Fett
daran und sollst es auf dem Altar in
Rauch aufgehen lassen.
14 Aber Fleisch, Fell und Mist des Stie-
res sollst du draußen vor dem Lager mit
Feuer verbrennen; denn es ist ein Sünd-
opfer.
15 Und den einen Widder sollst du neh-
men, und Aaron und seine Söhne sollen
ihre Hände auf seinen Kopf legen.
16 Dann sollst du ihn schlachten und
sein Blut nehmen und ringsum an den
Altar sprengen.
17 Aber den Widder sollst du in seine
Stücke zerlegen und seine Eingeweide und
Schenkel waschen und sie zu seinen Stük-
ken und seinem Kopf legen
18 und den ganzen Widder in Rauch
aufgehen lassen auf dem Altar; denn es
ist dem HERRN ein Brandopfer, ein lieb-
licher Geruch, ein Feueropfer für den
HERRN.
19 Den andern Widder aber sollst du
nehmen, und Aaron und seine Söhne sol-
len ihre Hände auf seinen Kopf legen,
20 und du sollst ihn schlachten und von
seinem Blut nehmen und es Aaron und
seinen Söhnen an das rechte Ohrläppchen
streichen und an den Daumen ihrer rech-
ten Hand und an die große Zehe ihres
rechten Fußes; und du sollst das Blut
ringsum an den Altar sprengen.
21 Und du sollst von dem Blut auf dem
Altar nehmen und Salböl und sollst Aaron
und seine Kleider, seine Söhne und ihre
Kleider damit besprengen. So werden er
und seine Kleider, seine Söhne und ihre
Kleider geweiht.
22 Danach sollst du nehmen das Fett
von dem Widder, den Fettschwanz und
das Fett am Eingeweide, den Lappen an
der Leber und die beiden Nieren mit dem
Fett daran und die rechte Keule – denn es
ist der Widder der Einsetzung –
23 und ein Brot und einen Ölkuchen und
einen Fladen aus dem Korbe mit dem un-
gesäuerten Brot, der vor dem HERRN steht.
24 Dann lege das alles auf die Hände
Aarons und seiner Söhne und schwinge es
als Schwingopfer vor dem HERRN.
25 Danach nimm es von ihren Händen
und laß es in Rauch aufgehen auf dem
Altar über dem Brandopfer zum lieblichen
Geruch vor dem HERRN; denn es ist ein
Feueropfer für den HERRN.
26 Und du sollst die Brust vom Widder
der Einsetzung Aarons nehmen und sie
vor dem HERRN schwingen. Das soll dein
Anteil sein.
27 So sollst du heiligen die Brust als
Schwingopfer und die Keule als Hebopfer,
die von dem Widder der Einsetzung
Aarons und seiner Söhne genommen sind.
28 Und das soll Aaron und seinen Söh-
nen gehören als ewiges Anrecht bei den
Kindern Israel; denn es ist ein Hebopfer.
Und ein Hebopfer von den Kindern Israel
soll es sein von ihren Dankopfern, ihr
Hebopfer für den HERRN.
29 Und die heiligen Kleider Aarons sol-
len nach ihm seine Söhne haben, daß sie
darin gesalbt und ihre Hände gefüllt wer-
den.
30 Wer von seinen Söhnen an seiner
Statt Priester wird, der soll sie sieben Tage
anziehen, wenn er in die Stiftshütte geht,
um im Heiligtum zu dienen.
31 Und du sollst den Widder der Ein-
setzung nehmen und sein Fleisch an einem
heiligen Ort kochen.
32 Und Aaron mit seinen Söhnen soll
das Fleisch des Widders samt dem Brot im
Korbe essen vor der Tür der Stiftshütte.
33 Sie sollen die Stücke essen, mit denen

die Sühnung für sie vollzogen wurde, als man ihre Hände füllte und sie weihte. Kein anderer darf es essen, denn es ist heilig.
34 Wenn aber etwas übrigbleibt von dem Fleisch der Einsetzung und von dem Brot bis zum Morgen, sollst du es mit Feuer verbrennen. Es darf nicht gegessen werden, denn es ist heilig.
35 So sollst du mit Aaron und seinen Söhnen alles tun, was ich dir geboten habe. Sieben Tage sollst du ihre Hände füllen
36 und täglich einen jungen Stier zum Sündopfer schlachten zur Sühnung und sollst den Altar entsündigen, indem du die Sühnung an ihm vollziehst, und sollst ihn salben, daß er geweiht werde.
37 Sieben Tage sollst du an dem Altar die Sühnung vollziehen und ihn weihen; so wird er ein Hochheiliges. Wer den Altar anrührt, der ist dem Heiligtum verfallen.

Das tägliche Opfer

38 Und dies sollst du auf dem Altar tun: Zwei einjährige Schafe sollst du an jedem Tage darauf opfern,
39 ein Schaf am Morgen, das andere gegen Abend.
40 Und zu dem einen Schaf einen Krug feinsten Mehls, vermengt mit einer viertel Kanne zerstoßener Oliven, und eine viertel Kanne Wein zum Trankopfer.
41 Mit dem andern Schaf sollst du tun gegen Abend wie mit dem Speisopfer und Trankopfer vom Morgen, zum lieblichen Geruch, ein Feueropfer für den HERRN.
42 Das soll das tägliche Brandopfer sein bei euren Nachkommen am Eingang der Stiftshütte vor dem HERRN, wo ich euch begegnen und mit dir reden will.
43 Daselbst will ich den Kindern Israel begegnen, und das Heiligtum wird geheiligt werden durch meine Herrlichkeit.
44 Und ich will die Stiftshütte und den Altar heiligen und Aaron und seine Söhne heiligen, daß sie meine Priester seien.
45 Und ich will unter den Kindern Israel wohnen und ihr Gott sein,
46 daß sie erkennen sollen, ich sei der HERR, ihr Gott, der sie aus Ägyptenland führte, damit ich unter ihnen wohne, ich, der HERR, ihr Gott.

Der Räucheraltar

30 Du sollst auch einen Räucheraltar machen aus Akazienholz,
2 eine Elle lang und ebenso breit, viereckig, und zwei Ellen hoch mit seinen Hörnern.
3 Und du sollst ihn mit feinem Golde überziehen, seine Platte und seine Wände ringsherum und seine Hörner. Und sollst einen Kranz von Gold ringsherum machen
4 und zwei goldene Ringe unter dem Kranz zu beiden Seiten, daß man Stangen hineintue und ihn damit trage.
5 Die Stangen sollst du auch aus Akazienholz machen und mit Gold überziehen.
6 Und du sollst ihn setzen vor den Vorhang, der vor der Lade mit dem Gesetz hängt, und vor den Gnadenthron, der auf der Lade mit dem Gesetz ist, wo ich dir begegnen werde.
7 Und Aaron soll darauf verbrennen gutes Räucherwerk jeden Morgen, wenn er die Lampen zurichtet.
8 Desgleichen, wenn er die Lampen anzündet gegen Abend, soll er solches Räucherwerk auch verbrennen. Das soll das tägliche Räucheropfer sein vor dem HERRN bei euren Nachkommen.
9 Ihr sollt kein fremdes Räucherwerk darauf tun, auch kein Brandopfer, Speisopfer oder Trankopfer darauf opfern.
10 Und Aaron soll an den Hörnern dieses Altars einmal im Jahr die Sühnung vollziehen mit dem Blut des Sündopfers, das zur Sühnung dargebracht wird. Solche Sühnung soll jährlich einmal geschehen bei euren Nachkommen. Hochheilig ist der Altar dem HERRN.

Die Steuer für das Heiligtum

11 Und der HERR redete mit Mose und sprach:
12 Wenn du die Kinder Israel zählst, so soll ein jeder dem HERRN ein Sühnegeld geben, um sein Leben auszulösen, damit ihnen nicht eine Plage widerfahre, wenn sie gezählt werden.
13 Es soll aber jeder, der gezählt ist, einen halben Taler geben nach dem Münzgewicht des Heiligtums; ein Taler wiegt zwanzig Gramm. Dieser halbe Taler soll

als Opfergabe für den HERRN erhoben werden.

14 Wer gezählt ist von zwanzig Jahren an und darüber, der soll diese Opfergabe dem HERRN geben.

15 Der Reiche soll nicht mehr geben und der Arme nicht weniger als den halben Taler als Opfergabe für den HERRN zur Sühnung für euer Leben.

16 Und du sollst solches Sühnegeld nehmen von den Kindern Israel und es zum Dienst an der Stiftshütte geben, daß es sei für die Kinder Israel zum gnädigen Gedenken vor dem HERRN, zur Sühnung für euer Leben.

Das kupferne Becken

17 Und der HERR redete mit Mose und sprach:

18 Du sollst auch ein Becken aus Kupfer machen mit einem Gestell aus Kupfer zum Waschen und sollst es setzen zwischen die Stiftshütte und den Altar und Wasser hineintun,

19 daß Aaron und seine Söhne ihre Hände und Füße darin waschen,

20 wenn sie in die Stiftshütte gehen oder zum Altar, um zu dienen und Feueropfer zu verbrennen für den HERRN,

21 auf daß sie nicht sterben. Das soll eine ewige Ordnung sein für ihn und sein Geschlecht bei ihren Nachkommen.

Salböl und Räucherwerk

22 Und der HERR redete mit Mose und sprach:

23 Nimm dir die beste Spezerei: die edelste Myrrhe, fünfhundert Lot, und Zimt, die Hälfte davon, zweihundertundfünfzig, und Kalmus, auch zweihundertundfünfzig Lot,

24 und Kassia, fünfhundert nach dem Gewicht des Heiligtums, und eine Kanne Olivenöl.

25 Und mache daraus ein heiliges Salböl nach der Kunst des Salbenbereiters.

26 Und du sollst damit salben die Stiftshütte und die Lade mit dem Gesetz,

27 den Tisch mit all seinem Gerät, den Leuchter mit seinem Gerät, den Räucheraltar,

28 den Brandopferaltar mit all seinem Gerät und das Becken mit seinem Gestell.

29 So sollst du sie weihen, daß sie hochheilig seien. Wer sie anrührt, der ist dem Heiligtum verfallen.

30 Aaron und seine Söhne sollst du auch salben und sie mir zu Priestern weihen.

31 Und du sollst mit den Kindern Israel reden und sprechen: Eine heilige Salbe soll mir dies Öl bei euren Nachkommen sein.

32 Auf keines andern Menschen Leib soll es gegossen werden; du sollst es auch sonst in der gleichen Mischung nicht herstellen, denn es ist heilig; darum soll es euch als heilig gelten.

33 Wer solche Salbe macht oder einem Unberufenen davon gibt, der soll aus seinem Volk ausgerottet werden.

34 Und der HERR sprach zu Mose: Nimm dir Spezerei: Balsam, Stakte, Galbanum und reinen Weihrauch, vom einen soviel wie vom andern,

35 und mache Räucherwerk daraus, gemengt nach der Kunst des Salbenbereiters, gesalzen, rein, zum heiligen Gebrauch.

36 Und du sollst es zu Pulver stoßen und sollst etwas davon vor die Lade mit dem Gesetz in der Stiftshütte bringen, wo ich dir begegnen werde. Es soll euch ein Hochheiliges sein.

37 Aber solches Räucherwerk sollt ihr für euch nicht machen, sondern es soll dir als dem HERRN geheiligt gelten.

38 Wer es macht, damit er sich an dem Geruch erfreue, der soll ausgerottet werden aus seinem Volk.

Berufung der Kunsthandwerker für die Stiftshütte

31 Und der HERR redete mit Mose und sprach:

2 Siehe, ich habe mit Namen berufen Bezalel, den Sohn Uris, des Sohnes Hurs, vom Stamm Juda,

3 und habe ihn erfüllt mit dem Geist Gottes, mit Weisheit und Verstand und Erkenntnis und mit aller Geschicklichkeit,

4 kunstreich zu arbeiten in Gold, Silber, Kupfer,

5 kunstreich Steine zu schneiden und einzusetzen und kunstreich zu schnitzen in Holz, um jede Arbeit zu vollbringen.

6 Und siehe, ich habe ihm beigegeben Oholiab, den Sohn Ahisamachs, vom Stamm Dan, und habe allen Künstlern die

Weisheit ins Herz gegeben, daß sie alles
machen können, was ich dir geboten habe:
7 die Stiftshütte, die Lade mit dem Ge-
setz, den Gnadenthron darauf und alle
Geräte in der Hütte,
8 den Tisch und sein Gerät, den Leuch-
ter von reinem Gold und all sein Gerät,
den Räucheraltar,
9 den Brandopferaltar mit all seinem
Gerät, das Becken mit seinem Gestell,
10 die Amtskleider, die heiligen Kleider
des Priesters Aaron und die Kleider seiner
Söhne für den priesterlichen Dienst,
11 das Salböl und das Räucherwerk von
Spezerei für das Heiligtum. Ganz so, wie
ich dir geboten habe, sollen sie es machen.

Gebot der Sabbatfeier

12 Und der HERR redete mit Mose und
sprach:
13 Sage den Kindern Israel: Haltet mei-
nen Sabbat; denn er ist ein Zeichen zwi-
schen mir und euch von Geschlecht zu
Geschlecht, damit ihr erkennt, daß ich der
HERR bin, der euch heiligt.
14 Darum haltet meinen Sabbat, denn
er soll euch heilig sein. Wer ihn entheiligt,
der soll des Todes sterben. Denn wer eine
Arbeit am Sabbat tut, der soll ausgerottet
werden aus seinem Volk.
15 Sechs Tage soll man arbeiten, aber
am siebenten Tag ist Sabbat, völlige Ruhe,
heilig dem HERRN. Wer eine Arbeit tut am
Sabbattag, soll des Todes sterben.
16 Darum sollen die Kinder Israel den
Sabbat halten, daß sie ihn auch bei ihren
Nachkommen halten als ewigen Bund.
17 Er ist ein ewiges Zeichen zwischen
mir und den Kindern Israel. Denn in
sechs Tagen machte der HERR Himmel
und Erde, aber am siebenten Tage ruhte
er und erquickte sich.

Übergabe der zwei Gesetzestafeln an Mose

18 Und als der HERR mit Mose zu Ende
geredet hatte auf dem Berge Sinai, gab er
ihm die beiden Tafeln des Gesetzes; die
waren aus Stein und beschrieben von dem
Finger Gottes.

Das goldene Stierbild

32 Als aber das Volk sah, daß Mose
ausblieb und nicht wieder von dem
Berge zurückkam, sammelte es sich gegen
Aaron und sprach zu ihm: Auf, mach uns
einen Gott, der vor uns hergehe! Denn
wir wissen nicht, was diesem Mann Mose
widerfahren ist, der uns aus Ägyptenland
geführt hat.
2 Aaron sprach zu ihnen: Reißet ab die
goldenen Ohrringe an den Ohren eurer
Frauen, eurer Söhne und eurer Töchter
und bringt sie zu mir.
3 Da riß alles Volk sich die goldenen
Ohrringe von den Ohren und brachte sie
zu Aaron.
4 Und er nahm sie von ihren Händen
und bildete das Gold in einer Form und
machte ein gegossenes Kalb. Und sie
sprachen: Das ist dein Gott, Israel, der
dich aus Ägyptenland geführt hat!
5 Als das Aaron sah, baute er einen
Altar vor ihm und ließ ausrufen und
sprach: Morgen ist des HERRN Fest.
6 Und sie standen früh am Morgen auf
und opferten Brandopfer und brachten
dazu Dankopfer dar. Danach setzte sich
das Volk, um zu essen und zu trinken, und
sie standen auf, um ihre Lust zu treiben.

Moses Fürbitte

7 Der HERR sprach aber zu Mose: Geh,
steig hinab; denn dein Volk, das du aus
Ägyptenland geführt hast, hat schändlich
gehandelt.
8 Sie sind schnell von dem Wege ge-
wichen, den ich ihnen geboten habe. Sie
haben sich ein gegossenes Kalb gemacht
und haben's angebetet und ihm geopfert
und gesagt: Das ist dein Gott, Israel, der
dich aus Ägyptenland geführt hat.
9 Und der HERR sprach zu Mose: Ich
sehe, daß es ein halsstarriges Volk ist.
10 Und nun laß mich, daß mein Zorn
über sie entbrenne und sie vertilge; dafür
will ich dich zum großen Volk machen.
11 Mose aber flehte vor dem HERRN,
seinem Gott, und sprach: Ach, HERR, war-
um will dein Zorn entbrennen über dein
Volk, das du mit großer Kraft und starker
Hand aus Ägyptenland geführt hast?
12 Warum sollen die Ägypter sagen: Er
hat sie zu ihrem Unglück herausgeführt,
daß er sie umbrächte im Gebirge und ver-
tilgte sie von dem Erdboden? Kehre dich
ab von deinem grimmigen Zorn und laß
dich des Unheils gereuen, das du über
dein Volk bringen willst.

13 Gedenke an deine Knechte Abraham,
Isaak und Israel, denen du bei dir selbst
geschworen und verheißen hast: Ich will
eure Nachkommen mehren wie die Sterne
am Himmel, und dies ganze Land, das ich
verheißen habe, will ich euren Nachkom-
men geben, und sie sollen es besitzen für
ewig.
14 Da gereute den HERRN das Unheil,
das er seinem Volk zugedacht hatte.

Die Strafe für den Abfall

15 Mose wandte sich und stieg vom
Berge und hatte die zwei Tafeln des Ge-
setzes in seiner Hand; die waren beschrie-
ben auf beiden Seiten.
16 Und Gott hatte sie selbst gemacht
und selber die Schrift eingegraben.
17 Als nun Josua das Geschrei des Volks
hörte, sprach er zu Mose: Es ist ein
Kriegsgeschrei im Lager.
18 Er antwortete: Es ist kein Geschrei
wie bei einem Sieg, und es ist kein Ge-
schrei wie bei einer Niederlage, ich höre
Geschrei wie beim Tanz.
19 Als Mose aber nahe zum Lager kam
und das Kalb und das Tanzen sah, ent-
brannte sein Zorn, und er warf die Tafeln
aus der Hand und zerbrach sie unten am
Berge
20 und nahm das Kalb, das sie gemacht
hatten, und ließ es im Feuer zerschmelzen
und zermalmte es zu Pulver und streute es
aufs Wasser und gab's den Kindern Israel
zu trinken.
21 Und er sprach zu Aaron: Was hat dir
das Volk getan, daß du eine so große Sün-
de über sie gebracht hast?
22 Aaron sprach: Mein Herr lasse seinen
Zorn nicht entbrennen. Du weißt, daß
dies Volk böse ist.
23 Sie sprachen zu mir: Mache uns einen
Gott, der vor uns hergehe; denn wir wis-
sen nicht, was mit diesem Mann Mose ge-
schehen ist, der uns aus Ägyptenland ge-
führt hat.
24 Ich sprach zu ihnen: Wer Gold hat,
der reiße es ab und gebe es mir. Und ich
warf es ins Feuer; daraus ist das Kalb
geworden.
25 Als nun Mose sah, daß das Volk
zuchtlos geworden war – denn Aaron
hatte sie zuchtlos werden lassen zum Ge-
spött ihrer Widersacher –,
26 trat er in das Tor des Lagers und rief:
Her zu mir, wer dem HERRN angehört!
Da sammelten sich zu ihm alle Söhne
Levi.
27 Und er sprach zu ihnen: So spricht
der HERR, der Gott Israels: Ein jeder
gürte sein Schwert um die Lenden und
gehe durch das Lager hin und her von
einem Tor zum andern und erschlage sei-
nen Bruder, Freund und Nächsten.
28 Die Söhne Levi taten, wie ihnen
Mose gesagt hatte; und es fielen an dem
Tage vom Volk dreitausend Mann.
29 Da sprach Mose: Füllet heute eure
Hände zum Dienst für den HERRN – denn
ein jeder ist wider seinen Sohn und Bru-
der gewesen –, damit euch heute Segen ge-
geben werde.

Die Demütigung des Volkes

30 Am nächsten Morgen sprach Mose
zum Volk: Ihr habt eine große Sünde ge-
tan; nun will ich hinaufsteigen zu dem
HERRN, ob ich vielleicht Vergebung er-
wirken kann für eure Sünde.
31 Als nun Mose wieder zu dem HERRN
kam, sprach er: Ach, das Volk hat eine
große Sünde getan, und sie haben sich
einen Gott von Gold gemacht.
32 Vergib ihnen doch ihre Sünde; wenn
nicht, dann tilge mich aus deinem Buch,
das du geschrieben hast.
33 Der HERR sprach zu Mose: Ich will
den aus meinem Buch tilgen, der an mir
sündigt.
34 So geh nun hin und führe das Volk,
wohin ich dir gesagt habe. Siehe, mein
Engel soll vor dir hergehen. Ich werde
aber ihre Sünde heimsuchen, wenn meine
Zeit kommt.
35 Und der HERR schlug das Volk, weil
sie sich das Kalb gemacht hatten, das
Aaron angefertigt hatte.
33 Der HERR sprach zu Mose: Geh,
zieh von dannen, du und das Volk,
das du aus Ägyptenland geführt hast, in
das Land, von dem ich Abraham, Isaak
und Jakob geschworen habe: Deinen
Nachkommen will ich's geben.
2 Und ich will vor dir her senden einen
Engel und ausstoßen die Kanaaniter,
Amoriter, Hethiter, Perisiter, Hewiter und
Jebusiter
3 und will dich bringen in das Land,

darin Milch und Honig fließt. Ich selbst
will nicht mit dir hinaufziehen, denn du
bist ein halsstarriges Volk; ich würde dich
unterwegs vertilgen.
4 Als das Volk diese harte Rede hörte,
trugen sie Leid, und niemand tat seinen
Schmuck an.
5 Und der HERR sprach zu Mose: Sage
zu den Kindern Israel: Ihr seid ein hals-
starriges Volk. Wenn ich nur einen Augen-
blick mit dir hinaufzöge, würde ich dich
vertilgen. Und nun lege deinen Schmuck
ab, dann will ich sehen, was ich dir tue.
6 Und die Kinder Israel taten ihren
Schmuck von sich an dem Berge Horeb.

Das heilige Zelt. Gottes Umgang mit Mose

7 Mose aber nahm das Zelt und schlug
es draußen auf, fern von dem Lager, und
nannte es Stiftshütte. Und wer den HERRN
befragen wollte, mußte herausgehen zur
Stiftshütte vor das Lager.
8 Und wenn Mose hinausging zur Stifts-
hütte, so stand alles Volk auf, und jeder
trat in seines Zeltes Tür und sah ihm nach,
bis er zur Stiftshütte kam.
9 Und wenn Mose zur Stiftshütte kam,
so kam die Wolkensäule hernieder und
stand in der Tür der Stiftshütte, und der
Herr redete mit Mose.
10 Und alles Volk sah die Wolkensäule
in der Tür der Stiftshütte stehen, und sie
standen auf und neigten sich, ein jeder in
seines Zeltes Tür.
11 Der HERR aber redete mit Mose von
Angesicht zu Angesicht, wie ein Mann
mit seinem Freunde redet. Dann kehrte er
zum Lager zurück; aber sein Diener und
Jünger Josua, der Sohn Nuns, wich nicht
aus der Stiftshütte.

Mose begehrt, des Herrn Herrlichkeit zu schauen

12 Und Mose sprach zu dem HERRN:
Siehe, du sprichst zu mir: Führe das Volk
hinauf! und läßt mich nicht wissen, wen du
mit mir senden willst, wo du doch gesagt
hast: Ich kenne dich mit Namen, und du
hast Gnade vor meinen Augen gefunden.
13 Hab ich denn Gnade vor deinen Au-
gen gefunden, so laß mich deinen Weg
wissen, damit ich dich erkenne und Gnade
vor deinen Augen finde. Und sieh doch,
daß dies Volk dein Volk ist.
14 Er sprach: Mein Angesicht soll vor-
angehen; ich will dich zur Ruhe leiten.
15 Mose aber sprach zu ihm: Wenn
nicht dein Angesicht vorangeht, so führe
uns nicht von hier hinauf.
16 Denn woran soll erkannt werden,
daß ich und dein Volk vor deinen Augen
Gnade gefunden haben, wenn nicht daran,
daß du mit uns gehst, so daß ich und dein
Volk erhoben werden vor allen Völkern,
die auf dem Erdboden sind?
17 Der HERR sprach zu Mose: Auch das,
was du jetzt gesagt hast, will ich tun; denn
du hast Gnade vor meinen Augen gefun-
den, und ich kenne dich mit Namen.
18 Und Mose sprach: Laß mich deine
Herrlichkeit sehen!
19 Und er sprach: Ich will vor deinem
Angesicht all meine Güte vorübergehen
lassen und will vor dir kundtun den Na-
men des HERRN: **Wem ich gnädig bin, dem
bin ich gnädig, und wessen ich mich erbarme,
dessen erbarme ich mich.**
20 Und er sprach weiter: Mein Ange-
sicht kannst du nicht sehen; denn kein
Mensch wird leben, der mich sieht.
21 Und der HERR sprach weiter: Siehe,
es ist ein Raum bei mir, da sollst du auf
dem Fels stehen.
22 Wenn dann meine Herrlichkeit vor-
übergeht, will ich dich in die Felskluft
stellen und meine Hand über dir halten,
bis ich vorübergegangen bin.
23 Dann will ich meine Hand von dir tun,
und du darfst hinter mir her sehen; aber
mein Angesicht kann man nicht sehen.

Neue Gesetzestafeln. Bundesschluß und Bundespflichten

34 Und der HERR sprach zu Mose:
Haue dir zwei steinerne Tafeln zu,
wie die ersten waren, daß ich die Worte
darauf schreibe, die auf den ersten Tafeln
standen, welche du zerbrochen hast.
2 Und sei morgen bereit, daß du früh
auf den Berg Sinai steigest und dort zu mir
tretest auf dem Gipfel des Berges.
3 Und laß niemand mit dir hinaufstei-
gen; es soll auch niemand gesehen werden
auf dem ganzen Berge. Auch kein Schaf
und Rind laß weiden gegen diesen Berg
hin.
4 Und Mose hieb zwei steinerne Tafeln
zu, wie die ersten waren, und stand am

Morgen früh auf und stieg auf den Berg Sinai, wie ihm der HERR geboten hatte, und nahm die zwei steinernen Tafeln in seine Hand.

5 Da kam der HERR hernieder in einer Wolke, und Mose trat daselbst zu ihm und rief den Namen des HERRN an.

6 Und der HERR ging vor seinem Angesicht vorüber, und er rief aus: **HERR, HERR, Gott, barmherzig und gnädig und geduldig und von großer Gnade und Treue,**

7 **der da Tausenden Gnade bewahrt und vergibt Missetat, Übertretung und Sünde, aber ungestraft läßt er niemand, sondern sucht die Missetat der Väter heim an Kindern und Kindeskindern bis ins dritte und vierte Glied!**

8 Und Mose neigte sich eilends zur Erde und betete an

9 und sprach: Hab ich, Herr, Gnade vor deinen Augen gefunden, so gehe der Herr in unserer Mitte, denn es ist ein halsstarriges Volk; und vergib uns unsere Missetat und Sünde und laß uns dein Erbbesitz sein.

10 Und der HERR sprach: Siehe, ich will einen Bund schließen: Vor deinem ganzen Volk will ich Wunder tun, wie sie nicht geschehen sind in allen Landen und unter allen Völkern, und das ganze Volk, in dessen Mitte du bist, soll des HERRN Werk sehen; denn wunderbar wird sein, was ich an dir tun werde.

11 Halte, was ich dir heute gebiete. Siehe, ich will vor dir her ausstoßen die Amoriter, Kanaaniter, Hethiter, Perisiter, Hewiter und Jebusiter.

12 Hüte dich, einen Bund zu schließen mit den Bewohnern des Landes, in das du kommst, damit sie dir nicht zum Fallstrick werden in deiner Mitte;

13 sondern ihre Altäre sollst du umstürzen und ihre Steinmale zerbrechen und ihre heiligen Pfähle umhauen;

14 denn du sollst keinen andern Gott anbeten. Denn der HERR heißt ein Eiferer; ein eifernder Gott ist er.

15 Hüte dich, einen Bund zu schließen mit den Bewohnern des Landes, damit sie, wenn sie ihren Göttern nachlaufen und ihnen opfern, dich nicht einladen und du von ihrem Opfer essest

16 und damit du für deine Söhne ihre Töchter nicht zu Frauen nehmest und diese dann ihren Göttern nachlaufen und machen, daß deine Söhne auch ihren Göttern nachlaufen!

17 Du sollst dir keine gegossenen Götterbilder machen.

18 Das Fest der ungesäuerten Brote sollst du halten. Sieben Tage sollst du ungesäuertes Brot essen, wie ich dir geboten habe, zur Zeit des Monats Abib; denn im Monat Abib bist du aus Ägypten gezogen.

19 Alle Erstgeburt ist mein, alle männliche Erstgeburt von deinem Vieh, es sei Stier oder Schaf.

20 Aber den Erstling des Esels sollst du mit einem Schaf auslösen. Wenn du ihn aber nicht auslöst, so brich ihm das Genick. Alle Erstgeburt unter deinen Söhnen sollst du auslösen.

Und daß niemand vor mir mit leeren Händen erscheine!

21 Sechs Tage sollst du arbeiten; am siebenten Tage sollst du ruhen, auch in der Zeit des Pflügens und des Erntens.

22 Das Wochenfest* sollst du halten mit den Erstlingen der Weizenernte, und das Fest der Lese, wenn das Jahr um ist.

23 Dreimal im Jahr soll alles, was männlich ist, erscheinen vor dem Herrscher, dem HERRN, dem Gott Israels.

24 Denn ich werde die Heiden vor dir ausstoßen und dein Gebiet weit machen, und niemand soll dein Land begehren, während du dreimal im Jahr hinaufgehst, um vor dem HERRN, deinem Gott, zu erscheinen.

25 Du sollst das Blut meines Opfers nicht darbringen zugleich mit dem Sauerteig, und das Opfer des Passafestes soll nicht über Nacht bleiben bis zum Morgen.

26 Das Beste von den ersten Früchten deines Ackers sollst du in das Haus des HERRN, deines Gottes, bringen.

Du sollst das Böcklein nicht kochen in seiner Mutter Milch.

27 Und der HERR sprach zu Mose: Schreib dir diese Worte auf; denn auf Grund dieser Worte habe ich mit dir und mit Israel einen Bund geschlossen.

28 Und er war allda bei dem HERRN vierzig Tage und vierzig Nächte und aß kein Brot und trank kein Wasser. Und er

*d. i. das Erntefest (vgl. Kap 23,16), das sieben Wochen nach dem Fest der ungesäuerten Brote gehalten wurde (vgl. 3. Mose 23,15.16; 5. Mose 16,9.10).

schrieb auf die Tafeln die Worte des Bun-
des, die Zehn Worte.

Der Glanz auf Moses Angesicht

29 Als nun Mose vom Berge Sinai her-
abstieg, hatte er die zwei Tafeln des Ge-
setzes in seiner Hand und wußte nicht,
daß die Haut seines Angesichts glänzte,
weil er mit Gott geredet hatte.
30 Als aber Aaron und ganz Israel sa-
hen, daß die Haut seines Angesichts glänz-
te, fürchteten sie sich, ihm zu nahen.
31 Da rief sie Mose, und sie wandten sich
wieder zu ihm, Aaron und alle Obersten
der Gemeinde, und er redete mit ihnen.
32 Danach nahten sich ihm auch alle
Kinder Israel. Und er gebot ihnen alles,
was der HERR mit ihm geredet hatte auf
dem Berge Sinai.
33 Und als er dies alles mit ihnen gere-
det hatte, legte er eine Decke auf sein An-
gesicht.
34 Und wenn er hineinging vor den
HERRN, mit ihm zu reden, tat er die Decke
ab, bis er wieder herausging. Und wenn er
herauskam und zu den Kindern Israel
redete, was ihm geboten war,
35 sahen die Kinder Israel, wie die Haut
seines Angesichts glänzte. Dann tat er die
Decke auf sein Angesicht, bis er wieder
hineinging, mit ihm zu reden.

DIE ERRICHTUNG DER STIFTSHÜTTE (Kap 35-40)

Die Sabbatordnung

35 Und Mose versammelte die ganze
Gemeinde der Kinder Israel und
sprach zu ihnen: Dies ist's, was der HERR
geboten hat, daß ihr es tun sollt:
2 Sechs Tage sollt ihr arbeiten, den sie-
benten Tag aber sollt ihr heilig halten als
einen Sabbat völliger Ruhe, heilig dem
HERRN. Wer an diesem Tag arbeitet, soll
sterben.
3 Ihr sollt kein Feuer anzünden am Sab-
battag in allen euren Wohnungen.

Freiwillige Gaben für die Stiftshütte

4 Und Mose sprach zu der ganzen Ge-
meinde der Kinder Israel: Dies ist's, was
der HERR geboten hat:
5 Erhebt von eurem Besitz eine Opfer-
gabe für den HERRN, so daß ein jeder die
Opfergabe für den HERRN freiwillig brin-
ge: Gold, Silber, Kupfer,
6 blauen und roten Purpur, Scharlach,
feine Leinwand und Ziegenhaar,
7 rotgefärbte Widderfelle, Dachsfelle
und Akazienholz,
8 Öl für die Lampen und Spezerei zum
Salböl und zu wohlriechendem Räucher-
werk,
9 Onyxsteine und eingefaßte Steine zum
Priesterschurz und zum Brustschild.
10 Und wer unter euch kunstverständig
ist, der komme und mache, was der HERR
geboten hat,
11 nämlich die Wohnung mit ihrem
Zelt und ihrer Decke, ihren Haken, Bret-
tern, Riegeln, Säulen und Füßen,
12 die Lade mit ihren Stangen, den
Gnadenthron und Vorhang,
13 den Tisch mit seinen Stangen und all
seinem Gerät und die Schaubrote,
14 den Leuchter und sein Gerät und
seine Lampen und das Öl zum Licht,
15 den Räucheraltar mit seinen Stangen,
das Salböl und das wohlriechende Räu-
cherwerk, die Decke vor der Tür der
Wohnung,
16 den Brandopferaltar mit seinem Git-
ter aus Kupfer, seinen Stangen und all
seinem Gerät, das Becken mit seinem Ge-
stell;
17 den Behang des Vorhofs, seine Säu-
len und Füße und die Decke des Tors am
Vorhof,
18 die Zeltpflöcke der Wohnung und des
Vorhofs mit ihren Seilen,
19 die Amtskleider zum Dienst im Hei-
ligtum, die heiligen Kleider Aarons, des
Priesters, samt den Kleidern seiner Söhne
für den priesterlichen Dienst.
20 Da ging die ganze Gemeinde der Kin-
der Israel von Mose weg.
21 Und alle, die es gern und freiwillig
gaben, kamen und brachten dem HERRN
die Opfergabe zur Errichtung der Stifts-
hütte und für allen Dienst darin und für
die heiligen Kleider.
22 Es brachten aber Männer und Frauen
freiwillig Spangen, Ohrringe, Ringe und
Geschmeide und allerlei goldenes Gerät,
ein jeder das Gold, das er zur Gabe für
den HERRN bestimmt hatte.
23 Und wer bei sich blauen und roten
Purpur fand, Scharlach, feine Leinwand,

Ziegenhaar, rotgefärbte Widderfelle und Dachsfelle, der brachte sie.

24 Und wer eine Opfergabe von Silber und Kupfer geben wollte, der brachte es dem HERRN als Opfergabe. Und wer Akazienholz hatte, der brachte es zu allerlei Verwendung für den Dienst.

25 Und alle Frauen, die diese Kunst verstanden, spannen mit ihren Händen und brachten ihr Gespinst, blauen und roten Purpur, Scharlach und feine Leinwand.

26 Und alle Frauen, die solche Arbeit verstanden und willig dazu waren, spannen Ziegenhaare.

27 Die Stammesfürsten aber brachten Onyxsteine und eingefaßte Steine für den Priesterschurz und die Brusttasche

28 und Spezerei und Öl für den Leuchter und für das Salböl und für das wohlriechende Räucherwerk.

29 So brachten die Kinder Israel, Männer und Frauen, die ihr Herz dazu trieb, freiwillige Gaben zu allem Werk, das der HERR durch Mose geboten hatte.

Beauftragung der Kunsthandwerker

30 Und Mose sprach zu den Kindern Israel: Sehet, der HERR hat mit Namen berufen den Bezalel, den Sohn Uris, des Sohnes Hurs, vom Stamm Juda,

31 und hat ihn erfüllt mit dem Geist Gottes, daß er weise, verständig und geschickt sei zu jedem Werk,

32 kunstreich zu arbeiten in Gold, Silber und Kupfer,

33 Edelsteine zu schneiden und einzusetzen, Holz zu schnitzen, um jede kunstreiche Arbeit zu vollbringen.

34 Und er hat ihm auch die Gabe zu unterweisen ins Herz gegeben, ihm und Oholiab, dem Sohn Ahisamachs, vom Stamm Dan.

35 Er hat ihr Herz mit Weisheit erfüllt, zu machen alle Arbeiten des Goldschmieds und des Kunstwirkers und des Buntwirkers mit blauem und rotem Purpur, Scharlach und feiner Leinwand und des Webers, daß sie jedes Werk ausführen und kunstreiche Entwürfe ersinnen können.

36 So sollen denn arbeiten Bezalel und Oholiab und alle Künstler, denen der HERR Weisheit und Verstand gegeben hat zu wissen, wie sie alle Arbeit ausführen sollen zum Dienst des Heiligtums, ganz nach dem Gebot des HERRN.

2 Und Mose berief Bezalel und Oholiab und alle Künstler, denen der HERR Weisheit ins Herz gegeben hatte, alle, die sich freiwillig erboten, ans Werk zu gehen und es auszurichten.

3 Und sie empfingen von Mose alle Opfer, die die Kinder Israel gebracht hatten, um die Arbeiten zum Dienst des Heiligtums auszuführen. Und man brachte auch weiterhin alle Morgen freiwillige Gaben zu ihm.

4 Da kamen alle Künstler, die am Werk des Heiligtums arbeiteten, ein jeder von der Arbeit, die er machte,

5 und sprachen zu Mose: Das Volk bringt zu viel, mehr als zum Dienst dieses Werkes nötig ist, das der HERR zu machen geboten hat.

6 Da gebot Mose, daß man durchs Lager rufen ließe: Niemand, weder Mann noch Frau, soll hinfort noch etwas bringen als Opfergabe für das Heiligtum. Da brachte das Volk nichts mehr.

7 Denn es war genug gebracht worden zu allen Arbeiten, die zu machen waren, und es war noch übrig geblieben.

Die Herstellung des Heiligtums

8 So machten alle Künstler unter den Arbeitern die Wohnung aus zehn Teppichen von gezwirnter feiner Leinwand, blauem und rotem Purpur und Scharlach, und Cherubim waren eingewebt in kunstreicher Arbeit.

9 Die Länge eines Teppichs war achtundzwanzig Ellen und die Breite vier Ellen, und alle waren von **einem** Maß.

10 Und er fügte je fünf Teppiche zu einem Stück zusammen, einen an den andern.

11 Und er machte blaue Schlaufen an jedes Stück am Rande, wo die beiden Stücke zusammengeheftet werden sollten,

12 fünfzig Schlaufen an jedes Stück, daß eine Schlaufe der andern gegenüberstünde.

13 Und er machte fünfzig goldene Haken und heftete die Teppiche mit den Haken einen an den andern zusammen, daß es **eine** Wohnung würde.

14 Und er machte elf Teppiche von Ziegenhaaren zum Zelte über die Wohnung,

15 dreißig Ellen lang und vier Ellen
breit, alle von **einem** Maß,
16 und fügte fünf zusammen zu dem
einen Stück und sechs zusammen zum an-
dern Stück.
17 Und er machte fünfzig Schlaufen an
jedes Stück an dem Rande, wo die Stücke
zusammengeheftet werden sollten,
18 und machte je fünfzig Haken aus
Kupfer, damit das Zelt mit ihnen zusam-
mengefügt würde.
19 Und er machte eine Decke über das
Zelt von rotgefärbten Widderfellen und
darüber noch eine Decke von Dachsfellen.
20 Und er machte Bretter für die Woh-
nung, aus Akazienholz, zum Aufstellen,
21 ein jedes zehn Ellen lang und andert-
halb Ellen breit
22 und an jedem zwei Zapfen, damit
eins an das andere gesetzt würde. So
machte er alle Bretter für die Wohnung,
23 daß zwanzig Bretter nach Süden
standen.
24 Und er machte vierzig silberne Füße
darunter, unter jedes Brett zwei Füße für
seine zwei Zapfen.
25 Ebenso machte er auf der andern
Seite der Wohnung nach Norden zwanzig
Bretter
26 mit vierzig silbernen Füßen, unter
jedes Brett zwei Füße.
27 Und für die Rückseite der Wohnung
nach Westen machte er sechs Bretter
28 und zwei andere für die zwei Ecken
an der Rückseite der Wohnung,
29 daß beide mit ihren Eckbrettern un-
ten und oben durch Zapfen verbunden
wurden,
30 so daß es acht Bretter wurden und
sechzehn silberne Füße, unter jedem zwei
Füße.
31 Und er machte Riegel aus Akazien-
holz, fünf zu den Brettern auf der einen
Langseite der Wohnung
32 und fünf auf der andern Langseite
und fünf auf der Rückseite nach Westen.
33 Und er machte den Mittelriegel, daß
er in halber Höhe an den Brettern ent-
langlief von einem Ende zum andern.
34 Und er überzog die Bretter mit Gold,
und ihre Ringe machte er aus Gold, daß
man die Riegel hineintäte, und überzog
die Riegel mit Gold.
35 Und er machte den Vorhang mit den
Cherubim in kunstreicher Arbeit, aus
blauem und rotem Purpur, Scharlach und
gezwirnter feiner Leinwand,
36 und für ihn vier Säulen aus Akazien-
holz und überzog sie mit Gold, und ihre
Nägel waren aus Gold, und er goß dazu
vier silberne Füße.
37 Und er machte eine Decke für den
Eingang des Zeltes aus blauem und rotem
Purpur, Scharlach und gezwirnter feiner
Leinwand, in Buntwirkerarbeit,
38 und dazu fünf Säulen mit ihren Nä-
geln und überzog ihre Köpfe und Ring-
bänder mit Gold und machte fünf Füße
aus Kupfer daran.

Die Bundeslade

37 Und Bezalel machte die Lade aus
Akazienholz, zwei und eine halbe
Elle lang, anderthalb Ellen breit und eben-
so hoch,
2 und überzog sie mit feinem Golde in-
nen und außen und machte ihr einen gol-
denen Kranz ringsherum.
3 Und er goß vier goldene Ringe für
ihre vier Ecken, für jede Seite zwei,
4 und machte Stangen aus Akazienholz
und überzog sie mit Gold
5 und tat sie in die Ringe an den Seiten
der Lade, so daß man sie tragen konnte.
6 Und er machte den Gnadenthron aus
feinem Golde, zwei und eine halbe Elle
lang und anderthalb Ellen breit,
7 und zwei Cherubim aus getriebenem
Golde an die beiden Enden des Gnaden-
thrones,
8 einen Cherub an diesem, den andern
an jenem Ende.
9 Und die Cherubim breiteten ihre Flü-
gel nach oben aus und bedeckten damit
den Gnadenthron, und sie standen Ant-
litz gegen Antlitz und sahen auf den Gna-
denthron.

Der Tisch für die Schaubrote

10 Und er machte den Tisch aus Aka-
zienholz, zwei Ellen lang, eine Elle breit
und anderthalb Ellen hoch,
11 und überzog ihn mit feinem Golde
und machte ihm einen goldenen Kranz
ringsherum
12 und machte ihm eine Leiste ringsher-
um, eine Handbreit hoch, und einen gol-
denen Kranz um die Leiste.

13 Und er goß für ihn vier goldene Ringe
und befestigte sie an den vier Ecken an
seinen vier Füßen,
14 dicht unter der Leiste, daß man die
Stangen hineintun und den Tisch tragen
könnte.
15 Und er machte die Stangen aus Aka-
zienholz und überzog sie mit Gold, daß
man den Tisch damit trüge.
16 Und er machte auch aus feinem
Golde das Gerät für den Tisch: Schüsseln
und Schalen, Kannen und Becher, in
denen man das Trankopfer darbringen
sollte.

Der Leuchter

17 Und er machte den Leuchter aus fei-
nem, getriebenem Golde. Daran waren
der Fuß und der Schaft, Kelche und
Knäufe und Blumen.
18 Sechs Arme gingen von seinen Seiten
aus, nach jeder Seite drei Arme.
19 Drei Kelche waren an jedem Arm
mit Knäufen und Blumen.
20 An dem Leuchter aber waren vier
Kelche mit Knäufen und Blumen,
21 je ein Knauf unter zwei von den sechs
Armen, die von ihm ausgingen.
22 Und die Knäufe und Arme waren aus
einem Stück mit ihm, und alles war aus
getriebenem, feinem Gold.
23 Und er machte die sieben Lampen
mit ihren Lichtscheren und Löschnäpfen
aus feinem Gold.
24 Aus einem Zentner feinen Goldes
machte er ihn und all sein Gerät.

Räucheraltar, Salböl und Räucherwerk

25 Er machte auch den Räucheraltar
aus Akazienholz, eine Elle lang und eben-
so breit, viereckig, und zwei Ellen hoch
mit seinen Hörnern
26 und überzog ihn mit feinem Golde,
seine Platte und seine Wände ringsherum
und seine Hörner, und machte ihm einen
Kranz ringsherum von Gold
27 und zwei goldene Ringe unter dem
Kranz zu beiden Seiten, daß man Stangen
hineintäte und ihn damit trüge.
28 Und die Stangen machte er aus Aka-
zienholz und überzog sie mit Gold.
29 Und er machte das heilige Salböl und
das Räucherwerk aus reiner Spezerei nach
der Kunst des Salbenbereiters.

Der Brandopferaltar und das kupferne Becken

38 Und er machte den Brandopfer-
altar aus Akazienholz, fünf Ellen
lang und ebenso breit, viereckig, und drei
Ellen hoch,
2 und vier Hörner, die mit ihm verbun-
den waren, auf seinen vier Ecken und
überzog ihn mit Kupfer.
3 Und er machte alle Geräte zu dem
Altar, Töpfe für die Asche, Schaufeln,
Becken, Gabeln, Kohlenpfannen, alles aus
Kupfer.
4 Und er machte am Altar ein Gitter-
werk aus Kupfer wie ein Netz ringsherum
von untenher bis zur Mitte des Altars
5 und goß vier Ringe an die vier Enden
des kupfernen Gitters für die Stangen.
6 Diese machte er aus Akazienholz und
überzog sie mit Kupfer
7 und tat sie in die Ringe an den Seiten
des Altars, daß man ihn damit trüge. Und
er machte ihn so, daß er inwendig hohl
war.
8 Und er machte das Becken aus Kupfer
und sein Gestell auch aus Kupfer von den
Spiegeln der Frauen, die vor der Tür der
Stiftshütte Dienst taten.

Der Vorhof

9 Und er machte den Vorhof: nach Sü-
den Behänge, hundert Ellen lang, von ge-
zwirnter feiner Leinwand,
10 mit zwanzig Säulen und zwanzig Fü-
ßen aus Kupfer, aber ihre Nägel und
Ringbänder aus Silber;
11 desgleichen nach Norden, hundert
Ellen lang mit zwanzig Säulen und zwan-
zig Füßen aus Kupfer, aber ihre Nägel
und Ringbänder aus Silber;
12 nach Westen aber fünfzig Ellen lang
mit zehn Säulen und zehn Füßen, aber
ihre Nägel und Ringbänder aus Silber;
13 nach Osten auch fünfzig Ellen;
14 fünfzehn Ellen auf einer Seite mit
drei Säulen und drei Füßen
15 und auf der andern Seite auch fünf-
zehn Ellen mit drei Säulen und drei Füßen,
zu beiden Seiten des Tors am Vorhof.
16 Alle Behänge des Vorhofs waren von
gezwirnter feiner Leinwand
17 und die Füße der Säulen aus Kupfer
und ihre Nägel aus Silber, und ihre Köpfe

waren überzogen mit Silber, und ihre Ringbänder waren silbern an allen Säulen des Vorhofs.

18 Und die Decke für das Tor des Vorhofs machte er in Buntwirkerarbeit aus blauem und rotem Purpur, Scharlach und gezwirnter feiner Leinwand, zwanzig Ellen lang und fünf Ellen hoch, nach dem Maß der Behänge des Vorhofs,

19 dazu vier Säulen und vier Füße aus Kupfer und ihre Nägel aus Silber und ihre Köpfe und ihre Ringbänder, überzogen mit Silber.

20 Und alle Zeltpflöcke der Wohnung und des Vorhofs ringsherum waren aus Kupfer.

Die Aufwendungen für das Heiligtum

21 Dies ist die Summe der Aufwendungen für die Wohnung des Gesetzes, die nach dem Gebot des Mose errechnet wurde von den Leviten unter der Leitung Ithamars, des Sohnes Aarons, des Priesters.

22 Bezalel aber, der Sohn Uris, des Sohnes Hurs, vom Stamme Juda, hatte alles gemacht, was der HERR dem Mose geboten hatte,

23 und mit ihm Oholiab, der Sohn Ahisamachs, vom Stamme Dan, ein Schmied, Schnitzer, Kunstweber und Buntwirker in blauem und rotem Purpur, Scharlach und feiner Leinwand.

24 Alles Gold, das verarbeitet ist zu diesem ganzen Werk des Heiligtums und das als Gabe gespendet war, beträgt 29 Zentner 730 Lot nach dem Gewicht des Heiligtums.

25 Das Silber aber, das die Zählung der Gemeinde erbrachte, betrug 100 Zentner 1775 Lot nach dem Gewicht des Heiligtums,

26 auf den Kopf ein halbes Lot nach dem Gewicht des Heiligtums von allen, die gezählt wurden von zwanzig Jahren an und darüber, 603550 Mann.

27 Aus den hundert Zentnern Silber goß man die Füße der Bretter und die Füße des Vorhangs, hundert Füße aus hundert Zentnern, je einen Zentner für einen Fuß.

28 Und aus den 1775 Lot wurden die Nägel der Säulen gemacht und ihre Köpfe und ihre Ringbänder überzogen.

29 Das Kupfer aber, das gespendet war, betrug 70 Zentner 2400 Lot.

30 Daraus wurden gemacht die Füße an der Tür der Stiftshütte und der Altar und das Gitterwerk daran und alle Geräte des Altars,

31 dazu die Füße des Vorhofs ringsherum und die Füße des Tors am Vorhof, alle Zeltpflöcke der Wohnung und alle Zeltpflöcke des Vorhofs ringsherum.

Die Kleidung der Priester

39 Und aus dem blauen und roten Purpur und dem Scharlach machten sie Amtskleider zum Dienst im Heiligtum, und sie machten die heiligen Kleider für Aaron, wie der HERR es Mose geboten hatte.

2 Und sie machten den Priesterschurz aus Gold, blauem und rotem Purpur, Scharlach und gezwirnter feiner Leinwand.

3 Und sie schlugen Goldplatten und schnitten sie zu Fäden, daß man sie in Kunstwirkerarbeit unter den blauen und roten Purpur, den Scharlach und die feine Leinwand einweben konnte.

4 Schulterteile machten sie, die an den Schurz angefügt wurden, und an seinen beiden Enden wurde er zusammengebunden.

5 Und seine Binde war von derselben Arbeit, aus einem Stück mit ihm, aus Gold, blauem und rotem Purpur, Scharlach und gezwirnter feiner Leinwand, wie der HERR es Mose geboten hatte.

6 Und sie faßten zwei Onyxsteine ringsherum mit Gold ein und gruben darauf ein nach der Weise der Siegelstecher die Namen der Söhne Israels.

7 Und er heftete sie auf die Schulterteile des Schurzes, daß es Steine seien zum gnädigen Gedenken an die Kinder Israel vor dem HERRN, wie der HERR es Mose geboten hatte.

8 Und sie machten die Brusttasche, kunstreich gewirkt wie der Priesterschurz, aus Gold, blauem und rotem Purpur, Scharlach und gezwirnter feiner Leinwand,

9 daß sie viereckig war und doppelt gelegt, eine Spanne lang und ebenso breit,

10 und besetzten sie mit vier Reihen Steinen: die erste Reihe war ein Sarder, ein Topas und ein Smaragd,

11 die andere ein Rubin, ein Saphir und
ein Diamant,
12 die dritte ein Lynkurer, ein Achat
und ein Amethyst,
13 die vierte ein Türkis, ein Onyx und
ein Jaspis, ringsherum eingefaßt mit Gold
in allen Reihen.
14 Und die Steine trugen die zwölf Na-
men der Söhne Israels, eingegraben in Sie-
gelstecherarbeit, so daß auf einem jeden
ein Name stand nach den zwölf Stämmen.
15 Und sie machten an der Tasche Ket-
ten wie gedrehte Schnüre, aus feinem
Golde,
16 und zwei Goldgeflechte und zwei gol-
dene Ringe und hefteten die beiden Ringe
an die beiden oberen Ecken der Tasche.
17 Und die beiden goldenen Ketten ta-
ten sie in die beiden Ringe an den Ecken
der Tasche.
18 Aber die beiden andern Enden der
Ketten taten sie an die beiden Goldge-
flechte und hefteten sie vorne auf die
Schulterteile des Schurzes.
19 Und sie machten zwei andere goldene
Ringe und hefteten sie an die beiden an-
dern Ecken der Tasche an ihren Rand in-
nen zum Schurz hin;
20 und sie machten zwei andere goldene
Ringe, die taten sie unten an die beiden
Schulterteile vorn am Schurz, wo er zu-
sammengeht, oben über der Binde des
Schurzes
21 und knüpften die Tasche mit ihren
Ringen an die Ringe des Schurzes mit
einer Schnur aus blauem Purpur, daß sie
über der Binde des Schurzes anliege und
sich nicht von dem Schurz losmache, wie
der HERR es Mose geboten hatte.
22 Und dazu machte er das Oberge-
wand zum Priesterschurz, gewirkt, ganz
aus blauem Purpur,
23 und seine Öffnung oben in der Mitte
und eine Borte um die Öffnung herum wie
bei einem Panzerhemd, daß sie nicht ein-
reiße.
24 Und sie machten an seinen Saum
Granatäpfel aus blauem und rotem Pur-
pur, Scharlach und gezwirnter feiner Lein-
wand
25 und machten Schellen aus feinem
Golde; die taten sie zwischen die Granat-
äpfel ringsherum am Saum des Oberge-
wandes,
26 je einen Granatapfel und eine Schelle
ringsherum am Saum, für den Dienst, wie
der HERR es Mose geboten hatte.
27 Und sie machten auch die Unterge-
wänder aus feiner Leinwand, gewebt, für
Aaron und seine Söhne,
28 und den Kopfbund aus feiner Lein-
wand und die hohen Mützen aus feiner
Leinwand und Beinkleider aus gezwirnter
feiner Leinwand
29 und den Gürtel in Buntwirkerarbeit
aus gezwirnter feiner Leinwand, blauem
und rotem Purpur und Scharlach, wie der
HERR es Mose geboten hatte.
30 Sie machten auch das Stirnblatt, den
heiligen Kronreif, aus feinem Gold und
gruben als Schrift ein: «Heilig dem
HERRN».
31 Und sie banden eine Schnur aus
blauem Purpur daran, daß sie an dem
Kopfbund oben angeheftet würde, wie der
HERR es Mose geboten hatte.

Mose prüft die vollendeten Arbeiten

32 Also wurde vollendet das ganze Werk
der Wohnung der Stiftshütte. Und die
Kinder Israel taten alles, was der HERR
dem Mose geboten hatte.
33 Und sie brachten die Wohnung zu
Mose: das Zelt und alle seine Geräte, Ha-
ken, Bretter, Riegel, Säulen, Füße,
34 die Decke von rotgefärbten Widder-
fellen, die Decke von Dachsfellen und den
Vorhang,
35 die Lade mit dem Gesetz samt ihren
Stangen, den Gnadenthron,
36 den Tisch und alle seine Geräte und
die Schaubrote,
37 den Leuchter aus feinem Gold mit
den Lampen zum Aufsetzen und all sei-
nem Gerät und das Öl für den Leuchter,
38 den goldenen Altar und das Salböl
und das wohlriechende Räucherwerk, die
Decke für den Eingang des Zeltes,
39 den kupfernen Altar und sein kup-
fernes Gitter mit seinen Stangen und sei-
nem ganzen Gerät, das Becken mit seinem
Gestell,
40 die Behänge des Vorhofs mit seinen
Säulen und Füßen, die Decke vor dem
Tor des Vorhofs mit seinen Seilen und
Zeltpflöcken und alles Gerät zum Dienst
der Wohnung der Stiftshütte,
41 die Amtskleider des Priesters Aaron

für den Dienst im Heiligtum und die Kleider seiner Söhne für den priesterlichen Dienst.

42 Ganz so, wie der HERR es Mose geboten hatte, hatten die Kinder Israel alle Arbeiten ausgeführt.

43 Und Mose sah dies ganze Werk an, und siehe, sie hatten es gemacht, wie der HERR geboten hatte. Und er segnete sie.

Aufrichtung und Einweihung der Stiftshütte

40 Und der HERR redete mit Mose und sprach:

2 Du sollst die Wohnung der Stiftshütte aufrichten am ersten Tage des ersten Monats.

3 Und du sollst die Lade mit dem Gesetz hineinstellen und vor die Lade den Vorhang hängen;

4 und du sollst den Tisch hineinbringen und die Schaubrote auflegen und den Leuchter hineinstellen und die Lampen darauf setzen;

5 und du sollst den goldenen Räucheraltar vor die Lade mit dem Gesetz stellen und die Decke in der Tür der Wohnung aufhängen.

6 Den Brandopferaltar aber sollst du außen vor die Tür der Wohnung der Stiftshütte setzen

7 und das Becken zwischen die Stiftshütte und den Altar und Wasser hineintun

8 und den Vorhof ringsherum herstellen und die Decke in der Tür des Vorhofs aufhängen.

9 Und du sollst das Salböl nehmen und die Wohnung und alles, was darin ist, salben und sollst sie weihen mit ihrem ganzen Gerät, daß sie heilig sei.

10 Und du sollst den Brandopferaltar salben mit seinem ganzen Gerät und weihen, daß er hochheilig sei.

11 Und du sollst auch das Becken und sein Gestell salben und weihen.

12 Und du sollst Aaron und seine Söhne vor die Tür der Stiftshütte treten lassen und sie mit Wasser waschen

13 und Aaron die heiligen Kleider anziehen und ihn salben und weihen, daß er mein Priester sei;

14 und du sollst seine Söhne auch herzuführen und ihnen die Untergewänder anziehen

15 und sie salben, wie du ihren Vater gesalbt hast, daß sie meine Priester seien. Und diese Salbung sollen sie haben zum ewigen Priestertum von Geschlecht zu Geschlecht.

16 Und Mose tat alles, wie ihm der HERR geboten hatte.

17 Also wurde die Wohnung aufgerichtet im zweiten Jahr am ersten Tage des ersten Monats.

18 Und Mose richtete die Wohnung auf und setzte ihre Füße hin und stellte die Bretter darauf und brachte die Riegel an und richtete die Säulen auf

19 und breitete das Zeltdach aus über der Wohnung und legte die Decke des Zeltes obendarauf, wie der HERR ihm geboten hatte.

20 Und er nahm das Gesetz und legte es in die Lade und tat die Stangen an die Lade und setzte den Gnadenthron oben auf die Lade

21 und brachte die Lade in die Wohnung und hängte den Vorhang auf und verhüllte so die Lade des Gesetzes, wie ihm der HERR geboten hatte,

22 und setzte den Tisch in die Stiftshütte an die Seite der Wohnung nach Norden, außen vor dem Vorhang,

23 und legte die Schaubrote auf vor dem HERRN, wie ihm der HERR geboten hatte,

24 und setzte den Leuchter auch hinein gegenüber dem Tisch an die Seite der Wohnung nach Süden

25 und setzte die Lampen auf vor dem HERRN, wie ihm der HERR geboten hatte.

26 Und er setzte den goldenen Altar hinein vor den Vorhang

27 und räucherte darauf mit wohlriechendem Räucherwerk, wie ihm der HERR geboten hatte,

28 und hängte die Decke in die Tür der Wohnung.

29 Und den Brandopferaltar setzte er vor die Tür der Wohnung der Stiftshütte und opferte darauf Brandopfer und Speisopfer, wie ihm der HERR geboten hatte.

30 Und das Becken setzte er zwischen die Stiftshütte und den Altar und tat Wasser hinein zum Waschen.

31 Und Mose, Aaron und seine Söhne wuschen ihre Hände und Füße darin.

32 Denn sie müssen sich waschen, wenn sie in die Stiftshütte gehen oder hinzu-

treten zum Altar, wie der HERR es Mose
geboten hatte.
33 Und er richtete den Vorhof auf rings
um die Wohnung und um den Altar und
hängte die Decke in das Tor des Vorhofs.
Also vollendete Mose das ganze Werk.

Der Herr bekennt sich zu seinem Heiligtum

34 Da bedeckte die Wolke die Stifts-
hütte, und die Herrlichkeit des HERRN er-
füllte die Wohnung.
35 Und Mose konnte nicht in die Stifts-
hütte hineingehen, weil die Wolke darauf
ruhte und die Herrlichkeit des HERRN die
Wohnung erfüllte.
36 Und immer, wenn die Wolke sich er-
hob von der Wohnung, brachen die Kin-
der Israel auf, solange ihre Wanderung
währte.
37 Wenn sich aber die Wolke nicht er-
hob, so zogen sie nicht weiter bis zu dem
Tag, an dem sie sich erhob.
38 Denn die Wolke des HERRN war bei
Tage über der Wohnung, und bei Nacht
ward sie voll Feuers vor den Augen des
ganzen Hauses Israel, solange die Wan-
derung währte.

DAS DRITTE BUCH MOSE

Gesetz über Brandopfer

1 Und der HERR rief Mose und redete mit
ihm aus der Stiftshütte und sprach:
2 Rede mit den Kindern Israel und
sprich zu ihnen: Wer unter euch dem
HERRN ein Opfer darbringen will, der
bringe es von dem Vieh, von Rindern oder
von Schafen und Ziegen.
3 Will er ein Brandopfer darbringen von
Rindern, so opfere er ein männliches Tier,
das ohne Fehler ist, vor der Tür der Stifts-
hütte, damit es ihn wohlgefällig mache
vor dem HERRN,
4 und lege seine Hand auf den Kopf des
Brandopfers, damit es ihn wohlgefällig
mache und für ihn Sühne schaffe.
5 Dann soll er das Rind schlachten vor
dem HERRN, und die Priester, Aarons
Söhne, sollen das Blut herzubringen und
ringsum an den Altar sprengen, der vor
der Tür der Stiftshütte ist.
6 Und er soll dem Brandopfer das Fell
abziehen und es in seine Stücke zerlegen.
7 Und die Priester, Aarons Söhne, sollen
ein Feuer auf dem Altar machen und Holz
oben darauf legen
8 und sollen die Stücke samt dem Kopf
und dem Fett auf das Holz legen, das über
dem Feuer auf dem Altar liegt.
9 Die Eingeweide aber und die Schenkel
soll er mit Wasser waschen, und der Prie-
ster soll das alles auf dem Altar in Rauch
aufgehen lassen. Das ist ein Brandopfer,
ein Feueropfer zum lieblichen Geruch für
den HERRN.
10 Will er aber von Schafen oder Ziegen
ein Brandopfer darbringen, so opfere er
ein männliches Tier, das ohne Fehler ist.
11 Und er schlachte es an der Seite des
Altars nach Norden zu vor dem HERRN.
Und die Priester, Aarons Söhne, sollen
das Blut ringsum an den Altar sprengen.
12 Und er zerlege es in seine Stücke, und
der Priester soll sie samt dem Kopf und
dem Fett auf das Holz über dem Feuer
legen, das auf dem Altar ist.
13 Aber die Eingeweide und die Schen-
kel soll er mit Wasser waschen, und der
Priester soll das alles auf dem Altar opfern
und in Rauch aufgehen lassen. Das ist ein
Brandopfer, ein Feueropfer zum lieb-
lichen Geruch für den HERRN.
14 Will er aber von Vögeln dem HERRN
ein Brandopfer darbringen, so bringe er's
von Turteltauben oder andern Tauben.
15 Und der Priester soll's zum Altar
bringen und ihm den Kopf abknicken
und – er soll es ja auf dem Altar in Rauch
aufgehen lassen – das Blut ausbluten las-
sen an der Wand des Altars.
16 Und den Kropf mit seinem Inhalt
soll man neben dem Altar nach Osten zu
auf den Aschenhaufen werfen

17 und soll seine Flügel einreißen, aber
nicht abbrechen. Und so soll's der Priester
auf dem Altar in Rauch aufgehen lassen
auf dem Holz über dem Feuer. Das ist ein
Brandopfer, ein Feueropfer zum liebli-
chen Geruch für den HERRN.

Gesetz über Speisopfer

2 Wenn jemand dem HERRN ein Speis-
opfer darbringen will, so soll es von
feinstem Mehl sein, und er soll Öl darauf
gießen und Weihrauch darauf legen
2 und es bringen zu den Priestern,
Aarons Söhnen. Und der Priester soll eine
Handvoll nehmen von dem Mehl und Öl
samt dem ganzen Weihrauch und es als
Gedenkopfer in Rauch aufgehen lassen
auf dem Altar als ein Feueropfer zum
lieblichen Geruch für den HERRN.
3 Das übrige aber vom Speisopfer soll
Aaron und seinen Söhnen gehören als ein
Hochheiliges von den Feueropfern des
HERRN.
4 Willst du aber als Speisopfer etwas im
Ofen Gebackenes darbringen, so nimm
Kuchen von feinstem Mehl, ungesäuert,
mit Öl vermengt, oder ungesäuerte Fla-
den, mit Öl bestrichen.
5 Ist aber dein Speisopfer etwas auf der
Pfanne Gebackenes, so soll's von unge-
säuertem Mehl sein, mit Öl vermengt,
6 und du sollst es in Stücke zerteilen und
Öl darauf gießen. Das ist ein Speisopfer.
7 Ist aber dein Speisopfer etwas im Tie-
gel Bereitetes, so sollst du es von feinstem
Mehl mit Öl machen
8 und sollst das Speisopfer, das du davon
bereitet hast, dem HERRN darbringen und
sollst es zu dem Priester bringen, und der
soll damit zu dem Altar treten.
9 Und der Priester soll von dem Speis-
opfer das Gedenkopfer abheben und in
Rauch aufgehen lassen auf dem Altar als
ein Feueropfer zum lieblichen Geruch für
den HERRN.
10 Das übrige aber soll Aaron und sei-
nen Söhnen gehören als ein Hochheiliges
von den Feueropfern des HERRN.
11 Alle Speisopfer, die ihr dem HERRN
opfern wollt, sollt ihr ohne Sauerteig ma-
chen; denn weder Sauerteig noch Honig
sollt ihr dem HERRN zum Feueropfer in
Rauch aufgehen lassen.
12 Als Erstlingsgabe mögt ihr sie dem
HERRN bringen; aber auf den Altar sollen
sie nicht kommen zum lieblichen Geruch.
13 Alle deine Speisopfer sollst du salzen,
und dein Speisopfer soll niemals ohne Salz
des Bundes deines Gottes sein; bei allen
deinen Opfern sollst du Salz darbringen.
14 Willst du aber ein Speisopfer dem
HERRN darbringen von den ersten Früch-
ten, so sollst du Ähren am Feuer rösten,
die Körner zerstoßen und darbringen als
das Speisopfer deiner ersten Früchte
15 und sollst Öl darauf tun und Weih-
rauch darauf legen. Das ist ein Speisopfer.
16 Und der Priester soll das Gedenkop-
fer von dem Zerstoßenen und vom Öl mit
dem ganzen Weihrauch in Rauch auf-
gehen lassen als ein Feueropfer für den
HERRN.

Gesetz über Dankopfer

3 Ist aber sein Opfer ein Dankopfer und
will er ein Rind darbringen, es sei ein
männliches oder ein weibliches, so soll er
vor dem HERRN ein Tier opfern, das ohne
Fehler ist.
2 Und er soll seine Hand auf den Kopf
seines Opfers legen und es schlachten vor
der Tür der Stiftshütte. Und die Priester,
Aarons Söhne, sollen das Blut ringsum an
den Altar sprengen.
3 Und er soll von dem Dankopfer dem
HERRN ein Feueropfer darbringen, näm-
lich das Fett, das die Eingeweide bedeckt,
und alles Fett an den Eingeweiden,
4 die beiden Nieren mit dem Fett, das
daran ist, an den Lenden, und den Lappen
an der Leber; an den Nieren soll er ihn
ablösen.
5 Und Aarons Söhne sollen es in Rauch
aufgehen lassen auf dem Altar zum Brand-
opfer auf dem Holz, das über dem Feuer
liegt, als ein Feueropfer zum lieblichen
Geruch für den HERRN.
6 Will er aber dem HERRN ein Dank-
opfer vom Kleinvieh darbringen, es sei
ein männliches oder ein weibliches Tier, so
soll es ohne Fehler sein.
7 Ist es ein Lamm, so soll er's vor den
HERRN bringen
8 und soll seine Hand auf den Kopf sei-
nes Opfers legen und es schlachten vor der
Stiftshütte. Und die Söhne Aarons sollen
sein Blut ringsum an den Altar sprengen.
9 Und er soll von dem Dankopfer dem

Herrn ein Feueropfer darbringen, nämlich sein Fett, den ganzen Fettschwanz, vom Rückgrat abgelöst, dazu das Fett, das die Eingeweide bedeckt, und alles Fett an den Eingeweiden,
10 die beiden Nieren mit dem Fett, das daran ist, an den Lenden, und den Lappen an der Leber; an den Nieren soll er ihn ablösen.
11 Und der Priester soll es in Rauch aufgehen lassen auf dem Altar als Feueropferspeise für den Herrn.
12 Ist aber sein Opfer eine Ziege, so bringe er sie vor den Herrn
13 und lege seine Hand auf ihren Kopf und schlachte sie vor der Stiftshütte. Und die Söhne Aarons sollen das Blut ringsum an den Altar sprengen.
14 Und er soll davon sein Opfer darbringen, ein Feueropfer für den Herrn, nämlich das Fett, das die Eingeweide bedeckt, und alles Fett an den Eingeweiden,
15 die beiden Nieren mit dem Fett, das daran ist, an den Lenden, und den Lappen an der Leber; an den Nieren soll er ihn ablösen.
16 Und der Priester soll es in Rauch aufgehen lassen auf dem Altar als Feueropferspeise zum lieblichen Geruch. Alles Fett ist für den Herrn.
17 Das sei eine ewige Ordnung für eure Nachkommen, überall wo ihr wohnt, daß ihr weder Fett noch Blut esset.

Gesetz über Sündopfer

4 Und der Herr redete mit Mose und sprach:
2 Rede mit den Kindern Israel und sprich: Wenn jemand aus Versehen gegen irgendein Gebot des Herrn sündigte und täte, was er nicht tun sollte:
3 wenn etwa der Priester, der gesalbt ist, sündigte, so daß er eine Schuld auf das Volk brächte, so soll er für seine Sünde, die er getan hat, einen jungen Stier darbringen, der ohne Fehler ist, dem Herrn zum Sündopfer.
4 Und er soll den Stier vor die Tür der Stiftshütte bringen vor den Herrn und seine Hand auf den Kopf des Stieres legen und ihn schlachten vor dem Herrn.
5 Und der Priester, der gesalbt ist, soll vom Blut des Stieres nehmen und es in die Stiftshütte bringen
6 und soll seinen Finger in das Blut tauchen und damit siebenmal sprengen vor dem Herrn, an den Vorhang im Heiligen.
7 Und soll vor dem Herrn etwas von dem Blut an die Hörner des Räucheraltars tun, der in der Stiftshütte steht, und alles andere Blut an den Fuß des Brandopferaltars gießen, der vor der Tür der Stiftshütte steht.
8 Und alles Fett des Sündopfers soll er abheben, nämlich das Fett, das die Eingeweide bedeckt, und alles Fett an den Eingeweiden,
9 die beiden Nieren mit dem Fett, das daran ist, an den Lenden, und den Lappen an der Leber, an den Nieren abgelöst,
10 gleichwie man es abhebt vom Rind beim Dankopfer, und soll es in Rauch aufgehen lassen auf dem Brandopferaltar.
11 Aber das Fell des Stieres mit allem Fleisch samt Kopf und Schenkeln und die Eingeweide und den Mist,
12 das soll er alles hinaustragen aus dem Lager an eine reine Stätte, wo man die Asche hinschüttet, und soll's verbrennen auf dem Holz mit Feuer.
13 Wenn aber die ganze Gemeinde Israel aus Versehen sich versündigte und die Tat vor ihren Augen verborgen wäre, wenn sie gegen irgendein Gebot des Herrn gehandelt hätten, was sie nicht tun sollten, und so sich verschuldet hätten,
14 und sie würden danach ihrer Sünde inne, die sie getan hätten, so sollen sie einen jungen Stier darbringen als Sündopfer und vor die Tür der Stiftshütte stellen.
15 Und die Ältesten der Gemeinde sollen ihre Hände auf seinen Kopf legen vor dem Herrn und den Stier schlachten vor dem Herrn.
16 Und der Priester, der gesalbt ist, soll Blut von dem Stier in die Stiftshütte bringen
17 und mit seinem Finger hineintauchen und siebenmal sprengen vor dem Herrn, an den Vorhang.
18 Und er soll etwas von dem Blut an die Hörner des Altars tun, der vor dem Herrn steht in der Stiftshütte, und alles andere Blut an den Fuß des Brandopferaltars gießen, der vor der Tür der Stiftshütte steht.

19 All sein Fett aber soll er abheben und
auf dem Altar in Rauch aufgehen lassen
20 und soll mit dem Stier tun, wie er mit
dem Stier des Sündopfers getan hat. So
soll der Priester die Sühnung für sie voll-
ziehen, und ihnen wird vergeben.
21 Und er soll den Stier hinaus vor das
Lager tragen und verbrennen, wie er den
vorigen Stier verbrannt hat. Das ist das
Sündopfer der Gemeinde.
22 Wenn aber ein Stammesfürst sündigt
und aus Versehen irgend etwas gegen des
HERRN, seines Gottes, Gebote tut, was er
nicht tun sollte, und so sich verschuldet
23 und wird seiner Sünde inne, die er
getan hat, so soll er zum Opfer bringen
einen Ziegenbock ohne Fehler
24 und seine Hand auf den Kopf des
Bockes legen und ihn schlachten an der
Stätte, wo man die Brandopfer schlachtet
vor dem HERRN; es ist ein Sündopfer.
25 Da soll denn der Priester mit seinem
Finger etwas von dem Blut des Sündop-
fers nehmen und es an die Hörner des
Brandopferaltars tun und das andere Blut
an den Fuß des Brandopferaltars gießen.
26 Und all sein Fett soll er auf dem
Altar in Rauch aufgehen lassen gleichwie
das Fett des Dankopfers. So soll der Prie-
ster die Sühnung für ihn vollziehen, und
ihm wird vergeben.
27 Wenn aber sonst jemand aus dem
Volk aus Versehen sündigt, daß er gegen
irgend eines der Gebote des HERRN han-
delt, was er nicht tun sollte, und so sich
verschuldet
28 und seiner Sünde innewird, die er ge-
tan hat, so soll er zum Opfer eine Ziege
bringen ohne Fehler für die Sünde, die er
getan hat,
29 und soll seine Hand auf den Kopf des
Sündopfers legen und es schlachten an der
Stätte des Brandopfers.
30 Und der Priester soll mit seinem Fin-
ger etwas von dem Blut nehmen und an
die Hörner des Brandopferaltars tun und
alles andere Blut an den Fuß des Altars
gießen.
31 All sein Fett aber soll er abheben,
wie man das Fett des Dankopfers abhebt,
und soll es in Rauch aufgehen lassen auf
dem Altar zum lieblichen Geruch für den
HERRN. So soll der Priester die Sühnung
für ihn vollziehen, und ihm wird vergeben.
32 Will er aber ein Schaf zum Sündopfer
bringen, so bringe er ein weibliches, das
ohne Fehler ist,
33 und lege seine Hand auf den Kopf
des Sündopfers und schlachte es zum
Sündopfer an der Stätte, wo man die
Brandopfer schlachtet.
34 Und der Priester soll mit seinem Fin-
ger etwas von dem Blut nehmen und an
die Hörner des Brandopferaltars tun und
alles andere Blut an den Fuß des Altars
gießen.
35 Aber all sein Fett soll er abheben,
wie man das Fett vom Schaf des Dank-
opfers abhebt, und soll es auf dem Altar
in Rauch aufgehen lassen als Feueropfer
für den HERRN. So soll der Priester die
Sühnung für ihn vollziehen für die Sünde,
die er getan hat, und ihm wird vergeben.
5 Wenn jemand damit sündigt, daß er
den Fluch aussprechen hört und Zeuge
ist, weil er es gesehen oder erfahren hat, es
aber nicht anzeigt* und so sich verschul-
det;
2 oder wenn jemand etwas Unreines an-
rührt, es sei ein Aas von einem unreinen
Wild oder Vieh oder Gewürm, und wußte
es nicht und wird's inne und hat sich so
verschuldet;
3 oder wenn er einen Menschen in des-
sen Unreinheit anrührt, in irgendeiner
Unreinheit, womit der Mensch unrein
werden kann, und wußte es nicht und
wird's inne und hat sich so verschuldet;
4 oder wenn jemand schwört, daß ihm
über die Lippen fährt, er wolle Schaden
oder Gutes tun, wie denn einem Men-
schen ein Schwur entfahren mag, und er
bedachte es nicht und er wird's inne und
hat sich so oder so schuldig gemacht:
5 wenn's also geschieht, daß er sich so
oder so schuldig gemacht hat, so soll er
bekennen, womit er gesündigt hat,
6 und soll als Buße für diese seine Sünde,
die er getan hat, dem HERRN darbringen
von der Herde ein Muttertier, Schaf oder
Ziege, zum Sündopfer, daß der Priester
die Sühnung für ihn vollziehe wegen sei-
ner Sünde.
7 Vermag er aber nicht ein Schaf zu
geben, so bringe er dem HERRN für seine

*Bei einem ungeklärten Verbrechen wurden verflucht: der unbekannte Täter und alle, die als Mitwisser ihr Zeugnis zurückhalten (Richt 17,2; Spr 29,24).

Schuld, die er getan hat, zwei Turteltauben oder zwei andere Tauben, die eine zum Sündopfer, die andere zum Brandopfer,

8 und bringe sie dem Priester. Der soll die erste als Sündopfer darbringen und ihr den Kopf abknicken hinter dem Genick und nicht ganz abtrennen,

9 und er sprenge etwas von dem Blut des Sündopfers an die Seite des Altars und lasse das übrige Blut ausbluten am Fuße des Altars; es ist ein Sündopfer.

10 Die andere Taube aber soll er als Brandopfer darbringen der Ordnung gemäß. So soll der Priester die Sühnung für ihn vollziehen wegen seiner Sünde, die er getan hat, und ihm wird vergeben.

11 Vermag er aber auch nicht zwei Turteltauben oder zwei andere Tauben zu geben, so bringe er für seine Sünde als sein Opfer ein Zehntel Scheffel feinstes Mehl als Sündopfer dar. Er soll aber kein Öl darauf gießen noch Weihrauch darauf tun; denn es ist ein Sündopfer.

12 Und er soll es zum Priester bringen. Der Priester aber soll eine Handvoll davon nehmen als Gedenkopfer und in Rauch aufgehen lassen auf dem Altar zum Feueropfer für den HERRN; es ist ein Sündopfer.

13 So soll der Priester wegen seiner Sünde, die er in einem jener Fälle getan hat, die Sühnung für ihn vollziehen, und ihm wird vergeben. Und das Übrige soll dem Priester gehören wie beim Speisopfer.

Vom Schuldopfer

14 Und der HERR redete mit Mose und sprach:

15 Wenn jemand sich vergreift und aus Versehen sich versündigt an dem, was dem HERRN geweiht ist, so soll er für seine Schuld dem HERRN einen Widder ohne Fehler von der Herde bringen, nach deiner Schätzung zwei Silberstücke wert nach dem Gewicht des Heiligtums, als Schuldopfer.

16 Dazu soll er, was er gesündigt hat an dem Geweihten, erstatten und den fünften Teil hinzufügen und es dem Priester geben. Der soll die Sühnung für ihn vollziehen mit dem Widder des Schuldopfers, so wird ihm vergeben.

17 Wenn jemand sündigt und handelt gegen irgendein Gebot des HERRN, was er nicht tun sollte, und hat es nicht gewußt und versündigt sich und lädt eine Schuld auf sich,

18 so soll er zum Priester einen Widder bringen von der Herde, ohne Fehler, nach deiner Schätzung als Schuldopfer. Der soll die Sühnung für ihn vollziehen für das, was er versehen hat, ohne daß er es wußte, so wird ihm vergeben.

19 Das ist ein Schuldopfer; verschuldet hat er sich an dem HERRN.

°20 Und der HERR redete mit Mose und sprach:

21 Wenn jemand sündigte und sich damit an dem HERRN vergriffe, daß er seinem Nächsten ableugnet, was ihm dieser anvertraut hat oder was ihm zu treuer Hand gegeben ist oder was er mit Gewalt genommen oder mit Unrecht an sich gebracht hat,

22 oder wenn er etwas Verlorenes gefunden hat und es ableugnet und einen falschen Eid schwört über irgend etwas, worin ein Mensch gegen seinen Nächsten Sünde tut:

23 wenn es so geschieht, daß er sündigt und sich verschuldet, so soll er wiedergeben, was er mit Gewalt genommen oder mit Unrecht an sich gebracht oder was ihm anvertraut war oder was er gefunden hatte

24 oder worüber er den falschen Eid geschworen hat; das soll er alles ganz wiedergeben und darüber hinaus den fünften Teil. Dem soll er's geben, dem es gehört, an dem Tag, wenn er sein Schuldopfer darbringt.

25 Aber für seine Schuld soll er dem HERRN einen Widder ohne Fehler von der Herde zu dem Priester bringen nach deiner Schätzung als Schuldopfer.

26 So soll der Priester die Sühnung für ihn vollziehen vor dem HERRN, und ihm wird alles vergeben, was er getan und womit er sich verschuldet hat.

Von Brand-, Speis- und Sündopfern

6 °Und der HERR redete mit Mose und sprach:

2 Gebiete Aaron und seinen Söhnen und sprich: Dies ist das Gesetz über das Brandopfer. Das Brandopfer soll bleiben auf dem Herd des Altars die ganze Nacht

bis zum Morgen, und es soll des Altars Feuer brennend darauf erhalten werden.

3 Und der Priester soll sein leinenes Gewand anziehen und die leinenen Beinkleider für seine Blöße und soll die Asche wegnehmen, die das Feuer des Brandopfers auf dem Altar gemacht hat, und soll sie neben den Altar schütten

4 und soll danach seine Kleider ausziehen und andere Kleider anziehen und die Asche hinaustragen aus dem Lager an eine reine Stätte.

5 Das Feuer auf dem Altar soll brennen und nie verlöschen. Der Priester soll alle Morgen Holz darauf anzünden und oben darauf das Brandopfer zurichten und das Fett der Dankopfer oben darauf in Rauch aufgehen lassen.

6 Ständig soll das Feuer auf dem Altar brennen und nie verlöschen.

7 Und dies ist das Gesetz des Speisopfers. Aarons Söhne sollen es bringen vor den HERRN an den Altar.

8 Es soll einer abheben eine Handvoll vom Mehl des Speisopfers und vom Öl und den ganzen Weihrauch, der auf dem Speisopfer liegt, und soll's in Rauch aufgehen lassen auf dem Altar zum lieblichen Geruch als Gedenkopfer für den HERRN.

9 Das Übrige aber sollen Aaron und seine Söhne verzehren; sie sollen es ungesäuert essen an heiliger Stätte im Vorhof der Stiftshütte.

10 Sie sollen es nicht mit Sauerteig bakken; denn es ist ihr Anteil, den ich ihnen gegeben habe von meinen Feueropfern. Es ist ein Hochheiliges gleichwie das Sündopfer und das Schuldopfer.

11 Wer männlich ist unter den Nachkommen Aarons, der soll's essen. Das sei ein ewiges Anrecht für eure Nachkommen an den Feueropfern des HERRN. Wer sie anrührt, soll dem Heiligtum gehören.

12 Und der HERR redete mit Mose und sprach:

13 Dies soll das Opfer Aarons und seiner Söhne sein, das sie dem HERRN opfern sollen am Tage ihrer Salbung: ein Zehntel Scheffel feinstes Mehl, das tägliche Speisopfer, die eine Hälfte morgens, die andere abends.

14 In der Pfanne sollst du es mit Öl bereiten; durchgeröstet sollst du es herbeibringen, und in Stücke gebrochen sollst du es opfern zum lieblichen Geruch für den HERRN.

15 Und der Priester, der unter Aarons Söhnen an seiner Statt gesalbt wird, soll solches tun. Das ist ein ewiges Anrecht des HERRN. Als Ganzopfer soll es verbrannt werden;

16 denn jedes Speisopfer eines Priesters soll als Ganzopfer verbrannt und nicht gegessen werden.

17 Und der HERR redete mit Mose und sprach:

18 Sage Aaron und seinen Söhnen und sprich: Dies ist das Gesetz des Sündopfers. An der Stätte, wo du das Brandopfer schlachtest, sollst du auch das Sündopfer schlachten vor dem HERRN. Es ist ein Hochheiliges.

19 Der Priester, der das Sündopfer darbringt, soll es essen an heiliger Stätte im Vorhof der Stiftshütte;

20 wer das Fleisch des Opfers anrührt, soll dem Heiligtum gehören. Und wer von seinem Blut ein Kleid besprengt, der soll das besprengte Stück waschen an heiliger Stätte.

21 Und den irdenen Topf, darin es gekocht ist, soll man zerbrechen. Ist's aber ein kupferner Topf, so soll man ihn scheuern und mit Wasser spülen.

22 Wer männlich ist in den Familien der Priester, darf davon essen; es ist ein Hochheiliges.

23 Aber von allen Sündopfern, von deren Blut etwas in die Stiftshütte gebracht worden ist, um die Sühnung zu vollziehen im Heiligen, soll man nichts essen, sondern sie mit Feuer verbrennen.

Weitere Opfergesetze

7 Und dies ist das Gesetz des Schuldopfers. Es ist ein Hochheiliges.

2 An der Stätte, wo man das Brandopfer schlachtet, soll man auch das Schuldopfer schlachten und sein Blut ringsum an den Altar sprengen.

3 Und all sein Fett soll man opfern, den Fettschwanz und das Fett, das die Eingeweide bedeckt,

4 die beiden Nieren mit dem Fett, das daran ist, an den Lenden, und den Lappen an der Leber; an den Nieren soll er ihn ablösen.

5 Und der Priester soll es auf dem Altar

in Rauch aufgehen lassen zum Feueropfer für den HERRN; es ist ein Schuldopfer.

6 Wer männlich ist unter den Priestern, soll das essen an heiliger Stätte; es ist ein Hochheiliges.

7 Wie das Sündopfer, so soll auch das Schuldopfer sein; für beide soll ein und dasselbe Gesetz gelten; sie sollen dem Priester gehören, der damit die Sühnung vollzieht.

8 Dem Priester, der jemandes Brandopfer opfert, soll das Fell des Brandopfers gehören, das er geopfert hat.

9 Und alle Speisopfer, die im Ofen oder im Tiegel oder in der Pfanne gebacken sind, sollen dem Priester gehören, der sie opfert.

10 Aber alle Speisopfer, die mit Öl vermengt oder trocken sind, sollen allen Söhnen Aarons gehören, einem wie dem andern.

11 Und dies ist das Gesetz des Dankopfers, das man dem HERRN opfert.

12 Wollen sie es als Lobopfer darbringen, so sollen sie außer dem Schlachtopfer ungesäuerte Kuchen opfern, mit Öl vermengt, und ungesäuerte Fladen, mit Öl bestrichen, und feinstes Mehl, durchgerührt, als Kuchen mit Öl vermengt.

13 Sie sollen aber solche Opfergabe darbringen nebst Kuchen von gesäuertem Brot zu ihrem Lob- und Dankopfer,

14 und zwar sollen sie je ein Teil als Opfergabe für den HERRN darbringen; es soll dem Priester gehören, der das Blut des Dankopfers sprengt.

15 Und das Fleisch ihres Lob- und Dankopfers soll an demselben Tage gegessen werden, an dem es geopfert wird, und soll nichts übriggelassen werden bis zum Morgen.

16 Ist es aber ein Gelübde oder freiwilliges Opfer, so soll es zwar an demselben Tage, da es geopfert ist, gegessen werden; wenn aber etwas übrigbleibt, darf man's am andern Tage essen.

17 Aber was vom geopferten Fleisch am dritten Tage noch übrig ist, soll mit Feuer verbrannt werden.

18 Und wenn jemand am dritten Tage essen wird von dem geopferten Fleisch seines Dankopfers, so wird es nicht wohlgefällig sein, und dem, der es geopfert hat, wird es auch nicht zugerechnet werden, sondern es wird ein Greuel sein; und wer davon ißt, der lädt eine Schuld auf sich.

19 Auch das Fleisch, das mit etwas Unreinem in Berührung gekommen ist, soll nicht gegessen, sondern mit Feuer verbrannt werden. Jeder, der rein ist, darf vom Opferfleisch essen.

20 Wer aber essen wird von dem Fleisch des Dankopfers, das dem HERRN gehört, und hat eine Unreinheit an sich, der wird ausgerottet werden aus seinem Volk.

21 Und wenn jemand mit etwas Unreinem in Berührung gekommen ist, es sei ein unreiner Mensch, ein unreines Vieh oder was sonst ein Greuel ist, und dann vom Fleisch des Dankopfers ißt, das dem HERRN gehört, der wird ausgerottet werden aus seinem Volk.

22 Und der HERR redete mit Mose und sprach:

23 Rede mit den Kindern Israel und sprich: Ihr sollt kein Fett essen von Stieren, Schafen und Ziegen.

24 Das Fett von gefallenen und zerrissenen Tieren dürft ihr zwar zu allerlei benutzen; aber essen dürft ihr's nicht.

25 Denn wer das Fett ißt von solchen Tieren, von denen man dem HERRN Feueropfer bringt, der wird ausgerottet werden aus seinem Volk.

26 Ihr sollt auch kein Blut essen, weder vom Vieh noch von Vögeln, überall, wo ihr wohnt.

27 Jeder, der Blut ißt, wird ausgerottet werden aus seinem Volk.

28 Und der HERR redete mit Mose und sprach:

29 Rede mit den Kindern Israel und sprich: Wer dem HERRN sein Dankopfer darbringen will, der soll herzubringen, was vom Dankopfer dem HERRN gehört.

30 Er soll es aber mit eigener Hand herzubringen zum Feueropfer für den HERRN; nämlich das Fett soll er bringen samt der Brust, um sie als ein Schwingopfer zu schwingen vor dem HERRN.

31 Und der Priester soll das Fett in Rauch aufgehen lassen auf dem Altar, aber die Brust soll Aaron und seinen Söhnen gehören.

32 Und die rechte Keule sollt ihr dem Priester geben zum Hebopfer von ihren Dankopfern.

33 Wer von Aarons Söhnen das Blut
und das Fett der Dankopfer opfert, dem
soll die rechte Keule gehören als sein Anteil.
34 Denn die Brust des Schwingopfers
und die Keule des Hebopfers nehme ich
von den Kindern Israel von ihren Dankopfern und gebe sie dem Priester Aaron
und seinen Söhnen als ewiges Anrecht bei
den Kindern Israel.
35 Das ist der Anteil Aarons und seiner
Söhne an den Feueropfern des HERRN,
der ihnen bestimmt wurde an dem Tage,
da der HERR sie sich nahen ließ, damit sie
seine Priester seien,
36 der Anteil, von dem der HERR an
dem Tage, da er sie salbte, gebot, daß er
ihnen gegeben werden sollte von den Kindern Israel als ewiges Anrecht bei allen
ihren Nachkommen.
37 Das ist das Gesetz des Brandopfers,
des Speisopfers, des Sündopfers, des
Schuldopfers, des Einsetzungsopfers und
des Dankopfers,
38 wie der HERR es Mose gebot auf dem
Berge Sinai an dem Tage, da er den Kindern Israel befahl, ihre Opfer dem HERRN
zu opfern in der Wüste Sinai.

Mose weiht Aaron und seine Söhne zum Priesteramt

8 Und der HERR redete mit Mose und
sprach:
2 Nimm Aaron und seine Söhne und die
Kleider und das Salböl und den jungen
Stier zum Sündopfer, die beiden Widder
und den Korb mit ungesäuertem Brot
3 und versammle die ganze Gemeinde
vor der Tür der Stiftshütte.
4 Mose tat, wie ihm der HERR geboten
hatte, und versammelte die Gemeinde vor
der Tür der Stiftshütte
5 und sprach zu ihnen: Dies ist's, was
der HERR geboten hat zu tun.
6 Und Mose ließ herzutreten Aaron und
seine Söhne und wusch sie mit Wasser
7 und legte ihm das leinene Gewand an
und gürtete ihn mit dem Gürtel und zog
ihm das Obergewand an und tat ihm den
Priesterschurz um und gürtete ihn mit
dem Gurt des Schurzes.
8 Dann tat er ihm die Brusttasche an
und legte in die Tasche die Lose «Licht
und Recht»
9 und setzte ihm den Kopfbund auf sein
Haupt und befestigte an dem Kopfbund
vorn das goldene Stirnblatt, den heiligen
Reif, wie der HERR es Mose geboten hatte.
10 Und Mose nahm das Salböl und
salbte das Heiligtum und alles, was darin
war, und weihte es;
11 er sprengte damit siebenmal an den
Altar und salbte den Altar mit all seinem
Gerät und das Becken mit seinem Gestell,
daß alles geweiht würde.
12 Und er goß von dem Salböl auf
Aarons Haupt und salbte ihn, daß er geweiht würde,
13 und brachte herzu Aarons Söhne und
zog ihnen das leinene Gewand an und
gürtete sie mit dem Gürtel und setzte
ihnen hohe Mützen auf, wie ihm der
HERR geboten hatte.
14 Und er ließ herzuführen den Stier
zum Sündopfer. Und Aaron und seine
Söhne legten ihre Hände auf seinen Kopf.
15 Und Mose schlachtete ihn und nahm
das Blut und tat es mit seinem Finger
ringsum auf die Hörner des Altars und
entsündigte den Altar und goß das Blut
an den Fuß des Altars und weihte ihn, indem er ihn entsühnte.
16 Und er nahm alles Fett am Eingeweide, den Lappen an der Leber und die
beiden Nieren mit dem Fett daran und
ließ es in Rauch aufgehen auf dem Altar.
17 Aber den Stier mit seinem Fell, dem
Fleisch und dem Mist verbrannte er mit
Feuer draußen vor dem Lager, wie ihm
der HERR geboten hatte.
18 Und er brachte herzu den einen Widder zum Brandopfer. Und Aaron und seine
Söhne legten ihre Hände auf seinen Kopf.
19 Und Mose schlachtete ihn und
sprengte das Blut ringsum an den Altar,
20 zerlegte den Widder in seine Stücke
und verbrannte den Kopf, die Stücke und
das Fett
21 und wusch die Eingeweide und
Schenkel mit Wasser und ließ dann den
ganzen Widder in Rauch aufgehen auf
dem Altar. Das war ein Brandopfer zum
lieblichen Geruch, ein Feueropfer für den
HERRN, wie ihm der HERR geboten hatte.
22 Er brachte auch herzu den andern
Widder zum Einsetzungsopfer. Und
Aaron und seine Söhne legten ihre Hände
auf seinen Kopf.

23 Und Mose schlachtete ihn und nahm von seinem Blut und tat es Aaron auf sein rechtes Ohrläppchen und auf den Daumen seiner rechten Hand und auf die große Zehe seines rechten Fußes.

24 Und er brachte herzu Aarons Söhne und tat von dem Blut auf ihr rechtes Ohrläppchen und auf den Daumen ihrer rechten Hand und auf die große Zehe ihres rechten Fußes und sprengte das Blut ringsum an den Altar.

25 Und er nahm das Fett und den Fettschwanz und alles Fett am Eingeweide und den Lappen an der Leber, die beiden Nieren mit dem Fett daran und die rechte Keule;

26 dazu nahm er von dem Korb mit dem ungesäuerten Brot, der vor dem HERRN stand, einen ungesäuerten Kuchen und einen Brotkuchen mit Öl und einen Fladen und legte es auf das Fett und auf die rechte Keule.

27 Und er legte das alles auf die Hände Aarons und seiner Söhne und schwang es als Schwingopfer vor dem HERRN

28 und nahm alles wieder von ihren Händen und ließ es in Rauch aufgehen auf dem Altar, oben auf dem Brandopfer. Das war ein Einsetzungsopfer zum lieblichen Geruch, ein Feueropfer für den HERRN.

29 Und Mose nahm die Brust und schwang sie als ein Schwingopfer vor dem HERRN; die erhielt Mose als seinen Anteil an dem Widder des Einsetzungsopfers, wie ihm der HERR geboten hatte.

30 Und Mose nahm von dem Salböl und dem Blut auf dem Altar und sprengte es auf Aaron und seine Kleider, auf seine Söhne und ihre Kleider; so weihte er Aaron und seine Kleider, seine Söhne und ihre Kleider.

31 Und Mose sprach zu Aaron und seinen Söhnen: Kocht das Fleisch vor der Tür der Stiftshütte und eßt es daselbst, dazu auch das Brot im Korbe des Einsetzungsopfers, wie mir geboten ist, daß es Aaron und seine Söhne essen sollen.

32 Was aber übrigbleibt vom Fleisch und Brot, das sollt ihr mit Feuer verbrennen.

33 Und ihr sollt sieben Tage lang nicht weggehen von der Tür der Stiftshütte, bis die Tage eures Einsetzungsopfers um sind; denn sieben Tage sollen eure Hände gefüllt werden.

34 Wie es am heutigen Tage geschehen ist, so hat der HERR geboten, auch fernerhin zu tun, auf daß ihr entsühnt werdet.

35 Und ihr sollt vor der Tür der Stiftshütte Tag und Nacht bleiben sieben Tage lang und sollt nach dem Gebot des HERRN tun, daß ihr nicht sterbet; denn so ist es mir geboten.

36 Und Aaron und seine Söhne taten alles, was der HERR durch Mose geboten hatte.

Das erste Opfer Aarons und seiner Söhne

9 Und am achten Tage rief Mose Aaron und seine Söhne und die Ältesten in Israel

2 und sprach zu Aaron: Nimm dir einen jungen Stier zum Sündopfer und einen Widder zum Brandopfer, beide ohne Fehler, und bringe sie vor den HERRN.

3 Und rede mit den Kindern Israel und sprich: Nehmt einen Ziegenbock zum Sündopfer und ein Kalb und ein Schaf, beide ein Jahr alt und ohne Fehler, zum Brandopfer

4 und einen Stier und einen Widder zum Dankopfer, daß wir sie vor dem HERRN opfern, und ein Speisopfer, mit Öl vermengt. Denn heute wird euch der HERR erscheinen.

5 Und sie brachten, was Mose geboten hatte, vor die Tür der Stiftshütte, und es trat herzu die ganze Gemeinde und stellte sich auf vor dem HERRN.

6 Da sprach Mose: Das ist's, was der HERR geboten hat, daß ihr es tun sollt, auf daß euch des HERRN Herrlichkeit erscheine.

7 Und Mose sprach zu Aaron: Tritt zum Altar und bringe dar dein Sündopfer und dein Brandopfer und entsühne dich und dein Haus. Danach bringe dar die Opfergabe des Volks und entsühne es auch, wie der HERR geboten hat.

8 Und Aaron trat zum Altar und schlachtete den jungen Stier als sein Sündopfer.

9 Und seine Söhne brachten das Blut zu ihm, und er tauchte mit seinem Finger ins Blut und tat es auf die Hörner des Altars und goß das Blut an den Fuß des Altars.

10 Aber das Fett und die Nieren und den
Lappen an der Leber vom Sündopfer ließ
er in Rauch aufgehen auf dem Altar, wie
der HERR es Mose geboten hatte.
11 Und das Fleisch und das Fell ver-
brannte er mit Feuer draußen vor dem
Lager.
12 **D**anach schlachtete er das Brand-
opfer; und Aarons Söhne brachten das
Blut zu ihm, und er sprengte es ringsum
an den Altar.
13 Und sie brachten das Brandopfer zu
ihm, Stück um Stück, und den Kopf, und
er ließ es in Rauch aufgehen auf dem
Altar.
14 Und er wusch die Eingeweide und die
Schenkel und ließ sie in Rauch aufgehen
oben auf dem Brandopfer auf dem Altar.
15 **D**anach brachte er herzu die Opfer-
gabe des Volks und nahm den Bock, das
Sündopfer des Volks, und schlachtete ihn
und machte ein Sündopfer daraus wie das
vorige.
16 Und brachte das Brandopfer herzu
und tat damit der Ordnung gemäß.
17 Und brachte herzu das Speisopfer
und nahm eine Handvoll und ließ es in
Rauch aufgehen auf dem Altar, außer
dem Brandopfer am Morgen.
18 **D**anach schlachtete er den Stier und
den Widder als Dankopfer des Volks.
Und seine Söhne brachten ihm das Blut;
das sprengte er ringsum an den Altar.
19 Aber das Fett vom Stier und vom
Widder, den Fettschwanz und das Fett
am Eingeweide und die Nieren und den
Lappen an der Leber,
20 all dieses Fett legten sie auf die Brust,
und er ließ das Fett auf dem Altar in
Rauch aufgehen.
21 Aber die Brust und die rechte Keule
schwang Aaron als Schwingopfer vor dem
HERRN, wie der HERR es Mose geboten
hatte.
22 **U**nd Aaron hob seine Hände auf zum
Volk und segnete sie und stieg herab,
nachdem er das Sündopfer, Brandopfer
und Dankopfer dargebracht hatte.
23 Und Mose und Aaron gingen in die
Stiftshütte. Und als sie wieder heraus-
kamen, segneten sie das Volk. Da erschien
die Herrlichkeit des HERRN allem Volk.
24 Und ein Feuer ging aus von dem
HERRN und verzehrte das Brandopfer und
das Fett auf dem Altar. Da alles Volk das
sah, frohlockten sie und fielen auf ihr
Antlitz.

Der Tod Nadabs und Abihus und seine Folgen

10 Und Aarons Söhne Nadab und
Abihu nahmen ein jeder seine Pfan-
ne und taten Feuer hinein und legten
Räucherwerk darauf und brachten so ein
fremdes Feuer vor den HERRN, das er
ihnen nicht geboten hatte.
2 Da fuhr ein Feuer aus von dem HERRN
und verzehrte sie, daß sie starben vor dem
HERRN.
3 Da sprach Mose zu Aaron: Das ist's,
was der HERR gesagt hat: **Ich erzeige mich
heilig an denen, die mir nahe sind, und vor
allem Volk erweise ich mich herrlich.** Und
Aaron schwieg.
4 Mose aber rief Mischaël und Eliza-
phan, die Söhne Usiëls, des Oheims
Aarons, und sprach zu ihnen: Tretet hin-
zu und tragt eure Brüder von dem Heilig-
tum hinaus vor das Lager.
5 Und sie traten hinzu und trugen sie
hinaus mit ihren leinenen Gewändern vor
das Lager, wie Mose gesagt hatte.
6 Da sprach Mose zu Aaron und seinen
Söhnen Eleasar und Ithamar: Ihr sollt
euer Haupthaar nicht wirr hängen lassen
und eure Kleider nicht zerreißen, daß ihr
nicht sterbet und der Zorn über die ganze
Gemeinde komme. Laßt aber eure Brü-
der, das ganze Haus Israel, weinen über
diesen Brand, den der HERR angerichtet
hat.
7 Ihr sollt auch nicht hinweggehen von
der Tür der Stiftshütte, ihr würdet sonst
sterben; denn das Salböl des HERRN ist
auf euch. Und sie taten, wie Mose sagte.
8 **D**er HERR aber redete mit Aaron und
sprach:
9 Du und deine Söhne, ihr sollt weder
Wein noch starke Getränke trinken, wenn
ihr in die Stiftshütte geht, damit ihr nicht
sterbt. Das sei eine ewige Ordnung für alle
eure Nachkommen.
10 Ihr sollt unterscheiden, was heilig
und unheilig, was unrein und rein ist,
11 und Israel lehren alle Ordnungen, die
der HERR ihnen durch Mose verkündet hat.
12 **U**nd Mose redete mit Aaron und mit
seinen Söhnen Eleasar und Ithamar, die

ihm noch geblieben waren: Nehmt das
Speisopfer, das übriggeblieben ist von
den Feueropfern des HERRN, und esset es
ungesäuert bei dem Altar; denn es ist ein
Hochheiliges.
13 Ihr sollt es aber an heiliger Stätte
essen; denn das ist dein und deiner Söhne
Anrecht an den Feueropfern des HERRN;
denn so ist mir's geboten.
14 Auch die Brust des Schwingopfers
und die Keule des Hebopfers sollst du mit
deinen Söhnen und deinen Töchtern essen
an reiner Stätte; denn solches Anrecht an
den Dankopfern Israels ist dir und deinen
Kindern gegeben.
15 Denn diese Keule und diese Brust
soll man zu den Feueropfern des Fettes
bringen, daß sie als Schwingopfer ge-
schwungen werden vor dem HERRN; es ge-
hört dir und deinen Söhnen als ewiges
Anrecht, wie der HERR geboten hat.
16 Und Mose suchte den Bock des
Sündopfers und fand ihn verbrannt. Und
er wurde zornig über Eleasar und Itha-
mar, Aarons Söhne, die ihm noch geblie-
ben waren, und sprach:
17 Warum habt ihr das Sündopfer nicht
gegessen an heiliger Stätte? Denn es ist
ein Hochheiliges, und der HERR hat es
euch gegeben, daß ihr die Schuld der Ge-
meinde wegnehmen und sie vor ihm ent-
sühnen sollt.
18 Siehe, sein Blut ist nicht in das Heili-
ge hineingebracht worden. Ihr solltet das
Opfer im Heiligen gegessen haben, wie ich
geboten hatte.
19 Aaron aber sprach zu Mose: Siehe,
heute haben sie ihr Sündopfer und ihr
Brandopfer vor dem HERRN geopfert, und
es ist mir so ergangen, wie du siehst; und
ich sollte heute essen vom Sündopfer?
Sollte das dem HERRN gefallen?
20 Als Mose das hörte, ließ er sich's ge-
fallen.

Gesetz über reine und unreine Tiere

11 Und der HERR redete mit Mose und
Aaron und sprach zu ihnen:
2 Redet mit den Kindern Israel und
sprecht: Dies sind die Tiere, die ihr essen
dürft unter allen Tieren auf dem Lande.
3 Alles, was gespaltene Klauen hat, ganz
durchgespalten, und wiederkäut unter den
Tieren, das dürft ihr essen.
4 Nur diese dürft ihr nicht essen von dem,
was wiederkäut und gespaltene Klauen
hat: das Kamel, denn es ist zwar ein Wie-
derkäuer, hat aber keine durchgespaltenen
Klauen; darum soll es euch unrein sein;
5 den Klippdachs, denn er ist zwar ein
Wiederkäuer, hat aber keine durchge-
spaltenen Klauen; darum soll er euch un-
rein sein;
6 den Hasen, denn er ist auch ein Wie-
derkäuer, hat aber keine durchgespaltenen
Klauen; darum soll er euch unrein sein;
7 das Schwein, denn es hat wohl durch-
gespaltene Klauen, ist aber kein Wieder-
käuer; darum soll es euch unrein sein.
8 Vom Fleisch dieser Tiere dürft ihr
weder essen noch ihr Aas anrühren; denn
sie sind euch unrein.
9 Dies dürft ihr essen von dem, was im
Wasser lebt: alles, was Flossen und Schup-
pen hat im Wasser, im Meer und in den
Bächen, dürft ihr essen.
10 Alles aber, was nicht Flossen und
Schuppen hat im Meer und in den Bächen
von allem, was sich regt im Wasser, und
allem, was lebt im Wasser, soll euch ein
Greuel sein.
11 Von ihrem Fleisch dürft ihr nicht
essen und ihr Aas sollt ihr verabscheuen,
denn sie sind ein Greuel für euch.
12 Denn alles, was nicht Flossen und
Schuppen hat im Wasser, sollt ihr verab-
scheuen.
13 Und diese sollt ihr verabscheuen un-
ter den Vögeln, daß ihr sie nicht esset,
denn ein Greuel sind sie: den Adler, den
Habicht, den Fischaar,
14 den Geier, die Weihe mit ihrer Art
15 und alle Raben mit ihrer Art,
16 den Strauß, die Nachteule, den
Kuckuck, den Sperber mit seiner Art,
17 das Käuzchen, den Schwan, den Uhu,
18 die Fledermaus, die Rohrdommel,
19 den Storch, den Reiher, den Häher
mit seiner Art, den Wiedehopf und die
Schwalbe.
20 Auch alles kleine Getier, das Flügel
hat und auf vier Füßen geht, soll euch ein
Greuel sein.
21 Doch dies dürft ihr essen von allem,
was sich regt und Flügel hat und auf vier
Füßen geht: was oberhalb der Füße noch
zwei Schenkel hat, womit es auf Erden
hüpft.

22 Von diesen könnt ihr essen die Heuschrecken, als da sind: den Arbe mit seiner Art, den Solam mit seiner Art, den Hargol mit seiner Art und den Hagab mit seiner Art.

23 Alles aber, was sonst Flügel und vier Füße hat, soll euch ein Greuel sein.

24 An diesen werdet ihr euch verunreinigen – wer ihr Aas anrührt, der wird unrein sein bis zum Abend;

25 und wer ihr Aas trägt, soll seine Kleider waschen und wird unrein sein bis zum Abend –:

26 an allem Getier, das gespaltene Klauen hat, aber nicht ganz durchgespaltene, und nicht wiederkäut. Unrein soll es euch sein, und wer es anrührt, wird unrein sein.

27 Und alles, was auf Tatzen geht unter den Tieren, die auf vier Füßen gehen, soll euch unrein sein. Wer ihr Aas anrührt, wird unrein sein bis zum Abend.

28 Und wer ihr Aas trägt, soll seine Kleider waschen und unrein sein bis zum Abend; denn sie sind euch unrein.

29 Diese sollen euch auch unrein sein unter den Tieren, die auf der Erde wimmeln: das Wiesel, die Maus, die Kröte, ein jedes mit seiner Art,

30 der Gecko, der Molch, die Eidechse, die Blindschleiche und der Maulwurf.

31 Die sind euch unrein unter allem, was da kriecht. Wer ihr Aas anrührt, der wird unrein sein bis zum Abend.

32 Und alles, worauf ihr Aas fällt, das wird unrein, jedes hölzerne Gefäß oder Kleider oder Fell oder Sack. Und alles Gerät, das zum Gebrauch dient, soll man ins Wasser tun; es ist unrein bis zum Abend und dann wieder rein.

33 Ist es aber ein irdenes Gefäß, in das ein solches Aas hineinfällt, so wird alles unrein, was darin ist, und ihr sollt es zerbrechen.

34 Alle Speise, die man essen könnte, wird unrein, wenn jenes Wasser darankommt; und alles Getränk, das man trinken könnte, wird in solchen Gefäßen unrein.

35 Und alles, worauf ein solches Aas fällt, wird unrein, es sei Ofen oder Herd; man soll es zerbrechen, denn es ist unrein und soll euch unrein sein.

36 Nur die Brunnen und Zisternen, in denen sich Wasser sammelt, bleiben rein. Wer aber das Aas darin anrührt, ist unrein.

37 Und wenn ein solches Aas auf Samen fällt, den man sät, so bleibt er doch rein.

38 Wenn man aber Wasser über den Samen gegossen hat und es fällt danach ein solches Aas darauf, so wird er euch unrein.

39 Wenn eins von den Tieren stirbt, die euch zur Speise dienen: wer ihr Aas anrührt, wird unrein bis zum Abend.

40 Wer von solchem Aas ißt, der soll sein Kleid waschen; er wird unrein sein bis zum Abend. Auch wer ein solches Aas trägt, soll sein Kleid waschen; er wird unrein sein bis zum Abend.

41 Was auf der Erde kriecht, das soll euch ein Greuel sein, und man soll es nicht essen.

42 Alles, was auf dem Bauch kriecht, und alles, was auf vier oder mehr Füßen geht, unter allem, was auf der Erde kriecht, dürft ihr nicht essen; denn es soll euch ein Greuel sein.

43 Macht euch selbst nicht zum Greuel an allem kleinen Getier, das da wimmelt, und macht euch nicht unrein an ihm, so daß ihr dadurch unrein werdet.

44 Denn ich bin der HERR, euer Gott. Darum sollt ihr euch heiligen, so daß ihr heilig werdet, denn ich bin heilig; und ihr sollt euch nicht unrein machen an irgendeinem Getier, das auf der Erde kriecht.

45 Denn ich bin der HERR, der euch aus Ägyptenland geführt hat, daß ich euer Gott sei. Darum sollt ihr heilig sein, denn ich bin heilig.

46 Das ist das Gesetz von den vierfüßigen Tieren und Vögeln und von allen Tieren, die sich regen im Wasser, und von allen Tieren, die auf der Erde kriechen,

47 auf daß ihr unterscheidet, was unrein und rein ist und welches Tier man essen und welches man nicht essen darf.

Gesetz für die Wöchnerinnen

12 Und der HERR redete mit Mose und sprach:

2 Rede mit den Kindern Israel und sprich: Wenn eine Frau empfängt und einen Knaben gebiert, so soll sie sieben Tage unrein sein, wie wenn sie ihre Tage hat.

3 Und am achten Tage soll man ihn beschneiden.

4 Und sie soll daheimbleiben dreiunddreißig Tage im Blut ihrer Reinigung. Kein Heiliges soll sie anrühren, und zum Heiligtum soll sie nicht kommen, bis die Tage ihrer Reinigung um sind.

5 Gebiert sie aber ein Mädchen, so soll sie zwei Wochen unrein sein, wie wenn sie ihre Tage hat, und soll sechsundsechzig Tage daheimbleiben in dem Blut ihrer Reinigung.

6 Und wenn die Tage ihrer Reinigung für den Sohn oder für die Tochter um sind, soll sie dem Priester ein einjähriges Schaf bringen zum Brandopfer und eine Taube oder Turteltaube zum Sündopfer vor die Tür der Stiftshütte.

7 Der soll es opfern vor dem HERRN und sie entsühnen, so wird sie rein von ihrem Blutfluß. Das ist das Gesetz für die Frau, die einen Knaben oder ein Mädchen gebiert.

8 Vermag sie aber nicht ein Schaf aufzubringen, so nehme sie zwei Turteltauben oder zwei andere Tauben, eine zum Brandopfer, die andere zum Sündopfer; so soll sie der Priester entsühnen, daß sie rein werde.

Gesetz über die Feststellung von Aussatz

13 Und der HERR redete mit Mose und Aaron und sprach:

2 Wenn bei einem Menschen an seiner Haut eine Erhöhung oder ein Ausschlag oder ein weißer Flecken entsteht und zu einer aussätzigen Stelle an der Haut wird, soll man ihn zum Priester Aaron führen oder zu einem unter seinen Söhnen, den Priestern.

3 Und wenn der Priester die Stelle an der Haut sieht, daß die Haare dort weiß geworden sind und die Stelle tiefer ist als die übrige Haut, so ist es eine aussätzige Stelle. Wenn der Priester das an ihm sieht, soll er ihn unrein sprechen.

4 Wenn aber ein weißer Flecken an seiner Haut ist und doch die Stelle nicht tiefer anzusehen ist als die übrige Haut und die Haare nicht weiß geworden sind, so soll der Priester ihn einschließen sieben Tage

5 und am siebenten Tage besehen. Ist es so, daß die Stelle geblieben ist, wie er sie zuvor gesehen hat, und hat nicht weitergefressen auf der Haut, so soll ihn der Priester abermals sieben Tage einschließen.

6 Und wenn er ihn erneut nach sieben Tagen besieht und findet, daß die Stelle blaß geworden ist und nicht weitergefressen hat auf der Haut, so soll er ihn rein sprechen; denn es ist nur ein Ausschlag. Und er soll seine Kleider waschen, so ist er rein.

7 Wenn aber der Ausschlag weiterfrißt auf der Haut, nachdem er vom Priester besehen worden ist, ob er rein sei, und er wird nun erneut vom Priester besehen

8 und wenn der Priester dann sieht, daß der Ausschlag weitergefressen hat auf der Haut, so soll er ihn unrein sprechen; es ist Aussatz.

9 Wenn an einem Menschen eine aussätzige Stelle ist, so soll man ihn zum Priester bringen.

10 Wenn der sieht und findet, daß eine weiße Erhöhung auf der Haut ist und die Haare dort weiß geworden sind und wildes Fleisch in der Erhöhung ist,

11 so ist es schon alter Aussatz auf seiner Haut. Darum soll ihn der Priester unrein sprechen und nicht erst einschließen; denn er ist schon unrein.

12 Wenn aber Aussatz ausbricht auf der Haut und bedeckt die ganze Haut, vom Kopf bis zum Fuß, alles, was dem Priester vor Augen sein mag,

13 und wenn der Priester ihn dann besieht und findet, daß der Aussatz den ganzen Leib bedeckt hat, so soll er ihn rein sprechen, weil alles an ihm weiß geworden ist; er ist rein.

14 Findet sich aber wildes Fleisch an dem Tage, da er besehen wird, so ist er unrein.

15 Und wenn der Priester das wilde Fleisch besieht, soll er ihn unrein sprechen, denn das wilde Fleisch ist unrein; es ist Aussatz.

16 Verändert sich aber das wilde Fleisch und wird wieder weiß, so soll er zum Priester kommen.

17 Und wenn ihn der Priester besieht und findet, daß die Stelle weiß geworden ist, soll er ihn rein sprechen; er ist rein.

18 Wenn jemand auf der Haut ein Geschwür bekommt und es heilt wieder,

19 danach aber an derselben Stelle eine

weiße Erhöhung oder ein weißrötlicher
Flecken entsteht, so soll er vom Priester
besehen werden.
20 Wenn dann der Priester sieht, daß die
Stelle tiefer anzusehen ist als die übrige
Haut und das Haar dort weiß geworden
ist, so soll er ihn unrein sprechen; es ist
Aussatz, der in dem Geschwür ausgebro-
chen ist.
21 Sieht aber der Priester und findet,
daß die Haare nicht weiß sind und die
Stelle nicht tiefer ist als die übrige Haut
und blaß geworden ist, so soll er ihn sie-
ben Tage einschließen.
22 Frißt es weiter auf der Haut, so soll
er ihn unrein sprechen; es ist eine aus-
sätzige Stelle.
23 Bleibt aber der weiße Flecken so
stehen und frißt nicht weiter, so ist es die
Narbe von einem Geschwür, und der Prie-
ster soll ihn rein sprechen.
24 **W**enn sich jemand an der Haut ver-
brennt und das Brandmal weißrötlich
oder weiß ist
25 und der Priester es besieht und findet
das Haar weiß geworden an dem Brand-
mal und die Stelle erscheint tiefer als die
übrige Haut, so ist es Aussatz, der in dem
Brandmal ausgebrochen ist. Darum soll
ihn der Priester unrein sprechen; es ist
eine aussätzige Stelle.
26 Sieht aber der Priester und findet,
daß die Haare am Brandmal nicht weiß
geworden sind und es nicht tiefer ist als
die übrige Haut und dazu blaß geworden
ist, so soll er ihn sieben Tage einschließen,
27 und am siebenten Tage soll er ihn
besehen. Hat es weitergefressen auf der
Haut, so soll er ihn unrein sprechen; es
ist eine aussätzige Stelle.
28 Ist aber der Flecken stehengeblieben
und hat nicht weitergefressen auf der
Haut und ist dazu blaß geworden, so ist
es nur die Erhöhung eines Brandmals.
Und der Priester soll ihn rein sprechen;
denn es ist die Narbe eines Brandmals.
29 **W**enn ein Mann oder eine Frau auf
dem Kopf oder am Bart eine Stelle hat
30 und der Priester die Stelle besieht und
findet, daß sie tiefer aussieht als die übrige
Haut und das Haar dort goldgelb und
dünn ist, so soll er ihn unrein sprechen;
denn es ist Grind, das ist der Aussatz des
Kopfes oder des Bartes.
31 Sieht aber der Priester, daß der
Grind nicht tiefer anzusehen ist als die
Haut, aber das Haar dort nicht schwarz
ist, soll er ihn sieben Tage einschließen.
32 Und wenn er ihn am siebenten Tage
besieht und findet, daß der Grind nicht
weitergefressen hat und kein goldgelbes
Haar da ist und der Grind nicht tiefer
aussieht als die übrige Haut,
33 so soll er sich scheren, doch so, daß
er die grindige Stelle nicht schere; und der
Priester soll ihn abermals sieben Tage ein-
schließen.
34 Und wenn er ihn am siebenten Tage
besieht und findet, daß der Grind nicht
weitergefressen hat auf der Haut und
nicht tiefer aussieht als die übrige Haut,
so soll ihn der Priester rein sprechen; und
er soll seine Kleider waschen, so ist er
rein.
35 Frißt aber der Grind weiter auf der
Haut, nachdem er rein gesprochen ist,
36 und der Priester besieht ihn und fin-
det, daß der Grind weitergefressen hat auf
der Haut, so soll er nicht mehr danach
fragen, ob die Haare goldgelb sind; denn
er ist unrein.
37 Ist es aber vor Augen, daß der Grind
stehengeblieben und schwarzes Haar dort
aufgegangen ist, so ist der Grind heil, und
er ist rein. Darum soll ihn der Priester
rein sprechen.
38 **W**enn bei einem Mann oder einer
Frau auf der Haut weiße Flecken ent-
stehen
39 und der Priester besieht es und es
sind blasse weiße Flecken, so ist es ein
gutartiger Ausschlag, der auf der Haut
ausgebrochen ist; er ist rein.
40 **W**enn einem Mann die Haupthaare
ausfallen, daß er am Hinterkopf kahl
wird, der ist rein.
41 Fallen sie ihm vorn am Kopf aus und
entsteht eine Glatze, so ist er rein.
42 Bildet sich aber an der Glatze eine
weißrötliche Stelle, so ist bei ihm Aussatz
an der Glatze ausgebrochen.
43 Wenn ihn der Priester nun besieht
und findet, daß eine weißrötliche Erhö-
hung an seiner Glatze ist, daß es aussieht
wie sonst Aussatz auf der Haut,
44 so ist er aussätzig und unrein, und
der Priester soll ihn unrein sprechen; er
hat Aussatz an seinem Kopf.

45 Wer nun aussätzig ist, soll zerrissene
Kleider tragen und das Haar lose und den
Bart verhüllt und soll rufen: Unrein, un-
rein!
46 Und solange die Stelle an ihm ist,
soll er unrein sein, allein wohnen, und
seine Wohnung soll außerhalb des Lagers
sein.
47 Wenn eine aussätzige Stelle an einem
Kleid ist, es sei wollen oder leinen,
48 an Gewebtem oder Gewirktem, es
sei leinen oder wollen, oder an Leder oder
an allem, was aus Leder gemacht wird,
49 und wenn die Stelle grünlich oder
rötlich ist am Kleid oder am Leder oder
am Gewebten oder Gewirkten oder an
irgend einem Ding, das von Leder ge-
macht ist, so ist das eine aussätzige Stelle;
darum soll es der Priester besehen.
50 Und wenn er die Stelle besehen hat,
soll er es einschließen sieben Tage.
51 Und wenn er am siebenten Tage
sieht, daß die Stelle weitergefressen hat
am Kleid, am Gewebten oder am Gewirk-
ten, am Leder oder an allem, was man aus
Leder macht, so ist die Stelle fressender
Aussatz, und es ist unrein.
52 Und man soll das Kleid verbrennen
oder das Gewebte oder Gewirkte, es sei
wollen oder leinen, oder allerlei Leder-
werk, woran solche Stelle ist; denn es ist
fressender Aussatz, und man soll es mit
Feuer verbrennen.
53 Sieht aber der Priester, daß die Stelle
nicht weitergefressen hat am Kleid oder
am Gewebten oder am Gewirkten oder an
allerlei Lederwerk,
54 so soll er gebieten, daß man das wa-
sche, woran die Stelle ist, und soll es ein-
schließen weitere sieben Tage.
55 Und wenn der Priester sieht, nach-
dem die Stelle gewaschen ist, daß die Stel-
le unverändert ist vor seinen Augen und
auch nicht weitergefressen hat, so ist es
unrein, und du sollst es mit Feuer ver-
brennen; denn es ist tief eingefressen an
der kahlen Stelle außen oder innen.
56 Wenn aber der Priester sieht, daß die
Stelle verblaßt ist nach dem Waschen, so
soll er sie herausreißen aus dem Kleid,
dem Leder, dem Gewebten oder Gewirk-
ten.
57 Zeigt sie sich aber wiederum am
Kleid, am Gewebten, am Gewirkten oder
an allerlei Lederwerk, so ist es ausbre-
chender Aussatz, und du sollst mit Feuer
verbrennen, woran solche Stelle ist.
58 Das Kleid aber oder das Gewebte
oder Gewirkte oder allerlei Lederwerk,
das gewaschen ist und von dem die Stelle
gewichen ist, soll man zum zweiten Mal
waschen, so ist es rein.
59 Das ist das Gesetz über die aussätzi-
gen Stellen an Kleidern, sie seien wollen
oder leinen, an Gewebtem oder an Ge-
wirktem und an allerlei Lederwerk, wie
sie rein oder unrein zu sprechen sind.

Gesetz über die Reinigung von Aussätzigen

14 Und der HERR redete mit Mose und
sprach:
2 Dies ist das Gesetz über den Aussätzi-
gen, wenn er gereinigt werden soll. Er soll
zum Priester kommen,
3 und der Priester soll aus dem Lager
gehen und feststellen, daß die kranke Stel-
le am Aussätzigen heil geworden ist,
4 und soll gebieten, daß man für den,
der zu reinigen ist, zwei lebendige Vögel
nehme, reine Tiere, und Zedernholz und
scharlachfarbene Wolle und Ysop,
5 und soll gebieten, den einen Vogel zu
schlachten in ein irdenes Gefäß über fri-
schem Wasser.
6 Und er soll den lebendigen Vogel neh-
men zusammen mit dem Zedernholz, der
scharlachfarbenen Wolle und dem Ysop
und ihn in das Blut des Vogels tauchen,
der über dem frischen Wasser geschlach-
tet ist,
7 und siebenmal den besprengen, der
vom Aussatz zu reinigen ist, und ihn so
reinigen und den lebendigen Vogel ins
freie Feld fliegen lassen.
8 Der aber, der sich reinigt, soll seine
Kleider waschen und alle seine Haare ab-
scheren und sich mit Wasser abwaschen,
so ist er rein. Danach gehe er ins Lager;
doch soll er sieben Tage außerhalb seines
Zeltes bleiben.
9 Und am siebenten Tage soll er alle
seine Haare abscheren auf dem Kopf, am
Bart, an den Augenbrauen, daß alle
Haare abgeschoren seien, und soll seine
Kleider waschen und seinen Leib mit
Wasser abwaschen, so ist er rein.
10 Und am achten Tage soll er zwei
Lämmer nehmen, männliche Tiere ohne

Fehler, und ein einjähriges Schaf ohne
Fehler und drei Zehntel feinstes Mehl
zum Speisopfer, mit Öl vermengt, und
einen Becher Öl.
11 Und der Priester soll den, der sich
reinigt, und dies alles darstellen vor dem
HERRN, an der Tür der Stiftshütte.
12 Und er soll das eine Lamm nehmen
und zum Schuldopfer darbringen mit dem
Becher Öl und soll beides vor dem HERRN
als Schwingopfer schwingen
13 und danach das Lamm schlachten,
wo man das Sündopfer und Brandopfer
schlachtet, nämlich an heiliger Stätte;
denn wie das Sündopfer, so gehört auch
das Schuldopfer dem Priester; es ist ein
Hochheiliges.
14 Und der Priester soll von dem Blut
des Schuldopfers nehmen und es dem, der
sich reinigt, auf das Läppchen des rechten
Ohrs tun und auf den Daumen seiner
rechten Hand und auf die große Zehe sei-
nes rechten Fußes.
15 Danach soll er von dem Becher Öl
nehmen und es in seine eigene linke Hand
gießen
16 und mit seinem rechten Finger in das
Öl tauchen, das in seiner linken Hand ist,
und etwas vom Öl mit seinem Finger sie-
benmal sprengen vor dem HERRN.
17 Auf das Blut des Schuldopfers aber
soll er von dem übrigen Öl in seiner Hand
dem, der sich reinigt, auf das Läppchen
des rechten Ohrs tun und auf den rechten
Daumen und auf die große Zehe seines
rechten Fußes.
18 Das übrige Öl aber in seiner Hand
soll er auf den Kopf dessen tun, der sich
reinigt, und ihn entsühnen vor dem
HERRN.
19 Dann soll er das Sündopfer zurichten
und den, der sich reinigt, von seiner Un-
reinheit entsühnen und soll danach das
Brandopfer schlachten
20 und soll es auf dem Altar opfern
samt dem Speisopfer und ihn entsühnen,
so ist er rein.
21 Ist er aber arm und vermag nicht so
viel aufzubringen, so nehme er ein männ-
liches Lamm zum Schuldopfer als
Schwingopfer zu seiner Entsühnung und
ein Zehntel feinstes Mehl, mit Öl ver-
mengt, zum Speisopfer und einen Becher
Öl
22 und zwei Turteltauben oder zwei an-
dere Tauben, die er aufbringen kann, die
eine als Sündopfer, die andere als Brand-
opfer,
23 und bringe sie am achten Tage seiner
Reinigung zum Priester an die Tür der
Stiftshütte vor den HERRN.
24 Da soll der Priester das Lamm des
Schuldopfers nehmen und den Becher Öl
und soll alles schwingen vor dem HERRN
25 und das Lamm des Schuldopfers
schlachten, von dem Blut des Schuldop-
fers nehmen und es dem, der sich reinigt,
auf das Läppchen seines rechten Ohrs tun
und auf den Daumen seiner rechten Hand
und auf die große Zehe seines rechten
Fußes
26 und soll von dem Öl in seine eigene
linke Hand gießen
27 und mit seinem rechten Finger von
dem Öl, das in seiner linken Hand ist, sie-
benmal sprengen vor dem HERRN.
28 Auf das Blut des Schuldopfers aber
soll er von dem übrigen Öl in seiner Hand
dem, der sich reinigt, auf das Läppchen
seines rechten Ohrs tun und auf den Dau-
men seiner rechten Hand und auf die
große Zehe seines rechten Fußes.
29 Das übrige Öl aber in seiner Hand
soll er dem, der sich reinigt, auf den Kopf
tun, um ihn zu entsühnen vor dem HERRN,
30 und danach die eine Turteltaube oder
andere Taube, wie er sie hat aufbringen
können,
31 zum Sündopfer, die andere zum
Brandopfer bereiten samt dem Speisopfer.
So soll der Priester den, der sich reinigt,
entsühnen vor dem HERRN.
32 Das ist das Gesetz für den Aussätzi-
gen, der nicht so viel aufbringen kann zu
seiner Reinigung.

Gesetz über Aussatz an Häusern

33 Und der HERR redete mit Mose und
Aaron und sprach:
34 Wenn ihr ins Land Kanaan kommt,
das ich euch zum Besitz gebe, und ich
lasse an irgendeinem Hause eures Landes
eine aussätzige Stelle entstehen,
35 so soll der kommen, dem das Haus
gehört, es dem Priester ansagen und spre-
chen: Es sieht mir aus, als sei Aussatz an
meinem Hause.
36 Da soll der Priester gebieten, daß sie

das Haus ausräumen, ehe der Priester hineingeht, die Stelle zu besehen, damit nicht alles unrein werde, was im Hause ist. Danach soll der Priester hineingehen, das Haus zu besehen.
37 Wenn er nun den Ausschlag besieht und findet, daß an der Wand des Hauses grünliche oder rötliche Stellen sind, die tiefer aussehen als sonst die Wand,
38 so soll er aus dem Hause herausgehen, an die Tür treten und das Haus für sieben Tage verschließen.
39 Und wenn er am siebenten Tage wiederkommt und sieht, daß der Ausschlag weitergefressen hat an der Wand des Hauses,
40 so soll er die Steine ausbrechen lassen, an denen der Ausschlag ist, und hinaus vor die Stadt an einen unreinen Ort werfen.
41 Und das Haus soll man innen ringsherum abschaben und den abgeschabten Lehm hinaus vor die Stadt an einen unreinen Ort schütten
42 und andere Steine nehmen und statt jener einsetzen und andern Lehm nehmen und das Haus neu bewerfen.
43 Wenn dann der Ausschlag wiederkommt und ausbricht am Hause, nachdem man die Steine ausgebrochen und das Haus neu beworfen hat,
44 so soll der Priester hineingehen. Und wenn er sieht, daß der Ausschlag weitergefressen hat am Hause, so ist es gewiß ein fressender Aussatz am Hause, und es ist unrein.
45 Darum soll man das Haus abbrechen, Steine und Holz und allen Lehm am Hause, und soll es hinausbringen vor die Stadt an einen unreinen Ort.
46 Und wer in das Haus geht, solange es verschlossen ist, der ist unrein bis zum Abend.
47 Und wer darin schläft oder darin ißt, der soll seine Kleider waschen.
48 Wenn aber der Priester hineingeht und sieht, daß der Ausschlag nicht weiter am Hause gefressen hat, nachdem es neu beworfen ist, so soll er es rein sprechen; denn der Ausschlag ist heil geworden.
49 Und er soll für das Haus zur Entsündigung zwei Vögel nehmen, Zedernholz, karmesinfarbene Wolle und Ysop
50 und den einen Vogel schlachten in ein irdenes Gefäß über frischem Wasser.
51 Und er soll nehmen das Zedernholz, die karmesinfarbene Wolle, den Ysop und den lebendigen Vogel und sie in des geschlachteten Vogels Blut und in das frische Wasser tauchen und das Haus siebenmal besprengen
52 und soll so das Haus entsündigen mit dem Blut des Vogels und mit dem frischen Wasser, mit dem lebendigen Vogel, mit dem Zedernholz, mit dem Ysop und mit der karmesinfarbenen Wolle
53 und soll den lebendigen Vogel hinaus vor die Stadt ins freie Feld fliegen lassen und das Haus entsühnen, so ist es rein.
54 Das ist das Gesetz über alle Arten des Aussatzes und Grindes,
55 über den Aussatz an Kleidern und Häusern,
56 über Erhöhungen, Ausschlag und weiße Flecken,
57 damit man Weisung habe, wann etwas unrein oder rein ist. Das ist das Gesetz über den Aussatz.

Gesetz über das Verhalten bei unreinen Ausflüssen

15 Und der HERR redete mit Mose und Aaron und sprach:
2 Redet mit den Kindern Israel und sprecht zu ihnen: Wenn ein Mann an seinem Glied einen Ausfluß hat, so ist er unrein.
3 Mag sein Glied den Fluß ausfließen lassen oder nicht, so ist er unrein.
4 Jedes Lager, worauf er liegt, und alles, worauf er sitzt, wird unrein.
5 Und wer sein Lager anrührt, der soll seine Kleider waschen und sich mit Wasser abwaschen und unrein sein bis zum Abend.
6 Und wer sich hinsetzt, wo jener gesessen hat, der soll seine Kleider waschen und sich mit Wasser abwaschen und unrein sein bis zum Abend.
7 Wer ihn anrührt, der soll seine Kleider waschen und sich mit Wasser abwaschen und unrein sein bis zum Abend.
8 Wenn er seinen Speichel auswirft auf den, der rein ist, so soll der seine Kleider waschen und sich mit Wasser abwaschen und unrein sein bis zum Abend.
9 Auch der Sattel, auf dem er reitet, wird unrein.
10 Und wer irgend etwas anrührt, das er

unter sich hat, der wird unrein bis zum Abend. Und wer solches trägt, der soll seine Kleider waschen und sich mit Wasser abwaschen und unrein sein bis zum Abend.

11 Und wen er anrührt, ehe er die Hände gewaschen hat, der soll seine Kleider waschen und sich mit Wasser abwaschen und unrein sein bis zum Abend.

12 Wenn er ein irdenes Gefäß anrührt, das soll man zerbrechen, aber das hölzerne Gefäß soll man mit Wasser spülen.

13 Und wenn er rein wird von seinem Fluß, so soll er sieben Tage zählen, nachdem er rein geworden ist, und dann seine Kleider waschen und sich mit frischem Wasser abwaschen, so ist er rein.

14 Und am achten Tage soll er zwei Turteltauben oder zwei andere Tauben nehmen und vor den HERRN bringen an die Tür der Stiftshütte und dem Priester geben.

15 Und der Priester soll die eine zum Sündopfer bereiten und die andere zum Brandopfer und ihn vor dem HERRN entsühnen seines Ausflusses wegen.

16 Wenn einem Mann im Schlaf der Same abgeht, der soll seinen ganzen Leib mit Wasser abwaschen und unrein sein bis zum Abend.

17 Und jedes Kleid und jedes Fell, das mit solchem Samen befleckt ist, soll abgewaschen werden mit Wasser, und es soll unrein sein bis zum Abend.

18 Und wenn eine Frau bei einem Manne liegt, dem der Same abgeht, dann sollen sie sich mit Wasser abwaschen und unrein sein bis zum Abend.

19 Wenn eine Frau ihren Blutfluß hat, so soll sie sieben Tage für unrein gelten. Wer sie anrührt, der wird unrein bis zum Abend.

20 Und alles, worauf sie liegt, solange sie ihre Zeit hat, wird unrein, und alles, worauf sie sitzt, wird unrein.

21 Und wer ihr Lager anrührt, der soll seine Kleider waschen und sich mit Wasser abwaschen und unrein sein bis zum Abend.

22 Und wer irgend etwas anrührt, worauf sie gesessen hat, soll seine Kleider waschen und sich mit Wasser abwaschen und unrein sein bis zum Abend.

23 Und wer etwas anrührt, das auf ihrem Lager gewesen ist oder da, wo sie gesessen hat, soll unrein sein bis zum Abend.

24 Und wenn ein Mann bei ihr liegt und es kommt sie ihre Zeit an bei ihm, der wird sieben Tage unrein, und das Lager, darauf er gelegen hat, wird unrein.

25 Wenn aber eine Frau den Blutfluß eine lange Zeit hat, zu ungewöhnlicher Zeit oder über die gewöhnliche Zeit hinaus, so wird sie unrein, solange sie ihn hat; wie zu ihrer gewöhnlichen Zeit, so soll sie auch da unrein sein.

26 Jedes Lager, worauf sie liegt die ganze Zeit ihres Blutflusses, soll gelten wie ihr Lager zu ihrer gewöhnlichen Zeit. Und alles, worauf sie sitzt, wird unrein wie bei der Unreinheit ihrer gewöhnlichen Zeit.

27 Wer davon etwas anrührt, der wird unrein und soll seine Kleider waschen und sich mit Wasser abwaschen und unrein sein bis zum Abend.

28 Wird sie aber rein von ihrem Blutfluß, so soll sie sieben Tage zählen, und danach soll sie rein sein.

29 Und am achten Tage soll sie zwei Turteltauben oder zwei andere Tauben nehmen und zum Priester bringen vor die Tür der Stiftshütte.

30 Und der Priester soll die eine zum Sündopfer bereiten und die andere zum Brandopfer und die Frau entsühnen vor dem HERRN wegen ihres Blutflusses, der sie unrein macht.

31 Und ihr sollt die Kinder Israel wegen ihrer Unreinheit absondern, damit sie nicht sterben in ihrer Unreinheit, wenn sie meine Wohnung unrein machen, die mitten unter ihnen ist.

32 Das ist das Gesetz über den, der einen Ausfluß hat und dem der Same im Schlaf abgeht, daß er unrein davon wird,

33 und über die, die ihren Blutfluß hat, und wer sonst einen Ausfluß hat, es sei Mann oder Frau, und wenn ein Mann bei einer Unreinen liegt.

Gesetz für den großen Versöhnungstag

16 Und der HERR redete mit Mose, nachdem die zwei Söhne Aarons gestorben waren, als sie vor dem HERRN opferten,

2 und sprach: Sage deinem Bruder Aaron, daß er nicht zu jeder Zeit in das Heiligtum gehe hinter den Vorhang vor

den Gnadenthron, der auf der Lade ist, damit er nicht sterbe; denn ich erscheine in der Wolke über dem Gnadenthron.

3 Er soll hineingehen mit einem jungen Stier zum Sündopfer und mit einem Widder zum Brandopfer

4 und soll das heilige leinene Gewand anlegen, und leinene Beinkleider sollen seine Blöße bedecken, und er soll sich mit einem leinenen Gürtel gürten und den leinenen Kopfbund umbinden, denn das sind die heiligen Kleider; er soll seinen Leib mit Wasser abwaschen und sie dann anlegen.

5 Und er soll von der Gemeinde der Kinder Israel zwei Ziegenböcke entgegennehmen zum Sündopfer und einen Widder zum Brandopfer.

6 Und Aaron soll einen Stier, sein Sündopfer, darbringen, daß er für sich und sein Haus Sühne schaffe,

7 und danach zwei Böcke nehmen und vor den HERRN stellen an der Tür der Stiftshütte

8 und soll das Los werfen über die zwei Böcke: ein Los dem HERRN und das andere dem Asasel

9 und soll den Bock, auf welchen das Los für den HERRN fällt, opfern zum Sündopfer.

10 Aber den Bock, auf welchen das Los für Asasel fällt, soll er lebendig vor den HERRN stellen, daß er über ihm Sühne vollziehe und ihn zu Asasel in die Wüste schicke.

11 Und Aaron soll den Stier seines Sündopfers herzubringen und sich und sein Haus entsühnen und soll ihn schlachten

12 und soll eine Pfanne voll Glut vom Altar nehmen, der vor dem HERRN steht, und beide Hände voll zerstoßenen Räucherwerks und es hinein hinter den Vorhang bringen

13 und das Räucherwerk aufs Feuer tun vor dem HERRN, daß die Wolke vom Räucherwerk den Gnadenthron bedecke, der auf der Lade mit dem Gesetz ist, damit er nicht sterbe.

14 Und soll etwas vom Blut des Stieres nehmen und es mit seinem Finger gegen den Gnadenthron sprengen; vor den Gnadenthron aber soll er siebenmal mit seinem Finger von dem Blut sprengen.

15 Danach soll er den Bock, das Sündopfer des Volks, schlachten und sein Blut hineinbringen hinter den Vorhang und soll mit seinem Blut tun, wie er mit dem Blut des Stieres getan hat, und etwas davon auch sprengen gegen den Gnadenthron und vor den Gnadenthron

16 und soll so das Heiligtum entsühnen wegen der Verunreinigungen der Kinder Israel und wegen ihrer Übertretungen, mit denen sie sich versündigt haben. So soll er tun der Stiftshütte, die bei ihnen ist inmitten ihrer Unreinheit.

17 Kein Mensch soll in der Stiftshütte sein, wenn er hineingeht, Sühne zu schaffen im Heiligtum, bis er herauskommt. So soll er Sühne schaffen für sich und sein Haus und die ganze Gemeinde Israel.

18 Und er soll hinausgehen zum Altar, der vor dem HERRN steht, und ihn entsühnen und soll vom Blut des Stieres und vom Blut des Bockes nehmen und es ringsum an die Hörner des Altars streichen

19 und soll mit seinem Finger vom Blut darauf sprengen siebenmal und ihn reinigen und heiligen von den Verunreinigungen der Kinder Israel.

20 Und wenn er die Entsühnung des Heiligtums vollbracht hat, der Stiftshütte und des Altars, so soll er den lebendigen Bock herzubringen.

21 Dann soll Aaron seine beiden Hände auf dessen Kopf legen und über ihm bekennen alle Missetat der Kinder Israel und alle ihre Übertretungen, mit denen sie sich versündigt haben, und soll sie dem Bock auf den Kopf legen und ihn durch einen Mann, der bereit steht, in die Wüste bringen lassen,

22 daß also der Bock alle ihre Missetat auf sich nehme und in die Wildnis trage; und man lasse ihn in der Wüste.

23 Und Aaron soll in die Stiftshütte gehen und die leinenen Kleider ausziehen, die er anzog, als er in das Heiligtum ging, und sie dort lassen,

24 und er soll sich mit Wasser abwaschen an heiliger Stätte und seine eigenen Kleider anziehen und wieder hinausgehen und sein Brandopfer und des Volkes Brandopfer darbringen und sich und das Volk entsühnen

25 und das Fett vom Sündopfer auf dem Altar in Rauch aufgehen lassen.

26 Der Mann aber, der den Bock für Asasel hinausgebracht hat, soll seine Kleider waschen und sich mit Wasser abwaschen und erst danach ins Lager kommen.

27 Und den jungen Stier und den Bock vom Sündopfer, deren Blut in das Heiligtum zur Entsühnung gebracht wurde, soll man hinausschaffen vor das Lager und mit Feuer verbrennen samt Fell, Fleisch und Mist.

28 Und der sie verbrennt, soll seine Kleider waschen und sich mit Wasser abwaschen und erst danach ins Lager kommen.

29 Auch soll euch dies eine ewige Ordnung sein: Am zehnten Tage des siebenten Monats sollt ihr fasten und keine Arbeit tun, weder ein Einheimischer noch ein Fremdling unter euch.

30 Denn an diesem Tage geschieht eure Entsühnung, daß ihr gereinigt werdet; von allen euren Sünden werdet ihr gereinigt vor dem HERRN.

31 Darum soll es euch ein hochheiliger Sabbat sein, und ihr sollt fasten. Eine ewige Ordnung sei das.

32 Es soll aber solche Entsühnung schaffen ein Priester, den man gesalbt und dessen Hände man gefüllt hat, daß er Priester sei an seines Vaters Statt. Und er soll die leinenen Kleider anlegen, die heiligen Kleider,

33 und soll so entsühnen das Allerheiligste, die Stiftshütte, den Altar, die Priester und alles Volk der Gemeinde.

34 Das soll euch eine ewige Ordnung sein, daß ihr Israel einmal im Jahr entsühnt wegen aller seiner Sünden.

Und Aaron tat, wie der HERR es Mose geboten hatte.

Gesetz über die Stätte des Opfers

17 Und der HERR redete mit Mose und sprach:

2 Sage Aaron und seinen Söhnen und allen Kindern Israel und sprich zu ihnen: Dies ist's, was der HERR geboten hat.

3 Wer aus dem Haus Israel einen Stier, ein Schaf oder eine Ziege schlachtet im Lager oder draußen vor dem Lager

4 und sie nicht vor die Tür der Stiftshütte bringt, daß sie dem HERRN zum Opfer gebracht werde vor der Wohnung des HERRN, dem soll es als Blutschuld angerechnet werden: Blut hat er vergossen, und ein solcher Mensch soll ausgerottet werden aus seinem Volk.

5 Darum sollen die Kinder Israel ihre Schlachttiere, die sie auf freiem Feld schlachten wollen, dem HERRN bringen vor die Tür der Stiftshütte zum Priester und sie dort als Dankopfer dem HERRN opfern.

6 Und der Priester soll das Blut an den Altar des HERRN sprengen vor der Tür der Stiftshütte und das Fett in Rauch aufgehen lassen zum lieblichen Geruch für den HERRN.

7 Und sie sollen ihre Opfer nicht mehr den Feldgeistern opfern, mit denen sie Abgötterei treiben. Das soll ihnen eine ewige Ordnung sein von Geschlecht zu Geschlecht.

8 Darum sollst du zu ihnen sagen: Wer aus dem Hause Israel oder von den Fremdlingen, die unter euch sind, ein Brandopfer oder Schlachtopfer darbringt

9 und bringt es nicht vor die Tür der Stiftshütte, um es dem HERRN zu opfern, der wird ausgerottet werden aus seinem Volk.

Verbot des Genusses von Blut und verendeten Tieren

10 Und wer vom Haus Israel oder von den Fremdlingen unter euch irgendwelches Blut ißt, gegen den will ich mein Antlitz kehren und will ihn aus seinem Volk ausrotten.

11 Denn des Leibes Leben ist im Blut, und ich habe es euch für den Altar gegeben, daß ihr damit entsühnt werdet. Denn das Blut ist die Entsühnung, weil das Leben in ihm ist.

12 Darum habe ich den Kindern Israel gesagt: Keiner unter euch soll Blut essen, auch kein Fremdling, der unter euch wohnt.

13 Und wer vom Haus Israel oder von den Fremdlingen unter euch auf der Jagd ein Tier oder einen Vogel fängt, die man essen darf, soll ihr Blut ausfließen lassen und mit Erde zuscharren.

14 Denn des Leibes Leben ist in seinem Blut, und ich habe den Kindern Israel gesagt: Ihr sollt keines Leibes Blut essen; denn des Leibes Leben ist in seinem Blut. Wer es ißt, der wird ausgerottet werden.

15 Und wer ein gefallenes oder zerrissenes Tier ißt, er sei ein Einheimischer oder Fremdling, der soll sein Kleid waschen und sich mit Wasser abwaschen und unrein sein bis zum Abend; dann ist er rein.

16 Wenn er seine Kleider nicht wäscht und sich nicht abwäscht, so muß er seine Schuld tragen.

Verbot geschlechtlicher Verirrungen

18 Und der HERR redete mit Mose und sprach:

2 Rede mit den Kindern Israel und sprich zu ihnen: Ich bin der HERR, euer Gott.

3 Ihr sollt nicht tun nach der Weise des Landes Ägypten, darin ihr gewohnt habt, auch nicht nach der Weise des Landes Kanaan, wohin ich euch führen will. Ihr sollt auch nicht nach ihren Satzungen wandeln,

4 sondern nach meinen Rechten sollt ihr tun, und meine Satzungen sollt ihr halten, daß ihr darin wandelt; ich bin der HERR, euer Gott.

5 Darum sollt ihr meine Satzungen halten und meine Rechte. Denn der Mensch, der sie tut, wird durch sie leben; ich bin der HERR.

6 **K**einer unter euch soll sich irgendwelchen Blutsverwandten nahen, um mit ihnen geschlechtlichen Umgang zu haben; ich bin der HERR.

7 Du sollst mit deinem Vater und deiner leiblichen Mutter nicht Umgang haben. Es ist deine Mutter, darum sollst du nicht mit ihr Umgang haben.

8 Du sollst mit der Frau deines Vaters nicht Umgang haben; denn damit schändest du deinen Vater.

9 Du sollst mit deiner Schwester, die deines Vaters oder deiner Mutter Tochter ist, sie sei in oder außer der Ehe geboren, nicht Umgang haben.

10 Du sollst mit der Tochter deines Sohnes oder deiner Tochter nicht Umgang haben, damit schändest du dich selbst.

11 Du sollst mit der Tochter der Frau deines Vaters, die deinem Vater geboren ist und deine Schwester ist, nicht Umgang haben.

12 Du sollst mit der Schwester deines Vaters nicht Umgang haben; denn sie ist deines Vaters Blutsverwandte.

13 Du sollst mit der Schwester deiner Mutter nicht Umgang haben; denn sie ist deiner Mutter Blutsverwandte.

14 Du sollst den Bruder deines Vaters nicht damit schänden, daß du seine Frau nimmst; denn sie ist deine Verwandte.

15 Du sollst mit deiner Schwiegertochter nicht Umgang haben, denn sie ist deines Sohnes Frau; darum sollst du nicht mit ihr Umgang haben.

16 Du sollst mit der Frau deines Bruders nicht Umgang haben; denn damit schändest du deinen Bruder.

17 Du sollst nicht mit einer Frau und mit ihrer Tochter Umgang haben, noch mit ihres Sohnes Tochter oder ihrer Tochter Tochter; denn sie sind ihre Blutsverwandten, und es ist eine Schandtat.

18 Du sollst die Schwester deiner Frau nicht zur Nebenfrau nehmen und mit ihr Umgang haben, solange deine Frau noch lebt.

19 **D**u sollst nicht zu einer Frau gehen, solange sie ihre Tage hat, um in ihrer Unreinheit mit ihr Umgang zu haben.

20 Du sollst auch nicht bei der Frau deines Nächsten liegen, daß du an ihr nicht unrein werdest.

21 Du sollst auch nicht eins deiner Kinder geben, daß es dem Moloch geweiht werde, damit du nicht entheiligst den Namen deines Gottes; ich bin der HERR.

22 Du sollst nicht bei einem Mann liegen wie bei einer Frau; es ist ein Greuel.

23 Du sollst auch bei keinem Tier liegen, daß du an ihm unrein werdest. Und keine Frau soll mit einem Tier Umgang haben; es ist ein schändlicher Frevel.

24 **I**hr sollt euch mit nichts dergleichen unrein machen; denn mit alledem haben sich die Völker unrein gemacht, die ich vor euch her vertreiben will.

25 Das Land wurde dadurch unrein, und ich suchte seine Schuld an ihm heim, daß das Land seine Bewohner ausspie.

26 Darum haltet meine Satzungen und Rechte und tut keine dieser Greuel, weder der Einheimische noch der Fremdling unter euch –

27 denn alle solche Greuel haben die Leute dieses Landes getan, die vor euch waren, und haben das Land unrein gemacht –,

28 damit nicht auch euch das Land aus-

speie, wenn ihr es unrein macht, wie es die
Völker ausgespien hat, die vor euch waren.
29 Denn alle, die solche Greuel tun,
werden ausgerottet werden aus ihrem
Volk.
30 Darum haltet meine Satzungen, daß
ihr nicht tut nach den schändlichen Sitten
derer, die vor euch waren, und dadurch
unrein werdet; ich bin der HERR, euer
Gott.

Gesetze zur Heiligung des täglichen Lebens

19 Und der HERR redete mit Mose und
sprach:
2 Rede mit der ganzen Gemeinde der
Kinder Israel und sprich zu ihnen: **Ihr
sollt heilig sein, denn ich bin heilig, der
HERR, euer Gott.**
3 Ein jeder fürchte seine Mutter und
seinen Vater. Haltet meine Feiertage; ich
bin der HERR, euer Gott.
4 Ihr sollt euch nicht zu den Götzen
wenden und sollt euch keine gegossenen
Götter machen; ich bin der HERR, euer
Gott.
5 Und wenn ihr dem HERRN ein Dank-
opfer bringen wollt, sollt ihr es so opfern,
daß es euch wohlgefällig macht.
6 Ihr sollt es an dem Tag essen, an dem
ihr's opfert, und am nächsten Tage. Was
aber bis zum dritten Tag übrigbleibt, soll
man mit Feuer verbrennen.
7 Wird aber am dritten Tage davon ge-
gessen, so ist es ein Greuel und wird nicht
wohlgefällig sein;
8 und wer davon ißt, muß seine Schuld
tragen, weil er das Heilige des HERRN ent-
heiligt hat, und ein solcher Mensch wird
ausgerottet werden aus seinem Volk.
9 Wenn du dein Land aberntest, sollst
du nicht alles bis an die Ecken deines Fel-
des abschneiden, auch nicht Nachlese
halten.
10 Auch sollst du in deinem Weinberg
nicht Nachlese halten noch die abgefalle-
nen Beeren auflesen, sondern dem Armen
und Fremdling sollst du es lassen; ich bin
der HERR, euer Gott.
11 Ihr sollt nicht stehlen noch lügen
noch betrügerisch handeln einer mit dem
andern.
12 Ihr sollt nicht falsch schwören bei
meinem Namen und den Namen eures
Gottes nicht entheiligen; ich bin der HERR.
13 Du sollst deinen Nächsten nicht be-
drücken noch berauben. Es soll des Tage-
löhners Lohn nicht bei dir bleiben bis zum
Morgen.
14 Du sollst dem Tauben nicht fluchen
und sollst vor den Blinden kein Hindernis
legen, denn du sollst dich vor deinem
Gott fürchten; ich bin der HERR.
15 Du sollst nicht unrecht handeln im
Gericht: du sollst den Geringen nicht vor-
ziehen, aber auch den Großen nicht be-
günstigen, sondern du sollst deinen Näch-
sten recht richten.
16 Du sollst nicht als Verleumder um-
hergehen unter deinem Volk. Du sollst
auch nicht auftreten gegen deines Näch-
sten Leben; ich bin der HERR.
17 Du sollst deinen Bruder nicht hassen
in deinem Herzen, sondern du sollst dei-
nen Nächsten zurechtweisen, damit du
nicht seinetwegen Schuld auf dich ladest.
18 Du sollst dich nicht rächen noch
Zorn bewahren gegen die Kinder deines
Volks. **Du sollst deinen Nächsten lieben wie
dich selbst; ich bin der HERR.**
19 Meine Satzungen sollt ihr halten:
Laß nicht zweierlei Art unter deinem Vieh
sich paaren und besäe dein Feld nicht mit
zweierlei Samen und lege kein Kleid an,
das aus zweierlei Faden gewebt ist.
20 Wenn ein Mann bei einer Frau liegt,
die eine leibeigne Magd ist und einem
Mann zur Ehe bestimmt, doch nicht los-
gekauft oder freigelassen ist, so soll das
bestraft werden. Aber sie sollen nicht ster-
ben, denn sie ist nicht frei gewesen.
21 Der Mann soll aber als seine Buße
dem HERRN vor die Tür der Stiftshütte
einen Widder zum Schuldopfer bringen;
22 und der Priester soll ihn entsühnen
mit dem Schuldopfer vor dem HERRN
wegen der Sünde, die er getan hat, so
wird ihm Gott seine Sünde vergeben, die
er getan hat.
23 Wenn ihr in das Land kommt und
allerlei Bäume pflanzt, von denen man
ißt, so laßt ihre ersten Früchte stehen, als
wären sie unrein wie Unbeschnittene.
Drei Jahre lang sollt ihr die Früchte als
unrein ansehen, daß ihr sie nicht eßt;
24 im vierten Jahr sollen alle ihre Früch-
te unter Jubel dem HERRN geweiht wer-
den;
25 erst im fünften Jahr sollt ihr die

Früchte essen, damit ihr künftig um so
reicheren Ertrag einsammelt; ich bin der
HERR, euer Gott.
26 Ihr sollt nichts essen, in dem noch
Blut ist.
Ihr sollt nicht Wahrsagerei noch Zauberei treiben.
27 Ihr sollt euer Haar am Haupt nicht
rundherum abschneiden noch euren Bart
stutzen.
28 Ihr sollt um eines Toten willen an
eurem Leibe keine Einschnitte machen
noch euch Zeichen einätzen; ich bin der
HERR.
29 Du sollst deine Tochter nicht zur
Hurerei anhalten, daß nicht das Land
Hurerei treibe und werde voll Schandtat.
30 Meine Feiertage haltet und fürchtet
mein Heiligtum; ich bin der HERR.
31 Ihr sollt euch nicht wenden zu den
Geisterbeschwörern und Zeichendeutern
und sollt sie nicht befragen, daß ihr nicht
an ihnen unrein werdet; ich bin der HERR,
euer Gott.
32 **Vor einem grauen Haupt sollst du aufstehen und die Alten ehren und sollst dich
fürchten vor deinem Gott; ich bin der HERR.**
33 Wenn ein Fremdling bei euch wohnt
in eurem Lande, den sollt ihr nicht bedrücken.
34 Er soll bei euch wohnen wie ein Einheimischer unter euch, und du sollst ihn
lieben wie dich selbst; denn ihr seid auch
Fremdlinge gewesen in Ägyptenland. Ich
bin der HERR, euer Gott.
35 Ihr sollt nicht unrecht handeln im
Gericht, mit der Elle, mit Gewicht, mit
Maß.
36 Rechte Waage, rechtes Gewicht,
rechter Scheffel und rechtes Maß sollen
bei euch sein; ich bin der HERR, euer Gott,
der euch aus Ägyptenland geführt hat,
37 daß ihr alle meine Satzungen und alle
meine Rechte haltet und tut; ich bin der
HERR.

Strafbestimmungen für schwere Sünden

20 Und der HERR redete mit Mose und
sprach:
2 Sage zu den Kindern Israel: Wer unter
den Kindern Israel oder den Fremdlingen
in Israel eins seiner Kinder dem Moloch
gibt, der soll des Todes sterben; das Volk
des Landes soll ihn steinigen.
3 Und ich will mein Antlitz kehren gegen einen solchen Menschen und will ihn
aus seinem Volk ausrotten, weil er dem
Moloch eins seiner Kinder gegeben und
mein Heiligtum unrein gemacht und meinen heiligen Namen entheiligt hat.
4 Und wenn das Volk des Landes bei
dem Menschen durch die Finger sehen
würde, der eins seiner Kinder dem Moloch gegeben hat, daß es ihn nicht tötet,
5 so will doch ich mein Antlitz gegen
diesen Menschen kehren und gegen sein
Geschlecht und will ihn und alle, die wie
er mit dem Moloch Abgötterei getrieben
haben, aus ihrem Volk ausrotten.
6 Wenn sich jemand zu den Geisterbeschwörern und Zeichendeutern wendet,
daß er mit ihnen Abgötterei treibt, so will
ich mein Antlitz gegen ihn kehren und
will ihn aus seinem Volk ausrotten.
7 Darum heiligt euch und seid heilig;
denn ich bin der HERR, euer Gott.
8 Und haltet meine Satzungen und tut
sie; ich bin der HERR, der euch heiligt.
9 Wer seinem Vater oder seiner Mutter
flucht, der soll des Todes sterben. Seine
Blutschuld komme über ihn, weil er seinem Vater oder seiner Mutter geflucht hat.
10 Wenn jemand die Ehe bricht mit der
Frau seines Nächsten, so sollen beide des
Todes sterben, Ehebrecher und Ehebrecherin, weil er mit der Frau seines
Nächsten die Ehe gebrochen hat.
11 Wenn jemand mit der Frau seines
Vaters Umgang pflegt und damit seinen
Vater schändet, so sollen beide des Todes
sterben; ihre Blutschuld komme über sie.
12 Wenn jemand mit seiner Schwiegertochter Umgang pflegt, so sollen sie beide
des Todes sterben, denn sie haben einen
schändlichen Frevel begangen; ihr Blut
lastet auf ihnen.
13 Wenn jemand bei einem Manne liegt
wie bei einer Frau, so haben sie getan,
was ein Greuel ist, und sollen beide des
Todes sterben; Blutschuld lastet auf ihnen.
14 Wenn jemand eine Frau nimmt und
ihre Mutter dazu, der hat eine Schandtat
begangen; man soll ihn mit Feuer verbrennen und die beiden Frauen auch, damit keine Schandtat unter euch sei.
15 Wenn jemand bei einem Tiere liegt,
der soll des Todes sterben, und auch das
Tier soll man töten.

16 Wenn eine Frau sich irgendeinem Tier naht, um mit ihm Umgang zu haben, so sollst du sie töten und das Tier auch. Des Todes sollen sie sterben; ihre Blutschuld komme über sie.

17 Wenn jemand seine Halbschwester nimmt, seines Vaters Tochter oder seiner Mutter Tochter, und sie miteinander Umgang haben, so ist das Blutschande; sie sollen ausgerottet werden vor den Leuten ihres Volks. Er hat mit seiner Schwester Umgang gehabt; sie sollen ihre Schuld tragen.

18 Wenn ein Mann bei einer Frau liegt zur Zeit ihrer Tage und mit ihr Umgang hat und so den Brunnen ihres Blutes aufdeckt und sie den Brunnen ihres Blutes aufdeckt, so sollen beide aus ihrem Volk ausgerottet werden.

19 Mit der Schwester deiner Mutter und mit der Schwester deines Vaters sollst du nicht Umgang haben. Wer das tut, schändet seine Blutsverwandte; sie sollen ihre Schuld tragen.

20 Wenn jemand mit der Frau seines Oheims Umgang hat, der hat seinen Oheim geschändet. Sie sollen ihre Schuld tragen; ohne Kinder sollen sie sterben.

21 Wenn jemand die Frau seines Bruders nimmt, so ist das eine abscheuliche Tat. Sie sollen ohne Kinder sein, denn er hat damit seinen Bruder geschändet.

22 So haltet nun alle meine Satzungen und meine Rechte und tut danach, auf daß euch nicht das Land ausspeie, in das ich euch führen will, damit ihr darin wohnet.

23 Und wandelt nicht in den Satzungen der Völker, die ich vor euch her vertreiben werde. Denn das alles haben sie getan, und ich habe einen Ekel an ihnen gehabt.

24 Euch aber sagte ich: Ihr Land soll euch zufallen; und ich will es euch zum Erbe geben, ein Land, darin Milch und Honig fließt. Ich bin der HERR, euer Gott, der euch von den Völkern abgesondert hat,

25 daß ihr auch absondern sollt das reine Vieh vom unreinen und die unreinen Vögel von den reinen und euch nicht unrein machet an Vieh, an Vögeln und an allem, was auf Erden kriecht, das ich abgesondert habe, daß es euch unrein sei.

26 Darum sollt ihr mir heilig sein; denn ich, der HERR, bin heilig, der euch abgesondert hat von den Völkern, daß ihr mein wäret.

27 Wenn ein Mann oder eine Frau Geister beschwören oder Zeichen deuten kann, so sollen sie des Todes sterben; man soll sie steinigen; ihre Blutschuld komme über sie.

Gesetz für die Priester

21 Und der HERR sprach zu Mose: Sage den Priestern, den Söhnen Aarons, und sprich zu ihnen: Ein Priester soll sich an keinem Toten seines Volks unrein machen

2 außer an seinen nächsten Blutsverwandten: an seiner Mutter, an seinem Vater, an seinem Sohn, an seiner Tochter, an seinem Bruder

3 und an seiner Schwester, die noch Jungfrau und noch bei ihm ist, die keines Mannes Frau gewesen ist. An deren Leiche darf er sich unrein machen.

4 Sonst soll er sich nicht unrein machen an irgendeinem, der ihm zugehört unter seinem Volk; er würde sich entheiligen.

5 Sie sollen auch keine Glatze scheren auf ihrem Haupt noch ihren Bart stutzen und an ihrem Leibe kein Mal einschneiden.

6 Sie sollen ihrem Gott heilig sein und nicht entheiligen den Namen ihres Gottes, denn sie opfern die Feueropfer des HERRN, die Speise ihres Gottes; darum sollen sie heilig sein.

7 Sie sollen keine Hure zur Frau nehmen noch eine, die nicht mehr Jungfrau ist oder die von ihrem Mann verstoßen ist; denn sie sind heilig ihrem Gott.

8 Darum sollst du den Priester heilig halten, denn er opfert die Speise deines Gottes. Er soll dir heilig sein; denn ich bin heilig, der HERR, der euch heiligt.

9 Wenn eines Priesters Tochter sich durch Hurerei entheiligt, so soll man sie mit Feuer verbrennen; denn sie hat ihren Vater entheiligt.

10 Wer Hoherpriester ist unter seinen Brüdern, auf dessen Haupt das Salböl gegossen und dessen Hand gefüllt ist und der angezogen ist mit den heiligen Kleidern, der soll sein Haupthaar nicht wirr hängen lassen und seine Kleider nicht zerreißen

11 und soll zu keinem Toten kommen

und soll sich weder an Vater noch an Mutter unrein machen.

12 Aus dem Heiligtum soll er nicht gehen, daß er nicht entheilige das Heiligtum seines Gottes; denn die Weihe des Salböls seines Gottes ist auf ihm. Ich bin der HERR.

13 Eine Jungfrau soll er zur Frau nehmen,

14 keine Witwe oder Verstoßene oder Entehrte oder Hure, sondern eine Jungfrau seines Volks soll er zur Frau nehmen,

15 damit er seine Nachkommen nicht entheilige unter seinem Volk; denn ich bin der HERR, der ihn heiligt.

16 Und der HERR redete mit Mose und sprach:

17 Sage zu Aaron: Wenn einer deiner Nachkommen in künftigen Geschlechtern einen Fehler hat, der soll nicht herzutreten, um die Speise seines Gottes zu opfern.

18 Denn keiner, an dem ein Fehler ist, soll herzutreten, er sei blind, lahm, mit einem entstellten Gesicht, mit irgendeiner Mißbildung

19 oder wer einen gebrochenen Fuß oder eine gebrochene Hand hat

20 oder bucklig oder verkümmert ist oder wer einen weißen Fleck im Auge hat oder Krätze oder Flechten oder beschädigte Hoden hat.

21 Wer nun unter Aarons, des Priesters, Nachkommen einen Fehler an sich hat, der soll nicht herzutreten, zu opfern die Feueropfer des HERRN; denn er hat einen Fehler. Darum soll er sich nicht nahen, um die Speise seines Gottes zu opfern.

22 Doch essen darf er die Speise seines Gottes, vom Heiligen und vom Hochheiligen.

23 Aber zum Vorhang soll er nicht kommen noch zum Altar nahen, weil ein Fehler an ihm ist, damit er nicht entheilige mein Heiligtum; denn ich bin der HERR, der sie heiligt.

24 **M**ose aber sagte dies zu Aaron und zu seinen Söhnen und zu allen Kindern Israel.

Gesetz über den Genuß der Opfergaben

22 Und der HERR redete mit Mose und sprach:

2 Sage Aaron und seinen Söhnen, daß sie achtsam seien mit dem Heiligen der Kinder Israel, den Gaben, die sie mir heiligen, damit sie meinen heiligen Namen nicht entheiligen. Ich bin der HERR.

3 So sage ihnen nun für ihre Nachkommen: Wer von euren Nachkommen herzutritt zu dem Heiligen, das die Kinder Israel dem HERRN heiligen, und hat eine Unreinheit an sich, der wird ausgerottet werden vor meinem Antlitz. Ich bin der HERR.

4 Wer von den Nachkommen Aarons aussätzig ist oder einen Ausfluß hat, der soll nicht essen von dem Heiligen, bis er wieder rein ist. Wer etwa einen anrührt, der an einem Toten unrein geworden ist, oder wem der Same abgeht im Schlaf,

5 und wer irgendein Gewürm anrührt, wodurch er unrein wird, oder einen Menschen, durch den er unrein wird, oder irgend etwas, was ihn unrein macht,

6 wer deren eins anrührt, der ist unrein bis zum Abend und soll von dem Heiligen nicht essen, sondern soll zuvor seinen Leib mit Wasser abwaschen.

7 Und wenn die Sonne untergegangen ist, so ist er rein. Dann darf er davon essen, denn es ist seine Nahrung.

8 Ein verendetes oder zerrissenes Tier soll er nicht essen, damit er nicht unrein daran werde. Ich bin der HERR.

9 Darum sollen sie meine Satzungen halten, daß sie nicht Sünde auf sich laden und daran sterben, wenn sie sich entheiligen. Ich bin der HERR, der sie heiligt.

10 **K**ein Fremder soll von dem Heiligen essen noch des Priesters Beisasse noch sein Tagelöhner.

11 Wenn aber der Priester einen Sklaven für Geld kauft, so darf der davon essen. Und der Sklave, der ihm in seinem Hause geboren wird, der darf auch von seiner Speise essen.

12 Wenn aber des Priesters Tochter die Frau eines Mannes wird, der nicht aus einer priesterlichen Sippe ist, so soll sie nicht von der heiligen Opfergabe essen.

13 Wird sie aber eine Witwe oder verstoßen und hat keine Kinder und kehrt zurück in ihres Vaters Haus, so darf sie essen von ihres Vaters Speise wie in ihrer Jugend. Aber kein Fremder soll davon essen.

14 **W**er aus Versehen von dem Heiligen ißt, der soll den fünften Teil dazutun

und ihn dem Priester geben samt dem Heiligen.

15 Denn die Priester sollen nicht entheiligen lassen das Heilige der Kinder Israel, die Opfergabe für den HERRN,

16 und dadurch die Kinder Israel mit Schuld beladen, daß diese ihr Geheiligtes essen; denn ich bin der HERR, der sie heiligt.

Die Opfer sollen ohne Mängel sein

17 Und der HERR redete mit Mose und sprach:

18 Sage Aaron und seinen Söhnen und allen Kindern Israel: Wer aus dem Hause Israel oder von den Fremdlingen in Israel sein Opfer darbringen will, es sei auf ein Gelübde hin oder aus freiem Willen, was sie dem HERRN als Brandopfer darbringen wollen, –

19 damit es euch wohlgefällig mache, soll es ein männliches Tier sein, ohne Fehler, von Rindern oder Schafen oder Ziegen.

20 Alles, was einen Fehler hat, sollt ihr nicht opfern, denn es wird euch nicht wohlgefällig machen.

21 Und wenn jemand ein Dankopfer dem HERRN darbringen will, um ein Gelübde zu erfüllen oder aus freiem Willen, von Rindern oder Schafen, so soll das ohne Gebrechen sein, damit es wohlgefällig sei. Es soll keinen Fehler haben.

22 Ist es blind oder hat es ein gebrochenes Glied oder eine Wunde oder ein Geschwür oder Krätze oder Flechten, so sollt ihr es dem HERRN nicht opfern und davon kein Feueropfer bringen auf den Altar des HERRN.

23 Rinder oder Schafe, die zu lange oder zu kurze Glieder haben, magst du aus freiem Willen opfern, aber für ein Gelübde sind sie nicht wohlgefällig.

24 Du sollst auch dem HERRN kein Tier zum Opfer bringen, dem die Hoden zerdrückt oder zerschlagen oder zerrissen oder ausgeschnitten sind. So etwas sollt ihr in eurem Lande an Tieren nicht tun.

25 Ihr sollt auch solche Tiere nicht aus der Hand eines Ausländers nehmen und als Speise eures Gottes opfern; denn sie taugen nicht und haben einen Fehler. Darum wird es euch nicht wohlgefällig machen.

Weitere Opfergesetze

26 Und der HERR redete mit Mose und sprach:

27 Wenn ein Rind oder Schaf oder eine Ziege geboren ist, so soll das Junge sieben Tage bei seiner Mutter sein; aber am achten Tage und danach darf man's dem HERRN opfern, so ist es wohlgefällig.

28 Ein Rind oder Schaf soll man nicht mit seinem Jungen an **einem** Tage schlachten.

29 Wenn ihr aber dem HERRN ein Lobopfer darbringen wollt, das euch wohlgefällig macht,

30 so sollt ihr's an demselben Tage essen, und sollt nichts übrig behalten bis zum Morgen; ich bin der HERR.

31 Darum haltet meine Gebote und tut danach; ich bin der HERR.

32 Entheiliget nicht meinen heiligen Namen, damit ich geheiligt werde unter den Kindern Israel; ich bin der HERR, der euch heiligt,

33 der euch aus Ägyptenland geführt hat, um euer Gott zu sein. Ich bin der HERR.

Gesetze über den Sabbat und die jährlichen Feste

23 Und der HERR redete mit Mose und sprach:

2 Sage den Kindern Israel und sprich zu ihnen: Dies sind die Feste des HERRN, die ihr ausrufen sollt als heilige Versammlungen; dies sind meine Feste:

3 Sechs Tage sollst du arbeiten; der siebente Tag aber ist ein feierlicher Sabbat, heilige Versammlung. Keine Arbeit sollt ihr an ihm tun; denn es ist ein Sabbat für den HERRN, überall wo ihr wohnt.

4 Dies sind aber die Feste des HERRN, die ihr ausrufen sollt als heilige Versammlungen an ihren Tagen:

5 Am vierzehnten Tage des ersten Monats gegen Abend ist des HERRN Passa.

6 Und am fünfzehnten desselben Monats ist das Fest der ungesäuerten Brote für den HERRN; da sollt ihr sieben Tage ungesäuertes Brot essen.

7 Am ersten Tage sollt ihr eine heilige Versammlung halten; da sollt ihr keine Arbeit tun.

8 Und sieben Tage sollt ihr dem HERRN Feueropfer darbringen. Am siebenten

Tage soll wieder eine heilige Versammlung sein; da sollt ihr auch keine Arbeit tun.
9 Und der HERR redete mit Mose und sprach:
10 Sage den Kindern Israel und sprich zu ihnen: Wenn ihr in das Land kommt, das ich euch geben werde, und es aberntet, so sollt ihr die erste Garbe eurer Ernte zu dem Priester bringen.
11 Der soll die Garbe als Schwingopfer schwingen vor dem HERRN, daß sie euch wohlgefällig mache. Das soll aber der Priester tun am Tage nach dem Sabbat.
12 Und ihr sollt am Tage, da eure Garbe geschwungen wird, ein Brandopfer dem HERRN bringen von einem einjährigen Schaf, ohne Fehler,
13 samt dem Speisopfer: zwei Zehntel feinstes Mehl, mit Öl vermengt, als ein Feueropfer für den HERRN zum lieblichen Geruch; dazu das Trankopfer: eine viertel Kanne Wein.
14 Und ihr sollt von der neuen Ernte kein Brot noch geröstete oder frische Körner essen, bis zu dem Tag, da ihr eurem Gott seine Gabe bringt. Das soll eine ewige Ordnung sein bei euren Nachkommen, überall wo ihr wohnt.
15 Danach sollt ihr zählen vom Tage nach dem Sabbat, da ihr die Garbe als Schwingopfer darbrachtet, sieben ganze Wochen.
16 Bis zu dem Tag nach dem siebenten Sabbat, nämlich fünfzig Tage, sollt ihr zählen und dann ein neues Speisopfer dem HERRN opfern.
17 Ihr sollt aus euren Wohnungen zwei Brote bringen als Schwingopfer, von zwei Zehnteln feinstem Mehl, gesäuert und gebacken, als Erstlingsgabe für den HERRN.
18 Und ihr sollt herzubringen neben eurem Brot sieben einjährige Schafe ohne Fehler und einen jungen Stier und zwei Widder – das soll des HERRN Brandopfer sein – mit ihren Speisopfern und Trankopfern als ein Feueropfer zum lieblichen Geruch für den HERRN.
19 Dazu sollt ihr opfern einen Ziegenbock zum Sündopfer und zwei einjährige Schafe zum Dankopfer.
20 Und der Priester soll sie als Schwingopfer schwingen samt den Erstlingsbroten vor dem HERRN. Das alles soll als ein Schwingopfer dem HERRN heilig sein und dem Priester gehören.
21 Und ihr sollt an diesem Tag eine heilige Versammlung ausrufen; keine Arbeit sollt ihr tun. Eine ewige Ordnung soll das sein bei euren Nachkommen, überall wo ihr wohnt.
22 Wenn ihr aber euer Land aberntet, sollt ihr nicht alles bis an die Ecken des Feldes abschneiden, auch nicht Nachlese halten, sondern sollt es den Armen und Fremdlingen lassen. Ich bin der HERR, euer Gott.
23 Und der HERR redete mit Mose und sprach:
24 Sage zu den Kindern Israel: Am ersten Tage des siebenten Monats sollt ihr Ruhetag halten mit Posaunenblasen zum Gedächtnis, eine heilige Versammlung.
25 Da sollt ihr keine Arbeit tun und sollt dem HERRN Feueropfer darbringen.
26 Und der HERR redete mit Mose und sprach:
27 Am zehnten Tage in diesem siebenten Monat ist der Versöhnungstag. Da sollt ihr eine heilige Versammlung halten und fasten und dem HERRN Feueropfer darbringen
28 und sollt keine Arbeit tun an diesem Tage, denn es ist der Versöhnungstag, daß ihr entsühnt werdet vor dem HERRN, eurem Gott.
29 Denn wer nicht fastet an diesem Tage, der wird aus seinem Volk ausgerottet werden.
30 Und wer an diesem Tage irgendeine Arbeit tut, den will ich vertilgen aus seinem Volk.
31 Darum sollt ihr keine Arbeit tun. Das soll eine ewige Ordnung sein bei euren Nachkommen, überall wo ihr wohnt.
32 Ein feierlicher Sabbat soll er euch sein, und ihr sollt fasten. Am neunten Tage des Monats, am Abend, sollt ihr diesen Ruhetag halten, vom Abend an bis wieder zum Abend.
33 Und der HERR redete mit Mose und sprach:
34 Sage zu den Kindern Israel: Am fünfzehnten Tage dieses siebenten Monats ist das Laubhüttenfest für den HERRN, sieben Tage lang.
35 Am ersten Tage soll eine heilige Versammlung sein; keine Arbeit sollt ihr tun.

36 Sieben Tage sollt ihr dem HERRN
Feueropfer darbringen. Am achten Tage
sollt ihr wieder eine heilige Versammlung
halten und sollt Feueropfer dem HERRN
darbringen. Es ist eine Festversammlung;
keine Arbeit sollt ihr tun.
37 Das sind die Feste des HERRN, die ihr
als heilige Versammlungen ausrufen sollt,
um dem HERRN Feueropfer darzubringen:
Brandopfer, Speisopfer, Schlachtopfer
und Trankopfer, ein jedes an seinem Tage,
38 abgesehen von den Sabbaten des
HERRN und euren andern Gaben und Gelübden und freiwilligen Gaben, die ihr
dem HERRN gebt.
39 Am fünfzehnten Tage des siebenten
Monats, wenn ihr die Früchte des Landes
einbringt, sollt ihr ein Fest des HERRN
halten sieben Tage lang. Am ersten Tage
ist Ruhetag und am achten Tage ist auch
Ruhetag.
40 Ihr sollt am ersten Tage Früchte nehmen von schönen Bäumen, Palmwedel
und Zweige von Laubbäumen und Bachweiden und sieben Tage fröhlich sein vor
dem HERRN, eurem Gott,
41 und sollt das Fest dem HERRN halten
jährlich sieben Tage lang. Das soll eine
ewige Ordnung sein bei euren Nachkommen, daß sie im siebenten Monat so feiern.
42 Sieben Tage sollt ihr in Laubhütten
wohnen. Wer einheimisch ist in Israel, soll
in Laubhütten wohnen,
43 daß eure Nachkommen wissen, wie
ich die Kinder Israel habe in Hütten wohnen lassen, als ich sie aus Ägyptenland
führte. Ich bin der HERR, euer Gott.
44 Und Mose tat den Kindern Israel die
Feste des HERRN kund.

Gesetze über die Lampen und Schaubrote

24 Und der HERR redete mit Mose und
sprach:
2 Gebiete den Kindern Israel, daß sie zu
dir bringen reines Öl aus zerstoßenen
Oliven für den Leuchter, daß man beständig Lampen aufsetzen kann.
3 Außen vor dem Vorhang, der vor der
Lade mit dem Gesetz hängt, in der Stiftshütte soll Aaron den Leuchter herrichten,
daß er vom Abend bis zum Morgen beständig leuchte vor dem HERRN. Das sei
eine ewige Ordnung bei euren Nachkommen.
4 Er soll die Lampen auf dem Leuchter
von feinem Gold herrichten, daß sie vor
dem HERRN beständig leuchten.
5 Und du sollst feinstes Mehl nehmen
und davon zwölf Brote backen – zwei
Zehntel soll ein Brot haben –
6 und sollst sie legen in zwei Reihen, je
sechs in einer Reihe, auf den Tisch von
feinem Gold vor dem HERRN.
7 Und sollst auf sie legen reinen Weihrauch, daß er als Gedenkopfer bei den
Broten sei, ein Feueropfer für den HERRN.
8 An jedem Sabbat soll er sie zurichten vor dem HERRN als beständige Gabe
der Kinder Israel, eine Ordnung für immer,
9 und sie sollen Aaron und seinen Söhnen gehören. Die sollen sie essen an heiliger Stätte; denn als ein Hochheiliges von
den Opfern des HERRN gehören sie Aaron
als ewiges Recht.

Strafen für Gotteslästerung, Totschlag und Gewalt

10 Es ging aber der Sohn einer israelitischen Frau und eines ägyptischen Mannes
mitten unter die Kinder Israel und zankte
sich im Lager mit einem israelitischen
Mann
11 und lästerte den Namen des HERRN
und fluchte. Da brachten sie ihn zu Mose –
seine Mutter aber hieß Schelomith, eine
Tochter Dibris vom Stamm Dan –
12 und legten ihn gefangen, bis ihnen
klare Antwort würde durch den Mund des
HERRN.
13 Und der HERR redete mit Mose und
sprach:
14 Führe den Flucher hinaus vor das
Lager und laß alle, die es gehört haben,
ihre Hände auf sein Haupt legen und laß
die ganze Gemeinde ihn steinigen
15 und sage zu den Kindern Israel: Wer
seinem Gott flucht, der soll seine Schuld
tragen.
16 Wer des HERRN Namen lästert, der
soll des Todes sterben; die ganze Gemeinde soll ihn steinigen. Ob Fremdling oder
Einheimischer, wer den Namen lästert,
soll sterben.
17 Wer irgendeinen Menschen erschlägt,
der soll des Todes sterben.
18 Wer aber ein Stück Vieh erschlägt,
der soll's ersetzen, Leben um Leben.

19 Und wer seinen Nächsten verletzt,
dem soll man tun, wie er getan hat,
20 Schaden um Schaden, Auge um Auge,
Zahn um Zahn; wie er einen Menschen
verletzt hat, so soll man ihm auch tun.
21 Wer ein Stück Vieh erschlägt, der
soll's erstatten; wer aber einen Menschen
erschlägt, der soll sterben.
22 Es soll ein und dasselbe Recht unter
euch sein, für den Fremdling wie für den
Einheimischen; ich bin der HERR, euer
Gott.
23 Mose aber sagte es den Kindern Isra-
el, und sie führten den Flucher hinaus
vor das Lager und steinigten ihn. So taten
die Kinder Israel, wie der HERR es Mose
geboten hatte.

Gesetz über Sabbatjahr und Erlaßjahr

25 Und der HERR sprach zu Mose auf
dem Berge Sinai:
2 Rede mit den Kindern Israel und
sprich zu ihnen: Wenn ihr in das Land
kommt, das ich euch geben werde, so soll
das Land dem HERRN einen Sabbat feiern.
3 Sechs Jahre sollst du dein Feld besäen
und sechs Jahre deinen Weinberg be-
schneiden und die Früchte einsammeln,
4 aber im siebenten Jahr soll das Land
dem HERRN einen feierlichen Sabbat hal-
ten; da sollst du dein Feld nicht besäen
noch deinen Weinberg beschneiden.
5 Was von selber nach deiner Ernte
wächst, sollst du nicht ernten, und die
Trauben, die ohne deine Arbeit wachsen,
sollst du nicht lesen; ein Sabbatjahr des
Landes soll es sein.
6 Was das Land während seines Sabbats
trägt, davon sollt ihr essen, du und dein
Knecht und deine Magd, dein Tagelöhner
und dein Beisasse, die bei dir weilen,
7 dein Vieh und das Wild in deinem
Lande; all sein Ertrag soll zur Nahrung
dienen.
8 Und du sollst zählen sieben Sabbat-
jahre, siebenmal sieben Jahre, daß die
Zeit der sieben Sabbatjahre neunundvier-
zig Jahre mache.
9 Da sollst du die Posaune blasen lassen
durch euer ganzes Land am zehnten Tage
des siebenten Monats, am Versöhnungs-
tag.
10 Und ihr sollt das fünfzigste Jahr hei-
ligen und sollt eine Freilassung ausrufen
im Lande für alle, die darin wohnen; es
soll ein Erlaßjahr für euch sein. Da soll
ein jeder bei euch wieder zu seiner Habe
und zu seiner Sippe kommen.
11 Als Erlaßjahr soll das fünfzigste Jahr
euch gelten. Ihr sollt nicht säen und, was
von selber wächst, nicht ernten, auch, was
ohne Arbeit wächst, im Weinberg nicht
lesen;
12 denn das Erlaßjahr soll euch heilig
sein; vom Felde weg dürft ihr essen, was
es trägt.
13 Das ist das Erlaßjahr, da jedermann
wieder zu dem Seinen kommen soll.
14 Wenn du nun deinem Nächsten
etwas verkaufst oder ihm etwas abkaufst,
soll keiner seinen Bruder übervorteilen,
15 sondern nach der Zahl der Jahre vom
Erlaßjahr an sollst du es von ihm kaufen;
danach, wieviel Jahre noch Ertrag brin-
gen, soll er dir's verkaufen.
16 Sind es noch viele Jahre, so darfst du
den Kaufpreis steigern; sind es noch
wenige Jahre, sollst du den Kaufpreis ver-
ringern; denn die Zahl der Ernten ver-
kauft er dir.
17 So übervorteile nun keiner seinen
Nächsten, sondern fürchte dich vor dei-
nem Gott; denn ich bin der HERR, euer
Gott.
18 Darum tut nach meinen Satzungen
und haltet meine Rechte, daß ihr danach
tut, auf daß ihr im Lande sicher wohnen
könnt.
19 Denn das Land soll euch seine Früch-
te geben, daß ihr genug zu essen habt und
sicher darin wohnt.
20 Und wenn ihr sagt: Was sollen wir
essen im siebenten Jahr? Denn wenn wir
nicht säen, so sammeln wir auch kein Ge-
treide ein –,
21 so will ich meinem Segen über euch
im sechsten Jahr gebieten, daß er Getreide
schaffen soll für drei Jahre,
22 daß ihr säet im achten Jahr und von
dem alten Getreide esset bis in das neunte
Jahr, so daß ihr vom alten esset, bis wie-
der neues Getreide kommt.
23 Darum sollt ihr das Land nicht ver-
kaufen für immer; denn das Land ist
mein, und ihr seid Fremdlinge und Bei-
sassen bei mir.
24 Und bei all eurem Grundbesitz sollt
ihr für das Land die Einlösung gewähren.

Gesetz über Einlösung im Blick auf das Erlaßjahr

25 Wenn dein Bruder verarmt und etwas von seiner Habe verkauft, so soll sein nächster Verwandter kommen und einlösen, was sein Bruder verkauft hat.

26 Wenn aber jemand keinen Löser hat und selbst so viel aufbringen kann, um es einzulösen,

27 so soll er die Jahre abrechnen, seitdem er's verkauft hat, und was noch übrig ist, dem Käufer zurückzahlen und so wieder zu seiner Habe kommen.

28 Kann er aber nicht so viel aufbringen, um es ihm zurückzuzahlen, so soll, was er verkauft hat, in der Hand des Käufers bleiben bis zum Erlaßjahr. Dann soll es frei werden und er wieder zu seiner Habe kommen.

29 Wer ein Wohnhaus verkauft in einer Stadt mit Mauern, der hat ein ganzes Jahr Frist, es wieder einzulösen. Das soll die Zeit sein, darin er es einlösen kann.

30 Wenn er's aber nicht einlöst, ehe das ganze Jahr um ist, so soll es der Käufer für immer behalten und seine Nachkommen, und es soll nicht frei werden im Erlaßjahr.

31 Ist's aber ein Haus auf dem Dorf, um das keine Mauer ist, so soll man es dem Feld des Landes gleich rechnen, und es soll immer eingelöst werden können und im Erlaßjahr frei werden.

32 Was aber die Städte der Leviten anlangt, so sollen sie die Häuser in den Städten, die ihnen gehören, jederzeit einlösen können.

33 Wenn einer von den Leviten nicht einlöst, so soll das verkaufte Haus in der Stadt, die ihnen gehört, im Erlaßjahr frei werden; denn die Häuser in den Städten der Leviten sind ihr Besitz inmitten der Kinder Israel.

34 Auch das Weideland vor ihren Städten soll man nicht verkaufen; denn das ist ihr Eigentum für immer.

35 Wenn dein Bruder neben dir verarmt und nicht mehr bestehen kann, so sollst du dich seiner annehmen wie eines Fremdlings oder Beisassen, daß er neben dir leben könne;

36 und du sollst nicht Zinsen von ihm nehmen noch Aufschlag, sondern sollst dich vor deinem Gott fürchten, daß dein Bruder neben dir leben könne.

37 Denn du sollst ihm dein Geld nicht auf Zinsen leihen noch Speise geben gegen Aufschlag.

38 Ich bin der HERR, euer Gott, der euch aus Ägyptenland geführt hat, um euch das Land Kanaan zu geben und euer Gott zu sein.

39 Wenn dein Bruder neben dir verarmt und sich dir verkauft, so sollst du ihn nicht als Sklaven dienen lassen;

40 sondern wie ein Tagelöhner, wie ein Beisasse soll er bei dir sein und bis an das Erlaßjahr bei dir dienen.

41 Dann soll er von dir frei ausgehen und seine Kinder mit ihm und soll zurückkehren zu seiner Sippe und wieder zu seiner Väter Habe kommen.

42 Denn sie sind meine Knechte, die ich aus Ägyptenland geführt habe. Darum soll man sie nicht als Sklaven verkaufen.

43 Du sollst nicht mit Härte über sie herrschen, sondern dich fürchten vor deinem Gott.

44 Willst du aber Sklaven und Sklavinnen haben, so sollst du sie kaufen von den Völkern, die um euch her sind,

45 und auch von den Beisassen, die als Fremdlinge unter euch wohnen, und von ihren Nachkommen, die sie bei euch in eurem Lande zeugen. Die mögt ihr zu eigen haben

46 und sollt sie vererben euren Kindern zum Eigentum für immer; die sollt ihr Sklaven sein lassen. Aber von euren Brüdern, den Kindern Israel, soll keiner über den andern herrschen mit Härte.

47 Wenn irgendein Fremdling oder Beisasse bei dir zu Besitz kommt und dein Bruder neben ihm verarmt und sich dem Fremdling oder Beisassen bei dir oder jemandem von dessen Sippe verkauft,

48 so soll er, nachdem er sich verkauft hat, das Recht haben, wieder frei zu werden, und es soll ihn jemand unter seinen Brüdern einlösen

49 oder sein Oheim oder sein Vetter oder sonst sein nächster Blutsverwandter aus seinem Geschlecht; oder wenn er selbst so viel aufbringen kann, so soll er selbst sich einlösen.

50 Und er soll mit seinem Käufer rechnen vom Jahr an, da er sich verkauft hatte,

bis aufs Erlaßjahr. Und das Geld, um das
er sich verkauft hat, soll nach der Zahl
der Jahre berechnet werden, als wäre er
die ganze Zeit Tagelöhner bei ihm ge-
wesen.
51 Sind noch viele Jahre bis zum Erlaß-
jahr, so soll er entsprechend mehr zu sei-
ner Einlösung erstatten von dem Gelde,
für das er gekauft wurde.
52 Sind aber nur wenige Jahre übrig bis
zum Erlaßjahr, so soll er sie berechnen
und entsprechend weniger zu seiner Ein-
lösung erstatten.
53 Wie ein Tagelöhner soll er von Jahr
zu Jahr bei ihm sein, doch soll er nicht
mit Härte über ihn herrschen vor deinen
Augen.
54 Wird er aber nicht auf diese Weise
eingelöst, so soll er im Erlaßjahr frei aus-
gehen und seine Kinder mit ihm.
55 Denn mir gehören die Kinder Israel
als Knechte; meine Knechte sind sie, die
ich aus Ägyptenland geführt habe. Ich
bin der HERR, euer Gott.

Segen und Fluch

26 Ihr sollt euch keine Götzen machen
und euch weder Bild noch Steinmal
aufrichten, auch keinen Stein mit Bild-
werk setzen in eurem Lande, um davor
anzubeten; denn ich bin der HERR, euer
Gott.
2 Haltet meine Sabbate und habt Ehr-
furcht vor meinem Heiligtum. Ich bin der
HERR.
3 Werdet ihr in meinen Satzungen wan-
deln und meine Gebote halten und tun,
4 so will ich euch Regen geben zur rech-
ten Zeit, und das Land soll sein Gewächs
geben und die Bäume auf dem Felde ihre
Früchte bringen.
5 Und die Dreschzeit soll reichen bis
zur Weinernte, und die Weinernte soll
reichen bis zur Zeit der Saat. Und ihr sollt
Brot die Fülle haben und sollt sicher in
eurem Lande wohnen.
6 Ich will Frieden geben in eurem Lan-
de, daß ihr schlafet und euch niemand
aufschrecke. Ich will die wilden Tiere aus
eurem Lande wegschaffen, und kein
Schwert soll durch euer Land gehen.
7 Ihr sollt eure Feinde jagen, und sie
sollen vor euch her dem Schwert verfal-
len.
8 Fünf von euch sollen hundert jagen,
und hundert von euch sollen zehntausend
jagen; denn eure Feinde sollen vor euch
her dem Schwert verfallen.
9 Und ich will mich zu euch wenden und
will euch fruchtbar machen und euch
mehren und will meinen Bund mit euch
halten.
10 Und ihr werdet noch von dem Vor-
jährigen essen und, wenn das Neue
kommt, das Vorjährige wegtun müssen.
11 Ich will meine Wohnung unter euch
haben und will euch nicht verwerfen.
12 Und ich will unter euch wandeln und
will euer Gott sein, und ihr sollt mein
Volk sein.
13 Denn ich bin der HERR, euer Gott,
der euch aus Ägyptenland geführt hat,
damit ihr nicht ihre Knechte bleibt, und
habe euer Joch zerbrochen und habe euch
aufrecht einhergehen lassen.
14 Werdet ihr mir aber nicht gehorchen
und nicht alle diese Gebote tun
15 und werdet ihr meine Satzungen ver-
achten und meine Rechte verwerfen, daß
ihr nicht tut alle meine Gebote, und wer-
det ihr meinen Bund brechen,
16 so will auch ich euch dieses tun: Ich
will euch heimsuchen mit Schrecken, mit
Auszehrung und Fieber, daß euch die
Augen erlöschen und das Leben hin-
schwindet. Ihr sollt umsonst euren Samen
säen, und eure Feinde sollen ihn essen.
17 Und ich will mein Antlitz gegen euch
richten, und ihr sollt geschlagen werden
vor euren Feinden, und die euch hassen,
sollen über euch herrschen, und ihr sollt
fliehen, ohne daß euch einer jagt.
18 Wenn ihr mir aber auch dann noch
nicht gehorcht, so will ich euch noch wei-
ter strafen, siebenfältig, um eurer Sünden
willen,
19 daß ich euren Stolz und eure Hals-
starrigkeit breche, und will euren Him-
mel wie Eisen und eure Erde wie Erz ma-
chen.
20 Und eure Mühe und Arbeit soll ver-
loren sein, daß euer Land sein Gewächs
nicht gebe und die Bäume im Lande ihre
Früchte nicht bringen.
21 Und wenn ihr mir zuwiderhandelt
und mich nicht hören wollt, so will ich
euch noch weiter schlagen, siebenfältig,
um eurer Sünden willen.

22 Und ich will wilde Tiere unter euch
senden, die sollen eure Kinder fressen und
euer Vieh zerreißen und euch vermindern,
und eure Straßen sollen verlassen sein.
23 Werdet ihr euch aber damit noch
nicht von mir zurechtbringen lassen und
mir zuwiderhandeln,
24 so will auch ich euch zuwiderhandeln
und will euch siebenfältig mehr schlagen
um eurer Sünden willen
25 und will ein Racheschwert über euch
bringen, das meinen Bund rächen soll.
Und wenn ihr euch auch in eure Städte
flüchtet, will ich doch die Pest unter euch
senden und will euch in die Hände eurer
Feinde geben.
26 Dann will ich euch den Vorrat an
Brot verderben; zehn Frauen sollen euer
Brot in **einem** Ofen backen, und euer Brot
soll man euch nach Gewicht zuteilen, und
wenn ihr eßt, sollt ihr nicht satt werden.
27 Werdet ihr mir aber auch dann noch
nicht gehorchen und mir zuwiderhandeln,
28 so will auch ich euch im Grimm zu-
widerhandeln und will euch siebenfältig
mehr strafen um eurer Sünden willen,
29 daß ihr sollt eurer Söhne und Töch-
ter Fleisch essen.
30 Und ich will eure Opferhöhen ver-
tilgen und eure Rauchopfersäulen aus-
rotten und will eure Leichname auf die
Leichname eurer Götzen werfen und
werde an euch Ekel haben.
31 Und ich will eure Städte wüst ma-
chen und eure Heiligtümer verheeren und
will den lieblichen Geruch eurer Opfer
nicht mehr riechen.
32 So will ich das Land wüst machen,
daß eure Feinde, die darin wohnen wer-
den, sich davor entsetzen.
33 Euch aber will ich unter die Völker
zerstreuen und mit gezücktem Schwert
hinter euch her sein, daß euer Land soll
wüst sein und eure Städte zerstört.
34 Alsdann wird das Land seine Sabbate
nachholen, solange es wüst liegt und ihr
in der Feinde Land seid; ja, dann wird
das Land ruhen und seine Sabbate nach-
holen.
35 Solange es wüst liegt, wird es ruhen,
weil es nicht ruhen konnte, als ihr es soll-
tet ruhen lassen, während ihr darin wohn-
tet.
36 Und denen, die von euch übriglei-
ben, will ich ein feiges Herz machen in
ihrer Feinde Land, daß sie ein raschelndes
Blatt soll jagen, und sie sollen davor flie-
hen, als jagte sie ein Schwert, und fallen,
wo sie doch niemand jagt.
37 Und einer soll über den andern hin-
fallen, als wäre das Schwert hinter ihnen,
wo sie doch niemand jagt, und ihr sollt
nicht bestehen können gegen eure Feinde.
38 Und ihr sollt umkommen unter den
Völkern, und eurer Feinde Land soll euch
fressen.
39 Die aber von euch übrigbleiben, die
sollen in der Feinde Land dahinschwin-
den wegen ihrer Missetat, aber auch um
der Missetat ihrer Väter willen.

Umkehr des Volkes und Treue des Herrn

40 Da werden sie denn bekennen ihre
Missetat und ihrer Väter Missetat, daß sie
mir untreu gewesen sind und mir zu-
widergehandelt haben.
41 – Darum habe auch ich ihnen zu-
widergehandelt und sie in das Land ihrer
Feinde getrieben. – Da wird sich ja ihr un-
beschnittenes Herz demütigen, und dann
werden sie die Strafe für ihre Missetat ab-
tragen.
42 Und ich werde an meinen Bund mit
Jakob gedenken und an meinen Bund mit
Isaak und an meinen Bund mit Abraham
und werde an das Land gedenken.
43 Aber das Land wird von ihnen ver-
lassen sein und seine Sabbate nachholen,
solange es wüst liegt, und sie werden die
Strafe für ihre Missetat abtragen, weil sie
meine Rechte verachtet und an meinen
Satzungen Ekel gehabt haben.
44 Aber wenn sie auch in der Feinde
Land sind, verwerfe ich sie dennoch nicht,
und es ekelt mich nicht vor ihnen, so daß
es mit ihnen aus sein sollte und mein Bund
mit ihnen nicht mehr gelten sollte; denn
ich bin der HERR, ihr Gott.
45 Und ich will ihnen zugut an meinen
Bund mit den Vorfahren gedenken, die
ich aus Ägyptenland führte vor den Au-
gen der Völker, auf daß ich ihr Gott wäre,
ich, der HERR.
46 Dies sind die Satzungen und Rechte
und Gesetze, die der HERR zwischen sich
und den Kindern Israel aufgerichtet hat
auf dem Berge Sinai durch die Hand des
Mose.

Was man geloben und nach der Schätzung des Priesters ablösen darf und was nicht

27 Und der Herr redete mit Mose und
sprach:
2 Rede mit den Kindern Israel und sprich
zu ihnen: Wenn jemand dem Herrn ein Gelübde getan hat, das abgelöst werden soll,
und es sich um einen Menschen handelt,
3 so soll das deine Schätzung sein: Einen
Mann von zwanzig bis sechzig Jahren
sollst du schätzen auf fünfzig Lot Silber
nach dem Gewicht des Heiligtums,
4 eine Frau auf dreißig Lot Silber.
5 Von fünf Jahren bis zwanzig Jahren
sollst du, wenn es ein Mann ist, schätzen
auf zwanzig Lot Silber, eine Frau aber auf
zehn Lot Silber.
6 Von einem Monat an bis auf fünf
Jahre sollst du, wenn es ein Knabe ist,
schätzen auf fünf Lot Silber, ein Mädchen
aber auf drei Lot Silber.
7 Bei sechzig Jahren und darüber sollst
du, wenn es ein Mann ist, schätzen auf
fünfzehn Lot Silber, eine Frau aber auf
zehn Lot Silber.
8 Ist er aber zu arm, diese Schätzung zu
zahlen, so soll er jenen Menschen vor
den Priester stellen, und der Priester soll
ihn schätzen; er soll ihn aber schätzen
nach dem, was der zu geben vermag, der
das Gelübde getan hat.
9 **I**st es aber ein Tier, das man dem
Herrn opfern darf: Jedes Tier, das man
dem Herrn gibt, ist heilig.
10 Man soll es nicht auswechseln noch
tauschen, ein gutes gegen ein schlechtes
oder ein schlechtes gegen ein gutes. Wenn
aber jemand auswechselt ein Tier gegen
das andere, so sollen sie beide heilig sein.
11 Ist aber das Tier unrein, daß man es
dem Herrn nicht opfern darf, so soll man
es vor den Priester stellen,
12 und der Priester soll es schätzen, ob
es gut oder schlecht sei, und es soll bei des
Priesters Schätzung bleiben.
13 Will's aber jemand ablösen, der soll
den fünften Teil über die Schätzung hinaus geben.
14 **W**enn jemand sein Haus dem Herrn
gelobt, daß es ihm heilig sei, so soll es der
Priester schätzen, ob es gut oder schlecht
sei, und wie es der Priester schätzt, so soll's
bleiben.
15 Wenn es aber der, der es gelobt hat,
ablösen will, so soll er den fünften Teil
des Geldes, zu dem es geschätzt ist, hinzulegen, dann soll es ihm wieder gehören.
16 **W**enn jemand ein Stück Acker von
seinem Erbgut dem Herrn gelobt, so soll
es geschätzt werden nach der Aussaat. Ist
die Aussaat ein Sack Gerste, so soll der
Acker fünfzig Lot Silber gelten.
17 Gelobt er seinen Acker vom Erlaßjahr an, so soll es bei dieser Schätzung
bleiben.
18 Hat er ihn aber nach dem Erlaßjahr
gelobt, so soll der Priester das Geld berechnen nach den übrigen Jahren bis zum
Erlaßjahr und ihn danach geringer schätzen.
19 Will aber der, der ihn gelobt hat, den
Acker ablösen, so soll er den fünften Teil
des Geldes, auf das er geschätzt ist, hinzulegen, so soll er wieder sein werden.
20 Wenn er ihn aber nicht ablöst und
verkauft ihn dennoch einem andern, so
kann er nicht mehr abgelöst werden,
21 sondern wenn dieser Acker im Erlaßjahr frei wird, soll er dem Herrn heilig
sein wie ein gebannter Acker und soll des
Priesters Eigentum sein.
22 Wenn aber jemand dem Herrn einen
Acker gelobt, den er gekauft hat und der
also nicht sein Erbgut ist,
23 so soll der Priester berechnen, was er
gilt bis zum Erlaßjahr, und er soll diese
Summe am selben Tage geben, daß sie
dem Herrn heilig sei.
24 Aber im Erlaßjahr soll der Acker
wieder an den gelangen, von dem er ihn
gekauft hat, dem er als sein Erbgut gehört.
25 Alle Schätzung soll geschehen nach
dem Gewicht des Heiligtums; ein Lot aber
hat zwanzig Gramm.
26 **D**ie Erstgeburt unter dem Vieh, die
dem Herrn auch sonst gebührt, soll niemand geloben, es sei ein Stier oder Schaf;
es gehört dem Herrn.
27 Ist es aber unreines Vieh, so soll man
es ablösen nach der Schätzung und darüber hinaus geben den fünften Teil. Will
man es nicht ablösen, so werde es verkauft nach der Schätzung.
28 **M**an soll Gebanntes nicht verkaufen
oder ablösen, das jemand dem Herrn
durch einen Bann geweiht hat, von allem,
was sein ist, es seien Menschen, Vieh oder

Erbacker; denn alles Gebannte ist ein Hochheiliges dem HERRN.

29 Man soll auch keinen gebannten Menschen loskaufen; er soll des Todes sterben.

30 Alle Zehnten im Lande, vom Ertrag des Landes und von den Früchten der Bäume, gehören dem HERRN und sollen dem HERRN heilig sein.

31 Will aber jemand seinen Zehnten ablösen, der soll den fünften Teil darüber hinaus geben.

32 Und alle Zehnten von Rindern und Schafen, alles, was unter dem Hirtenstabe hindurchgeht, jedes zehnte davon soll heilig sein dem HERRN.

33 Man soll nicht fragen, ob es gut oder schlecht sei, man soll's auch nicht auswechseln. Wenn es aber jemand auswechselt, soll beides heilig sein und darf nicht abgelöst werden.

34 Das sind die Gebote, die der HERR dem Mose gebot für die Kinder Israel auf dem Berge Sinai.

DAS VIERTE BUCH MOSE

Zählung der Männer für den Heerbann

1 Und der HERR redete mit Mose in der Wüste Sinai in der Stiftshütte am ersten Tage des zweiten Monats im zweiten Jahr, nachdem sie aus Ägyptenland gezogen waren, und sprach:

2 Nehmt die Summe der ganzen Gemeinde der Kinder Israel auf nach ihren Geschlechtern und Sippen und Namen, alles, was männlich ist, Kopf für Kopf,

3 von zwanzig Jahren an und darüber, was wehrfähig ist in Israel. Ihr sollt sie zählen nach ihren Heerscharen, du und Aaron.

4 Und es soll euch beistehen je ein Mann von jedem Stamm, nämlich das Haupt seiner Sippen.

5 Dies sind aber die Namen der Männer, die euch beistehen sollen: von Ruben: Elizur, der Sohn Schedëurs;

6 von Simeon: Schelumiël, der Sohn Zurischaddais;

7 von Juda: Nachschon, der Sohn Amminadabs;

8 von Isaschar: Nathanael, der Sohn Zuars;

9 von Sebulon: Eliab, der Sohn Helons;

10 von den Söhnen Josephs: von Ephraim: Elischama, der Sohn Ammihuds; und von Manasse: Gamliël, der Sohn Pedazurs;

11 von Benjamin: Abidan, der Sohn des Gideoni;

12 von Dan: Ahiëser, der Sohn Ammischaddais;

13 von Asser: Pagiël, der Sohn Ochrans;

14 von Gad: Eljasaph, der Sohn Deguëls;

15 von Naphthali: Ahira, der Sohn Enans.

16 Das sind die Berufenen aus der Gemeinde, die Fürsten unter den Stämmen ihrer Väter, die da Häupter über die Tausende in Israel waren.

17 Und Mose und Aaron nahmen diese Männer zu sich, wie sie da mit Namen genannt sind,

18 und versammelten die ganze Gemeinde am ersten Tage des zweiten Monats, und sie ließen sich einschreiben nach ihren Geschlechtern und Sippen und Namen, von zwanzig Jahren an und darüber, Kopf für Kopf,

19 wie der HERR es Mose geboten hatte. So zählte er sie in der Wüste Sinai.

20 Die Söhne Rubens, des ersten Sohnes Israels, nach ihrer Abstammung und ihren Geschlechtern, ihren Sippen und Namen, Kopf für Kopf, alles, was männlich war, von zwanzig Jahren an und darüber, was wehrfähig war,

21 so viele ihrer vom Stamm Ruben gezählt wurden, waren 46500.

22 Die Söhne Simeon nach ihrer Abstammung und ihren Geschlechtern, ihren Sippen und Namen, Kopf für Kopf, alles, was männlich war, von zwanzig Jahren an und darüber, was wehrfähig war,

23 so viele ihrer vom Stamm Simeon ge-
zählt wurden, waren 59300.
24 Die Söhne Gad nach ihrer Abstam-
mung und ihren Geschlechtern, ihren Sip-
pen und Namen, von zwanzig Jahren an
und darüber, alles, was wehrfähig war,
25 so viele ihrer vom Stamm Gad ge-
zählt wurden, waren 45650.
26 Die Söhne Juda nach ihrer Abstam-
mung und ihren Geschlechtern, ihren Sip-
pen und Namen, von zwanzig Jahren an
und darüber, alles, was wehrfähig war,
27 so viele ihrer vom Stamm Juda ge-
zählt wurden, waren 74600.
28 Die Söhne Isaschar nach ihrer Ab-
stammung und ihren Geschlechtern,
ihren Sippen und Namen, von zwanzig
Jahren an und darüber, alles, was wehr-
fähig war,
29 so viele ihrer vom Stamm Isaschar
gezählt wurden, waren 54400.
30 Die Söhne Sebulon nach ihrer Ab-
stammung und ihren Geschlechtern, ihren
Sippen und Namen, von zwanzig Jah-
ren an und darüber, alles, was wehrfähig
war,
31 so viele ihrer vom Stamm Sebulon
gezählt wurden, waren 57400.
32 Die Söhne Joseph: die Söhne Ephra-
im nach ihrer Abstammung und ihren
Geschlechtern, ihren Sippen und Namen,
von zwanzig Jahren an und darüber, alles,
was wehrfähig war,
33 so viele ihrer vom Stamm Ephraim
gezählt wurden, waren 40500;
34 und die Söhne Manasse nach ihrer
Abstammung und ihren Geschlechtern,
ihren Sippen und Namen, von zwanzig
Jahren an und darüber, alles, was wehr-
fähig war,
35 so viele ihrer vom Stamm Manasse
gezählt wurden, waren 32200.
36 Die Söhne Benjamin nach ihrer Ab-
stammung und ihren Geschlechtern, ihren
Sippen und Namen, von zwanzig Jah-
ren an und darüber, alles, was wehrfähig
war,
37 so viele ihrer vom Stamm Benjamin
gezählt wurden, waren 35400.
38 Die Söhne Dan nach ihrer Abstam-
mung und ihren Geschlechtern, ihren
Sippen und Namen, von zwanzig Jah-
ren an und darüber, alles, was wehrfähig
war,
39 so viele ihrer vom Stamm Dan ge-
zählt wurden, waren 62700.
40 Die Söhne Asser nach ihrer Abstam-
mung und ihren Geschlechtern, ihren Sip-
pen und Namen, von zwanzig Jahren an
und darüber, alles, was wehrfähig war,
41 so viele ihrer vom Stamm Asser ge-
zählt wurden, waren 41500.
42 Die Söhne Naphthali nach ihrer Ab-
stammung und ihren Geschlechtern, ihren
Sippen und Namen, von zwanzig Jahren
an und darüber, alles, was wehrfähig war,
43 so viele ihrer vom Stamm Naphthali
gezählt wurden, waren 53400.
44 Dies sind die Männer, die Mose
zählte mit Aaron und den zwölf Fürsten
Israels, von denen jeder seinen Sippen
vorstand.
45 Und die Summe der Kinder Israel
nach ihren Sippen, von zwanzig Jahren
an und darüber, alles, was wehrfähig war
in Israel,
46 war 603550.
47 Die aber Leviten waren nach dem
Stamm ihrer Väter, wurden nicht mit dar-
unter gezählt.
48 Und der HERR redete mit Mose und
sprach:
49 Den Stamm Levi sollst du nicht zäh-
len noch seine Summe aufnehmen unter
die Kinder Israel,
50 sondern du sollst sie zum Dienst be-
stellen an der Wohnung des Gesetzes, an
all ihrem Gerät und allem, was dazu ge-
hört. Sie sollen die Wohnung tragen und
alle Geräte und sollen sie in ihre Obhut
nehmen und um die Wohnung her sich
lagern.
51 Und wenn man weiterzieht, so sollen
die Leviten die Wohnung abbrechen.
Wenn aber das Heer sich lagert, sollen sie
die Wohnung aufschlagen. Und wenn ein
Fremder sich naht, so soll er sterben.
52 Die Kinder Israel sollen sich lagern,
ein jeder in seinem Lager und bei dem
Banner seiner Heerschar.
53 Aber die Leviten sollen sich um die
Wohnung des Gesetzes her lagern, damit
nicht ein Zorn über die Gemeinde der
Kinder Israel komme. So sollen die Levi-
ten ihren Dienst versehen an der Woh-
nung des Gesetzes.
54 Und die Kinder Israel taten alles, wie
der HERR es Mose geboten hatte.

Ordnung der Stämme im Lager und unterwegs

2 Und der HERR redete mit Mose und
Aaron und sprach:
2 Die Kinder Israel sollen um die Stiftshütte her sich lagern, ein jeder bei seinem Banner und Zeichen, nach ihren Sippen.
3 Nach Osten soll sich lagern das Banner des Lagers Juda mit seinen Heerscharen: sein Fürst Nachschon, der Sohn Amminadabs,
4 und sein Heer, 74600 Mann.
5 Neben ihm soll sich lagern der Stamm Isaschar: sein Fürst Nathanael, der Sohn Zuars,
6 und sein Heer, 54400 Mann.
7 Dazu der Stamm Sebulon: sein Fürst Eliab, der Sohn Helons,
8 und sein Heer, 57400 Mann –
9 so daß alle, die ins Lager Juda gehören, seien nach ihren Heerscharen zusammen 186400 Mann. Und sie sollen vornean ziehen.
10 Nach Süden soll sein das Banner des Lagers Ruben mit seinen Heerscharen: sein Fürst Elizur, der Sohn Schedëurs,
11 und sein Heer, 46500 Mann.
12 Neben ihm soll sich lagern der Stamm Simeon: sein Fürst Schelumiël, der Sohn Zurischaddais,
13 und sein Heer, 59300 Mann.
14 Dazu der Stamm Gad: sein Fürst Eljasaph, der Sohn Reguëls,
15 und sein Heer, 45650 Mann –
16 so daß alle, die ins Lager Ruben gehören, seien nach ihren Heerscharen zusammen 151450 Mann. Und sie sollen die zweiten beim Auszug sein.
17 Danach soll die Stiftshütte aufbrechen mit dem Lager der Leviten, in der Mitte zwischen den andern Lagern; und wie sie lagern, so sollen sie auch ausziehen, ein jeder an seinem Platz unter seinem Banner.
18 Nach Westen soll sein das Banner des Lagers Ephraim mit seinen Heerscharen: sein Fürst soll sein Elischama, der Sohn Ammihuds,
19 und sein Heer, 40500 Mann.
20 Neben ihm soll sich lagern der Stamm Manasse: sein Fürst Gamliël, der Sohn Pedazurs,
21 und sein Heer, 32200 Mann.
22 Dazu der Stamm Benjamin: sein Fürst Abidan, der Sohn des Gideoni,
23 und sein Heer, 35400 Mann –
24 so daß alle, die ins Lager Ephraim gehören, seien nach ihren Heerscharen zusammen 108100 Mann. Und sie sollen die dritten beim Auszug sein.
25 Nach Norden soll sein das Banner des Lagers Dan mit seinen Heerscharen: sein Fürst Ahiëser, der Sohn Ammischaddais,
26 und sein Heer, 62700 Mann.
27 Neben ihm soll sich lagern der Stamm Asser: sein Fürst Pagiël, der Sohn Ochrans,
28 und sein Heer, 41500 Mann.
29 Dazu der Stamm Naphthali: sein Fürst Ahira, der Sohn Enans,
30 und sein Heer, 53400 Mann –
31 so daß alle, die ins Lager Dan gehören, seien zusammen 157600 Mann. Und sie sollen die letzten sein beim Auszug mit ihrem Banner.
32 Dies ist die Summe der Kinder Israel nach ihren Sippen, Lagern und Heerscharen: 603550 Mann.
33 Aber die Leviten wurden unter den Kindern Israel nicht mitgezählt, wie der HERR es Mose geboten hatte.
34 Und die Kinder Israel taten alles, wie der HERR es Mose geboten hatte; wie sie bei ihren Bannern lagerten, so zogen sie aus, ein jeder bei seinem Geschlecht und seiner Sippe.

Aarons Familie. Amt der Leviten

3 Dies ist das Geschlecht Aarons und
Moses zu der Zeit, da der HERR mit Mose redete auf dem Berge Sinai.
2 Und dies sind die Namen der Söhne Aarons: Der Erstgeborene Nadab, danach Abihu, Eleasar und Ithamar.
3 Das sind die Namen der Söhne Aarons, die zu Priestern gesalbt waren und denen man die Hände füllte zum Priestertum.
4 Aber Nadab und Abihu starben vor dem HERRN, als sie fremdes Feuer opferten vor dem HERRN in der Wüste Sinai, und sie hatten keine Söhne. Eleasar aber und Ithamar versahen Priesterdienst unter ihrem Vater Aaron.
5 Und der HERR redete mit Mose und sprach:
6 Bringe den Stamm Levi herzu und

stelle sie vor den Priester Aaron, daß sie
ihm dienen.
7 Sie sollen den Dienst für ihn und für
die ganze Gemeinde versehen vor der
Stiftshütte und so ihr Amt bei der Woh-
nung ausüben
8 und sollen alles Gerät der Stiftshütte
in ihre Obhut nehmen und den Dienst für
die Kinder Israel versehen und ihr Amt
bei der Wohnung ausüben.
9 Und du sollst die Leviten dem Aaron
und seinen Söhnen übergeben als Gabe
der Kinder Israel.
10 Aaron aber und seine Söhne sollst du
bestellen, daß sie auf ihr Priesteramt acht-
haben. Wenn ein Fremder sich naht, so
soll er sterben.
11 **U**nd der HERR redete mit Mose und
sprach:
12 Siehe, ich habe die Leviten genom-
men aus den Kindern Israel statt aller
Erstgeburt, die den Mutterschoß durch-
bricht in Israel, so daß die Leviten mir
gehören sollen.
13 Denn die Erstgeburten sind mein. An
dem Tage, da ich alle Erstgeburt schlug in
Ägyptenland, da heiligte ich mir alle Erst-
geburt in Israel, vom Menschen an bis auf
das Vieh, daß sie mir gehören sollen. Ich
bin der HERR.

Die Geschlechter der Leviten und ihr Dienst

14 Und der HERR redete mit Mose in der
Wüste Sinai und sprach:
15 Zähle die Söhne Levi nach ihren Sip-
pen und Geschlechtern, alles, was männ-
lich ist, einen Monat alt und darüber.
16 Also zählte sie Mose nach dem Wort
des HERRN, wie er ihm geboten hatte.
17 **U**nd dies waren die Söhne Levis mit
Namen: Gerson, Kehath und Merari.
18 Die Namen aber der Söhne Gersons
nach ihren Geschlechtern waren: Libni
und Simeï.
19 Die Söhne Kehaths nach ihren Ge-
schlechtern waren: Amram, Jizhar, He-
bron und Usiël.
20 Die Söhne Meraris nach ihren Ge-
schlechtern waren: Machli und Muschi.
Das sind die Geschlechter Levis nach
ihren Sippen.
21 **D**ies sind die Geschlechter von Ger-
son: die Libniter und die Simeïter.
22 Ihre Zahl war 7500, alles, was männ-
lich war, einen Monat alt und darüber.
23 Und die Geschlechter der Gersoniter
sollen sich lagern hinter der Wohnung
nach Westen.
24 Ihr Fürst sei Eljasaph, der Sohn Laëls.
25 Und sie sollen an der Stiftshütte in
Obhut nehmen die Wohnung und das Zelt
und seine Decken und den Vorhang in der
Tür der Stiftshütte,
26 die Umhänge am Vorhof und den
Vorhang in der Tür des Vorhofs, der die
Wohnung und den Altar umgibt, und ihre
Seile und was sonst zu ihrem Amt gehört.
27 **D**ies sind die Geschlechter von Ke-
hath: die Amramiter, die Jizhariter, die
Hebroniter und die Usiëliter,
28 alles, was männlich war, einen Mo-
nat alt und darüber, an Zahl 8600, die
den Dienst am Heiligtum versehen.
29 Die Geschlechter der Söhne Kehath
sollen sich lagern an der Seite der Woh-
nung nach Süden.
30 Ihr Fürst sei Elizaphan, der Sohn
Usiëls.
31 Und sie sollen in Obhut nehmen die
Lade, den Tisch, den Leuchter, die Altäre
und alle Geräte des Heiligtums, an denen
sie dienen, und den Vorhang und was sonst
zu ihrem Amt gehört.
32 Aber der Fürst über alle Fürsten der
Leviten soll Eleasar sein, der Sohn
Aarons, des Priesters, zur Aufsicht über
die, welche den Dienst am Heiligtum ver-
sehen.
33 **D**ies sind die Geschlechter Meraris:
die Machliter und die Muschiter,
34 die an Zahl waren 6200, alles, was
männlich war, einen Monat alt und dar-
über.
35 Ihr Fürst sei Zuriël, der Sohn Abi-
hails. Sie sollen sich lagern an der Seite
der Wohnung nach Norden.
36 Und ihr Amt soll sein, in Obhut zu
nehmen die Bretter und Riegel und Säulen
und Füße der Wohnung und alle ihre Ge-
räte und was sonst zu ihrem Amt gehört,
37 dazu die Säulen um den Vorhof mit
ihren Füßen und Pflöcken und Seilen.
38 Aber vor der Wohnung, vor der
Stiftshütte, nach Osten sollen sich lagern
Mose und Aaron und seine Söhne, daß
sie auf das Heiligtum achthaben für die
Kinder Israel. Wenn sich ein Fremder
naht, so soll er sterben.

39 Alle Leviten zusammen, die Mose mit Aaron zählte nach ihren Geschlechtern nach dem Wort des HERRN, alles, was männlich war, einen Monat alt und darüber, waren 22000.

Die Auslösung der Erstgeburten

40 Und der HERR sprach zu Mose: Zähle alle Erstgeburt, was männlich ist unter den Kindern Israel, einen Monat alt und darüber, und nimm die Zahl ihrer Namen auf.

41 Und du sollst mir – denn ich bin der HERR – die Leviten aussondern statt aller Erstgeburt der Kinder Israel und das Vieh der Leviten statt aller Erstgeburt unter dem Vieh der Kinder Israel.

42 Und Mose zählte, wie ihm der HERR geboten hatte, alle Erstgeburt unter den Kindern Israel,

43 und die Zahl der Namen aller männlichen Erstgeburt, einen Monat alt und darüber, betrug 22273.

44 Und der HERR redete mit Mose und sprach:

45 Nimm die Leviten statt aller Erstgeburt unter den Kindern Israel und das Vieh der Leviten statt ihres Viehs, daß die Leviten mir gehören sollen. Ich bin der HERR.

46 Aber als Lösegeld für die 273 Erstgeburten der Kinder Israel, die die Zahl der Leviten übersteigen,

47 sollst du fünf Lot Silber erheben für jeden Kopf. Nach dem Gewicht, wie es am Heiligtum gilt, sollst du sie erheben, das Lot zu zwanzig Gramm.

48 Und du sollst das Silber für die, welche überzählig sind unter ihnen, Aaron und seinen Söhnen als Lösegeld geben.

49 Da nahm Mose das Lösegeld von denen, die die Zahl der Leviten überstiegen.

50 Von den Erstgeborenen der Kinder Israel nahm er 1365 Lot Silber nach dem Gewicht, wie es am Heiligtum gilt,

51 und gab's Aaron und seinen Söhnen nach dem Wort des HERRN, wie der HERR es Mose geboten hatte.

Der Dienst der Leviten beim Aufbruch des Lagers

4 Und der HERR redete mit Mose und Aaron und sprach:

2 Nimm die Summe der Söhne Kehath aus den Söhnen Levi auf nach ihren Geschlechtern und Sippen,

3 von dreißig Jahren an und darüber bis ins fünfzigste Jahr, alle, die zum Dienst kommen, daß sie ihre Arbeit tun an der Stiftshütte.

4 Dies soll aber das Amt der Söhne Kehath an der Stiftshütte sein: der Dienst am Hochheiligen.

5 Wenn das Heer aufbricht, so sollen Aaron und seine Söhne hineingehen und den inneren Vorhang abnehmen und die Lade mit dem Gesetz damit umhüllen

6 und darauf eine Decke von Dachsfellen legen und oben darauf eine ganz blaue Decke breiten und ihre Stangen durchstecken

7 und über den Schaubrottisch auch eine blaue Decke breiten und darauf legen die Schüsseln und Löffel, die Schalen und Kannen des Trankopfers, und das Schaubrot soll darauf liegen.

8 Und sie sollen darüber breiten eine scharlachrote Decke und sie mit einer Decke von Dachsfellen bedecken und seine Stangen durchstecken

9 und sollen eine blaue Decke nehmen und damit umhüllen den Leuchter und seine Lampen mit seinen Lichtscheren und Pfannen und allen Ölgefäßen, die zum Dienst gehören,

10 und sollen um das alles eine Decke von Dachsfellen tun und sollen es auf Tragstangen legen.

11 Ebenso sollen sie auch über den goldenen Altar eine blaue Decke breiten und sie bedecken mit einer Decke von Dachsfellen und seine Stangen durchstecken.

12 Alle Geräte, womit sie Dienst tun im Heiligtum, sollen sie nehmen und in eine blaue Decke tun und sie mit einer Decke von Dachsfellen bedecken und auf Tragstangen legen.

13 Sie sollen auch die Asche vom Altar fegen und eine Decke von rotem Purpur über ihn breiten

14 und alle seine Geräte darauf legen, womit sie an ihm Dienst tun: Kohlenpfannen, Gabeln, Schaufeln, Becken, alle Geräte des Altars; und sollen darüber breiten eine Decke von Dachsfellen und seine Stangen durchstecken.

15 Wenn nun Aaron und seine Söhne beim Aufbruch des Heeres dies alles ausgerichtet und das Heilige und all sein Gerät bedeckt haben, dann sollen die Söhne

Kehath kommen, um es zu tragen. Sie
sollen aber das Heilige selbst nicht anrühren, daß sie nicht sterben. Dies ist es,
was die Söhne Kehath von der Stiftshütte
zu tragen haben.
16 Und Eleasar, dem Sohn Aarons, des
Priesters, ist anvertraut das Öl zum Licht
und die Spezerei zum Räucherwerk und
das tägliche Speisopfer und das Salböl
und die Aufsicht über die ganze Wohnung
und alles, was darin ist an heiligem Gerät.
17 Und der HERR redete mit Mose und
Aaron und sprach:
18 Ihr sollt den Stamm der Geschlechter
der Kehathiter nicht zugrunde gehen lassen unter den Leviten,
19 sondern das sollt ihr mit ihnen tun,
damit sie leben und nicht sterben, wenn
sie dem Hochheiligen nahen: Aaron und
seine Söhne sollen hineingehen und einen
jeden anstellen zu seinem Amt und seiner
Traglast.
20 Sie aber sollen nicht selbst hineingehen, auch nur einen Augenblick das
Heilige zu schauen, daß sie nicht sterben.
21 Und der HERR redete mit Mose und
sprach:
22 Nimm auch die Summe der Söhne
Gerson auf nach ihren Sippen und Geschlechtern,
23 von dreißig Jahren an und darüber
bis ins fünfzigste Jahr, und stelle alle, die
zum Dienst kommen, an, daß sie ihr Amt
ausüben an der Stiftshütte.
24 Dies soll aber das Amt der Geschlechter der Gersoniter sein, was sie
tun und tragen sollen:
25 Sie sollen die Teppiche der Wohnung,
der Stiftshütte, tragen, ihre Decke und die
Decke von Dachsfellen, die obendrüber
ist, und den Vorhang in der Tür der Stiftshütte
26 und die Umhänge des Vorhofs und
den Vorhang in der Tür des Tors am Vorhof, der die Wohnung und den Altar umgibt, und ihre Seile und alle Geräte ihres
Dienstes und alles, was zu ihrem Amt gehört.
27 Nach dem Wort Aarons und seiner
Söhne soll aller Dienst der Söhne Gerson
geschehen, alles, was sie tragen und tun
sollen, und ihr sollt zusehen, daß sie alles
ausrichten, was sie zu tragen haben.
28 Das soll das Amt der Geschlechter
der Gersoniter sein an der Stiftshütte, und
ihr Dienst soll geschehen unter der Leitung Ithamars, des Sohnes Aarons, des
Priesters.
29 Die Söhne Merari nach ihren Geschlechtern und Sippen sollst du auch bestellen,
30 von dreißig Jahren an und darüber
bis ins fünfzigste Jahr, alle, die zum
Dienst kommen, daß sie ihr Amt ausüben an der Stiftshütte.
31 Dies alles soll ihr Dienst an der
Stiftshütte sein, daß sie tragen die Bretter
der Wohnung und ihre Riegel und Säulen
und Füße,
32 dazu die Säulen um den Vorhof und
ihre Füße und Pflöcke und Seile mit allen
ihren Geräten, ganz wie es ihr Amt erfordert. Und ihr sollt ihnen die einzelnen
Geräte zuweisen, die sie zu tragen haben.
33 Das sei das Amt der Geschlechter der
Söhne Merari, alles, was sie ausrichten
sollen an der Stiftshütte unter der Leitung
Ithamars, des Sohnes Aarons, des Priesters.
34 Und Mose und Aaron samt den Fürsten der Gemeinde zählten die Kehathiter
nach ihren Geschlechtern und Sippen,
35 von dreißig Jahren an und darüber
bis ins fünfzigste, alle, die zum Dienst
kamen, daß sie ihr Amt ausübten an der
Stiftshütte.
36 Und ihre Summe war 2750.
37 Das ist die Summe der Geschlechter
der Kehathiter, aller, die zu dienen hatten
an der Stiftshütte und die Mose und
Aaron zählten nach dem Wort des HERRN,
das durch Mose ergangen war.
38 Die Söhne Gerson wurden auch gezählt nach ihren Geschlechtern und Sippen,
39 von dreißig Jahren an und darüber
bis ins fünfzigste, alle, die zum Dienst
kamen, daß sie ihr Amt an der Stiftshütte
ausübten.
40 Und ihre Summe war 2630.
41 Das ist die Summe der Geschlechter
der Söhne Gerson, aller, die zu dienen
hatten an der Stiftshütte und die Mose
und Aaron zählten nach dem Wort des
HERRN.
42 Die Söhne Merari wurden auch gezählt nach ihren Geschlechtern und Sippen,

43 von dreißig Jahren an und darüber
bis ins fünfzigste, alle, die zum Dienst ka-
men, daß sie ihr Amt an der Stiftshütte
ausübten.
44 Und ihre Summe war 3200.
45 Das ist die Summe der Geschlechter
der Söhne Merari, die Mose und Aaron
zählten nach dem Wort des HERRN, das
durch Mose ergangen war.
46 Die Summe aller Leviten, die Mose
und Aaron samt den Fürsten Israels zähl-
ten nach ihren Geschlechtern und Sippen,
47 von dreißig Jahren an und darüber
bis ins fünfzigste, aller, die zum Dienst
kamen, daß sie ihr Amt ausübten an der
Stiftshütte und Lasten trügen,
48 war 8580.
49 Sie wurden bestellt nach dem Wort
des HERRN, das durch Mose ergangen war,
ein jeder zu seinem Amt und seiner Trag-
last, wie der HERR es Mose geboten hatte.

Verfahren bei Unreinheit, bei Versündigung und bei Verdacht von Ehebruch

5 Und der HERR redete mit Mose und
sprach:
2 Gebiete den Kindern Israel, daß sie
aus dem Lager schicken alle Aussätzigen
und alle, die Eiterfluß haben und die an
Toten unrein geworden sind.
3 Männer wie Frauen sollt ihr hinaus-
schicken vor das Lager, daß sie nicht das
Lager unrein machen, darin ich unter
euch wohne.
4 Und die Kinder Israel taten so und
schickten sie hinaus vor das Lager, wie
der HERR zu Mose geredet hatte.
5 Und der HERR redete mit Mose und
sprach:
6 Sage den Kindern Israel: Wenn ein
Mann oder eine Frau irgendeine Sünde
gegen einen Menschen tut und sich damit
an dem HERRN versündigt, so liegt eine
Schuld auf ihnen.
7 Und sie sollen ihre Sünde bekennen,
die sie getan haben, und sollen ihre
Schuld voll erstatten und darüber hinaus
den fünften Teil dazutun und dem geben,
an dem sie sich verschuldet haben.
8 Ist aber niemand da, dem man's er-
statten kann, so soll man's dem HERRN
geben für den Priester zusammen mit dem
Widder der Versöhnung, mit dem der
Priester für ihn die Sühnung vollzieht.
9 Desgleichen sollen alle Abgaben von
allen heiligen Gaben der Kinder Israel,
die sie dem Priester bringen, dem Priester
gehören.
10 Und was jemand heiligt, das soll auch
dem Priester gehören; und was jemand
dem Priester gibt, das soll ihm auch ge-
hören.
11 Und der HERR redete mit Mose und
sprach:
12 Sage den Kindern Israel und sprich
zu ihnen: Wenn irgendeines Mannes Frau
ihm untreu wird und sich an ihm ver-
sündigt
13 und jemand bei ihr liegt und es bliebe
dem Mann verborgen und es würde nicht
entdeckt, daß sie unrein geworden ist, und
es ist kein Zeuge wider sie da, denn sie ist
nicht dabei ergriffen worden,
14 und der Geist der Eifersucht kommt
über ihn, daß er auf seine Frau eifersüch-
tig wird, sie sei unrein oder nicht unrein:
15 so soll der Mann sie zum Priester
bringen und ein Opfer ihretwegen dar-
bringen, ein Zehntel Scheffel Gerstenmehl,
und er soll kein Öl darauf gießen noch
Weihrauch darauf tun. Denn es ist ein
Eifersuchtsopfer, ein Erinnerungsopfer,
das Schuld ans Licht bringt.
16 Und der Priester soll sie heranführen
und vor den HERRN stellen
17 und heiliges Wasser nehmen in ein
irdenes Gefäß und Staub vom Boden der
Stiftshütte ins Wasser tun.
18 Und er soll die Frau vor den HERRN
stellen und ihr Haupthaar lösen und das
Erinnerungsopfer, das ein Eifersuchts-
opfer ist, auf ihre Hand legen. Und der
Priester soll in seiner Hand das bittere,
fluchbringende Wasser haben
19 und soll die Frau beschwören und zu
ihr sagen: Hat kein Mann bei dir gelegen
und bist du deinem Mann nicht untreu
geworden, daß du dich unrein gemacht
hast, so soll dir dies bittere, fluchbringen-
de Wasser nicht schaden.
20 Wenn du aber deinem Mann untreu
geworden bist, daß du unrein wurdest,
und hat jemand bei dir gelegen außer
deinem Mann, –
21 so soll der Priester mit einem Ver-
wünschungsschwur die Frau beschwören
und zu ihr sagen: Der HERR mache deinen
Namen zum Fluch und zur Verwünschung

unter deinem Volk, dadurch daß der HERR
deine Hüfte schwinden und deinen Bauch
schwellen läßt!
22 So gehe nun das fluchbringende Was-
ser in deinen Leib, daß dein Bauch schwel-
le und deine Hüfte schwinde! Und die
Frau soll sagen: Amen! Amen!
23 Dann soll der Priester diese Flüche
auf einen Zettel schreiben und mit dem
bitteren Wasser abwaschen
24 und soll der Frau von dem bitteren,
fluchbringenden Wasser zu trinken geben.
Und wenn das fluchbringende, bittere
Wasser in sie gegangen ist,
25 soll der Priester von ihrer Hand das
Eifersuchtsopfer nehmen und als Speis-
opfer vor dem HERRN schwingen und auf
dem Altar opfern, nämlich:
26 er soll eine Handvoll vom Speisopfer
nehmen als Gedenkopfer und es auf dem
Altar in Rauch aufgehen lassen und da-
nach der Frau das Wasser zu trinken ge-
ben.
27 Und wenn sie das Wasser getrunken
hat und unrein ist und sich an ihrem Mann
versündigt hat, so wird das fluchbringende
Wasser in sie gehen und ihr zum Verder-
ben werden, daß ihr der Bauch schwellen
und die Hüfte schwinden wird, und es
wird die Frau zum Fluch werden unter
ihrem Volk.
28 Hat sich aber eine solche Frau nicht
unrein gemacht, sondern ist sie rein, so
wird's ihr nicht schaden, und sie kann
schwanger werden.
29 **D**as also ist das Eifersuchtsgesetz:
Wenn eine Frau ihrem Mann untreu ist
und unrein wird
30 oder wenn der Geist der Eifersucht
über einen Mann kommt und er auf seine
Frau eifersüchtig wird, so stelle er sie vor
den HERRN, und der Priester tue mit ihr
alles nach diesem Gesetz.
31 Und der Mann soll frei sein von
Schuld; aber die Frau soll ihre Schuld
tragen.

Das Gesetz über die Gottgeweihten

6 Und der HERR redete mit Mose und
sprach:
2 Sage den Kindern Israel und sprich zu
ihnen: Wenn jemand, Mann oder Frau,
das besondere Gelübde tut, sich dem
HERRN zu weihen,
3 so soll er sich des Weins und starken
Getränkes enthalten; Würzwein und star-
ken Würztrank soll er auch nicht trinken,
auch nichts, was aus Weinbeeren gemacht
wird; er soll weder frische noch gedörrte
Weinbeeren essen.
4 Solange sein Gelübde währt, soll er
nichts essen, was man vom Weinstock
nimmt, von den unreifen bis zu den über-
reifen Trauben.
5 Solange die Zeit seines Gelübdes
währt, soll kein Schermesser über sein
Haupt fahren. Bis die Zeit um ist, für die
er sich dem HERRN geweiht hat, ist er hei-
lig und soll das Haar auf seinem Haupt
frei wachsen lassen.
6 Während der ganzen Zeit, für die er
sich dem HERRN geweiht hat, soll er zu
keinem Toten gehen.
7 Er soll sich auch nicht unrein machen
beim Tode seines Vaters, seiner Mutter,
seines Bruders oder seiner Schwester;
denn das Gelübde seines Gottes ist auf
seinem Haupt.
8 Während der ganzen Zeit seines Ge-
lübdes soll er dem HERRN heilig sein.
9 Wenn aber jemand neben ihm plötz-
lich stirbt und dadurch sein geweihtes
Haupt unrein wird, so soll er sein Haupt
scheren an dem Tage, da er wieder rein
wird, das ist am siebenten Tage.
10 Und am achten Tage soll er zwei
Turteltauben oder zwei andere Tauben
zum Priester bringen vor die Tür der
Stiftshütte.
11 Und der Priester soll die eine als
Sündopfer und die andere als Brandopfer
darbringen und ihn entsühnen, weil er
sich an einem Toten verunreinigt und da-
durch versündigt hat. Dann soll er sein
Haupt an demselben Tage von neuem
heiligen,
12 daß er sich dem HERRN weihe für die
Zeit seines Gelübdes. Und er soll ein ein-
jähriges Schaf bringen als Schuldopfer.
Aber die vorigen Tage sollen umsonst ge-
wesen sein, weil sein geweihtes Haupt un-
rein geworden war.
13 **D**ies ist das Gesetz des Gottgeweih-
ten: Wenn die Zeit seines Gelübdes um
ist, so soll man ihn vor die Tür der Stifts-
hütte führen.
14 Und er soll dem HERRN sein Opfer
bringen, ein einjähriges Schaf ohne Feh-

ler als Brandopfer und ein einjähriges
Schaf ohne Fehler als Sündopfer und ei-
nen Widder ohne Fehler als Dankopfer
15 und einen Korb mit ungesäuerten
Kuchen von feinstem Mehl, mit Öl ver-
mengt, und ungesäuerte Fladen, mit Öl
bestrichen, und was dazu gehört an Speis-
opfern und Trankopfern.
16 Und der Priester soll's vor den HERRN
bringen und soll sein Sündopfer und sein
Brandopfer zurichten.
17 Und den Widder soll er dem HERRN
als Dankopfer zurichten samt dem Korbe
mit dem ungesäuerten Brot und soll auch
sein Speisopfer und sein Trankopfer dar-
bringen.
18 Und der Geweihte soll sein geweihtes
Haupt scheren vor der Tür der Stiftshütte
und soll sein geweihtes Haupthaar neh-
men und aufs Feuer werfen, das unter
dem Dankopfer brennt.
19 Und der Priester soll eine gekochte
Vorderkeule von dem Widder nehmen
und einen ungesäuerten Kuchen aus dem
Korbe und einen ungesäuerten Fladen
und soll's dem Geweihten auf seine Hände
legen, nachdem er sein geweihtes Haar
abgeschoren hat.
20 Und der Priester soll's vor dem
HERRN schwingen. Das ist der heilige An-
teil für den Priester samt der Brust des
Schwingopfers und der Keule des Heb-
opfers. Danach darf der Geweihte Wein
trinken.
21 Das ist das Gesetz des Gottgeweihten,
der sein Opfer dem HERRN gelobt hat,
wegen seines Gelübdes, abgesehen von
dem, was er sonst noch vermag. Wie er
gelobt hat, soll er tun nach dem Gesetz
seines Gelübdes.

Der priesterliche Segen

22 Und der HERR redete mit Mose und
sprach:
23 Sage Aaron und seinen Söhnen und
sprich: So sollt ihr sagen zu den Kindern
Israel, wenn ihr sie segnet:
24 **Der HERR segne dich und behüte dich;**
25 **der HERR lasse sein Angesicht leuchten
über dir und sei dir gnädig;**
26 **der HERR hebe sein Angesicht über
dich und gebe dir Frieden.**
27 Denn ihr sollt meinen Namen auf
die Kinder Israel legen, daß ich sie segne.

Weihegaben der Stammesfürsten zur Einweihung der Stiftshütte

7 Und als Mose die Wohnung aufge-
richtet und sie gesalbt und geheiligt
hatte mit all ihrem Gerät, dazu auch den
Altar mit all seinem Gerät gesalbt und ge-
heiligt hatte,
2 da opferten die Fürsten Israels, die
Häupter waren in ihren Sippen; denn sie
waren die Fürsten unter den Stämmen
und standen über denen, die gezählt wa-
ren.
3 Und sie brachten ihre Gabe vor den
HERRN: sechs bedeckte Wagen und zwölf
Rinder, je einen Wagen für zwei Fürsten
und je einen Stier für einen Fürsten, und
sie brachten sie vor die Wohnung.
4 Und der HERR sprach zu Mose:
5 Nimm's von ihnen für den Dienst an
der Stiftshütte und gib's den Leviten,
einem jeden für seinen Dienst.
6 Da nahm Mose die Wagen und Rin-
der und gab sie den Leviten.
7 Zwei Wagen und vier Rinder gab er
den Söhnen Gerson für ihren Dienst.
8 Und vier Wagen und acht Rinder gab
er den Söhnen Merari für ihren Dienst
unter der Leitung Ithamars, des Sohnes
Aarons, des Priesters.
9 Den Söhnen Kehath aber gab er
nichts, weil sie den Dienst am Heiligtum
hatten und es auf ihren Schultern tragen
mußten.
10 Und die Fürsten opferten zur Ein-
weihung des Altars an dem Tage, da er
gesalbt wurde, und opferten ihre Gabe
vor dem Altar.
11 Und der HERR sprach zu Mose: Laß
an jedem Tag je einen Fürsten sein Opfer
bringen zur Einweihung des Altars.
12 Am ersten Tage opferte seine Gabe
Nachschon, der Sohn Amminadabs, vom
Stamme Juda.
13 Und seine Gabe war eine silberne
Schüssel, hundertdreißig Lot schwer, eine
silberne Schale, siebzig Lot schwer nach
dem Gewicht des Heiligtums, beide voll
feinstem Mehl, mit Öl vermengt, zum
Speisopfer,
14 dazu ein goldener Löffel, zehn Lot
schwer, voll Räucherwerk,
15 ein junger Stier, ein Widder, ein ein-
jähriges Schaf zum Brandopfer,

16 ein Ziegenbock zum Sündopfer,
17 und zum Dankopfer zwei Rinder,
fünf Widder, fünf Böcke und fünf ein-
jährige Schafe. Das ist die Gabe Nach-
schons, des Sohnes Amminadabs.
18 Am zweiten Tage opferte Nathanael,
der Sohn Zuars, der Fürst Isaschars.
19 Seine Gabe war eine silberne Schüs-
sel, hundertdreißig Lot schwer, eine sil-
berne Schale, siebzig Lot schwer nach
dem Gewicht des Heiligtums, beide voll
feinstem Mehl, mit Öl vermengt, zum
Speisopfer,
20 dazu ein goldener Löffel, zehn Lot
schwer, voll Räucherwerk,
21 ein junger Stier, ein Widder, ein ein-
jähriges Schaf zum Brandopfer,
22 ein Ziegenbock zum Sündopfer,
23 und zum Dankopfer zwei Rinder,
fünf Widder, fünf Böcke und fünf ein-
jährige Schafe. Das ist die Gabe Natha-
naels, des Sohnes Zuars.
24 Am dritten Tage der Fürst der Kinder
Sebulon, Eliab, der Sohn Helons.
25 Seine Gabe war eine silberne Schüs-
sel, hundertdreißig Lot schwer, eine sil-
berne Schale, siebzig Lot schwer nach
dem Gewicht des Heiligtums, beide voll
feinstem Mehl, mit Öl vermengt, zum
Speisopfer,
26 dazu ein goldener Löffel, zehn Lot
schwer, voll Räucherwerk,
27 ein junger Stier, ein Widder, ein ein-
jähriges Schaf zum Brandopfer,
28 ein Ziegenbock zum Sündopfer,
29 und zum Dankopfer zwei Rinder,
fünf Widder, fünf Böcke und fünf ein-
jährige Schafe. Das ist die Gabe Eliabs,
des Sohnes Helons.
30 Am vierten Tage der Fürst der Kin-
der Ruben, Elizur, der Sohn Schedëurs.
31 Seine Gabe war eine silberne Schüs-
sel, hundertdreißig Lot schwer, eine sil-
berne Schale, siebzig Lot schwer nach
dem Gewicht des Heiligtums, beide voll
feinstem Mehl, mit Öl vermengt, zum
Speisopfer,
32 dazu ein goldener Löffel, zehn Lot
schwer, voll Räucherwerk,
33 ein junger Stier, ein Widder, ein ein-
jähriges Schaf zum Brandopfer,
34 ein Ziegenbock zum Sündopfer,
35 und zum Dankopfer zwei Rinder,
fünf Widder, fünf Böcke und fünf ein-
jährige Schafe. Das ist die Gabe Elizurs,
des Sohnes Schedëurs.
36 Am fünften Tage der Fürst der Kin-
der Simeon, Schelumiël, der Sohn Zuri-
schaddais.
37 Seine Gabe war eine silberne Schüs-
sel, hundertdreißig Lot schwer, eine sil-
berne Schale, siebzig Lot schwer nach
dem Gewicht des Heiligtums, beide voll
feinstem Mehl, mit Öl vermengt, zum
Speisopfer,
38 dazu ein goldener Löffel, zehn Lot
schwer, voll Räucherwerk,
39 ein junger Stier, ein Widder, ein ein-
jähriges Schaf zum Brandopfer,
40 ein Ziegenbock zum Sündopfer,
41 und zum Dankopfer zwei Rinder,
fünf Widder, fünf Böcke und fünf ein-
jährige Schafe. Das ist die Gabe Sche-
lumiëls, des Sohnes Zurischaddais.
42 Am sechsten Tage der Fürst der Kin-
der Gad, Eljasaph, der Sohn Deguëls.
43 Seine Gabe war eine silberne Schüs-
sel, hundertdreißig Lot schwer, eine sil-
berne Schale, siebzig Lot schwer nach dem
Gewicht des Heiligtums, beide voll fein-
stem Mehl, mit Öl vermengt, zum Speis-
opfer,
44 dazu ein goldener Löffel, zehn Lot
schwer, voll Räucherwerk,
45 ein junger Stier, ein Widder, ein ein-
jähriges Schaf zum Brandopfer,
46 ein Ziegenbock zum Sündopfer,
47 und zum Dankopfer zwei Rinder,
fünf Widder, fünf Böcke, fünf einjährige
Schafe. Das ist die Gabe Eljasaphs, des
Sohnes Deguëls.
48 Am siebenten Tage der Fürst der
Kinder Ephraim, Elischama, der Sohn
Ammihuds.
49 Seine Gabe war eine silberne Schüs-
sel, hundertdreißig Lot schwer, eine silber-
ne Schale, siebzig Lot schwer nach dem Ge-
wicht des Heiligtums, beide voll feinstem
Mehl, mit Öl vermengt, zum Speisopfer,
50 dazu ein goldener Löffel, zehn Lot
schwer, voll Räucherwerk,
51 ein junger Stier, ein Widder, ein ein-
jähriges Schaf zum Brandopfer,
52 ein Ziegenbock zum Sündopfer,
53 und zum Dankopfer zwei Rinder,
fünf Widder, fünf Böcke, fünf einjährige
Schafe. Das ist die Gabe Elischamas, des
Sohnes Ammihuds.

54 Am achten Tage der Fürst der Kinder Manasse, Gamliël, der Sohn Pedazurs.

55 Seine Gabe war eine silberne Schüssel, hundertdreißig Lot schwer, eine silberne Schale, siebzig Lot schwer nach dem Gewicht des Heiligtums, beide voll feinstem Mehl, mit Öl vermengt, zum Speisopfer,

56 dazu ein goldener Löffel, zehn Lot schwer, voll Räucherwerk,

57 ein junger Stier, ein Widder, ein einjähriges Schaf zum Brandopfer,

58 ein Ziegenbock zum Sündopfer,

59 und zum Dankopfer zwei Rinder, fünf Widder, fünf Böcke, fünf einjährige Schafe. Das ist die Gabe Gamliëls, des Sohnes Pedazurs.

60 Am neunten Tage der Fürst der Kinder Benjamin, Abidan, der Sohn des Gideoni.

61 Seine Gabe war eine silberne Schüssel, hundertdreißig Lot schwer, eine silberne Schale, siebzig Lot schwer nach dem Gewicht des Heiligtums, beide voll feinstem Mehl, mit Öl vermengt, zum Speisopfer,

62 dazu ein goldener Löffel, zehn Lot schwer, voll Räucherwerk,

63 ein junger Stier, ein Widder, ein einjähriges Schaf zum Brandopfer,

64 ein Ziegenbock zum Sündopfer,

65 und zum Dankopfer zwei Rinder, fünf Widder, fünf Böcke, fünf einjährige Schafe. Das ist die Gabe Abidans, des Sohnes des Gideoni.

66 Am zehnten Tage der Fürst der Kinder Dan, Ahiëser, der Sohn Ammischaddais.

67 Seine Gabe war eine silberne Schüssel, hundertdreißig Lot schwer, eine silberne Schale, siebzig Lot schwer nach dem Gewicht des Heiligtums, beide voll feinstem Mehl, mit Öl vermengt, zum Speisopfer,

68 dazu ein goldener Löffel, zehn Lot schwer, voll Räucherwerk,

69 ein junger Stier, ein Widder, ein einjähriges Schaf zum Brandopfer,

70 ein Ziegenbock zum Sündopfer,

71 und zum Dankopfer zwei Rinder, fünf Widder, fünf Böcke, fünf einjährige Schafe. Das ist die Gabe Ahiësers, des Sohnes Ammischaddais.

72 Am elften Tage der Fürst der Kinder Asser, Pagiël, der Sohn Ochrans.

73 Seine Gabe war eine silberne Schüssel, hundertdreißig Lot schwer, eine silberne Schale, siebzig Lot schwer nach dem Gewicht des Heiligtums, beide voll feinstem Mehl, mit Öl vermengt, zum Speisopfer,

74 dazu ein goldener Löffel, zehn Lot schwer, voll Räucherwerk,

75 ein junger Stier, ein Widder, ein einjähriges Schaf zum Brandopfer,

76 ein Ziegenbock zum Sündopfer,

77 und zum Dankopfer zwei Rinder, fünf Widder, fünf Böcke, fünf einjährige Schafe. Das ist die Gabe Pagiëls, des Sohnes Ochrans.

78 Am zwölften Tage der Fürst der Kinder Naphthali, Ahira, der Sohn Enans.

79 Seine Gabe war eine silberne Schüssel, hundertdreißig Lot schwer, eine silberne Schale, siebzig Lot schwer nach dem Gewicht des Heiligtums, beide voll feinstem Mehl, mit Öl vermengt, zum Speisopfer,

80 dazu ein goldener Löffel, zehn Lot schwer, voll Räucherwerk,

81 ein junger Stier, ein Widder, ein einjähriges Schaf zum Brandopfer,

82 ein Ziegenbock zum Sündopfer,

83 und zum Dankopfer zwei Rinder, fünf Widder, fünf Böcke, fünf einjährige Schafe. Das ist die Gabe Ahiras, des Sohnes Enans.

84 Das war die Gabe der Fürsten Israels zur Einweihung des Altars zur Zeit, da er gesalbt wurde: zwölf silberne Schüsseln, zwölf silberne Schalen, zwölf goldene Löffel,

85 jede Schüssel hundertdreißig Lot Silber und jede Schale siebzig Lot schwer. Die Summe des Silbers aller Gefäße betrug zweitausendvierhundert Lot nach dem Gewicht des Heiligtums.

86 Und von den zwölf goldenen Löffeln voll Räucherwerk hatte jeder zehn Lot nach dem Gewicht des Heiligtums, so daß die Summe des Goldes der Löffel hundertzwanzig Lot betrug.

87 Die Summe der Tiere zum Brandopfer war zwölf junge Stiere, zwölf Widder, zwölf einjährige Schafe samt ihren Speisopfern und zwölf Ziegenböcke zum Sündopfer.

88 Und die Summe der Tiere zum Dank-
opfer war vierundzwanzig junge Stiere,
sechzig Widder, sechzig Böcke, sechzig
einjährige Schafe. Das war die Einwei-
hung des Altars, als er gesalbt wurde.
89 Und als Mose in die Stiftshütte ging,
um mit Ihm zu reden, da hörte er die Stim-
me zu sich reden von dem Gnadenthron,
der auf der Lade mit dem Gesetz war,
zwischen den beiden Cherubim; und Er
redete zu ihm.

Von dem goldenen Leuchter

8 Und der HERR redete mit Mose und
sprach:
2 Rede mit Aaron und sprich zu ihm:
Wenn du die Lampen aufsetzt, sollst du
sie so setzen, daß sie alle sieben von dem
Leuchter nach vorwärts scheinen.
3 Und Aaron tat so und setzte die Lam-
pen auf, daß sie von dem Leuchter nach
vorwärts schienen, wie der HERR es Mose
geboten hatte.
4 Der Leuchter aber war getriebenes
Gold, sein Schaft und seine Blumen. Nach
dem Bild, das der HERR dem Mose ge-
zeigt hatte, machte er den Leuchter.

Weihe der Leviten

5 Und der HERR redete mit Mose und
sprach:
6 Nimm aus den Kindern Israel die Le-
viten und reinige sie.
7 So sollst du aber mit ihnen tun, wenn
du sie reinigst: Du sollst Wasser zur Ent-
sündigung auf sie sprengen, und sie sollen
alle ihre Haare ganz abscheren und ihre
Kleider waschen und sich so reinigen.
8 Dann sollen sie einen jungen Stier neh-
men und dazu als Speisopfer feinstes
Mehl, mit Öl vermengt. Und einen andern
jungen Stier sollst du zum Sündopfer neh-
men
9 und sollst die Leviten vor die Stifts-
hütte bringen und die ganze Gemeinde der
Kinder Israel versammeln
10 und die Leviten vor den HERRN brin-
gen. Und die Kinder Israel sollen ihre
Hände auf die Leviten legen,
11 und Aaron soll die Leviten vor dem
HERRN darbringen als Schwingopfer von
den Kindern Israel, damit sie den Dienst
des HERRN versehen können.
12 Und die Leviten sollen ihre Hände
auf den Kopf der jungen Stiere legen, und
der eine soll zum Sündopfer, der andere
zum Brandopfer dem HERRN dargebracht
werden, um für die Leviten Sühne zu
schaffen.
13 Und du sollst die Leviten vor Aaron
und seine Söhne stellen und dem HERRN
als Schwingopfer darbringen
14 und sollst so die Leviten absondern
von den Kindern Israel, daß sie mir ge-
hören.
15 Danach sollen sie hingehen, um ihr
Amt an der Stiftshütte auszuüben. So
sollst du sie reinigen und als Schwingopfer
darbringen;
16 denn sie sind mir als Gabe übergeben
aus der Mitte der Kinder Israel, und ich
habe sie mir genommen statt allem, was
zuerst den Mutterschoß durchbricht,
nämlich statt der Erstgeburt aller Kinder
Israel.
17 Denn alle Erstgeburt unter den Kin-
dern Israel gehört mir, von Menschen
und Vieh. An dem Tage, da ich alle Erst-
geburt in Ägyptenland schlug, heiligte ich
sie mir
18 und nahm die Leviten statt aller Erst-
geburt unter den Kindern Israel
19 und gab sie aus der Mitte der Kinder
Israel zur Gabe Aaron und seinen Söh-
nen, daß sie das Amt ausüben sollten für
die Kinder Israel an der Stiftshütte und
für die Kinder Israel Sühne schaffen, da-
mit es nicht unter den Kindern Israel eine
Plage gäbe, wenn sie sich zum Heiligtum
nahen wollten.
20 Mose und Aaron samt der ganzen
Gemeinde der Kinder Israel taten mit den
Leviten alles, wie der HERR es Mose gebo-
ten hatte.
21 Und die Leviten entsündigten sich
und wuschen ihre Kleider, und Aaron
brachte die Leviten vor dem HERRN als
Schwingopfer dar und schaffte für sie
Sühne, daß sie rein wurden.
22 Danach gingen sie hin, um an der
Stiftshütte ihr Amt auszuüben vor Aaron
und seinen Söhnen. Wie der HERR es Mose
geboten hatte über die Leviten, so taten
sie mit ihnen.

Dienstalter der Leviten

23 Und der HERR redete mit Mose und
sprach:

24 Das ist's, was für die Leviten gilt: Von fünfundzwanzig Jahren an und darüber sollen sie zum Dienst kommen und ihr Amt ausüben an der Stiftshütte,

25 aber von dem fünfzigsten Jahr an sollen sie frei sein vom Amt und sollen nicht mehr dienen,

26 sondern nur ihren Brüdern helfen beim Dienst an der Stiftshütte; das Amt aber sollen sie nicht mehr ausüben. So sollst du mit den Leviten tun, daß ein jeder seinen Dienst versehe.

Vorschriften für die Passafeier

9 Und der HERR redete mit Mose in der Wüste Sinai im zweiten Jahr, nachdem sie aus Ägyptenland gezogen waren, im ersten Monat und sprach:

2 Laß die Kinder Israel Passa halten zur festgesetzten Zeit;

3 am vierzehnten Tage dieses Monats gegen Abend zur festgesetzten Zeit sollt ihr es halten nach all seinen Satzungen und Ordnungen.

4 Und Mose redete mit den Kindern Israel, daß sie das Passa hielten.

5 Und sie hielten Passa am vierzehnten Tage des ersten Monats gegen Abend in der Wüste Sinai; ganz, wie der HERR es Mose geboten hatte, so taten die Kinder Israel.

6 Da waren einige Männer unrein geworden an einem toten Menschen, so daß sie nicht Passa halten konnten an diesem Tage. Die traten vor Mose und Aaron am gleichen Tage

7 und sprachen zu ihm: Wir sind unrein geworden an einem toten Menschen. Warum sollen wir zurückstehen, daß wir unsere Gabe dem HERRN nicht bringen dürfen zur festgesetzten Zeit mit den Kindern Israel?

8 Mose sprach zu ihnen: Wartet, ich will hören, was euch der HERR gebietet.

9 Und der HERR redete mit Mose und sprach:

10 Sage den Kindern Israel: Wenn jemand unter euch oder unter euren Nachkommen unrein geworden ist an einem Toten oder auf einer weiten Reise ist, so soll er dennoch dem HERRN Passa halten,

11 aber erst im zweiten Monat am vierzehnten Tage gegen Abend, und soll es mit ungesäuertem Brot und bitteren Kräutern essen.

12 Und sie sollen nichts davon übriglassen bis zum Morgen, auch keinen Knochen davon zerbrechen und sollen's ganz nach der Ordnung des Passa halten.

13 Wer aber rein ist und wer nicht auf einer Reise ist und unterläßt es, das Passa zu halten, der soll ausgerottet werden aus seinem Volk, weil er seine Gabe nicht zur festgesetzten Zeit dem HERRN gebracht hat. Er soll seine Sünde tragen.

14 Und wenn ein Fremdling bei euch wohnt und auch dem HERRN Passa halten will, so soll er's halten nach der Satzung und der Ordnung des Passa. Einerlei Satzung soll bei euch sein für den Fremdling wie für den Einheimischen.

Die Wolken- und Feuersäule über der Stiftshütte

15 Und an dem Tage, da die Wohnung aufgerichtet wurde, bedeckte eine Wolke die Wohnung, die Hütte des Gesetzes, und vom Abend bis zum Morgen stand sie über der Wohnung wie ein feuriger Schein.

16 So geschah es die ganze Zeit, daß die Wolke sie bedeckte und bei Nacht ein feuriger Schein.

17 Sooft sich aber die Wolke von dem Zelt erhob, brachen die Kinder Israel auf; und wo die Wolke sich niederließ, da lagerten sich die Kinder Israel.

18 Nach dem Wort des HERRN brachen sie auf, und nach seinem Wort lagerten sie sich. Solange die Wolke auf der Wohnung blieb, so lange lagerten sie.

19 Und wenn die Wolke viele Tage stehenblieb über der Wohnung, so beachteten die Kinder Israel die Weisung des HERRN und zogen nicht weiter.

20 Und wenn die Wolke auf der Wohnung nur wenige Tage blieb, so lagerten sie sich nach dem Wort des HERRN und brachen auf nach dem Wort des HERRN.

21 Wenn die Wolke da war vom Abend bis zum Morgen und sich dann erhob, so zogen sie weiter; oder wenn sie sich bei Tage oder bei Nacht erhob, so brachen sie auch auf.

22 Wenn sie aber zwei Tage oder einen Monat oder noch länger auf der Wohnung blieb, so lagerten die Kinder Israel und zogen nicht weiter; und wenn sie sich dann erhob, so brachen sie auf.

23 Denn nach des HERRN Befehl lager-
ten sie sich, und nach des HERRN Befehl
brachen sie auf und beachteten so die
Weisung des HERRN, wie er sie durch
Mose geboten hatte.

Vom Blasen der Trompeten

10 Und der HERR redete mit Mose und
sprach:
2 Mache dir zwei Trompeten von getrie-
benem Silber und gebrauche sie, um die
Gemeinde zusammenzurufen und wenn
das Heer aufbrechen soll.
3 Wenn man mit beiden bläst, soll sich
bei dir versammeln die ganze Gemeinde
vor der Tür der Stiftshütte.
4 Wenn man nur mit einer bläst, so sol-
len sich bei dir versammeln die Fürsten,
die Häupter über die Tausende in Israel.
5 Wenn ihr aber laut trompetet, so sol-
len die Lager aufbrechen, die nach Osten
zu liegen.
6 Und wenn ihr zum zweiten Mal laut
trompetet, so sollen die Lager aufbrechen,
die nach Süden zu liegen. Denn wenn sie
weiterziehen sollen, so sollt ihr laut trom-
peten.
7 Wenn aber die Gemeinde zu versam-
meln ist, sollt ihr nur blasen und nicht laut
trompeten.
8 Es sollen aber blasen mit den Trompe-
ten die Söhne Aarons, die Priester; und
das soll eine ewige Ordnung sein für euch
und eure Nachkommen.
9 Wenn ihr in den Krieg zieht in eurem
Lande gegen eure Feinde, die euch be-
drängen, so sollt ihr laut trompeten mit
den Trompeten, daß euer gedacht werde
vor dem HERRN, eurem Gott, und ihr er-
rettet werdet vor euren Feinden.
10 Desgleichen, wenn ihr fröhlich seid
an euren Festen und an euren Neumon-
den, sollt ihr mit den Trompeten blasen
bei euren Brandopfern und Dankopfern,
damit euer Gott an euch denke. Ich bin
der HERR, euer Gott.

Aufbruch des Volkes vom Sinai

11 Am zwanzigsten Tage im zweiten
Monat des zweiten Jahres erhob sich die
Wolke von der Wohnung des Gesetzes.
12 Und die Kinder Israel brachen auf
aus der Wüste Sinai, und die Wolke mach-
te Halt in der Wüste Paran.
13 So brachen sie zum ersten Male auf
nach dem Wort des HERRN durch Mose,
14 nämlich das Banner des Lagers der
Söhne Juda brach zuerst auf, Heerschar
nach Heerschar, und über ihr Heer gebot
Nachschon, der Sohn Amminadabs.
15 Und über das Heer des Stammes der
Söhne Isaschar gebot Nathanael, der
Sohn Zuars.
16 Und über das Heer des Stammes der
Söhne Sebulon gebot Eliab, der Sohn He-
lons.
17 Dann zerlegte man die Wohnung,
und es brachen auf die Söhne Gerson und
Merari und trugen die Wohnung.
18 Danach brach auf das Banner des
Lagers Ruben, Heerschar nach Heer-
schar, und über ihr Heer gebot Elizur, der
Sohn Schedëurs.
19 Und über das Heer des Stammes der
Söhne Simeon gebot Schelumiël, der Sohn
Zurischaddais,
20 und Eljasaph, der Sohn Deguëls,
über das Heer des Stammes der Söhne
Gad.
21 Dann brachen auf die Kehathiter und
trugen die heiligen Geräte; und man rich-
tete die Wohnung auf, bis diese nach-
kamen.
22 Danach brach auf das Banner des
Lagers der Söhne Ephraim, Heerschar
nach Heerschar, und über ihr Heer gebot
Elischama, der Sohn Ammihuds,
23 und Gamliël, der Sohn Pedazurs,
über das Heer des Stammes der Söhne
Manasse,
24 und Abidan, der Sohn des Gideoni,
über das Heer des Stammes der Söhne
Benjamin.
25 Danach brach auf das Banner des
Lagers der Söhne Dan als letztes aller La-
ger, Heerschar nach Heerschar, und Ahië-
ser, der Sohn Ammischaddais, gebot über
ihr Heer,
26 und Pagiël, der Sohn Ochrans, über
das Heer des Stammes der Söhne Asser,
27 und Ahira, der Sohn Enans, über das
Heer des Stammes der Söhne Naphthali.
28 So brachen die Kinder Israel auf,
Heerschar nach Heerschar.
29 Und Mose sprach zu seinem Schwa-
ger Hobab, dem Sohn Reguëls, aus Mi-
dian: Wir ziehen dahin in das Land, von
dem der HERR gesagt hat: «Ich will es euch

geben.» Komm nun mit uns, so wollen wir Gutes an dir tun, denn der HERR hat Israel Gutes zugesagt.

30 Er aber antwortete: Ich will nicht mit euch, sondern in mein Land zu meiner Verwandtschaft ziehen.

31 Mose sprach: Verlaß uns doch nicht, denn du weißt, wo wir in der Wüste uns lagern sollen, und du sollst unser Auge sein.

32 Und wenn du mit uns ziehst – was der HERR Gutes an uns tut, das wollen wir an dir tun.

33 So zogen sie von dem Berge des HERRN drei Tagereisen weit, und die Lade des Bundes des HERRN zog vor ihnen her die drei Tagereisen, um ihnen zu zeigen, wo sie ruhen sollten.

34 Und die Wolke des HERRN war bei Tage über ihnen, wenn sie aus dem Lager zogen.

35 Und wenn die Lade aufbrach, so sprach Mose: HERR, steh auf! Laß deine Feinde zerstreut werden und alle, die dich hassen, flüchtig werden vor dir!

36 Und wenn sie sich niederließ, so sprach er: Komm wieder, HERR, zu der Menge der Tausende in Israel!

Mose erhält Beistand. Das murrende Volk wird gestraft

11 Und das Volk klagte vor den Ohren des HERRN, daß es ihm schlecht gehe. Und als es der HERR hörte, entbrannte sein Zorn, und das Feuer des HERRN loderte auf unter ihnen und fraß am Rande des Lagers.

2 Da schrie das Volk zu Mose, und Mose bat den HERRN; da verschwand das Feuer.

3 Und man nannte die Stätte Tabera, weil hier das Feuer des HERRN unter ihnen aufgelodert war.

4 Das fremde Volk aber unter ihnen war lüstern geworden. Da fingen auch die Kinder Israel wieder an zu weinen und sprachen: Wer wird uns Fleisch zu essen geben?

5 Wir denken an die Fische, die wir in Ägypten umsonst aßen, und an die Kürbisse, die Melonen, den Lauch, die Zwiebeln und den Knoblauch.

6 Nun aber ist unsere Seele matt, denn unsere Augen sehen nichts als das Manna.

7 Es war aber das Manna wie Koriandersamen und anzusehen wie Bedolachharz.

8 Und das Volk lief hin und her und sammelte und zerrieb es mit Mühlen oder zerstieß es in Mörsern und kochte es in Töpfen und machte sich Kuchen daraus; und es hatte einen Geschmack wie Ölkuchen.

9 Und wenn bei Nacht der Tau über das Lager fiel, so fiel das Manna mit darauf.

10 Als nun Mose das Volk weinen hörte, alle Geschlechter miteinander, einen jeden in der Tür seines Zeltes, da entbrannte der Zorn des HERRN sehr. Und auch Mose verdroß es.

11 Und Mose sprach zu dem HERRN: Warum bekümmerst du deinen Knecht? Und warum finde ich keine Gnade vor deinen Augen, daß du die Last dieses ganzen Volks auf mich legst?

12 Hab ich denn all das Volk empfangen oder geboren, daß du zu mir sagen könntest: Trag es in deinen Armen, wie eine Amme ein Kind trägt, in das Land, das du ihren Vätern zugeschworen hast?

13 Woher soll ich Fleisch nehmen, um es all diesem Volk zu geben? Sie weinen vor mir und sprechen: Gib uns Fleisch zu essen.

14 Ich vermag all das Volk nicht allein zu tragen, denn es ist mir zu schwer.

15 Willst du aber doch so mit mir tun, so töte mich lieber, wenn anders ich Gnade vor deinen Augen gefunden habe, damit ich nicht mein Unglück sehen muß.

16 Und der HERR sprach zu Mose: Sammle mir siebzig Männer unter den Ältesten Israels, von denen du weißt, daß sie Älteste im Volk und seine Amtleute sind, und bringe sie vor die Stiftshütte und stelle sie dort vor dich,

17 so will ich herniederkommen und dort mit dir reden und von deinem Geist, der auf dir ist, nehmen und auf sie legen, damit sie mit dir die Last des Volks tragen und du nicht allein tragen mußt.

18 Und zum Volk sollst du sagen: Heiligt euch für morgen, so sollt ihr Fleisch zu essen haben; denn euer Weinen ist vor die Ohren des HERRN gekommen, die ihr sprecht: «Wer gibt uns Fleisch zu essen? Denn es ging uns gut in Ägypten.» Darum wird euch der HERR Fleisch zu essen geben,

19 nicht nur einen Tag, nicht zwei, nicht
fünf, nicht zehn, nicht zwanzig Tage lang,
20 sondern einen Monat lang, bis ihr's
nicht mehr riechen könnt und es euch zum
Ekel wird, weil ihr den HERRN verworfen
habt, der unter euch ist, und weil ihr vor
ihm geweint und gesagt habt: Warum sind
wir aus Ägypten gegangen?
21 Und Mose sprach: Sechshunderttau-
send Mann Fußvolk sind es, mit denen
ich lebe, und du sprichst: Ich will ihnen
Fleisch geben, daß sie einen Monat lang
zu essen haben.
22 Kann man so viele Schafe und Rin-
der schlachten, daß es für sie genug sei?
Oder kann man alle Fische des Meeres
einfangen, daß es für sie genug sei?
23 Der HERR aber sprach zu Mose: Ist
denn die Hand des HERRN zu kurz? Aber
du sollst jetzt sehen, ob sich dir mein Wort
erfüllt oder nicht.
24 Und Mose ging heraus und sagte dem
Volk die Worte des HERRN und versam-
melte siebzig Männer aus den Ältesten des
Volks und stellte sie rings um die Stifts-
hütte.
25 Da kam der HERR hernieder in der
Wolke und redete mit ihm und nahm
von dem Geist, der auf ihm war, und legte
ihn auf die siebzig Ältesten. Und als der
Geist auf ihnen ruhte, gerieten sie in Ver-
zückung wie Propheten und hörten nicht
auf.
26 Es waren aber noch zwei Männer im
Lager geblieben; der eine hieß Eldad, der
andere Medad. Und der Geist kam über
sie, denn sie waren auch aufgeschrieben,
jedoch nicht hinausgegangen zu der Stifts-
hütte, und sie gerieten in Verzückung im
Lager.
27 Da lief ein junger Mann hin und sagte
es Mose und sprach: Eldad und Medad
sind in Verzückung im Lager.
28 Da antwortete Josua, der Sohn Nuns,
der dem Mose diente von seiner Jugend
an, und sprach: Mose, mein Herr, wehre
ihnen!
29 Aber Mose sprach zu ihm: Eiferst du
um meinetwillen? Wollte Gott, daß alle
im Volk des HERRN Propheten wären und
der HERR seinen Geist über sie kommen
ließe!
30 Darauf kehrte Mose zum Lager zu-
rück mit den Ältesten Israels.
31 Da erhob sich ein Wind, vom HERRN
gesandt, und ließ Wachteln kommen vom
Meer und ließ sie auf das Lager fallen,
eine Tagereise weit rings um das Lager,
zwei Ellen hoch auf der Erde.
32 Da machte sich das Volk auf und
sammelte Wachteln diesen ganzen Tag
und die ganze Nacht und den andern gan-
zen Tag; und wer am wenigsten sammelte,
der sammelte hundert Scheffel. Und sie
breiteten sie rings um das Lager aus, um
sie zu dörren.
33 Als aber das Fleisch noch zwischen
ihren Zähnen war und ehe es ganz aufge-
braucht war, da entbrannte der Zorn des
HERRN gegen das Volk, und er schlug sie
mit einer sehr großen Plage.
34 Daher heißt die Stätte «Lustgräber»,
weil man dort das lüsterne Volk begrub.
35 Von den «Lustgräbern» aber zog das
Volk weiter nach Hazeroth, und sie blie-
ben in Hazeroth.

Mirjam wird aussätzig

12 Da redeten Mirjam und Aaron ge-
gen Mose um seiner Frau willen,
der Kuschiterin, die er genommen hatte.
Er hatte sich nämlich eine kuschitische
Frau genommen.
2 Und sie sprachen: Redet denn der
HERR allein durch Mose? Redet er nicht
auch durch uns? Und der HERR hörte es.
3 Aber Mose war ein sehr demütiger
Mensch, mehr als alle Menschen auf Er-
den.
4 Und sogleich sprach der HERR zu
Mose und zu Aaron und zu Mirjam: Geht
hinaus, ihr drei, zu der Stiftshütte! Und
sie gingen alle drei hinaus.
5 Da kam der HERR hernieder in der
Wolkensäule und trat in die Tür der
Stiftshütte und rief Aaron und Mirjam,
und die gingen beide hin.
6 Und er sprach: Hört meine Worte: Ist
jemand unter euch ein Prophet des HERRN,
dem will ich mich kundmachen in Ge-
sichten oder will mit ihm reden in Träu-
men.
7 Aber so steht es nicht mit meinem
Knecht Mose; ihm ist mein ganzes Haus
anvertraut.
8 Von Mund zu Mund rede ich mit ihm,
nicht durch dunkle Worte oder Gleich-
nisse, und er sieht den HERRN in seiner

Gestalt. Warum habt ihr euch denn nicht
gefürchtet, gegen meinen Knecht Mose zu
reden?
9 Und der Zorn des Herrn entbrannte
gegen sie, und er wandte sich weg;
10 auch wich die Wolke von der Stifts-
hütte. Und siehe, da war Mirjam aussätzig
wie Schnee. Und Aaron wandte sich zu
Mirjam und wird gewahr, daß sie aus-
sätzig ist,
11 und sprach zu Mose: Ach, mein
Herr, laß die Sünde nicht auf uns bleiben,
mit der wir töricht getan und uns ver-
sündigt haben.
12 Laß Mirjam nicht sein wie ein Totge-
borenes, das von seiner Mutter Leibe
kommt und von dem schon die Hälfte
seines Fleisches geschwunden ist.
13 Mose aber schrie zu dem Herrn:
Ach Gott, heile sie!
14 Der Herr sprach zu Mose: Wenn ihr
Vater ihr ins Angesicht gespien hätte,
würde sie nicht sieben Tage sich schämen?
Laß sie abgesondert sein sieben Tage
außerhalb des Lagers; danach soll sie wie-
der aufgenommen werden.
15 So wurde Mirjam sieben Tage abge-
sondert außerhalb des Lagers. Und das
Volk zog nicht weiter, bis Mirjam wieder
aufgenommen wurde.
°16 Danach brach das Volk von Haze-
roth auf und lagerte sich in der Wüste
Paran.

Aussendung und Rückkehr der Kundschafter

13 °Und der Herr redete mit Mose
und sprach:
2 Sende Männer aus, die das Land Ka-
naan erkunden, das ich den Kindern
Israel geben will, aus jedem Stamm ihrer
Väter je einen Mann, lauter Älteste.
3 Da entsandte Mose aus der Wüste
Paran nach dem Wort des Herrn lauter
Männer, die Häupter waren unter den
Kindern Israel.
4 Und sie hießen: Schammua, der Sohn
Sakkurs, vom Stamme Ruben;
5 Schaphat, der Sohn Horis, vom Stam-
me Simeon;
6 Kaleb, der Sohn Jephunnes, vom
Stamme Juda;
7 Jigal, der Sohn Josephs, vom Stamme
Isaschar;
8 Hosea, der Sohn Nuns, vom Stamme
Ephraim;
9 Palti, der Sohn Raphus, vom Stamme
Benjamin;
10 Gaddiël, der Sohn Sodis, vom Stam-
me Sebulon;
11 Gaddi, der Sohn Susis, vom Stamme
Joseph, von Manasse;
12 Ammiël, der Sohn Gemallis, vom
Stamme Dan;
13 Sethur, der Sohn Michaels, vom
Stamme Asser;
14 Nachbi, der Sohn Wophsis, vom
Stamme Naphthali;
15 Gëuël, der Sohn Machis, vom Stam-
me Gad.
16 Das sind die Namen der Männer, die
Mose aussandte, um das Land zu erkun-
den. Aber Hosea, den Sohn Nuns, nannte
Mose Josua.
17 Als sie nun Mose aussandte, das
Land Kanaan zu erkunden, sprach er zu
ihnen: Zieht da hinauf ins Südland und
geht auf das Gebirge
18 und seht euch das Land an, wie es ist,
und das Volk, das darin wohnt, ob's stark
oder schwach, wenig oder viel ist;
19 und was es für ein Land ist, darin sie
wohnen, ob's gut oder schlecht ist; und
was es für Städte sind, in denen sie woh-
nen, ob sie in Zeltdörfern oder festen
Städten wohnen;
20 und wie der Boden ist, ob fett oder
mager und ob Bäume da sind oder nicht.
Seid mutig und bringt mit von den Früch-
ten des Landes. Es war aber eben um die
Zeit der ersten Weintrauben.
21 Und sie gingen hinauf und erkunde-
ten das Land von der Wüste Zin bis nach
Rehob, von wo man nach Hamath geht.
22 Sie gingen hinauf ins Südland und
kamen bis nach Hebron; da lebten Ahi-
man, Scheschai und Talmai, die Söhne
Enaks. Hebron aber war erbaut worden
sieben Jahre vor Zoan in Ägypten.
23 Und sie kamen bis an den Bach Esch-
kol und schnitten dort eine Rebe ab mit
einer Weintraube und trugen sie zu zweien
auf einer Stange, dazu auch Granatäpfel
und Feigen.
24 Der Ort heißt Bach Eschkol* nach
der Traube, die die Kinder Israel dort ab-
geschnitten hatten.

*d. h. Traubenbach.

25 Und nach vierzig Tagen, als sie das
Land erkundet hatten, kehrten sie um,
26 gingen hin und kamen zu Mose und
Aaron und zu der ganzen Gemeinde der
Kinder Israel in die Wüste Paran nach
Kadesch und brachten ihnen und der
ganzen Gemeinde Kunde, wie es stand,
und ließen sie die Früchte des Landes
sehen.
27 Und sie erzählten ihnen und spra-
chen: Wir sind in das Land gekommen, in
das ihr uns sandtet; es fließt wirklich Milch
und Honig darin, und dies sind seine
Früchte.
28 Aber stark ist das Volk, das darin
wohnt, und die Städte sind befestigt und
sehr groß; und wir sahen dort auch Enaks
Söhne.
29 Es wohnen die Amalekiter im Süd-
land, die Hethiter und Jebusiter und
Amoriter wohnen auf dem Gebirge, die
Kanaaniter aber wohnen am Meer und
am Jordan.
30 Kaleb aber beschwichtigte das Volk,
das gegen Mose murrte, und sprach: Laßt
uns hinaufziehen und das Land einneh-
men, denn wir können es überwältigen.
31 Aber die Männer, die mit ihm hin-
aufgezogen waren, sprachen: Wir vermö-
gen nicht hinaufzuziehen gegen dies Volk,
denn sie sind uns zu stark.
32 Und sie brachten über das Land, das
sie erkundet hatten, ein böses Gerücht auf
unter den Kindern Israel und sprachen:
Das Land, durch das wir gegangen sind,
um es zu erkunden, frißt seine Bewohner,
und alles Volk, das wir darin sahen, sind
Leute von großer Länge.
33 Wir sahen dort auch Riesen, Enaks
Söhne aus dem Geschlecht der Riesen,
und wir waren in unsern Augen wie Heu-
schrecken und waren es auch in ihren
Augen.

14 **Da** fuhr die ganze Gemeinde auf
und schrie, und das Volk weinte die
ganze Nacht.
2 Und alle Kinder Israel murrten gegen
Mose und Aaron, und die ganze Gemein-
de sprach zu ihnen: Ach daß wir in Ägyp-
tenland gestorben wären oder noch in
dieser Wüste stürben!
3 Warum führt uns der HERR in dies
Land, damit wir durchs Schwert fallen
und unsere Frauen und unsere Kinder ein
Raub werden? Ist's nicht besser, wir zie-
hen wieder nach Ägypten?
4 Und einer sprach zu dem andern:
Laßt uns einen Hauptmann über uns set-
zen und wieder nach Ägypten ziehen!
5 Mose aber und Aaron fielen auf ihr
Angesicht vor der ganzen Versammlung
der Gemeinde der Kinder Israel.
6 Und Josua, der Sohn Nuns, und Ka-
leb, der Sohn Jephunnes, die auch das
Land erkundet hatten, zerrissen ihre Klei-
der
7 und sprachen zu der ganzen Gemeinde
der Kinder Israel: Das Land, das wir
durchzogen haben, um es zu erkunden, ist
sehr gut.
8 Wenn der HERR uns gnädig ist, so
wird er uns in dies Land bringen und es
uns geben, ein Land, darin Milch und
Honig fließt.
9 Fallt nur nicht ab vom HERRN und
fürchtet euch vor dem Volk dieses Landes
nicht, denn wir wollen sie wie Brot auf-
fressen. Es ist ihr Schutz von ihnen ge-
wichen, der HERR aber ist mit uns. Fürch-
tet euch nicht vor ihnen!
10 Aber das ganze Volk sprach, man
sollte sie steinigen. Da erschien die Herr-
lichkeit des HERRN über der Stiftshütte
allen Kindern Israel.
11 Und der HERR sprach zu Mose: Wie
lange lästert mich dies Volk? Und wie
lange wollen sie nicht an mich glauben
trotz all der Zeichen, die ich unter ihnen
getan habe?
12 Ich will sie mit der Pest schlagen und
sie vertilgen und dich zu einem größeren
und mächtigeren Volk machen als dieses.
13 Mose aber sprach zu dem HERRN:
Dann werden's die Ägypter hören; denn
du hast dies Volk mit deiner Kraft aus
ihrer Mitte herausgeführt.
14 Auch wird man es sagen zu den Be-
wohnern dieses Landes, die da gehört ha-
ben, daß du, HERR, unter diesem Volk
bist, daß du von Angesicht gesehen wirst
und deine Wolke über ihnen steht und daß
du, HERR, vor ihnen hergehst in der Wol-
kensäule am Tage und in der Feuersäule
bei Nacht.
15 Würdest du nun dies Volk töten wie
einen Mann, so würden die Völker, die
solch ein Gerücht über dich hören, sagen:
16 Der HERR vermochte es nicht, dies

Volk in das Land zu bringen, das er ihnen
zu geben geschworen hatte; darum hat er
sie hingeschlachtet in der Wüste.
17 So laß nun deine Kraft, o Herr, groß
werden, wie du gesagt hast:
18 «Der HERR ist geduldig und von großer Barmherzigkeit und vergibt Missetat
und Übertretung, aber er läßt niemand
ungestraft, sondern sucht heim die Missetat der Väter an den Kindern bis ins dritte
und vierte Glied.»
19 So vergib nun die Missetat dieses
Volks nach deiner großen Barmherzigkeit,
wie du auch diesem Volk vergeben hast
von Ägypten an bis hierher.
20 Und der HERR sprach: Ich habe vergeben, wie du es erbeten hast.
21 Aber so wahr ich lebe und alle Welt
der Herrlichkeit des HERRN voll werden
soll:
22 alle die Männer, die meine Herrlichkeit und meine Zeichen gesehen haben,
die ich getan habe in Ägypten und in der
Wüste, und mich nun zehnmal versucht
und meiner Stimme nicht gehorcht haben,
23 von denen soll keiner das Land sehen,
das ich ihren Vätern zu geben geschworen
habe; auch keiner soll es sehen, der mich
gelästert hat.
24 Nur meinen Knecht Kaleb, weil ein
anderer Geist in ihm ist und er mir treu
nachgefolgt ist, den will ich in das Land
bringen, in das er gekommen ist, und
seine Nachkommen sollen es einnehmen,
25 während die Amalekiter und Kanaaniter in der Ebene wohnen bleiben.
Morgen wendet euch und zieht in die
Wüste auf dem Wege zum Schilfmeer!
26 Und der HERR redete mit Mose und
Aaron und sprach:
27 Wie lange murrt diese böse Gemeinde
gegen mich? Ich habe das Murren der
Kinder Israel, womit sie gegen mich gemurrt haben, gehört.
28 Darum sprich zu ihnen: So wahr ich
lebe, spricht der HERR: ich will mit euch
tun, wie ihr vor meinen Ohren gesagt habt.
29 Eure Leiber sollen in dieser Wüste
verfallen. Alle, die ihr gezählt seid von
zwanzig Jahren an und darüber, die ihr
gegen mich gemurrt habt,
30 wahrlich, ihr sollt nicht in das Land
kommen, über das ich meine Hand zum
Schwur erhoben habe, euch darin wohnen
zu lassen, außer Kaleb, dem Sohn Jephunnes, und Josua, dem Sohn Nuns.
31 Eure Kinder aber, von denen ihr sagtet: Sie werden ein Raub sein, die will ich
hineinbringen, daß sie das Land kennenlernen, das ihr verwerft.
32 Aber eure eigenen Leiber sollen in
dieser Wüste verfallen.
33 Und eure Kinder sollen Hirten sein
in der Wüste vierzig Jahre und eure Untreue tragen, bis eure Leiber aufgerieben
sind in der Wüste.
34 Nach der Zahl der vierzig Tage, in
denen ihr das Land erkundet habt – je ein
Tag soll ein Jahr gelten –, sollt ihr vierzig
Jahre eure Schuld tragen, auf daß ihr innewerdet, was es sei, wenn ich die Hand abziehe.
35 Ich, der HERR, habe es gesagt, und
wahrlich, das will ich auch tun mit dieser
ganzen bösen Gemeinde, die sich gegen
mich empört hat. In dieser Wüste sollen
sie aufgerieben werden und dort sterben.
36 So starben vor dem HERRN durch
eine Plage alle die Männer, die Mose ausgesandt hatte, um das Land zu erkunden,
und die zurückgekommen waren und die
ganze Gemeinde gegen ihn zum Murren
verleitet hatten,
37 dadurch daß sie über das Land ein
böses Gerücht aufbrachten.
38 Aber Josua, der Sohn Nuns, und Kaleb, der Sohn Jephunnes, blieben am Leben von den Männern, die gegangen waren, um das Land zu erkunden.
39 Als Mose diese Worte allen Kindern
Israel sagte, da trauerte das Volk sehr.
40 Und sie machten sich früh am Morgen auf und zogen auf die Höhe des Gebirges und sprachen: Hier sind wir und
wollen hinaufziehen in das Land, von dem
der HERR geredet hat; denn wir haben gesündigt.
41 Mose aber sprach: Warum wollt ihr
das Wort des HERRN übertreten? Es wird
euch nicht gelingen.
42 Zieht nicht hinauf – denn der HERR
ist nicht unter euch –, daß ihr nicht geschlagen werdet vor euren Feinden.
43 Denn die Amalekiter und Kanaaniter
stehen euch dort gegenüber, und ihr werdet durchs Schwert fallen, weil ihr euch
vom HERRN abgekehrt habt, und der
HERR wird nicht mit euch sein.

44 Aber sie waren so vermessen und
zogen hinauf auf die Höhe des Gebirges;
aber die Lade des Bundes des HERRN und
Mose wichen nicht aus dem Lager.
45 Da kamen die Amalekiter und Ka-
naaniter, die auf dem Gebirge wohnten,
herab und schlugen und zersprengten sie
bis nach Horma.

Von Speis- und Trankopfern

15 Und der HERR redete mit Mose und
sprach:
2 Rede mit den Kindern Israel und
sprich zu ihnen: Wenn ihr in das Land
kommt, das ich euch zur Wohnung geben
werde,
3 und ihr dem HERRN Feueropfer dar-
bringen wollt von Rindern oder von Scha-
fen, es sei ein Brandopfer oder ein
Schlachtopfer oder um ein besonderes Ge-
lübde zu erfüllen oder als freiwillige Gabe
oder bei euren Festen, um dem HERRN
einen lieblichen Geruch zu bereiten,
4 dann soll, wer nun seine Gabe dem
HERRN opfern will, als Speisopfer ein
Zehntel feinstes Mehl dazutun, vermengt
mit einer viertel Kanne Öl,
5 und als Trankopfer auch eine viertel
Kanne Wein zu dem Brandopfer oder zu
dem Schlachtopfer, zu jedem Schaf, das
geopfert wird.
6 Wenn aber ein Widder geopfert wird,
sollst du als Speisopfer darbringen zwei
Zehntel feinstes Mehl, mit einer drittel
Kanne Öl vermengt,
7 und als Trankopfer auch eine drittel
Kanne Wein. Das sollst du dem HERRN
zum lieblichen Geruch opfern.
8 Willst du aber ein Rind zum Brand-
opfer oder zum besonderen Gelübdeopfer
oder zum Dankopfer dem HERRN darbrin-
gen,
9 so sollst du zu dem Rind als Speis-
opfer hinzutun drei Zehntel feinstes Mehl,
mit einer halben Kanne Öl vermengt,
10 und als Trankopfer auch eine halbe
Kanne Wein. Das ist ein Feueropfer für
den HERRN zum lieblichen Geruch.
11 So sollst du tun mit einem Stier, mit
einem Widder, mit einem Schaf oder mit
einer Ziege.
12 Wie die Zahl dieser Opfer, so soll
auch die Zahl der Speisopfer und Trank-
opfer sein.
13 Wer ein Einheimischer ist, der soll es
so halten, wenn er dem HERRN opfern will
ein Feueropfer zum lieblichen Geruch.
14 Und wenn ein Fremdling bei euch
wohnt oder unter euch bei euren Nach-
kommen lebt und will dem HERRN ein
Feueropfer zum lieblichen Geruch dar-
bringen, so soll er es halten wie ihr.
15 Für die ganze Gemeinde gelte nur
eine Satzung, für euch wie auch für die
Fremdlinge. Eine ewige Satzung soll das
sein für eure Nachkommen, daß vor dem
HERRN der Fremdling sei wie ihr.
16 Einerlei Gesetz, einerlei Recht soll
gelten für euch und für den Fremdling,
der bei euch wohnt.
17 Und der HERR redete mit Mose und
sprach:
18 Rede mit den Kindern Israel und
sprich zu ihnen: Wenn ihr in das Land
kommt, in das ich euch bringen werde,
19 und ihr eßt von dem Brot des Landes,
so sollt ihr dem HERRN eine Opfergabe
darbringen:
20 Als Erstling eures Teigs sollt ihr einen
Kuchen als Opfergabe darbringen. Wie
die Opfergabe von der Tenne,
21 so sollt ihr auch dem HERRN den
Erstling eures Teigs geben für alle Zeit.

Über Sünden aus Versehen und aus Vorsatz

22 Und wenn ihr aus Versehen eines die-
ser Gebote nicht tut, die der HERR dem
Mose gesagt hat,
23 irgendeins von allem, was der HERR
euch durch Mose geboten hat, von dem
Tage an, da er anfing zu gebieten, und
fortan für alle Zeit, –
24 wenn nun ohne Wissen der Gemeinde
etwas versehen würde, so soll die ganze
Gemeinde einen jungen Stier als Brand-
opfer darbringen zum lieblichen Geruch
für den HERRN samt seinem Speisopfer
und Trankopfer, wie es recht ist, und
einen Ziegenbock als Sündopfer.
25 Und so soll der Priester für die ganze
Gemeinde der Kinder Israel Sühne schaf-
fen, und es wird ihnen vergeben sein; denn
es war ein Versehen. Wenn sie diese ihre
Gabe darbringen zum Feueropfer für den
HERRN und ihr Sündopfer vor dem HERRN
für ihr Versehen,
26 so wird's vergeben der ganzen Ge-
meinde der Kinder Israel, dazu auch dem

Fremdling, der unter euch wohnt, weil das
ganze Volk an solchem Versehen teilhat.
27 Wenn aber ein Einzelner aus Ver-
sehen sündigen wird, so soll er eine ein-
jährige Ziege zum Sündopfer bringen.
28 Und der Priester soll Sühne schaffen
vor dem HERRN für den, der aus Versehen
gesündigt hat, daß er für ihn Sühne schaffe
und ihm vergeben werde.
29 Und es soll einerlei Gesetz gelten für
die, die ein Versehen begehen, für den
Einheimischen unter den Kindern Israel
und für den Fremdling, der unter euch
wohnt.
30 Wenn aber ein Einzelner aus Vorsatz
frevelt, es sei ein Einheimischer oder
Fremdling, so hat der den HERRN ge-
schmäht. Er soll ausgerottet werden aus
seinem Volk;
31 denn er hat des HERRN Wort verach-
tet und sein Gebot gebrochen. Ja, der soll
ausgerottet werden; seine Schuld bleibt
auf ihm.

Strafe für Sabbatschändung

32 Als nun die Kinder Israel in der Wüste
waren, fanden sie einen Mann, der Holz
auflas am Sabbattag.
33 Und die ihn dabei gefunden hatten,
wie er Holz auflas, brachten ihn zu Mose
und Aaron und vor die ganze Gemeinde.
34 Und sie legten ihn gefangen, denn es
war nicht klar bestimmt, was man mit
ihm tun sollte.
35 Der HERR aber sprach zu Mose: Der
Mann soll des Todes sterben; die ganze
Gemeinde soll ihn steinigen draußen vor
dem Lager.
36 Da führte die ganze Gemeinde ihn
hinaus vor das Lager und steinigte ihn, so
daß er starb, wie der HERR dem Mose ge-
boten hatte.

Von den Quasten an den Kleidern

37 Und der HERR sprach zu Mose:
38 Rede mit den Kindern Israel und
sprich zu ihnen, daß sie und ihre Nach-
kommen sich Quasten machen an den
Zipfeln ihrer Kleider und blaue Schnüre
an die Quasten der Zipfel tun.
39 Und dazu sollen die Quasten euch
dienen: sooft ihr sie anseht, sollt ihr an
alle Gebote des HERRN denken und sie
tun, damit ihr euch nicht von eurem Her-
zen noch von euren Augen verführen laßt
und abgöttisch werdet,
40 sondern ihr sollt an alle meine Ge-
bote denken und sie tun, daß ihr heilig seid
eurem Gott.
41 Ich bin der HERR, euer Gott, der euch
aus Ägyptenland geführt hat, daß ich euer
Gott sei, ich, der HERR, euer Gott.

Aufruhr und Untergang der Rotte Korah

16 Und Korah, der Sohn Jizhars, des
Sohnes Kehaths, des Sohnes Levis,
dazu Dathan und Abiram, die Söhne
Eliabs, und On, der Sohn Peleths, die
Söhne Rubens,
2 die empörten sich gegen Mose, dazu
zweihundertundfünfzig Männer unter den
Kindern Israel, Vorsteher der Gemeinde,
von der Versammlung berufen, namhafte
Leute.
3 Und sie versammelten sich gegen Mose
und Aaron und sprachen zu ihnen: Ihr
geht zu weit! Denn die ganze Gemeinde,
sie alle sind heilig, und der HERR ist unter
ihnen. Warum erhebt ihr euch über die
Gemeinde des HERRN?
4 Als Mose das hörte, fiel er auf sein An-
gesicht
5 und sprach zu Korah und zu seiner
ganzen Rotte: Morgen wird der HERR
kundtun, wer ihm gehört, wer heilig ist
und zu ihm nahen soll; wen er erwählt,
der soll zu ihm nahen.
6 Dies tut morgen: Nehmt euch Pfan-
nen, Korah und seine ganze Rotte,
7 und legt Feuer hinein und tut Räucher-
werk darauf vor dem HERRN. Wen dann
der HERR erwählt, der ist heilig. Ihr geht
zu weit, ihr Söhne Levi!
8 Und Mose sprach zu Korah: Höret
doch, ihr Söhne Levi!
9 Ist's euch zu wenig, daß euch der Gott
Israels ausgesondert hat aus der Gemein-
de Israel, ihm zu nahen, damit ihr euer
Amt ausübt an der Wohnung des HERRN
und vor die Gemeinde tretet, um ihr zu
dienen?
10 Er hat dich und mit dir alle deine
Brüder, die Söhne Levi, zu sich nahen
lassen; und ihr sucht nun auch das Prie-
stertum?
11 Du und deine ganze Rotte, ihr macht
einen Aufruhr wider den HERRN! Es ist
nicht Aaron, gegen den ihr murrt.

12 Und Mose schickte hin und ließ Da-
than und Abiram rufen, die Söhne Eliabs.
Sie aber sprachen: Wir kommen nicht!
13 Ist's nicht genug, daß du uns aus dem
Lande geführt hast, darin Milch und Ho-
nig fließt, und uns tötest in der Wüste?
Mußt du auch noch über uns herrschen?
14 Wie fein hast du uns gebracht in ein
Land, darin Milch und Honig fließt, und
hast uns Äcker und Weinberge zum Erb-
teil gegeben! Willst du den Leuten auch
die Augen ausreißen? Wir kommen nicht!
15 Da ergrimmte Mose sehr und sprach
zu dem HERRN: Wende dich nicht zu
ihrem Opfer. Ich habe nicht einen Esel
von ihnen genommen und habe keinem
von ihnen ein Leid getan.
16 Und Mose sprach zu Korah: Du und
deine ganze Rotte, ihr sollt morgen vor
den HERRN kommen, du und sie und
Aaron.
17 Und ein jeder nehme seine Pfanne
und lege Räucherwerk darauf, und tretet
hin vor den HERRN, ein jeder mit seiner
Pfanne, zweihundertundfünfzig Pfannen;
auch du und Aaron, ein jeder mit seiner
Pfanne.
18 Und ein jeder nahm seine Pfanne und
legte Feuer hinein und tat Räucherwerk
darauf, und sie traten vor die Tür der
Stiftshütte und Mose und Aaron auch.
19 Und Korah versammelte gegen sie
die ganze Gemeinde vor der Tür der
Stiftshütte.
Da erschien die Herrlichkeit des HERRN
vor der ganzen Gemeinde.
20 Und der HERR redete mit Mose und
Aaron und sprach:
21 Scheidet euch von dieser Gemeinde,
damit ich sie im Nu vertilge.
22 Sie fielen aber auf ihr Angesicht und
sprachen: Ach Gott, der du bist der Gott
des Lebensgeistes für alles Fleisch, wenn
ein einziger Mann gesündigt hat, willst du
darum gegen die ganze Gemeinde wüten?
23 Und der HERR redete mit Mose und
sprach:
24 Sage der Gemeinde: Weicht rings-
herum zurück von der Wohnung Korahs
und Dathans und Abirams.
25 Und Mose stand auf und ging zu
Dathan und Abiram, und die Ältesten
Israels folgten ihm nach;
26 und er redete mit der Gemeinde und
sprach: Weicht von den Zelten dieser gott-
losen Menschen und rührt nichts an, was
sie haben, damit ihr nicht auch umkommt
durch all ihre Sünde.
27 Und sie gingen hinweg von der Woh-
nung Korahs, Dathans und Abirams. Da-
than aber und Abiram gingen heraus und
traten an die Tür ihrer Zelte mit ihren
Frauen und Söhnen und kleinen Kindern.
28 Und Mose sprach: Daran sollt ihr
merken, daß mich der HERR gesandt hat,
alle diese Werke zu tun, und daß ich sie
nicht tue aus meinem eigenen Herzen:
29 Werden sie sterben, wie alle Men-
schen sterben, oder heimgesucht, wie alle
Menschen heimgesucht werden, so hat
mich der HERR nicht gesandt;
30 wird aber der HERR etwas Neues
schaffen, daß die Erde ihren Mund auftut
und sie verschlingt mit allem, was sie
haben, daß sie lebendig hinunter zu den
Toten fahren, so werdet ihr erkennen, daß
diese Leute den HERRN gelästert haben.
31 Und als er alle diese Worte beendet
hatte, zerriß die Erde unter ihnen
32 und tat ihren Mund auf und ver-
schlang sie mit ihren Sippen, mit allen
Menschen, die zu Korah gehörten, und
mit all ihrer Habe.
33 Und sie fuhren lebendig zu den Toten
hinunter mit allem, was sie hatten, und
die Erde deckte sie zu, und sie kamen um,
mitten aus der Gemeinde heraus.
34 Und ganz Israel, das um sie her war,
floh vor ihrem Geschrei; denn sie dach-
ten: Daß uns die Erde nicht auch ver-
schlinge!
35 Und Feuer fuhr aus von dem HERRN
und fraß die zweihundertundfünfzig Män-
ner, die das Räucherwerk opferten.
17 °Und der HERR redete mit Mose
und sprach:
2 Sage Eleasar, dem Sohn des Priesters
Aaron, daß er die Pfannen aufhebe aus
dem Brand und streue das Feuer weit hin-
weg.
3 Denn die Pfannen dieser Sünder, die
umgekommen sind, gehören dem Heilig-
tum. Man schlage sie zu breiten Blechen,
daß man den Altar damit überziehe; denn
sie haben sie hingebracht vor den HERRN,
so daß sie geheiligt sind; sie sollen den
Kindern Israel ein Zeichen sein.
4 Und Eleasar, der Priester, nahm die

kupfernen Pfannen, die die Verbrannten
herangebracht hatten, und schlug sie zu
Blechen, um den Altar zu überziehen;
5 als Mahnzeichen für die Kinder Israel,
daß kein Fremder, der nicht vom Geschlecht
Aarons ist, sich nahe, um Räucherwerk
zu opfern vor dem HERRN, damit
es ihm nicht gehe wie Korah und seiner
Rotte, wie der HERR zu ihm geredet
hatte durch Mose.

Empörung der ganzen Gemeinde gegen Mose und Aaron

6 Am andern Morgen aber murrte die
ganze Gemeinde der Kinder Israel gegen
Mose und Aaron, und sie sprachen: Ihr
habt des HERRN Volk getötet.
7 Und als sich die Gemeinde versammelte
gegen Mose und Aaron, wandten
sie sich zu der Stiftshütte: Und siehe, da
wurde sie bedeckt von der Wolke, und die
Herrlichkeit des HERRN erschien.
8 Und Mose und Aaron gingen hin vor
die Stiftshütte.
9 Und der HERR redete mit Mose und
sprach:
10 Hebt euch hinweg aus dieser Gemeinde;
ich will sie im Nu vertilgen! Und
sie fielen auf ihr Angesicht.
11 Und Mose sprach zu Aaron: Nimm
die Pfanne und tu Feuer hinein vom Altar
und lege Räucherwerk darauf und geh
eilends zu der Gemeinde und schaffe für
sie Sühne; denn der Zorn ist von dem
HERRN ausgegangen, und die Plage hat
angefangen.
12 Und Aaron tat, wie ihm Mose gesagt
hatte, und lief mitten unter die Gemeinde;
und siehe, die Plage hatte schon
angefangen unter dem Volk. Da räucherte
er und schaffte Sühne für das Volk
13 und stand zwischen den Toten und
den Lebenden. Da wurde der Plage gewehrt.
14 Die aber gestorben waren an der
Plage, waren vierzehntausendsiebenhundert,
außer denen, die mit Korah starben.
15 Und Aaron kam wieder zu Mose vor
die Tür der Stiftshütte, und der Plage war
gewehrt.

Aarons grünender Stab

°16 Und der HERR redete mit Mose und
sprach:
17 Rede mit den Kindern Israel und
nimm von ihnen zwölf Stäbe, von jedem
Fürsten ihrer Sippen je einen, und schreib
eines jeden Namen auf seinen Stab.
18 Aber den Namen Aarons sollst du
schreiben auf den Stab Levis. Denn für
jedes Haupt ihrer Sippen soll je ein Stab
sein.
19 Und lege sie in der Stiftshütte nieder
vor der Lade mit dem Gesetz, wo ich
mich euch bezeuge.
20 Und wen ich erwählen werde, dessen
Stab wird grünen. So will ich das Murren
der Kinder Israel, mit dem sie gegen euch
murren, stillen.
21 Mose redete mit den Kindern Israel,
und alle ihre Fürsten gaben ihm zwölf
Stäbe, ein jeder Fürst je einen Stab, nach
ihren Sippen, und der Stab Aarons war
auch unter ihren Stäben.
22 Und Mose legte die Stäbe vor dem
HERRN nieder in der Hütte des Gesetzes.
23 Am nächsten Morgen, als Mose in
die Hütte des Gesetzes ging, fand er den
Stab Aarons vom Hause Levi grünen und
die Blüte aufgegangen und Mandeln getragen.
24 Und Mose trug die Stäbe alle heraus
von dem HERRN zu allen Kindern Israel,
daß sie es sahen, und ein jeder nahm seinen
Stab.
25 Der HERR aber sprach zu Mose:
Trage den Stab Aarons wieder vor die
Lade mit dem Gesetz, damit er verwahrt
werde zum Zeichen für die Ungehorsamen,
daß ihr Murren vor mir aufhöre und
sie nicht sterben.
26 Mose tat, wie ihm der HERR geboten
hatte.
27 Und die Kinder Israel sprachen zu
Mose: Siehe, wir verderben und kommen
um; wir werden alle vertilgt und kommen
um.
28 Wer sich naht zu der Wohnung des
HERRN, der stirbt. Sollen wir denn ganz
und gar untergehen?

Vom Amt und Anrecht der Priester und Leviten

18 Und der HERR sprach zu Aaron:
Du und deine Söhne und deine
Sippe, ihr sollt die Schuld tragen, wenn
eine Verfehlung begangen wird am Heiligtum;
und du und deine Söhne mit dir,

ihr sollt die Schuld tragen, wenn eine Verfehlung begangen wird bei eurem Priesterdienst.

2 Aber deine Brüder aus dem Stamme deines Vaters Levi sollst du zu dir nehmen, daß sie bei dir seien und dir dienen; du aber und deine Söhne mit dir sollen dienen vor der Hütte des Gesetzes.

3 Und sie sollen dir dienen und den Dienst an der ganzen Stiftshütte versehen. Doch zu dem Gerät des Heiligtums und zu dem Altar sollen sie sich nicht nahen, damit nicht beide sterben, sie und ihr,

4 sondern sie sollen bei dir sein, daß sie ihren Dienst versehen an der Stiftshütte, alles, was das Amt erfordert; und kein Fremder soll sich neben euch zum Dienste nahen.

5 So verseht nun den Dienst am Heiligtum und den Dienst am Altar, damit hinfort nicht mehr ein Zorn komme über die Kinder Israel.

6 Denn siehe, ich habe die Leviten, eure Brüder, genommen aus den Kindern Israel euch zum Geschenk, als die dem HERRN zu eigen gegeben sind, damit sie das Amt ausüben an der Stiftshütte.

7 Du aber und deine Söhne mit dir, ihr sollt auf euer Priesteramt achthaben, daß ihr dienet in allen Verrichtungen am Altar und drinnen hinter dem Vorhang; denn euer Priesteramt gebe ich euch zum Geschenk. Wenn ein Fremder sich naht, so soll er sterben.

8 Und der HERR sagte zu Aaron: Siehe, dies überlasse ich dir bei dem Dienst an meinen Opfergaben: von allen heiligen Gaben der Kinder Israel gebe ich dir einen Anteil, dir und deinen Söhnen, als ewiges Anrecht.

9 Das sollst du haben von den hochheiligen Gaben, soweit sie nicht verbrannt werden: alle ihre Gaben bei allen ihren Speisopfern und bei allen ihren Sündopfern und bei allen ihren Schuldopfern, die sie mir erstatten; als Hochheiliges gebe ich es dir und deinen Söhnen.

10 Am hochheiligen Ort sollst du es essen. Was männlich ist, darf davon essen; denn es soll dir heilig sein.

11 Auch das soll dir gehören: die heilige Abgabe von ihren Gaben; von allen Schwingopfern der Kinder Israel gebe ich sie dir und deinen Söhnen und Töchtern mit dir als ewiges Anrecht. Wer rein ist in deinem Hause, darf davon essen.

12 Alles Beste vom Öl und alles Beste vom Wein und Korn, die Erstlingsgabe, die sie dem HERRN bringen, habe ich dir gegeben.

13 Die Erstlinge, die sie dem HERRN bringen von allem, was in ihrem Lande ist, sollen dir gehören. Wer rein ist in deinem Hause, darf davon essen.

14 Alles Gebannte in Israel soll dir gehören.

15 Alles, was zuerst den Mutterschoß durchbricht bei allem Fleisch, es sei Mensch oder Vieh, das sie dem HERRN bringen, soll dir gehören. Doch sollst du die Erstgeburt eines Menschen auslösen lassen, und die Erstgeburt eines unreinen Viehs sollst du auch auslösen lassen.

16 Du sollst es aber auslösen, wenn's einen Monat alt ist, und du sollst es auslösen lassen nach der Ordnung, die dir gegeben ist, um fünf Silberstücke nach dem Gewicht des Heiligtums, das Silberstück zu zwanzig Gramm.

17 Aber die Erstgeburt eines Rindes, eines Schafes oder einer Ziege sollst du nicht auslösen lassen; denn sie sind heilig. Ihr Blut sollst du an den Altar gießen, und ihr Fett sollst du in Rauch aufgehen lassen als Feueropfer für den HERRN zum lieblichen Geruch.

18 Ihr Fleisch soll dir gehören, wie auch die Brust des Schwingopfers und die rechte Schulter dir gehören.

19 Alle heiligen Opfergaben, die die Kinder Israel dem HERRN darbringen, habe ich dir gegeben und deinen Söhnen und deinen Töchtern mit dir als ewiges Anrecht. Das soll ein Salzbund sein für immer vor dem HERRN für dich und für deine Nachkommen mit dir.

20 Und der HERR sprach zu Aaron: Du sollst in ihrem Lande kein Erbgut besitzen, auch keinen Anteil unter ihnen haben; denn ich bin dein Anteil und dein Erbgut inmitten der Kinder Israel.

21 Den Kindern Levi aber habe ich alle Zehnten gegeben in Israel zum Erbgut für ihr Amt, das sie an der Stiftshütte ausüben.

22 Hinfort sollen sich die Kinder Israel nicht zur Stiftshütte nahen, damit sie nicht Sünde auf sich laden und sterben,

23 sondern die Leviten sollen das Amt ausüben an der Stiftshütte, und sie sollen die Schuld für ihre Verfehlung tragen; das sei eine ewige Ordnung bei euren Nachkommen. Und sie sollen unter den Kindern Israel kein Erbgut besitzen;
24 denn den Zehnten der Kinder Israel, den sie dem HERRN als Opfergabe geben, habe ich den Leviten zum Erbgut bestimmt; darum habe ich zu ihnen gesagt, daß sie unter den Kindern Israel kein Erbgut besitzen sollen.
25 Und der HERR redete mit Mose und sprach:
26 Sage den Leviten und sprich zu ihnen: Wenn ihr den Zehnten nehmt von den Kindern Israel, den ich euch von ihnen bestimmt habe als euer Erbgut, so sollt ihr davon eine heilige Abgabe dem HERRN geben, je den Zehnten von dem Zehnten;
27 und diese eure heilige Abgabe soll euch angerechnet werden, als gäbet ihr Korn von der Tenne und Wein aus der Kelter.
28 So sollt auch ihr die heiligen Abgaben dem HERRN geben von allen euren Zehnten, die ihr nehmt von den Kindern Israel, und sollt diese heilige Abgabe für den HERRN dem Priester Aaron geben.
29 Von allem, was euch gegeben wird, sollt ihr dem HERRN die heilige Abgabe geben, von allem Besten die davon gebührende heilige Gabe.
30 Und sprich zu ihnen: Wenn ihr also das Beste davon als heilige Abgabe nehmt, so soll's den Leviten angerechnet werden wie ein Ertrag von der Tenne und wie ein Ertrag von der Kelter.
31 Ihr dürft es essen an allen Orten, ihr und eure Kinder; denn es ist euer Lohn für euer Amt an der Stiftshütte.
32 Ihr werdet dabei nicht Sünde auf euch laden, wenn ihr das Beste davon abgebt, und werdet nicht entweihen die heiligen Gaben der Kinder Israel und nicht sterben.

Vom Reinigungswasser

19 Und der HERR redete mit Mose und Aaron und sprach:
2 Dies ist die Ordnung des Gesetzes, das der HERR geboten hat: Sage den Kindern Israel, daß sie zu dir führen eine rötliche Kuh ohne Fehler, an der kein Gebrechen ist und auf die noch nie ein Joch gekommen ist.
3 Und gebt sie dem Priester Eleasar; der soll sie hinaus vor das Lager führen und dort vor seinen Augen schlachten lassen.
4 Und der Priester Eleasar soll etwas von ihrem Blut mit seinem Finger nehmen und in Richtung auf die Stiftshütte siebenmal sprengen,
5 und er soll die Kuh vor seinen Augen verbrennen lassen, ihr Fell und ihr Fleisch, dazu ihr Blut samt ihrem Mist.
6 Und der Priester soll Zedernholz und Ysop und scharlachrote Wolle nehmen und auf die brennende Kuh werfen
7 und soll seine Kleider waschen und seinen Leib mit Wasser abwaschen und danach ins Lager gehen und unrein sein bis zum Abend.
8 Und der sie verbrannt hat, soll auch seine Kleider mit Wasser waschen und seinen Leib mit Wasser abwaschen und unrein sein bis zum Abend.
9 Und ein reiner Mann soll die Asche von der Kuh sammeln und sie draußen vor dem Lager an eine reine Stätte schütten, damit sie dort verwahrt werde für die Gemeinde der Kinder Israel für das Reinigungswasser; es ist ein Sündopfer.
10 Und derselbe, der die Asche der Kuh gesammelt hat, soll seine Kleider waschen und unrein sein bis zum Abend.
Und dies soll eine ewige Ordnung sein für die Kinder Israel und die Fremdlinge, die unter euch wohnen:
11 Wer irgendeinen toten Menschen anrührt, der wird sieben Tage unrein sein.
12 Er soll sich mit dem Reinigungswasser entsündigen am dritten Tage und am siebenten Tage, so wird er rein. Und wenn er sich nicht am dritten Tage und am siebenten Tage entsündigt, so wird er nicht rein.
13 Wenn aber jemand irgendeinen toten Menschen anrührt und sich nicht entsündigen will, so macht er die Wohnung des HERRN unrein, und solch ein Mensch soll ausgerottet werden aus Israel. Weil das Reinigungswasser nicht über ihn gesprengt ist, ist er unrein; seine Unreinheit bleibt an ihm.
14 Dies ist das Gesetz: Wenn ein Mensch in seinem Zelt stirbt, soll jeder, der in das Zelt geht, und wer im Zelt ist, unrein sein sieben Tage.
15 Auch jedes offene Gefäß, auf das

kein Deckel gebunden ist, wird unrein.

16 Auch wer auf dem freien Feld einen berührt, der mit dem Schwert erschlagen ist, oder einen Gestorbenen oder eines Menschen Gebein oder ein Grab anrührt, der ist unrein sieben Tage.

17 So soll man nun für den Unreinen Asche nehmen von dem verbrannten Sündopfer und fließendes Wasser darauf tun in ein Gefäß.

18 Und ein reiner Mann soll Ysop nehmen und ins Wasser tauchen und das Zelt besprengen und alle Gefäße und alle Leute, die darin sind; ebenso auch den, der eines Toten Gebein oder einen Erschlagenen oder Gestorbenen oder ein Grab berührt hat.

19 Es soll aber der Reine den Unreinen am dritten Tage und am siebenten Tage besprengen und ihn am siebenten Tage entsündigen, und der soll seine Kleider waschen und sich mit Wasser abwaschen, so wird er am Abend rein.

20 Wer aber unrein wird und sich nicht entsündigen will, der soll ausgerottet werden aus der Gemeinde; denn er hat das Heiligtum des HERRN unrein gemacht und ist nicht mit Reinigungswasser besprengt; darum ist er unrein.

21 Und das soll euch eine ewige Ordnung sein. Und auch der, der mit dem Reinigungswasser gesprengt hat, soll seine Kleider waschen, und wer das Reinigungswasser berührt, der soll unrein sein bis zum Abend.

22 Und alles, was der Unreine berührt, wird unrein werden, und wer ihn berührt, soll unrein sein bis zum Abend.

Mirjams Tod. Moses Zweifel beim Haderwasser

20 Und die ganze Gemeinde der Kinder Israel kam in die Wüste Zin im ersten Monat, und das Volk lagerte sich in Kadesch. Und Mirjam starb dort und wurde dort begraben.

2 Und die Gemeinde hatte kein Wasser, und sie versammelten sich gegen Mose und Aaron.

3 Und das Volk haderte mit Mose und sprach: Ach daß wir umgekommen wären, als unsere Brüder umkamen vor dem HERRN!

4 Warum habt ihr die Gemeinde des HERRN in diese Wüste gebracht, daß wir hier sterben mit unserm Vieh?

5 Und warum habt ihr uns aus Ägypten geführt an diesen bösen Ort, wo man nicht säen kann, wo weder Feigen noch Weinstöcke noch Granatäpfel sind und auch kein Wasser zum Trinken ist?

6 Da gingen Mose und Aaron von der Gemeinde hinweg zur Tür der Stiftshütte und fielen auf ihr Angesicht, und die Herrlichkeit des HERRN erschien ihnen.

7 Und der HERR redete mit Mose und sprach:

8 Nimm den Stab und versammle die Gemeinde, du und dein Bruder Aaron, und redet zu dem Felsen vor ihren Augen; der wird sein Wasser geben. So sollst du ihnen Wasser aus dem Felsen hervorbringen und die Gemeinde tränken und ihr Vieh.

9 Da nahm Mose den Stab, der vor dem HERRN lag, wie er ihm geboten hatte.

10 Und Mose und Aaron versammelten die Gemeinde vor dem Felsen, und er sprach zu ihnen: Höret, ihr Ungehorsamen, werden wir euch wohl Wasser hervorbringen können aus diesem Felsen?

11 Und Mose erhob seine Hand und schlug den Felsen mit dem Stab zweimal. Da kam viel Wasser heraus, so daß die Gemeinde trinken konnte und ihr Vieh.

12 Der HERR aber sprach zu Mose und Aaron: Weil ihr nicht an mich geglaubt habt und mich nicht geheiligt habt vor den Kindern Israel, darum sollt ihr diese Gemeinde nicht ins Land bringen, das ich ihnen geben werde.

13 Das ist das Haderwasser, wo die Kinder Israel mit dem HERRN haderten und er sich heilig an ihnen erwies.

Die Edomiter verweigern den Durchzug

14 Und Mose sandte Botschaft aus Kadesch zu dem König der Edomiter: So läßt dir dein Bruder Israel sagen: Du kennst all die Mühsal, die uns betroffen hat,

15 daß unsere Väter nach Ägypten hinabgezogen sind und wir lange Zeit in Ägypten gewohnt haben und daß die Ägypter uns und unsere Väter schlecht behandelt haben.

16 Und wir schrien zu dem HERRN; der hat unsere Stimme gehört und einen Engel

gesandt und uns aus Ägypten geführt.
Und siehe, wir sind in Kadesch, einer
Stadt an deiner Grenze.
17 Laß uns durch dein Land ziehen. Wir
wollen nicht durch Äcker oder Weinberge
gehen, auch nicht Wasser aus den Brun-
nen trinken. Die Landstraße wollen wir
ziehen, weder zur Rechten noch zur Lin-
ken weichen, bis wir durch dein Gebiet
hindurchgekommen sind.
18 Edom aber sprach zu ihnen: Du sollst
nicht hindurchziehen, oder ich werde dir
mit dem Schwert entgegentreten.
19 Die Kinder Israel sprachen zu ihm:
Wir wollen auf der gebahnten Straße zie-
hen, und wenn wir von deinem Wasser
trinken, wir und unser Vieh, so wollen
wir's bezahlen. Wir wollen nichts als nur
zu Fuß hindurchziehen.
20 Er aber sprach: Du sollst nicht hin-
durchziehen. Und die Edomiter zogen aus,
ihnen entgegen, mit mächtigem Heer und
starker Hand.
21 So weigerten sich die Edomiter, Israel
zu gestatten, durch ihr Gebiet zu ziehen.
Und Israel wich ihnen aus.

Aarons Tod

22 Und die Kinder Israel brachen auf
von Kadesch und kamen mit der ganzen
Gemeinde an den Berg Hor.
23 Und der HERR redete mit Mose und
Aaron am Berge Hor an der Grenze des
Landes der Edomiter und sprach:
24 Aaron soll versammelt werden zu
seinen Vätern; denn er soll nicht in das
Land kommen, das ich den Kindern Israel
gegeben habe, weil ihr meinem Munde
ungehorsam gewesen seid bei dem Hader-
wasser.
25 Nimm aber Aaron und seinen Sohn
Eleasar und führe sie auf den Berg Hor
26 und zieh Aaron seine Kleider aus und
zieh sie seinem Sohn Eleasar an. Und
Aaron soll dort zu seinen Vätern versam-
melt werden und sterben.
27 Da tat Mose, wie ihm der HERR ge-
boten hatte, und sie stiegen auf den Berg
Hor vor der ganzen Gemeinde.
28 Und Mose zog Aaron seine Kleider
aus und zog sie seinem Sohn Eleasar an.
Und Aaron starb dort oben auf dem Ber-
ge. Mose aber und Eleasar stiegen herab
vom Berge.
29 Und als die ganze Gemeinde sah, daß
Aaron tot war, beweinten sie ihn dreißig
Tage, das ganze Haus Israel.

Sieg über die Kanaaniter im Südland

21 Und als der König von Arad, der
Kanaaniter, der im Südland wohn-
te, hörte, daß Israel herankam auf dem
Wege von Atharim, zog er in den Kampf
gegen Israel und führte etliche gefangen.
2 Da gelobte Israel dem HERRN ein Ge-
lübde und sprach: Wenn du dies Volk in
meine Hand gibst, so will ich an ihren
Städten den Bann vollstrecken.
3 Und der HERR hörte auf die Stimme
Israels und gab die Kanaaniter in ihre
Hand, und sie vollstreckten den Bann an
ihnen und ihren Städten, und man nannte
die Gegend Horma*.

Mose richtet die eherne Schlange auf

4 Da brachen sie auf von dem Berge Hor
in Richtung auf das Schilfmeer, um das
Land der Edomiter zu umgehen. Und das
Volk wurde verdrossen auf dem Wege
5 und redete wider Gott und wider Mo-
se: Warum hast du uns aus Ägypten ge-
führt, daß wir sterben in der Wüste? Denn
es ist kein Brot noch Wasser hier, und uns
ekelt vor dieser mageren Speise.
6 Da sandte der HERR feurige Schlangen
unter das Volk; die bissen das Volk, daß
viele aus Israel starben.
7 Da kamen sie zu Mose und sprachen:
Wir haben gesündigt, daß wir wider den
HERRN und wider dich geredet haben.
Bitte den HERRN, daß er die Schlangen von
uns nehme. Und Mose bat für das Volk.
8 Da sprach der HERR zu Mose: Mache
dir eine eherne Schlange und richte sie an
einer Stange hoch auf. Wer gebissen ist
und sieht sie an, der soll leben.
9 Da machte Mose eine eherne Schlange
und richtete sie hoch auf. Und wenn je-
manden eine Schlange biß, so sah er die
eherne Schlange an und blieb leben.

Zug bis an den Arnon und ins Moabiterland

10 Und die Kinder Israel zogen aus und
lagerten sich in Oboth.
11 Und von Oboth zogen sie aus und
lagerten sich in Ijjim-Abarim, in der
Wüste östlich von Moab.

*d. h. Bann.

12 Von da zogen sie weiter und lagerten sich am Bach Sered.

13 Von da zogen sie weiter und lagerten sich in der Wüste südlich des Arnon, der im Gebiet der Amoriter entspringt; denn der Arnon ist die Grenze Moabs zwischen Moab und den Amoritern.

14 Daher heißt es in dem Buch von den Kriegen des HERRN: «Das Waheb in Supha und die Bäche am Arnon

15 und den Abhang der Bäche, der sich hinzieht zur Stadt Ar und sich lehnt an die Grenze Moabs.»

16 Und von da zogen sie nach Beer. Das ist der Brunnen, von dem der HERR zu Mose sagte: Versammle das Volk, ich will ihnen Wasser geben.

17 Damals sang Israel dies Lied: «Brunnen, steige auf! Singet von ihm:

18 Das ist der Brunnen, den die Fürsten gegraben haben; die Edlen im Volk haben ihn gegraben mit dem Zepter, mit ihren Stäben.» Und von Beer zogen sie nach Mattana

19 und von Mattana nach Nahaliël; und von Nahaliël nach Bamoth;

20 und von Bamoth in das Tal, das im Feld von Moab liegt bei dem Gipfel des Pisga, der hinunterblickt auf das Jordantal.

Sieg über die Könige Sihon und Og

21 Und Israel sandte Boten zu Sihon, dem König der Amoriter, und ließ ihm sagen:

22 Laß mich durch dein Land ziehen. Wir wollen nicht abbiegen in die Äcker noch in die Weingärten, wollen auch vom Brunnenwasser nicht trinken; die Landstraße wollen wir ziehen, bis wir durch dein Gebiet hindurchgekommen sind.

23 Aber Sihon gestattete den Kindern Israel nicht den Zug durch sein Gebiet, sondern sammelte sein ganzes Kriegsvolk und zog aus, Israel entgegen in die Wüste. Und als er nach Jahza kam, kämpfte er gegen Israel.

24 Israel aber schlug ihn mit der Schärfe des Schwerts und nahm sein Land ein vom Arnon bis an den Jabbok und bis zu den Ammonitern; das Gebiet der Ammoniter aber reichte bis Jaser.

25 So nahm Israel alle diese Städte ein und wohnte in allen Städten der Amoriter, in Hesbon und in allen seinen Ortschaften.

26 Denn Hesbon war die Stadt Sihons, des Königs der Amoriter, und er hatte zuvor mit dem König der Moabiter gekämpft und ihm all sein Land abgewonnen bis zum Arnon.

27 Daher sagt man im Lied:
Kommt nach Hesbon, daß man die Stadt Sihons baue und aufrichte.

28 Denn Feuer ist aus Hesbon gefahren, eine Flamme von der Stadt Sihons; die hat gefressen Ar in Moab und verzehrt die Höhen am Arnon.

29 Weh dir, Moab! Du Volk des Kemosch bist verloren! Man hat seine Söhne in die Flucht geschlagen und seine Töchter gefangen geführt zu Sihon, dem König der Amoriter.

30 Seine Herrlichkeit ist zunichte geworden von Hesbon bis nach Dibon, sie ist zerstört bis nach Nophach, bis nach Medeba.

31 So wohnte Israel im Lande der Amoriter.

32 Und Mose sandte Kundschafter aus nach Jaser; und sie eroberten es mit seinen Ortschaften und vertrieben die Amoriter, die darin waren,

33 und wandten sich und zogen hinauf den Weg nach Basan. Da zog ihnen entgegen Og, der König von Basan, mit seinem ganzen Kriegsvolk, um bei Edreï zu kämpfen.

34 Und der HERR sprach zu Mose: Fürchte dich nicht vor ihm, denn ich habe ihn in deine Hand gegeben mit Land und Leuten, und du sollst mit ihm tun, wie du mit Sihon, dem König der Amoriter, getan hast, der in Hesbon wohnte.

35 Und sie schlugen ihn und seine Söhne und sein ganzes Kriegsvolk, bis keiner mehr übrig blieb, und nahmen das Land ein.

Bileam soll Israel verfluchen, aber er muß es segnen

22 Danach zogen die Kinder Israel weiter und lagerten sich im Jordantal der Moabiter gegenüber Jericho.

2 Und Balak, der Sohn Zippors, sah alles, was Israel den Amoritern angetan hatte.

3 Und die Moabiter fürchteten sich sehr

vor dem Volk, das so groß war, und den
Moabitern graute vor den Kindern Israel.
4 Und sie sprachen zu den Ältesten der
Midianiter: Nun wird dieser Haufe auf-
fressen, was um uns herum ist, wie ein
Rind das Gras auf dem Felde abfrißt. Ba-
lak aber, der Sohn Zippors, war zu der
Zeit König der Moabiter.
5 Und er sandte Boten aus zu Bileam,
dem Sohn Beors, nach Pethor, das am
Euphrat liegt, ins Land der Söhne seines
Volks, um ihn herbeizurufen, und ließ
ihm sagen: Siehe, es ist ein Volk aus Ägyp-
ten gezogen, das bedeckt das ganze Land
und lagert mir gegenüber.
6 So komm nun und verfluche mir das
Volk, denn es ist mir zu mächtig; viel-
leicht kann ich's dann schlagen und aus
dem Lande vertreiben; denn ich weiß:
wen du segnest, der ist gesegnet, und wen
du verfluchst, der ist verflucht.
7 Und die Ältesten der Moabiter gingen
hin mit den Ältesten der Midianiter und
hatten den Lohn für das Wahrsagen in
ihren Händen und kamen zu Bileam und
sagten ihm die Worte Balaks.
8 Und er sprach zu ihnen: Bleibt hier
über Nacht, so will ich euch antwor-
ten, wie mir's der HERR sagen wird. Da
blieben die Fürsten der Moabiter bei
Bileam.
9 Und Gott kam zu Bileam und sprach:
Wer sind die Leute, die bei dir sind?
10 Bileam sprach zu Gott: Balak, der
Sohn Zippors, der König der Moabiter,
hat zu mir gesandt:
11 Siehe, ein Volk ist aus Ägypten ge-
zogen und bedeckt das ganze Land. So
komm nun und verfluche es; vielleicht
kann ich dann mit ihm kämpfen und es
vertreiben.
12 Gott aber sprach zu Bileam: Geh
nicht mit ihnen, verfluche das Volk auch
nicht; denn es ist gesegnet.
13 Da stand Bileam am Morgen auf und
sprach zu den Fürsten Balaks: Geht hin in
euer Land; denn der HERR will's nicht ge-
statten, daß ich mit euch ziehe.
14 Und die Fürsten der Moabiter mach-
ten sich auf, kamen zu Balak und spra-
chen: Bileam weigert sich, mit uns zu
ziehen.
15 Da sandte Balak noch mehr und noch
mächtigere Fürsten, als jene waren.
16 Als die zu Bileam kamen, sprachen
sie zu ihm: So läßt dir sagen Balak, der
Sohn Zippors: Wehre dich doch nicht da-
gegen, zu mir zu ziehen;
17 denn ich will dich hoch ehren, und
was du mir sagst, das will ich tun; komm
doch und verfluche mir dies Volk.
18 Bileam antwortete und sprach zu den
Gesandten Balaks: Wenn mir Balak sein
Haus voll Silber und Gold gäbe, so könn-
te ich doch nicht übertreten das Wort des
HERRN, meines Gottes, weder im Kleinen
noch im Großen.
19 So bleibt auch ihr nun hier diese
Nacht, daß ich erfahre, was der HERR wei-
ter mit mir reden wird.
20 Da kam Gott in der Nacht zu Bileam
und sprach zu ihm: Sind die Männer ge-
kommen, dich zu rufen, so mach dich auf
und zieh mit ihnen; doch nur was ich dir
sagen werde, sollst du tun.
21 Da stand Bileam am Morgen auf und
sattelte seine Eselin und zog mit den Für-
sten der Moabiter.
22 Aber der Zorn Gottes entbrannte
darüber, daß er hinzog. Und der Engel
des HERRN trat in den Weg, um ihm zu
widerstehen. Er aber ritt auf seiner Eselin,
und zwei Knechte waren mit ihm.
23 Und die Eselin sah den Engel des
HERRN auf dem Wege stehen mit einem
bloßen Schwert in seiner Hand. Und die
Eselin wich vom Weg ab und ging auf dem
Felde; Bileam aber schlug sie, um sie wie-
der auf den Weg zu bringen.
24 Da trat der Engel des HERRN auf den
Pfad zwischen den Weinbergen, wo auf
beiden Seiten Mauern waren.
25 Und als die Eselin den Engel des
HERRN sah, drängte sie sich an die Mauer
und klemmte Bileam den Fuß ein an der
Mauer, und er schlug sie noch mehr.
26 Da ging der Engel des HERRN weiter
und trat an eine enge Stelle, wo kein Platz
mehr war auszuweichen, weder zur Rech-
ten noch zur Linken.
27 Und als die Eselin den Engel des
HERRN sah, fiel sie in die Knie unter Bi-
leam. Da entbrannte der Zorn Bileams,
und er schlug die Eselin mit dem Stecken.
28 Da tat der HERR der Eselin den Mund
auf, und sie sprach zu Bileam: Was hab
ich dir getan, daß du mich nun dreimal
geschlagen hast?

29 Bileam sprach zur Eselin: Weil du
Mutwillen mit mir treibst! Ach daß ich
jetzt ein Schwert in der Hand hätte, ich
wollte dich töten!
30 Die Eselin sprach zu Bileam: Bin ich
nicht deine Eselin, auf der du geritten bist
von jeher bis auf diesen Tag? War es je
meine Art, es so mit dir zu treiben? Er
sprach: Nein.
31 Da öffnete der HERR dem Bileam die
Augen, daß er den Engel des HERRN auf
dem Wege stehen sah mit einem bloßen
Schwert in seiner Hand, und er neigte sich
und fiel nieder auf sein Angesicht.
32 Und der Engel des HERRN sprach
zu ihm: Warum hast du deine Eselin
nun dreimal geschlagen? Siehe, ich habe
mich aufgemacht, um dir zu widerstehen;
denn dein Weg ist verkehrt in meinen
Augen.
33 Und die Eselin hat mich gesehen und
ist mir dreimal ausgewichen. Sonst, wenn
sie mir nicht ausgewichen wäre, so hätte
ich dich jetzt getötet, aber die Eselin am
Leben gelassen.
34 Da sprach Bileam zu dem Engel des
HERRN: Ich habe gesündigt; ich hab's ja
nicht gewußt, daß du mir entgegenstan-
dest auf dem Wege. Und nun, wenn dir's
nicht gefällt, will ich wieder umkehren.
35 Der Engel des HERRN sprach zu ihm:
Zieh hin mit den Männern, aber nichts
anderes, als was ich zu dir sagen werde,
sollst du reden. So zog Bileam mit den
Fürsten Balaks.
36 Als Balak hörte, daß Bileam kam,
zog er aus, ihm entgegen nach Ar in
Moab, das am Arnon liegt, an der äußer-
sten Grenze,
37 und sprach zu ihm: Hab ich nicht zu
dir gesandt und dich rufen lassen? Warum
bist du denn nicht zu mir gekommen?
Meinst du, ich könnte dich nicht ehren?
38 Bileam antwortete ihm: Siehe, ich bin
zu dir gekommen, aber wie kann ich
etwas anderes reden, als was mir Gott in
den Mund gibt? Nur das kann ich reden!
39 So zog Bileam mit Balak, und sie ka-
men nach Kirjath-Huzoth.
40 Und Balak opferte Rinder und Scha-
fe und sandte davon an Bileam und an die
Fürsten, die bei ihm waren.
41 Und am Morgen nahm Balak den
Bileam und führte ihn hinauf nach Ba-
moth-Baal, daß er von dort das ganze
Volk Israel überblicken konnte.

23 Und Bileam sprach zu Balak: Baue
mir hier sieben Altäre und schaffe
mir her sieben junge Stiere und sieben
Widder.
2 Balak tat, wie ihm Bileam sagte, und
beide, Balak und Bileam, opferten auf je-
dem Altar einen jungen Stier und einen
Widder.
3 Und Bileam sprach zu Balak: Tritt zu
deinem Brandopfer; ich will hingehen, ob
mir vielleicht der HERR begegnet, daß ich
dir sage, was er mir zeigt. Und er ging hin
auf einen kahlen Hügel.
4 Und Gott begegnete Bileam; er aber
sprach zu ihm: Sieben Altäre hab ich her-
gerichtet und auf jedem Altar einen jungen
Stier und einen Widder geopfert.
5 Der HERR aber gab das Wort dem
Bileam in den Mund und sprach: Geh
zurück zu Balak und sprich so!
6 Und als er zu ihm kam, siehe, da
stand er bei seinem Brandopfer samt allen
Fürsten der Moabiter.
7 Da hob Bileam an mit seinem Spruch
und sprach:
Aus Aram hat mich Balak, der König
der Moabiter, holen lassen von dem Ge-
birge im Osten: Komm, verfluche mir Ja-
kob! Komm, verwünsche Israel!
8 Wie soll ich fluchen, dem Gott nicht
flucht? Wie soll ich verwünschen, den der
HERR nicht verwünscht?
9 Denn von der Höhe der Felsen sehe
ich ihn, und von den Hügeln schaue ich
ihn. Siehe, das Volk wird abgesondert
wohnen und sich nicht zu den Heiden
rechnen.
10 Wer kann zählen den Staub Jakobs,
auch nur den vierten Teil Israels? Mei-
ne Seele möge sterben den Tod der Ge-
rechten, und mein Ende werde wie ihr
Ende!
11 Da sprach Balak zu Bileam: Was tust
du mir an? Ich habe dich holen lassen, um
meinen Feinden zu fluchen, und siehe, du
segnest.
12 Er antwortete und sprach: Muß ich
nicht das halten und reden, was mir der
HERR in den Mund gibt?
13 Balak sprach zu ihm: Komm doch
mit mir an einen andern Ort, von wo aus
du nur sein äußerstes Ende siehst, aber

nicht ganz Israel, und verfluche es mir
von dort.
14 Und er führte ihn zum Späherfeld
auf dem Gipfel des Pisga und baute sie-
ben Altäre und opferte auf jedem Altar
einen jungen Stier und einen Widder.
15 Und Bileam sprach zu Balak: Tritt
zu deinem Brandopfer, ich aber will dort
dem HERRN begegnen.
16 Und der HERR begegnete Bileam und
gab ihm das Wort in seinen Mund und
sprach: Geh zurück zu Balak und sprich
so!
17 Und als er zu ihm kam, siehe, da
stand er bei seinem Brandopfer samt den
Fürsten der Moabiter. Und Balak sprach
zu ihm: Was hat der HERR gesagt?
18 Und er hob an mit seinem Spruch
und sprach:
Steh auf, Balak, und höre! Nimm zu
Ohren, was ich sage, du Sohn Zippors!
19 **Gott ist nicht ein Mensch, daß er lüge,**
noch ein Menschenkind, daß ihn etwas ge-
reue. Sollte er etwas sagen und nicht tun?
Sollte er etwas reden und nicht halten?
20 Siehe, zu segnen ist mir befohlen; er
hat gesegnet, und ich kann's nicht wen-
den.
21 Man sieht kein Unheil in Jakob und
kein Verderben in Israel. Der HERR, sein
Gott, ist bei ihm, und es jauchzt dem
König zu.
22 Gott, der sie aus Ägypten geführt
hat, ist für sie wie das Horn des Wild-
stiers.
23 Denn es gibt kein Zaubern in Jakob
und kein Wahrsagen in Israel. Zu rechter
Zeit wird Jakob und Israel gesagt, welche
Wunder Gott tut.
24 Siehe, das Volk wird aufstehen wie
ein junger Löwe und wird sich erheben
wie ein Löwe; es wird sich nicht legen, bis
es den Raub verzehrt und das Blut der Er-
schlagenen trinkt.
25 Da sprach Balak zu Bileam: Du sollst
es weder verfluchen noch segnen.
26 Bileam antwortete und sprach zu Ba-
lak: Hab ich dir nicht gesagt, alles, was
der HERR redet, das würde ich tun?
27 Balak sprach zu ihm: Komm doch,
ich will dich an einen andern Ort führen;
vielleicht gefällt es Gott, daß du sie mir
dort verfluchst.
28 Und Balak führte ihn auf den Gipfel
des Berges Peor, der hinunterblickt auf
das Jordantal.
29 Und Bileam sprach zu Balak: Baue
mir hier sieben Altäre und schaffe mir
her sieben junge Stiere und sieben Wid-
der.
30 Balak tat, wie Bileam sagte, und op-
ferte auf jedem Altar einen jungen Stier
und einen Widder.

24 Als nun Bileam sah, daß es dem
HERRN gefiel, Israel zu segnen, ging
er nicht wie bisher auf Zeichen aus, son-
dern richtete sein Angesicht zur Wüste,
2 hob seine Augen auf und sah Israel,
wie sie lagerten nach ihren Stämmen. Und
der Geist Gottes kam auf ihn,
3 und er hob an mit seinem Spruch und
sprach:
Es sagt Bileam, der Sohn Beors, es sagt
der Mann, dem die Augen geöffnet sind;
4 es sagt der Hörer göttlicher Rede, der
des Allmächtigen Offenbarung sieht, dem
die Augen geöffnet werden, wenn er nie-
derkniet:
5 Wie fein sind deine Zelte, Jakob, und
deine Wohnungen, Israel!
6 Wie die Täler, die sich ausbreiten, wie
die Gärten an den Wassern, wie die Aloe-
bäume, die der HERR pflanzt, wie die Ze-
dern an den Wassern.
7 Sein Eimer fließt von Wasser über, und
seine Saat hat Wassers die Fülle. Sein
König wird höher werden als Agag, und
sein Reich wird sich erheben.
8 Gott, der ihn aus Ägypten geführt hat,
ist für ihn wie das Horn des Wildstiers. Er
wird die Völker, seine Verfolger, auffres-
sen und ihre Gebeine zermalmen und mit
seinen Pfeilen zerschmettern.
9 Er hat sich hingestreckt, sich nieder-
gelegt wie ein Löwe und wie ein junger
Löwe – wer will ihn aufstören? Gesegnet
sei, der dich segnet, und verflucht, der
dich verflucht!
10 Da entbrannte Balaks Zorn gegen
Bileam, und er schlug die Hände zusam-
men und sprach zu ihm: Ich habe dich
gerufen, daß du meine Feinde verfluchen
solltest, und siehe, du hast sie nun drei-
mal gesegnet.
11 Geh nun weg in dein Land! Ich dach-
te, ich wollte dich ehren, aber der HERR
hat dir die Ehre verwehrt.
12 Bileam antwortete ihm: Hab ich

nicht schon zu deinen Boten gesagt, die du
zu mir sandtest:
13 Wenn mir Balak sein Haus voll Sil-
ber und Gold gäbe, so könnte ich doch an
des Herrn Wort nicht vorüber und Böses
und Gutes tun nach meinem Herzen, son-
dern was der Herr redet, das würde ich
auch reden?
14 Und nun siehe, ich ziehe zu meinem
Volk. So komm, ich will dir kundtun, was
dies Volk deinem Volk tun wird zur letz-
ten Zeit.
15 Und er hob an mit seinem Spruch
und sprach:
Es sagt Bileam, der Sohn Beors, es sagt
der Mann, dem die Augen geöffnet sind,
16 es sagt der Hörer göttlicher Rede und
der die Erkenntnis des Höchsten hat, der
die Offenbarung des Allmächtigen sieht
und dem die Augen geöffnet werden,
wenn er niederkniet:
17 Ich sehe ihn, aber nicht jetzt; ich
schaue ihn, aber nicht von nahem. Es
wird ein Stern aus Jakob aufgehen und
ein Zepter aus Israel aufkommen und
wird zerschmettern die Schläfen der Moa-
biter und den Scheitel aller Söhne Seths.
18 Edom wird er einnehmen, und Seïr,
sein Feind, wird unterworfen sein; Israel
aber wird Sieg haben.
19 Aus Jakob wird der Herrscher kom-
men und umbringen, was übrig ist von
den Städten.
20 Und als er die Amalekiter sah, hob er
an mit seinem Spruch und sprach:
Amalek ist das erste unter den Völkern;
aber zuletzt wird es umkommen.
21 Und als er die Keniter sah, hob er an
mit seinem Spruch und sprach:
Fest ist deine Wohnung, und du hast
dein Nest in einen Fels gebaut.
22 Dennoch wird Kain ausgetilgt wer-
den. Wie lange noch, dann führt Assur
dich gefangen hinweg!
23 Und er hob abermals an mit seinem
Spruch und sprach:
Ach, wer wird am Leben bleiben, wenn
Gott das tun wird?
24 Und Schiffe aus Kittim werden ver-
derben Assur und Eber; das aber wird
auch umkommen.
25 Und Bileam machte sich auf und zog
hin und kam wieder in sein Land, und
Balak zog seinen Weg.

Israels Götzendienst mit dem Baal-Peor. Der Eifer des Pinhas für den Herrn

25 Und Israel lagerte in Schittim. Da
fing das Volk an zu huren mit den
Töchtern der Moabiter;
2 die luden das Volk zu den Opfern
ihrer Götter. Und das Volk aß und betete
ihre Götter an.
3 Und Israel hängte sich an den Baal-
Peor. Da entbrannte des Herrn Zorn über
Israel,
4 und er sprach zu Mose: Nimm alle
Oberen des Volks und hänge sie vor dem
Herrn auf im Angesicht der Sonne, da-
mit sich der grimmige Zorn des Herrn
von Israel wende.
5 Und Mose sprach zu den Richtern
Israels: Töte ein jeder seine Leute, die sich
an den Baal-Peor gehängt haben.
6 Und siehe, ein Mann von den Kindern
Israel kam und brachte unter seine Brüder
eine Midianiterin vor den Augen des Mose
und der ganzen Gemeinde der Kinder
Israel, die da weinten vor der Tür der
Stiftshütte.
7 Als das Pinhas sah, der Sohn Eleasars,
des Sohnes des Priesters Aaron, stand er
auf aus der Gemeinde und nahm einen
Spieß in seine Hand
8 und ging dem israelitischen Mann
nach in die Kammer und durchstach sie
beide, den israelitischen Mann und die
Frau, durch ihren Leib. Da hörte die Plage
auf unter den Kindern Israel.
9 Es waren aber durch die Plage getötet
worden vierundzwanzigtausend.
10 Und der Herr redete mit Mose und
sprach:
11 Pinhas, der Sohn Eleasars, des Soh-
nes des Priesters Aaron, hat meinen
Grimm von den Kindern Israel gewendet
durch seinen Eifer um mich, daß ich nicht
in meinem Eifer die Kinder Israel ver-
tilgte.
12 Darum sage: Siehe, ich gebe ihm mei-
nen Bund des Friedens,
13 und dieser Bund soll ihm und seinen
Nachkommen das ewige Priestertum zu-
teilen, weil er für seinen Gott geeifert und
für die Kinder Israel Sühne geschafft
hat.
14 Der israelitische Mann aber, der er-
schlagen wurde mit der Midianiterin, hieß

Simri, der Sohn Salus, der Oberste einer Sippe der Simeoniter.

15 Die midianitische Frau, die auch erschlagen wurde, hieß Kosbi, eine Tochter Zurs, des Hauptes eines Geschlechtes unter den Midianitern.

16 Und der HERR redete mit Mose und sprach:

17 Tut den Midianitern Schaden und schlagt sie;

18 denn sie haben euch Schaden getan mit ihrer List, die sie gegen euch geübt haben durch den Peor und durch ihre Schwester Kosbi, die Tochter eines Obersten der Midianiter, die erschlagen wurde am Tag der Plage, die um des Peor willen kam.

Neue Zählung der Stämme des Volkes

19 Und es geschah nach der Plage,

26 1 da sprach der HERR zu Mose und Eleasar, dem Sohn des Priesters Aaron:

2 Nehmt die Summe der ganzen Gemeinde der Kinder Israel auf, von zwanzig Jahren an und darüber nach ihren Sippen, alle, die wehrfähig sind in Israel.

3 Und Mose und Eleasar, der Priester, zählten sie im Jordantal der Moabiter gegenüber Jericho,

4 die zwanzig Jahre alt waren und darüber, wie der HERR es Mose geboten hatte. Dies aber waren die Kinder Israel, die aus Ägypten gezogen waren:

5 **R**uben, der Erstgeborene Israels. Die Söhne Rubens aber waren: Henoch, von dem das Geschlecht der Henochiter kommt; Pallu, von dem das Geschlecht der Palluiter kommt;

6 Hezron, von dem das Geschlecht der Hezroniter kommt; Karmi, von dem das Geschlecht der Karmiter kommt.

7 Das sind die Geschlechter von Ruben, und ihre Zahl war 43730.

8 Aber die Söhne Pallus waren Eliab.

9 Und die Söhne Eliabs waren Nemuël und Dathan und Abiram. Das sind der Dathan und Abiram, die von der Versammlung berufen waren, aber die sich gegen Mose und Aaron auflehnten in der Rotte Korah, als sie sich gegen den HERRN auflehnten.

10 Und die Erde tat ihren Mund auf und verschlang sie mit Korah, während die Rotte starb, indem das Feuer zweihundertundfünfzig Männer fraß und sie zum Zeichen wurden.

11 Aber die Söhne Korahs starben nicht alle.

12 **D**ie Söhne Simeons nach ihren Geschlechtern waren: Nemuël, daher kommt das Geschlecht der Nemuëliter; Jamin, daher kommt das Geschlecht der Jaminiter; Jachin, daher das Geschlecht der Jachiniter kommt;

13 Serach, daher das Geschlecht der Serachiter kommt; Saul, daher das Geschlecht der Sauliter kommt.

14 Das sind die Geschlechter von Simeon, 22200.

15 **D**ie Söhne Gads nach ihren Geschlechtern waren: Ziphjon, daher das Geschlecht der Ziphjoniter kommt; Haggi, daher das Geschlecht der Haggiter kommt; Schuni, daher das Geschlecht der Schuniter kommt;

16 Osni, daher das Geschlecht der Osniter kommt; Eri, daher das Geschlecht der Eriter kommt;

17 Arod, daher das Geschlecht der Aroditer kommt; Areli, daher das Geschlecht der Areliter kommt.

18 Das sind die Geschlechter der Söhne Gads, an Zahl 40500.

19 **D**ie Söhne Judas waren: Ger und Onan, die beide im Lande Kanaan starben.

20 Es waren aber die Söhne Judas nach ihren Geschlechtern: Schela, daher das Geschlecht der Schelaniter kommt; Perez, daher das Geschlecht der Pereziter kommt; Serach, daher das Geschlecht der Serachiter kommt.

21 Aber die Söhne des Perez waren: Hezron, daher das Geschlecht der Hezroniter kommt; Hamul, daher das Geschlecht der Hamuliter kommt.

22 Das sind die Geschlechter Judas, an Zahl 76500.

23 **D**ie Söhne Isaschars nach ihren Geschlechtern waren: Tola, daher das Geschlecht der Tolaiter kommt; Pua, daher das Geschlecht der Puniter kommt;

24 Jaschub, daher das Geschlecht der Jaschubiter kommt; Schimron, daher das Geschlecht der Schimroniter kommt.

25 Das sind die Geschlechter Isaschars, an Zahl 64300.

26 **D**ie Söhne Sebulons nach ihren Ge-
schlechtern waren: Sered, daher das Ge-
schlecht der Serediter kommt; Elon, da-
her das Geschlecht der Eloniter kommt;
Jachleel, daher das Geschlecht der Jach-
leeliter kommt.
27 Das sind die Geschlechter Sebulons,
an Zahl 60500.
28 **D**ie Söhne Josephs nach ihren Ge-
schlechtern waren: Manasse und Ephra-
im.
29 Die Söhne Manasses aber waren:
Machir, daher kommt das Geschlecht der
Machiriter; Machir zeugte Gilead, daher
kommt das Geschlecht der Gileaditer.
30 Dies sind die Söhne Gileads: Hiëser,
daher kommt das Geschlecht der Hiëseri-
ter; Helek, daher kommt das Geschlecht
der Helekiter;
31 Asriël, daher kommt das Geschlecht
der Asriëliter; Sichem, daher kommt das
Geschlecht der Sichemiter;
32 Schemida, daher kommt das Ge-
schlecht der Schemidaiter; Hepher, daher
kommt das Geschlecht der Hepheriter.
33 Zelophhad aber war Hephers Sohn
und hatte keine Söhne, sondern Töchter;
die hießen Machla, Noa, Hogla, Milka
und Tirza.
34 Das sind die Geschlechter Manasses,
an Zahl 52700.
35 **D**ie Söhne Ephraims nach ihren Ge-
schlechtern waren: Schuthelach, daher
kommt das Geschlecht der Schuthelachi-
ter; Becher, daher kommt das Geschlecht
der Becheriter; Tahan, daher kommt das
Geschlecht der Tahaniter.
36 Die Söhne Schuthelachs aber waren:
Eran, daher kommt das Geschlecht der
Eraniter.
37 Das sind die Geschlechter der Söhne
Ephraims, an Zahl 32500. Das sind die
Söhne Josephs nach ihren Geschlechtern.
38 **D**ie Söhne Benjamins nach ihren Ge-
schlechtern waren: Bela, daher kommt
das Geschlecht der Belaiter; Aschbel, da-
her kommt das Geschlecht der Aschbeli-
ter; Ahiram, daher kommt das Geschlecht
der Ahiramiter;
39 Schupham, daher kommt das Ge-
schlecht der Schuphamiter; Hupham, da-
her kommt das Geschlecht der Huphami-
ter.
40 Die Söhne Belas aber waren: Ard
und Naaman, daher kommt das Ge-
schlecht der Arditer und Naamaniter.
41 Das sind die Söhne Benjamins nach
ihren Geschlechtern, an Zahl 45600.
42 **D**ie Söhne Dans nach ihren Ge-
schlechtern waren: Schuham, daher
kommt das Geschlecht der Schuhamiter.
Das sind die Geschlechter Dans nach
ihren Geschlechtern.
43 Alle Geschlechter der Schuhamiter
waren an Zahl 64400.
44 **D**ie Söhne Assers nach ihren Ge-
schlechtern waren: Jimna, daher kommt
das Geschlecht der Jimniter; Jischwi, da-
her kommt das Geschlecht der Jischwiter;
Beria, daher kommt das Geschlecht der
Beriiter.
45 Aber die Söhne Berias waren: Heber,
daher kommt das Geschlecht der Heberi-
ter; Malkiël, daher kommt das Geschlecht
der Malkiëliter.
46 Und die Tochter Assers hieß Serach.
47 Das sind die Geschlechter der Söhne
Assers, an Zahl 53400.
48 **D**ie Söhne Naphthalis nach ihren Ge-
schlechtern waren: Jachzeel, daher kommt
das Geschlecht der Jachzeeliter; Guni,
daher kommt das Geschlecht der Guni-
ter;
49 Jezer, daher kommt das Geschlecht
der Jezeriter; Schillem, daher kommt das
Geschlecht der Schillemiter.
50 Das sind die Geschlechter von Naph-
thali nach ihren Sippen, an Zahl 45400.
51 **D**as ist die Summe der Kinder Israel,
601730.
52 **U**nd der Herr redete mit Mose und
sprach:
53 Diesen sollst du das Land austeilen
zum Erbe nach der Zahl der Namen.
54 Dem Geschlecht, das groß ist an
Zahl, sollst du viel zum Erbe geben, und
dem Geschlecht, das gering ist an Zahl,
wenig; einem jeden soll man geben nach
seiner Zahl.
55 Doch soll man das Land durchs Los
austeilen; nach den Namen der Stämme
ihrer Väter sollen sie ihr Erbteil erhalten.
56 Nach dem Los sollst du ihr Erbe aus-
teilen zwischen den vielen und wenigen.

Die Geschlechter der Leviten

57 Und dies ist die Summe der Leviten
nach ihren Geschlechtern: Gerson, daher

das Geschlecht der Gersoniter; Kehath,
daher das Geschlecht der Kehathiter; Me-
rari, daher das Geschlecht der Merariter.
58 Dies sind die Geschlechter Levis: das
Geschlecht der Libniter, das Geschlecht
der Hebroniter, das Geschlecht der Mach-
liter, das Geschlecht der Muschiter, das
Geschlecht der Korahiter. Kehath aber
zeugte Amram.
59 Und Amrams Frau hieß Jochebed,
eine Tochter Levis, die ihm geboren wurde
in Ägypten. Und sie gebar dem Amram
Aaron und Mose und ihre Schwester
Mirjam.
60 Dem Aaron aber wurden geboren
Nadab, Abihu, Eleasar und Ithamar.
61 Nadab aber und Abihu starben, als
sie fremdes Feuer darbrachten vor dem
HERRN.
62 Und ihre Summe war 23000, alles,
was männlich war, von einem Monat an
und darüber. Sie wurden nämlich nicht
gezählt zusammen mit den Kindern Israel;
denn man gab ihnen kein Erbe unter den
Kindern Israel.
63 Das ist die Summe der Kinder Israel,
die Mose und Eleasar, der Priester, zähl-
ten im Jordantal der Moabiter gegenüber
Jericho.
64 Unter diesen aber war keiner mehr
von denen aus Israel, die Mose und Aaron,
der Priester, gezählt hatten in der Wüste
Sinai.
65 Denn der HERR hatte ihnen gesagt,
sie sollten des Todes sterben in der Wüste.
Und so blieb keiner von ihnen übrig als
Kaleb, der Sohn Jephunnes, und Josua,
der Sohn Nuns.

Erbrecht der Töchter

27 Und die Töchter Zelophhads, des
Sohnes Hephers, des Sohnes Gi-
leads, des Sohnes Machirs, des Sohnes
Manasses, von den Geschlechtern Manas-
ses, des Sohnes Josephs, mit Namen
Machla, Noa, Hogla, Milka und Tirza
kamen herzu
2 und traten vor Mose und vor Eleasar,
den Priester, und vor die Stammesfürsten
und die ganze Gemeinde vor der Tür der
Stiftshütte und sprachen:
3 Unser Vater ist gestorben in der Wüste
und war nicht mit unter der Rotte, die sich
gegen den HERRN empörte, unter der
Rotte Korah, sondern ist um seiner eige-
nen Sünde willen gestorben und hatte
keine Söhne.
4 Warum soll denn unseres Vaters Name
in seinem Geschlecht untergehen, weil er
keinen Sohn hat? Gebt uns auch ein Erb-
gut unter den Brüdern unseres Vaters.
5 Mose brachte ihre Sache vor den
HERRN.
6 Und der HERR sprach zu ihm:
7 Die Töchter Zelophhads haben recht
geredet. Du sollst ihnen ein Erbgut unter
den Brüdern ihres Vaters geben und sollst
ihres Vaters Erbe ihnen zuwenden.
8 Und sage den Kindern Israel: Wenn
jemand stirbt und keinen Sohn hat, so
sollt ihr sein Erbe seiner Tochter zuwen-
den.
9 Hat er keine Tochter, sollt ihr's seinen
Brüdern geben.
10 Hat er keine Brüder, sollt ihr's den
Brüdern seines Vaters geben.
11 Hat sein Vater keine Brüder, sollt
ihr's seinen nächsten Verwandten geben,
die ihm angehören in seinem Geschlecht,
damit sie es in Besitz nehmen. Das soll den
Kindern Israel Gesetz und Recht sein,
wie der HERR dem Mose geboten hat.

Josua wird zum Nachfolger des Mose bestellt

12 Und der HERR sprach zu Mose: Steig
auf dies Gebirge Abarim und sieh auf das
Land, das ich den Kindern Israel geben
werde.
13 Und wenn du es gesehen hast, sollst
du auch zu deinen Vätern versammelt
werden, wie dein Bruder Aaron zu ihnen
versammelt ist,
14 weil ihr meinem Wort ungehorsam
gewesen seid in der Wüste Zin, als die Ge-
meinde haderte und ihr mich vor ihnen
heiligen solltet durch das Wasser. Das ist
das Haderwasser zu Kadesch in der Wüste
Zin.
15 Und Mose redete mit dem HERRN
und sprach:
16 Der HERR, der Gott des Lebensgei-
stes für alles Fleisch, wolle einen Mann
setzen über die Gemeinde,
17 der vor ihnen her aus- und eingeht
und sie aus- und einführt, damit die Ge-
meinde des HERRN nicht sei wie die Schafe
ohne Hirten.

18 Und der HERR sprach zu Mose: Nimm Josua zu dir, den Sohn Nuns, einen Mann, in dem der Geist ist, und lege deine Hände auf ihn;
19 und laß ihn treten vor den Priester Eleasar und vor die ganze Gemeinde und bestelle ihn vor ihren Augen
20 und lege von deiner Hoheit auf ihn, damit ihm gehorche die ganze Gemeinde der Kinder Israel.
21 Und er soll treten vor Eleasar, den Priester, der soll für ihn mit den heiligen Losen den HERRN befragen. Nach dessen Befehl sollen aus- und einziehen er und alle Kinder Israel mit ihm und die ganze Gemeinde.
22 Mose tat, wie ihm der HERR geboten hatte, und nahm Josua und ließ ihn treten vor den Priester Eleasar und vor die ganze Gemeinde
23 und legte seine Hand auf ihn und bestellte ihn, wie der HERR durch Mose geredet hatte.

Gesetze über die regelmäßigen Opfer des Jahres

28 Und der HERR redete mit Mose und sprach:
2 Gebiete den Kindern Israel und sprich zu ihnen: Ihr sollt achthaben, daß ihr zur rechten Zeit meine Opfergaben darbringt, meine Feueropferspeise mir zum lieblichen Geruch.
3 Und sprich zu ihnen: Dies sind die Feueropfer, die ihr dem HERRN opfern sollt: einjährige Schafe, die ohne Fehler sind, täglich zwei zum täglichen Brandopfer,
4 ein Schaf am Morgen, das andere gegen Abend;
5 dazu ein zehntel Scheffel feinstes Mehl zum Speisopfer, mit Öl vermengt, das gestoßen ist, eine viertel Kanne.
6 Das ist das tägliche Brandopfer, das ihr am Berge Sinai geopfert habt zum lieblichen Geruch, ein Feueropfer für den HERRN.
7 Dazu sein Trankopfer zu je einem Schaf eine viertel Kanne. Im Heiligtum soll man den Wein des Trankopfers dem HERRN darbringen.
8 Das andere Schaf sollst du gegen Abend zurichten. Mit einem Speisopfer wie am Morgen und mit seinem Trankopfer sollst du es zurichten als Feueropfer für den HERRN zum lieblichen Geruch.
9 Am Sabbattag aber zwei einjährige Schafe ohne Fehler und zwei Zehntel feinstes Mehl zum Speisopfer, mit Öl vermengt, und sein Trankopfer.
10 Das ist das Brandopfer an jedem Sabbat außer dem täglichen Brandopfer samt seinem Trankopfer.
11 Aber am ersten Tage eurer Monate sollt ihr dem HERRN ein Brandopfer opfern: zwei junge Stiere, einen Widder, sieben einjährige Schafe ohne Fehler
12 und je drei Zehntel feinstes Mehl zum Speisopfer, mit Öl vermengt, zu je einem jungen Stier und zwei Zehntel feinstes Mehl zum Speisopfer, mit Öl vermengt, zu dem einen Widder
13 und je ein Zehntel feinstes Mehl zum Speisopfer, mit Öl vermengt, zu je einem Schaf. Das ist ein Brandopfer des lieblichen Geruchs, ein Feueropfer für den HERRN.
14 Und was dazu gehört an Trankopfern, soll sein: eine halbe Kanne Wein zu je einem jungen Stier, eine drittel Kanne zum Widder, eine viertel Kanne zu je einem Schaf. Das ist das Brandopfer zum Neumond eines jeden Monats im Jahr.
15 Dazu soll man einen Ziegenbock dem HERRN zum Sündopfer zurichten außer dem täglichen Brandopfer und seinem Trankopfer.
16 Aber am vierzehnten Tag des ersten Monats ist das Passa des HERRN.
17 Und am fünfzehnten Tage desselben Monats ist Festfeier. Sieben Tage soll man ungesäuertes Brot essen.
18 Am ersten Tag soll heilige Versammlung sein; keine Arbeit sollt ihr an diesem Tage tun
19 und sollt dem HERRN Brandopfer darbringen: zwei junge Stiere, einen Widder, sieben einjährige Schafe ohne Fehler
20 samt ihren Speisopfern: drei Zehntel feinstes Mehl, mit Öl vermengt, zu je einem jungen Stier und zwei Zehntel zu dem Widder
21 und je ein Zehntel auf ein Schaf unter den sieben Schafen,
22 dazu einen Bock zum Sündopfer, um für euch Sühne zu schaffen.
23 Und ihr sollt das alles darbringen

außer dem Brandopfer am Morgen, welches das tägliche Brandopfer ist.

24 Nach dieser Weise sollt ihr alle Tage, die sieben Tage lang, das Opfer zurichten als Feueropferspeise zum lieblichen Geruch für den HERRN, außer dem täglichen Brandopfer samt seinem Trankopfer.

25 Am siebenten Tag aber soll heilige Versammlung sein; keine Arbeit sollt ihr an diesem Tage tun.

26 Und am Tag der Erstlinge, wenn ihr das neue Speisopfer dem HERRN opfert, an eurem Wochenfest, soll heilige Versammlung sein; keine Arbeit sollt ihr an diesem Tage tun.

27 Und ihr sollt dem HERRN als Brandopfer darbringen zum lieblichen Geruch: zwei junge Stiere, einen Widder, sieben einjährige Schafe

28 samt ihrem Speisopfer: drei Zehntel feinstes Mehl, mit Öl vermengt, zu je einem jungen Stier, zwei Zehntel zu dem Widder

29 und je ein Zehntel zu je einem Schaf von den sieben Schafen,

30 und einen Ziegenbock, um für euch Sühne zu schaffen.

31 Das alles sollt ihr darbringen außer dem täglichen Brandopfer mit seinem Speisopfer. Ohne Fehler soll's sein, dazu ihre Trankopfer.

29 Und am ersten Tag des siebenten Monats soll heilige Versammlung sein; keine Arbeit sollt ihr an diesem Tage tun; ein Tag des Posaunenblasens soll er für euch sein.

2 Und ihr sollt als Brandopfer darbringen zum lieblichen Geruch für den HERRN: einen jungen Stier, einen Widder, sieben einjährige Schafe ohne Fehler,

3 dazu als Speisopfer: drei Zehntel feinstes Mehl, mit Öl vermengt, zu dem jungen Stier, zwei Zehntel zu dem Widder

4 und ein Zehntel zu je einem Schaf von den sieben Schafen,

5 auch einen Ziegenbock zum Sündopfer, um für euch Sühne zu schaffen,

6 außer dem Brandopfer des Neumondes und seinem Speisopfer und außer dem täglichen Brandopfer mit seinem Speisopfer und mit ihren Trankopfern, ihrer Ordnung gemäß, zum lieblichen Geruch als ein Feueropfer für den HERRN.

7 Am zehnten Tag dieses siebenten Monats soll heilige Versammlung sein, und ihr sollt fasten und keine Arbeit an diesem Tage tun,

8 sondern als Brandopfer dem HERRN zum lieblichen Geruch opfern: einen jungen Stier, einen Widder, sieben einjährige Schafe ohne Fehler

9 mit ihren Speisopfern: drei Zehntel feinstes Mehl, mit Öl vermengt, zu dem jungen Stier, zwei Zehntel zu dem Widder

10 und ein Zehntel zu je einem der sieben Schafe,

11 dazu einen Ziegenbock zum Sündopfer außer dem Sündopfer zur Sühnung und dem täglichen Brandopfer mit seinem Speisopfer und mit ihren Trankopfern.

12 Am fünfzehnten Tag des siebenten Monats soll heilige Versammlung sein; keine Arbeit sollt ihr an diesem Tage tun und sollt dem HERRN das Fest sieben Tage feiern

13 und sollt an Brandopfern darbringen, als Feueropfer des lieblichen Geruchs für den HERRN: dreizehn junge Stiere, zwei Widder, vierzehn einjährige Schafe ohne Fehler

14 samt ihrem Speisopfer: drei Zehntel feinstes Mehl, mit Öl vermengt, zu je einem der dreizehn jungen Stiere, zwei Zehntel zu je einem der zwei Widder

15 und ein Zehntel zu je einem der vierzehn Schafe,

16 dazu einen Ziegenbock zum Sündopfer außer dem täglichen Brandopfer mit seinem Speisopfer und seinem Trankopfer.

17 Am zweiten Tage: zwölf junge Stiere, zwei Widder, vierzehn einjährige Schafe ohne Fehler

18 mit ihrem Speisopfer und ihren Trankopfern zu den jungen Stieren, zu den Widdern und zu den Schafen nach ihrer Zahl, der Ordnung gemäß,

19 dazu einen Ziegenbock zum Sündopfer außer dem täglichen Brandopfer mit seinem Speisopfer und ihren Trankopfern.

20 Am dritten Tage: elf junge Stiere, zwei Widder, vierzehn einjährige Schafe ohne Fehler

21 mit ihrem Speisopfer und ihren Trankopfern zu den jungen Stieren, zu den Widdern und zu den Schafen nach ihrer Zahl, der Ordnung gemäß,

22 dazu einen Bock zum Sündopfer

außer dem täglichen Brandopfer mit sei-
nem Speisopfer und seinem Trankopfer.
23 Am vierten Tage: zehn junge Stiere,
zwei Widder, vierzehn einjährige Schafe
ohne Fehler
24 samt ihrem Speisopfer und ihren
Trankopfern zu den jungen Stieren, zu
den Widdern und zu den Schafen nach
ihrer Zahl, der Ordnung gemäß,
25 dazu einen Ziegenbock zum Sünd-
opfer außer dem täglichen Brandopfer
mit seinem Speisopfer und seinem Trank-
opfer.
26 Am fünften Tage: neun junge Stiere,
zwei Widder, vierzehn einjährige Schafe
ohne Fehler
27 samt ihrem Speisopfer und ihren
Trankopfern zu den jungen Stieren, zu
den Widdern und zu den Schafen nach
ihrer Zahl, der Ordnung gemäß,
28 dazu einen Bock zum Sündopfer
außer dem täglichen Brandopfer mit sei-
nem Speisopfer und seinem Trankopfer.
29 Am sechsten Tage: acht junge Stiere,
zwei Widder, vierzehn einjährige Schafe
ohne Fehler
30 samt ihrem Speisopfer und ihren
Trankopfern zu den jungen Stieren, zu
den Widdern und zu den Schafen nach
ihrer Zahl, der Ordnung gemäß,
31 dazu einen Bock zum Sündopfer au-
ßer dem täglichen Brandopfer mit seinem
Speisopfer und seinen Trankopfern.
32 Am siebenten Tage: sieben junge
Stiere, zwei Widder, vierzehn einjährige
Schafe ohne Fehler
33 samt ihrem Speisopfer und ihren
Trankopfern zu den jungen Stieren, zu
den Widdern und zu den Schafen nach
ihrer Zahl, ihrer Ordnung gemäß,
34 dazu einen Bock zum Sündopfer
außer dem täglichen Brandopfer mit sei-
nem Speisopfer und seinem Trankopfer.
35 Am achten sollt ihr Festversammlung
halten; keine Arbeit sollt ihr an diesem
Tage tun
36 und sollt als Brandopfer opfern, als
Feueropfer des lieblichen Geruchs für den
HERRN: einen jungen Stier, einen Widder,
sieben einjährige Schafe ohne Fehler
37 samt ihrem Speisopfer und ihren
Trankopfern zu dem jungen Stier, zu dem
Widder und zu den Schafen nach ihrer
Zahl, der Ordnung gemäß,
38 dazu einen Bock zum Sündopfer au-
ßer dem täglichen Brandopfer mit seinem
Speisopfer und seinem Trankopfer.
39 Das alles sollt ihr dem HERRN dar-
bringen an euren Festen, außer dem, was
ihr gelobt und freiwillig gebt an Brand-
opfern, Speisopfern, Trankopfern und
Dankopfern.
30 Und Mose sagte den Kindern Israel
alles, was ihm der HERR geboten
hatte.

Gesetze über die Verbindlichkeit von Gelübden

2 Und Mose redete mit den Häuptern
der Stämme der Kinder Israel und sprach:
Dies ist's, was der HERR geboten hat:
3 Wenn jemand dem HERRN ein Gelübde
tut oder einen Eid schwört, daß er sich zu
etwas verpflichten will, so soll er sein
Wort nicht brechen, sondern alles tun,
wie es über seine Lippen gegangen ist.
4 Wenn eine Frau dem HERRN ein Ge-
lübde tut und sich zu etwas verpflichtet,
solange sie im Hause ihres Vaters und
ledig ist,
5 und ihr Vater hört von ihrem Gelübde
und ihrer Verpflichtung, die sie sich auf-
erlegt hat, und er schweigt dazu, so gelten
alle ihre Gelübde, und jede Verpflichtung,
die sie sich auferlegt hat, soll auch gelten.
6 Wenn aber ihr Vater ihr's verwehrt an
dem Tage, da er's hört, so gilt das Ge-
lübde und die Verpflichtung nicht, die sie
sich auferlegt hat, und der HERR wird ihr
gnädig sein, weil ihr Vater es ihr verwehrt
hat.
7 Wird sie aber eines Mannes Frau und
liegt noch ein Gelübde auf ihr oder hat sie
unbedacht etwas versprochen, durch das
sie sich gebunden hat,
8 und ihr Mann hört es und schweigt
dazu an demselben Tage, so gilt ihr Ge-
lübde und ihre Verpflichtung, die sie sich
auferlegt hat.
9 Wenn aber ihr Mann ihr's verwehrt an
dem Tage, da er's hört, so macht er sie
ihres Gelübdes ledig, das auf ihr liegt, und
ihres unbedachten Versprechens, durch
das sie sich gebunden hat; und der HERR
wird ihr gnädig sein.
10 Das Gelübde einer Witwe oder einer
Verstoßenen, alles, was sie sich auferlegt
hat, das gilt für sie.

11 Wenn eine Frau im Hause ihres Mannes etwas gelobt und sich mit einem Eide bindet
12 und ihr Mann hört es und schweigt dazu und verwehrt es ihr nicht, so gelten alle ihre Gelübde und alles, wozu sie sich verpflichtet hat.
13 Macht aber ihr Mann sie ihres Gelübdes ledig an dem Tage, da er's hört, so gilt das nicht, was über ihre Lippen gegangen ist, was sie gelobt oder wozu sie sich verpflichtet hat; denn ihr Mann hat sie ihres Gelübdes ledig gemacht, und der HERR wird ihr gnädig sein.
14 Alle Gelübde und alle Eide, mit denen sie sich verpflichtet hat zu fasten, kann ihr Mann bekräftigen oder aufheben, also:
15 wenn er dazu schweigt von einem Tage zum andern, so bekräftigt er alle ihre Gelübde und Verpflichtungen, die auf ihr liegen, weil er geschwiegen hat an dem Tage, da er's hörte;
16 hat er's aber gehört und hebt es erst später auf, so soll er ihre Schuld tragen.
17 Das sind die Satzungen, die der HERR dem Mose geboten hat, zwischen Mann und Frau, zwischen Vater und Tochter, solange sie noch ledig ist in ihres Vaters Hause.

Sieg über die Midianiter und Verteilung der Beute

31 Und der HERR redete mit Mose und sprach:
2 Übe Rache für die Kinder Israel an den Midianitern, und danach sollst du versammelt werden zu deinen Vätern.
3 Da redete Mose mit dem Volk und sprach: Rüstet unter euch Leute zum Kampf gegen die Midianiter, die die Rache des HERRN an den Midianitern vollstrecken.
4 Aus jedem Stamm je tausend Mann sollt ihr aus allen Stämmen Israels in das Heer schicken.
5 Und sie nahmen aus den Tausendschaften Israels je tausend eines Stammes, zwölftausend Mann gerüstet zum Kampf.
6 Und Mose schickte sie mit Pinhas, dem Sohn des Priesters Eleasar, in den Kampf, und er hatte die heiligen Geräte und die Kriegstrompeten bei sich.
7 Und sie zogen aus zum Kampf gegen die Midianiter, wie der HERR es Mose geboten hatte, und töteten alles, was männlich war.
8 Samt diesen Erschlagenen töteten sie auch die Könige der Midianiter, nämlich Ewi, Rekem, Zur, Hur und Reba, die fünf Könige der Midianiter. Auch Bileam, den Sohn Beors, töteten sie mit dem Schwert.
9 Und die Kinder Israel nahmen gefangen die Frauen der Midianiter und ihre Kinder; all ihr Vieh, alle ihre Habe und alle ihre Güter raubten sie
10 und verbrannten mit Feuer alle ihre Städte, wo sie wohnten, und alle ihre Zeltdörfer.
11 Und sie nahmen allen Raub und alles, was zu nehmen war, Menschen und Vieh,
12 und brachten's zu Mose und zu Eleasar, dem Priester, und zu der Gemeinde der Kinder Israel, nämlich die Gefangenen und das genommene Vieh und das geraubte Gut, ins Lager im Jordantal der Moabiter gegenüber Jericho.
13 Und Mose und Eleasar, der Priester, und alle Fürsten der Gemeinde gingen ihnen entgegen, hinaus vor das Lager.
14 Und Mose wurde zornig über die Hauptleute des Heeres, die Hauptleute über tausend und über hundert, die aus dem Feldzug kamen,
15 und sprach zu ihnen: Warum habt ihr alle Frauen leben lassen?
16 Siehe, haben nicht diese die Kinder Israel durch Bileams Rat abwendig gemacht, daß sie sich versündigten am HERRN durch den Baal-Peor, so daß der Gemeinde des HERRN eine Plage widerfuhr?
17 So tötet nun alles, was männlich ist unter den Kindern, und alle Frauen, die nicht mehr Jungfrauen sind;
18 aber alle Mädchen, die unberührt sind, die laßt für euch leben.
19 Und lagert euch draußen vor dem Lager sieben Tage, alle, die jemand getötet oder die Erschlagene angerührt haben, daß ihr euch entsündigt am dritten und siebenten Tage samt denen, die ihr gefangengenommen habt.
20 Auch alle Kleider und alles Lederzeug und alles Pelzwerk und alle hölzernen Geräte sollt ihr entsündigen.
21 Und Eleasar, der Priester, sprach zu dem Kriegsvolk, das in den Kampf gezogen war: Dies ist das Gesetz, das der HERR dem Mose geboten hat:

22 Gold, Silber, Kupfer, Eisen, Zinn und Blei

23 und alles, was Feuer verträgt, sollt ihr durchs Feuer gehen lassen, so wird es rein; nur daß es mit dem Reinigungswasser entsündigt werde. Aber alles, was Feuer nicht verträgt, sollt ihr durchs Wasser gehen lassen.

24 Und ihr sollt eure Kleider waschen am siebenten Tage, so werdet ihr rein. Danach sollt ihr ins Lager kommen.

25 Und der HERR redete mit Mose und sprach:

26 Nimm die gesamte Beute an Menschen und Vieh, die weggeführt wurde, auf, du und der Priester Eleasar und die Häupter der Sippen der Gemeinde,

27 und gib die eine Hälfte denen, die in den Kampf gezogen sind und die Schlacht geschlagen haben, und die andere Hälfte der ganzen Gemeinde.

28 Du sollst aber für den HERRN als Abgabe erheben von den Kriegsleuten, die in den Kampf gezogen waren, je eins von fünfhundert, an Menschen, Rindern, Eseln und Schafen.

29 Von ihrer Hälfte sollst du sie erheben und dem Priester Eleasar geben als Opfergabe für den HERRN.

30 Aber von der Hälfte der Kinder Israel sollst du je eins von fünfzig erheben, an Menschen, Rindern, Eseln und Schafen und von allem Vieh, und sollst sie den Leviten geben, die den Dienst versehen an der Wohnung des HERRN.

31 Und Mose und der Priester Eleasar taten, wie der HERR es Mose geboten hatte.

32 Und es betrug die Beute, soviel am Leben geblieben war von dem, was das Kriegsvolk erbeutet hatte, 675000 Schafe,

33 72000 Rinder,

34 61000 Esel;

35 an Menschen aber 32000 Mädchen, die nicht von Männern berührt waren.

36 Und die Hälfte, die denen gehörte, die in den Kampf gezogen waren, betrug 337500 Schafe;

37 davon waren Abgabe für den HERRN 675 Schafe.

38 Desgleichen 36000 Rinder; davon waren Abgabe für den HERRN 72.

39 Desgleichen 30500 Esel; davon waren Abgabe für den HERRN 61.

40 Desgleichen 16000 Menschen; davon waren Abgabe für den HERRN 32.

41 Und Mose gab diese Abgabe als Opfergabe für den HERRN dem Priester Eleasar, wie ihm der HERR geboten hatte.

42 Aber die andere Hälfte, die Mose für die Kinder Israel absonderte von dem Anteil der Kriegsleute,

43 nämlich die Hälfte, die der Gemeinde zukam, betrug auch 337500 Schafe,

44 36000 Rinder,

45 30500 Esel

46 und 16000 Menschen.

47 Und Mose nahm von dieser Hälfte der Kinder Israel je eins von fünfzig, sowohl vom Vieh als von den Menschen, und gab's den Leviten, die den Dienst versahen an der Wohnung des HERRN, wie der HERR es Mose geboten hatte.

48 Und es traten an Mose heran die Anführer der Tausendschaften des Kriegsvolks, nämlich die Hauptleute über tausend und über hundert,

49 und sprachen zu ihm: Wir, deine Knechte, haben die Summe der Kriegsleute aufgenommen, die unter unserm Befehl standen, und es fehlt nicht einer.

50 Darum bringen wir dem HERRN als Gabe, was jeder gefunden hat an goldenem Gerät, Ketten, Armgeschmeide, Ringen, Ohrringen und Spangen, um für uns Sühne zu schaffen vor dem HERRN.

51 Und Mose samt dem Priester Eleasar nahm von ihnen das Gold, allerlei Geschmeide.

52 Und alles Gold, das die Hauptleute über tausend und über hundert als Opfergabe für den HERRN darbrachten, wog 16750 Lot.

53 Aber von den Kriegsleuten hatte jeder nur für sich selber Beute gemacht.

54 Und Mose und der Priester Eleasar nahmen das Gold von den Hauptleuten über tausend und über hundert und brachten es in die Stiftshütte, damit es dazu diene, daß der HERR gnädig der Kinder Israel gedenke.

Verteilung des Ostjordanlandes an die Stämme Ruben, Gad und Manasse

32 Die Söhne Ruben und die Söhne Gad hatten sehr viel Vieh und sahen das Land Jaser und Gilead an als gute Weide für ihr Vieh

2 und kamen und sprachen zu Mose und
zu dem Priester Eleasar und zu den Fürsten der Gemeinde:
3 Das Land Ataroth, Dibon, Jaser,
Nimra, Hesbon, Elale, Sibma, Nebo und
Beon,
4 das der HERR geschlagen hat vor der
Gemeinde Israel, ist gut zur Weide, und
wir, deine Knechte, haben Vieh.
5 Und sie sprachen weiter: Haben wir
Gnade vor dir gefunden, so gib dies Land
deinen Knechten zu eigen und laß uns
nicht über den Jordan ziehen.
6 Mose sprach zu ihnen: Eure Brüder
sollen in den Kampf ziehen, und ihr wollt
hier bleiben?
7 Warum macht ihr die Herzen der Kinder Israel abwendig, daß sie nicht hinüberziehen in das Land, das ihnen der
HERR geben wird?
8 So machten es auch eure Väter, als ich
sie aussandte von Kadesch-Barnea, um
das Land zu erkunden;
9 und als sie hinaufgekommen waren
bis an den Bach Eschkol und das Land
sahen, machten sie das Herz der Kinder
Israel abwendig, daß sie nicht in das Land
wollten, das ihnen der HERR geben wollte.
10 Und des HERRN Zorn entbrannte zur
selben Zeit, und er schwor:
11 Wahrlich, diese Leute, die aus Ägypten gezogen sind, von zwanzig Jahren an
und darüber, sollen das Land nicht sehen,
das ich Abraham, Isaak und Jakob zu
geben geschworen habe, weil sie mir nicht
treu nachgefolgt sind,
12 ausgenommen Kaleb, der Sohn Jephunnes, des Kenisiters, und Josua, der
Sohn Nuns; denn sie sind dem HERRN treu
nachgefolgt.
13 So entbrannte des HERRN Zorn über
Israel, und er ließ sie hin und her in der
Wüste ziehen vierzig Jahre, bis es zu Ende
war mit dem ganzen Geschlecht, das übelgetan hatte vor dem HERRN.
14 Und siehe, ihr seid aufgetreten an
eurer Väter Statt, damit die Sünder immer
mehr werden und auch ihr den Zorn und
Grimm des HERRN gegen Israel noch vermehrt.
15 Denn wenn ihr euch von ihm wendet,
so wird er das Volk noch länger in der
Wüste lassen, und ihr werdet's ganz zugrunde richten.
16 Da traten sie heran und sprachen:
Wir wollen nur Schafhürden hier bauen
für unser Vieh und Städte für unsere Kinder;
17 wir aber wollen gerüstet vor Israel
einherziehen, bis wir sie an ihren Ort gebracht haben. Unsere Kinder aber sollen
in den festen Städten bleiben um der Bewohner des Landes willen.
18 Wir wollen nicht heimkehren, bis von
den Kindern Israel ein jeder sein Erbe eingenommen hat.
19 Denn wir wollen nicht mit ihnen
erben jenseits des Jordan, sondern unser
Erbteil soll uns diesseits des Jordan nach
Osten hin zufallen.
20 Mose sprach zu ihnen: Wenn ihr das
tun wollt, so rüstet euch zum Kampf vor
dem HERRN.
21 Wer unter euch gerüstet ist, der ziehe
über den Jordan vor dem HERRN, bis er
seine Feinde vertreibe vor sich her
22 und das Land untertan werde vor
dem HERRN. Danach dürft ihr umkehren
und werdet ohne Schuld sein vor dem
HERRN und vor Israel und sollt dies Land
zu eigen haben vor dem HERRN.
23 Wenn ihr das aber nicht tun wollt,
siehe, so werdet ihr euch an dem HERRN
versündigen und werdet eure Sünde erkennen, wenn sie euch treffen wird.
24 So baut nun Städte für eure Kinder
und Hürden für euer Vieh und tut, was
ihr gesagt habt.
25 Die Söhne Gad und die Söhne Ruben
sprachen zu Mose: Deine Knechte werden
tun, wie mein Herr geboten hat.
26 Unsere Kinder und Frauen, unsere
Habe und all unser Vieh sollen in den
Städten Gileads bleiben;
27 wir aber, deine Knechte, wollen alle
gerüstet zum Heer in den Kampf ziehen
vor dem HERRN, wie mein Herr gesagt hat.
28 Da gebot Mose ihretwegen dem Priester Eleasar und Josua, dem Sohn Nuns,
und den Häuptern der Sippen unter den
Stämmen der Kinder Israel
29 und sprach zu ihnen: Wenn die Söhne
Gad und die Söhne Ruben mit euch über
den Jordan ziehen, alle gerüstet zum
Kampf vor dem HERRN, und das Land
euch untertan ist, so gebt ihnen das Land
Gilead zu eigen.
30 Ziehen sie aber nicht gerüstet mit

euch hinüber, so sollen sie mit euch erben im Lande Kanaan.

31 Die Söhne Gad und die Söhne Ruben antworteten und sprachen: Wie der HERR redet zu deinen Knechten, so wollen wir tun.

32 Wir wollen gerüstet hinüberziehen vor dem HERRN ins Land Kanaan und unser Erbgut besitzen diesseits des Jordan.

33 Also gab Mose den Söhnen Gad und den Söhnen Ruben und dem halben Stamm Manasses, des Sohnes Josephs, das Königreich Sihons, des Königs der Amoriter, und das Königreich Ogs, des Königs von Basan, das Land samt den Städten ringsumher mit ihrem ganzen Gebiet.

34 Und die Söhne Gad bauten Dibon, Ataroth, Aroër,

35 Ataroth-Schophan, Jaser, Jogbeha,

36 Beth-Nimra und Beth-Haran, feste Städte und Schafhürden.

37 Die Söhne Ruben bauten Hesbon, Elale, Kirjathajim,

38 Nebo, Baal-Meon und Sibma und gaben den Städten, die sie bauten, ihre bisherigen Namen.

39 Und die Söhne Machirs, des Sohnes Manasses, gingen nach Gilead und eroberten es und vertrieben die Amoriter, die darin waren.

40 Da gab Mose dem Machir, dem Sohn Manasses, Gilead, und er wohnte darin.

41 Jaïr aber, der Sohn Manasses, ging hin und eroberte ihre Dörfer und nannte sie «Dörfer Jaïrs».

42 Nobach ging hin und eroberte Kenath mit seinen Ortschaften und nannte es Nobach nach seinem Namen.

Verzeichnis der Lagerplätze beim Wüstenzug

33 Dies sind die Lagerplätze der Kinder Israel, als sie aus Ägyptenland gezogen sind mit ihrem Heer unter Mose und Aaron.

2 Und Mose schrieb auf nach dem Befehl des HERRN ihre Wanderungen nach ihren Lagerplätzen. Dies sind ihre Lagerplätze auf ihren Wanderungen:

3 Sie zogen aus von Ramses am fünfzehnten Tag des ersten Monats, dem zweiten Tage des Passa, durch eine starke Hand, daß es alle Ägypter sahen,

4 als sie eben die Erstgeburt begruben, die der HERR unter ihnen geschlagen hatte; denn der HERR hatte an ihren Göttern Gericht geübt.

5 Als sie von Ramses auszogen, lagerten sie sich in Sukkoth

6 und zogen aus von Sukkoth und lagerten sich in Etham, das am Rande der Wüste liegt.

7 Von Etham zogen sie aus und blieben in Pihachiroth, das vor Baal-Zephon liegt, und lagerten sich vor Migdol.

8 Von Pihachiroth zogen sie aus und gingen mitten durchs Meer in die Wüste und zogen drei Tagereisen in der Wüste Etham und lagerten sich in Mara.

9 Von Mara zogen sie aus und kamen nach Elim; da waren zwölf Wasserquellen und siebzig Palmen, und sie lagerten sich dort.

10 Von Elim zogen sie aus und lagerten sich am Schilfmeer.

11 Vom Schilfmeer zogen sie aus und lagerten sich in der Wüste Sin.

12 Von der Wüste Sin zogen sie aus und lagerten sich in Dophka.

13 Von Dophka zogen sie aus und lagerten sich in Alusch.

14 Von Alusch zogen sie aus und lagerten sich in Raphidim; dort hatte das Volk kein Wasser zu trinken.

15 Von Raphidim zogen sie aus und lagerten sich in der Wüste Sinai.

16 Von der Wüste Sinai zogen sie aus und lagerten sich bei den Lustgräbern.

17 Von den Lustgräbern zogen sie aus und lagerten sich in Hazeroth.

18 Von Hazeroth zogen sie aus und lagerten sich in Rithma.

19 Von Rithma zogen sie aus und lagerten sich in Rimmon-Perez.

20 Von Rimmon-Perez zogen sie aus und lagerten sich in Libna.

21 Von Libna zogen sie aus und lagerten sich in Rissa.

22 Von Rissa zogen sie aus und lagerten sich in Kehelatha.

23 Von Kehelatha zogen sie aus und lagerten sich im Gebirge Schepher.

24 Vom Gebirge Schepher zogen sie aus und lagerten sich in Harada.

25 Von Harada zogen sie aus und lagerten sich in Makheloth.

26 Von Makheloth zogen sie aus und lagerten sich in Tahath.

27 Von Tahath zogen sie aus und lager-
ten sich in Tarach.
28 Von Tarach zogen sie aus und lager-
ten sich in Mithka.
29 Von Mithka zogen sie aus und lager-
ten sich in Haschmona.
30 Von Haschmona zogen sie aus und
lagerten sich in Moseroth.
31 Von Moseroth zogen sie aus und
lagerten sich in Bene-Jaakan.
32 Von Bene-Jaakan zogen sie aus und
lagerten sich in Hor-Haggidgad.
33 Von Hor-Haggidgad zogen sie aus
und lagerten sich in Jotbatha.
34 Von Jotbatha zogen sie aus und la-
gerten sich in Abrona.
35 Von Abrona zogen sie aus und lager-
ten sich in Ezjon-Geber.
36 Von Ezjon-Geber zogen sie aus und
lagerten sich in der Wüste Zin, das ist
Kadesch.
37 Von Kadesch zogen sie aus und la-
gerten sich an dem Berge Hor, an der
Grenze des Landes Edom.
38 Da ging der Priester Aaron auf den
Berg Hor nach dem Befehl des HERRN
und starb dort im vierzigsten Jahr des
Auszugs der Kinder Israel aus Ägypten-
land am ersten Tag des fünften Monats,
39 als er hundertdreiundzwanzig Jahre
alt war.
40 Und der König der Kanaaniter zu
Arad, der da wohnte im Süden des Lan-
des Kanaan, hörte, daß die Kinder Israel
kamen.
41 Und von dem Berge Hor zogen sie
aus und lagerten sich in Zalmona.
42 Von Zalmona zogen sie aus und la-
gerten sich in Punon.
43 Von Punon zogen sie aus und lager-
ten sich in Oboth.
44 Von Oboth zogen sie aus und lager-
ten sich in Ijjim-Abarim, im Gebiet der
Moabiter.
45 Von Ijjim zogen sie aus und lagerten
sich in Dibon-Gad.
46 Von Dibon-Gad zogen sie aus und
lagerten sich in Almon-Diblathajim.
47 Von Almon-Diblathajim zogen sie
aus und lagerten sich in dem Gebirge Aba-
rim östlich vom Nebo.
48 Von dem Gebirge Abarim zogen sie
aus und lagerten sich im Jordantal der
Moabiter gegenüber Jericho.
49 Sie lagerten sich aber am Jordan von
Beth-Jeschimoth bis Abel-Schittim im
Jordantal der Moabiter.

Befehl zur Vertreibung der Kanaaniter

50 Und der HERR redete mit Mose im
Jordantal der Moabiter gegenüber Jericho
und sprach:
51 Rede mit den Kindern Israel und
sprich zu ihnen: Wenn ihr über den Jor-
dan gegangen seid in das Land Kanaan,
52 so sollt ihr alle Bewohner vertreiben
vor euch her und alle ihre Götzenbilder
und alle ihre gegossenen Bilder zerstören
und alle ihre Opferhöhen vertilgen
53 und sollt das Land einnehmen und
darin wohnen; denn euch habe ich das
Land gegeben, daß ihr's in Besitz nehmt.
54 Und ihr sollt das Land austeilen
durchs Los unter eure Geschlechter. Dem
Geschlecht, das groß ist, sollt ihr ein gro-
ßes Erbe geben, und dem, das klein ist,
sollt ihr ein kleines Erbe geben. Worauf
das Los für jeden fällt, das soll er haben.
Nach den Stämmen eurer Väter sollt ihr's
austeilen.
55 Wenn ihr aber die Bewohner des Lan-
des nicht vor euch her vertreibt, so werden
euch die, die ihr übriglaßt, zu Dornen in
euren Augen werden und zu Stacheln in
euren Seiten und werden euch bedrängen
in dem Lande, in dem ihr wohnt.
56 So wird's dann geschehen, daß ich
euch tun werde, wie ich gedachte, ihnen
zu tun.

Die Grenzen des Landes Kanaan

34 Und der HERR redete mit Mose und
sprach:
2 Gebiete den Kindern Israel und sprich
zu ihnen: Wenn ihr ins Land Kanaan
kommt, so soll das Land, das euch als
Erbteil zufällt, das Land Kanaan sein
nach diesen Grenzen:
3 Der Südzipfel eures Gebietes soll sich
erstrecken von der Wüste Zin an Edom
entlang. Eure Grenze im Süden soll aus-
gehen vom Ende des Salzmeers, das im
Osten liegt.
4 Und sie soll südlich vom Skorpionen-
steig sich hinaufziehen und hinübergehen
nach Zin und weitergehen südlich von
Kadesch-Barnea und gelangen nach Ha-
zar-Addar und hinübergehen nach Azmon

5 und sich von Azmon ziehen an den Bach Ägyptens, und ihr Ende sei an dem Meer.

6 Aber die Grenze nach Westen zu soll sein das große Meer und seine Küste. Das sei eure Grenze nach Westen.

7 Die Grenze nach Norden zu soll diese sein: Ihr sollt sie ziehen von dem großen Meer bis an den Berg Hor

8 und von dem Berge Hor bis dahin, wo es nach Hamath geht, daß die Grenze weitergehe bei Zedad

9 und auslaufe nach Siphron, und ihr Ende sei bei Hazar-Enan. Das sei eure Grenze nach Norden.

10 Und ihr sollt die Grenze nach Osten ziehen von Hazar-Enan nach Schepham,

11 und die Grenze gehe herab von Schepham nach Ribla östlich von Ajin. Danach gehe sie herab und ziehe sich hin längs der Höhen östlich vom See Kinnereth

12 und komme herab an den Jordan, daß ihr Ende sei das Salzmeer. Das sei euer Land mit seiner Grenze ringsumher.

13 Und Mose gebot den Kindern Israel: Das ist das Land, das ihr durchs Los unter euch teilen sollt, wie der HERR geboten hat, es den neun Stämmen und dem halben Stamm zu geben.

14 Denn der Stamm der Söhne Ruben nach seinen Sippen und der Stamm der Söhne Gad nach seinen Sippen und der halbe Stamm Manasse haben ihr Erbteil bekommen.

15 Die zwei Stämme und der halbe Stamm haben schon ihr Erbteil diesseits des Jordan gegenüber Jericho nach Osten zu.

Namen der Männer, die das Land austeilen sollen

16 Und der HERR redete mit Mose und sprach:

17 Dies sind die Namen der Männer, die das Land unter euch austeilen sollen: der Priester Eleasar und Josua, der Sohn Nuns.

18 Dazu sollt ihr nehmen von einem jeden Stamm einen Fürsten, um das Land auszuteilen.

19 Und dies sind die Namen der Männer: Kaleb, der Sohn Jephunnes, vom Stamm Juda;

20 Samuel, der Sohn Ammihuds, vom Stamm Simeon;

21 Elidad, der Sohn Kislons, vom Stamm Benjamin;

22 Bukki, der Sohn Joglis, Fürst des Stammes der Söhne Dan;

23 Hanniël, der Sohn Ephods, Fürst des Stammes der Söhne Manasse, von den Söhnen Joseph;

24 Kemuël, der Sohn Schiphtans, Fürst des Stammes der Söhne Ephraim;

25 Elizaphan, der Sohn Parnachs, Fürst des Stammes der Söhne Sebulon;

26 Paltiël, der Sohn Asans, Fürst des Stammes der Söhne Isaschar;

27 Ahihud, der Sohn Schelomis, Fürst des Stammes der Söhne Asser;

28 Pedahel, der Sohn Ammihuds, Fürst des Stammes der Söhne Naphthali.

29 Das sind die, denen der HERR gebot, daß sie den Kindern Israel das Erbe austeilten im Lande Kanaan.

Von den Städten der Leviten und den Freistädten

35 Und der HERR redete mit Mose im Jordantal der Moabiter gegenüber Jericho und sprach:

2 Gebiete den Kindern Israel, daß sie von ihren Erbteilen den Leviten Städte zur Wohnung geben. Auch Weideland um die Städte her sollt ihr den Leviten geben,

3 daß sie in den Städten wohnen und auf den Weiden ihr Vieh und ihre Herden und alle ihre Tiere haben.

4 Das Weideland aber vor den Städten, die ihr den Leviten gebt, soll sich tausend Ellen weit draußen um die Stadtmauer herum erstrecken.

5 So sollt ihr nun abmessen außerhalb der Stadt auf der Seite nach Osten zweitausend Ellen und auf der Seite nach Süden zweitausend Ellen und auf der Seite nach Westen zweitausend Ellen und auf der Seite nach Norden zweitausend Ellen, daß die Stadt in der Mitte sei. Das soll ihnen als Weide bei den Städten gehören.

6 Und von den Städten, die ihr den Leviten geben werdet, sollt ihr sechs zu Freistädten bestimmen, damit dahin fliehen kann, wer einen Totschlag getan hat. Dazu aber sollt ihr noch zweiundvierzig Städte geben,

7 daß alle Städte, die ihr den Leviten

gebt, seien achtundvierzig mit ihrem
Weideland.
8 Ihr sollt mehr geben an Städten vom
Besitz derer, die viel besitzen unter den
Kindern Israel, und weniger vom Besitz
derer, die wenig besitzen; ein jeder soll
nach seinem Erbteil, das ihm zugeteilt
wird, den Leviten Städte geben.
9 Und der HERR redete mit Mose und
sprach:
10 Rede mit den Kindern Israel und
sprich zu ihnen: Wenn ihr über den Jor-
dan ins Land Kanaan kommt,
11 sollt ihr Städte auswählen, daß sie
für euch Freistädte seien, wohin fliehen
soll, wer einen Totschlag aus Versehen tut.
12 Und es sollen unter euch diese Städte
eine Zuflucht sein vor dem Bluträcher,
daß der nicht sterben muß, der einen Tot-
schlag getan hat, bis er vor der Gemeinde
vor Gericht gestanden hat.
13 Und die Städte, die ihr zu Freistädten
bestimmt, sollen sechs sein.
14 Drei sollt ihr bestimmen diesseits des
Jordan und drei im Lande Kanaan.
15 Das sind die sechs Freistädte für die
Kinder Israel und für die Fremdlinge und
die Beisassen unter euch, damit dahin flie-
hen kann, wer einen Totschlag getan hat
aus Versehen.

Gesetze über Mord und über Totschlag

16 Wer jemand mit einem Eisen schlägt,
daß er stirbt, der ist ein Mörder und soll
des Todes sterben.
17 Wirft er ihn mit einem Stein, mit dem
jemand getötet werden kann, daß er daran
stirbt, so ist er ein Mörder und soll des
Todes sterben.
18 Schlägt er ihn mit einem Holz, mit
dem jemand totgeschlagen werden kann,
daß er stirbt, so ist er ein Mörder und soll
des Todes sterben.
19 Der Bluträcher soll den Mörder zum
Tode bringen; wo er ihm begegnet, soll er
ihn töten.
20 Stößt er jemand aus Haß oder wirft
er etwas auf ihn mit Hinterlist, daß er
stirbt,
21 oder schlägt er ihn aus Feindschaft
mit seiner Hand, daß er stirbt, so soll der
des Todes sterben, der ihn geschlagen hat;
er ist ein Mörder. Der Bluträcher soll ihn
zum Tode bringen, wo er ihm begegnet.
22 Wenn er ihn aber aus Versehen stößt
ohne Feindschaft oder wirft irgend etwas
auf ihn ohne Absicht
23 oder wirft irgendeinen Stein auf ihn,
woran man sterben kann, aber er hat's
nicht gesehen, so daß jener stirbt, und er
ist nicht sein Feind, hat ihm auch nichts
Böses antun wollen,
24 so soll die Gemeinde richten zwischen
dem, der geschlagen hat, und dem Blut-
rächer nach diesen Rechtsordnungen.
25 Und die Gemeinde soll den Totschlä-
ger erretten aus der Hand des Bluträchers
und soll ihn zurückbringen lassen zu der
Freistadt, dahin er geflohen war. Und er
soll dort bleiben, bis der Hohepriester
stirbt, den man mit dem heiligen Öl ge-
salbt hat.
26 Geht aber der Totschläger über die
Grenze seiner Freistadt, in die er geflohen
ist,
27 und der Bluträcher findet ihn außer-
halb der Grenze seiner Freistadt und
schlägt ihn tot, so soll er des Bluts nicht
schuldig sein.
28 Denn er sollte in seiner Freistadt
bleiben bis zum Tod des Hohenpriesters
und nach dem Tod des Hohenpriesters in
das Land seines Erbbesitzes zurückkeh-
ren.
29 Das soll euch Gesetz und Recht für
immer sein, überall wo ihr wohnt.
30 Wer einen Menschen erschlägt, den
soll man töten auf den Mund von Zeugen
hin. Ein einzelner Zeuge aber soll keine
Aussage machen, um einen Menschen
zum Tode zu bringen.
31 Und ihr sollt kein Sühnegeld nehmen
für das Leben des Mörders; denn er ist des
Todes schuldig und soll des Todes sterben.
32 Und ihr sollt kein Sühnegeld nehmen
für den, der zur Freistadt geflohen ist, daß
er zurückkehren darf, um im Lande zu
wohnen, bis der Priester stirbt.
33 Und schändet das Land nicht, darin
ihr wohnt; denn wer des Blutes schuldig
ist, der schändet das Land, und das Land
kann nicht entsühnt werden vom Blut,
das darin vergossen wird, außer durch das
Blut dessen, der es vergossen hat.
34 Macht das Land nicht unrein, darin
ihr wohnt, darin auch ich wohne; denn
ich bin der HERR, der mitten unter den
Kindern Israel wohnt.

Erbtöchter sollen nicht außerhalb des väterlichen Stammes heiraten

36 Und die Häupter der Sippen der Söhne Gileads, des Sohnes Machirs, der Manasses Sohn war, von den Geschlechtern der Söhne Joseph, traten heran und redeten vor Mose und vor den Fürsten, den Häuptern der Sippen der Kinder Israel,

2 und sprachen: Der HERR hat geboten unserm Herrn, daß man das Land den Kindern Israel durch das Los zum Erbteil geben sollte. Auch wurde ihm geboten von dem HERRN, daß man das Erbteil Zelophhads, unseres Bruders, seinen Töchtern geben soll.

3 Wenn diese jemand aus den Stämmen der Kinder Israel zur Frau nimmt, so wird das Erbteil unserer Väter weniger werden, und soviel sie haben, wird zu dem Erbteil des Stammes kommen, in den sie einheiraten; also wird das Los unseres Erbteils verringert.

4 Wenn denn nun das Erlaßjahr der Kinder Israel kommt, so wird ihr Erbteil zu dem Erbteil des Stammes kommen, in den sie eingeheiratet haben; also wird das Erbteil des Stammes unserer Väter um das verringert, was sie haben.

5 Mose gebot den Kindern Israel nach dem Befehl des HERRN und sprach: Der Stamm der Söhne Joseph hat recht geredet.

6 Dies ist's, was der HERR gebietet über die Töchter Zelophhads: Laß sie heiraten, wie es ihnen gefällt; nur sollen sie heiraten in ein Geschlecht aus dem Stamm ihres Vaters,

7 damit nicht die Erbteile der Kinder Israel von einem Stamm an den andern fallen; denn ein jeder unter den Kindern Israel soll festhalten an dem Erbe des Stammes seiner Väter.

8 Und alle Töchter, die Erbteil erlangen unter den Stämmen der Kinder Israel, sollen heiraten einen von dem Geschlecht des Stammes ihres Vaters, damit ein jeder unter den Kindern Israel das Erbe seiner Väter behalte

9 und nicht ein Erbteil von einem Stamm an den andern falle, sondern ein jeder soll festhalten an seinem Erbe unter den Stämmen der Kinder Israel.

10 Wie der HERR es Mose geboten hatte, so taten die Töchter Zelophhads,

11 Machla, Tirza, Hogla, Milka und Noa, und heirateten die Söhne ihrer Oheime

12 aus dem Geschlecht der Söhne Manasses, des Sohnes Josephs. Also blieb ihr Erbteil bei dem Stamm des Geschlechts ihres Vaters.

13 Das sind die Gebote und Rechte, die der HERR durch Mose den Kindern Israel gebot im Jordantal der Moabiter gegenüber Jericho.

DAS FÜNFTE BUCH MOSE

Rückblick auf die Wüstenwanderung vom Horeb bis Kadesch

1 Dies sind die Worte, die Mose zu ganz Israel redete jenseits des Jordan in der Wüste, im Jordantal gegenüber Suph, zwischen Paran und Tophel, Laban, Hazeroth und Di-Sahab.

2 Elf Tagereisen weit ist es vom Horeb bis Kadesch-Barnea auf dem Wege zum Gebirge Seïr.

3 Und es geschah im vierzigsten Jahr am ersten Tage des elften Monats, da redete Mose mit den Kindern Israel alles, wie es ihm der HERR für sie geboten hatte,

4 nachdem er Sihon geschlagen hatte, den König der Amoriter, der zu Hesbon herrschte, dazu bei Edreï den Og, den König von Basan, der zu Aschtaroth herrschte.

5 Jenseits des Jordan im Lande Moab fing Mose an, dies Gesetz auszulegen, und sprach:

6 Der HERR, unser Gott, redete mit uns am Berge Horeb und sprach: Ihr seid lange genug an diesem Berge gewesen;

7 wendet euch und zieht hin, daß ihr zu
dem Gebirge der Amoriter kommt und zu
allen ihren Nachbarn im Jordantal, auf
dem Gebirge und in dem Hügelland, im
Südland und am Ufer des Meeres, ins
Land Kanaan und zum Berge Libanon,
bis an den großen Strom, den Euphrat.
8 Siehe, ich habe das Land vor euren
Augen dahingegeben. Zieht hinein und
nehmt das Land ein, von dem der HERR
euren Vätern Abraham, Isaak und Jakob
geschworen hat, daß er's ihnen und ihren
Nachkommen geben wolle.
9 Da sprach ich zur selben Zeit zu euch:
Ich kann euch nicht mehr allein tragen;
10 denn der HERR, euer Gott, hat euch
so zahlreich werden lassen, daß ihr heute
seid wie die Menge der Sterne am Himmel.
11 Der HERR, der Gott eurer Väter,
mache aus euch noch viel tausendmal
mehr und segne euch, wie er euch zugesagt hat!
12 Wie kann ich allein tragen eure Mühe
und Last und euren Streit?
13 Schafft herbei weise, verständige und
erfahrene Leute unter euren Stämmen, die
will ich über euch zu Häuptern setzen.
14 Da antwortetet ihr mir und spracht:
Ja, das ist eine gute Sache, die du tun
willst.
15 Da nahm ich die Häupter eurer
Stämme, weise und erfahrene Männer,
und setzte sie über euch als Oberste über
tausend, über hundert, über fünfzig und
über zehn und als Amtleute für eure Stämme.
16 Und ich gebot euren Richtern zur
selben Zeit und sprach: Hört eure Brüder
an und richtet recht, wenn einer etwas mit
seinem Bruder hat oder mit dem Fremdling, der bei ihm ist.
17 Beim Richten sollt ihr die Person
nicht ansehen, sondern sollt den Kleinen
hören wie den Großen und vor niemand
euch scheuen; denn das Gericht ist Gottes. Wird aber euch eine Sache zu schwer
sein, die laßt an mich gelangen, damit ich
sie höre.
18 So gebot ich euch zu der Zeit alles,
was ihr tun sollt.
19 Da brachen wir auf vom Horeb und
zogen durch die ganze Wüste, die groß
und furchtbar ist, wie ihr gesehen habt,
auf der Straße zum Gebirge der Amoriter,
wie uns der HERR, unser Gott, geboten
hatte, und kamen bis nach Kadesch-Barnea.
20 Da sprach ich zu euch: Ihr seid an
das Gebirge der Amoriter gekommen, das
uns der HERR, unser Gott, geben wird.
21 Sieh her, der HERR, dein Gott, hat dir
das Land hingegeben; zieh hinauf und
nimm's ein, wie der HERR, der Gott deiner
Väter, dir zugesagt hat. Fürchte dich nicht
und laß dir nicht grauen.
22 Da kamt ihr alle zu mir und spracht:
Laßt uns Männer vor uns her senden, die
uns das Land erkunden und uns den Weg
sagen, auf dem wir hineinziehen sollen, und
die Städte, zu denen wir kommen werden.
23 Das gefiel mir gut, und ich nahm von
euch zwölf Männer, von jedem Stamm
einen.
24 Als diese weggingen und hinaufzogen
auf das Gebirge und an den Traubenbach
kamen, da erkundeten sie das Land
25 und nahmen Früchte des Landes mit
sich und brachten sie herab zu uns und
gaben uns Bericht und sprachen: Das
Land ist gut, das der HERR, unser Gott,
uns gegeben hat. –
26 Aber ihr wolltet nicht hinaufziehen
und wurdet ungehorsam dem Munde des
HERRN, eures Gottes,
27 und murrtet in euren Zelten und
spracht: Der HERR ist uns gram; darum
hat er uns aus Ägyptenland geführt, daß
er uns in die Hände der Amoriter gebe,
um uns zu vertilgen.
28 Wo sollen wir hinziehen? Unsere
Brüder haben unser Herz verzagt gemacht und gesagt, das Volk sei größer und
höher gewachsen als wir, die Städte seien
groß und bis an den Himmel ummauert;
dazu haben wir dort Enakiter gesehen.
29 Ich sprach aber zu euch: Entsetzt
euch nicht und fürchtet euch nicht vor
ihnen.
30 Der HERR, euer Gott, zieht vor euch
hin und wird für euch streiten, wie er's mit
euch getan hat in Ägypten vor euren
Augen
31 und in der Wüste. Da hast du gesehen,
daß dich der HERR, dein Gott, getragen
hat, wie ein Mann seinen Sohn trägt, auf
dem ganzen Wege, den ihr gewandert seid,
bis ihr an diesen Ort kamt.

32 Und trotzdem glaubtet ihr dem
HERRN, eurem Gott, nicht,
33 der auf dem Weg vor euch herging,
euch die Stätte zu weisen, wo ihr euch
lagern solltet, bei Nacht im Feuer, um
euch den Weg zu zeigen, den ihr gehen
solltet, und bei Tage in der Wolke.
34 Als aber der HERR euer Geschrei hör-
te, wurde er zornig und schwor und sprach:
35 Es soll keiner von diesem bösen Ge-
schlecht das gute Land sehen, das ich
ihren Vätern zu geben geschworen habe,
36 außer Kaleb, dem Sohn Jephunnes;
der soll es sehen. Ihm und seinen Nach-
kommen will ich das Land geben, das er
betreten hat, weil er dem HERRN treu ge-
folgt ist.
37 Auch über mich wurde der HERR
zornig um euretwillen und sprach: Du
sollst auch nicht hineinkommen.
38 Aber Josua, der Sohn Nuns, der dein
Diener ist, der soll hineinkommen. Dem
stärke den Mut; denn er soll Israel das
Erbe austeilen.
39 Und eure Säuglinge, von denen ihr
sagtet, sie würden zum Raube werden,
und eure Kinder, die jetzt weder Gutes
noch Böses verstehen, die sollen hinein-
kommen; ihnen will ich's geben, und sie
sollen es besitzen.
40 Ihr aber, wendet euch und zieht wie-
der in die Wüste den Weg zum Schilfmeer.
41 Da antwortetet ihr und spracht zu
mir: Wir haben an dem HERRN gesündigt;
wir wollen hinaufziehen und kämpfen,
wie uns der HERR, unser Gott, geboten
hat. Als ihr euch nun rüstetet, ein jeder
mit seinen Waffen, und es für ein Leichtes
hieltet, ins Gebirge hinaufzuziehen,
42 da sprach der HERR zu mir: Sage
ihnen, daß sie nicht hinaufziehen, auch
nicht kämpfen – denn ich bin nicht unter
euch –, damit ihr nicht geschlagen werdet
von euren Feinden.
43 Als ich euch das sagte, gehorchtet ihr
nicht und wurdet ungehorsam dem Mun-
de des HERRN und waret vermessen und
zogt hinauf ins Gebirge.
44 Da zogen die Amoriter aus, die auf
dem Gebirge wohnten, euch entgegen und
jagten euch, wie's die Bienen tun, und
schlugen euch von Seïr bis nach Horma.
45 Als ihr nun wiederkamt und vor dem
HERRN weintet, wollte der HERR eure
Stimme nicht hören und neigte seine
Ohren nicht zu euch.
46 So bliebt ihr in Kadesch eine lange
Zeit.

Zug durch die Wüste bis zum Sieg über Sihon

2 Dann wandten wir uns und zogen wie-
der in die Wüste auf der Straße zum
Schilfmeer, wie der HERR zu mir gesagt
hatte, und umzogen das Gebirge Seïr eine
lange Zeit.
2 Und der HERR sprach zu mir:
3 Ihr habt dies Gebirge nun genug um-
zogen; wendet euch nach Norden.
4 Und gebiete dem Volk und sprich: Ihr
werdet durch das Land eurer Brüder, der
Söhne Esau, ziehen, die auf dem Seïr
wohnen, und sie werden sich vor euch
fürchten. Aber hütet euch ja davor,
5 sie zu bekriegen; ich werde euch von
ihrem Lande nicht einen Fuß breit geben,
denn das Gebirge Seïr habe ich den Söh-
nen Esau zum Besitz gegeben.
6 Speise sollt ihr für Geld von ihnen kau-
fen, damit ihr zu essen habt, und Wasser
sollt ihr für Geld von ihnen kaufen, damit
ihr zu trinken habt.
7 Denn der HERR, dein Gott, hat dich
gesegnet in allen Werken deiner Hände.
Er hat dein Wandern durch diese große
Wüste auf sein Herz genommen. Vierzig
Jahre ist der HERR, dein Gott, bei dir ge-
wesen. An nichts hast du Mangel gehabt.
8 Als wir nun von unsern Brüdern, den
Söhnen Esau, die auf dem Gebirge Seïr
wohnten, weggezogen waren, weg von dem
Weg durch die Steppe, weg von Elath und
Ezjon-Geber, wandten wir uns und zogen
den Weg zum Weideland der Moabiter.
9 Da sprach der HERR zu mir: Du sollst
den Moabitern keinen Schaden tun noch
sie bekriegen; ich will dir von ihrem Lan-
de nichts zum Besitz geben, denn ich habe
Ar den Söhnen Lot zum Besitz gegeben. –
10 Die Emiter haben vorzeiten darin
gewohnt; das war ein großes, starkes und
hochgewachsenes Volk wie die Enakiter.
11 Man hielt sie auch für Riesen wie die
Enakiter; und die Moabiter nennen sie
Emiter.
12 Auch wohnten vorzeiten auf dem Seïr
die Horiter; und die Söhne Esau vertrie-
ben und vertilgten sie vor sich her und

wohnten an ihrer Statt, gleichwie Israel mit dem Lande tat, das ihnen der HERR zum Besitz gab. –

13 So macht euch nun auf und zieht durch den Bach Sered! Und wir zogen hindurch.

14 Die Zeit aber, die wir von Kadesch-Barnea zogen, bis wir durch den Bach Sered kamen, betrug achtunddreißig Jahre, bis alle Kriegsleute aus dem Lager gestorben waren, wie der HERR ihnen geschworen hatte.

15 So war die Hand des HERRN wider sie, um sie aus dem Lager zu vertilgen bis auf den letzten Mann.

16 Und als alle Kriegsleute aus dem Volk gestorben waren,

17 redete der HERR mit mir und sprach:

18 Du wirst heute durch das Gebiet der Moabiter ziehen bei Ar

19 und wirst in die Nähe der Ammoniter kommen. Denen sollst du keinen Schaden tun noch sie bekriegen; ich will dir vom Lande der Ammoniter nichts zum Besitz geben, denn ich hab's den Söhnen Lot zum Besitz gegeben. –

20 Auch dies gilt als Land der Riesen, und es haben auch vorzeiten Riesen darin gewohnt, und die Ammoniter nennen sie Samsummiter.

21 Das war ein großes, starkes und hochgewachsenes Volk wie die Enakiter. Und der HERR vertilgte sie vor ihnen und ließ sie ihr Land besitzen, so daß sie an ihrer Statt dort wohnten,

22 gleichwie er's getan hat mit den Söhnen Esau, die auf dem Gebirge Seïr wohnen, als er die Horiter vor ihnen vertilgte und sie deren Land besitzen ließ, so daß sie dort an ihrer Statt wohnten bis auf diesen Tag.

23 Und die Kaphtoriter zogen aus Kaphtor und vertilgten die Awwiter, die in Gehöften wohnten bis nach Gaza, und wohnten dort an ihrer Statt. –

24 Macht euch auf und zieht aus und geht über den Arnon! Siehe, ich habe Sihon, den König der Amoriter zu Hesbon, in deine Hände gegeben mit seinem Lande. Fange an, es einzunehmen, und kämpfe mit ihm.

25 Von heute an will ich Furcht und Schrecken vor dir auf alle Völker unter dem ganzen Himmel legen, damit, wenn sie von dir hören, ihnen bange und weh werden soll vor deinem Kommen.

26 Da sandte ich Boten aus der Wüste Kedemoth an Sihon, den König von Hesbon, mit friedlicher Botschaft und ließ ihm sagen:

27 Ich will durch dein Land ziehen. Nur wo die Straße geht, will ich gehen; ich will weder zur Rechten noch zur Linken vom Weg abweichen.

28 Speise sollst du mir für Geld verkaufen, damit ich zu essen habe, und Wasser sollst du mir für Geld geben, damit ich zu trinken habe. Ich will nur hindurchziehen

29 wie mir die Söhne Esau gestattet haben, die auf dem Gebirge Seïr wohnen, und die Moabiter, die zu Ar wohnen –, bis ich über den Jordan komme in das Land, das uns der HERR, unser Gott, geben wird.

30 Aber Sihon, der König von Hesbon, wollte uns nicht hindurchziehen lassen; denn der HERR, dein Gott, verhärtete seinen Sinn und verstockte ihm sein Herz, um ihn in deine Hände zu geben, so wie es heute ist.

31 Und der HERR sprach zu mir: Siehe, ich habe angefangen, Sihon mit seinem Lande vor deinen Augen dahinzugeben; fangt ihr an, sein Land in Besitz zu nehmen.

32 Und Sihon zog aus uns entgegen mit seinem ganzen Kriegsvolk zum Kampf nach Jahza.

33 Aber der HERR, unser Gott, gab ihn vor unsern Augen dahin, daß wir ihn schlugen mit seinen Söhnen und seinem ganzen Kriegsvolk.

34 Da nahmen wir zu der Zeit alle seine Städte ein und vollstreckten den Bann an allen Städten, an Männern, Frauen und Kindern, und ließen niemand übrigbleiben.

35 Nur das Vieh raubten wir für uns und die Beute aus den Städten, die wir eingenommen hatten.

36 Von Aroër an, das am Ufer des Arnon liegt, und von der Stadt im Bachtal bis nach Gilead war keine Stadt, die sich vor uns schützen konnte; der HERR, unser Gott, gab alles vor unsern Augen dahin.

37 Nur zu dem Lande der Ammoniter kamst du nicht, weder zum Ufer des Jabbok noch zu den Städten auf dem Gebirge,

ganz wie uns der HERR, unser Gott, geboten hatte.

Sieg über Og von Basan

3 Und wir wandten uns und zogen hinauf den Weg nach Basan. Und Og, der König von Basan, zog aus uns entgegen mit seinem ganzen Kriegsvolk, um bei Edreï zu kämpfen.

2 Aber der HERR sprach zu mir: Fürchte dich nicht vor ihm, denn ich habe ihn und sein ganzes Kriegsvolk mit seinem Land in deine Hände gegeben. Und du sollst mit ihm tun, wie du mit Sihon, dem König der Amoriter, getan hast, der zu Hesbon herrschte.

3 So gab der HERR, unser Gott, auch den König Og von Basan in unsere Hände mit seinem ganzen Kriegsvolk, daß wir ihn schlugen, bis ihm keiner übrig blieb.

4 Da nahmen wir zu der Zeit alle seine Städte ein, und es gab keine Stadt, die wir ihnen nicht nahmen: sechzig Städte, die ganze Gegend von Argob, das Königreich Ogs von Basan,

5 lauter Städte, die befestigt waren mit hohen Mauern, Toren und Riegeln, außerdem sehr viele offene Städte.

6 Und wir vollstreckten den Bann an ihnen, gleichwie wir an Sihon, dem König von Hesbon, taten. An allen Städten vollstreckten wir den Bann, an Männern, Frauen und Kindern.

7 Aber alles Vieh und die Beute aus den Städten raubten wir für uns.

8 So nahmen wir zu der Zeit den beiden Königen der Amoriter das Land jenseits des Jordan von dem Fluß Arnon bis an den Berg Hermon

9 – die Sidonier nennen ihn Sirjon, aber die Amoriter nennen ihn Senir –,

10 alle Städte auf der Hochebene und das ganze Gilead und das ganze Basan bis nach Salcha und Edreï, die Städte des Königreichs Ogs von Basan.

11 Denn allein der König Og von Basan war noch übrig von den Riesen. Siehe, in Rabbath-Ammon ist sein steinerner Sarg, neun Ellen lang und vier Ellen breit nach gewöhnlicher Elle.

Die Verteilung des Ostjordanlandes

12 Dies Land nahmen wir damals ein. Von Aroër an, das am Fluß Arnon liegt, gab ich's den Rubenitern und Gaditern samt dem halben Gebirge Gilead mit seinen Städten.

13 Aber das übrige Gilead und das ganze Basan, das Königreich Ogs, gab ich dem halben Stamm Manasse, die ganze Gegend von Argob. Dies ganze Basan heißt «Land der Riesen».

14 Jaïr, der Sohn Manasses, bekam die ganze Gegend von Argob bis an die Grenze der Geschuriter und Maachathiter und nannte Basan nach seinem Namen «Dörfer Jaïrs» bis auf den heutigen Tag.

15 Machir aber gab ich Gilead.

16 Und den Rubenitern und Gaditern gab ich ein Gebiet von Gilead bis zum Arnon, bis zur Mitte des Flusses mit seinem Uferland, und bis zum Jabbok, dem Grenzfluß der Ammoniter;

17 dazu das Jordantal mit dem Jordan und seinem Uferland, von Kinnereth bis an das Meer am Jordantal, das ist das Salzmeer, am Fuße des Gebirges Pisga, alles, was nach Osten zu liegt.

18 Und ich gebot ihnen zu der Zeit: Der HERR, euer Gott, hat euch dies Land gegeben, um es einzunehmen. So zieht nun gerüstet vor euren Brüdern, den Kindern Israel, her, all ihr Kriegsleute.

19 Nur eure Frauen und Kinder und euer Vieh – denn ich weiß, daß ihr viel Vieh habt – laßt in euren Städten bleiben, die ich euch gegeben habe,

20 bis der HERR eure Brüder auch zur Ruhe bringt wie euch, daß sie auch das Land einnehmen, das ihnen der HERR, euer Gott, geben wird jenseits des Jordan. Danach sollt ihr dann zurückkehren zu eurem Besitz, den ich euch gegeben habe.

21 Und Josua gebot ich zur selben Zeit und sprach: Deine Augen haben alles gesehen, was der HERR, euer Gott, mit diesen beiden Königen getan hat. So wird der HERR auch mit allen Königreichen tun, in die du ziehst.

22 Fürchtet euch nicht vor ihnen; denn der HERR, euer Gott, streitet für euch.

Mose soll nicht in das gelobte Land kommen

23 Und ich bat den HERRN zur selben Zeit und sprach:

24 Herr HERR, du hast angefangen, deinem Knecht zu offenbaren deine Herrlichkeit und deine starke Hand. Denn wo

ist ein Gott im Himmel und auf Erden,
der es deinen Werken und deiner Macht
gleichtun könnte?
25 Laß mich hinübergehen und sehen
das gute Land jenseits des Jordan, dies
gute Bergland und den Libanon.
26 Aber der HERR war erzürnt auf mich
um euretwillen und erhörte mich nicht,
sondern sprach zu mir: Laß es genug sein!
Rede mir davon nicht mehr!
27 Steige auf den Gipfel des Gebirges
Pisga und hebe deine Augen auf nach
Westen und nach Norden und nach Süden
und nach Osten und sieh es mit deinen
Augen; denn du wirst nicht über den Jor-
dan hier gehen.
28 Und gebiete dem Josua, daß er ge-
trost und unverzagt sei; denn er soll über
den Jordan ziehen vor dem Volk her und
soll ihnen das Land austeilen, das du
sehen wirst.
29 So blieben wir im Tal gegenüber
Beth-Peor.

Ermahnung zum Gehorsam gegen das Gesetz

4 Und nun höre, Israel, die Gebote und
Rechte, die ich euch lehre, daß ihr sie
tun sollt, auf daß ihr lebet und hinein-
kommt und das Land einnehmt, das euch
der HERR, der Gott eurer Väter, gibt.
**2 Ihr sollt nichts dazutun zu dem, was
ich euch gebiete, und sollt auch nichts da-
vontun, auf daß ihr bewahrt die Gebote
des HERRN, eures Gottes, die ich euch ge-
biete.**
3 Eure Augen haben gesehen, was der
HERR getan hat wider den Baal-Peor; denn
alle, die dem Baal-Peor folgten, hat der
HERR, dein Gott, vertilgt unter euch.
4 Aber ihr, die ihr dem HERRN, eurem
Gott, anhinget, lebt alle heute noch.
5 Sieh, ich hab euch gelehrt Gebote und
Rechte, wie mir der HERR, mein Gott, ge-
boten hat, daß ihr danach tun sollt im
Lande, in das ihr kommen werdet, um es
einzunehmen.
6 So haltet sie nun und tut sie! Denn da-
durch werdet ihr als weise und verständig
gelten bei allen Völkern, daß, wenn sie
alle diese Gebote hören, sie sagen müssen:
Ei, was für weise und verständige Leute
sind das, ein herrliches Volk!
7 Denn wo ist so ein herrliches Volk,
dem ein Gott so nahe ist wie uns der HERR,
unser Gott, sooft wir ihn anrufen?
8 Und wo ist so ein großes Volk, das so
gerechte Ordnungen und Gebote hat wie
dies ganze Gesetz, das ich euch heute vor-
lege?
9 Hüte dich nur und bewahre deine
Seele gut, daß du nicht vergißt, was deine
Augen gesehen haben, und daß es nicht
aus deinem Herzen kommt dein ganzes
Leben lang. Und du sollst deinen Kindern
und Kindeskindern kundtun
10 den Tag, da du vor dem HERRN, dei-
nem Gott, standest an dem Berge Horeb,
als der HERR zu mir sagte: Versammle mir
das Volk, daß sie meine Worte hören und
so mich fürchten lernen alle Tage ihres
Lebens auf Erden und ihre Kinder lehren.
11 Da tratet ihr herzu und standet unten
an dem Berge; der Berg aber stand in
Flammen bis in den Himmel hinein, und
da war Finsternis, Wolken und Dunkel.
12 Und der HERR redete mit euch mitten
aus dem Feuer. Seine Worte hörtet ihr,
aber ihr saht keine Gestalt, nur eine Stim-
me war da.
13 Und er verkündigte euch seinen
Bund, den er euch gebot zu halten, näm-
lich die Zehn Worte, und schrieb sie auf
zwei steinerne Tafeln.
14 Und der HERR gebot mir zur selben
Zeit, euch Gebote und Rechte zu lehren,
daß ihr danach tun sollt in dem Lande,
in das ihr zieht, es einzunehmen.
15 So hütet euch nun wohl – denn ihr
habt keine Gestalt gesehen an dem Tage,
da der HERR mit euch redete aus dem
Feuer auf dem Berge Horeb –,
16 daß ihr euch nicht versündigt und
euch irgendein Bildnis macht, das gleich
sei einem Mann oder Weib,
17 einem Tier auf dem Land oder Vogel
unter dem Himmel,
18 dem Gewürm auf der Erde oder ei-
nem Fisch im Wasser unter der Erde.
19 Hebe auch nicht deine Augen auf gen
Himmel, daß du die Sonne sehest und den
Mond und die Sterne, das ganze Heer des
Himmels, und fallest ab und betest sie an
und dienest ihnen. Denn der HERR, dein
Gott, hat sie zugewiesen allen andern Völ-
kern unter dem ganzen Himmel;
20 euch aber hat der HERR angenommen
und aus dem glühenden Ofen, nämlich

aus Ägypten, geführt, daß ihr das Volk
sein sollt, das allein ihm gehört, wie ihr es
jetzt seid.
21 Und der HERR war so erzürnt über
mich um eures Tuns willen, daß er schwor,
ich sollte nicht über den Jordan gehen
noch in das gute Land kommen, das dir
der HERR, dein Gott, zum Erbteil geben
wird,
22 sondern ich muß in diesem Lande
sterben und werde nicht über den Jordan
gehen. Ihr aber werdet hinübergehen und
dies gute Land einnehmen.
23 So hütet euch nun, daß ihr den Bund
des HERRN, eures Gottes, nicht vergeßt,
den er mit euch geschlossen hat, und nicht
ein Bildnis macht von irgendeiner Gestalt,
wie es der HERR, dein Gott, geboten
hat.
24 **Denn der HERR, dein Gott, ist ein verzehrendes Feuer und ein eifernder Gott.**
25 Wenn ihr nun Kinder zeugt und Kindeskinder
und im Lande wohnt und versündigt
euch und macht euch Bildnisse
von irgendeiner Gestalt, so daß ihr übeltut
vor dem HERRN, eurem Gott, und ihn
erzürnet,
26 so rufe ich heute Himmel und Erde
zu Zeugen über euch, daß ihr bald weggerafft
werdet aus dem Lande, in das ihr
geht über den Jordan, um es einzunehmen.
Ihr werdet nicht lange darin bleiben, sondern
werdet vertilgt werden.
27 Und der HERR wird euch zerstreuen
unter die Völker, und es wird von euch
nur eine geringe Zahl übrig bleiben unter
den Heiden, zu denen euch der HERR wegführen
wird.
28 Dort wirst du dienen den Götzen, die
das Werk von Menschenhänden sind,
Holz und Stein, die weder sehen noch
hören noch essen noch riechen können.
29 Wenn du aber dort den HERRN, deinen
Gott, suchen wirst, so wirst du ihn
finden, wenn du ihn von ganzem Herzen
und von ganzer Seele suchen wirst.
30 Wenn du geängstet sein wirst und
dich das alles treffen wird in künftigen
Zeiten, so wirst du dich bekehren zu dem
HERRN, deinem Gott, und seiner Stimme
gehorchen.
31 Denn der HERR, dein Gott, ist ein
barmherziger Gott; er wird dich nicht verlassen
noch verderben, wird auch den
Bund nicht vergessen, den er deinen Vätern
geschworen hat.
32 Denn frage nach den früheren Zeiten,
die vor dir gewesen sind, von dem Tage an,
da Gott den Menschen auf Erden geschaffen
hat, und von einem Ende des
Himmels zum andern, ob je so Großes
geschehen oder desgleichen je gehört sei,
33 daß ein Volk die Stimme Gottes
aus dem Feuer hat reden hören, wie du
sie gehört hast, und dennoch am Leben
blieb?
34 Oder ob je ein Gott versucht hat, hinzugehen
und sich ein Volk mitten aus einem
Volk herauszuholen durch Machtproben,
durch Zeichen, durch Wunder,
durch Krieg und durch seine mächtige
Hand und durch seinen ausgereckten
Arm und durch große Schrecken, wie das
alles der HERR, euer Gott, für euch getan
hat in Ägypten vor deinen Augen?
35 Du aber hast's gesehen, auf daß du
wissest, daß der HERR allein Gott ist und
sonst keiner.
36 Vom Himmel hat er dich seine Stimme
hören lassen, um dich zurechtzubringen;
und auf Erden hat er dir gezeigt sein
großes Feuer, und seine Worte hast du
aus dem Feuer gehört.
37 Weil er deine Väter geliebt und ihre
Nachkommen erwählt hat, hat er dich
herausgeführt mit seinem Angesicht durch
seine große Kraft aus Ägypten,
38 damit er vor dir her Völker vertriebe,
die größer und stärker sind als du, und
dich hineinbrächte, um dir ihr Land zum
Erbteil zu geben, wie es jetzt ist.
39 So sollst du nun heute wissen und zu
Herzen nehmen, daß der HERR Gott ist
oben im Himmel und unten auf Erden und
sonst keiner,
40 und sollst halten seine Rechte und
Gebote, die ich dir heute gebiete; so
wird's dir und deinen Kindern nach dir
wohlgehen und dein Leben lange währen
in dem Lande, das dir der HERR, dein
Gott, gibt für immer.

Freistädte im Ostjordanland

41 Da sonderte Mose drei Städte aus
jenseits des Jordan gegen Sonnenaufgang,
42 damit dorthin fliehen könnte, wer
seinen Nächsten totschlägt ohne Vorsatz
und ihm zuvor nicht feind gewesen ist; der

soll in eine dieser Städte fliehen, damit er
am Leben bleibe:
43 Bezer auf der Hochebene für die Ru-
beniter und Ramoth in Gilead für die
Gaditer und Golan in Basan für die Ma-
nassiter.

Überleitung zum Gesetz

44 Dies ist das Gesetz, das Mose den
Kindern Israel vorlegte.
45 Dies sind die Ermahnungen und Ge-
bote und Rechte, die Mose den Kindern
Israel kundtat, als sie aus Ägypten ge-
zogen waren,
46 jenseits des Jordan im Tal gegenüber
Beth-Peor, im Lande Sihons, des Königs
der Amoriter, der zu Hesbon herrschte.
Den schlugen Mose und die Kinder Israel,
als sie aus Ägypten gezogen waren,
47 und nahmen sein Land ein, dazu das
Land Ogs, des Königs von Basan, der bei-
den Könige der Amoriter, die jenseits des
Jordan waren gegen Sonnenaufgang,
48 von Aroër an, das am Ufer des Arnon
liegt, bis an den Berg Sion, das ist der
Hermon,
49 und das ganze Jordantal östlich des
Jordan gegen Aufgang der Sonne bis an
das Meer am Jordantal am Fuße des Ge-
birges Pisga.

Wiederholung der zehn Gebote

5 Und Mose rief ganz Israel zusammen
und sprach zu ihnen: Höre, Israel, die
Gebote und Rechte, die ich heute vor
euren Ohren rede, und lernet sie und be-
wahrt sie, daß ihr danach tut!
2 Der HERR, unser Gott, hat einen Bund
mit uns geschlossen am Horeb
3 und hat nicht mit unsern Vätern diesen
Bund geschlossen, sondern mit uns, die
wir heute hier sind und alle leben.
4 Er hat von Angesicht zu Angesicht mit
euch aus dem Feuer auf dem Berge geredet.
5 Ich stand zu derselben Zeit zwischen
dem HERRN und euch, um euch des
HERRN Wort zu verkündigen; denn ihr
fürchtetet euch vor dem Feuer und gingt
nicht auf den Berg. Und er sprach:
6 **Ich bin der HERR, dein Gott, der dich
aus Ägyptenland geführt hat, aus der
Knechtschaft.**
7 **Du sollst keine anderen Götter haben
neben mir.**
8 **Du sollst dir kein Bildnis machen in
irgendeiner Gestalt, weder von dem, was
oben im Himmel, noch von dem, was unten
auf Erden, noch von dem, was im Wasser
unter der Erde ist.**
9 **Du sollst sie nicht anbeten noch ihnen
dienen. Denn ich, der HERR, dein Gott, bin
ein eifernder Gott, der die Missetat der
Väter heimsucht bis ins dritte und vierte
Glied an den Kindern derer, die mich hassen,**
10 **aber Barmherzigkeit erweist an vielen
Tausenden, die mich lieben und meine Ge-
bote halten.**
11 **Du sollst den Namen des HERRN, dei-
nes Gottes, nicht mißbrauchen; denn der
HERR wird den nicht ungestraft lassen, der
seinen Namen mißbraucht.**
12 **Den Sabbattag sollst du halten, daß
du ihn heiligest, wie dir der HERR, dein Gott,
geboten hat.**
13 **Sechs Tage sollst du arbeiten und alle
deine Werke tun.**
14 **Aber am siebenten Tag ist der Sabbat
des HERRN, deines Gottes. Da sollst du
keine Arbeit tun, auch nicht dein Sohn, deine
Tochter, dein Knecht, deine Magd, dein
Rind, dein Esel, all dein Vieh, auch nicht
dein Fremdling, der in deiner Stadt lebt, auf
daß dein Knecht und deine Magd ruhen
gleichwie du.**
15 **Denn du sollst daran denken, daß auch
du Knecht in Ägyptenland warst und der
HERR, dein Gott, dich von dort herausge-
führt hat mit mächtiger Hand und ausge-
recktem Arm. Darum hat dir der HERR,
dein Gott, geboten, daß du den Sabbattag
halten sollst.**
16 **Du sollst deinen Vater und deine Mut-
ter ehren, wie dir der HERR, dein Gott, ge-
boten hat, auf daß du lange lebest und dir's
wohlgehe in dem Lande, das dir der HERR,
dein Gott, geben wird.**
17 **Du sollst nicht töten.**
°18 **Du sollst nicht ehebrechen.**
19 **Du sollst nicht stehlen.**
20 **Du sollst nicht falsch Zeugnis reden
wider deinen Nächsten.**
21 **Du sollst nicht begehren deines Näch-
sten Weib.**
**Du sollst nicht begehren deines Nächsten
Haus, Acker, Knecht, Magd, Rind, Esel
noch alles, was sein ist.**
22 Das sind die Worte, die der HERR
redete zu eurer ganzen Gemeinde auf dem

Berge, aus dem Feuer und der Wolke und
dem Dunkel mit großer Stimme, und tat
nichts hinzu und schrieb sie auf zwei steinerne Tafeln und gab sie mir.

Mose als Mittler zwischen Gott und Israel

23 Als ihr aber die Stimme aus der Finsternis hörtet und den Berg im Feuer
brennen saht, tratet ihr zu mir, alle eure
Stammeshäupter und eure Ältesten,
24 und spracht: Siehe, der HERR, unser
Gott, hat uns sehen lassen seine Herrlichkeit und seine Majestät, und wir haben
seine Stimme aus dem Feuer gehört.
Heute haben wir zwar gesehen, daß Gott
mit Menschen redet und sie am Leben
bleiben.
25 Aber nun, warum sollen wir sterben?
Dies große Feuer wird uns noch verzehren! Wenn wir des HERRN, unseres Gottes,
Stimme weiter hören, so müssen wir sterben.
26 Denn welcher Mensch kann die Stimme des lebendigen Gottes aus dem Feuer
reden hören wie wir und doch am Leben
bleiben?
27 Tritt du hinzu und höre alles, was der
HERR, unser Gott, sagt, und sage es uns.
Alles, was der HERR, unser Gott, mit dir
reden wird, das wollen wir hören und tun.
28 Als aber der HERR eure Worte hörte,
die ihr mit mir redetet, sprach er zu mir:
Ich habe gehört die Worte dieses Volks,
die sie mit dir geredet haben; es ist alles
gut, was sie geredet haben.
29 Ach daß sie ein solches Herz hätten,
mich zu fürchten und zu halten alle meine
Gebote ihr Leben lang, auf daß es ihnen
und ihren Kindern wohlginge ewiglich!
30 Geh hin und sage ihnen: Geht heim
in eure Zelte!
31 Du aber sollst hier vor mir stehen
bleiben, damit ich dir verkündige das
ganze Gesetz, die Gebote und Rechte, die
du sie lehren sollst, daß sie danach tun in
dem Lande, das ich ihnen geben werde,
um es einzunehmen.
32 So habt nun acht, daß ihr tut, wie
euch der HERR, euer Gott, geboten hat,
und weicht nicht, weder zur Rechten noch
zur Linken,
33 sondern wandelt in allen Wegen, die
euch der HERR, euer Gott, geboten hat,
damit ihr leben könnt und es euch wohlgeht und ihr lange lebt in dem Lande, das
ihr einnehmen werdet.

Ermahnung zur Liebe und zum Gehorsam gegen den Herrn

6 Dies sind die Gesetze und Gebote und
Rechte, die der HERR, euer Gott, geboten hat, daß ihr sie lernen und tun sollt
in dem Lande, in das ihr zieht, es einzunehmen,
2 damit du dein Leben lang den HERRN,
deinen Gott, fürchtest und alle seine
Rechte und Gebote hältst, die ich dir gebiete, du und deine Kinder und deine Kindeskinder, auf daß du lange lebest.
3 Israel, du sollst es hören und festhalten, daß du es tust, auf daß dir's wohlgehe
und du groß an Zahl werdest, wie der
HERR, der Gott deiner Väter, dir zugesagt
hat, in dem Lande, darin Milch und Honig
fließt.
4 **Höre, Israel, der HERR ist unser Gott,
der HERR allein.**
5 **Und du sollst den HERRN, deinen Gott,
liebhaben von ganzem Herzen, von ganzer
Seele und mit aller deiner Kraft.**
6 Und diese Worte, die ich dir heute gebiete, sollst du zu Herzen nehmen
7 und sollst sie deinen Kindern einschärfen und davon reden, wenn du in
deinem Hause sitzt oder unterwegs bist,
wenn du dich niederlegst oder aufstehst.
8 Und du sollst sie binden zum Zeichen
auf deine Hand, und sie sollen dir ein
Merkzeichen zwischen deinen Augen sein,
9 und du sollst sie schreiben auf die
Pfosten deines Hauses und an die Tore.
10 Wenn dich nun der HERR, dein Gott,
in das Land bringen wird, von dem er deinen Vätern Abraham, Isaak und Jakob geschworen hat, es dir zu geben – große und
schöne Städte, die du nicht gebaut hast,
11 und Häuser voller Güter, die du
nicht gefüllt hast, und ausgehauene Brunnen, die du nicht ausgehauen hast, und
Weinberge und Ölbäume, die du nicht gepflanzt hast –, und wenn du nun ißt und
satt wirst,
12 so hüte dich, daß du nicht den HERRN
vergißt, der dich aus Ägyptenland, aus
der Knechtschaft, geführt hat,
13 sondern du sollst den HERRN, deinen
Gott, fürchten und ihm dienen und bei
seinem Namen schwören.

14 Und du sollst nicht andern Göttern
nachfolgen, den Göttern der Völker, die
um euch her sind
15 – denn der HERR, dein Gott, ist ein
eifernder Gott in deiner Mitte –, daß nicht
der Zorn des HERRN, deines Gottes, über
dich entbrenne und dich vertilge von der
Erde.
16 Ihr sollt den HERRN, euren Gott,
nicht versuchen, wie ihr ihn versucht habt
in Massa,
17 sondern sollt halten die Gebote des
HERRN, eures Gottes, seine Vermahnun-
gen und seine Rechte, die er dir geboten
hat,
18 daß du tust, was recht und gut ist vor
den Augen des HERRN, auf daß dir's wohl-
gehe und du hineinkommest und einneh-
mest das gute Land, von dem der HERR
deinen Vätern geschworen hat,
19 daß er verjagen wolle alle deine Fein-
de vor dir, wie der HERR es zugesagt hat.
20 Wenn dich nun dein Sohn morgen
fragen wird: Was sind das für Vermah-
nungen, Gebote und Rechte, die euch der
HERR, unser Gott, geboten hat?,
21 so sollst du deinem Sohn sagen: Wir
waren Knechte des Pharao in Ägypten,
und der HERR führte uns aus Ägypten mit
mächtiger Hand;
22 und der HERR tat große und furcht-
bare Zeichen und Wunder an Ägypten
und am Pharao und an seinem ganzen
Hause vor unsern Augen
23 und führte uns von dort weg, um uns
hineinzubringen und uns das Land zu ge-
ben, wie er unsern Vätern geschworen
hatte.
24 Und der HERR hat uns geboten, nach
all diesen Rechten zu tun, daß wir den
HERRN, unsern Gott, fürchten, auf daß es
uns wohlgehe unser Leben lang, so wie es
heute ist.
25 Und das wird unsere Gerechtigkeit
sein, daß wir alle diese Gebote tun und
halten vor dem HERRN, unserm Gott, wie
er uns geboten hat.

Warnung vor Gemeinschaft mit den Heiden

7 Wenn dich der HERR, dein Gott, ins
Land bringt, in das du kommen wirst,
es einzunehmen, und er ausrottet viele
Völker vor dir her, die Hethiter, Girgasi-
ter, Amoriter, Kanaaniter, Perisiter, He-
witer und Jebusiter, sieben Völker, die
größer und stärker sind als du,
2 und wenn sie der HERR, dein Gott, vor
dir dahingibt, daß du sie schlägst, so sollst
du an ihnen den Bann vollstrecken. Du
sollst keinen Bund mit ihnen schließen
und keine Gnade gegen sie üben
3 und sollst dich mit ihnen nicht ver-
schwägern; eure Töchter sollt ihr nicht
geben ihren Söhnen, und ihre Töchter
sollt ihr nicht nehmen für eure Söhne.
4 Denn sie werden eure Söhne mir ab-
trünnig machen, daß sie andern Göttern
dienen; so wird dann des HERRN Zorn
entbrennen über euch und euch bald ver-
tilgen.
5 Sondern so sollt ihr mit ihnen tun:
Ihre Altäre sollt ihr einreißen, ihre Stein-
male zerbrechen, ihre heiligen Pfähle ab-
hauen und ihre Götzenbilder mit Feuer
verbrennen.
6 Denn du bist ein heiliges Volk dem
HERRN, deinem Gott. Dich hat der HERR,
dein Gott, erwählt zum Volk des Eigen-
tums aus allen Völkern, die auf Erden
sind.
7 **Nicht hat euch der HERR angenommen**
und euch erwählt, weil ihr größer wäret als
alle Völker – denn du bist das kleinste unter
allen Völkern –,
8 **sondern weil er euch geliebt hat** und da-
mit er seinen Eid hielte, den er euren Vä-
tern geschworen hat. Darum hat er euch
herausgeführt mit mächtiger Hand und
hat dich erlöst von der Knechtschaft, aus
der Hand des Pharao, des Königs von
Ägypten.
9 So sollst du nun wissen, daß der HERR,
dein Gott, allein Gott ist, der treue Gott,
der den Bund und die Barmherzigkeit bis
ins tausendste Glied hält denen, die ihn
lieben und seine Gebote halten,
10 und vergilt ins Angesicht denen, die
ihn hassen, und bringt sie um und säumt
nicht, zu vergelten ins Angesicht denen,
die ihn hassen.
11 So halte nun die Gebote und Gesetze
und Rechte, die ich dir heute gebiete, daß
du danach tust.

Verheißung des göttlichen Segens

12 Und wenn ihr diese Rechte hört und
sie haltet und danach tut, so wird der
HERR, dein Gott, auch halten den Bund

und die Barmherzigkeit, wie er deinen
Vätern geschworen hat,
13 und wird dich lieben und segnen und
mehren, und er wird segnen die Frucht
deines Leibes und den Ertrag deines
Ackers, dein Getreide, Wein und Öl, und
das Jungvieh deiner Kühe und deiner
Schafe in dem Lande, das er dir geben
wird, wie er deinen Vätern geschworen
hat.
14 Gesegnet wirst du sein vor allen Völ-
kern. Es wird niemand unter dir unfrucht-
bar sein, auch nicht eins deiner Tiere.
15 Der HERR wird von dir nehmen alle
Krankheit und wird dir keine von all den
bösen Seuchen der Ägypter auflegen, die
du kennst, sondern wird sie allen deinen
Hassern auflegen.
16 Du wirst alle Völker vertilgen, die der
HERR, dein Gott, dir geben wird. Du sollst
sie nicht schonen und ihren Göttern nicht
dienen; denn das würde dir zum Fall-
strick werden.
17 Wirst du aber in deinem Herzen sa-
gen: Diese Völker sind größer als ich; wie
kann ich sie vertreiben?,
18 so fürchte dich nicht vor ihnen. Den-
ke daran, was der HERR, dein Gott, dem
Pharao und allen Ägyptern getan hat
19 durch große Machtproben, die du
mit eigenen Augen gesehen hast, und
durch Zeichen und Wunder, durch mäch-
tige Hand und ausgereckten Arm, womit
dich der HERR, dein Gott, herausführte.
So wird der HERR, dein Gott, allen Völ-
kern tun, vor denen du dich fürchtest.
20 Dazu wird der HERR, dein Gott,
Angst und Schrecken unter sie senden, bis
umgebracht sein wird, was übrig ist und
sich verbirgt vor dir.
21 Laß dir nicht grauen vor ihnen; denn
der HERR, dein Gott, ist in deiner Mitte,
der große und schreckliche Gott.
22 Er, der HERR, dein Gott, wird diese
Leute ausrotten vor dir, einzeln nachein-
ander. Du kannst sie nicht auf einmal ver-
tilgen, damit sich nicht die wilden Tiere
wider dich vermehren.
23 Der HERR, dein Gott, wird sie vor dir
dahingeben und wird eine große Verwir-
rung über sie bringen, bis er sie vertilgt
hat,
24 und wird ihre Könige in deine Hände
geben, und du sollst ihren Namen aus-
löschen unter dem Himmel. Es wird dir
niemand widerstehen, bis du sie vertilgt
hast.
25 Die Bilder ihrer Götter sollst du mit
Feuer verbrennen und sollst nicht begeh-
ren das Silber oder Gold, das daran ist,
oder es zu dir nehmen, damit du dich
nicht darin verstrickst; denn das ist dem
HERRN, deinem Gott, ein Greuel.
26 Darum sollst du solchen Greuel nicht
in dein Haus bringen, damit du nicht dem
Bann verfällst wie jene, sondern du sollst
Ekel und Abscheu davor haben; denn es
steht unter dem Bann.

Ermahnung zur Dankbarkeit gegen den Herrn

8 Alle Gebote, die ich dir heute gebiete,
sollt ihr halten, daß ihr danach tut,
damit ihr lebt und zahlreich werdet und
hineinkommt und das Land einnehmt, das
der HERR euren Vätern zugeschworen hat.
2 Und gedenke des ganzen Weges, den
dich der HERR, dein Gott, geleitet hat
diese vierzig Jahre in der Wüste, auf daß
er dich demütigte und versuchte, damit
kundwürde, was in deinem Herzen wäre,
ob du seine Gebote halten würdest oder
nicht.
3 Er demütigte dich und ließ dich hun-
gern und speiste dich mit Manna, das du
und deine Väter nie gekannt hatten, auf
daß er dir kundtäte, daß der Mensch nicht
lebt vom Brot allein, sondern von allem,
was aus dem Mund des HERRN geht.
4 Deine Kleider sind nicht zerrissen an
dir, und deine Füße sind nicht geschwol-
len diese vierzig Jahre.
5 So erkennst du ja in deinem Herzen,
daß der HERR, dein Gott, dich erzogen
hat, wie ein Mann seinen Sohn erzieht.
6 So halte nun die Gebote des HERRN,
deines Gottes, daß du in seinen Wegen
wandelst und ihn fürchtest.
7 Denn der HERR, dein Gott, führt dich
in ein gutes Land, ein Land, darin Bäche
und Brunnen und Seen sind, die an den
Bergen und in den Auen fließen,
8 ein Land, darin Weizen, Gerste, Wein-
stöcke, Feigenbäume und Granatäpfel
wachsen, ein Land, darin es Ölbäume und
Honig gibt,
9 ein Land, wo du Brot genug zu essen
hast, wo dir nichts mangelt, ein Land, in

dessen Steinen Eisen ist, wo du Kupfererz aus den Bergen haust.
10 Und wenn du gegessen hast und satt bist, sollst du den HERRN, deinen Gott, loben für das gute Land, das er dir gegeben hat.
11 So hüte dich nun davor, den HERRN, deinen Gott, zu vergessen, so daß du seine Gebote und seine Gesetze und Rechte, die ich dir heute gebiete, nicht hältst.
12 Wenn du nun gegessen hast und satt bist und schöne Häuser erbaust und darin wohnst
13 und deine Rinder und Schafe und Silber und Gold und alles, was du hast, sich mehrt,
14 dann hüte dich, daß dein Herz sich nicht überhebt und du den HERRN, deinen Gott, vergißt, der dich aus Ägyptenland geführt hat, aus der Knechtschaft,
15 und dich geleitet hat durch die große und furchtbare Wüste, wo feurige Schlangen und Skorpione und lauter Dürre und kein Wasser war, und ließ dir Wasser aus dem harten Felsen hervorgehen
16 und speiste dich mit Manna in der Wüste, von dem deine Väter nichts gewußt haben, auf daß er dich demütigte und versuchte, damit er dir hernach wohltäte.
17 Du könntest sonst sagen in deinem Herzen: Meine Kräfte und meiner Hände Stärke haben mir diesen Reichtum gewonnen.
18 Sondern gedenke an den HERRN, deinen Gott; denn er ist's, der dir Kräfte gibt, Reichtum zu gewinnen, auf daß er hielte seinen Bund, den er deinen Vätern geschworen hat, so wie es heute ist.
19 Wirst du aber den HERRN, deinen Gott, vergessen und andern Göttern nachfolgen und ihnen dienen und sie anbeten, so bezeuge ich euch heute, daß ihr umkommen werdet;
20 eben wie die Heiden, die der HERR umbringt vor eurem Angesicht, so werdet ihr auch umkommen, weil ihr nicht gehorsam seid der Stimme des HERRN, eures Gottes.

Ermahnung zur Demut

9 Höre, Israel, du wirst heute über den Jordan gehen, damit du hineinkommst, das Land der Völker einzunehmen, die größer und stärker sind als du, große Städte, ummauert bis an den Himmel,
2 ein großes, hochgewachsenes Volk, die Enakiter, die du kennst, von denen du auch hast sagen hören: Wer kann wider die Enakiter bestehen?
3 So sollst du nun heute wissen, daß der HERR, dein Gott, vor dir hergeht, ein verzehrendes Feuer. Er wird sie vertilgen und wird sie demütigen vor dir, und du wirst sie vertreiben und bald vernichten, wie dir der HERR zugesagt hat.
4 Wenn nun der HERR, dein Gott, sie ausgestoßen hat vor dir her, so sprich nicht in deinem Herzen: Der HERR hat mich hereingeführt, dies Land einzunehmen, um meiner Gerechtigkeit willen –, da doch der HERR diese Völker vertreibt vor dir her um ihres gottlosen Treibens willen.
5 Denn du kommst nicht herein, ihr Land einzunehmen, um deiner Gerechtigkeit und deines aufrichtigen Herzens willen, sondern der HERR, dein Gott, vertreibt diese Völker um ihres gottlosen Treibens willen, damit er das Wort halte, das er geschworen hat deinen Vätern Abraham, Isaak und Jakob.
6 So wisse nun, daß der HERR, dein Gott, dir nicht um deiner Gerechtigkeit willen dies gute Land zum Besitz gibt, da du doch ein halsstarriges Volk bist.

Erinnerung an Israels Untreue

7 Denke daran und vergiß nicht, wie du den HERRN, deinen Gott, erzürntest in der Wüste. Von dem Tage an, als du aus Ägyptenland zogst, bis ihr gekommen seid an diesen Ort, seid ihr ungehorsam gewesen dem HERRN.
8 Denn am Horeb erzürntet ihr den HERRN so, daß er vor Zorn euch vertilgen wollte,
9 als ich auf den Berg gegangen war, die steinernen Tafeln zu empfangen, die Tafeln des Bundes, den der HERR mit euch schloß, und ich vierzig Tage und vierzig Nächte auf dem Berge blieb und kein Brot aß und kein Wasser trank
10 und mir der HERR die zwei steinernen Tafeln gab, mit dem Finger Gottes beschrieben, und darauf alle Worte, die der HERR mit euch aus dem Feuer auf dem Berge geredet hatte am Tage der Versammlung.

11 Und nach den vierzig Tagen und vierzig Nächten gab mir der HERR die zwei steinernen Tafeln des Bundes

12 und sprach zu mir: Mach dich auf, geh eilends hinab von hier; denn dein Volk, das du aus Ägypten geführt hast, hat sich versündigt. Sie sind schnell abgewichen von dem Wege, den ich ihnen geboten habe; sie haben sich ein gegossenes Bild gemacht.

13 Und der HERR sprach zu mir: Ich sehe, daß dies Volk ein halsstarriges Volk ist.

14 Laß ab von mir, damit ich sie vertilge und ihren Namen austilge unter dem Himmel; aber aus dir will ich ein stärkeres und größeres Volk machen als dieses.

15 Und als ich mich wandte und von dem Berge herabging, der im Feuer brannte, und die zwei Tafeln des Bundes in meinen beiden Händen hatte,

16 da sah ich, und siehe, da hattet ihr euch an dem HERRN, eurem Gott, versündigt und euch ein gegossenes Kalb gemacht und wart schnell von dem Wege abgewichen, den euch der HERR geboten hatte.

17 Da faßte ich beide Tafeln und warf sie aus meinen Händen und zerbrach sie vor euren Augen

18 und fiel nieder vor dem HERRN wie das erstemal, vierzig Tage und vierzig Nächte, und aß kein Brot und trank kein Wasser um all eurer Sünde willen, die ihr getan hattet, als ihr solches Unrecht tatet vor dem HERRN, um ihn zu erzürnen.

19 Denn ich fürchtete mich vor dem Zorn und Grimm, mit dem der HERR über euch erzürnt war, so daß er euch vertilgen wollte. Aber der HERR erhörte mich auch diesmal.

20 Auch war der HERR sehr zornig über Aaron, so daß er ihn vertilgen wollte; aber ich bat auch für Aaron zur selben Zeit.

21 Aber eure Sünde, das Kalb, das ihr gemacht hattet, nahm ich und verbrannte es mit Feuer und zerschlug es und zermalmte es, bis es Staub ward, und warf den Staub in den Bach, der vom Berge fließt.

22 So erzürntet ihr den HERRN auch in Tabera und in Massa und bei den Lustgräbern.

23 Und als er euch aus Kadesch-Barnea sandte und sprach: Geht hinauf und nehmt das Land ein, das ich euch gegeben habe!, da wart ihr ungehorsam dem Mund des HERRN, eures Gottes, und glaubtet nicht an ihn und gehorchtet seiner Stimme nicht.

24 So seid ihr dem HERRN ungehorsam gewesen, solange ich euch gekannt habe.

25 Ich aber fiel nieder und lag vor dem HERRN vierzig Tage und vierzig Nächte; denn der HERR sprach, er wolle euch vertilgen.

26 Und ich bat den HERRN und sprach: Herr HERR, verdirb dein Volk und dein Erbe nicht, das du durch deine große Kraft erlöst und mit mächtiger Hand aus Ägypten geführt hast!

27 Gedenke an deine Knechte Abraham, Isaak und Jakob! Sieh nicht an die Halsstarrigkeit und das gottlose Treiben und die Sünde dieses Volks,

28 damit das Land, aus dem du uns geführt hast, nicht sage: Der HERR konnte sie nicht in das Land bringen, das er ihnen zugesagt hatte, und hat sie darum herausgeführt, weil er ihnen gram war, um sie zu töten in der Wüste.

29 Denn sie sind dein Volk und dein Erbe, das du mit deiner großen Kraft und mit deinem ausgereckten Arm herausgeführt hast.

Die neuen Tafeln des Gesetzes

10 Zu derselben Zeit sprach der HERR zu mir: Haue dir zwei steinerne Tafeln zu wie die ersten und komm zu mir auf den Berg und mache dir eine hölzerne Lade,

2 so will ich auf die Tafeln die Worte schreiben, die auf den ersten waren, die du zerbrochen hast; und du sollst sie in die Lade legen.

3 So machte ich eine Lade aus Akazienholz und hieb zwei steinerne Tafeln zu, wie die ersten waren, und ging auf den Berg und hatte die beiden Tafeln in meinen Händen.

4 Da schrieb er auf die Tafeln, wie die erste Schrift war, die Zehn Worte, die der HERR zu euch geredet hatte mitten aus dem Feuer auf dem Berge zur Zeit der Versammlung; und der HERR gab sie mir.

5 Und ich wandte mich und ging vom Berge herab und legte die Tafeln in die

Lade, die ich gemacht hatte, und sie blieben darin, wie mir der HERR geboten hatte.

Aarons Tod. Aussonderung der Leviten

6 Und die Kinder Israel zogen aus von Beeroth-Bene-Jaakan nach Moser. Dort starb Aaron und wurde daselbst begraben. Und sein Sohn Eleasar wurde Priester an seiner Statt.

7 Von da zogen sie aus nach Gudgoda, von Gudgoda nach Jotbatha, in ein Land mit Wasserbächen.

8 Zur selben Zeit sonderte der HERR den Stamm Levi aus, die Lade des Bundes des HERRN zu tragen und zu stehen vor dem HERRN, ihm zu dienen und in seinem Namen zu segnen bis auf diesen Tag.

9 Darum werden die Leviten weder Anteil noch Erbe haben mit ihren Brüdern. Denn der HERR ist ihr Erbteil, wie der HERR, dein Gott, ihnen zugesagt hat.

Was der Herr von Israel fordert

10 Ich aber stand auf dem Berge wie das erstemal, vierzig Tage und vierzig Nächte, und der HERR erhörte mich auch diesmal und wollte dich nicht verderben.

11 Er sprach zu mir: Mach dich auf, geh hin und zieh vor dem Volk her, damit sie hineinkommen und das Land einnehmen, das ich ihnen geben will, wie ich ihren Vätern geschworen habe.

12 **Nun, Israel, was fordert der HERR, dein Gott, noch von dir, als daß du den HERRN, deinen Gott, fürchtest, daß du in allen seinen Wegen wandelst und ihn liebst und dem HERRN, deinem Gott, dienst von ganzem Herzen und von ganzer Seele,**

13 daß du die Gebote des HERRN hältst und seine Rechte, die ich dir heute gebiete, auf daß dir's wohlgehe?

14 Siehe, der Himmel und aller Himmel Himmel und die Erde und alles, was darinnen ist, das ist des HERRN, deines Gottes.

15 Und doch hat er nur deine Väter angenommen, daß er sie liebte, und hat ihre Nachkommen, nämlich euch, erwählt aus allen Völkern, so wie es heute ist.

16 So beschneidet nun eure Herzen und seid hinfort nicht halsstarrig.

17 Denn der HERR, euer Gott, ist der Gott aller Götter und der Herr über alle Herren, der große Gott, der Mächtige und der Schreckliche, der die Person nicht ansieht und kein Geschenk nimmt

18 und schafft Recht den Waisen und Witwen und hat die Fremdlinge lieb, daß er ihnen Speise und Kleider gibt.

19 Darum sollt ihr auch die Fremdlinge lieben; denn ihr seid auch Fremdlinge gewesen in Ägyptenland.

20 Den HERRN, deinen Gott, sollst du fürchten, ihm sollst du dienen, ihm sollst du anhangen und bei seinem Namen schwören.

21 Er ist dein Ruhm und dein Gott, der bei dir solche großen und schrecklichen Dinge getan hat, die deine Augen gesehen haben.

22 Deine Väter zogen hinab nach Ägypten mit siebzig Seelen; aber nun hat dich der HERR, dein Gott, zahlreich gemacht wie die Sterne am Himmel.

Erinnerung an Gottes Wohltaten

11 So sollst du nun den HERRN, deinen Gott, lieben und sein Gesetz, seine Ordnungen, seine Rechte und seine Gebote halten dein Leben lang.

2 Und erkennt heute, was eure Kinder nicht wissen noch gesehen haben, nämlich die Erziehung durch den HERRN, euren Gott, dazu seine Herrlichkeit, seine mächtige Hand und seinen ausgereckten Arm

3 und seine Zeichen und Werke, die er getan hat unter den Ägyptern, an dem Pharao, dem König von Ägypten, und an seinem ganzen Lande;

4 und was er an der Heeresmacht der Ägypter getan hat, an ihren Rossen und Wagen, wie er das Wasser des Schilfmeers über sie brachte, als sie euch nachjagten und sie der HERR umkommen ließ, bis auf diesen Tag;

5 und was er euch getan hat in der Wüste, bis ihr an diesen Ort gekommen seid,

6 was er Dathan und Abiram getan hat, den Söhnen Eliabs, des Sohnes Rubens, wie die Erde ihren Mund auftat und sie verschlang mit all ihren Leuten und ihren Zelten und allem ihrem Gut, das sie erworben hatten, mitten unter ganz Israel.

7 Denn eure Augen haben die großen Werke des HERRN gesehen, die er getan hat.

Segen des Gehorsams – Fluch des Ungehorsams

8 Darum sollt ihr alle die Gebote halten,
die ich dir heute gebiete, auf daß ihr stark
werdet, hineinzukommen und das Land
einzunehmen, dahin ihr zieht, es einzu-
nehmen,
9 und daß du lange lebest in dem Lande,
das der HERR, wie er euren Vätern ge-
schworen hat, ihnen und ihren Nachkom-
men geben will, ein Land, darin Milch und
Honig fließt.
10 Denn das Land, in das du kommst,
es einzunehmen, ist nicht wie Ägypten-
land, von dem ihr ausgezogen seid, wo
du deinen Samen säen und selbst tränken
mußtest wie einen Garten,
11 sondern es hat Berge und Auen, die
der Regen vom Himmel tränkt, –
12 ein Land, auf das der HERR, dein
Gott, achthat und die Augen des HERRN,
deines Gottes, immerdar sehen vom An-
fang des Jahres bis an sein Ende.
13 Werdet ihr nun auf meine Gebote
hören, die ich euch heute gebiete, daß ihr
den HERRN, euren Gott, liebet und ihm
dienet von ganzem Herzen und von gan-
zer Seele,
14 so will ich eurem Lande Regen geben
zu seiner Zeit, Frühregen und Spätregen,
daß du einsammelst dein Getreide, deinen
Wein und dein Öl,
15 und will deinem Vieh Gras geben auf
deinem Felde, daß ihr esset und satt wer-
det.
16 Hütet euch aber, daß sich euer Herz
nicht betören lasse, daß ihr abfallet und
dienet andern Göttern und betet sie an,
17 und daß dann der Zorn des HERRN
entbrenne über euch und schließe den
Himmel zu, so daß kein Regen kommt
und die Erde ihr Gewächs nicht gibt und
ihr bald ausgetilgt werdet aus dem gu-
ten Lande, das euch der HERR gegeben
hat.
18 So nehmt nun diese Worte zu Herzen
und in eure Seele und bindet sie zum Zei-
chen auf eure Hand und macht sie zum
Merkzeichen zwischen euren Augen
19 und lehrt sie eure Kinder, daß du da-
von redest, wenn du in deinem Hause
sitzt oder unterwegs bist, wenn du dich
niederlegst und wenn du aufstehst.
20 Und schreibe sie an die Pfosten dei-
nes Hauses und an deine Tore,
21 auf daß ihr und eure Kinder lange
lebt in dem Lande, das der HERR, wie er
deinen Vätern geschworen hat, ihnen ge-
ben will, solange die Tage des Himmels
über der Erde währen.
22 Denn wenn ihr diese Gebote alle hal-
ten werdet, die ich euch gebiete, und da-
nach tut, daß ihr den HERRN, euren Gott,
liebet und wandelt in allen seinen Wegen
und ihm anhanget,
23 so wird der HERR alle diese Völker
vor euch her vertreiben, daß ihr grö-
ßere und stärkere Völker beerbt, als ihr
es seid.
24 Alles Land, darauf eure Fußsohle
tritt, soll euer sein: von der Wüste bis an
den Berg Libanon und von dem Strom
Euphrat bis ans Meer im Westen soll euer
Gebiet sein.
25 Niemand wird euch widerstehen kön-
nen. Furcht und Schrecken vor euch wird
der HERR über alles Land kommen lassen,
das ihr betretet, wie er euch zugesagt hat.
26 Siehe, ich lege euch heute vor den
Segen und den Fluch:
27 den Segen, wenn ihr gehorcht den
Geboten des HERRN, eures Gottes, die ich
euch heute gebiete;
28 den Fluch aber, wenn ihr nicht ge-
horchen werdet den Geboten des HERRN,
eures Gottes, und abweicht von dem
Wege, den ich euch heute gebiete, daß ihr
andern Göttern nachwandelt, die ihr
nicht kennt.
29 Wenn dich nun der HERR, dein Gott,
in das Land bringt, in das du kommen
sollst, es einzunehmen, so sollst du den
Segen sprechen lassen auf dem Berge
Garizim und den Fluch auf dem Berge
Ebal,
30 die jenseits des Jordan liegen an der
Straße gegen Sonnenuntergang im Lande
der Kanaaniter, die im Jordantal wohnen,
Gilgal gegenüber bei der Eiche More.
31 Denn ihr werdet über den Jordan
gehen, daß ihr hineinkommt, das Land
einzunehmen, das euch der HERR, euer
Gott, gegeben hat, damit ihr's einnehmt
und darin wohnt.
32 So habt nun acht, daß ihr tut nach
allen Geboten und Rechten, die ich euch
heute vorlege.

MOSE VERKÜNDIGT DIE GESETZE (Kap 12-26)

Die von Gott erwählte Opferstätte

12 Dies sind die Gebote und Rechte,
die ihr halten sollt, daß ihr danach
tut im Lande, das der HERR, der Gott dei-
ner Väter, dir gegeben hat, es einzuneh-
men, solange du im Lande lebst:
2 Zerstört alle heiligen Stätten, wo die
Heiden, die ihr vertreiben werdet, ihren
Göttern gedient haben, es sei auf hohen
Bergen, auf Hügeln oder unter grünen
Bäumen,
3 und reißt um ihre Altäre und zer-
brecht ihre Steinmale und verbrennt mit
Feuer ihre heiligen Pfähle, zerschlagt die
Bilder ihrer Götzen und vertilgt ihren
Namen von jener Stätte.
4 Ihr sollt dem HERRN, eurem Gott, so
nicht dienen,
5 sondern die Stätte, die der HERR, euer
Gott, erwählen wird aus allen euren Stäm-
men, daß er seinen Namen daselbst woh-
nen läßt, sollt ihr aufsuchen und dahin
kommen.
6 Dorthin sollt ihr bringen eure Brand-
opfer und eure Schlachtopfer, eure Zehn-
ten und eure heiligen Abgaben, eure Ge-
lübdeopfer, eure freiwilligen Opfer und
die Erstgeburt eurer Rinder und Schafe.
7 Und ihr und euer Haus sollt dort vor
dem HERRN, eurem Gott, essen und fröh-
lich sein über alles, was eure Hand er-
worben hat, womit euch der HERR, euer
Gott, gesegnet hat.
8 Ihr sollt es nicht so halten, wie wir es
heute hier tun, ein jeder, was ihn recht
dünkt.
9 Denn ihr seid bisher noch nicht zur
Ruhe und zu dem Erbteil gekommen, das
dir der HERR, dein Gott, geben wird.
10 Ihr werdet aber über den Jordan
gehen und in dem Lande wohnen, das
euch der HERR, euer Gott, zum Erbe aus-
teilen wird, und er wird euch Ruhe geben
vor allen euren Feinden um euch her, und
ihr werdet sicher wohnen.
11 Wenn nun der HERR, dein Gott, eine
Stätte erwählt, daß sein Name daselbst
wohne, sollt ihr dahin bringen alles, was
ich euch gebiete: eure Brandopfer, eure
Schlachtopfer, eure Zehnten, eure heiligen
Abgaben und alle eure auserlesenen Ge-
lübdeopfer, die ihr dem HERRN geloben
werdet.
12 Und ihr sollt fröhlich sein vor dem
HERRN, eurem Gott, ihr und eure Söhne
und eure Töchter, eure Knechte und eure
Mägde und die Leviten, die in euren
Städten wohnen; denn sie haben weder
Anteil noch Erbe mit euch.
13 Hüte dich, daß du deine Brandopfer
nicht an jeder Stätte opferst, die du siehst;
14 sondern an der Stätte, die der HERR
erwählt in einem deiner Stämme, da sollst
du dein Brandopfer opfern und alles tun,
was ich dir gebiete.
15 Doch darfst du in allen deinen Städ-
ten ganz nach Herzenslust schlachten und
Fleisch essen nach dem Segen des HERRN,
deines Gottes, den er dir gegeben hat. Der
Reine wie der Unreine dürfen davon essen,
so wie man Reh oder Hirsch ißt.
16 Nur das Blut sollst du nicht essen,
sondern auf die Erde gießen wie Wasser.
17 Du darfst aber nicht essen in deinen
Städten vom Zehnten deines Getreides,
deines Weins, deines Öls, auch nicht von
der Erstgeburt deiner Rinder und deiner
Schafe oder von irgendeiner Gabe, die du
gelobt hast, oder von deinem freiwilligen
Opfer oder von deiner heiligen Abgabe,
18 sondern vor dem HERRN, deinem
Gott, sollst du das alles essen an der
Stätte, die der HERR, dein Gott, erwählt,
du und deine Söhne, deine Töchter, deine
Knechte, deine Mägde und der Levit, der
in deiner Stadt lebt, und sollst fröhlich
sein vor dem HERRN, deinem Gott, über
alles, was deine Hand erworben hat.
19 Und hüte dich, daß du den Leviten
nicht leer ausgehen läßt, solange du in
deinem Lande lebst.
20 Wenn aber der HERR, dein Gott, dein
Gebiet erweitern wird, wie er dir zuge-
sagt hat, und du sprichst: Ich will Fleisch
essen –, weil es dich gelüstet, Fleisch zu
essen, so iß Fleisch ganz nach Herzens-
lust.
21 Ist aber die Stätte fern von dir, die
der HERR, dein Gott, erwählt hat, daß er
seinen Namen daselbst wohnen lasse, so
schlachte von deinen Rindern oder Scha-
fen, die dir der HERR gegeben hat, wie ich
dir geboten habe, und iß es in deiner
Stadt ganz nach Herzenslust.
22 So wie man Reh oder Hirsch ißt,

darfst du es essen; der Reine wie der Unreine dürfen's beide essen.

23 Allein achte darauf, daß du das Blut nicht ißt; denn das Blut ist das Leben; darum sollst du nicht zugleich mit dem Fleisch das Leben essen,

24 sondern du sollst das Blut auf die Erde gießen wie Wasser

25 und sollst es nicht essen, auf daß dir's wohlgehe und deinen Kindern nach dir, weil du getan hast, was recht ist vor dem HERRN.

26 Aber deine heiligen Gaben, die dir geboten sind, und was du gelobst, das sollst du aufladen und an die Stätte bringen, die der HERR erwählt hat,

27 und sollst dein Brandopfer mit Fleisch und Blut legen auf den Altar des HERRN, deines Gottes. Das Blut deiner Schlachtopfer soll gegossen werden auf den Altar des HERRN, deines Gottes, aber das Fleisch sollst du essen.

28 Sieh zu und höre auf alle diese Worte, die ich dir gebiete, auf daß dir's wohlgehe und deinen Kindern nach dir ewiglich, weil du getan hast, was recht und wohlgefällig ist vor dem HERRN, deinem Gott.

29 Wenn der HERR, dein Gott, vor dir her die Völker ausrottet, zu denen du kommst, ihr Land einzunehmen, und du es eingenommen hast und darin wohnst,

30 so hüte dich, daß du dich nicht verführen läßt, es ihnen nachzutun, nachdem sie vertilgt sind vor dir, und daß du nicht fragst nach ihren Göttern und sprichst: Wie haben diese Völker ihren Göttern gedient? Ebenso will auch ich es tun!

31 So sollst du dem HERRN, deinem Gott, nicht dienen; denn sie haben ihren Göttern alles getan, was dem HERRN ein Greuel ist und was er haßt; denn sie haben ihren Göttern sogar ihre Söhne und Töchter mit Feuer verbrannt.

Strafe für falsche Propheten und Verführer zum Götzendienst

13 °Alles, was ich euch gebiete, das sollt ihr halten und danach tun. Ihr sollt nichts dazutun und nichts davontun.

2 Wenn ein Prophet oder Träumer unter euch aufsteht und dir ein Zeichen oder Wunder ankündigt

3 und das Zeichen oder Wunder trifft ein, von dem er dir gesagt hat, und er spricht: Laß uns andern Göttern folgen, die ihr nicht kennt, und ihnen dienen,

4 so sollst du nicht gehorchen den Worten eines solchen Propheten oder Träumers; denn der HERR, euer Gott, versucht euch, um zu erfahren, ob ihr ihn von ganzem Herzen und von ganzer Seele liebhabt.

5 Dem HERRN, eurem Gott, sollt ihr folgen und ihn fürchten und seine Gebote halten und seiner Stimme gehorchen und ihm dienen und ihm anhangen.

6 Der Prophet aber oder der Träumer soll sterben, weil er euch gelehrt hat, abzufallen von dem HERRN, eurem Gott, der euch aus Ägyptenland geführt und dich aus der Knechtschaft erlöst hat, und weil er dich von dem Wege abbringen wollte, auf dem du wandeln sollst, wie der HERR, dein Gott, geboten hat –, auf daß du das Böse aus deiner Mitte wegtust.

7 Wenn dich dein Bruder, deiner Mutter Sohn, oder dein Sohn oder deine Tochter oder deine Frau in deinen Armen oder dein Freund, der dir so lieb ist wie dein Leben, heimlich überreden würde und sagen: Laß uns hingehen und andern Göttern dienen, die du nicht kennst noch deine Väter,

8 von den Göttern der Völker, die um euch her sind, sie seien dir nah oder fern, von einem Ende der Erde bis ans andere,

9 so willige nicht ein und gehorche ihm nicht. Auch soll dein Auge ihn nicht schonen, und du sollst dich seiner nicht erbarmen und seine Schuld nicht verheimlichen,

10 sondern sollst ihn zum Tode bringen. Deine Hand soll die erste wider ihn sein, ihn zu töten, und danach die Hand des ganzen Volks.

11 Man soll ihn zu Tode steinigen, denn er hat dich abbringen wollen von dem HERRN, deinem Gott, der dich aus Ägyptenland, aus der Knechtschaft, geführt hat,

12 auf daß ganz Israel aufhorche und sich fürchte und man nicht mehr solch Böses tue unter euch.

13 Wenn du von irgendeiner Stadt, die dir der HERR, dein Gott, gegeben hat, darin zu wohnen, sagen hörst:

14 Es sind etliche heillose Leute aufgetreten aus deiner Mitte und haben die

Bürger ihrer Stadt verführt und gesagt: Laßt uns hingehen und andern Göttern dienen, die ihr nicht kennt,

15 so sollst du gründlich suchen, forschen und fragen. Und wenn sich findet, daß es gewiß ist, daß solch ein Greuel unter euch geschehen ist,

16 so sollst du die Bürger dieser Stadt erschlagen mit der Schärfe des Schwerts und an ihr den Bann vollstrecken, an allem, was darin ist, auch an ihrem Vieh, mit der Schärfe des Schwerts.

17 Und alles, was in ihr erbeutet wird, sollst du sammeln mitten auf dem Marktplatz und mit Feuer verbrennen die Stadt und alle ihre Beute als ein Ganzopfer für den HERRN, deinen Gott, daß sie in Trümmern liege für immer und nie wieder aufgebaut werde.

18 Und laß nichts von dem, was dem Bann verfallen ist, an deiner Hand kleben, auf daß der HERR von seinem grimmigen Zorn abgewendet werde und gebe dir Barmherzigkeit und erbarme sich deiner und mehre dich, wie er deinen Vätern geschworen hat,

19 wenn du der Stimme des HERRN, deines Gottes, gehorchst und alle seine Gebote hältst, die ich dir heute gebiete, daß du tust, was recht ist vor den Augen des HERRN, deines Gottes.

Verbot heidnischer Trauergebräuche. Reine und unreine Speisen

14 Ihr seid Kinder des HERRN, eures Gottes. Ihr sollt euch um eines Toten willen nicht wund ritzen noch kahl scheren über den Augen.

2 Denn du bist ein heiliges Volk dem HERRN, deinem Gott, und der HERR hat dich erwählt, daß du sein Eigentum seist, aus allen Völkern, die auf Erden sind.

3 Du sollst nichts essen, was dem Herrn ein Greuel ist.

4 Dies aber sind die Tiere, die ihr essen dürft: Rind, Schaf, Ziege,

5 Hirsch, Reh, Damhirsch, Steinbock, Gemse, Auerochs und Antilope.

6 Jedes Tier, das gespaltene Klauen hat, ganz durchgespalten, und das wiederkäut, dürft ihr essen.

7 Diese Tiere aber sollt ihr nicht essen unter denen, die wiederkäuen und die gespaltene Klauen haben: das Kamel, den Hasen und den Klippdachs, die wiederkäuen, deren Klauen aber nicht ganz durchgespalten sind; darum sollen sie euch unrein sein.

8 Das Schwein, das zwar durchgespaltene Klauen hat, aber nicht wiederkäut, soll euch darum unrein sein. Ihr Fleisch sollt ihr nicht essen, und ihr Aas sollt ihr nicht anrühren.

9 Dies ist, was ihr essen dürft von allem, was im Wasser lebt: alles, was Flossen und Schuppen hat, dürft ihr essen.

10 Was aber weder Flossen noch Schuppen hat, sollt ihr nicht essen; denn es ist euch unrein.

11 Alle reinen Vögel esset.

12 Diese aber sind es, die ihr nicht essen sollt: der Adler, der Habicht, der Fischaar,

13 der Taucher, die Weihe, der Geier mit seinen Arten

14 und alle Raben mit ihren Arten,

15 der Strauß, die Nachteule, der Kukkuck, der Sperber mit seinen Arten,

16 das Käuzchen, der Uhu, die Fledermaus,

17 die Rohrdommel, der Storch, der Schwan,

18 der Reiher, der Häher mit seinen Arten, der Wiedehopf, die Schwalbe.

19 Auch alles, was Flügel hat und kriecht, soll euch unrein sein, und ihr sollt es nicht essen.

20 Die reinen Vögel dürft ihr essen.

21 Ihr sollt kein Aas essen; dem Fremdling in deiner Stadt darfst du's geben, daß er's esse oder daß er's verkaufe einem Ausländer; denn du bist ein heiliges Volk dem HERRN, deinem Gott. Du sollst das Böcklein nicht kochen in der Milch seiner Mutter.

Abgabe des Zehnten

22 Du sollst alle Jahre den Zehnten absondern von allem Ertrag deiner Saat, der aus deinem Acker kommt,

23 und sollst davon essen vor dem HERRN, deinem Gott, an der Stätte, die er erwählt, daß sein Name daselbst wohne, nämlich vom Zehnten deines Getreides, deines Weins, deines Öls und von der Erstgeburt deiner Rinder und deiner Schafe, auf daß du fürchten lernst den HERRN, deinen Gott, dein Leben lang.

24 Wenn aber der Weg zu weit ist für
dich, daß du's nicht hintragen kannst,
weil die Stätte dir zu fern ist, die der HERR,
dein Gott, erwählt hat, daß er seinen Na-
men daselbst wohnen lasse, wenn der
HERR, dein Gott, dich gesegnet hat,
25 so mache es zu Geld und nimm das
Geld in deine Hand und geh an die Stätte,
die der HERR, dein Gott, erwählt hat,
26 und gib das Geld für alles, woran
dein Herz Lust hat, es sei für Rinder,
Schafe, Wein, starkes Getränk oder für
alles, was dein Herz wünscht, und iß dort
vor dem HERRN, deinem Gott, und sei
fröhlich, du und dein Haus
27 und der Levit, der in deiner Stadt
lebt; den sollst du nicht leer ausgehen las-
sen, denn er hat weder Anteil noch Erbe
mit dir.
28 Alle drei Jahre sollst du aussondern
den ganzen Zehnten vom Ertrag dieses
Jahres und sollst ihn hinterlegen in deiner
Stadt.
29 Dann soll kommen der Levit, der we-
der Anteil noch Erbe mit dir hat, und der
Fremdling und die Waise und die Witwe,
die in deiner Stadt leben, und sollen essen
und sich sättigen, auf daß dich der HERR,
dein Gott, segne in allen Werken deiner
Hand, die du tust.

Das Erlaßjahr

15 Alle sieben Jahre sollst du ein Er-
laßjahr halten.
2 So aber soll's zugehen mit dem Erlaß-
jahr: Wenn einer seinem Nächsten etwas
geborgt hat, der soll's ihm erlassen und
soll's nicht eintreiben von seinem Näch-
sten oder von seinem Bruder; denn man
hat ein Erlaßjahr ausgerufen dem HERRN.
3 Von einem Ausländer darfst du es ein-
treiben; aber dem, der dein Bruder ist,
sollst du es erlassen.
4 Es sollte überhaupt kein Armer unter
euch sein; denn der HERR wird dich seg-
nen in dem Lande, das dir der HERR, dein
Gott, zum Erbe geben wird,
5 wenn du nur der Stimme des HERRN,
deines Gottes, gehorchst und alle diese
Gebote hältst, die ich dir heute gebiete,
daß du danach tust!
6 Denn der HERR, dein Gott, wird dich
segnen, wie er dir zugesagt hat. Dann
wirst du vielen Völkern leihen, doch du
wirst von niemand borgen; du wirst über
viele Völker herrschen, doch über dich
wird niemand herrschen.
7 Wenn einer deiner Brüder arm ist in
irgendeiner Stadt in deinem Lande, das
der HERR, dein Gott, dir geben wird, so
sollst du dein Herz nicht verhärten und
deine Hand nicht zuhalten gegenüber dei-
nem armen Bruder,
8 sondern sollst sie ihm auftun und ihm
leihen, soviel er Mangel hat.
9 Hüte dich, daß nicht in deinem Her-
zen ein arglistiger Gedanke aufsteige, daß
du sprichst: Es naht das siebente Jahr, das
Erlaßjahr –, und daß du deinen armen
Bruder nicht unfreundlich ansiehst und
ihm nichts gibst; sonst wird er wider dich
zu dem HERRN rufen, und bei dir wird
Sünde sein.
10 Sondern du sollst ihm geben, und
dein Herz soll sich's nicht verdrießen las-
sen, daß du ihm gibst; denn dafür wird
dich der HERR, dein Gott, segnen in allen
deinen Werken und in allem, was du
unternimmst.
11 Es werden allezeit Arme sein im
Lande; darum gebiete ich dir und sage,
daß du deine Hand auftust deinem Bru-
der, der bedrängt und arm ist in deinem
Lande.

Über die Freilassung hebräischer Sklaven

12 Wenn sich dein Bruder, ein Hebräer
oder eine Hebräerin, dir verkauft, so soll
er dir sechs Jahre dienen; im siebenten
Jahr sollst du ihn als frei entlassen.
13 Und wenn du ihn freigibst, sollst du
ihn nicht mit leeren Händen von dir gehen
lassen,
14 sondern du sollst ihm aufladen von
deinen Schafen, von deiner Tenne, von
deiner Kelter, so daß du gibst von dem,
womit dich der HERR, dein Gott, gesegnet
hat,
15 und sollst daran denken, daß du auch
Knecht warst in Ägyptenland und der
HERR, dein Gott, dich erlöst hat; darum
gebiete ich dir solches heute.
16 Wird er aber zu dir sprechen: Ich
will nicht fortgehen von dir, denn ich habe
dich und dein Haus lieb – weil ihm wohl
bei dir ist –,
17 so nimm einen Pfriemen und durch-
bohre ihm sein Ohr an dem Pfosten der

Tür und laß ihn für immer deinen Knecht sein. Mit deiner Magd sollst du ebenso tun.

18 Und laß dir's nicht schwerfallen, daß du ihn freiläßt, denn er hat dir sechs Jahre wie zwei Tagelöhner gedient; so wird der HERR, dein Gott, dich segnen in allem, was du tust.

Heiligung der Erstgeburt

19 Alle Erstgeburt, die unter deinen Rindern und Schafen geboren wird, sollst du, wenn sie männlich ist, dem HERRN, deinem Gott, heiligen. Du sollst nicht ackern mit dem Erstling deiner Rinder und nicht scheren die Erstlinge deiner Schafe.

20 Vor dem HERRN, deinem Gott, sollst du sie essen jährlich an der Stätte, die der HERR erwählt, du und dein Haus.

21 Wenn's aber einen Fehler hat, daß es hinkt oder blind ist oder sonst irgendeinen bösen Fehler hat, so sollst du es nicht opfern dem HERRN, deinem Gott;

22 sondern in deiner Stadt sollst du es essen, du seist unrein oder rein, wie man Reh und Hirsch ißt,

23 nur daß du sein Blut nicht ißt, sondern es auf die Erde gießt wie Wasser!

Von den drei jährlichen Hauptfesten

16 Achte auf den Monat Abib, daß du Passa hältst dem HERRN, deinem Gott; denn im Monat Abib hat dich der HERR, dein Gott, bei Nacht aus Ägypten geführt.

2 Und du sollst dem HERRN, deinem Gott, das Passa schlachten, Schafe und Rinder, an der Stätte, die der HERR erwählen wird, daß sein Name daselbst wohne.

3 Du sollst kein Gesäuertes dazu essen. Sieben Tage sollst du Ungesäuertes essen, Brot des Elends – denn in Hast bist du aus Ägyptenland geflohen –, auf daß du des Tages deines Auszugs aus Ägyptenland gedenkst dein Leben lang.

4 Es soll sieben Tage lang kein Sauerteig gesehen werden in deinem ganzen Lande und soll auch nichts vom Fleisch, das am Abend des ersten Tages geschlachtet ist, über Nacht bleiben bis zum Morgen.

5 Du darfst nicht Passa schlachten in irgendeiner deiner Städte, die dir der HERR, dein Gott, gegeben hat,

6 sondern an der Stätte, die der HERR, dein Gott, erwählen wird, daß sein Name daselbst wohne. Da sollst du das Passa schlachten am Abend, wenn die Sonne untergegangen ist, zu der Zeit, als du aus Ägypten zogst,

7 und sollst es kochen und essen an der Stätte, die der HERR, dein Gott, erwählen wird, und sollst am Morgen umkehren und heimgehen in deine Wohnung.

8 Sechs Tage sollst du Ungesäuertes essen, und am siebenten Tag ist Festversammlung für den HERRN, deinen Gott; da sollst du keine Arbeit tun.

9 Sieben Wochen sollst du zählen und damit anfangen, wenn man zuerst die Sichel an die Halme legt,

10 und sollst das Wochenfest halten dem HERRN, deinem Gott, und eine freiwillige Gabe deiner Hand geben je nach dem, wie dich der HERR, dein Gott, gesegnet hat.

11 Und sollst fröhlich sein vor dem HERRN, deinem Gott, du und dein Sohn, deine Tochter, dein Knecht, deine Magd und der Levit, der in deiner Stadt lebt, der Fremdling, die Waise und die Witwe, die in deiner Mitte sind, an der Stätte, die der HERR, dein Gott, erwählen wird, daß sein Name da wohne.

12 Denke daran, daß du Knecht in Ägypten gewesen bist, und beachte und halte diese Gebote.

13 Das Laubhüttenfest sollst du halten sieben Tage, wenn du eingesammelt hast von deiner Tenne und von deiner Kelter,

14 und du sollst fröhlich sein an deinem Fest, du und dein Sohn, deine Tochter, dein Knecht, deine Magd, der Levit, der Fremdling, die Waise und die Witwe, die in deiner Stadt leben.

15 Sieben Tage sollst du dem HERRN, deinem Gott, das Fest halten an der Stätte, die der HERR erwählen wird. Denn der HERR, dein Gott, wird dich segnen in deiner ganzen Ernte und in allen Werken deiner Hände; darum sollst du fröhlich sein.

16 Dreimal im Jahr soll alles, was männlich ist in deiner Mitte, vor dem HERRN, deinem Gott, erscheinen, an der Stätte, die der HERR erwählen wird: zum Fest der ungesäuerten Brote, zum Wochenfest und zum Laubhüttenfest. Sie sollen aber nicht mit leeren Händen vor dem HERRN erscheinen,

17 sondern ein jeder mit dem, was er zu geben vermag, nach dem Segen, den dir der HERR, dein Gott, gegeben hat.

Von den Richtern und Amtleuten

18 Richter und Amtleute sollst du dir bestellen in allen Toren deiner Städte, die dir der HERR, dein Gott, geben wird, in jedem deiner Stämme, daß sie das Volk richten mit gerechtem Gericht.

19 Du sollst das Recht nicht beugen und sollst auch die Person nicht ansehen und keine Geschenke nehmen; denn Geschenke machen die Weisen blind und verdrehen die Sache der Gerechten.

20 Was recht ist, dem sollst du nachjagen, damit du leben und das Land einnehmen kannst, das dir der HERR, dein Gott, geben wird.

Verbot heidnischer Kultbräuche. Strafe für Abgötterei

21 Du sollst dir keinen Holzpfahl als Ascherabild errichten bei dem Altar des HERRN, deines Gottes, den du dir machst.

22 Du sollst dir kein Steinmal aufrichten; denn das haßt der HERR, dein Gott.

17 Du sollst dem HERRN, deinem Gott, kein Rind oder Schaf opfern, das einen Fehler oder irgendetwas Schlimmes an sich hat; denn das ist dem HERRN, deinem Gott, ein Greuel.

2 Wenn bei dir in einer deiner Städte, die dir der HERR, dein Gott, geben wird, jemand gefunden wird, Mann oder Frau, der da tut, was dem HERRN, deinem Gott, mißfällt, daß er seinen Bund übertritt

3 und hingeht und dient andern Göttern und betet sie an, es sei Sonne oder Mond oder das ganze Heer des Himmels, was ich nicht geboten habe,

4 und es wird dir angezeigt, und du hörst es, so sollst du gründlich danach forschen. Und wenn du findest, daß es gewiß wahr ist, daß solch ein Greuel in Israel geschehen ist,

5 so sollst du den Mann oder die Frau, die eine solche Übeltat begangen haben, hinausführen zu deinem Tor und sollst sie zu Tode steinigen.

6 Auf zweier oder dreier Zeugen Mund soll sterben, wer des Todes wert ist, aber auf nur **eines** Zeugen Mund soll er nicht sterben.

7 Die Hand der Zeugen soll die erste sein, ihn zu töten, und danach die Hand des ganzen Volks, daß du das Böse aus deiner Mitte wegtust.

Einsetzung eines Obergerichtes

8 Wenn eine Sache vor Gericht dir zu schwer sein wird, es gehe um Blutschuld, um Schaden, um Gewalttat oder was sonst Streitsachen sind in deinen Toren, so sollst du dich aufmachen und hinaufgehen zu der Stätte, die der HERR, dein Gott, erwählen wird,

9 und zu den levitischen Priestern kommen und zu dem Richter, der zu der Zeit sein wird, und sie befragen. Die sollen dir das Urteil sagen.

10 Und du sollst tun nach dem, was sie dir sagen an der Stätte, die der HERR erwählen wird, und sollst es halten, daß du tust nach allem, was sie dich lehren werden.

11 An die Weisung, die sie dir geben, und an das Urteil, das sie dir sagen, sollst du dich halten, so daß du davon nicht abweichst weder zur Rechten noch zur Linken.

12 Und wenn jemand vermessen handeln würde, daß er dem Priester nicht gehorcht, der dort im Dienst des HERRN, deines Gottes, steht, oder dem Richter, der soll sterben, und du sollst das Böse aus Israel wegtun,

13 auf daß alles Volk aufhorche und sich fürchte und nicht mehr vermessen sei.

Das Königsgesetz

14 Wenn du in das Land kommst, das dir der HERR, dein Gott, geben wird, und es einnimmst und darin wohnst und dann sagst: Ich will einen König über mich setzen, wie ihn alle Völker um mich her haben,

15 so sollst du den zum König über dich setzen, den der HERR, dein Gott, erwählen wird. Du sollst aber einen aus deinen Brüdern zum König über dich setzen. Du darfst nicht irgendeinen Ausländer, der nicht dein Bruder ist, über dich setzen.

16 Nur daß er nicht viele Rosse halte und führe das Volk nicht wieder nach Ägypten, um die Zahl seiner Rosse zu mehren, weil der HERR euch gesagt hat, daß ihr hinfort nicht wieder diesen Weg gehen sollt.

17 Er soll auch nicht viele Frauen nehmen, daß sein Herz nicht abgewandt werde, und soll auch nicht viel Silber und Gold sammeln.

18 Und wenn er nun sitzen wird auf dem Thron seines Königreichs, soll er eine Abschrift dieses Gesetzes, wie es den levitischen Priestern vorliegt, in ein Buch schreiben lassen.

19 Das soll bei ihm sein, und er soll darin lesen sein Leben lang, damit er den HERRN, seinen Gott, fürchten lernt, daß er halte alle Worte dieses Gesetzes und diese Rechte und danach tue.

20 Sein Herz soll sich nicht erheben über seine Brüder und soll nicht weichen von dem Gebot weder zur Rechten noch zur Linken, auf daß er verlängere die Tage seiner Herrschaft, er und seine Söhne, in Israel.

Recht der Priester und Leviten

18 Die levitischen Priester, der ganze Stamm Levi, sollen weder Anteil noch Erbe haben mit Israel. Von den Feueropfern des HERRN und dem, was ihm gebührt, sollen sie essen.

2 Darum sollen sie kein Erbe unter ihren Brüdern haben; der HERR ist ihr Erbteil, wie er ihnen zugesagt hat.

3 Das soll aber das Recht der Priester sein an das Volk, an die, die ein Schlachtopfer darbringen, es sei Rind oder Schaf, daß man dem Priester gebe die Vorderkeule und beide Kinnbacken und den Magen

4 und die Erstlinge deines Korns, deines Weins und deines Öls und die Erstlinge von der Schur deiner Schafe.

5 Denn der HERR, dein Gott, hat ihn erwählt aus allen deinen Stämmen, daß er stehe im Dienst im Namen des HERRN, er und seine Söhne für alle Zeit.

6 Wenn ein Levit kommt aus einer deiner Städte aus ganz Israel, wo er ein Gast ist, und kommt ganz nach seines Herzens Wunsch an die Stätte, die der HERR erwählen wird,

7 so soll er dienen im Namen des HERRN, seines Gottes, wie alle seine Brüder, die Leviten, die dort vor dem HERRN stehen.

8 Sie sollen gleichen Anteil zu essen haben außer dem, was einer hat von dem verkauften Gut seiner Väter.

Von falscher und rechter Prophetie

9 Wenn du in das Land kommst, das dir der HERR, dein Gott, geben wird, so sollst du nicht lernen, die Greuel dieser Völker zu tun,

10 daß nicht jemand unter dir gefunden werde, der seinen Sohn oder seine Tochter durchs Feuer gehen läßt oder Wahrsagerei, Hellseherei, geheime Künste oder Zauberei treibt

11 oder Bannungen oder Geisterbeschwörungen oder Zeichendeuterei vornimmt oder die Toten befragt.

12 Denn wer das tut, der ist dem HERRN ein Greuel, und um solcher Greuel willen vertreibt der HERR, dein Gott, die Völker vor dir.

13 Du aber sollst untadelig sein vor dem HERRN, deinem Gott.

14 Denn diese Völker, deren Land du einnehmen wirst, hören auf Zeichendeuter und Wahrsager; dir aber hat der HERR, dein Gott, so etwas verwehrt.

15 **Einen Propheten wie mich wird dir der HERR, dein Gott, erwecken aus dir und aus deinen Brüdern; dem sollt ihr gehorchen.**

16 Ganz so wie du es von dem HERRN, deinem Gott, erbeten hast am Horeb am Tage der Versammlung und sprachst: Ich will hinfort nicht mehr hören die Stimme des HERRN, meines Gottes, und dies große Feuer nicht mehr sehen, damit ich nicht sterbe.

17 Und der HERR sprach zu mir: Sie haben recht geredet.

18 Ich will ihnen einen Propheten, wie du bist, erwecken aus ihren Brüdern und meine Worte in seinen Mund geben; der soll zu ihnen reden alles, was ich ihm gebieten werde.

19 Doch wer meine Worte nicht hören wird, die er in meinem Namen redet, von dem will ich's fordern.

20 Doch wenn ein Prophet so vermessen ist, daß er redet in meinem Namen, was ich ihm nicht geboten habe, und wenn einer redet in dem Namen anderer Götter, dieser Prophet soll sterben.

21 Wenn du aber in deinem Herzen sagen würdest: Wie kann ich merken, welches Wort der HERR nicht geredet hat? –

22 wenn der Prophet redet in dem Namen des HERRN und es wird nichts daraus

und es tritt nicht ein, dann ist das ein
Wort, das der HERR nicht geredet hat.
Der Prophet hat's aus Vermessenheit geredet;
darum scheue dich nicht vor ihm.

Aussonderung von Freistädten als Asyl

19 Wenn der HERR, dein Gott, die Völker
ausgerottet hat, deren Land dir
der HERR, dein Gott, geben wird, daß du
es einnimmst und in ihren Städten und
Häusern wohnst,
2 sollst du dir drei Städte aussondern im
Lande, das dir der HERR, dein Gott, geben
wird, es einzunehmen.
3 Und du sollst den Weg dahin herrichten
und das Gebiet deines Landes, das dir
der HERR, dein Gott, zu eigen geben wird,
in drei Kreise teilen, damit dahin fliehen
kann, wer einen Totschlag getan hat.
4 Und in diesem Fall soll ein Totschläger,
der dahin flieht, am Leben bleiben:
Wenn jemand seinen Nächsten erschlägt,
nicht vorsätzlich, und hat vorher keinen
Haß gegen ihn gehabt,
5 etwa wenn jemand mit seinem Nächsten
in den Wald ginge, Holz zu hauen,
und seine Hand holte mit der Axt aus, das
Holz abzuhauen, und das Eisen führe vom
Stiel und träfe seinen Nächsten, so daß er
stirbt: der soll in eine dieser Städte fliehen,
damit er am Leben bleibt;
6 auf daß nicht der Bluträcher dem Totschläger
nachjage in der Hitze seines Zornes
und ihn einhole, weil der Weg so weit
ist, und ihn totschlage, wo er doch nicht
des Todes schuldig ist, weil er vorher keinen
Haß gegen ihn gehabt hat.
7 Darum gebiete ich dir, daß du drei
Städte aussonderst.
8 Und wenn der HERR, dein Gott, dein
Gebiet erweitern wird, wie er deinen Vätern
geschworen hat, und dir alles Land
gibt, das er zugesagt hat, deinen Vätern zu
geben
9 – wenn du nur alle diese Gebote halten
wirst, daß du danach tust, die ich dir heute
gebiete, daß du den HERRN, deinen
Gott, liebst und in seinen Wegen wandelst
dein Leben lang –, so sollst du noch drei
Städte zu diesen dreien hinzutun,
10 auf daß nicht unschuldiges Blut in
deinem Lande vergossen werde, das dir
der HERR, dein Gott, zum Erbe gibt, und
so Blutschuld auf dich komme.
11 Wenn aber jemand Haß trägt gegen
seinen Nächsten und lauert auf ihn und
macht sich über ihn her und schlägt ihn
tot und flieht in eine dieser Städte,
12 so sollen die Ältesten seiner Stadt
hinschicken und ihn von da holen lassen
und ihn in die Hände des Bluträchers geben,
daß er sterbe.
13 Deine Augen sollen ihn nicht schonen,
und du sollst das unschuldig vergossene
Blut aus Israel wegtun, daß dir's
wohlgehe.

Gegen Landraub und falsches Zeugnis

14 Du sollst deines Nächsten Grenze,
die die Vorfahren festgesetzt haben, nicht
verrücken in deinem Erbteil, das du erbst,
im Lande, das dir der HERR, dein Gott,
gegeben hat, es einzunehmen.
15 Es soll kein einzelner Zeuge gegen
jemand auftreten wegen irgendeiner Missetat
oder Sünde, was für eine Sünde es
auch sei, die man tun kann, sondern durch
zweier oder dreier Zeugen Mund soll eine
Sache gültig sein.
16 Wenn ein frevelhafter Zeuge gegen
jemand auftritt, um ihn einer Übertretung
zu beschuldigen,
17 so sollen die beiden Männer, die eine
Sache miteinander haben, vor den HERRN
treten, vor die Priester und Richter, die zu
jener Zeit sein werden,
18 und die Richter sollen gründlich
nachforschen. Und wenn der falsche Zeuge
ein falsches Zeugnis wider seinen Bruder
gegeben hat,
19 so sollt ihr mit ihm tun, wie er gedachte,
seinem Bruder zu tun, damit du
das Böse aus deiner Mitte wegtust,
20 auf daß die andern aufhorchen, sich
fürchten und hinfort nicht mehr solche
bösen Dinge tun in deiner Mitte.
21 Dein Auge soll ihn nicht schonen:
Leben um Leben, Auge um Auge, Zahn
um Zahn, Hand um Hand, Fuß um Fuß.

Kriegsgesetze

20 Wenn du in einen Krieg ziehst gegen
deine Feinde und siehst Rosse und
Wagen eines Heeres, das größer ist als du,
so fürchte dich nicht vor ihnen; denn der
HERR, dein Gott, der dich aus Ägyptenland
geführt hat, ist mit dir.
2 Wenn ihr nun auszieht zum Kampf,

so soll der Priester herzutreten und mit
dem Volk reden
3 und zu ihnen sprechen: Israel, höre zu!
Ihr zieht heute in den Kampf gegen eure
Feinde. Euer Herz verzage nicht, fürchtet
euch nicht und erschreckt nicht und laßt
euch nicht grauen vor ihnen;
4 denn der Herr, euer Gott, geht mit
euch, daß er für euch streite mit euren
Feinden, um euch zu helfen.
5 Und die Amtleute sollen mit dem Volk
reden und sagen: Wer ein neues Haus gebaut hat und hat's noch nicht eingeweiht,
der mache sich auf und kehre heim, auf
daß er nicht sterbe im Krieg und ein anderer es einweihe.
6 Wer einen Weinberg gepflanzt hat und
hat seine Früchte noch nicht genossen,
der mache sich auf und kehre heim, daß
er nicht im Kriege sterbe und ein anderer
seine Früchte genieße.
7 Wer mit einem Mädchen verlobt ist
und hat es noch nicht heimgeholt, der
mache sich auf und kehre heim, daß er
nicht im Kriege sterbe und ein anderer
hole es heim.
8 Und die Amtleute sollen weiter mit
dem Volk reden und sprechen: Wer sich
fürchtet und ein verzagtes Herz hat, der
mache sich auf und kehre heim, auf daß
er nicht auch das Herz seiner Brüder feige
mache, wie sein Herz ist.
9 Und wenn die Amtleute dies alles zu
dem Volk geredet haben, so sollen sie
Heerführer an die Spitze des Volks stellen.
10 Wenn du vor eine Stadt ziehst, um
gegen sie zu kämpfen, so sollst du ihr zuerst den Frieden anbieten.
11 Antwortet sie dir friedlich und tut
dir ihre Tore auf, so soll das ganze Volk,
das darin gefunden wird, dir fronpflichtig
sein und dir dienen.
12 Will sie aber nicht Frieden machen
mit dir, sondern mit dir Krieg führen, so
belagere sie.
13 Und wenn sie der Herr, dein Gott,
dir in die Hand gibt, so sollst du alles, was
männlich darin ist, mit der Schärfe des
Schwerts erschlagen.
14 Nur die Frauen, die Kinder und das
Vieh und alles, was in der Stadt ist, und
alle Beute sollst du unter dir austeilen und
sollst essen von der Beute deiner Feinde,
die dir der Herr, dein Gott, gegeben hat.
15 So sollst du mit allen Städten tun,
die sehr fern von dir liegen und nicht
zu den Städten dieser Völker hier gehören.
16 Aber in den Städten dieser Völker
hier, die dir der Herr, dein Gott, zum
Erbe geben wird, sollst du nichts leben
lassen, was Odem hat,
17 sondern sollst an ihnen den Bann
vollstrecken, nämlich an den Hethitern,
Amoritern, Kanaanitern, Perisitern, Hewitern und Jebusitern, wie dir der Herr,
dein Gott, geboten hat,
18 damit sie euch nicht lehren, all die
Greuel zu tun, die sie im Dienst ihrer Götter treiben, und ihr euch so versündigt an
dem Herrn, eurem Gott.
19 Wenn du vor einer Stadt lange Zeit
liegen mußt, gegen die du kämpfst, um
sie zu erobern, so sollst du ihre Bäume
nicht verderben und mit Äxten umhauen,
denn du kannst davon essen; darum sollst
du sie nicht fällen. Die Bäume auf dem
Felde sind doch nicht Menschen, daß du
sie belagern müßtest!
20 Die Bäume aber, von denen du weißt,
daß man nicht davon ißt, die darfst du
verderben und fällen und ein Bollwerk
daraus bauen gegen die Stadt, die mit dir
Krieg führt, bis du sie besiegt hast.

Sühnung eines Mordes von unbekannter Hand

21 Wenn man einen Erschlagenen findet in dem Lande, das dir der Herr,
dein Gott, geben wird, es einzunehmen,
und er liegt auf freiem Felde und man
weiß nicht, wer ihn erschlagen hat,
2 so sollen deine Ältesten und Richter
hinausgehen und den Weg abmessen von
dem Erschlagenen bis zu den umliegenden
Städten.
3 Welche Stadt am nächsten liegt, deren
Älteste sollen eine junge Kuh nehmen,
mit der man noch nicht gearbeitet und die
noch nicht am Joch gezogen hat,
4 und sollen sie hinabführen in einen
Talgrund, der weder bearbeitet noch besät ist, und dort im Talgrund ihr das Genick brechen.
5 Und die Priester, die Leviten, sollen
herzutreten, denn der Herr, dein Gott,
hat sie erwählt, daß sie ihm dienen und in
seinem Namen segnen, und nach ihrem

Urteil sollen alle Sachen und alle Schäden gerichtet werden.

6 Und alle Ältesten der Stadt, die dem Erschlagenen am nächsten liegt, sollen ihre Hände waschen über der jungen Kuh, der im Talgrund das Genick gebrochen ist.

7 Und sie sollen anheben und sagen: Unsere Hände haben dies Blut nicht vergossen, und unsere Augen haben's nicht gesehen.

8 Entsühne dein Volk Israel, das du, der Herr, erlöst hast; lege nicht das unschuldig vergossene Blut auf dein Volk Israel! So wird für sie die Blutschuld gesühnt sein.

9 So sollst du das unschuldig vergossene Blut aus deiner Mitte wegtun, damit du handelst, wie es recht ist vor den Augen des Herrn.

Ehe mit kriegsgefangenen Frauen

10 Wenn du in einen Krieg ziehst gegen deine Feinde und der Herr, dein Gott, gibt sie dir in deine Hände, daß du Gefangene von ihnen wegführst,

11 und siehst unter den Gefangenen ein schönes Mädchen und gewinnst sie lieb, daß du sie zur Frau nimmst,

12 so führe sie in dein Haus und laß sie ihr Haar abscheren und ihre Nägel beschneiden

13 und die Kleider ablegen, in denen sie gefangen genommen wurde, und laß sie in deinem Hause sein und einen Monat lang ihren Vater und ihre Mutter beweinen. Danach geh zu ihr und nimm sie zur Ehe und laß sie deine Frau sein.

14 Wenn du aber kein Gefallen mehr an ihr hast, so sollst du sie gehen lassen, wohin sie will; du sollst sie aber nicht um Geld verkaufen oder als Sklavin behandeln, weil du zu ihr eingegangen bist.

Vom Recht des Erstgeborenen

15 Wenn jemand zwei Frauen hat, eine, die er liebhat, und eine, die er nicht liebhat, und beide ihm Kinder gebären, die Frau, die er liebhat, und die ungeliebte, und der Erstgeborene ist von der ungeliebten Frau

16 und die Zeit kommt, daß er seinen Söhnen das Erbe austeile, so kann er nicht den Sohn der Frau, die er liebhat, zum erstgeborenen Sohn machen vor dem erstgeborenen Sohn der ungeliebten;

17 sondern er soll den Sohn der ungeliebten Frau als den ersten Sohn anerkennen und ihm zwei Teile geben von allem, was vorhanden ist; denn dieser ist der Erstling seiner Kraft, und sein ist das Recht der Erstgeburt.

Todesstrafe für ungeratene Söhne

18 Wenn jemand einen widerspenstigen und ungehorsamen Sohn hat, der der Stimme seines Vaters und seiner Mutter nicht gehorcht und auch, wenn sie ihn züchtigen, ihnen nicht gehorchen will,

19 so sollen ihn Vater und Mutter ergreifen und zu den Ältesten der Stadt führen und zu dem Tor des Ortes

20 und zu den Ältesten der Stadt sagen: Dieser unser Sohn ist widerspenstig und ungehorsam und gehorcht unserer Stimme nicht und ist ein Prasser und Trunkenbold.

21 So sollen ihn steinigen alle Leute seiner Stadt, daß er sterbe, und du sollst so das Böse aus deiner Mitte wegtun, daß ganz Israel aufhorche und sich fürchte.

Bestattung eines Aufgehängten

22 Wenn jemand eine Sünde getan hat, die des Todes würdig ist, und wird getötet und man hängt ihn an ein Holz,

23 so soll sein Leichnam nicht über Nacht an dem Holz bleiben, sondern du sollst ihn am selben Tage begraben – denn ein Aufgehängter ist verflucht bei Gott –, auf daß du dein Land nicht unrein machst, das dir der Herr, dein Gott, zum Erbe gibt.

Verschiedene Vorschriften

22 Wenn du deines Bruders Rind oder Schaf irregehen siehst, so sollst du dich ihrer annehmen und sie wieder zu deinem Bruder führen.

2 Wenn aber dein Bruder nicht nahe bei dir wohnt und du kennst ihn nicht, so sollst du sie in dein Haus nehmen, daß sie bei dir bleiben, bis sie dein Bruder sucht, und sollst sie ihm dann wiedergeben.

3 So sollst du tun mit seinem Esel, mit seinem Kleid und mit allem Verlorenen, das dein Bruder verliert und du findest; du darfst dich dem nicht entziehen.

4 Wenn du deines Bruders Esel oder Rind unterwegs fallen siehst, so sollst du dich ihrer annehmen und ihnen aufhelfen.

5 Eine Frau soll nicht Männersachen
tragen, und ein Mann soll nicht Frauen-
kleider anziehen; denn wer das tut, der ist
dem HERRN, deinem Gott, ein Greuel.
6 Wenn du unterwegs ein Vogelnest fin-
dest auf einem Baum oder auf der Erde
mit Jungen oder mit Eiern und die Mutter
sitzt auf den Jungen oder auf den Eiern,
so sollst du nicht die Mutter mit den Jun-
gen nehmen,
7 sondern du darfst die Jungen nehmen,
aber die Mutter sollst du fliegen lassen,
auf daß dir's wohlgehe und du lange
lebest.
8 Wenn du ein neues Haus baust, so
mache ein Geländer ringsum auf deinem
Dache, damit du nicht Blutschuld auf dein
Haus ladest, wenn jemand herabfällt.
9 Du sollst deinen Weinberg nicht mit
Zweierlei bepflanzen, damit dem Heilig-
tum nicht das Ganze verfalle: Der Same,
den du gesät hast, und der Ertrag des
Weinbergs.
10 Du sollst nicht ackern zugleich mit
einem Rind und einem Esel.
11 Du sollst nicht anziehen ein Kleid,
das aus Wolle und Leinen zugleich ge-
macht ist.
12 Du sollst dir Quasten machen an den
vier Zipfeln deines Mantels, mit dem du
dich bedeckst.

Gesetze zum Schutz der Verleumdeten und Vergewaltigten

13 Wenn jemand ein Mädchen zur Frau
nimmt und wird ihrer überdrüssig, nach-
dem er zu ihr gegangen ist,
14 und legt ihr etwas Schändliches zur
Last und bringt ein böses Gerücht über
sie auf und spricht: Dies Mädchen hab ich
geheiratet, und als ich zu ihr ging, fand ich
sie nicht als Jungfrau,
15 so sollen Vater und Mutter des Mäd-
chens die Zeichen ihrer Jungfräulichkeit
nehmen und vor die Ältesten der Stadt im
Tor bringen.
16 Und der Vater des Mädchens soll zu
den Ältesten sagen: Ich habe diesem Mann
meine Tochter zur Frau gegeben; nun ist
er ihrer überdrüssig geworden
17 und legt ihr Schändliches zur Last
und spricht: Ich habe deine Tochter nicht
als Jungfrau gefunden. Hier aber sind die
Zeichen der Jungfräulichkeit meiner
Tochter. Und sie sollen die Decke vor den
Ältesten der Stadt ausbreiten.
18 Und die Ältesten der Stadt sollen den
Mann nehmen und züchtigen
19 und ihm eine Buße von hundert Sil-
berstücken auferlegen und sie dem Vater
des Mädchens geben, weil er über eine
Jungfrau in Israel ein böses Gerücht auf-
gebracht hat. Und er soll sie als Frau be-
halten und darf sie sein Leben lang nicht
entlassen.
20 Ist's aber die Wahrheit, daß das Mäd-
chen nicht mehr Jungfrau war,
21 so soll man sie heraus vor die Tür des
Hauses ihres Vaters führen, und die Leute
der Stadt sollen sie zu Tode steinigen,
weil sie eine Schandtat in Israel begangen
und in ihres Vaters Hause Hurerei getrie-
ben hat; so sollst du das Böse aus deiner
Mitte wegtun.
22 Wenn jemand dabei ergriffen wird,
daß er einer Frau beiwohnt, die einen Ehe-
mann hat, so sollen sie beide sterben, der
Mann und die Frau, der er beigewohnt
hat; so sollst du das Böse aus Israel weg-
tun.
23 Wenn eine Jungfrau verlobt ist und
ein Mann trifft sie innerhalb der Stadt und
wohnt ihr bei,
24 so sollt ihr sie alle beide zum Stadttor
hinausführen und sollt sie beide steinigen,
daß sie sterben, die Jungfrau, weil sie
nicht geschrien hat, obwohl sie doch in
der Stadt war, den Mann, weil er seines
Nächsten Braut geschändet hat; so sollst
du das Böse aus deiner Mitte wegtun.
25 Wenn aber jemand ein verlobtes
Mädchen auf freiem Felde trifft und er-
greift sie und wohnt ihr bei, so soll der
Mann allein sterben, der ihr beigewohnt
hat,
26 aber dem Mädchen sollst du nichts
tun, denn sie hat keine Sünde getan, die
des Todes wert ist; sondern dies ist so,
wie wenn jemand sich gegen seinen Näch-
sten erhöbe und ihn totschlüge.
27 Denn er fand sie auf freiem Felde,
und das verlobte Mädchen schrie, und
niemand war da, der ihr half.
28 Wenn jemand eine Jungfrau trifft,
die nicht verlobt ist, und ergreift sie und
wohnt ihr bei und wird dabei betroffen,
29 so soll, der ihr beigewohnt hat, ihrem
Vater fünfzig Silberstücke geben und soll

sie zur Frau haben, weil er ihr Gewalt angetan hat; er darf sie nicht entlassen sein Leben lang.

23 °Niemand soll seines Vaters Frau nehmen und aufdecken seines Vaters Decke.

Wer in die Gemeinde des Herrn nicht aufgenommen werden darf

2 Kein Entmannter oder Verschnittener soll in die Gemeinde des HERRN kommen.

3 Es soll auch kein Mischling in die Gemeinde des HERRN kommen; auch seine Nachkommenschaft bis ins zehnte Glied soll nicht in die Gemeinde des HERRN kommen.

4 Die Ammoniter und Moabiter sollen nicht in die Gemeinde des HERRN kommen, auch nicht ihre Nachkommen bis ins zehnte Glied; sie sollen nie hineinkommen,

5 weil sie euch nicht entgegenkamen mit Brot und Wasser auf dem Wege, als ihr aus Ägypten zogt, vielmehr gegen euch den Bileam dingten, den Sohn Beors aus Pethor in Mesopotamien, daß er dich verfluchen sollte.

6 Aber der HERR, dein Gott, wollte Bileam nicht hören und wandelte dir den Fluch in Segen um, weil dich der HERR, dein Gott, liebhatte.

7 Du sollst nie ihren Frieden noch ihr Bestes suchen dein Leben lang.

8 Den Edomiter sollst du nicht verabscheuen; er ist dein Bruder. Den Ägypter sollst du auch nicht verabscheuen; denn du bist ein Fremdling in seinem Lande gewesen.

9 Die Kinder, die sie im dritten Glied zeugen, dürfen in die Gemeinde des HERRN kommen.

Reinhaltung des Kriegslagers

10 Wenn du ausziehst gegen deine Feinde und ein Lager aufschlägst, so hüte dich vor allem Bösen.

11 Wenn jemand unter dir ist, der nicht rein ist, weil ihm des Nachts etwas widerfahren ist, der soll hinaus vor das Lager gehen und nicht wieder hineinkommen,

12 bis er vor dem Abend sich mit Wasser gewaschen hat; und wenn die Sonne untergegangen ist, soll er wieder ins Lager gehen.

13 Und du sollst draußen vor dem Lager einen Platz haben, wohin du zur Notdurft hinausgehst.

14 Und du sollst eine Schaufel haben, und wenn du dich draußen setzen willst, sollst du damit graben; und wenn du gesessen hast, sollst du zuscharren, was von dir gegangen ist.

15 Denn der HERR, dein Gott, zieht mit dir inmitten deines Lagers, um dich zu erretten und deine Feinde vor dir dahinzugeben. Darum soll dein Lager heilig sein, daß nichts Schändliches unter dir gesehen werde und er sich von dir wende.

Gebote für das Leben des Volkes

16 Du sollst den Knecht nicht seinem Herrn ausliefern, der von ihm zu dir geflüchtet ist.

17 Er soll bei dir bleiben an dem Ort, den er erwählt, in einer deiner Städte, wo es ihm gefällt. Du sollst ihn nicht bedrücken.

18 Es soll keine Tempeldirne sein unter den Töchtern Israel und kein Tempelhurer unter den Söhnen Israel.

19 Du sollst keinen Hurenlohn noch Hundegeld in das Haus des HERRN, deines Gottes, bringen aus irgendeinem Gelübde; denn das ist dem HERRN, deinem Gott, beides ein Greuel.

20 Du sollst von deinem Bruder nicht Zinsen nehmen, weder für Geld noch für Speise noch für alles, wofür man Zinsen nehmen kann.

21 Von dem Ausländer darfst du Zinsen nehmen, aber nicht von deinem Bruder, auf daß dich der HERR, dein Gott, segne in allem, was du unternimmst in dem Lande, dahin du kommst, es einzunehmen.

22 Wenn du dem HERRN, deinem Gott, ein Gelübde tust, so sollst du nicht zögern, es zu erfüllen; denn der HERR, dein Gott, wird's von dir fordern, und es wird Schuld auf dich fallen.

23 Wenn du das Geloben unterläßt, so wird keine Schuld auf dich fallen.

24 Aber was über deine Lippen gegangen ist, sollst du halten und danach tun, wie du dem HERRN, deinem Gott, freiwillig gelobt und mit deinem Mund geredet hast.

25 Wenn du in deines Nächsten Weinberg gehst, so darfst du Trauben essen

nach deinem Wunsch, bis du satt bist,
aber du sollst nichts in dein Gefäß tun.
26 Wenn du in das Kornfeld deines
Nächsten gehst, so darfst du mit der Hand
Ähren abrupfen, aber mit der Sichel sollst
du nicht dreinfahren.

Weitere Ehegesetze

24 Wenn jemand eine Frau zur Ehe
nimmt und sie nicht Gnade findet
vor seinen Augen, weil er etwas Schänd-
liches an ihr gefunden hat, und er einen
Scheidebrief schreibt und ihr in die Hand
gibt und sie aus seinem Hause entläßt
2 und wenn sie dann aus seinem Hause
gegangen ist und hingeht und wird eines
andern Frau
3 und dieser andere Mann ihrer auch
überdrüssig wird und einen Scheidebrief
schreibt und ihr in die Hand gibt und sie
aus seinem Hause entläßt oder wenn die-
ser andere Mann stirbt, der sie sich zur
Frau genommen hatte,
4 so kann sie ihr erster Mann, der sie
entließ, nicht wieder zur Frau nehmen,
nachdem sie unrein geworden ist – denn
solches ist ein Greuel vor dem HERRN –,
damit du nicht Sünde über das Land
bringst, das dir der HERR, dein Gott, zum
Erbe gegeben hat.
5 Wenn jemand sich kurz vorher eine
Frau genommen hat, soll er nicht mit dem
Heer ausziehen, und man soll ihm nichts
auferlegen. Er soll frei in seinem Hause
sein ein Jahr lang, daß er fröhlich sei mit
seiner Frau, die er genommen hat.

Das Recht der Schwachen und Armen

6 Du sollst nicht zum Pfande nehmen
den unteren und oberen Mühlstein; denn
damit hättest du das Leben zum Pfand
genommen.
7 Wenn jemand ergriffen wird, der von
seinen Brüdern, den Kindern Israel, einen
Menschen raubt und ihn gewalttätig be-
handelt oder ihn verkauft: solch ein Dieb
soll sterben, daß du das Böse aus deiner
Mitte wegtust.
8 Hüte dich beim Auftreten von Aus-
satz, daß du alles genau hältst und tust,
was dich die levitischen Priester lehren;
wie ich ihnen geboten habe, so sollt ihr's
halten und danach tun.
9 Bedenke, was der HERR, dein Gott,
mit Mirjam tat auf dem Wege, als ihr aus
Ägypten zogt.
10 Wenn du deinem Nächsten irgend
etwas borgst, so sollst du nicht in sein
Haus gehen und ihm ein Pfand nehmen,
11 sondern du sollst draußen stehen,
und er, dem du borgst, soll sein Pfand zu
dir herausbringen.
12 Ist er aber bedürftig, so sollst du dich
nicht schlafen legen mit seinem Pfand,
13 sondern sollst ihm sein Pfand wieder-
geben, wenn die Sonne untergeht, daß er
in seinem Mantel schlafe und dich segne.
So wird das deine Gerechtigkeit sein vor
dem HERRN, deinem Gott.
14 Dem Tagelöhner, der bedürftig und
arm ist, sollst du seinen Lohn nicht vor-
enthalten, er sei von deinen Brüdern oder
den Fremdlingen, die in deinem Land und
in deinen Städten sind,
15 sondern du sollst ihm seinen Lohn
am selben Tage geben, daß die Sonne
nicht darüber untergehe – denn er ist be-
dürftig und verlangt danach –, damit er
nicht wider dich den HERRN anrufe und es
dir zur Sünde werde.
16 Die Väter sollen nicht für die Kinder
noch die Kinder für die Väter sterben,
sondern ein jeder soll für seine Sünde
sterben.
17 Du sollst das Recht des Fremdlings
und der Waise nicht beugen und sollst der
Witwe nicht das Kleid zum Pfand nehmen.
18 Denn du sollst daran denken, daß du
Knecht in Ägypten gewesen bist und der
HERR, dein Gott, dich von dort erlöst hat.
Darum gebiete ich dir, daß du solches
tust.
19 Wenn du auf deinem Acker geerntet
und eine Garbe vergessen hast auf dem
Acker, so sollst du nicht umkehren, sie zu
holen, sondern sie soll dem Fremdling,
der Waise und der Witwe zufallen, auf daß
dich der HERR, dein Gott, segne in allen
Werken deiner Hände.
20 Wenn du deine Ölbäume geschüttelt
hast, so sollst du nicht nachschütteln; es
soll dem Fremdling, der Waise und der
Witwe zufallen.
21 Wenn du deinen Weinberg abgelesen
hast, so sollst du nicht nachlesen; es soll
dem Fremdling, der Waise und der Witwe
zufallen.
22 Denn du sollst daran denken, daß du

Knecht in Ägyptenland gewesen bist. Darum gebiete ich dir, daß du solches tust.

Weitere Schutzbestimmungen

25 Wenn eine Streitsache zwischen Männern ist und sie vor Gericht kommen und man sie richtet, so soll man den, der im Recht ist, gerecht sprechen und den Schuldigen schuldig sprechen.

2 Und wenn der Schuldige Schläge verdient hat, soll ihn der Richter hinlegen lassen, und man soll ihm vor dem Richter eine Anzahl Schläge geben nach dem Maß seiner Schuld.

3 Wenn man ihm vierzig Schläge gegeben hat, soll man nicht weiter schlagen, damit, wenn man mehr Schläge gibt, er nicht zuviel geschlagen werde und dein Bruder entehrt werde in deinen Augen.

4 Du sollst dem Ochsen, der da drischt, nicht das Maul verbinden.

5 Wenn Brüder beieinander wohnen und einer stirbt ohne Söhne, so soll seine Witwe nicht die Frau eines Mannes aus einer andern Sippe werden, sondern ihr Schwager soll zu ihr gehen und sie zur Frau nehmen und mit ihr die Schwagerehe schließen.

6 Und der erste Sohn, den sie gebiert, soll gelten als der Sohn seines verstorbenen Bruders, damit dessen Name nicht ausgetilgt werde aus Israel.

7 Gefällt es aber dem Mann nicht, seine Schwägerin zu nehmen, so soll sie, seine Schwägerin, hingehen ins Tor vor die Ältesten und sagen: Mein Schwager weigert sich, seinem Bruder seinen Namen zu erhalten in Israel, und will mich nicht ehelichen.

8 Dann sollen ihn die Ältesten der Stadt zu sich rufen und mit ihm reden. Wenn er aber darauf besteht und spricht: Es gefällt mir nicht, sie zu nehmen –,

9 so soll seine Schwägerin zu ihm treten vor den Ältesten und ihm den Schuh vom Fuß ziehen und ihm ins Gesicht speien und soll antworten und sprechen: So soll man tun einem jeden Mann, der seines Bruders Haus nicht bauen will!

10 Und sein Name soll in Israel heißen «des Barfüßers Haus».

11 Wenn zwei Männer gegeneinander handgreiflich werden und des einen Frau läuft hinzu, um ihren Mann zu erretten von der Hand dessen, der ihn schlägt, und sie streckt ihre Hand aus und ergreift ihn bei seiner Scham,

12 so sollst du ihr die Hand abhauen, und dein Auge soll sie nicht schonen.

13 Du sollst nicht zweierlei Gewicht, groß und klein, in deinem Beutel haben,

14 und in deinem Hause soll nicht zweierlei Maß, groß und klein, sein.

15 Du sollst ein volles und rechtes Gewicht und ein volles und rechtes Maß haben, auf daß dein Leben lange währe in dem Lande, das dir der Herr, dein Gott, geben wird.

16 Denn wer das tut, der ist dem Herrn, deinem Gott, ein Greuel, ein jeder, der übeltut.

Amaleks Schuld darf nicht vergessen werden

17 Denke daran, was dir die Amalekiter taten auf dem Wege, als ihr aus Ägypten zogt:

18 wie sie dich unterwegs angriffen und deine Nachzügler erschlugen, alle die Schwachen, die hinter dir zurückgeblieben waren, als du müde und matt warst, und wie sie Gott nicht fürchteten.

19 Wenn nun der Herr, dein Gott, dich vor allen deinen Feinden ringsumher zur Ruhe bringt im Lande, das dir der Herr, dein Gott, zum Erbe gibt, es einzunehmen, so sollst du die Erinnerung an die Amalekiter austilgen unter dem Himmel. Das vergiß nicht!

Darbringung der Erstlingsfrüchte und des Zehnten

26 Wenn du in das Land kommst, das dir der Herr, dein Gott, zum Erbe geben wird, und es einnimmst und darin wohnst,

2 so sollst du nehmen die Erstlinge aller Feldfrüchte, die du von deinem Lande einbringst, das der Herr, dein Gott, dir gibt, und sollst sie in einen Korb legen und hingehen an die Stätte, die der Herr, dein Gott, erwählen wird, daß sein Name daselbst wohne,

3 und sollst zu dem Priester kommen, der zu der Zeit sein wird, und zu ihm sagen: Ich bekenne heute dem Herrn, deinem Gott, daß ich gekommen bin in

das Land, das der HERR, wie er unsern Vätern geschworen hat, uns geben wollte.

4 Und der Priester soll den Korb aus deiner Hand nehmen und ihn vor dem Altar des HERRN, deines Gottes, niedersetzen.

5 Dann sollst du anheben und sagen vor dem HERRN, deinem Gott: Mein Vater war ein Aramäer, dem Umkommen nahe, und zog hinab nach Ägypten und war dort ein Fremdling mit wenig Leuten und wurde dort ein großes, starkes und zahlreiches Volk.

6 Aber die Ägypter behandelten uns schlecht und bedrückten uns und legten uns einen harten Dienst auf.

7 Da schrien wir zu dem HERRN, dem Gott unserer Väter. Und der HERR erhörte unser Schreien und sah unser Elend, unsere Angst und Not

8 und führte uns aus Ägypten mit mächtiger Hand und ausgerecktem Arm und mit großem Schrecken, durch Zeichen und Wunder,

9 und brachte uns an diese Stätte und gab uns dies Land, darin Milch und Honig fließt.

10 Nun bringe ich die Erstlinge der Früchte des Landes, das du, HERR, mir gegeben hast. – Und du sollst sie niederlegen vor dem HERRN, deinem Gott, und anbeten vor dem HERRN, deinem Gott,

11 und sollst fröhlich sein über alles Gut, das der HERR, dein Gott, dir und deinem Hause gegeben hat, du und der Levit und der Fremdling, der bei dir lebt.

12 Wenn du den Zehnten deines ganzen Ertrages zusammengebracht hast im dritten Jahr, das ist das Zehnten-Jahr, so sollst du ihn dem Leviten, dem Fremdling, der Waise und der Witwe geben, daß sie in deiner Stadt essen und satt werden.

13 Und du sollst sprechen vor dem HERRN, deinem Gott: Ich hab aus meinem Hause gebracht, was geheiligt ist, und hab's gegeben den Leviten, den Fremdlingen, den Waisen und den Witwen ganz nach deinem Gebot, das du mir geboten hast. Ich habe deine Gebote nicht übertreten noch vergessen.

14 Ich habe nichts davon gegessen, als ich in Trauer war; ich habe nichts davon weggebracht, als ich unrein war; ich habe nichts davon gegeben als Gabe für die Toten. Ich bin der Stimme des HERRN, meines Gottes, gehorsam gewesen und habe alles getan, wie du es mir geboten hast.

15 Sieh nun herab von deiner heiligen Wohnung, vom Himmel, und segne dein Volk Israel und das Land, das du uns gegeben hast, wie du unsern Vätern geschworen hast, ein Land, darin Milch und Honig fließt.

Die Bundeszusagen

16 Heute gebietet dir der HERR, dein Gott, daß du tust nach allen diesen Geboten und Rechten, daß du sie hältst und danach tust von ganzem Herzen und von ganzer Seele.

17 Du hast dir heute vom HERRN sagen lassen, daß er dein Gott sein wolle und daß du sollest in allen seinen Wegen wandeln und halten seine Gesetze, Gebote und Rechte und seiner Stimme gehorchen.

18 Und der HERR hat dich heute sagen lassen, daß du sein eigenes Volk sein wollest, wie er dir zugesagt hat, und alle seine Gebote halten wollest

19 und daß er dich zum höchsten über alle Völker machen werde, die er geschaffen hat, und du gerühmt, gepriesen und geehrt werdest, damit du dem HERRN, deinem Gott, ein heiliges Volk seist, wie er zugesagt hat.

Die Denksteine mit dem Gesetz

27 Und Mose samt den Ältesten Israels gebot dem Volk und sprach: Haltet alle Gebote, die ich euch heute gebiete.

2 Und zu der Zeit, wenn ihr über den Jordan geht in das Land, das dir der HERR, dein Gott, geben wird, sollst du große Steine aufrichten und sie mit Kalk tünchen

3 und darauf schreiben alle Worte dieses Gesetzes. Das sollst du tun, wenn du hinübergehst, auf daß du kommest in das Land, das der HERR, dein Gott, dir geben wird, ein Land, darin Milch und Honig fließt, wie der HERR, der Gott deiner Väter, dir zugesagt hat.

4 Wenn ihr nun über den Jordan geht, so sollt ihr, wie ich euch heute gebiete, diese Steine auf dem Berge Ebal aufrichten und mit Kalk tünchen.

5 Und dort sollst du dem HERRN, dei-
nem Gott, einen Altar bauen aus Steinen,
die kein Eisen berührt hat.
6 Von unbehauenen Steinen sollst du
diesen Altar dem HERRN, deinem Gott,
bauen und Brandopfer darauf opfern dem
HERRN, deinem Gott,
7 und Dankopfer darbringen und dort
essen und fröhlich sein vor dem HERRN,
deinem Gott.
8 Und du sollst auf die Steine alle Worte
dieses Gesetzes schreiben, klar und deut-
lich.
9 Und Mose und die levitischen Priester
redeten mit ganz Israel und sprachen:
Merke auf und höre, Israel! Am heutigen
Tage bist du ein Volk des HERRN, deines
Gottes, geworden,
10 daß du der Stimme des HERRN, dei-
nes Gottes, gehorsam seist und tust nach
seinen Geboten und Rechten, die ich dir
heute gebiete.

Die zwölf Fluchworte

11 Und Mose gebot dem Volk an diesem
Tage und sprach:
12 Diese sollen stehen auf dem Berge
Garizim, um das Volk zu segnen, wenn
ihr über den Jordan gegangen seid: Si-
meon, Levi, Juda, Isaschar, Joseph und
Benjamin.
13 Und diese sollen stehen auf dem
Berge Ebal, um zu verfluchen: Ruben,
Gad, Asser, Sebulon, Dan und Naphthali.
14 Und die Leviten sollen anheben und
zu allen Männern Israels mit lauter Stim-
me sagen:
15 Verflucht sei, wer einen Götzen oder
ein gegossenes Bild macht, einen Greuel
für den HERRN, ein Werk von den Händen
der Werkmeister, und es heimlich auf-
stellt! Und alles Volk soll antworten und
sagen: Amen. –
16 Verflucht sei, wer seinen Vater oder
seine Mutter verunehrt! Und alles Volk
soll sagen: Amen. –
17 Verflucht sei, wer seines Nächsten
Grenze verrückt! Und alles Volk soll sa-
gen: Amen. –
18 Verflucht sei, wer einen Blinden irre-
führt auf dem Wege! Und alles Volk soll
sagen: Amen. –
19 Verflucht sei, wer das Recht des
Fremdlings, der Waise und der Witwe
beugt! Und alles Volk soll sagen: Amen. –
20 Verflucht sei, wer bei der Frau seines
Vaters liegt, denn er hat die Decke seines
Vaters aufgedeckt! Und alles Volk soll
sagen: Amen. –
21 Verflucht sei, wer bei irgendeinem
Tier liegt! Und alles Volk soll sagen:
Amen. –
22 Verflucht sei, wer bei seiner Schwe-
ster liegt, die seines Vaters oder seiner
Mutter Tochter ist! Und alles Volk soll
sagen: Amen. –
23 Verflucht sei, wer bei seiner Schwie-
germutter liegt! Und alles Volk soll sagen:
Amen. –
24 Verflucht sei, wer seinen Nächsten
heimlich erschlägt! Und alles Volk soll
sagen: Amen. –
25 Verflucht sei, wer Geschenke nimmt,
daß er unschuldiges Blut vergieße! Und
alles Volk soll sagen: Amen. –
26 Verflucht sei, wer nicht alle Worte
dieses Gesetzes erfüllt, daß er danach tue!
Und alles Volk soll sagen: Amen.

Ankündigung von Segen und Fluch

28 Wenn du nun der Stimme des
HERRN, deines Gottes, gehorchen
wirst, daß du hältst und tust alle seine Ge-
bote, die ich dir heute gebiete, so wird
dich der HERR, dein Gott, zum höchsten
über alle Völker auf Erden machen,
2 und weil du der Stimme des HERRN,
deines Gottes, gehorsam gewesen bist,
werden über dich kommen und dir zuteil
werden alle diese Segnungen:
3 Gesegnet wirst du sein in der Stadt,
gesegnet wirst du sein auf dem Acker.
4 Gesegnet wird sein die Frucht deines
Leibes, der Ertrag deines Ackers und die
Jungtiere deines Viehs, deiner Rinder und
deiner Schafe.
5 Gesegnet wird sein dein Korb und
dein Backtrog.
6 Gesegnet wirst du sein bei deinem
Eingang und gesegnet bei deinem Aus-
gang.
7 Und der HERR wird deine Feinde, die
sich gegen dich erheben, vor dir schlagen.
Auf **einem** Weg sollen sie ausziehen wider
dich und auf **sieben** Wegen vor dir fliehen.
8 Der HERR wird gebieten dem Segen,
daß er mit dir sei in dem, was du besitzt,
und in allem, was du unternimmst, und

wird dich segnen in dem Land, das dir der
HERR, dein Gott, gegeben hat.
9 Der HERR wird dich zum heiligen
Volk für sich erheben, wie er dir geschwo-
ren hat, weil du die Gebote des HERRN,
deines Gottes, hältst und in seinen Wegen
wandelst.
10 Und alle Völker auf Erden werden
sehen, daß über dir der Name des HERRN
genannt ist, und werden sich vor dir
fürchten.
11 Und der HERR wird machen, daß du
Überfluß an Gutem haben wirst, an
Frucht deines Leibes, an Jungtieren dei-
nes Viehs, an Ertrag deines Ackers, in dem
Lande, das der HERR deinen Vätern ge-
schworen hat, dir zu geben.
12 Und der HERR wird dir seinen guten
Schatz auftun, den Himmel, daß er dei-
nem Land Regen gebe zur rechten Zeit
und daß er segne alle Werke deiner Hände.
Und du wirst vielen Völkern leihen, aber
von niemandem borgen.
13 Und der HERR wird dich zum Kopf
machen und nicht zum Schwanz, und du
wirst immer aufwärts steigen und nicht
heruntersinken, weil du gehorsam bist den
Geboten des HERRN, deines Gottes, die
ich dir heute gebiete zu halten und zu tun,
14 und nicht abweichst von all den
Worten, die ich euch heute gebiete, weder
zur Rechten noch zur Linken, und nicht
andern Göttern nachwandelst, um ihnen
zu dienen.
15 Wenn du aber nicht gehorchen wirst
der Stimme des HERRN, deines Gottes,
und wirst nicht halten und tun alle seine
Gebote und Rechte, die ich dir heute ge-
biete, so werden alle diese Flüche über
dich kommen und dich treffen:
16 Verflucht wirst du sein in der Stadt,
verflucht wirst du sein auf dem Acker.
17 Verflucht wird sein dein Korb und
dein Backtrog.
18 Verflucht wird sein die Frucht deines
Leibes, der Ertrag deines Ackers, das
Jungvieh deiner Rinder und Schafe.
19 Verflucht wirst du sein bei deinem
Eingang und verflucht bei deinem Aus-
gang.
20 Der HERR wird unter dich senden
Unfrieden, Unruhe und Unglück in allem,
was du unternimmst, bis du vertilgt bist
und bald untergegangen bist um deines
bösen Treibens willen, weil du mich ver-
lassen hast.
21 Der HERR wird dir die Pest anhän-
gen, bis er dich vertilgt hat in dem Lande,
in das du kommst, es einzunehmen.
22 Der HERR wird dich schlagen mit
Auszehrung, Entzündung und hitzigem
Fieber, Getreidebrand und Dürre; die
werden dich verfolgen, bis du um-
kommst.
23 Der Himmel, der über deinem Haupt
ist, wird ehern werden und die Erde unter
dir eisern.
24 Statt des Regens für dein Land wird
der HERR Staub und Asche vom Himmel
auf dich geben, bis du vertilgt bist.
25 Der HERR wird dich vor deinen Fein-
den schlagen. Auf **einem** Weg wirst du
wider sie ausziehen, und auf **sieben** Wegen
wirst du vor ihnen fliehen und wirst zum
Entsetzen werden für alle Reiche auf
Erden.
26 Deine Leichname werden zum Fraß
werden allen Vögeln des Himmels und
allen Tieren des Landes, und niemand
wird sie verscheuchen.
27 Der HERR wird dich schlagen mit
ägyptischem Geschwür, mit Pocken, mit
Grind und Krätze, daß du nicht geheilt
werden kannst.
28 Der HERR wird dich schlagen mit
Wahnsinn, Blindheit und Verwirrung des
Geistes.
29 Und du wirst tappen am Mittag, wie
ein Blinder tappt im Dunkeln, und wirst
auf deinem Wege kein Glück haben und
wirst Gewalt und Unrecht leiden müssen
dein Leben lang, und niemand wird dir
helfen.
30 Mit einem Mädchen wirst du dich
verloben; aber ein anderer wird es sich
nehmen. Ein Haus wirst du bauen; aber
du wirst nicht darin wohnen. Einen Wein-
berg wirst du pflanzen; aber du wirst seine
Früchte nicht genießen.
31 Dein Rind wird vor deinen Augen
geschlachtet werden; aber du wirst nicht
davon essen. Dein Esel wird vor deinem
Angesicht mit Gewalt genommen und dir
nicht wiedergegeben werden. Dein Schaf
wird deinen Feinden gegeben werden, und
niemand wird dir helfen.
32 Deine Söhne und deine Töchter wer-
den einem andern Volk gegeben werden,

daß deine Augen zusehen müssen und
täglich vor Verlangen nach ihnen verge-
hen, und in deinen Händen wird keine
Kraft sein.
33 Den Ertrag deines Ackers und alle
deine Arbeit wird ein Volk verzehren, das
du nicht kennst, und du wirst geplagt und
geschunden werden dein Leben lang
34 und wirst wahnsinnig werden bei
dem, was deine Augen sehen müssen.
35 Der HERR wird dich schlagen mit
bösen Geschwüren an den Knien und Wa-
den, daß du nicht geheilt werden kannst,
von den Fußsohlen bis zum Scheitel.
36 Der HERR wird dich und deinen Kö-
nig, den du über dich gesetzt hast, unter
ein Volk treiben, das du nicht kennst noch
deine Väter, und du wirst dort andern
Göttern dienen: Holz und Steinen.
37 Und du wirst zum Entsetzen, zum
Sprichwort und zum Spott werden unter
allen Völkern, zu denen der HERR dich
treibt.
38 Du wirst viel Samen auf das Feld
säen, aber wenig einsammeln; denn die
Heuschrecken werden's abfressen.
39 Weinberge wirst du pflanzen und
bauen, aber weder Wein trinken noch
Trauben lesen; denn die Würmer werden's
verzehren.
40 Ölbäume wirst du haben in deinem
ganzen Gebiet, aber du wirst dich nicht
salben mit Öl; denn dein Ölbaum wird
seine Frucht abwerfen.
41 Söhne und Töchter wirst du zeugen
und doch nicht behalten; denn sie werden
gefangen weggeführt werden.
42 Alle Bäume und Früchte deines Lan-
des wird das Ungeziefer fressen.
43 Der Fremdling, der bei dir ist, wird
immer höher über dich emporsteigen; du
aber wirst immer tiefer heruntersinken.
44 Er wird dir leihen, du aber wirst ihm
nicht leihen können; er wird der Kopf
sein, und du wirst der Schwanz sein.
45 Alle diese Flüche werden über dich
kommen und dich verfolgen und treffen,
bis du vertilgt bist, weil du der Stimme
des HERRN, deines Gottes, nicht gehorcht
und seine Gebote und Rechte nicht gehal-
ten hast, die er dir geboten hat.
46 Und diese Flüche werden Zeichen
und Wunder sein an dir und an deinen
Nachkommen immerdar,
47 weil du dem HERRN, deinem Gott,
nicht gedient hast mit Freude und Lust
deines Herzens, obwohl du Überfluß hat-
test an allem.
48 Und du wirst deinem Feinde, den der
HERR gegen dich schicken wird, dienen in
Hunger und Durst, in Blöße und allerlei
Mangel, und er wird ein eisernes Joch auf
deinen Hals legen, bis er dich vertilgt hat.
49 Der HERR wird ein Volk über dich
schicken von ferne, vom Ende der Erde,
wie ein Adler fliegt, ein Volk, dessen Spra-
che du nicht verstehst,
50 ein freches Volk, das nicht Rücksicht
nimmt auf die Alten und die Jungen nicht
schont.
51 Es wird verzehren die Jungtiere dei-
nes Viehs und den Ertrag deines Ackers,
bis du vertilgt bist, und wird dir nichts
übriglassen vom Korn, Wein und Öl und
vom Jungvieh deiner Rinder und Schafe,
bis es dich umgebracht hat.
52 Es wird dich ängstigen in allen deinen
Städten, bis es niedergeworfen hat deine
hohen und festen Mauern, auf die du dich
verläßt, in deinem ganzen Lande; und du
wirst geängstigt werden in allen deinen
Städten, in deinem ganzen Lande, das dir
der HERR, dein Gott, gegeben hat.
53 Du wirst die Frucht deines Leibes,
das Fleisch deiner Söhne und deiner
Töchter, die dir der HERR, dein Gott, ge-
geben hat, essen in der Angst und Not,
mit der dich dein Feind bedrängen wird.
54 Ein Mann unter euch, der zuvor ver-
wöhnt und in Üppigkeit gelebt hat, wird
seinem Bruder und der Frau in seinen
Armen und dem Sohn, der noch übrig ist
von seinen Söhnen, nichts gönnen
55 von dem Fleisch seiner Söhne, das er
ißt, weil ihm nichts übrig geblieben ist von
allem Gut in der Angst und Not, mit der
dich dein Feind bedrängen wird in allen
deinen Städten.
56 Eine Frau unter euch, die zuvor so
verwöhnt und in Üppigkeit gelebt hat,
daß sie nicht einmal versucht hat, ihre
Fußsohle auf die Erde zu setzen, vor Ver-
wöhnung und Wohlleben, die wird dem
Mann in ihren Armen und ihrem Sohn
und ihrer Tochter nicht gönnen
57 die Nachgeburt, die von ihr ausge-
gangen ist, und ihr Kind, das sie geboren
hat; denn sie wird beides vor Mangel an

allem heimlich essen in der Angst und Not, mit der dich dein Feind bedrängen wird in deinen Städten.

58 Wenn du nicht darauf hältst, daß du alle Worte dieses Gesetzes tust, die in diesem Buch geschrieben sind, und nicht fürchtest diesen herrlichen und heiligen Namen, den HERRN, deinen Gott,

59 so wird der HERR schrecklich mit dir umgehen und dich und deine Nachkommen schlagen mit großen und anhaltenden Plagen, mit bösen und anhaltenden Krankheiten.

60 Und er wird auch alle Seuchen Ägyptens über dich bringen, vor denen du dich fürchtest, und sie werden dich nicht loslassen;

61 dazu wird der HERR alle Krankheiten und alle Plagen, die nicht geschrieben sind in dem Buch dieses Gesetzes, über dich kommen lassen, bis du vertilgt bist.

62 Und nur wenige werden übrigbleiben von euch, die ihr zuvor zahlreich gewesen seid wie die Sterne am Himmel, weil du nicht gehorcht hast der Stimme des HERRN, deines Gottes.

63 Und wie sich der HERR zuvor freute, euch Gutes zu tun und euch zu mehren, so wird er sich nun freuen, euch umzubringen und zu vertilgen, und ihr werdet herausgerissen werden aus dem Lande, in das du jetzt ziehst, es einzunehmen.

64 Denn der HERR wird dich zerstreuen unter alle Völker von einem Ende der Erde bis ans andere, und du wirst dort andern Göttern dienen, die du nicht kennst noch deine Väter: Holz und Steinen.

65 Dazu wirst du unter jenen Völkern keine Ruhe haben, und deine Füße werden keine Ruhestatt finden. Denn der HERR wird dir dort ein bebendes Herz geben und erlöschende Augen und eine verzagende Seele,

66 und dein Leben wird immerdar in Gefahr schweben; Nacht und Tag wirst du dich fürchten und deines Lebens nicht sicher sein.

67 Morgens wirst du sagen: Ach daß es Abend wäre! und abends wirst du sagen: Ach daß es Morgen wäre! vor Furcht deines Herzens, die dich schrecken wird, und vor dem, was du mit deinen Augen sehen wirst.

68 Und der HERR wird dich mit Schiffen wieder nach Ägypten führen, auf dem Wege, von dem ich dir gesagt habe: Du sollst ihn nicht mehr sehen. Und ihr werdet dort euren Feinden als Knechte und Mägde verkauft werden, aber es wird kein Käufer dasein.

Der Bund des Herrn mit Israel im Lande Moab

°69 Dies sind die Worte des Bundes, den der HERR dem Mose geboten hat, mit Israel zu schließen im Lande Moab, neben dem Bund, den er mit ihnen geschlossen hatte am Horeb.

29 °Und Mose berief ganz Israel und sprach zu ihnen: Ihr habt alles gesehen, was der HERR vor euren Augen in Ägypten dem Pharao und allen seinen Großen und seinem ganzen Lande getan hat,

2 die gewaltigen Proben seiner Macht, die deine Augen gesehen haben, die großen Zeichen und Wunder.

3 Und der HERR hat euch bis auf diesen heutigen Tag noch nicht ein Herz gegeben, das verständig wäre, Augen, die da sähen, und Ohren, die da hörten.

4 Er hat euch vierzig Jahre in der Wüste wandern lassen. Eure Kleider sind euch nicht zerrissen, auch deine Schuhe nicht an deinen Füßen;

5 ihr habt kein Brot gegessen und keinen Wein getrunken und kein starkes Getränk, auf daß ihr erkennen solltet, daß ich der HERR, euer Gott, bin.

6 Und als ihr kamt an diesen Ort, zogen aus der König Sihon von Hesbon und der König Og von Basan uns entgegen, mit uns zu kämpfen. Und wir haben sie geschlagen

7 und ihr Land eingenommen und zum Erbteil gegeben den Rubenitern und Gaditern und dem halben Stamm Manasse.

8 So haltet nun die Worte dieses Bundes und tut danach, auf daß ihr glücklich ausrichten könnt all euer Tun.

9 Ihr steht heute alle vor dem HERRN, eurem Gott, die Häupter eurer Stämme, eure Ältesten, eure Amtleute, jeder Mann in Israel,

10 eure Kinder, eure Frauen, dein Fremdling, der in deinem Lager ist, dein Holzhauer und dein Wasserschöpfer,

11 damit du tretest in den Bund des

HERRN, deines Gottes, und unter den Eid,
den der HERR, dein Gott, dir heute auf-
legt,
12 daß er dich heute zum Volk für sich
erhebe und er dein Gott sei, wie er dir zu-
gesagt hat und wie er deinen Vätern Abra-
ham, Isaak und Jakob geschworen hat.
13 Denn ich schließe diesen Bund und
diesen Eid nicht mit euch allein,
14 sondern mit euch, die ihr heute hier
seid und mit uns steht vor dem HERRN,
unserm Gott, wie auch mit denen, die
heute nicht mit uns sind.
15 Denn ihr wißt, wie wir in Ägypten-
land gewohnt haben und mitten durch die
Völker gezogen sind, durch deren Land
ihr zogt.
16 Ihr saht ihre Greuel und ihre Götzen,
die bei ihnen waren, Holz und Stein, Sil-
ber und Gold.
17 Laßt ja nicht einen Mann oder eine
Frau, ein Geschlecht oder einen Stamm
unter euch sein, dessen Herz sich heute
abwendet von dem HERRN, unserm Gott,
daß jemand hingehe und diene den Göt-
tern dieser Völker. Laßt unter euch nicht
eine Wurzel aufwachsen, die da Gift und
Wermut hervorbringt.
18 Laßt niemand, der die Worte dieses
Fluches hört, sich dennoch in seinem
Herzen segnen und sprechen: Mir wird es
wohlgehen, auch wenn ich wandle nach
meinem verstockten Herzen –, damit nicht
fortgerafft werde das wasserreiche mit
dem dürren Land!
19 Einem solchen Mann wird der HERR
nicht gnädig sein, sondern sein Zorn und
Eifer wird entbrennen gegen ihn, und es
werden sich auf ihn legen alle Flüche, die
in diesem Buch geschrieben sind, und sei-
nen Namen wird der HERR austilgen unter
dem Himmel
20 und wird ihn zum Unheil absondern
aus allen Stämmen Israels nach allen Flü-
chen des Bundes, der in dem Buch dieses
Gesetzes geschrieben ist.
21 Dann werden sagen künftige Ge-
schlechter, eure Kinder, die nach euch
aufkommen, und die Fremden, die aus
fernen Landen kommen, wenn sie die Pla-
gen dieses Landes sehen und die Krank-
heiten, mit denen der HERR es beladen hat
22 – all ihr Land hat er mit Schwefel und
Salz verbrannt, daß es weder besät werden
kann noch etwas wächst noch Kraut darin
aufgeht, gleichwie Sodom und Gomorra,
Adma und Zeboïm zerstört sind, die der
HERR in seinem Zorn und Grimm zer-
stört hat –,
23 ja, alle Völker werden sagen: Warum
hat der HERR an diesem Lande so gehan-
delt? Was ist das für ein großer, grimmi-
ger Zorn?
24 Dann wird man sagen: Darum, weil
sie den Bund des HERRN, des Gottes ihrer
Väter, verlassen haben, den er mit ihnen
schloß, als er sie aus Ägyptenland führte,
25 und sind hingegangen und haben an-
dern Göttern gedient und sie angebetet,
Götter, die sie nicht kennen und die er
ihnen nicht zugewiesen hat,
26 darum ist des HERRN Zorn entbrannt
gegen dies Land, daß er über sie hat kom-
men lassen alle Flüche, die in diesem
Buch geschrieben stehen.
27 Und der HERR hat sie aus ihrem Lan-
de gestoßen in großem Zorn, Grimm und
ohne Erbarmen und hat sie in ein anderes
Land geworfen, so wie es heute ist.
28 Was verborgen ist, ist des HERRN,
unseres Gottes; was aber offenbart ist, das
gilt uns und unsern Kindern ewiglich, daß wir
tun sollen alle Worte dieses Gesetzes.

Die Wahl zwischen Leben und Tod

30 Wenn nun dies alles über dich
kommt, es sei der Segen oder der
Fluch, die ich dir vorgelegt habe, und du
es zu Herzen nimmst, wenn du unter den
Heiden bist, unter die dich der HERR, dein
Gott, verstoßen hat,
2 und du dich bekehrst zu dem HERRN,
deinem Gott, daß du seiner Stimme ge-
horchst, du und deine Kinder, von gan-
zem Herzen und von ganzer Seele in al-
lem, was ich dir heute gebiete,
3 so wird der HERR, dein Gott, deine
Gefangenschaft wenden und sich deiner
erbarmen und wird dich wieder sammeln
aus allen Völkern, unter die dich der
HERR, dein Gott, verstreut hat.
4 Wenn du bis ans Ende des Himmels
verstoßen wärst, so wird dich doch der
HERR, dein Gott, von dort sammeln und
dich von dort holen
5 und wird dich in das Land bringen,
das deine Väter besessen haben, und du
wirst es einnehmen, und er wird dir Gutes

tun und dich zahlreicher machen, als
deine Väter waren.
6 Und der HERR, dein Gott, wird dein
Herz beschneiden und das Herz deiner
Nachkommen, damit du den HERRN, deinen Gott, liebst von ganzem Herzen und
von ganzer Seele, auf daß du am Leben
bleibst.
7 Aber alle diese Flüche wird der HERR,
dein Gott, auf deine Feinde legen und auf
die, die dich hassen und verfolgen.
8 Du aber wirst umkehren und der Stimme des HERRN gehorchen, daß du tust alle
seine Gebote, die ich dir heute gebiete.
9 Und der HERR, dein Gott, wird dir
Glück geben zu allen Werken deiner
Hände, zu der Frucht deines Leibes, zu
den Jungtieren deines Viehs, zum Ertrag
deines Ackers, daß dir's zugute komme.
Denn der HERR wird sich wieder über dich
freuen, dir zugut, wie er sich über deine
Väter gefreut hat,
10 weil du der Stimme des HERRN, deines Gottes, gehorchst und hältst seine Gebote und Rechte, die geschrieben stehen
im Buch dieses Gesetzes, wenn du dich
bekehrst zu dem HERRN, deinem Gott,
von ganzem Herzen und von ganzer Seele.
11 Denn das Gebot, das ich dir heute
gebiete, ist dir nicht zu hoch und nicht zu
fern.
12 Es ist nicht im Himmel, daß du sagen
müßtest: Wer will für uns in den Himmel
fahren und es uns holen, daß wir's hören
und tun?
13 Es ist auch nicht jenseits des Meeres,
daß du sagen müßtest: Wer will für uns
über das Meer fahren und es uns holen,
daß wir's hören und tun?
14 Denn **es ist das Wort ganz nahe bei dir,
in deinem Munde und in deinem Herzen, daß
du es tust.**
15 Siehe, ich habe dir heute vorgelegt
das Leben und das Gute, den Tod und das
Böse.
16 Wenn du gehorchst den Geboten des
HERRN, deines Gottes, die ich dir heute
gebiete, daß du den HERRN, deinen Gott,
liebst und wandelst in seinen Wegen und
seine Gebote, Gesetze und Rechte hältst,
so wirst du leben und dich mehren, und
der HERR, dein Gott, wird dich segnen in
dem Lande, in das du ziehst, es einzunehmen.
17 Wendet sich aber dein Herz und du
gehorchst nicht, sondern läßt dich verführen, daß du andere Götter anbetest
und ihnen dienst,
18 so verkünde ich euch heute, daß ihr
umkommen und nicht lange in dem Lande
bleiben werdet, in das du über den Jordan
ziehst, es einzunehmen.
19 Ich nehme Himmel und Erde heute
über euch zu Zeugen: Ich habe euch Leben
und Tod, Segen und Fluch vorgelegt, damit du das Leben erwählst und am Leben
bleibst, du und deine Nachkommen,
20 indem ihr den HERRN, euren Gott,
liebt und seiner Stimme gehorcht und ihm
anhanget. Denn das bedeutet für dich, daß
du lebst und alt wirst und wohnen bleibst
in dem Lande, das der HERR deinen Vätern Abraham, Isaak und Jakob geschworen hat, ihnen zu geben.

Mose setzt Josua zu seinem Nachfolger ein

31 Und Mose ging hin und redete diese
Worte mit ganz Israel
2 und sprach zu ihnen:
Ich bin heute hundertundzwanzig Jahre
alt, ich kann nicht mehr aus- und eingehen. Dazu hat der HERR zu mir gesagt:
Den Jordan hier sollst du nicht überschreiten!
3 Der HERR, dein Gott, wird selber vor
dir hergehen. Er selber wird diese Völker
vor dir her vertilgen, damit du ihr Land
einnehmen kannst. Josua, der soll vor dir
hinübergehen, wie der HERR zugesagt hat.
4 Und der HERR wird mit ihnen tun, wie
er getan hat mit Sihon und Og, den Königen der Amoriter, und ihrem Lande, die
er vertilgt hat.
5 Wenn sie nun der HERR vor euren
Augen dahingeben wird, so sollt ihr mit
ihnen tun ganz nach dem Gebot, das ich
euch gegeben habe.
6 Seid getrost und unverzagt, fürchtet
euch nicht und laßt euch nicht vor ihnen
grauen; denn der HERR, dein Gott, wird
selber mit dir ziehen und wird die Hand
nicht abtun und dich nicht verlassen.
7 Und Mose rief Josua und sprach zu
ihm vor den Augen von ganz Israel: Sei
getrost und unverzagt; denn du wirst dies
Volk in das Land bringen, das der HERR
ihren Vätern geschworen hat, ihnen zu
geben, und du wirst es unter sie austeilen.

8 Der HERR aber, der selber vor euch hergeht, der wird mit dir sein und wird die Hand nicht abtun und dich nicht verlassen. Fürchte dich nicht und erschrick nicht!

Alle sieben Jahre soll das Gesetz öffentlich verlesen werden

9 Und Mose schrieb dies Gesetz und gab's den Priestern, den Söhnen Levi, die die Lade des Bundes des HERRN trugen, und allen Ältesten Israels

10 und gebot ihnen und sprach: Jeweils nach sieben Jahren, zur Zeit des Erlaßjahrs, am Laubhüttenfest,

11 wenn ganz Israel kommt, zu erscheinen vor dem Angesicht des HERRN, deines Gottes, an der Stätte, die er erwählen wird, sollst du dies Gesetz vor ganz Israel ausrufen lassen vor ihren Ohren.

12 Versammle das Volk, die Männer, Frauen und Kinder und den Fremdling, der in deinen Städten lebt, damit sie es hören und lernen und den HERRN, euren Gott, fürchten und alle Worte dieses Gesetzes halten und tun

13 und daß ihre Kinder, die es nicht kennen, es auch hören und lernen, den HERRN, euren Gott, zu fürchten alle Tage, die ihr in dem Lande lebt, in das ihr zieht über den Jordan, um es einzunehmen.

Gottes Befehl, das Lied des Mose aufzuschreiben

14 Und der HERR sprach zu Mose: Siehe, deine Zeit ist herbeigekommen, daß du sterben mußt. Rufe Josua, und tretet hin zur Stiftshütte, daß ich ihm Befehl gebe. Mose ging hin mit Josua, und sie traten hin zur Stiftshütte.

15 Der HERR aber erschien in der Hütte in einer Wolkensäule, und die Wolkensäule stand in der Tür der Hütte.

16 Und der HERR sprach zu Mose: Siehe, du wirst schlafen bei deinen Vätern, und dies Volk wird sich erheben und nachlaufen den fremden Göttern des Landes, in das sie kommen, und wird mich verlassen und den Bund brechen, den ich mit ihm geschlossen habe.

17 Da wird mein Zorn entbrennen über sie zur selben Zeit, und ich werde sie verlassen und mein Antlitz vor ihnen verbergen, so daß sie völlig verzehrt werden. Und wenn sie dann viel Unglück und Angst treffen wird, werden sie sagen: Hat mich nicht dies Übel alles getroffen, weil mein Gott nicht mit mir ist?

18 Ich aber werde mein Antlitz verborgen halten zu der Zeit um all des Bösen willen, das sie getan haben, weil sie sich zu andern Göttern wandten.

19 So schreibt euch nun dies Lied auf und lehrt es die Kinder Israel und legt es in ihren Mund, daß mir das Lied ein Zeuge sei unter den Kindern Israel.

20 Denn ich will sie in das Land bringen, das ich ihren Vätern zu geben geschworen habe, darin Milch und Honig fließt. Und wenn sie essen und satt und fett werden, so werden sie sich zu andern Göttern wenden und ihnen dienen, mich aber lästern und meinen Bund brechen.

21 Und wenn sie dann viel Unglück und Angst treffen wird, so soll dies Lied vor ihnen als Zeuge reden; denn es soll nicht vergessen werden im Mund ihrer Nachkommen. Denn ich weiß ihre Gedanken, mit denen sie schon jetzt umgehen, ehe ich sie in das Land bringe, wie ich geschworen habe. –

22 Also schrieb Mose dies Lied zur selben Zeit auf und lehrte es die Kinder Israel.

23 Und der Herr befahl Josua, dem Sohn Nuns, und sprach: Sei getrost und unverzagt, denn du sollst die Kinder Israel in das Land führen, wie ich ihnen geschworen habe, und ich will mit dir sein.

Die Aufbewahrung des Gesetzbuches

24 Als nun Mose damit fertig war, die Worte dieses Gesetzes vollständig in ein Buch zu schreiben,

25 gebot er den Leviten, die die Lade des Bundes des HERRN trugen, und sprach:

26 Nehmt das Buch dieses Gesetzes und legt es neben die Lade des Bundes des HERRN, eures Gottes, daß es dort ein Zeuge sei wider dich.

27 Denn ich kenne deinen Ungehorsam und deine Halsstarrigkeit. Siehe, jetzt schon, während ich noch bei euch lebe, seid ihr ungehorsam gewesen gegen den HERRN; wieviel mehr nach meinem Tode!

Aufforderung an Israel, das Lied des Mose zu hören

28 Versammelt vor mir alle Ältesten eurer Stämme und eure Amtleute, daß ich

diese Worte vor ihren Ohren rede und
Himmel und Erde wider sie zu Zeugen
nehme.
29 Denn ich weiß, daß ihr euch nach
meinem Tode sehr versündigen werdet
und von dem Wege abweichen, den ich
euch geboten habe. So wird euch am Ende
der Tage das Unheil treffen, weil ihr tut,
was böse ist in den Augen des HERRN, und
ihn erzürnt durch eurer Hände Werk.
30 Und Mose trug vor den Ohren der
ganzen Gemeinde Israel dies Lied bis zum
letzten Wort vor:

Das Lied des Mose

32 Merkt auf, ihr Himmel, ich will re-
den, und die Erde höre die Rede
meines Mundes.
2 Meine Lehre rinne wie der Regen, und
meine Rede riesele wie Tau, wie der Regen
auf das Gras und wie die Tropfen auf das
Kraut.
3 Denn ich will den Namen des HERRN
preisen. Gebt unserm Gott allein die
Ehre!
4 Er ist ein Fels. Seine Werke sind voll-
kommen; denn alles, was er tut, das ist
recht. Treu ist Gott und kein Böses an
ihm, gerecht und wahrhaftig ist er.
5 Das verkehrte und böse Geschlecht
hat gesündigt wider ihn; sie sind Schand-
flecken und nicht seine Kinder.
6 Dankst du so dem HERRN, deinem
Gott, du tolles und törichtes Volk? Ist er
nicht dein Vater und dein Herr? Ist's
nicht er allein, der dich gemacht und be-
reitet hat?
7 Gedenke der vorigen Zeiten und hab
acht auf die Jahre von Geschlecht zu Ge-
schlecht. Frage deinen Vater, der wird
dir's verkünden, deine Ältesten, die wer-
den dir's sagen.
8 Als der Höchste den Völkern Land zu-
teilte und der Menschen Kinder vonein-
ander schied, da setzte er die Grenzen der
Völker nach der Zahl der Kinder Israel.
9 Denn des HERRN Teil ist sein Volk,
Jakob ist sein Erbe.
10 Er fand ihn in der Wüste, in der dür-
ren Einöde sah er ihn. Er umfing ihn und
hatte acht auf ihn. Er behütete ihn wie
seinen Augapfel.
11 Wie ein Adler ausführt seine Jungen
und über ihnen schwebt, so breitete er
seine Fittiche aus und nahm ihn und trug
ihn auf seinen Flügeln.
12 Der HERR allein leitete ihn, und kein
fremder Gott war mit ihm.
13 Er ließ ihn einherfahren über die
Höhen der Erde und nährte ihn mit den
Früchten des Feldes und ließ ihn Honig
saugen aus dem Felsen und Öl aus hartem
Gestein,
14 Butter von den Kühen und Milch von
den Schafen samt dem Fett von den Läm-
mern, feiste Widder und Böcke und das
Beste vom Weizen und tränkte ihn mit
edlem Traubenblut.
15 Als aber Jeschurun fett ward, wurde
er übermütig. Er ist fett und dick und feist
geworden und hat den Gott verworfen,
der ihn gemacht hat. Er hat den Fels sei-
nes Heils gering geachtet
16 und hat ihn zur Eifersucht gereizt
durch fremde Götter; durch Greuel hat er
ihn erzürnt.
17 Sie haben den bösen Geistern ge-
opfert und nicht ihrem Gott, den Göttern,
die sie nicht kannten, den neuen, die vor
kurzem erst aufgekommen sind, die eure
Väter nicht geehrt haben.
18 Deinen Fels, der dich gezeugt hat,
hast du außer acht gelassen und hast ver-
gessen den Gott, der dich gemacht hat.
19 Und als es der HERR sah, ward er
zornig über seine Söhne und Töchter,
20 und er sprach: Ich will mein Antlitz
vor ihnen verbergen, will sehen, was ihnen
zuletzt widerfahren wird; denn es ist ein
verkehrtes Geschlecht, es sind untreue
Kinder.
21 Sie haben mich gereizt durch einen
Nicht-Gott, durch ihre Abgötterei haben
sie mich erzürnt. Ich aber will sie wieder
reizen durch ein Nicht-Volk, durch ein
gottloses Volk will ich sie erzürnen.
22 Denn ein Feuer ist entbrannt durch
meinen Zorn und wird brennen bis in die
unterste Tiefe und wird verzehren das
Land mit seinem Gewächs und wird an-
zünden die Grundfesten der Berge.
23 Ich will alles Unglück über sie häu-
fen, ich will alle meine Pfeile auf sie schie-
ßen.
24 Vor Hunger sollen sie verschmachten
und verzehrt werden vom Fieber und von
jähem Tod. Ich will der Tiere Zähne unter
sie schicken und der Schlangen Gift.

25 Draußen wird das Schwert ihre Kin-
der rauben und drinnen der Schrecken
den jungen Mann wie das Mädchen, den
Säugling wie den Greis.
26 **Ich** hätte gesagt: Es soll aus sein mit
ihnen, ich will ihren Namen tilgen unter
den Menschen, –
27 wenn ich nicht den Spott der Feinde
gescheut hätte; ihre Widersacher hätten es
nicht erkannt und gesagt: Unsere Macht
ist groß, und nicht der HERR hat dies alles
getan. –
28 Denn Israel ist ein Volk, dem man
nicht mehr raten kann, und kein Verstand
wohnt in ihnen.
29 O, daß sie weise wären und dies ver-
stünden, daß sie merkten, was ihnen her-
nach begegnen wird!
30 Wie geht's zu, daß einer tausend ver-
jagt und zwei sogar zehntausend flüchtig
machen? Kommt's nicht daher, daß ihr
Fels sie verkauft hat und der HERR sie da-
hingegeben hat?
31 Denn unserer Feinde Fels ist nicht
wie unser Fels; so müssen sie selber ur-
teilen.
32 Denn ihr Weinstock stammt von
Sodoms Weinstock und von dem Wein-
berg Gomorras; ihre Trauben sind Gift,
sie haben bittere Beeren,
33 ihr Wein ist Drachengift und ver-
derbliches Gift der Ottern.
34 **Ist** dies nicht bei mir verwahrt und
versiegelt in meinen Schatzkammern?
35 Die Rache ist mein, ich will vergelten
zur Zeit, da ihr Fuß gleitet; denn die Zeit
ihres Unglücks ist nahe, und was über sie
kommen soll, eilt herzu.
36 Denn der HERR wird seinem Volk
Recht schaffen, und über seine Knechte
wird er sich erbarmen. Denn er wird se-
hen, daß ihre Macht dahin ist und es aus
ist mit ihnen ganz und gar.
37 Und er wird sagen: Wo sind ihre Göt-
ter, ihr Fels, auf den sie trauten,
38 die das Fett ihrer Schlachtopfer essen
sollten und trinken den Wein ihrer Trank-
opfer? Laßt sie aufstehen und euch helfen
und euch schützen!
39 Sehet nun, daß ich's allein bin und ist
kein Gott neben mir! Ich kann töten und
lebendig machen, ich kann schlagen und
kann heilen, und niemand ist da, der aus
meiner Hand errettet.
40 **Denn** ich will meine Hand zum Him-
mel heben und will sagen: So wahr ich
ewig lebe:
41 wenn ich mein blitzendes Schwert
schärfe und meine Hand zur Strafe greift,
so will ich mich rächen an meinen Fein-
den und denen, die mich hassen, vergel-
ten.
42 Ich will meine Pfeile mit Blut trun-
ken machen, und mein Schwert soll
Fleisch fressen, mit Blut von Erschlagenen
und Gefangenen, von den Köpfen streit-
barer Feinde!
43 **Preiset**, ihr Heiden, sein Volk; denn
er wird das Blut seiner Knechte rächen
und wird an seinen Feinden Rache neh-
men und entsühnen das Land seines
Volks!

Moses letzte Mahnung an das Volk

44 Und Mose kam und redete alle Worte
dieses Liedes vor den Ohren des Volks, er
und Josua, der Sohn Nuns.
45 Als nun Mose das alles zu Ende ge-
redet hatte vor ganz Israel,
46 sprach er zu ihnen: Nehmt zu Herzen
alle Worte, die ich euch heute bezeuge,
daß ihr euren Kindern befehlt, alle Worte
dieses Gesetzes zu halten und zu tun.
47 Denn **es ist nicht ein leeres Wort an
euch, sondern es ist euer Leben,** und durch
dies Wort werdet ihr lange leben in dem
Lande, in das ihr zieht über den Jordan,
um es einzunehmen.

Gott bereitet Mose auf seinen Tod vor

48 Und der HERR redete mit Mose am
selben Tage und sprach:
49 Geh auf das Gebirge Abarim, auf
den Berg Nebo, der da liegt im Lande
Moab gegenüber Jericho, und schaue das
Land Kanaan, das ich den Kindern Israel
zum Eigentum geben werde.
50 Dann stirb auf dem Berge, auf den du
hinaufgestiegen bist, und laß dich zu dei-
nem Volk versammeln, wie dein Bruder
Aaron starb auf dem Berge Hor und zu
seinem Volk versammelt wurde;
51 denn ihr habt euch an mir versündigt
unter den Kindern Israel bei dem Hader-
wasser zu Kadesch in der Wüste Zin, weil
ihr mich nicht heiligtet inmitten der Kin-
der Israel.
52 Denn du sollst das Land vor dir

sehen, das ich den Kindern Israel gebe, aber du sollst nicht hineinkommen.

Mose segnet die Stämme Israels

33 Dies ist der Segen, mit dem Mose, der Mann Gottes, die Kinder Israel vor seinem Tode segnete.

2 Er sprach: Der HERR ist vom Sinai gekommen und ist ihnen aufgeleuchtet von Seïr her. Er ist erschienen vom Berge Paran her und ist gezogen nach Meribath-Kadesch; in seiner Rechten ist ein feuriges Gesetz für sie.

3 Wie hat er sein Volk so lieb! Alle Heiligen sind in deiner Hand. Sie werden sich setzen zu deinen Füßen und werden lernen von deinen Worten.

4 Mose hat uns das Gesetz geboten, das Erbe der Gemeinde Jakobs.

5 Und der Herr ward König über Jeschurun, als sich versammelten die Häupter des Volks samt den Stämmen Israels.

6 **Ruben** lebe und sterbe nicht; seine Mannschaft gewinne an Zahl!

7 Dies ist der Segen über **Juda.** Und er sprach: HERR, erhöre die Stimme Judas und bringe ihn zu seinem Volk; laß seine Macht groß werden und sei ihm Hilfe wider seine Feinde!

8 Und über **Levi** sprach er: Deine Lose «Licht und Recht» sollen bleiben bei deinem Getreuen, den du versucht hast zu Massa, für den du gestritten hast am Haderwasser,

9 der von seinem Vater und von seiner Mutter spricht: «Ich sehe ihn nicht», und von seinem Bruder: «Ich kenne ihn nicht», und von seinem Sohn: «Ich weiß nichts von ihm». Die hüten dein Wort und bewahren deinen Bund;

10 sie lehren Jakob deine Rechte und Israel dein Gesetz; sie bringen Räucherwerk vor dein Angesicht und Ganzopfer auf deinen Altar.

11 HERR, segne seine Macht, und laß dir gefallen die Werke seiner Hände! Zerschlage den Rücken derer, die sich wider ihn auflehnen, und derer, die ihn hassen, daß sie nicht aufkommen!

12 Und über **Benjamin** sprach er: Der Geliebte des HERRN wird sicher wohnen; allezeit wird Er die Hand über ihm halten und wird zwischen seinen Höhen wohnen.

13 Und über **Joseph** sprach er: Gesegnet vom HERRN ist sein Land mit dem Köstlichsten vom Himmel droben, dem Tau, und mit der Flut, die drunten liegt,

14 mit dem Köstlichsten, was die Sonne hervorbringt, und mit dem Köstlichsten, was die Monde erzeugen,

15 mit dem Besten uralter Berge und mit dem Köstlichsten der ewigen Hügel,

16 mit dem Köstlichsten der Erde und ihrer Fülle. Die Gnade dessen, der in dem Dornbusch wohnte, komme auf das Haupt Josephs, auf den Scheitel des Geweihten unter seinen Brüdern.

17 Sein erstgeborener Stier ist voll Herrlichkeit, und seine Hörner sind wie die Hörner wilder Stiere; mit ihnen wird er die Völker stoßen bis an die Enden der Erde. Das sind die Zehntausende **Ephraims** und die Tausende **Manasses.**

18 Und über **Sebulon** sprach er: Sebulon, freue dich deiner Fahrten; und **Isaschar,** freue dich deiner Zelte.

19 Sie werden die Stämme auf den Berg rufen und daselbst opfern rechte Opfer. Denn sie werden den Reichtum des Meeres gewinnen und die verborgenen Schätze im Sande.

20 Und über **Gad** sprach er: Gelobt sei, der Gad Raum schafft! Gad liegt da wie ein Löwe und zerreißt Schenkel und Scheitel.

21 Und er ersah sich ein Erstlingserbe; denn daselbst war für ihn eines Anführers Teil. Und es versammelten sich die Häupter des Volks, und er vollstreckte die Gerechtigkeit des HERRN und seine Gerichte zusammen mit Israel.

22 Und über **Dan** sprach er: Dan ist ein junger Löwe, der hervorspringt aus Basan.

23 Und über **Naphthali** sprach er: Naphthali hat viel Gnade und ist voll Segens des HERRN; gegen Westen und Süden hat er Besitz.

24 Und über **Asser** sprach er: Asser ist gesegnet unter den Söhnen. Er sei der Liebling seiner Brüder und tauche seinen Fuß in Öl.

25 Von Eisen und Erz sei der Riegel deiner Tore; dein Alter sei wie deine Jugend!

26 Es ist kein Gott wie der Gott Jeschuruns, der am Himmel daherfährt dir zur Hilfe und in seiner Hoheit auf den Wolken.

27 **Zuflucht ist bei dem alten Gott und
unter den ewigen Armen.** Er hat vor dir her
deinen Feind vertrieben und geboten:
Vertilge!
28 Israel wohnt sicher, der Brunnquell
Jakobs unbehelligt in dem Lande, da Korn
und Wein ist, dessen Himmel von Tau
trieft.
29 Wohl dir, Israel! Wer ist dir gleich?
Du Volk, das sein Heil empfängt durch
den HERRN, der deiner Hilfe Schild und
das Schwert deines Sieges ist! Deine
Feinde werden dir huldigen, und du wirst
auf ihren Höhen einherschreiten.

Moses Tod

34 Und Mose stieg aus dem Jordantal
der Moabiter auf den Berg Nebo,
den Gipfel des Gebirges Pisga, gegenüber
Jericho. Und der HERR zeigte ihm das
ganze Land: Gilead bis nach Dan
2 und das ganze Naphthali und das
ganze Land Ephraim und Manasse und
das ganze Land Juda bis an das Meer im
Westen
3 und das Südland und die Gegend am
Jordan, die Ebene von Jericho, der Pal-
menstadt, bis nach Zoar.
4 Und der HERR sprach zu ihm: Dies ist
das Land, von dem ich Abraham, Isaak
und Jakob geschworen habe: Ich will es
deinen Nachkommen geben. – Du hast es
mit deinen Augen gesehen, aber du sollst
nicht hinübergehen.
5 So starb Mose, der Knecht des HERRN,
daselbst im Lande Moab nach dem Wort
des HERRN.
6 Und er begrub ihn im Tal, im Lande
Moab gegenüber Beth-Peor. Und nie-
mand hat sein Grab erfahren bis auf den
heutigen Tag.
7 Und Mose war hundertundzwanzig
Jahre alt, als er starb. Seine Augen waren
nicht schwach geworden, und seine Kraft
war nicht verfallen.
8 Und die Kinder Israel beweinten Mose
im Jordantal der Moabiter dreißig Tage,
bis die Zeit des Weinens und Klagens über
Mose vollendet war.
9 Josua aber, der Sohn Nuns, wurde er-
füllt mit dem Geist der Weisheit; denn
Mose hatte seine Hände auf ihn gelegt.
Und die Kinder Israel gehorchten ihm
und taten, wie der HERR es Mose geboten
hatte.
10 Und es stand hinfort kein Prophet
in Israel auf wie Mose, den der HERR
erkannt hätte von Angesicht zu Ange-
sicht,
11 mit all den Zeichen und Wundern,
mit denen der HERR ihn gesandt hatte, daß
er sie täte in Ägyptenland am Pharao und
an allen seinen Großen und an seinem
ganzen Lande,
12 und mit all der mächtigen Kraft und
den großen Schreckenstaten, die Mose
vollbrachte vor den Augen von ganz
Israel.

DAS BUCH JOSUA

Zurüstung für den Einzug in das verheißene Land

1 Nachdem Mose, der Knecht des
HERRN, gestorben war, sprach der
HERR zu Josua, dem Sohn Nuns, Moses
Diener:
2 Mein Knecht Mose ist gestorben; so
mach dich nun auf und zieh über den Jor-
dan, du und dies ganze Volk, in das Land,
das ich ihnen, den Kindern Israel, ge-
geben habe.
3 Jede Stätte, auf die eure Fußsohlen
treten werden, habe ich euch gegeben,
wie ich Mose zugesagt habe.
4 Von der Wüste bis zum Libanon und
von dem großen Strom Euphrat bis an das
große Meer gegen Sonnenuntergang, das
ganze Land der Hethiter, soll euer Gebiet
sein.
5 Es soll dir niemand widerstehen dein
Leben lang. Wie ich mit Mose gewesen
bin, so will ich auch mit dir sein. Ich will
dich nicht verlassen noch von dir weichen.

6 Sei getrost und unverzagt; denn du sollst diesem Volk das Land austeilen, das ich ihnen zum Erbe geben will, wie ich ihren Vätern geschworen habe.

7 Sei nur getrost und ganz unverzagt, daß du hältst und tust in allen Dingen nach dem Gesetz, das dir Mose, mein Knecht, geboten hat. Weiche nicht davon, weder zur Rechten noch zur Linken, damit du es recht ausrichten kannst, wohin du auch gehst.

8 Und laß das Buch dieses Gesetzes nicht von deinem Munde kommen, sondern betrachte es Tag und Nacht, daß du hältst und tust in allen Dingen nach dem, was darin geschrieben steht. Dann wird es dir auf deinen Wegen gelingen, und du wirst es recht ausrichten.

9 **Siehe, ich habe dir geboten, daß du getrost und unverzagt seist. Laß dir nicht grauen und entsetze dich nicht; denn der HERR, dein Gott, ist mit dir in allem, was du tun wirst.**

10 **D**a gebot Josua den Amtleuten des Volks und sprach:

11 Geht durch das Lager und gebietet dem Volk und sprecht: Schafft euch Vorrat; denn nach drei Tagen werdet ihr hier über den Jordan gehen, daß ihr hineinkommt und das Land einnehmt, das euch der HERR, euer Gott, geben wird.

12 Und zu den Rubenitern, Gaditern und dem halben Stamm Manasse sprach Josua:

13 Denkt an das Wort, das euch Mose, der Knecht des HERRN, geboten hat: Der HERR, euer Gott, hat euch zur Ruhe gebracht und euch dies Land gegeben.

14 Eure Frauen und Kinder und euer Vieh laßt im Land bleiben, das euch Mose gegeben hat, diesseits des Jordan. Ihr aber sollt, so viele von euch streitbare Männer sind, vor euren Brüdern gerüstet hinüberziehen und ihnen helfen,

15 bis der HERR eure Brüder auch zur Ruhe bringt wie euch, daß auch sie einnehmen das Land, das ihnen der HERR, euer Gott, geben wird. Dann sollt ihr wieder zurückkehren in euer Land, das euch Mose, der Knecht des HERRN, zum Besitz gegeben hat diesseits des Jordan, gegen den Aufgang der Sonne.

16 Und sie antworteten Josua und sprachen: Alles, was du uns geboten hast, das wollen wir tun, und wo du uns hinsendest, da wollen wir hingehen.

17 Wie wir Mose gehorsam gewesen sind, so wollen wir auch dir gehorsam sein; nur, daß der HERR, dein Gott, mit dir sei, wie er mit Mose war!

18 Wer deinem Mund ungehorsam ist und nicht gehorcht deinen Worten in allem, was du uns gebietest, der soll sterben. Sei nur getrost und unverzagt!

Die Kundschafter in Jericho

2 Josua aber, der Sohn Nuns, sandte von Schittim zwei Männer heimlich als Kundschafter aus und sagte ihnen: Geht hin, seht das Land an, auch Jericho. Die gingen hin und kamen in das Haus einer Hure, die hieß Rahab, und kehrten dort ein.

2 Da wurde dem König von Jericho angesagt: Siehe, es sind in dieser Nacht Männer von Israel hereingekommen, um das Land zu erkunden.

3 Da sandte der König von Jericho zu Rahab und ließ ihr sagen: Gib die Männer heraus, die zu dir in dein Haus gekommen sind; denn sie sind gekommen, um das ganze Land zu erkunden.

4 Aber die Frau verbarg die beiden Männer und sprach: Ja, es sind Männer zu mir hereingekommen, aber ich wußte nicht, woher sie waren.

5 Und als man die Stadttore zuschließen wollte, als es finster wurde, gingen sie hinaus, und ich weiß nicht, wo sie hingegangen sind. Jagt ihnen eilends nach, dann werdet ihr sie ergreifen.

6 Sie aber hatte sie auf das Dach steigen lassen und unter den Flachsstengeln versteckt, die sie auf dem Dach ausgebreitet hatte.

7 Die aber jagten den Männern nach auf dem Wege zum Jordan bis an die Furten, und man schloß das Tor zu, als die draußen waren, die ihnen nachjagten.

8 Und ehe die Männer sich schlafen legten, stieg sie zu ihnen hinauf auf das Dach

9 und sprach zu ihnen: Ich weiß, daß der HERR euch das Land gegeben hat; denn ein Schrecken vor euch ist über uns gefallen, und alle Bewohner des Landes sind vor euch feige geworden.

10 Denn wir haben gehört, wie der HERR das Wasser im Schilfmeer ausgetrocknet

hat vor euch her, als ihr aus Ägypten zogt, und was ihr den beiden Königen der Amoriter, Sihon und Og, jenseits des Jordan getan habt, wie ihr an ihnen den Bann vollstreckt habt.

11 Und seitdem wir das gehört haben, ist unser Herz verzagt, und es wagt keiner mehr vor euch zu atmen; denn der HERR, euer Gott, ist Gott oben im Himmel und unten auf Erden.

12 So schwört mir nun bei dem HERRN, weil ich an euch Barmherzigkeit getan habe, daß auch ihr an meines Vaters Hause Barmherzigkeit tut, und gebt mir ein sicheres Zeichen,

13 daß ihr leben laßt meinen Vater, meine Mutter, meine Brüder und meine Schwestern und alles, was sie haben, und uns vom Tode errettet.

14 Die Männer sprachen zu ihr: Tun wir nicht Barmherzigkeit und Treue an dir, wenn uns der HERR das Land gibt, so wollen wir selbst des Todes sein, sofern du unsere Sache nicht verrätst.

15 Da ließ Rahab sie an einem Seil durchs Fenster hernieder; denn ihr Haus war an der Stadtmauer, und sie wohnte an der Mauer.

16 Und sie sprach zu ihnen: Geht auf das Gebirge, daß euch nicht begegnen, die euch nachjagen, und verbergt euch dort drei Tage, bis die zurückkommen, die euch nachjagen; danach geht eure Straße.

17 Die Männer aber sprachen zu ihr: Wir wollen den Eid so einlösen, den du uns hast schwören lassen:

18 Wenn wir ins Land kommen, so sollst du dies rote Seil in das Fenster knüpfen, durch das du uns herniedergelassen hast, und zu dir ins Haus versammeln deinen Vater, deine Mutter, deine Brüder und deines Vaters ganzes Haus.

19 Und wer zur Tür deines Hauses herausgeht, dessen Blut komme über ihn, aber wir seien unschuldig; doch das Blut aller, die in deinem Hause sind, soll über uns kommen, wenn Hand an sie gelegt wird.

20 Und wenn du etwas von dieser unserer Sache verrätst, so sind wir des Eides los, den du uns hast schwören lassen.

21 Sie sprach: Es sei, wie ihr sagt! und ließ sie gehen. Und sie gingen weg. Und sie knüpfte das rote Seil ins Fenster.

22 Sie aber gingen weg und kamen aufs Gebirge und blieben drei Tage dort, bis die zurückgekommen waren, die ihnen nachjagten. Denn sie hatten sie gesucht auf allen Straßen und doch nicht gefunden.

23 Da kehrten die beiden Männer um und gingen vom Gebirge herab und setzten über und kamen zu Josua, dem Sohn Nuns, und erzählten ihm alles, was ihnen begegnet war,

24 und sprachen zu Josua: Der HERR hat uns das ganze Land in unsere Hände gegeben, und es sind auch alle Bewohner des Landes vor uns feige geworden.

Israel geht durch den Jordan

3 Und Josua machte sich früh auf, und sie zogen aus Schittim und kamen an den Jordan, er und alle Kinder Israel, und blieben dort über Nacht, ehe sie hinüberzogen.

2 Nach drei Tagen aber gingen die Amtleute durchs Lager

3 und geboten dem Volk: Wenn ihr die Lade des Bundes des HERRN, eures Gottes, seht und wie die Priester aus dem Stamm Levi sie tragen, so brecht auf von eurem Ort und folgt ihr nach;

4 doch daß zwischen euch und ihr ein Abstand sei von ungefähr zweitausend Ellen! Ihr sollt ihr nicht zu nahe kommen. Aber ihr müßt ja wissen, auf welchem Wege ihr gehen sollt; denn ihr seid den Weg bisher noch nicht gegangen.

5 Und Josua sprach zum Volk: Heiligt euch, denn morgen wird der HERR Wunder unter euch tun.

6 Und zu den Priestern sprach er: Hebt die Bundeslade auf und geht vor dem Volk her! Da hoben sie die Bundeslade auf und gingen vor dem Volk her.

7 Und der HERR sprach zu Josua: Heute will ich anfangen, dich groß zu machen vor ganz Israel, damit sie wissen: wie ich mit Mose gewesen bin, so werde ich auch mit dir sein.

8 Und du gebiete den Priestern, die die Bundeslade tragen, und sprich: Wenn ihr an das Wasser des Jordan herankommt, so bleibt im Jordan stehen.

9 Und Josua sprach zu den Kindern Israel: Herzu! Hört die Worte des HERRN, eures Gottes!

10 Daran sollt ihr merken, daß ein

lebendiger Gott unter euch ist und daß er
vor euch vertreiben wird die Kanaaniter,
Hethiter, Hewiter, Perisiter, Girgasiter,
Amoriter und Jebusiter:
11 Siehe, die Lade des Bundes des Herr-
schers über alle Welt wird vor euch her-
gehen in den Jordan.
12 So nehmt nun zwölf Männer aus den
Stämmen Israels, aus jedem Stamm einen.
13 Wenn dann die Fußsohlen der Prie-
ster, die die Lade des HERRN, des Herr-
schers über alle Welt, tragen, in dem Was-
ser des Jordan still stehen, so wird das
Wasser des Jordan, das von oben herab-
fließt, nicht weiter laufen, sondern stehen
bleiben wie ein einziger Wall.
14 Als nun das Volk aus seinen Zelten
auszog, um durch den Jordan zu gehen,
und als die Priester die Bundeslade vor
dem Volk her trugen
15 und an den Jordan kamen und ihre
Füße vorn ins Wasser tauchten – der Jor-
dan aber war die ganze Zeit der Ernte über
alle seine Ufer getreten –,
16 da stand das Wasser, das von oben
herniederkam, aufgerichtet wie ein einzi-
ger Wall, sehr fern, bei der Stadt Adam,
die zur Seite von Zarethan liegt; aber das
Wasser, das zum Meer hinunterlief, zum
Salzmeer, das nahm ab und floß ganz weg.
So ging das Volk hindurch gegenüber von
Jericho.
17 Und die Priester, die die Lade des
Bundes des HERRN trugen, standen still
im Trockenen mitten im Jordan. Und
ganz Israel ging auf trockenem Boden
hindurch, bis das ganze Volk über den
Jordan gekommen war.

Denksteine des Durchzugs

4 Als nun das Volk ganz über den Jor-
dan gegangen war, sprach der HERR
zu Josua:
2 Nehmt euch aus dem Volk zwölf Män-
ner, aus jedem Stamm einen,
3 und gebietet ihnen: Hebt mitten aus
dem Jordan zwölf Steine auf von der
Stelle, wo die Füße der Priester still stehen,
und bringt sie mit euch hinüber, und legt
sie in dem Lager nieder, wo ihr diese
Nacht bleiben werdet.
4 Da rief Josua die zwölf Männer, die er
bestellt hatte aus Israel, aus jedem Stamm
einen,
5 und sprach zu ihnen: Geht hinüber
vor der Lade des HERRN, eures Gottes,
mitten in den Jordan, und ein jeder hebe
einen Stein auf seine Schulter, nach der
Zahl der Stämme Israels,
6 damit sie ein Zeichen seien unter euch.
Wenn eure Kinder später einmal fragen:
Was bedeuten euch diese Steine?,
7 so sollt ihr ihnen sagen: Weil das Was-
ser des Jordan weggeflossen ist vor der
Lade des Bundes des HERRN, als sie durch
den Jordan ging, sollen diese Steine für
Israel ein ewiges Andenken sein.
8 Da taten die Kinder Israel, wie ihnen
Josua geboten hatte, und trugen zwölf
Steine mitten aus dem Jordan, wie der
HERR zu Josua gesagt hatte, nach der
Zahl der Stämme Israels, und brachten
sie mit sich hinüber in das Lager und leg-
ten sie dort nieder.
9 Und Josua richtete zwölf Steine auf
mitten im Jordan, wo die Füße der Prie-
ster gestanden hatten, die die Bundeslade
trugen; diese sind noch dort bis auf den
heutigen Tag.
10 Die Priester aber, die die Lade trugen,
standen mitten im Jordan, bis alles aus-
gerichtet war, was der HERR dem Josua
geboten hatte, dem Volk zu sagen, genau
wie Mose dem Josua geboten hatte. Und
das Volk ging eilends hinüber.
11 Als nun das Volk ganz hinübergegan-
gen war, da ging die Lade des HERRN auch
hinüber und die Priester vor dem Volk her.
12 Und die Rubeniter und Gaditer und
der halbe Stamm Manasse gingen ge-
rüstet vor den Kindern Israel her, wie
Mose zu ihnen geredet hatte.
13 An vierzigtausend zum Krieg ge-
rüstete Männer gingen vor dem HERRN
her zum Kampf ins Jordantal von Jericho.
14 An diesem Tage machte der HERR
den Josua groß vor ganz Israel. Und sie
fürchteten ihn, wie sie Mose gefürchtet
hatten, sein Leben lang.
15 Und der HERR sprach zu Josua:
16 Gebiete den Priestern, die die Lade
mit dem Gesetz tragen, daß sie aus dem
Jordan heraufsteigen.
17 Da gebot Josua den Priestern: Steigt
herauf aus dem Jordan!
18 Und als die Priester, die die Lade des
Bundes des HERRN trugen, aus dem Jordan
heraufstiegen und mit ihren Fußsohlen

aufs Trockene traten, kam das Wasser des
Jordan wieder an seine Stätte und floß wie
vorher über alle seine Ufer.
19 Es war aber der zehnte Tag des ersten
Monats, als das Volk aus dem Jordan
heraufstieg. Und sie lagerten sich in Gil-
gal, östlich der Stadt Jericho.
20 Und die zwölf Steine, die sie aus dem
Jordan genommen hatten, richtete Josua
auf in Gilgal
21 und sprach zu Israel: Wenn eure Kin-
der später einmal ihre Väter fragen: Was
bedeuten diese Steine?,
22 so sollt ihr ihnen kundtun und sagen:
Israel ging auf trockenem Boden durch
den Jordan,
23 als der HERR, euer Gott, den Jordan
vor euch austrocknete, bis ihr hinüberge-
gangen wart, wie der HERR, euer Gott, am
Schilfmeer getan hatte, das er vor uns aus-
trocknete, bis wir hindurchgegangen wa-
ren;
24 damit alle Völker auf Erden die
Hand des HERRN erkennen, wie mächtig
sie ist, und den HERRN, euren Gott, fürch-
ten allezeit.

5 Als nun alle Könige der Amoriter, die
jenseits des Jordan nach Westen zu
wohnten, und alle Könige der Kanaaniter
am Meer hörten, wie der HERR das Was-
ser des Jordan ausgetrocknet hatte vor
den Kindern Israel, bis sie hinübergegan-
gen waren, da verzagte ihr Herz, und es
wagte keiner mehr zu atmen vor Israel.

Beschneidung und Feier des Passa in Kanaan

2 Zu dieser Zeit sprach der HERR zu Jo-
sua: Mache dir steinerne Messer und be-
schneide die Kinder Israel wie schon
früher.
3 Da machte sich Josua steinerne Mes-
ser und beschnitt die Kinder Israel auf
dem Hügel der Vorhäute.
4 Und das ist der Grund, warum Josua
sie beschnitten hat: das ganze Volk, das
aus Ägypten gezogen war, die Männer, alle
Kriegsleute, waren unterwegs in der Wüste
gestorben, als sie aus Ägypten zogen.
5 Und das ganze Volk, das auszog, war
beschnitten gewesen; aber das ganze
Volk, das unterwegs in der Wüste ge-
boren war, als sie aus Ägypten zogen, das
war nicht beschnitten.
6 Denn die Kinder Israel wanderten
vierzig Jahre in der Wüste, bis es mit dem
ganzen Volk, den Kriegsmännern, die aus
Ägypten gezogen waren, zu Ende gegan-
gen war, weil sie der Stimme des HERRN
nicht gehorcht hatten; wie denn der HERR
ihnen geschworen hatte, sie sollten das
Land nicht sehen, das der HERR, wie er
ihren Vätern geschworen hatte, uns geben
wollte, ein Land, darin Milch und Honig
fließt.
7 Ihre Söhne, die er an ihrer Statt hatte
aufwachsen lassen, beschnitt Josua; denn
sie waren noch unbeschnitten und unter-
wegs nicht beschnitten worden.
8 Und als das ganze Volk beschnitten
war, blieben sie an ihrem Ort im Lager,
bis sie genesen waren.
9 Und der HERR sprach zu Josua: Heute
habe ich die Schande Ägyptens von euch
abgewälzt. Und diese Stätte wurde Gilgal
genannt bis auf diesen Tag.
10 Und als die Kinder Israel in Gilgal
das Lager aufgeschlagen hatten, hielten
sie Passa am vierzehnten Tage des Mo-
nats am Abend im Jordantal von Jericho
11 und aßen vom Getreide des Landes
am Tag nach dem Passa, nämlich unge-
säuertes Brot und geröstete Körner. An
eben diesem Tage
12 hörte das Manna auf, weil sie jetzt
vom Getreide des Landes aßen, so daß
Israel vom nächsten Tag an kein Manna
mehr hatte. Sie aßen schon von der Ernte
des Landes Kanaan in diesem Jahr.

Der Fürst über das Heer des Herrn erscheint dem Josua

13 Und es begab sich, als Josua bei
Jericho war, daß er seine Augen aufhob
und gewahr wurde, daß ein Mann ihm
gegenüberstand und ein bloßes Schwert in
seiner Hand hatte. Und Josua ging zu ihm
und sprach zu ihm: Gehörst du zu uns
oder zu unsern Feinden?
14 Er sprach: Nein, sondern ich bin der
Fürst über das Heer des HERRN und bin
jetzt gekommen. Da fiel Josua auf sein
Angesicht zur Erde nieder, betete an und
sprach zu ihm: Was sagt mein Herr sei-
nem Knecht?
15 Und der Fürst über das Heer des
HERRN sprach zu Josua: Zieh deine
Schuhe von deinen Füßen; denn die Stätte,

darauf du stehst, ist heilig. Und so tat
Josua.

Jericho wird erobert und zerstört

6 Jericho aber war verschlossen und verwahrt vor den Kindern Israel, so daß
niemand heraus- oder hineinkommen
konnte.
2 Aber der HERR sprach zu Josua: Sieh,
ich habe Jericho samt seinem König und
seinen Kriegsleuten in deine Hand gegeben.
3 Laß alle Kriegsmänner rings um die
Stadt herumgehen **einmal,** und tu so sechs
Tage lang.
4 Und laß sieben Priester sieben Posaunen tragen vor der Lade her, und am siebenten Tage zieht siebenmal um die Stadt,
und laß die Priester die Posaunen blasen.
5 Und wenn man die Posaune bläst und
es lange tönt, so soll das ganze Kriegsvolk ein großes Kriegsgeschrei erheben,
wenn ihr den Schall der Posaune hört.
Dann wird die Stadtmauer einfallen, und
das Kriegsvolk soll hinaufsteigen, ein jeder stracks vor sich hin.
6 Da rief Josua, der Sohn Nuns, die
Priester und sprach zu ihnen: Bringt die
Bundeslade, und sieben Priester sollen
sieben Posaunen tragen vor der Lade des
HERRN.
7 Zum Volk aber sprach er: Geht hin und
zieht um die Stadt; und die Kriegsleute
sollen vor der Lade des HERRN her gehen.
8 Als Josua das dem Volk gesagt hatte,
trugen die sieben Priester sieben Posaunen
vor der Lade des HERRN her und gingen
und bliesen die Posaunen, und die Lade
des Bundes des HERRN folgte ihnen nach.
9 Und die Kriegsleute gingen vor den
Priestern her, die die Posaunen bliesen,
und das übrige Volk folgte der Lade nach,
und man blies immerfort die Posaunen.
10 Josua aber gebot dem Kriegsvolk
und sprach: Ihr sollt kein Kriegsgeschrei
erheben noch eure Stimmen hören lassen,
noch soll ein Wort aus eurem Munde
gehen bis auf den Tag, an dem ich zu
euch sage: «Macht ein Kriegsgeschrei!»
Dann sollt ihr das Kriegsgeschrei erheben.
11 So ließ er die Lade des HERRN rings
um die Stadt ziehen **einmal,** und sie kamen
zurück in das Lager und blieben darin
über Nacht.
12 Und Josua machte sich früh am Morgen auf, und die Priester trugen die Lade
des HERRN.
13 So trugen die sieben Priester die sieben Posaunen vor der Lade des HERRN
her und bliesen immerfort die Posaunen;
und die Kriegsleute gingen vor ihnen her,
und das übrige Volk folgte der Lade des
HERRN, und man blies immerfort die Posaunen.
14 Am zweiten Tage gingen sie auch
einmal um die Stadt und kamen zurück
ins Lager. So taten sie sechs Tage.
15 Am siebenten Tage aber, als die
Morgenröte aufging, machten sie sich früh
auf und zogen in derselben Weise siebenmal um die Stadt; nur an diesem Tag zogen sie siebenmal um die Stadt.
16 Und beim siebenten Mal, als die
Priester die Posaunen bliesen, sprach
Josua zum Volk: Macht ein Kriegsgeschrei! Denn der HERR hat euch die Stadt
gegeben.
17 Aber diese Stadt und alles, was darin
ist, soll dem Bann des HERRN verfallen
sein. Nur die Hure Rahab soll am Leben
bleiben und alle, die mit ihr im Hause
sind; denn sie hat die Boten verborgen,
die wir aussandten.
18 Allein hütet euch vor dem Gebannten und laßt euch nicht gelüsten, etwas
von dem Gebannten zu nehmen und das
Lager Israels in Bann und Unglück zu
bringen.
19 Aber alles Silber und Gold samt dem
kupfernen und eisernen Gerät soll dem
HERRN geheiligt sein, daß es zum Schatz
des HERRN komme.
20 Da erhob das Volk ein Kriegsgeschrei, und man blies die Posaunen. Und
als das Volk den Hall der Posaunen hörte,
erhob es ein großes Kriegsgeschrei. Da
fiel die Mauer um, und das Volk stieg zur
Stadt hinauf, ein jeder stracks vor sich
hin. So eroberten sie die Stadt
21 und vollstreckten den Bann an allem,
was in der Stadt war, mit der Schärfe des
Schwerts, an Mann und Weib, jung und
alt, Rindern, Schafen und Eseln.
22 Aber Josua sprach zu den beiden
Männern, die das Land erkundet hatten:
Geht in das Haus der Hure und führt die
Frau von da heraus mit allem, was sie hat,
wie ihr es ihr geschworen habt.

23 Da gingen die Männer, die Kund-
schafter, hinein und führten Rahab her-
aus samt ihrem Vater und ihrer Mutter
und ihren Brüdern und alles, was sie hatte,
und ihr ganzes Geschlecht und brachten
sie außerhalb des Lagers Israels unter.
24 Aber die Stadt verbrannten sie mit
Feuer und alles, was darin war. Nur das
Silber und Gold und die kupfernen und
eisernen Geräte taten sie zum Schatz in
das Haus des HERRN.
25 Rahab aber, die Hure, samt dem
Hause ihres Vaters und alles, was sie
hatte, ließ Josua leben. Und sie blieb in
Israel wohnen bis auf diesen Tag, weil sie
die Boten verborgen hatte, die Josua ge-
sandt hatte, um Jericho auszukundschaf-
ten.
26 **Z**u dieser Zeit ließ Josua schwören:
Verflucht vor dem HERRN sei der Mann,
der sich aufmacht und diese Stadt Jericho
wieder aufbaut! Wenn er ihren Grund
legt, das koste ihn seinen erstgeborenen
Sohn, und wenn er ihre Tore setzt, das
koste ihn seinen jüngsten Sohn!
27 So war der HERR mit Josua, daß man
ihn rühmte im ganzen Lande.

Achans Diebstahl

7 Aber die Kinder Israel vergriffen sich
an dem Gebannten; denn Achan, der
Sohn Karmis, des Sohnes Sabdis, des
Sohnes Serachs, vom Stamm Juda, nahm
etwas vom Gebannten. Da entbrannte der
Zorn des HERRN über die Kinder Israel.
2 **U**nd Josua sandte Männer aus von
Jericho nach Ai, das bei Beth-Awen liegt
östlich von Bethel, und sprach zu ihnen:
Geht hinauf und erkundet das Land. Und
als sie hinaufgegangen waren und Ai er-
kundet hatten,
3 kamen sie zu Josua zurück und spra-
chen zu ihm: Laß nicht das ganze Kriegs-
volk hinaufziehen, sondern etwa zwei-
oder dreitausend Mann sollen hinaufzie-
hen und Ai schlagen, damit nicht das
ganze Volk sich dorthin bemühe; denn
ihrer sind wenige.
4 So zogen hinauf vom Volk etwa drei-
tausend Mann; aber sie flohen vor den
Männern von Ai.
5 Und die Männer von Ai erschlugen
von ihnen etwa sechsunddreißig Mann;
sie hatten sie nämlich von dem Tor bis zu
den Steinbrüchen gejagt und am Abhang
erschlagen. Da verzagte das Herz des
Volks und ward zu Wasser.
6 Josua aber zerriß seine Kleider und
fiel auf sein Angesicht zur Erde vor der
Lade des HERRN bis zum Abend samt den
Ältesten Israels, und sie warfen Staub auf
ihr Haupt.
7 Und Josua sprach: Ach, Herr HERR,
warum hast du dies Volk über den Jordan
geführt und gibst uns in die Hände der
Amoriter, um uns umzubringen? O daß
wir doch jenseits des Jordan geblieben
wären!
8 Ach, Herr, was soll ich sagen, nach-
dem Israel seinen Feinden den Rücken
gekehrt hat?
9 Wenn das die Kanaaniter und alle Be-
wohner des Landes hören, so werden sie
uns umringen und unsern Namen aus-
rotten von der Erde. Was willst du dann
für deinen großen Namen tun?
10 **D**a sprach der HERR zu Josua: Steh
auf! Warum liegst du da auf deinem An-
gesicht?
11 Israel hat sich versündigt, sie haben
meinen Bund übertreten, den ich ihnen
geboten habe, und haben von dem Ge-
bannten genommen und gestohlen und
haben's verheimlicht und zu ihren Ge-
räten gelegt.
12 Darum kann Israel nicht bestehen
vor seinen Feinden, sondern sie müssen
ihren Feinden den Rücken kehren; denn
sie sind dem Bann verfallen. Ich werde
hinfort nicht mit euch sein, wenn ihr nicht
das Gebannte aus eurer Mitte tilgt.
13 Steh auf, heilige das Volk und sprich:
Heiligt euch auf morgen! Denn so spricht
der HERR, der Gott Israels: Es ist Ge-
banntes in deiner Mitte, Israel; darum
kannst du nicht bestehen vor deinen Fein-
den, bis ihr das Gebannte von euch tut.
14 Und morgen früh sollt ihr herzutre-
ten, ein Stamm nach dem andern; und
welchen Stamm der HERR treffen wird,
der soll herzutreten, ein Geschlecht nach
dem andern; und welches Geschlecht der
HERR treffen wird, das soll herzutreten,
ein Haus nach dem andern; und welches
Haus der HERR treffen wird, das soll her-
zutreten, Mann für Mann.
15 Und wer so mit dem Gebannten an-
getroffen wird, den soll man mit Feuer

verbrennen mit allem, was er hat, weil er den Bund des HERRN übertreten und einen Frevel in Israel begangen hat.

16 Da machte sich Josua früh am Morgen auf und ließ Israel herzutreten, einen Stamm nach dem andern; und es wurde getroffen der Stamm Juda.

17 Und als er die Geschlechter Judas herzutreten ließ, wurde getroffen das Geschlecht der Serachiter. Und als er das Geschlecht der Serachiter herzutreten ließ, wurde Sabdi getroffen.

18 Und als er sein Haus herzutreten ließ, Mann für Mann, wurde getroffen Achan, der Sohn Karmis, des Sohnes Sabdis, des Sohnes Serachs, aus dem Stamm Juda.

19 Und Josua sprach zu Achan: Mein Sohn, gib dem HERRN, dem Gott Israels, die Ehre und bekenne es ihm und sage mir, was du getan hast, und verhehle mir nichts.

20 Da antwortete Achan Josua und sprach: Wahrlich, ich habe mich versündigt an dem HERRN, dem Gott Israels. So habe ich getan:

21 Ich sah unter der Beute einen kostbaren babylonischen Mantel und zweihundert Lot Silber und eine Stange von Gold, fünfzig Lot schwer; danach gelüstete mich, und ich nahm es. Und siehe, es ist verscharrt in der Erde in meinem Zelt und das Silber darunter.

22 Da sandte Josua Boten hin, die liefen zum Zelt; und siehe, es war verscharrt in seinem Zelt und das Silber darunter.

23 Und sie nahmen's aus dem Zelt und brachten's zu Josua und zu allen Kindern Israel und legten's nieder vor dem HERRN.

24 Da nahmen Josua und ganz Israel mit ihm Achan, den Sohn Serachs, samt dem Silber, dem Mantel und der Stange von Gold, seine Söhne und Töchter, seine Rinder und Esel und Schafe, sein Zelt und alles, was er hatte, und führten sie hinauf ins Tal Achor.

25 Und Josua sprach: Weil du uns betrübt hast, so betrübe dich der HERR an diesem Tage. Und ganz Israel steinigte ihn und verbrannte sie mit Feuer. Und als sie sie gesteinigt hatten,

26 machten sie über ihm einen großen Steinhaufen; der ist geblieben bis auf diesen Tag. So kehrte sich der HERR ab von dem Grimm seines Zorns. Daher nennt man diesen Ort «Tal Achor»* bis auf diesen Tag.

Eroberung der Stadt Ai

8 Und der HERR sprach zu Josua: Fürchte dich nicht und verzage nicht! Nimm mit dir das ganze Kriegsvolk und mache dich auf und zieh hinauf nach Ai! Sieh, ich habe den König von Ai samt seinem Volk in seiner Stadt und seinem Land in deine Hände gegeben.

2 Und du sollst mit Ai und seinem König tun, wie du mit Jericho und seinem König getan hast, nur daß ihr die Beute und das Vieh unter euch teilen sollt. Lege einen Hinterhalt hinter die Stadt!

3 Da machte sich Josua auf und das ganze Kriegsvolk, um nach Ai hinaufzuziehen. Und Josua erwählte dreißigtausend streitbare Männer und sandte sie aus bei Nacht

4 und gebot ihnen: Seht zu, ihr sollt der Hinterhalt sein hinter der Stadt. Entfernt euch aber nicht allzu weit von der Stadt und seid allesamt bereit!

5 Ich aber und das ganze Kriegsvolk, das bei mir ist, wollen nahe an die Stadt heranrücken. Und wenn sie ausziehen uns entgegen wie das erste Mal, so wollen wir vor ihnen fliehen,

6 damit sie uns nachjagen, bis wir sie von der Stadt weglocken. Denn sie werden denken, wir fliehen vor ihnen wie das erste Mal. Und wenn wir vor ihnen fliehen,

7 sollt ihr hervorbrechen aus dem Hinterhalt und die Stadt einnehmen; denn der HERR, euer Gott, wird sie in eure Hände geben.

8 Wenn ihr aber die Stadt eingenommen habt, so steckt sie mit Feuer an und tut nach dem Wort des HERRN. Siehe, ich hab's euch geboten.

9 So sandte sie Josua hin. Und sie zogen in den Hinterhalt und lagerten sich zwischen Bethel und Ai, westlich von Ai. Josua aber blieb die Nacht unter dem Volk

10 und machte sich früh am Morgen auf und ordnete das Volk und zog hinauf mit den Ältesten Israels vor dem Volk her nach Ai.

11 Und das ganze Kriegsvolk, das bei ihm war, zog hinauf, und sie kamen nahe

*d. h. Unglückstal.

vor die Stadt und lagerten sich nördlich
von Ai, so daß nur ein Tal war zwischen
ihnen und Ai.
12 Er hatte aber etwa fünftausend Mann
genommen und in den Hinterhalt gelegt
zwischen Bethel und Ai westlich von der
Stadt.
13 Und sie stellten das Volk des ganzen
Lagers, das nördlich vor der Stadt war,
so auf, daß sein Ende reichte bis westlich
von der Stadt. Und Josua zog hin in dieser
Nacht mitten in das Tal.
14 Als aber der König von Ai das sah,
machten die Männer der Stadt sich eilends früh auf und zogen aus an einen bestimmten Ort nach dem Jordantal zu, um
Israel zum Kampf zu begegnen, er mit
seinem ganzen Kriegsvolk. Denn er wußte
nicht, daß ihm ein Hinterhalt gelegt war
auf der andern Seite der Stadt.
15 Josua aber und ganz Israel stellten
sich, als würden sie vor ihnen geschlagen,
und flohen auf dem Wege zur Wüste.
16 Da wurde das ganze Volk in der
Stadt zusammengerufen, um ihnen nachzujagen. Und sie jagten Josua nach und
wurden von der Stadt weggelockt,
17 so daß nicht **ein** Mann in Ai und
Bethel zurückblieb, der nicht ausgezogen
wäre, um Israel nachzujagen, und ließen
die Stadt offen stehen und jagten Israel
nach.
18 Da sprach der HERR zu Josua:
Strecke die Lanze in deiner Hand aus auf
Ai zu; denn ich will es in deine Hand geben. Und als Josua die Lanze in seiner
Hand gegen die Stadt ausstreckte,
19 da brach der Hinterhalt eilends auf
aus seinem Versteck, und sie liefen, nachdem er seine Hand ausgestreckt hatte, und
kamen in die Stadt und nahmen sie ein
und eilten und steckten sie mit Feuer an.
20 Und die Männer von Ai wandten
sich um und sahen hinter sich und sahen
den Rauch der Stadt aufsteigen gen Himmel und vermochten nicht zu fliehen, weder hierhin noch dorthin. Denn das Volk,
das zur Wüste floh, kehrte um gegen die,
die ihnen nachjagten.
21 Und als Josua und ganz Israel sahen,
daß der Hinterhalt die Stadt eingenommen hatte, weil von der Stadt Rauch aufstieg, kehrten sie um und schlugen die
Männer von Ai.
22 Und die in der Stadt kamen auch
heraus ihnen entgegen, und die Männer
von Ai gerieten mitten unter Israel, von
hierher und von dorther. Und sie erschlugen sie, bis niemand mehr von ihnen
übrigblieb noch entrinnen konnte,
23 und ergriffen den König von Ai
lebendig und brachten ihn zu Josua.
24 Und als Israel alle Einwohner von
Ai getötet hatte auf dem Felde und in der
Wüste, wohin sie ihnen nachgejagt waren,
und alle durch die Schärfe des Schwerts
gefallen und umgekommen waren, da
kehrte sich ganz Israel gegen Ai und
schlug es mit der Schärfe des Schwerts.
25 Und alle, die an diesem Tage fielen,
Männer und Frauen, waren zwölftausend,
alle Leute von Ai.
26 Josua aber zog nicht eher seine Hand
zurück, mit der er die Lanze ausgestreckt
hatte, bis der Bann vollstreckt war an
allen Einwohnern von Ai.
27 Nur das Vieh und die Beute der Stadt
teilte Israel unter sich nach dem Wort des
HERRN, das er Josua geboten hatte.
28 Und Josua brannte Ai nieder und
machte es zu einem Schutthaufen für immer, der noch heute daliegt,
29 und ließ den König von Ai an einen
Baum hängen bis zum Abend. Als aber
die Sonne untergegangen war, gebot er,
daß man seinen Leichnam vom Baum
nehmen sollte, und sie warfen ihn unter
das Stadttor und machten einen großen
Steinhaufen über ihm, der bis auf diesen
Tag da ist.

Altarbau und Verkündigung des Gesetzes

30 Damals baute Josua dem HERRN,
dem Gott Israels, einen Altar auf dem
Berge Ebal,
31 wie Mose, der Knecht des HERRN,
den Kindern Israel geboten hatte, wie geschrieben steht im Gesetzbuch des Mose:
einen Altar von unversehrten Steinen, die
mit keinem Eisen behauen waren. Und sie
opferten dem HERRN darauf Brandopfer
und brachten Dankopfer dar,
32 und er schrieb dort auf die Steine
eine Abschrift des Gesetzes, das Mose
vor den Augen der Kinder Israel geschrieben hatte.
33 Und ganz Israel stand mit seinen
Ältesten und Amtleuten und Richtern zu

beiden Seiten der Lade gegenüber den
Priestern aus dem Stamm Levi, die die
Lade des Bundes des Herrn trugen, die
Fremdlinge sowohl als auch die Einheimi-
schen, die eine Hälfte zum Berge Garizim
hin und die andere Hälfte zum Berge Ebal
hin, wie Mose, der Knecht des Herrn,
vormals geboten hatte, das Volk Israel zu
segnen.
34 Danach ließ er ausrufen alle Worte
des Gesetzes, den Segen und den Fluch,
ganz wie es geschrieben steht im Gesetz-
buch.
35 Es war kein Wort, das Mose geboten
hatte, das Josua nicht hätte ausrufen las-
sen vor der ganzen Gemeinde Israel und
vor den Frauen und Kindern und Fremd-
lingen, die mit ihnen zogen.

Die List der Gibeoniter

9 Als das nun alle Könige hörten, die
jenseits des Jordan waren auf dem Ge-
birge und im Hügelland und am ganzen
Ufer des großen Meeres nach dem Liba-
non hin, nämlich die Hethiter, Amoriter,
Kanaaniter, Perisiter, Hewiter und Jebu-
siter,
2 fanden sie sich zusammen, um ein-
mütig gegen Josua und gegen Israel zu
kämpfen.
3 Aber die Bürger von Gibeon hörten,
was Josua mit Jericho und Ai getan hatte.
4 Da erdachten auch sie eine List, gingen
hin und versahen sich mit Speise und
nahmen alte Säcke auf ihre Esel und alte,
zerrissene, geflickte Weinschläuche
5 und alte, geflickte Schuhe an ihre Füße
und zogen alte Kleider an, und alles Brot,
das sie mit sich nahmen, war hart und
zerbröckelt.
6 Und sie gingen zu Josua ins Lager
nach Gilgal und sprachen zu ihm und zu
den Männern Israels: Wir kommen aus
fernen Landen; so schließt nun einen
Bund mit uns.
7 Da sprachen die Männer Israels zu
den Hewitern: Vielleicht wohnt ihr mitten
unter uns; wie könnten wir dann einen
Bund mit euch schließen?
8 Sie aber sprachen zu Josua: Wir sind
deine Knechte. Josua sprach zu ihnen:
Wer seid ihr, und woher kommt ihr?
9 Sie sprachen: Deine Knechte sind aus
sehr fernen Landen gekommen um des
Namens des Herrn, deines Gottes, wil-
len; denn wir haben von ihm gehört alles,
was er in Ägypten getan hat,
10 und alles, was er den beiden Königen
der Amoriter jenseits des Jordan getan
hat, Sihon, dem König von Hesbon, und
Og, dem König von Basan, der zu Asch-
taroth wohnte.
11 Darum sprachen unsere Ältesten und
alle Bewohner unseres Landes zu uns:
Nehmt Speise mit euch auf die Reise und
geht ihnen entgegen und sprecht zu ihnen:
Wir sind eure Knechte. So schließt nun
einen Bund mit uns!
12 Dies unser Brot, das wir aus unsern
Häusern zu unserer Speise mitnahmen,
war noch warm, als wir zu euch auszogen,
nun aber, siehe, ist es hart und zerbröckelt;
13 und diese Weinschläuche waren neu,
als wir sie füllten, und siehe, sie sind zer-
rissen; und diese unsere Kleider und
Schuhe sind alt geworden über der sehr
langen Reise.
14 Da nahmen die Obersten von ihrer
Speise, aber befragten den Mund des
Herrn nicht.
15 Und Josua machte Frieden mit ihnen
und schloß einen Bund mit ihnen, daß sie
am Leben bleiben sollten. Und die Ober-
sten der Gemeinde schworen es ihnen.
16 Aber drei Tage, nachdem sie mit
ihnen einen Bund geschlossen hatten, kam
es vor sie, daß jene aus ihrer Nähe wären
und mitten unter ihnen wohnten.
17 Denn als die Kinder Israel weiter
zogen, kamen sie am dritten Tage zu
ihren Städten; die hießen Gibeon, Kephi-
ra, Beeroth und Kirjath-Jearim.
18 Aber die Kinder Israel erschlugen sie
nicht, weil ihnen die Obersten der Ge-
meinde geschworen hatten bei dem
Herrn, dem Gott Israels. Als aber die
ganze Gemeinde gegen die Obersten
murrte,
19 sprachen alle Obersten zu der ganzen
Gemeinde: Wir haben ihnen geschworen
bei dem Herrn, dem Gott Israels; darum
können wir sie nicht antasten.
20 Aber das wollen wir tun: Laßt sie
leben, daß nicht ein Zorn über uns kom-
me um des Eides willen, den wir ihnen ge-
schworen haben.
21 Und die Obersten sprachen weiter zu
ihnen: Laßt sie leben, damit sie Holzhauer

und Wasserschöpfer seien für die ganze
Gemeinde, wie ihnen die Obersten gesagt
haben.
22 Da rief sie Josua und redete mit
ihnen und sprach: Warum habt ihr uns
betrogen und gesagt: «Wir sind sehr fern
von euch», wo ihr doch mitten unter uns
wohnt?
23 Darum sollt ihr verflucht sein und
sollt nicht aufhören, Knechte zu sein, die
Holz hauen und Wasser schöpfen für das
Haus meines Gottes.
24 Sie antworteten Josua: Es wurde dei-
nen Knechten angesagt, daß der HERR,
dein Gott, seinem Knecht Mose geboten
habe, daß er euch das ganze Land geben
und vor euch her alle Bewohner des Lan-
des vertilgen wolle. Da fürchteten wir sehr
für unser Leben und haben das so ge-
macht.
25 Nun aber, siehe, wir sind in deinen
Händen; was dich gut und recht dünkt,
mit uns zu tun, das tu.
26 Und so tat er mit ihnen und errettete
sie aus der Hand der Kinder Israel, daß
sie sie nicht töteten.
27 So machte sie Josua an diesem Tage
zu Holzhauern und Wasserschöpfern für
die Gemeinde und den Altar des HERRN
bis auf diesen Tag, an der Stätte, die er
erwählen würde.

Josuas Sieg bei Gibeon und Eroberung des südlichen Kanaan

10 Als aber Adoni-Zedek, der König
von Jerusalem, hörte, daß Josua Ai
erobert und an ihm den Bann vollstreckt
und mit Ai samt seinem König getan hat-
te, wie er mit Jericho und seinem König
getan hatte, und daß die von Gibeon Frie-
den mit Israel gemacht hätten und mitten
unter ihnen wohnten,
2 fürchteten sie sich sehr; denn Gibeon
war eine große Stadt wie eine der Königs-
städte und größer als Ai, und alle seine
Bürger streitbare Männer.
3 Und Adoni-Zedek, der König von
Jerusalem, sandte zu Hoham, dem König
von Hebron, und zu Piram, dem König
von Jarmuth, und zu Japhia, dem König
von Lachisch, und zu Debir, dem König
von Eglon, und ließ ihnen sagen:
4 Kommt herauf zu mir und helft mir,
daß wir Gibeon schlagen; denn es hat mit
Josua und den Kindern Israel Frieden ge-
macht.
5 Da sammelten sich und zogen hinauf
die fünf Könige der Amoriter, der König
von Jerusalem, der König von Hebron,
der König von Jarmuth, der König von
Lachisch, der König von Eglon mit ihrem
ganzen Kriegsvolk und belagerten Gibeon
und kämpften gegen die Stadt.
6 Aber die von Gibeon sandten zu Josua
ins Lager nach Gilgal und ließen ihm
sagen: Zieh deine Hand nicht ab von dei-
nen Knechten; komm eilends zu uns her-
auf, rette und hilf uns! Denn es haben sich
gegen uns versammelt alle Könige der
Amoriter, die auf dem Gebirge wohnen.
7 Da zog Josua hinauf von Gilgal und
das ganze Kriegsvolk mit ihm und alle
streitbaren Männer.
8 Und der HERR sprach zu Josua:
Fürchte dich nicht vor ihnen; denn ich
habe sie in deine Hände gegeben. Nie-
mand unter ihnen wird vor dir bestehen
können.
9 So kam Josua plötzlich über sie; denn
die ganze Nacht war er heraufgezogen von
Gilgal.
10 Und der HERR erschreckte sie vor
Israel, daß sie eine große Schlacht schlu-
gen bei Gibeon, und sie jagten ihnen nach,
den Weg hinab nach Beth-Horon, und
schlugen sie bis nach Aseka und Mak-
keda hin.
11 Und als sie vor Israel flohen den Weg
hinab nach Beth-Horon, ließ der HERR
große Steine vom Himmel auf sie fallen
bis Aseka, daß sie starben. Und von ihnen
starben viel mehr durch die Hagelsteine,
als die Kinder Israel mit dem Schwert
töteten.
12 Damals redete Josua mit dem HERRN
an dem Tage, da der HERR die Amoriter
vor den Kindern Israel dahingab, und er
sprach in Gegenwart Israels: Sonne, steh
still zu Gibeon, und Mond, im Tal Aja-
lon!
13 Da stand die Sonne still und der
Mond blieb stehen, bis sich das Volk an
seinen Feinden gerächt hatte. Ist dies
nicht geschrieben im Buch des Redlichen?
So blieb die Sonne stehen mitten am
Himmel und beeilte sich nicht unterzu-
gehen fast einen ganzen Tag.
14 Und es war kein Tag diesem gleich,

weder vorher noch danach, daß der HERR so auf die Stimme eines Menschen hörte; denn der HERR stritt für Israel.

15 Josua aber kehrte ins Lager nach Gilgal zurück und ganz Israel mit ihm.

16 Aber die fünf Könige waren geflohen und hatten sich versteckt in der Höhle bei Makkeda.

17 Da wurde Josua angesagt: Wir haben die fünf Könige gefunden, verborgen in der Höhle bei Makkeda.

18 Josua sprach: So wälzt große Steine vor den Eingang der Höhle und stellt Männer davor, die sie bewachen;

19 ihr aber, bleibt nicht stehen, sondern jagt euren Feinden nach und faßt sie von hinten; laßt sie nicht in ihre Städte entrinnen; denn der HERR, euer Gott, hat sie in eure Hände gegeben.

20 Und als Josua und Israel sie ganz geschlagen hatten in dieser sehr großen Schlacht – was übrigblieb von ihnen, entkam in die festen Städte –,

21 da kam das ganze Volk ins Lager zurück zu Josua nach Makkeda mit Frieden, und es wagte niemand, gegen Israel seine Zunge zu regen.

22 Josua aber sprach: Macht den Eingang der Höhle auf und bringt die fünf Könige heraus zu mir!

23 Sie taten so und brachten die fünf Könige zu ihm aus der Höhle: den König von Jerusalem, den König von Hebron, den König von Jarmuth, den König von Lachisch, den König von Eglon.

24 Als aber die fünf Könige zu ihm herausgebracht waren, rief Josua alle Männer Israels zu sich und sprach zu den Obersten des Kriegsvolks, die mit ihm zogen: Kommt her und setzt eure Füße auf den Nacken dieser Könige. Und sie kamen und setzten ihre Füße auf ihren Nacken.

25 Und Josua sprach zu ihnen: Fürchtet euch nicht und erschreckt nicht, seid getrost und unverzagt; denn ebenso wird der HERR allen euren Feinden tun, gegen die ihr kämpft.

26 Und Josua schlug sie danach tot und hängte sie an fünf Bäume, und sie hingen an den Bäumen bis zum Abend.

27 Als aber die Sonne untergegangen war, gebot er, daß man sie von den Bäumen nehmen und in die Höhle werfen sollte, in die sie sich verkrochen hatten. Und sie legten große Steine vor den Eingang der Höhle. Die sind noch da bis auf diesen Tag.

28 An diesem Tag eroberte Josua auch Makkeda und schlug es mit der Schärfe des Schwerts samt seinem König und vollstreckte den Bann an der Stadt und an allen, die darin waren, und ließ niemand übrig und tat mit dem König von Makkeda, wie er mit dem König von Jericho getan hatte.

29 Da zogen Josua und ganz Israel mit ihm von Makkeda nach Libna und kämpften gegen Libna.

30 Und der HERR gab auch dieses mit seinem König in die Hand Israels; und er schlug die Stadt mit der Schärfe des Schwerts und alle, die darin waren, und ließ niemand darin übrig und tat mit ihrem König, wie er mit dem König von Jericho getan hatte.

31 Danach zogen Josua und ganz Israel mit ihm von Libna nach Lachisch, und er belagerte die Stadt und kämpfte gegen sie.

32 Und der HERR gab auch Lachisch in die Hände Israels, daß sie es am nächsten Tag eroberten und es schlugen mit der Schärfe des Schwerts und alle, die darin waren, ganz wie sie mit Libna getan hatten.

33 Zu dieser Zeit zog Horam, der König von Geser, hinauf, um Lachisch zu helfen; aber Josua schlug ihn und sein Kriegsvolk, bis niemand übrigblieb.

34 Und Josua zog von Lachisch mit ganz Israel nach Eglon und belagerte die Stadt und kämpfte gegen sie;

35 und sie eroberten sie an diesem Tag und schlugen sie mit der Schärfe des Schwerts, und Josua vollstreckte den Bann an allen, die darin waren, an diesem Tage, ganz wie er mit Lachisch getan hatte.

36 Danach zog Josua hinauf mit ganz Israel von Eglon nach Hebron, und sie kämpften gegen die Stadt

37 und eroberten sie und schlugen sie mit der Schärfe des Schwerts, samt ihrem König und allen ihren Städten und allen, die darin waren; und er ließ niemand übrig, ganz wie er mit Eglon getan hatte, und vollstreckte an ihm den Bann und an allen, die darin waren.

38 Da kehrte Josua um mit ganz Israel
nach Debir und kämpfte gegen die Stadt
39 und eroberte sie samt ihrem König
und allen ihren Städten, und sie schlugen
sie mit der Schärfe des Schwerts und vollstreckten den Bann an allen, die darin
waren, und er ließ niemand übrig. Wie er
mit Hebron getan hatte und wie er mit
Libna und seinem König getan hatte, so
tat er auch mit Debir und seinem König.
40 So schlug Josua das ganze Land auf
dem Gebirge und im Süden und im Hügelland und an den Abhängen mit allen seinen Königen und ließ niemand übrig und
vollstreckte den Bann an allem, was Odem
hatte, wie der HERR, der Gott Israels, geboten hatte.
41 Und er schlug sie von Kadesch-Barnea an bis Gaza und das ganze Land
Goschen bis Gibeon
42 und unterwarf alle diese Könige mit
ihrem Lande auf einmal; denn der HERR,
der Gott Israels, stritt für Israel.
43 Und Josua kehrte ins Lager nach
Gilgal zurück mit ganz Israel.

Sieg am Wasser von Merom und Eroberung des nördlichen Kanaan

11 Als aber Jabin, der König von Hazor, das hörte, sandte er zu Jobab,
dem König von Madon, und zum König
von Schimron und zum König von Achschaph
2 und zu den Königen, die im Norden
auf dem Gebirge und im Jordantal südlich von Kinnereth und im Hügelland und
auf den Hügeln von Dor am Meer wohnten,
3 zu den Kanaanitern im Osten und
Westen, den Amoritern, Hethitern, Perisitern und Jebusitern auf dem Gebirge,
dazu den Hewitern am Fuße des Berges
Hermon, im Lande Mizpa.
4 Diese zogen aus mit ihrem ganzen
Heer, ein großes Volk, so viel wie der
Sand am Meer, und sehr viele Rosse und
Wagen.
5 Alle diese Könige versammelten sich
und kamen und lagerten sich gemeinsam
am Wasser von Merom, um mit Israel zu
kämpfen.
6 Und der HERR sprach zu Josua:
Fürchte dich nicht vor ihnen! Denn morgen um diese Zeit will ich sie alle vor
Israel dahingeben und sie erschlagen;
ihre Rosse sollst du lähmen und ihre Wagen mit Feuer verbrennen.
7 Da kamen Josua und das ganze Kriegsvolk mit ihm plötzlich über sie am Wasser
von Merom und überfielen sie.
8 Und der HERR gab sie in die Hände
Israels, und sie schlugen sie und jagten
ihnen nach bis Sidon, der großen Stadt,
und bis Misrephoth-Majim und bis an die
Ebene von Mizpe im Osten und erschlugen sie, bis niemand mehr unter ihnen
übrigblieb.
9 Da tat Josua mit ihnen, wie der HERR
ihm gesagt hatte, und lähmte ihre Rosse
und verbrannte ihre Wagen
10 und kehrte um zu dieser Zeit und eroberte Hazor und erschlug seinen König
mit dem Schwert; denn Hazor war vorher
die Hauptstadt aller dieser Königreiche.
11 Und sie erschlugen alle, die darin
waren, mit der Schärfe des Schwerts und
vollstreckten den Bann an ihnen, und
nichts blieb übrig, was Odem hatte, und
er verbrannte Hazor mit Feuer.
12 Dazu eroberte Josua alle Städte dieser Könige mit ihren Königen und erschlug sie mit der Schärfe des Schwerts
und vollstreckte den Bann an ihnen, wie
Mose, der Knecht des HERRN, geboten
hatte.
13 Doch die Städte, die auf ihren Hügeln standen, verbrannte Israel nicht; sondern Hazor allein verbrannte Josua.
14 Und die ganze Beute dieser Städte
und das Vieh teilten die Kinder Israel
unter sich; aber alle Menschen erschlugen
sie mit der Schärfe des Schwerts, bis sie
vertilgt waren, und ließen nichts übrig,
was Odem hatte.
15 Wie der HERR dem Mose, seinem
Knecht, und Mose dem Josua geboten
hatte, so tat Josua, daß nichts fehlte an
allem, was der HERR dem Mose geboten
hatte.

Das ganze Land in der Hand Israels

16 So nahm Josua dies ganze Land ein,
das Gebirge und alles, was im Süden liegt,
und das ganze Land Goschen und das
Hügelland und das Jordantal und das Gebirge Israel mit seinem Hügelland,
17 von dem kahlen Gebirge an, das aufsteigt nach Seïr hin bis nach Baal-Gad in

der Ebene beim Gebirge Libanon, am
Fuße des Berges Hermon. Alle ihre Könige nahm er gefangen und schlug sie nieder und tötete sie.
18 Er kämpfte aber eine lange Zeit mit
diesen Königen.
19 Es war keine Stadt, die Frieden
machte mit den Kindern Israel, ausgenommen die Hewiter, die in Gibeon wohnten; sondern sie eroberten sie alle im Kampf.
20 So geschah es von dem HERRN, daß
ihr Herz verstockt wurde, im Kampf Israel zu begegnen, damit sie mit dem Bann geschlagen würden und ihnen keine Gnade widerführe, sondern sie vertilgt würden, wie der HERR dem Mose geboten hatte.
21 Zu der Zeit kam Josua und rottete
aus die Enakiter von dem Gebirge, von Hebron, von Debir, von Anab und vom ganzen Gebirge Juda und vom ganzen Gebirge Israel, und er vollstreckte an ihnen den Bann mit ihren Städten
22 und ließ keine Enakiter übrig im
Lande der Kinder Israel außer in Gaza, in Gath, in Asdod; dort blieben einige von ihnen übrig.
23 So nahm Josua das ganze Land ein,
ganz so, wie der HERR zu Mose geredet hatte, und gab es Israel zum Besitz, einem jeden Stamm sein Teil. Und das Land war zur Ruhe gekommen vom Kriege.

12 Dies sind die Könige des Landes,
die die Kinder Israel schlugen und deren Land sie einnahmen jenseits des Jordan gegen Sonnenaufgang von dem Arnonfluß an bis an den Berg Hermon und das ganze Jordantal im Osten:
2 Sihon, der König der Amoriter, der in
Hesbon wohnte und herrschte von Aroër an, das am Ufer des Arnonflusses liegt, und von der Mitte des Tals an und über das halbe Gilead bis an den Jabbokfluß, die Grenze der Ammoniter,
3 und über das Jordantal bis an die Ost-
seite des Sees Kinnereth und bis an die Ostseite des Meeres im Jordantal – das ist das Salzmeer – auf Beth-Jeschimoth zu und im Süden bis unten an die Abhänge des Gebirges Pisga.
4 Dazu das Gebiet des Königs Og von
Basan, der noch von den Riesen übriggeblieben war und in Aschtaroth und Edreï wohnte
5 und herrschte über den Berg Hermon,
über Salcha und über ganz Basan bis an das Gebiet der Geschuriter und Maachathiter und über das halbe Gilead bis zum Gebiet Sihons, des Königs von Hesbon.
6 Mose, der Knecht des HERRN, und die
Kinder Israel hatten sie geschlagen. Und Mose, der Knecht des HERRN, hatte ihr Land den Rubenitern, Gaditern und dem halben Stamm Manasse zum Besitz gegeben.
7 Dies sind die Könige des Landes, die
Josua und die Kinder Israel schlugen, diesseits des Jordan im Westen, von Baal-Gad im Tal beim Gebirge Libanon bis an das kahle Gebirge, das ansteigt nach Seïr. Und Josua gab das Land den Stämmen Israels zum Besitz, einem jeden sein Teil,
8 was auf den Gebirgen, im Hügelland,
im Jordantal, an den Abhängen, in der Wüste und im Süden war, die Hethiter, Amoriter, Kanaaniter, Perisiter, Hewiter und Jebusiter:
9 der König von Jericho, der König von
Ai, das zur Seite von Bethel liegt,
10 der König von Jerusalem, der König
von Hebron,
11 der König von Jarmuth, der König
von Lachisch,
12 der König von Eglon, der König von
Geser,
13 der König von Debir, der König von
Geder,
14 der König von Horma, der König
von Arad,
15 der König von Libna, der König von
Adullam,
16 der König von Makkeda, der König
von Bethel,
17 der König von Tappuach, der König
von Hepher,
18 der König von Aphek, der König
von Saron,
19 der König von Madon, der König
von Hazor,
20 der König von Schimron-Meron, der
König von Achschaph,
21 der König von Taanach, der König
von Megiddo,
22 der König von Kedesch, der König
von Jokneam am Karmel,
23 der König von Dor, das an den Hü-
geln von Dor liegt, der König von Völkern in Galiläa,

24 der König von Tirza. Das sind zu-
sammen einunddreißig Könige.

Die Verteilung des Landes wird angeordnet

13 Als nun Josua alt war und hochbe-
tagt, sprach der HERR zu ihm: Du
bist alt geworden und hochbetagt, und vom
Lande bleibt noch sehr viel einzunehmen,
2 nämlich alle Gebiete der Philister und
ganz Geschur,
3 vom Schihor an, der vor Ägypten
fließt, bis zum Gebiet Ekrons nach Nor-
den, das den Kanaanitern zugerechnet
wird, fünf Fürsten der Philister, nämlich
von Gaza, Asdod, Askalon, Gath und
Ekron, und dazu die Awwiter
4 im Süden; das ganze Land der Ka-
naaniter und Meara, das den Sidoniern
gehört, bis Aphek, bis an die Grenze der
Amoriter;
5 dazu das Land der Gebaliter und der
ganze Libanon gegen Sonnenaufgang, von
Baal-Gad am Fuße des Gebirges Hermon
bis dorthin, wo es nach Hamath geht.
6 Alle, die auf dem Gebirge wohnen,
vom Libanon an bis nach Misrephoth-
Majim, alle Sidonier: Ich will sie vertrei-
ben vor den Kindern Israel; wirf nur das
Los darum, um sie auszuteilen unter Is-
rael, wie ich dir geboten habe.
7 So teile nun dies Land zum Besitz un-
ter die neun Stämme und unter den halben
Stamm Manasse.
8 Denn die Rubeniter und Gaditer ha-
ben mit dem andern halben Stamm Ma-
nasse ihr Erbteil empfangen, das ihnen
Mose gab jenseits des Jordan im Osten,
wie es ihnen Mose, der Knecht des HERRN,
gegeben hatte
9 von Aroër an, das am Ufer des Arnon-
flusses liegt, und von der Stadt mitten im
Tal und die ganze Ebene von Medeba bis
Dibon
10 und alle Städte Sihons, des Königs
der Amoriter, der in Hesbon herrschte,
bis an die Grenze der Ammoniter,
11 dazu Gilead und das Gebiet von Ge-
schur und Maacha und das ganze Ge-
birge Hermon und ganz Basan bis Salcha,
12 das ganze Reich Ogs von Basan, der
in Aschtaroth und Edreï herrschte und der
noch übriggeblieben war von den Riesen.
Mose aber hatte sie geschlagen und ver-
trieben.
13 Die Kinder Israel vertrieben aber die
von Geschur und von Maacha nicht, son-
dern es wohnten beide, Geschur und
Maacha, mitten unter Israel bis auf diesen
Tag.
14 Aber dem Stamm der Leviten gab er
kein Erbteil; denn die Feueropfer des
HERRN, des Gottes Israels, gehören ihnen;
er selbst ist ihr Erbteil, wie er ihnen zuge-
sagt hat.

Die Verteilung im Ostjordanland

15 So gab Mose dem Stamm der Söhne
Ruben für ihre Geschlechter
16 als ihr Gebiet: das Land von Aroër
an, das am Ufer des Arnonflusses liegt,
und die Stadt mitten im Tal mit allem
ebenen Felde bis Medeba;
17 Hesbon und alle seine Städte, die im
ebenen Felde liegen, Dibon, Bamoth-Baal
und Beth-Baal-Meon,
18 Jahza, Kedemoth, Mephaath,
19 Kirjathajim, Sibma, Zereth-Schahar
auf dem Berge in der Talebene,
20 Beth-Peor, die Abhänge am Pisga
und Beth-Jeschimoth
21 und alle Städte der Ebene und das
ganze Reich Sihons, des Königs der Amo-
riter, der in Hesbon herrschte und den
Mose schlug samt den Fürsten Midians –
Ewi, Rekem, Zur, Hur und Reba –, den
Gewaltigen des Königs Sihon, die im
Lande wohnten.
22 Dazu töteten die Kinder Israel Bi-
leam, den Sohn Beors, den Wahrsager,
mit dem Schwert außer den schon von
ihnen Erschlagenen.
23 Und die Grenze der Söhne Ruben
war der Jordan. Das ist das Erbteil der
Söhne Ruben für ihre Geschlechter, die
Städte mit ihren Gehöften.
24 Dem Stamm der Söhne Gad für ihre
Geschlechter gab Mose
25 als ihr Gebiet: Jaser und alle Städte
in Gilead und das halbe Land der Ammo-
niter bis Aroër, das östlich von Rabba
liegt,
26 und von Hesbon bis Ramath-Mizpe
und Betonim und von Mahanajim bis zum
Gebiet von Lo-Dabar,
27 im Tal aber Beth-Haram, Beth-
Nimra, Sukkoth und Zaphon, was übrig
war von dem Reich Sihons, des Königs
von Hesbon, den Jordan und sein Gebiet

bis ans Ende des Sees Kinnereth, jenseits des Jordan im Osten.

28 Das ist das Erbteil der Söhne Gad für ihre Geschlechter, die Städte mit ihren Gehöften.

29 Dem halben Stamm der Söhne Manasse für ihre Geschlechter gab Mose

30 als ihr Gebiet: ganz Basan, von Mahanajim an, das ganze Reich Ogs, des Königs von Basan, und alle Dörfer Jaïrs, die in Basan liegen, nämlich sechzig Städte.

31 Und das halbe Gilead, Aschtaroth, Edreï, die Königsstädte Ogs von Basan, gab er den Söhnen Machirs, des Sohnes Manasses, – nämlich der Hälfte der Söhne Machir – für ihre Geschlechter.

32 Das sind die Gebiete, die Mose ausgeteilt hat in dem Jordantal der Moabiter, jenseits des Jordan östlich von Jericho.

33 Aber dem Stamm Levi gab Mose kein Erbteil; denn der HERR, der Gott Israels, ist selbst ihr Erbteil, wie er ihnen zugesagt hat.

Beginn der Verteilung des Westjordanlandes

14 Dies aber sind die Gebiete, die die Kinder Israel als Erbteil erhielten im Lande Kanaan, die unter sie ausgeteilt haben der Priester Eleasar und Josua, der Sohn Nuns, und die Häupter der Sippen unter den Stämmen Israels.

2 Sie teilten diese Gebiete durchs Los unter sie, wie der HERR durch Mose geboten hatte, sie den neuneinhalb Stämmen zu geben.

3 Denn den zweieinhalb Stämmen hatte Mose Erbteil gegeben jenseits des Jordan; den Leviten aber hatte er kein Erbteil unter ihnen gegeben.

4 Denn die Söhne Joseph bestanden aus zwei Stämmen, Manasse und Ephraim. Den Leviten aber gab man keinen Anteil am Lande, sondern Städte zum Wohnen samt Weideplätzen für ihr Vieh, das sie besaßen.

5 Wie der HERR dem Mose geboten hatte, so taten die Kinder Israel und verteilten das Land.

Kalebs Erbteil

6 Da traten herzu die von Juda zu Josua in Gilgal; und Kaleb, der Sohn Jephunnes, der Kenisiter, sprach zu ihm: Du weißt, was der HERR zu Mose, dem Mann Gottes, sagte meinet- und deinetwegen in Kadesch-Barnea.

7 Ich war vierzig Jahre alt, als mich Mose, der Knecht des HERRN, aussandte von Kadesch-Barnea, um das Land zu erkunden, und ich ihm Bericht gab nach bestem Wissen.

8 Aber meine Brüder, die mit mir hinaufgezogen waren, machten dem Volk das Herz verzagt; ich aber folgte dem HERRN, meinem Gott, treulich.

9 Da schwor Mose an jenem Tage und sprach: Das Land, das dein Fuß betreten hat, soll dein und deiner Nachkommen Erbteil sein für immer, weil du dem HERRN, meinem Gott, treulich gefolgt bist.

10 Und nun siehe, der HERR hat mich am Leben gelassen, wie er mir zugesagt hat. Es sind nun fünfundvierzig Jahre her, daß der HERR dies zu Mose sagte, als Israel in der Wüste umherzog. Und nun siehe, ich bin heute fünfundachtzig Jahre alt

11 und bin noch heute so stark, wie ich war an dem Tage, da mich Mose aussandte. Wie meine Kraft damals war, so ist sie noch jetzt, zu kämpfen und aus- und einzuziehen.

12 So gib mir nun dies Gebirge, von dem der HERR geredet hat an jenem Tage; denn du hast's gehört am selben Tage, daß dort die Enakiter wohnen und große und feste Städte sind. Vielleicht wird der HERR mit mir sein, damit ich sie vertreibe, wie der HERR zugesagt hat.

13 Da segnete ihn Josua und gab Kaleb, dem Sohn Jephunnes, Hebron zum Erbteil.

14 Daher wurde Hebron das Erbteil Kalebs, des Sohnes Jephunnes, des Kenisiters, bis auf diesen Tag, weil er dem HERRN, dem Gott Israels, treulich gefolgt war.

15 Aber Hebron hieß vorzeiten Stadt des Arba, der der größte Mensch war unter den Enakitern.

Und das Land war zur Ruhe gekommen vom Kriege.

Grenzen des Stammes Juda

15 Das Los des Stammes **Juda** für seine Geschlechter lag gegen die Grenze Edoms hin, nach der Wüste Zin zu im äußersten Süden.

2 Seine Südgrenze ging vom Ende des Salzmeeres, von seiner südlichen Spitze,

3 und geht dann südwärts vom Skorpionensteig und geht weiter nach Zin und führt hinauf südlich von Kadesch-Barnea bis hinüber nach Hezron und führt hinauf nach Addar und biegt um nach Karka
4 und berührt Azmon und läuft aus am Bach Ägyptens, so daß das Ende der Grenze das Meer wird. Das sei eure Grenze nach Süden.
5 Die Ostgrenze ist das Salzmeer bis dort, wo der Jordan hineinfließt. Die Nordgrenze beginnt am Meer dort, wo der Jordan hineinfließt,
6 und führt hinauf nach Beth-Hogla und zieht sich hin nördlich von Beth-Araba und kommt herauf zum Stein Bohans, des Sohnes Rubens,
7 und führt hinauf nach Debir vom Tal Achor und wendet sich nordwärts nach Gilgal, gegenüber der Steige von Adummim, die südlich vom Bachtal liegt. Danach geht sie zu dem Wasser von En-Schemesch und läuft aus zur Quelle Rogel.
8 Danach führt sie hinauf zum Tal des Sohnes Hinnoms südlich des Berghangs der Jebusiter – das ist Jerusalem – und kommt hinauf auf den Gipfel des Berges, der westlich vor dem Tal Hinnom liegt und an der Nordecke der Ebene Rephaim.
9 Danach kommt sie von dem Berggipfel zur Quelle Menephtoach und läuft aus zu den Städten des Gebirges Ephron und neigt sich nach Baala – das ist Kirjath-Jearim –
10 und biegt um von Baala nach Westen zum Gebirge Seïr und geht an der Nordseite des Gebirges Jearim – das ist Kesalon – und kommt herab nach Beth-Schemesch und geht durch Timna
11 und kommt heraus am Nordhang des Berges Ekron und zieht sich nach Schikkaron und geht hinüber zum Berge von Baala und kommt heraus bei Jabneel, so daß ihr Ende das Meer ist.
12 Die Westgrenze aber ist das große Meer und sein Gestade. Das ist die Grenze von Juda ringsumher für seine Geschlechter.

Kaleb erhält Hebron.
Othniël erobert Debir

13 Kaleb aber, dem Sohn Jephunnes, wurde sein Teil gegeben mitten unter Juda, wie der HERR dem Josua befahl, nämlich die Stadt des Arba, des Vaters Enaks, das ist Hebron.
14 Und Kaleb vertrieb von dort die drei Söhne Enaks: Scheschai, Ahiman und Talmai, die Nachkommen Enaks,
15 und zog von dort hinauf gegen die Einwohner von Debir. Debir aber hieß vorzeiten Kirjath-Sepher.
16 Und Kaleb sprach: Wer Kirjath-Sepher schlägt und erobert, dem will ich meine Tochter Achsa zur Frau geben.
17 Da eroberte es Othniël, der Sohn des Kenas, des Bruders Kalebs. Und Kaleb gab ihm seine Tochter Achsa zur Frau.
18 Und es begab sich, als sie zu ihm kam, beredete er sie, einen Acker zu fordern von ihrem Vater. Und sie stieg vom Esel. Da sprach Kaleb zu ihr: Was willst du?
19 Sie sprach: Gib mir eine Segensgabe; denn du hast mich nach dem dürren Südland gegeben; gib mir auch Wasserquellen! Da gab er ihr die oberen und die unteren Quellen.

Die Städte des Stammes Juda

20 Dies ist das Erbteil des Stammes Juda für seine Geschlechter.
21 Und die Städte des Stammes Juda nach der Grenze von Edom zu, im Südland, waren diese: Kabzeel, Eder, Jagur,
22 Kina, Dimona, Adada,
23 Kedesch, Hazor, Jithnan,
24 Siph, Telem, Bealoth,
25 Hazor-Hadatta, Kerijoth-Hezron – das ist Hazor –,
26 Amam, Schema, Molada,
27 Hazar-Gadda, Heschmon, Beth-Pelet,
28 Hazar-Schual, Beerseba und seine Ortschaften,
29 Baala, Ijjim, Ezem,
30 Eltolad, Kesil, Horma,
31 Ziklag, Madmanna, Sansanna,
32 Lebaoth, Schilhim, Ajin, Rimmon. Das sind neunundzwanzig Städte mit ihren Gehöften.
33 Im Hügelland aber waren Eschtaol, Zora, Aschna,
34 Sanoach, En-Gannim, Tappuach, Enam,
35 Jarmuth, Adullam, Socho, Aseka,
36 Schaarajim, Adithajim, Gedera und Gederothajim. Das sind vierzehn Städte mit ihren Gehöften.

37 Zenan, Hadascha, Migdal-Gad,
38 Dilan, Mizpe, Joktheel,
39 Lachisch, Bozkath, Eglon,
40 Kabbon, Lachmas, Kithlisch,
41 Gederoth, Beth-Dagon, Naama, Makkeda. Das sind sechzehn Städte mit ihren Gehöften.
42 Libna, Ether, Aschan,
43 Jiphtach, Aschna, Nezib,
44 Kegila, Achsib, Marescha. Das sind neun Städte mit ihren Gehöften.
45 Ekron mit seinen Ortschaften und Gehöften.
46 Von Ekron nach dem Meere zu alles, was nach der Seite von Asdod und seinen Gehöften liegt:
47 Asdod mit seinen Ortschaften und Gehöften, Gaza mit seinen Ortschaften und Gehöften bis an den Bach Ägyptens, und die Grenze ist das große Meer und sein Gestade.
48 Auf dem Gebirge aber waren Schamir, Jattir, Socho,
49 Danna, Kirjath-Sanna – das ist Debir –,
50 Anab, Eschtemo, Anim,
51 Goschen, Holon, Gilo. Das sind elf Städte mit ihren Gehöften.
52 Arab, Duma, Eschan,
53 Janum, Beth-Tappuach, Apheka,
54 Humta, Kirjath-Arba – das ist Hebron –, Zior. Das sind neun Städte mit ihren Gehöften.
55 Maon, Karmel, Siph, Jutta,
56 Jesreel, Jokdeam, Sanoach,
57 Kain, Gibea, Timna. Das sind zehn Städte mit ihren Gehöften.
58 Halhul, Beth-Zur, Gedor,
59 Maarath, Beth-Anoth, Eltekon. Das sind sechs Städte mit ihren Gehöften.

Thekoa, Ephratha – das ist Bethlehem –, Peor, Etam, Kolon, Tatam, Sores, Kerem, Gallim, Beth-Ther, Manocho. Das sind elf Städte mit ihren Gehöften.*

60 Kirjath-Baal – das ist Kirjath-Jearim –, Rabba; zwei Städte mit ihren Gehöften.
61 In der Wüste aber waren Beth-Araba, Middin, Sechacha,
62 Nibschan und die Salzstadt und En-Gedi. Das sind sechs Städte mit ihren Gehöften.
63 Die Jebusiter aber wohnten in Jerusalem, und Juda konnte sie nicht vertreiben. So blieben die Jebusiter mit denen von Juda in Jerusalem wohnen bis auf diesen Tag.

*stammt aus anderer Überlieferung.

Erbteil der Josephstämme

16 Das Los des Stammes **Joseph** nahm seinen Anfang am Jordan bei Jericho, an den Wassern von Jericho im Osten. Von Jericho an geht die Grenze durch die Wüste auf das Gebirge nach Bethel
2 und kommt von Bethel heraus nach Lus und geht durch zum Gebiet der Arkiter nach Ataroth
3 und zieht sich hernieder westwärts zu dem Gebiet der Japhletiter bis an das Gebiet des unteren Beth-Horon und bis nach Geser, und ihr Ende ist am Meer.
4 Und die Söhne Josephs, **Manasse** und **Ephraim,** erhielten ihr Erbteil.
5 Das Gebiet des Stammes **Ephraim** für seine Geschlechter: Die Grenze seines Erbteils ostwärts war Ataroth-Addar bis zum oberen Beth-Horon
6 und läuft aus bis zum Meer; bei Michmethath, das im Norden liegt, biegt sie um ostwärts nach Taanath-Silo und geht da hindurch östlich von Janoha
7 und kommt herab von Janoha nach Ataroth und Naara und stößt an Jericho und läuft aus am Jordan.
8 Von Tappuach geht die Grenze westwärts zum Bach Kana, und ihr Ende ist am Meer. Das ist das Erbteil des Stammes Ephraim für seine Geschlechter;
9 dazu alle Städte mit ihren Gehöften, die für Ephraim ausgesondert waren mitten unter dem Erbteil des Stammes Manasse.
10 Und sie vertrieben die Kanaaniter nicht, die in Geser wohnten. So blieben die Kanaaniter mitten unter Ephraim bis auf diesen Tag und wurden fronpflichtig.

17 Und das Los fiel für den Stamm **Manasse,** denn er ist Josephs erstgeborener Sohn, und es fiel auf Machir, den erstgeborenen Sohn Manasses, den Vater Gileads, denn er war ein Kriegsmann, und es wurden ihm zuteil Gilead und Basan.
2 Auf die andern Söhne Manasses aber nach ihren Geschlechtern fiel das Los auch, nämlich auf die Söhne Abiësers, die

Söhne Heleks, die Söhne Asriëls, die Söhne Sichems, die Söhne Hephers und die Söhne Schemidas. Das sind die Nachkommen Manasses, des Sohnes Josephs, die Männer nach ihren Geschlechtern.

3 Aber Zelophhad, der Sohn Hephers, des Sohnes Gileads, des Sohnes Machirs, des Sohnes Manasses, hatte keine Söhne, sondern nur Töchter, und ihre Namen sind diese: Machla, Noa, Hogla, Milka, Tirza.

4 Und sie traten vor den Priester Eleasar und vor Josua, den Sohn Nuns, und vor die Obersten und sprachen: Der HERR hat Mose geboten, daß er uns solle Erbteil geben unter unsern Brüdern. Und man gab ihnen Erbteil unter den Brüdern ihres Vaters nach dem Befehl des HERRN.

5 Es fielen aber auf Manasse zehn Erbteile außer dem Lande Gilead und Basan, das jenseits des Jordan liegt;

6 denn die Töchter Manasses empfingen Erbteil unter seinen Söhnen. Das Land Gilead aber wurde den andern Söhnen Manasses zuteil.

7 Und die Grenze Manasses war von Asser an nach Michmethath, das östlich von Sichem liegt, und reicht rechts an das Gebiet von En-Tappuach;

8 das Land von Tappuach wurde dem Manasse zuteil, aber Tappuach selbst an der Grenze Manasses wurde Ephraim zuteil.

9 Danach kommt sie herab zum Bach Kana an der Südseite des Baches; diese Städte gehören Ephraim inmitten der Städte Manasses. Die Grenze Manasses aber geht weiter an der Nordseite des Baches und endet am Meer;

10 Ephraim lag südwärts, Manasse nordwärts, und das Meer ist die Grenze. Manasse stößt an Asser im Norden und an Isaschar im Osten.

11 Es hatte aber Manasse im Gebiet von Isaschar und Asser: Beth-Schean und seine Ortschaften, Jibleam und seine Ortschaften und die Einwohner von Dor und seine Ortschaften und die von Endor und seine Ortschaften, die von Taanach und seine Ortschaften und die von Megiddo und seine Ortschaften samt den drei Höhen.

12 Und der Stamm Manasse konnte diese Städte nicht erobern, sondern die Kanaaniter vermochten im Lande zu bleiben.

13 Als aber die Kinder Israel mächtig wurden, machten sie die Kanaaniter fronpflichtig; aber sie vertrieben sie nicht völlig.

14 Da redeten die Nachkommen Josephs mit Josua und sprachen: Warum hast du mir nur **ein** Los und **ein** Erbteil gegeben? Und ich bin doch ein großes Volk, da mich der HERR so gesegnet hat.

15 Da sprach Josua zu ihnen: Weil du ein großes Volk bist, so geh hinauf ins Waldgebirge und rode dort für dich im Lande der Perisiter und Rephaiter, wenn dir das Gebirge Ephraim zu eng ist.

16 Da sprachen die Nachkommen Josephs: Das Gebirge wird nicht Raum genug für uns haben; dazu gibt es eiserne Wagen bei allen Kanaanitern, die im ebenen Land wohnen, bei denen zu Beth-Schean und seinen Ortschaften und bei denen in der Ebene Jesreel.

17 Josua sprach zum Hause Joseph, zu Ephraim und Manasse: Du bist ein großes Volk, und weil du so stark bist, sollst du nicht nur **ein** Los haben,

18 sondern das Gebirge soll dein sein, wo der Wald ist; dort kannst du roden, und er soll dein sein, so weit er reicht; dann wirst du die Kanaaniter vertreiben, obwohl sie eiserne Wagen haben, denn du wirst mächtiger sein als sie.*

Verteilung des noch übrigen Landes. Benjamins Erbteil

18 Und es versammelte sich die ganze Gemeinde der Kinder Israel in Silo und richtete dort die Stiftshütte auf, und das Land war ihnen unterworfen.

2 Und es waren noch sieben Stämme von Israel, die ihr Erbteil nicht erhalten hatten.

3 Und Josua sprach zu Israel: Wie lange seid ihr so lässig, daß ihr nicht hingeht, das Land einzunehmen, das euch der HERR, der Gott eurer Väter, gegeben hat?

4 Nehmt euch aus jedem Stamm drei Männer, damit ich sie sende und sie sich aufmachen und durchs Land gehen und es aufschreiben nach ihren Erbteilen und wieder zu mir kommen.

*Nach anderer Überlieferung: denn sie sind mächtig.

5 Teilt das Land in sieben Teile! Juda soll bleiben auf seinem Gebiet im Süden, und das Haus Joseph soll bleiben auf seinem Gebiet im Norden.

6 Ihr aber, schreibt die sieben Teile des Landes auf und tut mir's kund; dann will ich für euch das Los werfen hier vor dem HERRN, unserm Gott.

7 Denn die Leviten erhalten keinen Anteil unter euch, sondern das Priestertum des HERRN ist ihr Erbteil. Gad aber und Ruben und der halbe Stamm Manasse haben ihr Teil bekommen jenseits des Jordan im Osten, das ihnen Mose, der Knecht des HERRN, gegeben hat.

8 Da machten sich die Männer auf und gingen hin. Und Josua gebot ihnen, als sie auszogen, das Land aufzuschreiben, und sprach: Geht hin und durchwandert das Land; schreibt es auf und kehrt zu mir zurück, damit ich für euch hier das Los werfe vor dem HERRN in Silo.

9 So gingen die Männer hin und durchzogen das Land und schrieben's auf in ein Buch, Stadt für Stadt, in sieben Teilen, und kamen wieder zu Josua ins Lager nach Silo.

10 Da warf Josua das Los für sie in Silo vor dem HERRN und verteilte dort das Land unter die Kinder Israel, einem jeden Stamm sein Teil.

11 Da fiel das Los des Stammes **Benjamin** für seine Geschlechter, und sein Gebiet war zwischen Juda und Joseph.

12 Und seine Grenze war an der Nordseite vom Jordan an und geht hinauf auf den Hang nördlich von Jericho und kommt aufs Gebirge westwärts und geht aus nach der Wüste von Beth-Awen

13 und geht von da nach Lus – das ist Bethel – an den Abhang südwärts von Lus und kommt hinab nach Ataroth-Addar an den Berg, der südwärts liegt von dem unteren Beth-Horon.

14 Danach neigt sie sich und biegt in ihrem westlichen Teil nach Süden um von dem Berge an, der südlich vor Beth-Horon liegt, und endet bei Kirjath-Baal – das ist Kirjath-Jearim –, der Stadt der Söhne Juda. Das ist die Seite nach Westen.

15 Aber auf der Seite nach Süden läuft die Grenze von Kirjath-Jearim an und geht zuerst nach Westen und läuft dann hin zur Quelle Menephtoach

16 und geht hinab an den Fuß des Berges, der vor dem Tal des Sohnes Hinnoms liegt, an der Nordecke der Ebene Rephaim, und geht herab durchs Tal Hinnom am Südhang der Jebusiterstadt und kommt hinab zur Quelle Rogel

17 und zieht sich nordwärts und läuft hin nach En-Schemesch und kommt hinaus zu den Steinkreisen gegenüber der Steige von Adummim und kommt hinab zum Stein Bohans, des Sohnes Rubens,

18 und geht zu dem Hang nördlich von Beth-Araba und kommt hinab nach Beth-Araba

19 und geht zu dem Hang nördlich von Beth-Hogla, und ihr Ende ist am nördlichen Ufer des Salzmeers, dort, wo der Jordan hineinfließt. Das ist die Südgrenze.

20 Aber die Seite nach Osten soll der Jordan begrenzen. Das ist das Erbteil Benjamins in seinen Grenzen ringsumher für seine Geschlechter.

21 Die Städte aber des Stammes Benjamin für seine Geschlechter sind diese: Jericho, Beth-Hogla, Emek-Keziz,

22 Beth-Araba, Zemarajim, Bethel,

23 Awwim, Para, Ophra,

24 Kephar-Ammoni, Ophni, Geba. Das sind zwölf Städte mit ihren Gehöften.

25 Gibeon, Rama, Beeroth,

26 Mizpe, Kephira, Moza,

27 Rekem, Jirpeel, Tarala,

28 Zela, Eleph und die Stadt der Jebusiter – das ist Jerusalem –, Gibea, Kirjath-Jearim; vierzehn Städte mit ihren Gehöften. Das ist das Erbteil des Stammes Benjamin für seine Geschlechter.

Das Erbteil der übrigen sechs Stämme

19 Danach fiel das zweite Los auf den Stamm **Simeon** für seine Geschlechter; und ihr Erbteil war inmitten des Erbteils von Juda.

2 Und es ward ihnen zum Erbteil Beerseba, Schema, Molada,

3 Hazar-Schual, Bala, Ezem,

4 Eltolad, Bethul, Horma,

5 Ziklag, Beth-Markaboth, Hazar-Susa,

6 Beth-Lebaoth, Scharuhen. Das sind dreizehn Städte mit ihren Gehöften.

7 Ajin, Rimmon, Ether, Aschan. Das sind vier Städte mit ihren Gehöften,

8 dazu alle Gehöfte, die um diese Städte liegen, bis Baalath-Beer; das ist Ramath

im Südland. Das ist das Erbteil des Stammes Simeon für seine Geschlechter.
9 Denn das Erbteil des Stammes Simeon ist von dem Anteil des Stammes Juda genommen. Weil der Anteil des Stammes Juda zu groß für ihn war, darum erbte der Stamm Simeon mitten in dessen Erbteil.
10 Das dritte Los fiel auf den Stamm **Sebulon** für seine Geschlechter. Und die Grenze seines Erbteils war bis Sarid
11 und geht hinauf westwärts nach Marala und stößt an Dabbescheth und dann an den Bach, der gegenüber von Jokneam fließt,
12 und wendet sich von Sarid gegen Sonnenaufgang bis an das Gebiet Kisloth-Tabor und läuft hin nach Daberath und reicht hinauf nach Japhia.
13 Und von da geht sie gegen Osten nach Gath-Hepher und Eth-Kazin und läuft hin nach Rimmon, neigt sich nach Nea
14 und biegt um im Norden nach Hannathon und endet im Tal von Jiphtach-El.
15 Dazu Kattath, Nahalal, Schimron, Jidala und Bethlehem. Das sind zwölf Städte mit ihren Gehöften.
16 Das ist das Erbteil des Stammes Sebulon für seine Geschlechter; das sind seine Städte und Gehöfte.
17 Das vierte Los fiel auf den Stamm **Isaschar** für seine Geschlechter.
18 Und sein Gebiet war Jesreel, Kesulloth, Sunem,
19 Hapharajim, Schion, Anaharath,
20 Rabbith, Kischjon, Ebez,
21 Remeth, En-Gannim, En-Hadda, Beth-Pazzez;
22 und die Grenze stößt an Tabor, Schahazajim, Beth-Schemesch, und ihr Ende ist am Jordan. Sechzehn Städte mit ihren Gehöften.
23 Das ist das Erbteil des Stammes Isaschar für seine Geschlechter, die Städte mit ihren Gehöften.
24 Das fünfte Los fiel auf den Stamm **Asser** für seine Geschlechter.
25 Und sein Gebiet war Helkath, Hali, Beten, Achschaph,
26 Alammelech, Amad, Mischal, und die Grenze stößt im Westen an den Karmel und an den Fluß Libnath
27 und wendet sich gegen Osten nach Beth-Dagon und stößt an Sebulon und an das Tal Jiphtach-El nordwärts, stößt an Beth-Emek, Negiël und läuft hin nach Kabul zur Linken,
28 Ebron, Rehob, Hammon, Kana bis nach Sidon, der großen Stadt,
29 und wendet sich nach Rama bis zu der festen Stadt Tyrus und wendet sich nach Hosa und endet am Meer. Dazu Machaleb, Achsib,
30 Umma, Aphek, Rehob. Zweiundzwanzig Städte mit ihren Gehöften.
31 Das ist das Erbteil des Stammes Asser für seine Geschlechter, die Städte mit ihren Gehöften.
32 Das sechste Los fiel auf den Stamm **Naphthali** für seine Geschlechter.
33 Und seine Grenze war von Heleph, von der Eiche bei Zaanannim an, dazu Adami-Nekeb und Jabneel, bis Lakkum und endet am Jordan;
34 und die Grenze wendet sich westwärts nach Asnoth-Tabor und läuft von da nach Hukkok und stößt an Sebulon im Süden und an Asser im Westen und an den Jordan im Osten.
35 Und feste Städte sind: Ziddim, Zer, Hammath, Rakkath, Kinnereth,
36 Adama, Rama, Hazor,
37 Kedesch, Edreï, En-Hazor,
38 Jiron, Migdal-El, Horem, Beth-Anath, Beth-Schemesch. Neunzehn Städte mit ihren Gehöften.
39 Das ist das Erbteil des Stammes Naphthali für seine Geschlechter, die Städte mit ihren Gehöften.
40 Das siebente Los fiel auf den Stamm **Dan** für seine Geschlechter.
41 Und das Gebiet seines Erbteils war Zora, Eschtaol, Ir-Schemesch,
42 Schaalabbin, Ajalon, Jithla,
43 Elon, Timna, Ekron,
44 Elteke, Gibbethon, Baalath,
45 Jehud, Bene-Berak, Gath-Rimmon,
46 Me-Jarkon, Rakkon mit dem Gebiet bei Japho.
47 Dem Stamm Dan aber ging sein Gebiet verloren, und er zog hinauf und kämpfte gegen Leschem und eroberte und schlug es mit der Schärfe des Schwerts und nahm es ein und wohnte darin und nannte es Dan nach seines Vaters Namen.
48 Das ist das Erbteil des Stammes Dan für seine Geschlechter, die Städte mit ihren Gehöften.

49 Und als sie das ganze Land ausgeteilt hatten, nach seinen Gebieten, gaben die Kinder Israel dem Josua, dem Sohn Nuns, ein Erbteil in ihrer Mitte

50 und gaben ihm nach dem Befehl des HERRN die Stadt, die er forderte, nämlich Timnath-Serach auf dem Gebirge Ephraim. Dann baute er die Stadt auf und wohnte darin.

51 Das sind die Erbteile, die Eleasar, der Priester, und Josua, der Sohn Nuns, und die Häupter der Sippen unter den Stämmen Israels durchs Los austeilten in Silo vor dem HERRN, vor der Tür der Stiftshütte; und sie vollendeten so die Verteilung des Landes.

Bestimmung von Freistädten

20 Und der HERR redete mit Josua und sprach:

2 Sage den Kindern Israel: Bestimmt unter euch Freistädte, von denen ich euch durch Mose gesagt habe.

3 Dahin kann ein Totschläger fliehen, der jemand aus Versehen und ohne Vorsatz erschlägt, damit sie euch eine Freistatt sind vor dem Bluträcher.

4 Und wer zu einer dieser Städte flieht, soll draußen vor dem Stadttor stehen bleiben und vor den Ältesten der Stadt seine Sache vorbringen; dann sollen sie ihn zu sich in die Stadt nehmen und ihm Raum geben, bei ihnen zu wohnen.

5 Und wenn der Bluträcher ihm nachjagt, sollen sie den Totschläger nicht in seine Hände übergeben, weil er ohne Vorsatz seinen Nächsten erschlagen hat und ihm vorher nicht feind gewesen ist.

6 So soll er in der Stadt wohnen, bis er vor der Gemeinde vor Gericht gestanden hat und bis der Hohepriester gestorben ist, der zu jener Zeit im Amt sein wird. Dann darf der Totschläger zurückkommen in seine Stadt und in sein Haus, zur Stadt, aus der er geflohen ist.

7 Da weihten sie Kedesch in Galiläa auf dem Gebirge Naphthali und Sichem auf dem Gebirge Ephraim und Kirjath-Arba – das ist Hebron – auf dem Gebirge Juda;

8 und jenseits des Jordan, im Osten von Jericho, bestimmten sie Bezer in der Wüste auf der Ebene im Gebiet des Stammes Ruben und Ramoth in Gilead im Gebiet des Stammes Gad und Golan in Basan im Gebiet des Stammes Manasse.

9 Das waren die Städte, bestimmt für alle Kinder Israel und die Fremdlinge, die in ihrer Mitte wohnten, daß dahin fliehen könne, wer jemand aus Versehen erschlägt, damit er nicht stirbt durch den Bluträcher, bis er vor der Gemeinde gestanden hat.

Wohnstätten der Leviten

21 Da traten herzu die Häupter der Sippen unter den **Leviten** zu dem Priester Eleasar und zu Josua, dem Sohn Nuns, und zu den Häuptern der Sippen unter den Stämmen Israels

2 und redeten mit ihnen in Silo im Lande Kanaan und sprachen: Der HERR hat geboten durch Mose, daß man uns Städte geben solle, um darin zu wohnen, und dazu Weideplätze für unser Vieh.

3 Da gaben die Kinder Israel den Leviten von ihren Erbteilen nach dem Befehl des HERRN diese Städte und ihre Weideplätze.

4 Und das Los fiel auf die Geschlechter der Kehathiter, und es wurden unter den Leviten den Söhnen des Priesters Aaron durchs Los zugeteilt dreizehn Städte von dem Stamm Juda, von dem Stamm Simeon und von dem Stamm Benjamin.

5 Den übrigen Söhnen Kehath aber wurden durchs Los zugeteilt zehn Städte von den Geschlechtern des Stammes Ephraim, von dem Stamm Dan und von dem halben Stamm Manasse.

6 Aber den Söhnen Gerson wurden durchs Los zugeteilt dreizehn Städte von den Geschlechtern des Stammes Isaschar, von dem Stamm Asser und von dem Stamm Naphthali und von dem halben Stamm Manasse in Basan.

7 Den Söhnen Merari wurden für ihre Geschlechter zugeteilt zwölf Städte von dem Stamm Ruben, von dem Stamm Gad und von dem Stamm Sebulon.

8 So gaben die Kinder Israel den Leviten durchs Los diese Städte und ihre Weideplätze, wie der HERR durch Mose geboten hatte.

9 Von dem Stamm Juda und von dem Stamm Simeon gaben sie diese Städte, die sie mit Namen nannten,

10 den Söhnen Aaron vom Geschlecht

der Kehathiter aus den Leviten; denn das erste Los war ihnen zuteil geworden.

11 Sie gaben ihnen die Stadt des Arba, des Vaters Enaks, – das ist Hebron – auf dem Gebirge Juda und ihre Weideplätze um sie her.

12 Aber das Ackerland der Stadt mit ihren Gehöften gaben sie Kaleb, dem Sohn Jephunnes, zu seinem Besitz.

13 Sie gaben den Söhnen des Priesters Aaron die Freistadt für die Totschläger: Hebron und seine Weideplätze, Libna und seine Weideplätze,

14 Jattir und seine Weideplätze, Eschtemoa und seine Weideplätze,

15 Holon und seine Weideplätze, Debir und seine Weideplätze,

16 Ajin und seine Weideplätze, Jutta und seine Weideplätze, Beth-Schemesch und seine Weideplätze, neun Städte von diesen zwei Stämmen.

17 Von dem Stamm Benjamin aber gaben sie vier Städte: Gibeon und seine Weideplätze, Geba und seine Weideplätze,

18 Anathoth und seine Weideplätze, Almon und seine Weideplätze,

19 so daß alle Städte der Söhne Aaron, der Priester, waren dreizehn mit ihren Weideplätzen.

20 Die Geschlechter der übrigen Söhne Kehath, die Leviten, erhielten als ihren Losanteil von dem Stamm Ephraim vier Städte:

21 Sie gaben ihnen die Freistadt für die Totschläger: Sichem und seine Weideplätze auf dem Gebirge Ephraim, ferner Geser und seine Weideplätze,

22 Kibzajim und seine Weideplätze, Beth-Horon und seine Weideplätze.

23 Von dem Stamm Dan vier Städte: Elteke und seine Weideplätze, Gibbethon und seine Weideplätze,

24 Ajalon und seine Weideplätze, Gath-Rimmon und seine Weideplätze.

25 Von dem halben Stamm Manasse zwei Städte: Taanach und seine Weideplätze, Gath-Rimmon und seine Weideplätze,

26 so daß alle Städte der Geschlechter der übrigen Söhne Kehath waren zehn mit ihren Weideplätzen.

27 Den Söhnen Gerson aber aus den Geschlechtern der Leviten wurden gegeben von dem halben Stamm Manasse zwei Städte: die Freistadt für die Totschläger: Golan in Basan und seine Weideplätze, ferner Beth-Aschtaroth und seine Weideplätze.

28 Von dem Stamm Isaschar vier Städte: Kischjon und seine Weideplätze, Daberath und seine Weideplätze,

29 Jarmuth und seine Weideplätze, En-Gannim und seine Weideplätze.

30 Von dem Stamm Asser vier Städte: Mischal und seine Weideplätze, Abdon und seine Weideplätze,

31 Helkath und seine Weideplätze, Rehob und seine Weideplätze.

32 Von dem Stamm Naphthali drei Städte: die Freistadt für die Totschläger: Kedesch in Galiläa und seine Weideplätze, ferner Hammoth-Dor und seine Weideplätze, Karthan und seine Weideplätze,

33 so daß alle Städte des Geschlechts der Gersoniter waren dreizehn mit ihren Weideplätzen.

34 Den Geschlechtern der Söhne Merari aber, den noch übrigen Leviten, wurden gegeben von dem Stamm Sebulon vier Städte: Jokneam und seine Weideplätze, Kartha und seine Weideplätze,

35 Dimna und seine Weideplätze, Nahalal und seine Weideplätze.

36 Von dem Stamm Ruben vier Städte: die Freistadt für die Totschläger: Bezer und seine Weideplätze, ferner Jahza und seine Weideplätze,

37 Kedemoth und seine Weideplätze, Mephaath und seine Weideplätze.

38 Von dem Stamm Gad vier Städte: die Freistadt für die Totschläger: Ramoth in Gilead und seine Weideplätze,

39 ferner Mahanajim und seine Weideplätze, Hesbon und seine Weideplätze, Jaser und seine Weideplätze,

40 so daß alle Städte der Söhne Merari nach ihren Geschlechtern, der noch übrigen Leviten, waren zwölf nach ihrem Los.

41 Alle Städte der Leviten unter dem Erbe Israels waren achtundvierzig mit ihren Weideplätzen.

42 Und jede von diesen Städten hatte ihren Weideplatz um sich her, eine wie die andere.

Ruhe für das ganze Land

43 So hat der HERR Israel das ganze Land gegeben, das er geschworen hatte,

ihren Vätern zu geben, und sie nahmen's ein und wohnten darin.

44 Und der HERR gab ihnen Ruhe ringsumher, ganz wie er ihren Vätern geschworen hatte; und keiner ihrer Feinde widerstand ihnen, sondern alle ihre Feinde gab er in ihre Hände.

45 **Es war nichts dahingefallen von all dem guten Wort, das der HERR dem Hause Israel verkündigt hatte. Es war alles gekommen.**

Josua entläßt die zweieinhalb Stämme in ihre Heimat

22 Da rief Josua die Rubeniter und Gaditer und den halben Stamm Manasse

2 und sprach zu ihnen: Ihr habt alles gehalten, was euch Mose, der Knecht des HERRN, geboten hat, und habt gehorcht meiner Stimme in allem, was ich euch geboten habe.

3 Ihr habt eure Brüder diese lange Zeit bis zum heutigen Tag nicht verlassen und habt festgehalten an dem Gebot des HERRN, eures Gottes.

4 Weil nun der HERR, euer Gott, eure Brüder zur Ruhe gebracht hat, wie er ihnen zugesagt hat, so wendet euch nun und zieht hin zu euren Wohnstätten in das Land eures Erbes, das euch Mose, der Knecht des HERRN, gegeben hat jenseits des Jordan.

5 Achtet aber nur genau darauf, daß ihr tut nach dem Gebot und Gesetz, das euch Mose, der Knecht des HERRN, geboten hat, daß ihr den HERRN, euren Gott, liebt und wandelt in allen seinen Wegen und seine Gebote haltet und ihm anhangt und ihm dient von ganzem Herzen und von ganzer Seele.

6 So segnete sie Josua und ließ sie gehen, und sie gingen zu ihren Wohnstätten.

7 Dem einen halben Stamm Manasse hatte Mose Erbteil gegeben in Basan, der andern Hälfte gab Josua ihr Erbteil unter ihren Brüdern diesseits des Jordan nach Westen zu. Und als er sie gehen ließ zu ihren Wohnstätten und sie gesegnet hatte,

8 sprach er zu ihnen: Ihr kommt wieder heim mit großem Gut zu euren Wohnstätten, mit sehr viel Vieh, Silber, Gold, Kupfer, Eisen und Kleidern. So teilt nun die Beute eurer Feinde mit euren Brüdern.

Errichtung eines Altars am Jordan

9 Da kehrten zurück die Söhne Ruben, die Söhne Gad und der halbe Stamm Manasse und gingen von den Kindern Israel weg aus Silo, das im Lande Kanaan liegt, damit sie ins Land Gilead zögen zum Lande ihres Erbes, das sie nach dem Befehl des HERRN durch Mose geerbt hatten.

10 Und als sie zu den Steinkreisen des Jordan kamen, die noch im Lande Kanaan liegen, bauten die Söhne Ruben, die Söhne Gad und der halbe Stamm Manasse dort am Jordan einen Altar, groß und ansehnlich.

11 Als aber die Kinder Israel sagen hörten: Siehe, der Stamm Ruben, der Stamm Gad und der halbe Stamm Manasse haben einen Altar gebaut an den Grenzen des Landes Kanaan, bei den Steinkreisen des Jordan, an der Grenze des Gebiets von Israel,

12 da versammelte sich die ganze Gemeinde Israel in Silo, um gegen sie zu Felde zu ziehen.

13 Und Israel sandte zu ihnen ins Land Gilead den Pinhas, den Sohn Eleasars, den Priester,

14 und mit ihm zehn Fürsten, aus jeder Sippe der Stämme Israels einen, und jeder war Haupt seiner Sippe über tausend in Israel.

15 Und als sie zu ihnen ins Land Gilead kamen, redeten sie mit ihnen und sprachen:

16 So läßt euch sagen die ganze Gemeinde des HERRN: Wie versündigt ihr euch an dem Gott Israels, daß ihr euch heute abkehrt von dem HERRN und daß ihr euch einen Altar baut und von dem HERRN abfallt?

17 Ist's nicht genug mit der Schuld von Peor, von der wir bis zum heutigen Tag noch nicht gereinigt sind, und um derentwillen eine Plage unter die Gemeinde des HERRN kam?

18 Und ihr wendet euch heute von dem HERRN weg. Dann wird es geschehen: heute lehnt ihr euch auf gegen den HERRN, und morgen wird er über die ganze Gemeinde Israel zürnen.

19 Haltet ihr das Land eures Erbes für unrein, so kommt herüber ins Land, das dem HERRN gehört, wo die Wohnung des

HERRN steht, und empfangt Erbteil unter uns; aber lehnt euch nicht auf gegen den HERRN und gegen uns, daß ihr euch einen Altar baut außer dem Altar des HERRN, unseres Gottes.

20 Versündigte sich nicht Achan, der Sohn Serachs, am Gebannten, und kam nicht der Zorn über die ganze Gemeinde Israel, obgleich er nur ein einzelner Mann war? Ging er nicht zugrunde wegen seiner Missetat?

21 Da antworteten die Söhne Ruben und die Söhne Gad und der halbe Stamm Manasse und sagten zu den Obersten über tausend in Israel:

22 Der starke Gott, der HERR, der starke Gott, der HERR, weiß es; so wisse es auch Israel: fallen wir ab oder lehnen wir uns auf gegen den HERRN, so helfe er uns heute nicht!

23 Und wenn wir darum den Altar gebaut haben, daß wir uns von dem HERRN abwenden wollten, um Brandopfer oder Speisopfer darauf zu opfern oder Dankopfer darauf darzubringen, so suche es der HERR heim!

24 Haben wir es nicht vielmehr aus Sorge darum getan, daß wir dachten: Künftig könnten eure Söhne zu unsern Söhnen sagen: Was geht euch der HERR, der Gott Israels, an?

25 Der HERR hat den Jordan zur Grenze gesetzt zwischen uns und euch, ihr Söhne Ruben und Gad, ihr habt kein Teil am HERRN. Damit würden eure Nachkommen unsere Nachkommen von der Furcht des HERRN abwenden.

26 Darum sprachen wir: Laßt uns einen Altar bauen, nicht zum Brandopfer noch zum Schlachtopfer,

27 sondern damit er ein Zeuge sei zwischen uns und euch und unsern Nachkommen, daß wir dem HERRN Dienst tun wollen vor ihm mit unsern Brandopfern, Dankopfern und Schlachtopfern, und eure Söhne künftig nicht sagen dürfen zu unsern Söhnen: Ihr habt kein Teil an dem HERRN.

28 Und wir sagten uns: Wenn sie künftig zu uns oder zu unsern Nachkommen so reden würden, so könnten wir sagen: Seht, wie der Altar des HERRN gebaut ist, den unsere Väter gemacht haben, nicht zum Brandopfer noch zum Schlachtopfer, sondern zum Zeugen zwischen uns und euch.

29 Das sei ferne von uns, daß wir uns auflehnen gegen den HERRN und uns heute von ihm abwenden und einen Altar bauen zum Brandopfer und zum Speisopfer und zum Schlachtopfer außer dem Altar des HERRN, unseres Gottes, der vor seiner Wohnung steht.

30 Als aber Pinhas, der Priester, und die Fürsten der Gemeinde, die Obersten über tausend in Israel, die bei ihm waren, diese Worte hörten, die die Söhne Ruben, Gad und Manasse sagten, gefielen sie ihnen gut.

31 Und Pinhas, der Sohn Eleasars, der Priester, sprach zu den Söhnen Ruben, Gad und Manasse: Heute erkennen wir, daß der HERR unter uns ist, weil ihr euch nicht an dem HERRN versündigt habt mit dieser Tat. Nun habt ihr die Kinder Israel errettet aus der Hand des HERRN.

32 Da kehrten Pinhas, der Sohn Eleasars, der Priester, und die Obersten aus dem Land Gilead von den Söhnen Ruben und Gad ins Land Kanaan zu den Kindern Israel zurück und sagten's ihnen an.

33 Das gefiel den Kindern Israel gut, und sie lobten Gott und sagten, daß sie nicht mehr gegen sie zu Felde ziehen wollten, um das Land zu verderben, darin die Söhne Ruben und Gad wohnten.

34 Und die Söhne Ruben und Gad benannten den Altar*; denn «Zeuge ist er zwischen uns, daß der HERR Gott ist».

Josuas letzte Vermahnung

23 Und nach langer Zeit, als der HERR Israel Ruhe gegeben hatte vor allen seinen Feinden ringsumher und Josua nun alt und hochbetagt war,

2 berief er ganz Israel, seine Ältesten, Häupter, Richter und Amtleute und sprach zu ihnen: Ich bin alt und hochbetagt,

3 und ihr habt alles gesehen, was der HERR, euer Gott, getan hat an allen diesen Völkern vor euch her; denn der HERR, euer Gott, hat selber für euch gestritten.

4 Seht, ich hab euch diese Völker, die noch übrig waren, durchs Los zugeteilt, einem jeden Stamm sein Erbteil, alle Völker, die ich ausgerottet habe vom Jor-

*In einer anderen Überlieferung ist der Name «Altar des Zeugnisses» erhalten.

dan an bis zum großen Meer, wo die Son-
ne untergeht.
5 Und der HERR, euer Gott, wird sie vor
euch ausstoßen und vor euch vertreiben,
und ihr werdet ihr Land einnehmen, wie
euch der HERR, euer Gott, zugesagt hat.
6 So haltet nun ganz fest daran, daß ihr
alles tut, was geschrieben steht im Gesetz-
buch des Mose, und nicht davon weicht,
weder zur Rechten noch zur Linken,
7 damit ihr euch nicht mengt unter diese
Völker, die noch übrig sind bei euch, und
nicht anruft und schwört bei dem Namen
ihrer Götter noch ihnen dient noch sie
anbetet,
8 sondern dem HERRN, eurem Gott, an-
hangt, wie ihr bis auf diesen Tag getan habt.
9 Der HERR hat vor euch große und
mächtige Völker vertrieben, und niemand
hat euch widerstanden bis auf diesen Tag.
10 Einer von euch jagt tausend; denn
der HERR, euer Gott, streitet für euch, wie
er euch zugesagt hat.
11 Darum achtet ernstlich darauf um
euer selbst willen, daß ihr den HERRN,
euren Gott, liebhabt.
12 Denn wenn ihr euch abwendet und
diesen Völkern, die noch übrig sind, an-
hangt und euch mit ihnen verheiratet, daß
ihr zu ihnen eingeht und sie zu euch,
13 so wißt, daß der HERR, euer Gott,
nicht mehr alle diese Völker vor euch ver-
treiben wird, sondern sie werden euch zum
Fallstrick und Netz werden und zur Gei-
ßel für euren Rücken und zum Stachel in
euren Augen, bis ihr ausgerottet seid aus
dem guten Land, das euch der HERR, euer
Gott, gegeben hat.
14 Siehe, ich gehe heute dahin wie alle
Welt; und ihr sollt wissen von ganzem
Herzen und von ganzer Seele, daß nichts
dahingefallen ist von all den guten Wor-
ten, die der HERR, euer Gott, euch ver-
kündigt hat. Es ist alles gekommen und
nichts dahingefallen.
15 Wie nun all das gute Wort gekom-
men ist, das der HERR, euer Gott, euch
verkündigt hat, so wird der HERR auch
über euch kommen lassen all das böse
Wort, bis er euch vertilgt hat aus diesem
guten Lande, das euch der HERR, euer
Gott, gegeben hat.
16 Wenn ihr übertretet den Bund des
HERRN, eures Gottes, den er euch geboten
hat, und hingeht und andern Göttern
dient und sie anbetet, so wird der Zorn
des HERRN über euch entbrennen, und ihr
werdet bald ausgerottet sein aus dem
guten Land, das er euch gegeben hat.

Josuas Landtag zu Sichem

24 Josua versammelte alle Stämme Is-
raels nach Sichem und berief die
Ältesten von Israel, seine Obersten, Rich-
ter und Amtleute. Und als sie vor Gott
getreten waren,
2 sprach er zum ganzen Volk: So spricht
der HERR, der Gott Israels: Eure Väter
wohnten vorzeiten jenseits des Euphrat-
stroms, Tharah, Abrahams und Nahors
Vater, und dienten andern Göttern.
3 Da nahm ich euren Vater Abraham
von jenseits des Stroms und ließ ihn um-
herziehen im ganzen Land Kanaan und
mehrte sein Geschlecht und gab ihm Isaak.
4 Und Isaak gab ich Jakob und Esau
und gab Esau das Gebirge Seïr zum Be-
sitz. Jakob aber und seine Söhne zogen
hinab nach Ägypten.
5 Da sandte ich Mose und Aaron und
plagte Ägypten, wie ich unter ihnen getan
habe.
6 Danach führte ich euch und eure Vä-
ter aus Ägypten. Und als ihr ans Meer
kamt und die Ägypter euren Vätern nach-
jagten mit Wagen und Gespannen ans
Schilfmeer,
7 da schrien sie zum HERRN. Der setzte
eine Finsternis zwischen euch und die
Ägypter und ließ das Meer über sie kom-
men, und es bedeckte sie. Eure Augen
haben gesehen, was ich in Ägypten getan
habe. Und ihr habt gewohnt in der Wüste
eine lange Zeit.
8 Und ich habe euch gebracht in das
Land der Amoriter, die jenseits des Jor-
dan wohnten. Und als sie gegen euch
kämpften, gab ich sie in eure Hände, so
daß ihr ihr Land einnahmt, und vertilgte
sie vor euch her.
9 Da machte sich auf Balak, der Sohn
Zippors, der König der Moabiter, und
kämpfte mit Israel und sandte hin und
ließ rufen Bileam, den Sohn Beors, um
euch zu verfluchen.
10 Aber ich wollte ihn nicht hören, son-
dern er mußte euch segnen, und ich erret-
tete euch aus seinen Händen.

11 Und als ihr über den Jordan gingt und nach Jericho kamt, kämpften gegen euch die Bürger von Jericho, die Amoriter, Perisiter, Kanaaniter, Hethiter, Girgasiter, Hewiter und Jebusiter; aber ich gab sie in eure Hände.

12 Und ich sandte Angst und Schrecken vor euch her; die trieben sie vor euch weg, die beiden Könige der Amoriter, und nicht dein Schwert noch dein Bogen.

13 Und ich habe euch ein Land gegeben, um das ihr euch nicht gemüht habt, und Städte, die ihr nicht gebaut habt, um darin zu wohnen, und ihr eßt von Weinbergen und Ölbäumen, die ihr nicht gepflanzt habt.

14 So fürchtet nun den HERRN und dient ihm treulich und rechtschaffen und laßt fahren die Götter, denen eure Väter gedient haben jenseits des Euphratstroms und in Ägypten, und dient dem HERRN.

15 Gefällt es euch aber nicht, dem HERRN zu dienen, so wählt euch heute, wem ihr dienen wollt: den Göttern, denen eure Väter gedient haben jenseits des Stroms, oder den Göttern der Amoriter, in deren Land ihr wohnt. **Ich aber und mein Haus wollen dem HERRN dienen.**

16 Da antwortete das Volk und sprach: Das sei ferne von uns, daß wir den HERRN verlassen und andern Göttern dienen!

17 Denn der HERR, unser Gott, hat uns und unsere Väter aus Ägyptenland geführt, aus der Knechtschaft, und hat vor unsern Augen diese großen Zeichen getan und uns behütet auf dem ganzen Wege, den wir gezogen sind, und unter allen Völkern, durch die wir gegangen sind,

18 und hat ausgestoßen vor uns her alle Völker und die Amoriter, die im Lande wohnten. Darum wollen wir auch dem HERRN dienen; denn er ist unser Gott.

19 Josua sprach zum Volk: Ihr könnt dem HERRN nicht dienen; denn er ist ein heiliger Gott, ein eifernder Gott, der eure Übertretungen und Sünden nicht vergeben wird.

20 Wenn ihr den HERRN verlaßt und fremden Göttern dient, so wird er sich abwenden und euch plagen und euch ausrotten, nachdem er euch Gutes getan hatte.

21 Das Volk aber sprach zu Josua: Nein, sondern wir wollen dem HERRN dienen.

22 Da sprach Josua zum Volk: Ihr seid Zeugen gegen euch selbst, daß ihr euch den HERRN erwählt habt, um ihm zu dienen. Und sie sprachen: Ja! –

23 So tut nun von euch die fremden Götter, die unter euch sind, und neigt euer Herz zu dem HERRN, dem Gott Israels.

24 Und das Volk sprach zu Josua: Wir wollen dem HERRN, unserm Gott, dienen und seiner Stimme gehorchen.

25 So schloß Josua an diesem Tag einen Bund für das Volk und legte ihnen Gesetze und Rechte vor in Sichem.

26 Und Josua schrieb dies alles ins Buch des Gesetzes Gottes und nahm einen großen Stein und richtete ihn dort auf unter einer Eiche, die bei dem Heiligtum des HERRN war,

27 und sprach zum ganzen Volk: Siehe, dieser Stein soll Zeuge sein unter uns, denn er hat gehört alle Worte des HERRN, die er mit uns geredet hat, und soll ein Zeuge unter euch sein, daß ihr euren Gott nicht verleugnet.

28 So entließ Josua das Volk, einen jeden in sein Erbteil.

**Josuas und Eleasars Tod.
Bestattung der Gebeine Josephs**

29 Und es begab sich nach diesen Geschichten, daß Josua, der Sohn Nuns, der Knecht des HERRN, starb, als er hundertundzehn Jahre alt war.

30 Und man begrub ihn in dem Gebiet seines Erbteils in Timnath-Serach, das auf dem Gebirge Ephraim liegt, nördlich vom Berge Gaasch.

31 Und Israel diente dem HERRN, solange Josua lebte und die Ältesten, die noch lange Zeit nach Josua lebten und alle Werke des HERRN kannten, die er an Israel getan hatte.

32 Die Gebeine Josephs, die die Kinder Israel aus Ägypten gebracht hatten, begruben sie zu Sichem auf dem Stück Feld, das Jakob von den Söhnen Hemors, des Vaters von Sichem, für hundert Goldstücke gekauft hatte und das das Erbteil der Söhne Joseph ward.

33 Auch Eleasar, der Sohn Aarons, starb, und sie begruben ihn in Gibea, der Stadt seines Sohnes Pinhas, die ihm gegeben war auf dem Gebirge Ephraim.

DAS BUCH DER RICHTER

Israels Kämpfe bei der Einwanderung

1 Nach dem Tod Josuas befragten die Kinder Israel den HERRN und sprachen: Wer soll unter uns zuerst hinaufziehen, Krieg zu führen gegen die Kanaaniter?

2 Der HERR sprach: Juda soll hinaufziehen. Siehe, ich habe das Land in seine Hand gegeben.

3 Da sprach Juda zu seinem Bruder Simeon: Zieh mit mir hinauf in mein Erbteil und laß uns mit den Kanaanitern kämpfen, dann will auch ich mit dir ziehen in dein Erbteil. So zog Simeon mit ihm.

4 Als nun Juda hinaufzog, gab der HERR die Kanaaniter und Perisiter in ihre Hände, und sie schlugen bei Besek zehntausend Mann

5 und fanden den Adoni-Besek zu Besek und kämpften mit ihm und schlugen die Kanaaniter und Perisiter.

6 Aber Adoni-Besek floh, und sie jagten ihm nach. Und als sie ihn ergriffen, hieben sie ihm die Daumen ab an seinen Händen und Füßen.

7 Da sprach Adoni-Besek: Siebzig Könige mit abgehauenen Daumen an Händen und Füßen lasen auf unter meinem Tisch. Wie ich getan habe, so hat mir Gott vergolten. Und man brachte ihn nach Jerusalem; dort starb er.

8 Aber Juda kämpfte gegen Jerusalem und eroberte es und schlug es mit der Schärfe des Schwerts und zündete die Stadt an.

9 Danach zog Juda hinab, um gegen die Kanaaniter zu kämpfen, die auf dem Gebirge und im Südland und im Hügelland wohnten.

10 Und Juda zog gegen die Kanaaniter, die in Hebron wohnten – Hebron aber hieß vorzeiten Kirjath-Arba –, und sie erschlugen den Scheschai und Ahiman und Talmai

11 und zogen von dort gegen die Einwohner von Debir. Debir aber hieß vorzeiten Kirjath-Sepher.

12 Und Kaleb sprach: Wer Kirjath-Sepher schlägt und erobert, dem will ich meine Tochter Achsa zur Frau geben.

13 Da eroberte es Othniël, der Sohn des Kenas, des jüngsten Bruders von Kaleb. Und Kaleb gab ihm seine Tochter Achsa zur Frau.

14 Und es begab sich, als sie zu ihm kam, beredete er sie, ein Stück Land zu fordern von ihrem Vater. Und sie stieg vom Esel. Da sprach Kaleb zu ihr: Was willst du?

15 Sie sprach: Gib mir eine Segensgabe! Denn du hast mich nach dem dürren Südland gegeben; gib mir auch Wasserquellen! Da gab er ihr die oberen und unteren Quellen.

16 Und die Nachkommen des Keniters Hobab, mit dem Mose verschwägert war, zogen herauf aus der Palmenstadt mit den Männern von Juda in die Wüste Juda, die im Süden von Arad liegt, und gingen hin und wohnten mitten unter dem Volk.

17 Und Juda zog hin mit seinem Bruder Simeon, und sie erschlugen die Kanaaniter in Zephath und vollstreckten den Bann an ihnen und nannten die Stadt Horma.

18 Doch eroberte Juda nicht Gaza mit seinem Gebiet und Askalon mit seinem Gebiet und Ekron mit seinem Gebiet.

19 Dennoch war der HERR mit Juda, daß es das Gebirge einnahm; es konnte aber die Bewohner der Ebene nicht vertreiben, weil sie eiserne Wagen hatten.

20 Und sie gaben dem Kaleb Hebron, wie Mose gesagt hatte, und er vertrieb daraus die drei Söhne des Enak.

21 Aber Benjamin vertrieb die Jebusiter nicht, die in Jerusalem wohnten, sondern die Jebusiter wohnten bei denen von Benjamin in Jerusalem bis auf diesen Tag.

22 Auch das Haus Joseph zog hinauf nach Bethel, und der HERR war mit ihnen.

23 Und das Haus Joseph ließ Bethel auskundschaften; die Stadt hieß vorzeiten Lus.

24 Und die Späher sahen einen Mann aus der Stadt gehen und sprachen zu ihm: Zeige uns, wo wir in die Stadt kommen, so wollen wir Barmherzigkeit an dir tun.

25 Und als er ihnen zeigte, wo sie in die Stadt kämen, schlugen sie die Stadt mit der Schärfe des Schwerts; aber den Mann und sein ganzes Geschlecht ließen sie gehen.

26 Da zog der Mann ins Land der Hethiter und baute eine Stadt und nannte sie Lus; die heißt noch heutigentags so.

27 Und Manasse vertrieb nicht Beth-Schean und seine Ortschaften noch Taanach und seine Ortschaften noch die Einwohner von Dor und seinen Ortschaften noch die Einwohner von Jibleam und seinen Ortschaften noch die Einwohner von Megiddo und seinen Ortschaften. So blieben die Kanaaniter dort im Lande wohnen.

28 Als aber Israel mächtig wurde, machte es die Kanaaniter fronpflichtig, vertrieb sie jedoch nicht.

29 Auch Ephraim vertrieb die Kanaaniter nicht, die in Geser wohnten, sondern die Kanaaniter wohnten mitten unter ihnen in Geser.

30 Auch Sebulon vertrieb nicht die Einwohner von Kitron und Nahalol, sondern die Kanaaniter wohnten mitten unter ihnen und waren fronpflichtig.

31 Asser vertrieb nicht die Einwohner von Akko noch die Einwohner von Sidon, von Achlab, von Achsib, von Helba, von Aphek und von Rehob;

32 sondern die von Asser saßen mitten unter den Kanaanitern, die im Land wohnten, denn sie vertrieben sie nicht.

33 Naphthali vertrieb die Einwohner nicht von Beth-Schemesch noch von Beth-Anath, sondern saß mitten unter den Kanaanitern, die im Lande wohnten. Aber die von Beth-Schemesch und von Beth-Anath wurden fronpflichtig.

34 Und die Amoriter drängten die Daniter aufs Gebirge und ließen nicht zu, daß sie herunter in die Ebene kämen.

35 Und die Amoriter blieben wohnen auf dem Gebirge Heres, in Ajalon und in Schaalbim. Doch wurde ihnen die Hand des Hauses Joseph zu schwer, und sie wurden fronpflichtig.

36 Und das Gebiet der Edomiter ging vom Skorpionensteig, von der Felsenstadt und weiter hinauf.

Der Engel des Herrn droht Israel

2 Es kam aber der Engel des HERRN herauf von Gilgal nach Bochim und sprach: Ich habe euch aus Ägypten heraufgeführt und ins Land gebracht, das ich euren Vätern zu geben geschworen habe, und gesprochen, ich wollte meinen Bund mit euch nicht brechen ewiglich.

2 Ihr aber solltet keinen Bund schließen mit den Bewohnern dieses Landes und ihre Altäre zerbrechen. Aber ihr habt meiner Stimme nicht gehorcht. Warum habt ihr das getan?

3 Da sprach ich: Ich will sie nicht vor euch vertreiben, damit sie euch zum Fangstrick werden und ihre Götter zur Falle.

4 Und als der Engel des HERRN diese Worte zu ganz Israel geredet hatte, erhob das Volk seine Stimme und weinte.

5 Und sie nannten die Stätte Bochim* und opferten dort dem HERRN.

Israels Untreue gegen Gott während der Richterzeit

6 Als Josua das Volk entlassen hatte und die Kinder Israel hingezogen waren, ein jeder in sein Erbteil, um das Land einzunehmen,

7 diente das Volk dem HERRN, solange Josua lebte und die Ältesten, die noch lange nach Josua lebten und alle die großen Werke des HERRN gesehen hatten, die er an Israel getan hatte.

8 Da starb Josua, der Sohn Nuns, der Knecht des HERRN, als er hundertundzehn Jahre alt war.

9 Und sie begruben ihn im Gebiet seines Erbteils in Timnath-Heres auf dem Gebirge Ephraim, nördlich vom Berge Gaasch.

10 Als auch alle, die zu der Zeit gelebt hatten, zu ihren Vätern versammelt waren, kam nach ihnen ein anderes Geschlecht auf, das den HERRN nicht kannte noch die Werke, die er an Israel getan hatte.

11 Da taten die Kinder Israel, was dem HERRN mißfiel, und dienten den Baalen

12 und verließen den HERRN, den Gott ihrer Väter, der sie aus Ägyptenland geführt hatte, und folgten andern Göttern nach von den Göttern der Völker, die um

*d. h. die Weinenden.

sie her wohnten, und beteten sie an und
erzürnten den HERRN.
13 Denn sie verließen je und je den
HERRN und dienten dem Baal und den
Astarten.
14 So entbrannte denn der Zorn des
HERRN über Israel, und er gab sie in die
Hand von Räubern, die sie beraubten,
und verkaufte sie in die Hände ihrer
Feinde ringsumher. Und sie konnten
nicht mehr ihren Feinden widerstehen,
15 sondern sooft sie auszogen, war des
HERRN Hand wider sie zum Unheil, wie
denn der HERR ihnen gesagt und geschwo-
ren hatte. Und sie wurden hart bedrängt.
16 Wenn dann der HERR Richter er-
weckte, die ihnen halfen aus der Hand der
Räuber,
17 so gehorchten sie den Richtern auch
nicht, sondern liefen andern Göttern
nach und beteten sie an und wichen bald
von dem Wege, auf dem ihre Väter ge-
gangen waren, als sie des HERRN Geboten
gehorchten; sie jedoch taten nicht wie
diese.
18 Wenn aber der HERR ihnen Richter
erweckte, so war der HERR mit dem Rich-
ter und errettete sie aus der Hand ihrer
Feinde, solange der Richter lebte. Denn
es jammerte den HERRN ihr Wehklagen
über die, die sie unterdrückten und be-
drängten.
19 Wenn aber der Richter gestorben
war, so fielen sie wieder ab und trieben
es ärger als ihre Väter, indem sie an-
dern Göttern folgten, ihnen zu dienen
und sie anzubeten. Sie ließen nicht von
ihrem Tun noch von ihrem halsstarrigen
Wandel.
20 Darum entbrannte der Zorn des
HERRN über Israel, und er sprach: Weil
dies Volk meinen Bund übertreten hat,
den ich ihren Vätern geboten habe, und
gehorcht meiner Stimme nicht,
21 so will ich auch hinfort die Völker
nicht vertreiben, die Josua übriggelassen
hat, als er starb,
22 damit ich Israel durch sie prüfe, ob
sie auf dem Wege des HERRN bleiben und
darauf wandeln, wie ihre Väter geblieben
sind, oder nicht.
23 So ließ der HERR diese Völker, die er
nicht in Josuas Hand gegeben hatte, übrig,
ohne sie sogleich zu vertreiben.

Die in Kanaan übriggebliebenen Völker

3 Dies sind die Völker, die der HERR
übrig ließ – damit er durch sie Israel
prüfte, alle, die nichts wußten von den
Kriegen um Kanaan,
2 und die Geschlechter Israels Krieg
führen lehrte, die früher nichts davon
wußten –,
3 nämlich die fünf Fürsten der Philister
und alle Kanaaniter und Sidonier und
Hewiter, die am Gebirge Libanon wohn-
ten, vom Berg Baal-Hermon an bis dort-
hin, wo man nach Hamath kommt.
4 Diese blieben, um Israel durch sie zu
prüfen, damit es kund würde, ob sie den
Geboten des HERRN gehorchten, die er
ihren Vätern durch Mose geboten hatte.
5 Als nun die Kinder Israel wohnten un-
ter den Kanaanitern, Hethitern, Amori-
tern, Perisitern, Hewitern und Jebusitern,
6 nahmen sie deren Töchter zu Frauen
und gaben ihre Töchter deren Söhnen und
dienten deren Göttern.

Der Richter Othniël

7 Und die Kinder Israel taten, was dem
HERRN mißfiel, und vergaßen den HERRN,
ihren Gott, und dienten den Baalen und
den Ascheren.
8 Da entbrannte der Zorn des HERRN
über Israel, und er verkaufte sie in die
Hand Kuschan-Rischathajims, des Kö-
nigs von Mesopotamien; und so diente
Israel dem Kuschan-Rischathajim acht
Jahre.
9 Da schrien die Kinder Israel zu dem
HERRN, und der HERR erweckte ihnen
einen Retter, der sie errettete, Othniël, den
Sohn des Kenas, des jüngsten Bruders von
Kaleb.
10 Und der Geist des HERRN kam auf
ihn, und er wurde Richter in Israel und
zog aus zum Kampf. Und der HERR gab
den König von Mesopotamien Kuschan-
Rischathajim in seine Hand, so daß seine
Hand über ihn stark wurde.
11 Da hatte das Land Ruhe vierzig
Jahre. Und Othniël, der Sohn des Kenas,
starb.

Die Richter Ehud und Schamgar

12 Aber die Kinder Israel taten wieder-
um, was dem HERRN mißfiel. Da machte

der HERR den Eglon, den König der Moa-
biter, stark gegen Israel, weil sie taten,
was dem HERRN mißfiel.
13 Und er sammelte zu sich die Ammo-
niter und die Amalekiter und zog hin und
schlug Israel und nahm die Palmenstadt
ein.
14 Und die Kinder Israel dienten Eglon,
dem König der Moabiter, achtzehn Jahre.
15 Da schrien sie zu dem HERRN, und
der HERR erweckte ihnen einen Retter,
Ehud, den Sohn Geras, den Benjaminiter;
der war linkshändig.
Und als die Kinder Israel durch ihn Tri-
but sandten an Eglon, den König der
Moabiter,
16 machte sich Ehud einen zweischneidi-
gen Dolch, eine Hand lang, und gürtete
ihn unter sein Kleid auf seine rechte Hüfte
17 und brachte Eglon, dem König der
Moabiter, den Tribut. Eglon aber war ein
sehr fetter Mann.
18 Und als er den Tribut übergeben
hatte, entließ er die Leute, die den Tribut
getragen hatten.
19 Er selbst aber kehrte um bei den
Steinbildern zu Gilgal und ließ sagen: Ich
habe, o König, dir heimlich etwas zu
sagen. Der aber gebot: Hinaus! Da gin-
gen hinaus von ihm alle, die um ihn
standen.
20 Und Ehud kam zu ihm hinein. Er
aber saß in dem kühlen Obergemach, das
für ihn allein bestimmt war. Und Ehud
sprach: Ich habe ein Wort von Gott an
dich. Da stand er auf von seinem Thron.
21 Ehud aber streckte seine linke Hand
aus und nahm den Dolch von seiner rech-
ten Hüfte und stieß ihm den in den Bauch,
22 daß nach der Schneide noch der Griff
hineinfuhr und das Fett die Schneide um-
schloß; denn er zog den Dolch nicht aus
seinem Bauch.
23 Aber Ehud ging zum Nebenraum
hinaus, machte die Tür des Obergemachs
hinter sich zu und verschloß sie.
24 Als er nun hinausgegangen war, ka-
men die Leute des Königs und sahen, daß
die Tür verschlossen war, und sprachen:
Er ist vielleicht austreten gegangen in die
Kammer am Obergemach.
25 Als sie aber allzu lange gewartet hat-
ten und niemand die Tür des Gemaches
auftat, nahmen sie den Schlüssel und
schlossen auf. Siehe, da lag ihr Herr auf
der Erde tot.
26 Ehud aber war entronnen, während
sie gewartet hatten, und ging an den Stein-
bildern vorüber und entkam bis nach Seïra.
27 Und als er hineinkam, blies er die
Posaune auf dem Gebirge Ephraim. Und
die Kinder Israel zogen mit ihm vom Ge-
birge und er vor ihnen her,
28 und er sprach zu ihnen: Schnell mir
nach! Denn der HERR hat die Moabiter,
eure Feinde, in eure Hände gegeben! Und
sie jagten ihm nach und besetzten die
Furten am Jordan, die nach Moab gehen,
und ließen niemand hinüber
29 und erschlugen zu jener Zeit die Moa-
biter, etwa zehntausend Mann, alles starke
und streitbare Männer, so daß auch nicht
einer entrann.
30 So wurden die Moabiter zu jener Zeit
unter die Hand Israels gedemütigt. Und
das Land hatte Ruhe achtzig Jahre.
31 Nach ihm kam Schamgar, der Sohn
Anaths. Der erschlug sechshundert Phili-
ster mit einem Ochsenstecken, und auch
er errettete Israel.

Die Richterin Debora und Barak besiegen Sisera

4 Aber die Kinder Israel taten wieder-
um, was dem HERRN mißfiel, als Ehud
gestorben war.
2 Und der HERR verkaufte sie in die
Hand Jabins, des Königs von Kanaan, der
zu Hazor herrschte, und sein Feldhaupt-
mann war Sisera; der wohnte in Haro-
scheth der Heiden.
3 Und die Kinder Israel schrien zum
HERRN, denn Jabin hatte neunhundert
eiserne Wagen und unterdrückte die Kin-
der Israel mit Gewalt zwanzig Jahre.
4 Zu der Zeit war Richterin in Israel die
Prophetin Debora, die Frau Lapidoths.
5 Sie hatte ihren Sitz unter der Palme
Deboras zwischen Rama und Bethel auf
dem Gebirge Ephraim. Und die Kinder
Israel kamen zu ihr hinauf zum Gericht.
6 Und sie sandte hin und ließ rufen Ba-
rak, den Sohn Abinoams aus Kedesch in
Naphthali, und ließ ihm sagen: Hat dir
nicht der HERR, der Gott Israels, geboten:
Geh hin und zieh auf den Berg Tabor und
nimm zehntausend Mann mit dir von
Naphthali und Sebulon?

7 Ich aber will Sisera, den Feldhauptmann Jabins, dir zuführen an den Bach Kison mit seinen Wagen und mit seinem Heer und will ihn in deine Hände geben.

8 Barak sprach zu ihr: Wenn du mit mir ziehst, so will auch ich ziehen; ziehst du aber nicht mit mir, so will auch ich nicht ziehen.

9 Sie sprach: Ich will mit dir ziehen; aber der Ruhm wird nicht dein sein auf diesem Kriegszug, den du unternimmst, sondern der HERR wird Sisera in eines Weibes Hand geben. So machte sich Debora auf und zog mit Barak nach Kedesch.

10 Da rief Barak Sebulon und Naphthali nach Kedesch; und es zogen hinauf ihm nach zehntausend Mann. Debora zog auch mit ihm.

11 Heber aber, der Keniter, war von den Kenitern, vom Geschlecht Hobabs, mit dem Mose verschwägert war, weggezogen und hatte sein Zelt aufgeschlagen bei der Eiche in Zaanannim bei Kedesch.

12 Da wurde Sisera angesagt, daß Barak, der Sohn Abinoams, auf den Berg Tabor gezogen wäre.

13 Und er rief alle seine Kriegswagen zusammen, neunhundert eiserne Wagen, und das ganze Volk, das mit ihm war, aus Haroscheth der Heiden an den Bach Kison.

14 Debora aber sprach zu Barak: Auf! Das ist der Tag, an dem dir der HERR den Sisera in deine Hand gegeben hat, denn der HERR ist ausgezogen vor dir her. So zog Barak von dem Berge Tabor hinab und die zehntausend Mann ihm nach.

15 Und der HERR erschreckte den Sisera samt allen seinen Wagen und dem ganzen Heer vor der Schärfe von Baraks Schwert, so daß Sisera von seinem Wagen sprang und zu Fuß floh.

16 Barak aber jagte den Wagen und dem Heer nach bis Haroscheth der Heiden. Und Siseras ganzes Heer fiel durch die Schärfe des Schwerts, so daß auch nicht einer übrigblieb.

17 Sisera aber floh zu Fuß in das Zelt Jaëls, der Frau des Keniters Heber. Denn der König Jabin von Hazor und das Haus Hebers, des Keniters, lebten miteinander im Frieden.

18 Jaël aber ging hinaus Sisera entgegen und sprach zu ihm: Kehre ein, mein Herr, kehre ein bei mir und fürchte dich nicht! Und er kehrte bei ihr ein in ihr Zelt, und sie deckte ihn mit einer Decke zu.

19 Er aber sprach zu ihr: Gib mir doch ein wenig Wasser zu trinken, denn ich habe Durst. Da öffnete sie den Schlauch mit Milch und gab ihm zu trinken und deckte ihn wieder zu.

20 Und er sprach zu ihr: Tritt in die Tür des Zeltes, und wenn einer kommt und fragt, ob jemand hier sei, so sprich: Niemand.

21 Da nahm Jaël, die Frau Hebers, einen Pflock von dem Zelt und einen Hammer in ihre Hand und ging leise zu ihm hinein und schlug ihm den Pflock durch seine Schläfe, daß er in die Erde drang. Er aber war ermattet in einen tiefen Schlaf gesunken. So starb er.

22 Als aber Barak Sisera nachjagte, ging ihm Jaël entgegen und sprach zu ihm: Komm her! Ich will dir den Mann zeigen, den du suchst. Und als er zu ihr hereinkam, lag Sisera tot da, und der Pflock steckte in seiner Schläfe.

23 So demütigte Gott zu der Zeit Jabin, den König von Kanaan, vor Israel.

24 Und die Hand der Kinder Israel legte sich immer härter auf Jabin, den König von Kanaan, bis sie ihn vernichteten.

Deboras Siegeslied

5 Da sangen Debora und Barak, der Sohn Abinoams, zu jener Zeit:

2 Lobet den HERRN, daß man sich in Israel zum Kampf rüstete und das Volk willig dazu gewesen ist.

3 Höret zu, ihr Könige, und merket auf, ihr Fürsten! Ich will singen, dem HERRN will ich singen, dem HERRN, dem Gott Israels, will ich spielen.

4 HERR, als du von Seïr auszogst und einhergingst vom Gefilde Edoms, da erzitterte die Erde, der Himmel troff, und die Wolken troffen von Wasser.

5 Die Berge wankten vor dem HERRN, der Sinai vor dem HERRN, dem Gott Israels.

6 Zu den Zeiten Schamgars, des Sohnes Anaths, zu den Zeiten Jaëls waren verlassen die Wege, und die da auf Straßen gehen sollten, die wanderten auf ungebahnten Wegen.

7 Still war's bei den Bauern, ja, still in

Israel, bis du, Debora, aufstandest, bis du aufstandest, eine Mutter in Israel.

8 Man erwählte sich neue Götter; es gab kein Brot in den Toren. Es war kein Schild noch Speer unter vierzigtausend in Israel zu sehen.

9 Mein Herz ist mit den Gebietern Israels, mit denen, die willig waren unter dem Volk. Lobet den HERRN!

10 Die ihr auf weißen Eselinnen reitet, die ihr auf Teppichen sitzet und die ihr auf dem Wege gehet: Singet!

11 Horch, wie sie jubeln zwischen den Tränkrinnen! Da sage man von der Gerechtigkeit des HERRN, von der Gerechtigkeit an seinen Bauern in Israel, als des HERRN Volk herabzog zu den Toren.

12 Auf, auf, Debora! Auf, auf und singe ein Lied! Mach dich auf, Barak, und fange, die dich fingen, du Sohn Abinoams!

13 Da zog herab, was übrig war von Herrlichen im Volk. Der HERR zog mit mir herab unter den Helden:

14 aus Ephraim zogen sie herab ins Tal, und nach ihm Benjamin mit seinem Volk. Von Machir zogen Gebieter herab und von Sebulon, die den Führerstab halten,

15 und die Fürsten in Isaschar mit Debora, wie Isaschar so Barak; ins Tal folgte er ihm auf dem Fuß. An Rubens Bächen überlegten sie lange.

16 Warum saßest du zwischen den Sattelkörben, zu hören bei den Herden das Flötenspiel? An Rubens Bächen überlegten sie lange.

17 Gilead blieb jenseits des Jordan. Und warum dient Dan auf fremden Schiffen? Asser saß am Ufer des Meeres und blieb ruhig an seinen Buchten.

18 Sebulons Volk aber wagte sein Leben in den Tod, Naphthali auch auf der Höhe des Gefildes.

19 Könige kamen und stritten; damals stritten die Könige Kanaans zu Taanach am Wasser Megiddos, aber Silber gewannen sie dabei nicht.

20 Vom Himmel her kämpften die Sterne, von ihren Bahnen stritten sie wider Sisera.

21 Der Bach Kison riß sie hinweg, der uralte Bach, der Bach Kison. Tritt einher, meine Seele, mit Kraft!

22 Da stampften die Hufe der Rosse, ein Jagen ihrer mächtigen Renner.

23 Fluchet der Stadt Meros, sprach der Engel des HERRN, fluchet, fluchet ihren Bürgern, daß sie nicht kamen dem HERRN zu Hilfe, zu Hilfe dem HERRN unter den Helden!

24 Gepriesen sei unter den Frauen Jaël, das Weib Hebers, des Keniters; gepriesen sei sie im Zelt unter den Frauen!

25 Milch gab sie, als er Wasser forderte, Sahne reichte sie dar in einer herrlichen Schale.

26 Sie griff mit ihrer Hand den Pflock und mit ihrer Rechten den Schmiedehammer und zerschlug Siseras Haupt und zermalmte und durchbohrte seine Schläfe.

27 Zu ihren Füßen krümmte er sich, fiel nieder und lag da. Er krümmte sich, fiel nieder zu ihren Füßen; wie er sich krümmte, so lag er erschlagen da.

28 Die Mutter Siseras spähte zum Fenster hinaus und klagte durchs Gitter: Warum zögert sein Wagen, daß er nicht kommt? Warum säumen die Hufe seiner Rosse?

29 Die weisesten unter ihren Fürstinnen antworten, und sie selbst wiederholt ihre Worte:

30 Sie werden wohl Beute finden und verteilen, ein Weib, zwei Weiber für jeden Mann, und für Sisera bunte gestickte Kleider zur Beute, gewirkte bunte Tücher um den Hals als Beute.

31 So sollen umkommen, HERR, alle deine Feinde! Die ihn aber liebhaben, sollen sein, wie die Sonne aufgeht in ihrer Pracht!

Und das Land hatte Ruhe vierzig Jahre.

Israel von den Midianitern bedrängt

6 Und als die Kinder Israel taten, was dem HERRN mißfiel, gab sie der HERR in die Hand der Midianiter sieben Jahre.

2 Und als die Hand der Midianiter zu stark wurde über Israel, machten sich die Kinder Israel in den Bergen Schluchten zurecht und Höhlen und Festungen.

3 Und immer, wenn Israel gesät hatte, kamen die Midianiter und Amalekiter und die aus dem Osten herauf über sie

4 und lagerten sich gegen sie und vernichteten die Ernte im Land bis hin nach Gaza und ließen nichts übrig an Nahrung in Israel, weder Schafe noch Rinder noch Esel.

5 Denn sie kamen herauf mit ihrem Vieh und ihren Zelten wie eine große Menge Heuschrecken, so daß weder sie noch ihre Kamele zu zählen waren, und fielen ins Land, um es zu verderben.

6 So wurde Israel sehr schwach vor den Midianitern. Da schrien die Kinder Israel zum HERRN.

7 Als sie aber zum HERRN schrien um der Midianiter willen,

8 sandte der HERR einen Propheten zu ihnen, der sprach zu ihnen: So spricht der HERR, der Gott Israels: Ich habe euch aus Ägypten geführt und aus der Knechtschaft gebracht

9 und habe euch errettet aus der Hand der Ägypter und aus der Hand aller, die euch bedrängten, und habe sie vor euch her ausgestoßen und ihr Land euch gegeben

10 und zu euch gesprochen: Ich bin der HERR, euer Gott! Ihr sollt nicht fürchten die Götter der Amoriter, in deren Land ihr wohnt. Aber ihr habt meiner Stimme nicht gehorcht.

Gideon zum Richter berufen

11 Und der Engel des HERRN kam und setzte sich unter die Eiche bei Ophra; die gehörte Joas, dem Abiësriter. Und sein Sohn Gideon drosch Weizen in der Kelter, damit er ihn berge vor den Midianitern.

12 Da erschien ihm der Engel des HERRN und sprach zu ihm: Der HERR mit dir, du streitbarer Held!

13 Gideon aber sprach zu ihm: Ach, mein Herr! Ist der HERR mit uns, warum ist uns denn das alles widerfahren? Und wo sind alle seine Wunder, die uns unsere Väter erzählten und sprachen: Der HERR hat uns aus Ägypten geführt? Nun aber hat uns der HERR verstoßen und in die Hände der Midianiter gegeben.

14 Der HERR aber wandte sich zu ihm und sprach: Geh hin in dieser deiner Kraft; du sollst Israel erretten aus den Händen der Midianiter. Siehe, ich habe dich gesandt!

15 Er aber sprach zu ihm: Ach, mein Herr, womit soll ich Israel erretten? Siehe, mein Geschlecht ist das geringste in Manasse, und ich bin der Jüngste in meines Vaters Hause.

16 Der HERR aber sprach zu ihm: Ich will mit dir sein, daß du die Midianiter schlagen sollst wie **einen** Mann.

17 Er aber sprach zu ihm: Hab ich Gnade vor dir gefunden, so mach mir doch ein Zeichen, daß du es bist, der mit mir redet.

18 Geh nicht fort, bis ich wieder zu dir komme und bringe meine Gabe und lege sie vor dir hin. Er sprach: Ich will bleiben, bis du wiederkommst.

19 Und Gideon ging hin und richtete ein Ziegenböcklein zu und ungesäuerte Brote von einem Scheffel Mehl und legte das Fleisch in einen Korb und tat die Brühe in einen Topf und brachte es zu ihm hinaus unter die Eiche und trat hinzu.

20 Aber der Engel Gottes sprach zu ihm: Nimm das Fleisch und die Brote und lege es hin auf den Fels hier und gieß die Brühe darüber. Und er tat es.

21 Da streckte der Engel des HERRN den Stab aus, den er in der Hand hatte, und berührte mit der Spitze das Fleisch und die Brote. Da fuhr Feuer aus dem Fels und verzehrte das Fleisch und die Brote. Und der Engel des HERRN entschwand seinen Augen.

22 Als nun Gideon sah, daß es der Engel des HERRN war, sprach er: Ach, Herr HERR! Habe ich wirklich den Engel des HERRN von Angesicht zu Angesicht gesehen!

23 Aber der HERR sprach zu ihm: Friede sei mit dir! Fürchte dich nicht, du wirst nicht sterben.

24 Da baute Gideon dem HERRN dort einen Altar und nannte ihn «Der HERR ist Friede». Der steht noch bis auf den heutigen Tag in Ophra, der Stadt der Abiësriter.

Gideons Eifer für Gott

25 Und in derselben Nacht sprach der HERR zu ihm: Nimm einen jungen Stier von den Stieren deines Vaters und einen zweiten Stier, der siebenjährig ist, und reiße nieder den Altar Baals, der deinem Vater gehört, und haue um das Bild der Aschera, das dabei steht,

26 und baue dem HERRN, deinem Gott, oben auf der Höhe dieses Felsens einen Altar und rüste ihn zu und nimm den zweiten Stier und bringe ein Brandopfer dar mit dem Holz des Ascherabildes, das du umgehauen hast.

27 Da nahm Gideon zehn Mann von seinen Leuten und tat, wie ihm der HERR gesagt hatte. Aber er fürchtete sich vor seines Vaters Haus und vor den Leuten in der Stadt, das am Tage zu tun, und tat's in der Nacht.

28 Als nun die Leute in der Stadt früh am Morgen aufstanden, siehe, da war der Altar Baals niedergerissen und das Ascherabild daneben umgehauen und der zweite Stier als Brandopfer dargebracht auf dem Altar, der gebaut war.

29 Und einer sprach zum andern: Wer hat das getan? Und als sie suchten und nachfragten, wurde gesagt: Gideon, der Sohn des Joas, hat das getan.

30 Da sprachen die Leute der Stadt zu Joas: Gib deinen Sohn heraus: er muß sterben, weil er den Altar Baals niedergerissen und das Ascherabild daneben umgehauen hat.

31 Joas aber sprach zu allen, die bei ihm standen: Wollt ihr für Baal streiten? Wollt ihr ihm helfen? Wer für ihn streitet, der soll noch diesen Morgen sterben. Ist er Gott, so streite er für sich selbst, weil sein Altar niedergerissen ist.

32 Von dem Tag an nannte man Gideon Jerubbaal, das heißt «Baal streite mit ihm», weil er seinen Altar niedergerissen hat.

Gideons Zurüstung zum Kampf

33 Als nun alle Midianiter und Amalekiter und die aus dem Osten sich versammelt hatten, zogen sie herüber und lagerten sich in der Ebene Jesreel.

34 Da erfüllte der Geist des HERRN den Gideon. Und er ließ die Posaune blasen und rief die Abiësriter auf, ihm zu folgen.

35 Und er sandte Botschaft zu ganz Manasse und rief sie auf, daß auch sie ihm folgten. Er sandte auch Botschaft zu Asser und Sebulon und Naphthali; die kamen herauf, ihm entgegen.

36 Und Gideon sprach zu Gott: Willst du Israel durch meine Hand erretten, wie du zugesagt hast,

37 so will ich abgeschorene Wolle auf die Tenne legen: Wird der Tau allein auf der Wolle sein und der ganze Boden umher trocken, so will ich daran erkennen, daß du Israel erretten wirst durch meine Hand, wie du zugesagt hast.

38 Und so geschah es. Und als er am andern Morgen früh aufstand, drückte er den Tau aus der Wolle, eine Schale voll Wasser!

39 Und Gideon sprach zu Gott: Dein Zorn entbrenne nicht gegen mich, wenn ich noch einmal rede. Ich will's nur noch einmal versuchen mit der Wolle: es sei allein auf der Wolle trocken und Tau auf dem ganzen Boden.

40 Und Gott machte es so in derselben Nacht, daß es trocken war allein auf der Wolle und Tau überall auf dem Boden.

Gideons Sieg über Midian

7 Da machte sich Jerubbaal – das ist Gideon – früh auf und das ganze Kriegsvolk, das mit ihm war, und sie lagerten sich an der Quelle Harod, so daß er das Heerlager der Midianiter nördlich von dem Hügel More im Tal hatte.

2 Der HERR aber sprach zu Gideon: Zu zahlreich ist das Volk, das bei dir ist, als daß ich Midian in seine Hände geben sollte; Israel könnte sich rühmen wider mich und sagen: Meine Hand hat mich errettet.

3 So laß nun ausrufen vor den Ohren des Volks: Wer ängstlich und verzagt ist, der kehre um. So sichtete sie Gideon. Da kehrten vom Kriegsvolk zweiundzwanzigtausend um, so daß nur zehntausend übrigblieben.

4 Und der HERR sprach zu Gideon: Das Volk ist noch zu zahlreich. Führe sie hinab ans Wasser; dort will ich sie dir sichten. Und von wem ich dir sagen werde, daß er mit dir ziehen soll, der soll mit dir ziehen; von wem ich aber sagen werde, daß er nicht mit dir ziehen soll, der soll nicht mitziehen.

5 Und er führte das Volk hinab ans Wasser. Und der HERR sprach zu Gideon: Wer mit seiner Zunge Wasser leckt, wie ein Hund leckt, den stelle besonders; ebenso, wer niederkniet, um zu trinken.

6 Da war die Zahl derer, die geleckt hatten, dreihundert Mann. Alles übrige Volk hatte kniend getrunken aus der Hand zum Mund.

7 Und der HERR sprach zu Gideon: Durch die dreihundert Mann, die geleckt haben, will ich euch erretten und die Midianiter in deine Hände geben; aber alles übrige Volk laß gehen an seinen Ort.

8 Und sie nahmen die Verpflegung des Volks und ihre Posaunen an sich. Aber die übrigen Israeliten ließ er alle gehen, jeden in sein Zelt; die dreihundert Mann aber behielt er bei sich. Und das Heer der Midianiter lag unten vor ihm in der Ebene.

9 Und der HERR sprach in derselben Nacht zu Gideon: Steh auf und geh hinab zum Lager; denn ich habe es in deine Hände gegeben.

10 Fürchtest du dich aber hinabzugehen, so laß deinen Diener Pura mit dir hinabgehen zum Lager,

11 damit du hörst, was sie reden. Danach werden deine Hände stark sein, und du wirst hinabziehen zum Lager. Da ging Gideon mit seinem Diener Pura hinab bis an den Ort der Schildwache, die im Lager war.

12 Und die Midianiter und Amalekiter und alle aus dem Osten hatten sich niedergelassen in der Ebene wie eine Menge Heuschrecken, und ihre Kamele waren nicht zu zählen wegen ihrer großen Menge wie der Sand am Ufer des Meeres.

13 Als nun Gideon kam, siehe, da erzählte einer einem andern einen Traum und sprach: Siehe, ich habe geträumt: ein Laib Gerstenbrot rollte zum Lager der Midianiter. Und er kam an das Zelt, stieß es um, daß es einfiel, und kehrte es um, das Oberste zu unterst, so daß das Zelt am Boden lag.

14 Da antwortete der andere: Das ist nichts anderes als das Schwert Gideons, des Sohnes des Joas, des Israeliten. Gott hat die Midianiter in seine Hände gegeben mit dem ganzen Heerlager.

15 Als Gideon diesen Traum erzählen hörte und seine Auslegung, fiel er anbetend nieder und kam zurück ins Lager Israels und sprach: Macht euch auf, denn der HERR hat das Lager der Midianiter in eure Hände gegeben!

16 Und er teilte die dreihundert Mann in drei Heerhaufen und gab jedem eine Posaune in die Hand und leere Krüge mit Fackeln darin

17 und sprach zu ihnen: Seht auf mich und tut ebenso: wenn ich nun an das Lager komme – wie ich tue, so tut ihr auch!

18 Wenn ich die Posaune blase und alle, die mit mir sind, so sollt ihr auch die Posaunen blasen rings um das ganze Heerlager und rufen: Für den HERRN und für Gideon!

19 So kam Gideon mit hundert Mann an das Lager zu Anfang der mittleren Nachtwache, als sie eben die Wachen aufgestellt hatten, und sie bliesen die Posaunen und zerschlugen die Krüge in ihren Händen.

20 Da bliesen alle drei Heerhaufen die Posaunen und zerbrachen die Krüge. Sie hielten aber die Fackeln in ihrer linken Hand und die Posaunen in ihrer rechten Hand, um zu blasen, und riefen: Hier Schwert des HERRN und Gideons!

21 Und sie blieben stehen, jeder an seiner Stelle, rings um das Lager her. Da fing das ganze Heer an zu laufen, und sie schrien und flohen.

22 Und während die dreihundert Mann die Posaunen bliesen, schaffte der HERR, daß im ganzen Heerlager eines jeden Schwert gegen den andern war. Und das Heer floh bis Beth-Schitta auf Zereda zu, bis an die Grenze von Abel-Mehola bei Tabbath.

23 Und die Männer Israels von Naphthali, von Asser und von ganz Manasse wurden zusammengerufen und jagten den Midianitern nach.

24 Und Gideon sandte Botschaft auf das ganze Gebirge Ephraim und ließ sagen: Kommt herab den Midianitern entgegen und nehmt ihnen die Wasserstellen weg bis nach Beth-Bara und auch den Jordan. Da wurden zusammengerufen alle, die von Ephraim waren, und nahmen ihnen die Wasserstellen weg bis nach Beth-Bara und auch den Jordan.

25 Und sie fingen zwei Fürsten der Midianiter, Oreb und Seeb, und erschlugen Oreb am Felsen Oreb*, und Seeb bei der Kelter Seeb** und jagten den Midianitern nach und brachten die Häupter Orebs und Seebs zu Gideon über den Jordan.

8 Da sprachen die Männer von Ephraim zu ihm: Warum hast du uns das angetan, daß du uns nicht riefst, als du in den Kampf zogst gegen die Midianiter? Und sie zankten heftig mit ihm.

2 Er aber sprach zu ihnen: Was hab ich jetzt getan, das eurer Tat gleich sei? Ist nicht die Nachlese Ephraims besser als die ganze Weinernte Abiësers?

*d. h. Rabenfels.
**d. h. Wolfskelter.

3 Gott hat die Fürsten der Midianiter,
Oreb und Seeb, in eure Hände gegeben.
Was hab ich zu tun vermocht gegen das,
was ihr getan habt? Als er das sagte, ließ
ihr Zorn von ihm ab.

Weitere Taten Gideons und sein Tod

4 Als nun Gideon an den Jordan kam,
ging er hinüber mit den dreihundert
Mann, die bei ihm waren; die waren müde
und jagten den Feinden nach.
5 Da bat er die Leute von Sukkoth:
Gebt doch dem Volk, das mir auf dem
Fuße folgt, Brote; denn sie sind müde,
und ich muß nachjagen den Königen der
Midianiter, Sebach und Zalmunna.
6 Aber die Oberen von Sukkoth spra-
chen: Sind die Fäuste Sebachs und Zal-
munnas schon in deinen Händen, daß wir
deinem Heer Brot geben sollen?
7 Gideon sprach: Wohlan, wenn der
HERR Sebach und Zalmunna in meine
Hand gibt, will ich euer Fleisch mit Dor-
nen aus der Wüste und mit Stacheln zer-
dreschen.
8 Und er zog von dort hinauf nach
Pnuël und redete ebenso mit ihnen. Und
die Leute von Pnuël antworteten ihm das-
selbe wie die von Sukkoth.
9 Und er sprach auch zu den Leuten von
Pnuël: Komm ich heil wieder, so will ich
diese Burg niederreißen.
10 Sebach aber und Zalmunna waren in
Karkor und ihr Heerlager mit ihnen, etwa
fünfzehntausend, alle, die übriggeblieben
waren vom ganzen Heer derer aus dem
Osten; denn hundertundzwanzigtausend
waren gefallen, die das Schwert ziehen
konnten.
11 Und Gideon zog herauf auf der
Straße derer, die in Zelten wohnen, öst-
lich von Nobach und Jogbeha, und schlug
das Heerlager, während es ohne Sorge
lagerte.
12 Und Sebach und Zalmunna flohen;
aber er jagte ihnen nach und nahm ge-
fangen die beiden Könige der Midianiter,
Sebach und Zalmunna, und setzte das
ganze Heerlager in Schrecken.
13 Als nun Gideon, der Sohn des Joas,
vom Kampf zurückkam, auf der Steige
von Heres,
14 griff er sich einen Knaben von den
Leuten von Sukkoth und fragte ihn aus.
Der schrieb ihm auf die Oberen von Suk-
koth und ihre Ältesten, siebenundsiebzig
Mann.
15 Und er kam zu den Leuten von Suk-
koth und sprach: Siehe, hier sind Sebach
und Zalmunna, um derentwillen ihr mich
verspottet habt und gesprochen: Ist denn
Sebachs und Zalmunnas Faust schon in
deinen Händen, daß wir deinen Leuten,
die müde sind, Brot geben sollen?
16 Und er nahm die Ältesten der Stadt
und holte Dornen aus der Wüste und
Stacheln und ließ es die Leute zu Sukkoth
fühlen.
17 Und die Burg von Pnuël riß er nieder
und erschlug die Leute der Stadt.
18 Und Gideon sprach zu Sebach und
Zalmunna: Wie waren die Männer, die
ihr am Tabor erschlagen habt? Sie spra-
chen: Sie waren wie du, jeder anzusehen
wie ein Königssohn.
19 Er aber sprach: Es sind meine Brüder,
meiner Mutter Söhne, gewesen. So wahr
der HERR lebt: wenn ihr sie am Leben ge-
lassen hättet, würde ich euch nicht töten.
20 Und er sprach zu seinem erstgebore-
nen Sohn Jether: Steh auf und erschlage
sie. Aber der Knabe zog sein Schwert
nicht; denn er fürchtete sich, weil er noch
ein Knabe war.
21 Sebach aber und Zalmunna spra-
chen: Steh du auf und mache dich an uns;
denn wie der Mann ist, so ist auch seine
Kraft. Da stand Gideon auf und erschlug
Sebach und Zalmunna und nahm die
kleinen Monde, die an den Hälsen ihrer
Kamele waren.
22 Da sprachen die Männer von Israel
zu Gideon: Sei Herrscher über uns, du
und dein Sohn und deines Sohnes Sohn,
weil du uns aus der Hand der Midianiter
errettet hast.
23 Aber Gideon sprach zu ihnen: Ich
will nicht Herrscher über euch sein, und
mein Sohn soll auch nicht Herrscher über
euch sein, sondern der HERR soll Herr-
scher über euch sein.
24 Und Gideon sprach zu ihnen: Eins
begehre ich von euch: jeder gebe mir die
Ringe, die er als Beute genommen hat.
Denn weil es Ismaeliter waren, hatten sie
goldene Ringe.
25 Sie sprachen: Die wollen wir geben.
Und sie breiteten einen Mantel aus, und

ein jeder warf die Ringe darauf, die er als
Beute genommen hatte.
26 Und die goldenen Ringe, die er ge-
fordert hatte, wogen tausendsiebenhun-
dert Lot Gold ohne die kleinen Monde
und Ohrringe und Purpurkleider, die die
Könige der Midianiter getragen hatten,
und ohne die Spangen ihrer Kamele.
27 Und Gideon machte einen Ephod
daraus und stellte ihn in seiner Stadt
Ophra auf. Und ganz Israel trieb dort mit
ihm Abgötterei. Und er wurde Gideon
und seinem Hause zum Fallstrick.
28 **S**o wurden die Midianiter gedemü-
tigt vor den Kindern Israel und hoben
ihren Kopf nicht mehr empor. Und das
Land hatte Ruhe vierzig Jahre, solange
Gideon lebte.
29 **U**nd Jerubbaal, der Sohn des Joas,
ging hin und wohnte in seinem Hause.
30 Und Gideon hatte siebzig leibliche
Söhne, denn er hatte viele Frauen.
31 Auch seine Nebenfrau, die er in Si-
chem hatte, gebar ihm einen Sohn; den
nannte er Abimelech.
32 Und Gideon, der Sohn des Joas,
starb in hohem Alter und wurde begraben
im Grab seines Vaters Joas in Ophra, der
Stadt der Abiësriter.
33 **A**ls aber Gideon gestorben war, kehr-
ten sich die Kinder Israel ab und liefen
den Baalen nach und machten Baal-Berith
zu ihrem Gott.
34 Und sie dachten nicht an den HERRN,
ihren Gott, der sie errettet hatte aus der
Hand aller ihrer Feinde ringsumher,
35 und erzeigten sich nicht dankbar dem
Hause des Jerubbaal – das ist Gideon –
für alles Gute, das er an Israel getan hatte.

Abimelechs Königtum

9 Abimelech aber, der Sohn Jerubbaals,
ging hin nach Sichem zu den Brüdern
seiner Mutter und redete mit ihnen und
mit dem ganzen Geschlecht des Hauses
seiner Mutter und sprach:
2 Redet doch vor den Ohren aller Män-
ner von Sichem: Was ist euch besser, daß
siebzig Männer, alle die Söhne Jerubbaals,
über euch Herrscher seien oder daß **ein**
Mann über euch Herrscher sei? Denkt
auch daran, daß ich euer Gebein und
Fleisch bin.
3 Da redeten die Brüder seiner Mutter
seinetwegen alle diese Worte vor den
Ohren aller Männer von Sichem. Und ihr
Herz neigte sich Abimelech zu; denn sie
dachten: Er ist unser Bruder.
4 Und sie gaben ihm siebzig Silber-
stücke aus dem Tempel des Baal-Berith.
Und Abimelech warb damit lose, verwe-
gene Männer an, die ihm nachfolgten.
5 Und er kam in das Haus seines Vaters
nach Ophra und tötete seine Brüder, die
Söhne Jerubbaals, siebzig Mann, auf
einem Stein. Es blieb aber übrig Jotham,
der jüngste Sohn Jerubbaals; denn er hat-
te sich versteckt.
6 Und es versammelten sich alle Männer
von Sichem und alle Bewohner des Millo,
gingen hin und machten Abimelech zum
König bei der Eiche am Steinmal von
Sichem.
7 **A**ls das dem Jotham angesagt wurde,
ging er hin und stellte sich auf den Gipfel
des Berges Garizim, erhob seine Stimme,
rief und sprach zu ihnen: Höret mich, ihr
Männer von Sichem, daß euch Gott auch
höre.
8 **D**ie Bäume gingen hin, um einen Kö-
nig über sich zu salben, und sprachen zum
Ölbaum: Sei unser König!
9 Aber der Ölbaum antwortete ihnen:
Soll ich meine Fettigkeit lassen, die Göt-
ter und Menschen an mir preisen, und
hingehen, über den Bäumen zu schweben?
10 Da sprachen die Bäume zum Feigen-
baum: Komm du und sei unser König!
11 Aber der Feigenbaum sprach zu
ihnen: Soll ich meine Süßigkeit und meine
gute Frucht lassen und hingehen, über den
Bäumen zu schweben?
12 Da sprachen die Bäume zum Wein-
stock: Komm du und sei unser König!
13 Aber der Weinstock sprach zu ihnen:
Soll ich meinen Wein lassen, der Götter
und Menschen fröhlich macht, und hin-
gehen, über den Bäumen zu schweben?
14 Da sprachen alle Bäume zum Dorn-
busch: Komm du und sei unser König!
15 Und der Dornbusch sprach zu den
Bäumen: Ist's wahr, daß ihr mich zum
König über euch salben wollt, so kommt
und bergt euch in meinem Schatten; wenn
nicht, so gehe Feuer vom Dornbusch aus
und verzehre die Zedern Libanons.
16 **H**abt ihr nun recht und redlich getan,
daß ihr Abimelech zum König gemacht

habt? Und habt ihr wohlgetan an Jerub-
baal und an seinem Hause, und habt ihr
ihm getan, wie er's um euch verdient hat?
17 Denn mein Vater hat für euch ge-
kämpft und sein Leben gewagt, um euch
aus der Hand der Midianiter zu erretten.
18 Aber ihr habt euch heute gegen mei-
nes Vaters Haus aufgelehnt und seine
Söhne getötet, siebzig Mann auf **einem**
Stein, und habt Abimelech, seiner Magd
Sohn, zum König über die Männer von
Sichem gemacht, weil er euer Bruder ist.
19 Habt ihr nun heute recht und redlich
gehandelt an Jerubbaal und an seinem
Hause, so seid fröhlich über Abimelech,
und er sei fröhlich über euch.
20 Wenn nicht, so gehe Feuer aus von
Abimelech und verzehre die Männer von
Sichem und die Bewohner des Millo, und
gehe auch Feuer aus von den Männern
von Sichem und von den Bewohnern des
Millo und verzehre Abimelech.
21 Und Jotham floh vor seinem Bruder
Abimelech und entwich und ging nach
Beer und wohnte dort.
22 Als nun Abimelech drei Jahre über
Israel geherrscht hatte,
23 sandte Gott einen bösen Geist zwi-
schen Abimelech und die Männer von
Sichem. Und die Männer von Sichem
wurden Abimelech untreu,
24 damit der Frevel an den siebzig Söh-
nen Jerubbaals und ihr Blut käme auf
Abimelech, ihren Bruder, der sie getötet
hatte, und auf die Männer von Sichem,
die ihm seine Hand dazu gestärkt hatten,
daß er seine Brüder tötete.
25 Und die Männer von Sichem legten
einen Hinterhalt auf den Höhen der Berge
und beraubten alle, die auf der Straße bei
ihnen vorüberkamen. Und es wurde Abi-
melech angesagt.
26 Es kamen aber Gaal, der Sohn Ebeds,
und seine Brüder und zogen in Sichem ein.
Und die Männer von Sichem verließen
sich auf ihn
27 und zogen hinaus aufs Feld und ern-
teten ihre Weinberge ab und kelterten und
hielten ein Freudenfest und gingen in das
Haus ihres Gottes, aßen und tranken und
fluchten dem Abimelech.
28 Und Gaal, der Sohn Ebeds, sprach:
Wer ist Abimelech, und wer ist denn die-
ser Sichemiter, daß wir ihm dienen soll-
ten? Ist er nicht Jerubbaals Sohn und hat
Sebul, seinen Vogt, hergesetzt? Dienet
den Leuten Hemors, des Vaters von Si-
chem! Warum sollten wir jenem dienen?
29 Wollte Gott, das Volk wäre unter
meiner Hand, so würde ich den Abime-
lech vertreiben und ihm sagen: Mehre
dein Heer und zieh in den Kampf!
30 Als aber Sebul, der Stadthauptmann,
die Worte Gaals, des Sohnes Ebeds, hörte,
entbrannte sein Zorn,
31 und er sandte heimlich Botschaft zu
Abimelech und ließ ihm sagen: Siehe,
Gaal, der Sohn Ebeds, und seine Brüder
sind nach Sichem gekommen und machen
dir die Stadt aufrührerisch.
32 So mach dich nun auf bei Nacht, du
und dein Volk, das bei dir ist, und lege
einen Hinterhalt im Felde.
33 Und am Morgen, wenn die Sonne
aufgeht, mache dich auf und überfalle die
Stadt. Und wenn er und das Volk, das
bei ihm ist, gegen dich hinauszieht, so
tu mit ihm, wie du es vermagst.
34 Abimelech machte sich auf bei Nacht
und alles Volk, das bei ihm war, und sie
legten einen Hinterhalt gegen Sichem mit
vier Heerhaufen.
35 Und Gaal, der Sohn Ebeds, zog her-
aus und trat vor das Stadttor. Aber Abi-
melech machte sich auf aus dem Hinter-
halt samt dem Volk, das mit ihm war.
36 Als nun Gaal das Volk sah, sprach er
zu Sebul: Siehe, da kommt Kriegsvolk
von der Höhe des Gebirges herab. Sebul
aber sprach zu ihm: Du siehst die Schat-
ten der Berge für Leute an.
37 Gaal redete noch weiter und sprach:
Siehe, Kriegsvolk kommt herab vom Na-
bel der Erde*, und ein Heerhaufe kommt
daher auf dem Wege von der Zaubereiche.
38 Da sprach Sebul zu ihm: Wo ist nun
dein Maul, das da sagte: Wer ist Abime-
lech, daß wir ihm dienen sollten? Ist das
nicht das Kriegsvolk, das du verachtet
hast? Zieh nun hin und kämpfe mit ihm!
39 Gaal zog aus vor den Männern von
Sichem her und kämpfte mit Abimelech.
40 Aber Abimelech jagte ihm nach, daß
er vor ihm floh, und viele blieben erschla-
gen liegen bis an das Tor.
41 Und Abimelech blieb in Aruma. Se-
bul aber verjagte den Gaal und seine Brü-

*Der Berg Garizim galt als Mitte der Erdscheibe.

der, so daß sie in Sichem nicht bleiben konnten.

42 Am Morgen aber ging das Volk heraus aufs Feld. Als das Abimelech angesagt wurde,

43 nahm er das Kriegsvolk, teilte es in drei Heerhaufen und legte einen Hinterhalt im Feld. Als er nun sah, daß das Volk aus der Stadt ging, erhob er sich gegen sie und erschlug sie.

44 Abimelech und der Heerhaufe, der bei ihm war, überfielen sie und stellten sich am Stadttor auf. Die beiden andern Heerhaufen aber überfielen alle, die auf dem Felde waren, und erschlugen sie.

45 So kämpfte Abimelech gegen die Stadt den ganzen Tag und eroberte sie und tötete das Volk, das darin war, und zerstörte die Stadt und streute Salz darauf.

46 Als das alle Männer der Burg von Sichem hörten, gingen sie in das Gewölbe des Tempels des Baal-Berith.

47 Und als Abimelech hörte, daß sich alle Männer der Burg von Sichem versammelt hatten,

48 ging er auf den Berg Zalmon mit seinem ganzen Kriegsvolk, das bei ihm war, und nahm eine Axt in seine Hand und hieb einen Ast vom Baum und hob ihn auf und legte ihn auf seine Schulter und sprach zu allem Volk, das mit ihm war: Was ihr mich tun seht, das beeilt euch auch zu tun.

49 Da hieb jeder vom Volk einen Ast ab, und sie folgten Abimelech und legten die Äste auf das Gewölbe und setzten über ihnen das Gewölbe in Brand, so daß auch alle in der Burg von Sichem starben, etwa tausend Männer und Frauen.

Abimelechs Ende

50 Abimelech aber zog nach Tebez, belagerte es und eroberte es.

51 Es war aber eine starke Burg mitten in der Stadt. Dahin flohen alle Männer und Frauen und alle Bürger der Stadt, schlossen hinter sich zu und stiegen auf das Dach der Burg.

52 Da kam Abimelech zur Burg und kämpfte gegen sie und näherte sich dem Burgtor, um es mit Feuer zu verbrennen.

53 Aber eine Frau warf einen Mühlstein Abimelech auf den Kopf und zerschmetterte ihm den Schädel.

54 Da rief Abimelech eilends seinen Waffenträger herbei und sprach zu ihm: Zieh dein Schwert und töte mich, daß man nicht von mir sage: Ein Weib hat ihn erschlagen. Da durchstach ihn sein Waffenträger, und er starb.

55 Als aber die Israeliten, die mit ihm waren, sahen, daß Abimelech tot war, ging jeder heim.

56 So vergalt Gott dem Abimelech das Böse, das er seinem Vater angetan hatte, als er seine siebzig Brüder tötete.

57 Desgleichen alle bösen Taten der Männer von Sichem vergalt ihnen Gott auf ihren Kopf, und es kam über sie der Fluch Jothams, des Sohnes Jerubbaals.

Die Richter Tola und Jaïr

10 Nach Abimelech stand auf, Israel zu erretten, Tola, ein Mann aus Issachar, ein Sohn Puas, des Sohnes Dodos. Er wohnte in Schamir auf dem Gebirge Ephraim

2 und richtete Israel dreiundzwanzig Jahre und starb und wurde begraben in Schamir.

3 Nach ihm stand auf Jaïr, ein Gileaditer, und richtete Israel zweiundzwanzig Jahre.

4 Der hatte dreißig Söhne, die auf dreißig Eseln ritten. Und sie hatten dreißig Städte, die heißen «Dörfer Jaïrs» bis auf diesen Tag und liegen in Gilead.

5 Und Jaïr starb und wurde begraben in Kamon.

Gericht über Israels Untreue

6 Aber die Kinder Israel taten wiederum, was dem HERRN mißfiel, und dienten den Baalen und den Astarten und den Göttern von Aram und den Göttern von Sidon und den Göttern Moabs und den Göttern der Ammoniter und den Göttern der Philister und verließen den HERRN und dienten ihm nicht.

7 Da entbrannte der Zorn des HERRN über Israel, und er verkaufte sie unter die Hand der Philister und Ammoniter.

8 Und sie zertraten und zerschlugen Israel zu jener Zeit achtzehn Jahre lang, nämlich ganz Israel jenseits des Jordan im Land der Amoriter, das in Gilead liegt.

9 Dazu zogen die Ammoniter über den Jordan und kämpften gegen Juda,

Benjamin und das Haus Ephraim, so daß
Israel sehr geängstigt wurde.
10 Da schrien die Kinder Israel zu dem
HERRN und sprachen: Wir haben an dir
gesündigt, denn wir haben unsern Gott
verlassen und den Baalen gedient.
11 Aber der HERR sprach zu den Kin-
dern Israel: Haben euch nicht auch unter-
drückt die Ägypter, die Amoriter, die
Ammoniter, die Philister,
12 die Sidonier, die Amalekiter und
Maoniter? Aber ich half euch aus ihren
Händen, als ihr zu mir schriet.
13 Dennoch habt ihr mich verlassen und
andern Göttern gedient. Darum will ich
euch nicht mehr erretten.
14 Geht hin und schreit zu den Göttern,
die ihr erwählt habt; laßt diese euch hel-
fen zur Zeit eurer Bedrängnis!
15 Aber die Kinder Israel sprachen zum
HERRN: Wir haben gesündigt, mache du
es mit uns, wie dir's gefällt; nur errette uns
heute!
16 Und sie taten von sich die fremden
Götter und dienten dem HERRN. Da jam-
merte es ihn, daß Israel so geplagt wurde.

Der Richter Jephthah

17 Und die Ammoniter wurden aufge-
boten und lagerten sich in Gilead; aber
Israel versammelte sich und lagerte sich
in Mizpa.
18 Und die Oberen des Volks von Gilead
sprachen untereinander: Wer ist der
Mann, der anfängt, mit den Ammonitern
zu kämpfen? Der soll das Haupt sein über
alle, die in Gilead wohnen.
11 Jephthah, ein Gileaditer, war ein
streitbarer Mann, aber der Sohn
einer Hure. Gilead hatte Jephthah ge-
zeugt.
2 Als aber die Ehefrau Gileads ihm
Söhne gebar und die Söhne dieser Frau
groß wurden, stießen sie Jephthah aus und
sprachen zu ihm: Du sollst nicht erben in
unserer Familie, denn du bist der Sohn
einer andern.
3 Da floh er vor seinen Brüdern und
wohnte im Lande Tob. Und es sammelten
sich bei ihm lose Leute und zogen mit ihm
aus.
4 Und einige Zeit danach kämpften die
Ammoniter mit Israel.
5 Als nun die Ammoniter mit Israel
kämpften, gingen die Ältesten von Gilead
hin, um Jephthah aus dem Lande Tob zu
holen,
6 und sprachen zu ihm: Komm und sei
unser Hauptmann, damit wir gegen die
Ammoniter kämpfen.
7 Aber Jephthah sprach zu den Ältesten
von Gilead: Seid ihr es nicht, die mich
hassen und aus meiner Familie ausgesto-
ßen haben? Und nun kommt ihr zu mir,
weil ihr in Bedrängnis seid?
8 Die Ältesten von Gilead sprachen zu
Jephthah: Darum kommen wir nun wie-
der zu dir, damit du mit uns ziehst und
uns hilfst, gegen die Ammoniter zu kämp-
fen, und unser Haupt seist über alle, die in
Gilead wohnen.
9 Jephthah sprach zu den Ältesten von
Gilead: Wenn ihr mich wieder holt, um
gegen die Ammoniter zu kämpfen, und
der HERR sie mir in die Hand gibt, soll ich
dann euer Haupt sein?
10 Die Ältesten von Gilead sprachen zu
Jephthah: Der HERR sei Ohrenzeuge zwi-
schen uns und strafe uns, wenn wir nicht
tun, wie du gesagt hast.
11 So ging Jephthah mit den Ältesten
von Gilead, und das Volk setzte ihn zum
Haupt und Obersten über sich. Und Jeph-
thah redete alles, was er zu sagen hatte,
vor dem HERRN in Mizpa.
12 Dann sandte Jephthah Botschaft
zum König der Ammoniter und ließ ihm
sagen: Was hast du mit mir zu schaffen,
daß du zu mir kommst, um gegen mein
Land zu kämpfen?
13 Der König der Ammoniter antworte-
te den Boten Jephthahs: Weil Israel mein
Land genommen hat, als sie aus Ägypten
zogen, vom Arnon an bis an den Jabbok
und bis an den Jordan, so gib mir's nun
gutwillig zurück.
14 Jephthah aber sandte abermals Boten
zum König der Ammoniter;
15 die sprachen zu ihm: So spricht Jeph-
thah: Israel hat kein Land genommen,
weder den Moabitern noch den Ammoni-
tern.
16 Denn als sie aus Ägypten heraufka-
men, zog Israel durch die Wüste bis ans
Schilfmeer und kam nach Kadesch.
17 Da sandte Israel Boten zum König
der Edomiter und sprach: Laß mich durch
dein Land ziehen. Aber der König der

Edomiter hörte nicht auf sie. Auch sandten sie zum König der Moabiter; der wollte auch nicht. So blieb Israel in Kadesch

18 und zog in der Wüste umher. Und sie umgingen das Land der Edomiter und Moabiter und kamen von Sonnenaufgang her an das Land der Moabiter und lagerten sich jenseits des Arnon, aber sie kamen nicht ins Gebiet der Moabiter; denn der Arnon ist die Grenze von Moab.

19 Und Israel sandte Boten zu Sihon, dem König der Amoriter zu Hesbon, und ließ ihm sagen: Laß uns durch dein Land ziehen bis an unsern Ort.

20 Aber Sihon traute Israel nicht und ließ es nicht durch sein Gebiet ziehen, sondern versammelte sein ganzes Kriegsvolk und lagerte sich bei Jahza und kämpfte mit Israel.

21 Der HERR aber, der Gott Israels, gab Sihon mit seinem ganzen Kriegsvolk in die Hände Israels, und sie erschlugen sie. So nahm Israel das ganze Land der Amoriter ein, die in jenem Land wohnten.

22 Sie nahmen das ganze Gebiet der Amoriter ein vom Arnon bis an den Jabbok und von der Wüste bis an den Jordan.

23 So hat nun der HERR, der Gott Israels, die Amoriter vertrieben vor seinem Volk Israel, und du willst ihr Land einnehmen?

24 Du solltest das Land derer einnehmen, die dein Gott Kemosch vertreibt, uns dagegen das Land derer einnehmen lassen, die der HERR, unser Gott, vor uns vertrieben hat.

25 Meinst du, daß du ein besseres Recht hättest als Balak, der Sohn Zippors, der König der Moabiter? Hat dieser auch je mit Israel gerechtet oder gekämpft,

26 obwohl Israel dreihundert Jahre gewohnt hat in Hesbon und in Aroër und ihren Ortschaften und in allen Städten, die am Arnon liegen? Warum habt ihr sie nicht mit Gewalt genommen in dieser Zeit?

27 Ich habe mich nicht an dir versündigt, du aber tust so Böses an mir, daß du mit mir kämpfst. Der HERR, der da Richter ist, richte heute zwischen Israel und den Ammonitern.

28 Aber der König der Ammoniter hörte nicht auf die Worte Jephthahs, die er ihm sagen ließ.

29 Da kam der Geist des HERRN auf Jephthah, und er zog durch Gilead und Manasse und nach Mizpe, das in Gilead liegt, und von Mizpe, das in Gilead liegt, gegen die Ammoniter.

30 Und Jephthah gelobte dem HERRN ein Gelübde und sprach: Gibst du die Ammoniter in meine Hand,

31 so soll, was mir aus meiner Haustür entgegengeht, wenn ich von den Ammonitern heil zurückkomme, dem HERRN gehören, und ich will's als Brandopfer darbringen.

32 So zog Jephthah auf die Ammoniter los, um gegen sie zu kämpfen. Und der HERR gab sie in seine Hände.

33 Und er schlug sie mit gewaltigen Schlägen von Aroër an bis hin nach Minnith, zwanzig Städte, und bis nach Abel-Keramim. So wurden die Ammoniter gedemütigt vor den Kindern Israel.

34 Als nun Jephthah nach Mizpa zu seinem Hause kam, siehe, da geht seine Tochter heraus ihm entgegen mit Pauken und Reigen; und sie war sein einziges Kind, und er hatte sonst keinen Sohn und keine Tochter.

35 Und als er sie sah, zerriß er seine Kleider und sprach: Ach, meine Tochter, wie beugst du mich und betrübst mich! Denn ich habe meinen Mund aufgetan vor dem HERRN und kann's nicht widerrufen.

36 Sie aber sprach: Mein Vater, hast du deinen Mund aufgetan vor dem HERRN, so tu mit mir, wie dein Mund geredet hat, nachdem der HERR dich gerächt hat an deinen Feinden, den Ammonitern.

37 Und sie sprach zu ihrem Vater: Du wollest mir das gewähren: Laß mir zwei Monate, daß ich hingehe auf die Berge und meine Jungfrauschaft beweine mit meinen Gespielen.

38 Er sprach: Geh hin! und ließ sie zwei Monate gehen. Da ging sie hin mit ihren Gespielen und beweinte ihre Jungfrauschaft auf den Bergen.

39 Und nach zwei Monaten kam sie zurück zu ihrem Vater. Und er tat ihr, wie er gelobt hatte, und sie hatte nie einen Mann erkannt. Und es ward Brauch in Israel,

40 daß die Töchter Israel jährlich hingehen, zu klagen um die Tochter Jephthahs, des Gileaditers, vier Tage im Jahr.

Jephthahs Kampf mit Ephraim

12 Und die Männer von Ephraim wurden aufgeboten und zogen nordwärts und sprachen zu Jephthah: Warum bist du in den Kampf gezogen gegen die Ammoniter und hast uns nicht gerufen, damit wir mit dir ziehen? Wir wollen dein Haus samt dir mit Feuer verbrennen.

2 Jephthah sprach zu ihnen: Ich und mein Volk hatten einen harten Kampf mit den Ammonitern, und ich rief euch auf, aber ihr halft mir nicht aus ihren Händen.

3 Als ich nun sah, daß ihr nicht helfen wolltet, wagte ich mein Leben daran und zog gegen die Ammoniter, und der HERR gab sie in meine Hand. Warum kommt ihr nun zu mir herauf, mit mir zu kämpfen?

4 Und Jephthah sammelte alle Männer von Gilead und kämpfte gegen Ephraim. Und die Männer von Gilead schlugen Ephraim – denn diese hatten gesagt: Ihr seid Flüchtlinge aus Ephraim; denn Gilead liegt mitten in Ephraim und Manasse –;

5 und die Gileaditer besetzten die Furten des Jordan vor Ephraim. Wenn nun einer von den Flüchtlingen Ephraims sprach: Laß mich hinübergehen!, so sprachen die Männer von Gilead zu ihm: Bist du ein Ephraimiter? Wenn er dann antwortete: Nein!,

6 ließen sie ihn sprechen: Schibboleth. Sprach er aber: Sibboleth, weil er's nicht richtig aussprechen konnte, dann ergriffen sie ihn und erschlugen ihn an den Furten des Jordan, so daß zu der Zeit von Ephraim fielen zweiundvierzigtausend.

7 Jephthah aber richtete Israel sechs Jahre. Und Jephthah, der Gileaditer, starb und wurde begraben in seiner Stadt in Gilead.

Die Richter Ibzan, Elon und Abdon

8 Nach ihm richtete Israel Ibzan aus Bethlehem.

9 Der hatte dreißig Söhne. Und dreißig Töchter gab er nach auswärts, und dreißig Töchter nahm er von auswärts für seine Söhne. Er richtete Israel sieben Jahre

10 und starb und wurde begraben in Bethlehem.

11 Nach ihm richtete Israel Elon, ein Sebuloniter; er richtete Israel zehn Jahre

12 und starb und wurde begraben in Ajalon im Lande Sebulon.

13 Nach ihm richtete Israel Abdon, ein Sohn Hillels aus Pirathon.

14 Der hatte vierzig Söhne und dreißig Enkel, die auf siebzig Eseln ritten. Er richtete Israel acht Jahre

15 und starb und wurde begraben in Pirathon im Lande Ephraim, auf dem Gebirge der Amalekiter.

Simsons Geburt

13 Und die Kinder Israel taten wiederum, was dem HERRN mißfiel, und der HERR gab sie in die Hände der Philister vierzig Jahre.

2 Es war aber ein Mann in Zora von einem Geschlecht der Daniter, mit Namen Manoah, und seine Frau war unfruchtbar und hatte keine Kinder.

3 Und der Engel des HERRN erschien der Frau und sprach zu ihr: Siehe, du bist unfruchtbar und hast keine Kinder, aber du wirst schwanger werden und einen Sohn gebären.

4 So hüte dich nun, Wein oder starkes Getränk zu trinken und Unreines zu essen;

5 denn du wirst schwanger werden und einen Sohn gebären, dem kein Schermesser aufs Haupt kommen soll. Denn der Knabe wird ein Geweihter Gottes sein von Mutterleibe an; und er wird anfangen, Israel zu erretten aus der Hand der Philister.

6 Da kam die Frau und sagte es ihrem Mann und sprach: Es kam ein Mann Gottes zu mir, und seine Gestalt war anzusehen wie der Engel Gottes, zum Erschrecken, so daß ich ihn nicht fragte, woher oder wohin; und er sagte mir nicht, wie er hieß.

7 Er sprach aber zu mir: Siehe, du wirst schwanger werden und einen Sohn gebären. So trinke nun keinen Wein oder starkes Getränk und iß nichts Unreines; denn der Knabe soll ein Geweihter Gottes sein von Mutterleibe an bis zum Tag seines Todes.

8 Da bat Manoah den HERRN und sprach: Ach, Herr, laß den Mann Gottes wieder zu uns kommen, den du gesandt hast, damit er uns lehre, was wir mit dem Knaben tun sollen, der geboren werden soll.

9 Und Gott erhörte Manoah, und der
Engel Gottes kam wieder zu der Frau. Sie
saß aber auf dem Felde, und ihr Mann
Manoah war nicht bei ihr.
10 Da lief sie eilends und sagte es ihrem
Mann und sprach zu ihm: Siehe, der
Mann ist mir erschienen, der heute Nacht
zu mir kam.
11 Manoah machte sich auf und ging
hinter seiner Frau her und kam zu dem
Mann und sprach zu ihm: Bist du der
Mann, der mit der Frau geredet hat? Er
sprach: Ja.
12 Und Manoah sprach: Wenn nun eintrifft,
was du gesagt hast: Wie sollen wir's
mit dem Knaben halten und tun?
13 Der Engel des HERRN sprach zu Manoah:
Vor allem, was ich der Frau gesagt
habe, soll sie sich hüten:
14 sie soll nicht essen, was vom Weinstock
kommt, und soll keinen Wein oder
starkes Getränk trinken und nichts Unreines
essen; alles, was ich ihr geboten
habe, soll sie halten.
15 Manoah sprach zum Engel des
HERRN: Wir möchten dich gern hier behalten
und dir ein Ziegenböcklein zurichten.
16 Aber der Engel des HERRN antwortete
Manoah: Wenn du mich auch hier hältst,
so esse ich doch von deiner Speise nicht.
Willst du aber dem HERRN ein Brandopfer
bringen, so kannst du es opfern. Manoah
aber wußte nicht, daß es der Engel des
HERRN war.
17 Und Manoah sprach zum Engel des
HERRN: Wie heißt du? Denn wir wollen
dich ehren, wenn nun eintrifft, was du gesagt
hast.
18 Aber der Engel des HERRN sprach zu
ihm: Warum fragst du nach meinem Namen,
der doch geheimnisvoll ist?
19 Da nahm Manoah ein Ziegenböcklein
und Speisopfer und brachte es auf
einem Felsen dem HERRN dar, der geheimnisvolle
Dinge tut. Manoah aber und
seine Frau sahen zu.
20 Und als die Flamme aufloderte vom
Altar gen Himmel, fuhr der Engel des
HERRN auf in der Flamme des Altars. Als
das Manoah und seine Frau sahen, fielen
sie zur Erde auf ihr Angesicht.
21 Und der Engel des HERRN erschien
Manoah und seiner Frau nicht mehr. Damals
erkannte Manoah, daß es der Engel
des HERRN war,
22 und sprach zu seiner Frau: Wir müssen
des Todes sterben, weil wir Gott gesehen
haben.
23 Aber seine Frau antwortete ihm:
Wenn es dem HERRN gefallen hätte, uns
zu töten, so hätte er das Brandopfer und
Speisopfer nicht angenommen von unsern
Händen. Er hätte uns auch das alles weder
sehen noch hören lassen, wie jetzt geschehen
ist.
24 Und die Frau gebar einen Sohn und
nannte ihn Simson. Und der Knabe
wuchs heran, und der HERR segnete ihn.
25 Und der Geist des HERRN fing an,
ihn umzutreiben im Lager Dans zwischen
Zora und Eschtaol.

Simsons Hochzeit

14 Simson ging hinab nach Timna und
sah ein Mädchen in Timna unter
den Töchtern der Philister.
2 Und als er heraufkam, sagte er's seinem
Vater und seiner Mutter und sprach:
Ich hab ein Mädchen gesehen in Timna
unter den Töchtern der Philister; nehmt
mir nun diese zur Frau.
3 Sein Vater und seine Mutter sprachen
zu ihm: Ist denn nun kein Mädchen unter
den Töchtern deiner Brüder und in deinem
ganzen Volk, daß du hingehst und
willst eine Frau nehmen von den Philistern,
die unbeschnitten sind? Simson
sprach zu seinem Vater: Nimm mir diese,
denn sie gefällt meinen Augen.
4 Aber sein Vater und seine Mutter
wußten nicht, daß es von dem HERRN
kam; denn er suchte einen Anlaß gegen
die Philister. Die Philister aber herrschten
zu der Zeit über Israel.
5 So ging Simson hinab mit seinem Vater
und seiner Mutter nach Timna. Und
als sie kamen an die Weinberge von Timna,
siehe, da kam ein junger Löwe brüllend
ihm entgegen.
6 Und der Geist des HERRN geriet über
ihn, und er zerriß ihn, wie man ein Böcklein
zerreißt, und hatte doch gar nichts in
seiner Hand. Er sagte aber seinem Vater und
seiner Mutter nicht, was er getan hatte.
7 Als er nun hinkam, redete er mit dem
Mädchen, und Simson hatte Gefallen an
ihr.

8 Und nach einigen Tagen kam er wieder, um sie zu holen, und bog vom Wege ab, um nach dem Aas des Löwen zu sehen. Siehe, da war ein Bienenschwarm in dem Leibe des Löwen und Honig.

9 Und er nahm davon in seine Hand und aß unterwegs und ging zu seinem Vater und zu seiner Mutter und gab ihnen, daß sie auch aßen. Er sagte ihnen aber nicht, daß er den Honig aus dem Leibe des Löwen genommen hatte.

10 Und als sein Vater hinkam zu dem Mädchen, machte Simson dort ein Hochzeitsgelage, wie es die jungen Leute zu tun pflegen.

11 Und als sie ihn sahen, gaben sie ihm dreißig Gesellen, die bei ihm sein sollten.

12 Simson aber sprach zu ihnen: Ich will euch ein Rätsel aufgeben. Wenn ihr mir das erratet und trefft in diesen sieben Tagen des Gelages, so will ich euch dreißig Gewänder geben und dreißig Feierkleider.

13 Könnt ihr's aber nicht erraten, so sollt ihr mir dreißig Gewänder und dreißig Feierkleider geben. Und sie sprachen zu ihm: Gib dein Rätsel auf, laß uns hören!

14 Er sprach zu ihnen: Speise ging aus vom Fresser und Süßigkeit vom Starken. Und sie konnten in drei Tagen das Rätsel nicht erraten.

15 Am vierten Tage sprachen sie zu Simsons Frau: Überrede deinen Mann, daß er uns des Rätsels Lösung sagt, oder wir werden dich und deines Vaters Haus mit Feuer verbrennen. Habt ihr uns hierher geladen, um uns arm zu machen?

16 Da weinte Simsons Frau vor ihm und sprach: Du bist meiner überdrüssig und hast mich nicht lieb. Du hast den Söhnen meines Volks ein Rätsel aufgegeben und hast mir's nicht gesagt. Er aber sprach zu ihr: Siehe, ich hab's meinem Vater und meiner Mutter nicht gesagt und sollte dir's sagen?

17 Und sie weinte vor ihm die sieben Tage, die sie feierten; aber am siebenten Tage sagte er es ihr, denn sie drang in ihn. Sie aber sagte des Rätsels Lösung den Söhnen ihres Volks.

18 Da sprachen die Männer der Stadt zu ihm am siebenten Tage, ehe die Sonne unterging: Was ist süßer als Honig? Was ist stärker als der Löwe? Aber er sprach zu ihnen: Wenn ihr nicht mit meinem Kalb gepflügt hättet, so hättet ihr mein Rätsel nicht getroffen.

19 Und der Geist des HERRN geriet über ihn, und er ging hinab nach Askalon und erschlug dreißig Mann unter ihnen und nahm ihre Gewänder und gab Feierkleider denen, die das Rätsel erraten hatten. Und sein Zorn entbrannte, und er ging hinauf in seines Vaters Haus.

20 Aber Simsons Frau wurde seinem Gesellen gegeben, der sein Brautführer gewesen war.

Simsons Streit mit den Philistern

15 Es begab sich aber nach einigen Tagen, um die Weizenernte, daß Simson seine Frau besuchte mit einem Ziegenböcklein. Und als er dachte: Ich will zu meiner Frau in die Kammer gehen, da wollte ihn ihr Vater nicht hinein lassen

2 und sprach: Ich meinte, du bist ihrer ganz überdrüssig geworden, und ich habe sie deinem Gesellen gegeben. Sie hat aber eine jüngere Schwester, die ist schöner als sie; die nimm statt ihrer.

3 Da sprach Simson zu ihnen: Diesmal bin ich frei von Schuld, wenn ich den Philistern Böses tue.

4 Und Simson ging hin und fing dreihundert Füchse, nahm Fackeln und kehrte je einen Schwanz zum andern und tat eine Fackel je zwischen zwei Schwänze

5 und zündete die Fackeln an und ließ die Füchse in das Korn der Philister laufen und zündete so die Garben samt dem stehenden Korn an und Weinberge und Ölbäume.

6 Da sprachen die Philister: Wer hat das getan? Da sagte man: Simson, der Schwiegersohn des Timniters, weil er ihm seine Frau genommen und seinem Gesellen gegeben hat. Da zogen die Philister hin und verbrannten sie samt ihrer Familie mit Feuer.

7 Simson aber sprach zu ihnen: Wenn ihr das tut, so will ich nicht ruhen, bis ich mich an euch gerächt habe.

8 Und er schlug sie zusammen mit mächtigen Schlägen und zog hinab und wohnte in der Felsenkluft von Etam.

9 Da zogen die Philister hinauf und lagerten sich in Juda und breiteten sich aus bei Lehi.

10 Aber die von Juda sprachen: Warum

seid ihr gegen uns heraufgezogen? Sie antworteten: Wir sind heraufgekommen, Simson zu binden, daß wir ihm tun, wie er uns getan hat.
11 Da zogen dreitausend Mann von Juda hinab in die Felsenkluft zu Etam und sprachen zu Simson: Weißt du nicht, daß die Philister über uns herrschen? Warum hast du uns denn das angetan? Er sprach zu ihnen: Wie sie mir getan haben, so hab ich ihnen wieder getan.
12 Sie sprachen zu ihm: Wir sind herabgekommen, dich zu binden und in die Hände der Philister zu geben. Simson sprach zu ihnen: So schwört mir, daß ihr selber mir nichts antun wollt.
13 Sie antworteten ihm: Nein, sondern wir wollen dich nur binden und in ihre Hände geben und wollen dich nicht töten. Und sie banden ihn mit zwei neuen Stricken und führten ihn aus der Felsenkluft hinauf.
14 Und als er nach Lehi kam, jauchzten die Philister ihm entgegen. Aber der Geist des HERRN geriet über ihn, und die Stricke an seinen Armen wurden wie Fäden, die das Feuer versengt hat, so daß die Fesseln an seinen Händen zerschmolzen.
15 Und er fand einen frischen Eselskinnbacken. Da streckte er seine Hand aus und nahm ihn und erschlug damit tausend Mann.
16 Und Simson sprach: Mit eines Esels Kinnbacken hab ich sie geschunden; mit eines Esels Kinnbacken hab ich tausend Mann erschlagen.
17 Und als er das gesagt hatte, warf er den Kinnbacken aus seiner Hand, und man nannte die Stätte Ramath-Lehi*.
18 Als ihn aber sehr dürstete, rief er den HERRN an und sprach: Du hast solch großes Heil gegeben durch die Hand deines Knechts; nun aber muß ich vor Durst sterben und in die Hände der Unbeschnittenen fallen.
19 Da spaltete Gott die Höhlung im Kinnbacken, daß Wasser herausfloß. Und als er trank, kehrte sein Geist zurück, und er lebte wieder auf. Darum heißt der Ort «Quelle des Rufenden»; die ist in Lehi bis auf den heutigen Tag.
20 Und er richtete Israel zu den Zeiten der Philister zwanzig Jahre.

*d. h. Kinnbackenhöhe.

16 Simson ging nach Gaza und sah dort eine Hure und ging zu ihr.
2 Da wurde den Gazitern gesagt: Simson ist hierhergekommen! Und sie umstellten ihn und ließen auf ihn lauern am Stadttor; aber die ganze Nacht verhielten sie sich still und dachten: Morgen, wenn's licht wird, wollen wir ihn umbringen.
3 Simson aber lag bis Mitternacht. Da stand er auf um Mitternacht und ergriff beide Torflügel am Stadttor samt den beiden Pfosten, hob sie aus mit den Riegeln und legte sie auf seine Schultern und trug sie hinauf auf die Höhe des Berges vor Hebron.

Simsons Fall und Rache

4 Danach gewann er ein Mädchen lieb im Tal Sorek, die hieß Delila.
5 Zu der kamen die Fürsten der Philister und sprachen zu ihr: Überrede ihn und sieh, wodurch er so große Kraft hat und womit wir ihn überwältigen können, daß wir ihn binden und bezwingen, so wollen wir dir ein jeder tausendeinhundert Silberstücke geben.
6 Und Delila sprach zu Simson: Sage mir doch, worin deine große Kraft liegt und womit man dich binden muß, um dich zu bezwingen?
7 Simson sprach zu ihr: Wenn man mich bände mit sieben Seilen von frischem Bast, die noch nicht getrocknet sind, so würde ich schwach und wäre wie ein anderer Mensch.
8 Da brachten die Fürsten der Philister ihr sieben Seile von frischem Bast, die noch nicht getrocknet waren, und sie band ihn damit.
9 Man lauerte ihm aber auf bei ihr in der Kammer. Da sprach sie zu ihm: Philister über dir, Simson! Er aber zerriß die Seile, wie eine Flachsschnur zerreißt, wenn sie ans Feuer kommt. Und so wurde nicht kund, worin seine Kraft lag.
10 Da sprach Delila zu Simson: Siehe, du hast mich getäuscht und mich belogen. So sage mir nun doch, womit kann man dich binden?
11 Er antwortete ihr: Wenn sie mich bänden mit neuen Stricken, mit denen noch nie eine Arbeit getan worden ist, so würde ich schwach und wie ein anderer Mensch.

12 Da nahm Delila neue Stricke und band ihn damit und sprach: Philister über dir, Simson! – man lauerte ihm aber auf in der Kammer –, und er riß sie von seinen Armen herunter wie einen Faden.

13 Da sprach Delila zu ihm: Bisher hast du mich getäuscht und mich belogen. Sage mir doch, womit kann man dich binden? Er antwortete ihr: Wenn du die sieben Locken meines Hauptes zusammenflöchtest mit dem Aufzug deines Webstuhls und heftetest sie mit dem Pflock an, so würde ich schwach und wie ein anderer Mensch.

14 Da ließ sie ihn einschlafen und flocht die sieben Locken seines Hauptes zusammen mit dem Gewebe und heftete sie mit dem Pflock an und sprach zu ihm: Philister über dir, Simson! Er aber wachte auf von seinem Schlaf und riß die geflochtenen Locken mit Pflock und Gewebe heraus.

15 Da sprach sie zu ihm: Wie kannst du sagen, du habest mich lieb, wenn doch dein Herz nicht mit mir ist? Dreimal hast du mich getäuscht und mir nicht gesagt, worin deine große Kraft liegt.

16 Als sie aber mit ihren Worten alle Tage in ihn drang und ihm zusetzte, wurde seine Seele sterbensmatt,

17 und er tat ihr sein ganzes Herz auf und sprach zu ihr: Es ist nie ein Schermesser auf mein Haupt gekommen; denn ich bin ein Geweihter Gottes von Mutterleib an. Wenn ich geschoren würde, so wiche meine Kraft von mir, so daß ich schwach würde und wie alle andern Menschen.

18 Als nun Delila sah, daß er ihr sein ganzes Herz aufgetan hatte, sandte sie hin und ließ die Fürsten der Philister rufen und sagen: Kommt noch einmal her, denn er hat mir sein ganzes Herz aufgetan. Da kamen die Fürsten der Philister zu ihr und brachten das Geld in ihrer Hand mit.

19 Und sie ließ ihn einschlafen in ihrem Schoß und rief einen, der ihm die sieben Locken seines Hauptes abschnitt. Und sie fing an, ihn zu bezwingen – da war seine Kraft von ihm gewichen.

20 Und sie sprach zu ihm: Philister über dir, Simson! Als er nun von seinem Schlaf erwachte, dachte er: Ich will frei ausgehen, wie ich früher getan habe, und will mich losreißen. Aber er wußte nicht, daß der HERR von ihm gewichen war.

21 Da ergriffen ihn die Philister und stachen ihm die Augen aus, führten ihn hinab nach Gaza und legten ihn in Ketten; und er mußte die Mühle drehen im Gefängnis.

22 Aber das Haar seines Hauptes fing wieder an zu wachsen, nachdem es geschoren war.

23 Als aber die Fürsten der Philister sich versammelten, um ihrem Gott Dagon ein großes Opfer darzubringen und ein Freudenfest zu feiern, sprachen sie: Unser Gott hat uns unsern Feind Simson in unsere Hände gegeben.

25* Als nun ihr Herz guter Dinge war, sprachen sie: Laßt Simson holen, daß er vor uns seine Späße treibe. Da holten sie Simson aus dem Gefängnis, und er trieb seine Späße vor ihnen, und sie stellten ihn zwischen die Säulen.

24* Als das Volk ihn sah, lobten sie ihren Gott, denn sie sprachen: Unser Gott hat uns unsern Feind in unsere Hände gegeben, der unser Land verwüstete und viele von uns erschlug.

26 Simson aber sprach zu dem Knaben, der ihn an der Hand führte: Laß mich los, daß ich nach den Säulen taste, auf denen das Haus steht, damit ich mich daran lehne.

27 Das Haus aber war voller Männer und Frauen. Es waren auch alle Fürsten der Philister da, und auf dem Dach waren etwa dreitausend Männer und Frauen, die zusahen, wie Simson seine Späße trieb.

28 Simson aber rief den HERRN an und sprach: Herr HERR, denke an mich und gib mir Kraft, Gott, noch dies eine Mal, damit ich mich für meine beiden Augen **einmal** räche an den Philistern!

29 Und er umfaßte die zwei Mittelsäulen, auf denen das Haus ruhte, die eine mit seiner rechten und die andere mit seiner linken Hand, und stemmte sich gegen sie

30 und sprach: Ich will sterben mit den Philistern! und er neigte sich mit aller Kraft. Da fiel das Haus auf die Fürsten und auf alles Volk, das darin war, so daß es mehr Tote waren, die er durch seinen Tod tötete, als die er zu seinen Lebzeiten getötet hatte.

*Der Zusammenhang erfordert die hier vorgenommene Umstellung der Verse.

31 Da kamen seine Brüder herab und
das ganze Haus seines Vaters, und sie
hoben ihn auf und brachten ihn hinauf
und begruben ihn im Grab seines Vaters
Manoah zwischen Zora und Eschtaol. Er
hatte aber Israel zwanzig Jahre gerichtet.

Michas Gottesbild und sein Priester

17 Es war ein Mann auf dem Gebirge
Ephraim mit Namen Micha.
2 Der sprach zu seiner Mutter: Die tau-
sendeinhundert Silberstücke, die dir ge-
nommen worden sind und derenthalben
du den Fluch gesprochen und ihn auch vor
meinen eigenen Ohren gesagt hast – siehe,
dies Geld ist bei mir; ich selbst hab's ge-
nommen. Da sprach seine Mutter: Geseg-
net seist du, mein Sohn, vom HERRN!
3 So gab er seiner Mutter die tausend-
einhundert Silberstücke zurück. Und seine
Mutter sprach: Ich weihe nun das Geld
dem HERRN; es kommt aus meiner Hand
für meinen Sohn, damit man ein geschnitz-
tes und gegossenes Bild davon machen
soll. Darum gebe ich's dir nun wieder.
4 Aber er gab seiner Mutter das Geld
zurück. Da nahm seine Mutter zweihun-
dert Silberstücke und gab sie dem Gold-
schmied; der machte ein geschnitztes und
gegossenes Bild daraus; das kam danach
in das Haus Michas.
5 Der Mann Micha hatte nämlich ein
Gotteshaus und machte einen Ephod und
Hausgötzen und füllte einem seiner Söhne
die Hand, so daß er sein Priester wurde.
6 Zu der Zeit war kein König in Israel,
und jeder tat, was ihn recht dünkte.
7 Es war aber ein junger Mann von
Bethlehem in Juda aus dem Geschlecht
Judas; der war ein Levit und war dort
fremd.
8 Er zog aber aus der Stadt Bethlehem
in Juda, um einen Ort zu finden, wo er
bleiben konnte. Als er so seines Weges
zog, kam er aufs Gebirge Ephraim zum
Hause Michas.
9 Da fragte ihn Micha: Wo kommst du
her? Er antwortete ihm: Ich bin ein Levit
aus Bethlehem in Juda und wandere, um
einen Ort zu finden, wo ich bleiben kann.
10 Micha sprach zu ihm: Bleibe bei mir,
du sollst mir Vater und Priester sein. Ich
will dir jährlich zehn Silberstücke und
deine Kleidung und Nahrung geben.
11 Der Levit willigte ein, bei dem Mann
zu bleiben; und der hielt ihn wie einen
Sohn.
12 Und Micha füllte dem Leviten die
Hand, daß er sein Priester wurde, und so
war er im Haus Michas.
13 Und Micha sprach: Nun weiß ich,
daß mir der HERR wohltun wird, weil ich
einen Leviten zum Priester habe.

Der Stamm Dan gewinnt Wohnsitz und Heiligtum

18 Zu der Zeit war kein König in Is-
rael. Und der Stamm der Daniter
suchte sich zu der Zeit ein Erbteil, wo sie
wohnen könnten; denn es war ihm bis auf
den Tag noch kein Erbe zuteil geworden
unter den Stämmen Israels.
2 Und die Daniter sandten von ihrem
Geschlecht aus ihrem Gebiet, aus Zora
und Eschtaol, fünf tüchtige Männer aus,
um das Land zu erkunden und zu erfor-
schen, und sprachen zu ihnen: Zieht hin
und erforscht das Land! Und sie kamen
auf das Gebirge Ephraim zum Haus
Michas und blieben dort über Nacht.
3 Und während sie dort bei Michas
Leuten waren, fiel ihnen die Stimme des
jungen Leviten auf, und sie gingen dort-
hin und sprachen zu ihm: Wer hat dich
hierhergebracht? Was machst du hier?
Und was hast du hier vor?
4 Er antwortete ihnen: So und so hat
Micha an mir getan und hat mich in
Dienst genommen, daß ich sein Priester
sei.
5 Sie sprachen zu ihm: Befrage doch
Gott, daß wir erfahren, ob unser Weg, den
wir gehen, auch zum Ziel führt.
6 Der Priester antwortete ihnen: Ziehet
hin mit Frieden; euer Weg, den ihr geht,
ist dem HERRN vor Augen.
7 Da gingen die fünf Männer hin und
kamen nach Lajisch und sahen das Volk,
das darin war, sicher wohnen in der Weise
der Sidonier, ruhig und sicher. Sie waren
reich an Besitz, und es fehlte ihnen nichts
an alledem, was es auf Erden gibt. Und
sie waren ferne von den Sidoniern und
hatten mit Aramäern nichts zu tun.
8 Und sie kamen zu ihren Brüdern nach
Zora und Eschtaol, und ihre Brüder spra-
chen zu ihnen: Wie steht's mit euch?
9 Sie sprachen: Auf, laßt uns gegen sie

hinaufziehen! Denn wir haben das Land angesehen, und siehe, es ist sehr gut. Und ihr sitzt noch untätig da? Seid doch nicht faul hinzuziehen, daß ihr kommt und das Land einnehmt.

10 Wenn ihr hinzieht, werdet ihr zu einem Volk kommen, das sicher wohnt, und das Land ist weit nach allen Seiten; denn Gott hat's in eure Hände gegeben, einen Ort, an dem nichts von alledem fehlt, was es auf Erden gibt.

11 Da zogen von dort aus dem Geschlecht Dan, aus Zora und Eschtaol, sechshundert Mann, gerüstet mit ihren Waffen zum Kampf,

12 und sie zogen hinauf und lagerten sich bei Kirjath-Jearim in Juda. Daher heißt die Stätte «Lager Dans» bis auf diesen Tag; es liegt hinter Kirjath-Jearim.

13 Und von dort gingen sie auf das Gebirge Ephraim und kamen zum Hause Michas.

14 Da hoben die fünf Männer an, die ausgezogen waren, um das Land bei Lajisch zu erkunden, und sprachen zu ihren Brüdern: Wißt ihr auch, daß es in diesen Häusern einen Ephod und einen Hausgötzen und ein geschnitztes und gegossenes Bild gibt? Bedenkt nun, was ihr zu tun habt.

15 Da gingen sie dorthin und kamen an das Haus des jungen Leviten in Michas Hause und grüßten ihn freundlich.

16 Während die sechshundert zum Krieg gerüsteten Männer, die von den Danitern waren, vor dem Tor standen,

17 gingen die fünf Männer, die das Land zu erkunden ausgezogen waren, hinauf, drangen dort ein und nahmen das geschnitzte und gegossene Bild, den Ephod und den Hausgötzen; unterdessen stand der Priester vor dem Tor bei den sechshundert zum Krieg gerüsteten Männern.

18 Als nun jene in das Haus Michas gekommen waren und das geschnitzte und gegossene Bild, den Ephod und den Hausgötzen nahmen, sprach der Priester zu ihnen: Was macht ihr?

19 Sie antworteten ihm: Schweig und halt den Mund und zieh mit uns, daß du uns Vater und Priester seist. Ist es für dich besser, Priester in **eines** Mannes Haus zu sein oder unter einem ganzen Stamm und Geschlecht in Israel?

20 Das gefiel dem Priester gut, und er nahm den Ephod, den Hausgötzen und das geschnitzte Bild und schloß sich dem Volk an.

21 Und sie wandten sich und zogen hin und schickten die Frauen und die Kinder und das Vieh, und was sie an wertvollem Gut hatten, vor sich her.

22 Als sie sich nun von Michas Haus entfernt hatten, wurden die Männer in den Häusern, die bei Michas Haus waren, zusammengerufen, und sie jagten den Danitern nach

23 und riefen hinter ihnen her. Sie aber wandten sich um und sprachen zu Micha: Was hast du, daß du die Leute zusammengerufen hast?

24 Er antwortete: Ihr habt meine Götter genommen, die ich gemacht hatte, und den Priester und seid fortgezogen. Was hab ich nun noch? Und da fragt ihr, was mir fehlt?

25 Aber die Daniter sprachen zu ihm: Laß deine Stimme nicht weiter bei uns hören, damit nicht etwa zornige Leute über euch herfallen und dein Leben und das Leben deiner Leute hingerafft werde.

26 So gingen die Daniter ihres Weges. Und als Micha sah, daß sie ihm zu stark waren, wandte er sich um und kehrte zurück zu seinem Hause.

27 Sie aber nahmen, was Micha gemacht hatte, und den Priester, den er hatte, und fielen über Lajisch her, über ein Volk, das ruhig und sicher wohnte, und schlugen es mit der Schärfe des Schwerts und verbrannten die Stadt mit Feuer.

28 Und es war niemand, der sie errettet hätte; denn die Stadt lag fern von Sidon, und sie hatten mit den Aramäern nichts zu schaffen; und die Stadt lag in der Ebene bei Beth-Rehob. Dann bauten sie die Stadt wieder auf und wohnten darin

29 und nannten sie Dan nach dem Namen ihres Vaters Dan, der dem Israel geboren war. Vorzeiten aber hieß die Stadt Lajisch.

30 Und die Daniter richteten für sich das Schnitzbild auf. Und Jonathan, der Sohn Gerschoms, des Sohnes des Mose*, und seine Söhne waren Priester im Stamm der Daniter bis auf die Zeit, da sie aus dem Lande gefangen weggeführt wurden.

*Andere Überlieferung: «des Sohnes Manasses».

31 So stellten sie das Schnitzbild, das
Micha gemacht hatte, bei sich auf, solange
das Haus Gottes zu Silo stand.

Die Schandtat von Gibea in Benjamin

19 Zu der Zeit war kein König in
Israel. Und ein Levit wohnte als
Fremdling weit hinten im Gebirge Eph-
raim und hatte sich eine Nebenfrau ge-
nommen aus Bethlehem in Juda.
2 Und als sie über ihn erzürnt war, lief
sie von ihm fort zu ihres Vaters Hause
nach Bethlehem in Juda und war dort vier
Monate lang.
3 Da machte sich ihr Mann auf und zog
ihr nach, um freundlich mit ihr zu reden
und sie zu sich zurückzuholen; und er hatte
seinen Knecht und ein Paar Esel bei sich.
Und sie führte ihn in ihres Vaters Haus.
Als ihn aber der Vater der jungen Frau
sah, wurde er froh und ging ihm entgegen.
4 Und sein Schwiegervater, der Vater
der jungen Frau, hielt ihn fest, daß er drei
Tage bei ihm blieb. Sie aßen und tranken
und blieben dort über Nacht.
5 Am vierten Tag erhoben sie sich früh
am Morgen, und er machte sich auf und
wollte fortziehen. Da sprach der Vater der
jungen Frau zu seinem Schwiegersohn:
Labe dich zuvor mit einem Bissen Brot,
danach könnt ihr ziehen.
6 Und sie setzten sich und aßen beide
miteinander und tranken. Da sprach der
Vater der jungen Frau zu dem Mann:
Bleib doch über Nacht und laß dein Herz
guter Dinge sein.
7 Als aber der Mann aufstand und ziehen
wollte, nötigte ihn sein Schwiegervater,
daß er noch einmal über Nacht dablieb.
8 Am Morgen des fünften Tages machte
er sich früh auf und wollte ziehen. Da
sprach der Vater der jungen Frau: Labe dich
doch und laß uns warten, bis sich der Tag
neigt. Und so aßen die beiden miteinander.
9 Da machte sich der Mann auf und
wollte mit seiner Nebenfrau und mit sei-
nem Knecht fortziehen. Aber sein Schwie-
gervater, der Vater der jungen Frau,
sprach zu ihm: Siehe, der Tag hat sich ge-
neigt, und es will Abend werden; bleib
über Nacht und laß dein Herz guter Dinge
sein. Morgen mögt ihr früh aufstehen und
eures Weges ziehen zu deinem Zelt.
10 Aber der Mann wollte nicht mehr
über Nacht bleiben, sondern machte sich
auf und zog hin und kam bis gegenüber
von Jebus – das ist Jerusalem – und hatte
ein Paar beladene Esel bei sich und seine
Nebenfrau und seinen Knecht.
11 Als sie nun nahe bei Jebus waren,
dunkelte es schnell; da sprach der Knecht
zu seinem Herrn: Komm doch und laß
uns in diese Stadt der Jebusiter einkehren
und über Nacht dort bleiben.
12 Aber sein Herr sprach zu ihm: Wir
wollen nicht in die Stadt der Fremden ein-
kehren, die nicht von den Kindern Israel
sind, sondern wollen hinüber auf Gibea zu.
13 Und er sprach zu seinem Knecht:
Geh weiter, damit wir an einen andern
Ort kommen und über Nacht in Gibea
oder in Rama bleiben.
14 Und sie zogen weiter ihres Weges,
und die Sonne ging unter, als sie nahe bei
Gibea waren, das in Benjamin liegt.
15 Und sie bogen ab vom Wege, um
nach Gibea zu kommen und dort über
Nacht zu bleiben. Als er aber hineinkam,
blieb er auf dem Platze der Stadt; denn es
war niemand, der sie die Nacht im Hause
beherbergen wollte.
16 Und siehe, da kam ein alter Mann
von seiner Arbeit vom Felde am Abend;
der war auch vom Gebirge Ephraim und
ein Fremdling in Gibea, aber die Leute
des Orts waren Benjaminiter.
17 Und als er seine Augen aufhob, sah
er den Wanderer auf dem Platze und
sprach zu ihm: Wo willst du hin? Und wo
kommst du her?
18 Er aber antwortete ihm: Wir reisen
von Bethlehem in Juda weit ins Gebirge
Ephraim hinein, wo ich her bin. Ich bin
nach Bethlehem in Juda gezogen und
kehre jetzt nach Hause zurück, doch nie-
mand will mich beherbergen.
19 Wir haben Stroh und Futter für unse-
re Esel und Brot und Wein für mich, dei-
nen Knecht, und für deine Magd und den
Knecht, der bei mir ist, so daß uns nichts
fehlt.
20 Der alte Mann sprach: Friede sei mit
dir! Alles, was dir mangelt, findest du bei
mir; bleib nur nicht über Nacht auf dem
Platze.
21 Und er führte ihn in sein Haus und
gab den Eseln Futter, und sie wuschen
ihre Füße und aßen und tranken.

22 Und als ihr Herz nun guter Dinge
war, siehe, da kamen die Leute der Stadt,
ruchlose Männer, und umstellten das Haus
und pochten an die Tür und sprachen zu
dem alten Mann, dem Hauswirt: Gib den
Mann heraus, der in dein Haus gekommen
ist, daß wir uns über ihn hermachen.
23 Aber der Mann, der Hauswirt, ging
zu ihnen hinaus und sprach zu ihnen:
Nicht, meine Brüder, tut doch nicht solch
ein Unrecht! Nachdem dieser Mann in
mein Haus gekommen ist, tut nicht solch
eine Schandtat!
24 Siehe, ich habe eine Tochter, noch
eine Jungfrau, und dieser hat eine Neben-
frau; die will ich euch herausbringen. Die
könnt ihr schänden und mit ihnen tun,
was euch gefällt, aber an diesem Mann
tut nicht solch eine Schandtat!
25 Aber die Leute wollten nicht auf ihn
hören. Da faßte der Mann seine Neben-
frau und brachte sie zu ihnen hinaus. Die
machten sich über sie her und trieben
ihren Mutwillen mit ihr die ganze Nacht
bis an den Morgen. Und als die Morgen-
röte anbrach, ließen sie sie gehen.
26 Da kam die Frau, als der Morgen an-
brach, und fiel hin vor der Tür des Hauses,
in dem ihr Herr war, und lag da, bis es
licht wurde.
27 Als nun ihr Herr am Morgen auf-
stand und die Tür des Hauses auftat und
herausging, um seines Weges zu ziehen,
siehe, da lag seine Nebenfrau vor der Tür
des Hauses, die Hände auf der Schwelle.
28 Er sprach zu ihr: Steh auf, laß uns
ziehen! Aber sie antwortete nicht. Da
legte er sie auf den Esel, machte sich auf
und zog an seinen Ort.
29 Als er nun heimkam, nahm er ein
Messer, faßte seine Nebenfrau und zer-
stückelte sie Glied für Glied in zwölf
Stücke und sandte sie in das ganze Gebiet
Israels.
30 Wer das sah, der sprach: Solches ist
nicht geschehen noch gesehen, seitdem
Israel aus Ägyptenland gezogen ist, bis
auf diesen Tag. Nun denkt darüber nach,
beratet und sprecht!

Strafgericht am Stamm Benjamin

20 Da zogen die Kinder Israel aus, und
die Gemeinde versammelte sich wie
ein Mann – von Dan bis nach Beerseba
und vom Lande Gilead – vor dem HERRN
in Mizpa.
2 Und es traten zusammen die Obersten
des ganzen Volks aller Stämme Israels in
der Versammlung des Volkes Gottes, vier-
hunderttausend Mann zu Fuß, die das
Schwert führten.
3 Aber die Benjaminiter hörten, daß ganz
Israel hinauf nach Mizpa gezogen war.
Und die Kinder Israel sprachen: Sagt,
wie ist die Schandtat zugegangen?
4 Da antwortete der Levit, der Mann der
Frau, die getötet worden war, und sprach:
Ich kam nach Gibea in Benjamin mit mei-
ner Nebenfrau, um da über Nacht zu blei-
ben.
5 Da machten sich gegen mich auf die
Bürger von Gibea und umstellten meinet-
wegen das Haus des Nachts. Mich wollten
sie töten, und meine Nebenfrau haben sie
geschändet, so daß sie gestorben ist.
6 Da nahm ich meine Nebenfrau und
zerstückelte sie und sandte die Stücke in
das ganze Gebiet des Erbbesitzes von Is-
rael; denn sie haben ein Verbrechen und
eine Schandtat getan in Israel.
7 Siehe, da seid ihr Kinder Israel alle. So
sprecht und beratet hier!
8 Da erhob sich alles Volk wie **ein** Mann
und sprach: Es soll niemand in sein Zelt
gehen und in sein Haus heimkehren,
9 sondern das wollen wir jetzt mit Gibea
tun: Auf, laßt uns gegen die Stadt hinauf-
ziehen nach dem Los!
10 Laßt uns nehmen zehn Mann von
hundert und hundert von tausend und
tausend von zehntausend aus allen Stäm-
men Israels, damit sie Speise holen für das
Volk, das gekommen ist, um Gibea in
Benjamin seine große Schandtat zu ver-
gelten, die es in Israel getan hat.
11 So versammelten sich gegen die Stadt
alle Männer Israels, geschlossen wie **ein**
Mann.
12 Und die Stämme Israels sandten
Männer zu allen Geschlechtern Benja-
mins und ließen ihnen sagen: Was ist das
für eine Untat, die bei euch geschehen ist?
13 So gebt nun heraus die Männer, die
ruchlosen Leute von Gibea, daß wir sie
töten und das Böse aus Israel austilgen.
Aber die Benjaminiter wollten nicht hören
auf die Stimme ihrer Brüder, der Kinder
Israel,

14 sondern sie versammelten sich aus den Städten nach Gibea, um in den Kampf gegen die Kinder Israel auszuziehen.

15 Und es wurden an jenem Tage gezählt von Benjamin aus den Städten sechsundzwanzigtausend Mann, die das Schwert führten, außer den Bürgern von Gibea; von ihnen wurden siebenhundert gezählt, auserlesene Männer.

16 Und unter diesem ganzen Volk waren siebenhundert auserlesene Männer, die linkshändig waren und mit der Schleuder ein Haar treffen konnten, ohne zu fehlen.

17 Aber von Israel – außer denen von Benjamin – wurden gezählt vierhunderttausend Mann, die das Schwert führten, lauter streitbare Männer.

18 Die machten sich auf und zogen hinauf nach Bethel und befragten Gott und sprachen: Wer von uns soll zuerst hinaufziehen in den Kampf gegen Benjamin? Der HERR sprach: Juda soll anfangen.

19 So machten sich die Kinder Israel am Morgen auf und lagerten sich vor Gibea.

20 Und die Männer von Israel zogen heraus, um gegen Benjamin zu kämpfen, und stellten sich auf zum Kampf gegen Gibea.

21 Da fielen die Benjaminiter aus Gibea aus und schlugen an dem Tage von Israel zweiundzwanzigtausend zu Boden.

23* Da zogen die Kinder Israel hinauf und hielten Klage vor dem HERRN bis zum Abend und befragten den HERRN und sprachen: Sollen wir wieder in den Kampf ziehen gegen die Benjaminiter, unsere Brüder? Der HERR sprach: Zieht hin gegen sie!

22* Da ermannte sich das Kriegsvolk von Israel und stellte sich abermals auf, um am selben Ort noch weiter zu kämpfen, an dem sie sich am vorigen Tag aufgestellt hatten.

24 Und als die Kinder Israel am andern Tage nahe herankamen an die Benjaminiter,

25 machten die Benjaminiter auch am zweiten Tag einen Ausfall aus Gibea und schlugen von Israel noch achtzehntausend zu Boden, die alle das Schwert führten.

26 **D**a zogen alle Kinder Israel, das ganze Kriegsvolk, hinauf und kamen nach Bethel und hielten Klage und blieben dort vor dem HERRN und fasteten an diesem Tag bis zum Abend und opferten Brandopfer und Dankopfer vor dem HERRN.

27 Und die Kinder Israel befragten den HERRN. – Es war aber zu jener Zeit die Lade des Bundes Gottes dort,

28 und Pinhas, der Sohn Eleasars, des Sohnes Aarons, versah den Dienst vor ihm in jener Zeit. – Und sie sprachen: Sollen wir abermals ausziehen, um gegen die Benjaminiter, unsere Brüder, zu kämpfen, oder sollen wir es lassen? Der HERR sprach: Zieht hinauf; morgen will ich sie in eure Hände geben.

29 **U**nd Israel legte einen Hinterhalt rings um Gibea her.

30 So zog Israel hinauf am dritten Tage gegen die Benjaminiter und stellte sich auf gegen Gibea wie schon zweimal vorher.

31 Da machten die Benjaminiter einen Ausfall, dem Kriegsvolk entgegen, und wurden weggezogen von der Stadt und erschlugen anfangs einige vom Kriegsvolk – wie schon zweimal vorher – auf den Straßen, von denen die eine nach Bethel und die andere nach Gibeon führt, auf offenem Feld etwa dreißig Mann von Israel.

32 Da dachten die Benjaminiter: Sie sind geschlagen vor uns wie vorher. Aber die Kinder Israel hatten verabredet: Laßt uns fliehen, damit wir sie von der Stadt wegziehen auf die beiden Straßen!

33 Da machten sich alle Männer von Israel auf von ihrem Ort und stellten sich bei Baal-Thamar auf. Und der Hinterhalt Israels brach hervor aus seinem Versteck westlich von Geba.

34 Und sie rückten gegen Gibea an, zehntausend Mann, auserlesen aus ganz Israel, so daß der Kampf hart wurde; jene aber wußten nicht, daß sie das Unglück treffen würde.

35 So schlug der HERR die Benjaminiter vor den Männern von Israel, daß die Kinder Israel an dem Tag umbrachten fünfundzwanzigtausendeinhundert Mann von Benjamin, die alle das Schwert führten.

36 Denn als die Benjaminiter sahen, daß sie geschlagen waren, gaben ihnen die Männer Israels Raum; denn sie verließen sich auf den Hinterhalt, den sie bei Gibea angelegt hatten.

37 Und der Hinterhalt brach eilends

*Der Zusammenhang erfordert die hier vorgenommene Umstellung der Verse.

hervor auf Gibea zu und zog hin und
schlug die ganze Stadt mit der Schärfe des
Schwerts.
38 Sie hatten aber verabredet miteinander, die Männer von Israel und der Hinterhalt, sie sollten eine Rauchsäule von der Stadt aufsteigen lassen.
39 Als nun die Männer von Israel sich im Kampf abgewandt hatten und die Benjaminiter anfangs etwa dreißig Mann von Israel erschlagen hatten, so daß sie dachten: sie sind vor uns geschlagen wie im vorigen Kampf,
40 da begann eine Rauchsäule von der Stadt gerade empor aufzusteigen. Und die Benjaminiter wandten sich um, und siehe, da ging die Stadt ganz in Flammen auf zum Himmel.
41 Und die Männer von Israel machten kehrt; da erschraken die Männer von Benjamin, denn sie sahen, daß das Unglück sie getroffen hatte,
42 und wandten sich weg von den Männern Israels auf den Weg zur Steppe. Aber der Kampf folgte ihnen auch dorthin, und die von der Stadt her kamen, vernichteten in ihrer Mitte die Benjaminiter.
43 Sie umringten diese und jagten ihnen nach, ohne ihnen Ruhe zu lassen, und zertraten sie bis östlich von Gibea, gegen Sonnenaufgang.
44 Und es fielen von Benjamin achtzehntausend Mann, lauter streitbare Männer.
45 **Da** wandten sie sich um und flohen zur Steppe hin zum Fels Rimmon; aber die Männer von Israel hielten auf den Straßen eine Nachlese von fünftausend Mann und verfolgten sie weiter bis Gidom und erschlugen von ihnen noch zweitausend.
46 So fielen an diesem Tage von Benjamin fünfundzwanzigtausend Mann, die das Schwert führten, lauter streitbare Männer.
47 Nur sechshundert Mann wandten sich um und flohen zur Steppe hin zum Fels Rimmon und blieben auf dem Fels Rimmon vier Monate.
48 Und die Männer Israels kehrten um zu den Benjaminitern und schlugen in der Stadt mit der Schärfe des Schwerts Leute und Vieh und alles, was man fand. Und alle Städte, die man fand, verbrannte man mit Feuer.

Israel verhilft Benjamin zu Frauen

21 Die Männer Israels aber hatten in Mizpa geschworen und gesagt: Niemand soll seine Tochter den Benjaminitern zur Frau geben.
2 Und das Volk kam nach Bethel und saß da bis zum Abend vor Gott, und sie erhoben ihre Stimme und weinten sehr
3 und sprachen: O HERR, Gott Israels, warum ist das geschehen in Israel, daß heute Israel um einen Stamm weniger geworden ist?
4 **Am** andern Morgen machte sich das Volk früh auf und baute dort einen Altar und opferte Brandopfer und Dankopfer.
5 Und die Kinder Israel sprachen: Wer von allen Stämmen Israels ist nicht mit der Gemeinde heraufgekommen zum HERRN? Denn es war ein großer Schwur getan worden, daß, wer nicht hinaufkäme zum HERRN nach Mizpa, der sollte des Todes sterben.
6 Und es tat den Kindern Israel leid um ihren Bruder Benjamin, und sie sprachen: Heute ist **ein** Stamm von Israel abgeschlagen.
7 Wie können wir ihnen helfen, daß die übriggebliebenen Benjaminiter zu Frauen kommen? Denn wir haben geschworen bei dem HERRN, daß wir ihnen von unsern Töchtern keine zu Frauen geben.
8 Und sie sprachen: Ist einer von den Stämmen Israels nicht heraufgekommen zum HERRN nach Mizpa? Und siehe, da war ins Lager der Gemeinde niemand gekommen von Jabesch in Gilead.
9 Denn sie zählten das Volk, und siehe, da war kein Bürger da von Jabesch in Gilead.
10 **Da** sandte die Gemeinde zwölftausend streitbare Männer dorthin und gebot ihnen: Geht hin und schlagt mit der Schärfe des Schwerts die Bürger von Jabesch in Gilead mit Weib und Kind.
11 Doch so sollt ihr tun: An allem, was männlich ist, und an allen Frauen, die einem Mann angehört haben, sollt ihr den Bann vollstrecken!
12 Und sie fanden bei den Bürgern von Jabesch in Gilead vierhundert Mädchen, die Jungfrauen waren und keinem Mann angehört hatten. Die brachten sie ins

Lager nach Silo, das da liegt im Lande Kanaan.

13 Da sandte die ganze Gemeinde hin und verhandelte mit den Benjaminitern, die auf dem Fels Rimmon waren, und sagten ihnen Frieden zu.

14 So kamen die Benjaminiter zurück zu jener Zeit. Und sie gaben ihnen die Mädchen, die sie am Leben gelassen hatten von den Frauen aus Jabesch in Gilead; aber diese waren noch nicht genug für sie.

15 **D**a tat es dem Volk leid um Benjamin, daß der HERR einen Riß gemacht hatte zwischen den Stämmen Israels.

16 Und die Ältesten der Gemeinde sprachen: Was wollen wir tun, daß die übriggebliebenen Benjaminiter zu Frauen kommen? Denn die Frauen in Benjamin sind ausgerottet.

17 Und sie sprachen: Die Entronnenen von Benjamin müssen doch ihr Erbe behalten, damit nicht ein Stamm ausgetilgt werde von Israel.

18 Wir aber können ihnen unsere Töchter nicht zu Frauen geben; denn die Kinder Israel haben geschworen und gesagt: Verflucht sei, wer den Benjaminitern Frauen gibt!

19 Und sie sprachen: Siehe, jedes Jahr findet ein Fest des HERRN statt zu Silo, das nördlich von Bethel liegt, östlich von der Straße, die hinaufführt von Bethel nach Sichem, und südlich von Lebona.

20 Und sie geboten den Benjaminitern und sprachen: Geht hin und legt euch auf die Lauer in den Weinbergen.

21 Wenn ihr dann seht, daß die Töchter Silos zum Reigentanz herausgehen, so brecht hervor aus den Weinbergen und raubt euch jeder eine Frau von den Töchtern Silos und geht heim ins Land Benjamin.

22 Wenn aber ihre Väter oder ihre Brüder kommen, um mit uns zu rechten, wollen wir zu ihnen sagen: Gönnt sie uns, denn wir haben nicht für jeden eine Frau gewonnen im Kampf; auch habt nicht ihr sie ihnen gegeben, sonst wäret ihr jetzt schuldig.

23 Die Benjaminiter taten das und nahmen sich Frauen nach ihrer Zahl von den Mädchen, die im Reigen tanzten und die sie geraubt hatten, und zogen heim in ihr Erbteil, bauten die Städte wieder auf und wohnten darin.

24 Auch die Kinder Israel gingen zu der Zeit von dort auseinander, jeder zu seinem Stamm und zu seinem Geschlecht, und zogen von dort weg, jeder zu seinem Erbteil.

25 Zu der Zeit war kein König in Israel; jeder tat, was ihn recht dünkte.

DAS BUCH RUTH

Ruth zieht mit Naëmi nach Bethlehem

1 Zu der Zeit, als die Richter richteten, entstand eine Hungersnot im Lande. Und ein Mann von Bethlehem in Juda zog aus ins Land der Moabiter, um dort als Fremdling zu wohnen, mit seiner Frau und seinen beiden Söhnen.

2 Der hieß Elimelech und seine Frau Naëmi und seine beiden Söhne Machlon und Kiljon; die waren Ephrathiter aus Bethlehem in Juda. Und als sie ins Land der Moabiter gekommen waren, blieben sie dort.

3 Und Elimelech, Naëmis Mann, starb, und sie blieb übrig mit ihren beiden Söhnen.

4 Die nahmen moabitische Frauen; die eine hieß Orpa, die andere Ruth. Und als sie ungefähr zehn Jahre dort gewohnt hatten,

5 starben auch die beiden, Machlon und Kiljon, so daß die Frau beide Söhne und ihren Mann überlebte.

6 **D**a machte sie sich auf mit ihren beiden Schwiegertöchtern und zog aus dem Land der Moabiter wieder zurück; denn sie hatte erfahren im Moabiterland, daß der HERR sich seines Volkes angenommen und ihnen Brot gegeben hatte.

7 Und sie ging aus von dem Ort, wo sie gewesen war, und ihre beiden Schwiegertöchter mit ihr. Und als sie unterwegs waren, um ins Land Juda zurückzukehren,

8 sprach sie zu ihren beiden Schwiegertöchtern: Geht hin und kehrt um, eine jede ins Haus ihrer Mutter! Der HERR tue an euch Barmherzigkeit, wie ihr an den Toten und an mir getan habt.

9 Der HERR gebe euch, daß ihr Ruhe findet, eine jede in ihres Mannes Hause! Und sie küßte sie. Da erhoben sie ihre Stimme und weinten

10 und sprachen zu ihr: Wir wollen mit dir zu deinem Volk gehen.

11 Aber Naëmi sprach: Kehrt um, meine Töchter! Warum wollt ihr mit mir gehen? Wie kann ich noch einmal Kinder in meinem Schoße haben, die eure Männer werden könnten?

12 Kehrt um, meine Töchter, und geht hin; denn ich bin nun zu alt, um wieder einen Mann zu nehmen. Und wenn ich dächte: Ich habe noch Hoffnung! und diese Nacht einen Mann nehmen und Söhne gebären würde,

13 wolltet ihr warten, bis sie groß würden? Wolltet ihr euch so lange einschließen und keinen Mann nehmen? Nicht doch, meine Töchter! Mein Los ist zu bitter für euch, denn des HERRN Hand ist gegen mich gewesen.

14 Da erhoben sie ihre Stimme und weinten noch mehr. Und Orpa küßte ihre Schwiegermutter, Ruth aber blieb bei ihr.

15 Sie aber sprach: Siehe, deine Schwägerin ist umgekehrt zu ihrem Volk und zu ihrem Gott; kehre auch du um, deiner Schwägerin nach.

16 Ruth antwortete: Rede mir nicht ein, daß ich dich verlassen und von dir umkehren sollte. **Wo du hin gehst, da will ich auch hin gehen; wo du bleibst, da bleibe ich auch. Dein Volk ist mein Volk, und dein Gott ist mein Gott.**

17 **Wo du stirbst, da sterbe ich auch, da will ich auch begraben werden. Der HERR tue mir dies und das, nur der Tod wird mich und dich scheiden.**

18 Als sie nun sah, daß sie festen Sinnes war, mit ihr zu gehen, ließ sie ab, ihr zuzureden.

19 So gingen die beiden miteinander, bis sie nach Bethlehem kamen. Und als sie nach Bethlehem hineinkamen, erregte sich die ganze Stadt über sie, und die Frauen sprachen: Ist das die Naëmi?

20 Sie aber sprach zu ihnen: Nennt mich nicht Naëmi*, sondern Mara**; denn der Allmächtige hat mir viel Bitteres angetan.

21 Voll zog ich aus, aber leer hat mich der HERR wieder heimgebracht. Warum nennt ihr mich denn Naëmi, da doch der HERR gegen mich gesprochen und der Allmächtige mich betrübt hat?

22 Es war aber um die Zeit, da die Gerstenernte anging, als Naëmi mit ihrer Schwiegertochter Ruth, der Moabiterin, zurückkam vom Moabiterland nach Bethlehem.

Ruth liest Ähren auf dem Feld des Boas

2 Es war aber ein Mann, ein Verwandter des Mannes der Naëmi, von dem Geschlecht Elimelechs, mit Namen Boas; der war ein angesehener Mann.

2 Und Ruth, die Moabiterin, sprach zu Naëmi: Laß mich aufs Feld gehen und Ähren auflesen, bei einem, vor dessen Augen ich Gnade finde. Sie aber sprach zu ihr: Geh hin, meine Tochter.

3 Sie ging hin und las auf, den Schnittern nach, auf dem Felde. Und es traf sich, daß dies Feld dem Boas gehörte, der von dem Geschlecht Elimelechs war.

4 Und siehe, Boas kam eben von Bethlehem und sprach zu den Schnittern: Der HERR sei mit euch! Sie antworteten: Der HERR segne dich!

5 Und Boas sprach zu seinem Knecht, der über die Schnitter gestellt war: Zu wem gehört das Mädchen?

6 Der Knecht, der über die Schnitter gestellt war, antwortete und sprach: Es ist eine Moabiterin, die mit Naëmi gekommen ist aus dem Land der Moabiter.

7 Sie hat gesagt: Laßt mich doch auflesen und sammeln hinter den Garben den Schnittern nach, und ist gekommen und dageblieben vom Morgen an bis jetzt und hat nur wenig ausgeruht.

8 Da sprach Boas zu Ruth: Hörst du wohl, meine Tochter? Du sollst nicht auf einen andern Acker gehen, um aufzulesen; geh auch nicht von hier weg, sondern halt dich zu meinen Mägden.

*d. h. lieblich.
**d. h. bitter.

9 Und sieh, wo sie schneiden im Felde, da geh ihnen nach. Ich habe meinen Knechten geboten, daß dich niemand antaste. Und wenn dich dürstet, so geh hin zu den Gefäßen und trinke von dem, was meine Knechte schöpfen.

10 Da fiel sie auf ihr Angesicht und beugte sich nieder zur Erde und sprach zu ihm: Womit hab ich Gnade gefunden vor deinen Augen, daß du mir freundlich bist, die ich doch eine Fremde bin?

11 Boas antwortete und sprach zu ihr: Man hat mir alles angesagt, was du getan hast an deiner Schwiegermutter nach deines Mannes Tod; daß du verlassen hast deinen Vater und deine Mutter und dein Vaterland und zu einem Volk gezogen bist, das du vorher nicht kanntest.

12 Der HERR vergelte dir deine Tat, und dein Lohn möge vollkommen sein bei dem HERRN, dem Gott Israels, zu dem du gekommen bist, daß du unter seinen Flügeln Zuflucht hättest.

13 Sie sprach: Laß mich Gnade vor deinen Augen finden, mein Herr; denn du hast mich getröstet und deine Magd freundlich angesprochen, und ich bin doch nicht einmal wie eine deiner Mägde.

14 Boas sprach zu ihr, als Essenszeit war: Komm hierher und iß vom Brot und tauche deinen Bissen in den Essigtrank! Und sie setzte sich zur Seite der Schnitter. Er aber legte ihr geröstete Körner vor, und sie aß und wurde satt und ließ noch übrig.

15 Und als sie sich aufmachte zu lesen, gebot Boas seinen Knechten und sprach: Laßt sie auch zwischen den Garben lesen und beschämt sie nicht;

16 auch zieht etwas für sie aus den Garben heraus und laßt es liegen, daß sie es auflese, und niemand schelte sie darum.

17 So las sie bis zum Abend auf dem Felde und klopfte die Ähren aus, die sie aufgelesen hatte, und es war ungefähr ein Scheffel Gerste.

18 Und sie hob's auf und kam in die Stadt, und ihre Schwiegermutter sah, was sie gelesen hatte. Da zog Ruth hervor und gab ihr, was sie übrigbehalten hatte, nachdem sie satt geworden war.

19 Da sprach ihre Schwiegermutter zu ihr: Wo hast du heute gelesen, und wo hast du gearbeitet? Gesegnet sei, der dir freundlich gewesen ist! Sie aber sagte ihrer Schwiegermutter, bei wem sie gearbeitet hatte, und sprach: Der Mann, bei dem ich heute gearbeitet habe, heißt Boas.

20 Naëmi aber sprach zu ihrer Schwiegertochter: Gesegnet sei er vom HERRN, der seine Barmherzigkeit nicht abgewendet hat von den Lebendigen und von den Toten. Und Naëmi sprach zu ihr: Der Mann steht uns nahe; er gehört zu unsern Lösern.

21 Ruth, die Moabiterin, sprach: Er sprach auch das zu mir: Du sollst dich zu meinen Leuten halten, bis sie mir alles eingeerntet haben.

22 Naëmi sprach zu Ruth, ihrer Schwiegertochter: Es ist gut, meine Tochter, daß du mit seinen Mägden hinausgehst, damit dir nicht jemand auf einem andern Acker etwas zu Leide tue.

23 So hielt sie sich beim Ährenlesen zu den Mägden des Boas, bis die Gerstenernte und Weizenernte beendet war. Und dann blieb sie bei ihrer Schwiegermutter.

Ruth befolgt Naëmis Rat

3 Und Naëmi, ihre Schwiegermutter, sprach zu ihr: Meine Tochter, ich will dir eine Ruhestatt suchen, daß dir's wohlgehe.

2 Siehe Boas, unser Verwandter, bei dessen Mägden du gewesen bist, worfelt diese Nacht Gerste auf seiner Tenne.

3 So bade dich und salbe dich und lege dein Kleid an und geh hinab auf die Tenne. Gib dich dem Mann nicht zu erkennen, bis er gegessen und getrunken hat.

4 Wenn er sich dann schlafen legt, so merke dir die Stelle, wo er sich hinlegt, und geh hin und decke zu seinen Füßen auf und leg dich hin, so wird er dir sagen, was du tun sollst.

5 Sie sprach zu ihr: Alles, was du mir sagst, will ich tun.

6 Sie ging hinab zur Tenne und tat alles, was ihre Schwiegermutter ihr geboten hatte.

7 Und als Boas gegessen und getrunken hatte, ward sein Herz guter Dinge, und er ging hin und legte sich hinter einen Kornhaufen. Und sie kam leise und deckte zu seinen Füßen auf und legte sich hin.

8 Als es nun Mitternacht ward, erschrak der Mann und beugte sich vor; und siehe, eine Frau lag zu seinen Füßen.

9 Und er sprach: Wer bist du? Sie antwortete: Ich bin Ruth, deine Magd. Breite den Zipfel deines Gewandes über deine Magd, denn du bist der Löser.

10 Er aber sprach: Gesegnet seist du vom HERRN, meine Tochter! Du hast deine Liebe jetzt noch besser erzeigt als vorher, daß du nicht den jungen Männern nachgegangen bist, weder den reichen noch den armen.

11 Nun, meine Tochter, fürchte dich nicht. Alles, was du sagst, will ich dir tun; denn das ganze Volk in meiner Stadt weiß, daß du ein tugendsames Weib bist.

12 Ja, es ist wahr, daß ich ein Löser bin; aber es ist noch ein Löser da, näher verwandt als ich.

13 Bleib über Nacht hier. Will er dich dann am Morgen lösen, gut, so mag er's tun; hat er aber keine Lust, dich zu lösen, so will ich dich lösen, so wahr der HERR lebt. Schlaf bis zum Morgen!

14 Und sie schlief bis zum Morgen zu seinen Füßen. Und sie stand auf, ehe einer den andern erkennen konnte. Und er dachte: Wenn nur niemand erfährt, daß eine Frau auf die Tenne gekommen ist.

15 Und er sprach: Nimm das Tuch, das du umhast, und halt es auf. Und sie hielt es hin. Und er maß sechs Maß Gerste hinein und lud ihr's auf. Und er ging in die Stadt.

16 Sie aber kam zu ihrer Schwiegermutter. Die sprach: Wie steht's mit dir, meine Tochter? Und sie sagte ihr alles, was ihr der Mann getan hatte,

17 und sprach: Diese sechs Maß Gerste gab er mir; denn er sagte: Du sollst nicht mit leeren Händen zu deiner Schwiegermutter kommen.

18 Sie aber sprach: Warte nun ab, meine Tochter, bis du erfährst, wo es hinaus will; denn der Mann wird nicht ruhen, er bringe es denn heute zu Ende.

Die Lösung

4 Boas ging hinauf ins Tor und setzte sich daselbst. Und siehe, als der Löser vorüberging, von dem er geredet hatte, sprach Boas: Komm, mein Lieber, und setze dich hierher! Und er kam herüber und setzte sich dort hin.

2 Und Boas nahm zehn Männer von den Ältesten der Stadt und sprach: Setzt euch hierher! Und sie setzten sich.

3 Da sprach er zu dem Löser: Naëmi, die aus dem Lande der Moabiter zurückgekommen ist, bietet feil den Anteil an dem Feld, der unserm Bruder Elimelech gehörte.

4 Darum gedachte ich's vor deine Ohren zu bringen und zu sagen: Willst du es lösen, so kaufe es vor den Bürgern und vor den Ältesten meines Volks; willst du es aber nicht lösen, so sage mir's, daß ich's wisse; denn es ist kein anderer Löser da als du, und ich nach dir. Er sprach: Ich will's lösen.

5 Boas sprach: An dem Tage, da du von Naëmi das Feld kaufst, mußt du auch Ruth, die Moabiterin, die Frau des Verstorbenen, nehmen, um den Namen des Verstorbenen zu erhalten auf seinem Erbteil.

6 Da antwortete er: Ich vermag es nicht zu lösen, sonst würde ich mein Erbteil schädigen. Löse dir zugut, was ich hätte lösen sollen; denn ich vermag es nicht zu lösen.

7 Es war aber von alters her ein Brauch in Israel: Wenn einer eine Sache bekräftigen wollte, die eine Lösung oder einen Tausch betraf, so zog er seinen Schuh aus und gab ihn dem andern; das diente zur Bezeugung in Israel.

8 Und der Löser sprach zu Boas: Kaufe du es! und zog seinen Schuh aus.

9 Und Boas sprach zu den Ältesten und zu allem Volk: Ihr seid heute Zeugen, daß ich von Naëmi alles gekauft habe, was Elimelech, und alles, was Kiljon und Machlon gehört hat.

10 Dazu habe ich mir auch Ruth, die Moabiterin, die Frau Machlons, zum Weibe genommen, daß ich den Namen des Verstorbenen erhalte auf seinem Erbteil und sein Name nicht ausgerottet werde unter seinen Brüdern und aus dem Tor seiner Stadt; dessen seid ihr heute Zeugen.

11 Und alles Volk, das im Tor war, samt den Ältesten sprach: Wir sind Zeugen. Der HERR mache die Frau, die in dein Haus kommt, wie Rahel und Lea, die beide das Haus Israel gebaut haben; sei stark in Ephratha, und dein Name werde gepriesen zu Bethlehem.

12 Und dein Haus werde wie das Haus des Perez, den Thamar dem Juda gebar, durch die Nachkommen, die dir der HERR geben wird von dieser jungen Frau.

Boas heiratet Ruth, die Stammutter Davids

13 So nahm Boas die Ruth, daß sie seine
Frau wurde. Und als er zu ihr einging,
gab ihr der HERR, daß sie schwanger ward,
und sie gebar einen Sohn.
14 Da sprachen die Frauen zu Naëmi:
Gelobt sei der HERR, der dir zu dieser Zeit
einen Löser nicht versagt hat! Dessen
Name werde gerühmt in Israel!
15 Der wird dich erquicken und dein
Alter versorgen. Denn deine Schwieger-
tochter, die dich geliebt hat, hat ihn ge-
boren, die dir mehr wert ist als sieben
Söhne.
16 Und Naëmi nahm das Kind und legte
es auf ihren Schoß und ward seine Wär-
terin.
17 Und ihre Nachbarinnen gaben ihm
einen Namen und sprachen: Naëmi ist ein
Sohn geboren; und sie nannten ihn Obed.
Der ist der Vater Isais, welcher Davids
Vater ist.
18 **D**ies ist das Geschlecht des Perez:
Perez zeugte Hezron;
19 Hezron zeugte Ram; Ram zeugte
Amminadab;
20 Amminadab zeugte Nachschon;
Nachschon zeugte Salma;
21 Salma zeugte Boas; Boas zeugte
Obed;
22 Obed zeugte Isai; Isai zeugte David.

DAS ERSTE BUCH SAMUEL

Hannas Gebet und Samuels Geburt

1 Es war ein Mann von Ramathajim-
Zophim, vom Gebirge Ephraim, der
hieß Elkana, ein Sohn Jerohams, des Soh-
nes Elihus, des Sohnes Tohus, des Sohnes
Zuphs, ein Ephraimiter.
2 Und er hatte zwei Frauen; die eine
hieß Hanna, die andere Peninna. Peninna
aber hatte Kinder, und Hanna hatte keine
Kinder.
3 Dieser Mann ging jährlich hinauf von
seiner Stadt, um anzubeten und dem
HERRN Zebaoth zu opfern in Silo. Dort
aber waren Hophni und Pinhas, die beiden
Söhne Elis, Priester des HERRN.
4 Wenn nun der Tag kam, daß Elkana
opferte, gab er seiner Frau Peninna und
allen ihren Söhnen und Töchtern Stücke
vom Opferfleisch.
5 Aber Hanna gab er **ein** Stück traurig;
denn er hatte Hanna lieb, obgleich der
HERR ihren Leib verschlossen hatte.
6 Und ihre Widersacherin kränkte und
reizte sie sehr, weil der HERR ihren Leib
verschlossen hatte.
7 So ging es alle Jahre; wenn sie hinauf-
zog zum Haus des HERRN, kränkte jene
sie. Dann weinte Hanna und aß nichts.
8 Elkana aber, ihr Mann, sprach zu ihr:
Hanna, warum weinst du, und warum
issest du nichts? Und warum ist dein
Herz so traurig? Bin ich dir nicht mehr
wert als zehn Söhne?
9 **D**a stand Hanna auf, nachdem sie in
Silo gegessen und getrunken hatten. Eli
aber, der Priester, saß auf einem Stuhl am
Türpfosten des Tempels des HERRN.
10 Und sie war von Herzen betrübt und
betete zum HERRN und weinte sehr
11 und gelobte ein Gelübde und sprach:
HERR Zebaoth, wirst du das Elend deiner
Magd ansehen und an mich gedenken und
deiner Magd nicht vergessen und wirst du
deiner Magd einen Sohn geben, so will
ich ihn dem HERRN geben sein Leben lang,
und es soll kein Schermesser auf sein
Haupt kommen.
12 Und als sie lange betete vor dem
HERRN, achtete Eli auf ihren Mund;
13 denn Hanna redete in ihrem Herzen,
nur ihre Lippen bewegten sich, ihre Stim-
me aber hörte man nicht. Da meinte Eli,
sie wäre betrunken,
14 und sprach zu ihr: Wie lange willst du
betrunken sein? Gib den Wein von dir,
den du getrunken hast!
15 Hanna aber antwortete und sprach:
Nein, mein Herr! Ich bin ein betrübtes
Weib; Wein und starkes Getränk hab ich

nicht getrunken, sondern mein Herz vor dem HERRN ausgeschüttet.

16 Du wollest deine Magd nicht für ein zuchtloses Weib halten, denn ich hab aus meinem großen Kummer und Herzeleid so lange geredet.

17 Eli antwortete und sprach: Geh hin mit Frieden; der Gott Israels wird dir die Bitte erfüllen, die du an ihn gerichtet hast.

18 Sie sprach: Laß deine Magd Gnade finden vor deinen Augen. Da ging die Frau ihres Weges und aß und sah nicht mehr so traurig drein.

19 Und am andern Morgen machten sie sich früh auf. Und als sie angebetet hatten vor dem HERRN, kehrten sie wieder um und kamen heim nach Rama. Und Elkana erkannte Hanna, seine Frau, und der HERR gedachte an sie.

20 Und Hanna ward schwanger; und als die Tage um waren, gebar sie einen Sohn und nannte ihn Samuel; denn, so sprach sie, ich hab ihn von dem HERRN erbeten.

21 Und als der Mann Elkana hinaufzog mit seinem ganzen Hause, um das jährliche Opfer dem HERRN zu opfern und sein Gelübde zu erfüllen,

22 zog Hanna nicht mit hinauf, sondern sprach zu ihrem Mann: Wenn der Knabe entwöhnt ist, will ich ihn bringen, daß er vor dem HERRN erscheine und dort für immer bleibe.

23 Ihr Mann Elkana sprach zu ihr: So tu, wie dir's gefällt! Bleib, bis du ihn entwöhnt hast; der HERR aber bestätige, was er geredet hat. So blieb die Frau und stillte ihren Sohn, bis sie ihn entwöhnt hatte.

24 Nachdem sie ihn entwöhnt hatte, nahm sie ihn mit sich hinauf nach Silo, dazu einen dreijährigen Stier, einen Scheffel Mehl und einen Krug Wein und brachte ihn in das Haus des HERRN. Der Knabe war aber noch jung.

25 Und sie schlachteten den Stier und brachten den Knaben zu Eli.

26 Und sie sprach: Ach, mein Herr, so wahr du lebst, mein Herr: ich bin die Frau, die hier bei dir stand, um zum HERRN zu beten.

27 Um diesen Knaben bat ich. Nun hat der HERR mir die Bitte erfüllt, die ich an ihn gerichtet hatte.

28 Darum gebe ich ihn dem HERRN wieder sein Leben lang, weil er vom HERRN erbeten ist. Und sie beteten dort den HERRN an.

Lobgesang der Hanna

2 Und Hanna betete und sprach: Mein Herz ist fröhlich in dem HERRN, mein Haupt ist erhöht in dem HERRN. Mein Mund hat sich weit aufgetan wider meine Feinde, denn ich freue mich deines Heils.

2 Es ist niemand heilig wie der HERR, außer dir ist keiner, und ist kein Fels, wie unser Gott ist.

3 Laßt euer großes Rühmen und Trotzen, freches Reden gehe nicht aus eurem Munde; denn der HERR ist ein Gott, der es merkt, und von ihm werden Taten gewogen.

4 Der Bogen der Starken ist zerbrochen, und die Schwachen sind umgürtet mit Stärke.

5 Die da satt waren, müssen um Brot dienen, und die Hunger litten, hungert nicht mehr. Die Unfruchtbare hat sieben geboren, und die viele Kinder hatte, welkt dahin.

6 Der HERR tötet und macht lebendig, führt hinab zu den Toten und wieder herauf.

7 Der HERR macht arm und macht reich; er erniedrigt und erhöht.

8 Er hebt auf den Dürftigen aus dem Staub und erhöht den Armen aus der Asche, daß er ihn setze unter die Fürsten und den Thron der Ehre erben lasse.

Denn der Welt Grundfesten sind des HERRN, und er hat die Erde darauf gesetzt.

9 Er wird behüten die Füße seiner Heiligen, aber die Gottlosen sollen zunichte werden in Finsternis; denn viel Macht hilft doch niemand.

10 Die mit dem HERRN hadern, sollen zugrunde gehen. Der Höchste im Himmel wird sie zerschmettern, der HERR wird richten der Welt Enden. Er wird Macht geben seinem Könige und erhöhen das Haupt seines Gesalbten.

11 Und Elkana ging heim nach Rama in sein Haus; der Knabe aber war des HERRN Diener vor dem Priester Eli.

Die Bosheit der Söhne Elis

12 Aber die Söhne Elis waren ruchlose Männer; die fragten nichts nach dem HERRN

13 noch danach, was dem Priester zustände vom Volk. Wenn jemand ein Opfer bringen wollte, so kam des Priesters Diener, wenn das Fleisch kochte, und hatte eine Gabel mit drei Zacken in seiner Hand

14 und stieß in den Tiegel oder Kessel oder Pfanne oder Topf, und was er mit der Gabel hervorzog, das nahm der Priester für sich. So taten sie allen in Israel, die dorthin kamen nach Silo.

15 Desgleichen, ehe sie das Fett in Rauch aufgehen ließen, kam des Priesters Diener und sprach zu dem, der das Opfer brachte: Gib mir Fleisch für den Priester zum Braten, denn er will nicht gekochtes Fleisch von dir nehmen, sondern rohes.

16 Wenn dann jemand zu ihm sagte: Laß erst das Fett in Rauch aufgehen und nimm dann, was dein Herz begehrt, so sprach er zu ihm: Du sollst mir's jetzt geben; wenn nicht, so nehme ich's mit Gewalt.

17 So war die Sünde der Männer sehr groß vor dem HERRN; denn sie verachteten das Opfer des HERRN.

18 Samuel aber war ein Diener vor dem HERRN, und der Knabe war umgürtet mit einem leinenen Priesterschurz.

19 Dazu machte ihm seine Mutter ein kleines Oberkleid und brachte es ihm Jahr für Jahr, wenn sie mit ihrem Mann hinaufging, um das jährliche Opfer darzubringen.

20 Und Eli segnete Elkana und seine Frau und sprach: Der HERR gebe dir Kinder von dieser Frau anstelle des Erbetenen, den sie vom HERRN erbeten hat. Und sie gingen zurück an ihren Ort.

21 Und der HERR suchte Hanna heim, daß sie schwanger ward, und sie gebar noch drei Söhne und zwei Töchter. Aber der Knabe Samuel wuchs auf bei dem HERRN.

22 Eli aber war sehr alt geworden. Wenn er nun alles erfuhr, was seine Söhne ganz Israel antaten und daß sie bei den Frauen schliefen, die vor der Tür der Stiftshütte dienten,

23 sprach er zu ihnen: Warum tut ihr solche bösen Dinge, von denen ich höre im ganzen Volk?

24 Nicht doch, meine Söhne! Das ist kein gutes Gerücht, von dem ich reden höre in des HERRN Volk.

25 Wenn jemand gegen einen Menschen sündigt, so kann es Gott entscheiden. Wenn aber jemand gegen den HERRN sündigt, wer soll es dann für ihn entscheiden? Aber sie gehorchten der Stimme ihres Vaters nicht; denn der HERR war willens, sie zu töten.

26 Aber der Knabe Samuel nahm immer mehr zu an Alter und Gunst bei dem HERRN und bei den Menschen.

Ankündigung des Gerichts über das Haus Elis

27 Es kam aber ein Mann Gottes zu Eli und sprach zu ihm: So spricht der HERR: Ich habe mich offenbart dem Hause deines Vaters, als die Kinder Israel noch in Ägypten dem Hause des Pharao gehörten,

28 und hab's mir erwählt aus allen Stämmen Israels zum Priestertum, um auf meinem Altar zu opfern und Räucherwerk zu verbrennen und den Priesterschurz vor mir zu tragen, und ich habe dem Hause deines Vaters alle Feueropfer Israels gegeben.

29 Warum tretet ihr denn mit Füßen meine Schlachtopfer und Speisopfer, die ich für meine Wohnung geboten habe? Und du ehrst deine Söhne mehr als mich, daß ihr euch mästet von dem Besten aller Opfer meines Volkes Israel.

30 Darum spricht der HERR, der Gott Israels: Ich hatte gesagt, dein Haus und deines Vaters Haus sollten immerdar vor mir einhergehen. Aber nun spricht der HERR: Das sei ferne von mir! Sondern **wer mich ehrt, den will ich auch ehren; wer aber mich verachtet, der soll wieder verachtet werden.**

31 Siehe, es wird die Zeit kommen, daß ich deinen Arm und den Arm des Hauses deines Vaters abhauen will, daß es keinen Alten geben wird in deinem Hause

32 und daß du deinen Widersacher im Heiligtum sehen wirst bei allem Guten, das Israel geschehen wird, und es wird niemand alt werden in deines Vaters Hause immerdar.

33 Doch nicht einen jeden will ich dir von meinem Altar ausrotten, daß nicht deine Augen verschmachten und deine Seele sich gräme. Aber der größte Teil deines Hauses soll sterben, wenn sie Männer geworden sind.

34 Und das soll dir ein Zeichen sein, das über deine beiden Söhne, Hophni und Pinhas, kommen wird: an **einem** Tag werden sie beide sterben.

35 Ich aber will mir einen treuen Priester erwecken, der wird tun, wie es meinem Herzen und meiner Seele gefällt. Dem will ich ein beständiges Haus bauen, daß er vor meinem Gesalbten immerdar einhergehe.

36 Und wer übrig ist von deinem Hause, der wird kommen und vor jenem niederfallen um ein Silberstück oder eine Scheibe Brot und wird sagen: Laß mich doch Anteil haben am Priesteramt, daß ich einen Bissen Brot zu essen habe.

Samuels Berufung

3 Und zu der Zeit, als der Knabe Samuel dem HERRN diente unter Eli, war des HERRN Wort selten, und es gab kaum noch Offenbarung.

2 Und es begab sich zur selben Zeit, daß Eli lag an seinem Ort, und seine Augen hatten angefangen, schwach zu werden, so daß er nicht mehr sehen konnte.

3 Die Lampe Gottes war noch nicht verloschen. Und Samuel hatte sich gelegt im Heiligtum des HERRN, wo die Lade Gottes war.

4 Und der HERR rief Samuel. Er aber antwortete: Siehe, hier bin ich!

5 und lief zu Eli und sprach: Siehe, hier bin ich! Du hast mich gerufen. Er aber sprach: Ich habe nicht gerufen; geh wieder hin und lege dich schlafen. Und er ging hin und legte sich schlafen.

6 Der HERR rief abermals: Samuel! Und Samuel stand auf und ging zu Eli und sprach: Siehe, hier bin ich! Du hast mich gerufen. Er aber sprach: Ich habe nicht gerufen, mein Sohn; geh wieder hin und lege dich schlafen.

7 Aber Samuel hatte den HERRN noch nicht erkannt, und des HERRN Wort war ihm noch nicht offenbart.

8 Und der HERR rief Samuel wieder, zum drittenmal. Und er stand auf und ging zu Eli und sprach: Siehe, hier bin ich! Du hast mich gerufen. Da merkte Eli, daß der HERR den Knaben rief,

9 und sprach zu ihm: Geh wieder hin und lege dich schlafen; und wenn du gerufen wirst, so sprich: Rede, HERR, denn dein Knecht hört. Samuel ging hin und legte sich an seinen Ort.

10 Da kam der HERR und trat herzu und rief wie vorher: Samuel, Samuel! Und Samuel sprach: **Rede, denn dein Knecht hört.**

11 Und der HERR sprach zu Samuel: Siehe, ich werde etwas tun in Israel, wovon jedem, der es hören wird, beide Ohren gellen werden.

12 An dem Tage will ich über Eli kommen lassen, was ich gegen sein Haus geredet habe; ich will es anfangen und vollenden.

13 Denn ich hab's ihm angesagt, daß ich sein Haus für immer richten will um der Schuld willen, daß er wußte, wie sich seine Söhne schändlich verhielten, und ihnen nicht gewehrt hat.

14 Darum habe ich dem Hause Eli geschworen, daß die Schuld des Hauses Eli nicht gesühnt werden solle, weder mit Schlachtopfern noch mit Speisopfern immerdar.

15 Und Samuel lag bis an den Morgen und tat dann die Türen auf am Hause des HERRN. Samuel aber fürchtete sich, Eli anzusagen, was ihm offenbart worden war.

16 Da rief ihn Eli und sprach: Samuel, mein Sohn! Er antwortete: Siehe, hier bin ich!

17 Er sprach: Was war das für ein Wort, das er dir gesagt hat? Verschweige mir nichts. Gott tue dir dies und das, wenn du mir etwas verschweigst von all den Worten, die er dir gesagt hat.

18 Da sagte ihm Samuel alles und verschwieg ihm nichts. Er aber sprach: Es ist der HERR; er tue, was ihm wohlgefällt.

19 Samuel aber wuchs heran, und der HERR war mit ihm und ließ keines von allen seinen Worten zur Erde fallen.

20 Und ganz Israel von Dan bis Beerseba erkannte, daß Samuel damit betraut war, Prophet des HERRN zu sein.

21 Und der HERR erschien weiter zu Silo, denn der HERR offenbarte sich Samuel zu Silo durch sein Wort. °Und Samuels Wort erging an ganz Israel.

Die Bundeslade wird Israel genommen

4 Und es begab sich zu der Zeit, daß die Philister sich sammelten zum Kampf gegen Israel. Israel aber zog aus, den Phi-

listern entgegen, in den Kampf und lagerte
sich bei Eben-Ezer. Die Philister aber hat-
ten sich gelagert bei Aphek
2 und stellten sich Israel gegenüber auf.
Und der Kampf breitete sich aus, und
Israel wurde von den Philistern geschla-
gen. Sie erschlugen in der Feldschlacht
etwa viertausend Mann.
3 Und als das Volk ins Lager kam, spra-
chen die Ältesten Israels: Warum hat uns
der HERR heute vor den Philistern ge-
schlagen? Laßt uns die Lade des Bundes
des HERRN zu uns holen von Silo und laßt
sie mit uns ziehen, damit er uns errette aus
der Hand unserer Feinde.
4 Da sandte das Volk nach Silo und ließ
von dort holen die Lade des Bundes des
HERRN Zebaoth, der über den Cherubim
thront. Es waren aber die beiden Söhne
Elis bei der Lade des Bundes Gottes,
Hophni und Pinhas.
5 Und als die Lade des Bundes des
HERRN in das Lager kam, jauchzte ganz
Israel mit gewaltigem Jauchzen, so daß
die Erde erdröhnte.
6 Als aber die Philister das Jauchzen
hörten, sprachen sie: Was ist das für ein
gewaltiges Jauchzen im Lager der He-
bräer? Und als sie erfuhren, daß die Lade
des HERRN ins Lager gekommen sei,
7 fürchteten sie sich und sprachen: Gott
ist ins Lager gekommen, und riefen:
Wehe uns, denn solches ist bisher noch
nicht geschehen!
8 Wehe uns! Wer will uns erretten aus
der Hand dieser mächtigen Götter? Das
sind die Götter, die Ägypten schlugen mit
allerlei Plage in der Wüste.
9 So seid nun stark und seid Männer,
ihr Philister, damit ihr nicht dienen müßt
den Hebräern, wie sie euch gedient haben!
Seid Männer und kämpft!
10 Da zogen die Philister in den Kampf,
und Israel wurde geschlagen, und ein jeder
floh in sein Zelt. Und die Niederlage war
sehr groß, und es fielen aus Israel dreißig-
tausend Mann Fußvolk.
11 Und die Lade Gottes wurde wegge-
nommen, und die beiden Söhne Elis,
Hophni und Pinhas, kamen um.

Elis Tod

12 Da lief einer von Benjamin aus dem
Heerlager und kam am selben Tage nach
Silo und hatte seine Kleider zerrissen und
Erde auf sein Haupt gestreut.
13 Und siehe, als er hinkam, saß Eli auf
seinem Stuhl und gab acht nach der Straße
hin; denn sein Herz bangte um die Lade
Gottes. Und als der Mann in die Stadt
kam, tat er's kund, und die ganze Stadt
schrie auf.
14 Und als Eli das laute Schreien hörte,
fragte er: Was ist das für ein großer Lärm?
Da kam der Mann eilends und sagte es
Eli.
15 Eli aber war achtundneunzig Jahre
alt, und seine Augen waren so schwach,
daß er nicht mehr sehen konnte.
16 Der Mann aber sprach zu Eli: Ich
komme vom Heerlager und bin heute aus
der Schlacht geflohen. Er aber sprach:
Wie ist's gegangen, mein Sohn?
17 Da antwortete der Bote: Israel ist ge-
flohen vor den Philistern, und das Volk ist
hart geschlagen, und deine beiden Söhne,
Hophni und Pinhas, sind tot; und die
Lade Gottes ist weggenommen.
18 Als er aber von der Lade Gottes
sprach, fiel Eli rücklings vom Stuhl an der
Tür und brach seinen Hals und starb,
denn er war alt und ein schwerer Mann.
Er richtete aber Israel vierzig Jahre.
19 Seine Schwiegertochter aber, des Pin-
has Frau, war schwanger und sollte bald
gebären. Als sie davon hörte, daß die
Lade Gottes weggenommen und ihr
Schwiegervater und ihr Mann tot waren,
kauerte sie sich nieder und gebar; denn
ihre Wehen überfielen sie.
20 Und als sie im Sterben lag, sprachen
die Frauen, die um sie standen: Fürchte
dich nicht, du hast einen Sohn geboren!
Aber sie antwortete nicht und nahm's
auch nicht mehr zu Herzen.
21 Und sie nannte den Knaben Ikabod,
das ist «Die Herrlichkeit ist hinweg aus
Israel!» – weil die Lade Gottes weggenom-
men war, und wegen ihres Schwieger-
vaters und ihres Mannes.
22 Darum sprach sie: Die Herrlichkeit
ist hinweg aus Israel; denn die Lade Got-
tes ist weggenommen.

Die Bundeslade bei den Philistern

5 Die Philister aber hatten die Lade Got-
tes weggenommen und brachten sie
von Eben-Ezer nach Asdod.

2 Dann nahmen sie die Lade Gottes und
brachten sie in das Haus Dagons und
stellten sie neben Dagon.
3 Und als die Leute von Asdod am an-
dern Morgen sich früh aufmachten und in
das Haus Dagons kamen, sahen sie Dagon
auf seinem Antlitz liegen auf der Erde vor
der Lade des HERRN. Und sie nahmen
Dagon und stellten ihn wieder an seinen
Ort.
4 Aber als sie am andern Morgen sich
wieder früh aufmachten, fanden sie Da-
gon abermals auf seinem Antlitz auf der
Erde vor der Lade des HERRN liegen, aber
sein Haupt und seine beiden Hände ab-
geschlagen auf der Schwelle, so daß der
Rumpf allein dalag.
5 Darum treten die Priester Dagons und
alle, die in Dagons Haus gehen, nicht auf
die Schwelle Dagons in Asdod bis auf
diesen Tag.
6 Aber die Hand des HERRN lag schwer
auf den Leuten von Asdod, und er brachte
Verderben über sie und schlug sie mit
bösen Beulen, Asdod und sein Gebiet.
7 Als aber die Leute von Asdod sahen,
daß es so zuging, sprachen sie: Laßt die
Lade des Gottes Israels nicht bei uns blei-
ben; denn seine Hand liegt zu hart auf uns
und unserm Gott Dagon.
8 Und sie sandten hin und versammel-
ten alle Fürsten der Philister zu sich und
sprachen: Was sollen wir mit der Lade des
Gottes Israels machen? Da antworteten
sie: Laßt die Lade des Gottes Israels nach
Gath tragen. Und sie trugen die Lade des
Gottes Israels dorthin.
9 Als sie aber die Lade dahin getragen
hatten, entstand in der Stadt ein sehr gro-
ßer Schrecken durch die Hand des HERRN;
denn er schlug die Leute in der Stadt, klein
und groß, so daß an ihnen Beulen aus-
brachen.
10 Da sandten sie die Lade Gottes nach
Ekron. Als aber die Lade Gottes nach
Ekron kam, schrien die Leute von Ekron:
Sie haben die Lade des Gottes Israels her-
getragen zu mir, damit sie mich töte und
mein Volk!
11 Da sandten sie hin und versammelten
alle Fürsten der Philister und sprachen:
Sendet die Lade des Gottes Israels zurück
an ihren Ort, damit sie mich und mein
Volk nicht töte. Denn es kam ein tödlicher
Schrecken über die ganze Stadt; die Hand
Gottes lag schwer auf ihr.
12 Und die Leute, die nicht starben,
wurden geschlagen mit Beulen, und das
Geschrei der Stadt stieg auf gen Himmel.

Die Bundeslade kommt zurück

6 So war die Lade des HERRN sieben
Monate im Lande der Philister.
2 Und die Philister beriefen ihre Priester
und Wahrsager und sprachen: Was sollen
wir mit der Lade des HERRN machen?
Laßt uns wissen, wie wir sie an ihren Ort
senden sollen!
3 Sie sprachen: Wollt ihr die Lade des
Gottes Israels zurücksenden, so sendet sie
nicht ohne eine Gabe, sondern gebt ihm
eine Sühnegabe; so werdet ihr gesund
werden, und es wird euch kundwerden,
warum seine Hand nicht von euch abläßt.
4 Sie aber sprachen: Was ist die Sühne-
gabe, die wir ihm geben sollen? Sie ant-
worteten: Fünf goldene Beulen und fünf
goldene Mäuse nach der Zahl der fünf
Fürsten der Philister, denn es ist ein und
dieselbe Plage gewesen über euch alle und
über eure Fürsten.
5 So macht nun Abbilder eurer Beulen
und eurer Mäuse, die euer Land zugrunde
gerichtet haben, daß ihr dem Gott Israels
die Ehre gebt. Vielleicht wird seine Hand
leichter werden über euch und über euren
Gott und über euer Land.
6 Warum verstockt ihr euer Herz, wie
die Ägypter und der Pharao ihr Herz ver-
stockten? Ist's nicht so: als der HERR seine
Macht an ihnen bewies, ließen sie sie zie-
hen, so daß sie gehen konnten?
7 So laßt nun einen neuen Wagen ma-
chen und nehmt zwei säugende Kühe, auf
die noch kein Joch gekommen ist; spannt
sie an den Wagen und laßt ihre Kälber da-
heimbleiben.
8 Aber die Lade des HERRN nehmt und
stellt sie auf den Wagen, und die Dinge
aus Gold, die ihr ihm zur Sühnegabe gebt,
tut in ein Kästlein daneben. So sendet sie
hin und laßt sie gehen.
9 Und seht zu: Geht sie den Weg hinauf
in ihr Land auf Beth-Schemesch zu, so hat
Er uns dies große Übel angetan; wenn
nicht, so wissen wir, daß nicht seine Hand
uns getroffen hat, sondern es uns zufällig
widerfahren ist.

10 So taten die Leute und nahmen zwei
säugende Kühe und spannten sie an einen
Wagen und behielten ihre Kälber daheim
11 und stellten die Lade des HERRN auf
den Wagen, dazu das Kästlein mit den
goldenen Mäusen und mit den Abbildern
ihrer Beulen.
12 Und die Kühe gingen geradeswegs
auf Beth-Schemesch zu, immer auf der-
selben Straße, und brüllten immerfort und
wichen weder zur Rechten noch zur Lin-
ken; und die Fürsten der Philister gingen
ihnen nach bis zum Gebiet von Beth-
Schemesch.
13 Die Leute von Beth-Schemesch aber
schnitten eben den Weizen im Grund, und
als sie ihre Augen aufhoben, sahen sie die
Lade und freuten sich, sie zu sehen.
14 Der Wagen aber kam auf den Acker
Josuas von Beth-Schemesch und stand
dort still. Und dort lag ein großer Stein.
Da spalteten sie das Holz des Wagens und
opferten die Kühe dem HERRN zum
Brandopfer.
15 Die Leviten aber hoben die Lade des
HERRN herab samt dem Kästlein, das da-
neben stand und worin die Dinge aus
Gold waren, und stellten sie auf den gro-
ßen Stein. Und die Leute von Beth-Sche-
mesch opferten dem HERRN am selben
Tage Brandopfer und Schlachtopfer.
16 Als aber die fünf Fürsten der Phili-
ster das gesehen hatten, zogen sie am sel-
ben Tage wieder nach Ekron.
17 Dies sind die goldenen Beulen, die die
Philister dem HERRN als Sühnegabe er-
statteten: für Asdod eine, für Gaza eine,
für Askalon eine, für Gath eine und für
Ekron eine;
18 und goldene Mäuse nach der Zahl
aller Städte der Philister unter den fünf
Fürsten, der festen Städte und der Dör-
fer. Und Zeuge ist der große Stein, auf den
sie die Lade des HERRN gestellt hatten. Er
liegt bis auf diesen Tag auf dem Acker
Josuas von Beth-Schemesch.

Die Lade kommt nach Kirjath-Jearim

19 Aber die Söhne Jechonjas freuten
sich nicht mit den Leuten von Beth-Sche-
mesch, daß sie die Lade des HERRN sahen.
Und der HERR schlug unter ihnen siebzig
Mann. Da trug das Volk Leid, daß er das
Volk so hart geschlagen hatte.
20 Und die Leute von Beth-Schemesch
sprachen: Wer kann bestehen vor dem
HERRN, diesem heiligen Gott? Und zu
wem soll er von uns wegziehen?
21 Und sie sandten Boten zu den Bür-
gern von Kirjath-Jearim und ließen ihnen
sagen: Die Philister haben die Lade des
HERRN zurückgebracht; kommt herab
und holt sie zu euch hinauf.
7 Da kamen die Leute von Kirjath-
Jearim und holten die Lade des
HERRN herauf und brachten sie ins Haus
Abinadabs auf dem Hügel, und seinen
Sohn Eleasar weihten sie, daß er über die
Lade des HERRN wache.

Samuels Richteramt

2 Aber von dem Tage an, da die Lade
des HERRN zu Kirjath-Jearim blieb, ver-
ging eine lange Zeit; es wurden zwanzig
Jahre. Dann wandte sich das ganze Haus
Israel zum HERRN.
3 Samuel aber sprach zum ganzen Hau-
se Israel: Wenn ihr euch von ganzem
Herzen zu dem HERRN bekehren wollt,
so tut von euch die fremden Götter und
die Astarten und richtet euer Herz zu
dem HERRN und dient ihm allein, so
wird er euch erretten aus der Hand der
Philister.
4 Da taten die Kinder Israel von sich die
Baale und Astarten und dienten dem
HERRN allein.
5 Samuel aber sprach: Versammelt ganz
Israel in Mizpa, daß ich für euch zum
HERRN bete.
6 Und sie kamen zusammen in Mizpa
und schöpften Wasser und gossen es aus
vor dem HERRN und fasteten an demsel-
ben Tage und sprachen dort: Wir haben
an dem HERRN gesündigt. So richtete Sa-
muel die Kinder Israel zu Mizpa.
7 Als aber die Philister hörten, daß die
Kinder Israel zusammengekommen wa-
ren in Mizpa, zogen die Fürsten der Phili-
ster hinauf gegen Israel. Und die Kinder
Israel hörten es und fürchteten sich vor
den Philistern.
8 Und sie sprachen zu Samuel: Laß
nicht ab, für uns zu schreien zu dem
HERRN, unserm Gott, daß er uns helfe aus
der Hand der Philister.
9 Samuel nahm ein Milchlamm und
opferte dem HERRN ein Brandopfer – als

Ganzopfer – und schrie zum HERRN für
Israel, und der HERR erhörte ihn.
10 Und während Samuel das Brand-
opfer opferte, kamen die Philister heran
zum Kampf gegen Israel. Aber der HERR
ließ donnern mit großem Schall über die
Philister am selben Tage und schreckte
sie, daß sie vor Israel geschlagen wurden.
11 Da zogen die Männer Israels aus von
Mizpa und jagten den Philistern nach und
schlugen sie bis unterhalb von Beth-Kar.
12 Da nahm Samuel einen Stein und
stellte ihn auf zwischen Mizpa und Schen
und nannte ihn «Eben-Ezer»* und sprach:
Bis hierher hat uns der HERR geholfen.
13 So wurden die Philister gedemütigt
und kamen nicht mehr in das Gebiet
Israels. Und die Hand des HERRN lag
schwer auf den Philistern, solange Samuel
lebte.
14 Auch eroberte Israel die Städte zu-
rück, die die Philister ihnen genommen
hatten, von Ekron bis Gath samt ihrem
Gebiet; die errettete Israel aus der Hand
der Philister. Und Israel hatte Frieden
mit den Amoritern.
15 Samuel aber richtete Israel sein Le-
ben lang
16 und zog Jahr für Jahr umher und
kam nach Bethel und Gilgal und Mizpa.
Und wenn er Israel an allen diesen Orten
gerichtet hatte,
17 kam er wieder nach Rama – denn da
war sein Haus –, und dort richtete er Isra-
el. Auch baute er dort dem HERRN einen
Altar.

Israel begehrt einen König

8 Als aber Samuel alt geworden war,
setzte er seine Söhne als Richter über
Israel ein.
2 Sein erstgeborener Sohn hieß Joel und
der andere Abia, und sie waren Richter zu
Beerseba.
3 Aber seine Söhne wandelten nicht in
seinen Wegen, sondern suchten ihren Vor-
teil und nahmen Geschenke und beugten
das Recht.
4 Da versammelten sich alle Ältesten
Israels und kamen nach Rama zu Samuel
5 und sprachen zu ihm: Siehe, du bist
alt geworden, und deine Söhne wandeln
nicht in deinen Wegen. So setze nun einen
König über uns, der uns richte, wie ihn
alle Heiden haben.
6 Das mißfiel Samuel, daß sie sagten:
Gib uns einen König, der uns richte. Und
Samuel betete zum HERRN.
7 Der HERR aber sprach zu Samuel: Ge-
horche der Stimme des Volks in allem,
was sie zu dir gesagt haben; denn sie ha-
ben nicht dich, sondern mich verworfen,
daß ich nicht mehr König über sie sein
soll.
8 Sie tun dir, wie sie immer getan haben
von dem Tage an, da ich sie aus Ägypten
führte, bis auf diesen Tag, daß sie mich
verlassen und andern Göttern gedient ha-
ben.
9 So gehorche nun ihrer Stimme. Doch
warne sie und verkünde ihnen das Recht
des Königs, der über sie herrschen wird.
10 Und Samuel sagte alle Worte des
HERRN dem Volk, das von ihm einen Kö-
nig forderte,
11 und sprach: Das wird des Königs
Recht sein, der über euch herrschen wird:
Eure Söhne wird er nehmen für seinen
Wagen und seine Gespanne, und daß sie
vor seinem Wagen her laufen,
12 und zu Hauptleuten über tausend
und über fünfzig, und daß sie ihm seinen
Acker bearbeiten und seine Ernte ein-
sammeln, und daß sie seine Kriegswaffen
machen und was zu seinen Wagen gehört.
13 Eure Töchter aber wird er nehmen,
daß sie Salben bereiten, kochen und bak-
ken.
14 Eure besten Äcker und Weinberge
und Ölgärten wird er nehmen und seinen
Großen geben.
15 Dazu von euren Kornfeldern und
Weinbergen wird er den Zehnten nehmen
und seinen Kämmerern und Großen ge-
ben.
16 Und eure Knechte und Mägde und
eure besten Rinder und eure Esel wird er
nehmen und in seinen Dienst stellen.
17 Von euren Herden wird er den Zehn-
ten nehmen, und ihr müßt seine Knechte
sein.
18 Wenn ihr dann schreien werdet zu der
Zeit über euren König, den ihr euch er-
wählt habt, so wird euch der HERR zu der-
selben Zeit nicht erhören.
19 Aber das Volk weigerte sich, auf die
Stimme Samuels zu hören, und sie spra-

*d. h. Stein der Hilfe.

chen: Nein, sondern ein König soll über uns sein,

20 daß wir auch seien wie alle Heiden, daß uns unser König richte und vor uns her ausziehe und unsere Kriege führe!

21 Und als Samuel alle Worte des Volks gehört hatte, sagte er sie vor den Ohren des HERRN.

22 Der HERR aber sprach zu Samuel: Gehorche ihrer Stimme und mache ihnen einen König. Und Samuel sprach zu den Männern Israels: Geht hin, ein jeder in seine Stadt.

Saul sucht Eselinnen und kommt zu Samuel

9 Es war ein Mann von Benjamin, mit Namen Kis, ein Sohn Abiëls, des Sohnes Zerors, des Sohnes Bechoraths, des Sohnes Aphias, des Sohnes eines Benjaminiters, ein angesehener Mann.

2 Der hatte einen Sohn mit Namen Saul; der war ein junger, schöner Mann, und es war niemand unter den Kindern Israel so schön wie er, eines Hauptes länger als alles Volk.

3 Es hatte aber Kis, der Vater Sauls, die Eselinnen verloren. Und er sprach zu seinem Sohn Saul: Nimm einen der Knechte mit dir, mach dich auf, geh hin und suche die Eselinnen.

4 Und sie gingen durch das Gebirge Ephraim und durch das Gebiet von Schalischa und fanden sie nicht; sie gingen durch das Gebiet von Schaalim, und sie waren nicht da; sie gingen durchs Gebiet von Benjamin und fanden sie nicht.

5 Als sie aber ins Gebiet von Zuph kamen, sprach Saul zu dem Knecht, der bei ihm war: Komm, laß uns wieder heimgehen; mein Vater könnte sich sonst statt um die Eselinnen um uns sorgen.

6 Der aber sprach: Siehe, es ist ein berühmter Mann Gottes in dieser Stadt; alles, was er sagt, das trifft ein. Nun laß uns dahin gehen; vielleicht sagt er uns unsern Weg, den wir gehen sollen.

7 Saul aber sprach zu seinem Knecht: Wenn wir schon hingehen, was bringen wir dem Mann? Denn das Brot in unserm Sack ist verzehrt, und wir haben keine Gabe, die wir dem Mann Gottes bringen könnten. Was haben wir sonst?

8 Der Knecht antwortete Saul abermals und sprach: Siehe, ich hab einen Viertel-Silbertaler bei mir; den wollen wir dem Mann Gottes geben, daß er uns unsern Weg sage.

10* Saul sprach zu seinem Knecht: Du hast recht geredet; komm, laß uns gehen! Und als sie hingingen nach der Stadt, wo der Mann Gottes war,

11 und den Aufgang zur Stadt hinaufstiegen, trafen sie Mädchen, die herausgingen, um Wasser zu schöpfen. Zu ihnen sprachen sie: Ist der Seher hier? –

9* Vorzeiten sagte man in Israel, wenn man ging, Gott zu befragen: Kommt, laßt uns zu dem Seher gehen! Denn die man jetzt Propheten nennt, die nannte man vorzeiten Seher. –

12 Sie antworteten ihnen: Ja, er war gerade vor dir da; eile, denn er ist heute in die Stadt gekommen, weil das Volk heute ein Opferfest hat auf der Höhe.

13 Wenn ihr in die Stadt kommt, so werdet ihr ihn finden, ehe er hinaufgeht auf die Höhe, um zu essen. Denn das Volk wird nicht essen, bis er kommt; er segnet erst das Opfer, danach essen die, die geladen sind. Darum geht hinauf, denn jetzt werdet ihr ihn treffen.

14 Und als sie hinauf zur Stadt kamen und in die Stadt eintraten, siehe, da kam Samuel heraus ihnen entgegen und wollte auf die Höhe gehen.

Samuel salbt Saul zum König

15 Aber der HERR hatte Samuel das Ohr aufgetan einen Tag, bevor Saul kam, und gesagt:

16 Morgen um diese Zeit will ich einen Mann zu dir senden aus dem Lande Benjamin, den sollst du zum Fürsten salben über mein Volk Israel, daß er mein Volk errette aus der Philister Hand. Denn ich habe das Elend meines Volks angesehen, und sein Schreien ist vor mich gekommen.

17 Als nun Samuel Saul sah, tat ihm der HERR kund: Siehe, das ist der Mann, von dem ich dir gesagt habe, daß er über mein Volk herrschen soll.

18 Da trat Saul auf Samuel zu im Tor und sprach: Sage mir, wo ist hier das Haus des Sehers?

19 Samuel antwortete Saul: Ich bin der Seher. Geh vor mir hinauf auf die Höhe,

* Der Zusammenhang erfordert die hier vorgenommene Umstellung der Verse.

denn ihr sollt heute mit mir essen; morgen
früh will ich dir das Geleit geben, und auf
alles, was du auf dem Herzen hast, will ich
dir Antwort geben.
20 Und um die Eselinnen, die du vor
drei Tagen verloren hast, sorge dich jetzt
nicht; sie sind gefunden. Wem gehört denn
alles, was wertvoll ist in Israel? Gehört es
nicht dir und dem ganzen Hause deines
Vaters?
21 Saul antwortete: Bin ich nicht ein
Benjaminiter und aus einem der kleinsten
Stämme Israels, und ist nicht mein Ge-
schlecht das geringste unter allen Ge-
schlechtern des Stammes Benjamin? War-
um sagst du mir solches?
22 Samuel aber nahm Saul und seinen
Knecht und führte sie in die Halle und
setzte sie obenan unter die Geladenen;
und das waren etwa dreißig Mann.
23 Und Samuel sprach zu dem Koch:
Gib das Stück her, das ich dir gab und
dabei befahl, du solltest es bei dir zurück-
behalten.
24 Da trug der Koch eine Keule auf und
den Fettschwanz. Und er legte sie Saul
vor und sprach: Siehe, hier ist das Übrig-
gebliebene, lege es vor dich hin und iß;
denn als ich das Volk einlud, ist es für
dich aufbewahrt worden für diese Stunde.
So aß Saul an jenem Tage mit Samuel.
25 Und als sie hinabgegangen waren von
der Höhe der Stadt, machten sie Saul ein
Lager auf dem Dach,
26 und er legte sich schlafen. Und als
die Morgenröte aufging, rief Samuel zum
Dach hinauf und sprach zu Saul: Steh auf,
daß ich dich geleite! Und Saul stand auf,
und die beiden gingen miteinander hinaus,
er und Samuel.
27 Und als sie hinabkamen an das Ende
der Stadt, sprach Samuel zu Saul: Sage
dem Knecht, daß er uns vorangehe – und
er ging voran –, du aber steh jetzt still, daß
ich dir kundtue, was Gott gesagt hat.
10 Da nahm Samuel den Krug mit Öl
und goß es auf sein Haupt und küßte
ihn und sprach: Siehe, der HERR hat dich
zum Fürsten über sein Erbteil gesalbt.
2 Wenn du jetzt von mir gehst, so wirst
du zwei Männer finden bei dem Grabe
Rahels an der Grenze Benjamins bei Zel-
zach; die werden zu dir sagen: Die Ese-
linnen sind gefunden, die du zu suchen
ausgezogen bist; aber siehe, dein Vater hat
die Esel nicht mehr im Sinn und sorgt sich
um euch und spricht: Was soll ich wegen
meines Sohnes tun?
3 Und wenn du von da weiter gehst,
wirst du zur Eiche Tabor kommen; dort
werden dich drei Männer treffen, die hin-
aufgehen zu Gott nach Bethel. Einer
trägt drei Böcklein, der andere drei Brote,
der dritte einen Krug mit Wein.
4 Und sie werden dich freundlich grüßen
und dir zwei Brote geben. Die sollst du
von ihren Händen annehmen.
5 Danach wirst du nach Gibea Gottes
kommen, wo die Wache der Philister ist;
und wenn du dort in die Stadt kommst,
wird dir eine Schar von Propheten begeg-
nen, die von der Höhe herabkommen,
und vor ihnen her Harfe und Pauke und
Flöte und Zither, und sie werden in Ver-
zückung sein.
6 Und der Geist des HERRN wird über
dich kommen, daß du mit ihnen in Ver-
zückung gerätst; da wirst du umgewan-
delt und ein anderer Mensch werden.
7 Wenn bei dir nun diese Zeichen ein-
treffen, so tu, was dir vor die Hände
kommt; denn Gott ist mit dir.
8 Du sollst aber vor mir hinabgehen
nach Gilgal; siehe, da will ich zu dir hinab-
kommen, um Brandopfer und Dankopfer
zu opfern. Sieben Tage sollst du warten,
bis ich zu dir komme und dir kundtue,
was du tun sollst.
9 Und als Saul sich wandte, um von
Samuel wegzugehen, gab ihm Gott ein an-
deres Herz, und alle diese Zeichen trafen
ein an demselben Tag.
10 Und als sie nach Gibea kamen, siehe,
da kam ihm eine Prophetenschar ent-
gegen, und der Geist Gottes geriet über
ihn, daß er mit ihnen in Verzückung geriet.
11 Als sie sahen, daß er mit den Prophe-
ten in Verzückung war, sprachen alle, die
ihn früher gekannt hatten, untereinander:
Was ist mit dem Sohn des Kis geschehen?
Ist Saul auch unter den Propheten?
12 Und einer von dort sprach: Wer ist
denn schon ihr Vater? Daher ist das
Sprichwort gekommen: Ist Saul auch un-
ter den Propheten?
13 Und als seine Verzückung aufgehört
hatte, kam er nach Gibea.
14 Es sprach aber Sauls Oheim zu ihm

und zu seinem Knecht: Wo seid ihr hingegangen? Er antwortete: Die Eselinnen zu suchen; und als wir sahen, daß sie nicht da waren, gingen wir zu Samuel.

15 Da sprach der Oheim Sauls: Sage mir, was sagte euch Samuel?

16 Saul antwortete seinem Oheim: Er sagte uns, daß die Eselinnen gefunden seien. Aber was Samuel von dem Königtum gesagt hatte, sagte er ihm nicht.

Saul wird als König anerkannt

17 Samuel aber rief das Volk zusammen zum HERRN nach Mizpa

18 und sprach zu den Kindern Israel: So sagt der HERR, der Gott Israels: Ich habe Israel aus Ägypten geführt und euch aus der Hand der Ägypter errettet und aus der Hand aller Königreiche, die euch bedrängten.

19 Ihr aber habt heute euren Gott verworfen, der euch aus aller eurer Not und Bedrängnis geholfen hat, und habt gesprochen: Nein, setze vielmehr einen König über uns! Wohlan, so tretet nun vor den HERRN nach euren Stämmen und Tausendschaften!

20 Als nun Samuel alle Stämme Israels herantreten ließ, fiel das Los auf den Stamm Benjamin.

21 Und als er den Stamm Benjamin herantreten ließ mit seinen Geschlechtern, fiel das Los auf das Geschlecht Matri, und als er das Geschlecht Matri herantreten ließ, Mann für Mann, fiel das Los auf Saul, den Sohn des Kis. Und sie suchten ihn, aber sie fanden ihn nicht.

22 Da befragten sie abermals den HERRN: Ist denn der Mann überhaupt hergekommen? Der HERR antwortete: Siehe, er hat sich bei dem Troß versteckt.

23 Da liefen sie hin und holten ihn von dort. Und als er unter das Volk trat, war er eines Hauptes länger als alles Volk.

24 Und Samuel sprach zu allem Volk: Da seht ihr, wen der HERR erwählt hat; ihm ist keiner gleich im ganzen Volk. Da jauchzte das ganze Volk und sprach: Es lebe der König!

25 Samuel aber tat dem Volk das Recht des Königtums kund und schrieb's in ein Buch und legte es vor dem HERRN nieder. Und Samuel entließ das ganze Volk, einen jeden in sein Haus.

26 Auch Saul ging heim nach Gibea, und mit ihm gingen die vom Heer, denen Gott das Herz gerührt hatte.

27 Aber einige ruchlose Leute sprachen: Was soll der uns helfen? Und sie verachteten ihn und brachten ihm kein Geschenk. Aber er tat, als hörte er's nicht.

Sauls Sieg über die Ammoniter

11 Es zog aber herauf Nahasch, der Ammoniter, und belagerte Jabesch in Gilead. Und alle Männer von Jabesch sprachen zu Nahasch: Schließ einen Bund mit uns, so wollen wir dir untertan sein.

2 Aber Nahasch, der Ammoniter, antwortete ihnen: Das soll der Bund sein, den ich mit euch schließen will, daß ich euch allen das rechte Auge aussteche und bringe damit Schmach über ganz Israel.

3 Da sprachen zu ihm die Ältesten von Jabesch: Gib uns sieben Tage, daß wir Boten in das ganze Gebiet Israels senden; ist dann niemand da, der uns rette, so wollen wir zu dir hinausgehen.

4 Da kamen die Boten nach Gibea Sauls und sagten diese Worte vor den Ohren des Volks. Da erhob das ganze Volk seine Stimme und weinte.

5 Und siehe, da kam Saul vom Felde hinter den Rindern her und fragte: Was ist mit dem Volk, daß es weint? Da berichteten sie ihm die Worte der Männer von Jabesch.

6 Da geriet der Geist Gottes über Saul, als er diese Worte hörte, und sein Zorn entbrannte sehr.

7 Und er nahm ein Paar Rinder und zerstückte sie und sandte davon in das ganze Gebiet Israels durch die Boten und ließ sagen: Wer nicht mit Saul und Samuel auszieht, mit dessen Rindern soll man ebenso tun. Da fiel der Schrecken des HERRN auf das Volk, so daß sie auszogen wie **ein** Mann.

8 Und er musterte sie bei Besek, und die von Israel waren dreihunderttausend Mann und die Männer Judas dreißigtausend.

9 Und er sagte den Boten, die gekommen waren: So sagt den Männern von Jabesch in Gilead: Morgen soll euch Hilfe werden, wenn die Sonne beginnt, heiß zu scheinen. Als die Boten heimkamen und das den Männern von Jabesch verkündeten, wurden diese froh.

10 Und die Männer von Jabesch ließen
den Ammonitern sagen: Morgen wollen
wir zu euch hinausgehen, daß ihr mit uns
alles tut, was euch gefällt.
11 Aber am andern Morgen teilte Saul
das Volk in drei Heerhaufen, und sie ka-
men ins Lager um die Zeit der Morgen-
wache und schlugen die Ammoniter, bis
der Tag heiß wurde; die aber übrigblieben,
wurden zerstreut, so daß von ihnen nicht
zwei beieinander blieben.
12 **D**a sprach das Volk zu Samuel: Wer
sind die, die gesagt haben: Sollte Saul
über uns herrschen? Gebt sie her, die
Männer, daß wir sie töten.
13 Saul aber sprach: Es soll an diesem
Tage niemand sterben; denn der HERR hat
heute Heil gegeben in Israel.
14 **S**amuel sprach zum Volk: Kommt,
laßt uns nach Gilgal gehen und dort das
Königtum erneuern.
15 Da ging das ganze Volk nach Gilgal,
und sie machten Saul dort zum König
vor dem HERRN in Gilgal und opferten
Dankopfer vor dem HERRN. Saul aber
und alle Männer Israels freuten sich dort
gar sehr.

Samuel legt sein Richteramt nieder

12 Da sprach Samuel zu ganz Israel:
Siehe, ich habe eurer Stimme ge-
horcht in allem, was ihr mir gesagt habt,
und habe einen König über euch gesetzt.
2 Siehe, nun wird euer König vor euch
herziehen; ich aber bin alt und grau ge-
worden, und meine Söhne sind bei euch.
Ich bin vor euch hergegangen von meiner
Jugend an bis auf diesen Tag.
3 Hier stehe ich. Nun tretet gegen mich
auf vor dem HERRN und seinem Gesalb-
ten! Wessen Rind oder Esel hab ich ge-
nommen, wem hab ich Gewalt oder Un-
recht getan? Aus wessen Hand hab ich ein
Geschenk angenommen, um mir damit
die Augen blenden zu lassen? Ich will's
euch zurückgeben.
4 Sie sprachen: Du hast uns weder Ge-
walt noch Unrecht getan und von nie-
mand etwas genommen.
5 Er sprach zu ihnen: Der HERR ist euch
gegenüber Zeuge und heute auch sein Ge-
salbter, daß ihr nichts in meiner Hand ge-
funden habt. Sie sprachen: Ja, Zeuge sol-
len sie sein.
6 **U**nd Samuel sprach zum Volk: Der
HERR ist's, der Mose und Aaron einge-
setzt und eure Väter aus Ägyptenland ge-
führt hat.
7 So tretet nun her, daß ich mit euch
rechte vor dem HERRN wegen aller Wohl-
taten des HERRN, die er an euch und euren
Vätern getan hat.
8 Als Jakob nach Ägypten gekommen
war, schrien eure Väter zu dem HERRN,
und der HERR sandte Mose und Aaron,
um eure Väter aus Ägypten zu führen und
sie in diesem Land wohnen zu lassen.
9 Aber als sie den HERRN, ihren Gott,
vergaßen, verkaufte er sie in die Hand
Siseras, des Feldhauptmanns von Hazor,
und in die Hand der Philister und in die
Hand des Königs von Moab; die kämpf-
ten gegen sie.
10 Und sie schrien zum HERRN und spra-
chen: Wir haben gesündigt, daß wir den
HERRN verlassen und den Baalen und den
Astarten gedient haben; nun aber errette
uns aus der Hand unserer Feinde, so wol-
len wir dir dienen.
11 Da sandte der HERR Jerubbaal, Ba-
rak, Jephthah und Samuel und errettete
euch aus der Hand eurer Feinde ringsum
und ließ euch sicher wohnen.
12 Als ihr aber saht, daß Nahasch, der
König der Ammoniter, gegen euch zog,
spracht ihr zu mir: Nein, sondern ein
König soll über uns herrschen, obwohl
doch der HERR, euer Gott, euer König ist.
13 Nun, da ist euer König, den ihr er-
wählt und erbeten habt; denn siehe, der
HERR hat einen König über euch gesetzt.
14 Möchtet ihr doch den HERRN fürch-
ten und ihm dienen und seiner Stimme ge-
horchen und dem Munde des HERRN
nicht ungehorsam sein, und möchtet ihr
und euer König, der über euch herrscht,
dem HERRN, eurem Gott, folgen!
15 Werdet ihr aber der Stimme des
HERRN nicht gehorchen, sondern seinem
Munde ungehorsam sein, so wird die
Hand des HERRN gegen euch sein wie ge-
gen eure Väter.
16 So tretet nun herzu und seht, was der
HERR Großes vor euren Augen tun wird.
17 Ist nicht jetzt die Weizenernte? Ich
will aber den HERRN anrufen, daß er soll
donnern und regnen lassen, damit ihr
innewerdet und seht, daß ihr getan habt,

was dem HERRN mißfiel, als ihr euch einen
König erbeten habt.
18 Und als Samuel den HERRN anrief,
ließ der HERR donnern und regnen an
demselben Tage. Da fürchtete das ganze
Volk den HERRN und Samuel gar sehr
19 und sprach zu Samuel: Bitte für deine
Knechte den HERRN, deinen Gott, daß
wir nicht sterben; denn zu allen unsern
Sünden haben wir noch das Unrecht getan, daß wir uns einen König erbeten haben.
20 Samuel aber sprach zum Volk: Fürchtet euch nicht! Ihr habt zwar all das Unrecht getan, doch weicht nicht vom
HERRN ab, sondern dienet dem HERRN
von ganzem Herzen
21 und folgt nicht den nichtigen Götzen
nach; denn sie nützen nicht und können
nicht erretten, weil sie nichtig sind.
22 Der HERR verstößt sein Volk nicht
um seines großen Namens willen; denn es
hat dem HERRN gefallen, euch zu seinem
Volk zu machen.
23 Es sei aber auch ferne von mir, mich
an dem HERRN dadurch zu versündigen,
daß ich davon abließe, für euch zu beten
und euch zu lehren den guten und richtigen Weg!
24 Nur fürchtet den HERRN und dienet
ihm treu von ganzem Herzen; denn seht
doch, wie große Dinge er an euch getan
hat.
25 Werdet ihr aber Unrecht tun, so
werdet ihr und euer König verloren sein.

Beginn des Krieges gegen die Philister

13 Saul war ... Jahre alt, als er König
wurde, und zwei Jahre* regierte er
über Israel.
2 Er erwählte sich dreitausend Mann
aus Israel. Zweitausend waren mit Saul
in Michmas und auf dem Gebirge von
Bethel und eintausend mit Jonathan zu
Gibea in Benjamin. Das übrige Volk aber
entließ er, einen jeden in sein Zelt.
3 Da erschlug Jonathan die Wache der
Philister, die in Gibea war; und die Philister hörten, daß die Hebräer abgefallen
waren. Saul aber hatte die Posaune blasen
lassen im ganzen Land.
4 Und ganz Israel hörte: Saul hat die
Wache der Philister erschlagen, und Israel
hat sich in Verruf gebracht bei den Philistern. Und alles Volk wurde zusammengerufen, um Saul nach Gilgal zu folgen.
5 Da sammelten sich die Philister zum
Kampf mit Israel, dreitausend Wagen,
sechstausend Gespanne und Fußvolk, so
viel wie Sand am Ufer des Meeres, und
zogen herauf und lagerten sich bei Michmas, östlich von Beth-Awen.
6 Als aber die Männer Israels sahen, daß
das Volk in Gefahr und Bedrängnis war,
verkrochen sie sich in die Höhlen und
Klüfte und Felsen und Gewölbe und Gruben.
7 Es gingen aber auch Hebräer durch
die Furten des Jordan ins Land Gad und
Gilead.

Saul aber war noch in Gilgal; und alles
Volk, das ihm folgte, war voll Angst.
8 Da wartete er sieben Tage bis zu der
Zeit, die von Samuel bestimmt war. Und
als Samuel nicht nach Gilgal kam, begann
das Volk von Saul wegzulaufen.
9 Da sprach er: Bringt mir her das
Brandopfer und die Dankopfer. Und er
brachte das Brandopfer dar.
10 Als er aber das Brandopfer vollendet
hatte, siehe, da kam Samuel. Da ging Saul
ihm entgegen, um ihm den Segensgruß zu
entbieten.
11 Samuel aber sprach: Was hast du getan? Saul antwortete: Ich sah, daß das
Volk von mir wegzulaufen begann, und
du kamst nicht zur bestimmten Zeit, während doch die Philister sich schon in Michmas versammelt hatten.
12 Da dachte ich: Nun werden die Philister zu mir herabkommen nach Gilgal,
und ich habe die Gnade des HERRN noch
nicht gesucht; da wagte ich's und opferte
Brandopfer.
13 Samuel aber sprach zu Saul: Du hast
töricht gehandelt und nicht gehalten das
Gebot des HERRN, deines Gottes, das er
dir geboten hat. Er hätte dein Königtum
bestätigt über Israel für und für.
14 Aber nun wird dein Königtum nicht
bestehen. Der HERR hat sich einen Mann
gesucht nach seinem Herzen, und der
HERR hat ihn bestellt zum Fürsten über
sein Volk; denn du hast das Gebot des
HERRN nicht gehalten.

*Die Angabe über das Alter Sauls ist ausgefallen; für die Regierungszeit Sauls finden sich verschiedene Überlieferungen; vgl. Apg 13,21.

15 Und Samuel machte sich auf und ging von Gilgal hinauf und zog seines Weges. Die Übrigen vom Volk aber zogen hinter Saul her dem Kriegsvolk entgegen von Gilgal hinauf nach Gibea in Benjamin. Und Saul musterte das Volk, das bei ihm war, etwa sechshundert Mann.

16 Und Saul und sein Sohn Jonathan und das Volk, das bei ihnen war, blieben in Gibea in Benjamin. Die Philister aber hatten sich gelagert bei Michmas.

17 Da zogen aus dem Lager der Philister drei Heerhaufen, das Land zu verheeren. Einer wandte sich in Richtung auf Ophra ins Gebiet von Schual;

18 der andere wandte sich in Richtung auf Beth-Horon; der dritte wandte sich in Richtung auf das Gebiet, das nach dem Tal Zeboïm der Wüste zu gelegen ist.

19 Es war aber kein Schmied im ganzen Lande Israel zu finden; denn die Philister dachten, die Hebräer könnten sich Schwert und Spieß machen.

20 Und ganz Israel mußte hinabziehen zu den Philistern, wenn jemand eine Pflugschar, Hacke, Beil oder Sense zu schärfen hatte.

21 Das Schärfen aber geschah für ein Zweidrittellot Silber bei Pflugscharen, Hacken, Gabeln, Beilen und um die Stacheln gerade zu machen.

22 Als nun der Tag des Kampfes kam, wurde kein Schwert noch Spieß gefunden in der Hand des ganzen Volks, das mit Saul und Jonathan war; nur Saul und sein Sohn hatten Waffen.

23 Aber eine Wache der Philister zog heran gegen den engen Weg von Michmas.

Jonathans Heldentat und Israels Sieg

14 Es begab sich eines Tages, daß Jonathan, der Sohn Sauls, zu seinem Waffenträger sprach: Komm, laß uns hinübergehen zu der Wache der Philister, die da drüben ist. Aber seinem Vater sagte er nichts.

2 Saul aber saß am Rande des Gebietes von Gibea unter dem Granatapfelbaum, der in Migron steht; und die Leute bei ihm waren etwa sechshundert Mann.

3 Und Ahia, der Sohn Ahitubs, des Bruders Ikabods, des Sohnes des Pinhas, des Sohnes Elis, des Priesters des HERRN zu Silo, trug den Priesterschurz. Das Volk wußte aber nicht, daß Jonathan weggegangen war.

4 Es waren aber an dem engen Wege, wo Jonathan hinüberzugehen suchte zu der Wache der Philister, zwei Felsklippen, die eine diesseits, die andere jenseits; die eine hieß Bozez, die andere Senne.

5 Die eine Felsklippe stand im Norden gegenüber Michmas und die andere im Süden gegenüber Geba.

6 Und Jonathan sprach zu seinem Waffenträger: Komm, laß uns hinübergehen zu der Wache dieser Unbeschnittenen! Vielleicht wird der HERR etwas für uns tun, denn **es ist dem HERRN nicht schwer, durch viel oder wenig zu helfen.**

7 Da antwortete ihm sein Waffenträger: Tu alles, was in deinem Herzen ist; geh nur hin! Siehe, ich bin mit dir, wie dein Herz will.

8 Jonathan sprach: Wohlan, wir gehen zu den Männern hinüber und zeigen uns ihnen.

9 Werden sie dann zu uns sagen: Steht still, bis wir zu euch herankommen!, so wollen wir an unserm Ort stehenbleiben und nicht zu ihnen hinaufgehen.

10 Werden sie aber sagen: Kommt zu uns herauf!, so wollen wir zu ihnen hinaufsteigen; dann hat sie der HERR in unsere Hände gegeben. Das soll uns zum Zeichen sein.

11 Als sie sich nun beide der Wache der Philister zeigten, sprachen die Philister: Siehe, die Hebräer sind aus den Löchern hervorgekommen, in die sie sich verkrochen hatten.

12 Und die Männer der Wache riefen Jonathan und seinem Waffenträger zu und sprachen: Kommt herauf zu uns, so wollen wir's euch schon lehren! Da sprach Jonathan zu seinem Waffenträger: Steig mir nach! Der HERR hat sie in die Hände Israels gegeben.

13 Und Jonathan kletterte mit Händen und Füßen hinauf und sein Waffenträger ihm nach. Da fielen sie zu Boden vor Jonathan, und sein Waffenträger hinter ihm tötete sie.

14 So traf der erste Schlag, den Jonathan und sein Waffenträger taten, ungefähr zwanzig Mann etwa auf einer halben Hufe Acker, die ein Joch Rinder pflügt.

15 Und es entstand ein Schrecken im

Lager und auf dem freien Felde; und das
ganze Kriegsvolk, die Wache und die strei-
fenden Rotten erschraken; und die Erde
erbebte. Und so geschah ein Gottes-
schrecken.
16 Und die Wächter Sauls zu Gibea in
Benjamin sahen, wie das Getümmel der
Philister hin und her wogte.
17 Da sprach Saul zu dem Volk, das bei
ihm war: Zählt und seht, wer von uns
weggegangen ist! Und als sie zählten,
siehe, da waren Jonathan und sein Waf-
fenträger nicht da.
18 Da sprach Saul zu Ahia: Bringe den
Ephod herbei! Denn er trug den Ephod in
jener Zeit vor Israel.
19 Und als Saul noch mit dem Priester
redete, wurde das Getümmel im Lager der
Philister immer größer. Und Saul sprach
zum Priester: Laß es sein!
20 Und Saul und das ganze Volk, das
bei ihm war, sammelten sich und kamen
zum Kampfplatz. Und siehe, da ging eines
jeden Schwert gegen den andern, und es
war ein sehr großes Getümmel.
21 Auch die Hebräer, die vorher bei den
Philistern gewesen und mit ihnen ins Feld
gezogen waren, gingen über zu denen von
Israel, die mit Saul und Jonathan waren.
22 Und als alle Männer von Israel, die
sich auf dem Gebirge Ephraim verkrochen
hatten, hörten, daß die Philister flohen,
jagten sie hinter ihnen her im Kampf.
23 So half der HERR Israel an diesem
Tage. Und der Kampf breitete sich aus
bis Beth-Awen.
24 Und als die Männer Israels in Be-
drängnis kamen an jenem Tage, belegte
Saul das Volk mit seinem Fluch und
schwor: Verflucht sei jedermann, der et-
was ißt bis zum Abend, bis ich mich an
meinen Feinden räche! Da aß das ganze
Volk nichts.
25 Es waren aber Honigwaben auf dem
Felde,
26 und als das Volk hinkam zu den Wa-
ben, siehe, da floß der Honig. Aber nie-
mand nahm davon etwas mit der Hand in
seinen Mund; denn das Volk fürchtete den
Schwur.
27 Jonathan aber hatte nicht gehört, daß
sein Vater das Volk mit einem Schwur be-
legt hatte. Und er streckte seinen Stab
aus, den er in seiner Hand hatte, und
tauchte die Spitze in den Honigseim und
führte seine Hand zum Munde; da strahl-
ten seine Augen.
28 Da hob einer aus dem Volk an und
sprach: Dein Vater hat das Volk mit ei-
nem Fluch belegt und geschworen: Ver-
flucht sei jedermann, der heute etwas ißt!
So ist das Volk nun matt geworden.
29 Da sprach Jonathan: Mein Vater
bringt das Land ins Unglück; seht, wie
strahlend sind meine Augen geworden,
weil ich ein wenig von diesem Honig ge-
kostet habe.
30 Fürwahr, hätte doch das Volk heute
gegessen von der Beute seiner Feinde, die
es gemacht hat! Wäre dann die Nieder-
lage der Philister nicht noch größer ge-
worden?
31 Sie schlugen aber die Philister an je-
nem Tage von Michmas bis nach Ajalon.
Und das Volk wurde sehr matt.
32 Und das Volk fiel über die Beute her,
und sie nahmen Schafe und Rinder und
Kälber und schlachteten sie, daß das Blut
auf die Erde floß, und aßen das Fleisch
über dem Blut.
33 Da sagte man Saul: Siehe, das Volk
versündigt sich am HERRN; denn es ißt das
Fleisch über dem Blut. Er sprach: Ihr
habt gefrevelt; wälzt her zu mir einen gro-
ßen Stein.
34 Und Saul sprach weiter: Zerstreut
euch unter das Volk und sagt ihnen, daß
ein jeder seinen Stier und sein Schaf zu
mir bringen soll, und schlachtet's hier und
esset, damit ihr euch nicht an dem HERRN
versündigt mit dem Essen über dem Blut.
Da brachte alles Volk, ein jeder, was er
hatte, noch in der Nacht herzu, und sie
schlachteten es dort.
35 Und Saul baute dem HERRN einen
Altar. Das war der erste Altar, den er dem
HERRN baute.
36 Und Saul sprach: Laßt uns noch in
der Nacht hinabziehen den Philistern nach
und sie berauben, bis es lichter Morgen
wird, und laßt niemand von ihnen übrig.
Sie antworteten: Tu alles, was dir gefällt!
Aber der Priester sprach: So laßt uns erst
hierher vor Gott treten.
37 Und Saul befragte Gott: Soll ich hin-
abziehen den Philistern nach? Willst du
sie in Israels Hände geben? Aber er ant-
wortete ihm an diesem Tage nicht.

38 Da sprach Saul: Laßt herzutreten alle Obersten des Volks und forschet und seht, an wem heute die Schuld liegt.

39 Denn so wahr der HERR lebt, der Heiland Israels: auch wenn sie bei meinem Sohn Jonathan wäre, so soll er sterben! Aber niemand aus dem ganzen Volk antwortete ihm.

40 Und er sprach zu ganz Israel: Tretet ihr auf die eine Seite, ich und mein Sohn Jonathan wollen auf die andere Seite treten. Das Volk sprach zu Saul: Tu, was dir gefällt.

41 Und Saul sprach zum HERRN: Gott Israels, warum hast du deinem Knecht heute nicht geantwortet? Liegt die Schuld bei mir oder bei meinem Sohn Jonathan, HERR, Gott Israels, so gib das Los «Licht»; liegt die Schuld aber an deinem Volk Israel, so gib das Los «Recht». Da fiel das Los auf Jonathan und Saul, aber das Volk ging frei aus.

42 Saul sprach: Werft das Los über mich und meinen Sohn Jonathan! Da fiel das Los auf Jonathan.

43 Und Saul sprach zu Jonathan: Sage mir, was hast du getan? Jonathan sagte es ihm und sprach: Ich habe ein wenig Honig gekostet mit der Spitze des Stabes, den ich in meiner Hand hatte; siehe, ich bin bereit zu sterben.

44 Da sprach Saul: Gott tue mir dies und das; Jonathan, du mußt des Todes sterben!

45 Aber das Volk sprach zu Saul: Sollte Jonathan sterben, der dies große Heil in Israel vollbracht hat? Das sei ferne! So wahr der HERR lebt: es soll kein Haar von seinem Haupt auf die Erde fallen, denn Gott hat heute durch ihn geholfen. Und so löste das Volk Jonathan aus, so daß er nicht sterben mußte.

46 Aber Saul ließ von den Philistern ab und zog hinauf, und die Philister zogen in ihr Land.

Sauls Kriege. Seine Familie

47 Als Saul die Königsherrschaft über Israel erlangt hatte, kämpfte er gegen alle seine Feinde ringsumher: gegen die Moabiter, die Ammoniter, die Edomiter, gegen die Könige Zobas und gegen die Philister. Und wo er sich hinwandte, da gewann er den Sieg.

48 Und er vollbrachte tapfere Taten und schlug die Amalekiter und errettete Israel aus der Hand aller, die es ausplünderten.

49 Sauls Söhne waren: Jonathan, Jischwi, Malkischua. Und seine zwei Töchter hießen: die erstgeborene Merab und die jüngere Michal.

50 Und Sauls Frau hieß Ahinoam und war eine Tochter des Ahimaaz. Und sein Feldhauptmann hieß Abner, ein Sohn Ners, der Sauls Oheim war.

51 Kis, Sauls Vater, und Ner, Abners Vater, waren Söhne Abiëls.

52 Es war aber der Krieg gegen die Philister schwer, solange Saul lebte. Und wo Saul einen tapferen und rüstigen Mann sah, den nahm er in seinen Dienst.

Saul wird verworfen

15 Samuel sprach zu Saul: Der HERR hat mich gesandt, daß ich dich zum König salben sollte über sein Volk Israel; so höre nun auf die Worte des HERRN!

2 So spricht der HERR Zebaoth: Ich habe bedacht, was Amalek Israel angetan und wie es ihm den Weg verlegt hat, als Israel aus Ägypten zog.

3 So zieh nun hin und schlag Amalek und vollstrecke den Bann an ihm und an allem, was er hat; verschone sie nicht, sondern töte Mann und Frau, Kinder und Säuglinge, Rinder und Schafe, Kamele und Esel.

4 Da bot Saul das Volk auf, und er musterte sie zu Telaim: zweihunderttausend Mann Fußvolk und zehntausend Mann aus Juda.

5 Und als Saul zu der Stadt der Amalekiter kam, legte er einen Hinterhalt im Tal.

6 Und Saul ließ den Kenitern sagen: Geht, weicht und zieht weg von den Amalekitern, daß ich euch nicht mit ihnen aufreibe; denn ihr tatet Barmherzigkeit an allen Kindern Israel, als sie aus Ägypten zogen. Da zogen die Keniter fort von den Amalekitern.

7 Da schlug Saul die Amalekiter von Hewila bis nach Schur, das vor Ägypten liegt,

8 und nahm Agag, den König von Amalek, lebendig gefangen, und an allem Volk vollstreckte er den Bann mit der Schärfe des Schwerts.

9 Aber Saul und das Volk verschonten Agag und die besten Schafe und Rinder und das Mastvieh und die Lämmer und alles, was von Wert war, und sie wollten den Bann daran nicht vollstrecken; was aber nichts taugte und gering war, daran vollstreckten sie den Bann.

10 Da geschah des HERRN Wort zu Samuel:

11 Es reut mich, daß ich Saul zum König gemacht habe; denn er hat sich von mir abgewandt und meine Befehle nicht erfüllt. Darüber wurde Samuel zornig und schrie zu dem HERRN die ganze Nacht.

12 Und Samuel machte sich früh auf, um Saul am Morgen zu begegnen. Und ihm wurde angesagt, daß Saul nach Karmel gekommen sei und sich ein Siegeszeichen aufgerichtet habe und weitergezogen und nach Gilgal hinabgekommen sei.

13 Als nun Samuel zu Saul kam, sprach Saul zu ihm: Gesegnet seist du vom HERRN! Ich habe des HERRN Wort erfüllt.

14 Samuel antwortete: Und was ist das für ein Blöken von Schafen, das zu meinen Ohren kommt, und ein Brüllen von Rindern, das ich höre?

15 Saul sprach: Von den Amalekitern hat man sie gebracht; denn das Volk verschonte die besten Schafe und Rinder, um sie zu opfern dem HERRN, deinem Gott; an dem andern haben wir den Bann vollstreckt.

16 Samuel aber antwortete Saul: Halt ein, ich will dir sagen, was der HERR mit mir diese Nacht geredet hat. Er sprach: Sag an!

17 Samuel sprach: Ist's nicht so: Obschon du vor dir selbst gering warst, so bist du doch das Haupt der Stämme Israels; denn der HERR hat dich zum König über Israel gesalbt.

18 Und der HERR sandte dich auf den Weg und sprach: Zieh hin und vollstrecke den Bann an den Frevlern, den Amalekitern, und kämpfe mit ihnen, bis du sie vertilgt hast!

19 Warum hast du der Stimme des HERRN nicht gehorcht, sondern hast dich an die Beute gemacht und getan, was dem HERRN mißfiel?

20 Saul antwortete Samuel: Ich habe doch der Stimme des HERRN gehorcht und bin den Weg gezogen, den mich der HERR sandte, und habe Agag, den König von Amalek, hergebracht und an den Amalekitern den Bann vollstreckt.

21 Aber das Volk hat von der Beute genommen Schafe und Rinder, das Beste vom Gebannten, um es dem HERRN, deinem Gott, zu opfern in Gilgal.

22 Samuel aber sprach: Meinst du, daß der HERR Gefallen habe am Brandopfer und Schlachtopfer gleichwie am Gehorsam gegen die Stimme des HERRN? Siehe, **Gehorsam ist besser als Opfer** und Aufmerken besser als das Fett von Widdern.

23 Denn Ungehorsam ist Sünde wie Zauberei, und Widerstreben ist wie Abgötterei und Götzendienst. Weil du des HERRN Wort verworfen hast, hat er dich auch verworfen, daß du nicht mehr König seist.

24 Da sprach Saul zu Samuel: Ich habe gesündigt, daß ich des HERRN Befehl und deine Worte übertreten habe; denn ich fürchtete das Volk und gehorchte seiner Stimme.

25 Und nun, vergib mir die Sünde und kehre mit mir um, daß ich den HERRN anbete.

26 Samuel sprach zu Saul: Ich will nicht mit dir umkehren; denn du hast des HERRN Wort verworfen, und der HERR hat dich auch verworfen, daß du nicht mehr König über Israel seist.

27 Und als sich Samuel umwandte, um wegzugehen, ergriff ihn Saul bei einem Zipfel seines Rocks; aber der riß ab.

28 Da sprach Samuel zu ihm: Der HERR hat das Königtum Israels heute von dir gerissen und einem andern gegeben, der besser ist als du.

29 Auch lügt der nicht, der Israels Ruhm ist, und es gereut ihn nicht; denn er ist nicht ein Mensch, daß ihn etwas gereuen könnte.

30 Saul aber sprach: Ich habe gesündigt; aber ehre mich doch jetzt vor den Ältesten meines Volks und vor Israel und kehre mit mir um, daß ich den HERRN, deinen Gott, anbete.

31 Da kehrte Samuel um und folgte Saul, und Saul betete den HERRN an.

32 Und Samuel sprach: Bringt Agag, den König von Amalek, zu mir! Und

Agag ging hin zu ihm zitternd und sprach: Fürwahr, bitter ist der Tod!

33 Samuel aber sprach: Wie dein Schwert Frauen ihrer Kinder beraubt hat, so soll auch deine Mutter der Kinder beraubt sein unter den Frauen. Und Samuel hieb den Agag in Stücke vor dem Herrn in Gilgal.

34 Und Samuel ging hin nach Rama; Saul aber zog hinauf in sein Haus zu Gibea Sauls.

35 Und Samuel sah Saul fortan nicht mehr bis an den Tag seines Todes. Aber doch trug Samuel Leid um Saul, weil es den Herrn gereut hatte, daß er Saul zum König über Israel gemacht hatte.

David wird zum König gesalbt

16 Und der Herr sprach zu Samuel: Wie lange trägst du Leid um Saul, den ich verworfen habe, daß er nicht mehr König sei über Israel? Fülle dein Horn mit Öl und geh hin: ich will dich senden zu dem Bethlehemiter Isai; denn unter seinen Söhnen hab ich mir einen zum König ersehen.

2 Samuel aber sprach: Wie kann ich hingehen? Saul wird's erfahren und mich töten. Der Herr sprach: Nimm eine junge Kuh mit dir und sprich: Ich bin gekommen, dem Herrn zu opfern.

3 Und du sollst Isai zum Opfer laden. Da will ich dich wissen lassen, was du tun sollst, daß du mir den salbest, den ich dir nennen werde.

4 Samuel tat, wie ihm der Herr gesagt hatte, und kam nach Bethlehem. Da entsetzten sich die Ältesten der Stadt und gingen ihm entgegen und sprachen: Bedeutet dein Kommen Heil?

5 Er sprach: Ja, es bedeutet Heil! Ich bin gekommen, dem Herrn zu opfern; heiligt euch und kommt mit mir zum Opfer. Und er heiligte den Isai und seine Söhne und lud sie zum Opfer.

6 Als sie nun kamen, sah er den Eliab an und dachte: Fürwahr, da steht vor dem Herrn sein Gesalbter.

7 Aber der Herr sprach zu Samuel: Sieh nicht an sein Aussehen und seinen hohen Wuchs; ich habe ihn verworfen. Denn nicht sieht der Herr auf das, worauf ein Mensch sieht. **Ein Mensch sieht, was vor Augen ist; der Herr aber sieht das Herz an.**

8 Da rief Isai den Abinadab und ließ ihn an Samuel vorübergehen. Und er sprach: Auch diesen hat der Herr nicht erwählt.

9 Da ließ Isai vorübergehen Schamma. Er aber sprach: Auch diesen hat der Herr nicht erwählt.

10 So ließ Isai seine sieben Söhne an Samuel vorübergehen; aber Samuel sprach zu Isai: Der Herr hat keinen von ihnen erwählt.

11 Und Samuel sprach zu Isai: Sind das die Knaben alle? Er aber sprach: Es ist noch übrig der jüngste; siehe, er hütet die Schafe. Da sprach Samuel zu Isai: Sende hin und laß ihn holen; denn wir werden uns nicht wieder setzen, bis er hierherkommt.

12 Da sandte er hin und ließ ihn holen. Und er war bräunlich, mit schönen Augen und von guter Gestalt. Und der Herr sprach: Auf, salbe ihn, denn der ist's.

13 Da nahm Samuel sein Ölhorn und salbte ihn mitten unter seinen Brüdern. Und der Geist des Herrn geriet über David von dem Tag an und weiterhin. Samuel aber machte sich auf und ging nach Rama.

David kommt an Sauls Hof

14 Der Geist des Herrn aber wich von Saul, und ein böser Geist vom Herrn ängstigte ihn.

15 Da sprachen die Großen Sauls zu ihm: Siehe, ein böser Geist von Gott ängstigt dich.

16 Unser Herr befehle nun seinen Knechten, die vor ihm stehen, daß sie einen Mann suchen, der auf der Harfe gut spielen kann, damit er mit seiner Hand darauf spiele, wenn der böse Geist Gottes über dich kommt, und es besser mit dir werde.

17 Da sprach Saul zu seinen Leuten: Seht euch um nach einem Mann, der des Saitenspiels kundig ist, und bringt ihn zu mir.

18 Da antwortete einer der jungen Männer und sprach: Ich habe gesehen einen Sohn Isais, des Bethlehemiters, der ist des Saitenspiels kundig, ein tapferer Mann und tüchtig zum Kampf, verständig in seinen Reden und schön gestaltet, und der Herr ist mit ihm.

19 Da sandte Saul Boten zu Isai und ließ

ihm sagen: Sende zu mir deinen Sohn David, der bei den Schafen ist.

20 Da nahm Isai einen Esel und Brot und einen Schlauch Wein und ein Ziegenböcklein und sandte es Saul durch seinen Sohn David.

21 So kam David zu Saul und diente vor ihm. Und Saul gewann ihn sehr lieb, und er wurde sein Waffenträger.

22 Und Saul sandte zu Isai und ließ ihm sagen: Laß David mir dienen, denn er hat Gnade gefunden vor meinen Augen.

23 Sooft nun der böse Geist von Gott über Saul kam, nahm David die Harfe und spielte darauf mit seiner Hand. So wurde es Saul leichter, und es ward besser mit ihm, und der böse Geist wich von ihm.

David und Goliath

17 Die Philister sammelten ihre Heere zum Kampf und kamen zusammen bei Socho in Juda und lagerten sich zwischen Socho und Aseka bei Ephes-Dammim.

2 Und Saul und die Männer Israels kamen zusammen und lagerten sich im Eichgrund und rüsteten sich zum Kampf gegen die Philister.

3 Und die Philister standen auf einem Berge jenseits und die Israeliten auf einem Berge diesseits, so daß das Tal zwischen ihnen war.

4 Da trat aus den Reihen der Philister ein Riese* heraus mit Namen Goliath aus Gath, sechs Ellen und eine Handbreit groß.

5 Der hatte einen ehernen Helm auf seinem Haupt und einen Schuppenpanzer an, und das Gewicht seines Panzers war fünftausend Lot Erz,

6 und hatte eherne Schienen an seinen Beinen und einen ehernen Wurfspieß auf seiner Schulter.

7 Und der Schaft seines Spießes war wie ein Weberbaum, und die eiserne Spitze seines Spießes wog sechshundert Lot, und sein Schildträger ging vor ihm her.

8 Und er stellte sich hin und rief dem Heer Israels zu: Was seid ihr ausgezogen, euch zum Kampf zu rüsten? Bin ich nicht ein Philister und ihr Sauls Knechte? Erwählt einen unter euch, der zu mir herabkommen soll.

*Wörtlich: Vorkämpfer zwischen den Fronten.

9 Vermag er gegen mich zu kämpfen und erschlägt er mich, so wollen wir eure Knechte sein; vermag ich aber über ihn zu siegen und erschlage ich ihn, so sollt ihr unsere Knechte sein und uns dienen.

10 Und der Philister sprach: Ich habe heute dem Heere Israels hohngesprochen, als ich sagte: Gebt mir einen Mann und laßt uns miteinander kämpfen.

11 Als Saul und ganz Israel diese Rede des Philisters hörten, entsetzten sie sich und fürchteten sich sehr.

12 David aber war der Sohn jenes Ephrathiters aus Bethlehem in Juda, der Isai hieß. Der hatte acht Söhne und war zu Sauls Zeiten schon zu alt, um unter die Kriegsleute zu gehen.

13 Aber die drei ältesten Söhne Isais waren mit Saul in den Krieg gezogen, und sie hießen: Eliab, der erstgeborene, Abinadab, der zweite, und Schamma, der dritte.

14 Und David war der jüngste; die drei ältesten aber waren Saul gefolgt.

15 Und David ging ab und zu von Saul hinweg nach Bethlehem, um die Schafe seines Vaters zu hüten.

16 Aber der Philister kam heraus frühmorgens und abends und stellte sich hin, vierzig Tage lang.

17 Isai aber sprach zu seinem Sohn David: Nimm für deine Brüder diesen Scheffel geröstete Körner und diese zehn Brote und bringe sie eilends ins Lager zu deinen Brüdern;

18 und diese zehn frischen Käse bringe dem Hauptmann und sieh nach deinen Brüdern, ob's ihnen gut geht, und bringe auch ein Unterpfand von ihnen mit.

19 Saul und sie und alle Männer Israels sind im Eichgrund und kämpfen gegen die Philister.

20 Da machte sich David früh am Morgen auf und überließ die Schafe einem Hüter, lud auf und ging hin, wie ihm Isai geboten hatte, und kam zum Lager. Das Heer aber war ausgezogen und hatte sich aufgestellt zum Kampf, und sie erhoben das Kriegsgeschrei.

21 Und Israel und die Philister hatten sich aufgestellt, Schlachtreihe gegen Schlachtreihe.

22 Da ließ David sein Gepäck, das er trug, bei der Wache des Trosses und lief

zu dem Heer, kam hin und fragte seine
Brüder, ob's ihnen gut gehe.
23 Und als er noch mit ihnen redete,
siehe, da kam herauf der Riese mit Na-
men Goliath, der Philister von Gath, von
dem Heer der Philister und redete diesel-
ben Worte, und David hörte es.
24 Und wer von Israel den Mann sah,
floh vor ihm und fürchtete sich sehr.
25 Und die Männer von Israel sprachen:
Habt ihr den Mann heraufkommen
sehen? Er kommt herauf, um Israel hohn-
zusprechen. Wer ihn erschlägt, den will
der König sehr reich machen und ihm
seine Tochter geben und will ihm seines
Vaters Haus freimachen von Lasten in
Israel.
26 Da sprach David zu den Männern,
die bei ihm standen: Was wird man dem
geben, der diesen Philister erschlägt und
die Schande von Israel abwendet? Denn
wer ist dieser unbeschnittene Philister, der
das Heer des lebendigen Gottes verhöhnt?
27 Da sagte ihm das Volk wie vorher:
Das und das wird man dem geben, der ihn
erschlägt.
28 Und als Eliab, sein ältester Bruder,
ihn reden hörte mit den Männern, wurde
er zornig über David und sprach: Warum
bist du hergekommen? Und wem hast du
die wenigen Schafe dort in der Wüste
überlassen? Ich kenne deine Vermessen-
heit wohl und deines Herzens Bosheit. Du
bist nur gekommen, um dem Kampf zu-
zusehen.
29 David antwortete: Was hab ich denn
getan? Ich habe doch nur gefragt!
30 Und er wandte sich von ihm zu einem
andern und sprach, wie er vorher gesagt
hatte. Da antwortete ihm das Volk wie das
erstemal.
31 Und als sie die Worte hörten, die
David sagte, brachten sie es vor Saul, und
er ließ ihn holen.
32 Und David sprach zu Saul: Seinet-
wegen lasse keiner den Mut sinken; dein
Knecht wird hingehen und mit diesem
Philister kämpfen.
33 Saul aber sprach zu David: Du
kannst nicht hingehen, um mit diesem
Philister zu kämpfen; denn du bist zu
jung dazu, dieser aber ist ein Kriegsmann
von Jugend auf.
34 David aber sprach zu Saul: Dein
Knecht hütete die Schafe seines Vaters;
und kam dann ein Löwe oder ein Bär und
trug ein Schaf weg von der Herde,
35 so lief ich ihm nach, schlug auf ihn
ein und errettete es aus seinem Maul.
Wenn er aber auf mich losging, ergriff
ich ihn bei seinem Bart und schlug ihn
tot.
36 So hat dein Knecht den Löwen und
den Bären erschlagen, und diesem unbe-
schnittenen Philister soll es ergehen wie
einem von ihnen; denn er hat das Heer
des lebendigen Gottes verhöhnt.
37 Und David sprach: Der HERR, der
mich von dem Löwen und Bären errettet
hat, der wird mich auch erretten von die-
sem Philister. Und Saul sprach zu David:
Geh hin, der HERR sei mit dir!
38 Und Saul legte David seine Rüstung
an und setzte ihm einen ehernen Helm
auf sein Haupt und legte ihm einen Pan-
zer an.
39 Und David gürtete Sauls Schwert
über seine Rüstung und mühte sich ver-
geblich, damit zu gehen; denn er hatte es
noch nie versucht. Da sprach David zu
Saul: Ich kann so nicht gehen, denn ich
bin's nicht gewohnt, und er legte es ab
40 und nahm seinen Stab in die Hand
und wählte fünf glatte Steine aus dem
Bach und tat sie in die Hirtentasche, die
ihm als Köcher diente, und nahm die
Schleuder in die Hand und ging dem Phi-
lister entgegen.
41 Der Philister aber kam immer näher
an David heran, und sein Schildträger
ging vor ihm her.
42 Als nun der Philister aufsah und Da-
vid anschaute, verachtete er ihn; denn er
war noch jung, und er war bräunlich und
schön.
43 Und der Philister sprach zu David:
Bin ich denn ein Hund, daß du mit Stek-
ken zu mir kommst? Und der Philister
fluchte dem David bei seinem Gott
44 und sprach zu David: Komm her zu
mir, ich will dein Fleisch den Vögeln un-
ter dem Himmel geben und den Tieren
auf dem Felde.
45 David aber sprach zu dem Philister:
Du kommst zu mir mit Schwert, Lanze
und Spieß, ich aber komme zu dir im Na-
men des HERRN Zebaoth, des Gottes des
Heeres Israels, den du verhöhnt hast.

46 Heute wird dich der HERR in meine Hand geben, daß ich dich erschlage und dir den Kopf abhaue und gebe deinen Leichnam und die Leichname des Heeres der Philister heute den Vögeln unter dem Himmel und dem Wild auf der Erde, damit alle Welt innewerde, daß Israel einen Gott hat,

47 und damit diese ganze Gemeinde innewerde, daß der HERR nicht durch Schwert oder Spieß hilft; denn der Krieg ist des HERRN, und er wird euch in unsere Hände geben.

48 Als sich nun der Philister aufmachte und daherging und sich David nahte, lief David eilends von der Schlachtreihe dem Philister entgegen.

49 Und David tat seine Hand in die Hirtentasche und nahm einen Stein daraus und schleuderte ihn und traf den Philister an die Stirn, daß der Stein in seine Stirn fuhr und er zur Erde fiel auf sein Angesicht.

50 So überwand David den Philister mit Schleuder und Stein und traf und tötete ihn. David aber hatte kein Schwert in seiner Hand.

51 Da lief er hin und trat zu dem Philister und nahm dessen Schwert und zog es aus der Scheide und tötete ihn vollends und hieb ihm den Kopf damit ab. Als aber die Philister sahen, daß ihr Stärkster tot war, flohen sie.

52 Und die Männer Israels und Judas machten sich auf, erhoben das Kampfgeschrei und jagten den Philistern nach, bis nach Gath und bis an die Tore Ekrons. Und die Philister blieben erschlagen liegen auf dem Wege von Schaarajim bis nach Gath und Ekron.

53 Und die Kinder Israel kehrten um von der Verfolgung der Philister und plünderten ihr Lager.

54 David aber nahm des Philisters Haupt und brachte es nach Jerusalem, seine Waffen aber legte er in sein Zelt.

55 Als Saul aber David dem Philister entgegengehen sah, sprach er zu Abner, seinem Feldhauptmann: Wessen Sohn ist der Junge? Abner sprach: Bei deinem Leben, König: ich weiß es nicht.

56 Der König sprach: So frage danach, wessen Sohn der junge Mann ist.

57 Als nun David zurückkam vom Sieg über den Philister, nahm ihn Abner und brachte ihn vor Saul, und er hatte des Philisters Haupt in seiner Hand.

58 Und Saul sprach zu ihm: Wessen Sohn bist du, mein Junge? David sprach: Ich bin ein Sohn deines Knechts Isai, des Bethlehemiters.

David gewinnt Jonathan zum Freund

18 Als David aufgehört hatte, mit Saul zu reden, verband sich das Herz Jonathans mit dem Herzen Davids, und Jonathan gewann ihn lieb wie sein eigenes Herz.

2 Und Saul nahm ihn an diesem Tage zu sich und ließ ihn nicht wieder in seines Vaters Haus zurückkehren.

3 Und Jonathan schloß mit David einen Bund, denn er hatte ihn lieb wie sein eigenes Herz.

4 Und Jonathan zog seinen Rock aus, den er anhatte, und gab ihn David, dazu seine Rüstung, sein Schwert, seinen Bogen und seinen Gurt.

Sauls Eifersucht auf David

5 Und David zog in den Kampf und richtete alles recht aus, wohin Saul ihn auch sandte. Und Saul setzte ihn über die Kriegsleute, und es gefiel allem Volk gut und auch den Großen Sauls.

6 Es begab sich aber, als David zurückkam vom Sieg über die Philister, daß die Frauen aus allen Städten Israels herausgingen mit Gesang und Reigen dem König Saul entgegen unter Jauchzen, mit Pauken und mit Zimbeln.

7 Und die Frauen sangen im Reigen und sprachen: Saul hat tausend erschlagen, aber David zehntausend.

8 Da ergrimmte Saul sehr, und das Wort mißfiel ihm, und er sprach: Sie haben David zehntausend gegeben und mir tausend; ihm wird noch das Königtum zufallen.

9 Und Saul sah David scheel an von dem Tage an und hinfort.

10 Am andern Tage kam der böse Geist von Gott über Saul, und er geriet in Raserei in seinem Hause; David aber spielte auf den Saiten mit seiner Hand, wie er täglich zu tun pflegte. Und Saul hatte einen Spieß in der Hand

11 und zückte den Spieß und dachte:

Ich will David an die Wand spießen. Da-
vid aber wich ihm zweimal aus.
12 Und Saul fürchtete sich vor David;
denn der HERR war mit ihm, aber von
Saul war er gewichen.
13 Da entfernte ihn Saul aus seiner Nähe
und setzte ihn zum Obersten über tausend
Mann. Und David zog aus und ein vor
dem Kriegsvolk
14 und richtete all sein Tun recht aus,
und der HERR war mit ihm.
15 Als nun Saul sah, daß David alles so
gut gelang, graute es ihm vor David.
16 Aber ganz Israel und Juda hatte Da-
vid lieb, denn er zog aus und ein vor ihnen
her.

David gewinnt Sauls Tochter zur Frau

17 Und Saul sprach zu David: Siehe,
meine älteste Tochter Merab will ich dir
zur Frau geben; sei nur ein tapferer Mann
und führe des HERRN Kriege. Denn Saul
dachte: Meine Hand soll nicht gegen ihn
sein, sondern die Hand der Philister.
18 David aber antwortete Saul: Wer bin
ich? Und was ist meine Sippe, das Ge-
schlecht meines Vaters, in Israel, daß ich
des Königs Schwiegersohn werden soll?
19 Als aber die Zeit kam, daß Merab,
die Tochter Sauls, David gegeben werden
sollte, wurde sie dem Adriël von Mehola
zur Frau gegeben.
20 Aber Michal, Sauls Tochter, hatte
David lieb. Als das Saul angesagt wurde,
war es ihm recht.
21 Und Saul sagte sich: Ich will sie ihm
geben, damit sie ihm zum Fallstrick wird
und die Hände der Philister gegen ihn
sind. Und Saul sprach zu David: Heute in
zwei Jahren kannst du mein Schwieger-
sohn werden.
22 Und Saul gebot seinen Großen: Re-
det mit David heimlich und sprecht: Siehe,
der König hat Gefallen an dir, und alle
seine Großen lieben dich; so werde nun
des Königs Schwiegersohn.
23 Und die Großen Sauls sagten diese
Worte vor den Ohren Davids. David aber
sprach: Dünkt euch das ein Geringes, des
Königs Schwiegersohn zu werden? Ich
bin nur ein armer, geringer Mann.
24 Und die Großen Sauls sagten es ihm
weiter und sprachen: Diese Worte hat Da-
vid gesagt.
25 Saul sprach: So sagt zu David: Der
König begehrt keinen andern Brautpreis
als hundert Vorhäute von Philistern, um
an den Feinden des Königs Vergeltung zu
üben. Aber Saul trachtete danach, David
umzubringen durch die Hände der Phili-
ster.
26 Da sagten seine Großen David diese
Worte, und es dünkte David gut, des Kö-
nigs Schwiegersohn zu werden.
27 Und die Zeit war noch nicht um, da
machte sich David auf und zog hin mit
seinen Männern und erschlug unter den
Philistern zweihundert Mann. Und David
brachte ihre Vorhäute dem König in vol-
ler Zahl, um des Königs Schwiegersohn
zu werden. Da gab ihm Saul seine Toch-
ter Michal zur Frau.
28 Als aber Saul sah und merkte, daß
der HERR mit David war und daß seine
Tochter Michal ihn liebhatte,
29 da fürchtete sich Saul noch mehr vor
David und wurde sein Feind sein Leben
lang.
30 Und sooft die Fürsten der Philister in
den Kampf zogen, richtete David mehr
gegen sie aus als alle Großen Sauls, wenn
sie auszogen, so daß sein Name hoch ge-
priesen wurde.

Jonathan rettet David vor Sauls Nachstellungen

19 Saul aber redete mit seinem Sohn
Jonathan und mit allen seinen Gro-
ßen davon, daß er David töten wolle. Aber
Jonathan, Sauls Sohn, hatte David sehr
lieb
2 und sagte es ihm weiter und sprach:
Mein Vater Saul trachtet danach, dich zu
töten. Nun, so hüte dich morgen früh und
verstecke dich und bleibe verborgen.
3 Ich aber will hinausgehen und mich
neben meinen Vater stellen auf dem Felde,
wo du bist, und über dich mit meinem
Vater sprechen; und was ich erfahre, will
ich dir kundtun.
4 Und Jonathan redete das Beste von
David mit seinem Vater Saul und sprach
zu ihm: Es versündige sich der König
nicht an seinem Knechte David, denn er
hat sich nicht an dir versündigt, und sein
Tun ist dir sehr nützlich.
5 Er hat sein Leben gewagt und den
Philister erschlagen, und der HERR hat

großes Heil für ganz Israel vollbracht. Das hast du gesehen und dich darüber gefreut. Warum willst du dich denn an unschuldigem Blut versündigen, daß du David ohne Grund tötest?

6 Da hörte Saul auf die Stimme Jonathans und schwor: So wahr der HERR lebt: er soll nicht sterben!

7 Da rief Jonathan David und sagte ihm alle diese Worte und brachte ihn zu Saul; und David diente ihm wie früher.

Michal rettet David

8 Es erhob sich aber wieder ein Kampf, und David zog aus und kämpfte gegen die Philister und schlug sie so hart, daß sie vor ihm flohen.

9 Aber der böse Geist vom HERRN kam über Saul, und Saul saß in seinem Hause und hatte seinen Spieß in der Hand. David aber spielte mit der Hand auf den Saiten.

10 Und Saul trachtete danach, David mit dem Spieß an die Wand zu spießen. Er aber wich aus vor Saul, und der Spieß fuhr in die Wand. David aber floh und entrann. In jener Nacht aber

11 sandte Saul Boten zu Davids Haus, ihn zu bewachen, um ihn am Morgen zu töten. Doch Michal, Davids Frau, sagte es ihrem Mann und sprach: Wirst du nicht diese Nacht dein Leben retten, so mußt du morgen sterben.

12 Da ließ ihn Michal durchs Fenster hinab, daß er floh und entrinnen konnte.

13 Dann nahm Michal das Götzenbild und legte es aufs Bett und ein Geflecht von Ziegenhaaren zu seinen Häupten und deckte ein Kleid darauf.

14 Da sandte Saul Boten, um David zu holen. Sie aber sprach: Er ist krank.

15 Saul sandte abermals Boten, nach David zu sehen, und sprach: Bringt ihn her zu mir samt dem Bett, daß er getötet werde!

16 Als nun die Boten kamen, siehe, da lag das Götzenbild im Bett und das Geflecht von Ziegenhaaren zu seinen Häupten.

17 Da sprach Saul zu Michal: Warum hast du mich betrogen und meinen Feind entrinnen lassen? Michal antwortete Saul: Er sagte zu mir: Laß mich gehen, oder ich töte dich!

David flieht zu Samuel

18 David aber floh und konnte entrinnen und kam zu Samuel nach Rama und sagte ihm alles, was ihm Saul angetan hatte. Und er ging mit Samuel, und sie blieben zu Najoth.

19 Und es wurde Saul angesagt: Siehe, David ist zu Najoth in Rama.

20 Da sandte Saul Boten, um David zu holen. Und sie sahen die Schar der Propheten in Verzückung und Samuel an ihrer Spitze. Da kam der Geist Gottes auf die Boten Sauls, so daß auch sie in Verzückung gerieten.

21 Als das Saul angesagt wurde, sandte er andere Boten; die gerieten auch in Verzückung. Da sandte er die dritten Boten; die gerieten auch in Verzückung.

22 Da ging er selbst nach Rama. Und als er zum großen Brunnen kam, der in Sechu ist, fragte er: Wo sind Samuel und David? Da wurde ihm gesagt: Siehe, zu Najoth in Rama.

23 Und er machte sich von dort auf nach Najoth in Rama. Und der Geist Gottes kam auch über ihn, und er ging einher in Verzückung, bis er nach Najoth in Rama kam.

24 Da zog auch er seine Kleider aus und war in Verzückung vor Samuel und fiel hin und lag nackt den ganzen Tag und die ganze Nacht. Daher sagt man: Ist Saul auch unter den Propheten?

David und Jonathan befestigen ihren Freundschaftsbund

20 David aber floh von Najoth in Rama und kam und redete vor Jonathan: Was hab ich getan? Was ist meine Schuld? Was hab ich gesündigt vor deinem Vater, daß er mir nach dem Leben trachtet?

2 Er aber sprach zu ihm: Das sei ferne; du sollst nicht sterben. Siehe, mein Vater tut nichts, weder Großes noch Kleines, ohne es mir kundzutun. Warum sollte denn mein Vater dies vor mir verbergen? Es ist nicht so.

3 Da antwortete David und schwor: Dein Vater weiß sehr wohl, daß ich Gnade vor deinen Augen gefunden habe; darum dachte er: Jonathan soll das nicht wissen, es könnte ihn bekümmern. Wahrlich, so

wahr der HERR lebt und so wahr du lebst:
es ist nur ein Schritt zwischen mir und
dem Tode!
4 Jonathan sprach zu David: Ich will
für dich tun, was dein Herz begehrt.
5 David sprach zu Jonathan: Siehe,
morgen ist Neumond; da sollte ich mit
dem König zu Tisch sitzen; aber laß mich,
daß ich mich auf dem Felde verberge bis
zum Abend des dritten Tages.
6 Wird dein Vater nach mir fragen, so
sprich: David bat mich, daß er nach Beth-
lehem, seiner Stadt, gehen dürfe; denn
dort ist das jährliche Opferfest für das
ganze Geschlecht.
7 Wird er sagen: Es ist recht, so steht es
gut um deinen Knecht; wird er aber er-
grimmen, so wirst du merken, daß Böses
bei ihm beschlossen ist.
8 So tu nun Barmherzigkeit an deinem
Knecht, denn du hast mit deinem Knecht
einen Bund im HERRN geschlossen. Liegt
aber eine Schuld auf mir, so töte du mich;
warum willst du mich zu deinem Vater
bringen?
9 Jonathan sprach: Das sei ferne von
dir, daß ich es dir nicht sagen sollte, wenn
ich merke, daß bei meinem Vater be-
schlossen ist, Böses über dich zu brin-
gen.
10 David aber sprach zu Jonathan: Wer
wird mir's sagen, wenn dir dein Vater
etwas Hartes antwortet?
11 Jonathan sprach zu David: Komm,
laß uns hinaus aufs Feld gehen! Und sie
gingen beide hinaus aufs Feld.
12 Und Jonathan sprach zu David: Bei
dem HERRN, dem Gott Israels: wenn ich
meinen Vater ausforsche morgen und am
dritten Tage, daß es gut steht mit David,
und wenn ich dann nicht hinsende zu dir
und es dir nicht kundtue,
13 so tue der HERR dem Jonathan dies
und das. Wenn aber mein Vater Böses
gegen dich sinnt, so will ich es dir auch
kundtun und dich ziehen lassen, daß du
mit Frieden weggehen kannst. Und der
HERR sei mit dir, wie er mit meinem Vater
gewesen ist.
14 Du aber wollest die Barmherzigkeit
des HERRN an mir tun, solange ich lebe,
und wenn ich sterbe,
15 so nimm die Barmherzigkeit niemals
fort von meinem Hause. Und wenn der
HERR die Feinde Davids ausrotten wird,
Mann für Mann, aus dem Lande,
16 so möge der Name Jonathans nicht
ausgelöscht werden neben dem Hause
Davids! Vielmehr möge der HERR Rache
nehmen nur an den Feinden Davids!
17 Und Jonathan ließ nun auch Da-
vid schwören bei seiner Liebe zu ihm;
denn er hatte ihn so lieb wie sein eigenes
Herz.
18 Und Jonathan sprach zu ihm: Mor-
gen ist Neumond; da wird man dich ver-
missen, wenn dein Platz leer bleibt.
19 Am dritten Tage wirst du erst recht
vermißt werden. Du aber komm an den
Ort, wo du dich verborgen hattest am
Tage jener Tat, und setze dich dort neben
den Steinhaufen.
20 So will ich nach seiner Seite drei Pfei-
le schießen, als ob ich nach dem Ziele
schösse.
21 Und ich will den Knaben hinschik-
ken: Geh, suche die Pfeile! Werde ich zum
Knaben sagen: Siehe, die Pfeile liegen
herwärts von dir, hole sie!, so komm;
denn es steht gut um dich und hat keine
Gefahr, so wahr der HERR lebt.
22 Sage ich aber zum Knaben: Siehe, die
Pfeile liegen hinwärts von dir!, so geh
hin; denn der HERR befiehlt dir fortzu-
gehen.
23 Für das Wort aber, das du und ich
miteinander geredet haben: siehe, dafür
steht der HERR zwischen mir und dir
ewiglich.

Sauls Zorn gegen Jonathan um Davids willen

24 David verbarg sich auf dem Felde.
Und als der Neumond kam, setzte sich
der König zu Tisch, um zu essen.
25 Und der König saß an seinem Platz,
wie er gewohnt war, an der Wand, und
Jonathan saß gegenüber; Abner aber
setzte sich an die Seite Sauls. Davids Platz
aber war leer.
26 Und Saul sagte an diesem Tage
nichts; denn er dachte: Es ist ihm etwas
widerfahren, so daß er nicht rein ist.
27 Am andern Tage aber nach dem Neu-
mond, als Davids Platz leer blieb, sprach
Saul zu seinem Sohn Jonathan: Warum
ist der Sohn Isais nicht zu Tisch gekom-
men, weder gestern noch heute?

28 Jonathan antwortete Saul: Er bat mich sehr, daß er nach Bethlehem gehen dürfe,

29 und sprach: Laß mich hingehen, denn unser Geschlecht hat zu opfern in der Stadt, und mein Bruder hat mir's selbst geboten. Hab ich nun Gnade vor deinen Augen gefunden, so laß mich hingehen und meine Brüder sehen. Darum ist er nicht zum Tisch des Königs gekommen.

30 Da entbrannte der Zorn Sauls über Jonathan, und er sprach zu ihm: Du Sohn einer ehrlosen Mutter! Ich weiß sehr wohl, daß du den Sohn Isais erkoren hast, dir und deiner Mutter, die dich geboren hat, zur Schande!

31 Denn solange der Sohn Isais lebt auf Erden, wirst du und auch dein Königtum nicht bestehen. So sende nun hin und laß ihn herholen zu mir, denn er ist ein Kind des Todes.

32 Jonathan antwortete seinem Vater Saul und sprach zu ihm: Warum soll er sterben? Was hat er getan?

33 Da zückte Saul den Spieß nach ihm, um ihn zu durchbohren. Da merkte Jonathan, daß es bei seinem Vater fest beschlossen war, David zu töten,

34 und stand vom Tisch auf in grimmigem Zorn und aß am zweiten Tage nach dem Neumond nichts; denn er war bekümmert um David, und daß ihm sein Vater solchen Schimpf antat.

Davids Abschied von Jonathan

35 Am Morgen ging Jonathan hinaus aufs Feld, wohin er David bestellt hatte, und ein Knabe mit ihm.

36 Und er sprach zu dem Knaben: Lauf und suche mir die Pfeile, die ich schieße! Und als der Knabe lief, schoß er einen Pfeil über ihn hin.

37 Und als der Knabe an den Ort kam, wohin Jonathan den Pfeil geschossen hatte, rief ihm Jonathan nach und sprach: Der Pfeil liegt hinwärts von dir.

38 Und Jonathan rief abermals dem Knaben nach: Rasch, eile und halte dich nicht auf! Da las der Knabe Jonathans den Pfeil auf und brachte ihn zu seinem Herrn.

39 Der Knabe aber merkte nichts; nur Jonathan und David wußten um die Sache.

40 Da gab Jonathan seine Waffen dem Knaben, den er bei sich hatte, und sprach zu ihm: Geh und trage sie in die Stadt.

41 Und als der Knabe weggegangen war, stand David auf hinter dem Steinhaufen und fiel auf sein Antlitz zur Erde und beugte sich dreimal nieder, und sie küßten einander und weinten miteinander, David aber am allermeisten.

42 Und Jonathan sprach zu David: Geh hin mit Frieden! Für das, was wir beide geschworen haben im Namen des HERRN, dafür stehe der HERR zwischen mir und dir, zwischen meinen Nachkommen und deinen Nachkommen in Ewigkeit.

21 °Und David machte sich auf und ging seines Weges; Jonathan aber ging in die Stadt.

David bei den Priestern von Nob

2 Und als David nach Nob kam zum Priester Ahimelech, entsetzte sich Ahimelech, als er David entgegenging, und sprach zu ihm: Warum kommst du allein und ist kein Mann mit dir?

3 David sprach zu dem Priester Ahimelech: Der König hat mir eine Sache befohlen und sprach zu mir: Niemand darf auch nur das Geringste von der Sache wissen, in der ich dich gesandt habe und die ich dir befohlen habe. Darum hab ich meine Leute an den und den Ort beschieden.

4 Hast du nun etwas bei der Hand, etwa fünf Brote, oder was sonst vorhanden ist, das gib mir in meine Hand.

5 Der Priester antwortete David: Ich habe kein gewöhnliches Brot bei der Hand, sondern nur heiliges Brot; nur müssen die Leute sich der Frauen enthalten haben.

6 David antwortete dem Priester: Sicher, Frauen waren uns schon etliche Tage verwehrt. Als ich auszog, war der Leib der Leute nicht unrein, obgleich es nur um ein gewöhnliches Vorhaben ging; um wieviel mehr werden sie heute am Leibe rein sein.

7 Da gab ihm der Priester von dem heiligen Brot, weil kein anderes da war als die Schaubrote, die man vor dem HERRN nur hinwegnimmt, um frisches Brot aufzulegen an dem Tage, an dem man das andere wegnimmt.

8 Es war aber am selben Tage ein Mann
von den Großen Sauls dort eingeschlossen
vor dem HERRN mit Namen Doëg, ein
Edomiter, der über die Hirten Sauls ge-
setzt war.
9 Und David sprach zu Ahimelech: Ist
nicht hier bei dir ein Spieß oder ein
Schwert? Ich habe mein Schwert und
meine Waffen nicht mit mir genommen,
denn die Sache des Königs war eilig.
10 Der Priester sprach: Das Schwert des
Philisters Goliath, den du im Eichgrund
erschlagen hast, das ist hier, in einen Man-
tel gewickelt, hinter dem Ephod. Willst du
das, so nimm es, denn es ist kein anderes
hier als dies. David sprach: Seinesgleichen
gibt es nicht; gib mir's!

David flieht zum König Achis von Gath

11 Und David machte sich auf und floh
an jenem Tage vor Saul und kam zu Achis,
dem König von Gath.
12 Aber die Großen des Achis sprachen
zu ihm: Ist das nicht David, der König des
Landes, von dem sie im Reigen sangen:
Saul schlug tausend, David aber zehn-
tausend?
13 Und David nahm sich die Worte zu
Herzen und fürchtete sich sehr vor Achis,
dem König von Gath.
14 Und er stellte sich wahnsinnig vor
ihren Augen und tobte unter ihren Hän-
den und rannte gegen die Pforte des Tores
und ließ seinen Speichel in seinen Bart
fließen.
15 Da sprach Achis zu seinen Großen:
Ihr seht ja, daß der Mann wahnsinnig ist;
warum habt ihr ihn zu mir gebracht?
16 Hab ich zu wenig Wahnsinnige, daß
ihr diesen herbrachtet, bei mir zu toben?
Sollte der in mein Haus kommen?

David wird Anführer einer Streifschar

22 David ging von da hinweg und ret-
tete sich in die Höhle Adullam. Als
das seine Brüder hörten und das ganze
Haus seines Vaters, kamen sie zu ihm da-
hin.
2 Und es sammelten sich bei ihm aller-
lei Männer, die in Not und Schulden und
verbitterten Herzens waren, und er wurde
ihr Oberster; und es waren bei ihm etwa
vierhundert Mann.
3 Und David ging von da nach Mizpe
ins Land der Moabiter und sprach zum
König von Moab: Laß meinen Vater und
meine Mutter bei euch bleiben, bis ich er-
fahre, was Gott mit mir tun wird.
4 Und er brachte sie vor den König von
Moab, und sie blieben bei ihm, solange
David auf der Bergfeste war.
5 Aber der Prophet Gad sprach zu Da-
vid: Bleib nicht auf der Bergfeste, sondern
geh hin ins Land Juda. Da ging David
weg und kam nach Jaar-Hereth.

Saul nimmt Rache an den Priestern von Nob

6 Und es kam vor Saul, daß David und
die Männer, die bei ihm waren, von sich
reden machten. Und Saul saß zu Gibea
unter dem Tamariskenbaum auf der Höhe,
den Spieß in der Hand, und alle seine
Großen standen um ihn.
7 Da sprach Saul zu seinen Großen, die
um ihn standen: Hört, ihr Benjaminiter!
Wird der Sohn Isais euch allen auch
Äcker und Weinberge geben und euch alle
zu Obersten über tausend und über hun-
dert machen,
8 daß ihr euch alle verschworen habt
gegen mich und daß niemand da ist, der
es mir zu Ohren brächte, daß mein Sohn
sich mit dem Sohn Isais verbunden hat?
Ist niemand unter euch, der sich um
mich gegrämt und der es mir zu Ohren
gebracht hätte, daß mein Sohn meinen
Knecht gegen mich aufgereizt hat, daß
er mir nachstellt, wie es jetzt am Tage
ist?
9 Da antwortete Doëg, der Edomiter,
der unter den Großen Sauls stand, und
sprach: Ich sah den Sohn Isais, wie er
nach Nob kam zu Ahimelech, dem Sohn
Ahitubs.
10 Der befragte den HERRN für ihn und
gab ihm Wegzehrung und das Schwert des
Philisters Goliath.
11 Da sandte der König hin und ließ
rufen den Priester Ahimelech, den Sohn
Ahitubs, und das ganze Haus seines Va-
ters, die Priester, die zu Nob waren. Und
sie kamen alle zum König.
12 Und Saul sprach: Höre, du Sohn
Ahitubs! Er sprach: Hier bin ich, mein
Herr.
13 Und Saul sprach zu ihm: Warum
habt ihr euch verschworen gegen mich, du
und der Sohn Isais, daß du ihm Brot und

ein Schwert gegeben und Gott für ihn befragt hast, damit er sich gegen mich empöre und mir nachstelle, wie es jetzt am Tage ist?

14 Ahimelech antwortete dem König und sprach: Wer ist unter allen deinen Knechten so treu wie David, dazu des Königs Schwiegersohn und der Oberste deiner Leibwache und geehrt in deinem Hause?

15 Hab ich denn heute erst angefangen, Gott für ihn zu befragen? Das sei ferne von mir! Der König lege solches seinem Knecht nicht zur Last noch meines Vaters ganzem Hause; denn dein Knecht hat von alledem nichts gewußt, weder Kleines noch Großes.

16 Aber der König sprach: Ahimelech, du mußt des Todes sterben, du und deines Vaters ganzes Haus!

17 Und der König sprach zu seiner Leibwache, die um ihn stand: Tretet heran und tötet die Priester des HERRN; denn ihre Hand ist mit David, und obwohl sie wußten, daß er auf der Flucht war, haben sie mir's nicht zu Ohren gebracht! Aber die Männer des Königs wollten ihre Hände nicht an die Priester des HERRN legen, sie zu erschlagen.

18 Da sprach der König zu Doëg: Tritt du heran und erschlage die Priester! Doëg, der Edomiter, trat heran und erschlug die Priester, daß an diesem Tage starben fünfundachtzig Männer, die den leinenen Priesterschurz trugen.

19 Auch Nob, die Stadt der Priester, schlug er mit der Schärfe des Schwerts, Mann und Frau, Kinder und Säuglinge, Rinder und Esel und Schafe, mit der Schärfe des Schwerts.

20 Es entrann aber **ein** Sohn Ahimelechs, des Sohnes Ahitubs, der hieß Abjathar, und floh zu David

21 und verkündete ihm, daß Saul die Priester des HERRN getötet habe.

22 David aber sprach zu Abjathar: Ich wußte es schon an dem Tage, als der Edomiter Doëg dort war, daß er's Saul verraten werde. Ich bin schuldig am Leben aller aus deines Vaters Haus.

23 Bleibe bei mir und fürchte dich nicht. Denn der, der mir nach dem Leben trachtet, der trachtet auch dir nach dem Leben; du bist bei mir in Sicherheit.

David in Kegila

23 Und es wurde David angesagt: Siehe, die Philister kämpfen gegen Kegila und berauben die Tennen.

2 Da befragte David den HERRN und sprach: Soll ich hinziehen und diese Philister schlagen? Und der HERR sprach zu David: Zieh hin, du wirst die Philister schlagen und Kegila erretten!

3 Aber die Männer bei David sprachen zu ihm: Siehe, wir fürchten uns schon hier in Juda und wollen nun hinziehen nach Kegila gegen das Heer der Philister?

4 Da befragte David wieder den HERRN, und der HERR antwortete ihm: Auf, zieh hin nach Kegila, denn ich will die Philister in deine Hände geben!

5 So zog David mit seinen Männern nach Kegila und kämpfte gegen die Philister und trieb ihnen ihr Vieh weg und schlug sie hart. So errettete David die Leute von Kegila.

6 Als aber Abjathar, der Sohn Ahimelechs, zu David geflohen war, zog er mit herab nach Kegila und brachte den Ephod mit.

7 Da wurde Saul angesagt, daß David nach Kegila gekommen sei, und Saul dachte: Gott hat ihn in meine Hände gegeben, denn er ist eingeschlossen, nun er in eine Stadt mit Toren und Riegeln gekommen ist.

8 Und Saul ließ das ganze Kriegsvolk aufrufen, zum Kampf hinabzuziehen nach Kegila, damit sie David und seine Männer belagerten.

9 Als aber David merkte, daß Saul Böses gegen ihn im Sinne hatte, sprach er zu dem Priester Abjathar: Bringe den Ephod her!

10 Und David sprach: HERR, Gott Israels, dein Knecht hat gehört, daß Saul danach trachtet, nach Kegila zu ziehen, um die Stadt zu verderben um meinetwillen.

11 Werden mich die Bürger von Kegila übergeben in seine Hände? Und wird Saul herabkommen, wie dein Knecht gehört hat? Das verkünde, HERR, Gott Israels, deinem Knecht! Und der HERR sprach: Er wird herabkommen.

12 David fragte weiter: Werden die Bürger von Kegila mich und meine Männer

übergeben in die Hände Sauls? Der HERR
sprach: Ja.
13 Da machte sich David auf samt seinen Männern, etwa sechshundert, und sie zogen fort von Kegila und streiften da und dort umher. Als nun Saul angesagt wurde, daß David aus Kegila entronnen war, stand er ab von seinem Zuge.

David in der Wüste Siph

14 David aber blieb in der Wüste, auf den Bergfesten; und zwar blieb er im Gebirge, in der Wüste Siph. Und Saul suchte ihn die ganze Zeit; aber Gott gab ihn nicht in seine Hände.
15 Und als David sah, daß Saul ausgezogen war, um ihm nach dem Leben zu trachten, blieb er in der Wüste Siph in Horescha.
16 Da machte sich Jonathan, Sauls Sohn, auf und ging hin zu David nach Horescha und stärkte sein Vertrauen auf Gott
17 und sprach zu ihm: Fürchte dich nicht! Sauls, meines Vaters, Hand wird dich nicht erreichen, und du wirst König werden über Israel, und ich werde der Zweite nach dir sein; auch mein Vater weiß das sehr wohl.
18 Und sie schlossen beide einen Bund miteinander vor dem HERRN. David blieb in Horescha, aber Jonathan zog wieder heim.
19 Aber die Siphiter zogen zu Saul hinauf nach Gibea und sprachen: David hält sich bei uns verborgen auf den Bergfesten in Horescha in Gibea-Hachila, das südlich liegt von Jeschimon.
20 Ist's nun, König, deines Herzens Verlangen hinabzukommen, so komm; wir wollen ihn in des Königs Hände übergeben.
21 Da sprach Saul: Gesegnet seid ihr vom HERRN, daß ihr euch meiner erbarmt habt!
22 So geht nun und gebt weiter acht, daß ihr wißt und seht, an welchem Ort sein Fuß weilt, und wer ihn dort gesehen hat; denn man hat mir gesagt, daß er sehr listig ist.
23 Beobachtet und erkundet jeden versteckten Ort, wo er sich verkriecht, und kommt wieder zu mir, wenn ihr's gewiß seid, so will ich mit euch ziehen. Ist er im Lande, so will ich ihn aufspüren unter allen Tausendschaften Judas.
24 Da machten sie sich auf und gingen vor Saul her nach Siph. David aber und seine Männer waren in der Wüste Maon, in der Steppe südlich von Jeschimon.
25 Als nun Saul hinzog mit seinen Männern, David zu suchen, wurde es David angesagt. Und er ging zu dem Felsen hinab, der in der Wüste Maon ist. Als das Saul hörte, jagte er David nach in die Wüste Maon.
26 Und Saul ging auf der einen Seite eines Berges, David mit seinen Männern auf der andern Seite des Berges. David aber eilte, Saul zu entgehen, während Saul samt seinen Männern David und seine Männer umstellte, um sie zu fangen.
27 Aber es kam ein Bote zu Saul und sprach: Komm eilends, denn die Philister sind ins Land eingefallen.
28 Da ließ Saul davon ab, David nachzujagen, und zog hin, den Philistern entgegen. Daher nennt man den Ort Sela-Machlekoth*.

David verschont Saul in der Höhle von En-Gedi

24 Und David zog von dort hinauf und blieb in den Bergfesten bei En-Gedi.
2 Als nun Saul zurückkam von der Verfolgung der Philister, wurde ihm gesagt: Siehe, David ist in der Wüste En-Gedi.
3 Und Saul nahm dreitausend auserlesene Männer aus ganz Israel und zog hin, David samt seinen Männern zu suchen, in Richtung auf die Steinbockfelsen.
4 Und als er kam zu den Schafhürden am Wege, war dort eine Höhle, und Saul ging hinein, um seine Füße zu decken. David aber und seine Männer saßen hinten in der Höhle.
5 Da sprachen die Männer Davids zu ihm: Siehe, das ist der Tag, von dem der HERR zu dir gesagt hat: Siehe, ich will deinen Feind in deine Hände geben, daß du mit ihm tust, was dir gefällt. Und David stand auf und schnitt leise einen Zipfel vom Rock Sauls.
6 Aber danach schlug ihm sein Herz, daß er den Zipfel vom Rock Sauls abgeschnitten hatte,

*d. h. vermutlich «Trennungsfelsen».

7 und er sprach zu seinen Männern: Das
lasse der HERR ferne von mir sein, daß ich
das tun sollte und meine Hand legen an
meinen Herrn, den Gesalbten des HERRN;
denn er ist der Gesalbte des HERRN.
8 Und David wies seine Männer von
sich mit harten Worten und ließ sie sich
nicht an Saul vergreifen.
Als aber Saul sich aufmachte aus der
Höhle und seines Weges ging,
9 machte sich auch David auf ihm nach
und ging aus der Höhle und rief Saul nach
und sprach: Mein Herr und König! Saul
sah sich um. Und David neigte sein Ant-
litz zur Erde und fiel nieder.
10 Und David sprach zu Saul: Warum
hörst du auf das Geschwätz der Menschen,
die da sagen: David sucht dein Unglück?
11 Siehe, heute haben deine Augen ge-
sehen, daß dich der HERR in meine Hand
gegeben hat in der Höhle, und man hat
mir gesagt, daß ich dich töten sollte. Aber
ich habe dich verschont; denn ich dachte:
Ich will meine Hand nicht an meinen
Herrn legen; denn er ist der Gesalbte des
HERRN.
12 Mein Vater, sieh doch hier den Zipfel
deines Rocks in meiner Hand! Daß ich
den Zipfel von deinem Rock schnitt und
dich nicht tötete, daran erkenne und sieh,
daß meine Hände rein sind von Bosheit
und Empörung. Ich habe mich nicht an
dir versündigt; aber du jagst mir nach, um
mir das Leben zu nehmen.
13 Der HERR wird Richter sein zwischen
mir und dir und mich an dir rächen, aber
meine Hand soll dich nicht anrühren;
14 wie man sagt nach dem alten Sprich-
wort: Von Bösen kommt Böses; aber mei-
ne Hand soll dich nicht anrühren.
15 Wem zieht der König von Israel
nach? Wem jagst du nach? Einem toten
Hund, einem einzelnen Floh!
16 Der HERR sei Richter und richte zwi-
schen mir und dir und sehe darein und
führe meine Sache, daß er mir Recht
schaffe wider dich!
17 Als nun David diese Worte zu Saul
geredet hatte, sprach Saul: Ist das nicht
deine Stimme, mein Sohn David? Und
Saul erhob seine Stimme und weinte
18 und sprach zu David: Du bist ge-
rechter als ich, du hast mir Gutes erwiesen;
ich aber habe dir Böses erwiesen.
19 Und du hast mir heute gezeigt, wie
du Gutes an mir getan hast, als mich der
HERR in deine Hände gegeben hatte und
du mich doch nicht getötet hast.
20 Wo ist jemand, der seinen Feind fin-
det und läßt ihn mit Frieden seinen Weg
gehen? Der HERR vergelte dir Gutes für
das, was du heute an mir getan hast!
21 Nun siehe, ich weiß, daß du König
werden wirst und das Königtum über Is-
rael durch deine Hand Bestand haben
wird.
22 So schwöre mir nun bei dem HERRN,
daß du mein Geschlecht nach mir nicht
ausrotten und meinen Namen nicht aus-
tilgen wirst aus meines Vaters Hause.
23 Und David schwor es Saul. Da zog
Saul heim. David aber mit seinen Män-
nern zog hinauf auf die Bergfeste.

Samuels Tod

25 Und Samuel starb, und ganz Israel
versammelte sich und hielt ihm die
Totenklage. Und sie begruben ihn in sei-
nem Hause zu Rama.

David und Abigail

David aber machte sich auf und zog hin-
ab in die Wüste Maon.
2 Und es war ein Mann in Maon, der
hatte seine Tätigkeit in Karmel, und der
Mann hatte sehr großes Vermögen und
besaß dreitausend Schafe und tausend
Ziegen. Und es begab sich, daß er eben
seine Schafe schor in Karmel.
3 Der Mann hieß Nabal, seine Frau
aber hieß Abigail. Und sie war eine Frau
von Verstand und schön von Angesicht,
der Mann aber war roh und boshaft in
seinem Tun und war einer von Kaleb.
4 Als nun David in der Wüste hörte, daß
Nabal seine Schafe schor,
5 sandte er zehn seiner Leute aus und
sprach zu ihnen: Geht hinauf nach Kar-
mel, und wenn ihr zu Nabal kommt, so
grüßt ihn freundlich in meinem Namen
6 und sprecht zu meinem Bruder: Friede
sei mit dir und deinem Hause und mit
allem, was du hast!
7 Ich habe gehört, daß du Schafschur
hast. Nun, deine Hirten sind mit uns zu-
sammen gewesen; wir haben ihnen nichts
zuleide getan, und sie haben nichts ver-
mißt, solange sie in Karmel gewesen sind.

8 Frage deine Leute danach, die werden's dir sagen. Und laß meine Leute Gnade finden vor deinen Augen, denn wir sind an einem Festtag gekommen. Gib deinen Knechten und deinem Sohn David, was du zur Hand hast.

9 Und als die Leute Davids hingekommen waren und in Davids Namen alle diese Worte mit Nabal geredet hatten und ruhig warteten,

10 antwortete Nabal den Knechten Davids: Wer ist David? Und wer ist der Sohn Isais? Es gibt jetzt viele Knechte, die ihren Herren davongelaufen sind.

11 Sollte ich mein Brot und mein Wasser nehmen und mein Fleisch, das ich für meine Scherer geschlachtet habe, und Leuten geben, von denen ich nicht weiß, wo sie her sind?

12 Da wandten sich die Leute Davids um und gingen ihres Weges. Und als sie zu ihm zurückkamen, sagten sie ihm das alles.

13 Da sprach David zu seinen Männern: Gürte sich ein jeder sein Schwert um! Und jeder gürtete sich sein Schwert um, und auch David gürtete sich sein Schwert um, und etwa vierhundert Mann zogen ihm nach, aber zweihundert blieben bei dem Troß.

14 Aber der Abigail, Nabals Frau, sagte es einer von den Leuten und sprach: Siehe, David hat Boten gesandt aus der Wüste, unsern Herrn zu grüßen, er aber hat sie angeschrien.

15 Aber die Männer sind uns doch sehr nützlich gewesen und haben uns nichts zuleide getan, und wir haben nichts vermißt, solange wir mit ihnen umherzogen, wenn wir auf dem Felde waren,

16 sondern sie sind wie Mauern um uns gewesen Tag und Nacht, solange wir die Schafe in ihrer Nähe gehütet haben.

17 So bedenke nun und sieh zu, was du tust; denn es ist gewiß ein Unheil beschlossen über unsern Herrn und über sein ganzes Haus. Er aber ist ein heilloser Mensch, dem niemand etwas zu sagen wagt.

18 Da eilte Abigail und nahm zweihundert Brote und zwei Krüge Wein und fünf zubereitete Schafe und fünf Maß Röstkorn und hundert Rosinenkuchen und zweihundert Feigenkuchen und lud alles auf Esel

19 und sprach zu ihren Leuten: Geht vor mir her; siehe, ich will sogleich hinter euch her kommen. Und sie sagte ihrem Mann Nabal nichts davon.

20 Und als sie auf dem Esel ritt und hinabzog im Schutz des Berges, siehe, da kam David mit seinen Männern ihr entgegen, so daß sie auf sie stieß.

21 David aber hatte gedacht: Nun hab ich alles umsonst behütet, was der da in der Wüste hat, so daß nichts vermißt wurde von allem, was er hat; und er vergilt mir Gutes mit Bösem!

22 Gott tue David dies und noch mehr, wenn ich ihm bis zum lichten Morgen **einen** übriglasse, der männlich ist, von allem, was er hat.

23 Als nun Abigail David sah, stieg sie eilends vom Esel und fiel vor David nieder und beugte sich zur Erde

24 und fiel ihm zu Füßen und sprach: Ach, mein Herr, auf mich allein falle die Schuld! Laß deine Magd reden vor deinen Ohren und höre die Worte deiner Magd!

25 Mein Herr errege sich nicht über Nabal, diesen heillosen Menschen; denn wie sein Name, so ist er: er heißt «Tor», und Torheit ist bei ihm. Ich aber, deine Magd, habe die Leute meines Herrn nicht gesehen, die du gesandt hast.

26 Nun aber, mein Herr, so wahr der HERR lebt und so wahr du selbst lebst: der HERR hat dich davor bewahrt, in Blutschuld zu geraten und dir mit eigener Hand zu helfen. So sollen deine Feinde und alle, die meinem Herrn übel wollen, wie Nabal werden!

27 Hier ist das Segensgeschenk, das deine Magd meinem Herrn gebracht hat; das soll den Leuten gegeben werden, die meinem Herrn folgen.

28 Vergib deiner Magd die Anmaßung! Der HERR wird meinem Herrn ein beständiges Haus bauen, denn du führst des HERRN Kriege. Es möge nichts Böses an dir gefunden werden dein Leben lang.

29 Und wenn sich ein Mensch erheben wird, dich zu verfolgen und dir nach dem Leben zu trachten, so soll das Leben meines Herrn eingebunden sein im Bündlein der Lebendigen bei dem HERRN, deinem Gott, aber das Leben deiner Feinde soll er fortschleudern mit der Schleuder.

30 Wenn dann der HERR meinem Herrn all das Gute tun wird, was er dir zugesagt hat, und dich zum Fürsten bestellt hat über Israel,

31 so wird das Herz meines Herrn frei sein von dem Anstoß und Ärgernis, daß du unschuldiges Blut vergossen und dir selber geholfen habest. Und wenn der HERR meinem Herrn wohltun wird, so wollest du an deine Magd denken.

32 Da sprach David zu Abigail: Gelobt sei der HERR, der Gott Israels, der dich heute mir entgegengesandt hat,

33 und gesegnet sei deine Klugheit, und gesegnet seist du, daß du mich heute davon zurückgehalten hast, in Blutschuld zu geraten und mir mit eigener Hand zu helfen.

34 Wahrlich, so wahr der HERR, der Gott Israels, lebt, der mich davor bewahrt hat, übel an dir zu tun: wärest du nicht eilends mir begegnet, so wäre dem Nabal bis zum lichten Morgen nicht **einer**, der männlich ist, übriggeblieben.

35 Also nahm David aus ihrer Hand, was sie ihm gebracht hatte, und sprach zu ihr: Zieh mit Frieden hinauf in dein Haus; sieh, ich habe auf deine Stimme gehört und dein Antlitz wieder erhoben.

36 Als aber Abigail zu Nabal kam, siehe, da hatte er ein Mahl zubereitet in seinem Hause wie eines Königs Mahl, und sein Herz war guter Dinge, und er war sehr betrunken. Sie aber sagte ihm nichts, weder wenig noch viel, bis an den lichten Morgen.

37 Als es aber Morgen geworden und die Betrunkenheit von Nabal gewichen war, sagte ihm seine Frau alles. Da erstarb sein Herz in seinem Leibe, und er ward wie ein Stein.

38 Und nach zehn Tagen schlug der HERR den Nabal, daß er starb.

39 Als David hörte, daß Nabal tot war, sprach er: Gelobt sei der HERR, der meine Schmach gerächt hat an Nabal und seinen Knecht abgehalten hat von einer bösen Tat! Der HERR hat dem Nabal seine böse Tat auf seinen Kopf vergolten.

Und David sandte hin und ließ Abigail sagen, daß er sie zur Frau nehmen wolle.

40 Und als die Knechte Davids zu Abigail nach Karmel kamen, redeten sie mit ihr und sprachen: David hat uns zu dir gesandt, daß er dich zur Frau nehme.

41 Sie stand auf und fiel nieder auf ihr Angesicht zur Erde und sprach: Siehe, deine Magd ist bereit, den Knechten meines Herrn zu dienen und ihre Füße zu waschen.

42 Und Abigail machte sich eilends auf und setzte sich auf einen Esel, und ihre fünf Mägde gingen hinter ihr her. Und sie zog den Boten Davids nach und wurde seine Frau.

43 Auch hatte David Ahinoam von Jesreel zur Frau genommen; sie wurden beide seine Frauen.

44 Saul aber hatte seine Tochter Michal, Davids Frau, Palti, dem Sohn des Lajisch aus Gallim, gegeben.

David verschont Saul zum zweitenmal

26 Die Leute von Siph aber kamen zu Saul nach Gibea und sprachen: David hält sich verborgen auf dem Hügel Hachila, der Jeschimon gegenüber liegt.

2 Da machte sich Saul auf und zog hinab zur Wüste Siph und mit ihm dreitausend auserlesene Männer aus Israel, um David in der Wüste Siph zu suchen.

3 Und Saul lagerte sich auf dem Hügel Hachila, der Jeschimon gegenüber liegt am Wege. David aber hielt sich in der Wüste auf. Und als er merkte, daß Saul ihm nachkam in die Wüste,

4 sandte er Kundschafter aus und erfuhr, daß Saul gewiß gekommen sei.

5 Und David machte sich auf und kam an den Ort, wo Saul sein Lager hielt, und sah die Stätte, wo Saul lag mit seinem Feldhauptmann Abner, dem Sohn Ners. Saul aber lag im innersten Lagerring und das Kriegsvolk um ihn her.

6 Da hob David an und sprach zu Ahimelech, dem Hethiter, und zu Abisai, dem Sohn der Zeruja, dem Bruder Joabs: Wer will mit mir hinab zu Saul ins Lager? Abisai sprach: Ich will mit dir hinab.

7 So kam David mit Abisai in der Nacht zum Lager. Und siehe, Saul lag und schlief im innersten Lagerring, und sein Spieß steckte in der Erde zu seinen Häupten. Abner aber und das Volk lagen um ihn her.

8 Da sprach Abisai zu David: Gott hat deinen Feind heute in deine Hand gegeben; so will ich ihn nun mit seinem Speer an den Boden spießen mit einem

Mal, daß es keines zweiten mehr bedarf.
9 David aber sprach zu Abisai: Tu ihm
nichts zuleide; denn wer könnte die Hand
an den Gesalbten des HERRN legen und
ungestraft bleiben?
10 Weiter sprach David: So wahr der
HERR lebt: der HERR wird ihn schlagen,
wenn seine Zeit kommt, daß er sterbe,
oder er wird in den Krieg ziehen und um-
kommen.
11 Von mir lasse der HERR fern sein, daß
ich meine Hand sollte an den Gesalbten
des HERRN legen. Nimm nun den Spieß zu
seinen Häupten und den Wasserkrug und
laß uns gehen.
12 So nahm David den Spieß und den
Wasserkrug zu Häupten Sauls, und sie
gingen weg, und es war niemand, der es
sah oder merkte oder der erwachte, son-
dern sie schliefen alle; denn es war ein tie-
fer Schlaf vom HERRN auf sie gefallen.
13 Als nun David auf die andere Seite
hinübergekommen war, stellte er sich auf
den Gipfel des Berges von ferne, so daß
ein weiter Raum zwischen ihnen war.
14 Und David rief zum Kriegsvolk und
zu Abner, dem Sohn Ners, und sprach:
Antwortest du nicht, Abner? Und Abner
antwortete: Wer bist du, daß du so
schreist zum König hin?
15 Und David sprach zu Abner: Bist
du nicht ein Mann? Und wer ist dir gleich
in Israel? Warum hast du denn deinen
Herrn, den König, nicht bewacht? Denn
es ist einer vom Volk hineingekommen,
deinen Herrn, den König, umzubringen.
16 Das war nicht recht, was du getan
hast. So wahr der HERR lebt: ihr seid Kin-
der des Todes, weil ihr euren Herrn, den
Gesalbten des HERRN, nicht bewacht
habt! Nun sieh doch nach, wo der Spieß
des Königs ist und der Wasserkrug, der zu
seinen Häupten war.
17 Da erkannte Saul die Stimme Davids
und sprach: Ist das nicht deine Stimme,
mein Sohn David? David sprach: Es ist
meine Stimme, mein Herr und König.
18 Und sprach weiter: Warum verfolgt
denn mein Herr seinen Knecht? Was hab
ich getan? Und was ist Böses in meiner
Hand?
19 So höre doch nun mein Herr, der
König, die Worte seines Knechts: Reizt
dich der HERR gegen mich, so lasse man
ihn ein Speisopfer riechen; tun's aber
Menschen, so seien sie verflucht vor dem
HERRN, weil sie mich heute verstoßen und
nicht an dem Erbteil des HERRN teilhaben
lassen und sprechen: Geh hin, diene an-
dern Göttern!
20 So fließe nun mein Blut nicht auf die
Erde fern vom Angesicht des HERRN!
Denn der König von Israel ist ja ausge-
zogen, zu suchen einen einzelnen Floh,
wie man ein Rebhuhn jagt auf den Ber-
gen.
21 Und Saul sprach: Ich habe gesündigt;
komm wieder, mein Sohn David, ich will
dir hinfort nichts Böses mehr tun, weil
mein Leben heute in deinen Augen teuer
gewesen ist. Siehe, ich habe töricht und
sehr unrecht getan.
22 David antwortete: Siehe, hier ist der
Spieß des Königs; es komme einer von
den jungen Leuten herüber und hole ihn.
23 Der HERR aber wird einem jeden
seine Gerechtigkeit und Treue vergelten.
Denn der HERR hat dich heute in meine
Hand gegeben, ich aber wollte meine
Hand nicht an den Gesalbten des HERRN
legen.
24 Und siehe, wie heute dein Leben in
meinen Augen wert geachtet gewesen ist,
so werde mein Leben wert geachtet in den
Augen des HERRN, und er errette mich aus
aller Not!
25 Saul sprach zu David: Gesegnet seist
du, mein Sohn David; du wirst's ausfüh-
ren und vollenden. Und David zog seine
Straße; Saul aber kehrte zurück an seinen
Ort.

David bei den Philistern

27 David aber dachte in seinem Her-
zen: Ich werde doch eines Tages
Saul in die Hände fallen; es gibt nichts
Besseres für mich, als daß ich entrinne ins
Philisterland. Dann wird Saul davon ab-
lassen, mich fernerhin zu suchen im gan-
zen Gebiet Israels, und ich werde seinen
Händen entrinnen.
2 Und David machte sich auf und zog
hin mit den sechshundert Mann, die bei
ihm waren, zu Achis, dem Sohn Maochs,
dem König von Gath.
3 Und David blieb bei Achis in Gath
mit seinen Männern, ein jeder mit seinem
Hause; David auch mit seinen beiden

Frauen, Ahinoam, der Jesreeliterin, und Abigail, des Nabals Frau, der Karmeliterin.

4 Und als Saul angesagt wurde, daß David nach Gath geflohen sei, suchte er ihn nicht mehr.

5 Und David sprach zu Achis: Hab ich Gnade vor deinen Augen gefunden, so mag man mir einen Wohnort geben in einer der Städte auf dem Lande, daß ich darin wohne; warum soll dein Knecht in der Königsstadt bei dir wohnen?

6 Da gab ihm Achis an diesem Tage Ziklag. Daher gehört Ziklag den Königen von Juda bis auf diesen Tag.

7 Die Zeit aber, die David im Philisterlande wohnte, war ein Jahr und vier Monate.

8 David zog hinauf mit seinen Männern und fiel ins Land der Geschuriter und Girsiter und Amalekiter ein; denn diese waren von alters her die Bewohner des Landes bis hin nach Schur und Ägyptenland.

9 Und sooft David in das Land einfiel, ließ er weder Mann noch Frau leben und nahm mit Schafe, Rinder, Esel, Kamele und Kleider und kehrte wieder zurück. Kam er dann zu Achis

10 und Achis sprach: Wo seid ihr heute eingefallen?, so sprach David: In das Südland Judas, oder: In das Südland der Jerachmeeliter, oder: In das Südland der Keniter.

11 David aber ließ weder Mann noch Frau lebend nach Gath kommen; denn er dachte: Sie könnten uns verraten. So tat David, und das war seine Art, solange er im Philisterland wohnte.

12 Und Achis glaubte David; denn er dachte: Er hat sich in Verruf gebracht bei seinem Volk Israel; darum wird er für immer mein Knecht sein.

28 Und es begab sich zu der Zeit, daß die Philister ihr Heer sammelten, um in den Kampf zu ziehen gegen Israel. Und Achis sprach zu David: Du sollst wissen, daß du und deine Männer mit mir ausziehen sollen im Heer.

2 David sprach zu Achis: Wohlan, du sollst erfahren, was dein Knecht tun wird. Achis sprach zu David: So will ich dich zu meinem Leibwächter setzen für die ganze Zeit.

Saul bei der Totenbeschwörerin in Endor

3 Samuel aber war gestorben, und ganz Israel hatte ihm die Totenklage gehalten und ihn begraben in seiner Stadt Rama. Und Saul hatte die Geisterbeschwörer und Zeichendeuter aus dem Lande vertrieben.

4 Als nun die Philister sich versammelten und herankamen und sich lagerten bei Sunem, versammelte Saul auch ganz Israel, und sie lagerten sich auf dem Gebirge Gilboa.

5 Als aber Saul das Heer der Philister sah, fürchtete er sich, und sein Herz verzagte sehr.

6 Und er befragte den HERRN; aber der HERR antwortete ihm nicht, weder durch Träume noch durch das Los «Licht» noch durch Propheten.

7 Da sprach Saul zu seinen Getreuen: Sucht mir ein Weib, das Tote beschwören kann, daß ich zu ihr gehe und sie befrage. Seine Männer sprachen zu ihm: Siehe, in Endor ist ein Weib, das kann Tote beschwören.

8 Und Saul machte sich unkenntlich und zog andere Kleider an und ging hin und zwei Männer mit ihm, und sie kamen bei Nacht zu dem Weibe. Und Saul sprach: Wahrsage mir, weil du Geister beschwören kannst, und hole mir herauf, wen ich dir nenne.

9 Das Weib sprach zu ihm: Siehe, du weißt doch selbst, was Saul getan hat, wie er die Geisterbeschwörer und Zeichendeuter ausgerottet hat im Lande; warum willst du mir denn eine Falle stellen, daß ich getötet werde?

10 Saul aber schwor ihr bei dem HERRN und sprach: So wahr der HERR lebt: es soll dich in dieser Sache keine Schuld treffen.

11 Da sprach das Weib: Wen soll ich dir denn heraufholen? Er sprach: Hol mir Samuel herauf!

12 Als nun das Weib merkte, daß es um Samuel ging, schrie sie laut und sprach zu Saul: Warum hast du mich betrogen? Du bist Saul.

13 Und der König sprach zu ihr: Fürchte dich nicht! Was siehst du? Das Weib sprach zu Saul: Ich sehe einen Geist heraufsteigen aus der Erde.

14 Er sprach: Wie ist er gestaltet? Sie
sprach: Es kommt ein alter Mann herauf
und ist bekleidet mit einem Priesterrock.
Da erkannte Saul, daß es Samuel war,
und neigte sich mit seinem Antlitz zur
Erde und fiel nieder.
15 Samuel aber sprach zu Saul: Warum
hast du meine Ruhe gestört, daß du mich
heraufsteigen lässest? Saul sprach: Ich bin
in großer Bedrängnis, die Philister kämp-
fen gegen mich, und Gott ist von mir ge-
wichen und antwortet mir nicht, weder
durch Propheten noch durch Träume;
darum hab ich dich rufen lassen, daß du
mir kundtust, was ich tun soll.
16 Samuel sprach: Warum willst du
mich befragen, da doch der HERR von
dir gewichen und dein Feind geworden
ist?
17 Der HERR hat dir getan, wie er durch
mich geredet hat, und hat das Königtum
aus deiner Hand gerissen und David, dei-
nem Nächsten, gegeben.
18 Weil du der Stimme des HERRN nicht
gehorcht und seinen grimmigen Zorn
nicht an Amalek vollstreckt hast, darum
hat der HERR dir das jetzt getan.
19 Dazu wird der HERR mit dir auch
Israel in die Hände der Philister geben.
Morgen wirst du mit deinen Söhnen bei
mir sein. Auch wird der HERR das Heer
Israels in die Hände der Philister geben.
20 Da stürzte Saul zur Erde, so lang
er war, und geriet in große Furcht über
die Worte Samuels. Auch war keine
Kraft mehr in ihm; denn er hatte nichts
gegessen den ganzen Tag und die ganze
Nacht.
21 Und das Weib trat zu Saul und sah,
daß er sehr erschrocken war, und sprach
zu ihm: Siehe, deine Magd hat deiner
Stimme gehorcht, und ich habe mein Le-
ben aufs Spiel gesetzt, als ich die Worte
hörte, die du zu mir gesagt hast.
22 So gehorche du nun auch der Stimme
deiner Magd! Ich will dir einen Bissen
Brot vorsetzen, daß du issest und zu
Kräften kommst und deine Straße gehen
kannst.
23 Er aber weigerte sich und sprach: Ich
will nicht essen. Da nötigten ihn seine
Männer und das Weib, bis er auf sie hör-
te. Und er stand auf von der Erde und
setzte sich aufs Bett.
24 Das Weib aber hatte im Haus ein ge-
mästetes Kalb; das schlachtete sie eilends
und nahm Mehl und knetete es und back-
te ungesäuertes Brot
25 und setzte es Saul und seinen Män-
nern vor. Und als sie gegessen hatten,
standen sie auf und gingen fort noch in
der Nacht.

David wird von den Philistern zurückgeschickt

29 Die Philister aber versammelten ihr
ganzes Heer bei Aphek, und Israel
lagerte sich an der Quelle bei Jesreel.
2 Und die Fürsten der Philister zogen
daher mit ihren Hundertschaften und
Tausendschaften, David aber und seine
Männer zogen hinterher mit Achis.
3 Da sprachen die Obersten der Phili-
ster: Was sollen diese Hebräer? Achis
sprach zu ihnen: Das ist David, der
Knecht Sauls, des Königs von Israel, der
nun bei mir gewesen ist Jahr und Tag; ich
habe nichts an ihm gefunden seit der Zeit,
da er abgefallen ist, bis heute.
4 Aber die Obersten der Philister wur-
den zornig auf ihn und sprachen zu ihm:
Schick den Mann zurück! Er soll an den
Ort zurückkehren, den du ihm angewiesen
hast, damit er nicht mit uns hinziehe zum
Kampf und unser Widersacher werde im
Kampf. Denn womit könnte er seinem
Herrn einen größeren Gefallen tun als mit
den Köpfen unserer Männer?
5 Ist das denn nicht derselbe David, von
dem sie sangen im Reigen: Saul hat tau-
send geschlagen, David aber zehntausend?
6 Da rief Achis David und sprach zu
ihm: So wahr der HERR lebt: ich halte
dich für redlich, und daß du mit mir aus-
und einzögest im Heer, gefiele mir gut,
denn ich habe nichts Arges an dir gespürt
seit der Zeit, da du zu mir gekommen bist,
bis heute; aber du gefällst den Fürsten
nicht.
7 So kehre nun um und zieh hin mit
Frieden, damit du nicht tust, was den
Fürsten der Philister nicht gefällt.
8 David aber sprach zu Achis: Was hab
ich getan, und was hast du gespürt an dei-
nem Knecht seit der Zeit, da ich dir ge-
dient habe, bis heute, daß ich nicht mit-
ziehen darf und kämpfen gegen die Feinde
meines Herrn, des Königs?

9 Achis antwortete David: Ich weiß es wohl; denn du bist mir lieb wie ein Engel Gottes. Aber die Obersten der Philister haben gesagt: Laß ihn nicht mit uns hinaufziehen in den Kampf!

10 So mach dich nun früh am Morgen auf mit den Knechten deines Herrn, die mit dir gekommen sind; macht euch früh am Morgen auf und zieht weg, sobald es Tag ist.

11 Da machten sich David und seine Männer früh am Morgen auf, um wegzuziehen und ins Philisterland zurückzukehren. Die Philister aber zogen hinauf nach Jesreel.

Davids Sieg über die Amalekiter

30 Als nun David mit seinen Männern am dritten Tage nach Ziklag kam, waren die Amalekiter eingefallen ins Südland und in Ziklag und hatten Ziklag eingenommen und mit Feuer verbrannt

2 und hatten die Frauen und alles, was in der Stadt war, klein und groß, gefangengenommen. Sie hatten aber niemand getötet, sondern sie weggeführt und waren abgezogen.

3 Als nun David mit seinen Männern zur Stadt kam und sah, daß sie mit Feuer verbrannt war, und ihre Frauen, Söhne und Töchter gefangen waren,

4 erhoben David und die Leute, die bei ihm waren, ihre Stimme und weinten, bis sie nicht mehr weinen konnten.

5 Auch die beiden Frauen Davids waren gefangengenommen worden: Ahinoam, die Jesreeliterin, und Abigail, Nabals, des Karmeliters, Frau.

6 Und David geriet in große Bedrängnis, weil die Leute ihn steinigen wollten; denn die Seele des ganzen Volks war erbittert, ein jeder wegen seiner Söhne und Töchter.

David aber stärkte sich in dem HERRN, seinem Gott,

7 und sprach zu dem Priester Abjathar, dem Sohn Ahimelechs: Bringe mir den Ephod her! Und als Abjathar den Ephod zu David gebracht hatte,

8 befragte David den HERRN und sprach: Soll ich dieser Schar nachjagen, und werde ich sie einholen? Er sprach: Jage ihr nach! Du wirst sie einholen und die Gefangenen befreien.

9 Da zog David hin mit den sechshundert Mann, die bei ihm waren. Und als sie an den Bach Besor kamen, blieben etliche zurück.

10 David aber und vierhundert Mann jagten der Schar nach; die zweihundert Mann aber, die zurückblieben, waren zu müde, um über den Bach Besor zu gehen.

11 Und sie fanden einen Ägypter auf dem Felde; den führten sie zu David und gaben ihm Brot zu essen und Wasser zu trinken

12 und gaben ihm ein Stück Feigenkuchen und zwei Rosinenkuchen. Und als er gegessen hatte, kam er wieder zu sich; denn er hatte in drei Tagen und drei Nächten nichts gegessen und kein Wasser getrunken.

13 David sprach zu ihm: Zu wem gehörst du? Und woher bist du? Er sprach: Ich bin ein junger Ägypter, eines Amalekiters Knecht, und mein Herr hat mich zurückgelassen; denn ich wurde vor drei Tagen krank.

14 Wir sind eingefallen in das Südland der Krether und in Juda und in das Südland Kalebs und haben Ziklag mit Feuer verbrannt.

15 David sprach zu ihm: Willst du mich hinführen zu dieser Schar? Er sprach: Schwöre mir bei Gott, daß du mich nicht töten noch in meines Herrn Hand übergeben wirst, so will ich dich hinführen zu dieser Schar.

16 Und er führte ihn hin. Und siehe, sie hatten sich ausgebreitet über das ganze Land, aßen und tranken und feierten ein Fest wegen all der großen Beute, die sie mitgenommen hatten aus dem Philisterland und aus Juda.

17 Und David schlug sie vom Morgen bis zum Abend des nächsten Tages, so daß keiner von ihnen entrann außer vierhundert jungen Männern; die stiegen auf die Kamele und flohen.

18 So gewann David alles zurück, was die Amalekiter genommen hatten, auch seine beiden Frauen,

19 und es fehlte nichts, weder klein noch groß, weder Söhne noch Töchter noch Beute noch alles, was sie sich genommen hatten; David brachte es alles zurück

20 und nahm die Schafe und Rinder,

und sie trieben das Vieh vor David her
und sprachen: Das ist Davids Beute.
21 Und als David zu den zweihundert
Männern kam, die zu müde gewesen
waren, um David zu folgen, und am Bach
Besor geblieben waren, gingen sie David
entgegen und den Leuten, die mit ihm
waren. Und David trat zu ihnen und
grüßte sie freundlich.
22 Da sprachen böse und heillose Leute
unter den Männern, die mit David ge-
zogen waren: Weil sie nicht mit uns ge-
zogen sind, soll man ihnen nichts geben
von der Beute, die wir zurückgewonnen
haben; sondern jeder nehme nur seine
Frau und seine Kinder mit sich und gehe
seines Weges.
23 Da sprach David: Ihr sollt nicht so
tun, meine Brüder, mit dem, was uns der
Herr gegeben hat; er hat uns behütet und
diese Schar, die über uns gekommen war,
in unsere Hände gegeben.
24 Wer sollte in dieser Sache auf euch
hören? Wie der Anteil derjenigen, die in
den Kampf gezogen sind, so soll auch der
Anteil derjenigen sein, die beim Troß ge-
blieben sind; jeder soll den gleichen An-
teil haben.
25 Und so blieb es weiterhin von die-
sem Tag an; und er machte es zu Satzung
und Recht für Israel bis auf diesen Tag.
26 Und als David nach Ziklag kam,
sandte er von der Beute den Ältesten in
Juda, seinen Freunden, und ließ sagen:
Da habt ihr ein Segensgeschenk aus der
Beute der Feinde des Herrn, –
27 nämlich denen zu Bethul, denen zu
Ramoth im Südland, denen zu Jattir,
28 denen zu Arara, denen zu Sipha-
moth, denen zu Eschtemoa,
29 denen zu Karmel, denen in den
Städten der Jerachmeeliter, denen in den
Städten der Keniter,
30 denen zu Horma, denen zu Bor-
Aschan, denen zu Athach,
31 denen zu Hebron und allen Orten,
wo David mit seinen Männern aus- und
eingegangen war.

Das Ende Sauls und seiner Söhne

31 Die Philister aber kämpften gegen
Israel, und die Männer Israels flo-
hen vor den Philistern und blieben er-
schlagen liegen auf dem Gebirge Gilboa.
2 Und die Philister waren hinter Saul
und seinen Söhnen her und erschlugen
Jonathan und Abinadab und Malkischua,
die Söhne Sauls.
3 Und der Kampf tobte heftig um Saul,
und die Bogenschützen fanden ihn, und
er wurde schwer verwundet von den
Schützen.
4 Da sprach Saul zu seinem Waffenträ-
ger: Zieh dein Schwert und erstich mich
damit, daß nicht diese Unbeschnittenen
kommen und mich erstechen und treiben
ihren Spott mit mir. Aber sein Waffen-
träger wollte nicht, denn er fürchtete sich
sehr. Da nahm Saul das Schwert und
stürzte sich hinein.
5 Als nun sein Waffenträger sah, daß
Saul tot war, stürzte auch er sich in sein
Schwert und starb mit ihm.
6 So starben Saul und seine drei Söhne
und sein Waffenträger und alle seine Män-
ner miteinander an diesem Tage
7 Als aber die Männer Israels, die jen-
seits der Ebene und gegen den Jordan hin
wohnten, sahen, daß die Männer Israels
geflohen und Saul und seine Söhne tot
waren, verließen sie die Städte und flohen
auch. Da kamen die Philister und wohn-
ten darin.
8 Am andern Tage kamen die Philister,
um die Erschlagenen auszuplündern, und
fanden Saul und seine drei Söhne, wie sie
gefallen auf dem Gebirge Gilboa lagen.
9 Da hieben sie ihm sein Haupt ab und
nahmen ihm seine Rüstung ab und sand-
ten sie im Philisterland umher, um es zu
verkünden im Hause ihrer Götzen und
unter dem Volk.
10 Und sie legten seine Rüstung in das
Haus der Astarte, aber seinen Leichnam
hängten sie auf an der Mauer von Beth-
Schean.
11 Als die Leute von Jabesch in Gilead
hörten, was die Philister Saul angetan hat-
ten,
12 machten sich alle streitbaren Männer
auf und gingen die ganze Nacht hindurch
und nahmen die Leichname Sauls und
seiner Söhne von der Mauer zu Beth-
Schean und brachten sie nach Jabesch und
salbten sie dort.
13 Und sie nahmen ihre Gebeine und
begruben sie unter dem Tamariskenbaum
bei Jabesch und fasteten sieben Tage.

DAS ZWEITE BUCH SAMUEL

David läßt den Überbringer von Sauls Krone töten

1 Nach dem Tode Sauls, als David aus
der Schlacht mit den Amalekitern zu-
rückgekommen und zwei Tage in Ziklag
geblieben war,
2 siehe, da kam am dritten Tage ein
Mann aus dem Heer von Saul mit zerris-
senen Kleidern und mit Erde auf seinem
Haupt. Und als er zu David kam, fiel er
nieder zur Erde und huldigte ihm.
3 David aber sprach zu ihm: Wo kommst
du her? Er sprach zu ihm: Aus dem Heer
Israels bin ich entronnen.
4 David sprach zu ihm: Sage mir, wie
steht es? Er sprach: Das Volk ist geflohen
aus der Schlacht, und es sind viele vom
Volk gefallen; dazu ist auch Saul tot und
sein Sohn Jonathan.
5 David sprach zu dem jungen Mann,
der ihm das sagte: Woher weißt du, daß
Saul und sein Sohn Jonathan tot sind?
6 Der junge Mann, der ihm das sagte,
sprach: Ich kam von ungefähr aufs Ge-
birge Gilboa, und siehe, Saul lehnte sich
auf seinen Spieß, und die Wagen mit
ihren Kämpfern waren hart an ihm.
7 Und er wandte sich um und sah mich
und rief mich. Und ich sprach: Hier bin
ich.
8 Und er sprach zu mir: Wer bist du?
Ich sprach zu ihm: Ich bin ein Amalekiter.
9 Und er sprach zu mir: Tritt her zu mir
und töte mich; denn mir wird schwarz vor
den Augen, aber mein Leben ist noch ganz
in mir.
10 Da trat ich zu ihm und tötete ihn,
denn ich wußte, daß er nicht leben könnte
nach seinem Fall; und ich nahm die Krone
von seinem Haupt und das Armgeschmei-
de von seinem Arm und habe es herge-
bracht zu dir, meinem Herrn.
11 Da faßte David seine Kleider und
zerriß sie, und ebenso taten alle Männer,
die bei ihm waren,
12 und sie hielten Totenklage und wein-
ten und fasteten bis zum Abend um Saul
und seinen Sohn Jonathan und um das
Volk des HERRN und um das Haus Israel,
weil sie durchs Schwert gefallen waren.
13 Und David sprach zu dem jungen
Mann, der es ihm angesagt hatte: Wo bist
du her? Er sprach: Ich bin der Sohn eines
Fremdlings, eines Amalekiters.
14 David sprach zu ihm: Wie, du hast
dich nicht gefürchtet, deine Hand zu er-
heben gegen den Gesalbten des HERRN,
um ihn zu töten!
15 Und David rief einen seiner Leute
und sprach: Komm her und schlag ihn
nieder! Und er schlug ihn nieder, daß er
starb.
16 Und David sprach zu ihm: Dein
Blut komme auf dein Haupt; denn dein
Mund hat gegen dich selbst geredet, als du
sagtest: Ich habe den Gesalbten des
HERRN getötet.

Davids Klagelied über Saul und Jonathan

17 Und David sang dies Klagelied über
Saul und Jonathan, seinen Sohn,
18 und befahl, man solle die Kinder
Juda das Bogenlied lehren. Siehe, es steht
geschrieben im Buch des Redlichen:
19 Die Edelsten in Israel sind auf deinen
Höhen erschlagen. Wie sind die Helden
gefallen!
20 Sagt's nicht an in Gath, verkündet's
nicht auf den Gassen in Askalon, daß sich
nicht freuen die Töchter der Philister, daß
nicht frohlocken die Töchter der Unbe-
schnittenen.
21 Ihr Berge von Gilboa, es soll weder
tauen noch regnen auf euch, ihr trügeri-
schen Gefilde; denn daselbst ist der Hel-
den Schild verworfen, der Schild Sauls,
als sei er nicht gesalbt mit Öl.
22 Der Bogen Jonathans hat nie gefehlt,
und das Schwert Sauls ist nie leer zurück-
gekommen von dem Blut der Erschlage-
nen und vom Mark der Helden.
23 Saul und Jonathan, geliebt und ein-
ander zugetan, im Leben und im Tod

nicht geschieden; schneller waren sie als die Adler und stärker als die Löwen.

24 Ihr Töchter Israels, weinet über Saul, der euch kleidete mit kostbarem Purpur und euch schmückte mit goldenen Kleinoden an euren Kleidern.

25 Wie sind die Helden gefallen im Streit! Jonathan ist auf deinen Höhen erschlagen!

26 Es ist mir leid um dich, mein Bruder Jonathan, ich habe große Freude und Wonne an dir gehabt; deine Liebe ist mir wundersamer gewesen, als Frauenliebe ist.

27 Wie sind die Helden gefallen und die Streitbaren umgekommen!

David wird König über Juda, Isch-Boscheth über Israel

2 Bald danach befragte David den HERRN und sprach: Soll ich hinauf in eine der Städte Judas ziehen? Und der HERR sprach zu ihm: Zieh hinauf! David sprach: Wohin? Er sprach: Nach Hebron.

2 So zog David dorthin mit seinen beiden Frauen, Ahinoam, der Jesreeliterin, und mit Abigail, der Frau Nabals, des Karmeliters.

3 Auch die Männer, die bei ihm waren, führte David hinauf, einen jeden mit seinem Hause, und sie wohnten in den Städten von Hebron.

4 Und die Männer Judas kamen und salbten dort David zum König über das Haus Juda.

Und als David angesagt wurde, daß die Männer von Jabesch in Gilead Saul begraben hatten,

5 sandte er Boten zu ihnen und ließ ihnen sagen: Gesegnet seid ihr vom HERRN, weil ihr solche Barmherzigkeit an Saul, eurem Herrn, getan und ihn begraben habt.

6 So tue nun der HERR an euch Barmherzigkeit und Treue, und auch ich will euch Gutes tun, weil ihr das getan habt.

7 Seid nun getrosten Mutes und wackere Männer; denn Saul, euer Herr, ist tot, und mich hat das Haus Juda über sich zum König gesalbt.

8 Abner aber, der Sohn Ners, der Sauls Feldhauptmann war, nahm Isch-Boscheth*, Sauls Sohn, und führte ihn nach Mahanajim

9 und machte ihn zum König über Gilead, Asser, Jesreel, Ephraim, Benjamin und über ganz Israel.

10 Und Isch-Boscheth, Sauls Sohn, war vierzig Jahre alt, als er König wurde über Israel, und regierte zwei Jahre. Doch das Haus Juda hielt es mit David.

11 Die Zeit aber, die David König war zu Hebron über das Haus Juda, war sieben Jahre und sechs Monate.

Bruderkrieg zwischen Israel und Juda

12 Und Abner, der Sohn Ners, zog aus mit den Männern Isch-Boscheths, des Sohnes Sauls, von Mahanajim nach Gibeon,

13 und Joab, der Sohn der Zeruja, zog aus mit den Männern Davids. Und sie stießen aufeinander am Teich von Gibeon und lagerten sich, die einen auf dieser Seite des Teiches, die andern auf jener.

14 Und Abner sprach zu Joab: Laß die jungen Männer sich aufmachen zum Kampfspiel vor uns! Joab sprach: Es sei!

15 Da machten sich auf und gingen hin zwölf an der Zahl aus Benjamin auf der Seite Isch-Boscheths, des Sohnes Sauls, und zwölf von den Männern Davids.

16 Und ein jeder ergriff den andern bei dem Kopf und stieß ihm sein Schwert in die Seite, und sie fielen miteinander. Daher wird der Ort «Helkath-Hazzurim»* genannt; er liegt bei Gibeon.

17 Und es erhob sich ein sehr harter Kampf an diesem Tage. Abner aber und die Männer von Israel wurden geschlagen von den Männern Davids.

18 Es waren aber die drei Söhne der Zeruja dabei, Joab, Abisai und Asahel. Asahel aber war schnellfüßig wie ein Reh auf dem Felde

19 und jagte Abner nach und wich nicht von ihm weder zur Rechten noch zur Linken.

20 Da wandte sich Abner um und sprach: Bist du es, Asahel? Er sprach: Ja.

21 Abner sprach zu ihm: Wende dich zur Rechten oder zur Linken und mach dich an einen der Männer heran und nimm ihm seine Waffen. Aber Asahel wollte nicht von ihm ablassen.

22 Da sprach Abner noch einmal zu Asahel: Laß ab von mir! Warum willst du,

*Der Name lautet in 1. Chron 8,33; 9,39 Eschbaal, in 1. Sam 14,49 Jischwi.

*d. h. «Feld der Felsen», vermutlich verschrieben aus «Feld der Seiten».

daß ich dich zu Boden schlage? Wie dürfte ich dann mein Antlitz aufheben vor deinem Bruder Joab?

23 Aber er weigerte sich, von ihm abzulassen. Da stieß ihn Abner mit dem Schaft des Spießes in den Leib, so daß der Spieß hinten herauskam; und er fiel hin und starb an eben der Stelle. Und wer an die Stelle kam, wo Asahel tot lag, der blieb stehen.

24 Aber Joab und Abisai jagten Abner nach, bis die Sonne unterging. Und als sie auf den Hügel Amma kamen, der vor Giach liegt auf dem Wege zur Steppe von Geba,

25 versammelten sich die Benjaminiter um Abner und bildeten **eine** Schar und traten oben auf den Hügel.

26 Und Abner rief Joab zu und sprach: Soll denn das Schwert ohne Ende fressen? Weißt du nicht, daß daraus am Ende nur Jammer kommen wird? Wie lange willst du dem Volk nicht sagen, daß es ablassen soll von seinen Brüdern?

27 Joab sprach: So wahr Gott lebt: wenn du das eher gesagt hättest, so hätte schon heute morgen jeder im Volk von seinem Bruder abgelassen.

28 Und Joab ließ die Posaune blasen, und das ganze Volk stand still und jagte Israel nicht mehr nach und kämpfte auch nicht weiter.

29 Abner aber und seine Männer gingen die ganze Nacht durchs Jordantal und gingen über den Jordan und zogen durchs ganze Bithron, bis sie nach Mahanajim kamen.

30 Joab aber wandte sich von Abner ab und sammelte das ganze Volk, und es fehlten von den Männern Davids neunzehn Mann und Asahel.

31 Aber die Männer Davids hatten von Benjamin und den Männern Abners dreihundertundsechzig Mann erschlagen.

32 Und sie hoben Asahel auf und begruben ihn in seines Vaters Grab in Bethlehem. Und Joab und seine Männer zogen weiter die ganze Nacht, bis ihnen das Tageslicht anbrach in Hebron.

Davids Söhne

3 Und es war ein langer Kampf zwischen dem Hause Sauls und dem Hause Davids. David aber nahm immer mehr zu an Macht, und das Haus Sauls nahm immer mehr ab.

2 Und es wurden David Söhne geboren zu Hebron. Sein erstgeborener Sohn war Amnon, von Ahinoam, der Jesreeliterin;

3 der zweite: Kilab, von Abigail, der Frau des Karmeliters Nabal; der dritte: Absalom, der Sohn der Maacha, der Tochter Talmais, des Königs von Geschur;

4 der vierte: Adonia, der Sohn der Haggith; der fünfte: Schephatja, der Sohn der Abital;

5 der sechste: Jithream, von Egla, der Frau Davids. Diese wurden David geboren zu Hebron.

Abner geht zu David über

6 Solange der Kampf währte zwischen dem Hause Sauls und dem Hause Davids, stärkte Abner das Haus Sauls.

7 Und Saul hatte eine Nebenfrau, die hieß Rizpa, eine Tochter Ajjas. Und Isch-Boscheth sprach zu Abner: Warum bist du zu meines Vaters Nebenfrau eingegangen?

8 Da wurde Abner sehr zornig über die Worte Isch-Boscheths und sprach: Bin ich denn ein Hundskopf aus Juda? Heute erweise ich mich freundlich dem Hause Sauls, deines Vaters, und seinen Brüdern und Freunden und habe dich nicht in Davids Hände gegeben, und du rechnest mir heute eine Schuld an wegen eines Weibes?

9 Gott tue Abner dies und das, wenn ich nicht tue, wie der HERR dem David geschworen hat,

10 daß das Königtum vom Hause Sauls genommen und der Thron Davids aufgerichtet werde über Israel und Juda von Dan bis Beerseba!

11 Da konnte er Abner kein Wort mehr antworten, so fürchtete er sich vor ihm.

12 Und Abner sandte Boten für sich zu David und ließ ihm sagen: Wem gehört das Land? Schließe du einen Bund mit mir; siehe, meine Hand soll mit dir sein, daß ich dir ganz Israel zuführe.

13 David sprach: Gut, ich will einen Bund mit dir schließen. Aber eins fordere ich von dir: Du sollst mein Angesicht nicht sehen, es sei denn, du bringst Michal, Sauls Tochter, zu mir, wenn du kommst, mein Angesicht zu sehen.

14 Auch sandte David Boten zu Isch-Boscheth, dem Sohn Sauls, und ließ ihm sagen: Gib mir meine Frau Michal, die ich mir gewonnen habe mit hundert Vorhäuten der Philister.
15 Isch-Boscheth sandte hin und ließ sie wegnehmen ihrem Mann Paltiël, dem Sohn des Lajisch.
16 Und ihr Mann ging mit ihr und weinte hinter ihr her bis Bahurim. Da sprach Abner zu ihm: Kehre um und geh heim! Und er kehrte um.
17 Und Abner besprach sich mit den Ältesten in Israel und sprach: Ihr habt schon längst danach verlangt, daß David König über euch sei.
18 So tut's nun, denn der HERR hat von David gesagt: Durch die Hand meines Knechtes David will ich mein Volk Israel erretten aus der Hand der Philister und aller seiner Feinde.
19 Das tat Abner auch Benjamin kund und ging dann hin, um auch David in Hebron alles kundzutun, was Israel und das ganze Haus Benjamin für gut hielten.
20 Als nun Abner nach Hebron zu David kam und mit ihm zwanzig Mann, machte ihnen David ein Mahl.
21 Und Abner sprach zu David: Ich will mich aufmachen und hingehen, um ganz Israel zu meinem Herrn, dem König, zu sammeln, damit sie einen Bund mit dir schließen, auf daß du König seist, wie es dein Herz begehrt. Dann entließ David den Abner, so daß er hinging mit Frieden.

Abners Tod

22 Und siehe, die Männer Davids und Joab kamen von einem Streifzug zurück und brachten eine große Beute mit. Abner aber war nicht mehr bei David in Hebron, sondern er hatte ihn entlassen, so daß er mit Frieden weggegangen war.
23 Als aber Joab und das ganze Heer mit ihm kam, wurde ihm angesagt, daß Abner, der Sohn Ners, zum König gekommen sei, und der habe ihn entlassen, so daß er mit Frieden weggegangen war.
24 Da ging Joab zum König hinein und sprach: Was hast du getan? Siehe, Abner ist zu dir gekommen; warum hast du ihn fortgelassen, daß er weggegangen ist?
25 Kennst du Abner, den Sohn Ners, nicht? Er ist gekommen, dich zu überlisten, daß er erkunde dein Kommen und Gehen und alles erfahre, was du tust.
26 Und als Joab von David wegging, sandte er Abner Boten nach, um ihn zurückzuholen von Bor-Hassira; aber David wußte nichts davon.
27 Als nun Abner nach Hebron zurückkam, führte ihn Joab im Tor beiseite, um heimlich mit ihm zu reden, und stach ihn dort in den Leib, daß er starb, um des Blutes seines Bruders Asahel willen.
28 Als David das hernach erfuhr, sprach er: Ich und mein Königtum sind unschuldig vor dem HERRN ewiglich an dem Blut Abners, des Sohnes Ners;
29 es falle aber auf den Kopf Joabs und auf das ganze Haus seines Vaters, und es soll nicht aufhören im Hause Joabs, daß einer Eiterfluß und Aussatz habe oder am Stabe gehe oder durchs Schwert falle oder an Brot Mangel habe!
30 Joab und sein Bruder Abisai hatten Abner nach dem Leben getrachtet, weil er ihren Bruder Asahel im Kampf bei Gibeon getötet hatte.
31 David aber sprach zu Joab und allem Volk, das bei ihm war: Zerreißt eure Kleider und gürtet euch den Sack um und haltet die Totenklage um Abner! Und der König folgte der Bahre.
32 Und als sie Abner begruben in Hebron, erhob der König seine Stimme und weinte bei dem Grabe Abners, und auch alles Volk weinte.
33 Und der König klagte um Abner und sprach: Mußte Abner sterben, wie ein Gottloser stirbt?
34 Deine Hände waren nicht gebunden, deine Füße waren nicht in Ketten gelegt. Und doch bist du gefallen, wie man vor Ruchlosen fällt.
Da beweinte ihn alles Volk noch mehr.
35 Als nun alles Volk kam, während es noch Tag war, um David zum Essen zu nötigen, schwor David und sprach: Gott tue mir dies und das, wenn ich Brot oder sonst etwas zu mir nehme, ehe die Sonne untergeht!
36 Und alles Volk nahm es wahr, und es gefiel ihnen gut, wie alles, was der König tat, dem ganzen Volke wohlgefiel.
37 Und alles Volk und ganz Israel merkten an diesem Tage, daß es nicht vom

König ausgegangen war, daß Abner, der
Sohn Ners, getötet wurde.
38 Und der König sprach zu seinen
Männern: Wißt ihr nicht, daß an diesem
Tag ein Fürst und Großer gefallen ist in
Israel?
39 Ich aber bin heute noch schwach,
obwohl ich zum König gesalbt bin. Aber
diese Männer, die Söhne der Zeruja, sind
härter als ich. Der HERR vergelte dem, der
Böses tut, nach seiner Bosheit.

Isch-Boscheths Ende

4 Als aber der Sohn Sauls hörte, daß
Abner in Hebron umgekommen war,
entfiel ihm der Mut, und ganz Israel erschrak.
2 Es hatte aber der Sohn Sauls zwei
Männer als Hauptleute der Streifscharen;
der eine hieß Baana, der andere Rechab,
Söhne Rimmons von Beeroth aus dem
Stamm Benjamin. Denn Beeroth wurde
auch zu Benjamin gerechnet;
3 dann aber flohen die Beerothiter nach
Gittajim und wohnten dort gastweise bis
auf den heutigen Tag.
4 Auch hatte Jonathan, der Sohn Sauls,
einen Sohn, der war lahm an beiden Füßen; er war nämlich fünf Jahre alt, als die
Kunde von Saul und Jonathan aus Jesreel
kam, und seine Amme hatte ihn aufgehoben und war geflohen, und während sie
eilends floh, fiel er hin und war fortan
lahm. Er hieß Mephiboscheth*.
5 So gingen nun Rechab und Baana, die
Söhne Rimmons von Beeroth, hin und
kamen zum Hause Isch-Boscheths, als der
Tag am heißesten war; und er schlief auf
seinem Lager am Mittag.
6 Und die Pförtnerin des Hauses hatte
Weizen gereinigt und war fest eingeschlafen. Da schlichen sich Rechab und sein
Bruder Baana hinein und
7 kamen ins Haus. Da lag er auf seinem
Bett in seiner Schlafkammer. Und sie stachen ihn tot und hieben ihm den Kopf ab
und nahmen seinen Kopf und gingen
durch das Jordantal die ganze Nacht
8 und brachten das Haupt Isch-Boscheths zu David nach Hebron und sprachen zum König: Siehe, da ist das Haupt
Isch-Boscheths, des Sohnes Sauls, deines
Feindes, der dir nach dem Leben getrachtet hat. Der HERR hat heute meinen Herrn,
den König, gerächt an Saul und an seinem
Geschlecht.
9 Da antwortete ihnen David: So wahr
der HERR lebt, der mich aus aller Bedrängnis erlöst hat:
10 ich habe den, der mir verkündete:
Saul ist tot, und meinte, er sei ein guter
Bote, ergriffen und getötet in Ziklag, dem
ich doch Lohn für eine gute Botschaft
hätte geben sollen.
11 Und diese gottlosen Leute haben einen gerechten Mann in seinem Hause auf
seinem Lager getötet – sollte ich sein Blut
nicht fordern von euren Händen und euch
von der Erde vertilgen?
12 Und David gebot seinen Leuten; die
schlugen sie nieder und hieben ihnen
Hände und Füße ab und hängten sie auf
am Teich bei Hebron. Aber das Haupt
Isch-Boscheths nahmen sie und begruben
es in Abners Grab in Hebron.

David wird König über ganz Israel

5 Und es kamen alle Stämme Israels zu
David nach Hebron und sprachen:
Siehe, wir sind von deinem Gebein und
deinem Fleisch.
2 Schon früher, als Saul über uns König
war, führtest du Israel ins Feld und wieder heim. Dazu hat der HERR dir gesagt:
Du sollst mein Volk Israel weiden und
sollst Fürst sein über Israel.
3 Und es kamen alle Ältesten in Israel
zum König nach Hebron. Und der König
David schloß mit ihnen einen Bund in
Hebron vor dem HERRN, und sie salbten
David zum König über Israel.
4 Dreißig Jahre war David alt, als er
König wurde, und regierte vierzig Jahre.
5 Zu Hebron regierte er sieben Jahre
und sechs Monate über Juda, und zu Jerusalem regierte er dreiunddreißig Jahre
über ganz Israel und Juda.

David erobert Jerusalem

6 Und der König zog mit seinen Männern vor Jerusalem gegen die Jebusiter,
die im Lande wohnten. Sie aber sprachen
zu David: Du wirst nicht hier hereinkommen, sondern Blinde und Lahme werden
dich abwehren. Damit meinten sie, daß
David nicht dort hineinkommen könnte.

*Der Name lautet in 1.Chron 8,34; 9,40 Merib-Baal.

7 David aber eroberte die Burg Zion; das ist Davids Stadt.

8 Da sprach David an diesem Tage: Wer die Jebusiter schlägt und durch den Schacht hinaufsteigt und die Lahmen und Blinden erschlägt, die David verhaßt sind, der soll Hauptmann und Oberster sein. Da stieg Joab, der Sohn der Zeruja, zuerst hinauf und wurde Hauptmann.* Daher spricht man: Laß keinen Blinden und Lahmen ins Haus!

9 So wohnte David auf der Burg und nannte sie «Stadt Davids». Und David baute ringsumher, vom Millo an nach innen zu.

10 Und Davids Macht nahm immer mehr zu, und der HERR, der Gott Zebaoth, war mit ihm.

11 Und Hiram, der König von Tyrus, sandte Boten zu David mit Zedernholz, dazu Zimmerleute und Steinmetzen, daß sie David ein Haus bauten.

12 Und David erkannte, daß der HERR ihn zum König über Israel bestätigt und sein Königtum erhöht hatte um seines Volkes Israel willen.

13 Und David nahm noch mehr Frauen und Nebenfrauen in Jerusalem, nachdem er von Hebron gekommen war, und es wurden ihm noch mehr Söhne und Töchter geboren.

14 Dies sind die Namen der Söhne, die ihm zu Jerusalem geboren sind: Schammua, Schobab, Nathan, Salomo,

15 Jibhar, Elischua, Nepheg, Japhia,

16 Elischama, Eljada, Eliphelet.

Davids Siege über die Philister

17 Als die Philister hörten, daß man David zum König über Israel gesalbt hatte, zogen sie alle herauf, um sich Davids zu bemächtigen. Sobald das David erfuhr, zog er hinab nach der Bergfeste.

18 Aber die Philister kamen und breiteten sich aus in der Ebene Rephaim.

19 Und David befragte den HERRN und sprach: Soll ich hinaufziehen gegen die Philister? Wirst du sie in meine Hand geben? Der HERR sprach zu David: Zieh hinauf, ich werde die Philister in deine Hand geben.

20 Und David kam nach Baal-Perazim und schlug sie dort und sprach: Der

*Dieser Text wurde aus 1. Chron 11,6 eingesetzt.

HERR hat meine Feinde vor mir durchbrochen, wie Wasserfluten durchbrechen. Daher nannte man den Ort «Baal-Perazim»*.

21 Und sie ließen ihre Götzenbilder dort zurück; David aber und seine Männer nahmen sie mit.

22 Die Philister aber zogen abermals herauf und breiteten sich aus in der Ebene Rephaim.

23 Und David befragte den HERRN; der sprach: Du sollst nicht hinaufziehen ihnen entgegen, sondern komm von hinten über sie, daß du sie angreifst vom Bakawalde her.

24 Und wenn du hörst, wie das Rauschen in den Wipfeln der Bakabäume einhergeht, so eile; denn dann ist der HERR ausgezogen vor dir her, zu schlagen das Heer der Philister.

25 David tat, wie der HERR ihm geboten hatte, und schlug die Philister von Gibeon an bis hin nach Geser.

David holt die Bundeslade nach Jerusalem

6 Und David sammelte abermals die ganze junge Mannschaft in Israel, dreißigtausend Mann,

2 und machte sich auf und zog mit dem ganzen Volk, das bei ihm war, nach Baala in Juda, um die Lade Gottes von dort heraufzuholen; diese ist genannt nach dem Namen des HERRN Zebaoth, der über den Cherubim thront.

3 Und sie setzten die Lade Gottes auf einen neuen Wagen und holten sie aus dem Hause Abinadabs, der auf dem Hügel wohnte. Usa aber und Achjo, die Söhne Abinadabs, führten den neuen Wagen.

4 Und als sie ihn mit der Lade Gottes aus dem Hause Abinadabs führten, der auf dem Hügel wohnte, und Achjo vor der Lade herging,

5 tanzten David und ganz Israel vor dem HERRN her mit aller Macht im Reigen, mit Liedern, mit Harfen und Psaltern und Pauken und Schellen und Zimbeln.

6 Und als sie zur Tenne Nachons kamen, griff Usa zu und hielt die Lade Gottes fest, denn die Rinder glitten aus.

7 Da entbrannte des HERRN Zorn über Usa, und Gott schlug ihn dort, weil er seine Hand nach der Lade ausgestreckt

*d. h. Herr der Durchbrüche.

hatte, so daß er dort starb bei der Lade
Gottes.
8 Da ergrimmte David, daß der HERR
den Usa so wegriß, und man nannte die
Stätte «Perez-Usa»* bis auf diesen Tag.
9 Und David fürchtete sich vor dem
HERRN an diesem Tage und sprach: Wie
soll die Lade des HERRN zu mir kommen?
10 Und er wollte sie nicht zu sich brin-
gen lassen in die Stadt Davids, sondern
ließ sie bringen ins Haus Obed-Edoms,
des Gathiters.
11 So blieb die Lade des HERRN drei
Monate im Hause Obed-Edoms, des Ga-
thiters, und der HERR segnete ihn und sein
ganzes Haus.
12 Und es wurde dem König David an-
gesagt, daß der HERR das Haus Obed-
Edoms segnete und alles, was er hatte, um
der Lade Gottes willen. Da ging er hin
und holte die Lade Gottes aus dem Hause
Obed-Edoms herauf in die Stadt Davids
mit Freuden.
13 Und als die Träger mit der Lade des
HERRN sechs Schritte gegangen waren, op-
ferte man einen Stier und ein fettes Kalb.
14 Und David tanzte mit aller Macht vor
dem HERRN her und war umgürtet mit
einem leinenen Priesterschurz.
15 Und David mit dem ganzen Hause
Israel führte die Lade des HERRN herauf
mit Jauchzen und Posaunenschall.
16 Und als die Lade des HERRN in die
Stadt Davids kam, guckte Michal, die
Tochter Sauls, durchs Fenster und sah
den König David springen und tanzen vor
dem HERRN und verachtete ihn in ihrem
Herzen.
17 Als sie die Lade des HERRN hinein-
brachten, stellten sie sie an ihren Platz
mitten in dem Zelt, das David für sie auf-
geschlagen hatte. Und David opferte
Brandopfer und Dankopfer vor dem
HERRN.
18 Und als David die Brandopfer und
Dankopfer beendet hatte, segnete er das
Volk in dem Namen des HERRN Zebaoth,
19 und er ließ austeilen allem Volk, der
ganzen Menge Israels, Mann und Frau,
einem jeden einen Brotkuchen, ein Stück
Fleisch und einen Rosinenkuchen. Da-
nach kehrte alles Volk heim, ein jeder in
sein Haus.

*d. h. Wegreißen Usas.

20 Als aber David heimkam, seinem
Haus den Segensgruß zu bringen, ging
Michal, die Tochter Sauls, heraus ihm
entgegen und sprach: Wie herrlich ist
heute der König von Israel gewesen, als er
sich vor den Mägden seiner Männer ent-
blößt hat, wie sich die losen Leute ent-
blößen!
21 David aber sprach zu Michal: Ich
will vor dem HERRN tanzen, der mich er-
wählt hat vor deinem Vater und vor sei-
nem ganzen Hause, um mich zum Fürsten
zu bestellen über das Volk des HERRN,
über Israel,
22 und ich will noch geringer werden als
jetzt und will niedrig sein in meinen Au-
gen; aber bei den Mägden, von denen du
geredet hast, will ich zu Ehren kommen.
23 Aber Michal, Sauls Tochter, hatte
kein Kind bis an den Tag ihres Todes.

Gottes Verheißung für David und sein Königtum

7 Als nun der König in seinem Hause
saß und der HERR ihm Ruhe gegeben
hatte vor allen seinen Feinden umher,
2 sprach er zu dem Propheten Nathan:
Sieh doch, ich wohne in einem Zedern-
hause, und die Lade Gottes wohnt unter
Zeltdecken.
3 Nathan sprach zu dem König: Wohl-
an, alles, was in deinem Herzen ist, das tu,
denn der HERR ist mit dir.
4 In der Nacht aber kam das Wort des
HERRN zu Nathan:
5 Geh hin und sage zu meinem Knecht
David: So spricht der HERR: Solltest du
mir ein Haus bauen, daß ich darin wohne?
6 Habe ich doch in keinem Hause ge-
wohnt seit dem Tag, da ich die Kinder
Israel aus Ägypten führte, bis auf diesen
Tag, sondern ich bin umhergezogen in
einem Zelt als Wohnung.
7 Habe ich die ganze Zeit, als ich mit
den Kindern Israel umherzog, je geredet
zu einem der Richter Israels, denen ich
befohlen hatte, mein Volk Israel zu wei-
den, und gesagt: Warum baut ihr mir
nicht ein Zedernhaus?
8 Darum sollst du nun so zu meinem
Knechte David sagen: So spricht der
HERR Zebaoth: Ich habe dich genommen
von den Schafhürden, damit du Fürst über
mein Volk Israel sein sollst,

9 und bin mit dir gewesen, wo du hinge-
gangen bist, und habe alle deine Feinde
vor dir ausgerottet; und ich will dir einen
großen Namen machen gleich dem Na-
men der Großen auf Erden.
10 Und ich will meinem Volk Israel eine
Stätte geben und will es pflanzen, daß es
dort wohne und sich nicht mehr ängstigen
müsse und die Kinder der Bosheit es nicht
mehr bedrängen. Und wie vormals,
11 seit der Zeit, da ich Richter über mein
Volk Israel bestellt habe, will ich dir Ruhe
geben vor allen deinen Feinden. **Und der
HERR verkündigt dir, daß der HERR dir ein
Haus bauen will.**
12 **Wenn nun deine Zeit um ist und du
dich zu deinen Vätern schlafen legst, will ich
dir einen Nachkommen erwecken, der von
deinem Leibe kommen wird; dem will ich
sein Königtum bestätigen.**
13 **Der soll meinem Namen ein Haus
bauen, und ich will seinen Königsthron be-
stätigen ewiglich.**
14 Ich will sein Vater sein, und er soll
mein Sohn sein. Wenn er sündigt, will ich
ihn mit Menschenruten und mit mensch-
lichen Schlägen strafen;
15 aber meine Gnade soll nicht von ihm
weichen, wie ich sie habe weichen lassen
von Saul, den ich vor dir weggenommen
habe.
16 Aber dein Haus und dein Königtum
sollen beständig sein in Ewigkeit vor mir,
und dein Thron soll ewiglich bestehen.
17 Als Nathan alle diese Worte und dies
Gesicht David gesagt hatte,
18 kam der König David und setzte sich
vor dem HERRN nieder und sprach: **Wer
bin ich, Herr HERR, und was ist mein Haus,
daß du mich bis hierher gebracht hast?**
19 Aber nun hast du das noch für zu
wenig gehalten, Herr HERR, und hast dem
Hause deines Knechtes sogar für die ferne
Zukunft Zusagen gegeben, und das nach
Menschenweise, Herr HERR!
20 Und was soll David noch mehr reden
mit dir? Du kennst ja deinen Knecht,
Herr HERR!
21 Um deines Wortes willen und nach
deinem Herzen hast du alle diese großen
Dinge getan, um sie deinem Knecht kund-
zutun.
22 Darum bist du groß, Herr HERR!
Denn es ist keiner wie du, und ist kein
Gott außer dir nach allem, was wir mit
unsern Ohren gehört haben.
23 Und wo ist ein Volk auf Erden wie
dein Volk Israel, um dessentwillen Gott
hingegangen ist, es zu erlösen, daß es sein
Volk sei, und ihm einen Namen zu machen
und so große und furchtbare Dinge zu
tun, damit du Völker und ihre Götter ver-
triebest vor deinem Volk, das du dir aus
Ägypten erlöst hast?
24 Und du hast dir dein Volk Israel zu-
bereitet, dir zum Volk für ewig, und du,
HERR, bist ihr Gott geworden.
25 So bekräftige nun, HERR, Gott, das
Wort in Ewigkeit, das du über deinen
Knecht und über sein Haus geredet hast,
und tu, wie du geredet hast!
26 So wird dein Name groß werden in
Ewigkeit, daß man sagen wird: Der HERR
Zebaoth ist Gott über Israel, und das
Haus deines Knechtes David wird be-
stehen vor dir.
27 Denn du, HERR Zebaoth, du Gott
Israels, hast das Ohr deines Knechts ge-
öffnet und gesagt: Ich will dir ein Haus
bauen. Darum hat dein Knecht sich ein
Herz gefaßt, daß er dies Gebet zu dir ge-
betet hat.
28 Nun, Herr HERR, du bist Gott, und
deine Worte sind Wahrheit. Du hast all
dies Gute deinem Knecht zugesagt.
29 So fange nun an, zu segnen das Haus
deines Knechts, damit es ewiglich vor dir
sei; denn du, Herr HERR, hast's geredet,
und mit deinem Segen wird deines Knech-
tes Haus gesegnet sein ewiglich.

Davids Kriege und Siege

8 Und es begab sich danach, daß David
die Philister schlug und sie unterwarf
und daß er den Dienstzaum den Philistern
aus der Hand nahm.
2 Er schlug auch die Moabiter und ließ
sie sich auf den Boden legen und maß sie
mit der Meßschnur ab; und er maß zwei
Schnurlängen ab, so viele tötete er, und
eine volle Schnurlänge, so viele ließ er am
Leben. So wurden die Moabiter David
untertan, daß sie ihm Abgaben bringen
mußten.
3 David schlug auch Hadad-Eser, den
Sohn Rehobs, den König von Zoba, als
er hinzog, um seine Macht wieder aufzu-
richten am Euphratstrom.

4 Und David nahm von ihnen gefangen tausendundsiebenhundert Gespanne und zwanzigtausend Mann Fußvolk und lähmte alle Pferde und behielt hundert übrig.

5 Es kamen aber die Aramäer von Damaskus, um Hadad-Eser, dem König von Zoba, zu helfen. Und David schlug von den Aramäern zweiundzwanzigtausend Mann.

6 Und er setzte Statthalter ein im Aramäerreich von Damaskus. So wurde Aram David untertan, daß sie ihm Abgaben bringen mußten; denn der HERR half David, wo er auch hinzog.

7 Und David nahm die goldenen Schilde, die Hadad-Esers Männer gehabt hatten, und brachte sie nach Jerusalem.

8 Und von Betach und Berothai, den Städten Hadad-Esers, nahm der König David sehr viel Kupfer.

9 Als aber Toï, der König von Hamath, hörte, daß David die ganze Streitmacht Hadad-Esers geschlagen hatte,

10 sandte er seinen Sohn Joram zum König David, ihm Frieden und Segen zu wünschen, weil er gegen Hadad-Eser gekämpft und ihn geschlagen hatte – denn Toï führte Krieg mit Hadad-Eser –, und Joram brachte mit sich silberne, goldene und kupferne Kleinode.

11 Auch diese heiligte der König David dem HERRN samt dem Silber und Gold, das er geheiligt hatte von allen Heiden, die er unterworfen hatte,

12 von Edom, von Moab, von den Ammonitern, von den Philistern, von Amalek und von dem, was er erbeutet hatte von Hadad-Eser, dem Sohn Rehobs, dem König von Zoba.

13 So machte sich David einen Namen. Als er zurückkam vom Sieg über die Aramäer, schlug er die Edomiter im Salztal, achtzehntausend Mann,

14 und setzte in ganz Edom Statthalter ein, und ganz Edom wurde David untertan; denn der HERR half David, wo er auch hinzog.

Davids Beamte

15 So war David König über ganz Israel, und er schaffte Recht und Gerechtigkeit seinem ganzen Volk.

16 Joab, der Sohn der Zeruja, war über das Heer gesetzt; Josaphat aber, der Sohn Ahiluds, war Kanzler;

17 Zadok, der Sohn Ahitubs, und Ahimelech, der Sohn Abjathars, waren Priester; Seraja war Schreiber;

18 Benaja, der Sohn Jojadas, war über die Krether und Plether gesetzt; auch die Söhne Davids sind Priester gewesen.

David holt Mephiboscheth an seinen Hof

9 Und David sprach: Ist noch jemand übriggeblieben von dem Hause Sauls, damit ich Barmherzigkeit an ihm tue um Jonathans willen?

2 Es war aber ein Knecht vom Hause Sauls, der hieß Ziba; den riefen sie zu David. Und der König sprach zu ihm: Bist du Ziba? Er sprach: Ja, dein Knecht ist es.

3 Der König sprach: Ist da noch jemand vom Hause Sauls, damit ich Gottes Barmherzigkeit an ihm tue? Ziba sprach zum König: Es ist noch ein Sohn Jonathans da, lahm an den Füßen.

4 Der König sprach zu ihm: Wo ist er? Ziba sprach zum König: Siehe, er ist in Lo-Dabar im Hause Machirs, des Sohnes Ammiëls.

5 Da sandte der König David hin und ließ ihn holen von Lo-Dabar aus dem Hause Machirs, des Sohnes Ammiëls.

6 Als nun Mephiboscheth, der Sohn Jonathans, des Sohnes Sauls, zu David kam, fiel er auf sein Angesicht und huldigte ihm. David aber sprach: Mephiboscheth! Er sprach: Hier bin ich, dein Knecht.

7 David sprach zu ihm: Fürchte dich nicht, denn ich will Barmherzigkeit an dir tun um deines Vaters Jonathan willen und will dir den ganzen Besitz deines Vaters Saul zurückgeben; du aber sollst täglich an meinem Tisch essen.

8 Er aber fiel nieder und sprach: Wer bin ich, dein Knecht, daß du dich wendest zu einem toten Hunde, wie ich es bin?

9 Da rief der König den Ziba, den Knecht Sauls, und sprach zu ihm: Alles, was Saul gehört hat und seinem ganzen Hause, hab ich dem Sohn deines Herrn gegeben.

10 So bearbeite ihm nun seinen Acker, du und deine Söhne und deine Knechte, und bring die Ernte ein, damit es das Brot sei des Sohnes deines Herrn und er sich

davon nähre; aber Mephiboscheth, der Sohn deines Herrn, soll täglich an meinem Tisch essen. Ziba aber hatte fünfzehn Söhne und zwanzig Knechte.

11 Und Ziba sprach zum König: Ganz so, wie mein Herr, der König, seinem Knechte geboten hat, wird dein Knecht tun. Und Mephiboscheth, sprach David, esse an meinem Tische wie einer der Königssöhne.

12 Und Mephiboscheth hatte einen kleinen Sohn, der hieß Micha. Und alle, die im Hause Zibas wohnten, dienten Mephiboscheth.

13 Mephiboscheth aber wohnte hinfort in Jerusalem, denn er aß täglich an des Königs Tisch. Und er war lahm an seinen beiden Füßen.

Davids Kampf mit den Ammonitern

10 Und es begab sich danach, daß der König der Ammoniter starb, und sein Sohn Hanun wurde König an seiner Statt.

2 Da sprach David: Ich will Hanun, dem Sohn des Nahasch, Freundschaft erweisen, wie sein Vater mir Freundschaft erwiesen hat. Und er sandte hin und ließ ihn durch seine Gesandten über seinen Vater trösten. Als nun die Gesandten Davids ins Land der Ammoniter kamen,

3 sprachen die Obersten der Ammoniter zu ihrem Herrn Hanun: Meinst du, daß David deinen Vater vor deinen Augen ehren wolle, wenn er Tröster zu dir gesandt hat? Meinst du nicht, daß er dazu seine Boten zu dir gesandt hat, damit er die Stadt erforsche und erkunde und zerstöre?

4 Da nahm Hanun die Gesandten Davids und ließ ihnen den Bart halb abscheren und die Kleider halb abschneiden bis unter den Gürtel und ließ sie gehen.

5 Als das David angesagt wurde, sandte er ihnen Boten entgegen; denn die Männer waren sehr geschändet. Und der König ließ ihnen sagen: Bleibt in Jericho, bis euer Bart gewachsen ist; dann kommt zurück.

6 Als aber die Ammoniter sahen, daß sie sich bei David in Verruf gebracht hatten, sandten sie hin und warben an die Aramäer von Beth-Rehob und die Aramäer von Zoba, zwanzigtausend Mann Fußvolk, und von dem König von Maacha tausend Mann und von Tob zwölftausend Mann.

7 Als das David hörte, sandte er Joab mit dem ganzen Heer der Kriegsleute.

8 Und die Ammoniter zogen aus und stellten sich auf zum Kampf vor dem Eingang des Tores. Die Aramäer aber von Zoba, von Rehob, von Tob und von Maacha standen für sich auf freiem Feld.

9 Als Joab nun sah, daß der Angriff gegen ihn gerichtet war von vorn und von hinten, wählte er aus der ganzen jungen Mannschaft in Israel einen Teil aus und stellte sich den Aramäern entgegen.

10 Und das übrige Kriegsvolk tat er unter die Hand seines Bruders Abisai, daß er sie gegen die Ammoniter aufstelle,

11 und sprach: Werden mir die Aramäer überlegen sein, so komm mir zu Hilfe; werden aber die Ammoniter dir überlegen sein, so will ich dir zu Hilfe kommen.

12 Sei ganz getrost, damit wir die Stärkeren bleiben für unser Volk und die Städte unseres Gottes. Der HERR aber tue, was ihm gefällt.

13 Und Joab rückte an mit dem Volk, das bei ihm war, um gegen die Aramäer zu kämpfen, und sie flohen vor ihm.

14 Und als die Ammoniter sahen, daß die Aramäer flohen, flohen sie auch vor Abisai in die Stadt hinein. Da ließ Joab ab von den Ammonitern und kam nach Jerusalem.

15 Und als die Aramäer sahen, daß sie von Israel geschlagen waren, sammelten sie sich.

16 Und Hadad-Eser sandte hin und ließ die Aramäer jenseits des Stromes ausziehen, und sie kamen nach Helam, und Schobach, der Feldhauptmann Hadad-Esers, an ihrer Spitze.

17 Als das David angesagt wurde, sammelte er ganz Israel und zog über den Jordan und kam nach Helam. Und die Aramäer stellten sich gegen David auf, um mit ihm zu kämpfen.

18 Aber die Aramäer flohen vor Israel, und David vernichtete von den Aramäern siebenhundert Wagen und vierzigtausend Mann; und Schobach, den Feldhauptmann, erschlug er, daß er dort starb.

19 Als aber alle Könige, die unter Hadad-Eser waren, sahen, daß sie von Israel

geschlagen waren, machten sie Frieden
mit Israel und wurden ihm untertan. Und
die Aramäer fürchteten sich, den Ammo-
nitern hinfort zu helfen.

Davids Ehebruch und Blutschuld

11 Und als das Jahr um war, zur Zeit,
da die Könige ins Feld zu ziehen
pflegen, sandte David Joab und seine
Männer mit ihm und ganz Israel, damit
sie das Land der Ammoniter verheerten
und Rabba belagerten. David aber blieb
in Jerusalem.
2 Und es begab sich, daß David um den
Abend aufstand von seinem Lager und
sich auf dem Dach des Königshauses er-
ging; da sah er vom Dach aus eine Frau
sich waschen; und die Frau war von sehr
schöner Gestalt.
3 Und David sandte hin und ließ nach
der Frau fragen, und man sagte: Das ist
doch Bathseba, die Tochter Eliams, die
Frau Urias, des Hethiters.
4 Und David sandte Boten hin und ließ
sie holen. Und als sie zu ihm kam, wohnte
er ihr bei; sie aber hatte sich gerade ge-
reinigt von ihrer Unreinheit. Und sie
kehrte in ihr Haus zurück.
5 Und die Frau ward schwanger und
sandte hin und ließ David sagen: Ich bin
schwanger geworden.
6 David aber sandte zu Joab: Sende zu
mir Uria, den Hethiter. Und Joab sandte
Uria zu David.
7 Und als Uria zu ihm kam, fragte Da-
vid, ob es mit Joab und mit dem Heer und
mit dem Krieg gut stünde.
8 Und David sprach zu Uria: Geh hinab
in dein Haus und wasch deine Füße. Und
als Uria aus des Königs Haus hinausging,
wurde ihm ein Geschenk des Königs
nachgetragen.
9 Aber Uria legte sich schlafen vor der
Tür des Königshauses, wo alle Kriegs-
leute seines Herrn lagen, und ging nicht
hinab in sein Haus.
10 Als man aber David ansagte: Uria
ist nicht hinab in sein Haus gegangen,
sprach David zu ihm: Bist du nicht von
weither gekommen? Warum bist du nicht
hinab in dein Haus gegangen?
11 Uria aber sprach zu David: Die Lade
und Israel und Juda wohnen in Zelten,
und Joab, mein Herr, und meines Herrn
Kriegsleute liegen auf freiem Felde, und
ich sollte in mein Haus gehen, um zu essen
und zu trinken und bei meinem Weibe
zu liegen? So wahr der HERR lebt und so
wahr du lebst: ich tue so etwas nicht.
12 David sprach zu Uria: Bleib heute
hier, morgen will ich dich gehen lassen.
So blieb Uria in Jerusalem an diesem
Tage und auch am nächsten.
13 Und David lud ihn ein, so daß er bei
ihm aß und trank, und machte ihn be-
trunken. Aber am Abend ging er hinaus,
um sich schlafen zu legen auf sein Lager
bei den Männern seines Herrn, und ging
nicht hinab in sein Haus.
14 Am andern Morgen schrieb David
einen Brief an Joab und sandte ihn durch
Uria.
15 Er schrieb aber in dem Brief: Stellt
Uria vornehin, wo der Kampf am härte-
sten ist, und zieht euch hinter ihm zurück,
daß er erschlagen werde und sterbe.
16 Als nun Joab die Stadt belagerte,
stellte er Uria dorthin, wo er wußte, daß
streitbare Männer standen.
17 Und als die Männer der Stadt einen
Ausfall machten und mit Joab kämpften,
fielen einige vom Volk, von den Männern
Davids, und Uria, der Hethiter, starb
auch.
18 Da sandte Joab hin und ließ David
alles sagen, was sich bei dem Kampf be-
geben hatte,
19 und gebot dem Boten: Wenn du dem
König alles bis zu Ende gesagt hast, was
sich bei dem Kampf begeben hat,
20 und siehst, daß der König zornig
wird und zu dir spricht: Warum seid ihr
so nahe an die Stadt herangerückt im
Kampf? Wißt ihr nicht, daß von der
Mauer geschossen wird?
21 Wer erschlug Abimelech, den Sohn
Jerubbaals? Warf nicht ein Weib einen
Mühlstein auf ihn von der Mauer, so daß
er in Tebez starb? Warum seid ihr so nahe
an die Mauer herangerückt?, – so sollst du
sagen: Auch dein Knecht Uria, der He-
thiter, ist tot.
22 Der Bote ging hin und kam und sagte
David alles, weswegen Joab ihn gesandt
hatte.
23 Und der Bote sprach zu David: Die
Männer waren uns übermächtig und zo-
gen heraus aufs Feld gegen uns; wir aber

gingen gegen sie an bis an den Eingang des Tores.

24 Und die Schützen schossen von der Mauer auf deine Knechte und töteten einige von den Männern des Königs, und auch Uria, dein Knecht, der Hethiter, ist tot.

25 David sprach zum Boten: So sollst du Joab sagen: «Laß dir das nicht leid sein, denn das Schwert frißt bald diesen, bald jenen. Fahre fort mit dem Kampf gegen die Stadt und zerstöre sie.» So sollst du ihm Mut zusprechen.

26 Und als Urias Frau hörte, daß ihr Mann Uria tot war, hielt sie die Totenklage um ihren Eheherrn.

27 Sobald sie aber ausgetrauert hatte, sandte David hin und ließ sie in sein Haus holen, und sie wurde seine Frau und gebar ihm einen Sohn. Aber dem HERRN mißfiel die Tat, die David getan hatte.

Nathans Strafrede. David bekennt seine Sünde und empfängt Vergebung

12 Und der HERR sandte Nathan zu David. Als der zu ihm kam, sprach er zu ihm: Es waren zwei Männer in einer Stadt, der eine reich, der andere arm.

2 Der Reiche hatte sehr viele Schafe und Rinder;

3 aber der Arme hatte nichts als ein einziges kleines Schäflein, das er gekauft hatte. Und er nährte es, daß es groß wurde bei ihm zugleich mit seinen Kindern. Es aß von seinem Bissen und trank aus seinem Becher und schlief in seinem Schoß, und er hielt's wie eine Tochter.

4 Als aber zu dem reichen Mann ein Gast kam, brachte er's nicht über sich, von seinen Schafen und Rindern zu nehmen, um dem Gast etwas zuzurichten, der zu ihm gekommen war, sondern er nahm das Schaf des armen Mannes und richtete es dem Mann zu, der zu ihm gekommen war.

5 Da geriet David in großen Zorn über den Mann und sprach zu Nathan: So wahr der HERR lebt: der Mann ist ein Kind des Todes, der das getan hat!

6 Dazu soll er das Schaf vierfach bezahlen, weil er das getan und sein eigenes geschont hat.

7 Da sprach Nathan zu David: Du bist der Mann! So spricht der HERR, der Gott Israels: Ich habe dich zum König gesalbt über Israel und habe dich errettet aus der Hand Sauls

8 und habe dir deines Herrn Haus gegeben, dazu seine Frauen, und habe dir das Haus Israel und Juda gegeben; und ist das zu wenig, will ich noch dies und das dazu tun.

9 Warum hast du denn das Wort des HERRN verachtet, daß du getan hast, was ihm mißfiel? Uria, den Hethiter, hast du erschlagen mit dem Schwert, seine Frau hast du dir zur Frau genommen, ihn aber hast du umgebracht durchs Schwert der Ammoniter.

10 Nun, so soll von deinem Hause das Schwert nimmermehr lassen, weil du mich verachtet und die Frau Urias, des Hethiters, genommen hast, daß sie deine Frau sei.

11 So spricht der HERR: Siehe, ich will Unheil über dich kommen lassen aus deinem eigenen Hause und will deine Frauen nehmen vor deinen Augen und will sie deinem Nächsten geben, daß er bei ihnen liegen soll an der lichten Sonne.

12 Denn du hast's heimlich getan, ich aber will dies tun vor ganz Israel und im Licht der Sonne.

13 Da sprach David zu Nathan: Ich habe gesündigt gegen den HERRN. Nathan sprach zu David: So hat auch der HERR deine Sünde weggenommen; du wirst nicht sterben.

14 Aber weil du die Feinde des HERRN durch diese Sache zum Lästern gebracht hast, wird der Sohn, der dir geboren ist, des Todes sterben.

15 Und Nathan ging heim.

Und der HERR schlug das Kind, das Urias Frau David geboren hatte, so daß es todkrank wurde.

16 Und David suchte Gott um des Knäbleins willen und fastete, und wenn er heimkam, lag er über Nacht auf der Erde.

17 Da traten herzu die Ältesten seines Hauses und wollten ihn aufrichten von der Erde; er aber wollte nicht und aß auch nicht mit ihnen.

18 Am siebenten Tage aber starb das Kind. Und die Männer Davids fürchteten sich, ihm zu sagen, daß das Kind tot sei; denn sie dachten: Siehe, als das Kind noch am Leben war, redeten wir mit ihm, und

er hörte nicht auf uns; wie könnten wir
ihm nun sagen: Das Kind ist tot! Er
könnte ein Unheil anrichten.
19 Als aber David sah, daß seine Män-
ner leise redeten, merkte er, daß das Kind
tot sei, und sprach zu seinen Männern:
Ist das Kind tot? Sie sprachen: Ja.
20 Da stand David von der Erde auf
und wusch sich und salbte sich und zog
andere Kleider an und ging in das Haus
des HERRN und betete an. Und als er wie-
der heimkam, ließ er sich Speise auftragen
und aß.
21 Da sprachen seine Männer zu ihm:
Was soll das, was du tust? Als das Kind
lebte, hast du gefastet und geweint; nun es
aber gestorben ist, stehst du auf und issest?
22 Er sprach: Als das Kind noch lebte,
fastete ich und weinte; denn ich dachte:
Wer weiß, ob mir der HERR nicht gnädig
wird und das Kind am Leben bleibt.
23 Nun es aber tot ist, was soll ich
fasten? Kann ich es wieder zurückholen?
Ich werde wohl zu ihm fahren; es kommt
aber nicht wieder zu mir zurück.
24 Und als David seine Frau Bathseba
getröstet hatte, ging er zu ihr hinein und
wohnte ihr bei. Und sie gebar einen Sohn,
den nannte er Salomo. Und der HERR
liebte ihn.
25 Und er tat ihn unter die Hand des
Propheten Nathan; der nannte ihn Jedid-
ja* um des HERRN willen.

Eroberung der Hauptstadt der Ammoniter

26 So kämpfte nun Joab gegen Rabba,
die Stadt der Ammoniter, und eroberte
die Königsstadt
27 und sandte Boten zu David und ließ
ihm sagen: Ich habe gekämpft gegen Rab-
ba und schon die Wasserstadt eingenom-
men.
28 So bring nun das übrige Kriegsvolk
zusammen und belagere die Stadt und er-
obere sie, damit nicht ich sie erobere und
mein Name über ihr ausgerufen werde.
29 So brachte David das ganze Kriegs-
volk zusammen und zog hin und kämpfte
gegen Rabba und eroberte es
30 und nahm seinem König die Krone
vom Haupt; die war an Gewicht einen
Zentner Gold schwer, und an ihr war ein
Edelstein; und sie wurde David aufs
Haupt gesetzt. Und er führte aus der
Stadt viel Beute weg.
31 Aber das Volk darin führte er heraus
und stellte sie als Fronarbeiter an die Sä-
gen, die eisernen Pickel und an die eiser-
nen Äxte und ließ sie an den Ziegelöfen
arbeiten. So tat er mit allen Städten der
Ammoniter. Danach kehrten David und
das ganze Kriegsvolk nach Jerusalem zu-
rück.

*d. h. Geliebter des HERRN.

Amnons Schandtat an Absaloms Schwester

13 Und es begab sich danach: Absa-
lom, der Sohn Davids, hatte eine
schöne Schwester, die Thamar hieß; und
Amnon, der Sohn Davids, gewann sie
lieb.
2 Und Amnon grämte sich, so daß er
fast krank wurde, um seiner Schwester
Thamar willen; denn sie war eine Jung-
frau, und es schien Amnon unmöglich zu
sein, ihr etwas anzutun.
3 Amnon aber hatte einen Freund, der
hieß Jonadab, ein Sohn von Davids Bru-
der Schima, und dieser Jonadab war ein
sehr erfahrener Mann.
4 Der sprach zu ihm: Warum wirst du so
mager von Tag zu Tag, du Königssohn?
Willst du mir's nicht sagen? Da sprach
Amnon zu ihm: Ich habe Thamar, die
Schwester meines Bruders Absalom, lieb
gewonnen.
5 Jonadab sprach zu ihm: Lege dich auf
dein Bett und stelle dich krank. Wenn
dann dein Vater kommt, dich zu besuchen,
so sprich zu ihm: Laß doch meine Schwe-
ster Thamar kommen, damit sie mir
Krankenkost gebe und vor meinen Augen
das Essen bereite, daß ich zusehe und von
ihrer Hand nehme und esse.
6 So legte sich Amnon hin und stellte
sich krank. Als nun der König kam, ihn
zu besuchen, sprach Amnon zum König:
Laß doch meine Schwester Thamar kom-
men, daß sie vor meinen Augen einen Ku-
chen oder zwei mache und ich von ihrer
Hand nehme und esse.
7 Da sandte David zu Thamar ins Haus
und ließ ihr sagen: Geh hin ins Haus dei-
nes Bruders Amnon und mache ihm eine
Krankenspeise.
8 Thamar ging hin ins Haus ihres Bru-
ders Amnon; er aber lag zu Bett. Und sie

nahm den Teig und knetete ihn und bereitete ihn vor seinen Augen und backte die Kuchen.

9 Und sie nahm die Pfanne und schüttete sie vor ihm aus; aber er weigerte sich zu essen. Und Amnon sprach: Laßt jedermann von mir hinausgehen. Und es ging jedermann von ihm hinaus.

10 Da sprach Amnon zu Thamar: Bringe die Krankenspeise in die Kammer, damit ich von deiner Hand nehme und esse. Da nahm Thamar die Kuchen, die sie gemacht hatte, und brachte sie zu Amnon, ihrem Bruder, in die Kammer.

11 Und als sie diese zu ihm brachte, damit er esse, ergriff er Thamar und sprach zu ihr: Komm, meine Schwester, lege dich zu mir!

12 Sie aber sprach zu ihm: Nicht doch, mein Bruder, schände mich nicht; denn so tut man nicht in Israel. Tu nicht solch eine Schandtat!

13 Wo soll ich mit meiner Schande hin? Und du wirst in Israel sein wie ein Ruchloser. Rede aber mit dem König, der wird mich dir nicht versagen.

14 Aber er wollte nicht auf sie hören und ergriff sie und überwältigte sie und wohnte ihr bei.

15 Und Amnon wurde ihrer überdrüssig, so daß sein Widerwille größer war als vorher seine Liebe. Und Amnon sprach zu ihr: Auf, geh deiner Wege!

16 Sie aber sprach zu ihm: Daß du mich von dir stößt, dies Unrecht ist größer als das andere, das du an mir getan hast. Aber er wollte nicht auf sie hören,

17 sondern rief seinen Diener, der ihm aufwartete, und sprach: Treibe diese von mir hinaus und schließ die Tür hinter ihr zu!

18 Und sie hatte ein Ärmelkleid an; denn solche Kleider trugen des Königs Töchter, solange sie Jungfrauen waren. Und als sein Diener sie hinausgetrieben und die Tür hinter ihr zugeschlossen hatte,

19 warf Thamar Asche auf ihr Haupt und zerriß das Ärmelkleid, das sie anhatte, und legte ihre Hand auf das Haupt und ging laut schreiend davon.

20 Und ihr Bruder Absalom sprach zu ihr: Ist dein Bruder Amnon bei dir gewesen? Nun, meine Schwester, schweig still; es ist dein Bruder, nimm dir die Sache nicht so zu Herzen. So blieb Thamar einsam im Hause ihres Bruders Absalom.

21 Und als der König David dies alles hörte, wurde er sehr zornig. Aber er tat seinem Sohn Amnon nichts zuleide, denn er liebte ihn, weil er sein Erstgeborener war. Doch Absalom redete nicht mit Amnon, weder Böses noch Gutes.

22 Denn Absalom haßte Amnon, weil er seine Schwester Thamar geschändet hatte.

Absaloms Rache an Amnon

23 Nach zwei Jahren aber hatte Absalom Schafschur in Baal-Hazor, das bei Ephraim liegt. Und Absalom lud alle Söhne des Königs ein

24 und kam zum König und sprach: Siehe, dein Knecht hat Schafschur; der König und seine Großen mögen mit seinem Knecht hingehen.

25 Der König aber sprach zu Absalom: Nicht doch, mein Sohn, laß uns nicht alle gehen, damit wir dich nicht beschweren. Und obgleich er ihn nötigte, wollte er doch nicht hingehen, sondern entließ ihn mit seinem Segen.

26 Absalom sprach: Soll denn nicht mein Bruder Amnon mit uns gehen? Der König sprach zu ihm: Warum soll er mit dir gehen?

27 Da nötigte ihn Absalom, daß er Amnon und alle Söhne des Königs mit ihm gehen ließ. Und Absalom machte ein Mahl, wie wenn der König ein Mahl gibt.

28 Absalom aber gebot seinen Leuten: Seht darauf, wenn Amnon guter Dinge wird vom Wein und ich zu euch spreche: Schlagt Amnon nieder!, so sollt ihr ihn töten. Fürchtet euch nicht, denn ich hab's euch geboten; seid nur getrost und geht tapfer dran!

29 So taten die Leute Absaloms mit Amnon, wie ihnen Absalom geboten hatte. Da sprangen alle Söhne des Königs auf, und jeder setzte sich auf sein Maultier, und sie flohen.

30 Und als sie noch auf dem Wege waren, kam das Gerücht vor David, Absalom habe alle Söhne des Königs erschlagen, daß nicht **einer** von ihnen übriggeblieben sei.

31 Da stand der König auf und zerriß seine Kleider und legte sich auf die Erde, und alle seine Großen, die um ihn herstanden, zerrissen ihre Kleider.

32 Da hob Jonadab, der Sohn Schimas, des Bruders Davids, an und sprach: Mein Herr denke nicht, daß alle jungen Männer, die Söhne des Königs, tot sind; sondern Amnon allein wird tot sein. Denn das hatte Absalom im Sinn von dem Tage an, da jener seine Schwester Thamar geschändet hatte.

33 So möge nun mein Herr, der König, nicht meinen, daß alle Söhne des Königs tot seien, sondern Amnon allein ist tot.

34 Absalom aber floh. Und als der Knecht auf der Warte seine Augen aufhob und ausschaute, siehe, da war viel Volk auf dem Wege nach Horonajim, am Abhang.

35 Da sprach Jonadab zum König: Siehe, die Söhne des Königs kommen; wie dein Knecht gesagt hat, so ist's ergangen.

36 Und nachdem er das gesagt hatte, siehe, da kamen die Söhne des Königs und erhoben ihre Stimme und weinten. Der König und alle seine Großen weinten auch gar sehr.

37 Absalom aber floh und ging zu Talmai, dem Sohn Ammihuds, dem König von Geschur. David aber trug Leid um seinen Sohn alle Tage.

Joab erwirbt Gnade für Absalom

38 Als aber Absalom geflohen und nach Geschur gezogen war, blieb er dort drei Jahre.

39 Und der König David hörte auf, Absalom zu grollen; denn er hatte sich getröstet über Amnon, daß er tot war.

14 Joab aber, der Sohn der Zeruja, merkte, daß des Königs Herz an Absalom hing,

2 und sandte hin nach Thekoa und ließ von dort eine kluge Frau holen und sprach zu ihr: Stelle dich wie eine Trauernde und zieh Trauerkleider an und salbe dich nicht mit Öl, sondern stelle dich wie ein Weib, das eine lange Zeit Leid getragen hat um einen Toten.

3 Und du sollst zum König hineingehen und mit ihm reden so und so. Und Joab legte ihr die Worte in den Mund, die sie reden sollte.

4 Und als die Frau aus Thekoa zum König kam, fiel sie auf ihr Antlitz zur Erde und huldigte ihm und sprach: Hilf mir, König!

5 Der König sprach zu ihr: Was hast du? Sie sprach: Ach, ich bin eine Witwe, und mein Mann ist gestorben.

6 Und deine Magd hatte zwei Söhne, die zankten miteinander auf dem Felde, und weil keiner da war, der zwischen ihnen schlichtete, schlug der eine seinen Bruder nieder und tötete ihn.

7 Und siehe, nun steht die ganze Sippe auf gegen deine Magd, und sie sagen: Gib den her, der seinen Bruder erschlagen hat, damit wir ihn töten für das Leben seines Bruders, den er umgebracht hat; so wollen sie auch den Erben vertilgen und den Funken auslöschen, der mir noch übriggeblieben ist, so daß meinem Mann kein Name und kein Nachkomme bleibt auf Erden.

8 Der König sprach zu der Frau: Geh heim, ich will die Sache für dich ordnen.

9 Und die Frau aus Thekoa sprach zum König: Mein Herr und König, die Schuld wird man auf mich und meines Vaters Haus legen, den König aber und seinen Thron ohne Schuld sein lassen.

10 Der König sprach: Wer gegen dich redet, den bringe zu mir; er soll dich nicht mehr antasten.

11 Sie sprach: Der König möge doch den Namen des HERRN, seines Gottes, nennen, damit der Bluträcher nicht noch mehr Verderben anrichte und sie meinen Sohn nicht vertilgen. Er sprach: So wahr der HERR lebt: es soll kein Haar von deinem Sohn auf die Erde fallen.

12 Und die Frau sprach: Laß deine Magd meinem Herrn und König etwas sagen. Er sprach: Sage an!

13 Die Frau sprach: Warum bist du so gesinnt gegen Gottes Volk? Denn da der König nun ein solches Urteil gefällt hat, ist er wie ein Schuldiger, wenn er den nicht zurückholen läßt, den er verstoßen hat.

14 Denn wir sterben des Todes und sind wie Wasser, das auf die Erde gegossen wird und das man nicht wieder sammeln kann; aber Gott will nicht das Leben wegnehmen, sondern er ist darauf bedacht, daß das Verstoßene nicht auch von ihm verstoßen werde.

15 So bin ich nun gekommen, mit meinem Herrn und König solches zu reden; denn das Volk macht mir angst. Deine Magd dachte: Ich will mit dem König reden; vielleicht wird er tun, was seine Magd sagt.

16 Denn der König wird seine Magd erhören, daß er mich errette aus der Hand aller, die mich samt meinem Sohn vertilgen wollen vom Erbe Gottes.

17 Und deine Magd dachte: Meines Herrn, des Königs, Wort soll mir ein Trost sein; denn mein Herr, der König, ist wie der Engel Gottes, daß er Gutes und Böses unterscheiden kann. Der HERR, dein Gott, möge mit dir sein!

18 **D**er König antwortete und sprach zu der Frau: Verhehle mir nicht, was ich dich frage. Die Frau sprach: Mein Herr, der König, rede!

19 Der König sprach: Ist nicht die Hand Joabs mit dir in alledem? Die Frau antwortete: So wahr du lebst, mein Herr und König: man kann nicht vorüber an dem, was mein Herr und König geredet hat, weder zur Rechten noch zur Linken. Ja, dein Knecht Joab hat mir's geboten, und er hat alle diese Worte deiner Magd in den Mund gelegt.

20 Daß ich diese Sache so wenden sollte, das hat dein Knecht Joab gemacht. Aber mein Herr gleicht an Weisheit dem Engel Gottes, so daß er alles weiß, was auf Erden geschieht.

21 **D**a sprach der König zu Joab: Siehe, ich will es tun; so geh hin und bringe meinen Sohn Absalom zurück.

22 Da fiel Joab auf sein Antlitz zur Erde, huldigte und dankte dem König und sprach: Heute erkennt dein Knecht, daß ich Gnade gefunden habe vor deinen Augen, mein Herr und König, da der König tut, was sein Knecht sagt.

23 So machte sich Joab auf und zog nach Geschur und brachte Absalom nach Jerusalem.

24 Aber der König sprach: Laß ihn wieder in sein Haus gehen, doch mein Angesicht soll er nicht sehen. So kam Absalom wieder in sein Haus, doch des Königs Angesicht sah er nicht.

25 **E**s war aber in ganz Israel kein Mann so schön wie Absalom, und er hatte dieses Lob vor allen; von der Fußsohle bis zum Scheitel war nicht ein Fehl an ihm.

26 Und wenn man sein Haupt schor – das geschah alle Jahre, denn es war ihm zu schwer, so daß man es abscheren mußte –, so wog sein Haupthaar zweihundert Lot nach dem königlichen Gewicht.

27 Und Absalom wurden drei Söhne geboren und eine Tochter, die hieß Thamar, und sie war ein schönes Mädchen.

28 **U**nd Absalom wohnte zwei Jahre in Jerusalem, ohne des Königs Angesicht zu sehen.

29 Und Absalom sandte zu Joab, um ihn zum König zu senden; aber Joab wollte nicht zu ihm kommen. Er aber sandte zum zweitenmal; aber er wollte immer noch nicht kommen.

30 Da sprach er zu seinen Knechten: Seht das Stück Acker Joabs neben meinem; er hat Gerste darauf. So geht hin und steckt's in Brand. Da steckten die Knechte Absaloms das Stück in Brand.

31 Da machte sich Joab auf und kam zu Absalom ins Haus und sprach zu ihm: Warum haben deine Knechte mein Feld in Brand gesteckt?

32 Absalom sprach zu Joab: Siehe, ich sandte zu dir und ließ dir sagen: Komm her, damit ich dich zum König sende und fragen lasse: Warum bin ich von Geschur hierher gekommen? Es wäre mir besser, daß ich noch dort wäre. So laß mich nun das Angesicht des Königs sehen; liegt aber eine Schuld auf mir, so soll er mich töten.

33 Und Joab ging hinein zum König und sagte es ihm an. Und er rief Absalom, daß er hinein zum König kam; und er fiel nieder vor dem König auf sein Antlitz zur Erde, und der König küßte Absalom.

Absaloms Aufruhr

15 Und es begab sich danach, daß Absalom sich einen Wagen anschaffte und Rosse und fünfzig Mann, die seine Leibwache waren.

2 Auch machte sich Absalom des Morgens auf und trat an den Weg bei dem Tor. Und wenn jemand einen Rechtshandel hatte und deshalb zum König vor Gericht gehen wollte, rief ihn Absalom zu sich und sprach: Aus welcher Stadt bist du? Wenn der dann sprach: Dein Knecht ist aus dem und dem Stamm Israels,

3 so sprach Absalom zu ihm: Siehe, deine Sache ist gut und recht; aber du hast keinen beim König, der dich hört.

4 Und Absalom sprach: O, wer setzt mich zum Richter im Lande, daß jedermann zu mir käme, der eine Sache und Gerichtshandel hat, damit ich ihm zum Recht hülfe!

5 Und wenn jemand ihm nahte und vor ihm niederfallen wollte, so streckte er seine Hand aus und ergriff ihn und küßte ihn.

6 Auf diese Weise tat Absalom mit ganz Israel, wenn sie vor Gericht kamen zum König. So stahl Absalom das Herz der Männer Israels.

7 Nach vier Jahren sprach Absalom zum König: Ich will hingehen und mein Gelübde in Hebron erfüllen, das ich dem HERRN gelobt habe.

8 Denn dein Knecht hat ein Gelübde getan, als ich in Geschur in Aram wohnte, und gesprochen: Wenn mich der HERR nach Jerusalem zurückbringt, so will ich dem HERRN einen Gottesdienst halten.

9 Der König sprach zu ihm: Geh hin mit Frieden! Und er machte sich auf und ging nach Hebron.

10 Absalom aber hatte heimlich Boten ausgesandt in alle Stämme Israels und sagen lassen: Wenn ihr den Schall der Posaune hört, so ruft: Absalom ist König geworden zu Hebron.

11 Es gingen aber mit Absalom zweihundert Mann von Jerusalem, die geladen waren, und sie gingen ohne Argwohn und wußten nichts von der Sache.

12 Als aber Absalom die Opfer darbrachte, sandte er auch zu Ahithophel, dem Giloniter, Davids Ratgeber, und ließ ihn holen aus seiner Stadt Gilo. Und die Verschwörung wurde stark, und es sammelte sich immer mehr Volk um Absalom.

David verläßt Jerusalem

13 Da kam einer, der sagte es David an und sprach: Jedermanns Herz in Israel hat sich Absalom zugewandt.

14 David aber sprach zu allen seinen Großen, die bei ihm in Jerusalem waren: Auf, laßt uns fliehen! Denn hier wird kein Entrinnen sein vor Absalom. Eilt, daß wir gehen, damit er uns nicht einholt und uns ergreift und Unheil über uns bringt und die Stadt schlägt mit der Schärfe des Schwerts.

15 Da sprachen die Großen des Königs zu ihm: Ganz wie unser Herr und König will; siehe, wir sind deine Knechte.

16 Und der König zog hinaus und sein ganzes Haus ihm nach. Der König aber ließ zehn Nebenfrauen zurück, um das Haus zu bewahren.

17 Und als der König und alles Volk, das ihm nachfolgte, hinauskamen, blieben sie stehen beim letzten Hause.

18 Und alle seine Großen blieben an seiner Seite; aber alle Krether und Plether, auch alle Gathiter, sechshundert Mann, die von Gath ihm nachgefolgt waren, zogen an dem König vorüber.

19 Und der König sprach zu Ittai, dem Gathiter: Warum gehst auch du mit uns? Kehre um und bleibe bei dem neuen König, denn du bist ein Ausländer und von deiner Heimat hierher gezogen.

20 Gestern bist du gekommen, und heute sollte ich dich mit uns hin- und herziehen lassen? Denn ich muß gehen, wohin ich gehen kann. Kehre um und nimm deine Brüder mit dir; dir widerfahre Barmherzigkeit und Treue.

21 Ittai antwortete dem König und sprach: So wahr der HERR lebt, und so wahr mein Herr und König lebt: wo immer mein Herr, der König, ist, es gerate zum Tod oder zum Leben, da wird dein Knecht auch sein.

22 David sprach zu Ittai: So komm und zieh vorüber! Da zog Ittai, der Gathiter, vorüber, und alle seine Männer und der ganze Haufe von Frauen und Kindern, die bei ihm waren.

23 Und das ganze Land weinte mit lauter Stimme, während das ganze Kriegsvolk vorüberzog. Und der König ging über den Bach Kidron, und das ganze Kriegsvolk zog weiter auf dem Wege, der zur Wüste geht.

24 Und siehe, Zadok war auch da und alle Leviten, die bei ihm waren, und sie trugen die Lade des Bundes Gottes und stellten sie nieder. Und Abjathar brachte Opfer dar, bis das ganze Kriegsvolk aus der Stadt vorübergezogen war.

25 Aber der König sprach zu Zadok: Bringe die Lade Gottes in die Stadt zurück. Werde ich Gnade finden vor dem

HERRN, so wird er mich zurückbringen,
daß ich sie und ihre Stätte wiedersehe.
26 Spricht er aber: Ich habe kein Wohl-
gefallen an dir – siehe, hier bin ich. Er
mach's mit mir, wie es ihm wohlgefällt.
27 Und der König sprach zu dem Priester
Zadok: Wohlan, du und Abjathar, kehrt
zurück in die Stadt mit Frieden und mit
euch eure beiden Söhne, Ahimaaz, dein
Sohn, und Jonathan, der Sohn Abjathars!
28 Siehe, ich will warten bei den Furten
in der Wüste, bis von euch Botschaft zu
mir kommt.
29 So brachten Zadok und Abjathar die
Lade Gottes zurück nach Jerusalem und
blieben dort.
30 David aber ging den Ölberg hinan
und weinte, und sein Haupt war verhüllt,
und er ging barfuß. Auch alle vom Volk,
die bei ihm waren, hatten ihr Haupt ver-
hüllt und gingen hinan und weinten.
31 Und als David gesagt wurde, daß
Ahithophel im Bund mit Absalom sei,
sprach er: HERR, mache den Ratschlag
Ahithophels zur Torheit!
32 Und als David auf die Höhe kam, wo
man Gott anzubeten pflegte, siehe, da be-
gegnete ihm Huschai, der Arkiter, mit zer-
rissenem Rock und Erde auf seinem Haupt.
33 Und David sprach zu ihm: Wenn du
mit mir gehst, wirst du mir eine Last sein.
34 Wenn du aber in die Stadt zurück-
kehrst und zu Absalom sprichst: Ich will
dein Knecht sein, König; wie ich zuvor dei-
nes Vaters Knecht war, will ich nun dein
Knecht sein –, so könntest du mir zugut den
Ratschlag Ahithophels zunichte machen.
35 Auch sind die Priester Zadok und
Abjathar mit dir. Alles, was du hörst aus
des Königs Hause, sollst du den Priestern
Zadok und Abjathar sagen.
36 Siehe, es sind bei ihnen ihre beiden
Söhne: Ahimaaz, Zadoks Sohn, und Jo-
nathan, Abjathars Sohn. Durch die könnt
ihr mir alles zukommen lassen, was ihr
hören werdet.
37 So kam Huschai, der Freund Davids,
in die Stadt. Und Absalom zog in Jerusa-
lem ein.

David auf der Flucht zum Jordan

16 Und als David ein wenig über die
Höhe hinabgegangen war, siehe, da
begegnete ihm Ziba, der Knecht Mephi-
boscheths, mit einem Paar gesattelter Esel;
darauf waren zweihundert Brote und hun-
dert Rosinenkuchen und hundert frische
Früchte und ein Schlauch Wein.
2 Da sprach der König zu Ziba: Was
willst du damit machen? Ziba sprach:
Die Esel sollen für das Haus des Königs
sein, um darauf zu reiten, und die Brote
und die Früchte sind für die Leute zum
Essen und der Wein zum Trinken, wenn
sie müde werden in der Wüste.
3 Der König sprach: Wo ist der Sohn
deines Herrn? Ziba sprach zum König:
Siehe, er blieb in Jerusalem; denn er
denkt: Heute wird mir das Haus Israel
meines Vaters Königtum zurückgeben.
4 Der König sprach zu Ziba: Siehe, es
soll dein sein alles, was Mephiboscheth
hat. Ziba sprach: Ich neige mich; laß mich
auch ferner Gnade finden vor dir, mein
Herr und König.
5 Als aber der König David nach Bahu-
rim kam, siehe, da kam ein Mann von
dort heraus, vom Geschlecht des Hauses
Saul, der hieß Simeï, der Sohn Geras; der
kam heraus und fluchte
6 und warf mit Steinen nach David und
allen Großen des Königs David, obwohl
das ganze Kriegsvolk und alle seine Hel-
den zu seiner Rechten und Linken waren.
7 So aber rief Simeï, als er fluchte: Hin-
aus, hinaus, du Bluthund, du ruchloser
Mann!
8 Der HERR hat über dich gebracht alles
Blut des Hauses Sauls, an dessen Statt du
König geworden bist. Jetzt hat der HERR
das Königtum gegeben in die Hand deines
Sohnes Absalom; und siehe, nun steckst
du in deinem Unglück, denn du bist ein
Bluthund.
9 Aber Abisai, der Sohn der Zeruja,
sprach zu dem König: Sollte dieser tote
Hund meinem Herrn, dem König, fluchen
dürfen? Ich will hingehen und ihm den
Kopf abhauen.
10 Der König sprach: Ihr Söhne der
Zeruja, was hab ich mit euch zu schaffen?
Laßt ihn fluchen; denn der HERR hat ihm
geboten: Fluche David! Wer darf dann
sagen: Warum tust du das?
11 Und David sprach zu Abisai und zu
allen seinen Großen: Siehe, mein Sohn,
der von meinem Leibe gekommen ist,
trachtet mir nach dem Leben; warum

nicht auch jetzt der Benjaminiter? Laßt
ihn ruhig fluchen, denn der HERR hat's
ihm geboten.
12 Vielleicht wird der HERR mein Elend
ansehen und mir mit Gutem vergelten
sein heutiges Fluchen.
13 So ging David mit seinen Leuten des
Weges; aber Simeï ging am Hang des
Berges entlang, ihm gegenüber, und
fluchte und warf mit Steinen nach ihm
und bewarf ihn mit Erdklumpen.
14 Und der König kam mit allem Volk,
das bei ihm war, müde an den Jordan und
ruhte dort aus.

Die Ratschläge Huschais und Ahithophels

15 Aber Absalom und alles Volk, die
Männer Israels, kamen nach Jerusalem
und Ahithophel mit ihm.
16 Als aber Huschai, der Arkiter, Da-
vids Freund, zu Absalom hineinkam, rief
er Absalom zu: Es lebe der König! Es
lebe der König!
17 Absalom aber sprach zu Huschai: Ist
das deine Liebe zu deinem Freunde? War-
um bist du nicht mit deinem Freunde ge-
zogen?
18 Huschai aber sprach zu Absalom:
Nein! sondern wen der HERR erwählt und
dies Volk und alle Männer in Israel, zu
dem gehöre ich und bei dem will ich blei-
ben.
19 Zum andern, wem diene ich? Ist es
nicht sein Sohn, dem ich diene? Wie ich
deinem Vater gedient habe, so will ich
auch vor dir sein.
20 Und Absalom sprach zu Ahithophel:
Gebt euren Rat, was sollen wir tun?
21 Ahithophel sprach zu Absalom: Geh
ein zu den Nebenfrauen deines Vaters, die
er zurückgelassen hat, um das Haus zu be-
wahren, so wird ganz Israel hören, daß
du dich bei deinem Vater in Verruf ge-
bracht hast; dann werden alle, die zu dir
stehen, desto kühner werden.
22 Da machten sie Absalom ein Zelt auf
dem Dach, und Absalom ging zu den
Nebenfrauen seines Vaters vor den Augen
ganz Israels.
23 Wenn damals Ahithophel einen Rat
gab, dann war das, als wenn man Gott um
etwas befragt hätte; so viel galten alle
Ratschläge Ahithophels bei David und
bei Absalom.

17 Und Ahithophel sprach zu Absa-
lom: Ich will zwölftausend Mann
auswählen und mich aufmachen und Da-
vid nachjagen in dieser Nacht
2 und will ihn überfallen, solange er
matt und verzagt ist. Wenn ich ihn dann
erschrecke und das ganze Kriegsvolk, das
bei ihm ist, flieht, will ich den König allein
erschlagen
3 und das ganze Kriegsvolk zu dir zu-
rückbringen, wie die junge Frau zu ihrem
Mann zurückkehrt. Du trachtest ja nur
einem Mann nach dem Leben, aber das
ganze Volk soll in Frieden bleiben.
4 Die Rede gefiel Absalom gut und allen
Ältesten in Israel.
5 Aber Absalom sprach: Laßt doch auch
Huschai, den Arkiter, rufen und hören,
was er dazu sagt.
6 Und als Huschai hinein zu Absalom
kam, sprach Absalom zu ihm: Das und
das hat Ahithophel geredet; sage du, sol-
len wir's tun oder nicht?
7 Da sprach Huschai zu Absalom: Es
ist kein guter Rat, den Ahithophel dies-
mal gegeben hat.
8 Und Huschai sprach weiter: Du
kennst deinen Vater und seine Leute, daß
sie stark sind und zornigen Gemüts wie
eine Bärin auf dem Felde, der die Jungen
geraubt sind. Dazu ist dein Vater ein
Kriegsmann und wird seinen Leuten keine
Nachtruhe gönnen.
9 Siehe, er hat sich jetzt vielleicht ver-
krochen in irgendeiner Schlucht oder
sonst einem Versteck. Wenn's dann ge-
schähe, daß gleich zu Anfang einige unter
ihnen fallen, und es käme das Gerücht
auf: Das Heer, das Absalom nachfolgt,
ist geschlagen worden,
10 so würde jedermann verzagt werden,
auch wenn er ein Krieger ist und ein Herz
hat wie ein Löwe. Denn es weiß ganz
Israel, daß dein Vater ein Held ist und
seine Leute tapfere Krieger sind.
11 Darum rate ich, daß du zu dir ver-
sammelst ganz Israel von Dan bis Beerse-
ba, soviel wie der Sand am Meer, und daß
du selbst mit ihnen ziehst.
12 So wollen wir ihn überfallen, wo wir
ihn finden, und wollen über ihn kommen,
wie der Tau auf die Erde fällt, daß wir von
ihm und allen seinen Männern nicht einen
einzigen übrig lassen.

13 Zieht er sich aber in eine Stadt zurück, so soll ganz Israel Stricke an die Stadt legen und sie ins Tal schleifen, so daß man nicht einen Stein mehr dort finde.
14 Da sprachen Absalom und jedermann in Israel: Der Rat Huschais, des Arkiters, ist besser als Ahithophels Rat. So schickte es der HERR, daß der kluge Rat Ahithophels verhindert wurde, damit der HERR Unheil über Absalom brächte.
15 Und Huschai sprach zu den Priestern Zadok und Abjathar: So und so hat Ahithophel Absalom und den Ältesten in Israel geraten, ich aber habe so und so geraten.
16 So sendet nun eilends hin und laßt David sagen: Bleibe nicht über Nacht an den Furten der Wüste, sondern geh gleich hinüber, damit der König nicht vernichtet werde und das ganze Volk, das bei ihm ist.
17 Jonathan aber und Ahimaaz standen bei der Quelle Rogel; und eine Magd ging von Zeit zu Zeit hin und brachte ihnen Nachricht, die sie dem König David weitersagten; denn sie durften sich in der Stadt nicht sehen lassen.
18 Es sah sie aber ein Knabe und sagte es Absalom an. Da gingen die beiden eilends fort und kamen in das Haus eines Mannes in Bahurim; der hatte einen Brunnen in seinem Hofe. Dahinein stiegen sie.
19 Und die Frau nahm eine Decke und breitete sie über das Brunnenloch und schüttete Körner darüber, so daß man nichts merkte.
20 Als nun die Leute Absaloms zu der Frau ins Haus kamen, sprachen sie: Wo sind Ahimaaz und Jonathan? Sie sprach zu ihnen: Sie gingen weiter zum Wasser. Und als die Leute Absaloms sie suchten und nicht fanden, kehrten sie nach Jerusalem zurück.
21 Und als sie weg waren, stiegen jene aus dem Brunnen und gingen hin und sagten's dem König David an und sprachen zu David: Macht euch auf und geht eilends über den Fluß, denn Ahithophel hat gegen euch den und den Rat gegeben.
22 Da machte sich David auf und das ganze Volk, das bei ihm war, und sie gingen über den Jordan, und als es lichter Morgen wurde, fehlte nicht ein einziger, der nicht über den Jordan gegangen war.
23 Als aber Ahithophel sah, daß sein Rat nicht ausgeführt wurde, sattelte er seinen Esel, machte sich auf und zog heim in seine Stadt und bestellte sein Haus und erhängte sich und starb und wurde begraben in seines Vaters Grab.

David in Mahanajim

24 Und David kam nach Mahanajim. Aber Absalom zog über den Jordan und alle Männer Israels mit ihm.
25 Und Absalom hatte Amasa an Joabs Statt über das Heer gesetzt. Amasa aber war der Sohn eines Mannes mit Namen Jithra, eines Israeliters, der zu Abigal, der Tochter des Nahasch, eingegangen war; diese war eine Schwester der Zeruja, Joabs Mutter.
26 Israel aber und Absalom lagerten sich in Gilead.
27 Als David nach Mahanajim gekommen war, da brachten Schobi, der Sohn des Nahasch von Rabbath-Ammon, und Machir, der Sohn Ammiëls von Lo-Dabar, und Barsillai, ein Gileaditer von Roglim,
28 Betten, Becken, irdene Gefäße, Weizen, Gerste, Mehl, geröstete Körner, Bohnen, Linsen,
29 Honig, Butter, Kuh- und Schafkäse, um David und das Volk, das bei ihm war, zu stärken. Denn sie dachten: Das Volk wird hungrig, müde und durstig geworden sein in der Wüste.

Absaloms Ende

18 Und David ordnete das Kriegsvolk, das bei ihm war, und setzte über sie Hauptleute über tausend und über hundert
2 und stellte ein Drittel des Volks unter Joab und ein Drittel unter Abisai, den Sohn der Zeruja, Joabs Bruder, und ein Drittel unter Ittai, den Gathiter. Und der König sprach zum Kriegsvolk: Ich will auch mit euch ausziehen.
3 Aber das Kriegsvolk sprach: Du sollst nicht ausziehen, denn wenn wir fliehen oder die Hälfte von uns stirbt, so werden sie unser nicht achten; aber du bist wie zehntausend von uns. So ist's nun besser, daß du uns von der Stadt aus helfen kannst.

4 Der König sprach zu ihnen: Was euch gefällt, das will ich tun. Und der König trat ans Tor, und das ganze Kriegsvolk zog aus zu hundert und zu tausend.

5 Und der König gebot Joab und Abisai und Ittai und sprach: Verfahrt mir schonend mit meinem Sohn Absalom! Und das ganze Kriegsvolk hörte es, als der König allen Hauptleuten Absaloms wegen diesen Befehl gab.

6 Und als das Heer hinauskam aufs Feld Israel entgegen, kam es zum Kampf im Walde Ephraim.

7 Und das Heer Israels wurde dort geschlagen von den Männern Davids, so daß an diesem Tag eine große Schlacht geschah – zwanzigtausend Mann.

8 Und der Kampf breitete sich dort aus über die ganze Gegend, und der Wald fraß an diesem Tage viel mehr Volk, als das Schwert fraß.

9 Und Absalom begegnete den Männern Davids und ritt auf einem Maultier. Und als das Maultier unter eine große Eiche mit dichten Zweigen kam, blieb sein Haupt an der Eiche hängen, und er schwebte zwischen Himmel und Erde; denn sein Maultier lief unter ihm weg.

10 Als das ein Mann sah, tat er's Joab kund und sprach: Siehe, ich sah Absalom an einer Eiche hängen.

11 Und Joab sprach zu dem Mann, der's ihm kundgetan hatte: Wenn du das gesehen hast, warum schlugst du ihn nicht gleich zu Boden? So hätte ich dir zehn Silberstücke und einen Gürtel gegeben.

12 Der Mann sprach zu Joab: Wenn du mir tausend Silberstücke in meine Hand gewogen hättest, so hätte ich dennoch meine Hand nicht an des Königs Sohn gelegt; denn der König gebot dir und Abisai und Ittai vor unsern Ohren: Gebt ja acht auf meinen Sohn Absalom!

13 Oder wenn ich etwas Falsches getan hätte unter Lebensgefahr, würdest du selbst dich gegen mich stellen, weil dem König ja nichts verborgen bleibt.

14 Joab sprach: Ich kann nicht so lange bei dir verweilen. Da nahm Joab drei Stäbe in seine Hand und stieß sie Absalom ins Herz, als er noch lebend an der Eiche hing.

15 Und zehn Knappen, Joabs Waffenträger, umringten ihn und schlugen ihn tot.

16 Da ließ Joab die Posaune blasen, und das Volk jagte Israel nicht weiter nach; denn Joab gebot dem Volk Halt.

17 Und sie nahmen Absalom und warfen ihn im Wald in eine große Grube und legten einen sehr großen Haufen Steine auf ihn. Und ganz Israel floh, ein jeder in sein Zelt.

18 Absalom aber hatte sich eine Säule aufgerichtet, als er noch lebte; die steht im Königsgrund. Denn er sprach: Ich habe keinen Sohn, der meinen Namen lebendig erhält. Und er nannte die Säule nach seinem Namen, und sie heißt auch bis auf diesen Tag «Absaloms Mal».

Davids Trauer um Absalom

19 Ahimaaz, der Sohn Zadoks, sprach: Laß mich doch laufen und dem König die gute Botschaft bringen, daß der HERR ihm Recht verschafft hat gegen seine Feinde.

20 Joab aber sprach zu ihm: Du bist heute nicht der Mann für eine gute Botschaft. An einem andern Tag darfst du eine Botschaft bringen, aber heute nicht; denn des Königs Sohn ist tot.

21 Und Joab befahl dem Mohren: Geh hin und sage dem König an, was du gesehen hast. Und der Mohr neigte sich vor Joab und lief hin.

22 Ahimaaz aber, der Sohn Zadoks, sprach abermals zu Joab: Komme, was da will, ich möchte auch laufen, dem Mohren nach. Joab sprach: Was willst du laufen, mein Sohn? Du hast keine gute Botschaft zu bringen.

23 Ahimaaz sprach: Komme, was da will, ich laufe. Er sprach zu ihm: So lauf! Da lief Ahimaaz auf dem Weg durchs Jordantal und kam dem Mohren zuvor.

24 David aber saß zwischen den beiden Toren. Und der Wächter ging aufs Dach des Tores an der Mauer und hob seine Augen auf und sah einen Mann laufen allein

25 und rief und sagte es dem König an. Der König aber sprach: Ist er allein, so ist eine gute Botschaft in seinem Munde. Und als der Mann immer näher kam,

26 sah der Wächter einen zweiten Mann laufen und rief in das Tor: Siehe, da kommt noch ein Mann allein. Der König aber sprach: Der ist auch ein guter Bote.

27 Der Wächter sprach: Ich sehe den ersten laufen, wie Ahimaaz, der Sohn Zadoks, läuft. Und der König sprach: Es ist ein guter Mann und bringt eine gute Botschaft.

28 Ahimaaz aber rief und sprach zum König: Friede! Und er fiel nieder vor dem König auf sein Antlitz zur Erde und sprach: Gelobt sei der Herr, dein Gott, der die Leute dahingegeben hat, die ihre Hand gegen meinen Herrn, den König, erhoben haben.

29 Der König aber sprach: Geht es auch meinem Sohn Absalom gut? Ahimaaz sprach: Ich sah ein großes Getümmel, als Joab des Königs Knecht und mich, deinen Knecht, sandte, aber ich weiß nicht, was es war.

30 Der König sprach: Tritt zur Seite und stell dich dahin. Und er trat zur Seite und blieb stehen.

31 Siehe, da kam der Mohr und sprach: Hier gute Botschaft, mein Herr und König! Der Herr hat dir heute Recht verschafft gegen alle, die sich gegen dich auflehnten.

32 Der König aber sprach zu dem Mohren: Geht es meinem Sohn Absalom auch gut? Der Mohr sprach: Es müsse den Feinden meines Herrn, des Königs, ergehen, wie es dem jungen Mann ergangen ist, und auch allen, die sich böswillig gegen dich auflehnen.

19 °Da erbebte der König und ging hinauf in das Obergemach des Tores und weinte, und im Gehen rief er: Mein Sohn Absalom! Mein Sohn, mein Sohn Absalom! Wollte Gott, ich wäre für dich gestorben! O Absalom, mein Sohn, mein Sohn!

2 Und es wurde Joab angesagt: Siehe, der König weint und trägt Leid um Absalom.

3 So wurde aus dem Sieg an diesem Tag eine Trauer unter dem ganzen Kriegsvolk; denn das Volk hatte an diesem Tage gehört, daß sich der König um seinen Sohn gräme.

4 Und das Kriegsvolk stahl sich weg an diesem Tage in die Stadt, wie sich Kriegsvolk wegstiehlt, das sich schämen muß, weil es im Kampf geflohen ist.

5 Der König aber hatte sein Angesicht verhüllt und schrie laut: Ach, mein Sohn Absalom! Absalom, mein Sohn, mein Sohn!

6 Joab aber kam zum König ins Haus und sprach: Du hast heute schamrot gemacht alle deine Knechte, die dir heute das Leben gerettet haben und deinen Söhnen, deinen Töchtern, deinen Frauen und Nebenfrauen,

7 weil du liebhast, die dich hassen, und hassest, die dich liebhaben. Denn du läßt heute merken, daß dir nichts gelegen ist an den Obersten und Kriegsleuten. Ja, ich merke heute wohl: wenn nur Absalom lebte und wir heute alle tot wären, das wäre dir recht.

8 So mache dich nun auf und komm heraus und rede mit deinen Knechten freundlich. Denn ich schwöre dir bei dem Herrn: Wirst du nicht herauskommen, so wird kein Mann bei dir bleiben diese Nacht. Das wird für dich ärger sein als alles Übel, das über dich gekommen ist von deiner Jugend auf bis hierher.

9 Da stand der König auf und setzte sich ins Tor. Und man sagte es allem Kriegsvolk: Siehe, der König sitzt im Tor. Da kam alles Volk vor den König.

Davids Rückkehr nach Jerusalem

Als Israel geflohen war, ein jeder in sein Zelt,

10 stritt sich alles Volk in allen Stämmen Israels, und sie sprachen: Der König hat uns errettet aus der Hand unserer Feinde und uns erlöst aus der Hand der Philister und hat jetzt aus dem Lande fliehen müssen vor Absalom.

11 Aber Absalom, den wir über uns gesalbt hatten, ist gefallen im Kampf. Warum seid ihr nun so still und holt den König nicht wieder zurück?

12 Es kam aber die Rede ganz Israels vor den König. Und der König sandte zu den Priestern Zadok und Abjathar und ließ ihnen sagen: Redet mit den Ältesten in Juda und sprecht: Warum wollt ihr die Letzten sein, den König zurückzuholen in sein Haus?

13 Ihr seid meine Brüder, von meinem Gebein und Fleisch; warum wollt ihr denn die Letzten sein, den König zurückzuholen?

14 Und zu Amasa sprecht: Bist du nicht von meinem Gebein und Fleisch? Gott

tue mir dies und das, wenn du nicht Feld-
hauptmann sein sollst vor mir dein Leben
lang an Joabs Statt.
15 Und er wandte das Herz aller Män-
ner Judas wie **eines** Mannes Herz, und sie
sandten hin zum König: Komm zurück,
du und alle deine Leute!
16 So kam der König zurück. Und als er
an den Jordan kam, waren die Männer
Judas nach Gilgal gekommen, um dem
König entgegenzuziehen und den König
über den Jordan zu führen.
17 Und Simeï, der Sohn Geras, der Ben-
jaminiter, der in Bahurim wohnte, zog
eilends mit den Männern von Juda hinab
dem König David entgegen
18 und mit ihm tausend Mann von Ben-
jamin, dazu auch Ziba, der Knecht des
Hauses Saul, mit seinen fünfzehn Söhnen
und zwanzig Knechten, und sie gingen
durch den Jordan, bevor der König kam,
19 und machten eine Furt durch den
Jordan, damit sie das Haus des Königs
hinüberführten und täten, was ihm gefiele.
Simeï aber, der Sohn Geras, fiel vor dem
König nieder, als dieser über den Jordan
gehen wollte,
20 und sprach zum König: Mein Herr
rechne es mir nicht als Schuld an und
denke nicht mehr daran, daß dein Knecht
sich an dir vergangen hat an dem Tage, da
mein Herr, der König, aus Jerusalem
ging, und der König nehme es nicht zu
Herzen.
21 Denn dein Knecht erkennt, daß ich
gesündigt habe. Und siehe, ich bin heute
als erster vom ganzen Hause Joseph ge-
kommen, daß ich meinem Herrn, dem
König, entgegenzöge.
22 Aber Abisai, der Sohn der Zeruja,
hob an und sprach: Sollte Simeï nicht
sterben, da er doch dem Gesalbten des
HERRN geflucht hat?
23 David aber sprach: Was hab ich mit
euch zu schaffen, ihr Söhne der Zeruja,
daß ihr mir heute zum Satan werden wollt?
Sollte heute jemand sterben in Israel?
Meinst du, ich wisse nicht, daß ich heute
wieder König über Israel geworden bin?
24 Und der König sprach zu Simeï: Du
sollst nicht sterben. Und der König
schwor es ihm.
25 Mephiboscheth, der Enkel Sauls,
kam auch herab, dem König entgegen.
Und er hatte seine Füße und seinen Bart
nicht gereinigt und seine Kleider nicht ge-
waschen von dem Tage an, da der König
weggegangen war, bis zu dem Tag, da er
wohlbehalten zurückkäme.
26 Als er nun von Jerusalem kam, dem
König zu begegnen, sprach der König zu
ihm: Warum bist du nicht mit mir gezo-
gen, Mephiboscheth?
27 Und er sprach: Mein Herr und Kö-
nig, mein Knecht hat mich betrogen. Dein
Knecht dachte: Ich will einen Esel satteln
und darauf reiten und zum König ziehen,
denn dein Knecht ist lahm.
28 Dazu hat er deinen Knecht verleum-
det vor meinem Herrn, dem König. Aber
mein Herr, der König, ist wie der Engel
Gottes; tu, was dir wohlgefällt.
29 Meines Vaters ganzes Haus hätte ja
den Tod erleiden müssen von meinem
Herrn, dem König; du aber hast deinen
Knecht gesetzt unter die, die an deinem
Tisch essen. Was hab ich weiter für Recht
oder Anspruch, zum König um Hilfe zu
schreien?
30 Der König sprach zu ihm: Was re-
dest du noch weiter? Nun bestimme ich:
Du und Ziba, teilt den Besitz miteinander.
31 Mephiboscheth sprach zum König:
Er nehme ihn auch ganz, nachdem mein
Herr und König wohlbehalten heimge-
kommen ist.
32 Und Barsillai, der Gileaditer, kam
herab von Roglim und zog mit dem Kö-
nig an den Jordan, um ihn über den Jor-
dan zu geleiten.
33 Und Barsillai war sehr alt, wohl acht-
zig Jahre. Er hatte den König versorgt,
als er in Mahanajim war; denn er war ein
Mann von großem Vermögen.
34 Und der König sprach zu Barsillai:
Du sollst mit mir ziehen, ich will dich ver-
sorgen bei mir in Jerusalem.
35 Aber Barsillai sprach zum König:
Was ist's noch, das ich zu leben habe, daß
ich mit dem König hinaufziehen sollte
nach Jerusalem?
36 Ich bin heute achtzig Jahre alt. Wie
kann ich noch unterscheiden, was gut und
schlecht ist, oder schmecken, was ich esse
und trinke, oder hören, was die Sänger
und Sängerinnen singen? Warum sollte
dein Knecht meinen Herrn, den König,
noch beschweren?

37 Dein Knecht wird ein kleines Stück
mit dem König über den Jordan gehen.
Warum will mir der König so reichlich
vergelten?
38 Laß deinen Knecht umkehren, daß
ich sterbe in meiner Stadt bei meines Va-
ters und meiner Mutter Grab. Siehe, da
ist dein Knecht Kimham, den laß mit
meinem Herrn, dem König, ziehen und
tu ihm, was dir wohlgefällt.
39 Der König sprach: Kimham soll mit
mir ziehen, und ich will ihm tun, was dir
wohlgefällt; auch alles, was du von mir
begehrst, will ich dir tun.
40 Und als das ganze Volk über den
Jordan gegangen war und der König
auch, küßte der König den Barsillai und
segnete ihn. Und er kehrte zurück in seine
Heimat.
41 Und der König zog weiter nach Gil-
gal, und Kimham zog mit ihm. Und das
ganze Volk von Juda hatte den König
hinübergeführt und auch die Hälfte des
Volks von Israel.

Streit zwischen Juda und Israel um den König

42 Und siehe, da kamen alle Männer
von Israel zum König und sprachen zu
ihm: Warum haben dich unsere Brüder,
die Männer von Juda, gestohlen und ha-
ben den König und sein Haus über den
Jordan gebracht und alle Männer Davids
mit ihm?
43 Da antworteten alle Männer von
Juda denen von Israel: Der König steht
uns doch näher; warum zürnt ihr dar-
über? Meint ihr, daß wir etwa ein Stück
vom König aufgegessen oder ihn für uns
weggeschleppt hätten?
44 Aber es antworteten die von Israel
denen von Juda: Wir haben zehnfachen
Anteil am König und sind auch die Erst-
geborenen vor euch. Warum habt ihr uns
denn so gering geachtet? Und haben wir
nicht zuerst davon geredet, uns unsern
König zurückzuholen? Aber die von Juda
redeten noch heftiger als die von Israel.

Schebas Aufstand

20 Es traf sich aber, daß dort ein ruch-
loser Mann war, der hieß Scheba,
ein Sohn Bichris, ein Benjaminiter. Der
blies die Posaune und sprach: Wir haben
kein Teil an David noch Erbe am Sohn
Isais. Ein jeder gehe in sein Zelt, Israel!
2 Da fiel jedermann in Israel von David
ab, und sie folgten Scheba, dem Sohn
Bichris. Aber die Männer von Juda hin-
gen ihrem König an und geleiteten ihn
vom Jordan bis Jerusalem.
3 Als aber der König David heimkam
nach Jerusalem, nahm er die zehn Neben-
frauen, die er zurückgelassen hatte, um
das Haus zu bewahren, und tat sie in ein
besonderes Haus und versorgte sie; aber
er ging nicht ein zu ihnen. Und so waren
sie eingeschlossen bis an ihren Tod und
lebten wie Witwen.
4 Und der König sprach zu Amasa: Ruf
mir alle Männer von Juda auf den dritten
Tag zusammen, und du sollst dann auch
hier stehen.
5 Und Amasa ging hin, um Juda zu-
sammenzurufen; aber er blieb über die
Zeit hinaus, die ihm bestimmt war.
6 Da sprach David zu Abisai: Nun wird
uns Scheba, der Sohn Bichris, mehr Scha-
den tun als Absalom. Nimm du die Män-
ner deines Herrn und jage ihm nach, da-
mit er nicht etwa für sich feste Städte ge-
winne und entreiße sie vor unsern Augen.
7 Da zogen die Männer Joabs aus und
folgten Abisai, dazu die Krether und
Plether und alle Helden. Sie zogen aber
aus von Jerusalem, um Scheba, dem Sohn
Bichris, nachzujagen.
8 Als sie aber bei dem großen Stein bei
Gibeon waren, war Amasa vor ihnen an-
gekommen. Joab aber trug einen Waffen-
rock und darüber einen Gürtel mit einem
Dolch; der war befestigt an seiner Hüfte
in der Scheide, und wenn diese heraus-
trat, entfiel ihr der Dolch.
9 Und Joab sprach zu Amasa: Friede
mit dir, mein Bruder! Und Joab faßte mit
seiner rechten Hand Amasa bei dem Bart,
um ihn zu küssen.
10 Und Amasa hatte nicht acht auf den
Dolch in der linken Hand Joabs. Der
stach ihn damit in den Bauch, so daß
seine Eingeweide auf die Erde fielen, und
gab ihm keinen Stich mehr, und er starb.
Joab aber und sein Bruder Abisai jagten
Scheba, dem Sohn Bichris, nach.
11 Und es trat ein Mann von den Leuten
Joabs neben ihn und rief: Wer's mit Joab
hält und für David ist, der folge Joab nach!

12 Amasa aber lag in seinem Blut mitten auf der Straße. Als aber der Mann sah, daß alles Volk da stehen blieb, wälzte er Amasa von der Straße auf den Acker und warf Kleider auf ihn, weil er sah, daß jeder stehen blieb, der an ihm vorbeikam.

13 Als er nun von der Straße weggeschafft war, folgte jedermann Joab nach, um Scheba, dem Sohn Bichris, nachzujagen.

14 Und der zog durch alle Stämme Israels bis Abel-Beth-Maacha, und es versammelten sich alle Bichriter und folgten ihm nach.

15 Aber die Leute Joabs kamen und belagerten ihn in Abel-Beth-Maacha und schütteten einen Wall gegen die Stadt auf, daß er bis an die Vormauer reichte, und stürmten und wollten die Mauer niederwerfen.

16 Da rief eine kluge Frau aus der Stadt: Hört her! Hört her! Sprecht zu Joab: Komm hierher, ich will mit dir reden.

17 Und als er zu ihr kam, sprach die Frau: Bist du Joab? Er sprach: Ja. Sie sprach zu ihm: Höre die Rede deiner Magd. Er sprach: Ich höre.

18 Sie sprach: Vorzeiten sagte man: Man frage doch nach in Abel und in Dan, so geht es gut aus;

19 ich bin eine von den friedsamen und treuen Städten in Israel, und du willst eine Stadt und Mutter in Israel zugrunde richten? Warum willst du das Erbteil des HERRN verderben?

20 Joab antwortete: Das sei ferne, das sei ferne von mir, daß ich verderben und vernichten will! So steht es nicht!

21 Sondern ein Mann vom Gebirge Ephraim mit Namen Scheba, der Sohn Bichris, hat sich empört gegen den König David. Gebt ihn allein heraus, so will ich von der Stadt abziehen. Die Frau sprach zu Joab: Siehe, sein Kopf soll zu dir über die Mauer geworfen werden.

22 Und die Frau beredete das ganze Volk mit ihrer Klugheit. Und sie hieben Scheba, dem Sohn Bichris, den Kopf ab und warfen ihn zu Joab hinaus. Da blies er die Posaune, und sie zogen ab von der Stadt und zerstreuten sich, ein jeder in sein Zelt. Joab aber kam zurück nach Jerusalem zum König.

Beamte in Davids Reich

23 Joab aber war über das ganze Heer Israels gesetzt, Benaja, der Sohn Jojadas, über die Krether und Plether.

24 Adoram war über die Fronarbeiter gesetzt. Josaphat, der Sohn Ahiluds, war Kanzler.

25 Scheja war Schreiber, Zadok und Abjathar waren Priester.

26 Auch Ira, der Jaïriter, war Davids Priester.

Die Vollendung des Gerichts am Hause Sauls

21 Es war eine Hungersnot zu Davids Zeiten drei Jahre nacheinander. Und David suchte das Angesicht des HERRN, und der HERR sprach: Auf Saul und auf seinem Hause liegt eine Blutschuld, weil er die Gibeoniter getötet hat.

2 Da ließ der König die Gibeoniter rufen und sprach mit ihnen. Die Gibeoniter aber gehörten nicht zu den Israeliten, sondern waren übriggeblieben von den Amoritern. Und die Kinder Israel hatten einen Bund mit ihnen geschlossen; jedoch suchte Saul sie auszurotten in seinem Eifer für Israel und Juda.

3 Da sprach David zu den Gibeonitern: Was soll ich für euch tun? Und womit soll ich Sühne schaffen, daß ihr das Erbteil des HERRN segnet?

4 Die Gibeoniter sprachen zu ihm: Es ist uns nicht um Gold noch Silber zu tun bei Saul und seinem Hause, auch steht es uns nicht zu, jemand zu töten in Israel. Er sprach: Was wollt ihr denn, daß ich für euch tun soll?

5 Sie sprachen zum König: Von dem Mann, der uns zunichte gemacht hat und der uns vertilgen wollte, daß uns nichts bleibe in allen Landen Israels –

6 aus seinem Hause gebt uns sieben Männer, damit wir sie aufhängen vor dem HERRN in Gibeon, auf dem Berge des HERRN. Der König sprach: Ich will sie euch herausgeben.

7 Aber der König verschonte Mephiboscheth, den Sohn Jonathans, des Sohnes Sauls, um des Eides willen, den David und Jonathan, der Sohn Sauls, einander vor dem HERRN geschworen hatten.

8 Aber die beiden Söhne der Rizpa, der

Tochter Ajjas, die sie Saul geboren hatte,
Armoni und Mephiboscheth, dazu die
fünf Söhne der Merab, der Tochter Sauls,
die sie dem Adriël geboren hatte, dem
Sohn Barsillais aus Mehola, nahm der
König
9 und gab sie in die Hand der Gibeoni-
ter. Die hängten sie auf dem Berge vor
dem HERRN auf. So kamen diese sieben
auf einmal um und starben in den ersten
Tagen der Ernte, wenn die Gerstenernte
anfängt.

David läßt die Gebeine Sauls und seiner Nachkommen bestatten

10 Da nahm Rizpa, die Tochter Ajjas,
ein Sackgewand und breitete es für sich
aus auf dem Fels am Anfang der Ernte,
bis Regen vom Himmel auf die Toten
troff, und ließ am Tage die Vögel des
Himmels nicht an sie kommen noch des
Nachts die Tiere des Feldes.
11 Und es wurde David angesagt, was
Rizpa, die Tochter Ajjas, Sauls Neben-
frau, getan hatte.
12 Und David ging hin und nahm die
Gebeine Sauls und die Gebeine seines
Sohnes Jonathan von den Bürgern von
Jabesch in Gilead. Die hatten sie vom
Platz am Tor Beth-Scheans heimlich weg-
genommen, wohin die Philister sie ge-
hängt hatten zu der Zeit, da die Philister
Saul schlugen auf dem Berge Gilboa.
13 Und David brachte sie von dort her-
auf, und sie sammelten die Gebeine der
Gehängten
14 und begruben sie mit den Gebeinen
Sauls und seines Sohnes Jonathan im
Lande Benjamin in Zela im Grabe seines
Vaters Kis und taten alles, wie der König
geboten hatte. Danach wurde Gott dem
Lande wieder gnädig.

Heldentaten der Krieger Davids

15 Es erhob sich aber wieder ein Krieg
der Philister mit Israel. Und David zog
hinab und seine Männer mit ihm, und sie
blieben in Gob, um mit den Philistern zu
kämpfen. Und David wurde müde.
16 Aber da war einer der Riesensöhne,
und das Gewicht seines Speers war drei-
hundert Lot Kupfer, dazu hatte er eine
neue Rüstung. Der wollte David erschla-
gen.
17 Aber Abisai, der Sohn der Zeruja,
half David und schlug den Philister tot.
Da beschworen David seine Männer und
sprachen: Du sollst nicht mehr mit uns
ausziehen in den Kampf, damit nicht die
Leuchte in Israel verlischt.
18 **D**anach erhob sich noch ein Krieg
bei Gob mit den Philistern. Da erschlug
Sibbechai, der Huschathiter, den Saph,
der auch einer vom Geschlecht der Riesen
war.
19 Und es erhob sich noch ein Krieg bei
Gob mit den Philistern. Da erschlug
Elhanan, der Sohn Jaïrs aus Bethlehem,
den Goliath, den Gathiter; der hatte einen
Spieß, dessen Schaft war wie ein Weber-
baum.
20 **U**nd es erhob sich noch ein Krieg bei
Gath. Da war ein langer Mann, der hatte
sechs Finger an seinen Händen und sechs
Zehen an seinen Füßen, das sind vierund-
zwanzig an der Zahl, und auch er war
vom Geschlecht der Riesen.
21 Und als er Israel hohnsprach, er-
schlug ihn Jonathan, der Sohn Schimas,
der ein Bruder Davids war.
22 Diese vier stammten vom Geschlecht
der Riesen in Gath und fielen durch die
Hand Davids und seiner Kriegsleute.

Davids Danklied

22 Und David redete vor dem HERRN
die Worte dieses Liedes zur Zeit, als
ihn der HERR errettet hatte aus der Hand
aller seiner Feinde und aus der Hand
Sauls, und sprach:
2 **D**er HERR ist mein Fels und meine
Burg und mein Erretter.
3 Gott ist mein Hort, auf den ich traue,
mein Schild und Berg meines Heils, mein
Schutz und meine Zuflucht, mein Heiland,
der du mir hilfst vor Gewalt.
4 Ich rufe an den HERRN, den Hochge-
lobten, so werde ich vor meinen Feinden
errettet.
5 **E**s hatten mich umfangen die Wogen
des Todes, und die Fluten des Unheils er-
schreckten mich.
6 Des Totenreichs Bande umfingen
mich, und des Todes Stricke überwältig-
ten mich.
7 Als mir angst war, rief ich den HERRN
an und schrie zu meinem Gott. Da erhörte
er meine Stimme von seinem Tempel, und

mein Schreien kam vor ihn zu seinen
Ohren.
8 Die Erde bebte und wankte, die
Grundfesten des Himmels bewegten sich
und bebten, da er zornig war.
9 Rauch stieg auf von seiner Nase und
verzehrend Feuer aus seinem Munde,
Flammen sprühten von ihm aus.
10 Er neigte den Himmel und fuhr her-
ab, und Dunkel war unter seinen Füßen.
11 Und er fuhr auf dem Cherub und
flog daher, und er schwebte auf den Fitti-
chen des Windes.
12 Er machte Finsternis ringsum zu sei-
nem Zelt und schwarze, dicke Wolken.
13 Aus dem Glanz vor ihm brach hervor
flammendes Feuer.
14 Der HERR donnerte vom Himmel, und
der Höchste ließ seine Stimme erschallen.
15 Er schoß seine Pfeile und streute sie
aus, er sandte Blitze und jagte sie dahin.
16 Da sah man das Bett des Meeres, und
des Erdbodens Grund ward aufgedeckt
bei dem Schelten des HERRN, vor dem
Odem und Schnauben seines Zornes.
17 Er streckte seine Hand aus von der
Höhe und faßte mich und zog mich aus
großen Wassern.
18 Er errettete mich von meinen starken
Feinden, von meinen Hassern, die mir zu
mächtig waren;
19 sie überwältigten mich zur Zeit mei-
nes Unglücks, aber der HERR ward mein
Halt.
20 Er führte mich hinaus ins Weite, er
riß mich heraus; denn er hatte Lust zu
mir.
21 Der HERR tut wohl an mir nach mei-
ner Gerechtigkeit; er vergilt mir nach der
Reinheit meiner Hände.
22 Denn ich halte die Wege des HERRN
und bin nicht gottlos wider meinen Gott.
23 Denn alle seine Rechte hab ich vor
Augen, und seine Gebote werfe ich nicht
von mir,
24 sondern ich bin ohne Tadel vor ihm,
und hüte mich vor Schuld.
25 Darum vergilt mir der HERR nach
meiner Gerechtigkeit, nach der Reinheit
meiner Hände vor seinen Augen.
26 Gegen die Heiligen bist du heilig, ge-
gen die Treuen bist du treu,
27 gegen die Reinen bist du rein, und
gegen die Verkehrten bist du verkehrt.
28 Denn du hilfst dem elenden Volk, und
die Augen aller Stolzen erniedrigest du.
29 Ja, du, HERR, bist meine Leuchte;
der HERR macht meine Finsternis licht.
30 Denn mit dir kann ich Kriegsvolk
zerschlagen und mit meinem Gott über
Mauern springen.
31 Gottes Wege sind vollkommen, des
HERRN Worte sind durchläutert. Er ist ein
Schild allen, die ihm vertrauen.
32 Denn wer ist Gott, wenn nicht der
HERR? Und wer ist ein Fels, wenn nicht
unser Gott?
33 Gott stärkt mich mit Kraft und weist
mir den rechten Weg.
34 Er macht meine Füße gleich den Hir-
schen und stellt mich auf meine Höhen.
35 Er lehrt meine Hände streiten und
meinen Arm den ehernen Bogen spannen.
36 Du gibst mir den Schild deines Heils,
und deine Huld macht mich groß.
37 Du gibst meinen Schritten weiten
Raum, daß meine Knöchel nicht wanken.
38 Meinen Feinden jagte ich nach und
vertilgte sie, und ich kehre nicht um, bis
ich sie umgebracht habe.
39 Ich brachte sie um und hab sie zer-
schmettert, daß sie nicht mehr aufstehen
können; sie sind unter meine Füße gefal-
len.
40 Du hast mich gerüstet mit Stärke
zum Streit; du kannst mir unterwerfen,
die sich gegen mich erheben.
41 Du hast meine Feinde zur Flucht ge-
wandt, daß ich vernichte, die mich hassen.
42 Sie sehen sich um – aber da ist kein
Helfer – nach dem HERRN, aber er ant-
wortet ihnen nicht.
43 Ich will sie zerstoßen zu Staub der
Erde, wie Dreck auf der Gasse will ich sie
zerstäuben und zertreten.
44 Du hast mir aus dem Aufruhr mei-
nes Volkes geholfen und machst mich zum
Haupt über Heiden; ein Volk, das ich
nicht kannte, dient mir.
45 Die Söhne der Fremde huldigen mir
und gehorchen mir mit gehorsamen
Ohren.
46 Die Söhne der Fremde verschmach-
ten und kommen mit Zittern aus ihren
Burgen.
47 Der HERR lebt, und gelobt sei mein
Fels, und Gott, der Fels meines Heils, sei
hoch erhoben,

48 der Gott, der mir Vergeltung schafft und mir die Völker unterwirft.

49 Er hilft mir aus von meinen Feinden. Du erhöhst mich über die, die sich gegen mich erheben, vor dem Mann der Gewalttat rettest du mich.

50 **D**arum will ich dir danken, HERR, unter den Heiden und deinem Namen lobsingen,

51 der seinem Könige großes Heil gibt und Gnade erweist seinem Gesalbten, David und seinem Hause ewiglich.

Davids letzte Worte

23 Dies sind die letzten Worte Davids. Es spricht David, der Sohn Isais, es spricht der Mann, der hoch erhoben ist, der Gesalbte des Gottes Jakobs, der Liebling der Lieder Israels:

2 **D**er Geist des HERRN hat durch mich geredet, und sein Wort ist auf meiner Zunge.

3 Es hat der Gott Israels zu mir gesprochen, der Fels Israels hat geredet: Wer gerecht herrscht unter den Menschen, wer herrscht in der Furcht Gottes,

4 der ist wie das Licht des Morgens, wenn die Sonne aufgeht, am Morgen ohne Wolken. Und wie das Gras nach dem Regen aus der Erde bricht,

5 so ist mein Haus fest bei Gott; denn er hat mir einen ewigen Bund gesetzt, in allem wohl geordnet und gesichert. All mein Heil und all mein Begehren wird er gedeihen lassen.

6 Aber die nichtswürdigen Leute sind allesamt wie verwehte Disteln, die man nicht mit der Hand fassen kann;

7 sondern wer sie angreifen will, muß Eisen und Spieß in der Hand haben; sie werden mit Feuer verbrannt an ihrer Stätte.

Die Helden Davids

8 Dies sind die Namen der Helden Davids: Jischbaal, der Hachmoniter, der Erste unter den Dreien; der schwang seinen Spieß über achthundert, die auf einmal erschlagen waren.

9 Nach ihm war unter den drei Helden Eleasar, der Sohn Dodos, der Ahoachiter. Er war mit David in Pas-Dammim, als die Philister dort versammelt waren zum Kampf und die Männer Israels sich zurückzogen;

10 er aber hielt stand und schlug die Philister, bis seine Hand müde war und am Schwert erstarrte. Und der HERR gab großes Heil an jenem Tage, so daß das Volk sich wieder umwandte hinter ihm her, um zu plündern.

11 Nach ihm war Schamma, der Sohn Ages aus Harar. Als die Philister sich sammelten in Lehi – es war dort ein Stück Acker mit Linsen – und das Volk vor den Philistern floh,

12 da trat er mitten auf das Stück und entriß es den Philistern und schlug sie, und Gott gab großes Heil.

13 **U**nd drei von den dreißig Helden kamen zu Beginn der Ernte hinab zu David, zu der Höhle Adullam, und das Lager der Philister lag in der Ebene Rephaim.

14 David aber war damals in der Bergfeste, und die Wache der Philister lag in Bethlehem.

15 Und David gelüstete es, und er sprach: Wer will mir Wasser zu trinken holen aus dem Brunnen am Tor in Bethlehem?

16 Da durchbrachen die drei Helden das Lager der Philister und schöpften Wasser aus dem Brunnen am Tor in Bethlehem und trugen's und brachten's zu David. Aber er wollte es nicht trinken, sondern goß es aus für den HERRN

17 und sprach: Das lasse der HERR fern von mir sein, daß ich das tue! Ist's nicht das Blut der Männer, die ihr Leben gewagt haben und hingegangen sind? Und er wollte es nicht trinken. Das taten die drei Helden.

18 **A**bisai, Joabs Bruder, der Sohn der Zeruja, war der Erste der Dreißig. Er schwang seinen Spieß über dreihundert Erschlagenen und war berühmt unter den Dreißig.

19 Er war hochgeehrt unter den Dreißig und war ihr Oberster, aber er kam nicht an jene Drei heran.

20 **U**nd Benaja, der Sohn Jojadas, ein streitbarer Mann von großen Taten, war aus Kabzeel; der erschlug die beiden «Gotteslöwen» der Moabiter. Er stieg hinab und erschlug einen Löwen in einem Brunnen, als Schnee gefallen war.

21 Er erschlug auch einen ägyptischen Mann, einen Riesen, der hatte einen Spieß in seiner Hand. Er aber ging zu ihm hin-

ab mit einem Stecken und riß dem Ägypter den Spieß aus der Hand und durchbohrte ihn mit dessen eigenem Spieß.
22 Das tat Benaja, der Sohn Jojadas. Er war berühmt unter den dreißig Helden
23 und war hochgeehrt unter den Dreißig, aber er kam nicht an jene Drei heran. Und David setzte ihn über seine Leibwache.
24 Asahel, der Bruder Joabs, war unter den Dreißig; auch Elhanan, der Sohn Dodos aus Bethlehem;
25 Schamma, der Haroditer; Elika, der Haroditer;
26 Helez, der Peletiter; Ira, der Sohn des Ikkesch, aus Thekoa.
27 Abiëser, der Anathothiter; Sibbechai, der Huschathiter;
28 Zalmon, der Ahoachiter; Mahrai, der Netophathiter;
29 Heled, der Sohn Baanas, der Netophathiter; Ittai, der Sohn Ribais, aus Gibea in Benjamin;
30 Benaja, der Pirathoniter; Hiddai, aus Nahale-Gaasch;
31 Abialbon, der Arbathiter; Asmaweth, der Bahurimiter;
32 Eljachba, der Schaalboniter; Jaschen, der Guniter, und Jonathan,
33 der Sohn des Schamma, der Harariter; Ahiam, der Sohn Scharars, der Harariter;
34 Eliphelet, der Sohn Ahasbais, der Maachathiter; Eliam, der Sohn Ahithophels, der Giloniter;
35 Hezro, der Karmeliter; Paarai, der Arabiter;
36 Jigal, der Sohn Nathans, aus Zoba; Bani, der Gaditer;
37 Zelek, der Ammoniter; Nachrai, der Beerothiter, ein Waffenträger Joabs, des Sohnes der Zeruja;
38 Ira, der Jattiriter; Gareb, der Jattiriter;
39 Uria, der Hethiter. Das sind zusammen siebenunddreißig.

Gott läßt David den Tempelplatz finden

24 Und der Zorn des HERRN entbrannte abermals gegen Israel, und er reizte David gegen das Volk und sprach: Geh hin, zähle Israel und Juda!
2 Und der König sprach zu Joab und zu den Hauptleuten, die bei ihm waren: Geht umher in allen Stämmen Israels von Dan bis Beerseba und zählt das Kriegsvolk, damit ich weiß, wieviel ihrer sind.
3 Joab sprach zu dem König: Der HERR, dein Gott, tue zu diesem Volk, wie es jetzt ist, noch hundertmal soviel hinzu, daß mein Herr, der König, seiner Augen Lust daran habe; aber warum verlangt es meinen Herrn, den König, solches zu tun?
4 Aber des Königs Wort stand fest gegen Joab und die Hauptleute des Heeres. So zog Joab mit den Hauptleuten des Heeres aus von dem König, um das Volk Israel zu zählen.
5 Und sie gingen über den Jordan und fingen an bei Aroër und bei der Stadt, die mitten im Bachtal liegt, nach Gad und nach Jaser zu
6 und kamen nach Gilead und zum Land der Hethiter nach Kadesch zu und darauf nach Dan, und von Dan wandten sie sich nach Sidon zu.
7 Dann kamen sie zu der festen Stadt Tyrus und allen Städten der Hewiter und Kanaaniter und in das Südland Judas nach Beerseba.
8 So durchzogen sie das ganze Land und kamen nach neun Monaten und zwanzig Tagen nach Jerusalem zurück.
9 Und Joab gab dem König die Summe des Volks an, das gezählt war. Und es waren in Israel achthunderttausend streitbare Männer, die das Schwert trugen, und in Juda fünfhunderttausend Mann.
10 Aber das Herz schlug David, nachdem das Volk gezählt war. Und David sprach zum HERRN: Ich habe schwer gesündigt, daß ich das getan habe. Und nun, HERR, nimm weg die Schuld deines Knechts; denn ich hab sehr töricht getan.
11 Und als David am Morgen aufstand, kam des HERRN Wort zu Gad, dem Propheten, Davids Seher:
12 Geh hin und rede mit David: So spricht der HERR: Dreierlei lege ich dir vor; erwähle dir eins davon, daß ich es dir tue.
13 Gad kam zu David und sagte es ihm an und sprach zu ihm: Willst du, daß drei Jahre lang Hungersnot in dein Land kommt oder daß du drei Monate vor deinen Widersachern fliehen mußt und sie dich verfolgen oder daß drei Tage Pest in deinem Lande ist? So bedenke nun wohl, was ich antworten soll dem, der mich gesandt hat.

14 David sprach zu Gad: Es ist mir sehr
angst, aber laß uns in die Hand des HERRN
fallen, denn seine Barmherzigkeit ist
groß; ich will nicht in der Menschen
Hand fallen.
15 Da ließ der HERR die Pest über Israel
kommen vom Morgen an bis zur be-
stimmten Zeit, so daß von dem Volk star-
ben von Dan bis Beerseba siebzigtausend
Mann.
16 Als aber der Engel seine Hand aus-
streckte über Jerusalem, um es zu verder-
ben, reute den HERRN das Übel, und er
sprach zum Engel, der das Verderben an-
richtete im Volk: Es ist genug; laß nun
deine Hand ab! Der Engel des HERRN
aber war bei der Tenne Arawnas, des Je-
busiters.
17 Als aber David den Engel sah, der
das Volk schlug, sprach er zum HERRN:
Siehe, **ich** habe gesündigt, **ich** habe die
Missetat getan; was haben diese Schafe
getan? Laß deine Hand gegen mich und
meines Vaters Haus sein!
18 Und Gad kam zu David an jenem
Tage und sprach zu ihm: Geh hinauf und
errichte dem HERRN einen Altar auf der
Tenne Arawnas, des Jebusiters.
19 Da ging David hinauf, wie Gad nach
des HERRN Gebot gesagt hatte.
20 Und als Arawna aufschaute, sah er
den König mit seinen Großen zu ihm her-
überkommen und fiel nieder vor dem
König auf sein Angesicht zur Erde
21 und sprach: Warum kommt mein
Herr, der König, zu seinem Knecht? Da-
vid sprach: Um von dir die Tenne zu kau-
fen und dem HERRN einen Altar zu bauen,
damit die Plage vom Volk weiche.
22 Aber Arawna sprach zu David: Mein
Herr, der König, nehme und opfere, wie
es ihm gefällt. Siehe, da sind die Rinder
zum Brandopfer und auch die Dresch-
schlitten und das Geschirr der Rinder als
Brennholz;
23 das alles gibt Arawna dem König.
Und Arawna sprach zum König: Der
HERR, dein Gott, sei dir gnädig.
24 Aber der König sprach zu Arawna:
Nicht doch, sondern ich will dir's abkau-
fen für seinen Preis; denn ich will dem
HERRN, meinem Gott, nicht Brandopfer
darbringen, die ich umsonst habe. So
kaufte David die Tenne und die Rinder
für fünfzig Lot Silber.
25 Und David baute dort dem HERRN
einen Altar und opferte Brandopfer und
Dankopfer. Und der HERR wurde dem
Land wieder gnädig, und die Plage wich
von dem Volk Israel.

DAS ERSTE BUCH DER KÖNIGE

Salomo wird zum König gesalbt

1 Als aber der König David alt war und
hochbetagt, konnte er nicht warm
werden, wenn man ihn auch mit Kleidern
bedeckte.
2 Da sprachen seine Großen zu ihm:
Man suche unserm Herrn, dem König,
eine Jungfrau, die vor dem König stehe
und ihn umsorge und in seinen Armen
schlafe und unsern Herrn, den König,
wärme.
3 Und sie suchten ein schönes Mädchen
im ganzen Gebiet Israels und fanden Abi-
sag von Sunem und brachten sie dem
König.
4 Und sie war ein sehr schönes Mädchen
und umsorgte den König und diente ihm.
Aber der König erkannte sie nicht.
5 Adonia aber, der Sohn der Haggith,
empörte sich und sprach: Ich will König
werden! Und er schaffte sich Wagen und
Gespanne an und fünfzig Mann als seine
Leibwache.
6 Und sein Vater hatte ihm nie etwas ver-
wehrt sein Leben lang, daß er gesagt hätte:
Warum tust du das? Und er war auch ein
sehr schöner Mann und war David gebo-
ren als der nächste Sohn nach Absalom.
7 Und er beriet sich mit Joab, dem Sohn
der Zeruja, und mit Abjathar, dem Prie-
ster; die hielten zu Adonia.

8 Aber Zadok, der Priester, und Benaja,
der Sohn Jojadas, und Nathan, der Pro-
phet, und Schimi und Reï und die Helden
Davids waren nicht mit Adonia.
9 Und als Adonia Schafe und Rinder
und gemästetes Vieh opferte bei dem Stein
Soheleth, der neben der Quelle Rogel
liegt, lud er alle seine Brüder, des Königs
Söhne, ein und alle Männer Judas, die
dem König dienten.
10 Aber den Propheten Nathan und
Benaja und die Helden und seinen Bruder
Salomo lud er nicht ein.
11 **D**a sprach Nathan zu Bathseba, Sa-
lomos Mutter: Hast du nicht gehört, daß
Adonia, der Sohn der Haggith, König ge-
worden ist, und David, unser Herr, weiß
nichts davon?
12 So komm nun, ich will dir einen Rat
geben, daß du dein Leben und das Leben
deines Sohnes Salomo errettest.
13 Auf, geh zum König David hinein
und sprich zu ihm: Hast du nicht, mein
Herr und König, deiner Magd geschwo-
ren: Dein Sohn Salomo soll nach mir
König sein, und er soll auf meinem Thron
sitzen? Warum ist denn Adonia König ge-
worden?
14 Siehe, während du noch da bist und
mit dem König redest, will ich nach dir
hineinkommen und deine Worte zu Ende
führen.
15 Und Bathseba ging hinein zum Kö-
nig in das Gemach. Der König aber war
sehr alt, und Abisag von Sunem diente
dem König.
16 Und Bathseba neigte sich und fiel vor
dem König nieder. Der König aber
sprach: Was willst du?
17 Sie sprach zu ihm: Mein Herr, du
hast deiner Magd geschworen bei dem
HERRN, deinem Gott: Dein Sohn Salomo
soll König sein nach mir und auf meinem
Thron sitzen.
18 Nun aber siehe, Adonia ist König
geworden, und du, mein Herr und König,
weißt nichts davon.
19 Er hat Stiere und gemästetes Vieh
und viele Schafe geopfert und hat alle
Söhne des Königs geladen, dazu Abja-
thar, den Priester, und Joab, den Feld-
hauptmann; aber deinen Knecht Salomo
hat er nicht geladen.
20 Du aber, mein Herr und König, die
Augen von ganz Israel sehen auf dich, daß
du ihnen kundtust, wer auf dem Thron
meines Herrn und Königs nach ihm sitzen
soll.
21 Wenn aber mein Herr und König
sich zu seinen Vätern gelegt hat, so werden
ich und mein Sohn Salomo als Empörer
dastehen.
22 Während sie noch mit dem König
redete, kam der Prophet Nathan.
23 Und sie sagten dem König an: Siehe,
da ist der Prophet Nathan. Und als er
hinein vor den König kam, fiel er vor dem
König nieder auf sein Angesicht zur Erde
24 und sprach: Mein Herr und König,
hast du gesagt: Adonia soll nach mir Kö-
nig sein und auf meinem Thron sitzen?
25 Denn er ist heute hinabgegangen und
hat geopfert Stiere und Mastvieh und
viele Schafe und hat alle Söhne des Königs
geladen und die Hauptleute, dazu den
Priester Abjathar. Und siehe, sie essen
und trinken vor ihm und rufen: Es lebe
der König Adonia!
26 Aber mich, deinen Knecht, und Za-
dok, den Priester, und Benaja, den Sohn
Jojadas, und deinen Knecht Salomo hat
er nicht geladen.
27 Ist das von meinem Herrn und König
befohlen, und du hast deine Großen nicht
wissen lassen, wer auf dem Thron meines
Herrn und Königs nach ihm sitzen soll?
28 Der König David antwortete und
sprach: Ruft mir Bathseba! Und sie kam
hinein vor den König. Und als sie vor dem
König stand,
29 schwor der König und sprach: So
wahr der HERR lebt, der mich erlöst hat
aus aller Not:
30 ich will heute tun, wie ich dir ge-
schworen habe bei dem HERRN, dem Gott
Israels, als ich sagte: Salomo, dein Sohn,
soll nach mir König sein, und er soll für
mich auf meinem Thron sitzen.
31 Da neigte sich Bathseba mit ihrem
Antlitz zur Erde und fiel vor dem König
nieder und sprach: Lang lebe mein Herr,
der König David!
32 **U**nd der König David sprach: Ruft
mir den Priester Zadok und den Prophe-
ten Nathan und Benaja, den Sohn Joja-
das! Und als sie hineinkamen vor den
König,
33 sprach der König zu ihnen: Nehmt

mit euch die Großen eures Herrn und
setzt meinen Sohn Salomo auf mein Maul-
tier und führt ihn hinab zum Gihon.
34 Und der Priester Zadok samt dem
Propheten Nathan salbe ihn dort zum
König über Israel. Und blast die Posau-
nen und ruft: Es lebe der König Salomo!
35 Und zieht wieder herauf hinter ihm
her, und er soll kommen und sitzen auf
meinem Thron und für mich König sein.
Denn ihn setze ich zum Fürsten über
Israel und Juda ein.
36 Da antwortete Benaja, der Sohn Jo-
jadas, dem König und sprach: So sei es!
Der Herr, der Gott meines Herrn und
Königs, bestätige es!
37 Wie der Herr mit meinem Herrn,
dem König, gewesen ist, so sei er auch
mit Salomo, daß sein Thron größer werde
als der Thron meines Herrn, des Königs
David!
38 Da gingen hinab der Priester Zadok
und der Prophet Nathan und Benaja, der
Sohn Jojadas, und die Krether und Ple-
ther und setzten Salomo auf das Maultier
des Königs David und führten ihn zum
Gihon.
39 Und der Priester Zadok nahm das
Ölhorn aus dem Zelt und salbte Salomo.
Und sie bliesen die Posaunen, und alles
Volk rief: Es lebe der König Salomo!
40 Und alles Volk zog wieder herauf
hinter ihm her, und das Volk blies mit
Flöten und war sehr fröhlich, so daß die
Erde von ihrem Geschrei erbebte.
41 Und Adonia hörte es und alle, die er
geladen hatte und die bei ihm waren, und
sie hatten schon gegessen. Und als Joab
den Schall der Posaune hörte, sprach er:
Was soll das Geschrei und Getümmel der
Stadt?
42 Als er noch redete, siehe, da kam
Jonathan, der Sohn des Priesters Abja-
thar. Und Adonia sprach: Komm her,
denn du bist ein redlicher Mann und
bringst gute Botschaft.
43 Jonathan antwortete und sprach zu
Adonia: Nein, denn unser Herr, der König
David, hat Salomo zum König gemacht
44 und hat mit ihm gesandt den Priester
Zadok und den Propheten Nathan und
Benaja, den Sohn Jojadas, und die Kre-
ther und Plether, und sie haben ihn auf
des Königs Maultier gesetzt.
45 Und Zadok, der Priester, samt dem
Propheten Nathan hat ihn gesalbt zum
König beim Gihon, und sie sind von da
heraufgezogen mit Freuden, so daß die
Stadt voll Getümmel wurde. Das ist das
Geschrei, das ihr gehört habt.
46 Und schon sitzt Salomo auf dem
königlichen Thron,
47 und die Großen des Königs sind hin-
eingegangen, zu segnen unsern Herrn, den
König David, und haben gesagt: Dein
Gott mache Salomos Namen herrlicher
als deinen Namen und lasse seinen Thron
größer werden als deinen Thron! Und der
König hat sich verneigt auf seinem Lager
48 und hat so gesagt: Gelobt sei der
Herr, der Gott Israels, der heute einen
meiner Söhne auf meinen Thron gesetzt
hat, daß es meine Augen gesehen haben.
49 Da erschraken alle, die bei Adonia
geladen waren, und machten sich auf und
gingen hin, jeder seinen Weg.
50 Aber Adonia fürchtete sich vor Salo-
mo und machte sich auf, ging hin und
faßte die Hörner des Altars.
51 Und es wurde Salomo angesagt: Sie-
he, Adonia fürchtet den König Salomo,
und siehe, er faßt die Hörner des Altars
und spricht: Der König Salomo schwöre
mir heute, daß er seinen Knecht nicht
töten wird mit dem Schwert.
52 Salomo sprach: Wird er redlich sein,
so soll kein Haar von ihm auf die Erde
fallen; wird aber Böses an ihm gefunden,
so soll er sterben.
53 Und der König Salomo sandte hin
und ließ ihn vom Altar holen. Und als er
kam, fiel er vor dem König Salomo nie-
der. Salomo aber sprach zu ihm: Geh in
dein Haus!

Davids letzter Wille und sein Tod

2 Als nun die Zeit herbeikam, daß Da-
vid sterben sollte, gebot er seinem
Sohn Salomo und sprach:
2 Ich gehe hin den Weg aller Welt. So
sei getrost und sei ein Mann
3 und diene dem Herrn, deinem Gott,
daß du wandelst in seinen Wegen und
hältst seine Satzungen, Gebote, Rechte
und Ordnungen, wie geschrieben steht im
Gesetz des Mose, damit dir alles gelinge,
was du tust und wohin du dich wendest;
4 damit der Herr sein Wort erfülle, das

er über mich geredet hat: Werden deine Söhne auf ihre Wege achten, daß sie vor mir in Treue und von ganzem Herzen und von ganzer Seele wandeln, so soll dir's niemals fehlen an einem Mann auf dem Thron Israels.

5 Auch weißt du sehr wohl, was mir getan hat Joab, der Sohn der Zeruja, was er tat den zwei Feldhauptleuten Israels, Abner, dem Sohn Ners, und Amasa, dem Sohn Jethers, wie er sie ermordet hat und so im Krieg vergossenes Blut im Frieden gerächt und unschuldiges Blut an den Gürtel seiner Lenden und an die Schuhe seiner Füße gebracht hat.

6 Tu nach deiner Weisheit, daß du seine grauen Haare nicht in Frieden hinunter zu den Toten bringst.

7 Aber den Söhnen Barsillais, des Gileaditers, sollst du Barmherzigkeit erweisen, daß sie an deinem Tisch essen. Denn sie taten wohl an mir, als ich vor deinem Bruder Absalom floh.

8 Und siehe, du hast bei dir Simeï, den Sohn Geras, den Benjaminiter von Bahurim, der mir schändlich fluchte zu der Zeit, als ich nach Mahanajim ging. Dann aber kam er mir entgegen am Jordan. Da schwor ich ihm bei dem HERRN und sprach: Ich will dich nicht töten mit dem Schwert.

9 Du aber laß ihn nicht frei ausgehen; denn du bist ein weiser Mann und wirst sehr wohl wissen, was du ihm tun sollst, daß du seine grauen Haare mit Blut hinunter zu den Toten bringst.

10 Also legte sich David zu seinen Vätern und wurde begraben in der Stadt Davids.

11 Die Zeit aber, die David König gewesen ist über Israel, ist vierzig Jahre: sieben Jahre war er König zu Hebron und dreiunddreißig Jahre zu Jerusalem.

12 Und Salomo saß auf dem Thron seines Vaters David, und seine Herrschaft hatte festen Bestand.

Salomos Maßnahmen beim Antritt der Regierung

13 Aber Adonia, der Sohn der Haggith, kam zu Bathseba, der Mutter Salomos. Und sie sprach: Kommst du auch mit Frieden? Er sprach: Ja!

14 Und er sprach: Ich habe mit dir zu reden. Sie sprach: Sage an!

15 Er sprach: Du weißt, daß das Königtum mein war und ganz Israel hatte sich auf mich gerichtet, daß ich König sein sollte; aber nun hat sich das Königtum gewandt und ist meinem Bruder zuteil geworden – von dem HERRN ist's ihm zuteil geworden.

16 Nun bitte ich **eins** von dir; du wollest mich nicht abweisen! Sie sprach zu ihm: Sage an!

17 Er sprach: Rede mit dem König Salomo, denn er wird dich nicht abweisen, daß er mir gebe Abisag von Sunem zur Frau.

18 Bathseba sprach: Gut, ich will mit dem König deinetwegen reden.

19 Und Bathseba ging hin zum König Salomo, um mit ihm zu reden Adonias wegen. Und der König stand auf und ging ihr entgegen und neigte sich vor ihr und setzte sich auf seinen Thron. Und es wurde der Mutter des Königs ein Thron hingestellt, und sie setzte sich zu seiner Rechten.

20 Und sie sprach: Ich habe **eine** kleine Bitte an dich; du wollest mich nicht abweisen. Der König sprach zu ihr: Bitte, meine Mutter, ich will dich nicht abweisen.

21 Sie sprach: Gib doch Abisag von Sunem deinem Bruder Adonia zur Frau!

22 Da antwortete der König Salomo und sprach zu seiner Mutter: Warum bittest du um Abisag von Sunem für Adonia? Erbitte ihm doch auch das Königtum! Denn er ist mein älterer Bruder, und zu ihm hält der Priester Abjathar und Joab, der Sohn der Zeruja.

23 Und der König Salomo schwor bei dem HERRN und sprach: Gott tue mir dies und das, diese Bitte soll Adonia sein Leben kosten!

24 Und nun, so wahr der HERR lebt, der mich bestätigt hat und gesetzt auf den Thron meines Vaters David und der mir ein Haus gemacht hat, wie er zugesagt hat: heute noch soll Adonia sterben!

25 Und der König Salomo sandte hin Benaja, den Sohn Jojadas; der stieß ihn nieder, daß er starb.

26 Und zu dem Priester Abjathar sprach der König: Geh hin nach Anathoth zu deinem Besitz, denn du bist des Todes. Aber ich will dich heute nicht töten, denn

du hast die Lade Gottes des HERRN vor meinem Vater David getragen und hast alles mitgelitten, was mein Vater gelitten hat.

27 So verstieß Salomo den Abjathar, daß er nicht mehr Priester des HERRN sein durfte, damit erfüllt würde des HERRN Wort, das er über das Haus Elis geredet hatte in Silo.

28 Und die Kunde davon kam vor Joab; denn Joab hatte Adonia angehangen und nicht Absalom. Da floh Joab in das Zelt des HERRN und faßte die Hörner des Altars.

29 Und es wurde dem König Salomo angesagt: Joab ist zum Zelt des HERRN geflohen, und siehe, er steht am Altar. Da sandte Salomo hin Benaja, den Sohn Jojadas, und sprach: Geh, stoß ihn nieder!

30 Und als Benaja zum Zelt des HERRN kam, sprach er zu Joab: So sagt der König: Geh heraus! Er sprach: Nein, hier will ich sterben. Und Benaja sagte das dem König wieder und sprach: So hat Joab geredet, und so hat er mir geantwortet.

31 Der König sprach zu ihm: Tu, wie er gesagt hat, und stoß ihn nieder und begrabe ihn, damit du das Blut, das Joab ohne Grund vergossen hat, von mir tust und von meines Vaters Hause.

32 Und der HERR lasse das Blut auf sein Haupt kommen, weil er zwei Männer erschlagen hat, die gerechter und besser waren als er, und sie getötet hat mit dem Schwert, ohne daß mein Vater David darum wußte, nämlich Abner, den Sohn Ners, den Feldhauptmann über Israel, und Amasa, den Sohn Jethers, den Feldhauptmann über Juda.

33 Ihr Blut komme auf das Haupt Joabs und seiner Nachkommen für immer; aber David und seine Nachkommen, sein Haus und sein Thron sollen Frieden haben ewiglich von dem HERRN!

34 Und Benaja, der Sohn Jojadas, ging hin und stieß ihn nieder und tötete ihn. Und er wurde begraben in seinem Hause in der Wüste.

35 Und der König setzte Benaja, den Sohn Jojadas, an seiner Statt über das Heer, und den Priester Zadok setzte der König an die Stelle Abjathars.

36 Und der König sandte hin und ließ Simeï rufen und sprach zu ihm: Baue dir ein Haus in Jerusalem und wohne dort und geh von da nicht heraus, weder hierhin noch dahin.

37 An dem Tag, an dem du hinausgehen und über den Bach Kidron gehen wirst – so wisse, daß du des Todes sterben mußt; dein Blut komme dann auf dein Haupt!

38 Simeï sprach zum König: Das ist recht so; wie mein Herr, der König, geredet hat, so wird dein Knecht tun. So wohnte Simeï in Jerusalem lange Zeit.

39 Es begab sich aber nach drei Jahren, daß zwei Knechte dem Simeï entliefen zu Achis, dem Sohn Maachas, dem König von Gath. Und es wurde Simeï angesagt: Siehe, deine Knechte sind in Gath.

40 Da machte sich Simeï auf und sattelte seinen Esel und zog hin nach Gath zu Achis, um seine Knechte zu suchen. Und als er hinkam, brachte er seine Knechte von Gath zurück.

41 Und es wurde Salomo angesagt, daß Simeï von Jerusalem nach Gath gezogen und wiedergekommen wäre.

42 Da sandte der König hin und ließ Simeï rufen und sprach zu ihm: Hab ich dich nicht schwören lassen bei dem HERRN und dich gewarnt: an dem Tag, an dem du die Stadt verläßt und hierhin oder dorthin gehst, sollst du wissen, daß du des Todes sterben mußt? Und du sprachst zu mir: Es ist recht so; ich habe es gehört.

43 Warum hast du denn nicht gehalten den Schwur vor dem HERRN und das Gebot, das ich dir geboten habe?

44 Und der König sprach zu Simeï: Du weißt all das Böse, dessen dein Herz sich bewußt ist und das du meinem Vater David angetan hast. Nun läßt der HERR dies Böse auf dein Haupt kommen;

45 aber der König Salomo ist gesegnet, und der Thron Davids wird feststehen vor dem HERRN ewiglich.

46 Und der König gebot Benaja, dem Sohn Jojadas; der ging hin und stieß ihn nieder, daß er starb.

Und das Königtum wurde gefestigt durch Salomos Hand.

Salomos Gebet um Weisheit

3 Und Salomo verschwägerte sich mit dem Pharao, dem König von Ägypten, und nahm eine Tochter des Pharao zur Frau und brachte sie in die Stadt Da-

vids, bis er sein Haus und des HERRN Haus und die Mauer um Jerusalem gebaut hatte.

2 Aber das Volk opferte noch auf den Höhen; denn es war noch kein Haus gebaut dem Namen des HERRN bis auf diese Zeit.

3 Salomo aber hatte den HERRN lieb und wandelte nach den Satzungen seines Vaters David, nur daß er auf den Höhen opferte und räucherte.

4 Und der König ging hin nach Gibeon, um dort zu opfern; denn das war die bedeutendste Höhe. Und Salomo opferte dort tausend Brandopfer auf dem Altar.

5 Und der HERR erschien Salomo zu Gibeon im Traum des Nachts, und Gott sprach: Bitte, was ich dir geben soll!

6 Salomo sprach: Du hast an meinem Vater David, deinem Knecht, große Barmherzigkeit getan, wie er denn vor dir gewandelt ist in Wahrheit und Gerechtigkeit und mit aufrichtigem Herzen vor dir, und hast ihm auch die große Barmherzigkeit erwiesen und ihm einen Sohn gegeben, der auf seinem Thron sitzen sollte, wie es denn jetzt ist.

7 Nun, HERR, mein Gott, du hast deinen Knecht zum König gemacht an meines Vaters David Statt. Ich aber bin noch jung, weiß weder aus noch ein.

8 Und dein Knecht steht mitten in deinem Volk, das du erwählt hast, einem Volk, so groß, daß es wegen seiner Menge niemand zählen noch berechnen kann.

9 So wollest du deinem Knecht ein gehorsames Herz geben, damit er dein Volk richten könne und verstehen, was gut und böse ist. Denn wer vermag dies dein mächtiges Volk zu richten?

10 Das gefiel dem Herrn gut, daß Salomo darum bat.

11 Und Gott sprach zu ihm: Weil du darum bittest und bittest weder um langes Leben noch um Reichtum noch um deiner Feinde Tod, sondern um Verstand, zu hören und recht zu richten,

12 siehe, so tue ich nach deinen Worten. Siehe, ich gebe dir ein weises und verständiges Herz, so daß deinesgleichen vor dir nicht gewesen ist und nach dir nicht aufkommen wird.

13 Und dazu gebe ich dir, worum du nicht gebeten hast, nämlich Reichtum und Ehre, so daß deinesgleichen keiner unter den Königen ist zu deinen Zeiten.

14 Und wenn du in meinen Wegen wandeln wirst, daß du hältst meine Satzungen und Gebote, wie dein Vater David gewandelt ist, so werde ich dir ein langes Leben geben.

15 Und als Salomo erwachte, siehe, da war es ein Traum. Und er kam nach Jerusalem und trat vor die Lade des Bundes des Herrn und opferte Brandopfer und Dankopfer und machte ein großes Festmahl für alle seine Großen.

Salomos Urteil

16 Zu der Zeit kamen zwei Huren zum König und traten vor ihn.

17 Und die eine Frau sprach: Ach, mein Herr, ich und diese Frau wohnten in **einem** Hause, und ich gebar bei ihr im Hause.

18 Und drei Tage, nachdem ich geboren hatte, gebar auch sie. Und wir waren beieinander, und kein Fremder war mit uns im Hause, nur wir beide.

19 Und der Sohn dieser Frau starb in der Nacht; denn sie hatte ihn im Schlaf erdrückt.

20 Und sie stand in der Nacht auf und nahm meinen Sohn von meiner Seite, als deine Magd schlief, und legte ihn in ihren Arm, und ihren toten Sohn legte sie in meinen Arm.

21 Und als ich des Morgens aufstand, um meinen Sohn zu stillen, siehe, da war er tot. Aber am Morgen sah ich ihn genau an, und siehe, es war nicht mein Sohn, den ich geboren hatte.

22 Die andere Frau sprach: Nein, mein Sohn lebt, doch dein Sohn ist tot. Jene aber sprach: Nein, dein Sohn ist tot, doch mein Sohn lebt. Und so redeten sie vor dem König.

23 Und der König sprach: Diese spricht: Mein Sohn lebt, doch dein Sohn ist tot. Jene spricht: Nein, dein Sohn ist tot, doch mein Sohn lebt.

24 Und der König sprach: Holt mir ein Schwert! Und als das Schwert vor den König gebracht wurde,

25 sprach der König: Teilt das lebendige Kind in zwei Teile und gebt dieser die Hälfte und jener die Hälfte.

26 Da sagte die Frau, deren Sohn lebte, zum König – denn ihr mütterliches Herz entbrannte in Liebe für ihren Sohn – und sprach: Ach, mein Herr, gebt ihr das Kind

lebendig und tötet es nicht! Jene aber
sprach: Es sei weder mein noch dein; laßt
es teilen!
27 Da antwortete der König und sprach:
Gebt dieser das Kind lebendig und tötet's
nicht; die ist seine Mutter.
28 Und ganz Israel hörte von dem Ur-
teil, das der König gefällt hatte, und sie
fürchteten den König; denn sie sahen, daß
die Weisheit Gottes in ihm war, Gericht zu
halten.

Salomos Beamte und Amtleute

4 So war Salomo König über ganz
Israel.
2 Und dies waren seine Großen: Asarja,
der Sohn Zadoks, war Priester;
3 Elihoreph und Ahia, die Söhne Schi-
schas, waren Schreiber; Josaphat, der
Sohn Ahiluds, war Kanzler;
4 Benaja, der Sohn Jojadas, war Feld-
hauptmann; Zadok und Abjathar waren
Priester;
5 Asarja, der Sohn Nathans, stand den
Amtleuten vor; Sabud, der Sohn Nathans,
war des Königs Freund;
6 Ahischar war Hofmeister; Adoniram,
der Sohn Abdas, war Fronvogt.
7 Und Salomo hatte zwölf Amtleute
über ganz Israel, die den König und sein
Haus versorgten, und zwar ein jeder im
Jahr einen Monat lang.
8 Sie hießen: Der Sohn Hurs auf dem
Gebirge Ephraim;
9 der Sohn Dekers in Makaz und in
Schaalbim und in Beth-Schemesch und in
Elon und Beth-Hanan;
10 der Sohn Heseds in Arubboth, und
hatte dazu Socho und das ganze Land
Hepher;
11 der Sohn Abinadabs über das ganze
Hügelland von Dor; er hatte Taphath,
eine Tochter Salomos, zur Frau;
12 Baana, der Sohn Ahiluds, in Taanach
und in Megiddo und über ganz Beth-
Schean, das liegt neben Zarethan unter-
halb von Jesreel, von Beth-Schean bis
Abel-Mehola, bis jenseits von Jokmeam;
13 der Sohn Gebers zu Ramoth in Gi-
lead; er hatte die Dörfer Jaïrs, des Sohnes
Manasses, in Gilead und die Gegend
Argob, die in Basan liegt, sechzig große
Städte, ummauert und mit ehernen Rie-
geln;
14 Ahinadab, der Sohn Iddos, in Maha-
najim;
15 Ahimaaz in Naphthali; auch er hatte
eine Tochter Salomos, Basemath, zur
Frau genommen;
16 Baana, der Sohn Huschais, in Asser
und Bealoth;
17 Josaphat, der Sohn Paruachs, in Isa-
schar;
18 Schimi, der Sohn Elas, in Benjamin;
19 Geber, der Sohn Uris, im Lande Gi-
lead, im Lande Sihons, des Königs der
Amoriter, und Ogs, des Königs in Basan.
Ein Amtmann war in diesem Lande.
20 Juda aber und Israel waren zahlreich
wie der Sand am Meer, und sie aßen und
tranken und waren fröhlich.

Salomos Macht und Weisheit

5 °So war Salomo Herr über alle Kö-
nigreiche, vom Euphratstrom bis zum
Philisterland und bis an die Grenze Ägyp-
tens; die brachten ihm Geschenke und
dienten ihm sein Leben lang.
2 Und Salomo mußte täglich zur Spei-
sung haben dreißig Sack feinstes Mehl,
sechzig Sack anderes Mehl,
3 zehn gemästete Rinder und zwanzig
Rinder von der Weide und hundert Scha-
fe, ohne die Hirsche und Gazellen und
Rehe und das gemästete Federvieh.
4 Denn er herrschte im ganzen Lande
diesseits des Euphrat, von Tiphsach bis
nach Gaza, über alle Könige diesseits des
Euphrat, und hatte Frieden mit allen sei-
nen Nachbarn ringsum,
5 so daß Juda und Israel sicher wohn-
ten, jeder unter seinem Weinstock und
unter seinem Feigenbaum, von Dan bis
Beerseba, solange Salomo lebte.
6 Und Salomo hatte viertausend Ge-
spanne für seine Kriegswagen und zwölf-
tausend Leute für die Pferde.
7 Und die Amtleute versorgten den Kö-
nig Salomo und alles, was zum Tisch des
Königs gehörte, jeder in seinem Monat,
und ließen es an nichts fehlen.
8 Auch Gerste und Stroh für die Pferde
brachten sie an den Ort, wo diese waren,
jeder nach seiner Ordnung.
9 Und Gott gab Salomo sehr große
Weisheit und Verstand und einen Geist,
so weit, wie Sand am Ufer des Meeres
liegt,

10 daß die Weisheit Salomos größer war
als die Weisheit von allen, die im Osten
wohnen, und als die Weisheit der Ägypter.
11 Und er war weiser als alle Menschen,
auch weiser als Ethan, der Esrachiter,
Heman, Kalkol und Darda, die Söhne
Mahols, und war berühmt unter allen
Völkern ringsum.
12 Und er dichtete dreitausend Sprüche
und tausendundfünf Lieder.
13 Er dichtete von den Bäumen, von der
Zeder an auf dem Libanon bis zum Ysop,
der aus der Wand wächst. Auch dichtete
er von den Tieren des Landes, von Vögeln,
vom Gewürm und von Fischen.
14 Und aus allen Völkern kam man, zu
hören die Weisheit Salomos, und von allen
Königen auf Erden, die von seiner Weis-
heit gehört hatten.

Salomos Vertrag mit Hiram von Tyrus. Vorbereitung zum Tempelbau

15 Und Hiram, der König von Tyrus,
sandte seine Botschafter zu Salomo; denn
er hatte gehört, daß sie ihn zum König
gesalbt hatten an seines Vaters Statt.
Denn Hiram liebte David sein Leben lang.
16 Und Salomo sandte zu Hiram und
ließ ihm sagen:
17 Du weißt, daß mein Vater David
nicht ein Haus bauen konnte dem Namen
des HERRN, seines Gottes, um des Krieges
willen, der um ihn her war, bis der HERR
seine Feinde unter seine Füße gab.
18 Nun aber hat mir der HERR, mein
Gott, Ruhe gegeben ringsum, so daß we-
der ein Widersacher noch ein böses Hin-
dernis mehr da ist.
19 Siehe, so hab ich gedacht, dem Namen
des HERRN, meines Gottes, ein Haus zu
bauen, wie der HERR zu meinem Vater Da-
vid gesagt hat: Dein Sohn, den ich an dei-
ner Statt auf deinen Thron setzen werde,
der soll meinem Namen das Haus bauen.
20 So befiehl nun, daß man mir Zedern
im Libanon fällt, und meine Leute sollen
mit deinen Leuten sein. Und den Lohn
deiner Leute will ich dir geben, alles, wie
du es sagst. Denn du weißt, daß bei uns
niemand ist, der Holz zu hauen versteht
wie die Sidonier.
21 Als Hiram aber die Worte Salomos
hörte, freute er sich sehr und sprach: Ge-
lobt sei der HERR heute, der David einen
weisen Sohn gegeben hat über dies große
Volk.
22 Und Hiram sandte zu Salomo und
ließ ihm sagen: Ich habe die Botschaft ge-
hört, die du mir gesandt hast. Ich will alle
deine Wünsche nach Zedern- und Zypres-
senholz erfüllen.
23 Meine Leute sollen die Stämme vom
Libanon hinabbringen ans Meer, und ich
will sie in Flöße zusammenlegen lassen
auf dem Meer bis an den Ort, den du mir
sagen lassen wirst, und will sie dort zer-
legen, und du sollst sie holen lassen. Aber
du sollst auch meine Wünsche erfüllen
und Speise geben für meinen Hof.
24 So gab Hiram Salomo Zedern- und
Zypressenholz nach allen seinen Wün-
schen.
25 Salomo aber gab Hiram zwanzigtau-
send Sack Weizen zum Unterhalt für sei-
nen Hof und zwanzigtausend Eimer ge-
preßtes Öl. Das gab Salomo jährlich dem
Hiram.
26 Und der HERR gab Salomo Weisheit,
wie er ihm zugesagt hatte. Und es war
Friede zwischen Hiram und Salomo, und
sie schlossen miteinander einen Vertrag.
27 Und Salomo hob Fronarbeiter aus
von ganz Israel, und ihre Zahl war drei-
ßigtausend Mann,
28 und sandte sie auf den Libanon, je
einen Monat zehntausend, so daß sie ei-
nen Monat auf dem Libanon waren und
zwei Monate daheim. Und Adoniram war
der Fronvogt.
29 Und Salomo hatte siebzigtausend
Lastträger und achtzigtausend Steinhauer
im Gebirge,
30 ohne die Vögte Salomos, die über die
Arbeiten gesetzt waren: dreitausenddrei-
hundert, welche den Leuten geboten, die
die Arbeit taten.
31 Und der König gebot, große und
kostbare Steine auszubrechen, behauene
Steine zum Grund des Hauses.
32 Und die Bauleute Salomos und die
Bauleute Hirams und die Gebaliter hieben
sie zurecht; so bereiteten sie Holz und
Steine zu, um das Haus zu bauen.

Der Bau des Tempels

6 Im vierhundertundachtzigsten Jahr
nach dem Auszug Israels aus Ägyp-
tenland, im vierten Jahr der Herrschaft

Salomos über Israel, im Monat Siw, das ist der zweite Monat, wurde das Haus dem Herrn gebaut.

2 Das Haus aber, das der König Salomo dem Herrn baute, war sechzig Ellen lang, zwanzig Ellen breit und dreißig Ellen hoch.

3 Und er baute eine Vorhalle vor der Tempelhalle des Hauses, zwanzig Ellen lang nach der Breite des Hauses und zehn Ellen breit vor dem Hause her.

4 Und er machte am Hause Fenster mit festen Stäben davor.

5 Und er baute einen Umgang an der Wand des Hauses ringsumher, so daß er um die Tempelhalle und um den Chorraum herging, und machte Seitengemächer ringsumher.

6 Der untere Gang war fünf Ellen weit und der mittlere sechs Ellen weit und der dritte sieben Ellen weit; denn er machte Absätze außen am Hause ringsumher, so daß die Balken nicht in die Wände des Hauses eingriffen.

7 Und als das Haus gebaut wurde, waren die Steine bereits ganz zugerichtet, so daß man weder Hammer noch Beil noch irgendein eisernes Werkzeug beim Bauen hörte.

8 Die Tür zum unteren Seitengemach war auf der rechten Seite des Hauses, so daß man durch eine Wendeltreppe hinaufging auf die mittleren Seitengemächer und von den mittleren auf die dritten.

9 So baute er das Haus und vollendete es. Und er deckte das Haus mit Balken und Tafelwerk von Zedern.

10 Und er baute Gänge um das ganze Haus herum, je fünf Ellen hoch, und verband sie mit dem Hause durch Balken von Zedernholz.

11 **U**nd es geschah des Herrn Wort zu Salomo:

12 So sei es mit dem Hause, das du baust: Wirst du in meinen Satzungen wandeln und nach meinen Rechten tun und alle meine Gebote halten und in ihnen wandeln, so will ich mein Wort an dir wahrmachen, das ich deinem Vater David gegeben habe,

13 und will wohnen unter Israel und will mein Volk Israel nicht verlassen.

14 **U**nd Salomo baute das Haus und vollendete es.

15 Er bedeckte die Wände des Hauses innen mit Brettern von Zedernholz. Vom Boden des Hauses bis an die Decke täfelte er es innen mit Holz, und den Boden des Hauses täfelte er mit Brettern von Zypressenholz.

16 Und er baute zwanzig Ellen von der Rückseite des Hauses entfernt eine Wand aus zedernen Brettern vom Boden bis an die Decke und baute so im Innern den Chorraum, das Allerheiligste.

17 Die Tempelhalle vor dem Chorraum war vierzig Ellen lang.

18 Innen war das ganze Haus lauter Zedernholz mit gedrehten Knoten und Blumenwerk, so daß man keinen Stein sah.

19 Den Chorraum machte er im Innern des Hauses, damit man die Lade des Bundes des Herrn dahin stellte.

20 Und vor dem Chorraum, der zwanzig Ellen lang, zwanzig Ellen breit und zwanzig Ellen hoch war und überzogen mit lauterem Gold, machte er den Altar aus Zedernholz.

21 Und Salomo überzog das Haus innen mit lauterem Gold und zog goldene Riegel vor dem Chorraum her, den er mit Gold überzogen hatte,

22 so daß das ganze Haus ganz mit Gold überzogen war. Dazu überzog er auch den ganzen Altar vor dem Chorraum mit Gold.

23 Er machte im Chorraum zwei Cherubim, zehn Ellen hoch, von Ölbaumholz.

24 Fünf Ellen hatte ein Flügel eines jeden Cherubs, so daß zehn Ellen waren von dem Ende seines einen Flügels bis zum Ende seines andern Flügels.

25 So hatte auch der andere Cherub zehn Ellen, und beide Cherubim hatten das gleiche Maß und die gleiche Gestalt.

26 Auch war jeder Cherub zehn Ellen hoch.

27 Und er stellte die Cherubim mitten ins Allerheiligste. Und die Cherubim breiteten ihre Flügel aus, so daß der Flügel des einen Cherubs die eine Wand berührte und der Flügel des andern Cherubs die andere Wand berührte. Aber in der Mitte berührte ein Flügel den andern.

28 Und er überzog die Cherubim mit Gold.

29 An allen Wänden des Allerheiligsten ließ er ringsum Schnitzwerk machen von

Cherubim, Palmen und Blumenwerk, in-
nen und außen.
30 Auch überzog er innen den Boden
mit Goldblech.
31 Und an der Tür des Chorraums
machte er zwei Türflügel von Ölbaumholz
mit fünfeckigen Pfosten
32 und ließ Schnitzwerk darauf machen
von Cherubim, Palmen und Blumenwerk
und überzog sie mit Goldblech.
33 Ebenso machte er auch an der Tür
der Tempelhalle viereckige Pfosten von
Ölbaumholz
34 und zwei Türen von Zypressenholz,
so daß jede Tür zwei Flügel hatte, die sich
drehten,
35 und machte Schnitzwerk darauf von
Cherubim, Palmen und Blumenwerk und
überzog es mit Gold, genau wie es einge-
graben war.
36 Er baute auch den inneren Vorhof
von drei Schichten behauener Steine und
von einer Schicht Zedernbalken.
37 Im vierten Jahr, im Monat Siw,
wurde der Grund gelegt zum Hause des
HERRN,
38 und im elften Jahr, im Monat Bul,
das ist der achte Monat, wurde das Haus
vollendet, wie es sein sollte, so daß sie
sieben Jahre daran bauten.

Der Bau der königlichen Paläste

7 Aber an seinen Königshäusern baute
Salomo dreizehn Jahre, bis er sie ganz
vollendet hatte.
2 So baute er das Libanon-Waldhaus,
hundert Ellen lang, fünfzig Ellen breit und
dreißig Ellen hoch. Auf drei Reihen von
Zedernsäulen legte er eine Decke von
Zedernbalken
3 und deckte auch mit Zedernholz die
Gemächer über den Säulen; und es waren
fünfundvierzig Säulen, je fünfzehn in ei-
ner Reihe.
4 Und Gebälk lag in drei Reihen, und
Fenster waren einander gegenüber drei-
mal.
5 Und alle Türen und Fenster waren
viereckig, und die Fenster waren einander
gegenüber dreimal.
6 Er baute auch eine Halle von Säulen,
fünfzig Ellen lang und dreißig Ellen breit,
und noch eine Halle vor diese mit Säulen
und einem Aufgang davor;
7 und baute auch die Thronhalle, in der
er Gericht hielt, die Gerichtshalle, und
täfelte sie vom Boden bis zur Decke mit
Zedernholz;
8 dazu sein Haus, in dem er wohnte, im
andern Hof, hinten an der Halle, gebaut
wie die andern; und baute noch ein Haus
wie diese Halle für die Tochter des Pharao,
die Salomo zur Frau genommen hatte.
9 Das alles war von kostbaren Steinen,
nach dem Winkeleisen gehauen, mit Sä-
gen geschnitten auf allen Seiten, vom
Grund bis an das Dach und von außen bis
zum großen Hof.
10 Die Grundsteine waren auch kost-
bare und große Steine, zehn und acht
Ellen lang,
11 und darauf kostbare Steine, nach dem
Winkeleisen gehauen, und Zedernholz.
12 Aber der große Hof hatte ringsum
drei Schichten behauene Steine und eine
Schicht Zedernbalken, wie auch der in-
nere Vorhof am Hause des HERRN und die
Halle am Hause.

**Die beiden Säulen vor dem Tempel
und die heiligen Geräte**

13 Und der König Salomo sandte hin
und ließ holen Hiram von Tyrus
14 – den Sohn einer Witwe aus dem
Stamm Naphthali, sein Vater aber war
aus Tyrus gewesen –; der war ein Kupfer-
schmied, voll Weisheit, Verstand und
Kunst in allerlei Kupferarbeit. Der kam
zum König Salomo und machte ihm alle
seine Werke.
15 Er goß zwei Säulen aus Kupfer, jede
achtzehn Ellen hoch, und eine Schnur von
zwölf Ellen war das Maß um jede Säule
herum.
16 Und er machte zwei Knäufe, aus
Kupfer gegossen, oben auf die Säulen zu
setzen; jeder Knauf war fünf Ellen hoch.
17 Und es war an jedem Knauf oben auf
den Säulen Gitterwerk, sieben geflochtene
Reifen wie Ketten.
18 Und er machte an jedem Knauf zwei
Reihen Granatäpfel ringsumher an dem
Gitterwerk, mit denen der Knauf be-
deckt wurde.
19 Und die Knäufe oben auf den Säulen
waren wie Lilien, jeder vier Ellen dick.
20 Und es waren zweihundert Granat-
äpfel in den Reihen ringsum, oben und

unten an dem Gitterwerk, das um die
Rundung des Knaufs her ging, an jedem
Knauf auf beiden Säulen.
21 Und er richtete die Säulen auf vor
der Vorhalle des Tempels; die er zur rech-
ten Hand setzte, nannte er Jachin, und die
er zur linken Hand setzte, nannte er Boas.
22 Und oben auf den Säulen war Lilien-
schmuck. So wurde vollendet das Werk
der Säulen.
23 Und er machte das Meer, gegossen,
von einem Rand zum andern zehn Ellen
weit rundherum und fünf Ellen hoch und
eine Schnur von dreißig Ellen war das
Maß ringsherum.
24 Und um das Meer gingen Knoten an
seinem Rand ringsherum, je zehn auf eine
Elle; es hatte zwei Reihen Knoten, die
beim Guß mitgegossen waren.
25 Und es stand auf zwölf Rindern, von
denen drei nach Norden gewandt waren,
drei nach Westen, drei nach Süden und
drei nach Osten, und das Meer stand
obendrauf, und ihre Hinterteile waren alle
nach innen gekehrt.
26 Die Wanddicke des Meeres aber war
eine Hand breit, und sein Rand war wie
der Rand eines Bechers, wie eine aufge-
gangene Lilie, und es gingen zweitausend
Eimer hinein.
27 Er machte auch zehn Gestelle aus
Kupfer, jedes vier Ellen lang und breit
und drei Ellen hoch.
28 Es war aber das Gestell so gemacht,
daß es Seiten hatte zwischen den Leisten.
29 Und an den Seiten zwischen den
Leisten waren Löwen, Rinder und Cheru-
bim, und ebenso auf den Leisten und
oberhalb und unterhalb der Löwen und
Rinder waren herabhängende Kränze.
30 Und jedes Gestell hatte vier kupferne
Räder mit kupfernen Achsen. Und auf
den vier Ecken waren Träger gegossen,
jeder dem andern gegenüber, unten an den
Kessel gegossen.
31 Aber der Hals mitten auf dem Ge-
stell war eine Elle hoch und rund, andert-
halb Ellen weit, und es waren Buckel an
dem Hals in Feldern, die viereckig waren
und nicht rund.
32 Die vier Räder aber waren unten an
den Seiten, und die Achsen der Räder wa-
ren am Gestell. Jedes Rad war anderthalb
Ellen hoch.
33 Es waren Räder wie Wagenräder,
und ihre Achsen, Naben, Speichen und
Felgen waren alle gegossen.
34 Und die vier Träger auf den vier
Ecken eines jeden Gestells waren auch am
Gestell.
35 Und oben auf dem Gestell, eine halbe
Elle hoch, rundherum, waren Griffe und
Leisten am Gestell.
36 Und er ließ auf die Flächen der Griffe
und Leisten eingraben Cherubim, Löwen
und Palmenbäume, soviel Platz auf jedem
war, und Kränze ringsherum daran.
37 Auf diese Weise machte er zehn Ge-
stelle, alle von einem Guß, einem Maß
und einer Gestalt.
38 Und er machte zehn Kessel aus Kup-
fer, daß vierzig Eimer in einen Kessel
gingen, und jeder war vier Ellen weit, und
auf jedem Gestell war ein Kessel.
39 Und er stellte fünf Gestelle an die
rechte Seite des Hauses und die andern
fünf an die linke Seite; aber das Meer
stellte er rechts vor das Haus nach Süden
hin.
40 Und Hiram machte auch Töpfe,
Schaufeln, Becken; und so vollendete er
alle Werke, die der König Salomo am
Hause des HERRN machen ließ:
41 die zwei Säulen und die kugligen
Knäufe oben auf den zwei Säulen und die
zwei Gitterwerke, die die beiden kugligen
Knäufe auf den Säulen bedecken sollten,
42 und die vierhundert Granatäpfel an
den zwei Gitterwerken, je zwei Reihen
Granatäpfel an **einem** Gitterwerk, die die
beiden kugligen Knäufe auf den Säulen
bedecken sollten,
43 dazu die zehn Gestelle und zehn Kes-
sel obendrauf
44 und das Meer und die zwölf Rinder
unter dem Meer
45 und die Töpfe, Schaufeln und Bek-
ken. Und alle diese Geräte, die Hiram
dem König Salomo machte für das Haus
des HERRN, waren von blankem Kupfer.
46 In der Gegend des unteren Jordan ließ
sie der König gießen in der Gießerei von
Adama zwischen Sukkoth und Zarethan.
47 Und Salomo ließ alle Geräte unge-
wogen wegen der sehr großen Menge des
Kupfers.
48 Auch ließ Salomo alles Gerät ma-
chen, das zum Hause des HERRN gehörte:

den goldenen Altar, den goldenen Tisch,
auf dem die Schaubrote liegen,
49 fünf Leuchter zur rechten Hand und
fünf Leuchter zur linken vor dem Chor-
raum von lauterem Gold, mit goldenen
Blumen, Lampen und Lichtscheren;
50 dazu Schalen, Messer, Becken, Löffel
und Pfannen von lauterem Gold. Auch
waren die Angeln an den Türen zum Al-
lerheiligsten innen im Hause und an den
Türen der Tempelhalle von Gold.
51 So wurde das ganze Werk vollendet,
das der König Salomo gemacht hatte am
Hause des HERRN. Und Salomo brachte
hinein, was sein Vater David geheiligt
hatte an Silber und Gold und Geräten,
und legte es in den Schatz des Hauses des
HERRN.

Einweihung des Tempels.
Salomos Gebet und Opfer

8 Da versammelte der König Salomo zu
sich die Ältesten in Israel, alle Häup-
ter der Stämme und Obersten der Sippen
in Israel nach Jerusalem, um die Lade des
Bundes des HERRN heraufzubringen aus
der Stadt Davids, das ist Zion.
2 Und es versammelten sich beim Kö-
nig Salomo alle Männer in Israel am Fest
im Monat Ethanim, das ist der siebente
Monat.
3 Und als alle Ältesten Israels kamen,
hoben die Priester die Lade des HERRN
auf
4 und brachten sie hinauf, dazu die
Stiftshütte und alles Gerät des Heilig-
tums, das in der Stiftshütte war. Das taten
die Priester und Leviten.
5 Und der König Salomo und die ganze
Gemeinde Israel, die sich bei ihm ver-
sammelt hatte, ging mit ihm vor der Lade
her und opferte Schafe und Rinder, so
viel, daß man sie nicht zählen noch be-
rechnen konnte.
6 So brachten die Priester die Lade des
Bundes des HERRN an ihren Platz in den
Chorraum des Hauses, in das Allerheilig-
ste, unter die Flügel der Cherubim.
7 Denn die Cherubim breiteten die Flü-
gel aus an dem Ort, wo die Lade stand,
und bedeckten die Lade und ihre Stangen
von obenher.
8 Und die Stangen waren so lang, daß
ihre Enden gesehen wurden in dem Heili-
gen, das ist die Tempelhalle, vor dem
Chorraum; aber von außen sah man sie
nicht. Und dort sind sie bis auf diesen Tag.
9 Und es war nichts in der Lade als nur
die zwei steinernen Tafeln des Mose, die
er hineingelegt hatte am Horeb, die Ta-
feln des Bundes, den der HERR mit Israel
schloß, als sie aus Ägyptenland gezogen
waren.
10 Als aber die Priester aus dem Heili-
gen gingen, erfüllte die Wolke das Haus
des HERRN,
11 so daß die Priester nicht zum Dienst
hinzutreten konnten wegen der Wolke;
denn die Herrlichkeit des HERRN erfüllte
das Haus des HERRN.
12 Da sprach Salomo: Die Sonne hat
der HERR an den Himmel gestellt; er hat
aber gesagt, er wolle im Dunkel wohnen.
13 So habe ich nun ein Haus gebaut dir
zur Wohnung, eine Stätte, daß du ewig-
lich da wohnest.
14 Und der König wandte sein Ange-
sicht und segnete die ganze Gemeinde Is-
rael, und die ganze Gemeinde Israel stand.
15 Und er sprach: Gelobt sei der HERR,
der Gott Israels, der durch seinen Mund
meinem Vater David zugesagt und es
durch seine Hand erfüllt hat und gesagt:
16 Von dem Tage an, als ich mein Volk
Israel aus Ägypten führte, hab ich keine
Stadt erwählt unter irgendeinem Stamm
Israels, daß mir ein Haus gebaut würde,
damit mein Name da wäre. Jerusalem hab
ich erwählt, daß mein Name da wäre, und
David hab ich erwählt, daß er über mein
Volk Israel Herr sein sollte.
17 Mein Vater David hatte es zwar im
Sinn, dem Namen des HERRN, des Gottes
Israels, ein Haus zu bauen,
18 aber der HERR sprach zu meinem Va-
ter David: Daß du im Sinn hast, meinem
Namen ein Haus zu bauen, daran hast du
wohlgetan, daß du dir das vornahmst.
19 Doch nicht du sollst das Haus bauen,
sondern dein Sohn, der dir geboren wird,
der soll meinem Namen ein Haus bauen.
20 Und der HERR hat sein Wort wahr
gemacht, das er gegeben hat; denn ich
bin zur Macht gekommen an meines Va-
ters David Statt und sitze auf dem Thron
Israels, wie der HERR zugesagt hat, und
habe gebaut ein Haus dem Namen des
HERRN, des Gottes Israels,

21 und habe dort eine Stätte zugerichtet
der Lade, in der die Tafeln des Bundes
sind, den er geschlossen hat mit unsern
Vätern, als er sie aus Ägyptenland führte.
22 Und Salomo trat vor den Altar des
HERRN angesichts der ganzen Gemeinde
Israel und breitete seine Hände aus gen
Himmel
23 und sprach: HERR, Gott Israels, es ist
kein Gott weder droben im Himmel noch
unten auf Erden dir gleich, der du hältst
den Bund und die Barmherzigkeit deinen
Knechten, die vor dir wandeln von gan-
zem Herzen;
24 der du gehalten hast deinem Knecht,
meinem Vater David, was du ihm zuge-
sagt hast. Mit deinem Mund hast du es
geredet, und mit deiner Hand hast du es
erfüllt, wie es offenbar ist an diesem Tage.
25 Nun, HERR, Gott Israels, halt deinem
Knecht, meinem Vater David, was du ihm
zugesagt hast: Es soll dir nicht fehlen an
einem Mann, der vor mir steht, der da
sitzt auf dem Thron Israels, wenn nur
deine Söhne auf ihren Weg achthaben, daß
sie vor mir wandeln, wie du vor mir ge-
wandelt bist.
26 Nun, Gott Israels, laß dein Wort
wahr werden, das du deinem Knecht,
meinem Vater David, zugesagt hast.
27 Aber sollte Gott wirklich auf Erden
wohnen? Siehe, der Himmel und aller
Himmel Himmel können dich nicht fas-
sen – wie sollte es denn dies Haus tun, das
ich gebaut habe?
28 Wende dich aber zum Gebet deines
Knechts und zu seinem Flehen, HERR,
mein Gott, damit du hörest das Flehen
und Gebet deines Knechts heute vor dir:
29 Laß deine Augen offen stehen über
diesem Hause Nacht und Tag, über der
Stätte, von der du gesagt hast: Da soll mein
Name sein. Du wollest hören das Gebet,
das dein Knecht an dieser Stätte betet,
30 und wollest erhören das Flehen dei-
nes Knechts und deines Volkes Israel, wenn
sie hier bitten werden an dieser Stätte;
und wenn du es hörst in deiner Wohnung,
im Himmel, wollest du gnädig sein.
31 Wenn jemand an seinem Nächsten
sündigt und es wird ihm ein Fluch aufer-
legt, sich selbst zu verfluchen, und er
kommt und verflucht sich vor deinem
Altar in diesem Hause,
32 so wollest du hören im Himmel und
Recht schaffen deinen Knechten, daß du
den Frevler als Frevler erkennen und
seine Tat auf sein Haupt kommen läßt,
den aber, der im Recht ist, gerecht sprichst
und ihm gibst nach seiner Gerechtigkeit.
33 Wenn dein Volk Israel vor dem
Feind geschlagen wird, weil sie an dir
gesündigt haben, und sie bekehren sich
dann zu dir und bekennen deinen Namen
und beten und flehen zu dir in diesem
Hause,
34 so wollest du hören im Himmel und
die Sünde deines Volkes Israel vergeben
und sie zurückbringen in das Land, das
du ihren Vätern gegeben hast.
35 Wenn der Himmel verschlossen wird,
daß es nicht regnet, weil sie an dir gesün-
digt haben, und sie beten dann zu dieser
Stätte hin und bekennen deinen Namen
und bekehren sich von ihren Sünden, weil
du sie bedrängst,
36 so wollest du hören im Himmel und
vergeben die Sünde deiner Knechte und
deines Volkes Israel, daß du ihnen den
guten Weg weist, auf dem sie wandeln
sollen, und regnen läßt auf das Land, das
du deinem Volk zum Erbe gegeben hast.
37 Wenn eine Hungersnot oder Pest
oder Dürre oder Getreidebrand oder
Heuschrecken oder Raupen im Lande
sein werden oder sein Feind im Lande
seine Städte belagert oder irgendeine Pla-
ge oder Krankheit da ist –
38 wer dann bittet und fleht, es seien
Einzelne oder dein ganzes Volk Israel, die
da ihre Plage spüren, jeder in seinem Her-
zen, und breiten ihre Hände aus zu diesem
Hause,
39 so wollest du hören im Himmel, an
dem Ort, wo du wohnst, und gnädig sein
und schaffen, daß du jedem gibst, wie er
gewandelt ist, wie du sein Herz erkennst –
denn du allein kennst das Herz aller Men-
schenkinder –,
40 damit sie dich fürchten allezeit, so-
lange sie in dem Lande leben, das du un-
sern Vätern gegeben hast.
41 Auch wenn ein Fremder, der nicht
von deinem Volk Israel ist, aus fernem
Lande kommt um deines Namens willen
42 – denn sie werden hören von deinem
großen Namen und von deiner mächtigen
Hand und von deinem ausgereckten

Arm –, wenn er kommt, um zu diesem
Hause hin zu beten,
43 so wollest du hören im Himmel, an
dem Ort, wo du wohnst, und alles tun,
worum der Fremde dich anruft, auf daß
alle Völker auf Erden deinen Namen erkennen, damit auch sie dich fürchten wie
dein Volk Israel, und daß sie innewerden,
daß dein Name über diesem Hause genannt ist, das ich gebaut habe.
44 Wenn dein Volk auszieht in den
Krieg gegen seine Feinde auf dem Weg,
den du sie senden wirst, und sie beten
werden zum HERRN nach der Stadt hin,
die du erwählt hast, und nach dem Hause
hin, das ich deinem Namen gebaut habe,
45 so wollest du ihr Gebet und Flehen hören im Himmel und ihnen Recht schaffen.
46 Wenn sie an dir sündigen werden –
denn es gibt keinen Menschen, der nicht
sündigt – und du zürnst ihnen und gibst
sie dahin vor ihren Feinden, daß sie sie
gefangen führen in das Land der Feinde,
fern oder nahe,
47 und sie nehmen sich's zu Herzen im
Lande, in dem sie gefangen sind, und bekehren sich und flehen zu dir im Lande
ihrer Gefangenschaft und sprechen: Wir
haben gesündigt und übelgetan und sind
gottlos gewesen,
48 und bekehren sich zu dir von ganzem
Herzen und von ganzer Seele im Lande
ihrer Feinde, die sie weggeführt haben,
und beten zu dir nach ihrem Lande hin,
das du ihren Vätern gegeben hast, nach
der Stadt hin, die du erwählt hast, und
nach dem Hause hin, das ich deinem Namen gebaut habe:
49 so wollest du ihr Gebet und Flehen
hören im Himmel, an dem Ort, wo du
wohnst, und ihnen Recht schaffen
50 und wollest vergeben deinem Volk,
das an dir gesündigt hat, alle ihre Übertretungen, mit denen sie gegen dich gesündigt haben, und wollest sie Erbarmen
finden lassen bei denen, die sie gefangen
halten, so daß sie sich ihrer erbarmen.
51 Denn sie sind dein Volk und dein
Erbe, die du aus Ägypten, aus dem glühenden Ofen, geführt hast.
52 Laß deine Augen offen sein für das
Flehen deines Knechts und deines Volkes
Israel, daß du sie hörst, sooft sie dich anrufen;
53 denn du hast sie dir ausgesondert zum
Erbe aus allen Völkern auf Erden, wie du
geredet hast durch deinen Knecht Mose,
als du unsere Väter aus Ägypten führtest,
Herr HERR!
54 Und als Salomo dies Gebet und Flehen vor dem HERRN vollendet hatte, stand
er auf von dem Altar des HERRN und
hörte auf zu knien und die Hände zum
Himmel auszubreiten
55 und trat hin und segnete die ganze
Gemeinde Israel mit lauter Stimme und
sprach:
56 Gelobet sei der HERR, der seinem
Volk Israel Ruhe gegeben hat, wie er es
zugesagt hat. **Es ist nicht eins dahingefallen von allen seinen guten Worten, die er
geredet hat durch seinen Knecht Mose.**
57 Der HERR, unser Gott, sei mit uns,
wie er mit unsern Vätern gewesen ist. Er
verlasse uns nicht und ziehe die Hand
nicht ab von uns.
58 Er neige unser Herz zu ihm, daß wir
wandeln in allen seinen Wegen und halten
seine Gebote, Satzungen und Rechte, die
er unsern Vätern geboten hat.
59 Mögen diese Worte, die ich vor dem
HERRN gefleht habe, nahe sein dem
HERRN, unserm Gott, Tag und Nacht, daß
er Recht schaffe seinem Knecht und seinem Volk Israel alle Tage,
60 damit alle Völker auf Erden erkennen, daß der HERR Gott ist, und sonst
keiner mehr!
61 Und euer Herz sei ungeteilt bei dem
HERRN, unserm Gott, daß ihr wandelt in
seinen Satzungen und haltet seine Gebote,
wie es heute geschieht.
62 Und der König und ganz Israel opferten vor dem HERRN Opfer.
63 Und Salomo opferte Dankopfer, die
er dem HERRN opferte, zweiundzwanzigtausend Rinder und hundertzwanzigtausend Schafe. So weihten sie das Haus des
HERRN ein, der König und ganz Israel.
64 An demselben Tage weihte der König die Mitte des Vorhofes, der vor dem
Hause des HERRN war, dadurch, daß er
Brandopfer, Speisopfer und das Fett der
Dankopfer dort darbrachte. Denn der
kupferne Altar, der vor dem HERRN stand,
war zu klein für die Brandopfer, Speisopfer und das Fett der Dankopfer.
65 Und Salomo beging zu der Zeit das

Fest und ganz Israel mit ihm – eine große Versammlung von der Grenze Hamaths bis an den Bach Ägyptens – vor dem HERRN, unserm Gott, sieben Tage und noch sieben Tage, das waren vierzehn Tage.

66 Und er entließ das Volk am achten Tage. Und sie segneten den König und gingen heim fröhlich und guten Mutes über all das Gute, das der HERR an David, seinem Knecht, und an seinem Volk Israel getan hatte.

Gott ermahnt Salomo

9 Und als Salomo das Haus des HERRN gebaut hatte und das Haus des Königs und alles, was er zu machen gewünscht hatte,

2 erschien ihm der HERR zum zweitenmal, wie er ihm erschienen war in Gibeon.

3 Und der HERR sprach zu ihm: Ich habe dein Gebet und Flehen gehört, das du vor mich gebracht hast, und habe dies Haus geheiligt, das du gebaut hast, daß ich meinen Namen dort wohnen lasse ewiglich, und meine Augen und mein Herz sollen da sein allezeit.

4 Und du, wenn du vor mir wandelst, wie dein Vater David gewandelt ist, mit rechtschaffenem Herzen und aufrichtig, daß du alles tust, was ich dir geboten habe, und meine Gebote und meine Rechte hältst,

5 so will ich bestätigen den Thron deines Königtums über Israel ewiglich, wie ich deinem Vater David zugesagt habe: Es soll dir nicht fehlen an einem Mann auf dem Thron Israels.

6 Werdet ihr euch aber von mir abwenden, ihr und eure Kinder, und nicht halten meine Gebote und Rechte, die ich euch vorgelegt habe, und hingehen und andern Göttern dienen und sie anbeten,

7 so werde ich Israel ausrotten aus dem Lande, das ich ihnen gegeben habe, und das Haus, das ich meinem Namen geheiligt habe, will ich verwerfen von meinem Angesicht; und Israel wird ein Spott und Hohn sein unter allen Völkern.

8 Und dies Haus wird eingerissen werden, so daß alle, die vorübergehen, sich entsetzen werden und höhnen und sagen: Warum hat der HERR diesem Lande und diesem Hause das angetan?

9 Dann wird man antworten: Weil sie den HERRN, ihren Gott, verlassen haben, der ihre Väter aus Ägyptenland führte, und andere Götter angenommen und sie angebetet und ihnen gedient haben – darum hat der HERR all dies Unheil über sie gebracht.

Verschiedene Regierungsmaßnahmen Salomos

10 Als nun die zwanzig Jahre um waren, in denen Salomo die beiden Häuser baute, des HERRN Haus und des Königs Haus

11 – dazu hatte Hiram, der König von Tyrus, Salomo Zedernbäume und Zypressen und Gold nach all seinen Wünschen gegeben –, da gab der König Salomo Hiram zwanzig Städte im Lande Galiläa.

12 Und Hiram zog aus von Tyrus, die Städte zu besehen, die ihm Salomo gegeben hatte, und sie gefielen ihm nicht.

13 Und er sprach: Was sind das für Städte, mein Bruder, die du mir gegeben hast? Und man nannte sie das Land Kabul bis auf diesen Tag.

14 Und Hiram hatte dem König hundertundzwanzig Zentner Gold gesandt.

15 Und so verhielt sich's mit den Fronleuten, die der König Salomo aushob, um zu bauen des HERRN Haus und sein Haus und den Millo und die Mauer Jerusalems und Hazor und Megiddo und Geser –

16 denn der Pharao, der König von Ägypten, war heraufgezogen und hatte Geser eingenommen und mit Feuer verbrannt und die Kanaaniter erschlagen, die in der Stadt wohnten, und hatte seiner Tochter, Salomos Frau, den Ort zum Geschenk gegeben;

17 und Salomo baute Geser wieder auf und das untere Beth-Horon

18 und Baalath und Thamar in der Wüste im Lande Juda

19 und alle Städte mit Kornspeichern, die Salomo hatte, und alle Städte der Wagen und die Städte der Gespanne und was er zu bauen wünschte in Jerusalem, im Libanon und im ganzen Lande seiner Herrschaft –:

20 alles Volk, das noch übrig war von den Amoritern, Hethitern, Perisitern, Hewitern und Jebusitern, die nicht zu den Israeliten gehörten,

21 deren Nachkommen, die übrigge-
blieben waren im Lande, an denen Israel
den Bann nicht hatte vollstrecken können,
die machte Salomo zu Fronleuten bis auf
diesen Tag.
22 Aber aus Israel machte er niemand
zu Fronleuten, sondern ließ sie Kriegs-
leute und seine Räte und Obersten und
Ritter und Hauptleute über seine Wagen
und Gespanne sein.
23 Und die Zahl der obersten Amtleute,
die über Salomos Bauarbeiten gesetzt wa-
ren, betrug fünfhundertundfünfzig; diese
geboten über die Leute, die die Arbeiten
taten.
24 Und die Tochter des Pharao zog her-
auf von der Stadt Davids in ihr Haus, das
Salomo für sie gebaut hatte. Dann baute
er auch den Millo.
25 Und Salomo opferte dreimal im Jahr
Brandopfer und Dankopfer auf dem Al-
tar, den er dem HERRN gebaut hatte, und
räucherte auf ihm vor dem HERRN. Und
so wurde das Haus fertig.
26 Und Salomo baute auch Schiffe in
Ezjon-Geber, das bei Elath liegt am Ufer
des Schilfmeers im Lande der Edomiter.
27 Und Hiram sandte auf die Schiffe
seine Leute, die gute Schiffsleute und auf
dem Meer erfahren waren, zusammen mit
den Leuten Salomos.
28 Und sie kamen nach Ophir und hol-
ten dort vierhundertundzwanzig Zentner
Gold und brachten's dem König Salomo.

Besuch der Königin von Saba

10 Und als die Königin von Saba die
Kunde von Salomo vernahm, kam
sie, um Salomo mit Rätselfragen zu prü-
fen.
2 Und sie kam nach Jerusalem mit einem
sehr großen Gefolge, mit Kamelen, die
Spezerei trugen und viel Gold und Edel-
steine. Und als sie zum König Salomo
kam, redete sie mit ihm alles, was sie sich
vorgenommen hatte.
3 Und Salomo gab ihr Antwort auf alles,
und es war dem König nichts verborgen,
was er ihr nicht hätte sagen können.
4 Als aber die Königin von Saba alle
Weisheit Salomos sah und das Haus, das
er gebaut hatte,
5 und die Speisen für seinen Tisch und
die Rangordnung seiner Großen und das
Aufwarten seiner Diener und ihre Klei-
der und seine Mundschenken und seine
Brandopfer, die er in dem Hause des
HERRN opferte, geriet sie vor Staunen
außer sich
6 und sprach zum König: Es ist wahr,
was ich in meinem Lande von deinen
Taten und von deiner Weisheit gehört
habe.
7 Und ich hab's nicht glauben wollen,
bis ich gekommen bin und es mit eigenen
Augen gesehen habe. Und siehe, nicht die
Hälfte hat man mir gesagt. Du hast mehr
Weisheit und Güter, als die Kunde sagte,
die ich vernommen habe.
8 Glücklich sind deine Männer und
deine Großen, die allezeit vor dir stehen
und deine Weisheit hören.
9 Gelobt sei der HERR, dein Gott, der an
dir Wohlgefallen hat, so daß er dich auf
den Thron Israels gesetzt hat! Weil der
HERR Israel lieb hat ewiglich, hat er dich
zum König gesetzt, daß du Recht und
Gerechtigkeit übst.
10 Und sie gab dem König hundertund-
zwanzig Zentner Gold und sehr viel Spe-
zerei und Edelsteine. Es kam nie mehr so
viel Spezerei ins Land, wie die Königin
von Saba dem König Salomo gab.
11 Auch brachten die Schiffe Hirams,
die Gold aus Ophir einführten, sehr viel
Sandelholz und Edelsteine.
12 Und der König ließ Pfeiler machen
aus dem Sandelholz im Hause des HERRN
und im Hause des Königs und Harfen und
Zithern für die Sänger. Es kam nie mehr
so viel Sandelholz ins Land, wurde auch
nicht gesehen bis auf diesen Tag.
13 Und der König Salomo gab der Kö-
nigin von Saba alles, was ihr gefiel und
was sie erbat, außer dem, was er ihr von
sich aus gab. Und sie wandte sich und zog
in ihr Land mit ihrem Gefolge.

Salomos Reichtum

14 Und das Gewicht des Goldes, das für
Salomo in einem Jahr einkam, war sechs-
hundertsechsundsechzig Zentner,
15 außer dem, was von den Händlern
und vom Gewinn der Kaufleute und von
allen Königen Arabiens und von den
Statthaltern kam.
16 Und der König Salomo ließ zwei-
hundert große Schilde vom besten Gold

machen – sechshundert Lot Gold nahm
er zu einem Schild –
17 und dreihundert kleine Schilde vom
besten Gold, je drei Pfund Gold zu einem
kleinen Schild. Und der König brachte sie
in das Libanon-Waldhaus.
18 Und der König machte einen großen
Thron von Elfenbein und überzog ihn mit
dem edelsten Gold.
19 Und der Thron hatte sechs Stufen,
und hinten am Thron waren Stierköpfe,
und es waren Lehnen auf beiden Seiten
am Sitz, und zwei Löwen standen an den
Lehnen.
20 Und zwölf Löwen standen auf den
sechs Stufen zu beiden Seiten. Dergleichen
ist nie gemacht worden in allen Königreichen.
21 Alle Trinkgefäße des Königs Salomo
waren aus Gold, und alle Gefäße im Libanon-Waldhaus
waren auch aus lauterem Gold;
denn das Silber achtete man zu
den Zeiten Salomos für nichts.
22 Denn der König hatte Tarsisschiffe,
die auf dem Meer zusammen mit den
Schiffen Hirams fuhren. Diese kamen in
drei Jahren **einmal** und brachten Gold,
Silber, Elfenbein, Affen und Pfauen.
23 So war der König Salomo größer an
Reichtum und Weisheit als alle Könige
auf Erden.
24 Und alle Welt begehrte Salomo zu
sehen, damit sie die Weisheit hörten, die
ihm Gott in sein Herz gegeben hatte.
25 Und jedermann brachte ihm jährlich
Geschenke, silberne und goldene Geräte,
Kleider und Waffen, Spezerei, Rosse und
Maultiere.
26 Und Salomo brachte Wagen und Gespanne
zusammen, so daß er vierzehnhundert
Wagen und zwölftausend Gespanne
hatte, und er legte sie in die Wagenstädte
und zum König nach Jerusalem.
27 Und der König brachte es dahin, daß
es in Jerusalem so viel Silber gab wie
Steine, und Zedernholz so viel wie wilde
Feigenbäume im Hügelland.
28 Und man brachte Salomo Pferde aus
Ägypten und aus Koë; und die Kaufleute
des Königs kauften sie aus Koë zu ihrem
Preis.
29 Und sie brachten herauf aus Ägypten
den Wagen für sechshundert Silberstücke
und das Pferd für hundertundfünfzig.
Dann führten sie diese wieder aus an alle
Könige der Hethiter und an die Könige
von Aram.

Salomos heidnische Frauen und seine Abgötterei

11 Aber der König Salomo liebte viele
ausländische Frauen: die Tochter
des Pharao und moabitische, ammonitische,
edomitische, sidonische und hethitische –
2 aus solchen Völkern, von denen der
HERR den Kindern Israel gesagt hatte:
Geht nicht zu ihnen und laßt sie nicht zu
euch kommen; sie werden gewiß eure
Herzen ihren Göttern zuneigen. An diesen
hing Salomo mit Liebe.
3 Und er hatte siebenhundert Hauptfrauen
und dreihundert Nebenfrauen; und
seine Frauen verleiteten sein Herz.
4 Und als er nun alt war, neigten seine
Frauen sein Herz fremden Göttern zu, so
daß sein Herz nicht ungeteilt bei dem
HERRN, seinem Gott, war, wie das Herz
seines Vaters David.
5 So diente Salomo der Astarte, der Göttin
derer von Sidon, und dem Milkom,
dem greulichen Götzen der Ammoniter.
6 Und Salomo tat, was dem HERRN
mißfiel, und folgte nicht völlig dem HERRN
wie sein Vater David.
7 Damals baute Salomo eine Höhe dem
Kemosch, dem greulichen Götzen der
Moabiter, auf dem Berge, der vor Jerusalem
liegt, und dem Moloch, dem greulichen
Götzen der Ammoniter.
8 Ebenso tat Salomo für alle seine ausländischen
Frauen, die ihren Göttern
räucherten und opferten.
9 Der HERR aber wurde zornig über Salomo,
daß er sein Herz von dem HERRN,
dem Gott Israels, abgewandt hatte, der
ihm zweimal erschienen war
10 und ihm geboten hatte, daß er nicht
andern Göttern nachwandelte. Er aber
hatte nicht gehalten, was ihm der HERR
geboten hatte.
11 Darum sprach der HERR zu Salomo:
Weil das bei dir geschehen ist und du meinen
Bund und meine Gebote nicht gehalten
hast, die ich dir geboten habe, so will
ich das Königtum von dir reißen und
einem deiner Großen geben.
12 Doch zu deiner Zeit will ich das noch

nicht tun um deines Vaters David willen,
sondern aus der Hand deines Sohnes will
ich's reißen.
13 Doch will ich nicht das ganze Reich
losreißen; **einen** Stamm will ich deinem
Sohn lassen um Davids willen, meines
Knechts, und um Jerusalems willen, das
ich erwählt habe.

Salomos Feinde Hadad und Reson

14 Und der Herr erweckte Salomo ei-
nen Widersacher, den Edomiter Hadad,
vom königlichen Geschlecht in Edom.
15 Denn als David die Edomiter schlug
– damals als der Feldhauptmann Joab
hinaufgezogen war, um die Erschlagenen
Israels zu begraben, da erschlug er alles,
was männlich war in Edom;
16 sechs Monate blieb Joab und ganz
Israel dort, bis er ausgerottet hatte alles,
was männlich war in Edom –,
17 da floh Hadad und mit ihm einige
Edomiter vom Gefolge seines Vaters, um
nach Ägypten zu entkommen. Hadad aber
war noch ein sehr junger Mann.
18 Und sie machten sich auf von Midian
und kamen nach Paran und nahmen Leu-
te mit sich aus Paran und kamen nach
Ägypten zum Pharao, dem König von
Ägypten. Der gab ihm ein Haus und Nah-
rung und wies ihm Land an.
19 Und Hadad fand große Gnade vor
dem Pharao, so daß er ihm sogar die
Schwester seiner Gemahlin, der Königin
Tachpenes, zur Frau gab.
20 Und die Schwester der Tachpenes
gebar ihm Genubath, seinen Sohn, und
Tachpenes zog ihn auf im Hause des Pha-
rao, so daß Genubath im Hause des Pha-
rao unter den Kindern des Pharao war.
21 Als nun Hadad hörte in Ägypten,
daß David sich zu seinen Vätern gelegt
hatte und daß der Feldhauptmann Joab
tot war, sprach er zum Pharao: Laß mich
in mein Land ziehen!
22 Der Pharao sprach zu ihm: Was fehlt
dir bei mir, daß du in dein Land ziehen
willst? Er sprach: Nichts, aber laß mich
ziehen!
25b* Und Hadad kehrte in sein Land
zurück und hatte einen Haß auf Israel und
wurde König über Edom.

*Der Zusammenhang erfordert die hier vorgenommene Umstellung des halben Verses.

23 Auch erweckte Gott dem Salomo
noch einen Widersacher, Reson, den Sohn
Eljadas, der von seinem Herrn, Hadad-
Eser, dem König von Zoba, geflohen war.
24 Der hatte Männer um sich gesam-
melt und war Hauptmann einer Schar ge-
worden – als David die Aramäer schlug –,
und er zog nach Damaskus und nahm es
ein und wurde König in Damaskus.
25a Und er war Israels Widersacher, so-
lange Salomo lebte. Das kam zu dem
Schaden, den Hadad tat.

Ahias Verheißung an Jerobeam. Salomos Tod

26 Auch Jerobeam, der Sohn Nebats,
ein Ephraimiter von Zereda, Salomos
Vogt – seine Mutter hieß Zeruga, eine
Witwe –, hob die Hand auf gegen den
König.
27 Und so ging es zu, als er die Hand
gegen den König aufhob: Salomo baute
den Millo und schloß damit die Lücke in
der Stadt Davids, seines Vaters.
28 Und Jerobeam war ein tüchtiger
Mann. Und als Salomo sah, daß der
Jüngling viel schaffte, setzte er ihn über
alle Fronarbeit des Hauses Joseph.
29 Es begab sich aber zu der Zeit, daß
Jerobeam aus Jerusalem hinausging, und
es traf ihn der Prophet Ahia von Silo auf
dem Wege und hatte einen neuen Mantel
an, und es waren die beiden allein auf dem
Felde.
30 Und Ahia faßte den neuen Mantel,
den er anhatte, und riß ihn in zwölf Stücke
31 und sprach zu Jerobeam: Nimm zehn
Stücke zu dir! Denn so spricht der Herr,
der Gott Israels: Siehe, ich will das König-
tum aus der Hand Salomos reißen und
dir zehn Stämme geben –
32 **einen** Stamm soll er haben um meines
Knechts David willen und um der Stadt
Jerusalem willen, die ich erwählt habe aus
allen Stämmen Israels –,
33 weil er mich verlassen hat und ange-
betet die Astarte, die Göttin der Sidonier,
Kemosch, den Gott der Moabiter, und
Milkom, den Gott der Ammoniter, und
nicht in meinen Wegen gewandelt ist und
nicht getan hat, was mir wohlgefällt, mei-
ne Gebote und Rechte, wie sein Vater
David.
34 Ich will aber aus seiner Hand das

Reich noch nicht nehmen, sondern ich
will ihn Fürst sein lassen sein Leben lang
um meines Knechtes David willen, den
ich erwählt habe und der meine Gebote
und Rechte gehalten hat.
35 Aber aus der Hand seines Sohnes
will ich das Königtum nehmen und will
dir zehn Stämme
36 und seinem Sohn **einen** Stamm geben,
damit mein Knecht David vor mir eine
Leuchte habe allezeit in der Stadt Jerusa-
lem, die ich mir erwählt habe, um meinen
Namen dort wohnen zu lassen.
37 So will ich nun dich nehmen, daß du
regierst über alles, was dein Herz begehrt,
und König sein sollst über Israel.
38 Wirst du nun gehorchen allem, was
ich dir gebieten werde, und in meinen
Wegen wandeln und tun, was mir gefällt,
und meine Rechte und Gebote halten, wie
mein Knecht David getan hat, so will ich
mit dir sein und dir ein beständiges Haus
bauen, wie ich es David gebaut habe, und
will dir Israel geben
39 und will das Geschlecht Davids des-
wegen demütigen, doch nicht für alle Zeit.
40 Salomo aber trachtete danach, Jero-
beam zu töten. Da machte sich Jerobeam
auf und floh nach Ägypten zu Schischak,
dem König von Ägypten, und blieb in
Ägypten, bis Salomo starb.
41 Was mehr von Salomo zu sagen ist
und alles, was er getan hat, und seine
Weisheit, das steht geschrieben in der
Chronik von Salomo.
42 Die Zeit aber, die Salomo König war
zu Jerusalem über ganz Israel, ist vierzig
Jahre.
43 Und Salomo legte sich zu seinen Vä-
tern und wurde begraben in der Stadt
Davids, seines Vaters. Und sein Sohn Re-
habeam wurde König an seiner Statt.

Abfall der zehn Stämme vom Hause David

12 Und Rehabeam zog nach Sichem,
denn ganz Israel war nach Sichem
gekommen, um ihn zum König zu ma-
chen.
2 Und Jerobeam, der Sohn Nebats, hör-
te das, als er noch in Ägypten war, wohin
er vor dem König Salomo geflohen war,
und kehrte aus Ägypten zurück.
3 Und sie sandten hin und ließen ihn
rufen. Und Jerobeam und die ganze Ge-
meinde Israel kamen und redeten mit Re-
habeam und sprachen:
4 Dein Vater hat unser Joch zu hart ge-
macht. Mache du nun den harten Dienst
und das schwere Joch leichter, das er uns
aufgelegt hat, so wollen wir dir untertan
sein.
5 Er aber sprach zu ihnen: Geht hin bis
zum dritten Tag, dann kommt wieder zu
mir. Und das Volk ging hin.
6 Und der König Rehabeam hielt einen
Rat mit den Ältesten, die vor seinem Va-
ter Salomo gestanden hatten, als er noch
lebte, und sprach: Wie ratet ihr, daß wir
diesem Volk Antwort geben?
7 Sie sprachen zu ihm: Wirst du heute
diesem Volk einen Dienst tun und ihnen
zu Willen sein und sie erhören und ihnen
gute Worte geben, so werden sie dir unter-
tan sein dein Leben lang.
8 Aber er kehrte sich nicht an den Rat
der Ältesten, den sie ihm gegeben hatten,
und hielt einen Rat mit den Jüngeren, die
mit ihm aufgewachsen waren und vor ihm
standen.
9 Und er sprach zu ihnen: Was ratet ihr,
daß wir antworten diesem Volk, das zu
mir gesagt hat: Mache das Joch leichter,
das dein Vater auf uns gelegt hat?
10 Und die Jüngeren, die mit ihm aufge-
wachsen waren, sprachen zu ihm: Du
sollst zu dem Volk, das zu dir sagt: «Dein
Vater hat unser Joch zu schwer gemacht;
mache du es uns leichter», so sagen: Mein
kleiner Finger soll dicker sein als meines
Vaters Lenden.
11 Nun, mein Vater hat auf euch ein
schweres Joch gelegt, ich aber will's euch
noch schwerer machen. Mein Vater hat
euch mit Peitschen gezüchtigt, ich will
euch mit Skorpionen züchtigen.
12 Als nun Jerobeam und das ganze
Volk zu Rehabeam kamen am dritten
Tage, wie der König gesagt hatte:
Kommt wieder zu mir am dritten Tage,
13 da gab der König dem Volk eine harte
Antwort und kehrte sich nicht an den Rat,
den ihm die Ältesten gegeben hatten,
14 und redete mit ihnen nach dem Rat
der Jüngeren und sprach: Mein Vater hat
euer Joch schwer gemacht, ich aber will's
euch noch schwerer machen. Mein Vater
hat euch mit Peitschen gezüchtigt, ich
aber will euch mit Skorpionen züchtigen.

15 So hörte der König nicht auf das Volk; denn so war es bestimmt von dem HERRN, damit er sein Wort wahr machte, das er durch Ahia von Silo geredet hatte zu Jerobeam, dem Sohn Nebats.

16 Als aber ganz Israel sah, daß der König sie nicht hören wollte, gab das Volk dem König Antwort und sprach: Was haben wir für Teil an David oder Erbe am Sohn Isais? Auf zu deinen Hütten, Israel! So sorge nun du für dein Haus, David! – Da ging Israel heim,

17 so daß Rehabeam nur über die Kinder Israel regierte, die in den Städten Judas wohnten.

18 Und als der König Rehabeam den Fronvogt Adoram hinsandte, warf ihn ganz Israel mit Steinen zu Tode. Aber der König Rehabeam stieg eilends auf einen Wagen und floh nach Jerusalem.

19 Also fiel Israel ab vom Hause David bis auf diesen Tag.

Jerobeam wird König über die zehn Stämme. Seine Abgötterei

20 Als nun ganz Israel hörte, daß Jerobeam zurückgekommen war, sandten sie hin und ließen ihn rufen zu der Gemeinde und machten ihn zum König über ganz Israel; niemand folgte dem Hause David als der Stamm Juda allein.

21 Und als Rehabeam nach Jerusalem kam, sammelte er das ganze Haus Juda und den Stamm Benjamin, hundertachtzigtausend streitbare Männer, um gegen das Haus Israel zu kämpfen und das Königtum an Rehabeam, den Sohn Salomos, zurückzubringen.

22 Es kam aber Gottes Wort zu Schemaja, dem Mann Gottes:

23 Sage Rehabeam, dem Sohn Salomos, dem König von Juda, und dem ganzen Hause Juda und Benjamin und dem übrigen Volk und sprich:

24 So spricht der HERR: Ihr sollt nicht hinaufziehen und gegen eure Brüder, die von Israel, kämpfen. Jedermann gehe wieder heim, denn das alles ist von mir geschehen. Und sie gehorchten dem Wort des HERRN, kehrten um und gingen heim, wie der HERR gesagt hatte.

25 Jerobeam aber baute Sichem auf dem Gebirge Ephraim aus und wohnte darin und zog von da fort und baute Pnuël aus.

26 Und Jerobeam dachte in seinem Herzen: Das Königtum wird nun wieder an das Haus David fallen.

27 Wenn dies Volk hinaufgeht, um Opfer darzubringen im Hause des HERRN zu Jerusalem, so wird sich das Herz dieses Volks wenden zu ihrem Herrn Rehabeam, dem König von Juda, und sie werden mich umbringen und wieder Rehabeam, dem König von Juda, zufallen.

28 Und der König hielt einen Rat und machte zwei goldene Kälber und sprach zum Volk: Es ist zu viel für euch, daß ihr hinauf nach Jerusalem geht; siehe, da ist dein Gott, Israel, der dich aus Ägyptenland geführt hat.

29 Und er stellte eins in Bethel auf, und das andere tat er nach Dan.

30 Und das geriet zur Sünde, denn das Volk ging hin vor das eine in Bethel und vor das andre in Dan.

31 Er baute auch ein Höhenheiligtum und machte Priester aus allerlei Leuten, die nicht von den Söhnen Levi waren.

32 Und er machte ein Fest am fünfzehnten Tag des achten Monats wie das Fest in Juda und opferte auf dem Altar. So tat er in Bethel, daß er den Kälbern opferte, die er gemacht hatte, und bestellte in Bethel Priester für die Höhen, die er gemacht hatte.

Reich Israel: Ein Prophet verkündet Jerobeam eine Strafe für seine Abgötterei

33 Einst opferte Jerobeam auf dem Altar, den er gemacht hatte in Bethel, am fünfzehnten Tage im achten Monat, den er sich in seinem Herzen ausgedacht hatte, und machte den Kindern Israel ein Fest und stieg auf den Altar, um zu opfern.

13 Und siehe, ein Mann Gottes kam von Juda auf das Wort des HERRN hin nach Bethel, während Jerobeam noch auf dem Altar stand und opferte.

2 Und er rief gegen den Altar auf das Wort des HERRN hin und sprach: Altar, Altar! So spricht der HERR: Siehe, es wird ein Sohn dem Hause David geboren werden, mit Namen Josia; der wird auf dir schlachten die Priester der Höhen, die auf dir opfern, und wird Menschengebein auf dir verbrennen.

3 Und er gab an dem Tag ein Wunderzeichen und sprach: Das ist das Zeichen

dafür, daß der Herr geredet hat: Siehe,
der Altar wird bersten und die Asche ver-
schüttet werden, die darauf ist.
4 Als aber der König das Wort von dem
Mann Gottes hörte, der gegen den Altar
in Bethel rief, streckte er seine Hand aus
auf dem Altar und sprach: Greift ihn!
Und seine Hand verdorrte, die er gegen
ihn ausgestreckt hatte, und er konnte sie
nicht wieder an sich ziehen.
5 Und der Altar barst, und die Asche
wurde verschüttet vom Altar nach dem
Wunderzeichen, das der Mann Gottes ge-
geben hatte auf das Wort des Herrn hin.
6 Und der König hob an und sprach zu
dem Mann Gottes: Flehe doch den
Herrn, deinen Gott, an und bitte für
mich, daß ich meine Hand wieder an
mich ziehen kann. Da flehte der Mann
Gottes den Herrn an, und der König
konnte seine Hand wieder an sich ziehen,
und sie wurde, wie sie vorher war.
7 Und der König redete mit dem Mann
Gottes: Komm mit mir heim und labe
dich; ich will dir ein Geschenk geben.
8 Aber der Mann Gottes sprach zum
König: Wenn du mir auch die Hälfte dei-
ner Habe geben wolltest, so käme ich
doch nicht mit dir; denn ich will an die-
sem Ort kein Brot essen noch Wasser trin-
ken.
9 Denn das ist mir geboten durch des
Herrn Wort: Du sollst kein Brot essen
und kein Wasser trinken und nicht den
Weg zurückgehen, den du gekommen bist.
10 Und er ging einen andern Weg und
nicht wieder den Weg, den er nach Bethel
gekommen war.

Der Prophet wird für seinen Ungehorsam gestraft

11 Es wohnte aber ein alter Prophet in
Bethel; zu dem kamen seine Söhne und
erzählten ihm alles, was der Mann Gottes
getan hatte an diesem Tag in Bethel, und
die Worte, die er zum König geredet hatte.
12 Und ihr Vater sprach zu ihnen: Wo
ist der Weg, den er gezogen ist? Und seine
Söhne zeigten ihm den Weg, den der Mann
Gottes gezogen war, der von Juda ge-
kommen war.
13 Er aber sprach zu seinen Söhnen:
Sattelt mir den Esel! Und als sie ihm den
Esel gesattelt hatten, ritt er auf ihm
14 und zog dem Mann Gottes nach und
fand ihn unter einer Eiche sitzen und
sprach zu ihm: Bist du der Mann Gottes,
der von Juda gekommen ist? Er sprach:
Ja.
15 Er sprach zu ihm: Komm mit mir
heim und iß Brot mit mir!
16 Er aber sprach: Ich kann nicht mit
dir umkehren und mit dir kommen; ich
will auch nicht Brot essen noch Wasser
trinken mit dir an diesem Ort.
17 Denn es ist zu mir geredet worden
durch das Wort des Herrn: Du sollst
dort weder Brot essen noch Wasser trin-
ken; du sollst nicht den Weg zurückgehen,
den du gekommen bist.
18 Er sprach zu ihm: Ich bin auch ein
Prophet wie du, und ein Engel hat zu mir
geredet auf das Wort des Herrn hin:
Führe ihn wieder mit dir heim, daß er
Brot esse und Wasser trinke. Er belog ihn
aber.
19 Und er führte ihn wieder zurück, daß
er Brot aß und Wasser trank in seinem
Hause.
20 Und als sie zu Tisch saßen, kam das
Wort des Herrn zum Propheten, der ihn
zurückgeführt hatte.
21 Und er rief dem Mann Gottes zu, der
von Juda gekommen war: So spricht der
Herr: Weil du dem Mund des Herrn un-
gehorsam gewesen bist und nicht gehalten
hast das Gebot, das dir der Herr, dein
Gott, geboten hat,
22 und umgekehrt bist, Brot gegessen
hast und Wasser getrunken an dem Ort,
von dem er dir sagte: Du sollst weder
Brot essen noch Wasser trinken –, so soll
dein Leichnam nicht in deiner Väter Grab
kommen.
23 Und nachdem er gegessen und ge-
trunken hatte, sattelte man für ihn den
Esel des Propheten, der ihn zurückge-
führt hatte.
24 Und als er seines Weges zog, fand ihn
ein Löwe auf dem Wege und tötete ihn.
Und sein Leichnam blieb auf dem Wege
liegen, und der Esel stand neben ihm, und
der Löwe stand neben dem Leichnam.
25 Und als Leute vorübergingen, sahen
sie den Leichnam auf dem Wege liegen
und den Löwen bei dem Leichnam stehen
und kamen und sagten es in der Stadt, in
der der alte Prophet wohnte.

26 Als das der Prophet hörte, der ihn zurückgeführt hatte, sprach er: Es ist der Mann Gottes, der dem Mund des HERRN ungehorsam gewesen ist. Darum hat ihn der HERR dem Löwen gegeben; der hat ihn zerrissen und getötet nach dem Wort, das ihm der HERR gesagt hat.

27 Und er sprach zu seinen Söhnen: Sattelt mir den Esel! Und als sie ihn gesattelt hatten,

28 zog er hin und fand den Leichnam auf dem Wege liegen und den Esel und den Löwen neben dem Leichnam stehen. Der Löwe hatte nichts gefressen vom Leichnam und den Esel nicht zerrissen.

29 Da hob der Prophet den Leichnam des Mannes Gottes auf und legte ihn auf den Esel und brachte ihn zurück und kam in seine Stadt, um die Totenklage zu halten und ihn zu begraben.

30 Und er legte den Leichnam in sein eigenes Grab, und sie hielten ihm die Totenklage: Ach, Bruder!

31 Und als sie ihn begraben hatten, sprach er zu seinen Söhnen: Wenn ich sterbe, so begrabt mich in dem Grabe, in dem der Mann Gottes begraben ist, und legt mein Gebein neben sein Gebein.

32 Denn es wird sich erfüllen, was er gerufen hat gegen den Altar in Bethel auf das Wort des HERRN hin und gegen alle Heiligtümer auf den Höhen, die in den Städten Samariens sind.

33 Aber nach diesem Geschehnis kehrte Jerobeam nicht um von seinem bösen Wege, sondern bestellte wieder Priester für die Höhen aus allem Volk. Wer da wollte, dessen Hand füllte er, und der wurde Priester für die Höhen.

34 Und dies geriet zur Sünde dem Hause Jerobeams, so daß es zugrunde gerichtet und von der Erde vertilgt wurde.

Jerobeams Tod

14 Zu der Zeit war Abia, der Sohn Jerobeams, krank.

2 Und Jerobeam sprach zu seiner Frau: Mache dich auf und verkleide dich, damit niemand merkt, daß du Jerobeams Frau bist, und geh hin nach Silo. Siehe, dort ist der Prophet Ahia, der mir zugesagt hat, daß ich König sein sollte über dies Volk.

3 Und nimm mit dir zehn Brote, Kuchen und einen Krug mit Honig und geh zu ihm, damit er dir sagt, wie es dem Knaben ergehen wird.

4 Und Jerobeams Frau tat das und machte sich auf und ging hin nach Silo und kam ins Haus Ahias. Ahia aber konnte nicht sehen, denn seine Augen standen starr vor Alter.

5 Aber der HERR sprach zu Ahia: Siehe, Jerobeams Frau kommt, um dich wegen ihres Sohnes zu befragen; denn er ist krank. So rede nun mit ihr so und so. Als sie nun hineinkam, stellte sie sich fremd.

6 Als aber Ahia das Geräusch ihrer Tritte hörte, wie sie zur Tür hereinkam, sprach er: Komm herein, du Frau Jerobeams! Warum stellst du dich so fremd? Ich bin zu dir gesandt als ein harter Bote.

7 Geh hin und sage Jerobeam: So spricht der HERR, der Gott Israels: Ich habe dich erhoben aus dem Volk und zum Fürsten über mein Volk Israel gesetzt

8 und habe das Königtum von Davids Hause gerissen und dir gegeben. Du aber bist nicht gewesen wie mein Knecht David, der meine Gebote hielt und mir von ganzem Herzen nachwandelte, daß er nur tat, was mir wohlgefiel.

9 Du hast mehr Böses getan als alle, die vor dir gewesen sind, bist hingegangen und hast dir andre Götter gemacht und gegossene Bilder, um mich zum Zorn zu reizen, und hast mir den Rücken gekehrt.

10 Darum siehe, ich will Unheil über das Haus Jerobeam bringen und ausrotten von Jerobeam alles, was männlich ist, bis auf den letzten Mann in Israel und will die Nachkommen des Hauses Jerobeam ausfegen, wie man Unrat ausfegt, bis es ganz mit ihm aus ist.

11 Wer von Jerobeam stirbt in der Stadt, den sollen die Hunde fressen; wer aber auf dem Felde stirbt, den sollen die Vögel des Himmels fressen; denn der HERR hat's geredet.

12 So mache dich nun auf und geh heim; und wenn dein Fuß die Stadt betritt, wird das Kind sterben.

13 Und es wird ihm ganz Israel die Totenklage halten, und sie werden ihn begraben; denn dieser allein von Jerobeam wird zu Grabe kommen, weil der HERR, der Gott Israels, etwas Gutes an ihm gefunden hat im Hause Jerobeam.

14 Der HERR aber wird sich einen König

über Israel erwecken, der wird das Haus Jerobeam ausrotten – wie es heute ist.

15 Und der HERR wird Israel schlagen, daß es schwankt, wie das Rohr im Wasser bewegt wird, und wird Israel ausreißen aus diesem guten Lande, das er ihren Vätern gegeben hat, und wird sie zerstreuen jenseits des Euphrat, weil sie sich Ascherabilder gemacht haben, den HERRN zu erzürnen.

16 Und er wird Israel dahingeben um der Sünden Jerobeams willen, der da gesündigt hat und Israel sündigen gemacht hat.

17 Und Jerobeams Frau machte sich auf, ging heim und kam nach Tirza. Und als sie auf die Schwelle des Hauses kam, starb der Knabe.

18 Und sie begruben ihn, und ganz Israel hielt ihm die Totenklage nach dem Wort des HERRN, das er geredet hatte durch seinen Knecht Ahia, den Propheten.

19 Was mehr von Jerobeam zu sagen ist, wie er Krieg geführt und regiert hat, siehe, das steht geschrieben in der Chronik der Könige von Israel.

20 Die Zeit aber, die Jerobeam regierte, sind zweiundzwanzig Jahre. Und er legte sich zu seinen Vätern, und sein Sohn Nadab wurde König an seiner Statt.

Reich Juda : Rehabeam

21 Und Rehabeam, der Sohn Salomos, wurde König in Juda. Einundvierzig Jahre alt war Rehabeam, als er König wurde; und er regierte siebzehn Jahre zu Jerusalem, in der Stadt, die der HERR erwählt hatte aus allen Stämmen Israels, damit er dort seinem Namen eine Stätte bereite. Seine Mutter hieß Naama, eine Ammoniterin.

22 Und Juda tat, was dem HERRN mißfiel; und sie reizten ihn mehr, als alles ihn reizte, was ihre Väter getan hatten mit ihren Sünden, die sie taten.

23 Denn auch sie machten sich Höhen, Steinmale und Ascherabilder auf allen hohen Hügeln und unter allen grünen Bäumen.

24 Es waren auch Tempelhurer im Lande; und sie taten alle die Greuel der Heiden, die der HERR vor Israel vertrieben hatte.

25 Aber im fünften Jahr des Königs Rehabeam zog Schischak, der König von Ägypten, herauf gegen Jerusalem

26 und nahm die Schätze aus dem Hause des HERRN und aus dem Hause des Königs, alles, was zu nehmen war, und nahm alle goldenen Schilde, die Salomo hatte machen lassen.

27 An ihrer Statt ließ der König Rehabeam kupferne Schilde machen und gab sie in die Hand der Obersten der Leibwache, die das Tor hüteten am Hause des Königs.

28 Und sooft der König in das Haus des HERRN ging, trug die Leibwache die Schilde und brachte sie wieder in die Wachstube zurück.

29 Was aber mehr von Rehabeam zu sagen ist und alles, was er getan hat, siehe, das steht geschrieben in der Chronik der Könige von Juda.

30 Es war aber Krieg zwischen Rehabeam und Jerobeam ihr Leben lang.

31 Und Rehabeam legte sich zu seinen Vätern und wurde begraben bei seinen Vätern in der Stadt Davids. Und seine Mutter hieß Naama, eine Ammoniterin. Und sein Sohn Abia wurde König an seiner Statt.

Reich Juda : Abia. Asa

15 Im achtzehnten Jahr des Königs Jerobeam, des Sohnes Nebats, wurde Abia König über Juda

2 und regierte drei Jahre zu Jerusalem. Seine Mutter hieß Maacha, eine Tochter Abisaloms.

3 Und er wandelte in allen Sünden seines Vaters, die dieser vor ihm getan hatte, und sein Herz war nicht ungeteilt bei dem HERRN, seinem Gott, wie das Herz seines Vaters David.

4 Denn um Davids willen gab der HERR, sein Gott, ihm eine Leuchte zu Jerusalem, daß er seinen Sohn nach ihm erweckte und Jerusalem erhielt,

5 weil David getan hatte, was dem HERRN wohlgefiel, und nicht gewichen war von allem, was er ihm gebot sein Leben lang, außer in der Sache mit Uria, dem Hethiter.

6 Es war aber Krieg zwischen Rehabeam und Jerobeam ihr Leben lang.

7 Was aber mehr von Abia zu sagen ist und alles, was er getan hat, siehe, das

steht geschrieben in der Chronik der Könige von Juda. Es war aber Krieg zwischen Abia und Jerobeam.

8 Und Abia legte sich zu seinen Vätern, und sie begruben ihn in der Stadt Davids. Und sein Sohn Asa wurde König an seiner Statt.

9 Im zwanzigsten Jahr Jerobeams, des Königs von Israel, wurde Asa König über Juda

10 und regierte einundvierzig Jahre zu Jerusalem. Seine Mutter hieß Maacha, eine Tochter Abisaloms.

11 Und Asa tat, was dem HERRN wohlgefiel, wie sein Vater David.

12 Er tat die Tempelhurer aus dem Lande und entfernte alle Götzenbilder, die seine Väter gemacht hatten.

13 Dazu setzte er auch seine Mutter Maacha ab, daß sie nicht mehr Herrin war, weil sie ein Greuelbild der Aschera gemacht hatte. Und Asa zerschlug ihr Greuelbild und verbrannte es am Bach Kidron.

14 Aber die Höhen entfernten sie nicht; jedoch das Herz Asas war ungeteilt bei dem HERRN sein Leben lang.

15 Und das Silber und Gold und die Geräte, die sein Vater geheiligt hatte, und was von ihm selbst geheiligt war, brachte er zum Hause des HERRN.

16 Und es war Krieg zwischen Asa und Baësa, dem König von Israel, ihr Leben lang.

17 Baësa aber, der König von Israel, zog herauf gegen Juda und baute Rama aus, damit niemand aus- und einziehen sollte bei Asa, dem König von Juda.

18 Da nahm Asa alles Silber und Gold, das noch übrig war im Schatz des Hauses des HERRN und im Schatz des Hauses des Königs, und gab's in die Hände seiner Räte und sandte sie zu Benhadad, dem Sohn Tabrimmons, des Sohnes Hesjons, dem König von Aram, der zu Damaskus herrschte, und ließ ihm sagen:

19 Es ist ein Bund zwischen mir und dir und zwischen meinem Vater und deinem Vater; darum schicke ich dir ein Geschenk, Silber und Gold, daß du den Bund mit Baësa, dem König von Israel, aufgibst, damit er von mir abzieht.

20 Benhadad hörte auf die Bitte des Königs Asa und sandte seine Obersten gegen die Städte Israels und schlug Ijjon und Dan und Abel-Beth-Maacha, das ganze Kinnereth samt dem ganzen Land Naphthali.

21 Als das Baësa hörte, ließ er davon ab, Rama auszubauen, und zog wieder nach Tirza.

22 Der König Asa aber bot ganz Juda auf, niemand ausgenommen, und sie nahmen die Steine und das Holz von Rama weg, womit Baësa gebaut hatte; und der König Asa baute damit Geba in Benjamin und Mizpa aus.

23 Was aber mehr von Asa zu sagen ist und alle seine tapferen Taten und alles, was er getan hat, und die Städte, die er ausgebaut hat, siehe, das steht geschrieben in der Chronik der Könige von Juda. Nur war er in seinem Alter an seinen Füßen krank.

24 Und Asa legte sich zu seinen Vätern und wurde begraben bei seinen Vätern in der Stadt Davids, seines Vaters. Und sein Sohn Josaphat wurde König an seiner Statt.

Reich Israel: Nadab. Baësa

25 Nadab aber, der Sohn Jerobeams, wurde König über Israel im zweiten Jahr Asas, des Königs von Juda, und regierte über Israel zwei Jahre

26 und tat, was dem HERRN mißfiel, und wandelte in dem Wege seines Vaters und in seiner Sünde, womit dieser Israel sündigen gemacht hatte.

27 Aber Baësa, der Sohn Ahias, aus dem Stamme Isaschar, machte eine Verschwörung gegen ihn und erschlug ihn zu Gibbethon, das den Philistern gehörte. Denn Nadab und ganz Israel belagerten Gibbethon.

28 So tötete ihn Baësa im dritten Jahr Asas, des Königs von Juda, und wurde König an seiner Statt.

29 Als er nun König war, erschlug er das ganze Haus Jerobeam; er ließ auch nicht einen übrig vom Hause Jerobeam, bis er es ganz vertilgt hatte nach dem Wort des HERRN, das er geredet hatte durch seinen Knecht Ahia von Silo,

30 um der Sünden Jerobeams willen, die er tat und womit er Israel sündigen machte und den HERRN, den Gott Israels, zum Zorn reizte.

31 Was aber mehr von Nadab zu sagen
ist und alles, was er getan hat, siehe, das
steht geschrieben in der Chronik der Kö-
nige von Israel.
32 Und es war Krieg zwischen Asa und
Baësa, dem König von Israel, ihr Leben
lang.
33 Im dritten Jahr Asas, des Königs von
Juda, wurde Baësa, der Sohn Ahias, Kö-
nig über ganz Israel und regierte zu Tirza
vierundzwanzig Jahre.
34 Und er tat, was dem HERRN mißfiel,
und wandelte in dem Wege Jerobeams
und in seiner Sünde, womit er Israel sün-
digen gemacht hatte.
16 Es kam aber das Wort des HERRN
zu Jehu, dem Sohn Hananis, gegen
Baësa:
2 Weil ich dich aus dem Staub erhoben
habe und zum Fürsten gemacht über
mein Volk Israel und du doch wandelst in
dem Wege Jerobeams und mein Volk Is-
rael sündigen machst, daß sie mich erzür-
nen durch ihre Sünde,
3 siehe, so will ich ausrotten Baësa und
sein Haus und will dein Haus machen wie
das Haus Jerobeams, des Sohnes Nebats:
4 Wer vom Hause Baësas stirbt in der
Stadt, den sollen die Hunde fressen; und
wer von ihm stirbt auf dem Felde, den
sollen die Vögel des Himmels fressen.
5 Was aber mehr von Baësa zu sagen ist
und was er getan hat und seine tapferen
Taten, siehe, das steht geschrieben in der
Chronik der Könige von Israel.
6 Und Baësa legte sich zu seinen Vä-
tern und wurde begraben zu Tirza. Und
sein Sohn Ela wurde König an seiner
Statt. –
7 Auch war das Wort des HERRN durch
den Propheten Jehu, den Sohn Hananis,
über Baësa gekommen und über sein
Haus wegen all des Unrechts, das er vor
dem HERRN tat, ihn zu erzürnen durch die
Werke seiner Hände, daß es ihm ergehen
sollte wie dem Hause Jerobeam, und weil
er dieses ausgetilgt hatte.

Reich Israel: Ela, Simri und Omri

8 Im sechsundzwanzigsten Jahr Asas,
des Königs von Juda, wurde Ela, der Sohn
Baësas, König über Israel und regierte zu
Tirza zwei Jahre.
9 Aber sein Knecht Simri, der Oberste
über die Hälfte der Kriegswagen, machte
eine Verschwörung gegen ihn. Er aber war
in Tirza, trank und wurde trunken im
Hause Arzas, des Hofmeisters in Tirza.
10 Und Simri kam hinein und schlug
ihn tot im siebenundzwanzigsten Jahr
Asas, des Königs von Juda, und wurde
König an seiner Statt.
11 Und als er König war und auf seinem
Thron saß, erschlug er das ganze Haus
Baësa und ließ nichts übrig, was männ-
lich war, dazu seine Verwandten und
seine Freunde.
12 So vertilgte Simri das ganze Haus
Baësa nach dem Wort des HERRN, das er
über Baësa geredet hatte durch den Pro-
pheten Jehu,
13 um all der Sünden willen Baësas und
seines Sohnes Ela, die sie taten und durch
die sie Israel sündigen machten, den
HERRN, den Gott Israels, zu erzürnen
durch ihre Abgötterei. –
14 Was aber mehr von Ela zu sagen ist
und alles, was er getan hat, siehe, das
steht geschrieben in der Chronik der Kö-
nige von Israel.
15 Im siebenundzwanzigsten Jahr Asas,
des Königs von Juda, wurde Simri König
und regierte sieben Tage zu Tirza. Und
das Volk lag vor Gibbethon, das den Phi-
listern gehörte.
16 Als aber das Volk im Lager sagen
hörte, daß Simri eine Verschwörung ge-
macht und auch den König erschlagen
hätte, da machte ganz Israel am selben
Tag im Lager Omri, den Feldhauptmann,
zum König über Israel.
17 Und Omri zog herauf und ganz Is-
rael mit ihm von Gibbethon, und sie be-
lagerten Tirza.
18 Als aber Simri sah, daß die Stadt ein-
genommen werden würde, ging er in den
Burgturm im Hause des Königs und ver-
brannte sich mit dem Hause des Königs
und starb
19 um seiner Sünden willen, die er getan
hatte, dadurch daß er tat, was dem
HERRN mißfiel, und wandelte in dem
Wege Jerobeams und in seiner Sünde, die
er tat, daß er Israel sündigen machte. –
20 Was aber mehr von Simri zu sagen
ist und wie er eine Verschwörung machte,
siehe, das steht geschrieben in der Chro-
nik der Könige von Israel.

21 Damals teilte sich das Volk Israel in
zwei Teile. Eine Hälfte hing Tibni an, dem
Sohn Ginaths, und machte ihn zum Kö-
nig, die andere Hälfte aber hing Omri an.
22 Aber das Volk, das Omri anhing,
wurde stärker als das Volk, das Tibni an-
hing, dem Sohn Ginaths. Und Tibni
starb; da wurde Omri König.
23 Im einunddreißigsten Jahr Asas, des
Königs von Juda, wurde Omri König
über Israel und regierte zwölf Jahre, und
davon zu Tirza sechs Jahre.
24 Er kaufte den Berg Samaria von Se-
mer für zwei Zentner Silber und baute auf
dem Berg eine Stadt und nannte sie Sa-
maria nach dem Namen Semers, dem der
Berg gehört hatte.
25 Und Omri tat, was dem HERRN miß-
fiel, und trieb es ärger als alle, die vor ihm
gewesen waren,
26 und wandelte in allen Wegen Jero-
beams, des Sohnes Nebats, und in seiner
Sünde, durch die dieser Israel sündigen
machte, daß sie den HERRN, den Gott
Israels, erzürnten durch ihre Abgötterei.
27 Was aber mehr von Omri zu sagen ist
und alles, was er getan hat, und seine
tapferen Taten, siehe, das steht geschrie-
ben in der Chronik der Könige von Israel.
28 Und Omri legte sich zu seinen Vätern
und wurde begraben zu Samaria. Und sein
Sohn Ahab wurde König an seiner Statt.

Reich Israel: Ahab

29 Im achtunddreißigsten Jahr Asas,
des Königs von Juda, wurde Ahab, der
Sohn Omris, König über Israel und regier-
te über Israel zu Samaria zweiundzwanzig
Jahre
30 und tat, was dem HERRN mißfiel,
mehr als alle, die vor ihm gewesen waren.
31 Es war noch das Geringste, daß er
wandelte in der Sünde Jerobeams, des
Sohnes Nebats; er nahm sogar Isebel, die
Tochter Ethbaals, des Königs der Sido-
nier, zur Frau und ging hin und diente
Baal und betete ihn an
32 und richtete ihm einen Altar auf im
Tempel Baals, den er ihm zu Samaria
baute,
33 und machte ein Bild der Aschera, so
daß Ahab mehr tat, den HERRN, den Gott
Israels, zu erzürnen, als alle Könige von
Israel, die vor ihm gewesen waren.
34 Zur selben Zeit baute Hiël von Bethel
Jericho wieder auf. Es kostete ihn sei-
nen erstgeborenen Sohn Abiram, als er
den Grund legte, und seinen jüngsten
Sohn Segub, als er die Tore einsetzte, nach
dem Wort des HERRN, das er geredet hatte
durch Josua, den Sohn Nuns.

Elia am Bach Krith und bei der Witwe zu Zarpath

17 Und es sprach Elia, der Thisbiter,
aus Thisbe in Gilead zu Ahab: So
wahr der HERR, der Gott Israels, lebt, vor
dem ich stehe: es soll diese Jahre weder
Tau noch Regen kommen, ich sage es
denn.
2 Da kam das Wort des HERRN zu ihm:
3 Geh weg von hier und wende dich
nach Osten und verbirg dich am Bach
Krith, der zum Jordan fließt.
4 Und du sollst aus dem Bach trinken,
und ich habe den Raben geboten, daß sie
dich dort versorgen sollen.
5 Er aber ging hin und tat nach dem
Wort des HERRN und setzte sich nieder am
Bach Krith, der zum Jordan fließt.
6 Und die Raben brachten ihm Brot und
Fleisch des Morgens und des Abends, und
er trank aus dem Bach.
7 Und es geschah nach einiger Zeit, daß
der Bach vertrocknete; denn es war kein
Regen im Lande.
8 Da kam das Wort des HERRN zu ihm:
9 Mach dich auf und geh nach Zarpath,
das bei Sidon liegt, und bleibe dort; denn
ich habe dort einer Witwe geboten, dich
zu versorgen.
10 Und er machte sich auf und ging
nach Zarpath. Und als er an das Tor der
Stadt kam, siehe, da war eine Witwe, die
las Holz auf. Und er rief ihr zu und
sprach: Hole mir ein wenig Wasser im
Gefäß, daß ich trinke!
11 Und als sie hinging zu holen, rief er
ihr nach und sprach: Bringe mir auch ei-
nen Bissen Brot mit!
12 Sie sprach: So wahr der HERR, dein
Gott, lebt: ich habe nichts Gebackenes,
nur eine Handvoll Mehl im Topf und ein
wenig Öl im Krug. Und siehe, ich hab ein
Scheit Holz oder zwei aufgelesen und gehe
heim und will mir und meinem Sohn zu-
richten, daß wir essen – und sterben.
13 Elia sprach zu ihr: Fürchte dich

nicht! Geh hin und mach's, wie du gesagt hast. Doch mache zuerst mir etwas Gebackenes davon und bringe mir's heraus; dir aber und deinem Sohn sollst du danach auch etwas backen.

14 Denn so spricht der Herr, der Gott Israels: **Das Mehl im Topf soll nicht verzehrt werden, und dem Ölkrug soll nichts mangeln bis auf den Tag, an dem der Herr regnen lassen wird auf Erden.**

15 Sie ging hin und tat, wie Elia gesagt hatte. Und er aß und sie auch und ihr Sohn Tag um Tag.

16 Das Mehl im Topf wurde nicht verzehrt, und dem Ölkrug mangelte nichts nach dem Wort des Herrn, das er durch Elia geredet hatte.

17 Und nach diesen Geschichten wurde der Sohn seiner Hauswirtin krank, und seine Krankheit wurde so schwer, daß kein Odem mehr in ihm blieb.

18 Und sie sprach zu Elia: Was hab ich mit dir zu schaffen, du Mann Gottes? Du bist zu mir gekommen, daß meiner Sünde gedacht und mein Sohn getötet würde.

19 Er sprach zu ihr: Gib mir deinen Sohn! Und er nahm ihn von ihrem Schoß und ging hinauf ins Obergemach, wo er wohnte, und legte ihn auf sein Bett

20 und rief den Herrn an und sprach: Herr, mein Gott, tust du sogar der Witwe, bei der ich ein Gast bin, so Böses an, daß du ihren Sohn tötest?

21 Und er legte sich auf das Kind dreimal und rief den Herrn an und sprach: Herr, mein Gott, laß sein Leben in dies Kind zurückkehren!

22 Und der Herr erhörte die Stimme Elias, und das Leben kehrte in das Kind zurück, und es wurde wieder lebendig.

23 Und Elia nahm das Kind und brachte es hinab vom Obergemach ins Haus und gab es seiner Mutter und sprach: Sieh da, dein Sohn lebt!

24 Und die Frau sprach zu Elia: Nun erkenne ich, daß du ein Mann Gottes bist, und des Herrn Wort in deinem Munde ist Wahrheit.

Das Gottesurteil auf dem Karmel

18 Nach einer langen Zeit kam das Wort des Herrn zu Elia, im dritten Jahr: Geh hin und zeige dich Ahab, denn ich will regnen lassen auf die Erde.

2 Und Elia ging hin, um sich Ahab zu zeigen.

Es war aber eine große Hungersnot in Samaria.

3 Und Ahab rief Obadja, seinen Hofmeister, – Obadja aber fürchtete den Herrn sehr;

4 denn als Isebel die Propheten des Herrn ausrottete, nahm Obadja hundert Propheten und versteckte sie in Höhlen, hier fünfzig und da fünfzig, und versorgte sie mit Brot und Wasser –;

5 und Ahab sprach zu Obadja: Wohlan, wir wollen durchs Land ziehen zu allen Wasserquellen und Bächen, ob wir Gras finden und die Rosse und Maultiere erhalten könnten, damit nicht alles Vieh umkommt.

6 Und sie teilten sich ins Land, daß sie es durchzogen. Ahab zog allein auf dem einen Weg und Obadja auch allein auf dem andern Weg.

7 Als nun Obadja auf dem Wege war, siehe, da begegnete ihm Elia. Und als er ihn erkannte, fiel er auf sein Antlitz und sprach: Bist du es nicht, Elia, mein Herr?

8 Er sprach: Ja! Geh hin und sage deinem Herrn: Siehe, Elia ist da!

9 Obadja aber sprach: Was hab ich gesündigt, daß du deinen Knecht in die Hände Ahabs geben willst, daß er mich tötet?

10 So wahr der Herr, dein Gott, lebt: es gibt kein Volk noch Königreich, wohin mein Herr nicht gesandt hat, dich zu suchen. Und wenn sie sprachen: Er ist nicht hier, nahm er einen Eid von dem Königreich und Volk, daß man dich nicht gefunden hätte.

11 Und nun sprichst du: Geh hin, sage deinem Herrn: Siehe, Elia ist da!

12 Wenn ich nun hinginge von dir, so könnte dich der Geist des Herrn entführen, und ich wüßte nicht wohin; und wenn ich dann käme und sagte es Ahab an und er fände dich nicht, so tötete er mich. Und doch fürchtet dein Knecht den Herrn von seiner Jugend auf.

13 Ist's meinem Herrn Elia nicht angesagt, was ich getan habe, als Isebel die Propheten des Herrn tötete? Daß ich von den Propheten des Herrn hundert versteckte, hier fünfzig und da fünfzig, in Höhlen und versorgte sie mit Brot und Wasser?

14 Und nun sprichst du: Geh hin, sage deinem Herrn: Elia ist da! Dann wird er mich töten.

15 Elia sprach: So wahr der HERR Zebaoth lebt, vor dem ich stehe: ich will mich ihm heute zeigen.

16 **Da** ging Obadja hin Ahab entgegen und sagte es ihm an. Und Ahab ging hin Elia entgegen.

17 Und als Ahab Elia sah, sprach Ahab zu ihm: Bist du nun da, der Israel ins Unglück stürzt?

18 Er aber sprach: Nicht ich stürze Israel ins Unglück, sondern du und deines Vaters Haus dadurch, daß ihr des HERRN Gebote verlassen habt und wandelt den Baalen nach.

19 Wohlan, so sende nun hin und versammle zu mir ganz Israel auf den Berg Karmel und die vierhundertundfünfzig Propheten Baals, auch die vierhundert Propheten der Aschera, die vom Tisch Isebels essen.

20 So sandte Ahab hin zu ganz Israel und versammelte die Propheten auf den Berg Karmel.

21 **Da** trat Elia zu allem Volk und sprach: **Wie lange hinket ihr auf beiden Seiten? Ist der HERR Gott, so wandelt ihm nach, ist's aber Baal, so wandelt ihm nach.** Und das Volk antwortete ihm nichts.

22 Da sprach Elia zum Volk: Ich bin allein übriggeblieben als Prophet des HERRN, aber die Propheten Baals sind vierhundertundfünfzig Mann.

23 So gebt uns nun zwei junge Stiere und laßt sie wählen **einen** Stier und ihn zerstücken und aufs Holz legen, aber kein Feuer daran legen; dann will ich den andern Stier nehmen und aufs Holz legen und auch kein Feuer daran legen.

24 Und ruft ihr den Namen eures Gottes an, aber ich will den Namen des HERRN anrufen. Welcher Gott nun mit Feuer antworten wird, der ist wahrhaftig Gott. Und das ganze Volk antwortete und sprach: Das ist recht.

25 Und Elia sprach zu den Propheten Baals: Wählt ihr einen Stier und richtet zuerst zu, denn ihr seid viele, und ruft den Namen eures Gottes an, aber legt kein Feuer daran.

26 Und sie nahmen den Stier, den man ihnen gab, und richteten zu und riefen den Namen Baals an vom Morgen bis zum Mittag und sprachen: Baal, erhöre uns! Aber es war da keine Stimme noch Antwort. Und sie hinkten um den Altar, den sie gemacht hatten.

27 Als es nun Mittag wurde, verspottete sie Elia und sprach: Ruft laut! Denn er ist ja ein Gott; er ist in Gedanken oder hat zu schaffen oder ist über Land oder schläft vielleicht, daß er aufwache.

28 Und sie riefen laut und ritzten sich mit Messern und Spießen nach ihrer Weise, bis ihr Blut herabfloß.

29 Als aber der Mittag vergangen war, waren sie in Verzückung bis um die Zeit, zu der man das Speisopfer darbringt; aber da war keine Stimme noch Antwort noch einer, der aufmerkte.

30 **Da** sprach Elia zu allem Volk: Kommt her zu mir! Und als alles Volk zu ihm trat, baute er den Altar des HERRN wieder auf, der zerbrochen war,

31 und nahm zwölf Steine nach der Zahl der Stämme der Söhne Jakobs – zu dem das Wort des HERRN ergangen war: Du sollst Israel heißen –

32 und baute von den Steinen einen Altar im Namen des HERRN und machte um den Altar her einen Graben, so breit wie für zwei Kornmaß Aussaat,

33 und richtete das Holz zu und zerstückte den Stier und legte ihn aufs Holz.

34 Und Elia sprach: Holt vier Eimer voll Wasser und gießt es auf das Brandopfer und aufs Holz! Und er sprach: Tut's noch einmal! Und sie taten's noch einmal. Und er sprach: Tut's zum drittenmal! Und sie taten's zum drittenmal.

35 Und das Wasser lief um den Altar her, und der Graben wurde auch voll Wasser.

36 **Und** als es Zeit war, das Speisopfer zu opfern, trat der Prophet Elia herzu und sprach: HERR, Gott Abrahams, Isaaks und Israels, laß heute kundwerden, daß du Gott in Israel bist und ich dein Knecht und daß ich das alles nach deinem Wort getan habe!

37 Erhöre mich, HERR, erhöre mich, damit dies Volk erkennt, daß du, HERR, Gott bist und ihr Herz wieder zu dir kehrst!

38 Da fiel das Feuer des HERRN herab und fraß Brandopfer, Holz, Steine und Erde und leckte das Wasser auf im Graben.

39 Als das alles Volk sah, fielen sie auf
ihr Angesicht und sprachen: Der HERR ist
Gott, der HERR ist Gott!
40 Elia aber sprach zu ihnen: Greift die
Propheten Baals, daß keiner von ihnen
entrinne! Und sie ergriffen sie. Und Elia
führte sie hinab an den Bach Kison und
tötete sie daselbst.
41 Und Elia sprach zu Ahab: Zieh hin-
auf, iß und trink; denn es rauscht, als
wollte es sehr regnen.
42 Und als Ahab hinaufzog, um zu essen
und zu trinken, ging Elia auf den Gipfel
des Karmel und bückte sich zur Erde und
hielt sein Haupt zwischen seine Knie
43 und sprach zu seinem Diener: Geh
hinauf und schaue zum Meer! Er ging hin-
auf und schaute und sprach: Es ist nichts
da. Elia sprach: Geh wieder hin, und der
Diener ging wieder hin, siebenmal.
44 Und beim siebentenmal sprach er:
Siehe, es steigt eine kleine Wolke auf aus
dem Meer wie eines Mannes Hand. Elia
sprach: Geh hin und sage Ahab: Spann
an und fahre hinab, damit dich der Regen
nicht aufhält!
45 Und ehe man sich's versah, wurde
der Himmel schwarz von Wolken und
Wind, und es kam ein großer Regen.
Ahab aber fuhr hinab nach Jesreel.
46 Und die Hand des HERRN kam über
Elia, und er gürtete seine Lenden und lief
vor Ahab hin, bis er kam nach Jesreel.

Elia am Horeb

19 Und Ahab sagte Isebel alles, was
Elia getan hatte und wie er alle Pro-
pheten Baals mit dem Schwert umge-
bracht hatte.
2 Da sandte Isebel einen Boten zu Elia
und ließ ihm sagen: Die Götter sollen mir
dies und das tun, wenn ich nicht morgen
um diese Zeit dir tue, wie du diesen getan
hast!
3 Da fürchtete er sich, machte sich auf
und lief um sein Leben und kam nach
Beerseba in Juda und ließ seinen Diener
dort.
4 Er aber ging hin in die Wüste eine
Tagereise weit und kam und setzte sich
unter einen Wacholder und wünschte sich
zu sterben und sprach: Es ist genug, so
nimm nun, HERR, meine Seele; ich bin
nicht besser als meine Väter.
5 Und er legte sich hin und schlief unter
dem Wacholder. Und siehe, ein Engel
rührte ihn an und sprach zu ihm: Steh auf
und iß!
6 Und er sah sich um, und siehe, zu sei-
nen Häupten lag ein geröstetes Brot und
ein Krug mit Wasser. Und als er gegessen
und getrunken hatte, legte er sich wieder
schlafen.
7 Und der Engel des HERRN kam zum
zweitenmal wieder und rührte ihn an und
sprach: Steh auf und iß! Denn du hast
einen weiten Weg vor dir.
8 Und er stand auf und aß und trank
und ging durch die Kraft der Speise vier-
zig Tage und vierzig Nächte bis zum Berg
Gottes, dem Horeb.
9 Und er kam dort in eine Höhle und
blieb dort über Nacht. Und siehe, das
Wort des HERRN kam zu ihm: Was machst
du hier, Elia?
10 Er sprach: Ich habe geeifert für den
HERRN, den Gott Zebaoth; denn Israel
hat deinen Bund verlassen und deine Al-
täre zerbrochen und deine Propheten mit
dem Schwert getötet, und ich bin allein
übriggeblieben, und sie trachten danach,
daß sie mir mein Leben nehmen.
11 Der Herr sprach: Geh heraus und
tritt hin auf den Berg vor den HERRN!
Und siehe, der HERR wird vorübergehen.
Und ein großer, starker Wind, der die
Berge zerriß und die Felsen zerbrach, kam
vor dem HERRN her; der HERR aber war
nicht im Winde. Nach dem Wind aber
kam ein Erdbeben; aber der HERR war
nicht im Erdbeben.
12 Und nach dem Erdbeben kam ein
Feuer; aber der HERR war nicht im Feuer.
Und nach dem Feuer kam ein stilles sanf-
tes Sausen.
13 Als das Elia hörte, verhüllte er sein
Antlitz mit seinem Mantel und ging hin-
aus und trat in den Eingang der Höhle.
Und siehe, da kam eine Stimme zu ihm
und sprach: Was hast du hier zu tun, Elia?
14 Er sprach: Ich habe für den HERRN,
den Gott Zebaoth, geeifert; denn Israel
hat deinen Bund verlassen, deine Altäre
zerbrochen, deine Propheten mit dem
Schwert getötet, und ich bin allein übrig-
geblieben, und sie trachten danach, daß
sie mir das Leben nehmen.
15 Aber der HERR sprach zu ihm: Geh

wieder deines Weges durch die Wüste nach
Damaskus und geh hinein und salbe Hasaël zum König über Aram
16 und Jehu, den Sohn Nimschis, zum
König über Israel und Elisa, den Sohn Schaphats, von Abel-Mehola zum Propheten an deiner Statt.
17 Und es soll geschehen: Wer dem
Schwert Hasaëls entrinnt, den soll Jehu töten, und wer dem Schwert Jehus entrinnt, den soll Elisa töten.
18 **Und ich will übriglassen siebentausend
in Israel, alle Knie, die sich nicht gebeugt haben vor Baal, und jeden Mund, der ihn nicht geküßt hat.**
19 Und Elia ging von dort weg und fand
Elisa, den Sohn Schaphats, als er pflügte mit zwölf Jochen vor sich her, und er war selbst bei dem zwölften. Und Elia ging zu ihm und warf seinen Mantel über ihn.
20 Und er verließ die Rinder und lief
Elia nach und sprach: Laß mich meinen Vater und meine Mutter küssen, dann will ich dir nachfolgen. Er sprach zu ihm: Wohlan, kehre um! Bedenke, was ich dir getan habe!
21 Und Elisa wandte sich von ihm weg
und nahm ein Joch Rinder und opferte es und mit den Jochen der Rinder kochte er das Fleisch und gab's den Leuten, daß sie aßen. Und er machte sich auf und folgte Elia nach und diente ihm.

Ahabs Kriege mit dem König Benhadad

20 Und Benhadad, der König von Aram, versammelte seine ganze Streitmacht, und es waren zweiunddreißig Könige mit ihm und Roß und Wagen. Und er zog herauf und belagerte Samaria und kämpfte gegen die Stadt
2 und sandte Boten zu Ahab, dem König
von Israel, in die Stadt und ließ ihm sagen:
3 So spricht Benhadad: Dein Silber und
dein Gold ist mein, und deine Frauen und deine besten Söhne sind auch mein.
4 Der König von Israel antwortete und
sprach: Mein Herr und König, wie du geredet hast! Ich bin dein und alles, was ich habe.
5 Aber die Boten kamen zurück und
sprachen: So spricht Benhadad: Ich habe zu dir gesandt und sagen lassen: Dein Silber und dein Gold, deine Frauen und deine Söhne sollst du mir geben.
6 Doch will ich morgen um diese Zeit
meine Leute zu dir senden, daß sie dein Haus und die Häuser deiner Untertanen durchsuchen, und was ihnen gefällt, sollen sie nehmen und wegtragen.
7 Da rief der König von Israel alle Ältesten des Landes zu sich und sprach:
Merkt doch und seht, wie böse er's meint! Er hat zu mir gesandt um meine Frauen und Söhne, Silber und Gold, und ich hab ihm nichts verweigert.
8 Da sprachen zu ihm alle Ältesten und
alles Volk: Du sollst nicht gehorchen und nicht einwilligen.
9 Und Ahab sprach zu den Boten Benhadads: Sagt meinem Herrn, dem König:
Alles, was du zuerst deinem Knecht entboten hast, will ich tun; aber dies kann ich nicht tun. Und die Boten gingen hin und sagten ihm das wieder.
10 Da sandte Benhadad zu ihm und ließ
ihm sagen: Die Götter sollen mir dies und das tun, wenn der Staub Samarias genug sein sollte, die Hände der Leute zu füllen, die mit mir ziehen!
11 Aber der König von Israel antwortete: Sagt ihm: Wer den Harnisch anlegt,
soll sich nicht rühmen wie der, der ihn abgelegt hat.
12 Als das Benhadad hörte, der gerade
mit den Königen in den Zelten trank, sprach er zu seinen Leuten: Greift an! Und sie griffen die Stadt an.
13 Und siehe, ein Prophet trat zu Ahab,
dem König von Israel, und sprach: So spricht der HERR: Siehst du diese große Menge? Wahrlich, ich will sie heute in deine Hand geben, daß du wissen sollst: Ich bin der HERR.
14 Ahab sprach: Durch wen soll's geschehen? Er sprach: So spricht der HERR:
Durch die Leute der Landvögte. Ahab sprach: Wer soll die Schlacht beginnen? Er sprach: Du.
15 Da zählte Ahab die Leute der Landvögte, und es waren zweihundertzweiunddreißig; und nach ihnen zählte er das ganze Volk Israel, und es waren siebentausend Mann.
16 Und sie zogen aus am Mittag. Benhadad aber trank und war trunken im Zeltlager samt den zweiunddreißig Königen, die ihm zu Hilfe gekommen waren.
17 Und die Leute der Landvögte zogen

zuerst aus. Benhadad aber hatte Leute
ausgesandt; die brachten ihm Botschaft
und sprachen: Es ziehen Männer aus Samaria heran.
18 Er sprach: Greift sie lebendig, ob sie
nun zum Frieden oder zum Kampf ausgezogen sind!
19 Als aber die Leute der Landvögte aus
der Stadt herausgezogen waren und das
Heer ihnen nach,
20 erschlug jeder den, der vor ihn kam.
Und die Aramäer flohen, und Israel jagte
ihnen nach. Aber Benhadad, der König
von Aram, entrann auf einem Roß, und
Gespanne mit ihm.
21 Und der König von Israel zog aus
und schlug Roß und Wagen. So schlug er
die Aramäer in einer großen Schlacht.
22 Da trat der Prophet zum König von
Israel und sprach zu ihm: Wohlan, rüste
dich und merke auf und sieh zu, was du
tust! Denn der König von Aram wird
gegen dich heraufziehen, wenn das Jahr
um ist.
23 Aber die Großen des Königs von
Aram sprachen zu ihm: Ihre Götter sind
Berggötter, darum haben sie uns überwunden. Aber wenn wir mit ihnen in der
Ebene kämpfen könnten – was gilt's, wir
wollten sie überwinden!
24 Tu nun das: Setze die Könige alle ab
und setze Statthalter an ihre Stelle
25 und schaffe dir ein Heer, wie das
Heer war, das du verloren hast, und ebensoviele Rosse und Wagen wie zuvor, und
laß uns gegen sie kämpfen in der Ebene –
was gilt's, wir werden sie überwinden! Er
gehorchte ihrer Stimme und tat das.
26 Als nun das Jahr um war, bot Benhadad die Aramäer auf und zog herauf
nach Aphek, um gegen Israel zu kämpfen.
27 Und Israel wurde auch aufgeboten,
versorgte sich und zog hin ihnen entgegen
und lagerte sich ihnen gegenüber wie
zwei kleine Herden Ziegen. Von den Aramäern aber war das Land voll.
28 Und es trat der Mann Gottes herzu
und sprach zum König von Israel: So
spricht der HERR: Weil die Aramäer gesagt haben, der HERR sei ein Gott der
Berge und nicht ein Gott der Täler, so
habe ich diese große Menge in deine Hand
gegeben, damit ihr erkennt: Ich bin der
HERR.
29 Und sie lagen einander gegenüber
sieben Tage. Am siebenten Tage zogen sie
in den Kampf, und Israel schlug von den
Aramäern hunderttausend Mann Fußvolk an **einem** Tag.
30 Und die übrigen flohen nach Aphek
in die Stadt, und die Mauer fiel auf die
Übriggebliebenen, siebenundzwanzigtausend Mann.
Und auch Benhadad floh in die Stadt
und verkroch sich von einer Kammer in
die andere.
31 Da sprachen seine Großen zu ihm:
Siehe, wir haben gehört, daß die Könige
des Hauses Israel barmherzige Könige
sind. So laßt uns Säcke um unsere Lenden
tun und Stricke um unsere Köpfe und
zum König von Israel hinausgehen; vielleicht läßt er dich am Leben.
32 Und sie gürteten Säcke um ihre Lenden und Stricke um ihre Köpfe und kamen zum König von Israel und sprachen:
Dein Knecht Benhadad läßt dir sagen:
Laß mich doch am Leben! Er aber sprach:
Lebt er noch? Er ist mein Bruder!
33 Und die Männer nahmen es als ein
gutes Zeichen und sprachen: Ja, Benhadad
ist dein Bruder. Er sprach: Geht und bringt
ihn! Da ging Benhadad zu ihm heraus.
Und Ahab ließ ihn auf den Wagen steigen.
34 Und Benhadad sprach zu ihm: Die
Städte, die mein Vater deinem Vater genommen hat, will ich dir zurückgeben,
und mache du dir Märkte in Damaskus,
wie mein Vater in Samaria getan hat. Und
Ahab sprach: Ich will dich auf diesen
Bund hin ziehen lassen. Da schloß er mit
ihm den Bund und ließ ihn ziehen.
35 Da sprach ein Mann von den Prophetenjüngern zu seinem Nächsten auf
des HERRN Gebot: Schlage mich! Er aber
weigerte sich, ihn zu schlagen.
36 Da sprach er zu ihm: Weil du der
Stimme des HERRN nicht gehorcht hast,
siehe, so wird dich ein Löwe schlagen, wenn
du von mir gehst. Und als er von ihm ging,
fand ihn ein Löwe und schlug ihn.
37 Und der Prophet fand einen andern
Mann und sprach: Schlage mich! Und der
Mann schlug ihn wund.
38 Da ging der Prophet hin, trat an den
Weg, den der König zog, und verhüllte
sein Angesicht mit einer Binde.
39 Und als der König vorüberzog, rief er

den König an und sprach: Dein Knecht war ausgezogen in die Schlacht. Und siehe, ein Mann trat zu mir und brachte mir einen und sprach: Bewache diesen Mann; wenn man ihn vermissen wird, so soll dein Leben für sein Leben einstehen, oder du sollst einen Zentner Silber zahlen.

40 Und als dein Knecht hier und da zu tun hatte, war der Mann nicht mehr da. Der König von Israel sprach zu ihm: Das ist dein Urteil; du hast's selbst gefällt.

41 Da tat er eilends die Binde von seinem Angesicht, und der König von Israel erkannte, daß er einer der Propheten war.

42 Und er sprach zu ihm: So spricht der HERR: Weil du den Mann, auf dem mein Bann lag, von dir gelassen hast, so soll dein Leben für sein Leben einstehen und dein Volk für sein Volk.

43 Aber der König von Israel zog heim, voller Unmut und zornig, und kam nach Samaria.

Naboths Weinberg

21 Nach diesen Geschichten begab es sich: Naboth, ein Jesreeliter, hatte einen Weinberg in Jesreel, bei dem Palast Ahabs, des Königs von Samaria.

2 Und Ahab redete mit Naboth und sprach: Gib mir deinen Weinberg; ich will mir einen Kohlgarten daraus machen, weil er so nahe an meinem Hause liegt. Ich will dir einen besseren Weinberg dafür geben, oder, wenn dir's gefällt, will ich dir Silber dafür geben, soviel er wert ist.

3 Aber Naboth sprach zu Ahab: Das lasse der HERR fern von mir sein, daß ich dir meiner Väter Erbe geben sollte!

4 Da kam Ahab heim voller Unmut und zornig um des Wortes willen, das Naboth, der Jesreeliter, zu ihm gesagt hatte: Ich will dir meiner Väter Erbe nicht geben. Und er legte sich auf sein Bett und wandte sein Antlitz ab und aß nicht.

5 Da kam seine Frau Isebel zu ihm hinein und redete mit ihm: Was ist's, daß dein Geist so voller Unmut ist und daß du nicht issest?

6 Er sprach zu ihr: Ich habe mit Naboth, dem Jesreeliter, geredet und gesagt: Gib mir deinen Weinberg für Geld, oder, wenn es dir lieber ist, will ich dir einen andern dafür geben. Er aber sprach: Ich will dir meinen Weinberg nicht geben.

7 Da sprach seine Frau Isebel zu ihm: Du bist doch König über Israel! Steh auf und iß und sei guten Mutes! Ich werde dir den Weinberg Naboths, des Jesreeliters, verschaffen.

8 Und sie schrieb Briefe unter Ahabs Namen und versiegelte sie mit seinem Siegel und sandte sie zu den Ältesten und Oberen, die mit Naboth in seiner Stadt wohnten.

9 Und schrieb in den Briefen: Laßt ein Fasten ausrufen und setzt Naboth obenan im Volk,

10 und stellt ihm zwei ruchlose Männer gegenüber, die da zeugen und sprechen: Du hast Gott und den König gelästert! Und führt ihn hinaus und steinigt ihn, daß er stirbt.

11 Und die Ältesten und Oberen, die mit ihm in seiner Stadt wohnten, taten, wie ihnen Isebel entboten hatte, wie sie in den Briefen geschrieben hatte, die sie zu ihnen sandte,

12 und sie ließen ein Fasten ausrufen und ließen Naboth obenan im Volk sitzen.

13 Da kamen die zwei ruchlosen Männer und stellten sich ihm gegenüber und verklagten Naboth vor dem Volk und sprachen: Naboth hat Gott und den König gelästert! Da führten sie ihn vor die Stadt hinaus und steinigten ihn, daß er starb.

14 Und sie sandten zu Isebel und ließen ihr sagen: Naboth ist gesteinigt und tot.

15 Als aber Isebel hörte, daß Naboth gesteinigt und tot war, sprach sie zu Ahab: Steh auf und nimm in Besitz den Weinberg Naboths, des Jesreeliters, der sich geweigert hat, ihn dir für Geld zu geben; denn Naboth lebt nicht mehr, sondern ist tot.

16 Als Ahab hörte, daß Naboth tot war, stand er auf, um hinabzugehen zum Weinberge Naboths, des Jesreeliters, und ihn in Besitz zu nehmen.

17 Aber das Wort des HERRN kam zu Elia, dem Thisbiter:

18 Mach dich auf und geh hinab Ahab, dem König von Israel zu Samaria, entgegen – siehe, er ist im Weinberge Naboths, wohin er hinabgegangen ist, um ihn in Besitz zu nehmen –

19 und rede mit ihm und sprich: So spricht der HERR: Du hast gemordet, dazu auch fremdes Erbe geraubt! An der

Stätte, wo Hunde das Blut Naboths geleckt haben, sollen Hunde auch dein Blut lecken.
20 Und Ahab sprach zu Elia: Hast du mich gefunden, mein Feind? Er aber sprach: Ja, ich habe dich gefunden, weil du dich verkauft hast, Unrecht zu tun vor dem HERRN.
21 Siehe, ich will Unheil über dich bringen und dich vertilgen samt deinen Nachkommen und will von Ahab ausrotten, was männlich ist, bis auf den letzten Mann in Israel
22 und will dein Haus machen wie das Haus Jerobeams, des Sohnes Nebats, und wie das Haus Baësas, des Sohnes Ahias, um des Zornes willen, daß du mich erzürnt und Israel sündigen gemacht hast.
23 Und auch über Isebel hat der HERR geredet und gesprochen: Die Hunde sollen Isebel fressen an der Mauer Jesreels.
24 Wer von Ahab stirbt in der Stadt, den sollen die Hunde fressen, und wer auf dem Felde stirbt, den sollen die Vögel unter dem Himmel fressen.
25 Es war niemand, der sich so verkauft hätte, Unrecht zu tun vor dem HERRN, wie Ahab, den seine Frau Isebel verführte.
26 Und er versündigte sich dadurch über die Maßen, daß er den Götzen nachwandelte, ganz wie die Amoriter getan hatten, die der HERR vor Israel vertrieben hatte.
27 Als aber Ahab diese Worte hörte, zerriß er seine Kleider und legte ein härenes Tuch um seinen Leib und fastete und schlief darin und ging bedrückt einher.
28 Und das Wort des HERRN kam zu Elia, dem Thisbiter:
29 Hast du nicht gesehen, wie sich Ahab vor mir gedemütigt hat? Weil er sich nun vor mir gedemütigt hat, will ich das Unheil nicht kommen lassen zu seinen Lebzeiten, aber zu seines Sohnes Lebzeiten will ich das Unheil über sein Haus bringen.

Ahabs Krieg gegen die Aramäer.
Michas Weissagung und Ahabs Untergang

22 Und es vergingen drei Jahre, daß kein Krieg war zwischen den Aramäern und Israel.
2 Im dritten Jahr aber zog Josaphat, der König von Juda, hinab zum König von Israel.
3 Und der König von Israel sprach zu seinen Großen: Wisset ihr nicht, daß Ramoth in Gilead unser ist, und wir sitzen still und nehmen es nicht dem König von Aram ab?
4 Und er sprach zu Josaphat: Willst du mit mir ziehen in den Kampf gegen Ramoth in Gilead? Josaphat sprach zum König von Israel: Ich will sein wie du, und mein Volk wie dein Volk, und meine Rosse wie deine Rosse.
5 Und Josaphat sprach zum König von Israel: Frage doch zuerst nach dem Wort des HERRN!
6 Da versammelte der König von Israel Propheten, etwa vierhundert Mann, und sprach zu ihnen: Soll ich gegen Ramoth in Gilead in den Kampf ziehen, oder soll ich's lassen? Sie sprachen: Zieh hinauf! Der Herr wird's in die Hand des Königs geben.
7 Josaphat aber sprach: Ist hier kein Prophet des HERRN mehr, daß wir durch ihn den Herrn befragen?
8 Der König von Israel sprach zu Josaphat: Es ist noch **einer** hier, Micha, der Sohn Jimlas, durch den man den HERRN befragen kann. Aber ich bin ihm gram; denn er weissagt mir nichts Gutes, sondern nur Böses. Josaphat sprach: Der König rede so nicht!
9 Da rief der König von Israel einen Kämmerer und sprach: Bringe eilends her Micha, den Sohn Jimlas!
10 Der König von Israel aber und Josaphat, der König von Juda, saßen jeder auf seinem Thron in ihren königlichen Kleidern auf dem Platz vor dem Tor Samarias, und alle Propheten fingen an, vor ihnen zu weissagen.
11 Und Zedekia, der Sohn Kenaanas, hatte sich eiserne Hörner gemacht und sprach: So spricht der HERR: Hiermit wirst du die Aramäer niederstoßen, bis du sie vernichtest.
12 Und alle Propheten weissagten ebenso und sprachen: Zieh hin gegen Ramoth in Gilead; es wird dir gelingen! Der HERR wird's in die Hand des Königs geben.
13 Und der Bote, der hingegangen war, um Micha zu rufen, sprach zu ihm: Siehe, die Worte der Propheten sind einmütig gut für den König; so laß nun auch dein Wort wie ihr Wort sein und rede Gutes.

14 Micha sprach: So wahr der HERR
lebt: ich will reden, was der HERR mir
sagen wird.
15 Und als er zum König kam, sprach
der König zu ihm: Micha, sollen wir gegen
Ramoth in Gilead in den Kampf ziehen,
oder sollen wir's lassen? Er sprach zu
ihm: Ja, zieh hinauf; es soll dir gelingen!
Der HERR wird's in die Hand des Königs
geben.
16 Der König entgegnete ihm: Wie oft
soll ich dich beschwören, daß du mir im
Namen des HERRN nichts als die Wahrheit
sagst!
17 Micha sprach: Ich sah ganz Israel
zerstreut auf den Bergen wie Schafe, die
keinen Hirten haben. Der HERR aber
sprach: Diese haben keinen Herrn; ein
jeder kehre wieder heim mit Frieden.
18 Da sprach der König von Israel zu
Josaphat: Hab ich dir nicht gesagt, daß er
mir nichts Gutes weissagt, sondern nur
Böses?
19 Micha sprach: Darum höre nun das
Wort des HERRN! Ich sah den HERRN sit-
zen auf seinem Thron und das ganze
himmlische Heer neben ihm stehen zu
seiner Rechten und Linken.
20 Und der HERR sprach: Wer will Ahab
betören, daß er hinaufzieht und vor Ra-
moth in Gilead fällt? Und einer sagte dies,
der andere das.
21 Da trat ein Geist vor und stellte sich
vor den HERRN und sprach: Ich will ihn
betören. Der HERR sprach zu ihm: Wo-
mit?
22 Er sprach: Ich will ausgehen und will
ein Lügengeist sein im Munde aller seiner
Propheten. Er sprach: Du sollst ihn be-
tören und sollst es ausrichten; geh aus und
tu das!
23 Nun siehe, der HERR hat einen Lü-
gengeist gegeben in den Mund aller deiner
Propheten; und der HERR hat Unheil
gegen dich geredet.
24 Da trat herzu Zedekia, der Sohn Ke-
naanas, und schlug Micha auf die Backe
und sprach: Wie? Ist der Geist des HERRN
von mir gewichen, daß er mit dir redet?
25 Micha sprach: Wahrlich, an dem
Tage wirst du's sehen, wenn du von einer
Kammer in die andere gehst, um dich zu
verkriechen.
26 Der König von Israel sprach: Nimm
Micha und bring ihn zu Amon, dem
Stadthauptmann, und zu Joas, dem Sohn
des Königs,
27 und sprich: So spricht der König:
Diesen werft in den Kerker und speist ihn
nur kärglich mit Brot und Wasser, bis ich
mit Frieden wiederkomme.
28 Micha sprach: Kommst du mit Frie-
den wieder, so hat der HERR nicht durch
mich geredet. Und er sprach: Höret, alle
Völker!
29 So zogen der König von Israel und
Josaphat, der König von Juda, hinauf
gegen Ramoth in Gilead.
30 Und der König von Israel sprach zu
Josaphat: Ich will mich verkleiden und in
den Kampf ziehen, du aber behalte deine
königlichen Kleider an. Und der König
von Israel verkleidete sich und zog in den
Kampf.
31 Aber der König von Aram gebot den
Obersten über seine Wagen – es waren
zweiunddreißig – und sprach: Ihr sollt
nicht kämpfen gegen Geringe und Hohe,
sondern allein gegen den König von
Israel.
32 Und als die Obersten der Wagen Jo-
saphat sahen, meinten sie, er wäre der
König von Israel, und wandten sich gegen
ihn zum Kampf, aber Josaphat schrie.
33 Als aber die Obersten der Wagen
merkten, daß er nicht der König von Is-
rael war, wandten sie sich von ihm ab.
34 Ein Mann aber spannte den Bogen in
aller Einfalt und schoß den König von
Israel zwischen Panzer und Wehrgehänge.
Da sprach er zu seinem Wagenlenker:
Wende um und führe mich aus dem
Kampf, denn ich bin verwundet!
35 Aber der Kampf nahm immer mehr
zu an demselben Tage, und der König
blieb im Wagen stehen gegenüber den
Aramäern bis zum Abend, und das Blut
floß von der Wunde mitten in den Wagen.
Und er starb am Abend.
36 Und man ließ ausrufen im Heer, als
die Sonne unterging: Ein jeder gehe in
seine Stadt und in sein Land;
37 denn der König ist tot! Und sie gin-
gen nach Samaria und begruben den Kö-
nig in Samaria.
38 Und als sie den Wagen wuschen bei
dem Teich Samarias, leckten die Hunde
sein Blut – und die Huren wuschen sich

darin – nach dem Wort des HERRN, das er geredet hatte.

39 Was mehr von Ahab zu sagen ist und alles, was er getan hat, und das Elfenbeinhaus, das er baute, und alle Städte, die er ausgebaut hat, siehe, das steht geschrieben in der Chronik der Könige von Israel.

40 Also legte sich Ahab zu seinen Vätern, und sein Sohn Ahasja wurde König an seiner Statt.

Reich Juda: Josaphat

41 Und Josaphat, der Sohn Asas, wurde König über Juda im vierten Jahr Ahabs, des Königs von Israel,

42 und war fünfunddreißig Jahre alt, als er König wurde; und er regierte fünfundzwanzig Jahre zu Jerusalem. Seine Mutter hieß Asuba, eine Tochter Schilhis.

43 Und er wandelte in allen Wegen seines Vaters Asa und wich nicht davon ab und tat, was dem HERRN wohlgefiel.

44 Doch entfernte er nicht die Höhen, und das Volk opferte und räucherte noch auf den Höhen.

45 Und er hatte Frieden mit dem König von Israel.

46 Was aber mehr von Josaphat zu sagen ist und seine tapferen Taten, die er getan hat, und wie er Kriege geführt hat, siehe, das steht geschrieben in der Chronik der Könige von Juda.

47 Auch tat er aus dem Lande, was noch übrig war an Tempelhurern, die zur Zeit seines Vaters Asa übriggeblieben waren.

48 Und es war kein König in Edom; ein Statthalter war im Lande.

49 Und Josaphat hatte Tarsisschiffe machen lassen, die nach Ophir fahren sollten, um Gold zu holen. Aber sie fuhren nicht, denn sie zerschellten bei Ezjon-Geber.

50 Damals sprach Ahasja, der Sohn Ahabs, zu Josaphat: Laß meine Leute mit deinen Leuten auf den Schiffen fahren! Josaphat aber wollte nicht.

51 Und Josaphat legte sich zu seinen Vätern und wurde begraben bei seinen Vätern in der Stadt Davids, seines Vaters. Und sein Sohn Joram wurde König an seiner Statt.

Reich Israel: Ahasja

52 Ahasja, der Sohn Ahabs, wurde König über Israel zu Samaria im siebzehnten Jahr Josaphats, des Königs von Juda, und regierte über Israel zwei Jahre.

53 Und er tat, was dem HERRN mißfiel, und wandelte in den Wegen seines Vaters und seiner Mutter und in dem Wege Jerobeams, des Sohnes Nebats, der Israel sündigen machte,

54 und diente dem Baal und betete ihn an und erzürnte den HERRN, den Gott Israels, wie sein Vater tat.

DAS ZWEITE BUCH DER KÖNIGE

Reich Israel: Ahasja und der Prophet Elia

1 Es fielen aber die Moabiter ab von Israel, als Ahab tot war.

2 Und Ahasja fiel durch das Gitter in seinem Obergemach in Samaria und wurde krank. Und er sandte Boten und sprach zu ihnen: Geht hin und befragt Baal-Sebub, den Gott von Ekron, ob ich von dieser Krankheit genesen werde.

3 Aber der Engel des HERRN redete mit Elia, dem Thisbiter: Auf und geh den Boten des Königs von Samaria entgegen und sprich zu ihnen: Ist denn nun kein Gott in Israel, daß ihr hingeht, zu befragen Baal-Sebub, den Gott von Ekron?

4 Darum spricht der HERR: Du sollst nicht mehr von dem Bett herunterkommen, auf das du dich gelegt hast, sondern sollst des Todes sterben. Und Elia ging.

5 Und als die Boten zum König zurückkamen, sprach er zu ihnen: Warum kommt ihr zurück?

6 Sie sprachen zu ihm: Es kam ein Mann herauf uns entgegen und sprach zu uns: Geht wieder hin zu dem König, der euch gesandt hat, und sprecht zu ihm: So spricht der HERR: Ist denn kein Gott in

Israel, daß du hinsendest, zu befragen
Baal-Sebub, den Gott von Ekron? Darum sollst du nicht mehr herunterkommen
von dem Bett, auf das du dich gelegt hast,
sondern sollst des Todes sterben.
7 Er sprach zu ihnen: Von welcher Art
war denn der Mann, der euch begegnete
und das zu euch sagte?
8 Sie sprachen zu ihm: Er hatte langes
Haar und einen Ledergurt um seine Lenden. Er aber sprach: Es ist Elia, der Thisbiter.
9 Und der König sandte zu Elia einen
Hauptmann über fünfzig samt seinen
fünfzig Mann. Und als der zu ihm hinaufkam, siehe, da saß er oben auf dem Berge.
Er aber sprach zu ihm: Du Mann Gottes,
der König sagt: Du sollst herabkommen!
10 Elia antwortete dem Hauptmann
über fünfzig: Bin ich ein Mann Gottes, so
falle Feuer vom Himmel und fresse dich
und deine fünfzig Mann. Da fiel Feuer
vom Himmel und fraß ihn und seine fünfzig Mann.
11 Und der König sandte wiederum einen andern Hauptmann über fünfzig zu
ihm samt seinen fünfzig Mann. Der kam
zu ihm hinauf und sprach zu ihm: Du
Mann Gottes, so spricht der König:
Komm eilends herab!
12 Elia antwortete: Bin ich ein Mann
Gottes, so falle Feuer vom Himmel und
fresse dich und deine fünfzig Mann. Da
fiel das Feuer Gottes vom Himmel und
fraß ihn und seine fünfzig Mann.
13 Da sandte der König wiederum den
dritten Hauptmann über fünfzig samt seinen fünfzig Mann. Als der zu ihm hinaufkam, beugte er seine Knie vor Elia und
flehte ihn an und sprach zu ihm: Du Mann
Gottes, laß mein Leben und das Leben
deiner Knechte, dieser fünfzig, vor dir
etwas gelten!
14 Siehe, Feuer ist vom Himmel gefallen
und hat die ersten zwei Hauptleute über
fünfzig mit ihren fünfzig Mann gefressen;
nun aber laß mein Leben etwas gelten vor
dir.
15 Da sprach der Engel des HERRN zu
Elia: Geh mit ihm hinab und fürchte dich
nicht vor ihm! Und er machte sich auf und
ging mit ihm hinab zum König.
16 Und er sprach zu ihm: So spricht der
HERR: Weil du Boten hingesandt hast und
hast befragen lassen Baal-Sebub, den Gott
von Ekron, als wäre kein Gott in Israel,
dessen Wort man erfragen könnte, so
sollst du von dem Bett nicht mehr herunterkommen, auf das du dich gelegt hast,
sondern sollst des Todes sterben.
17 So starb Ahasja nach dem Wort des
HERRN, das Elia geredet hatte. Und Joram
wurde König an seiner Statt im zweiten
Jahr Jorams, des Sohnes Josaphats, des
Königs von Juda; denn Ahasja hatte keinen Sohn.
18 Was aber mehr von Ahasja zu sagen
ist, was er getan hat, siehe, das steht geschrieben in der Chronik der Könige von
Israel.

Elia wird entrückt, und Elisa tritt seine Nachfolge an

2 Als aber der HERR Elia im Wetter gen
Himmel holen wollte, gingen Elia und
Elisa von Gilgal weg.
2 Und Elia sprach zu Elisa: Bleibe du
hier, denn der HERR hat mich nach Bethel
gesandt. Elisa aber sprach: So wahr der
HERR lebt und du lebst: ich verlasse dich
nicht. Und als sie hinab nach Bethel kamen,
3 gingen die Prophetenjünger, die in
Bethel waren, heraus zu Elisa und sprachen zu ihm: Weißt du auch, daß der
HERR heute deinen Herrn von dir hinwegnehmen wird? Er aber sprach: Auch ich
weiß es wohl; schweigt nur still.
4 Und Elia sprach zu ihm: Elisa, bleib
du hier, denn der HERR hat mich nach
Jericho gesandt. Er aber sprach: So wahr
der HERR lebt und du lebst: ich verlasse
dich nicht. Und als sie nach Jericho kamen,
5 traten die Prophetenjünger, die in Jericho waren, zu Elisa und sprachen zu
ihm: Weißt du auch, daß der HERR heute
deinen Herrn von dir hinwegnehmen
wird? Er aber sprach: Auch ich weiß es
wohl; schweigt nur still.
6 Und Elia sprach zu ihm: Bleib du hier,
denn der HERR hat mich an den Jordan gesandt. Er aber sprach: So wahr der HERR
lebt und du lebst: ich verlasse dich nicht.
Und es gingen die beiden miteinander.
7 Und fünfzig von den Prophetenjüngern gingen hin und standen von ferne;
aber die beiden standen am Jordan.

8 Da nahm Elia seinen Mantel und wikkelte ihn zusammen und schlug ins Wasser; das teilte sich nach beiden Seiten, so daß die beiden auf trockenem Boden hinübergingen.
9 Und als sie hinüberkamen, sprach Elia zu Elisa: Bitte, was ich dir tun soll, ehe ich von dir genommen werde. Elisa sprach: Daß mir zwei Anteile von deinem Geiste zufallen.
10 Er sprach: Du hast Schweres erbeten. Doch, wenn du mich sehen wirst, wie ich von dir genommen werde, so wird's geschehen; wenn nicht, so wird's nicht sein.
11 Und als sie miteinander gingen und redeten, siehe, da kam ein feuriger Wagen mit feurigen Rossen, die schieden die beiden voneinander. Und Elia fuhr im Wetter gen Himmel.
12 Elisa aber sah es und schrie: Mein Vater, mein Vater, du Wagen Israels und sein Gespann! und sah ihn nicht mehr. Da faßte er seine Kleider, zerriß sie in zwei Stücke
13 und hob den Mantel auf, der Elia entfallen war, und kehrte um und trat wieder an das Ufer des Jordan.
14 Und er nahm den Mantel, der Elia entfallen war, und schlug ins Wasser und sprach: Wo ist nun der HERR, der Gott Elias? und schlug ins Wasser. Da teilte es sich nach beiden Seiten, und Elisa ging hindurch.
15 Und als das die Prophetenjünger sahen, die gegenüber bei Jericho waren, sprachen sie: Der Geist Elias ruht auf Elisa, und sie gingen ihm entgegen und fielen vor ihm nieder zur Erde
16 und sprachen zu ihm: Siehe, es sind unter deinen Knechten fünfzig starke Männer, die laß gehen und deinen Herrn suchen. Vielleicht hat ihn der Geist des HERRN genommen und auf irgendeinen Berg oder in irgendein Tal geworfen. Er aber sprach: Laßt sie nicht gehen!
17 Aber sie nötigten ihn, bis er nachgab und sprach: Laßt sie hingehen! Und sie sandten hin fünfzig Männer, und diese suchten Elia drei Tage; aber sie fanden ihn nicht.
18 Und sie kamen zu Elisa zurück, als er noch in Jericho war, und er sprach zu ihnen: Sagte ich euch nicht, ihr solltet nicht hingehen?

Elisa macht eine Quelle gesund und straft die spottenden Knaben

19 Und die Männer der Stadt sprachen zu Elisa: Siehe, es ist gut wohnen in dieser Stadt, wie mein Herr sieht; aber es ist böses Wasser, und es macht unfruchtbar.
20 Er sprach: Bringt mir her eine neue Schale und tut Salz hinein! Und sie brachten's ihm.
21 Da ging er hinaus zu der Wasserquelle und warf das Salz hinein und sprach: So spricht der HERR: Ich habe dies Wasser gesund gemacht; es soll hinfort weder Tod noch Unfruchtbarkeit von ihm kommen.
22 So wurde das Wasser gesund bis auf diesen Tag nach dem Wort Elisas, das er sprach.
23 Und er ging hinauf nach Bethel. Und als er den Weg hinanging, kamen kleine Knaben zur Stadt heraus und verspotteten ihn und sprachen zu ihm: Kahlkopf, komm herauf! Kahlkopf, komm herauf!
24 Und er wandte sich um, und als er sie sah, verfluchte er sie im Namen des HERRN. Da kamen zwei Bären aus dem Walde und zerrissen zweiundvierzig von den Kindern.
25 Von da ging er auf den Berg Karmel und kehrte von da nach Samaria zurück.

Reich Israel: Jorams Krieg gegen die Moabiter und Elisas Hilfe

3 Joram, der Sohn Ahabs, wurde König über Israel zu Samaria im achtzehnten Jahr Josaphats, des Königs von Juda, und regierte zwölf Jahre.
2 Und er tat, was dem HERRN mißfiel, doch nicht wie sein Vater und seine Mutter. Denn er entfernte das Steinmal Baals, das sein Vater hatte machen lassen;
3 aber er blieb hangen an den Sünden Jerobeams, des Sohnes Nebats, der Israel sündigen machte, und ließ nicht ab davon.
4 Mescha aber, der König der Moabiter, besaß viele Schafe und hatte dem König von Israel Wolle zu entrichten von hunderttausend Lämmern und von hunderttausend Widdern.
5 Als aber Ahab tot war, fiel der König der Moabiter ab vom König von Israel.
6 Und alsbald zog der König Joram aus von Samaria und bot ganz Israel auf

7 und sandte hin zu Josaphat, dem König von Juda, und ließ ihm sagen: Der König der Moabiter ist von mir abgefallen; komm mit mir, um gegen die Moabiter zu kämpfen! Er sprach: Ich will kommen; ich bin wie du, und mein Volk wie dein Volk, und meine Rosse wie deine Rosse.

8 Und Joram sprach: Welchen Weg wollen wir hinaufziehen? Josaphat sprach: Den Weg durch die Wüste Edom.

9 So zogen hin der König von Israel, der König von Juda und der König von Edom. Und als sie sieben Tagereisen weit gezogen waren, hatte das Heer und das Vieh, das bei ihnen war, kein Wasser.

10 Da sprach der König von Israel: O weh! Der HERR hat diese drei Könige hergerufen, um sie in die Hände der Moabiter zu geben!

11 Josaphat aber sprach: Ist kein Prophet des HERRN hier, damit wir den HERRN durch ihn befragen? Da antwortete einer unter den Männern des Königs von Israel und sprach: Hier ist Elisa, der Sohn Schaphats, der Elia Wasser auf die Hände goß.

12 Josaphat sprach: Des HERRN Wort ist bei ihm. So zogen zu ihm hinab der König von Israel und Josaphat und der König von Edom.

13 Elisa aber sprach zum König von Israel: Was habe ich mit dir zu schaffen? Geh hin zu den Propheten deines Vaters und zu den Propheten deiner Mutter! Der König von Israel sprach zu ihm: Nicht doch! Denn der HERR hat diese drei Könige hergerufen, um sie in die Hände der Moabiter zu geben.

14 Elisa sprach: So wahr der HERR Zebaoth lebt, vor dem ich stehe: wenn ich nicht Josaphat, den König von Juda, ehrte, ich wollte dich nicht ansehen noch achten.

15 So bringt mir nun einen Spielmann! Und als der Spielmann auf den Saiten spielte, kam die Hand des HERRN auf Elisa,

16 und er sprach: So spricht der HERR: Macht hier und da Gruben in diesem Tal.

17 Denn so spricht der HERR: Ihr werdet weder Wind noch Regen sehen; dennoch soll das Tal voll Wasser werden, daß ihr und euer Heer und euer Vieh trinken könnt.

18 Und das ist noch ein Geringes vor dem HERRN; er wird auch die Moabiter in eure Hände geben,

19 so daß ihr wüste machen werdet alle festen Städte und alle auserwählten Städte und fällen alle guten Bäume und verstopfen alle Wasserbrunnen und alle guten Äcker mit Steinen verderben.

20 Aber am nächsten Morgen, zur Zeit, da man Speisopfer opfert, siehe, da kam Wasser von Edom her und füllte das Land mit Wasser.

21 Als aber alle Moabiter hörten, daß die Könige heraufzogen, um gegen sie zu kämpfen, riefen sie alle auf, die zur Rüstung alt genug und darüber waren, und stellten sich an der Grenze auf.

22 Und als sie sich früh am Morgen aufmachten und die Sonne aufging über dem Gewässer, schien den Moabitern das Gewässer in der Ferne rot zu sein wie Blut.

23 Und sie sprachen: Das ist Blut! Die Könige haben sich mit dem Schwert umgebracht, und einer wird den andern erschlagen haben. Ha, Moab, mach dich nun auf zur Beute!

24 Aber als sie zum Lager Israels kamen, machte sich Israel auf und schlug die Moabiter, und sie flohen vor ihnen. Aber Israel jagte ihnen nach und schlug Moab.

25 Die Städte zerstörten sie, und jeder warf einen Stein auf alle guten Äcker, und sie machten sie voll davon und verstopften alle Wasserbrunnen und fällten alle guten Bäume, bis nur Kir-Hareseth übrigblieb. Aber die Schleuderer umringten die Stadt und schossen auf sie.

26 Als aber der König der Moabiter sah, daß ihm der Kampf zu stark war, nahm er siebenhundert Mann mit sich, die das Schwert führten, um beim König von Edom durchzubrechen; aber sie konnten's nicht.

27 Da nahm er seinen erstgeborenen Sohn, der an seiner Statt König werden sollte, und opferte ihn zum Brandopfer auf der Mauer. Da kam ein großer Zorn über Israel, so daß sie von ihm abzogen und in ihr Land zurückkehrten.

Elisa mehrt das Öl der Witwe

4 Und es schrie eine Frau unter den Frauen der Prophetenjünger zu Elisa und sprach: Dein Knecht, mein Mann, ist gestorben; und du weißt ja, daß dein

Knecht den HERRN fürchtete. Nun kommt
der Schuldherr und will meine beiden
Kinder nehmen zu leibeigenen Knechten.
2 Elisa sprach zu ihr: Was soll ich dir
tun? Sage mir, was hast du im Hause? Sie
sprach: Deine Magd hat nichts im Hause
als einen Ölkrug.
3 Er sprach: Geh hin und erbitte drau-
ßen von allen deinen Nachbarinnen leere
Gefäße, aber nicht zu wenig,
4 und geh ins Haus und schließ die Tür
zu hinter dir und deinen Söhnen und gieß
in alle Gefäße; und wenn du sie gefüllt
hast, so stelle sie beiseite.
5 Sie ging hin und tat so und schloß die
Tür zu hinter sich und ihren Söhnen;
diese brachten ihr die Gefäße herbei, und
sie goß ein.
6 Und als die Gefäße voll waren, sprach
sie zu ihrem Sohn: Reiche mir noch ein
Gefäß her! Er sprach zu ihr: Es ist kein
Gefäß mehr hier. Da stand das Öl.
7 Und sie ging hin und sagte es dem
Mann Gottes an. Er sprach: Geh hin,
verkaufe das Öl und bezahle deinen
Schuldherrn; du aber und deine Söhne,
nährt euch von dem übrigen.

Elisa verheißt der Sunamiterin einen Sohn und erweckt das tote Kind

8 Und es begab sich eines Tages, daß
Elisa nach Sunem ging. Dort war eine
reiche Frau; die nötigte ihn, daß er bei
ihr aß. Und sooft er dort durchkam,
kehrte er bei ihr ein und aß bei ihr.
9 Und sie sprach zu ihrem Mann: Siehe,
ich merke, daß dieser Mann Gottes heilig
ist, der immer hier durchkommt.
10 Laß uns ihm eine kleine Kammer
oben machen und Bett, Tisch, Stuhl und
Leuchter hineinstellen, damit er dort ein-
kehren kann, wenn er zu uns kommt.
11 Und es begab sich eines Tages, daß
Elisa dort einkehrte und sich oben in die
Kammer legte und darin schlief.
12 Danach sprach er zu seinem Diener
Gehasi: Ruf die Sunamiterin! Und als
Gehasi sie rief, trat sie vor ihn.
13 Elisa aber hatte zu Gehasi gespro-
chen: Sage ihr: Siehe, du hast uns all die-
sen Dienst getan; was soll ich dir tun?
Brauchst du Fürsprache beim König oder
beim Feldhauptmann? Sie sprach: Ich
wohne sicher unter meinen Leuten.
14 Elisa sprach: Was soll ich ihr denn
tun? Gehasi sprach: Ach, sie hat keinen
Sohn, und ihr Mann ist alt.
15 Er sprach: Ruf sie her! Und als er sie
rief, trat sie in die Tür.
16 Und er sprach: Um diese Zeit übers
Jahr sollst du einen Sohn herzen. Sie
sprach: Ach nicht, mein Herr, du Mann
Gottes! Täusche deine Magd nicht!
17 Und die Frau ward schwanger und
gebar einen Sohn um dieselbe Zeit übers
Jahr, wie ihr Elisa zugesagt hatte.
18 Als aber das Kind groß wurde, begab
es sich, daß es hinaus zu seinem Vater zu
den Schnittern ging
19 und sprach zu seinem Vater: O mein
Kopf, mein Kopf! Er sprach zu einem
Knecht: Bringe ihn zu seiner Mutter!
20 Und der nahm ihn und brachte ihn
hinein zu seiner Mutter, und sie setzte ihn
auf ihren Schoß bis zum Mittag; da starb
er.
21 Und sie ging hinauf und legte ihn
aufs Bett des Mannes Gottes, schloß zu
und ging hinaus
22 und rief ihren Mann und sprach:
Schicke mir einen der Knechte und eine
Eselin; ich will eilends zu dem Mann Got-
tes und bald zurückkommen.
23 Er sprach: Warum willst du zu ihm?
Ist doch heute weder Neumond noch Sab-
bat. Sie sprach: Laß es gut sein!
24 Und sie sattelte die Eselin und sprach
zum Knecht: Treib an und halte mich
nicht auf beim Reiten, bis ich dir's sage!
25 So zog sie hin und kam zu dem Mann
Gottes auf den Berg Karmel. Als aber
der Mann Gottes sie kommen sah, sprach
er zu seinem Diener Gehasi: Siehe, die
Sunamiterin ist da!
26 So lauf ihr nun entgegen und frage
sie, ob es ihr, ihrem Mann und ihrem
Sohn gut gehe. Sie sprach: Gut!
27 Als sie aber zu dem Mann Gottes auf
den Berg kam, umfing sie seine Füße; Ge-
hasi aber trat herzu, um sie wegzustoßen.
Aber der Mann Gottes sprach: Laß sie,
denn ihre Seele ist betrübt, und der HERR
hat mir's verborgen und nicht kundgetan!
28 Sie sprach: Wann hab ich einen Sohn
erbeten von meinem Herrn? Sagte ich
nicht, du solltest mich nicht täuschen?
29 Er sprach zu Gehasi: Gürte deine
Lenden und nimm meinen Stab in deine

Hand und geh hin, und wenn dir jemand
begegnet, so grüße ihn nicht, und grüßt
dich jemand, so danke ihm nicht, und
lege meinen Stab auf des Knaben Antlitz.
30 Aber die Mutter des Knaben sprach:
So wahr der HERR lebt und so wahr du
lebst: ich lasse nicht von dir! Da machte
er sich auf und ging ihr nach.
31 Gehasi aber ging vor ihnen hin und
legte den Stab dem Knaben aufs Antlitz:
da war aber keine Stimme und kein
Empfinden. Und er ging zurück Elisa ent-
gegen und sagte ihm: Der Knabe ist nicht
aufgewacht.
32 Und als Elisa ins Haus kam, siehe,
da lag der Knabe tot auf seinem Bett.
33 Und er ging hinein und schloß die
Tür hinter sich zu und betete zu dem
HERRN
34 und stieg aufs Bett und legte sich auf
das Kind und legte seinen Mund auf des
Kindes Mund und seine Augen auf dessen
Augen und seine Hände auf dessen Hände
und breitete sich so über ihn; da wurde
des Kindes Leib warm.
35 Er aber stand wieder auf und ging
im Haus einmal hierhin und dahin und
stieg wieder aufs Bett und breitete sich
über ihn. Da nieste der Knabe siebenmal;
danach tat der Knabe seine Augen auf.
36 Und Elisa rief Gehasi und sprach:
Ruf die Sunamiterin! Und als er sie rief,
kam sie hinein zu ihm. Er sprach: Da,
nimm hin deinen Sohn!
37 Da kam sie und fiel nieder zu seinen
Füßen und neigte sich zur Erde und nahm
ihren Sohn und ging hinaus.

Elisa macht schädliche Speise gesund und speist viele mit zwanzig Broten

38 Als aber Elisa wieder nach Gilgal
kam, war Hungersnot im Lande. Und als
die Prophetenjünger vor ihm saßen,
sprach er zu seinem Diener: Setze einen
großen Topf auf und koche ein Gemüse
für die Prophetenjünger!
39 Da ging einer aufs Feld, um Kraut zu
sammeln, und fand ein Rankengewächs
und pflückte sein Kleid voll mit wilden
Gurken. Und als er kam, schnitt er's in
den Topf zum Gemüse – sie kannten's
aber nicht –
40 und legte es den Männern zum Essen
vor. Als sie nun von dem Gemüse aßen,
schrien sie und sprachen: O Mann Gottes,
der Tod im Topf! Denn sie konnten's
nicht essen.
41 Er aber sprach: Bringt Mehl her!
Und er tat's in den Topf und sprach: Lege
es den Leuten vor, daß sie essen! Da war
nichts Böses mehr in dem Topf.
42 Es kam aber ein Mann von Baal-
Schalischa und brachte dem Mann Got-
tes Erstlingsbrot, nämlich zwanzig Ger-
stenbrote, und neues Getreide in seinem
Kleid. Er aber sprach: Gib's den Leuten,
daß sie essen!
43 Sein Diener sprach: Wie soll ich da-
von hundert Mann geben? Er sprach:
Gib den Leuten, daß sie essen! Denn so
spricht der HERR: Man wird essen, und es
wird noch übrigbleiben.
44 Und er legte es ihnen vor, daß sie
aßen; und es blieb noch übrig nach dem
Wort des HERRN.

Elisa heilt den aramäischen Feldhauptmann Naëman und bestraft den Gehasi

5 Naëman, der Feldhauptmann des Kö-
nigs von Aram, war ein trefflicher
Mann vor seinem Herrn und wert gehal-
ten; denn durch ihn gab der HERR den
Aramäern Sieg. Und er war ein gewalti-
ger Mann, jedoch aussätzig.
2 Aber die Kriegsleute der Aramäer
waren ausgezogen und hatten ein junges
Mädchen weggeführt aus dem Lande
Israel; die war im Dienst der Frau Naë-
mans.
3 Die sprach zu ihrer Herrin: Ach, daß
mein Herr wäre bei dem Propheten in Sa-
maria! Der könnte ihn von seinem Aus-
satz befreien.
4 Da ging Naëman hinein zu seinem
Herrn und sagte es ihm an und sprach:
So und so hat das Mädchen aus dem
Lande Israel geredet.
5 Der König von Aram sprach: So zieh
hin, ich will dem König von Israel einen
Brief schreiben. Und er zog hin und nahm
mit sich zehn Zentner Silber und sechs-
tausend Goldgulden und zehn Feierklei-
der
6 und brachte den Brief dem König von
Israel; der lautete: Wenn dieser Brief zu
dir kommt, siehe, so wisse, ich habe mei-
nen Knecht Naëman zu dir gesandt, da-
mit du ihn von seinem Aussatz befreist.

7 Und als der König von Israel den Brief las, zerriß er seine Kleider und sprach: Bin ich denn Gott, daß ich töten und lebendig machen könnte, daß er zu mir schickt, ich solle den Mann von seinem Aussatz befreien? Merkt und seht, wie er Streit mit mir sucht!

8 Als Elisa, der Mann Gottes, hörte, daß der König von Israel seine Kleider zerrissen hatte, sandte er zu ihm und ließ ihm sagen: Warum hast du deine Kleider zerrissen? Laß ihn zu mir kommen, damit er innewerde, daß ein Prophet in Israel ist.

9 So kam Naëman mit Rossen und Wagen und hielt vor der Tür am Hause Elisas.

10 Da sandte Elisa einen Boten zu ihm und ließ ihm sagen: Geh hin und wasche dich siebenmal im Jordan, so wird dir dein Fleisch wieder heil und du wirst rein werden.

11 Da wurde Naëman zornig und zog weg und sprach: Ich meinte, er selbst sollte zu mir herauskommen und hertreten und den Namen des HERRN, seines Gottes, anrufen und seine Hand hin zum Heiligtum erheben und mich so von dem Aussatz befreien.

12 Sind nicht die Flüsse von Damaskus, Amana und Parpar, besser als alle Wasser in Israel, so daß ich mich in ihnen waschen und rein werden könnte? Und er wandte sich und zog weg im Zorn.

13 Da machten sich seine Diener an ihn heran, redeten mit ihm und sprachen: Lieber Vater, wenn dir der Prophet etwas Großes geboten hätte, hättest du es nicht getan? Wieviel mehr, wenn er zu dir sagt: Wasche dich, so wirst du rein!

14 Da stieg er ab und tauchte unter im Jordan siebenmal, wie der Mann Gottes geboten hatte. Und sein Fleisch wurde wieder heil wie das Fleisch eines jungen Knaben, und er wurde rein.

15 Und er kehrte zurück zu dem Mann Gottes mit allen seinen Leuten. Und als er hinkam, trat er vor ihn und sprach: Siehe, nun weiß ich, daß kein Gott ist in allen Landen, außer in Israel; so nimm nun eine Segensgabe von deinem Knecht.

16 Elisa aber sprach: So wahr der HERR lebt, vor dem ich stehe: ich nehme es nicht. Und er nötigte ihn, daß er es nehme; aber er wollte nicht.

17 Da sprach Naëman: Wenn nicht, so könnte doch deinem Knecht gegeben werden von dieser Erde eine Last, soviel zwei Maultiere tragen! Denn dein Knecht will nicht mehr andern Göttern opfern und Brandopfer darbringen, sondern allein dem HERRN.

18 Nur darin wolle der HERR deinem Knecht gnädig sein: wenn mein König in den Tempel Rimmons geht, um dort anzubeten, und er sich auf meinen Arm lehnt und ich auch anbete im Tempel Rimmons, dann möge der HERR deinem Knecht vergeben.

19 Er sprach zu ihm: Zieh hin mit Frieden!

Und als er von ihm eine Strecke Weges fortgezogen war,

20 sagte sich Gehasi, der Diener Elisas, des Mannes Gottes: Siehe, mein Herr hat diesen Aramäer Naëman verschont, daß er nichts von ihm genommen hat, was er gebracht hat. So wahr der HERR lebt: ich will ihm nachlaufen und mir etwas von ihm geben lassen.

21 So jagte Gehasi dem Naëman nach. Und als Naëman sah, daß er ihm nachlief, stieg er vom Wagen, ging ihm entgegen und sprach: Geht's gut?

22 Er sprach: Ja. Aber mein Herr hat mich gesandt und läßt dir sagen: Siehe, jetzt sind zu mir gekommen vom Gebirge Ephraim zwei von den Prophetenjüngern. Gib ihnen doch einen Zentner Silber und zwei Feierkleider!

23 Naëman sprach: Nimm zwei Zentner! Und er nötigte ihn und band zwei Zentner Silber in zwei Beutel und zwei Feierkleider und gab's seinen beiden Dienern; die trugen's vor ihm her.

24 Und als Gehasi an den Hügel kam, nahm er's von ihren Händen und legte es beiseite im Hause und ließ die Männer gehen.

25 Und als sie weggegangen waren, trat er vor seinen Herrn. Und Elisa sprach zu ihm: Woher, Gehasi? Er sprach: Dein Knecht ist weder hierhin noch dorthin gegangen.

26 Er aber sprach zu ihm: Bin ich nicht im Geist mit dir gegangen, als der Mann sich umwandte von seinem Wagen dir entgegen? Wohlan, du hast nun das Silber und die Kleider genommen und wirst dir

schaffen Ölgärten, Weinberge, Schafe, Rinder, Knechte und Mägde.

27 Aber der Aussatz Naëmans wird dir anhangen und deinen Nachkommen allezeit. Da ging Gehasi von ihm hinaus, aussätzig wie Schnee.

Elisa macht Eisen schwimmen

6 Die Prophetenjünger sprachen zu Elisa: Siehe, der Raum, wo wir vor dir wohnen, ist uns zu eng.

2 Laß uns an den Jordan gehen, und jeder von uns soll dort einen Stamm holen, damit wir uns eine Stätte bauen, wo wir wohnen können. Er sprach: Geht hin!

3 Und einer sprach: Geh doch mit deinen Knechten! Er sprach: Ich will mitgehen.

4 Und er ging mit ihnen. Und als sie an den Jordan kamen, hieben sie Bäume um.

5 Und als einer einen Stamm fällte, fiel ihm das Eisen ins Wasser. Und er schrie: O weh, mein Herr! Und dazu ist's noch entliehen!

6 Aber der Mann Gottes sprach: Wo ist's hingefallen? Und als er ihm die Stelle zeigte, schnitt er einen Stock ab und stieß dahin. Da schwamm das Eisen.

7 Und er sprach: Heb's auf! Da streckte er seine Hand aus und nahm es.

Die Aramäer werden mit Blindheit geschlagen

8 Und der König von Aram führte Krieg mit Israel und beriet sich mit seinen Obersten und sprach: Wir wollen da und da einen Hinterhalt legen.

9 Aber der Mann Gottes sandte zum König von Israel und ließ ihm sagen: Hüte dich, daß du nicht an diesem Ort vorüberziehst, denn die Aramäer lauern dort.

10 So sandte denn der König von Israel hin an den Ort, den ihm der Mann Gottes gesagt und vor dem er ihn gewarnt hatte, und war dort auf der Hut; und tat das nicht nur einmal oder zweimal.

11 Da wurde das Herz des Königs von Aram voller Unmut darüber, und er rief seine Obersten und sprach zu ihnen: Wollt ihr mir denn nicht sagen, wer von den Unsern es mit dem König von Israel hält?

12 Da sprach einer seiner Obersten: Nicht doch, mein Herr und König, sondern Elisa, der Prophet in Israel, sagt alles dem König von Israel, auch was du in der Kammer redest, wo dein Lager ist.

13 Er sprach: So geht hin und seht, wo er ist, damit ich hinsende und ihn holen lasse. Und sie sagten es ihm an und sprachen: Siehe, er ist in Dothan.

14 Da sandte er hin Rosse und Wagen und ein großes Heer. Und als sie bei Nacht hinkamen, umstellten sie die Stadt.

15 Und der Diener des Mannes Gottes stand früh auf und trat heraus, und siehe, da lag ein Heer um die Stadt mit Rossen und Wagen. Da sprach sein Diener zu ihm: O weh, mein Herr! Was sollen wir nun tun?

16 Er sprach: Fürchte dich nicht, denn derer sind mehr, die bei uns sind, als derer, die bei ihnen sind!

17 Und Elisa betete und sprach: HERR, öffne ihm die Augen, daß er sehe! Da öffnete der HERR dem Diener die Augen, und er sah, und siehe, da war der Berg voll feuriger Rosse und Wagen um Elisa her.

18 Und als die Aramäer zu ihm herabkamen, betete Elisa und sprach: HERR, schlage dies Volk mit Blindheit! Und er schlug sie mit Blindheit nach dem Wort Elisas.

19 Und Elisa sprach zu ihnen: Dies ist nicht der Weg und nicht die Stadt. Folgt mir nach! Ich will euch führen zu dem Mann, den ihr sucht. Und er führte sie nach Samaria.

20 Und als sie nach Samaria kamen, sprach Elisa: HERR, öffne diesen die Augen, daß sie sehen! Und der HERR öffnete ihnen die Augen, und sie sahen, und siehe, da waren sie mitten in Samaria.

21 Und als der König von Israel sie sah, sprach er zu Elisa: Mein Vater, soll ich sie töten?

22 Er sprach: Du sollst sie nicht töten. Erschlägst du denn die, die du mit Schwert und Bogen gefangen hast? Setze ihnen Brot und Wasser vor, daß sie essen und trinken, und laß sie zu ihrem Herrn ziehen!

23 Da wurde ein großes Mahl bereitet. Und als sie gegessen und getrunken hatten, ließ er sie gehen, daß sie zu ihrem Herrn zogen. Seitdem kamen streifende

Rotten der Aramäer nicht mehr ins Land Israel.

Belagerung und Errettung Samarias

24 Danach begab es sich, daß Benhadad, der König von Aram, sein ganzes Heer versammelte und heraufzog und Samaria belagerte.

25 Und es war eine große Hungersnot in Samaria. Sie aber belagerten die Stadt, bis ein Eselskopf achtzig Silberstücke und eine Handvoll Taubenmist fünf Silberstücke galt.*

26 Und als der König von Israel auf der Mauer einherging, schrie ihn eine Frau an und sprach: Hilf mir, mein Herr und König!

27 Er sprach: Hilft dir der HERR nicht, woher soll ich dir helfen? Von der Tenne oder von der Kelter?

28 Und der König sprach zu ihr: Was ist dir? Sie sprach: Diese Frau da sprach zu mir: Gib deinen Sohn her, daß wir ihn heute essen; morgen wollen wir meinen Sohn essen.

29 So haben wir meinen Sohn gekocht und gegessen. Und ich sprach zu ihr am nächsten Tage: Gib deinen Sohn her und laß uns ihn essen! Aber sie hat ihren Sohn versteckt.

30 Als der König die Worte der Frau hörte, zerriß er seine Kleider, während er auf der Mauer ging. Da sah alles Volk, daß er darunter ein härenes Tuch um seinen Leib geschlungen hatte.

31 Und er sprach: Gott tue mir dies und das, wenn das Haupt Elisas, des Sohnes Schaphats, heute auf ihm bleiben wird!

32 Elisa aber saß in seinem Hause, und die Ältesten saßen bei ihm. Und der König sandte einen Mann vor sich her. Aber ehe der Bote zu ihm kam, sprach Elisa zu den Ältesten: Habt ihr gesehen, wie dieser Mörder hergesandt hat, daß er mir das Haupt abschlage? Seht zu, wenn der Bote eintritt, daß ihr die Tür zuschließt und ihn gegen die Tür stoßt. Siehe, ich höre schon das Geräusch der Tritte seines Herrn hinter ihm her.

33 Als er noch so mit ihnen redete, siehe, da kam schon der König zu ihm hinab und sprach: Siehe, dies Übel kommt von dem HERRN! Was soll ich noch von dem HERRN erwarten?

7 Elisa aber sprach: Hört des HERRN Wort! So spricht der HERR: Morgen um diese Zeit wird ein Maß feinstes Mehl ein Silberstück gelten und zwei Maß Gerste ein Silberstück im Tor von Samaria.

2 Da antwortete der Ritter, auf dessen Arm sich der König lehnte, dem Mann Gottes und sprach: Und wenn der HERR Fenster am Himmel machte, wie könnte das geschehen? Er sprach: Siehe, mit deinen Augen wirst du es sehen, doch du wirst nicht davon essen!

3 Und es waren vier aussätzige Männer vor dem Tor, und einer sprach zum andern: Was sollen wir hier bleiben, bis wir sterben?

4 Wenn wir auch in die Stadt gehen wollten, so ist Hungersnot in der Stadt, und wir müßten doch dort sterben. Bleiben wir aber hier, so müssen wir auch sterben. So laßt uns nun hingehen und zu dem Heer der Aramäer laufen. Lassen sie uns leben, so leben wir, töten sie uns, so sind wir tot.

5 Und sie machten sich in der Dämmerung auf, um zum Heer der Aramäer zu kommen. Und als sie vorn an das Lager kamen, siehe, da war niemand mehr da.

6 Denn der Herr hatte die Aramäer hören lassen ein Getümmel von Rossen, Wagen und großer Heeresmacht, so daß sie untereinander sprachen: Siehe, der König von Israel hat sich gegen uns verbündet mit den Königen der Hethiter und den Königen der Ägypter, daß sie über uns kommen sollen.

7 Und sie machten sich auf und flohen in der Dämmerung und ließen ihre Zelte, Rosse und Esel im Lager, wie es stand, und flohen, um ihr Leben zu retten.

8 Als nun die Aussätzigen vorn an das Lager kamen, gingen sie in eins der Zelte, aßen und tranken und nahmen Silber, Gold und Kleider und gingen hin und verbargen's und kamen wieder und gingen in ein anderes Zelt und nahmen daraus und gingen hin und verbargen's.

9 Aber einer sprach zum andern: Laßt uns so nicht tun; dieser Tag ist ein Tag guter Botschaft. Wenn wir das verschweigen und warten, bis es lichter Morgen wird, so wird uns Schuld treffen. So laßt

*Wahrscheinlich Bezeichnung für minderwertige Speisen.

uns nun hingehen und es dem Hause des Königs ansagen.

10 Und als sie kamen, riefen sie die Torhüter der Stadt und sagten's ihnen an und sprachen: Wir sind zum Lager der Aramäer gekommen, und siehe, da ist niemand mehr da und keine Menschenstimme, sondern Rosse und Esel angebunden und die Zelte, wie sie dastehen.

11 Da riefen es die Torhüter aus, und man sagte es drinnen im Hause des Königs an.

12 Und der König stand auf, als es noch dunkel war, und sprach zu seinen Obersten: Laßt euch sagen, wie es die Aramäer mit uns machen. Sie wissen, daß wir Hunger leiden, und sind aus dem Lager gegangen, um sich im Felde zu verbergen, und denken: Wenn sie aus der Stadt gehen, wollen wir sie lebendig ergreifen und in die Stadt eindringen.

13 Da antwortete einer seiner Obersten: Man nehme fünf Rosse von denen, die noch in der Stadt übriggeblieben sind, – ihnen wird es ja doch gehen wie der ganzen Menge, die hier noch übriggeblieben oder schon dahin ist. Die laßt uns senden, um nachzusehen.

14 Da nahmen sie zwei Wagen mit Rossen, und der König sandte sie dem Heer der Aramäer nach und sprach: Zieht hin und seht nach!

15 Und als sie ihnen nachzogen bis an den Jordan, siehe, da lag der Weg voll von Kleidern und Geräten, die die Aramäer in der Eile weggeworfen hatten. Und als die Boten zurückkamen und es dem König ansagten,

16 ging das Volk hinaus und plünderte das Lager der Aramäer. Und es galt ein Maß feinstes Mehl ein Silberstück und zwei Maß Gerste auch ein Silberstück nach dem Wort des HERRN.

17 Aber der König bestellte den Ritter, auf dessen Arm er sich lehnte, in das Tor. Und das Volk zertrat ihn im Tor, so daß er starb, wie der Mann Gottes gesagt hatte, als der König zu ihm hinabkam.

18 Und es geschah, wie der Mann Gottes dem König gesagt hatte, als er sprach: Morgen um diese Zeit werden zwei Maß Gerste ein Silberstück gelten und ein Maß feinstes Mehl ein Silberstück im Tor von Samaria.

19 Und der Ritter hatte dem Mann Gottes geantwortet: Und siehe, wenn der HERR Fenster am Himmel machte, wie könnte das geschehen? Elisa aber hatte gesprochen: Siehe, mit deinen Augen wirst du es sehen, doch du wirst nicht davon essen!

20 Und genau so erging es ihm; denn das Volk zertrat ihn im Tor, so daß er starb.

Die Sunamiterin erhält ihren Besitz zurück

8 Elisa redete mit der Frau, deren Sohn er lebendig gemacht hatte, und sprach: Mach dich auf und zieh fort mit deinem Hause und wohne in der Fremde, wo du kannst; denn der HERR wird eine Hungersnot rufen, die wird ins Land kommen sieben Jahre lang.

2 Die Frau machte sich auf und tat, wie der Mann Gottes sagte, und zog hin mit ihrem Hause und wohnte im Land der Philister sieben Jahre.

3 Als aber die sieben Jahre um waren, kam die Frau aus dem Land der Philister zurück. Und sie ging hin, den König anzurufen wegen ihres Hauses und ihres Ackers.

4 Der König aber redete mit Gehasi, dem Diener des Mannes Gottes, und sprach: Erzähle mir alle großen Taten, die Elisa getan hat!

5 Und während er dem König erzählte, daß er einen Toten lebendig gemacht hätte, siehe, da kam eben die Frau dazu, deren Sohn er lebendig gemacht hatte, und rief den König an wegen ihres Hauses und ihres Ackers. Da sprach Gehasi: Mein Herr und König, dies ist die Frau, und dies ist ihr Sohn, den Elisa lebendig gemacht hat.

6 Und der König fragte die Frau, und sie erzählte es ihm. Da gab ihr der König einen Kämmerer mit und sprach: Verschaffe ihr alles wieder, was ihr gehört, dazu allen Ertrag des Ackers seit der Zeit, da sie das Land verlassen hat, bis jetzt!

Benhadads Tod. Hasaël wird König von Aram

7 Und Elisa kam nach Damaskus. Da lag Benhadad, der König von Aram, krank, und man sagte ihm: Der Mann Gottes ist hierher gekommen.

8 Da sprach der König zu Hasaël: Nimm Geschenke mit dir und geh dem Mann Gottes entgegen und befrage den

HERRN durch ihn, ob ich von dieser
Krankheit genesen könne.
9 Hasaël ging ihm entgegen und nahm
Geschenke mit sich und allerlei kostbare
Dinge von Damaskus, eine Last für vierzig
Kamele. Und als er hinkam, trat er
vor Elisa und sprach: Dein Sohn Benhadad,
der König von Aram, hat mich zu
dir gesandt und läßt dir sagen: Kann ich
von dieser Krankheit genesen?
10 Elisa sprach zu ihm: Geh hin und
sage ihm: Du wirst genesen! – Aber der
HERR hat mir gezeigt, daß er des Todes
sterben wird.
11 Und der Mann Gottes schaute starr
und lange vor sich hin und weinte.
12 Da sprach Hasaël: Warum weint
mein Herr? Er sprach: Ich weiß, was du
den Kindern Israel antun wirst: du wirst
ihre festen Städte mit Feuer verbrennen
und ihre junge Mannschaft mit dem
Schwert erschlagen und ihre jungen Kinder
töten und ihre schwangern Frauen
aufschlitzen.
13 Hasaël sprach: Was ist dein Knecht,
der Hund, daß er so große Dinge tun
sollte? Elisa sprach: Der HERR hat mir gezeigt,
daß du König über Aram sein wirst.
14 Und er ging weg von Elisa und kam
zu seinem Herrn. Der sprach zu ihm: Was
sagte dir Elisa? Er sprach: Er sagte mir:
Du wirst genesen.
15 Am andern Tage aber nahm er die
Decke und tauchte sie in Wasser und breitete
sie über des Königs Angesicht. Da
starb er, und Hasaël wurde König an seiner
Statt.

Reich Juda: Joram. Ahasja

16 Im fünften Jahr Jorams, des Sohnes
Ahabs, des Königs von Israel, wurde –
Josaphat war noch König von Juda –
Joram, der Sohn Josaphats, König von
Juda.
17 Zweiunddreißig Jahre alt war er, als
er König wurde, und er regierte acht
Jahre zu Jerusalem
18 und wandelte auf dem Wege der Könige
von Israel, wie das Haus Ahab tat;
denn Ahabs Tochter war seine Frau. Und
er tat, was dem HERRN mißfiel.
19 Aber der HERR wollte Juda nicht
verderben um seines Knechtes David willen,
wie er ihm zugesagt hatte, ihm eine
Leuchte zu geben und seinen Söhnen immerdar.
20 Zu seiner Zeit fielen die Edomiter von
Juda ab und setzten einen König über
sich.
21 Da zog Joram nach Zaïr und alle
Wagen mit ihm, und er machte sich des
Nachts auf und schlug die Edomiter, die
ihn umringt hatten, dazu die Obersten
über die Wagen, so daß das Volk in seine
Wohnungen floh.
22 Doch blieben die Edomiter abtrünnig
von Juda bis auf diesen Tag. Auch
fiel zur selben Zeit Libna ab.
23 Was aber mehr von Joram zu sagen
ist und alles, was er getan hat, siehe, das
steht geschrieben in der Chronik der
Könige von Juda.
24 Und Joram legte sich zu seinen Vätern
und wurde begraben bei seinen Vätern
in der Stadt Davids. Und sein Sohn
Ahasja wurde König an seiner Statt.
25 Im zwölften Jahr Jorams, des Sohnes
Ahabs, des Königs von Israel, wurde
Ahasja, der Sohn Jorams, König von
Juda.
26 Zweiundzwanzig Jahre alt war Ahasja,
als er König wurde; und er regierte ein
Jahr zu Jerusalem. Seine Mutter hieß
Athalja, eine Tochter Omris, des Königs
von Israel.
27 Und er wandelte auf dem Wege des
Hauses Ahab und tat, was dem HERRN
mißfiel, wie das Haus Ahab; denn er war
verwandt mit dem Hause Ahab.
28 Und er zog mit Joram, dem Sohn
Ahabs, in den Kampf um Ramoth in
Gilead gegen Hasaël, den König von
Aram; aber die Aramäer verwundeten
Joram.
29 Da kehrte der König Joram zurück,
um sich in Jesreel von den Wunden heilen
zu lassen, die ihm die Aramäer bei Rama
geschlagen hatten, als er mit Hasaël, dem
König von Aram, kämpfte. Und Ahasja,
der Sohn Jorams, der König von Juda,
kam hinab, um in Jesreel Joram, den Sohn
Ahabs, zu besuchen; denn er lag krank.

Reich Israel: Jehu, zum König gesalbt, tötet Joram, Ahasja und Isebel

9 Aber der Prophet Elisa rief einen der
Prophetenjünger und sprach zu ihm:
Gürte deine Lenden und nimm diesen

Krug mit Öl mit dir und geh hin nach Ramoth in Gilead.

2 Und wenn du dahin kommst, wirst du dort Jehu sehen, den Sohn Josaphats, des Sohnes Nimschis. Und geh hinein und laß ihn aufstehen unter seinen Gefährten und führe ihn in die innerste Kammer

3 und nimm den Krug mit Öl und gieß es auf sein Haupt und sprich: So sagt der HERR: Ich habe dich zum König über Israel gesalbt! – und dann sollst du die Tür auftun und fliehen und nicht zögern.

4 Und der Prophetenjünger ging hin nach Ramoth in Gilead.

5 Und als er hinkam, siehe, da saßen die Hauptleute des Heeres beisammen. Und er sprach: Ich habe dir, Hauptmann, etwas zu sagen. Jehu sprach: Wem von uns allen? Er sprach: Dir, Hauptmann!

6 Da stand er auf und ging hinein. Er aber goß das Öl auf sein Haupt und sagte zu ihm: So spricht der HERR, der Gott Israels: Ich habe dich zum König gesalbt über Israel, das Volk des HERRN.

7 Und du sollst das Haus Ahabs, deines Herrn, schlagen daß ich das Blut meiner Knechte, der Propheten, und das Blut aller Knechte des HERRN räche, das die Hand Isebels vergossen hat,

8 so daß das ganze Haus Ahab umkomme. Und ich will von Ahab ausrotten, was männlich ist, bis auf den letzten Mann in Israel,

9 und will das Haus Ahab machen wie das Haus Jerobeams, des Sohnes Nebats, und wie das Haus Baësas, des Sohnes Ahias.

10 Und die Hunde sollen Isebel fressen auf dem Acker in Jesreel, und niemand soll sie begraben. Und er tat die Tür auf und floh.

11 Und als Jehu herausging zu den Leuten seines Herrn, sprach man zu ihm: Steht es gut? Warum ist dieser Rasende zu dir gekommen? Er sprach zu ihnen: Ihr kennt doch den Mann und sein Geschwätz.

12 Sie sprachen: Das ist nicht wahr; sage es uns an! Er sprach: So und so hat er mit mir geredet und gesagt: So spricht der HERR: Ich habe dich zum König über Israel gesalbt.

13 Da nahm jeder eilends sein Kleid und legte es vor ihn hin auf die hohen Stufen, und sie bliesen die Posaune und riefen: Jehu ist König geworden!

14 So machte Jehu, der Sohn Josaphats, des Sohnes Nimschis, gegen Joram eine Verschwörung.

Joram aber hatte mit ganz Israel vor Ramoth in Gilead gelegen wider Hasaël, den König von Aram.

15 Und der König Joram war zurückgekommen, um sich in Jesreel heilen zu lassen von den Wunden, die ihm die Aramäer geschlagen hatten, als er mit Hasaël kämpfte, dem König von Aram.

Und Jehu sprach: Wenn ihr wollt, dann soll niemand aus der Stadt entrinnen, daß er hingehen und es in Jesreel ansagen könne.

16 Und er stieg auf seinen Wagen und fuhr nach Jesreel, denn Joram lag dort. Und Ahasja, der König von Juda, war hinabgezogen, um Joram zu besuchen.

17 Aber der Wächter, der auf dem Turm in Jesreel stand, sah die Staubwolke, als Jehu herankam, und sprach: Ich sehe eine Staubwolke. Da sprach Joram: Nimm einen Reiter, den sende ihnen entgegen und laß ihn fragen: Ist's Friede?

18 Und der Reiter ritt hin ihm entgegen und sprach: So sagt der König: Ist's Friede? Jehu sprach: Was geht dich der Friede an? Wende um, folge mir! Der Wächter verkündete und sprach: Der Bote ist bei ihnen angekommen und kommt nicht zurück.

19 Da sandte Joram einen zweiten Reiter. Als der zu ihnen kam, sprach er: So spricht der König: Ist's Friede? Jehu sprach: Was geht dich der Friede an? Wende um, folge mir!

20 Das verkündete der Wächter und sprach: Er ist bei ihnen angekommen und kommt nicht zurück. Und es ist ein Jagen wie das Jagen Jehus, des Sohnes Nimschis; denn er jagt, wie wenn er unsinnig wäre.

21 Da sprach Joram: Spannt an! Und man spannte seinen Wagen an. Und sie zogen aus, Joram, der König von Israel, und Ahasja, der König von Juda, jeder auf seinem Wagen, um Jehu entgegenzufahren; und sie trafen ihn auf dem Acker Naboths, des Jesreeliters.

22 Und als Joram Jehu sah, sprach er: Jehu, ist's Friede? Er aber sprach: Was, Friede? Deiner Mutter Isebel Abgötterei

und ihre viele Zauberei haben noch kein Ende!

23 Da wandte Joram um und floh und sprach zu Ahasja: Verräterei, Ahasja!

24 Aber Jehu faßte den Bogen und schoß Joram zwischen die Arme, daß der Pfeil durch sein Herz fuhr und Joram in seinem Wagen zusammenbrach.

25 Und Jehu sprach zu seinem Ritter Bidkar: Nimm und wirf ihn auf den Acker Naboths, des Jesreeliters! Denn ich denke daran, wie du mit mir auf einem Wagen seinem Vater Ahab nachfuhrst, als der HERR diese Last auf ihn legte:

26 Fürwahr, ich will dir das Blut Naboths und seiner Kinder, das ich gestern gesehen habe, vergelten auf diesem Acker! – So nimm ihn nun und wirf ihn auf den Acker nach dem Wort des HERRN.

27 Als das Ahasja, der König von Juda, sah, floh er auf Beth-Haggan zu. Jehu aber jagte ihm nach und ließ auch ihn töten auf dem Wagen, und sie schossen auf ihn auf der Höhe von Gur, die bei Jibleam liegt. Und er floh nach Megiddo und starb dort.

28 Und seine Männer brachten ihn nach Jerusalem und begruben ihn in seinem Grabe bei seinen Vätern in der Stadt Davids.

29 Ahasja aber war König geworden über Juda im elften Jahr Jorams, des Sohnes Ahabs.

30 Und als Jehu nach Jesreel kam und Isebel das erfuhr, schminkte sie ihr Angesicht und schmückte ihr Haupt und schaute zum Fenster hinaus.

31 Und als Jehu unter das Tor kam, sprach sie: Geht's gut, du Simri, der seinen Herrn erschlug?

32 Und er hob sein Angesicht auf zum Fenster und sprach: Wer hält's hier mit mir? Da sahen zwei oder drei Kämmerer zu ihm heraus.

33 Er sprach: Stürzt sie hinab! Und sie stürzten Isebel hinab, so daß die Wand und die Rosse mit ihrem Blut besprengt wurden; und sie wurde zertreten.

34 Und als er hineinkam und gegessen und getrunken hatte, sprach er: Seht doch nach der Verfluchten und begrabt sie; denn sie ist eines Königs Tochter!

35 Als sie aber hingingen, um sie zu begraben, fanden sie nichts von ihr als den Schädel und die Füße und ihre Hände.

36 Und sie kamen zurück und sagten's Jehu an. Er aber sprach: Das ist's, was der HERR geredet hat durch seinen Knecht Elia, den Thisbiter, als er sprach: Auf dem Acker von Jesreel sollen die Hunde das Fleisch Isebels fressen,

37 und der Leichnam Isebels soll wie Mist auf dem Felde sein im Gefilde von Jesreel, daß man nicht sagen könne: Das ist Isebel.

Jehu rottet das Haus Ahab aus

10 Ahab aber hatte siebzig Söhne in Samaria. Und Jehu schrieb Briefe und sandte sie nach Samaria, zu den Obersten der Stadt, zu den Ältesten und Vormündern der Söhne Ahabs; die lauteten:

2 Wenn dieser Brief zu euch kommt, bei denen eures Herrn Söhne sind und Wagen, Rosse, feste Städte und Rüstung,

3 so seht, welcher der beste und geschickteste sei unter den Söhnen eures Herrn, und setzt ihn auf seines Vaters Thron und kämpft für eures Herrn Haus.

4 Sie aber fürchteten sich gar sehr und sprachen: Siehe, zwei Könige konnten ihm nicht widerstehen; wie könnten wir ihm denn widerstehen?

5 Und der Hofmeister und der Stadtvogt und die Ältesten und Vormünder sandten hin zu Jehu und ließen ihm sagen: Wir sind deine Knechte. Wir wollen alles tun, was du uns sagst; wir wollen niemand zum König machen. Tu, was dir gefällt.

6 Da schrieb er einen zweiten Brief an sie, der lautete: Wenn ihr zu mir haltet und meiner Stimme gehorcht, so nehmt die Köpfe der Söhne eures Herrn und bringt sie zu mir morgen um diese Zeit nach Jesreel. Es waren aber siebzig Söhne des Königs, und die Großen der Stadt erzogen sie.

7 Als nun der Brief zu ihnen kam, nahmen sie des Königs Söhne und töteten die siebzig und legten ihre Köpfe in Körbe und schickten sie zu Jehu nach Jesreel.

8 Und als der Bote kam und ihm sagte: Sie haben die Köpfe der Söhne des Königs gebracht, sprach er: Legt sie in zwei Haufen vor das Tor bis morgen.

9 Und am Morgen, als er ausging, trat

er hin und sprach zu allem Volk: Ihr seid
ohne Schuld. Siehe, ich habe gegen mei-
nen Herrn eine Verschwörung gemacht
und ihn getötet. Wer aber hat denn diese
alle erschlagen?
10 So erkennt denn, daß kein Wort des
HERRN auf die Erde gefallen ist, das der
HERR geredet hat gegen das Haus Ahab.
Der HERR hat getan, wie er geredet hat
durch seinen Knecht Elia.
11 So erschlug Jehu alle Übriggeblie-
benen vom Hause Ahab in Jesreel, alle
seine Großen, seine Verwandten und
seine Priester, bis nicht ein einziger übrig-
blieb.
12 Und Jehu machte sich auf und zog
auf Samaria zu. Aber als er unterwegs
nach Beth-Eked der Hirten kam,
13 da traf Jehu die Brüder Ahasjas, des
Königs von Juda, und sprach: Wer seid
ihr? Sie sprachen: Wir sind Brüder Ahas-
jas und ziehen hin, um die Söhne des
Königs und die Söhne der Königinmutter
zu grüßen.
14 Er aber sprach: Ergreift sie lebendig!
Und sie ergriffen sie lebendig und töteten
sie bei dem Brunnen von Beth-Eked,
zweiundvierzig Mann, und er ließ nicht
einen einzigen von ihnen übrig.

Jehu rottet den Baalsdienst aus. Sein Tod

15 Und als er von dort weiterzog, traf er
Jonadab, den Sohn Rechabs, der ihm be-
gegnete. Und er grüßte ihn und sprach zu
ihm: Ist dein Herz aufrichtig gegen mich
wie mein Herz gegen dein Herz? Jonadab
sprach: Ja. Da sprach Jehu: Wenn es so
ist, dann gib mir deine Hand! Und Jona-
dab gab ihm seine Hand. Und Jehu ließ
ihn zu sich auf den Wagen steigen
16 und sprach: Komm mit mir und sieh
meinen Eifer für den HERRN! Und er ließ
ihn mit sich fahren auf seinem Wagen.
17 Und als er nach Samaria kam, er-
schlug er alles, was übrig war von Ahab
in Samaria, bis er sein Haus vertilgt hatte
nach dem Wort des HERRN, das er zu Elia
geredet hatte.
18 Und Jehu versammelte alles Volk
und ließ ihnen sagen: Ahab hat Baal
wenig gedient; Jehu will ihm besser dienen.
19 So laßt nun zu mir rufen alle Prophe-
ten Baals, die in seinem Dienst stehen,
und alle seine Priester, daß man niemand
vermisse; denn ich habe ein großes Opfer
dem Baal zu bringen. Wen man vermissen
wird, der soll nicht am Leben bleiben.
Aber Jehu tat dies mit Hinterlist, um die
Diener Baals umzubringen.
20 Und Jehu sprach: Feiert dem Baal ein
heiliges Fest! Und sie ließen es ausrufen.
21 Auch sandte Jehu umher in ganz
Israel und ließ alle Diener Baals kommen,
daß niemand übrig war, der nicht gekom-
men wäre. Und sie gingen in das Haus
Baals, so daß das Haus Baals voll wurde
an allen Enden.
22 Da sprach er zu denen, die über die
Kleiderkammer gesetzt waren: Bringt al-
len Dienern Baals Feierkleider heraus!
Und sie brachten die Kleider heraus.
23 Und Jehu ging in das Haus Baals mit
Jonadab, dem Sohn Rechabs, und sprach
zu den Dienern Baals: Forschet und seht
zu, daß hier nicht jemand unter euch sei
von den Knechten des HERRN, sondern
allein Baals Diener.
24 Und sie kamen hinein, um Schlacht-
opfer und Brandopfer darzubringen. Jehu
aber stellte außen achtzig Mann auf und
sprach: Wenn einer der Männer entrinnt,
die ich in eure Hände gebe, so soll euer
Leben für sein Leben sein!
25 Als er nun die Brandopfer vollendet
hatte, sprach Jehu zu der Leibwache und
den Rittern: Geht hinein und erschlagt
jedermann; laßt niemand entkommen!
Und sie schlugen sie mit der Schärfe des
Schwerts. Und die Leibwache und die Rit-
ter warfen die Leichname hinaus und
drangen in das Innere des Hauses Baals
26 und brachten hinaus die Bilder der
Aschera aus dem Hause Baals und ver-
brannten sie
27 und zerbrachen die Steinmale Baals
samt dem Hause Baals und machten Stät-
ten des Unrats daraus bis auf diesen Tag.
28 So vertilgte Jehu den Baal aus Israel;
29 aber von den Sünden Jerobeams, des
Sohnes Nebats, der Israel sündigen mach-
te, ließ Jehu nicht ab, von den goldenen
Kälbern in Bethel und in Dan.
30 Und der HERR sprach zu Jehu: Weil
du willig gewesen bist, zu tun, was mir ge-
fallen hat, und am Hause Ahab alles ge-
tan hast, was in meinem Herzen war, sol-
len dir auf dem Thron Israels sitzen deine
Söhne bis ins vierte Glied.

31 Aber doch hielt Jehu nicht das Gesetz des Herrn, des Gottes Israels, daß er darin wandelte von ganzem Herzen; denn er ließ nicht ab von den Sünden Jerobeams, der Israel sündigen gemacht hatte.

32 Zur selben Zeit fing der Herr an, Stücke von Israel abzutrennen; denn Hasaël schlug sie im ganzen Gebiet Israels

33 vom Jordan gegen der Sonne Aufgang, das ganze Land Gilead, die Gaditer, Rubeniter und Manassiter, von Aroër an, das am Arnon liegt, Gilead und Basan.

34 Was aber mehr von Jehu zu sagen ist und alles, was er getan hat, und alle seine tapferen Taten, siehe, das steht geschrieben in der Chronik der Könige von Israel.

35 Und Jehu legte sich zu seinen Vätern, und sie begruben ihn zu Samaria. Und sein Sohn Joahas wurde König an seiner Statt.

36 Die Zeit aber, die Jehu über Israel regiert hat zu Samaria, sind achtundzwanzig Jahre.

Reich Juda: Herrschaft der Athalja. Joas wird König

11 Als aber Athalja, Ahasjas Mutter, sah, daß ihr Sohn tot war, machte sie sich auf und brachte alle aus dem königlichen Geschlecht um.

2 Aber Joscheba, die Tochter des Königs Joram, Ahasjas Schwester, nahm Joas, den Sohn Ahasjas, und stahl ihn aus der Mitte der Söhne des Königs, die getötet wurden, und brachte ihn mit seiner Amme in die Bettenkammer und verbarg ihn vor Athalja, so daß er nicht getötet wurde.

3 Und er war bei Joscheba versteckt im Hause des Herrn sechs Jahre lang. Athalja aber war Königin über das Land.

4 Im siebenten Jahr aber sandte Jojada hin und nahm die Hauptleute über hundert von der Garde und der Leibwache und ließ sie zu sich ins Haus des Herrn kommen und schloß einen Bund mit ihnen und nahm einen Eid von ihnen im Hause des Herrn und zeigte ihnen den Sohn des Königs

5 und gebot ihnen: Das ist's, was ihr tun sollt: Ein Drittel von euch, die ihr am Sabbat antretet, soll Wache halten im Haus des Königs,

6 und ein Drittel soll Wache halten am Tor Sur und ein Drittel am Tor hinter dem Haus der Leibwache; so sollt ihr Wache halten rings um das Haus.

7 Aber zwei Abteilungen von euch, die am Sabbat abtreten, sollen Wache halten im Hause des Herrn um den König her,

8 und ihr sollt euch rings um den König stellen, jeder mit seiner Waffe in der Hand, und wer hereinkommt zwischen die Reihen, der soll sterben. Und ihr sollt um den König sein, wenn er aus- und eingeht.

9 Und die Hauptleute über hundert taten alles, was ihnen der Priester Jojada geboten hatte, und nahmen zu sich ihre Männer, die am Sabbat antraten, mit denen, die am Sabbat abtraten, und kamen zu dem Priester Jojada.

10 Und der Priester gab den Hauptleuten die Spieße und Schilde, die dem König David gehört hatten und in dem Hause des Herrn waren.

11 Und die Leibwache stand, jeder mit seiner Waffe in der Hand, von der Seite des Tempels im Süden bis zur Seite im Norden, vor dem Altar und dem Tempel, rings um den König herum.

12 Und Jojada ließ den Sohn des Königs hervortreten und setzte ihm die Krone auf und gab ihm die Ordnung, machte ihn zum König und salbte ihn, und sie klatschten in die Hände und riefen: Es lebe der König!

13 Und als Athalja das Geschrei des Volks hörte, das herzulief, kam sie zum Volk in das Haus des Herrn

14 und sah, und siehe, da stand der König an der Säule, wie es Brauch war, und die Hauptleute und die Trompeter bei dem König. Und alles Volk des Landes war fröhlich und blies die Trompeten. Athalja aber zerriß ihre Kleider und rief: Aufruhr, Aufruhr!

15 Aber der Priester Jojada gebot den Hauptleuten über hundert, die über das Heer gesetzt waren, und sprach zu ihnen: Führt sie zwischen den Reihen hinaus, und wer ihr folgt, der sterbe durchs Schwert! Denn der Priester hatte gesagt, sie sollte nicht im Hause des Herrn getötet werden.

16 Und sie legten die Hände an Athalja, und sie ging hin den Weg, wo die Rosse zum Hause des Königs gehen, und wurde dort getötet.

17 Und Jojada schloß einen Bund zwi-
schen dem HERRN und dem König samt
dem Volk, daß sie des HERRN Volk sein
sollten; desgleichen auch zwischen dem
König und dem Volk.
18 Da ging alles Volk des Landes in das
Haus Baals und brach seine Altäre ab,
und sie zerschlugen alle seine Götzen-
bilder und töteten Mattan, den Priester
Baals, vor den Altären.
Der Priester Jojada aber bestellte die
Wachen am Hause des HERRN
19 und nahm die Hauptleute über hun-
dert und die Garde und die Leibwache
und alles Volk des Landes, und sie führ-
ten den König hinab vom Hause des
HERRN und kamen durchs Tor der Leib-
wache zum Hause des Königs. Und er
setzte sich auf den königlichen Thron.
20 Und alles Volk des Landes war fröh-
lich, aber die Stadt blieb still. Athalja
aber töteten sie mit dem Schwert bei des
Königs Hause.

Joas. Ausbesserung des Tempels

12 °Und Joas war sieben Jahre alt, als
er König wurde.
2 Im siebenten Jahr Jehus wurde Joas
König und regierte vierzig Jahre zu Jeru-
salem. Seine Mutter hieß Zibja, aus Beer-
seba.
3 Und Joas tat, was recht war und dem
HERRN wohlgefiel, solange ihn der Prie-
ster Jojada lehrte,
4 nur, daß die Höhen nicht entfernt
wurden; denn das Volk opferte und
räucherte noch auf den Höhen.
5 Und Joas sprach zu den Priestern:
Alles für das Heiligtum bestimmte Geld,
das in das Haus des HERRN gebracht
wird – Geld, wie es gang und gäbe ist –,
nämlich das Geld, das jedermann gibt,
wie er geschätzt wird, und alles Geld, das
jedermann aus freiem Herzen opfert, daß
er's in das Haus des HERRN bringe,
6 das sollen die Priester zu sich nehmen,
jeder von seinem Bekannten. Davon sol-
len sie ausbessern, was baufällig ist am
Hause, wo sie finden, daß es baufällig ist.
7 Als aber die Priester bis ins dreiund-
zwanzigste Jahr des Königs Joas nicht
ausgebessert hatten, was baufällig war am
Hause,
8 rief der König Joas den Priester Jojada
samt den Priestern und sprach zu ihnen:
Warum bessert ihr nicht aus, was bau-
fällig ist am Hause? Darum sollt ihr nun
nicht mehr das Geld an euch nehmen, je-
der von seinen Bekannten, sondern sollt's
geben zur Ausbesserung für das, was bau-
fällig ist am Hause.
9 Und die Priester willigten ein, daß sie
vom Volk kein Geld mehr nehmen sollten,
aber auch das Baufällige am Hause nicht
mehr auszubessern brauchten.
10 Da nahm der Priester Jojada eine
Lade und bohrte oben ein Loch hinein
und stellte sie auf zur rechten Hand neben
dem Altar, wo man in das Haus des
HERRN geht. Und die Priester, die an der
Schwelle wachten, taten alles Geld hinein,
das zu dem Hause des HERRN gebracht
wurde.
11 Wenn sie dann sahen, daß viel Geld
in der Lade war, kam der Schreiber des
Königs mit dem Hohenpriester herauf,
und sie zählten das Geld, das sich in dem
Hause des HERRN vorfand, und banden es
zusammen.
12 Und man übergab das Geld abge-
zählt den Werkmeistern, die bestellt wa-
ren für das Haus des HERRN, und sie gaben
es aus an die Zimmerleute und Bauleute,
die am Hause des HERRN arbeiteten,
13 nämlich an die Maurer und Stein-
metzen und an die, die Holz und gehauene
Steine kaufen sollten, daß das Baufällige
am Hause des HERRN ausgebessert werde,
und für alles, was not war, um am Hause
auszubessern.
14 Doch ließ man nicht machen silberne
Schalen, Messer, Becken, Trompeten,
auch kein goldenes oder silbernes Gerät
im Hause des HERRN von dem Geld, das
zu des HERRN Hause gebracht wurde,
15 sondern man gab's den Arbeitern,
daß sie damit das Baufällige am Hause
des HERRN ausbesserten.
16 Auch brauchten die Männer nicht
Rechnung zu legen, denen man das Geld
übergab, daß sie es den Arbeitern gäben,
sondern sie handelten auf Treu und Glau-
ben.
17 Aber das Geld von Schuldopfern und
Sündopfern kam nicht für das Haus des
HERRN ein, denn es gehörte den Priestern.
18 Zu der Zeit zog Hasaël, der König
von Aram, herauf und kämpfte gegen

Gath und eroberte es. Und als Hasaël sich wandte, um gegen Jerusalem hinaufzuziehen,
19 nahm Joas, der König von Juda, alle heiligen Gaben, die seine Väter Josaphat, Joram und Ahasja, die Könige von Juda, geheiligt hatten, und was er selbst geheiligt hatte, dazu alles Gold, das man fand im Schatz des Hauses des Herrn und im Hause des Königs, und schickte es Hasaël, dem König von Aram. Da zog er von Jerusalem ab.
20 Was aber mehr von Joas zu sagen ist und alles, was er getan hat, das steht geschrieben in der Chronik der Könige von Juda.
21 Und seine Großen empörten sich und machten eine Verschwörung und erschlugen ihn im Haus des Millo, wo man hinabgeht nach Silla.
22 Josachar, der Sohn Schimaths, und Josabad, der Sohn Schomers, seine Großen, schlugen ihn tot. Und man begrub ihn bei seinen Vätern in der Stadt Davids. Und sein Sohn Amazja wurde König an seiner Statt.

Reich Israel: Joahas. Joas

13 Im dreiundzwanzigsten Jahr des Joas, des Sohnes Ahasjas, des Königs von Juda, wurde Joahas, der Sohn Jehus, König über Israel und regierte zu Samaria siebzehn Jahre.
2 Und er tat, was dem Herrn mißfiel, und wandelte nach den Sünden Jerobeams, des Sohnes Nebats, der Israel sündigen machte, und ließ nicht davon ab.
3 Und des Herrn Zorn entbrannte über Israel, und er gab sie in die Hand Hasaëls, des Königs von Aram, und Benhadads, des Sohnes Hasaëls, die ganze Zeit. –
4 Aber Joahas flehte zum Herrn, und der Herr erhörte ihn; denn er sah den Jammer Israels an, wie der König von Aram es bedrängte.
5 Und der Herr gab Israel einen Retter, der sie aus der Gewalt der Aramäer befreite, daß die Kinder Israel in ihren Häusern wohnen konnten wie zuvor.
6 Doch ließen sie nicht ab von der Sünde des Hauses Jerobeams, der Israel sündigen machte, sondern wandelten darin. Auch blieb das Bild der Aschera zu Samaria stehen. –
7 Denn es waren vom Kriegsvolk des Joahas nicht mehr übriggeblieben als fünfzig Gespannpferde, zehn Wagen und zehntausend Mann Fußvolk; denn der König von Aram hatte sie umgebracht und sie gemacht wie Staub beim Dreschen.
8 Was aber mehr von Joahas zu sagen ist und alles, was er getan hat, und seine tapferen Taten, siehe, das steht geschrieben in der Chronik der Könige von Israel.
9 Und Joahas legte sich zu seinen Vätern, und man begrub ihn zu Samaria. Und sein Sohn Joas wurde König an seiner Statt.
10 Im siebenunddreißigsten Jahr des Joas, des Königs von Juda, wurde Joas, der Sohn des Joahas, König über Israel und regierte zu Samaria sechzehn Jahre.
11 Und er tat, was dem Herrn mißfiel, und ließ nicht ab von allen Sünden Jerobeams, des Sohnes Nebats, der Israel sündigen machte, sondern wandelte darin.
12 Was aber mehr von Joas zu sagen ist und was er getan hat und seine tapferen Taten, wie er mit Amazja, dem König von Juda, gekämpft hat, siehe, das steht geschrieben in der Chronik der Könige von Israel.
13 Und Joas legte sich zu seinen Vätern, und auf seinen Thron setzte sich Jerobeam. Joas aber wurde begraben zu Samaria bei den Königen von Israel.

Elisas Tod. Joas' Siege über Benhadad

14 Als aber Elisa an der Krankheit erkrankte, an der er sterben sollte, kam Joas, der König von Israel, zu ihm hinab und weinte vor ihm und sprach: Mein Vater, mein Vater! Du Wagen Israels und sein Gespann!
15 Elisa aber sprach zu ihm: Nimm Bogen und Pfeile! Und als er den Bogen und die Pfeile nahm,
16 sprach er zum König von Israel: Spanne mit deiner Hand den Bogen! Und er spannte ihn mit seiner Hand. Und Elisa legte seine Hand auf des Königs Hand
17 und sprach: Tu das Fenster auf nach Osten! Und er tat's auf. Und Elisa sprach: Schieß! Und er schoß. Elisa aber rief: Ein Pfeil des Siegs vom Herrn, ein Pfeil des Siegs gegen Aram! Du wirst die Aramäer schlagen bei Aphek, bis sie aufgerieben sind.

18 Und er sprach: Nimm die Pfeile! Und als er sie nahm, sprach er zum König von Israel: Schlag auf die Erde! Und er schlug dreimal und hielt inne.

19 Da wurde der Mann Gottes zornig auf ihn und sprach: Hättest du fünf- oder sechsmal geschlagen, so hättest du die Aramäer geschlagen, bis sie aufgerieben wären; nun aber wirst du sie nur dreimal schlagen.

20 Als aber Elisa gestorben war und man ihn begraben hatte, fielen streifende Rotten der Moabiter ins Land Jahr um Jahr.

21 Und es begab sich, daß man einen Mann zu Grabe trug. Als man aber einige Leute von ihnen sah, warf man den Mann in Elisas Grab. Und als er die Gebeine Elisas berührte, wurde er lebendig und trat auf seine Füße.

22 Hasaël, der König von Aram, bedrängte Israel, solange Joahas lebte.

23 Aber der HERR gab ihnen Gnade und erbarmte sich ihrer und wandte sich ihnen wieder zu um seines Bundes willen mit Abraham, Isaak und Jakob und wollte sie nicht verderben, verwarf sie auch nicht von seinem Angesicht bis auf diese Stunde.

24 Und Hasaël, der König von Aram, starb, und sein Sohn Benhadad wurde König an seiner Statt.

25 Joas aber gewann die Städte zurück aus der Hand Benhadads, des Sohnes Hasaëls, die er im Kampf seinem Vater Joahas genommen hatte. Dreimal schlug ihn Joas und gewann so die Städte Israels zurück.

Reich Juda und Israel: Amazja von Juda und Joas von Israel

14 Im zweiten Jahr des Joas, des Sohnes des Joahas, des Königs von Israel, wurde Amazja König, der Sohn des Joas, des Königs von Juda.

2 Fünfundzwanzig Jahre alt war er, als er König wurde; und er regierte neunundzwanzig Jahre zu Jerusalem. Seine Mutter hieß Joaddan, aus Jerusalem.

3 Und er tat, was dem HERRN wohlgefiel, doch nicht wie sein Vater David, sondern wie sein Vater Joas tat auch er.

4 Denn die Höhen wurden nicht entfernt, sondern das Volk opferte und räucherte noch auf den Höhen.

5 Als er nun das Königtum fest in seiner Hand hatte, brachte er die Großen um, die seinen Vater, den König, erschlagen hatten.

6 Aber die Söhne der Totschläger tötete er nicht, wie es denn geschrieben steht im Gesetzbuch des Mose, wo der HERR geboten hat: Die Väter sollen nicht um der Söhne willen sterben, und die Söhne sollen nicht um der Väter willen sterben, sondern jeder soll um seiner Sünde willen sterben.

7 Er schlug auch die Edomiter im Salztal, zehntausend Mann, und eroberte die Stadt Sela im Kampf und nannte sie Joktheel bis auf diesen Tag.

8 Und Amazja sandte Boten zu Joas, dem Sohn des Joahas, des Sohnes Jehus, dem König von Israel, und ließ ihm sagen: Komm her, wir wollen uns miteinander messen!

9 Aber Joas, der König von Israel, sandte zu Amazja, dem König von Juda, und antwortete ihm: Der Dornstrauch, der im Libanon ist, sandte zur Zeder im Libanon und ließ ihr sagen: Gib deine Tochter meinem Sohn zur Frau! Aber das Wild auf dem Libanon lief über den Dornstrauch und zertrat ihn.

10 Du hast die Edomiter geschlagen; darüber erhebt sich dein Herz. Habe den Ruhm und bleib daheim! Warum suchst du dein Unglück, daß du zu Fall kommst und Juda mit dir?

11 Aber Amazja hörte nicht darauf. Da zog Joas, der König von Israel, herauf, und sie maßen sich miteinander, er und Amazja, der König von Juda, bei Beth-Schemesch, das in Juda liegt.

12 Aber Juda wurde vor Israel her geschlagen, und sie flohen, jeder in sein Haus.

13 Und Joas, der König von Israel, nahm Amazja gefangen, den Sohn des Joas, des Sohnes des Ahasja, den König von Juda, in Beth-Schemesch und kam nach Jerusalem und riß die Mauer Jerusalems ein von dem Tor Ephraim bis an das Ecktor, vierhundert Ellen lang,

14 und er nahm alles Gold und Silber und Gerät, das gefunden wurde im Hause des HERRN und im Schatz des Königshauses, dazu die Geiseln, und zog nach Samaria zurück.

15 Was aber mehr von Joas zu sagen ist, was er getan hat, und seine tapferen Taten und wie er mit Amazja, dem König von Juda, gekämpft hat, siehe, das steht geschrieben in der Chronik der Könige von Israel.
16 Und Joas legte sich zu seinen Vätern und wurde begraben zu Samaria bei den Königen von Israel. Und sein Sohn Jerobeam wurde König an seiner Statt.
17 Amazja aber, der Sohn des Joas, des Königs von Juda, lebte nach dem Tod des Joas, des Sohnes des Joahas, des Königs von Israel, noch fünfzehn Jahre.
18 Was aber mehr von Amazja zu sagen ist, das steht geschrieben in der Chronik der Könige von Juda.
19 Und sie machten eine Verschwörung gegen ihn in Jerusalem; er aber floh nach Lachisch. Und sie sandten hin, ihm nach, bis nach Lachisch und töteten ihn dort.
20 Und sie brachten ihn auf Rossen, und er wurde begraben zu Jerusalem bei seinen Vätern in der Stadt Davids.
21 Und das ganze Volk von Juda nahm Asarja in seinem sechzehnten Jahr und machte ihn zum König anstatt seines Vaters Amazja.
22 Er baute Elath aus und brachte es wieder an Juda, nachdem der König sich zu seinen Vätern gelegt hatte.

Reich Israel: Jerobeam der Zweite

23 Im fünfzehnten Jahr Amazjas, des Sohnes des Joas, des Königs von Juda, wurde Jerobeam, der Sohn des Joas, König über Israel und regierte zu Samaria einundvierzig Jahre.
24 Und er tat, was dem Herrn mißfiel, und ließ nicht ab von allen Sünden Jerobeams, des Sohnes Nebats, der Israel sündigen machte.
25 Er stellte wieder her das Gebiet Israels von Hamath bis ans Salzmeer nach dem Wort des Herrn, des Gottes Israels, das er geredet hatte durch seinen Knecht Jona, den Sohn Amittais, den Propheten, der von Gath-Hepher war.
26 Denn der Herr sah den bitteren Jammer Israels an, daß sie allesamt dahin waren und kein Helfer in Israel war.
27 Und der Herr hatte nicht gesagt, daß er den Namen Israels austilgen wollte unter dem Himmel, und errettete sie durch Jerobeam, den Sohn des Joas.
28 Was aber mehr von Jerobeam zu sagen ist und alles, was er getan hat, und seine tapferen Taten, wie er gekämpft hat, und wie er Damaskus und Hamath wieder an Israel gebracht hat, siehe, das steht geschrieben in der Chronik der Könige von Israel.
29 Und Jerobeam legte sich zu seinen Vätern, den Königen von Israel. Und sein Sohn Sacharja wurde König an seiner Statt.

Reich Juda: Asarja (Usia)

15 Im siebenundzwanzigsten Jahr Jerobeams, des Königs von Israel, wurde Asarja* König, der Sohn Amazjas, des Königs von Juda.
2 Sechzehn Jahre war er alt, als er König wurde, und er regierte zweiundfünfzig Jahre zu Jerusalem. Seine Mutter hieß Jecholja, aus Jerusalem.
3 Und er tat, was dem Herrn wohlgefiel, ganz wie sein Vater Amazja,
4 nur, daß die Höhen nicht entfernt wurden; denn das Volk opferte und räucherte noch auf den Höhen.
5 Der Herr aber plagte den König, daß er aussätzig war bis an seinen Tod, und er wohnte in einem besonderen Hause. Jotham aber, der Sohn des Königs, stand dem Hause des Königs vor und richtete das Volk des Landes. –
6 Was aber mehr von Asarja zu sagen ist und alles, was er getan hat, siehe, das steht geschrieben in der Chronik der Könige von Juda.
7 Und Asarja legte sich zu seinen Vätern, und man begrub ihn bei seinen Vätern in der Stadt Davids. Und sein Sohn Jotham wurde König an seiner Statt.

Reich Israel: Sacharja. Schallum. Menahem. Pekachja. Pekach. Anfang der assyrischen Gefangenschaft

8 Im achtunddreißigsten Jahr Asarjas, des Königs von Juda, wurde Sacharja, der Sohn Jerobeams, König über Israel und regierte zu Samaria sechs Monate.
9 Und er tat, was dem Herrn mißfiel, wie seine Väter getan hatten. Er ließ nicht ab von den Sünden Jerobeams, des Sohnes Nebats, der Israel sündigen machte.
10 Und Schallum, der Sohn des Jabesch, machte eine Verschwörung gegen ihn und

* Asarja trägt auch den Namen Usia.

schlug ihn tot und wurde König an seiner Statt. –

11 Was aber mehr von Sacharja zu sagen ist, siehe, das steht geschrieben in der Chronik der Könige von Israel.

12 Und das ist's, was der HERR zu Jehu geredet hatte: Dir sollen Söhne auf dem Thron Israels sitzen bis ins vierte Glied. Und so ist es geschehen.

13 Schallum aber, der Sohn des Jabesch, wurde König im neununddreißigsten Jahr Usias, des Königs von Juda, und regierte einen Monat zu Samaria.

14 Denn Menahem, der Sohn Gadis, zog herauf von Tirza und kam nach Samaria und schlug Schallum, den Sohn des Jabesch, in Samaria tot und wurde König an seiner Statt.

15 Was aber mehr von Schallum zu sagen ist und seine Verschwörung, die er gemacht hat, siehe, das steht geschrieben in der Chronik der Könige von Israel.

16 Damals schlug Menahem die Stadt Tiphsach und alle, die darin waren, und ihr Gebiet von Tirza aus, weil sie ihn nicht einlassen wollten, und schlug sie, und alle ihre Schwangeren ließ er aufschlitzen.

17 Im neununddreißigsten Jahr Asarjas, des Königs von Juda, wurde Menahem, der Sohn Gadis, König über Israel und regierte zehn Jahre zu Samaria.

18 Und er tat, was dem HERRN mißfiel. Er ließ sein Leben lang nicht ab von den Sünden Jerobeams, des Sohnes Nebats, der Israel sündigen machte.

19 Und es kam Pul, der König von Assyrien*, ins Land. Und Menahem gab Pul tausend Zentner Silber, damit er's mit ihm hielte und sein Königtum befestigte.

20 Und Menahem legte eine Steuer auf die Reichsten in Israel, fünfzig Silberstücke auf jeden Mann, um es dem König von Assyrien zu geben. So zog der König von Assyrien wieder heim und blieb nicht im Lande.

21 Was aber mehr von Menahem zu sagen ist und alles, was er getan hat, siehe, das steht geschrieben in der Chronik der Könige von Israel.

22 Und Menahem legte sich zu seinen Vätern, und sein Sohn Pekachja wurde König an seiner Statt.

*Sein eigentlicher Name ist Tiglath-Pileser; als König von Babel wird er auch Pul genannt.

23 Im fünfzigsten Jahr Asarjas, des Königs von Juda, wurde Pekachja, der Sohn Menahems, König über Israel und regierte zu Samaria zwei Jahre.

24 Und er tat, was dem HERRN mißfiel, denn er ließ nicht ab von der Sünde Jerobeams, des Sohnes Nebats, der Israel sündigen machte.

25 Und es machte Pekach, der Sohn Remaljas, sein Ritter, eine Verschwörung gegen ihn – und mit ihm waren fünfzig Mann von den Gileaditern – und schlug ihn tot in Samaria im Burgturm des Königshauses samt Argob und Arje und wurde König an seiner Statt. –

26 Was aber mehr von Pekachja zu sagen ist und alles, was er getan hat, siehe, das steht geschrieben in der Chronik der Könige von Israel.

27 Im zweiundfünfzigsten Jahr Asarjas, des Königs von Juda, wurde Pekach, der Sohn Remaljas, König über Israel und regierte zu Samaria zwanzig Jahre.

28 Und er tat, was dem HERRN mißfiel, denn er ließ nicht ab von der Sünde Jerobeams, des Sohnes Nebats, der Israel sündigen machte.

29 Zu der Zeit Pekachs, des Königs von Israel, kam Tiglath-Pileser, der König von Assyrien, und nahm Ijjon, Abel-Beth-Maacha, Janoach, Kedesch, Hazor, Gilead und von Galiläa das ganze Land Naphthali und führte sie weg nach Assyrien.

30 Und Hosea, der Sohn Elas, machte eine Verschwörung gegen Pekach, den Sohn Remaljas, und schlug ihn tot und wurde König an seiner Statt im zwanzigsten Jahr Jothams, des Sohnes Usias. –

31 Was aber mehr von Pekach zu sagen ist und alles, was er getan hat, siehe, das steht geschrieben in der Chronik der Könige von Israel.

Reich Juda: Jotham

32 Im zweiten Jahr Pekachs, des Sohnes Remaljas, des Königs von Israel, wurde Jotham König, der Sohn Usias, des Königs von Juda.

33 Er war fünfundzwanzig Jahre alt, als er König wurde; und er regierte sechzehn Jahre zu Jerusalem. Seine Mutter hieß Jeruscha, eine Tochter Zadoks.

34 Und er tat, was dem HERRN wohlgefiel, ganz wie sein Vater Usia getan hatte,

35 nur, daß die Höhen nicht entfernt
wurden; denn das Volk opferte und räu-
cherte noch auf den Höhen. Er baute das
obere Tor am Hause des HERRN. –

36 Was aber mehr von Jotham zu sagen
ist und alles, was er getan hat, siehe, das
steht geschrieben in der Chronik der
Könige von Juda.

37 Zu der Zeit begann der HERR, gegen
Juda zu senden Rezin, den König von
Aram, und Pekach, den Sohn Remaljas.

38 Und Jotham legte sich zu seinen Vä-
tern und wurde begraben bei seinen Vä-
tern in der Stadt Davids, seines Vaters.
Und sein Sohn Ahas wurde König an
seiner Statt.

Reich Juda: Ahas stellt einen heidnischen Altar auf und baut den Tempel um

16 Im siebzehnten Jahr Pekachs, des
Sohnes Remaljas, wurde Ahas Kö-
nig, der Sohn Jothams, des Königs von
Juda.

2 Zwanzig Jahre war Ahas alt, als er
König wurde; und er regierte sechzehn
Jahre zu Jerusalem. Und er tat nicht, was
dem HERRN, seinem Gott, wohlgefiel,
wie sein Vater David,

3 denn er wandelte auf dem Wege der
Könige von Israel. Dazu ließ er seinen
Sohn durchs Feuer gehen nach den greu-
lichen Sitten der Heiden, die der HERR
vor den Kindern Israel vertrieben hatte,

4 und brachte Opfer dar und räucherte
auf den Höhen und auf den Hügeln und
unter allen grünen Bäumen.

5 Damals zogen Rezin, der König von
Aram, und Pekach, der Sohn Remaljas,
der König von Israel, hinauf, um gegen
Jerusalem zu kämpfen, und belagerten
Ahas in der Stadt; aber sie konnten sie
nicht erobern.

6 Zu dieser Zeit brachte Rezin, der Kö-
nig von Aram, Elath wieder an Edom und
vertrieb die Judäer aus Elath. Danach
kamen die Edomiter und wohnten darin
bis auf diesen Tag.

7 Aber Ahas sandte Boten zu Tiglath-
Pileser, dem König von Assyrien, und ließ
ihm sagen: Ich bin dein Knecht und dein
Sohn. Komm herauf und hilf mir aus der
Hand des Königs von Aram und des Kö-
nigs von Israel, die sich gegen mich auf-
gemacht haben!

8 Und Ahas nahm das Silber und Gold,
das sich in dem Hause des HERRN und in
den Schätzen des Königshauses fand, und
sandte dem König von Assyrien Ge-
schenke.

9 Und der König von Assyrien hörte
auf ihn und zog herauf gegen Damaskus
und eroberte es und führte die Einwohner
weg nach Kir und tötete Rezin.

10 Und der König Ahas zog Tiglath-
Pileser entgegen, dem König von As-
syrien, nach Damaskus. Und als er den
Altar sah, der in Damaskus war, sandte
der König Ahas zum Priester Uria Maße
und Abbild des Altars, ganz wie dieser ge-
macht war.

11 Und der Priester Uria baute einen
Altar und machte ihn so, wie der König
Ahas zu ihm gesandt hatte von Damaskus,
bis er selbst von Damaskus kam.

12 Und als der König aus Damaskus
zurückkam und den Altar sah, trat er
heran, stieg hinauf

13 und verbrannte darauf sein Brand-
opfer und Speisopfer und goß darauf sein
Trankopfer und sprengte das Blut der
Dankopfer, die er opferte, an den Altar.

14 Aber den kupfernen Altar, der vor
dem HERRN stand, tat er weg, damit er
nicht stehe zwischen dem Altar und dem
Hause des HERRN, sondern setzte ihn an
die Seite des neuen Altars gegen Norden.

15 Und der König Ahas gebot dem Prie-
ster Uria: Auf dem großen Altar sollst du
anzünden die Brandopfer des Morgens
und die Speisopfer des Abends und die
Brandopfer des Königs und sein Speis-
opfer und die Brandopfer des ganzen
Volks samt ihrem Speisopfer und Trank-
opfer; und alles Blut der Brandopfer und
das Blut der Schlachtopfer sollst du daran
sprengen. Aber wegen des kupfernen
Altars will ich bedenken, was ich mache.

16 Der Priester Uria tat alles, was ihm
der König Ahas geboten hatte.

17 Und der König Ahas brach die Lei-
sten der Gestelle ab und nahm die Kessel
von ihnen herunter. Und das Meer nahm
er von den kupfernen Rindern herunter,
die darunter waren, und setzte es auf ein
steinernes Pflaster.

18 Auch die bedeckte Sabbathalle, die
am Tempel gebaut war, und den äuße-
ren Königseingang am Hause des HERRN

änderte er, dem König von Assyrien zu-
liebe.
19 Was aber mehr von Ahas zu sagen
ist, was er getan hat, siehe, das steht ge-
schrieben in der Chronik der Könige von
Juda.
20 Und Ahas legte sich zu seinen Vätern
und wurde begraben bei seinen Vätern in
der Stadt Davids. Und sein Sohn Hiskia
wurde König an seiner Statt.

Reich Israel: Hosea letzter König. Eroberung Samarias. Die assyrische Gefangenschaft

17 Im zwölften Jahr des Ahas, des Kö-
nigs von Juda, wurde Hosea, der
Sohn Elas, König über Israel und regierte
zu Samaria neun Jahre.
2 Und er tat, was dem HERRN mißfiel,
doch nicht wie die Könige von Israel, die
vor ihm waren.
3 Gegen ihn zog herauf Salmanasser,
der König von Assyrien. Und Hosea
wurde ihm untertan und brachte ihm Ab-
gaben.
4 Als aber der König von Assyrien inne-
wurde, daß Hosea eine Verschwörung ge-
macht und Boten gesandt hatte zu So,
dem König von Ägypten, und keine Ab-
gaben dem König von Assyrien brachte
wie alle Jahre, nahm er ihn fest und legte
ihn ins Gefängnis.
5 Und der König von Assyrien zog
durch das ganze Land und gegen Samaria
und belagerte es drei Jahre lang.
6 Und im neunten Jahr Hoseas eroberte
der König von Assyrien Samaria und
führte Israel weg nach Assyrien und ließ
sie wohnen in Helach und am Habor, dem
Fluß von Gosan, und in den Städten der
Meder.

Der Grund für die Verwerfung des Reiches Israel

7 Denn die Kinder Israel hatten gegen
den HERRN, ihren Gott, gesündigt, der sie
aus Ägyptenland geführt hatte, aus der
Hand des Pharao, des Königs von Ägyp-
ten, und fürchteten andere Götter
8 und wandelten nach den Satzungen
der Heiden, die der HERR vor Israel ver-
trieben hatte, und taten wie die Könige
von Israel.
9 Und die Kinder Israel ersannen, was
nicht recht war gegen den HERRN, ihren
Gott, so daß sie sich Höhen bauten in
allen Orten, von den Wachttürmen bis zu
den festen Städten,
10 und richteten Steinmale auf und
Ascherabilder auf allen hohen Hügeln
und unter allen grünen Bäumen
11 und opferten auf allen Höhen wie die
Heiden, die der HERR vor ihnen wegge-
trieben hatte, und trieben böse Dinge, wo-
mit sie den HERRN erzürnten,
12 und dienten den Götzen, von denen
der HERR zu ihnen gesagt hatte: Das sollt
ihr nicht tun!
13 Und doch hatte der HERR Israel und
Juda gewarnt durch alle Propheten und
alle Seher und ihnen sagen lassen: Kehrt
um von euren bösen Wegen und haltet
meine Gebote und Rechte nach dem gan-
zen Gesetz, das ich euren Vätern geboten
habe und das ich zu euch gesandt habe
durch meine Knechte, die Propheten.
14 Aber sie gehorchten nicht, sondern
versteiften ihren Nacken wie ihre Väter,
die nicht an den HERRN, ihren Gott, glaub-
ten.
15 Dazu verachteten sie seine Gebote
und seinen Bund, den er mit ihren Vätern
geschlossen hatte, und seine Warnungen,
die er ihnen gab, und wandelten ihren
nichtigen Götzen nach und trieben Nich-
tiges. Sie taten wie die Heiden um sie her,
von denen der HERR ihnen geboten hatte,
sie sollten nicht wie diese tun.
16 Aber sie verließen alle Gebote des
HERRN, ihres Gottes, und machten sich
zwei gegossene Kälber und ein Bild der
Aschera und beteten alles Heer des Him-
mels an und dienten Baal
17 und ließen ihre Söhne und Töchter
durchs Feuer gehen und gingen mit Wahr-
sagen und Zauberei um und verkauften
sich, zu tun, was dem HERRN mißfiel, um
ihn zu erzürnen.
18 Da wurde der HERR sehr zornig über
Israel und tat es von seinem Angesicht
weg, so daß nichts übrigblieb als der
Stamm Juda allein. –
19 Auch Juda hielt nicht die Gebote des
HERRN, seines Gottes, sondern wandelte
nach den Satzungen, nach denen Israel
gelebt hatte. –
20 Darum verwarf der HERR das ganze
Geschlecht Israel und bedrängte sie und

gab sie in die Hände der Räuber, bis er sie von seinem Angesicht wegstieß.

21 Denn der Herr riß Israel vom Hause David los, und sie machten zum König Jerobeam, den Sohn Nebats. Der wandte Israel ab vom HERRN und machte, daß sie schwer sündigten.

22 So wandelte Israel in allen Sünden Jerobeams, die er getan hatte, und sie ließen nicht davon ab,

23 bis der HERR Israel von seinem Angesicht wegtat, wie er geredet hatte durch alle seine Knechte, die Propheten. So wurde Israel aus seinem Lande weggeführt nach Assyrien bis auf diesen Tag.

Die Entstehung des Volkes der Samaritaner

24 Der König von Assyrien aber ließ Leute von Babel kommen, von Kutha, von Awwa, von Hamath und Sepharwajim, und ließ sie wohnen in den Städten von Samarien an Israels Statt. Und sie nahmen Samarien ein und wohnten in seinen Städten.

25 Als sie aber anfingen, dort zu wohnen, und den HERRN nicht fürchteten, sandte der HERR unter sie Löwen, die töteten sie.

26 Und man ließ dem König von Assyrien sagen: Die Völker, die du hergebracht und mit denen du die Städte Samariens besetzt hast, wissen nichts von der Verehrung des Gottes dieses Landes. Darum hat er Löwen unter sie gesandt, und siehe, diese töten sie, weil sie nichts wissen von der Verehrung des Gottes dieses Landes.

27 Der König von Assyrien gebot: Bringt dorthin einen der Priester, die von dort weggeführt sind; er ziehe hin und wohne dort und lehre sie die Verehrung des Gottes des Landes.

28 Da kam einer der Priester, die von Samarien weggeführt waren, und wohnte in Bethel und lehrte sie, wie sie den HERRN fürchten sollten.

29 Aber jedes Volk machte sich seinen Gott und tat ihn in die Heiligtümer auf den Höhen, die die Samaritaner gemacht hatten, jedes Volk in seinen Städten, in denen es wohnte.

30 Die von Babel machten sich Sukkoth-Benoth, die von Kutha machten sich Nergal, die von Hamath machten sich Aschima,

31 die von Awwa machten sich Nibhas und Tartak; die von Sepharwajim verbrannten ihre Söhne dem Adrammelech und Anammelech, den Göttern derer von Sepharwajim.

32 Und weil sie auch den HERRN fürchteten, bestellten sie sich Priester auf den Höhen aus allem Volk unter ihnen; die opferten für sie in den Heiligtümern auf den Höhen.

33 So fürchteten sie den HERRN, dienten aber auch den Göttern nach dem Brauch der Völker, von denen man sie hergebracht hatte.

34 Und bis auf diesen Tag tun sie nach den früheren Bräuchen: sie fürchten weder den HERRN, noch halten sie Satzungen und Rechte nach dem Gesetz und Gebot, das der HERR geboten hat den Söhnen Jakobs, dem er den Namen Israel gab,

35 hatte doch der HERR einen Bund mit ihnen geschlossen und ihnen geboten: Fürchtet keine andern Götter und betet sie nicht an und dienet ihnen nicht und opfert ihnen nicht,

36 sondern den HERRN, der euch aus Ägyptenland geführt hat mit großer Kraft und ausgestrecktem Arm, den fürchtet, den betet an und dem opfert.

37 Und die Satzungen, Rechte, Gesetze und Gebote, die er euch hat aufschreiben lassen, die haltet, daß ihr danach tut allezeit, und fürchtet nicht andere Götter.

38 Und vergeßt nicht den Bund, den er mit euch geschlossen hat, und fürchtet nicht andere Götter,

39 sondern fürchtet den HERRN, euren Gott; der wird euch erretten von allen euren Feinden.

40 Aber sie gehorchten nicht, sondern taten nach ihren früheren Bräuchen.

41 So fürchteten diese Völker den HERRN und dienten zugleich ihren Götzen. Auch ihre Kinder und Kindeskinder tun, wie ihre Väter getan haben, bis auf diesen Tag.

Reich Juda: Hiskia

18 Im dritten Jahr Hoseas, des Sohnes Elas, des Königs von Israel, wurde Hiskia König, der Sohn des Ahas, des Königs von Juda.

2 Er war fünfundzwanzig Jahre alt, als er König wurde; und er regierte neunund-

zwanzig Jahre zu Jerusalem. Seine Mutter hieß Abi, eine Tochter Sacharjas.

3 Und er tat, was dem HERRN wohlgefiel, ganz wie sein Vater David.

4 Er entfernte die Höhen und zerbrach die Steinmale und hieb das Bild der Aschera um und zerschlug die eherne Schlange, die Mose gemacht hatte. Denn bis zu dieser Zeit hatte ihr Israel geräuchert, und man nannte sie Nehuschtan.

5 Er vertraute dem HERRN, dem Gott Israels, so daß unter allen Königen von Juda seinesgleichen nach ihm nicht war noch vor ihm gewesen ist.

6 Er hing dem HERRN an und wich nicht von ihm ab und hielt seine Gebote, die der HERR dem Mose geboten hatte.

7 Und der HERR war mit ihm, und alles, was er sich vornahm, gelang ihm.

Und er wurde abtrünnig vom König von Assyrien und war ihm nicht mehr untertan.

8 Er schlug auch die Philister bis nach Gaza und seinem Gebiet, von den Wachttürmen bis zu den festen Städten.

9 Im vierten Jahr Hiskias, des Königs von Juda – das war das siebente Jahr Hoseas, des Sohnes Elas, des Königs von Israel –, zog Salmanasser, der König von Assyrien, herauf gegen Samaria und belagerte es

10 und nahm es ein nach drei Jahren. Im sechsten Jahr Hiskias, das ist im neunten Jahr Hoseas, des Königs von Israel, wurde Samaria eingenommen.

11 Und der König von Assyrien führte Israel weg nach Assyrien und ließ sie wohnen in Helach und am Habor, dem Fluß von Gosan, und in den Städten der Meder,

12 weil sie nicht gehorcht hatten der Stimme des HERRN, ihres Gottes, und seinen Bund übertreten hatten und alles, was Mose, der Knecht des HERRN, geboten hatte; sie hatten nicht gehorcht und nicht danach getan.

Sanherib zieht gegen Jerusalem

13 Im vierzehnten Jahr des Königs Hiskia zog herauf Sanherib, der König von Assyrien, gegen alle festen Städte Judas und nahm sie ein.

14 Da sandte Hiskia, der König von Juda, zum König von Assyrien nach Lachisch und ließ ihm sagen: Ich hab Unrecht getan, zieh weg von mir. Was du mir auferlegst, will ich tragen. Da legte der König von Assyrien Hiskia, dem König von Juda, dreihundert Zentner Silber auf und dreißig Zentner Gold.

15 So gab Hiskia all das Silber, das sich im Hause des HERRN und in den Schätzen des Hauses des Königs fand.

16 Zur selben Zeit zerbrach Hiskia, der König von Juda, die Türen am Tempel des HERRN und das Goldblech, das er selbst hatte darüberziehen lassen, und gab es dem König von Assyrien.

17 Und der König von Assyrien sandte den Tartan und den Rabsaris und den Rabschake von Lachisch zum König Hiskia mit großer Heeresmacht nach Jerusalem, und sie zogen hinauf. Und als sie hinkamen, hielten sie an der Wasserleitung des oberen Teiches, der an der Straße bei dem Acker des Walkers liegt.

18 Und sie riefen nach dem Könige. Da kamen zu ihnen heraus der Hofmeister Eljakim, der Sohn Hilkias, und der Schreiber Schebna und der Kanzler Joach, der Sohn Asaphs.

19 Und der Rabschake sprach zu ihnen: Sagt doch dem König Hiskia: So spricht der große König, der König von Assyrien: Was ist das für ein Vertrauen, das du da hast?

20 Meinst du, bloße Worte seien schon Rat und Macht zum Kämpfen? Auf wen verläßt du dich denn, daß du von mir abtrünnig geworden bist?

21 Siehe, verläßt du dich auf diesen zerbrochenen Rohrstab, auf Ägypten, der jedem, der sich darauf stützt, in die Hand dringen und sie durchbohren wird? So ist der Pharao, der König von Ägypten, für alle, die sich auf ihn verlassen.

22 Oder wollt ihr zu mir sagen: Wir verlassen uns auf den HERRN, unsern Gott! Ist er es denn nicht, dessen Höhen und Altäre Hiskia entfernt und zu Juda und zu Jerusalem gesagt hat: Nur vor diesem Altar, der in Jerusalem ist, sollt ihr anbeten?

23 Wohlan, nimm eine Wette an mit meinem Herrn, dem König von Assyrien: Ich will dir zweitausend Rosse geben, ob du Reiter dazu stellen kannst?

24 Wie willst du denn zurücktreiben

auch nur einen der Geringsten von mei-
nes Herrn Untertanen? Und du verläßt
dich auf Ägypten um der Wagen und Ge-
spanne willen.
25 Meinst du aber, ich sei ohne den
Herrn heraufgezogen, daß ich diese Stät-
te verderbe? Der Herr hat mir's geboten:
Zieh hinauf in dies Land und verdirb es!
26 Da sprachen Eljakim, der Sohn Hil-
kias, und Schebna und Joach zum Rab-
schake: Rede mit deinen Knechten ara-
mäisch, denn wir verstehen's, und rede
nicht mit uns hebräisch vor den Ohren des
Volks, das auf der Mauer ist.
27 Aber der Rabschake sprach zu ihnen:
Hat mich denn mein Herr zu deinem
Herrn oder zu dir gesandt, daß ich solche
Worte rede, und nicht vielmehr zu den
Männern, die auf der Mauer sitzen, daß
sie mit euch ihren eigenen Mist fressen
und ihren Harn saufen?
28 Da trat der Rabschake hin und rief
mit lauter Stimme auf hebräisch und
sprach: Hört das Wort des großen Kö-
nigs, des Königs von Assyrien!
29 So spricht der König: Laßt euch von
Hiskia nicht betrügen, denn er vermag
euch nicht zu erretten aus meiner Hand.
30 Und laßt euch von Hiskia nicht ver-
trösten auf den Herrn, wenn er sagt: Der
Herr wird uns erretten, und diese Stadt
wird nicht in die Hände des Königs von
Assyrien gegeben werden.
31 Hört nicht auf Hiskia! Denn so
spricht der König von Assyrien: Schließt
Freundschaft mit mir und kommt zu mir
heraus, so soll jedermann von seinem
Weinstock und seinem Feigenbaum essen
und von seinem Brunnen trinken,
32 bis ich komme und euch hole in ein
Land, das eurem Lande gleich ist, darin
Korn, Wein, Brot, Weinberge, Ölbäume
und Honig sind; dann werdet ihr am Le-
ben bleiben und nicht sterben. Hört nicht
auf Hiskia, denn er verführt euch, wenn
er spricht: Der Herr wird uns erretten.
33 Haben etwa die Götter der andern
Völker ihr Land errettet aus der Hand des
Königs von Assyrien?
34 Wo sind die Götter von Hamath und
Arpad? Wo sind die Götter von Sephar-
wajim, Hena und Iwwa? Wo sind die Göt-
ter des Landes Samarien? Haben sie Sa-
maria errettet aus meiner Hand?
35 Wo ist ein Gott unter den Göttern
aller Länder, der sein Land aus meiner
Hand errettet hätte, daß allein der Herr
Jerusalem aus meiner Hand erretten soll-
te?
36 Das Volk aber schwieg still und ant-
wortete ihm nichts, denn der König hatte
geboten: Antwortet ihm nichts.
37 Da kamen der Hofmeister Eljakim,
der Sohn Hilkias, und der Schreiber
Schebna und der Kanzler Joach, der Sohn
Asaphs, zu Hiskia mit zerrissenen Klei-
dern und sagten ihm die Worte des Rab-
schake an.

Hiskias Gebet. Jesaja verheißt Rettung

19 Als der König Hiskia das hörte, zer-
riß er seine Kleider und legte einen
Sack an und ging in das Haus des Herrn.
2 Und er sandte den Hofmeister Elja-
kim und den Schreiber Schebna samt den
Ältesten der Priester, mit Säcken angetan,
zu dem Propheten Jesaja, dem Sohn des
Amoz.
3 Und sie sprachen zu ihm: So sagt
Hiskia: Das ist ein Tag der Not, der
Strafe und der Schmach – wie wenn Kin-
der eben geboren werden sollen, aber die
Kraft fehlt, sie zu gebären.
4 Vielleicht hört der Herr, dein Gott,
alle Worte des Rabschake, den sein Herr,
der König von Assyrien, gesandt hat, um
hohnzusprechen dem lebendigen Gott,
und straft die Worte, die der Herr, dein
Gott, gehört hat. So erhebe dein Gebet
für die Übriggebliebenen, die noch vor-
handen sind.
5 Und als die Großen des Königs Hiskia
zu Jesaja kamen,
6 sprach Jesaja zu ihnen: So sagt eurem
Herrn: So spricht der Herr: Fürchte dich
nicht vor den Worten, die du gehört hast,
mit denen mich die Knechte des Königs
von Assyrien gelästert haben.
7 Siehe, ich will einen Geist über ihn
bringen, daß er ein Gerücht hören und in
sein Land zurückziehen wird, und will ihn
durchs Schwert fällen in seinem Lande.
8 Und als der Rabschake zurückkam,
fand er den König von Assyrien gegen
Libna kämpfen, denn er hatte gehört, daß
er von Lachisch abgezogen war.
9 Der König von Assyrien hatte näm-
lich gehört über Tirhaka, den König von

Kusch: Siehe, er ist ausgezogen, mit dir
zu kämpfen. Da sandte er abermals Boten
zu Hiskia und ließ ihm sagen:
10 So sprecht zu Hiskia, dem König von
Juda: Laß dich von deinem Gott nicht be-
trügen, auf den du dich verläßt und
sprichst: Jerusalem wird nicht in die Hand
des Königs von Assyrien gegeben werden.
11 Siehe, du hast gehört, was die Könige
von Assyrien allen Ländern getan haben,
daß sie den Bann an ihnen vollstreckten,
und du allein solltest errettet werden?
12 Haben die Götter der Völker, die von
meinen Vätern vernichtet sind, sie eret-
tet: Gosan, Haran, Rezeph und die Leute
von Eden, die zu Telassar waren?
13 Wo ist der König von Hamath, der
König von Arpad und der König der
Stadt Sepharwajim, von Hena und Iwwa?
14 Als Hiskia den Brief von den Boten
empfangen und gelesen hatte, ging er hin-
auf zum Hause des HERRN und breitete
ihn aus vor dem HERRN
15 und betete vor dem HERRN und
sprach: HERR, Gott Israels, der du über
den Cherubim thronst, du bist allein Gott
über alle Königreiche auf Erden, du hast
Himmel und Erde gemacht.
16 HERR, neige deine Ohren und höre,
tu deine Augen auf und sieh und höre die
Worte Sanheribs, der hergesandt hat, um
dem lebendigen Gott hohnzusprechen.
17 Es ist wahr, HERR, die Könige von
Assyrien haben die Völker mit dem
Schwert umgebracht und ihre Länder
verwüstet
18 und haben ihre Götter ins Feuer ge-
worfen, denn es waren nicht Götter, son-
dern Werk von Menschenhänden, Holz
und Stein; darum haben sie sie vertilgt.
19 Nun aber, HERR, unser Gott, errette
uns aus seiner Hand, damit alle König-
reiche auf Erden erkennen, daß du, HERR,
allein Gott bist.
20 Da sandte Jesaja, der Sohn des Amoz,
zu Hiskia und ließ ihm sagen: So spricht
der HERR, der Gott Israels: Was du zu
mir gebetet hast um Sanheribs willen, des
Königs von Assyrien, das habe ich gehört.
21 Das ist's, was der HERR gegen ihn ge-
redet hat: Die Jungfrau, die Tochter Zion,
verachtet dich und spottet deiner. Die
Tochter Jerusalem schüttelt ihr Haupt
hinter dir her.
22 Wen hast du gehöhnt und gelästert?
Über wen hast du deine Stimme erhoben?
Du hast deine Augen erhoben wider den
Heiligen Israels!
23 Du hast den HERRN durch deine
Boten verhöhnt und gesagt: Ich bin mit
der Menge meiner Wagen auf die Höhen
der Berge gestiegen, in den innersten Li-
banon. Ich habe seine hohen Zedern und
auserlesenen Zypressen abgehauen und
bin gekommen bis zur äußersten Herberge
darin im dichtesten Walde.
24 Ich habe gegraben und getrunken die
fremden Wasser und werde austrocknen
mit meinen Fußsohlen alle Flüsse Ägyp-
tens. –
25 Hast du nicht gehört, daß ich es
lange zuvor bereitet und von Anfang an
geplant habe? Nun aber habe ich's kom-
men lassen, daß du feste Städte zerstör-
test zu wüsten Steinhaufen.
26 Und die darin wohnen, wurden ohne
Kraft und fürchteten sich und wurden zu-
schanden. Sie wurden wie das Gras auf
dem Felde und wie das grüne Kraut, wie
Gras auf den Dächern, das verdorrt, ehe
es reif wird.
27 Ich weiß von deinem Aufstehen und
Sitzen, deinem Ausziehen und Einziehen,
und daß du tobst gegen mich.
28 Weil du denn gegen mich tobst und
dein Übermut vor meine Ohren gekom-
men ist, so will ich dir meinen Ring in
deine Nase legen und meinen Zaum in
dein Maul und will dich den Weg wieder
zurückführen, den du hergekommen bist.
29 Und das sei dir, Hiskia, ein Zeichen:
In diesem Jahr iß, was von selber nach-
wächst, im nächsten Jahr, was auch dann
noch wächst, im dritten Jahr sät und
erntet und pflanzt Weinberge und eßt ihre
Früchte.
30 Und was vom Hause Juda errettet
und übriggeblieben ist, wird von neuem
nach unten Wurzeln schlagen und oben
Frucht tragen.
31 Denn von Jerusalem werden aus-
gehen, die übriggeblieben sind, und die
Erretteten vom Berge Zion. Der Eifer des
HERRN Zebaoth wird solches tun.
32 Darum spricht der HERR über den Kö-
nig von Assyrien: Er soll nicht in diese Stadt
kommen und keinen Pfeil hineinschießen
und mit keinem Schild davorkommen

und soll keinen Wall gegen sie aufschütten,

33 sondern er soll den Weg wieder zurückziehen, den er gekommen ist, und soll in diese Stadt nicht kommen; der HERR sagt's.

34 Und ich will diese Stadt beschirmen, daß ich sie errette um meinetwillen und um meines Knechtes David willen.

35 Und in dieser Nacht fuhr aus der Engel des HERRN und schlug im Lager von Assyrien hundertfünfundachtzigtausend Mann. Und als man sich früh am Morgen aufmachte, siehe, da lag alles voller Leichen.

36 So brach Sanherib, der König von Assyrien, auf und zog ab, kehrte um und blieb zu Ninive.

37 Und als er anbetete im Haus seines Gottes Nisroch, erschlugen ihn mit dem Schwert seine Söhne Adrammelech und Sarezer, und sie entkamen ins Land Ararat. Und sein Sohn Asar-Haddon wurde König an seiner Statt.

Hiskias Krankheit und Genesung

20 Zu dieser Zeit wurde Hiskia todkrank. Und der Prophet Jesaja, der Sohn des Amoz, kam zu ihm und sprach zu ihm: So spricht der HERR: Bestelle dein Haus, denn du wirst sterben und nicht am Leben bleiben.

2 Er aber wandte sein Antlitz zur Wand und betete zum HERRN und sprach:

3 Ach, HERR, gedenke doch, daß ich vor dir in Treue und mit rechtschaffenem Herzen gewandelt bin und getan habe, was dir wohlgefällt. Und Hiskia weinte sehr.

4 Als aber Jesaja noch nicht zum mittleren Hof hinausgegangen war, kam des HERRN Wort zu ihm:

5 Kehre um und sage Hiskia, dem Fürsten meines Volks: So spricht der HERR, der Gott deines Vaters David: Ich habe dein Gebet gehört und deine Tränen gesehen. Siehe, ich will dich gesund machen – am dritten Tage wirst du hinauf in das Haus des HERRN gehen –,

6 und ich will fünfzehn Jahre zu deinem Leben hinzutun und dich und diese Stadt erretten vor dem König von Assyrien und diese Stadt beschirmen um meinetwillen und um meines Knechtes David willen.

7 Und Jesaja sprach: Bringt her ein Pflaster von Feigen! Und als sie das brachten, legten sie es auf das Geschwür, und er wurde gesund.

8 Hiskia aber sprach zu Jesaja: Was ist das Zeichen, daß mich der HERR gesund machen wird und ich in des HERRN Haus hinaufgehen werde am dritten Tage?

9 Jesaja sprach: Dies Zeichen wirst du vom HERRN haben, daß der HERR tun wird, was er zugesagt hat: Soll der Schatten an der Sonnenuhr zehn Striche vorwärts gehen oder zehn Striche zurückgehen?

10 Hiskia sprach: Es ist leicht, daß der Schatten zehn Striche vorwärts gehe. Das will ich nicht, sondern daß er zehn Striche zurückgehe.

11 Da rief der Prophet Jesaja den HERRN an, und der Herr ließ den Schatten an der Sonnenuhr des Ahas zehn Striche zurückgehen, die er vorwärts gegangen war.

Gesandtschaft des Königs von Babel

12 Zu dieser Zeit sandte Merodach-Baladan, der Sohn Baladans, der König von Babel, Brief und Geschenke an Hiskia; denn er hatte gehört, daß Hiskia krank gewesen war.

13 Hiskia aber freute sich über die Boten und zeigte ihnen das ganze Schatzhaus, Silber, Gold, Spezerei und das beste Öl und das Zeughaus und alles, was an Schätzen vorhanden war. Es war nichts in seinem Hause und in seiner ganzen Herrschaft, was ihnen Hiskia nicht gezeigt hätte.

14 Da kam der Prophet Jesaja zum König Hiskia und sprach zu ihm: Was haben diese Leute gesagt? Und woher sind sie zu dir gekommen? Hiskia sprach: Sie sind aus fernen Landen zu mir gekommen, aus Babel.

15 Er sprach: Was haben sie gesehen in deinem Hause? Hiskia sprach: Sie haben alles gesehen, was in meinem Hause ist, und es gibt von meinen Schätzen nichts, was ich ihnen nicht gezeigt hätte.

16 Da sprach Jesaja zu Hiskia: Höre des HERRN Wort:

17 Siehe, es kommt die Zeit, daß alles nach Babel weggeführt werden wird, was in deinem Hause ist und was deine Väter

gesammelt haben bis auf diesen Tag, und
es wird nichts übriggelassen werden,
spricht der HERR.
18 Dazu werden von den Söhnen, die
von dir kommen, die du zeugen wirst,
einige genommen werden, daß sie Käm-
merer seien im Palast des Königs von
Babel.
19 Hiskia aber sprach zu Jesaja: Das
Wort ist gut, das der HERR geredet hat
durch dich; denn er dachte: Es wird doch
Friede und Sicherheit sein zu meinen
Zeiten.
20 Was mehr von Hiskia zu sagen ist
und alle seine tapferen Taten und wie er
den Teich und die Wasserleitung gebaut
hat, durch die er Wasser in die Stadt ge-
leitet hat, siehe, das steht geschrieben in
der Chronik der Könige von Juda.
21 Und Hiskia legte sich zu seinen Vä-
tern. Und sein Sohn Manasse wurde Kö-
nig an seiner Statt.

Reich Juda: Manasse. Amon

21 Manasse war zwölf Jahre alt, als er
König wurde; und er regierte fünf-
undfünfzig Jahre zu Jerusalem. Seine
Mutter hieß Hephzibah.
2 Und er tat, was dem HERRN mißfiel,
nach den greulichen Sitten der Heiden,
die der HERR vor Israel vertrieben hatte,
3 und baute wieder die Höhen auf, die
sein Vater Hiskia zerstört hatte, und rich-
tete dem Baal Altäre auf und machte ein
Bild der Aschera, wie Ahab, der König
von Israel, getan hatte, und betete alles
Heer des Himmels an und diente ihnen.
4 Und er baute Altäre im Hause des
HERRN, von dem der HERR gesagt hatte:
Ich will meinen Namen zu Jerusalem
wohnen lassen,
5 und er baute allem Heer des Himmels
Altäre in beiden Vorhöfen am Hause des
HERRN.
6 Und er ließ seinen Sohn durchs Feuer
gehen und achtete auf Vogelgeschrei und
Zeichen und hielt Geisterbeschwörer und
Zeichendeuter; so tat er viel von dem, was
dem HERRN mißfiel, um ihn zu erzürnen.
7 Er stellte auch das Bild der Aschera,
das er gemacht hatte, in das Haus, von
dem der HERR zu David und zu seinem
Sohn Salomo gesagt hatte: In diesem
Hause und in Jerusalem, das ich erwählt
habe aus allen Stämmen Israels, will ich
meinen Namen wohnen lassen ewiglich,
8 und ich will den Fuß Israels nicht mehr
weichen lassen von dem Lande, das ich
ihren Vätern gegeben habe, sofern sie
alles halten und tun, was ich geboten
habe, das ganze Gesetz, das mein Knecht
Mose ihnen geboten hat.
9 Aber sie gehorchten nicht, sondern
Manasse verführte sie, daß sie es ärger
trieben als die Heiden, die der HERR vor
Israel vertilgt hatte.
10 Da redete der HERR durch seine
Knechte, die Propheten, und sprach:
11 Weil Manasse, der König von Juda,
diese Greuel getan hat, die ärger sind als
alle Greuel, die die Amoriter getan haben,
die vor ihm gewesen sind, und weil er auch
Juda sündigen gemacht hat mit seinen
Götzen,
12 darum spricht der HERR, der Gott
Israels: Siehe, ich will Unheil über Jeru-
salem und Juda bringen, so daß dem, der
es hören wird, beide Ohren gellen sollen.
13 Und ich will an Jerusalem die Meß-
schnur anlegen wie an Samaria und das
Lot wie ans Haus Ahab und will Jerusa-
lem auswischen, wie man Schüsseln aus-
wischt, und will's umstürzen.
14 Und wer von meinem Erbteil übrig-
bleiben wird, den will ich verstoßen und
will sie geben in die Hände ihrer Feinde,
daß sie Raub und Beute aller ihrer Feinde
werden,
15 weil sie getan haben, was mir miß-
fällt, und mich erzürnt haben von dem
Tage an, da ihre Väter aus Ägypten ge-
zogen sind, bis auf diesen Tag.
16 Auch vergoß Manasse sehr viel un-
schuldiges Blut, bis Jerusalem ganz voll
davon war – außer der Sünde, durch die
er Juda sündigen machte, daß sie taten,
was dem HERRN mißfiel.
17 Was aber mehr von Manasse zu sa-
gen ist und alles, was er getan hat, und
seine Sünde, die er tat, siehe, das steht ge-
schrieben in der Chronik der Könige von
Juda.
18 Und Manasse legte sich zu seinen
Vätern und wurde begraben im Garten an
seinem Hause, im Garten Usas. Und sein
Sohn Amon wurde König an seiner Statt.
19 Zweiundzwanzig Jahre alt war Amon,
als er König wurde; und er regierte zwei

Jahre zu Jerusalem. Seine Mutter hieß
Meschullemeth, eine Tochter des Haruz
aus Jotba.
20 Und er tat, was dem HERRN mißfiel,
wie sein Vater Manasse getan hatte,
21 und wandelte ganz in dem Wege, den
sein Vater gewandelt war, und diente den
Götzen, denen sein Vater gedient hatte,
und betete sie an
22 und verließ den HERRN, den Gott
seiner Väter, und wandelte nicht im Wege
des HERRN.
23 Und seine Großen machten eine Verschwörung gegen Amon und töteten den
König in seinem Hause.
24 Aber das Volk des Landes erschlug
alle, die die Verschwörung gegen den
König Amon gemacht hatten. Und das
Volk des Landes machte seinen Sohn
Josia zum König an seiner Statt.
25 Was aber Amon mehr getan hat,
siehe, das steht geschrieben in der Chronik der Könige von Juda.
26 Und man begrub ihn in seinem Grabe
im Garten Usas. Und sein Sohn Josia
wurde König an seiner Statt.

Reich Juda: Josia und die Auffindung des Gesetzbuches

22 Josia war acht Jahre alt, als er König wurde; und er regierte einund-
dreißig Jahre zu Jerusalem. Seine Mutter
hieß Jedida, eine Tochter Adajas aus Bozkath.
2 Und er tat, was dem HERRN wohlgefiel, und wandelte ganz in dem Wege seines
Vaters David und wich nicht davon ab,
weder zur Rechten noch zur Linken.
3 Und im achtzehnten Jahr des Königs
Josia sandte der König den Schreiber
Schaphan, den Sohn Azaljas, des Sohnes
Meschullams, in das Haus des HERRN
und sprach:
4 Geh hinauf zu dem Hohenpriester
Hilkia, daß er abgebe alles Geld, was zum
Hause des HERRN gebracht ist, das die
Hüter an der Schwelle gesammelt haben
vom Volk,
5 damit man es gebe den Werkmeistern,
die bestellt sind im Hause des HERRN, und
sie es geben den Arbeitern am Hause des
HERRN, damit sie ausbessern, was baufällig ist am Hause,
6 nämlich den Zimmerleuten und Bauleuten und Maurern und denen, die Holz
und gehauene Steine kaufen sollen, um
das Haus auszubessern;
7 doch daß sie keine Rechnung zu legen
brauchten von dem Geld, das ihnen gegeben wird, sondern daß sie auf Treu und
Glauben handeln.
8 Und der Hohepriester Hilkia sprach
zu dem Schreiber Schaphan: Ich habe
dies Gesetzbuch gefunden im Hause des
HERRN. Und Hilkia gab das Buch Schaphan, und der las es.
9 Und der Schreiber Schaphan kam
zum König und gab ihm Bericht und
sprach: Deine Knechte haben das Geld
ausgeschüttet, das im Hause des Herrn gesammelt ist, und haben's den Werkmeistern gegeben, die bestellt sind am Hause
des HERRN.
10 Dazu sagte der Schreiber Schaphan
dem König: Der Priester Hilkia gab mir
ein Buch. Und Schaphan las es vor dem
König.
11 Als aber der König die Worte des
Gesetzbuches hörte, zerriß er seine Kleider.
12 Und der König gebot dem Priester
Hilkia und Ahikam, dem Sohn Schaphans, und Achbor, dem Sohn Michajas,
und Schaphan, dem Schreiber, und Asaja,
dem Kämmerer des Königs, und sprach:
13 Geht hin und befragt den HERRN für
mich, für das Volk und für ganz Juda über
die Worte dieses Buches, das gefunden
ist; denn groß ist der Grimm des HERRN,
der über uns entbrannt ist, weil unsere
Väter nicht den Worten dieses Buches gehorcht haben und nicht alles taten, was
darin geschrieben ist.
14 Da gingen hin der Priester Hilkia,
Ahikam, Achbor, Schaphan und Asaja zu
der Prophetin Hulda, der Frau Schallums, des Sohnes Tikwas, des Sohnes des
Harhas, des Hüters der Kleider, und sie
wohnte in Jerusalem im zweiten Bezirk
der Stadt; und sie redeten mit ihr.
15 Sie aber sprach zu ihnen: So spricht
der HERR, der Gott Israels: Sagt dem
Mann, der euch zu mir gesandt hat:
16 So spricht der HERR: Siehe, ich will
Unheil über diese Stätte und ihre Einwohner bringen, alle Worte des Buches,
das der König von Juda hat lesen lassen,
17 weil sie mich verlassen und andern

Göttern geopfert haben, mich zu erzürnen
mit allen Werken ihrer Hände; darum
wird mein Grimm gegen diese Stätte ent-
brennen und nicht ausgelöscht werden.
18 Aber dem König von Juda, der euch
gesandt hat, den HERRN zu befragen, sollt
ihr sagen: So spricht der HERR, der Gott
Israels: Was die Worte angeht, die du ge-
hört hast:
19 Weil du im Herzen betroffen bist und
dich gedemütigt hast vor dem HERRN, als
du hörtest, was ich geredet habe gegen
diese Stätte und ihre Einwohner, daß sie
sollen zum Entsetzen und zum Fluch wer-
den, und weil du deine Kleider zerrissen
hast und vor mir geweint hast, so habe
ich's auch erhört, spricht der HERR.
20 Darum will ich dich zu deinen Vätern
versammeln, damit du mit Frieden in dein
Grab kommst und deine Augen nicht
sehen all das Unheil, das ich über diese
Stätte bringen will. Und sie sagten es dem
König wieder.

Josia erneuert den Bund mit Gott und schafft den Götzendienst ab

23 Und der König sandte hin, und es
versammelten sich bei ihm alle Älte-
sten Judas und Jerusalems.
2 Und der König ging hinauf ins Haus
des HERRN und alle Männer Judas und
alle Einwohner von Jerusalem mit ihm,
Priester und Propheten, und alles Volk,
klein und groß. Und man las vor ihren
Ohren alle Worte aus dem Buch des Bun-
des, das im Hause des HERRN gefunden
war.
3 Und der König trat an die Säule und
schloß einen Bund vor dem HERRN, daß
sie dem HERRN nachwandeln sollten und
seine Gebote, Ordnungen und Rechte
halten von ganzem Herzen und von gan-
zer Seele, um zu erfüllen die Worte dieses
Bundes, die geschrieben stehen in diesem
Buch. Und alles Volk trat in den Bund.
4 Und der König gebot dem Hohenprie-
ster Hilkia und dem zweitobersten Prie-
ster und den Hütern der Schwelle, daß sie
aus dem Tempel des HERRN hinaustun
sollten alle Geräte, die dem Baal und der
Aschera und allem Heer des Himmels ge-
macht waren. Und er ließ sie verbrennen
draußen vor Jerusalem im Tal Kidron und
ihre Asche nach Bethel bringen.
5 Und er setzte die Götzenpriester ab,
die die Könige von Juda eingesetzt hatten,
um auf den Höhen zu opfern in den Städ-
ten Judas und um Jerusalem her; auch die
dem Baal geopfert hatten, der Sonne und
dem Mond und den Planeten und allem
Heer am Himmel.
6 Und er ließ das Bild der Aschera aus
dem Hause des HERRN bringen hinaus vor
Jerusalem an den Bach Kidron und ver-
brennen am Bach Kidron und zu Staub
mahlen und den Staub auf die Gräber des
einfachen Volks werfen.
7 Und er brach ab die Häuser der Tem-
pelhurer, die an dem Hause des HERRN
waren, in denen die Frauen Gewänder für
die Aschera wirkten.
8 Und er ließ kommen alle Priester aus
den Städten Judas und machte unrein die
Höhen, wo die Priester opferten, von Geba
an bis nach Beerseba und brach ab die
Höhe der Feldgeister, die vor dem Tore
Josuas, des Stadtvogts, war zur Linken,
wenn man zum Tor der Stadt hineingeht.
9 Doch durften die Priester der Höhen
nicht opfern auf dem Altar des HERRN in
Jerusalem, sondern aßen ungesäuertes
Brot unter ihren Brüdern.
10 Er machte auch unrein das Topheth
im Tal Ben-Hinnom, damit niemand sei-
nen Sohn oder seine Tochter dem Moloch
durchs Feuer gehen ließe.
11 Und er schaffte die Rosse ab, die die
Könige von Juda für den Dienst der Son-
ne bestimmt hatten am Eingang des
Hauses des HERRN, bei der Kammer
Nethan-Melechs, des Kämmerers, die am
Parwarhause war, und die Wagen der
Sonne verbrannte er mit Feuer.
12 Und die Altäre auf dem Dach, dem
Obergemach des Ahas, die die Könige
von Juda gemacht hatten, und die Altäre,
die Manasse gemacht hatte in den beiden
Vorhöfen des Hauses des HERRN, brach
der König ab und ging hin und warf
ihren Staub in den Bach Kidron.
13 Auch die Höhen, die östlich von Je-
rusalem waren, zur Rechten am Berge des
Verderbens, die Salomo, der König von
Israel, gebaut hatte der Astarte, dem greu-
lichen Götzen von Sidon, und Kemosch,
dem greulichen Götzen von Moab, und
Milkom, dem greulichen Götzen der Am-
moniter, machte der König unrein

14 und zerbrach die Steinmale und hieb
die Ascherabilder um und füllte ihre
Stätte mit Menschenknochen.
15 Auch den Altar in Bethel, die Höhe,
die Jerobeam gemacht hatte, der Sohn
Nebats, der Israel sündigen machte, diesen
Altar brach er ab, zerschlug seine Steine
und machte sie zu Staub und verbrannte
das Bild der Aschera.
16 Und Josia wandte sich um und sah
die Gräber, die auf dem Berge waren, und
sandte hin und ließ die Knochen aus den
Gräbern holen und verbrannte sie auf
dem Altar und machte ihn unrein nach
dem Wort des HERRN, das der Mann Gottes ausgerufen hatte, als er es verkündete.
17 Und er sprach: Was ist das für ein
Grabmal, das ich sehe? Und die Leute in
der Stadt sprachen zu ihm: Es ist das
Grab des Mannes Gottes, der von Juda
kam und ausrief, was du getan hast an
dem Altar in Bethel.
18 Und er sprach: Laßt ihn liegen, niemand rühre seine Gebeine an! Und so
blieben mit seinen Gebeinen auch die Gebeine des Propheten unberührt, der von
Samaria gekommen war.
19 Und er entfernte auch alle Heiligtümer auf den Höhen in den Städten Samariens, die die Könige von Israel gemacht hatten, um den HERRN zu erzürnen,
und tat mit ihnen, ganz wie er in Bethel
getan hatte.
20 Und er ließ alle Priester der Höhen,
die dort waren, schlachten auf den Altären
und verbrannte Menschengebeine darauf
und kam nach Jerusalem zurück.
21 Und der König gebot dem Volk: Haltet dem HERRN, eurem Gott, Passa, wie es
geschrieben steht in diesem Buch des
Bundes!
22 Denn es war kein Passa so gehalten
worden wie dies von der Zeit der Richter
an, die Israel gerichtet haben, und in allen
Zeiten der Könige von Israel und der
Könige von Juda,
23 sondern im achtzehnten Jahr des
Königs Josia wurde in Jerusalem dies
Passa gehalten dem HERRN.
24 Auch rottete Josia aus alle Geisterbeschwörer, Zeichendeuter, Abgötter und
Götzen und alle Greuel, die im Lande
Juda und in Jerusalem zu sehen waren,
damit er erfüllte die Worte des Gesetzes,
die geschrieben standen in dem Buch, das
der Priester Hilkia im Hause des HERRN
gefunden hatte.
25 Seinesgleichen war vor ihm kein
König gewesen, der so von ganzem Herzen, von ganzer Seele, von allen Kräften
sich zum HERRN bekehrte, ganz nach dem
Gesetz des Mose, und nach ihm kam
seinesgleichen nicht auf.
26 Doch kehrte sich der HERR nicht ab
von dem Grimm seines großen Zorns, mit
dem er über Juda erzürnt war um all der
Ärgernisse willen, durch die ihn Manasse
erzürnt hatte.
27 Und der HERR sprach: Ich will auch
Juda von meinem Angesicht tun, wie ich
Israel weggetan habe, und will diese Stadt
verwerfen, die ich erwählt hatte, Jerusalem, und das Haus, von dem ich gesagt
hatte: Mein Name soll dort sein.
28 Was aber mehr von Josia zu sagen
ist und alles, was er getan hat, siehe, das
steht geschrieben in der Chronik der
Könige von Juda.
29 Zu seiner Zeit zog der Pharao Necho,
der König von Ägypten, herauf gegen den
König von Assyrien an den Strom Euphrat. Und der König Josia zog ihm entgegen, aber Necho tötete ihn in Megiddo,
als er ihn sah.
30 Und seine Männer brachten den
Toten von Megiddo und führten ihn nach
Jerusalem und begruben ihn in seinem
Grabe. Und das Volk des Landes nahm
Joahas, den Sohn Josias, und sie salbten
ihn und machten ihn zum König an seines
Vaters Statt.

Reich Juda: Joahas. Jojakim

31 Dreiundzwanzig Jahre war Joahas
alt, als er König wurde; und er regierte
drei Monate zu Jerusalem. Seine Mutter
hieß Hamutal, eine Tochter Jeremias aus
Libna.
32 Und er tat, was dem HERRN mißfiel,
wie seine Väter getan hatten.
33 Aber der Pharao Necho legte ihn ins
Gefängnis in Ribla im Lande Hamath,
damit er nicht mehr in Jerusalem regieren
sollte, und legte eine Geldbuße aufs Land
von hundert Zentnern Silber und einem
Zentner Gold.
34 Und der Pharao Necho machte Eljakim, den Sohn Josias, zum König an-

statt seines Vaters Josia und wandelte seinen Namen um in Jojakim. Aber Joahas nahm er und brachte ihn nach Ägypten; dort starb er.

35 Und Jojakim gab das Silber und Gold dem Pharao. Doch legte er eine Steuer auf das Land, um das Geld aufzubringen, auf Befehl des Pharao. Von jedem unter dem Volk des Landes trieb er Silber und Gold ein, je nach seinem Vermögen, um es dem Pharao Necho zu geben.

36 Fünfundzwanzig Jahre alt war Jojakim, als er König wurde; und er regierte elf Jahre zu Jerusalem. Seine Mutter hieß Sebuda, eine Tochter Pedajas aus Ruma.

37 Und er tat, was dem HERRN mißfiel, wie seine Väter getan hatten.

24 Zu seiner Zeit zog herauf Nebukadnezar, der König von Babel, und Jojakim war ihm untertan drei Jahre. Aber er wurde wieder abtrünnig von ihm.

2 Da ließ der HERR über ihn Scharen von Kriegsleuten kommen aus Chaldäa, aus Aram, aus Moab und aus Ammon und sandte sie gegen Juda, daß sie ihn vernichteten nach dem Wort des HERRN, das er geredet hatte durch seine Knechte, die Propheten.

3 Aber das geschah Juda nach dem Wort des HERRN, daß er es von seinem Angesicht täte um der Sünden Manasses willen, die er getan hatte,

4 auch um des unschuldigen Blutes willen, das er vergoß, so daß er Jerusalem mit unschuldigem Blut erfüllte. Das wollte der HERR nicht vergeben.

5 Was aber mehr zu sagen ist von Jojakim und alles, was er getan hat, siehe, das steht geschrieben in der Chronik der Könige von Juda.

6 Und Jojakim legte sich zu seinen Vätern, und sein Sohn Jojachin wurde König an seiner Statt.

7 Und der König von Ägypten zog nicht mehr aus seinem Lande; denn der König von Babel hatte ihm alles genommen, was dem König von Ägypten gehörte, vom Bach Ägyptens bis an den Strom Euphrat.

Reich Juda: Jojachin und die erste Wegführung nach Babel

8 Achtzehn Jahre alt war Jojachin, als er König wurde; und er regierte drei Monate zu Jerusalem. Seine Mutter hieß Nehuschta, eine Tochter Elnathans aus Jerusalem.

9 Und er tat, was dem HERRN mißfiel, wie sein Vater getan hatte.

10 Zu der Zeit zogen herauf die Kriegsleute Nebukadnezars, des Königs von Babel, gegen Jerusalem und belagerten die Stadt.

11 Und Nebukadnezar kam zur Stadt, als seine Kriegsleute sie belagerten.

12 Aber Jojachin, der König von Juda, ging hinaus zum König von Babel mit seiner Mutter, mit seinen Großen, mit seinen Obersten und Kämmerern. Und der König von Babel nahm ihn gefangen im achten Jahr seiner Herrschaft.

13 Und er nahm von dort weg alle Schätze im Hause des HERRN und im Hause des Königs und zerschlug alle goldenen Gefäße, die Salomo, der König von Israel, gemacht hatte im Tempel des HERRN, wie denn der HERR geredet hatte.

14 Und er führte weg das ganze Jerusalem, alle Obersten, alle Kriegsleute, zehntausend Gefangene und alle Zimmerleute und alle Schmiede und ließ nichts übrig als geringes Volk des Landes.

15 Und er führte weg nach Babel Jojachin und die Mutter des Königs, die Frauen des Königs und seine Kämmerer; dazu die Mächtigen im Lande führte er auch gefangen von Jerusalem nach Babel.

16 Und von den besten Leuten siebentausend und von den Zimmerleuten und Schmieden tausend, lauter starke Kriegsmänner, die brachte der König von Babel gefangen nach Babel.

17 Und der König von Babel machte Mattanja, Jojachins Oheim, zum König an seiner Statt und wandelte seinen Namen um in Zedekia.

Reich Juda: Zedekia letzter König. Zerstörung Jerusalems. Wegführung nach Babel

18 Einundzwanzig Jahre alt war Zedekia, als er König wurde; und er regierte elf Jahre zu Jerusalem. Seine Mutter hieß Hamutal, eine Tochter Jeremias aus Libna.

19 Und er tat, was dem HERRN mißfiel, wie Jojakim getan hatte.

20 Denn so geschah es mit Jerusalem

und Juda um des Zornes des HERRN willen, bis er sie von seinem Angesicht wegstieß.

25 Und Zedekia wurde abtrünnig vom
König von Babel.
1 Im neunten Jahr seiner Herrschaft, am
zehnten Tag des zehnten Monats, zog
heran Nebukadnezar, der König von Babel,
mit seiner ganzen Macht gegen Jerusalem,
und sie belagerten die Stadt und
bauten Bollwerke um sie her.
2 So wurde die Stadt belagert bis ins
elfte Jahr des Königs Zedekia.
3 Aber am neunten Tage des vierten
Monats wurde der Hunger stark in der
Stadt, so daß das Volk des Landes nichts
mehr zu essen hatte.
4 Da brach man in die Stadt ein. Und
der König und alle Kriegsmänner flohen
bei Nacht durch das Tor zwischen den
zwei Mauern auf dem Wege, der zu dem
Garten des Königs geht. Aber die Chaldäer
lagen um die Stadt. Und der König
floh zum Jordantal hin.
5 Aber die Kriegsleute der Chaldäer
jagten dem König nach, und sie holten
ihn ein im Jordantal von Jericho, und alle
Kriegsleute, die bei ihm waren, zerstreuten
sich von ihm.
6 Die Chaldäer aber nahmen den König
gefangen und führten ihn hinauf zum
König von Babel nach Ribla, und sie sprachen
das Urteil über ihn.
7 Und sie erschlugen die Söhne Zedekias
vor seinen Augen und blendeten
Zedekia die Augen und legten ihn in Ketten
und führten ihn nach Babel.
8 Am siebenten Tage des fünften Monats,
das ist das neunzehnte Jahr Nebukadnezars,
des Königs von Babel, kam
Nebusaradan, der Oberste der Leibwache,
als Feldhauptmann des Königs von Babel
nach Jerusalem
9 und verbrannte das Haus des HERRN
und das Haus des Königs und alle Häuser
in Jerusalem; alle großen Häuser verbrannte
er mit Feuer.
10 Und die ganze Heeresmacht der
Chaldäer, die dem Obersten der Leibwache
unterstand, riß die Mauern Jerusalems
nieder.
11 Das Volk aber, das übrig war in der
Stadt, und die zum König von Babel abgefallen
waren und was übrig war von den
Werkleuten, führte Nebusaradan, der
Oberste der Leibwache, weg;
12 aber von den Geringen im Lande ließ
er Weingärtner und Ackerleute zurück.
13 Die kupfernen Säulen am Hause des
HERRN und die Gestelle und das kupferne
Meer, das am Hause des HERRN war, zerbrachen
die Chaldäer und brachten das
Kupfer nach Babel.
14 Und die Töpfe, Schaufeln, Messer,
Löffel und alle kupfernen Gefäße, die man
beim Opferdienst brauchte, nahmen sie
weg.
15 Dazu nahm der Oberste der Leibwache
die Pfannen und Becken, alles,
was golden und silbern war,
16 die beiden Säulen, das Meer und die
Gestelle, die Salomo gemacht hatte für
das Haus des HERRN. Das Kupfer aller
dieser Gefäße aber war nicht zu wägen.
17 Achtzehn Ellen hoch war eine Säule,
und ihr Knauf darauf war auch aus Kupfer
und drei Ellen hoch, und das Gitterwerk
und die Granatäpfel an dem Knauf
umher, alles war aus Kupfer. Genauso
war auch die andere Säule mit ihrem
Gitterwerk.
18 Und der Oberste der Leibwache
nahm den obersten Priester Seraja und
Zephanja, den zweitobersten Priester, und
die drei Hüter an der Schwelle
19 und aus der Stadt einen Kämmerer,
der über die Kriegsmänner gesetzt war,
und fünf Männer, die stets vor dem
König waren, die sich in der Stadt fanden,
und den Schreiber des Feldhauptmanns,
der das Volk des Landes zum Heere aufbot,
und sechzig Mann vom Volk des
Landes, die in der Stadt sich fanden, –
20 diese alle nahm Nebusaradan, der
Oberste der Leibwache, und brachte sie
zum König von Babel nach Ribla.
21 Und der König von Babel schlug sie
tot in Ribla im Lande Hamath. So wurde
Juda weggeführt aus seinem Lande.

Gedalja als Statthalter

22 Aber über das Volk, das übrig war
im Lande Juda, das Nebukadnezar, der
König von Babel, übriggelassen hatte,
setzte er Gedalja, den Sohn Ahikams, des
Sohnes Schaphans.
23 Als nun alle Hauptleute des Kriegsvolkes
und ihre Männer hörten, daß der

König von Babel Gedalja eingesetzt hatte,
kamen sie zu Gedalja nach Mizpa, nämlich Ismael, der Sohn Nethanjas, und Johanan, der Sohn Kareachs, und Seraja, der Sohn Tanhumeths, der Netophathiter, und Jaasanja, der Sohn eines Maachathiters, samt ihren Männern.
24 Und Gedalja schwor ihnen und ihren Männern und sprach zu ihnen: Fürchtet euch nicht vor den Chaldäern; bleibt im Lande und seid dem König von Babel untertan, so wird's euch gut gehen.
25 Aber im siebenten Monat kam Ismael, der Sohn Nethanjas, des Sohnes Elischamas, von königlichem Geschlecht, und zehn Männer mit ihm und schlugen Gedalja tot, dazu die Judäer und Chaldäer, die bei ihm waren in Mizpa.
26 Da machte sich das ganze Volk auf, klein und groß, und die Obersten des Kriegsvolkes und zogen nach Ägypten; denn sie fürchteten sich vor den Chaldäern.

Jojachin wird begnadigt

27 Aber im siebenunddreißigsten Jahr, nachdem Jojachin, der König von Juda, weggeführt war, am siebenundzwanzigsten Tage des zwölften Monats ließ Evil-Merodach, der König von Babel, im ersten Jahr seiner Herrschaft Jojachin, den König von Juda, aus dem Kerker kommen
28 und redete freundlich mit ihm und setzte seinen Sitz über die Sitze der Könige, die bei ihm waren zu Babel.
29 Und Jojachin legte die Kleider seiner Gefangenschaft ab, und er aß alle Tage bei dem König sein Leben lang.
30 Und es wurde ihm vom König sein ständiger Unterhalt bestimmt, den man ihm gab an jedem Tag sein ganzes Leben lang.

DAS ERSTE BUCH DER CHRONIK

Stammbaum von Adam bis Abraham

1 Adam, Seth, Enosch,
2 Kenan, Mahalalel, Jared,
3 Henoch, Methuschelach, Lamech,
4 Noah, Sem, Ham, Japheth.
5 Die Söhne Japheths sind diese: Gomer, Magog, Madai, Jawan, Tubal, Meschech, Tiras.
6 Die Söhne Gomers aber sind: Aschkenas, Riphath, Togarma.
7 Die Söhne Jawans sind: Elischa, Tarsis, die Kittiter, die Rodaniter.
8 Die Söhne Hams sind: Kusch, Mizraim, Put, Kanaan.
9 Die Söhne von Kusch aber sind: Seba, Hewila, Sabta, Ragma, Sabtecha. Die Söhne Ragmas aber sind: Saba und Dedan.
10 Kusch aber zeugte Nimrod; der war der erste, der Macht gewann auf Erden.
11 Mizraim zeugte die Luditer, die Anamiter, die Lehabiter, die Naphtuhiter,
12 die Pathrusiter, die Kasluhiter und die Kaphtoriter, von denen die Philister ausgegangen sind.
13 Kanaan aber zeugte Sidon, seinen Erstgeborenen, und Heth
14 und den Jebusiter, den Amoriter, den Girgasiter,
15 den Hewiter, den Arkiter, den Siniter,
16 den Arwaditer, den Zemariter und den Hamathiter.
17 Die Söhne Sems sind diese: Elam, Assur, Arpachschad, Lud, Aram. Und die Söhne Arams sind: Uz, Hul, Gether und Masch.
18 Arpachschad aber zeugte Schelach, Schelach zeugte Eber.
19 Eber aber wurden zwei Söhne geboren: der eine hieß Peleg, weil zu seiner Zeit die Erde zerteilt wurde; und sein Bruder hieß Joktan.
20 Joktan aber zeugte Almodad, Schaleph, Hazarmaweth, Jerach,
21 Hadoram, Usal, Dikla,
22 Obal, Abimaël, Saba,
23 Ophir, Hewila und Jobab. Diese alle sind Söhne Joktans.
24 Sem, Arpachschad, Schelach,
25 Eber, Peleg, Regu,

26 Serug, Nahor, Tharah,
27 Abram, das ist Abraham.
28 Die Söhne Abrahams aber sind:
Isaak und Ismael.

Die Geschlechter der Söhne Abrahams

29 Und dies ist ihr Geschlecht:
Der Erstgeborene Ismaels Nebajoth,
ferner Kedar, Adbeel, Mibsam,
30 Mischma, Duma, Massa, Hadad,
Tema,
31 Jetur, Naphisch, Kedma. Das sind
die Söhne Ismaels.
32 Aber die Söhne Keturas, der Neben-
frau Abrahams: sie gebar Simran, Jok-
schan, Medan, Midian, Jischbak,
Schuach. Die Söhne Jokschans aber sind:
Saba und Dedan.
33 Und die Söhne Midians sind: Epha,
Epher, Henoch, Abida, Eldaa. Diese alle
sind Söhne der Ketura.
34 Abraham zeugte Isaak. Die Söhne
Isaaks aber sind: Esau und Israel.
35 Die Söhne Esaus sind: Eliphas, Re-
guël, Jëusch, Jalam, Korah.
36 Die Söhne des Eliphas sind: Teman,
Omar, Zepho, Gaëtam, Kenas, Timna,
Amalek.
37 Die Söhne Reguëls sind: Nahath,
Serach, Schamma und Misa.
38 Die Söhne Seïrs sind: Lotan, Scho-
bal, Zibon, Ana, Dischon, Ezer, Dischan.
39 Die Söhne Lotans sind: Hori, He-
mam; und Timna war eine Schwester Lo-
tans.
40 Die Söhne Schobals sind: Alwan,
Manahath, Ebal, Schephi, Onam. Die
Söhne Zibons sind: Ajja und Ana.
41 Der Sohn Anas: Dischon. Die Söhne
Dischons sind: Hemdan, Eschban, Jith-
ran, Keran.
42 Die Söhne Ezers sind: Bilhan, Saa-
wan, Akan. Die Söhne Dischans sind: Uz
und Aran.
43 Dies sind die Könige, die im Lande
Edom regiert haben, ehe in Israel ein
König regierte: Bela, der Sohn Beors, und
seine Stadt hieß Dinhaba.
44 Und als Bela starb, wurde König an
seiner Statt Jobab, der Sohn Serachs von
Bozra.
45 Und als Jobab starb, wurde König
an seiner Statt Huscham aus dem Lande
der Temaniter.
46 Als Huscham starb, wurde König an
seiner Statt Hadad, der Sohn Bedads, der
die Midianiter schlug auf dem Felde der
Moabiter, und seine Stadt hieß Awwith.
47 Als Hadad starb, wurde König an
seiner Statt Samla von Masrek.
48 Als Samla starb, wurde König an sei-
ner Statt Saul von Rehoboth am Strom.
49 Als Saul starb, wurde König an sei-
ner Statt Baal-Hanan, der Sohn Achbors.
50 Als Baal-Hanan starb, wurde König
an seiner Statt Hadad, und seine Stadt
hieß Pagu; und seine Frau hieß Mehe-
tabel, eine Tochter Matreds, die Mesahabs
Tochter war.
51 Und als Hadad starb, waren Fürsten
von Edom: Fürst Timna, Fürst Alwa,
Fürst Jetheth,
52 Fürst Oholibama, Fürst Ela, Fürst
Pinon,
53 Fürst Kenas, Fürst Teman, Fürst
Mibzar,
54 Fürst Magdiël, Fürst Iram. Das sind
die Fürsten von Edom.
2 Dies sind die Söhne Israels: Ruben,
Simeon, Levi, Juda, Isaschar, Sebulon,
2 Dan, Joseph, Benjamin, Naphthali,
Gad, Asser.

Die Geschlechter Judas

3 Die Söhne Judas sind: Ger, Onan,
Schela. Diese drei wurden ihm geboren
von der Kanaaniterin, der Tochter
Schuas. Ger aber, der Erstgeborene Judas,
war böse vor dem HERRN; darum ließ er
ihn sterben.
4 Thamar aber, seine Schwiegertochter,
gebar ihm Perez und Serach, so daß die
Söhne Judas zusammen fünf waren.
5 Die Söhne des Perez sind: Hezron und
Hamul.
6 Die Söhne Serachs aber sind: Simri,
Ethan, Heman, Kalkol, Dara. Das sind
zusammen fünf.
7 Der Sohn Karmis ist: Achan, der Isra-
el ins Unglück brachte, als er sich am Ge-
bannten vergriff.
8 Der Sohn Ethans ist: Asarja.
9 Die Söhne Hezrons aber, die ihm ge-
boren wurden, sind: Jerachmeel, Ram,
Kelubai.
10 Ram aber zeugte Amminadab. Am-
minadab zeugte Nachschon, den Fürsten
von Juda.

11 Nachschon zeugte Salma. Salma zeugte Boas.
12 Boas zeugte Obed. Obed zeugte Isai.
13 Isai zeugte seinen Erstgeborenen Eliab, Abinadab als zweiten Sohn, Schima als dritten,
14 Nathanael als vierten, Raddai als fünften,
15 Ozem als sechsten, David als siebenten.
16 Und ihre Schwestern waren: Zeruja und Abigal. Die Söhne der Zeruja sind: Abisai, Joab, Asahel, diese drei.
17 Abigal aber gebar Amasa. Der Vater Amasas aber war Jether, ein Ismaeliter.
18 Kaleb, der Sohn Hezrons, zeugte mit Asuba, seiner Frau, die Jerigoth. Und dies sind ihre Söhne: Jescher, Schobab und Ardon.
19 Als aber Asuba starb, nahm Kaleb Ephratha; die gebar ihm Hur.
20 Hur zeugte Uri. Uri zeugte Bezalel.
21 Danach kam Hezron zu der Tochter Machirs, des Vaters* Gileads, und er nahm sie, als er sechzig Jahre alt war, und sie gebar ihm Segub.
22 Segub aber zeugte Jaïr. Der hatte dreiundzwanzig Städte im Lande Gilead.
23 Aber die Geschuriter und Aramäer nahmen ihnen die «Dörfer Jaïrs», dazu Kenath mit seinen Ortschaften, sechzig Städte. Diese alle sind Söhne Machirs, des Vaters Gileads.
24 Nach dem Tode Hezrons kam Kaleb zu Ephratha, der Frau Hezrons, seines Vaters, und sie gebar ihm Aschhur, den Vater Thekoas.
25 Jerachmeel, der Erstgeborene Hezrons, hatte Söhne: den Erstgeborenen Ram, ferner Buna, Oren, Ozem, Ahia.
26 Und Jerachmeel hatte noch eine andere Frau, die hieß Atara; die ist die Mutter Onams.
27 Die Söhne Rams, des Erstgeborenen Jerachmeels, sind: Maaz, Jamin und Eker.
28 Aber Onam hatte Söhne: Schammai und Jada. Die Söhne Schammais aber sind: Nadab und Abischur.
29 Die Frau Abischurs aber hieß Abihail; die gebar ihm Achban und Molid.
30 Die Söhne Nadabs aber sind: Seled und Appajim. Und Seled starb ohne Söhne.
31 Der Sohn Appajims ist Jischi. Der Sohn Jischis ist Scheschan. Der Sohn Scheschans ist Achlai.
32 Aber die Söhne Jadas, des Bruders Schammais, sind: Jether und Jonathan. Jether aber starb ohne Söhne.
33 Die Söhne Jonathans aber sind: Peleth und Sasa. Das sind die Söhne Jerachmeels.
34 Scheschan aber hatte keine Söhne, sondern nur Töchter. Und Scheschan hatte einen ägyptischen Knecht, der hieß Jarha.
35 Und Scheschan gab seinem Knecht Jarha seine Tochter zur Frau; die gebar ihm Attai
36 Attai zeugte Nathan. Nathan zeugte Sabad.
37 Sabad zeugte Ephlal. Ephlal zeugte Obed.
38 Obed zeugte Jehu. Jehu zeugte Asarja.
39 Asarja zeugte Helez. Helez zeugte Elasa.
40 Elasa zeugte Sisamai. Sisamai zeugte Schallum.
41 Schallum zeugte Jekamja. Jekamja zeugte Elischama.
42 Die Söhne Kalebs, des Bruders Jerachmeels, sind: Mescha, sein Erstgeborener, der Vater Siphs, und die Söhne Mareschas, des Vaters Hebrons.
43 Die Söhne Hebrons aber sind: Korah, Tappuach, Rekem und Schema.
44 Schema aber zeugte Raham, den Vater Jorkoams. Rekem zeugte Schammai.
45 Der Sohn Schammais aber hieß Maon, und Maon war der Vater Beth-Zurs.
46 Epha aber, die Nebenfrau Kalebs, gebar Haran, Moza und Gases. Haran aber zeugte Gases.
47 Die Söhne Jahdais aber sind: Regem, Jotham, Geschan, Pelet, Epha und Schaaph.
48 Maacha aber, die Nebenfrau Kalebs, gebar Scheber und Tirhana
49 und gebar auch Schaaph, den Vater Madmannas, und Schewa, den Vater Machbenas und den Vater Gibeas. Aber Achsa war Kalebs Tochter.
50 Dies waren die Söhne Kalebs.

*«Vater» vor einem Orts- oder Landschaftsnamen bezeichnet in Kap 2 und 4 denjenigen, der den Ort oder die Landschaft zuerst besiedelte.

Die Söhne Hurs, des Erstgeborenen von
der Ephratha, waren: Schobal, der Vater
Kirjath-Jearims,
51 Salma, der Vater Bethlehems, Ha-
reph, der Vater Beth-Gaders.
52 Und Schobal, der Vater Kirjath-Jea-
rims, hatte Söhne: Reaja und die Hälfte
der Manachtiter.
53 Die Geschlechter von Kirjath-Jearim
aber waren: die Jithriter, Puthiter, Schu-
mathiter und Mischraiter. Von diesen sind
ausgegangen die Zorathiter und Eschtao-
liter.
54 Die Söhne Salmas sind: Bethlehem
und die Netophathiter, Ataroth-Beth-
Joab und die Hälfte der Manachtiter, das
sind die Zorathiter.
55 Und die Geschlechter der Schreiber,
die in Jabez wohnten, sind die Tirathiter,
Schimathiter, Suchathiter. Das sind die
Kiniter, die da gekommen sind von Ham-
math, dem Vater des Hauses Rechab.

Die Söhne Davids, die Könige Judas, die Nachkommen Jechonjas

3 Dies sind die Söhne Davids, die ihm
zu Hebron geboren sind: der Erstge-
borene Amnon, von Ahinoam, der Jes-
reeliterin; der zweite Daniel, von Abigail,
der Karmeliterin;
2 der dritte Absalom, der Sohn der
Maacha, der Tochter Talmais, des Kö-
nigs von Geschur; der vierte Adonia, der
Sohn der Haggith;
3 der fünfte Schephatja, von der Abital;
der sechste Jithream, von seiner Frau Egla.
4 Diese sechs sind ihm geboren zu
Hebron; denn er regierte dort sieben
Jahre und sechs Monate. Aber zu Jerusa-
lem regierte er dreiunddreißig Jahre.
5 Und diese sind ihm geboren zu Jeru-
salem: Schammua, Schobab, Nathan, Sa-
lomo, diese vier von Bath-Schua, der
Tochter Ammiëls;
6 dazu Jibhar, Elischama, Eliphelet,
7 Nogah, Nepheg, Japhia,
8 Elischama, Eljada, Eliphelet, diese
neun.
9 Das sind alles Söhne Davids, außer
den Söhnen der Nebenfrauen. Und Tha-
mar war ihre Schwester.
10 Salomos Sohn war Rehabeam; des-
sen Sohn war Abia; dessen Sohn war Asa;
dessen Sohn war Josaphat;
11 dessen Sohn war Joram; dessen Sohn
war Ahasja; dessen Sohn war Joas;
12 dessen Sohn war Amazja; dessen
Sohn war Asarja; dessen Sohn war
Jotham;
13 dessen Sohn war Ahas; dessen Sohn
war Hiskia; dessen Sohn war Manasse;
14 dessen Sohn war Amon; dessen Sohn
war Josia.
15 Josias Söhne aber waren: der Erst-
geborene Johanan, der zweite Sohn Joja-
kim, der dritte Zedekia, der vierte Schal-
lum.
16 Aber die Söhne Jojakims waren: Je-
chonja und Zedekia.
17 Die Söhne Jechonjas, der gefangen
wurde, waren: Sealthiël,
18 Malkiram, Pedaja, Schenazzar, Je-
kamja, Hoschama, Nedabja.
19 Die Söhne Pedajas waren: Serubabel
und Simeï. Die Söhne Serubabels waren:
Meschullam und Hananja, und ihre
Schwester war Schelomith;
20 ferner Haschuba, Ohel, Berechja,
Hasadja, Juschab-Hesed, diese fünf.
21 Die Söhne Hananjas aber waren:
Pelatja, Jesaja, Rephaja, Arnan, Obadja,
Schechanja.
22 Die Söhne Schechanjas aber waren:
Schemaja, Hattusch, Jigal, Bariach, Near-
ja, Schaphat, diese sechs.
23 Die Söhne Nearjas aber waren: El-
joënai, Hiskia, Asrikam, diese drei.
24 Die Söhne Eljoënais aber waren: Ho-
dawja, Eljaschib, Pelaja, Akkub, Johanan,
Delaja, Anani, diese sieben.

Die Geschlechter Judas

4 Die Söhne Judas waren: Perez, Hez-
ron, Karmi, Hur und Schobal.
2 Reaja aber, der Sohn Schobals, zeugte
Jahath. Jahath zeugte Ahumai und La-
had. Das sind die Geschlechter der Zora-
thiter.
3 Und dies sind die Söhne Hurs, des
Vaters Etams: Jesreel, Jischma, Jidbasch;
und ihre Schwester hieß Hazlelponi;
4 und Pnuël, der Vater Gedors, und
Eser, der Vater Huschas. Das sind die
Söhne Hurs, des Erstgeborenen der
Ephratha, des Vaters* Bethlehems.
5 Aschhur aber, der Vater Thekoas,
hatte zwei Frauen: Hela und Naara.

*Vgl. Anmerkung zu Kap 2,21.

6 Und Naara gebar ihm Ahusam, Hepher, Temni und den Ahaschtariter. Das sind die Söhne Naaras.
7 Aber die Söhne Helas waren: Zereth, Sohar, Ethnan und Koz.
8 Koz aber zeugte Anub und Hazzobeba. Die Geschlechter Aharhels, des Sohnes Harums:
9 Jabez war angesehener als seine Brüder. Und seine Mutter nannte ihn Jabez; denn sie sprach: Ich habe ihn mit Kummer geboren.
10 Und Jabez rief den Gott Israels an und sprach: Ach daß du mich segnetest und mein Gebiet mehrtest und deine Hand mit mir wäre und schafftest, daß mich kein Übel bekümmere! Und Gott ließ kommen, worum er bat.
11 Kalub aber, der Bruder Schuhas, zeugte Mehir; der ist der Vater Eschtons.
12 Eschton aber zeugte Beth-Rapha, Paseach und Tehinna, den Vater der Stadt Nahasch. Das sind die Männer von Recha.
13 Die Söhne des Kenas waren: Othniël und Seraja. Die Söhne Othniëls aber waren: Hathath und Meonothai.
14 Und Meonothai zeugte Ophra. Und Seraja zeugte Joab, den Vater des Tals der Zimmerleute; denn sie waren Zimmerleute.
15 Die Söhne Kalebs, des Sohnes Jephunnes, aber waren: Iru, Ela und Naam; und der Sohn des Ela: Kenas.
16 Die Söhne Jehallelels aber waren: Siph, Sipha, Tirja und Asarel.
17 Die Söhne Esras aber waren: Jether, Mered, Epher und Jalon. Und Jether zeugte Mirjam, Schammai, Jischbach, den Vater Eschtemoas.
18 Und seine judäische Frau gebar Jered, den Vater Gedors, Heber, den Vater Sochos, Jekuthiël, den Vater Sanoachs. Auch Bithja, die Tochter des Pharao, die Mered nahm, hatte Söhne.
19 Die Söhne der Frau des Hodija, der Schwester Nahams, des Vaters Kegilas, waren: Hagarmi und Eschtemoa, der Maachathiter.
20 Die Söhne Schimons waren: Amnon und Rinna, Ben-Hanan und Tilon. Die Söhne Jischis waren: Soheth und Ben-Soheth.
21 Die Söhne Schelas aber, des Sohnes Judas, waren: Ger, der Vater Lechas, Lada, der Vater Mareschas, und die Geschlechter der Leinweber von Beth-Aschbea,
22 dazu Jokim und die Männer von Koseba und Joas und Saraph, die da Herren waren über Moab, und sie kehrten nach Bethlehem zurück, wie die alte Rede lautet.
23 Sie waren Töpfer und wohnten in Netaim und Gedera bei dem König; in seinem Dienst wohnten sie dort.

Die Geschlechter Simeons

24 Die Söhne Simeons waren: Jemuël, Jamin, Jarib, Serach, Saul.
25 Dessen Sohn war Schallum, dessen Sohn war Mibsam, dessen Sohn war Mischma.
26 Die Söhne Mischmas aber waren: Hammuël, Sakkur, Schimi.
27 Und Schimi hatte sechzehn Söhne und sechs Töchter; aber seine Brüder hatten nicht viel Kinder, und ihr ganzes Geschlecht mehrte sich nicht so wie die Söhne Judas.
28 Sie wohnten aber zu Beerseba, Molada, Hazar-Schual,
29 Bilha, Ezem, Tolad,
30 Bethuël, Horma, Ziklag,
31 Beth-Markaboth, Hazar-Susa, Beth-Biri, Schaarajim. Das waren ihre Städte bis auf den König David:
32 Etam, Ajin, Rimmon, Tochen, Aschan, die fünf Orte, dazu ihre Gehöfte,
33 und alle Gehöfte, die um diese Orte her lagen bis nach Baal. Dort wohnten sie, und sie hatten ihr eigenes Geschlechtsregister.
34 Und Meschobab, Jamlech, Joscha, der Sohn Amazjas,
35 Joel, Jehu, der Sohn Joschibjas, des Sohnes Serajas, des Sohnes Asiëls,
36 Eljoënai, Jaakoba, Jeschohaja, Asaja, Adiël, Ismeel und Benaja,
37 Sisa, der Sohn Schiphis, des Sohnes Allons, des Sohnes Jedajas, des Sohnes Schimris, des Sohnes Schemajas:
38 diese, die mit Namen genannt sind, waren Fürsten in ihren Geschlechtern, und ihre Sippen breiteten sich sehr aus.
39 Und sie zogen hin nach Gedor bis östlich des Tals, um Weide zu suchen für ihre Schafe,

40 und fanden fette und gute Weide und
ein Land weit an Raum, still und ruhig;
denn früher wohnten dort die von Ham.
41 Und diese mit Namen Genannten
kamen zur Zeit Hiskias, des Königs von
Juda, und fielen her über die Zelte Hams
und über die Mëuniter, die sie dort fanden,
und vollstreckten den Bann an ihnen bis
auf diesen Tag und wohnten an ihrer Statt;
denn dort war Weide für ihre Schafe.
42 Auch gingen von ihnen, von den
Söhnen Simeons, fünfhundert Männer
zum Gebirge Seïr: Pelatja, Nearja, Rephaja und Usiël, die Söhne Jischis, an
ihrer Spitze,
43 und sie erschlugen, die übriggeblieben waren von den Entronnenen der
Amalekiter, und wohnten dort bis auf
diesen Tag.

Die Geschlechter Rubens, Gads und des halben Stammes Manasse

5 Die Söhne Rubens, des Erstgeborenen Israels – denn er war zwar der Erstgeborene, aber weil er seines Vaters Bett entweihte, wurde sein Erstgeburtsrecht gegeben den Söhnen Josephs, des Sohnes Israels, doch wurde er nicht in das Geschlechtsregister als Erstgeborener aufgezeichnet;
2 denn Juda war mächtig unter seinen
Brüdern, und einem aus seinem Stamm
wurde das Fürstentum gegeben, Joseph
aber erhielt das Erstgeburtsrecht –
3 die Söhne Rubens, des Erstgeborenen
Israels, sind: Henoch, Pallu, Hezron und
Karmi.
4 Die Söhne Joels aber waren: Schemaja, dessen Sohn war Gog, dessen Sohn
war Schimi,
5 dessen Sohn war Micha, dessen Sohn
war Reaja, dessen Sohn war Baal,
6 dessen Sohn war Beera, den Tiglath-Pileser, der König von Assur, gefangen
wegführte. Er aber war ein Fürst der
Rubeniter.
7 Aber seine Brüder nach ihren Geschlechtern, wie sie in das Geschlechtsregister aufgezeichnet wurden, waren:
Jeïël, der Erste, und Sacharja
8 und Bela, der Sohn des Asas, des
Sohnes Schemas, des Sohnes Joels. Der
wohnte zu Aroër und bis nach Nebo und
Baal-Meon
9 und wohnte nach Osten zu bis an die
Wüste am Euphratstrom; denn sie hatten
viel Vieh im Lande Gilead.
10 Und zur Zeit Sauls führten sie Krieg
gegen die Hagariter, und diese fielen
durch ihre Hand, und sie wohnten in
deren Zelten auf der ganzen Ostgrenze
von Gilead.
11 Die Söhne Gad aber wohnten ihnen
gegenüber im Lande Basan bis nach Salcha:
12 Joel, der Erste, und Schapham, der
Zweite, ferner Janai und Schaphat in
Basan.
13 Und ihre Brüder nach ihren Sippen
waren: Michael, Meschullam, Scheba,
Jorai, Jakan, Sia und Eber, diese sieben.
14 Das sind die Söhne Abihails, des
Sohnes Huris, des Sohnes Jaroachs, des
Sohnes Gileads, des Sohnes Michaels, des
Sohnes Jeschischais, des Sohnes Jachdos,
des Sohnes des Bus.
15 Ahi, der Sohn Abdiëls, des Sohnes
Gunis, war eins ihrer Sippenhäupter.
16 Und sie wohnten zu Gilead in Basan
und in seinen Ortschaften und in allen
Fluren Scharons bis an ihre Enden.
17 Diese wurden alle aufgezeichnet zur
Zeit Jothams, des Königs von Juda, und
Jerobeams, des Königs von Israel.
18 Von den Rubenitern, den Gaditern
und dem halben Stamm Manasse zählten
die streitbaren Männer, die Schild und
Schwert führen und Bogen spannen konnten und kriegskundig waren, vierundvierzigtausendsiebenhundertundsechzig, die
in den Kampf ziehen konnten.
19 Und sie kämpften gegen die Hagariter und gegen Jetur, Naphisch und Nodab.
20 Und es wurde ihnen geholfen gegen
sie, und die Hagariter wurden in ihre
Hände gegeben und alle, die mit ihnen
waren. Denn sie schrien zu Gott im
Kampf, und er ließ sich erbitten; denn sie
vertrauten ihm.
21 Und sie führten weg ihr Vieh, fünfzigtausend Kamele, zweihundertfünfzigtausend Schafe, zweitausend Esel, und
hunderttausend Menschen.
22 Dazu waren viele erschlagen liegen
geblieben, denn der Krieg war von Gott.
Und sie wohnten an ihrer Statt bis zur
Zeit, wo sie gefangen weggeführt wurden.

23 Der halbe Stamm Manasse aber wohnte im Lande von Basan bis Baal-Hermon und bis zum Senir und bis zum Berg Hermon. Und ihrer waren viele.
24 Und dies waren die Häupter ihrer Sippen: Epher, Jischi, Eliël, Asriël, Jeremia, Hodawja, Jachdiël, gewaltige Männer und berühmte Sippenhäupter.
25 Da sie sich aber an dem Gott ihrer Väter versündigten und abfielen zu den Götzen der Völker des Landes, die Gott vor ihnen vertilgt hatte,
26 erweckte der Gott Israels den Geist des Pul*, des Königs von Assyrien, und den Geist Tiglath-Pilesers*, des Königs von Assyrien, und er führte weg die Rubeniter, Gaditer und den halben Stamm Manasse und brachte sie nach Helach und an den Habor und nach Hara und an den Fluß Gosan bis auf diesen Tag.

Die Geschlechter Levis

°27 Die Söhne Levis waren: Gerson, Kehath und Merari.
28 Die Söhne Kehaths aber waren: Amram, Jizhar, Hebron und Usiël.
29 Die Söhne Amrams waren: Aaron und Mose; dazu Mirjam. Die Söhne Aarons waren: Nadab, Abihu, Eleasar und Ithamar.
30 Eleasar zeugte Pinhas. Pinhas zeugte Abischua.
31 Abischua zeugte Bukki. Bukki zeugte Usi.
32 Usi zeugte Serachja. Serachja zeugte Merajoth.
33 Merajoth zeugte Amarja. Amarja zeugte Ahitub.
34 Ahitub zeugte Zadok. Zadok zeugte Ahimaaz.
35 Ahimaaz zeugte Asarja. Asarja zeugte Johanan.
36 Johanan zeugte Asarja; das ist der, der Priester war im Tempel, den Salomo gebaut hatte zu Jerusalem.
37 Asarja zeugte Amarja. Amarja zeugte Ahitub.
38 Ahitub zeugte Zadok. Zadok zeugte Schallum.
39 Schallum zeugte Hilkia. Hilkia zeugte Asarja.
40 Asarja zeugte Seraja. Seraja zeugte Jozadak.

*Pul und Tiglath-Pileser sind Namen desselben Königs, vgl. die Anmerkung zu 2. Kön 15,19.

41 Jozadak aber wurde mit weggeführt, als der HERR Juda und Jerusalem durch Nebukadnezar gefangen wegführen ließ.

6 °Die Söhne Levis sind diese: Gerson, Kehath, Merari.
2 So heißen aber die Söhne Gersons: Libni und Simeï.
3 Aber die Söhne Kehaths heißen: Amram, Jizhar, Hebron und Usiël.
4 Die Söhne Meraris heißen: Machli und Muschi. Das sind die Geschlechter der Leviten nach ihren Sippen.
5 Gersons Sohn war Libni, dessen Sohn war Jahath, dessen Sohn war Simma.
6 Dessen Sohn war Joach, dessen Sohn war Iddo, dessen Sohn war Serach, dessen Sohn war Jeothrai.
7 Kehaths Sohn aber war Amminadab, dessen Sohn war Korah, dessen Sohn war Assir,
8 dessen Sohn war Elkana, dessen Sohn war Abiasaph, dessen Sohn war Assir,
9 dessen Sohn war Tahath, dessen Sohn war Uriël, dessen Sohn war Usia, dessen Sohn war Saul.
10 Die Söhne Elkanas waren: Amasai und Ahimoth,
11 dessen Sohn war Elkana, dessen Sohn war Zophai, dessen Sohn war Nahath,
12 dessen Sohn war Eliab, dessen Sohn war Jeroham, dessen Sohn war Elkana, dessen Sohn war Samuel.
13 Und die Söhne Samuels waren: der Erstgeborene Joel und der zweite Sohn Abia.
14 Meraris Sohn war Machli, dessen Sohn war Libni, dessen Sohn war Simeï, dessen Sohn war Usa,
15 dessen Sohn war Schima, dessen Sohn war Haggia, dessen Sohn war Asaja.

Die levitischen Sängerfamilien

16 Dies sind aber die, welche David bestellte, um im Hause des HERRN zu singen, als die Lade zur Ruhe gekommen war,
17 und sie dienten vor der Wohnung der Stiftshütte mit Singen, bis Salomo das Haus des HERRN baute zu Jerusalem, und taten ihren Dienst nach ihrer Ordnung.
18 Diese sind es, die des Amtes walteten, und ihre Söhne: Von den Söhnen Kehath war Heman, der Sänger, der Sohn Joels, des Sohnes Samuels,

19 des Sohnes Elkanas, des Sohnes Jero-
hams, des Sohnes Eliëls, des Sohnes
Toachs,
20 des Sohnes Zuphs, des Sohnes El-
kanas, des Sohnes Mahaths, des Sohnes
Amasais,
21 des Sohnes Elkanas, des Sohnes
Joels, des Sohnes Asarjas, des Sohnes
Zephanjas,
22 des Sohnes Tahaths, des Sohnes As-
sirs, des Sohnes Abiasaphs, des Sohnes
Korahs,
23 des Sohnes Jizhars, des Sohnes Ke-
haths, des Sohnes Levis, des Sohnes Israels.
24 Und sein Bruder Asaph stand zu sei-
ner Rechten. Und er, Asaph, war ein
Sohn Berechjas, des Sohnes Schimas,
25 des Sohnes Michaels, des Sohnes
Baasejas, des Sohnes Malkias,
26 des Sohnes Ethnis, des Sohnes Se-
rachs, des Sohnes Adajas,
27 des Sohnes Ethans, des Sohnes Sim-
mas, des Sohnes Simeïs,
28 des Sohnes Jahaths, des Sohnes Ger-
sons, des Sohnes Levis.
29 Ihre Brüder aber, die Söhne Merari,
standen zur Linken: nämlich Ethan, der
Sohn Kuschis, des Sohnes Abdis, des Soh-
nes Malluchs,
30 des Sohnes Haschabjas, des Sohnes
Amazjas, des Sohnes Hilkias,
31 des Sohnes Amzis, des Sohnes Banis,
des Sohnes Schemers,
32 des Sohnes Machlis, des Sohnes Mu-
schis, des Sohnes Meraris, des Sohnes
Levis.

Der Dienst Aarons und seine Nachkommen

33 Ihre Brüder aber, die Leviten, waren
bestellt zu allem Dienst an der Wohnung
des Hauses Gottes.
34 Aaron dagegen und seine Söhne wa-
ren verordnet zum Dienst am Brand-
opferaltar und am Räucheraltar und zu
allem Dienst im Allerheiligsten und Sühne
zu schaffen für Israel, wie Mose, der
Knecht Gottes, geboten hatte.
35 Dies sind aber die Söhne Aarons:
Eleasar, sein Sohn, dessen Sohn war Pin-
has, dessen Sohn war Abischua,
36 dessen Sohn war Bukki, dessen Sohn
war Usi, dessen Sohn war Serachja,
37 dessen Sohn war Merajoth, dessen
Sohn war Amarja, dessen Sohn war Ahitub,
38 dessen Sohn war Zadok, dessen Sohn
war Ahimaaz.

Die Wohnsitze der levitischen Geschlechter

39 Und dies sind ihre Wohnsitze nach
ihren Zeltdörfern in ihrem Gebiet, näm-
lich der Söhne Aaron vom Geschlecht der
Kehathiter, denn das Los fiel ihnen zu-
erst zu,
40 und man gab ihnen Hebron im Lande
Juda mit seinem Weideland ringsumher.
41 Aber die Felder der Stadt und ihre
Dörfer gaben sie Kaleb, dem Sohn Je-
phunnes.
42 So gaben sie nun den Söhnen Aaron
die Freistädte Hebron und Libna mit
ihrem Weideland, Jattir und Eschtemoa
mit ihrem Weideland,
43 Holon, Debir,
44 Aschan und Beth-Schemesch mit ih-
rem Weideland;
45 und aus dem Stamm Benjamin: Ge-
ba, Alemeth und Anathoth mit ihrem
Weideland, so daß die Zahl aller Städte in
ihren Geschlechtern dreizehn war.
46 Aber den andern Söhnen Kehath
nach ihren Geschlechtern wurden durchs
Los aus dem Stamm Ephraim, aus dem
Stamm Dan und aus dem halben Stamm
Manasse zehn Städte gegeben.
47 Den Söhnen Gerson nach ihren Ge-
schlechtern wurden aus dem Stamm Isa-
schar und aus dem Stamm Asser und aus
dem Stamm Naphthali und aus dem
Stamm Manasse in Basan dreizehn Städte
gegeben.
48 Den Söhnen Merari nach ihren Ge-
schlechtern wurden durchs Los aus dem
Stamm Ruben und aus dem Stamm Gad
und aus dem Stamm Sebulon zwölf Städte
gegeben.
49 Und Israel gab den Leviten die Städte
mit ihrem Weideland,
50 nämlich durchs Los aus dem Stamm
Juda und aus dem Stamm Simeon und
aus dem Stamm Benjamin diese Städte,
die sie mit Namen bestimmten.
51 Aber den Geschlechtern der Söhne
Kehath wurden Städte ihres Gebiets aus
dem Stamm Ephraim gegeben.
52 So gaben sie nun dem Geschlecht der
andern Söhne Kehath die Freistädte:
Sichem auf dem Gebirge Ephraim, Geser,
53 Jokmeam, Beth-Horon,

54 Ajalon und Gath-Rimmon mit ihrem Weideland.
55 Dazu aus dem halben Stamm Manasse: Aner und Bileam mit ihrem Weideland.
56 Aber den Söhnen Gerson nach ihren Geschlechtern gaben sie aus dem halben Stamm Manasse: Golan in Basan und Aschtaroth mit ihrem Weideland;
57 aus dem Stamm Isaschar: Kedesch, Daberath,
58 Ramoth und Anem mit ihrem Weideland;
59 aus dem Stamm Asser: Mischal, Abdon,
60 Hukkok und Rehob mit ihrem Weideland;
61 aus dem Stamm Naphthali: Kedesch in Galiläa, Hammon und Kirjathajim mit ihrem Weideland.
62 Den andern Söhnen Merari gaben sie aus dem Stamm Sebulon: Rimmon und Tabor mit ihrem Weideland;
63 und jenseits des Jordan gegenüber Jericho, östlich vom Jordan, aus dem Stamm Ruben: Bezer in der Wüste, Jahza,
64 Kedemoth und Mephaath mit ihrem Weideland;
65 aus dem Stamm Gad: Ramoth in Gilead, Mahanajim,
66 Hesbon und Jaser mit ihrem Weideland.

Die Geschlechter von Isaschar, Benjamin, Naphthali, Halb-Manasse, Ephraim und Asser

7 Die Söhne Isaschars waren: Tola, Pua, Jaschub und Schimron, diese vier.
2 Die Söhne Tolas aber waren: Usi, Rephaja, Jeriël, Jachmai, Jibsam und Samuel, Sippenhäupter von Tola und gewaltige Männer; nach dem Geschlechtsregister an Zahl zu Davids Zeiten zweiundzwanzigtausendsechshundert.
3 Der Sohn Usis war: Jisrachja. Und die Söhne Jisrachjas waren: Michael, Obadja, Joel und Jischia, diese fünf; sie waren alle Sippenhäupter.
4 Und nach ihrem Geschlechtsregister, nach ihren Sippen waren unter ihnen zum Kampf gerüstetes Heervolk sechsunddreißigtausend; denn sie hatten viele Frauen und Kinder.
5 Und ihre Brüder in allen Geschlechtern Isaschars waren gewaltige Männer, siebenundachtzigtausend, und wurden alle aufgezeichnet.
6 Die Söhne Benjamins waren: Bela, Becher und Jediaël, diese drei.
7 Aber die Söhne Belas waren: Ezbon, Usi, Usiël, Jerimoth und Ir, diese fünf, Sippenhäupter, gewaltige Männer. Und es wurden aufgezeichnet zweiundzwanzigtausendvierunddreißig.
8 Die Söhne Bechers waren: Semira, Joas, Eliëser, Eljoënai, Omri, Jerimoth, Abia, Anathoth und Alemeth; die waren alle Söhne des Becher
9 und wurden aufgezeichnet in ihren Geschlechtern nach ihren Sippenhäuptern, gewaltige Männer, zwanzigtausendzweihundert.
10 Der Sohn Jediaëls aber war: Bilhan. Bilhans Söhne aber waren: Jëusch, Benjamin, Ehud, Kenaana, Sethan, Tarsis und Ahischahar.
11 Die waren alle Söhne Jediaëls, Sippenhäupter, gewaltige Männer, siebzehntausendzweihundert, die als Heer ausziehen konnten zum Kampf.
12 Und Schuppim und Huppim waren Söhne Irs; Huschim aber war ein Sohn Ahers.
13 Die Söhne Naphthalis waren: Jachzeel, Guni, Jezer und Schillem, Söhne der Bilha.
14 Die Söhne Manasses waren diese: Asriël, den seine aramäische Nebenfrau geboren hatte; auch gebar sie Machir, den Vater Gileads.
15 Und Machir gab Huppim und Schuppim Frauen; und seine Schwester hieß Maacha. Sein anderer Sohn hieß Zelophhad, und Zelophhad hatte nur Töchter.
16 Und Maacha, Machirs Frau, gebar einen Sohn; den nannte sie Peresch. Und sein Bruder hieß Scheresch, und dessen Söhne waren Ulam und Rekem.
17 Ulams Sohn aber war Bedan. Das sind die Söhne Gileads, des Sohnes Machirs, des Sohnes Manasses.
18 Und seine Schwester Molecheth gebar Ischhod, Abiëser und Machla.
19 Und Schemida hatte diese Söhne: Achjan, Sichem, Likhi und Aniam.
20 Die Söhne Ephraims waren diese: Schuthelach – dessen Sohn war Bered, dessen Sohn war Tahath, dessen Sohn war Elada, dessen Sohn war Tahath,

21 dessen Sohn war Sebad, dessen Sohn
war Schuthelach – und Eser und Elad. Und
die Männer von Gath, die Einheimischen
im Lande, töteten sie, weil sie hinabgezogen waren, ihnen das Vieh wegzunehmen.
22 Und ihr Vater Ephraim trug Leid
lange Zeit, und seine Brüder kamen, ihn
zu trösten.
23 Und er ging ein zu seiner Frau; die
ward schwanger und gebar einen Sohn,
den nannte er Beria, weil in seinem Hause
Unglück war.
24 Seine Tochter aber war Scheera, die
baute das untere und obere Beth-Horon
und Usen-Scheera.
25 Sein Sohn war Rephach, auch Rescheph, dessen Sohn war Telach, dessen
Sohn war Tahan,
26 dessen Sohn war Ladan, dessen Sohn
war Ammihud, dessen Sohn war Elischama,
27 dessen Sohn war Nun, dessen Sohn
war Josua.
28 Und ihr Besitz und ihre Wohnung
war Bethel und seine Ortschaften, und gegen Osten Naaran, und gegen Westen Geser und seine Ortschaften, Sichem und
seine Ortschaften bis nach Ajja und seinen
Ortschaften,
29 und an der Seite der Söhne Manasses
Beth-Schean und seine Ortschaften, Taanach und seine Ortschaften, Megiddo und
seine Ortschaften, Dor und seine Ortschaften. In diesen wohnten die Söhne
Josephs, des Sohnes Israels.
30 Die Söhne Assers waren diese: Jimna,
Jischwa, Jischwi, Beria; und Serach war
ihre Schwester.
31 Die Söhne Berias waren: Heber und
Malkiël; das ist der Vater Birsawiths.
32 Heber aber zeugte Japhlet, Schemer,
Hotham und ihre Schwester Schua.
33 Die Söhne Japhlets waren: Pasach,
Bimhal und Aschwath; das waren die
Söhne Japhlets.
34 Die Söhne Schemers waren: Ahi,
Rohga, Hubba und Aram.
35 Und die Söhne seines Bruders Hotham waren: Zophach, Jimna, Schelesch
und Amal.
36 Die Söhne Zophachs waren: Suach,
Harnepher, Schual, Beri, Jimra,
37 Bezer, Hod, Schamma, Schilscha,
Jithran und Beera.
38 Die Söhne Jethers waren: Jephunne,
Pispa und Ara.
39 Die Söhne Ullas waren: Arach, Hanniël und Rizja.
40 Diese alle waren Söhne Assers, Sippenhäupter, auserlesene, gewaltige Männer und Erste der Fürsten. Und sie wurden aufgezeichnet als Kriegsleute; ihre
Zahl war sechsundzwanzigtausend Mann.

Die Geschlechter Benjamins.
Die Sippe Sauls

8 Benjamin aber zeugte Bela, seinen
Erstgeborenen, Aschbel als zweiten
Sohn, Achrach als dritten,
2 Noha als vierten, Rapha als fünften.
3 Und Bela hatte Söhne: Addar, Gera,
Abihud,
4 Abischua, Naaman, Ahoach,
5 Gera, Schephuphan und Huram.
6 Dies sind die Söhne Ehuds, die Sippenhäupter waren unter den Bürgern zu
Geba, und man führte sie gefangen weg
nach Manahath,
7 nämlich: Naaman, Ahia und Gera,
dieser führte sie weg; und er zeugte Usa
und Ahihud.
8 Und Schaharajim zeugte im Lande
Moab, als er seine Frauen Huschim und
Baara entlassen hatte,
9 und er zeugte mit seiner Frau Hodesch: Jobab, Zibja, Mescha, Malkam,
10 Jëuz, Sacheja und Mirma. Das sind
seine Söhne, Sippenhäupter.
11 Mit Huschim aber hatte er Abitub
und Elpaal gezeugt.
12 Die Söhne Elpaals aber waren: Eber,
Mischam und Schemed. Dieser baute
Ono und Lod und ihre Ortschaften.
13 Und Beria und Schema waren Sippenhäupter unter den Bürgern von Ajalon; sie verjagten die Einwohner von Gath.
14 Und ihre Brüder waren: Elpaal, Schaschak, Jeremoth,
15 Sebadja, Arad, Ader,
16 Michael, Jischpa und Joha; das sind
die Söhne Berias.
17 Sebadja, Meschullam, Hiski, Heber,
18 Jischmerai, Jislia, Jobab; das sind die
Söhne Elpaals.
19 Jakim, Sichri, Sabdi,
20 Eljoënai, Zilthai, Eliël,
21 Adaja, Beraja und Schimrath; das
sind die Söhne Simeïs.

22 Jischpan, Eber, Eliël,
23 Abdon, Sichri, Hanan,
24 Hananja, Elam, Anthothja,
25 Jiphdeja und Pnuël; das sind die Söhne Schaschaks.
26 Schamscherai, Scheharja, Athalja,
27 Jaareschja, Elia und Sichri; das sind die Söhne Jerohams.
28 Das sind die Sippenhäupter ihrer Geschlechter, die in Jerusalem wohnten.
29 Aber in Gibeon wohnte Jeïël, der Vater Gibeons, und seine Frau hieß Maacha.
30 Und sein Erstgeborener war Abdon, ferner Zur, Kis, Baal, Ner, Nadab,
31 Gedor, Achjo, Secher und Mikloth.
32 Mikloth aber zeugte Schimam. Und auch sie wohnten mit ihren Brüdern in Jerusalem, ihnen gegenüber.
33 Ner zeugte Abner, und Kis zeugte Saul. Saul zeugte Jonathan, Malkischua, Abinadab und Eschbaal.
34 Der Sohn Jonathans aber war Merib-Baal. Merib-Baal zeugte Micha.
35 Die Söhne Michas waren: Pithon, Melech, Tachrea und Ahas.
36 Ahas aber zeugte Joadda. Joadda zeugte Alemeth, Asmaweth und Simri. Simri zeugte Moza.
37 Moza zeugte Bina; dessen Sohn war Rapha, dessen Sohn war Elasa, dessen Sohn war Azel.
38 Azel aber hatte sechs Söhne, die hießen: Asrikam, sein Erstgeborener, Ismael, Schearja, Obadja, Hanan. Die waren alle Söhne Azels.
39 Die Söhne seines Bruders Eschek waren: Ulam, sein Erstgeborener, Jëusch, der zweite Sohn, Eliphelet, der dritte.
40 Die Söhne Ulams aber waren gewaltige Leute und geschickt mit Bogen und hatten viele Söhne und Enkel, hundertundfünfzig. Diese alle sind von den Söhnen Benjamin.

9 Und ganz Israel wurde im Geschlechtsregister aufgezeichnet, und siehe, sie sind aufgeschrieben im Buch der Könige von Israel.

Die Einwohner Jerusalems

Und Juda wurde weggeführt nach Babel um seines Treubruchs willen.
2 Und die zuerst auf ihrem Besitz und in ihren Städten wohnten, waren Israeliten, Priester, Leviten und Tempelsklaven.
3 Und in Jerusalem wohnten einige der Söhne Juda, einige der Söhne Benjamin, einige der Söhne Ephraim und Manasse;
4 von den Söhnen Juda: Uthai, der Sohn Ammihuds, des Sohnes Omris, des Sohnes Imris, des Sohnes Banis von den Nachkommen des Perez, des Sohnes Judas;
5 von den Schelanitern aber Asaja, der Erstgeborene, und seine Söhne;
6 von den Söhnen Serach: Jeguël und seine Brüder, sechshundertundneunzig.
7 Von den Söhnen Benjamin: Sallu, der Sohn Meschullams, des Sohnes Hodawjas, des Sohnes Hassenuas,
8 und Jibneja, der Sohn Jerohams, und Ela, der Sohn Usis, des Sohnes Michris, und Meschullam, der Sohn Schephatjas, des Sohnes Reguëls, des Sohnes Jibnejas.
9 Dazu ihre Brüder nach ihren Geschlechtern, neunhundertsechsundfünfzig. Alle diese Männer waren Sippenhäupter.
10 Von den Priestern aber: Jedaja, Jojarib, Jachin
11 und Asarja, der Sohn Hilkias, des Sohnes Meschullams, des Sohnes Zadoks, des Sohnes Merajoths, des Sohnes Ahitubs, der Vorsteher im Hause Gottes,
12 und Adaja, der Sohn Jerohams, des Sohnes Paschhurs, des Sohnes Malkias, und Masai, der Sohn Adiëls, des Sohnes Jachseras, des Sohnes Meschullams, des Sohnes Meschillemiths, des Sohnes Immers,
13 dazu ihre Brüder, Sippenhäupter, tausendsiebenhundertundsechzig, tüchtige Leute im Dienst des Amtes im Hause Gottes.
14 Von den Leviten aber aus den Söhnen Merari: Schemaja, der Sohn Haschubs, des Sohnes Asrikams, des Sohnes Haschabjas,
15 und Bakbakkar, Heresch und Galal und Mattanja, der Sohn Michas, des Sohnes Sichris, des Sohnes Asaphs,
16 und Obadja, der Sohn Schemajas, des Sohnes Galals, des Sohnes Jeduthuns, und Berechja, der Sohn Asas, des Sohnes Elkanas, der in den Gehöften der Netophathiter wohnte.

Die Ämter der Leviten

17 Die Torhüter aber waren: Schallum, Akkub, Talmon, Ahiman; und ihr Bruder Schallum war der Vorsteher,

18 und er steht bis jetzt am Tor des
Königs im Osten. Das waren die Tor-
hüter in den Lagern der Leviten.
19 Und Schallum, der Sohn Kores, des
Sohnes Abiasaphs, des Sohnes Korahs,
und seine Brüder aus seiner Sippe, die
Korahiter, waren im Dienst des Amtes,
daß sie hüteten die Schwelle der Stifts-
hütte, wie auch ihre Väter im Lager des
HERRN den Eingang gehütet hatten.
20 Pinhas aber, der Sohn Eleasars, – der
HERR sei mit ihm! – war vorzeiten Vor-
steher über sie.
21 Sacharja aber, der Sohn Meschelem-
jas, war Hüter am Tor der Stiftshütte.
22 Alle diese waren auserlesen zu Hü-
tern an der Schwelle, zweihundertzwölf;
diese waren zwar aufgezeichnet in ihren
Gehöften, aber David und Samuel, der
Seher, hatten sie in ihr Amt eingesetzt,
23 daß sie und ihre Söhne als Wächter
hüten sollten die Tore am Hause des
HERRN, nämlich an der Stiftshütte.
24 Es waren aber diese Torhüter nach
den vier Himmelsrichtungen aufgestellt:
nach Osten, nach Westen, nach Norden
und Süden.
25 Ihre Brüder aber waren auf ihren Ge-
höften und mußten zur verordneten Zeit
für jeweils sieben Tage hereinkommen,
um mit ihnen Dienst zu tun.
26 Denn die vier obersten Torhüter
standen immerfort im Amt.
Und einige von den Leviten waren über
die Kammern und Schätze im Hause Got-
tes gesetzt.
27 Auch blieben sie die Nacht über um
das Haus Gottes, denn sie mußten Wache
halten und alle Morgen die Türen auftun.
28 Und einige von ihnen waren gesetzt
über die Geräte für den Dienst; denn sie
mußten sie abgezählt heraus- und hinein-
tragen.
29 Und einige von ihnen waren bestellt
über die Gefäße und über alle heiligen
Geräte, über Feinmehl, über Wein, über
Öl, über Weihrauch, über Spezerei.
30 Und einige der Söhne der Priester
machten Salböl aus der Spezerei.
31 Und Mattithja von den Leviten, dem
Erstgeborenen Schallums, des Korahiters,
waren die Pfannen anvertraut.
32 Von den Kehathitern aber, ihren
Brüdern, waren einige bestellt über die
Schaubrote, sie zuzurichten auf alle Sab-
bate.
33 Das sind die Sänger, die Sippenhäup-
ter der Leviten, die in den Kammern kei-
nen Dienst hatten, denn Tag und Nacht
waren sie in ihrem Amt.
34 Das sind die Sippenhäupter unter
den Leviten nach ihren Geschlechtern.
Diese wohnten in Jerusalem.

Die Sippe Sauls

35 In Gibeon wohnten Jeïël, der Vater
Gibeons; seine Frau hieß Maacha
36 und sein Erstgeborener Abdon; fer-
ner Zur, Kis, Baal, Ner, Nadab,
37 Gedor, Achjo, Sacharja, Mikloth.
38 Mikloth aber zeugte Schimam. Auch
sie wohnten mit ihren Brüdern in Jerusa-
lem, ihnen gegenüber.
39 Ner aber zeugte Abner. Kis zeugte
Saul. Saul zeugte Jonathan, Malkischua,
Abinadab, Eschbaal.
40 Der Sohn Jonathans aber war Merib-
Baal. Merib-Baal aber zeugte Micha.
41 Die Söhne Michas waren: Pithon,
Melech, Tachrea und Ahas.
42 Ahas zeugte Jara. Jara zeugte Ale-
meth, Asmaweth und Simri. Simri zeugte
Moza.
43 Moza zeugte Bina; dessen Sohn war
Raphaja, dessen Sohn war Elasa, dessen
Sohn war Azel.
44 Azel aber hatte sechs Söhne; die hie-
ßen: Asrikam, der Erstgeborene, Ismael,
Schearja, Obadja, Hanan. Das sind die
Söhne Azels.

Sauls Untergang

10 Die Philister kämpften gegen Israel,
und die Männer Israels flohen vor
den Philistern und blieben erschlagen lie-
gen auf dem Gebirge Gilboa.
2 Aber die Philister waren hinter Saul
und seinen Söhnen her und erschlugen
Jonathan, Abinadab und Malkischua, die
Söhne Sauls.
3 Und der Kampf tobte heftig um Saul,
und die Bogenschützen fanden ihn, und
er wurde verwundet von den Schützen.
4 Da sprach Saul zu seinem Waffenträ-
ger: Zieh dein Schwert und erstich mich
damit, daß nicht diese Unbeschnittenen
kommen und treiben ihren Spott mit mir.
Aber sein Waffenträger wollte nicht; denn

er fürchtete sich sehr. Da nahm Saul sein Schwert und stürzte sich hinein.

5 Als aber sein Waffenträger sah, daß Saul tot war, stürzte auch er sich ins Schwert und starb.

6 So starben Saul und zugleich seine drei Söhne und sein ganzes Haus.

7 Als aber die Männer Israels, die in der Ebene wohnten, sahen, daß sie geflohen waren und daß Saul und seine Söhne tot waren, verließen sie ihre Städte und flohen, und die Philister kamen und wohnten darin.

8 Am andern Tage kamen die Philister, um die Erschlagenen auszuplündern, und fanden Saul und seine Söhne, wie sie gefallen auf dem Gebirge Gilboa lagen.

9 Da plünderten sie ihn aus und nahmen sein Haupt und seine Rüstung und sandten sie im Land der Philister umher und ließen's verkünden vor ihren Götzen und dem Volk.

10 Und sie legten seine Rüstung nieder im Haus ihres Gottes, und seinen Schädel hefteten sie ans Haus Dagons.

11 Als aber jedermann von Jabesch in Gilead hörte, was die Philister Saul alles angetan hatten,

12 machten sie sich auf, alle streitbaren Männer, und nahmen die Leichname Sauls und seiner Söhne und brachten sie nach Jabesch und begruben ihre Gebeine unter der Eiche bei Jabesch und fasteten sieben Tage.

13 So starb Saul um seines Treubruchs willen, mit dem er sich an dem HERRN versündigt hatte, weil er das Wort des HERRN nicht hielt, auch weil er die Wahrsagerin befragt,

14 den HERRN aber nicht befragt hatte. Darum ließ er ihn sterben und wandte das Königtum David, dem Sohn Isais, zu.

David wird zum König gesalbt und erobert Jerusalem

11 Und ganz Israel sammelte sich bei David in Hebron und sprach: Siehe, wir sind dein Gebein und dein Fleisch.

2 Schon damals, als Saul König war, führtest du Israel aus und ein. Und der HERR, dein Gott, hat zu dir geredet: Du sollst mein Volk Israel weiden, und du sollst Fürst sein über mein Volk Israel.

3 Und alle Ältesten Israels kamen zum König nach Hebron. Und David schloß einen Bund mit ihnen in Hebron vor dem HERRN. Und sie salbten David zum König über Israel nach dem Wort des HERRN durch Samuel.

4 Und David und ganz Israel zogen hin nach Jerusalem, das ist Jebus; denn die Jebusiter wohnten dort im Lande.

5 Und die Bürger von Jebus sprachen zu David: Du wirst nicht hereinkommen. David aber eroberte die Burg Zion, das ist Davids Stadt.

6 Und David sprach: Wer die Jebusiter zuerst schlägt, der soll Hauptmann und Oberster sein. Da stieg Joab, der Sohn der Zeruja, zuerst hinauf und wurde Hauptmann.

7 David aber wohnte auf der Burg, daher nennt man sie «Stadt Davids».

8 Und er baute die Stadt ringsum, vom Millo an rundumher. Joab aber stellte die übrige Stadt wieder her.

9 Und David nahm immer mehr zu an Macht, und der HERR Zebaoth war mit ihm.

Die Helden Davids und ihre Taten

10 Dies sind die Helden Davids, die sich treu zu ihm hielten in seinem Königtum mit ganz Israel, daß man ihn zum König machte nach dem Wort des HERRN über Israel.

11 Und dies ist die Zahl der Helden Davids: Jaschobam, der Sohn Hachmonis, der Erste unter den Dreien; er schwang seinen Spieß und erschlug dreihundert auf einmal.

12 Nach ihm war Eleasar, der Sohn Dodos, der Ahoachiter; er war unter den drei Helden.

13 Dieser war mit David in Pas-Dammim, als die Philister sich dort zum Kampf versammelt hatten. Dort war ein Stück Acker mit Gerste. Und das Volk floh vor den Philistern.

14 Und er trat mitten aufs Feld, sicherte es und schlug die Philister. Und der HERR gab großes Heil.

15 Und drei aus den dreißig Helden zogen hinab zum Felsen zu David in die Höhle Adullam. Aber das Lager der Philister lag in der Ebene Rephaim.

16 David aber war in der Bergfeste; und die Wache der Philister war damals in Bethlehem.

17 Und David gelüstete es, und er
sprach: Wer will mir Wasser zu trinken
geben aus dem Brunnen am Tor in Beth-
lehem?
18 Da brachen die Drei in das Lager der
Philister ein und schöpften Wasser aus
dem Brunnen am Tor in Bethlehem und
trugen's und brachten's zu David. Er aber
wollte es nicht trinken, sondern goß es
aus für den HERRN als Trankopfer
19 und sprach: Das lasse mein Gott fern
von mir sein, daß ich solches tue und
trinke das Blut dieser Männer, die sich
der Gefahr ausgesetzt haben; denn sie
haben das Wasser unter Lebensgefahr
hergebracht. Darum wollte er's nicht trin-
ken. Das taten die drei Helden.
20 **A**bisai, der Bruder Joabs, war der
Erste unter den Dreißig, und er schwang
seinen Spieß und erschlug dreihundert.
Und er war unter den Dreißig berühmt
21 und hochgeehrt unter den Dreißig
und war ihr Oberster, aber an jene Drei
kam er nicht heran.
22 **B**enaja, der Sohn Jojadas, ein streit-
barer Mann von großen Taten, war aus
Kabzeel. Er erschlug die beiden «Gottes-
löwen» der Moabiter. Er stieg hinab und
erschlug einen Löwen in einem Brunnen,
als Schnee gefallen war.
23 Er erschlug auch einen ägyptischen
Mann, der war fünf Ellen groß und hatte
einen Spieß in der Hand, der war wie ein
Weberbaum. Aber er ging zu ihm hinab
mit einem Stecken und nahm ihm den
Spieß aus der Hand und tötete ihn mit
dessen eigenem Spieß.
24 Das tat Benaja, der Sohn Jojadas, und
er war berühmt unter den dreißig Helden
25 und hochgeehrt unter den Dreißig,
aber an jene Drei kam er nicht heran.
David aber setzte ihn über seine Leib-
wache.
26 **D**ie streitbaren Helden waren diese:
Asahel, der Bruder Joabs; Elhanan, der
Sohn Dodos aus Bethlehem.
27 Schammoth, der Haroriter; Helez,
der Peletiter;
28 Ira, der Sohn des Ikkesch, aus The-
koa; Abiëser, der Anathothiter;
29 Sibbechai, der Huschathiter; Ilai, der
Ahoachiter;
30 Mahrai, der Netophathiter; Heled,
der Sohn Baanas, der Netophathiter;
31 Ittai, der Sohn Ribais, von Gibea in
Benjamin; Benaja, der Pirathoniter;
32 Hiddai, von Nahale-Gaasch; Abiël,
der Arbathiter;
33 Asmaweth, der Bahurimiter; Eljach-
ba, der Schaalboniter;
34 Jaschen, der Guniter; Jonathan, der
Sohn Schages, der Harariter;
35 Ahiam, der Sohn Sachars, der Hara-
riter; Eliphal, der Sohn Urs;
36 Hepher, der Mecherathiter; Ahia,
der Paloniter;
37 Hezro, der Karmeliter; Naarai, der
Sohn Esbais;
38 Joel, der Bruder Nathans; Mibhar,
der Sohn Hagris;
39 Zelek, der Ammoniter; Nachrai, der
Beerothiter, ein Waffenträger Joabs, des
Sohnes der Zeruja;
40 Ira, der Jattiriter; Gareb, der Jattiri-
ter;
41 Uria, der Hethiter; Sabad, der Sohn
Achlais;
42 Adina, der Sohn Schisas, der Rube-
niter, ein Hauptmann der Rubeniter, und
dreißig Mann waren bei ihm;
43 Hanan, der Sohn Maachas; Josaphat,
der Mithniter;
44 Usia, der Aschtarothiter; Schama und
Jehiël, die Söhne Hothams, des Aroëriters.
45 Jediaël, der Sohn Schimris; Joha,
sein Bruder, der Tiziter;
46 Eliël, der Mahanaiter; Jeribai und
Joschawja, die Söhne Elnaams; Jithma,
der Moabiter;
47 Eliël, Obed, Jaasiël aus Zoba.

Davids Mitkämpfer in Ziklag zur Zeit Sauls

12 Dies sind die Männer, die zu David
nach Ziklag kamen, als er sich von
Saul, dem Sohn des Kis, fernhalten muß-
te; und sie gehörten auch zu den Helden,
den Helfern im Kampf,
2 mit Bogen gerüstet, geschickt mit bei-
den Händen, Steine zu schleudern und
Pfeile zu schießen.
Von den Stammesbrüdern Sauls, die aus
Benjamin waren:
3 der Erste Ahiëser, und Joas, die Söhne
Schemaas, des Gibeathiters; Jesiël und
Pelet, die Söhne Asmaweths; Beracha und
Jehu, der Anathothiter;
4 Jischmaja, der Gibeoniter, gewaltig
unter den Dreißig und über die Dreißig;

°5 Jeremia, Jahasiël, Johanan, Josabad, der Gederathiter;

6 Elusai, Jerimoth, Bealja, Schemarja, Schephatja, der Harophiter;

7 Elkana, Jischia, Asarel, Joëser, Jaschobam, die Korahiter;

8 Joëla und Sebadja, die Söhne Jerohams von Gedor.

9 Von den Gaditern gingen über zu David nach der Bergfeste in der Wüste starke Helden und Kriegsleute, die Schild und Spieß führten, und ihr Angesicht war wie das der Löwen, und sie waren schnell wie Rehe auf den Bergen:

10 Der erste Eser, der zweite Obadja, der dritte Eliab,

11 der vierte Maschmanna, der fünfte Jeremia,

12 der sechste Attai, der siebente Eliël,

13 der achte Johanan, der neunte Elsabad,

14 der zehnte Jeremia, der elfte Machbannai.

15 Diese waren von den Gaditern, Hauptleute im Heer, der Geringste über hundert und der Größte über tausend.

16 Die sind es, die über den Jordan gingen im ersten Monat, als er voll war bis zu beiden Ufern und alle Täler gegen Osten und Westen abriegelte.

17 Es kamen aber auch Männer von Benjamin und Juda zu David in die Bergfeste.

18 David aber ging heraus zu ihnen und sprach zu ihnen: Kommt ihr im Frieden zu mir und um mir zu helfen, so soll mein Herz mit euch sein; kommt ihr aber mit List und um gegen mich zu sein, da doch kein Frevel an mir ist, so sehe der Gott unserer Väter drein und strafe es!

19 Aber der Geist ergriff Amasai, den Ersten der Dreißig, und er sprach: Dein sind wir, David, und mit dir halten wir's, du Sohn Isais! Friede, Friede sei mit dir! Friede sei mit deinen Helfern, denn dein Gott hilft dir! Da nahm David sie an und setzte sie zu Hauptleuten über die Streifschar.

20 Und von Manasse gingen einige zu David über, als er mit den Philistern auszog gegen Saul zum Kampf. Er aber half ihnen nicht, denn die Fürsten der Philister hielten Rat und schickten ihn weg und sprachen: Wenn er wieder zu Saul, seinem Herrn, überginge, so könnte es uns den Hals kosten.

21 Als er nun nach Ziklag zog, fielen ihm zu von Manasse: Adnach, Josabad, Jediaël, Michael, Josabad, Elihu, Zilthai, Oberste über tausend in Manasse.

22 Und sie halfen David gegen streifende Rotten; denn sie waren alle streitbare Helden und wurden Hauptleute über das Heer.

23 So kamen alle Tage einige zu David, ihm zu helfen, bis es ein großes Heer wurde wie ein Heer Gottes.

Die Krieger, die zu David nach Hebron kamen

24 Und dies ist die Zahl der zum Heeresdienst gerüsteten Männer, die zu David nach Hebron kamen, um das Königtum Sauls ihm zuzuwenden nach dem Wort des HERRN:

25 Der Männer von Juda, die Schild und Spieß trugen, waren sechstausendachthundert, gerüstet zum Heeresdienst;

26 der Männer von Simeon waren streitbare Helden für den Heeresdienst siebentausendeinhundert;

27 der Männer von Levi viertausendsechshundert;

28 und Jojada, der Vorsteher über das Haus Aaron, mit dreitausendsiebenhundert;

29 und Zadok, ein junger streitbarer Held, mit seiner Sippe, zweiundzwanzig Hauptleute;

30 der Männer von Benjamin, Sauls Brüder, dreitausend, denn bis zu dieser Zeit hielten noch viele von ihnen zum Hause Sauls;

31 der Männer von Ephraim zwanzigtausendachthundert, streitbare Helden und berühmte Männer in ihren Sippen;

32 vom halben Stamm Manasse achtzehntausend, die namentlich bestimmt waren, daß sie kämen und David zum König machten;

33 der Männer von Isaschar, die erkannten und rieten, was Israel zu jeder Zeit tun sollte, zweihundert Hauptleute, und alle ihre Brüder folgten ihrem Befehl;

34 von Sebulon wehrfähige Männer, zum Kampf gerüstet mit allerlei Waffen, fünfzigtausend, David einmütig zu helfen;

35 von Naphthali tausend Hauptleute
und mit ihnen siebenunddreißigtausend
mit Schild und Spieß;
36 von Dan, zum Kampf gerüstet, acht-
undzwanzigtausendsechshundert;
37 von Asser wehrfähige Männer, ge-
rüstet zum Kampf, vierzigtausend;
38 von jenseits des Jordan, von den Ru-
benitern, Gaditern und dem halben
Stamm Manasse, hundertzwanzigtausend
mit allerlei Waffen zum Kampf.
39 Alle diese Kriegsleute, in Heeresord-
nung, kamen von ganzem Herzen nach
Hebron, um David zum König zu machen
über ganz Israel. Auch war das ganze
übrige Israel **eines** Herzens, daß man Da-
vid zum König machte.
40 Und sie waren dort bei David drei
Tage, aßen und tranken; denn ihre Brü-
der hatten für sie gesorgt.
41 Auch die, die ihnen nahe waren, bis
nach Isaschar, Sebulon und Naphthali,
brachten Nahrung auf Eseln, Kamelen,
Maultieren und Rindern: Brot, Kuchen
von Feigen und Rosinen, Wein, Öl, dazu
Rinder und Schafe in Menge; denn Freu-
de war in Israel.

David holt die Bundeslade und bringt sie in das Haus Obed-Edoms

13 Und David hielt einen Rat mit den
Hauptleuten über tausend und über
hundert und mit allen Anführern
2 und sprach zu der ganzen Gemeinde
Israel: Gefällt es euch und ist's dem
HERRN, unserm Gott, angenehm, so laßt
uns hinschicken zu unsern Brüdern in
allen Landen Israels, dazu auch zu den
Priestern und Leviten in ihren Wohnstät-
ten, daß sie sich bei uns versammeln.
3 Und laßt uns die Lade unseres Gottes
wieder zu uns holen; denn zu Sauls Zeiten
fragten wir nicht nach ihr.
4 Da sprach die ganze Gemeinde, man
solle das tun; denn es gefiel allem Volk
gut.
5 So versammelte David ganz Israel,
vom Schihor Ägyptens an bis dorthin, wo
es nach Hamath geht, um die Lade Gottes
von Kirjath-Jearim zu holen.
6 Und David zog hin mit ganz Israel
nach Baala, das ist Kirjath-Jearim, das in
Juda liegt, um von da heraufzubringen
die Lade Gottes, des HERRN, der über den
Cherubim thront, wo sein Name ange-
rufen wird.
7 Und sie ließen die Lade Gottes auf
einem neuen Wagen aus dem Hause Abi-
nadabs fahren. Usa aber und sein Bruder
lenkten den Wagen.
8 David aber und ganz Israel tanzten
mit aller Macht vor Gott her, mit Liedern,
mit Harfen, mit Psaltern, mit Pauken, mit
Zimbeln und mit Trompeten.
9 Als sie aber zur Tenne Kidons ka-
men, streckte Usa seine Hand aus, um die
Lade zu halten; denn die Rinder glitten
aus.
10 Da entbrannte der Grimm des
HERRN über Usa, und er schlug ihn, weil
er seine Hand nach der Lade ausgestreckt
hatte, so daß er dort starb vor Gott.
11 Da ergrimmte David, daß der HERR
den Usa so wegriß, und man nannte die
Stätte «Perez-Usa»* bis auf diesen Tag.
12 Und an jenem Tage fürchtete sich
David vor Gott und sprach: Wie darf ich
da noch die Lade Gottes zu mir brin-
gen?
13 Darum ließ er die Lade Gottes nicht
zu sich bringen in die Stadt Davids, son-
dern ließ sie hinbringen ins Haus Obed-
Edoms, des Gathiters.
14 So blieb die Lade Gottes bei Obed-
Edom in seinem Hause drei Monate. Und
der HERR segnete das Haus Obed-Edoms
und alles, was er hatte.

Davids weitere Söhne. Seine Siege über die Philister

14 Und Hiram, der König von Tyrus,
sandte Boten zu David und Zedern-
holz, Steinmetzen und Zimmerleute, daß
sie ihm ein Haus bauten.
2 Und David erkannte, daß der HERR
ihn zum König über Israel bestätigt hatte;
denn sein Königtum war hoch erhoben
worden um seines Volkes Israel willen.
3 Und David nahm noch mehr Frauen
zu Jerusalem und zeugte noch mehr Söh-
ne und Töchter.
4 Die Söhne, die ihm zu Jerusalem ge-
boren wurden, hießen: Schammua, Scho-
bab, Nathan, Salomo,
5 Jibhar, Elischua, Elpelet,
6 Nogah, Nepheg, Japhia,
7 Elischama, Beeljada, Eliphelet.

*d. h. Wegreißen Usas.

8 Als aber die Philister hörten, daß Da-
vid zum König gesalbt war über ganz
Israel, zogen sie alle herauf, um sich Da-
vids zu bemächtigen. Als das David hörte,
zog er aus gegen sie.
9 Und die Philister kamen und ließen
sich nieder in der Ebene Rephaim.
10 David aber befragte Gott und sprach:
Soll ich hinaufziehen gegen die Philister,
und willst du sie in meine Hand geben?
Der HERR sprach zu ihm: Zieh hinauf!
Ich will sie in deine Hände geben.
11 Und als sie hinaufzogen nach Baal-
Perazim, schlug sie David dort. Und Da-
vid sprach: Gott hat durch meine Hand
die Reihen meiner Feinde durchbrochen,
wie das Wasser einen Damm durchbricht.
Daher nannte man die Stätte «Baal-Pera-
zim»*.
12 Und sie ließen ihre Götter dort zu-
rück; die befahl David mit Feuer zu ver-
brennen.
13 Aber die Philister kamen wieder und
ließen sich nieder in der Ebene.
14 Und David befragte Gott abermals,
und Gott sprach zu ihm: Du sollst nicht
hinaufziehen hinter ihnen her, sondern
umgehe sie, daß du an sie herankommst
von den Bakabäumen her.
15 Wenn du dann hören wirst, wie das
Rauschen oben in den Bakabäumen ein-
hergeht, so brich hervor zum Kampf;
denn Gott ist dann vor dir ausgezogen, zu
schlagen das Heer der Philister.
16 Und David tat, wie ihm Gott geboten
hatte, und sie schlugen das Heer der Phi-
lister von Gibeon an bis Geser.
17 Und Davids Name ging aus in alle
Lande, und der HERR ließ Furcht vor ihm
über alle Völker kommen.

Die Bundeslade wird nach Jerusalem gebracht

15 Und David baute sich Häuser in
der Stadt Davids und bereitete der
Lade Gottes eine Stätte und richtete ein
Zelt für sie auf.
2 Damals sprach David: Die Lade Got-
tes soll niemand tragen außer den Leviten;
denn diese hat der HERR erwählt, daß sie
die Lade des HERRN tragen und ihm die-
nen allezeit.
3 Da versammelte David ganz Israel
nach Jerusalem, damit sie die Lade des
HERRN hinaufbrächten an die Stätte, die
er dazu bereitet hatte.
4 Und David brachte zusammen die
Söhne Aaron und die Leviten:
5 von den Söhnen Kehath: Uriël, den
Obersten, samt seinen Brüdern, hundert-
undzwanzig;
6 von den Söhnen Merari: Asaja, den
Obersten, samt seinen Brüdern, zweihun-
dertundzwanzig;
7 von den Söhnen Gerson: Joel, den
Obersten, samt seinen Brüdern, hundert-
unddreißig;
8 von den Söhnen Elizaphan: Schemaja,
den Obersten, samt seinen Brüdern, zwei-
hundert;
9 von den Söhnen Hebron: Eliël, den
Obersten, samt seinen Brüdern, achtzig;
10 von den Söhnen Usiël: Amminadab,
den Obersten, samt seinen Brüdern, hun-
dertundzwölf.
11 Und David rief die Priester Zadok
und Abjathar und die Leviten, nämlich
Uriël, Asaja, Joel, Schemaja, Eliël, Am-
minadab,
12 und sprach zu ihnen: Ihr seid die
Häupter der Sippen unter den Leviten; so
heiligt nun euch und eure Brüder, daß ihr
die Lade des HERRN, des Gottes Israels,
heraufbringt an den Ort, den ich ihr be-
reitet habe.
13 Denn das erste Mal, als ihr nicht da
waret, machte der HERR, unser Gott, ei-
nen Riß unter uns, weil wir ihn nicht be-
fragt hatten, wie sich's gebührt.
14 So heiligten sich die Priester und Le-
viten, damit sie die Lade des HERRN, des
Gottes Israels, heraufbrächten.
15 Und die Leviten trugen die Lade
Gottes auf ihren Schultern mit den Stan-
gen, wie Mose geboten hatte nach dem
Wort des HERRN.
16 Und David befahl den Obersten der
Leviten, daß sie ihre Brüder, die Sänger,
bestellen sollten mit Saitenspielen, mit
Psaltern, Harfen und hellen Zimbeln, daß
sie laut sängen und mit Freuden.
17 Da bestellten die Leviten Heman,
den Sohn Joels, und von seinen Brüdern
Asaph, den Sohn Berechjas, und von den
Söhnen Merari, ihren Brüdern, Ethan,
den Sohn Kuschajas,
18 und mit ihnen ihre Brüder der zweiten

*d. h. Herr der Durchbrüche.

Ordnung: Sacharja, Jaasiël, Schemira-
moth, Jehiël, Unni, Eliab, Benaja, Maaseja,
Mattithja, Eliphelehu, Mikneja, Obed-
Edom, Jeïël, die Torhüter.
19 Denn Heman, Asaph und Ethan
waren Sänger mit kupfernen, hell klingen-
den Zimbeln;
20 Sacharja aber, Jaasiël, Schemira-
moth, Jehiël, Unni, Eliab, Maaseja und
Benaja mit Psaltern zu spielen;
21 Mattithja aber, Eliphelehu, Mikneja,
Obed-Edom, Jeïël und Asasja mit Harfen
von acht Saiten zu spielen;
22 Kenanja aber, der Leviten Oberster,
der Singmeister, unterwies sie im Singen;
denn er verstand sich darauf.
23 Und Berechja und Elkana waren
Torhüter bei der Lade.
24 Aber Schebanja, Josaphat, Natha-
nael, Amasai, Sacharja, Benaja, Eliëser,
die Priester, bliesen mit Trompeten vor
der Lade Gottes; und Obed-Edom und
Jehia waren Torhüter bei der Lade.
25 So zogen David und die Ältesten
Israels und die Obersten über tausend
hin, um die Lade des Bundes des HERRN
heraufzuholen aus dem Hause Obed-
Edoms mit Freuden.
26 Und weil Gott den Leviten half, die
die Lade des Bundes des HERRN trugen,
opferten sie sieben junge Stiere und sieben
Widder.
27 Und David hatte ein Obergewand
aus feinem Leinen an, desgleichen alle
Leviten, die die Lade trugen, und die Sän-
ger und Kenanja, der Oberste beim Ge-
sang der Sänger; auch trug David den
leinenen Priesterschurz.
28 So brachte ganz Israel die Lade des
Bundes des HERRN hinauf mit Jauchzen,
Posaunen, Trompeten und hellen Zim-
beln, mit Psaltern und Harfen.
29 Als nun die Lade des Bundes des
HERRN in die Stadt Davids kam, sah
Michal, die Tochter Sauls, zum Fenster
hinaus, und als sie den König David tan-
zen und spielen sah, verachtete sie ihn in
ihrem Herzen.

Aufstellung der Bundeslade und Ordnung des Dienstes

16 Und als sie die Lade Gottes hinein-
brachten, setzte man sie in das Zelt,
das David für sie aufgerichtet hatte, und
opferte Brandopfer und Dankopfer vor
Gott.
2 Und als David die Brandopfer und
Dankopfer beendet hatte, segnete er das
Volk im Namen des HERRN
3 und teilte aus an jedermann in Israel,
an Männer und Frauen, ein Brot, ein
Stück Fleisch und einen Rosinenkuchen.
4 Und er bestellte einige Leviten zu Die-
nern vor der Lade des HERRN, daß sie
priesen, dankten und lobten den HERRN,
den Gott Israels,
5 nämlich Asaph als Vorsteher, Sacharja
als Zweiten, Jeïël, Schemiramoth, Jehiël,
Mattithja, Eliab, Benaja, Obed-Edom
und Jeïël mit Psaltern und Harfen, Asaph
aber mit hellen Zimbeln,
6 die Priester Benaja und Jahasiël aber,
allezeit mit Trompeten zu blasen vor der
Lade des Bundes Gottes.

Davids Danklied

7 Zu der Zeit ließ David zum ersten Mal
dem HERRN danken durch Asaph und
seine Brüder:
8 Danket dem HERRN, predigt seinen
Namen, tut kund unter den Völkern sein
Tun!
9 Singet und spielet ihm, redet von allen
seinen Wundern!
10 Rühmet seinen heiligen Namen; es
freue sich das Herz derer, die den HERRN
suchen!
11 Fraget nach dem HERRN und nach
seiner Macht, suchet sein Angesicht alle-
zeit!
12 Gedenket seiner Wunder, die er getan
hat, seiner Zeichen und der Urteile seines
Mundes,
13 ihr, das Geschlecht Israels, seines
Knechts, ihr Söhne Jakobs, seine Auser-
wählten!
14 Er ist der HERR, unser Gott, er rich-
tet in aller Welt.
15 Gedenket ewig seines Bundes, des
Wortes, das er verheißen hat für tausend
Geschlechter,
16 den er gemacht hat mit Abraham,
und seines Eides, den er Isaak geschworen
hat,
17 den er Jakob gesetzt hat zur Satzung
und Israel zum ewigen Bund
18 und sprach: Dir will ich das Land
Kanaan geben, das Los eures Erbteils.

19 Als sie noch gering an Zahl waren,
wenige und Fremdlinge im Lande,
20 da zogen sie von einem Volk zum an-
dern und von einem Königreich zum
andern.
21 Er ließ niemand ihnen Schaden tun
und wies Könige zurecht um ihretwillen:
22 Tastet meine Gesalbten nicht an, und
tut meinen Propheten kein Leid!
23 Singet dem HERRN, alle Lande, ver-
kündiget täglich sein Heil!
24 Erzählet unter den Heiden seine
Herrlichkeit und unter allen Völkern seine
Wunder!
25 Denn der HERR ist groß und hoch zu
loben und mehr zu fürchten als alle
Götter.
26 Denn aller Heiden Götter sind Göt-
zen, der HERR aber hat den Himmel ge-
macht.
27 Hoheit und Pracht sind vor ihm,
Macht und Freude in seinem Heiligtum.
28 Bringet dar dem HERRN, ihr Völker,
bringet dar dem HERRN Ehre und Macht!
29 Bringet dar dem HERRN die Ehre sei-
nes Namens, bringet Geschenke und
kommt vor ihn und betet den HERRN an
in heiligem Schmuck!
30 Es fürchte ihn alle Welt. Er hat den
Erdkreis gegründet, daß er nicht wankt.
31 Es freue sich der Himmel, und die
Erde sei fröhlich, und man sage unter den
Heiden, daß der HERR regiert!
32 Das Meer brause und was darinnen
ist, und das Feld sei fröhlich und alles,
was darauf ist.
33 Es sollen jauchzen alle Bäume im
Wald vor dem HERRN; denn er kommt, zu
richten die Erde.
34 Danket dem HERRN, denn er ist
freundlich, und seine Güte währet ewig-
lich.
35 Und sprecht: Hilf uns, Gott, unser
Heiland, und sammle uns und errette uns
von den Heiden, daß wir deinen heiligen
Namen preisen und dir Lob sagen!
36 Gelobt sei der HERR, der Gott Israels,
von Ewigkeit zu Ewigkeit! – Und alles Volk
sagte: Amen! und: Lobe den HERRN!
37 Und David ließ dort vor der Lade
des Bundes des HERRN den Asaph und
seine Brüder, damit sie Dienst täten vor
der Lade allezeit, wie es jeder Tag er-
forderte;
38 dazu Obed-Edom und seine Brüder,
achtundsechzig Mann, und Obed-Edom,
den Sohn Jeduthuns, und Hosa als Tor-
hüter.
39 Und den Priester Zadok und seine
Brüder, die Priester, bestellte er bei der
Wohnung des HERRN auf der Höhe bei
Gibeon,
40 daß sie dem HERRN täglich Brand-
opfer darbrächten auf dem Brandopfer-
altar, am Morgen und am Abend, wie ge-
schrieben steht im Gesetz des HERRN, das
er Israel geboten hat,
41 und mit ihnen Heman und Jeduthun
und die andern Erwählten, die namentlich
bestimmt waren, um dem HERRN zu dan-
ken, daß seine Güte ewiglich währt,
42 mit Trompeten und hellklingenden
Zimbeln und mit Saitenspiel zur Ehre
Gottes. Die Söhne Jeduthuns aber machte
er zu Torhütern.
43 Und alles Volk zog hin, ein jeder in
sein Haus, und David kehrte auch heim,
sein Haus zu segnen.

Das Haus Davids wird in das Königtum Gottes eingesetzt

17 Es begab sich, als David in seinem
Hause wohnte, sprach er zu dem
Propheten Nathan: Siehe, ich wohne in
einem Zedernhause, und die Lade des
Bundes des HERRN ist unter Zeltdecken.
2 Nathan sprach zu David: Alles, was
in deinem Herzen ist, das tu; denn Gott
ist mit dir.
3 Aber in derselben Nacht kam das
Wort Gottes zu Nathan:
4 Geh hin und sage meinem Knecht Da-
vid: So spricht der HERR: Nicht du sollst
mir ein Haus bauen zur Wohnung.
5 Denn ich habe in keinem Hause ge-
wohnt von dem Tage an, als ich Israel
herausführte, bis auf diesen Tag, sondern
ich bin umhergezogen von Zelt zu Zelt
und von Wohnung zu Wohnung.
6 Habe ich jemals, solange ich mit ganz
Israel umherzog, zu einem der Richter in
Israel, denen ich gebot zu weiden mein
Volk, ein Wort gesagt und gesprochen:
Warum baut ihr mir nicht ein Zedern-
haus?
7 So sprich nun zu meinem Knecht Da-
vid: So spricht der HERR Zebaoth: Ich
habe dich von der Weide hinter den

Schafen weggenommen, daß du ein Fürst
über mein Volk Israel sein solltest,
8 und ich bin mit dir gewesen, wo du
hingegangen bist, und habe deine Feinde
ausgerottet vor dir und dir einen Namen
gemacht, wie die Großen auf Erden Namen haben.
9 Und ich will meinem Volk Israel eine
Stätte geben und will es pflanzen, daß es
dort wohnen soll, und es soll sich nicht
mehr ängstigen, und die Gewalttätigen
sollen es nicht mehr bedrängen wie vormals
10 und zu den Zeiten, als ich Richter
über mein Volk Israel verordnete. Und
ich will alle deine Feinde demütigen und
verkündige dir, daß der HERR dir ein
Haus bauen will.
11 **Wenn aber deine Tage um sind, daß du
zu deinen Vätern hingehst, so will ich dir
einen Nachkommen, einen deiner Söhne,
erwecken; dem will ich sein Königtum bestätigen.**
12 **Der soll mir ein Haus bauen, und ich
will seinen Thron bestätigen ewiglich.**
13 **Ich will sein Vater sein, und er soll
mein Sohn sein.** Und ich will meine Gnade
nicht von ihm wenden, wie ich sie von
dem gewandt habe, der vor dir war,
14 sondern ich will ihn einsetzen in mein
Haus und in mein Königtum ewiglich,
daß sein Thron beständig sei ewiglich.

Davids Dankgebet

15 Und als Nathan nach all diesen Worten und diesem Gesicht mit David geredet
hatte,
16 kam der König David, ließ sich vor
dem HERRN nieder und sprach: Wer bin
ich, HERR, Gott, und was ist mein Haus,
daß du mich bis hierher gebracht hast?
17 Aber das war dir noch zu wenig,
Gott, und du hast über das Haus deines
Knechtes auch von ferner Zukunft geredet. Du hast mich schauen lassen, wie
ein Mensch ein Gesicht empfängt, und
hast mich hoch erhöht, HERR, Gott.
18 Was kann David noch mehr zu dir
sagen, da du deinen Knecht so herrlich
machst? Du kennst deinen Knecht.
19 HERR, um deines Knechtes willen
hast du nach deinem Herzen all diese großen Dinge getan, daß du kundtätest alle
Herrlichkeit.
20 HERR, keiner ist dir gleich, und es ist
kein Gott außer dir, nach allem, was wir
mit unsern Ohren gehört haben.
21 Und wo ist ein Volk auf Erden wie
dein Volk Israel, um dessentwillen Gott
hingegangen ist, sich ein Volk zu erlösen,
sich selbst einen Namen zu machen durch
große und schreckliche Dinge und Völker
auszutreiben vor deinem Volk her, das du
aus Ägypten erlöst hast?
22 Du hast dir dein Volk Israel zum
Volk gemacht für ewig, und du, HERR,
bist ihr Gott geworden.
23 Nun, HERR, das Wort, das du über
deinen Knecht und über sein Haus geredet hast, werde wahr in Ewigkeit, und
tu, wie du geredet hast!
24 Und dein Name werde wahr und
groß ewiglich, daß man sage: Der HERR
Zebaoth, der Gott Israels, ist Gott in Israel, und das Haus deines Knechtes David
sei beständig vor dir.
25 Denn du, mein Gott, hast das Ohr
deines Knechtes geöffnet und gesagt, daß
du ihm ein Haus bauen willst. Darum hat
dein Knecht den Mut gefunden, daß er
vor dir betet.
26 Nun, HERR, du bist Gott und hast
deinem Knecht dies Gute zugesagt.
27 So fange nun an, zu segnen das Haus
deines Knechtes, daß es ewiglich vor dir
sei; denn **was du, HERR, segnest, das ist
gesegnet ewiglich.**

Davids Kriegsbeute wird für den Tempelbau bestimmt

18 Danach schlug David die Philister
und demütigte sie und nahm Gath
und seine Ortschaften aus der Philister
Hand.
2 Auch schlug er die Moabiter, so daß
die Moabiter David untertan wurden und
Abgaben brachten.
3 Er schlug auch Hadad-Eser, den König von Zoba, bis Hamath hin, als er auszog, seine Macht aufzurichten am Euphratstrom.
4 Und David gewann ihm ab tausend
Wagen, siebentausend Reiter und zwanzigtausend Mann zu Fuß. Und David
ließ alle Wagenpferde lähmen und behielt
hundert übrig.
5 Und die Aramäer von Damaskus kamen, um Hadad-Eser, dem König von

Zoba, zu helfen. Aber David schlug von den Aramäern zweiundzwanzigtausend Mann

6 und setzte Statthalter ein im Aramäerreich von Damaskus, und so wurden die Aramäer David untertan und gaben ihm Tribut; denn der HERR half David, wo er auch hinzog.

7 Und David nahm die goldenen Schilde, die Hadad-Esers Gefolge gehabt hatte, und brachte sie nach Jerusalem.

8 Auch nahm David aus den Städten Hadad-Esers, Tibhath und Kun, sehr viel Kupfer. Davon machte Salomo das kupferne Meer und die Säulen und kupfernen Gefäße.

9 Als aber Toï, der König von Hamath, hörte, daß David die ganze Streitmacht Hadad-Esers, des Königs von Zoba, geschlagen hatte,

10 sandte er seinen Sohn Hadoram zum König David und ließ ihn grüßen und ihm Segen wünschen, daß er mit Hadad-Eser gekämpft und ihn geschlagen hatte, denn Toï führte Krieg mit Hadad-Eser, und Hadoram brachte mit allerlei goldene, silberne und kupferne Gefäße.

11 Auch diese heiligte der König David dem HERRN wie auch das Silber und Gold, das er den Heiden genommen hatte, den Edomitern, Moabitern, Ammonitern, Philistern und Amalekitern.

12 Und Abisai, der Sohn der Zeruja, schlug die Edomiter im Salztal, achtzehntausend Mann,

13 und David setzte Statthalter in Edom ein, so daß alle Edomiter David untertan waren; denn der HERR half David, wo er auch hinzog.

Davids Beamte

14 So regierte David über ganz Israel und schaffte Recht und Gerechtigkeit seinem ganzen Volk.

15 Joab, der Sohn der Zeruja, war über das Heer gesetzt. Josaphat, der Sohn Ahiluds, war Kanzler.

16 Zadok, der Sohn Ahitubs, und Abimelech, der Sohn Abjathars, waren Priester. Schawscha war Schreiber.

17 Benaja, der Sohn Jojadas, war über die Krether und Plether gesetzt. Und die Söhne Davids waren die Ersten an der Seite des Königs.

Davids Kampf mit den Ammonitern

19 Und danach starb Nahasch, der König der Ammoniter, und sein Sohn wurde König an seiner Statt.

2 Da dachte David: Ich will Hanun, dem Sohn des Nahasch, Freundschaft erweisen, denn sein Vater hat mir Freundschaft erwiesen, und sandte Boten hin, ihn zu trösten über seinen Vater. Und als die Gesandten Davids ins Land der Ammoniter kamen zu Hanun, ihn zu trösten,

3 sprachen die Obersten der Ammoniter zu Hanun: Meinst du, daß David deinen Vater vor deinen Augen ehren wolle, wenn er Tröster zu dir gesandt hat? Sind seine Gesandten nicht vielmehr zu dir gekommen, um das Land zu erforschen, zu erkunden und auszuspähen?

4 Da nahm Hanun die Gesandten Davids und schor sie und schnitt ihre Kleider halb ab bis an die Lenden und ließ sie gehen.

5 Und sie gingen weg, und man berichtete David über die Männer. Er aber sandte ihnen entgegen, denn die Männer waren sehr geschändet. Und der König ließ ihnen sagen: Bleibt in Jericho, bis euer Bart gewachsen ist; dann kommt zurück.

6 Als aber die Ammoniter sahen, daß sie bei David in Verruf gekommen waren, sandten Hanun und die Ammoniter tausend Zentner Silber, um Männer mit Streitwagen und Reiter anzuwerben in Mesopotamien, im Aramäerland von Maacha und in Zoba.

7 Und sie warben zweiunddreißigtausend Männer mit Streitwagen an und den König von Maacha mit seinem Volk. Die kamen und lagerten sich vor Medeba. Und die Ammoniter sammelten sich auch aus ihren Städten und kamen zum Kampf.

8 Als das David hörte, sandte er Joab hin mit dem ganzen Heer der Helden.

9 Die Ammoniter aber waren ausgezogen und stellten sich zum Kampf auf vor dem Tor der Stadt. Die Könige aber, die gekommen waren, standen für sich auf freiem Feld.

10 Als nun Joab sah, daß vor und hinter ihm sich der Kampf gegen ihn richtete, erwählte er aus der ganzen jungen Mannschaft in Israel einen Teil und stellte sich gegen die Aramäer.

11 Das übrige Kriegsvolk aber tat er
unter die Hand seines Bruders Abisai, daß
sie sich gegen die Ammoniter stellten,
12 und sprach: Wenn mir die Aramäer
zu stark werden, so komm mir zu Hilfe;
wenn aber die Ammoniter dir zu stark
werden, will ich dir helfen.
13 Sei getrost und laß uns getrost han-
deln für unser Volk und für die Städte
unseres Gottes. Der HERR tue, was ihm
gefällt!
14 Und Joab rückte vor mit dem Volk,
das bei ihm war, gegen die Aramäer zu
kämpfen, und sie flohen vor ihm.
15 Als aber die Ammoniter sahen, daß
die Aramäer flohen, flohen sie auch vor
seinem Bruder Abisai und zogen in die
Stadt. Joab aber kam nach Jerusalem.
16 Als aber die Aramäer sahen, daß sie
von Israel geschlagen waren, sandten sie
Boten hin und ließen auch die Aramäer
jenseits des Stromes in den Kampf ziehen.
Und Schobach, der Feldhauptmann Ha-
dad-Esers, zog vor ihnen her.
17 Als das David angesagt wurde, sam-
melte er ganz Israel und zog über den Jor-
dan. Und als er an sie herankam, rüstete
er sich gegen sie. Und David stellte sich
gegen die Aramäer zum Kampf, und sie
kämpften mit ihm.
18 Aber die Aramäer flohen vor Israel.
Und David vernichtete von den Ara-
mäern siebentausend Wagen und tötete
vierzigtausend Mann zu Fuß; dazu tötete
er Schobach, den Feldhauptmann.
19 Als aber die Großen Hadad-Esers
sahen, daß sie von Israel geschlagen wa-
ren, schlossen sie Frieden mit David und
wurden ihm untertan. Und die Aramäer
wollten den Ammonitern nicht mehr hel-
fen.

20 Und als das Jahr um war, zur Zeit,
wenn die Könige ausziehen, führte
Joab die Heeresmacht aus und verwüstete
das Land der Ammoniter und kam und
belagerte Rabba. David aber blieb in
Jerusalem. Und Joab schlug Rabba und
zerstörte es.
2 Und David nahm ihrem König die
Krone vom Haupt – und es fand sich, daß
sie einen Zentner Gold wog und an ihr ein
Edelstein war –, und sie wurde auf Davids
Haupt gesetzt. Auch führte er aus der
Stadt sehr viel Beute weg.
3 Aber das Volk darin führte er heraus
und ließ sie mit Sägen und eisernen Hak-
ken und Äxten Frondienste leisten. So tat
David mit allen Städten der Ammoniter.
Und David zog samt dem Kriegsvolk
wieder nach Jerusalem.

Heldentaten in den Philisterkämpfen

4 Danach erhob sich ein Krieg bei Geser
mit den Philistern. Damals erschlug Sib-
bechai, der Huschathiter, den Sippai, der
vom Geschlecht der Riesen war, und sie
wurden gedemütigt.
5 Und es erhob sich noch ein Krieg mit
den Philistern. Da erschlug Elhanan, der
Sohn Jaïrs, den Lachmi, den Bruder Go-
liaths, den Gathiter, dessen Spießschaft
wie ein Weberbaum war.
6 Abermals erhob sich ein Krieg bei
Gath. Da war ein großer Mann, der hatte
je sechs Finger und sechs Zehen, die ma-
chen zusammen vierundzwanzig, und
auch er war vom Geschlecht der Riesen.
7 Der sprach Israel hohn, aber Jona-
than, der Sohn Schimas, der ein Bruder
Davids war, erschlug ihn.
8 Diese stammten vom Geschlecht der
Riesen in Gath und fielen durch die Hand
Davids und seiner Kriegsleute.

Gott läßt David den Tempelplatz finden

21 Und der Satan stellte sich gegen
Israel und reizte David, daß er Isra-
el zählen ließe.
2 Und David sprach zu Joab und zu den
Obersten des Volks: Geht hin, zählt Israel
von Beerseba bis Dan und bringt mir
Kunde, damit ich weiß, wie viel ihrer sind.
3 Joab sprach: Der HERR tue zu seinem
Volk, wie es jetzt ist, hundertmal soviel
hinzu! Aber, mein Herr und König, sind
sie nicht alle meinem Herrn untertan?
Warum fragt denn mein Herr danach?
Warum soll eine Schuld auf Israel kom-
men?
4 Aber des Königs Wort blieb fest ge-
genüber Joab. Und Joab ging hin und zog
durch ganz Israel und kam nach Jerusa-
lem zurück
5 und gab David die Zahl des gezählten
Volks an. Es waren von ganz Israel elfmal
hunderttausend Mann, die das Schwert
trugen, und von Juda vierhundertsiebzig-
tausend Mann, die das Schwert trugen.

6 Levi aber und Benjamin zählte er
nicht mit; denn Joab war des Königs
Wort ein Greuel.
7 Dies alles aber mißfiel Gott sehr, und
er schlug Israel.
8 Da sprach David zu Gott: Ich habe
schwer gesündigt, daß ich das getan habe.
Nun aber nimm weg die Schuld deines
Knechts; denn ich habe sehr töricht getan.
9 Und der HERR redete mit Gad, dem
Seher Davids, und sprach:
10 Geh hin, rede mit David und sprich:
So spricht der HERR: Dreierlei lege ich dir
vor; erwähle dir eins davon, daß ich es dir
tue.
11 Und als Gad zu David kam, sprach
er zu ihm: So spricht der HERR: Erwähle
dir
12 entweder drei Jahre Hungersnot oder
drei Monate Flucht vor deinen Widersachern und vor dem Schwert deiner
Feinde, daß es dich ergreife, oder drei
Tage das Schwert des HERRN und Pest im
Lande, daß der Engel des HERRN Verderben anrichte im ganzen Gebiet Israels. So
sieh nun zu, was ich antworten soll dem,
der mich gesandt hat.
13 David sprach zu Gad: Mir ist sehr
angst, doch ich will in die Hand des
HERRN fallen, denn seine Barmherzigkeit
ist sehr groß; aber ich will nicht in Menschenhände fallen.
14 Da ließ der HERR eine Pest über Israel
kommen, so daß siebzigtausend Menschen aus Israel starben.
15 Und Gott sandte den Engel nach
Jerusalem, es zu verderben. Aber während des Verderbens sah der HERR darein,
und es reute ihn das Übel. Und er sprach
zum Engel, der das Verderben anrichtete:
Es ist genug; laß deine Hand ab! Der
Engel des HERRN aber stand bei der Tenne
Ornans, des Jebusiters.
16 Und David hob seine Augen auf und
sah den Engel des HERRN stehen zwischen
Himmel und Erde und ein bloßes Schwert
in seiner Hand ausgestreckt über Jerusalem. Da fielen David und die Ältesten,
mit Säcken angetan, auf ihr Antlitz.
17 Und David sprach zu Gott: Bin
ich's nicht, der das Volk zählen ließ? Ich
bin's doch, der gesündigt und das Übel
getan hat; diese Schafe aber, was haben
sie getan? HERR, mein Gott, laß deine
Hand gegen mich und meines Vaters
Haus sein und nicht gegen dein Volk, es
zu plagen.
18 Und der Engel des HERRN sprach zu
Gad, er solle David sagen, daß David hinaufgehe und dem HERRN einen Altar aufrichte auf der Tenne Ornans, des Jebusiters.
19 Da ging David hinauf nach dem
Wort Gads, das dieser geredet hatte in des
HERRN Namen.
20 Ornan aber wandte sich um und sah
den Engel und versteckte sich und seine
vier Söhne mit ihm. Ornan aber drosch
Weizen.
21 Als nun David zu Ornan kam, sah
Ornan auf und ward David gewahr. Und
er ging von der Tenne weg und fiel vor
David zur Erde nieder auf sein Antlitz.
22 Und David sprach zu Ornan: Gib
mir den Platz der Tenne, daß ich dem
HERRN einen Altar darauf baue; für den
vollen Preis sollst du ihn mir geben, damit
die Plage unter dem Volk aufhöre.
23 Ornan aber sprach zu David: Nimm
ihn dir und mache, mein Herr und König,
wie dir's gefällt. Sieh, ich gebe die Rinder
zum Brandopfer und die Dreschschlitten
als Brennholz und Weizen zum Speisopfer; das alles gebe ich.
24 Aber der König David sprach zu
Ornan: Nicht doch! Sondern für den vollen Preis will ich's kaufen; denn ich will
nicht, was dein ist, für den HERRN nehmen
und will's nicht umsonst zum Brandopfer
haben.
25 So gab David dem Ornan für den
Platz Gold im Gewicht von sechshundert
Lot.
26 Und David baute dem HERRN dort
einen Altar und opferte Brandopfer und
Dankopfer. Und als er den HERRN anrief,
erhörte er ihn durch das Feuer, das vom
Himmel fiel auf den Altar mit dem Opfer.
27 Und der HERR gebot dem Engel, daß
er sein Schwert in seine Scheide stecke.
28 Damals, als David sah, daß ihn der
HERR erhört hatte auf der Tenne Ornans,
des Jebusiters, und er dort Opfer darbrachte –
29 aber die Wohnung des HERRN, die
Mose in der Wüste gemacht hatte, und der
Brandopferaltar waren zu der Zeit auf der
Höhe bei Gibeon;

30 David aber konnte nicht hingehen
und vor ihn treten, um Gott zu befragen,
so erschrocken war er vor dem Schwert
des Engels des HERRN –,

22 da sprach David: Hier soll das
Haus Gottes, des HERRN, sein, und
dies der Altar für die Brandopfer Israels.

David überträgt Salomo den Bau des Tempels

2 Und David ließ die Fremdlinge ver-
sammeln, die im Land Israel waren, und
bestellte Steinmetzen, Steine zu hauen, um
das Haus Gottes zu bauen.
3 Und David schaffte viel Eisen herbei
zu Nägeln für die Türen der Tore und zu
Klammern und so viel Kupfer, daß es
nicht zu wiegen war,
4 auch Zedernholz ohne Zahl; denn die
von Sidon und Tyrus brachten viel Ze-
dernholz zu David.
5 Denn David dachte: Mein Sohn Sa-
lomo ist noch jung und zart; das Haus
aber, das dem HERRN gebaut werden soll,
soll groß sein, daß sein Name und Ruhm
erhoben werde in allen Landen. Darum
will ich ihm Vorrat schaffen. So schaffte
David viel Vorrat vor seinem Tod.
6 Und er rief seinen Sohn Salomo und
gebot ihm, dem HERRN, dem Gott Israels,
ein Haus zu bauen,
7 und sprach zu ihm: Mein Sohn, ich
hatte im Sinn, dem Namen des HERRN,
meines Gottes, ein Haus zu bauen,
8 aber das Wort des HERRN kam zu mir:
Du hast viel Blut vergossen und große
Kriege geführt; darum sollst du meinem
Namen nicht ein Haus bauen, weil du vor
mir so viel Blut auf die Erde vergossen hast.
9 Siehe, der Sohn, der dir geboren wer-
den soll, der wird ein Mann der Ruhe
sein; denn ich will ihm Ruhe schaffen vor
allen seinen Feinden ringsumher. Er soll
Salomo heißen; denn ich will Israel Frie-
den und Ruhe geben, solange er lebt.
10 Der soll meinem Namen ein Haus
bauen. Er soll mein Sohn sein, und ich
will sein Vater sein. Und ich will seinen
königlichen Thron über Israel bestätigen
ewiglich.
11 So wird nun, mein Sohn, der HERR
mit dir sein, und es wird dir gelingen, daß
du dem HERRN, deinem Gott, ein Haus
baust, wie er von dir gesagt hat.
12 Auch wird der HERR dir geben Klug-
heit und Verstand und wird dich bestellen
über Israel, daß du haltest das Gesetz des
HERRN, deines Gottes.
13 Dann aber wird es dir gelingen, wenn
du die Gebote und Rechte befolgst, die
der HERR dem Mose für Israel geboten
hat. Sei getrost und unverzagt, fürchte
dich nicht und laß dich nicht erschrecken!
14 Siehe, ich habe in meiner Mühsal
herbeigeschafft für das Haus des HERRN
hunderttausend Zentner Gold und tau-
sendmal tausend Zentner Silber, dazu
Kupfer und Eisen, das nicht zu wiegen ist,
denn es ist zu viel; auch Holz und Steine
habe ich herbeigeschafft, davon kannst du
noch mehr anschaffen.
15 Auch hast du viel Arbeiter, Stein-
metzen und Leute, die in Stein und Holz
arbeiten, und allerlei Meister für jede
Arbeit
16 in Gold, Silber, Kupfer und Eisen,
ohne Zahl. So mache dich auf und richte
es aus! Der HERR wird mit dir sein.
17 Und David gebot allen Oberen Isra-
els, seinem Sohn Salomo zu helfen.
18 Ist nicht der HERR, euer Gott, mit euch
und hat euch Ruhe gegeben ringsumher?
Denn er hat die Bewohner des Landes in
meine Hand gegeben, und das Land ist
unterworfen dem HERRN und seinem Volk.
19 So richtet nun euer Herz und euren
Sinn darauf, den HERRN, euren Gott, zu
suchen. Und macht euch auf und baut
Gott, dem HERRN, ein Heiligtum, daß
man die Lade des Bundes des HERRN und
die heiligen Geräte Gottes in das Haus
bringe, das dem Namen des HERRN ge-
baut werden soll.

Die Leviten, ihre Abteilungen und Ämter

23 Als David alt und lebenssatt war,
machte er seinen Sohn Salomo zum
König über Israel
2 und versammelte alle Oberen Israels
und die Priester und Leviten.
3 Und man zählte die Leviten von drei-
ßig Jahren an und darüber, und die Zahl
der Männer, nach Köpfen abgezählt, be-
trug achtunddreißigtausend.
4 Von diesen wurden vierundzwanzig-
tausend für die Arbeit am Hause des
HERRN verordnet und sechstausend zu
Amtleuten und Richtern

5 und viertausend zu Torhütern und viertausend zu Sängern des HERRN mit den Instrumenten, die David zum Lobgesang hatte machen lassen.
6 Und David teilte sie in Ordnungen ein, nach den Söhnen Levis: Gerson, Kehath und Merari.
7 Die Gersoniter waren Ladan und Simeï,
8 die Söhne Ladans: Jehiël, der Erste, ferner Setham und Joel, diese drei.
9 Söhne Simeïs waren: Schelomith, Hasiël und Haran, diese drei. Diese waren die Häupter der Sippen von Ladan.
10 Simeïs Söhne waren: Jahath, Sisa, Jëusch und Beria. Diese vier waren Simeïs Söhne.
11 Jahath aber war der Erste, Sisa der Zweite. Aber Jëusch und Beria hatten nicht viele Söhne, darum galten sie als **eine** Sippe, eine Dienstgruppe.
12 Die Söhne Kehaths waren: Amram, Jizhar, Hebron und Usiël, diese vier.
13 Die Söhne Amrams waren: Aaron und Mose. Aaron aber wurde ausgesondert, daß er heilige das Hochheilige, er und seine Söhne für alle Zeiten, zu opfern vor dem HERRN und ihm zu dienen und zu segnen im Namen des Herrn für alle Zeiten.
14 Aber die Söhne des Mose, des Mannes Gottes, wurden gerechnet zum Stamm der Leviten.
15 Die Söhne des Mose waren: Gerschom und Eliëser;
16 der Sohn Gerschoms: Schubaël, der Erste.
17 Der Sohn Eliësers: Rehabja, der Erste. Und Eliëser hatte keine andern Söhne. Aber die Söhne Rehabjas waren überaus viele.
18 Der Sohn Jizhars war: Schelomith, der Erste.
19 Die Söhne Hebrons waren: Jeria, der Erste, Amarja, der zweite Sohn, Jahasiël, der dritte, und Jekamam, der vierte.
20 Die Söhne Usiëls waren: Micha, der Erste, und Jischia, der zweite Sohn.
21 Die Söhne Meraris waren: Machli und Muschi. Die Söhne Machlis waren: Eleasar und Kis.
22 Eleasar aber starb und hatte keine Söhne, sondern nur Töchter; und die Söhne des Kis, ihre Vettern, nahmen sie zu Frauen.
23 Die Söhne Muschis waren: Machli, Eder und Jeremoth, diese drei.
24 Das sind die Söhne Levi nach ihren Sippen, nämlich die Häupter der Sippen, gemustert und Mann für Mann nach den Namen aufgezählt, die das Amt im Hause des HERRN verrichteten, von zwanzig Jahren an und darüber.
25 Denn David sprach: Der HERR, der Gott Israels, hat seinem Volk Ruhe gegeben und wird zu Jerusalem wohnen ewiglich.
26 So brauchten auch die Söhne Levi die Wohnung nicht mehr zu tragen mit allem Gerät für ihren Dienst –
27 denn nach den späteren Ordnungen Davids wurden die Leviten gezählt von zwanzig Jahren an und darüber –,
28 sondern sie sollten stehen zur Seite der Söhne Aaron zum Dienst im Hause des HERRN in den Vorhöfen und Kammern und zur Reinigung alles Heiligen und zu allem Dienst im Hause Gottes,
29 für Schaubrote, für feinstes Mehl zum Speisopfer, für die ungesäuerten Fladen, für die Pfanne, fürs Rösten und für alles Gewicht und Maß.
30 Und an jedem Morgen sollten sie stehen, den HERRN zu loben und ihm zu danken, und ebenso an jedem Abend,
31 und alle Brandopfer dem HERRN zu opfern an den Sabbaten, Neumonden und Festen nach der vorgeschriebenen Zahl, täglich vor dem HERRN;
32 so sollten sie den Dienst versehen an der Stiftshütte, am Heiligtum sowie an den Söhnen Aaron, ihren Brüdern, damit zu dienen im Hause des HERRN.

Die vierundzwanzig Abteilungen der Priester

24 Dies waren die Ordnungen der Söhne Aaron. Die Söhne Aarons waren: Nadab, Abihu, Eleasar und Ithamar.
2 Aber Nadab und Abihu starben vor ihrem Vater und hatten keine Söhne. Und Eleasar und Ithamar wurden Priester.
3 Und David zusammen mit Zadok von den Söhnen Eleasar und mit Ahimelech von den Söhnen Ithamar teilte sie ein nach ihrer Dienstgruppe und ihrem Amt.
4 Und es fand sich bei den Söhnen Eleasar eine größere Zahl an Männern als bei

den Söhnen Ithamar. Und sie teilten sie ein: Von den Söhnen Eleasar sechzehn Sippenhäupter und von den Söhnen Ithamar acht Sippenhäupter.
5 Und sie teilten sie beide durchs Los; denn es waren Oberste im Heiligtum und Oberste vor Gott unter den Söhnen Eleasar und unter den Söhnen Ithamar.
6 Und der Schreiber Schemaja, der Sohn Nathanaels, ein Levit, schrieb sie auf vor dem König und vor den Oberen und vor dem Priester Zadok und vor Ahimelech, dem Sohn Abjathars, und vor den Sippenhäuptern der Priester und Leviten, nämlich je zwei Sippen für Eleasar und eine für Ithamar.
7 Und das erste Los fiel auf Jojarib, das zweite auf Jedaja,
8 das dritte auf Harim, das vierte auf Seorim,
9 das fünfte auf Malkia, das sechste auf Mijjamin,
10 das siebente auf Hakkoz, das achte auf Abia,
11 das neunte auf Jeschua, das zehnte auf Schechanja,
12 das elfte auf Eljaschib, das zwölfte auf Jakim,
13 das dreizehnte auf Huppa, das vierzehnte auf Jeschebab,
14 das fünfzehnte auf Bilga, das sechzehnte auf Immer,
15 das siebzehnte auf Hesir, das achtzehnte auf Happizzez,
16 das neunzehnte auf Petachja, das zwanzigste auf Jeheskel,
17 das einundzwanzigste auf Jachin, das zweiundzwanzigste auf Gamul,
18 das dreiundzwanzigste auf Delaja, das vierundzwanzigste auf Maasja.
19 Das sind ihre Dienstgruppen nach ihrem Amt, in das Haus des HERRN zu gehen nach der Vorschrift, die ihnen ihr Vater Aaron gegeben hat, wie ihm der HERR, der Gott Israels, geboten hatte.

Die Familien der Leviten

20 Von den andern Söhnen Levi waren da: von den Söhnen Amram: Schubaël, von den Söhnen Schubaëls: Jechdeja;
21 von den Söhnen Rehabjas war der Erste Jischia;
22 von den Jizharitern: Schelomoth; von den Söhnen Schelomoths: Jahath.
23 Die Söhne Hebrons waren: Jeria, der Erste, Amarja, der zweite Sohn, Jahasiël, der dritte, Jekamam, der vierte;
24 die Söhne Usiëls waren: Micha, von den Söhnen Michas: Schamir.
25 Der Bruder Michas war Jischia, von den Söhnen Jischias: Sacharja.
26 Die Söhne Merari waren: Machli und Muschi und die Söhne Jaasias, seines Sohnes.
27 Die Söhne Merari von Jaasia, seinem Sohn, waren: Schoham, Sakkur und Ibri,
28 von Machli: Eleasar; der hatte keine Söhne.
29 Von Kis, von den Söhnen des Kis war: Jerachmeel.
30 Die Söhne Muschis waren: Machli, Eder und Jeremoth.
Das sind die Leviten nach ihren Sippen.
31 Und man warf auch für sie das Los wie für ihre Brüder, die Söhne Aaron, vor König David und vor Zadok und Ahimelech und vor den Sippenhäuptern der Priester und Leviten für den jüngsten Bruder ebenso wie für das Sippenhaupt.

Die vierundzwanzig Abteilungen der Sänger

25 Und David und die Feldhauptleute sonderten aus zum Dienst die Söhne Asaphs, Hemans und Jeduthuns, prophetische Männer, die auf Harfen, Psaltern und Zimbeln spielen sollten. Und es war die Zahl derer, die Dienst taten in ihrem Amt:
2 Von den Söhnen Asaphs: Sakkur, Joseph, Nethanja, Asarela, Söhne Asaphs, unter der Leitung Asaphs, der als prophetischer Mann nach Anweisung des Königs spielte.
3 Von Jeduthun: Jeduthuns Söhne: Gedalja, Zeri, Jesaja, Haschabja, Mattithja, Simeï, diese sechs, unter der Leitung ihres Vaters Jeduthun, der als prophetischer Mann auf der Harfe spielte, dem HERRN zu danken und ihn zu loben.
4 Von Heman: Hemans Söhne: Bukkia, Mattanja, Usiël, Schubaël, Jerimoth, Hananja, Hanani, Eliatha, Giddalti, Romamti-Eser, Joschbekasa, Mallothi, Hothir und Mahasioth.
5 Diese alle waren Söhne Hemans, des Sehers des Königs nach der Zusage Gottes, sein Haupt zu erhöhen; denn Gott

hatte Heman vierzehn Söhne und drei
Töchter gegeben.
6 Diese alle sangen unter der Leitung
ihrer Väter Asaph, Jeduthun und Heman
im Hause des HERRN mit Zimbeln, Psal-
tern und Harfen für den Dienst im Hause
Gottes nach Anweisung des Königs.
7 Und es war ihre Zahl mit ihren Brü-
dern, die im Gesang des HERRN geübt
waren, allesamt Meister, zweihundert-
achtundachtzig.
8 Und sie warfen das Los um ihre Äm-
ter, für den Jüngeren wie für den Älteren,
für den Meister wie für den Schüler.
9 Und das erste Los fiel unter Asaph auf
Joseph. Das zweite auf Gedalja samt seinen
Brüdern und Söhnen; ihrer waren zwölf.
10 Das dritte auf Sakkur samt seinen
Söhnen und Brüdern; ihrer waren zwölf.
11 Das vierte auf Zeri samt seinen Söh-
nen und Brüdern; ihrer waren zwölf.
12 Das fünfte auf Nethanja samt seinen
Söhnen und Brüdern; ihrer waren zwölf.
13 Das sechste auf Bukkia samt seinen
Söhnen und Brüdern; ihrer waren zwölf.
14 Das siebente auf Asarela samt seinen
Söhnen und Brüdern; ihrer waren zwölf.
15 Das achte auf Jesaja samt seinen
Söhnen und Brüdern; ihrer waren zwölf.
16 Das neunte auf Mattanja samt seinen
Söhnen und Brüdern; ihrer waren zwölf.
17 Das zehnte auf Simeï samt seinen
Söhnen und Brüdern; ihrer waren zwölf.
18 Das elfte auf Asarel samt seinen Söh-
nen und Brüdern; ihrer waren zwölf.
19 Das zwölfte auf Haschabja samt sei-
nen Söhnen und Brüdern; ihrer waren
zwölf.
20 Das dreizehnte auf Schubaël samt
seinen Söhnen und Brüdern; ihrer waren
zwölf.
21 Das vierzehnte auf Mattithja samt
seinen Söhnen und Brüdern; ihrer waren
zwölf.
22 Das fünfzehnte auf Jeremoth samt
seinen Söhnen und Brüdern; ihrer waren
zwölf.
23 Das sechzehnte auf Hananja samt
seinen Söhnen und Brüdern; ihrer waren
zwölf.
24 Das siebzehnte auf Joschbekasa samt
seinen Söhnen und Brüdern; ihrer waren
zwölf.
25 Das achtzehnte auf Hanani samt
seinen Söhnen und Brüdern; ihrer waren
zwölf.
26 Das neunzehnte auf Mallothi samt
seinen Söhnen und Brüdern; ihrer waren
zwölf.
27 Das zwanzigste auf Eliatha samt
seinen Söhnen und Brüdern; ihrer waren
zwölf.
28 Das einundzwanzigste auf Hothir
samt seinen Söhnen und Brüdern; ihrer
waren zwölf.
29 Das zweiundzwanzigste auf Giddalti
samt seinen Söhnen und Brüdern; ihrer
waren zwölf.
30 Das dreiundzwanzigste auf Maha-
sioth samt seinen Söhnen und Brüdern;
ihrer waren zwölf.
31 Das vierundzwanzigste auf Romam-
ti-Eser samt seinen Söhnen und Brüdern;
ihrer waren zwölf.

Bestellung der Torhüter

26 Von den Ordnungen der Torhüter.
Von den Korahitern: Meschelemja,
der Sohn des Kore, von den Söhnen
Asaphs.
2 Die Söhne Meschelemjas waren diese:
der Erstgeborene Sacharja, der zweite
Sohn Jediaël, der dritte Sebadja, der
vierte Jathniël,
3 der fünfte Elam, der sechste Johanan,
der siebente Eljoënai.
4 Die Söhne Obed-Edoms waren diese:
der Erstgeborene Schemaja, der zweite
Sohn Josabad, der dritte Joach, der vierte
Sachar, der fünfte Nathanael,
5 der sechste Ammiël, der siebente Isa-
schar, der achte Pegullethai; denn Gott
hatte ihn gesegnet.
6 Und seinem Sohn Schemaja wurden
auch Söhne geboren, die in ihren Sippen
herrschten; denn es waren angesehene
Männer.
7 Die Söhne Schemajas waren: Othni,
Rephaël, Obed und Elsabad und seine
Brüder, angesehene Männer, Elihu und
Samachja.
8 Diese alle gehörten zu den Söhnen
Obed-Edoms. Sie samt ihren Söhnen und
Brüdern, angesehene Männer, geschickt
zu Ämtern, waren zweiundsechzig von
Obed-Edom.
9 Meschelemjas Söhne und Brüder, an-
gesehene Männer, waren achtzehn.

10 Die Söhne Hosas, der zu den Söhnen Merari gehörte, waren: der Erste Schimri – denn der Erstgeborene war nicht mehr da, daher machte ihn sein Vater zum Ersten –,

11 der zweite Sohn Hilkia, der dritte Tebalja, der vierte Sacharja. Alle Söhne und Brüder Hosas waren dreizehn.

12 Diesen, den Ordnungen der Torhüter, fiel nach der Zahl der Männer das Amt zu wie ihren Brüdern, zu dienen im Hause des HERRN.

13 Und das Los wurde geworfen für die kleinen wie für die großen Sippen über ein jedes Tor.

14 Das Los für den Osten fiel auf Meschelemja. Auch für seinen Sohn Sacharja, der ein kluger Ratgeber war, warf man das Los, und es fiel für ihn auf den Norden;

15 für Obed-Edom aber auf den Süden, und für seine Söhne auf das Vorratshaus;

16 für Schuppim und Hosa auf den Westen beim Tor Schallecheth, wo die Straße hinaufgeht. Jede Wache umfaßte:

17 Im Osten für den Tag sechs, im Norden für den Tag vier, im Süden für den Tag vier, beim Vorratshause aber je zwei,

18 am Parbar aber im Westen: vier an der Straße und zwei am Parbar selbst.

19 Dies sind die Ordnungen der Torhüter aus den Korahitern und den Meraritern.

Die levitischen Schatzmeister

20 Von den Leviten, ihren Brüdern, die über die Schätze des Hauses Gottes gesetzt waren und über die Schätze, die geheiligt wurden, waren da:

21 die Söhne Ladan, die Nachkommen des Gersoniters Ladan. Sie waren Häupter der Sippen der Jehiëliter.

22 Die Söhne der Jehiëliter, Setham und sein Bruder Joel, waren über die Schätze des Hauses des HERRN gesetzt.

23 Von den Amramitern, Jizharitern, Hebronitern und Usiëlitern

24 war Schubaël, der Sohn Gerschoms, des Sohnes des Mose, Vorsteher der Schätze.

25 Sein Bruder Eliëser hatte einen Sohn Rehabja; dessen Sohn war Jesaja, dessen Sohn war Joram, dessen Sohn war Sichri, dessen Sohn war Schelomith.

26 Dieser Schelomith und seine Brüder waren gesetzt über alle Schätze der geheiligten Gaben, die geheiligt hatten der König David und die Häupter der Sippen, die Obersten über tausend und über hundert und die Obersten im Heer.

27 Aus der Kriegsbeute hatten sie's geheiligt, um das Haus des HERRN zu errichten.

28 Auch alles, was Samuel, der Seher, und Saul, der Sohn des Kis, und Abner, der Sohn des Ner, und Joab, der Sohn der Zeruja, geheiligt hatten, alle diese geheiligten Gaben waren unter der Hand Schelomiths und seiner Brüder.

Die levitischen Amtleute und Richter

29 Von den Jizharitern waren Kenanja und seine Söhne draußen in Israel zum Dienst als Amtleute und Richter bestellt.

30 Von den Hebronitern waren Haschabja und seine Brüder, angesehene Männer, tausendsiebenhundert zur Verwaltung Israels westlich des Jordan bestellt für alle Geschäfte des HERRN und zum Dienst des Königs.

31 Von den Hebronitern bestellte David auch Jeria, den Ersten, – unter den Nachkommen Hebrons wurden in seinen Geschlechtern und Sippen im vierzigsten Jahr der Herrschaft Davids angesehene Männer gesucht und gefunden zu Jaser in Gilead –

32 und seine Brüder, angesehene Männer, zweitausendsiebenhundert, Häupter der Sippen, über die Rubeniter, Gaditer und den halben Stamm Manasse zu allem Dienst Gottes und des Königs.

Die Führer der Abteilungen des Heeres, die Stammesfürsten und die königlichen Beamten

27 Dies sind die Söhne Israel nach ihrer Zahl, die Häupter der Sippen und die Obersten über tausend und über hundert und die Amtleute, die dem König dienten. Von allen Ordnungen, die ab- und zuzogen, jeden Monat eine, in allen Monaten des Jahres, hatte jede vierundzwanzigtausend.

2 Über die erste Ordnung, für den ersten Monat, war gesetzt Jaschobam, der Sohn Sabdiëls, und in seiner Ordnung waren vierundzwanzigtausend.

3 Er war von den Söhnen Perez und war der Erste aller Hauptleute des Heeres im ersten Monat.

4 Über die Ordnung des zweiten Monats war gesetzt Dodai, der Ahoachiter, und Mikloth war der Vorsteher seiner Ordnung, und in seiner Ordnung waren vierundzwanzigtausend.

5 Der dritte Feldhauptmann, für den dritten Monat, war Benaja, der Sohn des Hohenpriesters Jojada, und in seiner Ordnung waren vierundzwanzigtausend.

6 Das ist der Benaja, der Held der Dreißig und über die Dreißig, und seine Ordnung war unter seinem Sohn Ammisabad.

7 Der vierte, für den vierten Monat, war Asahel, Joabs Bruder, und nach ihm sein Sohn Sebadja, und in seiner Ordnung waren vierundzwanzigtausend.

8 Der fünfte, für den fünften Monat, war Schamhuth, der Jisrachiter, und in seiner Ordnung waren vierundzwanzigtausend.

9 Der sechste, für den sechsten Monat, war Ira, der Sohn des Ikkesch, aus Thekoa, und in seiner Ordnung waren vierundzwanzigtausend.

10 Der siebente, für den siebenten Monat, war Helez, der Peletiter, aus dem Stamm Ephraim, und in seiner Ordnung waren vierundzwanzigtausend.

11 Der achte, für den achten Monat, war Sibbechai, der Huschathiter, aus den Serachitern, und in seiner Ordnung waren vierundzwanzigtausend.

12 Der neunte, für den neunten Monat, war Abiëser, der Anathothiter, aus dem Stamm Benjamin, und in seiner Ordnung waren vierundzwanzigtausend.

13 Der zehnte, für den zehnten Monat, war Mahrai, der Netophathiter, aus den Serachitern, und in seiner Ordnung waren vierundzwanzigtausend.

14 Der elfte, für den elften Monat, war Benaja, der Pirathoniter, von den Söhnen Ephraim, und in seiner Ordnung waren vierundzwanzigtausend.

15 Der zwölfte, für den zwölften Monat, war Heldai, der Netophathiter, von den Nachkommen Othniëls, und in seiner Ordnung waren vierundzwanzigtausend.

16 Über die Stämme Israels waren diese gesetzt: bei den Rubenitern war Fürst: Eliëser, der Sohn Sichris; bei den Simeonitern Schephatja, der Sohn Maachas;

17 bei den Leviten Haschabja, der Sohn Kemuëls; bei den Aaronitern Zadok;

18 bei Juda Elihu, einer der Brüder Davids; bei Isaschar Omri, der Sohn Michaels;

19 bei Sebulon Jischmaja, der Sohn Obadjas; bei Naphthali Jeremoth, der Sohn Asriëls;

20 bei den Söhnen Ephraim Hosea, der Sohn Asasjas; beim halben Stamm Manasse Joel, der Sohn Pedajas;

21 beim halben Stamm Manasse in Gilead Iddo, der Sohn Sacharjas; bei Benjamin Jaasiël, der Sohn Abners;

22 bei Dan Asarel, der Sohn Jerohams. Das sind die Fürsten der Stämme Israels.

23 Aber David nahm die Zahl derer nicht auf, die zwanzig Jahre und darunter waren; denn der HERR hatte zugesagt, Israel zu mehren wie die Sterne am Himmel.

24 Joab, der Sohn der Zeruja, hatte angefangen zu zählen, aber er vollendete es nicht; denn deswegen kam ein Zorn über Israel. Darum kam die Zahl nicht in die Chronik des Königs David.

25 Über die Vorräte des Königs war gesetzt Asmaweth, der Sohn Adiëls, und über die Vorräte auf dem Lande, in den Städten, Dörfern und Türmen war gesetzt Jonathan, der Sohn Usias;

26 über die Ackerleute, die das Land bebauten, war gesetzt Esri, der Sohn Kelubs;

27 über die Weinberge Simeï, der Ramathiter; über die Vorräte an Wein in den Weinbergen Sabdi, der Schiphmiter;

28 über die Ölbäume und Maulbeerbäume im Hügelland Baal-Hanan, der Gederiter; über die Ölvorräte Joas;

29 über die Rinder in der Saron-Ebene Schitrai, der Saroniter, aber über die Rinder in den Tälern Schaphat, der Sohn Adlais;

30 über die Kamele Obil, der Ismaeliter, über die Esel Jechdeja, der Meronothiter;

31 über die Schafe Jasis, der Hagariter. Diese alle waren Vorsteher über die Güter des Königs David.

32 Jonathan aber, Davids Oheim, war Ratgeber, ein verständiger und schriftkundiger Mann. Und Jehiël, der Sohn Hachmonis, war bei den Söhnen des Königs.

33 Ahithophel war auch Ratgeber des
Königs. Huschai, der Arkiter, war des
Königs Freund.
34 Nach Ahithophel waren es Jojada,
der Sohn Benajas, und Abjathar. Joab
aber war Feldhauptmann des Königs.

David stellt dem Volk Salomo als seinen Nachfolger vor

28 Und David versammelte nach Jerusalem alle Oberen Israels, nämlich
die Fürsten der Stämme, die Obersten
über die Ordnungen, die dem König dienten, die Obersten über tausend und über
hundert, die Vorsteher über die Güter und
Herden des Königs und seiner Söhne, sowie die Kämmerer, die Helden und alle
angesehenen Männer.
2 Und der König David stand auf und
sprach: Hört mir zu, meine Brüder und
mein Volk! Ich hatte mir vorgenommen,
ein Haus zu bauen als Ruhestätte für die
Lade des Bundes des HERRN und für den
Schemel der Füße unseres Gottes, und
hatte mich angeschickt, es zu bauen.
3 Aber Gott ließ mir sagen: Nicht du
sollst meinem Namen ein Haus bauen;
denn du bist ein Kriegsmann und hast
Blut vergossen.
4 Nun hat der HERR, der Gott Israels,
mich erwählt aus meines Vaters ganzem
Hause, daß ich König über Israel sein
sollte immerdar. Denn er hat Juda erwählt zum Fürsten und im Stamm Juda
meines Vaters Haus, und unter meines
Vaters Söhnen hat er an mir Gefallen gehabt, daß er mich zum König machte über
ganz Israel.
5 Und von allen meinen Söhnen – denn
der HERR hat mir viele Söhne gegeben –
hat er meinen Sohn Salomo erwählt, daß
er sitzen soll auf dem Thron des Königtums des HERRN über Israel,
6 und er hat zu mir gesagt: Dein Sohn
Salomo soll mein Haus und meine Vorhöfe bauen; denn ich habe ihn mir erwählt zum Sohn, und ich will sein Vater
sein
7 und will sein Königtum bestätigen
ewiglich, wenn er daran festhält, zu tun
nach meinen Geboten und Rechten, wie
es heute geschieht.
8 Nun denn – vor den Augen ganz Israels, der Gemeinde des HERRN, und vor den
Ohren unseres Gottes –: Haltet und sucht
alle Gebote des HERRN, eures Gottes, damit ihr das gute Land besitzt und auf eure
Kinder nach euch für alle Zeiten vererbt!
9 Und du, mein Sohn Salomo, erkenne
den Gott deines Vaters und diene ihm mit
ganzem Herzen und mit williger Seele.
Denn der HERR erforscht alle Herzen und
versteht alles Dichten und Trachten der
Gedanken. Wirst du ihn suchen, so wirst
du ihn finden; wirst du ihn aber verlassen,
so wird er dich verwerfen ewiglich!
10 So sieh nun zu, denn der HERR hat
dich erwählt, daß du ein Haus baust als
Heiligtum. Sei getrost und richte es aus!

David gibt Salomo den Entwurf des Tempels

11 Und David gab seinem Sohn Salomo
einen Entwurf für die Vorhalle des Tempels und für seinen Bau, seine Gemächer
und Obergemächer und inneren Kammern und für den Raum des Gnadenthrones;
12 dazu Entwürfe für alles, was ihm
durch den Geist in den Sinn gekommen
war: für die Vorhöfe am Hause des
HERRN und alle Gemächer ringsum, bestimmt für die Schätze im Hause Gottes
und für die Schätze der geheiligten Gaben
13 und für die Ordnungen der Priester
und Leviten und für alle Geschäfte und
Geräte des Dienstes im Hause des HERRN.
14 Und er setzte fest das Goldgewicht
für alle Geräte je nach ihrem Zweck und
alles Silbergewicht für alle Geräte je nach
ihrem Zweck
15 und das Gewicht für die goldenen
Leuchter und goldenen Lampen, für jeden
Leuchter und seine Lampen sein Gewicht,
auch für die silbernen Leuchter, für jeden
Leuchter und seine Lampen, nach dem
Zweck eines jeden Leuchters.
16 Auch setzte er das Goldgewicht fest
für die Tische der Schaubrote, für jeden
Tisch sein Gewicht; ebenso auch das des
Silbers für die silbernen Tische;
17 und für die Gabeln, Becken und
Kannen von lauterem Gold und für die
goldenen Becher, für jeden Becher sein
Gewicht, und für die silbernen Becher,
für jeden Becher sein Gewicht,
18 und für den Räucheraltar vom allerlautersten Gold sein Gewicht. Auch gab
er einen Entwurf des Thronwagens mit

den goldenen Cherubim, die sich ausbrei-
teten und oben die Lade des Bundes des
HERRN bedeckten.
19 – Das alles steht in einer Schrift, ge-
geben von der Hand des HERRN, der mich
unterwies über alle Werke des Entwurfes.
20 Und David sprach zu seinem Sohn
Salomo: Sei getrost und unverzagt und
richte es aus! Fürchte dich nicht und laß
dich nicht erschrecken! Gott der HERR,
mein Gott, wird mit dir sein und wird die
Hand nicht abziehen und dich nicht ver-
lassen, bis du jedes Werk für den Dienst
im Hause des HERRN vollendet hast.
21 Siehe, da sind die Ordnungen der
Priester und Leviten zu jedem Dienst im
Hause Gottes; auch hast du zu jedem
Werk Leute, die willig und weise sind zu
jedem Dienst, dazu auch die Fürsten und
alles Volk zu allem, was du tun wirst.

**Reiche Beisteuer zum Tempelbau
und Davids Dankgebet**

29 Und der König David sprach zu der
ganzen Gemeinde: Gott hat Salo-
mo, einen meiner Söhne, erwählt, der
noch jung und zart ist. Das Werk aber ist
groß; denn es ist nicht die Wohnung eines
Menschen, sondern Gottes, des HERRN.
2 Ich aber habe aus allen meinen Kräf-
ten herbeigeschafft zum Hause Gottes
Gold zu goldenem, Silber zu silbernem,
Kupfer zu kupfernem, Eisen zu eisernem,
Holz zu hölzernem Gerät, Onyxsteine und
eingefaßte Steine, Rubine und bunte
Steine und mancherlei Edelsteine und
Marmorsteine die Menge.
3 Aus Wohlgefallen am Hause meines
Gottes aber und da ich noch eigenes Gut
an Gold und Silber habe,
4 gebe ich für das Haus meines Gottes
außer allem, was ich schon zum heiligen
Hause beschafft habe, dreitausend Zent-
ner Ophirgold und siebentausend Zentner
lauteres Silber, um die Wände des Hauses
zu überziehen,
5 daß golden werde, was golden, und
silbern, was silbern sein soll, und zu allem
Werk durch die Hand der Werkmeister.
Und wer ist nun willig, heute seine Hand
mit einer Gabe für den HERRN zu füllen?
6 Da waren die Häupter der Sippen, die
Fürsten der Stämme Israels, die Obersten
über tausend und über hundert und die
Vorsteher über des Königs Besitzungen
willig,
7 und sie gaben zur Arbeit am Hause
Gottes fünftausend Zentner Gold und
zehntausend Gulden und zehntausend
Zentner Silber, achtzehntausend Zentner
Kupfer und hunderttausend Zentner
Eisen.
8 Und wer immer bei sich edle Steine
hatte, der gab sie zum Schatz des Hauses
des HERRN unter die Hand Jehiëls, des
Gersoniters.
9 Und das Volk war fröhlich, daß sie so
willig waren; denn sie gaben's dem
HERRN freiwillig von ganzem Herzen.
Und der König David war hoch erfreut,
10 und er lobte den HERRN vor der
ganzen Gemeinde und sprach:
Gelobt seist du, HERR, Gott Israels,
unseres Vaters, von Ewigkeit zu Ewigkeit!
11 Dein, HERR, ist die Majestät und Ge-
walt, Herrlichkeit, Sieg und Hoheit. Denn
alles, was im Himmel und auf Erden ist,
das ist dein. Dein, HERR, ist das Reich,
und du bist erhöht zum Haupt über alles.
12 Reichtum und Ehre kommt von dir,
du herrschest über alles. In deiner Hand
steht Kraft und Macht, in deiner Hand
steht es, jedermann groß und stark zu
machen.
13 Nun, unser Gott, wir danken dir und
rühmen deinen herrlichen Namen.
14 Denn was bin ich? Was ist mein
Volk, daß wir freiwillig so viel zu geben
vermochten? Von dir ist alles gekommen,
und von deiner Hand haben wir dir's ge-
geben.
15 Denn wir sind Fremdlinge und Gäste
vor dir wie unsere Väter alle. Unser Leben
auf Erden ist wie ein Schatten und bleibet
nicht.
16 HERR, unser Gott, all dies Viele, das
wir herbeigebracht haben, dir ein Haus zu
bauen, deinem heiligen Namen, ist von
deiner Hand gekommen, es ist alles dein.
17 **Ich weiß, mein Gott, daß du das Herz
prüfst, und Aufrichtigkeit ist dir angenehm.**
Darum habe ich dies alles aus aufrichti-
gem Herzen freiwillig gegeben und habe
jetzt mit Freuden gesehen, wie dein Volk,
das hier vor dir steht, dir alles freiwillig
gegeben hat.
18 HERR, Gott Abrahams, Isaaks und
Israels, unserer Väter, bewahre für immer

solchen Sinn und solche Gedanken im
Herzen deines Volks und richte ihre Her-
zen auf dich!
19 Und meinem Sohn Salomo gib ein
rechtschaffenes Herz, daß er halte deine
Gebote, Ordnungen und Rechte und daß
er alles ausführe und diese Wohnung
baue, die ich vorbereitet habe.
20 Und David sprach zur ganzen Ge-
meinde: Lobet den HERRN, euren Gott!
Und die ganze Gemeinde lobte den
HERRN, den Gott ihrer Väter, und sie
neigten sich und fielen nieder vor dem
HERRN und vor dem König
21 und opferten dem HERRN Schlacht-
opfer. Und am andern Morgen opferten
sie dem HERRN Brandopfer, tausend junge
Stiere, tausend Widder, tausend Lämmer
und ihre Trankopfer, sowie Schlachtopfer
in Menge für ganz Israel.
22 Und sie aßen und tranken am selben
Tage vor dem HERRN mit großen Freuden
und machten zum zweitenmal Salomo,
den Sohn Davids, zum König und salbten
ihn dem HERRN zum Fürsten und Zadok
zum Priester.

Salomo wird König. Davids Tod

23 So setzte sich Salomo auf den Thron
des HERRN als König an seines Vaters
David Statt und fand Anerkennung. Und
ganz Israel wurde ihm gehorsam.
24 Und alle Obersten und Helden, auch
alle Söhne des Königs David stellten sich
unter den König Salomo.
25 Und der HERR machte Salomo immer
größer vor ganz Israel und gab ihm ein
herrliches Königreich, wie es keiner vor
ihm über Israel gehabt hatte.
26 So ist nun David, der Sohn Isais,
König gewesen über ganz Israel.
27 Die Zeit aber, die er König über
Israel gewesen ist, ist vierzig Jahre. Zu
Hebron regierte er sieben Jahre und zu
Jerusalem dreiunddreißig Jahre.
28 Und er starb in gutem Alter, satt an
Leben, Reichtum und Ehre. Und sein
Sohn Salomo wurde König an seiner
Statt.
29 Die Geschichte aber des Königs
David, die frühere und die spätere, siehe,
die steht geschrieben in der Geschichte
Samuels, des Sehers, und in der Geschich-
te des Propheten Nathan und in der Ge-
schichte Gads, des Sehers,
30 dazu auch seine Regierung und seine
tapferen Taten sowie die Geschehnisse,
die über ihn und Israel und über die
Königreiche in allen Landen dahingegan-
gen sind.

DAS ZWEITE BUCH DER CHRONIK

Salomos Opfer und sein Gebet um Weisheit

1 Und Salomo, der Sohn Davids, wurde
mächtig in seinem Königtum, und der
HERR, sein Gott, war mit ihm und machte
ihn immer größer.
2 Und Salomo redete mit ganz Israel,
mit den Obersten über tausend und über
hundert, mit den Richtern und mit allen
Fürsten in Israel, mit den Häuptern der
Sippen,
3 daß sie hingingen, Salomo und die
ganze Gemeinde mit ihm, zu der Höhe,
die bei Gibeon war; denn dort war die
Stiftshütte Gottes, die Mose, der Knecht
des HERRN, in der Wüste gemacht hatte.
4 – Nur die Lade Gottes hatte David
heraufgebracht von Kirjath-Jearim an
den Ort, den er ihr bereitet hatte; denn er
hatte ihr ein Zelt aufgeschlagen zu Jeru-
salem. –
5 Auch der kupferne Altar, den Bezalel,
der Sohn Uris, des Sohnes Hurs, gemacht
hatte, war dort vor der Wohnung des
HERRN. Und Salomo und die Gemeinde
pflegten ihn aufzusuchen.
6 Und Salomo opferte vor dem HERRN
tausend Brandopfer auf dem kupfernen
Altar, der vor der Stiftshütte stand.
7 In derselben Nacht aber erschien Gott
dem Salomo und sprach zu ihm: Bitte,
was ich dir geben soll.

8 Und Salomo sprach zu Gott: Du hast große Barmherzigkeit an meinem Vater David getan und hast mich an seiner Statt zum König gemacht.

9 So laß nun, HERR, Gott, dein Wort an meinen Vater David wahr werden; denn du hast mich zum König gemacht über ein Volk, das so viel ist wie Staub auf Erden.

10 So gib mir nun Weisheit und Erkenntnis, daß ich vor diesem Volk aus- und eingehe; denn wer kann dies dein großes Volk richten?

11 Da sprach Gott zu Salomo: Weil du dies im Sinn hast und nicht gebeten um Reichtum noch um Gut noch um Ehre noch um deiner Feinde Tod noch um langes Leben, sondern hast um Weisheit und Erkenntnis gebeten, mein Volk zu richten, über das ich dich zum König gemacht habe,

12 so sei dir Weisheit und Erkenntnis gegeben. Dazu will ich dir Reichtum, Gut und Ehre geben, wie sie die Könige vor dir nicht gehabt haben und auch die nach dir nicht haben werden.

13 So kam Salomo von der Höhe, die bei Gibeon war, von der Stiftshütte, nach Jerusalem und regierte über Israel.

Salomos Heeresmacht und Reichtum

14 Und Salomo brachte Wagen und Reiter zusammen, so daß er tausendvierhundert Wagen und zwölftausend Reiter hatte, und legte sie in die Wagenstädte und zum König nach Jerusalem.

15 Und der König brachte es dahin, daß es in Jerusalem so viel Silber und Gold gab wie Steine und so viele Zedern wie Maulbeerbäume im Hügelland.

16 Und man brachte Salomo Pferde aus Ägypten und aus Koë; die Kaufleute des Königs kauften sie aus Koë zu ihrem Preis;

17 aus Ägypten aber brachten sie herauf den Wagen für sechshundert Silberstücke und das Pferd für hundertfünfzig. Dann führten sie diese wieder aus an alle Könige der Hethiter und an die Könige von Aram.

Salomos Vertrag mit Hiram von Tyrus

°18 Und Salomo gedachte dem Namen des HERRN ein Haus zu bauen und auch ein Haus für sich als König.

2 °Und Salomo zählte siebzigtausend ab, die Lasten tragen, und achtzigtausend, die im Gebirge Steine hauen sollten, und dreitausendsechshundert Aufseher über sie.

2 Und Salomo sandte zu Hiram, dem König von Tyrus, und ließ ihm sagen: Wie du mit meinem Vater David tatest und ihm Zedern sandtest, daß er sich ein Haus baute, in dem er wohnte, –

3 siehe, ich will dem Namen des HERRN, meines Gottes, ein Haus bauen, das ihm geheiligt werde, um gutes Räucherwerk vor ihm darzubringen und ständig Schaubrote zuzurichten und Brandopfer am Morgen und am Abend, an den Sabbaten und Neumonden und an den Festen des HERRN, unseres Gottes, wie es allezeit für Israel gilt.

4 Und das Haus, das ich bauen will, soll groß sein; denn unser Gott ist größer als alle Götter.

5 Aber wer vermag es, ihm ein Haus zu bauen? Denn der Himmel und aller Himmel Himmel können ihn nicht fassen. Wer bin ich denn, daß ich ihm ein Haus baue, es sei denn, um vor ihm zu opfern?

6 So sende mir nun einen tüchtigen Mann, der mit Gold, Silber, Kupfer, Eisen, rotem Purpur, Scharlach und blauem Purpur arbeiten kann und der Bildwerk zu schnitzen versteht zusammen mit den Meistern, die bei mir in Juda und Jerusalem sind und die mein Vater David bestellt hat.

7 Und sende mir Zedern-, Zypressen- und Sandelholz vom Libanon; denn ich weiß, daß deine Leute verstehen, das Holz auf dem Libanon zu hauen. Und siehe, meine Leute sollen mit deinen Leuten sein,

8 daß man mir viel Holz zubereite; denn das Haus, das ich bauen will, soll groß und prächtig sein.

9 Und siehe, ich will den Holzhauern, deinen Leuten, die das Holz behauen, zweihunderttausend Scheffel Weizen und zweihunderttausend Scheffel Gerste und zwanzigtausend Eimer Wein und zwanzigtausend Eimer Öl zur Speise geben.

10 Da antwortete Hiram, der König von Tyrus, in einem Brief und sandte zu Salomo: Da der HERR sein Volk liebt, hat er dich zum König über sie gemacht.

11 Und Hiram schrieb weiter: Gelobt
sei der HERR, der Gott Israels, der Him-
mel und Erde gemacht hat, daß er dem
König David einen weisen, klugen und
verständigen Sohn gegeben hat, der dem
HERRN ein Haus bauen will und auch ein
Haus für sich als König!
12 So sende ich nun einen tüchtigen und
verständigen Mann, Hiram, meinen Be-
rater;
13 er ist der Sohn einer Frau von den
Töchtern Dans, und sein Vater ist ein
Tyrer gewesen. Der versteht zu arbeiten
mit Gold, Silber, Kupfer, Eisen, Steinen,
Holz, rotem und blauem Purpur, feiner
Leinwand und Scharlach, und Bildwerk
zu schnitzen und alles, was man ihm auf-
gibt, kunstreich zu machen mit deinen
Meistern und mit den Meistern meines
Herrn, des Königs David, deines Vaters.
14 Mein Herr sende nun seinen Leuten,
wie er gesagt hat, Weizen, Gerste, Öl und
Wein,
15 so wollen wir das Holz hauen auf dem
Libanon, soviel du bedarfst, und wollen
es auf Flößen übers Meer nach Japho
bringen. Von da mußt du es hinauf nach
Jerusalem schaffen.
16 Und Salomo ließ alle Fremdlinge im
Lande Israel zählen, nachdem schon sein
Vater David sie gezählt hatte, und es fan-
den sich 153600.
17 Und er machte von ihnen 70000 zu
Trägern und 80000 zu Steinhauern im
Gebirge und 3600 zu Aufsehern, die die
Leute zum Dienst anhielten.

Der Bau des Tempels

3 Und Salomo fing an, das Haus des
HERRN zu bauen in Jerusalem auf dem
Berge Morija, wo der HERR seinem Vater
David erschienen war, an der Stätte, die
David auf der Tenne Ornans, des Jebu-
siters, zubereitet hatte.
2 Im zweiten Monat am zweiten Tage
im vierten Jahr seiner Herrschaft fing er an
zu bauen.
3 Und dies sind die Maße, nach denen
Salomo das Haus Gottes baute: die Länge
sechzig Ellen nach altem Maß, die Breite
zwanzig Ellen.
4 Und die Vorhalle, die sich davor be-
fand, war nach der Breite des Hauses
zwanzig Ellen lang, die Höhe aber war
hundertzwanzig* Ellen, und er überzog
sie innen mit lauterem Gold.
5 Die große Halle aber täfelte er mit
Zypressenholz und überzog sie mit dem
besten Gold und brachte darauf Palmen
und Blumenwerk an.
6 Und er zierte die Halle mit edlen Stei-
nen zum Schmuck, das Gold aber war
Parwajim-Gold.
7 Und er überzog die Halle, die Balken
und die Schwellen samt ihren Wänden
und Türen mit Gold und ließ auf die
Wände Cherubim schnitzen.
8 Er machte auch den Raum des Aller-
heiligsten. Dessen Länge war zwanzig
Ellen nach der Breite des Baues, und seine
Breite war auch zwanzig Ellen, und er
überzog ihn mit dem besten Gold, an
sechshundert Zentner;
9 und er gab auch für die Nägel fünfzig
Lot Gold an Gewicht und überzog die
Obergemächer mit Gold.
10 Er machte auch im Raum des Aller-
heiligsten zwei Cherubim, kunstreiche
Werke, und überzog sie mit Gold.
11 Und die Länge der Flügel der Cheru-
bim war zwanzig Ellen, so daß ein Flügel
fünf Ellen hatte und an die Wand des
Hauses rührte und der andere Flügel auch
fünf Ellen hatte und an den Flügel des
andern Cherubs rührte.
12 So hatte auch der eine Flügel des
andern Cherubs fünf Ellen und rührte an
die Wand des Hauses, und sein anderer
Flügel hatte auch fünf Ellen und rührte
an den Flügel des andern Cherubs,
13 so daß diese Flügel der Cherubim
zwanzig Ellen weit ausgebreitet waren.
Und sie standen auf ihren Füßen, und ihr
Antlitz war zur Halle hingewandt.
14 Er machte auch einen Vorhang von
blauem und rotem Purpur, von Scharlach
und feiner Leinwand und brachte Cheru-
bim darauf an.

Die beiden Säulen vor dem Tempel

15 Und er machte vor dem Hause zwei
Säulen, fünfunddreißig Ellen hoch, und
den Knauf oben darauf fünf Ellen
16 und machte Ketten zum Gitterwerk
und tat sie oben an die Säulen und machte
hundert Granatäpfel und tat sie an die
Ketten

*Nach anderer Überlieferung: zwanzig Ellen.

17 und richtete die Säulen auf vor dem
Tempel, eine zur Rechten und die andere
zur Linken, und nannte die zur Rechten
Jachin und die zur Linken Boas.

Beschreibung einzelner Geräte des Tempels

4 Er machte auch einen kupfernen Al-
tar, zwanzig Ellen lang und breit und
zehn Ellen hoch.
2 Und er machte das Meer, gegossen,
von einem Rand zum andern zehn Ellen
breit, ganz rund, fünf Ellen hoch, und
eine Schnur von dreißig Ellen konnte es
umspannen.
3 Und unter ihm umgaben es ringsum
Gestalten, Rindern vergleichbar; und es
waren um das Meer her zehn Knoten je
Elle; zwei Reihen bildeten die Knoten, die
bei dem Guß mit angegossen waren.
4 Es stand aber auf zwölf Rindern, von
denen drei nach Norden gewandt waren,
drei nach Westen, drei nach Süden und
drei nach Osten, und das Meer stand oben
auf ihnen; und ihre Hinterteile waren alle
nach innen gekehrt.
5 Die Stärke seiner Wand war eine
Hand breit, und sein Rand war wie eines
Bechers Rand, wie eine aufgegangene
Lilie, und es faßte dreitausend Eimer.
6 Und er machte zehn Kessel. Von ihnen
stellte er fünf zur Rechten und fünf zur Lin-
ken, um in ihnen zu waschen – nämlich was
zum Brandopfer gehört, sollte man darin
abspülen –; das Meer aber stellte er auf,
daß sich die Priester darin waschen sollten.
7 Er machte auch zehn goldene Leuch-
ter, wie sie sein sollten, und stellte sie in die
Tempelhalle, fünf zur Rechten und fünf
zur Linken,
8 und machte zehn Tische und tat sie in
die Tempelhalle, fünf zur Rechten und
fünf zur Linken, und machte hundert gol-
dene Schalen.
9 Er machte auch einen Vorhof für die
Priester und einen großen Vorhof und
Türen für den Vorhof und überzog die
Türen mit Kupfer
10 und setzte das Meer rechts vor das
Haus nach Süden hin.
11 Und Hiram machte Töpfe, Schaufeln
und Becken.
Danach vollendete Hiram die Arbeit, die
er für den König Salomo tat am Hause
Gottes,
12 nämlich die zwei Säulen mit den
kugligen Knäufen oben auf beiden Säulen
und die zwei Gitterwerke, zu bedecken
beide kugligen Knäufe oben auf den Säu-
len,
13 und die vierhundert Granatäpfel an
den beiden Gitterwerken, zwei Reihen
Granatäpfel an jedem Gitterwerk, zu be-
decken beide kugligen Knäufe, die oben
auf den Säulen waren.
14 Auch machte er die Gestelle und die
Kessel auf den Gestellen
15 und das Meer und die zwölf Rinder
darunter;
16 dazu machte Hiram, sein Berater,
dem König Salomo Töpfe, Schaufeln,
Gabeln samt allen Gefäßen für das Haus
des HERRN von geglättetem Kupfer.
17 In der Gegend des unteren Jordan
ließ sie der König gießen in der Gießerei
von Adama, zwischen Sukkoth und Zere-
da.
18 Und Salomo machte sehr viel von
allen diesen Geräten, so daß das Gewicht
des Kupfers nicht zu erforschen war.
19 Und Salomo machte alles Gerät für
das Haus Gottes, nämlich den goldenen
Altar und die Tische mit den Schaubroten
darauf,
20 die Leuchter mit ihren Lampen von
lauterem Gold, daß sie brennen vor dem
Chorraum nach der Ordnung.
21 Und die Blumen und die Lampen
und die Scheren waren golden, das war
alles ganz aus Gold;
22 auch die Messer, Schalen, Löffel und
Pfannen waren von lauterem Gold. Und
an den Eingängen des Hauses waren die
inneren Türen zum Allerheiligsten und
die Türen zur Tempelhalle aus Gold.
5 Also wurde alle Arbeit vollbracht, die
Salomo am Hause des HERRN tat.
Und Salomo brachte hinein alles, was
sein Vater David geheiligt hatte, und
legte das Silber und Gold und alle Ge-
räte in den Schatz im Hause Gottes.

Einweihung des Tempels

2 Da versammelte Salomo alle Ältesten
Israels, alle Häupter der Stämme und die
Fürsten der Sippen Israels in Jerusalem,
damit sie die Lade des Bundes des HERRN
hinaufbrächten aus der Stadt Davids, das
ist Zion.

3 Und es versammelten sich beim König
alle Männer Israels zum Fest, das im sie-
benten Monat gefeiert wird.
4 Und es kamen alle Ältesten Israels,
und die Leviten hoben die Lade auf
5 und brachten sie hinauf samt der Stifts-
hütte und allem heiligen Gerät, das in der
Stiftshütte war; es brachten sie hinauf die
Priester und Leviten.
6 Aber der König Salomo und die ganze
Gemeinde Israel, die bei ihm vor der Lade
versammelt war, opferten Schafe und
Rinder so viel, daß es niemand zählen
noch berechnen konnte.
7 So brachten die Priester die Lade des
Bundes des HERRN an ihre Stätte, in den
Chorraum des Hauses, in das Allerheilig-
ste, unter die Flügel der Cherubim,
8 daß die Cherubim ihre Flügel ausbrei-
teten über die Stätte der Lade. Und die
Cherubim bedeckten die Lade und ihre
Stangen von obenher.
9 Die Stangen aber waren so lang, daß
man ihre Enden vor dem Chorraum in
der Tempelhalle sah, aber von außen sah
man sie nicht. Und sie war dort bis auf
diesen Tag.
10 Und es war nichts in der Lade außer
den zwei Tafeln, die Mose am Horeb hin-
eingelegt hatte, die Tafeln des Bundes,
den der HERR mit Israel geschlossen hatte,
als sie aus Ägypten zogen.
11 Und die Priester gingen heraus aus
dem Heiligtum – denn alle Priester, die
sich eingefunden hatten, hatten sich ge-
heiligt, ohne daß sie sich an die Ordnun-
gen hielten –,
12 und alle Leviten, die Sänger waren,
nämlich Asaph, Heman und Jeduthun
und ihre Söhne und Brüder, angetan mit
feiner Leinwand, standen östlich vom
Altar mit Zimbeln, Psaltern und Harfen
und bei ihnen hundertundzwanzig Prie-
ster, die mit Trompeten bliesen.
13 Und es war, als wäre es **einer**, der
trompetete und sänge, als hörte man **eine**
Stimme loben und danken dem HERRN.
Und als sich die Stimme der Trompeten,
Zimbeln und Saitenspiele erhob und man
den HERRN lobte: Er ist gütig, und seine
Barmherzigkeit währt ewig –, da wurde
das Haus des HERRN erfüllt mit einer
Wolke,
14 so daß die Priester nicht zum Dienst
hinzutreten konnten wegen der Wolke;
denn die Herrlichkeit des HERRN erfüllte
das Haus Gottes.

Salomos Gebet bei der Einweihung des Tempels

6 Da sprach Salomo: Der HERR hat ge-
sagt, er wolle im Dunkel wohnen.
2 So habe ich nun ein Haus gebaut dir
zur Wohnung und einen Sitz, da du ewig-
lich wohnest.
3 Und der König wandte sein Antlitz
und segnete die ganze Gemeinde Israel,
während sie stand,
4 und sprach: Gelobt sei der HERR, der
Gott Israels, der durch seinen Mund mei-
nem Vater David zugesagt und es mit
seiner Hand erfüllt hat, als er sagte:
5 Seit der Zeit, da ich mein Volk aus
Ägyptenland geführt habe, habe ich keine
Stadt erwählt aus allen Stämmen Israels,
ein Haus zu bauen, daß mein Name da-
selbst sein sollte, und habe auch keinen
Mann erwählt, daß er Fürst sein sollte
über mein Volk Israel;
6 aber Jerusalem habe ich erwählt, daß
mein Name daselbst sei, und David habe
ich erwählt, daß er über mein Volk Israel
Herr sei.
7 Und als mein Vater David im Sinn
hatte, dem Namen des HERRN, des Gottes
Israels, ein Haus zu bauen,
8 sprach der HERR zu meinem Vater
David: Du hast wohlgetan, daß du im
Sinn hast, meinem Namen ein Haus zu
bauen.
9 Doch nicht du sollst das Haus bauen,
sondern dein Sohn, der von dir kommen
wird, soll meinem Namen das Haus
bauen.
10 So hat nun der HERR sein Wort wahr
gemacht, das er geredet hat; denn ich bin
zur Macht gekommen an meines Vaters
David Statt und sitze auf dem Thron
Israels, wie der HERR zugesagt hat, und
habe dem Namen des HERRN, des Gottes
Israels, ein Haus gebaut
11 und habe die Lade hineingebracht, in
der die Tafeln des Bundes des HERRN
sind, den er mit den Kindern Israel ge-
schlossen hat.
12 Und er trat vor den Altar des HERRN
angesichts der ganzen Gemeinde Israel
und breitete seine Hände aus

13 – aber Salomo hatte eine Kanzel aus
Kupfer gemacht und mitten in den Vorhof gestellt, fünf Ellen lang und breit und drei Ellen hoch; auf diese trat er und fiel nieder auf seine Knie angesichts der ganzen Gemeinde Israel und breitete seine Hände aus gen Himmel –
14 und sprach: HERR, Gott Israels, es
ist kein Gott dir gleich weder im Himmel noch auf Erden, der du hältst den Bund und die Barmherzigkeit deinen Knechten, die vor dir wandeln von ganzem Herzen.
15 Du hast deinem Knecht David, mei-
nem Vater, gehalten, was du ihm zugesagt hast; mit deinem Mund hast du es geredet, und mit deiner Hand hast du es erfüllt, so wie es heute ist.
16 Nun, HERR, Gott Israels, halte dei-
nem Knecht David, meinem Vater, was du ihm zugesagt hast: Es soll dir nicht fehlen an einem Mann, der vor mir steht, der auf dem Thron Israels sitzt, sofern deine Söhne ihren Weg bewahren, daß sie wandeln in meinem Gesetz, wie du vor mir gewandelt bist.
17 Nun, HERR, Gott Israels, laß dein
Wort wahr werden, das du deinem Knecht David zugesagt hast.
18 Aber sollte Gott wirklich bei den
Menschen auf Erden wohnen? Siehe, der Himmel und aller Himmel Himmel können dich nicht fassen; wie sollte es denn dies Haus tun, das ich gebaut habe?
19 Wende dich aber, HERR, mein Gott,
zu dem Gebet deines Knechts und zu seinem Flehen, daß du erhörest das Bitten und Beten deines Knechtes vor dir!
20 Laß deine Augen offen sein über die-
sem Hause Tag und Nacht, über der Stätte, von der du gesagt hast, du wollest deinen Namen daselbst wohnen lassen, daß du hörest das Gebet, das dein Knecht an dieser Stätte beten wird.
21 So höre nun das Flehen deines
Knechts und deines Volkes Israel, wenn sie bitten werden an dieser Stätte; höre es von der Stätte deiner Wohnung, vom Himmel her, und wenn du es hörst, wollest du gnädig sein!
22 Wenn jemand an seinem Nächsten
sündigt und es wird ihm ein Fluch auferlegt, sich selbst zu verfluchen, und er kommt und verflucht sich vor deinem Altar in diesem Hause,
23 so wollest du hören im Himmel und
Recht schaffen deinen Knechten, daß du den Frevler als Frevler erkennen und seine Tat auf sein Haupt kommen läßt, den aber, der im Recht ist, gerecht sprichst und ihm gibst nach seiner Gerechtigkeit.
24 Wenn dein Volk Israel vor dem
Feind geschlagen wird, weil sie an dir gesündigt haben, und sie bekehren sich dann und bekennen deinen Namen, bitten und flehen vor dir in diesem Hause,
25 so wollest du hören vom Himmel her
und vergeben die Sünde deines Volkes Israel und sie in das Land zurückbringen, das du ihnen und ihren Vätern gegeben hast.
26 Wenn der Himmel verschlossen ist,
daß es nicht regnet, weil sie an dir gesündigt haben, und sie beten dann an dieser Stätte und bekennen deinen Namen und bekehren sich von ihren Sünden, weil du sie bedrängt hast,
27 so wollest du hören im Himmel und
vergeben die Sünde deiner Knechte und deines Volkes Israel, daß du sie den guten Weg lehrest, auf dem sie wandeln sollen, und regnen lassest auf dein Land, das du deinem Volk zum Erbe gegeben hast.
28 Wenn eine Hungersnot im Lande sein
wird oder Pest oder Dürre, Getreidebrand, Heuschrecken, Raupen, oder wenn sein Feind im Lande seine Städte belagert oder irgendeine Plage oder Krankheit da ist, –
29 wer dann bittet oder fleht, es seien
einzelne Menschen oder dein ganzes Volk Israel, wenn jemand seine Plage und Schmerzen fühlt und seine Hände ausbreitet zu diesem Hause,
30 so wollest du hören vom Himmel
her, vom Sitz deiner Wohnung, und gnädig sein und jedermann geben nach all seinem Wandel, wie du sein Herz erkennst – denn du allein erkennst das Herz der Menschenkinder –,
31 damit sie dich fürchten und wandeln
in deinen Wegen alle Tage, solange sie in dem Lande leben, das du unsern Vätern gegeben hast.
32 Auch wenn ein Fremder, der nicht
von deinem Volk Israel ist, aus fernen Landen kommt um deines großen Namens und deiner mächtigen Hand und deines ausgereckten Arms willen und zu diesem Hause hin betet,

33 so wollest du hören vom Himmel her,
vom Sitz deiner Wohnung, und alles tun,
worum er dich anruft, auf daß alle Völker auf Erden deinen Namen erkennen und dich fürchten wie dein Volk Israel und innewerden, daß dein Name über diesem Hause genannt ist, das ich gebaut habe.
34 Wenn dein Volk auszieht in den Krieg gegen seine Feinde auf dem Wege, den du sie senden wirst, und sie zu dir beten nach dieser Stadt hin, die du erwählt hast, und nach dem Hause hin, das ich deinem Namen gebaut habe,
35 so wollest du ihr Gebet und Flehen hören vom Himmel her und ihnen zu ihrem Recht helfen.
36 Wenn sie an dir sündigen werden – denn es gibt keinen Menschen, der nicht sündigt – und du über sie zürnst und sie vor ihren Feinden dahingibst und diese sie gefangen wegführen in ein fernes oder nahes Land
37 und sie nehmen es sich dann zu Herzen in dem Lande, in dem sie gefangen sind, und bekehren sich und flehen zu dir im Lande ihrer Feinde und sprechen: Wir haben gesündigt, übel getan und sind gottlos gewesen,
38 und sich von ganzem Herzen und von ganzer Seele zu dir bekehren im Lande ihrer Feinde, in dem man sie gefangen hält, und sie beten nach ihrem Lande hin, das du ihren Vätern gegeben hast, und nach der Stadt hin, die du erwählt hast, und nach dem Hause hin, das ich deinem Namen gebaut habe,
39 so wollest du ihr Gebet und Flehen hören vom Himmel her, vom Sitz deiner Wohnung, und ihnen zu ihrem Recht helfen und deinem Volk vergeben, das an dir gesündigt hat.
40 So laß nun, mein Gott, deine Augen offen sein und deine Ohren aufmerken auf das Gebet an dieser Stätte.
41 Und nun mache dich auf, HERR, Gott, zu deiner Ruhe, du und die Lade deiner Macht. Laß deine Priester, HERR, Gott, mit Heil angetan werden und deine Heiligen sich freuen des Guten.
42 Du, HERR, Gott, weise nicht ab das Antlitz deines Gesalbten! Gedenk an die Gnaden, die du deinem Knechte David verheißen hast!

Salomos Festopfer

7 Und als Salomo sein Gebet vollendet hatte, fiel Feuer vom Himmel und verzehrte das Brandopfer und die Schlachtopfer, und die Herrlichkeit des HERRN erfüllte das Haus,
2 so daß die Priester nicht ins Haus des HERRN hineingehen konnten, weil des HERRN Herrlichkeit das Haus des HERRN füllte.
3 Und alle Kinder Israel sahen das Feuer herabfallen und die Herrlichkeit des HERRN über dem Hause, und sie fielen auf ihre Knie mit dem Antlitz zur Erde aufs Pflaster und beteten an und dankten dem HERRN, daß er gütig ist und seine Barmherzigkeit ewiglich währt.
4 Der König aber und das ganze Volk opferten vor dem HERRN;
5 zweiundzwanzigtausend Rinder und hundertzwanzigtausend Schafe opferte der König Salomo. Und so weihten der König und das ganze Volk das Haus Gottes ein.
6 Die Priester aber übten ihren Dienst aus, und die Leviten standen dabei mit den Saitenspielen des HERRN, die der König David hatte machen lassen, dem HERRN zu danken, daß seine Barmherzigkeit ewiglich währt, mit den Psalmen Davids, die sie sangen. Und die Priester bliesen Trompeten ihnen gegenüber, und ganz Israel stand.
7 Und Salomo weihte die Mitte des Vorhofes, der vor dem Hause des HERRN war; denn er hatte dort Brandopfer und das Fett der Dankopfer dargebracht. Denn der kupferne Altar, den Salomo hatte machen lassen, konnte nicht alle Brandopfer, Speisopfer und das Fett fassen.
8 Und Salomo hielt damals das Fest sieben Tage lang und ganz Israel mit ihm, eine sehr große Gemeinde, von Hamath an bis an den Bach Ägyptens.
9 Am achten Tage aber hielten sie eine Versammlung; denn die Einweihung des Altars hielten sie sieben Tage und das Fest auch sieben Tage.
10 So ließ er am dreiundzwanzigsten Tage des siebenten Monats das Volk fröhlich heimgehen und guten Mutes über all das Gute, das der HERR an David, Salomo und seinem Volk Israel getan hatte.

11 So vollendete Salomo das Haus des HERRN und das Haus des Königs. Und es gelang ihm alles, was ihm in den Sinn gekommen war, am Hause des HERRN und an seinem Hause auszuführen.

Gottes Antwort auf Salomos Gebet

12 Und der HERR erschien Salomo des Nachts und sprach zu ihm: Ich habe dein Gebet erhört und diese Stätte mir zum Opferhaus erwählt.

13 Siehe, wenn ich den Himmel verschließe, daß es nicht regnet, oder die Heuschrecken das Land fressen oder eine Pest unter mein Volk kommen lasse

14 und dann mein Volk, über das mein Name genannt ist, sich demütigt, daß sie beten und mein Angesicht suchen und sich von ihren bösen Wegen bekehren, so will ich vom Himmel her hören und ihre Sünde vergeben und ihr Land heilen.

15 So sollen nun meine Augen offen sein und meine Ohren aufmerken auf das Gebet an dieser Stätte.

16 So habe ich nun dies Haus erwählt und geheiligt, daß mein Name dort sein soll ewiglich, und meine Augen und mein Herz sollen dort sein allezeit.

17 Und wenn du vor mir wandelst, wie dein Vater David gewandelt ist, daß du alles tust, was ich dich heiße, und meine Gebote und Rechte hältst,

18 so will ich den Thron deines Königtums bestätigen, wie ich mit deinem Vater David einen Bund geschlossen habe und gesagt: Es soll dir nicht fehlen an einem Mann, der über Israel Herr sei.

19 Werdet ihr euch aber abkehren und meine Rechte und Gebote, die ich euch vorgelegt habe, verlassen und hingehen und andern Göttern dienen und sie anbeten,

20 so werde ich Israel ausreißen aus meinem Lande, das ich ihnen gegeben habe, und dies Haus, das ich meinem Namen geheiligt habe, werde ich von meinem Angesicht verwerfen und werde es zum Hohn machen und zum Spott unter allen Völkern.

21 Und vor diesem Hause, das so hoch erhoben wurde, werden sich entsetzen alle, die vorübergehen, und sagen: Warum ist der HERR mit diesem Lande und mit diesem Hause so verfahren?

22 Und man wird sagen: Weil sie den HERRN, den Gott ihrer Väter, verlassen haben, der sie aus Ägyptenland geführt hat, und sie sich an andere Götter gehängt und sie angebetet und ihnen gedient haben, darum hat er all dies Unheil über sie gebracht.

Salomos weitere Maßnahmen

8 Und nach zwanzig Jahren, in denen Salomo des HERRN Haus und sein Haus gebaut hatte

2 – er hatte auch die Städte, die Hiram Salomo gegeben hatte, ausgebaut und ließ die Kinder Israel darin wohnen –,

3 da zog Salomo gegen Hamath-Zoba und eroberte es.

4 Er baute Tadmor in der Wüste aus und alle Städte mit Kornspeichern, die er in Hamath angelegt hatte;

5 auch das obere und untere Beth-Horon, daß sie feste Städte wurden mit Mauern, Toren und Riegeln;

6 dazu Baalath und alle Städte mit Kornspeichern, die Salomo hatte, und alle Wagen- und Reiterstädte und alles, was Salomo in Jerusalem und auf dem Libanon und im ganzen Lande seiner Herrschaft zu bauen wünschte.

7 Alles Volk, das noch übrig war von den Hethitern, Amoritern, Perisitern, Hewitern und Jebusitern, die nicht zu Israel gehörten

8 – ihre Nachkommen, die im Lande übriggeblieben waren, die Israel nicht vertilgt hatte –, machte Salomo zu Fronarbeitern bis auf diesen Tag.

9 Aber von den Kindern Israel machte Salomo keinen zum Knecht für sein Werk, sondern sie waren Kriegsleute, seine Obersten und Ritter und Hauptleute über seine Wagen und Reiter.

10 Und es waren zweihundertundfünfzig oberste Amtleute des Königs Salomo, die über die Leute geboten.

11 Und Salomo führte die Tochter des Pharao herauf aus der Stadt Davids in das Haus, das er für sie gebaut hatte. Denn er sprach: Eine Frau soll mir nicht wohnen im Hause Davids, des Königs von Israel; denn es ist geheiligt, weil die Lade des HERRN hineingekommen ist.

12 Von da an opferte Salomo dem HERRN Brandopfer auf dem Altar des

HERRN, den er gebaut hatte vor der Vor-
halle,
13 wie es vorgeschrieben war im Gesetz
des Mose, zu opfern an jedem Tag, an den Sabbaten, Neumonden und Festen des Jahres dreimal, nämlich am Fest der ungesäuerten Brote, am Wochenfest und am Laubhüttenfest.
14 Und er bestellte die Ordnungen der
Priester zu ihrem Amt, wie es sein Vater David bestimmt hatte, und die Leviten zu ihrem Dienst, daß sie lobten und dienten vor den Priestern, wie es jeder Tag erforderte, und die Torhüter nach ihren Ordnungen, jede an ihrem Tor. Denn so hatte es David, der Mann Gottes, befohlen.
15 Und man wich in keiner Hinsicht
vom Gebot des Königs über die Priester und Leviten, auch nicht bei den Schätzen.
16 So wurde alles Werk Salomos ausge-
führt von dem Tage an, da des HERRN Haus gegründet wurde, bis er das Haus des HERRN ganz vollendet hatte.
17 **Z**u der Zeit zog Salomo nach Ezjon-
Geber und nach Elath am Ufer des Meeres im Lande Edom.
18 Und Hiram sandte ihm durch seine
Leute Schiffe und auch Leute, die des Meeres kundig waren, und sie fuhren mit den Leuten Salomos nach Ophir und holten von da vierhundertundfünfzig Zentner Gold und brachten's dem König Salomo.

Besuch der Königin von Saba

9 Und als die Königin von Saba die
Kunde von Salomo vernahm, kam sie mit einem sehr großen Gefolge nach Jerusalem, mit Kamelen, die viel Spezerei und Gold trugen und Edelsteine, um Salomo mit Rätselfragen zu prüfen. Und als sie zu Salomo kam, redete sie mit ihm alles, was sie sich vorgenommen hatte.
2 Und der König gab ihr Antwort auf
alles, was sie fragte, und es war Salomo nichts verborgen, was er ihr nicht hätte sagen können.
3 Und als die Königin von Saba die
Weisheit Salomos sah und das Haus, das er gebaut hatte,
4 die Speisen für seinen Tisch, die Rang-
ordnung seiner Großen, das Aufwarten seiner Diener und ihre Kleider, seine Mundschenken mit ihren Kleidern und seine Brandopfer, die er im Hause des HERRN darbrachte, da geriet sie vor Staunen außer sich
5 und sprach zum König: Es ist wahr,
was ich in meinem Lande von deinen Taten und von deiner Weisheit gehört habe.
6 Ich aber wollte es nicht glauben, bis
ich gekommen bin und es mit meinen Augen gesehen habe. Und siehe, nicht die Hälfte von deiner großen Weisheit hat man mir gesagt. Du bist größer, als die Kunde sagte, die ich vernommen habe.
7 Glücklich sind deine Männer und
glücklich diese deine Großen, die allezeit vor dir stehen und deine Weisheit hören.
8 Der HERR, dein Gott, sei gelobt, der
dich lieb hat, daß er dich auf seinen Thron gesetzt hat zum König des HERRN, deines Gottes. Weil dein Gott Israel lieb hat, auf daß er es ewiglich bestehen lasse, darum hat er dich über sie zum König gesetzt, daß du Recht und Gerechtigkeit übest.
9 Und sie gab dem König hundertzwan-
zig Zentner Gold und sehr viel Spezerei und Edelsteine. Es gab keine Spezerei wie diese, die die Königin von Saba dem König Salomo gab.
10 **D**ie Leute Hirams und die Leute Sa-
lomos, die Gold aus Ophir einführten, brachten auch Sandelholz und Edelsteine.
11 Und Salomo ließ aus dem Sandelholz
Treppen im Hause des HERRN und im Hause des Königs machen und Harfen und Zithern für die Sänger. Solches Holz hatte man früher im Lande Juda nie gesehen.
12 **U**nd der König Salomo gab der Kö-
nigin von Saba alles, was ihr gefiel und was sie erbat, mehr als die Gastgeschenke, die sie dem König gebracht hatte. Und sie wandte sich und zog in ihr Land mit ihrem Gefolge.

Salomos Reichtum

13 Und es war das Gewicht des Goldes,
das Salomo in **einem** Jahr gebracht wurde, sechshundertsechsundsechzig Zentner,
14 außer dem, was die Händler und
Kaufleute brachten. Auch alle Könige der Araber und die Statthalter brachten Gold und Silber zu Salomo.
15 Daraus machte der König Salomo
zweihundert große Schilde von bestem Gold, so daß sechshundert Lot Gold auf **einen** Schild kam,

16 und dreihundert kleine Schilde von bestem Gold, so daß dreihundert Lot Gold auf **einen** kleinen Schild kam. Und der König brachte sie in das Libanon-Waldhaus.

17 Und der König machte einen großen elfenbeinernen Thron und überzog ihn mit lauterem Gold.

18 Und der Thron hatte sechs Stufen und einen goldenen Fußschemel am Thron, und er hatte Lehnen auf beiden Seiten am Sitz, und zwei Löwen standen neben den Lehnen.

19 Und zwölf Löwen standen auf den sechs Stufen zu beiden Seiten. Dergleichen ist nicht gemacht worden in irgendeinem Königreich.

20 Und alle Trinkgefäße des Königs Salomo waren aus Gold, und alle Gefäße des Libanon-Waldhauses waren aus lauterem Gold – denn das Silber wurde zur Zeit Salomos für nichts geachtet –.

21 Denn die Schiffe des Königs, die mit den Leuten Hirams nach Tarsis fuhren, kamen in drei Jahren **einmal** und brachten Gold, Silber, Elfenbein, Affen und Pfauen.

22 So wurde der König Salomo größer an Reichtum und Weisheit als alle Könige auf Erden.

23 Und alle Könige auf Erden begehrten, Salomo zu sehen, um seine Weisheit zu hören, die ihm Gott in sein Herz gegeben hatte.

24 Und sie brachten ihm jährlich ein jeder sein Geschenk, silberne und goldene Gefäße, Kleider, Waffen, Spezerei, Rosse und Maultiere.

25 Und Salomo hatte viertausend Pferde und Wagen und zwölftausend Reiter, und man legte sie in die Wagenstädte und zu dem König nach Jerusalem.

26 Und er war ein Herr über alle Könige vom Euphrat an bis zu dem Land der Philister und bis zu der Grenze Ägyptens.

27 Und der König brachte es dahin, daß es in Jerusalem so viel Silber gab wie Steine und so viele Zedern wie Maulbeerbäume im Hügelland.

28 Und man führte für Salomo Rosse ein aus Ägypten und aus allen Ländern.

Salomos Tod

29 Was aber mehr von Salomo zu sagen ist, das Frühere und das Spätere, siehe, das steht geschrieben in der Geschichte des Propheten Nathan, sowie in den Prophezeiungen Ahias von Silo und in den Gesichten des Sehers Jedo gegen Jerobeam, den Sohn Nebats.

30 Und Salomo regierte zu Jerusalem über ganz Israel vierzig Jahre.

31 Und Salomo legte sich zu seinen Vätern, und man begrub ihn in der Stadt Davids, seines Vaters. Und sein Sohn Rehabeam wurde König an seiner Statt.

Israels Abfall vom Hause David

10 Rehabeam zog nach Sichem; denn ganz Israel war nach Sichem gekommen, um ihn zum König zu machen.

2 Und als das Jerobeam hörte, der Sohn Nebats, der in Ägypten war, wohin er vor dem König Salomo geflohen war, kam er aus Ägypten zurück.

3 Und sie sandten hin und ließen ihn rufen. Und Jerobeam kam mit ganz Israel, und sie redeten mit Rehabeam und sprachen:

4 Dein Vater hat unser Joch zu hart gemacht. So erleichtere nun du den harten Dienst deines Vaters und das schwere Joch, das er auf uns gelegt hat, so wollen wir dir untertan sein.

5 Er sprach zu ihnen: Kommt nach drei Tagen wieder zu mir! Und das Volk ging hin.

6 Und der König Rehabeam hielt einen Rat mit den Ältesten, die vor seinem Vater Salomo gestanden hatten, als er noch am Leben war, und sprach: Wie ratet ihr, daß ich diesem Volk Antwort gebe?

7 Sie sprachen zu ihm: Wirst du zu diesem Volk freundlich sein und sie gütig behandeln und ihnen gute Worte geben, so werden sie dir untertan sein allezeit.

8 Er aber ließ außer acht den Rat der Ältesten, den sie ihm gegeben hatten, und hielt einen Rat mit den Jüngeren, die mit ihm aufgewachsen waren und vor ihm standen,

9 und sprachen zu ihnen: Was ratet ihr, daß wir diesem Volk antworten, das zu mir gesagt hat: Erleichtere das Joch, das dein Vater auf uns gelegt hat?

10 Die Jüngeren aber, die mit ihm aufgewachsen waren, sprachen zu ihm: So sollst du sagen zu dem Volk, das zu dir gesprochen hat: Dein Vater hat unser Joch zu schwer gemacht; mach du unser

Joch leichter! – so sollst du zu ihnen sagen:
Mein kleiner Finger soll dicker sein als
meines Vaters Lenden.
11 Hat nun mein Vater auf euch ein
schweres Joch gelegt, so will ich euer Joch
noch schwerer machen. Mein Vater hat
euch mit Peitschen gezüchtigt, ich will
euch mit Skorpionen züchtigen.
12 Als nun Jerobeam und alles Volk am
dritten Tage zu Rehabeam kam, wie der
König gesagt hatte: Kommt wieder zu
mir am dritten Tage,
13 antwortete ihnen der König hart.
Und der König Rehabeam ließ außer
acht den Rat der Ältesten
14 und redete mit ihnen nach dem Rat
der Jüngeren und sprach: Hat mein Vater
euer Joch schwer gemacht, so will ich's
noch schwerer machen. Mein Vater hat
euch mit Peitschen gezüchtigt, ich aber
will euch mit Skorpionen züchtigen.
15 So hörte der König nicht auf das
Volk; denn es war so von Gott bestimmt,
damit der HERR sein Wort wahr machte,
das er durch Ahia von Silo zu Jerobeam,
dem Sohn Nebats, gesagt hatte.
16 Als aber ganz Israel sah, daß der
König nicht auf es hörte, antwortete das
Volk dem König und sprach: Was haben
wir für Teil an David oder Erbe am Sohn
Isais? Jedermann von Israel, auf zu seiner
Hütte! So sorge nun du für dein Haus,
David! – Und ganz Israel ging heim,
17 so daß Rehabeam nur über die Kin-
der Israel regierte, die in den Städten Ju-
das wohnten.
18 Und als der König Rehabeam den
Fronvogt Adoram sandte, steinigten ihn
die von Israel zu Tode. Aber der König
Rehabeam stieg eilends auf seinen Wagen
und floh nach Jerusalem.
19 Also fiel Israel ab vom Hause David
bis auf diesen Tag.

11 Und als Rehabeam nach Jerusalem
kam, sammelte er das Haus Juda
und Benjamin, hundertundachtzigtausend
streitbare Männer, um gegen Israel zu
kämpfen, damit sie das Königtum an
Rehabeam zurückbrächten.
2 Aber des HERRN Wort kam zu Sche-
maja, dem Mann Gottes:
3 Sage Rehabeam, dem Sohn Salomos,
dem König von Juda, und all denen von
Israel, die in Juda und Benjamin wohnen:
4 So spricht der HERR: Ihr sollt nicht
hinaufziehen und gegen eure Brüder
kämpfen. Ein jeder gehe wieder heim;
denn das ist von mir geschehen! – Sie ge-
horchten den Worten des HERRN, kehrten
um und zogen nicht gegen Jerobeam.

Rehabeams erste Regierungsjahre

5 Rehabeam aber wohnte in Jerusalem
und baute Städte in Juda zu Festungen
aus,
6 nämlich: Bethlehem, Etam, Thekoa,
7 Beth-Zur, Socho, Adullam,
8 Gath, Marescha, Siph,
9 Adorajim, Lachisch, Aseka,
10 Zora, Ajalon und Hebron. Das waren
die festen Städte in Juda und Benjamin.
11 Und er machte die Festungen stark
und setzte Hauptleute über sie und legte
Vorrat von Speise, Öl und Wein,
12 sowie Schilde und Spieße in alle
Städte; so machte er sie sehr stark. Und
Juda und Benjamin waren ihm untertan.
13 Die Priester aber und die Leviten von
ganz Israel hielten sich zu ihm aus ihrem
ganzen Gebiet;
14 denn die Leviten verließen ihre Ort-
schaften und ihre Habe und kamen nach
Juda und Jerusalem. – Denn Jerobeam
und seine Söhne hatten sie verstoßen, daß
sie das Priesteramt vor dem HERRN nicht
mehr ausüben konnten,
15 und er bestellte sich Priester für die
Höhen und die Feldgeister und für die
Kälber, die er machen ließ. –
16 Und die den HERRN, den Gott Israels,
von Herzen suchten, folgten den Leviten
aus allen Stämmen Israels nach Jerusa-
lem, daß sie opferten dem HERRN, dem
Gott ihrer Väter.
17 So machten sie das Königreich Juda
mächtig und stärkten Rehabeam, den
Sohn Salomos, für drei Jahre; denn drei
Jahre wandelten sie in dem Wege Davids
und Salomos.
18 Und Rehabeam nahm zur Frau Ma-
halath, die Tochter Jerimoths, des Sohnes
Davids, und der Abihail, der Tochter
Eliabs, des Sohnes Isais.
19 Die gebar ihm diese Söhne: Jëusch,
Schemarja und Saham.
20 Nach ihr nahm er Maacha, die Toch-
ter Absaloms, zur Frau; die gebar ihm
Abia, Attai, Sisa und Schelomith.

21 Aber Rehabeam hatte Maacha, die
Tochter Absaloms, lieber als alle seine
Frauen und Nebenfrauen; denn er hatte
achtzehn Frauen und sechzig Neben-
frauen und zeugte achtundzwanzig Söhne
und sechzig Töchter.
22 Und Rehabeam setzte Abia, den
Sohn der Maacha, als Ersten unter seinen
Brüdern, als Thronfolger, ein; denn er ge-
dachte, ihn zum König zu machen.
23 Und er handelte klug und verteilte
alle seine Söhne in die Gebiete von Juda
und Benjamin, in alle festen Städte, und
gab ihnen Nahrung in Menge und ver-
schaffte ihnen viele Frauen.

Rehabeams Demütigung vor Gott

12 Als aber das Königtum Rehabeams
sich gefestigt hatte und er mächtig
war, verließ er das Gesetz des HERRN und
ganz Israel mit ihm.
2 Da zog im fünften Jahr des Königs
Rehabeam herauf Schischak, der König
von Ägypten, gegen Jerusalem – denn sie
hatten sich am HERRN versündigt –
3 mit tausendzweihundert Wagen und
mit sechzigtausend Reitern; und das Volk
war nicht zu zählen, das mit ihm aus
Ägypten kam, Libyer, Sukkijiter und
Kuschiter.
4 Und er nahm die festen Städte ein, die
in Juda waren, und kam bis vor Jerusalem.
5 **Da** kam der Prophet Schemaja zu
Rehabeam und zu den Obersten Judas,
die sich in Jerusalem aus Furcht vor Schi-
schak versammelt hatten, und sprach zu
ihnen: So spricht der HERR: Ihr habt
mich verlassen; darum habe ich euch auch
verlassen und in Schischaks Hand gegeben.
6 Da demütigten sich die Obersten in
Israel mit dem König und sprachen: Der
HERR ist gerecht.
7 Als aber der HERR sah, daß sie sich
demütigten, kam das Wort des HERRN zu
Schemaja: Sie haben sich gedemütigt;
darum will ich sie nicht verderben, son-
dern ich will sie in Kürze erretten, daß
mein Grimm sich nicht durch Schischak
auf Jerusalem ergieße.
8 Doch sollen sie ihm untertan sein, da-
mit sie innewerden, was es heißt, mir zu
dienen oder den Königreichen der Länder.
9 **So** zog Schischak, der König von
Ägypten, gegen Jerusalem herauf und
nahm die Schätze im Hause des HERRN
und die Schätze im Hause des Königs;
alles nahm er weg, auch die goldenen
Schilde, die Salomo hatte machen lassen.
10 An ihrer Statt ließ der König Reha-
beam kupferne Schilde machen und über-
gab sie den Obersten der Leibwache, die
das Tor am Haus des Königs bewachte.
11 Und sooft der König in des HERRN
Haus ging, kam die Leibwache und trug
sie und brachte sie dann wieder in ihre
Kammer.
12 Und weil er sich demütigte, wandte
sich des HERRN Zorn von ihm, daß er ihn
nicht ganz verdarb; denn auch in Juda
war noch manches Gute.
13 Und der König Rehabeam wurde
wieder mächtig in Jerusalem und regierte
weiter.
Einundvierzig Jahre alt war Rehabeam,
als er König wurde, und regierte siebzehn
Jahre zu Jerusalem in der Stadt, die der
HERR erwählt hatte aus allen Stämmen
Israels, daß er seinen Namen daselbst
wohnen lasse. Seine Mutter hieß Naama,
eine Ammoniterin.
14 Aber er tat übel und richtete sein Herz
nicht darauf, daß er den HERRN suchte.
15 Die Geschichte Rehabeams aber, die
frühere und die spätere, steht geschrieben
in den Geschichten des Propheten Sche-
maja und des Sehers Iddo, ebenso auch
die Kriege zwischen Rehabeam und Jero-
beam, die sie ihr Leben lang führten.
16 Und Rehabeam legte sich zu seinen
Vätern und wurde begraben in der Stadt
Davids. Und sein Sohn Abia wurde
König an seiner Statt.

Abia

13 Im achtzehnten Jahr des Königs Je-
robeam wurde Abia König über Juda
2 und regierte drei Jahre zu Jerusalem.
Seine Mutter hieß Michaja, eine Tochter
Uriëls, aus Gibea. Es war aber Krieg zwi-
schen Abia und Jerobeam.
3 Und Abia rüstete sich zum Kampf mit
einem Heer von Kriegsleuten, vierhun-
derttausend Mann, auserlesenen Leuten.
Jerobeam aber rüstete sich, gegen ihn zu
kämpfen, mit achthunderttausend aus-
erlesenen Leuten, streitbaren Männern.
4 **Und** Abia stellte sich hin oben auf den
Berg Zemarajim, der im Gebirge Ephraim

liegt, und sprach: Hört mir zu, Jerobeam und ganz Israel!

5 Wisset ihr nicht, daß der HERR, der Gott Israels, das Königtum über Israel David gegeben hat ewiglich, ihm und seinen Söhnen durch einen Salzbund?

6 Aber Jerobeam, der Sohn Nebats, der Knecht Salomos, des Sohnes Davids, erhob sich und wurde seinem Herrn abtrünnig.

7 Und es schlugen sich auf seine Seite ruchlose Leute, böse Menschen, und wurden mächtiger als Rehabeam, der Sohn Salomos; denn Rehabeam war noch jung und zaghaft, so daß er sich nicht gegen sie wehrte.

8 Nun denkt ihr euch zu empören gegen das Königtum des HERRN, das in der Hand der Söhne Davids ist, weil ihr ein großer Haufe seid und die goldenen Kälber bei euch habt, die euch Jerobeam zu Göttern gemacht hat.

9 Habt ihr nicht die Priester des HERRN, die Söhne Aaron, und die Leviten verstoßen und euch eigene Priester gemacht wie sonst die Völker in den Ländern? Wer da kam mit einem jungen Stier und sieben Widdern, um sich die Hand füllen zu lassen, der wurde Priester derer, die nicht Götter sind.

10 Wir aber sind gewiß: Der HERR ist unser Gott; ihn haben wir nicht verlassen; denn die Priester, die dem HERRN dienen, sind die Söhne Aaron und die Leviten stehen in ihrem Amt,

11 um dem HERRN alle Morgen und alle Abende Brandopfer darzubringen, dazu das gute Räucherwerk, und Brote aufzulegen auf den Tisch aus reinem Gold und den goldenen Leuchter anzuzünden mit seinen Lampen alle Abende; denn wir halten die Gebote des HERRN, unseres Gottes, ihr aber habt ihn verlassen.

12 Siehe, mit uns ist an der Spitze Gott und seine Priester und die Kriegstrompeten, um sie gegen euch zu blasen. Ihr Kinder Israel, streitet nicht gegen den HERRN, den Gott eurer Väter; denn es wird euch nicht gelingen!

13 Aber Jerobeam legte einen Hinterhalt, daß er ihnen in den Rücken fiele, so daß sie vor Juda waren und der Hinterhalt hinter Juda.

14 Als sich nun Juda umwandte, siehe, da wurden sie von vorn und von hinten angegriffen. Da schrien sie zum HERRN, und die Priester bliesen die Trompeten,

15 und die Männer von Juda erhoben das Kriegsgeschrei. Und als sie schrien, schlug Gott Jerobeam und ganz Israel vor Abia und Juda.

16 Und Israel floh vor Juda, und Gott gab sie in ihre Hände,

17 so daß Abia mit seinem Volk sie hart schlug, und es blieben von Israel erschlagen liegen fünfhunderttausend auserlesene Leute.

18 Also wurden die Kinder Israel zu der Zeit gedemütigt, aber die Kinder Juda blieben unverzagt; denn sie verließen sich auf den HERRN, den Gott ihrer Väter.

19 Und Abia jagte Jerobeam nach und gewann ihm Städte ab: Bethel mit seinen Ortschaften, Jeschana mit seinen Ortschaften und Ephron mit seinen Ortschaften,

20 so daß Jerobeam keine Macht mehr hatte, solange Abia lebte. Und der HERR schlug ihn, daß er starb.

21 Abia aber wurde mächtig. Und er nahm vierzehn Frauen und zeugte zweiundzwanzig Söhne und sechzehn Töchter.

22 Was aber mehr von Abia zu sagen ist, sein Wandel und seine Worte, das steht geschrieben in der Geschichte des Propheten Iddo.

°23 Und Abia legte sich zu seinen Vätern, und sie begruben ihn in der Stadt Davids. Und sein Sohn Asa wurde König an seiner Statt. Zu dessen Zeiten hatte das Land zehn Jahre Ruhe.

Asas erste Regierungsmaßnahmen

14 °Und Asa tat, was recht war und dem HERRN, seinem Gott, wohlgefiel,

2 und entfernte die Altäre der fremden Götter und die Opferhöhen und zerbrach die Steinmale und hieb die Bilder der Aschera um

3 und gebot Juda, daß sie den HERRN, den Gott ihrer Väter, suchten und täten nach dem Gesetz und Gebot.

4 Und er entfernte aus allen Städten Judas die Opferhöhen und die Rauchopfersäulen; und das Königreich hatte Ruhe unter ihm.

5 Und er baute feste Städte in Juda, weil

das Land Ruhe hatte und in diesen Jahren kein Krieg gegen ihn war; denn der HERR hatte ihm Ruhe gegeben.

6 Und er sprach zu Juda: Laßt uns diese Städte ausbauen und um sie Mauern herumführen mit Türmen, Toren und Riegeln, solange das Land noch unser ist; denn wir haben den HERRN, unsern Gott, gesucht, und er hat uns Ruhe gegeben ringsumher. – Also bauten sie, und es ging glücklich vonstatten.

7 Und Asa hatte eine Heeresmacht, aus Juda dreihunderttausend, die große Schilde und Spieße trugen, und aus Benjamin zweihundertachtzigtausend, die kleine Schilde trugen und mit dem Bogen schießen konnten; und diese alle waren starke Kriegsleute.

Asas Sieg über die Kuschiter

8 Es zog aber gegen sie Serach, der Kuschiter, mit einer Heeresmacht von tausendmal tausend, dazu dreihundert Wagen, und sie kamen bis nach Marescha.

9 Und Asa zog ihm entgegen; und sie rüsteten sich zum Kampf im Tal Zephatha bei Marescha.

10 Und Asa rief den HERRN, seinen Gott, an und sprach: HERR, es ist dir nicht schwer, dem Schwachen gegen den Starken zu helfen. Hilf uns, HERR, unser Gott; denn wir verlassen uns auf dich, und in deinem Namen sind wir gekommen gegen diese Menge. HERR, du bist unser Gott, gegen dich vermag kein Mensch etwas.

11 Und der HERR schlug die Kuschiter vor Asa und vor Juda, so daß sie flohen.

12 Und Asa samt dem Volk, das bei ihm war, jagte ihnen nach bis nach Gerar. Und die Kuschiter fielen, so daß keiner von ihnen am Leben blieb, sondern sie wurden zerschlagen vor dem HERRN und vor seinem Heer. Und Juda trug sehr viel Beute davon.

13 Und sie schlugen alle Städte um Gerar her; denn der Schrecken des HERRN kam über sie. Und sie plünderten alle Städte; denn es war viel Beute darin.

14 Auch schlugen sie die Zeltlager der Hirten und führten eine Menge Schafe und Kamele weg und kamen wieder nach Jerusalem.

Der Prophet Asarja und Asas Reformen

15 Und auf Asarja, den Sohn Odeds, kam der Geist Gottes.

2 Da zog er hinaus Asa entgegen und sprach zu ihm: Höret mir zu, Asa und ganz Juda und Benjamin! Der HERR ist mit euch, weil ihr mit ihm seid; und wenn ihr ihn sucht, wird er sich von euch finden lassen. Werdet ihr ihn aber verlassen, so wird er euch auch verlassen.

3 Lange Zeit hindurch war Israel ohne rechten Gott, ohne Priester, der da lehrte, und ohne Gesetz.

4 Als sie sich aber in ihrer Not zu dem HERRN, dem Gott Israels, bekehrten und ihn suchten, ließ er sich von ihnen finden.

5 Zu der Zeit gab es keine Sicherheit für den, der aus- und einging; denn es war große Verwirrung bei allen, die in diesen Ländern wohnten.

6 Denn ein Volk zerschlug das andere und eine Stadt die andere; denn Gott erschreckte sie mit Ängsten aller Art.

7 Ihr aber, seid getrost und laßt eure Hände nicht sinken; denn euer Werk hat seinen Lohn.

8 Als aber Asa diese Worte hörte und die Weissagung, die der Prophet Asarja, der Sohn Odeds, gesprochen hatte, ward er getrost, und er tat weg die greulichen Götzen aus dem ganzen Lande Juda und Benjamin und aus den Städten, die er auf dem Gebirge Ephraim erobert hatte, und erneuerte den Altar des HERRN, der vor der Vorhalle des HERRN stand.

9 Und er versammelte ganz Juda und Benjamin und alle aus Ephraim, Manasse und Simeon, die bei ihnen wohnten; denn es fiel ihm eine große Menge aus Israel zu, als sie sahen, daß der HERR, sein Gott, mit ihm war.

10 Und sie versammelten sich in Jerusalem im dritten Monat des fünfzehnten Jahres der Herrschaft Asas

11 und opferten dem HERRN am selben Tage von der Beute, die sie hergebracht hatten, siebenhundert Rinder und siebentausend Schafe.

12 Und sie traten in den Bund, den HERRN, den Gott ihrer Väter, zu suchen von ganzem Herzen und von ganzer Seele.

13 Wer aber den HERRN, den Gott Israels, nicht suchen würde, sollte sterben, klein und groß, Mann und Frau.

14 Und sie schworen dem HERRN mit lauter Stimme, unter Freudengeschrei und unter Trompeten- und Posaunenschall.

15 Und ganz Juda war fröhlich über den Schwur; denn sie hatten geschworen von ganzem Herzen, und sie suchten den Herrn mit ganzem Willen, und er ließ sich von ihnen finden. Und der HERR gab ihnen Ruhe ringsumher.

16 Auch setzte der König Asa seine Mutter Maacha ab, daß sie nicht mehr Herrin war, weil sie der Aschera ein Greuelbild gemacht hatte. Und Asa zerschlug ihr Greuelbild und zermalmte es und verbrannte es am Bach Kidron.

17 Aber die Opferhöhen in Israel wurden nicht entfernt; doch war das Herz Asas rechtschaffen sein Leben lang.

18 Und er brachte ins Haus Gottes, was sein Vater geheiligt und was er geheiligt hatte, Silber, Gold und Gefäße.

19 Und es war kein Krieg bis in das fünfunddreißigste Jahr der Herrschaft Asas.

Asas Abfall und Tod

16 Im sechsunddreißigsten Jahr der Herrschaft Asas zog Baësa, der König von Israel, herauf gegen Juda und baute Rama aus, damit niemand bei Asa, dem König von Juda, aus- und eingehen sollte.

2 Aber Asa nahm aus dem Schatz im Hause des HERRN und aus dem Schatz im Hause des Königs Silber und Gold und sandte zu Benhadad, dem König von Aram, der zu Damaskus herrschte, und ließ ihm sagen:

3 Es ist ein Bund zwischen mir und dir, zwischen meinem und deinem Vater. Darum schicke ich dir Silber und Gold, daß du den Bund mit Baësa, dem König von Israel, aufgibst, damit er von mir abzieht.

4 Benhadad hörte auf die Bitte des Königs Asa und sandte seine Obersten gegen die Städte Israels; die schlugen Ijon, Dan und Abel-Majim und von Naphthali alle Städte mit Kornspeichern.

5 Als Baësa das hörte, ließ er ab, Rama auszubauen, und hörte auf mit seinem Werk.

6 Aber der König Asa bot ganz Juda auf, und sie nahmen die Steine und das Holz von Rama weg, womit Baësa gebaut hatte, und er baute damit Geba und Mizpa aus.

7 Zu der Zeit kam der Seher Hanani zu Asa, dem König von Juda, und sprach zu ihm: Weil du dich auf den König von Aram verlassen hast und nicht auf den HERRN, deinen Gott, darum ist das Heer des Königs von Aram deiner Hand entronnen.

8 Hatten nicht die Kuschiter und Libyer eine große Heeresmacht mit sehr viel Wagen und Reitern? Doch der HERR gab sie in deine Hand, da du dich auf ihn verließest.

9 Denn **des HERRN Augen schauen alle Lande, daß er stärke, die mit ganzem Herzen bei ihm sind.** Du hast töricht getan, darum wirst du auch von nun an Krieg haben.

10 Aber Asa wurde zornig über den Seher und legte ihn ins Gefängnis; denn er grollte ihm darüber. Auch bedrückte er zu dieser Zeit einige vom Volk.

11 Die Geschichte Asas aber, die frühere und die spätere, siehe, die steht geschrieben im Buch der Könige von Juda und Israel.

12 Und Asa wurde krank an seinen Füßen im neununddreißigsten Jahr seiner Herrschaft, und seine Krankheit nahm sehr zu; und er suchte auch in seiner Krankheit nicht den HERRN, sondern die Ärzte.

13 So legte sich Asa zu seinen Vätern und starb im einundvierzigsten Jahr seiner Herrschaft.

14 Und man begrub ihn in seinem Grabe, das er sich in der Stadt Davids hatte aushauen lassen. Und sie legten ihn auf sein Lager, das man mit gutem Räucherwerk und allerlei kunstvoll zubereiteter Spezerei gefüllt hatte, und sie machten ihm zu Ehren einen sehr großen Brand.

Josaphats Regierung

17 Und sein Sohn Josaphat wurde König an seiner Statt und wurde mächtig gegenüber Israel.

2 Er legte Kriegsvolk in alle festen Städte Judas und setzte Amtleute ein im

Lande Juda und in den Städten Ephraims,
die sein Vater Asa erobert hatte.
3 Und der HERR war mit Josaphat; denn
er wandelte wie vormals sein Vater David
und suchte nicht die Baale,
4 sondern den Gott seines Vaters und
wandelte in seinen Geboten und nicht so
wie Israel.
5 Darum stärkte der HERR das König-
tum in seiner Hand. Und ganz Juda gab
Josaphat Geschenke, und er hatte großen
Reichtum und viel Ehre.
6 Und als er in den Wegen des HERRN
noch mutiger wurde, entfernte er wieder
die Opferhöhen und die Ascherabilder
aus Juda.
7 Im dritten Jahr seiner Herrschaft
sandte er seine Oberen Ben-Hajil, Obadja,
Sacharja, Nathanael und Michaja, daß sie
in den Städten Judas lehren sollten,
8 und mit ihnen die Leviten Schemaja,
Nethanja, Sebadja, Asaël, Schemiramoth,
Jonathan, Adonia, Tobia und Tob-Ado-
nia und mit ihnen die Priester Elischama
und Joram.
9 Und sie lehrten in Juda und hatten das
Gesetzbuch des HERRN bei sich und zogen
in allen Städten Judas umher und lehrten
das Volk.
10 Da kam der Schrecken des HERRN
über alle Königreiche der Länder, die um
Juda herum lagen, so daß sie nicht gegen
Josaphat kämpften.
11 Sogar einige von den Philistern
brachten Josaphat Geschenke und Silber
als Abgabe; auch die Araber brachten
ihm siebentausendundsiebenhundert Wid-
der und siebentausendundsiebenhundert
Böcke.
12 So wurde Josaphat immer mächtiger.
Und er baute in Juda Burgen und Städte
mit Kornspeichern
13 und hatte viel Vorrat in den Städten
Judas und Kriegsleute, streitbare Männer,
zu Jerusalem.
14 Und dies war ihre Ordnung nach
ihren Sippen: in Juda waren Oberste über
tausend: Adna, der Oberste, und unter
ihm dreihunderttausend streitbare Män-
ner;
15 neben ihm Johanan, der Oberste, und
unter ihm zweihundertundachtzigtausend;
16 neben ihm Amasja, der Sohn Sichris,
der sich freiwillig in den Dienst des
HERRN gestellt hatte, und unter ihm zwei-
hunderttausend streitbare Männer;
17 und aus Benjamin: Eljada, ein streit-
barer Mann, und unter ihm zweihundert-
tausend, die mit Bogen und Schild ge-
rüstet waren;
18 neben ihm Josabad und unter ihm
hundertundachtzigtausend zum Kampf
gerüstete Männer.
19 Diese alle dienten dem König außer
denen, die der König in die festen Städte
von ganz Juda gelegt hatte.

Josaphats Verbindung mit Ahab von Israel

18 Und Josaphat hatte großen Reich-
tum und viel Ehre und verschwäger-
te sich mit Ahab.
2 Und nach einigen Jahren zog er hinab
zu Ahab nach Samaria. Und Ahab ließ
für ihn und für das Volk, das bei ihm war,
viele Schafe und Rinder schlachten. Und
er beredete ihn, daß er hinaufzöge nach
Ramoth in Gilead.
3 Ahab, der König von Israel, sprach zu
Josaphat, dem König von Juda: Willst du
mit mir nach Ramoth in Gilead ziehen?
Er sprach zu ihm: Ich bin wie du und
mein Volk wie dein Volk; wir wollen mit
dir in den Kampf.
4 Aber Josaphat sprach zum König von
Israel: Frage doch zuerst nach dem Wort
des HERRN!
5 Und der König von Israel versammelte
vierhundert Propheten und sprach zu
ihnen: Sollen wir nach Ramoth in Gilead
in den Kampf ziehen, oder soll ich's las-
sen? Sie sprachen: Zieh hinauf! Gott wird
es in des Königs Hand geben.
6 Josaphat aber sprach: Ist nicht noch
irgend ein Prophet des HERRN hier, daß
wir durch ihn den Herrn befragen?
7 Der König von Israel sprach zu Josa-
phat: Es ist noch **ein** Mann hier, durch
den man den HERRN befragen kann; aber
ich bin ihm gram, denn er weissagt über
mich nichts Gutes, sondern immer nur
Böses, nämlich Micha, der Sohn Jimlas.
Josaphat sprach: Der König rede so nicht!
8 Und der König von Israel rief einen
seiner Kämmerer und sprach: Bringe
eilends her Micha, den Sohn Jimlas!
9 Und der König von Israel und Josa-
phat, der König von Juda, saßen ein jeder
auf seinem Thron, mit ihren königlichen

Kleidern angetan. Sie saßen aber auf dem
Platz vor dem Tor von Samaria, und alle
Propheten fingen an, vor ihnen zu weissagen.
10 Und Zedekia, der Sohn Kenaanas,
machte sich eiserne Hörner und sprach:
So spricht der HERR: Hiermit wirst du die
Aramäer niederstoßen, bis du sie aufreibst.
11 Und alle Propheten weissagten ebenso und sprachen: Zieh hinauf nach Ramoth in Gilead! Es wird dir gelingen, der
HERR wird es in des Königs Hand geben.
12 Und der Bote, der hingegangen war,
um Micha zu rufen, sprach zu ihm: Siehe,
die Worte der Propheten sind einmütig
gut für den König. Laß doch auch dein
Wort wie ihr Wort sein und rede Gutes.
13 Micha aber sprach: So wahr der
HERR lebt: was mein Gott sagen wird, das
will ich reden.
14 Und als er zum König kam, sprach
der König zu ihm: Micha, sollen wir nach
Ramoth in Gilead in den Kampf ziehen,
oder soll ich's lassen? Er sprach: Ja, zieht
hinauf! Es wird euch gelingen, sie werden
in eure Hände gegeben werden.
15 Aber der König sprach zu ihm: Wie
oft soll ich dich beschwören, daß du mir
im Namen des HERRN nichts als die Wahrheit sagst!
16 Da sprach er: Ich sah ganz Israel
zerstreut auf den Bergen wie Schafe, die
keinen Hirten haben. Und der HERR
sprach: Diese haben keinen Herrn. Ein
jeder kehre wieder heim mit Frieden! –
17 Da sprach der König von Israel zu
Josaphat: Sagte ich dir nicht: Er weissagt
nichts Gutes über mich, sondern nur
Böses?
18 Micha aber sprach: Darum höret des
HERRN Wort! Ich sah den HERRN sitzen
auf seinem Thron, und das ganze himmlische Heer stand zu seiner Rechten und
zu seiner Linken.
19 Und der HERR sprach: Wer will
Ahab, den König von Israel, betören, daß
er hinaufziehe und falle bei Ramoth in
Gilead? Und als dieser so und jener anders
redete,
20 trat ein Geist vor und stellte sich vor
den HERRN und sprach: Ich will ihn betören. Der HERR aber sprach zu ihm: Womit?
21 Er sprach: Ich will ausfahren und ein
Lügengeist sein in aller seiner Propheten
Mund. Und der Herr sprach: Du wirst
ihn betören und wirst es ausrichten; fahr
hin und tu das!
22 Nun siehe, der HERR hat einen Lügengeist in den Mund dieser deiner Propheten gegeben, und der HERR hat Unheil
gegen dich geredet.
23 Da trat herzu Zedekia, der Sohn
Kenaanas, und schlug Micha auf die
Backe und sprach: Auf welchem Wege
sollte der Geist des HERRN von mir gewichen sein, um nun durch dich zu reden?
24 Micha sprach: Wahrlich, an jenem
Tage wirst du es sehen, wenn du von einer
Kammer in die andere gehst, um dich zu
verstecken.
25 Aber der König von Israel sprach:
Nehmt Micha und bringt ihn zu Amon,
dem Stadthauptmann, und zu Joas, dem
Sohn des Königs,
26 und sagt: So spricht der König: Legt
diesen ins Gefängnis und speist ihn nur
kärglich mit Brot und Wasser, bis ich wiederkomme mit Frieden!
27 Micha sprach: Kommst du mit Frieden wieder, so hat der HERR nicht durch
mich geredet. Und er sprach: Höret, alle
Völker!
28 So zogen der König von Israel und
Josaphat, der König von Juda, hinauf
nach Ramoth in Gilead.
29 Und der König von Israel sprach zu
Josaphat: Ich will mich verkleiden und in
den Kampf ziehen, du aber behalte deine
königlichen Kleider an! Und der König
von Israel verkleidete sich, und sie zogen
in den Kampf.
30 Aber der König von Aram hatte den
Obersten über seine Wagen geboten: Ihr
sollt nicht kämpfen gegen Geringe und
Hohe, sondern allein gegen den König
von Israel.
31 Als nun die Obersten der Wagen Josaphat sahen, dachten sie, es sei der König
von Israel, und umringten ihn, um gegen
ihn zu kämpfen. Aber Josaphat schrie,
und der HERR half ihm, und Gott lockte
sie von ihm weg.
32 Denn als die Obersten der Wagen
merkten, daß er nicht der König von
Israel war, wandten sie sich von ihm ab.
33 Es spannte aber ein Mann seinen

Bogen von ungefähr und schoß den Kö-
nig von Israel zwischen Panzer und Wehr-
gehänge. Da sprach er zu seinem Wagen-
lenker: Wende um und führe mich aus
dem Kampf; denn ich bin verwundet!
34 Aber der Kampf nahm immer mehr
zu an jenem Tage, und der König von
Israel blieb in seinem Wagen stehen ge-
genüber den Aramäern bis zum Abend;
und er starb, als die Sonne unterging.
19 Josaphat aber, der König von Juda,
kam wieder heim mit Frieden nach
Jerusalem.
2 Und es ging ihm der Seher Jehu, der
Sohn Hananis, entgegen und sprach zum
König Josaphat: Sollst du so dem Gott-
losen helfen und die lieben, die den
HERRN hassen? Darum kommt über dich
der Zorn vom HERRN.
3 Etwas Gutes ist aber doch an dir ge-
funden, daß du die Bilder der Aschera aus
dem Lande ausgetilgt und dein Herz dar-
auf gerichtet hast, Gott zu suchen.

Josaphat ordnet die Rechtsprechung

4 Und Josaphat blieb in Jerusalem. Und
er zog wieder im Volk umher von Beer-
seba an bis auf das Gebirge Ephraim und
brachte sie zurück zu dem HERRN, dem
Gott ihrer Väter.
5 Und er bestellte Richter im Lande in
allen festen Städten Judas, Stadt für Stadt,
6 und sprach zu den Richtern: Seht zu,
was ihr tut! Denn ihr haltet Gericht nicht
im Namen von Menschen, sondern im
Namen des HERRN, und er ist bei euch,
wenn ihr Recht sprecht.
7 Darum laßt die Furcht des HERRN bei
euch sein, haltet und tut das Recht; denn
bei dem HERRN, unserm Gott, ist kein
Unrecht, weder Ansehen der Person noch
Annehmen von Geschenken.
8 Auch bestellte Josaphat in Jerusalem
einige aus den Leviten und Priestern und
Sippenhäuptern Israels für das Gericht
des HERRN und für die Streitfälle der Ein-
wohner Jerusalems.
9 Ihnen gebot er und sprach: Tut also in
der Furcht des HERRN, in Treue und mit
ganzem Herzen!
10 In allen Streitfällen, die vor euch
kommen von euren Brüdern, die in ihren
Städten wohnen, es gehe um Bluttat, um
Gesetz und Gebot, um Satzungen und
Rechte, da sollt ihr sie unterrichten, daß
sie sich nicht am HERRN verschulden und
ein Zorn über euch und eure Brüder kom-
me. Tut also, so werdet ihr euch nicht ver-
schulden.
11 Siehe, der Hohepriester Amarja ist
über euch bestellt in allen Sachen des
HERRN, und Sebadja, der Sohn Ismaels,
der Vorsteher im Hause Judas, in allen
Sachen des Königs; und als Amtleute
habt ihr die Leviten bei euch. Geht unver-
zagt ans Werk, und der HERR wird mit
dem Guten sein.

Josaphats Sieg über die Ammoniter und Moabiter

20 Danach kamen die Moabiter, die
Ammoniter und mit ihnen auch
Mëuniter, um gegen Josaphat zu kämpfen.
2 Und man kam und sagte zu Josaphat:
Es kommt gegen dich eine große Menge
von jenseits des Salzmeeres, von Edom,
und siehe, sie sind schon in Hazezon-
Thamar, das ist En-Gedi.
3 Josaphat aber fürchtete sich und rich-
tete sein Angesicht darauf, den HERRN zu
suchen; und er ließ in ganz Juda ein
Fasten ausrufen.
4 Und Juda kam zusammen, den HERRN
zu suchen; auch aus allen Städten Judas
kamen sie, den HERRN zu suchen.
5 Und Josaphat trat hin unter die Ge-
meinde Judas und Jerusalems im Hause
des HERRN vorn im neuen Vorhof
6 und sprach: HERR, du Gott unserer
Väter, bist du nicht Gott im Himmel und
Herrscher über alle Königreiche der Hei-
den? Und in deiner Hand ist Kraft und
Macht, und es ist niemand, der dir zu
widerstehen vermag.
7 Hast du, unser Gott, nicht die Be-
wohner dieses Landes vertrieben vor dei-
nem Volk Israel und hast es den Nach-
kommen Abrahams, deines Freundes, ge-
geben für immer?
8 Und sie wohnten darin und haben dir
ein Heiligtum für deinen Namen gebaut
und gesagt:
9 Wenn Unglück, Schwert, Strafe, Pest
oder Hungersnot über uns kommen, wer-
den wir vor diesem Hause und vor dir
stehen – denn dein Name ist in diesem
Hause – und zu dir schreien in unserer
Not, und du wirst hören und helfen.

10 Nun siehe, die Ammoniter, Moabiter
und die vom Gebirge Seïr, durch die du
Israel nicht hindurchziehen ließest, als sie
aus Ägyptenland kamen – sondern sie
mußten vor ihnen weichen und durften
sie nicht ausrotten –,
11 siehe, sie lassen uns das entgelten
und kommen, uns auszutreiben aus deinem Eigentum, das du uns gegeben hast.
12 Unser Gott, willst du sie nicht richten? Denn in uns ist keine Kraft gegen
dies große Heer, das gegen uns kommt.
Wir wissen nicht, was wir tun sollen, sondern unsere Augen sehen nach dir.
13 Und ganz Juda stand vor dem HERRN
mit seinen Alten, Frauen und Kindern.
14 Aber der Geist des HERRN kam mitten in der Gemeinde auf Jahasiël, den
Sohn Sacharjas, des Sohnes Benajas, des
Sohnes Jehiëls, des Sohnes Mattanjas, den
Leviten aus den Söhnen Asaph.
15 Und Jahasiël sprach: Merket auf,
ganz Juda und ihr Einwohner von Jerusalem und du, König Josaphat! So spricht
der HERR zu euch: Ihr sollt euch nicht
fürchten und nicht verzagen vor diesem
großen Heer; denn nicht ihr kämpft, sondern Gott.
16 Morgen sollt ihr gegen sie hinabziehen. Wenn sie den Höhenweg von Ziz
heraufkommen, werdet ihr auf sie treffen,
wo das Tal endet, vor der Wüste Jeruël.
17 Aber nicht ihr werdet dabei kämpfen; tretet nur hin und steht und seht die
Hilfe des HERRN, der mit euch ist, Juda
und Jerusalem! Fürchtet euch nicht und
verzaget nicht! Morgen zieht ihnen entgegen! Der HERR ist mit euch.
18 Da beugte sich Josaphat mit seinem
Antlitz zur Erde, und ganz Juda und die
Einwohner von Jerusalem fielen vor dem
HERRN nieder und beteten den HERRN an.
19 Und die Leviten von den Söhnen
Kehath und von den Söhnen Korah schickten sich an, den HERRN, den Gott Israels,
zu loben mit laut schallender Stimme.
20 Und sie machten sich früh am Morgen auf und zogen aus zur Wüste Thekoa.
Und als sie auszogen, trat Josaphat hin
und sprach: Höret mir zu, Juda und ihr
Einwohner von Jerusalem! Glaubet an
den HERRN, euren Gott, so werdet ihr
sicher sein, und glaubet seinen Propheten,
so wird es euch gelingen.
21 Und er beriet sich mit dem Volk und
bestellte Sänger für den HERRN, daß sie in
heiligem Schmuck Loblieder sängen und
vor den Kriegsleuten herzögen und sprächen: Danket dem HERRN; denn seine
Barmherzigkeit währet ewiglich.
22 Und als sie anfingen mit Danken und
Loben, ließ der HERR einen Hinterhalt
kommen über die Ammoniter und Moabiter und die vom Gebirge Seïr, die gegen
Juda ausgezogen waren, und sie wurden
geschlagen.
23 Es stellten sich die Ammoniter und
Moabiter gegen die Leute vom Gebirge
Seïr, um sie auszurotten und zu vertilgen.
Und als sie die Leute vom Gebirge Seïr
alle aufgerieben hatten, kehrte sich einer
gegen den andern, und sie wurden einander zum Verderben.
24 Als aber Juda an den Ort kam, wo
man in die Wüste sehen kann, und sie sich
gegen das Heer wenden wollten, siehe, da
lagen nur Leichname auf der Erde; keiner
war entronnen.
25 Und Josaphat kam mit seinem Volk,
die Beute auszuteilen, und sie fanden Vieh
in Menge und Güter und Kleider und kostbare Geräte und nahmen sich so viel weg,
daß es kaum zu tragen war, und teilten
drei Tage die Beute aus; denn es war viel.
26 Am vierzehnten Tage aber kamen sie
zusammen im Lobetal; denn dort lobten
sie den HERRN. Daher heißt die Stätte
«Lobetal» bis auf diesen Tag.
27 So kehrte jedermann von Juda und
Jerusalem wieder um und Josaphat an der
Spitze, daß sie nach Jerusalem zögen mit
Freuden; denn der HERR hatte ihnen
Freude gegeben an ihren Feinden.
28 Und sie zogen in Jerusalem ein mit
Psaltern, Harfen und Trompeten zum
Hause des HERRN.
29 Und der Schrecken Gottes kam über
alle Königreiche der Länder, als sie hörten, daß der HERR gegen die Feinde Israels
gestritten hatte.
30 Also hatte das Königreich Josaphats
Frieden, und sein Gott gab ihm Ruhe
ringsumher.

Josaphats Vertrag mit Ahasja von Israel

31 Und Josaphat regierte über Juda; er
war fünfunddreißig Jahre alt, als er König
wurde; und er regierte fünfundzwanzig

Jahre zu Jerusalem. Seine Mutter hieß Asuba, eine Tochter Schilhis.

32 Und er wandelte in dem Wege seines Vaters Asa und ließ nicht davon ab und tat, was dem HERRN wohlgefiel.

33 Nur die Opferhöhen wurden nicht entfernt; denn das Volk hatte sein Herz noch nicht ganz zu dem Gott seiner Väter gewandt.

34 Was aber mehr von Josaphat zu sagen ist, die frühere und die spätere Geschichte, siehe, das steht geschrieben in den Geschichten Jehus, des Sohnes Hananis, die aufgenommen sind in das Buch der Könige von Israel.

35 Danach schloß Josaphat, der König von Juda, einen Vertrag mit Ahasja, dem König von Israel, der gottlos war in seinem Tun.

36 Er kam mit ihm überein, Schiffe zu bauen, um nach Tarsis zu fahren; und sie bauten die Schiffe in Ezjon-Geber.

37 Aber Eliëser, der Sohn Dodawas von Marescha, weissagte gegen Josaphat und sprach: Weil du mit Ahasja übereingekommen bist, zerstört der HERR dein Werk. Und die Schiffe zerschellten und konnten nicht nach Tarsis fahren.

Jorams gottlose Regierung

21 Und Josaphat legte sich zu seinen Vätern und wurde begraben bei seinen Vätern in der Stadt Davids. Und sein Sohn Joram wurde König an seiner Statt.

2 Und Joram hatte Brüder, Josaphats Söhne: Asarja, Jehiël, Sacharja, Asarja, Michael und Schephatja; diese alle waren Söhne Josaphats, des Königs von Juda.

3 Und ihr Vater gab ihnen viele Gaben an Silber, Gold und Kleinoden, dazu feste Städte in Juda; aber das Königtum gab er Joram; denn der war der Erstgeborene.

4 Als aber Joram das Königtum seines Vaters übernommen hatte und mächtig wurde, erschlug er alle seine Brüder mit dem Schwert, dazu auch einige Obere in Israel.

5 Zweiunddreißig Jahre alt war Joram, als er König wurde; und er regierte acht Jahre zu Jerusalem

6 und wandelte in dem Wege der Könige von Israel, wie das Haus Ahab getan hatte; denn Ahabs Tochter war seine Frau. Und er tat, was dem HERRN mißfiel.

7 Aber der HERR wollte das Haus David nicht verderben um des Bundes willen, den er mit David geschlossen hatte, und wie er ihm zugesagt hatte, ihm eine Leuchte zu geben und seinen Söhnen immerdar.

8 Zu seiner Zeit fielen die Edomiter von Juda ab und setzten einen König über sich.

9 Da zog Joram hin mit seinen Obersten und alle Wagen mit ihm, und er machte sich des Nachts auf und schlug die Edomiter, die ihn umringt hatten, und die Obersten über die Wagen.

10 Doch blieben die Edomiter abtrünnig von Juda bis auf diesen Tag. Zur selben Zeit fiel Libna auch von ihm ab; denn er hatte den HERRN, den Gott seiner Väter, verlassen.

11 Auch machte er Opferhöhen in den Städten Judas und verleitete die Einwohner von Jerusalem zur Abgötterei und verführte Juda.

12 Es kam aber ein Brief zu ihm von dem Propheten Elia, der lautete: So spricht der HERR, der Gott deines Vaters David: Weil du nicht gewandelt bist in den Wegen deines Vaters Josaphat und nicht in den Wegen Asas, des Königs von Juda,

13 sondern wandelst in dem Wege der Könige von Israel und verleitest Juda und die Bewohner von Jerusalem zur Abgötterei nach der Abgötterei des Hauses Ahab und weil du dazu erschlagen hast deine Brüder, deines Vaters Haus, die besser waren als du,

14 siehe, so wird dich der HERR mit einer großen Plage schlagen an deinem Volk, an deinen Kindern, an deinen Frauen und an aller deiner Habe.

15 Du aber wirst viel Krankheit haben in deinen Eingeweiden, bis über Jahr und Tag deine Eingeweide vor Krankheit heraustreten.

16 Und der HERR erweckte gegen Joram den Geist der Philister und Araber, die neben den Kuschitern wohnen.

17 Und sie zogen herauf und brachen in Juda ein und führten alle Habe weg, die vorhanden war im Hause des Königs, dazu seine Söhne und seine Frauen, so daß ihm kein Sohn übrigblieb außer Joahas, seinem jüngsten Sohn.

18 Und nach dem allen plagte ihn der HERR mit einer Krankheit in seinen Eingeweiden; die war nicht zu heilen.

19 Und als das über Jahr und Tag
währte, bis die Zeit von zwei Jahren um
war, traten in seiner Krankheit seine Ein-
geweide heraus, und er starb unter schlim-
men Schmerzen. Und man machte keinen
Brand ihm zu Ehren, wie man seinen
Vätern getan hatte.
20 Zweiunddreißig Jahre alt war er, als
er König wurde; und er regierte acht
Jahre zu Jerusalem und ging dahin unbe-
dauert. Und sie begruben ihn in der Stadt
Davids, aber nicht in den Gräbern der
Könige.

Ahasjas gottlose Regierung

22 Und die Einwohner von Jerusalem
machten Ahasja, Jorams jüngsten
Sohn, zum König an seiner Statt; denn
die streifende Rotte, die mit den Arabern
ins Lager gekommen war, hatte die älte-
ren Söhne alle erschlagen. Darum wurde
Ahasja König, der Sohn Jorams, des
Königs von Juda.
2 Zweiundzwanzig Jahre alt war Ahasja,
als er König wurde; und er regierte ein
Jahr zu Jerusalem. Seine Mutter hieß
Athalja, die Tochter Omris.
3 Und auch er wandelte in den Wegen
des Hauses Ahab; denn seine Mutter hielt
ihn dazu an, gottlos zu sein.
4 Darum tat er, was dem HERRN miß-
fiel, wie das Haus Ahab; denn sie waren
seine Ratgeber nach seines Vaters Tod,
ihm zum Verderben.
5 Er wandelte nach ihrem Rat; denn er
zog hin mit Joram, dem Sohn Ahabs, dem
König von Israel, in den Kampf nach
Ramoth in Gilead gegen Hasaël, den
König von Aram. Aber die Aramäer ver-
wundeten Joram,
6 so daß er umkehrte, um sich in Jesreel
heilen zu lassen von den Wunden, die ihm
bei Rama geschlagen waren, als er mit
Hasaël, dem König von Aram, kämpfte.
Und Ahasja, der Sohn Jorams, der König
von Juda, zog hinab, um Joram, den
Sohn Ahabs, in Jesreel zu besuchen, weil
er krank lag;
7 denn es war von Gott über Ahasja zu
seinem Verderben beschlossen, daß er zu
Joram käme. Und als er kam, zog er mit
Joram aus gegen Jehu, den Sohn Nim-
schis, den der HERR gesalbt hatte, um das
Haus Ahab auszurotten.
8 Als nun Jehu die Strafe am Hause
Ahab vollzog, traf er auf einige Obere aus
Juda und auf die Söhne der Brüder Ahas-
jas, die Ahasja dienten, und er tötete sie.
9 Und er suchte Ahasja, und man fing
ihn in Samaria, wo er sich versteckt hatte,
und er wurde zu Jehu gebracht. Der
tötete ihn, und man begrub ihn; denn
sie sprachen: Er ist Josaphats Sohn, der
von ganzem Herzen den HERRN suchte.
Und es war niemand mehr aus dem
Hause Ahasjas, der zum Königtum tüch-
tig war.

Joas wird gegen Athalja zum König erhoben

10 Als aber Athalja, die Mutter Ahasjas,
sah, daß ihr Sohn tot war, machte sie sich
auf und brachte um alle vom königlichen
Geschlecht im Hause Juda.
11 Aber Joschabath, eine Königstoch-
ter, nahm Joas, den Sohn Ahasjas, und
stahl ihn aus der Mitte der Söhne des
Königs, die getötet wurden, und brachte
ihn mit seiner Amme in die Bettenkam-
mer. So verbarg ihn Joschabath, die
Tochter des Königs Joram, die Frau des
Priesters Jojada, – denn sie war Ahasjas
Schwester – vor Athalja, so daß er nicht
getötet wurde.
12 Und er war bei ihnen im Hause Got-
tes versteckt sechs Jahre, solange Athalja
im Lande Königin war.
23 Aber im siebenten Jahr faßte Jojada
Mut und schloß einen Bund mit
den Hauptleuten über hundert, nämlich
mit Asarja, dem Sohn Jerohams, Ismael,
dem Sohn Johanans, Asarja, dem Sohn
Obeds, Maaseja, dem Sohn Adajas, und
Elischaphat, dem Sohn Sichris.
2 Die zogen umher in Juda und brach-
ten die Leviten aus allen Städten Judas
zusammen und die Häupter der Sippen in
Israel, daß sie nach Jerusalem kämen.
3 Und die ganze Gemeinde schloß einen
Bund im Hause Gottes mit dem König.
Und Jojada sprach zu ihnen: Siehe, des
Königs Sohn soll König sein, wie der
HERR den Söhnen David zugesagt hat.
4 So sollt ihr nun tun: Ein Drittel von
euch, den Priestern und Leviten, die am
Sabbat ihren Dienst antreten, soll Wache
halten an den Toren
5 und ein Drittel im Hause des Königs
und ein Drittel am Grundtor; aber alles

Volk soll in den Vorhöfen am Hause des HERRN sein.

6 Und daß niemand in das Haus des HERRN gehe! Nur die Priester und die Leviten, die Dienst tun, die sollen hineingehen, denn sie sind heilig; und alles Volk tue nach dem Gebot des HERRN.

7 Und die Leviten sollen sich rings um den König herumstellen, ein jeder mit seiner Waffe in der Hand. Und wer in das Haus des Herrn geht, der sei des Todes! Und sie sollen um den König sein, wenn er aus- und eingeht.

8 Und die Leviten und ganz Juda taten, wie der Priester Jojada geboten hatte, und ein jeder nahm seine Leute, die am Sabbat antraten, samt denen, die am Sabbat abtraten. Denn der Priester Jojada ließ die Abteilungen nicht auseinandergehen.

9 Und der Priester Jojada gab den Hauptleuten über hundert die Spieße und Schilde und Waffen des Königs David, die im Hause Gottes waren,

10 und stellte alles Volk auf, einen jeden mit seiner Waffe in der Hand, von der rechten Seite des Hauses im Süden bis zur linken Seite im Norden vor dem Altar und dem Hause um den König herum.

11 Und sie führten den Sohn des Königs heraus und setzten ihm die Krone auf und gaben ihm die Ordnung und machten ihn zum König. Und Jojada und seine Söhne salbten ihn und sprachen: Es lebe der König!

12 Als aber Athalja das Geschrei des Volks hörte, das herzulief und den König umjubelte, ging sie zum Volk in das Haus des HERRN.

13 Und sie sah, und siehe, der König stand an seiner Stätte im Eingang und die Oberen und die Trompeter um den König, und alles Volk des Landes war fröhlich, und man blies die Trompeten, und die Sänger mit allerlei Saitenspiel standen da und gaben das Zeichen zum Jubel Da zerriß Athalja ihre Kleider und rief: Aufruhr, Aufruhr!

14 Aber der Priester Jojada gebot den Hauptleuten über hundert, die über das Heer gesetzt waren: Führt sie zwischen den Reihen hinaus, und wer ihr nachfolgt, den soll man mit dem Schwert töten! Denn der Priester hatte befohlen, man sollte sie nicht töten im Hause des HERRN.

15 Und sie legten die Hände an sie, und als sie zum Eingang des Roßtors kam am Hause des Königs, töteten sie sie dort.

16 Und Jojada schloß einen Bund zwischen dem HERRN und dem ganzen Volk und dem König, daß sie des HERRN Volk sein sollten.

17 Da ging das ganze Volk in das Haus Baals und brach es ab, und seine Altäre und Bilder zerbrachen sie und töteten Mattan, den Priester Baals, vor den Altären.

18 Und Jojada bestellte die Ämter am Hause des HERRN aus den Priestern und den Leviten, die David für das Haus des HERRN verordnet hatte, dem HERRN Brandopfer zu bringen, wie es geschrieben steht im Gesetz des Mose, mit Freuden und mit Liedern, nach Davids Weisung,

19 und er stellte Wachen an die Tore am Hause des HERRN, daß niemand hineinkäme, der sich an irgend etwas unrein gemacht hatte.

20 Und er nahm die Hauptleute über hundert und die Mächtigen und die Herren im Volk und alles Volk des Landes und führte den König vom Hause des HERRN hinab; und sie zogen durch das obere Tor in das Haus des Königs und ließen den König sich auf den königlichen Thron setzen.

21 Und alles Volk des Landes war fröhlich, aber die Stadt blieb still, obwohl Athalja mit dem Schwert erschlagen war.

Joas' Sorge für den Tempel

24 Joas war sieben Jahre alt, als er König wurde; und er regierte vierzig Jahre zu Jerusalem. Seine Mutter hieß Zibja, aus Beerseba.

2 Und Joas tat, was dem HERRN wohlgefiel, solange der Priester Jojada lebte.

3 Und Jojada nahm zwei Frauen für Joas, und er zeugte Söhne und Töchter.

4 Danach nahm sich Joas vor, das Haus des HERRN zu erneuern,

5 und versammelte die Priester und Leviten und sprach zu ihnen: Zieht hin in alle Städte Judas und sammelt Geld aus ganz Israel, um jährlich das Haus eures Gottes auszubessern, und eilet, solches zu tun! Aber die Leviten eilten nicht.

6 Da rief der König den Hohenpriester Jojada und sprach zu ihm: Warum hast

du nicht acht auf die Leviten, daß sie von Juda und Jerusalem die Steuer einbringen, die Mose, der Knecht des HERRN, und die Gemeinde für die Stiftshütte zu sammeln Israel geboten haben?

7 Denn die gottlose Athalja und ihre Söhne haben das Haus Gottes verfallen lassen, und alles, was dem Hause des HERRN geheiligt war, haben sie an die Baale gebracht.

8 Da befahl der König, daß man eine Lade machte, und man stellte sie außen ins Tor am Hause des HERRN;

9 und sie ließen in Juda und Jerusalem ausrufen, daß man dem HERRN die Steuer bringen solle, die in der Wüste von Mose, dem Knecht Gottes, auf Israel gelegt war.

10 Da freuten sich alle Oberen und alles Volk und brachten's und warfen's in die Lade, bis sie voll wurde.

11 Und wenn man die Lade durch die Leviten zur Verwaltung des Königs brachte und man sah, daß viel Geld darin war, so kam der Schreiber des Königs und der Beauftragte des Hohenpriesters, und man schüttete die Lade aus, und sie trugen sie wieder hin an ihren Ort. So taten sie alle Tage und brachten viel Geld zusammen.

12 Und der König und Jojada gaben es den Werkmeistern, die am Hause des HERRN arbeiteten. Diese stellten Steinmetzen und Zimmerleute an, um das Haus des HERRN zu erneuern, und auch Meister in Eisen und Kupfer, um das Haus des HERRN auszubessern.

13 Und die Werkmeister sorgten dafür, daß durch sie die Ausbesserung fortschritt, und so stellten sie das Haus Gottes nach seinem alten Maß wieder her.

14 Und als sie es vollendet hatten, brachten sie das übrige Geld vor den König und Jojada. Davon machte man Geräte für das Haus des HERRN, Geräte für den Dienst und für die Brandopfer, Löffel und goldene und silberne Geräte. Und sie opferten Brandopfer im Hause des HERRN allezeit, solange Jojada lebte.

15 Und Jojada ward alt und lebenssatt und starb und war hundertunddreißig Jahre alt, als er starb.

16 Und sie begruben ihn in der Stadt Davids bei den Königen, weil er an Israel und an Gott und seinem Hause wohlgetan hatte.

Joas' Abfall und Ende

17 Und nach dem Tode Jojadas kamen die Oberen Judas und huldigten dem König; da hörte der König auf sie.

18 Und sie verließen das Haus des HERRN, des Gottes ihrer Väter, und dienten den Bildern der Aschera und den Götzen. Da kam der Zorn über Juda und Jerusalem um dieser ihrer Schuld willen.

19 Der HERR aber sandte Propheten zu ihnen, daß sie sich zum HERRN bekehren sollten, und die ermahnten sie, aber sie nahmen's nicht zu Ohren.

20 Und der Geist Gottes ergriff Sacharja, den Sohn des Priesters Jojada. Der trat vor das Volk und sprach zu ihnen: So spricht Gott: Warum übertretet ihr die Gebote des HERRN, so daß ihr kein Gelingen habt? Denn ihr habt den HERRN verlassen, darum wird er euch auch verlassen.

21 Aber sie machten eine Verschwörung gegen ihn und steinigten ihn auf Befehl des Königs im Vorhof am Hause des HERRN.

22 Und der König Joas gedachte nicht an die Barmherzigkeit, die Jojada, der Vater Sacharjas, an ihm getan hatte, sondern tötete seinen Sohn. Der aber sprach, als er starb: Der HERR wird es sehen und strafen.

23 Und als das Jahr um war, zog herauf das Heer der Aramäer, und sie kamen nach Juda und Jerusalem und brachten alle Oberen im Volk um, und all ihren Raub sandten sie dem König von Damaskus.

24 Denn obwohl das Heer der Aramäer mit wenigen Männern kam, gab der HERR ein sehr großes Heer in ihre Hand, weil Juda den HERRN, den Gott ihrer Väter, verlassen hatte. Damit vollzogen sie an Joas die Strafe.

25 Und als sie von ihm zogen, ließen sie ihn in großer Krankheit zurück. Es machten aber seine Großen eine Verschwörung gegen ihn um der Blutschuld willen an dem Sohn des Priesters Jojada und töteten ihn auf seinem Bett, und er starb. Und man begrub ihn in der Stadt Davids, aber nicht in den Gräbern der Könige.

26 Diese aber machten die Verschwörung gegen ihn: Sabad, der Sohn der

Schimath, der Ammoniterin, und Josa-
bad, der Sohn der Schimrith, der Moabi-
terin.
27 Aber seine Söhne und die Menge der
Steuern, die er veranlaßte, und der Bau
des Hauses Gottes, siehe, das steht ge-
schrieben in den Geschichten im Buch der
Könige. Und sein Sohn Amazja wurde
König an seiner Statt.

Amazja

25 Fünfundzwanzig Jahre alt war
Amazja, als er König wurde; und er
regierte neunundzwanzig Jahre zu Jerusa-
lem. Seine Mutter hieß Joaddan, aus Je-
rusalem.
2 Und er tat, was dem HERRN wohlge-
fiel, doch nicht von ganzem Herzen.
3 Als er nun das Königtum fest in der
Hand hatte, tötete er seine Großen, die
den König, seinen Vater, erschlagen hat-
ten.
4 Aber ihre Söhne tötete er nicht; denn
so steht es geschrieben im Gesetz, im
Buch des Mose, wo der HERR gebietet:
Die Väter sollen nicht sterben für die Kin-
der und die Kinder nicht für die Väter,
sondern ein jeder soll nur um seiner Sünde
willen sterben.
5 Und Amazja bot Juda auf und ordnete
sie, ganz Juda und Benjamin, nach ihren
Sippen unter die Obersten über tausend
und unter die Hauptleute über hundert
und musterte sie von zwanzig Jahren an
und darüber, und es fanden sich dreihun-
derttausend auserlesene Leute, die in den
Krieg ziehen und Spieß und Schild führen
konnten.
6 Dazu warb er aus Israel hunderttau-
send Kriegsleute für hundert Zentner
Silber.
7 Es kam aber ein Mann Gottes zu ihm
und sprach: König, laß nicht das Heer
Israels mit dir ziehen, denn der HERR ist
nicht mit Israel, mit allen Kindern Ephra-
im;
8 denn wenn du denkst, mit ihnen stark
zu sein zum Kampf, so wird Gott dich vor
den Feinden fallen lassen. Denn bei Gott
steht die Kraft zu helfen und fallen zu
lassen.
9 Amazja sprach zu dem Mann Gottes:
Was soll man denn tun mit den hundert
Zentnern, die ich den Kriegsleuten aus
Israel gegeben habe? Der Mann Gottes
sprach: Es steht beim HERRN, dir mehr zu
geben als dies.
10 Da sonderte Amazja die Kriegsleute
ab, die zu ihm aus Ephraim gekommen
waren, daß sie wieder heimkehrten. Da
entbrannte ihr Zorn sehr gegen Juda, und
sie zogen zurück an ihren Ort mit grimmi-
gem Zorn.
11 Und Amazja ward getrost und führte
sein Volk aus und zog ins Salztal und er-
schlug zehntausend Männer von Seïr.
12 Und die Kinder Juda fingen zehn-
tausend von ihnen lebendig; die führten
sie auf die Spitze eines Felsens und stürz-
ten sie von der Spitze des Felsens, daß sie
alle zerschellten.
13 Aber die Kriegsleute, die Amazja
hatte ziehen lassen, daß sie nicht mit sei-
nem Volk in den Kampf zögen, fielen in
die Städte Judas ein von Samaria bis nach
Beth-Horon und erschlugen dreitausend
Mann von ihnen und gewannen viel Beute.
14 Und als Amazja vom Siege über die
Edomiter wiederkam, brachte er die Göt-
ter der Leute von Seïr mit und stellte sie
sich als Götter auf und betete sie an und
opferte ihnen.
15 Da entbrannte der Zorn des HERRN
über Amazja, und er sandte einen Prophe-
ten zu ihm. Der sprach zu ihm: Warum
suchst du die Götter des Volks, die ihr
Volk nicht aus deiner Hand erretten
konnten?
16 Und als er so mit ihm redete, sprach
der König zu ihm: Hat man dich zu des
Königs Ratgeber gemacht? Höre auf!
Warum willst du getötet werden? Da
hörte der Prophet auf und sprach: Ich
merke wohl, daß Gott beschlossen hat,
dich zu verderben, weil du solches getan
und auf meinen Rat nicht gehört hast.
17 Und Amazja, der König von Juda,
entschloß sich, hinzusenden zu Joas, dem
Sohn des Joahas, des Sohnes Jehus, dem
König von Israel, und ließ ihm sagen:
Komm, wir wollen uns miteinander mes-
sen!
18 Aber Joas, der König von Israel,
sandte zu Amazja, dem König von Juda,
und antwortete ihm: Der Dornstrauch im
Libanon sandte zur Zeder im Libanon
und ließ ihr sagen: Gib deine Tochter
meinem Sohn zur Frau! – Aber das Wild

im Libanon lief über den Dornstrauch und zertrat ihn.

19 Du denkst: Siehe, ich habe die Edomiter geschlagen. – Darüber erhebt sich dein Herz, und du suchst noch mehr Ruhm. Bleib doch daheim. Warum suchst du dein Unglück, daß du zu Fall kommst und Juda mit dir?

20 Aber Amazja hörte nicht darauf; denn es geschah von Gott, um sie in die Hand des Joas zu geben, weil sie die Götter der Edomiter gesucht hatten.

21 Da zog Joas, der König von Israel, herauf, und sie maßen sich miteinander, er und Amazja, der König von Juda, bei Beth-Schemesch, das in Juda liegt.

22 Aber Juda wurde vor Israel her geschlagen, und sie flohen, ein jeder in sein Haus.

23 Aber Amazja, den Sohn des Joas, den König von Juda, nahm Joas, der Sohn des Joahas, der König von Israel, bei Beth-Schemesch gefangen und brachte ihn nach Jerusalem und riß die Mauer von Jerusalem ein vom Tor Ephraim bis an das Ecktor, vierhundert Ellen lang.

24 Und alles Gold und Silber und alle Geräte, die im Hause Gottes unter der Obhut von Obed-Edom vorhanden waren, und die Schätze im Hause des Königs und die Geiseln nahm er mit sich nach Samaria.

25 Und Amazja, der Sohn des Joas, der König von Juda, lebte nach dem Tode des Joas, des Sohnes des Joahas, des Königs von Israel, noch fünfzehn Jahre.

26 Was aber mehr von Amazja zu sagen ist, die frühere und die spätere Geschichte, siehe, das steht geschrieben im Buch der Könige von Juda und Israel.

27 Und von der Zeit an, da Amazja von dem HERRN wich, machten sie eine Verschwörung gegen ihn in Jerusalem. Er aber floh nach Lachisch. Da sandten sie hinter ihm her nach Lachisch und töteten ihn dort.

28 Und sie brachten ihn auf Rossen und begruben ihn bei seinen Vätern in der Stadt Davids.

Usia

26 Da nahm das ganze Volk von Juda den Usia – der war sechzehn Jahre alt –, und sie machten ihn zum König an seines Vaters Amazja Statt.

2 Der baute Elath aus und brachte es wieder an Juda, nachdem der König sich zu seinen Vätern gelegt hatte.

3 Sechzehn Jahre alt war Usia, als er König wurde; und er regierte zweiundfünfzig Jahre zu Jerusalem. Seine Mutter hieß Jecholja, aus Jerusalem.

4 Und er tat, was dem HERRN wohlgefiel, ganz wie sein Vater Amazja getan hatte.

5 Und er suchte Gott, solange Sacharja lebte, der ihn unterwies in der Furcht Gottes; und solange er den HERRN suchte, ließ es ihm Gott gelingen.

6 Er zog aus und kämpfte gegen die Philister und riß nieder die Mauer von Gath und die Mauer von Jabne und die Mauer von Asdod und baute Festungen um Asdod und im Philisterland;

7 denn Gott half ihm gegen die Philister, gegen die Araber, die in Gur-Baal wohnten, und gegen die Mëuniter.

8 Und die Ammoniter gaben Usia Geschenke, und er wurde berühmt bis hin nach Ägypten; denn er wurde immer mächtiger.

9 Und Usia baute Türme in Jerusalem am Ecktor und am Taltor und am Winkel und befestigte sie.

10 Er baute auch Türme in der Wüste und grub viele Brunnen; denn er hatte viel Vieh sowohl im Hügelland wie in der Ebene, auch Ackerleute und Weingärtner auf den Bergen und am Karmel; denn er hatte Lust am Ackerbau.

11 Und Usia hatte ein kriegstüchtiges Heer, das in Abteilungen in den Kampf zog, nach seiner Zahl aufgestellt durch den Schreiber Jeïël und den Amtmann Maaseja unter dem Befehl Hananjas, eines der Obersten des Königs.

12 Und die Zahl der Häupter der Sippen unter den Kriegern war 2600,

13 und unter ihrem Befehl stand eine Heeresmacht von 307500 sehr kriegstüchtigen Männern, um dem König gegen die Feinde zu helfen.

14 Und Usia beschaffte für das ganze Heer Schilde, Spieße, Helme, Panzer, Bogen und Schleudersteine

15 und machte in Jerusalem kunstvolle Geschütze, die auf den Türmen und Ecken stehen sollten, um mit Pfeilen und großen Steinen zu schießen. Und sein

Name drang weit hinaus, weil ihm wun-
derbar geholfen wurde, bis er sehr mächtig
war.
16 Und als er mächtig geworden war,
überhob sich sein Herz zu seinem Verder-
ben; denn er verging sich gegen den
HERRN, seinen Gott, und ging in das
Haus des HERRN, um auf dem Räucher-
altar zu räuchern.
17 Aber der Priester Asarja ging ihm
nach und achtzig Priester des HERRN mit
ihm, zuverlässige Leute,
18 und sie traten Usia, dem König, ent-
gegen und sprachen zu ihm: Es gebührt
nicht dir, Usia, dem HERRN zu räuchern,
sondern den Priestern, den Söhnen
Aaron, die geweiht sind zu räuchern. Geh
hinaus aus dem Heiligtum; denn du ver-
gehst dich, und es wird dir keine Ehre
bringen vor Gott, dem HERRN.
19 Da wurde Usia zornig, als er bereits
ein Räuchergefäß in der Hand hatte, um
zu räuchern; und wie er so über die Prie-
ster zornig wurde, brach der Aussatz aus
an seiner Stirn vor den Augen der Priester
im Hause des HERRN am Räucheraltar.
20 Und der Hohepriester Asarja wandte
das Angesicht ihm zu und alle Priester,
und siehe, da war der König aussätzig an
seiner Stirn. Und sie stießen ihn fort, und
er eilte auch selbst hinauszugehen; denn
seine Plage war vom HERRN.
21 So war der König Usia aussätzig bis
an seinen Tod und wohnte als Aussätziger
in einem besondern Hause; denn er war
verstoßen vom Hause des HERRN. Jotham
aber, sein Sohn, stand dem Hause des
Königs vor und richtete das Volk des
Landes.
22 Was aber mehr von Usia zu sagen
ist, die frühere und die spätere Geschichte,
hat beschrieben der Prophet Jesaja, der
Sohn des Amoz.
23 Und Usia legte sich zu seinen Vätern,
und sie begruben ihn bei seinen Vätern
auf dem Felde neben der Grabstätte der
Könige; denn sie sprachen: Er ist aus-
sätzig. Und sein Sohn Jotham wurde
König an seiner Statt.

Jotham

27 Jotham war fünfundzwanzig Jah-
re alt, als er König wurde; und er
regierte sechzehn Jahre zu Jerusalem.
Seine Mutter hieß Jeruscha, eine Tochter
Zadoks.
2 Und er tat, was dem HERRN wohlge-
fiel, ganz wie sein Vater Usia getan hatte,
nur drang er nicht in den Tempel des
HERRN ein. Das Volk aber handelte noch
immer böse.
3 Er baute das obere Tor am Hause des
HERRN, und an der Mauer des Ophel
baute er viel
4 und baute Städte auf dem Gebirge
Juda, und in den Wäldern baute er Burgen
und Türme.
5 Auch kämpfte er mit dem König der
Ammoniter und unterwarf sie, so daß ihm
die Ammoniter in diesem Jahr hundert
Zentner Silber, hunderttausend Scheffel
Weizen und hunderttausend Scheffel Ger-
ste gaben. So viel gaben ihm die Ammoni-
ter auch im zweiten und im dritten Jahr.
6 So wurde Jotham mächtig; denn er
wandelte recht vor dem HERRN, seinem
Gott.
7 Was aber mehr von Jotham zu sagen
ist und alle seine Kriege und wie er wan-
delte, siehe, das steht geschrieben im
Buch der Könige von Israel und Juda.
8 Fünfundzwanzig Jahre alt war er, als
er König wurde; und er regierte sechzehn
Jahre zu Jerusalem.
9 Und Jotham legte sich zu seinen Vä-
tern, und sie begruben ihn in der Stadt
Davids. Und sein Sohn Ahas wurde
König an seiner Statt.

Ahas

28 Ahas war zwanzig Jahre alt, als er
König wurde; und er regierte sech-
zehn Jahre zu Jerusalem. Er tat nicht, was
dem HERRN wohlgefiel, wie sein Vater
David,
2 sondern wandelte in den Wegen der
Könige von Israel. Dazu machte er den
Baalen gegossene Bilder
3 und opferte im Tal Ben-Hinnom und
verbrannte seine Söhne im Feuer nach den
greulichen Sitten der Heiden, die der HERR
vor den Kindern Israel vertrieben hatte,
4 und opferte und räucherte auf den
Höhen und auf den Hügeln und unter
allen grünen Bäumen.
5 Darum gab ihn der HERR, sein Gott,
in die Hand des Königs von Aram, daß
sie ihn schlugen und eine große Menge der

Seinen gefangen wegführten und nach
Damaskus brachten. Auch wurde er in die
Hand des Königs von Israel gegeben; der
schlug ihn hart;
6 denn Pekach, der Sohn Remaljas,
schlug in Juda hundertundzwanzigtau-
send streitbare Männer auf **einen** Tag,
weil sie den HERRN, den Gott ihrer Väter,
verlassen hatten.
7 Und Sichri, ein Kriegsmann aus Ephra-
im, erschlug Maaseja, den Königssohn,
und Asrikam, den Vorsteher des Königs-
hauses, und Elkana, den Ersten nach dem
König.
8 Und die von Israel führten von ihren
Brüdern zweihunderttausend Frauen,
Söhne und Töchter gefangen weg und
nahmen dazu große Beute von ihnen und
brachten sie nach Samaria.
9 Es war aber dort ein Prophet des
HERRN, der hieß Oded. Der ging hinaus
dem Heer entgegen, das nach Samaria
kam, und sprach zu ihnen: Siehe, weil der
HERR, der Gott eurer Väter, über Juda
zornig ist, hat er sie in eure Hände ge-
geben; ihr aber habt sie mit solcher Wut
erschlagen, daß es gen Himmel schreit.
10 Nun gedenkt ihr, die Leute von Juda
und Jerusalem zu unterwerfen, daß sie
eure Sklaven und Sklavinnen seien. Ist
denn das nicht Schuld bei euch gegenüber
dem HERRN, eurem Gott?
11 So hört nun auf mich und bringt die
Gefangenen wieder hin, die ihr aus euren
Brüdern weggeführt habt; denn des
HERRN Zorn ist über euch entbrannt.
12 Da traten auf einige Sippenhäupter
der Kinder Ephraim – Asarja, der Sohn
Johanans, Berechja, der Sohn Meschille-
moths, Jehiskia, der Sohn Schallums, und
Amasa, der Sohn Hadlais – gegen die, die
aus dem Kampf kamen,
13 und sprachen zu ihnen: Ihr sollt die
Gefangenen nicht hierherbringen; denn
ihr bringt Schuld vor dem HERRN über
uns, so daß ihr unsere Sünde und Schuld
nur noch größer macht. Es ist schon ge-
nug der Schuld, und der Zorn des HERRN
ist über Israel entbrannt.
14 Da gaben die Kriegsleute die Gefan-
genen und die Beute frei vor den Obersten
und vor der ganzen Gemeinde.
15 Und jene Männer, die mit Namen
genannt sind, nahmen die Gefangenen
und bekleideten alle, die bloß unter ihnen
waren, mit Kleidern aus der Beute und
zogen ihnen Schuhe an und gaben ihnen
zu essen und zu trinken und salbten sie,
und alle, die schwach waren, führten sie
auf Eseln und brachten sie nach Jericho,
zur Palmenstadt, zu ihren Brüdern und
kehrten nach Samaria zurück.
16 Zu derselben Zeit sandte der König
Ahas zu dem König von Assur, daß er
ihm helfe.
17 Und es kamen abermals die Edomi-
ter und schlugen Juda und führten einige
weg.
18 Auch die Philister fielen ein in die
Städte im Hügelland und im Südlande
Judas und eroberten Beth-Schemesch,
Ajalon, Gederoth und Socho mit seinen
Ortschaften und Timna mit seinen Ort-
schaften und Gimso mit seinen Ortschaf-
ten und wohnten darin;
19 denn der HERR demütigte Juda um
des Ahas willen, des Königs von Juda,
weil er in Juda ein zuchtloses Wesen auf-
kommen ließ und sich am HERRN versün-
digte.
20 So zog auch gegen ihn Tiglath-Pile-
ser, der König von Assur; der bedrängte
ihn und half ihm nicht;
21 denn obwohl Ahas das Haus des
HERRN und das Haus des Königs und die
Häuser der Oberen plünderte und es dem
König von Assur gab, half es ihm nichts.
22 Dazu versündigte sich der König
Ahas in seiner Not noch mehr am HERRN
23 und opferte den Göttern von Damas-
kus, die ihn geschlagen hatten, und
sprach: Die Götter der Könige von Aram
helfen ihnen; darum will ich ihnen opfern,
daß sie mir auch helfen. Aber diese brach-
ten ihn und ganz Israel zu Fall.
24 Und Ahas brachte die Geräte des
Hauses Gottes zusammen und zerschlug
sie und schloß die Türen zu am Hause des
HERRN und machte sich Altäre in allen
Winkeln Jerusalems.
25 Und in den Städten Judas hin und
her machte er Höhen, um andern Göttern
zu opfern, und reizte den HERRN, den
Gott seiner Väter.
26 Was aber mehr von ihm zu sagen ist
und sein ganzer Wandel, der frühere und
der spätere, siehe, das steht geschrieben
im Buch der Könige von Juda und Israel.

27 Und Ahas legte sich zu seinen Vätern,
und sie begruben ihn in der Stadt, in
Jerusalem; denn sie brachten ihn nicht in
die Gräber der Könige von Israel. Und
sein Sohn Hiskia wurde König an seiner
Statt.

Hiskia stellt den rechten Gottesdienst wieder her

29 Hiskia war fünfundzwanzig Jahre
alt, als er König wurde; und er regierte neunundzwanzig Jahre zu Jerusalem. Seine Mutter hieß Abia, eine Tochter
Sacharjas.
2 Und er tat, was dem HERRN wohlgefiel, wie sein Vater David.
3 Er tat auf die Türen am Hause des
HERRN im ersten Monat des ersten Jahres
seiner Herrschaft und besserte sie aus
4 und ließ die Priester und Leviten kommen und versammelte sie auf dem Platz
im Osten
5 und sprach zu ihnen: Hört mir zu, ihr
Leviten! Heiligt euch nun, daß ihr weihet
das Haus des HERRN, des Gottes eurer
Väter, und tut heraus den Unrat aus dem
Heiligtum.
6 Denn unsere Väter haben sich versündigt und getan, was dem HERRN, unserm
Gott, mißfällt, und haben ihn verlassen
und haben ihr Angesicht von der Wohnung des HERRN abgewandt und ihr den
Rücken zugekehrt;
7 sie haben sogar die Türen an der Vorhalle zugeschlossen und die Lampen ausgelöscht und kein Räucherwerk geräuchert und dem Gott Israels kein Brandopfer im Heiligtum dargebracht.
8 Daher ist der Zorn des HERRN über
Juda und Jerusalem gekommen, und er
hat sie dahingegeben zum Entsetzen und
zum Erschrecken, daß man sie verspottet,
wie ihr mit euren Augen seht;
9 denn siehe, um dessentwillen sind
unsere Väter durchs Schwert gefallen und
unsere Söhne, Töchter und Frauen weggeführt.
10 Nun habe ich im Sinn, einen Bund zu
schließen mit dem HERRN, dem Gott Israels, daß sein Zorn und Grimm sich von
uns wende.
11 Nun, meine Söhne, seid nicht lässig;
denn euch hat der HERR erwählt, daß ihr
zum Dienst vor ihm stehen sollt und daß
ihr seine Diener seid und ihm Opfer
bringt!
12 Da machten sich auf die Leviten Mahath, der Sohn Amasais, und Joel, der
Sohn Asarjas, aus den Söhnen Kehath;
aus den Söhnen Merari aber Kis, der
Sohn Abdis, und Asarja, der Sohn Jehallelels; und aus den Söhnen Gerson Joach,
der Sohn Simmas, und Eden, der Sohn
Joachs;
13 aus den Söhnen Elizaphan Schimri
und Jeïël; aus den Söhnen Asaph Sacharja
und Mattanja;
14 aus den Söhnen Heman Jehiël und
Simeï; aus den Söhnen Jeduthun Schemaja und Usiël.
15 Sie versammelten ihre Brüder und
heiligten sich und gingen hinein, um das
Haus des HERRN zu reinigen, wie der
König nach dem Wort des HERRN geboten hatte.
16 Die Priester aber gingen ins Innere
des Hauses des HERRN, um es zu reinigen,
und taten alles Unreine, das im Tempel
des HERRN gefunden wurde, auf den Vorhof am Hause des HERRN, und die Leviten
nahmen es auf und trugen es hinaus an
den Bach Kidron.
17 Mit der Weihe aber fingen sie am
ersten Tage des ersten Monats an, und
am achten Tage des Monats gingen sie in
die Vorhalle des HERRN und weihten das
Haus des HERRN acht Tage lang, und am
sechzehnten Tage des ersten Monats vollendeten sie das Werk.
18 Und sie gingen hin zum König Hiskia und sprachen: Wir haben gereinigt das
ganze Haus des HERRN, den Brandopferaltar und alle seine Geräte, den Tisch der
Schaubrote und alle seine Geräte;
19 und alle Geräte, die der König Ahas,
als er König war, hatte wegwerfen lassen,
als er sich versündigte, die haben wir wieder aufgestellt und geweiht; siehe, sie sind
vor dem Altar des HERRN.
20 Da machte sich der König Hiskia
früh auf und versammelte die Oberen der
Stadt und ging hinauf zum Hause des
HERRN.
21 Und sie brachten herzu sieben junge
Stiere, sieben Widder, sieben Lämmer und
sieben Ziegenböcke zum Sündopfer für
das Königreich, für das Heiligtum und für
Juda, und er sprach zu den Priestern, den

Söhnen Aaron, daß sie auf dem Altar des
HERRN opfern sollten.
22 Da schlachteten sie die Rinder, und
die Priester nahmen das Blut und spreng-
ten es an den Altar, und sie schlachteten
die Widder und sprengten das Blut an den
Altar, und sie schlachteten die Lämmer
und sprengten das Blut an den Altar.
23 Und sie brachten die Böcke zum
Sündopfer vor den König und die Ge-
meinde und legten ihre Hände auf sie;
24 und die Priester schlachteten sie und
taten ihr Blut zur Entsündigung an den
Altar, um Sühne zu schaffen für ganz
Israel; denn der König hatte befohlen,
Brandopfer und Sündopfer darzubringen
für ganz Israel.
25 Und er stellte die Leviten auf im
Hause des HERRN mit Zimbeln, Psaltern
und Harfen, wie es David befohlen hatte
und Gad, der Seher des Königs, und der
Prophet Nathan; denn es war des HERRN
Gebot durch seine Propheten.
26 Und so standen die Leviten mit den
Saitenspielen Davids und die Priester mit
den Trompeten.
27 Und Hiskia gebot, das Brandopfer
auf dem Altar darzubringen. Und um die
Zeit, da das Brandopfer anfing, begann
auch der Gesang für den HERRN und die
Trompeten und dazu die mancherlei Sai-
tenspiele Davids, des Königs von Israel.
28 Und die ganze Gemeinde betete an,
und der Gesang erscholl und die Trompe-
ten ertönten; und das alles währte so
lange, bis das Brandopfer vollendet war.
29 Als nun das Brandopfer verrichtet
war, beugten der König und alle, die sich
bei ihm befanden, die Knie und beteten
an.
30 Und der König Hiskia samt den
Oberen gebot den Leviten, den HERRN zu
loben mit den Liedern Davids und des
Sehers Asaph. Und sie lobten mit Freuden
und neigten sich und beteten an.
31 Und Hiskia hob an und sprach: Nun
habt ihr für den HERRN eure Hände ge-
füllt. Tretet herzu und bringt die Schlacht-
opfer und Lobopfer zum Hause des
HERRN! Und die Gemeinde brachte herzu
Schlachtopfer und Lobopfer, dazu jeder,
der willigen Herzens war, Brandopfer.
32 Und die Zahl der Brandopfer, die die
Gemeinde brachte, war siebzig Rinder,
hundert Widder und zweihundert Läm-
mer, dies alles zum Brandopfer für den
HERRN.
33 Es waren aber der geweihten Tiere
sechshundert Rinder und dreitausend
Schafe.
34 Aber die Priester waren zu wenig, um
allen Brandopfern die Haut abziehen zu
können. Darum halfen ihnen ihre Brüder,
die Leviten, bis die Arbeit verrichtet war
und bis sich die Priester geheiligt hatten;
denn die Leviten waren williger gewesen
als die Priester, sich zu heiligen.
35 Auch waren es viele Brandopfer mit
dem Fett der Dankopfer und mit den
Trankopfern zu den Brandopfern.
So wurde der Dienst am Hause des
HERRN geordnet.
36 Und Hiskia freute sich samt allem
Volk über das, was Gott dem Volke be-
reitet hatte; denn es war unvermutet
schnell gekommen.

Hiskias Erneuerung des Passafestes

30 Und Hiskia sandte hin zu ganz Is-
rael und Juda und schrieb Briefe an
Ephraim und Manasse, daß sie zum
Hause des HERRN nach Jerusalem kom-
men sollten, Passa zu halten dem HERRN,
dem Gott Israels.
2 Und der König beriet sich mit seinen
Oberen und der ganzen Gemeinde in Jeru-
salem, das Passa erst im zweiten Monat
zu halten;
3 denn sie konnten's nicht zur rechten
Zeit halten, weil sich nicht genug Priester
geheiligt hatten und das Volk noch nicht
nach Jerusalem zusammengekommen
war.
4 Das gefiel dem König und der ganzen
Gemeinde gut,
5 und so beschlossen sie, durch ganz
Israel von Beerseba an bis nach Dan aus-
zurufen, daß man kommen sollte, dem
HERRN, dem Gott Israels, Passa zu halten
in Jerusalem; denn es war nicht von der
ganzen Menge gehalten worden, wie es
geschrieben steht.
6 Und die Läufer gingen hin mit den
Briefen von der Hand des Königs und
seiner Oberen durch ganz Israel und Juda
nach dem Befehl des Königs und spra-
chen: Ihr Kinder Israel, kehret um zu dem
HERRN, dem Gott Abrahams, Isaaks und

Israels, so wird er sich zu den Erretteten kehren, die die Könige von Assur von euch übriggelassen haben;

7 und seid nicht wie eure Väter und Brüder, die sich am HERRN, dem Gott ihrer Väter, versündigt haben, so daß er sie in die Verwüstung dahingab, wie ihr selber seht.

8 So seid nun nicht halsstarrig wie eure Väter, sondern gebt eure Hand dem HERRN und kommt zu seinem Heiligtum, das er geheiligt hat für alle Zeit, und dienet dem HERRN, eurem Gott, so wird sich sein grimmiger Zorn von euch wenden;

9 denn wenn ihr euch bekehrt zu dem HERRN, so werden eure Brüder und Kinder Barmherzigkeit finden bei denen, die sie gefangen halten, so daß sie in dies Land zurückkehren. Denn der HERR, euer Gott, ist gnädig und barmherzig und wird sein Angesicht nicht von euch wenden, wenn ihr euch zu ihm bekehrt.

10 Und die Läufer gingen von einer Stadt zur andern im Lande Ephraim und Manasse und bis nach Sebulon. Aber die verlachten und verspotteten sie.

11 Doch einige von Asser und Manasse und Sebulon demütigten sich und kamen nach Jerusalem.

12 Auch war Gottes Hand über Juda, daß er ihnen einerlei Sinn gab zu tun, wie der König und die Oberen geboten hatten nach dem Wort des HERRN.

13 Und es kam viel Volk in Jerusalem zusammen, um im zweiten Monat das Fest der ungesäuerten Brote zu halten, eine sehr große Gemeinde.

14 Und sie machten sich auf und entfernten die Altäre, die in Jerusalem waren, und alles, was man zum Räuchern braucht, taten sie weg und warfen es hin an den Bach Kidron.

15 Und sie schlachteten das Passa am vierzehnten Tage des zweiten Monats. Und die Priester und Leviten bekannten ihre Schuld und heiligten sich und brachten die Brandopfer zum Hause des HERRN

16 und stellten sich an ihren Platz, wie sich's gebührt nach dem Gesetz des Mose, des Mannes Gottes. Und die Priester nahmen das Blut aus der Hand der Leviten und sprengten es;

17 denn es waren viele in der Gemeinde, die sich nicht geheiligt hatten; darum schlachteten die Leviten das Passa für alle, die nicht rein waren, daß sie dem HERRN geheiligt würden.

18 Denn eine Menge Volk, vor allem von Ephraim, Manasse, Isaschar und Sebulon, hatte sich nicht gereinigt und aß das Passa nicht so, wie geschrieben steht. Doch Hiskia betete für sie und sprach: Der HERR, der gütig ist, wolle gnädig sein

19 allen, die ihr Herz darauf richten, Gott zu suchen, den HERRN, den Gott ihrer Väter, auch wenn sie nicht die für das Heiligtum nötige Reinheit haben.

20 Und der HERR erhörte Hiskia und vergab dem Volk.

21 So hielten die Kinder Israel, die in Jerusalem versammelt waren, das Fest der ungesäuerten Brote sieben Tage lang mit großer Freude. Und die Leviten und Priester lobten den HERRN alle Tage mit den mächtigen Saitenspielen des HERRN.

22 Und Hiskia redete herzlich zu allen Leviten, die sich gut auf den Dienst des HERRN verstanden hatten. Und sie aßen das Fest über, sieben Tage lang, und opferten Dankopfer und dankten dem HERRN, dem Gott ihrer Väter.

23 Und die ganze Gemeinde beschloß, noch weitere sieben Tage zu halten, und sie hielten auch diese sieben Tage mit Freuden.

24 Denn Hiskia, der König von Juda, spendete für die Gemeinde tausend junge Stiere und siebentausend Schafe. Die Oberen aber spendeten für die Gemeinde tausend junge Stiere und zehntausend Schafe. Auch von den Priestern hatten sich viele geheiligt.

25 Und es freute sich die ganze Gemeinde Judas, die Priester und die Leviten und die ganze Gemeinde, die aus Israel gekommen war, und die Fremdlinge, die aus dem Lande Israel gekommen waren und die, die in Juda wohnten.

26 Und es war eine große Freude in Jerusalem; denn seit der Zeit Salomos, des Sohnes Davids, des Königs von Israel, war solches in Jerusalem nicht geschehen.

27 Und die Priester und die Leviten standen auf und segneten das Volk, und ihre Stimme wurde erhört, und ihr Gebet kam in Gottes heilige Wohnung im Himmel.

31 Und als dies alles vollendet war, zog
ganz Israel, soweit es sich versam-
melt hatte, in die Städte Judas, und sie
zerbrachen die Steinmale und hieben die
Bilder der Aschera um und brachen ab
die Opferhöhen und Altäre in ganz Juda,
Benjamin, Ephraim und Manasse, bis sie
alles vernichtet hatten. Und die Kinder
Israel zogen alle wieder heim zu ihrem
Besitz in ihre Städte.

Hiskia ordnet die Versorgung der Priester und Leviten

2 Hiskia aber stellte die Priester und
Leviten nach ihren Ordnungen auf, einen
jeden nach seinem Amt, Priester und Le-
viten, für die Brandopfer und Dankopfer,
daß sie dienten, dankten und lobten in den
Toren des Lagers des HERRN.
3 Und der König gab von seiner Habe
seinen Anteil für die Brandopfer am Mor-
gen und am Abend und für die Brand-
opfer an den Sabbaten und an den Neu-
monden und Festen, wie es geschrieben
steht im Gesetz des HERRN.
4 Und er sagte dem Volk, das in Jerusa-
lem wohnte, daß auch sie ihr Teil den
Priestern und Leviten geben sollten, da-
mit diese um so besser sich an das Gesetz
des HERRN halten könnten.
5 Und als dies Wort erging, gaben die
Kinder Israel reichlich die Erstlinge von
Getreide, Wein, Öl, Honig und allem Er-
trag des Feldes, und auch den Zehnten
von allem brachten sie in Menge.
6 Und die von Israel und Juda, die in den
Städten Judas wohnten, brachten auch den
Zehnten von Rindern und Schafen und
den Zehnten von dem Geweihten, das sie
dem HERRN, ihrem Gott, geweiht hatten,
und legten es in Haufen zusammen.
7 Im dritten Monat fingen sie an es auf-
zuhäufen, und im siebenten Monat voll-
endeten sie's.
8 Und als Hiskia mit den Oberen hin-
ging und sie die Haufen sahen, lobten sie
den HERRN und sein Volk Israel.
9 Und Hiskia befragte die Priester und
Leviten wegen der Haufen.
10 Und der Priester Asarja, der Erste im
Hause Zadok, sprach zu ihm: Seit der
Zeit, da man angefangen hat, die Ab-
gaben ins Haus des HERRN zu bringen,
haben wir gegessen und sind satt gewor-
den, und es ist noch viel übriggeblieben;
denn der HERR hat sein Volk gesegnet,
darum ist so viel übriggeblieben.
11 Da befahl der König, daß man Kam-
mern herrichten sollte am Hause des
HERRN. Und sie richteten sie her
12 und taten die Abgaben, die Zehnten
und das Geweihte gewissenhaft hinein.
Und Vorsteher darüber wurde der Levit
Kananja und als Zweiter sein Bruder
Simeï.
13 Und Jehiël, Asasja, Nahat, Asahel,
Jerimoth, Josabad, Eliël, Jismachja, Ma-
hath und Benaja wurden Aufseher unter
Kananja und seinem Bruder Simeï nach
dem Befehl des Königs Hiskia und Asar-
jas, des Vorstehers im Hause Gottes.
14 Und der Levit Kore, der Sohn Jim-
nas, der Torhüter am Osttor, wurde über
die freiwilligen Gaben für Gott gesetzt,
daß er ausgebe die Abgaben für den
HERRN und das Hochheilige.
15 Und ihm zur Seite standen Eden,
Minjamin, Jeschua, Schemaja, Amarja
und Schechanja in den Städten der Prie-
ster, um ihren Brüdern nach ihren Ord-
nungen gewissenhaft auszugeben, dem
Kleinen wie dem Großen,
16 allen denen, die aufgezeichnet waren
als männlich, drei Jahre alt und darüber,
allen, die in das Haus des HERRN gingen,
je an ihrem Tage zu ihrem Amt in ihrem
Dienst nach ihren Ordnungen. –
17 Die Priester waren aufgezeichnet
nach ihren Sippen und die Leviten von
zwanzig Jahren an und darüber nach
ihrem Dienst in ihren Ordnungen. –
18 Und man zeichnete sie auf mit allen
Alten, Frauen, Söhnen und Töchtern für
die ganze Gemeinde; denn in ihrer Treue
heiligten sie sich für das Heilige.
19 Auch waren Männer namentlich be-
stellt für die Söhne Aaron, die Priester, in
dem Gebiet ihrer Städte, für jede Stadt,
daß sie Anteile ausgäben allem, was
männlich war unter den Priestern, und
allen, die als Leviten aufgezeichnet waren.
20 So tat Hiskia in ganz Juda; er tat, was
gut, recht und wahrhaftig war vor dem
HERRN, seinem Gott.
21 Und alles, was er anfing für den
Dienst des Hauses Gottes nach dem Ge-
setz und Gebot, seinen Gott zu suchen, tat
er von ganzem Herzen, und es gelang ihm.

Jerusalem wird von Sanherib belagert und wunderbar errettet

32 Nach solch treuem Verhalten kam
Sanherib, der König von Assur, und
zog heran gegen Juda und lagerte sich vor
die festen Städte und gedachte, sie an sich
zu reißen.
2 Und als Hiskia sah, daß Sanherib kam
und willens war, gegen Jerusalem zu
kämpfen,
3 beriet er sich mit seinen Obersten und
Kriegshelden, ob man die Wasserquellen
verdecken sollte, die draußen vor der
Stadt waren; und sie stimmten ihm zu.
4 Und es versammelte sich viel Volk,
und sie verdeckten alle Quellen und den
Bach, der durch die Erde geleitet wird,
und sprachen: Daß die Könige von Assur
nur kein Wasser finden, wenn sie kommen!
5 Und Hiskia ward getrost und besserte
alle Mauern aus, wo sie Lücken hatten,
und führte Türme auf und baute draußen
noch eine andere Mauer und befestigte
den Millo an der Stadt Davids und mach-
te viele Waffen und Schilde
6 und setzte Hauptleute über das Kriegs-
volk und sammelte sie zu sich auf dem
Platz am Tor der Stadt und redete ihnen
zu Herzen und sprach:
7 Seid getrost und unverzagt, fürchtet
euch nicht und verzaget nicht vor dem
König von Assur noch vor dem ganzen
Heer, das bei ihm ist; denn mit uns ist ein
Größerer als mit ihm.
8 Mit ihm ist ein fleischlicher Arm, mit
uns aber ist der HERR, unser Gott, daß er
uns helfe und führe unsern Streit. Und das
Volk verließ sich auf die Worte Hiskias,
des Königs von Juda.
9 **D**anach sandte Sanherib, der König
von Assur, seine Großen nach Jerusalem –
denn er lag vor Lachisch und seine ganze
Heeresmacht mit ihm – zu Hiskia, dem
König von Juda, und zu ganz Juda, das
in Jerusalem war, und ließ ihm sagen:
10 So spricht Sanherib, der König von
Assur: Worauf wollt ihr euch verlassen, die
ihr in dem belagerten Jerusalem wohnt?
11 Hiskia verführt euch und gibt euch in
den Tod durch Hunger und Durst, wenn
er spricht: Der HERR, unser Gott, wird
uns erretten aus der Hand des Königs von
Assur. –
12 Ist das nicht der Hiskia, der die
Opferhöhen und Altäre seines Gottes ent-
fernt und zu Juda und Jerusalem gesagt
hat: Vor **einem** Altar sollt ihr anbeten und
darauf opfern?
13 Wißt ihr nicht, was ich und meine
Väter getan haben allen Völkern in den
Ländern? Haben die Götter der Völker in
den Ländern ihr Land erretten können
aus meiner Hand?
14 Wo ist einer unter allen Göttern die-
ser Völker, die meine Väter mit dem Bann
geschlagen haben, der sein Volk hätte er-
retten können aus meiner Hand, daß euer
Gott euch aus meiner Hand sollte erretten
können?
15 So laßt euch nun von Hiskia nicht
betrügen und laßt euch dadurch nicht ver-
führen und glaubt ihm nicht; denn wenn
kein Gott eines Volkes und Königreichs sein
Volk aus meiner und meiner Väter Hand
hat erretten können, so wird euch auch
euer Gott nicht erretten aus meiner Hand.
16 Dazu redeten seine Großen noch
mehr gegen Gott, den HERRN, und gegen
seinen Knecht Hiskia.
17 **A**uch schrieb er einen Brief, um dem
HERRN, dem Gott Israels, hohnzuspre-
chen, und redete gegen ihn: Wie die Göt-
ter der Völker in den Ländern ihr Volk
nicht aus meiner Hand errettet haben, so
wird auch der Gott Hiskias sein Volk
nicht erretten aus meiner Hand. –
18 Und sie riefen mit lauter Stimme auf
hebräisch zum Volk von Jerusalem, das
auf der Mauer war, um sie furchtsam zu
machen und zu erschrecken, damit sie die
Stadt eroberten,
19 und redeten gegen den Gott Jerusa-
lems wie gegen die Götter der Völker auf
Erden, die doch Werke von Menschen-
händen waren.
20 **A**ber der König Hiskia und der Pro-
phet Jesaja, der Sohn des Amoz, beteten
gegen solche Lästerung und schrien gen
Himmel.
21 Und der HERR sandte einen Engel;
der vertilgte alle Kriegsleute und Obersten
und Hauptleute im Lager des Königs von
Assur, daß er mit Schanden wieder in sein
Land zog. Und als er in seines Gottes
Haus ging, fällten ihn dort durchs
Schwert seine Söhne, die von seinem ei-
genen Leibe gekommen waren.

22 So half der HERR dem Hiskia und
denen zu Jerusalem aus der Hand San-
heribs, des Königs von Assur, und aus
der Hand aller andern und gab ihnen
Ruhe ringsumher,
23 daß viele dem HERRN Geschenke
brachten nach Jerusalem und Kleinode
für Hiskia, den König von Juda. Und er
wurde danach hoch erhoben vor allen
Heiden.

Das Ende der Regierung Hiskias

24 Zu dieser Zeit wurde Hiskia tod-
krank; und er betete zum HERRN. Der
redete mit ihm und tat an ihm ein Wunder.
25 Aber Hiskia vergalt nicht nach dem,
was ihm geschehen war; denn sein Herz
überhob sich. Darum kam der Zorn über
ihn und über Juda und Jerusalem.
26 Da demütigte sich Hiskia darüber,
daß sein Herz sich überhoben hatte, samt
denen in Jerusalem. Darum kam der
Zorn des HERRN nicht mehr über sie, so-
lange Hiskia lebte.
27 Und Hiskia hatte sehr großen Reich-
tum und Ehre und sammelte sich Schätze
von Silber, Gold, Edelsteinen, Spezerei,
Schilden und allerlei kostbarem Gerät
28 und baute Vorratshäuser für den Er-
trag an Getreide, Wein und Öl und Ställe
für die verschiedenen Arten von Vieh und
Hürden für die Schafe.
29 Und er baute sich Städte und hatte
Vieh die Menge an Schafen und Rindern;
denn Gott gab ihm sehr großes Gut.
30 Das ist der Hiskia, der die obere
Wasserquelle des Gihon verschloß und
sie hinunterleitete westwärts zur Stadt
Davids; denn es gelangen Hiskia alle seine
Werke.
31 Als aber die Botschafter der Fürsten
von Babel zu ihm gesandt waren, um
nach dem Wunder zu fragen, das im Lan-
de geschehen war, verließ ihn Gott, um
ihn zu versuchen, damit kundwürde alles,
was in seinem Herzen war.
32 Was aber mehr von Hiskia zu sagen
ist, und seine barmherzigen Taten, siehe,
das steht geschrieben in den Gesichten des
Propheten Jesaja, des Sohnes des Amoz,
im Buch der Könige von Juda und Israel.
33 Und Hiskia legte sich zu seinen
Vätern, und sie begruben ihn über den
Gräbern der Söhne Davids. Und ganz
Juda und die Einwohner von Jerusalem
gaben ihm Ehre bei seinem Tod. Und sein
Sohn Manasse wurde König an seiner
Statt.

Manasse

33 Manasse war zwölf Jahre alt, als er
König wurde; und er regierte fünf-
undfünfzig Jahre zu Jerusalem
2 und tat, was dem HERRN mißfiel, nach
den greulichen Sitten der Heiden, die der
HERR vor den Kindern Israel vertrieben
hatte.
3 Er baute die Opferhöhen wieder auf,
die sein Vater Hiskia zerstört hatte, und
errichtete den Baalen Altäre und machte
Bilder der Aschera und betete das ganze
Heer des Himmels an und diente ihnen.
4 Er baute auch Altäre im Hause des
HERRN, von dem doch der HERR gesagt
hatte: Zu Jerusalem soll mein Name sein
ewiglich,
5 und baute Altäre dem ganzen Heer
des Himmels in beiden Vorhöfen am
Hause des HERRN.
6 Und er ließ seine Söhne durchs Feuer
gehen im Tal Ben-Hinnom und achtete
auf Zeichen und Vogelgeschrei und trieb
Zauberei und bestellte Geisterbeschwörer
und Zeichendeuter und tat viel, was dem
HERRN mißfiel, um ihn zu erzürnen.
7 Er stellte auch das Bild des Götzen,
das er machen ließ, ins Haus Gottes, von
dem Gott zu David gesagt hatte und zu
seinem Sohn Salomo: In diesem Hause zu
Jerusalem, das ich erwählt habe vor allen
Stämmen Israels, will ich meinen Namen
wohnen lassen ewiglich
8 und will nicht mehr den Fuß Israels
weichen lassen von dem Lande, das ich
ihren Vätern bestimmt habe, sofern sie
halten und alles tun, was ich ihnen durch
Mose geboten habe, nach dem ganzen
Gesetz, den Geboten und Rechten.
9 Aber Manasse verführte Juda und die
Einwohner von Jerusalem, daß sie es
ärger trieben als die Heiden, die der HERR
vor den Kindern Israel vertilgt hatte.
10 Und wenn der HERR zu Manasse und
seinem Volk reden ließ, merkten sie nicht
darauf.
11 Darum ließ der HERR über sie kom-
men die Obersten des Heeres des Königs
von Assur; die nahmen Manasse gefangen

mit Fesseln und legten ihn in Ketten und
brachten ihn nach Babel.
12 Und als er in Angst war, flehte er zu
dem HERRN, seinem Gott, und demütigte
sich vor dem Gott seiner Väter.
13 Und als er bat, ließ sich der Herr erbitten und erhörte sein Flehen und brachte ihn wieder nach Jerusalem in sein Königreich. Da erkannte Manasse, daß der HERR Gott ist.
14 Danach baute er die äußere Mauer an der Stadt Davids westwärts zum Gihon hin im Tal und wo man zum Fischtor hineingeht, und führte sie um den Ophel und machte sie sehr hoch. Und er legte Hauptleute in alle festen Städte Judas.
15 Er entfernte die fremden Götter und den Götzen aus dem Hause des HERRN und alle Altäre, die er gebaut hatte auf dem Berge des Hauses des HERRN und in Jerusalem, und warf sie hinaus vor die Stadt.
16 Und er stellte den Altar des HERRN wieder her und opferte darauf Dankopfer und Lobopfer und befahl Juda, daß sie dem HERRN, dem Gott Israels, dienen sollten.
17 Aber das Volk opferte noch auf den Höhen, jedoch dem HERRN, ihrem Gott.
18 Was aber mehr von Manasse zu sagen ist, und sein Gebet zu seinem Gott und die Reden der Seher, die zu ihm redeten im Namen des HERRN, des Gottes Israels, siehe, das alles steht in den Geschichten der Könige von Israel.
19 Und sein Gebet und wie der HERR ihn erhörte und alle seine Sünde und Missetat und die Stätten, wo er die Opferhöhen baute und die Bilder der Aschera und Götzenbilder aufstellte, ehe er sich demütigte, siehe, das steht geschrieben in den Geschichten der Seher.
20 Und Manasse legte sich zu seinen Vätern, und sie begruben ihn in seinem Hause. Und sein Sohn Amon wurde König an seiner Statt.

Amon

21 Zweiundzwanzig Jahre alt war Amon, als er König wurde; und er regierte zwei Jahre zu Jerusalem
22 und tat, was dem HERRN mißfiel, wie sein Vater Manasse getan hatte. Und Amon opferte allen Götzen, die sein Vater Manasse gemacht hatte, und diente ihnen.
23 Aber er demütigte sich nicht vor dem HERRN, wie sich sein Vater Manasse gedemütigt hatte, sondern häufte noch mehr Schuld auf.
24 Und seine Großen machten eine Verschwörung gegen ihn und töteten ihn in seinem Hause.
25 Da erschlug das Volk des Landes alle, die die Verschwörung gegen den König Amon gemacht hatten. Und das Volk des Landes machte seinen Sohn Josia zum König an seiner Statt.

Josia rottet den Götzendienst aus

34 Acht Jahre alt war Josia, als er König wurde; und er regierte einunddreißig Jahre zu Jerusalem
2 und tat, was dem HERRN wohlgefiel, und wandelte in den Wegen seines Vaters David und wich weder zur Rechten noch zur Linken.
3 Im achten Jahr seiner Herrschaft fing er an, obwohl er noch jung war, den Gott seines Vaters David zu suchen, und im zwölften Jahr fing er an, Juda und Jerusalem zu reinigen von den Opferhöhen und den Bildern der Aschera, von den Götzen und gegossenen Bildern.
4 Und er ließ vor seinen Augen abbrechen die Altäre der Baale, und die Rauchopfersäulen oben darauf hieb er ab, und die Bilder der Aschera und die geschnitzten und gegossenen Götzenbilder zerbrach er und machte sie zu Staub und streute ihn auf die Gräber derer, die ihnen geopfert hatten,
5 und verbrannte die Gebeine der Priester auf ihren Altären und reinigte so Juda und Jerusalem.
6 So tat er auch ringsumher in den Städten Manasses, Ephraims, Simeons und bis nach Naphthali auf ihren Plätzen.
7 Und als er im ganzen Lande Israel die Altäre und Bilder der Aschera abgebrochen und die Götzenbilder zertrümmert und zermalmt und alle Rauchopfersäulen umgehauen hatte, kehrte er zurück nach Jerusalem.

Das Gesetzbuch wird gefunden und das Volk darauf verpflichtet

8 Im achtzehnten Jahr seiner Herrschaft, als er das Land und das Haus des Herrn gereinigt hatte, sandte er Schaphan, den

Sohn Azaljas, und den Stadthauptmann
Maaseja und den Kanzler Joach, den
Sohn des Joahas, das Haus des HERRN,
seines Gottes, auszubessern.
9 Und sie kamen zu dem Hohenpriester
Hilkia, und man gab ihnen das Geld, das
zum Hause Gottes gebracht war und das
die Leviten, die an der Schwelle Wache
hielten, von Manasse, Ephraim und von al-
len in Israel Übriggebliebenen gesammelt
hatten und von ganz Juda und Benjamin
und von denen, die in Jerusalem wohnten.
10 Und sie gaben's in die Hände der
Werkmeister, die bestellt waren am Hause
des HERRN; und diese, die da arbeiteten
am Hause des HERRN, daß sie das Haus
ausbesserten und instand setzten,
11 gaben's den Zimmerleuten und Bau-
leuten, um gehauene Steine zu kaufen und
Holz zu Klammern und Balken für die
Gebäude, die die Könige von Juda hatten
verfallen lassen.
12 Und die Männer arbeiteten am Werk
auf Treu und Glauben.
Und es waren über sie gesetzt als Auf-
seher Jahath und Obadja, die Leviten von
den Söhnen Merari, Sacharja und Me-
schullam von den Söhnen der Kehathiter.
Und die Leviten – alle waren kundig des
Saitenspiels –
13 waren über die Lastträger gesetzt und
waren auch Aufseher über die Arbeiter
bei jedem Werk; einige der Leviten waren
Schreiber, Amtleute und Torhüter.
14 **U**nd als sie das Geld herausnahmen,
das zum Hause des HERRN gebracht wor-
den war, fand der Priester Hilkia das
Buch des Gesetzes des HERRN, das durch
Mose gegeben war.
15 Und Hilkia hob an und sprach zu dem
Schreiber Schaphan: Ich habe dies Gesetz-
buch gefunden im Hause des HERRN.
Und Hilkia gab das Buch Schaphan.
16 Schaphan aber brachte es zum König
und gab ihm Bericht und sprach: Alles,
was deinen Knechten befohlen ist, tun sie.
17 Sie haben das Geld ausgeschüttet, das
im Hause des HERRN gesammelt ist, und
haben's denen gegeben, die bestellt sind,
und den Arbeitern.
18 Und der Schreiber Schaphan sagte
dem König: Der Priester Hilkia hat mir
ein Buch gegeben. Und Schaphan las vor
dem König daraus vor.
19 Und als der König die Worte des Ge-
setzes hörte, zerriß er seine Kleider.
20 Und der König gebot Hilkia und Ahi-
kam, dem Sohn Schaphans, und Abdon,
dem Sohn Michas, und Schaphan, dem
Schreiber, und Asaja, dem Kämmerer des
Königs, und sprach:
21 Geht hin, befragt den HERRN für
mich und für die Übriggebliebenen von
Israel und Juda über die Worte des Bu-
ches, das gefunden ist; denn groß ist der
Grimm des HERRN, der über uns ent-
brannt ist, weil unsere Väter nicht gehal-
ten haben das Wort des HERRN und nicht
alles taten, was geschrieben steht in die-
sem Buch.
22 **D**a ging Hilkia samt den andern, die
der König gesandt hatte, hin zu der Pro-
phetin Hulda, der Frau Schallums, des
Sohnes Tokhaths, des Sohnes Hasras, des
Kleiderhüters, die in Jerusalem wohnte im
zweiten Bezirk der Stadt, und sagten ihr
dies.
23 Und sie sprach zu ihnen: So spricht
der HERR, der Gott Israels: Sagt dem
Mann, der euch zu mir gesandt hat:
24 So spricht der HERR: Siehe, ich will
Unheil bringen über diesen Ort und seine
Einwohner, alle die Flüche, die geschrie-
ben stehen in dem Buch, aus dem man vor
dem König von Juda gelesen hat,
25 weil sie mich verlassen und andern
Göttern geopfert haben, um mich zu er-
zürnen mit allen Werken ihrer Hände.
Und mein Grimm soll über diesen Ort
entbrennen und nicht ausgelöscht werden.
26 Und zum König von Juda, der euch
gesandt hat, den HERRN zu befragen, sollt
ihr so sagen: So spricht der HERR, der
Gott Israels: Was die Worte angeht, die
du gehört hast:
27 «Weil du im Herzen betroffen bist
und dich gedemütigt hast vor Gott, als du
seine Worte hörtest gegen diesen Ort und
gegen seine Einwohner, und dich vor mir
gedemütigt hast und deine Kleider zer-
rissen und vor mir geweint, so habe ich
dich auch erhört, spricht der HERR.
28 Siehe, ich will dich versammeln zu
deinen Vätern, daß du mit Frieden in dein
Grab kommst und deine Augen nicht
sehen all das Unheil, das ich über diesen
Ort und seine Einwohner bringen will.»
Und sie sagten's dem König wieder.

29 Da sandte der König hin und ließ zu-
sammenkommen alle Ältesten Judas und
Jerusalems.
30 Und der König ging hinauf ins Haus
des HERRN und alle Männer Judas und
die Einwohner von Jerusalem, die Priester,
die Leviten und alles Volk, klein und groß,
und es wurden vor ihren Ohren gelesen
alle Worte aus dem Buch des Bundes, das
im Hause des HERRN gefunden war.
31 Und der König trat an seinen Platz
und schloß einen Bund vor dem HERRN,
daß man dem HERRN nachwandeln und
seine Gebote, Ordnungen und Rechte von
ganzem Herzen und von ganzer Seele hal-
ten wolle, zu tun nach allen Worten des
Bundes, die geschrieben stehen in diesem
Buch.
32 Und er ließ hintreten alle, die in Jeru-
salem und in Benjamin waren. Und die
Einwohner von Jerusalem taten nach dem
Bund Gottes, des Gottes ihrer Väter.
33 Und Josia entfernte alle greulichen
Götzen aus allen Gebieten Israels und
brachte es dahin, daß alle in Israel dem
HERRN, ihrem Gott, dienten. Solange Jo-
sia lebte, wichen sie nicht von dem HERRN,
dem Gott ihrer Väter.

Josia hält Passa nach dem Gesetz Gottes

35 Und Josia hielt dem HERRN Passa in
Jerusalem, und sie schlachteten das
Passa am vierzehnten Tage des ersten Mo-
nats.
2 Und er bestellte die Priester zu ihrem
Dienst und ermutigte sie zu ihrem Amt
im Hause des HERRN
3 und sprach zu den Leviten, die ganz
Israel lehrten und dem HERRN geheiligt
waren: Bringt die heilige Lade ins Haus,
das Salomo, der Sohn Davids, des Königs
von Israel, gebaut hat. Nun sollt ihr sie
nicht mehr auf den Schultern tragen. So
dient nun dem HERRN, eurem Gott, und
seinem Volk Israel
4 und seid bereit nach euren Sippen in
euren Ordnungen, wie sie aufgeschrieben
sind von David, dem König von Israel,
und seinem Sohn Salomo,
5 und stellt euch im Heiligtum auf, ent-
sprechend den Abteilungen der Sippen
eurer Brüder aus dem Volk je eine Abtei-
lung einer Sippe der Leviten,
6 und schlachtet das Passa und heiligt
euch und bereitet es für eure Brüder, daß
sie tun nach dem Wort des HERRN durch
Mose.
7 Und Josia gab als Opfergabe für das
Volk Lämmer und junge Ziegen – alles zu
dem Passa für alle, die sich versammelt
hatten – an Zahl dreißigtausend, und drei-
tausend Rinder, alles von dem Gut des
Königs.
8 Seine Oberen aber gaben als Opfer-
gabe freiwillig für das Volk und für die
Priester und Leviten. Hilkia, Sacharja und
Jehiël, die Vorsteher im Hause Gottes,
gaben den Priestern zum Passa zweitau-
sendsechshundert Lämmer und Ziegen,
dazu dreihundert Rinder.
9 Kananja aber und seine Brüder, Sche-
maja und Nathanael, sowie Haschabja,
Jeïël und Josabad, die Vorsteher der Levi-
ten, gaben als Opfergabe den Leviten zum
Passa fünftausend Lämmer und Ziegen
und dazu fünfhundert Rinder.
10 So wurde der Gottesdienst geordnet.
Und die Priester standen an ihren Plätzen
und die Leviten in ihren Abteilungen nach
dem Gebot des Königs.
11 Und sie schlachteten das Passa, und
die Priester nahmen das Blut aus der
Hand der Leviten und sprengten, und die
Leviten zogen die Haut ab.
12 Und die Brandopfer sonderten sie ab,
um sie den Abteilungen der Sippen des
Volkes zu geben, damit diese dem HERRN
opferten, wie es geschrieben steht im
Buch des Mose. So taten sie auch mit den
Rindern.
13 Und sie kochten das Passa am Feuer,
wie sich's gebührt. Aber was geheiligt war,
kochten sie in Töpfen, Kesseln und Schüs-
seln und brachten es schnell allem Volk.
14 Danach aber bereiteten sie auch für
sich und für die Priester; denn die Prie-
ster, die Söhne Aaron, hatten mit dem
Brandopfer und dem Fett bis in die Nacht
zu tun; darum mußten die Leviten für sich
und für die Priester, die Söhne Aaron, zu-
bereiten.
15 Und die Sänger, die Söhne Asaph,
standen an ihren Plätzen nach dem Gebot
Davids und Asaphs und Hemans und Je-
duthuns, der Seher des Königs, und die
Torhüter an allen Toren, und sie wichen
nicht von ihrem Dienst; denn die Leviten,
ihre Brüder, bereiteten auch für sie zu.

16 So wurde geordnet aller Gottesdienst des HERRN an diesem Tage, um hinfort Passa zu halten und Brandopfer darzubringen auf dem Altar des HERRN nach dem Gebot des Königs Josia.
17 So hielten die Kinder Israel, die sich versammelt hatten, zu dieser Zeit das Passa und das Fest der ungesäuerten Brote sieben Tage lang.
18 Man hatte aber kein Passa gehalten in Israel wie dies von der Zeit des Propheten Samuel an, und kein König in Israel hatte das Passa so gehalten, wie Josia Passa hielt, mit den Priestern, Leviten, ganz Juda und allen, die von Israel sich versammelt hatten, und den Einwohnern von Jerusalem.
19 Im achtzehnten Jahr der Herrschaft Josias wurde dies Passa gehalten.

Josias Tod im Kampf gegen den Pharao Necho

20 Nachdem aber Josia das Haus des Herrn hergerichtet hatte, zog Necho, der König von Ägypten, herauf, um Krieg zu führen bei Karkemisch am Euphrat. Und Josia zog aus ihm entgegen.
21 Aber Necho sandte Boten zu ihm und ließ ihm sagen: Was hab ich mit dir zu tun, König von Juda? Ich komme jetzt nicht gegen dich, sondern gegen das Königreich, mit dem ich Krieg habe, und Gott hat gesagt, ich soll eilen. Vergreif dich nicht an Gott, der mit mir ist, daß er dich nicht verderbe!
22 Aber Josia ließ nicht ab von ihm, sondern schickte sich an, mit ihm zu kämpfen, und hörte nicht auf die Worte Nechos, die Gott zu ihm gesprochen hatte, und kam, mit ihm zu kämpfen in der Ebene von Megiddo.
23 Aber die Schützen schossen auf den König Josia, und der König sprach zu seinen Männern: Führt mich fort; denn ich bin schwer verwundet!
24 Und seine Männer hoben ihn von dem Wagen und brachten ihn auf einen von seinen andern Wagen und führten ihn nach Jerusalem. Und er starb und wurde begraben in den Gräbern seiner Väter. Und ganz Juda und Jerusalem trugen Leid um Josia.
25 Und Jeremia sang ein Klagelied über Josia, und alle Sänger und Sängerinnen klagten in ihren Liedern über Josia bis auf diesen Tag, und das wurde zum festen Brauch in Israel. Siehe, diese Lieder stehen geschrieben unter den Klageliedern.
26 Was aber mehr von Josia zu sagen ist und seine barmherzigen Taten, wie sie dem Gesetz des HERRN entsprachen,
27 und seine Geschichte, die frühere und die spätere, siehe, das alles steht geschrieben im Buch der Könige von Israel und Juda.

Joahas, Jojakim, Jojachin

36 Und das Volk des Landes nahm Joahas, den Sohn Josias, und machte ihn zum König an seines Vaters Statt zu Jerusalem.
2 Dreiundzwanzig Jahre alt war Joahas, als er König wurde; und er regierte drei Monate zu Jerusalem;
3 denn der König von Ägypten setzte ihn ab in Jerusalem und legte eine Geldbuße auf das Land von hundert Zentnern Silber und einem Zentner Gold.
4 Und der König von Ägypten machte Eljakim, seinen Bruder, zum König über Juda und Jerusalem und wandelte seinen Namen um in Jojakim. Aber seinen Bruder Joahas nahm Necho und brachte ihn nach Ägypten.
5 Fünfundzwanzig Jahre alt war Jojakim, als er König wurde; und er regierte elf Jahre zu Jerusalem und tat, was dem HERRN, seinem Gott, mißfiel.
6 Und Nebukadnezar, der König von Babel, zog gegen ihn herauf und legte ihn in Ketten, um ihn nach Babel zu führen.
7 Auch brachte Nebukadnezar einige Geräte des Hauses des HERRN nach Babel und tat sie in seinen Tempel in Babel.
8 Was aber mehr von Jojakim zu sagen ist und seine Greueltaten, die er tat, und was ihm sonst widerfuhr, siehe, das steht geschrieben im Buch der Könige von Israel und Juda. Und sein Sohn Jojachin wurde König an seiner Statt.
9 Achtzehn Jahre alt war Jojachin, als er König wurde; und er regierte drei Monate und zehn Tage zu Jerusalem und tat, was dem HERRN mißfiel.
10 Als aber das Jahr zu Ende ging, sandte Nebukadnezar hin und ließ ihn nach Babel holen mit den kostbaren Geräten aus dem Hause des HERRN und machte

seinen Bruder Zedekia zum König über
Juda und Jerusalem.

Zedekia und die Wegführung nach Babel

11 Einundzwanzig Jahre alt war Zede-
kia, als er König wurde; und er regierte
elf Jahre zu Jerusalem
12 und tat, was dem HERRN, seinem
Gott, mißfiel, und demütigte sich nicht
vor dem Propheten Jeremia, der da redete,
wie der HERR zu ihm gesprochen hatte.
13 Auch wurde er abtrünnig von Nebu-
kadnezar, dem König von Babel, der
einen Eid bei Gott von ihm genommen
hatte, und wurde halsstarrig und ver-
stockte sein Herz, so daß er sich nicht be-
kehrte zu dem HERRN, dem Gott Israels.
14 Auch alle Oberen Judas und die Prie-
ster und das Volk versündigten sich noch
mehr mit all den greulichen Sitten der
Heiden und machten unrein das Haus des
HERRN, das er geheiligt hatte in Jerusalem.
15 Und der HERR, der Gott ihrer Väter,
ließ immer wieder gegen sie reden durch
seine Boten; denn er hatte Mitleid mit
seinem Volk und seiner Wohnung.
16 Aber sie verspotteten die Boten Got-
tes und verachteten seine Worte und ver-
höhnten seine Propheten, bis der Grimm
des HERRN über sein Volk wuchs und es
kein Vergeben mehr gab.
17 Da führte er gegen sie heran den
König der Chaldäer und ließ ihre junge
Mannschaft mit dem Schwert erschlagen
im Hause ihres Heiligtums und verschonte
weder die Jünglinge noch die Jungfrauen,
weder die Alten noch die Greise; alle gab
er sie in seine Hand.
18 Und alle Geräte im Hause Gottes,
große und kleine, die Schätze im Hause
des HERRN und die Schätze des Königs
und seiner Oberen, alles ließ er nach Ba-
bel führen.
19 Und sie verbrannten das Haus Got-
tes und rissen die Mauer Jerusalems ein,
und alle ihre Burgtürme brannten sie mit
Feuer aus, so daß alle ihre kostbaren Ge-
räte zunichte wurden.
20 Und er führte weg nach Babel alle,
die das Schwert übriggelassen hatte, und
sie wurden seine und seiner Söhne Knech-
te, bis das Königtum der Perser zur Herr-
schaft kam,
21 damit erfüllt würde das Wort des
HERRN durch den Mund Jeremias. Das
Land hatte die ganze Zeit über, da es
wüste lag, Sabbat, bis es an seinen Sabba-
ten genug hatte, auf daß siebzig Jahre
voll wurden.

Ende der babylonischen Gefangenschaft

22 Aber im ersten Jahr des Cyrus, des
Königs von Persien, erweckte der HERR –
damit erfüllt würde das Wort des HERRN
durch den Mund Jeremias – den Geist des
Cyrus, des Königs von Persien, daß er in
seinem ganzen Königreich mündlich und
auch schriftlich verkünden ließ:
23 So spricht Cyrus, der König von
Persien: Der HERR, der Gott des Him-
mels, hat mir alle Königreiche der Erde
gegeben und hat mir befohlen, ihm ein
Haus zu bauen zu Jerusalem in Juda. Wer
nun unter euch von seinem Volk ist, mit
dem sei der HERR, sein Gott, und er ziehe
hinauf!

DAS BUCH ESRA

Erlaubnis zur Heimkehr und zum Tempelbau

1 Im ersten Jahr des Cyrus, des Königs
von Persien, erweckte der HERR – da-
mit erfüllt würde das Wort des HERRN,
das durch den Mund Jeremias gesprochen
war – den Geist des Cyrus, des Königs von
Persien, daß er in seinem ganzen König-
reich mündlich und auch schriftlich ver-
künden ließ:
2 So spricht Cyrus, der König von Per-
sien: Der HERR, der Gott des Himmels,
hat mir alle Königreiche der Erde gegeben,
und er hat mir befohlen, ihm ein Haus zu
Jerusalem in Juda zu bauen.

3 Wer nun unter euch von seinem Volk
ist, mit dem sei sein Gott, und er ziehe
hinauf nach Jerusalem in Juda und baue
das Haus des HERRN, des Gottes Israels;
das ist der Gott, der zu Jerusalem ist.
4 Und wo auch immer einer übrigge-
blieben ist, dem sollen die Leute des Orts,
an dem er als Fremdling gelebt hat, helfen
mit Silber und Gold, Gut und Vieh außer
dem, was sie aus freiem Willen für das
Haus Gottes zu Jerusalem geben.
5 Da machten sich auf die Häupter der
Sippen aus Juda und Benjamin und die
Priester und Leviten, alle, deren Geist
Gott erweckt hatte, um hinaufzuziehen
und das Haus des HERRN zu Jerusalem zu
bauen.
6 Und alle, die um sie her wohnten,
halfen ihnen mit allem, mit Silber und
Gold, mit Gut und Vieh und Kleinoden
außer dem, was sie freiwillig gaben.
7 Und der König Cyrus gab heraus die
Geräte des Hauses des HERRN, die Nebu-
kadnezar aus Jerusalem genommen und
in das Haus seines Gottes gebracht hatte.
8 Und Cyrus, der König von Persien,
übergab sie dem Schatzmeister Mithre-
dath; der zählte sie Scheschbazar, dem
Fürsten Judas, vor.
9 Und dies war ihre Zahl: Dreißig gol-
dene Becken und tausendneunundzwan-
zig silberne Becken,
10 dreißig goldene Becher und vierhun-
dertzehn silberne Becher und tausend an-
dere Geräte.
11 Alle Geräte, goldene und silberne,
waren fünftausendvierhundert*. Alles
brachte Scheschbazar hinauf, als man aus
der Gefangenschaft von Babel nach Jeru-
salem hinaufzog.

Verzeichnis der Heimkehrer

2 Dies sind die Leute der Landschaft
Juda, die heraufzogen aus der Gefan-
genschaft, die Nebukadnezar, der König
von Babel, nach Babel weggeführt hatte,
und die nach Jerusalem und Juda zurück-
kehrten, ein jeder in seine Stadt.
2 Sie kamen mit Serubabel, Jeschua,
Nehemia, Seraja, Reelaja, Mardochai,
Bilschan, Mispar, Bigewai, Rehum und
Baana. Dies ist die Zahl der Männer des
Volkes Israel:
3 die Söhne Parosch 2172;
4 die Söhne Schephatja 372;
5 die Söhne Arach 775;
6 die Söhne Pahath-Moab, nämlich die
Söhne Jeschua und die Söhne Joab, 2812;
7 die Söhne Elam 1254;
8 die Söhne Sattu 945;
9 die Söhne Sakkai 760;
10 die Söhne Bani 642;
11 die Söhne Bebai 623;
12 die Söhne Asgad 1222;
13 die Söhne Adonikam 666;
14 die Söhne Bigewai 2056;
15 die Söhne Adin 454;
16 die Söhne Ater, nämlich die Söhne
Hiskia, 98;
17 die Söhne Bezai 323;
18 die Söhne Jorah 112;
19 die Söhne Haschum 223;
20 die Söhne Gibbar 95;
21 die Männer von Bethlehem 123;
22 die Männer von Netopha 56;
23 die Männer von Anathoth 128;
24 die Männer von Beth-Asmaweth 42;
25 die Männer von Kirjath-Jearim, Ke-
phira und Beeroth 743;
26 die Männer von Rama und Geba
621;
27 die Männer von Michmas 122;
28 die Männer von Bethel und Ai 223;
29 die Söhne Nebo 52;
30 die Söhne Magbisch 156;
31 die Söhne des andern Elam 1254;
32 die Söhne Harim 320;
33 die Männer von Lod, Hadid und
Ono 725;
34 die Männer von Jericho 345;
35 die Söhne Senaa 3630.
36 Die Zahl der Priester: die Söhne Je-
daja, nämlich das Haus Jeschua, 973;
37 die Söhne Immer 1052;
38 die Söhne Paschhur 1247;
39 die Söhne Harim 1017.
40 Die Zahl der Leviten: die Söhne Je-
schua, nämlich Kadmiël, Binnui und Ho-
dawja, 74.
41 Die Zahl der Sänger: die Söhne
Asaph 128.
42 Die Zahl der Torhüter: die Söhne
Schallum, die Söhne Ater, die Söhne Tal-
mon, die Söhne Akkub, die Söhne Hatita
und die Söhne Schobai, insgesamt 139.

*Durch spätere Abänderungen entspricht die Gesamtzahl jetzt nicht mehr der Summe der Einzelangaben.

43 **Die** Zahl der Tempelsklaven: die
Söhne Ziha, die Söhne Hasupha, die Söh-
ne Tabbaoth,
44 die Söhne Keros, die Söhne Sia, die
Söhne Padon,
45 die Söhne Lebana, die Söhne Haga-
ba, die Söhne Akkub,
46 die Söhne Hagab, die Söhne Salmai,
die Söhne Hanan,
47 die Söhne Giddel, die Söhne Gahar,
die Söhne Reaja,
48 die Söhne Rezin, die Söhne Nekoda,
die Söhne Gasam,
49 die Söhne Usa, die Söhne Paseach,
die Söhne Besai,
50 die Söhne Asna, die Söhne der Mëu-
niter, die Söhne der Nephusiter,
51 die Söhne Bakbuk, die Söhne Haku-
pha, die Söhne Harhur,
52 die Söhne Bazluth, die Söhne Mehi-
da, die Söhne Harscha,
53 die Söhne Barkos, die Söhne Sisera,
die Söhne Temach,
54 die Söhne Neziach, die Söhne Hati-
pha.
55 **Die** Zahl der Nachkommen der Skla-
ven Salomos: die Söhne Sotai, die Söhne
Sophereth, die Söhne Peruda,
56 die Söhne Jaala, die Söhne Darkon,
die Söhne Giddel,
57 die Söhne Schephatja, die Söhne
Hattil, die Söhne Pochereth von Zebajim,
die Söhne Amon.
58 Alle Tempelsklaven und Nachkom-
men der Sklaven Salomos waren zusam-
men 392.
59 **Und** von denen, die heraufzogen aus
Tel-Melach, Tel-Harscha, Kerub-Addon
und Immer, konnten nicht angeben, ob
ihre Sippe und ihre Nachkommen aus
Israel stammten:
60 die Söhne Delaja, die Söhne Tobia,
die Söhne Nekoda, 652.
61 Und von den Priestern: die Söhne
Habaja, die Söhne Hakkoz, die Söhne
Barsillai, deren Urahn eine von den Töch-
tern des Gileaditers Barsillai zur Frau ge-
nommen hatte und nach dessen Namen
genannt wurde.
62 Die suchten ihre Geschlechtsregister
und fanden sie nicht; darum wurden sie
für das Priestertum als untauglich erklärt.
63 Und der Statthalter gebot ihnen, sie
sollten nicht essen vom Hochheiligen, bis
ein Priester für die heiligen Lose «Licht
und Recht» aufstände.
64 **Die** ganze Gemeinde zählte insge-
samt 42360,
65 ausgenommen ihre Knechte und
Mägde; diese waren 7337; dazu 200 Sän-
ger und Sängerinnen.
66 Und sie hatten 736 Rosse, 245 Maul-
tiere,
67 435 Kamele und 6720 Esel.
68 **Und** als einige Häupter der Sippen
zum Hause des HERRN in Jerusalem ka-
men, gaben sie freiwillig für das Haus
Gottes, damit man's an seiner früheren
Stätte erbaue,
69 und gaben nach ihrem Vermögen
zum Schatz für das Werk 61000 Gulden
und 5000 Pfund Silber und 100 Priester-
kleider.
70 **So** ließen sich die Priester und die
Leviten und einige andere Leute in Jeru-
salem nieder und die Sänger und die Tor-
hüter und die Tempelsklaven in ihren
Städten und alle übrigen aus Israel in
ihren Städten.

Errichtung des Brandopferaltars und Beginn des Opferdienstes

3 Und als der siebente Monat herbei-
kam und die Kinder Israel nun in ihren
Städten waren, versammelte sich das
ganze Volk wie **ein** Mann in Jerusalem.
2 Und es machten sich auf Jeschua, der
Sohn Jozadaks, und seine Brüder, die
Priester, und Serubabel, der Sohn Seal-
thiëls, und seine Brüder und bauten den
Altar des Gottes Israels, um Brandopfer
darauf zu opfern, wie es geschrieben steht
im Gesetz des Mose, des Mannes Gottes.
3 Und sie richteten den Altar wieder her
an seiner früheren Stätte – denn es war
Furcht über sie gekommen vor den Völ-
kern des Landes – und opferten dem
HERRN Brandopfer darauf des Morgens
und des Abends.
4 Und sie hielten das Laubhüttenfest, wie
geschrieben steht, und brachten Brand-
opfer dar alle Tage nach der Zahl, wie
sich's gebührt und jeder Tag es erforderte,
5 danach auch das tägliche Brandopfer
und die Opfer für die Neumonde und alle
heiligen Festtage des HERRN und was
sonst einer dem HERRN freiwillig dar-
brachte.

6 Am ersten Tage des siebenten Monats
fingen sie an, dem HERRN Brandopfer zu
bringen. Aber der Grund des Tempels des
HERRN war noch nicht gelegt.
7 Und sie gaben Geld den Steinmetzen
und Zimmerleuten und Speise und Trank
und Öl den Leuten von Sidon und Tyrus,
damit sie Zedernholz vom Libanon zur
See nach Japho brächten, wie es ihnen
Cyrus, der König von Persien, erlaubt
hatte.

Beginn des Tempelbaus

8 Im zweiten Jahr nach ihrer Ankunft
beim Hause Gottes in Jerusalem, im
zweiten Monat, begannen Serubabel, der
Sohn Sealthiëls, und Jeschua, der Sohn
Jozadaks, und die übrigen ihrer Brüder,
Priester und Leviten, und alle, die aus der
Gefangenschaft nach Jerusalem gekom-
men waren, die Leviten von zwanzig Jah-
ren an und darüber zu bestellen, damit
sie die Arbeit am Hause des HERRN leite-
ten.
9 Und Jeschua mit seinen Söhnen und
seinen Brüdern Kadmiël, Binnui und Ho-
dawja traten einmütig an, um die Arbeiter
am Hause Gottes anzuleiten, dazu die
Söhne Henadads mit ihren Söhnen und
ihren Brüdern, die Leviten.
10 Und als die Bauleute den Grund leg-
ten zum Tempel des HERRN, stellten sich
die Priester auf in ihren Amtskleidern mit
Trompeten und die Leviten, die Söhne
Asaph, mit Zimbeln, um den HERRN zu
loben nach der Ordnung Davids, des
Königs von Israel.
11 Und sie stimmten den Lobpreis an
und dankten dem HERRN: Denn er ist
gütig, und seine Barmherzigkeit währt
ewiglich über Israel. Und das ganze Volk
jauchzte laut beim Lobe des HERRN, weil
der Grund zum Hause des HERRN gelegt
war.
12 Und viele von den betagten Priestern,
Leviten und Sippenhäuptern, die das
frühere Haus noch gesehen hatten, wein-
ten laut, als nun dies Haus vor ihren Au-
gen gegründet wurde. Viele aber jauchzten
mit Freuden, so daß das Geschrei laut er-
scholl.
13 Und man konnte das Jauchzen mit
Freuden und das laute Weinen im Volk
nicht unterscheiden; denn das Volk
jauchzte laut, so daß man den Schall
weithin hörte.

Behinderung des Tempelbaus

4 Als aber die Widersacher Judas und
Benjamins hörten, daß die, die aus der
Gefangenschaft zurückgekommen waren,
dem HERRN, dem Gott Israels, den Tem-
pel bauten,
2 kamen sie zu Serubabel, Jeschua und
den Sippenhäuptern und sprachen zu
ihnen: Wir wollen mit euch bauen; denn
auch wir suchen euren Gott und haben
ihm geopfert seit der Zeit Asar-Haddons,
des Königs von Assur, der uns hierher ge-
bracht hat.
3 Aber Serubabel und Jeschua und die
andern Häupter der Sippen in Israel ant-
worteten ihnen: Es ziemt sich nicht, daß
ihr und wir miteinander das Haus unseres
Gottes bauen, sondern wir allein wollen
bauen dem HERRN, dem Gott Israels, wie
uns Cyrus, der König von Persien, ge-
boten hat.
4 Da machte das Volk des Landes die
Juden mutlos und schreckte sie vom
Bauen ab.
5 Und sie dingten Ratgeber gegen sie und
hinderten ihr Vorhaben, solange Cyrus,
der König von Persien, lebte, bis zur Herr-
schaft des Darius, des Königs von Persien.
6 Und als Ahasveros König war, im
Anfang seiner Herrschaft, schrieb man
eine Anklage gegen die Bewohner von
Juda und Jerusalem.
7 Und zu den Zeiten Arthahsasthas
schrieben Bischlam, Mithredath, Tabeel
und ihre andern Genossen an Arthah-
sastha, den König von Persien. Der Brief
war in aramäischer Schrift geschrieben
und ins Aramäische übertragen.
8 Der Kanzler Rehum und der Schreiber
Schimschai schrieben einen Brief gegen
Jerusalem an den König Arthahsastha:
9 Wir, Rehum, der Kanzler, und Schim-
schai, der Schreiber, und die andern Ge-
nossen, die Richter, die Befehlshaber, die
Schreiber, die Beamten, die Männer von
Erech, von Babel, von Susa, das sind die
Elamiter,
10 und die andern Völker, die der große
und berühmte Osnappar* hergebracht
und in den Städten Samariens und in den

*Osnappar ist Asar-Haddon (Vers 2).

andern Orten jenseits des Euphrat* an-
gesiedelt hat.
11 Und dies ist die Abschrift des Briefes,
den sie an ihn sandten: An König Arthah-
sastha, deine Knechte, die Männer jen-
seits des Euphrat.
12 Und nun sei dem König kundgetan,
daß die Juden, die von dir heraufgezogen
und zu uns nach Jerusalem gekommen
sind, die aufrührerische und böse Stadt
wieder aufbauen wollen; sie haben be-
gonnen, die Mauern zu errichten, und die
Fundamente sind schon gelegt.
13 So sei nun dem König kundgetan:
Wenn diese Stadt wieder aufgebaut wird
und die Mauern wieder errichtet werden,
so werden sie Steuern, Abgaben und Zoll
nicht mehr geben, und zuletzt wird es den
Königen Schaden bringen.
14 Weil wir aber das Salz des Königs-
hauses essen und die Schmach des Königs
nicht länger sehen wollen, darum schicken
wir hin und lassen es den König wissen.
15 Man lasse in den Chroniken deiner
Väter suchen, so wirst du in den Chroni-
ken finden und erfahren, daß diese Stadt
aufrührerisch ist und Königen und Län-
dern Schaden gebracht hat und man in ihr
auch von alters her Aufruhr gemacht hat,
– darum ist diese Stadt auch zerstört wor-
den.
16 Und nun tun wir dem König kund,
daß du hernach nichts behalten wirst von
dem, was jenseits des Euphrat liegt, wenn
diese Stadt wieder aufgebaut wird und
ihre Mauern wieder errichtet werden.
17 Da sandte der König folgende Ant-
wort: An Rehum, den Kanzler, und
Schimschai, den Schreiber, und ihre an-
dern Genossen, die in Samaria wohnen
und in den andern Orten jenseits des
Euphrat: Friede zuvor!
18 Und nun, der Brief, den ihr uns zu-
geschickt habt, ist mir Wort für Wort vor-
gelesen worden.
19 Und auf meinen Befehl hat man
nachgeforscht, und man fand bestätigt,
daß diese Stadt von alters her gegen die
Könige sich empört hat und Aufruhr und
Abfall in ihr geschehen ist.
20 Auch hat es mächtige Könige zu
Jerusalem gegeben, die geherrscht haben
über alles, was jenseits des Euphrat ist, so
daß ihnen Steuern, Abgaben und Zoll ge-
geben wurden.
21 So gebt nun den Befehl, daß man
diesen Männern wehre, damit die Stadt
nicht wieder aufgebaut werde, bis von
mir der Befehl gegeben wird!
22 Seht euch vor, daß ihr nicht lässig
hierin seid, damit nicht den Königen gro-
ßer Schaden entstehe!
23 Als nun der Brief des Königs Arthah-
sastha gelesen wurde von Rehum und
dem Schreiber Schimschai und von ihren
andern Genossen, zogen sie eilends hin
nach Jerusalem zu den Juden und wehrten
ihnen mit Gewalt.
24 Da hörte die Arbeit am Hause Gottes
in Jerusalem auf und blieb liegen bis ins
zweite Jahr des Darius, des Königs von
Persien.

Wiederaufnahme des Tempelbaus

5 Es weissagten aber die Propheten
Haggai und Sacharja, der Sohn Iddos,
den Juden, die in Juda und Jerusalem
wohnten, im Namen des Gottes Israels,
der über ihnen war.
2 Da machten sich auf Serubabel, der
Sohn Sealthiëls, und Jeschua, der Sohn
Jozadaks, und fingen an, das Haus Gottes
zu Jerusalem aufzubauen, und mit ihnen
die Propheten Gottes, die sie stärkten.
3 Zu der Zeit kamen zu ihnen Tatnai,
der Statthalter des Gebietes jenseits des
Euphrat, und Schethar-Bosnai und ihre
Genossen und sprachen: Wer hat euch
befohlen, dies Haus aufzubauen und diese
Mauern zu errichten?
4 Dann sagten sie zu ihnen: Wie heißen
die Männer, die diesen Bau aufführen?
5 Aber das Auge ihres Gottes war über
den Ältesten der Juden, so daß ihnen
nicht gewehrt wurde, bis man den Bericht
an Darius gelangen ließe und darüber ein
Brief käme.
6 Dies ist die Abschrift des Briefes Tat-
nais, des Statthalters jenseits des Euphrat,
und Schethar-Bosnais und ihrer Genos-
sen, der Beamten, die jenseits des Euphrat
waren, an den König Darius.
7 Die Botschaft, die sie ihm sandten,
lautete: Dem König Darius allen Frieden!
8 Es sei dem König kundgetan, daß
wir ins jüdische Land gekommen sind zu

*Mit «jenseits des Euphrat» wird die persische Provinz westlich des Euphrat bezeichnet.

dem Hause des großen Gottes; dies baute man mit behauenen Steinen und legte Balken in die Wände, und die Arbeit ging unter ihrer Hand frisch vonstatten.

9 Wir aber haben die Ältesten gefragt und zu ihnen gesagt: Wer hat euch befohlen, dies Haus zu bauen und diese Mauern zu errichten?

10 Auch fragten wir, wie sie hießen, damit wir es dir kundtäten und die Namen der Männer aufschrieben, die an ihrer Spitze stehen.

11 Sie aber gaben uns dies zur Antwort: Wir sind Knechte des Gottes des Himmels und der Erde und bauen das Haus wieder auf, das einst vor vielen Jahren hier gestanden und das ein großer König Israels gebaut und vollendet hat.

12 Aber als unsere Väter den Gott des Himmels erzürnten, gab er sie in die Hand Nebukadnezars, des Königs von Babel, des Chaldäers; der zerstörte dies Haus und führte das Volk weg nach Babel.

13 Aber im ersten Jahr des Cyrus, des Königs von Babel, befahl der König Cyrus, dies Haus Gottes wieder zu bauen.

14 Auch die goldenen und silbernen Geräte im Hause Gottes, die Nebukadnezar aus dem Tempel zu Jerusalem genommen und in den Tempel zu Babel gebracht hatte, nahm der König Cyrus aus dem Tempel zu Babel und gab sie Scheschbazar, den er zum Statthalter einsetzte,

15 und sprach zu ihm: Nimm diese Geräte, zieh hin und bringe sie in den Tempel zu Jerusalem, und das Haus Gottes soll gebaut werden an seiner früheren Stätte.

16 Da kam jener Scheschbazar und legte den Grund zum Hause Gottes zu Jerusalem. Seit der Zeit baut man, und es ist noch nicht vollendet.

17 Gefällt es nun dem König, so lasse er in Babel im Schatzhaus des Königs suchen, ob es von dem König Cyrus befohlen sei, das Haus Gottes zu Jerusalem wieder aufzubauen, und man sende uns des Königs Meinung darüber.

Der Erlaß des Cyrus über den Tempelbau

6 Da befahl der König Darius, daß man in Babel in den Schatzhäusern, in denen die Bücher aufbewahrt wurden, nachforschen sollte.

2 Da fand man in der Festung Achmetha, die in Medien liegt, eine Schriftrolle, auf der geschrieben stand: Aufzeichnung.

3 Im ersten Jahr des Königs Cyrus befahl der König Cyrus, das Haus Gottes in Jerusalem wieder aufzubauen als eine Stätte, an der man opfert, und seinen Grund zu legen: seine Höhe sechzig Ellen und seine Breite auch sechzig Ellen,

4 und drei Schichten von behauenen Steinen und eine Schicht von Holz, und die Mittel sollen vom Hause des Königs gegeben werden.

5 Auch soll man zurückgeben die goldenen und silbernen Geräte des Hauses Gottes, die Nebukadnezar aus dem Tempel zu Jerusalem weggenommen und nach Babel gebracht hat; man soll sie zurückbringen in den Tempel zu Jerusalem an ihre Stätte im Hause Gottes.

Vollendung des Tempelbaus unter Darius

6 So haltet euch nun fern von dieser Sache, du, Tatnai, Statthalter jenseits des Euphrat, und Schethar-Bosnai mit euren Genossen, ihr Beamten, die ihr jenseits des Euphrat seid!

7 Laßt sie arbeiten am Hause Gottes, damit der Statthalter der Juden und ihre Ältesten das Haus Gottes an seiner früheren Stätte wieder aufbauen.

8 Auch ist von mir befohlen worden, was ihr den Ältesten der Juden darreichen sollt, um das Haus Gottes zu bauen, nämlich daß man aus des Königs Schatz von dem, was einkommt aus der Landschaft jenseits des Euphrat, mit Sorgfalt nehme und gebe den Leuten regelmäßig, was sie bedürfen.

9 Und was sie bedürfen an Stieren, Widdern und Lämmern zum Brandopfer für den Gott des Himmels, an Weizen, Salz, Wein und Öl nach dem Wort der Priester in Jerusalem, das soll man ihnen täglich geben, und es soll nicht lässig geschehen,

10 damit sie opfern zum lieblichen Geruch dem Gott des Himmels und bitten für das Leben des Königs und seiner Söhne.

11 Ferner wird von mir befohlen: Wenn irgend jemand diesen Erlaß übertritt, so soll ein Balken aus seinem Haus herausgerissen und er daran aufrecht angeschla-

gen werden, und sein Haus soll um seiner Tat willen zum Schutthaufen gemacht werden.

12 Der Gott aber, der seinen Namen dort wohnen läßt, bringe jeden König um und jedes Volk, das seine Hand ausreckt, diesen Erlaß zu übertreten und das Haus Gottes in Jerusalem zu zerstören. Ich, Darius, habe diesen Befehl gegeben, damit er sorgfältig befolgt werde.

13 Da taten Tatnai, der Statthalter jenseits des Euphrat, und Schethar-Bosnai und ihre Genossen sorgfältig nach dem, was der König Darius ihnen befohlen hatte.

14 Und die Ältesten der Juden bauten, und es ging vonstatten durch die Weissagung der Propheten Haggai und Sacharja, des Sohnes Iddos, und sie bauten und vollendeten es nach dem Befehl des Gottes Israels und nach dem Befehl des Cyrus, Darius und Arthahsastha, der Könige von Persien,

15 und sie vollendeten das Haus bis zum dritten Tag des Monats Adar im sechsten Jahr der Herrschaft des Königs Darius.

16 Und die Kinder Israel, die Priester, die Leviten und die andern, die aus der Gefangenschaft zurückgekommen waren, hielten die Einweihung des Hauses Gottes mit Freuden

17 und opferten zur Einweihung des Hauses Gottes hundert Stiere, zweihundert Widder, vierhundert Lämmer und zum Sündopfer für ganz Israel zwölf Ziegenböcke nach der Zahl der Stämme Israels

18 und bestellten die Priester nach ihren Abteilungen und die Leviten nach ihren Ordnungen zum Dienst am Hause Gottes in Jerusalem, wie es im Buch des Mose geschrieben steht.

Feier des Passafestes

19 Und die, die aus der Gefangenschaft zurückgekommen waren, hielten Passa am vierzehnten Tage des ersten Monats.

20 Denn die Leviten hatten sich gereinigt Mann für Mann, so daß sie alle rein waren, und schlachteten das Passa für alle, die aus der Gefangenschaft zurückgekommen waren, und für ihre Brüder, die Priester, und für sich.

21 Und es aßen das Passa die Kinder Israel, die aus der Gefangenschaft zurückgekommen waren, und alle, die sich zu ihnen abgesondert hatten von der Unreinheit der Heiden im Lande, um den HERRN, den Gott Israels, zu suchen.

22 Und sie hielten das Fest der ungesäuerten Brote sieben Tage lang mit Freuden; denn der HERR hatte sie fröhlich gemacht und das Herz des Königs von Assur* ihnen zugewandt, damit sie gestärkt würden zur Arbeit am Hause des Gottes, der der Gott Israels ist.

Esras Beauftragung durch Artaxerxes

7 Nach diesen Geschichten zog unter der Regierung des Arthahsastha, des Königs von Persien, Esra herauf, der Sohn Serajas, des Sohnes Asarjas, des Sohnes Hilkias,

2 des Sohnes Schallums, des Sohnes Zadoks, des Sohnes Ahitubs,

3 des Sohnes Amarjas, des Sohnes Asarjas, des Sohnes Merajoths,

4 des Sohnes Serachjas, des Sohnes Usis, des Sohnes Bukkis,

5 des Sohnes Abischuas, des Sohnes des Pinhas, des Sohnes Eleasars, des Sohnes Aarons, des Hohenpriesters.

6 Dieser Esra zog von Babel herauf. Er war ein Schriftgelehrter, kundig im Gesetz des Mose, das der HERR, der Gott Israels, gegeben hatte. Und der König gab ihm alles, was er erbat, weil die Hand des HERRN, seines Gottes, über ihm war.

7 Und mit ihm zogen herauf einige von den Kindern Israel und von den Priestern und Leviten, von den Sängern, Torhütern und Tempelsklaven nach Jerusalem im siebenten Jahr des Königs Arthahsastha.

8 Und er kam nach Jerusalem im fünften Monat, im siebenten Jahr des Königs.

9 Am ersten Tage des ersten Monats nämlich hatte er beschlossen, von Babel heraufzuziehen, und am ersten Tage des fünften Monats kam er nach Jerusalem, weil die gnädige Hand Gottes über ihm war.

10 Denn Esra richtete sein Herz darauf, das Gesetz des HERRN zu erforschen und danach zu tun und Gebote und Rechte in Israel zu lehren.

*Gemeint ist hiermit der König von Persien.

Erlaß des Königs Artaxerxes über Esras Vollmacht

11 Und dies ist die Abschrift des Schreibens, das der König Arthahsastha Esra gab, dem Priester und Schriftgelehrten, der kundig war in den Worten der Gebote und Satzungen des HERRN für Israel:

12 Arthahsastha, König aller Könige, an Esra, den Priester und Beauftragten für das Gesetz des Gottes des Himmels: Friede zuvor!

13 Und nun, von mir ist befohlen worden, daß alle, die von dem Volk Israel und den Priestern und Leviten in meinem Reich willig sind, nach Jerusalem zu ziehen, mit dir ziehen können,

14 weil du vom König und seinen sieben Räten gesandt bist, um auf Grund des Gesetzes deines Gottes, das in deiner Hand ist, nachzuforschen, wie es in Juda und Jerusalem steht,

15 und hinzubringen Silber und Gold, das der König und seine Räte freiwillig geben dem Gott Israels, dessen Wohnung zu Jerusalem ist,

16 und was du sonst an Silber und Gold erhältst in der ganzen Landschaft Babel samt dem, was das Volk und die Priester freiwillig geben für das Haus ihres Gottes zu Jerusalem.

17 Alles das nimm und kaufe mit Sorgfalt von diesem Geld Stiere, Widder, Lämmer und Speisopfer und Trankopfer dazu, damit man sie opfere auf dem Altar des Hauses eures Gottes zu Jerusalem.

18 Dazu, was dir und deinen Brüdern mit dem übrigen Gelde zu tun gefällt, das tut nach dem Willen eures Gottes.

19 Und die Geräte, die dir gegeben sind zum Dienst im Hause deines Gottes, übergib alle vor Gott in Jerusalem.

20 Auch was du sonst noch brauchst für das Haus deines Gottes, was du ausgeben mußt, das bekommst du aus den Schatzhäusern des Königs.

21 Ich, König Arthahsastha, habe allen Schatzmeistern jenseits des Euphrat befohlen: Alles, was Esra, der Priester und Beauftragte für das Gesetz des Gottes des Himmels, von euch fordert, das tut mit Sorgfalt,

22 bis zu hundert Zentner Silber und hundert Sack Weizen und hundert Eimer Wein und hundert Eimer Öl, und Salz in jeder Menge.

23 Alles, was dir Gott befohlen hat, daß es gegeben werde, das soll für das Haus des Gottes des Himmels mit Hingabe geleistet werden, damit nicht der Zorn über das Reich des Königs und seiner Söhne komme.

24 Und euch sei kundgetan, daß ihr nicht Macht habt, Steuern, Abgaben und Zoll zu legen auf irgendeinen Priester, Leviten, Sänger, Torhüter, Tempelsklaven, auf alle, die im Hause dieses Gottes Dienst tun.

25 Du aber, Esra, setze nach der Weisheit deines Gottes, die in deiner Hand ist, Richter und Rechtspfleger ein, die allem Volk Recht sprechen, das jenseits des Euphrat wohnt, nämlich allen, die das Gesetz deines Gottes kennen; und wer es nicht kennt, den sollt ihr es lehren.

26 Aber jeder, der nicht sorgfältig das Gesetz deines Gottes und das Gesetz des Königs hält, der soll sein Urteil empfangen, es sei Tod oder Acht oder Buße an Hab und Gut oder Gefängnis.

27 Gelobt sei der HERR, der Gott unserer Väter, der solches dem König eingegeben hat, daß er das Haus des HERRN in Jerusalem so herrlich mache,

28 und der mir die Gunst des Königs und seiner Räte und aller mächtigen Oberen des Königs zugewandt hat! Und ich ward getrost, weil die Hand des HERRN, meines Gottes, über mir war, und sammelte aus Israel Sippenhäupter, daß sie mit mir hinaufzögen.

Verzeichnis der mit Esra Zurückgekehrten

8 Dies sind die Häupter der Sippen mit ihren Geschlechtsregistern, die mit mir heraufzogen von Babel zur Zeit, als der König Arthahsastha regierte.

2 Von den Söhnen Pinhas: Gerschom; von den Söhnen Ithamar: Daniel; von den Söhnen David: Hattusch, der Sohn Schechanjas;

3 von den Söhnen Parosch: Sacharja und mit ihm verzeichnet hundertundfünfzig Männer;

4 von den Söhnen Pahath-Moab: Eljoënai, der Sohn Serachjas, und mit ihm zweihundert Männer;

5 von den Söhnen Sattu: Schechanja,

der Sohn Jahasiëls, und mit ihm dreihun-
dert Männer;
6 von den Söhnen Adin: Ebed, der Sohn
Jonathans, und mit ihm fünfzig Männer;
7 von den Söhnen Elam: Jesaja, der
Sohn Athaljas, und mit ihm siebzig Män-
ner;
8 von den Söhnen Schephatja: Sebadja,
der Sohn Michaels, und mit ihm achtzig
Männer;
9 von den Söhnen Joab: Obadja, der
Sohn Jehiëls, und mit ihm zweihundert-
undachtzehn Männer;
10 von den Söhnen Bani: Schelomith,
der Sohn Josiphjas, und mit ihm hundert-
undsechzig Männer;
11 von den Söhnen Bebai: Sacharja, der
Sohn Bebais, und mit ihm achtundzwan-
zig Männer;
12 von den Söhnen Asgad: Johanan, der
Sohn Hakkatans, und mit ihm hundert-
undzehn Männer;
13 von den Söhnen Adonikam: die letz-
ten, und sie hießen: Eliphelet, Jeïël und
Schemaja, und mit ihnen sechzig Männer;
14 von den Söhnen Bigewai: Uthai, der
Sohn Sabbuds, und mit ihm siebzig Män-
ner.

Vorbereitung zum Aufbruch nach Jerusalem

15 Und ich versammelte sie am Fluß,
der nach Ahawa fließt, und wir blieben
dort drei Tage. Und ich sah wohl Volk
und Priester, aber ich fand keine Leviten.
16 Da sandte ich hin Eliëser, Ariël, Sche-
maja, Elnathan, Jarib, Elnathan, Nathan,
Sacharja und Meschullam, verständige
Sippenhäupter,
17 und schickte sie zu Iddo, dem Vor-
steher in Kasiphja, damit sie uns Diener
für das Haus unseres Gottes holten. Und
ich legte ihnen in den Mund, was sie
reden sollten mit Iddo und seinen Brü-
dern, die in Kasiphja waren.
18 Und sie brachten uns, weil die gnädi-
ge Hand unseres Gottes über uns war,
einen klugen Mann von den Söhnen
Machlis, des Sohnes Levis, des Sohnes
Israels, nämlich Scherebja mit seinen
Söhnen und Brüdern, achtzehn;
19 und Haschabja und Jesaja, seinen
Bruder, von den Söhnen Merari und ihre
Söhne, zwanzig;
20 und von den Tempelsklaven, die
David und die Oberen bestimmt hatten,
den Leviten zu dienen, zweihundertund-
zwanzig. Sie alle sind mit Namen aufge-
zeichnet.
21 Und ich ließ dort am Fluß bei Ahawa
ein Fasten ausrufen, damit wir uns vor
unserm Gott demütigten, um von ihm eine
Reise ohne Gefahren zu erbitten für uns
und unsere Kinder und alle unsere Habe.
22 Denn ich schämte mich, vom König
Geleit und Reiter zu fordern, um uns auf
dem Wege vor Feinden zu helfen. Denn
wir hatten dem König gesagt: **Die Hand
unseres Gottes ist zum Besten über allen, die
ihn suchen, und seine Stärke und sein Zorn
gegen alle, die ihn verlassen.**
23 So fasteten wir und erbaten solches
von unserm Gott; und er erhörte uns.
24 Und ich sonderte zwölf der obersten
Priester aus, dazu Scherebja und Ha-
schabja und mit ihnen zehn von ihren
Brüdern,
25 und wog ihnen dar das Silber und
Gold und die Geräte als Abgabe für das
Haus unseres Gottes, die der König und
seine Räte und Oberen und ganz Israel,
soviel ihrer waren, gegeben hatten.
26 Ich wog ihnen dar und gab in ihre
Hand sechshundertundfünfzig Zentner
Silber und an silbernen Geräten hundert
Zentner und an Gold hundert Zentner,
27 zwanzig goldene Becher, tausend
Gulden wert, und zwei schöne Gefäße aus
goldglänzendem Kupfer, so kostbar wie
Gold,
28 und sprach zu ihnen: Ihr seid heilig
dem HERRN, und die Geräte sind heilig,
und das Silber und Gold sind eine frei-
willige Gabe für den HERRN, den Gott
eurer Väter.
29 Seid nun wachsam und bewahrt es,
bis ihr es darwägt in Jerusalem in den
Kammern des Hauses des HERRN vor den
obersten Priestern und Leviten und den
Sippenhäuptern in Israel.
30 Da nahmen die Priester und Leviten
das dargewogene Silber und Gold und die
Geräte, um sie nach Jerusalem zum Hause
unseres Gottes zu bringen.

Ankunft in Jerusalem

31 Dann brachen wir auf von dem Fluß
bei Ahawa am zwölften Tage des ersten

Monats, um nach Jerusalem zu ziehen. Und die Hand unseres Gottes war über uns und errettete uns vor Feinden und vor solchen, die uns auf dem Wege nachstellten.

32 Und wir kamen nach Jerusalem und ruhten dort drei Tage aus.

33 Aber am vierten Tage wurden im Hause unseres Gottes das Silber und Gold und die Geräte dargewogen dem Priester Meremoth, dem Sohn Urias, und mit ihm Eleasar, dem Sohn des Pinhas, und mit ihnen den Leviten Josabad, dem Sohn Jeschuas, und Noadja, dem Sohn Binnuis,

34 nach Zahl und Gewicht eines jeden Stückes; und das ganze Gewicht wurde aufgeschrieben.

35 Zu dieser Zeit opferten die Leute, die aus der Gefangenschaft gekommen waren, Brandopfer dem Gott Israels, zwölf junge Stiere für ganz Israel, sechsundneunzig Widder, siebenundsiebzig Lämmer, zwölf Böcke zum Sündopfer, alles zum Brandopfer für den HERRN.

36 Und sie übergaben die Befehle des Königs den Amtleuten des Königs und den Statthaltern jenseits des Euphrat. Und diese halfen dem Volk und dem Hause Gottes.

Esras Bußgebet wegen der Mischehen

9 Als das alles ausgerichtet war, traten die Oberen zu mir und sprachen: Das Volk Israel und die Priester und Leviten haben sich nicht abgesondert von den Völkern des Landes mit ihren Greueln, nämlich von den Kanaanitern, Hethitern, Perisitern, Jebusitern, Ammonitern, Moabitern, Ägyptern und Amoritern;

2 denn sie haben deren Töchter genommen für sich und für ihre Söhne, und das heilige Volk hat sich vermischt mit den Völkern des Landes. Und die Oberen und Ratsherren waren die ersten bei diesem Treubruch.

3 Als ich dies hörte, zerriß ich mein Kleid und meinen Mantel und raufte mir Haupthaar und Bart und setzte mich bestürzt hin.

4 Und es versammelten sich bei mir alle, die über die Worte des Gottes Israels erschrocken waren wegen des Treubruchs derer, die aus der Gefangenschaft gekommen waren; und ich saß bestürzt da bis zum Abendopfer.

5 Und um das Abendopfer faßte ich mich und stand auf in meinem zerrissenen Kleid und Mantel, fiel auf meine Knie und breitete meine Hände aus zu dem HERRN, meinem Gott,

6 und sprach: Mein Gott, ich schäme mich und scheue mich, meine Augen aufzuheben zu dir, mein Gott; denn unsere Missetat ist über unser Haupt gewachsen, und unsere Schuld ist groß bis an den Himmel.

7 Von der Zeit unserer Väter an sind wir in großer Schuld gewesen bis auf diesen Tag, und um unserer Missetat willen sind wir und unsere Könige und Priester in die Hand der Könige der Länder gegeben worden, ins Schwert, ins Gefängnis, zum Raub und zur Schmach, so wie es heute ist.

8 Nun aber ist uns einen kleinen Augenblick Gnade von dem HERRN, unserm Gott, geschehen, daß er uns noch Errettete übriggelassen und uns einen festen Halt an seiner heiligen Stätte gegeben hat, um unsere Augen aufleuchten und uns ein wenig aufleben zu lassen in unserer Knechtschaft.

9 Denn wir sind Knechte, aber unser Gott hat uns nicht verlassen in unserer Knechtschaft und hat uns die Gunst der Könige von Persien zugewandt, daß er uns wieder aufleben läßt, um das Haus unseres Gottes aufzubauen und es aus seinen Trümmern wieder aufzurichten, damit er uns ein Bollwerk in Juda und Jerusalem gebe.

10 Und nun, unser Gott, was sollen wir nach alledem sagen? Wir haben deine Gebote verlassen,

11 die du durch deine Knechte, die Propheten, gegeben hast, als sie sagten: Das Land, in das ihr kommt, um es in Besitz zu nehmen, ist ein unreines Land durch die Unreinheit der Völker des Landes mit ihren Greueln, mit denen sie es von einem Ende bis zum andern Ende in ihrer Unreinheit angefüllt haben.

12 So sollt ihr nun eure Töchter nicht ihren Söhnen geben, und ihre Töchter sollt ihr nicht für eure Söhne nehmen. Und laßt sie nicht zu Frieden und Wohlstand kommen ewiglich, damit ihr mäch-

tig werdet und das Gut des Landes eßt
und es euren Kindern vererbt auf ewige
Zeiten. –
13 Aber nach allem, was über uns ge-
kommen ist um unserer bösen Werke und
großen Schuld willen – und du, unser
Gott, hast unsere Missetat nicht bestraft,
wie wir's verdient hätten, und hast uns
diese Schar von Erretteten gegeben –,
14 sollten wir wiederum deine Gebote
übertreten, daß wir uns vermischten mit
den Völkern, die diese Greuel tun? Wirst
du nicht über uns zürnen, bis es ganz aus
ist, so daß es weder einen Rest noch Ent-
ronnene gibt?
15 HERR, Gott Israels, du bist getreu;
denn wir sind übriggeblieben als Errettete,
wie es heute ist. Siehe, hier sind wir vor
dir in unserer Schuld; darum können wir
nicht bestehen vor deinem Angesicht.

Auflösung der Mischehen

10 Und wie nun Esra vor dem Hause
Gottes auf den Knien lag und wei-
nend betete und bekannte, sammelte sich
um ihn aus Israel eine sehr große Ge-
meinde von Männern, Frauen und Kin-
dern; denn das Volk weinte sehr.
2 Und Schechanja, der Sohn Jehiëls, von
den Söhnen Elam, hob an und sprach zu
Esra: Wir haben unserm Gott die Treue
gebrochen, als wir uns fremde Frauen von
den Völkern des Landes genommen ha-
ben. Nun, es ist trotz allem noch Hoff-
nung für Israel!
3 So laßt uns nun mit unserm Gott
einen Bund schließen, daß wir alle frem-
den Frauen und die Kinder, die von ihnen
geboren sind, hinaustun nach dem Rat
meines Herrn und derer, die die Gebote
unseres Gottes fürchten, daß man tue
nach dem Gesetz.
4 So steh nun auf! Denn dir gebührt's
zu handeln, und wir wollen mit dir sein.
Sei getrost und tu es!
5 Da stand Esra auf und nahm einen
Eid von den obersten Priestern, den Levi-
ten und ganz Israel, daß sie nach diesem
Wort tun sollten. Und sie schworen.
6 Und Esra ging fort von dem Platz vor
dem Hause Gottes und ging in die Kam-
mer Johanans, des Sohnes Eljaschibs.
Und er blieb dort über Nacht, aß kein
Brot und trank kein Wasser; denn er trug
Leid um den Treubruch derer, die aus der
Gefangenschaft gekommen waren.
7 Und man ließ ausrufen in Juda und
Jerusalem für alle, die in der Gefangen-
schaft gewesen waren, daß sie sich in
Jerusalem versammeln sollten;
8 und wer nicht in drei Tagen nach dem
Ratschluß der Oberen und Ältesten käme,
dessen ganze Habe sollte dem Bann ver-
fallen und er selbst ausgeschlossen sein
aus der Gemeinde derer, die aus der Ge-
fangenschaft gekommen waren.
9 Da versammelten sich alle Männer
von Juda und Benjamin in Jerusalem auf
den dritten Tag, den zwanzigsten im
neunten Monat. Und alles Volk saß auf
dem Platz vor dem Hause Gottes, zitternd
wegen der Sache und des strömenden
Regens.
10 Und Esra, der Priester, stand auf und
sprach zu ihnen: Ihr habt dem Herrn die
Treue gebrochen, als ihr euch fremde
Frauen genommen und so die Schuld
Israels gemehrt habt.
11 Bekennt sie nun dem HERRN, dem
Gott eurer Väter, und tut seinen Willen
und scheidet euch von den Völkern des
Landes und von den fremden Frauen.
12 Da antwortete die ganze Gemeinde
und sprach mit lauter Stimme: Es ge-
schehe, wie du uns gesagt hast!
13 Aber es ist viel Volk hier, und es ist
Regenzeit, und man kann nicht draußen
stehen; auch ist es nicht in ein oder zwei
Tagen getan, denn wir haben in dieser
Sache viel gesündigt.
14 Unsere Oberen sollen die ganze Ge-
meinde vertreten, daß alle, die sich in
unsern Städten fremde Frauen genommen
haben, zu bestimmten Zeiten kommen
und mit ihnen die Ältesten einer jeden
Stadt und ihre Richter, bis der Zorn unse-
res Gottes um dieser Sache willen von uns
gewendet werde.
15 Nur Jonathan, der Sohn Asahels, und
Jachseja, der Sohn Tikwas, widersetzten
sich, und Meschullam und Schabthai, der
Levit, halfen ihnen.
16 Doch die aus der Gefangenschaft ge-
kommen waren, taten, wie sie versprochen
hatten. Und der Priester Esra sonderte
sich Männer aus, die Häupter ihrer Sip-
pen, alle namentlich genannt, und sie
traten zusammen am ersten Tage des

zehnten Monats, um diese Sache zu untersuchen.
17 Und sie brachten's zum Abschluß bei
allen Männern, die fremde Frauen hatten,
bis zum ersten Tage des ersten Monats.
18 Und es wurden gefunden unter den
Priestern, die sich fremde Frauen genommen hatten: bei den Söhnen Jeschuas, des
Sohnes Jozadaks, und seinen Brüdern:
Maaseja, Eliëser, Jarib und Gedalja,
19 und sie gaben die Hand darauf, daß
sie ihre Frauen ausstoßen und einen Widder für ihre Schuld als Schuldopfer geben
wollten;
20 bei den Söhnen Immer: Ḥanani und
Sebadja;
21 bei den Söhnen Harim: Maaseja,
Elia, Schemaja, Jehiël und Usia;
22 bei den Söhnen Paschhur: Eljoënai,
Maaseja, Ismael, Nathanael, Josabad und
Elasa;
23 unter den Leviten: Josabad, Simeï
und Kelaja, das ist Kelita, Pethachja, Juda
und Eliëser;
24 unter den Sängern: Eljaschib; unter
den Torhütern: Schallum, Telem und Uri.
25 Unter den übrigen Israeliten: bei den
Söhnen Parosch: Ramja, Jisia, Malkia,
Mijjamin, Eleasar, Haschabja und Benaja;
26 bei den Söhnen Elam: Mattanja,
Sacharja, Jehiël, Abdi, Jeremoth und Elia;
27 bei den Söhnen Sattu: Eljoënai, Eljaschib, Mattanja, Jeremoth, Sabad und
Asisa;
28 bei den Söhnen Bebai: Johanan, Hananja, Sabbai und Athlai;
29 bei den Söhnen Bigewai: Meschullam, Malluch, Adaja, Jaschub, Scheal und
Jeremoth;
30 bei den Söhnen Pahath-Moab: Adna,
Kelal, Benaja, Maaseja, Mattanja, Bezalel, Binnui und Manasse;
31 bei den Söhnen Harim: Eliëser,
Jischia, Malkia, Schemaja, Simeon,
32 Benjamin, Malluch und Schemarja;
33 bei den Söhnen Haschum: Mattenai,
Mattatta, Sabad, Eliphelet, Jeremai, Manasse und Simeï;
34 bei den Söhnen Bani: Maadai, Amram, Uël,
35 Benaja, Bedja, Keluhi,
36 Wanja, Meremoth, Eljaschib,
37 Mattanja, Mattenai, Jaasai;
38 bei den Söhnen Binnui: Simeï,
39 Schelemja, Nathan, Adaja,
40 Machnadbai, Schaschai, Scharai,
41 Asarel, Schelemja, Schemarja,
42 Schallum, Amarja und Joseph;
43 bei den Söhnen Nebo: Jeïël, Mattithja, Sabad, Sebina, Jaddai, Joel und Benaja.
44 Diese alle hatten sich fremde Frauen
genommen; und nun entließen sie Frauen
und Kinder.

DAS BUCH NEHEMIA

Nehemias Trauer um Jerusalem und sein Gebet

1 Dies ist die Geschichte Nehemias, des
Sohnes Hachaljas.
Es geschah im Monat Kislew des zwanzigsten Jahres*, als ich in der Festung Susa
war,
2 da kam Hanani, einer meiner Brüder,
mit einigen Männern aus Juda. Und ich
fragte sie, wie es den Juden ginge, den
Entronnenen, die aus der Gefangenschaft
zurückgekehrt waren, und wie es Jerusalem ginge.
3 Und sie sprachen zu mir: Die Entronnenen, die zurückgekehrt sind aus der
Gefangenschaft, sind dort im Lande in
großem Unglück und in Schmach; die
Mauern Jerusalems liegen zerbrochen,
und seine Tore sind mit Feuer verbrannt.
4 Als ich aber diese Worte hörte, setzte
ich mich nieder und weinte und trug Leid
tagelang und fastete und betete vor dem
Gott des Himmels
5 und sprach: Ach, HERR, Gott des Himmels, du großer und furchtbarer Gott,

*Gemeint ist das zwanzigste Jahr des Königs Artaxerxes, d. i. 445 v. Chr.

der da hält den Bund und die Treue denen,
die ihn lieben und seine Gebote halten!
6 Laß doch deine Ohren aufmerken und
deine Augen offen sein, daß du das Gebet
deines Knechtes hörst, das ich jetzt vor
dir bete Tag und Nacht für die Kinder
Israel, deine Knechte, und bekenne die
Sünden der Kinder Israel, die wir an dir
getan haben; und ich und meines Vaters
Haus haben auch gesündigt.
7 Wir haben übel an dir getan, daß wir
nicht gehalten haben die Gebote, Befehle
und Rechte, die du geboten hast deinem
Knecht Mose.
8 Gedenke aber doch des Wortes, das
du deinem Knecht Mose gebotest und
sprachst: Wenn ihr mir die Treue brecht,
so will ich euch unter die Völker zer-
streuen.
9 Wenn ihr euch aber zu mir bekehrt
und meine Gebote haltet und sie tut, so
will ich, auch wenn ihr versprengt wäret
bis an des Himmels Ende, euch doch von
da sammeln und will euch bringen an den
Ort, den ich erwählt habe, damit mein
Name dort wohne.
10 Sie sind ja doch deine Knechte und
dein Volk, das du erlöst hast durch deine
große Kraft und deine mächtige Hand.
11 Ach, Herr, laß deine Ohren aufmer-
ken auf das Gebet deines Knechtes und
auf das Gebet deiner Knechte, die von
Herzen deinen Namen fürchten. Und laß
es deinem Knecht heute gelingen und gib
ihm Gnade vor diesem Mann! – Denn ich
war des Königs Mundschenk.

Nehemia erlangt vom König die Erlaubnis, nach Jerusalem zu reisen

2 Im Monat Nisan des zwanzigsten Jah-
res des Königs Arthahsastha, als Wein
vor ihm stand, nahm ich den Wein und
gab ihn dem König, und ich stand traurig
vor ihm.
2 Da sprach der König zu mir: Warum
siehst du so traurig drein? Du bist doch
nicht krank? Das ist's nicht, sondern sicher
bedrückt dich etwas. Ich aber fürchtete
mich sehr
3 und sprach zum König: Der König
lebe ewig! Sollte ich nicht traurig drein-
sehen? Die Stadt, in der meine Väter be-
graben sind, liegt wüst, und ihre Tore sind
vom Feuer verzehrt.
4 Da sprach der König zu mir: Was be-
gehrst du denn? Da betete ich zu dem
Gott des Himmels
5 und sprach zum König: Gefällt es dem
König und hat dein Knecht Gnade gefun-
den vor dir, so wollest du mich nach Juda
reisen lassen, in die Stadt, wo meine Väter
begraben sind, damit ich sie wieder auf-
baue.
6 Und der König sprach zu mir, wäh-
rend die Königin neben ihm saß: Wie
lange wird deine Reise dauern, und wann
wirst du wiederkommen? Und als es dem
König gefiel, mich reisen zu lassen, nannte
ich ihm eine bestimmte Zeit
7 und sprach zum König: Gefällt es dem
König, so gebe man mir Briefe an die
Statthalter jenseits des Euphrat, damit sie
mir Geleit geben, bis ich nach Juda komme,
8 und auch Briefe an Asaph, den ober-
sten Aufseher über die Wälder des Königs,
damit er mir Holz gebe zu Balken für die
Pforten der Burg beim Tempel und für die
Stadtmauer und für das Haus, in das ich
einziehen soll. Und der König gab sie mir,
weil die gnädige Hand meines Gottes über
mir war.
9 Und als ich zu den Statthaltern jen-
seits des Euphrat kam, gab ich ihnen die
Briefe des Königs. Der König hatte aber
Hauptleute und Reiter mit mir gesandt.
10 Als das hörten Sanballat, der Horo-
niter, und Tobia, der ammonitische
Knecht, verdroß es sie sehr, daß einer ge-
kommen war, der für die Kinder Israel
Gutes suchte.

Nehemia untersucht den Zustand der Mauern Jerusalems

11 Und als ich nach Jerusalem kam und
drei Tage da gewesen war,
12 machte ich mich in der Nacht auf
und wenige Männer mit mir; denn ich
hatte keinem Menschen gesagt, was mir
mein Gott eingegeben hatte, für Jerusa-
lem zu tun; und es war kein Tier bei mir
außer dem, auf dem ich ritt.
13 Und ich ritt zum Taltor hinaus bei
Nacht und am Drachenquell vorbei und
an das Misttor und forschte genau, wo die
Mauern Jerusalems eingerissen waren und
die Tore vom Feuer verzehrt.
14 Und ich ritt hinüber zu dem Quelltor
und zu des Königs Teich, und es war da

kein Raum, daß mein Tier mit mir weiterkommen konnte.

15 Da stieg ich bei Nacht das Bachtal hinauf und achtete genau auf die Mauern und kehrte um und kam durch das Taltor wieder heim.

16 Und die Ratsherren wußten nicht, wohin ich gegangen war und was ich gemacht hatte; denn ich hatte bis dahin den Juden, nämlich den Priestern, den Vornehmen und den Ratsherren und den andern, die am Werk arbeiten sollten, nichts gesagt.

17 Und ich sprach zu ihnen: Ihr seht das Unglück, in dem wir sind, daß Jerusalem wüst liegt und seine Tore mit Feuer verbrannt sind. Kommt, laßt uns die Mauern Jerusalems wieder aufbauen, damit wir nicht weiter ein Gespött seien!

18 Und ich sagte ihnen, wie gnädig die Hand meines Gottes über mir gewesen war, dazu auch die Worte des Königs, die er mir gesagt hatte. Und sie sprachen: Auf, laßt uns bauen! Und sie nahmen das gute Werk in die Hand.

19 Als das aber Sanballat, der Horoniter, und Tobia, der ammonitische Knecht, und Geschem, der Araber, hörten, verspotteten und verhöhnten sie uns und sprachen: Was ist das, was ihr da macht? Wollt ihr von dem König abfallen?

20 Da antwortete ich ihnen: Der Gott des Himmels wird es uns gelingen lassen; denn wir, seine Knechte, haben uns aufgemacht und bauen wieder auf. Für euch gibt es keinen Anteil, kein Anrecht noch Gedenken in Jerusalem.

Der Bau der Stadtmauer und die Liste der Bauleute

3 Und Eljaschib, der Hohepriester, machte sich mit seinen Brüdern, den Priestern, auf, und sie bauten das Schaftor. Sie deckten es und setzten seine Türen ein. Sie bauten aber weiter bis an den Turm Mea und bis an den Turm Hananel.

2 Neben ihnen bauten die Männer von Jericho. Und daneben baute Sakkur, der Sohn Imris.

3 Aber das Fischtor bauten die Söhne Senaa; sie deckten es und setzten seine Türen ein, seine Schlösser und Riegel.

4 Neben ihnen baute Meremoth, der Sohn Urias, des Sohnes des Hakkoz. Neben ihm baute Meschullam, der Sohn Berechjas, des Sohnes Meschesabels. Neben ihm baute Zadok, der Sohn Baanas.

5 Neben ihm bauten die Leute von Thekoa, aber ihre Vornehmen beugten ihren Nacken nicht zum Dienst für ihre Herren.

6 Das alte Tor bauten Jojada, der Sohn Paseachs, und Meschullam, der Sohn Besodjas; sie deckten es und setzten seine Türen ein, seine Schlösser und Riegel.

7 Neben ihnen bauten Melatja von Gibeon und Jadon von Meronoth, die Männer von Gibeon und von Mizpa, die unter die Herrschaft des Statthalters jenseits des Euphrat gehörten.

8 Daneben baute Usiël, der Sohn Harhajas, der Goldschmied. Neben ihm baute Hananja, der zu den Salbenbereitern gehört. Sie bauten in Jerusalem bis an die breite Mauer.

9 Neben ihnen baute Rephaja, der Sohn Hurs, der Vorsteher des halben Bezirkes von Jerusalem.

10 Neben ihm baute Jedaja, der Sohn Harumaphs, gegenüber seinem Hause. Neben ihm baute Hattusch, der Sohn Haschabnejas.

11 Aber Malkia, der Sohn Harims, und Haschub, der Sohn Pahath-Moabs, bauten ein weiteres Stück bis zum Ofenturm.

12 Daneben baute Schallum, der Sohn des Hallohesch, der Vorsteher des andern halben Bezirkes von Jerusalem, er und seine Töchter.

13 Das Taltor bauten Hanun und die Bürger von Sanoach; sie bauten es und setzten seine Türen ein, seine Schlösser und Riegel – und tausend Ellen an der Mauer bis an das Misttor.

14 Das Misttor aber baute Malkia, der Sohn Rechabs, der Vorsteher des Bezirkes von Beth-Kerem; er baute es und setzte seine Türen ein, seine Schlösser und Riegel.

15 Aber das Quelltor baute Schallun, der Sohn Kolhoses, der Vorsteher des Bezirkes von Mizpa; er baute es und deckte es und setzte seine Türen ein, seine Schlösser und Riegel, dazu die Mauer am Teich der Wasserleitung bei dem Garten des Königs bis an die Stufen, die von der Stadt Davids hinabführen.

16 Nach ihm baute Nehemia, der Sohn Asbuks, der Vorsteher des halben Bezirkes

von Beth-Zur, bis gegenüber den Gräbern
Davids und bis an den Teich, den man
angelegt hatte, und bis an das Haus der
Kriegsleute.
17 Nach ihm bauten die Leviten: Re-
hum, der Sohn Banis. Neben ihm baute
Haschabja, der Vorsteher des halben Be-
zirkes von Kegila, für seinen Bezirk.
18 Nach ihm bauten ihre Brüder, unter
Binnui, dem Sohn Henadads, dem Vor-
steher des andern halben Bezirkes von
Kegila.
19 Neben ihm baute Eser, der Sohn
Jeschuas, der Vorsteher von Mizpa, ein
weiteres Stück an dem Winkel gegenüber
dem Aufgang zum Zeughaus.
20 Nach ihm zum Berge hin baute Ba-
ruch, der Sohn Sabbais, ein weiteres
Stück vom Winkel bis an die Haustür El-
jaschibs, des Hohenpriesters.
21 Nach ihm baute Meremoth, der Sohn
Urias, des Sohnes des Hakkoz, ein weite-
res Stück von der Haustür Eljaschibs bis
an das Ende des Hauses Eljaschibs.
22 Nach ihm bauten die Priester, die
Männer aus der Gegend am Jordan.
23 Nach ihnen bauten Benjamin und
Haschub, gegenüber ihrem Hause. Nach
ihnen baute Asarja, der Sohn Maasejas,
des Sohnes Ananjas, neben seinem
Hause.
24 Nach ihm baute Binnui, der Sohn
Henadads, ein weiteres Stück vom Hause
Asarjas bis an den Winkel und bis an die
Ecke.
25 Palal, der Sohn Usais, baute gegen-
über dem Winkel und dem oberen Turm,
der vom Königshause hervortritt bei dem
Wachthof. Nach ihm baute Pedaja, der
Sohn des Parosch,
26b* bis gegenüber dem Wassertor im
Osten und dem Turm, der hervortritt.
27 Nach ihm bauten die Leute von The-
koa ein weiteres Stück gegenüber dem
großen Turm, der hervortritt, und bis an
die Mauer des Ophel.
26a Am Ophel wohnten die Tempel-
sklaven.
28 Aber oberhalb des Roßtors bauten die
Priester, ein jeder gegenüber seinem Hause.
29 Nach ihnen baute Zadok, der Sohn
Immers, gegenüber seinem Hause. Nach
ihm baute Schemaja, der Sohn Schechan-
jas, der Torhüter des Osttors.
30 Nach ihm bauten Hananja, der Sohn
Schelemjas, und Hanun, der sechste Sohn
Zalaphs, ein weiteres Stück. Nach ihnen
baute Meschullam, der Sohn Berechjas,
gegenüber seiner Kammer.
31 Nach ihm baute Malkia, der zu den
Goldschmieden gehört, bis an das Haus
der Tempelsklaven und der Händler ge-
genüber dem Wachttor und bis an das
Obergemach an der Mauerecke.
32 Und zwischen dem Obergemach an
der Ecke und dem Schaftor bauten die
Goldschmiede und die Händler.

Maßnahmen zum Schutz des Mauerbaus

°33 Als aber Sanballat hörte, daß wir
die Mauer bauten, wurde er zornig und
sehr entrüstet und spottete über die Juden
34 und sprach vor seinen Brüdern und
den Kriegsleuten in Samaria: Was machen
die ohnmächtigen Juden? Wird man sie
gewähren lassen? Werden sie es mit
Opfern einweihen? Werden sie es in diesen
Tagen schon vollenden? Werden sie aus
den Schutthaufen die Steine lebendig ma-
chen, die doch verbrannt sind?
35 Aber Tobia, der Ammoniter, stand
neben ihm und sprach: Laß sie nur bauen;
wenn ein Fuchs auf ihre steinerne Mauer
hinaufspringt, reißt er sie ein.
36 Höre, unser Gott, wie verachtet sind
wir! Laß ihren Hohn auf ihren Kopf kom-
men, daß du sie der Plünderung preisgibst
in einem Land, in das man sie gefangen
führt!
37 Decke ihre Missetat nicht zu, und
ihre Sünde tilge nicht vor dir; denn sie
haben die Bauleute gelästert! –
38 Aber wir bauten die Mauer und
schlossen sie bis zur halben Höhe. Und
das Volk gewann neuen Mut zu arbeiten.
4 °Als aber Sanballat und Tobia und die
Araber und Ammoniter und Asdodi-
ter hörten, daß die Mauern Jerusalems
ausgebessert wurden, weil die Lücken an-
gefangen hatten sich zu schließen, wurden
sie sehr zornig
2 und verschworen sich alle miteinan-
der hinzuziehen, um gegen Jerusalem zu
streiten und bei uns Verwirrung anzu-
richten.
3 Wir aber beteten zu unserm Gott und

*Der Zusammenhang erfordert die hier vorgenommene Umstellung des halben Verses.

stellten gegen sie Tag und Nacht Wachen
auf zum Schutz vor ihnen.
4 Und das Volk von Juda sprach: Die
Kraft der Träger ist zu schwach, und der
Schutt ist zu viel; wir können an der
Mauer nicht weiterbauen.
5 Unsere Widersacher aber dachten: Sie
sollen's nicht erfahren noch sehen, bis wir
mitten unter sie kommen und sie töten
und dem Werk ein Ende machen.
6 Als nun die Juden, die nahe bei ihnen
wohnten, kamen und uns wohl zehnmal
sagten: Aus allen Orten, wo sie um uns
wohnen, ziehen sie gegen uns heran, –
7 da stellte man sich auf unten hinter
der Mauer an den offenen Stellen, und ich
ließ das Volk antreten nach seinen Ge-
schlechtern mit Schwertern, Spießen und
Bogen.
8 Und als ich ihre Furcht sah, machte
ich mich auf und sprach zu den Vorneh-
men und Ratsherren und dem übrigen
Volk: Fürchtet euch nicht vor ihnen; ge-
denket an den Herrn, der groß und furcht-
bar ist, und streitet für eure Brüder, Söhne,
Töchter, Frauen und Häuser!
9 Als aber unsere Feinde hörten, daß es
uns kundgeworden war, und Gott so
ihren Rat zunichte gemacht hatte, kehrten
wir alle wieder zur Mauer zurück, ein
jeder zu seiner Arbeit.
10 Und es geschah hinfort, daß die
Hälfte meiner Leute am Bau arbeitete, die
andere Hälfte aber hielt Spieße, Schilde,
Bogen und Panzer bereit und stand hinter
dem ganzen Hause Juda,
11 das an der Mauer baute. Die da
Lasten trugen, arbeiteten so: mit der einen
Hand taten sie die Arbeit, und mit der
andern hielten sie die Waffe.
12 Und ein jeder, der baute, hatte sein
Schwert um die Lenden gegürtet und
baute so; und der die Posaune zu blasen
hatte, stand neben mir.
13 Und ich sprach zu den Vornehmen
und Ratsherren und zum übrigen Volk:
Das Werk ist groß und weit, und wir sind
auf der Mauer weit verstreut und fern
voneinander.
14 Woher ihr nun die Posaune tönen
hört, dorthin sammelt euch zu uns. Unser
Gott wird für uns streiten.
15 So arbeiteten wir am Bau, während
die Hälfte die Spieße bereit hielt, vom
Aufgang der Morgenröte, bis die Sterne
hervorkamen.
16 Auch sprach ich damals zum Volk:
Ein jeder bleibe mit seinen Leuten über
Nacht in Jerusalem, damit wir in der
Nacht für die Wache Leute haben und am
Tage für die Arbeit.
17 Aber ich und meine Brüder und
meine Leute und die Wache, die mir folg-
te, wir zogen unsere Kleider nicht aus; ein
jeder hatte seinen Spieß zur Rechten.

Nehemia beseitigt die Beschwerden der Armen

5 Und es erhob sich ein großes Geschrei
der Leute aus dem Volk und ihrer
Frauen gegen ihre jüdischen Brüder.
2 Die einen sprachen: Unsere Söhne und
Töchter müssen wir verpfänden, um Ge-
treide zu kaufen, damit wir essen und
leben können.
3 Die andern sprachen: Unsere Äcker,
Weinberge und Häuser müssen wir ver-
setzen, damit wir Getreide kaufen können
in dieser Hungerzeit.
4 Und wieder andere sprachen: Wir
haben auf unsere Äcker und Weinberge
Geld aufnehmen müssen, um dem König
Steuern zahlen zu können.
5 Nun sind wir doch wie unsere Brüder,
von gleichem Fleisch und Blut, und unsere
Kinder sind wie ihre Kinder; und siehe,
wir müssen unsere Söhne und Töchter als
Sklaven dienen lassen, und schon sind
einige unserer Töchter erniedrigt worden,
und wir können nichts dagegen tun, und
unsere Äcker und Weinberge gehören
andern.
6 Als ich aber ihr Schreien und diese
Worte hörte, wurde ich sehr zornig.
7 Und ich hielt Rat mit mir selbst und
schalt die Vornehmen und die Ratsherren
und sprach zu ihnen: Wollt ihr einer gegen
den andern Wucher treiben? Und ich
brachte eine große Versammlung gegen
sie zusammen
8 und sprach zu ihnen: Wir haben unse-
re jüdischen Brüder losgekauft, die den
Heiden verkauft waren, soweit es uns
möglich war; wollt ihr nun eure Brüder
verkaufen, damit wir sie wieder zurück-
kaufen müssen? Da schwiegen sie und
fanden nichts zu antworten.
9 Und ich sprach: Es ist nicht gut, was

ihr tut. Solltet ihr nicht in der Furcht Got-
tes wandeln um des Hohnes der Heiden
willen, die ja unsere Feinde sind?
10 Ich und meine Brüder und meine
Leute haben unsern Brüdern auch Geld
geliehen und Getreide; wir wollen ihnen
doch diese Schuld erlassen!
11 Gebt ihnen noch heute ihre Äcker,
Weinberge, Ölgärten und Häuser zurück
und erlaßt ihnen die Schuld an Geld, Ge-
treide, Wein und Öl, die ihr von ihnen zu
fordern habt.
12 Da sprachen sie: Wir wollen es zu-
rückgeben und wollen nichts von ihnen
fordern und wollen tun, wie du gesagt
hast. Und ich rief die Priester und nahm
einen Eid von ihnen, daß sie so tun soll-
ten.
13 Auch schüttelte ich mein Gewand
aus und sprach: So schüttle Gott einen
jeden aus seinem Hause und aus seinem
Besitz, der dies Wort nicht hält: so sei er
ausgeschüttelt und leer! Und die ganze
Gemeinde sprach: Amen! und lobte den
HERRN. Und das Volk tat so.

Nehemias Uneigennützigkeit

14 Und von der Zeit an, als mir befohlen
wurde, ihr Statthalter zu sein im Lande
Juda, nämlich vom zwanzigsten Jahr an
bis in das zweiunddreißigste Jahr des
Königs Arthahsastha, das sind zwölf
Jahre, verzichtete ich für mich und meine
Brüder auf meine Einkünfte als Statthal-
ter.
15 Denn die früheren Statthalter, die vor
mir gewesen waren, hatten das Volk be-
lastet und hatten für Brot und Wein täg-
lich vierzig Silberstücke von ihnen ge-
nommen; auch ihre Leute waren gewalt-
tätig mit dem Volk umgegangen. Ich aber
tat nicht so um der Furcht Gottes willen.
16 Auch arbeitete ich an der Mauer und
kaufte keinen Acker, und alle meine Leute
mußten sich dort zur Arbeit versammeln.
17 Dazu waren von den Juden, nämlich
den Ratsherren, hundertfünfzig an mei-
nem Tisch und auch die, die zu uns kamen
aus den Völkern, die um uns her wohnten.
18 Und dafür gebrauchte man täglich
einen Stier und sechs auserlesene Schafe
und Geflügel und jeweils für zehn Tage
eine bestimmte Menge Wein. Dennoch
forderte ich nicht die Einkünfte eines
Statthalters; denn der Dienst lag schon
schwer genug auf dem Volk.
19 Gedenke, mein Gott, zu meinem
Besten an alles, was ich für dies Volk
getan habe!

Nehemia begegnet den Nachstellungen seiner Feinde

6 Und als Sanballat, Tobia und Ge-
schem, der Araber, und unsere andern
Feinde erfuhren, daß ich die Mauer ge-
baut hätte und keine Lücke mehr darin
sei, wiewohl ich die Türen zu der Zeit
noch nicht in die Tore gehängt hatte,
2 sandten Sanballat und Geschem zu
mir und ließen mir sagen: Komm und laß
uns in Kephirim im Tal Ono zusammen-
kommen! Sie gedachten mir aber Böses
anzutun.
3 Ich aber sandte Boten zu ihnen und
ließ ihnen sagen: Ich hab ein großes Werk
auszurichten, ich kann nicht hinabkom-
men; es könnte das Werk liegenbleiben,
wenn ich die Hand abtäte und zu euch
hinabkäme.
4 Sie sandten aber viermal zu mir in die-
ser Weise, und ich antwortete ihnen in der
gleichen Weise.
5 Da sandte Sanballat zum fünftenmal
seinen Diener zu mir mit einem offenen
Brief in seiner Hand.
6 Darin war geschrieben: Unter den
Leuten geht das Gerücht, und Geschem
hat's gesagt, daß du und die Juden ab-
fallen wollen, daß du darum auch die
Mauer baust, und du wollest ihr König
werden;
7 und du habest dir Propheten bestellt,
die in Jerusalem von dir ausrufen und
sagen sollen: Er ist der König in Juda!
Nun, das wird vor den König kommen.
So komm nun und laß uns miteinander
Rat halten!
8 Ich aber sandte zu ihm und ließ ihm
sagen: Es ist nichts von dem geschehen,
was du da sagst; du hast es dir in deinem
Herzen ausgedacht.
9 Denn sie alle wollten uns furchtsam
machen und dachten: Sie sollen die Hand
abtun vom Werk, damit es nicht fertig
werde. Da stärkte ich um so mehr meine
Hände.
10 Und ich kam ins Haus Schemajas, des
Sohnes Delajas, des Sohnes Mehetabels,

der gerade behindert war, und er sprach:
Laß uns zusammenkommen im Hause
Gottes, im Innern des Tempels, und die Tü-
ren des Tempels zuschließen; denn sie wer-
den kommen, dich zu töten, in der Nacht
werden sie kommen, damit sie dich töten.
11 Ich aber sprach: Sollte ein Mann wie
ich fliehen? Sollte ein Mann wie ich in den
Tempel gehen, um am Leben zu bleiben?
Ich will nicht hineingehen.
12 Denn ich merkte, daß nicht Gott ihn
gesandt hatte. Denn er sagte die Weis-
sagung über mich, weil Tobia und San-
ballat ihm Geld gegeben hatten,
13 damit ich mich fürchten und so han-
deln und mich verfehlen sollte, daß ein
böses Gerücht aufkäme, damit sie mich
verhöhnen könnten.
14 Gedenke, mein Gott, des Tobia und
Sanballat nach diesem ihrem Tun, auch
der Prophetin Noadja und der andern
Propheten, die mich abschrecken wollten.

Vollendung des Mauerbaus

15 Und die Mauer wurde am fünfund-
zwanzigsten Tage des Monats Elul in
zweiundfünfzig Tagen fertig.
16 Und als alle unsere Feinde das hör-
ten, fürchteten sich alle Völker, die um
uns her wohnten, und der Mut entfiel
ihnen; denn sie merkten, daß dies Werk
von Gott war.
17 Auch sandten viele Vornehme aus
Juda in jenen Tagen Briefe an Tobia, und
von Tobia kamen Briefe zu ihnen.
18 Es gab nämlich viele in Juda, die sich
ihm verschworen hatten; denn er war ein
Schwiegersohn Schechanjas, des Sohnes
Arachs, und sein Sohn Johanan hatte zur
Frau die Tochter Meschullams, des Soh-
nes Berechjas.
19 Und sie sagten vor mir Gutes von ihm
und trugen ihm meine Worte zu. Da sandte
Tobia Briefe, um mich abzuschrecken.

Sicherung der Stadt

7 Als wir nun die Mauer gebaut hatten,
hängte ich die Türen ein, und es wur-
den die Torhüter, Sänger und Leviten ein-
gesetzt.
2 Und ich setzte über Jerusalem meinen
Bruder Hanani und den Burgvogt Hanan-
ja, der ein treuer Mann war und gottes-
fürchtig vor vielen andern.
3 Und ich sprach zu ihnen: Man soll die
Tore Jerusalems nicht auftun, ehe die
Sonne heiß scheint; und während sie noch
am Himmel steht, soll man die Tore schlie-
ßen und verriegeln. Und man soll Wachen
aufstellen aus den Bürgern Jerusalems, die
einen bei ihrer Wachmannschaft, die an-
dern ihrem Hause gegenüber.

Verzeichnis der aus Babel Zurückgekehrten

4 Die Stadt aber war weit und groß,
aber wenig Volk darinnen, und Häuser
waren noch nicht wieder gebaut.
5 Und mein Gott gab mir ins Herz, daß
ich die Vornehmen und die Ratsherren
und das Volk versammelte, um sie aufzu-
zeichnen nach Geschlechtern. Und ich
fand das Geschlechtsregister derer, die
zuerst heimgekehrt waren, und fand darin
geschrieben:
6 Dies sind die Leute der Landschaft
Juda, die aus der Gefangenschaft herauf-
gezogen sind, die Nebukadnezar, der
König von Babel, weggeführt hatte, und
die wieder nach Jerusalem und nach Juda
zurückkehrten, ein jeder in seine Stadt,
7 und die gekommen sind mit Serubabel,
Jeschua, Nehemia, Asarja, Raamja, Na-
hamani, Mardochai, Bilschan, Mispereth,
Bigewai, Nehum und Baana. Dies ist die
Zahl der Männer vom Volk Israel:
8 die Söhne Parosch 2172;
9 die Söhne Schephatja 372;
10 die Söhne Arach 652;
11 die Söhne Pahath-Moab, nämlich die
Söhne Jeschua und die Söhne Joab, 2818;
12 die Söhne Elam 1254;
13 die Söhne Sattu 845;
14 die Söhne Sakkai 760;
15 die Söhne Binnui 648;
16 die Söhne Bebai 628;
17 die Söhne Asgad 2322;
18 die Söhne Adonikam 667;
19 die Söhne Bigewai 2067;
20 die Söhne Adin 655;
21 die Söhne Ater, nämlich die Söhne
Hiskia, 98;
22 die Söhne Haschum 328;
23 die Söhne Bezai 324;
24 die Söhne Hariph 112;
25 die Männer von Gibeon 95;
26 die Männer von Bethlehem und Ne-
topha 188;
27 die Männer von Anathoth 128;

28 die Männer von Beth-Asmaweth 42;
29 die Männer von Kirjath-Jearim,
Kephira und Beeroth 743;
30 die Männer von Rama und Geba
621;
31 die Männer von Michmas 122;
32 die Männer von Bethel und Ai 123;
33 die Söhne des andern Nebo 52;
34 die Söhne des andern Elam 1254;
35 die Söhne Harim 320;
36 die Männer von Jericho 345;
37 die Männer von Lod, Hadid und
Ono 721;
38 die Söhne Senaa 3930.
39 Die Priester: die Söhne Jedaja, näm-
lich das Haus Jeschua, 973;
40 die Söhne Immer 1052;
41 die Söhne Paschhur 1247;
42 die Söhne Harim 1017.
43 Die Leviten: die Söhne Jeschua, näm-
lich Kadmiël, Binnui und Hodawja, 74.
44 Die Sänger: die Söhne Asaph 148.
45 Die Torhüter: die Söhne Schallum,
die Söhne Ater, die Söhne Talmon, die
Söhne Akkub, die Söhne Hatita, die
Söhne Schobai, insgesamt 138.
46 Die Tempelsklaven: die Söhne Ziha,
die Söhne Hasupha, die Söhne Tabbaoth,
47 die Söhne Keros, die Söhne Sia, die
Söhne Padon,
48 die Söhne Lebana, die Söhne Haga-
ba, die Söhne Salmai,
49 die Söhne Hanan, die Söhne Giddel,
die Söhne Gahar,
50 die Söhne Reaja, die Söhne Rezin,
die Söhne Nekoda,
51 die Söhne Gasam, die Söhne Usa, die
Söhne Paseach,
52 die Söhne Besai, die Söhne der Mëu-
niter, die Söhne der Nephusiter,
53 die Söhne Bakbuk, die Söhne Haku-
pha, die Söhne Harhur,
54 die Söhne Bazlith, die Söhne Mehida,
die Söhne Harscha,
55 die Söhne Barkos, die Söhne Sisera,
die Söhne Temach,
56 die Söhne Neziach, die Söhne Hati-
pha.
57 Die Nachkommen der Sklaven Salo-
mos: die Söhne Sotai, die Söhne Sophe-
reth, die Söhne Peruda,
58 die Söhne Jaala, die Söhne Darkon,
die Söhne Giddel,
59 die Söhne Schephatja, die Söhne
Hattil, die Söhne Pochereth von Zebajim,
die Söhne Amon.
60 Alle Tempelsklaven und Nachkom-
men der Sklaven Salomos waren 392.
61 Und dies sind die Leute, die auch mit
heraufzogen von Tel-Melach, Tel-Har-
scha, Kerub-Addon und Immer, aber
nicht angeben konnten, ob ihre Sippe und
deren Nachkommen aus Israel stammten:
62 die Söhne Delaja, die Söhne Tobia
und die Söhne Nekoda 642.
63 Und von den Priestern: die Söhne
Habaja, die Söhne Hakkoz, die Söhne
Barsillai, deren Urahn eine von den Töch-
tern des Gileaditers Barsillai zur Frau ge-
nommen hatte und nach dessen Namen
genannt wurde.
64 Diese suchten ihr Geschlechtsregister,
und als sie es nicht fanden, wurden sie für
das Priestertum als untauglich erklärt.
65 Und der Statthalter gebot ihnen, sie
sollten nicht essen vom Hochheiligen, bis
ein Priester für die heiligen Lose «Licht
und Recht» aufstände.
66 Die ganze Gemeinde zählte insge-
samt 42360,
67 ausgenommen ihre Sklaven und
Sklavinnen; die waren 7337, dazu 245
Sänger und Sängerinnen.
68 Und sie hatten 736 Rosse, 245 Maul-
tiere, °435 Kamele, 6720 Esel.

Freiwillige Beiträge zum Tempelbau

°69 Und einige Häupter der Sippen ga-
ben für das Werk. Der Statthalter gab zum
Schatz tausend Gulden, fünfzig Becken,
fünfhundertdreißig Priesterkleider.
70 Und einige Häupter der Sippen gaben
zum Schatz für das Werk zwanzigtausend
Gulden, zweitausendzweihundert Pfund
Silber.
71 Und das übrige Volk gab zwanzig-
tausend Gulden und zweitausend Pfund
Silber und siebenundsechzig Priesterklei-
der.
72 Und die Priester und die Leviten, die
Torhüter, die Sänger und einige andere
Leute und die Tempelsklaven und ganz
Israel ließen sich in ihren Städten nieder.

Vorlesung des Gesetzes durch Esra

8 Als nun der siebente Monat herange-
kommen war und die Kinder Israel in
ihren Städten waren,

1 versammelte sich das ganze Volk wie ein Mann auf dem Platz vor dem Wassertor, und sie sprachen zu Esra, dem Schriftgelehrten, er solle das Buch des Gesetzes des Mose holen, das der HERR Israel geboten hat.

2 Und Esra, der Priester, brachte das Gesetz vor die Gemeinde, Männer und Frauen und alle, die es verstehen konnten, am ersten Tage des siebenten Monats

3 und las daraus auf dem Platz vor dem Wassertor vom lichten Morgen an bis zum Mittag vor Männern und Frauen und wer's verstehen konnte. Und die Ohren des ganzen Volks waren dem Gesetzbuch zugekehrt.

4 Und Esra, der Schriftgelehrte, stand auf einer hölzernen Kanzel, die sie dafür gemacht hatten, und es standen neben ihm Mattithja, Schema, Anaja, Uria, Hilkia und Maaseja zu seiner Rechten, aber zu seiner Linken Pedaja, Mischaël, Malkia, Haschum, Haschbaddana, Sacharja und Meschullam.

5 Und Esra tat das Buch auf vor aller Augen, denn er überragte alles Volk; und als er's auftat, stand alles Volk auf.

6 Und Esra lobte den HERRN, den großen Gott. Und alles Volk antwortete: Amen! Amen! und sie hoben ihre Hände empor und neigten sich und beteten den HERRN an mit dem Antlitz zur Erde.

7 Und die Leviten Jeschua, Bani, Scherebja, Jamin, Akkub, Schabthai, Hodia, Maaseja, Kelita, Asarja, Josabad, Hanan, Pelaja unterwiesen das Volk im Gesetz, und das Volk stand auf seinem Platz.

8 Und sie legten das Buch des Gesetzes Gottes klar und verständlich aus, so daß man verstand, was gelesen worden war.

9 Und Nehemia, der Statthalter, und Esra, der Priester und Schriftgelehrte, und die Leviten, die das Volk unterwiesen, sprachen zu allem Volk: Dieser Tag ist heilig dem HERRN, eurem Gott; darum seid nicht traurig und weinet nicht! Denn alles Volk weinte, als sie die Worte des Gesetzes hörten.

10 Darum sprach er zu ihnen: Geht hin und eßt fette Speisen und trinkt süße Getränke und sendet davon auch denen, die nichts für sich bereitet haben; denn dieser Tag ist heilig unserm Herrn. Und seid nicht bekümmert; denn **die Freude am HERRN ist eure Stärke.**

11 Und die Leviten trösteten alles Volk und sprachen: Seid still, denn der Tag ist heilig; seid nicht bekümmert!

12 Und alles Volk ging hin, um zu essen, zu trinken und davon auszuteilen und ein großes Freudenfest zu machen; denn sie hatten die Worte verstanden, die man ihnen kundgetan hatte.

Feier des Laubhüttenfestes

13 Und am zweiten Tage versammelten sich die Häupter der Sippen des ganzen Volks und die Priester und Leviten bei Esra, dem Schriftgelehrten, damit er sie in den Worten des Gesetzes unterrichte.

14 Und sie fanden im Gesetz geschrieben, das der HERR durch Mose geboten hatte, daß die Kinder Israel am Fest im siebenten Monat in Laubhütten wohnen sollten.

15 Da ließen sie es kundtun und ausrufen in allen ihren Städten und in Jerusalem und sagen: Geht hinaus auf die Berge und holt Ölzweige, Balsamzweige, Myrtenzweige, Palmzweige und Zweige von Laubbäumen, daß man Laubhütten mache, wie es geschrieben steht.

16 Und das Volk ging hinaus und holte sie und machte sich Laubhütten, ein jeder auf seinem Dach und in seinem Hof und in den Vorhöfen am Hause Gottes und auf dem Platz am Wassertor und auf dem Platz am Tor Ephraim.

17 Und die ganze Gemeinde derer, die aus der Gefangenschaft wiedergekommen waren, machte Laubhütten und wohnte darin. Denn dies hatten die Kinder Israel seit der Zeit Josuas, des Sohnes Nuns, bis auf diesen Tag nicht mehr getan. Und es war eine sehr große Freude.

18 Und es wurde jeden Tag aus dem Buch des Gesetzes Gottes vorgelesen, vom ersten Tag an bis zum letzten. Und sie hielten das Fest sieben Tage und am achten Tage die Versammlung, wie sich's gebührt.

Bußgebet des Volkes

9 Am vierundzwanzigsten Tage dieses Monats kamen die Kinder Israel zu einem Fasten zusammen, in Säcke gehüllt und mit Erde auf ihren Häuptern.

2 Und es sonderten sich die Nachkom-
men Israels von allem fremden Volk ab
und traten hin und bekannten ihre Sün-
den und die Missetaten ihrer Väter.
3 Und sie standen an ihrem Platz auf,
und man las vor aus dem Buch des Ge-
setzes des HERRN, ihres Gottes, drei Stun-
den lang, und drei Stunden bekannten sie
und beteten zum HERRN, ihrem Gott.
4 Und auf dem erhöhten Platz für die
Leviten standen Jeschua, Bani, Kadmiël,
Schebanja, Bunni, Scherebja, Bani und
Kenani und schrien laut zu dem HERRN,
ihrem Gott.
5 Und die Leviten Jeschua, Kadmiël,
Bani, Haschabneja, Scherebja, Hodia,
Schebanja, Pethachja sprachen: Auf! lo-
bet den HERRN, euren Gott, von Ewigkeit
zu Ewigkeit! Und man lobe deinen herr-
lichen Namen, der erhaben ist über allen
Preis und Ruhm!
6 HERR, du bist's allein, du hast ge-
macht den Himmel und aller Himmel
Himmel mit ihrem ganzen Heer, die Erde
und alles, was darauf ist, die Meere und
alles, was darinnen ist; du machst alles
lebendig, und das himmlische Heer betet
dich an.
7 HERR, du bist Gott, der du Abram er-
wählt hast und ihn aus Ur in Chaldäa ge-
führt und Abraham genannt hast
8 und hast sein Herz treu erfunden vor
dir und einen Bund mit ihm geschlos-
sen, seinen Nachkommen zu geben das
Land der Kanaaniter, Hethiter, Amoriter,
Perisiter, Jebusiter und Girgasiter, und
hast dein Wort gehalten; denn du bist ge-
recht.
9 Und du hast das Elend unserer Väter
in Ägypten angesehen und ihr Schreien
am Schilfmeer erhört
10 und Zeichen und Wunder getan am
Pharao und allen seinen Großen und an
dem ganzen Volk seines Landes – denn du
erkanntest, daß sie gegen Israel vermessen
waren – und hast dir einen Namen ge-
macht, so wie er heute ist.
11 Und du hast das Meer vor ihnen zer-
teilt, so daß sie mitten durchs Meer
trocken hindurchgingen, und hast ihre
Verfolger in die Tiefe geworfen wie Steine
in mächtige Wasser
12 und hast sie geführt am Tage in einer
Wolkensäule und des Nachts in einer
Feuersäule, um ihnen zu leuchten auf dem
Wege, den sie zogen.
13 Und du bist herabgestiegen auf den
Berg Sinai und hast mit ihnen vom Him-
mel her geredet und ein wahrhaftiges
Recht und rechte Gesetze und gute Sat-
zungen und Gebote ihnen gegeben
14 und hast deinen heiligen Sabbat ihnen
kundgetan und Gebote, Satzungen und
Gesetz ihnen geboten durch deinen
Knecht Mose
15 und hast ihnen Brot vom Himmel
gegeben, als sie hungerte, und Wasser aus
dem Felsen fließen lassen, als sie dürstete,
und ihnen geboten, sie sollten hingehen
und das Land einnehmen, über das du
deine Hand zum Schwur erhobst, um es
ihnen zu geben.
16 Aber unsere Väter wurden stolz und
halsstarrig, so daß sie deinen Geboten
nicht gehorchten,
17 und weigerten sich zu hören und ge-
dachten auch nicht an deine Wunder, die
du an ihnen tatest, sondern sie wurden
halsstarrig und nahmen sich fest vor, zu
ihrer Knechtschaft in Ägypten zurückzu-
kehren. Aber du, mein Gott, vergabst und
warst gnädig, barmherzig, geduldig und
von großer Güte und verließest sie nicht.
18 Und obwohl sie ein gegossenes Kalb
machten und sprachen: «Das ist dein
Gott, der dich aus Ägyptenland geführt
hat» und große Lästerungen redeten,
19 verließest du sie doch nicht in der
Wüste nach deiner großen Barmherzig-
keit, und die Wolkensäule wich nicht von
ihnen am Tage, um sie auf dem Wege zu
führen, noch die Feuersäule in der Nacht,
um ihnen auf dem Wege zu leuchten, den
sie zogen.
20 Und du gabst ihnen deinen guten
Geist, um sie zu unterweisen, und dein
Manna versagtest du nicht ihrem Munde
und gabst ihnen Wasser, als sie dürstete.
21 Vierzig Jahre versorgtest du sie in der
Wüste, so daß ihnen nichts mangelte. Ihre
Kleider zerfielen nicht, und ihre Füße
schwollen nicht an.
22 Und du gabst ihnen Königreiche und
Völker und teiltest sie ihnen zu, daß sie
das Land Sihons, des Königs von Hesbon,
einnahmen und das Land Ogs, des Königs
von Basan.
23 Und du mehrtest ihre Kinder wie die

Sterne am Himmel und brachtest sie ins
Land, das du ihren Vätern zugesagt hast,
daß sie dort einziehen und es einnehmen
sollten.
24 Und die Kinder zogen hinein und
nahmen das Land ein. Und du demütig-
test vor ihnen die Bewohner des Landes,
die Kanaaniter, und gabst sie in ihre Hän-
de, ihre Könige und die Völker im Lande,
daß sie mit ihnen täten nach ihrem Willen.
25 Und sie eroberten feste Städte und ein
fettes Land und nahmen Häuser voller Gü-
ter in Besitz, ausgehauene Brunnen, Wein-
berge, Ölgärten und Obstbäume in Fülle,
und sie aßen und wurden satt und fett und
lebten in Wonne durch deine große Güte.
26 Aber sie wurden ungehorsam und
widerstrebten dir und warfen dein Gesetz
hinter sich und töteten deine Propheten,
die sie vermahnten, daß sie sich zu dir be-
kehren sollten, und redeten große Läste-
rungen.
27 Darum gabst du sie in die Hand
ihrer Feinde, die sie ängsteten. Und zur
Zeit ihrer Angst schrien sie zu dir, und du
erhörtest sie vom Himmel, und durch
deine große Barmherzigkeit gabst du
ihnen Retter, die ihnen aus der Hand ihrer
Feinde halfen.
28 Wenn sie aber zur Ruhe kamen, taten
sie wieder übel vor dir. Da gabst du sie
dahin in ihrer Feinde Hand, daß die über
sie herrschten. So schrien sie dann wieder
zu dir, und du erhörtest sie vom Himmel
her und errettetest sie nach deiner großen
Barmherzigkeit viele Male.
29 Und du vermahntest sie, um sie zu
deinem Gesetz zurückzuführen. Aber sie
waren stolz und gehorchten deinen Ge-
boten nicht und sündigten an deinen
Rechten, durch die der Mensch lebt, wenn
er sie tut, und kehrten dir den Rücken zu
und wurden halsstarrig und gehorchten
nicht.
30 Und du hattest viele Jahre Geduld
mit ihnen und warntest sie durch deinen
Geist in deinen Propheten, aber sie nah-
men's nicht zu Ohren. Darum hast du sie
gegeben in die Hand der Völker in den
Ländern.
31 Aber nach deiner großen Barmher-
zigkeit hast du mit ihnen nicht ein Ende
gemacht noch sie verlassen; denn du bist
ein gnädiger und barmherziger Gott.
32 Nun, unser Gott, du großer Gott, du
Mächtiger und Furchtbarer, der du Bund
und Treue hältst, achte all das Elend nicht
gering, das uns getroffen hat, unsere Kö-
nige, Fürsten, Priester, Propheten, Väter
und dein ganzes Volk seit der Zeit der
Könige von Assur bis auf diesen Tag.
33 Du bist gerecht in allem, was du
über uns gebracht hast; denn du hast
recht getan, wir aber sind gottlos gewesen.
34 Und unsere Könige, Fürsten, Prie-
ster und Väter haben nicht nach deinem
Gesetz getan und nicht achtgehabt auf
deine Gebote und Ordnungen, die du
ihnen hast bezeugen lassen.
35 Und sie haben dir nicht gedient zur
Zeit ihrer Macht bei all deiner großen
Güte, die du ihnen erwiesen hast, in dem
weiten und fetten Lande, das du ihnen ge-
geben hast, und haben sich von ihrem
bösen Tun nicht bekehrt.
36 Siehe, wir sind heute Knechte; und
in dem Lande, das du unsern Vätern ge-
geben hast, seine Früchte und Güter zu
genießen, siehe, in ihm sind wir Knechte.
37 Und all sein Ertrag bringt den Köni-
gen großen Gewinn, die du über uns ge-
setzt hast um unserer Sünden willen; und
sie herrschen über unsere Leiber und unser
Vieh nach ihrem Willen, und wir sind in
großer Not.

Das Volk verpflichtet sich zur Beobachtung des Gesetzes

10 °Und darum wollen wir eine feste
Abmachung treffen, sie aufschrei-
ben und unsere Fürsten, Leviten und Prie-
ster sollen sie versiegeln und unterschrei-
ben:
2 nämlich Nehemia, der Statthalter, der
Sohn Hachaljas, und Zedekia,
3 Seraja, Asarja, Jeremia,
4 Paschhur, Amarja, Malkia,
5 Hattusch, Schebanja, Malluch,
6 Harim, Meremoth, Obadja,
7 Daniel, Ginnethon, Baruch,
8 Meschullam, Abia, Mijjamin,
9 Maasja, Bilgai und Schemaja; das sind
die Priester.
10 Die Leviten aber sind: Jeschua, der
Sohn Asanjas, Binnui von den Söhnen
Henadads, Kadmiël,
11 und ihre Brüder: Schechanja, Hodia,
Kelita, Pelaja, Hanan,

12 Micha, Rehob, Haschabja,
13 Sakkur, Scherebja, Schebanja,
14 Hodia, Bani und Beninu.
15 Die Oberen des Volks sind: Parosch,
Pahath-Moab, Elam, Sattu, Bani,
16 Bunni, Asgad, Bebai,
17 Adonia, Bigewai, Adin,
18 Ater, Hiskia, Asur,
19 Hodia, Haschum, Bezai,
20 Hariph, Anathoth, Nobai,
21 Magpiasch, Meschullam, Hesir,
22 Meschesabel, Zadok, Jaddua,
23 Pelatja, Hanan, Anaja,
24 Hosea, Hananja, Haschub,
25 Hallohesch, Pilha, Schobek,
26 Rehum, Haschabna, Maaseja,
27 Ahia, Hanan, Anan,
28 Malluch, Harim und Baana.
29 Und das übrige Volk. Priester, Leviten, Torhüter, Sänger, Tempelsklaven, und alle, die sich von den Völkern der Länder abgesondert haben und sich zum Gesetz Gottes halten, samt ihren Frauen, Söhnen und Töchtern, alle, die es verstehen können:
30 sie sollen sich ihren Brüdern, den Mächtigen unter ihnen, anschließen und der Abmachung beitreten und sich mit einem Eid verpflichten, zu wandeln im Gesetz Gottes, das durch Mose, den Knecht Gottes, gegeben ist, und alle Gebote, Rechte und Satzungen des HERRN, unseres Herrschers, zu halten und zu tun.
31 Wir wollen unsere Töchter nicht den Völkern des Landes geben und ihre Töchter nicht für unsere Söhne nehmen;
32 wir wollen nicht von den Völkern des Landes am Sabbat und an den heiligen Tagen Waren und allerlei Getreide nehmen, wenn sie diese am Sabbattag zum Verkauf bringen;
wir wollen auf die Abgaben in jedem siebenten Jahr und auf Schuldforderungen jeder Art verzichten;
33 wir wollen uns das Gebot auferlegen, jährlich den dritten Teil eines Silberstücks zum Dienst im Hause unseres Gottes zu geben,
34 nämlich für die Schaubrote, für das tägliche Speisopfer, für das tägliche Brandopfer, für die Opfer am Sabbat und Neumond, für die Festtage, für das Hochheilige und für das Sündopfer, womit für Israel Sühne geschafft wird, und für alle Arbeit im Hause unseres Gottes;
35 wir wollen das Los unter den Priestern, den Leviten und dem Volk werfen, in welcher Reihenfolge unsere Sippen jedes Jahr das Brennholz für das Haus unseres Gottes zur bestimmten Zeit geben sollen, damit man es auf dem Altar des HERRN, unseres Gottes, verbrenne, wie es im Gesetz geschrieben steht;
36 wir wollen alljährlich die Erstlinge unseres Landes und die Erstlinge aller Früchte von allen Bäumen zum Hause des HERRN bringen;
37 wir wollen die Erstgeburt unserer Söhne und unseres Viehs, wie es im Gesetz geschrieben steht, und die Erstgeburt unserer Rinder und unserer Schafe zum Hause unseres Gottes zu den Priestern bringen, die im Hause unseres Gottes dienen;
38 wir wollen den ersten Teil von unserm Brotteig und unsere Abgaben und Früchte von allen Bäumen, von Wein und Öl für die Priester in die Kammern am Hause unseres Gottes bringen und den Zehnten unseres Landes für die Leviten; die sollen den Zehnten einnehmen aus allen unsern Orten mit Ackerland.
39 Und ein Priester, ein Sohn Aarons, soll bei den Leviten sein, wenn sie den Zehnten einnehmen, und die Leviten sollen den Zehnten ihrer Zehnten heraufbringen zum Hause unseres Gottes in die Kammern im Vorratshaus.
40 Denn die Kinder Israel und die Leviten sollen die Abgaben von Getreide, Wein und Öl herauf in die Kammern bringen. Dort sind die heiligen Geräte und die Priester, die da dienen, und die Torhüter und Sänger. So wollen wir es im Haus unseres Gottes an nichts fehlen lassen.

Verzeichnis der Einwohner Jerusalems und der Landbewohner

11 Und die Oberen des Volks wohnten in Jerusalem. Das übrige Volk aber warf das Los darum, wer von jeweils zehn nach Jerusalem, in die heilige Stadt, ziehen sollte, um dort zu wohnen, und die neun in den andern Städten.
2 Und das Volk segnete alle die Männer, die freiwillig in Jerusalem wohnen wollten.
3 Dies sind die Oberen der Landschaft Juda, die in Jerusalem und in den Städten

Judas wohnten; sie wohnten aber jeder in
seinem Eigentum in ihren Städten: Israeli-
ten, Priester, Leviten, Tempelsklaven und
die Nachkommen der Sklaven Salomos.
4 In Jerusalem wohnten einige von den
Söhnen Juda und einige von den Söhnen
Benjamin. Von den Söhnen Juda: Athaja,
der Sohn Usias, des Sohnes Sacharjas, des
Sohnes Amarjas, des Sohnes Schephatjas,
des Sohnes Mahalalels, von den Söhnen
Perez;
5 und Maaseja, der Sohn Baruchs, des
Sohnes Kolhoses, des Sohnes Hasajas, des
Sohnes Adajas, des Sohnes Jojaribs, des
Sohnes Sacharjas, von den Söhnen Schela.
6 Alle Nachkommen des Perez, die in
Jerusalem wohnten, waren 468, ange-
sehene Männer.
7 Von den Söhnen Benjamin: Sallu, der
Sohn Meschullams, des Sohnes Joëds, des
Sohnes Pedajas, des Sohnes Kolajas, des
Sohnes Maasejas, des Sohnes Ithiëls, des
Sohnes Jesajas,
8 und seine Brüder Gabbai, Sallai, 928.
9 Und Joel, der Sohn Sichris, war ihr
Vorsteher, und Juda, der Sohn Hassenuas,
war als Zweiter über die Stadt gesetzt.
10 Von den Priestern: Jedaja, Jojarib,
Jachin
11 und Seraja, der Sohn Hilkias, des
Sohnes Meschullams, des Sohnes Zadoks,
des Sohnes Merajoths, des Sohnes Ahi-
tubs, der Vorsteher im Hause Gottes,
12 und ihre Brüder, die am Hause Got-
tes Dienst taten, 822; und Adaja, der Sohn
Jerohams, des Sohnes Pelaljas, des Sohnes
Amzis, des Sohnes Sacharjas, des Sohnes
Paschhurs, des Sohnes Malkias,
13 und seine Brüder, Häupter der Sip-
pen, 242; und Amaschsai, der Sohn Asa-
rels, des Sohnes Ahasais, des Sohnes Me-
schillemoths, des Sohnes Immers,
14 und ihre Brüder, tüchtige Männer,
128; und ihr Vorsteher war Sabdiël, der
Sohn Haggadols.
15 Von den Leviten: Schemaja, der
Sohn Haschubs, des Sohnes Asrikams,
des Sohnes Haschabjas, des Sohnes Bun-
nis,
16 und Schabthai und Josabad von den
Häuptern der Leviten für den äußeren
Dienst am Hause Gottes,
17 und Mattanja, der Sohn Michas, des
Sohnes Sabdis, des Sohnes Asaphs, hatte
beim Gebet den Lobgesang anzustimmen,
und Bakbukja war unter seinen Brüdern
der Zweite in diesem Dienst, – und Abda,
der Sohn Schammuas, des Sohnes Galals,
des Sohnes Jeduthuns.
18 Alle Leviten in der heiligen Stadt
waren 284.
19 Und die Torhüter: Akkub und Tal-
mon und ihre Brüder, die an den Toren
Wache hielten, 172.
20 Das übrige Israel aber, Priester und
Leviten, blieb in allen Städten Judas, ein
jeder auf seinem Erbteil.
21 Und die Tempelsklaven wohnten am
Ophel, und Ziha und Gischpa waren über
die Tempelsklaven gesetzt.
22 Der Vorsteher der Leviten aber in
Jerusalem war Usi, der Sohn Banis, des
Sohnes Haschabjas, des Sohnes Mattan-
jas, des Sohnes Michas, von den Söhnen
Asaph, die beim Dienst im Hause Gottes
zu singen hatten.
23 Denn es gab ein Gebot des Königs
für sie und eine feste Abmachung, an wel-
chem Tag jeder zu singen hatte.
24 Und Pethachja, der Sohn Meschesa-
bels, von den Söhnen Serachs, des Sohnes
Judas, stand dem König zur Seite in allem,
was das Volk betraf.
25 Und einige von den Söhnen Juda
wohnten draußen in Höfen auf ihren
Fluren in Kirjath-Arba und seinen Ort-
schaften und in Dibon und seinen Ort-
schaften und in Kabzeel und seinen Ge-
höften
26 und in Jeschua, Molada, Beth-Pelet,
27 Hazar-Schual, Beerseba und seinen
Ortschaften
28 und in Ziklag und Mechona und sei-
nen Ortschaften
29 und in En-Rimmon, Zora, Jarmuth,
30 Sanoach, Adullam und ihren Ge-
höften, in Lachisch und seinen Fluren, in
Aseka und seinen Ortschaften. So ließen
sie sich nieder von Beerseba bis zum Tal
Hinnom.
31 Die Söhne Benjamin aber wohnten in
Geba, Michmas, Ajja, Bethel und seinen
Ortschaften
32 und in Anathoth, Nob, Ananja,
33 Hazor, Rama, Gittajim,
34 Hadid, Zeboïm, Neballat,
35 Lod und Ono und im Tal der Zim-
merleute.

36 Und von den Leviten wohnten Ordnungen auch in Juda und in Benjamin.

Listen von Priestern und Leviten

12 Dies sind die Priester und Leviten, die mit Serubabel, dem Sohn Sealthiëls, und Jeschua zurückgekehrt waren: Seraja, Jeremia, Esra,
2 Amarja, Malluch, Hattusch,
3 Schechanja, Rehum, Meremoth,
4 Iddo, Ginnethon, Abia,
5 Mijjamin, Maadja, Bilga,
6 Schemaja, Jojarib, Jedaja,
7 Sallu, Amok, Hilkia und Jedaja. Das
waren die Häupter der Priester und ihrer Brüder zur Zeit Jeschuas.
8 Die Leviten aber waren diese: Jeschua, Binnui, Kadmiël, Scherebja, Juda und Mattanja; er und seine Brüder waren für die Danklieder eingesetzt,
9 Bakbukja aber, Unni und ihre Brüder standen ihnen gegenüber beim Dienst.
10 Jeschua zeugte Jojakim, Jojakim zeugte Eljaschib, Eljaschib zeugte Jojada,
11 Jojada zeugte Johanan, Johanan zeugte Jaddua.
12 Und zur Zeit Jojakims waren diese die Häupter der Sippen unter den Priestern: nämlich von der Sippe Seraja: Meraja; von Jeremia: Hananja;
13 von Esra: Meschullam; von Amarja: Johanan;
14 von Malluch: Jonathan; von Schebanja: Joseph;
15 von Harim: Adna; von Merajoth: Helkai;
16 von Iddo: Sacharja; von Ginnethon: Meschullam;
17 von Abia: Sichri; von Mijjamin-Maadja: Piltai;
18 von Bilga: Schammua; von Schemaja: Jonathan;
19 von Jojarib: Mattenai; von Jedaja: Usi;
20 von Sallu: Kallai; von Amok: Eber;
21 von Hilkia: Haschabja; von Jedaja: Nathanael.
22 Und zur Zeit Eljaschibs, Jojadas, Johanans und Jadduas wurden aufgezeichnet die Häupter der Sippen unter den Leviten und die Priester bis zur Herrschaft des Darius, des Königs von Persien.
23 Es wurden aber von den Leviten die Häupter der Sippen aufgezeichnet in einer Chronik bis zur Zeit Johanans, des Sohnes Eljaschibs.
24 Und dies waren die Häupter der Leviten: Haschabja, Scherebja und Jeschua, Binnui, Kadmiël; und ihre Brüder standen ihnen gegenüber, zu loben und zu danken, wie es David, der Mann Gottes, geboten hatte, Chor um Chor,
25 nämlich Mattanja, Bakbukja und Obadja. Aber Meschullam, Talmon und Akkub, die Torhüter, hatten die Wache an den Vorratskammern der Tore.
26 Diese lebten zur Zeit Jojakims, des Sohnes Jeschuas, des Sohnes Jozadaks, und zur Zeit des Statthalters Nehemia und des Priesters Esra, des Schriftgelehrten.

Einweihung der Stadtmauer

27 Und bei der Einweihung der Mauer Jerusalems holte man die Leviten aus allen ihren Orten nach Jerusalem, um Einweihung zu halten mit Freuden, mit Danken und Singen, mit Zimbeln, Psaltern und Harfen.
28 Und es versammelten sich die Sänger aus der Gegend um Jerusalem und von den Gehöften der Netophathiter
29 und von Beth-Gilgal und von den Fluren um Geba und Asmaweth; denn die Sänger hatten sich rings um Jerusalem her Gehöfte gebaut.
30 Und die Priester und Leviten reinigten sich und reinigten das Volk, die Tore und die Mauer.
31 Und ich ließ die Oberen von Juda oben auf die Mauer steigen und stellte zwei große Dankchöre auf. Die einen gingen zur Rechten oben auf der Mauer zum Misttor hin,
32 und hinter ihnen her gingen Hoschaja und die Hälfte der Oberen von Juda
33 und Asarja, Esra, Meschullam,
34 Juda, Benjamin, Schemaja und Jeremia
35 und einige der Priester mit Trompeten, nämlich Sacharja, der Sohn Jonathans, des Sohnes Schemajas, des Sohnes Mattanjas, des Sohnes Michajas, des Sohnes Sakkurs, des Sohnes Asaphs,
36 und seine Brüder, Schemaja, Asarel, Milalai, Gilalai, Maai, Nathanael und Juda, Hanani, mit den Saitenspielen Davids, des Mannes Gottes; Esra aber, der Schriftgelehrte, ging vor ihnen her.

37 Und sie zogen zum Quelltor hin und
stiegen geradeaus die Stufen zur Stadt
Davids hinauf, wo die Mauer oberhalb
des Hauses Davids bis an das Wassertor
im Osten verläuft.
38 Der andere Dankchor ging zur Lin-
ken hin, und ich ging hinter ihm her und
die andere Hälfte der Oberen des Volks
oben auf der Mauer oberhalb des Ofen-
turms bis an die breite Mauer
39 und oberhalb des Tores Ephraim
zum alten Tor und zum Fischtor und zum
Turm Hananel und zum Turm Mea bis an
das Schaftor, und sie blieben am Wacht-
tor stehen.
40 So standen die beiden Dankchöre am
Hause Gottes und ich und die Hälfte der
Ratsherren mit mir
41 und die Priester, nämlich Eljakim,
Maaseja, Mijjamin, Michaja, Eljoënai,
Sacharja, Hananja mit Trompeten,
42 und Maaseja, Schemaja, Eleasar,
Usi, Johanan, Malkia, Elam und Eser.
Und die Sänger sangen laut, und Jisrachja
stand ihnen vor.
43 Und es wurden an diesem Tage große
Opfer dargebracht, und sie waren fröh-
lich, denn Gott hatte ihnen eine große
Freude gemacht, so daß sich auch Frauen
und Kinder freuten, und man hörte die
Freude Jerusalems schon von ferne.

Bestellung von Amtleuten für die Abgaben an die Priester und Leviten

44 Zu der Zeit wurden Männer über die
Kammern bestellt für die Vorräte, für die
Abgaben, Erstlinge und Zehnten, um in
ihnen die Anteile von den Äckern um die
Städte her zu sammeln, die nach dem Ge-
setz für die Priester und Leviten bestimmt
waren; denn Juda hatte seine Freude an
den Priestern und Leviten, die im Amt
standen,
45 daß sie den Dienst Gottes und den
Dienst der Reinigung versahen. Und auch
die Sänger und Torhüter taten nach dem
Gebot Davids und seines Sohnes Salomo.
46 Denn schon zu den Zeiten Davids
und Asaphs wurden die Vorsteher der
Sänger eingesetzt, um Gott zu loben und
zu danken.
47 Und zur Zeit Serubabels und zur
Zeit Nehemias gab ganz Israel den Sän-
gern und Torhütern Anteil an den heiligen
Gaben Tag für Tag; denn Israel gab das
Geheiligte den Leviten, die Leviten aber
gaben davon den heiligen Anteil den
Söhnen Aaron.

Alle Fremden werden aus dem Gottesvolk ausgeschieden

13 Und in dieser Zeit las man aus dem
Buch des Mose vor den Ohren des
Volks und fand darin geschrieben, daß die
Ammoniter und Moabiter niemals in die
Gemeinde Gottes kommen dürften,
2 weil sie den Kindern Israel nicht mit
Brot und Wasser entgegenkamen und
gegen sie Bileam dingten, damit er sie ver-
fluche; aber unser Gott wandte den Fluch
in Segen.
3 Als sie nun dies Gesetz hörten, schie-
den sie alles fremde Volk aus Israel aus.

Nehemia beseitigt Mißstände im Tempel

4 Und es hatte einst der Priester Elja-
schib, der über die Kammern bestellt war
am Hause unseres Gottes, ein Verwandter
des Tobia,
5 diesem eine große Kammer gegeben,
in die man früher die Speisopfer gelegt
hatte, den Weihrauch, die Geräte und den
Zehnten vom Getreide, Wein und Öl, die
Gebühr für die Leviten, Sänger und Tor-
hüter, dazu die Abgaben für die Priester.
6 Aber bei alledem war ich nicht in Jeru-
salem; denn im zweiunddreißigsten Jahr
Arthahsasthas, des Königs von Babel,
war ich zum König gereist und hatte erst
nach längerer Zeit den König gebeten,
daß er mich wieder ziehen ließe.
7 Und als ich nach Jerusalem kam,
merkte ich, daß es Unrecht war, was Elja-
schib für Tobia getan hatte, als er ihm
eine Kammer im Vorhof des Hauses Got-
tes gab.
8 Und es verdroß mich sehr, und ich
warf allen Hausrat des Tobia hinaus vor
die Kammer
9 und befahl, daß sie die Kammer reinig-
ten. Und ich brachte wieder hinein, was
zum Hause Gottes gehörte, Speisopfer
und Weihrauch.
10 Und ich erfuhr, daß die Anteile der
Leviten nicht eingegangen waren und des-
halb die Leviten und Sänger, die den
Dienst ausrichten sollten, fortgegangen
waren, ein jeder auf sein Land.

11 Da schalt ich die Ratsherren und sprach: Warum wird das Haus Gottes vernachlässigt? Und ich holte sie zurück und stellte sie wieder in ihren Dienst.

12 Da brachte ganz Juda den Zehnten vom Getreide, Wein und Öl in die Vorratskammern.

13 Und ich bestellte über die Vorräte den Priester Schelemja und Zadok, den Schreiber, und von den Leviten Pedaja und ihnen zur Hand Hanan, den Sohn Sakkurs, des Sohnes Mattanjas; denn sie galten als zuverlässig, und ihnen wurde befohlen, ihren Brüdern auszuteilen.

14 Gedenke, mein Gott, um dessentwillen an mich und lösche nicht aus, was ich in Treue am Hause meines Gottes und für den Dienst in ihm getan habe!

Nehemia setzt die Heiligung des Sabbats durch

15 Zur selben Zeit sah ich in Juda, daß man am Sabbat die Kelter trat und Getreide herbeibrachte und auf Esel lud und auch Wein, Trauben, Feigen und allerlei Last nach Jerusalem brachte am Sabbattag. Und ich verwarnte sie an dem Tage, als sie die Nahrung verkauften.

16 Es wohnten auch Tyrer dort; die brachten Fische und allerlei Ware und verkauften sie am Sabbat den Leuten in Juda und in Jerusalem.

17 Da schalt ich die Vornehmen von Juda und sprach zu ihnen: Was ist das für eine böse Sache, die ihr da tut, und entheiligt den Sabbattag?

18 Taten das nicht auch eure Väter, und unser Gott brachte all das Unheil über uns und über diese Stadt? Und ihr bringt noch mehr Zorn über Israel dadurch, daß ihr den Sabbat entheiligt!

19 Und vor dem Anbruch des Sabbats, als es in den Toren Jerusalems dunkel wurde, ließ ich die Tore schließen und befahl, man sollte sie erst nach dem Sabbat auftun. Und ich stellte einige meiner Leute an die Tore, damit man keine Last hereinbringe am Sabbattag.

20 Da blieben die Händler und Verkäufer von allerlei Ware über Nacht draußen vor Jerusalem, ein- oder zweimal.

21 Da verwarnte ich sie und sprach zu ihnen: Warum bleibt ihr über Nacht vor der Mauer? Werdet ihr das noch einmal tun, so werde ich Hand an euch legen. Von der Zeit an kamen sie am Sabbat nicht mehr.

22 Und ich befahl den Leviten, daß sie sich reinigten und kämen und die Tore bewachten, um den Sabbattag zu heiligen.

Mein Gott, gedenke auch um dessentwillen an mich und sei mir gnädig nach deiner großen Barmherzigkeit!

Nehemia verbietet die Ehe mit ausländischen Frauen

23 Zu dieser Zeit sah ich auch Juden, die sich Frauen genommen hatten aus Asdod, Ammon und Moab.

24 Und die Hälfte ihrer Kinder sprach asdodisch oder in der Sprache eines der andern Völker, aber jüdisch konnten sie nicht sprechen.

25 Und ich schalt sie und fluchte ihnen und schlug einige Männer und packte sie bei den Haaren und beschwor sie bei Gott: Ihr sollt eure Töchter nicht ihren Söhnen geben noch ihre Töchter für eure Söhne oder euch selbst nehmen.

26 Hat nicht Salomo, der König von Israel, gerade damit gesündigt? Und es war doch unter vielen Völkern kein König ihm gleich, und er war seinem Gott lieb, und Gott setzte ihn zum König über ganz Israel. Dennoch verleiteten ihn die ausländischen Frauen zur Sünde.

27 Und von euch muß man das hören, daß ihr ein so großes Unrecht tut und unserm Gott die Treue brecht damit, daß ihr euch ausländische Frauen nehmt?

28 Und einer von den Söhnen Jojadas, des Sohnes Eljaschibs, des Hohenpriesters, war der Schwiegersohn des Horoniters Sanballat; aber ich jagte ihn von mir.

29 Gedenke ihrer, mein Gott, daß sie das Priestertum befleckt und den Bund des Priestertums und der Leviten gebrochen haben!

30 So reinigte ich sie von allem Ausländischen und ordnete die Ämter der Priester und Leviten, für einen jeden nach seinem Dienst,

31 und die Lieferung von Brennholz zu bestimmten Zeiten und die Abgabe der Erstlinge.

Gedenke mir's, mein Gott, zum Besten!

DAS BUCH ESTHER

Der König Ahasveros verstößt seine Gemahlin

1 Zu den Zeiten des Ahasveros, der
König war vom Indus bis zum Nil über
hundertundsiebenundzwanzig Länder,
2 als er auf seinem königlichen Thron
saß in der Festung Susa,
3 im dritten Jahr seiner Herrschaft,
machte er ein Festmahl für alle seine Für-
sten und Großen, die Heerführer von
Persien und Medien, die Edlen und Ober-
sten in seinen Ländern,
4 damit er sehen ließe den herrlichen
Reichtum seines Königtums und die köst-
liche Pracht seiner Majestät viele Tage
lang, hundertundachtzig Tage.
5 Und als die Tage um waren, machte
der König ein Festmahl für alles Volk, das
in der Festung Susa war, vom Größten
bis zum Kleinsten, sieben Tage lang im
Hofe des Gartens beim königlichen Palast.
6 Da hingen weiße, rote und blaue Tü-
cher, mit leinenen und scharlachroten
Schnüren eingefaßt, in silbernen Ringen
an Marmorsäulen. Da waren Polster, gol-
den und silbern, auf grünem, weißem,
gelbem und schwarzem Marmor.
7 Und die Getränke trug man auf in
goldenen Gefäßen, von denen keins wie das
andere war, königlichen Wein in Menge
nach königlicher Weise.
8 Und man schrieb niemand vor, was er
trinken sollte; denn der König hatte allen
Vorstehern in seinem Palast befohlen, daß
jeder tun sollte, wie es ihm wohlgefiele.
9 Und die Königin Vasthi machte auch
ein Festmahl für die Frauen im königli-
chen Palast des Königs Ahasveros.
10 Und am siebenten Tage, als der
König guter Dinge war vom Wein, befahl
er Mehuman, Bistha, Harbona, Bigtha,
Abagtha, Sethar und Karkas, den sieben
Kämmerern, die vor dem König Ahas-
veros dienten,
11 daß sie die Königin Vasthi mit ihrer
königlichen Krone holen sollten vor den
König, um dem Volk und den Fürsten ihre
Schönheit zu zeigen; denn sie war schön.
12 Aber die Königin Vasthi wollte nicht
kommen, wie der König durch seine Käm-
merer geboten hatte. Da wurde der König
sehr zornig, und sein Grimm entbrannte
in ihm.
13 Und der König sprach zu den Weisen,
die sich auf die Gesetze verstanden – denn
des Königs Sachen mußten vor alle kom-
men, die sich auf Recht und Gesetz ver-
standen;
14 unter ihnen aber waren ihm am näch-
sten Karschena, Schethar, Admatha, Tar-
sis, Meres, Marsena und Memuchan, die
sieben Fürsten der Perser und Meder, die
das Angesicht des Königs sehen durften
und obenan saßen im Königreich –:
15 Was soll man nach dem Gesetz mit
der Königin Vasthi tun, weil sie nicht ge-
tan hat, wie der König durch seine Käm-
merer geboten hatte?
16 Da sprach Memuchan vor dem Kö-
nig und den Fürsten: Die Königin Vasthi
hat sich nicht allein an dem König ver-
fehlt, sondern auch an allen Fürsten und
an allen Völkern in allen Ländern des
Königs Ahasveros.
17 Denn es wird diese Tat der Königin
allen Frauen bekanntwerden, so daß sie
ihre Männer verachten und sagen: Der
König Ahasveros gebot der Königin
Vasthi, vor ihn zu kommen; aber sie woll-
te nicht.
18 Dann werden die Fürstinnen in Per-
sien und Medien auch so sagen zu allen
Fürsten des Königs, wenn sie von dieser
Tat der Königin hören; und es wird Ver-
achtung und Zorn genug geben.
19 Gefällt es dem König, so lasse man
ein königliches Gebot von ihm ausgehen
und unter die Gesetze der Perser und Me-
der aufnehmen, so daß man es nicht auf-
heben darf, daß Vasthi nicht mehr vor den
König Ahasveros kommen dürfe und der
König ihre königliche Würde einer andern
geben solle, die besser ist als sie.

20 Und wenn dieser Erlaß des Königs,
den er geben wird, bekannt würde in sei-
nem ganzen Reich, welches groß ist, so
würden alle Frauen ihre Männer in Ehren
halten bei Hoch und Niedrig.
21 Das gefiel dem König und den Für-
sten, und der König tat nach dem Wort
Memuchans.
22 Da wurden Schreiben ausgesandt in
alle Länder des Königs, in jedes Land
nach seiner Schrift und zu jedem Volk
nach seiner Sprache, daß ein jeder Mann
der Herr in seinem Hause sei.

Der König sucht eine neue Gemahlin

2 Nach diesen Geschichten, als der
Grimm des Königs Ahasveros sich ge-
legt hatte, dachte er an das, was Vasthi ge-
tan hatte und was über sie beschlossen war.
2 Da sprachen die Männer des Königs,
die ihm dienten: Man suche dem König
schöne Jungfrauen,
3 und der König bestelle Männer in allen
Ländern seines Königreichs, daß sie alle
schönen Jungfrauen zusammenbringen
auf das Schloß zu Susa ins Frauenhaus
unter die Hand Hegais, des königlichen
Kämmerers, des Hüters der Frauen, und
daß man ihre Schönheit pflege;
4 und das Mädchen, das dem König ge-
fällt, werde Königin an Vasthis Statt. Das
gefiel dem König, und er tat so.
5 Es war ein jüdischer Mann im Schloß
zu Susa, der hieß Mardochai, ein Sohn
Jaïrs, des Sohnes Simeïs, des Sohnes des
Kis, ein Benjaminiter,
6 der mit weggeführt war von Jerusa-
lem, als Jechonja, der König von Juda,
durch Nebukadnezar, den König von Ba-
bel, in die Gefangenschaft geführt wurde.
7 Und er war der Pflegevater der Ha-
dassa, das ist Esther, einer Tochter seines
Oheims; denn sie hatte weder Vater noch
Mutter. Und sie war ein schönes und
feines Mädchen. Und als ihr Vater und
ihre Mutter starben, nahm sie Mardochai
als Tochter an.
8 Als nun das Gebot und Gesetz des
Königs bekannt wurde und viele Jung-
frauen zusammengebracht wurden auf
das Schloß zu Susa unter die Hand He-
gais, wurde auch Esther in des Königs
Palast geholt unter die Hand Hegais, des
Hüters der Frauen.
9 Und das Mädchen gefiel Hegai, und
sie fand Gunst bei ihm. Und er beeilte
sich, ihre Schönheit zu pflegen und ihr ge-
nügend Speise zu geben und dazu sieben
auserlesene Dienerinnen aus dem Palast
des Königs. Und er brachte sie mit ihren
Dienerinnen an den besten Ort im Frauen-
haus.
10 Aber Esther sagte ihm nichts von
ihrem Volk und ihrer Herkunft; denn
Mardochai hatte ihr geboten, sie solle es
nicht sagen.
11 Und Mardochai kam alle Tage am
Hof des Frauenhauses vorbei, um zu er-
fahren, ob's Esther gut gehe und was mit
ihr geschehen würde.
12 Wenn aber die bestimmte Zeit für
eine jede Jungfrau kam, daß sie zum
König Ahasveros kommen sollte, nach-
dem sie zwölf Monate nach der Vor-
schrift für die Frauen gepflegt worden
war – denn ihre Pflege brauchte so viel
Zeit, nämlich sechs Monate mit Balsam
und Myrrhe und sechs Monate mit kost-
barer Spezerei und was sonst zur weib-
lichen Pflege gehört –,
13 dann ging die Jungfrau zum König,
und alles, was sie wollte, mußte man ihr
geben, daß sie damit vom Frauenhaus in
den Palast des Königs ginge.
14 Und wenn sie am Abend hineinge-
gangen war, ging sie am Morgen von ihm
in das andere Frauenhaus, unter die Hand
des Schaaschgas, des königlichen Käm-
merers, des Hüters der Nebenfrauen. Und
sie durfte nicht wieder zum König kom-
men, es sei denn, sie gefiele dem König
und er ließe sie mit Namen rufen.

Esther wird Königin

15 Als nun für Esther, die Tochter Abi-
hails, des Oheims Mardochais, die er als
Tochter angenommen hatte, die Zeit her-
ankam, daß sie zum König kommen soll-
te, begehrte sie nichts, als was Hegai, des
Königs Kämmerer, der Hüter der Frauen,
sagte. Und Esther fand Gunst bei allen,
die sie sahen.
16 Es wurde aber Esther zum König
Ahasveros gebracht in den königlichen
Palast im zehnten Monat, der da heißt
Tebeth, im siebenten Jahr seiner Herr-
schaft.
17 Und der König gewann Esther lieber

als alle Frauen, und sie fand Gnade und Gunst bei ihm vor allen Jungfrauen. Und er setzte die königliche Krone auf ihr Haupt und machte sie zur Königin an Vasthis Statt.

18 Und der König machte ein großes Festmahl für alle seine Fürsten und Großen, das Festmahl Esthers, und gewährte den Ländern Steuererlaß und teilte königliche Geschenke aus.

Mardochai entdeckt eine Verschwörung gegen den König

19 Und als man nun die übrigen Jungfrauen in das andere Frauenhaus brachte, saß Mardochai im Tor des Königs.

20 Und Esther hatte noch nichts gesagt von ihrer Herkunft und von ihrem Volk, wie ihr Mardochai geboten hatte; denn Esther tat nach dem Wort Mardochais wie zur Zeit, als er ihr Pflegevater war.

21 In jenen Tagen, als Mardochai im Tor des Königs saß, gerieten zwei Kämmerer des Königs, Bigthan und Teresch, die die Tür hüteten, in Zorn und trachteten danach, Hand an den König Ahasveros zu legen.

22 Als das Mardochai zu wissen bekam, sagte er es der Königin Esther, und Esther sagte es dem König in Mardochais Namen.

23 Und als man nachforschte, wurde es als richtig befunden, und sie wurden beide an den Galgen gehängt. Und es wurde aufgezeichnet im Buch der täglichen Meldungen für den König.

Hamans Anschlag zur Vertilgung der Juden

3 Nach diesen Geschichten erhob der König Ahasveros den Haman, den Sohn Hammedathas, den Agagiter, und machte ihn groß und setzte seinen Stuhl über alle Fürsten, die bei ihm waren.

2 Und alle Großen des Königs, die im Tor des Königs waren, beugten die Knie und fielen vor Haman nieder; denn der König hatte es so geboten. Aber Mardochai beugte die Knie nicht und fiel nicht nieder.

3 Da sprachen die Großen des Königs, die im Tor des Königs waren, zu Mardochai: Warum übertrittst du des Königs Gebot?

4 Und als sie das täglich zu ihm sagten und er nicht auf sie hörte, sagten sie es Haman, damit sie sähen, ob solch ein Tun Mardochais bestehen würde; denn er hatte ihnen gesagt, daß er ein Jude sei.

5 Und als Haman sah, daß Mardochai nicht die Knie beugte noch vor ihm niederfiel, wurde er voll Grimm.

6 Aber es war ihm zu wenig, daß er nur an Mardochai die Hand legen sollte, denn sie hatten ihm gesagt, von welchem Volk Mardochai sei; sondern er trachtete danach, das Volk Mardochais, alle Juden, die im ganzen Königreich des Ahasveros waren, zu vertilgen.

7 Im ersten Monat, das ist der Monat Nisan, im zwölften Jahr des Königs Ahasveros, wurde das Pur, das ist das Los, geworfen vor Haman, von einem Tage zum andern und von Monat zu Monat, und das Los fiel auf den dreizehnten Tag im zwölften Monat, das ist der Monat Adar.

8 Und Haman sprach zum König Ahasveros: Es gibt ein Volk, zerstreut und abgesondert unter allen Völkern in allen Ländern deines Königreichs, und ihr Gesetz ist anders als das aller Völker, und sie tun nicht nach des Königs Gesetzen. Es ziemt dem König nicht, sie gewähren zu lassen.

9 Gefällt es dem König, so lasse er schreiben, daß man sie umbringe; so will ich zehntausend Zentner Silber darwägen in die Hand der Amtleute, daß man's bringe in die Schatzkammer des Königs.

10 Da tat der König seinen Ring von der Hand und gab ihn Haman, dem Sohn Hammedathas, dem Agagiter, dem Feind der Juden.

11 Und der König sprach zu Haman: Das Silber sei dir gegeben, dazu das Volk, daß du mit ihm tust, was dir gefällt.

12 Da rief man die Schreiber des Königs am dreizehnten Tage des ersten Monats; und es wurde geschrieben, wie Haman befahl, an die Fürsten des Königs und an die Statthalter hin und her in den Ländern und an die Obersten eines jeden Volks in den Ländern hin und her in der Schrift eines jeden Volks und in seiner Sprache, im Namen des Königs Ahasveros und mit des Königs Ring gesiegelt.

13 Und die Schreiben wurden gesandt durch die Läufer in alle Länder des Königs, man solle vertilgen, töten und um-

bringen alle Juden, jung und alt, Kinder
und Frauen, auf **einen** Tag, nämlich am
dreizehnten Tag des zwölften Monats, das
ist der Monat Adar, und ihr Hab und Gut
plündern.
14 Eine Abschrift des Schreibens sollte
als Gesetz erlassen werden in allen Län-
dern, um allen Völkern zu eröffnen, daß
sie sich auf diesen Tag bereithalten sollten.
15 Und die Läufer gingen eilends aus
nach des Königs Wort, und in der Festung
Susa wurde das Gesetz angeschlagen.
Und der König und Haman saßen und
tranken; aber die Stadt Susa war bestürzt.

Mardochai bestimmt Esther,
beim König für die Juden einzutreten

4 Als Mardochai alles erfuhr, was ge-
schehen war, zerriß er seine Kleider
und legte den Sack an und tat Asche aufs
Haupt und ging hinaus mitten in die Stadt
und schrie laut klagend
2 und kam bis vor das Tor des Königs;
denn es durfte niemand in das Tor des
Königs eintreten, der einen Sack anhatte.
3 Und in allen Ländern, wohin des
Königs Wort und Gebot gelangte, war ein
großes Klagen unter den Juden, und viele
fasteten, weinten, trugen Leid und lagen
in Sack und Asche.
4 Da kamen die Dienerinnen Esthers
und ihre Kämmerer und erzählten ihr da-
von. Da erschrak die Königin sehr. Und
sie sandte Kleider, daß Mardochai sie an-
zöge und den Sack ablegte; er aber nahm
sie nicht an.
5 Da rief Esther Hathach, einen von des
Königs Kämmerern, der ihr diente, und
gab ihm Befehl wegen Mardochai, um zu
erfahren, was das sei und warum er so tue.
6 Da ging Hathach hinaus zu Mardo-
chai auf den Platz der Stadt, der vor dem
Tor des Königs war.
7 Und Mardochai sagte ihm alles, was
ihm begegnet war, auch die Summe des
Silbers, das Haman versprochen hatte in
des Königs Schatzkammer darzuwägen,
wenn die Juden vertilgt würden,
8 und gab ihm eine Abschrift des Ge-
setzes, das in Susa angeschlagen war, sie
zu vertilgen, damit er's Esther zeige und
es ihr sage und ihr gebiete, daß sie zum
König hineingehe und zu ihm flehe und
bei ihm Fürbitte tue für ihr Volk.
9 Und als Hathach hineinkam und
Esther die Worte Mardochais sagte,
10 sprach Esther zu Hathach und gebot
ihm, Mardochai zu sagen:
11 Es wissen alle Großen des Königs
und das Volk in den Ländern des Königs,
daß jeder, der ungerufen zum König hin-
eingeht in den inneren Hof, Mann oder
Weib, nach dem Gesetz sterben muß, es
sei denn, der König strecke das goldene
Zepter gegen ihn aus, damit er am Leben
bleibe. Ich aber bin nun seit dreißig Tagen
nicht gerufen worden, zum König hinein-
zukommen.
12 Und als Esthers Worte Mardochai
gesagt wurden,
13 ließ Mardochai Esther antworten:
Denke nicht, daß du dein Leben errettest,
weil du im Palast des Königs bist, du
allein von allen Juden.
14 Denn wenn du zu dieser Zeit schwei-
gen wirst, so wird eine Hilfe und Errettung
von einem andern Ort her den Juden er-
stehen, du aber und deines Vaters Haus,
ihr werdet umkommen. Und wer weiß, ob
du nicht gerade um dieser Zeit willen zur
königlichen Würde gekommen bist?
15 Esther ließ Mardochai antworten:
16 So geh hin und versammle alle Juden,
die in Susa sind, und fastet für mich, daß
ihr nicht eßt und trinkt drei Tage lang,
weder Tag noch Nacht. Auch ich und
meine Dienerinnen wollen so fasten. Und
dann will ich zum König hineingehen ent-
gegen dem Gesetz. Komme ich um, so
komme ich um.
17 Mardochai ging hin und tat alles,
was ihm Esther geboten hatte.

Esther geht zum König und lädt ihn und Haman zum Mahle

5 Und am dritten Tage zog sich Esther
königlich an und trat in den inneren
Hof am Palast des Königs gegenüber dem
Palast des Königs. Und der König saß auf
seinem königlichen Thron im königlichen
Saale gegenüber dem Tor des Palastes.
2 Und als der König die Königin Esther
im Hofe stehen sah, fand sie Gnade vor
seinen Augen. Und der König streckte das
goldene Zepter in seiner Hand gegen
Esther aus. Da trat Esther herzu und
rührte die Spitze des Zepters an.
3 Da sprach der König zu ihr: Was hast

du, Esther, Königin? Und was begehrst
du? Auch die Hälfte des Königreichs soll
dir gegeben werden.
4 Esther sprach: Gefällt es dem König,
so komme der König mit Haman heute zu
dem Mahl, das ich bereitet habe.
5 Der König sprach: Eilt und holt Haman,
damit geschehe, was Esther gesagt
hat!
Als nun der König und Haman zu dem
Mahl kamen, das Esther bereitet hatte,
6 sprach der König zu Esther, als er
Wein getrunken hatte: Was bittest du,
Esther? Es soll dir gegeben werden. Und
was begehrst du? Wäre es auch die Hälfte
des Königreichs, es soll geschehen.
7 Da antwortete Esther: Meine Bitte
und mein Begehren ist:
8 Hab ich Gnade gefunden vor dem
König und gefällt es dem König, meine
Bitte zu gewähren und zu tun nach meinem
Begehren, so komme der König mit
Haman zu dem Mahl, das ich für sie bereiten
will. Morgen will ich dann tun, was
der König gesagt hat.

Haman beschließt, sich an Mardochai zu rächen

9 Da ging Haman an dem Tage hinaus
fröhlich und guten Mutes. Aber als er
Mardochai im Tor des Königs sah, wie er
nicht aufstand und sich nicht vor ihm
fürchtete, wurde er voll Zorn über Mardochai.
10 Aber er hielt an sich. Und als er heimkam,
sandte er hin und ließ seine Freunde
holen und seine Frau Seresch
11 und zählte ihnen auf die Herrlichkeit
seines Reichtums und die Menge seiner
Söhne und alles, wie ihn der König so groß
gemacht habe, und daß er über die Fürsten
und Großen des Königs erhoben sei.
12 Auch sprach Haman: Und die Königin
Esther hat niemand kommen lassen
mit dem König zum Mahl, das sie bereitet
hat, als nur mich, und auch morgen
bin ich zu ihr geladen mit dem König.
13 Aber das alles ist mir nicht genug, solange
ich den Juden Mardochai sitzen sehe
im Tor des Königs.
14 Da sprachen zu ihm seine Frau
Seresch und alle seine Freunde: Man
mache einen Galgen, fünfzig Ellen hoch,
und morgen früh sage dem König, daß
man Mardochai daran aufhänge. Dann
geh du mit dem König fröhlich zum Mahl.
Das gefiel Haman gut, und er ließ einen
Galgen aufrichten.

Haman muß Mardochai ehren

6 In derselben Nacht konnte der König
nicht schlafen und ließ sich das Buch
mit den täglichen Meldungen bringen. Als
diese dem König vorgelesen wurden,
2 fand sich's geschrieben, daß Mardochai
angezeigt hatte, wie die zwei Kämmerer
des Königs, Bigthan und Teresch,
die an der Schwelle die Wache hielten, danach
getrachtet hatten, Hand an den
König Ahasveros zu legen.
3 Und der König sprach: Welche Ehre
und Würde hat Mardochai dafür bekommen?
Da sprachen die Diener des Königs,
die um ihn waren: Er hat nichts bekommen.
4 Und der König sprach: Wer ist im
Vorhof? Haman aber war in den Vorhof
gekommen draußen vor des Königs Palast,
um dem König zu sagen, daß man
Mardochai an den Galgen hängen sollte,
den er für ihn aufgerichtet hatte.
5 Und des Königs Diener sprachen zu
ihm: Siehe, Haman steht im Vorhof. Der
König sprach: Laßt ihn hereintreten.
6 Und als Haman hereinkam, sprach
der König zu ihm: Was soll man dem
Mann tun, den der König gern ehren
will? Haman aber dachte in seinem Herzen:
Wen anders sollte der König gern
ehren wollen als mich?
7 Und Haman sprach zum König: Dem
Mann, den der König gern ehren will,
8 soll man königliche Kleider bringen,
die der König zu tragen pflegt, und ein
Roß, darauf der König reitet und dessen
Kopf königlichen Schmuck trägt,
9 und man soll Kleid und Roß einem
Fürsten des Königs geben, daß er den
Mann bekleide, den der König gern ehren
will, und ihn auf dem Roß über den Platz
der Stadt führen und vor ihm her ausrufen
lassen: So tut man dem Mann, den
der König gern ehren will.
10 Der König sprach zu Haman: Eile
und nimm Kleid und Roß, wie du gesagt
hast, und tu so mit Mardochai, dem Juden,
der im Tor des Königs sitzt, und laß
nichts fehlen an allem, was du gesagt hast.

11 Da nahm Haman Kleid und Roß und zog Mardochai an und führte ihn über den Platz der Stadt und rief aus vor ihm her: So geschieht dem Mann, den der König gern ehren will.

12 Und Mardochai kam wieder zum Tor des Königs. Haman aber eilte nach Hause, traurig und mit verhülltem Haupt,

13 und erzählte seiner Frau Seresch und allen seinen Freunden alles, was ihm begegnet war. Da sprachen zu ihm seine Freunde und seine Frau Seresch: Ist Mardochai, vor dem du zu fallen angefangen hast, vom Geschlecht der Juden, so vermagst du nichts gegen ihn, sondern du wirst vor ihm vollends zu Fall kommen.

14 Als sie aber noch mit ihm redeten, kamen des Königs Kämmerer und geleiteten Haman eilends zu dem Mahl, das Esther bereitet hatte.

Haman wird an den Galgen gehängt

7 Und als der König mit Haman zu dem Mahl kam, das die Königin Esther bereitet hatte,

2 sprach der König zu Esther auch an diesem zweiten Tage, als er Wein getrunken hatte: Was bittest du, Königin Esther, das man dir geben soll? Und was begehrst du? Wäre es auch das halbe Königreich, es soll geschehen.

3 Die Königin Esther antwortete: Hab ich Gnade vor dir gefunden, o König, und gefällt es dem König, so gib mir mein Leben um meiner Bitte willen und mein Volk um meines Begehrens willen.

4 Denn wir sind verkauft, ich und mein Volk, daß wir vertilgt, getötet und umgebracht werden. Wären wir nur zu Knechten und Mägden verkauft, so wollte ich schweigen; denn die Bedrängnis wäre nicht so groß, daß man den König darum belästigen müßte.

5 Der König Ahasveros antwortete und sprach zu der Königin Esther: Wer ist der oder wo ist der, der sich hat in den Sinn kommen lassen, solches zu tun?

6 Esther sprach: Der Feind und Widersacher ist dieser niederträchtige Haman! Haman aber erschrak vor dem König und der Königin.

7 Und der König stand auf vom Weingelage in seinem Grimm und ging in den Garten am Palast. Aber Haman trat vor und bat die Königin Esther um sein Leben; denn er sah, daß sein Unglück vom König schon beschlossen war.

8 Und als der König zurückkam aus dem Garten am Palast in den Saal, wo man gegessen hatte, lag Haman vor dem Lager, auf dem Esther ruhte. Da sprach der König: Will er auch der Königin Gewalt antun bei mir im Palast? Als das Wort aus des Königs Munde gekommen war, verhüllten sie Haman das Antlitz.

9 Und Harbona, einer der Kämmerer vor dem König, sprach: Siehe, es steht ein Galgen beim Hause Hamans, fünfzig Ellen hoch, den er für Mardochai aufgerichtet hat, der doch zum Wohl des Königs geredet hat. Der König sprach: Hängt ihn daran auf!

10 So hängte man Haman an den Galgen, den er für Mardochai aufgerichtet hatte. Da legte sich des Königs Zorn.

Die Wendung zugunsten der Juden

8 An dem Tage schenkte der König Ahasveros der Königin Esther das Haus Hamans, des Judenfeindes. Und Mardochai wurde vom König empfangen; denn Esther hatte ihm gesagt, wie er mit ihr verwandt sei.

2 Und der König tat ab seinen Fingerreif, den er Haman genommen hatte, und gab ihn Mardochai. Und Esther setzte Mardochai über das Haus Hamans.

3 Und Esther redete noch einmal vor dem König und fiel ihm zu Füßen und weinte und flehte ihn an, daß er zunichte mache die Bosheit Hamans, des Agagiters, und seine Anschläge, die er gegen die Juden erdacht hatte.

4 Und der König streckte das goldene Zepter gegen Esther aus. Da stand Esther auf und trat vor den König

5 und sprach: Gefällt es dem König, und habe ich Gnade gefunden vor ihm, und dünkt es dem König recht, und gefalle ich ihm, so möge man die Schreiben mit den Anschlägen Hamans, des Sohnes Hammedathas, des Agagiters, widerrufen, die er geschrieben hat, um die Juden umzubringen in allen Ländern des Königs.

6 Denn wie kann ich dem Unheil zusehen, das mein Volk treffen würde? Und wie kann ich zusehen, daß mein Geschlecht umkäme?

7 Da sprach der König Ahasveros zur
Königin Esther und zu Mardochai, dem
Juden: Siehe, ich habe Esther das Haus
Hamans geschenkt, und ihn hat man an
einen Galgen gehängt, weil er seine Hand
an die Juden gelegt hat.
8 So schreibt nun ihr wegen der Juden,
wie es euch gefällt, in des Königs Namen
und siegelt's mit des Königs Ring. Denn
ein Schreiben, das in des Königs Namen
geschrieben und mit des Königs Ring ge-
siegelt war, durfte niemand widerrufen.
9 Da wurden gerufen des Königs Schrei-
ber zu jener Zeit im dritten Monat, das ist
der Monat Siwan, am dreiundzwanzigsten
Tage, und es wurde geschrieben, wie Mar-
dochai gebot, an die Juden und an die
Fürsten, Statthalter und Obersten in den
Ländern vom Indus bis zum Nil, hundert-
undsiebenundzwanzig Ländern, einem
jeden Lande in seiner Schrift, einem jeden
Volk in seiner Sprache und auch den Ju-
den in ihrer Schrift und Sprache.
10 Und es wurde geschrieben in des
Königs Ahasveros Namen und mit des
Königs Ring gesiegelt. Und man sandte
die Schreiben durch reitende Boten auf
den besten Pferden.
11 Darin gab der König den Juden, in
welchen Städten sie auch waren, die Er-
laubnis, sich zu versammeln und ihr Le-
ben zu verteidigen und alle Macht des
Volks und Landes, die sie angreifen wür-
den, zu vertilgen, zu töten und umzubrin-
gen samt den Kindern und Frauen und
ihr Hab und Gut zu plündern
12 an **einem** Tag in allen Ländern des
Königs Ahasveros, nämlich am dreizehn-
ten Tage des zwölften Monats, das ist der
Monat Adar.
13 Eine Abschrift des Schreibens aber
sollte als Gesetz erlassen werden in allen
Ländern, um allen Völkern zu eröffnen,
daß die Juden sich für diesen Tag bereit-
halten würden, sich zu rächen an ihren
Feinden.
14 Und die reitenden Boten auf den
besten Pferden ritten aus schnell und
eilends nach dem Wort des Königs, und
das Gesetz wurde in der Festung Susa an-
geschlagen.
15 Mardochai aber ging hinaus von dem
König in königlichen Kleidern, blau und
weiß, und mit einer großen goldenen Kro-
ne, angetan mit einem Mantel aus Leinen
und Purpurwolle. Und die Stadt Susa
jauchzte und war fröhlich.
16 Für die Juden aber war Licht und
Freude und Wonne und Ehre gekommen.
17 Und in allen Ländern und Städten, an
welchen Ort auch immer des Königs Wort
und Gesetz gelangte, da war Freude und
Wonne unter den Juden, Gastmahl und
Festtag; und viele aus den Völkern im
Lande wurden Juden; denn die Furcht vor
den Juden war über sie gekommen.

Die Juden rächen sich an ihren Feinden

9 Im zwölften Monat, das ist der Monat
Adar, am dreizehnten Tage, als des
Königs Wort und Gesetz ausgeführt wer-
den sollte, eben an dem Tage, als die
Feinde der Juden hofften, sie zu überwäl-
tigen, und sich's wandte, daß nun die
Juden ihre Feinde überwältigen sollten,
2 da versammelten sich die Juden in
ihren Städten in allen Ländern des Königs
Ahasveros, um Hand anzulegen an die,
die ihnen übelwollten. Und niemand
konnte ihnen widerstehen; denn die
Furcht vor ihnen war über alle Völker ge-
kommen.
3 Auch alle Obersten in den Ländern
und die Fürsten und Statthalter und Amt-
leute des Königs halfen den Juden; denn
die Furcht vor Mardochai war über sie
gekommen.
4 Denn Mardochai war groß am Hof
des Königs, und die Kunde von ihm er-
scholl in allen Ländern, wie er immer
mächtiger werde.
5 So schlugen die Juden alle ihre Feinde
mit dem Schwert und töteten und brach-
ten um und taten nach ihrem Gefallen an
denen, die ihnen feind waren.
6 Und in der Festung Susa töteten und
brachten die Juden um fünfhundert Mann.
7 Dazu töteten sie Parschandatha, Dal-
phon, Aspatha,
8 Poratha, Adalja, Aridatha,
9 Parmaschta, Arisai, Aridai und Waje-
satha,
10 die zehn Söhne Hamans, des Sohnes
Hammedathas, des Judenfeindes. Aber an
die Güter legten sie ihre Hände nicht.
11 Zu derselben Zeit kam die Zahl der
Getöteten in der Festung Susa vor den
König.

12 Und der König sprach zu der Köni-
gin Esther: Die Juden haben in der Fe-
stung Susa fünfhundert Mann getötet und
umgebracht, auch die zehn Söhne Ha-
mans; was werden sie getan haben in den
andern Ländern des Königs? Was bittest
du, daß man dir's gebe? Und was be-
gehrst du mehr, daß man's tue?
13 Esther sprach: Gefällt's dem König,
so lasse er auch morgen die Juden in Susa
tun nach dem Gesetz für den heutigen
Tag, aber die zehn Söhne Hamans soll
man an den Galgen hängen.
14 Und der König befahl, so zu tun. Und
das Gesetz wurde zu Susa gegeben, und
die zehn Söhne Hamans wurden gehängt.
15 Und die Juden in Susa versammelten
sich auch am vierzehnten Tage des Mo-
nats Adar und töteten in Susa dreihundert
Mann; aber an ihre Güter legten sie die
Hände nicht.
16 Auch die andern Juden in den Län-
dern des Königs kamen zusammen, um
ihr Leben zu verteidigen und sich vor
ihren Feinden Ruhe zu verschaffen, und
töteten fünfundsiebzigtausend von ihren
Feinden; aber an die Güter legten sie die
Hände nicht.

Die Stiftung des Purimfestes

17 Das geschah am dreizehnten Tage
des Monats Adar, und sie ruhten am vier-
zehnten Tage desselben Monats. Den
machten sie zum Tage des Festmahls und
der Freude.
18 Aber die Juden in Susa waren zu-
sammengekommen am dreizehnten und
vierzehnten Tage und ruhten am fünf-
zehnten Tage, und diesen Tag machten sie
zum Tage des Festmahls und der Freude.
19 Darum machen die Juden, die in den
Dörfern und Höfen wohnen, den vier-
zehnten Tag des Monats Adar zum Tag
des Festmahls und der Freude und senden
einer dem andern Geschenke.
20 Und Mardochai schrieb diese Ge-
schichten auf und sandte Schreiben an
alle Juden, die in allen Ländern des Kö-
nigs Ahasveros waren, nah und fern,
21 sie sollten als Feiertage den vierzehn-
ten und fünfzehnten Tag des Monats
Adar annehmen und jährlich halten,
22 als die Tage, an denen die Juden zur
Ruhe gekommen waren vor ihren Fein-
den, und als den Monat, in dem sich ihre
Schmerzen in Freude und ihr Leid in Fest-
tage verwandelt hatten: daß sie diese hal-
ten sollten als Tage des Festmahls und der
Freude und einer dem andern Geschenke
und den Armen Gaben schicke.
23 Und die Juden nahmen es an als
Brauch, was sie angefangen hatten zu tun
und was Mardochai an sie geschrieben
hatte:
24 wie Haman, der Sohn Hammedathas,
der Agagiter, der Feind aller Juden, ge-
dacht hatte, alle Juden umzubringen, und
wie er das Pur, das ist das Los, hatte wer-
fen lassen, um sie zu schrecken und um-
zubringen;
25 und wie Esther zum König gegangen
war und dieser durch Schreiben geboten
hatte, daß die bösen Anschläge, die Ha-
man gegen die Juden erdacht, auf seinen
Kopf zurückfielen, und wie man ihn und
seine Söhne an den Galgen gehängt hatte.
26 Daher nannten sie diese Tage Purim
nach dem Worte Pur. Und nach allen
Worten dieses Schreibens und nach dem,
was sie selbst gesehen hatten und was sie
getroffen hatte,
27 beschlossen die Juden und nahmen es
an als Brauch für sich und für ihre Nach-
kommen und für alle, die sich zu ihnen hal-
ten würden, daß sie nicht unterlassen woll-
ten, diese zwei Tage jährlich zu halten, wie
sie vorgeschrieben und bestimmt waren,
28 daß diese Tage nicht zu vergessen,
sondern zu halten seien bei Kindeskin-
dern, bei allen Geschlechtern, in allen
Ländern und Städten. Es sind die Purim-
tage, die nicht übergangen werden sollen
unter den Juden, und ihr Andenken soll
nicht untergehen bei ihren Nachkommen.
29 Und die Königin Esther, die Tochter
Abihails, und Mardochai, der Jude,
schrieben mit ganzem Ernst ein zweites
Schreiben über das Purimfest, um es zu
bestätigen.
30 Und man sandte die Schreiben allen
Juden in den hundertundsiebenundzwan-
zig Ländern des Königreichs des Ahas-
veros mit Grußworten des Friedens und
der Treue:
31 daß sie annähmen die Purimtage auf
ihre bestimmte Zeit, wie sie Mardochai,
der Jude, und die Königin Esther für sie
festgesetzt hatten, und wie sie für sich

selbst und für ihre Nachkommen die Ein-
setzung der Fasten und ihrer Klage fest-
gesetzt hatten.
32 Und der Befehl der Esther bestätigte
die Einsetzung dieser Purimtage. Und es
wurde in ein Buch geschrieben.

Mardochais Ansehen bei Persern und Juden

10 Und der König Ahasveros legte eine
Steuer aufs Land und auf die Inseln
im Meer.
2 Aber alle Taten seiner Herrschaft und
Macht und die große Herrlichkeit Mar-
dochais, die ihm der König gab, siehe, das
ist geschrieben in der Chronik der Könige
von Medien und Persien.
3 Denn Mardochai, der Jude, war der
Erste nach dem König Ahasveros und
groß unter den Juden und beliebt unter
der Menge seiner Brüder, weil er für sein
Volk Gutes suchte und redete, was seinem
ganzen Geschlecht zum Besten diente.

DAS BUCH HIOB

Hiobs Frömmigkeit und Glück

1 Es war ein Mann im Lande Uz, der
hieß Hiob. Der war fromm und recht-
schaffen, gottesfürchtig und mied das
Böse.
2 Und er zeugte sieben Söhne und drei
Töchter,
3 und er besaß siebentausend Schafe,
dreitausend Kamele, fünfhundert Joch
Rinder und fünfhundert Eselinnen und
sehr viel Gesinde, und er war reicher als
alle, die im Osten wohnten.
4 Und seine Söhne gingen hin und
machten ein Festmahl, ein jeder in seinem
Hause an seinem Tag, und sie sandten hin
und luden ihre drei Schwestern ein, mit
ihnen zu essen und zu trinken.
5 Und wenn die Tage des Mahles um
waren, sandte Hiob hin und heiligte sie
und machte sich früh am Morgen auf und
opferte Brandopfer nach ihrer aller Zahl;
denn Hiob dachte: Meine Söhne könnten
gesündigt und Gott abgesagt haben in
ihrem Herzen. So tat Hiob allezeit.

Hiob bewährt sich in schwerer Prüfung

6 Es begab sich aber eines Tages, da die
Gottessöhne* kamen und vor den HERRN
traten, kam auch der Satan unter ihnen.
7 Der HERR aber sprach zu dem Satan:
Wo kommst du her? Der Satan antworte-
te dem HERRN und sprach: Ich habe die
Erde hin und her durchzogen.
8 Der HERR sprach zum Satan: Hast du
achtgehabt auf meinen Knecht Hiob?
Denn es ist seinesgleichen nicht auf Erden,
fromm und rechtschaffen, gottesfürchtig
und meidet das Böse.
9 Der Satan antwortete dem HERRN und
sprach: Meinst du, daß Hiob Gott um-
sonst fürchtet?
10 Hast du doch ihn, sein Haus und
alles, was er hat, ringsumher beschützt.
Du hast das Werk seiner Hände gesegnet,
und sein Besitz hat sich ausgebreitet im
Lande.
11 Aber strecke deine Hand aus und
taste alles an, was er hat: was gilt's, er
wird dir ins Angesicht absagen!
12 Der HERR sprach zum Satan: Siehe,
alles, was er hat, sei in deiner Hand; nur
an ihn selbst lege deine Hand nicht. Da
ging der Satan hinaus von dem HERRN.
13 An dem Tage aber, da seine Söhne
und Töchter aßen und Wein tranken im
Hause ihres Bruders, des Erstgeborenen,
14 kam ein Bote zu Hiob und sprach:
Die Rinder pflügten, und die Eselinnen
gingen neben ihnen auf der Weide,
15 da fielen die aus Saba ein und nahmen
sie weg und erschlugen die Knechte mit
der Schärfe des Schwerts, und ich allein
bin entronnen, daß ich dir's ansagte.
16 Als der noch redete, kam ein anderer
und sprach: Feuer Gottes fiel vom Him-
mel und traf Schafe und Knechte und
verzehrte sie, und ich allein bin entronnen,
daß ich dir's ansagte.
17 Als der noch redete, kam einer und
sprach: Die Chaldäer machten drei Ab-
teilungen und fielen über die Kamele her
und nahmen sie weg und erschlugen die
Knechte mit der Schärfe des Schwerts,
und ich allein bin entronnen, daß ich dir's
ansagte.
18 Als der noch redete, kam einer und
sprach: Deine Söhne und Töchter aßen
und tranken im Hause ihres Bruders, des
Erstgeborenen,
19 und siehe, da kam ein großer Wind
von der Wüste her und stieß an die vier
Ecken des Hauses; da fiel es auf die jun-
gen Leute, daß sie starben, und ich allein
bin entronnen, daß ich dir's ansagte.
20 Da stand Hiob auf und zerriß sein
Kleid und schor sein Haupt und fiel auf
die Erde und neigte sich tief
21 und sprach: Ich bin nackt von meiner
Mutter Leibe gekommen, nackt werde ich

*Das sind himmlische Wesen, die das Gefolge Gottes bilden (vgl. Kap 38,7; Ps 82,1) und vor seinem Thron erscheinen (vgl. 1. Kön 22,19); zu ihnen gehört auch der Satan (vgl. Sach 3,1).

wieder dahinfahren. **Der HERR hat's gegeben, der HERR hat's genommen; der Name des HERRN sei gelobt!** –
22 In diesem allen sündigte Hiob nicht und tat nichts Törichtes wider Gott.

Hiob bewährt sich erneut in schwerer Prüfung

2 Es begab sich aber eines Tages, da die Gottessöhne kamen und vor den HERRN traten, daß auch der Satan unter ihnen kam und vor den HERRN trat.
2 Da sprach der HERR zu dem Satan: Wo kommst du her? Der Satan antwortete dem HERRN und sprach: Ich habe die Erde hin und her durchzogen.
3 Der HERR sprach zu dem Satan: Hast du acht auf meinen Knecht Hiob gehabt? Denn es ist seinesgleichen auf Erden nicht, fromm und rechtschaffen, gottesfürchtig und meidet das Böse und hält noch fest an seiner Frömmigkeit; du aber hast mich bewogen, ihn ohne Grund zu verderben.
4 Der Satan antwortete dem HERRN und sprach: Haut für Haut! und alles, was ein Mann hat, läßt er für sein Leben.
5 Aber strecke deine Hand aus und taste sein Gebein und Fleisch an: was gilt's, er wird dir ins Angesicht absagen!
6 Der HERR sprach zu dem Satan: Siehe da, er sei in deiner Hand, doch schone sein Leben!
7 Da ging der Satan hinaus vom Angesicht des HERRN und schlug Hiob mit bösen Geschwüren von der Fußsohle an bis auf seinen Scheitel.
8 Und er nahm eine Scherbe und schabte sich und saß in der Asche.
9 Und seine Frau sprach zu ihm: Hältst du noch fest an deiner Frömmigkeit? Sage Gott ab und stirb!
10 Er aber sprach zu ihr: Du redest, wie die törichten Weiber reden. **Haben wir Gutes empfangen von Gott und sollten das Böse nicht auch annehmen?** In diesem allen versündigte sich Hiob nicht mit seinen Lippen.

Hiob wird von drei Freunden besucht

11 Als aber die drei Freunde Hiobs all das Unglück hörten, das über ihn gekommen war, kamen sie, ein jeder aus seinem Ort: Eliphas von Teman, Bildad von Schuach und Zophar von Naama. Denn sie waren eins geworden hinzugehen, um ihn zu beklagen und zu trösten.
12 Und als sie ihre Augen aufhoben von ferne, erkannten sie ihn nicht und erhoben ihre Stimme und weinten, und ein jeder zerriß sein Kleid, und sie warfen Staub gen Himmel auf ihr Haupt
13 und saßen mit ihm auf der Erde sieben Tage und sieben Nächte und redeten nichts mit ihm; denn sie sahen, daß der Schmerz sehr groß war.

Hiobs Klage

3 Danach tat Hiob seinen Mund auf und verfluchte seinen Tag.
2 Und Hiob sprach:
3 Ausgelöscht sei der Tag, an dem ich geboren bin, und die Nacht, da man sprach: Ein Knabe kam zur Welt!
4 Jener Tag soll finster sein, und Gott droben frage nicht nach ihm! Kein Glanz soll über ihm scheinen!
5 Finsternis und Dunkel sollen ihn überwältigen und düstere Wolken über ihm bleiben, und Verfinsterung am Tage mache ihn schrecklich!
6 Jene Nacht – das Dunkel nehme sie hinweg, sie soll sich nicht unter den Tagen des Jahres freuen noch in die Zahl der Monde kommen!
7 Siehe, jene Nacht sei unfruchtbar und kein Jauchzen darin!
8 Es sollen sie verfluchen, die einen Tag verfluchen können, und die da kundig sind, den Leviathan* zu wecken!
9 Ihre Sterne sollen finster sein in ihrer Dämmerung. Die Nacht hoffe aufs Licht, doch es komme nicht, und sie sehe nicht die Wimpern der Morgenröte,
10 weil sie nicht verschlossen hat den Leib meiner Mutter und nicht verborgen das Unglück vor meinen Augen!
11 Warum bin ich nicht gestorben bei meiner Geburt? Warum bin ich nicht umgekommen, als ich aus dem Mutterleib kam?
12 Warum hat man mich auf den Schoß genommen? Warum bin ich an den Brüsten gesäugt?
13 Dann läge ich da und wäre still, dann schliefe ich und hätte Ruhe
14 mit den Königen und Ratsherren auf Erden, die sich Grüfte erbauten,

*d. i. ein Riesentier, nach der Art des Krokodils.

15 oder mit den Fürsten, die Gold hat-
ten und deren Häuser voll Silber waren;
16 wie eine Fehlgeburt, die man ver-
scharrt hat, hätte ich nie gelebt, wie Kin-
der, die das Licht nie gesehen haben.
17 Dort haben die Gottlosen aufgehört
mit Toben; dort ruhen, die viel Mühe ge-
habt haben.
18 Da haben die Gefangenen allesamt
Frieden und hören nicht die Stimme des
Treibers.
19 Da sind klein und groß gleich, und
der Knecht ist frei von seinem Herrn.
20 **W**arum gibt Gott das Licht dem
Mühseligen und das Leben den betrübten
Herzen
21 – die auf den Tod warten, und er
kommt nicht, und nach ihm suchen mehr
als nach Schätzen,
22 die sich sehr freuten und fröhlich
wären, wenn sie ein Grab bekämen –,
23 dem Mann, dessen Weg verborgen
ist, dem Gott den Pfad ringsum verzäunt
hat?
24 Denn wenn ich essen soll, muß ich
seufzen, und mein Schreien fährt heraus
wie Wasser.
25 Denn was ich gefürchtet habe, ist
über mich gekommen, und wovor mir
graute, hat mich getroffen.
26 Ich hatte keinen Frieden, keine Rast,
keine Ruhe, da kam schon wieder ein
Ungemach!

HIOBS GESPRÄCHE MIT SEINEN FREUNDEN (Kap 4-27)

Des Eliphas erste Rede

4 Da hob Eliphas von Teman an und
sprach:
2 Du hast's vielleicht nicht gern, wenn
man versucht, mit dir zu reden; aber
Worte zurückhalten, wer kann's?
3 Siehe, du hast viele unterwiesen und
matte Hände gestärkt;
4 deine Rede hat die Strauchelnden auf-
gerichtet, und die bebenden Knie hast du
gekräftigt.
5 Nun es aber an dich kommt, wirst du
weich, und nun es dich trifft, erschrickst
du!
6 Ist nicht deine Gottesfurcht dein Trost,
und die Unsträflichkeit deiner Wege deine
Hoffnung?
7 **B**edenke doch: Wo ist ein Unschuldi-
ger umgekommen? Oder wo wurden die
Gerechten je vertilgt?
8 Wohl aber habe ich gesehen: Die da
Frevel pflügten und Unheil säten, ernteten
es auch ein.
9 Durch den Odem Gottes sind sie um-
gekommen und vom Schnauben seines
Zorns vertilgt.
10 Das Brüllen der Löwen und die
Stimme der Leuen und die Zähne der jun-
gen Löwen sind dahin.
11 Der Löwe kommt um, wenn er keine
Beute hat, und die Jungen der Löwin wer-
den zerstreut.
12 **Z**u mir ist heimlich ein Wort gekom-
men, und von ihm hat mein Ohr ein Flü-
stern empfangen
13 beim Nachsinnen über Gesichte in
der Nacht, wenn tiefer Schlaf auf die
Leute fällt;
14 da kam mich Furcht und Zittern an,
und alle meine Gebeine erschraken.
15 Und ein Hauch fuhr an mir vorüber;
es standen mir die Haare zu Berge an mei-
nem Leibe.
16 Da stand ein Gebilde vor meinen
Augen, doch ich erkannte seine Gestalt
nicht; es war eine Stille, und ich hörte eine
Stimme:
17 Wie kann ein Mensch gerecht sein
vor Gott oder ein Mann rein sein vor dem,
der ihn gemacht hat?
18 Siehe, seinen Dienern traut er nicht,
und seinen Boten wirft er Torheit vor:
19 wieviel mehr denen, die in Lehm-
häusern wohnen und auf Staub gegründet
sind und wie Motten zerdrückt werden!
20 Es währt vom Morgen bis zum
Abend, so werden sie zerschlagen, und ehe
man's gewahr wird, sind sie ganz dahin.
21 Ihr Zelt wird abgebrochen, und sie
sterben unversehens.
5 **R**ufe doch, ob einer dir antwortet!
Und an welchen von den Heiligen
willst du dich wenden?
2 Denn einen Toren tötet der Unmut, und
den Unverständigen bringt der Eifer um.
3 Ich sah einen Toren Wurzel schlagen,
doch plötzlich schwand er von seiner
Stätte dahin.
4 Seinen Kindern bleibt Hilfe fern, und
sie werden zerschlagen im Tor; denn kein
Erretter ist da.

5 Seine Ernte verzehrt der Hungrige,
und auch aus den Hecken holt er sie, und
nach seinem Gut lechzen die Durstigen.
6 Denn Frevel geht nicht aus der Erde
hervor, und Unheil wächst nicht aus dem
Acker;
7 sondern der Mensch erzeugt sich selbst
das Unheil, wie Funken hoch emporfliegen.
8 Ich aber würde mich zu Gott wenden
und meine Sache vor ihn bringen,
9 der große Dinge tut, die nicht zu er-
forschen sind, und Wunder, die nicht zu
zählen sind,
10 der den Regen aufs Land gibt und
Wasser kommen läßt auf die Gefilde,
11 der die Niedrigen erhöht und den
Betrübten emporhilft.
12 Er macht zunichte die Pläne der Klu-
gen, so daß ihre Hand sie nicht ausführen
kann.
13 Er fängt die Weisen in ihrer Klugheit
und stürzt den Rat der Verkehrten,
14 daß sie am Tage in Finsternis laufen
und tappen am Mittag wie in der Nacht.
15 Er hilft dem Armen vom Schwert und
den Elenden von der Hand des Mächti-
gen.
16 Dem Armen wird Hoffnung zuteil,
und die Bosheit muß ihren Mund zu-
halten.
17 **Siehe, selig ist der Mensch, den Gott
zurechtweist; darum widersetze dich der
Zucht des Allmächtigen nicht.**
18 **Denn er verletzt und verbindet; er zer-
schlägt, und seine Hand heilt.**
19 **In sechs Trübsalen wird er dich er-
retten, und in sieben wird dich kein Übel
anrühren.**
20 In der Hungersnot wird er dich vom
Tod erlösen und im Kriege von des
Schwertes Gewalt.
21 Er wird dich verbergen vor der Gei-
ßel der Zunge, daß du dich nicht fürchten
mußt, wenn Verderben kommt.
22 Über Verderben und Hunger wirst
du lachen und dich vor den wilden Tieren
im Lande nicht fürchten.
23 Denn dein Bund wird sein mit den
Steinen auf dem Felde, und die wilden
Tiere werden Frieden mit dir halten,
24 und du wirst erfahren, daß deine
Hütte Frieden hat, und wirst deine Stätte
überschauen und nichts vermissen,
25 und du wirst erfahren, daß deine Kin-
der sich mehren und deine Nachkommen
wie das Gras auf Erden sind,
26 und du wirst im Alter zu Grabe kom-
men, wie Garben eingebracht werden zur
rechten Zeit.
27 Siehe, das haben wir erforscht, so ist
es; darauf höre und merke du dir's.

Hiobs erste Antwort an Eliphas

6 Hiob antwortete und sprach:
2 Wenn man doch meinen Kummer
wägen und mein Leiden zugleich auf die
Waage legen wollte!
3 Denn nun ist es schwerer als Sand am
Meer; darum sind meine Worte noch un-
bedacht.
4 Denn die Pfeile des Allmächtigen
stecken in mir; mein Geist muß ihr Gift
trinken, und die Schrecknisse Gottes sind
auf mich gerichtet.
5 Schreit denn der Wildesel, wenn er
Gras hat, oder brüllt der Stier, wenn er
sein Futter hat?
6 Ißt man denn Fades, ohne es zu salzen,
oder hat Eiweiß Wohlgeschmack?
7 Meine Seele sträubt sich, es anzu-
rühren; es ist, als wäre mein Brot unrein.
8 Könnte meine Bitte doch geschehen
und Gott mir geben, was ich hoffe!
9 Daß mich doch Gott erschlagen wollte
und seine Hand ausstreckte und mir den
Lebensfaden abschnitte!
10 So hätte ich noch diesen Trost und
wollte fröhlich springen – ob auch der
Schmerz mich quält ohne Erbarmen –, daß
ich nicht verleugnet habe die Worte des
Heiligen.
11 Was ist meine Kraft, daß ich aus-
harren könnte; und welches Ende wartet
auf mich, daß ich geduldig sein sollte?
12 Ist doch meine Kraft nicht aus Stein
und mein Fleisch nicht aus Erz.
13 Hab ich denn keine Hilfe mehr, und
gibt es keinen Rat mehr für mich?
14 Wer Barmherzigkeit seinem Näch-
sten verweigert, der gibt die Furcht vor
dem Allmächtigen auf.
15 Meine Brüder trügen wie ein Bach,
wie das Bett der Bäche, die versickern,
16 die erst trübe sind vom Eis, darin der
Schnee sich birgt,
17 doch zur Zeit, wenn die Hitze kommt,
versiegen sie; wenn es heiß wird, vergehen
sie von ihrer Stätte:

18 Ihr Weg windet sich dahin und ver-
läuft, sie gehen hin ins Nichts und ver-
schwinden.
19 Die Karawanen von Tema blickten
aus auf sie, die Karawanen von Saba hoff-
ten auf sie;
20 aber sie wurden zuschanden über
ihrer Hoffnung und waren betrogen, als
sie dahin kamen.
21 So seid ihr jetzt für mich geworden;
weil ihr Schrecknisse seht, fürchtet ihr
euch.
22 Hab ich denn gesagt: Schenkt mir
etwas und bezahlt für mich von eurem
Vermögen
23 und errettet mich aus der Hand des
Feindes und kauft mich los von der Hand
der Gewalttätigen?
24 Belehret mich, so will ich schweigen,
und worin ich geirrt habe, darin unter-
weist mich!
25 Wie kräftig sind doch redliche Worte!
Aber euer Tadeln, was beweist das?
26 Gedenkt ihr, Worte zu rügen? Aber
die Rede eines Verzweifelnden verhallt im
Wind.
27 Ihr freilich könntet wohl über eine
arme Waise das Los werfen und euren
Nächsten verschachern.
28 Nun aber hebt doch an und seht auf
mich, ob ich euch ins Angesicht lüge.
29 Kehrt doch um, damit nicht Un-
recht geschehe! Kehrt um! Noch habe ich
recht darin!
30 Ist denn auf meiner Zunge Unrecht,
oder sollte mein Gaumen Böses nicht
merken?
7 Muß nicht der Mensch immer im
Dienst stehen auf Erden, und sind sei-
ne Tage nicht wie die eines Tagelöhners?
2 Wie ein Knecht sich sehnt nach dem
Schatten und ein Tagelöhner auf seinen
Lohn wartet,
3 so hab ich wohl ganze Monate vergeb-
lich gearbeitet, und viele elende Nächte
sind mir geworden.
4 Wenn ich mich niederlegte, sprach ich:
Wann werde ich aufstehen? Bin ich auf-
gestanden, so wird mir's lang bis zum
Abend und mich quälte die Unruhe bis
zur Dämmerung.
5 Mein Fleisch ist um und um eine Beute
des Gewürms und faulig, meine Haut ist
verschrumpft und voller Eiter.
6 Meine Tage sind schneller dahinge-
flogen als ein Weberschiffchen und sind
vergangen ohne Hoffnung.
7 Bedenke, daß mein Leben ein Hauch
ist und meine Augen nicht wieder Gutes
sehen werden.
8 Und kein lebendiges Auge wird mich
mehr schauen; sehen deine Augen nach
mir, so bin ich nicht mehr.
9 Eine Wolke vergeht und fährt dahin:
so kommt nicht wieder herauf, wer zu den
Toten hinunterfährt;
10 er kommt nicht zurück, und seine
Stätte kennt ihn nicht mehr.
11 Darum will auch ich meinem Munde
nicht wehren. Ich will reden in der Angst
meines Herzens und will klagen in der
Betrübnis meiner Seele.
12 Bin ich denn das Meer oder der
Drache, daß du eine Wache gegen mich
aufstellst?
13 Wenn ich dachte, mein Bett soll mich
trösten, mein Lager soll mir meinen Jam-
mer erleichtern,
14 so erschrecktest du mich mit Träu-
men und machtest mir Grauen durch Ge-
sichte,
15 daß ich mir wünschte, erwürgt zu
sein, und den Tod lieber hätte als meine
Schmerzen.
16 Ich vergehe! Ich leb' ja nicht ewig.
Laß ab von mir, denn meine Tage sind
nur noch ein Hauch.
17 Was ist der Mensch, daß du ihn groß
achtest und dich um ihn bekümmerst?
18 Jeden Morgen suchst du ihn heim
und prüfst ihn alle Stunden.
19 Warum blickst du nicht einmal von
mir weg und läßt mir keinen Atemzug
Ruhe?
20 Hab ich gesündigt, was tue ich dir
damit an, du Menschenhüter? Warum
machst du mich zum Ziel deiner Anläufe,
daß ich mir selbst eine Last bin?
21 Und warum vergibst du mir meine
Sünde nicht oder läßt meine Schuld hin-
gehen? Denn nun werde ich mich in die
Erde legen, und wenn du mich suchst,
werde ich nicht mehr dasein.

Bildads erste Rede

8 Da hob Bildad von Schuach an und
sprach:
2 Wie lange willst du so reden und sollen

die Reden deines Mundes so ungestüm
daherfahren?
3 Meinst du, daß Gott unrecht richtet
oder der Allmächtige das Recht verkehrt?
4 Haben deine Söhne vor ihm gesündigt,
so hat er sie verstoßen um ihrer Sünde
willen.
5 Wenn du aber dich beizeiten zu Gott
wendest und zu dem Allmächtigen flehst,
6 wenn du rein und fromm bist, so wird
er deinetwegen aufwachen und wird wie-
der aufrichten deine Wohnung, wie es dir
zusteht.
7 Und was du zuerst wenig gehabt hast,
wird hernach sehr zunehmen.
8 **D**enn frage die früheren Geschlechter
und merke auf das, was ihre Väter er-
forscht haben,
9 denn wir sind von gestern her und
wissen nichts; unsere Tage sind ein Schat-
ten auf Erden.
10 Sie werden dich's lehren und dir sagen
und ihre Rede aus ihrem Herzen hervor-
bringen:
11 «Kann auch Rohr aufwachsen, wo es
nicht feucht ist, oder Schilf wachsen ohne
Wasser?
12 Noch steht's in Blüte, bevor man es
schneidet, da verdorrt es schon vor allem
Gras.
13 So geht es jedem, der Gott vergißt,
und die Hoffnung des Ruchlosen wird
verloren sein.
14 Denn seine Zuversicht vergeht, und
seine Hoffnung ist ein Spinnweb.
15 Er verläßt sich auf sein Haus, aber es
hält nicht stand; er hält sich daran, aber
es bleibt nicht stehen.
16 Er steht voll Saft im Sonnenschein,
und seine Reiser wachsen hinaus über
seinen Garten.
17 Über Steinhaufen schlingen sich seine
Wurzeln und halten sich zwischen Steinen
fest.
18 Wenn man ihn aber vertilgt von sei-
ner Stätte, so wird sie ihn verleugnen, als
kennte sie ihn nicht.
19 Siehe, das ist das Glück seines Le-
bens, und aus dem Staube werden andre
wachsen.»
20 **S**iehe, Gott verwirft die Frommen
nicht und hält die Hand der Boshaften
nicht fest,
21 bis er deinen Mund voll Lachens
mache und deine Lippen voll Jauchzens.
22 Die dich aber hassen, müssen sich in
Schmach kleiden, und die Hütte der Gott-
losen wird nicht bestehen.

Hiobs erste Antwort an Bildad

9 Hiob antwortete und sprach:
2 Ja, ich weiß sehr gut, daß es so ist
und daß ein Mensch nicht recht behalten
kann gegen Gott.
3 Hat er Lust, mit ihm zu streiten, so
kann er ihm auf tausend nicht **eins** ant-
worten.
4 Gott ist weise und mächtig; wem ist's
je gelungen, der sich gegen ihn gestellt
hat?
5 Er versetzt Berge, ehe sie es innewer-
den; er kehrt sie um in seinem Zorn.
6 Er bewegt die Erde von ihrem Ort, daß
ihre Pfeiler zittern.
7 Er spricht zur Sonne, so geht sie nicht
auf, und versiegelt die Sterne.
8 Er allein breitet den Himmel aus und
geht auf den Wogen des Meers.
9 Er macht den Wagen am Himmel und
den Orion und das Siebengestirn und die
Sterne des Südens.
10 Er tut große Dinge, die nicht zu er-
forschen, und Wunder, die nicht zu zählen
sind.
11 Siehe, er geht an mir vorüber, ohne
daß ich's gewahr werde, und wandelt vor-
bei, ohne daß ich's merke.
12 Siehe, wenn er wegrafft, wer will ihm
wehren? Wer will zu ihm sagen: Was
machst du?
13 Gott wehrt seinem Zorn nicht; unter
ihn mußten sich beugen die Helfer Ra-
habs*.
14 Wie sollte denn ich ihm antworten
und Worte finden vor ihm?
15 Wenn ich auch recht habe, so kann
ich ihm doch nicht antworten, sondern
ich müßte um mein Recht flehen.
16 Wenn ich ihn auch anrufe, daß er
mir antwortet, so glaube ich nicht, daß er
meine Stimme hört,
17 vielmehr greift er nach mir im Wet-
tersturm und schlägt mir viele Wunden
ohne Grund.
18 Er läßt mich nicht Atem schöpfen,
sondern sättigt mich mit Bitternis.
19 Geht es um Macht und Gewalt: Er

*d. i. der Drache der Urzeit.

hat sie. Geht es um Recht: Wer will ihn vorladen?

20 Wäre ich gerecht, so müßte mich doch mein Mund verdammen; wäre ich unschuldig, so würde er mich doch schuldig sprechen.

21 Ich bin unschuldig! Ich möchte nicht mehr leben; ich verachte mein Leben.

22 Es ist eins, darum sage ich: Er bringt den Frommen um wie den Gottlosen.

23 Wenn seine Geißel plötzlich tötet, so spottet er über die Verzweiflung der Unschuldigen.

24 Er hat die Erde unter gottlose Hände gegeben, und das Antlitz ihrer Richter verhüllt er. Wenn nicht **er**, wer anders sollte es tun?

25 Meine Tage sind schneller gewesen als ein Läufer; sie sind dahingeflohen und haben nichts Gutes erlebt.

26 Sie sind dahingefahren wie schnelle Schiffe, wie ein Adler herabstößt auf die Beute.

27 Wenn ich denke: Ich will meine Klage vergessen und mein Angesicht ändern und heiter bleiben,

28 so fürchte ich doch wieder alle meine Schmerzen, weil ich weiß, daß du mich nicht unschuldig sprechen wirst.

29 Ich soll ja doch schuldig sein! Warum mühe ich mich denn so vergeblich?

30 Wenn ich mich auch mit Schneewasser wüsche und reinigte meine Hände mit Lauge,

31 so wirst du mich doch eintauchen in die Grube, daß sich meine Kleider vor mir ekeln.

32 Denn er ist nicht ein Mensch wie ich, dem ich antworten könnte, daß wir miteinander vor Gericht gingen.

33 Daß es doch zwischen uns einen Schiedsmann gäbe, der seine Hand auf uns beide legte!

34 Daß er seine Rute von mir nehme und mich nicht mehr ängstige!

35 So wollte ich reden und mich nicht vor ihm fürchten, denn ich bin mir keiner Schuld bewußt.

10 Mich ekelt mein Leben an. Ich will meiner Klage ihren Lauf lassen und reden in der Betrübnis meiner Seele

2 und zu Gott sagen: Verdamme mich nicht! Laß mich wissen, warum du mich vor Gericht ziehst.

3 Gefällt dir's, daß du Gewalt tust und verwirfst mich, den deine Hände gemacht haben, und bringst der Gottlosen Vorhaben zu Ehren?

4 Hast du denn Menschenaugen, oder siehst du, wie ein Sterblicher sieht?

5 Oder ist deine Zeit wie eines Menschen Zeit oder deine Jahre wie eines Mannes Jahre,

6 daß du nach meiner Schuld fragst und nach meiner Sünde suchst,

7 wo du doch weißt, daß ich nicht schuldig bin und niemand da ist, der aus deiner Hand erretten kann?

8 Deine Hände haben mich gebildet und bereitet; danach hast du dich abgewandt und willst mich verderben?

9 Bedenke doch, daß du mich aus Erde gemacht hast, und läßt mich wieder zum Staub zurückkehren?

10 Hast du mich nicht wie Milch hingegossen und wie Käse gerinnen lassen?

11 Du hast mir Haut und Fleisch angezogen; mit Knochen und Sehnen hast du mich zusammengefügt;

12 **Leben und Wohltat hast du an mir getan, und deine Obhut hat meinen Odem bewahrt.**

13 Aber du verbargst in deinem Herzen – ich weiß, du hattest das im Sinn –,

14 daß du darauf achten wolltest, wenn ich sündigte, und mich von meiner Schuld nicht lossprechen.

15 Wäre ich schuldig, dann wehe mir! Und wäre ich schuldlos, so dürfte ich doch mein Haupt nicht erheben, gesättigt mit Schmach und getränkt mit Elend.

16 Und wenn ich es aufrichtete, so würdest du mich jagen wie ein Löwe und wiederum erschreckend an mir handeln.

17 Du würdest immer neue Zeugen gegen mich stellen und deinen Zorn auf mich noch mehren und immer neue Heerhaufen gegen mich senden.

18 Warum hast du mich aus meiner Mutter Leib kommen lassen? Ach daß ich umgekommen wäre und mich nie ein Auge gesehen hätte!

19 So wäre ich wie die, die nie gewesen sind, vom Mutterleib weg zum Grabe gebracht.

20 Ist denn mein Leben nicht kurz? So höre auf und laß ab von mir, daß ich ein wenig erquickt werde,

21 ehe denn ich hingehe – und komme
nicht zurück – ins Land der Finsternis und
des Dunkels,
22 ins Land, wo es stockfinster ist und
dunkel ohne alle Ordnung, und wenn's
hell wird, so ist es immer noch Finsternis.

Zophars erste Rede

11 Da hob Zophar von Naama an und
sprach:
2 Muß langes Gerede ohne Antwort
bleiben? Muß denn ein Schwätzer immer
recht haben?
3 Müssen Männer zu deinem leeren Ge-
rede schweigen, daß du spottest und nie-
mand dich beschämt?
4 Du sprichst: «Meine Rede ist rein, und
lauter bin ich vor deinen Augen.»
5 Ach, daß Gott mit dir redete und täte
seine Lippen auf
6 und zeigte dir die Tiefen der Weisheit
– denn sie ist zu wunderbar für jede Er-
kenntnis –, damit du weißt, daß er noch
nicht an alle deine Sünden denkt.
7 Meinst du, daß du weißt, was Gott
weiß, oder kannst du alles so vollkommen
treffen wie der Allmächtige?
8 Die Weisheit ist höher als der Himmel:
was willst du tun? tiefer als die Hölle:
was kannst du wissen?
9 länger als die Erde und breiter als das
Meer:
10 wenn er daherfährt und gefangen
legt und Gericht hält – wer will's ihm
wehren?
11 Denn er kennt die heillosen Leute;
er sieht den Frevel und sollte es nicht
merken?
12 Kann ein Hohlkopf verständig wer-
den, kann ein junger Wildesel als Mensch
zur Welt kommen?
13 Wenn aber du dein Herz auf ihn
richtest und deine Hände zu ihm ausbrei-
test,
14 wenn du den Frevel in deiner Hand
von dir wegtust, daß in deiner Hütte kein
Unrecht bliebe:
15 so könntest du dein Antlitz aufheben
ohne Tadel und würdest fest sein und dich
nicht fürchten.
16 Dann würdest du alle Mühsal ver-
gessen und so wenig daran denken wie an
Wasser, das verrinnt,
17 und dein Leben würde aufgehen wie
der Mittag, und das Finstre würde ein
lichter Morgen werden,
18 und du dürftest dich trösten, daß
Hoffnung da ist, würdest rings um dich
blicken und dich in Sicherheit schlafen
legen,
19 würdest ruhen, und niemand würde
dich aufschrecken, und viele würden deine
Gunst erbitten.
20 Aber die Augen der Gottlosen wer-
den verschmachten, und sie werden nicht
entrinnen können, und als ihre Hoffnung
bleibt, die Seele auszuhauchen.

Hiobs erste Antwort an Zophar

12 Da antwortete Hiob und sprach:
2 Ja, ihr seid die Leute, mit euch
wird die Weisheit sterben!
3 Ich hab ebenso Verstand wie ihr und
bin nicht geringer als ihr; wer wüßte das
nicht?
4 Ich muß von meinem Nächsten ver-
lacht sein, der ich Gott anrief und den er
erhörte. Der Gerechte und Fromme muß
verlacht sein.
5 Dem Unglück gebührt Verachtung, so
meint der Sichere; ein Stoß denen, deren
Fuß schon wankt!
6 Die Hütten der Verwüster stehen ganz
sicher, und Ruhe haben, die wider Gott
toben, die Gott in ihrer Faust führen.
7 Frage doch das Vieh, das wird dich's
lehren, und die Vögel unter dem Himmel,
die werden dir's sagen,
8 oder die Sträucher der Erde, die wer-
den dich's lehren, und die Fische im Meer
werden dir's erzählen.
9 Wer erkennte nicht an dem allen, daß
des HERRN Hand das gemacht hat,
10 daß in seiner Hand ist die Seele von
allem, was lebt, und der Lebensodem aller
Menschen?
11 Prüft nicht das Ohr die Rede, wie der
Mund die Speise schmeckt?
12 Bei den Großvätern nur soll Weis-
heit sein und Verstand nur bei den Alten?
13 Bei Gott ist Weisheit und Gewalt,
sein ist Rat und Verstand.
14 Siehe, wenn er zerbricht, so hilft kein
Bauen; wenn er jemand einschließt, kann
niemand aufmachen.
15 Siehe, wenn er das Wasser zurück-
hält, so wird alles dürr, und wenn er's los-
läßt, so wühlt es das Land um.

16 Bei ihm ist Kraft und Einsicht. Sein ist, der da irrt und der irreführt.

17 Er führt die Ratsherren gefangen und macht die Richter zu Toren.

18 Er macht frei von den Banden der Könige und umgürtet Lenden mit einem Gurt.

19 Er führt die Priester barfuß davon und bringt zu Fall die alten Geschlechter.

20 Er entzieht die Sprache den Verläßlichen und nimmt weg den Verstand der Alten.

21 Er schüttet Verachtung auf die Fürsten und zieht den Gewaltigen die Rüstung aus.

22 Er öffnet die finstern Schluchten und bringt heraus das Dunkel ans Licht.

23 Er macht Völker groß und bringt sie wieder um; er breitet ein Volk aus und treibt's wieder weg.

24 Er nimmt den Häuptern des Volks im Lande den Mut und führt sie irre, wo kein Weg ist,

25 daß sie in der Finsternis tappen ohne Licht, und macht sie irre wie die Trunkenen.

13 Siehe, das hat alles mein Auge gesehen und mein Ohr gehört, und ich hab's verstanden.

2 Was ihr wißt, das weiß ich auch, und ich bin nicht geringer als ihr.

3 Doch ich wollte gern zu dem Allmächtigen reden und wollte rechten mit Gott.

4 Aber ihr seid Lügentüncher und seid alle unnütze Ärzte.

5 Wollte Gott, daß ihr geschwiegen hättet, so wäret ihr weise geblieben.

6 Hört doch, wie ich mich verantworte, und merkt auf die Streitsache, von der ich rede!

7 Wollt ihr Gott verteidigen mit Unrecht und Trug für ihn reden?

8 Wollt ihr für ihn Partei nehmen? Wollt ihr Gottes Sache vertreten?

9 Wird's euch auch wohlgehen, wenn er euch verhören wird? Meint ihr, daß ihr ihn täuschen werdet, wie man einen Menschen täuscht?

10 Er wird euch hart zurechtweisen, wenn ihr heimlich Partei ergreift.

11 Werdet ihr euch nicht entsetzen, wenn er sich erhebt, und wird sein Schrekken nicht über euch fallen?

12 Was ihr zu bedenken gebt, sind Sprüche aus Asche; eure Bollwerke werden zu Lehmhaufen.

13 Schweigt still und laßt mich reden; es komme über mich, was da will.

14 Was soll ich mein Fleisch mit meinen Zähnen festhalten und mein Leben aufs Spiel setzen?

15 Siehe, er wird mich doch umbringen, und ich habe nichts zu hoffen; doch will ich meine Wege vor ihm verantworten.

16 Auch das muß mir zum Heil sein; denn es kommt kein Ruchloser vor ihn.

17 Hört meine Rede und, was ich darlege, mit euren Ohren!

18 Siehe, ich bin zum Rechtsstreit gerüstet; ich weiß, daß ich recht behalten werde.

19 Wer ist, der mit mir rechten könnte? Denn dann wollte ich schweigen und zugrunde gehen.

20 Nur zweierlei tu mir nicht, so will ich mich vor dir nicht verbergen:

21 laß deine Hand fern von mir sein, und dein Schrecken erschrecke mich nicht;

22 dann rufe, ich will dir antworten, oder ich will reden, dann antworte du mir!

23 Wie groß ist meine Schuld und Sünde? Laß mich wissen meine Übertretung und Sünde.

24 Warum verbirgst du dein Antlitz und hältst mich für deinen Feind?

25 Willst du ein verwehendes Blatt schrecken und einen dürren Halm verfolgen,

26 daß du so Bitteres über mich verhängst und über mich bringst die Sünden meiner Jugend?

27 Du hast meinen Fuß in den Block gelegt und hast acht auf alle meine Pfade und siehst auf die Fußtapfen meiner Füße,

28 der ich doch wie Moder vergehe und wie ein Kleid, das die Motten fressen.

14 Der Mensch, vom Weibe geboren, lebt kurze Zeit und ist voll Unruhe,

2 geht auf wie eine Blume und fällt ab, flieht wie ein Schatten und bleibt nicht.

3 Doch du tust deine Augen über einen solchen auf, daß du mich vor dir ins Gericht ziehst.

4 Kann wohl ein Reiner kommen von Unreinen? Auch nicht einer!

5 Sind seine Tage bestimmt, steht die

Zahl seiner Monde bei dir und hast du ein
Ziel gesetzt, das er nicht überschreiten
kann:
6 so blicke doch weg von ihm, damit er
Ruhe hat, bis sein Tag kommt, auf den er
sich wie ein Tagelöhner freut.
7 Denn ein Baum hat Hoffnung, auch
wenn er abgehauen ist; er kann wieder
ausschlagen, und seine Schößlinge bleiben
nicht aus.
8 Ob seine Wurzel in der Erde alt wird
und sein Stumpf im Boden erstirbt,
9 so grünt er doch wieder vom Geruch
des Wassers und treibt Zweige wie eine
junge Pflanze.
10 Stirbt aber ein Mann, so ist er dahin;
kommt ein Mensch um – wo ist er?
11 Wie Wasser ausläuft aus dem See,
und wie ein Strom versiegt und vertrock-
net,
12 so ist ein Mensch, wenn er sich nie-
derlegt, er wird nicht wieder aufstehen; er
wird nicht aufwachen, solange der Him-
mel bleibt, noch von seinem Schlaf er-
weckt werden.
13 Ach daß du mich im Totenreich ver-
wahren und verbergen wolltest, bis dein
Zorn sich legt, und mir ein Ziel setzen und
dann an mich denken wolltest!
14 Meinst du, ein toter Mensch wird
wieder leben? Alle Tage meines Dienstes
wollte ich harren, bis meine Ablösung
kommt.
15 Du würdest rufen und ich dir ant-
worten; es würde dich verlangen nach
dem Werk deiner Hände.
16 Dann würdest du meine Schritte
zählen, aber hättest doch nicht acht auf
meine Sünden.
17 Du würdest meine Übertretung in
ein Bündlein versiegeln und meine Schuld
übertünchen.
18 Ein Berg kann zerfallen und vergehen
und ein Fels von seiner Stätte weichen,
19 Wasser wäscht Steine weg, und seine
Fluten schwemmen die Erde weg: so
machst du die Hoffnung des Menschen zu-
nichte.
20 Du überwältigst ihn für immer, daß
er davon muß, entstellst sein Antlitz und
läßt ihn dahinfahren.
21 Sind seine Kinder in Ehren, das weiß
er nicht, oder ob sie verachtet sind, das
wird er nicht gewahr.
22 Nur sein eigenes Fleisch macht ihm
Schmerzen, und nur um ihn selbst trauert
seine Seele.

Des Eliphas zweite Rede

15 Da antwortete Eliphas von Teman
und sprach:
2 Soll ein weiser Mann so aufgeblasene
Worte reden und seinen Bauch so blähen
mit leeren Reden?
3 Du verantwortest dich mit Worten, die
nichts taugen, und dein Reden ist nichts
nütze.
4 Du selbst zerstörst die Gottesfurcht
und raubst dir die Andacht vor Gott.
5 Denn deine Schuld lehrt deinen Mund,
und du hast erwählt eine listige Zunge.
6 Dein Mund verdammt dich und nicht
ich, deine Lippen zeugen gegen dich.
7 Bist du als der erste Mensch geboren?
Kamst du vor den Hügeln zur Welt?
8 Hast du im heimlichen Rat Gottes zu-
gehört und die Weisheit an dich gerissen?
9 Was weißt du, das wir nicht wissen?
Was verstehst du, das uns nicht bekannt
ist?
10 Es sind Ergraute und Alte unter uns,
die länger gelebt haben als dein Vater.
11 Gelten Gottes Tröstungen so gering
bei dir und ein Wort, das sanft mit dir
verfuhr?
12 Was reißt dein Herz dich fort? Was
funkeln deine Augen,
13 daß sich dein Mut wider Gott richtet
und du solche Reden aus deinem Munde
läßt?
14 Was ist der Mensch, daß er rein sein
sollte, und daß der gerecht sein sollte, der
vom Weibe geboren ist?
15 Siehe, seinen Heiligen traut Gott
nicht, und selbst die Himmel sind nicht
rein vor ihm.
16 Wieviel weniger der Mensch, der greu-
lich und verderbt ist, der Unrecht säuft
wie Wasser!
17 Ich will dir's zeigen, höre mir zu, und
ich will dir erzählen, was ich gesehen habe,
18 was die Weisen gesagt und ihre Väter
ihnen nicht verborgen haben,
19 denen allein das Land gegeben war, so
daß kein Fremder unter ihnen umherzog:
20 Der Gottlose bebt sein Leben lang,
und dem Tyrannen ist die Zahl seiner
Jahre verborgen.

21 Stimmen des Schreckens hört sein
Ohr, und mitten im Frieden kommt der
Verderber über ihn.
22 Er glaubt nicht, daß er dem Dunkel
entrinnen könne, und fürchtet immer das
Schwert.
23 Er zieht hin und her nach Brot und
weiß, daß ihm der Tag der Finsternis be-
reitet ist.
24 Angst und Not schrecken ihn und
schlagen ihn nieder wie ein König, der
angreift.
25 Denn er hat seine Hand gegen Gott
ausgereckt und dem Allmächtigen ge-
trotzt.
26 Er läuft mit dem Kopf gegen ihn an
und ficht halsstarrig wider ihn.
27 Er brüstet sich wie ein fetter Wanst
und macht sich feist und dick.
28 Er wohnt in zerstörten Städten, in
Häusern, wo man nicht bleiben soll, die
zu Steinhaufen bestimmt sind.
29 Doch wird er nicht reich bleiben, und
sein Gut wird nicht bestehen, und sein
Besitz wird sich nicht ausbreiten im Lan-
de.
30 Er wird der Finsternis nicht entrin-
nen. Die Flamme wird seine Zweige ver-
dorren, und Gott wird ihn durch den
Hauch seines Mundes wegraffen.
31 Er traue nicht auf Trug, sonst wird
er betrogen sein, und Trug wird sein Lohn
werden.
32 Er wird ihm voll ausgezahlt werden
noch vor der Zeit, und sein Zweig wird
nicht mehr grünen.
33 Er gleicht dem Weinstock, der die
Trauben unreif abstößt, und dem Öl-
baum, der seine Blüte abwirft.
34 Denn die Rotte der Ruchlosen wird
unfruchtbar bleiben, und das Feuer wird
die Hütten der Bestechlichen fressen.
35 Sie gehen schwanger mit Mühsal und
gebären Unglück, und ihr Schoß bringt
Trug zur Welt.

Hiobs zweite Antwort an Eliphas

16 Hiob antwortete und sprach:
2 Ich habe das schon oft gehört.
Ihr seid allzumal leidige Tröster!
3 Wollen die leeren Worte kein Ende
haben? Oder was reizt dich, so zu reden?
4 Auch ich könnte wohl reden wie ihr,
wärt ihr an meiner Stelle. Auch ich könnte
Worte gegen euch zusammenbringen und
mein Haupt über euch schütteln.
5 Ich würde euch stärken mit dem Mun-
de und mit meinen Lippen trösten.
6 Aber wenn ich schon redete, so würde
mich mein Schmerz nicht verschonen;
hörte ich auf zu reden, so bliebe er den-
noch bei mir.
7 Nun aber hat Er mich müde gemacht
und alles verstört, was um mich ist.
8 Er hat mich runzlig gemacht, das zeugt
wider mich, und mein Siechtum steht wider
mich auf und verklagt mich ins Angesicht.
9 Sein Grimm hat mich zerrissen, und
er war mir feind; er knirschte mit den
Zähnen gegen mich; mein Widersacher
funkelt mich mit seinen Augen an.
10 Sie haben ihren Mund aufgesperrt
wider mich und haben mich schmählich
auf meine Backen geschlagen. Sie haben
ihren Mut miteinander an mir gekühlt.
11 Gott hat mich übergeben dem Unge-
rechten und hat mich in die Hände der
Gottlosen kommen lassen.
12 Ich war in Frieden, aber er hat mich
zunichte gemacht; er hat mich beim Ge-
nick genommen und zerschmettert. Er hat
mich als seine Zielscheibe aufgerichtet;
13 seine Pfeile schwirren um mich her.
Er hat meine Nieren durchbohrt und
nicht verschont; er hat meine Galle auf
die Erde geschüttet.
14 Er schlägt in mich eine Bresche nach
der andern; er läuft gegen mich an wie ein
Kriegsmann.
15 Ich habe einen Sack um meinen Leib
gelegt und mein Haupt in den Staub ge-
beugt.
16 Mein Antlitz ist gerötet vom Weinen,
auf meinen Wimpern liegt Dunkelheit,
17 obwohl kein Frevel in meiner Hand
und mein Gebet rein ist.
18 Ach Erde, bedecke mein Blut nicht,
und mein Schreien finde keine Ruhestatt!
19 Siehe, auch jetzt noch ist mein Zeuge
im Himmel, und mein Fürsprecher ist in
der Höhe.
20 Meine Freunde verspotten mich; un-
ter Tränen blickt mein Auge zu Gott auf,
21 daß er Recht verschaffe dem Mann bei
Gott, dem Menschen vor seinem Freund.
22 Denn nur wenige Jahre noch, und ich
gehe den Weg, den ich nicht wiederkom-
men werde.

17 Mein Geist ist zerbrochen, meine
Tage sind ausgelöscht; das Grab ist
da.
2 Fürwahr, Gespött umgibt mich, und
auf ihrem Hadern muß mein Auge weilen.
3 Sei du selbst mein Bürge bei dir – wer
will mich sonst vertreten?
4 Denn du hast ihrem Herzen den Ver-
stand verborgen, darum wirst du ihnen
den Sieg nicht geben.
5 Zum Teilen lädt einer Freunde ein,
doch die Augen seiner Kinder müssen
verschmachten.
6 Er hat mich zum Sprichwort unter den
Leuten gemacht, und ich muß mir ins An-
gesicht speien lassen.
7 Mein Auge ist dunkel geworden vor
Trauern, und alle meine Glieder sind wie
ein Schatten.
8 Darüber entsetzen sich die Gerechten,
und die Unschuldigen entrüsten sich über
die Ruchlosen.
9 Aber der Gerechte hält fest an seinem
Weg, und wer reine Hände hat, nimmt an
Stärke zu.
10 Wohlan, kehrt euch alle wieder her
und kommt; ich werde dennoch keinen
Weisen unter euch finden!
11 Meine Tage sind vergangen; zerrissen
sind meine Pläne, die mein Herz besessen
haben.
12 Nacht will man mir zum Tag ma-
chen: Licht sei näher als Finsternis.
13 Wenn ich auch lange warte, so ist
doch bei den Toten mein Haus, und in der
Finsternis ist mein Bett gemacht.
14 Das Grab nenne ich meinen Vater
und die Würmer meine Mutter und meine
Schwester.
15 Worauf soll ich denn hoffen? Und
wer sieht noch Hoffnung für mich?
16 Hinunter zu den Toten wird sie fah-
ren, wenn alle miteinander im Staub lie-
gen.

Bildads zweite Rede

18 Da antwortete Bildad von Schuach
und sprach:
2 Wie lange wollt ihr auf Worte Jagd ma-
chen? Habt doch Einsicht; danach wollen
wir reden!
3 Warum werden wir geachtet wie Vieh
und sind so töricht in euren Augen?
4 Willst du vor Zorn bersten? Soll um
deinetwillen die Erde veröden und der
Fels von seiner Stätte weichen?
5 Dennoch wird das Licht der Gottlosen
verlöschen, und der Funke seines Feuers
wird nicht leuchten.
6 Das Licht wird finster werden in seiner
Hütte und seine Leuchte über ihm ver-
löschen.
7 Seine kräftigen Schritte werden kürzer,
und sein eigener Plan wird ihn fällen.
8 Ins Garn bringen ihn seine Füße, und
über Fanggruben führt sein Weg.
9 Das Netz wird seine Ferse festhalten,
und die Schlinge wird ihn fangen.
10 Sein Strick ist versteckt in der Erde
und seine Falle auf seinem Weg.
11 Um und um schreckt ihn jähe Angst,
daß er nicht weiß, wo er hinaus soll.
12 Unheil hungert nach ihm, und Un-
glück steht bereit zu seinem Sturz.
13 Die Glieder seines Leibes werden
verzehrt; seine Glieder wird verzehren der
Erstgeborne des Todes.
14 Er wird aus seiner Hütte verjagt, auf
die er vertraute, und hingetrieben zum
König des Schreckens.
15 In seiner Hütte wird wohnen, was
nicht zu ihm gehört; über seine Stätte
wird Schwefel gestreut.
16 Unten verdorren seine Wurzeln, und
oben verwelken seine Zweige.
17 Sein Andenken wird vergehen im
Lande, und er wird keinen Namen haben
auf der Gasse.
18 Er wird vom Licht in die Finsternis
vertrieben und vom Erdboden verstoßen
werden.
19 Er wird keine Kinder haben und
keine Enkel unter seinem Volk; es wird
ihm keiner übrigbleiben in seinen Woh-
nungen.
20 Die im Westen werden sich über sei-
nen Gerichtstag entsetzen, und die im
Osten wird Furcht ankommen.
21 Ja, so geht's der Wohnung des Unge-
rechten und der Stätte dessen, der Gott
nicht achtet.

Hiobs zweite Antwort an Bildad

19 Hiob antwortete und sprach:
2 Wie lange plagt ihr doch meine
Seele und peinigt mich mit Worten!
3 Ihr habt mich nun zehnmal verhöhnt
und schämt euch nicht, mir so zuzusetzen.

4 Habe ich wirklich geirrt, so trage ich
meinen Irrtum selbst.
5 Wollt ihr euch wahrlich über mich er-
heben und wollt mir meine Schande be-
weisen?
6 So merkt doch endlich, daß Gott mir
unrecht getan hat und mich mit seinem
Jagdnetz umgeben hat.
7 Siehe, ich schreie: «Gewalt!» und wer-
de doch nicht gehört; ich rufe, aber kein
Recht ist da.
8 Er hat meinen Weg vermauert, daß ich
nicht hinüber kann, und hat Finsternis
auf meinen Steig gelegt.
9 Er hat mir mein Ehrenkleid ausge-
zogen und die Krone von meinem Haupt
genommen.
10 Er hat mich zerbrochen um und um,
daß ich dahinfuhr, und hat meine Hoff-
nung ausgerissen wie einen Baum.
11 Sein Zorn ist über mich entbrannt,
und er achtet mich seinen Feinden gleich.
12 Vereint kommen seine Kriegsscharen
und haben ihren Weg gegen mich gebaut
und sich um meine Hütte her gelagert.
13 Er hat meine Brüder von mir ent-
fernt, und meine Verwandten sind mir
fremd geworden.
14 Meine Nächsten haben sich zurück-
gezogen, und meine Freunde haben mich
vergessen.
15 Meinen Hausgenossen und meinen
Mägden gelte ich als Fremder; ich bin ein
Unbekannter in ihren Augen.
16 Ich rief meinen Knecht, und er ant-
wortete mir nicht; ich mußte ihn anflehen
mit eigenem Munde.
17 Mein Odem ist zuwider meiner Frau,
und den Söhnen meiner Mutter ekelt's
vor mir.
18 Selbst die Kinder geben nichts auf
mich; stelle ich mich gegen sie, so geben
sie mir böse Worte.
19 Alle meine Getreuen verabscheuen
mich, und die ich lieb hatte, haben sich
gegen mich gewandt.
20 Mein Gebein hängt nur noch an
Haut und Fleisch, und nur das nackte
Leben brachte ich davon*.
21 Erbarmt euch über mich, erbarmt
euch, meine Freunde; denn die Hand Got-
tes hat mich getroffen!

*Wörtlich: nur mit meiner Zähne Haut bin ich davongekommen.

22 Warum verfolgt ihr mich wie Gott
und könnt nicht satt werden von meinem
Fleisch?
23 Ach daß meine Reden aufgeschrieben
würden! Ach daß sie aufgezeichnet wür-
den als Inschrift,
24 mit einem eisernen Griffel in Blei ge-
schrieben, zu ewigem Gedächtnis in einen
Fels gehauen!
25 Aber **ich weiß, daß mein Erlöser* lebt,**
und als der letzte wird er über dem Staub
sich erheben.
26 Und ist meine Haut noch so zer-
schlagen und mein Fleisch dahinge-
schwunden, so werde ich doch Gott sehen.
27 Ich selbst werde ihn sehen, meine
Augen werden ihn schauen und kein
Fremder. Danach sehnt sich mein Herz in
meiner Brust.
28 Wenn ihr sprecht: Wie wollen wir ihn
verfolgen und eine Sache gegen ihn fin-
den!,
29 so fürchtet euch selbst vor dem
Schwert; denn das sind Missetaten, die
das Schwert straft, damit ihr wißt, daß es
ein Gericht gibt.

Zophars zweite Rede

20 Da antwortete Zophar von Naama
und sprach:
2 Darum muß ich antworten, und des-
wegen kann ich nicht schweigen;
3 denn ich muß hören, wie man mich
schmäht und tadelt, aber der Geist aus
meiner Einsicht lehrt mich antworten.
4 Weißt du nicht, daß es allezeit so ge-
gangen ist, seitdem Menschen auf Erden
gewesen sind,
5 daß das Frohlocken der Gottlosen
nicht lange währt und die Freude des
Ruchlosen nur einen Augenblick?
6 Wenn auch sein Scheitel in den Himmel
reicht und sein Haupt an die Wolken rührt,
7 so wird er doch für immer vergehen
wie sein Kot, und die ihn gesehen haben,
werden sagen: Wo ist er?
8 Wie ein Traum wird er verfliegen und
nicht mehr zu finden sein und wie ein
Nachtgesicht verschwinden.

*d. i. hier: Gott als Anwalt, der sich zu meiner Verteidigung und Erlösung erhebt. – Luther übersetzte: «Ich weiß, daß mein Erlöser lebet, und er wird mich hernach aus der Erden aufwecken. Und werde darnach mit dieser meiner Haut umgeben werden und werde in meinem Fleisch Gott sehen.»

9 Das Auge, das ihn gesehen hat, wird ihn nicht mehr sehen, und seine Stätte wird ihn nicht mehr schauen.

10 Seine Söhne werden bei den Armen betteln gehen, und seine Hände müssen seine Habe wieder hergeben.

11 Sind auch seine Gebeine voll Jugendkraft, so muß sie sich doch mit ihm in den Staub legen.

12 **W**enn ihm auch das Böse in seinem Munde wohlschmeckt, daß er es birgt unter seiner Zunge,

13 daß er es hegt und nicht losläßt und es zurückhält in seinem Gaumen,

14 so wird sich doch seine Speise verwandeln in seinem Leibe und wird Otterngift in seinem Bauch.

15 Die Güter, die er verschlungen hat, muß er wieder ausspeien, und Gott treibt sie aus seinem Bauch heraus.

16 Er wird Otterngift saugen, und die Zunge der Schlange wird ihn töten.

17 Er wird nicht sehen die Ströme noch die Bäche, die mit Honig und Milch fließen.

18 Er wird erwerben und doch nichts davon genießen und über seine eingetauschten Güter nicht froh werden.

19 Denn er hat unterdrückt und verlassen den Armen; er hat Häuser an sich gerissen, die er nicht erbaut hat.

20 Denn sein Wanst konnte nicht voll genug werden; mit seinem köstlichen Gut wird er nicht entrinnen.

21 Nichts entging seiner Freßgier; darum wird sein gutes Leben keinen Bestand haben.

22 Wenn er auch die Fülle und genug hat, wird ihm doch angst werden; alle Gewalt der Mühsal wird über ihn kommen.

23 Es soll geschehen: damit er genug bekommt, wird Gott den Grimm seines Zorns über ihn senden und wird über ihn regnen lassen seine Schrecknisse.

24 Flieht er vor dem eisernen Harnisch, so wird ihn der eherne Bogen durchbohren!

25 Es dringt das Geschoß aus seinem Rücken, der Blitz des Pfeiles aus seiner Galle; Schrecken fahren über ihn hin.

26 Alle Finsternis ist für ihn aufgespart. Es wird ihn ein Feuer verzehren, das keiner angezündet hat, und wer übriggeblieben ist in seiner Hütte, dem wird's schlimm ergehen.

27 Der Himmel wird seine Schuld enthüllen, und die Erde wird sich gegen ihn erheben.

28 Seine Ernte wird weggeführt werden, zerstreut am Tage seines Zorns.

29 **D**as ist der Lohn eines gottlosen Menschen bei Gott und das Erbe, das Gott ihm zugesprochen hat.

Hiobs zweite Antwort an Zophar

21 Hiob antwortete und sprach:
2 Hört doch meiner Rede zu und laßt mir das eure Tröstung sein!

3 Ertragt mich, daß ich rede, und danach spottet über mich!

4 Geht denn gegen einen Menschen meine Klage, oder warum sollte ich nicht ungeduldig sein?

5 Kehrt euch her zu mir; ihr werdet erstarren und die Hand auf den Mund legen müssen.

6 Wenn ich daran denke, so erschrecke ich, und Zittern kommt meinen Leib an.

7 **W**arum bleiben die Gottlosen am Leben, werden alt und nehmen zu an Kraft?

8 Ihr Geschlecht ist sicher um sie her, und ihre Nachkommen sind bei ihnen.

9 Ihr Haus hat Frieden ohne Furcht, und Gottes Rute ist nicht über ihnen.

10 Ihr Stier bespringt, und es mißrät nicht; ihre Kuh kalbt und wirft nicht fehl.

11 Ihre kleinen Kinder lassen sie hinaus wie eine Herde, und ihre Knaben springen umher.

12 Sie jauchzen mit Pauken und Harfen und sind fröhlich mit Flöten.

13 Sie werden alt bei guten Tagen, und in Ruhe fahren sie hinab zu den Toten,

14 und doch sagen sie zu Gott: «Weiche von uns, wir wollen von deinen Wegen nichts wissen!

15 Wer ist der Allmächtige, daß wir ihm dienen sollten? Oder was nützt es uns, wenn wir ihn anrufen?»

16 «Doch siehe, ihr Glück steht nicht in ihren Händen, und der Rat der Gottlosen ist ferne von mir.»

17 **W**ie oft geschieht's denn, daß die Leuchte der Gottlosen verlischt und ihr Unglück über sie kommt, daß Gott Herzeleid über sie austeilt in seinem Zorn,

18 daß sie werden wie Stroh vor dem Winde und wie Spreu, die der Sturmwind wegführt?

19 «Gott spart das Unglück des Gott-
losen auf für dessen Kinder.» Er vergelte
es ihm selbst, daß er's spüre!
20 Seine Augen mögen sein Verderben
sehen, und vom Grimm des Allmächtigen
möge er trinken!
21 Denn was liegt ihm an seinem Hause
nach seinem Tode, wenn die Zahl seiner
Monde zu Ende ist?
22 Wer will Gott Weisheit lehren, der
auch die Hohen richtet?
23 Der eine stirbt frisch und gesund in
allem Reichtum und voller Genüge,
24 sein Melkfaß ist voll Milch, und sein
Gebein wird gemästet mit Mark;
25 der andere aber stirbt mit verbitterter
Seele und hat nie vom Glück gekostet –
26 und doch liegen beide miteinander in
der Erde, und Gewürm deckt sie zu.
27 Siehe, ich kenne eure Gedanken und
eure Ränke, mit denen ihr mir Unrecht
antut.
28 Denn ihr sprecht: «Wo ist das Haus
des Fürsten, und wo ist die Hütte, in der
die Gottlosen wohnten?»
29 Habt ihr nicht befragt, die des Weges
kommen, und nicht auf ihre Zeichen ge-
achtet,
30 daß nämlich der Böse erhalten wird
am Tage des Verderbens und am Tage des
Grimms bleibt?
31 Wer sagt ihm ins Angesicht, was er
verdient? Wer vergilt ihm, was er getan
hat?
32 Wird er doch zu Grabe geleitet, und
man hält Wache über seinem Hügel!
33 Süß sind ihm die Schollen des Gra-
bes, und alle Menschen ziehen ihm nach,
und die ihm vorangehen, sind nicht zu
zählen.
34 Wie tröstet ihr mich mit Nichtigkei-
ten, und von euren Antworten bleibt
nichts als Trug!

Des Eliphas letzte Rede

22 Da antwortete Eliphas von Teman
und sprach:
2 Kann denn ein Mann Gott etwas
nützen? Nur sich selber nützt ein Kluger.
3 Meinst du, der Allmächtige habe Vor-
teil davon, daß du gerecht bist? Was
hilft's ihm, selbst wenn deine Wege ohne
Tadel sind?
4 Meinst du: er wird dich wegen deiner
Gottesfurcht zurechtweisen und mit dir
ins Gericht gehen?
5 Ist deine Bosheit nicht zu groß, und
sind deine Missetaten nicht ohne Ende?
6 Du hast deinem Bruder ein Pfand ab-
genommen ohne Grund, du hast den
Nackten die Kleider entrissen;
7 du hast die Durstigen nicht getränkt
mit Wasser und hast dem Hungrigen dein
Brot versagt;
8 dem Mächtigen gehört das Land, und
sein Günstling darf darin wohnen;
9 die Witwen hast du leer weggehen las-
sen und die Arme der Waisen zerbrochen.
10 Darum bist du von Schlingen um-
geben, und Entsetzen hat dich plötzlich
erschreckt.
11 Dein Licht ist Finsternis, so daß du
nicht sehen kannst, und die Wasserflut be-
deckt dich.
12 Ist Gott nicht hoch wie der Himmel?
Sieh die Sterne an, wie hoch sie sind!
13 Du sprichst zwar: «Was weiß Gott?
Sollte er durchs Gewölk hindurch richten
können?
14 Die Wolken sind seine Hülle, daß er
nicht sehen kann; er wandelt am Rande
des Himmels.»
15 Hältst du den Weg der Vorzeit ein,
auf dem die Ungerechten gegangen sind,
16 die fortgerafft wurden, ehe es Zeit
war, und das Wasser hat ihren Grund
weggewaschen,
17 die zu Gott sprachen: «Heb dich von
uns!»? Was sollte der Allmächtige ihnen
antun können?
18 Hat er doch ihr Haus mit Gütern ge-
füllt. Aber: «Der Rat der Gottlosen ist
ferne von mir.»
19 Die Gerechten werden's sehen und
sich freuen, und der Unschuldige wird sie
verspotten:
20 «Ja, unser Widersacher ist vertilgt,
und was er hinterließ, hat das Feuer ver-
zehrt.»
21 So vertrage dich nun mit Gott und
mache Frieden; daraus wird dir viel Gu-
tes kommen.
22 Nimm doch Weisung an von seinem
Munde und fasse seine Worte in dein
Herz.
23 Bekehrst du dich zum Allmächtigen
und demütigst du dich und tust das Un-
recht weit weg von deiner Hütte

24 – wirf in den Staub dein Gold und zu den Steinen der Bäche das Gold von Ophir –,

25 so wird der Allmächtige dein Gold sein und wie Silber, das dir zugehäuft wird.

26 Dann wirst du deine Lust haben an dem Allmächtigen und dein Antlitz zu Gott erheben.

27 Wenn du ihn bitten wirst, wird er dich hören, und du wirst deine Gelübde erfüllen.

28 Was du dir vornimmst, läßt er dir gelingen, und das Licht wird auf deinen Wegen scheinen.

29 Denn er erniedrigt die Hochmütigen; aber wer seine Augen niederschlägt, dem hilft er.

30 Auch wer nicht unschuldig ist, wird errettet werden; er wird errettet um der Reinheit deiner Hände willen.

Hiobs dritte Antwort an Eliphas

23 Hiob antwortete und sprach:

2 Auch heute lehnt sich meine Klage auf; seine Hand drückt schwer, daß ich seufzen muß.

3 Ach daß ich wüßte, wie ich ihn finden und zu seinem Thron kommen könnte!

4 So würde ich ihm das Recht darlegen und meinen Mund mit Beweisen füllen

5 und erfahren die Reden, die er mir antworten, und vernehmen, was er mir sagen würde.

6 Würde er mit großer Macht mit mir rechten? Nein, er selbst würde achthaben auf mich.

7 Dann würde ein Redlicher mit ihm rechten, und für immer würde ich entrinnen meinem Richter!

8 Aber gehe ich nun vorwärts, so ist er nicht da; gehe ich zurück, so spüre ich ihn nicht.

9 Ist er zur Linken, so schaue ich ihn nicht; verbirgt er sich zur Rechten, so sehe ich ihn nicht.

10 Er aber kennt meinen Weg gut. Er prüfe mich, so will ich erfunden werden wie das Gold.

11 Denn ich hielt meinen Fuß auf seiner Bahn und bewahrte seinen Weg und wich nicht ab

12 und übertrat nicht das Gebot seiner Lippen und bewahrte die Reden seines Mundes bei mir.

13 Doch er ist der eine – wer will ihm wehren? Und er macht's, wie er will.

14 Ja, er wird vollenden, was mir bestimmt ist, und hat noch mehr derart im Sinn.

15 Darum erschrecke ich vor seinem Angesicht, und wenn ich darüber nachdenke, so fürchte ich mich vor ihm.

16 Gott ist's, der mein Herz mutlos gemacht, und der Allmächtige, der mich erschreckt hat;

17 denn nicht der Finsternis wegen muß ich schweigen, und nicht, weil Dunkel mein Angesicht deckt.

24 Warum sind von dem Allmächtigen nicht Zeiten vorbehalten, und warum sehen, die ihn kennen, seine Tage nicht?

2 Die Gottlosen verrücken die Grenzen, rauben die Herde und weiden sie.

3 Sie treiben den Esel der Waisen weg und nehmen das Rind der Witwe zum Pfande.

4 Sie stoßen die Armen vom Wege, und die Elenden im Lande müssen sich verkriechen.

5 Siehe, sie sind wie Wildesel: in der Wüste gehen sie an ihr Werk und suchen Nahrung in der Einöde, als Speise für ihre Kinder.

6 Sie ernten des Nachts auf dem Acker und halten Nachlese im Weinberg des Gottlosen.

7 Sie liegen in der Nacht nackt ohne Gewand und haben keine Decke im Frost.

8 Sie triefen vom Regen in den Bergen; sie müssen sich an die Felsen drücken, weil sie sonst keine Zuflucht haben.

9 Man reißt das Waisenkind von der Mutterbrust und nimmt den Säugling der Armen zum Pfande.

10 Nackt gehen sie einher ohne Kleider, und hungrig tragen sie Garben.

11 Gleich in den Gärten pressen sie Öl, sie treten die Kelter und leiden doch Durst.

12 Fern der Stadt seufzen Sterbende, und die Seele der Säuglinge schreit. Doch Gott achtet nicht darauf!

13 Sie sind Feinde des Lichts geworden, kennen Gottes Weg nicht und bleiben nicht auf seinen Pfaden.

14 Wenn der Tag anbricht, steht der Mörder auf und erwürgt den Elenden und Armen, und des Nachts schleicht der Dieb.

15 Das Auge des Ehebrechers lauert
auf das Dunkel, und er denkt: «Mich
sieht kein Auge!» und verdeckt sein Ant-
litz.
16 Im Finstern bricht man in die Häuser
ein; am Tage verbergen sie sich und
scheuen alle das Licht.
17 Ja, als Morgen gilt ihnen allen die
Finsternis, denn sie sind bekannt mit den
Schrecken der Finsternis.
18 Er fährt leicht wie auf dem Wasser
dahin, verflucht wird sein Acker im Lan-
de, und man wendet sich seinem Wein-
berg nicht zu.
19 Der Tod nimmt weg, die da sündigen,
wie die Hitze und Dürre das Schneewas-
ser verzehrt.
20 Der Mutterschoß vergißt ihn; die
Würmer laben sich an ihm. An ihn denkt
man nicht mehr; so zerbricht Frevel wie
Holz.
21 Er hat bedrückt die Unfruchtbare,
die nicht gebar, und hat der Witwe nichts
Gutes getan.
22 Gott rafft die Gewalttätigen hin
durch seine Kraft; steht er auf, so müssen
sie am Leben verzweifeln.
23 Er gibt ihnen, daß sie sicher sind und
eine Stütze haben, doch seine Augen wa-
chen über ihren Wegen.
24 Sie sind hoch erhöht; aber nach
einer kleinen Weile sind sie nicht mehr da;
sie sinken hin und werden hinweggerafft
wie alle; wie die Spitzen der Ähren werden
sie abgeschnitten.
25 Ist's nicht so? Wer will mich Lügen
strafen und erweisen, daß meine Rede
nichts sei?

Bildads letzte Rede

25 Da antwortete Bildad von Schuach
und sprach:
2 Herrschaft und Schrecken ist bei ihm,
der Frieden schafft in seinen Höhen.
3 Wer will seine Scharen zählen? Und
über wem geht sein Licht nicht auf?
4 Und wie kann ein Mensch gerecht sein
vor Gott? Und wie kann rein sein ein
vom Weibe Geborener?
5 Siehe, auch der Mond scheint nicht
hell, und die Sterne sind nicht rein vor
seinen Augen –
6 wieviel weniger der Mensch, eine
Made, und das Menschenkind, ein Wurm!

Hiobs dritte Antwort an Bildad

26 Hiob antwortete und sprach:
2 Wie sehr stehst du dem bei, der
keine Kraft hat, hilfst du dem, der keine
Stärke in den Armen hat!
3 Wie gibst du Rat dem, der keine Weis-
heit hat, und lehrst ihn Einsicht in Fülle!
4 Mit wessen Hilfe redest du? Und wes-
sen Geist geht von dir aus?
5 Die Schatten drunten erbeben, das
Wasser und die darin wohnen.
6 Das Totenreich ist aufgedeckt vor
ihm, und der Abgrund hat keine Decke.
7 Er spannt den Norden aus über dem
Leeren und hängt die Erde über das
Nichts.
8 Er faßt das Wasser zusammen in seine
Wolken, und die Wolken zerreißen dar-
unter nicht.
9 Er verhüllt seinen Thron und breitet
seine Wolken davor.
10 Er hat am Rande des Wassers eine
Grenze gezogen, wo Licht und Finsternis
sich scheiden.
11 Die Säulen des Himmels zittern und
entsetzen sich vor seinem Schelten.
12 Durch seine Kraft hat er das Meer
erregt, und durch seine Einsicht hat er
Rahab* zerschmettert.
13 Am Himmel wurde es schön durch
seinen Wind, und seine Hand durchbohrte
die flüchtige Schlange.
14 Siehe, das sind nur die Enden seiner
Wege, und nur ein leises Wörtlein davon
haben wir vernommen. Wer will aber den
Donner seiner Macht verstehen?
27 Und Hiob fuhr fort mit seinem
Spruch und sprach:
2 So wahr Gott lebt, der mir mein
Recht verweigert, und der Allmächtige,
der meine Seele betrübt
3 – solange noch mein Odem in mir ist
und der Hauch von Gott in meiner Nase –:
4 meine Lippen reden nichts Unrechtes,
und meine Zunge sagt keinen Betrug.
5 Das sei ferne von mir, daß ich euch
recht gebe; bis mein Ende kommt, will ich
nicht weichen von meiner Unschuld.
6 An meiner Gerechtigkeit halte ich fest
und lasse sie nicht; mein Gewissen beißt
mich nicht wegen eines meiner Tage.
7 Meinem Feind soll es gehen wie dem

*d. i. der Drache der Urzeit.

Gottlosen und dem, der sich gegen mich auflehnt, wie dem Ungerechten.
8 Denn was ist die Hoffnung des Ruchlosen, wenn Gott mit ihm ein Ende macht und seine Seele von ihm fordert?
9 Meinst du, daß Gott sein Schreien hören wird, wenn die Angst über ihn kommt?
10 Oder kann er an dem Allmächtigen seine Lust haben und Gott allezeit anrufen?
11 Ich will euch über Gottes Tun belehren, und wie der Allmächtige gesinnt ist, will ich nicht verhehlen.
12 Siehe, ihr habt es selber gesehen; warum bringt ihr denn so unnütze Dinge vor?
13 Das ist der Lohn eines gottlosen Menschen bei Gott und das Erbe der Tyrannen, das sie vom Allmächtigen bekommen:
14 werden seine Söhne groß, so werden sie eine Beute des Schwerts; und seine Nachkommen werden an Brot nicht satt.
15 Die ihm übrigbleiben, wird der Tod ins Grab bringen, und seine Witwen werden nicht weinen.
16 Wenn er Geld zusammenbringt wie Staub und schafft Kleider an, wie man Lehm aufhäuft,
17 so wird er's zwar anschaffen, aber der Gerechte wird's anziehen, und dem Unschuldigen wird das Geld zuteil.
18 Er baut sein Haus wie eine Spinne und wie ein Wächter eine Hütte macht.
19 Reich legt er sich nieder, aber wird's nicht noch einmal tun können; tut er seine Augen auf, dann ist nichts mehr da.
20 Es wird ihn Schrecken überfallen wie Wasserfluten; des Nachts nimmt ihn der Sturmwind fort.
21 Der Ostwind wird ihn wegführen, daß er dahinfährt, und wird ihn von seinem Ort hinwegwehen.
22 Das wird er über ihn bringen und ihn nicht schonen; vor seiner Gewalt muß er immer wieder fliehen.
23 Man wird über ihn mit den Händen klatschen und über ihn zischen, wo er gewesen ist.

Das Lied von der Weisheit Gottes

28 Es hat das Silber seine Gänge und das Gold seinen Ort, wo man es läutert.
2 Eisen bringt man aus der Erde, und aus dem Gestein schmilzt man Kupfer.
3 Man macht der Finsternis ein Ende, und bis ins Letzte erforscht man das Gestein, das im Dunkel tief verborgen liegt.
4 Man bricht einen Schacht fern von da, wo man wohnt; vergessen, ohne Halt für den Fuß, hängen und schweben sie, fern von den Menschen.
5 Man zerwühlt wie Feuer unten die Erde, auf der doch oben das Brot wächst.
6 Man findet Saphir in ihrem Gestein, und es birgt Goldstaub.
7 Den Steig dahin hat kein Geier erkannt und kein Falkenauge gesehen.
8 Das stolze Wild hat ihn nicht betreten, und kein Löwe ist darauf gegangen.
9 Auch legt man die Hand an die Felsen und gräbt die Berge von Grund aus um.
10 Man bricht Stollen durch die Felsen, und alles, was kostbar ist, sieht das Auge.
11 Man wehrt dem Tröpfeln des Wassers und bringt, was verborgen ist, ans Licht.
12 Wo will man aber die Weisheit finden? Und wo ist die Stätte der Einsicht?
13 Niemand weiß, was sie wert ist, und sie wird nicht gefunden im Lande der Lebendigen.
14 Die Tiefe spricht: «In mir ist sie nicht»; und das Meer spricht: «Bei mir ist sie auch nicht.»
15 Man kann nicht Gold für sie geben noch Silber darwägen, sie zu bezahlen.
16 Ihr gleicht nicht Gold von Ophir oder kostbarer Onyx und Saphir.
17 Gold und edles Glas kann man ihr nicht gleichachten noch sie eintauschen um güldnes Kleinod.
18 Korallen und Kristall achtet man gegen sie nicht; wer Weisheit erwirbt, hat mehr als Perlen.
19 Topas aus Kusch wird ihr nicht gleich geschätzt, und das reinste Gold wiegt sie nicht auf.
20 Woher kommt denn die Weisheit? Und wo ist die Stätte der Einsicht?
21 Sie ist verhüllt vor den Augen aller Lebendigen, auch verborgen den Vögeln unter dem Himmel.
22 Der Abgrund und der Tod sprechen: «Wir haben mit unsern Ohren nur ein Gerücht von ihr gehört.»
23 Gott weiß den Weg zu ihr, er allein kennt ihre Stätte.

24 Denn er sieht die Enden der Erde und schaut alles, was unter dem Himmel ist.

25 Als er dem Wind sein Gewicht gegeben und dem Wasser sein Maß gesetzt,

26 als er dem Regen ein Gesetz gegeben hat und dem Blitz und Donner den Weg:

27 damals schon sah er sie und verkündigte sie, bereitete sie und ergründete sie

28 und sprach zum Menschen: **Siehe, die Furcht des Herrn, das ist Weisheit, und meiden das Böse, das ist Einsicht.**

Hiobs früheres Glück

29 Und Hiob hob abermals an mit seinem Spruch und sprach:

2 O daß ich wäre wie in den früheren Monden, in den Tagen, da Gott mich behütete,

3 da seine Leuchte über meinem Haupt schien und ich bei seinem Licht durch die Finsternis ging!

4 Wie war ich in der Blüte meines Lebens, als Gottes Freundschaft über meiner Hütte war,

5 als der Allmächtige noch mit mir war und meine Kinder um mich her,

6 als ich meine Tritte wusch in Milch und die Felsen Ölbäche ergossen!

7 Wenn ich ausging zum Tor der Stadt und meinen Platz auf dem Markt einnahm,

8 dann sahen mich die Jungen und verbargen sich scheu, und die Alten standen vor mir auf,

9 die Oberen hörten auf zu reden und legten ihre Hand auf ihren Mund,

10 die Fürsten hielten ihre Stimme zurück, und ihre Zunge klebte an ihrem Gaumen.

11 Denn wessen Ohr mich hörte, der pries mich glücklich, und wessen Auge mich sah, der rühmte mich.

12 Denn ich errettete den Armen, der da schrie, und die Waise, die keinen Helfer hatte.

13 Der Segen des Verlassenen kam über mich, und ich erfreute das Herz der Witwe.

14 Gerechtigkeit war mein Kleid, das ich anzog, und mein Recht war mir Mantel und Kopfbund.

15 Ich war des Blinden Auge und des Lahmen Fuß.

16 Ich war ein Vater der Armen, und der Sache des Unbekannten nahm ich mich an.

17 Ich zerbrach die Kinnbacken des Ungerechten und riß ihm den Raub aus den Zähnen.

18 Ich dachte: Ich werde in meinem Nest verscheiden und meine Tage so zahlreich machen wie Sand am Meer;

19 meine Wurzel reiche zum Wasser hin, und der Tau bleibe auf meinen Zweigen;

20 meine Ehre bleibe immer frisch bei mir, und mein Bogen sei immer stark in meiner Hand.

21 Sie hörten mir zu und schwiegen und warteten auf meinen Rat.

22 Nach meinen Worten redete niemand mehr, und meine Rede troff auf sie nieder.

23 Sie warteten auf mich wie auf den Regen und sperrten ihren Mund auf wie nach Spätregen.

24 Wenn ich ihnen zulachte, so faßten sie Vertrauen, und das Licht meines Angesichts tröstete die Trauernden.

25 Wenn ich zu ihnen kommen wollte, so mußte ich obenan sitzen und thronte wie ein König unter der Schar.

Hiobs jetziges Unglück

30 Jetzt aber verlachen mich, die jünger sind als ich, deren Väter ich nicht wert geachtet hätte, sie zu meinen Hunden bei der Herde zu stellen,

2 deren Stärke ich für nichts hielt, denen die Kraft dahinschwand;

3 die vor Hunger und Mangel erschöpft sind, die das dürre Land abnagen, die Wüste und Einöde;

4 die da Melde sammeln bei den Büschen, und Ginsterwurzel ist ihre Speise.

5 Aus der Menschen Mitte werden sie weggetrieben; man schreit ihnen nach wie einem Dieb;

6 an den Hängen der Täler wohnen sie, in den Löchern der Erde und in Steinklüften;

7 zwischen den Büschen schreien sie, und unter den Disteln sammeln sie sich –

8 gottloses Volk und Leute ohne Namen, die man aus dem Lande weggejagt hatte.

9 Jetzt bin ich ihr Spottlied geworden und muß ihnen zum Gerede dienen.

10 Sie verabscheuen mich und halten sich ferne von mir und scheuen sich nicht, vor meinem Angesicht auszuspeien.

11 Er hat mein Seil gelöst und mich gedemütigt und den Zaum weggetan, an dem er mich hielt.
12 Zur Rechten hat sich eine Schar gegen mich erhoben, sie haben meinen Fuß weggestoßen und haben gegen mich Wege angelegt, mich zu verderben.
13 Sie haben meine Pfade aufgerissen, zu meinem Fall helfen sie; keiner gebietet ihnen Einhalt.
14 Sie kommen wie durch eine breite Bresche herein, wälzen sich unter den Trümmern heran.
15 Schrecken hat sich gegen mich gekehrt und hat verjagt wie der Wind meine Herrlichkeit, und wie eine Wolke zog mein Glück vorbei.
16 Jetzt aber zerfließt meine Seele in mir, und Tage des Elends haben mich ergriffen.
17 Des Nachts bohrt es in meinem Gebein, und die Schmerzen, die an mir nagen, schlafen nicht.
18 Mit aller Gewalt wird mein Kleid entstellt, wie der Kragen meines Hemdes würgt es mich.
19 Man hat mich in den Dreck geworfen, daß ich gleich bin dem Staub und der Asche.
20 Ich schreie zu dir, aber du antwortest mir nicht; ich stehe da, aber du achtest nicht auf mich.
21 Du hast dich mir verwandelt in einen Grausamen und streitest gegen mich mit der Stärke deiner Hand.
22 Du hebst mich auf und läßt mich auf dem Winde dahinfahren und vergehen im Sturm.
23 Denn ich weiß, du wirst mich zum Tod gehen lassen, zum Haus, da alle Lebendigen zusammenkommen.
24 Aber wird man nicht die Hand ausstrecken unter Trümmern und nicht schreien in der Not?
25 Ich weinte ja über die harte Zeit, und meine Seele grämte sich über das Elend.
26 Ich wartete auf das Gute, und es kam das Böse; ich hoffte auf Licht, und es kam Finsternis.
27 In mir kocht es und hört nicht auf; mich haben überfallen Tage des Elends.
28 Ich gehe schwarz einher, doch nicht von der Sonne; ich stehe auf in der Gemeinde und schreie.
29 Ich bin ein Bruder der Schakale geworden und ein Geselle der Strauße.
30 Meine Haut ist schwarz geworden und löst sich ab von mir, und meine Gebeine sind verdorrt vor hitzigem Fieber.
31 Mein Harfenspiel ist zur Klage geworden, und mein Flötenspiel zum Trauerlied.

Hiobs Reinigungseid und Appell an Gott

31 Ich hatte einen Bund gemacht mit meinen Augen, daß ich nicht lüstern blickte auf eine Jungfrau.
2 Was gäbe sonst mir Gott als Teil von oben und was für ein Erbe der Allmächtige aus der Höhe?
3 Wäre es nicht Verderben für den Ungerechten und Unglück für den Übeltäter?
4 Sieht er nicht meine Wege und zählt alle meine Schritte?
5 Bin ich gewandelt in Falschheit, oder ist mein Fuß geeilt zum Betrug?
6 Gott möge mich wiegen auf rechter Waage, so wird er erkennen meine Unschuld!
7 Ist mein Gang gewichen vom Wege und mein Herz meinen Augen nachgefolgt und blieb etwas hängen an meinen Händen,
8 so will ich säen, aber ein anderer soll es essen, und was mir gewachsen ist, soll entwurzelt werden.
9 Hat sich mein Herz betören lassen um eines Weibes willen und hab ich an meines Nächsten Tür gelauert,
10 so soll mein Weib einem andern mahlen, und andere sollen sich über sie beugen.
11 Denn das ist eine Schandtat und eine Schuld, die vor die Richter gehört.
12 Ja, das ist ein Feuer, das bis in den Abgrund frißt und all meine Habe bis auf die Wurzel vernichtet.
13 Hab ich mißachtet das Recht meines Knechts oder meiner Magd, wenn sie eine Sache wider mich hatten,
14 was wollte ich tun, wenn Gott sich erhebt, und was würde ich antworten, wenn er nachforscht?
15 Hat nicht auch ihn erschaffen, der mich im Mutterleibe schuf, hat nicht der **Eine** uns im Mutterschoß bereitet?
16 Hab ich den Bedürftigen ihr Begehren versagt und die Augen der Witwe verschmachten lassen?

17 Hab ich meinen Bissen allein geges-
sen, und hat nicht die Waise auch davon
gegessen?
18 Nein, ich habe sie von Jugend auf
gehalten wie ein Vater, und ich habe sie
von Mutterleib an geleitet.
19 Hab ich zugesehen, wie jemand ohne
Kleid verkommen ist, und den Armen
ohne Decke gehen lassen?
20 Hat er mich nicht gesegnet, wenn er
von der Wolle meiner Lämmer erwärmt
wurde?
21 Hab ich meine Hand gegen eine
Waise erhoben, weil ich sah, daß ich im
Tor Helfer hatte,
22 so falle meine Schulter vom Nacken
und mein Arm breche aus dem Gelenk!
23 Denn ich müßte Gottes Strafe über
mich fürchten und könnte seine Hoheit
nicht ertragen.
24 Hab ich das Gold zu meiner Zuver-
sicht gemacht und zum Feingold gesagt:
«Mein Trost»?
25 Hab ich mich gefreut, daß ich großes
Gut besaß und meine Hand so viel er-
worben hatte?
26 Hab ich das Licht angesehen, wenn
es hell leuchtete, und den Mond, wenn er
herrlich dahinzog,
27 daß mich mein Herz heimlich betört
hätte, ihnen Küsse zuzuwerfen mit meiner
Hand?
28 Das wäre auch eine Missetat, die vor
die Richter gehört; denn damit hätte ich
verleugnet Gott in der Höhe.
29 Hab ich mich gefreut, wenn's meinem
Feinde übel ging, und mich erhoben, weil
ihn Unglück getroffen hatte?
30 Nein, ich ließ meinen Mund nicht
sündigen, daß ich verwünschte mit einem
Fluch seine Seele.
31 Haben nicht die Männer in meinem
Zelt sagen müssen: «Wo ist einer, der nicht
satt geworden wäre von seinem Fleisch?»
32 Kein Fremder durfte draußen zur
Nacht bleiben, sondern meine Tür tat ich
dem Wanderer auf.
33 Hab ich meine Übertretungen, wie
Menschen tun, zugedeckt, um heimlich
meine Schuld zu verbergen,
34 weil ich mir grauen ließ vor der gro-
ßen Menge und die Verachtung der Sippen
mich abgeschreckt hat, so daß ich still
blieb und nicht zur Tür hinausging?
38* Hat mein Acker wider mich ge-
schrien und haben miteinander seine Fur-
chen geweint,
39 hab ich seine Früchte unbezahlt ge-
gessen und seinen Ackerleuten das Leben
sauer gemacht,
40a so sollen mir Disteln wachsen statt
Weizen und Unkraut statt Gerste.
35 O hätte ich einen, der mich anhört
– hier meine Unterschrift! Der Allmächti-
ge antworte mir! –, oder die Schrift, die
mein Verkläger geschrieben!
36 Wahrlich, dann wollte ich sie auf
meine Schulter nehmen und wie eine
Krone tragen.
37 Ich wollte alle meine Schritte ihm an-
sagen und wie ein Fürst ihm nahen.

40b* Die Worte Hiobs haben ein Ende.

DIE REDEN DES ELIHU
(Kap 32-37)

Elihus erste Rede

32 Da hörten die drei Männer auf,
Hiob zu antworten, weil er sich für
gerecht hielt.
2 Aber Elihu, der Sohn Barachels des
Busiters, aus dem Geschlecht Ram, ward
zornig. Er ward zornig über Hiob, weil er
sich selber für gerechter hielt als Gott.
3 Auch ward er zornig über seine drei
Freunde, weil sie keine Antwort fanden
und doch Hiob verdammten.
4 Elihu aber hatte gewartet, bis sie mit
Hiob geredet hatten, weil sie älter waren
als er.
5 Als Elihu nun sah, daß keine Ant-
wort war im Munde der drei Männer,
ward er zornig.
6 Und Elihu, der Sohn Barachels des
Busiters, hob an und sprach: Ich bin jung
an Jahren, ihr aber seid alt; darum hab
ich mich gescheut und gefürchtet, mein
Wissen euch kundzutun.
7 Ich dachte: Laß das Alter reden, und
die Menge der Jahre laß Weisheit bewei-
sen.
8 Aber der Geist ist es in den Menschen
und der Odem des Allmächtigen, der sie
verständig macht.
9 Die Betagten sind nicht die Weisesten,

*Der Zusammenhang erfordert die hier vorgenom-
mene Umstellung der Verse.

und die Alten verstehen nicht, was das
Rechte ist.
10 Darum sage ich: Hört mir zu; auch
ich will mein Wissen kundtun.
11 Siehe, ich habe gewartet, bis ihr ge-
redet hattet; ich habe aufgemerkt auf eure
Einsicht, bis ihr die rechten Worte treffen
würdet,
12 und habe achtgehabt auf euch; aber
siehe, da war keiner unter euch, der Hiob
zurechtwies oder seiner Rede antwortete.
13 Sagt nur nicht: «Wir haben Weisheit
gefunden; Gott muß ihn schlagen und
nicht ein Mensch.»
14 Mich haben seine Worte nicht ge-
troffen, und mit euren Reden will ich ihm
nicht antworten.
15 Ach! Betroffen stehen sie da und
können nicht mehr antworten; sie wissen
nichts mehr zu sagen.
16 Und da soll ich warten, weil sie nicht
mehr reden, weil sie dastehen und nicht
mehr antworten?
17 Auch ich will mein Teil antworten
und will mein Wissen kundtun!
18 Denn ich bin voll von Worten, weil
mich der Geist in meinem Inneren be-
drängt.
19 Siehe, mein Inneres ist wie der Most,
den man nicht herausläßt und der die
neuen Schläuche zerreißt.
20 Ich muß reden, daß ich mir Luft
mache, ich muß meine Lippen auftun und
antworten.
21 Vor mir soll kein Ansehen der Person
gelten, und ich will keinem Menschen
schmeicheln.
22 Denn ich weiß nicht zu schmeicheln;
sonst würde mich mein Schöpfer bald da-
hinraffen.
33 Höre doch, Hiob, meine Rede und
merke auf alle meine Worte!
2 Siehe, ich tue meinen Mund auf, und
meine Zunge redet in meinem Munde.
3 Mein Herz spricht aufrichtige Worte,
und meine Lippen reden lautere Erkennt-
nis.
4 Der Geist Gottes hat mich gemacht,
und der Odem des Allmächtigen hat mir
das Leben gegeben.
5 Kannst du, so antworte mir; rüste
dich gegen mich und stelle dich.
6 Siehe, vor Gott bin ich wie du, und aus
Erde bin auch ich gemacht.
7 Siehe, du brauchst vor mir nicht zu er-
schrecken, und mein Drängen soll nicht
auf dir lasten.
8 Du hast geredet vor meinen Ohren,
den Ton deiner Reden höre ich noch:
9 «Ich bin rein, ohne Missetat, unschul-
dig und habe keine Sünde.
10 Siehe, Gott erfindet Vorwürfe wider
mich, er betrachtet mich als seinen Feind;
11 er hat meine Füße in den Block ge-
legt und hat acht auf alle meine Wege.»
12 Siehe, darin hast du nicht recht, muß
ich dir antworten; denn Gott ist mehr als
ein Mensch.
13 Warum willst du mit ihm hadern,
weil er auf Menschenworte nicht Ant-
wort gibt?
14 Denn auf eine Weise redet Gott und
auf eine zweite; nur beachtet man's nicht.
15 Im Traum, im Nachtgesicht, wenn
der Schlaf auf die Menschen fällt, wenn
sie schlafen auf dem Bett,
16 da öffnet er das Ohr der Menschen
und schreckt sie auf und warnt sie,
17 damit er den Menschen von seinem
Vorhaben abwende und von ihm die
Hoffart tilge
18 und bewahre seine Seele vor dem
Verderben und sein Leben vor des Todes
Geschoß.
19 Auch warnt er ihn durch Schmerzen
auf seinem Bett und durch heftigen
Kampf in seinen Gliedern
20 und richtet ihm sein Leben so zu, daß
ihm vor der Speise ekelt, und seine Seele,
daß sie nicht Lust hat zu essen.
21 Sein Fleisch schwindet dahin, daß
man's nicht ansehen kann, und seine Kno-
chen stehen heraus, daß man lieber weg-
sieht;
22 so nähert er sich der Grube und sein
Leben den Toten.
23 Kommt dann zu ihm ein Engel, ein
Mittler, einer aus tausend, kundzutun
dem Menschen, was für ihn recht ist,
24 so wird er ihm gnädig sein und sagen:
«Erlöse ihn, daß er nicht hinunterfahre zu
den Toten; denn ich habe ein Lösegeld
gefunden.
25 Sein Fleisch blühe wieder wie in der
Jugend, und er soll wieder jung werden.»
26 Er wird Gott bitten, und der wird ihm
Gnade erweisen und wird ihn sein Antlitz
sehen lassen mit Freuden und wird dem

Menschen seine Gerechtigkeit zurückgeben.
27 Er wird vor den Leuten lobsingen
und sagen: «Ich hatte gesündigt und das
Recht verkehrt, aber es ist mir nicht vergolten worden.
28 Gott hat mich erlöst, daß ich nicht
hinfahre zu den Toten, sondern mein
Leben das Licht sieht.»
29 Siehe, das alles tut Gott zwei- oder
dreimal mit einem jeden,
30 daß er sein Leben zurückhole von
den Toten und erleuchte ihn mit dem
Licht der Lebendigen.
31 Merk auf, Hiob, und höre mir zu und
schweige, damit ich reden kann!
32 Hast du aber etwas zu sagen, so antworte mir. Sage an, ich will dir gern recht
geben!
33 Hast du aber nichts, so höre mir zu
und schweige; ich will dich Weisheit
lehren.

Elihus zweite Rede

34 Und Elihu hob an und sprach:
2 Höret, ihr Weisen, meine Rede,
und ihr Verständigen, merkt auf mich!
3 Denn das Ohr prüft die Rede, wie der
Gaumen die Speise schmeckt.
4 Laßt uns ein Urteil finden, daß wir
miteinander erkennen, was gut ist.
5 Denn Hiob hat gesagt: «Ich bin gerecht, doch Gott verweigert mir mein
Recht;
6 ich soll lügen, obwohl ich recht habe,
und mich quält der Pfeil, der mich traf,
obwohl ich doch ohne Schuld bin.»
7 Wo ist so ein Mann wie Hiob, der
Hohn trinkt wie Wasser
8 und auf dem Wege geht mit den Übeltätern und wandelt mit den gottlosen
Leuten?
9 Denn er hat gesagt: «Es nützt dem
Menschen nichts, wenn er Gottes Wohlgefallen sucht.»
10 Darum hört mir zu, ihr weisen Männer: Es sei ferne, daß Gott sollte gottlos
handeln und der Allmächtige ungerecht;
11 sondern **er vergilt dem Menschen, wie
er verdient hat, und trifft einen jeden nach
seinem Tun.**
12 Ohne Zweifel, **Gott tut niemals Unrecht, und der Allmächtige beugt das Recht
nicht.** –
13 Wer hat ihm die Erde anvertraut? Und
wer hat den ganzen Erdkreis hingestellt?
14 Wenn er nur an sich dächte, seinen
Geist und Odem an sich zöge,
15 so würde alles Fleisch miteinander
vergehen, und der Mensch würde wieder
zu Staub werden.
16 Hast du nun Verstand, so höre das
und merke auf die Stimme meiner Reden!
17 Kann denn regieren, wer das Recht
hasset? Oder willst du den verdammen,
der gerecht und allmächtig ist,
18 der zum König sagt: «Du heilloser
Mann» und zu den Fürsten: «Ihr Gottlosen»,
19 der nicht ansieht die Person der Fürsten und achtet den Vornehmen nicht
mehr als den Armen? Denn sie sind alle
seiner Hände Werk.
20 Plötzlich müssen die Leute sterben
und zu Mitternacht erschrecken und vergehen; die Mächtigen werden weggenommen ohne Menschenhand.
21 Denn seine Augen sehen auf eines
jeden Weg, und er schaut auf alle ihre
Schritte.
22 Es gibt keine Finsternis und kein
Dunkel, wo sich verbergen könnten die
Übeltäter.
23 Denn es wird niemand gesagt, wann
er vor Gott zum Gericht erscheinen muß.
24 Er bringt die Stolzen um, ohne sie
erst zu verhören, und stellt andere an ihre
Stelle;
25 denn er kennt ihre Werke, und er
stürzt sie des Nachts, daß sie zerschlagen
werden.
26 Er urteilt sie ab wie die Gottlosen an
einem Ort, wo viele es sehen,
27 weil sie von ihm gewichen sind und
verstanden keinen seiner Wege,
28 so daß das Schreien der Armen vor
ihn kommen mußte und er das Schreien
der Elenden hörte.
29 – Wenn er sich aber ruhig hält, wer
will ihn verdammen? Und wenn er das
Antlitz verbirgt, wer kann ihn schauen
unter allen Völkern und Leuten? –
30 So läßt er denn nicht einen Gottlosen
regieren, der ein Fallstrick ist für das Volk.
31 Wenn einer zu Gott sagt: «Ich hab's
getragen*, ich will kein Unrecht mehr tun.

*Bisherige Lutherbibel: Ich habe gebüßt. Anderer Vorschlag: Ich habe geirrt.

32 Was ich nicht sehe, das lehre du
mich; hab ich unrecht gehandelt, ich will's
nicht mehr tun»,
33 soll er dann nach deinem Sinn ver-
gelten, weil du ja widerrufen hast? Denn
du hast zu wählen und nicht ich, und was
du erkannt, sage an!
34 Verständige Leute werden zu mir
sagen und ein weiser Mann, der mir zu-
hört:
35 «Hiob redet mit Unverstand, und
seine Worte sind nicht klug.»
36 O, Hiob sollte bis zum Äußersten ge-
prüft werden, weil er Antworten gibt wie
freche Sünder.
37 Denn zu seiner Sünde fügt er noch
Frevel hinzu. Er treibt Spott unter uns
und macht viele Worte wider Gott.

Elihus dritte Rede

35 Und Elihu hob an und sprach:
2 Hältst du das für recht, nennst
du das «meine Gerechtigkeit vor Gott»,
3 daß du sprichst: «Was nützt sie mir?
Was habe ich davon, daß ich nicht sündi-
ge?»
4 Ich will dir antworten ein Wort und
deinen Freunden mit dir.
5 Schau gen Himmel und sieh; und
schau die Wolken an hoch über dir!
6 Sündigst du, was kannst du ihm scha-
den? Und wenn deine Missetaten viel sind,
was kannst du ihm tun?
7 Und wenn du gerecht wärst, was
kannst du ihm geben, oder was wird er
von deinen Händen nehmen?
8 Nur einem Menschen wie dir kann
deine Bosheit etwas tun und einem Men-
schenkind deine Gerechtigkeit.
9 Man schreit, daß viel Gewalt ge-
schieht, und ruft um Hilfe vor dem Arm
der Großen;
10 aber man fragt nicht: «Wo ist Gott,
mein Schöpfer, der Lobgesänge gibt in
der Nacht,
11 der uns klüger macht als die Tiere
auf Erden und weiser als die Vögel unter
dem Himmel?»
12 Da schreien sie über den Hochmut
der Bösen, doch er erhört sie nicht.
13 Denn Gott wird Nichtiges nicht er-
hören, und der Allmächtige wird es nicht
ansehen.
14 Nun gar, wenn du sprichst, du könn-
test ihn nicht sehen – der Rechtsstreit liegt
ihm vor, harre nur seiner!
15 Aber nun, da sein Zorn nicht heim-
sucht und er sich um Frevel nicht viel
kümmert,
16 sperrt Hiob seinen Mund auf um
nichts und hält stolze Reden mit Unver-
stand.

Elihus letzte Rede

36 Elihu hob noch einmal an und
sprach:
2 Warte noch ein wenig, ich will dich
lehren; denn ich habe noch etwas für
Gott zu sagen.
3 Ich will mein Wissen weit herholen
und meinem Schöpfer Recht verschaffen.
4 Meine Reden sind wahrlich nicht
falsch; vor dir steht einer, der es wirklich
weiß.
5 Siehe, Gott ist mächtig und verwirft
niemand; er ist mächtig an Kraft des Her-
zens.
6 Den Gottlosen erhält er nicht am Le-
ben, sondern hilft dem Elenden zum Recht.
7 Er wendet seine Augen nicht von dem
Gerechten, sondern mit Königen auf dem
Thron läßt er sie sitzen immerdar, daß sie
groß werden.
8 Und wenn sie gefangen liegen in Ket-
ten und elend, gebunden mit Stricken,
9 so hält er ihnen vor, was sie getan ha-
ben, und ihre Sünden, daß sie sich über-
hoben haben,
10 und öffnet ihnen das Ohr zur War-
nung und sagt ihnen, daß sie sich von dem
Unrecht bekehren sollen.
11 Gehorchen sie und dienen ihm, so
werden sie bei guten Tagen alt werden
und glücklich leben.
12 Gehorchen sie nicht, so werden sie
dahinfahren durch des Todes Geschoß
und vergehen in Unverstand.
13 Die Ruchlosen verhärten sich im
Zorn. Sie flehen nicht, auch wenn er sie
gefangen legt;
14 so wird ihre Seele in der Jugend ster-
ben und ihr Leben unter den Hurern im
Tempel.
15 Aber den Elenden wird er durch sein
Elend erretten und ihm das Ohr öffnen
durch Trübsal.
16 So reißt er auch dich aus dem Rachen
der Angst in einen weiten Raum, wo

keine Bedrängnis mehr ist; und an deinem
Tische, voll von allem Guten, wirst du
Ruhe haben.
17 Wenn du aber richtest wie ein Gott-
loser, so halten dich Gericht und Recht
fest.
18 Sieh zu, daß nicht dein Zorn dich ver-
lockt oder die Menge des Lösegeldes dich
verleitet.
19 Wird dein Geschrei dich aus der Not
bringen oder alle kräftigen Anstrengun-
gen?
20 Sehne dich nicht nach der Nacht, die
Völker wegnimmt von ihrer Stätte!
21 Hüte dich und kehre dich nicht zum
Unrecht, denn Unrecht wählst du lieber
als Elend!
22 Siehe, Gott ist groß in seiner Kraft;
wo ist ein Lehrer, wie er ist?
23 Wer will ihm weisen seinen Weg, und
wer will zu ihm sagen: «Du tust Unrecht»?
24 Denk daran, daß du sein Werk prei-
sest, von dem die Menschen singen.
25 Denn alle Menschen schauen danach
aus, aber sie sehen's nur von ferne.
26 Siehe, Gott ist groß und unbegreif-
lich; die Zahl seiner Jahre kann niemand
erforschen.
27 Er zieht empor die Wassertropfen
und treibt seine Wolken zusammen zum
Regen,
28 daß die Wolken überfließen und Re-
gen senden auf die Menge der Menschen.
29 Wer versteht, wie er die Wolken
türmt und donnern läßt aus seinem Ge-
zelt?
30 Siehe, er breitet sein Licht um sich
und bedeckt alle Tiefen des Meeres.
31 Denn damit regiert er die Völker und
gibt Speise die Fülle.
32 Er bedeckt seine Hände mit Blitzen
und bietet sie auf gegen den, der ihn an-
greift.
33 Ihn kündet an sein Donnern, wenn
er mit Zorn eifert gegen den Frevel.
37 Darüber entsetzt sich mein Herz
und fährt bebend hoch.
2 O hört doch, wie sein Donner rollt und
was für Gedröhn aus seinem Munde geht.
3 Er läßt ihn hinfahren unter dem gan-
zen Himmel und seinen Blitz über die
Enden der Erde.
4 Ihm nach brüllt der Donner, und er
donnert mit seinem großen Schall; und
wenn sein Donner gehört wird, hält er die
Blitze nicht zurück.
5 Gott donnert mit seinem Donner wun-
derbar und tut große Dinge, die wir nicht
begreifen.
6 Er spricht zum Schnee: «Falle zur
Erde!» und zum Platzregen, so ist der
Platzregen da mit Macht.
7 So legt er alle Menschen unter Siegel,
daß die Leute erkennen, was er tun kann.
8 Die wilden Tiere gehen in die Höhle
und legen sich auf ihr Lager.
9 Aus seinen Kammern kommt der
Sturm und von Norden her die Kälte.
10 Vom Odem Gottes kommt Eis, und
die weiten Wasser liegen erstarrt.
11 Die Wolken beschwert er mit Wasser,
und aus der Wolke bricht sein Blitz.
12 Er kehrt die Wolken, wohin er will,
daß sie alles tun, was er ihnen gebietet auf
dem Erdkreis:
13 zur Züchtigung für ein Land oder
zum Segen läßt er sie kommen.
14 Das vernimm, Hiob, steh still und
merke auf die Wunder Gottes!
15 Weißt du, wie Gott ihnen Weisung
gibt und wie er das Licht aus seinen Wol-
ken hervorbrechen läßt?
16 Weißt du, wie die Wolken schweben,
die Wunder des Allwissenden?
17 Du, dem schon die Kleider heiß wer-
den, wenn das Land stilliegt unterm Süd-
wind,
18 kannst du gleich ihm die Wolken-
decke ausbreiten, die fest ist wie ein ge-
gossener Spiegel?
19 Zeige uns, was wir ihm sagen sollen;
denn wir können nichts vorbringen vor
Finsternis.
20 Wenn jemand redet, muß es ihm ge-
sagt werden? Hat je ein Mensch gesagt, er
wolle vernichtet werden?
21 Eben sah man das Licht nicht, das
hinter den Wolken hell leuchtet; als aber
der Wind daherfuhr, da wurde es klar.
22 Von Norden kommt goldener Schein;
um Gott her ist schrecklicher Glanz.
23 Den Allmächtigen erreichen wir
nicht, der so groß ist an Kraft und reich
an Gerechtigkeit. Das Recht beugt er
nicht.
24 Darum sollen ihn die Menschen
fürchten, und er sieht keinen an, wie weise
sie auch sind.

DIE ANTWORT GOTTES
(Kap 38-42)

Die erste Rede des Herrn aus dem Wettersturm

38 Und der HERR antwortete Hiob aus
dem Wettersturm und sprach:
2 Wer ist's, der den Ratschluß verdun-
kelt mit Worten ohne Verstand?
3 Gürte deine Lenden wie ein Mann!
Ich will dich fragen, lehre mich!
4 Wo warst du, als ich die Erde gründe-
te? Sage mir's, wenn du so klug bist!
5 Weißt du, wer ihr das Maß gesetzt hat
oder wer über sie die Richtschnur ge-
zogen hat?
6 Worauf sind ihre Pfeiler eingesenkt,
oder wer hat ihren Eckstein gelegt,
7 als mich die Morgensterne miteinan-
der lobten und jauchzten alle Gottes-
söhne?
8 Wer hat das Meer mit Toren ver-
schlossen, als es herausbrach wie aus dem
Mutterschoß,
9 als ich's mit Wolken kleidete und in
Dunkel einwickelte wie in Windeln,
10 als ich ihm seine Grenze bestimmte
mit meinem Damm und setzte ihm Riegel
und Tore
11 und sprach: «**Bis hierher sollst du
kommen und nicht weiter; hier sollen sich
legen deine stolzen Wellen!**»?
12 **H**ast du zu deiner Zeit dem Morgen
geboten und der Morgenröte ihren Ort
gezeigt,
13 damit sie die Ecken der Erde faßte
und die Gottlosen herausgeschüttelt wür-
den?
14 Sie wandelt sich wie Ton unter dem
Siegel und färbt sich bunt wie ein Kleid.
15 Und den Gottlosen wird ihr Licht
genommen und der erhobene Arm zer-
brochen werden.
16 **B**ist du zu den Quellen des Meeres
gekommen und auf dem Grund der Tiefe
gewandelt?
17 Haben sich dir des Todes Tore je auf-
getan, oder hast du gesehen die Tore der
Finsternis?
18 Hast du erkannt, wie breit die Erde
ist? Sage an, weißt du das alles!
19 Welches ist der Weg dahin, wo das
Licht wohnt, und welches ist die Stätte
der Finsternis,
20 daß du sie zu ihrem Gebiet bringen
könntest und kennen die Pfade zu ihrem
Hause?
21 Du weißt es ja, denn zu der Zeit
wurdest du geboren, und deine Tage sind
sehr viel!
22 **B**ist du gewesen, wo der Schnee her-
kommt, oder hast du gesehen, wo der
Hagel herkommt,
23 die ich verwahrt habe für die Zeit der
Trübsal und für den Tag des Streites und
Krieges?
24 Welches ist der Weg dahin, wo das
Licht sich teilt und der Ostwind hinfährt
über die Erde?
25 Wer hat dem Platzregen seine Bahn
gebrochen und den Weg dem Blitz und
Donner,
26 daß es regnet aufs Land, wo niemand
ist, in der Wüste, wo kein Mensch ist,
27 damit Einöde und Wildnis gesättigt
werden und das Gras wächst?
28 Wer ist des Regens Vater? Wer hat
die Tropfen des Taus gezeugt?
29 Aus wessen Schoß geht das Eis her-
vor, und wer hat den Reif unter dem
Himmel gezeugt,
30 daß Wasser sich zusammenzieht wie
Stein und der Wasserspiegel gefriert?
31 **K**annst du die Bande des Siebenge-
stirns zusammenbinden oder den Gürtel
des Orion auflösen?
32 Kannst du die Sterne des Tierkreises
aufgehen lassen zur rechten Zeit oder die
Bärin samt ihren Jungen heraufführen?
33 Weißt du des Himmels Ordnungen,
oder bestimmst du seine Herrschaft über
die Erde?
34 Kannst du deine Stimme zu der Wol-
ke erheben, damit dich die Menge des
Wassers überströme?
35 Kannst du die Blitze aussenden, daß
sie hinfahren und sprechen zu dir: «Hier
sind wir»?
36 Wer gibt die Weisheit in das Verbor-
gene? Wer gibt verständige Gedanken?
37 Wer ist so weise, daß er die Wolken
zählen könnte? Wer kann die Wasser-
schläuche am Himmel ausschütten,
38 wenn der Erdboden hart wird, als
sei er gegossen, und die Schollen fest an-
einander kleben?
39 **K**annst du der Löwin ihren Raub zu
jagen geben und die jungen Löwen sättigen,

40 wenn sie sich legen in ihren Höhlen
und lauern in ihrem Versteck?
41 Wer bereitet dem Raben die Speise,
wenn seine Jungen zu Gott rufen und irre
fliegen, weil sie nichts zu essen haben?
39 Weißt du die Zeit, wann die Gemsen gebären, oder hast du aufgemerkt, wann die Hirschkühe kreißen?
2 Zählst du die Monde, die sie erfüllen
müssen, oder weißt du die Zeit, wann sie
gebären?
3 Sie kauern sich nieder, werfen ihre Jungen und werden los ihre Wehen.
4 Ihre Jungen werden stark und groß im
Freien und gehen davon und kommen
nicht wieder zu ihnen.
5 Wer hat dem Wildesel die Freiheit gegeben, wer hat die Bande des Flüchtigen
gelöst,
6 dem ich die Steppe zum Hause gegeben habe und die Salzwüste zur Wohnung?
7 Er verlacht das Lärmen der Stadt, die
Schreie des Treibers hört er nicht:
8 er durchstreift die Berge, wo seine
Weide ist, und sucht, wo es grün ist.
9 Meinst du, der Wildstier wird dir dienen wollen und wird bleiben an deiner
Krippe?
10 Kannst du ihm das Seil anknüpfen,
um Furchen zu machen, oder wird er hinter dir in den Tälern den Pflug ziehen?
11 Kannst du dich auf ihn verlassen,
weil er so stark ist, und überläßt du ihm,
was du erarbeitet hast?
12 Kannst du ihm trauen, daß er dein
Korn einbringt und in deine Scheune
sammelt?
13 Der Fittich der Straußin hebt sich
fröhlich; aber ist's ein Gefieder, das sorgsam birgt?
14 Läßt sie doch ihre Eier auf der Erde
liegen zum Ausbrüten auf dem Boden
15 und vergißt, daß ein Fuß sie zertreten
und ein wildes Tier sie zerbrechen kann!
16 Sie ist so hart gegen ihre Jungen, als
wären es nicht ihre; es kümmert sie nicht,
daß ihre Mühe umsonst war.
17 Denn Gott hat ihr die Weisheit versagt und hat ihr keinen Verstand zugeteilt.
18 Doch wenn sie aufgescheucht wird,
verlacht sie Roß und Reiter.
19 Kannst du dem Roß Kräfte geben
oder seinen Hals zieren mit einer Mähne?
20 Kannst du es springen lassen wie die
Heuschrecken? Schrecklich ist sein prächtiges Schnauben.
21 Es stampft auf den Boden und freut
sich, mit Kraft zieht es aus, den Geharnischten entgegen.
22 Es spottet der Furcht und erschrickt
nicht und flieht nicht vor dem Schwert.
23 Auf ihm klirrt der Köcher und glänzen Spieß und Lanze.
24 Mit Donnern und Tosen fliegt es über
die Erde dahin und läßt sich nicht halten
beim Schall der Trompete.
25 Sooft die Trompete erklingt, wiehert
es «Hui!» und wittert den Kampf von
ferne, das Rufen der Fürsten und Kriegsgeschrei.
26 Fliegt der Falke empor dank deiner
Einsicht und breitet seine Flügel aus dem
Süden zu?
27 Fliegt der Adler auf deinen Befehl so
hoch und baut sein Nest in der Höhe?
28 Auf Felsen wohnt er und nächtigt
auf Zacken der Felsen und steilen Klippen.
29 Von dort schaut er aus nach Beute,
und seine Augen sehen sie von ferne.
30 Seine Jungen gieren nach Blut, und
wo Erschlagene liegen, da ist er.

Hiobs erste Antwort an den Herrn

40 °Und der HERR antwortete Hiob
und sprach:
2 Wer mit dem Allmächtigen rechtet,
kann der ihm etwas vorschreiben? Wer
Gott zurechtweist, der antworte!
3 Hiob aber antwortete dem HERRN und
sprach:
4 Siehe, ich bin zu gering, was soll ich
antworten? Ich will meine Hand auf meinen Mund legen.
5 Einmal hab ich geredet und will nicht
mehr antworten, ein zweites Mal geredet
und will's nicht wieder tun.

Zweite Rede des Herrn aus dem Wettersturm

6 Und der HERR antwortete Hiob au
dem Wettersturm und sprach:
7 Gürte wie ein Mann deine Lenden!
Ich will dich fragen; lehre mich!
8 Willst du mein Urteil zunichte machen
und mich schuldig sprechen, daß du recht
behältst?

9 Hast du einen Arm wie Gott, und
kannst du mit gleicher Stimme donnern
wie er?
10 Schmücke dich mit Pracht und Ho-
heit; zieh Majestät und Herrlichkeit an!
11 Streu aus den Zorn deines Grimmes;
schau an alle Hochmütigen und demütige
sie!
12 Ja, schau alle Hochmütigen an und
beuge sie und zertritt die Gottlosen in
Grund und Boden!
13 Verscharre sie miteinander in der
Erde, und versenke sie ins Verborgene,
14 so will auch ich dich preisen, daß dir
deine rechte Hand helfen kann.
15 Siehe da den Behemoth*, den ich ge-
schaffen habe wie auch dich! Er frißt Gras
wie ein Rind.
16 Siehe, welch eine Kraft ist in seinen
Lenden und welch eine Stärke in den
Muskeln seines Bauchs!
17 Sein Schwanz streckt sich wie eine
Zeder; die Sehnen seiner Schenkel sind
dicht geflochten.
18 Seine Knochen sind wie eherne Röh-
ren, seine Gebeine wie eiserne Stäbe.
19 Er ist das erste der Werke Gottes; der
ihn gemacht hat, gab ihm sein Schwert.
20 Die Berge tragen Futter für ihn, und
alle wilden Tiere spielen dort.
21 Er liegt unter Lotosbüschen, im Rohr
und im Schlamm verborgen.
22 Lotosbüsche bedecken ihn mit Schat-
ten, und die Bachweiden umgeben ihn.
23 Siehe, der Strom schwillt gewaltig an:
er dünkt sich sicher, auch wenn ihm der
Jordan ins Maul dringt.
24 Kann man ihn fangen Auge in Auge
und ihm einen Strick durch seine Nase
ziehen?
25 Kannst du den Leviathan** fangen
mit der Angel und seine Zunge mit einer
Fangschnur fassen?
26 Kannst du ihm ein Binsenseil an die
Nase legen und mit einem Haken ihm die
Backen durchbohren?
27 Meinst du, er wird dich lang um
Gnade bitten oder dir süße Worte ge-
ben?
28 Meinst du, er wird einen Bund mit
dir schließen, daß du ihn für immer zum
Knecht bekommst?

*d. i. ein Riesentier, nach der Art des Nilpferds.
**d. i. ein Riesentier, nach der Art des Krokodils.

29 Kannst du mit ihm spielen wie mit
einem Vogel oder ihn für deine Mädchen
anbinden?
30 Meinst du, die Zunftgenossen werden
um ihn feilschen und die Händler ihn ver-
teilen?
31 Kannst du mit Spießen spicken seine
Haut und mit Fischerhaken seinen Kopf?
32 Lege deine Hand an ihn! An **den**
Kampf wirst du denken und es nicht wie-
der tun!

41 °Siehe, jede Hoffnung wird an ihm
zuschanden; schon wenn einer ihn
sieht, stürzt er zu Boden.
2 Niemand ist so kühn, daß er ihn zu
reizen wagt. – Wer ist denn, der vor mir
bestehen könnte?
3 Wer kann mir entgegentreten und ich
lasse ihn unversehrt? Unter dem ganzen
Himmel ist keiner!
4 **I**ch will nicht schweigen von seinen
Gliedern, wie groß, wie mächtig und wohl-
geschaffen er ist.
5 Wer kann ihm den Panzer ausziehen,
und wer darf es wagen, ihm zwischen die
Zähne zu greifen?
6 Wer kann die Tore seines Rachens
auftun? Um seine Zähne herum herrscht
Schrecken.
7 Stolz stehen sie wie Reihen von Schil-
den, geschlossen und eng aneinanderge-
fügt.
8 Einer reiht sich an den andern, daß
nicht ein Lufthauch hindurchgeht.
9 Es haftet einer am andern, sie schlie-
ßen sich zusammen und lassen sich nicht
trennen.
10 Sein Niesen läßt Licht aufleuchten;
seine Augen sind wie die Wimpern der
Morgenröte.
11 Aus seinem Rachen fahren Fackeln,
und feurige Funken schießen heraus.
12 Aus seinen Nüstern fährt Rauch wie
von einem siedenden Kessel und Binsen-
feuer.
13 Sein Odem ist wie lichte Lohe, und
aus seinem Rachen schlagen Flammen.
14 Auf seinem Nacken wohnt die Stär-
ke, und vor ihm her tanzt die Angst.
15 Die Wampen seines Fleisches haften
an ihm, fest angegossen, ohne sich zu be-
wegen.
16 Sein Herz ist so hart wie ein Stein
und so fest wie der untere Mühlstein.

17 Wenn er sich erhebt, so entsetzen sich die Starken, und vor Schrecken wissen sie nicht aus noch ein.

18 Trifft man ihn mit dem Schwert, so richtet es nichts aus, auch nicht Spieß, Geschoß und Speer.

19 Er achtet Eisen wie Stroh und Erz wie faules Holz.

20 Kein Pfeil wird ihn verjagen; die Schleudersteine sind ihm wie Spreu.

21 Die Keule achtet er wie einen Strohhalm; er spottet der sausenden Lanze.

22 Unter seinem Bauch sind scharfe Spitzen; er fährt wie ein Dreschschlitten über den Schlamm.

23 Er macht, daß die Tiefe brodelt wie ein Topf, und rührt das Meer um, wie man Salbe mischt.

24 Er läßt hinter sich eine leuchtende Bahn; man denkt, die Flut sei Silberhaar.

25 Auf Erden ist nicht seinesgleichen; er ist ein Geschöpf ohne Furcht.

26 Er sieht allem ins Auge, was hoch ist; er ist König über alle stolzen Tiere.

Hiobs letzte Antwort an den Herrn

42 Und Hiob antwortete dem HERRN und sprach:

2 Ich erkenne, daß du alles vermagst, und nichts, das du dir vorgenommen, ist dir zu schwer.

3 «Wer ist der, der den Ratschluß verhüllt mit Worten ohne Verstand?» Darum hab ich unweise geredet, was mir zu hoch ist und ich nicht verstehe.

4 «So höre nun, laß mich reden; ich will dich fragen, lehre mich!»

5 Ich hatte von dir nur vom Hörensagen vernommen; aber nun hat mein Auge dich gesehen.

6 Darum spreche ich mich schuldig und tue Buße in Staub und Asche.

Gott rechtfertigt Hiob gegenüber seinen Freunden

7 Als nun der HERR diese Worte mit Hiob geredet hatte, sprach er zu Eliphas von Teman: Mein Zorn ist entbrannt über dich und über deine beiden Freunde; denn ihr habt nicht recht von mir geredet wie mein Knecht Hiob.

8 So nehmt nun sieben junge Stiere und sieben Widder und geht hin zu meinem Knecht Hiob und opfert Brandopfer für euch; aber mein Knecht Hiob soll für euch Fürbitte tun; denn ihn will ich erhören, daß ich nicht töricht an euch handle. Denn ihr habt nicht recht von mir geredet wie mein Knecht Hiob.

9 Da gingen hin Eliphas von Teman, Bildad von Schuach und Zophar von Naama und taten, wie der HERR ihnen gesagt hatte. Und der HERR erhörte Hiob.

Hiobs gesegnetes Ende

10 Und der HERR wandte das Geschick Hiobs, als er für seine Freunde Fürbitte tat. Und der HERR gab Hiob doppelt soviel, wie er gehabt hatte.

11 Und es kamen zu ihm alle seine Brüder und alle seine Schwestern und alle, die ihn früher gekannt hatten, und aßen mit ihm in seinem Hause und sprachen ihm zu und trösteten ihn über alles Unglück, das der HERR über ihn hatte kommen lassen. Und ein jeder gab ihm ein Goldstück und einen goldenen Ring.

12 Und der HERR segnete Hiob fortan mehr als einst, so daß er vierzehntausend Schafe kriegte und sechstausend Kamele und tausend Joch Rinder und tausend Eselinnen.

13 Und er bekam sieben Söhne und drei Töchter

14 und nannte die erste Jemima*, die zweite Kezia** und die dritte Keren-Happuch***.

15 Und es gab keine so schönen Frauen im ganzen Lande wie die Töchter Hiobs. Und ihr Vater gab ihnen Erbteil unter ihren Brüdern.

16 Und Hiob lebte danach hundertundvierzig Jahre und sah Kinder und Kindeskinder bis in das vierte Glied.

17 Und Hiob starb alt und lebenssatt.

*d. h. Täubchen.
**d. h. Zimmetblüte.
***d. h. Salbhörnchen.

DER PSALTER

ERSTES BUCH

Der Weg des Frommen – der Weg des Gottlosen

1 Wohl dem, der nicht wandelt im Rat der
Gottlosen noch tritt auf den Weg der
Sünder noch sitzt, wo die Spötter sitzen,
2 sondern hat Lust am Gesetz des
HERRN und sinnt über seinem Gesetz Tag
und Nacht!
3 Der ist wie ein Baum, gepflanzt an den
Wasserbächen, der seine Frucht bringt zu
seiner Zeit, und seine Blätter verwelken
nicht. Und was er macht, das gerät wohl.
4 Aber so sind die Gottlosen nicht, son-
dern wie Spreu, die der Wind verstreut.
5 Darum bestehen die Gottlosen nicht
im Gericht noch die Sünder in der Ge-
meinde der Gerechten.
6 Denn **der HERR kennt den Weg der Ge-
rechten, aber der Gottlosen Weg vergeht.**

Gottes Sieg und die Herrschaft seines Sohnes

2 Warum toben die Heiden und murren
die Völker so vergeblich?
2 Die Könige der Erde lehnen sich auf,
und die Herren halten Rat miteinander
wider den HERRN und seinen Gesalbten:
3 «Lasset uns zerreißen ihre Bande und
von uns werfen ihre Stricke!»
4 Aber der im Himmel wohnt, lachet
ihrer, und der Herr spottet ihrer.
5 Einst wird er mit ihnen reden in seinem
Zorn, und mit seinem Grimm wird er sie
schrecken:
6 «Ich aber habe meinen König einge-
setzt auf meinem heiligen Berg Zion.»
7 Kundtun will ich den Ratschluß des
HERRN. Er hat zu mir gesagt: «**Du bist
mein Sohn, heute habe ich dich gezeugt.**
8 Bitte mich, so will ich dir Völker zum
Erbe geben und der Welt Enden zum
Eigentum.
9 Du sollst sie mit einem eisernen Zepter
zerschlagen, wie Töpfe sollst du sie zer-
schmeißen.»
10 So seid nun verständig, ihr Könige,
und laßt euch warnen, ihr Richter auf
Erden!
11 Dienet dem HERRN mit Furcht und
küßt seine Füße mit Zittern,
12 daß er nicht zürne und ihr umkommt
auf dem Wege; denn sein Zorn wird bald
entbrennen. Wohl allen, die auf ihn
trauen!

Morgenlied in böser Zeit

3 EIN PSALM DAVIDS, ALS ER VOR SEINEM
SOHN ABSALOM FLOH.
2 Ach HERR, wie sind meiner Feinde so
viel und erheben sich so viele gegen mich!
3 Viele sagen von mir: Er hat keine Hilfe
bei Gott. SELA.
4 Aber du, HERR, bist der Schild für
mich, du bist meine Ehre und hebst mein
Haupt empor.
5 Ich rufe mit meiner Stimme zum
HERRN, so erhört er mich von seinem hei-
ligen Berge. SELA.
6 Ich liege und schlafe und erwache; denn
der HERR hält mich.
7 Ich fürchte mich nicht vor vielen Tau-
senden, die sich ringsum wider mich legen.
8 Auf, HERR, und hilf mir, mein Gott!
Denn du schlägst alle meine Feinde auf
die Backe und zerschmetterst der Gott-
losen Zähne.
9 Bei dem HERRN findet man Hilfe. Dein
Segen komme über dein Volk! SELA.

Ein Abendgebet

4 EIN PSALM DAVIDS, VORZUSINGEN, BEIM
SAITENSPIEL.
2 Erhöre mich, wenn ich rufe, Gott mei-
ner Gerechtigkeit, der du mich tröstest in
Angst; sei mir gnädig und erhöre mein
Gebet!
3 Ihr Herren, wie lange soll meine Ehre
geschändet werden? Wie habt ihr das
Eitle so lieb und die Lüge so gern! SELA.
4 Erkennet doch, daß der HERR seine
Heiligen wunderbar führt; der HERR hört,
wenn ich ihn anrufe.

5 Zürnet ihr, so sündiget nicht; redet in
eurem Herzen auf eurem Lager und seid
stille. SELA.
6 Opfert, was recht ist, und hoffet auf
den HERRN.
7 Viele sagen: «Wer wird uns Gutes
sehen lassen?» HERR, laß leuchten über
uns das Licht deines Antlitzes!
8 Du erfreust mein Herz, ob jene auch
viel Wein und Korn haben.
**9 Ich liege und schlafe ganz mit Frieden;
denn allein du, HERR, hilfst mir, daß ich
sicher wohne.**

Gebet um Leitung und Bewahrung

5 EIN PSALM DAVIDS, VORZUSINGEN, ZUM
FLÖTENSPIEL.
2 HERR, höre meine Worte, merke auf
mein Reden!
3 Vernimm mein Schreien, mein König
und mein Gott; denn ich will zu dir beten.
4 HERR, frühe wollest du meine Stimme
hören, frühe will ich mich zu dir wenden
und aufmerken.
5 Denn du bist nicht ein Gott, dem gott-
loses Wesen gefällt; wer böse ist, bleibt
nicht vor dir.
6 Die Ruhmredigen bestehen nicht vor
deinen Augen; du bist feind allen Übel-
tätern.
7 Du bringst die Lügner um; dem HERRN
sind ein Greuel die Blutgierigen und Fal-
schen.
8 Ich aber darf in dein Haus gehen durch
deine große Güte und anbeten vor deinem
heiligen Tempel in deiner Furcht.
9 HERR, leite mich in deiner Gerechtig-
keit um meiner Feinde willen; ebne vor
mir deinen Weg!
10 Denn in ihrem Munde ist nichts Ver-
läßliches; ihr Inneres ist Bosheit. Ihr
Rachen ist ein offenes Grab; mit ihren
Zungen heucheln sie.
11 Sprich sie schuldig, Gott, daß sie zu
Fall kommen durch ihre Ränke. Stoße sie
aus um ihrer vielen Übertretungen willen;
denn sie sind widerspenstig gegen dich.
12 Laß sich freuen alle, die auf dich
trauen; ewiglich laß sie rühmen, denn du
beschirmest sie. Fröhlich laß sein in dir,
die deinen Namen lieben!
13 Denn du, HERR, segnest die Gerech-
ten, du deckest sie mit Gnade wie mit
einem Schilde.

Bußgebet in Anfechtung
(Der erste Bußpsalm)

6 EIN PSALM DAVIDS, VORZUSINGEN, BEIM
SAITENSPIEL AUF ACHT SAITEN.
2 Ach HERR, strafe mich nicht in deinem
Zorn und züchtige mich nicht in deinem
Grimm!
3 HERR, sei mir gnädig, denn ich bin
schwach; heile mich, HERR, denn meine
Gebeine sind erschrocken
4 und meine Seele ist sehr erschrocken.
Ach du, HERR, wie lange!
5 Wende dich, HERR, und errette mich,
hilf mir um deiner Güte willen!
6 Denn im Tode gedenkt man deiner
nicht; wer wird dir bei den Toten danken?
7 Ich bin so müde vom Seufzen; ich
schwemme mein Bett die ganze Nacht und
netze mit meinen Tränen mein Lager.
8 Mein Auge ist trübe geworden vor
Gram und matt, weil meiner Bedränger
so viele sind.
9 Weichet von mir, alle Übeltäter; denn
der HERR hört mein Weinen.
10 Der HERR hört mein Flehen; mein
Gebet nimmt der HERR an.
11 Es sollen alle meine Feinde zuschan-
den werden und sehr erschrecken; sie sol-
len umkehren und zuschanden werden
plötzlich.

Gebet eines unschuldig Verfolgten

7 EIN KLAGELIED DAVIDS, DAS ER DEM
HERRN SANG WEGEN DER WORTE DES
KUSCH, DES BENJAMINITERS.
2 Auf dich, HERR, mein Gott, traue ich!
Hilf mir von allen meinen Verfolgern und
errette mich,
3 daß sie nicht wie Löwen mich packen
und zerreißen, weil kein Retter da ist.
4 HERR, mein Gott, hab ich solches ge-
tan und ist Unrecht an meinen Händen,
5 hab ich Böses vergolten denen, die
friedlich mit mir lebten, oder geschädigt,
die mir ohne Ursache feind waren,
6 so verfolge mich der Feind und er-
greife mich und trete mein Leben zu Bo-
den und lege meine Ehre in den Staub.
SELA.
7 Steh auf, HERR, in deinem Zorn, er-
hebe dich wider den Grimm meiner Fein-
de! Wache auf, mir zu helfen, der du Ge-
richt verordnet hast,

8 so werden die Völker sich um dich
sammeln; du aber throne über ihnen in
der Höhe!
9 Der HERR ist Richter über die Völker.
Schaffe mir Recht, HERR, nach meiner
Gerechtigkeit und Unschuld!
10 Laß der Gottlosen Bosheit ein Ende
nehmen, aber die Gerechten laß bestehen;
denn du, gerechter Gott, prüfest Herzen
und Nieren.
11 Gott ist der Schild über mir, er, der
den frommen Herzen hilft.
12 Gott ist ein gerechter Richter und ein
Gott, der täglich strafen kann.
13 Wahrlich, wieder hat einer sein
Schwert gewetzt und seinen Bogen ge-
spannt und zielt.
14 Doch sich selber hat er tödliche Waf-
fen gerüstet und feurige Pfeile bereitet.
15 Siehe, er hat Böses im Sinn, mit Un-
recht ist er schwanger und wird Lüge ge-
bären.
16 Er hat eine Grube gegraben und aus-
gehöhlt – und ist in die Grube gefallen,
die er gemacht hat.
17 Sein Unrecht wird auf seinen Kopf
kommen und sein Frevel auf seinen Schei-
tel fallen.
18 Ich danke dem HERRN um seiner Ge-
rechtigkeit willen und will loben den
Namen des HERRN, des Allerhöchsten.

Offenbarung der Herrlichkeit Gottes am Menschen

8 EIN PSALM DAVIDS, VORZUSINGEN, AUF
DER GITTITH.
2 HERR, unser Herrscher, wie herrlich
ist dein Name in allen Landen, der du
zeigst deine Hoheit am Himmel!
3 Aus dem Munde der jungen Kinder
und Säuglinge hast du eine Macht zuge-
richtet um deiner Feinde willen, daß du
vertilgest den Feind und den Rachgieri-
gen.
4 Wenn ich sehe die Himmel, deiner
Finger Werk, den Mond und die Sterne,
die du bereitet hast:
5 was ist der Mensch, daß du seiner ge-
denkst, und des Menschen Kind, daß du
dich seiner annimmst?
6 Du hast ihn wenig niedriger gemacht
als Gott, mit Ehre und Herrlichkeit hast
du ihn gekrönt.
7 Du hast ihn zum Herrn gemacht über
deiner Hände Werk, alles hast du unter
seine Füße getan:
8 Schafe und Rinder allzumal, dazu
auch die wilden Tiere,
9 die Vögel unter dem Himmel und die
Fische im Meer und alles, was die Meere
durchzieht.
10 HERR, unser Herrscher, wie herrlich
ist dein Name in allen Landen!

Danklied für Rettung aus Bedrängnis

9 EIN PSALM DAVIDS, VORZUSINGEN, NACH
DER WEISE «SCHÖNE JUGEND».
2 Ich danke dem HERRN von ganzem
Herzen und erzähle alle deine Wunder.
3 Ich freue mich und bin fröhlich in dir
und lobe deinen Namen, du Allerhöchster,
4 daß meine Feinde zurückweichen muß-
ten; sie sind gestürzt und umgekommen
vor dir.
5 Denn du führst mein Recht und meine
Sache, du sitzest auf dem Thron, ein rech-
ter Richter.
6 Du schiltst die Heiden und bringst die
Gottlosen um; ihren Namen vertilgst du
auf immer und ewig.
7 Der Feind ist vernichtet, zertrümmert
für immer, die Städte hast du zerstört;
jedes Gedenken an sie ist vergangen.
8 Der HERR aber bleibt ewiglich; er hat
seinen Thron bereitet zum Gericht,
9 er wird den Erdkreis richten mit Ge-
rechtigkeit und die Völker regieren, wie
es recht ist.
10 Der HERR ist des Armen Schutz, ein
Schutz in Zeiten der Not.
11 Darum hoffen auf dich, die deinen
Namen kennen; denn du verlässest nicht,
die dich, HERR, suchen.
12 Lobet den HERRN, der zu Zion
wohnt; verkündigt unter den Völkern sein
Tun!
13 Denn der nach Blutschuld fragt, ge-
denkt der Elenden und vergißt nicht ihr
Schreien.
14 HERR, sei mir gnädig; sieh an mein
Elend unter meinen Feinden, der du mich
erhebst aus den Toren des Todes,
15 daß ich erzähle all deinen Ruhm, in
den Toren der Tochter Zion fröhlich sei
über deine Hilfe.
16 Die Heiden sind versunken in der
Grube, die sie gegraben, ihr Fuß ist ge-
fangen im Netz, das sie gestellt hatten.

17 Der HERR hat sich kundgetan und
Gericht gehalten. Der Gottlose ist ver-
strickt in dem Werk seiner Hände. ZWI-
SCHENSPIEL. SELA.
18 Die Gottlosen sollen zu den Toten
fahren, alle Heiden, die Gott vergessen!
19 Denn er wird den Armen nicht für
immer vergessen; die Hoffnung der Elen-
den wird nicht ewig verloren sein.
20 HERR, steh auf, daß nicht Menschen
die Oberhand gewinnen; laß alle Heiden
vor dir gerichtet werden!
21 Lege, HERR, einen Schrecken auf sie,
daß die Heiden erkennen, daß sie Men-
schen sind. SELA.

Klage und Zuversicht beim Übermut der Gottlosen

10 HERR, warum stehst du so ferne,
verbirgst dich zur Zeit der Not?
2 Weil der Gottlose Übermut treibt,
müssen die Elenden leiden; sie werden ge-
fangen in den Ränken, die er ersann.
3 Denn der Gottlose rühmt sich seines
Mutwillens, und der Habgierige sagt dem
HERRN ab und lästert ihn.
4 Der Gottlose meint in seinem Stolz,
Gott frage nicht danach. «Es ist kein
Gott» sind alle seine Gedanken.
5 Er fährt fort in seinem Tun immerdar.
Deine Gerichte sind ferne von ihm, er han-
delt gewaltsam an allen seinen Feinden.
6 Er spricht in seinem Herzen: «Ich
werde nimmermehr wanken, es wird für
und für keine Not haben.»
7 Sein Mund ist voll Fluchens, voll Lug
und Trug; seine Zunge richtet Mühsal
und Unheil an.
8 Er sitzt und lauert in den Höfen, er
mordet die Unschuldigen heimlich, seine
Augen spähen nach den Armen.
9 Er lauert im Verborgenen wie ein
Löwe im Dickicht, er lauert, daß er den
Elenden fange; er fängt ihn und zieht ihn
in sein Netz.
10 Er duckt sich, kauert nieder, und
durch seine Gewalt fallen die Unglückli-
chen.
11 Er spricht in seinem Herzen: «Gott
hat's vergessen, er hat sein Antlitz verbor-
gen, er wird's nimmermehr sehen.»
12 Steh auf, HERR! Gott, erhebe deine
Hand! Vergiß die Elenden nicht!
13 Warum soll der Gottlose Gott lästern
und in seinem Herzen sprechen: «Du
fragst doch nicht danach»?
14 Du siehst es doch, denn du schaust
das Elend und den Jammer; es steht in
deinen Händen. Die Armen befehlen es
dir; du bist der Waisen Helfer.
15 Zerbrich den Arm des Gottlosen und
Bösen und suche seine Bosheit heim, daß
man nichts mehr davon finde.
16 Der HERR ist König immer und ewig;
die Heiden sollen aus seinem Lande ver-
schwinden.
17 Das Verlangen der Elenden hörst du,
HERR; du machst ihr Herz gewiß, dein
Ohr merkt darauf,
18 daß du Recht schaffest den Waisen
und Armen, daß der Mensch nicht mehr
trotze auf Erden.

Vertrauen auf Gottes Gerechtigkeit

11 VON DAVID, VORZUSINGEN. Ich traue
auf den HERRN. Wie sagt ihr denn zu
mir: «Flieh wie ein Vogel auf die Berge!
2 Denn siehe, die Gottlosen spannen
den Bogen und legen ihre Pfeile auf die
Sehnen, damit heimlich zu schießen auf
die Frommen.
3 Ja, sie reißen die Grundfesten um;
was kann da der Gerechte ausrichten?»
4 Der HERR ist in seinem heiligen Tem-
pel, des HERRN Thron ist im Himmel.
Seine Augen sehen herab, seine Blicke
prüfen die Menschenkinder.
5 Der HERR prüft den Gerechten und
den Gottlosen; wer Unrecht liebt, den
haßt seine Seele.
6 Er wird regnen lassen über die Gott-
losen Feuer und Schwefel und Glutwind
ihnen zum Lohne geben.
7 Denn der HERR ist gerecht und hat
Gerechtigkeit lieb. Die Frommen werden
schauen sein Angesicht.

Klage über die Macht der Bösen

12 EIN PSALM DAVIDS, VORZUSINGEN, AUF
ACHT SAITEN.
2 Hilf, HERR! Die Heiligen haben abge-
nommen, und gläubig sind wenige unter
den Menschenkindern.
3 Einer redet mit dem andern Lug und
Trug, sie heucheln und reden aus zwie-
spältigem Herzen.
4 Der HERR wolle ausrotten alle Heuche-
lei und die Zunge, die hoffärtig redet,

5 die da sagen: «Durch unsere Zunge
sind wir mächtig, uns gebührt zu reden!
Wer ist unser Herr?»
6 «Weil die Elenden Gewalt leiden und
die Armen seufzen, will ich jetzt auf-
stehen», spricht der HERR, «ich will Hilfe
schaffen dem, der sich danach sehnt.»
7 Die Worte des HERRN sind lauter wie
Silber, im Tiegel geschmolzen, geläutert
siebenmal.
8 Du, HERR, wollest sie bewahren und uns
behüten vor diesem Geschlecht ewiglich!
9 Denn Gottlose gehen allenthalben ein-
her, weil Gemeinheit herrscht unter den
Menschenkindern.

Hilferuf eines Angefochtenen

13 EIN PSALM DAVIDS, VORZUSINGEN.
2 HERR, wie lange willst du mich
so ganz vergessen? Wie lange verbirgst du
dein Antlitz vor mir?
3 Wie lange soll ich sorgen in meiner
Seele und mich ängsten in meinem Herzen
täglich? Wie lange soll sich mein Feind
über mich erheben?
4 Schaue doch und erhöre mich, HERR,
mein Gott! Erleuchte meine Augen, daß
ich nicht im Tode entschlafe,
5 daß nicht mein Feind sich rühme, er
sei meiner mächtig geworden, und meine
Widersacher sich freuen, daß ich wanke.
6 Ich aber traue darauf, daß du so gnä-
dig bist; **mein Herz freut sich, daß du so
gerne hilfst. Ich will dem HERRN singen,
daß er so wohl an mir tut.**

Die Torheit der Gottlosen

14 VON DAVID, VORZUSINGEN. Die To-
ren sprechen in ihrem Herzen: «Es
ist kein Gott.» Sie taugen nichts; ihr Trei-
ben ist ein Greuel; da ist keiner, der Gutes
tut.
2 Der HERR schaut vom Himmel auf die
Menschenkinder, daß er sehe, ob jemand
klug sei und nach Gott frage.
3 Aber sie sind alle abgewichen und alle-
samt verdorben; da ist keiner, der Gutes
tut, auch nicht **einer**.
4 Will denn das keiner der Übeltäter be-
greifen, die mein Volk fressen, daß sie sich
nähren, aber den HERRN rufen sie nicht
an?
5 Da erschrecken sie sehr; denn Gott ist
bei dem Geschlecht der Gerechten.
6 Euer Anschlag wider den Armen wird
zuschanden werden; denn der HERR ist
seine Zuversicht.
7 Ach daß die Hilfe aus Zion über Israel
käme und der HERR sein gefangenes Volk
erlöste! So würde Jakob fröhlich sein und
Israel sich freuen.

Wen nimmt Gott an?

15 EIN PSALM DAVIDS. HERR, wer darf
weilen in deinem Zelt? Wer darf
wohnen auf deinem heiligen Berge?
2 Wer untadelig lebt und tut, was recht
ist, und die Wahrheit redet von Herzen,
3 wer mit seiner Zunge nicht verleumdet,
wer seinem Nächsten nichts Arges tut und
seinen Nachbarn nicht schmäht;
4 wer die Verworfenen für nichts achtet,
aber ehrt die Gottesfürchtigen; wer seinen
Eid hält, auch wenn es ihm schadet;
5 wer sein Geld nicht auf Zinsen gibt
und nimmt nicht Geschenke wider den
Unschuldigen.
Wer das tut, wird nimmermehr wanken.

Das schöne Erbteil

16 EIN GÜLDENES KLEINOD DAVIDS. Be-
wahre mich, Gott; denn ich traue
auf dich.
2 Ich habe gesagt zu dem HERRN: Du
bist ja der Herr! Ich weiß von keinem Gut
außer dir.
3 An den Heiligen, die auf Erden sind, an
den Herrlichen hab ich all mein Gefallen.
4 Aber jene, die einem andern nachlau-
fen, werden viel Herzeleid haben. Ich will
das Blut ihrer Trankopfer nicht opfern
noch ihren Namen in meinem Munde
führen.
5 Der HERR ist mein Gut und mein Teil;
du erhältst mir mein Erbteil.
6 Das Los ist mir gefallen auf liebliches
Land; mir ist ein schönes Erbteil gewor-
den.
7 Ich lobe den HERRN, der mich beraten
hat; auch mahnt mich mein Herz des
Nachts.
8 Ich habe den HERRN allezeit vor Augen;
steht er mir zur Rechten, so werde ich fest
bleiben.
9 Darum freut sich mein Herz, und
meine Seele ist fröhlich; auch mein Leib
wird sicher liegen.
10 Denn du wirst mich nicht dem Tode

überlassen und nicht zugeben, daß dein Heiliger die Grube sehe*.

11 **Du tust mir kund den Weg zum Leben: Vor dir ist Freude die Fülle und Wonne zu deiner Rechten ewiglich.**

Hilferuf eines Unschuldigen

17 EIN GEBET DAVIDS. HERR, höre die gerechte Sache, merk auf mein Schreien, vernimm mein Gebet von Lippen, die nicht trügen.

2 Sprich du in meiner Sache; deine Augen sehen, was recht ist.

3 Du prüfst mein Herz und suchst es heim bei Nacht; du läuterst mich und findest nichts. Ich habe mir vorgenommen, daß mein Mund sich nicht vergehe.

4 Im Treiben der Menschen bewahre ich mich vor gewaltsamen Wegen durch das Wort deiner Lippen.

5 Erhalte meinen Gang auf deinen Wegen, daß meine Tritte nicht gleiten.

6 Ich rufe zu dir, denn du, Gott, wirst mich erhören; neige deine Ohren zu mir, höre meine Rede!

7 Beweise deine wunderbare Güte, du Heiland derer, die dir vertrauen gegenüber denen, die sich gegen deine rechte Hand erheben.

8 Behüte mich wie einen Augapfel im Auge, beschirme mich unter dem Schatten deiner Flügel

9 vor den Gottlosen, die mir Gewalt antun, vor meinen Feinden, die mir von allen Seiten nach dem Leben trachten.

10 Ihr Herz haben sie verschlossen, mit ihrem Munde reden sie stolz.

11 Wo wir auch gehen, da umgeben sie uns; ihre Augen richten sie darauf, daß sie uns zu Boden stürzen,

12 gleichwie ein Löwe, der nach Raub lechzt, wie ein junger Löwe, der im Versteck sitzt.

13 HERR, mache dich auf, tritt ihm entgegen und demütige ihn! Errette mich vor dem Gottlosen mit deinem Schwert,

14 vor den Leuten, HERR, mit deiner Hand, vor den Leuten dieser Welt, die ihr Teil haben schon im Leben, denen du den Bauch füllst mit deinen Gütern, deren Söhne auch noch satt werden und ihren Kindern ein Übriges hinterlassen.

15 Ich aber will schauen dein Antlitz in Gerechtigkeit, ich will satt werden, wenn ich erwache, an deinem Bilde.

*Luther übersetzte: «daß dein Heiliger verwese» im Anschluß an die griechische Übersetzung des Alten Testaments und Apg 2,27 und 13,35.

Dank des Königs für Rettung und Sieg

18 VON DAVID, DEM KNECHT DES HERRN, DER ZUM HERRN DIE WORTE DIESES LIEDES REDETE, ALS IHN DER HERR ERRETTET HATTE VON DER HAND ALLER SEINER FEINDE UND VON DER HAND SAULS; VORZUSINGEN.

2 UND ER SPRACH: **Herzlich lieb habe ich dich, HERR, meine Stärke!**

3 **HERR, mein Fels, meine Burg, mein Erretter; mein Gott, mein Hort, auf den ich traue, mein Schild und Berg meines Heiles und mein Schutz!**

4 Ich rufe an den HERRN, den Hochgelobten, so werde ich vor meinen Feinden errettet.

5 Es umfingen mich des Todes Bande, und die Fluten des Verderbens erschreckten mich.

6 Des Totenreichs Bande umfingen mich, und des Todes Stricke überwältigten mich.

7 Als mir angst war, rief ich den HERRN an und schrie zu meinem Gott. Da erhörte er meine Stimme von seinem Tempel, und mein Schreien kam vor ihn zu seinen Ohren.

8 Die Erde bebte und wankte, und die Grundfesten der Berge bewegten sich und bebten, da er zornig war.

9 Rauch stieg auf von seiner Nase und verzehrend Feuer aus seinem Munde; Flammen sprühten von ihm aus.

10 Er neigte den Himmel und fuhr herab, und Dunkel war unter seinen Füßen.

11 Und er fuhr auf dem Cherub und flog daher, er schwebte auf den Fittichen des Windes.

12 Er machte Finsternis ringsum zu seinem Zelt; in schwarzen, dicken Wolken war er verborgen.

13 Aus dem Glanz vor ihm zogen seine Wolken dahin mit Hagel und Blitzen.

14 Der HERR donnerte im Himmel, und der Höchste ließ seine Stimme erschallen mit Hagel und Blitzen.

15 Er schoß seine Pfeile und streute sie aus, sandte Blitze in Menge und jagte sie dahin.

16 Da sah man die Tiefen der Wasser,

und des Erdbodens Grund ward aufgedeckt vor deinem Schelten, HERR, vor dem Odem und Schnauben deines Zornes.
17 Er streckte seine Hand aus von der Höhe und faßte mich und zog mich aus großen Wassern.
18 Er errettete mich von meinen starken Feinden, von meinen Hassern, die mir zu mächtig waren;
19 sie überwältigten mich zur Zeit meines Unglücks; aber der HERR ward meine Zuversicht.
20 Er führte mich hinaus ins Weite, er riß mich heraus; denn er hatte Lust zu mir.
21 **D**er HERR tut wohl an mir nach meiner Gerechtigkeit, er vergilt mir nach der Reinheit meiner Hände.
22 Denn ich halte die Wege des HERRN und bin nicht gottlos wider meinen Gott.
23 Denn alle seine Rechte hab ich vor Augen, und seine Gebote werfe ich nicht von mir,
24 sondern ich bin ohne Tadel vor ihm und hüte mich vor Schuld.
25 Darum vergilt mir der HERR nach meiner Gerechtigkeit, nach der Reinheit meiner Hände vor seinen Augen.
26 Gegen die Heiligen bist du heilig, und gegen die Treuen bist du treu,
27 gegen die Reinen bist du rein, und gegen die Verkehrten bist du verkehrt.
28 Denn du hilfst dem elenden Volk, aber stolze Augen erniedrigst du.
29 Ja, du machst hell meine Leuchte, der HERR, mein Gott, macht meine Finsternis licht.
30 Denn mit dir kann ich Kriegsvolk zerschlagen und mit meinem Gott über Mauern springen.
31 Gottes Wege sind vollkommen, die Worte des HERRN sind durchläutert. Er ist ein Schild allen, die ihm vertrauen.
32 **D**enn wer ist Gott, wenn nicht der HERR, oder ein Fels, wenn nicht unser Gott?
33 Gott rüstet mich mit Kraft und macht meine Wege ohne Tadel.
34 Er macht meine Füße gleich den Hirschen und stellt mich auf meine Höhen.
35 Er lehrt meine Hände streiten und meinen Arm den ehernen Bogen spannen.
36 Du gibst mir den Schild deines Heils, und deine Rechte stärkt mich, und deine Huld macht mich groß.*
37 Du gibst meinen Schritten weiten Raum, daß meine Knöchel nicht wanken.
38 **I**ch will meinen Feinden nachjagen und sie ergreifen und nicht umkehren, bis ich sie umgebracht habe.
39 Ich will sie zerschmettern, daß sie nicht mehr aufstehen können; sie müssen unter meine Füße fallen.
40 Du rüstest mich mit Stärke zum Streit; du wirfst unter mich, die sich gegen mich erheben.
41 Du treibst meine Feinde in die Flucht, daß ich vernichte, die mich hassen.
42 Sie rufen – aber da ist kein Helfer – zum HERRN, aber er antwortet ihnen nicht.
43 Ich will sie zerstoßen zu Staub vor dem Winde, ich werfe sie weg wie Unrat auf die Gassen.
44 Du hilfst mir aus dem Streit des Volkes und machst mich zum Haupt über Heiden; ein Volk, das ich nicht kannte, dient mir.
45 Es gehorcht mir mit gehorsamen Ohren; Söhne der Fremde müssen mir huldigen.
46 Die Söhne der Fremde verschmachten und kommen mit Zittern aus ihren Burgen.
47 **D**er HERR lebt! Gelobt sei mein Fels! Der Gott meines Heils sei hoch erhoben,
48 der Gott, der mir Vergeltung schafft und zwingt die Völker unter mich,
49 der mich errettet von meinen Feinden. Du erhöhst mich über die, die sich gegen mich erheben; du hilfst mir von den Frevlern.
50 **D**arum will ich dir danken, HERR, unter den Heiden und deinem Namen lobsingen,
51 der seinem Könige großes Heil gibt und Gnade erweist seinem Gesalbten, David, und seinem Hause ewiglich.

Gottes Herrlichkeit in seiner Schöpfung und in seinem Gesetz

19 EIN PSALM DAVIDS, VORZUSINGEN.
2 **Die Himmel erzählen die Ehre Gottes, und die Feste verkündigt seiner Hände Werk.**
3 Ein Tag sagt's dem andern, und eine Nacht tut's kund der andern,

*Luther übersetzte: «Und wenn du mich demütigst, machst du mich groß.»

4 ohne Sprache und ohne Worte; unhör-
bar ist ihre Stimme.
5 Ihr Schall geht aus in alle Lande und
ihr Reden bis an die Enden der Welt.
Er hat der Sonne ein Zelt am Himmel
gemacht;
6 sie geht heraus wie ein Bräutigam aus
seiner Kammer und freut sich wie ein
Held, zu laufen ihre Bahn.
7 Sie geht auf an einem Ende des Him-
mels und läuft um bis wieder an sein Ende,
und nichts bleibt vor ihrer Glut verborgen.
8 Das Gesetz des HERRN ist vollkommen
und erquickt die Seele. Das Zeugnis des
HERRN ist gewiß und macht die Unver-
ständigen weise.
9 Die Befehle des HERRN sind richtig
und erfreuen das Herz. Die Gebote des
HERRN sind lauter und erleuchten die
Augen.
10 Die Furcht des HERRN ist rein und
bleibt ewiglich. Die Rechte des HERRN
sind Wahrheit, allesamt gerecht.
11 Sie sind köstlicher als Gold und viel
feines Gold, sie sind süßer als Honig und
Honigseim.
12 Auch läßt dein Knecht sich durch sie
warnen; und wer sie hält, der hat großen
Lohn.
13 **Wer kann merken, wie oft er fehlet?
Verzeihe mir die verborgenen Sünden!**
14 Bewahre auch deinen Knecht vor den
Stolzen, daß sie nicht über mich herr-
schen; so werde ich ohne Tadel sein und
rein bleiben von großer Missetat.
15 Laß dir wohlgefallen die Rede mei-
nes Mundes und das Gespräch meines
Herzens vor dir, HERR, mein Fels und
mein Erlöser.

Gebet des Volkes für seinen König in Kriegsnot

20 EIN PSALM DAVIDS, VORZUSINGEN.
2 Der HERR erhöre dich in der
Not, der Name des Gottes Jakobs schütze
dich!
3 Er sende dir Hilfe vom Heiligtum und
stärke dich aus Zion!
4 Er gedenke all deiner Speisopfer, und
dein Brandopfer sei ihm angenehm! SELA.
5 Er gebe dir, was dein Herz begehrt,
und erfülle alles, was du vorhast!
6 Dann wollen wir jubeln, weil er dir
hilft; im Namen unsres Gottes erheben
wir das Banner. Der HERR gewähre dir
alle deine Bitten!
7 Nun weiß ich, daß der HERR seinem
Gesalbten hilft und ihn erhört von seinem
heiligen Himmel, seine rechte Hand hilft
mit Macht.
8 Jene verlassen sich auf Wagen und
Rosse; wir aber denken an den Namen
des HERRN, unsres Gottes.
9 Sie sind niedergestürzt und gefallen,
wir aber stehen und halten stand.
10 Hilf, HERR, du König! Er wird uns
erhören, wenn wir rufen.

Gottes Hilfe für den König

21 EIN PSALM DAVIDS, VORZUSINGEN.
2 HERR, der König freut sich in
deiner Kraft, und wie sehr fröhlich ist er
über deine Hilfe!
3 Du erfüllst ihm seines Herzens Wunsch
und verweigerst nicht, was sein Mund
bittet. SELA.
4 Denn du überschüttest ihn mit gutem
Segen, du setzest eine goldene Krone auf
sein Haupt.
5 Er bittet dich um Leben; du gibst es
ihm, langes Leben für immer und ewig.
6 Er hat große Herrlichkeit durch deine
Hilfe; Pracht und Hoheit legst du auf ihn.
7 Denn du setzest ihn zum Segen ewig-
lich, du erfreust ihn mit Freude vor dei-
nem Antlitz.
8 Denn der König hofft auf den HERRN
und wird durch die Güte des Höchsten
fest bleiben.
9 Deine Hand wird finden alle deine
Feinde, deine Rechte wird finden, die dich
hassen.
10 Du wirst es mit ihnen machen wie im
Feuerofen, wenn du erscheinen wirst. Der
HERR wird sie verschlingen in seinem
Zorn; Feuer wird sie fressen.
11 Ihre Nachkommen wirst du tilgen
vom Erdboden und ihre Kinder aus der
Zahl der Menschen.
12 Denn sie gedachten, dir Übles zu tun,
und machten Anschläge, die sie nicht aus-
führen konnten.
13 Denn du wirst machen, daß sie den
Rücken kehren; mit deinem Bogen wirst
du auf ihr Antlitz zielen.
14 HERR, erhebe dich in deiner Kraft,
so wollen wir singen und loben deine
Macht.

Leiden und Herrlichkeit des Gerechten
(Jesu Leidenspsalm)

22 EIN PSALM DAVIDS, VORZUSINGEN,
NACH DER WEISE «DIE HIRSCHKUH,
DIE FRÜH GEJAGT WIRD».
2 **Mein Gott, mein Gott, warum hast du
mich verlassen?** Ich schreie, aber meine
Hilfe ist ferne.
3 Mein Gott, des Tages rufe ich, doch
antwortest du nicht, und des Nachts, doch
finde ich keine Ruhe.
4 Du aber bist heilig, der du thronst über
den Lobgesängen Israels.
5 Unsere Väter hofften auf dich; und da
sie hofften, halfst du ihnen heraus.
6 Zu dir schrien sie und wurden errettet,
sie hofften auf dich und wurden nicht zu-
schanden.
7 Ich aber bin ein Wurm und kein
Mensch, ein Spott der Leute und verachtet
vom Volke.
8 Alle, die mich sehen, verspotten mich,
sperren das Maul auf und schütteln den
Kopf:
9 «Er klage es dem HERRN, der helfe
ihm heraus und rette ihn, hat er Gefallen
an ihm.»
10 **D**u hast mich aus meiner Mutter
Leibe gezogen; du ließest mich geborgen
sein an der Brust meiner Mutter.
11 Auf dich bin ich geworfen von Mut-
terleib an, du bist mein Gott von meiner
Mutter Schoß an.
12 Sei nicht ferne von mir, denn Angst
ist nahe; denn es ist hier kein Helfer.
13 **G**ewaltige Stiere haben mich um-
geben, mächtige Büffel haben mich um-
ringt.
14 Ihren Rachen sperren sie gegen mich
auf wie ein brüllender und reißender Löwe.
15 Ich bin ausgeschüttet wie Wasser,
alle meine Knochen haben sich vonein-
ander gelöst; mein Herz ist in meinem
Leibe wie zerschmolzenes Wachs.
16 Meine Kräfte sind vertrocknet wie
eine Scherbe, und meine Zunge klebt mir
am Gaumen, und du legst mich in des
Todes Staub.
17 Denn Hunde haben mich umgeben,
und der Bösen Rotte hat mich umringt;
sie haben meine Hände und Füße durch-
graben.
18 Ich kann alle meine Knochen zählen;
sie aber schauen zu und sehen auf mich
herab.
19 Sie teilen meine Kleider unter sich
und werfen das Los um mein Gewand.
20 **A**ber du, HERR, sei nicht ferne; meine
Stärke, eile, mir zu helfen!
21 Errette meine Seele vom Schwert,
mein Leben von den Hunden!
22 Hilf mir aus dem Rachen des Löwen
und vor den Hörnern wilder Stiere – du
hast mich erhört*!
23 **I**ch will deinen Namen kundtun mei-
nen Brüdern, ich will dich in der Gemein-
de rühmen:
24 Rühmet den HERRN, die ihr ihn fürch-
tet; ehret ihn, ihr alle vom Hause Jakob,
und vor ihm scheuet euch, ihr alle vom
Hause Israel!
25 Denn er hat nicht verachtet noch
verschmäht das Elend des Armen und sein
Antlitz vor ihm nicht verborgen; und als
er zu ihm schrie, hörte er's.
26 **D**ich will ich preisen in der großen
Gemeinde, ich will meine Gelübde erfül-
len vor denen, die ihn fürchten.
27 Die Elenden sollen essen, daß sie satt
werden; und die nach dem HERRN fragen,
werden ihn preisen; euer Herz soll ewig-
lich leben.
28 Es werden gedenken und sich zum
HERRN bekehren aller Welt Enden und vor
ihm anbeten alle Geschlechter der Heiden.
29 Denn des HERRN ist das Reich, und
er herrscht unter den Heiden.
30 Ihn allein werden anbeten alle, die in
der Erde schlafen; vor ihm werden die Knie
beugen alle, die zum Staube hinabfuhren
und ihr Leben nicht konnten erhalten.
31 Er wird Nachkommen haben, die
ihm dienen; vom Herrn wird man verkün-
digen Kind und Kindeskind.
32 Sie werden kommen und seine Ge-
rechtigkeit predigen dem Volk, das ge-
boren wird. Denn er hat's getan.

Der gute Hirte

23 EIN PSALM DAVIDS. **Der HERR ist
mein Hirte, mir wird nichts mangeln.**
2 **Er weidet mich auf einer grünen Aue und
führet mich zum frischen Wasser.**
3 **Er erquicket meine Seele. Er führet mich
auf rechter Straße um seines Namens willen.**

*Luther übersetzte: «und errette mich von den Einhörnern».

4 **Und ob ich schon wanderte im fin-
stern Tal, fürchte ich kein Unglück; denn
du bist bei mir, dein Stecken und Stab trö-
sten mich.**
5 **Du bereitest vor mir einen Tisch im An-
gesicht meiner Feinde. Du salbest mein
Haupt mit Öl und schenkest mir voll ein.**
6 **Gutes und Barmherzigkeit werden mir
folgen mein Leben lang, und ich werde blei-
ben im Hause des HERRN immerdar.**

Einzug in das Heiligtum

24 EIN PSALM DAVIDS. Die Erde ist des
HERRN und was darinnen ist, der
Erdkreis und die darauf wohnen.
2 Denn er hat ihn über den Meeren ge-
gründet und über den Wassern bereitet.
3 Wer darf auf des HERRN Berg gehen,
und wer darf stehen an seiner heiligen
Stätte?
4 Wer unschuldige Hände hat und rei-
nes Herzens ist, wer nicht bedacht ist auf
Lug und Trug und nicht falsche Eide
schwört:
5 der wird den Segen vom HERRN emp-
fangen und Gerechtigkeit von dem Gott
seines Heiles.
6 Das ist das Geschlecht, das nach ihm
fragt, das da sucht dein Antlitz, Gott
Jakobs. SELA.
7 Machet die Tore weit und die Türen
in der Welt* hoch, daß der König der
Ehre einziehe!
8 Wer ist der König der Ehre? Es ist der
HERR, stark und mächtig, der HERR,
mächtig im Streit.
9 Machet die Tore weit und die Türen
in der Welt hoch, daß der König der Ehre
einziehe!
10 Wer ist der König der Ehre? Es ist
der HERR Zebaoth; er ist der König der
Ehre. SELA.

Gebet um Gottes Vergebung und Leitung

25 VON DAVID. Nach dir, HERR, ver-
langet mich.
2 Mein Gott, ich hoffe auf dich; laß
mich nicht zuschanden werden, daß meine
Feinde nicht frohlocken über mich.
3 Denn keiner wird zuschanden, der auf
dich harret; aber zuschanden werden die
leichtfertigen Verächter.
4 HERR, zeige mir deine Wege und lehre
mich deine Steige!
5 Leite mich in deiner Wahrheit und
lehre mich! Denn du bist der Gott, der
mir hilft; täglich harre ich auf dich.
6 Gedenke, HERR, an deine Barmherzig-
keit und an deine Güte, die von Ewigkeit
her gewesen sind.
7 Gedenke nicht der Sünden meiner
Jugend und meiner Übertretungen, ge-
denke aber meiner nach deiner Barm-
herzigkeit, HERR, um deiner Güte willen!
8 Der HERR ist gut und gerecht; darum
weist er Sündern den Weg.
9 Er leitet die Elenden recht und lehrt die
Elenden seinen Weg.
10 Die Wege des HERRN sind lauter
Güte und Treue für alle, die seinen Bund
und seine Gebote halten.
11 Um deines Namens willen, HERR,
vergib mir meine Schuld, die so groß ist!
12 Wer ist der Mann, der den HERRN
fürchtet? Er wird ihm den Weg weisen,
den er wählen soll.
13 Er wird im Guten wohnen, und sein
Geschlecht wird das Land besitzen.
14 Der HERR ist denen Freund, die ihn
fürchten; und seinen Bund läßt er sie wis-
sen.
15 Meine Augen sehen stets auf den
HERRN; denn er wird meinen Fuß aus
dem Netze ziehen.
16 Wende dich zu mir und sei mir gnä-
dig; denn ich bin einsam und elend.
17 Die Angst meines Herzens ist groß;
führe mich aus meinen Nöten!
18 Sieh an meinen Jammer und mein
Elend und vergib mir alle meine Sün-
den!
19 Sieh, wie meiner Feinde so viel sind
und zu Unrecht mich hassen.
20 Bewahre meine Seele und errette
mich; laß mich nicht zuschanden werden,
denn ich traue auf dich!
21 Unschuld und Redlichkeit mögen
mich behüten; denn ich harre auf dich.
22 Gott, erlöse Israel aus aller seiner
Not!

Bekenntnis und Bitte eines Unschuldigen

26 VON DAVID. HERR, schaffe mir
Recht, denn ich bin unschuldig! Ich
hoffe auf den HERRN, darum werde ich
nicht fallen.

*Gemeint sind die Tore des Tempels – vielleicht: uralte Pforten.

2 Prüfe mich, HERR, und erprobe mich,
erforsche meine Nieren und mein Herz!
3 Denn deine Güte ist mir vor Augen,
und ich wandle in deiner Wahrheit.
4 Ich sitze nicht bei heillosen Leuten und
habe nicht Gemeinschaft mit den Fal-
schen.
5 Ich hasse die Versammlung der Bos-
haften und sitze nicht bei den Gottlosen.
6 Ich wasche meine Hände in Unschuld
und halte mich, HERR, zu deinem Altar,
7 dir zu danken mit lauter Stimme und
zu verkündigen alle deine Wunder.
8 **HERR, ich habe lieb die Stätte deines
Hauses und den Ort, da deine Ehre wohnt.**
9 Raffe meine Seele nicht hin mit den
Sündern noch mein Leben mit den Blut-
dürstigen,
10 an deren Händen Schandtat klebt
und die gern Geschenke nehmen.
11 Ich aber gehe meinen Weg in Un-
schuld. Erlöse mich und sei mir gnädig!
12 Mein Fuß steht fest auf rechtem
Grund. Ich will den HERRN loben in den
Versammlungen.

Gemeinschaft mit Gott

27 VON DAVID. **Der HERR ist mein Licht
und mein Heil; vor wem sollte ich
mich fürchten? Der HERR ist meines Le-
bens Kraft; vor wem sollte mir grauen?**
2 Wenn die Übeltäter an mich wollen,
um mich zu verschlingen, meine Wider-
sacher und Feinde, sollen sie selber
straucheln und fallen.
3 Wenn sich auch ein Heer wider mich
lagert, so fürchtet sich dennoch mein
Herz nicht; wenn sich Krieg wider mich
erhebt, so verlasse ich mich auf **ihn**.
4 Eines bitte ich vom HERRN, das hätte
ich gerne: daß ich im Hause des HERRN
bleiben könne mein Leben lang, zu
schauen die schönen Gottesdienste des
HERRN* und seinen Tempel zu betrachten.
5 Denn er deckt mich in seiner Hütte
zur bösen Zeit, er birgt mich im Schutz
seines Zeltes und erhöht mich auf einen
Felsen.
6 Und nun erhebt sich mein Haupt über
meine Feinde, die um mich her sind; dar-
um will ich Lob opfern in seinem Zelt, ich
will singen und Lob sagen dem HERRN.

*Wörtlich: zu schauen die Freundlichkeit des HERRN.

7 HERR, höre meine Stimme, wenn ich
rufe; sei mir gnädig und erhöre mich!
8 **Mein Herz hält dir vor dein Wort: «Ihr
sollt mein Antlitz suchen.» Darum suche ich
auch, HERR, dein Antlitz.**
9 Verbirg dein Antlitz nicht vor mir,
verstoße nicht im Zorn deinen Knecht!
Denn du bist meine Hilfe; verlaß mich
nicht und tu die Hand nicht von mir ab,
Gott, mein Heil!
10 Denn mein Vater und meine Mutter
verlassen mich, aber der HERR nimmt
mich auf.
11 HERR, weise mir deinen Weg und leite
mich auf ebener Bahn um meiner Feinde
willen.
12 Gib mich nicht preis dem Willen mei-
ner Feinde! Denn es stehen falsche Zeu-
gen wider mich auf und tun mir Unrecht
ohne Scheu.
13 Ich glaube aber doch, daß ich sehen
werde die Güte des HERRN im Lande der
Lebendigen.
14 Harre des HERRN! Sei getrost und
unverzagt und harre des HERRN!

Bitte um Verschonung – Dank für Errettung

28 VON DAVID. Wenn ich rufe zu dir,
HERR, mein Fels, so schweige doch
nicht, daß ich nicht, wenn du schweigst,
gleich werde denen, die in die Grube fah-
ren.
2 Höre die Stimme meines Flehens,
wenn ich zu dir schreie, wenn ich meine
Hände aufhebe zu deinem heiligen Tem-
pel.
3 Raffe mich nicht hin mit den Gott-
losen und mit den Übeltätern, die freund-
lich reden mit ihrem Nächsten und haben
Böses im Herzen.
4 Gib ihnen nach ihrem Tun und nach
ihren bösen Taten; gib ihnen nach den
Werken ihrer Hände; vergilt ihnen, wie
sie es verdienen.
5 Denn sie wollen nicht achten auf das
Tun des HERRN noch auf die Werke seiner
Hände; darum wird er sie niederreißen
und nicht wieder aufbauen.
6 Gelobt sei der HERR; denn er hat er-
hört die Stimme meines Flehens.
7 Der HERR ist meine Stärke und mein
Schild; auf ihn hofft mein Herz, und mir
ist geholfen. Nun ist mein Herz fröhlich,
und ich will ihm danken mit meinem Lied.

8 Der HERR ist seines Volkes Stärke,
Hilfe und Stärke für seinen Gesalbten.
9 Hilf deinem Volk und segne dein Erbe
und weide und trage sie ewiglich!

Der große Lobpreis der Herrlichkeit Gottes

29 EIN PSALM DAVIDS. Bringet dar dem
HERRN, ihr Himmlischen, bringet
dar dem HERRN Ehre und Stärke!
2 Bringet dar dem HERRN die Ehre sei-
nes Namens, betet an den HERRN in heili-
gem Schmuck!
3 Die Stimme des HERRN erschallt über
den Wassern, der Gott der Ehre donnert,
der HERR, über großen Wassern.
4 Die Stimme des HERRN ergeht mit
Macht, die Stimme des HERRN ergeht
herrlich.
5 Die Stimme des HERRN zerbricht die
Zedern, der HERR zerbricht die Zedern
des Libanon.
6 Er läßt hüpfen wie ein Kalb den Liba-
non, den Sirjon wie einen jungen Wildstier.
7 Die Stimme des HERRN sprüht Feuer-
flammen;
8 die Stimme des HERRN läßt die Wüste
erbeben; der HERR läßt erbeben die Wüste
Kadesch.
9 Die Stimme des HERRN läßt Eichen
wirbeln* und reißt Wälder kahl. In seinem
Tempel ruft alles: «Ehre!»
10 Der HERR hat seinen Thron über der
Flut; der HERR bleibt ein König in Ewig-
keit.
11 Der HERR wird seinem Volk Kraft
geben; der HERR wird sein Volk segnen
mit Frieden.

Dank für Rettung aus Todesnot

30 EIN PSALM DAVIDS, EIN LIED ZUR EIN-
WEIHUNG DES TEMPELS.
2 Ich preise dich, HERR; denn du hast
mich aus der Tiefe gezogen und lässest
meine Feinde sich nicht über mich freuen.
3 HERR, mein Gott, als ich schrie zu dir,
da machtest du mich gesund.
4 HERR, du hast mich von den Toten
heraufgeholt; du hast mich am Leben er-
halten, aber sie mußten in die Grube fah-
ren.
5 Lobsinget dem HERRN, ihr seine Heili-
gen, und preiset seinen heiligen Namen!
6 Denn sein Zorn währet einen Augen-
blick und lebenslang seine Gnade. Den
Abend lang währet das Weinen, aber des
Morgens ist Freude.
7 Ich aber sprach, als es mir gut ging:
Ich werde nimmermehr wanken.
8 Denn, HERR, durch dein Wohlgefallen
hattest du mich auf einen hohen Fels ge-
stellt. Aber als du dein Antlitz verbargest,
erschrak ich.
9 Zu dir, HERR, rief ich, und zum Herrn
flehte ich:
10 Was nützt dir mein Blut, wenn ich
zur Grube fahre? Wird dir auch der Staub
danken und deine Treue verkündigen?
11 HERR, höre und sei mir gnädig! HERR,
sei mein Helfer!
12 Du hast mir meine Klage verwandelt
in einen Reigen, du hast mir den Sack der
Trauer ausgezogen und mich mit Freude
gegürtet,
13 daß ich dir lobsinge und nicht stille
werde. HERR, mein Gott, ich will dir dan-
ken in Ewigkeit.

In Gottes Händen geborgen

31 EIN PSALM DAVIDS, VORZUSINGEN.
2 HERR, auf dich traue ich, laß
mich nimmermehr zuschanden werden,
errette mich durch deine Gerechtigkeit!
3 Neige deine Ohren zu mir, hilf mir
eilends! Sei mir ein starker Fels und eine
Burg, daß du mir helfest!
4 Denn du bist mein Fels und meine
Burg, und um deines Namens willen wol-
lest du mich leiten und führen.
5 Du wollest mich aus dem Netze ziehen,
das sie mir heimlich stellten; denn du bist
meine Stärke.
6 **In deine Hände befehle ich meinen Geist;**
du hast mich erlöst, HERR, du treuer Gott.
7 Ich hasse, die sich halten an nichtige
Götzen; ich aber hoffe auf den HERRN.
8 Ich freue mich und bin fröhlich über
deine Güte, daß du mein Elend ansiehst
und nimmst dich meiner an in Not
9 und übergibst mich nicht in die Hände
des Feindes; du stellst meine Füße auf
weiten Raum.
10 HERR, sei mir gnädig, denn mir ist
angst! Mein Auge ist trübe geworden vor
Gram, matt meine Seele und mein Leib.
11 Denn mein Leben ist hingeschwunden
in Kummer und meine Jahre in Seufzen.

*Luther übersetzte nach anderer Überlieferung: «erregt die Hinden».

Meine Kraft ist verfallen durch meine
Missetat, und meine Gebeine sind verschmachtet.
12 Vor all meinen Bedrängern bin ich
ein Spott geworden, eine Last meinen Nachbarn und ein Schrecken meinen Bekannten. Die mich sehen auf der Gasse, fliehen vor mir.
13 Ich bin vergessen in ihrem Herzen wie
ein Toter; ich bin geworden wie ein zerbrochenes Gefäß.
14 Denn ich höre, wie viele über mich
lästern: Schrecken ist um und um! Sie halten Rat miteinander über mich und trachten danach, mir das Leben zu nehmen.
15 Ich aber, HERR, hoffe auf dich und
spreche: Du bist mein Gott!
16 **Meine Zeit steht in deinen Händen.**
Errette mich von der Hand meiner Feinde und von denen, die mich verfolgen.
17 Laß leuchten dein Antlitz über dei-
nem Knecht; hilf mir durch deine Güte!
18 HERR, laß mich nicht zuschanden
werden; denn ich rufe dich an. Die Gottlosen sollen zuschanden werden und hinabfahren zu den Toten und schweigen.
19 Verstummen sollen die Lügenmäuler,
die da reden wider den Gerechten frech, stolz und höhnisch.
20 Wie groß ist deine Güte, HERR, die
du bewahrt hast denen, die dich fürchten, und erweisest vor den Leuten denen, die auf dich trauen!
21 Du birgst sie in deinem Schutz vor
den Rotten der Leute, du deckst sie in der Hütte vor den zänkischen Zungen.
22 Gelobt sei der HERR; denn er hat seine
wunderbare Güte mir erwiesen in einer festen Stadt.
23 Ich sprach wohl in meinem Zagen:
Ich bin von deinen Augen verstoßen. Doch du hörtest die Stimme meines Flehens, als ich zu dir schrie.
24 Liebet den HERRN, alle seine Heili-
gen! Die Gläubigen behütet der HERR und vergilt reichlich dem, der Hochmut übt.
25 Seid getrost und unverzagt alle, die
ihr des HERRN harret!

Vom Segen der Sündenvergebung
(Der zweite Bußpsalm)

32 EINE UNTERWEISUNG DAVIDS. **Wohl
dem, dem die Übertretungen vergeben sind, dem die Sünde bedeckt ist!**
2 **Wohl dem Menschen, dem der HERR die
Schuld nicht zurechnet, in dessen Geist kein Trug ist!**
3 Denn als ich es wollte verschweigen,
verschmachteten meine Gebeine durch mein tägliches Klagen.
4 Denn deine Hand lag Tag und Nacht
schwer auf mir, daß mein Saft vertrocknete, wie es im Sommer dürre wird. SELA.
5 Darum bekannte ich dir meine Sünde,
und meine Schuld verhehlte ich nicht. Ich sprach: Ich will dem HERRN meine Übertretungen bekennen. Da vergabst du mir die Schuld meiner Sünde. SELA.
6 Deshalb werden alle Heiligen zu dir
beten zur Zeit der Angst. Darum, wenn große Wasserfluten kommen, werden sie nicht an sie gelangen.
7 Du bist mein Schirm, du wirst mich
vor Angst behüten, daß ich errettet gar fröhlich rühmen kann. SELA.
8 «Ich will dich unterweisen und dir den
Weg zeigen, den du gehen sollst; ich will dich mit meinen Augen leiten.»
9 Seid nicht wie Rosse und Maultiere,
die ohne Verstand sind, denen man Zaum und Gebiß anlegen muß; sie werden sonst nicht zu dir kommen.
10 Der Gottlose hat viel Plage; wer aber
auf den HERRN hofft, den wird die Güte umfangen.
11 Freuet euch des HERRN und seid fröh-
lich, ihr Gerechten, und jauchzet, alle ihr Frommen.

Ein Loblied auf Gottes Allmacht und Hilfe

33 Freuet euch des HERRN, ihr Ge-
rechten; die Frommen sollen ihn recht preisen.
2 Danket dem HERRN mit Harfen; lob-
singet ihm zum Psalter von zehn Saiten!
3 Singet ihm ein neues Lied; spielt schön
auf den Saiten mit fröhlichem Schall!
4 Denn **des HERRN Wort ist wahrhaftig,
und was er zusagt, das hält er gewiß.**
5 Er liebt Gerechtigkeit und Recht; die
Erde ist voll der Güte des HERRN.
6 Der Himmel ist durch das Wort des
HERRN gemacht und all sein Heer durch den Hauch seines Mundes.
7 Er hält die Wasser des Meeres zusam-
men wie in einem Schlauch und sammelt in Kammern die Fluten.
8 Alle Welt fürchte den HERRN, und vor

ihm scheue sich alles, was auf dem Erd-
boden wohnet.
9 Denn **wenn er spricht, so geschieht's;
wenn er gebietet, so steht's da.**
10 Der HERR macht zunichte der Heiden
Rat und wehrt den Gedanken der Völker.
11 Aber der Ratschluß des HERRN bleibt
ewiglich, seines Herzens Gedanken für und
für.
12 Wohl dem Volk, dessen Gott der
HERR ist, dem Volk, das er zum Erbe er-
wählt hat!
13 Der HERR schaut vom Himmel und
sieht alle Menschenkinder.
14 Von seinem festen Thron sieht er auf
alle, die auf Erden wohnen.
15 Er lenkt ihnen allen das Herz, er gibt
acht auf alle ihre Werke.
16 Einem König hilft nicht seine große
Macht; ein Held kann sich nicht retten
durch seine große Kraft.
17 Rosse helfen auch nicht; da wäre
man betrogen; und ihre große Stärke er-
rettet nicht.
18 Siehe, des HERRN Auge achtet auf
alle, die ihn fürchten, die auf seine Güte
hoffen,
19 daß er sie errette vom Tode und sie
am Leben erhalte in Hungersnot.
20 Unsre Seele harrt auf den HERRN; er
ist uns Hilfe und Schild.
21 Denn unser Herz freut sich seiner,
und wir trauen auf seinen heiligen Na-
men.
22 Deine Güte, HERR, sei über uns, wie
wir auf dich hoffen.

Unter Gottes Schutz

34 VON DAVID, ALS ER SICH WAHNSINNIG
STELLTE VOR ABIMELECH UND DIESER
IHN VON SICH TRIEB UND ER WEGGING.
2 **Ich will den HERRN loben allezeit; sein
Lob soll immerdar in meinem Munde sein.**
3 Meine Seele soll sich rühmen des
HERRN, daß es die Elenden hören und sich
freuen.
4 Preiset mit mir den HERRN und laßt
uns miteinander seinen Namen erhöhen!
5 **Als ich den HERRN suchte, antwortete er
mir und errettete mich aus aller meiner
Furcht.**
6 Die auf ihn sehen, werden strahlen vor
Freude, und ihr Angesicht soll nicht
schamrot werden.
7 Als einer im Elend rief, hörte der HERR
und half ihm aus allen seinen Nöten.
8 Der Engel des HERRN lagert sich um
die her, die ihn fürchten, und hilft ihnen
heraus.
9 **Schmecket und sehet, wie freundlich der
HERR ist. Wohl dem, der auf ihn trauet!**
10 Fürchtet den HERRN, ihr seine Heili-
gen! Denn die ihn fürchten, haben keinen
Mangel.
11 Reiche müssen darben und hungern;
aber die den HERRN suchen, haben keinen
Mangel an irgendeinem Gut.
12 Kommt her, ihr Kinder, höret mir zu!
Ich will euch die Furcht des HERRN lehren.
13 Wer möchte gern gut leben und
schöne Tage sehen?
14 Behüte deine Zunge vor Bösem und
deine Lippen, daß sie nicht Trug reden.
15 Laß ab vom Bösen und tu Gutes;
suche Frieden und jage ihm nach!
16 Die Augen des HERRN merken auf
die Gerechten und seine Ohren auf ihr
Schreien.
17 Das Angesicht des HERRN steht wider
alle, die Böses tun, daß er ihren Namen
ausrotte von der Erde.
18 Wenn die Gerechten schreien, so hört
der HERR und errettet sie aus all ihrer Not.
19 Der HERR ist nahe denen, die zer-
brochenen Herzens sind, und hilft denen,
die ein zerschlagenes Gemüt haben.
20 Der Gerechte muß viel erleiden, aber
aus alledem hilft ihm der HERR.
21 Er bewahrt ihm alle seine Gebeine,
daß nicht eines zerbrochen wird.
22 Den Gottlosen wird das Unglück
töten, und die den Gerechten hassen, fal-
len in Schuld.
23 Der HERR erlöst das Leben seiner
Knechte, und alle, die auf ihn trauen,
werden frei von Schuld.

Gebet um Errettung von boshaften Feinden

35 VON DAVID. HERR, führe meine Sa-
che wider meine Widersacher, be-
kämpfe, die mich bekämpfen!
2 Ergreife Schild und Waffen und mache
dich auf, mir zu helfen!
3 Zücke Speer und Streitaxt wider meine
Verfolger! Sprich zu mir: Ich bin deine
Hilfe!
4 Es sollen sich schämen und zum Spott
werden, die mir nach dem Leben trachten;

es sollen zurückweichen und zuschanden
werden, die mein Unglück wollen.
5 Sie sollen werden wie Spreu vor dem
Winde, und der Engel des HERRN stoße
sie weg.
6 Ihr Weg soll finster und schlüpfrig wer-
den, und der Engel des HERRN verfolge sie.
7 Denn ohne Grund haben sie mir ihr
Netz gestellt, ohne Grund mir eine Grube
gegraben.
8 Unversehens soll ihn Unheil überfal-
len; sein Netz, das er gestellt hat, fange
ihn selber, zum eigenen Unheil stürze er
hinein.
9 Aber meine Seele soll sich freuen des
HERRN und fröhlich sein über seine Hilfe.
10 Alle meine Gebeine sollen sagen:
HERR, wer ist dir gleich? Der du den Elen-
den rettest vor dem, der ihm zu stark ist,
und den Elenden und Armen vor seinen
Räubern.
11 Es treten falsche Zeugen auf; sie for-
dern von mir, wovon ich nichts weiß.
12 Sie vergelten mir Gutes mit Bösem,
um mich in Herzeleid zu bringen.
13 Ich aber zog einen Sack an, wenn sie
krank waren, tat mir wehe mit Fasten und
betete immer wieder von Herzen.
14 Als wäre es mein Freund und Bru-
der, so ging ich einher; wie einer Leid
trägt über seine Mutter, so beugte ich
mich in Trauer.
15 Sie aber freuen sich, wenn ich wanke,
und rotten sich zusammen; sie rotten sich
heimlich zum Schlag wider mich, sie
lästern und hören nicht auf.
16 Sie lästern und spotten immerfort und
knirschen wider mich mit ihren Zähnen.
17 Herr, wie lange willst du zusehen?
Errette doch meine Seele vor ihrem Un-
heil, mein Leben vor den jungen Löwen!
18 Ich will dir danken in großer Ge-
meinde; unter vielem Volk will ich dich
rühmen.
19 Laß sich nicht über mich freuen, die
mir zu Unrecht feind sind; laß nicht mit
den Augen spotten, die mich ohne Grund
hassen!
20 Denn sie reden nicht, was zum Frie-
den dient, und ersinnen falsche Anklagen
wider die Stillen im Lande.
21 Sie sperren das Maul weit auf wider
mich und sprechen: «Da, da, wir haben es
gesehen!»
22 HERR, du hast es gesehen, schweige
nicht; Herr, sei nicht ferne von mir!
23 Wache auf, werde wach, mir Recht
zu schaffen und meine Sache zu führen,
mein Gott und Herr!
24 HERR, mein Gott, verhilf mir zum
Recht nach deiner Gerechtigkeit, daß sie
sich nicht über mich freuen.
25 Laß sie nicht sagen in ihrem Herzen:
«Da, da! das wollten wir.» Laß sie nicht
sagen: «Wir haben ihn verschlungen.»
26 Sie sollen sich schämen und zuschan-
den werden, alle die sich meines Un-
glücks freuen; sie sollen in Schmach und
Schande sich kleiden, die sich wider mich
rühmen.
27 Jubeln und freuen sollen sich, die mir
gönnen, daß ich recht behalte, und immer
sagen: Der HERR sei hoch gelobt, der sei-
nem Knecht so wohl will!
28 Und meine Zunge soll reden von dei-
ner Gerechtigkeit und dich täglich preisen.

Der Reichtum der Güte Gottes

36 VON DAVID, DEM KNECHT DES HERRN,
VORZUSINGEN.
2 Es sinnen die Übertreter auf gottloses
Treiben im Grund ihres Herzens. Es ist
keine Gottesfurcht bei ihnen.
3 Und doch hat Gott den Weg vor ihnen
geebnet, um ihre Schuld aufzufinden und
zu hassen.
4 Alle ihre Worte sind falsch und er-
logen, verständig und gut handeln sie
nicht mehr.
5 Sie trachten auf ihrem Lager nach
Schaden und stehen fest auf dem bösen
Weg und scheuen kein Arges.
6 **HERR, deine Güte reicht, so weit der
Himmel ist, und deine Wahrheit, so weit die
Wolken gehen.**
7 Deine Gerechtigkeit steht wie die
Berge Gottes und dein Recht wie die große
Tiefe. HERR, du hilfst Menschen und Tie-
ren.
8 Wie köstlich ist deine Güte, Gott, daß
Menschenkinder unter dem Schatten dei-
ner Flügel Zuflucht haben!
9 Sie werden satt von den reichen Gü-
tern deines Hauses, und du tränkst sie mit
Wonne wie mit einem Strom.
10 **Denn bei dir ist die Quelle des Le-
bens, und in deinem Lichte sehen wir das
Licht.**

11 **B**reite deine Güte über die, die dich
kennen, und deine Gerechtigkeit über die
Frommen.
12 Laß mich nicht kommen unter den
Fuß der Stolzen, und die Hand der Gott-
losen vertreibe mich nicht!
13 Sieh da, sie sind gefallen, die Übel-
täter, sind gestürzt und können nicht wie-
der aufstehen.

Das scheinbare Glück der Gottlosen

37 VON DAVID. Entrüste dich nicht über
die Bösen, sei nicht neidisch auf die
Übeltäter.
2 Denn wie das Gras werden sie bald
verdorren, und wie das grüne Kraut wer-
den sie verwelken.
3 Hoffe auf den HERRN und tu Gutes,
bleibe im Lande und nähre dich redlich.
4 Habe deine Lust am HERRN; der wird
dir geben, was dein Herz wünscht.
5 **Befiehl dem HERRN deine Wege und
hoffe auf ihn, er wird's wohl machen**
6 und wird deine Gerechtigkeit herauf-
führen wie das Licht und dein Recht wie
den Mittag.
7 **Sei stille dem HERRN und warte auf ihn.**
Entrüste dich nicht über den, dem es gut
geht, der seinen Mutwillen treibt.
8 Steh ab vom Zorn und laß den Grimm,
entrüste dich nicht, damit du nicht Un-
recht tust.
9 Denn die Bösen werden ausgerottet;
die aber des HERRN harren, werden das
Land erben.
10 Noch eine kleine Zeit, so ist der Gott-
lose nicht mehr da; und wenn du nach
seiner Stätte siehst, ist er weg.
11 Aber die Elenden werden das Land
erben und ihre Freude haben an großem
Frieden.
12 **D**er Gottlose droht dem Gerechten
und knirscht mit seinen Zähnen wider ihn.
13 Aber der Herr lacht seiner; denn er
sieht, daß sein Tag kommt.
14 Die Gottlosen ziehen das Schwert
und spannen ihren Bogen, daß sie fällen
den Elenden und Armen und morden die
Frommen.
15 Aber ihr Schwert wird in ihr eigenes
Herz dringen, und ihr Bogen wird zer-
brechen.
16 **D**as Wenige, das ein Gerechter hat, ist
besser als der Überfluß vieler Gottloser.
17 Denn der Gottlosen Arm wird zer-
brechen, aber der HERR erhält die Gerech-
ten.
18 Der HERR kennt die Tage der From-
men, und ihr Gut wird ewiglich bleiben.
19 Sie werden nicht zuschanden in böser
Zeit, und in der Hungersnot werden sie
genug haben.
20 Denn die Gottlosen werden umkom-
men; und die Feinde des HERRN, wenn sie
auch sind wie prächtige Auen, werden sie
doch vergehen, wie der Rauch vergeht.
21 **D**er Gottlose muß borgen und be-
zahlt nicht, aber der Gerechte ist barm-
herzig und kann geben.
22 Denn die Gesegneten des HERRN
erben das Land; aber die er verflucht,
werden ausgerottet.
23 Von dem HERRN kommt es, wenn
eines Mannes Schritte fest werden, und er
hat Gefallen an seinem Wege.
24 Fällt er, so stürzt er doch nicht; denn
der HERR hält ihn fest an der Hand.
25 **I**ch bin jung gewesen und alt gewor-
den und habe noch nie den Gerechten ver-
lassen gesehen und seine Kinder um Brot
betteln.
26 Er ist allezeit barmherzig und leiht
gerne, und sein Geschlecht wird zum
Segen sein.
27 Laß ab vom Bösen und tu Gutes, so
bleibst du wohnen immerdar.
28 Denn der HERR hat das Recht lieb
und verläßt seine Heiligen nicht. Ewiglich
werden sie bewahrt, aber das Geschlecht
der Gottlosen wird ausgerottet.
29 Die Gerechten werden das Land er-
erben und darin wohnen allezeit.
30 **D**er Mund des Gerechten redet Weis-
heit, und seine Zunge lehrt das Recht.
31 Das Gesetz seines Gottes ist in sei-
nem Herzen; seine Tritte gleiten nicht.
32 Der Gottlose lauert dem Gerechten
auf und gedenkt, ihn zu töten.
33 Aber der HERR läßt ihn nicht in sei-
nen Händen und läßt ihn vor Gericht
nicht zum Schuldigen werden.
34 Harre auf den HERRN und halte dich
auf seinem Weg, so wird er dich erhöhen,
daß du das Land erbest; du wirst es sehen,
daß die Gottlosen ausgerottet werden.
35 **I**ch sah einen Gottlosen, der pochte
auf Gewalt und machte sich breit und
grünte wie eine Zeder.

36 Dann kam ich wieder vorbei; siehe, da war er dahin. Ich fragte nach ihm; doch ward er nirgends gefunden.

37 **Bleibe fromm und halte dich recht; denn einem solchen wird es zuletzt gut gehen.**

38 Die Übertreter aber werden miteinander vertilgt, und die Gottlosen werden zuletzt ausgerottet.

39 Aber der HERR hilft den Gerechten, er ist ihre Stärke in der Not.

40 Und der HERR wird ihnen beistehen und sie erretten; er wird sie von den Gottlosen erretten und ihnen helfen; denn sie trauen auf ihn.

In schwerer Heimsuchung
(Der dritte Bußpsalm)

38 EIN PSALM DAVIDS, ZUM GEDENKOPFER.

2 HERR, strafe mich nicht in deinem Zorn und züchtige mich nicht in deinem Grimm!

3 Denn deine Pfeile stecken in mir, und deine Hand drückt mich.

4 Es ist nichts Gesundes an meinem Leibe wegen deines Drohens und ist nichts Heiles an meinen Gebeinen wegen meiner Sünde.

5 Denn meine Sünden gehen über mein Haupt; wie eine schwere Last sind sie mir zu schwer geworden.

6 Meine Wunden stinken und eitern um meiner Torheit willen.

7 Ich gehe krumm und sehr gebückt; den ganzen Tag gehe ich traurig einher.

8 Denn meine Lenden sind ganz verdorrt; es ist nichts Gesundes an meinem Leibe.

9 Ich bin matt geworden und ganz zerschlagen; ich schreie vor Unruhe meines Herzens.

10 Herr, du kennst all mein Begehren, und mein Seufzen ist dir nicht verborgen.

11 Mein Herz erbebt, meine Kraft hat mich verlassen, und das Licht meiner Augen ist auch dahin.

12 Meine Lieben und Freunde scheuen zurück vor meiner Plage, und meine Nächsten halten sich ferne.

13 Die mir nach dem Leben trachten, stellen mir nach; und die mein Unglück suchen, bereden, wie sie mir schaden; sie sinnen auf Trug den ganzen Tag.

14 Ich bin wie taub und höre nicht, und wie ein Stummer, der seinen Mund nicht auftut.

15 Ich muß sein wie einer, der nicht hört und keine Widerrede in seinem Munde hat.

16 Aber ich harre, HERR, auf dich; du, Herr, mein Gott, wirst erhören.

17 Denn ich denke: Daß sie sich ja nicht über mich freuen! Wenn mein Fuß wankte, würden sie sich hoch rühmen wider mich.

18 Denn ich bin dem Fallen nahe, und mein Schmerz ist immer vor mir.

19 So bekenne ich denn meine Missetat und sorge mich wegen meiner Sünde.

20 Aber meine Feinde leben und sind mächtig; die mich zu Unrecht hassen, derer sind viele.

21 Die mir Gutes mit Bösem vergelten, feinden mich an, weil ich mich an das Gute halte.

22 Verlaß mich nicht, HERR, mein Gott, sei nicht ferne von mir!

23 Eile, mir beizustehen, Herr, du meine Hilfe!

Bittruf angesichts der menschlichen Vergänglichkeit

39 EIN PSALM DAVIDS, VORZUSINGEN, FÜR JEDUTHUN.

2 Ich habe mir vorgenommen: Ich will mich hüten, daß ich nicht sündige mit meiner Zunge; ich will meinem Mund einen Zaum anlegen, solange ich den Gottlosen vor mir sehen muß.

3 Ich bin verstummt und still und schweige fern der Freude und muß mein Leid in mich fressen.

4 Mein Herz ist entbrannt in meinem Leibe; wenn ich daran denke, brennt es wie Feuer. So rede ich denn mit meiner Zunge:

5 «HERR, lehre mich doch, daß es ein Ende mit mir haben muß und mein Leben ein Ziel hat und ich davon muß.

6 Siehe, meine Tage sind eine Handbreit bei dir, und mein Leben ist wie nichts vor dir. Wie gar nichts sind alle Menschen, die doch so sicher leben! SELA.

7 Sie gehen daher wie ein Schatten und machen sich viel vergebliche Unruhe; sie sammeln und wissen nicht, wer es einbringen wird.»

8 Nun, Herr, wessen soll ich mich trösten? Ich hoffe auf dich.

9 Errette mich aus aller meiner Sünde
und laß mich nicht den Narren zum
Spott werden.
10 Ich will schweigen und meinen Mund
nicht auftun; denn du hast es getan.
11 Wende deine Plage von mir; ich ver-
gehe, weil deine Hand nach mir greift.
12 Wenn du den Menschen züchtigst
um der Sünde willen, so verzehrst du
seine Schönheit wie Motten ein Kleid.
Wie gar nichts sind doch alle Menschen.
SELA.
13 Höre mein Gebet, HERR, und ver-
nimm mein Schreien, schweige nicht zu
meinen Tränen; denn ich bin ein Gast bei
dir, ein Fremdling wie alle meine Väter.
14 Laß ab von mir, daß ich mich er-
quicke, ehe ich dahinfahre und nicht mehr
bin.

Dank und Bitte

40 EIN PSALM DAVIDS, VORZUSINGEN.
2 Ich harrte des HERRN, und er
neigte sich zu mir und hörte mein Schreien.
3 Er zog mich aus der grausigen Grube,
aus lauter Schmutz und Schlamm, und
stellte meine Füße auf einen Fels, daß ich
sicher treten kann;
4 er hat mir ein neues Lied in meinen
Mund gegeben, zu loben unsern Gott.
Das werden viele sehen und sich fürchten
und auf den HERRN hoffen.
5 Wohl dem, der seine Hoffnung setzt
auf den HERRN und sich nicht wendet zu
den Hoffärtigen und denen, die mit Lügen
umgehen!
6 HERR, mein Gott, groß sind deine
Wunder und deine Gedanken, die du an
uns beweisest; dir ist nichts gleich! Ich
will sie verkündigen und davon sagen,
wiewohl sie nicht zu zählen sind.
7 Schlachtopfer und Speisopfer gefallen
dir nicht, aber die Ohren hast du mir auf-
getan. Du willst weder Brandopfer noch
Sündopfer.
8 Da sprach ich: Siehe, ich komme; im
Buch ist von mir geschrieben:
9 Deinen Willen, mein Gott, tue ich
gern, und dein Gesetz hab ich in meinem
Herzen.
10 Ich verkündige Gerechtigkeit in der
großen Gemeinde. Siehe, ich will mir mei-
nen Mund nicht stopfen lassen; HERR, das
weißt du.
11 Deine Gerechtigkeit verberge ich
nicht in meinem Herzen; von deiner Wahr-
heit und von deinem Heil rede ich. Ich
verhehle deine Güte und Treue nicht vor
der großen Gemeinde.
12 Du aber, HERR, wollest deine Barm-
herzigkeit nicht von mir wenden; laß deine
Güte und Treue allewege mich behüten.
13 Denn es haben mich umgeben Leiden
ohne Zahl. Meine Sünden haben mich
ereilt; ich kann sie nicht überblicken. Ihrer
sind mehr als Haare auf meinem Haupt,
und mein Herz ist verzagt.
14 Laß dir's gefallen, HERR, mich zu er-
retten; eile, HERR, mir zu helfen!
15 Schämen sollen sich und zuschanden
werden, die mir nach dem Leben stehen,
mich umzubringen. Es sollen zurückwei-
chen und zuschanden werden, die mir
mein Unglück gönnen.
16 Sie sollen in ihrer Schande erschrek-
ken, die über mich schreien: Da, da!
17 Laß deiner sich freuen und fröhlich
sein alle, die nach dir fragen; und die dein
Heil lieben, laß allewege sagen: Der HERR
sei hoch gelobt!
18 Denn ich bin arm und elend; der
Herr aber sorgt für mich. Du bist mein
Helfer und Erretter; mein Gott, säume
doch nicht!

Gebet in Krankheit

41 EIN PSALM DAVIDS, VORZUSINGEN.
2 Wohl dem, der sich des Schwa-
chen annimmt! Den wird der HERR er-
retten zur bösen Zeit.
3 Der HERR wird ihn bewahren und
beim Leben erhalten und es ihm lassen
wohl gehen auf Erden und ihn nicht preis-
geben dem Willen seiner Feinde.
4 Der HERR wird ihn erquicken auf sei-
nem Lager; du hilfst ihm auf von aller
seiner Krankheit.
5 Ich sprach: HERR, sei mir gnädig!
Heile mich; denn ich habe an dir gesün-
digt.
6 Meine Feinde reden Arges wider mich:
«Wann wird er sterben und sein Name
vergehen?»
7 Sie kommen, nach mir zu schauen,
und meinen's doch nicht von Herzen;
sondern sie suchen etwas, daß sie lästern
können, gehen hin und tragen's hinaus
auf die Gasse.

8 Alle, die mich hassen, flüstern mitein-
ander über mich und denken Böses über
mich:
9 «Unheil ist über ihn ausgegossen; wer
so daliegt, wird nicht wieder aufstehen.»
10 Auch mein Freund, dem ich ver-
traute, der mein Brot aß, tritt mich mit
Füßen.
11 Du aber, HERR, sei mir gnädig und
hilf mir auf, so will ich ihnen vergelten.
12 Daran merke ich, daß du Gefallen an
mir hast, daß mein Feind über mich nicht
frohlocken wird.
13 Mich aber hältst du um meiner
Frömmigkeit willen und stellst mich vor
dein Angesicht für ewig.

14 Gelobt sei der HERR, der Gott Israels,
von Ewigkeit zu Ewigkeit! Amen! Amen!

ZWEITES BUCH

Verlangen nach Gott aus fremdem Land

42 EINE UNTERWEISUNG DER SÖHNE
KORAH, VORZUSINGEN.
2 **Wie der Hirsch lechzt nach frischem
Wasser, so schreit meine Seele, Gott, zu dir.**
3 **Meine Seele dürstet nach Gott, nach
dem lebendigen Gott. Wann werde ich dahin
kommen, daß ich Gottes Angesicht schaue?**
4 Meine Tränen sind meine Speise Tag
und Nacht, weil man täglich zu mir sagt:
Wo ist nun dein Gott?
5 Daran will ich denken und ausschüt-
ten mein Herz bei mir selbst: wie ich ein-
herzog in großer Schar, mit ihnen zu wal-
len zum Hause Gottes mit Frohlocken
und Danken in der Schar derer, die da
feiern.
6 Was betrübst du dich, meine Seele,
und bist so unruhig in mir? Harre auf
Gott; denn ich werde ihm noch danken,
daß er meines Angesichts Hilfe und mein
Gott ist.
7 Mein Gott, betrübt ist meine Seele in
mir, darum gedenke ich an dich aus dem
Land am Jordan und Hermon, vom Berge
Misar.
8 Deine Fluten rauschen daher, und eine
Tiefe ruft die andere; alle deine Wasser-
wogen und Wellen gehen über mich.
9 Am Tage sendet der HERR seine Güte,
und des Nachts singe ich ihm und bete zu
dem Gott meines Lebens.
10 Ich sage zu Gott, meinem Fels: War-
um hast du mich vergessen? Warum muß
ich so traurig gehen, wenn mein Feind
mich dränget?
11 Es ist wie Mord in meinen Gebeinen,
wenn mich meine Feinde schmähen und
täglich zu mir sagen: Wo ist nun dein
Gott?
12 Was betrübst du dich, meine Seele,
und bist so unruhig in mir? Harre auf
Gott; denn ich werde ihm noch danken,
daß er meines Angesichts Hilfe und mein
Gott ist.

43 Gott, schaffe mir Recht und führe
meine Sache wider das unheilige
Volk und errette mich von den falschen
und bösen Leuten!
2 Denn du bist der Gott meiner Stärke:
Warum hast du mich verstoßen? Warum
muß ich so traurig gehen, wenn mein
Feind mich dränget?
3 Sende dein Licht und deine Wahrheit,
daß sie mich leiten und bringen zu deinem
heiligen Berg und zu deiner Wohnung,
4 daß ich hineingehe zum Altar Gottes,
zu dem Gott, der meine Freude und Won-
ne ist, und dir, Gott, auf der Harfe danke,
mein Gott.
5 Was betrübst du dich, meine Seele,
und bist so unruhig in mir? Harre auf
Gott; denn ich werde ihm noch danken,
daß er meines Angesichts Hilfe und mein
Gott ist.

Hat Gott sein Volk verstoßen?

44 EINE UNTERWEISUNG DER SÖHNE
KORAH, VORZUSINGEN.
2 Gott, wir haben mit unsern Ohren ge-
hört, unsre Väter haben's uns erzählt, was
du getan hast zu ihren Zeiten, in alten
Tagen.
3 Du hast mit deiner Hand die Heiden
vertrieben, sie aber hast du eingesetzt; du
hast die Völker zerschlagen, sie aber hast
du ausgebreitet.
4 Denn sie haben das Land nicht einge-
nommen durch ihr Schwert, und ihr Arm
half ihnen nicht, sondern deine Rechte,
dein Arm und das Licht deines Ange-
sichts; denn du hattest Wohlgefallen an
ihnen.
5 Du bist es, mein König und mein
Gott, der du Jakob Hilfe verheißest.
6 Durch dich wollen wir unsre Feinde

zu Boden stoßen, in deinem Namen nie-
dertreten, die sich gegen uns erheben.
7 Denn ich verlasse mich nicht auf mei-
nen Bogen, und mein Schwert kann mir
nicht helfen;
8 sondern du hilfst uns von unsern Fein-
den und machst zuschanden, die uns has-
sen.
9 Täglich rühmen wir uns Gottes und
preisen deinen Namen ewiglich. SELA.
10 Warum verstößest du uns denn nun
und lässest uns zuschanden werden und
ziehst nicht aus mit unserm Heer?
11 Du lässest uns fliehen vor unserm
Feind, daß uns berauben, die uns hassen.
12 Du gibst uns dahin wie Schlacht-
schafe und zerstreust uns unter die Hei-
den.
13 Du verkaufst dein Volk um ein Nichts
und hast mit ihrem Kaufgeld nichts ge-
wonnen.
14 Du machst uns zur Schmach bei
unsern Nachbarn, zu Spott und Hohn bei
denen, die um uns her sind.
15 Du machst uns zum Sprichwort un-
ter den Heiden, läßt die Völker das Haupt
über uns schütteln.
16 Täglich ist meine Schmach mir vor
Augen, und mein Antlitz ist voller Scham,
17 weil ich sie höhnen und lästern höre
und muß die Feinde und Rachgierigen
sehen.
18 Dies alles ist über uns gekommen;
und wir haben doch dich nicht vergessen,
an deinem Bund nicht untreu gehandelt.
19 Unser Herz ist nicht abgefallen noch
unser Schritt gewichen von deinem Weg,
20 daß du uns so zerschlägst am Ort der
Schakale und bedeckst uns mit Finsternis.
21 Wenn wir den Namen unsres Gottes
vergessen hätten und unsre Hände aufge-
hoben zum fremden Gott:
22 würde das Gott nicht erforschen? Er
kennt ja unsres Herzens Grund.
23 Doch um deinetwillen werden wir
täglich getötet und sind geachtet wie
Schlachtschafe.
24 Wache auf, Herr! Warum schläfst
du? Werde wach und verstoß uns nicht für
immer!
25 Warum verbirgst du dein Antlitz, ver-
gissest unser Elend und unsre Drangsal?
26 Denn unsre Seele ist gebeugt zum
Staube, unser Leib liegt am Boden.
27 Mache dich auf, hilf uns und erlöse
uns um deiner Güte willen!

Lied zur Hochzeit des Königs

45 EINE UNTERWEISUNG DER SÖHNE
KORAH, VORZUSINGEN, NACH DER
WEISE «LILIEN», EIN BRAUTLIED.
2 Mein Herz dichtet ein feines Lied,
einem König will ich es singen; meine
Zunge ist ein Griffel eines guten Schrei-
bers:
3 Du bist der Schönste unter den Men-
schenkindern, voller Huld sind deine Lip-
pen; wahrlich, Gott hat dich gesegnet für
ewig.
4 Gürte dein Schwert an die Seite, du
Held, und schmücke dich herrlich!
5 Es möge dir gelingen in deiner Herr-
lichkeit. Zieh einher für die Wahrheit in
Sanftmut und Gerechtigkeit, so wird
deine rechte Hand Wunder vollbringen.
6 Scharf sind deine Pfeile, daß Völker
vor dir fallen; sie dringen ins Herz der
Feinde des Königs.
7 Gott, dein Thron bleibt immer und
ewig; das Zepter deines Reichs ist ein ge-
rechtes Zepter.
8 Du liebst Gerechtigkeit und hassest
gottloses Treiben; darum hat dich der
Herr, dein Gott, gesalbt mit Freudenöl
wie keinen deinesgleichen.
9 Deine Kleider sind lauter Myrrhe,
Aloe und Kassia; aus Elfenbeinpalästen
erfreut dich Saitenspiel.
10 In deinem Schmuck gehen Töchter
von Königen; die Braut steht zu deiner
Rechten in Goldschmuck aus Ophir.
11 Höre, Tochter, sieh und neige dein
Ohr: Vergiß dein Volk und dein Vater-
haus!
12 Den König verlangt nach deiner
Schönheit; denn er ist dein Herr, und du
sollst ihm huldigen.
13 Die Tochter Tyrus kommt mit Ge-
schenken; die Reichen im Volk suchen
deine Gunst.
14 Die Königstochter ist mit Perlen ge-
schmückt; sie ist mit goldenen Gewändern
bekleidet.
15 Man führt sie in gestickten Kleidern
zum König; Jungfrauen folgen ihr, ihre
Gespielinnen führt man zu dir.
16 Man führt sie hin mit Freude und
Jubel; sie ziehen ein in des Königs Palast.

17 An deiner Väter Statt werden deine Söhne sein; die wirst du zu Fürsten setzen in aller Welt.

18 Ich will deinen Namen kund machen von Kind zu Kindeskind; darum werden dir danken die Völker immer und ewig.

Ein feste Burg ist unser Gott

46 EIN LIED DER SÖHNE KORAH, VORZUSINGEN, NACH DER WEISE «JUNGFRAUEN».

2 **Gott ist unsre Zuversicht und Stärke, eine Hilfe in den großen Nöten, die uns getroffen haben.**

3 Darum fürchten wir uns nicht, wenngleich die Welt unterginge und die Berge mitten ins Meer sänken,

4 wenngleich das Meer wütete und wallte und von seinem Ungestüm die Berge einfielen. SELA.*

5 Dennoch soll die Stadt Gottes fein lustig bleiben mit ihren Brünnlein, da die heiligen Wohnungen des Höchsten sind.**

6 Gott ist bei ihr drinnen, darum wird sie fest bleiben; Gott hilft ihr früh am Morgen.

7 Die Heiden müssen verzagen und die Königreiche fallen, das Erdreich muß vergehen, wenn er sich hören läßt.

8 Der HERR Zebaoth ist mit uns, der Gott Jakobs ist unser Schutz. SELA.

9 Kommt her und schauet die Werke des HERRN, der auf Erden solch ein Zerstören anrichtet,

10 der den Kriegen steuert in aller Welt, der Bogen zerbricht, Spieße zerschlägt und Wagen mit Feuer verbrennt.

11 Seid stille und erkennet, daß ich Gott bin! Ich will der Höchste sein unter den Heiden, der Höchste auf Erden.

12 Der HERR Zebaoth ist mit uns, der Gott Jakobs ist unser Schutz. SELA.

Gott ist König über alle Völker

47 EIN PSALM DER SÖHNE KORAH, VORZUSINGEN.

2 Schlagt froh in die Hände, alle Völker, und jauchzet Gott mit fröhlichem Schall!

3 Denn der HERR, der Allerhöchste, ist heilig, ein großer König über die ganze Erde.

4 Er beugt die Völker unter uns und Völkerschaften unter unsere Füße.

5 Er erwählt uns unser Erbteil, die Herrlichkeit Jakobs, den er lieb hat. SELA.

6 Gott fährt auf unter Jauchzen, der HERR beim Hall der Posaune.

7 Lobsinget, lobsinget Gott, lobsinget, lobsinget unserm Könige!

8 Denn Gott ist König über die ganze Erde; lobsinget ihm mit Psalmen!

9 Gott ist König über die Völker, Gott sitzt auf seinem heiligen Thron.

10 Die Fürsten der Völker sind versammelt als Volk des Gottes Abrahams; denn Gott gehören die Starken auf Erden; er ist hoch erhaben.

Gottes Stadt

48 EIN PSALMLIED DER SÖHNE KORAH.
2 Groß ist der HERR und hoch zu rühmen in der Stadt unsres Gottes, auf seinem heiligen Berge.

3 Schön ragt empor der Berg Zion, daran sich freut die ganze Welt, der Gottesberg fern im Norden, die Stadt des großen Königs.

4 Gott ist in ihren Palästen, er ist bekannt als Schutz.

5 Denn siehe, Könige waren versammelt und miteinander herangezogen.

6 Sie haben sich verwundert, als sie solches sahen; sie haben sich entsetzt und sind davongestürzt.

7 Zittern hat sie da erfaßt, Angst wie eine Gebärende.

8 Du zerbrichst die großen Schiffe durch den Sturm vom Osten.

9 Wie wir es gehört haben, so sehen wir es an der Stadt des HERRN Zebaoth, an der Stadt unsres Gottes: Gott erhält sie ewiglich. SELA.

10 Gott, wir gedenken deiner Güte in deinem Tempel.

11 Gott, wie dein Name, so ist auch dein Ruhm bis an der Welt Enden. Deine Rechte ist voll Gerechtigkeit.

12 Dessen freue sich der Berg Zion, und die Töchter Judas seien fröhlich, weil du recht richtest.

13 Ziehet um Zion herum und umschreitet es, zählt seine Türme;

14 habt gut acht auf seine Mauern, durchwandert seine Paläste, daß ihr den Nachkommen davon erzählt:

*Vermutlich stand der Kehrvers von Vers 8 und 12 auch an dieser Stelle.

**Luther übersetzte ursprünglich wörtlicher: «Der Strom mit seinen Bächen erfreuet die Stadt Gottes, die heiligen Wohnungen des Höchsten.»

15 Wahrlich, das ist Gott, unser Gott für immer und ewig. Er ist's, der uns führet.

Die Herrlichkeit der Reichen ist Trug und Schein

49 EIN PSALM DER SÖHNE KORAH, VORZUSINGEN, NACH DER WEISE «JUGEND».

2 Höret zu, alle Völker; merket auf, alle, die in dieser Zeit leben,

3 einfache Leute und Herren, reich und arm, miteinander!

4 Mein Mund soll Weisheit reden, und was mein Herz sagt, soll verständig sein.

5 Ich will einem Spruch mein Ohr neigen und mein Rätselwort kundtun beim Klang der Harfe.

6 Warum sollte ich mich fürchten in bösen Tagen, wenn mich die Missetat meiner Widersacher umgibt,

7 die sich verlassen auf Hab und Gut und pochen auf ihren großen Reichtum?

8 Kann doch keiner einen andern auslösen oder für ihn an Gott ein Sühnegeld geben

9 – denn es kostet zuviel, ihr Leben auszulösen; er muß davon abstehen ewiglich –,

10 damit er immer weiterlebe und die Grube nicht sehe.

11 Nein, er wird sehen: auch die Weisen sterben, so wie die Toren und Narren umkommen; sie müssen ihr Gut andern lassen.

12 Gräber sind ihr Haus immerdar, ihre Wohnung für und für, und doch hatten sie große Ehre auf Erden.

13 Ein Mensch in seiner Herrlichkeit kann nicht bleiben, sondern muß davon wie das Vieh.

14 Dies ist der Weg derer, die so voll Torheit sind, und das Ende aller, denen ihr Gerede so wohl gefällt. SELA.

15 Sie liegen bei den Toten wie Schafe, der Tod weidet sie; aber die Frommen werden gar bald über sie herrschen, und ihr Trotz muß vergehen; bei den Toten müssen sie bleiben.

16 Aber Gott wird mich erlösen aus des Todes Gewalt; denn er nimmt mich auf. SELA.

17 Laß es dich nicht anfechten, wenn einer reich wird, wenn die Herrlichkeit seines Hauses groß wird.

18 Denn er wird nichts bei seinem Sterben mitnehmen, und seine Herrlichkeit wird ihm nicht nachfahren.

19 Er freut sich wohl dieses guten Lebens, und man preist dich, wenn es dir gut geht.

20 Aber doch fahren sie ihren Vätern nach und sehen das Licht nimmermehr.

21 Ein Mensch in seiner Herrlichkeit kann nicht bleiben, sondern muß davon wie das Vieh.

Der rechte Gottesdienst

50 EIN PSALM ASAPHS. Gott, der HERR, der Mächtige, redet und ruft der Welt zu vom Aufgang der Sonne bis zu ihrem Niedergang.

2 **Aus Zion bricht an der schöne Glanz Gottes.**

3 **Unser Gott kommt und schweiget nicht.** Fressendes Feuer geht vor ihm her und um ihn her ein mächtiges Wetter.

4 Er ruft Himmel und Erde zu, daß er sein Volk richten wolle:

5 «Versammelt mir meine Heiligen, die den Bund mit mir schlossen beim Opfer.»

6 Und die Himmel werden seine Gerechtigkeit verkünden; denn Gott selbst ist Richter. SELA.

7 «Höre, mein Volk, laß mich reden; Israel, ich will wider dich zeugen: Ich, Gott, bin dein Gott.

8 Nicht deiner Opfer wegen klage ich dich an – sind doch deine Brandopfer täglich vor mir.

9 Ich will von deinem Hause Stiere nicht nehmen noch Böcke aus deinen Ställen.

10 Denn alles Wild im Walde ist mein und die Tiere auf den Bergen zu Tausenden.

11 Ich kenne alle Vögel auf den Bergen; und was sich regt auf dem Felde, ist mein.

12 Wenn mich hungerte, wollte ich dir nicht davon sagen; denn der Erdkreis ist mein und alles, was darauf ist.

13 Meinst du, daß ich Fleisch von Stieren essen wolle oder Blut von Böcken trinken?

14 Opfere Gott Dank und erfülle dem Höchsten deine Gelübde

15 und **rufe mich an in der Not, so will ich dich erretten, und du sollst mich preisen.»**

16 Aber zum Gottlosen spricht Gott: «Was hast du von meinen Geboten zu

reden und nimmst meinen Bund in deinen
Mund,
17 da du doch Zucht hassest und wirfst
meine Worte hinter dich?
18 Wenn du einen Dieb siehst, so läufst
du mit ihm und hast Gemeinschaft mit
den Ehebrechern.
19 Deinen Mund lässest du Böses reden,
und deine Zunge treibt Falschheit.
20 Du sitzest und redest wider deinen
Bruder; deiner Mutter Sohn verleumdest
du.
21 Das tust du, und ich schweige; da
meinst du, ich sei so wie du. Aber ich will
dich zurechtweisen und es dir vor Augen
stellen.
22 Begreift es doch, die ihr Gott ver-
gesset, damit ich nicht hinraffe, und kein
Retter ist da!
23 Wer Dank opfert, der preiset mich,
und da ist der Weg, daß ich ihm zeige das
Heil Gottes.»

Gott, sei mir Sünder gnädig!
(Der vierte Bußpsalm)

51 EIN PSALM DAVIDS, VORZUSINGEN,
2 ALS DER PROPHET NATHAN ZU IHM
KAM, NACHDEM ER ZU BATHSEBA EINGE-
GANGEN WAR.
3 Gott, sei mir gnädig nach deiner Güte,
und tilge meine Sünden nach deiner gro-
ßen Barmherzigkeit.
4 Wasche mich rein von meiner Misse-
tat, und reinige mich von meiner Sünde;
5 denn ich erkenne meine Missetat, und
meine Sünde ist immer vor mir.
6 An dir allein habe ich gesündigt und
übel vor dir getan, auf daß du recht be-
haltest in deinen Worten und rein da-
stehst, wenn du richtest.
7 Siehe, ich bin als Sünder geboren, und
meine Mutter hat mich in Sünden emp-
fangen.
8 Siehe, dir gefällt Wahrheit, die im Ver-
borgenen liegt, und im Geheimen tust du
mir Weisheit kund.
9 Entsündige mich mit Ysop, daß ich
rein werde; wasche mich, daß ich schnee-
weiß werde.
10 Laß mich hören Freude und Wonne,
daß die Gebeine fröhlich werden, die du
zerschlagen hast.
11 Verbirg dein Antlitz vor meinen Sün-
den, und tilge alle meine Missetat.
12 **Schaffe in mir, Gott, ein reines Herz,**
und gib mir einen neuen, beständigen Geist.
13 **Verwirf mich nicht von deinem Ange-**
sicht, und nimm deinen heiligen Geist nicht
von mir.
14 **Erfreue mich wieder mit deiner Hilfe,**
und mit einem willigen Geist rüste mich aus.
15 Ich will die Übertreter deine Wege leh-
ren, daß sich die Sünder zu dir bekehren.
16 Errette mich von Blutschuld, Gott,
der du mein Gott und Heiland bist, daß
meine Zunge deine Gerechtigkeit rühme.
17 Herr, tu meine Lippen auf, daß mein
Mund deinen Ruhm verkündige.
18 Denn Schlachtopfer willst du nicht,
ich wollte sie dir sonst geben, und Brand-
opfer gefallen dir nicht.
19 Die Opfer, die Gott gefallen, sind ein
geängsteter Geist, ein geängstetes, zer-
schlagenes Herz wirst du, Gott, nicht ver-
achten.
20 Tu wohl an Zion nach deiner Gnade,
baue die Mauern zu Jerusalem.
21 Dann werden dir gefallen rechte Op-
fer, Brandopfer und Ganzopfer; dann
wird man Stiere auf deinem Altar opfern.

Trostpsalm gegen einen Gewalttäter

52 EINE UNTERWEISUNG DAVIDS, VOR-
ZUSINGEN,
2 ALS DOËG, DER EDOMITER, KAM UND
ZEIGTE ES SAUL AN UND SPRACH: DAVID IST
IN AHIMELECHS HAUS GEKOMMEN.
3 Was rühmst du dich der Bosheit, du
Tyrann, da doch Gottes Güte noch täg-
lich währt?
4 Deine Zunge trachtet nach Schaden
wie ein scharfes Schermesser, du Betrüger!
5 Du liebst das Böse mehr als das Gute
und redest lieber Falsches als Rechtes.
SELA.
6 Du redest gern alles, was zum Verder-
ben dient, mit falscher Zunge.
7 Darum wird dich auch Gott für immer
zerstören, dich zerschlagen und aus dei-
nem Zelte reißen und aus dem Lande der
Lebendigen ausrotten. SELA.
8 Und die Gerechten werden es sehen
und sich fürchten und werden seiner
lachen:
9 «Siehe, das ist der Mann, der nicht auf
Gott sein Vertrauen setzte, sondern ver-
ließ sich auf seinen großen Reichtum und
war mächtig, Schaden zu tun.»

10 Ich aber werde bleiben wie ein grü-
nender Ölbaum im Hause Gottes; ich
verlasse mich auf Gottes Güte immer und
ewig.
11 Ich will dir danken ewiglich, denn du
hast es getan. Ich will harren auf deinen
Namen vor deinen Heiligen, denn du bist
gütig.

Die Torheit der Gottlosen

53 EINE UNTERWEISUNG DAVIDS, VORZUSINGEN, ZUM REIGENTANZ.
2 Die Toren sprechen in ihrem Herzen:
«Es ist kein Gott.» Sie taugen nichts; ihr
Freveln ist ein Greuel; da ist keiner, der
Gutes tut.
3 Gott schaut vom Himmel auf die
Menschenkinder, daß er sehe, ob jemand
klug sei und nach Gott frage.
4 Aber sie sind alle abgefallen und alle-
samt verdorben; da ist keiner, der Gutes
tut, auch nicht **einer**.
5 Wollen denn die Übeltäter sich nichts
sagen lassen, die mein Volk fressen, daß sie
sich nähren, Gott aber rufen sie nicht an?
6 Sie fürchten sich da, wo nichts zu
fürchten ist; doch Gott zerstreut die Ge-
beine derer, die dich bedrängen. Du
machst sie zuschanden, denn Gott hat sie
verworfen.
7 Ach daß die Hilfe aus Zion über Israel
käme und Gott sein gefangenes Volk er-
löste! So würde Jakob sich freuen und
Israel fröhlich sein.

Hilferuf eines Bedrohten

54 EINE UNTERWEISUNG DAVIDS, VORZUSINGEN, BEIM SAITENSPIEL,
2 ALS DIE MÄNNER VON SIPH KAMEN UND
ZU SAUL SPRACHEN: DAVID HÄLT SICH BEI
UNS VERBORGEN.
3 Hilf mir, Gott, durch deinen Namen
und schaffe mir Recht durch deine Kraft.
4 Gott, erhöre mein Gebet, vernimm die
Rede meines Mundes.
5 Denn Stolze erheben sich gegen mich,
und Gewalttäter trachten mir nach dem
Leben; sie haben Gott nicht vor Augen.
SELA.
6 Siehe, Gott steht mir bei, der Herr er-
hält mein Leben.
7 Er wird die Bosheit meinen Feinden
vergelten. Vertilge sie um deiner Treue
willen!
8 So will ich dir ein Freudenopfer brin-
gen und deinen Namen, HERR, preisen,
daß er so tröstlich ist.
9 Denn du errettest mich aus aller mei-
ner Not, daß mein Auge auf meine Feinde
herabsieht.

Klage über falsche Brüder

55 EINE UNTERWEISUNG DAVIDS, VORZUSINGEN, BEIM SAITENSPIEL.
2 Gott, höre mein Gebet und verbirg
dich nicht vor meinem Flehen.
3 Merke auf mich und erhöre mich, wie
ich so ruhelos klage und heule,
4 da der Feind so schreit und der Gott-
lose mich bedrängt; denn sie wollen Un-
heil über mich bringen und sind mir heftig
gram.
5 Mein Herz ängstet sich in meinem
Leibe, und Todesfurcht ist auf mich ge-
fallen.
6 Furcht und Zittern ist über mich ge-
kommen, und Grauen hat mich überfallen.
7 Ich sprach: O hätte ich Flügel wie Tau-
ben, daß ich wegflöge und Ruhe fände!
8 Siehe, so wollte ich in die Ferne fliehen
und in der Wüste bleiben. SELA.
9 Ich wollte eilen, daß ich entrinne vor
dem Sturmwind und Wetter.
10 Mache ihre Zunge uneins, Herr, und
verwirre sie; denn ich sehe Frevel und
Hader in der Stadt.
11 Das geht Tag und Nacht um auf
ihren Mauern, und Mühsal und Unheil
ist drinnen.
12 Verderbnis regiert darin, Lügen und
Trügen weicht nicht aus ihren Gassen.
13 Wenn mein **Feind** mich schmähte,
wollte ich es ertragen; wenn einer, der
mich haßt, groß tut wider mich, wollte ich
mich vor ihm verbergen.
14 Aber nun bist du es, mein Gefährte,
mein Freund und mein Vertrauter,
15 die wir freundlich miteinander waren,
die wir in Gottes Haus gingen inmitten
der Menge!
16 Der Tod übereile sie, daß sie lebendig
zu den Toten fahren; denn es ist lauter
Bosheit bei ihnen.
17 Ich aber will zu Gott rufen, und der
HERR wird mir helfen.
18 Abends und morgens und mittags
will ich klagen und heulen; so wird er
meine Stimme hören.

19 Er erlöst mich von denen, die an
mich wollen, und schafft mir Ruhe; denn
ihrer sind viele wider mich.
20 Gott wird hören und sie demütigen,
der allewege bleibet. SELA. Denn sie werden nicht anders und wollen Gott nicht
fürchten.
21 Sie legen ihre Hände an ihre Freunde
und entheiligen ihren Bund.
22 Ihr Mund ist glatter als Butter, und
haben doch Krieg im Sinn; ihre Worte
sind linder als Öl und sind doch gezückte
Schwerter.
23 **Wirf dein Anliegen auf den HERRN; der wird dich versorgen und wird den Gerechten in Ewigkeit nicht wanken lassen.**
24 Und du, Gott, wirst sie hinunterstoßen in die tiefe Grube. Die Blutgierigen
und Falschen werden ihr Leben nicht bis
zur Hälfte bringen. Ich aber hoffe auf
dich.

Getrostes Vertrauen in schwerer Not

56 EIN GÜLDENES KLEINOD DAVIDS, VORZUSINGEN, NACH DER WEISE «DIE STUMME TAUBE UNTER DEN FREMDEN», ALS IHN DIE PHILISTER IN GATH ERGRIFFEN HATTEN.
2 Gott, sei mir gnädig, denn Menschen
stellen mir nach; täglich bekämpfen und
bedrängen sie mich.
3 Meine Feinde stellen mir täglich nach;
denn viele kämpfen gegen mich voll
Hochmut.
4 Wenn ich mich fürchte, so hoffe ich
auf dich.
5 Ich will Gottes Wort rühmen; auf
Gott will ich hoffen und mich nicht
fürchten. Was können mir Menschen tun?
6 Täglich fechten sie meine Sache an;
alle ihre Gedanken suchen mir Böses zu
tun.
7 Sie rotten sich zusammen, sie lauern
und haben acht auf meine Schritte, wie
sie mir nach dem Leben trachten.
8 Sollten sie mit ihrer Bosheit entrinnen? Gott, stoß diese Leute ohne alle
Gnade hinunter!
9 Zähle die Tage meiner Flucht, sammle
meine Tränen in deinen Krug; ohne Zweifel, du zählst sie.
10 Dann werden meine Feinde zurückweichen, wenn ich dich anrufe. Das weiß
ich, daß du mein Gott bist.
11 Ich will rühmen Gottes Wort; ich
will rühmen des HERRN Wort.
12 Auf Gott hoffe ich und fürchte mich
nicht; was können mir Menschen tun?
13 Ich habe dir, Gott, gelobt, daß ich dir
danken will.
14 Denn du hast mich vom Tode errettet,
meine Füße vom Gleiten, daß ich wandeln
kann vor Gott im Licht der Lebendigen.

Vertrauensvolle Bitte in der Anfechtung

57 EIN GÜLDENES KLEINOD DAVIDS, VORZUSINGEN, NACH DER WEISE «VERTILGE NICHT», ALS ER VOR SAUL IN DIE HÖHLE FLOH.
2 Sei mir gnädig, Gott, sei mir gnädig!
Denn auf dich traut meine Seele, und
unter dem Schatten deiner Flügel habe
ich Zuflucht, bis das Unglück vorübergehe.
3 Ich rufe zu Gott, dem Allerhöchsten,
zu Gott, der meine Sache zum guten Ende
führt.
4 Er sende vom Himmel und helfe mir von
der Schmähung dessen, der mir nachstellt.
SELA. Gott sende seine Güte und Treue.
5 Ich liege mitten unter Löwen; verzehrende Flammen sind die Menschen,
ihre Zähne sind Spieße und Pfeile und
ihre Zungen scharfe Schwerter.
6 Erhebe dich, Gott, über den Himmel
und deine Herrlichkeit über alle Welt!
7 Sie haben meinen Schritten ein Netz
gestellt und meine Seele gebeugt; sie haben vor mir eine Grube gegraben – und
fallen doch selbst hinein. SELA.
8 Mein Herz ist bereit, Gott, mein Herz
ist bereit, daß ich singe und lobe.
9 Wach auf, meine Seele, wach auf,
Psalter und Harfe, ich will das Morgenrot
wecken!
10 Herr, ich will dir danken unter den
Völkern, ich will dir lobsingen unter den
Leuten.
11 Denn deine Güte reicht, so weit der
Himmel ist, und deine Wahrheit, so weit
die Wolken gehen.
12 Erhebe dich, Gott, über den Himmel
und deine Herrlichkeit über alle Welt!

Gott ist noch Richter auf Erden

58 EIN GÜLDENES KLEINOD DAVIDS, VORZUSINGEN, NACH DER WEISE «VERTILGE NICHT».

2 Sprecht ihr in Wahrheit Recht, ihr
Mächtigen? Richtet ihr in Gerechtigkeit
die Menschenkinder?
3 Nein, mutwillig tut ihr Unrecht im
Lande, und eure Hände treiben Frevel.
4 Die Gottlosen sind abtrünnig vom
Mutterschoß an, die Lügner gehen irre
von Mutterleib an.
5 Sie sind voller Gift wie eine giftige
Schlange, wie eine taube Otter, die ihr
Ohr verschließt,
6 daß sie nicht höre die Stimme des
Zauberers, des Beschwörers, der gut be-
schwören kann.
7 Gott, zerbrich ihnen die Zähne im
Maul, zerschlage, HERR, das Gebiß der
jungen Löwen!
8 Sie werden vergehen wie Wasser, das
verrinnt. Zielen sie mit ihren Pfeilen, so
werden sie ihnen zerbrechen.
9 Sie gehen dahin, wie Wachs zerfließt,
wie eine Fehlgeburt, die die Sonne nicht
sieht.
10 Ehe eure Töpfe das Dornfeuer spü-
ren, reißt alles der brennende Zorn hin-
weg.
11 Der Gerechte wird sich freuen, wenn
er solche Vergeltung sieht, und wird seine
Füße baden in des Gottlosen Blut;
12 und die Leute werden sagen: Ja, der
Gerechte empfängt seine Frucht, ja, Gott
ist noch Richter auf Erden.

Gebet mitten unter den Feinden

59 EIN GÜLDENES KLEINOD DAVIDS, VOR-
ZUSINGEN, NACH DER WEISE «VER-
TILGE NICHT», ALS SAUL HINSANDTE UND
SEIN HAUS BEWACHEN LIESS, UM IHN ZU
TÖTEN.
2 Errette mich, mein Gott, von meinen
Feinden und schütze mich vor meinen
Widersachern.
3 Errette mich von den Übeltätern und
hilf mir von den Blutgierigen!
4 Denn siehe, HERR, sie lauern mir auf;
Starke rotten sich wider mich zusammen
ohne meine Schuld und Missetat.
5 Ich habe nichts verschuldet; sie aber
laufen herzu und machen sich bereit. Er-
wache, komm herbei und sieh darein!
6 Du, HERR, Gott Zebaoth, Gott Israels,
wache auf und suche heim alle Völker!
Sei keinem von ihnen gnädig, die so ver-
wegene Übeltäter sind. SELA.
7 Jeden Abend kommen sie wieder, heu-
len wie die Hunde und laufen in der Stadt
umher.
8 Siehe, sie geifern mit ihrem Maul;
Schwerter sind auf ihren Lippen: «Wer
sollte es hören?»
9 Aber du, HERR, wirst ihrer lachen und
aller Völker spotten.
10 Meine Stärke, zu dir will ich mich
halten; denn Gott ist mein Schutz.
11 Gott erzeigt mir reichlich seine Güte,
Gott läßt mich auf meine Feinde herab-
sehen.
12 Bringe sie nicht um, daß es mein
Volk nicht vergesse; zerstreue sie aber mit
deiner Macht, Herr, unser Schild, und
stoß sie hinunter!
13 Das Wort ihrer Lippen ist nichts als
Sünde; darum sollen sie sich fangen in ihrer
Hoffart mit all ihren Flüchen und Lügen.
14 Vertilge sie ohne alle Gnade, ver-
tilge sie, daß sie nicht mehr da sind! Laß
sie innewerden, daß Gott Herrscher ist in
Jakob bis an die Enden der Erde. SELA.
15 Jeden Abend kommen sie wieder,
heulen wie die Hunde und laufen in der
Stadt umher.
16 Sie laufen hin und her nach Speise
und murren, wenn sie nicht satt werden.
17 Ich aber will von deiner Macht sin-
gen und des Morgens rühmen deine Güte;
denn du bist mir Schutz und Zuflucht in
meiner Not.
18 Meine Stärke, dir will ich lobsingen;
denn Gott ist mein Schutz, mein gnädiger
Gott.

Gebet des verstoßenen Volkes

60 EIN GÜLDENES KLEINOD DAVIDS, VOR-
ZUSINGEN, NACH DER WEISE «LILIE
DES ZEUGNISSES», ZUR BELEHRUNG,
2 ALS ER MIT DEN ARAMÄERN VON MESO-
POTAMIEN UND MIT DEN ARAMÄERN VON
ZOBA KRIEG FÜHRTE; ALS JOAB UMKEHRTE
UND DIE EDOMITER IM SALZTAL SCHLUG,
ZWÖLFTAUSEND MANN.
3 Gott, der du uns verstoßen und zer-
streut hast und zornig warst, tröste uns
wieder;
4 der du die Erde erschüttert und zerris-
sen hast, heile ihre Risse; denn sie wankt.
5 Du ließest deinem Volk Hartes wider-
fahren, du gabst uns einen Wein zu trin-
ken, daß wir taumelten.

6 Du hast doch ein Zeichen gegeben
denen, die dich fürchten, damit sie fliehen
können vor dem Bogen. SELA.
7 Daß deine Freunde errettet werden,
dazu hilf mit deiner Rechten und erhöre
uns!
8 Gott hat in seinem Heiligtum geredet:
Ich will frohlocken; ich will Sichem ver-
teilen und das Tal Sukkoth ausmessen;
9 Gilead ist mein, mein ist Manasse,
Ephraim ist der Schutz meines Hauptes,
Juda ist mein Zepter.
10 Moab ist mein Waschbecken, meinen
Schuh werfe ich auf Edom, Philisterland,
jauchze mir zu!
11 Wer wird mich führen in die feste
Stadt? Wer geleitet mich nach Edom?
12 Wirst du es nicht tun, Gott, der du
uns verstoßen hast und ziehst nicht aus,
Gott, mit unserm Heer?
13 Schaff uns Beistand in der Not; denn
Menschenhilfe ist nichts nütze.
14 Mit Gott wollen wir Taten tun. Er
wird unsre Feinde niedertreten.

Bitte und Fürbitte aus der Ferne

61 VON DAVID, VORZUSINGEN, BEIM
SAITENSPIEL.
2 Höre, Gott, mein Schreien und merke
auf mein Gebet!
3 Vom Ende der Erde rufe ich zu dir;
denn mein Herz ist in Angst; du wollest
mich führen auf einen hohen Felsen.
4 Denn du bist meine Zuversicht, ein
starker Turm vor meinen Feinden.
5 Laß mich wohnen in deinem Zelte
ewiglich und Zuflucht haben unter deinen
Fittichen. SELA.
6 Denn du, Gott, hörst mein Gelübde
und gibst mir teil am Erbe derer, die dei-
nen Namen fürchten.
7 Du wollest dem König langes Leben
geben, daß seine Jahre währen für und für,
8 daß er immer throne vor Gott. Laß
Güte und Treue ihn behüten!
9 So will ich deinem Namen lobsingen
ewiglich, daß ich meine Gelübde erfülle
täglich.

Stille zu Gott

62 EIN PSALM DAVIDS, VORZUSINGEN,
FÜR JEDUTHUN.
2 Meine Seele ist stille zu Gott, der mir
hilft.
3 Denn er ist mein Fels, meine Hilfe,
mein Schutz, daß ich gewiß nicht fallen
werde.
4 Wie lange stellt ihr alle **einem** nach,
wollt alle ihn morden, als wäre er eine
hangende Wand und eine rissige Mauer?
5 Sie denken nur, wie sie ihn stürzen,
haben Gefallen am Lügen; mit dem
Munde segnen sie, aber im Herzen fluchen
sie. SELA.
6 Aber sei nur stille zu Gott, meine
Seele; denn er ist meine Hoffnung.
7 Er ist mein Fels, meine Hilfe und
mein Schutz, daß ich nicht fallen werde.
8 Bei Gott ist mein Heil und meine Ehre,
der Fels meiner Stärke, meine Zuversicht
ist bei Gott.
9 Hoffet auf ihn allezeit, liebe Leute,
schüttet euer Herz vor ihm aus; Gott ist
unsre Zuversicht. SELA.
10 Aber Menschen sind ja nichts, große
Leute täuschen auch; sie wiegen weniger
als nichts, soviel ihrer sind.
11 Verlaßt euch nicht auf Gewalt und
setzt auf Raub nicht eitle Hoffnung; fällt
euch Reichtum zu, so hängt euer Herz
nicht daran.
12 Eines hat Gott geredet, ein Zweifaches
habe ich gehört: Gott allein ist mächtig,
13 und du, Herr, bist gnädig; denn du
vergiltst einem jeden, wie er's verdient hat.

Sehnsucht nach Gott

63 EIN PSALM DAVIDS, ALS ER IN DER
WÜSTE JUDA WAR.
2 Gott, du bist mein Gott, den ich suche.
Es dürstet meine Seele nach dir, mein
ganzer Mensch verlangt nach dir aus
trockenem, dürrem Land, wo kein Wasser
ist.
3 So schaue ich aus nach dir in deinem
Heiligtum, wollte gerne sehen deine Macht
und Herrlichkeit.
4 Denn deine Güte ist besser als Leben;
meine Lippen preisen dich.
5 So will ich dich loben mein Leben
lang und meine Hände in deinem Namen
aufheben.
6 Das ist meines Herzens Freude und
Wonne, wenn ich dich mit fröhlichem
Munde loben kann;
7 **wenn ich mich zu Bette lege, so denke ich
an dich, wenn ich wach liege, sinne ich über
dich nach.**

8 Denn du bist mein Helfer, und unter dem Schatten deiner Flügel frohlocke ich.
9 Meine Seele hängt an dir; deine rechte Hand hält mich.
10 Sie aber trachten mir nach dem Leben, mich zu verderben; sie werden in die Tiefen der Erde hinunterfahren.
11 Sie werden dem Schwert dahingegeben und den Schakalen zur Beute werden.
12 Aber der König freut sich in Gott.
Wer bei ihm schwört, der darf sich rühmen; denn die Lügenmäuler sollen verstopft werden.

Bitte um Schutz vor bösen Anschlägen

64 EIN PSALM DAVIDS, VORZUSINGEN.
2 Höre, Gott, meine Stimme in meiner Klage, behüte mein Leben vor dem schrecklichen Feinde.
3 Verbirg mich vor den Anschlägen der Bösen, vor dem Toben der Übeltäter,
4 die ihre Zunge schärfen wie ein Schwert, mit ihren giftigen Worten zielen wie mit Pfeilen,
5 daß sie heimlich schießen auf den Frommen; plötzlich schießen sie auf ihn ohne alle Scheu.
6 Sie verstehen sich auf ihre bösen Anschläge und reden davon, wie sie Stricke legen wollen, und sprechen: Wer kann sie sehen?
7 Sie haben Böses im Sinn und halten's geheim, sind verschlagen und haben Ränke im Herzen.
8 Da trifft sie Gott mit dem Pfeil, plötzlich sind sie zu Boden geschlagen.
9 Ihre eigene Zunge bringt sie zu Fall, daß ihrer spotten wird, wer sie siehet.
10 Und alle Menschen werden sich fürchten und sagen: Das hat Gott getan! und erkennen, daß es sein Werk ist.
11 Die Gerechten werden sich des HERRN freuen und auf ihn trauen, und alle frommen Herzen werden sich seiner rühmen.

Danklied für geistlichen und leiblichen Segen

65 EIN PSALMLIED DAVIDS, VORZUSINGEN.
2 **Gott, man lobt dich in der Stille zu Zion, und dir hält man Gelübde.**
3 **Du erhörst Gebet; darum kommt alles Fleisch zu dir.**
4 Unsre Missetat drückt uns hart; du wollest unsre Sünde vergeben.
5 Wohl dem, den du erwählst und zu dir lässest, daß er in deinen Vorhöfen wohne; der hat reichen Trost von deinem Hause, deinem heiligen Tempel.
6 Erhöre uns nach der wunderbaren Gerechtigkeit, Gott, unser Heil, der du bist die Zuversicht aller auf Erden und fern am Meer;
7 der du die Berge festsetzest in deiner Kraft und gerüstet bist mit Macht;
8 der du stillst das Brausen des Meeres, das Brausen seiner Wellen und das Toben der Völker,
9 daß sich entsetzen, die an den Enden wohnen, vor deinen Zeichen. Du machst fröhlich, was da lebet im Osten wie im Westen.
10 Du suchst das Land heim und bewässerst es und machst es sehr reich; Gottes Brünnlein hat Wasser die Fülle. Du lässest ihr Getreide gut geraten; denn so baust du das Land.
11 Du tränkst seine Furchen und feuchtest seine Schollen; mit Regen machst du es weich und segnest sein Gewächs.
12 Du krönst das Jahr mit deinem Gut, und deine Fußtapfen triefen von Segen.
13 Es triefen auch die Auen in der Steppe, und die Hügel sind erfüllt mit Jubel.
14 Die Anger sind voller Schafe, und die Auen stehen dick mit Korn, daß man jauchzet und singet.

Danklied für Gottes wunderbare Führung

66 EIN PSALMLIED, VORZUSINGEN. Jauchzet Gott, alle Lande!
2 Lobsinget zur Ehre seines Namens; rühmet ihn herrlich!
3 Sprecht zu Gott: Wie wunderbar sind deine Werke! Deine Feinde müssen sich beugen vor deiner großen Macht.
4 Alles Land bete dich an und lobsinge dir, lobsinge deinem Namen. SELA.
5 Kommt her und sehet an die Werke Gottes, der so wunderbar ist in seinem Tun an den Menschenkindern.
6 Er verwandelte das Meer in trockenes Land, sie konnten zu Fuß durch den Strom gehen. Darum freuen wir uns seiner.

7 Er herrscht mit seiner Gewalt ewiglich,
seine Augen schauen auf die Völker. Die
Abtrünnigen können sich nicht erheben.
SELA.
8 Lobet, ihr Völker, unsern Gott, laßt
seinen Ruhm weit erschallen,
9 der unsre Seelen am Leben erhält und
läßt unsere Füße nicht gleiten.
10 Denn, Gott, du hast uns geprüft und
geläutert, wie das Silber geläutert wird;
11 du hast uns in den Turm werfen las-
sen, du hast auf unsern Rücken eine Last
gelegt,
12 du hast Menschen über unser Haupt
kommen lassen, wir sind in Feuer und
Wasser geraten. Aber du hast uns heraus-
geführt und uns erquickt.
13 **D**arum will ich in dein Haus gehen
mit Brandopfern und dir meine Gelübde
erfüllen,
14 wie ich meine Lippen aufgetan habe
und mein Mund geredet hat in meiner Not.
15 Ich will dir Brandopfer bringen von
fetten Schafen mit dem Opferrauch von
Widdern; ich will opfern Rinder mit
Böcken. SELA.
16 **K**ommt her, höret zu, alle, die ihr
Gott fürchtet; ich will erzählen, was er an
mir getan hat.
17 Zu ihm rief ich mit meinem Munde
und pries ihn mit meiner Zunge.
18 Wenn ich Unrechtes vorgehabt hätte
in meinem Herzen, so hätte der Herr nicht
gehört.
19 Aber Gott hat mich erhört und ge-
merkt auf mein Flehen.
20 Gelobt sei Gott, der mein Gebet
nicht verwirft noch seine Güte von mir
wendet.

Gottes Segen über alle Welt

67 EIN PSALMLIED, VORZUSINGEN, BEIM
SAITENSPIEL.
2 Gott sei uns gnädig und segne uns, er
lasse uns sein Antlitz leuchten, SELA.
3 daß man auf Erden erkenne seinen
Weg, unter allen Heiden sein Heil.
4 Es danken dir, Gott, die Völker, es
danken dir alle Völker.
5 **D**ie Völker freuen sich und jauchzen,
daß du die Menschen recht richtest und
regierst die Völker auf Erden. SELA.
6 Es danken dir, Gott, die Völker, es
danken dir alle Völker.
7 **D**as Land gibt sein Gewächs; es segne
uns Gott, unser Gott!
8 Es segne uns Gott, und alle Welt fürch-
te ihn!

Der Sieg Gottes

68 EIN PSALMLIED DAVIDS, VORZUSIN-
GEN.
2 Gott steht auf; so werden seine Feinde
zerstreut, und die ihn hassen, fliehen vor
ihm.
3 Wie Rauch verweht, so verwehen sie;
wie Wachs zerschmilzt vor dem Feuer, so
kommen die Gottlosen um vor Gott.
4 Die Gerechten aber freuen sich und
sind fröhlich vor Gott und freuen sich von
Herzen.
5 **S**inget Gott, lobsinget seinem Namen!
Macht Bahn dem, der durch die Wüste
einherfährt; er heißt HERR. Freuet euch
vor ihm!
6 Ein Vater der Waisen und ein Helfer
der Witwen ist Gott in seiner heiligen
Wohnung,
7 ein Gott, der die Einsamen nach Hause
bringt, der die Gefangenen herausführt,
daß es ihnen wohlgehe; aber die Abtrün-
nigen läßt er bleiben in dürrem Lande.
8 **G**ott, als du vor deinem Volk herzogst,
als du einhergingst in der Wüste, SELA.
9 da bebte die Erde, und die Himmel
troffen vor Gott – am Sinai –, vor Gott,
dem Gott Israels.
10 Du gabst, Gott, einen gnädigen Re-
gen, und dein Erbe, das dürre war, er-
quicktest du,
11 daß deine Herde darin wohnen konnte.
Gott, du labst die Elenden in deiner Güte.
12 Der Herr gibt ein Wort – der Freu-
denbotinnen ist eine große Schar –:*
13 Die Könige der Heerscharen fliehen,
sie fliehen, und die Frauen teilen die
Beute aus.
14 Wenn ihr zu Felde liegt, glänzt es wie
Flügel der Tauben, die wie Silber und
Gold schimmern.
15 Als der Allmächtige dort Könige
zerstreute, damals fiel Schnee auf dem
Salmon.
16 Ein Gottesberg ist Basans Gebirge,
ein Gebirge, reich an Gipfeln, ist Basans
Gebirge.

*Luther übersetzte: «Der Herr gibt das Wort mit großen Scharen Evangelisten.»

17 Was seht ihr scheel, ihr Berge, ihr
Gipfel, auf den Berg, wo es Gott gefällt zu
wohnen? Ja, dort wird der HERR immer-
dar wohnen.
18 Gottes Wagen sind vieltausendmal
tausend; der Herr zieht ein ins Heiligtum
vom Sinai her.
19 Du bist aufgefahren zur Höhe und
führtest Gefangne gefangen; du hast Ga-
ben empfangen unter den Menschen;
auch die Abtrünnigen müssen sich, Gott,
vor dir bücken.
20 **Gelobt sei der Herr täglich. Gott legt
uns eine Last auf, aber er hilft uns auch.**
SELA.
21 Wir haben einen Gott, der da hilft,
und den HERRN, der vom Tode errettet.
22 Ja, Gott wird den Kopf seiner Feinde
zerschmettern, den Schädel der Gottlosen,
die da fortfahren in ihrer Sünde.
23 Der Herr hat gesagt: Aus Basan will
ich sie wieder holen, aus der Tiefe des
Meeres will ich sie holen,
24 daß du deinen Fuß im Blut der
Feinde badest und deine Hunde es lecken.
25 Man sieht, Gott, wie du einherziehst,
wie du, mein Gott und König, einher-
ziehst im Heiligtum.
26 Die Sänger gehen voran, am Ende
die Spielleute, in der Mitte die Jung-
frauen, die da Pauken schlagen.
27 «Lobet Gott in den Versammlungen,
den HERRN, die ihr von Israel herstammt.»
28 Benjamin, der Jüngste, geht ihnen
voran, die Fürsten Judas mit ihren Scha-
ren, die Fürsten Sebulons, die Fürsten
Naphthalis.
29 Entbiete, Gott, deine Macht, die
Macht, Gott, die du an uns bewiesen hast
30 von deinem Tempel her; um Jerusa-
lems willen werden dir Könige Geschenke
bringen.
31 Bedrohe das Tier im Schilf, die Rotte
der Mächtigen, die Gebieter der Völker;
tritt nieder, die das Silber lieb haben, zer-
streue die Völker, die gerne Krieg führen.
32 Aus Ägypten werden Gesandte kom-
men; Mohrenland wird seine Hände aus-
strecken zu Gott.
33 Ihr Königreiche auf Erden, singet
Gott, lobsinget dem Herrn! SELA.
34 Er fährt einher durch die Himmel,
die von Anbeginn sind. Siehe, er läßt seine
Stimme erschallen, eine gewaltige Stimme.
35 Gebt Gott die Macht! Seine Herr-
lichkeit ist über Israel und seine Macht in
den Wolken.
36 Wundersam ist Gott in seinem Hei-
ligtum; er ist Israels Gott. Er wird dem
Volke Macht und Kraft geben. Gelobt sei
Gott!

In Anfechtung und Schmach

69 VON DAVID, VORZUSINGEN, NACH
DER WEISE «LILIEN».
2 Gott, hilf mir! Denn das Wasser geht
mir bis an die Kehle.
3 Ich versinke in tiefem Schlamm, wo
kein Grund ist; ich bin in tiefe Wasser ge-
raten, und die Flut will mich ersäufen.
4 Ich habe mich müde geschrien, mein
Hals ist heiser. Meine Augen sind trübe
geworden, weil ich so lange harren muß
auf meinen Gott.
5 Die mich ohne Grund hassen, sind
mehr, als ich Haare auf dem Haupte habe.
Die mir zu Unrecht feind sind und mich
verderben wollen, sind mächtig. Ich soll
zurückgeben, was ich nicht geraubt habe.
6 Gott, du kennst meine Torheit, und
meine Schuld ist dir nicht verborgen.
7 Laß an mir nicht zuschanden werden,
die deiner harren, Herr, HERR Zebaoth!
Laß an mir nicht schamrot werden, die
dich suchen, Gott Israels!
8 Denn um deinetwillen trage ich
Schmach, mein Angesicht ist voller
Schande.
9 Ich bin fremd geworden meinen Brü-
dern und unbekannt den Kindern meiner
Mutter;
10 denn der Eifer um dein Haus hat
mich gefressen, und die Schmähungen
derer, die dich schmähen, sind auf mich
gefallen.
11 Ich weine bitterlich und faste, und
man spottet meiner dazu.
12 Ich habe einen Sack angezogen, aber
sie treiben ihren Spott mit mir.
13 Die im Tor sitzen, schwatzen von
mir, und beim Zechen singt man von mir.
14 Ich aber bete zu dir, HERR, zur Zeit
der Gnade; Gott, nach deiner großen
Güte erhöre mich mit deiner treuen Hilfe.
15 Errette mich aus dem Schlamm, daß
ich nicht versinke, daß ich errettet werde
vor denen, die mich hassen, und aus den
tiefen Wassern;

16 daß mich die Flut nicht ersäufe und
die Tiefe nicht verschlinge und das Loch
des Brunnens sich nicht über mir schließe.
17 Erhöre mich, HERR, denn deine Güte
ist tröstlich; wende dich zu mir nach deiner großen Barmherzigkeit
18 und verbirg dein Angesicht nicht vor
deinem Knechte, denn mir ist angst; erhöre mich eilends.
19 Nahe dich zu meiner Seele und erlöse sie, erlöse mich um meiner Feinde
willen.
20 Du kennst meine Schmach, meine
Schande und Scham; meine Widersacher
sind dir alle vor Augen.
21 Die Schmach bricht mir mein Herz
und macht mich krank. Ich warte, ob jemand Mitleid habe, aber da ist niemand,
und auf Tröster, aber ich finde keine.
22 Sie geben mir Galle zu essen und
Essig zu trinken für meinen Durst.
23 Ihr Tisch werde ihnen zur Falle, zur
Vergeltung und zum Strick.
24 Ihre Augen sollen finster werden, daß
sie nicht sehen, und ihre Hüften laß immerfort wanken.
25 Gieß deine Ungnade über sie aus,
und dein grimmiger Zorn ergreife sie.
26 Ihre Wohnstatt soll verwüstet werden, und niemand wohne in ihren Zelten.
27 Denn sie verfolgen, den du geschlagen hast, und reden gern von dem
Schmerz dessen, den du hart getroffen
hast.
28 Laß sie aus einer Schuld in die andre
fallen, daß sie nicht kommen zu deiner
Gerechtigkeit.
29 Tilge sie aus dem Buch des Lebens,
daß sie nicht geschrieben stehen bei den
Gerechten.
30 Ich aber bin elend und voller Schmerzen. Gott, deine Hilfe schütze mich!
31 Ich will den Namen Gottes loben mit
einem Lied und will ihn hoch ehren mit
Dank.
32 Das wird dem HERRN besser gefallen
als ein Stier, der Hörner und Klauen hat.
33 Die Elenden sehen es und freuen sich,
und die Gott suchen, denen wird das
Herz aufleben.
34 Denn der HERR hört die Armen und
verachtet seine Gefangenen nicht.
35 Es lobe ihn Himmel und Erde, die
Meere mit allem, was sich darin regt.
36 Denn Gott wird Zion helfen und die
Städte Judas bauen, daß man dort wohne
und sie besitze.
37 Und die Kinder seiner Knechte werden sie erben, und die seinen Namen lieben, werden darin bleiben.

Hilferuf gegen Widersacher

70 VON DAVID, VORZUSINGEN, ZUM GEDENKOPFER.
2 Eile, Gott, mich zu erretten, HERR,
mir zu helfen!
3 Es sollen sich schämen und zuschanden werden, die mir nach dem Leben
trachten; sie sollen zurückweichen und
zum Spott werden, die mir Übles wünschen;
4 sie sollen umkehren um ihrer Schande
willen, die über mich schreien: Da, da!
5 Laß deiner sich freuen und fröhlich
sein alle, die nach dir fragen; und die dein
Heil lieben, laß allewege sagen: Hoch gelobt sei Gott!
6 Ich aber bin elend und arm; Gott, eile
zu mir! Du bist mein Helfer und Erretter;
HERR, säume nicht!

Bitte um Gottes Hilfe im Alter

71 HERR, ich traue auf dich, laß mich
nimmermehr zuschanden werden.
2 Errette mich durch deine Gerechtigkeit und hilf mir heraus, neige deine Ohren
zu mir und hilf mir!
3 Sei mir ein starker Hort, zu dem ich
immer fliehen kann, der du zugesagt hast,
mir zu helfen; denn du bist mein Fels und
meine Burg.
4 Mein Gott, hilf mir aus der Hand des
Gottlosen, aus der Hand des Ungerechten
und Tyrannen.
5 Denn du bist meine Zuversicht, HERR,
mein Gott, meine Hoffnung von meiner
Jugend an.
6 Auf dich habe ich mich verlassen vom
Mutterleib an; du hast mich aus meiner
Mutter Leibe gezogen. Dich rühme ich
immerdar.
7 Ich bin für viele wie ein Zeichen; aber
du bist meine starke Zuversicht.
8 Laß meinen Mund deines Ruhmes und
deines Preises voll sein täglich.
9 Verwirf mich nicht in meinem Alter,
verlaß mich nicht, wenn ich schwach
werde.

10 Denn meine Feinde reden über mich,
und die auf mich lauern, beraten sich mit-
einander
11 und sprechen: Gott hat ihn verlassen;
jagt ihm nach und ergreift ihn, denn da
ist kein Erretter!
12 Gott, sei nicht ferne von mir; mein
Gott, eile, mir zu helfen!
13 Schämen sollen sich und umkommen,
die meiner Seele feind sind; mit Schimpf
und Schande sollen überschüttet werden,
die mein Unglück suchen.
14 Ich aber will immer harren und
mehren all deinen Ruhm.
15 Mein Mund soll verkündigen deine
Gerechtigkeit, täglich deine Wohltaten,
die ich nicht zählen kann.
16 Ich gehe einher in der Kraft Gottes
des HERRN; ich preise deine Gerechtigkeit
allein.
17 Gott, du hast mich von Jugend auf
gelehrt, und noch jetzt verkündige ich
deine Wunder.
18 Auch im Alter, Gott, verlaß mich
nicht, und wenn ich grau werde, bis ich dei-
ne Macht verkündige Kindeskindern und
deine Kraft allen, die noch kommen sollen.
19 Gott, deine Gerechtigkeit reicht bis
zum Himmel; der du große Dinge tust,
Gott, wer ist dir gleich?
20 Du lässest mich erfahren viele und
große Angst und machst mich wieder
lebendig und holst mich wieder herauf
aus den Tiefen der Erde.
21 Du machst mich sehr groß und trö-
stest mich wieder.
22 So will auch ich dir danken mit Sai-
tenspiel für deine Treue, mein Gott; ich
will dir zur Harfe lobsingen, du Heiliger
Israels.
23 Meine Lippen und meine Seele, die
du erlöst hast, sollen fröhlich sein und dir
lobsingen.
24 Auch meine Zunge soll täglich re-
den von deiner Gerechtigkeit; denn zu
Schmach und Schande werden, die mein
Unglück suchen.

Der Friedefürst und sein Reich

72 VON SALOMO. Gott, gib dein Gericht
dem König und deine Gerechtig-
keit dem Königssohn,
2 daß er dein Volk richte mit Gerechtig-
keit und deine Elenden rette.
3 Laß die Berge Frieden bringen für das
Volk und die Hügel Gerechtigkeit.
4 Er soll den Elenden im Volk Recht
schaffen und den Armen helfen und die
Bedränger zermalmen.
5 Er soll leben, solange die Sonne
scheint und solange der Mond währt, von
Geschlecht zu Geschlecht.
6 Er soll herabfahren wie der Regen auf
die Aue, wie die Tropfen, die das Land
feuchten.
7 Zu seinen Zeiten soll blühen die Ge-
rechtigkeit und großer Friede sein, bis der
Mond nicht mehr ist.
8 Er soll herrschen von einem Meer bis
ans andere, und von dem Strom* bis zu
den Enden der Erde.
9 Vor ihm sollen sich neigen die Söhne
der Wüste, und seine Feinde sollen Staub
lecken.
10 Die Könige von Tarsis und auf den
Inseln sollen Geschenke bringen, die Kö-
nige aus Saba und Scheba sollen Gaben
senden.
11 Alle Könige sollen vor ihm nieder-
fallen und alle Völker ihm dienen.
12 Denn er wird den Armen erretten,
der um Hilfe schreit, und den Elenden, der
keinen Helfer hat.
13 Er wird gnädig sein den Geringen und
Armen, und den Armen wird er helfen.
14 Er wird sie aus Bedrückung und Fre-
vel erlösen, und ihr Blut ist wert geachtet
vor ihm.
15 Er soll leben, und man soll ihm geben
vom Gold aus Saba. Man soll immerdar
für ihn beten und ihn täglich segnen.
16 Voll stehe das Getreide im Land bis
oben auf den Bergen; wie am Libanon
rausche seine Frucht. In den Städten sol-
len sie grünen wie das Gras auf Erden.
17 Sein Name bleibe ewiglich; solange
die Sonne währt, blühe sein Name. Und
durch ihn sollen gesegnet sein alle Völker,
und sie werden ihn preisen.

18 Gelobt sei Gott der HERR, der Gott
Israels, der allein Wunder tut!
19 Gelobt sei sein herrlicher Name ewig-
lich, und alle Lande sollen seiner Ehre
voll werden! Amen! Amen!
20 ZU ENDE SIND DIE GEBETE DAVIDS, DES
SOHNES ISAIS.

*d. i. der Euphrat.

DRITTES BUCH

Anfechtung und Trost beim Glück des Gottlosen

73 EIN PSALM ASAPHS. Gott ist dennoch
Israels Trost für alle, die reines Her-
zens sind.
2 Ich aber wäre fast gestrauchelt mit
meinen Füßen; mein Tritt wäre beinahe
geglitten.
3 Denn ich ereiferte mich über die Ruhm-
redigen, als ich sah, daß es den Gottlosen
so gut ging.
4 Denn für sie gibt es keine Qualen, ge-
sund und feist ist ihr Leib.
5 Sie sind nicht in Mühsal wie sonst die
Leute und werden nicht wie andere Men-
schen geplagt.
6 Darum prangen sie in Hoffart und
hüllen sich in Frevel.
7 Sie brüsten sich wie ein fetter Wanst,
sie tun, was ihnen einfällt.
8 Sie achten alles für nichts und reden
böse, sie reden und lästern hoch her.
9 Was sie reden, das soll vom Himmel
herab geredet sein; was sie sagen, das soll
gelten auf Erden.
10 Darum fällt ihnen der Pöbel zu und
läuft ihnen zu in Haufen wie Wasser.
11 Sie sprechen: Wie sollte Gott es wis-
sen? Wie sollte der Höchste etwas mer-
ken?
12 Siehe, das sind die Gottlosen; die sind
glücklich in der Welt und werden reich.
13 Soll es denn umsonst sein, daß ich
mein Herz rein hielt und meine Hände in
Unschuld wasche?
14 Ich bin doch täglich geplagt, und
meine Züchtigung ist alle Morgen da.
15 Hätte ich gedacht: Ich will reden wie
sie, siehe, dann hätte ich das Geschlecht
deiner Kinder verleugnet.
16 So sann ich nach, ob ich's begreifen
könnte, aber es war mir zu schwer,
17 bis ich ging in das Heiligtum Gottes
und merkte auf ihr Ende.
18 Ja, du stellst sie auf schlüpfrigen
Grund und stürzest sie zu Boden.
19 Wie werden sie so plötzlich zunichte!
Sie gehen unter und nehmen ein Ende mit
Schrecken.
20 Wie ein Traum verschmäht wird,
wenn man erwacht, so verschmähst du,
Herr, ihr Bild, wenn du dich erhebst.
21 Als es mir wehe tat im Herzen und
mich stach in meinen Nieren,
22 da war ich ein Narr und wußte nichts,
ich war wie ein Tier vor dir.
23 **Dennoch bleibe ich stets an dir; denn
du hältst mich bei meiner rechten Hand,**
24 **du leitest mich nach deinem Rat und
nimmst mich am Ende mit Ehren an.**
25 **Wenn ich nur dich habe, so frage ich
nichts nach Himmel und Erde.**
26 **Wenn mir gleich Leib und Seele ver-
schmachtet, so bist du doch, Gott, allezeit
meines Herzens Trost und mein Teil.**
27 Denn siehe, die von dir weichen, wer-
den umkommen; du bringst um alle, die
dir die Treue brechen.
28 Aber **das ist meine Freude, daß ich
mich zu Gott halte und meine Zuversicht
setze auf Gott den HERRN, daß ich verkün-
dige all dein Tun.**

Klage vor dem entweihten Heiligtum

74 EINE UNTERWEISUNG ASAPHS. Gott,
warum verstößest du uns für immer
und bist so zornig über die Schafe deiner
Weide?
2 Gedenke an deine Gemeinde, die du
vorzeiten erworben und dir zum Erbteil
erlöst hast, an den Berg Zion, auf dem du
wohnest.
3 Richte doch deine Schritte zu dem,
was so lange wüste liegt. Der Feind hat
alles verheert im Heiligtum.
4 Deine Widersacher brüllen in deinem
Hause und stellen ihre Zeichen darin auf.
5 Hoch sieht man Äxte sich heben wie
im Dickicht des Waldes.
6 Sie zerschlagen all sein Schnitzwerk
mit Beilen und Hacken.
7 Sie verbrennen dein Heiligtum, bis auf
den Grund entweihen sie die Wohnung
deines Namens.
8 Sie sprechen in ihrem Herzen: Laßt
uns sie ganz unterdrücken! Sie verbrennen
alle Gotteshäuser im Lande.
9 Unsere Zeichen sehen wir nicht, kein
Prophet ist mehr da, und keiner ist bei
uns, der etwas weiß.
10 Ach, Gott, wie lange soll der Wider-
sacher noch schmähen und der Feind
deinen Namen immerfort lästern?
11 Warum ziehst du deine Hand zu-
rück? Nimm deine Rechte aus dem Ge-
wand und mach ein Ende!

12 Gott ist ja mein König von alters her,
der alle Hilfe tut, die auf Erden geschieht.
13 Du hast das Meer gespalten durch
deine Kraft, zerschmettert die Köpfe der
Drachen im Meer.
14 Du hast dem Leviathan die Köpfe
zerschlagen und ihn zum Fraß gegeben
dem wilden Getier.
15 Du hast Quellen und Bäche hervor-
brechen lassen und ließest starke Ströme
versiegen.
16 Dein ist der Tag und dein ist die
Nacht; du hast Gestirn und Sonne die
Bahn gegeben.
17 Du hast dem Land seine Grenze ge-
setzt; Sommer und Winter hast du ge-
macht.
18 So gedenke doch, HERR, wie der
Feind schmäht und ein törichtes Volk
deinen Namen lästert.
19 Gib deine Taube* nicht den Tieren
preis; das Leben deiner Elenden vergiß
nicht für immer.
20 Gedenke an den Bund; denn die
dunklen Winkel des Landes sind voll
Frevel.
21 Laß den Geringen nicht beschämt
davongehen, laß die Armen und Elenden
rühmen deinen Namen.
22 Mach dich auf, Gott, und führe deine
Sache; denk an die Schmach, die dir täg-
lich von den Toren widerfährt.
23 Vergiß nicht das Geschrei deiner
Feinde; das Toben deiner Widersacher
wird je länger, je größer.

Gott ist Richter über die Stolzen

75 EIN PSALMLIED ASAPHS, VORZUSIN-
GEN, NACH DER WEISE «VERTILGE
NICHT».
2 Wir danken dir, Gott, wir danken dir
und verkündigen deine Wunder, daß dein
Name so nahe ist.
3 «Wenn meine Zeit gekommen ist,
werde ich recht richten.
4 Die Erde mag wanken und alle, die
darauf wohnen, aber ich halte ihre Säulen
fest.» SELA.
5 Ich sprach zu den Ruhmredigen:
Rühmt euch nicht so! und zu den Gott-
losen: Pochet nicht auf Gewalt!
6 Pocht nicht so hoch auf eure Gewalt,
redet nicht so halsstarrig!

*d. i. Israel.

7 Denn es kommt nicht vom Aufgang
und nicht vom Niedergang, nicht von der
Wüste und nicht von den Bergen,
8 sondern Gott ist Richter, der diesen
erniedrigt und jenen erhöht.
9 Denn der HERR hat einen Becher in
der Hand, mit starkem Wein voll einge-
schenkt. Er schenkt daraus ein, und die
Gottlosen auf Erden müssen alle trinken
und sogar die Hefe schlürfen.
10 Ich aber will verkündigen ewiglich
und lobsingen dem Gott Jakobs:
11 Er wird alle Gewalt der Gottlosen
zerbrechen, daß die Gewalt des Gerechten
erhöht werde.

Gott, der furchtbare Richter

76 EIN PSALMLIED ASAPHS, VORZUSIN-
GEN, BEIM SAITENSPIEL.
2 Gott ist in Juda bekannt, in Israel ist
sein Name herrlich.
3 So erstand in Salem sein Zelt und seine
Wohnung in Zion.
4 Dort zerbricht er die Pfeile des Bogens,
Schild, Schwert und Streitmacht. SELA.
5 Du bist herrlicher und mächtiger als
die ewigen Berge.
6 Beraubt sind die Stolzen und in Schlaf
gesunken, und allen Kriegern versagen die
Hände.
7 Von deinem Schelten, Gott Jakobs,
sinken in Schlaf Roß und Wagen.
8 Furchtbar bist du! Wer kann vor dir
bestehen, wenn du zürnest?
9 Wenn du das Urteil lässest hören vom
Himmel, erschrickt das Erdreich und wird
still,
10 wenn Gott sich aufmacht zu rich-
ten, daß er helfe allen Elenden auf Erden.
SELA.
11 Wenn Menschen wider dich wüten,
bringt es dir Ehre; und wenn sie noch
mehr wüten, bist du auch noch gerüstet.
12 Tut Gelübde dem HERRN, eurem
Gott, und haltet sie! Alle, die ihr um ihn
her seid, bringt Geschenke dem Furcht-
baren,
13 der den Fürsten den Mut nimmt und
furchtbar ist unter den Königen auf Erden.

Trost aus Gottes früheren Taten

77 EIN PSALM ASAPHS, VORZUSINGEN,
FÜR JEDUTHUN.
2 Ich rufe zu Gott und schreie um Hilfe,

zu Gott rufe ich, und er erhört mich.
3 In der Zeit meiner Not suche ich den
Herrn; meine Hand ist des Nachts ausgereckt und läßt nicht ab; denn meine Seele
will sich nicht trösten lassen.
4 Ich denke an Gott – und bin betrübt;
ich sinne nach – und mein Herz ist in
Ängsten. SELA.
5 Meine Augen hältst du, daß sie wachen müssen; ich bin so voll Unruhe, daß
ich nicht reden kann.
6 **I**ch gedenke der alten Zeit, der vergangenen Jahre.
7 Ich denke und sinne des Nachts und
rede mit meinem Herzen, mein Geist muß
forschen.
8 Wird denn der Herr auf ewig verstoßen und keine Gnade mehr erweisen?
9 Ist's denn ganz und gar aus mit seiner
Güte, und hat die Verheißung für immer
ein Ende?
10 Hat Gott vergessen, gnädig zu sein,
oder sein Erbarmen im Zorn verschlossen? SELA.
11 Ich sprach: Darunter leide ich, daß
die rechte Hand des Höchsten sich so
ändern kann.
12 **D**arum denke ich an die Taten des
HERRN, ja, ich denke an deine früheren
Wunder
13 und sinne über alle deine Werke und
denke deinen Taten nach.
14 **Gott, dein Weg ist heilig. Wo ist ein so
mächtiger Gott, wie du, Gott, bist?**
15 Du bist der Gott, der Wunder tut, du
hast deine Macht bewiesen unter den Völkern.
16 Du hast dein Volk erlöst mit Macht,
die Kinder Jakobs und Josephs. SELA.
17 **D**ie Wasser sahen dich, Gott, die
Wasser sahen dich und ängstigten sich,
ja, die Tiefen tobten.
18 Wasser ergossen sich aus dem Gewölk, die Wolken donnerten, und deine
Pfeile fuhren einher.
19 Dein Donner rollte, Blitze erhellten den Erdkreis, die Erde erbebte und
wankte.
20 Dein Weg ging durch das Meer und
dein Pfad durch große Wasser; doch niemand sah deine Spur.
21 Du führtest dein Volk wie eine Herde
durch die Hand des Mose und Aaron.

Schuld, Gericht und Gnade in Israels Geschichte

78 EINE UNTERWEISUNG ASAPHS. Höre,
mein Volk, meine Unterweisung,
neiget eure Ohren zu der Rede meines
Mundes!
2 Ich will meinen Mund auftun zu einem
Spruch und Geschichten verkünden aus
alter Zeit.
3 Was wir gehört haben und wissen und
unsre Väter uns erzählt haben,
4 das wollen wir nicht verschweigen
ihren Kindern; wir verkündigen dem
kommenden Geschlecht den Ruhm des
HERRN und seine Macht und seine Wunder, die er getan hat.
5 **E**r richtete ein Zeugnis auf in Jakob
und gab ein Gesetz in Israel und gebot
unsern Vätern, es ihre Kinder zu lehren,
6 damit es die Nachkommen lernten, die
Kinder, die noch geboren würden; die
sollten aufstehen und es auch ihren Kindern verkündigen,
7 daß sie setzten auf Gott ihre Hoffnung
und nicht vergäßen die Taten Gottes,
sondern seine Gebote hielten
8 und nicht würden wie ihre Väter, ein
abtrünniges und ungehorsames Geschlecht, dessen Herz nicht fest war und
dessen Geist sich nicht treu an Gott hielt,
9 wie die Söhne Ephraims, die den Bogen führten, abfielen zur Zeit des Streits;
10 sie hielten den Bund Gottes nicht
und wollten nicht in seinem Gesetz wandeln
11 und vergaßen seine Taten und seine
Wunder, die er ihnen erwiesen hatte.
12 **V**or ihren Vätern tat er Wunder in
Ägyptenland, im Gefilde von Zoan.
13 Er zerteilte das Meer und ließ sie
hindurchziehen und stellte das Wasser
fest wie eine Mauer.
14 Er leitete sie am Tage mit einer Wolke und die ganze Nacht mit einem hellen
Feuer.
15 Er spaltete die Felsen in der Wüste
und tränkte sie mit Wasser in Fülle;
16 er ließ Bäche aus den Felsen kommen, daß sie hinabflossen wie Wasserströme.
17 **D**ennoch sündigten sie weiter wider
ihn und empörten sich in der Wüste gegen
den Höchsten;

18 sie versuchten Gott in ihrem Herzen,
als sie Speise forderten für ihr Gelüste,
19 und redeten wider Gott und spra-
chen: Kann Gott wohl einen Tisch be-
reiten in der Wüste?
20 Siehe, er hat wohl den Felsen ge-
schlagen, daß Wasser strömten und Bäche
sich ergossen; kann er aber auch Brot
geben und seinem Volk Fleisch verschaf-
fen?
21 Da der HERR das hörte, entbrannte er
im Grimm, und Feuer brach aus in Jakob,
und Zorn kam über Israel,
22 weil sie nicht glaubten an Gott und
nicht hofften auf seine Hilfe.
23 Und er gebot den Wolken droben
und tat auf die Türen des Himmels
24 und ließ Manna auf sie regnen zur
Speise und gab ihnen Himmelsbrot.
25 Brot der Engel aßen sie alle, er sandte
ihnen Speise in Fülle.
26 Er ließ wehen den Ostwind unter dem
Himmel und erregte durch seine Stärke
den Südwind
27 und ließ Fleisch auf sie regnen wie
Staub und Vögel wie Sand am Meer;
28 mitten in das Lager fielen sie ein,
rings um seine Wohnung her.
29 Da aßen sie und wurden sehr satt;
und was sie verlangten, gewährte er ihnen.
30 Sie hatten ihr Verlangen noch nicht
gestillt, ihre Speise war noch in ihrem
Munde,
31 da kam der Zorn Gottes über sie und
brachte ihre Vornehmsten um und schlug
die Besten in Israel nieder.
32 Zu dem allen sündigten sie noch mehr
und glaubten nicht an seine Wunder.
33 Darum ließ er ihre Tage dahin-
schwinden ins Nichts und ihre Jahre in
Schrecken.
34 Wenn er den Tod unter sie brachte,
suchten sie Gott und fragten wieder nach
ihm
35 und dachten daran, daß Gott ihr Hort
ist und Gott, der Höchste, ihr Erlöser.
36 Doch betrogen sie ihn mit ihrem
Munde und belogen ihn mit ihrer Zunge.
37 Ihr Herz hing nicht fest an ihm, und
sie hielten nicht treu an seinem Bunde.
38 Er aber war barmherzig und vergab
die Schuld und vertilgte sie nicht und
wandte oft seinen Zorn ab und ließ nicht
seinen ganzen Grimm an ihnen aus.
39 Denn er dachte daran, daß sie Fleisch
sind, ein Hauch, der dahinfährt und nicht
wiederkommt.
40 Wie oft trotzten sie ihm in der Wüste
und betrübten ihn in der Einöde!
41 Sie versuchten Gott immer wieder
und kränkten den Heiligen Israels.
42 Sie dachten nicht an die Taten seiner
Hand, an den Tag, als er sie erlöste von
den Feinden,
43 wie er seine Zeichen in Ägypten getan
hatte und seine Wunder im Lande Zoan;
44 als er ihre Ströme in Blut verwandel-
te, daß sie aus ihren Flüssen nicht trinken
konnten;
45 als er Ungeziefer unter sie schickte,
das sie fraß, und Frösche, die ihnen Ver-
derben brachten,
46 und ihr Gewächs den Raupen gab
und ihre Saat den Heuschrecken;
47 als er ihre Weinstöcke mit Hagel
schlug und ihre Maulbeerbäume mit
Schloßen;
48 als er ihr Vieh preisgab dem Hagel
und ihre Herden dem Wetterstrahl;
49 als er die Glut seines Zornes unter sie
sandte, Grimm und Wut und Drangsal,
eine Schar Verderben bringender Engel;
50 als er seinem Zorn freien Lauf ließ
und ihre Seele vor dem Tode nicht be-
wahrte und ihr Leben preisgab der Pest;
51 als er alle Erstgeburt in Ägypten
schlug, die Erstlinge ihrer Kraft in den
Zelten Hams.
52 Er ließ sein Volk ausziehen wie Scha-
fe und führte sie wie eine Herde in der
Wüste;
53 und er leitete sie sicher, daß sie sich
nicht fürchteten; aber ihre Feinde be-
deckte das Meer.
54 Er brachte sie zu seinem heiligen
Lande, zu diesem Berge, den seine Rechte
erworben hat,
55 und vertrieb vor ihnen her die Völker
und verteilte ihr Land als Erbe und ließ in
ihren Zelten die Stämme Israels wohnen.
56 Aber sie versuchten Gott und trotz-
ten dem Höchsten und hielten seine Ge-
bote nicht;
57 sie wichen zurück und waren treulos
wie ihre Väter und versagten wie ein
schlaffer Bogen;
58 sie erzürnten ihn mit ihren Höhen und
reizten ihn zum Zorn mit ihren Götzen.

59 Als das Gott hörte, entbrannte sein
Grimm, und er verwarf Israel so sehr,
60 daß er seine Wohnung in Silo dahin-
gab, das Zelt, in dem er unter Menschen
wohnte;
61 er gab seine Macht* in Gefangen-
schaft und seine Herrlichkeit* in die Hand
des Feindes;
62 er übergab sein Volk dem Schwert
und ergrimmte über sein Erbe.
63 Ihre junge Mannschaft fraß das
Feuer, und ihre Jungfrauen mußten unge-
freit bleiben.
64 Ihre Priester fielen durchs Schwert,
und die Witwen konnten die Toten nicht
beweinen.
65 Da erwachte der Herr wie ein Schla-
fender, wie ein Starker, der beim Wein
fröhlich war,
66 und schlug seine Feinde hinten und
hängte ihnen ewige Schande an.
67 Er verwarf das Zelt Josephs und er-
wählte nicht den Stamm Ephraim,
68 sondern erwählte den Stamm Juda,
den Berg Zion, den er liebhat.
69 Er baute sein Heiligtum wie Him-
melshöhen, wie die Erde, die er gegründet
hat für immer,
70 und erwählte seinen Knecht David
und nahm ihn von den Schafhürden;
71 von den säugenden Schafen holte er
ihn, daß er sein Volk Jakob weide und
sein Erbe Israel.
72 Und er weidete sie mit aller Treue
und leitete sie mit kluger Hand.

Gebet des Volkes Gottes in schwerer Kriegsnot

79 EIN PSALM ASAPHS. Gott, es sind
Heiden in dein Erbe eingefallen; die
haben deinen heiligen Tempel entweiht
und aus Jerusalem einen Steinhaufen ge-
macht.
2 Sie haben die Leichname deiner
Knechte den Vögeln unter dem Himmel
zu fressen gegeben und das Fleisch deiner
Heiligen den Tieren im Lande.
3 Sie haben ihr Blut vergossen um Jeru-
salem her wie Wasser, und da war nie-
mand, der sie begrub.
4 Wir sind bei unsern Nachbarn eine
Schmach geworden, zu Spott und Hohn
bei denen, die um uns her sind.

* Gemeint ist die Bundeslade (Ps 132,8; 1. Sam 4,21).

5 HERR, wie lange willst du so sehr zür-
nen und deinen Eifer brennen lassen wie
Feuer?
6 Schütte deinen Grimm auf die Völker,
die dich nicht kennen, und auf die König-
reiche, die deinen Namen nicht anrufen.
7 Denn sie haben Jakob gefressen und
seine Stätte verwüstet.
8 Rechne uns die Schuld der Väter nicht
an, erbarme dich unser bald, denn wir
sind sehr elend.
9 Hilf du uns, Gott, unser Helfer, um
deines Namens Ehre willen! Errette uns
und vergib uns unsre Sünden um deines
Namens willen!
10 Warum läßt du die Heiden sagen:
«Wo ist nun ihr Gott?» Laß unter den
Heiden vor unsern Augen kundwerden
die Vergeltung für das Blut deiner Knech-
te, das vergossen ist.
11 Laß vor dich kommen das Seufzen
der Gefangenen; durch deinen starken
Arm erhalte die Kinder des Todes
12 und vergilt unsern Nachbarn sieben-
fach auf ihr Haupt ihr Schmähen, mit dem
sie dich, Herr, geschmäht haben.
13 Wir aber, dein Volk, die Schafe dei-
ner Weide, danken dir ewiglich und ver-
künden deinen Ruhm für und für.

Gebet für den zerstörten «Weinstock Gottes»

80 EIN PSALM ASAPHS, VORZUSINGEN,
NACH DER WEISE «LILIEN DES ZEUG-
NISSES».
2 Du Hirte Israels, höre, der du Joseph
hütest wie Schafe! Erscheine, der du
thronst über den Cherubim,
3 vor Ephraim, Benjamin und Manasse!
Erwecke deine Kraft und komm uns zu
Hilfe!
4 Gott, tröste uns wieder und laß leuch-
ten dein Antlitz, so genesen wir.
5 HERR, Gott Zebaoth, wie lange willst
du zürnen, während dein Volk zu dir
betet?
6 Du speisest sie mit Tränenbrot und
tränkest sie mit einem großen Krug voll
Tränen.
7 Du lässest unsre Nachbarn sich um
uns streiten, und unsre Feinde verspotten
uns.
8 Gott Zebaoth, tröste uns wieder; laß
leuchten dein Antlitz, so genesen wir.

9 Du hast einen Weinstock aus Ägypten
geholt, hast vertrieben die Völker und ihn
eingepflanzt.
10 Du hast vor ihm Raum gemacht und
hast ihn lassen einwurzeln, daß er das
Land erfüllt hat.
11 Berge sind mit seinem Schatten be-
deckt und mit seinen Reben die Zedern
Gottes.
12 Du hast seine Ranken ausgebreitet
bis an das Meer und seine Zweige bis an
den Strom.
13 Warum hast du denn seine Mauer
zerbrochen, daß jeder seine Früchte ab-
reißt, der vorübergeht?
14 Es haben ihn zerwühlt die wilden Säue
und die Tiere des Feldes ihn abgeweidet.
15 Gott Zebaoth, wende dich doch!
Schaue vom Himmel und sieh darein,
nimm dich dieses Weinstocks an!
16 Schütze doch, was deine Rechte ge-
pflanzt hat, den Sohn, den du dir groß-
gezogen hast!
17 Sie haben ihn mit Feuer verbrannt
wie Kehricht; vor dem Drohen deines
Angesichts sollen sie umkommen.
18 Deine Hand schütze den Mann deiner
Rechten, den Sohn, den du dir großge-
zogen hast.
19 So wollen wir nicht von dir weichen.
Laß uns leben, so wollen wir deinen Na-
men anrufen.
20 HERR, Gott Zebaoth, tröste uns wie-
der; laß leuchten dein Antlitz, so genesen
wir.

Die wahre Festfeier

81 VON ASAPH, VORZUSINGEN, AUF DER GITTITH.
2 Singet fröhlich Gott, der unsre Stärke
ist, jauchzet dem Gott Jakobs!
3 Hebt an mit Psalmen und laßt hören
die Pauken, liebliche Zithern und Harfen!
4 Blaset am Neumond die Posaune, am
Vollmond, am Tag unsres Festes!
5 Denn das ist eine Satzung für Israel
und eine Ordnung des Gottes Jakobs.
6 Das hat er zum Zeugnis gesetzt für
Joseph, als Er auszog wider Ägyptenland.
Eine Sprache höre ich, die ich bisher
nicht kannte:
7 Ich habe ihre Schultern von der Last
befreit und ihre Hände vom Tragkorb er-
löset.
8 Als du mich in der Not anriefst, half
ich dir heraus und antwortete dir aus der
Wetterwolke und prüfte dich am Hader-
wasser. SELA.
9 Höre, mein Volk, ich will dich er-
mahnen. Israel, du sollst mich hören!
10 Kein andrer Gott sei unter dir, und
einen fremden Gott sollst du nicht anbeten!
11 Ich bin der HERR, dein Gott, der dich
aus Ägyptenland geführt hat: Tu deinen
Mund weit auf, laß mich ihn füllen!
12 Aber mein Volk gehorcht nicht mei-
ner Stimme, und Israel will mich nicht.
13 So hab ich sie dahingegeben in die
Verstocktheit ihres Herzens, daß sie wan-
deln nach eigenem Rat.
14 Wenn doch mein Volk mir gehorsam
wäre und Israel auf meinem Wege ginge!
15 Dann wollte ich seine Feinde bald
demütigen und meine Hand gegen seine
Widersacher wenden!
16 Und die den HERRN hassen, müßten
sich vor ihm beugen, aber Israels Zeit
würde ewiglich währen,
17 und ich würde es mit dem besten
Weizen speisen und mit Honig aus dem
Felsen sättigen.

Der höchste Richter

82 EIN PSALM ASAPHS. Gott steht in der Gottesgemeinde und ist Richter
unter den Göttern.
2 «Wie lange wollt ihr unrecht richten
und die Gottlosen vorziehen? SELA.
3 Schaffet Recht dem Armen und der
Waise und helft dem Elenden und Be-
dürftigen zum Recht.
4 Errettet den Geringen und Armen und
erlöst ihn aus der Gewalt der Gottlosen.»
5 Sie lassen sich nichts sagen und sehen
nichts ein, sie tappen dahin im Finstern.
Darum wanken alle Grundfesten der Erde.
6 «Wohl habe ich gesagt: Ihr seid Göt-
ter und allzumal Söhne des Höchsten;
7 aber ihr werdet sterben wie Menschen
und wie ein Tyrann zugrunde gehen.»
8 Gott, mache dich auf und richte die Er-
de; denn du bist Erbherr über alle Heiden!

Gebet gegen einen Bund von Feinden des Gottesvolkes

83 EIN PSALMLIED ASAPHS.
2 Gott, schweige doch nicht! Gott,
bleib nicht so still und ruhig!

3 Denn siehe, deine Feinde toben, und
die dich hassen, erheben das Haupt.
4 Sie machen listige Anschläge wider
dein Volk und halten Rat wider die, die
bei dir sich bergen.
5 «Wohlan!» sprechen sie, «laßt uns sie
ausrotten, daß sie kein Volk mehr seien
und des Namens Israel nicht mehr gedacht werde!»
6 Denn sie sind miteinander eins geworden und haben einen Bund wider dich gemacht:
7 die in den Zelten von Edom und Ismael wohnen, Moab und die Hagariter,
8 Gebal, Ammon und Amalek, die
Philister mit denen von Tyrus;
9 auch Assur hat sich zu ihnen geschlagen, sie helfen den Söhnen Lot. SELA.
10 Mach's mit ihnen wie mit Midian,
wie mit Sisera, mit Jabin am Bach Kison,
11 die vertilgt wurden bei Endor und
wurden zu Mist auf dem Acker.
12 Mache ihre Fürsten wie Oreb und
Seeb, alle ihre Edlen wie Sebach und Zalmunna,
13 die auch einmal sagten: Wir wollen
das Land Gottes einnehmen.
14 Mein Gott, mache sie wie verwehende Blätter, wie Spreu vor dem Winde.
15 Wie ein Feuer den Wald verbrennt
und wie eine Flamme die Berge versengt,
16 so verfolge sie mit deinem Sturm und
erschrecke sie mit deinem Ungewitter.
17 Bedecke ihr Angesicht mit Schande,
daß sie, HERR, nach deinem Namen fragen müssen.
18 Schämen sollen sie sich und erschrecken für immer und zuschanden
werden und umkommen.
19 So werden sie erkennen, daß du allein
HERR heißest und der Höchste bist in
aller Welt.

Freude am Hause Gottes

84 EIN PSALM DER SÖHNE KORAH, VORZUSINGEN, AUF DER GITTITH.
2 Wie lieb sind mir deine Wohnungen,
HERR Zebaoth!
3 Meine Seele verlangt und sehnt sich
nach den Vorhöfen des HERRN; mein Leib
und Seele freuen sich in dem lebendigen
Gott.
4 Der Vogel hat ein Haus gefunden und
die Schwalbe ein Nest für ihre Jungen –
deine Altäre, HERR Zebaoth, mein König
und mein Gott.
5 Wohl denen, die in deinem Hause
wohnen; die loben dich immerdar. SELA.
6 Wohl den Menschen, die dich für ihre
Stärke halten und von Herzen dir nachwandeln!
7 Wenn sie durchs dürre Tal ziehen,
wird es ihnen zum Quellgrund, und Frühregen hüllt es in Segen.
8 Sie gehen von einer Kraft zur andern
und schauen den wahren Gott in Zion.
9 HERR, Gott Zebaoth, höre mein Gebet; vernimm es, Gott Jakobs! SELA.
10 Gott, unser Schild, schaue doch; sieh
doch an das Antlitz deines Gesalbten!
11 Denn **ein Tag in deinen Vorhöfen ist
besser als sonst tausend.** Ich will lieber die
Tür hüten in meines Gottes Hause als
wohnen in der Gottlosen Hütten.
12 Denn Gott der HERR ist Sonne und
Schild; der HERR gibt Gnade und Ehre.
Er wird kein Gutes mangeln lassen den
Frommen.
13 HERR Zebaoth, wohl dem Menschen,
der sich auf dich verläßt!

Bitte um neuen Segen

85 EIN PSALM DER SÖHNE KORAH, VORZUSINGEN.
2 HERR, der du bist vormals gnädig gewesen deinem Lande und hast erlöst die
Gefangenen Jakobs;
3 der du die Missetat vormals vergeben
hast deinem Volk und alle seine Sünde
bedeckt hast; SELA.
4 der du vormals hast all deinen Zorn
fahren lassen und dich abgewandt von
der Glut deines Zorns:
5 hilf uns, Gott, unser Heiland, und laß
ab von deiner Ungnade über uns!
6 Willst du denn ewiglich über uns
zürnen und deinen Zorn walten lassen für
und für?
7 Willst du uns denn nicht wieder erquicken, daß dein Volk sich über dich
freuen kann?
8 HERR, erweise uns deine Gnade und
gib uns dein Heil!
9 Könnte ich doch hören, was Gott der
HERR redet, daß er Frieden zusagte seinem Volk und seinen Heiligen, damit sie
nicht in Torheit geraten.
10 Doch ist ja seine Hilfe nahe denen,

die ihn fürchten, daß in unserm Lande
Ehre wohne;
11 daß Güte und Treue einander be-
gegnen, Gerechtigkeit und Friede sich
küssen;
12 daß Treue auf der Erde wachse und
Gerechtigkeit vom Himmel schaue;
13 daß uns auch der HERR Gutes tue,
und unser Land seine Frucht gebe;
14 daß Gerechtigkeit vor ihm her gehe
und seinen Schritten folge.

Gebet in Bedrängnis

86 EIN GEBET DAVIDS. HERR, neige deine
Ohren und erhöre mich; denn ich
bin elend und arm.
2 Bewahre meine Seele, denn ich bin
dein. Hilf du, mein Gott, deinem Knechte,
der sich verläßt auf dich.
3 Herr, sei mir gnädig; denn ich rufe
täglich zu dir.
4 Erfreue die Seele deines Knechts;
denn nach dir, Herr, verlangt mich.
5 Denn du, Herr, bist gut und gnädig,
von großer Güte allen, die dich anrufen.
6 Vernimm, HERR, mein Gebet und
merke auf die Stimme meines Flehens!
7 In der Not rufe ich dich an; du wollest
mich erhören!
8 Herr, es ist dir keiner gleich unter den
Göttern, und niemand kann tun, was du
tust.
9 Alle Völker, die du gemacht hast, wer-
den kommen und vor dir anbeten, Herr,
und deinen Namen ehren,
10 daß du so groß bist und Wunder tust
und du allein Gott bist.
11 **Weise mir, HERR, deinen Weg, daß ich
wandle in deiner Wahrheit; erhalte mein
Herz bei dem einen, daß ich deinen Namen
fürchte.**
12 Ich danke dir, Herr, mein Gott, von
ganzem Herzen und ehre deinen Namen
ewiglich.
13 Denn deine Güte ist groß gegen
mich, du hast mich errettet aus der Tiefe
des Todes.
14 Gott, es erheben sich die Stolzen
gegen mich, und eine Rotte von Gewalt-
tätern trachtet mir nach dem Leben und
haben dich nicht vor Augen.
15 Du aber, Herr, Gott, bist barmherzig
und gnädig, geduldig und von großer
Güte und Treue.
16 Wende dich zu mir und sei mir gnä-
dig; stärke deinen Knecht mit deiner
Kraft und hilf dem Sohn deiner Magd!
17 Tu ein Zeichen an mir, daß du's gut
mit mir meinst, daß es sehen, die mich
hassen, und sich schämen, weil du mir
beistehst, HERR, und mich tröstest.

Zion wird die Mutter der Völker

87 EIN PSALMLIED DER SÖHNE KORAH.
Sie ist fest gegründet auf den heili-
gen Bergen.
2 Der HERR liebt die Tore Zions mehr
als alle Wohnungen in Jakob.
3 Herrliche Dinge werden in dir gepre-
digt, du Stadt Gottes. SELA.
4 Ich zähle Ägypten und Babel zu denen,
die mich kennen, auch die Philister und
Tyrer samt den Mohren: «Die sind hier
geboren.»
5 Doch von Zion wird man sagen:
«Mann für Mann ist darin geboren»; und
er selbst, der Höchste, erhält es.
6 Der HERR spricht, wenn er aufschreibt
die Völker: «Die sind hier geboren.» SELA.
7 Und sie singen beim Reigen: Alle mei-
ne Quellen sind in dir!

Gebet in großer Verlassenheit und Todesnähe

88 EIN PSALMLIED DER SÖHNE KORAH,
VORZUSINGEN, ZUM REIGENTANZ IM
WECHSEL*, EINE UNTERWEISUNG HEMANS,
DES ESRACHITERS.
2 HERR, Gott, mein Heiland, ich schreie
Tag und Nacht vor dir.
3 Laß mein Gebet vor dich kommen,
neige deine Ohren zu meinem Schreien.
4 Denn meine Seele ist übervoll an Lei-
den, und mein Leben ist nahe dem Tode.
5 Ich bin denen gleich geachtet, die in
die Grube fahren, ich bin wie ein Mann,
der keine Kraft mehr hat.
6 Ich liege unter den Toten verlassen,
wie die Erschlagenen, die im Grabe liegen,
derer du nicht mehr gedenkst und die von
deiner Hand geschieden sind.
7 Du hast mich hinunter in die Grube
gelegt, in die Finsternis und in die Tiefe.
8 Dein Grimm drückt mich nieder, du
bedrängst mich mit allen deinen Fluten.
SELA.

*Die Übersetzung ist unsicher. Luther übersetzte: «von der Schwachheit der Elenden».

9 Meine Freunde hast du mir entfrem-
det, du hast mich ihnen zum Abscheu ge-
macht. Ich liege gefangen und kann nicht
heraus,
10 mein Auge sehnt sich aus dem Elend.
HERR, ich rufe zu dir täglich; ich breite
meine Hände aus zu dir.
11 Wirst du an den Toten Wunder tun,
oder werden die Verstorbenen aufstehen
und dir danken? SELA.
12 Wird man im Grabe erzählen deine
Güte und deine Treue bei den Toten?
13 Werden denn deine Wunder in der
Finsternis erkannt oder deine Gerechtig-
keit im Lande des Vergessens?
14 Aber ich schreie zu dir, HERR, und
mein Gebet kommt frühe vor dich:
15 Warum verstößt du, HERR, meine
Seele und verbirgst dein Antlitz vor mir?
16 Ich bin elend und dem Tode nahe von
Jugend auf; ich erleide deine Schrecken,
daß ich fast verzage.
17 Dein Grimm geht über mich, deine
Schrecken vernichten mich.
18 Sie umgeben mich täglich wie Fluten
und umringen mich allzumal.
19 Meine Freunde und Nächsten hast
du mir entfremdet, und meine Verwandten
hältst du fern von mir.

Israels Not und die Verheißung an David

89 EINE UNTERWEISUNG ETHANS, DES
ESRACHITERS.
2 Ich will singen von der Gnade des
HERRN ewiglich und seine Treue verkün-
den mit meinem Munde für und für;
3 denn ich sage: Für ewig steht die
Gnade fest; du gibst deiner Treue sicheren
Grund im Himmel.
4 «Ich habe einen Bund geschlossen mit
meinem Auserwählten, ich habe David,
meinem Knechte, geschworen:
5 Ich will deinem Geschlecht festen
Grund geben auf ewig und deinen Thron
bauen für und für.» SELA.
6 Und die Himmel werden, HERR, deine
Wunder preisen und deine Treue in der
Gemeinde der Heiligen.
7 Denn wer in den Wolken könnte dem
HERRN gleichen und dem HERRN gleich
sein unter den Himmlischen?
8 Gott ist gefürchtet in der Versamm-
lung der Heiligen, groß und furchtbar
über alle, die um ihn sind.
9 HERR, Gott Zebaoth, wer ist wie du?
Mächtig bist du, HERR, und deine Treue
ist um dich her.
10 Du herrschest über das ungestüme
Meer, du stillest seine Wellen, wenn sie
sich erheben.
11 Du hast Rahab* zu Tode geschlagen
und deine Feinde zerstreut mit deinem
starken Arm.
12 Himmel und Erde sind dein, du hast
gegründet den Erdkreis und was darinnen
ist.
13 Nord und Süd hast du geschaffen,
Tabor und Hermon jauchzen über deinen
Namen.
14 Du hast einen gewaltigen Arm, stark
ist deine Hand, und hoch ist deine Rechte.
15 Gerechtigkeit und Gericht sind dei-
nes Thrones Stütze, Gnade und Treue
gehen vor dir einher.
16 Wohl dem Volk, das jauchzen kann!
HERR, sie werden im Licht deines Antlit-
zes wandeln;
17 sie werden über deinen Namen täg-
lich fröhlich sein und in deiner Gerechtig-
keit herrlich sein.
18 Denn du bist der Ruhm ihrer Stärke,
und durch deine Gnade wirst du unser
Haupt erhöhen.
19 Denn dem HERRN gehört unser
Schild** und dem Heiligen in Israel unser
König.
20 Damals hast du geredet durch ein
Gesicht zu deinem Heiligen und gesagt:
Ich habe einen Helden erweckt, der helfen
soll, ich habe erhöht einen Auserwählten
aus dem Volk.
21 Ich habe gefunden meinen Knecht
David, ich habe ihn gesalbt mit meinem
heiligen Öl.
22 Meine Hand soll ihn erhalten, und
mein Arm soll ihn stärken.
23 Die Feinde sollen ihn nicht über-
wältigen und die Ungerechten ihn nicht
demütigen;
24 sondern ich will seine Widersacher
vor ihm zerschlagen und, die ihn hassen,
zu Boden stoßen.
25 Aber meine Treue und Gnade soll
bei ihm sein, und sein Haupt soll erhöht
sein in meinem Namen.
26 Seine Hand laß ich herrschen über

*d. i. der Drache der Urzeit.
**Bezeichnung des Königs.

das Meer und seine Rechte über die Ströme.

27 Er wird mich nennen: Du bist mein Vater, mein Gott und Hort, der mir hilft.

28 Und ich will ihn zum erstgeborenen Sohn machen, zum Höchsten unter den Königen auf Erden.

29 Ich will ihm ewiglich bewahren meine Gnade, und mein Bund soll ihm fest bleiben.

30 Ich will ihm ewiglich Nachkommen geben und seinen Thron erhalten, solange der Himmel währt.

31 Wenn aber seine Söhne mein Gesetz verlassen und in meinen Rechten nicht wandeln,

32 wenn sie meine Ordnungen entheiligen und meine Gebote nicht halten,

33 so will ich ihre Sünde mit der Rute heimsuchen und ihre Missetat mit Plagen;

34 aber meine Gnade will ich nicht von ihm wenden und meine Treue nicht brechen.

35 Ich will meinen Bund nicht entheiligen und nicht ändern, was aus meinem Munde gegangen ist.

36 Ich habe **einmal** geschworen bei meiner Heiligkeit und will David nicht belügen:

37 «Sein Geschlecht soll ewig bestehen und sein Thron vor mir wie die Sonne,

38 wie der Mond, der ewiglich bleibt, und wie der treue Zeuge in den Wolken.» SELA.

39 Aber nun hast du verstoßen und verworfen und zürnst mit deinem Gesalbten!

40 Du hast zerbrochen den Bund mit deinem Knecht und seine Krone entweiht in den Staub.

41 Du hast eingerissen alle seine Mauern und hast zerstört seine Festungen.

42 Es berauben ihn alle, die vorübergehen; er ist seinen Nachbarn ein Spott geworden.

43 Du erhöhst die Rechte seiner Widersacher und erfreust alle seine Feinde.

44 Auch hast du die Kraft seines Schwerts weggenommen und lässest ihn nicht siegen im Streit.

45 Du hast seinem Glanz ein Ende gemacht und seinen Thron zu Boden geworfen.

46 Du hast die Tage seiner Jugend verkürzt und ihn bedeckt mit Schande. SELA.

47 HERR, wie lange willst du dich so verbergen und deinen Grimm wie Feuer brennen lassen?

48 Gedenke, wie kurz mein Leben ist, wie vergänglich du alle Menschen geschaffen hast!

49 Wo ist jemand, der da lebt und den Tod nicht sähe, der seine Seele errette aus des Todes Hand? SELA.

50 Herr, wo ist deine Gnade von einst, die du David geschworen hast in deiner Treue?

51 Gedenke, Herr, an die Schmach deiner Knechte, die ich trage in meinem Herzen von all den vielen Völkern,

52 mit der, HERR, deine Feinde dich schmähen, mit der sie schmähen hinter deinem Gesalbten her!

53 Gelobt sei der HERR ewiglich! Amen! Amen!

VIERTES BUCH

Zuflucht in unserer Vergänglichkeit

90 EIN GEBET DES MOSE, DES MANNES GOTTES. **Herr, du bist unsre Zuflucht für und für.**

2 **Ehe denn die Berge wurden und die Erde und die Welt geschaffen wurden, bist du, Gott, von Ewigkeit zu Ewigkeit.**

3 Der du die Menschen lässest sterben und sprichst: Kommt wieder, Menschenkinder!

4 Denn tausend Jahre sind vor dir wie der Tag, der gestern vergangen ist, und wie eine Nachtwache.

5 Du lässest sie dahinfahren wie einen Strom, sie sind wie ein Schlaf, wie ein Gras, das am Morgen noch sproßt,

6 das am Morgen blüht und sproßt und des Abends welkt und verdorrt.

7 Das macht dein Zorn, daß wir so vergehen, und dein Grimm, daß wir so plötzlich dahin müssen.

8 Denn unsre Missetaten stellst du vor dich, unsre unerkannte Sünde ins Licht vor deinem Angesicht.

9 Darum fahren alle unsre Tage dahin durch deinen Zorn, wir bringen unsre Jahre zu wie ein Geschwätz.

10 Unser Leben währet siebzig Jahre, und wenn's hoch kommt, so sind's achtzig Jahre, und was daran köstlich scheint,

ist doch nur vergebliche Mühe;* denn
es fähret schnell dahin, als flögen wir davon.
11 Wer glaubt's aber, daß du so sehr
zürnest, und wer fürchtet sich vor dir in
deinem Grimm?
12 **Lehre uns bedenken, daß wir sterben
müssen, auf daß wir klug werden.**
13 HERR, kehre dich doch endlich wieder
zu uns und sei deinen Knechten gnädig!
14 Fülle uns frühe mit deiner Gnade, so
wollen wir rühmen und fröhlich sein unser
Leben lang.
15 Erfreue uns nun wieder, nachdem du
uns so lange plagest, nachdem wir so
lange Unglück leiden.
16 Zeige deinen Knechten deine Werke
und deine Herrlichkeit ihren Kindern.
17 Und der Herr, unser Gott, sei uns
freundlich und fördere das Werk unsrer
Hände bei uns. Ja, das Werk unsrer
Hände wollest du fördern!

Unter Gottes Schutz

91 **Wer unter dem Schirm des Höchsten
sitzt und unter dem Schatten des Allmächtigen bleibt,**
2 **der spricht zu dem HERRN: Meine Zuversicht
und meine Burg, mein Gott, auf den
ich hoffe.**
3 Denn er errettet dich vom Strick des
Jägers und von der verderblichen Pest.
4 Er wird dich mit seinen Fittichen
decken, und Zuflucht wirst du haben
unter seinen Flügeln. Seine Wahrheit ist
Schirm und Schild,
5 daß du nicht erschrecken mußt vor
dem Grauen der Nacht, vor den Pfeilen,
die des Tages fliegen,
6 vor der Pest, die im Finstern schleicht,
vor der Seuche, die am Mittag Verderben
bringt.
7 Wenn auch tausend fallen zu deiner
Seite und zehntausend zu deiner Rechten,
so wird es doch dich nicht treffen.
8 Ja, du wirst es mit eigenen Augen
sehen und schauen, wie den Gottlosen
vergolten wird.
9 Denn der HERR ist deine Zuversicht,
der Höchste ist deine Zuflucht.

*Luthers Übersetzung «und wenn's köstlich gewesen ist, so ist's Mühe und Arbeit gewesen» ist heute mißverständlich.

10 Es wird dir kein Übel begegnen, und
keine Plage wird sich deinem Hause
nahen.
11 Denn er hat seinen Engeln befohlen,
daß sie dich behüten auf allen deinen
Wegen,
12 daß sie dich auf den Händen tragen
und du deinen Fuß nicht an einen Stein
stoßest.
13 Über Löwen und Ottern wirst du
gehen und junge Löwen und Drachen
niedertreten.
14 «Er liebt mich, darum will ich ihn
erretten; er kennt meinen Namen, darum
will ich ihn schützen.
15 Er ruft mich an, darum will ich ihn erhören;
ich bin bei ihm in der Not, ich will
ihn herausreißen und zu Ehren bringen.
16 Ich will ihn sättigen mit langem Leben
und will ihm zeigen mein Heil.»

Freude am Lob Gottes

92 EIN PSALMLIED FÜR DEN SABBATTAG.
2 **Das ist ein köstlich Ding, dem
HERRN danken und lobsingen deinem Namen,
du Höchster,**
3 **des Morgens deine Gnade und des
Nachts deine Wahrheit verkündigen**
4 auf dem Psalter mit zehn Saiten, mit
Spielen auf der Harfe.
5 Denn, HERR, du lässest mich fröhlich
singen von deinen Werken, und ich rühme
die Taten deiner Hände.
6 HERR, wie sind deine Werke so groß!
Deine Gedanken sind sehr tief.
7 Ein Törichter glaubt das nicht, und
ein Narr begreift es nicht.
8 Die Gottlosen grünen wie das Gras,
und die Übeltäter blühen alle – nur um
vertilgt zu werden für immer!
9 Aber du, HERR, bist der Höchste und
bleibest ewiglich.
10 Denn siehe, deine Feinde, HERR,
siehe, deine Feinde werden umkommen,
und alle Übeltäter sollen zerstreut werden.
11 Aber mich machst du stark wie den
Wildstier und salbst mich mit frischem Öl.
12 Mit Freude sieht mein Auge auf
meine Feinde herab und hört mein Ohr
von den Boshaften, die sich gegen mich
erheben.
13 Der Gerechte wird grünen wie ein
Palmbaum, er wird wachsen wie eine
Zeder auf dem Libanon.

14 Die gepflanzt sind im Hause des
HERRN, werden in den Vorhöfen unsres
Gottes grünen.
15 Und wenn sie auch alt werden, wer-
den sie dennoch blühen, fruchtbar und
frisch sein,
16 daß sie verkündigen, wie der HERR es
recht macht; er ist mein Fels, und kein
Unrecht ist an ihm.

Der ewige König

93 Der HERR ist König und herrlich
geschmückt; der HERR ist ge-
schmückt und umgürtet mit Kraft. Er hat
den Erdkreis gegründet, daß er nicht
wankt.
2 Von Anbeginn steht dein Thron fest;
du bist ewig.
3 HERR, die Wasserströme erheben sich,
die Wasserströme erheben ihr Brausen,
die Wasserströme heben empor die Wel-
len;
4 die Wasserwogen im Meer sind groß
und brausen mächtig; der HERR aber ist
noch größer in der Höhe.
5 Dein Wort ist wahrhaftig und gewiß;
Heiligkeit ist die Zierde deines Hauses,
HERR, für alle Zeit.

Hilferuf gegen die Unterdrücker des Volkes Gottes

94 HERR, du Gott der Vergeltung, du
Gott der Vergeltung, erscheine!
2 Erhebe dich, du Richter der Welt; ver-
gilt den Hoffärtigen, was sie verdienen!
3 HERR, wie lange sollen die Gottlosen,
wie lange sollen die Gottlosen prahlen?
4 Es reden so trotzig daher, es rühmen
sich alle Übeltäter.
5 HERR, sie zerschlagen dein Volk und
plagen dein Erbe.
6 Witwen und Fremdlinge bringen sie
um und töten die Waisen
7 und sagen: Der HERR sieht's nicht,
und der Gott Jakobs beachtet's nicht.
8 Merkt doch auf, ihr Narren im Volk!
Und ihr Toren, wann wollt ihr klug wer-
den?
9 Der das Ohr gepflanzt hat, sollte der
nicht hören? Der das Auge gemacht hat,
sollte der nicht sehen?
10 Der die Völker in Zucht hält, sollte
der nicht Rechenschaft fordern – er, der
die Menschen Erkenntnis lehrt?
11 Aber der HERR kennt die Gedanken
der Menschen: sie sind nur ein Hauch!
12 Wohl dem, den du, HERR, in Zucht
nimmst und lehrst ihn durch dein Gesetz,
13 ihm Ruhe zu schaffen vor bösen
Tagen, bis dem Gottlosen die Grube ge-
graben ist.
14 Denn der HERR wird sein Volk nicht
verstoßen noch sein Erbe verlassen.
15 Denn **Recht muß doch Recht bleiben,
und ihm werden alle frommen Herzen zu-
fallen.**
16 Wer steht mir bei wider die Bos-
haften? Wer tritt zu mir wider die Übel-
täter?
17 Wenn der HERR mir nicht hülfe, läge
ich bald am Orte des Schweigens.
18 Wenn ich sprach: Mein Fuß ist ge-
strauchelt, so hielt mich, HERR, deine
Gnade.
19 Ich hatte viel Kummer in meinem
Herzen, aber deine Tröstungen erquick-
ten meine Seele.
20 Du hast ja nicht Gemeinschaft mit
dem Richterstuhl der Bösen, die das
Gesetz mißbrauchen und Unheil schaffen.
21 Sie rotten sich zusammen wider den
Gerechten und verurteilen unschuldig
Blut.
22 Aber der HERR ist mein Schutz, mein
Gott ist der Hort meiner Zuversicht.
23 Und er wird ihnen ihr Unrecht ver-
gelten und sie um ihrer Bosheit willen ver-
tilgen; der HERR, unser Gott, wird sie
vertilgen.

Aufruf zur Anbetung und zum Gehorsam

95 Kommt herzu, laßt uns dem HERRN
frohlocken und jauchzen dem Hort
unsres Heils!
2 Laßt uns mit Danken vor sein Ange-
sicht kommen und mit Psalmen ihm
jauchzen!
3 Denn der HERR ist ein großer Gott
und ein großer König über alle Götter.
4 Denn in seiner Hand sind die Tiefen
der Erde, und die Höhen der Berge sind
auch sein.
5 Denn sein ist das Meer, und er hat's
gemacht, und seine Hände haben das
Trockene bereitet.
6 Kommt, laßt uns anbeten und knien
und niederfallen vor dem HERRN, der uns
gemacht hat.

7 Denn er ist unser Gott, und wir das
Volk seiner Weide und Schafe seiner
Hand.
Wenn ihr doch heute auf seine Stimme
hören wolltet:
8 «Verstocket euer Herz nicht, wie zu
Meriba geschah, wie zu Massa in der
Wüste,
9 wo mich eure Väter versuchten und
prüften und hatten doch mein Werk ge-
sehen.
10 Vierzig Jahre war dies Volk mir zu-
wider, daß ich sprach: Es sind Leute,
deren Herz immer den Irrweg will und die
meine Wege nicht lernen wollen,
11 so daß ich schwor in meinem Zorn:
Sie sollen nicht zu meiner Ruhe kommen.»

Der Schöpfer und Richter aller Welt

96 Singet dem HERRN ein neues Lied;
singet dem HERRN, alle Welt!
2 Singet dem HERRN und lobet seinen
Namen, verkündet von Tag zu Tag sein
Heil!
3 Erzählet unter den Heiden von seiner
Herrlichkeit, unter allen Völkern von sei-
nen Wundern!
4 Denn der HERR ist groß und hoch zu
loben, mehr zu fürchten als alle Götter.
5 Denn alle Götter der Völker sind
Götzen; aber der HERR hat den Himmel
gemacht.
6 Hoheit und Pracht sind vor ihm,
Macht und Herrlichkeit in seinem Heilig-
tum.
7 Ihr Völker, bringet dar dem HERRN,
bringet dar dem HERRN Ehre und Macht!
8 Bringet dar dem HERRN die Ehre seines
Namens, bringet Geschenke und kommt
in seine Vorhöfe!
9 Betet an den HERRN in heiligem
Schmuck; es fürchte ihn alle Welt!
10 Sagt unter den Heiden: Der HERR ist
König. Er hat den Erdkreis gegründet,
daß er nicht wankt. Er richtet die Völker
recht.
11 Der Himmel freue sich, und die Erde
sei fröhlich, das Meer brause und was dar-
innen ist;
12 das Feld sei fröhlich und alles, was
darauf ist, es sollen jauchzen alle Bäume
im Walde
13 vor dem HERRN; denn er kommt,
denn er kommt, zu richten das Erdreich.
Er wird den Erdkreis richten mit Ge-
rechtigkeit und die Völker mit seiner
Wahrheit.

Freude am Königtum Gottes

97 Der HERR ist König; des freue sich
das Erdreich und seien fröhlich die
Inseln, soviel ihrer sind.
2 Wolken und Dunkel sind um ihn her,
Gerechtigkeit und Gericht sind seines
Thrones Stütze.
3 Feuer geht vor ihm her und verzehrt
ringsum seine Feinde.
4 Seine Blitze erleuchten den Erdkreis,
das Erdreich sieht es und erschrickt.
5 Berge zerschmelzen wie Wachs vor
dem HERRN, vor dem Herrscher der gan-
zen Erde.
6 Die Himmel verkündigen seine Ge-
rechtigkeit, und seine Herrlichkeit sehen
alle Völker.
7 Schämen sollen sich alle, die den Bil-
dern dienen und sich der Götzen rühmen.
Betet ihn an, alle Götter!
8 Zion hört es und ist froh, und die
Töchter Judas sind fröhlich, weil du,
HERR, recht regierest.
9 Denn du, HERR, bist der Höchste über
allen Landen, du bist hoch erhöht über
alle Götter.
10 Die ihr den HERRN liebet, hasset das
Arge! Der Herr bewahrt die Seelen seiner
Heiligen; aus der Hand der Gottlosen
wird er sie erretten.
11 Dem Gerechten muß das Licht im-
mer wieder aufgehen und Freude den
frommen Herzen.
12 Ihr Gerechten, freut euch des HERRN
und danket ihm und preiset seinen heili-
gen Namen!

Der königliche Richter aller Welt

98 EIN PSALM. Singet dem HERRN ein
neues Lied, denn er tut Wunder. Er
schafft Heil mit seiner Rechten und mit
seinem heiligen Arm.
2 Der HERR läßt sein Heil kund werden;
vor den Völkern macht er seine Gerech-
tigkeit offenbar.
3 Er gedenkt an seine Gnade und Treue
für das Haus Israel, aller Welt Enden
sehen das Heil unsres Gottes.
4 Jauchzet dem HERRN, alle Welt, sin-
get, rühmet und lobet!

5 Lobet den HERRN mit Harfen, mit
Harfen und mit Saitenspiel!
6 Mit Trompeten und Posaunen jauch-
zet vor dem HERRN, dem König!
7 Das Meer brause und was darinnen
ist, der Erdkreis und die darauf wohnen.
8 Die Ströme sollen frohlocken, und
alle Berge seien fröhlich
9 vor dem HERRN; denn er kommt, das
Erdreich zu richten. Er wird den Erdkreis
richten mit Gerechtigkeit und die Völker,
wie es recht ist.

Der heilige Gott

99 Der HERR ist König, darum zittern
die Völker; er sitzt über den Cheru-
bim, darum bebt die Welt.
2 Der HERR ist groß in Zion und er-
haben über alle Völker.
3 Preisen sollen sie deinen großen und
wunderbaren Namen, – denn er ist heilig –
4 und die Macht des Königs, der das
Recht lieb hat.* Du hast bestimmt, was
richtig ist, du schaffest Gericht und Ge-
rechtigkeit in Jakob.
5 Erhebet den HERRN, unsern Gott,
betet an vor dem Schemel seiner Füße;
denn er ist heilig.
6 Mose und Aaron unter seinen Prie-
stern, und Samuel unter denen, die seinen
Namen anrufen, die riefen den HERRN an,
und er erhörte sie.
7 Er redete mit ihnen in der Wolken-
säule; sie hielten seine Gesetze und Ge-
bote, die er ihnen gab.
8 HERR, du bist unser Gott, du erhör-
test sie; du, Gott, vergabst ihnen und
straftest ihr Tun.
9 Erhebet den HERRN, unsern Gott, und
betet an auf seinem heiligen Berge; denn
der HERR, unser Gott, ist heilig.

Ein Aufruf zum Lobe Gottes

100 EIN PSALM ZUM DANKOPFER.
Jauchzet dem HERRN, alle Welt!
2 Dienet dem HERRN mit Freuden,
kommt vor sein Angesicht mit Froh-
locken!
3 Erkennet, daß der HERR Gott ist! Er
hat uns gemacht und nicht wir selbst
zu seinem Volk und zu Schafen seiner
Weide.
4 Gehet zu seinen Toren ein mit Dan-
ken, zu seinen Vorhöfen mit Loben; dan-
ket ihm, lobet seinen Namen!
5 Denn der HERR ist freundlich, und
seine Gnade währet ewig und seine Wahr-
heit für und für.

Regentenspiegel

101 EIN PSALM DAVIDS. Von Gnade
und Recht will ich singen und dir,
HERR, Lob sagen.
2 Ich handle umsichtig und redlich, daß
du mögest zu mir kommen; ich wandle
mit redlichem Herzen in meinem Hause.
3 Ich nehme mir keine böse Sache vor;
ich hasse den Übertreter und lasse ihn
nicht bei mir bleiben.
4 Ein falsches Herz muß von mir wei-
chen. Den Bösen kann ich nicht leiden.
5 Wer seinen Nächsten heimlich ver-
leumdet, den bring ich zum Schweigen.
Ich mag den nicht, der stolze Gebärde
und hoffärtige Art hat.
6 Meine Augen sehen nach den Treuen
im Lande, daß sie bei mir wohnen; ich
habe gerne fromme Diener.
7 Falsche Leute dürfen in meinem Hau-
se nicht bleiben, die Lügner gedeihen nicht
bei mir.
8 Jeden Morgen bring ich zum Schwei-
gen alle Gottlosen im Lande, daß ich alle
Übeltäter ausrotte aus der Stadt des
HERRN.

Gebet um Wiederherstellung Zions
(Der fünfte Bußpsalm)

102 EIN GEBET FÜR DEN ELENDEN, WENN
ER VERZAGT IST UND SEINE KLAGE
VOR DEM HERRN AUSSCHÜTTET.
2 HERR, höre mein Gebet und laß mein
Schreien zu dir kommen!
3 Verbirg dein Antlitz nicht vor mir in
der Not, neige deine Ohren zu mir; wenn
ich dich anrufe, so erhöre mich bald!
4 Denn meine Tage sind vergangen wie
ein Rauch, und meine Gebeine sind ver-
brannt wie von Feuer.
5 Mein Herz ist geschlagen und ver-
dorrt wie Gras, daß ich sogar vergesse,
mein Brot zu essen.
6 Mein Gebein klebt an meiner Haut
vor Heulen und Seufzen.
7 Ich bin wie die Eule in der Einöde, wie
das Käuzchen in den Trümmern.

*Luther übersetzte: «Im Reich dieses Königs hat man das Recht lieb.»

8 Ich wache und klage wie ein einsamer Vogel auf dem Dache.

9 Täglich schmähen mich meine Feinde, und die mich verspotten, fluchen mit meinem Namen.

10 Denn ich esse Asche wie Brot und mische meinen Trank mit Tränen

11 vor deinem Drohen und Zorn, weil du mich hochgehoben und zu Boden geworfen hast.

12 Meine Tage sind dahin wie ein Schatten, und ich verdorre wie Gras.

13 Du aber, HERR, bleibst ewiglich und dein Name für und für.

14 Du wollest dich aufmachen und über Zion erbarmen; denn es ist Zeit, daß du ihm gnädig seist, und die Stunde ist gekommen

15 – denn deine Knechte wollten gerne, daß es gebaut würde, und es jammert sie, daß es in Trümmern liegt –,

16 daß die Heiden den Namen des HERRN fürchten und alle Könige auf Erden deine Herrlichkeit.

17 Ja, der HERR baut Zion wieder und erscheint in seiner Herrlichkeit.

18 Er wendet sich zum Gebet der Verlassenen und verschmäht ihr Gebet nicht.

19 Das werde geschrieben für die Nachkommen; und das Volk, das er schafft, wird den HERRN loben.

20 Denn er schaut von seiner heiligen Höhe, der HERR sieht vom Himmel auf die Erde,

21 daß er das Seufzen der Gefangenen höre und losmache die Kinder des Todes,

22 daß sie in Zion verkünden den Namen des HERRN und sein Lob in Jerusalem,

23 wenn die Völker zusammenkommen und die Königreiche, dem HERRN zu dienen.

24 Er demütigt auf dem Wege meine Kraft, er verkürzt meine Tage.

25 Ich sage: Mein Gott, nimm mich nicht weg in der Hälfte meiner Tage! Deine Jahre währen für und für.

26 Du hast vorzeiten die Erde gegründet, und die Himmel sind deiner Hände Werk.

27 Sie werden vergehen, du aber bleibst; sie werden alle veralten wie ein Gewand; wie ein Kleid wirst du sie wechseln, und sie werden verwandelt werden.

28 Du aber bleibst, wie du bist, und deine Jahre nehmen kein Ende.

29 Die Söhne deiner Knechte bleiben wohnen, und ihr Geschlecht wird vor dir gedeihen.

Das Hohelied der Barmherzigkeit Gottes

103 VON DAVID. **Lobe den HERRN, meine Seele, und was in mir ist, seinen heiligen Namen!**

2 **Lobe den HERRN, meine Seele, und vergiß nicht, was er dir Gutes getan hat:**

3 **der dir alle deine Sünde vergibt und heilet alle deine Gebrechen,**

4 **der dein Leben vom Verderben erlöst, der dich krönet mit Gnade und Barmherzigkeit,**

5 der deinen Mund fröhlich macht, und du wieder jung wirst wie ein Adler.

6 Der HERR schafft Gerechtigkeit und Recht allen, die Unrecht leiden.

7 Er hat seine Wege Mose wissen lassen, die Kinder Israel sein Tun.

8 **Barmherzig und gnädig ist der HERR, geduldig und von großer Güte.**

9 Er wird nicht für immer hadern noch ewig zornig bleiben.

10 **Er handelt nicht mit uns nach unsern Sünden und vergilt uns nicht nach unsrer Missetat.**

11 **Denn so hoch der Himmel über der Erde ist, läßt er seine Gnade walten über denen, die ihn fürchten.**

12 **So fern der Morgen ist vom Abend, läßt er unsre Übertretungen von uns sein.**

13 **Wie sich ein Vater über Kinder erbarmt, so erbarmt sich der HERR über die, die ihn fürchten.**

14 Denn er weiß, was für ein Gebilde wir sind; er gedenkt daran, daß wir Staub sind.

15 Ein Mensch ist in seinem Leben wie Gras, er blüht wie eine Blume auf dem Felde;

16 wenn der Wind darüber geht, so ist sie nimmer da, und ihre Stätte kennet sie nicht mehr.

17 Die Gnade aber des HERRN währt von Ewigkeit zu Ewigkeit über denen, die ihn fürchten, und seine Gerechtigkeit auf Kindeskind

18 bei denen, die seinen Bund halten und gedenken an seine Gebote, daß sie danach tun.

19 Der HERR hat seinen Thron im Himmel errichtet, und sein Reich herrscht über alles.

20 Lobet den HERRN, ihr seine Engel,
ihr starken Helden, die ihr seinen Befehl
ausrichtet, daß man höre auf die Stimme
seines Wortes!
21 Lobet den HERRN, alle seine Heer-
scharen, seine Diener, die ihr seinen Wil-
len tut!
22 Lobet den HERRN, alle seine Werke,
an allen Orten seiner Herrschaft!
Lobe den HERRN, meine Seele!

Lob des Schöpfers

104 Lobe den HERRN, meine Seele!
HERR, mein Gott, du bist sehr
herrlich; du bist schön und prächtig ge-
schmückt.
2 Licht ist dein Kleid, das du anhast. Du
breitest den Himmel aus wie einen Tep-
pich;
3 du baust deine Gemächer über den
Wassern. Du fährst auf den Wolken wie
auf einem Wagen und kommst daher auf
den Fittichen des Windes,
4 der du machst Winde zu deinen Boten
und Feuerflammen zu deinen Dienern;
5 der du das Erdreich gegründet hast
auf festen Boden, daß es bleibt immer und
ewiglich.
6 Mit Fluten decktest du es wie mit
einem Kleide, und die Wasser standen
über den Bergen.
7 Aber vor deinem Schelten flohen sie,
vor deinem Donner fuhren sie dahin.
8 Die Berge stiegen hoch empor, und die
Täler senkten sich herunter zum Ort, den
du ihnen gegründet hast.
9 Du hast eine Grenze gesetzt, darüber
kommen sie nicht und dürfen nicht wieder
das Erdreich bedecken.
10 Du lässest Wasser in den Tälern
quellen, daß sie zwischen den Bergen da-
hinfließen,
11 daß alle Tiere des Feldes trinken und
das Wild seinen Durst lösche.
12 Darüber sitzen die Vögel des Him-
mels und singen unter den Zweigen.
13 Du feuchtest die Berge von oben her,
du machst das Land voll Früchte, die du
schaffest.
14 Du lässest Gras wachsen für das Vieh
und Saat zu Nutz den Menschen, daß du
Brot aus der Erde hervorbringst,
15 daß der Wein erfreue des Menschen
Herz und sein Antlitz schön werde vom
Öl und das Brot des Menschen Herz
stärke.
16 Die Bäume des HERRN stehen voll
Saft, die Zedern des Libanon, die er ge-
pflanzt hat.
17 Dort nisten die Vögel, und die Reiher
wohnen in den Wipfeln.
18 Die hohen Berge geben dem Stein-
bock Zuflucht und die Felsklüfte dem
Klippdachs.
19 Du hast den Mond gemacht, das Jahr
danach zu teilen; die Sonne weiß ihren
Niedergang.
20 Du machst Finsternis, daß es Nacht
wird; da regen sich alle wilden Tiere,
21 die jungen Löwen, die da brüllen nach
Raub und ihre Speise suchen von Gott.
22 Wenn aber die Sonne aufgeht, heben
sie sich davon und legen sich in ihre
Höhlen.
23 So geht dann der Mensch aus an
seine Arbeit und an sein Werk bis an den
Abend.
24 **HERR, wie sind deine Werke so groß
und viel! Du hast sie alle weise geordnet,
und die Erde ist voll deiner Güter.**
25 Da ist das Meer, das so groß und
weit ist, da wimmelt's ohne Zahl, große
und kleine Tiere.
26 Dort ziehen Schiffe dahin; da sind
große Fische, die du gemacht hast, damit
zu spielen.
27 **Es warten alle auf dich, daß du ihnen
Speise gebest zur rechten Zeit.**
28 **Wenn du ihnen gibst, so sammeln sie;
wenn du deine Hand auftust, so werden sie
mit Gutem gesättigt.**
29 Verbirgst du dein Angesicht, so er-
schrecken sie; nimmst du weg ihren
Odem, so vergehen sie und werden wieder
Staub.
30 Du sendest aus deinen Odem, so
werden sie geschaffen, und du machst neu
die Gestalt der Erde.
31 Die Herrlichkeit des HERRN bleibe
ewiglich, der HERR freue sich seiner
Werke!
32 Er schaut die Erde an, so bebt sie; er
rührt die Berge an, so rauchen sie.
33 Ich will dem HERRN singen mein
Leben lang und meinen Gott loben, so-
lange ich bin.
34 Mein Reden möge ihm wohlgefallen.
Ich freue mich des HERRN.

35 Die Sünder sollen ein Ende nehmen
auf Erden und die Gottlosen nicht mehr
sein.
Lobe den HERRN, meine Seele! Halleluja!

Lob Gottes für seine Heilstaten in Israels Frühzeit

105 Danket dem HERRN und rufet an
seinen Namen; verkündigt sein
Tun unter den Völkern!
2 Singet und spielet ihm, redet von allen
seinen Wundern!
3 Rühmet seinen heiligen Namen; es
freue sich das Herz derer, die den HERRN
suchen!
4 Fraget nach dem HERRN und nach
seiner Macht, suchet sein Antlitz allezeit!
5 Gedenket seiner Wunderwerke, die er
getan hat, seiner Zeichen und der Urteile
seines Mundes,
6 du Geschlecht Abrahams, seines
Knechts, ihr Söhne Jakobs, seine Aus-
erwählten!
7 Er ist der HERR, unser Gott, er richtet
in aller Welt.
8 Er gedenkt ewiglich an seinen Bund,
an das Wort, das er verheißen hat für tau-
send Geschlechter,
9 an den Bund, den er geschlossen hat
mit Abraham, und an den Eid, den er
Isaak geschworen hat.
10 Er stellte ihn auf für Jakob als Sat-
zung und für Israel als ewigen Bund
11 und sprach: «Dir will ich das Land
Kanaan geben, das Los eures Erbteils»,
12 als sie noch gering waren an Zahl,
nur wenige und Fremdlinge im Lande.
13 Und sie zogen von Volk zu Volk, von
einem Königreich zum andern.
14 Er ließ keinen Menschen ihnen Scha-
den tun und wies Könige zurecht um
ihretwillen:
15 «Tastet meine Gesalbten nicht an,
und tut meinen Propheten kein Leid!»
16 Und er ließ eine Hungersnot ins Land
kommen und nahm weg allen Vorrat an
Brot.
17 Er sandte einen Mann vor ihnen hin;
Joseph wurde als Knecht verkauft.
18 Sie zwangen seine Füße in Fesseln,
sein Leib mußte in Eisen liegen,
19 bis sein Wort eintraf und die Rede
des HERRN ihm recht gab.
20 Da sandte der König hin und ließ ihn
losgeben, der Herr über Völker, er gab
ihn frei.
21 Er setzte ihn zum Herrn über sein
Haus, zum Herrscher über alle seine
Güter,
22 daß er seine Fürsten unterwiese nach
seinem Willen und seine Ältesten Weis-
heit lehrte.
23 Und Israel zog nach Ägypten, und
Jakob ward ein Fremdling im Lande
Hams.
24 Und der Herr ließ sein Volk sehr
wachsen und machte sie mächtiger als
ihre Feinde.
25 Diesen verwandelte er das Herz, daß
sie seinem Volk gram wurden und Arglist
übten an seinen Knechten.
26 Er sandte seinen Knecht Mose und
Aaron, den er erwählt hatte.
27 Die taten seine Zeichen unter ihnen
und seine Wunder im Lande Hams.
28 Er ließ Finsternis kommen und
machte es finster; doch sie blieben unge-
horsam seinen Worten.
29 Er verwandelte ihre Wasser in Blut
und tötete ihre Fische.
30 Ihr Land wimmelte von Fröschen
bis in die Kammern ihrer Könige.
31 Er gebot, da kam Ungeziefer, Stech-
mücken in all ihr Gebiet.
32 Er gab ihnen Hagel statt Regen,
Feuerflammen in ihrem Lande
33 und schlug ihre Weinstöcke und
Feigenbäume und zerbrach die Bäume in
ihrem Gebiet.
34 Er gebot, da kamen Heuschrecken
geflogen und gekrochen ohne Zahl;
35 sie fraßen alles, was da wuchs in
ihrem Lande, und fraßen auch die Frucht
ihres Ackers.
36 Er schlug alle Erstgeburt in Ägypten,
alle Erstlinge ihrer Kraft.
37 Er führte sie heraus mit Silber und
Gold; es war kein Gebrechlicher unter
ihren Stämmen.
38 Ägypten wurde froh, daß sie aus-
zogen; denn Furcht vor ihnen war auf sie
gefallen.
39 Er breitete eine Wolke aus, sie zu
decken, und ein Feuer, des Nachts zu
leuchten.
40 Sie baten, da ließ er Wachteln kom-
men, und er sättigte sie mit Himmelsbrot.
41 Er öffnete den Felsen, da flossen

Wasser heraus, daß Bäche liefen in der
dürren Wüste.
42 Denn er gedachte an sein heiliges
Wort und an Abraham, seinen Knecht.
43 So führte er sein Volk in Freuden her-
aus und seine Auserwählten mit Jubel
44 und gab ihnen die Länder der Heiden,
daß sie die Güter der Völker gewannen,
45 damit sie seine Gebote hielten und
seine Gesetze bewahrten. Halleluja!

Gottes Gnade und Israels Undank

106 Halleluja! **Danket dem HERRN;**
denn er ist freundlich, und seine
Güte währet ewiglich.
2 Wer kann die großen Taten des HERRN
alle erzählen und sein Lob genug verkün-
digen?
3 Wohl denen, die das Gebot halten und
tun immerdar recht!
4 HERR, gedenke meiner nach der Gna-
de, die du deinem Volk verheißen hast;
erweise an uns deine Hilfe,
5 daß wir sehen das Heil deiner Aus-
erwählten und uns freuen, daß es deinem
Volke so gut geht, und uns rühmen mit
denen, die dein eigen sind.
6 Wir haben gesündigt samt unsern
Vätern, wir haben unrecht getan und sind
gottlos gewesen.
7 Unsre Väter in Ägypten wollten deine
Wunder nicht verstehen. Sie gedachten
nicht an deine große Güte und waren un-
gehorsam am Meer, am Schilfmeer.
8 Er aber half ihnen um seines Namens
willen, daß er seine Macht beweise.
9 Er schalt das Schilfmeer, da wurde es
trocken, und führte sie durch die Tiefen
wie durch trockenes Land
10 und half ihnen aus der Hand dessen,
der sie haßte, und erlöste sie von der
Hand des Feindes.
11 Und die Wasser ersäuften ihre Wider-
sacher, daß nicht **einer** übrigblieb.
12 Da glaubten sie an seine Worte und
sangen sein Lob.
13 Aber sie vergaßen bald seine Werke,
sie warteten nicht auf seinen Rat.
14 Und sie wurden lüstern in der Wüste
und versuchten Gott in der Einöde.
15 Er aber gab ihnen, was sie erbaten,
und sandte ihnen genug, bis ihnen davor
ekelte.
16 Und sie empörten sich wider Mose
im Lager, wider Aaron, den Heiligen des
HERRN.
17 Die Erde tat sich auf und verschlang
Dathan und deckte zu die Rotte Abirams,
18 und Feuer wurde unter ihrer Rotte
angezündet, die Flamme verbrannte die
Gottlosen.
19 Sie machten ein Kalb am Horeb und
beteten das gegossene Bild an
20 und verwandelten die Herrlichkeit
ihres Gottes in das Bild eines Ochsen, der
Gras frißt.
21 Sie vergaßen Gott, ihren Heiland,
der so große Dinge in Ägypten getan
hatte,
22 Wunder im Lande Hams und
schreckliche Taten am Schilfmeer.
23 Und er gedachte, sie zu vertilgen,
wäre nicht Mose gewesen, sein Auser-
wählter; der trat vor ihm in die Bresche,
seinen Grimm abzuwenden, daß er sie
nicht verderbe.
24 Und sie achteten das köstliche Land
gering; sie glaubten seinem Worte nicht
25 und murrten in ihren Zelten; sie ge-
horchten der Stimme des HERRN nicht.
26 Da erhob er seine Hand wider sie,
daß er sie niederschlüge in der Wüste
27 und würfe ihre Nachkommen unter
die Heiden und zerstreute sie in die Län-
der.
28 Und sie hängten sich an den Baal-
Peor und aßen von den Opfern für die
Toten
29 und erzürnten den Herrn mit ihrem
Tun. Da brach die Plage herein über sie.
30 Da trat Pinhas hinzu und vollzog das
Gericht; da wurde der Plage gewehrt;
31 das wurde ihm gerechnet zur Ge-
rechtigkeit von Geschlecht zu Geschlecht
ewiglich.
32 Und sie erzürnten den Herrn am Ha-
derwasser, und Mose ging es übel um
ihretwillen;
33 denn sie erbitterten sein Herz, daß
ihm unbedachte Worte entfuhren.
34 Auch vertilgten sie die Völker nicht,
wie ihnen der HERR doch geboten hatte,
35 sondern sie ließen sich ein mit den
Heiden und lernten ihre Werke
36 und dienten ihren Götzen; die wur-
den ihnen zum Fallstrick.
37 Und sie opferten ihre Söhne und ihre
Töchter den bösen Geistern

38 und vergossen unschuldig Blut, das
Blut ihrer Söhne und Töchter, die sie
opferten den Götzen Kanaans, so daß das
Land mit Blutschuld befleckt war.
39 Sie machten sich unrein mit ihren
Werken und wurden abtrünnig durch ihr
Tun.
40 **Da** entbrannte der Zorn des HERRN
über sein Volk, und sein Erbe wurde ihm
zum Abscheu.
41 Er gab sie in die Hand der Heiden,
daß über sie herrschten, die ihnen gram
waren.
42 Und ihre Feinde ängsteten sie, und
sie wurden gedemütigt unter ihre Hand.
43 Er rettete sie oftmals; aber sie er-
zürnten ihn mit ihrem Vorhaben und
schwanden dahin um ihrer Missetat wil-
len.
44 **Da** sah er ihre Not an, als er ihre
Klage hörte,
45 und gedachte an seinen Bund mit
ihnen, und es reute ihn nach seiner großen
Güte.
46 Und er ließ sie Barmherzigkeit finden
bei allen, die sie gefangen hielten.
47 **Hilf** uns, HERR, unser Gott, und
bring uns zusammen aus den Heiden, daß
wir preisen deinen heiligen Namen und
uns rühmen, daß wir dich loben können!

48 **Gelobt** sei der HERR, der Gott Israels,
von Ewigkeit zu Ewigkeit, und alles Volk
spreche: Amen! Halleluja!

FÜNFTES BUCH

Danklied der Erlösten

107 **Danket dem HERRN; denn er ist freundlich, und seine Güte währet ewiglich.**
2 So sollen sagen, die erlöst sind durch
den HERRN, die er aus der Not erlöst hat,
3 die er aus den Ländern zusammenge-
bracht hat von Osten und Westen, von
Norden und Süden.
4 **Die** irre gingen in der Wüste, auf un-
gebahntem Wege, und fanden keine Stadt,
in der sie wohnen konnten,
5 die hungrig und durstig waren und
deren Seele verschmachtete,
6 die dann zum HERRN riefen in ihrer
Not, und er errettete sie aus ihren
Ängsten
7 und führte sie den richtigen Weg, daß
sie kamen zur Stadt, in der sie wohnen
konnten:
8 die sollen dem HERRN danken für seine
Güte und für seine Wunder, die er an den
Menschenkindern tut,
9 daß er sättigt die durstige Seele und
die Hungrigen füllt mit Gutem.
10 **Die** da sitzen mußten in Finsternis
und Dunkel, gefangen in Zwang und
Eisen,
11 weil sie Gottes Geboten ungehorsam
waren und den Ratschluß des Höchsten
verachtet hatten,
12 so daß er ihr Herz durch Unglück
beugte und sie dalagen und ihnen niemand
half,
13 die dann zum HERRN riefen in ihrer
Not, und er half ihnen aus ihren Ängsten
14 und führte sie aus Finsternis und
Dunkel und zerriß ihre Bande:
15 die sollen dem HERRN danken für
seine Güte und für seine Wunder, die er
an den Menschenkindern tut,
16 daß er zerbricht eherne Türen und
zerschlägt eiserne Riegel.
17 **Die** Toren, die geplagt waren um
ihrer Übertretung und um ihrer Sünde
willen,
18 daß ihnen ekelte vor aller Speise und
sie todkrank wurden,
19 die dann zum HERRN riefen in ihrer
Not, und er half ihnen aus ihren Ängsten,
20 er sandte sein Wort und machte sie
gesund und errettete sie, daß sie nicht
starben:
21 die sollen dem HERRN danken für
seine Güte und für seine Wunder, die er
an den Menschenkindern tut,
22 und sollen Dank opfern und seine
Werke erzählen mit Freuden.
23 **Die** mit Schiffen auf dem Meere
fuhren und trieben ihren Handel auf gro-
ßen Wassern,
24 die des HERRN Werke erfahren haben
und seine Wunder auf dem Meer,
25 wenn er sprach und einen Sturmwind
erregte, der die Wellen erhob,
26 und sie gen Himmel fuhren und in
den Abgrund sanken, daß ihre Seele vor
Angst verzagte,
27 daß sie taumelten und wankten wie
ein Trunkener und wußten keinen Rat
mehr,

28 die dann zum HERRN schrien in ihrer
Not, und er führte sie aus ihren Ängsten
29 und stillte das Ungewitter, daß die
Wellen sich legten
30 und sie froh wurden, daß es still ge-
worden war und er sie zum erwünschten
Lande brachte:
31 die sollen dem HERRN danken für
seine Güte und für seine Wunder, die er
an den Menschenkindern tut,
32 und ihn in der Gemeinde preisen und
bei den Alten rühmen.
33 Er machte Bäche trocken und ließ
Wasserquellen versiegen,
34 daß fruchtbares Land zur Salzwüste
wurde wegen der Bosheit derer, die dort
wohnten.
35 Er machte das Trockene wieder was-
serreich und gab dem dürren Lande Was-
serquellen
36 und ließ die Hungrigen dort bleiben,
daß sie eine Stadt bauten, in der sie woh-
nen konnten,
37 und Äcker besäten und Weinberge
pflanzten, die jährlich Früchte trugen.
38 Und er segnete sie, daß sie sich sehr
mehrten, und gab ihnen viel Vieh.
39 Aber sie wurden gering an Zahl und
geschwächt von der Last des Unglücks
und des Kummers.
40 Er schüttete Verachtung aus auf die
Fürsten und ließ sie irren in der Wüste,
wo kein Weg ist;
41 aber die Armen schützte er vor
Elend und mehrte ihr Geschlecht wie eine
Herde.
42 Das werden die Frommen sehen und
sich freuen, und aller Bosheit wird das
Maul gestopft werden.
43 Wer ist weise und behält dies? Der
wird merken, wieviel Wohltaten der HERR
erweist.

Lob Gottes und Zuversicht in Kriegsnot

108 EIN PSALMLIED DAVIDS.
2 Gott, mein Herz ist bereit, ich
will singen und spielen. Wach auf, meine
Seele!
3 Wach auf, Psalter und Harfe! Ich will
das Morgenrot wecken.
4 Ich will dir danken, HERR, unter den
Völkern, ich will dir lobsingen unter den
Leuten.
5 Denn **deine Gnade reicht, so weit der
Himmel ist, und deine Treue, so weit die
Wolken gehen.**
6 Erhebe dich, Gott, über den Himmel
und deine Herrlichkeit über alle Lande!
7 Laß deine Freunde errettet werden,
dazu hilf mit deiner Rechten und erhöre
uns!
8 Gott hat in seinem Heiligtum geredet:
Ich will frohlocken; ich will Sichem ver-
teilen und das Tal Sukkoth ausmessen.
9 Gilead ist mein, Manasse ist auch
mein, und Ephraim ist der Schutz meines
Haupts, Juda ist mein Zepter.
10 Moab ist mein Waschbecken, ich will
meinen Schuh auf Edom werfen, über die
Philister will ich jauchzen.
11 Wer wird mich führen in die feste
Stadt? Wer wird mich nach Edom leiten?
12 Wirst du es nicht tun, Gott, der du
uns verstoßen hast und ziehst nicht aus,
Gott, mit unserm Heer?
13 Schaff uns Beistand vor dem Feind;
denn Menschenhilfe ist nichts nütze.
14 Mit Gott wollen wir Taten tun. Er
wird unsre Feinde niedertreten.

Ein Ruf zu Gott gegen erbarmungslose Widersacher

109 EIN PSALM DAVIDS, VORZUSINGEN.
Gott, mein Ruhm, schweige nicht!
2 Denn sie haben ihr gottloses Lügen-
maul wider mich aufgetan. Sie reden
wider mich mit falscher Zunge
3 und reden giftig wider mich allenthal-
ben und streiten wider mich ohne Grund.
4 Dafür, daß ich sie liebe, feinden sie
mich an; ich aber bete.
5 Sie erweisen mir Böses für Gutes und
Haß für Liebe.
6 Gib ihm einen Gottlosen zum Gegner,
und ein Verkläger stehe zu seiner Rechten.
7 Wenn er gerichtet wird, soll er schul-
dig gesprochen werden, und sein Gebet
werde zur Sünde.
8 Seiner Tage sollen wenige werden, und
sein Amt soll ein andrer empfangen.
9 Seine Kinder sollen Waisen werden
und sein Weib eine Witwe.
10 Seine Kinder sollen umherirren und
betteln und vertrieben werden aus ihren
Trümmern.
11 Es soll der Wucherer alles fordern,
was er hat, und Fremde sollen seine Güter
rauben.

12 Und niemand soll ihm Gutes tun, und niemand erbarme sich seiner Waisen.

13 Seine Nachkommen sollen ausgerottet werden, ihr Name soll schon im zweiten Glied getilgt werden.

14 Der Schuld seiner Väter soll gedacht werden vor dem HERRN, und seiner Mutter Sünde soll nicht getilgt werden.

15 Der HERR soll sie nie mehr aus den Augen lassen, und ihr Andenken soll ausgerottet werden auf Erden,

16 weil er so gar keine Barmherzigkeit übte, sondern verfolgte den Elenden und Armen und den Betrübten, ihn zu töten.

17 Er liebte den Fluch, so komme er auch über ihn; er wollte den Segen nicht, so bleibe er auch fern von ihm.

18 Er zog den Fluch an wie sein Hemd; der dringe in ihn hinein wie Wasser und wie Öl in seine Gebeine;

19 er werde ihm wie ein Kleid, das er anhat, und wie ein Gürtel, mit dem er allezeit sich gürtet.

20 So geschehe denen vom HERRN, die wider mich sind und die Böses reden wider mich.

21 Aber du, HERR, sei du mit mir um deines Namens willen; denn deine Gnade ist mein Trost: errette mich!

22 Denn ich bin arm und elend; mein Herz ist zerschlagen in mir.

23 Ich fahre dahin wie ein Schatten, der schwindet, und werde abgeschüttelt wie Heuschrecken.

24 Meine Knie sind schwach vom Fasten, und mein Leib ist mager und hat kein Fett.

25 Ich bin ihnen zum Spott geworden; wenn sie mich sehen, schütteln sie den Kopf.

26 Steh mir bei, HERR, mein Gott! Hilf mir nach deiner Gnade,

27 und laß sie innewerden, daß dies deine Hand ist und du, HERR, das tust.

28 Fluchen sie, so segne du. Erheben sie sich gegen mich, so sollen sie zuschanden werden; aber dein Knecht soll sich freuen.

29 Meine Widersacher sollen mit Schmach angezogen und mit ihrer Schande bekleidet werden wie mit einem Mantel.

30 Ich will dem HERRN sehr danken mit meinem Munde und ihn rühmen vor der Menge.

31 Denn er steht dem Armen zur Rechten, daß er ihm helfe von denen, die ihn verurteilen.

Der ewige König und Priester

110 EIN PSALM DAVIDS. **Der HERR sprach zu meinem Herrn: «Setze dich zu meiner Rechten, bis ich deine Feinde zum Schemel deiner Füße mache.»**

2 Der HERR wird das Zepter deiner Macht ausstrecken aus Zion. Herrsche mitten unter deinen Feinden!

3 Wenn du dein Heer aufbietest, wird dir dein Volk willig folgen in heiligem Schmuck. Deine Söhne werden dir geboren wie der Tau aus der Morgenröte.

4 Der HERR hat geschworen, und es wird ihn nicht gereuen: «Du bist ein Priester ewiglich nach der Weise Melchisedeks.»

5 Der Herr zu deiner Rechten wird zerschmettern die Könige am Tage seines Zorns.

6 Er wird richten unter den Heiden, wird viele erschlagen, wird Häupter zerschmettern auf weitem Gefilde.

7 Er wird trinken vom Bach auf dem Wege, darum wird er das Haupt emporheben.

Preis der Gottesgnade

111 Halleluja! Ich danke dem HERRN von ganzem Herzen im Rate der Frommen und in der Gemeinde.

2 Groß sind die Werke des HERRN; wer sie erforscht, der hat Freude daran.

3 Was er tut, das ist herrlich und prächtig, und seine Gerechtigkeit bleibt ewiglich.

4 Er hat ein Gedächtnis gestiftet seiner Wunder, der gnädige und barmherzige HERR.

5 Er gibt Speise denen, die ihn fürchten; er gedenkt ewig an seinen Bund.

6 Er läßt verkündigen seine gewaltigen Taten seinem Volk, daß er ihnen gebe das Erbe der Heiden.

7 Die Werke seiner Hände sind Wahrheit und Recht; alle seine Ordnungen sind beständig.

8 Sie stehen fest für immer und ewig; sie sind recht und verläßlich.

9 Er sendet eine Erlösung seinem Volk; er verheißt, daß sein Bund ewig bleiben soll. Heilig und hehr ist sein Name.

10 Die Furcht des HERRN ist der Weis-
heit Anfang. Klug sind alle, die danach
tun. Sein Lob bleibet ewiglich.

Preis der Gottesfurcht

112 Halleluja! Wohl dem, der den
HERRN fürchtet, der große Freude
hat an seinen Geboten!
2 Sein Geschlecht wird gewaltig sein im
Lande; die Kinder der Frommen werden
gesegnet sein.
3 Reichtum und Fülle wird in ihrem
Hause sein, und ihre Gerechtigkeit bleibt
ewiglich.
4 Den Frommen geht das Licht auf in
der Finsternis von dem Gnädigen, Barm-
herzigen und Gerechten.
5 Wohl dem, der barmherzig ist und
gerne leiht und das Seine tut, wie es recht
ist!
6 Denn er wird ewiglich bleiben; der
Gerechte wird nimmermehr vergessen.
7 Vor schlimmer Kunde fürchtet er sich
nicht; sein Herz hofft unverzagt auf den
HERRN.
8 Sein Herz ist getrost und fürchtet sich
nicht, bis er auf seine Feinde herabsieht.
9 Er streut aus und gibt den Armen;
seine Gerechtigkeit bleibt ewiglich. Seine
Kraft wird hoch in Ehren stehen.
10 Der Gottlose wird's sehen, und es
wird ihn verdrießen; mit den Zähnen wird
er knirschen und vergehen. Denn was die
Gottlosen wollen, das wird zunichte.

Gottes Hoheit und Huld

113 Halleluja! Lobet, ihr Knechte des
HERRN, lobet den Namen des
HERRN!
2 Gelobt sei der Name des HERRN von
nun an bis in Ewigkeit!
3 Vom Aufgang der Sonne bis zu ihrem
Niedergang sei gelobet der Name des
HERRN!
4 Der HERR ist hoch über alle Völker;
seine Herrlichkeit reicht, so weit der Him-
mel ist.
5 Wer ist wie der HERR, unser Gott, im
Himmel und auf Erden?
6 Der oben thront in der Höhe, der her-
niederschaut in die Tiefe,
7 der den Geringen aufrichtet aus dem
Staube und erhöht den Armen aus dem
Schmutz,
8 daß er ihn setze neben die Fürsten,
neben die Fürsten seines Volkes;
9 der die Unfruchtbare im Hause zu
Ehren bringt, daß sie eine fröhliche Kin-
dermutter wird. Halleluja!

Gottes Wunder beim Auszug aus Ägypten

114 Als Israel aus Ägypten zog, das
Haus Jakob aus dem fremden
Volk,
2 da wurde Juda sein Heiligtum, Israel
sein Königreich.
3 Das Meer sah es und floh, der Jordan
wandte sich zurück.
4 Die Berge hüpften wie die Lämmer,
die Hügel wie die jungen Schafe.
5 Was war mit dir, du Meer, daß du
flohest, und mit dir, Jordan, daß du dich
zurückwandtest?
6 Ihr Berge, daß ihr hüpftet wie die
Lämmer, ihr Hügel, wie die jungen
Schafe?
7 Vor dem Herrn erbebe, du Erde, vor
dem Gott Jakobs,
8 der den Felsen wandelte in einen See
und die Steine in Wasserquellen!

Gott allein die Ehre!

115 Nicht uns, HERR, nicht uns, son-
dern deinem Namen gib Ehre um
deiner Gnade und Treue willen!
2 Warum sollen die Heiden sagen: Wo
ist denn ihr Gott?
3 **Unser Gott ist im Himmel; er kann
schaffen, was er will.**
4 Ihre Götzen aber sind Silber und
Gold, von Menschenhänden gemacht.
5 Sie haben Mäuler und reden nicht, sie
haben Augen und sehen nicht.
6 Sie haben Ohren und hören nicht, sie
haben Nasen und riechen nicht,
7 sie haben Hände und greifen nicht,
Füße haben sie und gehen nicht, und kein
Laut kommt aus ihrer Kehle.
8 Die solche Götzen machen, sind ihnen
gleich, alle, die auf sie hoffen.
9 Aber Israel hoffe auf den HERRN! Er
ist ihre Hilfe und Schild.
10 Das Haus Aaron hoffe auf den
HERRN! Er ist ihre Hilfe und Schild.
11 Die ihr den HERRN fürchtet, hoffet
auf den HERRN! Er ist ihre Hilfe und
Schild.
12 **Der HERR denkt an uns und segnet uns;**

er segnet das Haus Israel, er segnet das
Haus Aaron.
13 Er segnet, die den HERRN fürchten,
die Kleinen und die Großen.
14 Der HERR segne euch je mehr und
mehr, euch und eure Kinder!
15 Ihr seid die Gesegneten des HERRN,
der Himmel und Erde gemacht hat.
16 Der Himmel ist der Himmel des
HERRN; aber die Erde hat er den Menschenkindern gegeben.
17 Die Toten werden dich, HERR, nicht
loben, keiner, der hinunterfährt in die
Stille;
18 aber **wir** loben den HERRN von nun
an bis in Ewigkeit. Halleluja!

Dank für Rettung aus Todesgefahr

116 Ich liebe den HERRN, denn er hört
die Stimme meines Flehens.
2 Er neigte sein Ohr zu mir; darum will
ich mein Leben lang ihn anrufen.
3 Stricke des Todes hatten mich umfangen, des Totenreichs Schrecken hatten
mich getroffen; ich kam in Jammer und
Not.
4 Aber ich rief an den Namen des
HERRN: Ach, HERR, errette mich!
5 Der HERR ist gnädig und gerecht, und
unser Gott ist barmherzig.
6 Der HERR behütet die Unmündigen;
wenn ich schwach bin, so hilft er mir.
7 Sei nun wieder zufrieden, meine Seele;
denn der HERR tut dir Gutes.
8 Denn du hast meine Seele vom Tode
errettet, mein Auge von den Tränen, meinen Fuß vom Gleiten.
9 Ich werde wandeln vor dem HERRN
im Lande der Lebendigen.
10 Ich glaube, auch wenn ich sage: Ich
werde sehr geplagt.*
11 Ich sprach in meinem Zagen: Alle
Menschen sind Lügner.
12 Wie soll ich dem HERRN vergelten all
seine Wohltat, die er an mir tut?
13 Ich will den Kelch des Heils nehmen
und des HERRN Namen anrufen.
14 Ich will meine Gelübde dem HERRN
erfüllen vor all seinem Volk.
15 Der Tod seiner Heiligen wiegt schwer
vor dem HERRN.
16 Ach, HERR, ich bin dein Knecht, ich
bin dein Knecht, der Sohn deiner Magd;
du hast meine Bande zerrissen.
17 Dir will ich Dank opfern und des
HERRN Namen anrufen.
18 Ich will meine Gelübde dem HERRN
erfüllen vor all seinem Volk
19 in den Vorhöfen am Hause des
HERRN, in dir, Jerusalem. Halleluja!

Aufruf an die Völker zum Lob Gottes

117 Lobet den HERRN, alle Heiden!
Preiset ihn, alle Völker!
2 Denn seine Gnade und Wahrheit waltet über uns in Ewigkeit. Halleluja!

Dankbares Bekenntnis zur Hilfe Gottes

118 Danket dem HERRN; denn er ist
freundlich, und seine Güte währet
ewiglich.
2 Es sage nun Israel: Seine Güte währet
ewiglich.
3 Es sage nun das Haus Aaron: Seine
Güte währet ewiglich.
4 Es sagen nun, die den HERRN fürchten:
Seine Güte währet ewiglich.
5 In der Angst rief ich den HERRN an;
und der HERR erhörte mich und tröstete
mich.
6 Der HERR ist mit mir, darum fürchte
ich mich nicht; was können mir Menschen tun?
7 Der HERR ist mit mir, mir zu helfen;
und ich werde herabsehen auf meine
Feinde.
8 Es ist gut, auf den HERRN vertrauen
und nicht sich verlassen auf Menschen.
9 Es ist gut, auf den HERRN vertrauen
und nicht sich verlassen auf Fürsten.
10 Alle Heiden umgeben mich; aber im
Namen des HERRN will ich sie abwehren.
11 Sie umgeben mich von allen Seiten;
aber im Namen des HERRN will ich sie
abwehren.
12 Sie umgeben mich wie Bienen, sie entbrennen wie ein Feuer in Dornen; aber im
Namen des HERRN will ich sie abwehren.
13 Man stößt mich, daß ich fallen soll;
aber der HERR hilft mir.
14 **Der HERR ist meine Macht und mein
Psalm und ist mein Heil.**
15 Man singt mit Freuden vom Sieg in
den Hütten der Gerechten: Die Rechte
des HERRN behält den Sieg!

*Luther übersetzte: «Ich glaube, darum rede ich» (vgl. 2.Kor 4,13, wo Paulus der griechischen Übersetzung des Alten Testaments folgt).

16 Die Rechte des HERRN ist erhöht; die Rechte des HERRN behält den Sieg!

17 **Ich werde nicht sterben, sondern leben und des HERRN Werke verkündigen.**

18 Der HERR züchtigt mich schwer; aber er gibt mich dem Tode nicht preis.

19 Tut mir auf die Tore der Gerechtigkeit, daß ich durch sie einziehe und dem HERRN danke.

20 Das ist das Tor des HERRN; die Gerechten werden dort einziehen.

21 Ich danke dir, daß du mich erhört hast und hast mir geholfen.

22 **Der Stein, den die Bauleute verworfen haben, ist zum Eckstein geworden.**

23 Das ist vom HERRN geschehen und ist ein Wunder vor unsern Augen.

24 **Dies ist der Tag, den der HERR macht; laßt uns freuen und fröhlich an ihm sein.**

25 **O HERR, hilf! O HERR, laß wohlgelingen!**

26 Gelobt sei, der da kommt im Namen des HERRN! Wir segnen euch, die ihr vom Hause des HERRN seid.

27 Der HERR ist Gott, der uns erleuchtet. Schmückt das Fest mit Maien bis an die Hörner des Altars!

28 Du bist mein Gott, und ich danke dir; mein Gott, ich will dich preisen.

29 Danket dem HERRN; denn er ist freundlich, und seine Güte währet ewiglich.

Die Herrlichkeit des Wortes Gottes
(Das güldene ABC)

119 Wohl denen, die ohne Tadel leben, die im Gesetz des HERRN wandeln!

2 Wohl denen, die sich an seine Mahnungen halten, die ihn von ganzem Herzen suchen,

3 die auf seinen Wegen wandeln und kein Unrecht tun.

4 Du hast geboten, fleißig zu halten deine Befehle.

5 O daß mein Leben deine Gebote mit ganzem Ernst hielte.

6 Wenn ich schaue allein auf deine Gebote, so werde ich nicht zuschanden.

7 Ich danke dir mit aufrichtigem Herzen, daß du mich lehrst die Ordnungen deiner Gerechtigkeit.

8 Deine Gebote will ich halten; verlaß mich nimmermehr!

9 **Wie wird ein junger Mann seinen Weg unsträflich gehen? Wenn er sich hält an deine Worte.**

10 Ich suche dich von ganzem Herzen; laß mich nicht abirren von deinen Geboten.

11 Ich behalte dein Wort in meinem Herzen, damit ich nicht wider dich sündige.

12 Gelobet seist du, HERR! Lehre mich deine Gebote!

13 Ich will mit meinen Lippen erzählen alle Weisungen deines Mundes.

14 Ich freue mich über den Weg, den deine Mahnungen zeigen, wie über großen Reichtum.

15 Ich rede von dem, was du befohlen hast, und schaue auf deine Wege.

16 Ich habe Freude an deinen Satzungen und vergesse deine Worte nicht.

17 Tu wohl deinem Knecht, daß ich lebe und dein Wort halte.

18 **Öffne mir die Augen, daß ich sehe die Wunder an deinem Gesetz.**

19 **Ich bin ein Gast auf Erden; verbirg deine Gebote nicht vor mir.**

20 Meine Seele verzehrt sich vor Verlangen nach deinen Ordnungen allezeit.

21 Du schiltst die Stolzen; verflucht sind, die von deinen Geboten abirren.

22 Wende von mir Schmach und Verachtung; denn ich halte mich an deine Mahnungen.

23 Fürsten sitzen da und reden wider mich; aber dein Knecht sinnt nach über deine Gebote.

24 Ich habe Freude an deinen Mahnungen; sie sind meine Ratgeber.

25 **Meine Seele liegt im Staube; erquicke mich nach deinem Wort.**

26 Ich erzähle dir meine Wege, und du erhörst mich; lehre mich deine Gebote.

27 Laß mich verstehen den Weg deiner Befehle, so will ich reden von deinen Wundern.

28 Ich gräme mich, daß mir die Seele verschmachtet; stärke mich nach deinem Wort.

29 Halte fern von mir den Weg der Lüge und gib mir in Gnaden dein Gesetz.

30 Ich habe erwählt den Weg der Wahrheit, deine Weisungen hab ich vor mich gestellt.

31 Ich halte an deinen Mahnungen fest; HERR, laß mich nicht zuschanden werden!

32 Ich laufe den Weg deiner Gebote; denn du tröstest mein Herz.

33 **Zeige** mir, HERR, den Weg deiner Gebote, daß ich sie bewahre bis ans Ende.

34 Unterweise mich, daß ich bewahre dein Gesetz und es halte von ganzem Herzen.

35 Führe mich auf dem Steig deiner Gebote; denn ich habe Gefallen daran.

36 Neige mein Herz zu deinen Mahnungen und nicht zur Habsucht.

37 Wende meine Augen ab, daß sie nicht sehen nach unnützer Lehre, und erquicke mich auf deinem Wege.

38 Erfülle deinem Knecht dein Wort, daß ich dich fürchte.

39 Wende von mir die Schmach, die ich scheue; denn deine Ordnungen sind gut.

40 Siehe, ich begehre deine Befehle; erquicke mich mit deiner Gerechtigkeit.

41 **HERR**, laß mir deine Gnade widerfahren, deine Hilfe nach deinem Wort,

42 daß ich antworten kann dem, der mich schmäht; denn ich verlasse mich auf dein Wort.

43 Und nimm ja nicht von meinem Munde das Wort der Wahrheit; denn ich hoffe auf deine Ordnungen.

44 Ich will dein Gesetz halten allezeit, immer und ewiglich.

45 Und ich wandle fröhlich; denn ich suche deine Befehle.

46 Ich rede von deinen Zeugnissen vor Königen und schäme mich nicht.

47 Ich habe Freude an deinen Geboten, sie sind mir sehr lieb,

48 und hebe meine Hände auf zu deinen Geboten, die mir lieb sind, und rede von deinen Weisungen.

49 **Denke** an das Wort, das du deinem Knecht gabst, und laß mich darauf hoffen.

50 Das ist mein Trost in meinem Elend, daß dein Wort mich erquickt.

51 Die Stolzen treiben ihren Spott mit mir; dennoch weiche ich nicht von deinem Gesetz.

52 HERR, wenn ich an deine ewigen Ordnungen denke, so werde ich getröstet.

53 Zorn erfaßt mich über die Gottlosen, die dein Gesetz verlassen.

54 Deine Gebote sind mein Lied im Hause, in dem ich Fremdling bin.

55 HERR, ich denke des Nachts an deinen Namen und halte dein Gesetz.

56 Das ist mein Schatz, daß ich mich an deine Befehle halte.

57 **Ich** habe gesagt: HERR, das soll mein Erbe sein, daß ich deine Worte halte.

58 Ich suche deine Gunst von ganzem Herzen; sei mir gnädig nach deinem Wort.

59 Ich bedenke meine Wege und lenke meine Füße zu deinen Mahnungen.

60 Ich eile und säume nicht, zu halten deine Gebote.

61 Der Gottlosen Stricke umschlingen mich; aber dein Gesetz vergesse ich nicht.

62 Zur Mitternacht stehe ich auf, dir zu danken für die Ordnungen deiner Gerechtigkeit.

63 Ich halte mich zu allen, die dich fürchten und deine Befehle halten.

64 HERR, die Erde ist voll deiner Güte; lehre mich deine Gebote.

65 **Du** tust Gutes deinem Knecht, HERR, nach deinem Wort.

66 Lehre mich heilsame Einsicht und Erkenntnis; denn ich glaube deinen Geboten.

67 **Ehe ich gedemütigt wurde, irrte ich; nun aber halte ich dein Wort.**

68 Du bist gütig und freundlich, lehre mich deine Weisungen.

69 Die Stolzen erdichten Lügen über mich, ich aber halte von ganzem Herzen deine Befehle.

70 Ihr Herz ist völlig verstockt; ich aber habe Freude an deinem Gesetz.

71 Es ist gut für mich, daß du mich gedemütigt hast, damit ich deine Gebote lerne.

72 Das Gesetz deines Mundes ist mir lieber als viel tausend Stück Gold und Silber.

73 **Deine** Hand hat mich gemacht und bereitet; unterweise mich, daß ich deine Gebote lerne.

74 Die dich fürchten, sehen mich und freuen sich; denn ich hoffe auf dein Wort.

75 HERR, ich weiß, daß deine Urteile gerecht sind; in deiner Treue hast du mich gedemütigt.

76 Deine Gnade soll mein Trost sein, wie du deinem Knecht zugesagt hast.

77 Laß mir deine Barmherzigkeit widerfahren, daß ich lebe; denn ich habe Freude an deinem Gesetz.

78 Ach, daß die Stolzen zuschanden würden, die mich mit Lügen nieder-

drücken! Ich aber sinne nach über deine
Befehle.
79 Ach, daß sich zu mir hielten, die dich
fürchten und deine Mahnungen kennen!
80 Mein Herz bleibe rechtschaffen in
deinen Geboten, damit ich nicht zu-
schanden werde.
81 Meine Seele verlangt nach deinem
Heil; ich hoffe auf dein Wort.
82 Meine Augen sehnen sich nach dei-
nem Wort und sagen: Wann tröstest du
mich?
83 Ich bin wie ein Weinschlauch im
Rauch; doch deine Gebote vergesse ich
nicht.
84 Wie lange soll dein Knecht noch
warten? Wann willst du Gericht halten
über meine Verfolger?
85 Die Stolzen graben mir Gruben, sie,
die nicht tun nach deinem Gesetz.
86 All deine Gebote sind Wahrheit; sie
aber verfolgen mich mit Lügen; hilf mir!
87 Sie haben mich fast umgebracht auf
Erden; ich aber verlasse deine Befehle
nicht.
88 Erquicke mich nach deiner Gnade,
daß ich halte die Mahnung deines Mun-
des.
89 HERR, dein Wort bleibt ewiglich, so
weit der Himmel reicht;
90 deine Wahrheit währet für und für.
Du hast die Erde fest gegründet, und sie
bleibt stehen.
91 Sie steht noch heute nach deinen
Ordnungen; denn es muß dir alles dienen.
92 **Wenn dein Gesetz nicht mein Trost
gewesen wäre, so wäre ich vergangen in
meinem Elend.**
93 Ich will deine Befehle nimmermehr
vergessen; denn du erquickst mich da-
mit.
94 Ich bin dein, hilf mir; denn ich suche
deine Befehle.
95 Die Gottlosen lauern mir auf, daß
sie mich umbringen; ich aber merke auf
deine Mahnungen.
96 Ich habe gesehen, daß alles ein Ende
hat, aber dein Gebot bleibt bestehen.
97 Wie habe ich dein Gesetz so lieb!
Täglich sinne ich ihm nach.
98 Du machst mich mit deinem Gebot
weiser, als meine Feinde sind; denn es ist
ewiglich mein Schatz.
99 Ich habe mehr Einsicht als alle meine
Lehrer; denn über deine Mahnungen
sinne ich nach.
100 Ich bin klüger als die Alten; denn
ich halte mich an deine Befehle.
101 Ich verwehre meinem Fuß alle bösen
Wege, damit ich dein Wort halte.
102 Ich weiche nicht von deinen Ord-
nungen; denn du lehrest mich.
103 Dein Wort ist meinem Munde süßer
als Honig.
104 Dein Wort macht mich klug; darum
hasse ich alle falschen Wege.
105 **Dein Wort ist meines Fußes Leuchte
und ein Licht auf meinem Wege.**
106 Ich schwöre und will's halten: Die
Ordnungen deiner Gerechtigkeit will ich
bewahren.
107 Ich bin sehr gedemütigt; HERR, er-
quicke mich nach deinem Wort!
108 Laß dir gefallen, HERR, das Opfer
meines Mundes, und lehre mich deine
Ordnungen.
109 Mein Leben ist immer in Gefahr;
aber dein Gesetz vergesse ich nicht.
110 Die Gottlosen legen mir Schlingen;
ich aber irre nicht ab von deinen Be-
fehlen.
111 Deine Mahnungen sind mein ewi-
ges Erbe; denn sie sind meines Herzens
Wonne.
112 Ich neige mein Herz, zu tun deine
Gebote immer und ewiglich.
113 Ich hasse die Wankelmütigen und
liebe dein Gesetz.
114 Du bist mein Schutz und mein
Schild; ich hoffe auf dein Wort.
115 Weichet von mir, ihr Übeltäter! Ich
will mich halten an die Gebote meines
Gottes.
116 Erhalte mich durch dein Wort, daß
ich lebe, und laß mich nicht zuschanden
werden in meiner Hoffnung.
117 Stärke mich, daß ich gerettet werde,
so will ich stets Freude haben an deinen
Geboten.
118 Du verwirfst alle, die von deinen
Geboten abirren; denn ihr Tun ist Lug
und Trug.
119 Du schaffst alle Gottlosen auf Erden
weg wie Schlacken, darum liebe ich deine
Mahnungen.
120 Ich fürchte mich vor dir, daß mir
die Haut schaudert, und ich entsetze mich
vor deinen Gerichten.

121 Ich übe Recht und Gerechtigkeit; übergib mich nicht denen, die mir Gewalt antun wollen.
122 Tritt ein für deinen Knecht und tröste ihn, daß mir die Stolzen nicht Gewalt antun!
123 Meine Augen sehnen sich nach deinem Heil und nach dem Wort deiner Gerechtigkeit.
124 Handle mit deinem Knechte nach deiner Gnade und lehre mich deine Gebote.
125 Ich bin dein Knecht: Unterweise mich, daß ich verstehe deine Mahnungen.
126 Es ist Zeit, daß der HERR handelt; sie haben dein Gesetz zerbrochen.
127 Darum liebe ich deine Gebote mehr als Gold und Feingold.
128 Darum halte ich alle deine Befehle für recht, ich hasse alle falschen Wege.
129 Deine Mahnungen sind Wunderwerke; darum hält sie meine Seele.
130 Wenn dein Wort offenbar wird, so erfreut es und macht klug die Unverständigen.
131 Ich tue meinen Mund weit auf und lechze, denn mich verlangt nach deinen Geboten.
132 Wende dich zu mir und sei mir gnädig, wie du pflegst zu tun denen, die deinen Namen lieben.
133 Laß meinen Gang in deinem Wort fest sein und laß kein Unrecht über mich herrschen.
134 Erlöse mich von der Bedrückung durch Menschen, so will ich halten deine Befehle.
135 Laß dein Antlitz leuchten über deinen Knecht, und lehre mich deine Gebote.
136 Meine Augen fließen von Tränen, weil man dein Gesetz nicht hält.
137 HERR, du bist gerecht, und deine Urteile sind richtig.
138 Du hast deine Mahnungen geboten in Gerechtigkeit und großer Treue.
139 Ich habe mich fast zu Tode geeifert, weil meine Widersacher deine Worte vergessen.
140 Dein Wort ist ganz durchläutert, und dein Knecht hat es lieb.
141 Ich bin gering und verachtet; ich vergesse aber nicht deine Befehle.
142 Deine Gerechtigkeit ist eine ewige Gerechtigkeit, und dein Gesetz ist Wahrheit.
143 Angst und Not haben mich getroffen; ich habe aber Freude an deinen Geboten.
144 Deine Mahnungen sind gerecht in Ewigkeit; unterweise mich, so lebe ich.
145 Ich rufe von ganzem Herzen; erhöre mich, HERR; ich will deine Gebote halten.
146 Ich rufe zu dir, hilf mir; ich will mich an deine Mahnungen halten.
147 Ich komme in der Frühe und rufe um Hilfe; auf dein Wort hoffe ich.
148 Ich wache auf, wenn's noch Nacht ist, nachzusinnen über dein Wort.
149 Höre meine Stimme nach deiner Gnade; HERR, erquicke mich nach deinem Recht.
150 Meine arglistigen Verfolger nahen; aber sie sind fern von deinem Gesetz.
151 HERR, du bist nahe, und alle deine Gebote sind Wahrheit.
152 Längst weiß ich aus deinen Mahnungen, daß du sie für ewig gegründet hast.
153 Sieh doch mein Elend und errette mich; denn ich vergesse dein Gesetz nicht.
154 Führe meine Sache und erlöse mich; erquicke mich durch dein Wort.
155 Das Heil ist fern von den Gottlosen; denn sie achten deine Gebote nicht.
156 HERR, deine Barmherzigkeit ist groß; erquicke mich nach deinem Recht.
157 Meiner Verfolger und Widersacher sind viele; ich weiche aber nicht von deinen Mahnungen.
158 Ich sehe die Verächter, und es tut mir wehe, daß sie dein Wort nicht halten.
159 Siehe, ich liebe deine Befehle; HERR, erquicke mich nach deiner Gnade.
160 Dein Wort ist nichts als Wahrheit, alle Ordnungen deiner Gerechtigkeit währen ewiglich.
161 Fürsten verfolgen mich ohne Grund; aber mein Herz fürchtet sich nur vor deinen Worten.
162 Ich freue mich über dein Wort wie einer, der große Beute macht.
163 Lügen bin ich feind, und sie sind mir ein Greuel; aber dein Gesetz habe ich lieb.
164 Ich lobe dich des Tages siebenmal um deiner gerechten Ordnungen willen.
165 Großen Frieden haben, die dein Gesetz lieben; sie werden nicht straucheln.
166 HERR, ich warte auf dein Heil und tue nach deinen Geboten.

167 Meine Seele hält sich an deine
Mahnungen und liebt sie sehr.
168 Ich halte deine Befehle und deine
Mahnungen; denn alle meine Wege liegen
offen vor dir.
169 HERR, laß mein Klagen vor dich
kommen; unterweise mich nach deinem
Wort.
170 Laß mein Flehen vor dich kommen;
errette mich nach deinem Wort.
171 Meine Lippen sollen dich loben;
denn du lehrst mich deine Gebote.
172 Meine Zunge soll singen von deinem
Wort; denn alle deine Gebote sind gerecht.
173 Laß deine Hand mir beistehen; denn
ich habe erwählt deine Befehle.
174 HERR, mich verlangt nach deinem
Heil, und an deinem Gesetz habe ich
Freude.
175 Laß meine Seele leben, daß sie dich
lobe, und dein Recht mir helfen.
176 Ich bin wie ein verirrtes und ver-
lorenes Schaf; suche deinen Knecht, denn
ich vergesse deine Gebote nicht.

Hilferuf gegen Verleumder

120 EIN WALLFAHRTSLIED. Ich rufe zu
dem HERRN in meiner Not, und
er erhört mich.
2 HERR, errette mich von den Lügen-
mäulern, von den falschen Zungen.
3 Was soll er dir antun, du falsche
Zunge, und was dir noch geben?
4 Scharfe Pfeile eines Starken und feuri-
ge Kohlen!
5 Weh mir, daß ich weilen muß unter
Meschech; ich muß wohnen bei den Zel-
ten Kedars!
6 Es wird meiner Seele lang, zu wohnen
bei denen, die den Frieden hassen.
7 Ich halte Frieden; aber wenn ich rede,
so fangen sie Streit an.

Der treue Menschenhüter

121 EIN WALLFAHRTSLIED. Ich hebe
meine Augen auf zu den Bergen.
Woher kommt mir Hilfe?*
2 Meine Hilfe kommt vom HERRN, der
Himmel und Erde gemacht hat.
3 Er wird deinen Fuß nicht gleiten las-
sen, und der dich behütet, schläft nicht.

*Luther übersetzte nach der lateinischen Über-
setzung: «... zu den Bergen, von welchen mir Hilfe
kommt.»

4 Siehe, der Hüter Israels schläft und
schlummert nicht.
5 Der HERR behütet dich; der HERR ist
dein Schatten über deiner rechten Hand,
6 daß dich des Tages die Sonne nicht
steche noch der Mond des Nachts.
7 **Der HERR behüte dich vor allem Übel,
er behüte deine Seele.**
8 **Der HERR behüte deinen Ausgang und
Eingang von nun an bis in Ewigkeit!**

Ein Segenswunsch für Jerusalem

122 VON DAVID, EIN WALLFAHRTSLIED.
Ich freute mich über die, die mir
sagten: Lasset uns ziehen zum Haus des
HERRN!
2 Nun stehen unsere Füße in deinen
Toren, Jerusalem.
3 Jerusalem ist gebaut als eine Stadt, in
der man zusammenkommen soll,
4 wohin die Stämme hinaufziehen, die
Stämme des HERRN, wie es geboten ist
dem Volke Israel, zu preisen den Namen
des HERRN.
5 Denn dort stehen die Throne zum Ge-
richt, die Throne des Hauses David.
6 Wünschet Jerusalem Glück! Es möge
wohl gehen denen, die dich lieben!
7 Es möge Friede sein in deinen Mauern
und Glück in deinen Palästen!
8 Um meiner Brüder und Freunde wil-
len will ich dir Frieden wünschen.
9 Um des Hauses des HERRN willen,
unseres Gottes, will ich dein Bestes suchen.

Aufblick zu Gottes Gnade

123 EIN WALLFAHRTSLIED. Ich hebe
meine Augen auf zu dir, der du
im Himmel wohnest.
2 Siehe, wie die Augen der Knechte auf
die Hände ihrer Herren sehen, wie die
Augen der Magd auf die Hände ihrer Frau,
so sehen unsre Augen auf den HERRN,
unsern Gott, bis er uns gnädig werde.
3 Sei uns gnädig, HERR, sei uns gnädig;
denn allzusehr litten wir Verachtung.
4 Allzusehr litt unsere Seele den Spott
der Stolzen und die Verachtung der
Hoffärtigen.

Der Helfer in der Not

124 VON DAVID, EIN WALLFAHRTSLIED.
Wäre der HERR nicht bei uns – so
sage Israel –,

2 wäre der HERR nicht bei uns, wenn
Menschen wider uns aufstehen,
3 so verschlängen sie uns lebendig, wenn
ihr Zorn über uns entbrennt;
4 so ersäufte uns Wasser, Ströme gingen
über unsre Seele,
5 es gingen Wasser hoch über uns hin-
weg.
6 Gelobt sei der HERR, daß er uns nicht
gibt zum Raub in ihre Zähne!
7 Unsre Seele ist entronnen wie ein Vo-
gel dem Netze des Vogelfängers; das Netz
ist zerrissen, und wir sind frei.
8 Unsre Hilfe steht im Namen des
HERRN, der Himmel und Erde gemacht
hat.

Der Herr ist um sein Volk her

125 EIN WALLFAHRTSLIED. Die auf den
HERRN hoffen, werden nicht fal-
len, sondern ewig bleiben wie der Berg
Zion.
2 Wie um Jerusalem Berge sind, so ist
der HERR um sein Volk her von nun an bis
in Ewigkeit.
3 Denn der Gottlosen Zepter wird nicht
bleiben über dem Erbteil der Gerechten,
damit die Gerechten ihre Hand nicht aus-
strecken zur Ungerechtigkeit.
4 HERR, tu wohl den Guten und denen,
die frommen Herzens sind.
5 Die aber abweichen auf ihre krummen
Wege, wird der HERR dahinfahren lassen
mit den Übeltätern. Friede sei über Israel!

Der Herr erlöst seine Gefangenen

126 EIN WALLFAHRTSLIED. Wenn der
HERR die Gefangenen Zions er-
lösen wird, so werden wir sein wie die
Träumenden.
2 Dann wird unser Mund voll Lachens
und unsre Zunge voll Rühmens sein.
Dann wird man sagen unter den Heiden:
Der HERR hat Großes an ihnen getan!
3 Der HERR hat Großes an uns getan;
des sind wir fröhlich.
4 HERR, bringe zurück unsre Gefange-
nen, wie du die Bäche wiederbringst im
Südland.
5 **Die mit Tränen säen, werden mit Freu-
den ernten.**
6 **Sie gehen hin und weinen und streuen
ihren Samen und kommen mit Freuden und
bringen ihre Garben.**

An Gottes Segen ist alles gelegen

127 VON SALOMO, EIN WALLFAHRTS-
LIED. Wenn der HERR nicht das
Haus baut, so arbeiten umsonst, die daran
bauen. Wenn der HERR nicht die Stadt
behütet, so wacht der Wächter umsonst.
2 Es ist umsonst, daß ihr früh aufsteht
und hernach lange sitzet und esset euer
Brot mit Sorgen; denn seinen Freunden
gibt er es im Schlaf.
3 Siehe, Kinder sind eine Gabe des
HERRN, und Leibesfrucht ist ein Ge-
schenk.
4 Wie Pfeile in der Hand eines Starken,
so sind die Söhne der Jugendzeit.
5 Wohl dem, der seinen Köcher mit
ihnen gefüllt hat! Sie werden nicht zu-
schanden, wenn sie mit ihren Feinden ver-
handeln im Tor.

Gesegneter Hausstand

128 EIN WALLFAHRTSLIED. Wohl dem,
der den HERRN fürchtet und auf
seinen Wegen geht!
2 Du wirst dich nähren von deiner
Hände Arbeit; wohl dir, du hast's gut.
3 Dein Weib wird sein wie ein frucht-
barer Weinstock drinnen in deinem Hau-
se, deine Kinder wie junge Ölbäume um
deinen Tisch her.
4 Siehe, so wird gesegnet der Mann, der
den HERRN fürchtet.
5 Der HERR wird dich segnen aus Zion,
daß du siehst das Glück Jerusalems dein
Leben lang
6 und siehst Kinder deiner Kinder.
Friede sei über Israel!

Hilferuf des bedrängten Israel

129 EIN WALLFAHRTSLIED. Sie haben
mich oft bedrängt von meiner
Jugend auf – so sage Israel –,
2 sie haben mich oft bedrängt von mei-
ner Jugend auf; aber sie haben mich nicht
überwältigt.
3 Die Pflüger haben auf meinem Rük-
ken geackert und ihre Furchen langge-
zogen.
4 Der HERR, der gerecht ist, hat der
Gottlosen Stricke zerhauen.
5 Ach daß zuschanden würden und zu-
rückwichen alle, die Zion gram sind!
6 Ach daß sie würden wie das Gras auf

den Dächern, das verdorrt, ehe man es ausrauft,
7 mit dem der Schnitter seine Hand nicht füllt noch der Garbenbinder seinen Arm;
8 und keiner, der vorübergeht, soll sprechen: Der Segen des HERRN sei über euch! Wir segnen euch im Namen des HERRN.

Aus tiefer Not
(Der sechste Bußpsalm)

130 EIN WALLFAHRTSLIED. **Aus der Tiefe rufe ich, HERR, zu dir.**
2 Herr, höre meine Stimme! Laß deine Ohren merken auf die Stimme meines Flehens!
3 Wenn du, HERR, Sünden anrechnen willst – Herr, wer wird bestehen?
4 Denn bei dir ist die Vergebung, daß man dich fürchte.
5 Ich harre des HERRN, meine Seele harret, und ich hoffe auf sein Wort.
6 Meine Seele wartet auf den Herrn mehr als die Wächter auf den Morgen;*
mehr als die Wächter auf den Morgen
7 hoffe Israel auf den HERRN! Denn bei dem HERRN ist die Gnade und viel Erlösung bei ihm.
8 Und er wird Israel erlösen aus allen seinen Sünden.

Kindliche Ergebung

131 VON DAVID, EIN WALLFAHRTSLIED. HERR, mein Herz ist nicht hoffärtig, und meine Augen sind nicht stolz. Ich gehe nicht um mit großen Dingen, die mir zu wunderbar sind.
2 Fürwahr, meine Seele ist still und ruhig geworden wie ein kleines Kind bei seiner Mutter; wie ein kleines Kind, so ist meine Seele in mir.
3 Israel, hoffe auf den HERRN von nun an bis in Ewigkeit!

Davids Haus und das Heiligtum auf Zion

132 EIN WALLFAHRTSLIED. Gedenke, HERR, an David und all seine Mühsal,
2 der dem HERRN einen Eid schwor und gelobte dem Mächtigen Jakobs:
3 Ich will nicht in mein Haus gehen noch mich aufs Lager meines Bettes legen,

*Luther übersetzte: «Meine Seele wartet auf den Herrn von einer Morgenwache bis zur andern.»

4 ich will meine Augen nicht schlafen lassen noch meine Augenlider schlummern,
5 bis ich eine Stätte finde für den HERRN, eine Wohnung für den Mächtigen Jakobs.
6 Siehe, wir hörten von ihr in Ephratha, wir haben sie gefunden im Gefilde von Jaar.
7 Wir wollen in seine Wohnung gehen und anbeten vor dem Schemel seiner Füße.
8 HERR, mache dich auf zur Stätte deiner Ruhe, du und die Lade deiner Macht!
9 Deine Priester laß sich kleiden mit Gerechtigkeit und deine Heiligen sich freuen.
10 Weise nicht ab das Antlitz deines Gesalbten um deines Knechtes David willen!
11 Der HERR hat David einen Eid geschworen, davon wird er sich wahrlich nicht wenden: Ich will dir auf deinen Thron setzen einen, der von deinem Leibe kommt.
12 Werden deine Söhne meinen Bund halten und mein Gebot, das ich sie lehren werde, so sollen auch ihre Söhne auf deinem Thron sitzen ewiglich.
13 Denn der HERR hat Zion erwählt, und es gefällt ihm, dort zu wohnen.
14 «Dies ist die Stätte meiner Ruhe ewiglich; hier will ich wohnen, denn das gefällt mir.
15 Ich will ihre Speise segnen und ihren Armen Brot genug geben.
16 Ihre Priester will ich mit Heil kleiden, und ihre Heiligen sollen fröhlich sein.
17 Dort soll dem David aufgehen ein mächtiger Sproß, ich habe meinem Gesalbten eine Leuchte zugerichtet;
18 seine Feinde will ich in Schande kleiden, aber über ihm soll blühen seine Krone.»

Segen der brüderlichen Eintracht

133 VON DAVID, EIN WALLFAHRTSLIED. **Siehe, wie fein und lieblich ist's, wenn Brüder einträchtig beieinander wohnen!**
2 Es ist wie das feine Salböl auf dem Haupte Aarons, das herabfließt in seinen Bart, das herabfließt zum Saum seines Kleides,
3 wie der Tau, der vom Hermon herabfällt auf die Berge Zions! Denn dort verheißt der HERR den Segen und Leben bis in Ewigkeit.

Nächtliches Loblied im Tempel

134 Ein Wallfahrtslied. Wohlan, lobet den HERRN, alle Knechte des HERRN, die ihr steht des Nachts im Hause des HERRN!
2 Hebet eure Hände auf im Heiligtum und lobet den HERRN!
3 Der HERR segne dich aus Zion, der Himmel und Erde gemacht hat!

Anbetung des lebendigen Gottes

135 Halleluja! Lobet den Namen des HERRN, lobet, ihr Knechte des HERRN,
2 die ihr steht im Hause des HERRN, in den Vorhöfen am Hause unsres Gottes!
3 Lobet den HERRN, denn der HERR ist freundlich; lobsinget seinem Namen, denn er ist lieblich!
4 Denn der HERR hat sich Jakob erwählt, Israel zu seinem Eigentum.
5 Ja, ich weiß, daß der HERR groß ist und unser HERR über allen Göttern.
6 Alles, was er will, das tut er im Himmel und auf Erden, im Meer und in allen Tiefen;
7 der die Wolken läßt aufsteigen vom Ende der Erde, der die Blitze samt dem Regen macht, der den Wind herausführt aus seinen Kammern;
8 der die Erstgeburten schlug in Ägypten bei den Menschen und beim Vieh
9 und ließ Zeichen und Wunder kommen über dich, Ägyptenland, über den Pharao und alle seine Knechte;
10 der viele Völker schlug und tötete mächtige Könige,
11 Sihon, den König der Amoriter, und Og, den König von Basan, und alle Königreiche in Kanaan,
12 und gab ihr Land zum Erbe, zum Erbe seinem Volk Israel.
13 HERR, dein Name währet ewiglich, dein Ruhm, HERR, währet für und für.
14 Denn der HERR schafft Recht seinem Volk und wird seinen Knechten gnädig sein.
15 Die Götzen der Heiden sind Silber und Gold, gemacht von Menschenhänden.
16 Sie haben Mäuler und reden nicht, sie haben Augen und sehen nicht,
17 sie haben Ohren und hören nicht, auch ist kein Odem in ihrem Munde.
18 Die solche Götzen machen, sind ihnen gleich, alle, die auf sie hoffen.
19 Das Haus Israel lobe den HERRN! Lobet den HERRN, ihr vom Hause Aaron!
20 Ihr vom Hause Levi, lobet den HERRN! Die ihr den HERRN fürchtet, lobet den HERRN!
21 Gelobt sei der HERR aus Zion, der zu Jerusalem wohnt! Halleluja!

Gottes Wunder in seiner Schöpfung und in der Geschichte seines Volkes

136 Danket dem HERRN; denn er ist freundlich, denn seine Güte währet ewiglich.
2 Danket dem Gott aller Götter, denn seine Güte währet ewiglich.
3 Danket dem Herrn aller Herren, denn seine Güte währet ewiglich.
4 Der allein große Wunder tut, denn seine Güte währet ewiglich.
5 Der die Himmel mit Weisheit gemacht hat, denn seine Güte währet ewiglich.
6 Der die Erde über den Wassern ausgebreitet hat, denn seine Güte währet ewiglich.
7 Der große Lichter gemacht hat, denn seine Güte währet ewiglich:
8 die Sonne, den Tag zu regieren, denn seine Güte währet ewiglich;
9 den Mond und die Sterne, die Nacht zu regieren, denn seine Güte währet ewiglich.
10 Der die Erstgeborenen schlug in Ägypten, denn seine Güte währet ewiglich;
11 und führte Israel von dort heraus, denn seine Güte währet ewiglich;
12 mit starker Hand und ausgerecktem Arm, denn seine Güte währet ewiglich.
13 Der das Schilfmeer teilte in zwei Teile, denn seine Güte währet ewiglich;
14 und ließ Israel mitten hindurchgehen, denn seine Güte währet ewiglich;
15 der den Pharao und sein Heer ins Schilfmeer stieß, denn seine Güte währet ewiglich.
16 Der sein Volk führte durch die Wüste, denn seine Güte währet ewiglich.
17 Der große Könige schlug, denn seine Güte währet ewiglich;
18 und brachte mächtige Könige um, denn seine Güte währet ewiglich;

19 Sihon, den König der Amoriter, denn
seine Güte währet ewiglich;
20 und Og, den König von Basan, denn
seine Güte währet ewiglich;
21 und gab ihr Land zum Erbe, denn
seine Güte währet ewiglich;
22 zum Erbe seinem Knecht Israel, denn
seine Güte währet ewiglich.
23 Der an uns dachte, als wir unter-
drückt waren, denn seine Güte währet
ewiglich;
24 und uns erlöste von unsern Feinden,
denn seine Güte währet ewiglich.
25 Der Speise gibt allem Fleisch, denn
seine Güte währet ewiglich.
26 Danket dem Gott des Himmels, denn
seine Güte währet ewiglich.

Klage der Gefangenen zu Babel

137 An den Wassern zu Babel saßen
wir und weinten, wenn wir an
Zion gedachten.
2 Unsere Harfen hängten wir an die
Weiden dort im Lande.
3 Denn die uns gefangen hielten, hießen
uns dort singen und in unserm Heulen
fröhlich sein: «Singet uns ein Lied von
Zion!»
4 Wie könnten wir des HERRN Lied sin-
gen in fremdem Lande?
5 Vergesse ich dich, Jerusalem, so ver-
dorre meine Rechte.
6 Meine Zunge soll an meinem Gaumen
kleben, wenn ich deiner nicht gedenke,
wenn ich nicht lasse Jerusalem meine
höchste Freude sein.
7 HERR, vergiß den Söhnen Edom nicht,
was sie sagten am Tage Jerusalems: «Reißt
nieder, reißt nieder bis auf den Grund!»
8 Tochter Babel, du Verwüsterin, wohl
dem, der dir vergilt, was du uns angetan
hast!
9 Wohl dem, der deine jungen Kinder
nimmt und sie am Felsen zerschmettert!

Dank für Gottes Hilfe

138 VON DAVID. Ich danke dir von
ganzem Herzen, vor den Göttern
will ich dir lobsingen.
2 Ich will anbeten vor deinem heiligen
Tempel und deinen Namen preisen für
deine Güte und Treue; denn du hast dei-
nen Namen und dein Wort herrlich ge-
macht über alles.
3 Wenn ich dich anrufe, so erhörst du
mich und gibst meiner Seele große Kraft.
4 Es danken dir, HERR, alle Könige auf
Erden, daß sie hören das Wort deines
Mundes;
5 sie singen von den Wegen des HERRN,
daß die Herrlichkeit des HERRN so groß
ist.
6 Denn der HERR ist hoch und sieht auf
den Niedrigen und kennt den Stolzen von
ferne.
7 Wenn ich mitten in der Angst wandle,
so erquickest du mich und reckst deine
Hand gegen den Zorn meiner Feinde und
hilfst mir mit deiner Rechten.
8 Der HERR wird meine Sache hinaus-
führen. HERR, deine Güte ist ewig. Das
Werk deiner Hände wollest du nicht las-
sen.

Gott der Allwissende und Allgegenwärtige

139 EIN PSALM DAVIDS, VORZUSINGEN.
HERR, du erforschest mich und
kennest mich.
2 Ich sitze oder stehe auf, so weißt du es;
du verstehst meine Gedanken von ferne.
3 Ich gehe oder liege, so bist du um
mich und siehst alle meine Wege.
4 Denn siehe, es ist kein Wort auf mei-
ner Zunge, das du, HERR, nicht schon
wüßtest.
5 Von allen Seiten umgibst du mich und
hältst deine Hand über mir.
6 Diese Erkenntnis ist mir zu wunder-
bar und zu hoch, ich kann sie nicht be-
greifen.
7 Wohin soll ich gehen vor deinem
Geist, und wohin soll ich fliehen vor dei-
nem Angesicht?
8 Führe ich gen Himmel, so bist du da;
bettete ich mich bei den Toten, siehe, so
bist du auch da.
9 Nähme ich Flügel der Morgenröte
und bliebe am äußersten Meer,
10 so würde auch dort deine Hand mich
führen und deine Rechte mich halten.
11 Spräche ich: Finsternis möge mich
decken und Nacht statt Licht um mich
sein –,
12 so wäre auch Finsternis nicht finster
bei dir, und die Nacht leuchtete wie der
Tag. Finsternis ist wie das Licht.
13 Denn du hast meine Nieren bereitet
und hast mich gebildet im Mutterleibe.

14 Ich danke dir dafür, daß ich wunder-
bar gemacht bin; wunderbar sind deine
Werke; das erkennt meine Seele.
15 Es war dir mein Gebein nicht ver-
borgen, als ich im Verborgenen gemacht
wurde, als ich gebildet wurde unten in der
Erde.
16 Deine Augen sahen mich, als ich
noch nicht bereitet war, und alle Tage
waren in dein Buch geschrieben, die noch
werden sollten und von denen keiner da
war.
17 Aber wie schwer sind für mich, Gott,
deine Gedanken! Wie ist ihre Summe so
groß!
18 Wollte ich sie zählen, so wären sie
mehr als der Sand: Am Ende bin ich noch
immer bei dir.
19 Ach Gott, wolltest du doch die Gott-
losen töten! Daß doch die Blutgierigen
von mir wichen!
20 Denn sie reden von dir lästerlich, und
deine Feinde erheben sich mit frechem
Mut.
21 Sollte ich nicht hassen, HERR, die
dich hassen, und verabscheuen, die sich
gegen dich erheben?
22 Ich hasse sie mit ganzem Ernst; sie
sind mir zu Feinden geworden.
23 **Erforsche mich, Gott, und erkenne
mein Herz; prüfe mich und erkenne, wie
ich's meine.**
24 **Und sieh, ob ich auf bösem Wege bin,
und leite mich auf ewigem Wege.**

Bitte um Rettung vor boshaften Feinden

140 EIN PSALM DAVIDS, VORZUSINGEN.
2 Errette mich, HERR, von den
bösen Menschen; behüte mich vor den
Gewalttätigen,
3 die Böses planen in ihrem Herzen und
täglich Streit erregen.
4 Sie haben scharfe Zungen wie Schlan-
gen, Otterngift ist unter ihren Lippen. SELA.
5 Bewahre mich, HERR, vor der Hand
der Gottlosen; behüte mich vor den Ge-
walttätigen, die mich zu Fall bringen
wollen.
6 Die Hoffärtigen legen mir Schlingen
und breiten Stricke aus zum Netz und stel-
len mir Fallen auf den Weg. SELA.
7 Ich aber sage zum HERRN: Du bist
mein Gott; HERR, vernimm die Stimme
meines Flehens!
8 HERR, meine starke Hilfe, du be-
schirmst mein Haupt zur Zeit des Streits.
9 HERR, gib dem Gottlosen nicht, was er
begehrt! Was er sinnt, laß nicht gelingen,
sie könnten sich sonst überheben. SELA.
10 Das Unglück, über das meine Feinde
beraten, komme über sie selber.
11 Er möge feurige Kohlen über sie
schütten; er möge sie stürzen in Gruben,
daß sie nicht mehr aufstehen.
12 Ein böses Maul wird kein Glück
haben auf Erden; ein frecher, böser
Mensch wird verjagt und gestürzt werden.
13 Denn ich weiß, daß der HERR des
Elenden Sache führen und den Armen
Recht schaffen wird.
14 Ja, die Gerechten werden deinen Na-
men preisen, und die Frommen werden
vor deinem Angesicht bleiben.

Bitte um Bewahrung

141 EIN PSALM DAVIDS. HERR, ich rufe
zu dir, eile zu mir; vernimm meine
Stimme, wenn ich dich anrufe.
2 Mein Gebet möge vor dir gelten als
ein Räucheropfer, das Aufheben meiner
Hände als ein Abendopfer.
3 HERR, behüte meinen Mund und be-
wahre meine Lippen!
4 Neige mein Herz nicht zum Bösen,
gottlos zu leben mit den Übeltätern; ich
mag nicht essen von ihren leckeren Spei-
sen.
5 Der Gerechte schlage mich freundlich
und weise mich zurecht; das wird mir
wohltun wie Balsam auf dem Haupte.
Mein Haupt wird sich dagegen nicht
wehren. Doch ich bete stets, daß jene mir
nicht Schaden tun.
6 Ihre Anführer sollen hinabgestürzt
werden vom Felsen; dann wird man mer-
ken, wie richtig meine Worte gewesen sind.
7 Ihre Gebeine werden zerstreut bis zur
Pforte des Todes, wie wenn einer das
Land pflügt und zerwühlt.
8 Ja, auf dich, HERR, sehen meine
Augen; ich traue auf dich, gib mich nicht
in den Tod dahin.
9 Bewahre mich vor der Schlinge, die
sie mir gelegt haben, und vor der Falle
der Übeltäter.
10 Die Gottlosen sollen miteinander in
ihr eigenes Netz fallen; mich aber laß ent-
rinnen.

Hilferuf in schwerer Bedrängnis

142 EINE UNTERWEISUNG DAVIDS, ALS
ER IN DER HÖHLE WAR, EIN GEBET.
2 Ich schreie zum HERRN mit meiner
Stimme, ich flehe zum HERRN mit meiner
Stimme.
3 Ich schütte meine Klage vor ihm aus
und zeige an vor ihm meine Not.
4 Wenn mein Geist in Ängsten ist, so
nimmst du dich meiner an. Sie legen mir
Schlingen auf dem Wege, den ich gehe.
5 Schau zur Rechten und sieh: da will
niemand mich kennen. Ich kann nicht
entfliehen, niemand nimmt sich meiner
an.
6 **HERR**, zu dir schreie ich und sage: Du
bist meine Zuversicht, mein Teil im Lande
der Lebendigen.
7 Höre auf meine Klage, denn ich werde
sehr geplagt. Errette mich von meinen
Verfolgern, denn sie sind mir zu mächtig.
8 Führe mich aus dem Kerker, daß ich
preise deinen Namen. Die Gerechten wer-
den sich zu mir sammeln, wenn du mir
wohltust.

Bitte um Verschonung und Leitung
(Der siebente Bußpsalm)

143 EIN PSALM DAVIDS. HERR, erhöre
mein Gebet, vernimm mein Fle-
hen um deiner Treue willen, erhöre mich
um deiner Gerechtigkeit willen,
2 und **geh nicht ins Gericht mit deinem
Knecht; denn vor dir ist kein Lebendiger
gerecht.**
3 Denn der Feind verfolgt meine Seele
und schlägt mein Leben zu Boden, er legt
mich ins Finstere wie die, die lange schon
tot sind.
4 Und mein Geist ist in Ängsten, mein
Herz ist erstarrt in meinem Leibe.
5 Ich denke an die früheren Zeiten; ich
sinne nach über all deine Taten und
spreche von den Werken deiner Hände.
6 Ich breite meine Hände aus zu dir,
meine Seele dürstet nach dir wie ein dür-
res Land. SELA.
7 **HERR**, erhöre mich bald, mein Geist
vergeht; verbirg dein Antlitz nicht vor
mir, daß ich nicht gleich werde denen, die
in die Grube fahren.
8 Laß mich am Morgen hören deine
Gnade; denn ich hoffe auf dich. Tu mir
kund den Weg, den ich gehen soll; denn
mich verlangt nach dir.
9 Errette mich, mein Gott, von meinen
Feinden; zu dir nehme ich meine Zuflucht.
10 **Lehre mich tun nach deinem Wohlge-
fallen, denn du bist mein Gott; dein guter
Geist führe mich auf ebner Bahn.**
11 HERR, erquicke mich um deines Na-
mens willen; führe mich aus der Not um
deiner Gerechtigkeit willen,
12 und vernichte meine Feinde um deiner
Güte willen und bringe alle um, die mich
bedrängen; denn ich bin dein Knecht.

Gebet um Rettung und Wohlstand

144 VON DAVID. Gelobt sei der HERR,
mein Fels, der meine Hände
kämpfen lehrt und meine Fäuste, Krieg
zu führen,
2 meine Hilfe und meine Burg, mein
Schutz und mein Erretter, mein Schild,
auf den ich traue, der Völker unter mich
zwingt.
3 **HERR**, was ist der Mensch, daß du
dich seiner annimmst, und des Menschen
Kind, daß du ihn so beachtest?
4 Ist doch der Mensch gleichwie nichts;
seine Zeit fährt dahin wie ein Schatten.
5 **HERR**, neige deinen Himmel und fahre
herab; rühre die Berge an, daß sie rauchen.
6 Sende Blitze und streue sie aus, schick
deine Pfeile und jage sie dahin,
7 streck aus deine Hand von der Höhe.
Erlöse mich und errette mich aus großen
Wassern, aus der Hand der Fremden,
8 deren Mund unnütz redet und deren
rechte Hand trügt.
9 Gott, ich will dir ein neues Lied singen,
ich will dir spielen auf dem Psalter von
zehn Saiten,
10 der du den Königen Sieg gibst und
erlösest deinen Knecht David vom mör-
derischen Schwert.
11 Erlöse mich und errette mich aus der
Hand der Fremden, deren Mund Fal-
sches redet und deren rechte Hand trügt.
12 Unsere Söhne seien wie Pflanzen, die
aufschießen in ihrer Jugendkraft – unsere
Töchter wie Säulen, geschnitzt für Pa-
läste –
13 unsere Kammern gefüllt, daß sie
Vorrat geben, einen nach dem andern –
unsere Schafe, daß sie Tausende werfen
und Zehntausende auf unsern Triften –

14 unsere Rinder, daß sie tragen ohne
Schaden und Verlust – und kein Klagege-
schrei sei auf unsern Gassen. –
15 Wohl dem Volk, dem es so ergeht!
Wohl dem Volk, dessen Gott der HERR ist!

Gottes ewige Güte

145 EIN LOBLIED DAVIDS. Ich will dich
erheben, mein Gott, du König, und
deinen Namen loben immer und ewiglich.
2 Ich will dich täglich loben und deinen
Namen rühmen immer und ewiglich.
3 Der HERR ist groß und sehr zu loben,
und seine Größe ist unausforschlich.
4 Kindeskinder werden deine Werke
preisen und deine gewaltigen Taten ver-
kündigen.
5 Sie sollen reden von deiner hohen,
herrlichen Pracht und deinen Wundern
nachsinnen;
6 sie sollen reden von deinen mächtigen
Taten und erzählen von deiner Herrlich-
keit;
7 sie sollen preisen deine große Güte
und deine Gerechtigkeit rühmen.
8 **Gnädig und barmherzig ist der HERR,
geduldig und von großer Güte.**
9 Der HERR ist allen gütig und erbarmt
sich aller seiner Werke.
10 Es sollen dir danken, HERR, alle
deine Werke und deine Heiligen dich loben
11 und die Ehre deines Königtums rüh-
men und von deiner Macht reden,
12 daß den Menschen deine gewaltigen
Taten kundwerden und die herrliche
Pracht deines Königtums.
13 Dein Reich ist ein ewiges Reich, und
deine Herrschaft währet für und für.
Der HERR ist getreu in all seinen Worten
und gnädig in allen seinen Werken.*
14 Der HERR hält alle, die da fallen, und
richtet alle auf, die niedergeschlagen sind.
15 **Aller Augen warten auf dich, und du
gibst ihnen ihre Speise zur rechten Zeit.**
16 **Du tust deine Hand auf und sättigst
alles, was lebt, nach deinem Wohlgefallen.**
17 Der HERR ist gerecht in allen seinen
Wegen und gnädig in allen seinen Werken.
18 **Der HERR ist nahe allen, die ihn an-
rufen, allen, die ihn ernstlich anrufen.**
19 Er tut, was die Gottesfürchtigen be-
gehren, und hört ihr Schreien und hilft
ihnen.
20 Der HERR behütet alle, die ihn lieben,
und wird vertilgen alle Gottlosen.
21 Mein Mund soll des HERRN Lob ver-
kündigen, und alles Fleisch lobe seinen
heiligen Namen immer und ewiglich.

Gottes ewige Treue

146 Halleluja! Lobe den HERRN, mei-
ne Seele!
2 Ich will den HERRN loben, solange ich
lebe, und meinem Gott lobsingen, solange
ich bin.
3 Verlasset euch nicht auf Fürsten; sie
sind Menschen, die können ja nicht helfen.
4 Denn des Menschen Geist muß davon,
und er muß wieder zu Erde werden; dann
sind verloren alle seine Pläne.
5 Wohl dem, dessen Hilfe der Gott Ja-
kobs ist, der seine Hoffnung setzt auf den
HERRN, seinen Gott,
6 der Himmel und Erde gemacht hat,
das Meer und alles, was darinnen ist; der
Treue hält ewiglich,
7 der Recht schafft denen, die Gewalt
leiden, der die Hungrigen speiset.
Der HERR macht die Gefangenen frei.
8 Der HERR macht die Blinden sehend.
Der HERR richtet auf, die niedergeschla-
gen sind. Der HERR liebt die Gerechten.
9 Der HERR behütet die Fremdlinge und
erhält Waisen und Witwen; aber die Gott-
losen führt er in die Irre.
10 Der HERR ist König ewiglich, dein
Gott, Zion, für und für. Halleluja!

Gottes Walten in der Schöpfung und in Israels Geschichte

147 Halleluja! Lobet den HERRN!
Denn unsern Gott loben, das ist
ein köstlich Ding, ihn loben ist lieblich
und schön.
2 Der HERR baut Jerusalem auf und
bringt zusammen die Verstreuten Israels.
3 Er heilt, die zerbrochenen Herzens
sind, und verbindet ihre Wunden.
4 Er zählt die Sterne und nennt sie alle
mit Namen.
5 Unser Herr ist groß und von großer
Kraft, und unbegreiflich ist, wie er regiert.
6 Der HERR richtet die Elenden auf und
stößt die Gottlosen zu Boden.

*Die zweite Hälfte dieses Verses, die nur in einem Teil der Handschriften überliefert ist, stellt den N-Vers des im Hebräischen nach dem ABC geordneten Psalms dar.

7 Singt dem HERRN ein Danklied und lobt unsern Gott mit Harfen,

8 der den Himmel mit Wolken bedeckt und Regen gibt auf Erden; der Gras auf den Bergen wachsen läßt,

9 der dem Vieh sein Futter gibt, den jungen Raben, die zu ihm rufen.

10 Er hat keine Freude an der Stärke des Rosses und kein Gefallen an den Schenkeln des Mannes.

11 Der HERR hat Gefallen an denen, die ihn fürchten, die auf seine Güte hoffen.

12 Preise, Jerusalem, den HERRN; lobe, Zion, deinen Gott!

13 Denn er macht fest die Riegel deiner Tore und segnet deine Kinder in deiner Mitte.

14 Er schafft deinen Grenzen Frieden und sättigt dich mit dem besten Weizen.

15 Er sendet sein Gebot auf die Erde, sein Wort läuft schnell.

16 Er gibt Schnee wie Wolle, er streut Reif wie Asche.

17 Er wirft seine Schloßen herab wie Brocken; wer kann bleiben vor seinem Frost?

18 Er sendet sein Wort, da schmilzt der Schnee; er läßt seinen Wind wehen, da taut es.

19 Er verkündigt Jakob sein Wort, Israel seine Gebote und sein Recht.

20 So hat er an keinem Volk getan; sein Recht kennen sie nicht. Halleluja!

Gottes Lob im Himmel und auf Erden

148 Halleluja! Lobet im Himmel den HERRN, lobet ihn in der Höhe!

2 Lobet ihn, alle seine Engel, lobet ihn, all sein Heer!

3 Lobet ihn, Sonne und Mond, lobet ihn, alle leuchtenden Sterne!

4 Lobet ihn, ihr Himmel aller Himmel und ihr Wasser über dem Himmel!

5 Die sollen loben den Namen des HERRN; denn er gebot, da wurden sie geschaffen.

6 Er läßt sie bestehen für immer und ewig; er gab eine Ordnung, die dürfen sie nicht überschreiten.

7 Lobet den HERRN auf Erden, ihr großen Fische und alle Tiefen des Meeres,

8 Feuer, Hagel, Schnee und Nebel, Sturmwinde, die sein Wort ausrichten,

9 ihr Berge und alle Hügel, fruchttragende Bäume und alle Zedern,

10 ihr Tiere und alles Vieh, Gewürm und Vögel,

11 ihr Könige auf Erden und alle Völker, Fürsten und alle Richter auf Erden,

12 Jünglinge und Jungfrauen, Alte mit den Jungen!

13 Die sollen loben den Namen des HERRN; denn sein Name allein ist hoch, seine Herrlichkeit reicht, so weit Himmel und Erde ist.

14 Er erhöht die Macht seines Volkes. Alle seine Heiligen sollen loben, die Kinder Israel, das Volk, das ihm dient. Halleluja!

Zion lobe den Herrn!

149 Halleluja! Singet dem HERRN ein neues Lied; die Gemeinde der Heiligen soll ihn loben.

2 Israel freue sich seines Schöpfers, die Kinder Zions seien fröhlich über ihren König.

3 Sie sollen loben seinen Namen im Reigen, mit Pauken und Harfen sollen sie ihm spielen.

4 Denn der HERR hat Wohlgefallen an seinem Volk, er hilft den Elenden herrlich.

5 Die Heiligen sollen fröhlich sein und preisen und rühmen auf ihren Lagern.

6 Ihr Mund soll Gott erheben; sie sollen scharfe Schwerter in ihren Händen halten,

7 daß sie Vergeltung üben unter den Heiden, Strafe unter den Völkern,

8 ihre Könige zu binden mit Ketten und ihre Edlen mit eisernen Fesseln,

9 daß sie an ihnen vollziehen das Gericht, wie geschrieben ist. Solche Ehre werden alle seine Heiligen haben. Halleluja!

Das große Halleluja

150 Halleluja! Lobet Gott in seinem Heiligtum, lobet ihn in der Feste seiner Macht!

2 Lobet ihn für seine Taten, lobet ihn in seiner großen Herrlichkeit!

3 Lobet ihn mit Posaunen, lobet ihn mit Psalter und Harfen!

4 Lobet ihn mit Pauken und Reigen, lobet ihn mit Saiten und Pfeifen!

5 Lobet ihn mit hellen Zimbeln, lobet ihn mit klingenden Zimbeln!

6 **Alles, was Odem hat, lobe den HERRN! Halleluja!**

DIE SPRÜCHE SALOMOS

MAHNUNGEN DER WEISHEIT
(Kap 1-9)

1 Dies sind die Sprüche Salomos, des
Sohnes Davids, des Königs von Israel,
2 um zu lernen Weisheit und Zucht und
zu verstehen verständige Rede,
3 daß man annehme Zucht, die da klug
macht, Gerechtigkeit, Recht und Redlich-
keit;
4 daß die Unverständigen klug werden
und die Jünglinge vernünftig und beson-
nen.
5 Wer weise ist, der höre zu und wachse
an Weisheit, und wer verständig ist, der
lasse sich raten,
6 daß er verstehe Sprüche und Gleich-
nisse, die Worte der Weisen und ihre Rät-
sel.
7 **Die Furcht des HERRN ist der Anfang
der Erkenntnis. Die Toren verachten Weis-
heit und Zucht.**

Warnung vor Verführern

8 **Mein Sohn, gehorche der Zucht deines
Vaters und verlaß nicht das Gebot deiner
Mutter;**
9 **denn das ist ein schöner Schmuck für
dein Haupt und eine Kette an deinem Halse.**
10 **Mein Sohn, wenn dich die bösen Buben
locken, so folge nicht.**
11 Wenn sie sagen: «Geh mit uns! Wir
wollen auf Blut lauern und den Unschul-
digen nachstellen ohne Grund;
12 wir wollen sie verschlingen wie das
Totenreich die Lebendigen, und die
Frommen sollen sein wie die, welche hin-
unter in die Grube fahren;
13 wir wollen kostbares Gut finden, wir
wollen unsre Häuser mit Raub füllen;
14 wage es mit uns! **einen** Beutel nur soll
es für uns alle geben»:
15 mein Sohn, wandle den Weg nicht
mit ihnen, halte deinen Fuß fern von
ihrem Pfad;
16 denn ihre Füße laufen zum Bösen
und eilen, Blut zu vergießen.
17 Man spannt das Netz vor den Augen
der Vögel, doch lassen sie sich nicht war-
nen;
18 so lauern jene auf ihr eigenes Blut
und stehen sich selbst nach dem Leben.
19 So geht es allen, die nach unrechtem
Gewinn trachten; er nimmt ihnen das
Leben.

Die Bußpredigt der Weisheit

20 Die Weisheit ruft laut auf der Straße
und läßt ihre Stimme hören auf den Plät-
zen.
21 Sie ruft im lautesten Getümmel, am
Eingang der Tore, sie redet ihre Worte in
der Stadt:
22 Wie lange wollt ihr Unverständigen
unverständig sein und ihr Spötter Lust zu
Spötterei haben und ihr Toren die Er-
kenntnis hassen?
23 Kehret euch zu meiner Zurechtwei-
sung! Siehe, ich will über euch strömen
lassen meinen Geist und euch meine Wor-
te kundtun.
24 Wenn ich aber rufe und ihr euch wei-
gert, wenn ich meine Hand ausstrecke
und niemand darauf achtet,
25 wenn ihr fahren laßt all meinen Rat
und meine Zurechtweisung nicht wollt:
26 dann will ich auch lachen bei eurem
Unglück und euer spotten, wenn da
kommt, was ihr fürchtet;
27 wenn über euch kommt wie ein
Sturm, was ihr fürchtet, und euer Un-
glück wie ein Wetter; wenn über euch
Angst und Not kommt.
28 Dann werden sie nach mir rufen, aber
ich werde nicht antworten; sie werden
mich suchen und nicht finden.
29 Weil sie die Erkenntnis haßten und
die Furcht des HERRN nicht erwählten,
30 meinen Rat nicht wollten und all
meine Zurechtweisung verschmähten,
31 darum sollen sie essen von den Früch-
ten ihres Wandels und satt werden an
ihren Ratschlägen.
32 Denn den Unverständigen bringt ihre

Abkehr den Tod, und die Toren bringt
ihre Sorglosigkeit um;
33 wer aber mir gehorcht, wird sicher
wohnen und ohne Sorge sein und kein
Unglück fürchten.

Die Weisheit bewahrt vor dem Verderben

2 Mein Sohn, wenn du meine Rede annimmst und meine Gebote behältst,
2 so daß dein Ohr auf Weisheit achthat, und du dein Herz der Einsicht zuneigst;
3 ja, wenn du nach Vernunft rufst und
deine Stimme nach Einsicht erhebst;
4 wenn du sie suchst wie Silber und nach
ihr forschest wie nach Schätzen:
5 dann wirst du die Furcht des HERRN
verstehen und die Erkenntnis Gottes finden.
6 Denn der HERR gibt Weisheit, und aus
seinem Munde kommt Erkenntnis und
Einsicht.
7 **Er läßt es den Aufrichtigen gelingen und
beschirmt die Frommen.**
8 Er behütet, die recht tun, und bewahrt
den Weg seiner Frommen.
9 Dann wirst du verstehen Gerechtigkeit und Recht und Frömmigkeit und
jeden guten Weg.
10 Denn Weisheit wird in dein Herz eingehen, und Erkenntnis wird deiner Seele
lieblich sein;
11 Besonnenheit wird dich bewahren
und Einsicht dich behüten, –
12 daß du nicht geratest auf den Weg
der Bösen noch unter Leute, die Falsches
reden;
13 die da verlassen die rechte Bahn und
gehen finstere Wege,
14 die sich freuen, Böses zu tun, und
sind fröhlich über böse Ränke,
15 die krumme Wege gehen und auf
Abwege kommen, –
16 daß du nicht geratest an die Frau
eines andern, an eine Fremde, die glatte
Worte gibt
17 und verläßt den Gefährten ihrer Jugend und vergißt den Bund ihres Gottes,
18 denn ihr Haus neigt sich zum Tode
und ihre Wege zum Ort der Toten;
19 alle, die zu ihr eingehen, kommen
nicht wieder und erreichen den Weg des
Lebens nicht, –
20 daß du wandelst auf dem Wege der
Guten und bleibst auf der Bahn der Gerechten;
21 denn die Gerechten werden im Lande
wohnen und die Frommen darin bleiben,
22 aber die Gottlosen werden aus dem
Land ausgerottet und die Treulosen daraus vertilgt.

Vom Segen der Gottesfurcht und Weisheit

3 Mein Sohn, vergiß meine Weisung nicht, und dein Herz behalte meine
Gebote,
2 denn sie werden dir langes Leben bringen und gute Jahre und Frieden;
3 Gnade und Treue sollen dich nicht
verlassen. Hänge meine Gebote an deinen
Hals und schreibe sie auf die Tafel deines
Herzens,
4 so wirst du Freundlichkeit und Klugheit erlangen, die Gott und den Menschen
gefallen.
5 **Verlaß dich auf den HERRN von ganzem
Herzen, und verlaß dich nicht auf deinen
Verstand,**
6 **sondern gedenke an ihn in allen deinen
Wegen, so wird er dich recht führen.**
7 Dünke dich nicht weise zu sein, sondern fürchte den HERRN und weiche vom
Bösen.
8 Das wird deinem Leibe heilsam sein
und deine Gebeine erquicken.
9 Ehre den HERRN mit deinem Gut und
mit den Erstlingen all deines Einkommens,
10 so werden deine Scheunen voll werden und deine Kelter von Wein überlaufen.
11 **Mein Sohn, verwirf die Zucht des
HERRN nicht und sei nicht ungeduldig, wenn
er dich zurechtweist;**
12 **denn wen der HERR liebt, den weist er
zurecht, und hat doch Wohlgefallen an ihm
wie ein Vater am Sohn.**
13 Wohl dem Menschen, der Weisheit
erlangt, und dem Menschen, der Einsicht
gewinnt!
14 Denn es ist besser, sie zu erwerben,
als Silber, und ihr Ertrag ist besser als
Gold.
15 Sie ist edler als Perlen, und alles, was
du wünschen magst, ist ihr nicht zu vergleichen.
16 Langes Leben ist in ihrer rechten
Hand, in ihrer Linken ist Reichtum und
Ehre.

17 Ihre Wege sind liebliche Wege, und
alle ihre Steige sind Frieden.
18 Sie ist ein Baum des Lebens allen, die
sie ergreifen, und glücklich sind, die sie
festhalten.
19 Der HERR hat die Erde durch Weis-
heit gegründet und nach seiner Einsicht
die Himmel bereitet.
20 Kraft seiner Erkenntnis quellen die
Wasser der Tiefe hervor und triefen die
Wolken von Tau.
21 Mein Sohn, laß sie nicht aus deinen
Augen weichen, bewahre Umsicht und
Klugheit!
22 Das wird Leben sein für dein Herz
und ein Schmuck für deinen Hals.
23 Dann wirst du sicher wandeln auf
deinem Wege, so daß dein Fuß sich nicht
stoßen wird.
24 Legst du dich, so wirst du dich nicht
fürchten, und liegst du, so wirst du süß
schlafen.
25 Fürchte dich nicht vor plötzlichem
Schrecken noch vor dem Verderben der
Gottlosen, wenn es über sie kommt;
26 denn der HERR ist deine Zuversicht;
er behütet deinen Fuß, daß er nicht ge-
fangen werde.

Ermahnung zum Wohltun und zur Friedfertigkeit

27 Weigere dich nicht, dem Bedürftigen
Gutes zu tun, wenn deine Hand es ver-
mag.
28 Sprich nicht zu deinem Nächsten:
Geh hin und komm wieder; morgen will
ich dir geben –, wenn du es doch hast.
29 Trachte nicht nach Bösem gegen dei-
nen Nächsten, der arglos bei dir wohnt.
30 Geh nicht mutwillig mit jemand vor
Gericht, wenn er dir kein Leid getan
hat.
31 Sei nicht neidisch auf den Gewalt-
tätigen und erwähle seiner Wege keinen,
32 denn wer auf Abwegen geht, ist dem
HERRN ein Greuel, aber den Frommen ist
er Freund.
33 Im Hause des Gottlosen ist der Fluch
des HERRN, aber das Haus der Gerechten
wird gesegnet.
34 Er wird der Spötter spotten, aber den
Demütigen wird er Gnade geben.
35 Die Weisen werden Ehre erben, aber
die Toren werden Schande davontragen.

Väterliche Mahnung

4 Höret, meine Söhne, die Mahnung
eures Vaters; merkt auf, daß ihr lernet
und klug werdet!
2 Denn ich gebe euch eine gute Lehre;
verlaßt meine Weisung nicht.
3 Denn als ich noch Kind in meines
Vaters Hause war, ein zartes, das einzige
unter der Obhut meiner Mutter,
4 da lehrte er mich und sprach: Laß dein
Herz meine Worte aufnehmen; halte mei-
ne Gebote, so wirst du leben.
5 Erwirb Weisheit, erwirb Einsicht; ver-
giß sie nicht und weiche nicht von der
Rede meines Mundes;
6 verlaß sie nicht, so wird sie dich be-
wahren; liebe sie, so wird sie dich behüten.
7 Denn der Weisheit Anfang ist: Erwirb
Weisheit, und erwirb Einsicht mit allem,
was du hast.
8 Achte sie hoch, so wird sie dich er-
höhen und wird dich zu Ehren bringen,
wenn du sie herzest.
9 Sie wird dein Haupt schön schmücken
und wird dich zieren mit einer prächtigen
Krone.
10 Höre, mein Sohn, und nimm an meine
Rede, so werden deiner Jahre viel werden.
11 Ich will dich den Weg der Weisheit
führen; ich will dich auf rechter Bahn
leiten,
12 daß, wenn du gehst, dein Gang dir
nicht sauer werde, und wenn du läufst, du
nicht strauchelst.
13 Bleibe in der Unterweisung, laß nicht
ab davon; bewahre sie, denn sie ist dein
Leben.
14 Komm nicht auf den Pfad der Gott-
losen und tritt nicht auf den Weg der
Bösen.
15 Laß ihn liegen und geh nicht darauf;
weiche von ihm und geh vorüber.
16 Denn jene können nicht schlafen,
wenn sie nicht übel getan, und sie ruhen
nicht, wenn sie nicht Schaden getan.
17 Sie nähren sich vom Brot des Frevels
und trinken vom Wein der Gewalttat. –
18 **Der Gerechten Pfad glänzt wie das
Licht am Morgen, das immer heller leuchtet
bis zum vollen Tag.**
19 Der Gottlosen Weg aber ist wie das
Dunkel; sie wissen nicht, wodurch sie zu
Fall kommen werden.

20 Mein Sohn, merke auf meine Rede
und neige dein Ohr zu meinen Worten.
21 Laß sie dir nicht aus den Augen kommen; behalte sie in deinem Herzen,
22 denn sie sind das Leben denen, die sie
finden, und heilsam ihrem ganzen Leibe.
23 Behüte dein Herz mit allem Fleiß,
denn daraus quillt das Leben.
24 Tu von dir die Falschheit des Mundes und sei kein Lästermaul.
25 Laß deine Augen stracks vor sich
sehen und deinen Blick geradeaus gerichtet sein.
26 Laß deinen Fuß auf ebener Bahn
gehen, und alle deine Wege seien gewiß.
27 Weiche weder zur Rechten noch zur
Linken; wende deinen Fuß vom Bösen.

Warnung vor der Verführerin

5 Mein Sohn, merke auf meine Weisheit;
neige dein Ohr zu meiner Lehre,
2 daß du behaltest guten Rat und dein
Mund wisse Erkenntnis zu bewahren!
3 Denn die Lippen der fremden Frau
sind süß wie Honigseim, und ihre Kehle
ist glatter als Öl,
4 hernach aber ist sie bitter wie Wermut und scharf wie ein zweischneidiges
Schwert.
5 Ihre Füße laufen zum Tode hinab;
ihre Schritte führen ins Totenreich,
6 daß du den Weg des Lebens nicht
wahrnimmst; haltlos sind ihre Tritte, und
du merkst es nicht.
7 So gehorchet mir nun, meine Söhne,
und weicht nicht von der Rede meines
Mundes.
8 Laß deine Wege ferne von ihr sein und
nahe nicht zur Tür ihres Hauses,
9 daß du nicht andern gebest deine
Kraft und deine Jahre einem Unbarmherzigen;
10 daß sich nicht Fremde von deinem
Vermögen sättigen und, was du mühsam
erworben, nicht komme in eines andern
Haus,
11 und müssest hernach seufzen, wenn
dir Leib und Leben vergehen,
12 und sprechen: Ach wie konnte ich die
Zucht hassen, und wie konnte mein Herz
die Warnung verschmähen,
13 daß ich nicht gehorchte der Stimme
meiner Lehrer und mein Ohr nicht kehrte
zu denen, die mich lehrten!
14 Ich wäre fast ganz ins Unglück gekommen vor allen Leuten und allem Volk.
15 Trinke Wasser aus **deiner** Zisterne
und was quillt aus **deinem** Brunnen.
16 Sollen deine Quellen herausfließen
auf die Straße und deine Wasserbäche auf
die Gassen?
17 Habe du sie allein, und kein Fremder
mit dir.
18 Dein Born sei gesegnet, und freue
dich des Weibes deiner Jugend.
19 Sie ist lieblich wie eine Gazelle und
holdselig wie ein Reh. Laß dich von ihrer
Anmut allezeit sättigen und ergötze dich
allewege an ihrer Liebe.
20 Mein Sohn, warum willst du dich an
der Fremden ergötzen und herzest eine
andere?
21 **Denn eines jeden Wege liegen offen vor
dem HERRN, und er hat acht auf aller Menschen Gänge.**
22 Den Gottlosen werden seine Missetaten fangen, und er wird mit den Stricken
seiner Sünde gebunden.
23 Er wird sterben, weil er Zucht nicht
wollte, und um seiner großen Torheit willen wird er hingerafft werden.

**Warnung vor Bürgschaften,
vor Faulheit und Falschheit**

6 Mein Sohn, hast du gebürgt für deinen
Nächsten und hast du Handschlag gegeben für einen andern,
2 und bist du gebunden durch deine
Worte und gefangen in der Rede deines
Mundes,
3 so tu doch dies, mein Sohn, damit du
wieder frei werdest, denn du bist in deines
Nächsten Hand: Geh hin, dränge und bestürme deinen Nächsten!
4 Laß deine Augen nicht schlafen noch
deine Augenlider schlummern.
5 Errette dich wie ein Reh aus der
Schlinge und wie ein Vogel aus der Hand
des Fängers.
6 **Geh hin zur Ameise, du Fauler, sieh an
ihr Tun und lerne von ihr!**
7 **Wenn sie auch keinen Fürsten noch
Hauptmann noch Herrn hat,**
8 **so bereitet sie doch ihr Brot im Sommer
und sammelt ihre Speise in der Ernte.**
9 Wie lange liegst du, Fauler? Wann
willst du aufstehen von deinem Schlaf?
10 Ja, schlafe noch ein wenig, schlummre

ein wenig, schlage die Hände ineinander
ein wenig, daß du schlafest,
11 so wird dich die Armut übereilen wie
ein Räuber und der Mangel wie ein gewappneter Mann.
12 Ein heilloser Mensch, ein nichtswürdiger Mann, wer einhergeht mit trügerischem Munde,
13 wer winkt mit den Augen, gibt Zeichen mit den Füßen, zeigt mit den Fingern,
14 trachtet nach Bösem und Verkehrtem in seinem Herzen und richtet allezeit Hader an.
15 Darum wird plötzlich sein Verderben über ihn kommen, und er wird schnell zerschmettert werden, und keine Hilfe ist da.
16 Diese sechs Dinge haßt der HERR, diese sieben sind ihm ein Greuel:
17 stolze Augen, falsche Zunge, Hände, die unschuldiges Blut vergießen,
18 ein Herz, das arge Ränke schmiedet, Füße, die behende sind, Schaden zu tun,
19 ein falscher Zeuge, der frech Lügen redet, und wer Hader zwischen Brüdern anrichtet.

Warnung vor Ehebruch

20 Mein Sohn, bewahre das Gebot deines Vaters und laß nicht fahren die Weisung deiner Mutter.
21 Binde sie dir aufs Herz allezeit und hänge sie um deinen Hals,
22 daß sie dich geleiten, wenn du gehst; daß sie dich bewachen, wenn du dich legst; daß sie zu dir sprechen, wenn du aufwachst.
23 Denn das Gebot ist eine Leuchte und die Weisung ein Licht, und die Vermahnung ist der Weg des Lebens,
24 auf daß du bewahrt werdest vor der Frau deines Nächsten, vor der glatten Zunge der Fremden.
25 Laß dich nach ihrer Schönheit nicht gelüsten in deinem Herzen, und laß dich nicht fangen durch ihre Augenlider.
26 Denn eine Hure bringt einen nur ums Brot, aber eines andern Ehefrau um das kostbare Leben.
27 Kann auch jemand ein Feuer unterm Gewand tragen, ohne daß seine Kleider brennen?
28 Oder könnte jemand auf Kohlen gehen, ohne daß seine Füße verbrannt würden?
29 So geht es dem, der zu seines Nächsten Frau geht; es bleibt keiner ungestraft, der sie berührt.
30 Es ist für einen Dieb nicht so schmachvoll, wenn er stiehlt, um seine Gier zu stillen, weil ihn hungert;
31 wenn er ergriffen wird, ersetzt er's siebenfach und gibt her alles Gut seines Hauses.
32 Aber wer mit einer Verheirateten die Ehe bricht, der ist von Sinnen; wer sein Leben ins Verderben bringen will, der tut das.
33 Schläge und Schande treffen ihn, und seine Schmach ist nicht zu tilgen.
34 Denn Eifersucht erweckt den Grimm des Mannes, und er schont nicht am Tage der Vergeltung
35 und achtet kein Sühnegeld und nimmt nichts an, wenn du auch viel schenken wolltest.

7 Mein Sohn, behalte meine Rede und verwahre meine Gebote bei dir.
2 **Behalte meine Gebote, so wirst du leben, und hüte meine Weisung wie deinen Augapfel.**
3 Binde sie an deine Finger, schreibe sie auf die Tafel deines Herzens.
4 Sprich zur Weisheit: Du bist meine Schwester, und nenne die Klugheit deine Freundin,
5 daß sie dich behüte vor der Frau des andern, vor der Fremden, die glatte Worte gibt.
6 Denn am Fenster meines Hauses guckte ich durchs Gitter
7 und sah einen unter den Unverständigen und erblickte unter den jungen Leuten einen törichten Jüngling.
8 Der ging über die Gasse zu ihrer Ecke und schritt daher auf dem Wege zu ihrem Hause
9 in der Dämmerung, am Abend des Tages, als es Nacht wurde und dunkel war.
10 Und siehe, da begegnete ihm eine Frau im Hurengewand, listig,
11 wild und unbändig, daß ihre Füße nicht in ihrem Hause bleiben können.
12 Jetzt ist sie draußen, jetzt auf der Gasse und lauert an allen Ecken.
13 Und sie erwischt ihn und küßt ihn, wird dreist und spricht:
14 «Ich hatte Dankopfer zu bringen, heute habe ich meine Gelübde erfüllt.

15 Darum bin ich ausgegangen, dir entgegen, um nach dir zu suchen, und habe dich gefunden.

16 Ich habe mein Bett schön geschmückt mit bunten Decken aus Ägypten.

17 Ich habe mein Lager mit Myrrhe besprengt, mit Aloe und Zimt.

18 Komm, laß uns kosen bis an den Morgen und laß uns die Liebe genießen.

19 Denn der Mann ist nicht daheim, er ist auf eine weite Reise gegangen.

20 Er hat den Geldbeutel mit sich genommen; er wird erst zum Vollmond wieder heimkommen.»

21 Sie überredet ihn mit vielen Worten und gewinnt ihn mit ihrem glatten Munde.

22 Er folgt ihr alsbald nach, wie ein Stier zur Schlachtbank geführt wird, und wie ein Hirsch, der ins Netz rennt,

23 bis ihm der Pfeil die Leber spaltet; wie ein Vogel zur Schlinge eilt und weiß nicht, daß es das Leben gilt.

24 So höret nun auf mich, meine Söhne, und merket auf die Rede meines Mundes.

25 Laß dein Herz nicht abweichen auf ihren Weg und irre nicht ab auf ihre Bahn.

26 Denn zahlreich sind die Erschlagenen, die sie gefällt hat, und viele sind, die sie getötet hat.

27 Ihr Haus ist der Weg ins Totenreich, da man hinunterfährt in des Todes Kammern.

Einladung und Verheißung der Weisheit

8 Ruft nicht die Weisheit, und läßt nicht die Klugheit sich hören?

2 Öffentlich am Wege steht sie und an der Kreuzung der Straßen;

3 an den Toren am Ausgang der Stadt und am Eingang der Pforte ruft sie:

4 O ihr Männer, euch rufe ich und erhebe meine Stimme zu den Menschenkindern!

5 Merkt, ihr Unverständigen, auf Klugheit, und ihr Toren, nehmet Verstand an!

6 Hört, denn ich rede, was edel ist, und meine Lippen sprechen, was recht ist.

7 Denn mein Mund redet die Wahrheit, und meine Lippen hassen, was gottlos ist.

8 Alle Reden meines Mundes sind gerecht, es ist nichts Verkehrtes noch Falsches darin.

9 Sie sind alle recht für die Verständigen und richtig denen, die Erkenntnis gefunden haben.

10 Nehmt meine Zucht an lieber als Silber und achtet Erkenntnis höher als kostbares Gold.

11 Denn Weisheit ist besser als Perlen, und alles, was man wünschen mag, kann ihr nicht gleichen.

12 Ich, die Weisheit, wohne bei der Klugheit und weiß guten Rat zu geben.

13 Die Furcht des HERRN haßt das Arge; Hoffart und Hochmut, bösem Wandel und falschen Lippen bin ich feind.

14 Mein ist beides, Rat und Tat, ich habe Verstand und Macht.

15 Durch mich regieren die Könige und setzen die Ratsherrn das Recht.

16 Durch mich herrschen die Fürsten und die Edlen richten auf Erden.

17 **Ich liebe, die mich lieben, und die mich suchen, finden mich.**

18 Reichtum und Ehre ist bei mir, bleibendes Gut und Gerechtigkeit.

19 Meine Frucht ist besser als Gold und feines Gold, und mein Ertrag besser als erlesenes Silber.

20 Ich wandle auf dem Wege der Gerechtigkeit, mitten auf der Straße des Rechts,

21 daß ich versorge mit Besitz, die mich lieben, und ihre Schatzkammern fülle.

Die Weisheit als Gottes Liebling

22 Der HERR hat mich schon gehabt im Anfang seiner Wege, ehe er etwas schuf, von Anbeginn her.

23 Ich bin eingesetzt von Ewigkeit her, im Anfang, ehe die Erde war.

24 Als die Meere noch nicht waren, ward ich geboren, als die Quellen noch nicht waren, die von Wasser fließen.

25 Ehe denn die Berge eingesenkt waren, vor den Hügeln ward ich geboren,

26 als er die Erde noch nicht gemacht hatte noch die Fluren darauf noch die Schollen des Erdbodens.

27 Als er die Himmel bereitete, war ich da, als er den Kreis zog über den Fluten der Tiefe,

28 als er die Wolken droben mächtig machte, als er stark machte die Quellen der Tiefe,

29 als er dem Meer seine Grenze setzte und den Wassern, daß sie nicht über-

schreiten seinen Befehl; als er die Grund-
festen der Erde legte,
30 da war ich als sein Liebling* bei ihm;
ich war seine Lust täglich und spielte vor
ihm allezeit;
31 ich spielte auf seinem Erdkreis und
hatte meine Lust an den Menschenkin-
dern.
32 So hört nun auf mich, meine Söhne!
Wohl denen, die meine Wege einhalten!
33 Höret die Mahnung und werdet
weise und schlagt sie nicht in den Wind!
34 Wohl dem Menschen, der mir ge-
horcht, daß er wache an meiner Tür täg-
lich, daß er hüte die Pfosten meiner Tore!
35 Wer mich findet, der findet das Leben
und erlangt Wohlgefallen vom HERRN.
36 Wer aber mich verfehlt, zerstört sein
Leben; alle, die mich hassen, lieben den
Tod.

Weisheit und Torheit laden zum Mahle

9 Die Weisheit hat ihr Haus gebaut und
ihre sieben Säulen behauen.
2 Sie hat ihr Vieh geschlachtet, ihren
Wein gemischt und ihren Tisch bereitet
3 und sandte ihre Mägde aus, zu rufen
oben auf den Höhen der Stadt:
4 «Wer noch unverständig ist, der kehre
hier ein!», und zum Toren spricht sie:
5 «Kommt, esset von meinem Brot und
trinkt von dem Wein, den ich gemischt
habe!
6 Verlasset die Torheit, so werdet ihr
leben, und geht auf dem Wege der Klug-
heit.» –
7 Wer den Spötter belehrt, der trägt
Schande davon, und wer den Gottlosen
zurechtweist, holt sich Schmach.
8 Rüge nicht den Spötter, daß er dich
nicht hasse; rüge den Weisen, der wird
dich lieben.
9 Gib dem Weisen, so wird er noch wei-
ser werden; lehre den Gerechten, so wird
er in der Lehre zunehmen. –
10 **Der Weisheit Anfang ist die Furcht des
HERRN, und den Heiligen erkennen, das ist
Verstand.**
11 Denn durch mich werden deine Tage
viel werden und die Jahre deines Lebens
sich mehren.
12 Bist du weise, so bist du's dir zugut;
bist du ein Spötter, so mußt du's allein
tragen.
13 Frau Torheit ist ein unbändiges Weib,
verführerisch, und weiß nichts von
Scham.
14 Sie sitzt vor der Tür ihres Hauses auf
einem Thron auf den Höhen der Stadt,
15 einzuladen alle, die vorübergehen
und richtig auf ihrem Wege wandeln:
16 «Wer noch unverständig ist, der
kehre hier ein!», und zum Toren spricht
sie:
17 «Gestohlenes Wasser ist süß, und
heimliches Brot schmeckt fein.»
18 Er weiß aber nicht, daß dort nur die
Schatten wohnen, daß ihre Gäste in der
Tiefe des Todes hausen.

*Luther übersetzte im Anschluß an die griechische und lateinische Bibel «der Werkmeister».

Salomos Lehren von Weisheit und Frömmigkeit

10 Dies sind die Sprüche Salomos.
Ein weiser Sohn ist seines Vaters
Freude; aber ein törichter Sohn ist seiner
Mutter Grämen.
2 Unrecht Gut hilft nicht; aber Gerech-
tigkeit errettet vom Tode.
3 Der HERR läßt den Gerechten nicht
Hunger leiden; aber die Gier der Gott-
losen stößt er zurück.
4 Lässige Hand macht arm; aber der
Fleißigen Hand macht reich.
5 Wer im Sommer sammelt, ist ein klu-
ger Sohn; wer aber in der Ernte schläft,
macht seinen Eltern Schande.
6 Segen ruht auf dem Haupt des Ge-
rechten; aber auf die Gottlosen wird ihr
Frevel fallen.
7 Das Andenken des Gerechten bleibt
im Segen; aber der Name der Gottlosen
wird verwesen.
8 Wer weisen Herzens ist, nimmt Ge-
bote an; wer aber ein Narrenmaul hat,
kommt zu Fall.
9 Wer in Unschuld lebt, der lebt sicher;
wer aber verkehrte Wege geht, wird er-
tappt werden.
10 Wer mit den Augen winkt, schafft
Verdruß, und wer ein Narrenmaul hat,
kommt zu Fall.
11 Des Gerechten Mund ist ein Brunnen
des Lebens; aber auf die Gottlosen wird
ihr Frevel fallen.
12 **Haß erregt Hader; aber Liebe deckt
alle Übertretungen zu.**

13 Auf den Lippen des Verständigen
findet man Weisheit; aber auf den Rücken
des Unverständigen gehört eine Rute.
14 Die Weisen halten mit ihrem Wissen
zurück; aber der Toren Mund führt
schnell zum Verderben.
15 Die Habe des Reichen ist seine feste
Stadt; aber das Verderben der Geringen
ist ihre Armut.
16 Dem Gerechten gereicht sein Erwerb
zum Leben, aber dem Gottlosen sein Ein-
kommen zur Sünde.
17 Zucht bewahren ist der Weg zum
Leben; wer aber Zurechtweisung nicht
achtet, geht in die Irre.
18 Falsche Lippen bergen Haß, und wer
verleumdet, ist ein Tor.
19 **Wo viel Worte sind, da geht's ohne
Sünde nicht ab; wer aber seine Lippen im
Zaum hält, ist klug.**
20 Des Gerechten Zunge ist kostbares
Silber; aber der Gottlosen Verstand ist
wie nichts.
21 Des Gerechten Lippen erquicken
viele; aber die Toren werden an ihrer
Torheit sterben.
22 Der Segen des HERRN allein macht
reich, und nichts tut eigene Mühe hinzu.
23 Ein Tor hat Lust an Schandtat, aber
der einsichtige Mann an Weisheit.
24 **Was der Gottlose fürchtet, das wird
ihm begegnen; und was die Gerechten be-
gehren, wird ihnen gegeben.**
25 Wenn das Wetter daherfährt, ist der
Gottlose nicht mehr; der Gerechte aber
besteht ewiglich.
26 Wie Essig den Zähnen und Rauch
den Augen tut, so tut der Faule denen, die
ihn senden.
27 Die Furcht des HERRN mehrt die
Tage; aber die Jahre der Gottlosen wer-
den verkürzt.
28 **Das Warten der Gerechten wird Freude
werden; aber der Gottlosen Hoffnung wird
verloren sein.**
29 Das Walten des Herrn ist des From-
men Zuflucht; aber für den Übeltäter ist
es Verderben.
30 Der Gerechte wird nimmermehr
wanken; aber die Gottlosen werden nicht
im Lande bleiben.
31 Aus dem Munde des Gerechten
sprießt Weisheit; aber die falsche Zunge
wird ausgerottet.
32 Die Lippen der Gerechten lehren
heilsame Dinge; aber der Gottlosen Mund
ist Falschheit.

11 Falsche Waage ist dem HERRN ein
Greuel; aber ein volles Gewicht ist
sein Wohlgefallen.
2 Wo Hochmut ist, da ist auch Schande;
aber Weisheit ist bei den Demütigen.
3 Ihre Unschuld wird die Frommen
leiten; aber ihre Falschheit wird die Ver-
ächter verderben.
4 Reichtum hilft nicht am Tage des
Zorns; aber Gerechtigkeit errettet vom
Tode.
5 Die Gerechtigkeit des Frommen
macht seinen Weg eben; aber der Gott-
lose wird fallen durch seine Gottlosigkeit.
6 Die Gerechtigkeit der Frommen wird
sie erretten; aber die Verächter werden
gefangen durch ihre Gier.
7 Wenn der gottlose Mensch stirbt, ist
seine Hoffnung verloren, und das Harren
der Ungerechten wird zunichte.
8 Der Gerechte wird aus der Not erlöst,
und der Gottlose kommt an seine Statt.
9 Durch den Mund des Gottesverächters
wird sein Nächster verderbt; aber die Ge-
rechten werden durch Erkenntnis errettet.
10 Eine Stadt freut sich, wenn's den Ge-
rechten wohlgeht, und wenn die Gottlosen
umkommen, wird man froh.
11 Durch den Segen der Frommen
kommt eine Stadt hoch; aber durch den
Mund der Gottlosen wird sie niederge-
rissen.
12 Wer seinen Nächsten schmäht, ist ein
Tor; aber ein verständiger Mann schweigt
stille.
13 **Ein Verleumder verrät, was er heim-
lich weiß; aber wer getreuen Herzens ist,
verbirgt es.**
14 Wo nicht weiser Rat ist, da geht das
Volk unter; wo aber viele Ratgeber sind,
findet sich Hilfe.
15 Wer für einen andern bürgt, der
wird Schaden haben; wer aber sich hütet,
Bürge zu sein, geht sicher.
16 Ein holdseliges Weib erlangt Ehre;
aber eine Schande ist ein Weib, das Red-
lichkeit haßt. Den Faulen wird es man-
geln an Hab und Gut, die Fleißigen aber
erlangen Reichtum.*

*Vervollständigt aus der griechischen Bibel.

17 Ein barmherziger Mann nützt auch sich selber; aber ein herzloser schneidet sich ins eigene Fleisch.

18 Der Gottlosen Arbeit bringt trügerischen Gewinn; aber wer Gerechtigkeit sät, hat sicheren Lohn.

19 Gerechtigkeit führt zum Leben; aber dem Bösen nachjagen führt zum Tode.

20 Falsche Herzen sind dem HERRN ein Greuel; aber Wohlgefallen hat er an den Frommen.

21 Die Hand darauf: Der Böse bleibt nicht ungestraft; aber der Gerechten Geschlecht wird errettet werden.

22 Ein schönes Weib ohne Zucht ist wie eine Sau mit einem goldenen Ring durch die Nase.

23 Der Gerechten Wunsch führt zu lauter Gutem; aber der Gottlosen Hoffen führt zum Tage des Zorns.

24 **Einer teilt reichlich aus und hat immer mehr; ein andrer kargt, wo er nicht soll, und wird doch ärmer.**

25 **Wer reichlich gibt, wird gelabt, und wer reichlich tränkt, der wird auch getränkt werden.**

26 Wer Korn zurückhält, dem fluchen die Leute; aber Segen kommt über den, der es verkauft.

27 Wer nach Gutem strebt, trachtet nach Gottes Wohlgefallen; wer aber das Böse sucht, dem wird es begegnen.

28 Wer sich auf seinen Reichtum verläßt, der wird untergehen; aber die Gerechten werden grünen wie das Laub.

29 Wer sein eigenes Haus in Verruf bringt, wird Wind erben, und ein Tor muß des Weisen Knecht werden.

30 Die Frucht der Gerechtigkeit ist ein Baum des Lebens; aber Gewalttat nimmt das Leben weg.

31 Siehe, dem Gerechten wird vergolten auf Erden, wieviel mehr dem Gottlosen und Sünder!

12 Wer Zucht liebt, der wird klug; aber wer Zurechtweisung haßt, der bleibt dumm.

2 Wer fromm ist, der erlangt Wohlgefallen vom HERRN; aber den Heimtückischen verdammt er.

3 Durch Gottlosigkeit kann der Mensch nicht bestehen; aber die Wurzel der Gerechten wird bleiben.

4 Eine tüchtige Frau ist ihres Mannes Krone; aber eine schandbare ist wie Eiter in seinem Gebein.

5 Die Gedanken der Gerechten sind redlich; aber was die Gottlosen planen, ist lauter Trug.

6 Der Gottlosen Reden richten Blutvergießen an; aber die Frommen errettet ihr Mund.

7 Die Gottlosen werden gestürzt und nicht mehr sein; aber das Haus der Gerechten bleibt stehen.

8 Ein Mann wird gelobt nach seiner Klugheit; aber wer verschrobenen Sinnes ist, wird verachtet.

9 Wer gering ist und geht seiner Arbeit nach, ist besser als einer, der groß sein will und an Brot Mangel hat.

10 **Der Gerechte erbarmt sich seines Viehs; aber das Herz der Gottlosen ist unbarmherzig.**

11 Wer seinen Acker bebaut, wird Brot die Fülle haben; wer aber nichtigen Dingen nachgeht, ist ein Tor.

12 Des Gottlosen Lust ist, Schaden zu tun; aber die Wurzel der Gerechten wird Frucht bringen.

13 Der Böse wird gefangen in seinen eigenen falschen Worten; aber der Gerechte entgeht der Not.

14 Viel Gutes bekommt ein Mann durch die Frucht seines Mundes; und dem Menschen wird vergolten nach den Taten seiner Hände.

15 Den Toren dünkt sein Weg recht; aber wer auf Rat hört, der ist weise.

16 Ein Tor zeigt seinen Zorn alsbald; aber wer Schmähung überhört, der ist klug.

17 Wer wahrhaftig ist, der sagt offen, was recht ist; aber ein falscher Zeuge betrügt.

18 Wer unvorsichtig herausfährt mit Worten, sticht wie ein Schwert; aber die Zunge der Weisen bringt Heilung.

19 Wahrhaftiger Mund besteht immerdar; aber die falsche Zunge besteht nicht lange.

20 Die Böses planen, haben Trug im Herzen; aber die zum Frieden raten, haben Freude.

21 Es wird dem Gerechten kein Leid geschehen; aber die Gottlosen werden voll Unglücks sein.

22 Lügenmäuler sind dem HERRN ein Greuel; die aber treulich handeln, gefallen ihm.

23 Ein verständiger Mann trägt seine Klugheit nicht zur Schau; aber das Herz des Toren schreit seine Torheit hinaus.

24 Die fleißige Hand wird herrschen; die aber lässig ist, muß Frondienst leisten.

25 Sorge im Herzen bedrückt den Menschen; aber ein freundliches Wort erfreut ihn.

26 Der Gerechte findet seine Weide; aber die Gottlosen führt ihr Weg in die Irre.

27 Einem Lässigen gerät sein Handel nicht; aber ein fleißiger Mensch wird reich.

28 Auf dem Wege der Gerechtigkeit ist Leben; aber böser Weg führt zum Tode.

13 Ein weiser Sohn liebt Zucht; aber ein Spötter hört selbst auf Drohen nicht.

2 Die Frucht seiner Worte genießt der Fromme; aber die Verächter sind gierig nach Frevel.

3 Wer seine Zunge hütet, bewahrt sein Leben; wer aber mit seinem Maul herausfährt, über den kommt Verderben.

4 Der Faule begehrt und kriegt's doch nicht; aber die Fleißigen kriegen genug.

5 Der Gerechte ist der Lüge feind; aber der Gottlose handelt schimpflich und schändlich.

6 Die Gerechtigkeit behütet den Unschuldigen; aber die Gottlosigkeit bringt den Sünder zu Fall.

7 Mancher stellt sich reich und hat nichts, und mancher stellt sich arm und hat großes Gut.*

8 Mit Reichtum muß mancher sein Leben erkaufen; aber ein Armer bekommt keine Drohung zu hören.

9 **Das Licht der Gerechten brennt fröhlich; aber die Leuchte der Gottlosen wird verlöschen.**

10 Unter den Übermütigen ist immer Streit; aber Weisheit ist bei denen, die sich raten lassen.

11 Hastig errafftes Gut zerrinnt; wer aber ruhig sammelt, bekommt immer mehr.

12 Hoffnung, die sich verzögert, ängstet das Herz; wenn aber kommt, was man begehrt, das ist ein Baum des Lebens.

13 **Wer das Wort verachtet, muß dafür büßen; wer aber das Gebot fürchtet, dem wird es gelohnt.**

14 Die Lehre des Weisen ist eine Quelle des Lebens, zu meiden die Stricke des Todes.

15 Rechte Einsicht schafft Gunst; aber der Verächter Weg bringt Verderben.

16 Ein Kluger tut alles mit Vernunft; ein Tor aber stellt Narrheit zur Schau.

17 Ein gottloser Bote bringt ins Unglück; aber ein getreuer Bote bringt Hilfe.

18 Wer Zucht mißachtet, hat Armut und Schande; wer sich gern zurechtweisen läßt, wird zu Ehren kommen.

19 Wenn kommt, was man begehrt, tut es dem Herzen wohl; aber das Böse meiden ist den Toren ein Greuel.

20 Wer mit den Weisen umgeht, der wird weise; wer aber der Toren Geselle ist, der wird Unglück haben.

21 Unheil verfolgt die Sünder; aber den Gerechten wird mit Gutem vergolten.

22 Der Gute wird vererben auf Kindeskind; aber des Sünders Habe wird gespart für den Gerechten.

23 **Es ist viel Speise in den Furchen der Armen; aber wo kein Recht ist, da ist Verderben.**

24 Wer seine Rute schont, der haßt seinen Sohn; wer ihn aber lieb hat, der züchtigt ihn beizeiten.

25 Der Gerechte kann essen, bis er satt ist; der Gottlosen Bauch aber leidet Mangel.

14 Die Weisheit der Frauen baut ihr Haus; aber ihre Torheit reißt's nieder mit eigenen Händen.

2 Wer den HERRN fürchtet, der wandelt auf rechter Bahn; wer ihn aber verachtet, der geht auf Abwegen.

3 In des Toren Mund ist die Rute für seinen Hochmut; aber die Weisen bewahrt ihr Mund.

4 Wo keine Rinder sind, da ist die Krippe leer; aber die Kraft des Ochsen bringt reichen Ertrag.

5 Ein treuer Zeuge lügt nicht; aber ein falscher Zeuge redet frech Lügen.

6 Der Spötter sucht Weisheit und findet

*Luther übersetzte: «Mancher ist arm bei großem Gut, und mancher ist reich bei seiner Armut.»

sie nicht; aber dem Verständigen ist die
Erkenntnis leicht.
7 Geh weg von dem Toren, denn du
lernst nichts von ihm.
8 Das ist des Klugen Weisheit, daß er
achtgibt auf seinen Weg; aber der Toren
Torheit ist lauter Trug.
9 Auf dem Zelt der Spötter ruht Schuld;
aber auf dem Hause des Frommen ruht
Wohlgefallen.
10 Das Herz allein kennt sein Leid, und
auch in seine Freude kann sich kein
Fremder mengen.
11 Das Haus der Gottlosen wird ver-
tilgt; aber die Hütte der Frommen wird
grünen.
12 Manchem scheint ein Weg recht;
aber zuletzt bringt er ihn zum Tode.
13 Auch beim Lachen kann das Herz
trauern, und nach der Freude kommt
Leid.
14 Einem gottlosen Menschen wird's
gehen, wie er wandelt, und auch einem
guten nach seinen Taten.
15 Ein Unverständiger glaubt noch al-
les; aber ein Kluger gibt acht auf seinen
Gang.
16 Ein Weiser scheut sich und meidet
das Böse; ein Tor aber fährt trotzig hin-
durch.
17 Ein Jähzorniger handelt törich; aber
ein Ränkeschmied wird gehaßt.
18 Die Unverständigen erben Torheit;
aber Erkenntnis ist der Klugen Krone.
19 Die Bösen müssen sich bücken vor
den Guten und die Gottlosen an den
Toren der Gerechten.
20 Der Arme ist verhaßt auch seinem
Nächsten; aber die Reichen haben viele
Freunde.
21 Wer seinen Nächsten verachtet, ver-
sündigt sich; aber wohl dem, der sich der
Elenden erbarmt!
22 Die nach Bösem trachten, werden in
die Irre gehen; die aber auf Gutes be-
dacht sind, werden Güte und Treue er-
fahren.
23 Wo man arbeitet, da ist Gewinn; wo
man aber nur mit Worten umgeht, da ist
Mangel.
24 Den Weisen ist ihr Reichtum eine
Krone; aber die Narrheit der Toren bleibt
Narrheit.
25 Ein wahrhaftiger Zeuge rettet man-
chem das Leben; aber wer Lügen aus-
spricht, übt Verrat.
26 Wer den HERRN fürchtet, hat eine
sichere Festung, und auch seine Kinder
werden beschirmt.
27 Die Furcht des HERRN ist eine
Quelle des Lebens, daß man meide die
Stricke des Todes.
28 Wenn ein König viel Volk hat, das
ist seine Herrlichkeit; wenn aber wenig
Volk da ist, das bringt einen Fürsten ins
Verderben.
29 Wer geduldig ist, der ist weise; wer
aber ungeduldig ist, offenbart seine Tor-
heit.
30 Ein gelassenes Herz ist des Leibes
Leben; aber Eifersucht ist Eiter in den
Gebeinen.
31 **Wer dem Geringen Gewalt tut, lästert
dessen Schöpfer; aber wer sich des Armen
erbarmt, der ehrt Gott.**
32 Der Gottlose besteht nicht in seinem
Unglück; aber der Gerechte ist auch in
seinem Tode getrost.
33 Im Herzen des Verständigen ruht
Weisheit, und inmitten der Toren wird sie
offenbar.
34 **Gerechtigkeit erhöht ein Volk; aber
die Sünde ist der Leute Verderben.**
35 Ein kluger Knecht gefällt dem Kö-
nig, aber einen schändlichen trifft sein
Zorn.

15 Eine linde Antwort stillt den Zorn;
aber ein hartes Wort erregt Grimm.
2 Der Weisen Zunge bringt gute Er-
kenntnis; aber der Toren Mund speit nur
Torheit.
3 Die Augen des HERRN sind an allen
Orten, sie schauen auf Böse und Gute.
4 Eine linde Zunge ist ein Baum des
Lebens; aber eine lügenhafte bringt Herze-
leid.
5 Der Tor verschmäht die Zucht seines
Vaters; wer aber Zurechtweisung an-
nimmt, ist klug.
6 In des Gerechten Haus ist großes Gut;
aber in des Gottlosen Gewinn steckt Ver-
derben.
7 Der Weisen Mund breitet Einsicht
aus; aber der Toren Herz ist nicht recht.
8 Der Gottlosen Opfer ist dem HERRN
ein Greuel; aber das Gebet der Frommen
ist ihm wohlgefällig.

9 Des Gottlosen Weg ist dem HERRN ein Greuel; wer aber der Gerechtigkeit nachjagt, den liebt er.

10 Den Weg verlassen, bringt böse Züchtigung, und wer Zurechtweisung haßt, der muß sterben.

11 Unterwelt und Abgrund liegen offen vor dem HERRN, wieviel mehr die Herzen der Menschen!

12 Der Spötter liebt den nicht, der ihn zurechtweist, und geht nicht hin zu den Weisen.

13 Ein fröhliches Herz macht ein fröhliches Angesicht; aber wenn das Herz bekümmert ist, entfällt auch der Mut.

14 Des Klugen Herz sucht Erkenntnis; aber der Toren Mund geht mit Torheit um.

15 Ein Betrübter hat nie einen guten Tag; aber ein guter Mut ist ein tägliches Fest.

16 Besser wenig mit der Furcht des HERRN als ein großer Schatz, bei dem Unruhe ist.

17 Besser ein Gericht Kraut mit Liebe als ein gemästeter Ochse mit Haß.

18 Ein zorniger Mann richtet Zank an; ein Geduldiger aber stillt den Streit.

19 Der Weg des Faulen ist wie eine Dornenhecke; aber der Weg der Rechtschaffenen ist wohl gebahnt.

20 Ein weiser Sohn erfreut den Vater; aber ein törichter Mensch verachtet seine Mutter.

21 Dem Toren ist die Torheit eine Freude; aber ein verständiger Mann bleibt auf dem rechten Wege.

22 Die Pläne werden zunichte, wo man nicht miteinander berät; wo aber viele Ratgeber sind, gelingen sie.

23 Es ist einem Mann eine Freude, wenn er richtig antwortet, und wie wohl tut ein Wort zur rechten Zeit!

24 Der Weg des Lebens führt den Klugen aufwärts, daß er meide die Tiefen des Todes.

25 Der HERR wird das Haus der Hoffärtigen einreißen; aber den Grenzstein der Witwe wird er schützen.

26 Die Anschläge des Argen sind dem HERRN ein Greuel; aber rein sind vor ihm freundliche Reden.

27 Wer unrechtem Gewinn nachgeht, zerstört sein Haus; wer aber Bestechung haßt, der wird leben.

28 Das Herz des Gerechten bedenkt, was zu antworten ist; aber der Mund der Gottlosen schäumt Böses.

29 Der HERR ist ferne von den Gottlosen; aber der Gerechten Gebet erhört er.

30 Ein freundliches Antlitz erfreut das Herz; eine gute Botschaft labt das Gebein.

31 Das Ohr, das da hört auf heilsame Weisung, wird unter den Weisen wohnen.

32 Wer Zucht verwirft, der macht sich selbst zunichte; wer sich aber etwas sagen läßt, der wird klug.

33 Die Furcht des HERRN ist Zucht, die zur Weisheit führt, und ehe man zu Ehren kommt, muß man Demut lernen.

16 Der Mensch setzt sich's wohl vor im Herzen; aber vom HERRN kommt, was die Zunge reden wird.

2 Einen jeglichen dünken seine Wege rein; aber der HERR prüft die Geister.

3 Befiehl dem HERRN deine Werke, so wird dein Vorhaben gelingen.

4 Der HERR macht alles zu seinem Zweck, auch den Gottlosen für den bösen Tag.

5 Ein stolzes Herz ist dem HERRN ein Greuel und wird gewiß nicht ungestraft bleiben.

6 Durch Güte und Treue wird Missetat gesühnt, und durch die Furcht des HERRN meidet man das Böse.

7 Wenn eines Menschen Wege dem HERRN wohlgefallen, so läßt er auch seine Feinde mit ihm Frieden machen.

8 Besser wenig mit Gerechtigkeit als viel Einkommen mit Unrecht.

9 **Des Menschen Herz erdenkt sich seinen Weg; aber der HERR allein lenkt seinen Schritt.**

10 Gottes Spruch ist in dem Munde des Königs; sein Mund spricht nicht fehl im Gericht.

11 Waage und rechte Waagschalen sind vom HERRN; und alle Gewichte im Beutel sind sein Werk.

12 Den Königen ist Unrecht tun ein Greuel; denn durch Gerechtigkeit wird der Thron befestigt.

13 Rechte Worte gefallen den Königen; und wer aufrichtig redet, wird geliebt.

14 Des Königs Grimm ist ein Bote des Todes; aber ein weiser Mann wird ihn versöhnen.

15 Wenn des Königs Angesicht freund-
lich ist, das ist Leben, und seine Gnade
ist wie ein Spätregen.
16 Weisheit erwerben ist besser als Gold
und Einsicht erwerben edler als Silber.
17 Der Frommen Weg meidet das Arge;
und wer auf seinen Weg achtet, bewahrt
sein Leben.
18 **Wer zugrundegehen soll, der wird zu-
vor stolz; und Hochmut kommt vor dem
Fall.**
19 Besser niedrig sein mit den Demüti-
gen, als Beute austeilen mit den Hoffärti-
gen.
20 Wer auf das Wort merkt, der findet
Glück; und wohl dem, der sich auf den
HERRN verläßt!
21 Ein Verständiger wird gerühmt als
ein weiser Mann, und liebliche Rede
mehrt die Erkenntnis.
22 Klugheit ist ein Brunnen des Lebens
dem, der sie hat; aber die Strafe der Toren
ist ihre Torheit.
23 Des Weisen Herz redet klug und
mehrt auf seinen Lippen die Lehre.
24 Freundliche Reden sind Honigseim,
trösten die Seele und erfrischen die Ge-
beine.
25 Manchem scheint ein Weg recht;
aber zuletzt bringt er ihn zum Tode.
26 Der Hunger des Arbeiters arbeitet
für ihn; denn sein Mund treibt ihn an.
27 Ein heilloser Mensch gräbt nach Un-
heil, und in seinem Munde ist's wie bren-
nendes Feuer.
28 Ein falscher Mensch richtet Zank an,
und ein Verleumder macht Freunde uneins.
29 Ein Frevler verlockt seinen Nächsten
und führt ihn auf keinen guten Weg.
30 Wer mit den Augen winkt, denkt
nichts Gutes; und wer mit den Lippen
andeutet, vollbringt Böses.
31 Graue Haare sind eine Krone der
Ehre; auf dem Weg der Gerechtigkeit
wird sie gefunden.
32 **Ein Geduldiger ist besser als ein Star-
ker und wer sich selbst beherrscht, besser
als einer, der Städte gewinnt.**
33 Der Mensch wirft das Los; aber es
fällt, wie der HERR will.

17 Besser ein trockner Bissen mit Frie-
den als ein Haus voll Geschlachte-
tem mit Streit.
2 Ein kluger Knecht wird herrschen über
einen schandbaren Sohn und wird mit den
Brüdern das Erbe teilen.
3 Wie der Tiegel das Silber und der
Ofen das Gold, so prüft der HERR die
Herzen.
4 Ein Böser achtet auf böse Mäuler, und
ein Falscher hört gern auf schädliche
Zungen.
5 Wer den Armen verspottet, verhöhnt
dessen Schöpfer; und wer sich über eines
andern Unglück freut, wird nicht unge-
straft bleiben.
6 Der Alten Krone sind Kindeskinder,
und der Kinder Ehre sind ihre Väter.
7 Es steht einem Toren nicht wohl an,
von hohen Dingen zu reden, viel weniger
einem Edlen, daß er mit Lügen umgeht.
8 Bestechung ist wie ein Zauberstein
dem, der sie gibt; wohin er sich kehrt, hat
er Glück.
9 Wer Verfehlung zudeckt, stiftet Freund-
schaft; wer aber eine Sache aufrührt, der
macht Freunde uneins.
10 Ein Scheltwort dringt tiefer bei dem
Verständigen als hundert Schläge bei dem
Toren.
11 Ein böser Mensch trachtet, stets zu
widersprechen; aber ein grausamer Bote
wird über ihn kommen.
12 Besser einer Bärin begegnen, der die
Jungen geraubt sind, als einem Toren in
seiner Torheit.
13 Wer Gutes mit Bösem vergilt, von
dessen Haus wird das Böse nicht weichen.
14 Wer Streit anfängt, gleicht dem, der
dem Wasser den Damm aufreißt. Laß ab
vom Streit, ehe er losbricht!
15 Wer den Schuldigen gerecht spricht
und den Gerechten schuldig, die sind
beide dem HERRN ein Greuel.
16 Was soll dem Toren Geld in der
Hand, Weisheit zu kaufen, wo er doch
ohne Verstand ist?
17 Ein Freund liebt allezeit, und ein
Bruder wird für die Not geboren.
18 Ein Tor ist, wer in die Hand gelobt
und Bürge wird für seinen Nächsten.
19 Wer Zank liebt, der liebt die Sünde;
und wer seine Tür zu hoch macht, strebt
nach Einsturz.
20 Ein verkehrtes Herz findet nichts
Gutes; und wer falscher Zunge ist, wird
in Unglück fallen.

21 Wer einen Toren zeugt, muß sich
grämen, und eines Toren Vater hat keine
Freude.
22 Ein fröhliches Herz tut dem Leibe
wohl; aber ein betrübtes Gemüt läßt das
Gebein verdorren.
23 Der Gottlose nimmt gern heimlich Ge-
schenke, zu beugen den Weg des Rechts.
24 Ein Verständiger hat die Weisheit vor
Augen; aber ein Tor wirft die Augen hin
und her.
25 Ein törichter Sohn ist seines Vaters
Verdruß und ein Gram für die Mutter,
die ihn geboren hat.
26 Es ist schon nicht gut, daß man Un-
schuldige Strafe zahlen läßt; aber den
Edlen zu schlagen, geht über alles Maß.
27 Ein Vernünftiger mäßigt seine Rede,
und ein verständiger Mann wird nicht
hitzig.
28 Auch ein Tor, wenn er schwiege,
würde für weise gehalten und für ver-
ständig, wenn er den Mund hielte.

18 Wer sich absondert, der sucht, was
ihn gelüstet, und gegen alles, was
gut ist, geht er an.
2 Ein Tor hat nicht Gefallen an Ein-
sicht, sondern will kund tun, was in sei-
nem Herzen steckt.
3 Wohin ein Frevler kommt, kommt
auch Verachtung; und wo Schande ist, da
ist Hohn.
4 Die Worte in eines Mannes Munde
sind wie tiefe Wasser, und die Quelle der
Weisheit ist ein sprudelnder Bach.
5 Es ist nicht gut, den Schuldigen vor-
zuziehen, daß man des Gerechten Sache
beuge im Gericht.
6 Die Lippen des Toren bringen Zank,
und sein Mund ruft nach Schlägen.
7 Der Mund des Toren bringt ihn ins
Verderben und seine Lippen bringen ihn
zu Fall.
8 Die Worte des Verleumders sind wie
Leckerbissen und gehen einem glatt ein.
9 Wer lässig ist in seiner Arbeit, der ist
ein Bruder des Verderbers.
10 **Der Name des HERRN ist eine feste
Burg; der Gerechte läuft dorthin und wird
beschirmt.**
11 Des Reichen Habe ist ihm wie eine
feste Stadt und dünkt ihn eine hohe
Mauer.
12 Wenn einer zugrunde gehen soll,
wird sein Herz zuvor stolz; und ehe man
zu Ehren kommt, muß man demütig sein.
13 Wer antwortet, ehe er hört, dem ist's
Torheit und Schande.
14 Wer ein mutiges Herz hat, weiß sich
auch im Leiden zu halten; wenn aber der
Mut daniederliegt, wer kann's tragen?
15 Ein verständiges Herz erwirbt Ein-
sicht, und das Ohr der Weisen sucht Er-
kenntnis.
16 Das Geschenk des Menschen schafft
ihm Raum und bringt ihn zu den großen
Herren.
17 Ein jeder hat zuerst in seiner Sache
recht; kommt aber der andere zu Wort,
so findet sich's.
18 Das Los schlichtet den Streit und
läßt Mächtige nicht aneinander geraten.
19 Ein gekränkter Bruder ist abweisen-
der als eine feste Stadt, und Streitigkeiten
sind hart wie der Riegel einer Burg.
20 Einem Mann wird vergolten, was sein
Mund geredet hat, und er wird gesättigt
mit dem, was seine Lippen ihm einbringen.
21 Tod und Leben stehen in der Zunge
Gewalt; wer sie liebt, wird ihre Frucht
essen.
22 Wer eine Ehefrau gefunden hat, der
hat etwas Gutes gefunden und Wohlge-
fallen erlangt vom HERRN.
23 Ein Armer redet mit Flehen, aber ein
Reicher antwortet hart.
24 Es gibt Allernächste, die bringen ins
Verderben, und es gibt Freunde, die han-
gen fester an als ein Bruder.

19 Ein Armer, der in Unschuld wan-
delt, ist besser als einer, der Ver-
kehrtes spricht und dabei reich ist.
2 Wo man nicht mit Vernunft handelt,
da ist auch Eifer nichts nütze; und wer
hastig läuft, der tritt fehl.
3 Des Menschen Torheit führt ihn in die
Irre, und doch tobt sein Herz wider den
HERRN.
4 Reichtum macht viel Freunde; aber der
Arme wird von seinem Freunde verlassen.
5 Ein falscher Zeuge bleibt nicht unge-
straft; und wer frech Lügen redet, wird
nicht entrinnen.
6 Viele schmeicheln dem Vornehmen;
und wer Geschenke gibt, hat alle zu
Freunden.

7 Den Armen hassen alle seine Brüder; wieviel mehr halten sich seine Freunde von ihm fern! Wer viel spricht, der tut Frevel; und wer Worten nachjagt, der wird nicht entrinnen.*

8 Wer Klugheit erwirbt, liebt sein Leben; und der Verständige findet Gutes.

9 Ein falscher Zeuge bleibt nicht ungestraft; und wer frech Lügen redet, wird umkommen.

10 Dem Toren steht nicht an, gute Tage zu haben, viel weniger einem Knecht, zu herrschen über Fürsten.

11 Klugheit macht den Mann langsam zum Zorn, und es ist seine Ehre, daß er Verfehlung übersehen kann.

12 Die Ungnade des Königs ist wie das Brüllen eines Löwen; aber seine Gnade ist wie Tau auf dem Grase.

13 Ein törichter Sohn ist seines Vaters Herzeleid, und ein zänkisches Weib wie ein ständig triefendes Dach.

14 Haus und Habe vererben die Eltern; aber eine verständige Ehefrau kommt vom HERRN.

15 Faulheit macht schläfrig, und ein Lässiger wird Hunger leiden.

16 Wer das Gebot bewahrt, der bewahrt sein Leben; wer aber auf seinen Weg nicht achtet, wird sterben.

17 **Wer sich des Armen erbarmt, der leiht dem HERRN, und der wird ihm vergelten, was er Gutes getan hat.**

18 Züchtige deinen Sohn, solange Hoffnung da ist, aber laß dich nicht hinreißen, ihn zu töten.

19 Großer Grimm muß Strafe leiden; denn willst du ihm steuern, so wird er noch größer.

20 Höre auf Rat und nimm Zucht an, daß du hernach weise seist.

21 In eines Mannes Herzen sind viele Pläne; aber zustande kommt der Ratschluß des HERRN.

22 Ein gütiger Mensch ist der Liebe wert, und ein Armer ist besser als ein Lügner.

23 Die Furcht des HERRN führt zum Leben; man wird satt werden und sicher schlafen, von keinem Übel heimgesucht.

24 Der Faule steckt seine Hand in die Schüssel und bringt sie nicht wieder zum Munde.

*Vervollständigt aus der griechischen Bibel.

25 Schlägt man den Spötter, so werden Unverständige vernünftig; weist man den Verständigen zurecht, so gewinnt er an Einsicht.

26 Wer den Vater mißhandelt und die Mutter verjagt, der ist ein schandbarer und verfluchter Sohn.

27 Läßt du ab, mein Sohn, auf Ermahnung zu hören, so irrst du ab von vernünftiger Lehre.

28 Ein nichtswürdiger Zeuge spottet des Rechts, und den Gottlosen mundet das Unrecht.

29 Den Spöttern sind Strafen bereitet und Schläge für den Rücken der Toren.

20 Der Wein macht Spötter, und starkes Getränk macht wild; wer davon taumelt, wird niemals weise.

2 Das Drohen des Königs ist wie das Brüllen eines Löwen; wer ihn erzürnt, der sündigt wider das eigene Leben.

3 Eine Ehre ist es dem Mann, dem Streit fern zu bleiben; aber die gerne streiten, sind allzumal Toren.

4 Im Herbst will der Faule nicht pflügen; so muß er in der Ernte betteln und kriegt nichts.

5 Das Vorhaben im Herzen eines Mannes ist wie ein tiefes Wasser; aber ein kluger Mann kann es schöpfen.

6 Viele Menschen rühmen ihre Güte; aber wer findet einen, der zuverlässig ist?

7 Ein Gerechter, der unsträflich wandelt, dessen Kindern wird's wohlgehen.

8 Ein König, der auf dem Thron sitzt, um zu richten, sondert aus mit seinem Blick alles Böse.

9 Wer kann sagen: Ich habe mein Herz geläutert und bin rein von meiner Sünde?

10 Zweierlei Gewicht und zweierlei Maß ist beides dem HERRN ein Greuel.

11 Schon einen Knaben erkennt man an seinem Tun, ob er lauter und redlich werden will.

12 **Ein hörendes Ohr und ein sehendes Auge, die macht beide der HERR.**

13 Liebe den Schlaf nicht, daß du nicht arm werdest; laß deine Augen offen sein, so wirst du Brot genug haben.

14 «Schlecht, schlecht!» spricht man, wenn man kauft; aber wenn man weggeht, so rühmt man sich.

15 Es gibt Gold und viel Perlen; aber

ein Mund, der Vernünftiges redet, ist ein edles Kleinod.
16 Nimm dem sein Kleid, der für einen andern Bürge wurde, und pfände ihn anstelle des Fremden!
17 Das gestohlene Brot schmeckt dem Manne gut; aber am Ende hat er den Mund voller Kieselsteine.
18 Pläne kommen zum Ziel, wenn man sich recht berät; und Krieg soll man mit Vernunft führen.
19 Wer Geheimnisse verrät, ist ein Verleumder, und mit dem, der den Mund nicht halten kann, laß dich nicht ein.
20 Wer seinem Vater und seiner Mutter flucht, dessen Leuchte wird verlöschen in der Finsternis.
21 Das Erbe, nach dem man zuerst sehr eilt, wird zuletzt nicht gesegnet sein.
22 **Sprich nicht: «Ich will Böses vergelten!» Harre des HERRN, der wird dir helfen.**
23 Zweierlei Gewicht ist dem HERRN ein Greuel, und eine falsche Waage ist nicht gut.
24 Jedermanns Schritte bestimmt der HERR. Welcher Mensch versteht seinen Weg?
25 Es ist dem Menschen ein Fallstrick, unbedacht Gelübde zu tun und erst nach dem Geloben zu überlegen.
26 Ein weiser König sondert die Gottlosen aus und läßt das Rad über sie gehen.
27 Eine Leuchte des HERRN ist des Menschen Geist; er durchforscht alle Kammern des Innern.
28 Gütig und treu sein behütet den König, und sein Thron besteht durch Güte.
29 Der Jünglinge Ehre ist ihre Stärke, und graues Haar ist der Alten Schmuck.
30 Man muß dem Bösen wehren mit harter Strafe und mit ernsten Schlägen, die man fühlt.

21 Des Königs Herz ist in der Hand des HERRN wie Wasserbäche; er lenkt es, wohin er will.
2 **Einen jeglichen dünkt sein Weg recht; aber der HERR prüft die Herzen.**
3 Recht und Gerechtigkeit tun ist dem HERRN lieber als Opfer.
4 Hoffärtige Augen und stolzer Sinn, die Leuchte der Gottlosen, ist Sünde.
5 Das Planen eines Emsigen bringt Überfluß; wer aber allzu rasch handelt, dem wird's mangeln.
6 Wer Schätze sammelt mit Lügen, der wird fehlgehen und ist unter denen, die den Tod suchen.
7 Der Gottlosen Gewalt rafft sie selber weg; denn sie wollen nicht tun, was recht ist.
8 Wer mit Schuld beladen ist, geht krumme Wege; wer aber rein ist, dessen Tun ist gerade.
9 Besser im Winkel auf dem Dach wohnen als mit einem zänkischen Weibe zusammen in einem Hause.
10 Die Seele des Gottlosen gelüstet nach Bösem und erbarmt sich nicht seines Nächsten.
11 Wenn der Spötter gestraft wird, so werden die Unverständigen weise, und wenn man einen Weisen belehrt, so nimmt er Erkenntnis an.
12 Der Gerechte* achtet auf des Gottlosen Haus, und er stürzt die Gottlosen ins Verderben.
13 Wer seine Ohren verstopft vor dem Schreien des Armen, der wird einst auch rufen und nicht erhört werden.
14 Eine heimliche Gabe stillt den Zorn und ein Geschenk im Verborgenen den heftigen Grimm.
15 Dem Gerechten ist es eine Freude, wenn Recht geschieht, aber den Übeltätern ist es ein Schrecken.
16 Ein Mensch, der vom Wege der Klugheit abirrt, wird weilen in der Schar der Toten.
17 Wer gern in Freuden lebt, wird Mangel haben; und wer Wein und Salböl liebt, wird nicht reich.
18 Der Gottlose wird als Lösegeld gegeben für den Gerechten und der Verächter für die Frommen.
19 Besser in der Wüste wohnen als bei einem zänkischen und zornigen Weibe.
20 Im Hause des Weisen ist ein kostbarer Schatz an Öl; aber ein Tor vergeudet ihn.
21 Wer der Gerechtigkeit und Güte nachjagt, der findet Leben und Ehre.
22 Ein Weiser ersteigt die Stadt der Starken und stürzt ihre Macht, auf die sie sich verläßt.
23 Wer Mund und Zunge bewahrt, der bewahrt sein Leben vor Not.

*Der «Gerechte» ist wahrscheinlich Gott.

24 Wer stolz und vermessen ist, heißt ein Spötter; er treibt frechen Übermut.

25 Der Faule stirbt über seinem Wünschen; denn seine Hände wollen nichts tun.

26 Den ganzen Tag begehrt die Gier; aber der Gerechte gibt und versagt nichts.

27 Der Gottlosen Opfer ist ein Greuel, wieviel mehr, wenn man's darbringt für eine Schandtat.

28 Ein lügenhafter Zeuge wird umkommen; aber wer recht gehört hat, dessen Wort bleibt.

29 Der Gottlose macht ein freches Gesicht; aber wer fromm ist, macht seine Wege fest.

30 Keine Weisheit, kein Verstand, kein Rat besteht vor dem HERRN.

31 Rosse werden gerüstet zum Tage der Schlacht; aber der Sieg kommt vom HERRN.

22 Ein guter Ruf ist köstlicher als großer Reichtum und anziehendes Wesen besser als Silber und Gold.

2 **Reiche und Arme begegnen einander; der HERR hat sie alle gemacht.**

3 Der Kluge sieht das Unglück kommen und verbirgt sich; die Unverständigen laufen weiter und leiden Schaden.

4 Der Lohn der Demut und der Furcht des HERRN ist Reichtum, Ehre und Leben.

5 Stacheln und Stricke sind auf dem Wege des Verkehrten; wer sich aber davon fernhält, bewahrt sein Leben.

6 Gewöhne einen Knaben an seinen Weg, so läßt er auch nicht davon, wenn er alt wird.

7 Der Reiche herrscht über die Armen; und wer borgt, ist des Gläubigers Knecht.

8 Wer Unrecht sät, der wird Unglück ernten, und die Rute seines Übermuts wird ein Ende haben.

9 Wer ein gütiges Auge hat, wird gesegnet; denn er gibt von seinem Brot den Armen.

10 Treibe den Spötter hinaus, so geht der Zank weg, und Hader und Schmähung hören auf.

11 Wer ein reines Herz und liebliche Rede hat, dessen Freund ist der König.

12 Die Augen des HERRN behüten die Erkenntnis; aber die Worte des Verächters bringt er zu Fall.

13 Der Faule spricht: Es ist ein Löwe draußen; ich könnte getötet werden auf der Gasse.

14 Der Mund unzüchtiger Weiber ist eine tiefe Grube; wem der HERR zürnt, der fällt hinein.

15 Torheit steckt dem Knaben im Herzen; aber die Rute der Zucht treibt sie ihm aus.

16 Wer dem Armen Unrecht tut, mehrt ihm seine Habe; wer einem Reichen gibt, schafft ihm nur Mangel.

Worte der Weisen

17 Neige deine Ohren und höre die Worte von Weisen und nimm zu Herzen meine Lehre.

18 Denn lieblich ist's, wenn du sie im Sinne behältst; laß sie miteinander auf deinen Lippen bleiben.

19 Damit deine Hoffnung sich gründe auf den HERRN, erinnere ich daran heute gerade dich.

20 Hab ich dir's nicht mannigfach aufgeschrieben als Rat und Erkenntnis,

21 um dir kundzutun zuverlässige Worte der Wahrheit, damit du rechte Antwort bringen könnest dem, der dich gesandt hat?

22 Beraube den Armen nicht, weil er arm ist, und unterdrücke den Geringen nicht im Gericht;

23 denn der HERR wird ihre Sache führen und wird ihre Bedrücker bedrücken. –

24 Geselle dich nicht zum Zornigen und halt dich nicht zu einem wütenden Mann;

25 du könntest auf seinen Weg geraten und dich selbst zu Fall bringen. –

26 Sei nicht einer von denen, die mit ihrer Hand haften und für Schulden Bürge werden;

27 denn wenn du nicht bezahlen kannst, so wird man dir dein Bett unter dir wegnehmen. –

28 Verrücke nicht die uralten Grenzen, die deine Väter gemacht haben. –

29 Siehst du einen Mann, behende in seinem Geschäft, der wird Königen dienen; geringen Leuten wird er nicht dienen.

23 Wenn du zu Tische sitzt mit einem hohen Herrn, so bedenke wohl, was du vor dir hast,

2 und setze ein Messer an deine Kehle, wenn du gierig bist;

3 wünsche dir nichts von seinen feinen Speisen; denn es ist trügerisches Brot. –

4 Bemühe dich nicht, reich zu werden; da spare deine Klugheit!

5 Du richtest deine Augen auf Reichtum, und er ist nicht mehr da; denn er macht sich Flügel wie ein Adler und fliegt gen Himmel. –

6 Iß nicht bei einem Neidischen und wünsche dir von seinen feinen Speisen nichts;

7 denn in seinem Herzen ist er berechnend; er spricht zu dir: Iß und trink! und sein Herz ist doch nicht mit dir.

8 Die Bissen, die du gegessen hast, mußt du ausspeien, und deine freundlichen Worte sind verloren. –

9 Rede nicht vor des Unverständigen Ohren; denn er verachtet die Klugheit deiner Rede. –

10 Verrücke nicht uralte Grenzen und vergreife dich nicht an dem Acker der Waisen,

11 denn ihr Helfer ist mächtig; der wird ihre Sache gegen dich führen. –

12 Wende dein Herz hin zur Zucht und deine Ohren zu vernünftiger Rede. –

13 Laß nicht ab, den Knaben zu züchtigen; denn wenn du ihn mit der Rute schlägst, so wird er sein Leben behalten;

14 du schlägst ihn mit der Rute, aber du errettest ihn vom Tode. –

15 Mein Sohn, wenn dein Herz weise ist, so freut sich auch mein Herz,

16 und meine Seele ist froh, wenn deine Lippen reden, was recht ist. –

17 Dein Herz sei nicht neidisch auf den Sünder, sondern trachte täglich nach der Furcht des HERRN;

18 denn das Ende kommt noch, und dann wird deine Hoffnung nicht zuschanden. –

19 Höre, mein Sohn, und sei weise und richte dein Herz auf den rechten Weg.

20 Sei nicht unter den Säufern und Schlemmern;

21 denn die Säufer und Schlemmer verarmen, und ein Schläfer muß zerrissene Kleider tragen. –

22 Gehorche deinem Vater, der dich gezeugt hat, und verachte deine Mutter nicht, wenn sie alt wird. –

23 Kaufe Wahrheit und verkaufe sie nicht, die Weisheit, die Zucht und die Einsicht. –

24 Der Vater eines Gerechten freut sich, und wer einen Weisen gezeugt hat, ist fröhlich über ihn.

25 Laß deinen Vater und deine Mutter sich freuen und fröhlich sein, die dich geboren hat. –

26 **Gib mir, mein Sohn, dein Herz und laß deinen Augen meine Wege wohlgefallen.**

27 Denn die Hure ist eine tiefe Grube, und die fremde Frau ist ein enger Brunnen.

28 Auch lauert sie wie ein Räuber und mehrt die Treulosen unter den Menschen. –

29 Wo ist Weh? Wo ist Leid? Wo ist Zank? Wo ist Klagen? Wo sind Wunden ohne jeden Grund? Wo sind trübe Augen?

30 Wo man lange beim Wein sitzt und kommt, auszusaufen, was eingeschenkt ist.

31 Sieh den Wein nicht an, wie er so rot ist und im Glase so schön steht: Er geht glatt ein,

32 aber danach beißt er wie eine Schlange und sticht wie eine Otter.

33 Da werden deine Augen seltsame Dinge sehen, und dein Herz wird Verkehrtes reden,

34 und du wirst sein wie einer, der auf hoher See sich schlafen legt, und wie einer, der oben im Mastkorb liegt.

35 «Sie schlugen mich, aber es tat mir nicht weh; sie prügelten mich, aber ich fühlte es nicht. Wann werde ich aufwachen? Dann will ich's wieder so treiben.»

24 Sei nicht neidisch auf böse Menschen und wünsche nicht, bei ihnen zu sein;

2 denn ihr Herz trachtet nach Gewalt, und ihre Lippen raten zum Unglück. –

3 Durch Weisheit wird ein Haus gebaut und durch Verstand erhalten,

4 und durch ordentliches Haushalten werden die Kammern voll kostbarer, lieblicher Habe. –

5 Ein weiser Mann ist stark und ein vernünftiger Mann voller Kraft;

6 denn mit Überlegung soll man Krieg führen, und wo viele Ratgeber sind, da ist der Sieg. –

7 Weisheit ist dem Toren zu hoch; er darf seinen Mund im Rat nicht auftun. –

8 Wer sich vornimmt, Böses zu tun, den nennt man einen Erzbösewicht.

9 Das Vorhaben des Toren ist Sünde, und der Spötter ist den Leuten ein Greuel. –

10 **Der ist nicht stark, der in der Not nicht fest ist.** –

11 Errette, die man zum Tode schleppt, und entzieh dich nicht denen, die zur Schlachtbank wanken.

12 Sprichst du: Siehe, wir haben's nicht gewußt!, fürwahr, der die Herzen prüft, merkt es, und der auf deine Seele achthat, weiß es und vergilt dem Menschen nach seinem Tun. –

13 Iß Honig, mein Sohn, denn er ist gut, und Honigseim ist süß deinem Gaumen.

14 So ist Weisheit gut für deine Seele; wenn du sie findest, wird dir's am Ende wohlgehen, und deine Hoffnung wird nicht umsonst sein. –

15 Laure nicht als Gottloser auf das Haus des Gerechten; zerstöre seine Wohnung nicht,

16 denn **ein Gerechter fällt siebenmal und steht wieder auf, aber die Gottlosen versinken im Unglück.** –

17 Freue dich nicht über den Fall deines Feindes, und dein Herz sei nicht froh über sein Unglück;

18 der HERR könnte es sehen und Mißfallen daran haben und seinen Zorn von ihm wenden. –

19 Erzürne dich nicht über die Bösen und ereifre dich nicht über die Gottlosen;

20 denn der Böse hat nichts zu hoffen, und die Leuchte der Gottlosen wird verlöschen. –

21 Mein Sohn, fürchte den HERRN und den König und menge dich nicht unter die Aufrührer;

22 denn plötzlich wird sie das Verderben treffen und unversehens von beiden her das Unheil kommen.

23 Auch dies sind Worte der Weisen: Die Person ansehen im Gericht ist nicht gut.

24 Wer zum Schuldigen spricht: «Du hast recht», dem fluchen die Völker, und die Leute verwünschen ihn.

25 Die aber gerecht richten, denen geht es gut, und reicher Segen kommt auf sie.

26 Eine richtige Antwort ist wie ein lieblicher Kuß.

27 Richte erst draußen deine Arbeit aus und bearbeite deinen Acker; danach gründe dein Haus.

28 Sei nicht ein falscher Zeuge wider deinen Nächsten und betrüge nicht mit deinem Munde.

29 Sprich nicht: «Wie einer mir tut, so will ich ihm auch tun und einem jeglichen sein Tun vergelten.»

30 Ich ging am Acker des Faulen entlang und am Weinberg des Toren,

31 und siehe, lauter Nesseln waren darauf, und er stand voll Disteln, und die Mauer war eingefallen.

32 Als ich das sah, nahm ich's zu Herzen, ich schaute und lernte daraus:

33 Noch ein wenig schlafen und ein wenig schlummern und ein wenig die Hände zusammentun, daß du ruhest,

34 so wird deine Armut kommen wie ein Räuber und dein Mangel wie ein gewappneter Mann.

Weitere Sprüche Salomos

25 Auch dies sind Sprüche Salomos; die Männer Hiskias, des Königs von Juda, haben sie gesammelt.

2 Es ist Gottes Ehre, eine Sache zu verbergen; aber der Könige Ehre ist es, eine Sache zu erforschen.

3 Der Himmel ist hoch und die Erde tief, und der Könige Herz ist unerforschlich.

4 Man tue die Schlacken vom Silber, so gelingt dem Goldschmied das Gefäß;

5 man tue den Gottlosen hinweg vom König, so wird sein Thron durch Gerechtigkeit gefestigt.

6 Prange nicht vor dem Könige und stelle dich nicht zu den Großen;

7 denn es ist besser, daß man zu dir sage: Tritt hier herauf!, als daß du erniedrigt wirst vor einem Edlen, den deine Augen gesehen haben.

8 Laufe nicht zu schnell vor Gericht; denn was willst du zuletzt machen, wenn dich dein Nächster beschämt?

9 Trage deine Sache mit deinem Nächsten aus, aber verrate nicht eines andern Geheimnis,

10 damit von dir nicht übel spricht, wer

es hört, und dann das böse Gerede über dich nicht aufhört.

11 Ein Wort, geredet zu rechter Zeit, ist wie goldene Äpfel auf silbernen Schalen.

12 Ein Weiser, der mahnt, und ein Ohr, das auf ihn hört, das ist wie ein goldener Ring und ein goldenes Halsband.

13 Wie die Kühle des Schnees zur Zeit der Ernte, so ist ein getreuer Bote dem, der ihn gesandt hat, und erquickt seines Herrn Seele.

14 Wer Geschenke verspricht und hält's nicht, der ist wie Wolken und Wind ohne Regen.

15 Durch Geduld wird ein Fürst überredet, und eine linde Zunge zerbricht Knochen.

16 Findest du Honig, so iß davon nur, soviel du bedarfst, daß du nicht zu satt werdest und speiest ihn aus.

17 Halte deinen Fuß zurück vom Hause deines Nächsten; er könnte dich satt bekommen und dir gram werden.

18 Wer wider seinen Nächsten falsch Zeugnis redet, der ist wie ein Streithammer, Schwert und scharfer Pfeil.

19 Auf einen Treulosen hoffen zur Zeit der Not, das ist wie ein fauler Zahn und gleitender Fuß.

20 Wer einem mißmutigen Herzen Lieder singt, das ist, wie wenn einer das Kleid ablegt an einem kalten Tag, und wie Essig auf Lauge.

21 **Hungert deinen Feind, so speise ihn mit Brot, dürstet ihn, so tränke ihn mit Wasser,**

22 **denn du wirst feurige Kohlen auf sein Haupt häufen, und der HERR wird dir's vergelten.**

23 Wind mit dunklen Wolken bringt Regen, und heimliches Geschwätz schafft saure Gesichter.

24 Besser im Winkel auf dem Dache sitzen als mit einem zänkischen Weibe zusammen in einem Hause.

25 Eine gute Botschaft aus fernen Landen ist wie kühles Wasser für eine durstige Kehle.

26 Ein Gerechter, der angesichts eines Gottlosen wankt, ist wie ein getrübter Brunnen und eine verderbte Quelle.

27 Zuviel Honig essen ist nicht gut; aber wer nach schweren Dingen forscht, dem bringt's Ehre.

28 Ein Mann, der seinen Zorn nicht zurückhalten kann, ist wie eine offene Stadt ohne Mauern.

26 Wie Schnee zum Sommer und Regen zur Ernte, so reimt sich Ehre zum Toren.

2 Wie ein Vogel dahinfliegt und eine Schwalbe enteilt, so ist ein unverdienter Fluch: er trifft nicht ein.

3 Dem Roß eine Peitsche und dem Esel einen Zaum und dem Toren eine Rute auf den Rücken!

4 Antworte dem Toren nicht nach seiner Torheit, daß du ihm nicht gleich werdest.

5 Antworte aber dem Toren nach seiner Torheit, daß er sich nicht weise dünke.

6 Wer eine Sache durch einen törichten Boten ausrichtet, der ist wie einer, der sich selbst die Füße abhaut und Schaden leidet.

7 Wie einem Gelähmten das Tanzen, so steht dem Toren an, von Weisheit zu reden.

8 Einem Toren Ehre antun, das ist, wie wenn einer einen edlen Stein auf einen Steinhaufen wirft.

9 Ein Spruch in eines Toren Mund ist wie ein Dornzweig in der Hand eines Trunkenen.

10 Wie ein Schütze, der jeden verwundet, so ist, wer einen Toren oder einen Vorübergehenden dingt.

11 Wie ein Hund wieder frißt, was er gespien hat, so ist der Tor, der seine Torheit immer wieder treibt.

12 **Wenn du einen siehst, der sich weise dünkt, da ist für einen Toren mehr Hoffnung als für ihn.**

13 Der Faule spricht: Es ist ein Löwe auf dem Wege, ein Löwe auf den Gassen.

14 Ein Fauler wendet sich im Bett wie die Tür in der Angel.

15 Der Faule steckt seine Hand in die Schüssel, und es wird ihm sauer, daß er sie zum Munde bringe.

16 Ein Fauler dünkt sich weiser als sieben, die da wissen, verständig zu antworten.

17 Wer vorübergeht und sich mengt in fremden Streit, der ist wie einer, der den Hund bei den Ohren zwackt.

18 Wie ein Unsinniger, der mit Geschoß und Pfeilen schießt und tötet,

19 so ist ein Mensch, der seinen Nächsten betrügt und spricht: Ich habe nur gescherzt.

20 Wenn kein Holz mehr da ist, so verlischt das Feuer, und wenn der Verleumder weg ist, so hört der Streit auf.

21 Wie die Kohlen die Glut und Holz das Feuer, so facht ein zänkischer Mann den Streit an.

22 Die Worte des Verleumders sind wie Leckerbissen und gehen einem glatt ein.

23 Glatte Lippen und ein böses Herz, das ist wie Tongeschirr, mit Silberschaum überzogen.

24 Der Hasser verstellt sich mit seiner Rede, aber im Herzen ist er falsch;

25 wenn er seine Stimme holdselig macht, so glaube ihm nicht; denn es sind sieben Greuel in seinem Herzen.

26 Wer den Haß trügerisch verbirgt, dessen Bosheit wird doch vor der Gemeinde offenbar werden.

27 Wer eine Grube macht, der wird hineinfallen; und wer einen Stein wälzt, auf den wird er zurückkommen.

28 Eine falsche Zunge haßt den, dem sie Arges getan hat, und glatte Lippen richten Verderben an.

27 **Rühme dich nicht des morgigen Tages; denn du weißt nicht, was der Tag bringt.**

2 Laß dich von einem andern loben und nicht von deinem Mund, von einem Fremden und nicht von deinen eignen Lippen.

3 Stein ist schwer, und Sand ist Last; aber der Ärger über einen Toren ist schwerer als beide.

4 Zorn ist ein wütig Ding, und Grimm ist ungestüm; aber wer kann vor der Eifersucht bestehen?

5 Offene Zurechtweisung ist besser als Liebe, die verborgen bleibt.

6 Die Schläge des Freundes meinen es gut; aber die Küsse des Hassers sind trügerisch.

7 Ein Satter tritt Honigseim mit Füßen; aber einem Hungrigen ist alles Bittre süß.

8 Wie ein Vogel, der aus seinem Nest flüchtet, so ist ein Mann, der aus seiner Heimat flieht.

9 Das Herz freut sich an Salbe und Räucherwerk, und süß ist der Freund, der wohlgemeinten Rat gibt.

10 Von deinem Freund und deines Vaters Freund laß nicht ab. Geh nicht ins Haus deines Bruders, wenn dir's übel geht. Ein Nachbar in der Nähe ist besser als ein Bruder in der Ferne.

11 Sei weise, mein Sohn, und erfreue mein Herz, so kann ich antworten dem, der mich schmäht.

12 Ein Kluger sieht das Unglück kommen und verbirgt sich; aber die Unverständigen laufen weiter und leiden Schaden.

13 Nimm dem sein Kleid, der für einen andern Bürge wurde, und pfände ihn anstelle des Fremden.

14 Wenn einer seinen Nächsten des Morgens früh mit lauter Stimme segnet, so wird ihm das für einen Fluch gerechnet.

15 Ein zänkisches Weib und ein triefendes Dach, wenn's sehr regnet, lassen sich miteinander vergleichen:

16 wer sie aufhalten will, der will den Wind aufhalten und will Öl mit der Hand fassen.

17 Ein Messer wetzt das andre und ein Mann den andern.

18 Wer seinen Feigenbaum pflegt, der ißt Früchte davon, und wer seinem Herrn treu dient, wird geehrt.

19 Wie sich im Wasser das Angesicht spiegelt, so ein Mensch im Herzen des andern.

20 Unterwelt und Abgrund werden niemals satt, und der Menschen Augen sind auch unersättlich.

21 Ein Mann bewährt sich in seinem Ruf wie das Silber im Tiegel und das Gold im Ofen.

22 Wenn du den Toren im Mörser zerstießest mit dem Stampfer wie Grütze, so ließe doch seine Torheit nicht von ihm.

23 Auf deine Schafe hab acht und nimm dich deiner Herden an;

24 denn Vorräte währen nicht ewig, und auch eine Krone währt nicht für und für.

25 Ist das Gras abgeweidet und wiederum Grünes nachgewachsen und ist das Futter auf den Bergen gesammelt,

26 dann kleiden dich die Lämmer, und die Böcke geben dir das Geld, einen Acker zu kaufen;

27 du hast Ziegenmilch genug zu deiner Speise, zur Speise deines Hauses und zur Nahrung deiner Mägde.

28 Der Gottlose flieht, auch wenn nie-
mand ihn jagt; der Gerechte aber
ist furchtlos wie ein junger Löwe.
2 Um des Landes Sünde willen wechseln
häufig seine Herren; aber durch einen
verständigen und vernünftigen Mann ge-
winnt das Recht Bestand.
3 Ein gottloser Mann, der die Geringen
bedrückt, ist wie ein Platzregen, der die
Frucht verdirbt.
4 Wer die Weisung verläßt, rühmt den
Gottlosen; wer sie aber bewahrt, der be-
kämpft ihn.
5 Böse Leute verstehen nichts vom
Recht; die aber nach dem HERRN fragen,
verstehen alles.
6 Besser ein Armer, der in seiner Un-
sträflichkeit wandelt, als ein Reicher, der
auf verkehrten Wegen geht.
7 Wer die Lehre bewahrt, ist ein ver-
ständiger Sohn; wer aber der Schlemmer
Geselle ist, macht seinem Vater Schande.
8 Wer sein Gut mehrt mit Zinsen und
Aufschlag, der sammelt es für den, der
sich der Armen erbarmt.
9 Wer sein Ohr abwendet, um die Wei-
sung nicht zu hören, dessen Gebet ist ein
Greuel.
10 Wer die Frommen verführt auf einen
bösen Weg, wird selbst in seine Grube
fallen; aber die Frommen werden Gutes
ererben.
11 Ein Reicher meint weise zu sein, aber
ein verständiger Armer durchschaut ihn.
12 Wenn die Gerechten Oberhand ha-
ben, so ist herrliche Zeit; wenn aber die
Gottlosen hochkommen, verbergen sich
die Leute.
13 **Wer seine Sünde leugnet, dem wird's
nicht gelingen; wer sie aber bekennt und
läßt, der wird Barmherzigkeit erlangen.**
14 Wohl dem, der Gott allewege fürch-
tet! Wer aber sein Herz verhärtet, wird in
Unglück fallen.
15 Ein Gottloser, der über ein armes
Volk regiert, ist wie ein brüllender Löwe
und ein gieriger Bär.
16 Wenn ein Fürst ohne Verstand ist, so
geschieht viel Unrecht; wer aber unrech-
ten Gewinn haßt, wird lange leben.
17 Wer schuldig ist am Blut eines Men-
schen, der wird flüchtig sein bis zum
Grabe, und niemand helfe ihm!
18 Wer ohne Tadel einhergeht, dem
wird geholfen; wer aber verkehrte Wege
geht, wird in eine Grube fallen.
19 Wer seinen Acker bebaut, wird Brot
genug haben; wer aber nichtigen Dingen
nachgeht, wird Armut genug haben.
20 Ein treuer Mann wird von vielen ge-
segnet; wer aber eilt, reich zu werden,
wird nicht ohne Schuld bleiben.
21 Die Person ansehen ist nicht gut;
aber mancher vergeht sich schon um ein
Stück Brot.
22 Wer habgierig ist, jagt nach Reich-
tum und weiß nicht, daß Mangel über ihn
kommen wird.
23 Wer einen Menschen zurechtweist,
wird zuletzt Dank haben, mehr als der da
freundlich tut.
24 Wer seinem Vater oder seiner Mutter
etwas nimmt und spricht, es sei nicht
Sünde, der ist des Verderbers Geselle.
25 Ein Habgieriger erweckt Zank; wer
sich aber auf den HERRN verläßt, wird ge-
labt.
26 **Wer sich auf seinen Verstand verläßt,
ist ein Tor; wer aber in der Weisheit wan-
delt, wird entrinnen.**
27 Wer dem Armen gibt, dem wird
nichts mangeln; wer aber seine Augen ab-
wendet, der wird von vielen verflucht.
28 Wenn die Gottlosen hochkommen,
so verbergen sich die Leute; wenn sie
aber umkommen, werden der Gerechten
viel.

29 Wer gegen alle Warnung halsstarrig
ist, der wird plötzlich verderben
ohne alle Hilfe.
2 Wenn der Gerechten viel sind, freut
sich das Volk; wenn aber der Gottlose
herrscht, seufzt das Volk.
3 Wer Weisheit liebt, erfreut seinen Va-
ter; wer aber mit Huren umgeht, kommt
um sein Gut.
4 Ein König richtet das Land auf durchs
Recht; wer aber viel Steuern erhebt, rich-
tet es zugrunde.
5 Wer seinem Nächsten schmeichelt, der
spannt ihm ein Netz über den Weg.
6 Wenn ein Böser sündigt, verstrickt er
sich selbst; aber ein Gerechter geht seinen
Weg und ist fröhlich.
7 Der Gerechte weiß um die Sache der
Armen; der Gottlose aber weiß gar nichts.
8 Die Spötter bringen leichtfertig eine

Stadt in Aufruhr; aber die Weisen stillen den Zorn.
9 Wenn ein Weiser mit einem Toren rechtet, so tobt der oder lacht, aber es gibt keine Ruhe.
10 Die Blutgierigen hassen den Frommen; aber die Gerechten nehmen sich seiner an.
11 Ein Tor schüttet all seinen Unmut aus, aber ein Weiser beschwichtigt ihn zuletzt.
12 Ein Herrscher, der auf Lügen hört, hat nur gottlose Diener.
13 Der Arme und sein Peiniger begegnen einander; der beiden das Augenlicht gab, ist der HERR.
14 Ein König, der die Armen treulich richtet, dessen Thron wird für immer bestehen.
15 Rute und Tadel gibt Weisheit; aber ein Knabe, sich selbst überlassen, macht seiner Mutter Schande.
16 Wo viele Gottlose sind, da ist viel Sünde; aber die Gerechten werden ihren Fall erleben.
17 Züchtige deinen Sohn, so wird er dir Freude machen und deine Seele erquicken.
18 **Wo keine Offenbarung ist, wird das Volk wild und wüst; aber wohl dem, der auf die Weisung achtet!**
19 Ein Knecht läßt sich mit Worten nicht in Zucht halten; denn wenn er sie auch versteht, so nimmt er sie doch nicht an.
20 Siehst du einen, der schnell ist zu reden, da ist für einen Toren mehr Hoffnung als für ihn.
21 Wenn ein Knecht von Jugend auf verwöhnt wird, so wird er am Ende widerspenstig sein.
22 Ein zorniger Mann richtet Streit an, und ein Grimmiger tut viel Sünde.
23 Die Hoffart des Menschen wird ihn stürzen; aber der Demütige wird Ehre empfangen.
24 Wer mit Dieben gemeinsame Sache macht, haßt sein Leben; den Fluch hört er aussprechen und zeigt's nicht an.
25 **Menschenfurcht bringt zu Fall; wer sich aber auf den HERRN verläßt, wird beschützt.**
26 Viele suchen das Angesicht eines Fürsten; aber eines jeglichen Recht kommt vom HERRN.
27 Ein ungerechter Mensch ist dem Gerechten ein Greuel; und wer recht wandelt, ist dem Gottlosen ein Greuel.

Die Sprüche Agurs

30 Dies sind die Worte Agurs, des Sohnes des Jake, aus Massa. Es spricht der Mann: Ich habe mich gemüht, o Gott, ich habe mich gemüht, o Gott, und muß davon lassen.
2 Denn ich bin der Allertörichtste, und Menschenverstand habe ich nicht.
3 Weisheit hab ich nicht gelernt, und Erkenntnis des Heiligen habe ich nicht.
4 Wer ist hinaufgefahren zum Himmel und wieder herab? Wer hat den Wind in seine Hände gefaßt? Wer hat die Wasser in ein Kleid gebunden? Wer hat alle Enden der Welt bestimmt? Wie heißt er? Und wie heißt sein Sohn? Weißt du das?
5 Alle Worte Gottes sind durchläutert; er ist ein Schild denen, die auf ihn trauen.
6 Tu nichts zu seinen Worten hinzu, daß er dich nicht zur Rechenschaft ziehe und du als Lügner dastehst.
7 Zweierlei bitte ich von dir, das wollest du mir nicht verweigern, ehe denn ich sterbe:
8 Falschheit und Lüge laß ferne von mir sein; Armut und Reichtum gib mir nicht; laß mich aber mein Teil Speise dahinnehmen, das du mir beschieden hast.
9 Ich könnte sonst, wenn ich zu satt würde, verleugnen und sagen: Wer ist der HERR? Oder wenn ich zu arm würde, könnte ich stehlen und mich an dem Namen meines Gottes vergreifen.
10 Verleumde nicht den Knecht bei seinem Herrn, daß er dir nicht fluche und du es büßen müssest.
11 Es gibt eine Art, die ihrem Vater flucht und ihre Mutter nicht segnet;
12 eine Art, die sich rein dünkt, und ist doch von ihrem Schmutz nicht gewaschen;
13 eine Art, die ihre Augen hoch trägt und ihre Augenlider emporhebt;
14 eine Art, die Schwerter als Zähne hat und Messer als Backenzähne und verzehrt die Elenden im Lande und die Armen unter den Leuten.
15 Der Blutegel hat zwei Töchter, die heißen «Gib her, gib her!» Drei sind nicht zu sättigen, und vier sagen nie: Es ist genug:

16 das Totenreich und der Frauen verschloßner Schoß, die Erde, die nicht des Wassers satt wird, und das Feuer, das nie spricht: Es ist genug!
17 **Ein Auge, das den Vater verspottet, und verachtet, der Mutter zu gehorchen, das müssen die Raben am Bach aushacken und die jungen Adler fressen.**
18 Drei sind mir zu wundersam, und vier verstehe ich nicht:
19 des Adlers Weg am Himmel; der Schlange Weg auf dem Felsen; des Schiffes Weg mitten im Meer und des Mannes Weg beim Weibe.
20 So ist der Weg der Ehebrecherin: sie verschlingt und wischt sich den Mund und spricht: Ich habe nichts Böses getan.
21 Ein Land wird durch dreierlei unruhig, und viererlei kann es nicht ertragen:
22 einen Knecht, wenn er König wird; einen Toren, wenn er zu satt ist;
23 eine Verschmähte, wenn sie geehelicht wird, und eine Magd, wenn sie ihre Herrin beerbt.
24 Vier sind die Kleinsten auf Erden und doch klüger als die Weisen:
25 die Ameisen – ein schwaches Volk, dennoch schaffen sie im Sommer ihre Speise;
26 die Klippdachse – ein schwaches Volk, dennoch bauen sie ihr Haus in den Felsen;
27 die Heuschrecken – sie haben keinen König, dennoch ziehen sie aus in Ordnung;
28 die Eidechse – man greift sie mit den Händen, und sie ist doch in der Könige Schlössern.
29 Drei haben einen stattlichen Gang, und vier gehen stolz einher:
30 der Löwe, mächtig unter den Tieren und kehrt um vor niemandem;
31 der stolze Hahn, der Widder und der König, wenn er einhergeht vor seinem Heerbann.
32 Ob du töricht gehandelt und dich überhoben hast oder ob du recht überlegt hast: lege die Hand auf den Mund!
33 Denn wenn man Milch stößt, so wird Butter daraus, und wer die Nase hart schneuzt, zwingt Blut heraus, und wer den Zorn reizt, ruft Streit hervor.

Die Worte an Lemuel

31 Dies sind die Worte Lemuels, des Königs von Massa, die ihn seine Mutter lehrte.
2 Was, mein Auserwählter, soll ich dir sagen, was, du Sohn meines Leibes, was, mein erbetener Sohn?
3 Laß nicht den Weibern deine Kraft und geh nicht die Wege, auf denen sich die Könige verderben!
4 Nicht den Königen, Lemuel, ziemt es, Wein zu trinken, nicht den Königen, noch den Fürsten starkes Getränk!
5 Sie könnten beim Trinken des Rechts vergessen und verdrehen die Sache aller elenden Leute.
6 Gebt starkes Getränk denen, die am Umkommen sind, und Wein den betrübten Seelen,
7 daß sie trinken und ihres Elends vergessen und ihres Unglücks nicht mehr gedenken.
8 **Tu deinen Mund auf für die Stummen und für die Sache aller, die verlassen sind.**
9 Tu deinen Mund auf und richte in Gerechtigkeit und schaffe Recht dem Elenden und Armen.

Lob der tüchtigen Hausfrau

10 Wem eine tüchtige Frau beschert ist, die ist viel edler als die köstlichsten Perlen.
11 Ihres Mannes Herz darf sich auf sie verlassen, und Nahrung wird ihm nicht mangeln.
12 Sie tut ihm Liebes und kein Leid ihr Leben lang.
13 Sie geht mit Wolle und Flachs um und arbeitet gerne mit ihren Händen.
14 Sie ist wie ein Kaufmannsschiff; ihren Unterhalt bringt sie von ferne.
15 Sie steht vor Tage auf und gibt Speise ihrem Hause und dem Gesinde, was ihm zukommt.
16 Sie trachtet nach einem Acker und kauft ihn und pflanzt einen Weinberg vom Ertrag ihrer Hände.
17 Sie gürtet ihre Lenden mit Kraft und regt ihre Arme.
18 Sie merkt, wie ihr Fleiß Gewinn bringt; ihr Licht verlischt des Nachts nicht.
19 Sie streckt ihre Hand nach dem Rocken, und ihre Finger fassen die Spindel.

20 Sie breitet ihre Hände aus zu dem
Armen und reicht ihre Hand dem Bedürftigen.
21 Sie fürchtet für die Ihren nicht den
Schnee; denn ihr ganzes Haus hat wollene
Kleider.
22 Sie macht sich selbst Decken; feine
Leinwand und Purpur ist ihr Kleid.
23 Ihr Mann ist bekannt in den Toren,
wenn er sitzt bei den Ältesten des Landes.
24 Sie macht einen Rock und verkauft
ihn, einen Gürtel gibt sie dem Händler.
25 Kraft und Würde sind ihr Gewand,
und sie lacht des kommenden Tages.
26 Sie tut ihren Mund auf mit Weisheit,
und auf ihrer Zunge ist gütige Weisung.
27 Sie schaut, wie es in ihrem Hause zugeht,
und ißt ihr Brot nicht mit Faulheit.
28 Ihre Söhne stehen auf und preisen sie,
ihr Mann lobt sie:
29 «Es sind wohl viele tüchtige Frauen,
du aber übertriffst sie alle.»
30 **Lieblich und schön sein ist nichts; ein
Weib, das den HERRN fürchtet, soll man
loben.**
31 Gebt ihr von den Früchten ihrer
Hände, und ihre Werke sollen sie loben
in den Toren!

DER PREDIGER SALOMO

Alles Irdische ist eitel

1 Dies sind die Reden des Predigers, des
Sohnes Davids, des Königs zu Jerusalem.
2 Es ist alles ganz eitel, sprach der Prediger,
es ist alles ganz eitel.
3 Was hat der Mensch für Gewinn von
all seiner Mühe, die er hat unter der Sonne?
4 Ein Geschlecht vergeht, das andere
kommt; die Erde aber bleibt immer bestehen.
5 Die Sonne geht auf und geht unter und
läuft an ihren Ort, daß sie dort wieder aufgehe.
6 Der Wind geht nach Süden und dreht
sich nach Norden und wieder herum an
den Ort, wo er anfing.
7 Alle Wasser laufen ins Meer, doch
wird das Meer nicht voller; an den Ort,
dahin sie fließen, fließen sie immer wieder.
8 Alles Reden ist so voll Mühe, daß niemand
damit zu Ende kommt. Das Auge
sieht sich niemals satt, und das Ohr hört
sich niemals satt.
9 Was geschehen ist, eben das wird hernach
sein. Was man getan hat, eben das
tut man hernach wieder, und es geschieht
nichts Neues unter der Sonne.
10 Geschieht etwas, von dem man sagen
könnte: «Sieh, das ist neu»? Es ist längst
vorher auch geschehen in den Zeiten, die
vor uns gewesen sind.
11 Man gedenkt derer nicht, die früher
gewesen sind, und derer, die hernach
kommen; man wird auch ihrer nicht gedenken
bei denen, die noch später sein
werden.

Auch das Streben nach Weisheit ist eitel

12 Ich, der Prediger, war König über
Israel zu Jerusalem
13 und richtete mein Herz darauf, die
Weisheit zu suchen und zu erforschen bei
allem, was man unter dem Himmel tut.
Solch unselige Mühe hat Gott den Menschenkindern
gegeben, daß sie sich damit
quälen sollen.
14 Ich sah an alles Tun, das unter der
Sonne geschieht, und siehe, es war alles
eitel und Haschen nach Wind.
15 Krumm kann nicht gerade werden
noch, was fehlt, gezählt werden.
16 Ich sprach in meinem Herzen: Siehe,
ich bin herrlich geworden und habe mehr
Weisheit als alle, die vor mir gewesen sind
zu Jerusalem, und mein Herz hat viel gelernt
und erfahren.
17 Und ich richtete mein Herz darauf,
daß ich lernte Weisheit und erkennte Tollheit
und Torheit. Ich ward aber gewahr,
daß auch dies ein Haschen nach Wind ist.
18 Denn wo viel Weisheit ist, da ist viel

Grämen, und wer viel lernt, der muß viel leiden.

Torheit und Weisheit sind beide eitel

2 Ich sprach in meinem Herzen: Wohlan, ich will Wohlleben und gute Tage haben! Aber siehe, das war auch eitel.

2 Ich sprach zum Lachen: Du bist toll! und zur Freude: Was schaffst du?

3 Da dachte ich in meinem Herzen, meinen Leib mit Wein zu laben, doch so, daß mein Herz mich mit Weisheit leitete, und mich an Torheit zu halten, bis ich sähe, was den Menschen zu tun gut wäre, solange sie unter dem Himmel leben.

4 Ich tat große Dinge: ich baute mir Häuser, ich pflanzte mir Weinberge,

5 ich machte mir Gärten und Lustgärten und pflanzte allerlei fruchtbare Bäume hinein;

6 ich machte mir Teiche, daraus zu bewässern den Wald der grünenden Bäume.

7 Ich erwarb mir Knechte und Mägde und hatte auch Gesinde, im Hause geboren; ich hatte eine größere Habe an Rindern und Schafen als alle, die vor mir zu Jerusalem waren.

8 Ich sammelte mir auch Silber und Gold und was Könige und Länder besitzen; ich beschaffte mir Sänger und Sängerinnen und die Wonne der Menschen, Frauen in Menge,

9 und war größer als alle, die vor mir zu Jerusalem waren. Auch da blieb meine Weisheit bei mir.

10 Und alles, was meine Augen wünschten, das gab ich ihnen und verwehrte meinem Herzen keine Freude, so daß es fröhlich war von aller meiner Mühe; und das war mein Teil von aller meiner Mühe.

11 Als ich aber ansah alle meine Werke, die meine Hand getan hatte, und die Mühe, die ich gehabt hatte, siehe, da war es alles eitel und Haschen nach Wind und kein Gewinn unter der Sonne.

12 **D**a wandte ich mich, zu betrachten die Weisheit und die Tollheit und Torheit. Denn was wird der Mensch tun, der nach dem König kommen wird? Was man schon längst getan hat.

13 Da sah ich, daß die Weisheit die Torheit übertrifft wie das Licht die Finsternis;

14 daß der Weise seine Augen im Kopf hat, aber die Toren in der Finsternis gehen; und ich merkte doch, daß es dem einen geht wie dem andern.

15 Da dachte ich in meinem Herzen: Wenn es denn mir geht wie dem Toren, warum hab ich dann nach Weisheit getrachtet? Da sprach ich in meinem Herzen: Auch das ist eitel.

16 Denn man gedenkt des Weisen nicht für immer, ebensowenig wie des Toren, und in künftigen Tagen ist alles vergessen. Wie stirbt doch der Weise samt dem Toren!

17 Darum verdroß es mich zu leben, denn es war mir zuwider, was unter der Sonne geschieht, daß alles eitel ist und Haschen nach Wind.

18 Und mich verdroß alles, um das ich mich gemüht hatte unter der Sonne, weil ich es einem Menschen lassen muß, der nach mir sein wird.

19 Denn wer weiß, ob er weise oder töricht sein wird und soll doch herrschen über alles, was ich mit Mühe und Weisheit geschafft habe unter der Sonne. Das ist auch eitel.

20 **D**a wandte ich mich dahin, daß ich mein Herz verzweifeln ließ an allem, um das ich mich mühte unter der Sonne.

21 Denn es muß ein Mensch, der seine Arbeit mit Weisheit, Verstand und Geschicklichkeit mühsam getan hat, es einem andern zum Erbteil überlassen, der sich nicht darum gemüht hat. Das ist auch eitel und ein großes Unglück.

22 Denn was kriegt der Mensch von aller seiner Mühe und dem Streben seines Herzens, womit er sich abmüht unter der Sonne?

23 Alle seine Tage sind voller Schmerzen, und voll Kummer ist sein Mühen, daß auch sein Herz des Nachts nicht Ruhe findet. Das ist auch eitel.

24 **I**st's nun nicht besser für den Menschen, daß er esse und trinke und seine Seele guter Dinge sei bei seinem Mühen? Doch dies sah ich auch, daß es von Gottes Hand kommt.

25 Denn wer kann fröhlich essen und genießen ohne ihn?

26 Denn dem Menschen, der ihm gefällt, gibt er Weisheit, Verstand und Freude; aber dem Sünder gibt er Mühe, daß er sammle und häufe und es doch dem gegeben werde, der Gott gefällt. Auch das ist eitel und Haschen nach Wind.

Alles hat seine Zeit

3 Ein jegliches hat seine Zeit, und alles
Vorhaben unter dem Himmel hat
seine Stunde:
2 geboren werden hat seine Zeit, sterben
hat seine Zeit; pflanzen hat seine Zeit, aus-
reißen, was gepflanzt ist, hat seine Zeit;
3 töten hat seine Zeit, heilen hat seine
Zeit; abbrechen hat seine Zeit, bauen hat
seine Zeit;
4 weinen hat seine Zeit, lachen hat seine
Zeit; klagen hat seine Zeit, tanzen hat
seine Zeit;
5 Steine wegwerfen hat seine Zeit, Steine
sammeln hat seine Zeit; herzen hat seine
Zeit, aufhören zu herzen hat seine Zeit;
6 suchen hat seine Zeit, verlieren hat
seine Zeit; behalten hat seine Zeit, weg-
werfen hat seine Zeit;
7 zerreißen hat seine Zeit, zunähen hat
seine Zeit; schweigen hat seine Zeit, reden
hat seine Zeit;
8 lieben hat seine Zeit, hassen hat seine
Zeit; Streit hat seine Zeit, Friede hat seine
Zeit.
9 Man mühe sich ab, wie man will, so
hat man keinen Gewinn davon.
10 Ich sah die Arbeit, die Gott den
Menschen gegeben hat, daß sie sich damit
plagen.
11 Er hat alles schön gemacht zu seiner
Zeit, auch hat er die Ewigkeit in ihr Herz
gelegt; nur daß der Mensch nicht ergrün-
den kann das Werk, das Gott tut, weder
Anfang noch Ende.
12 Da merkte ich, daß es nichts Besseres
dabei gibt als fröhlich sein und sich güt-
lich tun in seinem Leben.
13 Denn ein Mensch, der da ißt und
trinkt und hat guten Mut bei all seinem
Mühen, das ist eine Gabe Gottes.
14 Ich merkte, daß alles, was Gott tut,
das besteht für ewig; man kann nichts da-
zutun noch wegtun. Das alles tut Gott,
daß man sich vor ihm fürchten soll.
15 Was geschieht, das ist schon längst
gewesen, und was sein wird, ist auch
schon längst gewesen; und Gott holt wie-
der hervor, was vergangen ist.

Vergänglichkeit des Menschen

16 Weiter sah ich unter der Sonne: An
der Stätte des Rechts war Gottlosigkeit,
und an der Stätte der Gerechtigkeit war
Frevel.
17 Da sprach ich in meinem Herzen:
Gott wird richten den Gerechten und den
Gottlosen; denn alles Vorhaben und alles
Tun hat seine Zeit.
18 Ich sprach in meinem Herzen: Es ge-
schieht wegen der Menschenkinder, damit
Gott sie prüfe und sie sehen, daß sie sel-
ber sind wie das Vieh.
19 Denn es geht dem Menschen wie dem
Vieh: wie dies stirbt, so stirbt auch er, und
sie haben alle **einen** Odem, und der
Mensch hat nichts voraus vor dem Vieh;
denn es ist alles eitel.
20 Es fährt alles an **einen** Ort. Es ist alles
aus Staub geworden und wird wieder zu
Staub.
21 Wer weiß, ob der Odem der Men-
schen aufwärts fahre und der Odem des
Viehes hinab unter die Erde fahre?
22 So sah ich denn, daß nichts Besseres
ist, als daß ein Mensch fröhlich sei in sei-
ner Arbeit; denn das ist sein Teil. Denn
wer will ihn dahin bringen, daß er sehe,
was nach ihm geschehen wird?

Bedrückung, Arbeitseifer, Vereinsamung

4 Wiederum sah ich alles Unrecht an,
das unter der Sonne geschieht, und
siehe, da waren Tränen derer, die Un-
recht litten und keinen Tröster hatten.
Und die ihnen Gewalt antaten, waren zu
mächtig, so daß sie keinen Tröster hatten.
2 Da pries ich die Toten, die schon ge-
storben waren, mehr als die Lebendigen,
die noch das Leben haben.
3 Und besser daran als beide ist, wer
noch nicht geboren ist und des Bösen nicht
innewird, das unter der Sonne geschieht.
4 Ich sah alles Mühen an und alles ge-
schickte Tun: da ist nur Eifersucht des
einen auf den andern. Das ist auch eitel
und Haschen nach Wind.
5 Ein Tor legt die Hände ineinander und
verzehrt sein eigenes Fleisch.
6 Besser eine Hand voll mit Ruhe als
beide Fäuste voll mit Mühe und Haschen
nach Wind.
7 Wiederum sah ich Eitles unter der
Sonne:
8 Da ist einer, der steht allein und hat
weder Kind noch Bruder, doch ist seiner
Mühe kein Ende, und seine Augen kön-

nen nicht genug Reichtum sehen. Für wen mühe ich mich denn und gönne mir selber nichts Gutes? Das ist auch eitel und eine böse Mühe.

9 So ist's ja besser zu zweien als allein; denn sie haben guten Lohn für ihre Mühe.

10 Fällt einer von ihnen, so hilft ihm sein Gesell auf. Weh dem, der allein ist, wenn er fällt! Dann ist kein anderer da, der ihm aufhilft.

11 Auch, wenn zwei beieinander liegen, wärmen sie sich; wie kann ein einzelner warm werden?

12 Einer mag überwältigt werden, aber zwei können widerstehen, und eine dreifache Schnur reißt nicht leicht entzwei.

Volksgunst ist eitel

13 Ein Knabe, der arm, aber weise ist, ist besser als ein König, der alt, aber töricht ist und nicht versteht, sich raten zu lassen.

14 Denn aus dem Gefängnis ist er auf den Thron gekommen und war doch arm geboren, als jener noch König war.

15 Und ich sah alle Lebenden, die unter der Sonne wandelten, bei dem zweiten Knaben, der an jenes Stelle treten sollte.

16 Und es war kein Ende des Volks, vor dem er herzog. Und doch wurden seiner nicht froh, die später kamen. Das ist auch eitel und Haschen nach Wind.

Warnung vor Unbedachtsamkeit beim Gottesdienst

17 **Bewahre deinen Fuß, wenn du zum Hause Gottes gehst, und komm, daß du hörest.** Das ist besser, als wenn die Toren Opfer bringen; denn sie wissen nichts als Böses zu tun.

5 Sei nicht schnell mit deinem Munde und laß dein Herz nicht eilen, etwas zu reden vor Gott; denn Gott ist im Himmel und du auf Erden; darum laß deiner Worte wenig sein.

2 Denn wo viel Mühe ist, da kommen Träume, und wo viel Worte sind, da hört man den Toren.

3 Wenn du Gott ein Gelübde tust, so zögere nicht, es zu halten; denn er hat kein Gefallen an den Toren; was du gelobst, das halte.

4 Es ist besser, du gelobst nichts, als daß du nicht hältst, was du gelobst.

5 Laß nicht zu, daß dein Mund dich in Schuld bringe, und sprich vor dem Boten Gottes nicht: Es war ein Versehen. Gott könnte zürnen über deine Worte und verderben das Werk deiner Hände.

6 Wo viel Träume sind, da ist Eitelkeit und viel Gerede; darum fürchte Gott!

Warnung bei offenbarem Unrecht

7 Siehst du, wie im Lande der Arme Unrecht leidet und Recht und Gerechtigkeit zum Raub geworden sind, dann wundere dich nicht darüber; denn ein Hoher schützt den andern, und noch Höhere sind über beiden.

8 Aber immer ist ein König, der dafür sorgt, daß das Feld bebaut wird, ein Gewinn für das Land.

Nichtigkeit des Reichtums

9 Wer Geld liebt, wird vom Geld niemals satt, und wer Reichtum liebt, wird keinen Nutzen davon haben. Das ist auch eitel.

10 Denn wo viele Güter sind, da sind viele, die sie aufessen; und was hat ihr Besitzer mehr davon als das Nachsehen?

11 Wer arbeitet, dem ist der Schlaf süß, er habe wenig oder viel gegessen; aber die Fülle läßt den Reichen nicht schlafen.

12 Es ist ein böses Übel, das ich sah unter der Sonne: Reichtum, wohl verwahrt, wird zum Schaden dem, der ihn hat.

13 Denn der Reiche kommt um durch ein böses Geschick, und wenn er einen Sohn gezeugt hat, dem bleibt nichts in der Hand.

14 Wie einer nackt von seiner Mutter Leibe gekommen ist, so fährt er wieder dahin, wie er gekommen ist, und trotz seiner Mühe nimmt er nichts mit sich in seiner Hand, wenn er dahinfährt.

15 Das ist ein böses Übel, daß er dahinfährt, wie er gekommen ist. Was hilft's ihm denn, daß er in den Wind gearbeitet hat?

16 Sein Leben lang hat er im Finstern und in Trauer gesessen, in großem Grämen und Krankheit und Verdruß.

17 So habe ich nun das gesehen, daß es gut und fein sei, wenn man ißt und trinkt und guten Mutes ist bei allem Mühen, das einer sich macht unter der Sonne in der kurzen Zeit seines Lebens, die ihm Gott gibt; denn das ist sein Teil.

18 Denn wenn Gott einem Menschen Reichtum und Güter gibt und läßt ihn davon essen und trinken und sein Teil nehmen und fröhlich sein bei seinem Mühen, so ist das eine Gottesgabe.

19 Denn er denkt nicht viel an die Kürze seines Lebens, weil Gott sein Herz erfreut.

6 Es ist ein Unglück, das ich sah unter der Sonne, und es liegt schwer auf den Menschen:

2 Da ist einer, dem Gott Reichtum, Güter und Ehre gegeben hat, und es mangelt ihm nichts, was sein Herz begehrt; aber Gott gibt ihm doch nicht Macht, es zu genießen, sondern ein Fremder verzehrt es. Das ist auch eitel und ein schlimmes Leiden.

3 Wenn einer auch hundert Kinder zeugte und hätte ein so langes Leben, daß er sehr alt würde, aber er genösse das Gute nicht und bliebe ohne Grab, von dem sage ich: Eine Fehlgeburt hat es besser als er.

4 Denn sie kommt ohne Leben, und in Finsternis fährt sie dahin, und ihr Name bleibt von Finsternis bedeckt,

5 auch hat sie die Sonne nicht gesehen noch gekannt; so hat sie mehr Ruhe als jener.

6 Und ob er auch zweitausend Jahre lebte und hätte nichts Gutes genossen: fährt nicht alles dahin an **einen** Ort?

7 Alles Mühen des Menschen ist für seinen Mund, aber sein Verlangen bleibt ungestillt.

8 Denn was hat ein Weiser dem Toren voraus? Was hilft's dem Armen, daß er versteht, unter den Lebenden zu wandeln?

9 Es ist besser, zu gebrauchen, was vor Augen ist, als nach anderm zu verlangen. Das ist auch eitel und Haschen nach Wind.

Der Mensch hat keine Macht über sein Leben

10 Was da ist, ist längst mit Namen genannt, und bestimmt ist, was ein Mensch sein wird. Darum kann er nicht hadern mit dem, der ihm zu mächtig ist.

11 Denn je mehr Worte, desto mehr Eitelkeit; was hat der Mensch davon?

°12 Denn wer weiß, was dem Menschen nützlich ist im Leben, in seinen kurzen, eitlen Tagen, die er verbringt wie einen Schatten? Oder wer will dem Menschen sagen, was nach ihm kommen wird unter der Sonne?

Von der wahren Weisheit

7 °Ein guter Ruf ist besser als gute Salbe und der Tag des Todes besser als der Tag der Geburt.

2 Es ist besser, in ein Haus zu gehen, wo man trauert, als in ein Haus, wo man feiert; denn da zeigt sich das Ende aller Menschen, und der Lebende nehme es zu Herzen!

3 Trauern ist besser als Lachen; denn durch Trauern wird das Herz gebessert.

4 Das Herz der Weisen ist dort, wo man trauert, aber das Herz der Toren dort, wo man sich freut.

5 Es ist besser, das Schelten des Weisen zu hören als den Gesang der Toren.

6 Denn wie das Krachen der Dornen unter den Töpfen, so ist das Lachen der Toren; auch das ist eitel.

7 Unrechter Gewinn macht den Weisen zum Toren, und Bestechung verdirbt das Herz.

8 Der Ausgang einer Sache ist besser als ihr Anfang. Ein Geduldiger ist besser als ein Hochmütiger.

9 Sei nicht schnell, dich zu ärgern; denn Ärger ruht im Herzen des Toren.

10 Sprich nicht: Wie kommt's, daß die früheren Tage besser waren als diese? Denn du fragst das nicht in Weisheit.

11 Weisheit ist gut mit einem Erbgut und hilft denen, die die Sonne sehen.

12 Denn wie Geld beschirmt, so beschirmt auch Weisheit; aber die Weisheit erhält das Leben dem, der sie hat.

13 Sieh an die Werke Gottes; denn wer kann das gerade machen, was er krümmt?

14 Am guten Tage sei guter Dinge, und am bösen Tag bedenke: diesen hat Gott geschaffen wie jenen, damit der Mensch nicht wissen soll, was künftig ist.

15 Dies alles hab ich gesehen in den Tagen meines eitlen Lebens: Da ist ein Gerechter, der geht zugrunde in seiner Gerechtigkeit, und da ist ein Gottloser, der lebt lange in seiner Bosheit.

16 Sei nicht allzu gerecht und nicht allzu weise, damit du dich nicht zugrunde richtest.

17 Sei nicht allzu gottlos und sei kein Tor, damit du nicht sterbest vor deiner Zeit.

18 Es ist gut, wenn du dich an das eine hältst und auch jenes nicht aus der Hand läßt; denn wer Gott fürchtet, der entgeht dem allen.

19 Die Weisheit macht den Weisen stärker als zehn Gewaltige, die in der Stadt sind.

20 Denn es ist kein Mensch so gerecht auf Erden, daß er nur Gutes tue und nicht sündige.

21 Nimm auch nicht zu Herzen alles, was man sagt, daß du nicht hören müssest, wie dein Knecht dir flucht;

22 denn dein Herz weiß, daß du andern auch oftmals geflucht hast.

23 Das alles hab ich versucht mit der Weisheit. Ich dachte, ich will weise werden, sie blieb aber ferne von mir.

24 Alles, was da ist, das ist fern und ist sehr tief; wer will's finden?

25 Ich richtete meinen Sinn darauf, zu erfahren und zu erforschen und zu suchen Weisheit und Einsicht, zu erkennen, daß Gottlosigkeit Torheit ist und Narrheit Tollheit.

26 Und ich fand, bitterer als der Tod sei ein Weib, das ein Fangnetz ist und Stricke ihr Herz und Fesseln ihre Hände. Wer Gott gefällt, der wird ihr entrinnen; aber der Sünder wird durch sie gefangen.

27 Schau, das habe ich gefunden, spricht der Prediger, eins nach dem andern, daß ich Erkenntnis fände.

28 Und ich suchte immerfort und hab's nicht gefunden: unter tausend habe ich **einen** Mann gefunden, aber ein Weib hab ich unter allen nicht gefunden.

29 Schau, allein das hab ich gefunden: Gott hat den Menschen aufrichtig gemacht; aber sie suchen viele Künste.

8 Wer ist wie der Weise, und wer versteht etwas zu deuten? Die Weisheit des Menschen erleuchtet sein Angesicht; aber ein freches Angesicht wird gehaßt.

Das Unrecht in der Welt und das verborgene Walten Gottes

2 Achte auf das Wort des Königs; aber wenn du einen Eid bei Gott leisten sollst,

3 so übereile dich nicht! Geh von seinem Angesicht weg und halte dich nicht zu einer bösen Sache; denn er tut alles, was er will.

4 In des Königs Wort ist Gewalt, und wer darf zu ihm sagen: Was machst du?

5 Wer das Gebot hält, der will nichts von einer bösen Sache wissen; denn des Weisen Herz weiß um Zeit und Gericht.

6 Denn jedes Vorhaben hat seine Zeit und sein Gericht, und des Menschen Bosheit liegt schwer auf ihm.

7 Denn er weiß nicht, was geschehen wird, und wer will ihm sagen, wie es werden wird?

8 Der Mensch hat keine Macht, den Wind aufzuhalten, und hat keine Macht über den Tag des Todes, und keiner bleibt verschont im Krieg, und das gottlose Treiben rettet den Gottlosen nicht.

9 Das alles hab ich gesehen und richtete mein Herz auf alles Tun, das unter der Sonne geschieht zur Zeit, da ein Mensch herrscht über den andern zu seinem Unglück.

10 Und weiter sah ich Gottlose, die begraben wurden und zur Ruhe kamen; aber die recht getan hatten, mußten hinweg von heiliger Stätte und wurden vergessen in der Stadt. Das ist auch eitel.

11 Weil das Urteil über böses Tun nicht sogleich ergeht, wird das Herz der Menschen voll Begier, Böses zu tun.

12 Wenn ein Sünder auch hundertmal Böses tut und lange lebt, so weiß ich doch, daß es wohlgehen wird denen, die Gott fürchten, die sein Angesicht scheuen.

13 Aber dem Gottlosen wird es nicht wohlgehen, und wie ein Schatten werden nicht lange leben, die sich vor Gott nicht fürchten.

14 Es ist eitel, was auf Erden geschieht: es gibt Gerechte, denen geht es, als hätten sie Werke der Gottlosen getan, und es gibt Gottlose, denen geht es, als hätten sie Werke der Gerechten getan. Ich sprach: Das ist auch eitel.

15 Darum pries ich die Freude, daß der Mensch nichts Besseres hat unter der Sonne, als zu essen und zu trinken und fröhlich zu sein. Das bleibt ihm bei seinem Mühen sein Leben lang, das Gott ihm gibt unter der Sonne.

16 Ich richtete mein Herz darauf, zu erkennen die Weisheit und zu schauen die Mühe, die auf Erden geschieht, daß einer

weder Tag noch Nacht Schlaf bekommt
in seine Augen.
17 Und ich sah alles Tun Gottes, daß
ein Mensch das Tun nicht ergründen
kann, das unter der Sonne geschieht. Und
je mehr der Mensch sich müht, zu suchen,
desto weniger findet er. Und auch wenn
der Weise meint: «Ich weiß es», so kann
er's doch nicht finden.

Aufruf zur Freude trotz der Eitelkeit des Lebens

9 Denn ich habe das alles zu Herzen ge-
nommen, um dies zu erforschen: Ge-
rechte und Weise und ihr Tun sind in
Gottes Hand. Auch über Liebe und Haß
bestimmt der Mensch nicht; alles ist vor
ihm festgelegt.
2 Es begegnet dasselbe dem einen wie
dem andern: dem Gerechten wie dem
Gottlosen, dem Guten und Reinen wie
dem Unreinen, dem, der opfert, wie dem,
der nicht opfert. Wie es dem Guten geht,
so geht's auch dem Sünder. Wie es dem
geht, der schwört, so geht's auch dem,
der den Eid scheut.
3 Das ist das Unglück bei allem, was
unter der Sonne geschieht, daß es dem
einen geht wie dem andern. Und dazu
ist das Herz der Menschen voll Bosheit,
und Torheit ist in ihrem Herzen, solange
sie leben; danach müssen sie sterben.
4 Denn wer noch bei den Lebenden
weilt, der hat Hoffnung; denn ein leben-
der Hund ist besser als ein toter Löwe.
5 Denn die Lebenden wissen, daß sie
sterben werden, die Toten aber wissen
nichts; sie haben auch keinen Lohn mehr,
denn ihr Andenken ist vergessen.
6 Ihr Lieben und ihr Hassen und ihr
Eifern ist längst dahin; sie haben kein
Teil mehr auf der Welt an allem, was
unter der Sonne geschieht.
7 So geh hin und iß dein Brot mit Freu-
den, trink deinen Wein mit gutem Mut;
denn dies dein Tun hat Gott schon längst
gefallen.
8 Laß deine Kleider immer weiß sein
und laß deinem Haupte Salbe nicht man-
geln.
9 Genieße das Leben mit deinem Weibe,
das du liebhast, solange du das eitle Leben
hast, das dir Gott unter der Sonne ge-
geben hat; denn das ist dein Teil am Le-
ben und bei deiner Mühe, mit der du dich
mühst unter der Sonne.
10 Alles, was dir vor die Hände kommt,
es zu tun mit deiner Kraft, das tu; denn
bei den Toten, zu denen du fährst, gibt es
weder Tun noch Denken, weder Erkennt-
nis noch Weisheit.

Wertlosigkeit der Weisheit

11 Wiederum sah ich, wie es unter der
Sonne zugeht: zum Laufen hilft nicht
schnell sein, zum Kampf hilft nicht stark
sein, zur Nahrung hilft nicht geschickt
sein, zum Reichtum hilft nicht klug sein;
daß einer angenehm sei, dazu hilft nicht,
daß er etwas gut kann, sondern alles liegt
an Zeit und Glück.
12 Auch weiß der Mensch seine Zeit
nicht, sondern wie die Fische gefangen
werden mit dem verderblichen Netz und
wie die Vögel mit dem Garn gefangen
werden, so werden auch die Menschen
verstrickt zur bösen Zeit, wenn sie plötz-
lich über sie fällt.
13 Ich habe unter der Sonne auch diese
Weisheit gesehen, die mich groß dünkte:
14 da war eine kleine Stadt und wenig
Männer darin, und es kam ein großer
König, der belagerte sie und baute große
Bollwerke gegen sie.
15 Und es fand sich darin ein armer,
weiser Mann, der hätte die Stadt ret-
ten können durch seine Weisheit; aber
kein Mensch dachte an diesen armen
Mann.
16 Da sprach ich: Weisheit ist zwar bes-
ser als Stärke, doch des Armen Weisheit
wird verachtet und auf seine Worte hört
man nicht.
17 Der Weisen Worte, in Ruhe vernom-
men, sind besser als des Herrschers
Schreien unter den Törichten.
18 Weisheit ist besser als Kriegswaffen;
aber ein einziger Bösewicht verdirbt viel
Gutes.

Über Weisheit und Torheit

10 Tote Fliegen verderben gute Salben.
Ein wenig Torheit wiegt schwerer
als Weisheit und Ehre.
2 Des Weisen Herz ist zu seiner Rech-
ten, aber des Toren Herz ist zu seiner
Linken.
3 Auch wenn der Tor auf der Straße

geht, fehlt es ihm an Verstand, doch er
hält jeden andern für einen Toren.
4 Wenn des Herrschers Zorn wider dich
ergeht, so verlaß deine Stätte nicht; denn
Gelassenheit wendet großes Unheil ab.
5 Dies ist ein Unglück, das ich sah unter
der Sonne, gleich einem Versehen, das
vom Gewaltigen ausgeht:
6 ein Tor sitzt in großer Würde, und
Reiche müssen in Niedrigkeit sitzen.
7 Ich sah Knechte auf Rossen und Für-
sten zu Fuß gehen wie Knechte.
8 Wer eine Grube gräbt, der kann selbst
hineinfallen, und wer eine Mauer einreißt,
den kann eine Schlange beißen.
9 Wer Steine bricht, der kann sich dabei
wehe tun, und wer Holz spaltet, der kann
dabei verletzt werden.
10 Wenn ein Eisen stumpf wird und an
der Schneide ungeschliffen bleibt, muß
man mit ganzer Kraft arbeiten. Aber
Weisheit bringt Vorteil und Gewinn.
11 Wenn die Schlange beißt vor der Be-
schwörung, so hat der Beschwörer keinen
Vorteil.
12 Die Worte aus dem Munde des Wei-
sen bringen ihm Gunst; aber des Toren
Lippen verschlingen ihn selber.
13 Der Anfang seiner Worte ist Narr-
heit und das Ende verderbliche Torheit.
14 Der Tor macht viele Worte; aber der
Mensch weiß nicht, was sein wird, und
wer will ihm sagen, was nach ihm werden
wird?
15 Die Arbeit ermüdet den Toren, der
nicht einmal weiß, in die Stadt zu gehen.
16 Weh dir, Land, dessen König ein
Kind ist und dessen Fürsten schon in der
Frühe tafeln!
17 Wohl dir, Land, dessen König ein
Edler ist und dessen Fürsten zur rechten
Zeit tafeln als ehrbare Männer und nicht
als Zecher.
18 Durch Faulheit sinken die Balken,
und durch lässige Hände tropft es im
Haus.
19 Man hält Mahlzeiten, um zu lachen,
und der Wein erfreut das Leben, und das
Geld muß alles zuwege bringen.
20 Fluche dem König auch nicht in Ge-
danken und fluche dem Reichen auch
nicht in deiner Schlafkammer; denn die
Vögel des Himmels tragen die Stimme fort,
und die Fittiche haben, sagen's weiter.

Berechne nicht die Zukunft, sondern nütze den Tag!

11 Laß dein Brot über das Wasser fah-
ren; denn du wirst es finden nach
langer Zeit.
2 Verteil es unter sieben oder unter acht;
denn du weißt nicht, was für Unglück auf
Erden kommen wird.
3 Wenn die Wolken voll sind, so geben
sie Regen auf die Erde, und wenn der
Baum fällt – er falle nach Süden oder
Norden zu –, wohin er fällt, da bleibt er
liegen.
4 Wer auf den Wind achtet, der sät
nicht, und wer auf die Wolken sieht, der
erntet nicht.
5 Gleichwie du nicht weißt, welchen
Weg der Wind nimmt und wie die Ge-
beine im Mutterleibe bereitet werden, so
kannst du auch Gottes Tun nicht wissen,
der alles wirkt.
6 Am Morgen säe deinen Samen, und
laß deine Hand bis zum Abend nicht
ruhen; denn du weißt nicht, was geraten
wird, ob dies oder das, oder ob beides
miteinander gut gerät.
7 Es ist das Licht süß, und den Augen
lieblich, die Sonne zu sehen.
8 Denn wenn ein Mensch viele Jahre
lebt, so sei er fröhlich in ihnen allen und
denke an die finstern Tage, daß es viele
sein werden; denn alles, was kommt, ist
eitel.

Freue dich deiner Jugend, ehe Alter und Tod kommen!

9 So freue dich, Jüngling, in deiner Ju-
gend und laß dein Herz guter Dinge sein
in deinen jungen Tagen. Tu, was dein
Herz gelüstet und deinen Augen gefällt;
aber wisse, daß dich Gott um das alles vor
Gericht ziehen wird.
10 Laß den Unmut fern sein von deinem
Herzen und halte fern das Übel von dei-
nem Leibe; denn Kindheit und Jugend sind
eitel.

12 Denk an deinen Schöpfer in deiner
Jugend, ehe die bösen Tage kommen
und die Jahre sich nahen, da du wirst
sagen: «Sie gefallen mir nicht»;
2 ehe die Sonne und das Licht, Mond
und Sterne finster werden und Wolken
wiederkommen nach dem Regen, –

3* zur Zeit, wenn die Hüter des Hauses
zittern und die Starken sich krümmen und
müßig stehen die Müllerinnen, weil es so
wenige geworden sind, und wenn finster
werden, die durch die Fenster sehen,
4 und wenn die Türen an der Gasse sich
schließen, daß die Stimme der Mühle
leiser wird, und wenn sie sich hebt, wie
wenn ein Vogel singt, und alle Töchter des
Gesanges sich neigen;
5 wenn man vor Höhen sich fürchtet
und sich ängstigt auf dem Wege, wenn der
Mandelbaum blüht und die Heuschrecke
sich belädt und die Kaper aufbricht; denn
der Mensch fährt dahin, wo er ewig bleibt,
und die Klageleute gehen umher auf der
Gasse; –
6 ehe der silberne Strick zerreißt und die
goldene Schale zerbricht und der Eimer
zerschellt an der Quelle und das Rad zer-
brochen in den Brunnen fällt.
7 Denn der Staub muß wieder zur Erde
kommen, wie er gewesen ist, und der
Geist wieder zu Gott, der ihn gegeben hat.

*Bilder für das Altern der Menschen.

8 Es ist alles ganz eitel, spricht der Pre-
diger, ganz eitel.

Nachwort über den Prediger

9 Es bleibt noch übrig zu sagen: Der
Prediger war ein Weiser und lehrte auch
das Volk gute Lehre, und er erwog und
forschte und dichtete viele Sprüche.
10 Er suchte, daß er fände angenehme
Worte und schriebe recht die Worte der
Wahrheit.
11 Die Worte der Weisen sind wie
Stacheln, und wie eingeschlagene Nägel
sind die einzelnen Sprüche; sie sind von
einem Hirten gegeben.
12 Und über dem allen, mein Sohn, laß
dich warnen; denn des vielen Büchermа-
chens ist kein Ende, und viel Studieren
macht den Leib müde.
13 **Laßt uns die Hauptsumme aller Lehre
hören: Fürchte Gott und halte seine Gebote;
denn das gilt für alle Menschen.**
14 **Denn Gott wird alle Werke vor Ge-
richt bringen, alles, was verborgen ist, es sei
gut oder böse.**

DAS HOHELIED SALOMOS

1 Das Hohelied Salomos.
2 Er küsse mich mit dem Kusse sei-
nes Mundes; denn deine Liebe ist lieb-
licher als Wein.
3 Es riechen deine Salben köstlich; dein
Name ist eine ausgeschüttete Salbe, dar-
um lieben dich die Mädchen.
4 Zieh mich dir nach, so wollen wir lau-
fen. Der König führte mich in seine Kam-
mern. Wir wollen uns freuen und fröhlich
sein über dich; wir preisen deine Liebe
mehr als den Wein. Herzlich lieben sie dich.
5 Ich bin braun, aber gar lieblich, ihr
Töchter Jerusalems, wie die Zelte Kedars,
wie die Teppiche Salomos.
6 Seht mich nicht an, daß ich so braun
bin; denn die Sonne hat mich so ver-
brannt. Meiner Mutter Söhne zürnten mit
mir. Sie haben mich zur Hüterin der Wein-
berge gesetzt; aber meinen eigenen Wein-
berg habe ich nicht behütet.
7 Sage mir an, du, den meine Seele liebt,
wo du weidest, wo du ruhst am Mittag,
damit ich nicht herumlaufen muß bei den
Herden deiner Gesellen.
8 Weißt du es nicht, du Schönste unter
den Frauen, so geh hinaus auf die Spuren
der Schafe und weide deine Zicklein bei
den Zelten der Hirten.
9 Ich vergleiche dich, meine Freundin,
einer Stute an den Wagen des Pharao.
10 Deine Wangen sind lieblich mit den
Kettchen und dein Hals mit den Perlen-
schnüren.
11 Wir wollen dir goldene Kettchen
machen mit kleinen silbernen Kugeln.
12 Als der König sich herwandte, gab
meine Narde ihren Duft.
13 Mein Freund ist mir ein Büschel
Myrrhen, das zwischen meinen Brüsten
hängt.
14 Mein Freund ist mir eine Traube von

Zyperblumen in den Weingärten von En-Gedi.

15 Siehe, meine Freundin, du bist schön; schön bist du, deine Augen sind wie Taubenaugen.

16 Siehe, mein Freund, du bist schön und lieblich. Unser Lager ist grün.

17 Die Balken unserer Häuser sind Zedern, unsere Täfelung Zypressen.

2 Ich bin eine Blume in Saron und eine Lilie im Tal.

2 Wie eine Lilie unter den Dornen, so ist meine Freundin unter den Mädchen.

3 Wie ein Apfelbaum unter den wilden Bäumen, so ist mein Freund unter den Jünglingen. Unter seinem Schatten zu sitzen, begehre ich, und seine Frucht ist meinem Gaumen süß.

4 Er führt mich in den Weinkeller, und die Liebe ist sein Zeichen über mir.

5 Er erquickt mich mit Traubenkuchen und labt mich mit Äpfeln; denn ich bin krank vor Liebe.

6 Seine Linke liegt unter meinem Haupte, und seine Rechte herzt mich. –

7 Ich beschwöre euch, ihr Töchter Jerusalems, bei den Gazellen oder bei den Hinden auf dem Felde, daß ihr die Liebe nicht aufweckt und nicht stört, bis es ihr selbst gefällt.

8 **Da** ist die Stimme meines Freundes! Siehe, er kommt und hüpft über die Berge und springt über die Hügel.

9 Mein Freund gleicht einer Gazelle oder einem jungen Hirsch. Siehe, er steht hinter unsrer Wand und sieht durchs Fenster und blickt durchs Gitter.

10 Mein Freund antwortet und spricht zu mir: Steh auf, meine Freundin, meine Schöne, und komm her!

11 Denn siehe, der Winter ist vergangen, der Regen ist vorbei und dahin.

12 Die Blumen sind aufgegangen im Lande, der Lenz ist herbeigekommen, und die Turteltaube läßt sich hören in unserm Lande.

13 Der Feigenbaum hat Knoten gewonnen, und die Reben duften mit ihren Blüten. Steh auf, meine Freundin, und komm, meine Schöne, komm her!

14 Meine Taube in den Felsklüften, im Versteck der Felswand, zeige mir deine Gestalt, laß mich hören deine Stimme; denn deine Stimme ist süß, und deine Gestalt ist lieblich.

15 **Fangt** uns die Füchse, die kleinen Füchse, die die Weinberge verderben; denn unsere Weinberge haben Blüten bekommen.

16 **Mein** Freund ist mein, und ich bin sein, der unter den Lilien weidet.

17 Bis der Tag kühl wird und die Schatten schwinden, wende dich her gleich einer Gazelle, mein Freund, oder gleich einem jungen Hirsch auf den Balsambergen.

3 **Des** Nachts auf meinem Lager suchte ich, den meine Seele liebt. Ich suchte; aber ich fand ihn nicht.

2 Ich will aufstehen und in der Stadt umhergehen auf den Gassen und Straßen und suchen, den meine Seele liebt. Ich suchte; aber ich fand ihn nicht.

3 Es fanden mich die Wächter, die in der Stadt umhergehen: «Habt ihr nicht gesehen, den meine Seele liebt?»

4 Als ich ein wenig an ihnen vorüber war, da fand ich, den meine Seele liebt. Ich hielt ihn und ließ ihn nicht los, bis ich ihn brachte in meiner Mutter Haus, in die Kammer derer, die mich geboren hat. –

5 Ich beschwöre euch, ihr Töchter Jerusalems, bei den Gazellen oder bei den Hinden auf dem Felde, daß ihr die Liebe nicht aufweckt und nicht stört, bis es ihr selbst gefällt.

6 **Was** steigt da herauf aus der Wüste wie ein gerader Rauch, wie ein Duft von Myrrhe, Weihrauch und allerlei Gewürz des Krämers?

7 Siehe, es ist die Sänfte Salomos; sechzig Starke sind um sie her von den Starken in Israel.

8 Alle halten sie Schwerter und sind geübt im Kampf; ein jeder hat sein Schwert an der Hüfte gegen die Schrecken der Nacht.

9 Der König Salomo ließ sich eine Sänfte machen aus Holz vom Libanon.

10 Ihre Säulen machte er aus Silber, ihre Lehnen aus Gold, ihren Sitz mit Purpur bezogen, ihr Inneres mit Ebenholz eingelegt. – Ihr Töchter Jerusalems,

11 kommt heraus und sehet, ihr Töchter Zions, den König Salomo mit der Krone, mit der ihn seine Mutter gekrönt hat am Tage seiner Hochzeit, am Tage der Freude seines Herzens.

4 Siehe, meine Freundin, du bist schön!
Siehe, schön bist du! Deine Augen
sind wie Taubenaugen hinter deinem
Schleier. Dein Haar ist wie eine Herde
Ziegen, die herabsteigen vom Gebirge
Gilead.
2 Deine Zähne sind wie eine Herde ge-
schorener Schafe, die aus der Schwemme
kommen; alle haben sie Zwillinge, und
keines unter ihnen ist unfruchtbar.
3 Deine Lippen sind wie eine scharlach-
farbene Schnur, und dein Mund ist lieb-
lich. Deine Schläfen sind hinter deinem
Schleier wie eine Scheibe vom Granat-
apfel.
4 Dein Hals ist wie der Turm Davids,
mit Brustwehr gebaut, an der tausend
Schilde hangen, lauter Schilde der Star-
ken.
5 Deine beiden Brüste sind wie junge
Zwillinge von Gazellen, die unter den
Lilien weiden.
6 Bis der Tag kühl wird und die Schatten
schwinden, will ich zum Myrrhenberge
gehen und zum Weihrauchhügel.
7 Du bist wunderbar schön, meine
Freundin, und kein Makel ist an dir.
8 **K**omm mit mir, meine Braut, vom
Libanon, komm mit mir vom Libanon,
steig herab von der Höhe des Amana, von
der Höhe des Senir und Hermon, von den
Wohnungen der Löwen, von den Bergen
der Leoparden!
9 **D**u hast mir das Herz genommen,
meine Schwester, liebe Braut, du hast mir
das Herz genommen mit einem einzigen
Blick deiner Augen, mit einer einzigen
Kette an deinem Hals.
10 Wie schön ist deine Liebe, meine
Schwester, liebe Braut! Deine Liebe ist
lieblicher als Wein, und der Geruch deiner
Salben übertrifft alle Gewürze.
11 Von deinen Lippen, meine Braut,
träufelt Honigseim. Honig und Milch
sind unter deiner Zunge, und der Duft
deiner Kleider ist wie der Duft des Liba-
non.
12 **M**eine Schwester, liebe Braut, du bist
ein verschlossener Garten, eine verschlos-
sene Quelle, ein versiegelter Born.
13 Du bist gewachsen wie ein Lust-
garten von Granatäpfeln mit edlen Früch-
ten, Zyperblumen mit Narden,
14 Narde und Safran, Kalmus und Zimt,
mit allerlei Weihrauchsträuchern, Myrrhe
und Aloe, mit allen feinen Gewürzen.
15 Ein Gartenbrunnen bist du, ein Born
lebendigen Wassers, das vom Libanon
fließt.
16 Steh auf, Nordwind, und komm, Süd-
wind, und wehe durch meinen Garten,
daß der Duft seiner Gewürze ströme!
°Mein Freund komme in seinen Garten
und esse von seinen edlen Früchten. –
5 Ich bin gekommen, meine Schwester,
liebe Braut, in meinen Garten. Ich
habe meine Myrrhe samt meinen Ge-
würzen gepflückt; ich habe meine Wabe
samt meinem Honig gegessen; ich habe
meinen Wein samt meiner Milch getrun-
ken. Eßt, meine Freunde, und trinkt und
werdet trunken von Liebe!

2 Ich schlief, aber mein Herz war wach.
Da ist die Stimme meines Freundes, der
anklopft: «Tu mir auf, liebe Freundin,
meine Schwester, meine Taube, meine
Reine! Denn mein Haupt ist voll Tau und
meine Locken voll Nachttropfen.»
3 «Ich habe mein Kleid ausgezogen, –
wie soll ich es wieder anziehen? Ich habe
meine Füße gewaschen, – wie soll ich sie
wieder schmutzig machen?»
4 Mein Freund steckte seine Hand
durchs Riegelloch, und mein Innerstes
wallte ihm entgegen.
5 Da stand ich auf, daß ich meinem
Freunde auftäte; meine Hände troffen
von Myrrhe und meine Finger von flie-
ßender Myrrhe am Griff des Riegels.
6 Aber als ich meinem Freund aufgetan
hatte, war er weg und fortgegangen.
Meine Seele war außer sich, daß er sich
abgewandt hatte. Ich suchte ihn, aber ich
fand ihn nicht; ich rief, aber er antwortete
mir nicht.
7 Es fanden mich die Wächter, die in der
Stadt umhergehen; die schlugen mich
wund. Die Wächter auf der Mauer nah-
men mir meinen Überwurf. –
8 Ich beschwöre euch, ihr Töchter Jeru-
salems, findet ihr meinen Freund, so sagt
ihm, daß ich vor Liebe krank bin.
9 **W**as hat dein Freund vor andern
Freunden voraus, o du Schönste unter
den Frauen? Was hat dein Freund vor
andern Freunden voraus, daß du uns so
beschwörst? –

10 Mein Freund ist weiß und rot, aus-
erkoren unter vielen Tausenden.
11 Sein Haupt ist das feinste Gold. Seine
Locken sind kraus, schwarz wie ein Rabe.
12 Seine Augen sind wie Tauben an den
Wasserbächen, sie baden in Milch und
sitzen an reichen Wassern.
13 Seine Wangen sind wie Balsambeete,
in denen Gewürzkräuter wachsen. Seine
Lippen sind wie Lilien, die von fließender
Myrrhe triefen.
14 Seine Finger sind wie goldene Stäbe,
voller Türkise. Sein Leib ist wie reines
Elfenbein, mit Saphiren geschmückt.
15 Seine Beine sind wie Marmorsäulen,
gegründet auf goldenen Füßen. Seine Ge-
stalt ist wie der Libanon, auserwählt wie
Zedern.
16 Sein Mund ist süß, und alles an ihm
ist lieblich. – So ist mein Freund; ja, mein
Freund ist so, ihr Töchter Jerusalems! –

6 °«Wo ist denn dein Freund hingegan-
gen, o du Schönste unter den Frauen?
Wo hat sich dein Freund hingewandt?
So wollen wir ihn mit dir suchen.»
2 Mein Freund ist hinabgegangen in
seinen Garten, zu den Balsambeeten, daß
er weide in den Gärten und Lilien pflücke.
3 Mein Freund ist mein, und ich bin
sein, der unter den Lilien weidet.

4 Du bist schön, meine Freundin, wie
Tirza, lieblich wie Jerusalem, gewaltig
wie ein Heer.
5 Wende deine Augen von mir; denn
sie verwirren mich. Deine Haare sind wie
eine Herde Ziegen, die herabsteigen vom
Gebirge Gilead.
6 Deine Zähne sind wie eine Herde
Schafe, die aus der Schwemme kommen;
alle haben sie Zwillinge, und keines unter
ihnen ist unfruchtbar.
7 Deine Schläfen sind hinter deinem
Schleier wie eine Scheibe vom Granat-
apfel. –
8 Sechzig Königinnen sind es und acht-
zig Nebenfrauen und Jungfrauen ohne
Zahl.
9 Aber **eine** ist meine Taube, meine
Reine; die Einzige ist sie für ihre Mutter,
das Liebste für die, die sie geboren hat.
Als die Töchter sie sahen, priesen sie sie
glücklich; die Königinnen und Neben-
frauen rühmten sie.
10 Wer ist sie, die hervorbricht wie die
Morgenröte, schön wie der Mond, klar
wie die Sonne, gewaltig wie ein Heer?
11 Ich bin hinabgegangen in den Nuß-
garten, zu schauen die Knospen im Tal,
zu schauen, ob der Weinstock sproßt, ob
die Granatbäume blühen.
12 Ohne daß ich's merkte, trieb mich
mein Verlangen zu der Tochter eines
Fürsten.

7 °Wende dich hin, wende dich her, o
Sulamith! Wende dich hin, wende
dich her, daß wir dich schauen! Was seht
ihr an Sulamith beim Reigen im Lager? –
2 Wie schön ist dein Gang in den Schu-
hen, du Fürstentochter! Die Rundung
deiner Hüfte ist wie ein Halsgeschmeide,
das des Meisters Hand gemacht hat.
3 Dein Schoß ist wie ein runder Becher,
dem nimmer Getränk mangelt. Dein Leib
ist wie ein Weizenhaufen, umsteckt mit
Lilien.
4 Deine beiden Brüste sind wie junge
Zwillinge von Gazellen.
5 Dein Hals ist wie ein Turm von Elfen-
bein. Deine Augen sind wie die Teiche
von Hesbon am Tor Bathrabbim. Deine
Nase ist wie der Turm auf dem Libanon,
der nach Damaskus sieht.
6 Dein Haupt auf dir ist wie der Karmel.
Das Haar auf deinem Haupt ist wie Pur-
pur; ein König liegt in deinen Locken ge-
fangen. –
7 Wie schön und wie lieblich bist du, du
Liebe voller Wonne!
8 Dein Wuchs ist hoch wie ein Palm-
baum, deine Brüste gleichen den Wein-
trauben.
9 Ich sprach: Ich will auf den Palm-
baum steigen und seine Zweige ergreifen.
Laß deine Brüste sein wie Trauben am
Weinstock und den Duft deines Atems wie
Äpfel;
10 laß deinen Mund sein wie guten
Wein, der meinem Gaumen glatt eingeht
und Lippen und Zähne mir netzt.
11 Meinem Freund gehöre ich, und
nach mir steht sein Verlangen.
12 Komm, mein Freund, laß uns aufs
Feld hinausgehen und unter Zyperblumen
die Nacht verbringen,
13 daß wir früh aufbrechen zu den
Weinbergen und sehen, ob der Weinstock

sproßt und seine Blüten aufgehen, ob die
Granatbäume blühen. Da will ich dir
meine Liebe schenken.
14 Die Liebesäpfel geben den Duft, und
an unsrer Tür sind lauter edle Früchte,
heurige und auch vorjährige: mein
Freund, für dich hab ich sie aufbewahrt.

8 O daß du mein Bruder wärest, der
meiner Mutter Brüste gesogen! Fände
ich dich draußen, so wollte ich dich küs-
sen, und niemand dürfte mich schelten!
2 Ich wollte dich führen und in meiner
Mutter Haus bringen, in die Kammer
derer, die mich gebar. Da wollte ich dich
tränken mit gewürztem Wein und mit
dem Most meiner Granatäpfel. –
3 Seine Linke liegt unter meinem Haupt,
und seine Rechte herzt mich. –
4 Ich beschwöre euch, ihr Töchter Jeru-
salems, daß ihr die Liebe nicht aufweckt
und nicht stört, bis es ihr selbst gefällt.
5 Wer ist sie, die heraufsteigt von der
Wüste und lehnt sich auf ihren Freund?
Unter dem Apfelbaum weckte ich dich,
wo deine Mutter mit dir in Wehen kam,
wo in Wehen kam, die dich gebar.
6 Lege mich wie ein Siegel auf dein
Herz, wie ein Siegel auf deinen Arm.
Denn Liebe ist stark wie der Tod und
Leidenschaft unwiderstehlich wie das
Totenreich. Ihre Glut ist feurig und eine
Flamme des HERRN,
7 so daß auch viele Wasser die Liebe
nicht auslöschen und Ströme sie nicht er-
tränken können. Wenn einer alles Gut in
seinem Hause um die Liebe geben wollte,
so könnte das alles nicht genügen.
8 Unsre Schwester ist klein und hat
keine Brüste. Was sollen wir mit unsrer
Schwester tun, wenn man um sie werben
wird?
9 Ist sie eine Mauer, so wollen wir ein
silbernes Bollwerk darauf bauen. Ist sie
eine Tür, so wollen wir sie sichern mit
Zedernbohlen. –
10 Ich bin eine Mauer, und meine Brüste
sind wie Türme. Da bin ich geworden in
seinen Augen wie eine, die Frieden findet.
11 Salomo hat einen Weinberg in Baal-
Hamon. Er gab den Weinberg den Wäch-
tern, daß jeder für seine Früchte brächte
tausend Silberstücke.
12 Mein Weinberg gehört mir. Die Tau-
send lasse ich dir, Salomo, und zweihun-
dert den Wächtern seiner Früchte.
13 Die du wohnst in den Gärten, laß
mich deine Stimme hören; die Gefährten
lauschen dir.
14 Flieh, mein Freund! Sei wie eine
Gazelle oder wie ein junger Hirsch auf
den Balsambergen!

DER PROPHET JESAJA

1 Dies ist die Offenbarung, die Jesaja, der
Sohn des Amoz, geschaut hat über Juda
und Jerusalem zur Zeit des Usia, Jotham,
Ahas und Hiskia, der Könige von Juda.

Gottes Anklage gegen das abtrünnige Volk

2 Höret, ihr Himmel, und Erde, nimm
zu Ohren, denn der HERR redet! Ich habe
Kinder großgezogen und hochgebracht,
und sie sind von mir abgefallen!
3 **Ein Ochse kennt seinen Herrn und ein
Esel die Krippe seines Herrn; aber Israel
kennt's nicht, und mein Volk versteht's nicht.**
4 Wehe dem sündigen Volk, dem Volk
mit Schuld beladen, dem boshaften Ge-
schlecht, den verderbten Kindern, die den
HERRN verlassen, den Heiligen Israels
lästern, die abgefallen sind!
5 Wohin soll man euch noch schlagen,
die ihr doch weiter im Abfall verharrt?
Das ganze Haupt ist krank, das ganze
Herz ist matt.
6 Von der Fußsohle bis zum Haupt ist
nichts Gesundes an euch, sondern Beulen
und Striemen und frische Wunden, die
nicht gereinigt noch verbunden noch mit
Öl gelindert sind.
7 Euer Land ist verwüstet, eure Städte
sind mit Feuer verbrannt; Fremde ver-
zehren eure Äcker vor euren Augen; alles
ist verwüstet wie beim Untergang Sodoms.
8 Übriggeblieben ist allein die Tochter
Zion wie ein Häuslein im Weinberg, wie
eine Nachthütte im Gurkenfeld, wie eine
belagerte Stadt.
9 Hätte uns der HERR Zebaoth nicht einen
geringen Rest übriggelassen, so wären wir
wie Sodom und gleichwie Gomorra.
10 Höret des HERRN Wort, ihr Herren
von Sodom! Nimm zu Ohren die Weisung
unsres Gottes, du Volk von Gomorra!
11 Was soll mir die Menge eurer Opfer?
spricht der HERR. Ich bin satt der Brand-
opfer von Widdern und des Fettes von
Mastkälbern und habe kein Gefallen am
Blut der Stiere, der Lämmer und Böcke.
12 Wenn ihr kommt, zu erscheinen vor
mir – wer fordert denn von euch, daß ihr
meinen Vorhof zertretet?
13 Bringt nicht mehr dar so vergebliche
Speisopfer! Das Räucherwerk ist mir ein
Greuel! Neumonde und Sabbate, wenn
ihr zusammenkommt, Frevel und Fest-
versammlung mag ich nicht!
14 Meine Seele ist feind euren Neumon-
den und Jahresfesten; sie sind mir eine
Last, ich bin's müde, sie zu tragen.
15 Und wenn ihr auch eure Hände aus-
breitet, verberge ich doch meine Augen
vor euch; und wenn ihr auch viel betet,
höre ich euch doch nicht; denn eure Hän-
de sind voll Blut.
16 Wascht euch, reinigt euch, tut eure
bösen Taten aus meinen Augen, laßt ab
vom Bösen!
17 Lernet Gutes tun, trachtet nach Recht,
helft den Unterdrückten, schaffet den
Waisen Recht, führet der Witwen Sache!
18 So kommt denn und laßt uns mit-
einander rechten, spricht der HERR. **Wenn
eure Sünde auch blutrot ist, soll sie doch
schneeweiß werden, und wenn sie rot ist wie
Scharlach, soll sie doch wie Wolle werden.**
19 Wollt ihr mir gehorchen, so sollt ihr
des Landes Gut genießen.
20 Weigert ihr euch aber und seid unge-
horsam, so sollt ihr vom Schwert gefressen
werden; denn der Mund des HERRN sagt es.

Gottes Gericht zur Läuterung Jerusalems

21 Wie geht das zu, daß die treue Stadt
zur Hure geworden ist? Sie war voll
Recht, Gerechtigkeit wohnte darin; nun
aber – Mörder.
22 Dein Silber ist Schlacke geworden
und dein Wein mit Wasser verfälscht.
23 Deine Fürsten sind Abtrünnige und
Diebsgesellen, sie nehmen alle gern Ge-
schenke an und trachten nach Gaben.
Den Waisen schaffen sie nicht Recht, und
der Witwen Sache kommt nicht vor sie.
24 Darum spricht der Herr, der HERR Ze-
baoth, der Mächtige Israels: Wehe! Ich wer-
de mir Trost schaffen an meinen Feinden

und mich rächen an meinen Widersachern
25 und will meine Hand wider dich keh-
ren und wie mit Lauge ausschmelzen, was
Schlacke ist, und all dein Zinn ausscheiden.
26 Und ich will dir wieder Richter ge-
ben, wie sie vormals waren, und Rats-
herren wie im Anfang. Alsdann wirst du
eine Stadt der Gerechtigkeit und eine
treue Stadt heißen.
27 Zion muß durch Gericht erlöst wer-
den und, die zu ihr zurückkehren, durch
Gerechtigkeit.
28 Die Übertreter aber und Sünder wer-
den allesamt vernichtet werden, und die
den HERRN verlassen, werden umkommen.
29 Denn ihr sollt zuschanden werden
wegen der Eichen, an denen ihr eure Lust
habt, und ihr sollt schamrot werden we-
gen der Gärten, die ihr erwählt habt.
30 Denn ihr werdet sein wie eine Eiche
mit dürren Blättern und wie ein Garten
ohne Wasser;
31 und der Starke wird sein wie Werg und
sein Tun wie ein Funke, und beides wird
miteinander brennen, und niemand löscht.

In Zion finden alle Völker Heil und Frieden

2 Dies ist's, was Jesaja, der Sohn des
Amoz, geschaut hat über Juda und
Jerusalem:
2 Es wird zur letzten Zeit der Berg, da
des HERRN Haus ist, fest stehen, höher als
alle Berge und über alle Hügel erhaben,
und alle Heiden werden herzulaufen,
3 und viele Völker werden hingehen und
sagen: Kommt, laßt uns auf den Berg des
HERRN gehen, zum Hause des Gottes Ja-
kobs, daß er uns lehre seine Wege und
wir wandeln auf seinen Steigen! Denn von
Zion wird Weisung ausgehen und des
HERRN Wort von Jerusalem.
4 Und er wird richten unter den Heiden
und zurechtweisen viele Völker. Da wer-
den sie ihre Schwerter zu Pflugscharen
und ihre Spieße zu Sicheln machen. Denn
es wird kein Volk wider das andere das
Schwert erheben, und sie werden hinfort
nicht mehr lernen, Krieg zu führen.
5 Kommt nun, ihr vom Hause Jakob,
laßt uns wandeln im Licht des HERRN!

Der Tag des Herrn macht alles Hohe niedrig

6 Aber du hast dein Volk, das Haus
Jakob, verstoßen; denn sie treiben Wahr-
sagerei wie die im Osten und sind Zei-
chendeuter wie die Philister und hängen
sich an die Kinder der Fremden.
7 Ihr Land ist voll Silber und Gold, und
ihrer Schätze ist kein Ende; ihr Land ist
voll Rosse, und ihrer Wagen ist kein
Ende.
8 Auch ist ihr Land voll Götzen; sie
beten an ihrer Hände Werk, das ihre Fin-
ger gemacht haben.
9 Aber gebeugt wird der Mensch, gede-
mütigt der Mann, und du wirst ihnen
nicht vergeben.
10 Geh in die Felsen und verbirg dich in
der Erde vor dem Schrecken des HERRN
und vor seiner herrlichen Majestät!
11 Denn alle hoffärtigen Augen werden
erniedrigt werden, und, die stolze Männer
sind, werden sich beugen müssen; der HERR
aber wird allein hoch sein an jenem Tage.
12 Denn der Tag des HERRN Zebaoth
wird kommen über alles Hoffärtige und
Hohe und über alles Erhabene, daß es er-
niedrigt werde:
13 über alle hohen und erhabenen Ze-
dern auf dem Libanon und über alle
Eichen in Basan,
14 über alle hohen Berge und über alle
erhabenen Hügel,
15 über alle hohen Türme und über alle
festen Mauern,
16 über alle Schiffe im Meer und über
alle kostbaren Boote,
17 daß sich beugen muß alle Hoffart der
Menschen und sich demütigen müssen, die
stolze Männer sind, und der HERR allein
hoch sei an jenem Tage.
18 Und mit den Götzen wird's ganz aus
sein.
19 Da wird man in die Höhlen der Fel-
sen gehen und in die Klüfte der Erde vor
dem Schrecken des HERRN und vor seiner
herrlichen Majestät, wenn er sich aufma-
chen wird, zu schrecken die Erde.
20 An jenem Tage wird jedermann weg-
werfen seine silbernen und goldenen Göt-
zen, die er sich hatte machen lassen, um
sie anzubeten, zu den Maulwürfen und
Fledermäusen,
21 damit er sich verkriechen kann in die
Felsspalten und Steinklüfte vor dem
Schrecken des HERRN und vor seiner herr-
lichen Majestät, wenn er sich aufmachen
wird, zu schrecken die Erde.

22 So lasset nun ab von dem Menschen, der nur ein Hauch ist; denn für was ist er zu achten?

Gottes Gericht über die Herren Jerusalems und seine eitlen Frauen

3 Siehe, der Herr, der HERR Zebaoth, wird von Jerusalem und Juda wegnehmen Stütze und Stab: allen Vorrat an Brot und allen Vorrat an Wasser,

2 Helden und Kriegsleute, Richter und Propheten, Wahrsager und Älteste,

3 Hauptleute und Vornehme, Ratsherren und Weise, Zauberer und Beschwörer.

4 Und ich will ihnen Knaben zu Fürsten geben, und Mutwillige sollen über sie herrschen.

5 Und im Volk wird einer den andern bedrängen, ein jeder seinen Nächsten. Der Junge geht los auf den Alten und der Verachtete auf den Geehrten.

6 Dann wird einer seinen Nächsten, der in seines Vaters Hause ist, drängen: Du hast noch einen Mantel! Sei unser Herr! Dieser Trümmerhaufe sei unter deiner Hand!

7 Er aber wird sie zu der Zeit beschwören und sagen: Ich bin kein Arzt; es ist kein Brot und kein Mantel in meinem Hause! Macht mich nicht zum Herrn über das Volk!

8 Denn Jerusalem ist gestrauchelt, und Juda liegt da, weil ihre Worte und ihr Tun wider den HERRN sind, daß sie seiner Majestät widerstreben.

9 Daß sie die Person ansehen, zeugt gegen sie; ihrer Sünde rühmen sie sich wie die Leute in Sodom und verbergen sie nicht. Wehe ihnen! Denn damit bringen sie sich selbst in alles Unglück.

10 Heil den Gerechten, sie haben es gut! Denn sie werden die Frucht ihrer Werke genießen.

11 Wehe aber den Gottlosen, sie haben es schlecht! Denn es wird ihnen vergolten werden, wie sie es verdienen.

12 Kinder sind Gebieter meines Volks, und Weiber beherrschen es. Mein Volk, deine Führer verführen dich und verwirren den Weg, den du gehen sollst!

13 Der HERR steht da zum Gericht und ist aufgetreten, sein Volk zu richten.

14 Der HERR geht ins Gericht mit den Ältesten seines Volks und mit seinen Fürsten: Ihr habt den Weinberg abgeweidet, und was ihr den Armen geraubt, ist in eurem Hause.

15 Warum zertretet ihr mein Volk und zerschlagt das Angesicht der Elenden? spricht Gott, der HERR Zebaoth.

16 So hat der HERR gesprochen: Weil die Töchter Zions stolz sind und gehen mit aufgerecktem Halse, mit lüsternen Augen, trippeln daher und tänzeln und haben kostbare Schuhe an ihren Füßen,

17 deshalb wird der Herr den Scheitel der Töchter Zions kahl machen, und der HERR wird ihre Schläfe entblößen.

18 Zu der Zeit wird der Herr den Schmuck an den kostbaren Schuhen wegnehmen und die Stirnbänder, die Spangen,

19 die Ohrringe, die Armspangen, die Schleier,

20 die Hauben, die Schrittkettchen, die Gürtel, die Riechfläschchen, die Amulette,

21 die Fingerringe, die Nasenringe,

22 die Feierkleider, die Mäntel, die Tücher, die Täschchen,

23 die Spiegel, die Hemden, die Kopftücher, die Überwürfe.

24 Und es wird Gestank statt Wohlgeruch sein und ein Strick statt eines Gürtels und eine Glatze statt lockigen Haars und statt des Prachtgewandes ein Sack, Brandmal statt Schönheit.

25 Deine Männer werden durchs Schwert fallen und deine Krieger im Kampf.

26 Und Zions Tore werden trauern und klagen, und sie wird leer und einsam auf der Erde sitzen.

4 Und sieben Frauen werden zu der Zeit **einen** Mann ergreifen und sprechen: Wir wollen uns selbst ernähren und kleiden, laß uns nur nach deinem Namen heißen, daß unsre Schmach von uns genommen werde.

Das künftige Heil für die Geretteten in Jerusalem

2 Zu der Zeit wird, was der HERR sprießen läßt, lieb und wert sein und die Frucht des Landes herrlich und schön bei denen, die erhalten bleiben in Israel.

3 Und wer da wird übrigsein in Zion und übrigbleiben in Jerusalem, der wird heilig heißen, ein jeder, der aufgeschrieben ist zum Leben in Jerusalem.

4 Wenn der Herr den Unflat der Töchter Zions abwaschen wird und die Blutschuld Jerusalems wegnehmen durch den Geist, der richten und ein Feuer anzünden wird,

5 dann wird der HERR über der ganzen Stätte des Berges Zion und über ihren Versammlungen eine Wolke schaffen am Tage und Rauch und Feuerglanz in der Nacht. Ja, es wird ein Schutz sein über allem, was herrlich ist,

6 und eine Hütte zum Schatten am Tage vor der Hitze und Zuflucht und Obdach vor dem Wetter und Regen.

Das Lied vom unfruchtbaren Weinberg

5 Wohlan, ich will meinem lieben Freunde singen, ein Lied von meinem Freund und seinem Weinberg.

Mein Freund hatte einen Weinberg auf einer fetten Höhe.

2 Und er grub ihn um und entsteinte ihn und pflanzte darin edle Reben. Er baute auch einen Turm darin und grub eine Kelter und wartete darauf, daß er gute Trauben brächte; aber er brachte schlechte.

3 Nun richtet, ihr Bürger zu Jerusalem und ihr Männer Judas, zwischen mir und meinem Weinberg!

4 Was sollte man noch mehr tun an meinem Weinberg, das ich nicht getan habe an ihm? Warum hat er denn schlechte Trauben gebracht, während ich darauf wartete, daß er gute brächte?

5 Wohlan, ich will euch zeigen, was ich mit meinem Weinberg tun will! Sein Zaun soll weggenommen werden, daß er verwüstet werde, und seine Mauer soll eingerissen werden, daß er zertreten werde.

6 Ich will ihn wüst liegen lassen, daß er nicht beschnitten noch gehackt werde, sondern Disteln und Dornen darauf wachsen, und will den Wolken gebieten, daß sie nicht darauf regnen.

7 Des HERRN Zebaoth Weinberg aber ist das Haus Israel und die Männer Judas seine Pflanzung, an der sein Herz hing. Er wartete auf Rechtsspruch, siehe, da war Rechtsbruch, auf Gerechtigkeit, siehe, da war Geschrei über Schlechtigkeit.

Weherufe über die Sünden der Großen

8 Weh denen, die ein Haus zum andern bringen und einen Acker an den andern rücken, bis kein Raum mehr da ist und sie allein das Land besitzen!

9 Es ist in meinen Ohren das Wort des HERRN Zebaoth: Fürwahr, die vielen Häuser sollen veröden und die großen und feinen leer stehen.

10 Denn zehn Morgen Weinberg sollen nur **einen** Eimer geben und zehn Scheffel Saat nur **einen** Scheffel.

11 Weh denen, die des Morgens früh auf sind, dem Saufen nachzugehen, und sitzen bis in die Nacht, daß sie der Wein erhitzt,

12 und haben Harfen, Zithern, Pauken, Pfeifen und Wein in ihrem Wohlleben, aber sehen nicht auf das Werk des HERRN und schauen nicht auf das Tun seiner Hände!

13 Darum wird mein Volk weggeführt werden unversehens, und seine Vornehmen müssen Hunger leiden und die lärmende Menge Durst.

14 Daher hat das Totenreich den Schlund weit aufgesperrt und den Rachen aufgetan ohne Maß, daß hinunterfährt, was da prangt und lärmt, alle Übermütigen und Fröhlichen.

15 So wird gebeugt der Mensch und gedemütigt der Mann, und die Augen der Hoffärtigen werden erniedrigt,

16 aber der HERR Zebaoth wird hoch sein im Gericht und Gott, der Heilige, sich heilig erweisen in Gerechtigkeit.

17 Da werden dann Lämmer weiden wie auf ihrer Trift und Ziegen sich nähren in den Trümmerstätten der Hinweggerafften.

18 Weh denen, die das Unrecht herbeiziehen mit Stricken der Lüge und die Sünde mit Wagenseilen

19 und sprechen: Er lasse eilends und bald kommen sein Werk, daß wir's sehen, es nahe und treffe ein der Ratschluß des Heiligen Israels, daß wir ihn kennenlernen!

20 **Weh denen, die Böses gut und Gutes böse nennen, die aus Finsternis Licht und aus Licht Finsternis machen, die aus sauer süß und aus süß sauer machen!**

21 Weh denen, die weise sind in ihren eigenen Augen und halten sich selbst für klug!

22 Weh denen, die Helden sind, Wein zu saufen, und wackere Männer, Rauschtrank zu mischen,

23 die den Schuldigen gerecht sprechen

für Geschenke und das Recht nehmen denen, die im Recht sind!

24 Darum, wie des Feuers Flamme Stroh verzehrt und Stoppeln vergehen in der Flamme, so wird ihre Wurzel verfaulen und ihre Blüte auffliegen wie Staub. Denn sie verachten die Weisung des HERRN Zebaoth und lästern die Rede des Heiligen Israels.

Gott ruft die Feinde ins Land zum Endgericht

25* Darum ist der Zorn des HERRN entbrannt über sein Volk, und er reckt seine Hand wider sie und schlägt sie, daß die Berge beben und ihre Leichen sind wie Kehricht auf den Gassen. Und bei all dem läßt sein Zorn nicht ab, sondern seine Hand ist noch ausgereckt.

26 Er wird ein Feldzeichen aufrichten für das Volk in der Ferne und pfeift es herbei vom Ende der Erde. Und siehe, eilends und schnell kommen sie daher.

27 Keiner unter ihnen ist müde oder schwach, keiner schlummert noch schläft; keinem geht der Gürtel auf von seinen Hüften, und keinem zerreißt ein Schuhriemen.

28 Ihre Pfeile sind scharf und alle ihre Bogen gespannt; die Hufe ihrer Rosse sind hart wie Kieselsteine, und ihre Wagenräder sind wie ein Sturmwind.

29 Ihr Brüllen ist wie das der Löwen, und sie brüllen wie junge Löwen. Sie werden daherbrausen und den Raub packen und davontragen, daß niemand retten kann.

30 Und es wird über ihnen brausen zu der Zeit wie das Brausen des Meeres. Wenn man dann das Land ansehen wird, siehe, so ist's finster vor Angst, und das Licht scheint nicht mehr über ihnen.

Jesajas Berufung zum Propheten

6 In dem Jahr, als der König Usia starb, sah ich den Herrn sitzen auf einem hohen und erhabenen Thron, und sein Saum füllte den Tempel.

2 Seraphim standen über ihm; ein jeder hatte sechs Flügel: mit zweien deckten sie ihr Antlitz, mit zweien deckten sie ihre Füße, und mit zweien flogen sie.

3 Und einer rief zum andern und sprach: **Heilig, heilig, heilig ist der HERR Zebaoth, alle Lande sind seiner Ehre voll!**

4 Und die Schwellen bebten von der Stimme ihres Rufens, und das Haus ward voll Rauch.

5 Da sprach ich: Weh mir, ich vergehe! Denn ich bin unreiner Lippen und wohne unter einem Volk von unreinen Lippen; denn ich habe den König, den HERRN Zebaoth, gesehen mit meinen Augen.

6 Da flog einer der Seraphim zu mir und hatte eine glühende Kohle in der Hand, die er mit der Zange vom Altar nahm,

7 und rührte meinen Mund an und sprach: Siehe, hiermit sind deine Lippen berührt, daß deine Schuld von dir genommen werde und deine Sünde gesühnt sei.

8 Und ich hörte die Stimme des Herrn, wie er sprach: Wen soll ich senden? Wer will unser Bote sein? Ich aber sprach: Hier bin ich, sende mich!

9 Und er sprach: Geh hin und sprich zu diesem Volk: Höret und verstehet's nicht; sehet und merket's nicht!

10 Verstocke das Herz dieses Volks und laß ihre Ohren taub sein und ihre Augen blind, daß sie nicht sehen mit ihren Augen noch hören mit ihren Ohren noch verstehen mit ihrem Herzen und sich nicht bekehren und genesen.

11 Ich aber sprach: Herr, wie lange? Er sprach: Bis die Städte wüst werden, ohne Einwohner, und die Häuser ohne Menschen und das Feld ganz wüst daliegt.

12 Denn der HERR wird die Menschen weit wegtun, so daß das Land sehr verlassen sein wird.

13 Auch wenn nur der zehnte Teil darin bleibt, so wird es abermals verheert werden, doch wie bei einer Eiche und Linde, von denen beim Fällen noch ein Stumpf bleibt. Ein heiliger Same wird solcher Stumpf sein.

Jesaja ruft den König Ahas zum Glauben

7 Es begab sich zur Zeit des Ahas, des Sohnes Jothams, des Sohnes Usias, des Königs von Juda, da zogen Rezin, der König von Aram, und Pekach, der Sohn Remaljas, der König von Israel, herauf nach Jerusalem, um es zu bekämpfen; sie konnten es aber nicht erobern.

*Die Verse 25-30 gehören wahrscheinlich mit Kap 9,7-10,4 zusammen.

2 Da wurde dem Hause David angesagt: Die Aramäer haben sich gelagert in Ephraim. Da bebte ihm das Herz und das Herz seines Volks, wie die Bäume im Walde beben vom Winde.

3 Aber der HERR sprach zu Jesaja: Geh hinaus, Ahas entgegen, du und dein Sohn Schear-Jaschub*, an das Ende der Wasserleitung des oberen Teiches, an der Straße beim Acker des Walkers,

4 und sprich zu ihm: Hüte dich und bleibe still; fürchte dich nicht, und dein Herz sei unverzagt vor diesen beiden Brandscheiten, die nur noch rauchen, vor dem Zorn Rezins und der Aramäer und des Sohnes Remaljas.

5 Weil die Aramäer gegen dich Böses ersonnen haben samt Ephraim und dem Sohn Remaljas und sagen:

6 «Wir wollen hinaufziehen nach Juda und es erschrecken und für uns erobern und zum König darin machen den Sohn Tabeals», –

7 so spricht Gott der HERR: Es soll nicht geschehen und nicht so gehen,

8 sondern wie Damaskus das Haupt ist von Aram, so soll Rezin nur das Haupt von Damaskus sein – und in fünfundsechzig Jahren soll es mit Ephraim aus sein, daß sie nicht mehr ein Volk seien –;

9 und wie Samaria das Haupt ist von Ephraim, so soll der Sohn Remaljas nur das Haupt von Samaria sein. **Glaubt ihr nicht, so bleibt ihr nicht.**

Das Zeichen des Immanuel und das Strafgericht durch die Assyrer

10 Und der HERR redete abermals zu Ahas und sprach:

11 Fordere dir ein Zeichen vom HERRN, deinem Gott, es sei drunten in der Tiefe oder droben in der Höhe!

12 Aber Ahas sprach: Ich will's nicht fordern, damit ich den HERRN nicht versuche.

13 Da sprach Jesaja: Wohlan, so hört, ihr vom Hause David: Ist's euch zu wenig, daß ihr Menschen müde macht? Müßt ihr auch meinen Gott müde machen?

14 Darum wird euch der HERR selbst ein Zeichen geben: **Siehe, eine Jungfrau ist schwanger und wird einen Sohn gebären, den wird sie nennen Immanuel***.

15 Butter und Honig wird er essen, bis er weiß, Böses zu verwerfen und Gutes zu erwählen.

16 Denn ehe der Knabe lernt Böses verwerfen und Gutes erwählen, wird das Land verödet sein, vor dessen zwei Königen dir graut.

17 Der HERR wird über dich, über dein Volk und über deines Vaters Haus Tage kommen lassen, wie sie nicht gekommen sind seit der Zeit, da Ephraim sich von Juda schied, nämlich durch den König von Assyrien.

18 Zu der Zeit wird der HERR herbeipfeifen die Fliege am Ende der Ströme Ägyptens und die Biene im Lande Assur,

19 daß sie kommen und sich alle niederlassen in den tiefen Tälern und in den Steinklüften und in allen Hecken und an jeder Tränke.

20 Zu der Zeit wird der Herr das Haupt und die Haare am Leib scheren und den Bart abnehmen durch das Schermesser, das gedungen ist jenseits des Stroms, durch den König von Assyrien.

21 Zu der Zeit wird ein Mann eine junge Kuh und zwei Schafe aufziehen

22 und wird so viel zu melken haben, daß er Butter essen wird; denn Butter und Honig wird essen, wer übrigbleiben wird im Lande.

23 Und es wird zu der Zeit geschehen: wo jetzt tausend Weinstöcke stehen, tausend Silberstücke wert, da werden Dornen und Disteln sein,

24 daß man mit Pfeil und Bogen dahin gehen muß. Denn im ganzen Lande werden Dornen und Disteln sein,

25 daß man auch zu all den Bergen, die man jetzt mit der Hacke zu behacken pflegt, nicht kommen kann aus Scheu vor Dornen und Disteln, sondern man wird Rinder darüber treiben und Schafe es zertreten lassen.

Der Sohn des Propheten als Zeichen des Gerichts über Aram und Israel

8 Und der HERR sprach zu mir: Nimm dir eine große Tafel und schreib darauf mit deutlicher Schrift: Raubebald-Eilebeute!

2 Und ich nahm mir zwei treue Zeugen, den Priester Uria und Sacharja, den Sohn Jeberechjas.

*Vers 3 d. h. ein Rest wird sich bekehren.
*Vers 14 d. h. «Gott mit uns».

3 Und ich ging zu der Prophetin; die
ward schwanger und gebar einen Sohn.
Und der HERR sprach zu mir: Nenne ihn
Raubebald-Eilebeute!
4 Denn ehe der Knabe rufen kann: Lie-
ber Vater! Liebe Mutter!, soll die Macht
von Damaskus und die Beute aus Samaria
weggenommen werden durch den König
von Assyrien.

Das Gericht über Juda und die Völker

5 Und der HERR redete weiter mit mir
und sprach:
6 Weil dies Volk verachtet die Wasser
von Siloah, die still dahinfließen, und in
Angst zerfließt vor Rezin und dem Sohn
Remaljas,
7 siehe, so wird der Herr über sie kom-
men lassen die starken und vielen Wasser
des Stromes, nämlich den König von
Assyrien und alle seine Macht, daß sie
über alle ihre Ränder fluten und über alle
ihre Ufer gehen.
8 Und sie werden einbrechen in Juda
und wegschwemmen und überfluten, bis
sie an den Hals reichen. Und sie werden
ihre Flügel ausbreiten, daß sie dein Land,
o Immanuel, füllen, so weit es ist.
9 Tobet, ihr Völker, ihr müßt doch flie-
hen! Höret's alle, die ihr in fernen Landen
seid! Rüstet euch, ihr müßt doch fliehen;
rüstet euch, ihr müßt doch fliehen!
10 Beschließt einen Rat, und es werde
nichts daraus; beredet euch, und es ge-
schehe nicht! Denn hier ist Immanuel!
11 Denn so sprach der HERR zu mir, als
seine Hand über mich kam und er mich
warnte, ich sollte nicht wandeln auf dem
Wege dieses Volks:
12 Ihr sollt nicht alles Verschwörung nen-
nen, was dies Volk Verschwörung nennt,
und vor dem, was sie fürchten, fürchtet
euch nicht und laßt euch nicht grauen,
13 sondern verschwört euch mit dem
HERRN Zebaoth; den laßt eure Furcht und
euren Schrecken sein.
14 Er wird ein Fallstrick sein und ein
Stein des Anstoßes und ein Fels des Ärger-
nisses für die beiden Häuser Israel, ein
Fallstrick und eine Schlinge für die Bürger
Jerusalems,
15 daß viele von ihnen sich daran sto-
ßen, fallen, zerschmettern, verstrickt und
gefangen werden.

Der Prophet und seine Jünger

16 Ich soll verschließen die Offenba-
rung, versiegeln die Weisung in meinen
Jüngern
17 und will hoffen auf den HERRN, der
sein Antlitz verborgen hat vor dem Hause
Jakob, und will auf ihn harren.
18 Siehe, hier bin ich und die Kinder,
die mir der HERR gegeben hat als Zeichen
und Weissagung in Israel vom HERRN
Zebaoth, der auf dem Berge Zion wohnt.
19 Wenn sie aber zu euch sagen: Ihr
müßt die Totengeister und Beschwörer
befragen, die da flüstern und murmeln, so
sprecht: Soll nicht ein Volk seinen Gott
befragen? Oder soll man für Lebendige
die Toten befragen?
20 Hin zur Weisung und hin zur Offen-
barung! Werden sie das nicht sagen, so
wird ihnen kein Morgenrot scheinen,
21 sondern sie werden im Lande umher-
gehen, hart geschlagen und hungrig. Und
wenn sie Hunger leiden, werden sie zürnen
und fluchen ihrem König und ihrem Gott,
und sie werden über sich blicken
22 und unter sich die Erde ansehen und
nichts finden als Trübsal und Finsternis;
denn sie sind im Dunkel der Angst und
gehen irre im Finstern.
°23 Doch **es wird nicht dunkel bleiben
über denen, die in Angst sind.** Hat er in
früherer Zeit in Schmach gebracht das
Land Sebulon und das Land Naphthali,
so wird er hernach zu Ehren bringen den
Weg am Meer, das Land jenseits des Jor-
dan, das Galiläa der Heiden.

Der Friedefürst wird verheißen

9 °**Das Volk, das im Finstern wandelt,
sieht ein großes Licht, und über denen,
die da wohnen im finstern Lande, scheint es
hell.**
2 Du weckst lauten Jubel, du machst
groß die Freude. Vor dir wird man sich
freuen, wie man sich freut in der Ernte,
wie man fröhlich ist, wenn man Beute
austeilt.
3 Denn du hast ihr drückendes Joch, die
Jochstange auf ihrer Schulter und den
Stecken ihres Treibers zerbrochen wie am
Tage Midians.
4 Denn jeder Stiefel, der mit Gedröhn
dahergeht, und jeder Mantel, durch Blut

geschleift, wird verbrannt und vom Feuer verzehrt.

5 **Denn uns ist ein Kind geboren, ein Sohn ist uns gegeben, und die Herrschaft ruht auf seiner Schulter; und er heißt Wunder-Rat, Gott-Held, Ewig-Vater, Friede-Fürst;**

6 **auf daß seine Herrschaft groß werde und des Friedens kein Ende auf dem Thron Davids und in seinem Königreich, daß er's stärke und stütze durch Recht und Gerechtigkeit von nun an bis in Ewigkeit. Solches wird tun der Eifer des HERRN Zebaoth.**

Gottes Gericht über das unbußfertige Nordreich

7 Der Herr hat ein Wort gesandt wider Jakob, und es ist in Israel niedergefallen,

8 daß alles Volk es innewerde, Ephraim und die Bürger Samarias, die da sagen in Hochmut und stolzem Sinn:

9 Ziegelsteine sind gefallen, aber wir wollen's mit Quadern wieder bauen. Man hat Maulbeerbäume abgehauen, aber wir wollen Zedern an ihre Stelle setzen.

10 Doch der HERR macht stark gegen sie ihre Bedränger, nämlich Rezin, und ihre Feinde stachelt er auf,

11 die Aramäer von vorn und die Philister von hinten, daß sie Israel fressen mit vollem Maul. Bei all dem läßt sein Zorn noch nicht ab, seine Hand ist noch ausgereckt.

12 Aber das Volk kehrt nicht um zu dem, der es schlägt, und fragt nicht nach dem HERRN Zebaoth.

13 Darum haut der HERR von Israel Kopf und Schwanz ab, Ast und Stumpf, auf **einen** Tag.

14 Die Ältesten und die Vornehmen sind der Kopf, die Propheten aber, die falsch lehren, sind der Schwanz.

15 Denn die Leiter dieses Volks sind Verführer, und die sich leiten lassen, sind verloren.

16 Darum kann der Herr ihre junge Mannschaft nicht verschonen noch ihrer Waisen und Witwen sich erbarmen; denn sie sind allzumal gottlos und böse, und aller Mund redet Torheit. Bei all dem läßt sein Zorn noch nicht ab, seine Hand ist noch ausgereckt.

17 Denn die Bosheit lodert wie Feuer; das verzehrt Dornen und Disteln und zündet den dichten Wald an und gibt hohen Rauch.

18 Vom Zorn des HERRN Zebaoth brennt das Land, daß das Volk wird wie ein Fraß des Feuers; keiner schont den andern.

19 Sie verschlingen zur Rechten und leiden Hunger; sie fressen zur Linken und werden doch nicht satt. Ein jeder frißt das Fleisch seines Nächsten:

20 Manasse den Ephraim, Ephraim den Manasse, und sie beide miteinander sind gegen Juda. Bei all dem läßt sein Zorn nicht ab, seine Hand ist noch ausgereckt.

10 Weh denen, die unrechte Gesetze machen, und den Schreibern, die unrechtes Urteil schreiben,

2 um die Sache der Armen zu beugen und Gewalt zu üben am Recht der Elenden in meinem Volk, daß die Witwen ihr Raub und die Waisen ihre Beute werden!

3 Was wollt ihr tun am Tage der Heimsuchung und des Unheils, das von ferne kommt? Zu wem wollt ihr fliehen um Hilfe? Und wo wollt ihr eure Herrlichkeit lassen?

4 Wer sich nicht unter die Gefangenen bückt, wird unter den Erschlagenen fallen. Bei all dem läßt sein Zorn nicht ab, seine Hand ist noch ausgereckt.

Gegen den Hochmut des Königs von Assyrien

5 Wehe Assur, der meines Zornes Rute und meines Grimmes Stecken ist!

6 Ich sende ihn wider ein gottloses Volk und gebe ihm Befehl wider das Volk, dem ich zürne, daß er's beraube und ausplündere und es zertrete wie Dreck auf der Gasse.

7 Aber er meint's nicht so, und sein Herz denkt nicht so, sondern sein Sinn steht danach, zu vertilgen und auszurotten nicht wenige Völker.

8 Denn er spricht: «Sind meine Fürsten nicht allesamt Könige?

9 Ist Kalno nicht wie Karkemisch? Ist Hamath nicht wie Arpad? Ist nicht Samaria wie Damaskus?

10 Wie meine Hand gefunden hat die Königreiche der Götzen, obwohl ihre Götzen mehr waren, als die zu Jerusalem und Samaria sind:

11 sollte ich nicht Jerusalem tun und

seinen Götzen, wie ich Samaria und sei-
nen Götzen getan habe?»
12 Wenn aber der Herr all sein Werk
ausgerichtet hat auf dem Berge Zion und
zu Jerusalem, wird er sprechen: Ich will
heimsuchen die Frucht des Hochmuts des
Königs von Assyrien und den Stolz seiner
hoffärtigen Augen,
13 weil er spricht: «Ich hab's durch mei-
ner Hände Kraft ausgerichtet und durch
meine Weisheit, denn ich bin klug. Ich
habe die Grenzen der Länder anders ge-
setzt und ihre Schätze geraubt und wie
ein Stier die Bewohner zu Boden gestoßen.
14 Meine Hand hat gefunden den Reich-
tum der Völker wie ein Vogelnest, und ich
habe alle Länder zusammengerafft, wie
man Eier sammelt, die verlassen sind;
kein Flügel regte sich, und kein Schnabel
sperrte sich auf und zirpte.»
15 Vermag sich auch eine Axt zu rüh-
men wider den, der damit haut, oder eine
Säge groß zu tun wider den, der sie zieht?
Als ob die Rute den schwänge, der sie
hebt, als ob der Stock den höbe, der kein
Holz ist!
16 Darum wird der Herr, der HERR
Zebaoth, unter die Fetten in Assur die
Auszehrung senden, und seine Herrlich-
keit wird er anzünden, daß sie brennen
wird wie ein Feuer.
17 Und das Licht Israels wird ein Feuer
sein, und sein Heiliger wird eine Flamme
sein, und sie wird seine Dornen und
Disteln anzünden und verzehren auf
einen Tag.
18 Und die Herrlichkeit seiner Wälder
und Gärten soll zunichte werden mit
Stumpf und Stiel und wird vergehen und
dahinschwinden,
19 daß die Bäume seiner Wälder, die
übrigbleiben, gezählt werden können, und
ein Knabe kann sie aufschreiben.

Errettung eines Restes von Israel. Zions Errettung vor dem Ansturm der Assyrer

20 Zu der Zeit werden die Übriggeblie-
benen von Israel und, was entkommen
ist vom Hause Jakob, sich nicht mehr
verlassen auf den, der sie schlägt, sondern
sie werden sich verlassen auf den HERRN,
den Heiligen Israels, in Treue.
21 Ein Rest wird sich bekehren, ja, der
Rest Jakobs, zu Gott, dem Starken.
22 Denn wäre auch dein Volk, o Israel,
wie Sand am Meer, so soll doch nur ein
Rest in ihm bekehrt werden. Verderben
ist beschlossen und bringt Fluten von
Gerechtigkeit.
23 Denn Gott der HERR Zebaoth wird
Verderben ergehen lassen, wie beschlos-
sen ist, im ganzen Lande.
24 Darum spricht Gott der HERR Ze-
baoth: Fürchte dich nicht, mein Volk, das
in Zion wohnt, vor Assur, der dich mit
dem Stecken schlägt und seinen Stab ge-
gen dich aufhebt, wie es in Ägypten ge-
schah.
25 Denn es ist nur noch eine kleine
Weile, so wird meine Ungnade ein Ende
haben, und mein Zorn wird sich richten
auf sein Verderben.
26 Alsdann wird der HERR Zebaoth eine
Geißel über ihn schwingen wie in der
Schlacht Midians am Rabenfelsen und
wird seinen Stab, den er am Meer brauch-
te, aufheben wie in Ägypten.
27 Zu der Zeit wird seine Last von dei-
ner Schulter weichen müssen und sein
Joch von deinem Halse.
Er zieht herauf von Rimmon,
28 er kommt nach Ajjath. Er zieht durch
Migron, er läßt seinen Troß zu Michmas.
29 Sie ziehen durch den engen Weg,
bleiben in Geba über Nacht. Rama er-
schrickt, das Gibea Sauls flieht.
30 Du Tochter Gallim, schreie laut!
Merke auf, Lajescha; gib ihm Antwort,
Anathoth!
31 Madmena weicht, die Bürger von
Gebim laufen davon.
32 Noch heute wird er haltmachen in
Nob; er wird seine Hand ausstrecken
gegen den Berg der Tochter Zion, gegen
den Hügel Jerusalems.
33 Aber siehe, der Herr, der HERR Ze-
baoth, wird die Äste mit Macht abhauen
und, was hoch aufgerichtet steht, nieder-
schlagen, daß die Hohen erniedrigt wer-
den.
34 Und der dichte Wald wird mit dem
Eisen umgehauen werden, und der Liba-
non wird fallen durch einen Mächtigen.

Der Messias und sein Friedensreich

11 **Und es wird ein Reis hervorgehen aus
dem Stamm Isais und ein Zweig aus
seiner Wurzel Frucht bringen.**

2 **Auf ihm wird ruhen der Geist des HERRN, der Geist der Weisheit und des Verstandes, der Geist des Rates und der Stärke, der Geist der Erkenntnis und der Furcht des HERRN.**

3 Und Wohlgefallen wird er haben an der Furcht des HERRN. Er wird nicht richten nach dem, was seine Augen sehen, noch Urteil sprechen nach dem, was seine Ohren hören,

4 sondern wird mit Gerechtigkeit richten die Armen und rechtes Urteil sprechen den Elenden im Lande, und er wird mit dem Stabe seines Mundes den Gewalttätigen schlagen und mit dem Odem seiner Lippen den Gottlosen töten.

5 Gerechtigkeit wird der Gurt seiner Lenden sein und die Treue der Gurt seiner Hüften.

6 Da werden die Wölfe bei den Lämmern wohnen und die Panther bei den Böcken lagern. Ein kleiner Knabe wird Kälber und junge Löwen und Mastvieh miteinander treiben.

7 Kühe und Bären werden zusammen weiden, daß ihre Jungen beieinander liegen, und Löwen werden Stroh fressen wie die Rinder.

8 Und ein Säugling wird spielen am Loch der Otter, und ein entwöhntes Kind wird seine Hand stecken in die Höhle der Natter.

9 Man wird nirgends Sünde tun noch freveln auf meinem ganzen heiligen Berge; denn das Land wird voll Erkenntnis des HERRN sein, wie Wasser das Meer bedeckt.

10 Und es wird geschehen zu der Zeit, daß das Reis aus der Wurzel Isais dasteht als Zeichen für die Völker. Nach ihm werden die Heiden fragen, und die Stätte, da er wohnt, wird herrlich sein.

11 Und der Herr wird zu der Zeit zum zweiten Mal seine Hand ausstrecken, daß er den Rest seines Volks loskaufe, der übriggeblieben ist in Assur, Ägypten, Pathros, Kusch, Elam, Sinear, Hamath und auf den Inseln des Meeres.

12 Und er wird ein Zeichen aufrichten unter den Völkern und zusammenbringen die Verjagten Israels und die Zerstreuten Judas sammeln von den vier Enden der Erde.

13 Und der Neid Ephraims wird aufhören und die Feindschaft Judas ausgerottet werden, daß Ephraim nicht mehr neidisch ist auf Juda und Juda nicht mehr Ephraim feind ist.

14 Sie werden sich stürzen auf das Land der Philister im Westen und miteinander berauben alle, die im Osten wohnen. Nach Edom und Moab werden sie ihre Hände ausstrecken, die Ammoniter werden ihnen gehorsam sein.

15 Und der HERR wird austrocknen die Zunge des Meeres von Ägypten und wird seine Hand gehen lassen über den Euphrat mit seinem starken Wind und ihn in sieben Bäche zerschlagen, so daß man mit Schuhen hindurchgehen kann.

16 Und es wird eine Straße dasein für den Rest seines Volks, das übriggeblieben ist in Assur, wie sie für Israel da war zur Zeit, als sie aus Ägyptenland zogen.

Das Danklied der Erlösten

12 Zu der Zeit wirst du sagen: Ich danke dir, HERR, daß du bist zornig gewesen über mich und dein Zorn sich gewendet hat und du mich tröstest.

2 **Siehe, Gott ist mein Heil, ich bin sicher und fürchte mich nicht; denn Gott der HERR ist meine Stärke und mein Psalm und ist mein Heil.**

3 **Ihr werdet mit Freuden Wasser schöpfen aus den Heilsbrunnen.**

4 Und ihr werdet sagen zu der Zeit: Danket dem HERRN, rufet an seinen Namen! Machet kund unter den Völkern sein Tun, verkündiget, wie sein Name so hoch ist!

5 Lobsinget dem HERRN, denn er hat sich herrlich bewiesen. Solches sei kund in allen Landen!

6 Jauchze und rühme, du Tochter Zion; denn der Heilige Israels ist groß bei dir!

Gottes Gericht über Babel

13 Dies ist die Last für Babel, die Jesaja, der Sohn des Amoz, geschaut hat:

2 Auf hohem Berge erhebt das Banner, ruft laut ihnen zu, winkt mit der Hand, daß sie einziehen durch die Tore der Fürsten.

3 Ich habe meine Geheiligten entboten zu meinem Zorngericht und meine Starken gerufen, die da jauchzen über meine Herrlichkeit.

4 Es ist Geschrei und Lärm auf den
Bergen wie von einem großen Volk, Ge-
schrei und Getümmel von den versam-
melten Königreichen der Völker. Der
HERR Zebaoth rüstet ein Heer zum
Kampf.
5 Sie kommen aus fernen Landen, vom
Ende des Himmels, ja, der HERR selbst
samt den Werkzeugen seines Zorns, um zu
verderben die ganze Erde.
6 Heulet, denn des HERRN Tag ist nahe;
er kommt wie eine Verwüstung vom All-
mächtigen.
7 Darum werden alle Hände schlaff, und
aller Menschen Herz wird feige sein.
8 Schrecken, Angst und Schmerzen wird
sie ankommen, es wird ihnen bange sein
wie einer Gebärenden. Einer wird sich vor
dem andern entsetzen, feuerrot werden
ihre Angesichter sein.
9 **D**enn siehe, des HERRN Tag kommt
grausam, zornig, grimmig, die Erde zu
verwüsten und die Sünder von ihr zu ver-
tilgen.
10 Denn die Sterne am Himmel und sein
Orion scheinen nicht hell, die Sonne geht
finster auf und der Mond gibt keinen
Schein.
11 Ich will den Erdkreis heimsuchen um
seiner Bosheit willen und die Gottlosen
um ihrer Missetat willen und will dem
Hochmut der Stolzen ein Ende machen
und die Hoffart der Gewaltigen demütigen,
12 daß ein Mann kostbarer sein soll als
Feingold und ein Mensch wertvoller als
Goldstücke aus Ophir.
13 **D**arum will ich den Himmel bewegen,
und die Erde soll beben und von ihrer
Stätte weichen durch den Grimm des
HERRN Zebaoth, am Tage seines Zorns.
14 Und sie sollen sein wie ein ver-
scheuchtes Reh und wie eine Herde ohne
Hirten, daß sich ein jeder zu seinem Volk
kehren und ein jeder in sein Land fliehen
wird.
15 Wer da gefunden wird, wird ersto-
chen, und wen man aufgreift, wird durchs
Schwert fallen.
16 Es sollen auch ihre Kinder vor ihren
Augen zerschmettert, ihre Häuser geplün-
dert und ihre Frauen geschändet werden.
17 **D**enn siehe, ich will die Meder gegen
sie erwecken, die nicht Silber suchen oder
nach Gold fragen,
18 sondern die Jünglinge mit Bogen er-
schießen und sich der Frucht des Leibes
nicht erbarmen und die Kinder nicht
schonen.
19 So soll Babel, das schönste unter den
Königreichen, die herrliche Pracht der
Chaldäer, zerstört werden von Gott wie
Sodom und Gomorra,
20 daß man hinfort nicht mehr da wohne
noch jemand da bleibe für und für, daß
auch Araber dort keine Zelte aufschlagen
noch Hirten ihre Herden lagern lassen,
21 sondern Wüstentiere werden sich da
lagern, und ihre Häuser werden voll
Eulen sein; Strauße werden da wohnen,
und Feldgeister werden da hüpfen,
22 und wilde Hunde werden in ihren
Palästen heulen und Schakale in den
Schlössern der Lust. Ihre Zeit wird bald
kommen, und ihre Tage lassen nicht auf
sich warten.

Triumphlied über den Sturz des Weltherrschers

14 Denn der HERR wird sich über Ja-
kob erbarmen und Israel noch ein-
mal erwählen und sie in ihr Land setzen.
Und Fremdlinge werden sich zu ihnen
gesellen und dem Hause Jakob anhangen.
2 Und die Völker werden Israel nehmen
und an seinen Ort bringen, und dann wird
das Haus Israel sie als Knechte und
Mägde besitzen im Lande des HERRN.
Und sie werden gefangenhalten die, von
denen sie gefangen waren, und werden
herrschen über ihre Bedränger.
3 Und zu der Zeit, wenn dir der HERR
Ruhe geben wird von deinem Jammer und
Leid und von dem harten Dienst, in dem
du gewesen bist,
4 wirst du dies Lied anheben gegen den
König von Babel und sagen: Wie ist's mit
dem Treiber so gar aus, und das Toben
hat ein Ende!
5 Der HERR hat den Stock der Gottlosen
zerbrochen, die Rute der Herrscher.
6 Der schlug die Völker im Grimm ohne
Aufhören und herrschte mit Wüten über
die Nationen und verfolgte ohne Er-
barmen.
7 Nun hat Ruhe und Frieden alle Welt
und jubelt fröhlich.
8 Auch freuen sich die Zypressen über
dich und die Zedern auf dem Libanon und

sagen: «Seit du daliegst, kommt niemand
herauf, der uns abhaut.»
9 Das Totenreich drunten erzittert vor
dir, wenn du nun kommst. Es schreckt auf
vor dir die Toten, alle Gewaltigen der
Welt, und läßt alle Könige der Völker von
ihren Thronen aufstehen,
10 daß sie alle anheben und zu dir sagen:
«Auch du bist schwach geworden wie wir,
und es geht dir wie uns.
11 Deine Pracht ist herunter zu den
Toten gefahren samt dem Klang deiner
Harfen. Gewürm wird dein Bett sein und
Würmer deine Decke.»
12 Wie bist du vom Himmel gefallen, du
schöner Morgenstern! Wie wurdest du zu
Boden geschlagen, der du alle Völker nie-
derschlugst!
13 Du aber gedachtest in deinem Her-
zen: «Ich will in den Himmel steigen und
meinen Thron über die Sterne Gottes er-
höhen, ich will mich setzen auf den Berg
der Versammlung im fernsten Norden.*
14 Ich will auffahren über die hohen
Wolken und gleich sein dem Allerhöch-
sten.»
15 Ja, hinunter zu den Toten fuhrest du,
zur tiefsten Grube!
16 Wer dich sieht, wird auf dich schauen,
wird dich ansehen und sagen: «Ist das der
Mann, der die Welt zittern und die König-
reiche beben machte,
17 der den Erdkreis zur Wüste machte
und seine Städte zerstörte und seine Ge-
fangenen nicht nach Hause entließ?»
18 Alle Könige der Völker ruhen doch
in Ehren, ein jeder in seiner Kammer;
19 du aber bist hingeworfen ohne Grab
wie ein verachteter Zweig, bedeckt von
Erschlagenen, die mit dem Schwert er-
stochen sind, wie eine zertretene Leiche.
20 Du wirst nicht wie jene begraben
werden, die hinabfahren in eine steinerne
Gruft; denn du hast dein Land verderbt
und dein Volk erschlagen. Man wird des
Geschlechtes der Bösen nicht mehr geden-
ken.
21 Richtet die Schlachtbank zu für seine
Söhne um der Missetat ihres Vaters wil-
len, daß sie nicht wieder hochkommen
und die Welt erobern und den Erdkreis
voll Trümmer machen.

*Der Berg der Versammlung ist der Götterberg im höchsten Norden.

22 Und ich will über sie kommen,
spricht der HERR Zebaoth, und von Babel
ausrotten Name und Rest, Kind und Kin-
deskind, spricht der HERR.
23 Und ich will Babel machen zum Erbe
für die Igel und zu einem Wassersumpf
und will es mit dem Besen des Verderbens
wegfegen, spricht der HERR Zebaoth.

Gegen Assyrien

24 Der HERR Zebaoth hat geschworen:
Was gilt's? Es soll gehen, wie ich denke,
und soll zustande kommen, wie ich's im
Sinn habe,
25 daß Assur zerschlagen werde in mei-
nem Lande und ich es zertrete auf meinen
Bergen, damit sein Joch von ihnen ge-
nommen werde und seine Last von ihrem
Halse komme.
26 Das ist der Ratschluß, den er hat
über alle Lande, und das ist die Hand, die
ausgereckt ist über alle Völker.
27 Denn der HERR Zebaoth hat's be-
schlossen, – wer will's wehren? Und seine
Hand ist ausgereckt, – wer will sie wenden?

Gegen die Philister

28 Im Jahr, als König Ahas starb, wurde
diese Last angekündigt:
29 Freue dich nicht, ganz Philisterland,
daß der Stock, der dich schlug, zerbrochen
ist! Denn aus der Wurzel der Schlange
wird eine giftige Natter kommen, und ihre
Frucht wird ein feuriger fliegender Drache
sein.
30 Die Geringen werden auf meiner Aue
weiden und die Armen sicher ruhen; aber
deine Wurzel will ich durch Hunger töten,
und deine Übriggebliebenen werde ich
morden.
31 Heule, Tor! Schreie, Stadt! Erzittere,
ganz Philisterland! Denn von Norden
kommt Rauch, und keiner sondert sich
ab von seinen Scharen.
32 Und was wird man den Boten der
Heiden sagen? «Der HERR hat Zion ge-
gründet, und hier werden die Elenden
seines Volks Zuflucht haben.»

Gegen Moab

15 Dies ist die Last für Moab: Des
Nachts kommt Verheerung über Ar
in Moab, es ist dahin; des Nachts kommt
Verheerung über Kir in Moab, es ist dahin!

2 Es geht hinauf die Tochter Dibon zu den Altären, um zu weinen; Moab heult über Nebo und über Medeba. Jedes Haupt ist kahlgeschoren, jeder Bart ist abgeschnitten.
3 Auf ihren Gassen gehen sie mit dem Sack umgürtet, auf ihren Dächern und Straßen heulen sie alle und gehen weinend einher.
4 Hesbon und Elale schreien, daß man's zu Jahza hört. Darum wehklagen die Gerüsteten Moabs, es verzagt ihre Seele.
5 Mein Herz schreit über Moab; seine Flüchtigen fliehen bis nach Zoar, bis Eglath-Schelischija. Denn sie gehen die Steige von Luhith hinauf und weinen, und auf dem Wege nach Horonajim erhebt sich ein Jammergeschrei.
6 Denn die Wasser von Nimrim versiegen, daß das Gras verdorrt und das Kraut verwelkt und kein Grünes wächst.
7 Darum führen sie das Gut, das sie gesammelt, und alles, was sie verwahrt haben, über den Weidenbach.
8 Geschrei geht um in den Grenzen Moabs, Geheul bis Eglajim und Geheul bis Beer-Elim!
9 Denn die Wasser von Dimon sind voll Blut. Dazu will ich über Dimon noch mehr Unheil kommen lassen, Löwen über die Entronnenen Moabs und über die Übriggebliebenen im Lande.

Moab sucht Hilfe bei Juda

16 «Schickt dem Landesherrn die Lämmer von Sela aus der Wüste zum Berge der Tochter Zion!»
2 Wie ein Vogel dahinfliegt, der aus dem Nest vertrieben wird, so werden die Bewohner Moabs an den Furten des Arnon sein.
3 «Gib Rat, schaffe Recht, mache deinen Schatten des Mittags wie die Nacht; verbirg die Verjagten und verrate die Flüchtigen nicht!
4 Laß Moabs Verjagte bei dir herbergen, sei du für Moab eine Zuflucht vor dem Verwüster!»
Der Dränger wird ein Ende haben, der Verwüster aufhören und der Bedrücker aus dem Lande müssen.
5 Dann wird ein Thron bereitet werden aus Gnaden, daß einer in Treue darauf sitze in der Hütte Davids und richte und trachte nach Recht und fördere Gerechtigkeit.
6 «Wir haben gehört von dem Hochmut Moabs, der so groß ist, von seinem Hochmut, seinem Stolz und Mutwillen und seinem eitlen Geschwätz.»
7 Darum wird ein Moabiter über den andern heulen, allesamt werden sie heulen. Über die Traubenkuchen von Kir-Hareseth werden sie seufzen, ganz zerschlagen.
8 Denn die Fluren von Hesbon sind wüst geworden, der Weinstock von Sibma ist verderbt. Die Herren unter den Völkern haben seine edlen Reben zerschlagen, die bis nach Jaser reichten und sich zogen bis in die Wüste; ihre Ranken breiteten sich aus und gingen über das Meer.
9 Darum weine ich mit Jaser um den Weinstock von Sibma und vergieße viel Tränen über dich, Hesbon und Elale. Denn es ist Kriegsgeschrei in deinen Herbst und deine Ernte gefallen,
10 daß Freude und Wonne in den Gärten aufhören, und in den Weinbergen jauchzt und ruft man nicht mehr. Man keltert keinen Wein in den Keltern, dem Gesang ist ein Ende gemacht.
11 Darum klagt mein Herz über Moab wie eine Harfe und meine Seele über Kir-Heres.
12 Alsdann, wenn Moab hingeht und sich abmüht bei den Altären und kommt zu seinem Heiligtum, um zu beten, so wird's doch nichts ausrichten.

Ein Nachwort

13 Das ist's, was der HERR damals gegen Moab geredet hat.
14 Nun aber redet der HERR und spricht: In drei Jahren, wie eines Tagelöhners Jahre sind, wird die Herrlichkeit Moabs gering werden mit all dem großen Gepränge, daß wenig übrigbleibt, gar nicht viel.

Gegen Damaskus und das Nordreich Israel

17 Dies ist die Last für Damaskus: Siehe, Damaskus wird keine Stadt mehr sein, sondern ein zerfallener Steinhaufen;
2 seine Städte werden verlassen sein für immer, daß Herden dort weiden, die niemand verscheucht.

3 Und es wird aus sein mit dem Bollwerk Ephraims und mit dem Königtum von Damaskus; und dem Rest von Aram wird es gehen wie der Herrlichkeit Israels, spricht der HERR Zebaoth.

4 Zu der Zeit wird die Herrlichkeit Jakobs gering sein, und sein fetter Leib wird mager sein.

5 Es wird sein, wie wenn der Schnitter die Halme faßt und mit seinem Arm die Ähren schneidet, wie wenn einer Ähren liest im Tal Rephaim;

6 wie wenn man Oliven herunterschlägt in der Ernte und eine Nachernte bleibt, zwei oder drei oben in dem Wipfel, vier oder fünf Früchte an den Zweigen, spricht der HERR, der Gott Israels.

7 **Z**u der Zeit wird der Mensch blicken auf den, der ihn gemacht hat, und seine Augen werden auf den Heiligen Israels schauen;

8 und er wird nicht mehr blicken auf die Altäre, die seine Hände gemacht haben, und nicht schauen auf das, was seine Finger gemacht haben, auf die Bilder der Aschera und auf die Rauchopfersäulen.

9 **Z**u der Zeit werden ihre festen Städte verlassen sein wie die Städte der Hewiter und Amoriter, die sie verließen vor Israel, und zur Wüste werden.

10 Denn du hast vergessen den Gott deines Heils und nicht gedacht an den Felsen deiner Stärke.

Darum setze nur Pflanzen zu deiner Lust und lege Reben aus der Fremde!*

11 Auch wenn du sie hochbringst am Tag, da du sie pflanzest, und sie zum Sprießen bringst an dem Morgen, da du sie säest, – hin ist die Ernte, wenn du die Garben einbringen willst, und du wirst Schmerzen haben, die niemand heilt.

Das brausende Völkermeer

12 Ha, ein Brausen vieler Völker, wie das Meer brausen sie, und ein Getümmel mächtiger Nationen, wie große Wasser tosen sie!

13 Ja, wie große Wasser werden die Nationen tosen. Aber er wird sie schelten, da werden sie in die Ferne fliehen und werden gejagt wie Spreu auf den Bergen vom Winde und wie wirbelnde Blätter vom Ungewitter.

14 Um den Abend, siehe, da ist Schrekken, und ehe es Morgen wird, sind sie nicht mehr da. Das ist der Lohn unsrer Räuber und das Los derer, die uns das Unsre nehmen.

Gottes Botschaft an das Land Kusch

18 Weh dem Lande voll schwirrender Flügel, jenseits der Ströme von Kusch,

2 das Boten über das Meer sendet und in leichten Schiffen auf den Wassern fährt! Geht hin, ihr schnellen Boten, zum Volk, das hochgewachsen und glatt ist, zum Volk, das schrecklicher ist als sonst irgendeins, zum Volk, das befiehlt und zertritt, dessen Land Wasserströme durchschneiden.

3 Alle, die ihr auf Erden wohnt und in den Ländern lebt, – wenn man das Banner auf den Bergen aufrichtet, so sehet! Wenn man die Posaune bläst, so höret!

4 Denn so spricht der HERR zu mir: Ich will schauen von meiner Stätte und will still warten wie drückende Hitze am hohen Mittag und wie Taugewölk in der Hitze der Ernte.

5 Denn vor der Ernte, wenn die Blüte vorüber ist und die Traube noch reift, wird er die Ranken mit Winzermessern abschneiden und die Reben wegnehmen und abhauen,

6 daß man's miteinander liegen läßt für die Geier auf den Bergen und die Tiere im Lande, daß im Sommer die Geier darauf sitzen und im Winter allerlei Tiere im Lande darauf liegen.

7 **Z**u der Zeit wird das hochgewachsene und glatte Volk, das schrecklicher ist als sonst irgendeins, das befiehlt und zertritt, dessen Land Wasserströme durchschneiden, Geschenke bringen dem HERRN Zebaoth an den Ort, da der Name des HERRN Zebaoth wohnt, zum Berge Zion.

Gegen Ägypten

19 Dies ist die Last für Ägypten: Siehe, der HERR wird auf einer schnellen Wolke fahren und über Ägypten kommen. Da werden die Götzen Ägyptens vor ihm beben, und den Ägyptern wird das Herz feige werden in ihrem Leibe.

2 Und ich will die Ägypter gegeneinander hetzen, daß ein Bruder wider den

*Wahrscheinlich Gärten zur Verehrung des heidnischen Gottes Adonis.

andern, ein Freund wider den andern,
eine Stadt wider die andre, ein Reich
wider das andre kämpfen wird.
3 Und der Mut soll den Ägyptern in
ihrem Herzen vergehen, und ich will ihre
Anschläge zunichte machen. Da werden
sie dann fragen ihre Götzen und Beschwörer, ihre Geister und Zeichendeuter.
4 Aber ich will die Ägypter übergeben in
die Hand eines grausamen Herrn, und ein
harter König soll über sie herrschen,
spricht der Herrscher, der HERR Zebaoth.
5 Und das Wasser im Nil wird vertrocknen, und der Strom wird versiegen
und verschwinden.
6 Und die Wasser werden stinkend werden, und die Flüsse Ägyptens werden
seicht und trocken werden, daß Rohr und
Schilf verwelken.
7 Und das Gras an den Wassern wird
vergehen, und alle Saat am Wasser wird
verdorren und zunichte werden.
8 Und die Fischer werden trauern, und
alle, die Angeln ins Wasser werfen, werden klagen; und alle, die Netze auswerfen
in den Strom, werden betrübt sein.
9 Es werden zuschanden, die da Flachs
kämmen und verarbeiten, und die da
weben, werden erbleichen.
10 Die Weber werden geschlagen sein,
und alle, die um Lohn arbeiten, sind bekümmert.
11 Die Fürsten von Zoan sind Toren,
die weisen Räte des Pharao sind mit
ihrem Rat zu Narren geworden. Wie
könnt ihr zum Pharao sagen: «Ich bin ein
Sohn von Weisen und komme von Königen der Vorzeit her»?
12 Wo sind denn nun deine Weisen, daß
sie dir's verkündigen und anzeigen, was
der HERR Zebaoth über Ägypten beschlossen hat?
13 Die Fürsten von Zoan sind zu Toren
geworden, die Fürsten von Noph sind betrogen; die Häupter seiner Geschlechter
verführen Ägypten.
14 Denn der HERR hat einen Taumelgeist über sie ausgegossen, daß sie Ägypten taumeln machen in all seinem Tun,
wie ein Trunkenbold taumelt, wenn er
speit.
15 Und Ägypten wird nichts gelingen,
was Kopf oder Schwanz, Ast oder Stumpf
ausrichten wollen.

Gottes Plan über Ägypten

16 Zu der Zeit werden die Ägypter sein
wie Weiber und sich fürchten und erschrecken, wenn der HERR Zebaoth die
Hand über sie schwingen wird.
17 Und die Ägypter werden sich fürchten vor dem Lande Juda; wenn sie daran
denken, werden sie erschrecken wegen des
Rates des HERRN Zebaoth, den er über sie
beschlossen hat.
18 Zu der Zeit werden fünf Städte in
Ägyptenland die Sprache Kanaans sprechen und bei dem HERRN Zebaoth schwören. Eine wird heißen Ir-Heres.
19 Zu der Zeit wird für den HERRN ein
Altar mitten in Ägyptenland sein und ein
Steinmal für den HERRN an seiner Grenze;
20 das wird ein Zeichen und Zeugnis sein
für den HERRN Zebaoth in Ägyptenland.
Wenn sie zum HERRN schreien vor den
Bedrängern, so wird er ihnen einen Retter
senden; der wird ihre Sache führen und
sie erretten.
21 Denn der HERR wird den Ägyptern
bekannt werden, und die Ägypter werden
den HERRN erkennen zu der Zeit und werden ihm dienen mit Schlachtopfern und
Speisopfern und werden dem HERRN Gelübde tun und sie halten.
22 Und der HERR wird die Ägypter
schlagen und heilen; und sie werden sich
bekehren zum HERRN, und er wird sich
erbitten lassen und sie heilen.
23 Zu der Zeit wird eine Straße sein von
Ägypten nach Assyrien, daß die Assyrer
nach Ägypten und die Ägypter nach Assyrien kommen und die Ägypter samt den
Assyrern Gott dienen.
24 Zu der Zeit wird Israel der dritte sein
mit den Ägyptern und Assyrern, ein Segen
mitten auf Erden;
25 denn der HERR Zebaoth wird sie
segnen und sprechen: Gesegnet bist du,
Ägypten, mein Volk, und du, Assur, meiner Hände Werk, und du, Israel, mein
Erbe!

Weissagung des Sieges der Assyrer über Ägypten und Kusch

20 Im Jahr, da der Tartan nach Asdod
kam, als ihn gesandt hatte Sargon,
der König von Assyrien, und er gegen
Asdod kämpfte und es eroberte, –

2 zu der Zeit redete der HERR durch Jesaja, den Sohn des Amoz, und sprach: Geh hin und tu den härenen Schurz von deinen Lenden und zieh die Schuhe von deinen Füßen. Und er tat so und ging nackt und barfuß.

3 Da sprach der HERR: Gleichwie mein Knecht Jesaja nackt und barfuß geht drei Jahre lang als Zeichen und Weissagung über Ägypten und Kusch,

4 so wird der König von Assyrien wegtreiben die Gefangenen Ägyptens und die Verbannten von Kusch, jung und alt, nackt und barfuß, in schmählicher Blöße, zur Schande Ägyptens.

5 Und sie werden erschrecken in Juda und zuschanden werden wegen der Kuschiter, auf die sie sich verließen, und wegen der Ägypter, deren sie sich rühmten.

6 Und die Bewohner dieser Küste werden sagen zu der Zeit: Ist das unsere Zuversicht, zu der wir um Hilfe geflohen sind, daß wir errettet würden vor dem König von Assyrien? Wie könnten wir selber entrinnen?

Die Schau von Babels Fall

21 Dies ist die Last für die Wüste: Wie ein Wetter vom Süden herfährt, so kommt's aus der Wüste, aus einem schrecklichen Lande.

2 Mir ist eine harte Offenbarung angezeigt: «Der Räuber raubt, und der Verwüster verwüstet. Elam, zieh herauf! Medien, belagere! Ich will allem Seufzen ein Ende machen.»

3 Darum sind meine Lenden voll Schmerzen, und Angst hat mich ergriffen wie eine Gebärende. Ich krümme mich, wenn ich's höre, und erschrecke, wenn ich's sehe.

4 Mein Herz zittert, Grauen hat mich erschreckt; auch am Abend, der mir so lieb ist, habe ich keine Ruhe.

5 **D**eckt den Tisch, breitet den Teppich aus, eßt und trinkt! Macht euch auf, ihr Fürsten, salbt den Schild!

6 Denn so hat der Herr zu mir gesagt: «Geh hin, stelle den Wächter auf; was er schaut, soll er ansagen!

7 Und sieht er einen Zug von Wagen mit Rossen, einen Zug von Eseln und Kamelen, so soll er darauf achtgeben mit allem Eifer.»

8 Da rief der Späher: Herr, ich stehe auf der Warte bei Tage immerdar und stelle mich auf meine Wacht jede Nacht.

9 Und siehe, da kommen Männer, ein Zug von Wagen mit Rossen; die heben an und sprechen: Gefallen ist Babel, es ist gefallen, und alle Bilder seiner Götter sind zu Boden geschlagen!

10 **M**ein zerdroschenes und zertretenes Volk! Was ich gehört habe vom HERRN Zebaoth, dem Gott Israels, das verkündige ich euch.

Sprüche über Edom und Arabien

11 Dies ist die Last für Duma: Man ruft zu mir aus Seïr: Wächter, ist die Nacht bald hin? Wächter, ist die Nacht bald hin?

12 Der Wächter aber sprach: Wenn auch der Morgen kommt, so wird es doch Nacht bleiben. Wenn ihr fragen wollt, so kommt wieder und fragt.

13 **D**ies ist die Last für Arabien: Ihr müßt im Gestrüpp, in der Steppe über Nacht bleiben, ihr Karawanen der Dedaniter.

14 Bringet den Durstigen Wasser entgegen, die ihr wohnt im Lande Tema; bietet Brot den Flüchtigen.

15 Denn sie fliehen vor dem Schwert, ja, vor dem bloßen Schwert, vor dem gespannten Bogen, vor der Gewalt des Kampfes.

16 **D**enn so hat der Herr zu mir gesprochen: Noch ein Jahr, wie des Tagelöhners Jahre sind, dann soll alle Herrlichkeit Kedars untergehen.

17 Und von den Bogenschützen Kedars sollen nur wenige übrigbleiben; denn der HERR, der Gott Israels, hat's gesagt.

Gegen den Übermut Jerusalems

22 Dies ist die Last für das Schautal: Was habt ihr denn, daß ihr alle auf die Dächer steigt,

2 du Stadt voller Lärmen und Toben, du fröhliche Burg? – Deine Erschlagenen sind nicht mit dem Schwert erschlagen und nicht im Kampf gefallen.

3 Alle deine Hauptleute sind gewichen, in die Ferne geflohen. Alle, die man von dir gefunden hat, wurden gefangen, ohne Bogen gefangen.

4 Darum sage ich: Schaut weg von mir, laßt mich bitterlich weinen! Müht euch

nicht, mich zu trösten über die Zerstörung
der Tochter meines Volks!
5 Denn es kommt ein Tag des Getüm-
mels und des Zertretens und der Verwir-
rung von Gott, dem HERRN Zebaoth, im
Schautal; es kracht die Mauer, sie
schreien am Berge.
6 Elam fährt daher mit Köchern, Wa-
gen, Leuten und Rossen, und Kir läßt
seine Schilde glänzen.
7 Und es wird geschehen, daß deine aus-
erlesenen Täler werden voll von Wagen
und Rossen sein; die stellen sich auf gegen
das Tor.
8 Da wird der Schutz Judas weggenom-
men werden.
Aber ihr schautet zu der Zeit auf die
Rüstungen im Waldhaus.
9 Und ihr saht, daß viele Risse in der
Stadt Davids waren, und sammeltet das
Wasser des unteren Teiches.
10 Ihr zähltet auch die Häuser Jerusa-
lems und brachet sie ab, um die Mauer zu
befestigen,
11 und machtet ein Becken zwischen
beiden Mauern für das Wasser des alten
Teiches. Doch ihr saht nicht auf den, der
solches tut, und schautet nicht auf den,
der solches schafft von ferne her.
12 Zu der Zeit rief Gott, der HERR Ze-
baoth, daß man weine und klage und sich
das Haar abschere und den Sack anlege.
13 Aber siehe da, lauter Freude und
Wonne, Rinder töten, Schafe schlachten,
Fleisch essen, Wein trinken: «Lasset uns
essen und trinken; wir sterben doch mor-
gen!»
14 Aber meinen Ohren ist vom HERRN
Zebaoth offenbart: «Wahrlich, diese Mis-
setat soll euch nicht vergeben werden, bis
ihr sterbt», spricht Gott, der HERR Ze-
baoth.

Schebna und Eljakim

15 So spricht Gott, der HERR Zebaoth:
Geh hinein zu dem Verwalter da, zu
Schebna, dem Hofmeister, und sprich zu
ihm:
16 Was hast du hier? Und wen hast du
hier, daß du dir hier ein Grab aushauen
läßt, daß du dein Grab in der Höhe aus-
hauen und deine Wohnung in den Felsen
machen läßt?
17 Siehe, der HERR wird dich wegwerfen,
wie ein Starker einen wegwirft, und wird
dich packen
18 und dich zum Knäuel machen und
dich wegschleudern wie eine Kugel in ein
weites Land. Dort wirst du sterben, dort
werden deine kostbaren Wagen bleiben,
du Schmach für das Haus deines Herrn!
19 Und ich will dich aus deiner Stellung
stürzen und dich aus deinem Amt stoßen.
20 Und zu der Zeit will ich rufen meinen
Knecht Eljakim, den Sohn Hilkias,
21 und will ihm dein Amtskleid an-
ziehen und ihn mit deinem Gürtel gürten
und deine Herrschaft in seine Hand geben,
daß er Vater sei für die, die in Jerusalem
wohnen, und für das Haus Juda.
22 Und ich will die Schlüssel des Hauses
Davids auf seine Schulter legen, daß er
auftue und niemand zuschließe, daß er
zuschließe und niemand auftue.
23 Und ich will ihn als Nagel einschla-
gen an einen festen Ort, und er soll wer-
den zum Thron der Ehre für seines Vaters
Haus.
24 Aber wenn sich an ihn hängt die
ganze Schwere seines Vaterhauses, Kind
und Kindeskinder, alle kleinen Geräte,
Trinkgefäße und allerlei Krüge,
25 dann, spricht der HERR Zebaoth, soll
der Nagel nachgeben, der am festen Ort
steckt, er soll abbrechen und fallen, so daß
alles, was daran hing, zerbricht; denn der
HERR sagt es.

Das Gericht über Tyrus und Sidon

23 Dies ist die Last für Tyrus: Heulet,
ihr Tarsisschiffe, denn Tyrus ist
zerstört, daß kein Haus mehr da ist! Wenn
sie heimkehren aus dem Lande Kittim,
werden sie dessen gewahr werden.
2 Die Bewohner der Küste sind still ge-
worden, die Kaufleute von Sidon. Ihre
Boten zogen übers Meer,
3 und was von Früchten am Schihor
und von Getreide am Nil wuchs, brachte
man nach Sidon hin über große Wasser,
und du warst der Völker Markt geworden.
4 Erschrick, Sidon, denn das Meer, ja,
die Feste am Meer spricht: Ich werde
nicht mehr Mutter, ich gebäre nicht mehr;
darum ziehe ich keine Jünglinge auf und
erziehe keine Jungfrauen.
5 Sobald es die Ägypter hören, er-
schrecken sie über die Kunde von Tyrus.

6 Fahret hin nach Tarsis, heulet, ihr Be-
wohner der Küste!
7 Ist das eure fröhliche Stadt, die sich
ihres Alters rühmte? Ihre Füße führten sie
weit weg, in der Ferne zu weilen.
8 Wer hat solches beschlossen, daß es
Tyrus, der Krone, so gehen sollte, wo
doch ihre Kaufleute Fürsten waren und
ihre Händler die Herrlichsten auf Erden?
9 Der HERR Zebaoth hat's so beschlos-
sen, auf daß er erniedrigte die Pracht und
verächtlich machte die stolze Stadt, alle
Herrlichsten auf Erden.
10 Bebaue dein Land, du Tochter Tar-
sis! Denn es gibt keinen Hafen mehr.
11 Der HERR hat seine Hand ausgereckt
über das Meer und erschreckt die König-
reiche. Er hat Befehl gegeben über Phö-
nizien, daß seine Bollwerke zerstört wer-
den,
12 und er hat gesagt: Du sollst nicht
mehr fröhlich sein, du geschändete Jung-
frau, du Tochter Sidon! Nach Kittim
mach dich auf und zieh fort, doch wirst
du auch da keine Ruhe haben.
13 Siehe, die Chaldäer – dies Volk hat's
getan, nicht Assur – haben die Stadt zur
Wüste gemacht; sie haben Belagerungs-
türme aufgerichtet, ihre Paläste niederge-
rissen und die Stadt geschleift.
14 Heulet, ihr Tarsisschiffe, denn euer
Bollwerk ist zerstört!
15 Zu der Zeit wird Tyrus vergessen
werden siebzig Jahre, solange etwa ein
König lebt. Aber nach siebzig Jahren
wird es mit Tyrus gehen, wie es im Huren-
lied heißt:
16 Nimm die Harfe, geh in der Stadt
umher, du vergessene Hure! Mach's gut
auf dem Saitenspiel und singe viel Lie-
der, auf daß dein wieder gedacht wer-
de!
17 Denn nach siebzig Jahren wird der
HERR die Stadt Tyrus heimsuchen, daß
sie wieder zu ihrem Hurenlohn komme
und Hurerei treibe mit allen Königreichen
auf Erden.
18 Aber ihr Gewinn und Hurenlohn
wird dem HERRN geweiht werden. Man
wird ihn nicht wie Schätze sammeln und
aufhäufen, sondern ihr Erwerb wird denen
zufallen, die vor dem HERRN wohnen, daß
sie essen und satt werden und wohl be-
kleidet seien.

Das zukünftige Gottesgericht über die Erde

24 Siehe, der HERR macht die Erde
leer und wüst und wirft um, was auf
ihr ist, und zerstreut ihre Bewohner.
2 Und es geht dem Priester wie dem
Volk, dem Herrn wie dem Knecht, der
Frau wie der Magd, dem Verkäufer wie
dem Käufer, dem Verleiher wie dem Bor-
ger, dem Gläubiger wie dem Schuldner.
3 Die Erde wird leer und beraubt sein;
denn der HERR hat solches geredet.
4 Das Land verdorrt und verwelkt, der
Erdkreis verschmachtet und verwelkt, die
Höchsten des Volks auf Erden ver-
schmachten.
5 Die Erde ist entweiht von ihren Be-
wohnern; denn sie übertreten das Gesetz
und ändern die Gebote und brechen den
ewigen Bund.
6 Darum frißt der Fluch die Erde, und
büßen müssen's, die darauf wohnen. Dar-
um nehmen die Bewohner der Erde ab, so
daß wenig Leute übrigbleiben.
7 Der Wein ist dahin, der Weinstock
verschmachtet, und alle, die von Herzen
fröhlich waren, seufzen.
8 Die Freude der Pauken ist vorüber,
das Jauchzen der Fröhlichen ist aus, und
die Freude der Harfe hat ein Ende.
9 Man singt nicht beim Weintrinken,
und das Getränk ist bitter denen, die es
trinken.
10 Die Stadt ist zerstört und wüst, alle
Häuser sind verschlossen, daß niemand
hineingehen kann.
11 Man klagt um den Wein auf den
Gassen, daß alle Freude weg ist, alle Won-
ne des Landes dahin ist.
12 Nur Verwüstung ist in der Stadt ge-
blieben, und die Tore sind in Trümmer
geschlagen.
13 Denn so geht es zu auf Erden und
unter den Völkern, wie wenn ein Ölbaum
leergeschlagen wird, wie bei der Nach-
lese, wenn die Weinernte aus ist.
14 Sie erheben ihre Stimme und rühmen
und jauchzen vom Meer her über die
Herrlichkeit des HERRN:
15 «So preiset nun den HERRN an den
Gestaden, auf den Inseln des Meeres den
Namen des HERRN, des Gottes Israels.»
16 Wir hören Lobgesänge vom Ende der
Erde: Herrlichkeit dem Gerechten!

Aber ich muß sagen: Wie bin ich so
elend! Wie bin ich so elend! Weh mir!
Denn es rauben die Räuber, ja, immer-
fort rauben die Räuber.
17 Über euch, Bewohner der Erde,
kommt Schrecken und Grube und Netz.
18 Und wer entflieht vor dem Geschrei
des Schreckens, der fällt in die Grube; und
wer entkommt aus der Grube, der wird im
Netz gefangen. Denn die Fenster in der
Höhe sind aufgetan, und die Grundfesten
der Erde beben.
19 Es wird die Erde mit Krachen zer-
brechen, zerbersten und zerfallen.
20 Die Erde wird taumeln wie ein Trun-
kener und wird hin und her geworfen wie
eine schwankende Hütte; denn ihre Mis-
setat drückt sie, daß sie fallen muß und
nicht wieder aufstehen kann.
21 Zu der Zeit wird der HERR das Heer
der Höhe heimsuchen in der Höhe und
die Könige der Erde auf der Erde,
22 daß sie gesammelt werden als Ge-
fangene im Gefängnis und verschlossen
werden im Kerker und nach langer Zeit
heimgesucht werden.
23 Und der Mond wird schamrot wer-
den und die Sonne sich schämen, wenn
der HERR Zebaoth König sein wird auf
dem Berg Zion und zu Jerusalem und vor
seinen Ältesten in Herrlichkeit.

Das Danklied der Erlösten nach dem Gottesgericht

25 HERR, du bist mein Gott, dich
preise ich; ich lobe deinen Namen.
Denn du hast Wunder getan; deine Rat-
schlüsse von alters her sind treu und
wahrhaftig.
2 Denn du hast die Stadt zum Steinhau-
fen gemacht, die feste Stadt, daß sie in
Trümmern liegt, die Paläste der Fremden,
daß sie nicht mehr eine Stadt seien und
nie wieder aufgebaut werden.
3 Darum ehrt dich ein mächtiges Volk,
die Städte gewalttätiger Völker fürchten
dich.
4 Denn du bist der Geringen Schutz ge-
wesen, der Armen Schutz in der Trübsal,
eine Zuflucht vor dem Ungewitter, ein
Schatten vor der Hitze, wenn die Tyran-
nen wüten wie ein Unwetter im Winter,
5 wie die Hitze in der Zeit der Dürre.
Du demütigst der Fremden Ungestüm,
wie du die Hitze brichst durch den Schat-
ten der Wolken; du dämpfest der Tyran-
nen Siegesgesang.

Das große Freudenmahl

6 Und der HERR Zebaoth wird auf die-
sem Berge allen Völkern ein fettes Mahl
machen, ein Mahl von reinem Wein, von
Fett, von Mark, von Wein, darin keine
Hefe ist.
7 Und er wird auf diesem Berge die
Hülle wegnehmen, mit der alle Völker
verhüllt sind, und die Decke, mit der alle
Heiden zugedeckt sind.
8 Er wird den Tod verschlingen auf
ewig. Und Gott der HERR wird die Tränen
von allen Angesichtern abwischen und
wird aufheben die Schmach seines Volks
in allen Landen; denn der HERR hat's ge-
sagt.
9 Zu der Zeit wird man sagen: «Siehe,
das ist unser Gott, auf den wir hofften,
daß er uns helfe. Das ist der HERR, auf
den wir hofften; laßt uns jubeln und fröh-
lich sein über sein Heil.»
10 Denn die Hand des HERRN ruht auf
diesem Berge. Moab aber wird zertreten
werden, wie Stroh in die Mistlache getre-
ten wird.
11 Und wenn es auch seine Hände darin
ausbreitet, wie sie ein Schwimmer aus-
breitet, um zu schwimmen, so wird doch
der Herr seinen Hochmut niederdrücken
trotz allen Mühens seiner Arme.
12 Und deine hohen, steilen Mauern
wird er beugen, erniedrigen und in den
Staub zu Boden werfen.

Jubellied des Volkes Gottes

26 Zu der Zeit wird man dies Lied sin-
gen im Lande Juda: Wir haben eine
feste Stadt, zum Schutze schafft er Mauern
und Wehr.
2 Tut auf die Tore, daß hineingehe das
gerechte Volk, das den Glauben bewahrt!
3 Wer festen Herzens ist, dem bewahrst
du Frieden; denn er verläßt sich auf dich.
4 Darum verlaßt euch auf den HERRN
immerdar; denn Gott der HERR ist ein
Fels ewiglich.
5 Er erniedrigt, die in der Höhe wohnen;
die hohe Stadt wirft er nieder, ja, er stößt
sie zur Erde, daß sie im Staube liegt.
6 Mit Füßen wird sie zertreten, ja, mit

den Füßen der Armen, mit den Tritten der
Geringen.

Gottes Gericht über die Welt und Israels Auferweckung

7 Des Gerechten Weg ist eben, den
Steig des Gerechten machst du gerade.
8 Wir warten auf dich, HERR, auch auf
dem Wege deiner Gerichte; des Herzens
Begehren steht nach deinem Namen und
deinem Lobpreis.
9 Von Herzen verlangt mich nach dir
des Nachts, ja, mit meinem Geist suche ich
dich am Morgen. Denn wenn deine Ge-
richte über die Erde gehen, so lernen die
Bewohner des Erdkreises Gerechtigkeit.
10 Aber wenn dem Gottlosen Gnade
widerfährt, so lernt er doch nicht Gerech-
tigkeit, sondern tut nur übel im Lande,
wo das Recht gilt, und sieht des HERRN
Herrlichkeit nicht.
11 HERR, deine Hand ist erhoben, doch
sie sehen es nicht. Aber sie sollen sehen
den Eifer um dein Volk und zuschanden
werden. Mit dem Feuer, mit dem du deine
Feinde verzehrst, wirst du sie verzehren.
12 Aber uns, HERR, wirst du Frieden
schaffen; denn auch alles, was wir aus-
richten, das hast du für uns getan.
13 HERR, unser Gott, es herrschen wohl
andere Herren über uns als du, aber wir
gedenken doch allein deiner und deines
Namens.
14 Tote werden nicht lebendig, Schatten
stehen nicht auf; darum hast du sie heim-
gesucht und vertilgt und jedes Gedenken
an sie zunichte gemacht.
15 Du, HERR, mehrest das Volk, du
mehrest das Volk, beweisest deine Herr-
lichkeit und machst weit alle Grenzen des
Landes.
16 HERR, wenn Trübsal da ist, so suchen
wir dich; wenn du uns züchtigst, sind wir
in Angst und Bedrängnis.
17 Gleich wie eine Schwangere, wenn sie
bald gebären soll, sich ängstigt und schreit
in ihren Schmerzen, so geht's uns auch,
HERR, vor deinem Angesicht.
18 Wir sind auch schwanger, und uns
ist bange, und wenn wir gebären, so ist's
Wind. Wir können dem Lande nicht hel-
fen, und Bewohner des Erdkreises können
nicht geboren werden.
19 **Aber deine Toten werden leben, deine
Leichname werden auferstehen.** Wachet
auf und rühmet, die ihr liegt unter der
Erde! Denn ein Tau der Lichter ist dein
Tau, und die Erde wird die Toten heraus-
geben.
20 Geh hin, mein Volk, in deine Kam-
mer, und schließ die Tür hinter dir zu!
Verbirg dich einen kleinen Augenblick,
bis der Zorn vorübergehe.
21 Denn siehe, der HERR wird ausgehen
von seinem Ort, heimzusuchen die Bos-
heit der Bewohner der Erde. Dann wird
die Erde offenbar machen das Blut, das
auf ihr vergossen ist, und nicht weiter ver-
bergen, die auf ihr getötet sind.

Israels Erlösung

27 Zu der Zeit wird der HERR heim-
suchen mit seinem harten, großen
und starken Schwert den Leviathan, die
flüchtige Schlange, und den Leviathan,
die gewundene Schlange, und wird den
Drachen im Meer töten.
2 Zu der Zeit wird es heißen: Lieblicher
Weinberg, singet ihm zu!
3 Ich, der HERR, behüte ihn und be-
gieße ihn immer wieder. Damit man ihn
nicht verderbe, will ich ihn Tag und
Nacht behüten.
4 Ich zürne nicht. Sollten aber Disteln
und Dornen aufschießen, so wollte ich
über sie herfallen und sie alle miteinander
anstecken,
5 es sei denn, sie suchen Zuflucht bei
mir und machen Frieden mit mir, ja, Frie-
den mit mir.
6 Es wird einst dazu kommen, daß Ja-
kob wurzeln und Israel blühen und grü-
nen wird, daß sie den Erdkreis mit
Früchten erfüllen.
7 Wird doch Israel nicht geschlagen, wie
seine Feinde geschlagen werden, und nicht
getötet, wie seine Feinde getötet werden!
8 Sondern, indem du es wegschicktest
und wegführtest, hast du es gerichtet, es
verscheucht mit rauhem Sturm am Tage
des Ostwinds.
9 Darum wird die Sünde Jakobs da-
durch gesühnt werden, und das wird die
Frucht davon sein, daß seine Sünden
weggenommen werden: er wird alle Altar-
steine zerstoßenen Kalksteinen gleichma-
chen; und keine Bilder der Aschera noch
Rauchopfersäulen werden mehr bleiben.

10 Denn die feste Stadt ist einsam geworden, die schönen Häuser verödet und verlassen wie die Steppe, daß Kälber dort weiden und ruhen und Zweige abfressen.

11 Ihre Zweige werden vor Dürre brechen, daß die Frauen kommen und Feuer damit machen werden; denn es ist ein unverständiges Volk. Darum erbarmt sich ihrer auch nicht, der sie gemacht hat; und der sie geschaffen hat, ist ihnen nicht gnädig.

12 **Zu** der Zeit wird der HERR Ähren ausklopfen vom Ufer des Stromes bis an den Bach Ägyptens, und ihr, Kinder Israel, werdet aufgesammelt werden, einer nach dem andern.

13 Zu der Zeit wird man mit einer großen Posaune blasen, und es werden kommen die Verlorenen im Lande Assur und die Verstoßenen im Lande Ägypten und werden den HERRN anbeten auf dem heiligen Berg zu Jerusalem.

Gericht über Samaria, die Hauptstadt des Nordreichs

28 Weh der prächtigen Krone der Trunkenen von Ephraim, der welken Blume ihrer lieblichen Herrlichkeit, die da prangt hoch über dem fetten Tal derer, die vom Wein taumeln!

2 Siehe, einen Starken und Mächtigen hält der Herr bereit; wie Hagelsturm, wie verderbliches Wetter, wie Wasserflut, die mächtig einreißt, wirft er zu Boden mit Gewalt.

3 Mit Füßen wird zertreten die prächtige Krone der Trunkenen von Ephraim.

4 Und die welke Blume ihrer lieblichen Herrlichkeit, die da prangt hoch über dem fetten Tal, wird sein wie eine Frühfeige vor dem Sommer, die einer erspäht und flugs aus der Hand verschlingt.

5 **Zu** der Zeit wird der HERR Zebaoth eine liebliche Krone sein und ein herrlicher Kranz für die Übriggebliebenen seines Volks

6 und ein Geist des Rechts für den, der zu Gericht sitzt, und eine Kraft denen, die den Kampf zurücktreiben zum Tor.

Gericht über die Priester und Propheten in Jerusalem

7 Aber auch diese sind vom Wein toll geworden und taumeln von starkem Getränk. Priester und Propheten sind toll von starkem Getränk, sind vom Wein verwirrt. Sie taumeln von starkem Getränk, sie sind toll beim Weissagen und wanken beim Rechtsprechen.

8 Denn alle Tische sind voll Gespei und Unflat an allen Orten!

9 «Wen», sagen sie, «will der denn Erkenntnis lehren? Wem will er Offenbarung zu verstehen geben? Denen, die entwöhnt sind von der Milch, denen, die von der Brust abgesetzt sind?

10 Zawlazaw zawlazaw, kawlakaw kawlakaw,* hier ein wenig, da ein wenig!»

11 Jawohl, Gott wird einmal mit unverständlicher Sprache und mit einer fremden Zunge reden zu diesem Volk,

12 er, der zu ihnen gesagt hat: «Das ist die Ruhe; schaffet Ruhe den Müden, und das ist die Erquickung!» Aber sie wollten nicht hören.

13 Darum soll so auch des HERRN Wort an sie ergehen: «Zawlazaw zawlazaw, kawlakaw kawlakaw,* hier ein wenig, da ein wenig», daß sie hingehen und rücklings fallen, zerbrochen, verstrickt und gefangen werden.

14 So höret nun des HERRN Wort, ihr Spötter, die ihr herrschet über dies Volk, das in Jerusalem ist.

15 Ihr sprecht: Wir haben mit dem Tod einen Bund geschlossen und mit dem Totenreich einen Vertrag gemacht. Wenn die brausende Flut daherfährt, wird sie uns nicht treffen; denn wir haben Lüge zu unsrer Zuflucht und Trug zu unserm Schutz gemacht.

16 Darum spricht Gott der HERR: **Siehe, ich lege in Zion einen Grundstein, einen bewährten Stein, einen kostbaren Eckstein, der fest gegründet ist. Wer glaubt, der flieht nicht.***

17 Und ich will das Recht zur Richtschnur und die Gerechtigkeit zur Waage machen. So wird Hagel die falsche Zuflucht zerschlagen, und Wasser sollen den Schutz wegschwemmen,

18 daß hinfalle euer Bund mit dem Tode und euer Vertrag mit dem Totenreich

*Vers 10 und 13 Die Worte, die das Lallen der Trunkenen nachahmen und nicht übersetzt werden können, sollen die Redeweise des Propheten verspotten.
*Vers 16 In der griechischen Übersetzung heißt es: «Wer glaubt, der wird nicht zuschanden» (vgl. Röm 9,33; 10,11; 1.Petr 2,6).

nicht bestehen bleibe. Wenn die Flut da-
herfährt, wird sie euch zermalmen;
19 sooft sie daherfährt, wird sie euch
erfassen. Denn Morgen für Morgen wird
sie kommen, des Tags und des Nachts.
Da wird man nur mit Entsetzen Offen-
barung deuten.*
20 Denn das Bett ist zu kurz, um sich
auszustrecken, und die Decke zu schmal,
um sich drein zu schmiegen.
21 Denn der HERR wird sich aufmachen
wie am Berge Perazim und toben wie im
Tal Gibeon, daß er sein Werk vollbringe,
aber fremd ist sein Werk, und daß er seine
Tat tue, aber seltsam ist seine Tat!
22 So laßt nun euer Spotten, auf daß
eure Bande nicht fester werden; denn ich
habe von einem Verderben gehört, das
von Gott, dem HERRN Zebaoth, beschlos-
sen ist über alle Welt.

Ein Gleichnis für Gottes weisen Rat

23 Nehmet zu Ohren und höret meine
Stimme, merket auf und höret meine Re-
de:
24 Pflügt oder gräbt oder bricht denn
ein Ackermann seinen Acker zur Saat
immerfort um?
25 Ist's nicht so: Wenn er ihn geebnet
hat, dann streut er Dill und wirft Kümmel
und sät Weizen und Gerste, ein jedes, wo-
hin er's haben will, und Spelt an den
Rand?
26 So unterwies ihn sein Gott und lehrte
ihn, wie es recht sei.
27 Auch drischt man den Dill nicht mit
Dreschschlitten und läßt auch nicht die
Walze über den Kümmel gehen, sondern
den Dill schlägt man aus mit einem Stabe
und den Kümmel mit einem Stecken.
28 Zermalmt man etwa das Getreide?
Nein, man drischt es nicht ganz und gar,
wenn man's mit Dreschwalzen und ihrem
Gespann ausdrischt.
29 Auch das kommt her vom HERRN
Zebaoth; sein Rat ist wunderbar, und er
führt es herrlich hinaus.

Jerusalems Belagerung und Errettung

29 Weh Ariel, Ariel, du Stadt, wo Da-
vid lagerte! Füget Jahr zu Jahr und
feiert die Feste!
2 Ich will den Ariel ängstigen, daß er
traurig und voll Jammer sei, und er soll
mir ein rechter Ariel sein.
3 Denn ich will dich belagern ringsum-
her und will dich ängstigen mit Bollwerk
und will Wälle um dich aufführen lassen.
4 Dann sollst du erniedrigt werden und
von der Erde her reden und aus dem
Staube mit deiner Rede murmeln, daß
deine Stimme sei wie die eines Totengei-
stes aus der Erde, und deine Rede wispert
aus dem Staube.
5 Aber die Menge deiner Feinde soll
werden wie Staub und die Menge der
Tyrannen wie wehende Spreu. Und plötz-
lich wird's geschehen,
6 daß Heimsuchung kommt vom HERRN
Zebaoth mit Wetter und Erdbeben und
großem Donner, mit Wirbelsturm und
Ungewitter und mit Flammen eines ver-
zehrenden Feuers.
7 Und wie ein Traum, wie ein Nachtge-
sicht, so soll die Menge aller Völker sein,
die gegen Ariel kämpfen, mit ihrem gan-
zen Heer und Bollwerk, und die ihn
ängstigen.
8 Denn wie ein Hungriger träumt, daß
er esse, – wenn er aber aufwacht, so ist
sein Verlangen nicht gestillt; und wie ein
Durstiger träumt, daß er trinke, – wenn er
aber aufwacht, ist er matt und durstig, so
soll es der Menge aller Völker ergehen, die
gegen den Berg Zion kämpfen.

Die Verblendung des Volkes

9 Starret hin und werdet bestürzt, seid
verblendet und werdet blind! Seid trun-
ken, doch nicht vom Wein, taumelt, doch
nicht von starkem Getränk!
10 Denn der HERR hat über euch einen
Geist des tiefen Schlafs ausgegossen und
eure Augen – die Propheten – zugetan, und
eure Häupter – die Seher – hat er verhüllt.
11 Darum sind euch alle Offenbarungen
wie die Worte eines versiegelten Buches,
das man einem gibt, der lesen kann, und
spricht: Lies doch das! und er spricht:
«Ich kann nicht, denn es ist versiegelt»;
12 oder das man einem gibt, der nicht
lesen kann, und spricht: Lies doch das!
und er spricht: «Ich kann nicht lesen.»
13 Und der Herr sprach: Weil dies Volk
mir naht mit seinem Munde und mit
seinen Lippen mich ehrt, aber ihr Herz

*Luther übersetzte: «Denn allein die Anfechtung lehrt aufs Wort merken.»

fern von mir ist und sie mich fürchten
nur nach Menschengeboten, die man sie
lehrt,
14 darum will ich auch hinfort mit
diesem Volk wunderlich umgehen, aufs
wunderlichste und seltsamste, daß die
Weisheit seiner Weisen vergehe und der
Verstand seiner Klugen sich verbergen
müsse.
15 Weh denen, die mit ihrem Plan verborgen sein wollen vor dem HERRN und
mit ihrem Tun im Finstern bleiben und
sprechen: Wer sieht uns, und wer kennt
uns?
16 Wie kehrt ihr alles um! Als ob der
Ton dem Töpfer gleich wäre, daß das
Werk spräche von seinem Meister: Er hat
mich nicht gemacht! und ein Bildwerk
spräche von seinem Bildner: Er versteht
nichts!

Die große Wandlung

17 Wohlan, es ist noch eine kleine Weile,
so soll der Libanon fruchtbares Land
werden, und was jetzt fruchtbares Land
ist, soll wie ein Wald werden.
18 Zu der Zeit werden die Tauben hören
die Worte des Buches, und die Augen der
Blinden werden aus Dunkel und Finsternis sehen;
19 und die Elenden werden wieder
Freude haben am HERRN, und die Ärmsten unter den Menschen werden fröhlich
sein in dem Heiligen Israels.
20 Denn es wird ein Ende haben mit den
Tyrannen und mit den Spöttern aus sein,
und es werden vertilgt werden alle, die
darauf aus sind, Unheil anzurichten,
21 welche die Leute schuldig sprechen
vor Gericht und stellen dem nach, der sie
zurechtweist im Tor, und beugen durch
Lügen das Recht des Unschuldigen.
22 Darum spricht der HERR, der Abraham erlöst hat, zum Hause Jakob: Jakob
soll nicht mehr beschämt dastehen, und
sein Antlitz soll nicht mehr erblassen.
23 Denn wenn sie sehen werden die
Werke meiner Hände – seine Kinder – in
ihrer Mitte, werden sie meinen Namen
heiligen; sie werden den Heiligen Jakobs
heiligen und den Gott Israels fürchten.
24 Und die, welche irren in ihrem Geist,
werden Verstand annehmen, und die, welche murren, werden sich belehren lassen.

Gegen das leichtfertige Vertrauen auf die Hilfe Ägyptens

30 Weh den abtrünnigen Söhnen,
spricht der HERR, die ohne mich
Pläne fassen und ohne meinen Geist
Bündnisse eingehen, um eine Sünde auf
die andere zu häufen,
2 die hinabziehen nach Ägypten und
befragen meinen Mund nicht, um sich zu
stärken mit der Macht des Pharao und
sich zu bergen im Schatten Ägyptens!
3 Aber es soll euch die Stärke des Pharao zur Schande geraten und der Schutz
im Schatten Ägyptens zum Hohn.
4 Denn ihre Fürsten sind zwar in Zoan,
und ihre Boten sind nach Hanes gekommen,
5 aber sie müssen doch alle zuschanden
werden an dem Volk, das ihnen nichts
nützen kann, weder zur Hilfe noch sonst
zu Nutz, sondern nur zu Schande und
Spott.
6 Dies ist die Last für die Tiere des Südlandes: Im Lande der Trübsal und Angst,
wo Löwe und Löwin, wo Ottern und
feurige fliegende Drachen sind, da führen
sie ihre Habe auf dem Rücken von Eseln
und ihre Schätze auf dem Höcker von
Kamelen zu dem Volk, das ihnen nichts
nützen kann.
7 Denn Ägypten ist nichts, und sein
Helfen ist vergeblich. Darum nenne ich
Ägypten «Rahab, die zum Schweigen gebracht ist».

Gegen die Verächter des göttlichen Wortes

8 So geh nun hin und schreib es vor
ihnen nieder auf eine Tafel und zeichne es
in ein Buch, daß es bleibe für immer und
ewig.
9 Denn sie sind ein ungehorsames Volk
und verlogene Söhne, die nicht hören wollen die Weisung des HERRN,
10 sondern sagen zu den Sehern: «Ihr
sollt nicht sehen!» und zu den Schauern:
«Was wahr ist, sollt ihr uns nicht schauen!
Redet zu uns, was angenehm ist; schauet,
was das Herz begehrt!
11 Weicht ab vom Wege, geht aus der
rechten Bahn! Laßt uns doch in Ruhe mit
dem Heiligen Israels!»
12 Darum spricht der Heilige Israels:
Weil ihr dies Wort verwerft und verlaßt

euch auf Frevel und Mutwillen und trot-
zet darauf,
13 so soll euch diese Sünde sein wie ein
Riß, wenn es beginnt zu rieseln an einer
hohen Mauer, die plötzlich, unversehens
einstürzt;
14 wie wenn ein Topf zerschmettert
wird, den man zerstößt ohne Erbarmen,
so daß man von seinen Stücken nicht eine
Scherbe findet, darin man Feuer hole vom
Herde oder Wasser schöpfe aus dem Brun-
nen.
15 Denn so spricht Gott der HERR, der
Heilige Israels: Wenn ihr umkehrtet und
stille bliebet, so würde euch geholfen;
**durch Stillesein und Hoffen würdet ihr
stark sein.** Aber ihr wollt nicht
16 und sprecht: «Nein, sondern auf
Rossen wollen wir dahinfliegen», – darum
werdet ihr dahinfliehen, «und auf Ren-
nern wollen wir reiten», – darum werden
euch eure Verfolger überrennen.
17 Denn euer tausend werden fliehen
vor eines einzigen Drohen; ja vor fünfen
werdet ihr alle fliehen, bis ihr übrigbleibt
wie ein Mast oben auf einem Berge und
wie ein Banner auf einem Hügel.

Gottes Erbarmen über sein Volk

18 Darum harrt der HERR darauf, daß
er euch gnädig sei, und er macht sich auf,
daß er sich euer erbarme; denn der HERR
ist ein Gott des Rechts. Wohl allen, die
auf ihn harren!
19 Du Volk Zions, das in Jerusalem
wohnt, du wirst nicht weinen! Er wird dir
gnädig sein, wenn du rufst. Er wird dir
antworten, sobald er's hört.
20 Und der Herr wird euch in Trübsal
Brot und in Ängsten Wasser geben. Und
dein Lehrer wird sich nicht mehr verber-
gen müssen, sondern deine Augen werden
deinen Lehrer sehen.
21 Deine Ohren werden hinter dir das
Wort hören: «Dies ist der Weg; den geht!
Sonst weder zur Rechten noch zur Lin-
ken!»
22 Und ihr werdet entweihen eure über-
silberten Götzen und die goldenen Hüllen
eurer Bilder und werdet sie wegwerfen wie
Unrat und zu ihnen sagen: Hinaus!
23 Und er wird deinem Samen, den du
auf den Acker gesät hast, Regen geben
und dir Brot geben vom Ertrag des Ackers
in voller Genüge. Und dein Vieh wird zu
der Zeit weiden auf weiter Aue.
24 Die Rinder und Esel, die auf dem
Felde ackern, werden gesalzenes gemeng-
tes Futter fressen, das geworfelt ist mit
Schaufel und Wurfgabel.
25 Und es werden auf allen großen Ber-
gen und auf allen hohen Hügeln Wasser-
bäche und Ströme fließen zur Zeit der
großen Schlacht, wenn die Türme fallen
werden.
26 Und des Mondes Schein wird sein
wie der Sonne Schein, und der Sonne
Schein wird siebenmal heller sein zu der
Zeit, wenn der HERR den Schaden seines
Volks verbinden und seine Wunden heilen
wird.

Das Gericht über Assyrien

27 Siehe, des HERRN Name kommt von
ferne! Sein Zorn brennt, und mächtig er-
hebt er sich, seine Lippen sind voll
Grimm und seine Zunge wie ein verzeh-
rendes Feuer
28 und sein Odem wie eine Wasserflut,
die bis an den Hals reicht, zu schwin-
gen die Völker in der Schwinge des Ver-
derbens. Und er wird die Völker mit
einem Zaum in ihren Backen hin und
her treiben.
29 Da werdet ihr singen wie in der
Nacht des heiligen Festes und euch von
Herzen freuen, wie wenn man mit Flöten-
spiel geht zum Berge des HERRN, zum
Hort Israels.
30 Und der HERR wird seine herrliche
Stimme erschallen lassen, und man wird
sehen, wie sein Arm herniederfährt mit
zornigem Drohen und mit Flammen ver-
zehrenden Feuers, mit Wolkenbruch und
Hagelschlag.
31 Da wird Assur erschrecken vor der
Stimme des HERRN, der ihn schlägt mit
dem Stock.
32 Jedesmal, wenn ein Schlag daher-
fährt, wird der Stock zur Zuchtrute, die
der HERR auf ihn niedersausen läßt; und
so bekämpft er ihn, daß er ihn als Op-
fer schwingt unter Pauken und Zither-
spiel.
33 Denn die Feuergrube ist längst her-
gerichtet, ja, sie ist auch dem König be-
reitet, tief und weit genug. Der Scheiter-
haufen darin hat Feuer und Holz die

Menge; der Odem des HERRN wird ihn
anzünden wie ein Schwefelstrom.

Nicht Ägypten, sondern der Herr rettet Jerusalem

31 Weh denen, die hinabziehen nach
Ägypten um Hilfe und sich verlas-
sen auf Rosse und hoffen auf Wagen, weil
ihrer viele sind, und auf Gespanne, weil
sie sehr stark sind! Aber sie halten sich
nicht zum Heiligen Israels und fragen
nichts nach dem HERRN.
2 Aber auch er ist weise und bringt Un-
heil herbei und nimmt seine Worte nicht
zurück, sondern wird sich aufmachen
wider das Haus der Bösen und wider die
Hilfe der Übeltäter.
3 Denn Ägypten ist Mensch und nicht
Gott, und seine Rosse sind Fleisch und
nicht Geist. Und der HERR wird seine
Hand ausstrecken, so daß der Helfer
strauchelt und der, dem geholfen wird,
fällt und alle miteinander umkommen.

Das Gericht über Assyrien. Zions Errettung

4 So hat der HERR zu mir gesprochen:
Gleich wie ein Löwe und ein junger Löwe
brüllt über seinem Raub, wenn man wider
ihn aufruft die Menge der Hirten – er er-
schrickt vor ihrem Geschrei nicht, und es
ist ihm auch nicht angst vor ihrer Menge –,
so wird der HERR Zebaoth herniederfah-
ren auf den Berg Zion und auf seinen
Hügel, um zu kämpfen.
5 Und der HERR Zebaoth wird Jerusa-
lem beschirmen, wie Vögel es tun mit
ihren Flügeln, er wird schützen, erretten,
schonen und befreien.
6 Kehrt um, ihr Kinder Israel, zu dem,
von welchem ihr so sehr abgewichen seid!
7 Denn zu der Zeit wird ein jeder seine
silbernen und goldenen Götzen verwer-
fen, die eure Hände gemacht hatten euch
zur Sünde.
8 Und Assur soll fallen, nicht durch
Mannes-Schwert, und soll verzehrt wer-
den, nicht durch Menschen-Schwert. Und
es wird vor dem Schwert fliehen, und seine
junge Mannschaft wird Frondienste lei-
sten müssen.
9 Und sein Fels wird vor Furcht wei-
chen, und seine Fürsten werden das Ban-
ner verlassen, spricht der HERR, der zu
Zion ein Feuer und zu Jerusalem einen
Glutofen hat.

Das künftige Reich der Gerechtigkeit

32 Siehe, es wird ein König regieren,
Gerechtigkeit aufzurichten, und
Fürsten werden herrschen, das Recht zu
handhaben,
2 daß ein jeder von ihnen sein wird wie
eine Zuflucht vor dem Wind und wie ein
Schutz vor dem Platzregen, wie Wasser-
bäche am dürren Ort, wie der Schatten
eines großen Felsens im trockenen Lande.
3 Und die Augen der Sehenden werden
nicht mehr blind sein, und die Ohren der
Hörenden werden aufmerken.
4 Und die Unvorsichtigen werden Klug-
heit lernen, und die Zunge der Stammeln-
den wird fließend und klar reden.
5 Es wird nicht mehr ein Narr Fürst
heißen, noch ein Betrüger edel genannt
werden.
6 Denn ein Narr redet Narrheit, und
sein Herz geht mit Unheil um, daß er
Ruchloses anrichte und rede über den
HERRN lauter Trug; dadurch läßt er
hungrig die hungrigen Seelen und wehrt
den Durstigen das Trinken.
7 Und des Betrügers Waffen sind böse,
er sinnt auf Tücke, um die Elenden zu ver-
derben mit falschen Worten, auch wenn
der Arme sein Recht vertritt.
8 Aber der Edle hat edle Gedanken und
beharrt bei Edlem.

Die wahre Sicherheit durch den Geist aus der Höhe

9 Wohlan, ihr stolzen Frauen, höret
meine Stimme! Ihr Töchter, die ihr so
sicher seid, nehmet zu Ohren meine Rede!
10 Über Jahr und Tag, da werdet ihr
Sicheren zittern; denn es wird keine Wein-
lese sein, auch keine Obsternte kommen.
11 Erschreckt, ihr stolzen Frauen, zit-
tert, ihr Sicheren! Zieht euch aus, ent-
blößt euch und umgürtet eure Lenden!
12 Man wird klagen um die Äcker, ja,
um die lieblichen Äcker, um die frucht-
baren Weinstöcke,
13 um den Acker meines Volks, auf dem
Dornen und Hecken wachsen, um alle
Häuser voll Freude in der fröhlichen
Stadt.
14 Denn die Paläste werden verlassen

sein, und die Stadt, die voll Getümmel war, wird einsam sein, daß Burg und Turm für immer zu Höhlen werden, dem Wild zur Freude, den Herden zur Weide,

15 so lange bis über uns ausgegossen wird der Geist aus der Höhe. Dann wird die Wüste zum fruchtbaren Lande und das fruchtbare Land wie Wald geachtet werden.

16 Und das Recht wird in der Wüste wohnen und Gerechtigkeit im fruchtbaren Lande.

17 Und der Gerechtigkeit Frucht wird Friede sein, und der Ertrag der Gerechtigkeit wird ewige Stille und Sicherheit sein,

18 daß mein Volk in friedlichen Auen wohnen wird, in sicheren Wohnungen und in stolzer Ruhe.

19 Aber der Wald wird niederbrechen, und die Stadt wird versinken in Niedrigkeit.

20 Wohl euch, die ihr säen könnt an allen Wassern und könnt die Rinder und Esel frei gehen lassen.

Die Rettung Zions vor dem Verwüster

33 Weh dir, du Verwüster, der du selbst nicht verwüstet bist, und du Räuber, der du selbst nicht beraubt bist! Wenn du das Verwüsten vollendet hast, so wirst du auch verwüstet werden; wenn du des Raubens ein Ende gemacht hast, so wird man dich auch berauben.

2 HERR, sei uns gnädig, denn auf dich harren wir! Sei unser Arm alle Morgen, dazu unser Heil zur Zeit der Trübsal!

3 Es fliehen die Völker vor dem gewaltigen Tosen, und die Heiden werden zerstreut, wenn du dich erhebst.

4 Da wird man Beute wegraffen, wie die Heuschrecken wegraffen, und wie die Käfer herbeistürzen, so stürzt man sich darauf.

5 Der HERR ist erhaben, denn er wohnt in der Höhe. Er hat Zion mit Recht und Gerechtigkeit erfüllt.

6 Und du wirst sichere Zeiten haben: Reichtum an Heil, Weisheit und Klugheit; die Furcht des HERRN wird Zions Schatz sein.

7 Siehe, die Leute von Ariel schreien draußen, die Boten des Friedens weinen bitterlich.

8 Die Wege sind verödet, es geht niemand mehr auf der Straße. Man hält nicht Treu und Glauben, man verwirft die Zeugen und achtet der Leute nicht.

9 Das Land sieht traurig und jämmerlich aus, der Libanon ist zuschanden geworden und verdorrt. Saron ist wie eine Steppe, und Basan und Karmel stehen kahl.

10 Nun aber will ich mich aufmachen, spricht der HERR; nun will ich mich erheben, nun will ich aufstehen.

11 Mit Stroh geht ihr schwanger, Stoppeln gebärt ihr; euer Zorn ist ein Feuer, das euch selbst verzehren wird.

12 Und die Völker werden zu Kalk verbrannt werden; wie abgehauene Dornen werden sie im Feuer verzehrt.

13 So höret nun ihr, die ihr ferne seid, was ich getan habe, und die ihr nahe seid, erkennet meine Stärke!

14 In Zion sind die Sünder erschrocken, Zittern hat die Heuchler befallen, und sie sprechen: «Wer ist unter uns, der bei verzehrendem Feuer wohnen kann? Wer ist unter uns, der bei ewiger Glut wohnen kann?»

15 Wer in Gerechtigkeit wandelt und redet, was recht ist, wer schändlichen Gewinn haßt und seine Hände bewahrt, daß er nicht Geschenke nehme; wer seine Ohren zustopft, daß er nichts von Blutschuld höre, und seine Augen zuhält, daß er nichts Arges sehe:

16 der wird in der Höhe wohnen, und Felsen werden seine Feste und Schutz sein. Sein Brot wird ihm gegeben, sein Wasser hat er gewiß.

17 Deine Augen werden den König sehen in seiner Schönheit; du wirst ein weites Land sehen.

18 Dein Herz wird an den Schrecken zurückdenken und sagen: Wo sind nun die Schreiber? Wo sind die Vögte? Wo sind, die die Türme zählten?

19 Du wirst das freche Volk nicht mehr sehen, das Volk von dunkler Sprache, die man nicht verstehen kann, und von stammelnder Zunge, die unverständlich bleibt.

20 Schaue auf Zion, die Stadt unsrer Feiern! Deine Augen werden Jerusalem sehen, eine sichere Wohnung, ein Zelt, das nicht mehr abgebrochen wird. Seine Pflöcke sollen nie mehr herausgezogen

und keines seiner Seile zerrissen werden.

21 Denn der HERR wird dort bei uns mächtig sein, und weite Wassergräben wird es geben, auf denen kein Schiff mehr fahren, kein stolzes Schiff mehr dahinziehen kann.

22 – **Denn der HERR ist unser Richter, der HERR ist unser Meister, der HERR ist unser König; der hilft uns!** –

23 Seine Taue hängen lose, sie halten den Mastbaum nicht fest, und die Segel spannen sich nicht. Dann wird viel Beute ausgeteilt werden, und auch die Lahmen werden plündern.

24 Und kein Bewohner wird sagen: «Ich bin schwach»; denn das Volk, das darin wohnt, wird Vergebung der Sünde haben.

Gottes Strafgericht über Edom

34 Kommt herzu, ihr Heiden, und höret; ihr Völker, merkt auf! Die Erde höre zu und was sie füllt, der Erdkreis und was darauf lebt!

2 Denn der HERR ist zornig über alle Heiden und ergrimmt über alle ihre Scharen. Er wird an ihnen den Bann vollstrecken und sie zur Schlachtung dahingeben.

3 Und ihre Erschlagenen werden hingeworfen werden, daß der Gestank von ihren Leichnamen aufsteigen wird und die Berge von ihrem Blut fließen.

4 Und alles Heer des Himmels wird dahinschwinden, und der Himmel wird zusammengerollt werden wie eine Buchrolle, und all sein Heer wird hinwelken, wie ein Blatt verwelkt am Weinstock und wie ein dürres Blatt am Feigenbaum.

5 Denn mein Schwert ist trunken im Himmel, und siehe, es wird herniederfahren auf Edom und über das Volk, an dem ich den Bann vollstrecke zum Gericht.

6 Des HERRN Schwert ist voll Blut und trieft von Fett, vom Blut der Lämmer und Böcke, vom Nierenfett der Widder. Denn der HERR hält ein Schlachten in Bozra und ein großes Opfer im Lande Edom.

7 Da werden Wildstiere mit ihnen niedersinken und junge Stiere samt den Büffeln. Und ihr Land wird trunken werden von Blut, und die Erde wird triefen von Fett.

8 Denn es kommt der Tag der Rache des HERRN und das Jahr der Vergeltung, um Zion zu rächen.

9 Da werden Edoms Bäche zu Pech werden und seine Erde zu Schwefel; ja, sein Land wird zu brennendem Pech werden,

10 das weder Tag noch Nacht verlöschen wird, sondern immer wird Rauch von ihm aufgehen. Und es wird verwüstet sein von Geschlecht zu Geschlecht, daß niemand hindurchgehen wird auf ewige Zeiten,

11 sondern Rohrdommeln und Igel werden's in Besitz nehmen, Nachteulen und Raben werden dort wohnen. Und er wird die Meßschnur darüber spannen, daß es verwüstet werde, und das Bleilot werfen, daß es öde sei.

12 Und Feldgeister werden darin wohnen, und seine Edlen werden nicht mehr sein. Man wird dort keinen König mehr ausrufen, und alle seine Fürsten werden ein Ende haben.

13 Dornen werden wachsen in seinen Palästen, Nesseln und Disteln in seinen Schlössern; und es wird eine Behausung sein der Schakale und eine Stätte für die Strauße.

14 Da werden Wüstentiere und wilde Hunde einander treffen, und ein Feldgeist wird dem andern begegnen. Das Nachtgespenst wird auch dort herbergen und seine Ruhestatt dort finden.

15 Da wird auch die Natter nisten und legen, ihre Eier aufhäufen und ausbrüten. Auch die Raubvögel werden dort zusammenkommen. Keines vermißt das andere.

16 – Suchet nun in dem Buch des HERRN und lest! – Keines von ihnen wird fehlen. Denn sein Mund gebietet es, und sein Geist bringt sie zusammen.

17 Er wirft ihnen das Los, und seine Hand teilt aus unter sie mit der Meßschnur, daß sie das Land besitzen auf ewige Zeiten und darin wohnen von Geschlecht zu Geschlecht.

Das zukünftige Heil

35 Die Wüste und Einöde wird frohlocken, und die Steppe wird jubeln und wird blühen wie die Lilien.

2 Sie wird blühen und jubeln in aller Lust und Freude. Die Herrlichkeit des Libanon ist ihr gegeben, die Pracht von Karmel und Saron. Sie sehen die Herrlichkeit des HERRN, die Pracht unsres Gottes.

3 Stärket die müden Hände und macht
fest die wankenden Knie!
4 Saget den verzagten Herzen: Seid ge-
trost, fürchtet euch nicht! Seht, da ist
euer Gott! Er kommt zur Rache; Gott,
der da vergilt, kommt und wird euch hel-
fen.
5 Dann werden die Augen der Blinden
aufgetan und die Ohren der Tauben ge-
öffnet werden.
6 Dann werden die Lahmen springen
wie ein Hirsch, und die Zunge der Stum-
men wird frohlocken. Denn es werden
Wasser in der Wüste hervorbrechen und
Ströme im dürren Lande.
7 Und wo es zuvor trocken gewesen ist,
sollen Teiche stehen, und wo es dürre ge-
wesen ist, sollen Brunnquellen sein. Wo
zuvor die Schakale gelegen haben, soll
Gras und Rohr und Schilf stehen.
8 Und es wird dort eine Bahn sein, die
der heilige Weg heißen wird. Kein Un-
reiner darf ihn betreten; nur sie werden
auf ihm gehen; auch die Toren dürfen
nicht darauf umherirren.
9 Es wird da kein Löwe sein und kein
reißendes Tier darauf gehen; sie sind dort
nicht zu finden, sondern die Erlösten wer-
den dort gehen.
10 **Die Erlösten des HERRN werden wie-
derkommen und nach Zion kommen mit
Jauchzen; ewige Freude wird über ihrem
Haupte sein; Freude und Wonne werden sie
ergreifen, und Schmerz und Seufzen wird
entfliehen.**

Jerusalem von Sanherib bedroht und wunderbar errettet

36 Und es begab sich im vierzehnten
Jahr des Königs Hiskia, da zog der
König von Assyrien, Sanherib, herauf ge-
gen alle festen Städte Judas und nahm sie
ein.
2 Und der König von Assyrien sandte
den Rabschake von Lachisch nach Jeru-
salem zu dem König Hiskia mit großer
Heeresmacht. Und er trat hin an die Was-
serleitung des oberen Teiches, an der
Straße bei dem Acker des Walkers.
3 Und es kamen zu ihm heraus der Hof-
meister Eljakim, der Sohn Hilkias, und
der Schreiber Schebna und der Kanzler
Joach, der Sohn Asaphs.
4 Und der Rabschake sprach zu ihnen:
Sagt doch dem Hiskia: So spricht der
große König, der König von Assyrien:
Was ist das für ein Vertrauen, das du da
hast?
5 Meinst du, bloße Worte seien schon
Rat und Macht zum Kämpfen? Auf wen
verläßt du dich denn, daß du von mir ab-
gefallen bist?
6 Verläßt du dich auf den zerbrochenen
Rohrstab Ägypten, der jedem, der sich
darauf stützt, in die Hand dringt und sie
durchbohrt? So tut der Pharao, der König
von Ägypten, allen, die sich auf ihn ver-
lassen.
7 Willst du mir aber sagen: Wir verlas-
sen uns auf den HERRN, unsern Gott, –
ist's denn nicht derselbe, dessen Höhen
und Altäre Hiskia abgetan und zu Juda
und Jerusalem gesagt hat: «Nur vor die-
sem Altar sollt ihr anbeten»?
8 Wohlan, nimm eine Wette an mit
meinem Herrn, dem König von Assyrien:
Ich will dir zweitausend Rosse geben; laß
sehen, ob du die Reiter dazu stellen
kannst!
9 Wie willst du denn zurücktreiben auch
nur einen der geringsten Diener meines
Herrn? Und du verläßt dich auf Ägypten
um der Wagen und Gespanne willen!
10 Meinst du denn, daß ich ohne den
HERRN heraufgezogen bin in dies Land,
es zu verderben? Nein, sondern der HERR
sprach zu mir: Zieh hinauf in dies Land
und verdirb es!
11 Aber Eljakim und Schebna und Joach
sprachen zum Rabschake: Rede doch mit
deinen Knechten aramäisch, denn wir
verstehen's gut, und rede nicht hebräisch
mit uns vor den Ohren des Volks, das auf
der Mauer ist.
12 Da sprach der Rabschake: Meinst
du, daß mein Herr mich nur zu deinem
Herrn oder zu dir gesandt habe, solche
Worte zu reden, und nicht vielmehr zu
den Männern, die auf der Mauer sitzen
und samt euch ihren eigenen Mist fressen
und ihren Harn saufen werden?
13 Und der Rabschake trat hin und rief
laut auf hebräisch und sprach: Hört die
Worte des großen Königs, des Königs von
Assyrien!
14 So spricht der König: Laßt euch von
Hiskia nicht betrügen; denn er kann euch
nicht erretten.

15 Und laßt euch von Hiskia nicht vertrösten auf den HERRN, wenn er sagt: Der HERR wird uns erretten, und diese Stadt wird nicht in die Hand des Königs von Assyrien gegeben werden.

16 Hört nicht auf Hiskia! Denn so spricht der König von Assyrien: Schließt Freundschaft mit mir und kommt zu mir heraus, so soll ein jeder von euch von seinem Weinstock und von seinem Feigenbaum essen und aus seinem Brunnen trinken,

17 bis ich komme und hole euch in ein Land, das wie euer Land ist, ein Land, darin Korn und Wein ist, ein Land, darin Brot und Weinberge sind.

18 Laßt euch von Hiskia nicht bereden, wenn er sagt: Der HERR wird uns erretten! Haben etwa die Götter der andern Völker ihr Land errettet aus der Hand des Königs von Assyrien?

19 Wo sind die Götter von Hamath und Arpad? Wo sind die Götter von Sepharwajim? Und wo sind die Götter des Landes Samarien? Haben sie Samaria errettet aus meiner Hand?

20 Welcher unter allen Göttern dieser Länder hat sein Land errettet aus meiner Hand, daß allein der HERR Jerusalem erretten sollte aus meiner Hand?

21 Sie schwiegen aber still und antworteten ihm nichts; denn der König hatte geboten: Antwortet ihm nichts.

22 Da kamen der Hofmeister Eljakim, der Sohn Hilkias, und der Schreiber Schebna und der Kanzler Joach, der Sohn Asaphs, mit zerrissenen Kleidern zu Hiskia und sagten ihm die Worte des Rabschake an.

37 Als aber der König Hiskia das hörte, zerriß er seine Kleider und legte einen Sack an und ging in das Haus des HERRN.

2 Und er sandte den Hofmeister Eljakim und den Schreiber Schebna samt den Ältesten der Priester, mit dem Sack angetan, zu dem Propheten Jesaja, dem Sohn des Amoz.

3 Und sie sprachen zu ihm: So spricht Hiskia: Das ist ein Tag der Trübsal, der Züchtigung und der Schmach – wie wenn Kinder eben geboren werden sollen, aber die Kraft fehlt, sie zu gebären.

4 Vielleicht hört der HERR, dein Gott, die Worte des Rabschake, den sein Herr, der König von Assyrien, gesandt hat, den lebendigen Gott zu lästern, und straft die Worte, die der HERR, dein Gott, gehört hat! So tu Fürbitte für die Übriggebliebenen, die noch vorhanden sind.

5 Und die Großen des Königs Hiskia kamen zu Jesaja.

6 Jesaja aber sprach zu ihnen: So sollt ihr eurem Herrn sagen: So spricht der HERR: Fürchte dich nicht vor den Worten, die du gehört hast, mit denen mich die Knechte des Königs von Assyrien geschmäht haben!

7 Siehe, ich will ihn andern Sinnes machen; denn er soll ein Gerücht hören, so daß er wieder heimzieht in sein Land. Dann will ich ihn durchs Schwert fällen in seinem Lande.

8 Als aber der Rabschake zurückkam, fand er den König von Assyrien im Kampf gegen Libna; denn er hatte gehört, daß er von Lachisch abgezogen war.

9 Er hatte nämlich gehört über Tirhaka, den König von Kusch: Er ist ausgezogen, gegen dich zu kämpfen. Als er das hörte, sandte er Boten zu Hiskia und ließ ihm sagen:

10 Sagt Hiskia, dem König von Juda: Laß dich durch deinen Gott nicht betrügen, auf den du dich verläßt und sprichst: Jerusalem wird nicht in die Hand des Königs von Assyrien gegeben werden.

11 Siehe, du hast gehört, was die Könige von Assyrien allen Ländern getan haben, daß sie den Bann an ihnen vollstreckten, und du allein solltest errettet werden?

12 Haben denn die Götter der Völker die Länder errettet, die von meinen Vätern vernichtet wurden: Gosan, Haran, Rezeph und die von Eden in Telassar?

13 Wo ist der König von Hamath und der König von Arpad und der König der Stadt Sepharwajim, Hena und Iwwa?

14 Und als Hiskia den Brief von den Boten empfangen und gelesen hatte, ging er hinauf in das Haus des HERRN und breitete ihn aus vor dem HERRN.

15 Und Hiskia betete zum HERRN und sprach:

16 HERR Zebaoth, du Gott Israels, der du über den Cherubim thronst, du bist allein Gott über alle Königreiche auf Erden, du hast Himmel und Erde gemacht.

17 HERR, neige deine Ohren und höre doch, HERR, tu deine Augen auf und sieh doch! Höre doch alle die Worte Sanheribs, die er gesandt hat, um den lebendigen Gott zu schmähen.

18 Wahr ist's, HERR, die Könige von Assyrien haben alle Länder verwüstet

19 und haben ihre Götter ins Feuer geworfen; denn sie waren nicht Götter, sondern Werk von Menschenhänden, Holz und Stein. Die haben sie vertilgt.

20 Nun aber, HERR, unser Gott, errette uns aus seiner Hand, damit alle Königreiche auf Erden erfahren, daß du, HERR, allein Gott bist!

21 **Da** sandte Jesaja, der Sohn des Amoz, zu Hiskia und ließ ihm sagen: So spricht der HERR, der Gott Israels: Was du von mir erbeten hast wegen des Königs Sanherib von Assyrien, habe ich gehört.

22 Dies ist's, was der HERR über ihn spricht: Die Jungfrau, die Tochter Zion, verachtet dich und spottet deiner, und die Tochter Jerusalem schüttelt das Haupt hinter dir her.

23 Wen hast du geschmäht und gelästert? Über wen hast du die Stimme erhoben? Du hobst deine Augen empor wider den Heiligen Israels.

24 Durch deine Knechte hast du den Herrn geschmäht und gesagt: «Ich bin mit der Menge meiner Wagen heraufgezogen auf die Höhe der Berge in den innersten Libanon und habe seine hohen Zedern abgehauen samt seinen auserwählten Zypressen und bin bis zu seiner äußersten Höhe gekommen, in seinen dichtesten Wald.

25 Ich habe gegraben und getrunken fremde Wasser und habe mit meinen Fußsohlen ausgetrocknet alle Flüsse Ägyptens.»

26 **Hast** du nicht gehört, daß ich es lange zuvor bereitet und von Anfang an geplant habe? Jetzt aber habe ich's kommen lassen, daß du feste Städte zerstören solltest zu Steinhaufen,

27 und ihre Einwohner sollten ohne Kraft werden und sich fürchten und zuschanden werden und wie Feldgras werden und wie grünes Kraut, wie Gras auf den Dächern, das verdorrt, ehe es reif wird.

28 Ich weiß von deinem Aufstehen und Sitzen, von deinem Ausziehen und Einziehen und daß du tobst gegen mich.

29 Weil du nun gegen mich tobst und dein Stolz vor meine Ohren gekommen ist, will ich dir meinen Ring in die Nase legen und meinen Zaum in dein Maul und will dich den Weg wieder heimführen, den du gekommen bist.

30 **Und** das sei dir, Hiskia, ein Zeichen: In diesem Jahr iß, was von selber nachwächst, im nächsten Jahr, was auch dann noch wächst; im dritten Jahr sät und erntet, pflanzt Weinberge und eßt ihre Früchte.

31 Denn die Erretteten vom Hause Juda und was übriggeblieben ist, werden von neuem nach unten Wurzeln schlagen und oben Frucht tragen.

32 Denn von Jerusalem werden ausgehen, die übriggeblieben sind, und die Erretteten vom Berge Zion. Solches wird tun der Eifer des HERRN Zebaoth.

33 **Darum** spricht der HERR über den König von Assyrien: Er soll nicht in diese Stadt kommen und soll auch keinen Pfeil hineinschießen und mit keinem Schild davor kommen und soll keinen Wall gegen sie aufschütten,

34 sondern auf dem Wege, den er gekommen ist, soll er wieder heimkehren, daß er in diese Stadt nicht komme, sprich der HERR.

35 Denn ich will diese Stadt schützen, daß ich sie errette um meinetwillen und um meines Knechtes David willen.

36 **Da** fuhr aus der Engel des HERRN und schlug im assyrischen Lager hundertfünfundachtzigtausend Mann. Und als man sich früh am Morgen aufmachte, siehe, da lag alles voller Leichen.

37 Und der König von Assyrien, Sanherib, brach auf, zog weg und kehrte wieder heim und blieb zu Ninive.

38 Es begab sich aber, als er anbetete im Hause Nisrochs, seines Gottes, erschlugen ihn seine Söhne Adrammelech und Sarezer mit dem Schwert, und sie flohen ins Land Ararat. Und sein Sohn Asar-Haddon wurde König an seiner Statt.

Hiskias Krankheit, Genesung und Danklied

38 Zu der Zeit wurde Hiskia todkrank. Und der Prophet Jesaja, der Sohn des Amoz, kam zu ihm und sprach zu ihm: So spricht der HERR: Bestelle dein

Haus, denn du wirst sterben und nicht am
Leben bleiben.
2 Da wandte Hiskia sein Angesicht zur
Wand und betete zum HERRN
3 und sprach: Gedenke doch, HERR, wie
ich vor dir in Treue und ungeteilten Her-
zens gewandelt bin und habe getan, was
dir gefallen hat. Und Hiskia weinte sehr.
4 Da geschah das Wort des HERRN zu
Jesaja:
5 Geh hin und sage Hiskia: So spricht
der HERR, der Gott deines Vaters David:
Ich habe dein Gebet gehört und deine
Tränen gesehen. Siehe, ich will deinen
Tagen noch fünfzehn Jahre zulegen
6 und will dich samt dieser Stadt erret-
ten aus der Hand des Königs von Assyrien
und will diese Stadt beschirmen.
7 Und dies sei dir das Zeichen von dem
HERRN, daß der HERR tun wird, was er
zugesagt hat:
8 Siehe, ich will den Schatten an der
Sonnenuhr des Ahas zehn Striche zu-
rückziehen, über die er gelaufen ist. Und
die Sonne lief zehn Striche zurück an der
Sonnenuhr, über die sie gelaufen war.
9 Dies ist das Lied Hiskias, des Königs
von Juda, als er krank gewesen und von
seiner Krankheit gesund geworden war:
10 Ich sprach: Nun muß ich zu des
Totenreiches Pforten fahren in der Mitte
meines Lebens, da ich doch gedachte,
noch länger zu leben.
11 Ich sprach: Nun werde ich den
HERRN nicht mehr schauen im Lande der
Lebendigen, nun werde ich die Menschen
nicht mehr sehen mit denen, die auf der
Welt sind.
12 Meine Hütte ist abgebrochen und
über mir weggenommen wie eines Hir-
ten Zelt. Zu Ende gewebt hab ich mein
Leben wie ein Weber; er schneidet mich
ab vom Faden. Tag und Nacht gibst du
mich preis;
13 bis zum Morgen schreie ich um Hilfe;
aber er zerbricht mir alle meine Knochen
wie ein Löwe; Tag und Nacht gibst du
mich preis.
14 Ich zwitschere wie eine Schwalbe und
gurre wie eine Taube. Meine Augen sehen
verlangend nach oben: Herr, ich leide
Not, tritt für mich ein!
15 Was soll ich reden und was ihm
sagen? Er hat's getan! Entflohen ist all
mein Schlaf bei solcher Betrübnis meiner
Seele.
16 Herr, laß mich wieder genesen und
leben!
17 **Siehe, um Trost war mir sehr bange.**
Du aber hast dich meiner Seele herzlich an-
genommen, daß sie nicht verdürbe; denn du
wirfst alle meine Sünden hinter dich zurück.
18 Denn die Toten loben dich nicht, und
der Tod rühmt dich nicht, und die in die
Grube fahren, warten nicht auf deine
Treue;
19 sondern allein, die da leben, loben
dich so wie ich heute. Der Vater macht den
Kindern deine Treue kund.
20 Der HERR hat mir geholfen, darum
wollen wir singen und spielen, solange wir
leben, im Hause des HERRN!
21* Und Jesaja sprach, man solle ein
Pflaster von Feigen nehmen und auf sein
Geschwür legen, daß er gesund würde.
22 Hiskia aber sprach: Was ist das Zei-
chen, daß ich wieder zum Hause des
HERRN hinaufgehen kann?

Hiskia und die Gesandten aus Babel

39 Zu der Zeit sandte Merodach-Ba-
ladan, der Sohn Baladans, der
König von Babel, Briefe und Geschenke
an Hiskia; denn er hatte gehört, daß er
krank gewesen und wieder gesund gewor-
den sei.
2 Darüber freute sich Hiskia und zeigte
den Gesandten das Schatzhaus, Silber und
Gold und Spezerei, kostbare Salben und
sein ganzes Zeughaus und alle Schätze,
die er hatte. Es gab nichts, was ihnen
Hiskia nicht gezeigt hätte in seinem Hause
und in seinem ganzen Reich.
3 Da kam der Prophet Jesaja zum König
Hiskia und sprach zu ihm: Was sagen
diese Männer, und von woher kommen
sie zu dir? Hiskia sprach: Sie kommen
aus fernem Lande zu mir, nämlich aus
Babel.
4 Er aber sprach: Was haben sie in dei-
nem Hause gesehen? Hiskia sprach: Alles,
was in meinem Hause ist, haben sie ge-
sehen, und es gibt nichts, das ich ihnen
nicht gezeigt hätte von meinen Schätzen.
5 Und Jesaja sprach zu Hiskia: Höre
das Wort des HERRN Zebaoth:

*Die Verse 21 und 22 gehören zwischen Vers 6 und
7 wie in 2. Kön 20,7.8.

6 Siehe, es kommt die Zeit, daß alles,
was in deinem Hause ist und was deine
Väter gesammelt haben bis auf diesen
Tag, nach Babel gebracht werden wird, so
daß nichts zurückbleibt, spricht der HERR.
7 Dazu werden sie von deinen Söhnen,
die von dir kommen werden, die du zeu-
gen wirst, einige nehmen, daß sie Käm-
merer werden müssen am Hofe des Königs
von Babel.
8 Und Hiskia sprach zu Jesaja: Das
Wort des HERRN ist gut, das du sagst.
Denn er dachte: Es wird doch Friede und
Sicherheit sein, solange ich lebe.

DAS TROSTBUCH VON DER ERLÖSUNG ISRAELS
(Kap 40-55)

Des Herrn tröstendes Wort für sein Volk

40 Tröstet, tröstet mein Volk! spricht
euer Gott.
2 Redet mit Jerusalem freundlich und
prediget ihr, daß ihre Knechtschaft ein
Ende hat, daß ihre Schuld vergeben ist;
denn sie hat doppelte Strafe empfangen
von der Hand des HERRN für alle ihre
Sünden.
3 Es ruft eine Stimme: In der Wüste be-
reitet dem HERRN den Weg, macht in der
Steppe eine ebene Bahn unserm Gott!
4 Alle Täler sollen erhöht werden, und
alle Berge und Hügel sollen erniedrigt
werden, und was uneben ist, soll gerade,
und was hügelig ist, soll eben werden;
5 denn die Herrlichkeit des HERRN soll
offenbart werden, und alles Fleisch mit-
einander wird es sehen; denn des HERRN
Mund hat's geredet.
6 Es spricht eine Stimme: Predige! und
ich sprach: Was soll ich predigen? **Alles
Fleisch ist Gras, und alle seine Güte ist wie
eine Blume auf dem Felde.**
7 Das Gras verdorrt, die Blume ver-
welkt; denn des HERRN Odem bläst darein.
Ja, Gras ist das Volk!
8 **Das Gras verdorrt, die Blume verwelkt,
aber das Wort unseres Gottes bleibt ewig-
lich.**
9 Zion, du Freudenbotin, steig auf einen
hohen Berg; Jerusalem, du Freudenbotin,
erhebe deine Stimme mit Macht; erhebe
sie und fürchte dich nicht! Sage den Städ-
ten Judas: Siehe, da ist euer Gott,
10 siehe, da ist Gott der HERR! Er
kommt gewaltig, und sein Arm wird herr-
schen. Siehe, was er gewann, ist bei ihm,
und was er sich erwarb, geht vor ihm her.
11 Er wird seine Herde weiden wie ein
Hirte. Er wird die Lämmer in seinen Arm
sammeln und im Bausch seines Gewandes
tragen und die Mutterschafe führen.

Israels unvergleichlicher Gott

12 Wer mißt die Wasser mit der hohlen
Hand, und wer bestimmt des Himmels
Weite mit der Spanne und faßt den Staub
der Erde mit dem Maß und wiegt die
Berge mit einem Gewicht und die Hügel
mit einer Waage?
13 Wer bestimmt den Geist des HERRN,
und welcher Ratgeber unterweist ihn?
14 Wen fragt er um Rat, der ihm Ein-
sicht gebe und lehre ihn den Weg des
Rechts und lehre ihn Erkenntnis und
weise ihm den Weg des Verstandes?
15 Siehe, die Völker sind geachtet wie
ein Tropfen am Eimer und wie ein Sand-
korn auf der Waage. Siehe, die Inseln sind
wie ein Stäublein.
16 Der Libanon wäre zu wenig zum
Feuer und seine Tiere zu wenig zum
Brandopfer.
17 Alle Völker sind vor ihm wie nichts
und gelten ihm als nichtig und eitel.
18 Mit wem wollt ihr denn Gott ver-
gleichen? Oder was für ein Abbild wollt
ihr von ihm machen?
19 Der Meister gießt ein Bild, und der
Goldschmied vergoldet's und macht sil-
berne Ketten daran.
20 Wer aber zu arm ist für eine solche
Gabe, der wählt ein Holz, das nicht fault,
und sucht einen klugen Meister dazu, ein
Bild zu fertigen, das nicht wackelt.
21 Wißt ihr denn nicht? Hört ihr denn
nicht? Ist's euch nicht von Anfang an
verkündigt? Habt ihr's nicht gelernt von
Anbeginn der Erde?
22 Er thront über dem Kreis der Erde,
und die darauf wohnen, sind wie Heu-
schrecken; er spannt den Himmel aus wie
einen Schleier und breitet ihn aus wie ein
Zelt, in dem man wohnt;
23 er gibt die Fürsten preis, daß sie
nichts sind, und die Richter auf Erden
macht er zunichte:
24 Kaum sind sie gepflanzt, kaum sind

sie gesät, kaum hat ihr Stamm eine Wurzel
in der Erde, da läßt er einen Wind unter
sie wehen, daß sie verdorren, und ein
Wirbelsturm führt sie weg wie Spreu.
25 Mit wem wollt ihr mich also verglei-
chen, dem ich gleich sei? spricht der Hei-
lige.
26 **Hebet** eure Augen in die Höhe und
seht! Wer hat dies geschaffen? Er führt ihr
Heer vollzählig heraus und ruft sie alle
mit Namen; seine Macht und starke Kraft
ist so groß, daß nicht eins von ihnen fehlt.
27 Warum sprichst du denn, Jakob, und
du, Israel, sagst: Mein Weg ist dem
HERRN verborgen, und mein Recht geht
vor meinem Gott vorüber?
28 Weißt du nicht? Hast du nicht ge-
hört? Der HERR, der ewige Gott, der die
Enden der Erde geschaffen hat, wird nicht
müde noch matt, sein Verstand ist unaus-
forschlich.
29 **Er gibt dem Müden Kraft und Stärke
genug dem Unvermögenden.**
30 Männer werden müde und matt, und
Jünglinge straucheln und fallen;
31 aber **die auf den HERRN harren, krie-
gen neue Kraft, daß sie auffahren mit Flü-
geln wie Adler, daß sie laufen und nicht matt
werden, daß sie wandeln und nicht müde
werden.**

Die Völker vor dem Weltenrichter

41 Die Inseln sollen vor mir schweigen
und die Völker neue Kraft gewin-
nen! Sie sollen herzutreten und dann re-
den! Laßt uns miteinander rechten!
2 Wer läßt den von Osten her kommen,
dem Heil auf dem Fuße folgt, vor dem er
Völker und Könige dahingibt, daß er
ihrer mächtig wird? Sein Schwert macht
sie wie Staub und sein Bogen wie ver-
wehte Spreu.
3 Er jagt ihnen nach und zieht unver-
sehrt hindurch und berührt den Weg nicht
mit seinen Füßen.
4 Wer tut und macht das? Wer ruft die
Geschlechter von Anfang her? Ich bin's,
der HERR, der Erste und bei den Letzten
noch derselbe.
5 Als die Inseln das sahen, fürchteten sie
sich, und die Enden der Erde erschra-
ken; sie nahten sich und kamen herzu.
6 **Einer** will dem andern helfen und
spricht zu seinem Nächsten: Steh fest!
7 Der Meister nimmt den Goldschmied
fest an die Hand, und sie machen mit dem
Hammer das Blech glatt auf dem Amboß
und sprechen: Das wird fein stehen! und
machen's fest mit Nägeln, daß es nicht
wackeln soll.
8 **Du** aber, Israel, mein Knecht, Jakob,
den ich erwählt habe, du Sproß Abra-
hams, meines Geliebten,
9 den ich fest ergriffen habe von den
Enden der Erde her und berufen von
ihren Grenzen, zu dem ich sprach: Du
sollst mein Knecht sein; ich erwähle dich
und verwerfe dich nicht –,
10 **fürchte dich nicht, ich bin mit dir,
weiche nicht, denn ich bin dein Gott. Ich
stärke dich, ich helfe dir auch, ich halte
dich durch die rechte Hand meiner Gerech-
tigkeit.**
11 Siehe, zu Spott und zuschanden sol-
len werden alle, die dich hassen; sie sollen
werden wie nichts, und die Leute, die mit
dir hadern, sollen umkommen.
12 Wenn du nach ihnen fragst, wirst du
sie nicht finden. Die mit dir hadern, sollen
werden wie nichts, und die wider dich
streiten, sollen ein Ende haben.
13 Denn ich bin der HERR, dein Gott,
der deine rechte Hand faßt und zu dir
spricht: Fürchte dich nicht, ich helfe dir!
14 **Fürchte dich nicht, du Würmlein Jakob,
du armer Haufe Israel. Ich helfe dir, spricht
der HERR, und dein Erlöser ist der Heilige
Israels.**
15 Siehe, ich habe dich zum scharfen,
neuen Dreschwagen gemacht, der viele
Zacken hat, daß du Berge zerdreschen und
zermalmen sollst und Hügel wie Spreu
machen.
16 Du sollst sie worfeln, daß der Wind
sie wegführt und der Wirbelsturm sie ver-
weht. Du aber wirst fröhlich sein über den
HERRN und wirst dich rühmen des Heili-
gen Israels.
17 **Die** Elenden und Armen suchen Was-
ser, und es ist nichts da, ihre Zunge ver-
dorrt vor Durst. Aber ich, der HERR, will
sie erhören, ich, der Gott Israels, will sie
nicht verlassen.
18 Ich will Wasserbäche auf den Höhen
öffnen und Quellen mitten auf den Fel-
dern und will die Wüste zu Wasserstellen
machen und das dürre Land zu Wasser-
quellen.

19 Ich will in der Wüste wachsen lassen
Zedern, Akazien, Myrten und Ölbäume;
ich will in der Steppe pflanzen miteinan-
der Zypressen, Buchsbaum und Kiefern,
20 damit man zugleich sehe und erkenne
und merke und verstehe: des HERRN Hand
hat dies getan, und der Heilige Israels hat
es geschaffen.
21 Bringt eure Sache vor, spricht der
HERR; sagt an, womit ihr euch verteidigen
wollt, spricht der König in Jakob.
22 Sie sollen herzutreten und uns ver-
kündigen, was kommen wird. Verkündigt
es doch, was früher geweissagt wurde,
damit wir darauf achten! Oder laßt uns
hören, was kommen wird, damit wir
merken, daß es eintrifft!
23 Verkündigt uns, was hernach kom-
men wird, damit wir erkennen, daß ihr
Götter seid! Wohlan, tut Gutes oder tut
Schaden, damit wir uns verwundern und
erschrecken!
24 Siehe, ihr seid nichts, und euer Tun
ist auch nichts, und euch erwählen ist ein
Greuel.
25 Von Norden habe ich einen kommen
lassen, und er ist gekommen, vom Auf-
gang der Sonne her den, der meinen Na-
men anruft. Er zerstampft die Gewaltigen
wie Lehm und wie der Töpfer, der den
Ton tritt.
26 Wer hat es von Anfang an verkün-
digt, daß wir's vernahmen? Wer hat es
vorher geweissagt, daß wir sagen: Das ist
recht! Aber da ist keiner, der es verkün-
digte, keiner, der etwas hören ließ, keiner,
der von euch ein Wort hörte.
27 Ich bin der erste, der zu Zion sagt:
Siehe, da sind sie, und Jerusalem gebe ich
einen Freudenboten.
28 Schau ich mich um, da ist niemand,
und seh ich sie an, da ist kein Ratgeber,
daß ich sie fragen könnte und sie mir ant-
worteten.
29 Siehe, sie sind alle nichts, und nichtig
sind ihre Werke; ihre Götzen sind leerer
Wind.

Der Knecht Gottes das Licht der Welt

42 **Siehe, das ist mein Knecht – ich halte
ihn – und mein Auserwählter, an dem
meine Seele Wohlgefallen hat.** Ich habe
ihm meinen Geist gegeben; er wird das
Recht unter die Heiden bringen.
2 Er wird nicht schreien noch rufen, und
seine Stimme wird man nicht hören auf
den Gassen.
3 **Das geknickte Rohr wird er nicht zer-
brechen, und den glimmenden Docht wird
er nicht auslöschen.** In Treue trägt er das
Recht hinaus.
4 Er selbst wird nicht verlöschen und
nicht zerbrechen, bis er auf Erden das
Recht aufrichte; und die Inseln warten
auf seine Weisung.
5 So spricht Gott, der HERR, der die
Himmel schafft und ausbreitet, der die
Erde macht und ihr Gewächs, der dem
Volk auf ihr den Odem gibt und den
Geist denen, die auf ihr gehen:
6 Ich, der HERR, habe dich gerufen in
Gerechtigkeit und halte dich bei der Hand
und behüte dich und mache dich zum
Bund für das Volk, zum Licht der Heiden,
7 daß du die Augen der Blinden öffnen
sollst und die Gefangenen aus dem Ge-
fängnis führen und, die da sitzen in der
Finsternis, aus dem Kerker.
8 Ich, der HERR, das ist mein Name, ich
will meine Ehre keinem andern geben
noch meinen Ruhm den Götzen.
9 Siehe, was ich früher verkündigt habe,
ist gekommen. So verkündige ich auch
Neues; ehe denn es aufgeht, lasse ich's
euch hören.

Gott kommt zur Befreiung seines Volkes

10 Singet dem HERRN ein neues Lied,
seinen Ruhm an den Enden der Erde, die
ihr auf dem Meer fahret, und was im
Meer ist, ihr Inseln und die darauf woh-
nen!
11 Rufet laut, ihr Wüsten und die Städte
darin samt den Dörfern, wo Kedar wohnt.
Es sollen jauchzen, die in Felsen wohnen,
und rufen von den Höhen der Berge!
12 Sie sollen dem HERRN die Ehre geben
und seinen Ruhm auf den Inseln verkün-
den!
13 Der HERR zieht aus wie ein Held, wie
ein Kriegsmann kommt er in Eifer; laut
erhebt er das Kampfgeschrei, zieht wie ein
Held wider seine Feinde.
14 Ich schwieg wohl eine lange Zeit, war
still und hielt an mich. Nun aber will ich
schreien wie eine Gebärende, ich will laut
rufen und schreien.
15 Ich will Berge und Hügel zur Wüste

machen und all ihr Gras verdorren lassen und will die Wasserströme zu Land machen und die Seen austrocknen.

16 Aber die Blinden will ich auf dem Wege leiten, den sie nicht wissen; ich will sie führen auf den Steigen, die sie nicht kennen. Ich will die Finsternis vor ihnen her zum Licht machen und das Höckerige zur Ebene. Das alles will ich tun und nicht davon lassen.

17 Aber die sich auf Götzen verlassen und sprechen zum gegossenen Bilde: «Ihr seid unsre Götter!», die sollen zurückweichen und zuschanden werden.

18 **Hört, ihr Tauben, und schaut her, ihr Blinden, daß ihr seht!**

19 Wer ist so blind wie mein Knecht, und wer ist so taub wie mein Bote, den ich senden will? Wer ist so blind wie der Vertraute und so blind wie der Knecht des HERRN?

20 Du sahst wohl viel, aber du hast's nicht beachtet; deine Ohren waren offen, aber du hast nicht gehört.

21 Dem HERRN hat es gefallen um seiner Gerechtigkeit willen, daß er sein Gesetz herrlich und groß mache.

22 Dennoch ist es ein beraubtes und geplündertes Volk; sie sind alle gebunden in Gefängnissen und verschlossen in Kerkern. Sie sind zur Beute geworden, und es ist kein Erretter da; sie sind geplündert, und es ist niemand da, der sagt: Gib wieder her!

23 Wer ist unter euch, der das zu Ohren nimmt, der aufmerkt und es hört für künftige Zeiten?

24 Wer hat Jakob der Plünderung preisgegeben und Israel den Räubern? Hat es nicht der HERR getan, an dem wir gesündigt haben? Und sie wollten nicht auf seinen Wegen wandeln, und sie gehorchten seinen Weisungen nicht.

25 Darum hat er über sie ausgeschüttet seinen grimmigen Zorn und den Schrecken des Krieges, daß er sie ringsumher versengte, aber sie merken's nicht, und sie in Brand steckte, aber sie nehmen's nicht zu Herzen.

Gott erlöst sein Volk

43 Und nun spricht der HERR, der dich geschaffen hat, Jakob, und dich gemacht hat, Israel: **Fürchte dich nicht, denn ich habe dich erlöst; ich habe dich bei deinem Namen gerufen; du bist mein!**

2 Wenn du durch Wasser gehst, will ich bei dir sein, daß dich die Ströme nicht ersäufen sollen; und wenn du ins Feuer gehst, sollst du nicht brennen, und die Flamme soll dich nicht versengen.

3 Denn ich bin der HERR, dein Gott, der Heilige Israels, dein Heiland. Ich habe Ägypten für dich als Lösegeld gegeben, Kusch und Seba an deiner Statt,

4 weil du in meinen Augen so wert geachtet und auch herrlich bist und weil ich dich lieb habe. Ich gebe Menschen an deiner Statt und Völker für dein Leben.

5 So fürchte dich nun nicht, denn ich bin bei dir. Ich will vom Osten deine Kinder bringen und dich vom Westen her sammeln,

6 ich will sagen zum Norden: Gib her! und zum Süden: Halte nicht zurück! Bring her meine Söhne von ferne und meine Töchter vom Ende der Erde,

7 alle, die mit meinem Namen genannt sind, die ich zu meiner Ehre geschaffen und zubereitet und gemacht habe.

Israel Gottes Zeuge vor der Welt

8 Es soll hervortreten das blinde Volk, das doch Augen hat, und die Tauben, die doch Ohren haben!

9 Alle Heiden sollen zusammenkommen und die Völker sich versammeln. Wer ist unter ihnen, der dies verkündigen kann und uns hören lasse, was früher geweissagt wurde? Sie sollen ihre Zeugen aufstellen und beweisen, so wird man's hören und sagen: Es ist die Wahrheit.

10 Ihr seid meine Zeugen, spricht der HERR, und mein Knecht, den ich erwählt habe, damit ihr wißt und mir glaubt und erkennt, daß ich's bin. Vor mir ist kein Gott gemacht, so wird auch nach mir keiner sein.

11 **Ich, ich bin der HERR, und außer mir ist kein Heiland.**

12 Ich hab's verkündigt und habe auch geholfen und hab's euch sagen lassen; und es war kein fremder Gott unter euch. Ihr seid meine Zeugen, spricht der HERR, und ich bin Gott.

13 Ich bin, ehe denn ein Tag war, und niemand ist da, der aus meiner Hand erretten kann. Ich wirke; wer will's wenden?

Gott führt sein Volk aus Babel

14 So spricht der HERR, euer Erlöser,
der Heilige Israels: Um euretwillen habe
ich nach Babel geschickt und habe die
Riegel eures Gefängnisses zerbrochen,
und zur Klage wird der Jubel der Chal-
däer.
15 Ich bin der HERR, euer Heiliger, der
ich Israel geschaffen habe, euer König.
16 So spricht der HERR, der im Meer
einen Weg und in starken Wassern Bahn
macht,
17 der ausziehen läßt Wagen und Rosse,
Heer und Macht, daß sie auf einem Hau-
fen daliegen und nicht aufstehen, daß sie
verlöschen, wie ein Docht verlischt:
18 Gedenkt nicht an das Frühere und
achtet nicht auf das Vorige!
19 Denn siehe, ich will ein Neues schaf-
fen, jetzt wächst es auf, erkennt ihr's denn
nicht? Ich mache einen Weg in der Wüste
und Wasserströme in der Einöde.
20 Das Wild des Feldes preist mich, die
Schakale und Strauße; denn ich will in
der Wüste Wasser und in der Einöde
Ströme geben, zu tränken mein Volk,
meine Auserwählten;
21 das Volk, das ich mir bereitet habe,
soll meinen Ruhm verkündigen.

Gott tilgt Israels Sünde

22 Nicht, daß du mich gerufen hättest,
Jakob, oder daß du dich um mich ge-
müht hättest, Israel.
23 Mir hast du nicht die Schafe deines
Brandopfers gebracht noch mich geehrt
mit deinen Schlachtopfern. Ich habe dir
nicht Arbeit gemacht mit Opfergaben,
habe dich auch nicht bemüht mit Weih-
rauch.
24 Mir hast du nicht für Geld köstliches
Gewürz gekauft, mich hast du mit dem
Fett deiner Opfer nicht gelabt. Aber **mir
hast du Arbeit gemacht mit deinen Sünden
und hast mir Mühe gemacht mit deinen
Missetaten.**
25 **Ich, ich tilge deine Übertretungen um
meinetwillen und gedenke deiner Sünden
nicht.**
26 Erinnere mich, laß uns miteinander
rechten! Zähle alles auf, damit du Recht
bekommst!
27 Schon dein Ahnherr hat gesündigt,
und deine Wortführer sind von mir abge-
fallen.
28 Darum habe ich die Fürsten des Hei-
ligtums entheiligt und Jakob dem Bann
übergeben und Israel dem Hohn.

Das wahre Israel

44 So höre nun, mein Knecht Jakob,
und Israel, den ich erwählt habe!
2 So spricht der HERR, der dich gemacht
und bereitet hat und der dir beisteht von
Mutterleibe an: Fürchte dich nicht, mein
Knecht Jakob, und du, Jeschurun, den
ich erwählt habe!
3 Denn **ich will Wasser gießen auf das
Durstige und Ströme auf das Dürre: ich
will meinen Geist auf deine Kinder gießen
und meinen Segen auf deine Nachkommen,**
4 daß sie wachsen sollen wie Gras zwi-
schen Wassern, wie die Weiden an den
Wasserbächen.
5 Dieser wird sagen «Ich bin des
HERRN», und jener wird genannt werden
mit dem Namen «Jakob». Und wieder ein
anderer wird in seine Hand schreiben
«Dem HERRN eigen» und wird mit dem
Namen «Israel» genannt werden.

Der lebendige Gott und die toten Götzen

6 So spricht der HERR, der König Israels,
und sein Erlöser, der HERR Zebaoth: **Ich
bin der Erste, und ich bin der Letzte, und
außer mir ist kein Gott.**
7 Und wer ist mir gleich? Er rufe und
verkünde es und tue es mir dar! Wer hat
vorzeiten kundgetan das Künftige? Sie
sollen uns verkündigen, was kommen
wird!
8 Fürchtet euch nicht und erschrecket
nicht! Habe ich's dich nicht schon lange
hören lassen und es dir verkündigt? Ihr
seid doch meine Zeugen! Ist auch ein
Gott außer mir? Es ist kein Fels, ich weiß
ja keinen.
9 Die Götzenmacher sind alle nichtig;
woran ihr Herz hängt, das ist nichts nütze.
Und ihre Zeugen sehen nichts, merken
auch nichts, damit sie zuschanden werden.
10 Wer sind sie, die einen Gott machen
und einen Götzen gießen, der nichts
nütze ist?
11 Siehe, alle ihre Genossen werden zu-
schanden; die Meister sind auch nur
Menschen. Wenn sie auch alle zusam-

mentreten, sollen sie dennoch erschrecken
und zuschanden werden.
12 Der Schmied macht ein Messer in der
Glut und formt es mit Hammerschlägen.
Er arbeitet daran mit der ganzen Kraft
seines Arms; dabei wird er hungrig, so
daß er nicht mehr kann, und trinkt auch
kein Wasser, so daß er matt wird.
13 Der Zimmermann spannt die Schnur
und zeichnet mit dem Stift. Er behaut das
Holz und zirkelt es ab und macht es wie
eines Mannes Gestalt, wie einen schönen
Menschen; in einem Hause soll es thronen.
14 Er haut Zedern ab und nimmt Kiefern und Eichen und wählt unter den
Bäumen des Waldes. Er hatte Fichten gepflanzt, und der Regen ließ sie wachsen.
15 Das gibt den Leuten Brennholz; davon nimmt er und wärmt sich; auch zündet er es an und bäckt Brot; aber daraus
macht er auch einen Gott und betet's an;
er macht einen Götzen daraus und kniet
davor nieder.
16 Die eine Hälfte verbrennt er im
Feuer, auf ihr brät er Fleisch und ißt den
Braten und sättigt sich, wärmt sich auch
und spricht: Ah! Ich bin warm geworden,
ich spüre das Feuer.
17 Aber die andere Hälfte macht er zum
Gott, daß es sein Götze sei, vor dem er kniet
und niederfällt und betet, und spricht:
Errette mich, denn du bist mein Gott!
18 Sie wissen nichts und verstehen
nichts; denn sie sind verblendet, daß ihre
Augen nicht sehen und ihre Herzen nichts
merken können.
19 Er kommt nicht zur Einsicht; keine
Vernunft und kein Verstand ist da, daß er
dächte: Ich habe die eine Hälfte mit Feuer
verbrannt und hab auf den Kohlen Brot
gebacken und Fleisch gebraten und gegessen und sollte die andere Hälfte zum
Götzen machen und sollte knien vor einem Klotz?
20 Wer Asche hütet, den hat sein Herz
getäuscht und betört, so daß er sein Leben
nicht erretten und nicht zu sich sagen
wird: Ist das nicht Trug, woran meine
Rechte sich hält?

Freude über die Erlösung

21 Gedenke daran, Jakob, und du,
Israel, denn du bist mein Knecht. Ich
habe dich bereitet, daß du mein Knecht
seist. Israel, ich vergesse dich nicht!*
22 **Ich tilge deine Missetat wie eine Wolke
und deine Sünden wie den Nebel. Kehre
dich zu mir, denn ich erlöse dich!** –
23 Jauchzet, ihr Himmel, denn der
HERR hat's getan! Jubelt, ihr Tiefen der
Erde! Ihr Berge, frohlocket mit Jauchzen,
der Wald und alle Bäume darin! Denn der
HERR hat Jakob erlöst und ist herrlich in
Israel.

Cyrus als Werkzeug Gottes

24 So spricht der HERR, dein Erlöser,
der dich von Mutterleibe bereitet hat: Ich
bin der HERR, der alles schafft, der den
Himmel ausbreitet allein und die Erde
festmacht ohne Gehilfen;
25 der die Zeichen der Wahrsager zunichte macht und die Weissager zu Narren; der die Weisen zurücktreibt und ihre
Kunst zur Torheit macht;
26 der das Wort seiner Knechte wahr
macht und den Ratschluß vollführt, den
seine Boten verkündigt haben; der zu
Jerusalem spricht: Werde bewohnt! und
zu den Städten Judas: Werdet wieder aufgebaut!, und ihre Trümmer richte ich auf;
27 der zu der Tiefe spricht: Versiege!,
und deine Fluten trockne ich aus;
28 der zu Cyrus sagt: Mein Hirte! Er
soll all meinen Willen vollenden und sagen zu Jerusalem: Werde wieder gebaut!
und zum Tempel: Werde gegründet!
45 So spricht der HERR zu seinem Gesalbten, zu Cyrus, den ich bei seiner
rechten Hand ergriff, daß ich Völker vor
ihm unterwerfe und Königen das Schwert
abgürte, damit vor ihm Türen geöffnet
werden und Tore nicht verschlossen bleiben:
2 Ich will vor dir hergehen und das
Bergland eben machen, ich will die ehernen Türen zerschlagen und die eisernen
Riegel zerbrechen
3 und will dir heimliche Schätze geben
und verborgene Kleinode, damit du erkennst, daß ich der HERR bin, der dich
beim Namen ruft, der Gott Israels.
4 Um Jakobs, meines Knechts, und um
Israels, meines Auserwählten, willen rief
ich dich bei deinem Namen und gab dir

*Luther übersetzte im Anschluß an eine andere Überlieferung: «Israel, vergiß Mein nicht!»

Ehrennamen, obgleich du mich nicht
kanntest.
5 Ich bin der HERR, und sonst keiner
mehr, kein Gott ist außer mir. Ich habe dich
gerüstet, obgleich du mich nicht kanntest,
6 damit man erfahre in Ost und West,
daß außer mir nichts ist. Ich bin der
HERR, und sonst keiner mehr,
7 der ich das Licht mache und schaffe
die Finsternis, der ich Frieden gebe und
schaffe Unheil. Ich bin der HERR, der dies
alles tut.
8 Träufelt, ihr Himmel, von oben, und
ihr Wolken, regnet Gerechtigkeit! Die
Erde tue sich auf und bringe Heil, und
Gerechtigkeit wachse mit auf! Ich, der
HERR, habe es geschaffen.

Gegen die Vermessenen in Israel

9 Weh dem, der mit seinem Schöpfer
hadert, eine Scherbe unter irdenen Scher-
ben! Spricht denn der Ton zu seinem
Töpfer: Was machst du? und sein Werk:
Du hast keine Hände!
10 Weh dem, der zum Vater sagt: War-
um zeugst du? und zum Weibe: Warum
gebierst du?
11 So spricht der HERR, der Heilige
Israels und sein Schöpfer: Wollt ihr mich
zur Rede stellen wegen meiner Söhne?
Und wollt ihr mir Befehl geben wegen des
Werkes meiner Hände?
12 Ich habe die Erde gemacht und den
Menschen auf ihr geschaffen. Ich bin's,
dessen Hände den Himmel ausgebreitet
haben und der seinem ganzen Heer ge-
boten hat.
13 Ich habe ihn erweckt in Gerechtig-
keit, und alle seine Wege will ich eben
machen. Er soll meine Stadt wieder auf-
bauen und meine Gefangenen loslassen,
nicht um Geld und nicht um Geschenke,
spricht der HERR Zebaoth.

Verheißung der Herrlichkeit Gottes in aller Welt

14 So spricht der HERR: Der Ägypter
Erwerb und der Kuschiter Gewinn und die
hochgewachsenen Leute von Seba werden
zu dir kommen und dein eigen sein. Sie
werden dir folgen, in Fesseln werden sie
gehen und werden zu dir kommen und
niederfallen und zu dir flehen: Nur bei dir
ist Gott, und sonst ist kein Gott mehr.
15 **Fürwahr, du bist ein verborgener Gott,
du Gott Israels, der Heiland.**
16 Aber die Götzenmacher sollen alle in
Schmach und Schande geraten und mit-
einander schamrot einhergehen.
17 Israel aber wird erlöst durch den
HERRN mit einer ewigen Erlösung und
wird nicht zuschanden noch zu Spott
immer und ewiglich.
18 Denn so spricht der HERR, der den
Himmel geschaffen hat – er ist Gott; der
die Erde bereitet und gemacht hat – er hat
sie gegründet; er hat sie nicht geschaffen,
daß sie leer sein soll, sondern sie bereitet,
daß man auf ihr wohnen solle: Ich bin der
HERR, und sonst keiner mehr.
19 Ich habe nicht im Verborgenen ge-
redet an einem finstern Ort der Erde; ich
habe nicht zu den Söhnen Jakobs gesagt:
«Sucht mich vergeblich!» Denn ich bin
der HERR, der von Gerechtigkeit redet
und verkündigt, was recht ist.
20 Versammelt euch und kommt mitein-
ander herzu, ihr Entronnenen der Heiden.
Keine Erkenntnis haben, die sich abschlep-
pen mit den Klötzen ihrer Götzen und zu
einem Gott flehen, der nicht helfen kann.
21 Tut es kund, bringt es vor, beratet mit-
einander: Wer hat dies hören lassen von
alters her und vorzeiten verkündigt? Hab
ich's nicht getan, der HERR? Es ist sonst
kein Gott außer mir, ein gerechter Gott
und Heiland, und es ist keiner außer mir.
22 **Wendet euch zu mir, so werdet ihr ge-
rettet, aller Welt Enden; denn ich bin Gott,
und sonst keiner mehr.**
23 Ich habe bei mir selbst geschworen,
und Gerechtigkeit ist ausgegangen aus
meinem Munde, ein Wort, bei dem es
bleiben soll: **Mir sollen sich alle Knie beu-
gen und alle Zungen schwören**
24 **und sagen: Im HERRN habe ich Ge-
rechtigkeit und Stärke.** Aber alle, die ihm
widerstehen, werden zu ihm kommen und
beschämt werden.
25 Im HERRN wird gerecht werden
Israels ganzes Geschlecht und wird sich
seiner rühmen.

Sturz der babylonischen Götzen

46 Bel bricht zusammen, Nebo ist gefal-
len, ihre Götzenbilder sind den Tie-
ren und dem Vieh aufgeladen, daß sie sich
müde tragen an dem, was eure Last war.

2 Ja, sie können die Last nicht wegbrin-
gen. Die Götzen sind gefallen und alle
zusammengebrochen und müssen in die
Gefangenschaft gehen.
3 Hört mir zu, ihr vom Hause Jakob,
und alle, die ihr noch übrig seid vom
Hause Israel, die ihr von mir getragen
werdet von Mutterleibe an und vom Mut-
terschoße an mir aufgeladen seid:
4 Auch bis in euer Alter bin ich derselbe,
und ich will euch tragen, bis ihr grau
werdet. Ich habe es getan; ich will heben
und tragen und erretten.
5 Wem wollt ihr mich gleichstellen, und
mit wem vergleicht ihr mich? An wem meßt
ihr mich, daß ich ihm gleich sein soll?
6 Sie schütten das Gold aus dem Beutel
und wiegen das Silber mit der Waage dar
und dingen den Goldschmied, daß er einen
Gott daraus mache, vor dem sie knien
und anbeten.
7 Sie heben ihn auf die Schultern und
tragen ihn und setzen ihn nieder an seine
Stätte, daß er stehe und nicht von seinem
Ort rücke. Schreit einer zu ihm, so ant-
wortet er nicht und hilft ihm nicht aus
seiner Not.
8 Gedenket doch daran, ihr Abtrünni-
gen, und nehmt's zu Herzen!
9 Gedenket des Vorigen, wie es von
alters her war: Ich bin Gott, und sonst
keiner mehr, ein Gott, dem nichts gleicht.
10 Ich habe von Anfang an verkündigt,
was hernach kommen soll, und vorzeiten,
was noch nicht geschehen ist. Ich sage:
Was ich beschlossen habe, geschieht, und
alles, was ich mir vorgenommen habe, das
tue ich.
11 Ich rufe einen Adler vom Osten her,
aus fernem Lande den Mann, der meinen
Ratschluß ausführe. Wie ich's gesagt
habe, so lasse ich's kommen; was ich ge-
plant habe, das tue ich auch.
12 Hört mir zu, ihr trotzigen Herzen,
die ihr ferne seid von der Gerechtigkeit!
13 Ich habe meine Gerechtigkeit nahe
gebracht; sie ist nicht ferne, und mein Heil
säumt nicht. Ich will zu Zion das Heil ge-
ben und in Israel meine Herrlichkeit.

Gericht über Babel

47 Herunter, Jungfrau, du Tochter
Babel, setze dich in den Staub!
Setze dich auf die Erde, wo kein Thron
ist, du Tochter der Chaldäer. Man wird
nicht mehr zu dir sagen: «Du Zarte und
Verwöhnte».
2 Nimm die Mühle und mahle Mehl,
decke auf deinen Schleier! Hebe die
Schleppe, entblöße den Schenkel, wate
durchs Wasser,
3 daß deine Blöße aufgedeckt und deine
Schande gesehen werde! Ich will mich
rächen, unerbittlich,
4 spricht unser Erlöser; der heißt der
HERR Zebaoth, der Heilige Israels.
5 Setze dich stumm hin, geh in die Fin-
sternis, du Tochter der Chaldäer! Denn
du sollst nicht mehr heißen «Herrin über
Königreiche».
6 Als ich über mein Volk zornig war und
mein Erbe entheiligte, gab ich sie in deine
Hand; aber du erwiesest ihnen keine
Barmherzigkeit, auch über die Alten
machtest du dein Joch allzu schwer.
7 Du dachtest: Ich bin eine Herrin für
immer. Du hattest noch nicht zu Herzen
genommen noch daran gedacht, wie es
hernach werden könnte.
8 So höre nun dies, die du in Wollust
lebst und so sicher sitzest und sprichst in
deinem Herzen: «Ich bin's, und sonst
keine; ich werde keine Witwe werden
noch ohne Kinder sein»:
9 Dies beides wird plötzlich über dich
kommen auf **einen** Tag, daß du Witwe und
ohne Kinder bist. Ja, es wird in vollem
Maße über dich kommen trotz der Menge
deiner Zaubereien und trotz der großen
Macht deiner Beschwörungen.
10 Denn du hast dich auf deine Bosheit
verlassen, als du dachtest: Niemand sieht
mich! Deine Weisheit und Kunst hat dich
verleitet, daß du in deinem Herzen
sprachst: Ich bin's, und sonst keine!
11 Aber nun wird über dich Unglück
kommen, das du nicht wegzuzaubern
weißt, und Unheil wird auf dich fallen,
das du nicht durch Sühne abwenden
kannst. Und es wird plötzlich ein Verder-
ben über dich kommen, dessen du dich
nicht versiehst.
12 So tritt nun auf mit deinen Beschwö-
rungen und der Menge deiner Zaubereien,
um die du dich von deiner Jugend auf
bemüht hast, ob du dir helfen und es ab-
wenden kannst.
13 Du hast dich müde gemacht mit der

Menge deiner Pläne. Es sollen hertreten
und dir helfen die Meister des Himmels-
laufs und die Sterngucker, die an jedem
Neumond kundtun, was über dich kom-
men werde!
14 Siehe, sie sind wie Stoppeln, die das
Feuer verbrennt, sie können ihr Leben
nicht erretten vor der Flamme Gewalt.
Denn es wird nicht eine Glut sein, an der
man sich wärmen, oder ein Feuer, um das
man sitzen könnte.
15 So sind alle, um die du dich bemüht
hast, die mit dir Handel trieben von dei-
ner Jugend auf: ein jeder wird hierhin und
dorthin wanken, und du hast keinen
Retter.

Gnade für das abtrünnige Israel

48 Hört dies, ihr vom Hause Jakob,
die ihr nach dem Namen Israels
heißt und aus dem Wasser Judas gekom-
men seid; die ihr schwört bei dem Namen
des HERRN und den Gott Israels bekennt,
aber nicht in Wahrheit und Gerechtig-
keit, –
2 sie nennen sich nach der heiligen Stadt
und pochen auf den Gott Israels, der da
heißt der HERR Zebaoth.
3 Ich habe vorzeiten verkündigt, was
schon gekommen ist; aus meinem Munde
ist es gekommen, und ich habe es sagen
lassen. Ich tat es plötzlich, und es kam.
4 Denn ich weiß, daß du hart bist und
dein Nacken eine eiserne Sehne ist und
deine Stirn ehern.
5 Darum habe ich dir's vorzeiten ver-
kündigt und es dir sagen lassen, ehe es
gekommen ist, damit du nicht sagen
könntest: Mein Götze tat es, und mein
Abgott, der geschnitzt und gegossen wur-
de, hat's befohlen.
6 Das alles hast du gehört und siehst es
und verkündigst es doch nicht. Von nun
an lasse ich dich Neues hören und Ver-
borgenes, das du nicht wußtest.
7 Jetzt ist es geschaffen und nicht vor-
zeiten, und vorher hast du nicht davon
gehört, auf daß du nicht sagen könntest:
Siehe, das wußte ich schon.
8 Du hörtest es nicht und wußtest es
auch nicht, und dein Ohr war damals
nicht geöffnet. Ich aber wußte sehr wohl,
daß du treulos bist und man dich nennt
«Abtrünnig von Mutterleib an».
9 Um meines Namens willen halte ich
lange meinen Zorn zurück, und um mei-
nes Ruhmes willen bezähme ich mich
dir zugut, damit du nicht ausgerottet
wirst.
10 Siehe, ich habe dich geläutert, aber
nicht wie Silber, sondern ich habe dich
geprüft im Glutofen des Elends.
11 Um meinetwillen, ja, um meinetwil-
len will ich's tun, daß ich nicht gelästert
werde; denn ich will meine Ehre keinem
andern lassen.

Die Stunde der Erlösung Israels ist gekommen

12 Höre mir zu, Jakob, und du, Israel,
den ich berufen habe: Ich bin's, ich bin
der Erste und auch der Letzte.
13 Meine Hand hat die Erde gegründet,
und meine Rechte hat den Himmel aus-
gespannt. Ich rufe, und alles steht da.
14 Versammelt euch alle und hört: Wer
ist unter ihnen, der es verkündigt hat? Er,
den der HERR liebt, wird seinen Willen an
Babel beweisen und seinen Arm an den
Chaldäern.
15 Ich, ja, ich habe es gesagt, ich habe
ihn gerufen, ich habe ihn auch kommen
lassen, und sein Weg soll ihm gelingen.
16 Tretet her zu mir und höret dies! Ich
habe von Anfang an nicht im Verborgenen
geredet; von der Zeit an, da es geschieht,
bin ich auf dem Plan. – Und nun sendet
mich Gott der HERR und sein Geist.
17 So spricht der HERR, dein Erlöser,
der Heilige Israels: Ich bin der HERR,
dein Gott, der dich lehrt, was dir hilft, und
dich leitet auf dem Wege, den du gehst.
18 **O daß du auf meine Gebote gemerkt
hättest, so würde dein Friede sein wie ein
Wasserstrom und deine Gerechtigkeit wie
Meereswellen.**
19 Deine Kinder würden zahlreich sein
wie Sand und deine Nachkommen wie
Sandkörner. Dein Name würde nicht aus-
gerottet und nicht vertilgt werden vor
mir.
20 Geht heraus aus Babel, flieht von den
Chaldäern! Mit fröhlichem Schall ver-
kündigt dies und laßt es hören, tragt's
hinaus bis an die Enden der Erde und
sprecht: Der HERR hat seinen Knecht Ja-
kob erlöst.
21 Sie litten keinen Durst, als er sie lei-

tete in der Wüste. Er ließ ihnen Wasser
aus dem Felsen fließen, er spaltete den
Fels, daß Wasser herausrann.
22 **Aber die Gottlosen, spricht der HERR,
haben keinen Frieden.**

Der Knecht Gottes das Heil Israels und das Licht der Heiden

49 Hört mir zu, ihr Inseln, und ihr
Völker in der Ferne, merket auf!
Der HERR hat mich berufen von Mutterleibe an; er hat meines Namens gedacht,
als ich noch im Schoß der Mutter war.
2 Er hat meinen Mund wie ein scharfes
Schwert gemacht, mit dem Schatten seiner
Hand hat er mich bedeckt. Er hat mich
zum spitzen Pfeil gemacht und mich in
seinem Köcher verwahrt.
3 Und er sprach zu mir: Du bist mein
Knecht, Israel, durch den ich mich verherrlichen will.
4 Ich aber dachte, ich arbeitete vergeblich und verzehrte meine Kraft umsonst
und unnütz, wiewohl mein Recht bei dem
HERRN und mein Lohn bei meinem Gott
ist.
5 Und nun spricht der HERR, der mich
von Mutterleib an zu seinem Knecht bereitet hat, daß ich Jakob zu ihm zurückbringen soll und Israel zu ihm gesammelt
werde, – darum bin ich vor dem HERRN
wert geachtet, und mein Gott ist meine
Stärke –,
6 **er spricht: Es ist zu wenig, daß du mein
Knecht bist, die Stämme Jakobs aufzurichten und die Zerstreuten Israels wiederzubringen, sondern ich habe dich auch zum
Licht der Heiden gemacht, daß du seist
mein Heil bis an die Enden der Erde.**

Die Wiederherstellung Israels

7 So spricht der HERR, der Erlöser Israels, sein Heiliger, zu dem, der verachtet
ist von den Menschen und verabscheut
von den Heiden, zu dem Knecht, der unter Tyrannen ist: Könige sollen sehen und
aufstehen, und Fürsten sollen niederfallen um des HERRN willen, der treu ist,
um des Heiligen Israels willen, der dich
erwählt hat.
8 So spricht der HERR: Ich habe dich
erhört zur Zeit der Gnade und habe dir
am Tage des Heils geholfen und habe dich
behütet und zum Bund für das Volk bestellt, daß du das Land aufrichtest und
das verwüstete Erbe zuteilst,
9 zu sagen den Gefangenen: Geht heraus! und zu denen in der Finsternis:
Kommt hervor! Am Wege werden sie
weiden und auf allen kahlen Höhen ihre
Weide haben.
10 Sie werden weder hungern noch
dürsten, sie wird weder Hitze noch Sonne
stechen; denn ihr Erbarmer wird sie
führen und sie an die Wasserquellen leiten.
11 Ich will alle meine Berge zum ebenen
Wege machen, und meine Pfade sollen gebahnt sein.
12 Siehe, diese werden von ferne kommen, und siehe, jene vom Norden und
diese vom Meer und jene vom Lande
Sinim.
13 Jauchzet, ihr Himmel, freue dich,
Erde! Lobet, ihr Berge, mit Jauchzen!
Denn der HERR hat sein Volk getröstet
und erbarmt sich seiner Elenden.
14 Zion aber sprach: Der HERR hat
mich verlassen, der Herr hat meiner vergessen.
15 **Kann auch ein Weib ihres Kindleins
vergessen, daß sie sich nicht erbarme über
den Sohn ihres Leibes? Und ob sie seiner
vergäße, so will ich doch deiner nicht vergessen.**
16 **Siehe, in die Hände habe ich dich gezeichnet; deine Mauern sind immerdar vor
mir.**
17 Deine Erbauer eilen herbei, aber die
dich zerbrochen und zerstört haben, werden sich davonmachen.
18 Hebe deine Augen auf und sieh umher: Diese alle sind versammelt und kommen zu dir. So wahr ich lebe, spricht der
HERR: du sollst mit diesen allen wie mit
einem Schmuck angetan werden und
wirst sie als Gürtel um dich legen, wie
eine Braut es tut.
19 Denn dein wüstes, zerstörtes und
verheertes Land wird dir alsdann zu eng
werden, um darin zu wohnen, und deine
Verderber werden vor dir weichen,
20 so daß deine Söhne, du Kinderlose,
noch sagen werden vor deinen Ohren:
Der Raum ist mir zu eng; mach mir Platz,
daß ich wohnen kann.
21 Du aber wirst sagen in deinem Herzen: Wer hat mir diese geboren? Ich war

unfruchtbar, einsam, vertrieben und verstoßen. Wer hat mir diese aufgezogen? Siehe, ich war allein gelassen – wo waren denn diese?
22 So spricht Gott der HERR: Siehe, ich will meine Hand zu den Heiden hin erheben und für die Völker mein Banner aufrichten. Dann werden sie deine Söhne in den Armen herbringen und deine Töchter auf der Schulter hertragen.
23 Und Könige sollen deine Pfleger und ihre Fürstinnen deine Ammen sein. Sie werden vor dir niederfallen zur Erde aufs Angesicht und deiner Füße Staub lecken. Da wirst du erfahren, daß ich der HERR bin, an dem nicht zuschanden werden, die auf mich harren.
24 Kann man auch einem Starken den Raub wegnehmen? Oder kann man einem Gewaltigen seine Gefangenen entreißen?
25 So aber spricht der HERR: Nun sollen die Gefangenen dem Starken weggenommen werden, und der Raub soll dem Gewaltigen entrissen werden. Ich selbst will deinen Gegnern entgegentreten und deinen Söhnen helfen.
26 Und ich will deine Schinder sättigen mit ihrem eigenen Fleisch, und sie sollen von ihrem eigenen Blut wie von süßem Wein trunken werden. Und alles Fleisch soll erfahren, daß ich, der HERR, dein Heiland bin und dein Erlöser, der Mächtige Jakobs.

Die Schuld liegt beim Volk

50 So spricht der HERR: Wo ist der Scheidebrief eurer Mutter, mit dem ich sie entlassen hätte? Oder wer ist mein Gläubiger, dem ich euch verkauft hätte? Siehe, ihr seid um eurer Sünden willen verkauft, und eure Mutter ist um eurer Abtrünnigkeit willen entlassen.
2 Warum kam ich, und niemand war da? Warum rief ich, und niemand antwortete? Ist mein Arm nun so kurz geworden, daß er nicht mehr erlösen kann? Oder ist bei mir keine Kraft mehr, zu erretten? Siehe, mit meinem Schelten mache ich das Meer trocken und die Wasserströme zur Wüste, daß ihre Fische vor Mangel an Wasser stinken und vor Durst sterben.
3 Ich kleide den Himmel mit Dunkel und hülle ihn in Trauer.

Der Knecht Gottes im Leiden

4 **Gott der HERR hat mir eine Zunge gegeben, wie sie Jünger haben, daß ich wisse mit den Müden zu rechter Zeit zu reden. Alle Morgen weckt er mir das Ohr, daß ich höre, wie Jünger hören.**
5 Gott der HERR hat mir das Ohr geöffnet. Und ich bin nicht ungehorsam und weiche nicht zurück.
6 **Ich bot meinen Rücken dar denen, die mich schlugen, und meine Wangen denen, die mich rauften. Mein Angesicht verbarg ich nicht vor Schmach und Speichel.**
7 Aber Gott der HERR hilft mir, darum werde ich nicht zuschanden. Darum hab ich mein Angesicht hart gemacht wie einen Kieselstein; denn ich weiß, daß ich nicht zuschanden werde.
8 Er ist nahe, der mich gerecht spricht; wer will mit mir rechten? Laßt uns zusammen vortreten! Wer will mein Recht anfechten? Der komme her zu mir!
9 Siehe, Gott der HERR hilft mir; wer will mich verdammen? Siehe, sie alle werden wie Kleider zerfallen, die die Motten fressen.
10 Wer ist unter euch, der den HERRN fürchtet, der der Stimme seines Knechts gehorcht, der im Finstern wandelt und dem kein Licht scheint? Der hoffe auf den Namen des HERRN und verlasse sich auf seinen Gott!
11 Siehe, ihr alle, die ihr ein Feuer anzündet und Brandpfeile zurüstet, geht hin in die Glut eures Feuers und in die Brandpfeile, die ihr angezündet habt! Das widerfährt euch von meiner Hand; in Schmerzen sollt ihr liegen.

Gottes ewiges Heil für Israel

51 Hört mir zu, die ihr der Gerechtigkeit nachjagt, die ihr den HERRN sucht: Schaut den Fels an, aus dem ihr gehauen seid, und des Brunnens Schacht, aus dem ihr gegraben seid.
2 Schaut Abraham an, euren Vater, und Sara, von der ihr geboren seid. Denn als einen einzelnen berief ich ihn, um ihn zu segnen und zu mehren.
3 Ja, der HERR tröstet Zion, er tröstet alle ihre Trümmer und macht ihre Wüste wie Eden und ihr dürres Land wie den Garten des HERRN, daß man Wonne und

Freude darin findet, Dank und Lobge-
sang.
4 Merkt auf mich, ihr Völker, und ihr
Menschen, hört mir zu! Denn Weisung
wird von mir ausgehen, und mein Recht
will ich gar bald zum Licht der Völker
machen.
5 Denn meine Gerechtigkeit ist nahe,
mein Heil tritt hervor, und meine Arme
werden die Völker richten. Die Inseln har-
ren auf mich und warten auf meinen Arm.
6 Hebt eure Augen auf gen Himmel und
schaut unten auf die Erde! Denn der
Himmel wird wie ein Rauch vergehen und
die Erde wie ein Kleid zerfallen, und die
darauf wohnen, werden wie Mücken da-
hinsterben. Aber mein Heil bleibt ewig-
lich, und meine Gerechtigkeit wird nicht
zerbrechen.
7 Hört mir zu, die ihr die Gerechtigkeit
kennt, du Volk, in dessen Herzen mein
Gesetz ist! Fürchtet euch nicht, wenn
euch die Leute schmähen, und entsetzt
euch nicht, wenn sie euch verhöhnen!
8 Denn die Motten werden sie fressen
wie ein Kleid, und Würmer werden sie
fressen wie ein wollenes Tuch. Aber
meine Gerechtigkeit bleibt ewiglich und
mein Heil für und für.

Der Herr greift ein mit Macht und Trost

9 Wach auf, wach auf, zieh Macht an,
du Arm des HERRN! Wach auf, wie vor
alters zu Anbeginn der Welt! Warst du es
nicht, der Rahab zerhauen und den Dra-
chen durchbohrt hat?
10 Warst du es nicht, der das Meer aus-
trocknete, die Wasser der großen Tiefe,
der den Grund des Meeres zum Wege
machte, daß die Erlösten hindurchgingen?
11 So werden die Erlösten des HERRN
heimkehren und nach Zion kommen mit
Jauchzen, und ewige Freude wird auf
ihrem Haupte sein. Wonne und Freude
werden sie ergreifen, aber Trauern und
Seufzen wird von ihnen fliehen.
12 Ich, ich bin euer Tröster! Wer bist du
denn, daß du dich vor Menschen gefürch-
tet hast, die doch sterben, und vor Men-
schenkindern, die wie Gras vergehen,
13 und hast des HERRN vergessen, der
dich gemacht hat, der den Himmel ausge-
breitet und die Erde gegründet hat, und
hast dich ständig gefürchtet den ganzen
Tag vor dem Grimm des Bedrängers, als
er sich vornahm, dich zu verderben? Wo
ist nun der Grimm des Bedrängers?
14 Der Gefangene wird eilends losge-
geben, daß er nicht sterbe und begraben
werde und daß er keinen Mangel an Brot
habe.
15 Denn ich bin der HERR, dein Gott,
der das Meer erregt, daß seine Wellen
wüten – sein Name heißt HERR Zebaoth –;
16 ich habe mein Wort in deinen Mund
gelegt und habe dich unter dem Schatten
meiner Hände geborgen, auf daß ich den
Himmel von neuem ausbreite und die
Erde gründe und zu Zion spreche: Du bist
mein Volk.

Weckruf Gottes an das erniedrigte Jerusalem

17 Werde wach, werde wach, steh auf,
Jerusalem, die du getrunken hast von der
Hand des HERRN den Kelch seines Grim-
mes! Den Taumelkelch hast du ausge-
trunken, den Becher geleert.
18 Es war niemand von allen Söhnen,
die sie geboren hat, der sie leitete, nie-
mand von allen Söhnen, die sie erzogen
hat, der sie bei der Hand nahm.
19 Dies beides ist dir begegnet: – wer
trug Leid um dich? – Verwüstung und
Schaden, Hunger und Schwert; – wer hat
dich getröstet? –
20 Deine Söhne lagen auf allen Gassen
verschmachtet wie ein Hirsch im Netz,
getroffen vom Zorn des HERRN und vom
Schelten deines Gottes.
21 Darum höre dies, du Elende, die du
trunken bist, doch nicht von Wein!
22 So spricht dein Herrscher, der HERR,
und dein Gott, der die Sache seines Volks
führt: Siehe, ich nehme den Taumelkelch
aus deiner Hand, den Becher meines Grim-
mes. Du sollst ihn nicht mehr trinken,
23 sondern ich will ihn deinen Peinigern
in die Hand geben, die zu dir sprachen:
Wirf dich nieder, daß wir darüberhin
gehen! Und du machtest deinen Rücken
dem Erdboden gleich und wie eine Gasse,
daß man darüberhin laufe.

Gott ruft sein Volk in die Freiheit

52 Wach auf, wach auf, Zion, zieh an
deine Stärke! Schmücke dich herr-
lich, Jerusalem, du heilige Stadt! Denn es

wird hinfort kein Unbeschnittener oder
Unreiner zu dir hineingehen.
2 Schüttle den Staub ab, steh auf, Jeru-
salem, du Gefangene! Mach dich los von
den Fesseln deines Halses, du gefangene
Tochter Zion!
3 Denn so spricht der HERR: Ihr seid
umsonst verkauft, ihr sollt auch ohne
Geld ausgelöst werden.
4 So spricht Gott der HERR: Mein Volk
zog einst hinab nach Ägypten, daß es
dort ein Fremdling wäre; auch Assur hat
ihm ohne Grund Gewalt angetan.
5 Aber nun, was habe ich hier zu schaf-
fen? spricht der HERR. Mein Volk ist um-
sonst weggeführt; seine Tyrannen prah-
len, spricht der HERR, und mein Name
wird immer den ganzen Tag gelästert.
6 Darum soll an jenem Tag mein Volk
meinen Namen erkennen, daß ich es bin,
der da spricht: Hier bin ich!

Die frohe Botschaft

7 Wie lieblich sind auf den Bergen die
Füße der Freudenboten, die da Frieden ver-
kündigen, Gutes predigen, Heil verkündi-
gen, die da sagen zu Zion: Dein Gott ist
König!
8 Deine Wächter rufen mit lauter Stim-
me und rühmen miteinander; denn alle
Augen werden es sehen, wenn der HERR
nach Zion zurückkehrt.
9 Seid fröhlich und rühmt miteinander,
ihr Trümmer Jerusalems; denn der HERR
hat sein Volk getröstet und Jerusalem er-
löst.
10 Der HERR hat offenbart seinen heili-
gen Arm vor den Augen aller Völker, daß
aller Welt Enden sehen das Heil unsres
Gottes.
11 Weicht, weicht, zieht aus von dort
und rührt nichts Unreines an! Geht weg
aus ihrer Mitte, reinigt euch, die ihr des
HERRN Geräte tragt!
12 Denn ihr sollt nicht in Eile ausziehen
und in Hast entfliehen; denn der HERR
wird vor euch herziehen und der Gott
Israels euren Zug beschließen.

Das stellvertretende Leiden und die Herr-
lichkeit des Knechtes Gottes

13 Siehe, meinem Knecht wird's gelin-
gen, er wird erhöht und sehr hoch erhaben
sein.
14 Wie sich viele über ihn entsetzten,
weil seine Gestalt häßlicher war als die
anderer Leute und sein Aussehen als das
der Menschenkinder,
15 so wird er viele Heiden besprengen*,
daß auch Könige werden ihren Mund vor
ihm zuhalten. Denn denen nichts davon
verkündet ist, die werden es nun sehen,
und die nichts davon gehört haben, die
werden es merken.
53 Aber wer glaubt dem, was uns ver-
kündet wurde, und wem ist der
Arm des HERRN offenbart?
2 Er schoß auf vor ihm wie ein Reis und
wie eine Wurzel aus dürrem Erdreich. Er
hatte keine Gestalt und Hoheit. Wir sahen
ihn, aber da war keine Gestalt, die uns ge-
fallen hätte.
3 Er war der Allerverachtetste und Un-
werteste, voller Schmerzen und Krank-
heit. Er war so verachtet, daß man das
Angesicht vor ihm verbarg; darum haben
wir ihn für nichts geachtet.
4 Fürwahr, er trug unsre Krankheit und
lud auf sich unsre Schmerzen. Wir aber
hielten ihn für den, der geplagt und von Gott
geschlagen und gemartert wäre.
5 Aber er ist um unsrer Missetat* willen
verwundet und um unsrer Sünde willen zer-
schlagen. Die Strafe liegt auf ihm, auf daß
wir Frieden hätten, und durch seine Wunden
sind wir geheilt.
6 Wir gingen alle in die Irre wie Schafe,
ein jeder sah auf seinen Weg. Aber der
HERR warf unser aller Sünde auf ihn.
7 Als er gemartert ward, litt er doch
willig und tat seinen Mund nicht auf wie
ein Lamm, das zur Schlachtbank geführt
wird; und wie ein Schaf, das verstummt
vor seinem Scherer, tat er seinen Mund
nicht auf.
8 Er ist aus Angst und Gericht hinweg-
genommen. Wer aber kann sein Ge-
schick ermessen? Denn er ist aus dem
Lande der Lebendigen weggerissen, da
er für die Missetat meines Volks geplagt
war.
9 Und man gab ihm sein Grab bei Gott-
losen und bei Übeltätern*, als er gestor-
ben war, wiewohl er niemand Unrecht

*Vers 15 Nach anderer Überlieferung: in Staunen setzen.
*Vers 5 Abfall, Abtrünnigkeit.
*Vers 9 Der überlieferte Text hat hier: «bei Reichen».

getan hat und kein Betrug in seinem
Munde gewesen ist.
10 So wollte ihn der HERR zerschlagen
mit Krankheit.
Wenn er sein Leben zum Schuldopfer
gegeben hat, wird er Nachkommen haben
und in die Länge leben, und des HERRN
Plan wird durch seine Hand gelingen.
11 Weil seine Seele sich abgemüht hat,
wird er das Licht schauen und die Fülle
haben. Und durch seine Erkenntnis wird
er, mein Knecht, der Gerechte, den Vielen
Gerechtigkeit schaffen; denn er trägt ihre
Sünden.
12 Darum will ich ihm die Vielen zur
Beute geben, und er soll die Starken zum
Raube haben, dafür daß er sein Leben in
den Tod gegeben hat und den Übeltätern
gleichgerechnet ist und er die Sünde der
Vielen getragen hat und für die Übeltäter
gebeten.

Gott verheißt seinem Volk eine neue Gnadenzeit

54 Rühme, du Unfruchtbare, die du
nicht geboren hast! Freue dich mit
Rühmen und jauchze, die du nicht
schwanger warst! Denn die Einsame hat
mehr Kinder als die den Mann hat,
spricht der HERR.
2 Mache den Raum deines Zeltes weit
und breite aus die Decken deiner Wohn-
statt; spare nicht! Spann deine Seile lang
und stecke deine Pflöcke fest!
3 Denn du wirst dich ausbreiten zur
Rechten und zur Linken, und deine Nach-
kommen werden Völker beerben und ver-
wüstete Städte neu bewohnen.
4 Fürchte dich nicht, denn du sollst
nicht zuschanden werden, schäme dich
nicht, denn du sollst nicht zum Spott wer-
den, sondern du wirst die Schande deiner
Jugend vergessen und der Schmach deiner
Witwenschaft nicht mehr gedenken.
5 Denn der dich gemacht hat, ist dein
Mann – HERR Zebaoth heißt sein Name –,
und dein Erlöser ist der Heilige Israels,
der aller Welt Gott genannt wird.
6 Denn der HERR hat dich zu sich ge-
rufen wie ein verlassenes und von Herzen
betrübtes Weib; und das Weib der Jugend-
zeit, wie könnte es verstoßen bleiben!
spricht dein Gott.
7 **Ich habe dich einen kleinen Augenblick
verlassen, aber mit großer Barmherzigkeit
will ich dich sammeln.**
8 **Ich habe mein Angesicht im Augenblick
des Zorns ein wenig vor dir verborgen, aber
mit ewiger Gnade will ich mich deiner er-
barmen, spricht der HERR, dein Erlöser.**
9 Ich halte es wie zur Zeit Noahs, als ich
schwor, daß die Wasser Noahs nicht mehr
über die Erde gehen sollten. So habe ich
geschworen, daß ich nicht mehr über dich
zürnen und dich nicht mehr schelten will.
10 Denn **es sollen wohl Berge weichen und
Hügel hinfallen, aber meine Gnade soll
nicht von dir weichen, und der Bund meines
Friedens soll nicht hinfallen, spricht der
HERR, dein Erbarmer.**
11 **Du** Elende, über die alle Wetter ge-
hen, die keinen Trost fand! Siehe, ich will
deine Mauern auf Edelsteine stellen und
will deinen Grund mit Saphiren legen
12 und deine Zinnen aus Kristallen ma-
chen und deine Tore von Rubinen und
alle deine Grenzen von erlesenen Steinen.
13 Und alle deine Söhne sind Jünger des
HERRN, und großen Frieden haben deine
Söhne.
14 Du sollst auf Gerechtigkeit gegrün-
det sein. Du wirst ferne sein von Be-
drückung, denn du brauchst dich nicht
zu fürchten, und von Schrecken, denn er
soll dir nicht nahen.
15 Siehe, wenn man kämpft, dann
kommt es nicht von mir; wer gegen dich
streitet, wird im Kampf gegen dich fallen.
16 Siehe, ich habe den Schmied ge-
schaffen, der die Kohlen im Feuer an-
bläst und Waffen macht nach seinem
Handwerk; und ich habe auch den Ver-
derber geschaffen, um zu vernichten.
17 Keiner Waffe, die gegen dich bereitet
wird, soll es gelingen, und jede Zunge, die
sich gegen dich erhebt, sollst du im Ge-
richt schuldig sprechen. Das ist das Erb-
teil der Knechte des HERRN, und ihre Ge-
rechtigkeit kommt von mir, spricht der
HERR.

Einladung zum Gnadenbunde Gottes

55 Wohlan, alle, die ihr durstig seid,
kommt her zum Wasser! Und die
ihr kein Geld habt, kommt her, kauft und
eßt! Kommt her und kauft ohne Geld und
umsonst Wein und Milch!
2 Warum zählt ihr Geld dar für das,

was kein Brot ist, und sauren Verdienst
für das, was nicht satt macht? Hört doch
auf mich, so werdet ihr Gutes essen und
euch am Köstlichen laben.
3 Neigt eure Ohren her und kommt her
zu mir! Höret, so werdet ihr leben! Ich
will mit euch einen ewigen Bund schlie-
ßen, euch die beständigen Gnaden Davids
zu geben.
4 Siehe, ich habe ihn den Völkern zum
Zeugen bestellt, zum Fürsten für sie und
zum Gebieter.
5 Siehe, du wirst Heiden rufen, die du
nicht kennst, und Heiden, die dich nicht
kennen, werden zu dir laufen um des
HERRN willen, deines Gottes, und des
Heiligen Israels, der dich herrlich ge-
macht hat.

Gottes wunderbarer Weg

6 Suchet den HERRN, solange er zu fin-
den ist; rufet ihn an, solange er nahe ist.
7 Der Gottlose lasse von seinem Wege
und der Übeltäter von seinen Gedanken
und bekehre sich zum HERRN, so wird er
sich seiner erbarmen, und zu unserm Gott,
denn bei ihm ist viel Vergebung.
8 Denn **meine Gedanken sind nicht eure
Gedanken, und eure Wege sind nicht meine
Wege, spricht der HERR,**
9 **sondern so viel der Himmel höher ist als
die Erde, so sind auch meine Wege höher als
eure Wege und meine Gedanken als eure
Gedanken.**
10 **Denn gleichwie der Regen und Schnee
vom Himmel fällt und nicht wieder dahin
zurückkehrt, sondern feuchtet die Erde und
macht sie fruchtbar und läßt wachsen, daß
sie gibt Samen, zu säen, und Brot, zu essen,**
11 **so soll das Wort, das aus meinem Mun-
de geht, auch sein: Es wird nicht wieder
leer zu mir zurückkommen, sondern wird
tun, was mir gefällt, und ihm wird gelingen,
wozu ich es sende.**
12 Denn ihr sollt in Freuden ausziehen
und im Frieden geleitet werden. Berge
und Hügel sollen vor euch her frohlocken
mit Jauchzen und alle Bäume auf dem
Felde in die Hände klatschen.
13 Es sollen Zypressen statt Dornen
wachsen und Myrten statt Nesseln. Und
dem HERRN soll es zum Ruhm geschehen
und zum ewigen Zeichen, das nicht ver-
gehen wird.

Die Gemeinde Gottes wächst über ihre Grenzen

56 So spricht der HERR: Wahret das
Recht und übt Gerechtigkeit; denn
mein Heil ist nahe, daß es komme, und
meine Gerechtigkeit, daß sie offenbart
werde.
2 Wohl dem Menschen, der dies tut,
und dem Menschenkind, das daran fest-
hält, das den Sabbat hält und nicht ent-
heiligt und seine Hand hütet, nichts Arges
zu tun!
3 Und der Fremde, der sich dem HERRN
zugewandt hat, soll nicht sagen: Der
HERR wird mich getrennt halten von sei-
nem Volk. Und der Verschnittene soll
nicht sagen: Siehe, ich bin ein dürrer
Baum.
4 Denn so spricht der HERR: Den Ver-
schnittenen, die meine Sabbate halten und
erwählen, was mir wohlgefällt, und an
meinem Bund festhalten,
5 denen will ich in meinem Hause und
in meinen Mauern ein Denkmal und
einen Namen geben; das ist besser als
Söhne und Töchter. Einen ewigen Namen
will ich ihnen geben, der nicht vergehen
soll.
6 Und die Fremden, die sich dem
HERRN zugewandt haben, ihm zu dienen
und seinen Namen zu lieben, damit sie
seine Knechte seien, alle, die den Sabbat
halten, daß sie ihn nicht entheiligen, und
die an meinem Bund festhalten,
7 die will ich zu meinem heiligen Berge
bringen und will sie erfreuen in meinem
Bethaus, und ihre Brandopfer und
Schlachtopfer sollen mir wohlgefällig sein
auf meinem Altar; denn mein Haus wird
ein Bethaus heißen für alle Völker.
8 Gott der HERR, der die Versprengten
Israels sammelt, spricht: Ich will noch
mehr zu der Zahl derer, die versammelt
sind, sammeln.

Klage über die Hirten des Volkes

9 Ihr Tiere alle auf dem Felde, kommt
und freßt, ihr Tiere alle im Walde!
10 Alle ihre Wächter sind blind, sie wis-
sen alle nichts. Stumme Hunde sind sie,
die nicht bellen können, sie liegen und
jappen und schlafen gerne.
11 Aber es sind gierige Hunde, die nie

satt werden können. Das sind die Hirten,
die keinen Verstand haben; ein jeder sieht
auf seinen Weg, alle sind auf ihren Ge-
winn aus und sagen:
12 Kommt her, ich will Wein holen, wir
wollen uns vollsaufen, und es soll morgen
sein wie heute und noch viel herrlicher!

Das Geschick der Frommen und der Gottlosen

57 Der Gerechte ist umgekommen,
und niemand ist da, der es zu Her-
zen nimmt, und fromme Leute sind hin-
gerafft, und niemand achtet darauf. Ja, der
Gerechte ist weggerafft durch die Bosheit
2 und geht zum Frieden ein. Es ruhen auf
ihren Lagern, die recht gewandelt sind.
3 Ihr aber, tretet herzu, ihr Söhne der
Zauberin, ihr Kinder des Ehebrechers
und der Hure!
4 Mit wem wollt ihr euren Spott treiben?
Über wen wollt ihr das Maul aufsperren
und die Zunge herausstrecken? Seid ihr
nicht abtrünnige Kinder, ein verkehrtes
Geschlecht,
5 die ihr bei den Götzeneichen in Brunst
geratet, unter allen grünen Bäumen, und
die Kinder opfert in den Tälern unter den
Felsklippen?
6 Bei den glatten Steinen im Tal ist dein
Teil, sie sind dein Los. Ihnen hast du dein
Trankopfer ausgeschüttet, hast du Speis-
opfer geopfert. Deshalb kann ich mein
Urteil nicht ändern.
7 Du machtest dein Lager auf hohem,
erhabenem Berg und gingst dort hinauf,
zu opfern.
8 Und hinter die Tür und den Pfosten
setztest du dein Denkzeichen. Denn du hast
dich von mir abgewandt und aufgedeckt
dein Lager, es bestiegen und weit gemacht.
Du hast dich mit ihnen verbunden, liebtest
ihr Lager und buhltest mit ihnen.
9 Du bist mit Öl zum König gezogen
und mit viel köstlicher Salbe und hast
deine Boten in die Ferne gesandt und tief
hinab bis zum Totenreich.
10 Du hast dich abgemüht mit der
Menge deiner Wege und sprachst nicht:
Das lasse ich; sondern du fandest ja noch
Leben in deinen Gliedern, so wurdest du
dessen nicht müde.
11 Wen hast du gescheut und gefürchtet,
daß du treulos wurdest und nicht an mich
dachtest und es nicht zu Herzen nahmst?
Ist es nicht so: Weil ich schwieg und mich
verbarg, hast du mich nicht gefürchtet?
12 Ich will aber deine Gerechtigkeit
kundtun und deine Werke, daß sie dir
nichts nütze sind.
13 Wenn du rufen wirst, so sollen dir
deine vielen Götzen helfen. Aber der
Wind wird sie alle wegführen, und ein
Hauch wird sie wegnehmen. Doch wer
auf mich traut, wird das Land erben und
meinen heiligen Berg besitzen.

Gott will seinem Volke Heil geben

14 Und er spricht: Machet Bahn,
machet Bahn! Bereitet den Weg, räumt
die Anstöße aus dem Weg meines Volks!
15 Denn **so spricht der Hohe und Er-
habene, der ewig wohnt, dessen Name
heilig ist: Ich wohne in der Höhe und im
Heiligtum und bei denen, die zerschlagenen
und demütigen Geistes sind, auf daß ich er-
quicke den Geist der Gedemütigten und das
Herz der Zerschlagenen.**
16 Denn ich will nicht immerdar hadern
und nicht ewiglich zürnen; sonst würde
ihr Geist vor mir verschmachten und der
Lebensodem, den ich geschaffen habe.
17 Ich war zornig über die Sünde ihrer
Habgier und schlug sie, verbarg mich und
zürnte. Aber sie gingen treulos die Wege
ihres Herzens.
18 Ihre Wege habe ich gesehen, aber ich
will sie heilen und sie leiten und ihnen
wieder Trost geben; und denen, die da
Leid tragen,
19 will ich Frucht der Lippen schaffen.
Friede, Friede denen in der Ferne und
denen in der Nähe, spricht der HERR; ich
will sie heilen.
20 Aber die Gottlosen sind wie das un-
gestüme Meer, das nicht still sein kann
und dessen Wellen Schlamm und Unrat
auswerfen.
21 Die Gottlosen haben keinen Frieden,
spricht mein Gott.

Falsches und echtes Fasten

58 Rufe getrost, halte nicht an dich!
Erhebe deine Stimme wie eine Po-
saune und verkündige meinem Volk seine
Abtrünnigkeit und dem Hause Jakob
seine Sünden!
2 Sie suchen mich täglich und begehren,

meine Wege zu wissen, als wären sie ein
Volk, das die Gerechtigkeit schon getan
und das Recht seines Gottes nicht verlas-
sen hätte. Sie fordern von mir Recht, sie
begehren, daß Gott sich nahe.
3 «Warum fasten wir, und du siehst es
nicht an? Warum kasteien wir unseren
Leib, und du willst's nicht wissen?» –
Siehe, an dem Tag, da ihr fastet, geht ihr
doch euren Geschäften nach und be-
drückt alle eure Arbeiter.
4 Siehe, wenn ihr fastet, hadert und
zankt ihr und schlagt mit gottloser Faust
drein. Ihr sollt nicht so fasten, wie ihr
jetzt tut, wenn eure Stimme in der Höhe
gehört werden soll.
5 Soll das ein Fasten sein, an dem ich
Gefallen habe, ein Tag, an dem man sich
kasteit, wenn ein Mensch seinen Kopf
hängen läßt wie Schilf und in Sack und
Asche sich bettet? Wollt ihr das ein Fasten
nennen und einen Tag, an dem der HERR
Wohlgefallen hat?
6 Das aber ist ein Fasten, an dem ich
Gefallen habe: Laß los, die du mit Un-
recht gebunden hast, laß ledig, auf die du
das Joch gelegt hast! Gib frei die du be-
drückst, reiß jedes Joch weg!
7 **Brich dem Hungrigen dein Brot, und die
im Elend ohne Obdach sind, führe ins Haus!
Wenn du einen nackt siehst, so kleide ihn,
und entzieh dich nicht deinem Fleisch und
Blut!**
8 Dann wird dein Licht hervorbrechen
wie die Morgenröte, und deine Heilung
wird schnell voranschreiten, und deine
Gerechtigkeit wird vor dir hergehen, und
die Herrlichkeit des HERRN wird deinen
Zug beschließen.
9 Dann wirst du rufen, und der HERR
wird dir antworten. Wenn du schreist,
wird er sagen: Siehe, hier bin ich.

Wenn du in deiner Mitte niemand unter-
jochst und nicht mit Fingern zeigst und
nicht übel redest,
10 sondern den Hungrigen dein Herz
finden läßt und den Elenden sättigst, dann
wird dein Licht in der Finsternis aufgehen,
und dein Dunkel wird sein wie der Mittag.
11 Und der HERR wird dich immerdar
führen und dich sättigen in der Dürre und
dein Gebein stärken. Und du wirst sein
wie ein bewässerter Garten und wie eine
Wasserquelle, der es nie an Wasser fehlt.
12 Und es soll durch dich wieder auf-
gebaut werden, was lange wüst gelegen
hat, und du wirst wieder aufrichten, was
vorzeiten gegründet ward; und du sollst
heißen «Der die Lücken zumauert und die
Wege ausbessert, daß man da wohnen
könne».

Segen der Sabbatheiligung

13 Wenn du deinen Fuß am Sabbat zu-
rückhältst und nicht deinen Geschäften
nachgehst an meinem heiligen Tage und
den Sabbat «Lust» nennst und den heili-
gen Tag des HERRN «Geehrt»; wenn du
ihn dadurch ehrst, daß du nicht deine
Gänge machst und nicht deine Geschäfte
treibst und kein leeres Geschwätz redest,
14 dann wirst du deine Lust haben am
HERRN, und ich will dich über die Höhen
auf Erden gehen lassen und will dich spei-
sen mit dem Erbe deines Vaters Jakob;
denn des HERRN Mund hat's geredet.

Gott überwindet die Sünde seines Volkes

59 Siehe, des HERRN Arm ist nicht zu
kurz, daß er nicht helfen könnte,
und seine Ohren sind nicht hart geworden,
so daß er nicht hören könnte,
2 sondern eure Verschuldungen scheiden
euch von eurem Gott, und eure Sünden
verbergen sein Angesicht vor euch, daß
ihr nicht gehört werdet.
3 Denn eure Hände sind mit Blut be-
fleckt und eure Finger mit Verschuldung;
eure Lippen reden Falsches, eure Zunge
spricht Bosheit.
4 Es ist niemand, der eine gerechte Sache
vorbringt, und niemand, der redlich rich-
tet. Man vertraut auf Nichtiges und redet
Trug; mit Unheil sind sie schwanger und
gebären Verderben.
5 Sie brüten Natterneier und weben
Spinnweben. Ißt man von ihren Eiern, so
muß man sterben, zertritt man sie aber,
so fährt eine Schlange heraus.
6 Ihre Gewebe taugen nicht zu Klei-
dern, und ihr Gespinst taugt nicht zur
Decke. Ihre Werke sind Unheilswerke, an
ihren Händen ist Frevel.
7 Ihre Füße laufen zum Bösen, und sie
sind schnell dabei, unschuldig Blut zu ver-
gießen. Ihre Gedanken sind Unheilsge-
danken, auf ihren Wegen wohnt Verder-
ben und Schaden.

8 Sie kennen den Weg des Friedens nicht, und Unrecht ist auf ihren Pfaden. Sie gehen auf krummen Wegen; wer auf ihnen geht, der hat keinen Frieden.

9 Darum ist das Recht ferne von uns, und die Gerechtigkeit kommt nicht zu uns. Wir harren auf Licht, siehe, so ist's finster, auf Helligkeit, siehe, so wandeln wir im Dunkeln.

10 Wir tasten an der Wand entlang wie die Blinden und tappen wie die, die keine Augen haben. Wir stoßen uns am Mittag wie in der Dämmerung, wir sind im Düstern wie die Toten.

11 Wir brummen alle wie die Bären und gurren wie die Tauben; denn wir harren auf Recht, so ist's nicht da, auf Heil, so ist's ferne von uns.

12 Denn wir sind zu oft von dir abgefallen, und unsre Sünden zeugen gegen uns. Unsre Abtrünnigkeit steht uns vor Augen, und wir kennen unsre Sünden:

13 abtrünnig sein und den HERRN verleugnen und abfallen von unserm Gott, Frevel reden und Ungehorsam, Lügenworte ausbrüten und bedenkenlos daherreden.

14 Und das Recht ist zurückgewichen, und die Gerechtigkeit hat sich entfernt; denn die Wahrheit ist auf der Gasse zu Fall gekommen, und die Aufrichtigkeit findet keinen Eingang.

15 Und die Wahrheit ist dahin, und wer vom Bösen weicht, muß sich ausplündern lassen.

Das alles sieht der HERR, und es mißfällt ihm sehr, daß kein Recht ist.

16 Und er sieht, daß niemand auf dem Plan ist, und verwundert sich, daß niemand ins Mittel tritt. Da hilft er sich selbst mit seinem Arm, und seine Gerechtigkeit steht ihm bei.

17 Er zieht Gerechtigkeit an wie einen Panzer und setzt den Helm des Heils auf sein Haupt und zieht an das Gewand der Rache und kleidet sich mit Eifer wie mit einem Mantel.

18 Nach den Taten wird er vergelten, mit Grimm seinen Widersachern, mit Vergeltung seinen Feinden; ja, den Inseln will er heimzahlen,

19 daß der Name des HERRN gefürchtet werde bei denen vom Niedergang der Sonne und seine Herrlichkeit bei denen von ihrem Aufgang, wenn er kommen wird wie ein reißender Strom, den der Odem des HERRN treibt.

20 Aber **für Zion wird er als Erlöser kommen und für die in Jakob, die sich von der Sünde abwenden, spricht der HERR.**

21 Und dies ist mein Bund mit ihnen, spricht der HERR: Mein Geist, der auf dir ruht, und meine Worte, die ich in deinen Mund gelegt habe, sollen von deinem Mund nicht weichen noch von dem Mund deiner Kinder und Kindeskinder, spricht der HERR, von nun an bis in Ewigkeit.

Zions zukünftige Herrlichkeit

60 **Mache dich auf, werde licht; denn dein Licht kommt, und die Herrlichkeit des HERRN geht auf über dir!**

2 **Denn siehe, Finsternis bedeckt das Erdreich und Dunkel die Völker; aber über dir geht auf der HERR, und seine Herrlichkeit erscheint über dir.**

3 Und die Heiden werden zu deinem Lichte ziehen und die Könige zum Glanz, der über dir aufgeht.

4 Hebe deine Augen auf und sieh umher: Diese alle sind versammelt und kommen zu dir. Deine Söhne werden von ferne kommen und deine Töchter auf dem Arme hergetragen werden.

5 Dann wirst du deine Lust sehen und vor Freude strahlen, und dein Herz wird erbeben und weit werden, wenn sich die Schätze der Völker am Meer zu dir kehren und der Reichtum der Völker zu dir kommt.

6 Denn die Menge der Kamele wird dich bedecken, die jungen Kamele aus Midian und Epha. Sie werden aus Saba alle kommen, Gold und Weihrauch bringen und des HERRN Lob verkündigen.

7 Alle Herden von Kedar sollen zu dir gebracht werden, und die Widder Nebajoths sollen dir dienen. Sie sollen als ein wohlgefälliges Opfer auf meinen Altar kommen; denn ich will das Haus meiner Herrlichkeit zieren.

8 Wer sind die, die da fliegen wie die Wolken und wie die Tauben zu ihren Schlägen?

9 Die Inseln harren auf mich und die Tarsisschiffe vor allem, daß sie deine Söhne von ferne herbringen samt ihrem Silber und Gold für den Namen des

HERRN, deines Gottes, und für den Heili-
gen Israels, der dich herrlich gemacht hat.
10 Fremde werden deine Mauern bauen,
und ihre Könige werden dir dienen. Denn
in meinem Zorn habe ich dich geschlagen,
aber in meiner Gnade erbarme ich mich
über dich.
11 Deine Tore sollen stets offen stehen
und weder Tag noch Nacht zugeschlossen
werden, daß der Reichtum der Völker zu
dir gebracht und ihre Könige herzuge-
führt werden.
12 Denn welche Völker oder König-
reiche dir nicht dienen wollen, die sollen
umkommen und die Völker verwüstet
werden.
13 Die Herrlichkeit des Libanon soll zu
dir kommen, Zypressen, Buchsbaum und
Kiefern miteinander, zu schmücken den
Ort meines Heiligtums; denn ich will die
Stätte meiner Füße herrlich machen.
14 Es werden gebückt zu dir kommen,
die dich unterdrückt haben, und alle, die
dich gelästert haben, werden niederfallen
zu deinen Füßen und dich nennen «Stadt
des HERRN», «Zion des Heiligen Israels».
15 Denn dafür, daß du die Verlassene
und Ungeliebte gewesen bist, zu der nie-
mand hinging, will ich dich zur Pracht
ewiglich machen und zur Freude für und
für.
16 Du sollst Milch von den Völkern
saugen, und der Könige Brust soll dich
säugen, auf daß du erfahrest, daß ich, der
HERR, dein Heiland bin und ich, der
Mächtige Jakobs, dein Erlöser.
17 Ich will Gold anstatt des Erzes und
Silber anstatt des Eisens bringen und Erz
anstatt des Holzes und Eisen anstatt der
Steine. Und ich will zu deiner Obrigkeit
den Frieden machen und zu deinen Vög-
ten die Gerechtigkeit.
18 Man soll nicht mehr von Frevel hö-
ren in deinem Lande noch von Schaden
oder Verderben in deinen Grenzen, son-
dern deine Mauern sollen «Heil» und deine
Tore «Lob» heißen.
19 Die Sonne soll nicht mehr dein Licht
sein am Tage, und der Glanz des Mondes
soll dir nicht mehr leuchten, sondern der
HERR wird dein ewiges Licht und dein
Gott wird dein Glanz sein.
20 Deine Sonne wird nicht mehr unter-
gehen und dein Mond nicht den Schein
verlieren; denn der HERR wird dein ewiges
Licht sein, und die Tage deines Leidens
sollen ein Ende haben.
21 Und dein Volk sollen lauter Gerechte
sein. Sie werden das Land ewiglich be-
sitzen als der Sproß meiner Pflanzung und
als ein Werk meiner Hände mir zum
Preise.
22 Aus dem Kleinsten sollen tausend
werden und aus dem Geringsten ein
mächtiges Volk. Ich, der HERR, will es zu
seiner Zeit eilends ausrichten.

Die frohe Botschaft von der kommenden Herrlichkeit

61 **Der Geist Gottes des HERRN ist auf
mir, weil der HERR mich gesalbt hat.
Er hat mich gesandt, den Elenden gute Bot-
schaft zu bringen, die zerbrochenen Herzen
zu verbinden, zu verkündigen den Gefange-
nen die Freiheit, den Gebundenen, daß sie
frei und ledig sein sollen;**
2 **zu verkündigen ein gnädiges Jahr des
HERRN und einen Tag der Vergeltung
unsres Gottes, zu trösten alle Trauernden,**
3 zu schaffen den Trauernden zu Zion,
daß ihnen Schmuck statt Asche, Freuden-
öl statt Trauerkleid, Lobgesang statt
eines betrübten Geistes gegeben werden,
daß sie genannt werden «Bäume der Ge-
rechtigkeit», «Pflanzung des HERRN», ihm
zum Preise.
4 Sie werden die alten Trümmer wieder
aufbauen und, was vorzeiten zerstört
worden ist, wieder aufrichten; sie werden
die verwüsteten Städte erneuern, die von
Geschlecht zu Geschlecht zerstört gelegen
haben.
5 Fremde werden hintreten und eure
Herden weiden, und Ausländer werden
eure Ackerleute und Weingärtner sein.
6 Ihr aber sollt Priester des HERRN hei-
ßen, und man wird euch Diener unsres
Gottes nennen. Ihr werdet der Völker
Güter essen und euch ihrer Herrlichkeit
rühmen.
7 Dafür, daß mein Volk doppelte
Schmach trug und Schande ihr Teil war,
sollen sie doppelten Anteil besitzen in
ihrem Lande und ewige Freude haben.
8 Denn ich bin der HERR, der das Recht
liebt und Raub und Unrecht haßt; ich
will ihnen den Lohn in Treue geben und
einen ewigen Bund mit ihnen schließen.

9 Und man soll ihr Geschlecht kennen unter den Heiden und ihre Nachkommen unter den Völkern, daß, wer sie sehen wird, erkennen soll, daß sie ein Geschlecht sind, gesegnet vom HERRN.

10 **Ich freue mich im HERRN, und meine Seele ist fröhlich in meinem Gott; denn er hat mir die Kleider des Heils angezogen und mich mit dem Mantel der Gerechtigkeit gekleidet,** wie einen Bräutigam mit priesterlichem Kopfschmuck geziert und wie eine Braut, die in ihrem Geschmeide prangt.

11 Denn gleichwie Gewächs aus der Erde wächst und Same im Garten aufgeht, so läßt Gott der HERR Gerechtigkeit aufgehen und Ruhm vor allen Heidenvölkern.

Die zukünftige Herrlichkeit Zions

62 Um Zions willen will ich nicht schweigen, und um Jerusalems willen will ich nicht innehalten, bis seine Gerechtigkeit aufgehe wie ein Glanz und sein Heil brenne wie eine Fackel,

2 daß die Heiden sehen deine Gerechtigkeit und alle Könige deine Herrlichkeit. Und du sollst mit einem neuen Namen genannt werden, welchen des HERRN Mund nennen wird.

3 Und du wirst sein eine schöne Krone in der Hand des HERRN und ein königlicher Reif in der Hand deines Gottes.

4 Man soll dich nicht mehr nennen «Verlassene» und dein Land nicht mehr «Einsame», sondern du sollst heißen «Meine Lust» und dein Land «Liebes Weib»; denn der HERR hat Lust an dir, und dein Land hat einen lieben Mann.

5 Denn, wie ein junger Mann eine Jungfrau freit, so wird dich dein Erbauer freien, und wie sich ein Bräutigam freut über die Braut, so wird sich dein Gott über dich freuen.

6 O Jerusalem, ich habe Wächter über deine Mauern bestellt, die den ganzen Tag und die ganze Nacht nicht mehr schweigen sollen. Die ihr den HERRN erinnern sollt, ohne euch Ruhe zu gönnen,

7 laßt ihm keine Ruhe, bis er Jerusalem wieder aufrichte und es setze zum Lobpreis auf Erden!

8 Der HERR hat geschworen bei seiner Rechten und bei seinem starken Arm: Ich will dein Getreide nicht mehr deinen Feinden zu essen geben noch deinen Wein, mit dem du so viel Arbeit hattest, die Fremden trinken lassen,

9 sondern, die es einsammeln, sollen's auch essen und den HERRN rühmen, und die ihn einbringen, sollen ihn trinken in den Vorhöfen meines Heiligtums.

10 Gehet ein, gehet ein durch die Tore! Bereitet dem Volk den Weg! Machet Bahn, machet Bahn, räumt die Steine hinweg! Richtet ein Zeichen auf für die Völker!

11 Siehe, der HERR läßt es hören bis an die Enden der Erde: Saget der Tochter Zion: Siehe, dein Heil kommt! Siehe, was er gewann, ist bei ihm, und was er sich erwarb, geht vor ihm her!

12 Man wird sie nennen «Heiliges Volk», «Erlöste des HERRN», und dich wird man nennen «Gesuchte» und «Nicht mehr verlassene Stadt».

Gottes Gericht über Edom

63 Wer ist der, der von Edom kommt, mit rötlichen Kleidern von Bozra, der so geschmückt ist in seinen Kleidern und einherschreitet in seiner großen Kraft? «Ich bin's, der in Gerechtigkeit redet, und bin mächtig zu helfen.»

2 Warum ist denn dein Gewand so rotfarben und dein Kleid wie das eines Keltertreters?

3 «Ich trat die Kelter allein, und niemand unter den Völkern war mit mir. Ich habe sie gekeltert in meinem Zorn und zertreten in meinem Grimm. Da ist ihr Blut auf meine Kleider gespritzt, und ich habe mein ganzes Gewand besudelt.

4 Denn ich hatte einen Tag der Vergeltung mir vorgenommen; das Jahr, die Meinen zu erlösen, war gekommen.

5 Und ich sah mich um, aber da war kein Helfer, und ich verwunderte mich, daß niemand mir beistand. Da mußte mein Arm mir helfen, und mein Zorn stand mir bei.

6 Und ich habe die Völker zertreten in meinem Zorn und habe sie trunken gemacht in meinem Grimm und ihr Blut auf die Erde geschüttet.»

Buß- und Bittgebet des Gottesvolkes

7 Ich will der Gnade des HERRN gedenken und der Ruhmestaten des HERRN in allem, was uns der HERR getan hat, und

der großen Güte an dem Hause Israel, die
er ihnen erwiesen hat nach seiner Barm-
herzigkeit und großen Gnade.
8 Denn er sprach: Sie sind ja mein Volk,
Söhne, die nicht falsch sind. Darum ward
er ihr Heiland
9 in aller ihrer Not. Nicht ein Engel und
nicht ein Bote, sondern sein Angesicht
half ihnen. Er erlöste sie, weil er sie liebte
und Erbarmen mit ihnen hatte. Er nahm
sie auf und trug sie allezeit von alters her.
10 Aber sie waren widerspenstig und
betrübten seinen heiligen Geist; darum
ward er ihr Feind und stritt wider sie.
11 Da gedachte sein Volk wieder an die
vorigen Zeiten, an Mose: Wo ist denn
nun, der aus dem Wasser zog den Hirten
seiner Herde? Wo ist, der seinen heiligen
Geist in ihn gab?
12 Der seinen herrlichen Arm zur Rech-
ten des Mose gehen ließ? Der die Wasser
spaltete vor ihnen her, auf daß er sich
einen ewigen Namen machte?
13 Der sie führte durch die Fluten, wie
Rosse, die in der Wüste nicht straucheln;
14 wie Vieh, das ins Tal hinabsteigt, so
brachte der Geist des HERRN uns zur
Ruhe. So hast du dein Volk geführt, auf
daß du dir einen herrlichen Namen
machtest.
15 So schau nun vom Himmel und sieh
herab von deiner heiligen, herrlichen
Wohnung! Wo ist nun dein Eifer und
deine Macht? Deine große, herzliche
Barmherzigkeit hält sich hart gegen mich.
16 **Bist du doch unser Vater; denn Abra-
ham weiß von uns nichts, und Israel kennt
uns nicht. Du, HERR, bist unser Vater;
«Unser Erlöser», das ist von alters her dein
Name.**
17 Warum läßt du uns, HERR, abirren
von deinen Wegen und unser Herz ver-
stocken, daß wir dich nicht fürchten? Kehr
zurück um deiner Knechte willen, um der
Stämme willen, die dein Erbe sind!
18 Kurze Zeit haben sie dein heiliges
Volk vertrieben, unsre Widersacher haben
dein Heiligtum zertreten.
19 Wir sind geworden wie solche, über
die du niemals herrschtest, wie Leute,
über die dein Name nie genannt wurde.
°Ach daß du den Himmel zerrissest und
führest herab, daß die Berge vor dir zer-
flössen,

64 °wie Feuer Reisig entzündet und
wie Feuer Wasser sieden macht, daß
dein Name kund würde unter deinen Fein-
den und die Völker vor dir zittern müßten,
2 wenn du Furchtbares tust, das wir
nicht erwarten – und führest herab, daß
die Berge vor dir zerflössen! –
3 und das man von alters her nicht ver-
nommen hat. Kein Ohr hat gehört, kein
Auge hat gesehen einen Gott außer dir,
der so wohl tut denen, die auf ihn harren.
4 Du begegnetest denen, die Gerechtig-
keit übten und auf deinen Wegen deiner
gedachten. Siehe, du zürntest, als wir von
alters her gegen dich sündigten und ab-
trünnig wurden.
5 Aber nun sind wir alle wie die Un-
reinen, und alle unsre Gerechtigkeit ist
wie ein beflecktes Kleid. Wir sind alle ver-
welkt wie die Blätter, und unsre Sünden
tragen uns davon wie der Wind.
6 Niemand ruft deinen Namen an oder
macht sich auf, daß er sich an dich halte;
denn du hast dein Angesicht vor uns ver-
borgen und läßt uns vergehen unter der
Gewalt unsrer Schuld.
7 Aber nun, HERR, du bist doch unser
Vater! Wir sind Ton, du bist unser Töpfer,
und wir alle sind deiner Hände Werk.
8 HERR, zürne nicht so sehr und gedenke
nicht ewig der Sünde! Sieh doch an, daß
wir alle dein Volk sind!
9 Deine heiligen Städte sind zur Wüste
geworden, Zion ist zur Wüste geworden,
Jerusalem liegt zerstört.
10 Das Haus unsrer Heiligkeit und Herr-
lichkeit, in dem dich unsre Väter gelobt
haben, ist mit Feuer verbrannt, und alles,
was wir Schönes hatten, ist zuschanden
gemacht.
11 HERR, willst du bei alledem noch
zögern und schweigen und uns so sehr
niederschlagen?

**Verstoßung der Abtrünnigen,
gnädige Annahme der Getreuen**

65 Ich ließ mich suchen von denen, die
nicht nach mir fragten, ich ließ
mich finden von denen, die mich nicht
suchten. Zu einem Volk, das meinen Na-
men nicht anrief, sagte ich: Hier bin ich,
hier bin ich!
2 Ich streckte meine Hände aus den
ganzen Tag nach einem ungehorsamen

Volk, das nach seinen eigenen Gedanken
wandelt auf einem Wege, der nicht gut ist;
3 nach einem Volk, das mich beständig
ins Angesicht kränkt: sie opfern in den
Gärten und räuchern auf Ziegelsteinen,
4 sie sitzen in Gräbern und bleiben über
Nacht in Höhlen, essen Schweinefleisch
und haben Greuelsuppen in ihren Töpfen
5 und sprechen: Bleib weg und rühr
mich nicht an, denn ich bin für dich heilig.
Die sollen ein Rauch werden in meiner
Nase, ein Feuer, das den ganzen Tag
brennt.
6 Siehe, es steht vor mir geschrieben:
Ich will nicht schweigen, sondern heim-
zahlen; ja, ich will es ihnen heimzahlen,
7 beides, ihre Missetaten und ihrer
Väter Missetaten miteinander, spricht der
HERR, die auf den Bergen geräuchert und
mich auf den Hügeln geschändet haben.
Ja, ich will ihnen heimzahlen ihr früheres
Tun.
8 So spricht der HERR: Wie wenn man
noch Saft in der Traube findet und spricht:
Verdirb es nicht, denn es ist ein Segen
darin!, so will ich um meiner Knechte
willen tun, daß ich nicht alles verderbe.
9 Ich will aus Jakob Nachkommen
wachsen lassen und aus Juda Erben, die
meine Berge besitzen; meine Auserwähl-
ten sollen sie besitzen, und meine Knechte
sollen auf ihnen wohnen.
10 Und meinem Volk, das nach mir
fragt, soll Saron eine Weide für die Herde
werden und das Tal Achor ein Lagerplatz
für das Vieh.
11 Aber ihr, die ihr den HERRN verlaßt
und meines heiligen Berges vergeßt und
dem Gad* einen Tisch zurichtet und dem
Meni* vom Trankopfer voll einschenkt, –
12 wohlan, euch will ich dem Schwert
übergeben, daß ihr euch alle zur Schlach-
tung hinknien müßt; denn ich rief, und
ihr habt nicht geantwortet, ich redete, und
ihr habt nicht gehört, sondern tatet, was
mir nicht gefiel, und erwähltet, wonach
ich kein Verlangen hatte.
13 Darum spricht Gott der HERR: Siehe,
meine Knechte sollen essen, ihr aber sollt
hungern; siehe, meine Knechte sollen
trinken, ihr aber sollt dürsten. Siehe, mei-
ne Knechte sollen fröhlich sein, ihr aber
sollt zuschanden werden;

*Gad und Meni sind Schicksalsgötter.

14 siehe, meine Knechte sollen vor Her-
zenslust jauchzen, ihr aber sollt vor Herze-
leid schreien und vor Jammer heulen.
15 Und ihr sollt euren Namen meinen
Auserwählten zum Fluch überlassen «Daß
dich Gott der HERR töte»; aber meine
Knechte wird man mit einem andern Na-
men nennen.
16 Wer sich segnen wird auf Erden, der
wird sich im Namen des wahrhaftigen
Gottes segnen, und wer schwören wird
auf Erden, der wird bei dem wahrhaftigen
Gott schwören. Denn die früheren Ängste
sind vergessen und vor meinen Augen
entschwunden.

Verheißung eines neuen Himmels und einer neuen Erde

17 **Denn siehe, ich will einen neuen Him-**
mel und eine neue Erde schaffen, daß man
der vorigen nicht mehr gedenken und sie
nicht mehr zu Herzen nehmen wird.
18 Freuet euch und seid fröhlich immer-
dar über das, was ich schaffe. Denn siehe,
ich will Jerusalem zur Wonne machen und
sein Volk zur Freude,
19 und ich will fröhlich sein über Jeru-
salem und mich freuen über mein Volk.
Man soll in ihm nicht mehr hören die
Stimme des Weinens noch die Stimme des
Klagens.
20 Es sollen keine Kinder mehr da sein,
die nur einige Tage leben, oder Alte, die
ihre Jahre nicht erfüllen, sondern als
Knabe gilt, wer hundert Jahre alt stirbt,
und wer die hundert Jahre nicht erreicht,
gilt als verflucht.
21 Sie werden Häuser bauen und be-
wohnen, sie werden Weinberge pflanzen
und ihre Früchte essen.
22 Sie sollen nicht bauen, was ein ande-
rer bewohne, und nicht pflanzen, was ein
anderer esse. Denn die Tage meines Volks
werden sein wie die Tage eines Baumes,
und ihrer Hände Werk werden meine Aus-
erwählten genießen.
23 Sie sollen nicht umsonst arbeiten und
keine Kinder für einen frühen Tod zeu-
gen; denn sie sind das Geschlecht der Ge-
segneten des HERRN, und ihre Nachkom-
men sind bei ihnen.
24 Und es soll geschehen: ehe sie rufen,
will ich antworten; wenn sie noch reden,
will ich hören.

25 Wolf und Schaf sollen beieinander
weiden; der Löwe wird Stroh fressen wie
das Rind, aber die Schlange muß Erde
fressen. Sie werden weder Bosheit noch
Schaden tun auf meinem ganzen heiligen
Berge, spricht der HERR.

Strafe für allen selbsterwählten Gottesdienst

66 So spricht der HERR: Der Himmel
ist mein Thron und die Erde der
Schemel meiner Füße! Was ist denn das
für ein Haus, das ihr mir bauen könntet,
oder welches ist die Stätte, da ich ruhen
sollte?
2 Meine Hand hat alles gemacht, was da
ist, spricht der HERR. **Ich sehe aber auf den
Elenden und auf den, der zerbrochenen Gei-
stes ist und der erzittert vor meinem Wort.**
3 Wer einen Stier schlachtet, gleicht
dem, der einen Mann erschlägt; wer ein
Schaf opfert, gleicht dem, der einem Hund
das Genick bricht; wer ein Speisopfer
bringt, gleicht dem, der Schweineblut
spendet; wer Weihrauch anzündet, gleicht
dem, der Götzen verehrt: wahrlich, wie
sie Lust haben an ihren eigenen Wegen
und ihre Seele Gefallen hat an ihren
Greueln,
4 so will auch ich Lust daran haben, daß
ich ihnen wehe tue, und ich will über sie
kommen lassen, wovor ihnen graut. Denn
ich rief, und niemand antwortete, ich
redete, und sie hörten nicht und taten, was
mir nicht gefiel, und hatten ihre Lust an
dem, woran ich kein Wohlgefallen hatte.

Das zukünftige Heil Jerusalems – das Gericht über die Gottlosen

5 Hört des HERRN Wort, die ihr erzittert
vor seinem Wort: Es sprechen eure Brü-
der, die euch hassen und verstoßen um
meines Namens willen: «Laßt doch den
HERRN sich verherrlichen, daß wir eure
Freude mit ansehen», – doch sie sollen zu-
schanden werden.
6 Horch, Lärm aus der Stadt! Horch,
vom Tempel her! Horch, der HERR vergilt
seinen Feinden!
7 Ehe sie Wehen bekommt, hat sie ge-
boren; ehe sie in Kindsnöte kommt, ist sie
eines Knaben genesen.
8 Wer hat solches je gehört? Wer hat
solches je gesehen? Ward ein Land an
einem Tage geboren? Ist ein Volk auf ein-
mal zur Welt gekommen? Kaum in We-
hen, hat Zion schon ihre Kinder geboren.
9 Sollte ich das Kind den Mutterschoß
durchbrechen und nicht auch geboren
werden lassen? spricht der HERR. Sollte
ich, der gebären läßt, den Schoß ver-
schließen? spricht dein Gott.
10 Freuet euch mit Jerusalem und seid
fröhlich über die Stadt, alle, die ihr sie
liebhabt! Freuet euch mit ihr, alle, die ihr
über sie traurig gewesen seid.
11 Denn nun dürft ihr saugen und euch
satt trinken an den Brüsten ihres Trostes;
denn nun dürft ihr reichlich trinken und
euch erfreuen an dem Reichtum ihrer
Mutterbrust.
12 Denn so spricht der HERR: Siehe, ich
breite aus bei ihr den Frieden wie einen
Strom und den Reichtum der Völker wie
einen überströmenden Bach. Ihre Kinder
sollen auf dem Arme getragen werden,
und auf den Knien wird man sie lieb-
kosen.
13 **Ich will euch trösten, wie einen seine
Mutter tröstet**; ja, ihr sollt an Jerusalem
getröstet werden.
14 Ihr werdet's sehen, und euer Herz
wird sich freuen, und euer Gebein soll
grünen wie Gras. Dann wird man erken-
nen die Hand des HERRN an seinen Knech-
ten und den Zorn an seinen Feinden.
15 Denn siehe, der HERR wird kommen
mit Feuer und seine Wagen wie ein Wetter,
daß er vergelte im Grimm seines Zorns
und mit Schelten in Feuerflammen.
16 Denn der HERR wird durch Feuer die
ganze Erde richten und durch sein
Schwert alles Fleisch, und der vom
HERRN Getöteten werden viele sein.
17 Die sich heiligen und reinigen für das
Opfer in den Gärten dem einen nach, der
in der Mitte ist, und Schweinefleisch essen,
greuliches Getier und Mäuse, die sollen
miteinander weggerafft werden, spricht
der HERR.
18 Ich kenne ihre Werke und ihre Ge-
danken und komme, um alle Völker und
Zungen zu versammeln, daß sie kommen
und meine Herrlichkeit sehen.
19 Und ich will ein Zeichen unter ihnen
aufrichten und einige von ihnen, die er-
rettet sind, zu den Völkern senden, nach
Tarsis, nach Put und Lud, nach Me-
schech und Rosch, nach Tubal und Jawan

und zu den fernen Inseln, wo man nichts von mir gehört hat und die meine Herrlichkeit nicht gesehen haben; und sie sollen meine Herrlichkeit unter den Völkern verkündigen.

20 Und sie werden alle eure Brüder aus allen Völkern herbringen dem HERRN zum Weihgeschenk auf Rossen und Wagen, in Sänften, auf Maultieren und Dromedaren nach Jerusalem zu meinem heiligen Berge, spricht der HERR, gleichwie Israel die Opfergaben in reinem Gefäße zum Hause des HERRN bringt.

21 Und ich will auch aus ihnen Priester und Leviten nehmen, spricht der HERR.

22 Denn wie der neue Himmel und die neue Erde, die ich mache, vor mir Bestand haben, spricht der HERR, so soll auch euer Geschlecht und Name Bestand haben.

23 Und alles Fleisch wird einen Neumond nach dem andern und einen Sabbat nach dem andern kommen, um vor mir anzubeten, spricht der HERR.

24 Und sie werden hinausgehen und schauen die Leichname derer, die von mir abtrünnig waren; denn ihr Wurm wird nicht sterben, und ihr Feuer wird nicht verlöschen, und sie werden allem Fleisch ein Greuel sein.

DER PROPHET JEREMIA

1 Dies sind die Worte Jeremias, des Sohnes Hilkias, aus dem Priestergeschlecht zu Anathoth im Lande Benjamin.

2 Zu ihm geschah das Wort des HERRN zur Zeit Josias, des Sohnes Amons, des Königs von Juda, im dreizehnten Jahr seiner Herrschaft,

3 und hernach zur Zeit Jojakims, des Sohnes Josias, des Königs von Juda, bis ans Ende des elften Jahres Zedekias, des Sohnes Josias, des Königs von Juda, bis Jerusalem weggeführt wurde im fünften Monat.

Jeremias Berufung

4 Und des HERRN Wort geschah zu mir:

5 Ich kannte dich, ehe ich dich im Mutterleibe bereitete, und sonderte dich aus, ehe du von der Mutter geboren wurdest, und bestellte dich zum Propheten für die Völker.

6 Ich aber sprach: Ach, Herr HERR, ich tauge nicht zu predigen; denn ich bin zu jung.

7 Der HERR sprach aber zu mir: Sage nicht: «Ich bin zu jung», sondern du sollst gehen, wohin ich dich sende, und predigen alles, was ich dir gebiete.

8 Fürchte dich nicht vor ihnen; denn ich bin bei dir und will dich erretten, spricht der HERR.

9 Und der HERR streckte seine Hand aus und rührte meinen Mund an und sprach zu mir: Siehe, ich lege meine Worte in deinen Mund.

10 Siehe, ich setze dich heute über Völker und Königreiche, daß du ausreißen und einreißen, zerstören und verderben sollst und bauen und pflanzen.

11 Und es geschah des HERRN Wort zu mir: Jeremia, was siehst du? Ich sprach: Ich sehe einen erwachenden Zweig.

12 Und der HERR sprach zu mir: Du hast recht gesehen; denn ich will wachen über meinem Wort, daß ich's tue.

13 Und es geschah des HERRN Wort zum zweitenmal zu mir: Was siehst du? Ich sprach: Ich sehe einen siedenden Kessel überkochen von Norden her.

14 Und der HERR sprach zu mir: Von Norden her wird das Unheil losbrechen über alle, die im Lande wohnen.

15 Denn siehe, ich will rufen alle Völker der Königreiche des Nordens, spricht der HERR, daß sie kommen sollen und ihre Throne setzen vor die Tore Jerusalems und rings um die Mauern her und vor alle Städte Judas.

16 Und ich will mein Gericht über sie ergehen lassen um all ihrer Bosheit willen, daß sie mich verlassen und andern Göttern opfern und ihrer Hände Werk anbeten.

17 So gürte nun deine Lenden und mache dich auf und predige ihnen alles, was ich dir gebiete. Erschrick nicht vor ihnen, auf daß ich dich nicht erschrecke vor ihnen!
18 Denn ich will dich heute zur festen Stadt, zur eisernen Säule, zur ehernen Mauer machen im ganzen Lande wider die Könige Judas, wider seine Großen, wider seine Priester, wider das Volk des Landes,
19 daß, wenn sie auch wider dich streiten, sie dir dennoch nichts anhaben können; denn ich bin bei dir, spricht der HERR, daß ich dich errette.

Das untreue Gottesvolk

2 Und des HERRN Wort geschah zu mir:
2 Geh hin und predige öffentlich der Stadt Jerusalem und sprich: So spricht der HERR: Ich gedenke der Treue deiner Jugend und der Liebe deiner Brautzeit, wie du mir folgtest in der Wüste, im Lande, da man nicht sät.
3 Da war Israel dem HERRN heilig, die Erstlingsfrucht seiner Ernte. Wer davon essen wollte, machte sich schuldig, und Unheil mußte über ihn kommen, spricht der HERR.
4 Hört des HERRN Wort, ihr vom Hause Jakob und alle Geschlechter vom Hause Israel!
5 So spricht der HERR: Was haben doch eure Väter Unrechtes an mir gefunden, daß sie von mir wichen und hingen den nichtigen Götzen an und wurden so zunichte,
6 und dachten niemals: Wo ist der HERR, der uns aus Ägyptenland führte und leitete uns in der Wüste, im wilden, ungebahnten Lande, im dürren und finstern Lande, im Lande, das niemand durchwandert und kein Mensch bewohnt?
7 Und ich brachte euch in ein fruchtbares Land, daß ihr äßet seine Früchte und Güter. Aber als ihr hineinkamt, machtet ihr mein Land unrein und mein Eigentum mir zum Greuel.
8 Die Priester fragten nicht: Wo ist der HERR? und die Hüter des Gesetzes achteten meiner nicht, und die Hirten des Volks wurden mir untreu, und die Propheten weissagten im Namen des Baal und hingen den Götzen an, die nicht helfen können.
9 Darum muß ich noch weiter mit euch und mit euren Kindeskindern rechten, spricht der HERR.
10 Denn geht hin zu den Inseln der Kittiter und schaut, und sendet nach Kedar und gebt genau acht und schaut, ob's daselbst so zugeht:
11 ob die Heiden ihre Götter wechseln, die doch keine Götter sind. Aber mein Volk hat seine Herrlichkeit eingetauscht gegen einen Götzen, der nicht helfen kann!
12 Entsetze dich, Himmel, darüber, erschrick und erbebe gar sehr, spricht der HERR.
13 Denn **mein Volk tut eine zwiefache Sünde: mich, die lebendige Quelle, verlassen sie und machen sich Zisternen, die doch rissig sind und kein Wasser geben.**
14 Ist denn Israel ein Sklave oder unfrei geboren, daß er jedermanns Raub sein darf?
15 Löwen brüllen über ihm, brüllen laut und verwüsten sein Land, und seine Städte werden verbrannt, so daß niemand darin wohnt.
16 Dazu scheren die Leute von Noph und Tachpanches dir den Kopf kahl.
17 Das alles hast du dir doch selbst bereitet, weil du den HERRN, deinen Gott, verläßt, sooft er dich den rechten Weg leiten will.
18 Was hilft's dir, daß du nach Ägypten ziehst und willst vom Nil trinken? Und was hilft's dir, daß du nach Assyrien ziehst und willst vom Euphrat trinken?
19 Deine Bosheit ist schuld, daß du so geschlagen wirst, und dein Ungehorsam, daß du so gestraft wirst. Und du mußt innewerden und erfahren, was es für Jammer und Herzeleid bringt, den HERRN, deinen Gott, zu verlassen und ihn nicht zu fürchten, spricht Gott, der HERR Zebaoth.
20 Denn von jeher hast du dein Joch zerbrochen und deine Bande zerrissen und gesagt: Ich will nicht unterworfen sein! Sondern auf allen hohen Hügeln und unter allen grünen Bäumen triebst du Hurerei.
21 Ich aber hatte dich gepflanzt als einen edlen Weinstock, ein ganz echtes Gewächs. Wie bist du mir denn geworden zu einem schlechten, wilden Weinstock?

22 Und wenn du dich auch mit Lauge
wüschest und nähmest viel Seife dazu, so
bleibt doch der Schmutz deiner Schuld
vor mir, spricht Gott der HERR.
23 Wie wagst du denn zu sagen: Ich bin
nicht unrein, ich habe mich nicht an die
Baale gehängt? Sieh doch, wie du es
treibst im Tal, und bedenke, was du getan
hast! Du läufst umher wie eine Kamel-
stute in der Brunst,
24 wie eine Wildeselin in der Wüste,
wenn sie vor großer Brunst lechzt und
läuft, daß niemand sie aufhalten kann.
Wer sie haben will, muß nicht weit laufen;
er trifft sie bald in dieser Zeit.
25 Schone doch deine Füße, daß sie
nicht wund werden, und deine Kehle, daß
sie nicht durstig werde. Aber du sprichst:
Da wird nichts draus; ich muß diese
Fremden lieben und ihnen nachlaufen.
26 Wie ein Dieb zuschanden wird, wenn
man ihn ergreift, so wird das Haus Israel
zuschanden werden samt seinen Königen,
Fürsten, Priestern und Propheten,
27 die zum Holz sagen: «Du bist mein
Vater» und zum Stein: «Du hast mich ge-
boren.» Denn sie kehren mir den Rücken
zu und nicht das Angesicht. Aber wenn
die Not über sie kommt, sprechen sie:
«Auf und hilf uns!»
28 Wo sind denn deine Götter, die du
dir gemacht hast? Laß sie aufstehen; laß
sehen, ob sie dir helfen können in deiner
Not! Denn so viel Städte, so viel Götter
hast du, Juda.
29 Wie könnt ihr rechten mit mir? Ihr
seid alle von mir abgefallen, spricht der
HERR.
30 Alle meine Schläge sind vergeblich an
euren Söhnen, sie lassen sich doch nicht
erziehen; euer Schwert frißt eure Prophe-
ten wie ein wütender Löwe.
31 Du böses Geschlecht, merke auf des
HERRN Wort! Bin ich denn für Israel eine
Wüste oder ödes Land? Warum spricht
denn mein Volk: «Wir sind freie Herren
und brauchen dir nicht mehr nachzu-
laufen»?
32 Vergißt wohl eine Jungfrau ihren
Schmuck oder eine Braut ihren Schleier?
Mein Volk aber vergißt mich seit endlos
langer Zeit.
33 Wie fein findest du Wege, dir Lieb-
haber zu suchen! Darum hast du dich
auch gewöhnt, auf bösen Wegen zu wan-
deln.
34 Auch findet man an deinen Kleidern
das Blut von Armen und Unschuldigen,
die du nicht beim Einbruch ertappt hast,
sondern die alledem widerstanden.
35 Und doch sprichst du: Ich bin un-
schuldig; er hat ja doch seinen Zorn von
mir gewandt. Siehe, ich will dich richten,
weil du sprichst: Ich habe nicht gesündigt.
36 Was läufst du denn so leichtfertig
bald dahin, bald dorthin! Auch an Ägyp-
ten wirst du zuschanden werden, wie du
an Assyrien zuschanden geworden bist.
37 Denn du mußt auch von dort weg-
ziehen und deine Hände über dem Kopf
zusammenlegen; denn der HERR hat sie
verworfen, auf die du deine Hoffnung
setztest, und es wird dir nicht mit ihnen
gelingen.

3 Und er sprach: Wenn sich ein Mann
von seiner Frau scheidet und sie geht
von ihm und gehört einem andern, darf
er sie auch wieder annehmen? Ist's nicht
so, daß das Land unrein würde? Du aber
hast mit vielen gehurt und solltest wieder
zu mir kommen? spricht der HERR.
2 Hebe deine Augen auf zu den Höhen
und sieh, wo du allenthalben dich preisge-
geben hast! An den Wegen sitzt du und
lauerst auf sie wie ein Araber in der Wüste
und machst das Land unrein mit deiner
Hurerei und Bosheit.
3 Darum muß auch der Frühregen aus-
bleiben, und kein Spätregen kommt. Aber
du hast eine Hurenstirn, du willst dich
nicht mehr schämen
4 und schreist jetzt zu mir: «Lieber Va-
ter, du Vertrauter meiner Jugend!
5 Willst du denn ewiglich zürnen und
nicht vom Grimm lassen?» Siehe, so
redest du und tust Böses und lässest dir
nicht wehren.

Schuldspruch und Verheißung über Israel und Juda

6 Und der HERR sprach zu mir zur Zeit
des Königs Josia: Hast du gesehen, was
Israel, die Abtrünnige, tat? Sie ging hin
auf alle hohen Berge und unter alle grü-
nen Bäume und trieb dort Hurerei.
7 Und ich dachte, nachdem sie das alles
getan, würde sie zu mir zurückkehren.

Aber sie kehrte nicht zurück. Und obwohl ihre Schwester Juda, die Treulose, gesehen hat,
8 wie ich Israel, die Abtrünnige, wegen ihres Ehebruchs gestraft und sie entlassen und ihr einen Scheidebrief gegeben habe, scheut sich dennoch ihre Schwester, das treulose Juda, nicht, sondern geht hin und treibt auch Hurerei.
9 Und ihre leichtfertige Hurerei hat das Land unrein gemacht; denn sie treibt Ehebruch mit Stein und Holz.
10 Und auch in diesem allen bekehrt sich das treulose Juda, ihre Schwester, nicht zu mir von ganzem Herzen, sondern nur mit Heuchelei, spricht der HERR.
11 Und der HERR sprach zu mir: Das abtrünnige Israel steht gerechter da als das treulose Juda.
12 Geh hin und rufe diese Worte nach Norden und sprich: Kehre zurück, du abtrünniges Israel, spricht der HERR, so will ich nicht zornig auf euch blicken. Denn ich bin gnädig, spricht der HERR, und will nicht ewiglich zürnen.
13 Allein erkenne deine Schuld, daß du wider den HERRN, deinen Gott, gesündigt hast und bist hin und her gelaufen zu den fremden Göttern unter allen grünen Bäumen, und ihr habt meiner Stimme nicht gehorcht, spricht der HERR.
14 Kehrt um, ihr abtrünnigen Kinder, spricht der HERR, denn ich bin euer Herr! Und ich will euch holen, einen aus einer Stadt und zwei aus einem Geschlecht, und will euch bringen nach Zion.
15 Und ich will euch Hirten geben nach meinem Herzen, die euch weiden sollen in Einsicht und Weisheit.
16 Und es soll geschehen, wenn ihr zahlreich geworden seid und euch ausgebreitet habt im Lande, so soll man, spricht der HERR, in jenen Tagen nicht mehr reden von der Bundeslade des HERRN, ihrer nicht mehr gedenken oder nach ihr fragen und sie nicht mehr vermissen; auch wird sie nicht wieder gemacht werden.
17 Sondern zu jener Zeit wird man Jerusalem nennen «Des HERRN Thron», und es werden sich dahin sammeln alle Heiden um des Namens des HERRN willen zu Jerusalem, und sie werden nicht mehr wandeln nach ihrem verstockten und bösen Herzen.
18 In jenen Tagen wird das Haus Juda zum Haus Israel gehen, und sie werden miteinander heimkommen von Norden her in das Land, das ich euren Vätern zum Erbe gegeben habe.
19 Und ich dachte: Wie will ich dich halten, als wärst du mein Sohn, und dir das liebe Land geben, den allerschönsten Besitz unter den Völkern! Und ich dachte, du würdest mich dann «Lieber Vater» nennen und nicht von mir weichen.
20 Aber das Haus Israel hat mir nicht die Treue gehalten, gleichwie ein Weib wegen ihres Liebhabers nicht die Treue hält, spricht der HERR.

Israels Umkehr

21 Man hört ein klägliches Heulen und Weinen der Kinder Israel auf den Höhen, weil sie übel getan und den HERRN, ihren Gott, vergessen haben.
22 Kehrt zurück, ihr abtrünnigen Kinder, so will ich euch heilen von eurem Ungehorsam.
Siehe, wir kommen zu dir; denn du bist der HERR, unser Gott.
23 Wahrlich, es ist ja nichts als Betrug mit den Hügeln und mit dem Lärm auf den Bergen. Wahrlich, es hat Israel keine andere Hilfe als am HERRN, unserm Gott.
24 Der schändliche Baal hat gefressen, was unsere Väter erworben hatten, von unsrer Jugend an, ihre Schafe und Rinder, Söhne und Töchter.
25 So müssen wir uns betten in unsere Schande, und unsre Schmach soll uns bedecken. Denn wir haben gesündigt wider den HERRN, unsern Gott, wir und unsere Väter, von unsrer Jugend an bis auf den heutigen Tag, und haben nicht gehorcht der Stimme des HERRN, unseres Gottes.
4 Willst du dich, Israel, bekehren, spricht der HERR, so kehre dich zu mir! Und wenn du deine greulichen Götzen von meinem Angesicht wegtust, so brauchst du nicht mehr umherzuschweifen,
2 und wenn du ohne Heuchelei recht und heilig schwörst: «So wahr der HERR lebt», dann werden die Heiden in ihm gesegnet werden und sich seiner rühmen.
3 Denn so spricht der HERR zu denen in Juda und zu Jerusalem: Pflüget ein Neues und säet nicht unter die Dornen!

4 Beschneidet euch für den HERRN und
tut weg die Vorhaut eures Herzens, ihr
Männer von Juda und ihr Leute von Jerusalem, auf daß nicht um eurer Bosheit willen mein Grimm ausfahre wie Feuer und brenne, so daß niemand löschen kann.

Der Feind aus dem Norden wird das Land verheeren

5 Verkündet in Juda und schreit laut in
Jerusalem und sprecht: «Blast die Posaune im Lande!» Ruft mit voller Stimme und sprecht: «Sammelt euch und laßt uns in die festen Städte ziehen!»
6 Richtet in Zion ein Fluchtzeichen auf;
flieht und säumet nicht! Denn ich bringe von Norden Unheil herzu und großen Jammer.
7 Es steigt herauf der Löwe aus seinem
Dickicht, und der Verderber der Völker hat sich aufgemacht und ist ausgezogen von seiner Stätte, dein Land zu verwüsten und deine Städte zu verbrennen, so daß niemand darin wohnt.
8 Darum zieht den Sack an, klagt und
heult; denn der grimmige Zorn des HERRN will sich nicht von uns wenden.
9 Zu der Zeit, spricht der HERR, wird
dem König und den Fürsten der Mut entfallen, die Priester werden bestürzt und die Propheten erschrocken sein.
10 Ich aber sprach: Ach, Herr HERR,
du hast dies Volk und Jerusalem sehr getäuscht, als du sagtest: «Es wird Friede bei euch sein», wo doch das Schwert uns ans Leben geht!
11 Zu der Zeit wird man diesem Volk
und Jerusalem sagen: «Es kommt ein heißer Wind von den kahlen Höhen aus der Wüste, geraden Weges zu der Tochter meines Volks, nicht zum Worfeln noch zum Sichten.»
12 Ja, ein Wind kommt auf mein Ge-
heiß, der ihnen zu stark sein wird; da will ich denn mit ihnen rechten.
13 Siehe, er fährt daher wie Wolken,
und seine Wagen sind wie ein Sturmwind, seine Rosse sind schneller als Adler. Weh uns! Wir sind verloren!
14 So wasche nun, Jerusalem, dein Herz
von der Bosheit, auf daß dir geholfen werde. Wie lange wollen bei dir bleiben deine heillosen Gedanken?
15 Horch! Es kommt ein Geschrei von
Dan her und eine böse Botschaft vom Gebirge Ephraim.
16 Saget an den Völkern, verkündet in
Jerusalem: Belagerer kommen aus fernen Landen und erheben Kriegsgeschrei gegen die Städte Judas.
17 Sie werden sich um Jerusalem her
lagern wie die Wächter auf dem Felde; denn es hat mich erzürnt, spricht der HERR.
18 Das hast du zum Lohn für deinen
Wandel und dein Tun. Das kommt von deiner Bosheit, daß es so bitter um dich steht und dir bis ans Herz dringt.
19 Wie ist mir so weh! Mein Herz pocht
mir im Leibe, und ich habe keine Ruhe; denn ich höre der Posaune Hall, den Lärm der Feldschlacht;
20 Niederlage auf Niederlage wird ge-
meldet. Denn das ganze Land wird verheert, plötzlich sind meine Hütten und meine Zelte zerstört.
21 Wie lange soll ich noch das Flucht-
zeichen sehen und der Posaune Hall hören?
22 Aber mein Volk ist toll und glaubt
mir nicht. Töricht sind sie und achten's nicht; weise sind sie genug, Übles zu tun, aber rechttun wollen sie nicht lernen.
23 Ich schaute das Land an, siehe, es
war wüst und öde, und den Himmel, und er war finster.
24 Ich sah die Berge an, und siehe, sie
bebten, und alle Hügel wankten.
25 Ich sah, und siehe, da war kein
Mensch, und alle Vögel unter dem Himmel waren weggeflogen.
26 Ich sah, und siehe, das Fruchtland
war eine Wüste, und alle seine Städte waren zerstört vor dem HERRN und vor seinem grimmigen Zorn.
27 Denn so spricht der HERR: Das ganze
Land soll wüst werden, aber ich will mit ihm doch nicht ganz ein Ende machen.
28 Darum wird das Land betrübt und
der Himmel droben traurig sein; denn ich hab's geredet, ich hab's beschlossen, und es soll mich nicht gereuen, ich will auch nicht davon ablassen.
29 Aus allen Städten werden sie vor
dem Geschrei der Reiter und Schützen fliehen und in die dichten Wälder laufen und in die Felsen kriechen. Alle Städte

werden verlassen stehen, so daß niemand
darin wohnt.
30 Was willst du dann tun, du Über-
wältigte? Wenn du dich schon mit Purpur
kleiden und mit goldenen Kleinoden
schmücken und dein Angesicht schminken
würdest, so schmückst du dich doch ver-
geblich. Die dir jetzt den Hof machen,
werden dich verachten, sie werden dir
nach dem Leben trachten.
31 Denn ich höre ein Geschrei wie von
einer Gebärenden, Angstrufe wie von
einer, die in den ersten Kindsnöten ist,
ein Geschrei der Tochter Zion, die da
keucht und die Hände ausbreitet: Ach,
weh mir! Ich muß vergehen vor den Wür-
gern.

Dem sündigen Volk kann nicht mehr vergeben werden

5 Geht durch die Gassen Jerusalems und
schaut und merkt auf und sucht auf
den Straßen der Stadt, ob ihr jemand fin-
det, der Recht übt und auf Wahrheit hält,
so will ich ihr gnädig sein.
2 Und wenn sie auch sprechen: Bei dem
lebendigen Gott!, so schwören sie doch
falsch.
3 HERR, deine Augen sehen auf Wahr-
haftigkeit*. Du schlägst sie, aber sie füh-
len's nicht; du machst fast ein Ende mit
ihnen, aber sie bessern sich nicht. Sie
haben ein Angesicht, härter als ein Fels,
und wollen sich nicht bekehren.
4 Ich aber dachte: Wohlan, es sind arme,
unverständige Leute und wissen nicht um
des HERRN Weg und um ihres Gottes
Recht.
5 Ich will zu den Großen gehen und mit
ihnen reden; die werden um des HERRN
Weg und ihres Gottes Recht wissen. Aber
sie alle haben das Joch zerbrochen und die
Seile zerrissen.
6 Darum wird sie auch der Löwe aus
dem Walde zerreißen, und der Wolf aus
der Steppe wird sie verderben, und der
Panther wird um ihre Städte lauern; alle,
die von da herausgehen, werden zer-
fleischt. Denn ihrer Sünden sind zu viele,
und sie bleiben in ihrem Ungehorsam.
7 Wie soll ich dir denn gnädig sein?
Deine Söhne haben mich verlassen und
schwören bei dem, der nicht Gott ist. Als
ich sie satt gemacht hatte, trieben sie
Ehebruch und liefen ins Hurenhaus.
8 Ein jeder wiehert nach seines Näch-
sten Weibe wie die vollen, müßigen
Hengste.
9 Und ich sollte das an ihnen nicht
heimsuchen? spricht der HERR, und ich
sollte mich nicht rächen an einem Volk
wie diesem?
10 Stürmt ihre Weinberge hinauf und
zerstört die stützenden Mauern; aber ver-
wüstet sie nicht ganz! Reißet ihre Wein-
ranken weg; denn sie gehören nicht dem
HERRN!
11 Sie verachten mich, spricht der HERR,
das Haus Israel und das Haus Juda.
12 Sie verleugnen den HERRN und spre-
chen: «Das tut er nicht; so übel wird es
uns nicht gehen; Schwert und Hunger
werden wir nicht sehen.
13 Die Propheten sind Schwätzer und
haben Gottes Wort nicht; es ergehe ihnen
selbst so!»
14 Darum spricht der HERR, der Gott
Zebaoth: Weil ihr solche Reden führt,
siehe, so will ich meine Worte in deinem
Munde zu Feuer machen und dies Volk
zu Brennholz, daß es verzehrt werde.
15 Siehe, ich will über euch vom Hause
Israel ein Volk von ferne her bringen,
spricht der HERR, ein Volk von uner-
schöpflicher Kraft, ein uraltes Volk, ein
Volk, dessen Sprache du nicht verstehst,
und was sie reden, kannst du nicht ver-
nehmen.
16 Seine Köcher sind wie offene Gräber;
es sind lauter Helden.
17 Sie werden deine Ernte und dein
Brot verzehren, sie werden deine Söhne
und Töchter fressen, sie werden deine
Schafe und Rinder verschlingen, sie wer-
den deine Weinstöcke und Feigenbäume
verzehren; deine festen Städte, auf die du
dich verläßt, werden sie mit dem Schwert
einnehmen.
18 Doch will ich, spricht der HERR, auch
zu jener Zeit mit euch nicht ganz ein Ende
machen.
19 Und wenn sie sagen: Warum tut uns
der HERR, unser Gott, dies alles?, sollst
du ihnen antworten: Wie ihr mich verlaßt
und fremden Göttern dient in eurem
eigenen Lande, so sollt ihr auch Fremden
dienen in einem Lande, das nicht euer ist.

*Luther übersetzte: «sehen nach dem Glauben».

20 Verkündet im Hause Jakob und ruft aus in Juda und sprecht:

21 Hört zu, ihr tolles Volk, das keinen Verstand hat, die da Augen haben und sehen nicht, Ohren haben und hören nicht!

22 Wollt ihr mich nicht fürchten, spricht der HERR, und vor mir nicht erschrecken, der ich dem Meere den Sand zur Grenze setze, darin es allezeit bleiben muß, darüber es nicht gehen darf? Und wenn es auch aufwallt, so vermag es doch nichts; und wenn seine Wellen auch toben, so dürfen sie doch nicht darüber gehen.

23 Aber dies Volk hat ein abtrünniges, ungehorsames Herz. Sie bleiben abtrünnig und gehen ihrer Wege

24 und sprechen niemals in ihrem Herzen: «Laßt uns doch den HERRN, unsern Gott, fürchten, der uns Frühregen und Spätregen gibt zur rechten Zeit und uns die Ernte treulich und jährlich gewährt.»

25 Aber eure Verschuldungen verhindern das, und eure Sünden halten das Gute von euch fern.

26 Man findet unter meinem Volk Gottlose, die den Leuten nachstellen und Fallen zurichten, um sie zu fangen, wie's die Vogelfänger tun.

27 Ihre Häuser sind voller Tücke, wie ein Vogelbauer voller Lockvögel ist. Daher sind sie groß und reich geworden,

28 fett und feist. Sie gehen mit bösen Dingen um; sie halten kein Recht, der Waisen Sache fördern sie nicht, daß ihnen ihr Recht werde, und helfen den Armen nicht zum Recht.

29 Sollte ich das an ihnen nicht heimsuchen, spricht der HERR, und sollte ich mich nicht rächen an einem Volk wie diesem?

30 Es steht greulich und gräßlich im Lande.

31 Die Propheten weissagen Lüge, und die Priester herrschen auf eigene Faust, und mein Volk hat's gern so. Aber was werdet ihr tun, wenn's damit ein Ende hat?

Das wohlverdiente Gericht

6 Flieht, ihr Kinder Benjamin, aus Jerusalem und blast die Posaune in Thekoa und richtet ein Fluchtzeichen auf über Beth-Kerem! Denn es droht von Norden Unheil und großer Jammer.

2 Die Tochter Zion ist wie eine liebliche Aue;

3 aber es werden Hirten über sie kommen mit ihren Herden; die werden Zelte aufschlagen rings um sie her und ein jeder seinen Platz abweiden.

4 «Rüstet euch zum Krieg gegen sie! Wohlauf, laßt uns hinaufziehen, solange es noch heller Tag ist! Wehe, es will Abend werden, und die Schatten werden lang!

5 Wohlan, laßt uns hinaufziehen bei Nacht und ihre Paläste zerstören!»

6 Denn so spricht der HERR Zebaoth: Fället Bäume und werft einen Wall auf gegen Jerusalem; denn es ist eine Stadt, die heimgesucht werden soll. Ist doch nichts als Unrecht darin!

7 Denn wie ein Brunnen sein Wasser quellen läßt, so quillt auch ihre Bosheit. Frevel und Gewalt hört man in ihr, und Morden und Schlagen treiben sie täglich vor mir.

8 Beßre dich, Jerusalem, ehe sich mein Herz von dir wende und ich dich zum wüsten Lande mache, darin niemand wohnt!

9 So spricht der HERR Zebaoth: Halte Nachlese am Rest Israels wie am Weinstock, strecke deine Hand immer wieder aus wie ein Winzer nach den Reben.

10 «Ach, mit wem soll ich noch reden, und wem soll ich Zeugnis geben? Daß doch jemand hören wollte! Aber ihr Ohr ist unbeschnitten; sie können's nicht hören. Siehe, sie halten des HERRN Wort für Spott und wollen es nicht haben.

11 Darum bin ich von des HERRN Zorn so voll, daß ich ihn nicht zurückhalten kann.» So schütte ihn aus über die Kinder auf der Gasse und über die Schar der jungen Männer! Denn es sollen alle, Mann und Frau, Alte und Hochbetagte, gefangen weggeführt werden.

12 Ihre Häuser sollen den Fremden zuteil werden samt den Äckern und Frauen; denn ich will meine Hand ausstrecken, spricht der HERR, wider die Bewohner des Landes.

13 Denn sie gieren alle, klein und groß, nach unrechtem Gewinn, und Propheten und Priester gehen alle mit Lüge um

14 und heilen den Schaden meines Volks nur obenhin, indem sie sagen: «Friede! Friede!», und ist doch nicht Friede.

15 Sie werden mit Schande dastehen,
weil sie solche Greuel getrieben haben;
aber sie wollen sich nicht schämen und
wissen nichts von Scham. Darum sollen
sie fallen unter den Fallenden, und wenn
ich sie heimsuchen werde, sollen sie stür-
zen, spricht der HERR.
16 So spricht der HERR: Tretet hin an
die Wege und schauet und fragt nach den
Wegen der Vorzeit, welches der gute Weg
sei, und wandelt darin, so werdet ihr Ruhe
finden für eure Seele! Aber sie sprechen:
Wir wollen's nicht tun!
17 Auch habe ich Wächter über euch
gesetzt: Achtet auf den Hall der Posaune!
Aber sie sprechen: Wir wollen's nicht tun!
18 Darum höret, ihr Völker, und merkt
auf samt euren Leuten!
19 Du Erde, höre zu! Siehe, ich will
Unheil über dies Volk bringen, ihren ver-
dienten Lohn, weil sie auf meine Worte
nicht achten und mein Gesetz verwerfen.
20 Was frage ich nach dem Weihrauch
aus Saba und nach dem köstlichen Ge-
würz, das aus fernen Landen kommt?
Eure Brandopfer sind mir nicht wohlge-
fällig, und eure Schlachtopfer gefallen
mir nicht.
21 Darum spricht der HERR: Siehe, ich
will diesem Volk Anstöße in den Weg
stellen, daran sich Väter und Söhne zu-
gleich stoßen und ein Nachbar mit dem
andern umkommen soll.
22 So spricht der HERR: Siehe, es kommt
ein Volk von Norden, und ein großes Volk
wird sich erheben vom Ende der Erde.
23 Sie führen Bogen und Speer, sind
grausam und ohne Erbarmen. Sie brau-
sen daher wie ein ungestümes Meer und
reiten auf Rossen, gerüstet als Kriegsleute,
gegen dich, du Tochter Zion.
24 Wir haben von ihnen gehört, und
unsre Arme sind uns niedergesunken; es
ist uns angst und weh geworden wie einer
Gebärenden.
25 Niemand gehe hinaus auf den Acker,
niemand gehe über Land; denn es ist
Schrecken um und um vor dem Schwert
des Feindes.
26 O Tochter meines Volks, zieh den
Sack an und wälze dich im Staube! Trage
Leid wie um den einzigen Sohn und klage
bitterlich; denn der Verderber kommt
über uns plötzlich.

Jeremia als Prüfer des Volkes

27 Ich habe dich zum Prüfer gesetzt für
mein Volk, daß du seinen Wandel erken-
nen und prüfen sollst.
28 Sie sind ganz und gar abtrünnig und
wandeln verleumderisch; Erz und Eisen
sind sie; alle bringen sie Verderben.
29 Der Blasebalg schnaubte, das Blei
wurde flüssig vom Feuer; aber das
Schmelzen war umsonst, denn die Bösen
sind nicht ausgeschieden.
30 Darum heißen sie «Verworfenes Sil-
ber»; denn der HERR hat sie verworfen.

Die Tempelrede

7 Dies ist das Wort, das vom HERRN
geschah zu Jeremia:
2 Tritt ins Tor am Hause des HERRN und
predige dort dies Wort und sprich: Höret
des HERRN Wort, ihr alle von Juda, die
ihr zu diesen Toren eingeht, den HERRN
anzubeten!
3 So spricht der HERR Zebaoth, der Gott
Israels: **Bessert euer Leben und euer Tun,
so will ich bei euch wohnen an diesem Ort.***
4 Verlaßt euch nicht auf Lügenworte,
wenn sie sagen: Hier ist des HERRN Tem-
pel, hier ist des HERRN Tempel, hier ist
des HERRN Tempel!
5 Sondern bessert euer Leben und euer
Tun, daß ihr recht handelt einer gegen
den andern
6 und keine Gewalt übt gegen Fremd-
linge, Waisen und Witwen und nicht un-
schuldiges Blut vergießt an diesem Ort
und nicht andern Göttern nachlauft zu
eurem eigenen Schaden,
7 so will ich immer und ewig bei euch
wohnen an diesem Ort, in dem Lande,
das ich euren Vätern gegeben habe.
8 Aber nun verlaßt ihr euch auf Lügen-
worte, die zu nichts nütze sind.
9 Ihr seid Diebe, Mörder, Ehebrecher
und Meineidige und opfert dem Baal und
lauft fremden Göttern nach, die ihr nicht
kennt.
10 Und dann kommt ihr und tretet vor
mich in diesem Hause, das nach meinem
Namen genannt ist, und sprecht: Wir sind
geborgen, – und tut weiter solche Greuel.

*Nach anderer Überlieferung: so will ich euch wohnen lassen an diesem Ort. (In gleicher Weise auch Vers 7.)

11 Haltet ihr denn dies Haus, das nach
meinem Namen genannt ist, für eine
Räuberhöhle? Siehe, ich sehe es wohl,
spricht der HERR.
12 Geht hin an meine Stätte zu Silo, wo
früher mein Name gewohnt hat, und
schaut, was ich dort getan habe wegen der
Bosheit meines Volks Israel.
13 Weil ihr denn lauter solche Dinge
treibt, spricht der HERR, und weil ich im-
mer wieder zu euch redete und ihr nicht
hören wolltet und ich euch rief und ihr
nicht antworten wolltet,
14 so will ich mit dem Hause, das nach
meinem Namen genannt ist, auf das ihr
euch verlaßt, und mit der Stätte, die ich
euch und euren Vätern gegeben habe,
ebenso tun, wie ich mit Silo getan habe,
15 und will euch von meinem Angesicht
verstoßen, wie ich verstoßen habe alle
eure Brüder, das ganze Geschlecht Ephra-
im.

Gegen falschen Gottesdienst

16 Du sollst für dies Volk nicht bitten
und sollst für sie weder Klage noch Gebet
vorbringen, sie auch nicht vertreten vor
mir; denn ich will dich nicht hören.
17 Siehst du nicht, was sie tun in den
Städten Judas und auf den Gassen Jeru-
salems?
18 Die Kinder lesen Holz, die Väter
zünden das Feuer an, und die Frauen
kneten den Teig, daß sie der Himmels-
königin Kuchen backen, und fremden
Göttern spenden sie Trankopfer mir zum
Verdruß.
19 Aber damit machen sie nicht mir
Verdruß, spricht der HERR, sondern sich
selbst zu ihrer eigenen Schande.
20 Darum spricht Gott der HERR: Siehe,
mein Zorn und mein Grimm wird ausge-
schüttet über diese Stätte, über Menschen
und über Vieh, über die Bäume auf dem
Felde und über die Früchte des Landes;
der soll so brennen, daß niemand löschen
kann.
21 So spricht der HERR Zebaoth, der
Gott Israels: Tut eure Brandopfer zu
euren Schlachtopfern und freßt Fleisch!
22 Ich aber habe euren Vätern an dem
Tage, als ich sie aus Ägyptenland führte,
nichts gesagt noch geboten von Brand-
opfern und Schlachtopfern;
23 sondern dies habe ich ihnen geboten:
Gehorcht meinem Wort, so will ich euer
Gott sein, und ihr sollt mein Volk sein;
wandelt ganz auf dem Wege, den ich euch
gebiete, auf daß es euch wohlgehe.
24 Aber sie wollten nicht hören noch
ihre Ohren mir zukehren, sondern wan-
delten nach ihrem eignen Rat und nach
ihrem verstockten und bösen Herzen und
kehrten mir den Rücken zu und nicht das
Angesicht.
25 Ja, von dem Tage an, da ich eure
Väter aus Ägyptenland führte, bis auf
diesen Tag habe ich immer wieder zu
euch gesandt alle meine Knechte, die Pro-
pheten.
26 Aber sie wollen mich nicht hören
noch ihre Ohren mir zukehren, sondern
sind halsstarrig und treiben es ärger als
ihre Väter.
27 Und wenn du schon ihnen dies alles
sagst, so werden sie doch nicht auf dich
hören; rufst du sie, so werden sie dir nicht
antworten.
28 Darum sprich zu ihnen: Dies ist das
Volk, das auf die Stimme des HERRN,
seines Gottes, nicht hören noch sich bes-
sern will. Die Wahrheit ist dahin und aus-
gerottet aus ihrem Munde.
29 Schere deine Haare ab und wirf sie
von dir und wehklage auf den Höhen;
denn der HERR hat dies Geschlecht, über
das er zornig ist, verworfen und verstoßen.
30 Denn die Kinder Juda tun, was mir
mißfällt, spricht der HERR. Sie haben ihre
Greuelbilder gesetzt in das Haus, das
nach meinem Namen genannt ist, um es
unrein zu machen,
31 und haben die Höhen des Topheth im
Tal Ben-Hinnom gebaut, um ihre Söhne
und Töchter zu verbrennen, was ich nie
geboten habe und mir nie in den Sinn ge-
kommen ist.
32 Darum siehe, es kommt die Zeit,
spricht der HERR, daß man's nicht mehr
nennen wird «Topheth» und «Tal Ben-
Hinnom», sondern «Würgetal». Und man
wird im Topheth begraben müssen, weil
sonst kein Raum mehr sein wird.
33 Und die Leichname dieses Volks sol-
len den Vögeln des Himmels und den
Tieren des Feldes zum Fraß werden, ohne
daß sie jemand verscheuchen wird.
34 Und ich will in den Städten Judas

und auf den Gassen Jerusalems wegnehmen den Jubel der Freude und Wonne und die Stimme des Bräutigams und der Braut; denn das Land soll wüst werden.

8 Zu dieser Zeit, spricht der HERR, wird man die Gebeine der Könige von Juda, die Gebeine seiner Fürsten, die Gebeine der Priester, die Gebeine der Propheten und die Gebeine der Bürger Jerusalems aus ihren Gräbern werfen
2 und wird sie hinstreuen der Sonne, dem Mond und dem ganzen Heer des Himmels, die sie geliebt und denen sie gedient haben, denen sie nachgelaufen sind, die sie befragt und angebetet haben. Sie sollen nicht wieder aufgelesen und begraben werden, sondern Dung auf dem Felde sein.
3 Und alle, die übriggeblieben sind von diesem bösen Volk, werden an allen Orten, wohin ich sie verstoße, lieber tot als lebendig sein wollen, spricht der HERR Zebaoth.

Gegen das verblendete Volk und seine Verführer

4 Sprich zu ihnen: So spricht der HERR: Wo ist jemand, wenn er fällt, der nicht gern wieder aufstünde? Wo ist jemand, wenn er irregeht, der nicht gern wieder zurechtkäme?
5 Warum will denn dies Volk zu Jerusalem irregehen für und für? Sie halten so fest am falschen Gottesdienst, daß sie nicht umkehren wollen.
6 Ich sehe und höre, daß sie nicht die Wahrheit reden. Es gibt niemand, dem seine Bosheit leid wäre und der spräche: Was hab ich doch getan! Sie laufen alle ihren Lauf wie ein Hengst, der in der Schlacht dahinstürmt.
7 **Der Storch unter dem Himmel weiß seine Zeit, Turteltaube, Kranich und Schwalbe halten die Zeit ein, in der sie wiederkommen sollen; aber mein Volk will das Recht des HERRN nicht wissen.**
8 Wie könnt ihr sagen: «Wir sind weise und haben das Gesetz des HERRN bei uns»? Ist's doch lauter Lüge, was die Schreiber daraus machen.
9 Die Weisen müssen zuschanden, erschreckt und gefangen werden; denn was können sie Weises lehren, wenn sie des HERRN Wort verwerfen?
10 Darum will ich ihre Frauen den Fremden geben und ihre Äcker denen, durch die sie verjagt werden. Denn sie gieren alle, klein und groß, nach unrechtem Gewinn; Priester und Propheten gehen mit Lüge um
11 und heilen den Schaden meines Volks nur obenhin, indem sie sagen: «Friede! Friede!», und ist doch nicht Friede.
12 Sie werden mit Schande dastehen, weil sie solche Greuel getrieben haben; aber sie wollen sich nicht schämen und wissen nichts von Scham. Darum sollen sie fallen unter den Fallenden, und wenn ich sie heimsuchen werde, sollen sie stürzen, spricht der HERR.
13 Ich will unter ihnen Lese halten, spricht der HERR, so daß keine Trauben am Weinstock und keine Feigen am Feigenbaum übrigbleiben, ja, auch die Blätter abfallen sollen; und was ich ihnen gegeben habe, das soll ihnen genommen werden.

Die Angst des Volkes und die Trauer des Propheten

14 «Wozu wollen wir noch da sitzen? Sammelt euch und laßt uns in die festen Städte ziehen, daß wir dort umkommen. Denn der HERR, unser Gott, wird uns umkommen lassen und uns tränken mit einem giftigen Trank, weil wir so gesündigt haben wider den HERRN.
15 Wir hofften, es sollte Friede werden, aber es kommt nichts Gutes; wir hofften, wir sollten heil werden, aber siehe, es ist Schrecken da.
16 Man hört ihre Rosse schnauben von Dan her, vom Wiehern ihrer Hengste erbebt das ganze Land. Sie fahren daher und werden das Land auffressen mit allem, was darin ist, die Stadt samt allen, die darin wohnen.»
17 Denn siehe, ich will Schlangen und Nattern unter euch senden, die nicht zu beschwören sind; die sollen euch stechen, spricht der HERR.
18 Was kann mich in meinem Jammer erquicken? Mein Herz in mir ist krank.
19 Siehe, die Tochter meines Volks schreit aus fernem Lande her: «Will denn der HERR nicht mehr Gott sein in Zion, oder soll es keinen König mehr haben?» Ja, warum haben sie mich so erzürnt

durch ihre Bilder und fremde, nichtige
Götzen?
20 «Die Ernte ist vergangen, der Som-
mer ist dahin, und uns ist keine Hilfe ge-
kommen!»
21 Mich jammert von Herzen, daß mein
Volk so ganz zerschlagen ist; ich gräme
und entsetze mich.
22 Ist denn keine Salbe in Gilead, oder
ist kein Arzt da? Warum ist denn die
Tochter meines Volks nicht geheilt?
°23 Ach daß ich Wasser genug hätte in
meinem Haupte und meine Augen Trä-
nenquellen wären, daß ich Tag und Nacht
beweinen könnte die Erschlagenen meines
Volks!

Jeremias Klage über sein Volk

9 °Ach daß ich eine Herberge hätte in
der Wüste, so wollte ich mein Volk
verlassen und von ihnen ziehen! Denn es
sind lauter Ehebrecher und ein treuloser
Haufe.
2 Sie schießen mit ihren Zungen lauter
Lüge und keine Wahrheit und treiben's
mit Gewalt im Lande und gehen von einer
Bosheit zur andern, mich aber achten sie
nicht, spricht der HERR.
3 Ein jeder hüte sich vor seinem Freunde
und traue auch seinem Bruder nicht; denn
ein Bruder überlistet den andern, und ein
Freund verleumdet den andern.
4 Ein Freund täuscht den andern, sie re-
den kein wahres Wort; sie haben sich daran
gewöhnt, daß einer den andern betrügt. Sie
freveln, und es ist ihnen leid umzukehren.
5 Es ist allenthalben nichts als Trug un-
ter ihnen, und vor lauter Trug wollen sie
mich nicht kennen, spricht der HERR.
6 Darum spricht der HERR Zebaoth:
Siehe, ich will sie schmelzen und prüfen;
denn was soll ich sonst tun, wenn ich an-
sehe die Tochter meines Volks?
7 Ihre falschen Zungen sind tödliche
Pfeile; mit dem Munde reden sie freund-
lich zu ihrem Nächsten, aber im Herzen
lauern sie ihm auf.
8 Sollte ich das nicht heimsuchen an
ihnen, spricht der HERR, und sollte ich mich
nicht rächen an einem Volk wie diesem?
9 Ich muß über die Berge weinen und
heulen und über die Weidegründe in der
Steppe klagen; denn sie sind verödet, daß
niemand hindurchzieht und man auch
kein Vieh blöken hört. Die Vögel des
Himmels und das Vieh sind geflohen und
fort.
10 Und ich will Jerusalem zu Stein-
haufen und zur Wohnung der Schakale
machen und will die Städte Judas zur
Wüste machen, daß niemand darin woh-
nen soll.
11 Wer ist nun weise, daß er dies ver-
stünde, und zu wem spricht des HERRN
Mund, daß er verkündete, warum das
Land verdirbt und öde wird wie eine
Wüste, die niemand durchwandert?
12 Und der HERR sprach: Weil sie mein
Gesetz verlassen, das ich ihnen vorgelegt
habe, und meinen Worten nicht gehor-
chen, auch nicht danach leben,
13 sondern folgen ihrem verstockten
Herzen und den Baalen, wie ihre Väter sie
gelehrt haben,
14 darum spricht der HERR Zebaoth, der
Gott Israels: Siehe, ich will dies Volk mit
Wermut speisen und mit Gift tränken.
15 Ich will sie unter Völker zerstreuen,
die weder sie noch ihre Väter gekannt
haben, und will das Schwert hinter ihnen
her schicken, bis es aus ist mit ihnen.
16 So spricht der HERR Zebaoth: Gebt
acht und bestellt Klageweiber, daß sie
kommen, und schickt nach denen, die
klagen können,
17 daß sie herbeieilen und um uns kla-
gen, daß unsre Augen von Tränen rinnen
und unsre Augenlider von Wasser fließen.
18 Horch, man hört ein Klagegeschrei
in Zion: Ach, wie hat man uns Gewalt
angetan und wie sind wir zuschanden ge-
worden! Wir müssen das Land räumen;
denn sie haben unsre Wohnungen ge-
schleift.
19 Ja, höret, ihr Frauen, des HERRN
Wort, und nehmt zu Ohren die Rede
seines Mundes! Lehrt eure Töchter kla-
gen, und eine lehre die andere dies Klage-
lied:
20 «Der Tod ist zu unsern Fenstern
hereingestiegen und in unsere Häuser
gekommen. Er würgt die Kinder auf der
Gasse und die jungen Männer auf den
Plätzen.»
21 So spricht der HERR: Die Leichen
der Menschen sollen liegen wie Dung auf
dem Felde und wie Garben hinter dem
Schnitter, die niemand sammelt.

Das rechte Rühmen

22 So spricht der HERR: **Ein Weiser rühme sich nicht seiner Weisheit, ein Starker rühme sich nicht seiner Stärke, ein Reicher rühme sich nicht seines Reichtums.**

23 Sondern wer sich rühmen will, der rühme sich dessen, daß er klug sei und mich kenne, daß ich der HERR bin, der Barmherzigkeit, Recht und Gerechtigkeit übt auf Erden; denn solches gefällt mir, spricht der HERR.

Israel ein unbeschnittenes Volk

24 Siehe, es kommt die Zeit, spricht der HERR, daß ich heimsuchen werde alle, die an der Vorhaut beschnitten sind,

25 nämlich Ägypten, Juda, Edom, die Ammoniter, Moab und alle, die das Haar rundherum abscheren, die in der Wüste wohnen. Denn alle Heiden sind nur unbeschnitten, aber ganz Israel hat ein unbeschnittenes Herz.

Die toten Götzen und der lebendige Gott

10 Höret, was der HERR zu euch redet, ihr vom Hause Israel!

2 So spricht der HERR: Ihr sollt nicht den Gottesdienst der Heiden annehmen und sollt euch nicht fürchten vor den Zeichen des Himmels, wie die Heiden sich fürchten.

3 Denn ihre Götter sind alle nichts. Man fällt im Walde einen Baum, und der Bildhauer macht daraus mit dem Schnitzmesser ein Werk von Menschenhänden,

4 und er schmückt es mit Silber und Gold und befestigt es mit Nagel und Hammer, daß es nicht umfalle.

5 Sie sind ja nichts als Vogelscheuchen im Gurkenfeld. Sie können nicht reden; auch muß man sie tragen, denn sie können nicht gehen. Darum sollt ihr euch nicht vor ihnen fürchten; denn sie können weder helfen noch Schaden tun.

6 Aber dir, HERR, ist niemand gleich; du bist groß, und dein Name ist groß, wie du es mit der Tat beweist.

7 Wer sollte dich nicht fürchten, du König der Völker? Dir muß man gehorchen; denn unter allen Weisen der Völker und in allen ihren Königreichen ist niemand dir gleich.

8 Sie sind alle Narren und Toren; denn dem Holz zu dienen ist ein nichtiger Gottesdienst.

9 Silberblech bringt man aus Tarsis, Gold aus Uphas; durch den Bildhauer und Goldschmied werden sie hergestellt; blauen und roten Purpur zieht man ihnen an, und alles ist der Künstler Werk.

10 Aber der HERR ist der wahrhaftige Gott, der lebendige Gott, der ewige König. Vor seinem Zorn bebt die Erde, und die Völker können sein Drohen nicht ertragen.

11 So sagt nun zu ihnen: Die Götter, die Himmel und Erde nicht gemacht haben, müssen vertilgt werden von der Erde und unter dem Himmel.

12 Er aber hat die Erde durch seine Kraft gemacht und den Erdkreis bereitet durch seine Weisheit und den Himmel ausgebreitet durch seinen Verstand.

13 Wenn er donnert, so ist Wasser die Menge am Himmel; Wolken läßt er heraufziehen vom Ende der Erde. Er macht die Blitze, daß es regnet, und läßt den Wind kommen aus seinen Vorratskammern.

14 Alle Menschen aber sind Toren mit ihrer Kunst, und alle Goldschmiede stehen beschämt da mit ihren Bildern; denn ihre Götzen sind Trug und haben kein Leben,

15 sie sind nichts, ein Spottgebilde; sie müssen zugrunde gehen, wenn sie heimgesucht werden.

16 Aber so ist der nicht, der Jakobs Reichtum ist; sondern er ist's, der alles geschaffen hat, und Israel ist sein Erbteil. Er heißt HERR Zebaoth.

Worte des Gerichts und der Klage

17 Raffe dein Bündel auf von der Erde, die du sitzest in Bedrängnis!

18 Denn so spricht der HERR: Siehe, ich will die Bewohner des Landes diesmal wegschleudern und will sie ängstigen, damit sie sich finden lassen.

19 Ach, was hab ich für Jammer und Herzeleid! Ich dachte: Es ist nur eine Plage, ich muß sie erleiden.

20 Aber mein Zelt ist zerstört, und alle meine Seile sind zerrissen. Meine Kinder sind von mir gegangen und nicht mehr da. Niemand richtet meine Hütte wieder auf, und mein Zelt schlägt keiner mehr auf.

21 Denn die Hirten sind zu Toren geworden und fragen nicht nach dem HERRN. Darum kann ihnen nichts Rechtes gelingen, und ihre ganze Herde ist zerstreut.

22 Horch, es kommt eine Kunde daher und ein großes Getöse aus dem Lande des Nordens, daß die Städte Judas verwüstet und zur Wohnung der Schakale werden sollen.

23 Ich weiß, HERR, daß des Menschen Tun nicht in seiner Gewalt steht, und es liegt in niemandes Macht, wie er wandle oder seinen Gang richte.

24 **Züchtige mich, HERR, doch mit Maßen und nicht in deinem Grimm, auf daß du mich nicht ganz zunichte machst.**

25 Schütte aber deinen Zorn aus über die Heiden, die dich nicht kennen, und über die Geschlechter, die deinen Namen nicht anrufen. Denn sie haben Jakob aufgefressen und verschlungen, sie haben ihn vernichtet und seine Wohnung verwüstet.

Der Bundesbruch des Volkes und Gottes Gericht

11 Dies ist das Wort, das zu Jeremia geschah vom HERRN:

2 Höret die Worte dieses Bundes, daß ihr sie den Leuten in Juda und den Bürgern von Jerusalem sagt!

3 Und sprich zu ihnen: So spricht der HERR, der Gott Israels: Verflucht sei, wer nicht gehorcht den Worten dieses Bundes,

4 die ich euren Vätern gebot an dem Tage, als ich sie aus Ägyptenland führte, aus dem glühenden Ofen, und sprach: Gehorcht meiner Stimme und tut, wie ich euch geboten habe, so sollt ihr mein Volk sein, und ich will euer Gott sein,

5 damit ich den Eid halten kann, den ich euren Vätern geschworen habe, ihnen ein Land zu geben, darin Milch und Honig fließt, so wie es heute ist. Ich antwortete und sprach: HERR, ja, so sei es!

6 Und der HERR sprach zu mir: Predige alle diese Worte in den Städten Judas und auf den Gassen Jerusalems und sprich: Hört die Worte dieses Bundes und tut danach!

7 Denn ich habe eure Väter ermahnt von dem Tage an, als ich sie aus Ägyptenland führte, bis auf den heutigen Tag, und ich ermahnte sie immer wieder und sprach: Gehorcht meiner Stimme!

8 Aber sie gehorchten nicht, kehrten auch ihre Ohren mir nicht zu, sondern ein jeder wandelte nach seinem bösen und verstockten Herzen. Darum habe ich auch über sie kommen lassen alle Worte dieses Bundes, den ich geboten hatte zu halten und den sie doch nicht gehalten haben.

9 Und der HERR sprach zu mir: Ich weiß sehr wohl, wie sie in Juda und in Jerusalem sich verschworen haben.

10 Sie kehren zurück zu den Sünden ihrer Väter, die vor ihnen waren und die meinen Worten auch nicht gehorchen wollten und andern Göttern nachfolgten und ihnen dienten. So hat das Haus Israel und das Haus Juda meinen Bund gebrochen, den ich mit ihren Vätern geschlossen habe.

11 Darum siehe, spricht der HERR, ich will Unheil über sie kommen lassen, dem sie nicht entgehen sollen; und wenn sie zu mir schreien, will ich sie nicht hören.

12 Dann werden die Städte Judas und die Bürger Jerusalems hingehen und zu den Göttern schreien, denen sie geopfert haben; aber die werden ihnen nicht helfen in ihrer Not.

13 Denn so viel Städte, so viel Götter hast du, Juda; und so viele Gassen es in Jerusalem gibt, so viele Schandaltäre habt ihr aufgerichtet, um dem Baal zu opfern.

14 Du aber bitte nicht für dies Volk und bringe für sie kein Flehen noch Gebet vor mich; denn ich will sie nicht hören, wenn sie zu mir schreien in ihrer Not.

15 Was macht mein geliebtes Volk in meinem Hause? Sie treiben lauter Bosheit und meinen, Gelübde und heiliges Opferfleisch könnten die Schuld von ihnen nehmen; und wenn sie übel tun, sind sie guter Dinge darüber.

16 Der HERR nannte dich einen grünen, schönen, fruchtbaren Ölbaum; aber nun hat er mit großem Brausen ein Feuer um ihn anzünden lassen, so daß seine Äste verderben müssen.

17 Denn der HERR Zebaoth, der dich gepflanzt hat, hat dir Unheil angedroht um der Bosheit willen des Hauses Israel und des Hauses Juda, die sie getrieben haben, um mich zu erzürnen mit ihren Rauchopfern, die sie dem Baal darbrachten.

Der Anschlag der Leute von Anathoth auf Jeremia

18 Der HERR tat mir kund ihr Vorhaben, damit ich's wisse, und er zeigte es mir.

19 Denn ich war wie ein argloses Lamm gewesen, das zur Schlachtbank geführt wird, und wußte nicht, daß sie gegen mich beratschlagt und gesagt hatten: Laßt uns den Baum in seinem Saft verderben und ihn aus dem Lande der Lebendigen ausrotten, daß seines Namens nimmermehr gedacht werde.

20 Aber du, HERR Zebaoth, du gerechter Richter, der du Nieren und Herzen prüfst, laß mich sehen, wie du ihnen vergiltst; denn ich habe dir meine Sache befohlen.

21 Darum spricht der HERR über die Männer von Anathoth, die dir nach dem Leben trachten und sprechen: Weissage nicht im Namen des HERRN, wenn du nicht von unsern Händen sterben willst! –

22 darum spricht der HERR Zebaoth: Siehe, ich will sie heimsuchen. Ihre junge Mannschaft soll mit dem Schwert getötet werden, und ihre Söhne und Töchter sollen vor Hunger sterben,

23 daß keiner von ihnen übrigbleibt; denn ich will über die Männer von Anathoth Unheil kommen lassen in dem Jahr, da ich sie heimsuchen werde.

Jeremias Anstoß am Glück der Gottlosen und Gottes Antwort

12 HERR, wenn ich auch mit dir rechten wollte, so behältst du doch recht; dennoch muß ich vom Recht mit dir reden. Warum geht's doch den Gottlosen so gut, und die Abtrünnigen haben alles in Fülle?

2 Du pflanzest sie ein, sie schlagen Wurzeln und wachsen und bringen Frucht. Nahe bist du ihrem Munde, aber ferne von ihrem Herzen.

3 Mich aber, HERR, kennst du und siehst mich und prüfst mein Herz vor dir. Reiß sie weg wie Schafe zum Schlachten, und sondere sie aus, daß sie getötet werden!

4 Wie lange soll das Land so trocken stehen und das Gras überall auf dem Felde verdorren? Wegen der Bosheit der Bewohner schwinden Vieh und Vögel dahin; denn man sagt: Er weiß nicht, wie es uns gehen wird.

5 Wenn es dich müde macht, mit Fußgängern zu gehen, wie wird es dir gehen, wenn du mit Rossen laufen sollst? Und wenn du schon im Lande, wo keine Gefahr ist, Sicherheit suchst, was willst du tun im Dickicht des Jordan?

6 Denn auch deine Brüder und deines Vaters Haus sind treulos, sie schreien hinter dir her aus vollem Halse. Darum traue du ihnen nicht, wenn sie auch freundlich mit dir reden.

Gottes Klage über sein verwüstetes Land

7 Ich habe mein Haus verlassen und mein Erbe verstoßen und, was meine Seele liebt, in der Feinde Hand gegeben.

8 Mein Erbe ist mir geworden wie ein Löwe im Walde und brüllt wider mich; darum bin ich ihm feind geworden.

9 Mein Erbe ist wie der bunte Vogel, um den sich die Vögel sammeln: Wohlauf und sammelt euch, alle Tiere des Feldes, kommt und freßt!

10 Viele Hirten haben meinen Weinberg verwüstet und meinen Acker zertreten; sie haben meinen schönen Acker zur Wüste gemacht.

11 Sie haben ihn jämmerlich verwüstet; verödet liegt er vor mir; ja, das ganze Land ist verwüstet, aber niemand will es zu Herzen nehmen.

12 Die Verwüster kommen daher über alle kahlen Höhen der Steppe. Denn ein Schwert hat der HERR, das frißt von einem Ende des Landes bis zum andern, und kein Geschöpf wird Frieden haben.

13 Sie haben Weizen gesät, aber Dornen geerntet; sie ließen's sich sauer werden, aber sie konnten's nicht genießen. Sie konnten ihres Ertrages nicht froh werden vor dem grimmigen Zorn des HERRN.

Weissagung über benachbarte Völker

14 So spricht der HERR: Wider alle meine bösen Nachbarn, die das Erbteil antasten, das ich meinem Volk Israel ausgeteilt habe: Siehe, ich will sie aus ihrem Lande ausreißen und das Haus Juda aus ihrer Mitte reißen.

15 Aber wenn ich sie ausgerissen habe, will ich mich wieder über sie erbarmen

und will einen jeden in sein Erbteil und in
sein Land zurückbringen.
16 Und es soll geschehen, wenn sie von
meinem Volk lernen werden, bei meinem
Namen zu schwören: So wahr der HERR
lebt!, wie sie mein Volk gelehrt haben,
beim Baal zu schwören, so sollen sie inmitten meines Volks wohnen.
17 Wenn sie aber nicht hören wollen, so
will ich solch ein Volk ausreißen und vernichten, spricht der HERR.

Der verdorbene Gürtel

13 So sprach der HERR zu mir: Geh hin
und kaufe dir einen leinenen Gürtel
und gürte damit deine Lenden, aber laß
ihn nicht naß werden!
2 Und ich kaufte einen Gürtel nach dem
Befehl des HERRN und gürtete ihn um
meine Lenden.
3 Da geschah des HERRN Wort ein zweites Mal zu mir:
4 Nimm den Gürtel, den du gekauft und
um deine Lenden gegürtet hast, und mache dich auf und geh hin an den Euphrat
und verstecke ihn dort in einer Felsspalte!
5 Ich ging hin und versteckte ihn am
Euphrat, wie mir der HERR geboten hatte.
6 Nach langer Zeit aber sprach der
HERR zu mir: Mache dich auf und geh
hin an den Euphrat und hole den Gürtel
wieder, den ich dich dort verstecken ließ!
7 Ich ging hin an den Euphrat und grub
nach und nahm den Gürtel von dem Ort,
wo ich ihn versteckt hatte; und siehe, der
Gürtel war verdorben, so daß er zu nichts
mehr taugte.
8 Da geschah des HERRN Wort zu mir:
9 So spricht der HERR: Ebenso will ich
verderben den großen Hochmut Judas
und Jerusalems.
10 Dies böse Volk, das meine Worte
nicht hören will, sondern nach seinem
verstockten Herzen wandelt und andern
Göttern folgt, um ihnen zu dienen und sie
anzubeten: es soll werden wie der Gürtel,
der zu nichts mehr taugt.
11 Denn gleichwie der Gürtel um die
Lenden des Mannes gebunden wird, so
habe ich, spricht der HERR, das ganze
Haus Israel und das ganze Haus Juda um
mich gegürtet, daß sie mein Volk sein
sollten, mir zum Ruhm, zu Lob und Ehren; aber sie wollten nicht hören.

Die gefüllten Weinkrüge

12 Sage ihnen dies Wort: So spricht der
HERR, der Gott Israels: Alle Krüge werden mit Wein gefüllt. Und wenn sie zu dir
sagen: Wer weiß das nicht, daß alle Krüge
mit Wein gefüllt werden?,
13 so antworte ihnen: So spricht der
HERR: Siehe, ich will alle, die in diesem
Lande wohnen, die Könige, die auf dem
Thron Davids sitzen, die Priester und
Propheten und alle Einwohner Jerusalems
mit Trunkenheit füllen
14 und will einen am andern, die Väter
samt den Söhnen, zerschmettern, spricht
der HERR, und will weder schonen noch
barmherzig sein und sie ohne Mitleid
verderben.

Mahnung zur Beugung vor Gott

15 Höret und merkt auf und seid nicht
so hochfahrend, denn der HERR hat's geredet.
16 Gebt dem HERRN, eurem Gott, die
Ehre, ehe es finster wird und ehe eure
Füße sich an den dunklen Bergen stoßen
und ihr auf das Licht wartet, während er
es doch finster und dunkel machen wird.
17 Wollt ihr das aber nicht hören, so
muß ich heimlich weinen über solchen
Hochmut; meine Augen müssen von Tränen überfließen, weil des HERRN Herde
gefangen weggeführt wird.
18 Sage dem König und der Königinmutter: Setzt euch ganz nach unten; denn
die Krone der Herrlichkeit ist euch vom
Haupt gefallen.
19 Die Städte im Südland sind verschlossen, und es ist niemand, der sie
auftut; ganz Juda ist weggeführt.

Die Schändung Jerusalems

20 Hebt eure Augen auf und sehet, wie
sie von Norden daherkommen. Wo ist nun
die Herde, die dir befohlen war, deine
herrliche Herde?
21 Was willst du sagen, wenn er die über
dich zum Haupt bestellen wird, die du als
Freunde an dich gewöhnt hast? Was
gilt's? Es wird dich Angst ankommen wie
eine Frau in Kindsnöten.
22 Und wenn du in deinem Herzen sagen wirst: «Warum begegnet mir das?»
Um der Menge deiner Sünden willen

wird dir dein Gewand aufgehoben und wird dir Schande angetan.
23 Kann etwa ein Mohr seine Haut wandeln oder ein Panther seine Flecken? So wenig könnt auch ihr Gutes tun, die ihr ans Böse gewöhnt seid.
24 Darum will ich sie zerstreuen wie Spreu, die verweht wird von dem Wind aus der Wüste.
25 Das soll dein Lohn sein und dein Teil, den ich dir zugemessen habe, spricht der HERR: Weil du mich vergessen hast und dich auf Lügen verläßt,
26 will auch ich dein Gewand hochheben, daß deine Schande sichtbar werde.
27 Denn ich habe gesehen deine Ehebrecherei, deine Geilheit, deine freche Hurerei, ja, deine Greuel auf den Hügeln und im Felde. Weh dir, Jerusalem! Wann wirst du doch endlich rein werden?

Vergebliche Bitte bei Dürre und Kriegsnot

14 Dies ist das Wort, das der HERR zu Jeremia sagte über die große Dürre:
2 Juda liegt jämmerlich da, seine Städte sind verschmachtet. Sie sitzen trauernd auf der Erde, und in Jerusalem ist lautes Klagen.
3 Die Großen schicken ihre Leute nach Wasser; aber wenn sie zum Brunnen kommen, finden sie kein Wasser und bringen ihre Gefäße leer zurück. Sie sind traurig und betrübt und verhüllen ihre Häupter.
4 Die Erde lechzt, weil es nicht regnet auf Erden. Darum sind die Ackerleute traurig und verhüllen ihre Häupter.
5 Ja, auch die Hirschkühe, die auf dem Felde werfen, verlassen die Jungen, weil kein Gras wächst.
6 Die Wildesel stehen auf den kahlen Höhen und schnappen nach Luft wie die Schakale; ihre Augen erlöschen, weil nichts Grünes wächst.
7 **Ach, HERR, wenn unsre Sünden uns verklagen, so hilf doch um deines Namens willen! Denn unser Ungehorsam ist groß, womit wir wider dich gesündigt haben.**
8 Du bist der Trost Israels und sein Nothelfer. Warum stellst du dich, als wärest du ein Fremdling im Lande und ein Wanderer, der nur über Nacht bleibt?
9 Warum stellst du dich wie einer, der verzagt ist, und wie ein Held, der nicht helfen kann? Du bist ja doch unter uns, HERR, und wir heißen nach deinem Namen; verlaß uns nicht!
10 So spricht der HERR von diesem Volk: Sie laufen gern hin und her und schonen ihre Füße nicht. Darum hat der HERR kein Gefallen an ihnen, sondern er denkt nun an ihre Missetat und will ihre Sünden heimsuchen.
11 Und der HERR sprach zu mir: Du sollst nicht für dies Volk um Gnade bitten.
12 Denn wenn sie auch fasten, so will ich doch ihr Flehen nicht erhören; und wenn sie auch Brandopfer und Speisopfer bringen, so gefallen sie mir doch nicht, sondern ich will sie durch Schwert, Hunger und Pest aufreiben.
13 Da sprach ich: Ach, Herr HERR! Siehe, die Propheten sagen ihnen: Ihr werdet das Schwert nicht sehen und keine Hungersnot bei euch haben, sondern ich will euch beständigen Frieden geben an diesem Ort.
14 Aber der HERR sprach zu mir: Diese Propheten weissagen Lüge in meinem Namen; ich habe sie nicht gesandt und ihnen nichts befohlen und nicht zu ihnen geredet. Sie predigen euch falsche Offenbarungen, nichtige Wahrsagung und ihres Herzens Trug.
15 Darum spricht der HERR: Wider die Propheten, die in meinem Namen weissagen, obgleich ich sie nicht gesandt habe, und die dennoch predigen, es werde weder Schwert noch Hungersnot in dies Land kommen: Solche Propheten sollen sterben durch Schwert und Hunger.
16 Und die Leute, denen sie weissagen, sollen auf den Gassen Jerusalems liegen, vom Schwert und Hunger hingestreckt, und niemand wird sie begraben, sie und ihre Frauen, Söhne und Töchter; und ich will ihre Bosheit über sie ausschütten.
17 Und du sollst zu ihnen dies Wort sagen: Meine Augen fließen über von Tränen, unaufhörlich Tag und Nacht; denn die Jungfrau, die Tochter meines Volks, ist unheilbar verwundet und völlig zerschlagen.
18 Gehe ich hinaus aufs Feld, siehe, so liegen dort vom Schwert Erschlagene; komme ich in die Stadt, siehe, so liegen dort vor Hunger Verschmachtete. Sogar Propheten und Priester müssen in ein Land ziehen, das sie nicht kennen.

19 Hast du denn Juda verworfen oder
einen Abscheu gegen Zion? Warum hast
du uns denn so geschlagen, daß uns nie-
mand heilen kann? Wir hofften, es sollte
Friede werden; aber es kommt nichts
Gutes. Wir hofften, wir sollten heil wer-
den; aber siehe, es ist Schrecken da.
20 HERR, wir erkennen unser gottloses
Leben und unsrer Väter Missetat; denn
wir haben wider dich gesündigt.
21 Aber um deines Namens willen ver-
wirf uns nicht! Laß den Thron deiner
Herrlichkeit nicht verspottet werden; ge-
denke doch an deinen Bund mit uns und
laß ihn nicht aufhören!
22 Ist denn unter den Götzen der Hei-
den einer, der Regen geben könnte, oder
gibt der Himmel Regen? Du bist doch
der HERR, unser Gott, auf den wir hoffen;
denn du hast das alles gemacht.
15 Und der HERR sprach zu mir: Und
wenn auch Mose und Samuel vor
mir stünden, so habe ich doch kein Herz
für dies Volk. Treibe sie weg von mir, und
laß sie weggehen!
2 Und wenn sie zu dir sagen: Wo sollen
wir hin?, dann antworte ihnen: So spricht
der HERR: Wen der Tod trifft, den treffe
er; wen das Schwert trifft, den treffe es;
wen der Hunger trifft, den treffe er; wen
die Gefangenschaft trifft, den treffe sie!
3 Denn ich will sie heimsuchen mit
viererlei Plagen, spricht der HERR: mit
dem Schwert, daß sie getötet werden; mit
Hunden, die sie fortschleifen sollen; mit
den Vögeln des Himmels und mit den
Tieren des Feldes, daß sie gefressen und
vertilgt werden sollen.
4 Und ich will sie zu einem Bild des
Entsetzens machen für alle Königreiche
auf Erden um Manasses willen, des Soh-
nes Hiskias, des Königs von Juda, für
alles, was er in Jerusalem begangen hat.
5 Wer will sich denn deiner erbarmen,
Jerusalem? Wer wird denn Mitleid mit
dir haben? Wer wird denn kommen und
fragen, ob es dir gut geht?
6 Du hast mich verlassen, spricht der
HERR, und bist von mir abgefallen; dar-
um habe ich meine Hand gegen dich aus-
gestreckt, um dich zu verderben; ich bin
des Erbarmens müde.
7 Ich worfelte sie mit der Worfschaufel
in den Städten des Landes, und mein
Volk, das sich nicht bekehren wollte von
seinem Wandel, machte ich kinderlos
und brachte es um.
8 Es wurden mehr Frauen zu Witwen
unter ihnen, als Sand am Meer ist. Ich
ließ kommen über die Mütter der jungen
Mannschaft den Verderber am hellen
Mittag und ließ plötzlich über sie fallen
Angst und Schrecken.
9 Die sieben Kinder hatte, welkte da-
hin, und ihre Seele verschmachtete in ihr.
Ihre Sonne ging unter am hellen Tag;
ihr Ruhm und ihre Freude hatte ein Ende.
Und was von ihnen übrig ist, will ich dem
Schwert hingeben vor ihren Feinden,
spricht der HERR.

Die Klage des Propheten über sein Amt. Gottes Zusage

10 Weh mir, meine Mutter, daß du
mich geboren hast, gegen den jedermann
hadert und streitet im ganzen Lande!
Hab ich doch weder auf Wucherzinsen
ausgeliehen, noch hat man mir geliehen,
und doch flucht mir jedermann.
11 Der HERR sprach: Wohlan, ich will
etliche von euch übrig lassen, denen es
wieder wohlgehen soll, und will euch zu
Hilfe kommen in der Not und Angst unter
den Feinden.
12 Kann man Eisen zerbrechen, Eisen
und Kupfer aus dem Norden?
13 Ich will dein Gut und deine Schätze
zum Raube geben als Lohn für alle deine
Sünden, die du in deinem ganzen Gebiet
begangen hast,
14 und will dich zum Knecht deiner
Feinde machen in einem Lande, das du
nicht kennst; denn es ist das Feuer meines
Zorns über euch angezündet.
15 Ach HERR, du weißt es! Gedenke an
mich und nimm dich meiner an und räche
mich an meinen Verfolgern! Laß mich
nicht hinweggerafft werden, während du
deinen Zorn über sie noch zurückhältst;
denn du weißt, daß ich um deinetwillen
geschmäht werde.
16 **Dein Wort ward meine Speise, sooft
ich's empfing, und dein Wort ist meines
Herzens Freude und Trost; denn ich bin ja
nach deinem Namen genannt, HERR, Gott
Zebaoth.**
17 Ich habe mich nicht zu den Fröh-
lichen gesellt noch mich mit ihnen gefreut,

sondern saß einsam, gebeugt von deiner Hand; denn du hattest mich erfüllt mit Grimm.

18 Warum währt doch mein Leiden so lange und sind meine Wunden so schlimm, daß sie niemand heilen kann? Du bist mir geworden wie ein trügerischer Born, der nicht mehr quellen will.

19 Darum spricht der Herr: Wenn du dich zu mir hältst, so will ich mich zu dir halten, und du sollst mein Prediger bleiben. Und wenn du recht redest und nicht leichtfertig, so sollst du mein Mund sein. Sie sollen sich zu dir kehren, doch du kehre dich nicht zu ihnen!

20 Denn ich mache dich für dies Volk zur festen, ehernen Mauer. Wenn sie auch wider dich streiten, sollen sie dir doch nichts anhaben; denn ich bin bei dir, daß ich dir helfe und dich errette, spricht der Herr,

21 und ich will dich erretten aus der Hand der Bösen und erlösen aus der Hand der Tyrannen.

Jeremias Einsamkeit als Vorzeichen des Gerichts

16 Und des Herrn Wort geschah zu mir:

2 Du sollst dir keine Frau nehmen und weder Söhne noch Töchter zeugen an diesem Ort.

3 Denn so spricht der Herr von den Söhnen und Töchtern, die an diesem Ort geboren werden, und von ihren Müttern, die sie gebären, und von ihren Vätern, die sie zeugen in diesem Lande:

4 Sie sollen an bösen Krankheiten sterben und nicht beklagt noch begraben werden, sondern sollen Dung werden auf dem Acker. Durch Schwert und Hunger sollen sie umkommen, und ihre Leichname sollen den Vögeln des Himmels und den Tieren des Feldes zum Fraße werden.

5 So spricht der Herr: Du sollst in kein Trauerhaus gehen, weder um zu klagen noch um zu trösten; denn ich habe meinen Frieden von diesem Volk weggenommen, die Gnade und die Barmherzigkeit, spricht der Herr.

6 Große und Kleine sollen sterben in diesem Lande und nicht begraben noch beklagt werden, und niemand wird sich ihretwegen wund ritzen oder kahl scheren.

7 Auch wird man keinem das Trauerbrot brechen, um ihn zu trösten wegen eines Toten, und auch nicht den Trostbecher zu trinken geben wegen seines Vaters oder seiner Mutter.

8 Du sollst auch in kein Hochzeitshaus gehen, um bei ihnen zu sitzen zum Essen und zum Trinken.

9 Denn so spricht der Herr Zebaoth, der Gott Israels: Siehe, ich will an diesem Ort vor euren Augen und zu euren Lebzeiten ein Ende machen dem Jubel der Freude und Wonne, der Stimme des Bräutigams und der Braut.

10 Und wenn du das alles diesem Volk gesagt hast und sie zu dir sprechen werden: Warum kündigt uns der Herr all dies große Unheil an? Was ist die Missetat und Sünde, womit wir wider den Herrn, unsern Gott, gesündigt haben?,

11 so sollst du ihnen sagen: Weil eure Väter mich verlassen haben, spricht der Herr, und andern Göttern nachgelaufen sind, ihnen gedient und sie angebetet, mich aber verlassen und mein Gesetz nicht gehalten haben,

12 ihr aber noch ärger tut als eure Väter; denn siehe, ein jeder lebt nach seinem verstockten und bösen Herzen, so daß er mir nicht gehorcht.

13 Darum will ich euch aus diesem Lande verstoßen in ein Land, von dem weder ihr noch eure Väter gewußt haben. Dort sollt ihr andern Göttern dienen Tag und Nacht, weil ich euch keine Gnade mehr erweisen will.

Heil und Gericht für Israel und für die Völker

14 Darum siehe, es kommt die Zeit, spricht der Herr, daß man nicht mehr sagen wird: «So wahr der Herr lebt, der die Kinder Israel aus Ägyptenland geführt hat»,

15 sondern: «So wahr der Herr lebt, der die Kinder Israel geführt hat aus dem Lande des Nordens und aus allen Ländern, wohin er sie verstoßen hatte.» Denn ich will sie zurückbringen in das Land, das ich ihren Vätern gegeben habe.

16 Siehe, ich will viele Fischer aussenden, spricht der Herr, die sollen sie fischen; und danach will ich viele Jäger aussenden, die sollen sie fangen auf allen

Bergen und auf allen Hügeln und in allen
Felsklüften.
17 Denn meine Augen sehen auf alle
ihre Wege, daß sie sich nicht vor mir
verstecken können, und ihre Missetat ist
vor meinen Augen nicht verborgen.
18 Aber zuvor will ich ihre Missetat
und Sünde zwiefach vergelten, weil sie
mein Land mit ihren toten Götzen un-
rein gemacht und mein Erbland mit ihren
Greueln angefüllt haben.
19 HERR, du bist meine Stärke und
Kraft und meine Zuflucht in der Not!
Die Heiden werden zu dir kommen von
den Enden der Erde und sagen: Nur Lüge
haben unsre Väter gehabt, nichtige Göt-
ter, die nicht helfen können.
20 Wie kann ein Mensch sich Götter
machen? Das sind doch keine Götter!
21 Darum siehe, diesmal will ich sie
lehren und meine Kraft und Gewalt ihnen
kundtun, daß sie erfahren sollen: Ich
heiße der HERR.

Gottes gerechte Vergeltung

17 Die Sünde Judas ist geschrieben
mit eisernem Griffel und mit dia-
mantener Spitze gegraben auf die Tafel
ihres Herzens und auf die Hörner an
ihren Altären;
2 denn ihre Söhne denken an ihre Altäre
und Ascherabilder unter den grünen
Bäumen und auf den hohen Hügeln.
3 Aber ich will deine Opferhöhen auf
Bergen und Feldern samt deiner Habe
und allen deinen Schätzen zum Raube
geben um der Sünde willen, die in deinem
ganzen Gebiet begangen ist.
4 Und du sollst aus deinem Erbe ver-
stoßen werden, das ich dir gegeben habe,
und ich will dich zum Knecht deiner
Feinde machen in einem Lande, das du
nicht kennst; denn ihr habt ein Feuer
meines Zorns angezündet, das ewiglich
brennen wird.
5 So spricht der HERR: **Verflucht ist der
Mann, der sich auf Menschen verläßt und
hält Fleisch für seinen Arm und weicht mit
seinem Herzen vom HERRN.**
6 Der wird sein wie ein Dornstrauch in
der Wüste und wird nicht sehen das Gute,
das kommt, sondern er wird bleiben in der
Dürre der Wüste, im unfruchtbaren
Lande, wo niemand wohnt.
7 **Gesegnet aber ist der Mann, der sich auf
den HERRN verläßt und dessen Zuversicht
der HERR ist.**
8 Der ist wie ein Baum, am Wasser ge-
pflanzt, der seine Wurzeln zum Bach hin
streckt. Denn obgleich die Hitze kommt,
fürchtet er sich doch nicht, sondern seine
Blätter bleiben grün; und er sorgt sich
nicht, wenn ein dürres Jahr kommt, son-
dern bringt ohne Aufhören Früchte.
9 **Es ist das Herz ein trotzig und verzagt
Ding; wer kann es ergründen?**
10 Ich, der HERR, kann das Herz er-
gründen und die Nieren prüfen und gebe
einem jeden nach seinem Tun, nach den
Früchten seiner Werke.
11 Wie ein Vogel, der sich über Eier
setzt, die er nicht gelegt hat, so ist, wer
unrecht Gut sammelt; denn er muß da-
von, wenn er's am wenigsten denkt, und
muß zuletzt noch Spott dazu haben.
12 Aber die Stätte unseres Heiligtums
ist der Thron der Herrlichkeit, erhaben
von Anbeginn.
13 Denn du, HERR, bist die Hoffnung
Israels. Alle, die dich verlassen, müssen
zuschanden werden, und die Abtrünnigen
müssen auf die Erde geschrieben werden;
denn sie verlassen den HERRN, die Quelle
des lebendigen Wassers.

Jeremias Gebet in Anfechtung

14 **Heile du mich, HERR, so werde ich
heil; hilf du mir, so ist mir geholfen;** denn
du bist mein Ruhm.
15 Siehe, sie sprechen zu mir: Wo ist
denn des HERRN Wort? Laß es doch kom-
men!
16 Aber ich habe dich nie gedrängt, Un-
heil kommen zu lassen; auch hab ich den
bösen Tag nicht herbeigewünscht, das
weißt du. Was ich gepredigt habe, das
liegt offen vor dir.
17 Sei du mir nur nicht schrecklich,
meine Zuversicht in der Not!
18 Laß die zuschanden werden, die
mich verfolgen, und nicht mich; laß sie
erschrecken, und nicht mich. Laß den
Tag des Unheils über sie kommen und
zerschlage sie zwiefach!

Die Heiligung des Sabbats

19 So sprach der HERR zu mir: Geh hin
und tritt ins Tor des Volks, durch das die

Könige von Juda aus- und eingehen, und
in alle Tore Jerusalems
20 und sprich zu ihnen: Höret des
HERRN Wort, ihr Könige Judas und ganz
Juda und alle Einwohner Jerusalems, die
durch diese Tore gehen!
21 So spricht der HERR: Hütet euch
und tragt keine Last am Sabbattag durch
die Tore Jerusalems
22 und tragt keine Last am Sabbattag
aus euren Häusern und tut keine Arbeit,
sondern heiligt den Sabbattag, wie ich
euren Vätern geboten habe.
23 Aber sie hörten nicht und kehrten
mir ihre Ohren nicht zu, sondern blieben
halsstarrig, daß sie ja nicht auf mich
hörten noch Zucht annähmen.
24 Wenn ihr nun auf mich hören werdet,
spricht der HERR, daß ihr am Sabbattag
keine Last durch die Tore dieser Stadt
tragt, sondern ihn heiligt, daß ihr an die-
sem Tage keine Arbeit tut,
25 so sollen auch durch die Tore dieser
Stadt aus- und eingehen Könige, die auf
dem Thron Davids sitzen und die mit
Roß und Wagen fahren, sie und ihre
Großen samt allen, die in Juda und Jeru-
salem wohnen; und es soll diese Stadt
immerdar bewohnt werden.
26 Und sie sollen kommen aus den
Städten Judas und aus der Gegend von
Jerusalem und aus dem Lande Benjamin,
aus dem Hügelland und vom Gebirge
und vom Südland, die da bringen Brand-
opfer, Schlachtopfer, Speisopfer und
Weihrauch und die da Dankopfer bringen
zum Hause des HERRN.
27 Werdet ihr aber nicht auf mein Ge-
bot hören, den Sabbattag zu heiligen und
keine Last am Sabbattag zu tragen durch
die Tore Jerusalems, so will ich ein Feuer
in ihren Toren anzünden, das die festen
Häuser Jerusalems verzehrt und nicht ge-
löscht werden kann.

Das Gleichnis vom Töpfer

18 Dies ist das Wort, das geschah vom
HERRN zu Jeremia:
2 Mach dich auf und geh hinab in des
Töpfers Haus; dort will ich dich meine
Worte hören lassen.
3 Und ich ging hinab in des Töpfers
Haus, und siehe, er arbeitete eben auf der
Scheibe.
4 Und der Topf, den er aus dem Ton
machte, mißriet ihm unter den Händen.
Da machte er einen andern Topf daraus,
wie es ihm gefiel.
5 Da geschah des HERRN Wort zu mir:
6 Kann ich nicht ebenso mit euch um-
gehen, ihr vom Hause Israel, wie dieser
Töpfer? spricht der HERR. Siehe, wie der
Ton in des Töpfers Hand, so seid auch ihr
vom Hause Israel in meiner Hand.
7 Bald rede ich über ein Volk und Kö-
nigreich, daß ich es ausreißen, einreißen
und zerstören will;
8 wenn es sich aber bekehrt von seiner
Bosheit, gegen die ich rede, so reut mich
auch das Unheil, das ich ihm gedachte
zu tun.
9 Und bald rede ich über ein Volk und
Königreich, daß ich es bauen und pflan-
zen will;
10 wenn es aber tut, was mir mißfällt,
daß es meiner Stimme nicht gehorcht, so
reut mich auch das Gute, das ich ihm
verheißen hatte zu tun.
11 Und nun sprich zu den Leuten in
Juda und zu den Bürgern Jerusalems: So
spricht der HERR: Siehe, ich bereite euch
Unheil und habe gegen euch etwas im
Sinn. So bekehrt euch doch, ein jeder von
seinen bösen Wegen, und bessert euern
Wandel und euer Tun!
12 Aber sie sprechen: Daraus wird
nichts! Wir wollen nach unsern Gedanken
wandeln, und ein jeder soll tun nach sei-
nem verstockten und bösen Herzen.
13 Darum spricht der HERR: Fragt
doch unter den Heiden: Wer hat je der-
gleichen gehört? So greuliche Dinge tut
die Jungfrau Israel!
14 Bleibt doch der Schnee länger auf
den Steinen im Felde, wenn's vom Liba-
non herab schneit, und das Regenwasser
verläuft sich nicht so schnell,
15 wie mein Volk meiner vergißt. Sie
opfern den nichtigen Göttern. Die haben
sie zu Fall gebracht auf den alten Wegen
und lassen sie nun gehen auf ungebahn-
ten Straßen,
16 auf daß ihr Land zur Wüste werde,
ihnen zur ewigen Schande, daß, wer vor-
übergeht, sich entsetze und den Kopf
schüttle.
17 Denn ich will sie wie durch einen
Ostwind zerstreuen vor ihren Feinden;

ich will ihnen den Rücken und nicht das
Antlitz zeigen am Tag ihres Verderbens.

Jeremias Gebet gegen seine Feinde

18 Sie sprechen: «Kommt und laßt uns
gegen Jeremia Böses planen; denn dem
Priester wird's nicht fehlen an Weisung
noch dem Weisen an Rat noch dem Pro-
pheten am Wort! Kommt, laßt uns ihn
mit seinen eigenen Worten schlagen und
nichts geben auf alle seine Reden!»
19 HERR, hab acht auf mich und höre
die Stimme meiner Widersacher!
20 Ist's recht, daß man Gutes mit Bösem
vergilt? Denn sie haben mir eine Grube
gegraben! Gedenke doch, wie ich vor dir
gestanden bin, um für sie zum besten zu
reden und deinen Grimm von ihnen ab-
zuwenden!
21 So strafe nun ihre Kinder mit Hunger
und gib sie dem Schwerte preis, daß ihre
Frauen kinderlos und Witwen seien und
ihre Männer vom Tode getroffen und ihre
junge Mannschaft im Krieg durchs
Schwert getötet werden;
22 daß Geschrei aus ihren Häusern ge-
hört werde, wenn du plötzlich Kriegsvolk
über sie kommen läßt. Denn sie haben
eine Grube gegraben, mich zu fangen, und
meinen Füßen Fallen gestellt.
23 Aber du, HERR, kennst alle ihre An-
schläge gegen mich, daß sie mich töten
wollen. So vergib ihnen ihre Missetat
nicht und tilge ihre Sünde nicht aus vor
dir! Laß sie vor dir zu Fall kommen und
handle an ihnen zur Zeit deines Zorns!

Der zerschmetterte Krug

19 So sprach der HERR: Geh hin und
kaufe dir einen irdenen Krug vom
Töpfer und nimm mit etliche von den
Ältesten des Volks und von den Ältesten
der Priester
2 und geh hinaus ins Tal Ben-Hinnom,
das vor dem Scherbentor liegt, und pre-
dige dort die Worte, die ich dir sage,
3 und sprich: Höret des HERRN Wort,
ihr Könige von Juda und ihr Bürger Jeru-
salems! So spricht der HERR Zebaoth, der
Gott Israels: Siehe, ich will ein solches Un-
heil über diese Stätte bringen, daß jedem,
der es hören wird, die Ohren gellen sollen,
4 weil sie mich verlassen und diese Stätte
einem fremden Gott gegeben und dort
andern Göttern geopfert haben, die weder
sie noch ihre Väter noch die Könige von
Juda kannten, und weil sie die Stätte voll
unschuldigen Blutes gemacht
5 und dem Baal Höhen gebaut haben,
um ihre Kinder dem Baal als Brandopfer
zu verbrennen, was ich weder geboten
noch geredet habe und was mir nie in den
Sinn gekommen ist.
6 Darum siehe, es wird die Zeit kom-
men, spricht der HERR, daß man diese
Stätte nicht mehr Topheth und Tal Ben-
Hinnom, sondern Würgetal nennen wird.
7 Und ich will den Gottesdienst Judas
und Jerusalems an diesem Ort zunichte
machen und will sie durchs Schwert fallen
lassen vor ihren Feinden und durch die
Hand derer, die ihnen nach dem Leben
trachten, und will ihre Leichname den
Vögeln des Himmels und den Tieren auf
dem Felde zum Fraße geben.
8 Und ich will diese Stadt zum Entset-
zen und zum Spott machen, daß alle, die
vorübergehen, sich entsetzen und spotten
über alle ihre Plagen.
9 Ich will sie ihrer Söhne und Töchter
Fleisch essen lassen, und einer soll des
andern Fleisch essen in der Not und Angst,
mit der ihre Feinde und die, die ihnen nach
dem Leben trachten, sie bedrängen werden.
10 Und du sollst den Krug zerbrechen
vor den Augen der Männer, die mit dir
gegangen sind,
11 und zu ihnen sagen: So spricht der
HERR Zebaoth: Wie man eines Töpfers
Gefäß zerbricht, daß es nicht wieder ganz
werden kann, so will ich dies Volk und
diese Stadt zerbrechen. Und man wird
im Topheth begraben, weil sonst kein
Raum dafür da sein wird.
12 So will ich's mit dieser Stätte und ihren
Bewohnern machen, spricht der HERR, daß
diese Stadt wie das Topheth werden soll.
13 Und die Häuser Jerusalems und die
Häuser der Könige von Juda sollen eben-
so unrein werden wie die Stätte Topheth,
alle Häuser, wo sie auf den Dächern dem
ganzen Heer des Himmels geopfert und
andern Göttern Trankopfer dargebracht
haben.

Die Mißhandlung Jeremias durch Paschhur

14 Und als Jeremia vom Topheth zu-
rückkam, wohin ihn der HERR gesandt

hatte, um zu weissagen, trat er in den
Vorhof am Hause des HERRN und sprach
zu allem Volk:
15 So spricht der HERR Zebaoth, der
Gott Israels: Siehe, ich will über diese
Stadt und über alle ihre Ortschaften all
das Unheil kommen lassen, das ich gegen
sie geredet habe, weil sie halsstarrig sind
und meine Worte nicht hören wollen.
20 Als aber Paschhur, ein Sohn Im-
mers, der Priester, der zum Vor-
steher im Hause des HERRN bestellt war,
hörte, wie Jeremia solche Worte weis-
sagte,
2 schlug er den Propheten Jeremia und
schloß ihn in den Block am oberen Ben-
jamintor, das am Hause des HERRN ist.
3 Und am andern Morgen ließ Paschhur
den Jeremia aus dem Block los. Da sprach
Jeremia zu ihm: Der HERR nennt dich
nicht Paschhur, sondern «Schrecken um
und um»;
4 denn so spricht der HERR: Siehe, ich
will dich zum Schrecken machen für dich
selbst und alle deine Freunde; sie sollen
fallen durchs Schwert ihrer Feinde, und
du sollst es mit eigenen Augen sehen.
Und ich will ganz Juda in die Hand des
Königs von Babel geben; der soll sie weg-
führen nach Babel und mit dem Schwert
töten.
5 Auch will ich alle Güter dieser Stadt
und allen Ertrag ihrer Arbeit und alle
Kleinode und alle Schätze der Könige
von Juda in die Hand ihrer Feinde geben;
die werden sie rauben, mitnehmen und
nach Babel bringen.
6 Und du, Paschhur, sollst mit allen
deinen Hausgenossen gefangen wegge-
führt werden und nach Babel kommen.
Dort sollst du sterben und begraben wer-
den samt allen deinen Freunden, denen
du Lügen gepredigt hast.

Die Last des Prophetenamts

7 HERR, du hast mich überredet, und
ich habe mich überreden lassen. Du bist
mir zu stark gewesen und hast gewonnen;
aber ich bin darüber zum Spott geworden
täglich, und jedermann verlacht mich.
8 Denn sooft ich rede, muß ich schreien;
«Frevel und Gewalt!» muß ich rufen.
Denn des HERRN Wort ist mir zu Hohn
und Spott geworden täglich.
9 Da dachte ich: Ich will nicht mehr an
ihn denken und nicht mehr in seinem
Namen predigen. Aber es ward in meinem
Herzen wie ein brennendes Feuer, in mei-
nen Gebeinen verschlossen, daß ich's
nicht ertragen konnte; ich wäre schier
vergangen.
10 Denn ich höre, wie viele heimlich
reden: «Schrecken ist um und um!» «Ver-
klagt ihn!» «Wir wollen ihn verklagen!»
Alle meine Freunde und Gesellen lauern,
ob ich nicht falle: «Vielleicht läßt er sich
überlisten, daß wir ihm beikommen kön-
nen und uns an ihm rächen.»
11 Aber der HERR ist bei mir wie ein
starker Held, darum werden meine Ver-
folger fallen und nicht gewinnen. Sie
müssen ganz zuschanden werden, weil
es ihnen nicht gelingt. Ewig wird ihre
Schande sein und nie vergessen werden.
12 Und nun, HERR Zebaoth, der du die
Gerechten prüfst, Nieren und Herz durch-
schaust: Laß mich deine Vergeltung an
ihnen sehen; denn ich habe dir meine
Sache befohlen.
13 Singet dem HERRN, rühmet den
HERRN, der des Armen Leben aus den
Händen der Boshaften errettet!
14 Verflucht sei der Tag, an dem ich
geboren bin; der Tag soll ungesegnet sein,
an dem mich meine Mutter geboren hat!
15 Verflucht sei, der meinem Vater gute
Botschaft brachte und sprach: «Du hast
einen Sohn», so daß er ihn fröhlich machte!
16 Der Tag soll sein wie die Städte, die
der HERR vernichtet hat ohne Erbarmen.
Am Morgen soll er Wehklage hören und
am Mittag Kriegsgeschrei,
17 weil er mich nicht getötet hat im
Mutterleibe, so daß meine Mutter mein
Grab geworden und ihr Leib ewig schwan-
ger geblieben wäre!
18 Warum bin ich doch aus dem Mutter-
leib hervorgekommen, wenn ich nur
Jammer und Herzeleid sehen muß und
meine Tage in Schmach zubringe!

Jeremia kündigt Zedekia die Zerstörung Jerusalems an

21 Dies ist das Wort, das vom HERRN
geschah zu Jeremia, als der König
Zedekia zu ihm sandte Paschhur, den
Sohn Malkias, und Zephanja, den Sohn
Maasejas, den Priester, und ihm sagen ließ:

2 Befrage doch den HERRN für uns; denn Nebukadnezar, der König von Babel, führt Krieg gegen uns. Vielleicht wird der HERR doch an uns sein Wunder tun wie so manches Mal, damit jener von uns abzieht.

3 Jeremia sprach zu ihnen: So sagt zu Zedekia:

4 Das spricht der HERR, der Gott Israels: Siehe, ich will euch zum Rückzug zwingen samt euren Waffen, die ihr in euren Händen habt und mit denen ihr kämpft gegen den König von Babel und gegen die Chaldäer, die euch draußen vor der Mauer belagern, und will euch versammeln mitten in dieser Stadt.

5 Und ich selbst will wider euch streiten mit ausgestreckter Hand, mit starkem Arm, mit Zorn und Grimm und ohne Erbarmen

6 und will die Bürger dieser Stadt schlagen, Menschen und Tiere, daß sie sterben sollen durch eine große Pest.

7 Und danach, spricht der HERR, will ich Zedekia, den König von Juda, samt seinen Großen und dem Volk, das in dieser Stadt von Pest, Schwert und Hunger übriggelassen wird, in die Hände Nebukadnezars, des Königs von Babel, geben und in die Hände ihrer Feinde und in die Hände derer, die ihnen nach dem Leben trachten. Er wird sie mit der Schärfe des Schwerts schlagen schonungslos, ohne Gnade und Erbarmen.

8 Und zu diesem Volk sage: So spricht der HERR: Siehe, ich lege euch vor den Weg zum Leben und den Weg zum Tode.

9 Wer in dieser Stadt bleibt, der wird sterben müssen durch Schwert, Hunger und Pest; wer sich aber hinausbegibt und überläuft zu den Chaldäern, die euch belagern, der soll am Leben bleiben und soll sein Leben als Beute behalten.

10 Denn ich habe mein Angesicht gegen diese Stadt gerichtet zum Unheil und nicht zum Heil, spricht der HERR. Sie soll dem König von Babel übergeben werden, daß er sie mit Feuer verbrenne.

11 Und zum Hause des Königs von Juda sage: Höret des HERRN Wort,

12 ihr vom Hause David! So spricht der HERR: Haltet alle Morgen gerechtes Gericht und errettet den Bedrückten aus des Frevlers Hand, auf daß nicht mein Grimm ausfahre wie Feuer und brenne, ohne daß jemand löschen kann, um eurer bösen Taten willen.

13 Siehe, spricht der HERR, ich will an dich, du Stadt, die du wohnst auf dem Felsen im Tal und sprichst: Wer will uns überfallen, und wer will in unsere Feste kommen?

14 Ich will euch heimsuchen, spricht der HERR, nach der Frucht eures Tuns; ich will ein Feuer in ihrem Wald anzünden, das soll alles umher verzehren.

Worte über die Könige Schallum (Joahas), Jojakim und Konja (Jojachin)

22 So sprach der HERR: Geh hinab in das Haus des Königs von Juda und rede dort dies Wort

2 und sprich: Höre des HERRN Wort, du König von Juda, der du auf dem Thron Davids sitzest, du und deine Großen und dein Volk, die durch diese Tore hineingehen.

3 So spricht der HERR: Schaffet Recht und Gerechtigkeit und errettet den Bedrückten von des Frevlers Hand und bedränget nicht die Fremdlinge, Waisen und Witwen und tut niemand Gewalt an und vergießt nicht unschuldiges Blut an dieser Stätte.

4 Werdet ihr das tun, so sollen durch die Tore dieses Hauses einziehen Könige, die auf Davids Thron sitzen, und fahren mit Wagen und Rossen samt ihren Großen und ihrem Volk.

5 Werdet ihr aber diesen Worten nicht gehorchen, so habe ich bei mir selbst geschworen, spricht der HERR: dies Haus soll zerstört werden.

6 Denn so spricht der HERR von dem Hause des Königs von Juda: Ein Gilead warst du mir, ein Gipfel im Libanon, – was gilt's? Ich will dich zur Wüste, zur Stadt ohne Einwohner machen!

7 Denn ich habe Verderber wider dich bestellt, einen jeden mit seinen Waffen; die sollen deine auserwählten Zedern umhauen und ins Feuer werfen.

8 Da werden viele Völker an dieser Stadt vorüberziehen und zueinander sagen: Warum hat der HERR an dieser großen Stadt so gehandelt?

9 Und man wird antworten: Weil sie den Bund des HERRN, ihres Gottes, verlassen

und andere Götter angebetet und ihnen gedient haben.

10 Weinet nicht über den Toten und grämt euch nicht um ihn; weint aber über den, der fortgezogen ist; denn er wird nicht mehr wiederkommen und sein Vaterland nicht wiedersehen.

11 Denn so spricht der HERR über Schallum, den Sohn Josias, des Königs von Juda, der König wurde an seines Vaters Josia Statt: Der von dieser Stätte fortgezogen ist, wird nicht wieder herkommen,

12 sondern muß sterben an dem Ort, wohin er gefangen geführt ist, und wird dies Land nicht mehr sehen.

13 Weh dem, der sein Haus mit Sünden baut und seine Gemächer mit Unrecht, der seinen Nächsten umsonst arbeiten läßt und gibt ihm seinen Lohn nicht

14 und denkt: «Wohlan, ich will mir ein großes Haus bauen und weite Gemächer» und läßt sich Fenster ausbrechen und mit Zedern täfeln und rot malen.

15 Meinst du, du seiest König, weil du mit Zedern prangst? Hat dein Vater nicht auch gegessen und getrunken und hielt dennoch auf Recht und Gerechtigkeit, und es ging ihm gut?

16 Er half dem Elenden und Armen zum Recht, und es ging ihm gut. Heißt dies nicht, mich recht erkennen? spricht der HERR.

17 Aber deine Augen und dein Herz sind auf nichts anderes aus als auf unrechten Gewinn und darauf, unschuldig Blut zu vergießen, zu freveln und zu unterdrücken.

18 Darum spricht der HERR über Jojakim, den Sohn Josias, den König von Juda: Man wird ihn nicht beklagen: «Ach, Bruder! Ach, Schwester!» Man wird ihn nicht beklagen: «Ach, Herr! Ach, Edler!»

19 Er soll wie ein Esel begraben werden, fortgeschleift und hinausgeworfen vor die Tore Jerusalems.

20 Geh hinauf auf den Libanon und schreie und laß deine Klage hören in Basan und schreie vom Abarim her; denn alle deine Liebhaber sind zunichte gemacht!

21 Ich habe dir's vorher gesagt, als es noch gut um dich stand; aber du sprachst: «Ich will nicht hören.» So hast du es dein Lebtag getan, daß du meiner Stimme nicht gehorchtest.

22 Alle deine Hirten weidet der Sturmwind, und deine Liebhaber müssen gefangen fort. Ja, nun bist du zu Spott und zuschanden geworden um aller deiner Bosheit willen.

23 Die du jetzt auf dem Libanon wohnst und in Zedern nistest, wie wirst du stöhnen, wenn dir Schmerzen und Wehen kommen werden wie einer in Kindsnöten!

24 So wahr ich lebe, spricht der HERR: wenn Konja, der Sohn Jojakims, der König von Juda, ein Siegelring wäre an meiner rechten Hand, so wollte ich dich doch abreißen

25 und in die Hände derer geben, die dir nach dem Leben trachten und vor denen du dich fürchtest: in die Hände Nebukadnezars, des Königs von Babel, und der Chaldäer.

26 Und ich will dich und deine Mutter, die dich geboren hat, in ein anderes Land treiben, das nicht euer Vaterland ist; dort sollt ihr sterben.

27 Aber in das Land, wohin sie von Herzen gern wieder kämen, sollen sie nicht zurückkehren.

28 Ist denn Konja ein elender, verachteter, verstoßener Mann, ein Gefäß, das niemand haben will? Ach, wie ist er doch samt seinem Geschlecht vertrieben und in ein unbekanntes Land geworfen!

29 **O Land, Land, Land, höre des HERRN Wort!**

30 So spricht der HERR: Schreibt diesen Mann auf als einen, der ohne Kinder ist, einen Mann, dem sein Leben lang nichts gelingt! Denn keiner seiner Nachkommen wird das Glück haben, daß er auf dem Thron Davids sitze und in Juda herrsche.

Gegen die bösen Hirten.
Verheißung eines gerechten Königs

23 Weh euch Hirten, die ihr die Herde meiner Weide umkommen laßt und zerstreut! spricht der HERR.

2 Darum spricht der HERR, der Gott Israels, von den Hirten, die mein Volk weiden: Ihr habt meine Herde zerstreut und verstoßen und nicht nach ihr gesehen. Siehe, ich will euch heimsuchen um eures bösen Tuns willen, spricht der HERR.

3 Und ich will die Übriggebliebenen

meiner Herde sammeln aus allen Ländern, wohin ich sie verstoßen habe, und will sie wiederbringen zu ihren Weideplätzen, daß sie sollen wachsen und viel werden.

4 Und ich will Hirten über sie setzen, die sie weiden sollen, daß sie sich nicht mehr fürchten noch erschrecken noch heimgesucht werden, spricht der HERR.

5 Siehe, es kommt die Zeit, spricht der HERR, daß ich dem David einen gerechten Sproß erwecken will. Der soll ein König sein, der wohl regieren und Recht und Gerechtigkeit im Lande üben wird.

6 Zu seiner Zeit soll Juda geholfen werden und Israel sicher wohnen. Und dies wird sein Name sein, mit dem man ihn nennen wird: «Der HERR unsere Gerechtigkeit».

7 Darum siehe, es wird die Zeit kommen, spricht der HERR, daß man nicht mehr sagen wird: «So wahr der HERR lebt, der die Kinder Israel aus Ägyptenland geführt hat!»,

8 sondern: «So wahr der HERR lebt, der die Nachkommen des Hauses Israel herausgeführt und hergebracht hat aus dem Lande des Nordens und aus allen Landen, wohin er sie verstoßen hatte.» Und sie sollen in ihrem Lande wohnen.

Worte über die falschen Propheten

9 Wider die Propheten. Mein Herz will mir in meinem Leibe brechen, alle meine Gebeine zittern; mir ist wie einem trunkenen Mann und wie einem, der vom Wein taumelt, vor dem HERRN und vor seinen heiligen Worten.

10 Denn das Land ist voller Ehebrecher, und wegen des Fluches vertrocknet das Land und die Weideplätze in der Steppe verdorren. Böse ist, wonach sie streben, und ihre Stärke ist Unrecht.

11 Denn Propheten wie Priester sind ruchlos; auch in meinem Hause finde ich ihre Bosheit, spricht der HERR.

12 Darum ist ihr Weg wie ein glatter Weg, auf dem sie im Finstern gleiten und fallen; denn ich will Unheil über sie kommen lassen, das Jahr ihrer Heimsuchung, spricht der HERR.

13 Auch bei den Propheten zu Samaria sah ich Anstößiges, daß sie weissagten im Namen des Baal und mein Volk Israel verführten;

14 aber bei den Propheten zu Jerusalem sehe ich Greuel, wie sie ehebrechen und mit Lügen umgehen und die Boshaften stärken, auf daß sich ja niemand bekehre von seiner Bosheit. Sie sind alle vor mir gleichwie Sodom und die Bürger Jerusalems wie Gomorra.

15 Darum spricht der HERR Zebaoth über die Propheten: Siehe, ich will sie mit Wermut speisen und mit Gift tränken; denn von den Propheten Jerusalems geht das ruchlose Wesen aus ins ganze Land.

16 So spricht der HERR Zebaoth: Hört nicht auf die Worte der Propheten, die euch weissagen! Sie betrügen euch; denn sie verkünden euch Gesichte aus ihrem Herzen und nicht aus dem Mund des HERRN.

17 Sie sagen denen, die des HERRN Wort verachten: Es wird euch wohlgehen –, und allen, die nach ihrem verstockten Herzen wandeln, sagen sie: Es wird kein Unheil über euch kommen.

18 Aber wer hat im Rat des HERRN gestanden, daß er sein Wort gesehen und gehört hätte? Wer hat sein Wort vernommen und gehört?

19 Siehe, es wird ein Wetter des HERRN kommen voll Grimm und ein schreckliches Ungewitter auf den Kopf der Gottlosen niedergehen.

20 Und des HERRN Zorn wird nicht ablassen, bis er tue und ausrichte, was er im Sinn hat; zur letzten Zeit werdet ihr es klar erkennen.

21 Ich sandte die Propheten nicht, und doch laufen sie; ich redete nicht zu ihnen, und doch weissagen sie.

22 Denn wenn sie in meinem Rat gestanden hätten, so hätten sie meine Worte meinem Volk gepredigt, um es von seinem bösen Wandel und von seinem bösen Tun zu bekehren.

23 Bin ich nur ein Gott, der nahe ist, spricht der HERR, und nicht auch ein Gott, der ferne ist?

24 Meinst du, daß sich jemand so heimlich verbergen könne, daß ich ihn nicht sehe? spricht der HERR. Bin ich es nicht, der Himmel und Erde erfüllt? spricht der HERR.

25 Ich höre es wohl, was die Propheten reden, die Lüge weissagen in meinem Namen und sprechen: Mir hat geträumt, mir hat geträumt.

26 Wann wollen doch die Propheten
aufhören, die Lüge weissagen und ihres
Herzens Trug weissagen
27 und wollen, daß mein Volk meinen
Namen vergesse über ihren Träumen, die
einer dem andern erzählt, wie auch ihre
Väter meinen Namen vergaßen über dem
Baal?
28 Ein Prophet, der Träume hat, der
erzähle Träume; wer aber mein Wort hat,
der predige mein Wort recht. Wie reimen
sich Stroh und Weizen zusammen? spricht
der HERR.
29 **Ist mein Wort nicht wie ein Feuer,**
spricht der HERR, und wie ein Hammer, der
Felsen zerschmeißt?
30 Darum siehe, ich will an die Prophe-
ten, spricht der HERR, die mein Wort
stehlen einer vom andern.
31 Siehe, ich will an die Propheten,
spricht der HERR, die ihr eigenes Wort
führen und sprechen: «Er hat's gesagt.»
32 Siehe, ich will an die Propheten,
spricht der HERR, die falsche Träume er-
zählen und verführen mein Volk mit ih-
ren Lügen und losem Geschwätz, ob-
gleich ich sie nicht gesandt und ihnen
nichts befohlen habe und sie auch diesem
Volk nichts nütze sind, spricht der HERR.
33 Wenn dich dies Volk oder ein Pro-
phet oder ein Priester fragen wird und
sagt: Was ist die Last, die der HERR jetzt
ankündigt?, sollst du zu ihnen sagen: Ihr
seid die Last, ich will euch wegwerfen,
spricht der HERR. –
34 Und wenn ein Prophet oder Priester
oder die Leute sagen werden: «Das ist die
Last des HERRN», den will ich heimsuchen
und sein Haus dazu.
35 Vielmehr sollt ihr einer mit dem an-
dern reden und zueinander sagen: «Was
antwortet der HERR?» und: «Was sagt
der HERR?»
36 Aber sagt nicht mehr «Last des
HERRN»; denn einem jeden wird sein
eigenes Wort zur Last werden, weil ihr so
die Worte des lebendigen Gottes, des
HERRN Zebaoth, unseres Gottes, verdreht.
37 Darum sollt ihr zum Propheten sa-
gen: «Was antwortet dir der HERR?» und:
«Was sagt der HERR?»
38 Wenn ihr aber sagt: «Last des
HERRN», so spricht der HERR: Weil ihr
dies Wort «Last des HERRN» nennt, ob-
gleich ich zu euch gesandt habe und euch
sagen ließ, ihr sollt nicht «Last des
HERRN» sagen, –
39 siehe, so will ich euch aufheben wie
eine Last und euch samt der Stadt, die ich
euch und euren Vätern gegeben habe, von
meinem Angesicht wegwerfen
40 und will euch ewige Schande und
ewige Schmach zufügen, die nie vergessen
werden soll.

Die zwei Feigenkörbe

24 Siehe, der HERR zeigte mir zwei
Feigenkörbe, aufgestellt vor dem
Tempel des HERRN, nachdem Nebukad-
nezar, der König von Babel, den Jechonja,
den Sohn Jojakims, den König von Juda,
weggeführt hatte samt den Großen Judas
und den Zimmerleuten und Schmieden
und sie von Jerusalem nach Babel ge-
bracht hatte.
2 In dem einen Korbe waren sehr gute
Feigen, wie die ersten reifen Feigen sind;
im andern Korbe waren sehr schlechte
Feigen, daß man sie nicht essen konnte,
so schlecht waren sie.
3 Und der HERR sprach zu mir: Jeremia,
was siehst du? Ich sprach: Feigen; die gu-
ten Feigen sind sehr gut, und die schlech-
ten sind sehr schlecht, daß man sie nicht
essen kann, so schlecht sind sie.
4 Da geschah des HERRN Wort zu mir:
5 So spricht der HERR, der Gott Israels:
Wie auf diese guten Feigen, so will ich
blicken auf die Weggeführten aus Juda,
die ich von dieser Stätte habe fortziehen
lassen in der Chaldäer Land.
6 Ich will sie gnädig ansehen und sie
wieder in dies Land bringen und will sie
bauen und nicht verderben, ich will sie
pflanzen und nicht ausreißen.
7 Und ich will ihnen ein Herz geben,
daß sie mich erkennen sollen, daß ich der
HERR bin. Und sie sollen mein Volk sein,
und ich will ihr Gott sein; von ganzem
Herzen werden sie sich zu mir bekehren.
8 Aber wie die schlechten Feigen, die so
schlecht sind, daß man sie nicht essen
kann, spricht der HERR, so will ich dahin-
geben Zedekia, den König von Juda, samt
seinen Großen und allen, die übriggeblie-
ben sind in Jerusalem und in diesem Lande
und die in Ägyptenland wohnen.
9 Ich will sie zum Bild des Entsetzens,

ja des Unglücks, machen für alle König-
reiche auf Erden, zum Spott und zum
Sprichwort, zum Hohn und zum Fluch
an allen Orten, wohin ich sie verstoßen
werde,
10 und will Schwert, Hunger und Pest
unter sie schicken, bis sie ganz vertilgt
sind aus dem Lande, das ich ihnen und
ihren Vätern gegeben habe.

Die siebzigjährige Gefangenschaft bis zum Untergang Babels

25 Dies ist das Wort, das zu Jeremia
geschah über das ganze Volk von
Juda im vierten Jahr Jojakims, des Sohnes
Josias, des Königs von Juda; das ist das
erste Jahr Nebukadnezars, des Königs
von Babel.
2 Und der Prophet Jeremia sprach zu
dem ganzen Volk von Juda und zu allen
Bürgern Jerusalems:
3 Vom dreizehnten Jahr des Josia an,
des Sohnes Amons, des Königs von Juda,
ist des HERRN Wort zu mir geschehen bis
auf diesen Tag, und ich habe zu euch nun
dreiundzwanzig Jahre lang immer wieder
gepredigt, aber ihr habt nie hören wollen.
4 Und der HERR hat zu euch immer wie-
der alle seine Knechte, die Propheten,
gesandt; aber ihr habt nie hören wollen
und eure Ohren mir nicht zugekehrt und
mir nicht gehorcht,
5 wenn er sprach: Bekehret euch, ein
jeder von seinem bösen Wege und von
euren bösen Werken, so sollt ihr in dem
Lande, das der HERR euch und euren
Vätern gegeben hat, für immer und ewig
bleiben.
6 Folgt nicht andern Göttern, ihnen zu
dienen und sie anzubeten, und erzürnt
mich nicht durch eurer Hände Werk, da-
mit ich euch nicht Unheil zufügen muß.
7 Aber ihr wolltet mir nicht gehorchen,
spricht der HERR, auf daß ihr mich ja
erzürntet durch eurer Hände Werk zu
eurem eigenen Unheil.
8 Darum spricht der HERR Zebaoth:
Weil ihr denn meine Worte nicht hören
wollt,
9 siehe, so will ich ausschicken und
kommen lassen alle Völker des Nordens,
spricht der HERR, auch meinen Knecht
Nebukadnezar, den König von Babel,
und will sie bringen über dies Land und
über seine Bewohner und über alle diese
Völker ringsum und will an ihnen den
Bann vollstrecken und sie zum Bild des
Entsetzens und zum Spott und zur ewigen
Wüste machen
10 und will wegnehmen allen fröhlichen
Gesang, die Stimme des Bräutigams und
der Braut, das Geräusch der Mühle und
das Licht der Lampe,
11 so daß dies ganze Land wüst und
zerstört liegen soll. Und diese Völker
sollen dem König von Babel dienen sieb-
zig Jahre.
12 Wenn aber die siebzig Jahre um sind,
will ich heimsuchen den König von Babel
und jenes Volk, spricht der HERR, um
ihrer Missetat willen, dazu das Land der
Chaldäer und will es zur ewigen Wüste
machen.
13 So lasse ich an diesem Lande, gegen
das ich geredet habe, alle meine Worte in
Erfüllung gehen, nämlich alles, was in
diesem Buch geschrieben steht, was Jere-
mia geweissagt hat über alle Völker.
14 Und auch sie sollen großen Völkern
und großen Königen dienen. So will ich
ihnen vergelten nach ihrem Verdienst
und nach den Werken ihrer Hände.

Der Zornbecher für alle Völker

15 Denn so sprach zu mir der HERR, der
Gott Israels: Nimm diesen Becher mit
dem Wein meines Zorns aus meiner Hand
und laß daraus trinken alle Völker, zu
denen ich dich sende,
16 daß sie trinken, taumeln und toll
werden vor dem Schwert, das ich unter
sie schicken will. –
17 Und ich nahm den Becher aus der
Hand des HERRN und ließ daraus trinken
alle Völker, zu denen mich der HERR
sandte,
18 nämlich Jerusalem, die Städte Judas,
ihre Könige und Fürsten, daß sie wüst
und zerstört liegen und ein Spott und
Fluch sein sollten – wie es denn heutigen-
tages steht –,
19 auch den Pharao, den König von
Ägypten, mit seinen Großen und mit sei-
nen Fürsten, mit seinem ganzen Volk
20 und allem Mischvolk, alle Könige im
Lande Uz, alle Könige in der Philister
Lande mit Askalon, Gaza, Ekron und
denen, die übriggeblieben sind in Asdod;

21 die von Edom, die von Moab, die
Ammoniter;
22 alle Könige von Tyrus, alle Könige
von Sidon, die Könige auf den Inseln
jenseits des Meeres;
23 die von Dedan, die von Tema, die
von Bus und alle, die das Haar rundher-
um abscheren;
24 alle Könige Arabiens und die der
Mischvölker, die in der Wüste wohnen;
25 alle Könige in Simri, alle Könige in
Elam, alle Könige in Medien;
26 alle Könige des Nordens, die in der
Nähe und die in der Ferne, einen wie den
andern, alle Königreiche der Welt, soviel
ihrer auf Erden sind. Und der König von
Scheschach* soll nach ihnen trinken. –
27 Und sprich zu ihnen: So spricht der
HERR Zebaoth, der Gott Israels: Trinkt,
daß ihr trunken werdet und speit, daß ihr
niederfallt und nicht aufstehen könnt vor
dem Schwert, das ich unter euch schicken
will.
28 Und wenn sie den Becher von deiner
Hand nicht nehmen und nicht trinken
wollen, so sprich zu ihnen: So spricht der
HERR Zebaoth: Ihr müßt trinken!
29 Denn siehe, bei der Stadt, die nach
meinem Namen genannt ist, fange ich an
mit dem Unheil, und ihr solltet ungestraft
bleiben? Ihr sollt nicht ungestraft bleiben,
denn ich rufe das Schwert über alle her-
bei, die auf Erden wohnen, spricht der
HERR Zebaoth.
30 Und du sollst ihnen alle diese Worte
weissagen und zu ihnen sprechen: Der
HERR wird brüllen aus der Höhe und
seinen Donner hören lassen aus seiner
heiligen Wohnung. Er wird brüllen über
seine Fluren hin; wie einer, der die Kelter
tritt, wird er seinen Ruf erschallen lassen
über alle Bewohner der Erde hin,
31 und sein Schall wird dringen bis an
die Enden der Erde. Der HERR will mit den
Völkern rechten und mit allem Fleisch
Gericht halten; die Schuldigen wird er
dem Schwert übergeben, spricht der HERR.
32 So spricht der HERR Zebaoth: Siehe,
es wird eine Plage kommen von einem Volk
zum andern, und ein großes Wetter wird
sich erheben von den Enden der Erde.
33 Zu der Zeit werden die vom HERRN
Erschlagenen liegen von einem Ende der
Erde bis ans andere Ende; sie werden
nicht beklagt noch aufgehoben noch be-
graben werden, sondern müssen auf dem
Felde liegen und zu Dung werden.
34 Heulet, ihr Hirten, und schreit, wälzt
euch in der Asche, ihr Herren der Herde;
denn die Zeit ist erfüllt, daß ihr geschlach-
tet und zerstreut werdet und zerbrechen
müßt wie ein kostbares Gefäß.
35 Und die Hirten werden nicht fliehen
können, und die Herren der Herde wer-
den nicht entrinnen können.
36 Da werden die Hirten schreien, und
die Herren der Herde werden heulen, daß
der HERR ihre Weide so verwüstet hat
37 und ihre Auen, die so schön standen,
vernichtet sind von dem grimmigen Zorn
des HERRN.
38 Er hat sein Versteck verlassen wie ein
junger Löwe, und ihr Land ist verheert
von seinem gewaltigen Schwert und von
seinem grimmigen Zorn.

Jeremias Tempelrede,
seine Gefangennahme und Freilassung

26 Im Anfang der Herrschaft Jojakims,
des Sohnes Josias, des Königs von
Juda, geschah dies Wort vom HERRN:
2 So spricht der HERR: Tritt in den Vor-
hof am Hause des HERRN und predige
denen, die aus allen Städten Judas her-
einkommen, um anzubeten im Hause des
HERRN, alle Worte, die ich dir befohlen
habe, ihnen zu sagen, und tu nichts davon
weg,
3 ob sie vielleicht hören wollen und sich
bekehren, ein jeder von seinem bösen
Wege, damit mich auch reuen könne das
Übel, das ich gedenke, ihnen anzutun
um ihrer bösen Taten willen.
4 Und sprich zu ihnen: So spricht der
HERR: Werdet ihr mir nicht gehorchen
und nicht nach meinem Gesetz wandeln,
das ich euch vorgelegt habe,
5 und nicht hören auf die Worte meiner
Knechte, der Propheten, die ich immer
wieder zu euch sende und auf die ihr doch
nicht hören wollt,
6 so will ich's mit diesem Hause machen
wie mit Silo und diese Stadt zum Fluch-
wort für alle Völker auf Erden machen.
7 Als aber die Priester, Propheten und
alles Volk Jeremia hörten, daß er solche
Worte redete im Hause des HERRN,

*d. i. ein Deckname für Babel.

8 und Jeremia nun alles gesagt hatte, was ihm der HERR befohlen hatte, allem Volk zu sagen, ergriffen ihn die Priester, Propheten und das ganze Volk und sprachen: Du mußt sterben!

9 Warum weissagst du im Namen des HERRN: «Es wird diesem Hause gehen wie Silo, und diese Stadt soll so wüst werden, daß niemand mehr darin wohnt»? Und das ganze Volk sammelte sich im Hause des HERRN wider Jeremia.

10 Als das die Oberen von Juda hörten, gingen sie aus des Königs Hause hinauf ins Haus des HERRN und setzten sich zum Gericht vor das neue Tor am Hause des HERRN.

11 Und die Priester und Propheten sprachen vor den Oberen und allem Volk: Dieser Mann ist des Todes schuldig; denn er hat geweissagt gegen diese Stadt, wie ihr mit eigenen Ohren gehört habt.

12 Aber Jeremia sprach zu allen Oberen und zu allem Volk: Der HERR hat mich gesandt, daß ich dies alles, was ihr gehört habt, weissagen sollte gegen dies Haus und gegen diese Stadt.

13 So bessert nun eure Wege und euer Tun und gehorcht der Stimme des HERRN, eures Gottes, dann wird den HERRN auch gereuen das Übel, das er gegen euch geredet hat.

14 Siehe, ich bin in euren Händen, ihr könnt mit mir machen, wie es euch recht und gut dünkt.

15 Doch sollt ihr wissen: wenn ihr mich tötet, so werdet ihr unschuldig Blut auf euch laden, auf diese Stadt und ihre Einwohner. Denn wahrlich, der HERR hat mich zu euch gesandt, daß ich dies alles vor euren Ohren reden soll.

16 Da sprachen die Oberen und das ganze Volk zu den Priestern und Propheten: Dieser Mann ist des Todes nicht schuldig; denn er hat zu uns geredet im Namen des HERRN, unseres Gottes.

17 Und es standen auf etliche von den Ältesten des Landes und sprachen zu dem versammelten Volk:

18 Zur Zeit Hiskias, des Königs von Juda, war ein Prophet, Micha von Morescheth; der sprach zum ganzen Volk Juda: «So spricht der HERR Zebaoth: Zion wird wie ein Acker gepflügt werden, und Jerusalem wird zu Steinhaufen werden und der Berg des Tempels zu einer Höhe wilden Gestrüpps.»

19 Doch ließ ihn Hiskia, der König von Juda, und das ganze Juda deswegen nicht töten, vielmehr fürchteten sie den HERRN und flehten zu ihm. Da reute auch den HERRN das Übel, das er gegen sie geredet hatte. Wir aber würden großes Unheil über uns bringen.

Hinrichtung des Propheten Uria

20 Da war noch einer, der im Namen des HERRN weissagte, Uria, der Sohn Schemajas, von Kirjath-Jearim. Der weissagte gegen diese Stadt und gegen dies Land ganz wie Jeremia.

21 Als aber der König Jojakim und alle seine Gewaltigen und die Oberen seine Worte hörten, wollte ihn der König töten lassen. Und Uria erfuhr das, fürchtete sich und floh und kam nach Ägypten.

22 Aber der König Jojakim schickte Leute nach Ägypten, Elnathan, den Sohn Achbors, und andere mit ihm.

23 Die holten ihn aus Ägypten und brachten ihn zum König Jojakim. Der ließ ihn mit dem Schwert töten und ließ seinen Leichnam unter dem niederen Volk begraben.

24 Aber mit Jeremia war die Hand Ahikams, des Sohnes Schaphans, so daß man ihn nicht dem Volk in die Hände gab, das ihn getötet hätte.

Jeremias Predigt vom Joch Nebukadnezars

27 Im Anfang der Herrschaft Zedekias, des Sohnes Josias, des Königs von Juda, geschah dies Wort vom HERRN zu Jeremia:

2 So spricht der HERR zu mir: Mache dir ein Joch und lege es auf deinen Nakken

3 und schicke Botschaft zum König von Edom, zum König von Moab, zum König der Ammoniter, zum König von Tyrus und zum König von Sidon durch die Boten, die zu Zedekia, dem König von Juda, nach Jerusalem gekommen sind,

4 und befiehl ihnen, daß sie ihren Herren sagen: So spricht der HERR Zebaoth, der Gott Israels: So sollt ihr euren Herren sagen:

5 Ich habe die Erde gemacht und Menschen und Tiere, die auf Erden sind, durch

meine große Kraft und meinen ausgereck-
ten Arm und gebe sie, wem ich will.
6 Nun aber habe ich alle diese Länder
in die Hand meines Knechts Nebukad-
nezar, des Königs von Babel, gegeben und
auch die Tiere auf dem Felde, daß sie ihm
untertan sein sollen.
7 Und es sollen alle Völker ihm dienen
und seinem Sohn und seines Sohnes Sohn,
bis auch für sein Land die Zeit kommt,
daß es vielen Völkern und großen Köni-
gen untertan sein muß.
8 Das Volk aber und das Königreich,
das dem König von Babel, Nebukadne-
zar, nicht untertan sein will und das sei-
nen Nacken nicht unter das Joch des
Königs von Babel beugt, das will ich
heimsuchen mit Schwert, Hunger und
Pest, spricht der HERR, bis ich sie durch
seine Hand umbringe.
9 So hört doch nicht auf eure Propheten,
Wahrsager, Traumdeuter, Zeichendeuter
und Zauberer, die euch sagen: Ihr werdet
nicht untertan sein müssen dem König
von Babel.
10 Denn sie weissagen euch Lüge, auf
daß sie euch aus eurem Lande fortbringen
und ich euch verstoße und ihr umkommt.
11 Aber das Volk, das seinen Nacken
unter das Joch des Königs von Babel
beugt und ihm untertan ist, das will ich
in seinem Lande lassen, daß es dasselbe
bebaue und bewohne, spricht der HERR.
12 Und ich redete alle diese Worte zu
Zedekia, dem König von Juda, und
sprach: Beugt euren Nacken unter das
Joch des Königs von Babel und seid ihm
und seinem Volk untertan, so sollt ihr am
Leben bleiben.
13 Warum wollt ihr sterben, du und
dein Volk, durch Schwert, Hunger und
Pest, wie der HERR geredet hat über das
Volk, das dem König von Babel nicht
untertan sein will?
14 Darum hört nicht auf die Worte der
Propheten, die euch sagen: «Ihr werdet
nicht untertan sein müssen dem König
von Babel!» Denn sie weissagen euch
Lüge,
15 und ich habe sie nicht gesandt, spricht
der HERR, sondern sie weissagen Lüge in
meinem Namen, auf daß ich euch ver-
stoße und ihr umkommt samt den Pro-
pheten, die euch weissagen.
16 Und zu den Priestern und zu diesem
ganzen Volk redete ich und sprach: So
spricht der HERR: Höret nicht auf die
Worte eurer Propheten, die euch weissa-
gen und sprechen: «Siehe, die Geräte aus
dem Hause des HERRN werden nun bald
von Babel wieder herkommen!» Denn sie
weissagen euch Lüge.
17 Höret nicht auf sie, sondern seid dem
König von Babel untertan, so werdet ihr
am Leben bleiben. Warum soll diese Stadt
zur Wüstenei werden?
18 Sind sie aber Propheten und haben
sie des HERRN Wort, so laßt sie den HERRN
Zebaoth bitten, daß die Geräte, die übrig-
geblieben sind im Hause des HERRN und
im Hause des Königs von Juda und zu
Jerusalem, nicht auch nach Babel geführt
werden.
19 Denn so spricht der HERR Zebaoth
von den Säulen und vom Meer und von
den Gestellen und von den Geräten, die
noch übriggeblieben sind in dieser Stadt,
20 die Nebukadnezar, der König von
Babel, nicht mitnahm, als er Jechonja, den
Sohn Jojakims, den König von Juda, von
Jerusalem wegführte nach Babel samt al-
len Vornehmen in Juda und Jerusalem, –
21 so spricht der HERR Zebaoth, der
Gott Israels, von den Geräten, die übrig-
geblieben sind im Hause des HERRN und
im Hause des Königs von Juda und zu
Jerusalem:
22 sie sollen nach Babel geführt werden
und dort bleiben bis auf den Tag, an dem
ich nach ihnen sehe, spricht der HERR,
und ich sie wieder zurückbringen lasse an
diesen Ort.

Jeremia und Hananja

28 In demselben Jahr, im Anfang der
Herrschaft Zedekias, des Königs
von Juda, im fünften Monat des vierten
Jahrs, sprach Hananja, der Sohn Asurs,
ein Prophet von Gibeon, zu mir im Hause
des HERRN in Gegenwart der Priester und
des ganzen Volks:
2 So spricht der HERR Zebaoth, der Gott
Israels: Ich habe das Joch des Königs von
Babel zerbrochen,
3 und ehe zwei Jahre um sind, will ich
alle Geräte des Hauses des HERRN, die
Nebukadnezar, der König von Babel,
von diesem Ort weggenommen und nach

Babel geführt hat, wieder an diesen Ort bringen;

4 auch Jechonja, den Sohn Jojakims, den König von Juda, samt allen Weggeführten aus Juda, die nach Babel gekommen sind, will ich wieder an diesen Ort bringen, spricht der HERR, denn ich will das Joch des Königs von Babel zerbrechen.

5 Da sprach der Prophet Jeremia zu dem Propheten Hananja in Gegenwart der Priester und des ganzen Volks, die im Hause des HERRN standen,

6 und sagte: Amen! Der HERR tue so; der HERR bestätige dein Wort, das du geweissagt hast, daß er die Geräte aus dem Hause des HERRN von Babel wiederbringe an diesen Ort und alle Weggeführten.

7 Doch höre dies Wort, das ich vor deinen Ohren rede und vor den Ohren des ganzen Volks:

8 Die Propheten, die vor mir und vor dir gewesen sind von alters her, die haben gegen viele Länder und große Königreiche geweissagt von Krieg, von Unheil und Pest.

9 Wenn aber ein Prophet von Heil weissagt – ob ihn der HERR wahrhaftig gesandt hat, wird man daran erkennen, daß sein Wort erfüllt wird.

10 Da nahm der Prophet Hananja das Joch vom Nacken des Propheten Jeremia und zerbrach es.

11 Und Hananja sprach in Gegenwart des ganzen Volks: So spricht der HERR: Ebenso will ich zerbrechen das Joch Nebukadnezars, des Königs von Babel, ehe zwei Jahre um sind, und es vom Nacken aller Völker nehmen. Und der Prophet Jeremia ging seines Weges.

12 Aber des HERRN Wort geschah zu Jeremia, nachdem der Prophet Hananja das Joch auf dem Nacken des Propheten Jeremia zerbrochen hatte:

13 Geh hin und sage Hananja: So spricht der HERR: Du hast das hölzerne Joch zerbrochen, aber du hast nun ein eisernes Joch an seine Stelle gesetzt.

14 Denn so spricht der HERR Zebaoth, der Gott Israels: Ein eisernes Joch habe ich allen diesen Völkern auf den Nacken gelegt, daß sie untertan sein sollen Nebukadnezar, dem König von Babel, und ihm dienen, und auch die Tiere habe ich ihm gegeben.

15 Und der Prophet Jeremia sprach zum Propheten Hananja: Höre doch, Hananja! Der HERR hat dich nicht gesandt; aber du machst, daß dies Volk sich auf Lügen verläßt.

16 Darum spricht der HERR: Siehe, ich will dich vom Erdboden nehmen; dies Jahr sollst du sterben, denn du hast sie mit deiner Rede vom HERRN abgewendet.

17 Und der Prophet Hananja starb im selben Jahr im siebenten Monat.

Jeremias Brief an die Weggeführten in Babel

29 Dies sind die Worte des Briefes, den der Prophet Jeremia von Jerusalem sandte an den Rest der Ältesten, die weggeführt waren, an die Priester und Propheten und an das ganze Volk, das Nebukadnezar von Jerusalem nach Babel weggeführt hatte

2 – nachdem der König Jechonja und die Königinmutter mit den Kämmerern und Oberen in Juda und Jerusalem samt den Zimmerleuten und Schmieden aus Jerusalem weggeführt waren –,

3 durch Elasa, den Sohn Schaphans, und Gemarja, den Sohn Hilkias, die Zedekia, der König von Juda, nach Babel sandte zu Nebukadnezar, dem König von Babel:

4 So spricht der HERR Zebaoth, der Gott Israels, zu den Weggeführten, die ich von Jerusalem nach Babel habe wegführen lassen:

5 Baut Häuser und wohnt darin; pflanzt Gärten und eßt ihre Früchte;

6 nehmt euch Frauen und zeugt Söhne und Töchter; nehmt für eure Söhne Frauen, und gebt eure Töchter Männern, daß sie Söhne und Töchter gebären; mehret euch dort, daß ihr nicht weniger werdet.

7 **Suchet der Stadt Bestes,** dahin ich euch habe wegführen lassen, **und betet für sie zum HERRN; denn wenn's ihr wohlgeht, so geht's auch euch wohl.**

8 Denn so spricht der HERR Zebaoth, der Gott Israels: Laßt euch durch die Propheten, die bei euch sind, und durch die Wahrsager nicht betrügen, und hört nicht auf die Träume, die sie träumen!

9 Denn sie weissagen euch Lüge in meinem Namen. Ich habe sie nicht gesandt, spricht der HERR.

10 Denn so spricht der HERR: Wenn für Babel siebzig Jahre voll sind, so will ich euch heimsuchen und will mein gnädiges Wort an euch erfüllen, daß ich euch wieder an diesen Ort bringe.

11 Denn **ich weiß wohl, was ich für Gedanken über euch habe, spricht der HERR: Gedanken des Friedens und nicht des Leides, daß ich euch gebe das Ende, des ihr wartet*.**

12 Und ihr werdet mich anrufen und hingehen und mich bitten, und ich will euch erhören.

13 Ihr werdet mich suchen und finden; denn **wenn ihr mich von ganzem Herzen suchen werdet,**

14 **so will ich mich von euch finden lassen,** spricht der HERR, und will eure Gefangenschaft wenden und euch sammeln aus allen Völkern und von allen Orten, wohin ich euch verstoßen habe, spricht der HERR, und will euch wieder an diesen Ort bringen, von wo ich euch habe wegführen lassen.

15 Zwar meint ihr, der HERR habe euch auch in Babel Propheten erstehen lassen. –

16 Fürwahr, so spricht der HERR über den König, der auf Davids Thron sitzt, und über das ganze Volk, das in dieser Stadt wohnt, über eure Brüder, die nicht mit euch in die Gefangenschaft gezogen sind,

17 ja, so spricht der HERR Zebaoth: Siehe, ich will Schwert, Hunger und Pest unter sie schicken und will sie machen wie die schlechten Feigen, davor einem ekelt zu essen,

18 und will hinter ihnen her sein mit Schwert, Hunger und Pest und will sie zum Bild des Entsetzens machen für alle Königreiche auf Erden, zum Fluch, zum Grauen, zum Hohn und zum Spott unter allen Völkern, wohin ich sie verstoßen werde,

19 weil sie meinen Worten nicht gehorchten, spricht der HERR, der ich meine Knechte, die Propheten, immer wieder zu euch gesandt habe; aber ihr wolltet nicht hören, spricht der HERR. –

20 Aber ihr alle, die ihr gefangen weggeführt seid, die ich von Jerusalem habe nach Babel ziehen lassen, höret des HERRN Wort!

*Wörtlich: daß ich euch gebe Zukunft und Hoffnung.

21 So spricht der HERR Zebaoth, der Gott Israels, wider Ahab, den Sohn Kolajas, und wider Zedekia, den Sohn Maasejas, die euch Lüge weissagen in meinem Namen: Siehe, ich will sie geben in die Hände Nebukadnezars, des Königs von Babel. Der soll sie totschlagen lassen vor euren Augen,

22 so daß man ihre Namen zum Fluchwort machen wird unter allen Weggeführten aus Juda, die in Babel sind, und sagen: Der HERR tue an dir wie an Zedekia und Ahab, die der König von Babel im Feuer rösten ließ,

23 weil sie eine Schandtat in Israel begingen und Ehebruch trieben mit den Frauen ihrer Nächsten und in meinem Namen Lüge predigten, was ich ihnen nicht befohlen hatte. Solches weiß ich und bezeuge es, spricht der HERR.

Jeremia und Schemaja

24 Und wider Schemaja von Nehelam sollst du sagen:

25 So spricht der HERR Zebaoth, der Gott Israels: Weil du unter deinem Namen Briefe gesandt hast an alles Volk, das in Jerusalem ist, an den Priester Zephanja, den Sohn Maasejas, und an alle Priester und gesagt:

26 Der HERR hat dich zum Priester bestellt anstatt des Priesters Jojada, daß du Aufseher sein sollst im Hause des HERRN über alle Wahnsinnigen und Weissager, daß du sie in Block und Eisen legst, –

27 nun, warum strafst du denn nicht Jeremia von Anathoth, der euch weissagt?

28 Hat er doch zu uns nach Babel geschickt und sagen lassen: Es wird noch lange währen; baut Häuser und wohnt darin, pflanzt Gärten und eßt ihre Früchte.

29 – Es hatte nämlich der Priester Zephanja den Brief vorgelesen vor den Ohren des Propheten Jeremia. –

30 Da geschah des HERRN Wort zu Jeremia:

31 Sende hin zu allen Weggeführten und laß ihnen sagen: So spricht der HERR wider Schemaja von Nehelam: Weil euch Schemaja weissagt – und ich habe ihn doch nicht gesandt – und macht, daß ihr auf Lügen vertraut,

32 darum spricht der HERR: Siehe, ich
will Schemaja von Nehelam heimsuchen
samt seinen Nachkommen, daß keiner
von den Seinen unter diesem Volk bleiben
soll. Und er soll das Gute nicht sehen, das
ich meinem Volk tun will, spricht der
HERR; denn er hat es mit seiner Rede vom
HERRN abgewendet.

Israels Befreiung aus der Gefangenschaft

30 Dies ist das Wort, das vom HERRN
geschah zu Jeremia:
2 So spricht der HERR, der Gott Israels:
Schreib dir alle Worte, die ich zu dir ge-
redet habe, in ein Buch.
3 Denn siehe, es kommt die Zeit, spricht
der HERR, daß ich das Geschick meines
Volks Israel und Juda wenden will, spricht
der HERR; und ich will sie wiederbringen
in das Land, das ich ihren Vätern gegeben
habe, daß sie es besitzen sollen.
4 Und dies sind die Worte, die der HERR
redete über Israel und Juda.
5 So spricht der HERR: Wir hören ein
Geschrei des Schreckens; nur Furcht ist
da und kein Friede.
6 Forschet doch und sehet, ob dort
Männer gebären! Wie kommt es denn,
daß ich sehe, wie alle Männer ihre Hände
an die Hüften halten wie Frauen in Kinds-
nöten und alle Angesichter so bleich sind?
7 Wehe, es ist ein gewaltiger Tag, und
seinesgleichen ist nicht gewesen, und es ist
eine Zeit der Angst für Jakob; doch soll
ihm daraus geholfen werden.
8 Es soll aber geschehen zu dieser Zeit,
spricht der HERR Zebaoth, daß ich das
Joch auf deinem Nacken zerbrechen will
und deine Bande zerreißen. Sie werden
nicht mehr Fremden dienen,
9 sondern dem HERRN, ihrem Gott, und
ihrem König David, den ich ihnen er-
wecken will.
10 Darum fürchte du dich nicht, mein
Knecht Jakob, spricht der HERR, und ent-
setze dich nicht, Israel. Denn siehe, ich
will dich erretten aus fernen Landen und
deine Nachkommen aus dem Lande ihrer
Gefangenschaft, daß Jakob zurückkehren
soll und in Frieden und Sicherheit leben,
und niemand soll ihn schrecken.
11 Denn ich bin bei dir, spricht der
HERR, daß ich dir helfe. Denn ich will mit
allen Völkern ein Ende machen, unter die
ich dich zerstreut habe; aber mit dir will
ich nicht ein Ende machen. Ich will dich
mit Maßen züchtigen, doch ungestraft
kann ich dich nicht lassen.
12 Denn so spricht der HERR: Dein
Schaden ist verzweifelt böse, und deine
Wunden sind unheilbar.
13 Deine Sache führt niemand; da ist
keiner, der dich verbindet, es kann dich
niemand heilen.
14 Alle deine Liebhaber vergessen dich,
fragen nichts nach dir. Ich habe dich ge-
schlagen wie einen Feind mit unbarm-
herziger Züchtigung um deiner großen
Schuld und um deiner vielen Sünden wil-
len.
15 Was schreist du über deinen Schaden
und über dein verzweifelt böses Leiden?
Habe ich dir doch solches getan um deiner
großen Schuld und um deiner vielen Sün-
den willen.
16 Doch alle, die dich gefressen haben,
sollen gefressen werden, und alle, die dich
geängstet haben, sollen alle gefangen weg-
geführt werden; und die dich beraubt
haben, sollen beraubt werden, und alle,
die dich geplündert haben, sollen geplün-
dert werden.
17 Aber dich will ich wieder gesund
machen und deine Wunden heilen, spricht
der HERR, weil man dich nennt: «die Ver-
stoßene» und: «Zion, nach der niemand
fragt».
18 So spricht der HERR: Siehe, ich will
das Geschick der Hütten Jakobs wenden
und mich über seine Wohnungen erbar-
men, und die Stadt soll wieder auf ihre
Hügel gebaut werden, und die Burg soll
stehen an ihrem rechten Platz.
19 Und es soll aus ihr erschallen Lob-
und Freudengesang; denn ich will sie
mehren und nicht mindern, ich will sie
herrlich machen und nicht geringer.
20 Ihre Söhne sollen sein wie früher, und
ihre Gemeinde soll vor mir fest gegründet
stehen; denn ich will heimsuchen alle, die
sie bedrängen.
21 Und ihr Fürst soll aus ihrer Mitte
kommen und ihr Herrscher von ihnen
ausgehen; und er soll zu mir nahen, denn
wer dürfte sonst sein Leben wagen und
mir nahen? spricht der HERR.
22 Und ihr sollt mein Volk sein, und ich
will euer Gott sein.

23 Siehe, es wird ein Wetter des HERRN
kommen voll Grimm, ein schreckliches
Ungewitter wird auf den Kopf der Gott-
losen niedergehen.
24 Des HERRN grimmiger Zorn wird
nicht ablassen, bis er tue und ausrichte,
was er im Sinn hat; zur letzten Zeit werdet
ihr es erkennen.

Die Verheißung des neuen Bundes

31 Zu derselben Zeit, spricht der HERR,
will ich der Gott aller Geschlechter
Israels sein, und sie sollen mein Volk sein.
2 So spricht der HERR: Das Volk, das
dem Schwert entronnen ist, hat Gnade
gefunden in der Wüste; Israel zieht hin zu
seiner Ruhe.
3 Der HERR ist mir erschienen von ferne:
**Ich habe dich je und je geliebt, darum habe
ich dich zu mir gezogen aus lauter Güte.**
4 Wohlan, ich will dich wiederum bauen,
daß du gebaut sein sollst, du Jungfrau
Israel; du sollst dich wieder schmücken,
Pauken schlagen und herausgehen zum
Tanz.
5 Du sollst wiederum Weinberge pflan-
zen an den Bergen Samarias; pflanzen
wird man sie und ihre Früchte genießen.
6 Denn es wird die Zeit kommen, daß
die Wächter auf dem Gebirge Ephraim
rufen: Wohlauf, laßt uns hinaufziehen
nach Zion zum HERRN, unserm Gott!
7 Denn so spricht der HERR: Jubelt über
Jakob mit Freuden und jauchzet über das
Haupt unter den Völkern. Ruft laut,
rühmt und sprecht: Der HERR hat seinem
Volk geholfen, dem Rest Israels!
8 Siehe, ich will sie aus dem Lande des
Nordens bringen und will sie sammeln
von den Enden der Erde, auch Blinde und
Lahme, Schwangere und junge Mütter,
daß sie als große Gemeinde wieder hier-
her kommen sollen.
9 Sie werden weinend kommen, aber ich
will sie trösten und leiten. Ich will sie zu
Wasserbächen führen auf ebenem Wege,
daß sie nicht zu Fall kommen; denn ich
bin Israels Vater, und Ephraim ist mein
erstgeborener Sohn.
10 Höret, ihr Völker, des HERRN Wort
und verkündet's fern auf den Inseln und
sprecht: Der Israel zerstreut hat, der
wird's auch wieder sammeln und wird es
hüten wie ein Hirte seine Herde;
11 denn der HERR wird Jakob erlösen
und von der Hand des Mächtigen erretten.
12 Sie werden kommen und auf der
Höhe des Zion jauchzen und sich freuen
über die Gaben des HERRN, über Getreide,
Wein, Öl und junge Schafe und Rinder,
daß ihre Seele sein wird wie ein wasser-
reicher Garten und sie nicht mehr be-
kümmert sein sollen.
13 Alsdann werden die Jungfrauen fröh-
lich beim Reigen sein, die junge Mann-
schaft und die Alten miteinander; denn
ich will ihr Trauern in Freude verwandeln
und sie trösten und sie erfreuen nach ihrer
Betrübnis.
14 Und ich will der Priester Herz voller
Freude machen, und mein Volk soll mei-
ner Gaben die Fülle haben, spricht der
HERR.
15 So spricht der HERR: Man hört
Klagegeschrei und bittres Weinen in
Rama: Rahel weint über ihre Kinder und
will sich nicht trösten lassen über ihre
Kinder; denn es ist aus mit ihnen.
16 Aber so spricht der HERR: Laß dein
Schreien und Weinen und die Tränen dei-
ner Augen; denn deine Mühe wird noch
belohnt werden, spricht der HERR. Sie
sollen wiederkommen aus dem Lande des
Feindes,
17 und deine Nachkommen haben viel
Gutes zu erwarten, spricht der HERR,
denn deine Söhne sollen wieder in ihre
Heimat kommen.
18 Ich habe wohl gehört, wie Ephraim
klagt: «Du hast mich hart erzogen, und
ich ließ mich erziehen wie ein junger Stier,
der noch nicht gelernt hat zu ziehen. Be-
kehre du mich, so will ich mich bekehren;
denn du, HERR, bist mein Gott!
19 Nachdem ich bekehrt war, tat ich
Buße, und als ich zur Einsicht kam, schlug
ich an meine Brust. Ich bin zuschanden
geworden und stehe schamrot da; denn
ich muß büßen die Schande meiner Ju-
gend.»
20 Ist nicht Ephraim mein teurer Sohn
und mein liebes Kind? Denn sooft ich
ihm auch drohe, muß ich doch seiner ge-
denken; darum bricht mir mein Herz, daß
ich mich seiner erbarmen muß, spricht
der HERR.
21 Richte dir Wegzeichen auf, setze dir
Steinmale und richte deinen Sinn auf die

Straße, auf der du gezogen bist! Kehr zurück, Jungfrau Israel, kehr zurück zu diesen deinen Städten!
22 Wie lang willst du in der Irre gehen, du abtrünnige Tochter? Denn der HERR wird ein Neues im Lande schaffen: Das Weib wird den Mann umgeben.
23 So spricht der HERR Zebaoth, der Gott Israels: «Man wird dies Wort wieder sagen im Lande Juda und in seinen Städten, wenn ich ihr Geschick wenden werde: Der HERR segne dich, du Wohnung der Gerechtigkeit, du heiliger Berg!
24 Auch Juda samt allen seinen Städten soll darin wohnen, die Ackerleute und die mit Herden umherziehen;
25 denn ich will die Müden erquicken und die Verschmachtenden sättigen.»
26 Darüber bin ich aufgewacht und sah auf und hatte so sanft geschlafen.
27 Siehe, es kommt die Zeit, spricht der HERR, daß ich das Haus Israel und das Haus Juda besäen will mit Menschen und mit Vieh.
28 Und gleichwie ich über sie gewacht habe, auszureißen und einzureißen, zu verderben und zu zerstören und zu plagen, so will ich über sie wachen, zu bauen und zu pflanzen, spricht der HERR.
29 Zu derselben Zeit wird man nicht mehr sagen: «Die Väter haben saure Trauben gegessen, und den Kindern sind die Zähne stumpf geworden»,
30 sondern ein jeder wird um seiner Schuld willen sterben, und wer saure Trauben gegessen hat, dem sollen seine Zähne stumpf werden.
31 **Siehe, es kommt die Zeit, spricht der HERR, da will ich mit dem Hause Israel und mit dem Hause Juda einen neuen Bund schließen,**
32 nicht wie der Bund gewesen ist, den ich mit ihren Vätern schloß, als ich sie bei der Hand nahm, um sie aus Ägyptenland zu führen, ein Bund, den sie nicht gehalten haben, ob ich gleich ihr Herr war, spricht der HERR;
33 sondern **das soll der Bund sein, den ich mit dem Hause Israel schließen will nach dieser Zeit, spricht der HERR: Ich will mein Gesetz in ihr Herz geben und in ihren Sinn schreiben, und sie sollen mein Volk sein, und ich will ihr Gott sein.**
34 **Und es wird keiner den andern noch ein Bruder den andern lehren und sagen: «Erkenne den HERRN», sondern sie sollen mich alle erkennen, beide, klein und groß, spricht der HERR; denn ich will ihnen ihre Missetat vergeben und ihrer Sünde nimmermehr gedenken.**
35 So spricht der HERR, der die Sonne dem Tage zum Licht gibt und den Mond und die Sterne der Nacht zum Licht bestellt; der das Meer bewegt, daß seine Wellen brausen – HERR Zebaoth ist sein Name –:
36 Wenn jemals diese Ordnungen vor mir ins Wanken kämen, spricht der HERR, so müßte auch das Geschlecht Israels aufhören, ein Volk zu sein vor mir ewiglich.
37 So spricht der HERR: Wenn man den Himmel oben messen könnte und den Grund der Erde unten erforschen, dann würde ich auch verwerfen das ganze Geschlecht Israels für all das, was sie getan haben, spricht der HERR.
38 Siehe, es kommt die Zeit, spricht der HERR, daß die Stadt des HERRN gebaut werden wird vom Turm Hananel an bis ans Ecktor;
39 und die Meßschnur wird weiter geradeaus gehen bis an den Hügel Gareb und sich nach Goath hin wenden.
40 Und das ganze Tal der Leichen und der Asche und die Hänge bis zum Bach Kidron, bis zu der Ecke am Roßtor im Osten, wird dem HERRN heilig sein. Und die Stadt wird niemals mehr eingerissen und abgebrochen werden.

Der Ackerkauf

32 Dies ist das Wort, das vom HERRN geschah zu Jeremia im zehnten Jahr Zedekias, des Königs von Juda, das ist das achtzehnte Jahr Nebukadnezars.
2 Damals belagerte das Heer des Königs von Babel Jerusalem. Und der Prophet Jeremia lag gefangen im Wachthof am Hause des Königs von Juda,
3 wo Zedekia, der König von Juda, ihn hatte gefangen setzen lassen, indem er sagte: Warum weissagst du und sprichst: So spricht der HERR: Siehe, ich gebe diese Stadt in die Hände des Königs von Babel, und er soll sie erobern,
4 und Zedekia, der König von Juda, soll den Chaldäern nicht entrinnen, sondern ich will ihn dem König von Babel in die

Hände geben, daß er von Mund zu Mund
mit ihm reden und mit eigenen Augen ihn
sehen soll?
5 Und er wird Zedekia nach Babel füh-
ren; da soll er auch bleiben, bis ich ihn
heimsuche, spricht der HERR, denn wenn
ihr auch gegen die Chaldäer kämpft, soll
euch doch nichts gelingen.
6 Und Jeremia sprach: Es ist des HERRN
Wort zu mir geschehen:
7 Siehe, Hanamel, der Sohn Schallums,
deines Oheims, wird zu dir kommen und
sagen: Kaufe du meinen Acker in Ana-
thoth; denn dir kommt es als Erstem zu,
ihn einzulösen und zu kaufen.
8 Da kam Hanamel, meines Oheims
Sohn, wie der HERR gesagt hatte, zu mir
in den Wachthof und sprach zu mir:
Kaufe doch meinen Acker in Anathoth,
der im Lande Benjamin liegt; denn dir
kommt es zu, ihn zu erwerben und einzu-
lösen; kaufe du ihn! Da merkte ich, daß
es des HERRN Wort war,
9 und kaufte den Acker von Hanamel,
meines Oheims Sohn, in Anathoth, und
wog ihm das Geld dar, siebzehn Lot Sil-
ber.
10 Und ich schrieb einen Kaufbrief und
versiegelte ihn und nahm Zeugen dazu
und wog das Geld dar auf der Waage nach
Recht und Gewohnheit.
11 Und ich nahm den versiegelten Kauf-
brief und die offene Abschrift
12 und gab beides Baruch, dem Sohn
Nerias, des Sohnes Machsejas, in Gegen-
wart Hanamels, meines Vetters, und der
Zeugen, die unter dem Kaufbrief geschrie-
ben standen, und aller Judäer, die im
Wachthof sich aufhielten,
13 und befahl Baruch vor ihren Augen:
14 So spricht der HERR Zebaoth, der
Gott Israels: Nimm diese Briefe, den ver-
siegelten Kaufbrief samt dieser offenen
Abschrift, und lege sie in ein irdenes Ge-
fäß, daß sie lange erhalten bleiben.
15 Denn so spricht der HERR Zebaoth,
der Gott Israels: Man wird wieder Häu-
ser, Äcker und Weinberge kaufen in die-
sem Lande.
16 Und als ich den Kaufbrief Baruch,
dem Sohn Nerias, gegeben hatte, betete
ich zum HERRN und sprach:
17 Ach, Herr HERR, siehe, du hast Him-
mel und Erde gemacht durch deine große
Kraft und durch deinen ausgereckten
Arm, und es ist kein Ding vor dir unmög-
lich;
18 der du Gnade erweist vielen Tausen-
den und die Schuld der Väter kommen
läßt auf das Haupt ihrer Kinder, du gro-
ßer und starker Gott – HERR Zebaoth ist
dein Name –,
19 groß von Rat und mächtig von Tat,
und deine Augen stehen offen über allen
Wegen der Menschenkinder, einem jeden
zu geben nach seinen Wegen und nach der
Frucht seines Tuns;
20 der du in Ägyptenland hast Zeichen
und Wunder getan bis auf diesen Tag an
Israel und an den Menschen und hast dir
einen Namen gemacht, wie es heute am
Tage ist,
21 und hast dein Volk Israel aus Ägyp-
tenland geführt durch Zeichen und Wun-
der, mit mächtiger Hand, mit ausgereck-
tem Arm und mit großem Schrecken,
22 und hast ihnen dies Land gegeben,
wie du ihren Vätern geschworen hattest,
daß du es ihnen geben wolltest, ein Land,
darin Milch und Honig fließt;
23 aber als sie hineinkamen und es in
Besitz nahmen, gehorchten sie deiner
Stimme nicht, wandelten auch nicht nach
deinem Gesetz, und alles, was du ihnen
gebotest, daß sie es tun sollten, taten sie
nicht; darum ließest du ihnen auch all
dies Unheil widerfahren:
24 Siehe, die Wälle reichen schon bis an
die Stadt, daß sie erobert werde, und sie
muß wegen Schwert, Hunger und Pest in
die Hände der Chaldäer gegeben werden,
die sie belagern; und wie du geredet hast,
so ist's geschehen; du siehst es ja selbst.
25 Aber du, Herr HERR, sprichst zu mir:
«Kaufe dir einen Acker um Geld und
nimm Zeugen dazu», obwohl doch die
Stadt in die Hände der Chaldäer gegeben
wird?
26 Und des HERRN Wort geschah zu
Jeremia:
27 Siehe, ich, der HERR, bin der Gott
alles Fleisches, sollte mir etwas unmöglich
sein?
28 Darum so spricht der HERR: Siehe,
ich gebe diese Stadt in die Hände der
Chaldäer und in die Hand Nebukadne-
zars, des Königs von Babel, und er soll sie
erobern.

29 Und die Chaldäer, die diese Stadt belagern, werden hereinkommen und sie in Brand stecken und verbrennen samt den Häusern, wo man auf den Dächern dem Baal Rauchopfer gespendet und andern Göttern Trankopfer dargebracht hat, um mich zu erzürnen.

30 Denn Israel und Juda haben von ihrer Jugend auf getan, was mir mißfällt; ja, die Kinder Israel haben mich erzürnt durch ihrer Hände Werk, spricht der HERR.

31 Denn seit diese Stadt gebaut ist, hat sie mich zornig und grimmig gemacht bis auf diesen Tag, daß ich sie von meinem Angesicht wegtun muß

32 wegen all der Bosheit Israels und Judas, die sie getan haben, um mich zu erzürnen. Sie, ihre Könige, Oberen, Priester und Propheten und die in Juda und Jerusalem wohnen,

33 haben mir den Rücken und nicht das Angesicht zugekehrt, und obwohl ich sie stets lehren ließ, wollten sie nicht hören noch sich bessern.

34 Dazu haben sie ihre greulichen Götzen in das Haus gesetzt, das nach meinem Namen genannt ist, daß sie es unrein machten,

35 und haben die Höhen des Baal gebaut im Tal Ben-Hinnom, um ihre Söhne und Töchter für den Moloch durchs Feuer gehen zu lassen, was ich ihnen nicht befohlen habe, und es ist mir nie in den Sinn gekommen, daß sie solchen Greuel tun sollten, um Juda in Sünde zu bringen.

36 Nun aber, so spricht der HERR, der Gott Israels, von dieser Stadt, von der ihr sagt, daß sie durch Schwert, Hunger und Pest in die Hände des Königs von Babel gegeben werde:

37 Siehe, ich will sie sammeln aus allen Ländern, wohin ich sie verstoße in meinem Zorn, Grimm und großem Unmut, und will sie wieder an diesen Ort bringen, daß sie sicher wohnen sollen.

38 Sie sollen mein Volk sein, und ich will ihr Gott sein.

39 Und ich will ihnen einerlei Sinn und einerlei Wandel geben, daß sie mich fürchten ihr Leben lang, auf daß es ihnen wohlgehe und ihren Kindern nach ihnen.

40 Und ich will einen ewigen Bund mit ihnen schließen, daß ich nicht ablassen will, ihnen Gutes zu tun, und will ihnen Furcht vor mir ins Herz geben, daß sie nicht von mir weichen.

41 Es soll meine Freude sein, ihnen Gutes zu tun, und ich will sie in diesem Lande einpflanzen, ganz gewiß, von ganzem Herzen und von ganzer Seele.

42 Denn so spricht der HERR: Gleichwie ich über dies Volk all dies große Unheil habe kommen lassen, so will ich auch alles Gute über sie kommen lassen, das ich ihnen zugesagt habe.

43 Und es sollen Äcker gekauft werden in diesem Lande, von dem ihr sagt: «Eine Wüste ist's ohne Menschen und Vieh; es ist in der Chaldäer Hände gegeben.»

44 Man wird Äcker um Geld kaufen und verbriefen, versiegeln und Zeugen dazu nehmen im Lande Benjamin und um Jerusalem her und in den Städten Judas, in den Städten auf dem Gebirge, in den Städten des Hügellandes und in den Städten des Südlandes; denn ich will ihr Geschick wenden, spricht der HERR.

Wiederherstellung Jerusalems und Judas

33 Und des HERRN Wort geschah zu Jeremia zum zweitenmal, als er noch im Wachthof gefangen war:

2 So spricht der HERR, der alles macht, schafft und ausrichtet – HERR ist sein Name –:

3 Rufe mich an, so will ich dir antworten und will dir kundtun große und unfaßbare Dinge, von denen du nichts weißt.

4 Denn so spricht der HERR, der Gott Israels, von den Häusern dieser Stadt und von den Häusern der Könige Judas, die abgebrochen wurden, um Bollwerke zu machen zur Abwehr

5 im Kampf gegen die Chaldäer und um sie zu füllen mit den Leichnamen der Menschen, die ich in meinem Zorn und Grimm erschlagen habe, als ich mein Angesicht vor dieser Stadt verbarg um all ihrer Bosheit willen:

6 Siehe, ich will sie heilen und gesund machen und will ihnen dauernden Frieden gewähren.

7 Denn ich will das Geschick Judas und das Geschick Israels wenden und will sie bauen wie im Anfang

8 und will sie reinigen von aller Missetat, womit sie wider mich gesündigt

haben; und will ihnen vergeben alle Missetaten, womit sie wider mich gesündigt und gefrevelt haben.

9 Und das soll mein Ruhm und meine Wonne, mein Preis und meine Ehre sein unter allen Völkern auf Erden, wenn sie all das Gute hören, das ich Jerusalem tue. Und sie werden sich verwundern und entsetzen über all das Gute und über all das Heil, das ich der Stadt geben will.

10 So spricht der HERR: An diesem Ort, von dem ihr sagt: «Er ist wüst, ohne Menschen und Vieh», in den Städten Judas und auf den Gassen Jerusalems, die so verwüstet sind, daß niemand mehr darin ist, weder Menschen noch Vieh,

11 wird man dennoch wieder hören den Jubel der Freude und Wonne, die Stimme des Bräutigams und der Braut und die Stimme derer, die da sagen: «Danket dem HERRN Zebaoth; denn er ist freundlich, und seine Güte währet ewiglich», wenn sie Dankopfer bringen zum Hause des HERRN. Denn ich will das Geschick des Landes wenden, daß es werde, wie es im Anfang war, spricht der HERR.

12 So spricht der HERR Zebaoth: An diesem Ort, der so wüst ist, daß weder Menschen noch Vieh darin sind, und in allen ihren Städten werden dennoch wieder Auen sein für die Hirten, die da Herden weiden.

13 In den Städten auf dem Gebirge und in den Städten des Hügellandes und in den Städten des Südlandes, im Lande Benjamin und um Jerusalem her und in den Städten Judas sollen dennoch wieder die Herden gezählt aus- und einziehen, spricht der HERR.

Der ewige Bund mit dem Hause David und dem Hause Levi

14 Siehe, es kommt die Zeit, spricht der HERR, daß ich das gnädige Wort erfüllen will, das ich zum Hause Israel und zum Hause Juda geredet habe.

15 **In jenen Tagen und zu jener Zeit will ich dem David einen gerechten Sproß aufgehen lassen; der soll Recht und Gerechtigkeit schaffen im Lande.**

16 **Zu derselben Zeit soll Juda geholfen werden und Jerusalem sicher wohnen, und man wird es nennen «Der HERR unsere Gerechtigkeit».**

17 Denn so spricht der HERR: Es soll David niemals fehlen an einem, der auf dem Thron des Hauses Israel sitzt.

18 Und den levitischen Priestern soll's niemals fehlen an einem, der täglich vor meinem Angesicht Brandopfer darbringt und Speisopfer in Rauch aufgehen läßt und Opfer schlachtet.

19 Und des HERRN Wort geschah zu Jeremia:

20 So spricht der HERR: Wenn mein Bund mit Tag und Nacht aufhörte, daß nicht mehr Tag und Nacht sind zu ihrer Zeit,

21 so würde auch mein Bund aufhören mit meinem Knecht David, daß er keinen Sohn mehr hat zum König auf seinem Thron, und mit den Leviten, den Priestern, meinen Dienern.

22 Wie man des Himmels Heer nicht zählen noch den Sand am Meer messen kann, so will ich mehren das Geschlecht Davids, meines Knechts, und die Leviten, die mir dienen.

23 Und des HERRN Wort geschah zu Jeremia:

24 Hast du nicht gemerkt, was diese Leute reden: «Die beiden Geschlechter, die der HERR auserwählt hatte, hat er verworfen», und sie verachten mein Volk und lassen es nicht mehr ein Volk sein in ihren Augen.

25 So spricht der HERR: Wenn ich jemals meinen Bund nicht hielte mit Tag und Nacht noch die Ordnungen des Himmels und der Erde,

26 so wollte ich auch verwerfen das Geschlecht Jakobs und Davids, meines Knechts, daß ich nicht mehr aus ihrem Geschlecht Herrscher nehme über die Nachkommen Abrahams, Isaaks und Jakobs. Denn ich will ihr Geschick wenden und mich über sie erbarmen.

Zedekia vor der Entscheidung

34 Dies ist das Wort, das vom HERRN geschah zu Jeremia, als Nebukadnezar, der König von Babel, mit seinem ganzen Heer und allen Königreichen auf Erden, die unter seiner Gewalt waren, und allen Völkern Jerusalem und alle seine Städte belagerte.

2 So spricht der HERR, der Gott Israels: Geh hin und sprich mit Zedekia, dem Kö-

nig von Juda, und sage zu ihm: So spricht
der HERR: Siehe, ich will diese Stadt in
die Hände des Königs von Babel geben,
und er soll sie mit Feuer verbrennen.
3 Und auch du sollst seiner Hand nicht
entrinnen, sondern ergriffen und in seine
Hand gegeben werden. Du wirst ihn mit
eigenen Augen sehen und von Mund zu
Mund mit ihm reden und nach Babel
kommen.
4 Höre doch auf des HERRN Wort, Zede-
kia, du König von Juda! So spricht der
HERR über dich: Du sollst nicht durchs
Schwert sterben,
5 sondern du sollst im Frieden sterben.
Und wie deinen Vätern, den früheren
Königen, die vor dir gewesen sind, so
wird man auch dir zu Ehren einen Brand
anzünden und dich beklagen: «Ach,
Herr!»; denn ich habe es geredet, spricht
der HERR.
6 Und der Prophet Jeremia sagte alle
diese Worte zu Zedekia, dem König von
Juda, in Jerusalem,
7 als das Heer des Königs von Babel
schon Jerusalem und alle Städte Judas
belagerte, die übriggeblieben waren, näm-
lich Lachisch und Aseka; denn diese
waren noch übriggeblieben von den festen
Städten Judas.

Der Wortbruch an den freigelassenen Sklaven

8 Dies ist das Wort, das vom HERRN
geschah zu Jeremia, nachdem der König
Zedekia einen Bund geschlossen hatte mit
dem ganzen Volk zu Jerusalem, eine Frei-
lassung auszurufen,
9 daß ein jeder seinen Sklaven und ein
jeder seine Sklavin, die Hebräer und
Hebräerinnen waren, freilassen sollte, so
daß kein Judäer den andern als Sklaven
hielte.
10 Da hatten alle Oberen und alles Volk
gehorcht, die diesen Bund eingegangen
waren, daß ein jeder seinen Sklaven und
seine Sklavin freilassen und sie nicht mehr
als Sklaven halten sollte, und hatten sie
losgegeben.
11 Aber danach hatten sie die Sklaven
und Sklavinnen wieder zurückgefordert,
die sie freigegeben hatten, und sie ge-
zwungen, daß sie wieder Sklaven und
Sklavinnen sein mußten.
12 Da geschah des HERRN Wort zu Jere-
mia:
13 So spricht der HERR, der Gott Israels:
Ich habe einen Bund geschlossen mit
euren Vätern, als ich sie aus Ägyptenland,
aus der Knechtschaft, führte und sprach:
14 Im siebenten Jahre soll ein jeder sei-
nen Bruder, der ein Hebräer ist und sich
ihm verkauft und sechs Jahre gedient hat,
freilassen. Aber eure Väter gehorchten
mir nicht und kehrten ihre Ohren mir
nicht zu.
15 Ihr aber hattet euch nun bekehrt und
getan, was mir wohlgefiel, daß ihr eine
Freilassung ausrufen ließet, ein jeder für
seinen Nächsten, und habt darüber einen
Bund geschlossen vor mir in dem Hause,
das nach meinem Namen genannt ist.
16 Jetzt aber seid ihr umgeschlagen und
habt meinen Namen entheiligt! Ein jeder
fordert seinen Sklaven und seine Sklavin
zurück, die ihr freigelassen hattet, so daß
sie gehen konnten, wohin sie wollten, und
zwingt sie jetzt, daß sie wieder eure Skla-
ven und Sklavinnen sein müssen.
17 Darum spricht der HERR: Ihr ge-
horchtet mir nicht und riefet keine Frei-
lassung aus, ein jeder für seinen Bruder
und seinen Nächsten, – siehe, so rufe ich,
spricht der HERR, über euch eine Frei-
lassung aus für Schwert, für Pest, für
Hunger und will euch zum Bild des Ent-
setzens machen für alle Königreiche auf
Erden.
18 Und ich will die Leute, die meinen
Bund übertreten und die Worte des Bun-
des nicht halten, den sie vor mir geschlos-
sen haben, so zurichten wie das Kalb, das
sie in zwei Stücke geteilt haben und zwi-
schen dessen Stücken sie hindurchgegan-
gen sind,
19 nämlich die Oberen von Juda und
von Jerusalem, die Kämmerer, die Prie-
ster und das ganze Volk des Landes, alle,
die zwischen den Stücken des Kalbes hin-
durchgegangen sind.
20 Und ich will sie geben in die Hand
ihrer Feinde und derer, die ihnen nach
dem Leben trachten, und ihre Leichname
sollen den Vögeln unter dem Himmel und
den Tieren auf dem Felde zum Fraße
werden.
21 Auch Zedekia, den König von Juda,
und seine Oberen will ich geben in die

Hände ihrer Feinde und derer, die ihnen
nach dem Leben trachten, und in die
Hand des Heeres des Königs von Babel,
das jetzt von euch abgezogen ist.
22 Denn siehe, ich will ihnen befehlen,
spricht der HERR, und will sie wieder vor
diese Stadt bringen. Sie sollen sie belagern
und erobern und mit Feuer verbrennen.
Und ich will die Städte Judas verwüsten,
daß niemand mehr darin wohnen soll.

Der Gehorsam der Rechabiter

35 Dies ist das Wort, das vom HERRN
geschah zu Jeremia zur Zeit Joja-
kims, des Sohnes Josias, des Königs von
Juda:
2 Geh hin zu den Rechabitern, rede mit
ihnen und führe sie in des HERRN Haus,
in eine der Hallen, und schenke ihnen
Wein ein.
3 Da nahm ich Jaasanja, den Sohn Jere-
mias, des Sohnes Habazzinjas, samt sei-
nen Brüdern und allen seinen Söhnen,
und das ganze Geschlecht der Rechabiter
4 und führte sie in des HERRN Haus, in
die Halle der Söhne Hanans, des Sohnes
Jigdaljas, des Mannes Gottes, die neben
der Halle der Oberen ist, über der Halle
Maasejas, des Sohnes Schallums, des
Torhüters.
5 Und ich setzte den Männern vom
Hause Rechab Krüge voll Wein und
Schalen vor und sprach zu ihnen: Trinkt
Wein!
6 Sie aber antworteten: Wir trinken kei-
nen Wein; denn unser Vater Jonadab, der
Sohn Rechabs, hat uns geboten: Ihr und
eure Nachkommen sollt niemals Wein
trinken
7 und kein Haus bauen, keinen Samen
säen, keinen Weinberg pflanzen noch be-
sitzen, sondern ihr sollt in Zelten wohnen
euer Leben lang, auf daß ihr lange lebet
in dem Lande, in dem ihr umherzieht.
8 Also gehorchen wir der Stimme unse-
res Vaters Jonadab, des Sohnes Rechabs,
in allem, was er uns geboten hat, daß wir
keinen Wein trinken unser Leben lang,
weder wir noch unsere Frauen noch unsere
Söhne und Töchter;
9 und wir bauen auch keine Häuser,
darin zu wohnen, und haben weder Wein-
berge noch Äcker noch Samen,
10 sondern wir wohnen in Zelten und
gehorchen und tun in allem, wie es unser
Vater Jonadab geboten hat.
11 Als aber Nebukadnezar, der König
von Babel, gegen das Land heraufzog,
sprachen wir: Kommt, laßt uns nach Jeru-
salem ziehen vor dem Heer der Chaldäer
und der Aramäer! Und so sind wir in
Jerusalem geblieben.
12 Da geschah des HERRN Wort zu Jere-
mia:
13 So spricht der HERR Zebaoth, der
Gott Israels: Geh hin und sprich zu den
Männern von Juda und zu den Bürgern
von Jerusalem: Wollt ihr euch denn nicht
bessern und meinen Worten gehorchen?
spricht der HERR.
14 Die Worte Jonadabs, des Sohnes
Rechabs, der seinen Nachkommen ge-
boten hat, daß sie keinen Wein trinken
sollen, werden gehalten, und sie trinken
keinen Wein bis auf diesen Tag; denn sie
gehorchen ihres Vaters Gebot. Ich aber
habe euch immer wieder predigen lassen,
doch gehorchtet ihr mir nicht.
15 Ich habe auch immer wieder alle
meine Knechte, die Propheten, zu euch
gesandt und sagen lassen: Kehrt um, ein
jeder von seinem bösen Wege, und bessert
euer Tun und folgt nicht andern Göttern
nach, ihnen zu dienen, so sollt ihr in dem
Lande bleiben, das ich euch und euren
Vätern gegeben habe. Aber ihr wolltet
eure Ohren nicht zu mir kehren und mir
nicht gehorchen.
16 Ja, die Nachkommen Jonadabs, des
Sohnes Rechabs, haben ihres Vaters Ge-
bot gehalten, das er ihnen geboten hat.
Aber dies Volk gehorcht mir nicht!
17 Darum spricht der HERR, der Gott
Zebaoth, der Gott Israels: Siehe, ich will
über Juda und über alle Bürger Jerusa-
lems kommen lassen all das Unheil, das
ich gegen sie geredet habe, weil ich zu
ihnen redete und sie nicht hören wollten,
weil ich rief und sie mir nicht antworten
wollten.
18 Aber zu den Rechabitern sprach Jere-
mia: So spricht der HERR Zebaoth, der
Gott Israels: Weil ihr dem Gebot eures
Vaters Jonadab gehorcht habt und alle
seine Gebote gehalten und alles getan,
was er euch geboten hat,
19 darum spricht der HERR Zebaoth,
der Gott Israels: Es soll dem Jonadab,

dem Sohn Rechabs, niemals an einem
Manne fehlen, der vor mir steht.

Die Schriftrolle Baruchs

36 Im vierten Jahr Jojakims, des Soh-
nes Josias, des Königs von Juda, ge-
schah dies Wort zu Jeremia vom HERRN:
2 Nimm eine Schriftrolle und schreibe
darauf alle Worte, die ich zu dir geredet
habe über Israel, über Juda und alle Völ-
ker von der Zeit an, da ich zu dir geredet
habe, nämlich von der Zeit Josias an bis
auf diesen Tag.
3 Vielleicht wird das Haus Juda, wenn
sie hören von all dem Unheil, das ich
ihnen zu tun gedenke, sich bekehren, ein
jeder von seinem bösen Wege, damit ich
ihnen ihre Schuld und Sünde vergeben
kann.
4 **D**a rief Jeremia Baruch, den Sohn
Nerias. Und Baruch schrieb auf eine
Schriftrolle alle Worte des HERRN, die er
zu Jeremia geredet hatte, wie Jeremia sie
ihm sagte.
5 Und Jeremia gebot Baruch und
sprach: Mir ist's verwehrt, ich kann nicht
in des HERRN Haus gehen.
6 Du aber geh hin und lies die Schrift-
rolle, auf die du des HERRN Worte, wie
ich sie dir gesagt habe, geschrieben hast,
dem Volk vor im Hause des HERRN am
Fasttage, und du sollst sie auch lesen vor
den Ohren aller Judäer, die aus ihren
Städten hereinkommen.
7 Vielleicht werden sie sich mit Beten
vor dem HERRN demütigen und sich be-
kehren, ein jeder von seinem bösen Wege;
denn der Zorn und Grimm ist groß, den
der HERR diesem Volk angedroht hat.
8 Und Baruch, der Sohn Nerias, tat
alles, wie ihm der Prophet Jeremia be-
fohlen hatte, daß er die Worte des HERRN
aus der Schriftrolle vorläse im Hause des
HERRN.
9 **E**s begab sich aber im fünften Jahr
Jojakims, des Sohnes Josias, des Königs
von Juda, im neunten Monat, daß man
ein Fasten ausrief vor dem HERRN für
alles Volk zu Jerusalem und für alles Volk,
das aus den Städten Judas nach Jerusalem
kam.
10 Und Baruch las aus der Schriftrolle
die Worte Jeremias vor im Hause des
HERRN, in der Halle Gemarjas, des Soh-
nes Schaphans, des Schreibers, im oberen
Vorhof bei dem neuen Tor am Hause des
HERRN, vor dem ganzen Volk.
11 Als nun Michaja, der Sohn Gemar-
jas, des Sohnes Schaphans, alle Worte des
HERRN gehört hatte aus der Schriftrolle,
12 ging er hinab in des Königs Haus in
die Kanzlei. Und siehe, dort saßen alle
Oberen: Elischama, der Schreiber, Delaja,
der Sohn Schemajas, Elnathan, der Sohn
Achbors, Gemarja, der Sohn Schaphans,
und Zedekia, der Sohn Hananjas, samt
allen andern Oberen.
13 Und Michaja berichtete ihnen alle
Worte, die er gehört hatte, als Baruch aus
der Schriftrolle vor den Ohren des Volks
vorlas.
14 **D**a sandten alle Oberen Judi, den
Sohn Nethanjas, des Sohnes Schelemjas,
des Sohnes Kuschis, zu Baruch und ließen
ihm sagen: Nimm die Schriftrolle, aus der
du dem Volk vorgelesen hast, mit dir und
komm! Und Baruch, der Sohn Nerias,
nahm die Schriftrolle mit sich und kam
zu ihnen.
15 Und sie sprachen zu ihm: Setze dich
und lies, daß wir's hören! Und Baruch
las vor ihren Ohren.
16 Und als sie alle die Worte hörten,
entsetzten sie sich untereinander und
sprachen zu Baruch: Wir müssen alle
diese Worte dem König mitteilen.
17 Und sie fragten den Baruch: Sage
uns, wie hast du alle diese Worte aufge-
schrieben?
18 Baruch sprach zu ihnen: Jeremia hat
mir alle diese Worte vorgesagt, und ich
schrieb sie mit Tinte auf die Schriftrolle.
19 Da sprachen die Oberen zu Baruch:
Geh hin und verbirg dich mit Jeremia,
daß niemand wisse, wo ihr seid!
20 Sie aber gingen hinein zum König in
den Vorhof und ließen die Schriftrolle
verwahren in der Halle Elischamas, des
Schreibers, und teilten dem König alle
diese Worte mit.
21 Da sandte der König den Judi, die
Schriftrolle zu holen. Der nahm sie aus
der Halle Elischamas, des Schreibers.
Und Judi las dem König vor und allen
Oberen, die bei dem König standen.
22 Der König aber saß im Winterhause
vor dem Kohlenbecken; denn es war im
neunten Monat.

23 Wenn aber Judi drei oder vier Spalten gelesen hatte, schnitt er sie ab mit einem Schreibmesser und warf sie ins Feuer, das im Kohlenbecken war, bis die Schriftrolle ganz verbrannt war im Feuer.

24 Und niemand entsetzte sich und zerriß seine Kleider, weder der König noch seine Großen, die doch alle diese Worte gehört hatten.

25 Und obwohl Elnathan, Delaja und Gemarja den König baten, er möge die Schriftrolle nicht verbrennen, hörte er nicht auf sie.

26 Dazu gebot der König Jerachmeel, dem Königssohn, und Seraja, dem Sohn Asriëls, und Schelemja, dem Sohn Abdeels, sie sollten Baruch, den Schreiber, und Jeremia, den Propheten, ergreifen. Aber der HERR hatte sie verborgen.

27 Nachdem der König die Schriftrolle verbrannt hatte, auf die Baruch die Worte geschrieben hatte, wie Jeremia sie ihm sagte, geschah des HERRN Wort zu Jeremia:

28 Nimm dir eine neue Schriftrolle und schreibe auf sie alle vorigen Worte, die auf der ersten Schriftrolle standen, die Jojakim, der König von Juda, verbrannt hat.

29 Über Jojakim aber, den König von Juda, sollst du sagen: So spricht der HERR: Du hast diese Schriftrolle verbrannt und gesagt: Warum hast du darauf geschrieben, daß der König von Babel kommen und dies Land verderben werde, so daß weder Menschen noch Vieh mehr darin sein werden?

30 Darum spricht der HERR über Jojakim, den König von Juda: Es soll keiner von den Seinen auf dem Thron Davids sitzen, und sein Leichnam soll hingeworfen liegen, am Tag in der Hitze und nachts im Frost.

31 Und ich will ihn und seine Nachkommen und seine Großen heimsuchen um ihrer Schuld willen, und ich will über sie und über die Bürger Jerusalems und über die in Juda kommen lassen all das Unheil, von dem ich zu ihnen geredet habe, und sie gehorchten doch nicht.

32 Da nahm Jeremia eine andere Schriftrolle und gab sie Baruch, dem Sohn Nerias, dem Schreiber. Der schrieb darauf, so wie ihm Jeremia vorsagte, alle Worte, die auf der Schriftrolle gestanden hatten, die Jojakim, der König von Juda, im Feuer hatte verbrennen lassen; und es wurden zu ihnen noch viele ähnliche Worte hinzugetan.

Jeremia warnt den König Zedekia

37 Und Zedekia, der Sohn Josias, wurde König anstatt Konjas, des Sohnes Jojakims; denn Nebukadnezar, der König von Babel, machte ihn zum König im Lande Juda.

2 Aber er und seine Großen und das Volk des Landes gehorchten nicht den Worten des HERRN, die er durch den Propheten Jeremia redete.

3 Dennoch sandte der König Zedekia Juchal, den Sohn Schelemjas, und den Priester Zephanja, den Sohn Maasejas, zum Propheten Jeremia und ließ ihm sagen: Bitte den HERRN, unsern Gott, für uns!

4 Denn Jeremia ging noch unter dem Volk aus und ein, und man hatte ihn noch nicht ins Gefängnis geworfen.

5 Es war aber das Heer des Pharao aus Ägypten aufgebrochen, und als die Chaldäer, die vor Jerusalem lagen, davon hörten, waren sie von Jerusalem abgezogen.

6 Und des HERRN Wort geschah zum Propheten Jeremia:

7 So spricht der HERR, der Gott Israels: Sagt dem König von Juda, der euch zu mir gesandt hat, mich zu befragen: Siehe, das Heer des Pharao, das euch zu Hilfe ausgezogen ist, wird wieder heim nach Ägypten ziehen,

8 und die Chaldäer werden wiederkommen und diese Stadt belagern und sie erobern und mit Feuer verbrennen.

9 Darum spricht der HERR: Betrügt euch nicht damit, daß ihr denkt: «Die Chaldäer werden von uns abziehen.» Sie werden nicht abziehen.

10 Und wenn ihr auch das ganze Heer der Chaldäer schlüget, die gegen euch kämpfen, und es blieben von ihnen nur etliche Verwundete übrig, so würde doch ein jeder in seinem Zelt aufstehen und diese Stadt mit Feuer verbrennen.

Jeremia wird gefangengesetzt

11 Als nun der Chaldäer Heer von Jerusalem abgezogen war vor dem Heere des Pharao,

12 wollte Jeremia aus Jerusalem her-

ausgehen ins Land Benjamin, um mit seinen Verwandten ein Erbe zu teilen.

13 Und als er zum Benjamintor kam, war dort ein Wachhabender mit Namen Jeria, der Sohn Schelemjas, des Sohnes Hananjas; der hielt den Propheten Jeremia an und sprach: Du willst zu den Chaldäern überlaufen.

14 Jeremia sprach: Das ist nicht wahr, ich will nicht zu den Chaldäern überlaufen. Aber Jeria wollte ihn nicht hören, sondern ergriff Jeremia und brachte ihn zu den Oberen.

15 Und die Oberen wurden zornig über Jeremia und ließen ihn schlagen und warfen ihn ins Gefängnis im Hause Jonathans, des Schreibers; denn das hatten sie zum Kerker gemacht.

16 So kam Jeremia in den überwölbten Raum einer Zisterne und blieb dort lange Zeit.

Zedekia befragt heimlich den Propheten

17 Aber Zedekia, der König, sandte hin und ließ ihn holen und fragte ihn heimlich in seinem Haus und sprach: Ist wohl ein Wort vom HERRN vorhanden? Jeremia sprach: Ja! Du wirst dem König von Babel in die Hände gegeben werden.

18 Und Jeremia sprach zum König Zedekia: Was hab ich gegen dich, gegen deine Großen und gegen dies Volk gesündigt, daß sie mich in den Kerker geworfen haben?

19 Wo sind nun eure Propheten, die euch weissagten und sprachen: Der König von Babel wird nicht über euch noch über dies Land kommen?

20 Und nun, mein Herr und König, höre mich und laß meine Bitte vor dir gelten! Laß mich nicht wieder in Jonathans, des Schreibers, Haus bringen, daß ich dort nicht sterbe.

21 Da befahl der König Zedekia, daß man Jeremia im Wachthof behalten sollte, und ließ ihm täglich aus der Bäckergasse einen Laib Brot geben, bis alles Brot in der Stadt aufgezehrt war. So blieb Jeremia im Wachthof.

Jeremia in der Zisterne

38 Es hörten aber Schephatja, der Sohn Mattans, und Gedalja, der Sohn Paschhurs, und Juchal, der Sohn Schelemjas, und Paschhur, der Sohn Malkias, die Worte, die Jeremia zu allem Volk redete.

2 So spricht der HERR: Wer in dieser Stadt bleibt, der wird durch Schwert, Hunger und Pest sterben müssen; wer aber hinausgeht zu den Chaldäern, der soll am Leben bleiben und wird sein Leben wie eine Beute davonbringen.

3 Denn so spricht der HERR: Diese Stadt soll übergeben werden dem Heer des Königs von Babel, und es soll sie einnehmen.

4 Da sprachen die Oberen zum König: Laß doch diesen Mann töten; denn auf diese Weise nimmt er den Kriegsleuten, die noch übrig sind in dieser Stadt, den Mut, desgleichen dem ganzen Volk, weil er solche Worte zu ihnen sagt. Denn der Mann sucht nicht, was diesem Volk zum Heil, sondern was zum Unheil dient.

5 Der König Zedekia sprach: Siehe, er ist in euren Händen; denn der König vermag nichts wider euch.

6 Da nahmen sie Jeremia und warfen ihn in die Zisterne Malkias, des Königssohnes, die am Wachthof war, und ließen ihn an Seilen hinab. In der Zisterne aber war kein Wasser, sondern Schlamm, und Jeremia sank in den Schlamm.

7 Als aber Ebed-Melech, der Mohr, ein Kämmerer in des Königs Haus, hörte, daß man Jeremia in die Zisterne geworfen hatte, und der König gerade im Benjamintor saß,

8 da ging Ebed-Melech aus des Königs Haus und redete mit dem König und sprach:

9 Mein Herr und König, diese Männer handeln übel an dem Propheten Jeremia, daß sie ihn in die Zisterne geworfen haben; dort muß er vor Hunger sterben; denn es ist kein Brot mehr in der Stadt.

10 Da befahl der König Ebed-Melech, dem Mohren: Nimm von hier drei Männer mit dir und zieh den Propheten Jeremia aus der Zisterne, ehe er stirbt.

11 Und Ebed-Melech nahm die Männer mit sich und ging in des Königs Haus in die Kleiderkammer und nahm dort zerrissene, alte Lumpen und ließ sie an einem Seil hinab zu Jeremia in die Zisterne.

12 Und Ebed-Melech, der Mohr, sprach zu Jeremia: Lege diese zerrissenen, alten

Lumpen unter deine Achseln um das Seil; und Jeremia tat es.

13 Und sie zogen Jeremia herauf aus der Zisterne an den Stricken. Und so blieb Jeremia im Wachthof.

Letztes Gespräch zwischen Zedekia und Jeremia

14 Und der König Zedekia sandte hin und ließ den Propheten Jeremia zu sich holen unter den dritten Eingang am Hause des HERRN. Und der König sprach zu Jeremia: Ich will dich etwas fragen; verbirg mir nichts!

15 Jeremia sprach zu Zedekia: Sage ich dir etwas, so tötest du mich doch; gebe ich dir aber einen Rat, so gehorchst du mir nicht.

16 Da schwor der König Zedekia dem Jeremia heimlich und sprach: So wahr der HERR lebt, der uns dies Leben gegeben hat: ich will dich nicht töten noch den Männern in die Hände geben, die dir nach dem Leben trachten.

17 Und Jeremia sprach zu Zedekia: So spricht der HERR, der Gott Zebaoth, der Gott Israels: Wirst du hinausgehen zu den Obersten des Königs von Babel, so sollst du am Leben bleiben, und diese Stadt soll nicht verbrannt werden, sondern du und dein Haus sollen am Leben bleiben;

18 wirst du aber nicht hinausgehen zu den Obersten des Königs von Babel, so wird diese Stadt den Chaldäern in die Hände gegeben, und sie werden sie mit Feuer verbrennen, und auch du wirst ihren Händen nicht entrinnen.

19 Der König Zedekia sprach zu Jeremia: Ich habe aber die Sorge, daß ich den Judäern, die zu den Chaldäern übergelaufen sind, übergeben werden könnte, daß sie mir übel mitspielen.

20 Jeremia sprach: Man wird dich nicht übergeben. Gehorche doch der Stimme des HERRN, die ich dir verkünde, so wird dir's wohlgehen, und du wirst am Leben bleiben.

21 Wirst du aber nicht hinausgehen, so ist dies das Wort, das mir der HERR gezeigt hat:

22 Siehe, alle Frauen, die noch vorhanden sind im Haus des Königs von Juda, werden zu den Obersten des Königs von Babel hinaus müssen, und sie werden dann sagen: «Ach, deine guten Freunde haben dich überredet und in ihre Gewalt gebracht und in den Sumpf geführt und lassen dich nun stecken.»

23 Ja, alle deine Frauen und Kinder werden hinaus müssen zu den Chaldäern, und du selbst wirst ihren Händen nicht entgehen, sondern du wirst vom König von Babel ergriffen, und diese Stadt wird mit Feuer verbrannt werden.

24 Und Zedekia sprach zu Jeremia: Sieh zu, daß niemand diese Worte erfahre, so wirst du nicht sterben.

25 Und wenn's die Oberen erfahren sollten, daß ich mit dir geredet habe, und zu dir kommen und sprechen: «Sag an, was hast du mit dem König geredet; verbirg es uns nicht, so wollen wir dich nicht töten. Was hat der König mit dir geredet?»,

26 so sprich: Ich habe den König gebeten, daß er mich nicht wieder in Jonathans Haus führen lasse, ich müßte sonst dort sterben.

27 Da kamen alle Oberen zu Jeremia und fragten ihn, und er antwortete ihnen, wie ihm der König befohlen hatte. Da ließen sie von ihm, weil sie nichts erfahren konnten.

28 Und Jeremia blieb im Wachthof bis auf den Tag, da Jerusalem eingenommen wurde.

Jeremia wird bei der Eroberung Jerusalems befreit

39 Und es geschah, daß Jerusalem erobert wurde.

1 Denn im neunten Jahr Zedekias, des Königs von Juda, im zehnten Monat kam Nebukadnezar, der König von Babel, und sein ganzes Heer vor Jerusalem und belagerten es.

2 Und im elften Jahr Zedekias, am neunten Tage des vierten Monats, brach man in die Stadt ein.

3 Und alle Obersten des Königs von Babel zogen hinein und hielten unter dem Mitteltor, nämlich Nergal-Sarezer, der Fürst von Sin-Magir, der Oberhofmeister, und Nebuschasban, der Oberkämmerer, und alle andern Obersten des Königs von Babel.

4 Als nun Zedekia, der König von Juda, und seine Kriegsleute das sahen, flohen

sie bei Nacht zur Stadt hinaus auf dem Wege zu des Königs Garten durchs Tor zwischen den beiden Mauern und entwichen zum Jordantal hin.

5 Aber die Kriegsleute der Chaldäer jagten ihnen nach und holten Zedekia ein im Jordantal von Jericho und nahmen ihn gefangen und brachten ihn zu Nebukadnezar, dem König von Babel, nach Ribla, das im Lande Hamath liegt. Der sprach das Urteil über ihn.

6 Und der König von Babel ließ die Söhne Zedekias vor seinen Augen töten in Ribla und tötete auch alle Vornehmen Judas.

7 Aber Zedekia ließ er die Augen ausstechen und ihn in Ketten legen, um ihn nach Babel zu führen.

8 Und die Chaldäer verbrannten das Haus des Königs und die Häuser der Bürger und rissen die Mauern Jerusalems nieder.

9 Was aber noch an Volk in der Stadt war, und wer sonst zu ihnen übergelaufen war, die führte Nebusaradan, der Oberste der Leibwache, alle miteinander gefangen nach Babel.

10 Aber von dem niederen Volk, das nichts hatte, ließ zur selben Zeit Nebusaradan, der Oberste der Leibwache, etliche im Lande Juda zurück und gab ihnen Weinberge und Felder.

11 Aber Nebukadnezar, der König von Babel, hatte Nebusaradan, dem Obersten der Leibwache, Befehl gegeben wegen Jeremia und gesagt:

12 Nimm ihn und laß ihn dir befohlen sein und tu ihm kein Leid, sondern wie er's von dir begehrt, so mach's mit ihm.

13 Da sandten hin Nebusaradan, der Oberste der Leibwache, und Nebuschasban, der Oberkämmerer, Nergal-Sarezer, der Oberhofmeister, und alle Obersten des Königs von Babel

14 und ließen Jeremia aus dem Wachthof holen und übergaben ihn Gedalja, dem Sohn Ahikams, des Sohnes Schaphans, daß er ihn nach Hause gehen ließe. Und so blieb er unter dem Volk.

15 Es war auch des HERRN Wort geschehen zu Jeremia, als er noch im Wachthof lag:

16 Geh hin und sage Ebed-Melech, dem Mohren: So spricht der HERR Zebaoth, der Gott Israels: Siehe, ich will meine Worte kommen lassen über diese Stadt zum Unheil und nicht zum Heil, und du sollst es sehen zur selben Zeit.

17 Aber dich will ich erretten zur selben Zeit, spricht der HERR, und du sollst den Leuten nicht ausgeliefert werden, vor denen du dich fürchtest.

18 Denn ich will dich entkommen lassen, daß du nicht durchs Schwert fallest, sondern du sollst dein Leben wie eine Beute davonbringen, weil du mir vertraut hast, spricht der HERR.

Jeremia bleibt im Lande.
Gedaljas Statthalterschaft

40 Dies ist das Wort, das vom HERRN geschah zu Jeremia, als ihn Nebusaradan, der Oberste der Leibwache, losließ in Rama, wo er ihn gefunden hatte; denn er war auch, mit Fesseln gebunden, unter allen Gefangenen aus Jerusalem und Juda, die nach Babel weggeführt werden sollten.

2 Als nun der Oberste der Leibwache Jeremia hatte zu sich holen lassen, sprach er zu ihm: Der HERR, dein Gott, hat dies Unglück über diese Stätte vorhergesagt

3 und hat's auch kommen lassen und getan, wie er geredet hat; denn ihr habt gesündigt wider den HERRN und seiner Stimme nicht gehorcht; darum ist euch solches widerfahren.

4 Und nun siehe, ich mache dich heute los von den Fesseln, mit denen deine Hände gebunden waren. Gefällt dir's, mit mir nach Babel zu ziehen, so komm, du sollst mir befohlen sein. Gefällt dir's aber nicht, mit mir nach Babel zu ziehen, so laß es sein. Siehe, du hast das ganze Land vor dir; wo dich's gut dünkt und dir's gefällt, da zieh hin.

5 Denn weiter hinaus wird kein Wiederkehren möglich sein. Darum magst du umkehren zu Gedalja, dem Sohne Ahikams, des Sohnes Schaphans, den der König von Babel über die Städte in Juda gesetzt hat, und bei ihm bleiben unter dem Volk; oder geh, wohin dir's gefällt. Und der Oberste der Leibwache gab ihm Wegzehrung und Geschenke und ließ ihn gehen.

6 So kam Jeremia zu Gedalja, dem Sohne Ahikams, nach Mizpa und blieb

bei ihm unter dem Volk, das im Lande noch übriggeblieben war.

7 Als nun die Hauptleute, die noch im Lande verstreut waren, samt ihren Leuten erfuhren, daß der König von Babel Gedalja, den Sohn Ahikams, über das Land gesetzt hatte und über die Männer, Frauen und Kinder und über die Geringen im Lande, die nicht nach Babel weggeführt waren,

8 kamen sie zu Gedalja nach Mizpa, nämlich Ismael, der Sohn Nethanjas, Johanan und Jonathan, die Söhne Kareachs, und Seraja, der Sohn Tanhumeths, und die Söhne Ephais von Netopha und Jesanja, der Sohn eines Maachathiters, samt ihren Leuten.

9 Und Gedalja, der Sohn Ahikams, des Sohnes Schaphans, schwor ihnen und ihren Leuten einen Eid und sprach: Fürchtet euch nicht, den Chaldäern untertan zu sein; bleibt im Lande und seid dem König von Babel untertan, so wird's euch wohlgehen.

10 Siehe, ich bleibe hier in Mizpa und habe die Verantwortung vor den Chaldäern, die zu uns kommen; ihr aber sollt Wein und Feigen und Öl ernten und in eure Gefäße tun und sollt in euren Städten wohnen, die ihr wieder in Besitz genommen habt.

11 Und als die Judäer, die im Lande Moab und Ammon und in Edom und in allen Ländern waren, hörten, daß der König von Babel einen Rest in Juda übriggelassen und über sie Gedalja gesetzt hatte, den Sohn Ahikams, des Sohnes Schaphans,

12 da kamen auch sie alle zurück aus allen Orten, wohin sie verstreut waren, in das Land Juda zu Gedalja nach Mizpa und ernteten sehr viel Wein und Sommerfrüchte.

13 Aber Johanan, der Sohn Kareachs, und alle Hauptleute, die im Lande verstreut gewesen waren, kamen zu Gedalja nach Mizpa

14 und sprachen zu ihm: Weißt du auch, daß Baalis, der König der Ammoniter, Ismael, den Sohn Nethanjas, gesandt hat, daß er dich erschlagen soll? Das wollte ihnen aber Gedalja, der Sohn Ahikams, nicht glauben.

15 Da sprach Johanan, der Sohn Kareachs, zu Gedalja heimlich in Mizpa: Ich will hingehen und Ismael, den Sohn Nethanjas, erschlagen, daß es niemand erfahren soll. Warum soll er dich erschlagen, so daß alle Judäer, die bei dir versammelt sind, zerstreut werden und, die noch aus Juda übriggeblieben sind, umkommen?

16 Aber Gedalja, der Sohn Ahikams, sprach zu Johanan, dem Sohn Kareachs: Du sollst das nicht tun; es ist nicht wahr, was du von Ismael sagst.

Gedaljas Ermordung durch Ismael

41 Aber im siebenten Monat kam Ismael, der Sohn Nethanjas, des Sohnes Elischamas, aus königlichem Stamm, einer von den Obersten des Königs, und zehn Männer mit ihm zu Gedalja, dem Sohn Ahikams, nach Mizpa, und sie aßen dort in Mizpa miteinander.

2 Und Ismael, der Sohn Nethanjas, erhob sich samt den zehn Männern, die bei ihm waren, und sie erschlugen Gedalja, den Sohn Ahikams, des Sohnes Schaphans, mit dem Schwert, weil ihn der König von Babel über das Land gesetzt hatte.

3 Auch erschlug Ismael alle Judäer, die bei Gedalja waren in Mizpa, und die Chaldäer, die dort waren, sämtliche Kriegsleute.

4 Am andern Tage, nachdem Gedalja erschlagen war und es noch niemand wußte,

5 kamen achtzig Männer von Sichem, von Silo und von Samaria und hatten die Bärte abgeschoren und ihre Kleider zerrissen und sich wund geritzt und trugen Speisopfer und Weihrauch mit, um es zum Hause des Herrn zu bringen.

6 Und Ismael, der Sohn Nethanjas, ging heraus von Mizpa ihnen entgegen, ging und weinte. Als er nun an sie herankam, sprach er zu ihnen: Ihr sollt zu Gedalja, dem Sohn Ahikams, kommen.

7 Als sie aber mitten in die Stadt kamen, ermordete sie Ismael, der Sohn Nethanjas, er und die Männer, die bei ihm waren, und warfen sie in die Zisterne.

8 Aber es waren zehn Männer darunter, die sprachen zu Ismael: Töte uns nicht; wir haben Vorrat im Acker verborgen liegen an Weizen, Gerste, Öl und Honig. Da ließ er ab und tötete sie nicht mit den andern.

9 Die Zisterne aber, in die Ismael die Leichname der Männer warf, die er erschlagen hatte samt dem Gedalja, ist die, welche der König Asa hatte anlegen lassen im Krieg gegen Baësa, den König von Israel. Die füllte Ismael, der Sohn Nethanjas, mit den Erschlagenen.

10 Und Ismael, der Sohn Nethanjas, führte das Volk, das in Mizpa übriggeblieben war, gefangen weg: die Königstöchter samt allem Volk, über das Nebusaradan, der Oberste der Leibwache, Gedalja, den Sohn Ahikams, gesetzt hatte; und er zog hin und wollte hinüber zu den Ammonitern.

11 Als aber Johanan, der Sohn Kareachs, und alle Hauptleute des Heeres, die bei ihm waren, von all dem Bösen erfuhren, das Ismael, der Sohn Nethanjas, begangen hatte,

12 nahmen sie zu sich alle Männer und zogen hin, um mit Ismael, dem Sohn Nethanjas, zu kämpfen, und trafen ihn an dem großen Wasser bei Gibeon.

13 Als nun alles Volk, das bei Ismael war, den Johanan, den Sohn Kareachs, erblickte samt allen Hauptleuten des Heeres, die bei ihm waren, da wurde es froh.

14 Und das ganze Volk, das Ismael von Mizpa weggeführt hatte, wandte sich um und ging zu Johanan, dem Sohn Kareachs, über.

15 Aber Ismael, der Sohn Nethanjas, entrann mit acht Männern dem Johanan und zog zu den Ammonitern.

16 Und Johanan, der Sohn Kareachs, samt allen Hauptleuten des Heeres, die bei ihm waren, nahm zu sich das übriggebliebene Volk, das Ismael, der Sohn Nethanjas, aus Mizpa weggeführt hatte, nachdem er Gedalja, den Sohn Ahikams, erschlagen hatte, nämlich die Kriegsleute, die Frauen und Kinder und Hofleute, die er von Gibeon zurückgebracht hatte.

17 Und sie zogen hin und kehrten ein in der Herberge Kimhams bei Bethlehem, um von dort nach Ägypten zu ziehen

18 aus Furcht vor den Chaldäern. Denn sie fürchteten sich vor ihnen, weil Ismael, der Sohn Nethanjas, Gedalja, den Sohn Ahikams, erschlagen hatte, den der König von Babel über das Land gesetzt hatte.

Jeremia warnt vor der Auswanderung nach Ägypten

42 Da traten herzu alle Hauptleute des Heeres, Johanan, der Sohn Kareachs, Jesanja, der Sohn Hoschajas, samt dem ganzen Volk, klein und groß,

2 und sprachen zum Propheten Jeremia: Laß doch unsere Bitte vor dir gelten und bete für uns zum HERRN, deinem Gott, für alle diese Übriggebliebenen – denn leider sind wir von vielen nur wenige übrig geblieben, wie du mit eigenen Augen siehst–,

3 daß der HERR, dein Gott, uns kundtun wolle, wohin wir ziehen und was wir tun sollen.

4 Und der Prophet Jeremia sprach zu ihnen: Wohlan, ich will gehorchen. Siehe, ich will zum HERRN, eurem Gott, beten, wie ihr gesagt habt, und alles, was euch der HERR antworten wird, das will ich euch kundtun und will euch nichts vorenthalten.

5 Und sie sprachen zu Jeremia: Der HERR sei ein zuverlässiger und wahrhaftiger Zeuge wider uns, wenn wir nicht alles tun werden, was uns der HERR, dein Gott, durch dich befehlen wird.

6 Es sei Gutes oder Böses, so wollen wir gehorchen der Stimme des HERRN, unseres Gottes, zu dem wir dich senden, auf daß es uns wohlgehe, wenn wir der Stimme des HERRN, unseres Gottes, gehorchen.

7 Und nach zehn Tagen geschah des HERRN Wort zu Jeremia.

8 Da rief er Johanan, den Sohn Kareachs, und alle Hauptleute des Heeres, die bei ihm waren, und alles Volk, klein und groß,

9 und sprach zu ihnen: So spricht der HERR, der Gott Israels, zu dem ihr mich gesandt habt, daß ich euer Gebet vor ihn bringen sollte:

10 Werdet ihr in diesem Lande bleiben, so will ich euch bauen und nicht einreißen; ich will euch pflanzen und nicht ausreißen; denn es hat mich gereut das Unheil, das ich euch angetan habe.

11 Ihr sollt euch nicht fürchten vor dem König von Babel, vor dem ihr euch fürchtet, spricht der HERR; ihr sollt euch vor ihm nicht fürchten, denn ich will bei euch sein, daß ich euch helfe und von seiner Hand errette.

12 Ich will euch Barmherzigkeit erweisen und mich über euch erbarmen und euch wieder auf eure Äcker bringen.

13 Werdet ihr aber sagen: «Wir wollen nicht in diesem Lande bleiben» und so der Stimme des HERRN, eures Gottes, nicht gehorchen

14 und werdet ihr sagen: «Nein, wir wollen nach Ägyptenland ziehen, daß wir weder Krieg sehen noch den Schall der Posaune hören noch Hunger nach Brot leiden müssen; dort wollen wir bleiben» –

15 nun, so höret des HERRN Wort, ihr Übriggebliebenen von Juda! So spricht der HERR Zebaoth, der Gott Israels: Werdet ihr euer Angesicht nach Ägyptenland richten, um dorthin zu ziehen und dort zu wohnen,

16 so soll euch das Schwert, vor dem ihr euch fürchtet, in Ägyptenland treffen, und der Hunger, vor dem ihr euch sorgt, soll stets hinter euch her sein in Ägypten, und ihr sollt dort sterben.

17 Denn sie seien, wer sie wollen: Wer sein Angesicht nach Ägypten richtet, um dorthin zu ziehen und dort zu wohnen, der soll sterben durch Schwert, Hunger und Pest, und es soll keiner übrigbleiben noch dem Unheil entrinnen, das ich über sie kommen lassen will.

18 **D**enn so spricht der HERR Zebaoth, der Gott Israels: Gleichwie mein Zorn und Grimm über die Einwohner Jerusalems ausgeschüttet wurde, so soll er auch über euch ausgeschüttet werden, wenn ihr nach Ägypten zieht; und ihr sollt zum Fluch, zum Bild des Entsetzens, zur Verwünschung und zur Schande werden und diese Stätte nicht mehr sehen.

19 Das ist das Wort des HERRN an euch, die ihr übriggeblieben seid von Juda, daß ihr nicht nach Ägypten zieht. Darum erkennt, daß ich euch heute gewarnt habe;

20 denn ihr selbst habt euer Leben in Gefahr gebracht, weil ihr mich gesandt habt zum HERRN, eurem Gott, und gesagt: Bete zum HERRN, unserm Gott, für uns, und alles, was der HERR, unser Gott, sagen wird, tu uns kund, so wollen wir danach tun.

21 Das habe ich euch heute wissen lassen; aber ihr wollt der Stimme des HERRN, eures Gottes, nicht gehorchen noch allem, was er euch durch mich befohlen hat.

22 So sollt ihr denn wissen, daß ihr durch Schwert, Hunger und Pest sterben müßt an dem Ort, wohin ihr zu ziehen gedenkt, um dort zu wohnen.

Jeremia wird nach Ägypten verschleppt

43 Als Jeremia dem ganzen Volk alle Worte des HERRN, ihres Gottes, ausgerichtet hatte, wie ihm der HERR, ihr Gott, alle diese Worte an sie befohlen hatte,

2 sprachen Asarja, der Sohn Hoschajas, und Johanan, der Sohn Kareachs, und alle aufsässigen Männer zu Jeremia: Du lügst! Der HERR, unser Gott, hat dich nicht zu uns gesandt und gesagt: «Ihr sollt nicht nach Ägypten ziehen, um dort zu wohnen»,

3 sondern Baruch, der Sohn Nerias, beredet dich zu unserm Schaden, damit wir den Chaldäern übergeben werden und sie uns töten oder nach Babel wegführen.

4 Da gehorchten Johanan, der Sohn Kareachs, und alle Hauptleute des Heeres samt dem ganzen Volk der Stimme des HERRN nicht, daß sie im Lande Juda geblieben wären,

5 sondern Johanan, der Sohn Kareachs, und alle Hauptleute des Heeres nahmen zu sich alle Übriggebliebenen von Juda, die von allen Völkern, wohin sie geflohen, zurückgekommen waren, um im Lande Juda zu wohnen,

6 nämlich Männer, Frauen und Kinder, dazu die Königstöchter und alle übrigen, die Nebusaradan, der Oberste der Leibwache, bei Gedalja, dem Sohn Ahikams, des Sohnes Schaphans, gelassen hatte, und auch den Propheten Jeremia und Baruch, den Sohn Nerias.

7 Und sie zogen nach Ägyptenland, denn sie wollten der Stimme des HERRN nicht gehorchen, und kamen nach Tachpanches.

Jeremia weissagt den Einfall Nebukadnezars

8 Aber des HERRN Wort geschah zu Jeremia in Tachpanches:

9 Nimm große Steine und vergrabe sie in dem Boden am Eingang des Hauses des Pharao in Tachpanches, so daß die Männer aus Juda es sehen,

10 und sprich zu ihnen: So spricht der HERR Zebaoth, der Gott Israels: Siehe,

ich will hinsenden und meinen Knecht
Nebukadnezar, den König von Babel,
holen lassen und will seinen Thron oben
auf diese Steine setzen, die ich eingraben
ließ; und er soll seinen Thronhimmel dar-
über ausspannen.
11 Er soll kommen und Ägyptenland
schlagen und töten, wen es trifft, gefangen
führen, wen es trifft, mit dem Schwert er-
schlagen, wen es trifft.
12 Und ich will die Tempel Ägyptens in
Brand stecken und niederbrennen und
ihre Götter wegführen. Und er soll Ägyp-
tenland lausen, wie ein Hirt sein Kleid
laust, und mit Frieden von dannen ziehen.
13 Er soll die Steinmale von Beth-Sche-
mesch in Ägyptenland zerbrechen und die
Götzentempel in Ägypten mit Feuer ver-
brennen.

Jeremia warnt vor der erneuten Verehrung der Himmelskönigin

44 Dies ist das Wort, das zu Jeremia
geschah an alle Judäer, die in Ägyp-
tenland wohnten, nämlich in Migdol,
Tachpanches und Noph, und die im Lan-
de Pathros wohnten.
2 So spricht der HERR Zebaoth, der Gott
Israels: Ihr habt gesehen all das Unheil,
das ich habe kommen lassen über Jerusa-
lem und über alle Städte in Juda; siehe,
heutigentags sind sie wüst, und niemand
wohnt darin;
3 und das um ihrer Bosheit willen, die
sie taten, als sie mich erzürnten und hin-
gingen und opferten und dienten andern
Göttern, die weder sie noch ihr noch eure
Väter kannten.
4 Und ich sandte immer wieder zu euch
alle meine Knechte, die Propheten, und
ließ euch sagen: «Tut doch nicht solche
Greuel, die ich hasse.»
5 Aber sie gehorchten nicht und kehrten
auch ihre Ohren nicht zu mir, daß sie sich
von ihrer Bosheit bekehrt und andern
Göttern nicht geopfert hätten.
6 Darum ergoß sich auch mein Zorn
und Grimm und entbrannte über die
Städte Judas und die Gassen Jerusalems,
daß sie zur Wüste und Öde geworden
sind, so wie es heute ist.
7 Nun, so spricht der HERR, der Gott
Zebaoth, der Gott Israels: Warum tut
ihr euch selbst ein so großes Unheil an,
daß bei euch ausgerottet werden aus Juda
Mann und Frau, Kind und Säugling und
nichts von euch übrigbleibt,
8 und erzürnet mich so durch eurer
Hände Werke und opfert andern Göttern
in Ägyptenland, wohin ihr gezogen seid,
um dort zu wohnen, auf daß ihr ausge-
rottet und zum Fluch und zur Schmach
werdet unter allen Völkern auf Erden?
9 Habt ihr vergessen die Sünden eurer
Väter, die Sünden der Könige von Juda,
die Sünden ihrer Frauen, dazu eure eige-
nen Sünden und die Sünden eurer Frauen,
die sie getan haben im Lande Juda und
auf den Gassen Jerusalems?
10 Sie haben sich bis auf diesen Tag
nicht gedemütigt, fürchten sich auch
nicht und wandeln nicht in meinem Ge-
setz und in den Rechtsordnungen, die ich
euch und euren Vätern gegeben habe.
11 **Darum spricht der HERR Zebaoth,
der Gott Israels: Siehe, ich will mein An-
gesicht wider euch richten zum Unheil,
und ganz Juda soll ausgerottet werden.
12 Und ich will wegraffen, die übrigge-
blieben sind von Juda, die ihr Angesicht
nach Ägyptenland gerichtet haben, um
dorthin zu ziehen und dort zu wohnen;
es soll ein Ende mit ihnen allen werden in
Ägyptenland. Durchs Schwert sollen sie
fallen, und durch Hunger sollen sie um-
kommen, klein und groß; sie sollen durch
Schwert und Hunger sterben und sollen
zur Verwünschung, zum Entsetzen, zum
Fluch und zur Schmach werden.
13 Ich will auch die Einwohner in Ägyp-
tenland mit Schwert, Hunger und Pest
heimsuchen, gleichwie ich an Jerusalem
getan habe,
14 so daß von denen, die übriggeblieben
sind von Juda und die hierher gekommen
sind nach Ägyptenland, um hier zu woh-
nen, keiner entrinnen und entkommen
soll. Sie sollen nicht mehr ins Land Juda
zurückkehren, wohin sie gerne wieder-
kämen und wohnten, sondern es soll
keiner dahin zurückkommen außer eini-
gen Entronnenen.
15 Da antworteten dem Jeremia alle
Männer, die sehr wohl wußten, daß ihre
Frauen andern Göttern opferten, und alle
Frauen, die dabeistanden, eine große Men-
ge, samt allem Volk, das in Ägyptenland
und in Pathros wohnte, und sprachen:

16 Den Worten, die du im Namen des HERRN uns sagst, wollen wir nicht gehorchen,

17 sondern wir wollen all die Worte halten, die aus unserm eigenen Munde gekommen sind, und wollen der Himmelskönigin opfern und ihr Trankopfer darbringen, wie wir und unsere Väter, unsere Könige und Oberen getan haben in den Städten Judas und auf den Gassen Jerusalems. Da hatten wir auch Brot genug, und es ging uns gut, und wir sahen kein Unglück.

18 Seit der Zeit aber, da wir es unterlassen haben, der Himmelskönigin zu opfern und Trankopfer darzubringen, haben wir an allem Mangel gelitten und sind durch Schwert und Hunger umgekommen.

19 Und wenn wir Frauen der Himmelskönigin opfern und Trankopfer darbringen, das tun wir ja nicht ohne den Willen unserer Männer, wenn wir ihr Kuchen backen, um ein Bild von ihr zu machen, und ihr Trankopfer darbringen.

20 **D**a sprach Jeremia zu dem ganzen Volk, den Männern und Frauen und allen Leuten, die ihm so geantwortet hatten:

21 Nein, der HERR hat gedacht an das Opfern, das ihr in den Städten Judas und auf den Gassen Jerusalems getrieben habt samt euren Vätern, Königen, Oberen und allem Volk des Landes, und er hat's zu Herzen genommen,

22 daß er nicht mehr leiden konnte euren bösen Wandel und die Greuel, die ihr tatet; daher ist auch euer Land zur Wüste, zum Entsetzen und zum Fluch geworden, daß niemand darin wohnt, so wie es heute ist.

23 Weil ihr der Himmelskönigin geopfert habt und wider den HERRN sündigtet und der Stimme des HERRN nicht gehorchtet und in seinem Gesetze, seinen Rechten und Mahnungen nicht gewandelt seid, darum ist euch solches Unheil widerfahren, so wie es heute ist.

24 Und Jeremia sprach zu allem Volk und zu allen Frauen: Höret des HERRN Wort, ihr alle aus Juda, die in Ägyptenland sind!

25 So spricht der HERR Zebaoth, der Gott Israels: Ihr und eure Frauen habt mit eurem Munde geredet und mit euren Händen vollbracht, was ihr sagt: «Wir wollen unsere Gelübde halten, die wir der Himmelskönigin gelobt haben, daß wir ihr opfern und Trankopfer darbringen.» Wohlan, erfüllet doch eure Gelübde und haltet eure Gelübde!

26 So höret nun des HERRN Wort, ihr alle aus Juda, die ihr in Ägyptenland wohnt: Siehe, ich schwöre bei meinem großen Namen, spricht der HERR, daß mein Name nicht mehr genannt werden soll durch irgendeines Menschen Mund aus Juda in ganz Ägyptenland, der da sagt: «So wahr Gott der HERR lebt!»

27 Siehe, ich will über sie wachen zum Unheil und nicht zum Heil, daß, wer aus Juda in Ägyptenland ist, durch Schwert und Hunger umkommen soll, bis es ein Ende mit ihnen hat.

28 Die aber dem Schwert entrinnen, werden aus Ägyptenland ins Land Juda zurückkommen als ein geringes Häuflein. So werden dann alle, die übriggeblieben sind von Juda und die nach Ägyptenland gezogen waren, dort zu wohnen, erkennen, wessen Wort wahr geworden ist, meines oder ihres.

29 Und dies sei das Zeichen, spricht der HERR: Ich will euch an diesem Ort heimsuchen, damit ihr wißt, daß mein Wort wahr werden soll über euch zum Unheil.

30 So spricht der HERR: Siehe, ich will den Pharao Hophra, den König von Ägypten, übergeben in die Hände seiner Feinde und derer, die ihm nach dem Leben trachten, gleichwie ich Zedekia, den König von Juda, übergeben habe in die Hand Nebukadnezars, des Königs von Babel, seines Feindes, der ihm nach dem Leben trachtete.

Ein Wort für Baruch

45 Dies ist das Wort, das der Prophet Jeremia zu Baruch, dem Sohn Nerias, redete, als er die Worte, wie Jeremia sie ihm sagte, auf eine Schriftrolle schrieb, im vierten Jahr Jojakims, des Sohnes Josias, des Königs von Juda:

2 So spricht der HERR Zebaoth, der Gott Israels, über dich, Baruch:

3 Du sprichst: Weh mir, wie hat mir der HERR Jammer zu meinem Schmerz hinzugefügt! Ich seufze mich müde und finde keine Ruhe.

4 Sage ihm: So spricht der HERR: Siehe, was ich gebaut habe, das reiße ich ein, und was ich gepflanzt habe, das reiße ich aus, nämlich dies mein ganzes Land.
5 Und du begehrst für dich große Dinge? Begehre es nicht! Denn siehe, ich will Unheil kommen lassen über alles Fleisch, spricht der HERR, aber dein Leben sollst du wie eine Beute davonbringen, an welchen Ort du auch ziehst.

46 Dies ist das Wort des HERRN, das zu dem Propheten Jeremia geschehen ist wider alle Völker.

Weissagung gegen Ägypten

2 Wider Ägypten. Wider das Heer des Pharao Necho, des Königs von Ägypten, welches lagerte am Euphratstrom bei Karkemisch und das Nebukadnezar, der König von Babel, schlug im vierten Jahr Jojakims, des Sohnes Josias, des Königs von Juda:
3 Rüstet Rundschild und Langschild und zieht in den Streit!
4 Spannet Rosse an und laßt Reiter aufsitzen, setzt die Helme auf und schärft die Spieße und ziehet Panzer an!
5 Wie kommt's aber, daß ich sehe, daß sie verzagt sind und die Flucht ergreifen und ihre Helden erschlagen sind? Sie fliehen und wenden sich nicht mehr zurück. Schrecken um und um! spricht der HERR.
6 Der Schnelle kann nicht entfliehen noch der Starke entrinnen. Im Norden am Euphratstrom sind sie gefallen und niedergestreckt.
7 Wer ist's, der emporstieg wie der Nil, und seine Wasser wälzten sich dahin wie Ströme?
8 Ägypten stieg empor wie der Nil, und seine Wasser wälzten sich daher wie Ströme, und es sprach: «Ich will hinaufziehen, das Land bedecken und die Städte verderben samt denen, die darin wohnen.»
9 Wohlan, setzt euch auf die Rosse, rennet mit den Wagen, lasset die Helden ausziehen, die von Kusch und aus Put, die den Schild führen, und die Schützen aus Lud!
10 Denn dies ist der Tag Gottes, des HERRN Zebaoth, ein Tag der Vergeltung, daß er sich an seinen Feinden räche, wenn das Schwert fressen und von ihrem Blut voll und trunken werden wird. Denn sie müssen Gott, dem HERRN Zebaoth, ein Schlachtopfer werden im Lande des Nordens am Euphratstrom.
11 Geh hinauf nach Gilead und hole Balsam, Jungfrau, Tochter Ägypten! Aber es ist umsonst, daß du viel Heilmittel gebrauchst; du wirst doch nicht heil.
12 Deine Schande ist unter den Völkern erschollen, deines Heulens ist das Land voll; denn ein Held fällt über den andern und liegen beide miteinander danieder.
13 Dies ist das Wort des HERRN, das er zu dem Propheten Jeremia redete, als Nebukadnezar, der König von Babel, heranzog, um Ägyptenland zu schlagen:
14 Verkündigt's in Ägypten und sagt's an in Migdol, sagt's an in Noph und Tachpanches und sprecht: Setze dich zur Wehr! Denn das Schwert wird fressen, was um dich her ist.
15 Wie geht's zu, daß deine Gewaltigen zu Boden fallen und können nicht standhalten? Der HERR hat sie so gestürzt.
16 Er macht, daß ihrer viele fallen, daß einer mit dem andern daniederliegt. Da sprechen sie: Wohlauf, laßt uns wieder zu unserm Volk ziehen, in unser Vaterland vor dem mörderischen Schwert!
17 Nennet den Namen des Pharao, des Königs von Ägypten: «Prahlhans, der die Zeit versäumt hat».
18 So wahr ich lebe, spricht der König, der HERR Zebaoth heißt: er wird daherziehen so hoch, wie der Berg Tabor unter den Bergen ist und wie der Karmel am Meer ist.
19 Mache dir Fluchtgepäck, du Einwohnerin, Tochter Ägypten; denn Noph wird wüst und verbrannt werden, daß niemand darin wohnen wird.
20 Ägypten ist wie eine schöne junge Kuh; aber es kommt von Norden der Schlächter.
21 Auch die darin um Sold dienen, sind wie gemästete Kälber; aber sie müssen sich dennoch wenden und miteinander fliehen und werden nicht standhalten; denn der Tag ihres Unheils wird über sie kommen, die Zeit ihrer Heimsuchung.
22 Man hört sie heranziehen wie eine zischende Schlange; ja, sie kommen mit Heeresmacht und bringen Äxte über sie wie die Holzhauer.

23 Die werden ihren Wald umhauen,
spricht der HERR, denn sie sind nicht zu
zählen; ihrer sind mehr als Heuschrecken,
die niemand zählen kann.
24 Die Tochter Ägypten wird zuschan-
den; denn sie ist dem Volk aus dem Nor-
den in die Hände gegeben.
25 Der HERR Zebaoth, der Gott Israels,
spricht: Siehe, ich will heimsuchen den
Amon zu No und den Pharao und Ägyp-
ten samt seinen Göttern und Königen, ja,
den Pharao mit allen, die sich auf ihn ver-
lassen,
26 daß ich sie gebe in die Hände derer,
die ihnen nach dem Leben trachten, und
in die Hände Nebukadnezars, des Königs
von Babel, und seiner Großen. Aber da-
nach soll das Land bewohnt werden wie
vor alters, spricht der HERR.
27 Aber du, mein Knecht Jakob, fürchte
dich nicht, und du, Israel, verzage nicht!
Denn siehe, ich will dir helfen aus fernen
Landen und deinen Nachkommen aus
dem Lande ihrer Gefangenschaft, daß
Jakob zurückkommen soll und in Frieden
sein und ohne Sorge, und niemand soll
ihn schrecken.
28 Darum fürchte dich nicht, du, Jakob,
mein Knecht, spricht der HERR, denn ich
bin bei dir! Mit allen Völkern, unter die
ich dich verstoßen habe, will ich ein Ende
machen; aber mit dir will ich nicht ein
Ende machen. Züchtigen will ich dich mit
Maßen, doch ungestraft kann ich dich
nicht lassen.

Weissagung gegen die Philister

47 Dies ist das Wort des HERRN, das
zum Propheten Jeremia geschah
wider die Philister, ehe der Pharao Gaza
schlug.
2 So spricht der HERR: Siehe, es kom-
men Wasser heran von Norden, die zum
reißenden Strom werden und das Land
überfluten und was darin ist, die Städte
und die darin wohnen, daß die Leute
schreien und alle Einwohner im Lande
heulen.
3 Vor dem Stampfen ihrer starken
Rosse, die dahertraben, und vor dem
Rasseln ihrer Wagen und dem Poltern
ihrer Räder werden sich die Väter nicht
umsehen nach den Kindern, so verzagt
werden sie sein
4 über den Tag, der da kommt, um zu
verderben alle Philister und auszurotten
die letzten Helfer für Tyrus und Sidon.
Denn der HERR wird die Philister verder-
ben, den Rest derer, die gekommen sind
von der Insel Kaphtor.
5 Über Gaza wird Trauer kommen, und
Askalon wird vernichtet, der Rest der
Enakiter. Wie lange willst du dich wund
ritzen?
6 O du Schwert des HERRN, wann willst
du doch aufhören? Fahre in deine Scheide
und ruhe und sei still!
7 Aber wie kann es aufhören, da doch
der HERR ihm Befehl gegeben hat wider
Askalon und es wider das Ufer des Meeres
bestellt hat?

Weissagung gegen Moab

48 Wider Moab. So spricht der HERR
Zebaoth, der Gott Israels: Wehe
der Stadt Nebo, denn sie ist zerstört! Ge-
schändet ist Kirjathajim und eingenom-
men, die hohe Feste ist zuschanden ge-
worden und zerbrochen.
2 Der Stolz Moabs auf Hesbon ist dahin;
denn man sinnt Böses gegen die Stadt:
«Kommt, wir wollen sie ausrotten, daß
sie ohne Volk sei.» Und du, Madmen,
mußt auch vernichtet werden; das
Schwert wird hinter dir her sein.
3 Man hört ein Geschrei in Horonajim
von Verwüstung und großem Jammer.
4 Moab ist zerschlagen. Man hört ihre
Kleinen schreien;
5 denn sie gehen mit Weinen die Steige
von Luhith hinauf, und die Feinde hören
ein Jammergeschrei den Weg von Horo-
najim herab:
6 «Fliehet und rettet euer Leben!» Aber
ihr werdet sein wie ein Strauch in der
Wüste.
7 Weil du dich auf deine Bauwerke ver-
lässest und auf deine Schätze, sollst du
auch erobert werden, und Kemosch muß
gefangen wegziehen samt seinen Priestern
und Fürsten.
8 Denn der Verwüster wird über alle
Städte kommen, daß nicht **eine** Stadt ent-
rinnen wird. Es sollen die Täler verwüstet
und die Ebenen verheert werden; denn
der HERR hat's gesagt.
9 Gebt Moab Flügel, denn es wird da-
von müssen, als flöge es, und seine Städte

werden wüst liegen, daß niemand darin wohnen wird.

10 Verflucht sei, wer des HERRN Werk lässig tut; verflucht sei, wer sein Schwert aufhält, daß es nicht Blut vergießt!

11 Moab ist von seiner Jugend an ungestört gewesen und auf seinen Hefen still gelegen und ist nie aus einem Faß ins andre gegossen und ist nie in die Gefangenschaft gezogen; darum ist sein Geschmack ihm geblieben und sein Geruch nicht verändert worden.

12 Darum siehe, spricht der HERR, es kommt die Zeit, daß ich ihnen Küfer schicken will, die sie ausschütten sollen und ihre Fässer ausleeren und ihre Krüge zerschmettern.

13 Und Moab soll über dem Kemosch zuschanden werden, gleichwie das Haus Israel über Bethel zuschanden geworden ist, worauf sie sich verließen.

14 Wie könnt ihr sagen: Wir sind Helden und rechte Kriegsleute?

15 Moab wird verwüstet, und seine Städte werden erstiegen, und seine beste Mannschaft muß hinab zur Schlachtbank, spricht der König, welcher heißt der HERR Zebaoth.

16 Denn der Untergang Moabs wird bald kommen, und sein Unglück eilt herbei.

17 Habt doch Mitleid mit ihnen, alle, die ihr um sie her wohnt und ihren Namen kennt, und sprecht: «Wie ist das starke Zepter und der herrliche Stab so zerbrochen!»

18 Herunter von der Herrlichkeit, du Tochter Dibon, und setz dich in den Staub! Denn der Verwüster Moabs wird zu dir hinaufkommen und deine Bollwerke zerstören.

19 Tritt an die Straße und schaue, du Einwohnerin von Aroër! Frage, die da fliehen und entrinnen, und sprich: «Was ist geschehen?»

20 Ach, Moab ist verwüstet und verheert! Heulet und schreiet; sagt's am Arnon, daß Moab vernichtet ist!

21 Die Strafe ist über das ebene Land ergangen, nämlich über Holon, Jahza, Mephaath,

22 Dibon, Nebo, Beth-Diblathajim,

23 Kirjathajim,Beth-Gamul,Beth-Meon,

24 Kerijoth, Bozra und über alle Städte im Lande Moab, sie seien fern oder nahe.

25 Das Horn Moabs ist abgeschlagen, und sein Arm ist zerbrochen, spricht der HERR.

26 Macht es trunken; denn es hat sich gegen den HERRN erhoben! Speien müsse Moab, auf daß es auch zum Gespött werde.

27 Oder ist Israel dir nicht ein Gespött gewesen, als hätte man es unter den Dieben gefunden? Sooft du von ihm sprachst, hast du es verhöhnt.

28 O ihr Bewohner von Moab, verlaßt die Städte und wohnt in den Felsen und tut wie die Tauben, die da nisten in den Löchern!

29 Man hat immer gesagt von dem stolzen Moab, daß es sehr stolz sei, hoffärtig, hochmütig, trotzig und übermütig.

30 Aber der HERR spricht: Ich kenne seinen Übermut wohl und sein böses Geschwätz; Böses haben sie getan.

31 Darum muß ich über Moab heulen und über ganz Moab schreien und über die Leute von Kir-Heres klagen.

32 Mehr als über Jaser muß ich über dich weinen, du Weinstock Sibma; denn deine Ranken reichten über das Meer und kamen bis nach Jaser. Der Verwüster ist über deine Ernte und Weinlese hergefallen.

33 Freude und Wonne sind hinweggenommen aus dem Fruchtland und dem Lande Moab. Dem Wein in den Kufen mache ich ein Ende, der Kelterer wird nicht mehr keltern, der Winzer wird nicht mehr sein Lied singen.

34 Das Geschrei von Hesbon wird gehört bis Elale, bis nach Jahza, von Zoar an bis nach Horonajim, bis Eglath-Schelischija; denn auch die Wasser Nimrims sollen versiegen.

35 Und ich will, spricht der HERR, in Moab damit ein Ende machen, daß sie auf den Höhen opfern und ihren Göttern Opfer darbringen.

36 Darum klagt mein Herz über Moab wie Flötenklage, und über die Leute in Kir-Heres klagt mein Herz wie Flötenklage; denn das Gut, das sie gesammelt, ist zugrunde gegangen.

37 Alle Köpfe werden kahl sein und alle Bärte abgeschoren, alle Hände wund geritzt, und jeder wird den Sack anziehen.

38 Auf allen Dächern und Gassen, überall in Moab wird man klagen; denn ich habe Moab zerbrochen wie ein Gefäß, das niemand haben will, spricht der HERR.

39 O wie ist es zerschlagen, wie heulen sie! Wie haben sie schimpflich den Rücken gewandt! Moab ist zum Spott und zum Bild des Schreckens geworden allen, die ringsum wohnen.

40 Denn so spricht der HERR: Siehe, er fliegt daher wie ein Adler und breitet seine Flügel aus über Moab.

41 Die Städte sind erobert, und die Festungen sind eingenommen, und das Herz der Helden in Moab wird an jenem Tage sein wie das Herz einer Frau in Kindsnöten.

42 Denn Moab muß vertilgt werden, daß es kein Volk mehr sei, weil es sich gegen den HERRN erhoben hat.

43 Schrecken, Grube und Schlinge über dich, du Volk von Moab! spricht der HERR.

44 Wer dem Schrecken entflieht, der wird in die Grube fallen, und wer aus der Grube herauskommt, der wird in der Schlinge gefangen werden; denn ich will über Moab kommen lassen das Jahr seiner Heimsuchung, spricht der HERR.

45 Erschöpft suchen die Entronnenen Zuflucht im Schatten von Hesbon; aber es wird ein Feuer aus Hesbon und eine Flamme aus dem Hause Sihon ausgehen, welche die Schläfe Moabs verzehren wird und den Scheitel der kriegerischen Leute.

46 Weh dir, Moab! Verloren ist das Volk des Kemosch; denn man hat deine Söhne und Töchter genommen und gefangen weggeführt.

47 Aber in der letzten Zeit will ich das Geschick Moabs wenden, spricht der HERR. Das sei gesagt von der Strafe über Moab.

Weissagung gegen Ammon

49 Wider die Ammoniter. So spricht der HERR: Hat denn Israel keine Kinder, oder hat es keinen Erben? Warum besitzt denn Milkom das Land Gad, und warum wohnt sein Volk in dessen Städten?

2 Darum siehe, es kommt die Zeit, spricht der HERR, daß ich will ein Kriegsgeschrei erschallen lassen über Rabbath-Ammon, und es soll zu einem wüsten Schutthügel werden, und seine Tochterstädte sollen in Brand gesteckt werden. Aber Israel soll seine Besitzer besitzen, spricht der HERR.

3 Heule, Hesbon! denn Ai ist verwüstet. Schreit, ihr Töchter von Rabba, und zieht den Sack an; klaget und lauft hin und her mit Ritzwunden! Denn Milkom wird gefangen weggeführt samt seinen Priestern und Fürsten.

4 Was rühmst du dich deines Tales, deines wasserreichen Tales, du ungehorsame Tochter, die du dich auf deine Schätze verläßt und sprichst in deinem Herzen: Wer darf sich an mich machen?

5 Siehe, spricht Gott, der HERR Zebaoth, ich will Schrecken über dich kommen lassen von allen, die um dich her wohnen; ihr sollt in alle Richtungen versprengt werden, und niemand wird die Flüchtigen sammeln.

6 Aber danach will ich wieder wenden das Geschick Ammons, spricht der HERR.

Weissagungen gegen Edom

7 Wider Edom. So spricht der HERR Zebaoth: Ist denn keine Weisheit mehr in Teman? Ist denn kein Rat mehr bei den Klugen? Ist ihnen die Weisheit ausgegangen?

8 Flieht, wendet euch und verkriecht euch tief, ihr Bürger von Dedan! Denn ich lasse Unheil über Esau kommen, die Zeit seiner Heimsuchung.

9 Es sollen Winzer über dich kommen, die keine Nachlese übriglassen, und Diebe sollen des Nachts über dich kommen, die sollen nach Herzenslust verwüsten.

10 Denn ich habe Esau entblößt und seine Verstecke aufgedeckt, daß er sich nicht verbergen kann. Seine Söhne, seine Brüder und seine Nachbarn sind vernichtet, daß keiner von ihnen mehr da ist.

11 Verlaß nur deine Waisen, ich will sie am Leben erhalten, und deine Witwen sollen auf mich hoffen.

12 Denn so spricht der HERR: Siehe, die es nicht verdient hatten, den Kelch zu trinken, müssen trinken, und du solltest ungestraft bleiben? Du sollst nicht ungestraft bleiben, sondern du mußt auch trinken.

13 Denn ich habe bei mir selbst geschworen, spricht der HERR, daß Bozra

zum Entsetzen, zur Schmach, zur Wüste
und zum Fluch werden soll und alle seine
Städte zur ewigen Wüste.
14 Ich hab eine Kunde vernommen vom
HERRN, ein Bote ist unter die Völker ge-
sandt: Sammelt euch und kommt her
wider Edom; macht euch auf zum Kampf!
15 Denn siehe, ich will dich gering ma-
chen unter den Völkern und verachtet
unter den Menschen.
16 Daß die andern dich fürchten, hat
dich verführt, und dein Herz ist hoch-
mütig, weil du in Felsenklüften wohnst
und hohe Gebirge innehast. Wenn du
auch dein Nest so hoch machtest wie der
Adler, dennoch will ich dich von dort
herunterstürzen, spricht der HERR.
17 Also soll Edom wüst werden, daß
alle, die vorübergehen, sich entsetzen und
spotten über alle seine Plagen.
18 Gleichwie Sodom und Gomorra samt
ihren Nachbarn zerstört wurden, spricht
der HERR, so soll auch dort niemand
wohnen noch ein Mensch darin hausen.
19 Siehe, er kommt herauf wie ein Löwe
aus dem Dickicht des Jordan in die Auen;
denn ich will sie eilends daraus wegtreiben
und den, der erwählt ist, darüber setzen.
Denn wer ist mir gleich, wer will mich
meistern, und wer ist der Hirte, der mir
widerstehen kann?
20 So höret nun den Ratschluß des
HERRN, den er über Edom gefaßt hat, und
seine Gedanken, die er über die Einwoh-
ner von Teman hat. Was gilt's? Wird man
sie nicht fortschleifen mit den geringsten
ihrer Schafe, werden ihretwegen nicht
ihre Auen veröden?
21 Vom Krachen ihres Sturzes erbebt
die Erde, und ihr Geschrei wird man am
Schilfmeer hören.
22 Siehe, er fliegt herauf wie ein Adler
und breitet seine Flügel aus über Bozra.
Zu der Zeit wird das Herz der Helden in
Edom sein wie das Herz einer Frau in
Kindsnöten.

Weissagung gegen Damaskus

23 Wider Damaskus. Hamath und Ar-
pad sind zuschanden geworden; sie sind
verzagt, denn sie hören ein böses Gerücht.
Ihr Herz bebt vor Sorge; sie sind so er-
schrocken, daß sie nicht Ruhe finden
können.
24 Damaskus ist verzagt und wendet
sich zur Flucht; es zittert und ist in
Ängsten und Schmerzen wie eine Frau in
Kindsnöten.
25 Wie ist sie nun verlassen, die be-
rühmte und fröhliche Stadt!
26 Darum wird ihre junge Mannschaft
auf ihren Gassen fallen, und alle ihre
Kriegsleute werden umkommen zur sel-
ben Zeit, spricht der HERR Zebaoth.
27 Und ich will an die Mauern von
Damaskus Feuer legen, daß es die Paläste
Benhadads verzehren soll.

Weissagungen gegen arabische Stämme

28 Wider Kedar und die Königreiche
von Hazor, die Nebukadnezar, der König
von Babel, schlug. So spricht der HERR:
Wohlauf, ziehet herauf gegen Kedar und
vernichtet, die im Osten wohnen!
29 Man wird ihnen ihre Zelte und Her-
den nehmen, ihre Zeltdecken, alle Geräte
und Kamele wegführen und über sie
rufen: Schrecken um und um!
30 Fliehet, hebt euch eilends davon, ver-
kriecht euch tief, ihr Einwohner von
Hazor! spricht der HERR; denn Nebukad-
nezar, der König von Babel, hat etwas im
Sinn wider euch und plant etwas gegen
euch.
31 Wohlauf, ziehet herauf wider ein
Volk, das ruhig und sicher wohnt! spricht
der HERR; sie haben weder Tür noch Rie-
gel und wohnen allein.
32 Ihre Kamele sollen geraubt und die
Menge ihres Viehs genommen werden,
und in alle Winde will ich die zerstreuen,
die das Haar rundherum abscheren, und
von allen Seiten her will ich ihr Unglück
über sie kommen lassen, spricht der HERR;
33 daß Hazor eine Wohnung der Scha-
kale und eine ewige Wüste werden soll, so
daß niemand dort wohne und kein
Mensch darin hause.

Weissagung gegen Elam

34 Dies ist das Wort des HERRN, das
geschah zu Jeremia, dem Propheten, wi-
der Elam im Anfang der Herrschaft Zede-
kias, des Königs von Juda:
35 So spricht der HERR Zebaoth: Siehe,
ich will den Bogen Elams zerbrechen,
seine stärkste Waffe,
36 und will die vier Winde von den vier

Enden des Himmels über sie kommen
lassen und will sie in alle diese Winde zer-
streuen, so daß es kein Volk geben soll,
wohin nicht Vertriebene aus Elam kom-
men werden.
37 Und ich will Elam verzagt machen
vor seinen Feinden und vor denen, die
ihnen nach dem Leben trachten, und will
Unheil über sie kommen lassen in meinem
grimmigen Zorn, spricht der HERR, und
will das Schwert hinter ihnen her schicken,
bis ich sie aufreibe.
38 Meinen Thron will ich in Elam auf-
stellen und will dort den König und die
Fürsten umbringen, spricht der HERR.
39 Aber in der letzten Zeit will ich das
Geschick Elams wieder wenden, spricht
der HERR.

Weissagung vom Untergang Babels und von der Erlösung Israels

50 Dies ist das Wort, das der HERR
durch den Propheten Jeremia ge-
redet hat wider Babel und das Land der
Chaldäer:
2 Verkündet's unter den Völkern und
laßt's erschallen, richtet das Banner auf!
Laßt's erschallen und verbergt es nicht
und sprecht: Babel ist genommen, Bel ist
zuschanden, Merodach ist zerschmettert;
ihre Götzen sind zuschanden, ihre Götter-
bilder sind zerschmettert!
3 Denn es zieht von Norden ein Volk
heran gegen sie, das ihr Land zur Wüste
macht, so daß niemand darin wohnen
wird, sondern Menschen und Vieh daraus
fliehen werden.
4 In jenen Tagen und zur selben Zeit,
spricht der HERR, werden kommen die
Kinder Israel samt den Kindern Juda und
weinend umherziehen und den HERRN,
ihren Gott, suchen.
5 Sie werden fragen nach dem Wege
nach Zion und sich dorthin kehren:
«Kommt, wir wollen uns dem HERRN zu-
wenden zu einem ewigen Bunde, der nim-
mermehr vergessen werden soll!»
6 Denn mein Volk ist wie eine verlorne
Herde. Ihre Hirten haben sie verführt und
auf den Bergen in die Irre gehen lassen,
daß sie über Berge und Hügel gehen muß-
ten und ihren Ruheplatz vergaßen.
7 Es fraßen sie alle, die sie antrafen, und
ihre Feinde sprachen: Wir tun nicht un-
recht! Denn sie haben sich versündigt an
dem HERRN, der rechten Weide, und an
dem HERRN, der ihrer Väter Hoffnung war.
8 Fliehet aus Babel und zieht aus der
Chaldäer Lande und macht's wie die
Böcke vor der Herde!
9 Denn siehe, ich will Völker in großen
Scharen erwecken und aus dem Lande des
Nordens gegen Babel heranführen; die
sollen sich gegen die Stadt rüsten und sie
auch einnehmen. Ihre Pfeile sind wie die
eines guten Kriegers, der nicht mit leeren
Händen zurückkehrt.
10 Und das Chaldäerland soll ein Raub
werden; alle, die es berauben, sollen satt
werden, spricht der HERR.
11 Wenn ihr euch auch freut und rühmt,
daß ihr mein Erbteil geplündert habt, und
hüpft wie die Kälber im Grase und wie-
hert wie die starken Rosse,
12 so wird eure Mutter doch sehr zu-
schanden und, die euch geboren hat, zum
Spott werden. Siehe, unter den Völkern
soll sie die geringste sein, wüst, dürr und
öde.
13 Denn vor dem Zorn des HERRN wird
sie unbewohnt und ganz wüst bleiben, so
daß alle, die an Babel vorüberziehen, sich
entsetzen werden und spotten über alle
ihre Plagen.
14 Stellt euch ringsum gegen Babel auf,
all ihr Bogenschützen; schießt nach ihr,
spart nicht an Pfeilen; denn sie hat wider
den HERRN gesündigt.
15 Erhebet das Kriegsgeschrei ringsum.
Sie hat sich ergeben, ihre Pfeiler sind ge-
fallen, ihre Mauern sind abgebrochen;
denn so vergilt der HERR. Übt Vergeltung
an Babel, tut ihr, wie sie getan hat.
16 Rottet aus von Babel den Säemann
und den Schnitter in der Ernte! Vor dem
mörderischen Schwert wird sich jeder zu
seinem Volk wenden und in sein Land
fliehen.
17 Israel war eine zerstreute Herde, die
die Löwen verscheucht haben. Zuerst
fraß sie der König von Assyrien, danach
nagte ihre Knochen ab Nebukadnezar,
der König von Babel.
18 Darum spricht der HERR Zebaoth,
der Gott Israels: Siehe, ich will heim-
suchen den König von Babel und sein
Land, gleichwie ich den König von As-
syrien heimgesucht habe.

19 Israel aber will ich wieder heim zu seiner Wohnung bringen, daß sie auf dem Karmel und in Basan weiden und sich sättigen sollen auf dem Gebirge Ephraim und Gilead.

20 **Zur selben Zeit und in jenen Tagen wird man die Missetat Israels suchen, spricht der HERR, aber es wird keine da sein, und die Sünden Judas, aber es wird keine gefunden werden; denn ich will sie vergeben denen, die ich übrigbleiben lasse.**

21 Zieh heran gegen das Land Merathajim; zieh heran gegen die Einwohner von Pekod*; vertilge sie und vollziehe den Bann an ihren Nachkommen, spricht der HERR, und tu alles, was ich dir befohlen habe!

22 Es ist ein Kriegsgeschrei im Lande und großer Jammer.

23 Wie ist der Hammer der ganzen Welt zerbrochen und zerschlagen! Wie ist Babel zum Bild des Entsetzens geworden unter allen Völkern!

24 Ich habe dir Fallen gestellt, Babel, und du hast dich darin gefangen, ehe du dich's versahst; du bist getroffen und ergriffen, denn du hast den HERRN herausgefordert.

25 Der HERR hat sein Zeughaus aufgetan und die Waffen seines Zorns hervorgeholt; denn Gott, der HERR Zebaoth, hat etwas auszurichten in der Chaldäer Lande.

26 Kommt her gegen dies Land von allen Enden, öffnet seine Kornhäuser, werft alles auf einen Haufen und vollzieht den Bann an ihm, daß nichts übrigbleibe!

27 Tötet alle seine Stiere, führt sie hinab zur Schlachtbank! Weh ihnen, denn ihr Tag ist gekommen, die Zeit ihrer Heimsuchung!

28 Man hört ein Geschrei der Flüchtigen und derer, die entronnen sind aus dem Lande Babel, daß sie verkünden zu Zion die Vergeltung des HERRN, unseres Gottes, die Vergeltung für seinen Tempel.

29 Rufet viele wider Babel, belagert es ringsum, all ihr Bogenschützen, und laßt keinen davonkommen! Vergeltet Babel, wie es verdient hat; wie es getan hat, so tut ihm wieder! Denn es hat stolz gehandelt wider den HERRN, den Heiligen Israels.

*Merathajim bedeutet «Doppeltrotz», Pekod «Heimsuchung»; gemeint ist Babel.

30 Darum soll seine junge Mannschaft fallen auf seinen Gassen, und alle seine Kriegsleute sollen umkommen an jenem Tage, spricht der HERR.

31 Siehe, du Stolzer, ich will an dich, spricht Gott, der HERR Zebaoth; denn dein Tag ist gekommen, die Zeit deiner Heimsuchung.

32 Da soll der Stolze stürzen und fallen, daß ihn niemand aufrichte. Ich will an seine Städte Feuer legen; das soll alles, was ringsumher ist, verzehren.

33 So spricht der HERR Zebaoth: Siehe, die Kinder Israel samt den Kindern Juda müssen Gewalt und Unrecht leiden; alle, die sie gefangen weggeführt haben, halten sie fest und wollen sie nicht loslassen.

34 Aber ihr Erlöser ist stark, der heißt HERR Zebaoth; der wird ihre Sache so hinausführen, daß er das Land erbeben und die Einwohner von Babel erzittern läßt.

35 Das Schwert soll kommen, spricht der HERR, über die Chaldäer und über die Einwohner von Babel und über ihre Fürsten und über ihre Weisen!

36 Das Schwert soll kommen über ihre Wahrsager, daß sie zu Narren werden; das Schwert soll kommen über ihre Starken, daß sie verzagen!

37 Das Schwert soll kommen über ihre Rosse und Wagen und über alles fremde Volk, das darin ist, daß sie zu Weibern werden! Das Schwert soll kommen über ihre Schätze, daß sie geplündert werden!

38 Dürre soll kommen über ihre Wasser, daß sie versiegen! Denn es ist ein Götzenland, und an ihren schrecklichen Götzen sind sie toll geworden.

39 Darum sollen Wüstentiere und wilde Hunde darin wohnen und die Strauße, und es soll nie mehr bewohnt werden und niemand darin hausen für und für.

40 Gleichwie Gott Sodom und Gomorra samt ihren Nachbarn zerstört hat, spricht der HERR, soll niemand darin wohnen noch ein Mensch darin hausen.

41 Siehe, es kommt ein Volk von Norden her; viele Völker und viele Könige werden vom Ende der Erde sich aufmachen.

42 Die haben Bogen und Speer; sie sind grausam und unbarmherzig; ihr Geschrei ist wie das Brausen des Meeres; sie reiten auf Rossen, gerüstet als Kriegsleute gegen dich, du Tochter Babel.

43 Wenn der König von Babel die Kun-
de von ihnen hören wird, so werden ihm
die Hände niedersinken; ihm wird so
angst und bange werden wie einer Frau in
Kindsnöten.
44 Siehe, er kommt herauf wie ein
Löwe aus dem Dickicht des Jordan in die
Auen; denn ich will sie eilends daraus
wegtreiben und den, der erwählt ist, dar-
über setzen. Denn wer ist mir gleich, wer
will mich meistern, und wer ist der Hirte,
der mir widerstehen kann?
45 So hört nun den Ratschluß des
HERRN, den er über Babel gefaßt hat, und
seine Gedanken, die er hat über die Ein-
wohner im Lande der Chaldäer! Was
gilt's? Wird man sie nicht fortschleifen
mit den geringsten ihrer Schafe, werden
ihretwegen nicht ihre Auen veröden?
46 Und die Erde wird beben von dem
Ruf: Babel ist genommen! und sein Weh-
geschrei wird unter den Völkern erschallen.

Weitere Weissagung vom Untergang Babels und von der Erlösung Israels

51 So spricht der HERR: Siehe, ich will
einen Verderben bringenden Wind
erwecken wider Babel und wider seine
Bewohner, die sich gegen mich erhoben
haben.
2 Ich will Worfler nach Babel schicken,
die sie worfeln sollen und ihr Land aus-
fegen, die von allen Seiten über sie kom-
men werden am Tage des Unheils.
3 Ihre Schützen sollen nicht schießen,
und ihre Geharnischten sollen sich nicht
wehren können. Verschont nicht ihre
junge Mannschaft, vollstreckt den Bann
an ihrem ganzen Heer,
4 daß die Erschlagenen daliegen im
Lande der Chaldäer und die Erstochenen
auf ihren Gassen!
5 Aber Israel und Juda sollen nicht
Witwen werden, verlassen von ihrem
Gott, dem HERRN Zebaoth; denn das
Land der Chaldäer hat sich sehr ver-
schuldet am Heiligen Israels.
6 Fliehet aus Babel, und rette ein jeder
sein Leben, daß ihr nicht untergeht in
seiner Schuld. Denn dies ist für den
HERRN die Zeit der Rache, um ihm seine
Taten zu vergelten.
7 Ein goldener Kelch, der alle Welt trun-
ken gemacht hat, war Babel in der Hand
des HERRN. Alle Völker haben von sei-
nem Wein getrunken; darum sind die
Völker so toll geworden.
8 Wie plötzlich ist Babel gefallen und
zerschmettert! Heulet über Babel, bringt
Balsam für seine Wunden, ob es vielleicht
geheilt werden könnte.
9 Wir wollten Babel heilen; aber es
wollte nicht geheilt werden. So laßt es
fahren und laßt uns ein jeder in sein Land
ziehen! Denn seine Strafe reicht bis an
den Himmel und langt hinauf bis an die
Wolken.
10 Der HERR hat unsere Gerechtigkeit
ans Licht gebracht. Kommt, laßt uns in
Zion erzählen die Werke des HERRN,
unseres Gottes!
11 Ja, schärft nun die Pfeile und ergreift
die Schilde! Der HERR hat den Mut der
Könige von Medien erweckt; denn seine
Gedanken stehen wider Babel, daß er es
verderbe. Denn dies ist die Vergeltung des
HERRN, die Vergeltung für seinen Tempel.
12 Ja, erhebt nun das Banner gegen die
Mauern von Babel, macht stark die Wa-
chen, bestellt Wächter, legt einen Hinter-
halt! Denn der HERR hat sich's vorge-
nommen und wird's auch tun, was er
gegen die Einwohner von Babel geredet
hat.
13 Die du an großen Wassern wohnst
und große Schätze hast, dein Ende ist ge-
kommen, dein Lebensfaden wird abge-
schnitten!
14 Der HERR Zebaoth hat bei sich ge-
schworen: Wenn ich dich auch gefüllt
habe mit Menschen wie mit Heuschrek-
ken, so wird man doch über dich an-
stimmen den Ruf des Keltertreters.
15 Er hat die Erde durch seine Kraft
gemacht und den Erdkreis durch seine
Weisheit bereitet und den Himmel ausge-
breitet durch seinen Verstand.
16 Wenn er donnert, so ist Wasser die
Menge am Himmel. Er läßt die Wolken
heraufziehen vom Ende der Erde. Er
macht die Blitze, daß es regnet, und läßt
den Wind kommen aus seinen Vorrats-
kammern.
17 Alle Menschen aber sind Toren mit
ihrer Kunst, und alle Goldschmiede ste-
hen beschämt da mit ihren Bildern; denn
ihre Götzen sind Trug und haben kein
Leben.

18 Sie sind nichts, ein Spottgebilde; sie müssen zugrunde gehen, wenn sie heimgesucht werden.
19 Aber so ist der nicht, der Jakobs Reichtum ist, sondern er ist's, der alle Dinge schafft, und Israel ist sein Erbteil. Er heißt HERR Zebaoth.
20 **D**u, Babel, warst mein Hammer, meine Kriegswaffe; durch dich habe ich Völker zerschmettert und Königreiche zerstört.
21 Durch dich habe ich Rosse und Reiter zerschmettert, Wagen und Fahrer.
22 Durch dich habe ich Männer und Frauen zerschmettert, Alte und Junge, Jünglinge und Jungfrauen.
23 Durch dich habe ich Hirten und Herden zerschmettert, Bauern und Gespanne und Fürsten und Herren.
24 Aber nun will ich Babel und allen Bewohnern von Chaldäa vergelten alle ihre Bosheit, die sie an Zion begangen haben, vor euren Augen, spricht der HERR.
25 Siehe, ich will an dich, du Berg des Verderbens, der du Verderben gebracht hast über alle Welt, spricht der HERR. Ich will meine Hand wider dich ausstrecken und dich von den Felsen herabwälzen und will einen verbrannten Berg aus dir machen,
26 daß man weder Ecksteine noch Grundsteine aus dir nehmen kann, sondern eine ewige Wüste sollst du sein, spricht der HERR.
27 **R**ichtet auf das Banner auf Erden, blast die Posaune unter den Völkern! Heiligt die Völker zum Kampf gegen die Stadt Babel! Ruft wider sie die Königreiche Ararat, Minni und Aschkenas! Sammelt Kriegsleute gegen sie, bringet Rosse herauf, zahlreich wie Heuschrekken!
28 Heiligt die Völker zum Kampf gegen sie, die Könige von Medien samt allen ihren Fürsten und Herren und das ganze Land ihrer Herrschaft,
29 daß das Land erbebt und erzittert; denn die Gedanken des HERRN wollen erfüllt werden wider Babel, daß er das Land Babel zur Wüste mache, in der niemand wohnt.
30 **D**ie Helden zu Babel werden nicht zu Felde ziehen, sondern in der Festung bleiben. Mit ihrer Stärke ist's aus, sie sind Weiber geworden; ihre Wohnungen sind in Brand gesteckt und ihre Riegel zerbrochen.
31 Ein Läufer begegnet dem andern und ein Bote dem andern, um dem König von Babel anzusagen, daß seine Stadt genommen sei an allen Enden
32 und die Furten besetzt seien und die Bollwerke verbrannt und die Kriegsleute verzagt.
33 Denn so spricht der HERR Zebaoth, der Gott Israels: Die Tochter Babel ist wie eine Tenne, wenn man sie feststampft; es wird ihre Ernte gar bald kommen.
34 «Nebukadnezar, der König von Babel, hat mich gefressen und umgebracht, er hat aus mir ein leeres Gefäß gemacht. Er hat mich verschlungen wie ein Drache, er hat seinen Bauch gefüllt mit meinen Kostbarkeiten; er hat mich vertrieben.
35 Nun aber komme über Babel der Frevel, der an mir begangen ist und an meinem Fleische», spricht die Einwohnerin von Zion, «und mein Blut komme über die Bewohner von Chaldäa», spricht Jerusalem.
36 Darum spricht der HERR: Siehe, ich will deine Sache führen und dich rächen. Ich will ihr Meer austrocknen und ihre Brunnen versiegen lassen.
37 Und Babel soll zu Steinhaufen und zur Wohnung der Schakale werden, zum Bild des Entsetzens und zum Spott, daß niemand darin wohne.
38 Sie sollen miteinander brüllen wie die Löwen und knurren wie die jungen Löwen.
39 Wenn sie vor Gier brennen, will ich ihnen ein Mahl zurichten und will sie trunken machen, daß sie matt werden und zum ewigen Schlaf einschlafen, von dem sie nimmermehr aufwachen sollen, spricht der HERR.
40 Ich will sie hinabführen wie Lämmer zur Schlachtbank, wie Widder und Böcke.
41 **W**ie ist Scheschach gefallen und die in aller Welt Berühmte eingenommen! Wie ist Babel zum Bild des Entsetzens geworden unter den Heiden!
42 Ein Meer ist über Babel gegangen, und mit der Menge seiner Wellen ist es bedeckt.

43 Seine Städte sind zur Wüste und zu einem dürren, öden Lande geworden, zum Lande, darin niemand wohnt und das kein Mensch durchzieht.

44 Ja, ich habe den Bel zu Babel heimgesucht und habe aus seinem Rachen gerissen, was er verschlungen hatte. Und die Heiden sollen nicht mehr zu ihm laufen; denn es sind auch die Mauern von Babel zerfallen.

45 Zieh aus von dort, mein Volk, und rette ein jeder sein Leben vor dem grimmigen Zorn des HERRN!

46 Euer Herz könnte sonst weich werden und verzagen vor den Gerüchten, die man im Lande hören wird. Denn es wird in diesem Jahr ein Gerücht umgehen und danach im nächsten Jahr wieder ein Gerücht, und Gewalt wird im Lande sein und ein Herrscher wider den andern.

47 Darum siehe, es kommt die Zeit, daß ich die Götzen zu Babel heimsuchen will und sein ganzes Land zuschanden werden soll und seine Erschlagenen darin liegen werden.

48 Himmel und Erde und alles, was darinnen ist, werden jauchzen über Babel, weil seine Verwüster von Norden gekommen sind, spricht der HERR.

49 Und Babel muß fallen für die Erschlagenen Israels, wie für Babel gefallen sind die Erschlagenen der ganzen Erde.

50 So ziehet nun hin, die ihr dem Schwert entronnen seid, und haltet euch nicht auf! Gedenkt des HERRN in fernem Lande und laßt euch Jerusalem im Herzen sein!

51 Wir waren zuschanden geworden, weil wir die Schmach hören mußten und Scham unser Angesicht bedeckte, weil die Fremden über das Heiligtum des Hauses des HERRN kamen.

52 Darum siehe, die Zeit kommt, spricht der HERR, daß ich die Götzen Babels heimsuchen will, und im ganzen Lande sollen die tödlich Verwundeten stöhnen.

53 Und wenn Babel zum Himmel emporstiege und seine Mauern unersteigbar hoch machte, so sollen doch Verwüster von mir über sie kommen, spricht der HERR.

54 Man hört ein Geschrei aus Babel und einen großen Jammer aus der Chaldäer Lande;

55 denn der HERR verwüstet Babel und vertilgt aus ihm das große Getümmel. Wellen brausen heran wie große Wasser, es erschallt ihr lautes Tosen;

56 denn es ist über Babel der Verwüster gekommen. Seine Helden werden gefangen, seine Bogen werden zerbrochen; denn der Gott der Vergeltung, der HERR, zahlt es ihnen heim.

57 Ich will seine Fürsten, Weisen, Herren und Hauptleute und seine Krieger trunken machen, daß sie zu ewigem Schlaf einschlafen sollen, von dem sie nie mehr aufwachen, spricht der König, der da heißt HERR Zebaoth.

58 So spricht der HERR Zebaoth: Die Mauern des großen Babel sollen geschleift und seine hohen Tore mit Feuer verbrannt werden, daß die Arbeit der Heiden umsonst sei und dem Feuer verfalle, was die Völker mit Mühe erbaut haben.

59 Dies ist das Wort, das der Prophet Jeremia befahl Seraja, dem Sohn Nerias, des Sohnes Machsejas, als er mit Zedekia, dem König von Juda, nach Babel zog im vierten Jahr seiner Herrschaft. Und Seraja war der Marschall für die Reise.

60 Und Jeremia schrieb all das Unheil, das über Babel kommen sollte, in ein Buch, nämlich alle diese Worte, die wider Babel geschrieben sind.

61 Und Jeremia sprach zu Seraja: Wenn du nach Babel kommst, so schaue zu und lies laut alle diese Worte

62 und sprich: HERR, du hast geredet gegen diese Stätte, daß du sie ausrotten willst, so daß niemand darin wohne, weder Mensch noch Vieh, sondern daß sie immerdar wüst sei.

63 Und wenn du das Buch ausgelesen hast, so binde einen Stein daran und wirf's in den Euphrat

64 und sprich: So soll Babel versinken und nicht wieder aufkommen von dem Unheil, das ich über sie bringen will, sondern soll vergehen.

So weit hat Jeremia geredet.

Nochmaliger Bericht von der Zerstörung Jerusalems und der Wegführung in die Gefangenschaft

52 Zedekia war einundzwanzig Jahre alt, als er König wurde; und er regierte elf Jahre zu Jerusalem. Seine

Mutter hieß Hamutal, eine Tochter Jere-
mias aus Libna.
2 Und er tat, was dem HERRN mißfiel,
gleichwie Jojakim getan hatte.
3 Denn so geschah es mit Jerusalem und
Juda um des Zornes des HERRN willen,
bis er sie von seinem Angesicht wegstieß.
Zedekia fiel ab vom König von Babel.
4 Im neunten Jahr seiner Herrschaft, am
zehnten Tage des zehnten Monats, kam
Nebukadnezar, der König von Babel, mit
seinem ganzen Heer vor Jerusalem, und
sie belagerten es und machten Bollwerke
ringsumher.
5 Und die Stadt blieb belagert bis ins
elfte Jahr des Königs Zedekia.
6 Aber am neunten Tage des vierten
Monats nahm der Hunger überhand in
der Stadt, und das Volk des Landes hatte
nichts mehr zu essen.
7 Da brach man in die Stadt, und alle
Kriegsleute wandten sich zur Flucht und
zogen zur Stadt hinaus bei Nacht durch
das Tor zwischen den zwei Mauern auf
dem Wege, der zum Garten des Königs
geht. Aber die Chaldäer lagen rings um
die Stadt her. Und als sie den Weg zum
Jordantal nahmen,
8 jagte das Heer der Chaldäer dem
König nach, und sie holten Zedekia ein
im Jordantal von Jericho. Da zerstreute
sich sein ganzes Heer.
9 Und sie nahmen den König gefangen
und brachten ihn hinauf zum König von
Babel nach Ribla, das im Lande Hamath
liegt; der sprach das Urteil über ihn.
10 Allda ließ der König von Babel die
Söhne Zedekias vor dessen Augen töten
und tötete auch alle Oberen von Juda in
Ribla.
11 Aber Zedekia ließ er die Augen aus-
stechen und ihn in Ketten legen. So führte
ihn der König von Babel nach Babel und
legte ihn ins Gefängnis, bis er starb.
12 Am zehnten Tage des fünften Mo-
nats, das ist das neunzehnte Jahr Nebu-
kadnezars, des Königs von Babel, kam
Nebusaradan, der Oberste der Leibwache,
der stets um den König von Babel war,
nach Jerusalem
13 und verbrannte das Haus des HERRN
und das Haus des Königs und alle Häuser
von Jerusalem; alle großen Häuser ver-
brannte er mit Feuer.
14 Und das ganze Heer der Chaldäer, das
bei dem Obersten der Leibwache war, riß
alle Mauern Jerusalems ringsumher nieder.
15 Aber das niedere Volk und was vom
Volk noch übrig war in der Stadt und die
zum König von Babel abgefallen waren
und was übriggeblieben war von den
Werkleuten führte Nebusaradan, der
Oberste der Leibwache, gefangen weg.
16 Vom niederen Volk auf dem Lande
ließ Nebusaradan, der Oberste der Leib-
wache, Weingärtner und Ackerleute zu-
rück.
17 Aber die kupfernen Säulen am Hause
des HERRN und die Gestelle und das kup-
ferne Meer am Hause des HERRN zer-
brachen die Chaldäer und brachten alles
Kupfer nach Babel.
18 Und die Töpfe, Schaufeln, Messer,
Becken, Schalen und alle kupfernen Ge-
fäße, die man im Gottesdienst zu gebrau-
chen pflegte, nahmen sie weg.
19 Dazu nahm der Oberste der Leib-
wache, was golden und silbern war an
Bechern, Räuchergefäßen, Becken, Töp-
fen, Leuchtern, Löffeln und Schalen.
20 Die zwei Säulen, das Meer, die zwölf
kupfernen Rinder darunter und die Ge-
stelle, welche der König Salomo hatte
machen lassen für das Haus des HERRN –
das Kupfer aller dieser Geräte war uner-
meßlich viel.
21 Von den zwei Säulen aber war jede
achtzehn Ellen hoch; eine Schnur, zwölf
Ellen lang, reichte um sie herum; jede
Säule war vier Finger dick und inwendig
hohl.
22 Auf jeder stand ein kupferner Knauf,
fünf Ellen hoch, und ein Gitterwerk und
Granatäpfel waren an jedem Knauf rings-
umher, alles aus Kupfer; und eine Säule
war wie die andere, die Granatäpfel auch.
23 Es waren sechsundneunzig Granat-
äpfel daran; im ganzen waren es hundert
Granatäpfel rings um das Gitterwerk her-
um.
24 Und der Oberste der Leibwache
nahm den obersten Priester Seraja und
den zweitobersten Priester Zephanja und
die drei Hüter der Schwelle
25 und aus der Stadt einen Kämmerer,
der über die Kriegsleute gesetzt war, und
sieben Männer, welche stets um den
König sein mußten, die man in der Stadt

fand, dazu den Schreiber des Feldhauptmanns, der das Volk des Landes zum Heer aufbot, und sechzig Mann vom Volk des Landes, die man in der Stadt fand;
26 diese nahm Nebusaradan, der Oberste der Leibwache, und brachte sie zum König von Babel nach Ribla.
27 Und der König von Babel schlug sie tot zu Ribla, das im Lande Hamath liegt. So wurde Juda aus seinem Lande weggeführt.
28 Dies ist das Volk, das Nebukadnezar weggeführt hat: im siebenten Jahr 3023 Judäer;
29 im achtzehnten Jahr aber des Nebukadnezar 832 Leute aus Jerusalem;
30 und im dreiundzwanzigsten Jahr des Nebukadnezar führte Nebusaradan, der Oberste der Leibwache, 745 Leute aus Juda weg. Alle zusammen sind 4600.

Begnadigung des Königs Jojachin

31 Aber im siebenunddreißigsten Jahr, nachdem Jojachin, der König von Juda, weggeführt war, am fünfundzwanzigsten Tage des zwölften Monats ließ Evil-Merodach, der König von Babel, im Jahr, da er König wurde, Jojachin, den König von Juda, aus dem Kerker holen
32 und redete freundlich mit ihm und setzte seinen Sitz über die Sitze der Könige, die bei ihm in Babel waren.
33 Und Jojachin legte die Kleider seiner Gefangenschaft ab und aß bei dem König sein Leben lang.
34 Und ihm wurde stets sein Unterhalt vom König von Babel gegeben, wie es für ihn verordnet war, sein ganzes Leben lang bis an sein Ende.

DIE KLAGELIEDER JEREMIAS

Jerusalem klagt und fleht um Hilfe

1 Wie liegt die Stadt so verlassen, die voll Volks war! Sie ist wie eine Witwe, die Fürstin unter den Völkern, und die eine Königin in den Ländern war, muß nun dienen.
2 Sie weint des Nachts, daß ihr die Tränen über die Backen laufen. Es ist niemand unter allen ihren Liebhabern, der sie tröstet. Alle ihre Freunde sind ihr untreu und ihre Feinde geworden.
3 Juda ist gefangen in Elend und schwerem Dienst, es wohnt unter den Heiden und findet keine Ruhe; alle seine Verfolger kommen heran und bedrängen es.
4 Die Straßen nach Zion liegen wüst, weil niemand auf ein Fest kommt. Alle Tore der Stadt stehen öde, ihre Priester seufzen, ihre Jungfrauen sehen jammervoll drein, und sie ist betrübt.
5 Ihre Widersacher sind obenauf, ihren Feinden geht's gut; denn der HERR hat über die Stadt Jammer gebracht um ihrer großen Sünden willen, und ihre Kinder sind gefangen vor dem Feind dahingezogen.
6 Es ist von der Tochter Zion aller Schmuck dahin. Ihre Fürsten sind wie Hirsche, die keine Weide finden und matt vor dem Verfolger herlaufen.
7 Jerusalem denkt in dieser Zeit, da sie elend und verlassen ist, wie viel Gutes sie von alters her gehabt hat, wie aber all ihr Volk daniedersank unter des Feindes Hand und ihr niemand half. Ihre Feinde sehen auf sie herab und spotten über ihren Untergang.
8 Jerusalem hat sich versündigt; darum muß sie sein wie ein unreines Weib. Alle, die sie ehrten, verschmähen sie jetzt, weil sie ihre Blöße sehen; sie aber seufzt und hat sich abgewendet.
9 Ihr Unflat klebt an ihrem Saum. Sie hätte nicht gemeint, daß es ihr zuletzt so gehen würde. Sie ist ja greulich heruntergestoßen und hat dazu niemand, der sie tröstet. «Ach HERR, sieh an mein Elend; denn der Feind triumphiert!»
10 Der Feind hat seine Hand gelegt an alle ihre Kleinode. Ja, sie mußte zusehen, daß die Heiden in ihr Heiligtum gingen, während du geboten hast, sie sollten nicht in deine Gemeinde kommen.

11 Alles Volk seufzt und geht nach Brot, es gibt seine Kleinode um Speise, um sein Leben zu erhalten. «Ach HERR, sieh doch und schau, wie verachtet ich bin!»

12 Euch allen, die ihr vorübergeht, sage ich: «Schaut doch und seht, ob irgendein Schmerz ist wie mein Schmerz, der mich getroffen hat; denn der HERR hat Jammer über mich gebracht am Tage seines grimmigen Zorns.

13 Er hat ein Feuer aus der Höhe in meine Gebeine gesandt und läßt es wüten. Er hat meinen Füßen ein Netz gestellt und mich rückwärts fallen lassen; er hat mich zur Wüste gemacht, daß ich für immer siech bin.

14 Schwer ist das Joch meiner Sünden; durch seine Hand sind sie zusammengeknüpft. Sie sind mir auf den Hals gekommen, so daß mir alle meine Kraft vergangen ist. Der Herr hat mich in die Gewalt derer gegeben, gegen die ich nicht aufkommen kann.

15 Der Herr hat zertreten alle meine Starken, die ich hatte; er hat gegen mich ein Fest ausrufen lassen, um meine junge Mannschaft zu verderben. Der Herr hat die Kelter getreten der Jungfrau, der Tochter Juda.

16 Darüber weine ich so, und mein Auge fließt von Tränen; denn der Tröster, der meine Seele erquicken sollte, ist ferne von mir. Meine Kinder sind dahin; denn der Feind hat die Oberhand gewonnen.»

17 Zion streckt ihre Hände aus, und doch ist niemand da, der sie tröstet; denn der HERR hat gegen Jakob seine Feinde ringsum aufgeboten, so daß Jerusalem zwischen ihnen sein muß wie ein unreines Weib.

18 Der HERR ist gerecht, denn ich bin seinem Worte ungehorsam gewesen. Höret, alle Völker, und schaut meinen Schmerz! Meine Jungfrauen und Jünglinge sind in die Gefangenschaft gegangen.

19 Ich rief meine Freunde, aber sie ließen mich im Stich. Meine Priester und meine Ältesten sind in der Stadt verschmachtet, sie gehen nach Brot, um ihr Leben zu erhalten.

20 Ach HERR, sieh doch, wie bange ist mir, daß mir's im Leibe davon weh tut! Mir dreht sich das Herz im Leibe um, weil ich so ungehorsam gewesen bin. Draußen hat mich das Schwert und im Hause hat mich der Tod meiner Kinder beraubt.

21 Man hört's wohl, daß ich seufze, und doch habe ich keinen Tröster; alle meine Feinde hören mein Unglück und freuen sich, daß du es gemacht hast. So laß doch den Tag kommen, den du verkündet hast, daß es ihnen gehen soll wie mir.

22 Laß alle ihre Bosheit vor dich kommen und richte sie zu, wie du mich zugerichtet hast um aller meiner Missetat willen; denn meiner Seufzer sind viel, und mein Herz ist betrübt.

Klage über die Verwüstung Judas und Jerusalems

2 Wie hat der Herr die Tochter Zion mit seinem Zorn überschüttet! Er hat die Herrlichkeit Israels vom Himmel auf die Erde geworfen; er hat nicht gedacht an seinen Fußschemel am Tage seines Zorns.

2 Der Herr hat alle Wohnungen Jakobs ohne Erbarmen vertilgt, er hat die Burgen der Tochter Juda abgebrochen in seinem Grimm und geschleift. Er hat entweiht ihr Königreich und ihre Fürsten.

3 Er hat alle Macht Israels in seinem grimmigen Zorn zerbrochen, er hat seine rechte Hand zurückgezogen, als der Feind kam, und hat in Jakob gewütet wie ein flammendes Feuer, das alles ringsum verzehrt.

4 Er hat seinen Bogen gespannt wie ein Feind; seine rechte Hand hat er geführt wie ein Widersacher und hat alles getötet, was lieblich anzusehen war im Zelt der Tochter Zion, und hat seinen Grimm wie Feuer ausgeschüttet.

5 Der Herr ist wie ein Feind geworden, er hat Israel vertilgt. Er hat zerstört alle Paläste und hat die Burgen vernichtet; er hat der Tochter Juda viel Jammer und Leid gebracht.

6 Er hat sein eigenes Zelt zerwühlt wie einen Garten und seine Wohnung vernichtet. Der HERR hat in Zion Feiertag und Sabbat vergessen lassen, und in seinem grimmigen Zorn ließ er König und Priester schänden.

7 Der Herr hat seinen Altar verworfen und sein Heiligtum entweiht. Er hat die Mauern ihrer Paläste in des Feindes

Hände gegeben, daß sie im Hause des
HERRN Geschrei erhoben haben wie an
einem Feiertag.
8 Der HERR gedachte zu vernichten die
Mauer der Tochter Zion; er hat die Meß-
schnur über die Mauern gezogen und
seine Hand nicht abgewendet, bis er sie
vertilgte. Er ließ Mauer und Wall trauern
und miteinander fallen.
9 Ihre Tore sind tief in die Erde gesun-
ken; er hat ihre Riegel zerbrochen und
zunichte gemacht. Ihr König und ihre
Fürsten sind unter den Heiden, wo sie
das Gesetz nicht üben können, und ihre
Propheten haben keine Gesichte vom
HERRN.
10 Die Ältesten der Tochter Zion sitzen
auf der Erde und sind still, sie werfen
Staub auf ihre Häupter und haben den
Sack angezogen. Die Jungfrauen von Je-
rusalem senken ihre Köpfe zur Erde.
11 Ich habe mir fast die Augen ausge-
weint, mein Leib tut mir weh, mein Herz
ist auf die Erde ausgeschüttet über dem
Jammer der Tochter meines Volks, weil
die Säuglinge und Unmündigen auf den
Gassen in der Stadt verschmachten.
12 Zu ihren Müttern sprechen sie: Wo
ist Brot und Wein?, da sie auf den Gassen
in der Stadt verschmachten wie die töd-
lich Verwundeten und in den Armen
ihrer Mütter den Geist aufgeben.
13 Ach du Tochter Jerusalem, wem soll
ich dich vergleichen, und wie soll ich dir
zureden? Du Jungfrau, Tochter Zion,
wem soll ich dich vergleichen, damit ich
dich tröste? Denn dein Schaden ist groß
wie das Meer. Wer kann dich heilen?
14 Deine Propheten haben dir trügeri-
sche und törichte Gesichte verkündet und
dir deine Schuld nicht offenbart, wodurch
sie dein Geschick abgewandt hätten, son-
dern sie haben dich Worte hören lassen,
die Trug waren und dich verführten.
15 Alle, die vorübergehen, klatschen in
die Hände, pfeifen und schütteln den
Kopf über die Tochter Jerusalem: Ist das
die Stadt, von der man sagte, sie sei
die allerschönste, an der sich alles Land
freut?
16 Alle deine Feinde reißen ihr Maul
auf über dich, pfeifen und knirschen mit
den Zähnen und sprechen: Ha! wir haben
sie vertilgt! Das ist der Tag, den wir be-
gehrt haben; wir haben's erlangt, wir ha-
ben's erlebt.
17 Der HERR hat getan, was er vorhatte;
er hat sein Wort erfüllt, das er längst zu-
vor geboten hat. Er hat ohne Erbarmen
zerstört, er hat den Feind über dich froh-
locken lassen und hat die Macht deiner
Widersacher erhöht.
18 Schreie laut zum Herrn, klage, du
Tochter Zion, laß Tag und Nacht Tränen
herabfließen wie einen Bach; höre nicht
auf damit, und dein Augapfel lasse nicht
ab!
19 Steh des Nachts auf und schreie zu
Beginn jeder Nachtwache, schütte dein
Herz aus vor dem Herrn wie Wasser.
Hebe deine Hände zu ihm auf um des
Lebens deiner jungen Kinder willen, die
vor Hunger verschmachten an allen Stra-
ßenecken!
20 HERR, schaue und sieh doch, wen du
so verderbt hast! Sollen denn die Frauen
ihres Leibes Frucht essen, die Kindlein,
die man auf Händen trägt? Sollen denn
Propheten und Priester in dem Heiligtum
des Herrn erschlagen werden?
21 Es lagen in den Gassen auf der Erde
Knaben und Alte; meine Jungfrauen und
Jünglinge sind durchs Schwert gefallen.
Du hast getötet am Tage deines Zorns,
du hast ohne Erbarmen geschlachtet.
22 Du hast von allen Seiten her meine
Feinde gerufen wie zu einem Feiertag, so
daß niemand am Tage des Zorns des
HERRN entronnen und übriggeblieben ist.
Die ich auf den Händen getragen und
großgezogen habe, die hat der Feind um-
gebracht.

Klage und Trost eines Leidenden

3 Ich bin der Mann, der Elend sehen muß
durch die Rute des Grimmes Gottes.
2 Er hat mich geführt und gehen lassen
in die Finsternis und nicht ins Licht.
3 Er hat seine Hand gewendet gegen
mich und erhebt sie gegen mich Tag für
Tag.
4 Er hat mir Fleisch und Haut alt ge-
macht und mein Gebein zerschlagen.
5 Er hat mich ringsum eingeschlossen
und mich mit Bitternis und Mühsal um-
geben.
6 Er hat mich in Finsternis versetzt wie
die, die längst tot sind.

7 Er hat mich ummauert, daß ich nicht
heraus kann, und mich in harte Fesseln
gelegt.
8 Und wenn ich auch schreie und rufe,
so stopft er sich die Ohren zu vor meinem
Gebet.
9 Er hat meinen Weg vermauert mit
Quadern und meinen Pfad zum Irrweg
gemacht.
10 Er hat auf mich gelauert wie ein Bär,
wie ein Löwe im Verborgenen.
11 Er läßt mich den Weg verfehlen, er
hat mich zerfleischt und zunichte gemacht.
12 Er hat seinen Bogen gespannt und
mich dem Pfeil zum Ziel gegeben.
13 Er hat mir seine Pfeile in die Nieren
geschossen.
14 Ich bin ein Hohn für mein ganzes
Volk und täglich ihr Spottlied.
15 Er hat mich mit Bitterkeit gesättigt
und mit Wermut getränkt.
16 Er hat mich auf Kiesel beißen lassen,
er drückte mich nieder in die Asche.
17 Meine Seele ist aus dem Frieden ver-
trieben; ich habe das Gute vergessen.
18 Ich sprach: Mein Ruhm und meine
Hoffnung auf den HERRN sind dahin.
19 Gedenke doch, wie ich so elend und
verlassen, mit Wermut und Bitterkeit ge-
tränkt bin!
20 Du wirst ja daran gedenken, denn
meine Seele sagt mir's.
21 Dies nehme ich zu Herzen, darum
hoffe ich noch:
22 **Die Güte des HERRN ist's, daß wir**
nicht gar aus sind, seine Barmherzigkeit
hat noch kein Ende,
23 **sondern sie ist alle Morgen neu, und**
deine Treue ist groß.
24 **Der HERR ist mein Teil, spricht meine**
Seele; darum will ich auf ihn hoffen.
25 Denn der HERR ist freundlich dem,
der auf ihn harrt, und dem Menschen, der
nach ihm fragt.
26 **Es ist ein köstlich Ding, geduldig sein**
und auf die Hilfe des HERRN hoffen.
27 **Es ist ein köstlich Ding für einen**
Mann, daß er das Joch in seiner Jugend
trage.
28 Er sitze einsam und schweige, wenn
Gott es ihm auferlegt,
29 und stecke seinen Mund in den
Staub; vielleicht ist noch Hoffnung.
30 Er biete die Backe dar dem, der ihn
schlägt, und lasse sich viel Schmach antun.
31 **Denn der Herr verstößt nicht ewig;**
32 **sondern er betrübt wohl und erbarmt**
sich wieder nach seiner großen Güte.
33 **Denn nicht von Herzen plagt und be-**
trübt er die Menschen.
34 Wenn man alle Gefangenen auf
Erden unter die Füße tritt
35 und eines Mannes Recht vor dem
Allerhöchsten beugt
36 und eines Menschen Sache verdreht, –
sollte das der Herr nicht sehen?
37 Wer darf denn sagen, daß solches
geschieht ohne des Herrn Befehl
38 und daß nicht Böses und Gutes
kommt aus dem Munde des Allerhöch-
sten?
39 **Was murren denn die Leute im Leben?**
Ein jeder murre wider seine Sünde!
40 Laßt uns erforschen und prüfen
unsern Wandel und uns zum HERRN be-
kehren!
41 Laßt uns unser Herz samt den Hän-
den aufheben zu Gott im Himmel!
42 Wir, wir haben gesündigt und sind
ungehorsam gewesen, darum hast du
nicht vergeben.
43 Du hast dich in Zorn gehüllt und uns
verfolgt und ohne Erbarmen getötet.
44 Du hast dich mit einer Wolke ver-
deckt, daß kein Gebet hindurch konnte.
45 Du hast uns zu Kehricht und Unrat
gemacht unter den Völkern.
46 Alle unsere Feinde reißen ihr Maul
auf über uns.
47 Wir werden gedrückt und geplagt
mit Schrecken und Angst.
48 Wasserbäche rinnen aus meinen Au-
gen über den Jammer der Tochter meines
Volks.
49 Meine Augen fließen und können's
nicht lassen, und es ist kein Aufhören da,
50 bis der HERR vom Himmel herab-
schaut und darein sieht.
51 Mein Auge macht mir Schmerz we-
gen all der Töchter meiner Stadt.
52 Meine Feinde haben mich ohne
Grund gejagt wie einen Vogel.
53 Sie haben mein Leben in der Grube
zunichte gemacht und Steine auf mich ge-
worfen.
54 Wasser hat mein Haupt über-
schwemmt; da sprach ich: Nun bin ich
verloren.

55 Ich rief aber deinen Namen an,
HERR, unten aus der Grube,
56 und du erhörtest meine Stimme:
«Verbirg deine Ohren nicht vor meinem
Seufzen und Schreien!»
57 Du nahtest dich zu mir, als ich dich
anrief, und sprachst: Fürchte dich nicht!
58 Du führst, Herr, meine Sache und er-
lösest mein Leben.
59 Du siehst, HERR, wie mir Unrecht ge-
schieht; hilf mir zu meinem Recht!
60 Du siehst, wie sie Rache üben wollen,
und kennst alle ihre Gedanken gegen
mich.
61 HERR, du hörst ihr Schmähen und
alle ihre Anschläge gegen mich,
62 die Reden meiner Widersacher und
ihr Geschwätz über mich den ganzen Tag.
63 Sieh doch: ob sie sitzen oder auf-
stehen, singen sie über mich Spottlieder.
64 Vergilt ihnen, HERR, wie sie verdient
haben!
65 Laß ihnen das Herz verstockt wer-
den, laß sie deinen Fluch fühlen!
66 Verfolge sie mit Grimm und ver-
tilge sie unter dem Himmel des HERRN.

Zions Elend und Schmach

4 Wie ist das Gold so ganz dunkel und
das feine Gold so häßlich geworden,
und wie liegen die Edelsteine an allen
Straßenecken zerstreut!
2 Die edlen Kinder Zions, dem Golde
gleich geachtet, wie sind sie nun den
irdenen Töpfen gleich, die ein Töpfer
macht!
3 Auch Schakale reichen ihren Jungen
die Brüste und säugen sie; aber die Toch-
ter meines Volks ist unbarmherzig wie ein
Strauß in der Wüste.
4 Dem Säugling klebt seine Zunge an
seinem Gaumen vor Durst; die kleinen
Kinder verlangen nach Brot, und nie-
mand ist da, der's ihnen bricht.
5 Die früher leckere Speisen aßen, ver-
schmachten jetzt auf den Gassen; die
früher auf Purpur getragen wurden, die
müssen jetzt im Schmutz liegen.
6 Die Missetat der Tochter meines
Volks ist größer als die Sünde Sodoms,
das plötzlich unterging, und keine Hand
kam zu Hilfe.
7 Zions Fürsten waren reiner als der
Schnee und weißer als Milch; ihr Leib
war rötlicher als Korallen, ihr Aussehen
war wie Saphir.
8 Nun aber ist ihre Gestalt so dunkel
vor Schwärze, daß man sie auf den Gassen
nicht erkennt; ihre Haut hängt an den
Knochen, und sie sind so dürr wie ein
Holzscheit.
9 Den durchs Schwert Erschlagenen
ging es besser als denen, die vor Hunger
starben, die verschmachteten und um-
kamen aus Mangel an Früchten des
Ackers.
10 Es haben die barmherzigsten Frauen
ihre Kinder selbst kochen müssen, damit
sie zu essen hatten in dem Jammer der
Tochter meines Volks.
11 Der HERR hat seinen Grimm aus-
toben lassen, er hat seinen grimmigen
Zorn ausgeschüttet; er hat in Zion ein
Feuer angesteckt, das auch ihre Grund-
festen verzehrt hat.
12 Es hätten's die Könige auf Erden
nicht geglaubt noch alle Leute in der
Welt, daß der Widersacher und Feind
zum Tor Jerusalems einziehen könnte.
13 Es ist aber geschehen wegen der Sün-
den ihrer Propheten und wegen der Misse-
taten ihrer Priester, die dort der Gerechten
Blut vergossen haben.
14 Sie irrten hin und her auf den Gassen
wie die Blinden und waren mit Blut be-
sudelt, daß man ihre Kleider nicht an-
rühren konnte;
15 man rief ihnen zu: «Weicht, ihr Un-
reinen! Weicht, weicht, rührt nichts an!»
Wenn sie flohen und umherirrten, so sagte
man auch unter den Heiden: «Sie sollen
nicht länger bei uns bleiben.»
16 Des HERRN Zorn hat sie zerstreut; er
will sie nicht mehr ansehen. Die Priester
ehrte man nicht, und an den Alten übte
man keine Barmherzigkeit.
17 Noch immer blickten unsre Augen
aus nach nichtiger Hilfe, bis sie müde
wurden; und wir warteten auf ein Volk,
das uns doch nicht helfen konnte.
18 Man jagte uns, daß wir auf unsern
Gassen nicht gehen konnten. Da kam
unser Ende; unsere Tage sind aus, unser
Ende ist gekommen.
19 Unsre Verfolger waren schneller als
die Adler unter dem Himmel. Auf den
Bergen haben sie uns verfolgt und in der
Wüste auf uns gelauert.

20 Der Gesalbte des HERRN, der unser
Lebensodem war, ist gefangen worden in
ihren Gruben; wir aber dachten: «In seinem Schatten wollen wir leben unter den
Völkern.»
21 Ja, freue dich nur und sei fröhlich, du
Tochter Edom, die du wohnest im Lande
Uz! Denn der Kelch wird auch zu dir
kommen, daß du trunken wirst und dich
entblößest.
22 Deine Schuld ist abgetan, du Tochter
Zion; der Herr wird dich nicht mehr wegführen lassen. Aber deine Schuld, du
Tochter Edom, wird er heimsuchen und
deine Sünden aufdecken.

Gebet des Volkes in seiner tiefsten Erniedrigung

5 Gedenke, HERR, wie es uns geht; schau
und sieh an unsre Schmach!
2 Unser Erbe ist den Fremden zuteil geworden und unsre Häuser den Ausländern.
3 Wir sind Waisen und haben keinen
Vater; unsre Mütter sind wie Witwen.
4 Unser Wasser müssen wir um Geld
trinken; unser eigenes Holz müssen wir
bezahlen.
5 Mit dem Joch auf unserm Hals treibt
man uns, und wenn wir auch müde sind,
läßt man uns doch keine Ruhe.
6 Wir mußten Ägypten und Assur die
Hand hinhalten, um uns an Brot zu sättigen.
7 Unsre Väter haben gesündigt und leben nicht mehr, wir aber müssen ihre
Schuld tragen.
8 Knechte herrschen über uns, und niemand ist da, der uns von ihrer Hand errettet.
9 Wir müssen unser Brot unter Gefahr
für unser Leben holen, bedroht von dem
Schwert in der Wüste.
10 Unsre Haut ist verbrannt wie in einem Ofen von dem schrecklichen Hunger.
11 Sie haben die Frauen in Zion geschändet und die Jungfrauen in den
Städten Judas.
12 Fürsten wurden von ihnen gehenkt,
und die Alten hat man nicht geehrt.
13 Jünglinge mußten Mühlsteine tragen
und Knaben beim Holztragen straucheln.
14 Es sitzen die Ältesten nicht mehr im
Tor und die Jünglinge nicht mehr beim
Saitenspiel.
15 Unsres Herzens Freude hat ein Ende,
unser Reigen ist in Wehklagen verkehrt.
16 Die Krone ist von unserm Haupt gefallen. O weh, daß wir so gesündigt haben!
17 Darum ist auch unser Herz krank,
und unsre Augen sind trübe geworden
18 um des Berges Zion willen, weil er so
wüst liegt, daß die Füchse darüber laufen.
19 Aber du, HERR, der du ewiglich bleibest und dein Thron von Geschlecht zu
Geschlecht,
20 warum willst du uns so ganz vergessen und uns lebenslang so ganz verlassen?
21 Bringe uns, HERR, zu dir zurück, daß
wir wieder heimkommen; erneue unsre
Tage wie vor alters!
22 Hast du uns denn ganz verworfen,
und bist du allzusehr über uns erzürnt?

DER PROPHET HESEKIEL

Hesekiel schaut die Herrlichkeit des Herrn

1 Im dreißigsten Jahr am fünften Tage
des vierten Monats, als ich unter den
Weggeführten am Fluß Kebar war, tat
sich der Himmel auf, und Gott zeigte mir
Gesichte.
2 Am fünften Tag des Monats – es war
das fünfte Jahr, nachdem der König Jojachin gefangen weggeführt war –,
3 da geschah das Wort des HERRN zu
Hesekiel, dem Sohn des Busi, dem Priester, im Lande der Chaldäer am Fluß Kebar. Dort kam die Hand des HERRN über
ihn.
4 Und ich sah, und siehe, es kam ein ungestümer Wind von Norden her, eine
mächtige Wolke und loderndes Feuer, und
Glanz war rings um sie her, und mitten
im Feuer war es wie blinkendes Kupfer.

5 Und mitten darin war etwas wie vier Gestalten; die waren anzusehen wie Menschen.

6 Und jede von ihnen hatte vier Angesichter und vier Flügel.

7 Und ihre Beine standen gerade, und ihre Füße waren wie Stierfüße und glänzten wie blinkendes, glattes Kupfer.

8 Und sie hatten Menschenhände unter ihren Flügeln an ihren vier Seiten; die vier hatten Angesichter und Flügel.

9 Ihre Flügel berührten einer den andern. Und wenn sie gingen, brauchten sie sich nicht umzuwenden; immer gingen sie in der Richtung eines ihrer Angesichter.

10 Ihre Angesichter waren vorn gleich einem Menschen und zur rechten Seite gleich einem Löwen bei allen vieren und zur linken Seite gleich einem Stier bei allen vieren und hinten gleich einem Adler bei allen vieren.

11 Und ihre Flügel waren nach oben hin ausgebreitet; je zwei Flügel berührten einander, und mit zwei Flügeln bedeckten sie ihren Leib.

12 Immer gingen sie in der Richtung eines ihrer Angesichter; wohin der Geist sie trieb, dahin gingen sie; sie brauchten sich im Gehen nicht umzuwenden.

13 Und in der Mitte zwischen den Gestalten sah es aus, wie wenn feurige Kohlen brennen, und wie Fackeln, die zwischen den Gestalten hin- und herfuhren. Das Feuer leuchtete, und aus dem Feuer kamen Blitze.

14 Und die Gestalten liefen hin und her, daß es aussah wie Blitze.

15 Als ich die Gestalten sah, siehe, da stand je ein Rad auf der Erde bei den vier Gestalten, bei ihren vier Angesichtern.

16 Die Räder waren anzuschauen wie ein Türkis und waren alle vier gleich, und sie waren so gemacht, daß ein Rad im andern war.

17 Nach allen vier Seiten konnten sie gehen; sie brauchten sich im Gehen nicht umzuwenden.

18 Und sie hatten Felgen, und ich sah, ihre Felgen waren voller Augen ringsum bei allen vier Rädern.

19 Und wenn die Gestalten gingen, so gingen auch die Räder mit, und wenn die Gestalten sich von der Erde emporhoben, so hoben die Räder sich auch empor.

20 Wohin der Geist sie trieb, dahin gingen sie, und die Räder hoben sich mit ihnen empor; denn es war der Geist der Gestalten in den Rädern.

21 Wenn sie gingen, so gingen diese auch; wenn sie standen, so standen diese auch; und wenn sie sich emporhoben von der Erde, so hoben sich auch die Räder mit ihnen empor; denn es war der Geist der Gestalten in den Rädern.

22 Aber über den Häuptern der Gestalten war es wie eine Himmelsfeste, wie ein Kristall, unheimlich anzusehen, oben über ihren Häuptern ausgebreitet,

23 daß unter der Feste ihre Flügel gerade ausgestreckt waren, einer an dem andern; und mit zwei Flügeln bedeckten sie ihren Leib.

24 Und wenn sie gingen, hörte ich ihre Flügel rauschen wie große Wasser, wie die Stimme des Allmächtigen, ein Getöse wie in einem Heerlager. Wenn sie aber stillstanden, ließen sie die Flügel herabhängen,

25 und es donnerte im Himmel über ihnen. Wenn sie stillstanden, ließen sie die Flügel herabhängen.

26 Und über der Feste, die über ihrem Haupt war, sah es aus wie ein Saphir, einem Thron gleich, und auf dem Thron saß einer, der aussah wie ein Mensch.

27 Und ich sah, und es war wie blinkendes Kupfer aufwärts von dem, was aussah wie seine Hüften; und abwärts von dem, was wie seine Hüften aussah, erblickte ich etwas wie Feuer und Glanz ringsumher.

28 Wie der Regenbogen steht in den Wolken, wenn es geregnet hat, so glänzte es ringsumher. So war die Herrlichkeit des HERRN anzusehen.

Und als ich sie gesehen hatte, fiel ich auf mein Angesicht und hörte einen reden.

Hesekiels Berufung zum Prophetenamt

2 Und er sprach zu mir: Du Menschenkind, tritt auf deine Füße, so will ich mit dir reden.

2 Und als er so mit mir redete, kam Leben in mich und stellte mich auf meine Füße, und ich hörte dem zu, der mit mir redete.

3 Und er sprach zu mir: Du Menschenkind, ich sende dich zu den Kindern

Israel, zu dem abtrünnigen Volk, das von mir abtrünnig geworden ist. Sie und ihre Väter haben bis auf diesen heutigen Tag wider mich gesündigt.

4 Und die Kinder, zu denen ich dich sende, haben harte Köpfe und verstockte Herzen. Zu denen sollst du sagen: «So spricht Gott der HERR!»

5 Sie gehorchen oder lassen es – denn sie sind ein Haus des Widerspruchs –, dennoch sollen sie wissen, daß ein Prophet unter ihnen ist.

6 Und du, Menschenkind, sollst dich vor ihnen nicht fürchten noch vor ihren Worten fürchten. Es sind wohl widerspenstige und stachlige Dornen um dich, und du wohnst unter Skorpionen; aber du sollst dich nicht fürchten vor ihren Worten und dich vor ihrem Angesicht nicht entsetzen – denn sie sind ein Haus des Widerspruchs –,

7 sondern du sollst ihnen meine Worte sagen, sie gehorchen oder lassen es; denn sie sind ein Haus des Widerspruchs.

8 Aber du, Menschenkind, höre, was ich dir sage, und widersprich nicht wie das Haus des Widerspruchs. Tu deinen Mund auf und iß, was ich dir geben werde.

9 Und ich sah, und siehe, da war eine Hand gegen mich ausgestreckt, die hielt eine Schriftrolle.

10 Die breitete sie aus vor mir, und sie war außen und innen beschrieben, und darin stand geschrieben Klage, Ach und Weh.

3 Und er sprach zu mir: Du Menschenkind, iß, was du vor dir hast! Iß diese Schriftrolle und geh hin und rede zum Hause Israel!

2 Da tat ich meinen Mund auf, und er gab mir die Rolle zu essen

3 und sprach zu mir: Du Menschenkind, du mußt diese Schriftrolle, die ich dir gebe, in dich hinein essen und deinen Leib damit füllen. Da aß ich sie, und sie war in meinem Munde so süß wie Honig.

4 Und er sprach zu mir: Du Menschenkind, geh hin zum Hause Israel und verkündige ihnen meine Worte.

5 Denn ich sende dich ja nicht zu einem Volk, das unbekannte Worte und eine fremde Sprache hat, sondern zum Hause Israel,

6 nicht zu vielen Völkern, die unbekannte Worte und eine fremde Sprache haben, deren Worte du nicht verstehen könntest. Und wenn ich dich zu solchen sendete, würden **sie** dich gern hören.

7 Aber das Haus Israel will **dich** nicht hören, denn sie wollen **mich** nicht hören; denn das ganze Haus Israel hat harte Stirnen und verstockte Herzen.

8 Siehe, ich habe dein Angesicht so hart gemacht wie ihr Angesicht und deine Stirn so hart wie ihre Stirn.

9 Ja, ich habe deine Stirn so hart wie einen Diamanten gemacht, der härter ist als ein Kieselstein. Darum fürchte dich nicht, entsetze dich auch nicht vor ihnen; denn sie sind ein Haus des Widerspruchs.

10 Und er sprach zu mir: Du Menschenkind, alle meine Worte, die ich dir sage, die fasse mit dem Herzen und nimm sie zu Ohren!

11 Und geh hin zu den Weggeführten deines Volks und verkündige ihnen und sprich zu ihnen: «So spricht Gott der HERR!», sie hören oder lassen es.

Hesekiel wird zum Wächter über Israel bestellt

12 Und der Geist hob mich empor, und ich hörte hinter mir ein Getöse wie von einem großen Erdbeben, als die Herrlichkeit des HERRN sich erhob von ihrem Ort.

13 Und es war ein Rauschen von den Flügeln der Gestalten, die aneinander schlugen, und auch ein Rasseln der Räder neben ihnen wie das Getöse eines großen Erdbebens.

14 Da hob mich der Geist empor und führte mich weg. Und ich fuhr dahin im bitteren Grimm meines Geistes, und die Hand des HERRN lag schwer auf mir.

15 Und ich kam zu den Weggeführten, die am Fluß Kebar wohnten, nach Tel-Abib und setzte mich zu denen, die dort wohnten, und blieb dort unter ihnen sieben Tage ganz verstört.

16 Und als die sieben Tage um waren, geschah des HERRN Wort zu mir:

17 **Du Menschenkind, ich habe dich zum Wächter gesetzt über das Haus Israel. Du wirst aus meinem Munde das Wort hören und sollst sie in meinem Namen warnen.**

18 **Wenn ich dem Gottlosen sage: Du mußt des Todes sterben! und du warnst ihn nicht und sagst es ihm nicht, um den**

Gottlosen vor seinem gottlosen Wege zu
warnen, damit er am Leben bleibe, – so
wird der Gottlose um seiner Sünde willen
sterben, aber sein Blut will ich von deiner
Hand fordern.
19 **Wenn du aber den Gottlosen warnst**
und er sich nicht bekehrt von seinem gott-
losen Wesen und Wege, so wird er um seiner
Sünde willen sterben, aber du hast dein
Leben errettet.
20 Und wenn sich ein Gerechter von
seiner Gerechtigkeit abwendet und Un-
recht tut, so werde ich ihn zu Fall bringen,
und er muß sterben. Denn weil du ihn
nicht gewarnt hast, wird er um seiner
Sünde willen sterben müssen, und seine
Gerechtigkeit, die er getan hat, wird nicht
angesehen werden; aber sein Blut will ich
von deiner Hand fordern.
21 Wenn du aber den Gerechten warnst,
daß er nicht sündigen soll, und er sündigt
auch nicht, so wird er am Leben bleiben;
denn er hat sich warnen lassen, und du
hast dein Leben errettet.

Der Prophet soll verstummen

22 Und dort kam des HERRN Hand über
mich, und er sprach zu mir: Mach dich
auf und geh hinaus in die Ebene; da will
ich mit dir reden.
23 Und ich machte mich auf und ging
hinaus in die Ebene; und siehe, dort stand
die Herrlichkeit des HERRN, wie ich sie am
Fluß Kebar gesehen hatte; und ich fiel
nieder auf mein Angesicht.
24 Und der Geist kam in mich und
stellte mich auf meine Füße. Und er redete
mit mir und sprach zu mir: Geh hin und
schließ dich ein in deinem Hause!
25 Und du, Menschenkind, siehe, man
wird dir Stricke anlegen und dich damit
binden, daß du nicht unter die Leute
gehen kannst.
26 Und ich will dir die Zunge an deinem
Gaumen kleben lassen, daß du stumm
wirst und sie nicht mehr zurechtweisen
kannst; denn sie sind ein Haus des Wider-
spruchs.
27 Wenn ich aber mit dir reden werde,
will ich dir den Mund auftun, daß du zu
ihnen sagen sollst: «So spricht Gott der
HERR!» Wer es hört, der höre es; wer es
läßt, der lasse es; denn sie sind ein Haus
des Widerspruchs.

Bildliche Darstellung des Gerichts über Jerusalem

4 Und du, Menschenkind, nimm dir
einen Ziegelstein; den lege vor dich hin
und entwirf darauf die Stadt Jerusalem
2 und mache eine Belagerung: baue ein
Bollwerk um sie und schütte einen Wall
gegen sie auf und schlag ein Heerlager auf
und stelle Sturmböcke rings um sie her.
3 Nimm dir aber eine eiserne Platte und
laß sie eine eiserne Mauer sein zwischen
dir und der Stadt und richte dein Ange-
sicht gegen sie und belagere sie. Das sei
ein Zeichen dem Hause Israel.
4 **D**u sollst dich auch auf deine linke
Seite legen und die Schuld des Hauses
Israel auf dich legen. So viele Tage du so
daliegst, so lange sollst du auch ihre
Schuld tragen.
5 Ich will dir aber die Jahre ihrer Schuld
auflegen, für jedes Jahr einen Tag, näm-
lich dreihundertneunzig Tage. So lange
sollst du die Schuld des Hauses Israel tra-
gen.
6 Und wenn du dies vollbracht hast,
sollst du danach dich auf deine rechte Seite
legen und sollst tragen die Schuld des Hau-
ses Juda vierzig Tage lang; denn ich gebe
dir hier auch je einen Tag für ein Jahr.
7 Richte aber dein Angesicht und deinen
bloßen Arm gegen das belagerte Jerusa-
lem und weissage gegen die Stadt.
8 Und siehe, ich will dir Stricke anlegen,
daß du dich nicht wenden kannst von
einer Seite zur andern, bis du die Tage
deiner Belagerung vollendet hast.
9 **N**imm dir aber Weizen, Gerste, Boh-
nen, Linsen, Hirse und Spelt und tu alles
in **ein** Gefäß und mache dir Brot daraus,
daß du daran zu essen hast, so lange du
auf deiner Seite liegen mußt – dreihun-
dertneunzig Tage,
10 so daß deine Speise, die du täglich
essen sollst, abgewogen zwanzig Lot sei;
so viel darfst du von einem Tag zum an-
dern essen.
11 Das Wasser sollst du auch abgemes-
sen trinken, nämlich den sechsten Teil
von einer Kanne; so viel darfst du von
einem Tag zum andern trinken.
12 Gerstenfladen sollst du essen, die du
vor den Augen der Leute auf Menschen-
kot backen sollst.

13 Und der HERR sprach: So sollen die
Kinder Israel ihr unreines Brot essen un-
ter den Heiden, zu denen ich sie verstoßen
werde.
14 Ich aber sprach: Ach, Herr HERR!
Siehe, ich bin noch nie unrein geworden;
denn ich habe von meiner Jugend an bis
auf diese Zeit niemals Fleisch von einem
gefallenen oder zerrissenen Tier gegessen,
und nie ist unreines Fleisch in meinen
Mund gekommen.
15 Er aber sprach zu mir: Sieh, ich will
dir Kuhmist statt Menschenkot zulassen,
dein Brot darauf zu bereiten.
16 Und er sprach zu mir: Du Men-
schenkind, siehe, ich will den Vorrat an
Brot in Jerusalem wegnehmen, daß sie
das Brot abgewogen essen müssen und
mit Kummer, und das Wasser abgemessen
trinken müssen und mit Schaudern,
17 damit sie an Brot und Wasser Man-
gel leiden und sie, einer wie der andere,
erschaudern und in ihrer Schuld ver-
schmachten sollen.
5 Und du, Menschenkind, nimm ein
scharfes Schwert und brauche es als
Schermesser und fahr damit über dein
Haupt und deinen Bart und nimm eine
Waage und teile das Haar:
2 ein Drittel sollst du mit Feuer ver-
brennen mitten in der Stadt, wenn die
Tage der Belagerung um sind; ein anderes
Drittel nimm und schlag's mit dem
Schwert ringsumher; das letzte Drittel
streue in den Wind, und ich will hinter
ihnen her das Schwert ziehen.
3 Nimm aber ein klein wenig davon und
binde es in deinen Mantelzipfel.
4 Und nimm noch einmal etwas davon
und wirf's ins Feuer und verbrenne es;
davon soll ein Feuer ausbrechen über das
ganze Haus Israel.

Begründung und Beschreibung des Gerichts über Jerusalem

5 So spricht Gott der HERR: Das ist
Jerusalem, das ich mitten unter die Hei-
den gesetzt habe und unter die Länder
ringsumher!
6 Aber es widersprach meinen Ordnun-
gen und trieb es schlimmer als die Heiden
und war gegen meine Gebote ungehor-
samer als die Länder, die ringsumher lie-
gen. Denn sie verwarfen meine Ordnun-
gen und wollten nicht nach meinen Ge-
boten leben.
7 Darum spricht Gott der HERR: Weil
ihr es schlimmer getrieben habt als die
Heiden, die um euch her sind, und nach
meinen Geboten nicht gelebt und meine
Ordnungen nicht gehalten habt und nicht
einmal nach den Ordnungen der Heiden
gelebt habt, die um euch her sind,
8 so spricht Gott der HERR: Siehe, auch
ich will an dich und Gericht über dich er-
gehen lassen, daß die Heiden zusehen
sollen,
9 und will so mit dir umgehen, wie ich
es nie getan habe und auch nicht mehr tun
werde, um aller deiner Greuel willen.
10 Darum sollen in deiner Mitte Väter
ihre Kinder und Kinder ihre Väter fressen;
und ich will ein solches Gericht über dich
ergehen lassen, daß alle, die von dir übrig-
geblieben sind, in alle Winde zerstreut
werden.
11 Darum, so wahr ich lebe, spricht
Gott der HERR: weil du mein Heiligtum
mit all deinen Götzen und Greueln unrein
gemacht hast, will auch ich dich zerschla-
gen, und mein Auge soll ohne Mitleid auf
dich blicken, und ich will nicht gnädig sein.
12 Es soll ein Drittel von dir an der Pest
sterben und durch Hunger vernichtet
werden in deiner Mitte, und das zweite
Drittel soll durchs Schwert fallen rings
um dich her, und das letzte Drittel will
ich in alle Winde zerstreuen und will hin-
ter ihnen her das Schwert ziehen.
13 So soll mein Zorn vollendet werden
und mein Grimm über sie zum Ziel kom-
men, daß ich meinen Mut kühle, und sie
sollen erfahren, daß ich, der HERR, es in
meinem Eifern geredet habe, wenn ich
meinen Grimm an ihnen vollende.
14 Ich will dich zur Wüste und zur
Schmach machen unter den Völkern, die
um dich her sind, vor den Augen aller, die
vorübergehen.
15 Und du sollst zur Schmach, zum
Hohn, zur Warnung und zum Entsetzen
werden für alle Völker, die um dich her
sind, wenn ich über dich Gericht ergehen
lasse mit Zorn, Grimm und zornigem
Schelten – das sage ich, der HERR –
16 und wenn ich böse Pfeile des Hun-
gers unter euch schießen werde, die Ver-
derben bringen und die ich schießen

werde, um euch zu verderben, und wenn
ich den Hunger bei euch immer größer
werden lasse und euch den Vorrat an
Brot wegnehme.
17 Ja, Hunger und wilde Tiere will ich
unter euch schicken, die sollen euch kin-
derlos machen, und es soll Pest und Blut-
vergießen bei dir umgehen, und ich will
das Schwert über dich bringen. Ich, der
HERR, habe es gesagt.

Die kommende Verwüstung des Landes

6 Und des HERRN Wort geschah zu
mir:
2 Du Menschenkind, richte dein Ange-
sicht gegen die Berge Israels und weissage
gegen sie
3 und sprich: Ihr Berge Israels, höret
das Wort Gottes des HERRN! So spricht
Gott der HERR zu den Bergen und Hügeln,
zu den Gründen und Tälern: Siehe, ich
will das Schwert über euch bringen und
eure Opferhöhen zerstören,
4 daß eure Altäre verwüstet und eure
Rauchopfersäulen zerbrochen werden,
und will eure Erschlagenen vor eure Göt-
zen werfen;
5 ja, ich will die Leichname der Kinder
Israel vor ihre Götzen hinwerfen und
will eure Gebeine um eure Altäre her ver-
streuen.
6 Überall, wo ihr wohnt, sollen die
Städte verwüstet und die Opferhöhen zur
Einöde werden; denn man wird eure
Altäre wüst und zur Einöde machen und
eure Götzen zerbrechen und zunichte ma-
chen und eure Rauchopfersäulen zer-
schlagen und eure Machwerke vertilgen.
7 Und Erschlagene sollen mitten unter
euch daliegen, und ihr sollt erfahren, daß
ich der HERR bin.
8 Ich will aber einige von euch übrig-
lassen, die dem Schwert entgehen, unter
den Völkern, wenn ich euch in die Länder
zerstreut habe.
9 Diese eure Entronnenen werden dann
an mich denken unter den Völkern, wo-
hin sie gefangen weggeführt sind, wenn
ich ihr abgöttisches Herz, das von mir ge-
wichen ist, und ihre abgöttischen Augen,
die nach ihren Götzen sahen, zerschlagen
habe. Und es wird sie ekeln vor all dem
Bösen, das sie mit all ihren Greueln be-
gangen haben,
10 und sie werden erfahren, daß ich der
HERR bin; nicht umsonst habe ich geredet,
solches Unglück ihnen zu tun.
11 So spricht Gott der HERR: Schlag
deine Hände zusammen und stampfe mit
deinem Fuße und sprich: Weh über alle
schlimmen Greuel des Hauses Israel,
derentwegen sie durch Schwert, Hunger
und Pest fallen müssen!
12 Wer ferne ist, wird an der Pest ster-
ben, und wer nahe ist, wird durchs
Schwert fallen; wer aber übrigbleibt und
davor bewahrt ist, wird vor Hunger ster-
ben. So will ich meinen Grimm unter
ihnen vollenden,
13 daß ihr erfahren sollt, daß ich der
HERR bin, wenn ihre Erschlagenen mitten
unter ihren Götzen liegen um ihre Altäre
her, oben auf allen Hügeln und oben auf
allen Bergen und unter allen grünen Bäu-
men und unter allen dichten Eichen, über-
all, wo sie all ihren Götzen lieblichen
Opferduft darbrachten.
14 Ich will meine Hand gegen sie aus-
strecken und das Land wüst und öde ma-
chen von der Wüste an bis nach Ribla
überall, wo sie wohnen, und sie sollen
erfahren, daß ich der HERR bin.

Das Ende naht

7 Und des HERRN Wort geschah zu
mir:
2 Du Menschenkind, so spricht Gott
der HERR zum Land Israels: Das Ende
kommt, das Ende über alle vier Enden des
Landes.
3 Nun kommt das Ende über dich; denn
ich will meinen Zorn über dich senden
und will dich richten, wie du verdient
hast, und will alle deine Greuel über dich
bringen.
4 Mein Auge soll ohne Mitleid auf dich
blicken, und ich will nicht gnädig sein,
sondern ich will dir geben, wie du ver-
dient hast, und deine Greuel sollen über
dich kommen, daß ihr erfahrt, daß ich der
HERR bin.
5 So spricht Gott der HERR: Siehe, es
kommt ein Unglück über das andere!
6 Das Ende kommt, es kommt das
Ende, es ist erwacht über dich; siehe, es
kommt!
7 Es geht schon an und bricht herein
über dich, du Bewohner des Landes. Die

Zeit kommt, der Tag des Jammers ist
nahe, an dem kein Singen mehr auf den
Bergen sein wird.
8 Nun will ich bald meinen Grimm über
dich schütten und meinen Zorn an dir
vollenden und will dich richten, wie du
verdient hast, und alle deine Greuel über
dich bringen.
9 Mein Auge soll ohne Mitleid auf dich
blicken, und ich will nicht gnädig sein,
sondern ich will dir geben, wie du ver-
dient hast, und deine Greuel sollen über
dich kommen, daß ihr erfahrt, daß ich der
HERR bin, der euch schlägt.
10 Siehe, der Tag, siehe, er kommt, er
bricht an! Unrecht blüht, und Vermessen-
heit grünt.
11 Gewalttat hat sich erhoben und wird
zur Rute des Frevels; nichts ist mehr von
ihnen da und nichts von ihrem Reichtum,
nichts von ihrer Pracht und nichts von
ihrer Herrlichkeit.
12 Es kommt die Zeit, es naht der Tag!
Der Käufer freue sich nicht, und der Ver-
käufer traure nicht; denn es kommt der
Zorn über all ihren Reichtum.
13 Denn der Verkäufer wird zum Ver-
kaufen nicht zurückkehren, auch wenn er
noch am Leben ist; denn der Zorn über
all ihren Reichtum wird sich nicht wen-
den; um seiner Missetat willen wird keiner
sein Leben erhalten können.
14 Laßt sie die Posaune nur blasen und
alles zurüsten; es wird doch niemand in
den Krieg ziehen, denn mein Zorn ist ent-
brannt über all ihren Reichtum.
15 Draußen das Schwert, drinnen Pest
und Hunger! Wer auf dem Feld ist, der
wird vom Schwert sterben; wer in der
Stadt ist, den werden Pest und Hunger
fressen.
16 Und die von ihnen entrinnen, die
werden auf den Bergen sein wie gurrende
Tauben in den Schluchten, sie alle, ein
jeder wegen seiner Missetat.
17 Alle Hände werden herabsinken, und
alle Knie werden weich.
18 Und sie werden Säcke anlegen und
mit Furcht überschüttet sein, und auf allen
Gesichtern liegt Scham, und alle Köpfe
werden kahl geschoren.
19 Sie werden ihr Silber hinaus auf die
Gassen werfen und ihr Gold wie Unrat
achten; denn ihr Silber und Gold kann sie
nicht retten am Tage des Zorns des
HERRN. Sie werden sich damit nicht sätti-
gen und ihren Bauch damit nicht füllen;
denn es wurde zum Anlaß ihrer Missetat.
20 Sie haben ihre edlen Kleinode zur
Hoffart verwendet und Bilder ihrer greu-
lichen Götzen, ihrer Scheusale, daraus ge-
macht. Darum will ich ihnen all das zum
Unrat machen
21 und will es Fremden in die Hände
geben, daß sie es rauben, und den Gott-
losen auf Erden zur Beute, daß sie es ent-
heiligen.
22 Ich will mein Angesicht von ihnen ab-
wenden, und mein Kleinod soll entheiligt
werden; ja, Räuber sollen darüber kom-
men und es entheiligen.
23 Mache Ketten! Denn das Land ist
voll Blutschuld und die Stadt voll Frevel.
24 So will ich die Schlimmsten unter den
Völkern herbringen, die sollen ihre Häu-
ser einnehmen; und ich will der Hoffart
der Gewaltigen ein Ende machen, und
entheiligt werden ihre Heiligtümer.
25 Angst kommt; da werden sie Heil
suchen, aber es wird nicht zu finden sein.
26 Ein Unglück wird über das andere
kommen, eine schlimme Kunde nach der
andern. So werden sie dann eine Offen-
barung bei den Propheten suchen; auch
wird nicht mehr Weisung bei den Priestern
noch Rat bei den Ältesten sein.
27 Der König wird trauern, und die
Fürsten werden sich in Entsetzen kleiden,
und die Hände des Volks des Landes wer-
den kraftlos sein. Ich will mit ihnen um-
gehen, wie sie gelebt haben, und will sie
richten, wie sie verdient haben, daß sie
erfahren sollen, daß ich der HERR bin.

Die Greuel des Götzendienstes im Tempel

8 Und es begab sich im sechsten Jahr
am fünften Tage des sechsten Monats.
Ich saß in meinem Hause, und die Ältesten
von Juda saßen vor mir. Da fiel die Hand
Gottes des HERRN auf mich.
2 Und ich sah, und siehe, da war eine
Gestalt wie ein Mann, und abwärts von
dem, was wie seine Hüften aussah, war es
wie Feuer, aber oberhalb seiner Hüften
war ein Glanz zu sehen wie blinkendes
Kupfer.
3 Und er streckte etwas wie eine Hand
aus und ergriff mich bei dem Haar meines

Hauptes. Da führte mich der Geist fort zwischen Himmel und Erde und brachte mich nach Jerusalem in göttlichen Gesichten zu dem Eingang des inneren Tores, das gegen Norden liegt, wo ein Bild stand zum Ärgernis für den Herrn.

4 Und siehe, dort war die Herrlichkeit des Gottes Israels, so wie ich sie in der Ebene gesehen hatte.

5 Und er sprach zu mir: Du Menschenkind, hebe deine Augen auf nach Norden. Und als ich meine Augen aufhob nach Norden, siehe, da stand nördlich vom Tor ein Altar, da, wo es zu dem Bild geht, das für den Herrn ein Ärgernis war.

6 Und er sprach zu mir: Du Menschenkind, siehst du auch, was diese tun? Große Greuel sind es, die das Haus Israel hier tut, um mich von meinem Heiligtum zu vertreiben. Aber du wirst noch größere Greuel sehen.

7 Und er führte mich zur Tür des Vorhofes. Da sah ich, und siehe, da war ein Loch in der Wand.

8 Und er sprach zu mir: Du Menschenkind, brich ein Loch durch die Wand. Und als ich ein Loch durch die Wand gebrochen hatte, siehe, da war eine Tür.

9 Und er sprach zu mir: Geh hinein und schaue die schlimmen Greuel, die sie hier treiben.

10 Und als ich hineinkam und schaute, siehe, da waren lauter Bilder von Gewürm und scheußlichem Getier und allen Götzen des Hauses Israel, ringsherum an den Wänden eingegraben.

11 Davor standen siebzig Männer von den Ältesten des Hauses Israel, und Jaasanja, der Sohn Schaphans, stand mitten unter ihnen. Und ein jeder hatte sein Räucherfaß in der Hand, und der Duft einer Wolke von Weihrauch stieg auf.

12 Und er sprach zu mir: Menschenkind, siehst du, was die Ältesten des Hauses Israel tun in der Finsternis, ein jeder in der Kammer seines Götzenbildes? Denn sie sagen: Der HERR sieht uns nicht, der HERR hat das Land verlassen.

13 Und er sprach zu mir: Du sollst noch größere Greuel sehen, die sie tun.

14 Und er führte mich zum Eingang des Tores am Hause des HERRN, das gegen Norden liegt, und siehe, dort saßen Frauen, die den Tammus beweinten.

15 Und er sprach zu mir: Menschenkind, siehst du das? Aber du sollst noch größere Greuel sehen als diese.

16 Und er führte mich in den inneren Vorhof am Hause des HERRN; und siehe, vor dem Eingang zum Tempel des HERRN, zwischen der Vorhalle und dem Altar, standen etwa fünfundzwanzig Männer, die ihren Rücken gegen den Tempel des HERRN und ihr Gesicht gegen Osten gewendet hatten und beteten gegen Osten die Sonne an.

17 Und er sprach zu mir: Menschenkind, siehst du das? Ist es dem Hause Juda nicht genug, diese Greuel hier zu treiben, daß sie auch sonst das ganze Land mit Gewalt und Unrecht erfüllen und mich immer wieder reizen? Und siehe, sie halten sich die Weinrebe an die Nase.*

18 Darum will ich auch mit Grimm an ihnen handeln, und mein Auge soll ohne Mitleid auf sie blicken, und ich will nicht gnädig sein. Wenn sie auch mit lauter Stimme mir in die Ohren schreien, will ich sie doch nicht hören.

Die Heimsuchung Jerusalems

9 Und er rief mit lauter Stimme vor meinen Ohren und sprach: Gekommen ist die Heimsuchung der Stadt; ein jeder habe sein Werkzeug zur Zerstörung in seiner Hand!

2 Und siehe, da kamen sechs Männer auf dem Wege vom oberen Tor her, das gegen Norden liegt, und jeder hatte ein Werkzeug zum Zerschlagen in seiner Hand. Aber es war einer unter ihnen, der hatte ein Kleid von Leinwand an und ein Schreibzeug an seiner Seite. Und sie kamen heran und traten neben den kupfernen Altar.

3 Und die Herrlichkeit des Gottes Israels erhob sich von dem Cherub, über dem sie war, zu der Schwelle des Tempels am Hause, und der HERR rief dem, der das Kleid von Leinwand anhatte und das Schreibzeug an seiner Seite,

4 und sprach zu ihm: Geh durch die Stadt Jerusalem und zeichne mit einem Zeichen an der Stirn die Leute, die da seufzen und jammern über alle Greuel, die darin geschehen.

5 Zu den andern Männern aber sprach er, so daß ich es hörte: Geht ihm nach

*Gemeint ist ein abgöttischer Brauch.

durch die Stadt und schlagt drein; eure
Augen sollen ohne Mitleid blicken und
keinen verschonen.
6 Erschlagt Alte, Jünglinge, Jungfrauen,
Kinder und Frauen, schlagt alle tot; aber
die das Zeichen an sich haben, von denen
sollt ihr keinen anrühren. Fangt aber an
bei meinem Heiligtum! Und sie fingen an
bei den Ältesten, die vor dem Tempel
waren.
7 Und er sprach zu ihnen: Macht den
Tempel unrein, füllt die Vorhöfe mit Erschlagenen; dann geht hinaus! Und sie
gingen hinaus und erschlugen die Leute in
der Stadt.
8 Und als sie die erschlagen hatten, war
ich noch übrig. Und ich fiel auf mein Angesicht, schrie und sprach: Ach, Herr
HERR, willst du denn den ganzen Rest
Israels verderben, daß du deinen Zorn so
ausschüttest über Jerusalem?
9 Und er sprach zu mir: Die Missetat
des Hauses Israel und Juda ist allzu groß;
es ist lauter Blutschuld im Lande und lauter Unrecht in der Stadt. Denn sie sprechen: Der HERR hat das Land verlassen,
der HERR sieht uns nicht.
10 Darum soll mein Auge ohne Mitleid
auf sie blicken, ich will auch nicht gnädig
sein, sondern will ihr Tun auf ihren Kopf
kommen lassen.
11 Und siehe, der Mann, der das Kleid
von Leinwand anhatte und das Schreibzeug an seiner Seite, antwortete und
sprach: Ich habe getan, wie du mir geboten hast.

Die Herrlichkeit Gottes über den Cherubim

10 Und ich sah, und siehe, an der Himmelsfeste über dem Haupt der
Cherubim glänzte es wie ein Saphir, und
über ihnen war etwas zu sehen wie ein
Thron.
2 Und er sprach zu dem Mann in dem
Kleid von Leinwand: Geh hinein zwischen das Räderwerk unter dem Cherub
und fülle deine Hände mit glühenden
Kohlen, die zwischen den Cherubim sind,
und streue sie über die Stadt. Und er ging
hinein vor meinen Augen.
3 Die Cherubim aber standen zur Rechten am Hause des Herrn, als der Mann
hineinging, und die Wolke erfüllte den
inneren Vorhof.
4 Und die Herrlichkeit des HERRN erhob
sich von dem Cherub zur Schwelle des
Hauses, und das Haus wurde erfüllt mit
der Wolke und der Vorhof mit dem Glanz
der Herrlichkeit des HERRN.
5 Und man hörte die Flügel der Cherubim rauschen bis in den äußeren Vorhof
wie die Stimme des allmächtigen Gottes,
wenn er redet.
6 Und als er dem Mann in dem Kleid
von Leinwand geboten hatte: Nimm von
dem Feuer zwischen dem Räderwerk
zwischen den Cherubim, ging dieser hinein und trat neben das Rad.
7 Und der Cherub streckte seine Hand
aus der Mitte der Cherubim hin zum
Feuer, das zwischen den Cherubim war,
nahm davon und gab es dem Mann in
dem Kleid von Leinwand in die Hände;
der empfing es und ging hinaus.
8 Und es erschien an den Cherubim
etwas wie eines Menschen Hand unter
ihren Flügeln.
9 Und ich sah, und siehe, vier Räder
standen bei den Cherubim, bei jedem
Cherub ein Rad, und die Räder sahen aus
wie ein Türkis,
10 und alle vier sahen eins wie das andere aus; es war, als wäre ein Rad im andern.
11 Wenn sie gehen sollten, so konnten
sie nach allen ihren vier Seiten gehen; sie
brauchten sich im Gehen nicht umzuwenden; sondern wohin das erste ging, da
gingen die andern nach, ohne sich im
Gehen umzuwenden.
12 Und ihr ganzer Leib, Rücken, Hände
und Flügel und die Räder waren voller
Augen um und um bei allen vieren.
13 Und die Räder wurden vor meinen
Ohren «das Räderwerk» genannt.
14 Ein jeder hatte vier Angesichter; das
erste Angesicht war das eines Cherubs, das
zweite das eines Menschen, das dritte das
eines Löwen, das vierte das eines Adlers.
15 Und die Cherubim hoben sich empor.
Es war aber dieselbe Gestalt, die ich am
Fluß Kebar gesehen hatte.
16 Wenn die Cherubim gingen, so gingen auch die Räder mit, und wenn die
Cherubim ihre Flügel schwangen, daß sie
sich von der Erde erhoben, so wandten
sich auch die Räder nicht von ihrer Seite
weg.

17 Wenn jene standen, so standen diese auch; erhoben sie sich, so erhoben sich diese auch; denn es war der Geist der Gestalten in ihnen.

18 Und die Herrlichkeit des HERRN ging wieder hinaus von der Schwelle des Tempels und stellte sich über die Cherubim.

19 Da schwangen die Cherubim ihre Flügel und erhoben sich von der Erde vor meinen Augen, und als sie hinausgingen, gingen die Räder mit. Und sie traten in den Eingang des östlichen Tores am Hause des HERRN, und die Herrlichkeit des Gottes Israels war oben über ihnen.

20 Das waren die Gestalten, die ich unter dem Gott Israels am Fluß Kebar gesehen hatte; und ich merkte, daß es Cherubim waren.

21 Vier Angesichter hatte jeder und vier Flügel und etwas wie Menschenhände unter den Flügeln.

22 Und ihre Angesichter waren so gestaltet, wie ich sie am Fluß Kebar gesehen hatte; und sie gingen in der Richtung eines ihrer Angesichter, wie sie wollten.

Gottes Gericht über die Obersten des Volkes

11 Und der Geist hob mich empor und brachte mich zum Tor am Hause des HERRN, das gegen Osten liegt. Und siehe, im Eingang des Tores waren fünfundzwanzig Männer, und ich sah unter ihnen die Obersten im Volk Jaasanja, den Sohn Asurs, und Pelatja, den Sohn Benajas.

2 Und er sprach zu mir: Menschenkind, das sind die Männer, die Unheil planen und schädlichen Rat geben in dieser Stadt;

3 denn sie sprechen: «Sind nicht vor kurzem die Häuser wieder aufgebaut worden? Die Stadt ist der Topf, wir sind das Fleisch.»

4 Darum sollst du, Menschenkind, gegen sie weissagen.

5 Und der Geist des HERRN fiel auf mich, und er sprach zu mir: Sage: So spricht der HERR: So habt ihr geredet, ihr vom Hause Israel; und eures Geistes Gedanken kenne ich wohl.

6 Ihr habt viele erschlagen in dieser Stadt, und ihre Gassen liegen voll Toter.

7 Darum spricht Gott der HERR: Die ihr in der Stadt getötet habt, die sind das Fleisch, und sie ist der Topf; aber ihr müßt hinaus.

8 Das Schwert, das ihr fürchtet, das will ich über euch kommen lassen, spricht Gott der HERR.

9 Ich will euch aus der Stadt hinaustreiben und Fremden in die Hand geben und will Gericht über euch halten.

10 Ihr sollt durchs Schwert fallen; an der Grenze Israels will ich euch richten; und ihr sollt erfahren, daß ich der HERR bin.

11 Die Stadt aber soll für euch nicht der Topf sein noch ihr das Fleisch darin, sondern an der Grenze Israels will ich euch richten.

12 Und ihr sollt erfahren, daß ich der HERR bin; denn ihr seid nach meinen Geboten nicht gewandelt und habt meine Ordnungen nicht gehalten, sondern habt gelebt nach den Ordnungen der Heiden, die um euch her sind. –

13 Und als ich noch so weissagte, starb Pelatja, der Sohn Benajas. Da fiel ich auf mein Angesicht und schrie mit lauter Stimme und sprach: Ach, Herr HERR, willst du dem Rest Israels ganz und gar ein Ende machen?

Die Verheißung für die Weggeführten

14 Da geschah des HERRN Wort zu mir:

15 Du Menschenkind, die Leute, die noch in Jerusalem wohnen, sagen von deinen Brüdern und Verwandten und dem ganzen Haus Israel: Sie sind ferne vom HERRN, aber uns ist das Land zum Eigentum gegeben.

16 Darum sage: So spricht Gott der HERR: Ja, ich habe sie fern weg unter die Heiden vertrieben und in die Länder zerstreut und bin ihnen nur wenig zum Heiligtum geworden in den Ländern, in die sie gekommen sind.

17 Darum sage: So spricht Gott der HERR: Ich will euch zusammenbringen aus den Völkern und will euch sammeln aus den Ländern, in die ihr zerstreut seid, und will euch das Land Israels geben.

18 Dorthin sollen sie kommen und alle seine Götzen und Greuel daraus wegtun.

19 Und **ich will ihnen ein anderes Herz geben und einen neuen Geist in sie geben und will das steinerne Herz wegnehmen aus ihrem Leibe und ihnen ein fleischernes Herz geben,**

20 damit sie in meinen Geboten wandeln

und meine Ordnungen halten und danach tun. Und sie sollen mein Volk sein, und ich will ihr Gott sein.
21 Denen aber, die mit ihrem Herzen
ihren Götzen und ihren Greueln nachwandeln, will ich ihr Tun auf ihren Kopf kommen lassen, spricht Gott der HERR.

Die Herrlichkeit Gottes verläßt Jerusalem

22 Da schwangen die Cherubim ihre
Flügel, und die Räder gingen mit, und die Herrlichkeit des Gottes Israels war oben über ihnen.
23 Und die Herrlichkeit des HERRN er-
hob sich aus der Stadt und stellte sich auf den Berg, der im Osten vor der Stadt liegt.
24 Und der Geist hob mich empor und
brachte mich nach Chaldäa zu den Weggeführten in einem Gesicht durch den Geist Gottes. Und das Gesicht, das ich geschaut hatte, verschwand vor mir.
25 Und ich sagte den Weggeführten alle
Worte des HERRN, die er mir in Gesichten gezeigt hatte.

Die Wegführung von König und Volk wird in Gleichnishandlungen dargestellt

12 Und des HERRN Wort geschah zu
mir:
2 Du Menschenkind, du wohnst in ei-
nem Haus des Widerspruchs; sie haben wohl Augen, daß sie sehen könnten, und wollen nicht sehen, und Ohren, daß sie hören könnten, und wollen nicht hören; denn sie sind ein Haus des Widerspruchs.
3 Du aber, Menschenkind, pack dir
Sachen wie für die Verbannung und zieh am hellen Tage fort vor ihren Augen. Von deinem Ort sollst du ziehen an einen andern Ort vor ihren Augen. Vielleicht merken sie es, denn sie sind ein Haus des Widerspruchs.
4 Du sollst deine Sachen am hellen Tage
vor ihren Augen herausschaffen wie Gepäck für die Verbannung und am Abend hinausziehen vor ihren Augen, wie man zur Verbannung auszieht,
5 und du sollst dir vor ihren Augen ein
Loch durch die Wand brechen und da hinausziehen,
6 und du sollst deine Schulter vor ihren
Augen beladen und hinausziehen, wenn es dunkel wird! Dein Angesicht sollst du verhüllen, damit du das Land nicht siehst. Denn ich habe dich für das Haus Israel zum Wahrzeichen gesetzt.
7 Und ich tat, wie mir befohlen war, und
trug mein Gepäck hinaus wie Gepäck für die Verbannung am hellen Tage, und am Abend brach ich mit der Hand ein Loch durch die Wand. Und als es dunkel wurde, belud ich meine Schulter und zog hinaus vor ihren Augen.
8 Und frühmorgens geschah des HERRN
Wort zu mir:
9 Du Menschenkind, hat das Haus
Israel, das Haus des Widerspruchs, nicht zu dir gesagt: Was machst du da?
10 Sage zu ihnen: So spricht Gott der
HERR: Diese Last trifft den Fürsten zu Jerusalem und das ganze Haus Israel, das dort wohnt.
11 Sprich: Ich bin euer Wahrzeichen;
wie ich getan habe, so wird ihnen geschehen: fortziehen müssen sie und gefangen weggeführt werden.
12 Ihr Fürst wird seine Habe auf die
Schulter laden, wenn es dunkel wird, und ein Loch durch die Wand brechen und da hinausziehen; sein Angesicht wird er verhüllen, daß er nicht mit seinen Augen das Land sehe.
13 Und ich will mein Netz über ihn
werfen, daß er in meinem Garn gefangen werde, und will ihn nach Babel bringen in der Chaldäer Land, das er jedoch nicht sehen wird, und dort soll er sterben.
14 Und alle, die um ihn her sind, seine
Helfer und seinen ganzen Anhang, will ich in alle Winde zerstreuen und das Schwert ziehen hinter ihnen her.
15 Dann sollen sie erfahren, daß ich der
HERR bin, wenn ich sie unter die Heiden verstoße und in die Länder zerstreue.
16 Aber ich will von ihnen einige wenige
übriglassen vor dem Schwert, dem Hunger und der Pest. Die sollen von all ihren Greueltaten erzählen unter den Heiden, zu denen sie kommen werden; und sie sollen erfahren, daß ich der HERR bin.
17 Und des HERRN Wort geschah zu
mir:
18 Du Menschenkind, du sollst dein
Brot essen mit Beben und dein Wasser trinken mit Zittern und Sorgen.
19 Und sage zum Volk des Landes: So
spricht Gott der HERR zu den Einwohnern Jerusalems über das Land Israels: Sie

müssen ihr Brot essen mit Sorgen und ihr
Wasser trinken mit Schaudern; denn ihr
Land soll wüst werden und leer von allem,
was darin ist, um des Frevels willen all
seiner Bewohner.
20 Und die Städte, die bewohnt sind,
sollen verwüstet werden und das Land
öde; und ihr werdet erfahren, daß ich der
HERR bin.

Gegen die Verächter der Weissagung

21 Und des HERRN Wort geschah zu
mir:
22 Du Menschenkind, was habt ihr da
für ein Gerede im Lande Israels? Ihr sagt:
«Es dauert so lange, und es wird nichts
aus der Weissagung.»
23 Darum sage zu ihnen: So spricht
Gott der HERR: Ich will diesem Gerede
ein Ende machen, daß man es nicht mehr
im Munde führen soll in Israel. Sage viel-
mehr zu ihnen: Die Zeit ist nahe, und alles
kommt, was geweissagt ist.
24 Denn es soll hinfort keine trügenden
Gesichte und keine falsche Offenbarung
mehr geben im Hause Israel.
25 Denn ich bin der HERR. Was ich rede,
das soll geschehen und sich nicht lange
hinausziehen, sondern in eurer Zeit, du
Haus des Widerspruchs, rede ich ein Wort
und tue es auch, spricht Gott der HERR.
26 Und des HERRN Wort geschah zu
mir:
27 Du Menschenkind, siehe, das Haus
Israel spricht: Mit den Gesichten, die die-
ser schaut, dauert's noch lange, und er
weissagt auf Zeiten, die noch ferne sind.
28 Darum sage ihnen: So spricht Gott
der HERR: Was ich rede, soll sich nicht
lange hinausziehen, sondern es soll ge-
schehen, spricht Gott der HERR.

Gegen die falschen Propheten

13 Und des HERRN Wort geschah zu
mir:
2 Du Menschenkind, weissage gegen die
Propheten Israels und sprich zu denen,
die aus eigenem Antrieb heraus weissagen
«Höret des HERRN Wort!»:
3 So spricht Gott der HERR: Weh den tö-
richten Propheten, die ihrem eigenen Geist
folgen und haben doch keine Gesichte!
4 O Israel, deine Propheten sind wie die
Füchse in den Trümmern!
5 Sie sind nicht in die Bresche getreten
und haben sich nicht zur Mauer gemacht
um das Haus Israel, damit es fest steht im
Kampf am Tage des HERRN.
6 Ihre Gesichte sind nichtig, und ihr
Wahrsagen ist Lüge. Sie sprechen: «Der
HERR hat's gesagt», und doch hat sie der
HERR nicht gesandt, und sie warten dar-
auf, daß er ihr Wort erfüllt.
7 Ist's nicht vielmehr so: Eure Gesichte
sind nichtig, und euer Wahrsagen ist lau-
ter Lüge? Und ihr sprecht doch: «Der
HERR hat's geredet», wo ich doch nichts
geredet habe.
8 Darum spricht Gott der HERR: Weil ihr
Trug redet und Lügen wahrsagt, siehe, dar-
um will ich an euch, spricht Gott der HERR.
9 Und meine Hand soll über die Prophe-
ten kommen, die Trug reden und Lügen
wahrsagen. Sie sollen in der Gemein-
schaft meines Volks nicht bleiben und in
das Buch des Hauses Israel nicht einge-
schrieben werden und ins Land Israels
nicht kommen – und ihr sollt erfahren,
daß ich Gott der HERR bin.
10 Weil sie mein Volk verführen und
sagen: «Friede!», wo doch kein Friede
ist, und weil sie, wenn das Volk sich eine
Wand baut, sie mit Kalk übertünchen,
11 so sprich zu den Tünchern, die mit
Kalk tünchen: «Die Wand wird einfal-
len!» Denn es wird ein Platzregen kom-
men und Hagel wie Steine fallen und ein
Wirbelwind losbrechen.
12 Siehe, da wird die Wand einfallen.
Was gilt's? Dann wird man zu euch sagen:
Wo ist nun der Anstrich, den ihr darüber
getüncht habt?
13 Darum spricht Gott der HERR: Ich
will einen Wirbelwind losbrechen lassen
in meinem Grimm und einen Platzregen
in meinem Zorn und Hagel wie Steine in
vernichtendem Grimm.
14 So will ich die Wand niederreißen,
die ihr mit Kalk übertüncht habt, und
will sie zu Boden stoßen, daß man ihren
Grund sehen soll. Wenn sie fällt, sollt ihr
auch darin umkommen. Und ihr sollt er-
fahren, daß ich der HERR bin.
15 Und ich will meinen ganzen Grimm
an der Wand auslassen und an denen, die
sie mit Kalk übertüncht haben, und will
zu euch sagen: Hier ist weder Wand noch
Tüncher –

16 das sind die Propheten Israels, die
Jerusalem wahrsagen und predigen «Frie-
de!», wo doch kein Friede ist, spricht Gott
der HERR.

Gegen falsche Prophetinnen

17 Und du, Menschenkind, richte dein
Angesicht gegen die Töchter deines Volks,
die aus eigenem Antrieb als Prophetinnen
auftreten, und weissage gegen sie
18 und sprich: So spricht Gott der
HERR: Weh euch, die ihr Binden näht für
alle Handgelenke und Hüllen für die
Köpfe der Jungen und Alten, um Seelen
damit zu fangen! Wollt ihr Seelen fangen
in meinem Volk und Seelen für euch am
Leben erhalten?
19 Ihr entheiligt mich bei meinem Volk
für eine Handvoll Gerste und einen Bissen
Brot, dadurch daß ihr Seelen tötet, die
nicht sterben sollten, und Seelen am Le-
ben erhaltet, die nicht leben sollten, durch
euer Lügen unter meinem Volk, das so
gern Lügen hört.
20 Darum spricht Gott der HERR: Siehe,
ich will über eure Binden kommen, mit
denen ihr die Seelen fangt, und will sie
von euren Armen reißen und die Seelen,
die ihr gefangen habt, befreien.
21 Und ich will eure Hüllen wegreißen
und mein Volk aus eurer Hand erretten,
daß ihr sie nicht mehr fangen könnt. Und
ihr sollt erfahren, daß ich der HERR bin.
22 Weil ihr das Herz der Gerechten be-
trübt habt, die ich nicht betrübt habe, und
die Hände der Gottlosen gestärkt habt,
damit sie sich von ihrem bösen Wandel
nicht bekehren, um ihr Leben zu retten:
23 darum sollt ihr nicht mehr Trug
predigen und wahrsagen, sondern ich will
mein Volk aus euren Händen erretten,
und ihr sollt erfahren, daß ich der HERR
bin.

Gottes Antwort an Götzendiener

14 Und es kamen einige von den Älte-
sten Israels zu mir und setzten sich
vor mir nieder.
2 Da geschah des HERRN Wort zu mir:
3 Du Menschenkind, diese Leute hän-
gen mit ihrem Herzen an ihren Götzen
und haben mit Freuden vor Augen, was
sie schuldig werden läßt – sollte ich mich
wirklich von ihnen befragen lassen?
4 Darum rede mit ihnen und sage zu
ihnen: So spricht Gott der HERR: Jedem
vom Hause Israel, der mit seinem Herzen
an seinen Götzen hängt und mit Freuden
vor Augen hat, was ihn schuldig werden
läßt, und dann zum Propheten kommt,
dem will ich, der HERR, antworten, wie er's
verdient hat mit seinen vielen Götzen,
5 damit ich so dem Hause Israel ans
Herz greife, weil sie von mir gewichen
sind mit all ihren Götzen.
6 Darum sollst du zum Hause Israel
sagen: So spricht Gott der HERR: Kehrt
um und wendet euch ab von euren Götzen
und wendet euer Angesicht von allen
euren Greueln.
7 Denn jedem vom Hause Israel oder
von den Fremdlingen in Israel, der von
mir weicht und mit seinem Herzen an sei-
nen Götzen hängt und mit Freuden vor
Augen hat, was ihn schuldig werden läßt,
und der dann zum Propheten kommt, um
durch ihn mich zu befragen, dem will ich,
der HERR, selbst antworten.
8 Ich will mein Angesicht gegen ihn
richten und ihn zum Zeichen und Sprich-
wort machen und will ihn aus meinem
Volk ausrotten. So sollt ihr erfahren, daß
ich der HERR bin.
9 Wenn aber ein Prophet sich betören
läßt, etwas zu verkünden, so habe ich, der
HERR, diesen Propheten betört und will
meine Hand gegen ihn ausstrecken und
ihn aus meinem Volk Israel ausrotten.
10 So sollen sie beide ihre Schuld tra-
gen: wie die Schuld des Befragenden, so
soll auch die Schuld des Propheten sein,
11 damit das Haus Israel nicht mehr
von mir abirrt und sich nicht mehr unrein
macht durch alle seine Übertretungen;
sondern sie sollen mein Volk sein, und ich
will ihr Gott sein, spricht Gott der HERR.

Die Überlebenden bei Gottes vierfachem Gericht

12 Und des HERRN Wort geschah zu mir:
13 Du Menschenkind, wenn ein Land
an mir sündigt und Treubruch begeht und
wenn ich meine Hand dagegen ausstrecke
und den Vorrat an Brot ihm wegnehme
und Hungersnot ins Land schicke, um
Menschen und Vieh darin auszurotten,
14 und wenn dann diese drei Männer
im Lande wären, Noah, Daniel und Hiob,

so würden sie durch ihre Gerechtigkeit
allein ihr Leben retten, spricht Gott der
HERR.
15 Und wenn ich wilde Tiere ins Land
bringen würde, die die Leute ausrotteten
und das Land zur Einöde machten, so daß
niemand mehr hindurchziehen könnte
vor wilden Tieren,
16 und diese drei Männer wären auch
darin – so wahr ich lebe, spricht Gott der
HERR: sie würden weder Söhne noch
Töchter retten, sondern allein sich selbst,
und das Land müßte öde werden.
17 Oder wenn ich das Schwert kommen
ließe über dies Land und sprechen würde:
Schwert, fahre durchs Land! und würde
Menschen und Vieh ausrotten,
18 und diese drei Männer wären darin –
so wahr ich lebe, spricht Gott der HERR: sie
würden weder Söhne noch Töchter retten,
sondern sie allein würden errettet werden.
19 Oder wenn ich die Pest in dies Land
schicken und meinen Grimm darüber aus-
schütten würde mit Blutvergießen, um
Menschen und Vieh darin auszurotten,
20 und Noah, Daniel und Hiob wären
darin – so wahr ich lebe, spricht Gott der
HERR: sie würden durch ihre Gerechtig-
keit weder Söhne noch Töchter retten,
sondern allein ihr eigenes Leben.
21 Denn so spricht Gott der HERR:
Wenn ich meine vier schweren Strafen,
Schwert, Hunger, wilde Tiere und Pest,
über Jerusalem schicken werde, um darin
auszurotten Menschen und Vieh,
22 siehe, so sollen einige übrigbleiben
und davonkommen, die Söhne und Töch-
ter herausbringen werden. Die sollen zu
euch kommen, und ihr werdet ihren Wan-
del und ihre Taten sehen und euch trösten
über das Unheil, das ich über Jerusalem
habe kommen lassen, und über all das
andre, das ich über die Stadt habe kom-
men lassen.
23 Sie werden euer Trost sein, wenn ihr
sehen werdet ihren Wandel und ihre Ta-
ten, und ihr werdet erfahren, daß ich nicht
ohne Grund getan habe, was ich an Jeru-
salem getan habe, spricht Gott der HERR.

Das Gleichnis vom unbrauchbaren Rebholz

15 Und des HERRN Wort geschah zu
mir:
2 Du Menschenkind, was hat das Holz
des Weinstocks voraus vor anderm Holz,
das Rebholz, das im Gehölz wächst?
3 Nimmt man es denn und macht etwas
daraus? Macht man auch nur einen
Pflock daraus, an den man etwas hängen
kann?
4 Siehe, man wirft's ins Feuer, daß es
verzehrt wird. Wenn das Feuer seine bei-
den Enden verzehrt hat und die Mitte
versengt ist, wozu sollte es dann noch
taugen?
5 Siehe, als es noch unversehrt war,
konnte man nichts daraus machen; wie-
viel weniger kann dann noch daraus ge-
macht werden, wenn es das Feuer ver-
zehrt und versengt hat!
6 Darum spricht Gott der HERR: Wie
ich das Holz des Weinstocks, das im Ge-
hölz wächst, dem Feuer zu verzehren gebe,
so will ich auch die Einwohner Jerusalems
dahingeben
7 und will mein Angesicht gegen sie
richten: Sie sind dem Feuer entgangen,
aber das Feuer soll sie doch fressen! Und
ihr sollt erfahren, daß ich der HERR bin,
wenn ich mein Angesicht gegen sie richte
8 und das Land zur Wüstenei mache,
weil sie die Treue gebrochen haben,
spricht Gott der HERR.

Jerusalem – ein treuloses Weib

16 Und des HERRN Wort geschah zu
mir:
2 Du Menschenkind, tu kund der Stadt
Jerusalem ihre Greuel
3 und sprich: So spricht Gott der HERR
zu Jerusalem: Nach Geschlecht und Ge-
burt bist du aus dem Lande der Kanaani-
ter, dein Vater war ein Amoriter, deine
Mutter eine Hethiterin.
4 Bei deiner Geburt war es so: Am Tag,
als du geboren wurdest, wurde deine
Nabelschnur nicht abgeschnitten; auch
hat man dich nicht mit Wasser gebadet,
damit du sauber würdest, dich nicht mit
Salz abgerieben und nicht in Windeln ge-
wickelt.
5 Denn niemand sah mitleidig auf dich
und erbarmte sich, daß er etwas von all
dem an dir getan hätte, sondern du wur-
dest aufs Feld geworfen. So verachtet war
dein Leben, als du geboren wurdest.
6 Ich aber ging an dir vorüber und sah
dich in deinem Blut liegen und sprach zu

dir, als du so in deinem Blut dalagst: Du
sollst leben! Ja, zu dir sprach ich, als du
so in deinem Blut dalagst: Du sollst leben
7 und heranwachsen; wie ein Gewächs
auf dem Felde machte ich dich. Und du
wuchsest heran und wurdest groß und
schön. Deine Brüste wuchsen, und du bekamst lange Haare; aber du warst noch
nackt und bloß.
8 Und ich ging an dir vorüber und sah
dich an, und siehe, es war die Zeit, um
dich zu werben. Da breitete ich meinen
Mantel über dich und bedeckte deine
Blöße. Und ich schwor dir's und schloß
mit dir einen Bund, spricht Gott der HERR,
daß du solltest mein sein.
9 Und ich badete dich mit Wasser und
wusch dich von deinem Blut und salbte
dich mit Öl
10 und kleidete dich mit bunten Kleidern und zog dir Schuhe von feinem Leder an. Ich gab dir einen Kopfbund aus
kostbarer Leinwand und hüllte dich in
seidene Schleier
11 und schmückte dich mit Kleinoden
und legte dir Spangen an deine Arme und
eine Kette um deinen Hals
12 und gab dir einen Ring an deine Nase
und Ohrringe an deine Ohren und eine
schöne Krone auf dein Haupt.
13 So warst du geschmückt mit Gold
und Silber und gekleidet mit kostbarer
Leinwand, Seide und bunten Kleidern.
Du aßest feinstes Mehl, Honig und Öl
und wurdest überaus schön und kamst zu
königlichen Ehren.
14 Und dein Ruhm erscholl unter den
Völkern deiner Schönheit wegen, die vollkommen war durch den Schmuck, den ich
dir angelegt hatte, spricht Gott der HERR.
15 Aber du verließest dich auf deine
Schönheit. Und weil du so gerühmt wurdest, triebst du Hurerei und botest dich
jedem an, der vorüberging, und warst ihm
zu Willen.
16 Du nahmst von deinen Kleidern und
machtest dir bunte Opferhöhen daraus
und triebst dort deine Hurerei, wie es nie
geschehen ist noch geschehen wird.
17 Du nahmst auch dein schönes Geschmeide, das ich dir von meinem Gold
und Silber gegeben hatte, und machtest
dir Götzenbilder daraus und triebst deine
Hurerei mit ihnen.
18 Und du nahmst deine bunten Kleider
und bedecktest sie damit, und mein Öl
und Räucherwerk legtest du ihnen vor.
19 Meine Speise, die ich dir zu essen
gab, feinstes Mehl, Öl und Honig, legtest
du ihnen vor zum lieblichen Geruch. Ja,
es kam dahin, spricht Gott der HERR,
20 daß du deine Söhne und Töchter
nahmst, die du mir geboren hattest, und
opfertest sie ihnen zum Fraß. War es denn
noch nicht genug mit deiner Hurerei,
21 daß du meine Kinder schlachtetest
und ließest sie für die Götzen verbrennen?
22 Und bei all deinen Greueln und deiner Hurerei hast du nie gedacht an die
Zeit deiner Jugend, wie du bloß und nackt
warst und in deinem Blute lagst.
23 Und nach all diesen deinen Übeltaten
– o weh, weh dir! spricht Gott der HERR –
24 bautest du dir einen Hurenaltar und
machtest dir ein Lager darauf an allen
Plätzen.
25 An jeder Straßenecke bautest du dein
Hurenlager und machtest deine Schönheit
zum Abscheu. Du spreiztest deine Beine
für alle, die vorübergingen, und triebst
viel Hurerei.
26 Zuerst triebst du Hurerei mit den
Ägyptern, deinen Nachbarn voller Geilheit, und triebst viel Hurerei, um mich zu
reizen.
27 Ich aber streckte meine Hand aus
gegen dich und entzog dir einen Teil meiner Gaben und gab dich preis der Willkür
deiner Feinde, der Töchter der Philister,
die sich schämten über dein schamloses
Treiben.
28 Danach triebst du Hurerei mit den
Assyrern, weil du nicht satt geworden
warst; du triebst mit ihnen Hurerei und
wurdest auch hier nicht satt.
29 Da triebst du noch mehr Hurerei mit
dem Krämerland Chaldäa; doch auch da
wurdest du nicht satt.
30 Wie fieberte doch dein Herz, spricht
Gott der HERR, daß du alle diese Werke
einer großen Erzhure tatest:
31 daß du deinen Hurenaltar bautest an
allen Straßenecken und dir ein Hurenlager
machtest auf allen Plätzen! Dazu warst du
nicht wie sonst eine Hure; denn du hast
ja Geld dafür verschmäht.
32 Du Ehebrecherin, die du dir Fremde
anstelle deines Mannes nimmst!

33 Allen andern Huren gibt man Geld; du aber gibst allen deinen Liebhabern noch Geld dazu und kaufst sie, damit sie von überall her zu dir kommen und mit dir Hurerei treiben.

34 So ist es bei dir mit deiner Hurerei umgekehrt wie bei andern Weibern, weil man dir nicht nachläuft und dir nicht Geld gibt, sondern du noch Geld dazugibst; bei dir ist es also umgekehrt.

35 **D**arum, du Hure, höre des HERRN Wort!

36 So spricht Gott der HERR: Weil du bei deiner Hurerei deine Scham entblößtest und deine Blöße vor deinen Liebhabern aufdecktest, und wegen all deiner greulichen Götzen und wegen des Blutes deiner Kinder, die du ihnen geopfert hast:

37 Darum, siehe, ich will sammeln alle deine Liebhaber, denen du gefallen hast, alle, die du geliebt, samt allen, die du nicht geliebt hast, und will sie gegen dich versammeln von überall her und will ihnen deine Blöße aufdecken, daß sie deine ganze Blöße sehen sollen.

38 Und ich will dich richten, wie man Ehebrecherinnen und Mörderinnen richtet; ich lasse Grimm und Eifer über dich kommen.

39 Und ich will dich in ihre Hände geben, daß sie deinen Hurenaltar abbrechen und dein Lager einreißen und dir deine Kleider ausziehen und dein schönes Geschmeide dir nehmen und dich nackt und bloß liegen lassen.

40 Und sie sollen eine Versammlung gegen dich einberufen und dich steinigen und mit ihren Schwertern zerhauen

41 und deine Häuser mit Feuer verbrennen und an dir das Gericht vollstrecken vor den Augen vieler Frauen. So will ich deiner Hurerei ein Ende machen, und auch Geld sollst du nicht mehr dafür geben.

42 Dann kommt mein Grimm gegen dich zum Ziel, und mein Eifer läßt von dir ab, so daß ich Ruhe habe und nicht mehr zürnen muß.

43 Weil du nicht gedacht hast an die Zeit deiner Jugend, sondern mich mit all dem zum Zorn gereizt hast, darum will ich auch all dein Tun auf deinen Kopf kommen lassen, spricht Gott der HERR. Hast du nicht Unzucht getrieben zu all deinen Greueltaten hinzu?

44 **S**iehe, wer gern in Sprichwörtern redet, wird von dir dies Sprichwort sagen: «Wie die Mutter, so die Tochter.»

45 Du bist die Tochter deiner Mutter, die ihren Mann und ihre Kinder von sich stieß, und bist die Schwester deiner Schwestern, die ihre Männer und Kinder von sich stießen. Eure Mutter war eine von den Hethitern und euer Vater ein Amoriter.

46 Deine große Schwester ist Samaria mit ihren Töchtern, die dir zur Linken wohnt, und deine kleine Schwester ist Sodom mit ihren Töchtern, die zu deiner Rechten wohnt.

47 Es war dir nicht genug, in ihren Wegen zu gehen und nach ihren Greueln zu tun; du hast es noch ärger getrieben als sie in all deinem Tun.

48 So wahr ich lebe, spricht Gott der HERR: Sodom, deine Schwester, samt ihren Töchtern hat's nicht so getrieben wie du und deine Töchter.

49 Siehe, das war die Schuld deiner Schwester Sodom: Hoffart und alles in Fülle und sichere Ruhe hatte sie mit ihren Töchtern; aber dem Armen und Elenden halfen sie nicht,

50 sondern waren stolz und taten Greuel vor mir. Darum habe ich sie auch hinweggetan, wie du gesehen hast.

51 So hat auch Samaria nicht die Hälfte deiner Sünden getan, sondern du hast so viel mehr Greuel getan als sie, daß deine Schwester gerecht dasteht gegenüber all den Greueln, die du getan hast.

52 So trag du nun auch deine Schande, weil du an die Stelle deiner Schwester getreten bist durch deine Sünden, mit denen du größere Greuel getan hast als sie; sie steht gerechter da als du. So schäme du dich nun auch und trag deine Schande, während deine Schwester gerecht dasteht.

53 **I**ch will aber ihr Geschick wenden, nämlich das Geschick Sodoms und ihrer Töchter und das Geschick Samarias und ihrer Töchter und auch dein Geschick in ihrer Mitte,

54 daß du deine Schande tragen mußt und dich über all das schämst, was du getan hast, ihnen zum Trost.

55 Und deine Schwestern, Sodom und ihre Töchter, sollen wieder werden, wie sie zuvor gewesen sind, und Samaria und ihre Töchter sollen wieder werden, wie sie

zuvor gewesen sind; und auch du und
deine Töchter sollen wieder werden, wie
ihr zuvor gewesen seid.
56 Und doch nahmst du den Namen
Sodoms, deiner Schwester, nicht in den
Mund zur Zeit deines Hochmuts,
57 als deine Blöße noch nicht aufgedeckt war wie zur Zeit, als dich die Töchter Edoms und die Töchter der Philister überall schmähten und dich ringsumher verachteten.
58 Deine Schandtat und deine Greuel –
die mußt du tragen, spricht der HERR.
59 Denn so spricht Gott der HERR: Ich
will dir tun, wie du getan hast, als du den Eid verachtet und den Bund gebrochen hast.
60 Ich will aber gedenken an meinen
Bund, den ich mit dir geschlossen habe zur Zeit deiner Jugend, und will mit dir einen ewigen Bund aufrichten.
61 Dann wirst du an deine Wege denken
und dich schämen, wenn ich deine großen und kleinen Schwestern nehmen und sie dir zu Töchtern geben werde, aber nicht um deines Bundes willen.
62 Und ich will meinen Bund mit dir
aufrichten, so daß du erfahren sollst, daß ich der HERR bin,
63 damit du daran denkst und dich
schämst und vor Scham deinen Mund nicht mehr aufzutun wagst, wenn ich dir alles vergeben werde, was du getan hast, spricht Gott der HERR.

Das Gleichnis vom Zedernwipfel und vom Weinstock

17 Und des HERRN Wort geschah zu
mir:
2 Du Menschenkind, lege dem Hause
Israel ein Rätsel vor und ein Gleichnis
3 und sprich: So spricht Gott der HERR:
Ein großer Adler mit großen Flügeln und langen Fittichen und vollen Schwingen, die bunt waren, kam auf den Libanon und nahm hinweg den Wipfel einer Zeder
4 und brach die Spitze ab und führte sie
ins Krämerland und setzte sie in die Händlerstadt.
5 Dann nahm er ein Gewächs des Lan-
des und pflanzte es in gutes Land, wo viel Wasser war, und setzte es am Ufer ein.
6 Und es wuchs und wurde ein ausge-
breiteter Weinstock mit niedrigem Stamm; denn seine Ranken bogen sich zu ihm, und seine Wurzeln blieben unter ihm; und so wurde es ein Weinstock, der Schößlinge hervortrieb und Zweige.
7 Da kam ein anderer großer Adler mit
großen Flügeln und starken Schwingen. Und siehe, der Weinstock bog seine Wurzeln zu diesem Adler hin und streckte seine Ranken ihm entgegen; der Adler sollte ihm mehr Wasser geben als das Beet, in das er gepflanzt war.
8 Und er war doch auf guten Boden an
viel Wasser gepflanzt, so daß er wohl hätte Zweige bringen können, Früchte tragen und ein herrlicher Weinstock werden.
9 So sage nun: So spricht Gott der
HERR: Sollte der geraten? Wird man nicht seine Wurzeln ausreißen, daß seine Früchte verderben? Und er wird verdorren; alle Blätter, die ihm gewachsen sind, werden verwelken. Ohne große Kraft und ohne viel Volk wird man ihn mit seinen Wurzeln ausreißen.
10 Siehe, er ist zwar gepflanzt; aber
sollte er geraten? Sobald der Ostwind über ihn kommt, wird er verdorren auf dem Beet, auf dem er gewachsen ist.
11 Und des HERRN Wort geschah zu mir:
12 Sprich doch zu dem Haus des Wider-
spruchs: Wißt ihr nicht, was damit gemeint ist? Und sprich: Siehe, es kam der König von Babel nach Jerusalem und nahm seinen König und seine Oberen und führte sie weg zu sich nach Babel.
13 Und er nahm einen vom königlichen
Geschlecht und schloß einen Bund mit ihm und nahm einen Eid von ihm; aber die Gewaltigen im Lande führte er fort,
14 damit das Königtum niedrig bliebe
und sich nicht erheben könnte, sondern sein Bund gehalten würde und bestünde.
15 Aber er fiel von ihm ab und sandte
seine Boten nach Ägypten, daß man ihm Rosse und viel Kriegsvolk schicken sollte. Sollte es ihm gelingen? Sollte er davonkommen, wenn er das tut? Sollte er, der den Bund bricht, davonkommen?
16 So wahr ich lebe, spricht Gott der
HERR: an dem Ort des Königs, der ihn als König eingesetzt hat, dessen Eid er verachtet und dessen Bund er gebrochen hat, da soll er sterben, mitten in Babel.
17 Auch wird ihm der Pharao nicht bei-
stehen im Kriege mit einem großen Heer

und viel Volk, wenn man zum Sturm den
Wall aufwerfen und die Bollwerke bauen
wird, so daß viele umkommen.
18 Denn weil er den Eid verachtet und
den Bund gebrochen hat, weil er seine
Hand darauf gegeben und doch dies alles
getan hat, wird er nicht davonkommen.
19 Darum spricht Gott der HERR: So
wahr ich lebe, will ich meinen Eid, den er
verachtet hat, und meinen Bund, den er
gebrochen hat, auf seinen Kopf kommen
lassen.
20 Ich will mein Netz über ihn werfen,
und er soll in meinem Garn gefangen wer-
den, und ich will ihn nach Babel bringen
und will dort mit ihm ins Gericht gehen,
weil er mir die Treue gebrochen hat.
21 Und alle Auserlesenen von seiner
ganzen Streitmacht sollen durchs Schwert
fallen, und alle, die übriggeblieben sind,
sollen in alle Winde zerstreut werden, und
ihr sollt erfahren, daß ich, der HERR, es
geredet habe.
22 So spricht Gott der HERR: Dann will
ich selbst von dem Wipfel der Zeder die
Spitze wegnehmen und ihr einen Platz
geben; ich will oben von ihren Zweigen
ein zartes Reis brechen und will's auf
einen hohen und erhabenen Berg pflanzen.
23 Auf den hohen Berg Israels will ich's
pflanzen, daß es Zweige gewinnt und
Früchte bringt und ein herrlicher Zedern-
baum wird, so daß Vögel aller Art in ihm
wohnen und alles, was fliegt, im Schatten
seiner Zweige bleiben kann.
24 Und alle Bäume auf dem Felde sollen
erkennen, daß ich der HERR bin: Ich er-
niedrige den hohen Baum und erhöhe den
niedrigen; ich lasse den grünen Baum ver-
dorren, und den dürren Baum lasse ich grü-
nen. Ich, der HERR, rede es und tue es auch.

Gott richtet jeden nach seinem Tun und fordert Umkehr

18 Und des HERRN Wort geschah zu
mir:
2 Was habt ihr unter euch im Lande
Israels für ein Sprichwort: «Die Väter
haben saure Trauben gegessen, aber den
Kindern sind die Zähne davon stumpf ge-
worden»?
3 So wahr ich lebe, spricht Gott der
HERR: dies Sprichwort soll nicht mehr
unter euch umgehen in Israel.
4 Denn siehe, alle Menschen gehören
mir; die Väter gehören mir so gut wie die
Söhne; jeder, der sündigt, soll sterben.
5 Wenn nun einer gerecht ist und Recht
und Gerechtigkeit übt,
6 der von den Höhenopfern nicht ißt
und seine Augen nicht aufhebt zu den
Götzen des Hauses Israel, der seines
Nächsten Weib nicht befleckt und nicht
liegt bei einer Frau in ihrer Unreinheit,
7 der niemand bedrückt, der dem
Schuldner sein Pfand zurückgibt und nie-
mand etwas mit Gewalt nimmt, der mit
dem Hungrigen sein Brot teilt und den
Nackten kleidet,
8 der nicht auf Zinsen gibt und keinen
Aufschlag nimmt, der seine Hand von
Unrecht zurückhält und rechtes Urteil
fällt unter den Leuten,
9 der nach meinen Gesetzen lebt und
meine Gebote hält, daß er danach tut: das
ist ein Gerechter, der soll das Leben be-
halten, spricht Gott der HERR.
10 Wenn er aber einen gewalttätigen
Sohn zeugt, der Blut vergießt oder eine
dieser Sünden tut,
11 während der Vater all das nicht getan
hat: wenn er von den Höhenopfern ißt
und seines Nächsten Weib befleckt,
12 die Armen und Elenden bedrückt,
mit Gewalt etwas nimmt, das Pfand nicht
zurückgibt, seine Augen zu den Götzen
aufhebt und Greuel begeht,
13 auf Zinsen gibt und einen Aufschlag
nimmt – sollte der am Leben bleiben? Er
soll nicht leben, sondern, weil er alle diese
Greuel getan hat, soll er des Todes ster-
ben; seine Blutschuld komme über ihn.
14 Wenn der dann aber einen Sohn
zeugt, der alle diese Sünden sieht, die sein
Vater tut – wenn er sie sieht und doch
nicht so handelt,
15 nicht von den Höhenopfern ißt, seine
Augen nicht aufhebt zu den Götzen des
Hauses Israel, nicht seines Nächsten Weib
befleckt,
16 niemand bedrückt, kein Pfand for-
dert, nichts mit Gewalt nimmt, sein Brot
mit dem Hungrigen teilt und den Nackten
kleidet,
17 seine Hand von Unrecht zurückhält,
nicht Zinsen noch Aufschlag nimmt, son-
dern meine Gebote hält und nach meinen
Gesetzen lebt: der soll nicht sterben um

der Schuld seines Vaters willen, sondern
soll am Leben bleiben.
18 Aber sein Vater, der Gewalt und
Unrecht geübt und unter seinem Volk
getan hat, was nicht taugt, siehe, der soll
sterben um seiner Schuld willen.
19 Doch ihr sagt: Warum soll denn ein
Sohn nicht die Schuld seines Vaters tragen?
– Weil der Sohn Recht und Gerechtigkeit
geübt und alle meine Gesetze
gehalten und danach getan hat, soll er am
Leben bleiben.
20 Denn nur wer sündigt, der soll sterben.
Der Sohn soll nicht tragen die
Schuld des Vaters, und der Vater soll
nicht tragen die Schuld des Sohnes, sondern
die Gerechtigkeit des Gerechten soll
ihm allein zugute kommen, und die Ungerechtigkeit
des Ungerechten soll auf ihm
allein liegen.
21 Wenn sich aber der Gottlose bekehrt
von allen seinen Sünden, die er getan hat,
und hält alle meine Gesetze und übt
Recht und Gerechtigkeit, so soll er am
Leben bleiben und nicht sterben.
22 Es soll an alle seine Übertretungen,
die er begangen hat, nicht gedacht werden,
sondern er soll am Leben bleiben
um der Gerechtigkeit willen, die er getan
hat.
23 **Meinst du, daß ich Gefallen habe am
Tode des Gottlosen, spricht Gott der HERR,
und nicht vielmehr daran, daß er sich bekehrt
von seinen Wegen und am Leben
bleibt?**
24 Und wenn sich der Gerechte abkehrt
von seiner Gerechtigkeit und tut Unrecht
und lebt nach allen Greueln, die der Gottlose
tut, sollte der am Leben bleiben? An
alle seine Gerechtigkeit, die er getan hat,
soll nicht gedacht werden, sondern in seiner
Übertretung und Sünde, die er getan
hat, soll er sterben.
25 Und doch sagt ihr: Der Herr handelt
nicht recht. – So höret nun, ihr vom Hause
Israel: Handle denn **ich** unrecht? Ist's
nicht vielmehr so, daß **ihr** unrecht handelt?
26 Denn wenn der Gerechte sich abkehrt
von seiner Gerechtigkeit und tut
Unrecht, so muß er sterben; um seines
Unrechts willen, das er getan hat, muß er
sterben.
27 Wenn sich dagegen der Ungerechte
abkehrt von seiner Ungerechtigkeit, die
er getan hat, und übt nun Recht und Gerechtigkeit,
der wird sein Leben erhalten.
28 Denn weil er es gesehen und sich bekehrt
hat von allen seinen Übertretungen,
die er begangen hat, so soll er leben und
nicht sterben.
29 Und doch sprechen die vom Hause
Israel: Der Herr handelt nicht recht. –
Sollte **ich** unrecht handeln, Haus Israel?
Ist es nicht vielmehr so, daß **ihr** unrecht
handelt?
30 Darum will ich euch richten, ihr vom
Hause Israel, einen jeden nach seinem
Weg, spricht Gott der HERR. Kehrt um
und kehrt euch ab von allen euren Übertretungen,
damit ihr nicht durch sie in
Schuld fallt.
31 Werft von euch alle eure Übertretungen,
die ihr begangen habt, und macht
euch ein neues Herz und einen neuen
Geist. Denn warum wollt ihr sterben, ihr
vom Haus Israel?
32 Denn ich habe kein Gefallen am Tod
des Sterbenden, spricht Gott der HERR.
Darum bekehrt euch, so werdet ihr leben.

Klagelied über das Geschick des Königshauses

19 Und du, stimm ein Klagelied an
über die Fürsten Israels
2 und sprich: Welch eine Löwin war
deine Mutter! Unter Löwen lagerte sie,
unter jungen Löwen zog sie ihre Jungen
auf.
3 Und eins ihrer Jungen zog sie groß,
und es wurde ein junger Löwe daraus; der
lernte Tiere zu reißen, ja, Menschen fraß
er.
4 Da boten sie Völker gegen ihn auf,
fingen ihn in ihrer Grube und führten ihn
in Ketten nach Ägyptenland.
5 Als nun die Mutter sah, daß ihre Hoffnung
verloren war, nachdem sie lange gehofft
hatte, nahm sie ein andres von ihren
Jungen und machte einen jungen Löwen
daraus.
6 Der lebte unter den Löwen, wurde ein
junger Löwe und lernte Tiere zu reißen,
ja, Menschen fraß er.
7 Er zerstörte ihre Burgen und verwüstete
ihre Städte, daß das Land und
was darin war vor seinem lauten Brüllen
sich entsetzte.

8 Da stellten sie Völker aus allen Län-
dern ringsumher gegen ihn auf und war-
fen ihr Netz über ihn und fingen ihn in
ihrer Grube
9 und stießen ihn gefesselt in einen Käfig
und führten ihn zum König von Babel;
und man brachte ihn in Gewahrsam, da-
mit seine Stimme nicht mehr gehört würde
auf den Bergen Israels.
10 Deine Mutter war wie ein Weinstock
im Weingarten, am Wasser gepflanzt;
fruchtbar und voller Ranken war er von
dem vielen Wasser;
11 seine Ranken wurden so stark, daß
sie zu Zeptern taugten; sein Wuchs wurde
hoch bis an die Wolken, und man sah,
daß er so hoch war und so viele Ranken
hatte.
12 Aber er wurde im Grimm ausgerissen
und zu Boden geworfen. Der Ostwind
ließ seine Frucht verdorren, und seine
starken Ranken wurden zerbrochen, daß
sie verdorrten und verbrannt wurden.
13 Nun ist er gepflanzt in eine Wüste, in
ein dürres, durstiges Land,
14 und ein Feuer ging aus von seinen
starken Ranken; das verzehrte seine
Frucht. Es blieb an ihm keine starke
Ranke mehr für ein Zepter.
Das ist ein Klagelied; zum Klagelied ist
es geworden.

Israels ständiger Ungehorsam – Gottes Ehre in Gnade und Gericht

20 Und es begab sich im siebenten
Jahr am zehnten Tage des fünften
Monats, da kamen einige von den Älte-
sten Israels, den HERRN zu befragen, und
setzten sich vor mir nieder.
2 Da geschah des HERRN Wort zu mir:
3 Du Menschenkind, sage den Ältesten
Israels und sprich zu ihnen: So spricht
Gott der HERR: Seid ihr gekommen, mich
zu befragen? So wahr ich lebe: ich will
mich nicht von euch befragen lassen,
spricht Gott der HERR.
4 Willst du sie richten, du Menschen-
kind? Willst du richten? Zeige ihnen die
Greueltaten ihrer Väter
5 und sprich zu ihnen: So spricht Gott
der HERR: Zu der Zeit, als ich Israel er-
wählte, erhob ich meine Hand zum
Schwur für das Geschlecht des Hauses
Jakob und gab mich ihnen zu erkennen in
Ägyptenland. Ja, ich erhob meine Hand
für sie und schwor: Ich bin der HERR,
euer Gott.
6 Ich erhob zur selben Zeit meine Hand
zum Schwur, daß ich sie führen würde aus
Ägyptenland in ein Land, das ich für sie
ausersehen hatte, das von Milch und
Honig fließt, ein edles Land vor allen
Ländern,
7 und sprach zu ihnen: Ein jeder werfe
weg die Greuelbilder vor seinen Augen,
und macht euch nicht unrein mit den
Götzen Ägyptens; denn ich bin der HERR,
euer Gott.
8 Sie aber waren mir ungehorsam und
wollten mir nicht gehorchen, und keiner
von ihnen warf die Greuelbilder vor sei-
nen Augen weg, und sie verließen die
Götzen Ägyptens nicht. Da dachte ich,
meinen Grimm über sie auszuschütten
und meinen ganzen Zorn an ihnen auszu-
lassen noch in Ägyptenland.
9 Aber ich unterließ es um meines Na-
mens willen, damit er nicht entheiligt
würde vor den Heiden, unter denen sie
waren und vor deren Augen ich mich
ihnen zu erkennen gegeben hatte, daß ich
sie aus Ägyptenland führen wollte.
10 Und als ich sie aus Ägyptenland ge-
führt und in die Wüste gebracht hatte,
11 gab ich ihnen meine Gebote und
lehrte sie meine Gesetze, durch die der
Mensch lebt, der sie hält.
12 Ich gab ihnen auch meine Sabbate
zum Zeichen zwischen mir und ihnen, da-
mit sie erkannten, daß ich der HERR bin,
der sie heiligt.
13 Aber das Haus Israel war mir unge-
horsam auch in der Wüste, und sie lebten
nicht nach meinen Geboten und verachte-
ten meine Gesetze, durch die der Mensch
lebt, der sie hält, und sie entheiligten mei-
ne Sabbate sehr. Da gedachte ich, meinen
Grimm über sie auszuschütten in der Wü-
ste und sie ganz und gar umzubringen.
14 Aber ich unterließ es um meines Na-
mens willen, damit er nicht entheiligt
würde vor den Heiden, vor deren Augen
ich sie herausgeführt hatte.
15 Doch ich erhob meine Hand in der
Wüste und schwor ihnen, sie nicht in das
Land zu bringen, das ich ihnen bestimmt
hatte, das von Milch und Honig fließt, ein
edles Land vor allen Ländern,

16 weil sie meine Gesetze verachtet und
nicht nach meinen Geboten gelebt und
meine Sabbate entheiligt hatten; denn sie
folgten den Götzen ihres Herzens nach.
17 Aber mein Auge blickte schonend
auf sie, daß ich sie nicht vertilgte; ich habe
mit ihnen nicht ein Ende gemacht in der
Wüste.
18 Und ich sprach zu ihren Söhnen in
der Wüste: Ihr sollt nicht nach den Ge-
boten eurer Väter leben und ihre Gesetze
nicht halten und mit ihren Götzen euch
nicht unrein machen;
19 denn ich bin der HERR, euer Gott.
Nach meinen Geboten sollt ihr leben, und
meine Gesetze sollt ihr halten und danach
tun;
20 und meine Sabbate sollt ihr heiligen,
daß sie ein Zeichen seien zwischen mir
und euch, damit ihr wißt, daß ich, der
HERR, euer Gott bin.
21 Aber auch die Söhne waren mir un-
gehorsam, lebten nicht nach meinen Ge-
boten, hielten auch meine Gesetze nicht,
daß sie danach taten, durch die der
Mensch lebt, der sie hält, und entheiligten
meine Sabbate. Da gedachte ich, meinen
Grimm über sie auszuschütten und mei-
nen ganzen Zorn an ihnen auszulassen in
der Wüste.
22 Ich hielt aber meine Hand zurück
und unterließ es um meines Namens wil-
len, damit er nicht entheiligt würde vor
den Heiden, vor deren Augen ich sie her-
ausgeführt hatte.
23 Doch ich erhob meine Hand in der
Wüste und schwor ihnen, sie unter die
Heiden zu zerstreuen und in die Länder
zu versprengen,
24 weil sie meine Gebote nicht gehalten
und meine Gesetze verachtet und meine
Sabbate entheiligt hatten und nach den
Götzen ihrer Väter sahen.
25 Darum gab auch ich ihnen Gebote,
die nicht gut waren, und Gesetze, durch
die sie kein Leben haben konnten,
26 und ließ sie unrein werden durch ihre
Opfer, als sie alle Erstgeburt durchs
Feuer gehen ließen, damit ich Entsetzen
über sie brachte und sie so erkennen
mußten, daß ich der HERR bin.
27 Darum rede, du Menschenkind, mit
dem Hause Israel und sprich zu ihnen: So
spricht Gott der HERR: Eure Väter haben
mich auch damit gelästert, daß sie mir die
Treue gebrochen haben,
28 als ich sie in das Land gebracht hatte,
über das ich meine Hand erhoben hatte
zu dem Schwur, es ihnen zu geben: wo sie
irgendeinen hohen Hügel oder dichten
Baum sahen, da opferten sie ihre Opfer
und dahin brachten sie ihre Gaben mir
zum Ärgernis und da legten sie ihre Räu-
cheropfer nieder und da gossen sie ihre
Trankopfer aus.
29 Ich aber sprach zu ihnen: Was ist das
für eine Höhe, auf die ihr geht? Daher
heißt sie bis auf diesen Tag «Höhe».
30 Darum sprich zum Hause Israel: So
spricht Gott der HERR: Macht ihr euch
nicht unrein in der Weise eurer Väter und
treibt Abgötterei mit ihren Greuelbildern?
31 Ihr macht euch unrein mit euren
Götzen bis auf den heutigen Tag dadurch,
daß ihr eure Gaben opfert und eure Söhne
und Töchter durchs Feuer gehen laßt.
Und da sollte ich mich von euch, Haus
Israel, befragen lassen? So wahr ich lebe,
spricht Gott der HERR: ich will mich von
euch nicht befragen lassen.
32 Dazu soll euch fehlschlagen, was
euch in den Sinn kommt, wenn ihr sagt:
Wir wollen sein wie die Heiden, wie die
Völker in den andern Ländern, und Holz
und Stein anbeten.
33 So wahr ich lebe, spricht Gott der
HERR: ich will über euch herrschen mit
starker Hand und ausgestrecktem Arm
und mit ausgeschüttetem Grimm
34 und will euch aus den Völkern her-
ausführen und aus den Ländern, in die
ihr zerstreut worden seid, sammeln mit
starker Hand, mit ausgestrecktem Arm
und mit ausgeschüttetem Grimm
35 und will euch in die Wüste der Völker
bringen und dort mit euch ins Gericht
gehen von Angesicht zu Angesicht.
36 Wie ich mit euren Vätern in der Wüste
von Ägypten ins Gericht gegangen bin,
ebenso will ich auch mit euch ins Gericht
gehen, spricht Gott der HERR.
37 Ich will euch unter dem Stabe hin-
durchgehen lassen und euch genau ab-
zählen
38 und will die Abtrünnigen und die, die
von mir abfielen, von euch aussondern.
Ja, aus dem Lande, in dem ihr jetzt Fremd-
linge seid, will ich sie herausführen; aber

ins Land Israels sollen sie nicht hineinkommen, damit ihr erkennt: ich bin der HERR!

39 Aber ihr vom Hause Israel, so spricht Gott der HERR: Weil ihr mir denn nicht gehorchen wollt, so fahrt hin und dient ein jeder seinem Götzen, aber meinen heiligen Namen laßt hinfort ungeschändet mit euren Opfern und Götzen!

40 Denn so spricht Gott der HERR: Auf meinem heiligen Berg, auf dem hohen Berge Israels, da wird mir das ganze Haus Israel dienen, alle, die im Lande sind. Da werde ich sie gnädig annehmen, und da will ich eure Opfer und eure Erstlingsgaben fordern und alle eure heiligen Gaben.

41 Ich will euch gnädig annehmen beim lieblichen Geruch der Opfer, wenn ich euch aus den Völkern bringen und aus den Ländern sammeln werde, in die ihr zerstreut worden seid, und ich werde mich an euch als der Heilige erweisen vor den Augen der Heiden.

42 Und ihr werdet erfahren, daß ich der HERR bin, wenn ich euch ins Land Israels bringe, in das Land, über das ich meine Hand erhob zu dem Schwur, es euren Vätern zu geben.

43 Dort werdet ihr gedenken an eure Wege und alle eure Taten, mit denen ihr euch unrein gemacht habt, und werdet vor euch selbst Abscheu haben wegen all der bösen Taten, die ihr getan habt.

44 Und ihr werdet erfahren, daß ich der HERR bin, wenn ich so an euch handle zur Ehre meines Namens und nicht nach euren bösen Wegen und verderblichen Taten, du Haus Israel, spricht Gott der HERR.

Das Gleichnis vom Waldbrand

21 °Und des HERRN Wort geschah zu mir:

2 Du Menschenkind, richte dein Angesicht nach Teman hin und rufe nach Süden und weissage gegen den Wald im Südland

3 und sprich zum Wald im Südland: Höre des HERRN Wort! So spricht Gott der HERR: Siehe, ich will in dir ein Feuer anzünden, das soll grüne und dürre Bäume verzehren, daß man seine Flamme nicht wird löschen können, sondern es soll durch sie jedes Angesicht versengt werden vom Südland bis zum Norden hin.

4 Und alles Fleisch soll sehen, daß ich, der HERR, es angezündet habe und niemand es löschen kann.

5 Ich aber sprach: Ach, Herr HERR, sie sagen von mir: Redet der nicht immer in Rätseln?

Das Schwert ist bereit

6 Und des HERRN Wort geschah zu mir:

7 Du Menschenkind, richte dein Angesicht gegen Jerusalem und rede gegen sein Heiligtum und weissage gegen das Land Israels

8 und sprich zum Land Israels: So spricht der HERR: Siehe, ich will an dich, ich will mein Schwert aus der Scheide ziehen und will in dir ausrotten Gerechte und Ungerechte.

9 Weil ich denn in dir Gerechte und Ungerechte ausrotte, darum soll mein Schwert aus der Scheide fahren über alles Fleisch vom Südland bis zum Norden hin.

10 Und alles Fleisch soll erfahren, daß ich, der HERR, mein Schwert aus der Scheide gezogen habe; es soll nicht wieder eingesteckt werden.

11 Und du, Menschenkind, sollst seufzen, bis dir die Lenden weh tun, ja, bitterlich sollst du seufzen, daß sie es sehen!

12 Und wenn sie zu dir sagen werden: Warum seufzest du?, so sollst du sagen: Um einer Botschaft willen, die kommen wird; vor ihr werden alle Herzen verzagen und alle Hände sinken, allen der Mut entfallen und alle Knie weich werden. Siehe, es kommt und wird geschehen, spricht Gott der HERR.

13 Und des HERRN Wort geschah zu mir:

14 Du Menschenkind, weissage und sprich: So spricht der Herr: Sprich: Das Schwert, ja, das Schwert ist geschärft und blank gefegt.

15 Es ist geschärft, daß es schlachten soll; es ist gefegt, daß es blinken soll. Wie sollten wir uns da freuen? Mein Sohn, du hast den Stock verachtet und jeden Rat.

16 Und er hat ein Schwert zum Fegen gegeben, daß man's ergreifen soll; es ist geschärft und gefegt, daß man's dem Henker in die Hand gebe.

17 Schrei und heule, du Menschenkind;
denn es geht über mein Volk und über alle
Regenten in Israel, die dem Schwert ver-
fallen sind samt meinem Volk. Darum
schlag auf deine Lenden;
18 denn die Prüfung ist da, und wie
sollte es nicht geschehen, da du doch den
Stock verachtet hast? spricht Gott der
HERR.
19 Und du, Menschenkind, weissage
und schlag deine Hände zusammen! Denn
das Schwert wird zweifach, ja dreifach
kommen, ein Schlachtschwert, ein großes
Schlachtschwert, das sie umkreisen wird,
20 damit die Herzen verzagen und viele
fallen sollen; an allen ihren Toren lasse
ich das Schwert wüten. Wehe, es ist zum
Blitzen gemacht, zum Schlachten ge-
schärft!
21 Hau drein zur Rechten und Linken,
wohin deine Schneiden gewandt sind!
22 Dann will auch ich meine Hände zu-
sammenschlagen und meinen Zorn stillen.
Ich, der HERR, habe es gesagt.

Das Schwert des Königs von Babel

23 Und des HERRN Wort geschah zu
mir:
24 Du Menschenkind, mach dir zwei
Wege, auf denen das Schwert des Königs
von Babel kommen kann; sie sollen aber
beide von **einem** Land ausgehen. Und
stelle einen Wegweiser an den Anfang
eines jeden Weges, der zu einer Stadt wei-
sen soll,
25 und mache den einen Weg, damit das
Schwert nach Rabba kommen kann, der
Stadt der Ammoniter, und den andern
nach Juda, zu der festen Stadt Jerusalem.
26 Denn der König von Babel wird an
der Wegscheide stehen, am Anfang der bei-
den Wege, um sich wahrsagen zu lassen:
er wirft mit den Pfeilen das Los, befragt
seinen Götzen und beschaut die Leber.
27 Und das Los in seiner Rechten wird
nach Jerusalem deuten: da soll er den
Mund auftun mit großem Geschrei, die
Stimme erheben mit Kriegsgeschrei,
Sturmböcke heranführen gegen die Tore,
einen Wall aufschütten und ein Bollwerk
bauen. –
28 Aber ihnen wird diese Wahrsagung
trügerisch scheinen; haben sie doch hei-
lige Eide empfangen. Er aber wird sie an
ihre Schuld erinnern, daß sie dabei be-
haftet werden.
29 Darum spricht Gott der HERR: Weil
ihr an eure Schuld erinnert habt und euer
Ungehorsam offenbar geworden ist, so
daß man eure Sünden sieht in all euren
Taten, ja, weil ihr daran erinnert habt,
sollt ihr dabei behaftet werden.
30 Und du, Fürst in Israel, du unheiliger
Frevler, dessen Tag kommen wird, wenn
die Schuld zum Ende geführt hat, –
31 so spricht Gott der HERR: Tu weg
den Kopfbund und nimm ab die Krone!
Denn nichts bleibt, wie es ist, sondern
was hoch ist, soll erniedrigt werden, und
was niedrig ist, soll erhöht werden.
32 Zu Trümmern, zu Trümmern, zu
Trümmern will ich sie machen – aber auch
dies wird nicht bleiben –, bis der kommt,
der das Recht hat; dem will ich es geben.

Das Schwert über Ammon

33 Und du, Menschenkind, weissage
und sprich: So spricht Gott der HERR
über die Ammoniter und über ihr Schmä-
hen: Du sollst sagen: Das Schwert, das
Schwert ist gezückt, daß es schlachten
soll; es ist gefegt, daß es töten soll, und
soll blinken,
34 während du dir trügerische Gesichte
schauen und Lügen wahrsagen läßt; das
Schwert soll an den Hals unheiliger Frev-
ler gesetzt werden, deren Tag kommen
wird, wenn die Schuld zum Ende geführt
hat.
35 Stecke es wieder in die Scheide! Ich
will dich richten an dem Ort, an dem du
geschaffen und im Land, in dem du ge-
boren bist.
36 Und ich will meinen Zorn über dich
ausschütten; ich will das Feuer meines
Grimms über dich entfachen und will dich
rohen Leuten preisgeben, die Verderben
schmieden.
37 Du sollst dem Feuer zum Fraß wer-
den, und dein Blut soll im Lande vergos-
sen werden, und man wird nicht mehr
an dich denken; denn ich, der HERR, habe
es geredet.

Jerusalems Blutschuld und Schandtaten

22 Und des HERRN Wort geschah zu
mir:
2 Du Menschenkind, willst du nich

richten die mörderische Stadt? Zeige ihr alle ihre Greueltaten

3 und sprich: So spricht Gott der HERR: O Stadt, die du das Blut der Deinen vergießt, damit deine Zeit komme, und die du dir Götzen machst, damit du unrein werdest!

4 Durch das Blut, das du vergossen hast, wurdest du schuldig, und durch die Götzen, die du dir machtest, hast du dich unrein gemacht. Damit hast du deine Tage herbeigezogen und bewirkt, daß deine Jahre kommen müssen. Darum will ich dich zum Spott unter den Heiden und zum Hohn in allen Ländern machen.

5 In der Nähe wie in der Ferne sollen sie über dich spotten; befleckt ist dein Name und groß die Verwirrung.

6 Siehe, die Fürsten in Israel, ein jeder in dir pocht auf seine Macht, Blut zu vergießen.

7 Vater und Mutter verachten sie, den Fremdlingen tun sie Gewalt und Unrecht an, die Witwen und Waisen bedrücken sie.

8 Du verachtest, was mir heilig ist, und entheiligst meine Sabbate.

9 Verleumder trachten bei dir danach, Blut zu vergießen. Sie essen von den Höhenopfern und treiben Schandtaten in deiner Mitte.

10 Sie decken die Blöße der Väter auf und nötigen Frauen während ihrer Unreinheit.

11 Sie treiben Greuel mit der Frau ihres Nächsten; sie entehren ihre eigene Schwiegertochter durch Schandtat; sie tun ihren eigenen Schwestern Gewalt an, den Töchtern ihres Vaters.

12 Sie lassen sich bestechen, um Blut zu vergießen. Du nimmst Zinsen und Aufschlag und suchst unrechten Gewinn an deinem Nächsten mit Gewalt – und mich vergißt du! spricht Gott der HERR.

13 Siehe, ich schlage meine Hände zusammen über den unrechten Gewinn, den du gemacht hast, und über das Blut, das in deiner Mitte vergossen ist.

14 Meinst du aber, dein Herz kann standhalten oder deine Hände werden festbleiben zu der Zeit, wenn ich an dir handle? Ich, der HERR, habe es geredet und will's auch tun

15 und will dich zerstreuen unter die Heiden und dich verstoßen in die Länder und will mit deiner Unreinheit ein Ende machen;

16 und du wirst bei den Heiden als verflucht gelten. Dann wirst du erfahren, daß ich der HERR bin.

Das Gleichnis vom Schmelzofen

17 Und des HERRN Wort geschah zu mir:

18 Du Menschenkind, das Haus Israel ist mir zu Schlacken geworden; sie alle sind Kupfer, Zinn, Eisen und Blei im Ofen; ja, zu Silberschlacken sind sie geworden.

19 Darum spricht Gott der HERR: Weil ihr denn alle Schlacken geworden seid, siehe, so will ich euch alle in Jerusalem zusammenbringen.

20 Wie man Silber, Kupfer, Eisen, Blei und Zinn im Ofen zusammenbringt, daß man ein Feuer darunter anfacht und es zerschmelzen läßt, so will ich auch euch in meinem Zorn und Grimm zusammenbringen, hineintun und schmelzen.

21 Ja, ich will euch sammeln und das Feuer meines Zorns gegen euch anfachen, daß ihr darin zerschmelzen müßt.

22 Wie das Silber im Ofen zerschmilzt, so sollt auch ihr darin zerschmelzen und sollt erfahren, daß ich, der HERR, meinen Grimm über euch ausgeschüttet habe.

Die Schuld aller Stände im Lande

23 Und des HERRN Wort geschah zu mir:

24 Du Menschenkind, sprich zu ihnen: Du bist ein Land, das nicht beregnet ist, das nicht benetzt wurde zur Zeit des Zorns,

25 dessen Fürsten in seiner Mitte sind wie brüllende Löwen, wenn sie rauben; sie fressen Menschen, reißen Gut und Geld an sich und machen viele zu Witwen im Lande.

26 Seine Priester tun meinem Gesetz Gewalt an und entweihen, was mir heilig ist; sie machen zwischen heilig und unheilig keinen Unterschied und lehren nicht, was rein oder unrein ist, und vor meinen Sabbaten schließen sie die Augen; so werde ich unter ihnen entheiligt.

27 Die Oberen in seiner Mitte sind wie reißende Wölfe, Blut zu vergießen und Menschen umzubringen um ihrer Habgier willen.

28 Und seine Propheten streichen ihnen mit Tünche darüber, haben Truggesichte und wahrsagen ihnen Lügen; sie sagen: «So spricht Gott der HERR», wo doch der HERR gar nicht geredet hat.
29 Das Volk des Landes übt Gewalt; sie rauben drauf los und bedrücken die Armen und Elenden und tun den Fremdlingen Gewalt an gegen alles Recht.
30 Ich suchte unter ihnen, ob jemand eine Mauer ziehen und in die Bresche vor mir treten würde für das Land, damit ich's nicht vernichten müßte; aber ich fand keinen.
31 Darum schüttete ich meinen Zorn über sie aus, und mit dem Feuer meines Grimmes machte ich ihnen ein Ende und ließ so ihr Treiben auf ihren Kopf kommen, spricht Gott der HERR.

Das Gleichnis von den zuchtlosen Schwestern Ohola und Oholiba

23 Und des HERRN Wort geschah zu mir:
2 Du Menschenkind, es waren zwei Frauen, Töchter **einer** Mutter.
3 Die wurden Huren in Ägypten schon in ihrer Jugend; dort ließen sie nach ihren Brüsten greifen und ihren jungen Busen betasten.
4 Die große hieß Ohola und ihre Schwester Oholiba. Und ich nahm sie zu Frauen, und sie gebaren mir Söhne und Töchter. Ohola ist Samaria und Oholiba Jerusalem.
5 Ohola trieb Hurerei hinter meinem Rücken und entbrannte für ihre Liebhaber, für die Assyrer, die zu ihr kamen,
6 für die Statthalter und Hauptleute, die mit Purpur gekleidet waren, lauter junge hübsche Leute, die auf Rossen ritten.
7 Und sie buhlte mit ihnen, lauter auserlesenen Söhnen Assurs, und bei allen, für die sie entbrannte, machte sie sich auch unrein mit ihren Götzen.
8 Dazu ließ sie auch nicht von ihrer Hurerei mit den Ägyptern, die bei ihr gelegen hatten in ihrer Jugend und ihre jungen Brüste betastet und schlimme Hurerei mit ihr getrieben hatten.
9 Da übergab ich sie in die Hand ihrer Liebhaber, der Söhne Assurs, für die sie entbrannt war.
10 Die deckten ihre Blöße auf und nahmen ihre Söhne und Töchter weg; sie selbst aber töteten sie mit dem Schwert, und sie wurde zum Gespött unter den Frauen. So vollzogen sie das Gericht an ihr.
11 Als aber ihre Schwester Oholiba das sah, entbrannte sie noch viel mehr als ihre Schwester und trieb die Hurerei noch schlimmer als sie.
12 Sie entbrannte für die Söhne Assurs, Statthalter und Hauptleute, die zu ihr kamen, herrlich gekleidet, lauter junge hübsche Leute, die auf Rossen ritten.
13 Da sah ich, daß sie beide auf gleiche Weise unrein geworden waren.
14 Aber diese trieb ihre Hurerei noch weiter. Denn sie sah Bilder von Männern an der Wand in roter Farbe, Bilder von Chaldäern,
15 um ihre Lenden gegürtet und bunte Turbane auf ihren Köpfen, ein Bild gewaltiger Kämpfer allesamt, wie eben die Söhne Babels sind, deren Vaterland Chaldäa ist.
16 Da entbrannte sie für sie, sobald sie die Bilder sah, und schickte Boten zu ihnen nach Chaldäa.
17 Und die Söhne Babels kamen zu ihr, um bei ihr zu schlafen, und machten sie unrein mit ihrer Hurerei, und sie machte sich unrein mit ihnen, bis sie ihrer müde wurde.
18 Als sie ihre Hurerei so offen trieb und ihre Schande so enthüllte, da wurde ich auch ihrer überdrüssig, wie ich ihrer Schwester müde geworden war.
19 Sie aber trieb ihre Hurerei immer schlimmer und dachte an die Zeit ihrer Jugend, als sie in Ägyptenland zur Hure geworden war,
20 und entbrannte für ihre Liebhaber, deren Brunst war wie die der Esel und der Hengste.
21 Und du sehntest dich nach der Unzucht deiner Jugend, als die Ägypter nach deinen Brüsten griffen und deinen Busen betasteten.
22 Darum, Oholiba, so spricht Gott der HERR: Siehe, ich will deine Liebhaber, deren du müde geworden bist, gegen dich aufstehen lassen und will sie von überall her gegen dich zusammenbringen,
23 nämlich die Söhne Babels und alle Chaldäer, die von Pekod, Schoa und Koa

und alle Assyrer mit ihnen, die schöne junge Mannschaft, lauter Statthalter und Hauptleute, Ritter und Edle, die alle auf Rossen reiten.
24 Und sie werden über dich kommen, gerüstet mit Rossen und Wagen und mit viel Kriegsvolk und werden dich ringsum belagern mit großen und kleinen Schilden und Helmen. Denen will ich den Rechtsfall vorlegen, daß sie dich richten sollen nach ihrem Recht.
25 Ich will meinen Eifer gegen dich richten, daß sie unbarmherzig an dir handeln sollen. Sie sollen dir Nase und Ohren abschneiden, und was von dir übrigbleibt, soll durchs Schwert fallen. Sie sollen deine Söhne und Töchter wegnehmen und, was von dir übrigbleibt, mit Feuer verbrennen.
26 Sie sollen dir deine Kleider ausziehen und deinen Schmuck wegnehmen.
27 So will ich deiner Unzucht und deiner Hurerei, die du seit Ägyptenland treibst, ein Ende machen, daß du deine Augen nicht mehr nach ihnen aufheben und an Ägypten nicht mehr denken sollst.
28 **D**enn so spricht Gott der HERR: Siehe, ich will dich denen preisgeben, denen du feind geworden und deren du müde bist.
29 Die sollen wie Feinde mit dir umgehen und alles nehmen, was du erworben hast, und dich nackt und bloß liegen lassen. Da soll die Schande deiner Hurerei und deine Unzucht und deine Buhlerei aufgedeckt werden.
30 Das soll dir angetan werden um deiner Hurerei willen, die du mit den Heiden getrieben, weil du dich mit ihren Götzen unrein gemacht hast.
31 Du bist auf dem Wege deiner Schwester gegangen, darum gebe ich dir auch ihren Kelch in die Hand.
32 **S**o spricht Gott der HERR: Du mußt den Kelch deiner Schwester trinken, so tief und weit er ist; du sollst zu so großem Spott und Hohn werden, daß es unerträglich sein wird.
33 Du mußt dich mit starkem Trank und Jammer volltrinken; denn der Kelch deiner Schwester Samaria ist ein Kelch des Grauens und Entsetzens.
34 Den mußt du bis zur Neige austrinken, danach die Scherben ausschlürfen und deine Brüste zerreißen; denn ich habe es geredet, spricht Gott der HERR.
35 Darum spricht Gott der HERR: Weil du mich vergessen und mich verworfen hast, so trage nun auch du deine Unzucht und deine Hurerei!
36 **U**nd der HERR sprach zu mir: Du Menschenkind, willst du nicht Ohola und Oholiba richten? Zeige ihnen ihre Greueltaten:
37 wie sie Ehebruch getrieben und Blut vergossen und die Ehe gebrochen haben mit ihren Götzen; und wie sie ihnen noch dazu ihre Kinder, die sie mir geboren hatten, zum Fraß darbrachten.
38 Überdies haben sie mir das angetan: sie haben noch am gleichen Tag mein Heiligtum unrein gemacht und meine Sabbate entheiligt.
39 Denn als sie ihre Kinder den Götzen geschlachtet hatten, gingen sie noch am gleichen Tag in mein Heiligtum, es zu entheiligen. Siehe, so haben sie es in meinem Hause getrieben.
40 Sie haben sogar Boten geschickt nach Männern, die aus fernen Landen kommen sollten. Und siehe, als sie kamen, da badetest du dich und schminktest dich und schmücktest dich mit Geschmeide ihnen zu Ehren
41 und saßest auf einem herrlichen Polster, und ein Tisch war davor hergerichtet; darauf legtest du mein Räucherwerk und mein Öl.
42 Und es erhob sich in der Stadt ein großes Freudengeschrei über die Männer, weil solch eine Menge von Menschen herbeigebracht war aus Saba, aus der Wüste, und sie gaben ihnen Geschmeide an ihre Arme und schöne Kronen auf ihre Häupter.
43 Ich aber dachte: Sie ist das Ehebrechen gewohnt von alters her, sie kann das Huren nicht lassen.
44 Denn man ging zu ihr, wie man zu einer Hure geht; so ging man zu Ohola und Oholiba, den zuchtlosen Weibern.
45 Darum werden gerechte Männer sie richten nach dem Recht, das für Ehebrecherinnen und für Mörderinnen gilt; denn sie sind Ehebrecherinnen, und ihre Hände sind voll Blut.
46 **D**enn so spricht Gott der HERR: Man berufe eine Versammlung gegen sie ein und gebe sie als Raub und Beute preis,
47 daß die Leute sie steinigen und mit

ihren Schwertern erstechen und ihre Söhne und Töchter umbringen und ihre Häuser mit Feuer verbrennen.
48 So will ich der Unzucht im Lande ein Ende machen, daß alle Frauen sich warnen lassen und nicht nach solcher Unzucht tun.
49 Und man wird die Strafe für eure Unzucht auf euch legen, und ihr sollt tragen, was ihr mit euren Götzen gesündigt habt, und sollt erfahren, daß ich Gott der HERR bin.

Das Gleichnis vom rostigen Topf

24 Und es geschah das Wort des HERRN zu mir im neunten Jahr am zehnten Tage des zehnten Monats:
2 Du Menschenkind, schreib dir diesen Tag auf, ja, eben diesen Tag; denn der König von Babel hat sich an eben diesem Tage vor Jerusalem gelagert.
3 Und gib dem Haus des Widerspruchs ein Gleichnis und sprich zu ihnen: So spricht Gott der HERR: Setze einen Topf auf, setz ihn auf und gieß Wasser hinein!
4 Tu Fleisch hinein, lauter gute Stücke, Lenden und Schultern, und fülle ihn mit den besten Knochen.
5 Nimm das Beste von der Herde und schichte Holzscheite darunter und laß die Stücke tüchtig sieden und auch die Knochen darin gut kochen.
6 **D**arum spricht Gott der HERR: Wehe der Stadt voller Blutschuld, die einem Topf gleicht, an dem Rost sitzt und nicht abgehen will! Nimm ein Stück nach dem andern heraus und lose nicht darum, welches zuerst heraus soll.
7 Denn das Blut, das sie vergossen hat, ist noch in ihrer Mitte; auf den nackten Felsen und nicht auf die Erde hat sie es verschüttet, so daß man's mit Erde hätte zudecken können.
8 Und ich ließ sie darum das Blut auf den nackten Felsen schütten, damit es nicht zugedeckt würde, so daß der Grimm über sie kommt und es gerächt wird.
9 **D**arum spricht Gott der HERR: Wehe, du Stadt voller Blutschuld, auch ich will den Holzstoß groß machen! –
10 Trage nur viel Holz her, bring das Feuer zum Lodern, koche das Fleisch gar und gieß die Brühe aus, daß die Knochen anbrennen;
11 stelle den Topf leer auf die Glut, damit er heiß wird und sein Erz glüht und seine Unreinheit schmilzt und sein Rost abgeht!
12 Aber so sehr der Topf glüht, will doch der starke Rost von ihm im Feuer nicht abgehen. –
13 Weil du durch Unzucht dich unrein gemacht hast und nicht rein wurdest von deiner Unreinheit, obwohl ich dich reinigen wollte, darum sollst du hinfort nicht wieder rein werden, bis mein Grimm sich an dir gekühlt hat.
14 Ich, der HERR, habe es geredet! Es wird kommen, ich will's tun und nicht säumen. Ich will nicht schonen, und es wird mich nicht reuen; sondern sie sollen dich richten, wie du gelebt und getan hast, spricht Gott der HERR.

Das Verhalten des Propheten beim Tod seiner Frau – ein Zeichen

15 Und des HERRN Wort geschah zu mir:
16 Du Menschenkind, siehe, ich will dir deiner Augen Freude nehmen durch einen plötzlichen Tod. Aber du sollst nicht klagen und nicht weinen und keine Träne vergießen.
17 Heimlich darfst du seufzen, aber keine Totenklage halten, sondern du sollst deinen Kopfbund anlegen und deine Schuhe anziehen; du sollst deinen Bart nicht verhüllen und nicht das Trauerbrot essen.
18 **U**nd als ich am Morgen zum Volk geredet hatte, starb mir am Abend meine Frau. Und ich tat am andern Morgen, wie mir befohlen war.
19 Und das Volk sprach zu mir: Willst du uns nicht erklären, was das für uns bedeutet, was du tust?
20 Und ich sprach zu ihnen: Der HERR hat mit mir geredet und gesagt:
21 Sage dem Hause Israel: So spricht Gott der HERR: Siehe, ich will mein Heiligtum, eure herrliche Zuflucht, die Freude eurer Augen, das Verlangen eures Herzens, entheiligen, und eure Söhne und Töchter, die ihr dort zurücklassen mußtet, werden durchs Schwert fallen. –
22 Da werdet ihr dann tun, wie ich getan habe: euren Bart werdet ihr nicht verhüllen und nicht das Trauerbrot essen,

23 sondern werdet euren Kopfbund auf
eurem Haupt behalten und eure Schuhe
an den Füßen; ihr werdet nicht klagen und
nicht weinen, sondern in eurer Schuld vergehen und untereinander seufzen. –
24 So soll Hesekiel für euch ein Wahrzeichen sein, daß ihr tun werdet, wie er
getan hat, wenn es nun kommen wird.
Dann werdet ihr erfahren, daß ich Gott
der HERR bin.
25 Und du, Menschenkind, ist es nicht
so? An dem Tage, an dem ich von ihnen
nehme ihre Zuflucht und ganze Wonne,
die Freude ihrer Augen und das Verlangen
ihres Herzens, dazu ihre Söhne und Töchter,
26 ja, an jenem Tage wird einer, der entronnen ist, zu dir kommen und dir's kundtun.
27 An jenem Tage wird dein Mund aufgetan werden, wenn der kommt, der entronnen ist, so daß du reden kannst und
nicht mehr stumm bist; und du wirst für
sie ein Wahrzeichen sein, daß sie erfahren,
daß ich der HERR bin.

Gottes Gericht über die Nachbarn Judas

25 Und des HERRN Wort geschah zu
mir:
2 Du Menschenkind, richte dein Angesicht gegen die Ammoniter und weissage
gegen sie
3 und sprich zu den Ammonitern: Hört
das Wort Gottes des HERRN! So spricht
Gott der HERR: Weil ihr über mein Heiligtum ruft: «Ha! es ist entweiht!» und über
das Land Israels: «Es ist verwüstet!» und
über das Haus Juda: «Es ist weggeführt!»,
4 darum siehe, ich will dich den Söhnen
des Ostens übergeben, daß sie ihre Zeltdörfer in dir aufschlagen und ihre Wohnungen in dir bauen sollen; sie sollen deine
Früchte essen und deine Milch trinken.
5 Und ich will Rabba zur Kameltrift
machen und das Land der Ammoniter zu
Schafhürden, und ihr sollt erfahren, daß
ich der HERR bin.
6 Denn so spricht Gott der HERR: Weil
du in die Hände geklatscht und mit den
Füßen gestampft und über das Land Israels von ganzem Herzen so höhnisch dich
gefreut hast,
7 darum siehe, ich will meine Hand
gegen dich ausstrecken und dich den
Völkern zur Beute geben und dich aus
den Nationen ausrotten und aus den Ländern austilgen und dich vernichten; und
du sollst erfahren, daß ich der HERR bin.
8 So spricht Gott der HERR: Weil Moab
und Seïr sprechen: «Siehe, das Haus Juda
ist nichts anderes als alle Völker!»,
9 siehe, so will ich die Berghänge Moabs
bloßlegen, daß es ohne Städte sei in seinem ganzen Gebiet, ohne den Stolz des
Landes: Beth-Jeschimoth, Baal-Meon und
Kirjathajim,
10 und will es den Söhnen des Ostens
zum Erbe geben, zum Land der Ammoniter hinzu, so daß man an sie nicht mehr
denken wird unter den Völkern.
11 Und ich will das Gericht ergehen
lassen über Moab, und sie sollen erfahren,
daß ich der HERR bin.
12 So spricht Gott der HERR: Weil sich
Edom am Hause Juda gerächt und sich
schwer verschuldet hat mit seiner Rache,
13 darum spricht Gott der HERR: Ich
will meine Hand ausstrecken gegen Edom
und will von ihm ausrotten Menschen und
Vieh und will es wüst machen von Teman
bis nach Dedan, und sie sollen durchs
Schwert fallen.
14 Und ich will mich an Edom rächen
durch mein Volk Israel, und sie sollen mit
Edom umgehen nach meinem Zorn und
Grimm, daß sie meine Vergeltung erfahren
sollen, spricht Gott der HERR.
15 So spricht Gott der HERR: Weil die
Philister sich gerächt und mit beständigem Haß so höhnisch Rache geübt haben
zum Verderben meines Volks,
16 darum spricht Gott der HERR: Siehe,
ich will meine Hand ausstrecken gegen die
Philister und will die Krether ausrotten
und will umbringen, die übriggeblieben
sind am Ufer des Meeres,
17 und will bittere Rache an ihnen üben
und sie mit Grimm strafen, daß sie erfahren sollen, daß ich der HERR bin, wenn
ich Vergeltung an ihnen übe.

Das Gericht über Tyrus

26 Und es begab sich im elften Jahr
am ersten Tage des ersten Monats,
da geschah des HERRN Wort zu mir:
2 Du Menschenkind, weil Tyrus spricht
über Jerusalem: «Ha! die Pforte der Völker ist zerbrochen; nun fällt es mir zu; ich

werde jetzt reich werden, weil Jerusalem
wüst liegt!»,
3 darum spricht Gott der HERR: Siehe,
ich will an dich, Tyrus, und will viele
Völker gegen dich heraufführen, wie das
Meer seine Wellen heraufführt.
4 Die sollen die Mauern von Tyrus zer-
stören und seine Türme abbrechen; ja,
ich will sogar seine Erde von ihm weg-
fegen und will einen nackten Fels aus ihm
machen,
5 einen Platz im Meer, an dem man
Fischnetze aufspannt; denn ich habe es
geredet, spricht Gott der HERR, und es
soll den Völkern zum Raub werden.
6 Und seine Tochterstädte auf dem
Festland sollen mit dem Schwert geschla-
gen werden, und sie sollen erfahren, daß
ich der HERR bin.
7 Denn so spricht Gott der HERR: Siehe,
ich will über Tyrus kommen lassen Ne-
bukadnezar, den König von Babel, von
Norden her, den König der Könige, mit
Rossen, Wagen, Reitern und einem gro-
ßen Heer.
8 Der soll deine Tochterstädte auf dem
Festland mit dem Schwert schlagen; aber
gegen dich wird er Bollwerke errichten
und einen Wall gegen dich aufschütten
und ein Schilddach gegen dich erstellen.
9 Er wird mit Sturmböcken deine
Mauern umstoßen und deine Türme mit
seinen Werkzeugen einreißen.
10 Von der Menge seiner Pferde wird
Staub dich bedecken. Deine Mauern wer-
den erbeben von dem Getümmel seiner
Rosse, Wagen und Reiter, wenn er in
deine Tore eindringt, wie man eindringt
in eine erstürmte Stadt.
11 Er wird mit den Hufen seiner Rosse
alle deine Gassen zerstampfen. Dein Volk
wird er mit dem Schwert erschlagen und
deine stolzen Steinmale zu Boden reißen.
12 Sie werden deine Schätze rauben und
deine Handelsgüter plündern. Deine
Mauern werden sie abbrechen und deine
schönen Häuser einreißen und werden
deine Steine und die Balken und den
Schutt ins Meer werfen.
13 Und ich will dem Getön deiner Lie-
der ein Ende machen, und den Klang dei-
ner Harfen soll man nicht mehr hören.
14 Und ich will einen nackten Fels aus
dir machen, einen Platz, an dem man
Fischnetze aufspannt, und du sollst nicht
wieder gebaut werden. Denn ich bin der
HERR, der dies redet, spricht Gott der
HERR.
15 So spricht Gott der HERR gegen
Tyrus: Was gilt's? Die Inseln werden er-
beben, wenn du fallen wirst mit Getöse
und deine Verwundeten stöhnen werden
und das Schwert morden wird in deiner
Mitte.
16 Alle Fürsten am Meer werden von
ihren Thronen herabsteigen und ihre
Oberkleider ablegen und ihre bunten Ge-
wänder ausziehen und werden in Trauer-
kleidern gehen und auf der Erde sitzen
und immer von neuem erzittern und sich
entsetzen über dich.
17 Sie werden über dich ein Klagelied
anstimmen und von dir sagen: Ach, wie
bist du zugrunde gegangen, du berühmte
Stadt, die du am Meer lagst und so mäch-
tig warst auf dem Meer samt deinen Ein-
wohnern, daß sich das ganze Land vor dir
fürchten mußte!
18 Nun entsetzen sich die Inseln am Tag
deines Falls, und die Inseln im Meer er-
schrecken über deinen Untergang.
19 Denn so spricht Gott der HERR: Ich
will dich zu einer verödeten Stadt machen
gleich den Städten, in denen niemand
wohnt, und will eine große Flut über dich
kommen lassen, daß hohe Wogen dich be-
decken,
20 und will dich hinunterstoßen zu
denen, die in die Grube gefahren sind, zu
dem Volk der Vorzeit. Ich will dich woh-
nen lassen in den Tiefen unter der Erde
zwischen den Trümmern der Vorzeit bei
denen, die in die Grube gefahren sind, daß
du keine Wohnung und keine Stätte mehr
hast im Lande der Lebendigen;
21 ja, tödlichem Schrecken gebe ich dich
preis, daß es aus ist mit dir und man dich
nie mehr findet, wenn man nach dir sucht,
spricht Gott der HERR.

Klagelied über Tyrus

27 Und des HERRN Wort geschah zu
mir:
2 Du Menschenkind, stimm ein Klage-
lied an über Tyrus
3 und sprich zu Tyrus: Die du wohnst
am Zugang zum Meer und für die Völker
mit vielen Inseln Handel treibst! So

spricht Gott der HERR: O Tyrus, du
sprichst: Ich bin die Allerschönste!
4 Dein Gebiet liegt mitten im Meer, und
deine Bauleute haben dich aufs aller-
schönste erbaut.
5 Sie haben all dein Plankenwerk aus
Zypressenholz vom Senir gemacht und die
Zedern vom Libanon geholt, um deine
Mastbäume daraus zu machen;
6 deine Ruder haben sie aus Eichen von
Basan gemacht und deine Wände mit
Elfenbein getäfelt, gefaßt in Buchsbaum-
holz von den Gestaden der Kittiter.
7 Dein Segel war beste bunte Leinwand
aus Ägypten als dein Kennzeichen, und
deine Decken waren blauer und roter Pur-
pur von den Gestaden Elischas.
8 Die Edlen von Sidon und Arwad
waren deine Ruderknechte, und die kun-
digsten Männer von Tyrus hattest du als
deine Steuerleute.
9 Die Ältesten von Gebal und seine
Kundigsten mußten deine Risse abdich-
ten. Alle Seeschiffe und ihre Schiffsleute
fanden sich bei dir ein, um mit deinen
Waren Handel zu treiben.
10 Perser, Lyder und Libyer waren dein
Kriegsvolk; ihre Schilde und Helme häng-
ten sie bei dir auf; sie waren dein Schmuck.
11 Die Männer von Arwad waren in
deinem Heer rings auf deinen Mauern und
waren Wächter auf deinen Türmen. Sie
haben ihre Schilde ringsum an deinen
Mauern aufgehängt und haben dich so
schön gemacht.
12 Tarsis hat für dich Handel getrieben
mit einer Fülle von Gütern aller Art und
Silber, Eisen, Zinn und Blei auf deine
Märkte gebracht.
13 Jawan, Tubal und Meschech haben
mit dir gehandelt und Sklaven und Ge-
räte aus Kupfer als Ware gebracht.
14 Die Leute von Togarma haben dir
Rosse und Reitpferde und Maulesel auf
deine Märkte gebracht.
15 Die Leute von Rhodos sind deine
Händler gewesen, und viele Inseln haben
Handel mit dir getrieben; sie haben mit
Elfenbein und Ebenholz gezahlt.
16 Die Edomiter haben von dem Vielen
gekauft, das du gefertigt hattest, und ha-
ben Malachit, Purpur, bunte Stoffe, feine
Leinwand, Korallen und Rubine auf deine
Märkte gebracht.
17 Juda und das Land Israel haben mit
dir gehandelt und haben Weizen aus Min-
nith, Feigen, Honig, Öl und Harz als Ware
gebracht.
18 Damaskus hat von dem Vielen ge-
kauft, das du gefertigt hattest, von der
Fülle der Güter aller Art gegen Wein von
Helbon und gegen kostbare Wolle.
19 Wedan und Jawan haben von Usal
auf deine Märkte geformtes Eisen, Zimt
und Kalmus gebracht; die kamen als
Ware.
20 Dedan hat mit dir gehandelt mit
Decken zum Reiten.
21 Arabien und alle Fürsten von Kedar
haben mit dir Handel getrieben mit Scha-
fen, Widdern und Böcken.
22 Die Kaufleute aus Saba und Ragma
haben mit dir gehandelt; den besten Bal-
sam und Edelsteine aller Art und Gold
haben sie auf deine Märkte gebracht.
23 Haran und Kanne und Eden samt
den Kaufleuten aus Assur und ganz Me-
dien haben mit dir gehandelt.
24 Sie waren deine Händler mit Pracht-
gewändern, mit Mänteln von Purpur und
bunten Stoffen, mit Teppichen von Pur-
pur, mit geflochtenen und gedrehten
Tauen im Handel mit dir.
25 Tarsisschiffe waren die Käufer deiner
Ware. So bist du sehr reich und herrlich
geworden mitten im Meer.
26 Deine Ruderer haben dich auf die
hohe See geführt; aber ein Ostwind wird
dich mitten auf dem Meer zerschmettern,
27 so daß dein Reichtum, dein Handels-
gut, deine Ware, deine Schiffsleute, deine
Steuerleute, deine Zimmerleute, deine
Händler und alle deine Kriegsleute und
alles Volk in dir mitten auf dem Meer um-
kommen werden am Tag deines Falls.
28 Da werden die Gestade erbeben von
dem Geschrei deiner Steuerleute.
29 Und alle, die das Ruder führen, die
Schiffsleute, alle Seefahrer werden von
ihren Schiffen herabsteigen, sie werden an
Land gehen
30 und laut über dich schreien und bit-
terlich klagen, werden Staub auf ihre
Häupter werfen und sich in der Asche
wälzen.
31 Sie werden sich kahl scheren deinet-
wegen und Säcke anlegen und von Herzen
bitterlich um dich weinen und trauern.

32 Es werden auch ihre Kinder ein Klagelied über dich anstimmen und um dich klagen: Ach! Wer ist je auf dem Meer so still geworden wie Tyrus?

33 Als du deinen Handel auf dem Meer triebst, da machtest du viele Länder satt, mit der Menge deiner Güter und Waren machtest du reich die Könige auf Erden.

34 Nun aber bist du zerschmettert, hinweg vom Meer in die tiefen Wasser gestürzt, daß dein Handelsgut und all dein Volk in dir umgekommen ist.

35 Alle, die auf den Inseln wohnen, erschrecken über dich, und ihre Könige entsetzen sich und sehen jämmerlich drein.

36 Die Kaufleute unter den Völkern zischen über dich, daß du so plötzlich untergegangen bist und nicht mehr aufkommen kannst.

Das Gericht über den König von Tyrus

28 Und des HERRN Wort geschah zu mir:

2 Du Menschenkind, sage dem Fürsten zu Tyrus: So spricht Gott der HERR: Weil sich dein Herz überhebt und spricht: «Ich bin ein Gott, ich sitze auf einem Göttersitz mitten im Meer», während du doch ein Mensch und nicht Gott bist; dennoch überhebt sich dein Herz, als wäre es eines Gottes Herz, –

3 siehe, du hältst dich für klüger als Daniel, daß dir nichts verborgen sei

4 und durch deine Klugheit und deinen Verstand habest du dir Macht erworben und Schätze von Gold und Silber gesammelt

5 und habest in deiner großen Weisheit durch deinen Handel deine Macht gemehrt; nun bist du so stolz geworden, weil du so mächtig bist; –

6 darum spricht Gott der HERR: Weil sich dein Herz überhebt, als wäre es eines Gottes Herz,

7 darum siehe, ich will Fremde über dich schicken, die Gewalttätigsten unter den Völkern; die sollen ihr Schwert zücken gegen deine schöne Weisheit und sollen deinen Glanz entweihen.

8 Sie sollen dich hinunterstoßen in die Grube, daß du den Tod eines Erschlagenen sterbest mitten auf dem Meer.

9 Was gilt's, wirst du dann vor deinen Henkern noch sagen: «Ich bin Gott», während du doch nicht Gott bist, sondern ein Mensch und in der Hand deiner Henker?

10 Du sollst den Tod von Unbeschnittenen sterben durch die Hand von Fremden; denn ich habe es geredet, spricht Gott der HERR.

Klagelied über den König von Tyrus

11 Und des HERRN Wort geschah zu mir:

12 Du Menschenkind, stimm ein Klagelied an über den König von Tyrus und sprich zu ihm: So spricht Gott der HERR: Du warst das Abbild der Vollkommenheit, voller Weisheit und über die Maßen schön.

13 In Eden warst du, im Garten Gottes, geschmückt mit Edelsteinen jeder Art, mit Sarder, Topas, Diamant, Türkis, Onyx, Jaspis, Saphir, Malachit, Smaragd. Von Gold war die Arbeit deiner Ohrringe und des Perlenschmucks, den du trugst; am Tag, als du geschaffen wurdest, wurden sie bereitet.

14 Du warst ein glänzender, schirmender Cherub, und auf den heiligen Berg hatte ich dich gesetzt, ein Gott warst du und wandeltest inmitten der feurigen Steine.

15 Du warst ohne Tadel in deinem Tun von dem Tage an, als du geschaffen wurdest, bis an dir Missetat gefunden wurde.

16 Durch deinen großen Handel wurdest du voll Frevels und hast dich versündigt. Da verstieß ich dich vom Berge Gottes und tilgte dich, du schirmender Cherub, hinweg aus der Mitte der feurigen Steine.

17 Weil sich dein Herz erhob, daß du so schön warst, und du deine Weisheit verdorben hast in all deinem Glanz, darum habe ich dich zu Boden gestürzt und ein Schauspiel aus dir gemacht vor den Königen.

18 Weil du mit deiner großen Missetat durch unrechten Handel dein Heiligtum entweiht hast, darum habe ich ein Feuer aus dir hervorbrechen lassen, das dich verzehrte und zu Asche gemacht hat auf der Erde vor aller Augen.

19 Alle, die dich kannten unter den Völkern, haben sich über dich entsetzt, daß du so plötzlich untergegangen bist und nicht mehr aufkommen kannst.

Das Gericht über Sidon

20 Und des HERRN Wort geschah zu mir:
21 Du Menschenkind, richte dein Angesicht gegen Sidon und weissage gegen die Stadt
22 und sprich: So spricht Gott der HERR: Siehe, ich will an dich, Sidon, und will meine Herrlichkeit erweisen in deiner Mitte, damit man erfahren soll, daß ich der HERR bin, wenn ich das Gericht über die Stadt ergehen lasse und an ihr zeige, daß ich heilig bin.
23 Und ich will Pest und Blutvergießen in ihre Gassen schicken, und überall sollen in ihr liegen vom Schwert Erschlagene, und sie sollen erfahren, daß ich der HERR bin.
24 Und forthin soll für das Haus Israel von all seinen feindseligen Nachbarn ringsum kein Dorn übrigbleiben, es zu stechen, und kein Gestrüpp, ihm wehe zu tun, damit sie erfahren, daß ich Gott der HERR bin.

Israels Heil nach dem Gericht

25 So spricht Gott der HERR: Wenn ich das Haus Israel wieder sammle aus den Völkern, unter die sie zerstreut sind, so will ich an ihnen vor den Augen der Heiden zeigen, daß ich heilig bin. Und sie sollen wohnen in ihrem Lande, das ich meinem Knecht Jakob gegeben habe,
26 und sollen darin sicher wohnen und Häuser bauen und Weinberge pflanzen. Ja, sicher sollen sie wohnen, wenn ich das Gericht ergehen lasse über alle ihre Feinde rings um sie her, und sie sollen erfahren, daß ich, der HERR, ihr Gott bin.

Das Schicksal Ägyptens

29 Im zehnten Jahr am zwölften Tag des zehnten Monats geschah des HERRN Wort zu mir:
2 Du Menschenkind, richte dein Angesicht gegen den Pharao, den König von Ägypten, und weissage gegen ihn und gegen ganz Ägyptenland.
3 Rede und sprich: So spricht Gott der HERR: Siehe, ich will an dich, Pharao, du König von Ägypten, du großer Drache, der du in deinem Strom liegst und sprichst: «Der Strom ist mein, und ich habe ihn mir gemacht.»
4 Aber ich will dir einen Haken ins Maul legen und die Fische in deinem Strom an deine Schuppen hängen und will dich aus deinem Strom herausziehen samt allen Fischen in deinem Strom, die an deinen Schuppen hängen.
5 Ich will dich und alle Fische aus deinem Strom in die Wüste werfen; du wirst aufs Land fallen und nicht wieder aufgelesen und gesammelt werden, sondern ich gebe dich den Tieren auf dem Land und den Vögeln des Himmels zum Fraß.
6 Und alle, die in Ägypten wohnen, sollen erfahren, daß ich der HERR bin.
Weil du dem Hause Israel ein Rohrstab gewesen bist –
7 wenn sie dich mit der Hand anfaßten, so brachst du und stachst sie in die Seite; und wenn sie sich auf dich lehnten, so brachst du entzwei, und alle Hüften wankten –,
8 darum spricht Gott der HERR: Siehe, ich will das Schwert über dich kommen lassen und Menschen und Vieh in dir ausrotten.
9 Und Ägyptenland soll zur Wüste und Öde werden, und sie sollen erfahren, daß ich der HERR bin.
Weil du sprichst: «Der Strom ist mein, und ich bin's, der ihn gemacht hat», –
10 darum siehe, ich will an dich und an deine Wasserströme und will Ägyptenland zur Wüste und Öde machen von Migdol bis nach Syene und bis an die Grenze von Kusch,
11 daß vierzig Jahre lang weder Mensch noch Tier das Land durchziehen oder darin wohnen soll.
12 Denn ich will Ägyptenland zur Wüste machen inmitten verwüsteter Länder und ihre Städte in Trümmern liegen lassen inmitten verwüsteter Städte vierzig Jahre lang und will die Ägypter zerstreuen unter die Völker, und in die Länder will ich sie verjagen.
13 Denn so spricht Gott der HERR: Wenn die vierzig Jahre um sein werden, will ich die Ägypter wieder sammeln aus den Völkern, unter die sie zerstreut werden sollen,
14 und will das Geschick Ägyptens wenden und sie wieder ins Land Pathros bringen, in ihr Vaterland; aber sie sollen dort nur ein kleines Königreich sein.

15 Sie sollen kleiner sein als andere Reiche und nicht mehr sich erheben über die Völker, und ich will sie gering machen, daß sie nicht über die Völker herrschen sollen,

16 damit sich das Haus Israel nicht mehr auf sie verläßt und sich damit versündigt, wenn es sich an sie hängt; und sie sollen erfahren, daß ich Gott der HERR bin.

Ägypten als Lohn für Nebukadnezar

17 Und es begab sich im siebenundzwanzigsten Jahr am ersten Tag des ersten Monats, da geschah des HERRN Wort zu mir:

18 Du Menschenkind! Nebukadnezar, der König von Babel, hat sein Heer in hartem Dienst vor Tyrus arbeiten lassen, so daß alle Häupter kahl wurden und alle Schultern wund gerieben waren; und doch ist weder ihm noch seinem Heer all die Arbeit vor Tyrus belohnt worden.

19 Darum spricht Gott der HERR: Siehe, ich will Nebukadnezar, dem König von Babel, Ägyptenland geben, daß er all ihr Gut wegnehmen und sie berauben und plündern soll, damit er seinem Heer den Sold gebe.

20 Zum Lohn für die Arbeit, die er vor Tyrus getan hat, will ich ihm das Land Ägypten geben; denn sie haben für mich gearbeitet, spricht Gott der HERR.

21 Zur selben Zeit will ich dem Hause Israel wieder Macht geben und will deinen Mund unter ihnen auftun, damit sie erfahren, daß ich der HERR bin.

Der Sturz Ägyptens

30 Und des HERRN Wort geschah zu mir:

2 Du Menschenkind, weissage und sprich: So spricht Gott der HERR: Heulet! Wehe, was für ein Tag!

3 Denn der Tag ist nahe, ja, des HERRN Tag ist nahe, ein finsterer Tag; die Zeit der Heiden kommt.

4 Und das Schwert soll über Ägypten kommen, und Kusch wird erschrecken, wenn die Erschlagenen in Ägypten fallen und sein Reichtum weggenommen und seine Grundfesten eingerissen werden.

5 Kusch und Put und Lud mit allerlei fremdem Volk und Kub und ihre Verbündeten sollen mit ihnen durchs Schwert fallen.

6 So spricht der HERR: Alle, die Ägypten stützen, müssen fallen, und seine stolze Macht muß herunter. Von Migdol bis nach Syene sollen sie durchs Schwert fallen, spricht Gott der HERR.

7 Und sie sollen inmitten verwüsteter Länder zur Wüste werden und ihre Städte inmitten verwüsteter Städte in Trümmern liegen,

8 damit sie erfahren, daß ich der HERR bin, wenn ich Feuer an Ägypten lege, so daß alle, die ihnen helfen, zunichte werden.

9 Zur selben Zeit werden Boten von mir ausziehen in Schiffen, um Kusch zu schrecken, das jetzt so sicher ist, und es wird ein Schrecken über sie kommen am Tage Ägyptens; denn siehe, er kommt gewiß.

10 So spricht Gott der HERR: Ich will dem Reichtum Ägyptens ein Ende machen durch Nebukadnezar, den König von Babel.

11 Er und sein Volk, die Gewalttätigsten unter den Völkern, werden herangebracht werden, um das Land zu verderben, und werden ihre Schwerter ziehen gegen Ägypten, daß das Land überall voll Erschlagener liegt.

12 Und ich will die Ströme austrocknen und das Land an böse Leute verkaufen und will das Land und was darin ist durch Fremde verwüsten lassen. Ich, der HERR, habe es geredet.

13 So spricht Gott der HERR: Ich will von Noph die Götzen ausrotten und die Abgötter vertilgen, und Ägypten soll keinen Fürsten mehr haben, und ich will Schrecken über Ägyptenland bringen.

14 Ich will Pathros zur Wüste machen und an Zoan Feuer legen und das Gericht über No ergehen lassen

15 und will meinen Grimm ausschütten über Sin, die Festung Ägyptens, und will den Reichtum von No vernichten.

16 Ich will Feuer an Ägypten legen, und Sin soll es angst und bange werden, und No soll erobert und Noph täglich geängstigt werden.

17 Die junge Mannschaft von On und Bubastis soll durchs Schwert fallen und die Frauen gefangen weggeführt werden.

18 In Tachpanches wird sich der Tag verfinstern, wenn ich dort das Zepter

Ägyptens zerbreche und seine stolze
Macht ein Ende nimmt. Die Stadt wird
mit Wolken bedeckt werden, und ihre
Töchter werden gefangen weggeführt
werden.
19 Und ich will das Gericht über Ägyp-
ten ergehen lassen, damit sie erfahren, daß
ich der HERR bin.

Der Arm des Pharao und der Arm Nebukadnezars

20 Und es begab sich im elften Jahr am
siebenten Tag des ersten Monats, da ge-
schah des HERRN Wort zu mir:
21 Du Menschenkind, ich habe den
Arm des Pharao, des Königs von Ägyp-
ten, zerbrochen, und siehe, er ist nicht
verbunden worden, daß er wieder heilen
könnte, auch nicht mit Binden umwickelt,
daß er wieder stark würde und ein
Schwert fassen könnte.
22 Darum spricht Gott der HERR: Siehe,
ich will an den Pharao, den König von
Ägypten, und will seine Arme zerbrechen,
den gesunden und den zerbrochenen, daß
ihm das Schwert aus der Hand fallen
muß,
23 und will die Ägypter unter die Völker
zerstreuen und in die Länder verjagen.
24 Aber die Arme des Königs von Babel
will ich stärken und ihm mein Schwert in
die Hand geben und will die Arme des
Pharao zerbrechen, daß er vor ihm stöh-
nen soll wie ein tödlich Verwundeter.
25 Ja, ich will die Arme des Königs von
Babel stärken, aber die Arme des Pharao
sollen sinken, damit sie erfahren, daß ich
der HERR bin, wenn ich mein Schwert dem
König von Babel in die Hand gebe, damit
er's gegen Ägyptenland zücke,
26 und ich die Ägypter unter die Völker
zerstreue und in die Länder verjage, da-
mit sie erfahren, daß ich der HERR bin.

Der Pharao – ein gestürzter Zedernbaum

31 Und es begab sich im elften Jahr am
ersten Tag des dritten Monats, da
geschah des HERRN Wort zu mir:
2 Du Menschenkind, sage zum Pharao,
dem König von Ägypten, und zu seinem
stolzen Volk: Wem bist du gleich in deiner
Herrlichkeit?
3 Siehe, einem Zedernbaum auf dem
Libanon, mit schönen Ästen und dichtem
Laub und sehr hoch, so daß sein Wipfel in
die Wolken ragte.
4 Wasser ließ ihn groß werden und die
Flut der Tiefe in die Höhe wachsen. Ihre
Ströme gingen rings um seinen Stamm
her, und ihre Rinnsale sandte sie zu allen
Bäumen auf dem Felde.
5 Darum ist er höher geworden als alle
Bäume auf dem Felde und trieb viele
Äste und lange Zweige; denn er hatte
Wasser genug, sich auszubreiten.
6 Alle Vögel des Himmels nisteten auf
seinen Ästen, und alle Tiere des Feldes
hatten Junge unter seinen Zweigen, und
unter seinem Schatten wohnten alle gro-
ßen Völker.
7 Er war schön geworden in seiner Grö-
ße mit seinen langen Ästen; denn seine
Wurzeln hatten viel Wasser.
8 So war ihm kein Zedernbaum gleich
in Gottes Garten, und die Zypressen
waren seinen Ästen nicht zu vergleichen,
und die Platanen waren nichts gegen seine
Zweige. Ja, er war so schön wie kein
Baum im Garten Gottes.
9 Ich hatte ihn so schön gemacht mit
seinen vielen Ästen, daß ihn alle Bäume
von Eden im Garten Gottes beneideten.
10 Darum – so spricht Gott der HERR:
Weil er so hoch geworden war, daß sein
Wipfel bis in die Wolken ragte, und weil
sein Herz sich erhob, da er so hoch ge-
worden war,
11 darum gab ich ihn dem Mächtig-
sten unter den Völkern in die Hände, daß
der mit ihm umginge, wie er verdient hat
mit seinem gottlosen Tun, und ihn ver-
triebe.
12 Fremde hieben ihn um, die Gewalt-
tätigsten unter den Völkern, und ließen
ihn liegen. Seine Äste fielen auf die Berge
und in alle Täler, und seine Zweige lagen
zerbrochen an allen Bächen im Lande, so
daß alle Völker auf Erden wegziehen muß-
ten und ihn liegen ließen, weil er keinen
Schatten mehr gab.
13 Alle Vögel des Himmels saßen auf
seinem gefällten Stamm, und alle Tiere
des Feldes legten sich auf seine Äste,
14 damit sich fortan kein Baum am
Wasser wegen seiner Höhe überhebe und
seinen Wipfel bis in die Wolken recke und
kein Baum am Wasser sich erhebe über
die andern. Denn sie müssen alle unter die

Erde und dem Tod übergeben werden zu den Menschen, die in die Grube fahren.

15 So spricht Gott der HERR: An dem Tage, an dem er hinunter zu den Toten fuhr, da ließ ich die Fluten der Tiefe um ihn trauern und hielt ihre Ströme an, daß die großen Wasser nicht fließen konnten. Ich ließ den Libanon um ihn trauern, daß alle Bäume auf dem Felde um seinetwillen verdorrten.

16 Ich erschreckte die Völker, als sie ihn fallen hörten, da ich ihn hinunterstieß zu den Toten, zu denen, die in die Grube gefahren sind. Damit trösteten sich unter der Erde alle Bäume von Eden, die edelsten und besten vom Libanon, alle, die am Wasser gestanden hatten.

17 Denn sie mußten auch mit ihm hinunter zu den Toten, zu den mit dem Schwert Erschlagenen, weil sie unter dem Schatten seines Arms gewohnt hatten inmitten der Völker.

18 Wem bist du gleich, Pharao, mit deiner Pracht und Herrlichkeit unter den Bäumen von Eden? Und du mußt mit den Bäumen von Eden unter die Erde hinabfahren und unter den Unbeschnittenen liegen, die mit dem Schwert erschlagen sind. So soll es dem Pharao gehen und seinem stolzen Volk, spricht Gott der HERR.

Klagelieder über den Pharao und über Ägypten

32 Und es begab sich im elften Jahr am ersten Tag des zwölften Monats, da geschah des HERRN Wort zu mir:

2 Du Menschenkind, stimm ein Klagelied an über den Pharao, den König von Ägypten, und sprich zu ihm: Du Löwe unter den Völkern, wie bist du dahin! Und doch warst du wie ein Drache im Meer und schnaubtest in deinen Strömen und rührtest das Wasser auf mit deinen Füßen und machtest seine Ströme trübe.

3 So spricht Gott der HERR: Ich will mein Netz über dich auswerfen durch eine Menge Völker; die sollen dich in meinem Garn heraufholen;

4 und ich will dich an Land ziehen und aufs Feld werfen, daß sich alle Vögel des Himmels auf dich setzen sollen und alle Tiere auf Erden von dir satt werden.

5 Und ich will dein Fleisch auf die Berge werfen und mit deinem Aas die Täler füllen.

6 Das Land will ich mit deinem Blut tränken bis zu den Bergen, und die Bäche sollen davon voll werden.

7 Und wenn du dann ganz dahin bist, so will ich den Himmel verhüllen und seine Sterne verfinstern und die Sonne mit Wolken überziehen, und der Mond soll nicht scheinen.

8 Alle Lichter am Himmel lasse ich über dir dunkel werden und bringe eine Finsternis über dein Land, spricht Gott der HERR.

9 Dazu will ich die Herzen vieler Völker erschrecken, wenn ich deine Gefangenen unter die Völker bringe, in viele Länder, die du nicht kennst.

10 Viele Völker sollen sich über dich entsetzen, und ihren Königen soll vor dir grauen, wenn ich mein Schwert vor ihnen blinken lasse; immer wieder sollen sie zittern, ein jeder um sein Leben, wenn der Tag deines Falls kommt.

11 Denn so spricht Gott der HERR: Das Schwert des Königs von Babel soll dich treffen.

12 Ich will dein Volk fällen durch das Schwert der Helden, die allesamt die Gewalttätigsten unter den Völkern sind; sie werden die Herrlichkeit Ägyptens verheeren und sein stolzes Volk vernichten.

13 Und ich will alle seine Tiere umbringen an den großen Wassern, daß keines Menschen Fuß und keines Tieres Klaue sie mehr trübe machen soll.

14 Alsdann will ich seine Wasser klar machen, daß seine Ströme fließen wie Öl, spricht Gott der HERR,

15 wenn ich das Land Ägypten verwüste und alles, was im Land ist, öde mache und alle, die darin wohnen, erschlage, und sie sollen erfahren, daß ich der HERR bin. –

16 Das ist ein Klagelied, und man soll es singen; ja, die Töchter der Völker sollen es singen, über Ägypten und sein stolzes Volk sollen sie klagen, spricht Gott der HERR.

17 Und im elften Jahr am fünfzehnten Tag desselben Monats geschah des HERRN Wort zu mir:

18 Du Menschenkind, wehklage über das stolze Volk in Ägypten und stoß es

hinab mit den Töchtern der starken Völker, tief unter die Erde zu denen, die in die Grube gefahren sind.

19 Vor wem hast du nun etwas voraus an Schönheit? Hinunter mit dir! Lege dich zu den Unbeschnittenen!

20 Sie werden fallen mitten unter denen, die mit dem Schwert erschlagen sind. Das Schwert ist schon gefaßt und gezückt über ihr stolzes Volk.

21 Von ihm werden sagen unter der Erde die starken Helden mit ihren Helfern: Sie sind hinuntergefahren und liegen da, die Unbeschnittenen und mit dem Schwert Erschlagenen.

22 **Da** liegt Assur mit seinem ganzen Volk, ringsherum seine Gräber, sie alle erschlagen und durchs Schwert gefallen!

23 Seine Gräber bekam es ganz hinten in der Grube, und sein Volk liegt ringsumher begraben, alle erschlagen und durchs Schwert gefallen, von denen einst Schrekken ausging im Lande der Lebendigen.

24 **Da** liegt Elam mit seinem stolzen Volk, ringsherum seine Gräber, sie alle erschlagen und durchs Schwert gefallen, hinuntergefahren als Unbeschnittene unter die Erde, von denen einst Schrecken ausging im Lande der Lebendigen; sie müssen ihre Schande tragen mit denen, die in die Grube gefahren sind.

25 Man hat sie mitten unter die Erschlagenen gelegt mit ihrem stolzen Volk, ringsherum ihre Gräber, sie alle als Unbeschnittene und mit dem Schwert Erschlagene, von denen einst Schrecken ausging im Lande der Lebendigen; sie müssen ihre Schande tragen mit denen, die in die Grube gefahren sind, und bei den Erschlagenen liegen.

26 **Da** liegen Meschech und Tubal mit ihrem stolzen Volk, ringsherum ihre Gräber, sie alle als Unbeschnittene und mit dem Schwert Erschlagene, von denen einst Schrecken ausging im Lande der Lebendigen.

27 Sie liegen nicht bei den Helden, die in der Vorzeit gefallen und mit ihrer Kriegswehr zu den Toten gefahren sind, denen man ihre Schwerter unter ihre Häupter gelegt und ihre Schilde über ihre Gebeine gedeckt hat, die gefürchtete Helden waren im Lande der Lebendigen.

28 Du aber mußt inmitten der Unbeschnittenen begraben sein und bei denen liegen, die mit dem Schwert erschlagen sind.

29 **Da** liegt Edom mit seinen Königen und allen seinen Fürsten, die in ihrer Heldenkraft zu den vom Schwert Erschlagenen getan wurden; da liegen sie bei den Unbeschnittenen und denen, die in die Grube gefahren sind.

30 **Da** sind alle Fürsten des Nordens und alle Sidonier, die mit den Erschlagenen hinabgefahren sind, und ihre schreckliche Gewalt ist zuschanden geworden; sie müssen als Unbeschnittene bei denen liegen, die mit dem Schwert erschlagen sind, und ihre Schande tragen samt denen, die in die Grube gefahren sind.

31 **Diese** alle wird der Pharao sehen und sich trösten über sein stolzes Volk. Mit dem Schwert erschlagen ist der Pharao und sein ganzes Heer, spricht Gott der HERR.

32 Denn ich setzte ihn zum Schrecken im Lande der Lebendigen, aber nun liegt er bei den Unbeschnittenen und mit dem Schwert Erschlagenen, der Pharao und sein stolzes Volk, spricht Gott der HERR.

Das Wächteramt des Propheten

33 Und des HERRN Wort geschah zu mir:

2 Du Menschenkind, rede zu den Söhnen deines Volks und sprich zu ihnen: Wenn ich das Schwert über ein Land bringe und das Volk des Landes nimmt einen Mann aus seiner Mitte und macht ihn zu seinem Wächter

3 und er sieht das Schwert kommen über das Land und bläst die Posaune und warnt das Volk –

4 wer nun den Hall der Posaune hört und will sich nicht warnen lassen, und das Schwert kommt und nimmt ihn weg, dessen Blut wird auf seinen Kopf kommen.

5 Denn er hat den Hall der Posaune gehört und sich dennoch nicht warnen lassen; darum wird sein Blut auf ihn kommen. Wer sich aber warnen läßt, der wird sein Leben davonbringen.

6 Wenn aber der Wächter das Schwert kommen sieht und nicht die Posaune bläst und sein Volk nicht warnt und das Schwert kommt und nimmt einen von ihnen weg, so wird der wohl um seiner

Sünde willen weggenommen; aber sein Blut will ich von der Hand des Wächters fordern.

7 Und nun, du Menschenkind, ich habe dich zum Wächter gesetzt über das Haus Israel. Wenn du etwas aus meinem Munde hörst, sollst du sie in meinem Namen warnen.

8 Wenn ich nun zu dem Gottlosen sage: Du Gottloser mußt des Todes sterben! und du sagst ihm das nicht, um den Gottlosen vor seinem Wege zu warnen, so wird er, der Gottlose, um seiner Sünde willen sterben, aber sein Blut will ich von deiner Hand fordern.

9 Warnst du aber den Gottlosen vor seinem Wege, daß er von ihm umkehre, und er will von seinem Wege nicht umkehren, so wird er um seiner Sünde willen sterben, aber du hast dein Leben errettet.

Gott richtet jeden nach seinem Handeln

10 Und nun, du Menschenkind, sage dem Hause Israel: Ihr sprecht: Unsere Sünden und Missetaten liegen auf uns, daß wir darunter vergehen; wie können wir denn leben?

11 So sprich zu ihnen: **So wahr ich lebe, spricht Gott der HERR: ich habe kein Gefallen am Tode des Gottlosen, sondern daß der Gottlose umkehre von seinem Wege und lebe. So kehrt nun um von euren bösen Wegen. Warum wollt ihr sterben, ihr vom Hause Israel?**

12 Und du, Menschenkind, sprich zu deinem Volk: Wenn ein Gerechter Böses tut, so wird's ihm nicht helfen, daß er gerecht gewesen ist; und wenn ein Gottloser von seiner Gottlosigkeit umkehrt, so soll's ihm nicht schaden, daß er gottlos gewesen ist. Auch der Gerechte kann nicht am Leben bleiben, wenn er sündigt.

13 Denn wenn ich zu dem Gerechten spreche: Du sollst leben! und er verläßt sich auf seine Gerechtigkeit und tut Böses, so soll aller seiner Gerechtigkeit nicht mehr gedacht werden, sondern er soll sterben um des Bösen willen, das er getan hat.

14 Und wenn ich zum Gottlosen spreche: Du sollst sterben! und er bekehrt sich von seiner Sünde und tut, was recht und gut ist,

15 – so daß der Gottlose das Pfand zurückgibt und erstattet, was er geraubt hat, und nach den Satzungen des Lebens wandelt und nichts Böses tut –, so soll er am Leben bleiben und nicht sterben,

16 und all seiner Sünden, die er getan hat, soll nicht mehr gedacht werden, denn er hat nun getan, was recht und gut ist; darum soll er am Leben bleiben.

17 Aber dein Volk spricht: «Der Herr handelt nicht recht», während doch sie nicht recht handeln.

18 Wenn der Gerechte sich abkehrt von seiner Gerechtigkeit und Unrecht tut, so muß er deshalb sterben.

19 Und wenn sich der Gottlose von seiner Gottlosigkeit bekehrt und tut, was recht und gut ist, so soll er deshalb am Leben bleiben.

20 Und doch sprecht ihr: «Der Herr handelt nicht recht», während ich doch einen jeden von euch, ihr vom Hause Israel, nach seinem Handeln richte.

Der Prophet erhält die Botschaft vom Fall Jerusalems

21 Und es begab sich im elften Jahr unserer Gefangenschaft am fünften Tag des zehnten Monats, da kam zu mir ein Entronnener von Jerusalem und sprach: Die Stadt ist genommen.

22 Und die Hand des HERRN war über mich gekommen am Abend, bevor der Entronnene kam, und er tat mir meinen Mund auf, als jener am Morgen zu mir kam. Und mein Mund wurde aufgetan, so daß ich nicht mehr stumm sein mußte.

Gegen den Anspruch der im Lande Zurückgebliebenen

23 Und des HERRN Wort geschah zu mir:

24 Du Menschenkind, die Bewohner jener Trümmer im Lande Israels sprechen: Abraham war ein einzelner Mann und nahm dies Land in Besitz; wir aber sind viele, so gehört uns das Land erst recht.

25 Darum sprich zu ihnen: So spricht Gott der HERR: Ihr habt das Fleisch über dem Blut gegessen und eure Augen zu den Götzen aufgehoben und Blut vergossen – und dann wollt ihr das Land besitzen?

26 Ihr verlaßt euch auf euer Schwert und übt Greuel, und einer schändet die Frau des andern – und dann wollt ihr das Land besitzen?

27 So sprich zu ihnen: So spricht Gott
der HERR: So wahr ich lebe sollen alle, die
in den Trümmern wohnen, durchs Schwert
fallen, und die auf freiem Felde sind, will
ich den Tieren zum Fraß geben, und die
in den Festungen und Höhlen sind, sollen
an der Pest sterben.
28 Denn ich will das Land ganz ver-
wüsten und seiner Hoffart und Macht ein
Ende machen, daß das Gebirge Israel so
zur Wüste wird, daß niemand mehr hin-
durchzieht.
29 Und sie sollen erfahren, daß ich der
HERR bin, wenn ich das Land ganz ver-
wüste um aller ihrer Greuel willen, die sie
verübt haben.

Gegen die leichtfertigen Hörer des prophetischen Wortes

30 Und du, Menschenkind, dein Volk
redet über dich an den Mauern und in den
Haustüren, und einer spricht zum andern:
Kommt doch und laßt uns hören, was das
für ein Wort ist, das vom HERRN ausgeht.
31 Und sie werden zu dir kommen, wie
das Volk so zusammenkommt, und vor dir
sitzen als mein Volk und werden deine
Worte hören, aber nicht danach tun, son-
dern ihr Mund ist voll von Liebesweisen,
und danach tun sie, und hinter ihrem Ge-
winn läuft ihr Herz her.
32 Und siehe, du bist für sie wie einer,
der Liebeslieder singt, der eine schöne
Stimme hat und gut spielen kann. Sie
hören wohl deine Worte, aber sie tun nicht
danach.
33 Wenn es aber kommt – und siehe, es
kommt! –, so werden sie erfahren, daß ein
Prophet unter ihnen gewesen ist.

Die schlechten Hirten und der rechte Hirt

34 Und des HERRN Wort geschah zu
mir:
2 Du Menschenkind, weissage gegen die
Hirten Israels, weissage und sprich zu
ihnen: So spricht Gott der HERR: Wehe
den Hirten Israels, die sich selbst weiden!
Sollen die Hirten nicht die Herde weiden?
3 Aber ihr eßt das Fett und kleidet euch
mit der Wolle und schlachtet das Gemä-
stete, aber die Schafe wollt ihr nicht wei-
den.
4 Das Schwache stärkt ihr nicht, und
das Kranke heilt ihr nicht, das Verwun-
dete verbindet ihr nicht, das Verirrte holt
ihr nicht zurück, und das Verlorene sucht
ihr nicht; das Starke aber tretet ihr nieder
mit Gewalt.
5 Und meine Schafe sind zerstreut, weil
sie keinen Hirten haben, und sind allen
wilden Tieren zum Fraß geworden und
zerstreut.
6 Sie irren umher auf allen Bergen und
auf allen hohen Hügeln und sind über das
ganze Land zerstreut, und niemand ist da,
der nach ihnen fragt oder auf sie achtet.
7 Darum hört, ihr Hirten, des HERRN
Wort!
8 So wahr ich lebe, spricht Gott der
HERR: weil meine Schafe zum Raub ge-
worden sind und meine Herde zum Fraß
für alle wilden Tiere, weil sie keinen Hirten
hatten und meine Hirten nach meiner
Herde nicht fragten, sondern die Hirten
sich selbst weideten, aber meine Schafe
nicht weideten,
9 darum, ihr Hirten, hört des HERRN
Wort!
10 So spricht Gott der HERR: Siehe, ich
will an die Hirten und will meine Herde
von ihren Händen fordern; ich will ein
Ende damit machen, daß sie Hirten sind,
und sie sollen sich nicht mehr selbst wei-
den. Ich will meine Schafe erretten aus
ihrem Rachen, daß sie sie nicht mehr fres-
sen sollen.
11 Denn so spricht Gott der HERR:
Siehe, ich will mich meiner Herde selbst
annehmen und sie suchen.
12 Wie ein Hirte seine Schafe sucht,
wenn sie von seiner Herde verirrt sind, so
will ich meine Schafe suchen und will sie
erretten von allen Orten, wohin sie zer-
streut waren zur Zeit, als es trüb und fin-
ster war.
13 Ich will sie aus allen Völkern heraus-
führen und aus allen Ländern sammeln
und will sie in ihr Land bringen und will
sie weiden auf den Bergen Israels, in den
Tälern und an allen Plätzen des Landes.
14 Ich will sie auf die beste Weide führen,
und auf den hohen Bergen in Israel sollen
ihre Auen sein; da werden sie auf guten
Auen lagern und fette Weide haben auf
den Bergen Israels.
15 Ich selbst will meine Schafe weiden,
und ich will sie lagern lassen, spricht Gott
der HERR.

16 **Ich will das Verlorene wieder suchen und das Verirrte zurückbringen und das Verwundete verbinden und das Schwache stärken und, was fett und stark ist, behüten; ich will sie weiden, wie es recht ist.***

17 Aber zu euch, meine Herde, spricht Gott der HERR: Siehe, ich will richten zwischen Schaf und Schaf und Widdern und Böcken.

18 Ist's euch nicht genug, die beste Weide zu haben, daß ihr die übrige Weide mit Füßen tretet, und klares Wasser zu trinken, daß ihr auch noch hineintretet und es trübe macht,

19 so daß meine Schafe fressen müssen, was ihr mit euren Füßen zertreten habt, und trinken, was ihr mit euren Füßen trübe gemacht habt?

20 Darum spricht Gott der HERR: Siehe, ich will selbst richten zwischen den fetten und den mageren Schafen;

21 weil ihr mit Seite und Schulter drängtet und die Schwachen von euch stießet mit euren Hörnern, bis ihr sie alle hinausgetrieben hattet,

22 will ich meiner Herde helfen, daß sie nicht mehr zum Raub werden soll, und will richten zwischen Schaf und Schaf.

23 Und **ich will ihnen einen einzigen Hirten erwecken, der sie weiden soll, nämlich meinen Knecht David. Der wird sie weiden und soll ihr Hirte sein,**

24 und ich, der HERR, will ihr Gott sein, aber mein Knecht David soll der Fürst unter ihnen sein; das sage ich, der HERR.

25 Und ich will einen Bund des Friedens mit ihnen schließen und alle bösen Tiere aus dem Lande ausrotten, daß sie sicher in der Steppe wohnen und in den Wäldern schlafen können.

26 Ich will sie und alles, was um meinen Hügel her ist, segnen und auf sie regnen lassen zu rechter Zeit. Das sollen gnädige Regen sein,

27 daß die Bäume auf dem Felde ihre Früchte bringen und das Land seinen Ertrag gibt, und sie sollen sicher auf ihrem Lande wohnen und sollen erfahren, daß ich der HERR bin, wenn ich ihr Joch zerbrochen und sie errettet habe aus der Hand derer, denen sie dienen mußten.

*So auch Luther selbst; nach anderer Überlieferung: «aber was fett und stark ist, will ich vertilgen und will es weiden mit Gericht».

28 Und sie sollen nicht mehr den Völkern zum Raub werden, und kein wildes Tier im Lande soll sie mehr fressen, sondern sie sollen sicher wohnen, und niemand soll sie schrecken.

29 Und ich will ihnen eine Pflanzung aufgehen lassen zum Ruhm, daß sie nicht mehr Hunger leiden sollen im Lande und die Schmähungen der Heiden nicht mehr ertragen müssen.

30 Und sie sollen erfahren, daß ich, der HERR, ihr Gott, bei ihnen bin und daß die vom Hause Israel mein Volk sind, spricht Gott der HERR.

31 Ja, ihr sollt meine Herde sein, die Herde meiner Weide, und ich will euer Gott sein, spricht Gott der HERR.

Das Gericht über Edom

35 Und des HERRN Wort geschah zu mir:

2 Du Menschenkind, richte dein Angesicht gegen das Gebirge Seïr und weissage gegen Edom

3 und sprich zu ihm: So spricht Gott der HERR: Siehe, ich will an dich, du Gebirge Seïr, und meine Hand gegen dich ausstrecken und will dich ganz und gar zur Wüste machen.

4 Ich will deine Städte öde machen, daß du zur Wüste werden sollst, und du sollst erfahren, daß ich der HERR bin.

5 Weil ihr ewige Feindschaft hattet gegen die Kinder Israel und sie dem Schwert preisgegeben habt, als es ihnen übel ging und ihre Schuld zum Ende führte, –

6 darum, so wahr ich lebe, spricht Gott der HERR, will ich auch dich bluten lassen, und du sollst dem Blutbad nicht entrinnen. Weil du dich mit Blut verschuldet hast, soll auch dein Blut fließen.

7 Und ich will das Gebirge Seïr wüst und öde machen und alle ausrotten, die dort hin- und herziehen.

8 Und ich will seine Berge mit Erschlagenen füllen, seine Hügel, seine Täler und alle seine Bachläufe – überall sollen vom Schwert Erschlagene liegen.

9 Ja, zu einer ewigen Wüste will ich dich machen, daß niemand mehr in deinen Städten wohnt, und ihr sollt erfahren, daß ich der HERR bin.

10 Weil du sprachst: «Diese beiden Völker mit ihren beiden Ländern müssen

mein werden, und wir wollen sie in Besitz nehmen» – obgleich der HERR dort wohnt –,
11 darum, so wahr ich lebe, spricht Gott der HERR, will ich an dir handeln mit demselben Zorn und derselben Leidenschaft, mit denen du an ihnen gehandelt hast in deinem Haß, und will mich an ihnen kundtun, wenn ich dich richte.
12 Und du sollst erfahren, daß ich, der HERR, all deine Lästerreden gegen die Berge Israels gehört habe, als du sagtest: Sie sind verwüstet und uns zum Fraß gegeben.
13 So habt ihr euch gegen mich gerühmt und frech gegen mich geredet; das habe ich gehört.
14 So spricht Gott der HERR: Ich will dich zur Wüste machen, daß sich alles Land freuen soll.
15 Und wie du dich gefreut hast über das Erbe des Hauses Israel, weil es verwüstet war, ebenso will ich mit dir tun: das Gebirge Seïr soll zur Wüste werden mit ganz Edom, und sie sollen erfahren, daß ich der HERR bin.

Die Verheißung für die Berge Israels

36 Und du, Menschenkind, weissage den Bergen Israels und sprich: Hört des HERRN Wort, ihr Berge Israels!
2 So spricht Gott der HERR: Weil der Feind über euch frohlockt: «Ha, die ewigen Höhen sind nun unser Besitz geworden!»,
3 darum weissage und sprich: So spricht Gott der HERR: Weil man euch allenthalben verwüstet und vertilgt und ihr zum Besitz der übriggebliebenen Heiden geworden und übel ins Gerede der Leute gekommen seid,
4 darum hört, ihr Berge Israels, das Wort Gottes des HERRN! So spricht Gott der HERR zu den Bergen und Hügeln, zu den Bächen und Tälern, zu den öden Trümmern und verlassenen Städten, die den übriggebliebenen Heiden ringsumher zum Raub und Spott geworden sind, –
5 darum, so spricht Gott der HERR: Wahrlich, ich habe in meinem feurigen Eifer geredet gegen die Heiden, die übriggeblieben sind, und gegen ganz Edom, die mein Land in Besitz genommen haben mit Freude von ganzem Herzen und mit Hohnlachen, um es zu verheeren und zu plündern.
6 Darum weissage über das Land Israels und sprich zu den Bergen und Hügeln, zu den Bächen und Tälern: So spricht Gott der HERR: Siehe, ich rede in meinem Eifer und Grimm, weil ihr solche Schmach von den Heiden tragen mußtet.
7 Darum spricht Gott der HERR: Ich hebe meine Hand auf zum Schwur: Wahrlich, eure Nachbarn, die Heiden ringsumher, sollen ihre Schande tragen.
8 Aber ihr Berge Israels sollt wieder grünen und eure Frucht bringen meinem Volk Israel, denn bald sollen sie heimkehren.
9 Denn siehe, ich will mich wieder zu euch kehren und euch mein Angesicht zuwenden, daß ihr angebaut und besät werdet.
10 Und ich will viele Menschen auf euch wohnen lassen, das ganze Haus Israel insgesamt, und die Städte sollen wieder bewohnt und die Trümmer aufgebaut werden.
11 Ja, ich lasse Menschen und Vieh auf euch zahlreich werden; sie sollen sich mehren und fruchtbar sein. Und ich will euch wieder bewohnt sein lassen wie früher und will euch mehr Gutes tun als je zuvor, und ihr sollt erfahren, daß ich der HERR bin.
12 Ich will wieder Menschen über euch ziehen lassen, nämlich mein Volk Israel; die werden dich besitzen, und du sollst ihr Erbteil sein und ihnen die Kinder nicht mehr nehmen.
13 So spricht Gott der HERR: Weil man das von euch sagt: «Du hast Menschen gefressen und deinem Volk die Kinder genommen»,
14 darum sollst du nun nicht mehr Menschen fressen und deinem Volk nicht mehr die Kinder nehmen, spricht Gott der HERR.
15 Und ich will dich nicht mehr die Schmähungen der Heiden hören lassen, und du sollst den Spott der Heiden nicht mehr tragen und sollst deinem Volk nicht mehr die Kinder nehmen, spricht Gott der HERR.

Die Erneuerung Israels durch Gottes Geist

16 Und des HERRN Wort geschah zu mir:

17 Du Menschenkind, als das Haus Isra-
el in seinem Lande wohnte und es unrein
machte mit seinem Wandel und Tun, daß
ihr Wandel vor mir war wie die Unrein-
heit einer Frau, wenn sie ihre Tage hat,
18 da schüttete ich meinen Grimm über
sie aus um des Blutes willen, das sie im
Lande vergossen, und weil sie es unrein
gemacht hatten durch ihre Götzen.
19 Und ich zerstreute sie unter die Hei-
den und versprengte sie in die Länder und
richtete sie nach ihrem Wandel und Tun.
20 So kamen sie zu den Heiden; aber
wohin sie kamen, entheiligten sie meinen
heiligen Namen, weil man von ihnen sagte:
«Sie sind des HERRN Volk und haben doch
aus ihrem Lande fortziehen müssen!»
21 Da tat es mir leid um meinen heiligen
Namen, den das Haus Israel entheiligte
unter den Heiden, wohin sie auch kamen.
22 Darum sollst du zum Hause Israel
sagen: So spricht Gott der HERR: Ich tue
es nicht um euretwillen, ihr vom Hause
Israel, sondern um meines heiligen Na-
mens willen, den ihr entheiligt habt unter
den Heiden, wohin ihr auch gekommen
seid.
23 Denn ich will meinen großen Na-
men, der vor den Heiden entheiligt ist,
den ihr unter ihnen entheiligt habt, wieder
heilig machen. Und die Heiden sollen er-
fahren, daß ich der HERR bin, spricht
Gott der HERR, wenn ich vor ihren Augen
an euch zeige, daß ich heilig bin.
24 Denn ich will euch aus den Heiden
herausholen und euch aus allen Ländern
sammeln und wieder in euer Land brin-
gen,
25 und ich will reines Wasser über euch
sprengen, daß ihr rein werdet; von all
eurer Unreinheit und von allen euren
Götzen will ich euch reinigen.
26 **Und ich will euch ein neues Herz und**
einen neuen Geist in euch geben und will das
steinerne Herz aus eurem Fleisch wegneh-
men und euch ein fleischernes Herz geben.
27 **Ich will meinen Geist in euch geben und**
will solche Leute aus euch machen, die in
meinen Geboten wandeln und meine Rechte
halten und danach tun.
28 Und ihr sollt wohnen im Lande, das
ich euren Vätern gegeben habe, und sollt
mein Volk sein, und ich will euer Gott
sein.
29 Ich will euch von all eurer Unreinheit
erlösen und will das Korn rufen und will
es mehren und will keine Hungersnot
über euch kommen lassen.
30 Ich will die Früchte auf den Bäumen
und den Ertrag auf dem Felde mehren,
daß euch die Heiden nicht mehr ver-
spotten, weil ihr hungern müßt.
31 Dann werdet ihr an euren bösen
Wandel denken und an euer Tun, das
nicht gut war, und werdet euch selbst zu-
wider sein um eurer Sünde und eures
Götzendienstes willen.
32 Nicht um euretwillen tue ich das,
spricht Gott der HERR, das sollt ihr wissen,
sondern ihr werdet euch schämen müssen
und schamrot werden, ihr vom Hause
Israel, über euren Wandel.
33 So spricht Gott der HERR: Zu der
Zeit, wenn ich euch reinigen werde von
allen euren Sünden, will ich die Städte
wieder bewohnt sein lassen, und die
Trümmer sollen wieder aufgebaut wer-
den.
34 Das verwüstete Land soll wieder ge-
pflügt werden, nachdem es verheert war
vor den Augen aller, die vorüberzogen.
35 Und man wird sagen: Dies Land war
verheert, und jetzt ist's wie der Garten
Eden, und diese Städte waren zerstört,
öde und niedergerissen und stehen nun
fest gebaut und sind bewohnt.
36 Und die Heiden, die um euch her
übriggeblieben sind, sollen erfahren, daß
ich der HERR bin, der da baut, was nieder-
gerissen ist, und pflanzt, was verheert war.
Ich, der HERR, sage es und tue es auch.
37 So spricht Gott der HERR: Auch
darin will ich mich vom Hause Israel er-
bitten lassen, daß ich dies ihnen tue: Ich
will die Menschen bei ihnen mehren wie
eine Herde.
38 Wie eine heilige Herde, wie eine
Herde in Jerusalem an ihren Festen, so
sollen die verwüsteten Städte voll Men-
schenherden werden, und sie sollen er-
fahren, daß ich der HERR bin.

Israel, das Totenfeld, wird durch Gottes Odem lebendig

37 Des HERRN Hand kam über mich,
und er führte mich hinaus im Geist
des HERRN und stellte mich mitten auf ein
weites Feld; das lag voller Totengebeine.

2 Und er führte mich überall hindurch.
Und siehe, es lagen sehr viele Gebeine
über das Feld hin, und siehe, sie waren
ganz verdorrt.
3 Und er sprach zu mir: Du Menschen-
kind, meinst du wohl, daß diese Gebeine
wieder lebendig werden? Und ich sprach:
HERR, mein Gott, du weißt es.
4 Und er sprach zu mir: Weissage über
diese Gebeine und sprich zu ihnen: Ihr
verdorrten Gebeine, höret des HERRN
Wort!
5 So spricht Gott der HERR zu diesen
Gebeinen: Siehe, ich will Odem in euch
bringen, daß ihr wieder lebendig werdet.
6 Ich will euch Sehnen geben und lasse
Fleisch über euch wachsen und überziehe
euch mit Haut und will euch Odem geben,
daß ihr wieder lebendig werdet; und ihr
sollt erfahren, daß ich der HERR bin.
7 Und ich weissagte, wie mir befohlen
war. Und siehe, da rauschte es, als ich
weissagte, und siehe, es regte sich, und die
Gebeine rückten zusammen, Gebein zu
Gebein.
8 Und ich sah, und siehe, es wuchsen
Sehnen und Fleisch darauf, und sie wur-
den mit Haut überzogen; es war aber noch
kein Odem in ihnen.
9 Und er sprach zu mir: Weissage zum
Odem; weissage, du Menschenkind, und
sprich zum Odem: So spricht Gott der
HERR: Odem, komm herzu von den vier
Winden und blase diese Getöteten an, daß
sie wieder lebendig werden!
10 Und ich weissagte, wie er mir be-
fohlen hatte. Da kam der Odem in sie,
und sie wurden wieder lebendig und stell-
ten sich auf ihre Füße, ein überaus großes
Heer.
11 Und er sprach zu mir: Du Menschen-
kind, diese Gebeine sind das ganze Haus
Israel. Siehe, jetzt sprechen sie: Unsere
Gebeine sind verdorrt, und unsere Hoff-
nung ist verloren, und es ist aus mit uns.
12 Darum weissage und sprich zu ihnen:
So spricht Gott der HERR: Siehe, ich will
eure Gräber auftun und hole euch, mein
Volk, aus euren Gräbern herauf und
bringe euch ins Land Israels.
13 Und ihr sollt erfahren, daß ich der
HERR bin, wenn ich eure Gräber öffne
und euch, mein Volk, aus euren Gräbern
heraufhole.
14 Und ich will meinen Odem in euch
geben, daß ihr wieder leben sollt, und will
euch in euer Land setzen, und ihr sollt er-
fahren, daß ich der HERR bin. Ich rede es
und tue es auch, spricht der HERR.

Die Wiedervereinigung Israels unter dem einen Hirten

15 Und des HERRN Wort geschah zu
mir:
16 Du Menschenkind, nimm dir ein
Holz und schreibe darauf: «Für Juda und
Israel, die sich zu ihm halten.» Und nimm
noch ein Holz und schreibe darauf: «Holz
Ephraims, für Joseph und das ganze Haus
Israel, das sich zu ihm hält.»
17 Und füge eins an das andere, daß es
ein Holz werde in deiner Hand.
18 Wenn nun dein Volk zu dir sprechen
wird: Willst du uns nicht zeigen, was du
damit meinst?,
19 so sprich zu ihnen: So spricht Gott
der HERR: Siehe, ich will das Holz Jo-
sephs, das in der Hand Ephraims ist, neh-
men samt den Stämmen Israels, die sich
zu ihm halten, und will sie zu dem Holz
Judas tun und **ein** Holz daraus machen,
und sie sollen **eins** sein in meiner Hand.
20 Und so sollst du die Hölzer, auf die
du geschrieben hast, in deiner Hand hal-
ten vor ihren Augen
21 und sollst zu ihnen sagen: So spricht
Gott der HERR: Siehe, ich will die Kinder
Israel herausholen aus den Heiden, wo-
hin sie gezogen sind, und will sie von über-
all her sammeln und wieder in ihr Land
bringen
22 und will ein einziges Volk aus ihnen
machen im Land auf den Bergen Israels,
und sie sollen allesamt **einen** König haben
und sollen nicht mehr zwei Völker sein
und nicht mehr geteilt in zwei König-
reiche.
23 Und sie sollen sich nicht mehr unrein
machen mit ihren Götzen und Greuel-
bildern und allen ihren Sünden. Ich will
sie retten von allen ihren Abwegen, auf
denen sie gesündigt haben, und will sie
reinigen, und sie sollen mein Volk sein,
und ich will ihr Gott sein.
24 **Und mein Knecht David soll ihr König
sein und der einzige Hirte für sie alle. Und
sie sollen wandeln in meinen Rechten und
meine Gebote halten und danach tun.**

25 Und sie sollen wieder in dem Lande wohnen, das ich meinem Knecht Jakob gegeben habe, in dem eure Väter gewohnt haben. Sie und ihre Kinder und Kindeskinder sollen darin wohnen für immer, und mein Knecht David soll für immer ihr Fürst sein.

26 Und ich will mit ihnen einen Bund des Friedens schließen, der soll ein ewiger Bund mit ihnen sein. Und ich will sie erhalten und mehren, und mein Heiligtum soll unter ihnen sein für immer.

27 Ich will unter ihnen wohnen und will ihr Gott sein, und sie sollen mein Volk sein,

28 damit auch die Heiden erfahren, daß ich der HERR bin, der Israel heilig macht, wenn mein Heiligtum für immer unter ihnen sein wird.

Weissagung gegen Gog aus Magog

38 Und des HERRN Wort geschah zu mir:

2 Du Menschenkind, richte dein Angesicht auf Gog, der im Lande Magog ist und der Fürst von Rosch, Meschech und Tubal, und weissage gegen ihn

3 und sprich: So spricht Gott der HERR: Siehe, ich will an dich, Gog, der du der Fürst bist von Rosch, Meschech und Tubal!

4 Siehe, ich will dich herumlenken und dir einen Haken ins Maul legen und will dich ausziehen lassen mit deinem ganzen Heer, mit Roß und Mann, die alle voll gerüstet sind; und sie sind ein großer Heerhaufe, die alle kleine und große Schilde und Schwerter tragen.

5 Du führst mit dir Perser, Kuschiter und Libyer, die alle Schild und Helm tragen,

6 dazu Gomer und sein ganzes Heer, die vom Hause Togarma, die im Norden wohnen, mit ihrem ganzen Heer; ja, du führst viele Völker mit dir.

7 Wohlan, rüste dich gut, du und alle deine Heerhaufen, die bei dir sind, und sei du ihr Heerführer!

8 Nach langer Zeit sollst du aufgeboten werden; am Ende der Zeiten sollst du in ein Land kommen, das dem Schwert entrissen ist, und zu dem Volk, das aus vielen Völkern gesammelt ist, nämlich auf die Berge Israels, die lange Zeit verwüstet gewesen sind, und nun ist es herausgeführt aus den Völkern, und sie alle wohnen sicher.

9 Du wirst heraufziehen und daherkommen wie ein Sturmwetter und wirst sein wie eine Wolke, die das Land bedeckt, du und dein ganzes Heer und die vielen Völker mit dir.

10 So spricht Gott der HERR: Zu jener Zeit werden dir Gedanken kommen, und du wirst auf Böses sinnen

11 und denken: «Ich will das Land überfallen, das offen daliegt, und über die kommen, die still und sicher leben, die alle ohne Mauern dasitzen und haben weder Riegel noch Tore»,

12 damit du rauben und plündern kannst und deine Hand an die zerstörten Orte legst, die wieder bewohnt sind, und an das Volk, das aus den Heiden gesammelt ist und sich Vieh und Güter erworben hat und in der Mitte der Erde wohnt.

13 Saba, Dedan und die Kaufleute von Tarsis und alle seine Gewaltigen werden zu dir sagen: Bist du gekommen, zu rauben, und hast du deine Heerhaufen versammelt, zu plündern, um Silber und Gold wegzunehmen und Vieh und Güter zu sammeln und große Beute zu machen?

14 Darum so weissage, du Menschenkind, und sprich zu Gog: So spricht Gott der HERR: Ist's nicht so? Wenn mein Volk Israel sicher wohnen wird, dann wirst du aufbrechen.

15 Und wirst kommen aus deinem Ort, vom äußersten Norden, du und viele Völker mit dir, alle zu Roß, ein großer Heerhaufe und eine gewaltige Macht,

16 du wirst heraufziehen gegen mein Volk Israel wie eine Wolke, die das Land bedeckt. Am Ende der Zeit wird das geschehen. Ich will dich aber dazu über mein Land kommen lassen, daß die Heiden mich erkennen, wenn ich an dir, Gog, vor ihren Augen zeige, daß ich heilig bin.

17 So spricht Gott der HERR: Du bist doch der, von dem ich vorzeiten geredet habe durch meine Diener, die Propheten in Israel, die in jener Zeit weissagten, daß ich dich über sie kommen lassen wollte?

18 Und es wird geschehen zu der Zeit, wenn Gog kommen wird über das Land Israels, spricht Gott der HERR, wird mein Zorn in mir aufsteigen.

19 Und ich sage in meinem Eifer und im
Feuer meines Zorns: Wahrlich, zu der
Zeit wird ein großes Erdbeben sein im
Lande Israels,
20 daß vor meinem Angesicht erbeben
sollen die Fische im Meer, die Vögel unter
dem Himmel, die Tiere auf dem Felde und
alles, was sich regt und bewegt auf dem
Lande, und alle Menschen, die auf der
Erde sind. Und die Berge sollen niedergerissen werden und die Felswände und alle
Mauern zu Boden fallen.
21 Und ich will über ihn das Schwert
herbeirufen auf allen meinen Bergen,
spricht Gott der HERR, daß jeder sein
Schwert gegen den andern erhebt.
22 Und ich will ihn richten mit Pest und
Blutvergießen und will Platzregen mit
Hagel, Feuer und Schwefel über ihn und
sein Heer und über die vielen Völker kommen lassen, die mit ihm sind.
23 So will ich mich herrlich und heilig
erweisen und mich zu erkennen geben vor
vielen Heiden, daß sie erfahren, daß ich
der HERR bin.
39 Und du, Menschenkind, weissage
gegen Gog und sprich: So spricht
Gott der HERR: Siehe, ich will an dich,
Gog, der du der Fürst bist von Rosch,
Meschech und Tubal.
2 Siehe, ich will dich herumlenken und
herbeilocken aus dem äußersten Norden
und auf die Berge Israels bringen
3 und will dir den Bogen aus deiner linken Hand schlagen und die Pfeile aus deiner rechten Hand.
4 Auf den Bergen Israels sollst du fallen,
du mit deinem ganzen Heer und mit den
Völkern, die bei dir sind. Ich will dich den
Raubvögeln, allem was fliegt, und den
Tieren auf dem Felde zum Fraß geben.
5 Du sollst auf freiem Felde fallen; denn
ich habe es gesagt, spricht Gott der HERR.
6 Und ich will Feuer werfen auf Magog
und auf die Bewohner der Inseln, die so
sicher wohnen, und sie sollen erfahren,
daß ich der HERR bin.
7 Und ich will meinen heiligen Namen
kundmachen unter meinem Volk Israel
und will meinen heiligen Namen nicht
länger schänden lassen, sondern die Heiden sollen erfahren, daß ich der HERR bin,
der Heilige in Israel.
8 Siehe, es kommt und geschieht,
spricht Gott der HERR; das ist der Tag,
von dem ich geredet habe.
9 Und die Bürger in den Städten Israels
werden herausgehen und Feuer anzünden
und die Waffen verbrennen, kleine und
große Schilde, Bogen und Pfeile, Keulen
und Spieße. Und sie werden sieben Jahre
lang Feuer damit machen;
10 sie brauchen kein Holz auf dem
Felde zu holen oder im Walde zu schlagen, sondern von den Waffen werden sie
Feuer machen und werden die berauben,
von denen sie beraubt sind, und plündern,
von denen sie geplündert sind, spricht
Gott der HERR.
11 Und zu der Zeit soll es geschehen, da
will ich Gog einen Ort geben zum Begräbnis in Israel, nämlich das Tal der
Wanderer östlich vom Meer, und das
wird den Wanderern den Weg versperren.
Dort wird man Gog mit seinem ganzen
Heerhaufen begraben; und es soll heißen
«Tal der Heerhaufen des Gog».
12 Und das Haus Israel wird sie sieben
Monate lang begraben, damit das Land
gereinigt werde.
13 Ja, alles Volk des Landes wird an
ihnen zu begraben haben; und sie werden
Ruhm davon haben an dem Tage, an dem
ich meine Herrlichkeit erweise, spricht
Gott der HERR.
14 Und sie werden Leute aussondern,
die ständig im Lande umhergehen, die
Leichen zu begraben, die noch auf dem
Lande liegen, damit es gereinigt werde.
Nach sieben Monaten sollen sie beginnen
nachzuforschen.
15 Und wenn sie im Lande umhergehen
und Menschengebeine sehen, sollen sie
ein Zeichen aufrichten, bis die Totengräber sie auch im «Tal der Heerhaufen
des Gog» begraben.
16 Auch soll eine Stadt «Stadt der Heerhaufen» heißen. So werden sie das Land
reinigen.
17 Du Menschenkind, so spricht Gott
der HERR: Sage den Vögeln, allem was
fliegt, und allen Tieren auf dem Felde:
Sammelt euch und kommt herbei, findet
euch zusammen von überall her zu meinem Schlachtopfer, das ich euch schlachte,
einem großen Schlachtopfer auf den Bergen Israels, und freßt Fleisch und sauft
Blut!

18 Fleisch der Starken sollt ihr fressen, und Blut der Fürsten auf Erden sollt ihr saufen, der Widder und Lämmer, der Böcke und Stiere, all des Mastviehs aus Basan.

19 Und ihr sollt Fett fressen, bis ihr satt werdet, und Blut saufen, bis ihr trunken seid von dem Schlachtopfer, das ich euch schlachte.

20 Sättigt euch von Rossen und Reitern, von Starken und all den Kriegsleuten an meinem Tisch, spricht Gott der HERR.

21 Und ich will meine Herrlichkeit unter die Heiden bringen, daß alle Heiden mein Gericht sehen sollen, das ich gehalten habe, und meine Hand, die ich an sie gelegt habe.

22 Und das Haus Israel soll erfahren, daß ich, der HERR, ihr Gott bin, von dem Tage an und fernerhin,

23 und die Heiden sollen erkennen, daß das Haus Israel um seiner Missetat willen weggeführt worden ist. Weil sie sich an mir versündigt hatten, darum habe ich mein Angesicht vor ihnen verborgen und habe sie übergeben in die Hände ihrer Widersacher, daß sie allesamt durchs Schwert fallen mußten.

24 Ich habe ihnen getan, was sie mit ihrer Unreinheit und ihren Übertretungen verdient haben, und habe mein Angesicht vor ihnen verborgen.

25 Darum – so spricht Gott der HERR: Nun will ich das Geschick Jakobs wenden und mich des ganzen Hauses Israel erbarmen und um meinen heiligen Namen eifern.

26 Sie aber sollen ihre Schmach und alle ihre Sünde, mit der sie sich an mir versündigt haben, vergessen, wenn sie nun sicher in ihrem Lande wohnen und niemand sie schreckt

27 und ich sie aus den Völkern zurückgebracht und aus den Ländern ihrer Feinde gesammelt und an ihnen vor den Augen vieler Heiden gezeigt habe, daß ich heilig bin.

28 Dann werden sie erkennen, daß ich, der HERR, ihr Gott bin, der ich sie unter die Heiden weggeführt habe und wieder in ihr Land sammle und nicht **einen** von ihnen dort zurücklasse.

29 Und ich will mein Angesicht nicht mehr vor ihnen verbergen; denn ich habe meinen Geist über das Haus Israel ausgegossen, spricht Gott der HERR.

DIE GESICHTE VON DER KÜNFTIGEN GOTTESSTADT
(Kap 40,1-47,12)

Der Beginn der Gesichte

40 Im fünfundzwanzigsten Jahr unserer Gefangenschaft, im Anfang des Jahres, am zehnten Tag des Monats, im vierzehnten Jahr, nachdem die Stadt eingenommen war, eben an diesem Tag kam die Hand des HERRN über mich und führte mich dorthin, –

2 in göttlichen Gesichten führte er mich ins Land Israel und stellte mich auf einen sehr hohen Berg; darauf war etwas wie der Bau einer Stadt gegen Süden.

3 Und als er mich dorthin gebracht hatte, siehe, da war ein Mann, der war anzuschauen wie Erz. Er hatte eine leinene Schnur und eine Meßrute in seiner Hand und stand unter dem Tor.

4 Und er sprach zu mir: Du Menschenkind, sieh her und höre fleißig zu und merke auf alles, was ich dir zeigen will; denn dazu bist du hierher gebracht, daß ich dir dies zeige, damit du alles, was du hier siehst, verkündigest dem Hause Israel.

Die Umfassungsmauer des Tempelbezirks

5 Und siehe, es ging eine Mauer außen um das Gotteshaus ringsherum. Und der Mann hatte die Meßrute in der Hand; die war sechs Ellen lang – jede Elle war eine Handbreit länger als eine gewöhnliche Elle. Und er maß das Mauerwerk: es war eine Rute dick und auch eine Rute hoch.

Der äußere Vorhof und seine Torbauten

6 Und er ging zum Tor, das an der Ostseite lag, und ging seine Stufen hinauf und maß die Schwelle des Tores: eine Rute tief.

7 Und jede Nische des Tores war eine Rute lang und eine Rute breit, und der Raum zwischen den Nischen des Tores war fünf Ellen breit. Und auch die Schwelle des Tores an der Vorhalle des Tores gegen den Tempel hin maß eine Rute.

8 Und er maß die Vorhalle des Tores:

9 acht Ellen; und ihre Pfeiler: zwei Ellen. Und die Vorhalle des Tores lag gegen den Tempel hin.

10 Und die Nischen des Tores, das an der Ostseite lag, waren drei auf jeder Seite, jede so weit wie die andere, und die Pfeiler auf beiden Seiten waren gleich breit.

11 Und er maß die Weite der Öffnung des Tores: zehn Ellen; und die Länge des Torweges: dreizehn Ellen.

12 Und vorn an den Nischen war eine Schranke, auf beiden Seiten je eine Elle; aber die Nischen waren je sechs Ellen auf beiden Seiten.

13 Dazu maß er das Tor von der Rückwand der Nischen auf der einen Seite bis zur Rückwand der Nischen auf der andern Seite: fünfundzwanzig Ellen; eine Öffnung lag der andern gegenüber.

14 Und er maß die Öffnung der Vorhalle: zwanzig Ellen; und bis zum Pfeiler des Tores reichte der Vorhof ringsum.

15 Und vom Tor, wo man von außen hineintritt, bis zur Vorhalle am inneren Tor waren es fünfzig Ellen.

16 Und es waren Fenster mit Stäben davor an den Nischen nach innen am Tor auf beiden Seiten. Ebenso waren auch Fenster an der Vorhalle nach innen auf beiden Seiten, und an den Pfeilern waren Palmwedel dargestellt.

17 Und er führte mich weiter zum äußeren Vorhof, und siehe, da waren Kammern und ein Pflaster rings um den Vorhof angelegt. Dreißig Kammern lagen an dem Pflaster.

18 Und das Pflaster lief auch zur Seite der Tore, die ganze Seitenwand der Tore entlang; das war das untere Pflaster.

19 Und er maß die Breite des Vorhofs von dem unteren Tor an bis außen vor den inneren Vorhof: hundert Ellen. Das war der Osten. Und nun der Norden!

20 Er maß auch das Tor am äußeren Vorhof, das an der Nordseite lag, nach der Länge und Breite.

21 Das hatte auf jeder Seite drei Nischen, und seine Pfeiler und seine Vorhalle waren ebenso groß wie am ersten Tor: fünfzig Ellen lang und fünfundzwanzig Ellen breit.

22 Und seine Fenster und seine Vorhalle und seine Palmwedel waren gleich wie am Tor an der Ostseite; und es hatte sieben Stufen, die man hinaufging, und hatte seine Vorhalle auf der Innenseite.

23 Und ein Tor zum inneren Vorhof lag gegenüber diesem Tor, das an der Nordseite lag, wie bei dem Tor an der Ostseite; und er maß hundert Ellen von einem Tor zum andern.

24 Danach führte er mich nach Süden, und siehe, da war auch ein Tor an der Südseite, und er maß seine Pfeiler und seine Vorhalle; sie waren gleich den andern.

25 Und es waren Fenster an ihm und an seiner Vorhalle ringsherum gleich jenen Fenstern, und es war fünfzig Ellen lang und fünfundzwanzig Ellen breit.

26 Und sieben Stufen führten hinauf, und es hatte eine Vorhalle auf der Innenseite, und Palmwedel waren an ihren Pfeilern dargestellt auf jeder Seite.

27 Und es gab auch ein Tor zum inneren Vorhof an der Südseite; und er maß hundert Ellen von dem einen Südtor zum andern.

Der innere Vorhof und seine Torbauten

28 Und er führte mich weiter durchs Südtor in den inneren Vorhof und maß dieses Tor: es war gleich groß wie die andern

29 mit seinen Nischen, seinen Pfeilern und seiner Vorhalle in gleicher Größe und mit Fenstern an ihm und an der Vorhalle ringsherum: es war fünfzig Ellen lang und fünfundzwanzig Ellen breit.

30 Und es gab eine Vorhalle ringsherum: fünfundzwanzig Ellen lang und fünf Ellen breit.

31 Und die Vorhalle lag gegen den äußeren Vorhof hin, und Palmwedel waren an ihren Pfeilern dargestellt; es waren aber acht Stufen hinaufzugehen.

32 Danach führte er mich in den inneren Vorhof auf die Ostseite und maß das Tor: es war gleich groß wie die andern

33 mit seinen Nischen, seinen Pfeilern und seiner Vorhalle in gleicher Größe und mit Fenstern an ihm und an der Vorhalle ringsherum: es war fünfzig Ellen lang und fünfundzwanzig Ellen breit.

34 Und seine Vorhalle lag gegen den äußeren Vorhof hin, und Palmwedel waren an ihren Pfeilern dargestellt auf beiden Seiten, und acht Stufen waren hinaufzugehen.

35 Danach führte er mich zum Nordtor und maß es: es war gleich groß wie die andern

36 mit seinen Nischen, seinen Pfeilern
und seiner Vorhalle und den Fenstern an
ihm ringsherum: es war fünfzig Ellen lang
und fünfundzwanzig Ellen breit.
37 Und seine Vorhalle lag gegen den
äußeren Vorhof hin, und Palmwedel wa-
ren an ihren Pfeilern dargestellt auf beiden
Seiten, und acht Stufen waren hinaufzu-
gehen.

Die Tische für die Opfer und die Kammern für die Priester

38 Und am Tor – gegen Osten – war eine
Kammer, und ihr Eingang war bei der
Vorhalle des Tores; dort wäscht man die
Brandopfer.
39 Und in der Vorhalle des Tores stan-
den auf beiden Seiten zwei Tische, auf
denen man die Brandopfer, Sündopfer
und Schuldopfer schlachtet.
40 Und außen, an der Seite, für den, der
zum Tor hinaufgeht, nach Norden hin,
standen zwei Tische und an der andern Sei-
te der Vorhalle des Tores auch zwei Tische.
41 So standen auf jeder Seite des Tores
vier Tische; das sind zusammen acht
Tische, auf denen man schlachtet.
42 Und vier Tische zum Brandopfer wa-
ren aus gehauenen Steinen, je anderthalb
Ellen lang und breit und eine Elle hoch;
darauf legt man die Geräte, mit denen man
Brandopfer und Schlachtopfer schlachtet.
43 Und Gabelhaken, eine Hand breit,
waren am Gebäude fest angebracht an
beiden Seiten, und über den Tischen
waren Dächer, um das Opferfleisch gegen
Regen und Hitze zu schützen.
44 Und außen vor dem inneren Tor
waren zwei Kammern im inneren Vorhof:
die eine an der Seite neben dem Nordtor,
die schaute nach Süden; die andere an der
Seite neben dem Südtor, die schaute nach
Norden.
45 Und er sprach zu mir: Die Kammer,
die nach Süden schaut, gehört den Prie-
stern, die im Hause Dienst tun;
46 aber die Kammer, die nach Norden
schaut, gehört den Priestern, die am Altar
dienen. Dies sind die Söhne Zadok, die als
einzige unter den Söhnen Levi vor den
HERRN treten dürfen, um ihm zu dienen.
47 Und er maß den Vorhof: hundert
Ellen lang und hundert Ellen breit im Ge-
viert; und der Altar stand vor dem Tempel.

Der Tempel und seine Nebengebäude

48 Und er führte mich hinein zur Vor-
halle des Tempels und maß die Pfeiler der
Vorhalle: fünf Ellen auf jeder Seite; und
das Tor: vierzehn Ellen; und die Wände
zu beiden Seiten an der Tür: drei Ellen
auf jeder Seite.
49 Aber die Vorhalle war zwanzig Ellen
breit und zwölf Ellen tief und hatte zehn
Stufen, die man hinaufging, und Säulen
standen an den Pfeilern, auf jeder Seite
eine.

41 Und er führte mich hinein in die
Tempelhalle und maß die Pfeiler;
die waren auf jeder Seite sechs Ellen breit,
so weit das Heiligtum war.
2 Und die Tür war zehn Ellen weit, aber
die Wände zu beiden Seiten an der Tür
waren je fünf Ellen breit. Und er maß den
Raum der Tempelhalle: vierzig Ellen tief
und zwanzig Ellen breit.
3 Dann ging er in den innersten Raum
und maß die Pfeiler der Tür: zwei Ellen;
und die Tür: sechs Ellen; und die Breite zu
beiden Seiten an der Tür: je sieben Ellen.
4 Und er maß: zwanzig Ellen tief und,
wie die Tempelhalle, zwanzig Ellen breit.
Und er sprach zu mir: Dies ist das Aller-
heiligste.
5 Und er maß die Wand des Tempel-
hauses: sechs Ellen dick. Und die Tiefe
des Anbaus betrug vier Ellen, rings um
das Haus herum.
6 Und Seitenräume gab es, Stockwerk
auf Stockwerk, dreimal dreißig, und sie
schlossen sich an die Wand des Hauses so
an, daß die Seitenräume ringsherum liefen
und in sich Halt hatten; aber sie hatten
keinen Halt in der Wand des Hauses.
7 Und der Umgang wurde breiter von
Stockwerk zu Stockwerk für die Seiten-
räume, denn der Umgang des Hauses lief
in jedem Stockwerk rings um das Haus
herum; deshalb nahm die Breite am Haus
nach oben hin zu, und man stieg von dem
unteren Stockwerk auf zum mittleren und
oberen.
8 Und ich sah am Hause ein erhöhtes
Pflaster ringsherum, den Unterbau für die
Seitenräume, eine volle Rute, sechs Ellen
hoch.
9 Und die Dicke der Wand außen am
Anbau betrug fünf Ellen, und der Raum,

der frei blieb, zwischen den Seitenräumen am Hause

10 und den Kammern betrug zwanzig Ellen rings um das Haus herum.

11 Und es gingen zwei Türen vom Anbau auf den frei gelassenen Raum hin, eine nach Norden, die andere nach Süden, und die Breite der frei gelassenen Fläche auf dem Unterbau betrug fünf Ellen auf jeder Seite.

12 Und das Gebäude am Hofraum nach Westen hin war siebzig Ellen tief, und die Mauer des Gebäudes war auf allen Seiten fünf Ellen dick, und es war neunzig Ellen breit.

13 Und er maß die Länge des Tempels: hundert Ellen; und der Hofraum mit jenem Gebäude und seinen Mauern war auch hundert Ellen lang.

14 Und die Breite der Vorderseite des Tempels und der Hofraum an seiner Ostseite ergaben zusammen auch hundert Ellen.

15 Und er maß die Länge des Gebäudes, das am Ende des Hofraums liegt, und seine Mauern auf beiden Seiten: hundert Ellen. Und die Tempelhalle und das Innerste und die Vorhalle draußen

16 waren getäfelt, und alle drei hatten sie Fenster mit Stäben und einen Absatz am Dach ringsherum; und es war Tafelwerk an allen Seiten ringsherum. Und das Licht kam durch die Fenster; aber die Fenster waren verhängt.

17 Bis oberhalb der Tür und bis zum Allerheiligsten, draußen und auf der ganzen Wand ringsherum, im Inneren und draußen waren Schnitzereien;

18 da waren Cherubim und Palmwedel dargestellt, je eine Palme zwischen zwei Cherubim, und jeder Cherub hatte zwei Angesichter.

19 Zur einen Palme wendete er ein Menschengesicht, zur andern Palme ein Löwengesicht; die Darstellungen liefen rings um das ganze Haus.

20 Vom Boden an bis oberhalb der Tür waren Cherubim und Palmwedel an der Wand geschnitzt.

21 Und die Türpfosten im Tempel waren viereckig. Und vor dem Allerheiligsten stand etwas, das aussah

22 wie ein Altar aus Holz; der war drei Ellen hoch und zwei Ellen lang und breit und hatte Ecken, und sein Fuß und seine Wände waren aus Holz. Und er sprach zu mir: Das ist der Tisch, der vor dem HERRN steht.

23 Und die Tempelhalle und das Allerheiligste hatten je zwei Türflügel;

24 zwei Türflügel hatten die Türen, beide Türflügel konnten sich drehen, jede Tür hatte zwei Türflügel.

25 Und auch an den Türflügeln der Tempelhalle waren Cherubim und Palmwedel dargestellt wie an den Wänden. Und ein Gitter aus Holz war außen vor der Vorhalle.

26 Und Fenster mit Stäben und Palmwedel waren auf beiden Seiten an den Wänden der Vorhalle.

42 Und er führte mich hinaus zum äußeren Vorhof nach Norden und brachte mich zu den Kammern, die gegenüber dem Hofraum und gegenüber jenem Gebäude an der Nordseite lagen,

2 die Länge hundert Ellen, an der Nordseite, und die Breite fünfzig Ellen.

3 Zwischen den zwanzig Ellen des inneren Vorhofs und dem Pflaster im äußeren Vorhof war Absatz an Absatz, dreimal.

4 Und ins Innere führte vor den Kammern ein Gang, zehn Ellen breit und hundert Ellen lang, und ihre Türen lagen nach Norden.

5 Und die oberen Kammern des Baues waren kürzer als seine unteren und mittleren Kammern; denn die Absätze nahmen Raum von ihnen weg.

6 Denn sie waren drei Stockwerke hoch und hatten keine Säulen, wie die Vorhöfe Säulen hatten. Darum waren die oberen Kammern gegenüber den unteren und mittleren verkürzt vom Boden an.

7 Und außen vor den Kammern nach dem äußeren Vorhof hin lief eine Mauer an den Kammern entlang, fünfzig Ellen lang.

8 Denn die Länge der Kammern nach dem äußeren Vorhof zu betrug fünfzig Ellen, aber am Tempel entlang waren es hundert Ellen.

9 Und unten an diesen Kammern war der Zugang von Osten her, wenn man vom äußeren Vorhof her zu ihnen hineinging,

10 am Anfang der äußeren Mauer.

In der Richtung nach Süden lagen auch Kammern dem Hofraum und jenem Gebäude gegenüber.

11 Und ein Gang lief vor ihnen hin ganz wie vor jenen Kammern an der Nordseite; ihre Länge und ihre Breite, ihre Ausgänge und ihre Einrichtungen und ihre Türen waren gleich.

12 Und wie die Türen der Kammern nach Süden lagen, so war auch eine Tür am Anfang des Ganges, nämlich des Ganges am Bau entlang, wenn man von Osten her kommt.

13 Und er sprach zu mir: Die Kammern im Norden und die Kammern im Süden gegenüber dem Hofraum, das sind die heiligen Kammern, in denen die Priester, die dem HERRN nahen, die hochheiligen Opfer essen. Dort legen sie die hochheiligen Opfer nieder, die Speisopfer, die Sündopfer und die Schuldopfer; denn die Stätte ist heilig.

14 Und wenn die Priester in das Heiligtum hineingehen, dürfen sie von dort nicht wieder in den äußeren Vorhof gehen, sondern sollen zuvor in den Kammern ihre Kleider ablegen, in denen sie Dienst getan haben, denn die sind heilig; und sie sollen ihre andern Kleider anlegen und dann hinausgehen unter das Volk.

Der Umfang des Tempelbezirks

15 Und als er den Tempel im Inneren ganz ausgemessen hatte, führte er mich hinaus zum Osttor und maß den ganzen Umfang des Tempels.

16 Er maß die Ostseite mit der Meßrute: fünfhundert Ruten;

17 und die Nordseite maß er auch: fünfhundert Ruten;

18 desgleichen die Südseite auch: fünfhundert Ruten.

19 Und er wandte sich zur Westseite und maß auch fünfhundert Ruten.

20 Nach allen vier Windrichtungen maß er. Und es war eine Mauer ringsherum, fünfhundert Ruten im Geviert, damit das Heilige von dem Unheiligen geschieden sei.

Der Einzug der Herrlichkeit des Herrn in den Tempel

43 Und er führte mich wieder zum Tor im Osten.

2 Und siehe, die Herrlichkeit des Gottes Israels kam von Osten und brauste, wie ein großes Wasser braust, und es ward sehr licht auf der Erde von seiner Herrlichkeit.

3 Und es war ganz so wie das Gesicht, das ich geschaut hatte, als der Herr kam, um die Stadt zu zerstören, und wie das Gesicht, das ich gesehen hatte am Fluß Kebar. Da fiel ich nieder auf mein Angesicht.

4 Und die Herrlichkeit des HERRN kam hinein ins Tempelhaus durch das Tor, das nach Osten liegt.

5 Da hob mich der Geist auf und brachte mich in den inneren Vorhof; und siehe, die Herrlichkeit des HERRN erfüllte das Haus.

6 Und ich hörte einen mit mir reden vom Hause heraus, während der Mann neben mir stand.

7 Und er sprach zu mir: Du Menschenkind, das ist der Ort meines Thrones und die Stätte meiner Fußsohlen; hier will ich für immer wohnen unter den Kindern Israel. Und das Haus Israel soll nicht mehr meinen heiligen Namen entweihen, weder sie noch ihre Könige, durch ihren Götzendienst und durch die Leichen ihrer Könige, wenn sie sterben;

8 denn sie haben ihre Schwelle an meine Schwelle und ihre Pfosten neben meine Pfosten gesetzt, so daß nur eine Wand zwischen mir und ihnen war, und haben so meinen heiligen Namen entweiht durch die Greuel, die sie taten; darum habe ich sie auch in meinem Zorn vertilgt.

9 Nun aber sollen sie ihren Götzendienst und die Leichen ihrer Könige weit von mir wegtun, und ich will für immer unter ihnen wohnen.

10 Und du, Menschenkind, beschreibe dem Haus Israel den Tempel, sein Aussehen und seinen Plan, damit sie sich schämen ihrer Missetaten.

11 Und wenn sie sich all dessen schämen, was sie getan haben, so zeige ihnen Plan und Gestalt des Tempels und seine Ausgänge und Eingänge und seinen ganzen Plan und alle seine Ordnungen und alle seine Gesetze. Schreibe sie vor ihren Augen auf, damit sie auf seinen ganzen Plan und alle seine Ordnungen achthaben und danach tun.

12 Das soll aber das Gesetz des Tempels sein: auf der Höhe des Berges soll sein ganzes Gebiet ringsum hochheilig sein. Siehe, das ist das Gesetz des Tempels.

Der Altar und seine Weihe

13 Das sind aber die Maße des Altars, gemessen nach Ellen, die eine Handbreit länger sind als die gewöhnliche Elle: sein Sockel ist eine Elle hoch und eine Elle breit, und die Leiste an seinem Rand ist eine Spanne hoch ringsherum. Und das ist die Höhe des Altars:

14 von dem Sockel auf der Erde bis an den unteren Absatz sind es zwei Ellen in der Höhe und eine Elle in der Breite, und von dem niedrigeren Absatz bis zu dem höheren Absatz sind es vier Ellen in der Höhe und eine Elle in der Breite;

15 und der Opferherd ist vier Ellen hoch, und auf dem Opferherd stehen nach oben vier Hörner.

16 Und der Opferherd ist zwölf Ellen lang und zwölf Ellen breit im Geviert.

17 Und der obere Absatz ist vierzehn Ellen lang und vierzehn Ellen breit im Geviert, und eine Leiste geht ringsherum, eine halbe Elle hoch; und sein Sockel ist eine Elle hoch, und seine Stufen liegen nach Osten hin.

18 Und er sprach zu mir: Du Menschenkind, so spricht Gott der HERR: Dies sollen die Ordnungen für den Altar sein an dem Tage, an dem er gebaut ist, um Brandopfer auf ihm zu opfern und Blut an ihn zu sprengen.

19 Da sollst du den levitischen Priestern aus dem Geschlecht Zadoks, die vor mich treten, um mir zu dienen, spricht Gott der HERR, einen jungen Stier zum Sündopfer geben.

20 Und von seinem Blut sollst du nehmen und damit die vier Hörner besprengen und die vier Ecken des Absatzes und die Leiste, die ringsherum geht; damit sollst du ihn entsündigen und Sühne für ihn schaffen.

21 Und du sollst den Stier des Sündopfers nehmen und ihn verbrennen auf dem Platz am Tempel, wo man die Opfertiere mustert, außerhalb des Heiligtums.

22 Aber am nächsten Tag sollst du einen Ziegenbock opfern, der ohne Fehler ist, als Sündopfer und den Altar damit entsündigen, wie er mit dem Stier entsündigt ist.

23 Nachdem du den Altar entsündigt hast, sollst du einen jungen Stier opfern, der ohne Fehler ist, und einen Widder von der Herde ohne Fehler

24 und sollst sie beide vor dem HERRN opfern, und die Priester sollen Salz auf sie streuen und sollen sie so dem HERRN opfern als Brandopfer.

25 So sollst du sieben Tage lang täglich einen Bock als Sündopfer opfern, und sie sollen einen jungen Stier und einen Widder von der Herde, die beide ohne Fehler sind, opfern.

26 So sollen sie sieben Tage lang für den Altar Sühne schaffen und ihn reinigen und ihre Hände füllen.

27 Und nach diesen Tagen sollen die Priester am achten Tag und danach immer wieder auf dem Altar opfern eure Brandopfer und eure Dankopfer, so will ich euch gnädig sein, spricht Gott der HERR.

Das verschlossene Osttor

44 Und er führte mich wieder zu dem äußeren Tor des Heiligtums im Osten; es war aber zugeschlossen.

2 Und der HERR sprach zu mir: Dies Tor soll zugeschlossen bleiben und nicht aufgetan werden, und niemand soll dort hineingehen. Denn der HERR, der Gott Israels, ist dort eingezogen; darum soll es zugeschlossen bleiben.

3 Nur der Fürst darf sich, weil er der Fürst ist, dort niederlassen und das Opfermahl essen vor dem HERRN. Durch die Vorhalle des Tores soll er hineingehen und durch sie wieder herausgehen.

Weisungen für den Dienst im Tempel

4 Danach führte er mich zum Tor im Norden vor das Haus des HERRN. Und ich sah, und siehe, das Haus war erfüllt von der Herrlichkeit des HERRN, und ich fiel auf mein Angesicht.

5 Und der HERR sprach zu mir: Du Menschenkind, gib acht und sieh mit deinen Augen und höre mit deinen Ohren alles, was ich dir sagen will von allen Ordnungen und Gesetzen im Haus des HERRN, und gib acht, wie man es halten soll mit dem Zutritt zum Heiligtum an allen Eingängen.

6 Und sage dem Haus des Widerspruchs, dem Hause Israel: So spricht Gott der HERR: Laßt's genug sein, ihr vom Hause Israel, mit allen euren Greueltaten!

7 Denn ihr habt fremde Leute mit un-
beschnittenem Herzen und unbeschnitte-
nem Fleisch in mein Heiligtum hineinge-
lassen und so mein Haus entheiligt, als ihr
mir Brot, Fett und Blut opfertet; so habt
ihr meinen Bund gebrochen mit allen
euren Greueltaten;
8 ihr habt nicht selbst den Dienst in
meinem Heiligtum getan, sondern habt
sie bestellt, um für euch den Dienst in
meinem Heiligtum zu tun.
9 Darum spricht Gott der HERR: Es soll
kein Fremder mit unbeschnittenem Her-
zen und unbeschnittenem Fleisch in mein
Heiligtum kommen von allen Fremdlin-
gen, die unter den Kindern Israel leben,
10 sondern die Leviten, die von mir ab-
gewichen sind, als Israel von mir abfiel
und irreging, ihren Götzen nach, die sol-
len ihre Sünde tragen
11 und sollen in meinem Heiligtum
Dienst tun als Hüter an den Türen des
Hauses und als Diener des Hauses. Sie
sollen das Brandopfer und das Schlacht-
opfer für das Volk schlachten und sollen
vor ihnen stehen und ihnen dienen.
12 Weil sie ihnen gedient haben vor
ihren Götzen und dem Hause Israel einen
Anlaß zur Sünde gegeben haben, darum
habe ich meine Hand gegen sie erhoben,
spricht Gott der HERR, daß sie ihre Sünde
tragen müssen.
13 Und sie sollen mir nicht nahen, um
mir Priesterdienst zu tun, und sollen zu
dem, was mir heilig ist, und an die hoch-
heiligen Opfer nicht kommen, sondern
sollen ihre Schande tragen für ihre Greuel,
die sie getan haben.
14 Darum habe ich sie bestellt, den
Dienst an meinem Hause zu tun bei aller
Arbeit und bei allem, was dort zu tun ist.
15 Aber die levitischen Priester, die
Söhne Zadok, die den Dienst an meinem
Heiligtum getan haben, als die Kinder
Israel von mir abfielen, die sollen vor
mich treten, um mir zu dienen, und vor
mir stehen, um mir Fett und Blut zu
opfern, spricht Gott der HERR.
16 Sie sollen hineingehen in mein Heilig-
tum und vor meinen Tisch treten, um mir
zu dienen, und sollen meinen Dienst tun.
17 Und wenn sie durch die Tore des
inneren Vorhofs gehen wollen, sollen sie
leinene Kleider anziehen und nichts Wol-
lenes anhaben, solange sie in den Toren
des inneren Vorhofs und im Hause Dienst
tun.
18 Und sie sollen einen leinenen Kopf-
bund auf ihrem Haupt haben und leinene
Beinkleider um ihre Lenden und sollen
sich nicht mit Zeug gürten, das Schweiß
wirkt.
19 Und wenn sie in den äußeren Vorhof
zum Volk herausgehen, sollen sie die Klei-
der, in denen sie Dienst getan haben, aus-
ziehen und in die Kammern des Heiligtums
legen und andere Kleider anziehen, damit
sie das Volk nicht durch ihre Kleider mit
dem Heiligen in Berührung bringen.

Ordnungen für die Priester

20 Ihr Haupt sollen sie nicht kahl sche-
ren und auch nicht die Haare frei wachsen
lassen, sondern sie sollen die Haare rings-
herum abschneiden.
21 Und die Priester sollen keinen Wein
trinken, wenn sie in den inneren Vorhof
gehen sollen.
22 Und sie sollen keine Witwe oder Ver-
stoßene zur Frau nehmen, sondern eine
Jungfrau vom Hause Israel oder die
Witwe eines Priesters.
23 Und sie sollen mein Volk lehren, daß
es zu unterscheiden wisse zwischen Heili-
gem und Unheiligem und zwischen Rei-
nem und Unreinem.
24 Und wenn eine Streitsache vor sie
kommt, sollen sie Richter sein und nach
meinem Recht das Urteil sprechen und
sollen bei allen meinen Festen meine Ge-
bote und Ordnungen halten und meine
Sabbate heiligen.
25 Und sie sollen zu keinem Toten gehen
und sich unrein machen, nur zu Vater und
Mutter, Sohn oder Tochter, Bruder oder
einer Schwester, die noch keinen Mann
gehabt hat; an ihnen dürfen sie sich un-
rein machen.
26 Und nach seiner Reinigung soll man
ihm zuzählen sieben Tage.
27 Und wenn er wieder hinein zum
Heiligtum geht in den inneren Vorhof, um
im Heiligtum Dienst zu tun, soll er sein
Sündopfer opfern, spricht Gott der HERR.
28 Und Erbbesitz sollen sie nicht haben;
denn ich bin ihr Erbbesitz. Auch sollt ihr
ihnen kein Eigentum an Land geben in
Israel; denn ich bin ihr Eigentum.

29 Sie sollen ihre Nahrung haben vom Speisopfer, Sündopfer und Schuldopfer, und alles dem Bann Verfallene in Israel soll ihnen gehören.

30 Und das Beste von allen ersten Früchten und die Abgaben von allem, wovon ihr Abgaben leistet, sollen den Priestern gehören. Ihr sollt den Priestern auch die Erstlinge eures Teiges geben, damit Segen auf deinem Hause ruhe.

31 Was aber verendet oder zerrissen ist, es seien Vögel oder andere Tiere, das sollen die Priester nicht essen.

Die Landabgabe für den heiligen Bezirk; die Landanteile der Stadt und des Fürsten

45 Wenn ihr nun das Land durchs Los austeilt, sollt ihr eine Abgabe vom Land absondern, die dem HERRN heilig sein soll, fünfundzwanzigtausend Ellen lang und zwanzigtausend breit; dieser Raum soll heilig sein, so weit er reicht.

2 Von ihm sollen auf das Heiligtum kommen je fünfhundert Ellen im Geviert und dazu ein freier Raum ringsherum von fünfzig Ellen.

3 Und auf diesem abgemessenen Raum sollst du abmessen eine Länge von fünfundzwanzigtausend Ellen und eine Breite von zehntausend; und darin soll das Heiligtum stehen, das Allerheiligste.

4 Das soll ein heiliges Gebiet im Lande sein und den Priestern gehören, die im Heiligtum dienen und vor den HERRN treten, um ihm zu dienen, damit sie Raum für ihre Häuser haben, und es soll heilig sein.

5 Aber die Leviten, die am Tempel Dienst tun, sollen auch einen Raum fünfundzwanzigtausend Ellen lang und zehntausend breit als ihr Eigentum bekommen, damit sie da wohnen.

6 Und der Stadt sollt ihr als Eigentum zuweisen einen Raum von fünftausend Ellen Breite und fünfundzwanzigtausend Ellen Länge, entlang der Abgabe für das Heiligtum. Das soll dem ganzen Hause Israel gehören.

7 Dem Fürsten aber sollt ihr auch einen Raum geben zu beiden Seiten der Abgabe für das Heiligtum und des Eigentums der Stadt, neben der Abgabe für das Heiligtum und dem Eigentum der Stadt, im Westen westwärts und im Osten ostwärts, und es soll die Länge einem der Stammesgebiete entsprechen von der Grenze im Westen bis zur Grenze im Osten

8 des Landes. Das soll sein Eigentum sein in Israel, damit meine Fürsten nicht mehr meinem Volk das Ihre nehmen, sondern das Land dem Hause Israel für ihre Stämme lassen.

Mahnung an die Fürsten

9 So spricht Gott der HERR: Ihr habt's lange genug schlimm getrieben, ihr Fürsten Israels; laßt ab von Frevel und Gewalttat und tut, was recht und gut ist, und hört auf, Leute in meinem Volk von Haus und Hof zu vertreiben, spricht Gott der HERR.

10 Ihr sollt rechtes Gewicht und rechten Scheffel und rechtes Maß haben.

11 Ein Scheffel und ein Eimer sollen gleich sein, so daß ein Eimer den zehnten Teil von einem Faß hat und ein Scheffel auch den zehnten Teil von einem Faß; nach dem Faß soll man sie beide messen.

12 Und ein Lot soll zwanzig Gramm haben und ein Pfund fünfzig Lot.

Die Aufgaben des Fürsten im Opferdienst

13 Das soll nun die Abgabe sein, die ihr leisten sollt, nämlich den sechsten Teil eines Scheffels von einem Faß Weizen und den sechsten Teil eines Scheffels von einem Faß Gerste.

14 Und vom Öl sollt ihr geben je den zehnten Teil eines Eimers von einem Faß, das zehn Eimer oder zehn Scheffel faßt; denn zehn Eimer sind zehn Scheffel;

15 und je ein Lamm von zweihundert Schafen von den Herden Israels zum Speisopfer und Brandopfer und Dankopfer, um für sie Sühne zu schaffen, spricht Gott der HERR.

16 Alles Volk des Landes soll diese Abgaben zum Fürsten in Israel bringen.

17 Und der Fürst soll die Brandopfer, Speisopfer und Trankopfer ausrichten an den Festen, Neumonden und Sabbaten und an allen Feiertagen des Hauses Israel. Er soll die Sündopfer und Speisopfer, Brandopfer und Dankopfer darbringen, um Sühne zu schaffen für das Haus Israel.

18 So spricht Gott der HERR: Am ersten Tag des ersten Monats sollst du nehmen einen jungen Stier, der ohne Fehler ist, und das Heiligtum entsündigen.

19 Und der Priester soll von dem Blut des Sündopfers nehmen und die Pfosten am Tempel damit besprengen und die vier Ecken des Absatzes am Altar samt den Pfosten am Tor des inneren Vorhofs.

20 So sollst du auch tun am ersten Tag des siebenten Monats wegen derer, die sich verfehlt haben aus Versehen oder Unwissenheit; damit entsühnt ihr den Tempel.

21 Am vierzehnten Tag des ersten Monats sollt ihr das Passa halten und sieben Tage feiern und ungesäuertes Brot essen.

22 An diesem Tag soll der Fürst für sich und für alles Volk des Landes einen Stier zum Sündopfer opfern.

23 Und an den sieben Tagen des Festes soll er dem HERRN täglich ein Brandopfer darbringen, je sieben Stiere und sieben Widder, die ohne Fehler sind, und je einen Ziegenbock zum Sündopfer.

24 Zum Speisopfer aber soll er je einen Scheffel zu einem Stier und einen Scheffel zu einem Widder opfern und je eine Kanne Öl zu einem Scheffel.

25 Vom fünfzehnten Tag des siebenten Monats an soll er sieben Tage nacheinander feiern wie jene sieben Tage und es ebenso halten mit Sündopfer, Brandopfer, Speisopfer samt dem Öl.

46 So spricht Gott der HERR: Das Tor am inneren Vorhof im Osten soll an den sechs Werktagen zugeschlossen sein, aber am Sabbattag und am Neumond soll man's auftun.

2 Und der Fürst soll von draußen unter die Vorhalle des Tores treten und bei den Pfosten am Tor stehenbleiben. Und die Priester sollen sein Brandopfer und Dankopfer opfern, er aber soll auf der Schwelle des Tores anbeten und danach wieder hinausgehen; das Tor aber soll offen bleiben bis zum Abend.

3 Ebenso soll das Volk des Landes an der Tür dieses Tores anbeten vor dem HERRN an den Sabbaten und Neumonden.

4 Das Brandopfer aber, das der Fürst dem HERRN opfern soll am Sabbattag, sollen sechs Lämmer sein, die ohne Fehler sind, und ein Widder ohne Fehler

5 und als Speisopfer einen Scheffel zu jedem Widder, als Speisopfer zu den Lämmern aber, soviel seine Hand gibt, und je eine Kanne Öl zu einem Scheffel.

6 Am Neumond aber soll er einen jungen Stier opfern, der ohne Fehler ist, und sechs Lämmer und einen Widder, auch ohne Fehler,

7 und als Speisopfer je einen Scheffel zum Stier und je einen Scheffel zum Widder, aber zu den Lämmern so viel, wie er geben mag, und je eine Kanne Öl zu einem Scheffel.

8 Und wenn der Fürst hineingeht, soll er durch die Vorhalle des Tores hineingehen und auf demselben Weg wieder hinausgehen.

9 Aber wenn das Volk des Landes vor den HERRN kommt an den Feiertagen, dann sollen die, die zum Tor im Norden hineingehen, um anzubeten, durch das Tor im Süden wieder hinausgehen, und die, die zum Tor im Süden hineingehen, sollen durch das Tor im Norden wieder hinausgehen und sollen nicht wieder durch das Tor hinausgehen, durch das sie hineingegangen sind, sondern sollen durch das Tor gegenüber hinausgehen.

10 Der Fürst aber soll mit ihnen sein, wenn sie hinein- und wenn sie hinausgehen.

11 Und an den Festen und Feiertagen soll man als Speisopfer zu je einem Stier einen Scheffel und zu je einem Widder einen Scheffel opfern und zu den Lämmern, soviel seine Hand gibt, und je eine Kanne Öl zu einem Scheffel.

12 Wenn aber der Fürst ein Brandopfer oder Dankopfer als freiwillige Gabe dem HERRN darbringen will, so soll man ihm das Tor im Osten auftun, damit er sein Brandopfer und Dankopfer opfern kann, wie er es sonst am Sabbat zu opfern pflegt. Und wenn er wieder hinausgeht, soll man das Tor hinter ihm zuschließen.

13 Und er soll dem HERRN täglich ein Brandopfer darbringen, nämlich ein einjähriges Schaf ohne Fehler; das soll er alle Morgen opfern.

14 Und er soll alle Morgen den sechsten Teil eines Scheffels als Speisopfer dazu darbringen und den dritten Teil einer Kanne Öl, um das Feinmehl zu besprengen, als ein Speisopfer für den HERRN. Das soll eine ewige Ordnung sein über das tägliche Opfer.

15 Und so sollen sie das Schaf mit dem Speisopfer und dem Öl alle Morgen opfern als tägliches Brandopfer.

Bestimmungen über das Erbland des Fürsten

16 So spricht Gott der HERR: Wenn der Fürst einem seiner Söhne ein Geschenk gibt von seinem Erbe, soll es seinen Söhnen verbleiben, und sie sollen es als ihr Erbe besitzen.

17 Wenn er aber einem seiner Großen von seinem Erbteil etwas schenkt, so sollen sie es besitzen bis zum Jahr der Freilassung, und dann soll es an den Fürsten wieder zurückfallen; nur der Anteil seiner Söhne soll diesen verbleiben.

18 Es soll auch der Fürst dem Volk nichts nehmen von seinem Erbteil, um sie dadurch aus ihrem Eigentum zu verdrängen, sondern er soll sein Eigentum auf seine Söhne vererben, damit nicht jemand von meinem Volk aus seinem Eigentum vertrieben wird.

Die Opferküchen

19 Und er führte mich durch den Eingang an der Seite des Tores zu den heiligen Kammern im Norden, die den Priestern gehörten, und siehe, dort war ein Raum in der Ecke im Westen.

20 Und er sprach zu mir: Dies ist der Ort, wo die Priester das Schuldopfer und das Sündopfer kochen und das Speisopfer backen sollen, damit sie es nicht in den äußeren Vorhof hinaustragen müssen und so das Volk mit dem Heiligen in Berührung bringen.

21 Danach führte er mich in den äußeren Vorhof hinaus und ließ mich in die vier Ecken des Vorhofs gehen. Und siehe, da war in jeder Ecke des Vorhofs wieder ein Vorhof.

22 In den vier Ecken des Vorhofs waren kleine Vorhöfe, vierzig Ellen lang und dreißig Ellen breit, alle vier von gleichem Maß.

23 Und es ging eine Mauer um jeden der vier Vorhöfe herum; da waren Herde ringsherum unten an den Mauern.

24 Und er sprach zu mir: Dies sind die Küchen, in denen die Tempeldiener das Schlachtopfer des Volks kochen sollen.

Der wunderbare Strom aus dem Tempel

47 Und er führte mich wieder zu der Tür des Tempels. Und siehe, da floß ein Wasser heraus unter der Schwelle des Tempels nach Osten; denn die vordere Seite des Tempels lag gegen Osten. Und das Wasser lief unten an der südlichen Seitenwand des Tempels hinab, südlich am Altar vorbei.

2 Und er führte mich hinaus durch das Tor im Norden und brachte mich außen herum zum äußeren Tor im Osten; und siehe, das Wasser sprang heraus aus seiner südlichen Seitenwand.

3 Und der Mann ging heraus nach Osten und hatte eine Meßschnur in der Hand, und er maß tausend Ellen und ließ mich durch das Wasser gehen: da ging es mir bis an die Knöchel.

4 Und er maß abermals tausend Ellen und ließ mich durch das Wasser gehen: da ging es mir bis an die Knie; und er maß noch tausend Ellen und ließ mich durch das Wasser gehen: da ging es mir bis an die Lenden.

5 Da maß er noch tausend Ellen: da war es ein Strom, so tief, daß ich nicht mehr hindurchgehen konnte; denn das Wasser war so hoch, daß man schwimmen mußte und nicht hindurchgehen konnte.

6 Und er sprach zu mir: Du Menschenkind, hast du das gesehen? Und er führte mich zurück am Ufer des Flusses entlang.

7 Und als ich zurückkam, siehe, da standen sehr viele Bäume am Ufer auf beiden Seiten.

8 Und er sprach zu mir: Dies Wasser fließt hinaus in das östliche Gebiet und weiter hinab zum Jordantal und mündet ins Tote Meer. Und wenn es ins Meer fließt, soll dessen Wasser gesund werden,

9 und alles, was darin lebt und webt, wohin der Strom kommt, das soll leben. Und es soll sehr viele Fische dort geben, wenn dieses Wasser dorthin kommt; und alles soll gesund werden und leben, wohin dieser Strom kommt.

10 Und es werden an ihm die Fischer stehen. Von En-Gedi bis nach En-Eglajim wird man die Fischgarne aufspannen; denn es wird dort sehr viele Fische von aller Art geben wie im großen Meer.

11 Aber die Teiche und Lachen daneben werden nicht gesund werden, sondern man soll daraus Salz gewinnen.

12 Und an dem Strom werden an seinem Ufer auf beiden Seiten allerlei fruchtbare Bäume wachsen; und ihre Blätter

werden nicht verwelken, und mit ihren Früchten hat es kein Ende. Sie werden alle Monate neue Früchte bringen; denn ihr Wasser fließt aus dem Heiligtum. Ihre Früchte werden zur Speise dienen und ihre Blätter zur Arznei.

Die Grenzen des Landes

13 So spricht Gott der HERR: Dies sind die Grenzen, nach denen ihr das Land den zwölf Stämmen Israels austeilen sollt; zwei Teile gehören dem Stamm Joseph.
14 Und ihr sollt es als Erbteil bekommen, einer wie der andere; denn ich habe meine Hand aufgehoben zum Schwur, dies Land euren Vätern zu geben, und so soll es euch als Erbteil zufallen.
15 Dies ist nun die Grenze des Landes gegen Norden: von dem großen Meer an auf Hethlon zu nach Zedad,
16 Hamath, Berotha, Sibrajim, das an Damaskus und Hamath grenzt, und Hazar-Enon, das an den Hauran grenzt.
17 Und so soll die Grenze laufen vom Meer an bis nach Hazar-Enon, und Damaskus und Hamath sollen nördlich liegen bleiben. Das sei die Grenze gegen Norden.
18 Aber die Grenze gegen Osten: von Hazar-Enon, das zwischen dem Hauran und Damaskus liegt, der Jordan zwischen Gilead und dem Lande Israel bis hinab ans östliche Meer nach Thamar. Das soll die Grenze gegen Osten sein.
19 Aber die Grenze gegen Süden läuft von Thamar bis an das Haderwasser von Kadesch und den Bach Ägyptens hinab bis an das große Meer. Das soll die Grenze gegen Süden sein.
20 Und an der Seite gegen Westen ist das große Meer die Grenze bis gegenüber Hamath. Das sei die Grenze gegen Westen.

Die Verteilung des Landes

21 Und ihr sollt dies Land austeilen unter die Stämme Israels,
22 und wenn ihr das Los werft, um das Land unter euch zu teilen, so sollt ihr die Fremdlinge, die bei euch wohnen und Kinder unter euch zeugen, halten wie die Einheimischen unter den Kindern Israel; mit euch sollen sie ihren Erbbesitz erhalten unter den Stämmen Israels,
23 und ihr sollt auch ihnen ihren Anteil am Lande geben, jedem bei dem Stamm, bei dem er wohnt, spricht Gott der HERR.

48 Dies sind die Namen der Stämme: Von Norden vom Meer an auf dem Wege nach Hethlon zu nach Hamath und Hazar-Enon, so daß Damaskus nördlich liegen bleibt, gegen Hamath: das soll Dan als seinen Anteil haben von Osten bis nach Westen.
2 Neben Dan soll Asser seinen Anteil haben von Osten bis nach Westen.
3 Neben Asser soll Naphthali seinen Anteil haben von Osten bis nach Westen.
4 Neben Naphthali soll Manasse seinen Anteil haben von Osten bis nach Westen.
5 Neben Manasse soll Ephraim seinen Anteil haben von Osten bis nach Westen.
6 Neben Ephraim soll Ruben seinen Anteil haben von Osten bis nach Westen.
7 Neben Ruben soll Juda seinen Anteil haben von Osten bis nach Westen.
8 Neben Juda aber sollt ihr einen Teil als Abgabe absondern von Osten bis nach Westen, der fünfundzwanzigtausend Ellen breit und so lang ist wie sonst ein Anteil von Osten bis nach Westen. Mitten darin soll das Heiligtum stehen.
9 Das Land, das ihr als Abgabe dem HERRN absondern sollt, soll fünfundzwanzigtausend Ellen lang und zehntausend Ellen breit sein.
10 Und diese Abgabe für das Heiligtum soll den Priestern gehören, nämlich fünfundzwanzigtausend Ellen lang an der Nordseite und an der Südseite und zehntausend Ellen breit an der Ostseite und an der Westseite. Und das Heiligtum des HERRN soll mitten darin stehen.
11 Es soll den geweihten Priestern gehören, den Söhnen Zadok, die mir Dienst getan haben und nicht mit den Kindern Israel abgefallen sind, wie die Leviten abgefallen sind.
12 Und diese besondere Abgabe von der Abgabe des Landes soll ihnen gehören und hochheilig sein, neben dem Gebiet der Leviten.
13 Die Leviten aber sollen neben dem Gebiet der Priester auch ein Gebiet von fünfundzwanzigtausend Ellen in der Länge und zehntausend Ellen in der Breite haben; denn im ganzen soll die Länge fünfundzwanzigtausend Ellen und die Breite zwanzigtausend Ellen sein.

14 Und sie dürfen nichts davon verkaufen oder vertauschen, damit dieser beste Teil des Landes nicht in andere Hände kommt; denn er ist dem HERRN geheiligt.

15 Aber die übrigen fünftausend Ellen in der Breite entlang den fünfundzwanzigtausend Ellen sollen nicht heilig, sondern für die Stadt zum Wohnen und zur Weidetrift bestimmt sein, und die Stadt soll mitten darin stehen.

16 Und das sollen ihre Maße sein: viertausendfünfhundert Ellen an der Nordseite und an der Südseite, ebenso auch an der Ostseite und an der Westseite viertausendfünfhundert Ellen.

17 Die Weidetrift der Stadt soll zweihundertfünfzig Ellen gegen Norden und gegen Süden messen, ebenso auch gegen Osten und gegen Westen zweihundertfünfzig Ellen.

18 Aber das übrige Gebiet entlang der Abgabe für das Heiligtum, nämlich zehntausend Ellen gegen Osten und zehntausend Ellen gegen Westen, das soll dem Unterhalt derer dienen, die in der Stadt arbeiten.

19 Und Arbeiter aus allen Stämmen Israels sollen in der Stadt arbeiten.

20 So soll die ganze Abgabe fünfundzwanzigtausend Ellen im Geviert sein. Ein Viereck soll die Abgabe für das Heiligtum sein mit dem, was Eigentum der Stadt ist.

21 Was aber noch übrig ist, soll dem Fürsten gehören, nämlich auf beiden Seiten neben der Abgabe für das Heiligtum und neben dem Eigentum der Stadt entlang den fünfundzwanzigtausend Ellen an der Ostseite und an der Westseite, so weit wie die Anteile der Stämme reichen; das soll dem Fürsten gehören. Die Abgabe für das Heiligtum und der Tempel sollen in der Mitte liegen.

22 Abgesehen von dem Eigentum der Leviten und dem Eigentum der Stadt, das mitten im Gebiet des Fürsten liegt, soll das Land zwischen dem Gebiet Judas und dem Gebiet Benjamins dem Fürsten gehören.

23 Danach sollen die übrigen Stämme kommen: Benjamin soll seinen Anteil haben von Osten bis nach Westen.

24 Neben dem Gebiet Benjamins soll Simeon seinen Anteil haben von Osten bis nach Westen.

25 Neben dem Gebiet Simeons soll Isaschar seinen Anteil haben von Osten bis nach Westen.

26 Neben dem Gebiet Isaschars soll Sebulon seinen Anteil haben von Osten bis nach Westen.

27 Neben dem Gebiet Sebulons soll Gad seinen Anteil haben von Osten bis nach Westen.

28 Neben dem Gebiet von Gad soll im Süden die Grenze von Thamar bis an das Haderwasser von Kadesch laufen und den Bach Ägyptens hinab bis an das große Meer.

29 Das ist das Land, das ihr austeilen sollt als Erbteil unter die Stämme Israels, und das sollen ihre Erbteile sein, spricht Gott der HERR.

Die Tore der Stadt

30 Und dies sollen die Ausgänge der Stadt sein: an der Nordseite mit ihren viertausendfünfhundert Ellen

31 drei Tore: das erste Tor Ruben, das zweite Juda, das dritte Levi; denn die Tore der Stadt sollen nach den Namen der Stämme Israels genannt werden.

32 So auch an der Ostseite mit ihren viertausendfünfhundert Ellen drei Tore: nämlich das erste Tor Joseph, das zweite Benjamin, das dritte Dan.

33 An der Südseite mit ihren viertausendfünfhundert Ellen auch drei Tore: das erste Tor Simeon, das zweite Isaschar, das dritte Sebulon.

34 So auch an der Westseite mit ihren viertausendfünfhundert Ellen drei Tore: das erste Tor Gad, das zweite Asser, das dritte Naphthali.

35 So soll der ganze Umfang achtzehntausend Ellen sein. Und alsdann soll die Stadt genannt werden «Hier ist der HERR».

DER PROPHET DANIEL

Die Erziehung Daniels und seiner Freunde am babylonischen Hof

1 Im dritten Jahr der Herrschaft Joja-
kims, des Königs von Juda, zog Nebu-
kadnezar, der König von Babel, vor Jeru-
salem und belagerte es.
2 Und der Herr gab in seine Hand Joja-
kim, den König von Juda, und einen Teil
der Geräte aus dem Hause Gottes. Die
ließ er ins Land Sinear bringen, in den
Tempel seines Gottes, und tat die Geräte
in die Schatzkammer seines Gottes.
3 Und der König sprach zu Aschpenas,
seinem obersten Kämmerer, er sollte eini-
ge von den Kindern Israel auswählen, und
zwar von königlichem Stamm und von
edler Herkunft,
4 junge Leute, die keine Gebrechen hät-
ten, sondern schön, begabt, weise, klug
und verständig wären, also fähig, an des
Königs Hof zu dienen; und er sollte sie in
Schrift und Sprache der Chaldäer unter-
richten lassen.
5 Und der König bestimmte, was man
ihnen täglich geben sollte von seiner
Speise und von dem Wein, den er selbst
trank; so sollten sie drei Jahre erzogen
werden und danach vor dem König die-
nen.
6 Unter ihnen waren aus Juda Daniel,
Hananja, Mischaël und Asarja.
7 Und der oberste Kämmerer gab ihnen
andere Namen und nannte Daniel Belt-
schazar und Hananja Schadrach und
Mischaël Meschach und Asarja Abed-
Nego.
8 Aber Daniel nahm sich in seinem
Herzen vor, daß er sich mit des Königs
Speise und mit seinem Wein nicht unrein
machen wollte, und bat den obersten
Kämmerer, daß er sich nicht unrein ma-
chen müßte.
9 Und Gott gab es Daniel, daß ihm der
oberste Kämmerer günstig und gnädig
gesinnt wurde.
10 Der sprach zu ihm: Ich fürchte mich
vor meinem Herrn, dem König, der euch
eure Speise und euern Trank bestimmt
hat. Wenn er merken würde, daß euer
Aussehen schlechter ist als das der andern
jungen Leute eures Alters, so brächtet ihr
mich bei dem König um mein Leben.
11 Da sprach Daniel zu dem Aufseher,
den der oberste Kämmerer über Daniel,
Hananja, Mischaël und Asarja gesetzt
hatte:
12 Versuch's doch mit deinen Knechten
zehn Tage und laß uns Gemüse zu essen
und Wasser zu trinken geben.
13 Und dann laß dir unser Aussehen
und das der jungen Leute, die von des
Königs Speise essen, zeigen; und danach
magst du mit deinen Knechten tun nach
dem, was du sehen wirst.
14 Und er hörte auf sie und versuchte es
mit ihnen zehn Tage.
15 Und nach den zehn Tagen sahen sie
schöner und kräftiger aus als alle jungen
Leute, die von des Königs Speise aßen.
16 Da tat der Aufseher die Speise und
den Trank, die für sie bestimmt waren,
weg und gab ihnen Gemüse.
17 Und diesen vier jungen Leuten gab
Gott Einsicht und Verstand für jede Art
von Schrift und Weisheit. Daniel aber ver-
stand sich auf Gesichte und Träume jeder
Art.
18 Und als die Zeit um war, die der
König bestimmt hatte, daß sie danach vor
ihn gebracht werden sollten, brachte sie
der oberste Kämmerer vor Nebukadne-
zar.
19 Und der König redete mit ihnen, und
es wurde unter allen niemand gefunden,
der Daniel, Hananja, Mischaël und Asarja
gleich war. Und sie wurden des Königs
Diener.
20 Und der König fand sie in allen
Sachen, die er sie fragte, zehnmal klüger
und verständiger als alle Zeichendeuter
und Weisen in seinem ganzen Reich.
21 Und Daniel blieb im Dienst bis ins
erste Jahr des Königs Cyrus.

Nebukadnezars Traum von den vier Weltreichen

2 Im zweiten Jahr seiner Herrschaft hat-
te Nebukadnezar einen Traum, über
den er so erschrak, daß er aufwachte.
2 Und der König ließ alle Zeichendeuter
und Weisen und Zauberer und Wahr-
sager zusammenrufen, daß sie ihm seinen
Traum sagen sollten. Und sie kamen und
traten vor den König.
3 Und der König sprach zu ihnen: Ich
hab einen Traum gehabt; der hat mich
erschreckt, und ich wollte gerne wissen,
was es mit dem Traum gewesen ist.
4 Da sprachen die Wahrsager zum Kö-
nig auf aramäisch: Der König lebe ewig!
Sage deinen Knechten den Traum, so
wollen wir ihn deuten.
5 Der König antwortete und sprach zu
den Wahrsagern: Mein Wort ist deutlich
genug. Werdet ihr mir nun den Traum
nicht kundtun und deuten, so sollt ihr in
Stücke gehauen und eure Häuser sollen
zu Schutthaufen gemacht werden.
6 Werdet ihr mir aber den Traum kund-
tun und deuten, so sollt ihr Geschenke,
Gaben und große Ehre von mir empfan-
gen. Darum sagt mir den Traum und
seine Deutung.
7 Sie antworteten noch einmal und
sprachen: Der König sage seinen Knech-
ten den Traum, so wollen wir ihn deuten.
8 Der König antwortete und sprach:
Wahrlich, ich merke, daß ihr Zeit gewin-
nen wollt, weil ihr seht, daß mein Wort
deutlich genug ist.
9 Aber werdet ihr mir den Traum nicht
sagen, so ergeht ein Urteil über euch alle,
weil ihr euch vorgenommen habt, Lug
und Trug vor mir zu reden, bis die Zeiten
sich ändern. Darum sagt mir den Traum;
so kann ich merken, daß ihr auch die
Deutung trefft.
10 Da antworteten die Wahrsager vor
dem König und sprachen zu ihm: Es ist
kein Mensch auf Erden, der sagen könnte,
was der König fordert. Ebenso gibt es
auch keinen König, wie groß oder mäch-
tig er sei, der solches von irgendeinem
Zeichendeuter, Weisen oder Wahrsager
fordern würde.
11 Denn was der König fordert, ist zu
hoch, und es gibt auch sonst niemand, der
es vor dem König sagen könnte, ausge-
nommen die Götter, die nicht bei den
Menschen wohnen.
12 Da wurde der König sehr zornig und
befahl, alle Weisen von Babel umzubrin-
gen.
13 Und das Urteil ging aus, daß man
die Weisen töten sollte. Auch Daniel und
seine Gefährten suchte man, um sie zu
töten.
14 Da wandte sich Daniel klug und ver-
ständig an Arjoch, den Obersten der
Leibwache des Königs, der auszog, um
die Weisen von Babel zu töten.
15 Und er fing an und sprach zu Arjoch,
dem der König Vollmacht gegeben hatte:
Warum ist ein so strenges Urteil vom
König ergangen? Und Arjoch teilte es
Daniel mit.
16 Da ging Daniel hinein und bat den
König, ihm eine Frist zu geben, damit er
die Deutung dem König sagen könne.
17 Und Daniel ging heim und teilte es
seinen Gefährten Hananja, Mischaël und
Asarja mit,
18 damit sie den Gott des Himmels um
Gnade bäten wegen dieses Geheimnisses
und Daniel und seine Gefährten nicht samt
den andern Weisen von Babel umkämen.
19 Da wurde Daniel dies Geheimnis
durch ein Gesicht in der Nacht offenbart.
Und Daniel lobte den Gott des Himmels,
20 fing an und sprach: Gelobet sei der
Name Gottes von Ewigkeit zu Ewigkeit,
denn ihm gehören Weisheit und Stärke!
21 Er ändert Zeit und Stunde; er setzt
Könige ab und setzt Könige ein; er gibt
den Weisen ihre Weisheit und den Ver-
ständigen ihren Verstand,
22 er offenbart, was tief und verborgen
ist; er weiß, was in der Finsternis liegt,
denn bei ihm ist lauter Licht.
23 Ich danke dir und lobe dich, Gott
meiner Väter, daß du mir Weisheit und
Stärke verliehen und jetzt offenbart hast,
was wir von dir erbeten haben; denn du
hast uns des Königs Sache offenbart.
24 Da ging Daniel hinein zu Arjoch, der
vom König Befehl hatte, die Weisen von
Babel umzubringen, und sprach zu ihm:
Du sollst die Weisen von Babel nicht um-
bringen, sondern führe mich hinein zum
König, ich will dem König die Deutung
sagen.

25 Arjoch brachte Daniel eilends hin-
ein vor den König und sprach zu ihm: Ich
habe einen Mann gefunden unter den Ge-
fangenen aus Juda, der dem König die
Deutung sagen kann.
26 Der König antwortete und sprach
zu Daniel, den sie Beltschazar nannten:
Bist du es, der mir den Traum, den ich
gesehen habe, und seine Deutung kund-
tun kann?
27 Daniel fing an vor dem König und
sprach: Das Geheimnis, nach dem der
König fragt, vermögen die Weisen, Ge-
lehrten, Zeichendeuter und Wahrsager
dem König nicht zu sagen.
28 Aber es ist ein Gott im Himmel, der
kann Geheimnisse offenbaren. Der hat
dem König Nebukadnezar kundgetan,
was in künftigen Zeiten geschehen soll.
Mit deinem Traum und deinen Gesichten,
als du schliefst, verhielt es sich so:
29 Du, König, dachtest auf deinem
Bett, was dereinst geschehen würde; und
der, der Geheimnisse offenbart, hat dir
kundgetan, was geschehen wird.
30 Mir aber ist dies Geheimnis offenbart
worden, nicht als wäre meine Weisheit
größer als die Weisheit aller, die da leben,
sondern damit dem König die Deutung
kundwürde und du deines Herzens Ge-
danken erführest.
31 Du, König, hattest einen Traum, und
siehe, ein großes und hohes und hell glän-
zendes Bild stand vor dir, das war schreck-
lich anzusehen.
32 Das Haupt dieses Bildes war von
feinem Gold, seine Brust und seine Arme
waren von Silber, sein Bauch und seine
Lenden waren von Kupfer,
33 seine Schenkel waren von Eisen, seine
Füße waren teils von Eisen und teils von
Ton.
34 Das sahst du, bis ein Stein herunter-
kam, ohne Zutun von Menschenhänden;
der traf das Bild an seinen Füßen, die von
Eisen und Ton waren, und zermalmte sie.
35 Da wurden miteinander zermalmt
Eisen, Ton, Kupfer, Silber und Gold und
wurden wie Spreu auf der Sommertenne,
und der Wind verwehte sie, daß man sie
nirgends mehr finden konnte. Der Stein
aber, der das Bild zerschlug, wurde zu
einem großen Berg, so daß er die ganze
Welt füllte.
36 Das ist der Traum. Nun wollen wir
die Deutung vor dem König sagen.
37 Du, König, bist ein König aller
Könige, dem der Gott des Himmels Kö-
nigreich, Macht, Stärke und Ehre gegeben
hat
38 und dem er alle Länder, in denen
Leute wohnen, dazu die Tiere auf dem
Felde und die Vögel unter dem Himmel
in die Hände gegeben und dem er über
alles Gewalt verliehen hat. Du bist das
goldene Haupt.
39 Nach dir wird ein anderes König-
reich aufkommen, geringer als deines, da-
nach das dritte Königreich, das aus Kup-
fer ist und über alle Länder herrschen wird.
40 Und das vierte wird hart sein wie
Eisen; denn wie Eisen alles zermalmt und
zerschlägt, ja, wie Eisen alles zerbricht,
so wird es auch alles zermalmen und zer-
brechen.
41 Daß du aber die Füße und Zehen
teils von Ton und teils von Eisen gesehen
hast, bedeutet: das wird ein zerteiltes
Königreich sein; doch wird etwas von des
Eisens Härte darin bleiben, wie du ja ge-
sehen hast Eisen mit Ton vermengt.
42 Und daß die Zehen an seinen Füßen
teils von Eisen und teils von Ton sind, be-
deutet: zum Teil wird's ein starkes und
zum Teil ein schwaches Reich sein.
43 Und daß du gesehen hast Eisen mit
Ton vermengt, bedeutet: sie werden sich
zwar durch Heiraten miteinander ver-
mischen, aber sie werden doch nicht an-
einander festhalten, so wie sich Eisen mit
Ton nicht mengen läßt.
44 Aber **zur Zeit dieser Könige wird der
Gott des Himmels ein Reich aufrichten, das
nimmermehr zerstört wird; und sein Reich
wird auf kein anderes Volk kommen. Es
wird alle diese Königreiche zermalmen und
zerstören; aber es selbst wird ewig bleiben,**
45 wie du ja gesehen hast, daß ein Stein
ohne Zutun von Menschenhänden vom
Berg herunterkam, der Eisen, Kupfer,
Ton, Silber und Gold zermalmte. So hat
der große Gott dem König kundgetan,
was dereinst geschehen wird. Der Traum
ist zuverlässig, und die Deutung ist richtig.
46 Da fiel der König Nebukadnezar auf
sein Angesicht und warf sich nieder vor
Daniel und befahl, man sollte ihm Speis-
opfer und Rauchopfer darbringen.

47 Und der König antwortete Daniel und sprach: Es ist kein Zweifel, euer Gott ist ein Gott über alle Götter und ein Herr über alle Könige, der Geheimnisse offenbaren kann, wie du dies Geheimnis hast offenbaren können.

48 Und der König erhöhte Daniel und gab ihm große und viele Geschenke und machte ihn zum Fürsten über das ganze Land Babel und setzte ihn zum Obersten über alle Weisen in Babel.

49 Und Daniel bat den König, über die einzelnen Bezirke im Lande Babel Schadrach, Meschach und Abed-Nego zu setzen. Daniel aber blieb am Hof des Königs.

Die drei Männer im Feuerofen

3 Der König Nebukadnezar ließ ein goldenes Bild machen sechzig Ellen hoch und sechs Ellen breit und ließ es aufrichten in der Ebene Dura im Lande Babel.

2 Und der König Nebukadnezar sandte nach den Fürsten, Würdenträgern, Statthaltern, Richtern, Schatzmeistern, Räten, Amtleuten und allen Mächtigen im Lande, daß sie zusammenkommen sollten, um das Bild zu weihen, das der König Nebukadnezar hatte aufrichten lassen.

3 Da kamen zusammen die Fürsten, Würdenträger, Statthalter, Richter, Schatzmeister, Räte, Amtleute und alle Mächtigen im Lande, um das Bild zu weihen, das der König Nebukadnezar hatte aufrichten lassen. Und sie mußten sich vor dem Bild aufstellen, das Nebukadnezar hatte aufrichten lassen.

4 Und der Herold rief laut: Es wird euch befohlen, ihr Völker und Leute aus so vielen verschiedenen Sprachen:

5 Wenn ihr hören werdet den Schall der Posaunen, Trompeten, Harfen, Zithern, Flöten, Lauten und aller andern Instrumente, dann sollt ihr niederfallen und das goldene Bild anbeten, das der König Nebukadnezar hat aufrichten lassen.

6 Wer aber dann nicht niederfällt und anbetet, der soll sofort in den glühenden Ofen geworfen werden.

7 Als sie nun hörten den Schall der Posaunen, Trompeten, Harfen, Zithern, Flöten und aller andern Instrumente, fielen nieder alle Völker und Leute aus so vielen verschiedenen Sprachen und beteten an das goldene Bild, das der König Nebukadnezar hatte aufrichten lassen.

8 Da kamen einige chaldäische Männer und verklagten die Juden,

9 fingen an und sprachen zum König Nebukadnezar: Der König lebe ewig!

10 Du hast ein Gebot ergehen lassen, daß alle Menschen niederfallen und das goldene Bild anbeten sollten, wenn sie den Schall der Posaunen, Trompeten, Harfen, Zithern, Flöten, Lauten und aller andern Instrumente hören würden;

11 wer aber nicht niederfiele und anbetete, sollte in den glühenden Ofen geworfen werden.

12 Nun sind da jüdische Männer, die du über die einzelnen Bezirke im Lande Babel gesetzt hast, nämlich Schadrach, Meschach und Abed-Nego; die verachten dein Gebot und ehren deinen Gott nicht und beten das goldene Bild nicht an, das du hast aufrichten lassen.

13 Da befahl Nebukadnezar mit Grimm und Zorn, Schadrach, Meschach und Abed-Nego vor ihn zu bringen. Und die Männer wurden vor den König gebracht.

14 Da fing Nebukadnezar an und sprach zu ihnen: Wie? Wollt ihr, Schadrach, Meschach und Abed-Nego, meinen Gott nicht ehren und das goldene Bild nicht anbeten, das ich habe aufrichten lassen?

15 Wohlan, seid bereit! Sobald ihr den Schall der Posaunen, Trompeten, Harfen, Zithern, Flöten, Lauten und aller andern Instrumente hören werdet, so fallt nieder und betet das Bild an, das ich habe machen lassen! Werdet ihr's aber nicht anbeten, dann sollt ihr sofort in den glühenden Ofen geworfen werden. Laßt sehen, wer der Gott ist, der euch aus meiner Hand erretten könnte!

16 Da fingen an Schadrach, Meschach und Abed-Nego und sprachen zum König Nebukadnezar: Es ist nicht nötig, daß wir dir darauf antworten.

17 Wenn unser Gott, den wir verehren, will, so kann er uns erretten; aus dem glühenden Ofen und aus deiner Hand, o König, kann er erretten.

18 Und wenn er's nicht tun will, so sollst du dennoch wissen, daß wir deinen Gott nicht ehren und das goldene Bild, das du hast aufrichten lassen, nicht anbeten wollen.

19 Da wurde Nebukadnezar voll Grimm,
und der Ausdruck seines Angesichts ver-
änderte sich gegenüber Schadrach, Me-
schach und Abed-Nego, und er befahl,
man sollte den Ofen siebenmal heißer
machen, als man sonst zu tun pflegte.
20 Und er befahl den besten Kriegsleu-
ten, die in seinem Heer waren, Schadrach,
Meschach und Abed-Nego zu binden und
in den glühenden Ofen zu werfen.
21 Da wurden diese Männer in ihren
Mänteln, Hosen, Hüten, in ihrer ganzen
Kleidung, gebunden und in den glühen-
den Ofen geworfen.
22 Weil das Gebot des Königs so streng
war, schürte man das Feuer im Ofen so
sehr, daß die Männer, die Schadrach, Me-
schach und Abed-Nego hinaufbrachten,
von den Feuerflammen getötet wurden.
23 Aber die drei Männer, Schadrach,
Meschach und Abed-Nego, fielen hinab
in den glühenden Ofen, gebunden wie sie
waren.
24 Da entsetzte sich der König Nebukad-
nezar, fuhr auf und sprach zu seinen Räten:
Haben wir nicht drei Männer gebunden in
das Feuer werfen lassen? Sie antworteten
und sprachen zum König: Ja, König.
25 Er antwortete und sprach: Ich sehe
aber vier Männer frei im Feuer umherge-
hen, und sie sind unversehrt; und der vierte
sieht aus, als wäre er ein Sohn der Götter.
26 Und Nebukadnezar trat vor die Tür
des glühenden Ofens und sprach: Schad-
rach, Meschach und Abed-Nego, ihr
Knechte Gottes des Höchsten, tretet her-
aus und kommt her! Da traten Schadrach,
Meschach und Abed-Nego heraus aus
dem Feuer.
27 Und die Fürsten, Würdenträger,
Statthalter und Räte des Königs kamen
zusammen und sahen, daß das Feuer den
Leibern dieser Männer nichts hatte an-
haben können und ihr Haupthaar nicht
versengt und ihre Mäntel nicht versehrt
waren; ja, man konnte keinen Brand an
ihnen riechen.
28 Da fing Nebukadnezar an und
sprach: Gelobt sei der Gott Schadrachs,
Meschachs und Abed-Negos, der seinen
Engel gesandt und seine Knechte errettet
hat, die ihm vertraut und des Königs Ge-
bot nicht gehalten haben, sondern ihren
Leib preisgaben; denn sie wollten keinen
andern Gott verehren und anbeten als
allein ihren Gott!
29 So sei nun dies mein Gebot: Wer
unter allen Völkern und Leuten aus so
vielen verschiedenen Sprachen den Gott
Schadrachs, Meschachs und Abed-Negos
lästert, der soll in Stücke gehauen und
sein Haus zu einem Schutthaufen ge-
macht werden. Denn es gibt keinen an-
dern Gott als den, der so erretten kann.
30 Und der König gab Schadrach, Me-
schach und Abed-Nego große Macht im
Lande Babel.

Nebukadnezars Wahnsinn

31 König Nebukadnezar allen Völkern,
Leuten aus so vielen verschiedenen Spra-
chen auf der ganzen Erde: Viel Friede zu-
vor!
32 Es gefällt mir, die Zeichen und Wun-
der zu verkünden, die Gott der Höchste
an mir getan hat.
33 Denn seine Zeichen sind groß, und
seine Wunder sind mächtig, und sein
Reich ist ein ewiges Reich, und seine
Herrschaft währet für und für.
4 Ich, Nebukadnezar, hatte Ruhe in
meinem Hause und lebte zufrieden in
meinem Palast.
2 Da hatte ich einen Traum, der er-
schreckte mich, und die Gedanken, die ich
auf meinem Bett hatte, und die Gesichte,
die ich gesehen hatte, beunruhigten mich.
3 Und ich befahl, daß alle Weisen Ba-
bels vor mich gebracht würden, damit sie
mir sagten, was der Traum bedeutete.
4 Da brachte man herein die Zeichen-
deuter, Weisen, Gelehrten und Wahrsager,
und ich erzählte den Traum vor ihnen;
aber sie konnten mir nicht sagen, was er
bedeutete,
5 bis zuletzt Daniel vor mich trat, der
Beltschazar heißt nach dem Namen mei-
nes Gottes und der den Geist der heiligen
Götter hat. Und ich erzählte vor ihm den
Traum:
6 Beltschazar, du Oberster unter den
Zeichendeutern, von dem ich weiß, daß
du den Geist der heiligen Götter hast und
dir nichts verborgen ist, sage, was die Ge-
sichte meines Traumes, die ich gesehen
habe, bedeuten.
7 Dies sind aber die Gesichte, die ich ge-
sehen habe auf meinem Bett: Siehe, es

stand ein Baum in der Mitte der Erde, der war sehr hoch.

8 Und er wurde groß und mächtig, und seine Höhe reichte bis an den Himmel, und er war zu sehen bis ans Ende der ganzen Erde.

9 Sein Laub war dicht und seine Frucht reichlich, und er gab Nahrung für alle. Alle Tiere des Feldes fanden Schatten unter ihm, und die Vögel des Himmels saßen auf seinen Ästen, und alles Fleisch nährte sich von ihm.

10 Und ich sah ein Gesicht auf meinem Bett, und siehe, ein heiliger Wächter fuhr vom Himmel herab.

11 Der rief laut und sprach: Haut den Baum um und schlagt ihm die Äste weg, streift ihm das Laub ab und zerstreut seine Frucht, daß die Tiere, die unter ihm liegen, weglaufen und die Vögel von seinen Zweigen fliehen.

12 Doch laßt den Stock mit seinen Wurzeln in der Erde bleiben; er soll in eisernen und ehernen Ketten auf dem Felde im Grase und unter dem Tau des Himmels liegen und naß werden und soll sein Teil haben mit den Tieren am Gras auf der Erde.

13 Und das menschliche Herz soll von ihm genommen und ein tierisches Herz ihm gegeben werden, und sieben Zeiten sollen über ihn hingehen.

14 Dies ist im Rat der Wächter beschlossen und ist Gebot der Heiligen, damit die Lebenden erkennen, daß der Höchste Gewalt hat über die Königreiche der Menschen und sie geben kann, wem er will, und einen Niedrigen darüber setzen.

15 Solch einen Traum hab ich, König Nebukadnezar, gehabt; du aber, Beltschazar, sage, was er bedeutet. Denn alle Weisen in meinem Königreich können mir nicht kundtun, was er bedeutet; du aber kannst es, denn der Geist der heiligen Götter ist bei dir.

16 Da entsetzte sich Daniel, der auch Beltschazar heißt, eine Zeitlang, und seine Gedanken beunruhigten ihn. Aber der König sprach: Beltschazar, laß dich durch den Traum und seine Deutung nicht beunruhigen. Beltschazar fing an und sprach: Ach, mein Herr, daß doch der Traum deinen Feinden und seine Deutung deinen Widersachern gelte!

17 Der Baum, den du gesehen hast, der groß und mächtig wurde und dessen Höhe an den Himmel reichte und der zu sehen war auf der ganzen Erde,

18 dessen Laub dicht und dessen Frucht reichlich war, so daß er Nahrung für alle gab, unter dem die Tiere des Feldes wohnten und auf dessen Ästen die Vögel des Himmels saßen –

19 das bist du, König, der du so groß und mächtig bist; denn deine Macht ist groß und reicht bis an den Himmel und deine Gewalt bis ans Ende der Erde.

20 Daß aber der König einen heiligen Wächter gesehen hat vom Himmel herabfahren, der sagte: «Haut den Baum um und zerstört ihn, doch den Stock mit seinen Wurzeln laßt in der Erde bleiben; er soll in eisernen und ehernen Ketten auf dem Felde im Grase und unter dem Tau des Himmels liegen und naß werden und mit den Tieren des Feldes zusammenleben, bis über ihn sieben Zeiten hingegangen sind»;

21 das, König, bedeutet – und zwar ergeht es als Ratschluß des Höchsten über meinen Herrn, den König –:

22 man wird dich aus der Gemeinschaft der Menschen verstoßen, und du mußt bei den Tieren des Feldes bleiben, und man wird dich Gras fressen lassen wie die Rinder, und du wirst unter dem Tau des Himmels liegen und naß werden, und sieben Zeiten werden über dich hingehen, bis du erkennst, daß der Höchste Gewalt hat über die Königreiche der Menschen und sie gibt, wem er will.

23 Wenn aber gesagt wurde, man solle dennoch den Stock des Baumes mit seinen Wurzeln übrig lassen, das bedeutet: dein Königreich soll dir erhalten bleiben, sobald du erkannt hast, daß der Himmel die Gewalt hat.

24 Darum, mein König, laß dir meinen Rat gefallen und mache dich los und ledig von deinen Sünden durch Gerechtigkeit und von deiner Missetat durch Wohltat an den Armen, so wird es dir lange wohlergehen.

25 Dies alles widerfuhr dem König Nebukadnezar.

26 Denn nach zwölf Monaten, als der König auf dem Dach des königlichen Palastes in Babel sich erging,

27 hob er an und sprach: Das ist das
große Babel, das ich erbaut habe zur
Königsstadt durch meine große Macht zu
Ehren meiner Herrlichkeit.
28 Ehe noch der König diese Worte aus-
geredet hatte, kam eine Stimme vom Him-
mel: Dir, König Nebukadnezar, wird ge-
sagt: Dein Königreich ist dir genommen,
29 man wird dich aus der Gemeinschaft
der Menschen verstoßen, und du sollst
bei den Tieren des Feldes bleiben; Gras
wird man dich fressen lassen wie die Rin-
der, und sieben Zeiten sollen hingehen,
bis du erkennst, daß der Höchste Gewalt
hat über die Königreiche der Menschen
und sie gibt, wem er will.
30 Im gleichen Augenblick wurde das
Wort erfüllt an Nebukadnezar, und er
wurde verstoßen aus der Gemeinschaft
der Menschen, und er fraß Gras wie die
Rinder, und sein Leib lag unter dem Tau
des Himmels und wurde naß, bis sein
Haar wuchs so groß wie Adlerfedern und
seine Nägel wie Vogelklauen wurden.
31 Nach dieser Zeit hob ich, Nebukad-
nezar, meine Augen auf zum Himmel,
und mein Verstand kam mir wieder, und
ich lobte den Höchsten. Ich pries und ehrte
den, der ewig lebt, dessen Gewalt ewig ist
und dessen Reich für und für währt,
32 gegen den alle, die auf Erden wohnen,
für nichts zu rechnen sind. Er macht's, wie
er will, mit den Mächten im Himmel und
mit denen, die auf Erden wohnen. Und
niemand kann seiner Hand wehren noch
zu ihm sagen: Was machst du?
33 Zur selben Zeit kehrte mein Verstand
zu mir zurück, und meine Herrlichkeit
und mein Glanz kamen wieder an mich
zur Ehre meines Königreichs. Und meine
Räte und Mächtigen suchten mich auf,
und ich wurde wieder über mein König-
reich eingesetzt und gewann noch größere
Herrlichkeit.
34 Darum lobe, ehre und preise ich,
Nebukadnezar, den König des Himmels;
denn **all sein Tun ist Wahrheit, und seine
Wege sind recht, und wer stolz ist, den kann
er demütigen.**

Belsazers Gastmahl

5 König Belsazer machte ein herrliches
Mahl für seine tausend Mächtigen
und soff sich voll mit ihnen.
2 Und als er betrunken war, ließ er die
goldenen und silbernen Gefäße herbrin-
gen, die sein Vater Nebukadnezar aus dem
Tempel zu Jerusalem weggenommen hat-
te, damit der König mit seinen Mächtigen,
mit seinen Frauen und mit seinen Neben-
frauen daraus tränke.
3 Da wurden die goldenen und silbernen
Gefäße herbeigebracht, die aus dem Tem-
pel, aus dem Hause Gottes zu Jerusalem,
weggenommen worden waren; und der
König, seine Mächtigen, seine Frauen und
Nebenfrauen tranken daraus.
4 Und als sie so tranken, lobten sie die
goldenen, silbernen, ehernen, eisernen,
hölzernen und steinernen Götter.
5 Im gleichen Augenblick gingen hervor
Finger wie von einer Menschenhand, die
schrieben gegenüber dem Leuchter auf
die getünchte Wand in dem königlichen
Saal. Und der König erblickte die Hand,
die da schrieb.
6 Da entfärbte sich der König, und seine
Gedanken erschreckten ihn, so daß er wie
gelähmt war und ihm die Beine zitterten.
7 Und der König rief laut, daß man die
Weisen, Gelehrten und Wahrsager herbei-
holen solle. Und er ließ den Weisen von
Babel sagen: Welcher Mensch diese
Schrift lesen kann und mir sagt, was sie
bedeutet, der soll mit Purpur gekleidet
werden und eine goldene Kette um den
Hals tragen und der Dritte in meinem
Königreich sein.
8 Da wurden alle Weisen des Königs
hereingeführt, aber sie konnten weder die
Schrift lesen noch die Deutung dem König
kundtun.
9 Darüber erschrak der König Belsazer
noch mehr und verlor seine Farbe ganz,
und seinen Mächtigen wurde angst und
bange.
10 Da ging auf die Worte des Königs
und seiner Mächtigen die Königinmutter
in den Saal hinein und sprach: Der König
lebe ewig! Laß dich von deinen Gedanken
nicht so erschrecken, und entfärbe dich
nicht!
11 Es ist ein Mann in deinem König-
reich, der den Geist der heiligen Götter
hat. Denn zu deines Vaters Zeiten fand
sich bei ihm Erleuchtung, Klugheit und
Weisheit wie der Götter Weisheit. Und
dein Vater, der König Nebukadnezar,

setzte ihn über die Zeichendeuter, Weisen, Gelehrten und Wahrsager,

12 weil ein überragender Geist bei ihm gefunden wurde, dazu Verstand und Klugheit, Träume zu deuten, dunkle Sprüche zu erraten und Geheimnisse zu offenbaren. Das ist Daniel, dem der König den Namen Beltschazar gab. So rufe man nun Daniel; der wird sagen, was es bedeutet.

13 Da wurde Daniel vor den König geführt. Und der König sprach zu Daniel: Bist du Daniel, einer der Gefangenen aus Juda, die der König, mein Vater, aus Juda hergebracht hat?

14 Ich habe von dir sagen hören, daß du den Geist der heiligen Götter habest und Erleuchtung, Verstand und hohe Weisheit bei dir zu finden sei.

15 Nun hab ich vor mich rufen lassen die Weisen und Gelehrten, damit sie mir diese Schrift lesen und kundtun sollen, was sie bedeutet; aber sie können mir nicht sagen, was sie bedeutet.

16 Von dir aber höre ich, daß du Deutungen zu geben und Geheimnisse zu offenbaren vermagst. Kannst du nun die Schrift lesen und mir sagen, was sie bedeutet, so sollst du mit Purpur gekleidet werden und eine goldene Kette um deinen Hals tragen und der Dritte in meinem Königreich sein.

17 Da fing Daniel an und sprach vor dem König: Behalte deine Gaben und gib dein Geschenk einem andern; ich will dennoch die Schrift dem König lesen und kundtun, was sie bedeutet.

18 Mein König, Gott der Höchste hat deinem Vater Nebukadnezar Königreich, Macht, Ehre und Herrlichkeit gegeben.

19 Und um solcher Macht willen, die ihm gegeben war, fürchteten und scheuten sich vor ihm alle Völker und Leute aus so vielen verschiedenen Sprachen. Er tötete, wen er wollte; er ließ leben, wen er wollte; er erhöhte, wen er wollte; er demütigte, wen er wollte.

20 Als sich aber sein Herz überhob und er stolz und hochmütig wurde, da wurde er vom königlichen Thron gestoßen und verlor seine Ehre

21 und wurde verstoßen aus der Gemeinschaft der Menschen, und sein Herz wurde gleich dem der Tiere, und er mußte bei dem Wild hausen und fraß Gras wie die Rinder, und sein Leib lag unter dem Tau des Himmels und wurde naß, bis er lernte, daß Gott der Höchste Gewalt hat über die Königreiche der Menschen und sie gibt, wem er will.

22 Aber du, Belsazer, sein Sohn, hast dein Herz nicht gedemütigt, obwohl du das alles wußtest,

23 sondern hast dich gegen den Herrn des Himmels erhoben, und die Gefäße seines Hauses hat man vor dich bringen müssen, und du, deine Mächtigen, deine Frauen und deine Nebenfrauen, ihr habt daraus getrunken; dazu hast du die silbernen, goldenen, ehernen, eisernen, hölzernen, steinernen Götter gelobt, die weder sehen noch hören noch fühlen können. Den Gott aber, der deinen Odem und alle deine Wege in seiner Hand hat, hast du nicht verehrt.

24 Darum wurde von ihm diese Hand gesandt und diese Schrift geschrieben.

25 So aber lautet die Schrift, die dort geschrieben steht: **Mene mene tekel u-parsin.**

26 Und sie bedeutet dies: **Mene,** das ist, Gott hat dein Königtum **gezählt** und beendet.

27 **Tekel,** das ist, man hat dich auf der Waage **gewogen** und zu leicht befunden.

28 **Peres,** das ist, dein Reich ist **zerteilt** und den Medern und **Persern** gegeben.

29 Da befahl Belsazer, daß man Daniel mit Purpur kleiden sollte und ihm eine goldene Kette um den Hals geben; und er ließ von ihm verkünden, daß er der Dritte im Königreich sei.

30 Aber in derselben Nacht wurde Belsazer, der König der Chaldäer, getötet.

Daniel in der Löwengrube

6 °Und Darius aus Medien übernahm das Reich, als er zweiundsechzig Jahre alt war.

2 Und es gefiel Darius, über das ganze Königreich hundertundzwanzig Statthalter zu setzen.

3 Über sie setzte er drei Fürsten, von denen einer Daniel war. Ihnen sollten die Statthalter Rechenschaft ablegen, damit der König der Mühe enthoben wäre.

4 Daniel aber übertraf alle Fürsten und Statthalter, denn es war ein überragender Geist in ihm. Darum dachte der König

daran, ihn über das ganze Königreich zu
setzen.
5 Da trachteten die Fürsten und Statt-
halter danach, an Daniel etwas zu finden,
das gegen das Königreich gerichtet wäre.
Aber sie konnten keinen Grund zur An-
klage und kein Vergehen finden; denn er
war treu, so daß man keine Schuld und
kein Vergehen bei ihm finden konnte.
6 Da sprachen die Männer: Wir werden
keinen Grund zur Anklage gegen Daniel
finden, es sei denn wegen seiner Gottes-
verehrung.
7 Da kamen die Fürsten und Statthalter
eilends vor den König gelaufen und spra-
chen zu ihm: Der König Darius lebe ewig!
8 Es haben die Fürsten des Königreichs,
die Würdenträger, die Statthalter, die
Räte und Befehlshaber alle gedacht, es
solle ein königlicher Befehl gegeben und
ein strenges Gebot erlassen werden, daß
jeder, der in dreißig Tagen etwas bitten
wird von irgendeinem Gott oder Men-
schen, außer von dir, dem König, allein,
zu den Löwen in die Grube geworfen wer-
den soll.
9 Darum, o König, wollest du ein sol-
ches Gebot ausgehen lassen und ein
Schreiben aufsetzen, das nicht wieder ge-
ändert werden darf nach dem Gesetz der
Meder und Perser, das unaufhebbar ist.
10 So ließ der König Darius das Schrei-
ben und das Gebot aufsetzen.
11 Als nun Daniel erfuhr, daß ein sol-
ches Gebot ergangen war, ging er hinein
in sein Haus. Er hatte aber an seinem
Obergemach offene Fenster nach Jerusa-
lem, und er fiel dreimal am Tag auf seine
Knie, betete, lobte und dankte seinem
Gott, wie er es auch vorher zu tun pflegte.
12 Da kamen jene Männer eilends ge-
laufen und fanden Daniel, wie er betete
und flehte vor seinem Gott.
13 Da traten sie vor den König und
redeten mit ihm über das königliche Ge-
bot: O König, hast du nicht ein Gebot er-
lassen, daß jeder, der in dreißig Tagen
etwas bitten würde von irgendeinem Gott
oder Menschen außer von dir, dem König,
allein, zu den Löwen in die Grube ge-
worfen werden solle? Der König antwor-
tete und sprach: Das ist wahr, und das
Gesetz der Meder und Perser kann nie-
mand aufheben.
14 Sie antworteten und sprachen vor
dem König: Daniel, einer der Gefangenen
aus Juda, der achtet weder dich noch dein
Gebot, das du erlassen hast; denn er
betet dreimal am Tage.
15 Als der König das hörte, wurde er
sehr betrübt und war darauf bedacht,
Daniel die Freiheit zu erhalten, und
mühte sich, bis die Sonne unterging, ihn
zu erretten.
16 Aber die Männer kamen wieder zum
König gelaufen und sprachen zu ihm: Du
weißt doch, König, es ist das Gesetz der
Meder und Perser, daß alle Gebote und
Befehle, die der König beschlossen hat,
unverändert bleiben sollen.
17 Da befahl der König, Daniel herzu-
bringen. Und sie warfen ihn zu den Lö-
wen in die Grube. Der König aber sprach
zu Daniel: Dein Gott, dem du ohne Un-
terlaß dienst, der helfe dir!
18 Und sie brachten einen Stein, den
legten sie vor die Öffnung der Grube; den
versiegelte der König mit seinem eigenen
Ring und mit dem Ringe seiner Mächti-
gen, damit nichts anderes mit Daniel ge-
schähe.
19 Und der König ging weg in seinen
Palast und fastete die Nacht über und ließ
kein Essen vor sich bringen und konnte
auch nicht schlafen.
20 Früh am Morgen, als der Tag an-
brach, stand der König auf und ging
eilends zur Grube, wo die Löwen waren.
21 Und als er zur Grube kam, rief er
Daniel mit angstvoller Stimme. Und der
König sprach zu Daniel: Daniel, du
Knecht des lebendigen Gottes, hat dich
dein Gott, dem du ohne Unterlaß dienst,
auch erretten können von den Löwen?
22 Daniel aber redete mit dem König:
Der König lebe ewig!
23 Mein Gott hat seinen Engel gesandt,
der den Löwen den Rachen zugehalten
hat, so daß sie mir kein Leid antun konn-
ten; denn vor ihm bin ich unschuldig, und
auch gegen dich, mein König, habe ich
nichts Böses getan.
24 Da wurde der König sehr froh und
ließ Daniel aus der Grube herausziehen.
Und sie zogen Daniel aus der Grube her-
aus, und man fand keine Verletzung an
ihm; denn er hatte seinem Gott vertraut.
25 Da ließ der König die Männer, die

Daniel verklagt hatten, holen und zu den Löwen in die Grube werfen samt ihren Kindern und Frauen. Und ehe sie den Boden erreichten, ergriffen die Löwen sie und zermalmten alle ihre Knochen.

26 Da ließ der König Darius allen Völkern und Leuten aus so vielen verschiedenen Sprachen auf der ganzen Erde schreiben: Viel Friede zuvor!

27 Das ist mein Befehl, daß man in meinem ganzen Königreich den Gott Daniels fürchten und sich vor ihm scheuen soll. Denn **er ist der lebendige Gott, der ewig bleibt, und sein Reich ist unvergänglich, und seine Herrschaft hat kein Ende.**

28 Er ist ein Retter und Nothelfer, und er tut Zeichen und Wunder im Himmel und auf Erden. Der hat Daniel von den Löwen errettet.

29 Und Daniel hatte große Macht im Königreich des Darius und auch im Königreich des Cyrus von Persien.

Daniels Gesicht von den vier Tieren und dem Menschensohn

7 Im ersten Jahr Belsazers, des Königs von Babel, hatte Daniel einen Traum und Gesichte auf seinem Bett; und er schrieb den Traum auf, und dies ist sein Inhalt:

2 Ich, Daniel, sah ein Gesicht in der Nacht, und siehe, die vier Winde unter dem Himmel wühlten das große Meer auf.

3 Und vier große Tiere stiegen herauf aus dem Meer, ein jedes anders als das andere.

4 Das erste war wie ein Löwe und hatte Flügel wie ein Adler. Ich sah, wie ihm die Flügel genommen wurden. Und es wurde von der Erde aufgehoben und auf zwei Füße gestellt wie ein Mensch, und es wurde ihm ein menschliches Herz gegeben.

5 Und siehe, ein anderes Tier, das zweite, war gleich einem Bären und war auf der einen Seite aufgerichtet und hatte in seinem Maul zwischen seinen Zähnen drei Rippen. Und man sprach zu ihm: Steh auf und friß viel Fleisch!

6 Danach sah ich, und siehe, ein anderes Tier, gleich einem Panther, das hatte vier Flügel wie ein Vogel auf seinem Rücken, und das Tier hatte vier Köpfe, und ihm wurde große Macht gegeben.

7 Danach sah ich in diesem Gesicht in der Nacht, und siehe, ein viertes Tier war furchtbar und schrecklich und sehr stark und hatte große eiserne Zähne, fraß um sich und zermalmte, und was übrigblieb, zertrat es mit seinen Füßen. Es war auch ganz anders als die vorigen Tiere und hatte zehn Hörner.

8 Als ich aber auf die Hörner achtgab, siehe, da brach ein anderes kleines Horn zwischen ihnen hervor, vor dem drei der vorigen Hörner ausgerissen wurden. Und siehe, das Horn hatte Augen wie Menschenaugen und ein Maul; das redete große Dinge.

9 Ich sah, wie Throne aufgestellt wurden, und einer, der uralt war, setzte sich. Sein Kleid war weiß wie Schnee und das Haar auf seinem Haupt rein wie Wolle; Feuerflammen waren sein Thron und dessen Räder loderndes Feuer.

10 Und von ihm ging aus ein langer feuriger Strahl. Tausendmal Tausende dienten ihm, und zehntausendmal Zehntausende standen vor ihm. Das Gericht wurde gehalten, und die Bücher wurden aufgetan.

11 Ich merkte auf um der großen Reden willen, die das Horn redete, und ich sah, wie das Tier getötet wurde und sein Leib umkam und ins Feuer geworfen wurde.

12 Und mit der Macht der andern Tiere war es auch aus; denn es war ihnen Zeit und Stunde bestimmt, wie lang ein jedes leben sollte.

13 Ich sah in diesem Gesicht in der Nacht, **und siehe, es kam einer mit den Wolken des Himmels wie eines Menschen Sohn** und gelangte zu dem, der uralt war, und wurde vor ihn gebracht.

14 Der gab ihm Macht, Ehre und Reich, daß ihm alle Völker und Leute aus so vielen verschiedenen Sprachen dienen sollten. Seine Macht ist ewig und vergeht nicht, und sein Reich hat kein Ende.

15 Ich, Daniel, war entsetzt, und dies Gesicht erschreckte mich.

16 Und ich ging zu einem von denen, die dastanden, und bat ihn, daß er mir über das alles Genaueres berichtete. Und er redete mit mir und sagte mir, was es bedeutete.

17 Diese vier großen Tiere sind vier Königreiche, die auf Erden kommen werden.

18 Aber die Heiligen des Höchsten werden das Reich empfangen und werden's immer und ewig besitzen.

19 Danach hätte ich gerne Genaueres gewußt über das vierte Tier, das ganz anders war als alle andern, ganz furchtbar, mit eisernen Zähnen und ehernen Klauen, das um sich fraß und zermalmte und mit seinen Füßen zertrat, was übrigblieb;

20 und über die zehn Hörner auf seinem Haupt und über das andere Horn, das hervorbrach, vor dem drei ausfielen; und es hatte Augen und ein Maul, das große Dinge redete, und war größer als die Hörner, die neben ihm waren.

21 Und ich sah das Horn kämpfen gegen die Heiligen, und es behielt den Sieg über sie,

22 bis der kam, der uralt war, und Recht schaffte den Heiligen des Höchsten und bis die Zeit kam, daß die Heiligen das Reich empfingen.

23 Er sprach: Das vierte Tier wird das vierte Königreich auf Erden sein; das wird ganz anders sein als alle andern Königreiche; es wird alle Länder fressen, zertreten und zermalmen.

24 Die zehn Hörner bedeuten zehn Könige, die aus diesem Königreich hervorgehen werden. Nach ihnen aber wird ein anderer aufkommen, der wird ganz anders sein als die vorigen und wird drei Könige stürzen.

25 Er wird den Höchsten lästern und die Heiligen des Höchsten vernichten und wird sich unterstehen, Festzeiten und Gesetz zu ändern. Sie werden in seine Hand gegeben werden eine Zeit und zwei Zeiten und eine halbe Zeit.

26 Danach wird das Gericht gehalten werden; dann wird ihm seine Macht genommen und ganz und gar vernichtet werden.

27 Aber **das Reich und die Macht und die Gewalt über die Königreiche unter dem ganzen Himmel wird dem Volk der Heiligen des Höchsten gegeben werden, dessen Reich ewig ist, und alle Mächte werden ihm dienen und gehorchen.**

28 Das war das Ende der Rede. Aber ich, Daniel, wurde sehr beunruhigt in meinen Gedanken, und jede Farbe war aus meinem Antlitz gewichen; doch behielt ich die Rede in meinem Herzen.

Daniels Gesicht vom Widder und Ziegenbock

8 Im dritten Jahr der Herrschaft des Königs Belsazer erschien mir, Daniel, ein Gesicht, nach jenem, das mir zuerst erschienen war.

2 Ich hatte ein Gesicht, und während meines Gesichtes war ich in der Festung Susa im Lande Elam, am Fluß Ulai.

3 Und ich hob meine Augen auf und sah, und siehe, ein Widder stand vor dem Fluß, der hatte zwei hohe Hörner, doch eins höher als das andere, und das höhere war später hervorgewachsen.

4 Ich sah, daß der Widder mit den Hörnern stieß nach Westen, nach Norden und nach Süden hin. Und kein Tier konnte vor ihm bestehen und vor seiner Gewalt errettet werden, sondern er tat, was er wollte, und wurde groß.

5 Und indem ich darauf achthatte, siehe, da kam ein Ziegenbock vom Westen her über die ganze Erde, ohne den Boden zu berühren, und der Bock hatte ein ansehnliches Horn zwischen seinen Augen.

6 Und er kam bis zu dem Widder, der zwei Hörner hatte, den ich vor dem Fluß stehen sah, und er lief in gewaltigem Zorn auf ihn zu.

7 Und ich sah, daß er nahe an den Widder herankam, und voller Grimm stieß er den Widder und zerbrach ihm seine beiden Hörner. Und der Widder hatte keine Kraft, daß er vor ihm hätte bestehen können, sondern der Bock warf ihn zu Boden und zertrat ihn, und niemand konnte den Widder von seiner Gewalt erretten.

8 Und der Ziegenbock wurde sehr groß. Und als er am stärksten geworden war, zerbrach das große Horn, und es wuchsen an seiner Stelle vier andere Hörner nach den vier Winden des Himmels hin.

9 Und aus einem von ihnen wuchs ein kleines Horn; das wurde sehr groß nach Süden, nach Osten und nach dem herrlichen Land hin.

10 Und es wuchs bis an das Heer des Himmels und warf einige von dem Heer und von den Sternen zur Erde und zertrat sie.

11 Ja, es wuchs bis zum Fürsten des Heeres und nahm ihm das tägliche Opfer weg und verwüstete die Wohnung seines Heiligtums.

12 Und es wurde Frevel an dem täg-
lichen Opfer verübt, und das Horn warf
die Wahrheit zu Boden. Und was es tat,
gelang ihm.
13 Ich hörte aber einen Heiligen reden,
und ein anderer Heiliger sprach zu dem,
der da redete: Wie lange gilt dies Gesicht
vom täglichen Opfer und vom verwüsten-
den Frevel und vom Heiligtum, das zer-
treten wird?
14 Und er antwortete mir: Bis zweitau-
senddreihundert Abende und Morgen
vergangen sind; dann wird das Heiligtum
wieder geweiht werden.
15 Und als ich, Daniel, dies Gesicht sah
und es gerne verstanden hätte, siehe, da
stand einer vor mir, der aussah wie ein
Mann,
16 und ich hörte eine Menschenstimme
mitten über dem Ulai rufen und sprechen:
Gabriel, lege diesem das Gesicht aus, da-
mit er's versteht.
17 Und Gabriel trat nahe zu mir. Ich er-
schrak aber, als er kam, und fiel auf mein
Angesicht. Er aber sprach zu mir: Merk
auf, du Menschenkind! Denn dies Ge-
sicht geht auf die Zeit des Endes.
18 Und als er mit mir redete, sank ich in
Ohnmacht zur Erde auf mein Angesicht.
Er aber rührte mich an und richtete mich
auf, so daß ich wieder stand.
19 Und er sprach: Siehe, ich will dir
kundtun, wie es gehen wird zur letzten
Zeit des Zorns; denn auf die Zeit des
Endes geht das Gesicht.
20 Der Widder mit den beiden Hörnern,
den du gesehen hast, bedeutet die Könige
von Medien und Persien.
21 Der Ziegenbock aber ist der König
von Griechenland. Das große Horn zwi-
schen seinen Augen ist der erste König.
22 Daß aber vier an seiner Stelle wuch-
sen, nachdem es zerbrochen war, bedeutet,
daß vier Königreiche aus seinem Volk ent-
stehen werden, aber nicht so mächtig wie er.
23 Aber gegen Ende ihrer Herrschaft,
wenn die Frevler überhandnehmen, wird
aufkommen ein frecher und verschlagener
König.
24 Der wird mächtig sein, doch nicht so
mächtig wie sie. Er wird ungeheures Un-
heil anrichten, und es wird ihm gelingen,
was er tut. Er wird die Starken vernichten.
Und gegen das heilige Volk
25 richtet sich sein Sinnen, und es wird
ihm durch Betrug gelingen, und er wird
überheblich werden, und unerwartet wird
er viele verderben und wird sich auflehnen
gegen den Fürsten aller Fürsten; aber er
wird zerbrochen werden ohne Zutun von
Menschenhand.
26 Dies Gesicht von den Abenden und
Morgen, das dir hiermit kundgetan ist,
das ist wahr; aber du sollst das Gesicht
geheim halten; denn es ist noch eine lange
Zeit bis dahin.
27 Und ich, Daniel, war erschöpft und
lag einige Tage krank. Danach stand ich
auf und verrichtete meinen Dienst beim
König. Und ich wunderte mich über das
Gesicht, und niemand konnte es mir aus-
legen.

Daniels Bußgebet und das Geheimnis der siebzig Jahre

9 Im ersten Jahr des Darius, des Sohnes
des Ahasveros, aus dem Stamm der
Meder, der über das Reich der Chaldäer
König wurde,
2 in diesem ersten Jahr seiner Herr-
schaft achtete ich, Daniel, in den Büchern
auf die Zahl der Jahre, von denen der
HERR geredet hatte zum Propheten Jere-
mia, daß nämlich Jerusalem siebzig Jahre
wüst liegen sollte.
3 Und ich kehrte mich zu Gott, dem
Herrn, um zu beten und zu flehen unter
Fasten und in Sack und Asche.
4 Ich betete aber zu dem HERRN, mei-
nem Gott, und bekannte und sprach: Ach,
Herr, du großer und heiliger Gott, der du
Bund und Gnade bewahrst denen, die
dich lieben und deine Gebote halten!
5 Wir haben gesündigt, Unrecht getan,
sind gottlos gewesen und abtrünnig ge-
worden; wir sind von deinen Geboten und
Rechten abgewichen.
6 Wir gehorchten nicht deinen Knech-
ten, den Propheten, die in deinem Namen
zu unsern Königen, Fürsten, Vätern und
zu allem Volk des Landes redeten.
7 Du, Herr, bist gerecht, wir aber müs-
sen uns alle heute schämen, die von Juda
und von Jerusalem und vom ganzen
Israel, die, die nahe sind, und die zer-
streut sind in allen Ländern, wohin du sie
verstoßen hast um ihrer Missetat willen,
die sie an dir begangen haben.

8 Ja, HERR, wir, unsre Könige, unsre Fürsten und unsre Väter müssen uns schämen, daß wir uns an dir versündigt haben.
9 Bei dir aber, Herr, unser Gott, ist Barmherzigkeit und Vergebung. Denn wir sind abtrünnig geworden
10 und gehorchten nicht der Stimme des HERRN, unseres Gottes, und wandelten nicht in seinem Gesetz, das er uns vorlegte durch seine Knechte, die Propheten;
11 sondern ganz Israel übertrat dein Gesetz, und sie wichen ab und gehorchten deiner Stimme nicht. Darum trifft uns auch der Fluch, den er geschworen hat und der geschrieben steht im Gesetz des Mose, des Knechtes Gottes, weil wir an ihm gesündigt haben.
12 Und Gott hat seine Worte gehalten, die er geredet hat gegen uns und unsere Richter, die uns richten sollten, daß er ein so großes Unglück über uns hat kommen lassen; denn unter dem ganzen Himmel ist derartiges nicht geschehen wie in Jerusalem.
13 Wie es geschrieben steht im Gesetz des Mose, so ist all dies große Unglück über uns gekommen. Aber wir beteten auch nicht vor dem HERRN, unserm Gott, so daß wir uns von unsern Sünden bekehrt und auf deine Wahrheit geachtet hätten.
14 Darum ist der HERR auch bedacht gewesen auf dies Unglück und hat's über uns kommen lassen. Denn der HERR, unser Gott, ist gerecht in allen seinen Werken, die er tut; aber wir gehorchten seiner Stimme nicht.
15 Und nun, Herr, unser Gott, der du dein Volk aus Ägyptenland geführt hast mit starker Hand und hast dir einen Namen gemacht, so wie es heute ist: wir haben gesündigt, wir sind gottlos gewesen.
16 Ach Herr, um aller deiner Gerechtigkeit willen wende ab deinen Zorn und Grimm von deiner Stadt Jerusalem und deinem heiligen Berg. Denn wegen unserer Sünden und wegen der Missetaten unserer Väter trägt Jerusalem und dein Volk Schmach bei allen, die um uns her wohnen.
17 Und nun, unser Gott, höre das Gebet deines Knechtes und sein Flehen. Laß leuchten dein Antlitz über dein zerstörtes Heiligtum um deinetwillen, Herr!
18 Neige dein Ohr, mein Gott, und höre, tu deine Augen auf und sieh an unsere Trümmer und die Stadt, die nach deinem Namen genannt ist. Denn **wir liegen vor dir mit unserm Gebet und vertrauen nicht auf unsre Gerechtigkeit, sondern auf deine große Barmherzigkeit.**
19 Ach Herr, höre! Ach Herr, sei gnädig! Ach Herr, merk auf! Tu es und säume nicht – um deinetwillen, mein Gott! Denn deine Stadt und dein Volk ist nach deinem Namen genannt.
20 Als ich noch so redete und betete und meine und meines Volkes Israel Sünde bekannte und mit meinem Gebet für den heiligen Berg meines Gottes vor dem HERRN, meinem Gott, lag,
21 eben als ich noch so redete in meinem Gebet, da flog der Mann Gabriel, den ich zuvor im Gesicht gesehen hatte, um die Zeit des Abendopfers dicht an mich heran.
22 Und er unterwies mich und redete mit mir und sprach: Daniel, jetzt bin ich ausgegangen, um dir zum rechten Verständnis zu verhelfen.
23 Denn als du anfingst zu beten, erging ein Wort, und ich komme, um dir's kundzutun; denn du bist von Gott geliebt. So merke nun auf das Wort, damit du das Gesicht verstehst.
24 Siebzig Wochen* sind verhängt über dein Volk und über deine heilige Stadt; dann wird dem Frevel ein Ende gemacht und die Sünde abgetan und die Schuld gesühnt, und es wird ewige Gerechtigkeit gebracht und Gesicht und Weissagung erfüllt und das Allerheiligste gesalbt werden.
25 So wisse nun und gib acht: Von der Zeit an, als das Wort erging, Jerusalem werde wieder aufgebaut werden, bis ein Gesalbter, ein Fürst, kommt, sind es sieben Wochen; und zweiundsechzig Wochen lang wird es wieder aufgebaut sein mit Plätzen und Gräben, wiewohl in kummervoller Zeit.
26 Und nach den zweiundsechzig Wochen wird ein Gesalbter ausgerottet werden und nicht mehr sein. Und das Volk eines Fürsten wird kommen und die Stadt und das Heiligtum zerstören, aber dann kommt das Ende durch eine Flut, und bis zum Ende wird es Krieg geben und Verwüstung, die längst beschlossen ist.

*Gemeint sind Jahrwochen; jede umfaßt sieben Jahre.

27 Er wird aber vielen den Bund schwer
machen eine Woche lang. Und in der Mit-
te der Woche wird er Schlachtopfer und
Speisopfer abschaffen. Und im Heiligtum
wird stehen ein Greuelbild, das Verwü-
stung anrichtet, bis das Verderben, das
beschlossen ist, sich über die Verwüstung
ergießen wird.

Vorbereitung und Empfang einer letzten Offenbarung und Versiegelung des Buches

10 Im dritten Jahr des Königs Cyrus
von Persien wurde dem Daniel, der
Beltschazar heißt, etwas offenbart, was
gewiß ist und von großen Dingen handelt.
Und er achtete darauf und verstand das
Gesicht.
2 Zu der Zeit trauerte ich, Daniel, drei
Wochen lang.
3 Ich aß keine leckere Speise; Fleisch
und Wein kamen nicht in meinen Mund;
und ich salbte mich auch nicht, bis die
drei Wochen um waren.
4 Und am vierundzwanzigsten Tage des
ersten Monats war ich an dem großen
Strom Tigris
5 und hob meine Augen auf und sah,
und siehe, da stand ein Mann, der hatte
leinene Kleider an und einen goldenen
Gürtel um seine Lenden.
6 Sein Leib war wie ein Türkis, sein Ant-
litz sah aus wie ein Blitz, seine Augen wie
feurige Fackeln, seine Arme und Füße
wie helles, glattes Kupfer, und seine Rede
war wie ein großes Brausen.
7 Aber ich, Daniel, sah dies Gesicht
allein, und die Männer, die bei mir waren,
sahen's nicht; doch fiel ein großer Schrek-
ken auf sie, so daß sie flohen und sich ver-
krochen.
8 Ich blieb allein und sah dies große Ge-
sicht. Es blieb aber keine Kraft in mir;
jede Farbe wich aus meinem Antlitz, und
ich hatte keine Kraft mehr.
9 Und ich hörte seine Rede; und wäh-
rend ich sie hörte, sank ich ohnmächtig
auf mein Angesicht zur Erde.
10 Und siehe, eine Hand rührte mich an
und half mir auf die Knie und auf die
Hände,
11 und er sprach zu mir: Daniel, du von
Gott Geliebter, merk auf die Worte, die
ich mit dir rede, und richte dich auf; denn
ich bin jetzt zu dir gesandt. Und als er dies
mit mir redete, richtete ich mich zitternd
auf.
12 Und er sprach zu mir: Fürchte dich
nicht, Daniel; denn von dem ersten Tage
an, als du von Herzen begehrtest zu ver-
stehen und anfingst, dich zu demütigen
vor deinem Gott, wurden deine Worte
erhört, und ich wollte kommen um deiner
Worte willen.
13 Aber der Engelfürst des Königreichs
Persien hat mir einundzwanzig Tage
widerstanden; und siehe, Michael, einer
der Ersten unter den Engelfürsten, kam
mir zu Hilfe, und ihm überließ ich den
Kampf mit dem Engelfürsten des König-
reichs Persien.
14 Nun aber komme ich, um dir Bericht
zu geben, wie es deinem Volk gehen wird
am Ende der Tage; denn das Gesicht geht
auf ferne Zeit.
15 Und als er das alles mit mir redete,
neigte ich mein Angesicht zur Erde und
schwieg still.
16 Und siehe, einer, der einem Men-
schen gleich war, rührte meine Lippen an.
Da tat ich meinen Mund auf und redete
und sprach zu dem, der vor mir stand:
Mein Herr, meine Glieder bebten, als ich
das Gesicht hatte, und es war keine Kraft
mehr in mir.
17 Wie kann der Knecht meines Herrn
mit meinem Herrn reden, da auch jetzt
noch keine Kraft in mir ist und mir der
Atem fehlt?
18 Da rührte mich abermals der an, der
aussah wie ein Mensch, und stärkte mich
19 und sprach: Fürchte dich nicht, du
von Gott Geliebter! Friede sei mit dir! Sei
getrost, sei getrost! Und als er mit mir rede-
te, ermannte ich mich und sprach: Mein
Herr, rede; denn du hast mich gestärkt.
20 Und er sprach: Weißt du, warum ich
zu dir gekommen bin? Und jetzt muß ich
wieder hin und mit dem Engelfürsten von
Persien kämpfen; und wenn ich das hinter
mich gebracht habe, siehe, dann wird der
Engelfürst von Griechenland kommen.
21 – Doch zuvor will ich dir kundtun,
was geschrieben ist im Buch der Wahr-
heit. – Und es ist keiner, der mir hilft gegen
jene, außer eurem Engelfürsten Michael.
11 Und ich stand auch bei ihm im
ersten Jahr des Darius des Meders,
um ihm zu helfen und ihn zu stärken.

2 Und nun will ich dir kundtun, was gewiß geschehen soll. Siehe, es werden noch drei Könige in Persien aufstehen, der vierte aber wird größeren Reichtum haben als alle andern. Und wenn er in seinem Reichtum am mächtigsten ist, wird er alles gegen das Königreich Griechenland aufbieten.

3 Danach wird ein mächtiger König aufstehen und mit großer Macht herrschen, und was er will, wird er ausrichten.

4 Aber wenn er emporgekommen ist, wird sein Reich zerbrechen und in die vier Winde des Himmels zerteilt werden, nicht auf seine Nachkommen, auch nicht mit solcher Macht, wie er sie hatte; denn sein Reich wird zerstört und Fremden zuteil werden.

5 Und der König des Südens wird mächtig werden; aber gegen ihn wird einer seiner Fürsten noch mächtiger werden und herrschen; dessen Herrschaft wird groß sein.

6 Nach einigen Jahren aber werden sie sich miteinander befreunden. Und die Tochter des Königs des Südens wird kommen zum König des Nordens, um die Einigkeit zu festigen. Aber sie wird keinen Erfolg haben, und auch ihr Nachkomme wird nicht bleiben, sondern sie wird preisgegeben werden samt denen, die sie gebracht haben, und mit dem, der sie erzeugt hat, und mit dem, der sie zur Frau genommen hat. Zu der Zeit

7 wird einer aus ihrem Stamm emporkommen; der wird gegen die Heeresmacht des Königs des Nordens ziehen und in seine Festung eindringen und wird an ihnen seine Macht zeigen.

8 Auch wird er ihre Götter samt den Bildern und den kostbaren Geräten aus Silber und Gold wegführen nach Ägypten und einige Jahre von dem König des Nordens ablassen.

9 Aber der wird eindringen in das Reich des Königs des Südens, jedoch dann wieder in sein Land zurückkehren.

10 Aber seine Söhne werden Krieg führen und große Heere zusammenbringen; und der eine wird kommen und wie eine Flut heranbrausen und wiederum Krieg führen bis vor seine Festung.

11 Dann wird der König des Südens ergrimmen und ausziehen und mit dem König des Nordens kämpfen. Der wird ein großes Heer zusammenbringen, aber das Heer wird in die Hand des andern gegeben

12 und vernichtet werden. Daraufhin wird sich dessen Herz überheben, und er wird viele Tausende erschlagen; aber er wird nicht mächtig bleiben.

13 Denn der König des Nordens wird wiederum ein Heer zusammenbringen, größer als das vorige war; und nach einigen Jahren wird er ausziehen mit großer Heeresmacht und vielem Troß.

14 Und zur selben Zeit werden viele aufstehen gegen den König des Südens. Auch werden sich Abtrünnige aus deinem Volk erheben und eine Weissagung erfüllen und werden fallen.

15 Und der König des Nordens wird kommen und einen Wall aufschütten und eine feste Stadt einnehmen. Und die Heere des Südens können's nicht verhindern, und sein bestes Kriegsvolk kann nicht widerstehen;

16 sondern der gegen ihn zieht, wird tun, was ihm gut dünkt, und niemand wird ihm widerstehen können. Er wird auch in das herrliche Land kommen, und Verderben ist in seiner Hand.

17 Und er wird seinen Sinn darauf richten, daß er mit Macht sein ganzes Königreich bekomme, und sich mit ihm vertragen und wird ihm seine Tochter zur Frau geben, um ihn zu verderben. Aber es wird ihm nicht gelingen, und es wird nichts daraus werden.

18 Danach wird er sich gegen die Inseln wenden und viele von ihnen gewinnen. Aber ein Mächtiger wird ihn zwingen, mit Schmähen aufzuhören, und wird ihm seine Schmähungen heimzahlen.

19 Danach wird er sich wenden gegen die Festungen seines eigenen Landes; er wird straucheln und fallen, daß man ihn nirgends finden wird.

20 Und an seiner Statt wird einer emporkommen, der wird einen Kämmerer das herrliche Land durchziehen lassen, um Abgaben einzutreiben; doch nach einigen Jahren wird er umgebracht werden, aber weder öffentlich noch im Kampf.

21 Dann wird an seiner Statt emporkommen ein verächtlicher Mensch, dem die Ehre des Thrones nicht zugedacht war. Der wird unerwartet kommen und sich durch Ränke die Herrschaft erschleichen.

22 Und heranflutende Heere werden vor
ihm hinweggeschwemmt und vernichtet
werden, dazu auch der Fürst des Bundes.
23 Denn nachdem er sich mit ihm angefreundet hat, wird er listig handeln und heraufziehen und mit wenigen Leuten Macht gewinnen.
24 Und unerwartet wird er in die besten Städte des Landes kommen und wird tun, was weder seine Väter noch seine Vorväter getan haben, und Raub, Beute und Güter an seine Leute verteilen; er wird nach den allerfestesten Städten trachten, aber nur für eine befristete Zeit.
25 Und er wird seine Macht und seinen Mut gegen den König des Südens aufbieten mit einem großen Heer. Dann wird der König des Südens sich aufmachen zum Kampf mit einem großen, mächtigen Heer, aber er wird nicht bestehen; denn es werden Pläne gegen ihn geschmiedet.
26 Und die sein Brot essen, die werden helfen, ihn zu verderben und sein Heer zu verjagen, so daß viele erschlagen werden.
27 Und beide Könige werden darauf bedacht sein, wie sie einander schaden können, und sie werden an **einem** Tisch verlogen miteinander reden. Es wird ihnen aber nicht gelingen, denn das Ende ist noch auf eine andere Zeit bestimmt.
28 Danach wird er wieder heimziehen mit großer Beute und dabei seinen Sinn richten gegen den heiligen Bund; er wird es ausführen und in sein Land zurückkehren.
29 Und nach einer bestimmten Zeit wird er wieder nach Süden ziehen; aber es wird beim zweiten Mal nicht so sein wie beim ersten Mal.
30 Denn es werden Schiffe aus Kittim gegen ihn kommen, so daß er verzagen wird und umkehren muß. Dann wird er gegen den heiligen Bund ergrimmen und danach handeln und sich denen zuwenden, die den heiligen Bund verlassen.
31 Und seine Heere werden kommen und Heiligtum und Burg entweihen und das tägliche Opfer abschaffen und das Greuelbild der Verwüstung aufstellen.
32 Und er wird mit Ränken alle zum Abfall bringen, die den Bund übertreten. Aber die vom Volk, die ihren Gott kennen, werden sich ermannen und danach handeln.
33 Und die Verständigen im Volk werden vielen zur Einsicht verhelfen; darüber werden sie verfolgt werden mit Schwert, Feuer, Gefängnis und Raub eine Zeitlang.
34 Während sie verfolgt werden, wird ihnen eine kleine Hilfe zuteil werden; aber viele werden sich nicht aufrichtig zu ihnen halten.
35 Und einige von den Verständigen werden fallen, damit viele bewährt, rein und lauter werden für die Zeit des Endes; denn es geht ja um eine befristete Zeit.
36 Und der König wird tun, was er will, und wird sich überheben und großtun gegen alles, was Gott ist. Und gegen den Gott aller Götter wird er Ungeheuerliches reden, und es wird ihm gelingen, bis sich der Zorn ausgewirkt hat; denn es muß geschehen, was beschlossen ist.
37 Auch die Götter seiner Väter wird er nicht achten; er wird weder den Lieblingsgott der Frauen noch einen andern Gott achten; denn er wird sich über alles erheben.
38 Dagegen wird er den Gott der Festungen verehren; den Gott, von dem seine Väter nichts gewußt haben, wird er ehren mit Gold, Silber, Edelsteinen und Kostbarkeiten.
39 Und er wird die starken Festungen dem fremden Gott unterstellen. Denen, die ihn erwählen, wird er große Ehre antun und sie zu Herren machen über viele und ihnen Land zum Lohn austeilen.
40 Und zur Zeit des Endes wird sich der König des Südens mit ihm messen, und der König des Nordens wird mit Wagen, Reitern und vielen Schiffen gegen ihn anstürmen und wird in die Länder einfallen und sie überschwemmen und überfluten.
41 Und er wird in das herrliche Land einfallen, und viele werden umkommen. Es werden aber seiner Hand entrinnen Edom, Moab und der Hauptteil der Ammoniter.
42 Und er wird seine Hand ausstrecken nach den Ländern, und Ägypten wird ihm nicht entrinnen,
43 sondern er wird Herr werden über die goldenen und silbernen Schätze und über alle Kostbarkeiten Ägyptens; Libyer und Kuschiter werden ihm folgen müssen.
44 Es werden ihn aber Gerüchte erschrecken aus Osten und Norden, und er

wird mit großem Grimm ausziehen, um viele zu vertilgen und zu verderben.
45 Und er wird seine prächtigen Zelte
aufschlagen zwischen dem Meer und dem herrlichen, heiligen Berg; aber es wird mit ihm ein Ende nehmen, und niemand wird ihm helfen.

12 Zu jener Zeit wird Michael, der große Engelfürst, der für dein Volk eintritt, sich aufmachen. Denn es wird eine Zeit so großer Trübsal sein, wie sie nie gewesen ist, seitdem es Menschen gibt, bis zu jener Zeit. Aber zu jener Zeit wird dein Volk errettet werden, alle, die im Buch geschrieben stehen.
2 Und **viele, die unter der Erde schlafen liegen, werden aufwachen, die einen zum ewigen Leben, die andern zu ewiger Schmach und Schande.**
3 **Und die da lehren, werden leuchten wie des Himmels Glanz, und die viele zur Gerechtigkeit weisen, wie die Sterne immer und ewiglich.**
4 Und du, Daniel, verbirg diese Worte, und versiegle dies Buch bis auf die letzte Zeit. Viele werden es dann durchforschen und große Erkenntnis finden.
5 Und ich, Daniel, sah, und siehe, es standen zwei andere da, einer an diesem Ufer des Stroms, der andere an jenem Ufer.
6 Und er sprach zu dem Mann in leinenen Kleidern, der über den Wassern des Stroms stand: Wann sollen denn diese großen Wunder geschehen?
7 Und ich hörte den Mann in leinenen Kleidern, der über den Wassern des Stroms stand. Er hob seine rechte und linke Hand auf gen Himmel und schwor bei dem, der ewiglich lebt, daß es eine Zeit und zwei Zeiten und eine halbe Zeit währen soll; und wenn die Zerstreuung des heiligen Volks ein Ende hat, soll dies alles geschehen.
8 Und ich hörte es, aber ich verstand's nicht und sprach: Mein Herr, was wird das Letzte davon sein?
9 Er aber sprach: Geh hin, Daniel; denn es ist verborgen und versiegelt bis auf die letzte Zeit.
10 Viele werden gereinigt, geläutert und geprüft werden, aber die Gottlosen werden gottlos handeln; alle Gottlosen werden's nicht verstehen, aber die Verständigen werden's verstehen.
11 Und von der Zeit an, da das tägliche Opfer abgeschafft und das Greuelbild der Verwüstung aufgestellt wird, sind tausendzweihundertneunzig Tage.
12 Wohl dem, der da wartet und erreicht tausenddreihundertfünfunddreißig Tage!
13 Du aber, Daniel, geh hin, bis das Ende kommt, und ruhe, bis du aufersteht zu deinem Erbteil am Ende der Tage!

DER PROPHET HOSEA

Hoseas Ehe – das Zeichen für die Untreue Israels

1 Dies ist das Wort des HERRN, das geschehen ist zu Hosea, dem Sohn Beeris, zur Zeit des Usia, Jotham, Ahas und Hiskia, der Könige von Juda, und zur Zeit Jerobeams, des Sohnes des Joas, des Königs von Israel.
2 Als der HERR anfing zu reden durch Hosea, sprach er zu ihm: Geh hin und nimm ein Hurenweib und Hurenkinder; denn das Land läuft vom HERRN weg der Hurerei nach.
3 Und er ging hin und nahm Gomer, die Tochter Diblajims, zur Frau; die ward schwanger und gebar ihm einen Sohn.
4 Und der HERR sprach zu ihm: Nenne ihn Jesreel; denn es ist nur noch eine kurze Zeit, dann will ich die Blutschuld von Jesreel heimsuchen am Hause Jehu und will mit dem Königreich des Hauses Israel ein Ende machen.
5 Zur selben Zeit will ich den Bogen Israels zerbrechen in der Ebene Jesreel.
6 Und sie ward abermals schwanger und gebar eine Tochter. Und er sprach zu

ihm: Nenne sie Lo-Ruhama*; denn ich
will mich nicht mehr über das Haus Israel
erbarmen, sondern ich will sie wegwerfen.
7 Doch will ich mich erbarmen über das
Haus Juda und will ihnen helfen durch
den HERRN, ihren Gott; ich will ihnen
aber nicht helfen durch Bogen, Schwert,
Rüstung, Roß und Wagen.
8 Und als sie Lo-Ruhama entwöhnt hat-
te, ward sie wieder schwanger und gebar
einen Sohn.
9 Und er sprach: Nenne ihn Lo-Ammi*;
denn ihr seid nicht mein Volk, so will ich
auch nicht der Eure sein.

Gottes Treue überwindet Israels Untreue

2 °Es wird aber die Zahl der Kinder
Israel sein wie der Sand am Meer, den
man weder messen noch zählen kann.
Und es soll geschehen, anstatt daß man
zu ihnen sagt: «Ihr seid nicht mein Volk»,
wird man zu ihnen sagen: «O ihr Kinder
des lebendigen Gottes!»
2 Denn es werden die Kinder Juda und
die Kinder Israel zusammenkommen und
werden sich ein gemeinsames Haupt er-
wählen und aus dem Lande heraufziehen;
denn der Tag Jesreels wird ein großer Tag
sein.
3 Sagt euren Brüdern, sie seien mein
Volk, und zu euren Schwestern, sie seien
in Gnaden.
4 Fordert von eurer Mutter – sie ist ja
nicht meine Frau, und ich bin nicht ihr
Mann! –, daß sie die Zeichen ihrer Hure-
rei von ihrem Angesichte wegtue und die
Zeichen ihrer Ehebrecherei zwischen
ihren Brüsten,
5 damit ich sie nicht nackt ausziehe und
hinstelle, wie sie war, als sie geboren
wurde, und ich sie nicht mache wie eine
Wüste und wie ein dürres Land und sie
nicht vor Durst sterben lasse!
6 Und ich will mich ihrer Kinder nicht
erbarmen, denn sie sind Hurenkinder.
7 Ihre Mutter ist eine Hure, und die sie
getragen hat, treibt es schändlich und
spricht: Ich will meinen Liebhabern nach-
laufen, die mir mein Brot und Wasser
geben, Wolle und Flachs, Öl und Trank.
8 Darum siehe, ich will ihr den Weg mit
Dornen versperren und eine Mauer zie-
hen, daß sie ihren Pfad nicht finden soll.
9 Und wenn sie ihren Liebhabern nach-
läuft und sie nicht einholen kann, und
wenn sie nach ihnen sucht und sie nicht
finden kann, so wird sie sagen: Ich will
wieder zu meinem früheren Mann gehen;
denn damals ging es mir besser als jetzt.
10 Aber sie will nicht erkennen, daß ich
es bin, der ihr Korn, Wein und Öl gegeben
hat und viel Silber und Gold, das sie dem
Baal zu Ehren gebraucht haben.
11 Darum will ich mein Korn und mei-
nen Wein mir wieder nehmen zu seiner Zeit
und meine Wolle und meinen Flachs ihr
entreißen, womit sie ihre Blöße bedeckt.
12 Dann will ich ihre Scham aufdecken
vor den Augen ihrer Liebhaber, und nie-
mand soll sie aus meiner Hand erretten.
13 Und ich will ein Ende machen mit
allen ihren Freuden, Festen, Neumonden,
Sabbaten und allen ihren Feiertagen.
14 Ich will ihre Weinstöcke und Feigen-
bäume verwildern lassen, weil sie sagt:
«Das ist mein Lohn, den mir meine Lieb-
haber gegeben haben.» Ich will eine Wild-
nis aus ihnen machen, daß die Tiere des
Feldes sie fressen sollen.
15 So will ich heimsuchen an ihr die
Tage der Baale, an denen sie Räucherop-
fer darbringt und sich mit Stirnreifen und
Halsbändern schmückt und ihren Lieb-
habern nachläuft, mich aber vergißt,
spricht der HERR.
16 Darum siehe, ich will sie locken und
will sie in die Wüste führen und freundlich
mit ihr reden.
17 Dann will ich ihr von dorther ihre
Weinberge geben und das Tal Achor zum
Tor der Hoffnung machen. Und dorthin
wird sie willig folgen wie zur Zeit ihrer
Jugend, als sie aus Ägyptenland zog.
18 Alsdann, spricht der HERR, wirst du
mich nennen «Mein Mann» und nicht
mehr «Mein Baal».
19 Denn ich will die Namen der Baale
von ihrem Munde wegtun, daß man ihrer
Namen nicht mehr gedenken soll.
20 Und ich will zur selben Zeit für sie
einen Bund schließen mit den Tieren auf
dem Felde, mit den Vögeln unter dem
Himmel und mit dem Gewürm des Erd-
bodens und will Bogen, Schwert und Rü-
stung im Lande zerbrechen und will sie
sicher wohnen lassen.

*Vers 6 d. h. Unbegnadigte.
*Vers 9 d. h. Nicht mein Volk.

21 **Ich will mich mit dir verloben für alle Ewigkeit, ich will mich mit dir verloben in Gerechtigkeit und Recht, in Gnade und Barmherzigkeit.**
22 **Ja, in Treue will ich mich mit dir verloben, und du wirst den HERRN erkennen.**
23 Zur selben Zeit will ich erhören, spricht der HERR, ich will den Himmel erhören, und der Himmel soll die Erde erhören,
24 und die Erde soll Korn, Wein und Öl erhören, und diese sollen Jesreel erhören.*
25 Und ich will ihn mir in das Land einsäen und mich erbarmen über Lo-Ruhama, und ich will sagen zu Lo-Ammi: «Du bist mein Volk», und er wird sagen: «Du bist mein Gott.»

Gottes Langmut wird sein Volk zurückgewinnen

3 Und der HERR sprach zu mir: Geh noch einmal hin und wirb um eine buhlerische und ehebrecherische Frau, wie denn der HERR um die Kinder Israel wirbt, obgleich sie sich zu fremden Göttern kehren und Traubenkuchen lieben.
2 Und ich kaufte sie mir für fünfzehn Silberstücke und fünfzehn Scheffel Gerste
3 und sprach zu ihr: Lange Zeit sollst du bleiben, ohne zu huren und ohne einem Mann anzugehören, und auch ich will nicht zu dir eingehen.
4 Denn lange Zeit werden die Kinder Israel ohne König und ohne Obere bleiben, ohne Opfer, ohne Steinmal, ohne Ephod und ohne Hausgott.
5 Danach werden sich die Kinder Israel bekehren und den HERRN, ihren Gott, und ihren König David suchen und werden mit Zittern zu dem HERRN und seiner Gnade kommen in der letzten Zeit.

Strafrede gegen die Priester und gegen den Götzendienst Israels

4 Höret, ihr Kinder Israel, des HERRN Wort! Denn der HERR hat Ursache, zu schelten die im Lande wohnen; denn es ist keine Treue, keine Liebe und keine Erkenntnis Gottes im Lande,
2 sondern Verfluchen, Lügen, Morden, Stehlen und Ehebrechen haben überhandgenommen, und eine Blutschuld kommt nach der andern.
3 Darum wird das Land dürre stehen, und alle seine Bewohner werden dahinwelken; auch die Tiere auf dem Felde und die Vögel unter dem Himmel und die Fische im Meer werden weggerafft.
4 Doch soll man niemand schelten noch zurechtweisen, sondern allein dich, Priester, habe ich zu schelten.
5 Darum sollst du bei Tage fallen, und der Prophet soll des Nachts neben dir fallen; auch deine Mutter will ich dahingeben.
6 Mein Volk ist dahin, weil es ohne Erkenntnis ist. Denn du hast die Erkenntnis verworfen; darum will ich dich auch verwerfen, daß du nicht mehr mein Priester sein sollst. Du vergißt das Gesetz deines Gottes; darum will auch ich deine Kinder vergessen.
7 Je mehr ihrer werden, desto mehr sündigen sie gegen mich; darum will ich ihre Ehre zuschanden machen.
8 Sie nähren sich von den Sündopfern meines Volks und sind begierig nach seiner Schuld.
9 Darum soll es dem Priester gehen wie dem Volk; denn ich will sein Tun heimsuchen und ihm vergelten, wie er's verdient:
10 Sie werden essen und nicht satt werden, Hurerei treiben und sich nicht mehren, weil sie den HERRN verlassen haben und ihn nicht achten.
11 Hurerei, Wein und Trunk machen toll.
12 Mein Volk befragt sein Holz, und sein Stab soll ihm antworten; denn der Geist der Hurerei verführt sie, daß sie mit ihrer Hurerei ihrem Gott weglaufen.
13 Oben auf den Bergen opfern sie, und auf den Hügeln räuchern sie unter den Eichen, Linden und Buchen; denn ihr Schatten erquickt. Darum werden eure Töchter auch zu Huren und eure Bräute zu Ehebrecherinnen.
14 Ich will's auch nicht wehren, wenn eure Töchter zu Huren und eure Bräute zu Ehebrecherinnen werden, weil ihr selbst abseits geht mit den Huren und mit den Tempeldirnen opfert und so das törichte Volk zu Fall kommt.

*«Jesreel» kann heißen «Gott sät ein» und meint die fruchtbare Ebene, zugleich aber (Vers 25) den Prophetensohn, der wiederum ganz Israel vertritt (vgl. Kap 1,4).

15 Willst du, Israel, schon huren, so soll
Juda sich nicht auch verschulden! Geht
nicht hin nach Gilgal und kommt nicht
hinauf nach Beth-Awen und schwört
nicht: So wahr der HERR lebt!
16 Denn Israel läuft dahin wie eine tolle
Kuh; soll da der HERR sie weiden lassen
wie ein Lamm auf freiem Feld?
17 Ephraim hat sich zu den Götzen ge-
sellt; so laß es hinfahren.
18 Sie haben sich der Schwelgerei und
Hurerei ergeben; ihre Schamlosen haben
Lust an der Schande.
19 Der Wind mit seinen Flügeln wird
sie fassen, und über ihrem Opfer sollen
sie zuschanden werden.

Drohung gegen die Führer Israels

5 So höret nun dies, ihr Priester, und
merke auf, du Haus Israel, und nimm
zu Ohren, du Haus des Königs! Denn euch
ist das Recht anvertraut! Ihr aber seid
eine Schlinge für Mizpa geworden und
ein ausgespanntes Netz auf dem Tabor
2 und eine tiefe Grube zu Schittim; dar-
um muß ich sie allesamt strafen.
3 Ich kenne Ephraim gut, und Israel ist
vor mir nicht verborgen: Ephraim ist nun
eine Hure und Israel unrein.
4 Ihre bösen Taten lassen es nicht zu,
daß sie umkehren zu ihrem Gott; denn sie
haben einen Geist der Hurerei in ihrem
Herzen, und den HERRN kennen sie nicht.
5 Wider Israel zeugt seine Hoffart; dar-
um sollen Israel und Ephraim fallen um
ihrer Schuld willen; auch Juda soll mit
ihnen fallen.
6 Alsdann werden sie kommen mit ihren
Schafen und Rindern, den HERRN zu
suchen, aber ihn nicht finden; denn er hat
sich von ihnen gewandt.
7 Sie sind dem HERRN untreu und zeu-
gen fremde Kinder; darum wird sie auch
der Neumond fressen samt ihrem Erbteil.

Der Bruderkrieg zwischen Ephraim und Juda und Israels flüchtige Buße

8 Blast die Posaune zu Gibea, ja, trom-
petet zu Rama, ja, ruft laut zu Beth-
Awen: Man ist hinter dir her, Benjamin!
9 Denn Ephraim soll zur Wüste werden
zur Zeit, wenn ich sie strafen werde. Da-
vor habe ich die Stämme Israels treulich
gewarnt.
10 Die Oberen von Juda sind denen
gleich, die die Grenze verrücken; darum
will ich meinen Zorn über sie ausschütten
wie Wasser.
11 Ephraim leidet Gewalt, zertreten ist
das Recht; denn es gefiel ihm, dem Nichti-
gen nachzulaufen.
12 Ich bin für Ephraim wie eine Motte
und für das Haus Juda wie eine Made.
13 Als aber Ephraim seine Krankheit
und Juda seine Wunde fühlte, zog Ephra-
im hin nach Assur und schickte zum
König Jareb. Aber der kann euch nicht
helfen noch eure Wunde heilen.
14 Denn ich bin für Ephraim wie ein
Löwe und für das Haus Juda wie ein jun-
ger Löwe. Ich, ich zerreiße sie und gehe
davon; ich schleppe sie weg, und niemand
kann sie retten.
15 Ich will wieder an meinen Ort gehen,
bis sie ihre Schuld erkennen und mein An-
gesicht suchen; wenn's ihnen übel ergeht,
so werden sie mich suchen:
6 «Kommt, wir wollen wieder zum
HERRN; denn er hat uns zerrissen, er
wird uns auch heilen; er hat uns geschla-
gen, er wird uns auch verbinden.
2 Er macht uns lebendig nach zwei Ta-
gen, er wird uns am dritten Tage aufrich-
ten, daß wir vor ihm leben werden.
3 Laßt uns darauf achthaben und da-
nach trachten, den HERRN zu erkennen;
denn er wird hervorbrechen wie die
schöne Morgenröte und wird zu uns kom-
men wie ein Regen, wie ein Spätregen, der
das Land feuchtet.»
4 Was soll ich dir tun, Ephraim? Was
soll ich dir tun, Juda? Denn eure Liebe
ist wie eine Wolke am Morgen und wie
der Tau, der frühmorgens vergeht.
5 Darum schlage ich drein durch die
Propheten und töte sie durch die Worte
meines Mundes, daß mein Recht wie das
Licht hervorkomme.
6 Denn **ich habe Lust an der Liebe und
nicht am Opfer, an der Erkenntnis Gottes
und nicht am Brandopfer.**

Gegen Israels Könige und ihre Bündnisse

7 Sie haben den Bund übertreten bei
Adam*; dort wurden sie mir untreu.
8 Gilead ist eine Stadt voller Übeltäter,
befleckt von Blutschuld.

*d. i. der Name einer Stadt (vgl. Jos 3,16).

9 Und die Rotten der Priester sind wie die Räuber, die da lauern auf die Leute; sie morden auf dem Wege, der nach Sichem geht, ja, Schandtaten vollbringen sie.

10 Ich sehe im Hause Israel, wovor mir graut; denn da treibt Ephraim Hurerei und Israel macht sich unrein.

11 Auch Juda wird noch eine Ernte vor sich haben.

7 Wenn ich meines Volkes Geschick wenden und Israel heilen will, so zeigt sich erst die Sünde Ephraims und die Bosheit Samarias, wie sie Lug und Trug treiben und die Diebe einsteigen und die Räuber auf der Straße plündern.

2 Dennoch wollen sie nicht einsehen, daß ich alle ihre Bosheit merke. Ich sehe aber ihr böses Tun wohl, das sie allenthalben treiben.

3 Sie erfreuen den König mit ihrer Bosheit und Obere mit ihren Lügen;

4 sie sind allesamt Ehebrecher, glühend wie ein Backofen, den der Bäcker heizt, wenn er den Teig ausgeknetet hat und ihn durchsäuern und aufgehen läßt.

5 «Heute ist unseres Königs Fest!» Da werden die Oberen toll vom Wein, und er zieht die Spötter zu sich.

6 Denn ihr Herz ist in heißer Glut wie ein Backofen, wenn sie Böses ersinnen. Ihr Grimm schläft die ganze Nacht, aber am Morgen brennt er lichterloh.

7 Allesamt sind sie erhitzt wie ein Backofen, so daß sie ihre Richter fressen; ja, alle ihre Könige fallen, und es ist keiner unter ihnen, der mich anruft.

8 Ephraim mengt sich unter die Völker; Ephraim ist wie ein Kuchen, den niemand umwendet.

9 Fremde fressen seine Kraft, doch er will es nicht merken; seine Haare sind schon grau geworden, doch er will es nicht merken.

10 Wider Israel zeugt seine Hoffart, dennoch bekehren sie sich nicht zum HERRN, ihrem Gott, fragen auch trotz alledem nicht nach ihm.

11 Denn Ephraim ist wie eine törichte Taube, die sich leicht locken läßt. Jetzt rufen sie Ägypten an, dann laufen sie nach Assur.

12 Aber indem sie hin- und herlaufen, will ich mein Netz über sie werfen und sie herunterholen wie Vögel unter dem Himmel; ich will sie strafen, wie es ihrer Gemeinde verkündet ist.

13 Weh ihnen, daß sie von mir weichen! Sie sollen vertilgt werden; denn sie sind abtrünnig geworden von mir. Ich wollte sie wohl erlösen; aber sie reden Lügen wider mich.

14 Auch rufen sie mich nicht von Herzen an, sondern machen ein Geheul auf ihren Lagern. Sie ritzen sich wund um Korn und Wein, aber mir sind sie ungehorsam.

15 Ich lehre sie Zucht und stärke ihren Arm; aber sie sinnen Böses gegen mich.

16 Sie bekehren sich, aber nicht recht, sondern sind wie ein schlaffer Bogen. Darum werden ihre Oberen durchs Schwert fallen wegen der Frechheit ihrer Zungen. Das soll ihnen in Ägyptenland zum Spott werden.

Israels falscher Gottesdienst

8 Stoße laut in die Posaune! Es kommt über das Haus des HERRN wie ein Adler, weil sie meinen Bund übertreten und sich gegen meine Gebote auflehnen.

2 Wohl schreien sie zu mir: «Du bist mein Gott; wir, Israel, kennen dich.»

3 Doch Israel verwirft das Gute; darum soll der Feind sie verfolgen.

4 Sie machen Könige, aber ohne mich; sie setzen Obere ein, und ich darf es nicht wissen. Aus ihrem Silber und Gold machen sie Götzen, damit sie ja bald ausgerottet werden!

5 Dein Kalb, Samaria, verwerfe ich. Mein Zorn ist gegen sie entbrannt. Wie lange soll das noch andauern? Sie können doch nicht ungestraft bleiben, die Kinder Israel.

6 Ein Goldschmied hat das Kalb gemacht, und es kann doch kein Gott sein; darum soll das Kalb Samarias zerpulvert werden.

7 Denn sie säen Wind und werden Sturm ernten. Ihre Saat soll nicht aufgehen; was dennoch aufwächst, bringt kein Mehl; und wenn es etwas bringen würde, sollen Fremde es verschlingen.

8 Verschlungen wird Israel; die Heiden gehen mit ihnen um wie mit einem Gefäß, das niemand haben will;

9 denn sie laufen nach Assur, einsam wie ein Wildesel, und Ephraim buhlt mit Geschenken.

10 Auch wenn sie unter den Heiden austeilen, will ich sie doch jetzt einsammeln; sie sollen's bald müde werden, Könige und Obere zu salben.
11 Ephraim hat sich viele Altäre gemacht; aber sie sind ihm zur Sünde geworden.
12 Wenn ich ihm auch noch so viele meiner Gebote aufschreibe, so werden sie doch geachtet wie eine fremde Lehre.
13 Wenn sie auch viel opfern und Fleisch herbringen und essen's, so hat doch der HERR kein Gefallen daran, sondern er will ihrer Schuld gedenken und ihre Sünden heimsuchen. Sie sollen wieder zurück nach Ägypten!
14 Israel vergißt seinen Schöpfer und baut Paläste, und Juda macht viele feste Städte; aber ich will Feuer in seine Städte senden, das soll seine Paläste verzehren.

Die Freude ist dahin, die Vergeltung ist da

9 Du darfst dich nicht freuen, Israel, noch rühmen wie die Völker; denn du läufst mit deiner Hurerei deinem Gott weg; gern nimmst du Hurenlohn auf allen Tennen.
2 Darum sollen Tenne und Kelter sie nicht nähren, und der Wein soll ihnen fehlen.
3 Sie sollen nicht bleiben im Lande des HERRN; sondern Ephraim muß wieder nach Ägypten und muß in Assyrien Unreines essen.
4 Dort werden sie dem HERRN kein Trankopfer vom Wein bringen, und ihre Schlachtopfer werden ihm nicht wohlgefällig sein. Ihr Brot soll sein wie das Brot der Trauernden, an dem unrein werden alle, die davon essen; denn ihr Brot müssen sie für sich allein essen, doch es soll nicht in des HERRN Haus gebracht werden.
5 Was wollt ihr dann in den Festzeiten und an den Feiertagen des HERRN tun?
6 Siehe, sie müssen fort wegen der Verwüstung. Ägypten wird sie sammeln und Memphis sie begraben. Nesseln werden wachsen, wo jetzt ihr kostbares Silber ist, und Dornen in ihren Hütten.
7 Die Zeit der Heimsuchung ist gekommen, die Zeit der Vergeltung; dessen wird Israel innewerden.
«Ein Narr ist der Prophet und wahnsinnig der Mann des Geistes!» Ja, um deiner großen Schuld und um der großen Anfeindung willen!
8 Ephraim spähte wohl aus nach meinem Gott; aber nun stellen sie dem Propheten Fallen auf allen seinen Wegen, Anfeindung selbst im Hause seines Gottes.
9 Tief verdorben ist ihr Tun wie in den Tagen von Gibea; darum wird er ihrer Schuld gedenken und ihre Sünden heimsuchen.

Israels Undank gegen Gottes Wohltaten

10 Ich fand Israel wie Trauben in der Wüste und sah eure Väter wie die ersten Feigen am Feigenbaum; aber hernach gingen sie zum Baal-Peor und gelobten sich dem schändlichen Abgott und wurden so zum Greuel wie ihre Liebhaber.
11 Darum muß die Herrlichkeit Ephraims wie ein Vogel wegfliegen, daß sie weder gebären noch tragen noch schwanger werden sollen.
12 Und wenn sie ihre Kinder auch großzögen, will ich sie doch kinderlos machen, so daß kein Mensch mehr da ist. Ja, weh ihnen, wenn ich von ihnen gewichen bin!
13 Als ich Ephraim sah, war es herrlich gepflanzt wie Tyrus; aber nun muß es seine Kinder herausgeben dem Totschläger.
14 HERR, gib ihnen – was willst du ihnen geben? Gib ihnen unfruchtbare Leiber und versiegende Brüste!
15 All ihre Bosheit geschieht zu Gilgal; dort werde ich ihnen feind. So will ich sie um ihres bösen Tuns willen aus meinem Hause stoßen und ihnen keine Liebe mehr erweisen; denn alle ihre Oberen sind abtrünnig.
16 Ephraim ist geschlagen, seine Wurzel ist verdorrt, so daß sie keine Frucht mehr bringen können. Auch wenn sie gebären würden, will ich doch die ersehnte Frucht ihres Leibes töten.
17 Mein Gott wird sie verwerfen, weil sie ihn nicht hören wollen, und sie sollen unter den Heiden umherirren.

Das Gericht über Königtum und Götzendienst

10 Israel ist ein üppig rankender Weinstock, der seine Frucht trägt. Aber je mehr Früchte er hatte, desto mehr Altäre machten sie; wo das Land am

besten war, da richteten sie die schönsten
Steinmale auf.
2 Ihr Herz ist falsch; nun wird sie ihre
Schuld treffen. Ihre Altäre sollen zerbrochen und ihre Steinmale zerstört werden.
3 Schon müssen sie sagen: Wir haben keinen König, denn wir fürchteten den HERRN
nicht. Was kann uns der König nun helfen?
4 Sie reden und schwören falsch und
schließen Bündnisse, und ihr Recht grünt
wie giftiges Kraut auf allen Furchen im
Felde.
5 Die Einwohner von Samaria sorgen
sich um das Kalb zu Beth-Awen. Sein
Volk trauert darum, und seine Götzenpfaffen zittern um seine Herrlichkeit;
denn sie wird von ihnen weggeführt.
6 Ja, das Kalb wird nach Assyrien gebracht zum Geschenk für den König Jareb.
So muß Ephraim zuschanden werden und
Israel beschämt sein trotz seiner Klugheit.
7 Denn der König von Samaria ist dahin wie Schaum auf dem Wasser.
8 Die Höhen zu Awen sind verwüstet,
auf denen sich Israel versündigte; Disteln
und Dornen wachsen auf ihren Altären.
Und sie werden sagen: Ihr Berge, bedekket uns! und: Ihr Hügel, fallet über uns!
9 Israel, du hast seit den Tagen von
Gibea gesündigt; dort standen sie gegen
mich auf. Sollte darum nicht in Gibea der
Krieg über sie kommen wegen der bösen
Leute?
10 Ich werde sie züchtigen nach meinem
Willen; Völker sollen gegen sie versammelt werden, wenn ich sie strafen werde
wegen ihrer zwiefachen Sünde.
11 Ephraim war eine junge Kuh, daran
gewöhnt, gern zu dreschen. Aber ich habe
ihm ein Joch auf seinen schönen Nacken
gelegt; ich will Ephraim einspannen; Juda
soll pflügen und Jakob eggen.
12 Säet Gerechtigkeit und erntet nach
dem Maße der Liebe! Pflüget ein Neues,
solange es Zeit ist, den HERRN zu suchen,
bis er kommt und Gerechtigkeit über euch
regnen läßt!
13 Ihr aber pflügt Böses und erntet
Übeltat und esset Lügenfrüchte. Weil du
dich nun verläßt auf deinen Weg und auf
die Menge deiner Helden,
14 darum soll sich ein Getümmel erheben in deinem Volk, daß alle deine
Festungen zerstört werden, gleichwie
Schalman zerstörte Beth-Arbeel damals
im Krieg, als die Mutter zerschmettert
wurde samt den Kindern.
15 So soll's euch zu Bethel auch ergehen
um eurer großen Bosheit willen; schon
früh am Morgen wird der König von
Israel untergehen.

Gottes heilige Liebe

11 Als Israel jung war, hatte ich ihn lieb
und rief ihn, meinen Sohn, aus Ägypten;
2 aber wenn man sie jetzt ruft, so wenden sie sich davon und opfern den Baalen
und räuchern den Bildern.
3 Ich lehrte Ephraim gehen und nahm
ihn auf meine Arme; aber sie merkten's
nicht, wie ich ihnen half.
4 Ich ließ sie ein menschliches Joch ziehen und in Seilen der Liebe gehen und
half ihnen das Joch auf ihrem Nacken
tragen und gab ihnen Nahrung,
5 daß sie nicht wieder nach Ägyptenland
zurückkehren sollten. Nun aber muß
Assur ihr König sein; denn sie wollen sich
nicht bekehren.
6 Darum soll das Schwert über ihre
Städte kommen und soll ihre Riegel zerbrechen und sie fressen um ihres Vorhabens willen.
7 Mein Volk ist müde, sich zu mir zu
kehren, und wenn man ihnen predigt, so
richtet sich keiner auf.
8 Wie kann ich dich preisgeben, Ephraim, und dich ausliefern, Israel? Wie kann
ich dich preisgeben gleich Adma und dich
zurichten wie Zeboïm? Mein Herz ist andern Sinnes, alle meine Barmherzigkeit
ist entbrannt.
9 Ich will nicht tun nach meinem grimmigen Zorn noch Ephraim wieder verderben. Denn ich bin Gott und nicht ein
Mensch und bin der Heilige unter dir und
will nicht kommen, zu verheeren.
10 Alsdann wird man dem HERRN nachfolgen, und er wird brüllen wie ein Löwe.
Und wenn er brüllen wird, so werden zitternd herbeikommen seine Söhne von
Westen her.
11 Und auch aus Ägypten kommen sie
erschrocken wie Vögel und aus dem Lande
Assur wie Tauben; und ich will sie wieder
wohnen lassen in ihren Häusern, spricht
der HERR.

Der Stammvater Jakob als Urbild seines Volkes

12 In Ephraim ist allenthalben Lüge
wider mich und im Hause Israel
falscher Gottesdienst. Aber auch Juda
hält nicht fest an Gott und an dem Heili-
gen, der treu ist.
2 Ephraim weidet Wind und läuft dem
Ostwind nach, und täglich mehrt es die
Lüge und Gewalttat. Sie schließen mit
Assur einen Bund und bringen Öl nach
Ägypten.
3 Darum wird der HERR mit Juda rech-
ten. Er wird Jakob heimsuchen nach sei-
nem Wandel und ihm vergelten nach
seinem Tun.
4 Er hat schon im Mutterleibe seinen
Bruder betrogen und im Mannesalter mit
Gott gekämpft.
5 Er kämpfte mit dem Engel und siegte,
er weinte und bat ihn. Dann hat er ihn zu
Bethel gefunden und dort mit ihm geredet
6 – der HERR ist der Gott Zebaoth, HERR
ist sein Name –.
7 So bekehre dich nun zu deinem Gott,
halte fest an Barmherzigkeit und Recht
und hoffe stets auf deinen Gott!
8 Wie Kanaans Händler hat Ephraim
eine falsche Waage in seiner Hand und
betrügt gern;
9 denn er spricht: Ich bin reich, ich habe
genug! Bei all meinen Mühen wird man
keine Schuld an mir finden, die Sünde ist.
10 Ich aber, der HERR, bin dein Gott
von Ägyptenland her und will dich wieder
in Zelten wohnen lassen wie in der Wü-
stenzeit.
11 Ich rede wieder zu den Propheten,
und ich bin's, der viel Offenbarung gibt
und durch die Propheten sich kundtut.

Auf Israels Götzendienst folgt Israels Untergang

12 In Gilead verüben sie Greuel, darum
werden sie zunichte; und zu Gilgal opfern
sie Stiere, darum sollen ihre Altäre wer-
den wie Steinhaufen an den Furchen im
Felde.
13 Jakob mußte fliehen in das Land
Aram, und Israel mußte um ein Weib die-
nen, um eine Frau mußte er die Herde
hüten.
14 Aber hernach führte der HERR durch
einen Propheten Israel aus Ägypten, und
durch einen Propheten ließ er sie hüten.
15 Nun aber hat ihn Ephraim bitter er-
zürnt; darum wird ihr Blut über sie kom-
men, und ihr Herr wird ihnen vergelten
die Schmach, die sie ihm antun.

Gottes Gericht über Ephraim

13 Solange Ephraim nach meinem Ge-
bot redete, war er erhoben in Israel.
Danach versündigte er sich durch Baal
und starb dahin.
2 Dennoch sündigen sie weiter: Aus
ihrem Silber gießen sie Bilder, wie sie
sich's erdenken, Götzen, die doch nur
Schmiedewerk sind. Dann sagen sie von
ihnen: Wer die Kälber küssen will, der
soll Menschen opfern.
3 Darum werden sie sein wie eine Wolke
am Morgen und wie der Tau, der früh-
morgens vergeht; ja, wie Spreu, die von
der Tenne verweht wird, und wie Rauch
aus dem Fenster.
4 Ich aber bin der HERR, dein Gott, von
Ägyptenland her, und du solltest keinen
andern Gott kennen als mich und keinen
Heiland als allein mich.
5 Ich nahm mich ja deiner an in der
Wüste, im dürren Lande.
6 Aber als sie geweidet wurden, daß sie
satt wurden und genug hatten, erhob sich
ihr Herz; darum vergessen sie mich.
7 So will ich für sie wie ein Löwe werden
und wie ein Panther am Wege auf sie
lauern.
8 Ich will sie anfallen wie eine Bärin, der
ihre Jungen genommen sind, und will ihr
verstocktes Herz zerreißen und will sie
dort wie ein Löwe fressen; die wilden
Tiere sollen sie zerreißen.
9 **Israel, du bringst dich ins Unglück;
denn dein Heil steht allein bei mir.**
10 Wo ist dein König, der dir helfen
kann in allen deinen Städten, und deine
Richter, von denen du sagtest: Gib mir
einen König und Obere?
11 Ich gebe dir Könige in meinem Zorn
und will sie dir nehmen in meinem Grimm.
12 Die Schuld Ephraims ist zusammen-
gebunden, und seine Sünde ist sicher ver-
wahrt.
13 Wehen kommen, daß er geboren
werden soll, aber er ist ein unverständiges
Kind: Wenn die Zeit gekommen ist, so

will er den Mutterschoß nicht durchbre-
chen.
14 Aber ich will sie aus dem Totenreich
erlösen und vom Tode erretten. Tod, ich
will dir ein Gift sein; Totenreich, ich will
dir eine Pest sein; Rache kenne ich nicht
mehr.

Samarias Zerstörung

15 Denn wenn Ephraim auch zwischen
Brüdern Frucht bringt, so wird doch ein
Ostwind vom HERRN aus der Wüste her-
auffahren, daß sein Brunnen vertrocknet
und seine Quelle versiegt, und er wird
rauben seinen Schatz, alles kostbare Ge-
rät.
14 Samaria wird wüst werden; denn es
ist seinem Gott ungehorsam. Sie
sollen durchs Schwert fallen und ihre
kleinen Kinder zerschmettert und ihre
Schwangeren aufgeschlitzt werden.

Mahnung zur Umkehr und Verheißung des kommenden Heils

2 Bekehre dich, Israel, zu dem HERRN,
deinem Gott; denn du bist gefallen um
deiner Schuld willen.
3 Nehmt diese Worte mit euch und be-
kehrt euch zum HERRN und sprecht zu
ihm: Vergib uns alle Sünde und tu uns
wohl, so wollen wir opfern die Frucht
unserer Lippen.
4 Assur soll uns nicht helfen; wir wollen
nicht mehr auf Rossen reiten, auch nicht
mehr sagen zu den Werken unserer Hän-
de: «Ihr seid unser Gott.» Denn bei dir
finden die Verwaisten Gnade.
5 So will ich ihre Abtrünnigkeit wieder
heilen; gerne will ich sie lieben; denn mein
Zorn soll sich von ihnen wenden.
6 Ich will für Israel wie ein Tau sein, daß
es blühen soll wie eine Lilie, und seine Wur-
zeln sollen ausschlagen wie eine Linde
7 und seine Zweige sich ausbreiten, daß
es so schön sei wie ein Ölbaum und so
guten Geruch gebe wie die Linde.
8 Und sie sollen wieder unter meinem
Schatten sitzen; von Korn sollen sie sich
nähren und blühen wie ein Weinstock.
Man soll sie rühmen wie den Wein vom
Libanon.
9 Ephraim, was sollen dir weiter die
Götzen? **Ich** will dich erhören und führen,
ich will sein wie eine grünende Tanne; von
mir erhältst du deine Früchte.
10 Wer ist weise, daß er dies versteht,
und klug, daß er dies einsieht? Denn **die
Wege des HERRN sind richtig, und die Ge-
rechten wandeln darauf; aber die Übertreter
kommen auf ihnen zu Fall.**

DER PROPHET JOEL

Die Heuschreckenplage und der Tag des Herrn

1 Dies ist das Wort des HERRN, das ge-
schehen ist zu Joel, dem Sohn Pe-
thuëls.
2 Hört dies, ihr Ältesten, und merkt auf,
alle Bewohner des Landes, ob solches ge-
schehen sei zu euren Zeiten oder zu eurer
Väter Zeiten!
3 Sagt euren Kindern davon und laßt's
eure Kinder ihren Kindern sagen und
diese wiederum ihren Nachkommen:
4 Was die Raupen übriglassen, das fres-
sen die Heuschrecken, und was die Heu-
schrecken übriglassen, das fressen die
Käfer, und was die Käfer übriglassen, das
frißt das Geschmeiß.
5 Wacht auf, ihr Trunkenen, und weinet
und heult, alle Weinsäufer, um den süßen
Wein; denn er ist euch vor eurem Munde
weggenommen!
6 Denn es zieht herauf in mein Land ein
Volk, mächtig und ohne Zahl; das hat
Zähne wie die Löwen und Backenzähne
wie die Löwinnen.
7 Es verwüstet meinen Weinstock und
frißt meinen Feigenbaum kahl, schält ihn
ganz und gar ab, daß seine Zweige weiß
dastehen.
8 Heule wie eine Jungfrau, die Trauer
anlegt um ihres Bräutigams willen!

9 Denn Speisopfer und Trankopfer gibt es nicht mehr im Hause des HERRN, und die Priester, des HERRN Diener, trauern.

10 Das Feld ist verwüstet und der Acker ausgedörrt; das Getreide ist verdorben, der Wein steht jämmerlich und das Öl kläglich.

11 Die Ackerleute sehen traurig drein, und die Weingärtner heulen um den Weizen und um die Gerste, weil aus der Ernte auf dem Felde nichts werden kann,

12 weil der Weinstock verdorrt ist und der Feigenbaum verwelkt, auch die Granatbäume, Palmbäume und Apfelbäume, ja, alle Bäume auf dem Felde sind verdorrt. So ist die Freude der Menschen zum Jammer geworden.

13 Umgürtet euch und klagt, ihr Priester, heulet, ihr Diener des Altars! Kommt, behaltet auch im Schlaf das Trauergewand an, ihr Diener meines Gottes! Denn Speisopfer und Trankopfer gibt es nicht mehr im Hause eures Gottes.

14 Sagt ein heiliges Fasten an, ruft die Gemeinde zusammen! Versammelt die Ältesten und alle Bewohner des Landes zum Hause des HERRN, eures Gottes, und schreit zum HERRN:

15 O weh des Tages! Denn der Tag des HERRN ist nahe und kommt wie ein Verderben vom Allmächtigen.

16 Ist nicht die Speise vor unsern Augen weggenommen und vom Hause unseres Gottes Freude und Wonne?

17 Der Same ist unter der Erde verdorrt, die Kornhäuser stehen wüst, die Scheunen zerfallen; denn das Getreide ist verdorben.

18 O wie seufzt das Vieh! Die Rinder sehen kläglich drein, denn sie haben keine Weide, und die Schafe verschmachten.

19 HERR, dich rufe ich an; denn das Feuer hat die Auen in der Steppe verbrannt, und die Flamme hat alle Bäume auf dem Felde angezündet.

20 Es schreien auch die wilden Tiere zu dir; denn die Wasserbäche sind ausgetrocknet, und das Feuer hat die Auen in der Steppe verbrannt.

Schilderung des Heuschreckenheeres. Aufruf zur Buße

2 Blast die Posaune zu Zion, ruft laut auf meinem heiligen Berge! Erzittert, alle Bewohner des Landes! Denn der Tag des HERRN kommt und ist nahe,

2 ein finsterer Tag, ein dunkler Tag, ein wolkiger Tag, ein nebliger Tag! Gleichwie die Morgenröte sich ausbreitet über die Berge, so kommt ein großes und mächtiges Volk, desgleichen vormals nicht gewesen ist und hinfort nicht sein wird auf ewige Zeiten für und für.

3 Vor ihm her geht ein verzehrendes Feuer und hinter ihm eine brennende Flamme. Das Land ist vor ihm wie der Garten Eden, aber nach ihm wie eine wüste Einöde, und niemand wird ihm entgehen.

4 Sie sind gestaltet wie Pferde und rennen wie die Rosse.

5 Sie sprengen daher über die Höhen der Berge, wie die Wagen rasseln und wie eine Flamme prasselt im Stroh, wie ein mächtiges Volk, das zum Kampf gerüstet ist.

6 Völker werden sich vor ihm entsetzen, und jedes Angesicht erbleicht.

7 Sie werden laufen wie Helden und die Mauern ersteigen wie Krieger; ein jeder zieht unentwegt voran und weicht von seiner Richtung nicht.

8 Keiner wird den andern drängen, sondern ein jeder zieht auf seinem Weg daher; sie durchbrechen die feindlichen Waffen, und dabei reißt ihr Zug nicht ab.

9 Sie werden sich stürzen auf die Stadt und die Mauern erstürmen, in die Häuser steigen sie ein, wie ein Dieb kommen sie durch die Fenster.

10 Vor ihm erzittert das Land und bebt der Himmel, Sonne und Mond werden finster, und die Sterne halten ihren Schein zurück.

11 Denn der HERR wird seinen Donner vor seinem Heer erschallen lassen; denn sein Heer ist sehr groß und mächtig und wird seinen Befehl ausrichten. Ja, der Tag des HERRN ist groß und voller Schrecken, wer kann ihn ertragen?

12 **Doch auch jetzt noch, spricht der HERR, bekehret euch zu mir von ganzem Herzen mit Fasten, mit Weinen, mit Klagen!**

13 **Zerreißet eure Herzen und nicht eure Kleider und bekehret euch zu dem HERRN, eurem Gott! Denn er ist gnädig, barmherzig, geduldig und von großer Güte, und es gereut ihn bald die Strafe.**

14 Wer weiß, ob es ihn nicht wieder gereut und er einen Segen zurückläßt, so daß ihr opfern könnt Speisopfer und Trankopfer dem HERRN, eurem Gott.

15 Blast die Posaune zu Zion, sagt ein
heiliges Fasten an, ruft die Gemeinde zusammen!
16 Versammelt das Volk, heiliget die
Gemeinde, sammelt die Ältesten, bringt
zusammen die Kinder und die Säuglinge!
Der Bräutigam gehe aus seiner Kammer
und die Braut aus ihrem Gemach!
17 Laßt die Priester, des HERRN Diener,
weinen zwischen Vorhalle und Altar und
sagen: HERR, schone dein Volk und laß dein
Erbteil nicht zuschanden werden, daß Heiden
über sie spotten! Warum willst du unter
den Völkern sagen lassen: Wo ist nun ihr
Gott?

Gottes Gnadenzusage

18 Dann wird der HERR um sein Land
eifern und sein Volk verschonen.
19 Und der HERR wird antworten und
zu seinem Volk sagen: Siehe, ich will euch
Getreide, Wein und Öl die Fülle schicken,
daß ihr genug daran haben sollt, und will
euch nicht mehr unter den Heiden zuschanden
werden lassen.
20 Und ich will den Feind aus Norden
von euch wegtreiben und ihn in ein dürres
und wüstes Land verstoßen, seine Spitze
in das östliche Meer und sein Ende in das
westliche Meer; er soll verfaulen und
stinken, denn er hat Gewaltiges getan.
21 **F**ürchte dich nicht, liebes Land, sondern
sei fröhlich und getrost; denn der
HERR kann auch Gewaltiges tun.
22 Fürchtet euch nicht, ihr Tiere auf
dem Felde; denn die Auen in der Steppe
sollen grünen und die Bäume ihre Früchte
bringen, und die Feigenbäume und Weinstöcke
sollen reichlich tragen.
23 Und ihr, Kinder Zions, freuet euch
und seid fröhlich im HERRN, eurem Gott,
der euch gnädigen Regen gibt und euch
herabsendet Frühregen und Spätregen
wie zuvor,
24 daß die Tennen voll Korn werden
und die Keltern Überfluß an Wein und
Öl haben sollen.
25 Und ich will euch die Jahre erstatten,
deren Ertrag die Heuschrecken, Käfer,
Geschmeiß und Raupen gefressen haben,
mein großes Heer, das ich unter euch
schickte.
26 Ihr sollt genug zu essen haben und den
Namen des HERRN, eures Gottes, preisen,
der Wunder unter euch getan hat, und mein
Volk soll nicht mehr zuschanden werden.
27 Und ihr sollt's erfahren, daß ich mitten
unter Israel bin und daß ich, der HERR, euer
Gott bin, und sonst keiner mehr, und mein
Volk soll nicht mehr zuschanden werden.

Ausgießung des heiligen Geistes

3 **Und nach diesem will ich meinen Geist
ausgießen über alles Fleisch, und eure
Söhne und Töchter sollen weissagen, eure
Alten sollen Träume haben, und eure Jünglinge
sollen Gesichte sehen.**
2 Auch will ich zur selben Zeit über
Knechte und Mägde meinen Geist ausgießen.
3 Und ich will Wunderzeichen geben am
Himmel und auf Erden: Blut, Feuer und
Rauchdampf.
4 Die Sonne soll in Finsternis und der
Mond in Blut verwandelt werden, ehe
denn der große und schreckliche Tag des
HERRN kommt.
5 Und es soll geschehen: **wer des HERRN
Namen anrufen wird, der soll errettet werden.**
Denn auf dem Berge Zion und zu
Jerusalem wird Errettung sein, wie der
HERR verheißen hat, und bei den Entronnenen,
die der HERR berufen wird.

**Gottes Strafgericht über die Heiden.
Israels Heil**

4 °Denn siehe, in jenen Tagen und zur
selben Zeit, da ich das Geschick Judas
und Jerusalems wenden werde,
2 will ich alle Heiden zusammenbringen
und will sie ins Tal Josaphat hinabführen
und will dort mit ihnen rechten wegen
meines Volks und meines Erbteils Israel,
weil sie es unter die Heiden zerstreut und
sich in mein Land geteilt haben;
3 sie haben das Los um mein Volk geworfen
und haben Knaben für eine Hure
hingegeben und Mädchen für Wein verkauft
und vertrunken.
4 **U**nd ihr aus Tyrus und Sidon und aus
allen Gebieten der Philister, was habt ihr
mit mir zu tun? Wollt ihr mir's heimzahlen?
Wohlan, zahlt mir's heim, so will
ich's euch eilends und bald heimzahlen
auf euren Kopf.
5 Mein Silber und Gold habt ihr genommen
und meine schönen Kleinode in
eure Tempel gebracht;

6 dazu habt ihr auch die Kinder Juda
und die Kinder Jerusalems den Griechen
verkauft, um sie weit weg von ihrem Lan-
de zu bringen.
7 Siehe, ich will sie kommen lassen
aus dem Ort, wohin ihr sie verkauft habt,
und will's euch heimzahlen auf euren
Kopf
8 und will nun eure Söhne und eure
Töchter verkaufen in die Hand der Kin-
der Juda; die sollen sie denen in Saba,
einem Volk in fernen Landen, verkaufen;
denn der HERR hat's geredet.
9 Rufet dies aus unter den Heiden! Be-
reitet euch zum heiligen Krieg! Bietet die
Starken auf! Laßt herzukommen und hin-
aufziehen alle Kriegsleute!
10 Macht aus euren Pflugscharen
Schwerter und aus euren Sicheln Spieße!
Der Schwache spreche: Ich bin stark!
11 Auf, alle Heiden ringsum, kommt
und versammelt euch! – Dahin führe du
hinab, HERR, deine Starken! –
12 Die Heiden sollen sich aufmachen
und heraufkommen zum Tal Josaphat;
denn dort will ich sitzen und richten alle
Heiden ringsum.
13 Greift zur Sichel, denn die Ernte ist
reif! Kommt und tretet, denn die Kelter
ist voll, die Kufen laufen über, denn ihre
Bosheit ist groß!
14 Es werden Scharen über Scharen von
Menschen sein im Tal der Entscheidung;
denn des HERRN Tag ist nahe im Tal der
Entscheidung.
15 Sonne und Mond werden sich ver-
finstern, und die Sterne halten ihren
Schein zurück.
16 Und der HERR wird aus Zion brüllen
und aus Jerusalem seine Stimme hören las-
sen, daß Himmel und Erde erbeben wer-
den. Aber seinem Volk wird der HERR eine
Zuflucht sein und eine Burg den Kindern
Israel.
17 Und ihr sollt's erfahren, daß ich,
der HERR, euer Gott, zu Zion auf meinem
heiligen Berge wohne. Dann wird Jerusa-
lem heilig sein, und kein Fremder wird
mehr hindurchziehen.
18 Zur selben Zeit werden die Berge von
süßem Wein triefen und die Hügel von
Milch fließen, und alle Bäche in Juda
werden voll Wasser sein. Und es wird eine
Quelle ausgehen vom Hause des HERRN,
die wird das Tal Schittim bewässern.
19 Aber Ägypten soll wüst werden und
Edom eine Einöde um des Frevels willen
an den Kindern Juda, weil sie unschuldi-
ges Blut in ihrem Lande vergossen haben.
20 Aber Juda soll für immer bewohnt
werden und Jerusalem für und für.
21 Und ich will ihr Blut nicht ungesühnt
lassen. Und der HERR wird wohnen zu
Zion.

DER PROPHET AMOS

Gottes unabwendbares Gericht über Israels Nachbarn und über sein eigenes Volk

1 Dies ist's, was Amos, der unter den
Schafzüchtern von Thekoa war, ge-
sehen hat über Israel zur Zeit Usias, des
Königs von Juda, und Jerobeams, des
Sohnes des Joas, des Königs von Israel,
zwei Jahre vor dem Erdbeben.
2 Und er sprach: Der HERR wird aus
Zion brüllen und seine Stimme aus Jeru-
salem hören lassen, daß die Auen der
Hirten vertrocknen werden und der Kar-
mel oben verdorren wird.
3 So spricht der HERR: Um drei, ja um
vier Frevel willen derer von **Damaskus**
will ich sie nicht schonen, weil sie Gilead
mit eisernen Dreschschlitten gedroschen
haben;
4 sondern ich will ein Feuer schicken in
das Haus Hasaëls, das soll die Paläste
Benhadads verzehren.
5 Und ich will die Riegel von Damaskus
zerbrechen und die Einwohner aus Bi-
kath-Awen und den, der das Zepter hält,
aus Beth-Eden ausrotten, und das Volk
von Aram soll nach Kir weggeführt wer-
den, spricht der HERR.

6 So spricht der HERR: Um drei, ja um
vier Frevel willen derer von **Gaza** will ich
sie nicht schonen, weil sie die Gefangenen
alle weggeführt und an Edom ausgeliefert
haben;
7 sondern ich will ein Feuer in die
Mauern von Gaza schicken, das soll seine
Paläste verzehren.
8 Und ich will die Einwohner aus Asdod
und den, der das Zepter hält, aus Askalon
ausrotten und meine Hand gegen Ekron
wenden, und es soll umkommen, was von
den Philistern noch übrig ist, spricht Gott
der HERR.
9 So spricht der HERR: Um drei, ja um
vier Frevel willen derer von **Tyrus** will ich
sie nicht schonen, weil sie die Gefangenen
alle an Edom ausgeliefert und nicht an
den Bruderbund gedacht haben;
10 sondern ich will ein Feuer in die
Mauern von Tyrus schicken, das soll seine
Paläste verzehren.
11 So spricht der HERR: Um drei, ja um
vier Frevel willen derer von **Edom** will ich
sie nicht schonen, weil sie ihren Bruder
mit dem Schwert verfolgt und alles Erbarmen
von sich getan haben und immerfort
wüten in ihrem Zorn und an ihrem
Grimm ewig festhalten;
12 sondern ich will ein Feuer schicken
nach Teman, das soll die Paläste von
Bozra verzehren.
13 So spricht der HERR: Um drei, ja um
vier Frevel willen derer von **Ammon** will
ich sie nicht schonen, weil sie die Schwangeren
in Gilead aufgeschlitzt haben, um
ihr Gebiet zu erweitern;
14 sondern ich will ein Feuer anzünden
in den Mauern Rabbas, das soll seine Paläste
verzehren, wenn man das Kriegsgeschrei
erhebt am Tage der Schlacht, wenn
das Wetter kommt am Tage des Sturms.
15 Da wird dann ihr König samt seinen
Oberen gefangen weggeführt werden,
spricht der HERR.

2 So spricht der HERR: Um drei, ja um
vier Frevel willen derer von **Moab** will
ich sie nicht schonen, weil sie die Gebeine
des Königs von Edom verbrannt haben
zu Asche;
2 sondern ich will ein Feuer schicken nach
Moab, das soll die Paläste von Kerijoth
verzehren, und Moab soll sterben im Getümmel
und Geschrei und Posaunenhall.
3 Und ich will den Herrscher unter
ihnen ausrotten und alle ihre Oberen samt
ihm töten, spricht der HERR.
4 So spricht der HERR: Um drei, ja um
vier Frevel willen derer von **Juda** will ich
sie nicht schonen, weil sie des HERRN Gesetz
verachten und seine Ordnungen nicht
halten und sich von ihren Lügengötzen
verführen lassen, denen ihre Väter nachgefolgt
sind;
5 sondern ich will ein Feuer nach Juda
schicken, das soll die Paläste von Jerusalem
verzehren.
6 So spricht der HERR: Um drei, ja um
vier Frevel willen derer von **Israel** will ich
sie nicht schonen, weil sie die Unschuldigen
für Geld und die Armen für ein Paar
Schuhe verkaufen.
7 Sie treten den Kopf der Armen in den
Staub und drängen die Elenden vom
Wege. Sohn und Vater gehen zu demselben
Mädchen, um meinen heiligen Namen
zu entheiligen.
8 Und bei allen Altären schlemmen sie
auf den gepfändeten Kleidern und trinken
Wein vom Gelde der Bestraften im Hause
ihres Gottes.
9 Und dabei habe ich den Amoriter vor
ihnen her vertilgt, der so hoch war wie die
Zedern und so stark wie die Eichen, und
ich vertilgte oben seine Frucht und unten
seine Wurzel.
10 Auch habe ich euch aus Ägyptenland
geführt und vierzig Jahre in der Wüste geleitet,
damit ihr der Amoriter Land besäßet.
11 Und ich habe aus euren Söhnen Propheten
erweckt und Gottgeweihte aus
euren Jünglingen. Ist's nicht so, ihr Kinder
Israel? spricht der HERR.
12 Aber ihr gebt den Gottgeweihten
Wein zu trinken und gebietet den Propheten
und sprecht: Ihr sollt nicht weissagen!
13 Siehe, ich will's unter euch schwanken
machen, wie ein Wagen voll Garben
schwankt,
14 so daß, wer schnell ist, nicht entfliehen
noch der Starke etwas vermögen soll,
und der Mächtige soll nicht sein Leben
retten können.
15 Die Bogenschützen sollen nicht
standhalten, und wer schnell laufen kann,
soll nicht entrinnen, und wer da reitet,
soll sein Leben nicht retten,

16 und wer unter den Starken der mannhafteste ist, soll nackt entfliehen müssen an jenem Tage, spricht der HERR.

Erwählung bewahrt nicht vor Gericht

3 Höret, was der HERR wider euch redet, ihr Kinder Israel, wider alle Geschlechter, die ich aus Ägyptenland geführt habe:

2 **Aus allen Geschlechtern auf Erden habe ich allein euch erkannt, darum will ich auch an euch heimsuchen all eure Sünde.**

Wenn Gott redet, kann der Prophet nicht schweigen

3 Können etwa zwei miteinander wandern, sie seien denn einig untereinander?

4 Brüllt etwa ein Löwe im Walde, wenn er keinen Raub hat? Schreit etwa ein junger Löwe aus seiner Höhle, er habe denn etwas gefangen?

5 Fällt etwa ein Vogel zur Erde, wenn kein Fangnetz da ist? Oder springt eine Falle auf von der Erde, sie habe denn etwas gefangen?

6 Bläst man etwa die Posaune in einer Stadt und das Volk entsetzt sich nicht? Ist etwa ein Unglück in der Stadt, das der HERR nicht tut?

7 – Gott der HERR tut nichts, er offenbare denn seinen Ratschluß den Propheten, seinen Knechten. –

8 Der Löwe brüllt, wer sollte sich nicht fürchten? Gott der HERR redet, wer sollte nicht Prophet werden?

Ankündigung des Gerichts über Samaria

9 Verkündigt in den Palästen von Asdod und in den Palästen im Lande Ägypten und sprecht: Sammelt euch auf den Bergen um Samaria und sehet, welch ein großes Zetergeschrei und Unrecht darin ist!

10 Sie achten kein Recht, spricht der HERR; sie sammeln Schätze von Frevel und Raub in ihren Palästen.

11 Darum spricht Gott der HERR: Man wird dies Land ringsumher bedrängen und dich von deiner Macht herunterreißen und deine Häuser plündern.

12 So spricht der HERR: Gleichwie ein Hirte dem Löwen zwei Beine oder ein Ohrläppchen aus dem Maul reißt, so sollen die Kinder Israel herausgerissen werden, die zu Samaria sitzen in der Ecke des Ruhebettes und auf dem Lager von Damast.

13 Hört und bezeugt es dem Hause Jakob, spricht Gott der HERR, der Gott Zebaoth:

14 Zur Zeit, da ich die Sünden Israels heimsuchen werde, will ich die Altäre in Bethel heimsuchen und die Hörner des Altars abbrechen, daß sie zu Boden fallen sollen,

15 und will Winterhaus und Sommerhaus zerschlagen, und die elfenbeingeschmückten Häuser sollen zugrunde gehen und viele Häuser vernichtet werden, spricht der HERR.

Gegen die schwelgerischen Frauen in Samaria

4 Höret dies Wort, ihr fetten Kühe, die ihr auf dem Berge Samarias seid und den Geringen Gewalt antut und schindet die Armen und sprecht zu euren Herren: Bringt her, laßt uns saufen!

2 Gott der HERR hat geschworen bei seiner Heiligkeit: Siehe, es kommt die Zeit über euch, daß man euch herausziehen wird mit Angeln und was von euch übrigbleibt, mit Fischhaken.

3 Und ihr werdet zu den Mauerlücken hinaus müssen, eine jede vor sich hin, und zum Hermon weggeschleppt werden, spricht der HERR.

Gottes Züchtigungen werden mißachtet

4 Ja, kommt her nach Bethel und treibt Sünde, und nach Gilgal, um noch viel mehr zu sündigen! Bringt eure Schlachtopfer am Morgen und eure Zehnten am dritten Tage,

5 räuchert Sauerteig zum Dankopfer und ruft freiwillige Opfer aus und verkündet sie; denn so habt ihr's gern, ihr Kinder Israel, spricht Gott der HERR!

6 Ich habe euch in allen euren Städten müßige Zähne gegeben und Mangel an Brot in allen euren Orten; dennoch bekehrt ihr euch nicht zu mir, spricht der HERR.

7 Auch habe ich euch den Regen vorenthalten, als noch drei Monate waren bis zur Ernte, und ich ließ regnen über eine Stadt, und auf die andere Stadt ließ ich nicht regnen, ein Acker wurde beregnet, und der andere Acker, der nicht beregnet wurde, verdorrte.

8 Und es zogen zwei, drei Städte zu **einer** Stadt, um Wasser zu trinken, und konnten nicht genug finden; dennoch bekehrt ihr euch nicht zu mir, spricht der HERR.

9 Ich plagte euch mit dürrer Zeit und mit Getreidebrand; auch fraßen die Raupen alles, was in euren Gärten und Weinbergen, auf euren Feigenbäumen und Ölbäumen wuchs; dennoch bekehrt ihr euch nicht zu mir, spricht der HERR.

10 Ich schickte unter euch die Pest wie in Ägypten; ich tötete eure junge Mannschaft durchs Schwert und ließ eure Pferde gefangen wegführen, ich ließ den Gestank eures Heerlagers in eure Nasen steigen; dennoch bekehrt ihr euch nicht zu mir, spricht der HERR.

11 Ich richtete unter euch Zerstörung an, wie Gott Sodom und Gomorra zerstörte, daß ihr waret wie ein Brandscheit, das aus dem Feuer gerissen wird; dennoch bekehrt ihr euch nicht zu mir, spricht der HERR.

12 Darum will ich's weiter so mit dir machen, Israel! Weil ich's denn weiter so mit dir machen will, so bereite dich, Israel, und begegne deinem Gott!

13 Denn siehe, er ist's, der die Berge macht und den Wind schafft; er zeigt dem Menschen, was er im Sinne hat. Er macht die Morgenröte und die Finsternis, er tritt einher auf den Höhen der Erde – er heißt «HERR, Gott Zebaoth».

Klagelied über Israel

5 Höret, ihr vom Hause Israel, dies Wort; denn ich muß dies Klagelied über euch anstimmen:

2 Die Jungfrau Israel ist gefallen, daß sie nicht wieder aufstehen wird; sie ist zu Boden gestoßen, und niemand ist da, der ihr aufhelfe.

3 Denn so spricht Gott der HERR: Die Stadt, aus der Tausend zum Kampf ausziehen, soll nur Hundert übrig behalten, und aus der Hundert ausziehen, die soll nur Zehn übrig behalten im Hause Israel.

Gegen die Unterdrücker

4 Denn so spricht der HERR zum Hause Israel: **Suchet mich, so werdet ihr leben.**

5 Suchet nicht Bethel und kommt nicht nach Gilgal und geht nicht nach Beerseba; denn Gilgal wird gefangen weggeführt werden, und Bethel wird zunichte werden.

6 Suchet den HERRN, so werdet ihr leben, daß er nicht daherfahre über das Haus Joseph wie ein verzehrendes Feuer, das niemand löschen kann zu Bethel –

7 die ihr das Recht in Wermut verkehrt und die Gerechtigkeit zu Boden stoßt.

8 Der das Siebengestirn und den Orion macht, der aus der Finsternis den Morgen macht und aus dem Tag die finstere Nacht, der das Wasser im Meer herbeiruft und schüttet es auf den Erdboden – er heißt «HERR» –,

9 der über den Starken Verderben kommen läßt und bringt Verderben über die feste Stadt.

10 Sie sind dem gram, der sie im Tor zurechtweist, und verabscheuen den, der ihnen die Wahrheit sagt.

11 Darum, weil ihr die Armen unterdrückt und nehmt von ihnen hohe Abgaben an Korn, so sollt ihr in den Häusern nicht wohnen, die ihr von Quadersteinen gebaut habt, und den Wein nicht trinken, den ihr in den feinen Weinbergen gepflanzt habt.

12 Denn ich kenne eure Freveltaten, die so viel sind, und eure Sünden, die so groß sind, wie ihr die Gerechten bedrängt und Bestechungsgeld nehmt und die Armen im Tor unterdrückt.

13 Darum muß der Kluge zu dieser Zeit schweigen; denn es ist eine böse Zeit.

14 Suchet das Gute und nicht das Böse, auf daß ihr leben könnt, so wird der HERR, der Gott Zebaoth, bei euch sein, wie ihr rühmt.

15 Hasset das Böse und liebet das Gute, richtet das Recht auf im Tor, vielleicht wird der HERR, der Gott Zebaoth, doch gnädig sein denen, die von Joseph übrigbleiben.

16 Darum spricht der HERR, der Gott Zebaoth, der Herr: Es wird in allen Gassen Wehklagen sein, und auf allen Straßen wird man sagen: «Wehe, wehe!» Und man wird den Ackermann zum Trauern rufen und zum Wehklagen, wer die Totenklage erheben kann.

17 In allen Weinbergen wird Wehklagen sein; denn ich will unter euch fahren, spricht der HERR.

Der Tag des Herrn ist ein Tag des Gerichts

18 Weh denen, die des HERRN Tag herbeiwünschen! Was soll er euch? Denn des

HERRN Tag ist Finsternis und nicht Licht,
19 gleichwie wenn jemand vor dem
Löwen flieht und ein Bär begegnet ihm
und er kommt in ein Haus und lehnt sich
mit der Hand an die Wand, so sticht ihn
eine Schlange!
20 Ja, des HERRN Tag wird finster und
nicht licht sein, dunkel und nicht hell.

Der äußerliche Gottesdienst tut's nicht

21 Ich bin euren Feiertagen gram und
verachte sie und mag eure Versammlungen
nicht riechen.
22 Und wenn ihr mir auch Brandopfer
und Speisopfer opfert, so habe ich keinen
Gefallen daran und mag auch eure fetten
Dankopfer nicht ansehen.
23 Tu weg von mir das Geplärr deiner
Lieder; denn ich mag dein Harfenspiel
nicht hören!
24 Es ströme aber das Recht wie Wasser
und die Gerechtigkeit wie ein nie versiegender Bach.
25 Habt ihr vom Hause Israel mir in der
Wüste die vierzig Jahre lang Schlachtopfer
und Speisopfer geopfert?
26 Ihr truget den Sikkuth, euren König,
und Kiun*, den Stern eures Gottes, eure Bilder, welche ihr euch selbst gemacht habt;
27 so will ich euch wegführen lassen bis
jenseits von Damaskus, spricht der HERR,
der Gott Zebaoth heißt.

Gegen Selbstsicherheit und Schwelgerei der Vornehmen in Israel

6 Weh den Sorglosen zu Zion und weh
denen, die voll Zuversicht sind auf
dem Berge Samarias, den Vornehmen des
Erstlings unter den Völkern, zu denen das
Haus Israel kommt!
2 Gehet hin nach Kalne und schauet
und von da nach Hamath, der großen
Stadt, und ziehet hinab nach Gath der
Philister! Seid ihr besser als diese Königreiche, ist euer Gebiet größer als das ihre,
3 die ihr meint, vom bösen Tag weit ab
zu sein, und trachtet immer nach Frevelregiment,
4 die ihr schlaft auf elfenbeingeschmückten Lagern und euch streckt auf
euren Ruhebetten? Ihr eßt die Lämmer
aus der Herde und die gemästeten Kälber
5 und spielt auf der Harfe und erdichtet
euch Lieder wie David
6 und trinkt Wein aus Schalen und salbt
euch mit dem besten Öl, aber bekümmert
euch nicht um den Schaden Josephs.
7 Darum sollen sie nun voran gehen
unter denen, die gefangen weggeführt
werden, und soll das Schlemmen der
Übermütigen aufhören.
8 Denn Gott der HERR hat geschworen
bei sich: Mich verdrießt die Hoffart Jakobs, spricht der HERR, der Gott Zebaoth,
und ich hasse seine Paläste. Darum will
ich die Stadt übergeben mit allem, was
darin ist.
9 Und wenn auch zehn Männer in einem
Hause übrigbleiben, sollen sie doch sterben.
10 Und nimmt dann einen sein Verwandter, der ihn bestatten und seine Gebeine aus dem Hause tragen will, so sagt
er zu dem, der drin im Hause ist: Sind
ihrer noch mehr da? Und der wird antworten: Sie sind alle dahin! Und er wird
sagen: Still! Denn man darf des HERRN
Namen nicht nennen.
11 Denn siehe, der HERR hat geboten,
daß man die großen Häuser in Trümmer
schlagen soll und die kleinen Häuser in
Stücke.
12 Wer kann auf Felsen mit Rossen rennen oder mit Rindern pflügen? Denn ihr
wandelt das Recht in Gift und die Frucht
der Gerechtigkeit in Wermut,
13 die ihr euch freut über Lo-Dabar und
sprecht: Haben wir nicht durch unsere
Kraft Karnajim genommen?
14 Darum siehe, ich will gegen euch, ihr
vom Hause Israel, ein Volk aufstehen lassen, spricht der HERR, der Gott Zebaoth,
das soll euch bedrängen von da an, wo
man nach Hamath geht, bis an den Bach
in der Wüste.

Die drei ersten Visionen: Heuschrecken, Feuer, Bleilot

7 Gott der HERR ließ mich schauen, und
siehe, da war einer, der machte Heuschrecken zur Zeit, als das Grummet aufging; und siehe, das Grummet war gewachsen, nachdem der König hatte mähen
lassen.
2 Als sie nun alles Gras im Lande abfressen wollten, sprach ich: Ach Herr

*Sikkuth und Kiun sind Namen heidnischer Götter, die in Israel verehrt wurden.

HERR, sei gnädig! Wer soll Jakob wieder
aufhelfen? Er ist ja so schwach.
3 Da reute es den HERRN, und er sprach:
Wohlan, es soll nicht geschehen.
4 Gott der HERR ließ mich schauen, und
siehe, Gott der HERR rief das Feuer, um
damit zu strafen. Das verzehrte die große
Tiefe und fraß das Ackerland.
5 Da sprach ich: Ach Herr HERR, laß ab!
Wer soll Jakob wieder aufhelfen? Er ist ja
so schwach.
6 Da reute den HERRN das auch, und
Gott der HERR sprach: Es soll auch nicht
geschehen.
7 Er ließ mich abermals schauen, und
siehe, der Herr stand auf der Mauer, die
mit einem Bleilot gerichtet war, und er
hatte ein Bleilot in seiner Hand.
8 Und der HERR sprach zu mir: Was
siehst du, Amos? Ich sprach: Ein Bleilot.
Da sprach der Herr zu mir: Siehe, ich will
das Bleilot legen an mein Volk Israel und
ihm nichts mehr übersehen,
9 sondern die Höhen Isaaks sollen verwüstet
und die Heiligtümer Israels zerstört
werden, und ich will mich mit dem
Schwert über das Haus Jerobeam hermachen.

Amos wird aus Bethel ausgewiesen

10 Da sandte Amazja, der Priester in
Bethel, zu Jerobeam, dem König von
Israel, und ließ ihm sagen: Der Amos
macht einen Aufruhr gegen dich im Hause
Israel; das Land kann seine Worte nicht
ertragen.
11 Denn so spricht Amos: Jerobeam
wird durchs Schwert sterben, und Israel
wird aus seinem Lande gefangen weggeführt
werden.
12 Und Amazja sprach zu Amos: Du
Seher, geh weg und flieh ins Land Juda
und iß dort dein Brot und weissage daselbst.
13 Aber weissage nicht mehr in Bethel;
denn es ist des Königs Heiligtum und der
Tempel des Königreichs.
14 Amos antwortete und sprach zu
Amazja: Ich bin kein Prophet noch ein
Prophetenjünger, sondern ich bin ein Hirt,
der Maulbeeren züchtet.
15 Aber der HERR nahm mich von der
Herde und sprach zu mir: Geh hin und
weissage meinem Volk Israel!
16 So höre nun des HERRN Wort! Du
sprichst: Weissage nicht wider Israel und
eifere nicht wider das Haus Isaak!
17 Darum spricht der HERR: Deine
Frau wird in der Stadt zur Hure werden,
und deine Söhne und Töchter sollen
durchs Schwert fallen, und dein Acker
soll mit der Meßschnur ausgeteilt werden.
Du aber sollst in einem unreinen Lande
sterben, und Israel soll aus seinem Lande
vertrieben werden.

Die vierte Vision:
Ein Korb mit reifem Obst

8 Gott der HERR ließ mich schauen, und
siehe, da stand ein Korb mit reifem
Obst.
2 Und er sprach: Was siehst du, Amos?
Ich aber antwortete: Einen Korb mit
reifem Obst. Da sprach der HERR zu mir:
Reif zum Ende ist mein Volk Israel; ich
will ihm nichts mehr übersehen.
3 Und die Lieder im Tempel sollen in
Heulen verkehrt werden zur selben Zeit,
spricht Gott der HERR. Es werden an allen
Orten viele Leichname liegen, die man
heimlich hinwirft.

Gegen den Wucher der Reichen

4 Höret dies, die ihr die Armen unterdrückt
und die Elenden im Lande zugrunde
richtet
5 und sprecht: Wann will denn der Neumond
ein Ende haben, daß wir Getreide
verkaufen, und der Sabbat, daß wir Korn
feilhalten können und das Maß verringern
und den Preis steigern und die Waage
fälschen,
6 damit wir die Armen um Geld und die
Geringen um ein Paar Schuhe in unsere
Gewalt bringen und Spreu für Korn verkaufen?
7 Der HERR hat bei sich, dem Ruhm Jakobs,
geschworen: Niemals werde ich
diese ihre Taten vergessen!
8 Sollte nicht um solcher Taten willen
das Land erbeben müssen und alle Bewohner
trauern? Ja, es soll sich heben wie
die Wasser des Nils und sich senken wie
der Strom Ägyptens.
9 Zur selben Zeit, spricht Gott der
HERR, will ich die Sonne am Mittag untergehen
und das Land am hellen Tage finster
werden lassen.

10 Ich will eure Feiertage in Trauer und alle eure Lieder in Wehklagen verwandeln. Ich will über alle Lenden den Sack bringen und alle Köpfe kahl machen und will ein Trauern schaffen, wie man trauert über den einzigen Sohn, und sie sollen ein bitteres Ende nehmen.

Einst wird man vergeblich nach Gottes Wort verlangen

11 **Siehe, es kommt die Zeit, spricht Gott der HERR, daß ich einen Hunger ins Land schicken werde, nicht einen Hunger nach Brot oder Durst nach Wasser, sondern nach dem Wort des HERRN, es zu hören;**

12 **daß sie hin und her von einem Meer zum andern, von Norden nach Osten laufen und des HERRN Wort suchen und doch nicht finden werden.**

13 Zu der Zeit werden die schönen Jungfrauen und die Jünglinge verschmachten vor Durst,

14 die jetzt schwören bei dem Abgott Samarias und sprechen: «So wahr dein Gott lebt, Dan!» und: «So wahr dein Gott lebt, Beerseba!» Sie sollen so fallen, daß sie nicht wieder aufstehen können.

Die letzte Vision: Gott über dem Altar; dem Gericht kann niemand entrinnen

9 Ich sah den Herrn über dem Altar stehen, und er sprach: Schlage an den Knauf, daß die Pfosten beben und die Trümmer ihnen allen auf den Kopf fallen; und was noch übrig bleibt von ihnen, will ich mit dem Schwert töten, daß keiner von ihnen entfliehen noch irgendeiner entkommen soll!

2 Und wenn sie sich auch unten bei den Toten vergrüben, soll sie doch meine Hand von dort holen, und wenn sie zum Himmel hinaufstiegen, will ich sie doch herunterstoßen.

3 Und wenn sie sich auch versteckten oben auf dem Berge Karmel, will ich sie doch suchen und von dort herabholen; und wenn sie sich vor meinen Augen verbärgen im Grunde des Meeres, so will ich doch der Schlange befehlen, sie dort zu beißen.

4 Und wenn sie vor ihren Feinden gefangen einhergingen, so will ich doch dem Schwert befehlen, sie dort zu töten. Denn ich will meine Augen auf sie richten zum Bösen und nicht zum Guten.

5 Denn Gott, der HERR Zebaoth, ist es, der die Erde anrührt, daß sie bebt und alle ihre Bewohner trauern müssen, und daß sie sich hebt wie die Wasser des Nils und sich senkt wie der Strom Ägyptens;

6 er ist es, der seinen Saal in den Himmel baut und seinen Palast über der Erde gründet, der das Wasser im Meer herbeiruft und schüttet es auf das Erdreich. Er heißt HERR!

7 Seid ihr Kinder Israel mir nicht gleichwie die Mohren? spricht der HERR. Habe ich nicht Israel aus Ägyptenland geführt und die Philister aus Kaphtor und die Aramäer aus Kir?

8 Siehe, die Augen Gottes des HERRN sehen auf das sündige Königreich, daß ich's vom Erdboden vertilge, wiewohl ich das Haus Jakob nicht ganz vertilgen will, spricht der HERR.

9 Denn siehe, ich will befehlen und das Haus Israel unter allen Heiden schütteln lassen, gleichwie man mit einem Sieb schüttelt und kein Stein zur Erde fällt.

10 Alle Sünder in meinem Volk sollen durchs Schwert sterben, die da sagen: Es wird das Unglück nicht so nahe sein noch uns begegnen.

Das künftige Heil des Gottesvolkes

11 **Zur selben Zeit will ich die zerfallene Hütte Davids wieder aufrichten und ihre Risse vermauern und, was abgebrochen ist, wieder aufrichten und will sie bauen, wie sie vorzeiten gewesen ist,**

12 damit sie in Besitz nehmen, was übrig ist von Edom, und alle Heiden, über die mein Name genannt ist, spricht der HERR, der solches tut.

13 Siehe, es kommt die Zeit, spricht der HERR, daß man zugleich ackern und ernten, zugleich keltern und säen wird. Und die Berge werden von süßem Wein triefen, und alle Hügel werden fruchtbar sein.

14 Denn ich will die Gefangenschaft meines Volks Israel wenden, daß sie die verwüsteten Städte wieder aufbauen und bewohnen sollen, daß sie Weinberge pflanzen und Wein davon trinken, Gärten anlegen und Früchte daraus essen.

15 Denn ich will sie in ihr Land pflanzen, daß sie nicht mehr aus ihrem Land ausgerottet werden, das ich ihnen gegeben habe, spricht der HERR, dein Gott.

DER PROPHET OBADJA

**Weissagung
vom Strafgericht über Edom und von der
Wiedereinsetzung Israels in sein Land**

1 Dies ist es, was Obadja geschaut hat.
So spricht Gott der HERR über Edom:
– Wir haben vom HERRN eine Botschaft ge-
hört, ein Bote ist unter die Heiden gesandt:
Wohlauf, laßt uns wider Edom streiten! –
2 Siehe, ich habe dich gering gemacht
und sehr verachtet unter den Völkern.
3 Der Hochmut deines Herzens hat dich
betrogen, weil du in den Felsenklüften
wohnst, in deinen hohen Schlössern, und
du sprichst in deinem Herzen: Wer will
mich zu Boden stoßen?
4 Wenn du auch in die Höhe führest wie
ein Adler und machtest dein Nest zwischen
den Sternen, dennoch will ich dich von
dort herunterstürzen, spricht der HERR.
5 Wenn Diebe oder Räuber nachts über
dich kommen, wie sollst du dann zunichte
werden! Ja, sie sollen stehlen, bis sie ge-
nug haben. Und wenn die Weinleser über
dich kommen, so sollen sie dir keine Nach-
lese übriglassen.
6 Wie sollen sie Esau durchsuchen und
seine Schätze aufspüren!
7 Alle deine Bundesgenossen werden dich
zum Lande hinausstoßen; die Leute, auf die
du deinen Trost setzt, werden dich betrügen
und überwältigen; die dein Brot essen, wer-
den dich verraten, ehe du es merken wirst.
8 Was gilt's? spricht der HERR, ich will
zur selben Zeit die Weisen in Edom zu-
nichte machen und die Klugheit auf dem
Gebirge Esau.
9 Auch deine Starken, Teman, sollen
verzagen, auf daß alle auf dem Gebirge
Esau ausgerottet werden durch Morden.
10 Um des Frevels willen, an deinem Bru-
der Jakob begangen, sollst du zuschanden
werden und für immer ausgerottet sein.
11 Zu der Zeit, als du dabeistandest und
sahst, wie Fremde sein Heer gefangen weg-
führten und Ausländer zu seinen Toren
einzogen und über Jerusalem das Los war-
fen, da warst auch du wie einer von ihnen.
12 Du sollst nicht mehr herabsehen auf
deinen Bruder zur Zeit seines Elends und
sollst dich nicht freuen über die Kinder
Juda zur Zeit ihres Jammers und sollst
mit deinem Mund nicht so stolz reden zur
Zeit ihrer Angst.
13 Du sollst nicht zum Tor meines Volks
einziehen zur Zeit seines Jammers; du sollst
nicht herabsehen auf sein Unglück zur Zeit
seines Jammers; du sollst nicht nach sei-
nem Gut greifen zur Zeit seines Jammers.
14 Du sollst nicht stehen an den Flucht-
wegen, um seine Entronnenen zu morden;
du sollst seine Übriggebliebenen nicht
verraten zur Zeit der Angst.
15 Denn der Tag des HERRN ist nahe über
alle Heiden. Wie du getan hast, soll dir wie-
der geschehen, und wie du verdient hast,
so soll es auf deinen Kopf kommen.
16 Denn wie ihr auf meinem heiligen Ber-
ge getrunken habt, so sollen alle Heiden
täglich trinken; ja, sie sollen's saufen und
ausschlürfen und sollen sein, als wären sie
nie gewesen.
17 Aber auf dem Berge Zion werden Ge-
rettete sein, und er soll heilig sein, und das
Haus Jakob soll seine Besitzer besitzen.
18 Und das Haus Jakob soll ein Feuer
werden und das Haus Joseph eine Flam-
me, aber das Haus Esau Stroh; das wer-
den sie anzünden und verzehren, so daß
vom Hause Esau nichts übrigbleibt; denn
der HERR hat's geredet.
19 Und sie werden das Südland, das Ge-
birge Esaus, besitzen und das Hügelland,
das Land der Philister. Ja, sie werden das
Gefilde Ephraims und das Gefilde Samarias
besitzen und Benjamin das Gebirge Gilead.
20 Und die Weggeführten der Kinder
Israel werden die Städte der Kanaaniter bis
nach Zarpath besitzen, und die Weggeführ-
ten von Jerusalem, die in Sepharad sind,
werden die Städte im Südland besitzen.
21 Und es werden die Geretteten vom
Berg Zion kommen, um das Gebirge Esau
zu richten, und die Königsherrschaft wird
des HERRN sein.

DER PROPHET JONA

Jonas Berufung und Flucht vor Gott

1 Es geschah das Wort des HERRN zu Jona, dem Sohn Amittais:

2 Mache dich auf und geh in die große Stadt Ninive und predige wider sie; denn ihre Bosheit ist vor mich gekommen.

3 Aber Jona machte sich auf und wollte vor dem HERRN nach Tarsis fliehen und kam hinab nach Japho. Und als er ein Schiff fand, das nach Tarsis fahren wollte, gab er Fährgeld und trat hinein, um mit ihnen nach Tarsis zu fahren und dem HERRN aus den Augen zu kommen.

4 Da ließ der HERR einen großen Wind aufs Meer kommen, und es erhob sich ein großes Ungewitter auf dem Meer, daß man meinte, das Schiff würde zerbrechen.

5 Und die Schiffsleute fürchteten sich und schrien, ein jeder zu seinem Gott, und warfen die Ladung, die im Schiff war, ins Meer, daß es leichter würde. Aber Jona war hinunter in das Schiff gestiegen, lag und schlief.

6 Da trat zu ihm der Schiffsherr und sprach zu ihm: Was schläfst du? Steh auf, rufe deinen Gott an! Ob vielleicht dieser Gott an uns gedenken will, daß wir nicht verderben.

7 Und einer sprach zum andern: Kommt, wir wollen losen, daß wir erfahren, um wessentwillen es uns so übel geht. Und als sie losten, traf's Jona.

8 Da sprachen sie zu ihm: Sage uns, warum geht es uns so übel? Was ist dein Gewerbe, und wo kommst du her? Aus welchem Lande bist du, und von welchem Volk bist du?

9 Er sprach zu ihnen: Ich bin ein Hebräer und fürchte den HERRN, den Gott des Himmels, der das Meer und das Trockene gemacht hat.

10 Da fürchteten sich die Leute sehr und sprachen zu ihm: Warum hast du das getan? Denn sie wußten, daß er vor dem HERRN floh; denn er hatte es ihnen gesagt.

11 Da sprachen sie zu ihm: Was sollen wir denn mit dir tun, daß das Meer stille werde und von uns ablasse? Denn das Meer ging immer ungestümer.

12 Er sprach zu ihnen: Nehmt mich und werft mich ins Meer, so wird das Meer still werden und von euch ablassen. Denn ich weiß, daß um meinetwillen dies große Ungewitter über euch gekommen ist.

13 Doch die Leute ruderten, daß sie wieder ans Land kämen; aber sie konnten nicht, denn das Meer ging immer ungestümer gegen sie an.

14 Da riefen sie zu dem HERRN und sprachen: Ach, HERR, laß uns nicht verderben um des Lebens dieses Mannes willen und rechne uns nicht unschuldiges Blut zu; denn du, HERR, tust, wie dir's gefällt.

15 Und sie nahmen Jona und warfen ihn ins Meer. Da wurde das Meer still und ließ ab von seinem Wüten.

16 Und die Leute fürchteten den HERRN sehr und brachten dem HERRN Opfer dar und taten Gelübde.

Jonas Gebet

2 Aber der HERR ließ einen großen Fisch kommen, Jona zu verschlingen. Und Jona war im Leibe des Fisches drei Tage und drei Nächte.

2 Und Jona betete zu dem HERRN, seinem Gott, im Leibe des Fisches

3 und sprach: Ich rief zu dem HERRN in meiner Angst, und er antwortete mir. Ich schrie aus dem Rachen des Todes, und du hörtest meine Stimme.

4 Du warfest mich in die Tiefe, mitten ins Meer, daß die Fluten mich umgaben. Alle deine Wogen und Wellen gingen über mich,

5 daß ich dachte, ich wäre von deinen Augen verstoßen, ich würde deinen heiligen Tempel nicht mehr sehen.

6 Wasser umgaben mich und gingen mir ans Leben, die Tiefe umringte mich, Schilf bedeckte mein Haupt.

7 Ich sank hinunter zu der Berge Gründen, der Erde Riegel schlossen sich hinter mir ewiglich. Aber du hast mein Leben aus dem Verderben geführt, HERR, mein Gott!

8 Als meine Seele in mir verzagte, gedachte ich an den HERRN, und mein Gebet kam zu dir in deinen heiligen Tempel.

9 Die sich halten an das Nichtige, verlassen ihre Gnade.

10 Ich aber will mit Dank dir Opfer bringen. Meine Gelübde will ich erfüllen dem HERRN, der mir geholfen hat.

11 Und der HERR sprach zu dem Fisch, und der spie Jona aus ans Land.

Jonas Predigt und Ninives Buße

3 Und es geschah das Wort des HERRN zum zweitenmal zu Jona:

2 Mach dich auf, geh in die große Stadt Ninive und predige ihr, was ich dir sage!

3 Da machte sich Jona auf und ging hin nach Ninive, wie der HERR gesagt hatte. Ninive aber war eine große Stadt vor Gott, drei Tagereisen groß.

4 Und als Jona anfing, in die Stadt hineinzugehen, und eine Tagereise weit gekommen war, predigte er und sprach: Es sind noch vierzig Tage, so wird Ninive untergehen.

5 Da glaubten die Leute von Ninive an Gott und ließen ein Fasten ausrufen und zogen alle, groß und klein, den Sack zur Buße an.

6 Und als das vor den König von Ninive kam, stand er auf von seinem Thron und legte seinen Purpur ab und hüllte sich in den Sack und setzte sich in die Asche

7 und ließ ausrufen und sagen in Ninive als Befehl des Königs und seiner Gewaltigen: Es sollen weder Mensch noch Vieh, weder Rinder noch Schafe Nahrung zu sich nehmen, und man soll sie nicht weiden noch Wasser trinken lassen;

8 und sie sollen sich in den Sack hüllen, Menschen und Vieh, und zu Gott rufen mit Macht. Und ein jeder bekehre sich von seinem bösen Wege und vom Frevel seiner Hände!

9 Wer weiß? Vielleicht läßt Gott es sich gereuen und wendet sich ab von seinem grimmigen Zorn, daß wir nicht verderben.

10 Als aber Gott ihr Tun sah, wie sie sich bekehrten von ihrem bösen Wege, reute ihn das Übel, das er ihnen angekündigt hatte, und tat's nicht.

Jonas Unmut und Gottes Antwort

4 Das aber verdroß Jona sehr, und er ward zornig

2 und betete zum HERRN und sprach: Ach, HERR, das ist's ja, was ich dachte, als ich noch in meinem Lande war, weshalb ich auch eilends nach Tarsis fliehen wollte; denn ich wußte, daß du gnädig, barmherzig, langmütig und von großer Güte bist und läßt dich des Übels gereuen.

3 So nimm nun, HERR, meine Seele von mir; denn ich möchte lieber tot sein als leben.

4 Aber der HERR sprach: Meinst du, daß du mit Recht zürnst?

5 Und Jona ging zur Stadt hinaus und ließ sich östlich der Stadt nieder und machte sich dort eine Hütte; darunter setzte er sich in den Schatten, bis er sähe, was der Stadt widerfahren würde.

6 Gott der HERR aber ließ eine Staude wachsen; die wuchs über Jona, daß sie Schatten gäbe seinem Haupt und ihm hülfe von seinem Unmut. Und Jona freute sich sehr über die Staude.

7 Aber am Morgen, als die Morgenröte anbrach, ließ Gott einen Wurm kommen; der stach die Staude, daß sie verdorrte.

8 Als aber die Sonne aufgegangen war, ließ Gott einen heißen Ostwind kommen, und die Sonne stach Jona auf den Kopf, daß er matt wurde. Da wünschte er sich den Tod und sprach: Ich möchte lieber tot sein als leben.

9 Da sprach Gott zu Jona: Meinst du, daß du mit Recht zürnst um der Staude willen? Und er sprach: Mit Recht zürne ich bis an den Tod.

10 Und der HERR sprach: Dich jammert die Staude, um die du dich nicht gemüht hast, hast sie auch nicht aufgezogen, die in einer Nacht ward und in einer Nacht verdarb,

11 und mich sollte nicht jammern Ninive, eine so große Stadt, in der mehr als hundertundzwanzigtausend Menschen sind, die nicht wissen, was rechts oder links ist, dazu auch viele Tiere?

DER PROPHET MICHA

Gott erscheint zum Gericht über Israel und Juda

1 Dies ist das Wort des HERRN, welches geschah zu Micha aus Morescheth zur Zeit des Jotham, Ahas und Hiskia, der Könige von Juda, das er geschaut hat über Samaria und Jerusalem.

2 Höret, alle Völker! Merk auf, Land und alles, was darinnen ist! Denn Gott der HERR hat mit euch zu reden, ja, der Herr aus seinem heiligen Tempel.

3 Denn siehe, der HERR wird herausgehen aus seiner Wohnung und herabfahren und treten auf die Höhen der Erde,

4 daß die Berge unter ihm schmelzen und die Täler sich spalten, gleichwie Wachs vor dem Feuer zerschmilzt, wie die Wasser, die talwärts stürzen.

5 Das alles um Jakobs Übertretung willen und um der Sünden willen des Hauses Israel.

Was ist aber die Übertretung Jakobs? Ist's nicht Samaria? Was sind aber die Opferhöhen Judas? Ist's nicht Jerusalem?

6 Und ich will Samaria zu Steinhaufen im Felde machen, die man für die Weinberge nimmt, und will seine Steine ins Tal schleifen und es bis auf den Grund bloßlegen.

7 Alle seine Götzen sollen zerbrochen und all sein Hurenlohn soll mit Feuer verbrannt werden. Und ich will alle seine Götzenbilder zerstören; denn sie sind von Hurenlohn zusammengebracht und sollen auch wieder zu Hurenlohn werden.

Unheil kommt über die Städte Judas

8 Darüber muß ich klagen und heulen, ich muß barfuß und bloß dahergehen; ich muß klagen wie die Schakale und jammern wie die Strauße:

9 Denn unheilbar ist die Plage des HERRN: sie kommt bis nach Juda, sein Schlag reicht bis an meines Volkes Tor, bis hin nach Jerusalem.

10* Verkündet's ja nicht in Gath; laßt euer Weinen nicht hören; in Beth-Leaphra wälzt euch im Staube!

11 Ihr Einwohner von Schaphir müßt dahin mit allen Schanden; die Einwohner von Zaanan werden nicht ausziehen; das Leid Beth-Haëzels wird euch wehren, daß ihr euch da lagert.

12 Die Einwohner von Maroth vermögen sich nicht zu trösten; denn es wird das Unglück vom HERRN kommen auch bis an die Tore Jerusalems.

13 Du Stadt Lachisch, spanne Rosse an und fahre davon; denn du bist für die Tochter Zion der Anfang zur Sünde, und in dir finden sich die Übertretungen Israels.

14 Du wirst dich scheiden müssen von Morescheth-Gath; die Häuser von Achsib werden den Königen von Israel zum Trug werden.

15 Ich will über dich, Marescha, den rechten Erben bringen, und die Herrlichkeit Israels soll kommen bis Adullam.

16 Laß dir die Haare abscheren und geh kahl um deiner verzärtelten Kinder willen; ja, mach dich kahl wie ein Geier, denn sie sind gefangen von dir weggeführt.

Weheruf über die Machthaber, die das Volk berauben

2 Weh denen, die Schaden zu tun trachten und gehen mit bösen Gedanken um auf ihrem Lager, daß sie es frühe, wenn's licht wird, vollbringen, weil sie die Macht haben!

2 Sie reißen Äcker an sich und nehmen Häuser, wie sie's gelüstet. So treiben sie Gewalt mit eines jeden Hause und mit eines jeden Erbe.

3 Darum spricht der HERR: Siehe, ich ersinne wider dies Geschlecht Böses, aus dem ihr euren Hals nicht ziehen und unter

*Die Wortspiele, die an die Namen judäischer Orte (vgl. Jos 15,33-47) anknüpfen, können im Deutschen nicht wiedergegeben werden. Der Text ist nur zum Teil verständlich überliefert.

dem ihr nicht so stolz dahergehen sollt;
denn es soll eine böse Zeit sein.
4 Zur selben Zeit wird man einen
Spruch von euch machen und klagen: Es
ist aus – so wird man sagen –, wir sind ver-
nichtet! Meines Volkes Land kriegt einen
fremden Herrn! Wann wird er uns die
Äcker wieder zuteilen, die er uns genom-
men hat?
5 Jawohl, ihr werdet keinen Anteil be-
halten in der Gemeinde des HERRN.
6 «Geifert nicht!», so geifern sie. «Sol-
ches soll man nicht predigen! Wir werden
nicht so zuschanden werden!
7 Ist denn das Haus Jakob verflucht?
Meinst du, der HERR sei schnell zum
Zorn? Sollte er solches tun wollen?» Es
ist wahr, meine Reden sind freundlich den
Frommen.
8 Aber ihr steht wider mein Volk wie ein
Feind; denn wie Leute, die aus dem Krie-
ge kommen, raubt ihr Rock und Mantel
denen, die sicher dahergehen.
9 Ihr treibt die Frauen meines Volks aus
ihren lieben Häusern und nehmt von ih-
ren Kindern meinen Schmuck auf immer.
10 Darum macht euch auf! Ihr müßt
davon, ihr sollt an dieser Stätte nicht blei-
ben! Um der Unreinheit willen muß sie
unsanft zerstört werden.
11 Wenn ich ein Irrgeist wäre und ein
Lügenprediger und predigte, wie sie sau-
fen und schwelgen sollen – das wäre ein
Prediger für dies Volk!

Verheißung des künftigen Heils

12 «Ich will dich, Jakob, sammeln ganz
und gar und, was übrig ist von Israel, zu-
sammenbringen. Ich will sie wie Schafe
miteinander in einen festen Stall tun und
wie eine Herde in ihre Hürden, daß es von
Menschen dröhnen soll.»
13 Er wird als ein Durchbrecher* vor
ihnen heraufziehen; sie werden durch-
brechen und durchs Tor hinausziehen,
und ihr König wird vor ihnen hergehen
und der HERR an ihrer Spitze.

Gegen die führenden Männer in Juda

3 Und ich sprach: Höret doch, ihr
Häupter im Hause Jakob und ihr
Herren im Hause Israel! Ihr solltet die
sein, die das Recht kennen.
2 Aber ihr hasset das Gute und liebet
das Arge; ihr schindet ihnen die Haut ab
und das Fleisch von ihren Knochen
3 und fresset das Fleisch meines Volks.
Und wenn ihr ihnen die Haut abgezogen
habt, zerbrecht ihr ihnen auch die Kno-
chen; ihr zerlegt es wie in einen Topf und
wie Fleisch in einen Kessel.
4 Darum, wenn ihr nun zum HERRN
schreit, wird er euch nicht erhören, son-
dern wird sein Angesicht vor euch ver-
bergen zur selben Zeit, wie ihr mit eurem
bösen Treiben verdient habt.
5 So spricht der HERR wider die Pro-
pheten, die mein Volk verführen, die da
predigen, es werde gut gehen, wenn man
ihnen zu fressen gibt; wer ihnen aber
nichts ins Maul gibt, dem predigen sie, es
werde ein Krieg kommen:
6 «Darum soll euch die Nacht ohne Ge-
sichte sein und die Finsternis ohne Wahr-
sagung.» Die Sonne soll über den Prophe-
ten untergehen und der Tag über ihnen
finster werden.
7 Und die Seher sollen zuschanden und
die Wahrsager zu Spott werden; sie müs-
sen alle ihren Bart verhüllen, weil kein
Gotteswort dasein wird.
8 Ich aber bin voll Kraft, voll Geist des
HERRN, voll Recht und Stärke, daß ich
Jakob seine Übertretung und Israel seine
Sünde anzeigen kann.
9 So höret doch dies, ihr Häupter im
Hause Jakob und ihr Herren im Hause
Israel, die ihr das Recht verabscheut und
alles, was gerade ist, krumm macht;
10 die ihr Zion mit Blut baut und Jeru-
salem mit Unrecht
11 – seine Häupter richten für Geschen-
ke, seine Priester lehren für Lohn und
seine Propheten wahrsagen für Geld – und
euch dennoch auf den HERRN verlaßt und
sprecht: «Ist nicht der HERR unter uns? Es
kann kein Unglück über uns kommen»:
12 Darum wird Zion um euretwillen
wie ein Acker gepflügt werden, und Jeru-
salem wird zu Steinhaufen werden und
der Berg des Tempels zu einer Höhe
wilden Gestrüpps.

Das kommende Friedensreich Gottes

4 In den letzten Tagen aber wird der
Berg, darauf des HERRN Haus ist, fest
stehen, höher als alle Berge und über die

*Gemeint ist im Gleichnis das Leittier der Herde.

Hügel erhaben. Und die Völker werden
herzulaufen,
2 und viele Heiden werden hingehen
und sagen: Kommt, laßt uns hinauf zum
Berge des HERRN gehen und zum Hause
des Gottes Jakobs, daß er uns lehre seine
Wege und wir in seinen Pfaden wandeln!
Denn von Zion wird Weisung ausgehen
und des HERRN Wort von Jerusalem.
3 Er wird unter großen Völkern richten
und viele Heiden zurechtweisen in fernen
Landen. Sie werden ihre Schwerter zu
Pflugscharen und ihre Spieße zu Sicheln
machen. Es wird kein Volk wider das andere das Schwert erheben, und sie werden
hinfort nicht mehr lernen, Krieg zu führen.
4 Ein jeder wird unter seinem Weinstock und Feigenbaum wohnen, und niemand wird sie schrecken. Denn der Mund
des HERRN Zebaoth hat's geredet.
5 Ein jedes Volk wandelt im Namen
seines Gottes, aber wir wandeln im Namen des HERRN, unseres Gottes, immer
und ewiglich!

Die Begnadigung des zerschlagenen Volkes

6 Zur selben Zeit, spricht der HERR,
will ich die Lahmen sammeln und die
Verstoßenen zusammenbringen und die
ich geplagt habe.
7 Und ich will den Lahmen geben, daß
sie viele Erben haben, und will die Verstoßenen zum großen Volk machen. Und
der HERR wird König über sie sein auf dem
Berge Zion von nun an bis in Ewigkeit.
8 Und du, Turm der Herde, du Feste
der Tochter Zion, zu dir wird kommen
und wiederkehren die frühere Herrschaft,
das Königtum der Tochter Jerusalem.
9 Warum schreist du denn jetzt so laut?
Ist kein König bei dir? Und sind deine
Ratgeber alle hinweg, daß dich die Wehen
erfassen wie eine in Kindsnöten?
10 Leide doch solche Wehen und stöhne,
du Tochter Zion, wie eine in Kindsnöten;
denn du mußt zwar zur Stadt hinaus und
auf dem Felde wohnen und nach Babel
kommen. Aber von dort wirst du wieder
errettet werden, dort wird dich der HERR
erlösen von deinen Feinden.
11 Nun aber werden sich viele Heiden
wider dich zusammenrotten und sprechen:
Sie ist dahingegeben; wir wollen auf Zion
herabsehen!
12 Aber sie wissen des HERRN Gedanken nicht und kennen seinen Ratschlag
nicht, daß er sie zusammengebracht hat
wie Garben auf der Tenne.
13 Darum mache dich auf und drisch,
du Tochter Zion! Denn ich will dir eiserne
Hörner und eherne Klauen machen, und
du sollst viele Völker zermalmen und ihr
Gut dem HERRN weihen und ihre Habe
dem Herrscher der ganzen Welt.
14 Aber nun zerraufe und zerkratze
dich, denn man wird uns belagern und
den Richter Israels mit der Rute auf die
Backe schlagen.

Der Herrscher aus Davids Geschlecht wird aus Bethlehem kommen

5 **Und du, Bethlehem Ephratha, die du
klein bist unter den Städten in Juda,
aus dir soll mir der kommen, der in Israel
Herr sei, dessen Ausgang von Anfang und
von Ewigkeit her gewesen ist.**
2 Indes läßt er sie plagen bis auf die Zeit,
daß die, welche gebären soll, geboren hat.
Da wird dann der Rest seiner Brüder
wiederkommen zu den Kindern Israel.
3 Er aber wird auftreten und weiden in
der Kraft des HERRN und in der Macht
des Namens des HERRN, seines Gottes.
Und sie werden sicher wohnen; denn er
wird zur selben Zeit herrlich werden, so
weit die Welt ist.
4 Und er wird der Friede sein.
Wenn Assur in unser Land fällt und in
unsere festen Häuser einbricht, so werden
wir sieben Hirten und acht Fürsten dagegen aufstellen,
5 die das Land Assur verderben mit dem
Schwert und das Land Nimrods mit ihren
bloßen Waffen. So wird er uns von Assur
erretten, wenn es in unser Land fallen und
in unsere Grenzen einbrechen wird.
6 Und es werden die Übriggebliebenen
aus Jakob unter vielen Völkern sein wie
Tau vom HERRN, wie Regen aufs Gras,
der auf niemand harrt noch auf Menschen
wartet.
7 Ja, die Übriggebliebenen aus Jakob
werden unter den Heiden inmitten vieler
Völker sein wie ein Löwe unter den Tieren
im Walde, wie ein junger Löwe unter einer
Herde Schafe, dem niemand wehren kann,
wenn er einbricht, zertritt und zerreißt.
8 Denn deine Hand wird siegen gegen

alle deine Widersacher, daß alle deine
Feinde ausgerottet werden.
9 Zur selben Zeit, spricht der HERR,
will ich deine Rosse ausrotten und deine
Wagen zunichte machen
10 und will die Städte deines Landes
vernichten und alle deine Festungen zer-
brechen.
11 Und ich will die Zauberei bei dir aus-
rotten, daß keine Zeichendeuter bei dir
bleiben sollen.
12 Ich will deine Götzenbilder und Stein-
male aus deiner Mitte ausrotten, daß du
nicht mehr anbeten sollst deiner Hände
Werk,
13 und will deine Ascherabilder aus-
reißen aus deiner Mitte und deine Städte
vertilgen.
14 Und ich will mit Grimm und Zorn
Vergeltung üben an allen Völkern, die
nicht gehorchen wollen.

Der rechte Gottesdienst

6 Höret doch, was der HERR sagt:
«Mach dich auf, führe deine Sache vor
den Bergen und laß die Hügel deine
Stimme hören!»
2 Höret, ihr Berge, wie der HERR rechten
will, und merket auf, ihr Grundfesten der
Erde; denn der HERR will mit seinem Volk
rechten und mit Israel ins Gericht gehen!
3 «Was habe ich dir getan, mein Volk,
und womit habe ich dich beschwert? Das
sage mir!
4 Habe ich dich doch aus Ägyptenland
geführt und aus der Knechtschaft erlöst
und vor dir her gesandt Mose, Aaron und
Mirjam.
5 Mein Volk, denke doch daran, was
Balak, der König von Moab, vorhatte und
was ihm Bileam, der Sohn Beors, ant-
wortete; wie du hinüberzogst von Schit-
tim bis nach Gilgal, damit ihr erkennt,
wie der HERR euch alles Gute getan hat.»
6 «Womit soll ich mich dem HERRN
nahen, mich beugen vor dem hohen Gott?
Soll ich mich ihm mit Brandopfern nahen
und mit einjährigen Kälbern?
7 Wird wohl der HERR Gefallen haben
an viel tausend Widdern, an unzähligen
Strömen von Öl? Soll ich meinen Erstge-
borenen für meine Übertretung geben,
meines Leibes Frucht für meine Sünde?»
8 **Es ist dir gesagt, Mensch, was gut ist,
und was der HERR von dir fordert, nämlich
Gottes Wort halten und Liebe üben und
demütig sein vor deinem Gott.**

Gegen Lug und Trug in Jerusalem

9 Des HERRN Stimme ruft über die
Stadt – wer deinen Namen fürchtet, dem
wird's gelingen –: Höret, ihr Stämme und
Ratsleute!
10 Noch immer bleibt unrecht Gut in
des Gottlosen Hause und das verfluchte
falsche Maß.
11 Oder sollte ich unrechte Waage und
falsche Gewichte im Beutel billigen?
12 Ihre Reichen tun viel Unrecht, und
ihre Einwohner gehen mit Lügen um und
haben falsche Zungen in ihrem Halse.
13 Darum will auch ich anfangen, dich
zu plagen und dich um deiner Sünden
willen wüst zu machen.
14 Du sollst essen und doch nicht satt
werden. Und was du beiseite schaffst, wirst
du doch nicht retten; und was du rettest,
will ich doch dem Schwert preisgeben.
15 Du sollst säen und nicht ernten; du
sollst Öl keltern und dich damit nicht sal-
ben und Wein keltern und ihn nicht trinken.
16 Denn du hieltest dich an die Weisun-
gen Omris und alle Werke des Hauses
Ahab und folgtest ihrem Rat. Darum will
ich dich zur Wüste machen und ihre Ein-
wohner, daß man sie auspfeifen soll, und
ihr sollt die Schmach meines Volks tragen.

Klage über die Verderbnis des Volkes

7 Ach, es geht mir wie einem, der Obst
pflücken will, der im Weinberge Nach-
lese hält, da man keine Trauben findet zu
essen, und ich wollte doch gerne die besten
Früchte haben!
2 Die frommen Leute sind weg in die-
sem Lande, und die Gerechten sind nicht
mehr unter den Leuten. Sie lauern alle auf
Blut, ein jeder jagt den andern, daß er ihn
fange.
3 Ihre Hände sind geschäftig, Böses zu
tun. Der Fürst und der Richter fordern
Geschenke. Die Gewaltigen reden nach
ihrem Mutwillen, um Schaden zu tun, und
drehen's, wie sie wollen.
4 Der Beste unter ihnen ist wie ein Dorn-
strauch und der Redlichste wie eine
Hecke. Aber es kommt der Tag, den dei-
ne Späher geschaut haben, da sollst du

heimgesucht werden; da werden sie nicht
wissen, wo aus noch ein.
5 Niemand glaube seinem Nächsten,
niemand verlasse sich auf einen Freund!
Bewahre die Tür deines Mundes vor der,
die in deinen Armen schläft!
6 Denn der Sohn verachtet den Vater,
die Tochter widersetzt sich der Mutter,
die Schwiegertochter ist wider die Schwie-
germutter; und des Menschen Feinde sind
seine eigenen Hausgenossen.
7 Ich aber will auf den HERRN schauen
und harren auf den Gott meines Heils;
mein Gott wird mich erhören.

Die Hoffnung der Gemeinde auf Gottes Gnade

8 Freue dich nicht über mich, meine
Feindin! Wenn ich auch daniederliege, so
werde ich wieder aufstehen; und wenn ich
auch im Finstern sitze, so ist doch der
HERR mein Licht.
9 Ich will des HERRN Zorn tragen – denn
ich habe wider ihn gesündigt –, bis er mei-
ne Sache führe und mir Recht schaffe. Er
wird mich ans Licht bringen, daß ich seine
Gnade schaue.
10 Meine Feindin wird's sehen müssen
und in Schande dastehen, die jetzt zu mir
sagt: Wo ist der HERR, dein Gott? Meine
Augen werden's sehen, daß sie dann wie
Dreck auf der Gasse zertreten wird.
11 Es kommt der Tag, da werden deine
Mauern gebaut werden, da wird weit wer-
den deine Grenze,
12 da werden sie von Assur und von den
Städten Ägyptens zu dir kommen, von
Ägypten bis an den Euphrat, von einem
Meer zum andern, von einem Gebirge
zum andern.
13 Denn die Erde wird wüst sein ihrer
Bewohner wegen, um der Frucht ihrer
Werke willen.
14 Du aber weide dein Volk mit deinem
Stabe, die Herde deines Erbteils, die da
einsam wohnt im Walde, mitten im frucht-
baren Lande; laß sie in Basan und Gilead
weiden wie vor alters!
15 Laß uns Wunder sehen wie zur Zeit,
als du aus Ägyptenland zogst,
16 daß die Heiden es sehen und aller
ihrer Macht sich schämen sollen und die
Hand auf ihren Mund legen und ihre
Ohren zuhalten.
17 Sie sollen Staub lecken wie die
Schlangen, und wie das Gewürm auf
Erden sollen sie zitternd hervorkommen
aus ihren Burgen. Sie werden sich fürchten
vor dem HERRN, unserm Gott, und vor
dir sich entsetzen.
18 **Wo ist solch ein Gott, wie du bist, der
die Sünde vergibt und erläßt die Schuld
denen, die übriggeblieben sind von seinem
Erbteil; der an seinem Zorn nicht ewig fest-
hält, denn er ist barmherzig!**
19 Er wird sich unser wieder erbarmen,
unsere Schuld unter die Füße treten und
alle unsere Sünden in die Tiefen des Mee-
res werfen.
20 Du wirst Jakob die Treue halten und
Abraham Gnade erweisen, wie du unsern
Vätern vorzeiten geschworen hast.

DER PROPHET NAHUM

Der vergeltende Gott: Gericht über Ninive

1 Dies ist die Last für Ninive, das Buch
der Weissagung Nahums aus Elkosch.
2 Der HERR ist ein eifernder und ver-
geltender Gott, ja, ein Vergelter ist der
HERR und zornig. Der HERR vergilt seinen
Widersachern; er wird es seinen Feinden
nicht vergessen.
3 Der HERR ist geduldig und von großer
Kraft, vor dem niemand unschuldig ist.
Er ist der HERR, dessen Weg in Wetter
und Sturm ist; Wolken sind der Staub
unter seinen Füßen.
4 Er schilt das Meer und macht es trok-
ken; alle Wasser läßt er versiegen. Basan
und Karmel verschmachten, und was auf
dem Berge Libanon blüht, verwelkt.
5 Die Berge erzittern vor ihm, und die
Hügel zergehen; das Erdreich bebt vor ihm,

der Erdkreis und alle, die darauf wohnen.
6 Wer kann vor seinem Zorn bestehen,
und wer kann vor seinem Grimm bleiben?
Sein Zorn brennt wie Feuer, und die Fel-
sen zerspringen vor ihm.
7 **Der HERR ist gütig und eine Feste zur Zeit
der Not und kennt die, die auf ihn trauen.**
8 Er schirmt sie, wenn die Flut überläuft.
Er macht ein Ende mit seinen Wider-
sachern, und seine Feinde verfolgt er mit
Finsternis.
9 Was wollt ihr ersinnen wider den
HERRN? Er führt doch das Ende herbei. Es
wird das Unglück nicht zweimal kommen.
10 Denn wenn sie auch sind wie die
Dornen, die noch ineinanderwachsen und
im besten Saft sind, so sollen sie doch
ganz verbrannt werden wie dürres Stroh.
11* Denn von dir ist gekommen, der
Arges ersann, der Böses wider den
HERRN plante.
12 So spricht der HERR: Sie mögen
kommen so gerüstet und mächtig, wie sie
wollen, sie sollen doch umgehauen wer-
den und dahinfahren. Ich habe dich ge-
demütigt, aber ich will dich nicht wieder-
um demütigen.
13 Jetzt will ich sein Joch, das du trägst,
zerbrechen und deine Bande zerreißen.
14 Wider dich hat der HERR geboten,
daß von deinem Namen kein Nachkom-
me mehr bleiben soll. Vom Hause deines
Gottes will ich ausrotten die Götzen und
Bilder; ein Grab will ich dir machen, denn
du bist zunichte geworden.

2 Siehe auf den Bergen die Füße eines
guten Boten, der da Frieden verkün-
digt! Feiere deine Feste, Juda, und erfülle
deine Gelübde! Denn es wird der Arge
nicht mehr über dich kommen; er ist ganz
ausgerottet.

Weissagung der Zerstörung Ninives

2 Es wird gegen dich heraufziehen, der
dich zerstört. Bewahre die Festung! Gib
acht auf die Straße, rüste dich aufs beste
und stärke dich aufs gewaltigste!
3 – Denn der HERR wird die Pracht Ja-
kobs erneuern wie die Pracht Israels, denn
man hat sie völlig verheert und ihre Reben
verderbt. –
4 Die Schilde seiner Starken sind rot,
sein Heervolk glänzt in Purpur, seine
Wagen stellt er auf wie leuchtende Fak-
keln, seine Rosse rasen.
5 Die Wagen rollen auf den Gassen und
rasseln auf den Straßen; sie glänzen wie
Fackeln und fahren einher wie die Blitze.
6 Aufgeboten werden seine Gewaltigen,
sie stürzen heran auf ihren Wagen, sie
eilen zur Mauer, und aufgerichtet wird das
Schutzdach.
7 Da werden die Tore an den Wassern
geöffnet, und der Palast vergeht in Angst.
8 Die Königin wird gefangen wegge-
führt, und ihre Jungfrauen werden seufzen
wie die Tauben und an ihre Brust schlagen.
9 Ninive ist wie ein voller Teich, aber
seine Wasser müssen verrinnen. «Stehet,
stehet!» – ruft man –, aber da wird sich
niemand umwenden.
10 So raubet nun Silber, raubet Gold!
Denn hier ist der Schätze kein Ende und
die Menge aller kostbaren Kleinode.
11 Nun muß sie verheert und geplün-
dert werden, daß aller Herzen verzagen
und die Knie schlottern, aller Lenden
zittern und aller Angesicht bleich wird.
12 Wo ist nun die Wohnung der Löwen
und die Höhle der jungen Löwen, wo der
Löwe und die Löwin mit den jungen Lö-
wen herumliefen, und niemand wagte sie
zu scheuchen?
13 Der Löwe raubte genug für seine
Jungen und würgte für seine Löwinnen.
Seine Höhlen füllte er mit Raub und seine
Wohnung mit dem, was er zerrissen hatte.
14 Siehe, ich will an dich, spricht der
HERR Zebaoth, und deine Wagen anzün-
den, und das Schwert soll deine jungen Lö-
wen fressen. Und ich will deinem Rauben
ein Ende machen auf Erden, daß man die
Stimme deiner Boten nicht mehr hören soll.

Der Untergang der großen Hure Ninive

3 Weh der mörderischen Stadt, die voll
Lügen und Räuberei ist und von ihrem
Rauben nicht lassen will!
2 Denn da wird man hören die Peitschen
knallen und die Räder rasseln und die
Rosse jagen und die Wagen rollen.
3 Reiter rücken herauf mit glänzenden
Schwertern und mit blitzenden Spießen.
Da liegen viele Erschlagene, eine Unzahl
von Leichen; ihrer ist kein Ende, so daß
man über sie fallen muß.

*In Vers 11 und 14 ist Ninive, in Vers 12 und 13 ist
Juda angeredet.

4 Das alles um der großen Hurerei willen der schönen Hure, die mit Zauberei umgeht, die mit ihrer Hurerei die Völker und mit ihrer Zauberei Land und Leute an sich gebracht hat.

5 Siehe, ich will an dich, spricht der HERR Zebaoth; ich will dir den Saum deines Gewandes aufdecken über dein Angesicht und will den Völkern deine Blöße und den Königreichen deine Schande zeigen.

6 Ich will Unrat auf dich werfen und dich schänden und ein Schauspiel aus dir machen,

7 daß alle, die dich sehen, vor dir fliehen und sagen sollen: Ninive ist verwüstet; wer will Mitleid mit ihr haben? Und wo soll ich dir Tröster suchen?

8 Meinst du, du seist besser als die Stadt No-Amon, die da lag am Nil und vom Wasser umgeben war, deren Mauern und Bollwerk Wasserfluten waren?

9 Kusch und Ägypten waren ihre unermeßliche Macht, Put und Libyen waren ihre Hilfe.

10 Dennoch wurde sie vertrieben und mußte gefangen wegziehen. Ihre Kinder sind auf allen Gassen zerschmettert worden, und um ihre Edlen warf man das Los, und alle ihre Gewaltigen wurden in Ketten und Fesseln gelegt.

11 Auch du mußt trunken werden und von Sinnen kommen; auch du mußt Zuflucht suchen vor dem Feinde!

12 Alle deine festen Städte sind wie Feigenbäume mit reifen Feigen: wenn man sie schüttelt, so fallen sie dem in den Mund, der sie essen will.

13 Siehe, dein Kriegsvolk soll zu Weibern werden, und die Tore deines Landes sollen deinen Feinden geöffnet werden, und das Feuer soll deine Riegel verzehren.

14 Schöpfe dir Wasser, denn du wirst belagert werden! Verstärke deine Bollwerke! Knete den Ton und tritt den Lehm und mache harte Ziegel!

15 Aber das Feuer wird dich fressen und das Schwert töten – es wird dich fressen, wie Käfer fressen –, magst du auch zahlreich werden wie Käfer, magst du auch zahlreich werden wie Heuschrecken.

16 Du hast mehr Händler, als Sterne am Himmel sind; aber nun werden sie ausschlüpfen wie Käfer und davonfliegen.

17 Deine Wachleute sind so viele wie die Heuschrecken und deine Werber so viele wie die Käfer, die sich an die Zäune lagern in den kalten Tagen; wenn aber die Sonne aufgeht, heben sie sich davon, daß man nicht weiß, wo sie bleiben.

18 Deine Hirten werden schlafen, o König von Assur, deine Mächtigen schlummern. Dein Volk wird auf den Bergen zerstreut sein, und niemand wird sie sammeln.

19 Niemand wird deinen Schaden lindern, und deine Wunde wird unheilbar sein. Alle, die das von dir hören, werden in die Hände klatschen über dich; denn über wen ist nicht deine Bosheit ohne Unterlaß ergangen?

DER PROPHET HABAKUK

Klage über das Unglück in der Welt

1 Dies ist die Last, die der Prophet Habakuk geschaut hat.

2 HERR, wie lange soll ich schreien, und du willst nicht hören? Wie lange soll ich zu dir rufen: «Frevel!», und du willst nicht helfen?

3 Warum läßt du mich Bosheit sehen und siehst dem Jammer zu? Raub und Frevel sind vor mir; es geht Gewalt vor Recht.

4 Darum ist das Gesetz ohnmächtig, und die rechte Sache kann nie gewinnen; denn der Gottlose übervorteilt den Gerechten; darum ergehen verkehrte Urteile.

Gottes Strafgericht durch die Chaldäer

5 Schauet hin unter die Heiden, sehet und verwundert euch! Denn ich will etwas tun zu euren Zeiten, was ihr nicht glauben werdet, wenn man davon sagen wird.

6 Denn siehe, ich will die Chaldäer er-

wecken, ein grimmiges und schnelles
Volk, das hinziehen wird, so weit die Erde
ist, um Wohnstätten einzunehmen, die
ihm nicht gehören.
7 Grausam und schrecklich ist es; es
gebietet und zwingt, wie es will.
8 Ihre Rosse sind schneller als die Pan-
ther und bissiger als die Wölfe am Abend.
Ihre Reiter fliegen in großen Scharen von
ferne daher, wie die Adler eilen zum Fraß.
9 Sie kommen allesamt, um Schaden zu
tun; wo sie hinwollen, stürmen sie vorwärts
und raffen Gefangene zusammen wie Sand.
10 Sie spotten der Könige, und der
Fürsten lachen sie. Alle Festungen werden
ihnen ein Scherz sein; denn sie schütten
Erde auf und erobern sie.
11 Alsdann brausen sie dahin wie ein
Sturm und jagen weiter; mit alledem
machen sie ihre Kraft zu ihrem Gott.

Frage des Propheten nach Gottes Gerechtigkeit

12 Aber du, HERR, mein Gott, mein
Heiliger, der du von Ewigkeit her bist,
laß uns nicht sterben; sondern laß sie uns,
o HERR, nur eine Strafe sein, und laß sie,
o unser Fels, uns nur züchtigen.
13 Deine Augen sind zu rein, als daß du
Böses ansehen könntest, und dem Jam-
mer kannst du nicht zusehen! Warum
siehst du dann aber den Räubern zu und
schweigst, wenn der Gottlose den ver-
schlingt, der gerechter ist als er?
14 Du läßt es den Menschen gehen wie
den Fischen im Meer, wie dem Gewürm,
das keinen Herrn hat.
15 Sie ziehen's alles mit der Angel her-
aus und fangen's mit ihrem Netze und
sammeln's mit ihrem Garn. Darüber
freuen sie sich und sind fröhlich.
16 Darum opfern sie ihrem Netze und
räuchern ihrem Garn, weil durch diese
ihr Anteil so fett und ihre Speise so üppig
geworden ist.
17 Sollen sie darum ihr Netz immerdar
ausleeren und Völker umbringen ohne
Erbarmen?

Gottes Antwort an den Propheten. Weherufe über den Unterdrücker

2 Hier stehe ich auf meiner Warte und
stelle mich auf meinen Turm und
schaue und sehe zu, was er mir sagen und
antworten werde auf das, was ich ihm vor-
gehalten habe.
2 Der HERR aber antwortete mir und
sprach: Schreib auf, was du geschaut hast,
deutlich auf eine Tafel, daß es lesen kön-
ne, wer vorüberläuft!
3 Die Weissagung wird ja noch erfüllt
werden zu ihrer Zeit und wird endlich frei
an den Tag kommen und nicht trügen.
Wenn sie sich auch hinzieht, so harre
ihrer; sie wird gewiß kommen und nicht
ausbleiben.
4 Siehe, wer halsstarrig ist, der wird
keine Ruhe in seinem Herzen haben, **der
Gerechte aber wird durch seinen Glauben
leben.**
5 So wird auch der treulose Tyrann kei-
nen Erfolg haben, der stolze Mann nicht
bleiben, der seinen Rachen aufsperrt wie
das Reich des Todes und ist wie der Tod, der
nicht zu sättigen ist: Er rafft an sich alle
Heiden und sammelt zu sich alle Völker.
6 Was gilt's aber? Diese alle werden
einen Spruch über ihn machen und ein
Lied und ein Sprichwort sagen:
Weh dem, der sein Gut mehrt mit frem-
dem Gut – wie lange wird's währen? – und
häuft viel Pfänder bei sich auf!
7 Wie plötzlich werden aufstehen, die
dich beißen, und erwachen, die dich peini-
gen! Und du mußt ihnen zum Raube wer-
den.
8 Denn du hast viele Völker beraubt. So
werden dich wieder berauben alle übrigen
Völker um des Menschenblutes willen
und um des Frevels willen, begangen am
Lande und an der Stadt und an allen, die
darin wohnen.
9 Weh dem, der unrechten Gewinn
macht zum Unglück seines Hauses, auf
daß er sein Nest in der Höhe baue, um
dem Unheil zu entrinnen!
10 Aber dein Ratschlag wird zur Schan-
de deines Hauses geraten; denn du hast
zuviele Völker zerschlagen und damit
gegen dein Leben gesündigt.
11 Denn auch die Steine in der Mauer
werden schreien, und die Sparren am Ge-
bälk werden ihnen antworten.
12 Weh dem, der die Stadt mit Blut baut
und richtet die Burg auf mit Unrecht!
13 Wird's nicht so vom HERRN Zebaoth
geschehen: woran die Völker sich abgear-
beitet haben, muß mit Feuer verbrennen,

und wofür die Leute sich müde gemacht
haben, das muß verloren sein? –
14 Denn die Erde wird voll werden von Erkenntnis der Ehre des HERRN, wie Wasser das Meer bedeckt.
15 Weh dem, der seinen Nächsten trinken läßt und seinen Grimm beimischt und ihn trunken macht, daß er seine Blöße sehe!
16 Du hast dich gesättigt mit Schande und nicht mit Ehre. So trinke du nun auch, daß du taumelst! Denn an dich wird kommen der Kelch in der Rechten des HERRN, und du wirst Schande haben statt Ehre.
17 Denn der Frevel, den du am Libanon begangen, wird über dich kommen, und die vernichteten Tiere werden dich schrecken um des Menschenblutes willen und um des Frevels willen, begangen am Lande und an der Stadt und an allen, die darin wohnen.
18 Was wird dann das Bild helfen, das sein Meister gebildet hat, und das gegossene Bild, das da Lügen lehrt? Dennoch verläßt sich sein Meister darauf, obgleich er nur stumme Götzen macht.
19 Weh dem, der zum Holz spricht: Wach auf! und zum stummen Steine: Steh auf! Wie sollte ein Götze lehren können? Siehe, er ist mit Gold und Silber überzogen, und kein Odem ist in ihm.
20 Aber **der HERR ist in seinem heiligen Tempel. Es sei vor ihm stille alle Welt!**

Der Psalm Habakuks

3 Dies ist das Gebet des Propheten Habakuk, nach Art eines Klageliedes:
2 HERR, ich habe die Kunde von dir gehört, ich habe dein Werk gesehen, HERR! Mache es lebendig in naher Zeit, und laß es kundwerden in naher Zeit. Im Zorne denke an Barmherzigkeit!
3 Gott kam von Teman und der Heilige vom Gebirge Paran. SELA. Seines Lobes war der Himmel voll, und seiner Ehre war die Erde voll.
4 Sein Glanz war wie Licht; Strahlen gingen aus von seinen Händen. Darin war verborgen seine Macht.
5 Pest ging vor ihm her, und Seuche folgte, wo er hintrat.
6 Er stand auf und ließ erbeben die Erde; er schaute und ließ erzittern die Heiden. Zerschmettert wurden die uralten Berge, und bücken mußten sich die uralten Hügel, als er wie vor alters einherzog.
7 Ich sah die Hütten von Kuschan in Not und die Zelte der Midianiter betrübt.
8 Warst du zornig, HERR, auf die Flut? Entbrannte dein Grimm wider die Wasser und dein Zorn wider das Meer, als du auf deinen Rossen rittest und deine Wagen den Sieg behielten?
9 Du zogest deinen Bogen hervor, legtest die Pfeile auf deine Sehne. SELA. Du spaltetest das Land, daß Ströme flossen,
10 die Berge sahen dich, und ihnen ward bange. Der Wasserstrom fuhr dahin, die Tiefe ließ sich hören. Ihren Aufgang vergaß die Sonne,
11 und der Mond stand still; beim Glänzen deiner Pfeile verblassen sie, beim Leuchten deines blitzenden Speeres.
12 Du zertratest das Land im Zorn und zerdroschest die Heiden im Grimm.
13 Du zogest aus, deinem Volk zu helfen, zu helfen deinem Gesalbten. Du zerschlugst das Dach vom Hause des Gottlosen und entblößtest die Grundfeste bis auf den Fels. SELA.
14 Du durchbohrtest mit seinen Pfeilen sein Haupt, seine Scharen zerstoben wie Spreu, denn ihre Freude war, zu zerstreuen und zu fressen den Elenden im Verborgenen.
15 Du tratest nieder seine Rosse im Meer, im Schlamm der Wasserfluten.
16 Weil ich solches höre, bebt mein Leib, meine Lippen zittern von dem Geschrei. Fäulnis fährt in meine Gebeine, und meine Knie beben. Aber ich will harren auf die Zeit der Trübsal, daß sie heraufziehe über das Volk, das uns angreift.
17 Da wird der Feigenbaum nicht grünen, und es wird kein Gewächs sein an den Weinstöcken. Der Ertrag des Ölbaums bleibt aus, und die Äcker bringen keine Nahrung; Schafe werden aus den Hürden gerissen, und in den Ställen werden keine Rinder sein.
18 Aber **ich will mich freuen des HERRN und fröhlich sein in Gott, meinem Heil.**
19 Denn der HERR ist meine Kraft, er wird meine Füße machen wie Hirschfüße und wird mich über die Höhen führen.

VORZUSINGEN, BEIM SAITENSPIEL.

DER PROPHET ZEPHANJA

Der Tag des Zornes Gottes

1 Dies ist das Wort des HERRN, das geschah zu Zephanja, dem Sohn Kuschis, des Sohnes Gedaljas, des Sohnes Amarjas, des Sohnes Hiskias, zur Zeit Josias, des Sohnes Amons, des Königs von Juda.
2 Ich will alles vom Erdboden wegraffen, spricht der HERR.
3 Ich will Mensch und Vieh, die Vögel des Himmels und die Fische im Meer wegraffen; ich will zu Fall bringen die Gottlosen, ja, ich will die Menschen ausrotten vom Erdboden, spricht der HERR.
4 Ich will meine Hand ausstrecken gegen Juda und gegen alle, die in Jerusalem wohnen, und will ausrotten von dieser Stätte, was vom Baal noch übrig ist, dazu den Namen der Götzenpfaffen und Priester
5 und die auf den Dächern anbeten des Himmels Heer, die es anbeten und schwören doch bei dem HERRN und zugleich bei Milkom
6 und die vom HERRN abfallen und die nach dem HERRN nichts fragen und ihn nicht achten.
7 Seid stille vor Gott dem HERRN, denn des HERRN Tag ist nahe; denn der HERR hat ein Schlachtopfer zubereitet und seine Gäste dazu geladen.
8 Und am Tage des Schlachtopfers des HERRN will ich heimsuchen die Oberen und die Söhne des Königs und alle, die ein fremdländisches Gewand tragen.
9 Auch will ich zur selben Zeit die heimsuchen, die über die Schwelle springen, die ihres Herrn Haus füllen mit Rauben und Trügen.
10 Zur selben Zeit, spricht der HERR, wird sich ein lautes Geschrei erheben vom Fischtor her und ein Geheul von der Neustadt und ein großer Jammer von den Hügeln.
11 Heulet, die ihr im «Mörser» wohnt; denn das ganze Krämervolk ist dahin, und alle, die Geld wechseln, sind ausgerottet.
12 Zur selben Zeit will ich Jerusalem mit der Lampe durchsuchen und aufschrecken die Leute, die sich durch nichts aus der Ruhe bringen lassen und sprechen in ihrem Herzen: Der HERR wird weder Gutes noch Böses tun.
13 Ihre Güter sollen zum Raub werden und ihre Häuser verwüstet. Sie werden Häuser bauen und nicht darin wohnen, sie werden Weinberge pflanzen und keinen Wein davon trinken.
14 Des HERRN großer Tag ist nahe, er ist nahe und eilt sehr. Horch, der bittere Tag des HERRN! Da werden die Starken schreien.
15 Denn dieser Tag ist ein Tag des Grimmes, ein Tag der Trübsal und der Angst, ein Tag des Wetters und des Ungestüms, ein Tag der Finsternis und des Dunkels, ein Tag der Wolken und des Nebels,
16 ein Tag der Posaune und des Kriegsgeschreis gegen die festen Städte und die hohen Zinnen.
17 Und ich will die Menschen ängstigen, daß sie umhergehen sollen wie die Blinden, weil sie wider den HERRN gesündigt haben. Ihr Blut soll vergossen werden, als wäre es Staub, und ihre Eingeweide sollen weggeworfen werden, als wären sie Kot.
18 Es wird sie ihr Silber und Gold nicht erretten können am Tage des Zorns des HERRN, sondern das ganze Land soll durch das Feuer seines Grimms verzehrt werden; denn er wird plötzlich ein Ende machen mit allen, die im Lande wohnen.

Mahnung zur Demut

2 Sammelt euch und kommt her, du Volk, das keine Scham kennt,
2 ehe denn ihr werdet wie Spreu, die vom Winde dahinfährt; ehe denn des HERRN grimmiger Zorn über euch kommt; ehe der Tag des Zorns des HERRN über euch kommt!
3 Suchet den HERRN, alle ihr Elenden im Lande, die ihr seine Rechte haltet! Suchet Gerechtigkeit, suchet Demut!

Vielleicht könnt ihr euch bergen am Tage
des Zorns des HERRN!
4 Denn Gaza wird verlassen und Aska-
lon verwüstet werden. Asdod soll am
Mittag vertrieben und Ekron ausgewur-
zelt werden.
5 Weh denen, die am Meer hin wohnen,
dem Volk der Krether! Des HERRN Wort
wird über euch kommen, du Kanaan, der
Philister Land; ich will dich umbringen,
daß niemand mehr da wohnen soll.
6 Dann sollen am Meer hin Hirtenfelder
und Schafhürden sein.
7 Und das Land am Meer soll den
Übriggebliebenen vom Hause Juda zuteil
werden, daß sie darauf weiden, und am
Abend sollen sie sich in den Häusern von
Askalon lagern, wenn nun der HERR, ihr
Gott, sie wiederum heimsuchen und ihre
Gefangenschaft wenden wird.
8 Ich habe das Schmähen Moabs und
das Lästern der Ammoniter gehört, wo-
mit sie mein Volk geschmäht und gegen
sein Land großgetan haben.
9 Wohlan, so wahr ich lebe! spricht der
HERR Zebaoth, der Gott Israels: Moab
soll wie Sodom und die Ammoniter wie
Gomorra werden, ein Unkrautfeld und
eine Salzgrube und ewige Wüste. Die
Übriggebliebenen meines Volks sollen
sie berauben, und der Rest von meinem
Volk soll sie beerben.
10 Das soll ihnen begegnen für ihre Hof-
fart, weil sie das Volk des HERRN Zebaoth
geschmäht und gegen es großgetan haben.
11 Heilig wird über ihnen der HERR
sein; denn er wird alle Götter auf Erden
vertilgen, und es sollen ihn anbeten alle
Inseln der Heiden, ein jeder an seiner
Stätte.
12 Auch ihr Kuschiter sollt durch mein
Schwert erschlagen werden.
13 Und der Herr wird seine Hand aus-
strecken nach Norden und Assur um-
bringen. Ninive wird er öde machen, dürr
wie eine Wüste,
14 daß Herden sich darin lagern werden,
allerlei Tiere des Feldes. Auch Rohrdom-
meln und Eulen werden wohnen in ihren
Säulenknäufen, das Käuzchen wird im
Fenster schreien und auf der Schwelle der
Rabe.
15 Das ist die fröhliche Stadt, die so
sicher wohnte und in ihrem Herzen
sprach: «Ich bin's, und sonst keine mehr.»
Wie ist sie so wüst geworden, daß Tiere
darin lagern! Wer vorübergeht, pfeift über
sie und klatscht in die Hände.

Drohung gegen das gottlose Jerusalem. Verheißung für das arme und geringe Volk in Israel

3 Weh der widerspenstigen, befleckten,
tyrannischen Stadt!
2 Sie will nicht gehorchen noch sich zu-
rechtweisen lassen; sie will auf den HERRN
nicht trauen noch sich zu ihrem Gott hal-
ten.
3 Ihre Oberen sind brüllende Löwen und
ihre Richter Wölfe am Abend, die nichts
bis zum Morgen übriglassen.
4 Ihre Propheten sind leichtfertig und
voll Trug; ihre Priester entweihen das Hei-
ligtum und deuten das Gesetz freventlich.
5 Der HERR handelt gerecht in ihrer
Mitte und tut kein Arges. Er bringt alle
Morgen sein Recht ans Licht, und es
bleibt nicht aus; aber der Frevler kennt
keine Scham.
6 Ich habe Völker ausgerottet, ihre Bur-
gen verwüstet und ihre Gassen so leer ge-
macht, daß niemand darauf geht; ihre
Städte sind zerstört, daß niemand mehr
darin wohnt.
7 Ich sprach: Mich sollst du fürchten
und dich zurechtweisen lassen –, so würde
ihre Wohnung nicht ausgerottet und
nichts von allem kommen, womit ich sie
heimsuchen wollte. Aber sie sind von
jeher eifrig dabei, alles Böse zu tun.
8 Darum wartet auf mich, spricht der
HERR, bis auf den Tag, an dem ich zum
letzten Gericht auftrete; denn mein Be-
schluß ist es, die Völker zu versammeln
und die Königreiche zusammenzubringen,
um meinen Zorn über sie auszuschütten,
ja, alle Glut meines Grimmes; denn alle
Welt soll durch meines Eifers Feuer ver-
zehrt werden.
9 Dann aber will ich den Völkern reine
Lippen geben, daß sie alle des HERRN
Namen anrufen sollen und ihm einträch-
tig dienen.
10 Von jenseits der Ströme von Kusch
werden meine Anbeter, mein zerstreutes
Volk, mir Geschenke bringen.
11 Zur selben Zeit wirst du dich all dei-
ner Taten nicht mehr zu schämen brau-

chen, mit denen du dich gegen mich
empört hast; denn ich will deine stolzen
Prahler von dir tun, und du wirst dich
nicht mehr überheben auf meinem heili-
gen Berge.
12 **Ich will in dir übrig lassen ein armes
und geringes Volk; die werden auf des
HERRN Namen trauen.**
13 Und diese Übriggebliebenen in Israel
werden nichts Böses tun noch Lüge reden,
und man wird in ihrem Munde keine be-
trügerische Zunge finden, sondern sie
sollen weiden und lagern ohne alle Furcht.
14 Jauchze, du Tochter Zion! Froh-
locke, Israel! Freue dich und sei fröhlich
von ganzem Herzen, du Tochter Jerusa-
lem!
15 Denn der HERR hat deine Strafe weg-
genommen und deine Feinde abgewendet.
Der HERR, der König Israels, ist bei dir,
daß du dich vor keinem Unheil mehr
fürchten mußt.
16 Zur selben Zeit wird man sprechen
zu Jerusalem: Fürchte dich nicht, Zion!
Laß deine Hände nicht sinken!
17 Denn der HERR, dein Gott, ist bei
dir, ein starker Heiland. Er wird sich über
dich freuen und dir freundlich sein, er
wird dir vergeben in seiner Liebe und
wird über dich mit Jauchzen fröhlich sein.
18 Wie an einem festlichen Tage nehme
ich von dir hinweg das Unheil, daß du
seinetwegen keine Schmach mehr trägst.
19 Siehe, zur selben Zeit will ich mit
allen denen ein Ende machen, die dich be-
drängen, und will den Hinkenden helfen
und die Zerstreuten sammeln und will sie
zu Lob und Ehren bringen in allen Lan-
den, wo man sie verachtet.
20 Zur selben Zeit will ich euch heim-
bringen und euch zur selben Zeit sam-
meln; denn ich will euch zu Lob und
Ehren bringen unter allen Völkern auf
Erden, wenn ich eure Gefangenschaft
wenden werde vor euren Augen, spricht
der HERR.

DER PROPHET HAGGAI

Aufruf zum Tempelbau

1 Im zweiten Jahr des Königs Darius, im
sechsten Monat, am ersten Tage des
Monats, geschah des HERRN Wort durch
den Propheten Haggai zu Serubabel, dem
Sohn Sealthiëls, dem Statthalter von Juda,
und zu Josua, dem Sohn Jozadaks, dem
Hohenpriester:
2 So spricht der HERR Zebaoth: Dies
Volk spricht: Die Zeit ist noch nicht da,
daß man des HERRN Haus baue.
3 Und des HERRN Wort geschah durch
den Propheten Haggai:
4 Aber eure Zeit ist da, daß ihr in ge-
täfelten Häusern wohnt, und dies Haus
muß wüst stehen!
5 Nun, so spricht der HERR Zebaoth:
Achtet doch darauf, wie es euch geht:
6 Ihr säet viel und bringt wenig ein; ihr
eßt und werdet doch nicht satt; ihr trinkt
und bleibt doch durstig; ihr kleidet euch
und könnt euch doch nicht erwärmen;
und wer Geld verdient, der legt's in einen
löchrigen Beutel.
7 So spricht der HERR Zebaoth: Achtet
doch darauf, wie es euch geht!
8 Geht hin auf das Gebirge und holt
Holz und baut das Haus! Das soll mir an-
genehm sein, und ich will meine Herrlich-
keit erweisen, spricht der HERR.
9 Denn ihr erwartet wohl viel, aber
siehe, es wird wenig; und wenn ihr's schon
heimbringt, so blase ich's weg. Warum
das? spricht der HERR Zebaoth. Weil
mein Haus so wüst dasteht und ein jeder
nur eilt, für **sein** Haus zu sorgen.
10 Darum hat der Himmel über euch
den Tau zurückgehalten und das Erd-
reich sein Gewächs.
11 Und ich habe die Dürre gerufen über
Land und Berge, über Korn, Wein, Öl und
über alles, was aus der Erde kommt, auch
über Mensch und Vieh und über alle
Arbeit der Hände.
12 Da gehorchten Serubabel, der Sohn

Sealthiëls, und Josua, der Sohn Jozadaks,
der Hohepriester, und alle übrigen vom
Volk der Stimme des HERRN, ihres Got-
tes, und den Worten des Propheten Hag-
gai, wie ihn der HERR, ihr Gott, gesandt
hatte; und das Volk fürchtete sich vor dem
HERRN.
13 Da sprach Haggai, der Bote des
HERRN, der beauftragt war mit der Bot-
schaft des HERRN an das Volk: Ich bin mit
euch, spricht der HERR.
14 Und der HERR erweckte den Geist
Serubabels, des Sohnes Sealthiëls, des
Statthalters von Juda, und den Geist
Josuas, des Sohnes Jozadaks, des Hohen-
priesters, und den Geist aller übrigen vom
Volk, daß sie kamen und arbeiteten am
Hause des HERRN Zebaoth, ihres Gottes,
15 °am vierundzwanzigsten Tage des
sechsten Monats im zweiten Jahr des
Königs Darius.

Weissagung von der künftigen Herrlichkeit des Tempels

2 °Am einundzwanzigsten Tage des
siebenten Monats geschah des HERRN
Wort durch den Propheten Haggai:
2 Sage zu Serubabel, dem Sohn Sealthi-
ëls, dem Statthalter von Juda, und zu Josua,
dem Sohn Jozadaks, dem Hohenpriester,
und zu den übrigen vom Volk und sprich:
3 Wer ist unter euch noch übrig, der
dies Haus in seiner früheren Herrlichkeit
gesehen hat? Und wie seht ihr's nun?
Sieht es nicht wie nichts aus?
4 Aber nun, Serubabel, sei getrost,
spricht der HERR, sei getrost, Josua, du
Sohn Jozadaks, du Hoherpriester! Sei ge-
trost, alles Volk im Lande, spricht der
HERR, und arbeitet! Denn ich bin mit
euch, spricht der HERR Zebaoth,
5 nach dem Wort, das ich euch zusagte,
als ihr aus Ägypten zogt; und mein Geist
soll unter euch bleiben. Fürchtet euch nicht!
6 Denn so spricht der HERR Zebaoth:
Es ist nur noch eine kleine Weile, so werde
ich Himmel und Erde, das Meer und das
Trockene erschüttern.
7 Ja, alle Heiden will ich erschüttern.
Da sollen dann kommen aller Völker
Kostbarkeiten, und ich will dies Haus
voll Herrlichkeit machen, spricht der
HERR Zebaoth.
8 Denn mein ist das Silber, und mein
ist das Gold, spricht der HERR Zebaoth.
9 Es soll die Herrlichkeit dieses neuen
Hauses größer werden, als die des ersten
gewesen ist, spricht der HERR Zebaoth;
und ich will Frieden geben an dieser
Stätte, spricht der HERR Zebaoth.

Können unheilige Menschen den Tempel bauen?

10 Am vierundzwanzigsten Tage des
neunten Monats, im zweiten Jahr des
Darius, geschah des HERRN Wort zu dem
Propheten Haggai:
11 So spricht der HERR Zebaoth: Frage
die Priester nach dem Gesetz und sprich:
12 Wenn jemand heiliges Fleisch trüge
im Zipfel seines Kleides und berührte da-
nach mit seinem Zipfel Brot, Gekochtes,
Wein, Öl oder was es für Speise wäre,
würde es auch heilig? Und die Priester
antworteten und sprachen: Nein.
13 Haggai sprach: Wenn aber jemand
durch Berührung eines Toten unrein wäre
und eins davon anrührte, würde es auch
unrein? Die Priester antworteten und
sprachen: Es würde unrein.
14 Da antwortete Haggai und sprach:
Ebenso ist es mit diesem Volk und mit
diesen Leuten vor mir, spricht der HERR,
und auch mit allem Werk ihrer Hände;
und was sie dort opfern, ist unrein.

Ermutigung zum Weiterbau des Tempels

15 Und jetzt achtet doch darauf, wie es
euch gehen wird von diesem Tage an und
fernerhin! Wie ging es euch denn, bevor
ein Stein auf den andern gelegt war am
Tempel des HERRN?
16 Wenn einer zum Kornhaufen kam,
der zwanzig Maß haben sollte, so waren
kaum zehn da; kam er zur Kelter und
meinte, fünfzig Eimer zu schöpfen, so
waren kaum zwanzig da.
17 Ich plagte euch mit Dürre, Getreide-
brand und Hagel in all eurer Arbeit; den-
noch bekehrtet ihr euch nicht zu mir,
spricht der HERR.
18 Nun aber achtet doch darauf, wie es
euch ergehen wird von diesem Tag an und
fernerhin – vom vierundzwanzigsten Tage
des neunten Monats an –, nämlich von
dem Tag an, da der Tempel des HERRN
gegründet ist! Achtet darauf,
19 ob noch der Same in der Scheune

dahinschwindet und ob Weinstock, Feigenbaum, Granatbaum und Ölbaum noch nicht tragen! Von diesem Tage an will ich Segen geben.

Serubabel – ein Siegelring Gottes

20 Und des HERRN Wort geschah zum zweitenmal am vierundzwanzigsten Tage des Monats zu Haggai:

21 Sage Serubabel, dem Statthalter von Juda: Ich will Himmel und Erde erschüttern

22 und will die Throne der Königreiche umstürzen und die mächtigen Königreiche der Heiden vertilgen und will umwerfen die Wagen und die darauf fahren; Roß und Reiter sollen fallen, ein jeder durch des andern Schwert.

23 Zur selben Zeit, spricht der HERR Zebaoth, will ich dich, Serubabel, du Sohn Sealthiëls, meinen Knecht, nehmen, spricht der HERR, und dich wie einen Siegelring halten; denn ich habe dich erwählt, spricht der HERR Zebaoth.

DER PROPHET SACHARJA

Die Geschichte der Väter mahnt zur Buße

1 Im achten Monat des zweiten Jahrs des Königs Darius geschah das Wort des HERRN zu Sacharja, dem Sohn Berechjas, des Sohnes Iddos, dem Propheten:

2 Der HERR ist zornig gewesen über eure Väter.

3 Aber sprich zum Volk: So spricht der HERR Zebaoth: Kehrt euch zu mir, spricht der HERR Zebaoth, so will ich mich zu euch kehren, spricht der HERR Zebaoth.

4 Seid nicht wie eure Väter, denen die früheren Propheten predigten und sprachen: «So spricht der HERR Zebaoth: Kehrt um von euren bösen Wegen und von eurem bösen Tun!», aber sie gehorchten nicht und achteten nicht auf mich, spricht der HERR.

5 Wo sind nun eure Väter? Und die Propheten, leben sie noch?

6 Aber haben nicht meine Worte und meine Gebote, die ich durch meine Knechte, die Propheten, gab, eure Väter getroffen, daß sie haben umkehren müssen und sagen: «Wie der HERR Zebaoth vorhatte, uns zu tun nach unsern Wegen und Taten, so hat er uns auch getan»?

Die erste Vision:
Der Mann auf dem roten Pferd

7 Am vierundzwanzigsten Tage des elften Monats – das ist der Monat Sebat – im zweiten Jahr des Königs Darius geschah das Wort des HERRN zu Sacharja, dem Sohn Berechjas, des Sohnes Iddos, dem Propheten:

8 Ich sah in dieser Nacht, und siehe, ein Mann saß auf einem roten Pferde, und er hielt zwischen den Myrten im Talgrund, und hinter ihm waren rote, braune und weiße Pferde.

9 Und ich sprach: Mein Herr, wer sind diese? Und der Engel, der mit mir redete, sprach zu mir: Ich will dir zeigen, wer diese sind.

10 Und der Mann, der zwischen den Myrten hielt, antwortete: Diese sind's, die der HERR ausgesandt hat, die Lande zu durchziehen.

11 Sie aber antworteten dem Engel des HERRN, der zwischen den Myrten hielt, und sprachen: Wir haben die Lande durchzogen, und siehe, alle Lande liegen ruhig und still.

12 Da hob der Engel des HERRN an und sprach: HERR Zebaoth, wie lange noch willst du dich nicht erbarmen über Jerusalem und über die Städte Judas, über die du zornig bist schon siebzig Jahre?

13 Und der HERR antwortete dem Engel, der mit mir redete, freundliche Worte und tröstliche Worte.

14 Und der Engel, der mit mir redete, sprach zu mir: Predige und sprich: So spricht der HERR Zebaoth: Ich eifere für Jerusalem und Zion mit großem Eifer

15 und bin sehr zornig über die stolzen

Völker; denn ich war nur ein wenig zornig,
sie aber halfen zum Verderben.
16 Darum spricht der HERR: Ich will
mich wieder Jerusalem zuwenden mit
Barmherzigkeit, und mein Haus soll darin
wieder aufgebaut werden, spricht der
HERR Zebaoth, und die Meßschnur soll
über Jerusalem gespannt werden.
17 Und weiter predige und sprich: So
spricht der HERR Zebaoth: Es sollen meine Städte wieder Überfluß haben an Gutem, und der HERR wird Zion wieder trösten und wird Jerusalem wieder erwählen.

Die zweite Vision:
Die vier Hörner und die vier Schmiede

2 °Und ich hob meine Augen auf und sah, und siehe, da waren vier Hörner.
2 Und ich sprach zu dem Engel, der mit
mir redete: Wer sind diese? Er sprach zu
mir: Es sind die Hörner, die Juda, das ist
Israel, und Jerusalem zerstreut haben.
3 Und der HERR zeigte mir vier Schmiede.
4 Da sprach ich: Was wollen die machen? Er sprach: Jene sind die Hörner, die Juda so zerstreut haben, daß niemand sein Haupt hat erheben können; diese aber sind gekommen, jene abzuschrecken und die Hörner der Völker abzuschlagen, die ihr Horn gegen das Land Juda erhoben haben, um es zu zerstreuen.

Die dritte Vision:
Der Mann mit der Meßschnur

5 Und ich hob meine Augen auf und
sah, und siehe, ein Mann hatte eine Meßschnur in der Hand.
6 Und ich sprach: Wo gehst du hin? Er
sprach zu mir: Jerusalem auszumessen
und zu sehen, wie lang und breit es werden soll.
7 Und siehe, der Engel, der mit mir
redete, stand da, und ein anderer Engel
ging heraus ihm entgegen
8 und sprach zu ihm: Lauf hin und sage
diesem jungen Mann: Jerusalem soll ohne
Mauern bewohnt werden wegen der großen Menge der Menschen und des Viehs, die darin sein wird.
9 Doch ich will, spricht der HERR, eine
feurige Mauer rings um sie her sein und
will mich herrlich darin erweisen.

Die neue Zeit für Israel und die Völker

10 Auf, auf! Flieht aus dem Lande des
Nordens! spricht der HERR; denn ich habe
euch in die vier Winde unter dem Himmel
zerstreut, spricht der HERR.
11 Auf, Zion, die du wohnst bei der
Tochter Babel, entrinne!
12 Denn so spricht der HERR Zebaoth,
der mich gesandt hat, über die Völker, die
euch beraubt haben: Wer euch antastet,
der tastet meinen Augapfel an.
13 Denn siehe, ich will meine Hand über
sie schwingen, daß sie eine Beute derer
werden sollen, die ihnen haben dienen
müssen. – Und ihr sollt erkennen, daß
mich der HERR Zebaoth gesandt hat.
14 **Freue dich und sei fröhlich, du Tochter
Zion! Denn siehe, ich komme und will bei
dir wohnen,** spricht der HERR.
15 Und es sollen zu der Zeit viele Völker
sich zum HERRN wenden und sollen mein
Volk sein, und ich will bei dir wohnen. –
Und du sollst erkennen, daß mich der
HERR Zebaoth zu dir gesandt hat.
16 Und der HERR wird Juda in Besitz nehmen als sein Erbteil in dem heiligen Lande und wird Jerusalem wieder erwählen.
17 Alles Fleisch sei stille vor dem
HERRN; denn er hat sich aufgemacht von
seiner heiligen Stätte!

Die vierte Vision: Der Hohepriester Josua

3 Und er ließ mich sehen den Hohenpriester Josua, wie er vor dem Engel des HERRN stand, und der Satan stand zu seiner Rechten, um ihn zu verklagen.
2 Und der Engel des HERRN sprach zu
dem Satan: Der HERR schelte dich, du Satan! Ja, der HERR, der Jerusalem erwählt hat, schelte dich! Ist dieser nicht ein Brandscheit, das aus dem Feuer gerettet ist?
3 Josua aber hatte unreine Kleider an
und stand vor dem Engel,
4 der anhob und sprach zu denen, die
vor ihm standen: Tut die unreinen Kleider
von ihm! Und er sprach zu ihm: Sieh her,
ich nehme deine Sünde von dir und lasse
dir Feierkleider anziehen.
5 Und er sprach: Setzt ihm einen reinen
Kopfbund auf das Haupt! Und sie setzten
ihm einen reinen Kopfbund auf das Haupt
und zogen ihm reine Kleider an, und der
Engel des HERRN stand dabei.

6 Und der Engel des HERRN bezeugte es Josua und sprach:

7 So spricht der HERR Zebaoth: Wirst du in meinen Wegen wandeln und meinen Dienst recht versehen, so sollst du mein Haus regieren und meine Vorhöfe bewahren. Und ich will dir Zugang zu mir geben mit diesen, die hier stehen.

8 Höre nun, Josua, du Hoherpriester: Du und deine Brüder, die vor dir sitzen, sind miteinander ein Zeichen; denn siehe, ich will meinen Knecht, «den Sproß», kommen lassen.

9 Siehe, auf dem einen Stein, den ich vor Josua hingelegt habe, sind sieben Augen. Siehe, ich will auf ihm eine Inschrift eingraben, spricht der HERR Zebaoth, und will die Sünde des Landes wegnehmen an einem einzigen Tag.

10 Zu derselben Zeit, spricht der HERR Zebaoth, wird einer den andern einladen unter den Weinstock und unter den Feigenbaum.

Die fünfte Vision: Der goldene Leuchter und die zwei Ölbäume

4 Und der Engel, der mit mir redete, weckte mich abermals auf, wie man vom Schlaf erweckt wird,

2 und sprach zu mir: Was siehst du? Ich aber sprach: Ich sehe, und siehe, da steht ein Leuchter, ganz aus Gold, mit einer Schale oben darauf, auf der sieben Lampen sind und sieben Schnauzen an jeder Lampe,

3 und zwei Ölbäume dabei, einer zu seiner Rechten, der andere zu seiner Linken.

4 Und ich hob an und sprach zu dem Engel, der mit mir redete: Mein Herr, was ist das?

5 Und der Engel, der mit mir redete, antwortete und sprach zu mir: Weißt du nicht, was das ist? Ich aber sprach: Nein, mein Herr.

Verheißung über Serubabel

6 Und er antwortete und sprach zu mir: Das ist das Wort des HERRN an Serubabel: **Es soll nicht durch Heer oder Kraft, sondern durch meinen Geist geschehen,** spricht der HERR Zebaoth.

7 Wer bist du, du großer Berg, der du doch vor Serubabel zur Ebene werden mußt? Er wird hervorholen den Schlußstein, so daß man rufen wird: Glück zu! Glück zu!

8 Und es geschah zu mir das Wort des HERRN:

9 Die Hände Serubabels haben dies Haus gegründet, seine Hände sollen's auch vollenden, damit ihr erkennt, daß mich der HERR Zebaoth zu euch gesandt hat.

10 Denn wer immer den Tag des geringen Anfangs verachtet hat, wird doch mit Freuden sehen den Schlußstein in Serubabels Hand.

Jene sieben sind des HERRN Augen, die alle Lande durchziehen.*

Deutung der fünften Vision

11 Und ich hob an und sprach zu ihm: Was sind die zwei Ölbäume zur Rechten und zur Linken des Leuchters?

12 Und ich sprach weiter zu ihm: Was sind die beiden Zweige der Ölbäume bei den zwei goldenen Röhren, aus denen das goldene Öl herabfließt?

13 Und er sprach zu mir: Weißt du nicht, was sie sind? Ich aber sprach: Nein, mein Herr.

14 Und er sprach: Es sind die zwei Gesalbten, die vor dem Herrscher aller Lande stehen.

Die sechste Vision: Die fliegende Schriftrolle

5 Und ich hob meine Augen abermals auf und sah, und siehe, da war eine fliegende Schriftrolle.

2 Und er sprach zu mir: Was siehst du? Ich aber sprach: Ich sehe eine fliegende Schriftrolle, die ist zwanzig Ellen lang und zehn Ellen breit.

3 Und er sprach zu mir: Das ist der Fluch, der ausgeht über das ganze Land; denn alle Diebe werden nach dieser Schrift von hier ausgefegt und alle Meineidigen werden nach dieser Schrift von hier ausgefegt.

4 Ich will ihn ausgehen lassen, spricht der HERR Zebaoth, daß er kommen soll über das Haus des Diebes und über das Haus dessen, der bei meinem Namen falsch schwört. Und er soll in dem Haus bleiben und soll's verzehren samt seinem Holz und seinen Steinen.

*Dieser Satz gehört wohl zu Kap 3,9.

Die siebente Vision: Die Frau in der Tonne

5 Und der Engel, der mit mir redete,
trat hervor und sprach zu mir: Hebe deine
Augen auf und sieh! Was kommt da her-
vor?
6 Und ich sprach: Was ist das? Er aber
sprach: Das ist eine Tonne, die da hervor-
kommt – und sprach weiter: Das ist die
Sünde im ganzen Lande.
7 Und siehe, es hob sich der Deckel aus
Blei, und da war eine Frau, die saß in der
Tonne.
8 Er aber sprach: Das ist die Gottlosig-
keit. Und er stieß sie in die Tonne und
warf den Deckel aus Blei oben auf die
Öffnung.
9 Und ich hob meine Augen auf und
sah, und siehe, zwei Frauen traten heran
und hatten Flügel, die der Wind trieb – es
waren aber Flügel wie Storchenflügel –,
und sie trugen die Tonne zwischen Erde
und Himmel dahin.
10 Und ich sprach zum Engel, der mit
mir redete: Wo tragen diese die Tonne hin?
11 Er aber sprach zu mir: Daß ihr ein
Tempel gebaut werde im Lande Sinear
und sie dort aufgestellt werde.

Die achte Vision: Die vier Wagen

6 Und ich hob meine Augen abermals auf
und sah, und siehe, da waren vier Wa-
gen, die kamen zwischen den zwei Bergen
hervor; die Berge aber waren aus Kupfer.
2 Am ersten Wagen waren rote Rosse,
am zweiten Wagen waren schwarze Rosse,
3 am dritten Wagen waren weiße Rosse,
am vierten Wagen waren scheckige Rosse,
allesamt stark.
4 Und ich hob an und sprach zum Engel,
der mit mir redete: Mein Herr, wer sind
diese?
5 Der Engel antwortete und sprach zu
mir: Es sind die vier Winde unter dem
Himmel, die hervorkommen, nachdem sie
gestanden haben vor dem Herrscher aller
Lande.
6* Die schwarzen Rosse ziehen nach
Norden, die weißen ziehen nach Westen
und die scheckigen ziehen nach Süden.
7 Und die starken Rosse wollten sich
aufmachen, um die Lande zu durchziehen.
Und er sprach: Geht hin und durchzieht
die Lande! Und sie durchzogen die Lande.
8 Und er rief mich an und redete mit
mir und sprach: Sieh, die nach Norden
ziehen, lassen meinen Geist ruhen im
Lande des Nordens.

Die Krönung Josuas

9 Und des HERRN Wort geschah zu mir:
10 Nimm von den Weggeführten, von
Heldai und von Tobia und von Jedaja,
die von Babel gekommen sind, und geh
an diesem selben Tage ins Haus Josias,
des Sohnes Zephanjas,
11 nimm von ihnen Silber und Gold und
mache Kronen und kröne das Haupt Jo-
suas, des Hohenpriesters, des Sohnes Jo-
zadaks,
12 und sprich zu ihm: So spricht der
HERR Zebaoth: Siehe, es ist ein Mann,
der heißt «Sproß»; denn unter ihm wird's
sprossen, und er wird bauen des HERRN
Tempel.
13 Ja, den Tempel des HERRN wird er
bauen, und er wird herrlich geschmückt
sein und wird sitzen und herrschen auf
seinem Thron. Und ein Priester wird sein
zu seiner Rechten, und es wird Friede
sein zwischen den beiden.
14 Und die Kronen sollen zum Anden-
ken an Heldai, Tobia, Jedaja und den
Sohn Zephanjas im Tempel des HERRN
bleiben.
15 Und es werden kommen von ferne, die
am Tempel des HERRN bauen werden. Da
werdet ihr erkennen, daß mich der HERR
Zebaoth zu euch gesandt hat; und das soll
geschehen, wenn ihr gehorchen werdet der
Stimme des HERRN, eures Gottes.

Am bloßen Fasten hat Gott kein Gefallen

7 Und es geschah im vierten Jahr des
Königs Darius am vierten Tag des
neunten Monats, der Kislew heißt, daß
des HERRN Wort zu Sacharja geschah.
2 Damals sandte Bethel den Sarezer und
den Regem-Melech mit seinen Leuten,
um den HERRN anzuflehen,
3 und ließ die Priester, die zum Hause
des HERRN Zebaoth gehörten, und die
Propheten fragen: Muß ich immer noch
im fünften Monat weinen und Fasten hal-
ten, wie ich es nun so viele Jahre getan
habe?

*Vermutlich ist ausgefallen: «Die roten Rosse ziehen nach Osten.»

4 Und des HERRN Zebaoth Wort ge-
schah zu mir:
5 Sage allem Volk im Lande und den
Priestern und sprich: Als ihr fastetet und
Leid trugt im fünften und siebenten Mo-
nat diese siebzig Jahre lang, habt ihr da
für mich gefastet?
6 Und wenn ihr eßt und trinkt, eßt und
trinkt ihr da nicht für euch selbst?

Gottes Gericht über die Unbrüderlichkeit

7 Ist's nicht das, was der HERR durch
die früheren Propheten predigen ließ, als
Jerusalem bewohnt war und Frieden hatte
samt seinen Städten ringsum und Leute
im Südland und im Hügelland wohn-
ten
8 – und des HERRN Wort geschah zu
Sacharja –,
9 daß der HERR Zebaoth sprach: Rich-
tet recht, und **ein jeder erweise seinem Bru-
der Güte und Barmherzigkeit,**
10 **und tut nicht Unrecht den Witwen,
Waisen, Fremdlingen und Armen, und denke
keiner gegen seinen Bruder etwas Arges in
seinem Herzen!**
11 Aber sie wollten nicht aufmerken und
kehrten mir den Rücken zu und verstock-
ten ihre Ohren, um nicht zu hören,
12 und machten ihre Herzen hart wie
Diamant, damit sie nicht hörten das Ge-
setz und die Worte, die der HERR Zebaoth
durch seinen Geist sandte durch die frühe-
ren Propheten. Daher ist so großer Zorn
vom HERRN Zebaoth gekommen.
13 Und es ist so ergangen: Gleichwie ge-
predigt wurde und sie nicht hörten, so
wollte ich auch nicht hören, als sie riefen,
spricht der HERR Zebaoth.
14 Darum habe ich sie zerstreut unter
alle Heiden, die sie nicht kannten, und
das Land blieb verwüstet hinter ihnen
liegen, so daß niemand mehr darin hin-
und herzog; so haben sie das liebliche
Land zur Wüste gemacht.

Das künftige Heil für das Volk Gottes

8 Und es geschah des HERRN Wort:
2 So spricht der HERR Zebaoth: Ich
eifere für Zion mit großem Eifer und
eifere um seinetwillen in großem Zorn.
3 So spricht der HERR: Ich kehre wieder
auf den Zion zurück und will zu Jerusa-
lem wohnen, daß Jerusalem eine Stadt
der Treue heißen soll und der Berg des
HERRN Zebaoth ein heiliger Berg.
4 So spricht der HERR Zebaoth: Es sollen
hinfort wieder sitzen auf den Plätzen Jeru-
salems alte Männer und Frauen, jeder mit
seinem Stock in der Hand vor hohem Alter,
5 und die Plätze der Stadt sollen voll
sein von Knaben und Mädchen, die dort
spielen.
6 So spricht der HERR Zebaoth: Er-
scheint dies auch unmöglich in den Augen
derer, die in dieser Zeit übriggeblieben
sind von diesem Volk, sollte es darum
auch unmöglich erscheinen in **meinen**
Augen? spricht der HERR Zebaoth.
7 So spricht der HERR Zebaoth: Siehe,
ich will mein Volk erlösen aus dem Lande
gegen Aufgang und aus dem Lande gegen
Niedergang der Sonne
8 und will sie heimbringen, daß sie in
Jerusalem wohnen. Und sie sollen mein
Volk sein, und ich will ihr Gott sein in
Treue und Gerechtigkeit.
9 So spricht der HERR Zebaoth: Stärket
eure Hände, die ihr diese Worte hört in
dieser Zeit durch der Propheten Mund –
an dem Tage, da der Grund gelegt wurde
zum Hause des HERRN Zebaoth, auf daß
der Tempel gebaut würde.
10 Denn vor diesen Tagen war der
Menschen Arbeit vergebens, und auch
der Tiere Arbeit erbrachte nichts; und vor
lauter Feinden war kein Friede für die,
die aus- und einzogen, und ich ließ alle
Menschen aufeinander los, einen jeden
gegen seinen Nächsten.
11 Aber nun will ich nicht wie in den
vorigen Tagen verfahren mit denen, die
übriggeblieben sind von diesem Volk,
spricht der HERR Zebaoth,
12 sondern sie sollen in Frieden säen.
Der Weinstock soll seine Frucht geben
und das Land sein Gewächs, und der
Himmel soll seinen Tau geben. Und ich
will denen, die übriggeblieben sind von
diesem Volk, das alles zum Besitz geben.
13 Und es soll geschehen: Wie ihr vom
Hause Juda und vom Hause Israel ein
Fluch gewesen seid unter den Heiden, so
will ich euch erlösen, daß ihr ein Segen
sein sollt. Fürchtet euch nur nicht und
stärket eure Hände!
14 So spricht der HERR Zebaoth: Gleich-
wie ich euch zu plagen gedachte, als mich

eure Väter erzürnten, spricht der HERR Zebaoth, und es mich nicht gereute,

15 so gedenke ich nun wiederum in diesen Tagen wohlzutun Jerusalem und dem Hause Juda. Fürchtet euch nur nicht!

16 Das ist's aber, was ihr tun sollt: **Rede einer mit dem andern Wahrheit und richtet recht, schafft Frieden in euren Toren,**

17 **und keiner ersinne Arges in seinem Herzen gegen seinen Nächsten, und liebt nicht falsche Eide; denn das alles hasse ich,** spricht der HERR.

18 Und es geschah des HERRN Zebaoth Wort zu mir:

19 So spricht der HERR Zebaoth: Die Fasten des vierten, fünften, siebenten und zehnten Monats sollen dem Hause Juda zur Freude und Wonne und zu fröhlichen Festzeiten werden. Doch liebet Wahrheit und Frieden!

Das künftige Heil für die Völker

20 So spricht der HERR Zebaoth: Es werden noch viele Völker kommen und Bürger vieler Städte,

21 und die Bürger einer Stadt werden zur andern gehen und sagen: Laßt uns gehen, den HERRN anzuflehen und zu suchen den HERRN Zebaoth; wir selber wollen hingehen.

22 So werden viele Völker, Heiden in Scharen, kommen, den HERRN Zebaoth in Jerusalem zu suchen und den HERRN anzuflehen.

23 So spricht der HERR Zebaoth: Zu der Zeit werden zehn Männer aus allen Sprachen der Heiden **einen** jüdischen Mann beim Zipfel seines Gewandes ergreifen und sagen: Wir wollen mit euch gehen, denn wir hören, daß Gott mit euch ist.

Läuterung der heidnischen Nachbarn Judas

9 Die Last, die der HERR ankündigt, kommt über das Land Hadrach, und auf Damaskus läßt sie sich nieder – denn der HERR schaut auf die Menschen und auf alle Stämme Israels –,

2 dazu auf Hamath, das daran grenzt, auch auf Tyrus und Sidon, die doch sehr weise sind.

3 Denn Tyrus baute sich ein Bollwerk und sammelte Silber wie Sand und Gold wie Dreck auf der Gasse.

4 Aber siehe, der Herr wird es erobern und wird seine Macht ins Meer stürzen, und die Stadt wird mit Feuer verbrannt werden.

5 Wenn Askalon das sehen wird, wird es erschrecken, und Gaza wird sehr angst werden, dazu Ekron, denn seine Zuversicht wird zuschanden. Es wird aus sein mit dem König von Gaza, und in Askalon wird man nicht mehr wohnen,

6 und in Asdod werden Mischlinge wohnen.

Und ich will die Pracht der Philister ausrotten.

7 Und ich will das Blut von ihrem Munde wegnehmen und das, was mir ein Greuel ist, von ihren Zähnen, daß auch sie unserm Gott übrigbleiben und wie ein Stamm in Juda werden und die Bewohner Ekrons wie die Jebusiter.

8 Und ich will mich selbst als Wache um mein Haus lagern, so daß keiner dort hin- und herziehe und nicht mehr der Treiber über sie komme; denn ich sehe nun darauf mit meinen Augen.

Verheißung des messianischen Friedensreiches

9 **Du, Tochter Zion, freue dich sehr, und du, Tochter Jerusalem, jauchze! Siehe, dein König kommt zu dir, ein Gerechter und ein Helfer, arm und reitet auf einem Esel, auf einem Füllen der Eselin.**

10 Denn ich will die Wagen wegtun aus Ephraim und die Rosse aus Jerusalem, und der Kriegsbogen soll zerbrochen werden. Denn er wird Frieden gebieten den Völkern, und seine Herrschaft wird sein von einem Meer bis zum andern und vom Strom bis an die Enden der Erde.

11 Auch lasse ich um des Blutes deines Bundes willen deine Gefangenen frei aus der Grube, in der kein Wasser ist;

12 so kehrt heim zur festen Stadt, die ihr auf Hoffnung gefangen liegt. Denn heute verkündige ich, daß ich dir zweifach erstatten will.

13 Denn ich habe mir Juda zum Bogen gespannt und Ephraim darauf gelegt und will deine Söhne, Zion, aufbieten gegen deine Söhne, Griechenland, und will dich zum Schwert eines Riesen machen.

14 Und der HERR wird über ihnen erscheinen, und seine Pfeile werden aus-

fahren wie der Blitz, und Gott der HERR
wird die Posaune blasen und wird einher-
fahren in den Stürmen vom Südland.
15 Der HERR Zebaoth wird sie schützen,
und die Schleudersteine werden fressen
und niederwerfen und Blut trinken wie
Wein und voll davon werden wie die
Becken und wie die Ecken des Altars.
16 Und der HERR, ihr Gott, wird ihnen
zu der Zeit helfen, der Herde seines Volks;
denn wie edle Steine werden sie in seinem
Lande glänzen.
17 Denn wie groß ist seine Güte und wie
groß ist seine Huld! Korn und Wein läßt
er sprossen, Jünglinge und Jungfrauen.

Der rechte Helfer

10 Bittet den HERRN, daß es regne zur
Zeit des Spätregens, so wird der
HERR, der die Wolken macht, euch auch
Regen genug geben für jedes Gewächs
auf dem Felde.
2 Denn die Götzen reden Lüge, und die
Wahrsager schauen Trug und erzählen
nichtige Träume, und ihr Trösten ist
nichts. Darum geht das Volk in die Irre
wie eine Herde und ist verschmachtet, weil
kein Hirte da ist.

Gott rüstet sein Volk zum Kampf und führt es heim

3 Mein Zorn ist entbrannt über die Hir-
ten, und ich will die Böcke heimsuchen;
denn der HERR Zebaoth wird seine Herde
heimsuchen, nämlich das Haus Juda, und
wird sie zurichten wie ein Roß, das ge-
schmückt ist zum Kampf.
4 Die Ecksteine, Pflöcke, Kriegsbogen*,
alle Mächtigen sollen aus ihr hervorgehen.
5 Und sie sollen sein wie Riesen, die im
Kampf den Feind niedertreten in den
Dreck auf der Gasse, und sie sollen kämp-
fen, denn der HERR wird mit ihnen sein,
daß die Reiter zuschanden werden.
6 Und ich will das Haus Juda stärken
und das Haus Joseph erretten und will sie
wieder einsetzen; denn ich erbarme mich
ihrer. Und sie sollen sein, wie sie waren,
als ich sie nicht verstoßen hatte; denn ich,
der HERR, bin ihr Gott und will sie er-
hören.
7 Und Ephraim soll sein wie ein Riese,
und ihr Herz soll fröhlich werden wie vom
Wein; ihre Söhne sollen's sehen und sich
freuen, ihr Herz soll fröhlich sein über
den HERRN.
8 Ich will sie locken und sie sammeln,
denn ich will sie erlösen, und sie sollen
sich mehren, wie sie sich vormals gemehrt
haben.
9 Ich säte sie unter die Völker, daß sie
meiner gedächten in fernen Landen und
leben sollten mit ihren Kindern und wie-
der heimkehren.
10 Denn ich will sie zurückbringen aus
Ägyptenland und sie sammeln aus As-
syrien und will sie ins Land Gilead und
zum Libanon bringen, daß man nicht
Raum genug für sie finden wird.
11 Und wenn sie in Angst durchs Meer
gehen, so wird er die Wellen im Meer
schlagen, daß alle Tiefen des Wassers ver-
trocknen werden. Da soll denn zu Boden
sinken die Pracht Assyriens, und das Zep-
ter Ägyptens soll weichen.
12 Ich will sie stärken in dem HERRN,
daß sie wandeln sollen in seinem Namen,
spricht der HERR.
11 Tu deine Türen auf, Libanon, daß
das Feuer deine Zedern verzehre!
2 Heult, ihr Zypressen; denn die Zedern
sind gefallen und die Herrlichen vernich-
tet. Heult, ihr Eichen Basans; denn der
feste Wald ist umgehauen.
3 Man hört die Hirten heulen, denn ihre
Herrlichkeit ist vernichtet; man hört die
jungen Löwen brüllen, denn die Pracht
des Jordan ist vernichtet.

Gegen die treulosen Hirten des Volkes

4 So sprach der HERR, mein Gott: Hüte
die Schlachtschafe!
5 Denn ihre Käufer schlachten sie und
halten's für keine Sünde, und ihre Ver-
käufer sprechen: Gelobt sei der HERR, ich
bin nun reich! Und ihre Hirten schonen
sie nicht.
6 Darum will ich auch nicht mehr scho-
nen die Bewohner des Landes, spricht der
HERR. Und siehe, ich will die Leute fallen
lassen, einen jeden in die Hand des andern
und in die Hand seines Königs; sie werden
das Land zerschlagen, und ich will sie
nicht erretten aus ihrer Hand. –
7 Und ich hütete die Schlachtschafe für
die Händler der Schafe und nahm mir
zwei Stäbe; den einen nannte ich «Huld»,

*Bezeichnungen für die Großen des Volkes.

den andern nannte ich «Eintracht» und
hütete die Schafe.
8 Und ich vertilgte die drei Hirten in
einem Monat. Und ich mochte die Schafe
nicht mehr, und sie wollten mich auch
nicht mehr.
9 Und ich sprach: Ich will euch nicht
hüten; was da stirbt, das sterbe; was ver-
schmachtet, das verschmachte; und von
den Übriggebliebenen fresse ein jeder des
andern Fleisch!
10 Und ich nahm meinen Stab «Huld»
und zerbrach ihn, um meinen Bund auf-
zuheben, den ich mit allen Völkern ge-
schlossen hatte.
11 Und er wurde aufgehoben am selben
Tage. Und die Händler der Schafe, die
auf mich achteten, erkannten daran, daß
es des HERRN Wort war.
12 Und ich sprach zu ihnen: Gefällt's
euch, so gebt her meinen Lohn; wenn
nicht, so laßt's bleiben. Und sie wogen
mir den Lohn dar, dreißig Silberstücke.
13 Und der HERR sprach zu mir: Wirf's
hin dem Schmelzer! Ei, eine treffliche
Summe, deren ich wert geachtet bin von
ihnen! Und ich nahm die dreißig Silber-
stücke und warf sie ins Haus des HERRN,
dem Schmelzer hin.
14 Und ich zerbrach meinen andern
Stab «Eintracht», um die Bruderschaft
zwischen Juda und Israel aufzuheben.
15 Und der HERR sprach zu mir: Nimm
abermals zu dir das Gerät eines Hirten,
aber eines nichtsnutzigen!
16 Denn siehe, ich werde einen Hirten
im Lande erwecken, der nach dem Ver-
lorenen nicht sehen, das Verlaufene nicht
suchen, der das Zerbrochene nicht heilen
und das Gesunde nicht versorgen wird;
aber das Fleisch der Fetten wird er fressen
und ihre Klauen zerreißen.
17 Weh über meinen nichtsnutzigen
Hirten, der die Herde verläßt! Das
Schwert komme über seinen Arm und
über sein rechtes Auge! Sein Arm soll
verdorren und sein rechtes Auge er-
löschen.

Gottes Schutz für Jerusalem

12 Dies ist die Last, die der HERR an-
kündigt.
Von Israel spricht der HERR, der den
Himmel ausbreitet und die Erde gründet
und den Odem des Menschen in ihm
macht:
2 Siehe, ich will Jerusalem zum Taumel-
becher zurichten für alle Völker ringsum-
her, und auch Juda wird's gelten, wenn
Jerusalem belagert wird.
3 Zur selben Zeit will ich Jerusalem
machen zum Laststein für alle Völker.
Alle, die ihn wegheben wollen, sollen sich
daran wund reißen; denn es werden sich
alle Völker auf Erden gegen Jerusalem
versammeln.
4 Zu der Zeit, spricht der HERR, will ich
alle Rosse scheu und ihre Reiter irre ma-
chen, aber über das Haus Juda will ich
meine Augen offen halten und alle Rosse
der Völker mit Blindheit plagen.
5 Und die Fürsten in Juda werden sagen
in ihrem Herzen: Die Bürger Jerusalems
sollen getrost sein in dem HERRN Zebaoth,
ihrem Gott!
6 Zu der Zeit will ich die Fürsten Judas
machen zum Feuerbecken mitten im Holz
und zur Fackel im Stroh, daß sie ver-
zehren zur Rechten und zur Linken alle
Völker ringsumher. Aber Jerusalem soll
auch fernerhin bleiben an seinem Ort.
7 Und der HERR wird zuerst die Hütten
Judas erretten, auf daß sich nicht zu hoch
rühme das Haus David noch die Bürger
Jerusalems wider Juda.
8 Zu der Zeit wird der HERR die Bürger
Jerusalems beschirmen, und es wird zu
dieser Zeit geschehen, daß der Schwache
unter ihnen sein wird wie David und das
Haus David wie Gott, wie der Engel des
HERRN vor ihnen her.

Klage über den Durchbohrten

9 Und zu der Zeit werde ich darauf be-
dacht sein, alle Heiden zu vertilgen, die
gegen Jerusalem gezogen sind.
10 Aber über das Haus David und über
die Bürger Jerusalems will ich ausgießen
den Geist der Gnade und des Gebets. Und
sie werden mich ansehen, den sie durch-
bohrt haben, und sie werden um ihn kla-
gen, wie man klagt um ein einziges Kind,
und werden sich um ihn betrüben, wie
man sich betrübt um den Erstgeborenen.
11 Zu der Zeit wird große Klage sein in
Jerusalem, wie die um Hadad-Rimmon in
der Ebene von Megiddo war.
12 Und das Land wird klagen, ein jedes

Geschlecht besonders: das Geschlecht des Hauses David besonders und die Frauen besonders, das Geschlecht des Hauses Nathan besonders und die Frauen besonders,

13 das Geschlecht des Hauses Levi besonders und die Frauen besonders, das Geschlecht Simeïs besonders und die Frauen besonders;

14 so auch alle andern übriggebliebenen Geschlechter, ein jedes besonders und die Frauen besonders.

Ausrottung des Götzendienstes und der falschen Propheten

13 Zu der Zeit werden das Haus David und die Bürger Jerusalems einen offenen Quell haben gegen Sünde und Befleckung.

2 Zu der Zeit, spricht der HERR Zebaoth, will ich die Namen der Götzen ausrotten aus dem Lande, daß man ihrer nicht mehr gedenken soll; dazu will ich auch die Propheten und allen Geist der Unreinheit aus dem Lande treiben.

3 Und so soll es geschehen: Wenn jemand weiterhin als Prophet auftritt, dann sollen sein Vater und seine Mutter, die ihn gezeugt haben, zu ihm sagen: Du sollst nicht am Leben bleiben; denn du redest Lüge im Namen des HERRN! Und es werden Vater und Mutter, die ihn gezeugt haben, ihn durchbohren, wenn er als Prophet auftritt.

4 Denn es soll zu der Zeit geschehen, daß die Propheten, wenn sie weissagen, in Schande dastehen mit dem, was sie geschaut haben, und sie sollen nicht mehr einen härenen Mantel anziehen, um zu betrügen;

5 sondern jeder wird sagen müssen: Ich bin kein Prophet, sondern ein Ackermann; denn vom Acker habe ich meinen Erwerb von Jugend auf.

6 Und wenn man zu ihm sagen wird: Was sind das für Wunden auf deiner Brust?, wird er sagen: So wurde ich geschlagen im Hause derer, die mich lieben.

Der geläuterte Rest

7 Schwert, mach dich auf über meinen Hirten, über den Mann, der mir der nächste ist! spricht der HERR Zebaoth. Schlage den Hirten, daß sich die Herde zerstreue; und ich will meine Hand wenden gegen die Kleinen.

8 Und es soll geschehen in dem ganzen Lande, spricht der HERR, daß zwei Teile darin ausgerottet werden sollen und untergehen, und nur der dritte Teil soll darin übrigbleiben.

9 Und ich will den dritten Teil durchs Feuer gehen lassen und läutern, wie man Silber läutert, und ihn prüfen, wie man Gold prüft. Die werden dann meinen Namen anrufen, und ich will sie erhören. Ich will sagen: Es ist mein Volk; und sie werden sagen: HERR, mein Gott!

Jerusalem und die Völkerwelt am Tage des Herrn

14 Siehe, es kommt für den HERRN die Zeit, daß man in deiner Mitte unter sich verteilen wird, was man dir geraubt hat.

2 Denn ich werde alle Heiden sammeln zum Kampf gegen Jerusalem. Und die Stadt wird erobert, die Häuser werden geplündert und die Frauen geschändet werden. Und die Hälfte der Stadt wird gefangen weggeführt werden, aber das übrige Volk wird nicht aus der Stadt ausgerottet werden.

3 Und der HERR wird ausziehen und kämpfen gegen diese Heiden, wie er zu kämpfen pflegt am Tage der Schlacht.

4 Und seine Füße werden stehen zu der Zeit auf dem Ölberg, der vor Jerusalem liegt nach Osten hin. Und der Ölberg wird sich in der Mitte spalten, vom Osten bis zum Westen, sehr weit auseinander, so daß die eine Hälfte des Berges nach Norden und die andere nach Süden weichen wird.

5 Und das Tal Hinnom wird verstopft werden, denn das Tal wird an die Flanke des Berges stoßen. Und ihr werdet fliehen, wie ihr vorzeiten geflohen seid vor dem Erdbeben zur Zeit Usias, des Königs von Juda. Da wird dann kommen der HERR, mein Gott, und alle Heiligen mit ihm.

6 Zu der Zeit wird weder Kälte noch Frost noch Eis sein.

7 Und es wird ein einziger Tag sein – er ist dem HERRN bekannt! –, es wird nicht Tag und Nacht sein, und auch um den Abend wird es licht sein.

8 **Zu** der Zeit werden lebendige Wasser aus Jerusalem fließen, die eine Hälfte zum Meer im Osten und die andere Hälfte zum Meer im Westen, und so wird es sein im Sommer und im Winter.

9 Und **der HERR wird König sein über alle Lande.** Zu der Zeit wird der HERR der einzige sein und sein Name der einzige.

10 Und das ganze Land wird verwandelt werden in eine Ebene, von Geba bis nach Rimmon im Süden. Aber Jerusalem wird hoch liegen und an seiner Stätte bleiben, vom Tor Benjamin bis an die Stelle des ersten Tors, bis an das Ecktor, und vom Turm Hananel bis an des Königs Kelter.

11 Und man wird darin wohnen; es wird keinen Bann mehr geben, denn Jerusalem wird ganz sicher wohnen.

12 **Und** dies wird die Plage sein, mit der der HERR alle Völker schlagen wird, die gegen Jerusalem in den Kampf gezogen sind: ihr Fleisch wird verwesen, während sie noch auf ihren Füßen stehen, und ihre Augen werden in ihren Höhlen verwesen und ihre Zungen im Mund.

13 Zu der Zeit wird der HERR eine große Verwirrung unter ihnen anrichten, so daß einer den andern bei der Hand packen und seine Hand wider des andern Hand erheben wird;

14 und auch Juda wird gegen Jerusalem kämpfen. Und man wird zusammenbringen die Güter aller Heiden ringsumher: Gold, Silber und Kleider über die Maßen viel.

15 Und so wird dann diese Plage auch kommen über Rosse, Maultiere, Kamele, Esel und alle Tiere, die in diesem Heer sind; sie werden von ihr geschlagen gleichwie jene.

16 Und alle, die übriggeblieben sind von allen Heiden, die gegen Jerusalem zogen, werden jährlich heraufkommen, um anzubeten den König, den HERRN Zebaoth, und um das Laubhüttenfest zu halten.

17 Aber über das Geschlecht auf Erden, das nicht heraufziehen wird nach Jerusalem, um anzubeten den König, den HERRN Zebaoth, über das wird's nicht regnen.

18 Und wenn das Geschlecht der Ägypter nicht heraufzöge und käme, so wird auch über sie die Plage kommen, mit der der HERR alle Heiden schlagen wird, wenn sie nicht heraufkommen, um das Laubhüttenfest zu halten.

19 Darin besteht die Sünde der Ägypter und aller Heiden, daß sie nicht heraufkommen, um das Laubhüttenfest zu halten.

20 **Zu** der Zeit wird auf den Schellen der Rosse stehen «Heilig dem HERRN». Und die Töpfe im Hause des HERRN werden dem Becken vor dem Altar gleichgestellt sein.

21 Und es werden alle Töpfe in Jerusalem und Juda dem HERRN Zebaoth heilig sein, so daß alle, die da opfern wollen, kommen werden und sie nehmen und darin kochen werden. Und es wird keinen Händler mehr geben im Hause des HERRN Zebaoth zu der Zeit.

DER PROPHET MALEACHI

Gottes Liebe zu Israel

1 Dies ist die Last, die der HERR ankündigt für Israel durch Maleachi.

2 Ich habe euch lieb, spricht der HERR. Ihr aber sprecht: «Woran sehen wir, daß du uns lieb hast?» Ist nicht Esau Jakobs Bruder? spricht der HERR; und doch hab ich Jakob lieb

3 und hasse Esau und habe sein Gebirge öde gemacht und sein Erbe den Schakalen zur Wüste.

4 Und wenn auch Edom spricht: Wir sind zerschlagen, aber wir wollen das Zerstörte wieder bauen!, so spricht der HERR Zebaoth: Werden sie bauen, so will ich abbrechen, und man wird sie nennen «Land des Frevels» und «Ein Volk, über das der HERR ewiglich zürnt».

5 Das sollen eure Augen sehen, und ihr

werdet sagen: Der HERR ist herrlich über
die Grenzen Israels hinaus.

Verachtung Gottes durch minderwertige Opfer

6 Ein Sohn soll seinen Vater ehren und
ein Knecht seinen Herrn. Bin ich nun
Vater, wo ist meine Ehre? Bin ich Herr,
wo fürchtet man mich? spricht der HERR
Zebaoth zu euch Priestern, die meinen
Namen verachten. Ihr aber sprecht: «Wo-
durch verachten wir denn deinen Na-
men?»
7 Dadurch daß ihr opfert auf meinem
Altar unreine Speise. Ihr aber sprecht:
«Womit opfern wir dir denn Unreines?»
Dadurch daß ihr sagt: «Des HERRN Tisch
ist für nichts zu achten.»
8 Denn wenn ihr ein blindes Tier opfert,
so haltet ihr das nicht für böse; und
wenn ihr ein lahmes oder ein krankes
opfert, so haltet ihr das auch nicht für
böse. Bring es doch deinem Fürsten!
Meinst du, daß du ihm gefallen werdest
oder daß er dich gnädig ansehen werde?
spricht der HERR Zebaoth.
9 So bittet doch Gott und seht, ob er uns
gnädig sei! Denn meint ihr, nachdem sol-
ches von euch geschehen ist, er werde euch
gnädig ansehen? spricht der HERR Ze-
baoth.
10 Daß doch einer unter euch die Türen
zuschlösse, damit ihr nicht umsonst auf
meinem Altar Feuer anzündet! Ich habe
kein Gefallen an euch, spricht der HERR
Zebaoth, und das Opfer von euren Hän-
den ist mir nicht angenehm.
11 Denn vom Aufgang der Sonne bis
zum Niedergang ist mein Name herrlich
unter den Heiden, und an allen Orten
wird meinem Namen geopfert und ein
reines Opfer dargebracht; denn mein
Name ist herrlich unter den Heiden,
spricht der HERR Zebaoth.
12 Ihr aber entheiligt ihn damit, daß ihr
sagt: «Des Herrn Tisch ist unheilig, und
sein Opfer ist für nichts zu achten.»
13 Und ihr sprecht: «Siehe, welch eine
Mühsal!» und bringt mich in Zorn,
spricht der HERR Zebaoth, denn ihr
bringt herzu, was geraubt, lahm und
krank ist, und bringt es dar zum Opfer.
Sollte mir solches gefallen von eurer
Hand? spricht der HERR.
14 Verflucht sei der Betrüger, der in sei-
ner Herde ein gutes männliches Tier hat
und es gelobt, aber dem Herrn ein fehler-
haftes opfert. Denn ich bin ein großer Kö-
nig, spricht der HERR Zebaoth, und mein
Name ist gefürchtet unter den Heiden.

Strafrede gegen die Priester

2 Und nun, ihr Priester, dies Wort gilt
euch:
2 Wenn ihr's nicht hören noch zu Her-
zen nehmen werdet, daß ihr meinem Na-
men die Ehre gebt, spricht der HERR Ze-
baoth, so werde ich den Fluch unter euch
schicken und verfluchen, womit ihr ge-
segnet seid; ja, verfluchen werde ich euren
Segen, weil ihr's nicht wollt zu Herzen
nehmen.
3 Siehe, ich will euch den Arm zerbre-
chen und den Unrat eurer Festopfer euch
ins Angesicht werfen, und er soll an euch
kleben bleiben.
4 So werdet ihr dann erfahren, daß ich
solches Wort über euch habe ergehen las-
sen, damit mein Bund mit Levi bestehen
bleibe, spricht der HERR Zebaoth.
5 Denn mein Bund mit ihm war, daß ich
ihm Leben und Frieden gab, und ich gab
ihm Furcht, daß er mich fürchtete und
meinen Namen scheute.
6 Verläßliche Weisung war in seinem
Munde, und es wurde nichts Böses auf
seinen Lippen gefunden. Er wandelte vor
mir friedsam und aufrichtig und hielt
viele von Sünden zurück.
7 Denn **des Priesters Lippen sollen die
Lehre bewahren, daß man aus seinem Mun-
de Weisung suche; denn er ist ein Bote des
HERRN Zebaoth.**
8 Ihr aber seid von dem Wege abge-
wichen und habt viele zu Fall gebracht
durch falsche Weisung und habt den
Bund mit Levi verdorben, spricht der
HERR Zebaoth.
9 Darum habe auch ich euch verächtlich
und unwert gemacht vor dem ganzen
Volk, weil ihr meine Wege nicht haltet
und die Person anseht, wenn ihr Weisung
gebt.

Gegen Ehen mit heidnischen Frauen und gegen Ehescheidung

10 Haben wir nicht alle **einen** Vater? Hat
uns nicht **ein** Gott geschaffen? Warum

verachten wir denn einer den andern und
entheiligen den Bund mit unsern Vätern?
11 Juda ist treulos geworden, und in
Israel und in Jerusalem geschehen Greuel.
Denn Juda entheiligt, was dem HERRN
heilig ist und was er lieb hat, und freit
eines fremden Gottes Tochter.
12 Aber der HERR wird den, der solches
tut, ausrotten aus den Zelten Jakobs mit
seinem ganzen Geschlecht, auch wenn er
noch dem HERRN Zebaoth Opfer bringt.
13 Weiter tut ihr auch das: Ihr bedeckt
den Altar des HERRN mit Tränen und
Weinen und Seufzen; aber er mag das
Opfer nicht mehr ansehen noch etwas An-
genehmes von euren Händen empfangen.
14 Ihr aber sprecht: «Warum das?»
Weil der HERR Zeuge war zwischen dir
und dem Weib deiner Jugend, dem du
treulos geworden bist, obwohl sie doch
deine Gefährtin und die Frau ist, mit der
du einen Bund geschlossen hast.
15 Nicht einer hat das getan, in dem
noch ein Rest von Geist war. Denn er
sucht Nachkommen, die Gott geheiligt
sind. Darum so seht euch vor in eurem
Geist, und werde keiner treulos dem Weib
seiner Jugend.
16 Wer ihr aber gram ist und sie ver-
stößt, spricht der HERR, der Gott Israels,
der bedeckt mit Frevel sein Kleid, spricht
der HERR Zebaoth. Darum so seht euch
vor in eurem Geist und brecht nicht die
Treue!

Gottes Gericht kommt bald

17 Ihr macht den HERRN unwillig durch
euer Reden! Ihr aber sprecht: «Womit
machen wir ihn unwillig?» Dadurch daß
ihr sprecht: «Wer Böses tut, der gefällt
dem HERRN, und an solchen hat er Freu-
de» oder: «Wo ist der Gott, der da straft?»
3 **Siehe, ich will meinen Boten senden, der
vor mir her den Weg bereiten soll. Und
bald wird kommen zu seinem Tempel der
Herr, den ihr sucht; und der Engel des Bun-
des, den ihr begehrt, siehe, er kommt!**
spricht der HERR Zebaoth.
2 Wer wird aber den Tag seines Kom-
mens ertragen können, und wer wird be-
stehen, wenn er erscheint? Denn er ist wie
das Feuer eines Schmelzers und wie die
Lauge der Wäscher.
3 Er wird sitzen und schmelzen und das
Silber reinigen, er wird die Söhne Levi
reinigen und läutern wie Gold und Silber.
Dann werden sie dem HERRN Opfer brin-
gen in Gerechtigkeit,
4 und es wird dem HERRN wohlgefallen
das Opfer Judas und Jerusalems wie vor-
mals und vor langen Jahren.
5 Und ich will zu euch kommen zum
Gericht und will ein schneller Zeuge sein
gegen die Zauberer, Ehebrecher, Mein-
eidigen und gegen die, die Gewalt und
Unrecht tun den Tagelöhnern, Witwen
und Waisen und die den Fremdling drük-
ken und mich nicht fürchten, spricht der
HERR Zebaoth.

Gott hält seine Zusage

6 Ich, der HERR, wandle mich nicht; aber
ihr habt nicht aufgehört, Jakobs Söhne zu
sein:
7 Ihr seid von eurer Väter Zeit an im-
merdar abgewichen von meinen Geboten
und habt sie nicht gehalten. So bekehrt
euch nun zu mir, so will ich mich auch zu
euch kehren, spricht der HERR Zebaoth.
Ihr aber sprecht: «Worin sollen wir uns
bekehren?»
8 Ist's recht, daß ein Mensch Gott be-
trügt, wie ihr mich betrügt! Ihr aber
sprecht: «Womit betrügen wir dich?» Mit
dem Zehnten und der Opfergabe!
9 Darum seid ihr auch verflucht; denn
ihr betrügt mich allesamt.
10 Bringt aber die Zehnten in voller
Höhe in mein Vorratshaus, auf daß in
meinem Hause Speise sei, und prüft mich
hiermit, spricht der HERR Zebaoth, ob
ich euch dann nicht des Himmels Fenster
auftun werde und Segen herabschütten
die Fülle.
11 Und ich will um euretwillen den
«Fresser» bedrohen, daß er euch die
Frucht auf dem Acker nicht verderben
soll und der Weinstock auf dem Felde
euch nicht unfruchtbar sei, spricht der
HERR Zebaoth.
12 Dann werden euch alle Heiden glück-
lich preisen, denn ihr sollt ein herrliches
Land sein, spricht der HERR Zebaoth.

Der Tag des Herrn und sein Vorläufer

13 Ihr redet hart gegen mich, spricht der
HERR. Ihr aber sprecht: «Was reden wir
gegen dich?»

14 Ihr sagt: «Es ist umsonst, daß man
Gott dient; und was nützt es, daß wir sein
Gebot halten und in Buße einhergehen
vor dem HERRN Zebaoth?
15 Darum preisen wir die Verächter;
denn die Gottlosen gedeihen, und die
Gott versuchen, bleiben bewahrt.»
16 Aber die Gottesfürchtigen trösten sich
untereinander: Der HERR merkt und hört
es, und es wird vor ihm ein Gedenkbuch
geschrieben für die, welche den HERRN
fürchten und an seinen Namen gedenken.
17 Sie sollen, spricht der HERR Zebaoth,
an dem Tage, den ich machen will, mein
Eigentum sein, und ich will mich ihrer er-
barmen, wie ein Mann sich seines Sohnes
erbarmt, der ihm dient.
18 Ihr werdet am Ende doch sehen, was
für ein Unterschied ist zwischen dem Ge-
rechten und dem Gottlosen, zwischen
dem, der Gott dient, und dem, der ihm
nicht dient.
° 19 **Denn** siehe, es kommt ein Tag, der
brennen soll wie ein Ofen. Da werden alle
Verächter und Gottlosen Stroh sein, und
der kommende Tag wird sie anzünden,
spricht der HERR Zebaoth, und er wird
ihnen weder Wurzel noch Zweig lassen.
20 **Euch aber, die ihr meinen Namen
fürchtet, soll aufgehen die Sonne der Ge-
rechtigkeit und Heil unter ihren Flügeln.**
Und ihr sollt herausgehen und springen
wie die Mastkälber.
21 Ihr werdet die Gottlosen zertreten;
denn sie sollen Staub unter euren Füßen
werden an dem Tage, den ich machen will,
spricht der HERR Zebaoth.
22 Gedenket an das Gesetz meines
Knechtes Mose, das ich ihm befohlen
habe auf dem Berge Horeb für ganz Israel,
an alle Gebote und Rechte!
23 **Siehe, ich will euch senden den Prophe-
ten Elia, ehe der große und schreckliche Tag
des HERRN kommt.**
24 Der soll das Herz der Väter bekehren
zu den Söhnen und das Herz der Söhne zu
ihren Vätern, auf daß ich nicht komme
und das Erdreich mit dem Bann schlage.

ANHANG ZUM ALTEN TESTAMENT

LISTE DER ABWEICHENDEN VERSZÄHLUNG

Das Circellus-Zeichen ° vor einer Versziffer macht darauf aufmerksam, daß von dort ab andere Bibelausgaben eine abweichende Vers- (und evtl. auch Kapitel-) Zählung haben können. Die vorliegende Ausgabe hält sich an die Zählung in der Hebräischen Bibel. Über die Abweichungen gibt die anschließende Tabelle genauere Auskunft.

Zählung im revidierten Luthertext	*abweichende Zählung*
1. Mose 32,1-33	31,55-32,32
2. Mose 7,26-29; 8,1-28	8,1-32
2. Mose 21,37; 22,1-30	22,1-31
3. Mose 5,20-26	6,1-7
3. Mose 6,1-23	6,8-30
4. Mose 12,16	13,1
4. Mose 13,1-33	13,2-34
4. Mose 17,1-15	16,36-50
4. Mose 17,16-28	17,1-13
5. Mose 5,18-30	5,17-33
5. Mose 13,1-19	12,32-13,18
5. Mose 23,1-26	22,30-23,25
5. Mose 28,69; 29,1-28	29,1-29
1. Samuel 3,21	4,1
1. Samuel 21,1-16	20,43-21,15
2. Samuel 19,1-44	18,33-19,43
1. Könige 5,1-32	4,21-5,18
2. Könige 12,1-22	11,21-12,21
1. Chronik 5,27-41	6,1-15
1. Chronik 6,1-66	6,16-81
1. Chronik 12,5-41	12,4b-40
2. Chronik 1,18	2,1
2. Chronik 2,1-17	2,2-18
2. Chronik 13,23	14,1
2. Chronik 14,1-14	14,2-15
Nehemia 3,33-38	4,1-6
Nehemia 4,1-17	4,7-23
Nehemia 7,68b-72	7,69-73
Nehemia 10,1-40	9,38-10,39
Hiob 40,1-32	39,31-40,27
Hiob 41,1-26	40,28-41,25
Prediger 6,12	7,1
Prediger 7,1-29	7,2-30
Hohes Lied 4,16b	4,17
Hohes Lied 6,1-12	5,17-6,11
Hohes Lied 7,1-14	6,12-7,13
Jesaja 8,23	9,1
Jesaja 9,1-20	9,2-21
Jesaja 64,1-11	64,1-12
Jeremia 8,23	9,1
Jeremia 9,1-25	9,2-26
Hesekiel 21,1-37	20,45-21,32

Daniel 6,1-29	5,31-6,28
Hosea 2,1-25	1,10-2,23
Joel 4,1-21	3,6-26
Haggai 1,15	2,1
Haggai 2,1-23	2,2-24
Sacharja 2,1-17	1,18-2,13
Maleachi 3,19-24	4,1-6

DAS NEUE TESTAMENT

Die in Klammern ⟨ ⟩ gesetzten Worte finden sich nur in einem Teil der Handschriften des griechischen Grundtextes

INHALT

Das Evangelium nach Matthäus 5
Das Evangelium nach Markus 42
Das Evangelium nach Lukas 66
Das Evangelium nach Johannes 106
Die Apostelgeschichte des Lukas 136

Der Brief des Paulus an die Römer 174
Der erste Brief des Paulus an die Korinther 190
Der zweite Brief des Paulus an die Korinther 205
Der Brief des Paulus an die Galater 215
Der Brief des Paulus an die Epheser 220
Der Brief des Paulus an die Philipper 225
Der Brief des Paulus an die Kolosser 229
Der erste Brief des Paulus an die Thessalonicher 232
Der zweite Brief des Paulus an die Thessalonicher 236
Der erste Brief des Paulus an Timotheus 238
Der zweite Brief des Paulus an Timotheus 242
Der Brief des Paulus an Titus 245
Der Brief des Paulus an Philemon 247
Der erste Brief des Petrus 248
Der zweite Brief des Petrus 252
Der erste Brief des Johannes 255
Der zweite Brief des Johannes 259
Der dritte Brief des Johannes 259
Der Brief an die Hebräer 260
Der Brief des Jakobus 271
Der Brief des Judas 275
Die Offenbarung des Johannes 277

Anhang

Maße, Gewichte und Münzen 297
Sach- und Worterklärungen 299
Zeittafel 310
Ortsregister zu den Landkarten 315

Landkarten

DAS EVANGELIUM NACH MATTHÄUS

Jesu Stammbaum

1 Dies ist das Buch von der Geschichte
Jesu Christi, der da ist ein Sohn Da-
vids, des Sohnes Abrahams.
2 Abraham zeugte Isaak. Isaak zeugte Ja-
kob. Jakob zeugte Juda und seine Brüder.
3 Juda zeugte Perez und Serach von der
Thamar. Perez zeugte Hezron. Hezron
zeugte Ram.
4 Ram zeugte Amminadab. Ammina-
dab zeugte Nachschon. Nachschon zeugte
Salma.
5 Salma zeugte Boas von der Rahab.
Boas zeugte Obed von der Ruth. Obed
zeugte Jesse.
6 Jesse zeugte den König David. David
zeugte Salomo von dem Weib des Uria.
7 Salomo zeugte Rehabeam. Rehabeam
zeugte Abia. Abia zeugte Asa.
8 Asa zeugte Josaphat. Josaphat zeugte
Joram. Joram zeugte Usia.
9 Usia zeugte Jotham. Jotham zeugte
Ahas. Ahas zeugte Hiskia.
10 Hiskia zeugte Manasse. Manasse
zeugte Amon. Amon zeugte Josia.
11 Josia zeugte Jojachin und seine Brü-
der um die Zeit der babylonischen Ge-
fangenschaft.
12 Nach der babylonischen Gefangen-
schaft zeugte Jojachin Sealthiël. Sealthiël
zeugte Serubabel.
13 Serubabel zeugte Abiud. Abiud zeug-
te Eliakim. Eliakim zeugte Asor.
14 Asor zeugte Zadok. Zadok zeugte
Achim. Achim zeugte Eliud.
15 Eliud zeugte Eleasar. Eleasar zeugte
Matthan. Matthan zeugte Jakob.
16 Jakob zeugte Joseph, den Mann der
Maria, von welcher ist geboren Jesus, der
da heißt Christus.
17 Alle Glieder von Abraham bis auf
David sind vierzehn Glieder. Von David
bis auf die babylonische Gefangenschaft
sind vierzehn Glieder. Von der babyloni-
schen Gefangenschaft bis auf Christus
sind vierzehn Glieder.

Jesu Geburt

18 Die Geburt Jesu Christi geschah aber
also. Als Maria, seine Mutter, dem Joseph
vertrauet war, erfand sich's, ehe er sie
heimholte, daß sie schwanger war von
dem heiligen Geist.
19 Joseph aber, ihr Mann, war fromm
und wollte sie nicht in Schande bringen,
gedachte aber, sie heimlich zu verlassen.
20 Indem er aber also gedachte, siehe,
da erschien ihm ein Engel des Herrn im
Traum und sprach: Joseph, du Sohn Da-
vids, fürchte dich nicht, Maria, dein Ge-
mahl, zu dir zu nehmen; denn das in ihr
geboren ist, das ist von dem heiligen
Geist.
21 Und sie wird einen Sohn gebären, des
Namen sollst du Jesus heißen, denn **er
wird sein Volk retten von ihren Sünden.**
22 Das ist aber alles geschehen, auf daß
erfüllt würde, was der Herr durch den Pro-
pheten gesagt hat, der da spricht (Jes 7,14):
23 «Siehe, eine Jungfrau wird schwanger
sein und einen Sohn gebären, und sie wer-
den seinen Namen Immanuel heißen»,
das ist verdolmetscht: Gott mit uns.
24 Da nun Joseph vom Schlaf erwachte,
tat er, wie ihm des Herrn Engel befohlen
hatte, und nahm sein Gemahl zu sich.
25 Und er berührte sie nicht, bis sie
einen Sohn gebar; und hieß seinen Namen
Jesus.

Die Weisen aus dem Morgenland

2 Da Jesus geboren war zu Bethlehem
im jüdischen Lande zur Zeit des Kö-
nigs Herodes, siehe, da kamen Weise vom
Morgenland nach Jerusalem und spra-
chen:
2 Wo ist der neugeborene König der
Juden? Wir haben seinen Stern gesehen
im Morgenland und sind gekommen, ihn
anzubeten.
3 Da das der König Herodes hörte, er-
schrak er und mit ihm das ganze Jerusa-
lem

4 und ließ versammeln alle Hohenprie-
ster und Schriftgelehrten unter dem Volk
und erforschte von ihnen, wo der Christus
sollte geboren werden.
5 Und sie sagten ihm: Zu Bethlehem im
jüdischen Lande; denn also steht geschrie-
ben durch den Propheten (Micha 5,1):
6 «Und du Bethlehem im jüdischen Lan-
de bist mitnichten die kleinste unter den
Städten in Juda; denn aus dir soll mir
kommen der Herzog, der über mein Volk
Israel ein Herr sei.»
7 Da berief Herodes die Weisen heimlich
und erkundete mit Fleiß von ihnen, wann
der Stern erschienen wäre,
8 und wies sie nach Bethlehem und
sprach: Ziehet hin und forschet fleißig
nach dem Kindlein; und wenn ihr's findet,
so sagt mir's wieder, daß ich auch komme
und es anbete.
9 Als sie nun den König gehört hatten,
zogen sie hin. Und siehe, der Stern, den
sie im Morgenland gesehen hatten, ging
vor ihnen hin, bis daß er kam und stand
oben über, wo das Kindlein war.
10 Da sie den Stern sahen, wurden sie
hoch erfreut
11 und gingen in das Haus und fanden
das Kindlein mit Maria, seiner Mutter,
und fielen nieder und beteten es an und
taten ihre Schätze auf und schenkten ihm
Gold, Weihrauch und Myrrhe.
12 Und Gott befahl ihnen im Traum,
daß sie nicht sollten wieder zu Herodes
gehen, und sie zogen auf einem andern
Weg wieder in ihr Land.

Flucht nach Ägypten

13 Da sie aber hinweggezogen waren,
siehe, da erschien der Engel des Herrn
dem Joseph im Traum und sprach: Stehe
auf und nimm das Kindlein und seine
Mutter zu dir und flieh nach Ägyptenland
und bleib allda, bis ich dir's sage; denn
Herodes geht damit um, daß er das Kind-
lein suche, es umzubringen.
14 Und er stand auf und nahm das
Kindlein und seine Mutter zu sich bei der
Nacht und entwich nach Ägyptenland
15 und blieb allda bis nach dem Tod des
Herodes, auf daß erfüllt würde, was der
Herr durch den Propheten gesagt hat, der
da spricht (Hos 11,1): «Aus Ägypten habe
ich meinen Sohn gerufen.»

Kindermord des Herodes

16 Da Herodes nun sah, daß er von den
Weisen betrogen war, ward er sehr zornig
und schickte aus und ließ alle Knäblein zu
Bethlehem töten und in der ganzen Ge-
gend, die da zweijährig und darunter
waren, nach der Zeit, die er mit Fleiß von
den Weisen erkundet hatte.
17 Da ist erfüllt, was gesagt ist von dem
Propheten Jeremia, der da spricht (Jer
31,15):
18 «Zu Rama hat man ein Geschrei ge-
hört, viel Weinen und Heulen; Rahel be-
weinte ihre Kinder und wollte sich nicht
trösten lassen, denn es war aus mit ihnen.»

Rückkehr aus Ägypten

19 Da aber Herodes gestorben war,
siehe, da erschien der Engel des Herrn
dem Joseph im Traum in Ägyptenland
20 und sprach: Stehe auf und nimm das
Kindlein und seine Mutter zu dir und zieh
hin in das Land Israel; sie sind gestorben,
die dem Kinde nach dem Leben standen.
21 Und er stand auf und nahm das
Kindlein und seine Mutter zu sich und
kam in das Land Israel.
22 Da er aber hörte, daß Archelaus im
jüdischen Lande König war anstatt seines
Vaters Herodes, fürchtete er sich, dahin zu
kommen. Und im Traum empfing er Be-
fehl von Gott und zog ins galiläische Land
23 und kam und wohnte in der Stadt,
die da heißt Nazareth; auf daß erfüllt
würde, was da gesagt ist durch die Pro-
pheten: Er soll Nazarener heißen.

Bußpredigt Johannes des Täufers

3 Zu der Zeit kam Johannes der Täufer
und predigte in der Wüste des jüdi-
schen Landes
2 und sprach: **Tut Buße, denn das Him-
melreich ist nahe herbeigekommen!**
3 Und er ist der, von dem der Prophet
Jesaja gesagt hat und gesprochen (Jes
40,3): «Es ist eine Stimme eines Predigers
in der Wüste: Bereitet dem Herrn den
Weg und machet richtig seine Steige!»
4 Er aber, Johannes, hatte ein Kleid von
Kamelhaaren und einen ledernen Gürtel
um seine Lenden; seine Speise aber war
Heuschrecken und wilder Honig.
5 Da ging zu ihm hinaus die Stadt Jeru-

salem und das ganze jüdische Land und
alle Länder an dem Jordan
6 und bekannten ihre Sünden und ließen
sich taufen von ihm im Jordan.
7 Als er nun viele Pharisäer und Saddu-
zäer sah zur Taufe kommen, sprach er zu
ihnen: Ihr Otterngezüchte, wer hat denn
euch gewiesen, daß ihr dem künftigen
Zorn entrinnen werdet?
8 Sehet zu, tut rechtschaffene Frucht
der Buße!
9 Denket nur nicht, daß ihr bei euch wollt
sagen: Wir haben Abraham zum Vater. Ich
sage euch: Gott vermag dem Abraham
aus diesen Steinen Kinder zu erwecken.
10 Es ist schon die Axt den Bäumen an
die Wurzel gelegt. Darum, welcher Baum
nicht gute Frucht bringt, wird abgehauen
und ins Feuer geworfen.
11 Ich taufe euch mit Wasser zur Buße;
der aber nach mir kommt, ist stärker als
ich, und ich bin nicht genug, ihm die
Schuhe abzunehmen; der wird euch mit
dem heiligen Geist und mit Feuer taufen.
12 Und er hat seine Worfschaufel in der
Hand; er wird seine Tenne fegen und den
Weizen in seine Scheune sammeln; aber
die Spreu wird er verbrennen mit unaus-
löschlichem Feuer.

Jesu Taufe

13 Zu der Zeit kam Jesus aus Galiläa an
den Jordan zu Johannes, daß er sich von
ihm taufen ließe.
14 Aber Johannes wehrte ihm und
sprach: Ich bedarf wohl, daß ich von dir
getauft werde, und du kommst zu mir?
15 Jesus aber antwortete und sprach zu
ihm: Laß es jetzt also geschehen, denn so
gebührt es uns, alle Gerechtigkeit zu er-
füllen. Da ließ er's ihm zu.
16 Und da Jesus getauft war, stieg er
alsbald herauf aus dem Wasser. Und
siehe, da tat sich der Himmel auf, und er
sah den Geist Gottes wie eine Taube her-
abfahren und über sich kommen.
17 Und siehe, eine Stimme vom Him-
mel herab sprach: **Dies ist mein lieber
Sohn, an welchem ich Wohlgefallen habe.**

Jesu Versuchung

4 Da ward Jesus vom Geist in die Wüste
geführt, auf daß er von dem Teufel
versucht würde.
2 Und da er vierzig Tage und vierzig
Nächte gefastet hatte, hungerte ihn.
3 Und der Versucher trat zu ihm und
sprach: Bist du Gottes Sohn, so sprich,
daß diese Steine Brot werden.
4 Und er antwortete und sprach: Es
steht geschrieben (5. Mose 8,3): **«Der
Mensch lebt nicht vom Brot allein, sondern
von einem jeglichen Wort, das durch den
Mund Gottes geht.»**
5 Da führte ihn der Teufel mit sich in die
heilige Stadt und stellte ihn auf die Zinne
des Tempels
6 und sprach zu ihm: Bist du Gottes
Sohn, so wirf dich hinab; denn es steht ge-
schrieben (Ps 91,11.12): «Er wird seinen
Engeln über dir Befehl tun, und sie werden
dich auf den Händen tragen, auf daß du
deinen Fuß nicht an einen Stein stoßest.»
7 Da sprach Jesus zu ihm: Wiederum
steht auch geschrieben (5. Mose 6,16):
**«Du sollst Gott, deinen Herrn, nicht ver-
suchen.»**
8 Wiederum führte ihn der Teufel mit
sich auf einen sehr hohen Berg und zeigte
ihm alle Reiche der Welt und ihre Herr-
lichkeit
9 und sprach zu ihm: Das alles will ich
dir geben, so du niederfällst und mich
anbetest.
10 Da sprach Jesus zu ihm: Hebe dich
weg von mir, Satan! denn es steht ge-
schrieben (5. Mose 6,13): **«Du sollst an-
beten Gott, deinen Herrn, und ihm allein
dienen.»**
11 Da verließ ihn der Teufel. Und siehe,
da traten die Engel zu ihm und dienten
ihm.

Beginn der Wirksamkeit Jesu. Jüngerberufung

12 Da nun Jesus hörte, daß Johannes
gefangen gelegt war, zog er in das galilä-
ische Land
13 und verließ die Stadt Nazareth, kam
und wohnte zu Kapernaum, das da liegt
am See im Lande Sebulon und Naphthali;
14 auf daß erfüllt würde, was da gesagt
ist durch den Propheten Jesaja, der da
spricht (Jes 8,23; 9,1):
15 «Das Land Sebulon und das Land
Naphthali, die Straße am See, das Land jen-
seits des Jordan, das heidnische Galiläa,
16 das Volk, das in Finsternis saß, hat

ein großes Licht gesehen; und die da saßen am Ort und Schatten des Todes, denen ist ein Licht aufgegangen.»

17 Seit der Zeit fing Jesus an zu predigen und zu sagen: **Tut Buße, denn das Himmelreich ist nahe herbeigekommen!**

18 Als nun Jesus an dem Galiläischen Meer ging, sah er zwei Brüder, Simon, der da heißt Petrus, und Andreas, seinen Bruder, die warfen ihre Netze ins Meer; denn sie waren Fischer.

19 Und er sprach zu ihnen: Folget mir nach; ich will euch zu Menschenfischern machen!

20 Alsbald verließen sie ihre Netze und folgten ihm nach.

21 Und als er von dannen weiterging, sah er zwei andere Brüder, Jakobus, den Sohn des Zebedäus, und Johannes, seinen Bruder, im Schiff mit ihrem Vater Zebedäus, daß sie ihre Netze flickten. Und er rief sie.

22 Alsbald verließen sie das Schiff und ihren Vater und folgten ihm nach.

23 Und Jesus ging umher im ganzen galiläischen Lande, lehrte in ihren Synagogen und predigte das Evangelium von dem Reich und heilte alle Krankheit und alle Gebrechen im Volk.

24 Und die Kunde von ihm erscholl durch ganz Syrienland. Und sie brachten zu ihm alle Kranken, mit mancherlei Leiden und Plagen behaftet, die Besessenen, die Mondsüchtigen und die Gichtbrüchigen; und er machte sie gesund.

25 Und es folgte ihm nach viel Volks aus Galiläa, aus den Zehn Städten, von Jerusalem, aus dem jüdischen Lande und von jenseits des Jordan.

DIE BERGPREDIGT
(Kap 5-7)

Seligpreisungen

5 Da er aber das Volk sah, ging er auf einen Berg und setzte sich; und seine Jünger traten zu ihm.

2 Und er tat seinen Mund auf, lehrte sie und sprach:

3 **Selig sind, die da geistlich arm sind; denn das Himmelreich ist ihr.**

4 **Selig sind, die da Leid tragen; denn sie sollen getröstet werden.**

5 **Selig sind die Sanftmütigen; denn sie werden das Erdreich besitzen.**

6 **Selig sind, die da hungert und dürstet nach der Gerechtigkeit; denn sie sollen satt werden.**

7 **Selig sind die Barmherzigen; denn sie werden Barmherzigkeit erlangen.**

8 **Selig sind, die reines Herzens sind; denn sie werden Gott schauen.**

9 **Selig sind die Friedfertigen; denn sie werden Gottes Kinder heißen.**

10 **Selig sind, die um Gerechtigkeit willen verfolgt werden; denn das Himmelreich ist ihr.**

11 Selig seid ihr, wenn euch die Menschen um meinetwillen schmähen und verfolgen und reden allerlei Übles wider euch, so sie daran lügen.

12 Seid fröhlich und getrost; es wird euch im Himmel wohl belohnt werden. Denn also haben sie verfolgt die Propheten, die vor euch gewesen sind.

Salz und Licht

13 Ihr seid das Salz der Erde. Wenn nun das Salz kraftlos wird, womit soll man's salzen? Es ist zu nichts hinfort nütze, denn daß man es hinausschütte und lasse es die Leute zertreten.

14 Ihr seid das Licht der Welt. Es kann die Stadt, die auf einem Berge liegt, nicht verborgen sein.

15 Man zündet auch nicht ein Licht an und setzt es unter einen Scheffel, sondern auf einen Leuchter; so leuchtet es allen, die im Hause sind.

16 So soll euer Licht leuchten vor den Leuten, daß sie eure guten Werke sehen und euren Vater im Himmel preisen.

Jesu Stellung zum Gesetz

17 Ihr sollt nicht wähnen, daß ich gekommen bin, das Gesetz oder die Propheten aufzulösen; ich bin nicht gekommen aufzulösen, sondern zu erfüllen.

18 Denn ich sage euch wahrlich: Bis daß Himmel und Erde vergehe, wird nicht vergehen der kleinste Buchstabe noch ein Tüpfelchen vom Gesetz, bis daß es alles geschehe.

19 Wer nun eines von diesen kleinsten Geboten auflöst und lehrt die Leute so, der wird der Kleinste heißen im Himmelreich; wer es aber tut und lehrt, der wird groß heißen im Himmelreich.

20 Denn ich sage euch: Es sei denn eure

Gerechtigkeit besser als die der Schriftgelehrten und Pharisäer, so werdet ihr nicht in das Himmelreich kommen.

Vom Töten

21 Ihr habt gehört, daß zu den Alten gesagt ist (2. Mose 20,13; 21,12): «Du sollst nicht töten; wer aber tötet, der soll des Gerichts schuldig sein.»

22 Ich aber sage euch: Wer mit seinem Bruder zürnt, der ist des Gerichts schuldig; wer aber zu seinem Bruder sagt: Du Nichtsnutz! der ist des Hohen Rats schuldig; wer aber sagt: Du gottloser Narr! der ist des höllischen Feuers schuldig.

23 Darum: wenn du deine Gabe auf dem Altar opferst und wirst allda eingedenk, daß dein Bruder etwas wider dich habe,

24 so laß allda vor dem Altar deine Gabe und gehe zuvor hin und versöhne dich mit deinem Bruder und alsdann komm und opfere deine Gabe.

25 Sei willfährig deinem Widersacher bald, solange du noch mit ihm auf dem Wege bist, auf daß dich der Widersacher nicht überantworte dem Richter und der Richter dem Diener und werdest in den Kerker geworfen.

26 Wahrlich, ich sage dir: Du wirst nicht von dannen herauskommen, bis du auch den letzten Heller bezahlest.

Vom Ehebrechen

27 Ihr habt gehört, daß gesagt ist (2. Mose 20,14): «Du sollst nicht ehebrechen.»

28 Ich aber sage euch: Wer eine Frau ansieht, ihrer zu begehren, der hat schon mit ihr die Ehe gebrochen in seinem Herzen.

29 Wenn dir aber dein rechtes Auge Ärgernis schafft, so reiß es aus und wirf's von dir. Es ist dir besser, daß eins deiner Glieder verderbe und nicht der ganze Leib in die Hölle geworfen werde.

30 Wenn dir deine rechte Hand Ärgernis schafft, so haue sie ab und wirf sie von dir. Es ist dir besser, daß eins deiner Glieder verderbe und nicht der ganze Leib in die Hölle fahre.

31 Es ist auch gesagt (5. Mose 24,1): «Wer sich von seiner Frau scheidet, der soll ihr geben einen Scheidebrief.»

32 Ich aber sage euch: Wer sich von seiner Frau scheidet, es sei denn wegen Ehebruchs, der macht, daß sie die Ehe bricht; und wer eine Geschiedene freit, der bricht die Ehe.

Vom Schwören

33 Ihr habt weiter gehört, daß zu den Alten gesagt ist (3. Mose 19,12; 4. Mose 30,3): «Du sollst keinen falschen Eid tun und sollst Gott deinen Eid halten.»

34 Ich aber sage euch, daß ihr überhaupt nicht schwören sollt, weder bei dem Himmel, denn er ist Gottes Thron;

35 noch bei der Erde, denn sie ist seiner Füße Schemel; noch bei Jerusalem, denn sie ist des großen Königs Stadt.

36 Auch sollst du nicht bei deinem Haupt schwören; denn du vermagst nicht ein einziges Haar weiß oder schwarz zu machen.

37 **Eure Rede aber sei: Ja, ja; nein, nein. Was darüber ist, das ist vom Übel.**

Von der Feindesliebe

38 Ihr habt gehört, daß da gesagt ist (2. Mose 21,24): «Auge um Auge, Zahn um Zahn.»

39 Ich aber sage euch, daß ihr nicht widerstreben sollt dem Übel; sondern, wenn dir jemand einen Streich gibt auf deine rechte Backe, dem biete die andere auch dar.

40 Und wenn jemand mit dir rechten will und deinen Rock nehmen, dem laß auch den Mantel.

41 Und wenn dich jemand nötigt **eine** Meile, so gehe mit ihm zwei.

42 Gib dem, der dich bittet, und wende dich nicht von dem, der dir abborgen will.

43 Ihr habt gehört, daß gesagt ist (3. Mose 19,18): «Du sollst deinen Nächsten lieben und deinen Feind hassen.»

44 Ich aber sage euch: Liebet eure Feinde; 〈segnet, die euch fluchen; tut wohl denen, die euch hassen;〉 bittet für die, so euch 〈beleidigen und〉 verfolgen,

45 auf daß ihr Kinder seid eures Vaters im Himmel. Denn er läßt seine Sonne aufgehen über die Bösen und über die Guten und läßt regnen über Gerechte und Ungerechte.

46 Denn wenn ihr liebet, die euch lieben, was werdet ihr für Lohn haben? Tun nicht dasselbe auch die Zöllner?

47 Und wenn ihr nur zu euren Brüdern freundlich seid, was tut ihr Sonderliches? Tun nicht dasselbe auch die Heiden?

48 **Darum sollt ihr vollkommen sein, gleichwie euer Vater im Himmel vollkommen ist.**

Vom Almosengeben

6 Habt acht auf eure Frömmigkeit, daß ihr die nicht übt vor den Leuten, auf daß ihr von ihnen gesehen werdet; ihr habt sonst keinen Lohn bei eurem Vater im Himmel.

2 Wenn du nun Almosen gibst, sollst du nicht lassen vor dir posaunen, wie die Heuchler tun in den Synagogen und auf den Gassen, auf daß sie von den Leuten gepriesen werden. Wahrlich, ich sage euch: Sie haben ihren Lohn dahin.

3 Wenn du aber Almosen gibst, so laß deine linke Hand nicht wissen, was die rechte tut,

4 auf daß dein Almosen verborgen sei; und dein Vater, der in das Verborgene sieht, wird dir's vergelten.

Vom Beten. Das Vaterunser

5 Und wenn ihr betet, sollt ihr nicht sein wie die Heuchler, die da gerne stehen und beten in den Synagogen und an den Ecken auf den Gassen, auf daß sie von den Leuten gesehen werden. Wahrlich, ich sage euch: Sie haben ihren Lohn dahin.

6 Wenn du aber betest, so gehe in dein Kämmerlein und schließ die Tür zu und bete zu deinem Vater, der im Verborgenen ist; und dein Vater, der in das Verborgene sieht, wird dir's vergelten.

7 Und wenn ihr betet, sollt ihr nicht viel plappern wie die Heiden; denn sie meinen, sie werden erhöret, wenn sie viel Worte machen.

8 Darum sollt ihr ihnen nicht gleichen. Euer Vater weiß, was ihr bedürfet, ehe denn ihr ihn bittet.

9 Darum sollt ihr also beten:
Unser Vater in dem Himmel!
Dein Name werde geheiligt.
10 **Dein Reich komme.**
Dein Wille geschehe auf Erden wie im Himmel.
11 **Unser täglich Brot gib uns heute.**
12 **Und vergib uns unsere Schuld, wie wir vergeben unsern Schuldigern.**
13 **Und führe uns nicht in Versuchung, sondern erlöse uns von dem Übel*.**
⟨Denn dein ist das Reich und die Kraft und die Herrlichkeit in Ewigkeit. Amen.⟩

14 Denn wenn ihr den Menschen ihre Übertretungen vergebet, so wird euch euer himmlischer Vater auch vergeben.

15 Wenn ihr aber den Menschen nicht vergebet, so wird euch euer Vater eure Übertretungen auch nicht vergeben.

Vom Fasten

16 Wenn ihr fastet, sollt ihr nicht sauer sehen wie die Heuchler; denn sie verstellen ihr Angesicht, auf daß sie vor den Leuten etwas scheinen mit ihrem Fasten. Wahrlich, ich sage euch: Sie haben ihren Lohn dahin.

17 Wenn du aber fastest, so salbe dein Haupt und wasche dein Angesicht,

18 auf daß du nicht scheinest vor den Leuten mit deinem Fasten, sondern vor deinem Vater, welcher im Verborgenen ist; und dein Vater, der in das Verborgene sieht, wird dir's vergelten.

Vom Schätzesammeln und Sorgen

19 Ihr sollt euch nicht Schätze sammeln auf Erden, wo sie die Motten und der Rost fressen und wo die Diebe nachgraben und stehlen.

20 Sammelt euch aber Schätze im Himmel, wo sie weder Motten noch Rost fressen und wo die Diebe nicht nachgraben noch stehlen.

21 Denn wo euer Schatz ist, da ist auch euer Herz.

22 Das Auge ist des Leibes Leuchte. Wenn dein Auge lauter ist, so wird dein ganzer Leib licht sein.

23 Wenn aber dein Auge böse ist, so wird dein ganzer Leib finster sein. Wenn nun das Licht, das in dir ist, Finsternis ist, wie groß wird dann die Finsternis sein!

24 **Niemand kann zwei Herren dienen: entweder er wird den einen hassen und den andern lieben, oder er wird dem einen anhangen und den andern verachten. Ihr könnt nicht Gott dienen und dem Mammon.**

25 Darum sage ich euch: Sorget nicht um euer Leben, was ihr essen und trinken

* Andere Übersetzung: «erlöse uns von dem Bösen».

werdet; auch nicht um euren Leib, was ihr
anziehen werdet. Ist nicht das Leben
mehr als die Speise und der Leib mehr als
die Kleidung?
26 Sehet die Vögel unter dem Himmel
an: sie säen nicht, sie ernten nicht, sie
sammeln nicht in die Scheunen; und euer
himmlischer Vater nährt sie doch. Seid ihr
denn nicht viel mehr als sie?
27 Wer ist unter euch, der seines Lebens
Länge **eine** Spanne zusetzen kann, ob er
gleich darum sorget?
28 Und warum sorget ihr für die Klei-
dung? Schauet die Lilien auf dem Felde,
wie sie wachsen: sie arbeiten nicht, auch
spinnen sie nicht.
29 Ich sage euch, daß auch Salomo in
aller seiner Herrlichkeit nicht bekleidet
gewesen ist wie derselben **eine.**
30 So denn Gott das Gras auf dem Felde
also kleidet, das doch heute steht und
morgen in den Ofen geworfen wird: sollte
er das nicht viel mehr euch tun, o ihr
Kleingläubigen?
31 Darum sollt ihr nicht sorgen und
sagen: Was werden wir essen? Was wer-
den wir trinken? Womit werden wir uns
kleiden?
32 Nach solchem allen trachten die
Heiden. Denn euer himmlischer Vater
weiß, daß ihr des alles bedürfet.
33 **Trachtet am ersten nach dem Reich
Gottes und nach seiner Gerechtigkeit, so
wird euch solches alles zufallen.**
34 Darum sorget nicht für den andern
Morgen, denn der morgende Tag wird für
das Seine sorgen. Es ist genug, daß ein
jeglicher Tag seine eigene Plage habe.

Wider den Richtgeist

7 Richtet nicht, auf daß ihr nicht ge-
richtet werdet.
2 Denn mit welcherlei Gericht ihr rich-
tet, werdet ihr gerichtet werden; und mit
welcherlei Maß ihr messet, wird euch ge-
messen werden.
3 Was siehest du aber den Splitter in
deines Bruders Auge und wirst nicht ge-
wahr des Balkens in deinem Auge?
4 Oder wie darfst du sagen zu deinem
Bruder: Halt, ich will dir den Splitter aus
deinem Auge ziehen? Und siehe, ein Bal-
ken ist in deinem Auge.
5 Du Heuchler, zieh zuerst den Balken
aus deinem Auge; danach sieh zu, wie du
den Splitter aus deines Bruders Auge
ziehest.
6 Ihr sollt das Heilige nicht den Hunden
geben, und eure Perlen sollt ihr nicht vor
die Säue werfen, auf daß sie dieselben
nicht zertreten mit ihren Füßen und sich
wenden und euch zerreißen.

Von der Gebetserhörung

7 **Bittet, so wird euch gegeben; suchet,
so werdet ihr finden; klopfet an, so wird
euch aufgetan.**
8 Denn wer da bittet, der empfängt; und
wer da sucht, der findet; und wer da an-
klopft, dem wird aufgetan.
9 Welcher ist unter euch Menschen, so
ihn sein Sohn bittet ums Brot, der ihm
einen Stein biete?
10 oder, so er ihn bittet um einen Fisch,
der ihm eine Schlange biete?
11 So nun ihr, die ihr doch arg seid,
könnt dennoch euren Kindern gute Ga-
ben geben, wieviel mehr wird euer Vater
im Himmel Gutes geben denen, die ihn
bitten.

Vom Tun des göttlichen Willens

12 Alles nun, was ihr wollt, daß euch
die Leute tun sollen, das tut ihnen auch!
Das ist das Gesetz und die Propheten.
13 **Gehet ein durch die enge Pforte. Denn
die Pforte ist weit, und der Weg ist breit,
der zur Verdammnis führt, und ihrer sind
viele, die darauf wandeln.**
14 **Und die Pforte ist eng, und der Weg ist
schmal, der zum Leben führt, und wenige
sind ihrer, die ihn finden.**
15 Sehet euch vor vor den falschen Pro-
pheten, die in Schafskleidern zu euch
kommen, inwendig aber sind sie reißende
Wölfe.
16 An ihren Früchten sollt ihr sie erken-
nen. Kann man auch Trauben lesen von
den Dornen oder Feigen von den Disteln?
17 Also ein jeglicher guter Baum bringt
gute Früchte; aber ein fauler Baum bringt
arge Früchte.
18 Ein guter Baum kann nicht arge
Früchte bringen, und ein fauler Baum
kann nicht gute Früchte bringen.
19 Ein jeglicher Baum, der nicht gute
Früchte bringt, wird abgehauen und ins
Feuer geworfen.

20 Darum: an ihren Früchten sollt ihr
sie erkennen.
21 **Es werden nicht alle, die zu mir sagen:**
Herr, Herr! in das Himmelreich kommen,
sondern die den Willen tun meines Vaters
im Himmel.
22 Es werden viele zu mir sagen an
jenem Tage: Herr, Herr, haben wir nicht
in deinem Namen geweissagt? Haben wir
nicht in deinem Namen böse Geister aus-
getrieben? Haben wir nicht in deinem
Namen viele Taten getan?
23 Dann werde ich ihnen bekennen: Ich
habe euch nie gekannt; weichet von mir,
ihr Übeltäter!
24 Darum, wer diese meine Rede hört
und tut sie, der gleicht einem klugen Mann,
der sein Haus auf den Felsen baute.
25 Da nun ein Platzregen fiel und die
Wasser kamen und wehten die Winde und
stießen an das Haus, fiel es doch nicht;
denn es war auf den Felsen gegründet.
26 Und wer diese meine Rede hört und
tut sie nicht, der ist einem törichten Mann
gleich, der sein Haus auf den Sand baute.
27 Da nun ein Platzregen fiel und kamen
die Wasser und wehten die Winde und
stießen an das Haus, da fiel es und tat
einen großen Fall.
28 Und es begab sich, da Jesus diese
Rede vollendet hatte, entsetzte sich das
Volk über seine Lehre;
29 denn er lehrte mit Vollmacht und
nicht wie ihre Schriftgelehrten.

Heilung eines Aussätzigen

8 Als er aber vom Berge herabging,
folgte ihm viel Volks nach.
2 Und siehe, ein Aussätziger kam und
fiel vor ihm nieder und sprach: Herr, so
du willst, kannst du mich wohl reinigen.
3 Und Jesus streckte seine Hand aus,
rührte ihn an und sprach: Ich will's tun;
sei gereinigt! Und alsbald ward er von
seinem Aussatz rein.
4 Und Jesus sprach zu ihm: Siehe zu, sage
es niemand, sondern gehe hin und zeige
dich dem Priester und opfere die Gabe,
die Mose befohlen hat, ihnen zum Zeugnis.

Der Hauptmann zu Kapernaum

5 Da aber Jesus hineinging nach Ka-
pernaum, trat ein Hauptmann zu ihm, der
bat ihn
6 und sprach: Herr, mein Knecht liegt
zu Hause und ist gichtbrüchig und hat
große Qual.
7 Jesus sprach zu ihm: Ich will kommen
und ihn gesund machen.
8 Der Hauptmann antwortete und
sprach: Herr, ich bin nicht wert, daß du
unter mein Dach gehst, sondern sprich
nur ein Wort, so wird mein Knecht ge-
sund.
9 Denn auch ich bin ein Mensch, der
Obrigkeit untertan, und habe unter mir
Kriegsknechte; und wenn ich sage zu
einem: Gehe hin! so geht er; und zum
andern: Komm her! so kommt er; und zu
meinem Knecht: Tu das! so tut er's.
10 Da das Jesus hörte, verwunderte er
sich und sprach zu denen, die ihm nach-
folgten: Wahrlich, ich sage euch: Solchen
Glauben habe ich in Israel bei keinem
gefunden!
11 Aber ich sage euch: Viele werden
kommen vom Osten und vom Westen und
mit Abraham und Isaak und Jakob im
Himmelreich sitzen;
12 aber die Kinder des Reichs werden
ausgestoßen in die Finsternis hinaus; da
wird sein Heulen und Zähneklappen.
13 Und Jesus sprach zu dem Haupt-
mann: Gehe hin; dir geschehe, wie du ge-
glaubt hast. Und sein Knecht ward ge-
sund zu derselben Stunde.

Jesus im Hause des Petrus

14 Und Jesus kam in des Petrus Haus
und sah, daß dessen Schwiegermutter lag
und hatte das Fieber.
15 Da ergriff er ihre Hand, und das Fie-
ber verließ sie. Und sie stand auf und
diente ihm.
16 Am Abend aber brachten sie viele
Besessene zu ihm; und er trieb die Geister
aus durch sein Wort und machte alle
Kranken gesund,
17 auf daß erfüllt würde, was gesagt ist
durch den Propheten Jesaja, der da
spricht (Jes 53,4): «Er hat unsre Schwach-
heit auf sich genommen, und unsre
Krankheit hat er getragen.»

Vom Ernst der Nachfolge

18 Und da Jesus viel Volks um sich sah,
hieß er hinüber ans andre Ufer fahren.
19 Und es trat zu ihm ein Schriftgelehr-

ter, der sprach zu ihm: Meister, ich will dir folgen, wo du hingehst.

20 Jesus sagt zu ihm: **Die Füchse haben Gruben, und die Vögel unter dem Himmel haben Nester; aber des Menschen Sohn hat nicht, wo er sein Haupt hinlege.**

21 Und ein anderer unter den Jüngern sprach zu ihm: Herr, erlaube mir, daß ich hingehe und zuvor meinen Vater begrabe.

22 Aber Jesus spricht zu ihm: **Folge du mir und laß die Toten ihre Toten begraben!**

Stillung des Sturmes

23 Und er trat in das Schiff, und seine Jünger folgten ihm.

24 Und siehe, da erhob sich ein großes Ungestüm im Meer, so daß auch das Schiff mit Wellen bedeckt ward. Und er schlief.

25 Und die Jünger traten zu ihm und weckten ihn auf und sprachen: Herr, hilf uns, wir verderben!

26 Da sagt er zu ihnen: Ihr Kleingläubigen, warum seid ihr so furchtsam? Und stand auf und bedrohte den Wind und das Meer. Da ward es ganz stille.

27 Die Menschen aber verwunderten sich und sprachen: Was ist das für ein Mann, daß ihm Wind und Meer gehorsam sind?

Heilung zweier Besessener

28 Und er kam ans andere Ufer in die Gegend der Gadarener. Da liefen ihm entgegen zwei Besessene, die kamen aus den Grabhöhlen und waren sehr gefährlich, so daß niemand diese Straße gehen konnte.

29 Und siehe, sie schrien und sprachen: Was willst du von uns, du Sohn Gottes? Bist du hergekommen, uns zu quälen, ehe denn es Zeit ist?

30 Es war aber ferne von ihnen eine große Herde Säue auf der Weide.

31 Da baten ihn die bösen Geister und sprachen: Willst du uns austreiben, so laß uns in die Herde Säue fahren.

32 Und er sprach: Fahret hin! Da fuhren sie aus und fuhren in die Säue. Und siehe, die ganze Herde stürzte sich den Abhang hinunter ins Meer und ersoffen im Wasser.

33 Und die Hirten flohen und gingen hin in die Stadt und sagten das alles und wie es mit den Besessenen ergangen war.

34 Und siehe, da ging die ganze Stadt heraus Jesus entgegen. Und da sie ihn sahen, baten sie ihn, daß er aus ihrer Gegend weichen möchte.

Heilung des Gichtbrüchigen

9 Da trat er in das Schiff und fuhr wieder herüber und kam in seine Stadt.

2 Und siehe, da brachten sie zu ihm einen Gichtbrüchigen, der lag auf einem Bette. Da nun Jesus ihren Glauben sah, sprach er zu dem Gichtbrüchigen: **Sei getrost, mein Sohn, deine Sünden sind dir vergeben.**

3 Und siehe, etliche unter den Schriftgelehrten sprachen bei sich selbst: Dieser lästert Gott.

4 Da aber Jesus ihre Gedanken merkte, sprach er: Warum denkt ihr so Arges in euren Herzen?

5 Was ist leichter, zu sagen: Dir sind deine Sünden vergeben, oder zu sagen: Stehe auf und wandle?

6 Auf daß ihr aber wisset, daß des Menschen Sohn Vollmacht hat, auf Erden die Sünden zu vergeben, – sprach er zu dem Gichtbrüchigen: Stehe auf, hebe dein Bett auf und gehe heim!

7 Und er stand auf und ging heim.

8 Da das Volk das sah, fürchtete es sich und pries Gott, der solche Macht den Menschen gegeben hat.

Berufung des Matthäus

9 Und da Jesus von dannen ging, sah er einen Menschen am Zoll sitzen, der hieß Matthäus; und sprach zu ihm: Folge mir! Und er stand auf und folgte ihm.

10 Und es begab sich, als er zu Tisch saß im Hause, siehe, da kamen viele Zöllner und Sünder und saßen zu Tische mit Jesus und seinen Jüngern.

11 Da das die Pharisäer sahen, sprachen sie zu seinen Jüngern: Warum isset euer Meister mit den Zöllnern und Sündern?

12 Da das Jesus hörte, sprach er: Die Starken bedürfen des Arztes nicht, sondern die Kranken.

13 Gehet aber hin und lernet, was das ist (Hos 6,6): «Ich habe Wohlgefallen an Barmherzigkeit und nicht am Opfer.» **Ich bin gekommen, die Sünder zu rufen und nicht die Gerechten.**

Über das Fasten

14 Da kamen die Jünger des Johannes
zu ihm und sprachen: Warum fasten wir
und die Pharisäer, und deine Jünger
fasten nicht?
15 Jesus sprach zu ihnen: Wie können
die Hochzeitleute Leid tragen, solange der
Bräutigam bei ihnen ist? Es wird aber die
Zeit kommen, daß der Bräutigam von
ihnen genommen wird; alsdann werden
sie fasten.
16 Niemand flickt ein altes Kleid mit
einem Lappen von neuem Tuch; denn der
Lappen reißt doch wieder vom Kleid, und
der Riß wird ärger.
17 Man füllt auch nicht jungen Wein
in alte Schläuche; sonst zerreißen die
Schläuche, und der Wein wird verschüt-
tet, und die Schläuche kommen um.
Sondern man füllt jungen Wein in neue
Schläuche, so werden sie beide miteinan-
der erhalten.

Des Jairus Tochter. Blutflüssige Frau

18 Da er solches mit ihnen redete, siehe,
da kam einer von den Obersten der Ge-
meinde und fiel vor ihm nieder und
sprach: Meine Tochter ist soeben gestor-
ben; aber komm und lege deine Hand auf
sie, so wird sie lebendig.
19 Und Jesus stand auf und folgte ihm
und seine Jünger.
20 Und siehe, eine Frau, die zwölf Jahre
den Blutfluß gehabt, trat von hinten zu
ihm und rührte seines Kleides Saum an.
21 Denn sie sprach bei sich selbst:
Könnte ich nur sein Kleid anrühren, so
würde ich gesund.
22 Da wandte sich Jesus um und sah sie
und sprach: Sei getrost, meine Tochter,
dein Glaube hat dir geholfen. Und die
Frau ward gesund zu derselben Stunde.
23 Und als er in des Obersten Haus kam
und sah die Pfeifer und das Getümmel des
Volks,
24 sprach er: Weichet! denn das Mägd-
lein ist nicht tot, sondern es schläft. Und
sie verlachten ihn.
25 Als aber das Volk hinausgetrieben
war, ging er hinein und ergriff sie bei der
Hand. Da stand das Mägdlein auf.
26 Und diese Kunde erscholl in jenes
ganze Land.

Zwei Blinde und ein Stummer

27 Und als Jesus von dannen weiterging,
folgten ihm zwei Blinde nach, die schrien
und sprachen: Ach, du Sohn Davids, er-
barme dich unser!
28 Und da er heimkam, traten die Blin-
den zu ihm. Und Jesus sprach zu ihnen:
Glaubt ihr, daß ich euch solches tun
kann? Da sprachen sie zu ihm: Herr, ja.
29 Da rührte er ihre Augen an und
sprach: Euch geschehe nach eurem Glau-
ben.
30 Und ihre Augen wurden geöffnet.
Und Jesus bedrohte sie und sprach: Sehet
zu, daß es niemand erfahre!
31 Aber sie gingen hinaus und verbrei-
teten die Kunde von ihm in jenem ganzen
Lande.
32 Da nun diese waren hinausgegangen,
siehe, da brachten sie zu ihm einen Men-
schen, der war stumm und besessen.
33 Und da der böse Geist war ausge-
trieben, redete der Stumme. Und das
Volk verwunderte sich und sprach: Sol-
ches ist noch nie in Israel gesehen worden.
34 Aber die Pharisäer sprachen: Er
treibt die bösen Geister aus durch ihren
Obersten.

Die große Ernte

35 Und Jesus ging umher in alle Städte
und Dörfer, lehrte in ihren Synagogen und
predigte das Evangelium von dem Reich
und heilte alle Krankheit und alle Ge-
brechen.
36 Und da er das Volk sah, jammerte
ihn desselben; denn sie waren ver-
schmachtet und zerstreut wie die Schafe,
die keinen Hirten haben.
37 Da sprach er zu seinen Jüngern: **Die
Ernte ist groß, aber wenige sind der Ar-
beiter.**
38 **Darum bittet den Herrn der Ernte, daß
er Arbeiter in seine Ernte sende.**

Berufung der zwölf Jünger

10 Und er rief seine zwölf Jünger zu
sich und gab ihnen Vollmacht über
die unsauberen Geister, daß sie die aus-
trieben und heilten alle Krankheit und
alle Gebrechen.
2 Die Namen aber der zwölf Apostel
sind diese: der erste Simon, genannt Pe-

trus, und Andreas, sein Bruder; Jakobus,
des Zebedäus Sohn, und Johannes, sein
Bruder;
3 Philippus und Bartholomäus; Thomas
und Matthäus, der Zöllner; Jakobus, des
Alphäus Sohn, und Thaddäus;
4 Simon Kananäus und Judas Ischa-
rioth, welcher ihn verriet.

Aussendung der Jünger

5 Diese zwölf sandte Jesus, gebot ihnen
und sprach: Gehet nicht auf der Heiden
Straße und ziehet nicht in der Samariter
Städte,
6 sondern gehet hin zu den verlorenen
Schafen aus dem Hause Israel.
7 Geht aber und predigt und sprecht:
Das Himmelreich ist nahe herbeigekom-
men.
8 Macht Kranke gesund, weckt Tote
auf, reinigt Aussätzige, treibt böse Geister
aus. Umsonst habt ihr's empfangen, um-
sonst gebt es auch.
9 Ihr sollt nicht Gold noch Silber noch
Kupfer in euren Gürteln haben,
10 auch keine Tasche zur Wegfahrt,
auch nicht zwei Röcke, keine Schuhe,
auch keinen Stecken. Denn der Arbeiter
ist seiner Speise wert.
11 Wenn ihr aber in eine Stadt oder ein
Dorf geht, da erkundigt euch, ob jemand
darin sei, der es wert ist; und bei dem-
selben bleibet, bis ihr von dannen zieht.
12 Wenn ihr aber in ein Haus geht, so
grüßet es;
13 und wenn es das Haus wert ist, wird
euer Friede auf sie kommen. Ist es aber
nicht wert, so wird sich euer Friede wieder
zu euch wenden.
14 Und wenn euch jemand nicht auf-
nehmen wird noch eure Rede hören, so
geht heraus von jenem Hause oder jener
Stadt und schüttelt den Staub von euren
Füßen.
15 Wahrlich, ich sage euch: Dem Lande
der Sodomer und Gomorrer wird es er-
träglicher gehen am Tage des Gerichts als
solcher Stadt.

Mahnung zum mutigen Bekennen

16 Siehe, ich sende euch wie Schafe mit-
ten unter die Wölfe. Darum seid klug wie
die Schlangen und ohne Falsch wie die
Tauben.
17 Hütet euch aber vor den Menschen;
denn sie werden euch überantworten den
Gerichten und werden euch geißeln in
ihren Synagogen.
18 Und man wird euch vor Fürsten und
Könige führen um meinetwillen, ihnen
und den Heiden zum Zeugnis.
19 Wenn sie euch nun überantworten
werden, so sorget nicht, wie oder was ihr
reden sollt; denn es soll euch zu der
Stunde gegeben werden, was ihr reden
sollt.
20 Denn ihr seid es nicht, die da reden,
sondern eures Vaters Geist ist es, der
durch euch redet.
21 Es wird aber ein Bruder den andern
zum Tod überantworten und der Vater
den Sohn, und die Kinder werden sich
empören wider ihre Eltern und ihnen zum
Tode helfen.
22 Und ihr müsset gehaßt werden von
jedermann um meines Namens willen.
Wer aber bis ans Ende beharret, der wird
selig.
23 Wenn sie euch aber in einer Stadt
verfolgen, so fliehet in eine andere. Wahr-
lich, ich sage euch: Ihr werdet mit den
Städten Israels nicht zu Ende kommen,
bis des Menschen Sohn kommt.
24 Der Jünger ist nicht über den Mei-
ster noch der Knecht über seinen Herrn.
25 Es ist dem Jünger genug, daß er sei
wie sein Meister und der Knecht wie sein
Herr. Haben sie den Hausvater Beelzebub
geheißen, wieviel mehr werden sie seine
Hausgenossen so heißen!
26 Darum fürchtet euch nicht vor ihnen.
Es ist nichts verborgen, was nicht offen-
bar werde, und ist nichts heimlich, was
man nicht wissen werde.
27 Was ich euch sage in der Finsternis,
das redet im Licht; und was euch gesagt
wird in das Ohr, das predigt auf den
Dächern.
28 Und fürchtet euch nicht vor denen,
die den Leib töten und die Seele nicht
können töten; fürchtet euch aber viel mehr
vor dem, der Leib und Seele verderben
kann in der Hölle.
29 Kauft man nicht zwei Sperlinge um
einen Pfennig? Dennoch fällt deren keiner
auf die Erde ohne euren Vater.
30 Nun aber sind auch eure Haare auf
dem Haupte alle gezählt.

31 Darum fürchtet euch nicht; ihr seid besser als viele Sperlinge.

32 **Wer nun mich bekennet vor den Menschen, den will ich auch bekennen vor meinem himmlischen Vater.**

33 **Wer mich aber verleugnet vor den Menschen, den will ich auch verleugnen vor meinem himmlischen Vater.**

Anfeindung um Jesu willen

34 Ihr sollt nicht wähnen, daß ich gekommen sei, Frieden zu bringen auf die Erde. Ich bin nicht gekommen, Frieden zu bringen, sondern das Schwert.

35 Denn ich bin gekommen, den Menschen zu erregen wider seinen Vater und die Tochter wider ihre Mutter und die Schwiegertochter wider ihre Schwiegermutter.

36 Und des Menschen Feinde werden seine eignen Hausgenossen sein.

37 Wer Vater oder Mutter mehr liebt als mich, der ist mein nicht wert; und wer Sohn oder Tochter mehr liebt als mich, der ist mein nicht wert.

38 Und wer nicht sein Kreuz auf sich nimmt und folgt mir nach, der ist mein nicht wert.

39 Wer sein Leben findet, der wird's verlieren; und wer sein Leben verliert um meinetwillen, der wird's finden.

40 Wer euch aufnimmt, der nimmt mich auf; und wer mich aufnimmt, der nimmt den auf, der mich gesandt hat.

41 Wer einen Propheten aufnimmt darum, daß er ein Prophet ist, der wird eines Propheten Lohn empfangen. Wer einen Gerechten aufnimmt darum, daß er ein Gerechter ist, der wird eines Gerechten Lohn empfangen.

42 Und wer einen dieser Geringen nur mit einem Becher kalten Wassers tränkt darum, daß er mein Jünger ist, wahrlich, ich sage euch: es wird ihm nicht unbelohnt bleiben.

Des Täufers Frage

11 Und es begab sich, da Jesus solch Gebot an seine zwölf Jünger vollendet hatte, ging er von dannen weiter, zu lehren und zu predigen in ihren Städten.

2 Da aber Johannes im Gefängnis die Werke Christi hörte, sandte er seine Jünger

3 und ließ ihm sagen: Bist du, der da kommen soll, oder sollen wir eines andern warten?

4 Jesus antwortete und sprach zu ihnen: Gehet hin und saget Johannes wieder, was ihr höret und sehet:

5 Blinde sehen und Lahme gehen, Aussätzige werden rein und Taube hören, Tote stehen auf und Armen wird das Evangelium gepredigt;

6 und selig ist, der nicht Ärgernis nimmt an mir.

Jesu Zeugnis über den Täufer

7 Da die hingingen, fing Jesus an, zu reden zu dem Volk von Johannes: Was seid ihr hinausgegangen in die Wüste zu sehen? Wolltet ihr ein Rohr sehen, das der Wind hin und her weht?

8 Oder was seid ihr hinausgegangen zu sehen? Wolltet ihr einen Menschen in weichen Kleidern sehen? Siehe, die da weiche Kleider tragen, sind in der Könige Häusern.

9 Oder was seid ihr hinausgegangen? Wolltet ihr einen Propheten sehen? Ja, ich sage euch: er ist mehr als ein Prophet.

10 Dieser ist's, von dem geschrieben steht (Mal 3,1): «Siehe, ich sende meinen Boten vor dir her, der deinen Weg vor dir bereiten soll.»

11 Wahrlich, ich sage euch: Unter allen, die vom Weibe geboren sind, ist keiner aufgestanden, der größer sei als Johannes der Täufer; der aber der Kleinste ist im Himmelreich, ist größer als er.

12 Aber von den Tagen Johannes des Täufers bis hierher leidet das Himmelreich Gewalt, und die Gewalt tun, reißen es weg.

13 Denn alle Propheten und das Gesetz haben geweissagt bis zur Zeit des Johannes;

14 und so ihr's wollt annehmen: er ist der Elia, der da kommen soll.

15 Wer Ohren hat, der höre!

16 Wem soll ich aber dies Geschlecht vergleichen? Es ist den Kindern gleich, die an dem Markt sitzen und rufen ihren Gespielen zu

17 und sprechen: Wir haben euch aufgespielt, und ihr wolltet nicht tanzen; wir haben euch vorgeklagt, und ihr wolltet nicht trauern.

18 Johannes ist gekommen, aß nicht und
trank nicht; so sagen sie: Er ist besessen.
19 Des Menschen Sohn ist gekommen,
isset und trinket; so sagen sie: Siehe, wie
ist der Mensch ein Fresser und Weinsäu-
fer, der Zöllner und der Sünder Geselle!
Und doch ist die Weisheit gerechtfertigt
worden aus ihren Werken.

Weherufe über galiläische Städte

20 Da fing er an, die Städte zu schelten,
in welchen die meisten seiner Taten ge-
schehen waren, und hatten doch nicht
Buße getan:
21 Wehe dir, Chorazin! Weh dir, Beth-
saida! Wären solche Taten zu Tyrus und
Sidon geschehen, wie bei euch geschehen
sind, sie hätten längst in Sack und Asche
Buße getan.
22 Doch ich sage euch: Es wird Tyrus
und Sidon erträglicher gehen am Tage des
Gerichts als euch.
23 Und du, Kapernaum, wirst du bis
zum Himmel erhoben? Du wirst bis in die
Hölle hinuntergestoßen werden. Denn so
zu Sodom die Taten geschehen wären, die
bei dir geschehen sind, es stünde noch
heutigen Tages.
24 Doch ich sage euch: Es wird dem
Land der Sodomer erträglicher gehen am
Tage des Gerichts als dir.

Lobpreis des Vaters. Der Heilandsruf

25 Zu der Zeit hob Jesus an und sprach:
Ich preise dich, Vater und Herr Himmels
und der Erde, daß du solches den Weisen
und Klugen verborgen hast und hast es
den Unmündigen offenbart.
26 Ja, Vater; denn es ist also wohlge-
fällig gewesen vor dir.
27 Alle Dinge sind mir übergeben von
meinem Vater; und niemand kennt den
Sohn denn nur der Vater; und niemand
kennt den Vater denn nur der Sohn und
wem es der Sohn will offenbaren.
28 **Kommet her zu mir alle, die ihr müh-
selig und beladen seid; ich will euch erquik-
ken.**
29 **Nehmet auf euch mein Joch und lernet
von mir; denn ich bin sanftmütig und von
Herzen demütig; so werdet ihr Ruhe finden
für eure Seelen.**
30 **Denn mein Joch ist sanft, und meine
Last ist leicht.**

Jesus und der Sabbat

12 Zu der Zeit ging Jesus durch ein
Kornfeld am Sabbat; und seine
Jünger waren hungrig, fingen an, Ähren
auszuraufen, und aßen.
2 Da das die Pharisäer sahen, sprachen
sie zu ihm: Siehe, deine Jünger tun, was
am Sabbat nicht erlaubt ist.
3 Er aber sprach zu ihnen: Habt ihr
nicht gelesen, was David tat, da ihn und
die mit ihm waren hungerte?
4 wie er in das Gotteshaus ging und aß
die Schaubrote, die er doch nicht durfte
essen noch die, die mit ihm waren, son-
dern allein die Priester?
5 Oder habt ihr nicht gelesen im Gesetz,
wie die Priester am Sabbat im Tempel den
Sabbat brechen und sind doch ohne
Schuld?
6 Ich sage euch aber: Hier ist Größeres
als der Tempel.
7 Wenn ihr aber wüßtet, was das ist (Hos
6,6): «Ich habe Wohlgefallen an der Barm-
herzigkeit und nicht am Opfer», hättet
ihr die Unschuldigen nicht verdammt.
8 Des Menschen Sohn ist ein Herr auch
über den Sabbat.
9 Und er ging von dannen weiter und
kam in ihre Synagoge.
10 Und siehe, da war ein Mensch, der
hatte eine verdorrte Hand. Und sie frag-
ten ihn und sprachen: Ist's auch recht, am
Sabbat zu heilen?, auf daß sie eine Sache
wider ihn hätten.
11 Aber er sprach zu ihnen: Welcher ist
unter euch, wenn er ein einziges Schaf hat
und es fällt ihm am Sabbat in eine Grube,
der es nicht ergreife und ihm heraushelfe?
12 Wieviel mehr ist nun ein Mensch als
ein Schaf! Darum darf man wohl am Sab-
bat Gutes tun.
13 Da sprach er zu dem Menschen:
Strecke deine Hand aus! Und er streckte
sie aus; und sie ward ihm wieder gesund
gleichwie die andere.
14 Da gingen die Pharisäer hinaus und
hielten einen Rat über ihn, wie sie ihn um-
brächten.

Der Gottesknecht

15 Aber da Jesus das erfuhr, wich er von
dannen. Und ihm folgten viele nach, und
er heilte sie alle

16 und bedrohte sie, daß sie die Kunde
von ihm nicht ausbreiten sollten,
17 auf daß erfüllt würde, was gesagt ist
durch den Propheten Jesaja, der da
spricht (Jes 42,1-4):
18 «Siehe, das ist mein Knecht, den ich
erwählt habe, und mein Geliebter, an dem
meine Seele Wohlgefallen hat; ich will
meinen Geist auf ihn legen, und er soll den
Heiden das Recht verkündigen.
19 Er wird nicht hadern noch schreien,
und man wird seine Stimme nicht hören
auf den Gassen;
20 das zerstoßene Rohr wird er nicht
zerbrechen, und den glimmenden Docht
wird er nicht auslöschen, bis daß er hin-
ausführe das Recht zum Sieg;
21 und die Heiden werden auf seinen
Namen hoffen.»

Jesu Macht über die bösen Geister

22 Da ward ein Besessener zu ihm ge-
bracht, der war blind und stumm; und er
heilte ihn, so daß der Stumme redete und
sah.
23 Und alles Volk entsetzte sich und
sprach: Ist dieser nicht Davids Sohn?
24 Aber die Pharisäer, da sie es hörten,
sprachen sie: Er treibt die bösen Geister
nicht anders aus denn durch Beelzebub,
ihren Obersten.
25 Jesus wußte aber ihre Gedanken und
sprach zu ihnen: Ein jegliches Reich,
wenn es mit sich selbst uneins wird, das
wird verwüstet; und eine jegliche Stadt
oder Haus, wenn es mit sich selbst uneins
wird, kann nicht bestehen.
26 Wenn nun Satan den Satan austreibt,
so muß er mit sich selbst uneins sein; wie
kann dann sein Reich bestehen?
27 Wenn ich aber die bösen Geister
durch Beelzebub austreibe, durch wen
treiben eure Söhne sie aus? Darum wer-
den sie eure Richter sein.
28 Wenn ich aber die bösen Geister
durch den Geist Gottes austreibe, so ist
das Reich Gottes zu euch gekommen.
29 Oder wie kann jemand in eines Star-
ken Haus gehen und ihm seinen Hausrat
rauben, es sei denn, daß er zuvor den Star-
ken binde und alsdann sein Haus beraube?
30 Wer nicht mit mir ist, der ist wider
mich; und wer nicht mit mir sammelt, der
zerstreut.

Die Sünde wider den Geist

31 Darum sage ich euch: Alle Sünde und
Lästerung wird den Menschen vergeben;
aber die Lästerung wider den Geist wird
den Menschen nicht vergeben.
32 Und wer etwas redet wider des Men-
schen Sohn, dem wird es vergeben; aber
wer etwas redet wider den heiligen Geist,
dem wird's nicht vergeben, weder in dieser
noch in jener Welt.
33 Setzet entweder einen guten Baum,
so wird die Frucht gut; oder setzet einen
faulen Baum, so wird die Frucht faul.
Denn an der Frucht erkennt man den
Baum.
34 Ihr Otterngezüchte, wie könnt ihr
Gutes reden, die ihr böse seid? Wes das
Herz voll ist, des geht der Mund über.
35 Ein guter Mensch bringt Gutes her-
vor aus dem guten Schatz seines Herzens;
und ein böser Mensch bringt Böses her-
vor aus seinem bösen Schatz.
36 Ich sage euch aber, daß die Men-
schen müssen Rechenschaft geben am
Tage des Gerichts von einem jeglichen
nichtsnutzigen Wort, das sie geredet ha-
ben.
37 Aus deinen Worten wirst du gerecht-
fertigt werden, und aus deinen Worten
wirst du verdammt werden.

Zeichenforderung der Pharisäer

38 Da hoben an etliche unter den
Schriftgelehrten und Pharisäern und spra-
chen: Meister, wir wollten gerne ein Zei-
chen von dir sehen.
39 Und er antwortete und sprach zu
ihnen: Das böse und abtrünnige Ge-
schlecht sucht ein Zeichen; und es wird
ihm kein Zeichen gegeben werden denn
das Zeichen des Propheten Jona.
40 Denn gleichwie Jona drei Tage und
drei Nächte in des Fisches Bauch war, so
wird des Menschen Sohn drei Tage und
drei Nächte im Schoß der Erde sein.
41 Die Leute von Ninive werden auf-
treten beim Gericht mit diesem Ge-
schlecht und werden es verdammen; denn
sie taten Buße nach der Predigt des Jona.
Und siehe, hier ist mehr als Jona.
42 Die Königin vom Süden wird auftre-
ten beim Gericht mit diesem Geschlecht
und wird es verdammen, denn sie kam

vom Ende der Erde, Salomos Weisheit zu hören. Und siehe, hier ist mehr als Salomo.

43 Wenn der unsaubere Geist von dem Menschen ausgefahren ist, so durchwandelt er dürre Stätten, sucht Ruhe und findet sie nicht.

44 Da spricht er denn: Ich will wieder umkehren in mein Haus, daraus ich gegangen bin. Und wenn er kommt, so findet er's leer, gekehrt und geschmückt.

45 Dann geht er hin und nimmt zu sich sieben andere Geister, die ärger sind als er selbst; und wenn sie hineinkommen, wohnen sie allda; und es wird mit demselben Menschen hernach ärger, als es zuvor war. So wird's auch diesem argen Geschlecht gehen.

Jesu wahre Verwandte

46 Da er noch zu dem Volk redete, siehe, da standen seine Mutter und seine Brüder draußen, die wollten mit ihm reden.

47 Da sprach einer zu ihm: Siehe, deine Mutter und deine Brüder stehen draußen und wollen mit dir reden.

48 Er antwortete aber und sprach zu dem, der es ihm ansagte: Wer ist meine Mutter, und wer sind meine Brüder?

49 Und reckte die Hand aus über seine Jünger und sprach: Siehe da, das ist meine Mutter und meine Brüder!

50 Denn wer den Willen tut meines Vaters im Himmel, der ist mein Bruder und meine Schwester und meine Mutter.

Vom Säemann. Sinn der Gleichnisse

13 An demselben Tage ging Jesus aus dem Hause und setzte sich an das Meer.

2 Und es versammelte sich viel Volks zu ihm, so daß er in das Schiff trat und sich setzte, und alles Volk stand am Ufer.

3 Und er redete zu ihnen mancherlei in Gleichnissen und sprach: Siehe, es ging ein Säemann aus, zu säen.

4 Und indem er säte, fiel etliches an den Weg; da kamen die Vögel und fraßen's auf.

5 Etliches fiel auf das Felsige, wo es nicht viel Erde hatte, und ging bald auf, darum daß es nicht tiefe Erde hatte.

6 Als aber die Sonne hochstieg, verwelkte es, und weil es nicht Wurzel hatte, ward es dürre.

7 Etliches fiel unter die Dornen; und die Dornen wuchsen auf und erstickten's.

8 Etliches fiel auf ein gutes Land und trug Frucht, etliches hundertfältig, etliches sechzigfältig, etliches dreißigfältig.

9 Wer Ohren hat, der höre!

10 Und die Jünger traten zu ihm und sprachen: Warum redest du zu ihnen in Gleichnissen?

11 Er antwortete und sprach: Euch ist's gegeben, daß ihr die Geheimnisse des Himmelreichs verstehet, diesen aber ist's nicht gegeben.

12 Denn wer da hat, dem wird gegeben, daß er die Fülle habe; wer aber nicht hat, von dem wird auch genommen, was er hat.

13 Darum rede ich zu ihnen in Gleichnissen. Denn mit sehenden Augen sehen sie nicht, und mit hörenden Ohren hören sie nicht; und sie verstehen es auch nicht.

14 Und an ihnen wird die Weissagung Jesajas erfüllt, die da sagt (Jes 6,9.10): «Mit den Ohren werdet ihr hören und werdet es nicht verstehen; und mit sehenden Augen werdet ihr sehen und werdet es nicht erkennen.

15 Denn dieses Volkes Herz ist verstockt, und ihre Ohren hören übel, und ihre Augen schlummern, auf daß sie nicht etwa mit den Augen sehen und mit den Ohren hören und mit dem Herzen verstehen und sich bekehren, und ich ihnen hülfe.»

16 Aber selig sind eure Augen, daß sie sehen, und eure Ohren, daß sie hören.

17 Wahrlich, ich sage euch: Viele Propheten und Gerechte haben begehrt zu sehen, was ihr sehet, und haben's nicht gesehen, und zu hören, was ihr höret, und haben's nicht gehört.

18 So höret nun ihr dieses Gleichnis von dem Säemann:

19 Wenn jemand das Wort von dem Reich hört und nicht versteht, so kommt der Arge und reißt hinweg, was da gesät ist in sein Herz; das ist der, bei dem an den Weg gesät ist.

20 Bei dem aber auf das Felsige gesät ist, das ist, der das Wort hört und es alsbald aufnimmt mit Freuden;

21 aber er hat nicht Wurzel in sich, sondern er ist wetterwendisch; wenn sich Trübsal und Verfolgung erhebt um des Wortes willen, so nimmt er Ärgernis.

22 Bei dem aber unter die Dornen gesät ist, das ist, der das Wort hört, und die

Sorge der Welt und der Betrug des Reichtums erstickt das Wort, und er bringt nicht Frucht.
23 Bei dem aber in das gute Land gesät ist, das ist, der das Wort hört und versteht es und dann auch Frucht bringt; und der eine trägt hundertfältig, der andere sechzigfältig, der andere dreißigfältig.

Vom Unkraut unter dem Weizen

24 Er legte ihnen ein anderes Gleichnis vor und sprach: Das Himmelreich ist gleich einem Menschen, der guten Samen auf seinen Acker säte.
25 Da aber die Leute schliefen, kam sein Feind und säte Unkraut zwischen den Weizen und ging davon.
26 Da nun aber die Saat wuchs und Frucht brachte, da fand sich auch das Unkraut.
27 Da traten die Knechte zu dem Hausvater und sprachen: Herr, hast du nicht guten Samen auf deinen Acker gesät? Woher hat er denn das Unkraut?
28 Er sprach zu ihnen: Das hat ein Feind getan. Da sprachen die Knechte: Willst du denn, daß wir hingehen und es ausjäten?
29 Er sprach: Nein! auf daß ihr nicht zugleich den Weizen mit ausraufet, wenn ihr das Unkraut ausjätet.
30 Lasset beides miteinander wachsen bis zur Ernte; und um der Ernte Zeit will ich zu den Schnittern sagen: Sammelt zuvor das Unkraut und bindet es in Bündel, daß man es verbrenne; aber den Weizen sammelt mir in meine Scheune.

Vom Senfkorn

31 Ein anderes Gleichnis legte er ihnen vor und sprach: Das Himmelreich ist gleich einem Senfkorn, das ein Mensch nahm und säte es auf seinen Acker;
32 welches das kleinste ist unter allem Samen; wenn es aber gewachsen ist, so ist es größer als alle Sträucher und wird ein Baum, daß die Vögel unter dem Himmel kommen und wohnen in seinen Zweigen.

Vom Sauerteig

33 Ein anderes Gleichnis redete er zu ihnen: Das Himmelreich ist einem Sauerteig gleich, den ein Weib nahm und vermengte ihn unter drei Scheffel Mehl, bis daß es ganz durchsäuert ward.
34 Solches alles redete Jesus in Gleichnissen zu dem Volk, und ohne Gleichnis redete er nichts zu ihnen,
35 auf daß erfüllt würde, was gesagt ist durch den Propheten, der da spricht (Ps 78,2): «Ich will meinen Mund auftun in Gleichnissen und will aussprechen, was verborgen war von Anfang der Welt.»

Deutung des Gleichnisses vom Unkraut

36 Da ließ Jesus das Volk von sich und kam heim. Und seine Jünger traten zu ihm und sprachen: Deute uns das Gleichnis vom Unkraut auf dem Acker.
37 Er antwortete und sprach zu ihnen: Des Menschen Sohn ist's, der den guten Samen sät.
38 Der Acker ist die Welt. Der gute Same sind die Kinder des Reichs. Das Unkraut sind die Kinder der Bosheit.
39 Der Feind, der es sät, ist der Teufel. Die Ernte ist das Ende der Welt. Die Schnitter sind die Engel.
40 Gleichwie man nun das Unkraut sammelt und mit Feuer verbrennt, so wird's auch am Ende dieser Welt gehen.
41 Des Menschen Sohn wird seine Engel senden, und sie werden sammeln aus seinem Reich alle, die Ärgernis geben und die da Unrecht tun,
42 und werden sie in den Feuerofen werfen; da wird Heulen und Zähneklappen sein.
43 Dann werden die Gerechten leuchten wie die Sonne in ihres Vaters Reich. Wer Ohren hat, der höre!

Schatz im Acker und kostbare Perle

44 Das Himmelreich ist gleich einem verborgenen Schatz im Acker, welchen ein Mensch fand und verbarg ihn; und in seiner Freude darüber geht er hin und verkauft alles, was er hat, und kauft den Acker.
45 Abermals ist das Himmelreich gleich einem Kaufmann, der gute Perlen suchte,
46 und da er **eine** köstliche Perle fand, ging er hin und verkaufte alles, was er hatte, und kaufte sie.

Vom Fischnetz

47 Abermals ist das Himmelreich gleich einem Netze, das ins Meer geworfen ward und allerlei Gattung fing.

48 Als es aber voll war, zogen sie es her-
aus an das Ufer, saßen und lasen die
guten in Gefäße zusammen, aber die un-
nützen warfen sie weg.
49 Also wird es auch am Ende der Welt
gehen: die Engel werden ausgehen und
die Bösen von den Gerechten scheiden
50 und werden sie in den Feuerofen
werfen; da wird Heulen und Zähneklap-
pen sein.
51 Habt ihr das alles verstanden? Sie
sprachen: Ja.
52 Da sprach er: Darum, ein jeglicher
Schriftgelehrter, der ein Jünger des Him-
melreichs geworden ist, gleicht einem
Hausvater, der aus seinem Schatz Neues
und Altes hervorholt.

Verwerfung in Nazareth

53 Und es begab sich, da Jesus diese
Gleichnisse vollendet hatte, ging er von
dannen
54 und kam in seine Vaterstadt und
lehrte sie in ihrer Synagoge, so daß sie
sich entsetzten und sprachen: Woher
kommt diesem solche Weisheit und Ta-
ten?
55 Ist er nicht des Zimmermanns Sohn?
Heißt nicht seine Mutter Maria und seine
Brüder Jakobus und Joseph und Simon
und Judas?
56 Und seine Schwestern, sind sie nicht
alle bei uns? Woher kommt ihm denn das
alles?
57 Und sie nahmen Ärgernis an ihm.
Jesus aber sprach zu ihnen: Ein Prophet
gilt nirgend weniger als in seinem Vater-
land und im eigenen Hause.
58 Und er tat daselbst nicht viel Zeichen
um ihres Unglaubens willen.

Herodes und Jesus. Ende des Täufers

14 Zu der Zeit kam die Kunde über
Jesus vor den Vierfürst Herodes.
2 Und er sprach zu seinen Leuten: Das
ist Johannes der Täufer; der ist von den
Toten auferstanden, deshalb wirken in
ihm solche Kräfte.
3 Denn Herodes hatte Johannes ge-
griffen, gebunden und in das Gefängnis
gelegt wegen der Herodias, der Frau sei-
nes Bruders Philippus.
4 Denn Johannes hatte zu ihm gesagt:
Es ist nicht recht, daß du sie hast.
5 Und er hätte ihn gerne getötet, fürch-
tete sich aber vor dem Volk; denn sie hiel-
ten ihn für einen Propheten.
6 Da aber Herodes seinen Geburtstag
beging, da tanzte die Tochter der Hero-
dias vor ihnen. Das gefiel Herodes wohl.
7 Darum verhieß er ihr mit einem Eide,
er wollte ihr geben, was sie fordern würde.
8 Und wie sie zuvor von ihrer Mutter
angestiftet war, sprach sie: Gib mir her
auf einer Schüssel das Haupt Johannes
des Täufers!
9 Und der König ward traurig; doch um
des Eides willen und derer, die mit ihm zu
Tisch saßen, befahl er, es ihr zu geben.
10 Und schickte hin und ließ Johannes
im Gefängnis enthaupten.
11 Und sein Haupt ward hergetragen
auf einer Schüssel und dem Mädchen ge-
geben; und sie brachte es ihrer Mutter.
12 Da kamen seine Jünger und nahmen
seinen Leib und begruben ihn und kamen
und verkündeten das Jesus.

Speisung der Fünftausend

13 Da das Jesus hörte, wich er von dan-
nen auf einem Schiff in eine einsame Ge-
gend allein. Und da das Volk das hörte,
folgte es ihm nach zu Fuß aus den Städten.
14 Und Jesus stieg aus und sah die große
Menge; und es jammerte ihn derselben,
und er heilte ihre Kranken.
15 Am Abend aber traten seine Jünger
zu ihm und sprachen: Die Gegend ist öde,
und die Nacht fällt herein; laß das Volk
von dir, daß sie hin in die Dörfer gehen
und sich Speise kaufen.
16 Aber Jesus sprach zu ihnen: Es ist
nicht not, daß sie hingehen; gebt ihr ihnen
zu essen.
17 Sie sprachen: Wir haben hier nichts
als fünf Brote und zwei Fische.
18 Und er sprach: Bringet mir sie her.
19 Und er hieß das Volk sich lagern auf
das Gras und nahm die fünf Brote und die
zwei Fische, sah auf gen Himmel und dank-
te und brach's und gab die Brote den Jün-
gern, und die Jünger gaben sie dem Volk.
20 Und sie aßen alle und wurden satt
und hoben auf, was übrigblieb von Brok-
ken, zwölf Körbe voll.
21 Die aber gegessen hatten, waren bei
fünftausend Mann, ohne die Frauen und
Kinder.

Jesus wandelt auf dem Meer.
Der sinkende Petrus

22 Und alsbald trieb Jesus seine Jünger,
daß sie in das Schiff traten und vor ihm
hinüberfuhren, bis er das Volk von sich
ließe.
23 Und da er das Volk von sich gelassen
hatte, stieg er auf einen Berg allein, daß er
betete. Und am Abend war er allein da-
selbst.
24 Und das Schiff war schon mitten auf
dem Meer und litt Not von den Wellen;
denn der Wind war ihnen entgegen.
25 Aber in der vierten Nachtwache kam
Jesus zu ihnen und ging auf dem Meer.
26 Und da ihn die Jünger sahen auf dem
Meer gehen, erschraken sie und sprachen:
Es ist ein Gespenst! und schrien vor
Furcht.
27 Aber alsbald redete Jesus mit ihnen
und sprach: Seid getrost, ich bin's; fürch-
tet euch nicht!
28 Petrus aber antwortete ihm und
sprach: Herr, bist du es, so heiß mich zu
dir kommen auf dem Wasser.
29 Und er sprach: Komm her! Und
Petrus trat aus dem Schiff und ging auf
dem Wasser und kam auf Jesus zu.
30 Als er aber den Wind sah, erschrak
er und hob an zu sinken, schrie und
sprach: Herr, hilf mir!
31 Jesus aber reckte alsbald die Hand
aus und ergriff ihn und sprach zu ihm: O
du Kleingläubiger, warum zweifeltest du?
32 Und sie traten in das Schiff, und der
Wind legte sich.
33 Die aber im Schiff waren, fielen vor
ihm nieder und sprachen: Du bist wahr-
lich Gottes Sohn!
34 Und sie fuhren hinüber und kamen
ans Land nach Genezareth.
35 Und da die Leute an diesem Ort sein
gewahr wurden, schickten sie aus in das
ganze Land umher und brachten alle
Kranken zu ihm
36 und baten ihn, daß sie nur seines
Kleides Saum anrühren dürften. Und alle,
die ihn anrührten, wurden gesund.

Menschensatzungen und Gottes Gebot

15 Da kamen zu Jesus Pharisäer und
Schriftgelehrte von Jerusalem und
sprachen:
2 Warum übertreten deine Jünger die
Satzungen der Ältesten? Sie unterlassen
die Waschung der Hände vor dem Essen.
3 Er antwortete und sprach zu ihnen:
Warum übertretet denn ihr Gottes Gebot
um eurer Satzungen willen?
4 Gott hat geboten (2. Mose 20,12;
21,17): «Du sollst Vater und Mutter ehren;
wer aber Vater und Mutter flucht, der soll
des Todes sterben.»
5 Aber ihr lehret: Wer zu Vater oder
Mutter spricht: Ich opfere Gott, was dir
sollte von mir zukommen,
6 der braucht seinen Vater oder seine
Mutter nicht zu ehren; und so habt ihr
Gottes Gebot aufgehoben um eurer Sat-
zungen willen.
7 Ihr Heuchler, gar fein hat Jesaja von
euch geweissagt und gesprochen (Jes 29,
13):
8 «Dies Volk ehrt mich mit seinen Lip-
pen, aber ihr Herz ist ferne von mir;
9 vergeblich dienen sie mir, weil sie leh-
ren solche Lehren, die nichts als Men-
schengebote sind.»
10 Und er rief das Volk zu sich und
sprach zu ihm: Höret zu und fasset es!
11 Was zum Munde eingeht, das macht
den Menschen nicht unrein; sondern was
zum Munde ausgeht, das macht den Men-
schen unrein.
12 Da traten seine Jünger zu ihm und
sprachen: Weißt du auch, daß die Phari-
säer an dem Worte Ärgernis nahmen, als
sie es hörten?
13 Aber er antwortete und sprach: Alle
Pflanzen, die mein himmlischer Vater
nicht gepflanzt hat, die werden ausge-
rissen.
14 Lasset sie, sie sind blinde Blinden-
leiter! Wenn aber ein Blinder den andern
leitet, so fallen sie beide in die Grube.
15 Da antwortete Petrus und sprach zu
ihm: Deute uns dies Gleichnis.
16 Und Jesus sprach zu ihnen: Seid
denn auch ihr noch immer unverständig?
17 Merket ihr noch nicht, daß alles, was
zum Munde eingeht, das geht in den
Bauch und wird durch den natürlichen
Gang ausgeworfen?
18 Was aber zum Munde herausgeht,
das kommt aus dem Herzen, und das
macht den Menschen unrein.
19 Denn aus dem Herzen kommen arge

Gedanken, Mord, Ehebruch, Unzucht,
Dieberei, falsch Zeugnis, Lästerung.
20 Das sind die Stücke, die den Men-
schen unrein machen. Aber ohne Wa-
schung der Hände essen macht den Men-
schen nicht unrein.

Das kanaanäische Weib. Heilungen

21 Und Jesus ging fort von dannen und
entwich in die Gegend von Tyrus und
Sidon.
22 Und siehe, ein kanaanäisches Weib
kam aus jener Gegend und schrie ihm
nach und sprach: Ach Herr, du Sohn
Davids, erbarme dich mein! Meine Toch-
ter wird von einem bösen Geist übel ge-
plagt.
23 Und er antwortete ihr kein Wort. Da
traten zu ihm seine Jünger, baten ihn und
sprachen: Laß sie doch von dir, denn sie
schreit uns nach.
24 Er antwortete aber und sprach: Ich
bin nur gesandt zu den verlorenen Scha-
fen des Hauses Israel.
25 Sie kam aber und fiel vor ihm nieder
und sprach: Herr, hilf mir!
26 Aber er antwortete und sprach: Es
ist nicht fein, daß man den Kindern ihr
Brot nehme und werfe es vor die Hunde.
27 Sie sprach: Ja, Herr; aber doch essen
die Hunde von den Brosamen, die von
ihrer Herren Tisch fallen.
28 Da antwortete Jesus und sprach zu
ihr: O Weib, dein Glaube ist groß. Dir
geschehe, wie du willst! Und ihre Tochter
ward gesund zu derselben Stunde.
29 Und Jesus ging von dannen weiter
und kam an das Galiläische Meer und
ging auf einen Berg und setzte sich allda.
30 Und es kam zu ihm viel Volks, die
hatten mit sich Lahme, Krüppel, Blinde,
Stumme und viele andere und legten sie
Jesus vor die Füße, und er heilte sie,
31 so daß sich das Volk verwunderte, da
sie sahen, daß die Stummen redeten, die
Krüppel gesund waren, die Lahmen gin-
gen, die Blinden sahen; und sie priesen
den Gott Israels.

Speisung der Viertausend

32 Und Jesus rief seine Jünger zu sich
und sprach: Es jammert mich des Volks;
denn sie sind nun schon drei Tage lang
bei mir und haben nichts zu essen; und
ich will sie nicht ohne Speise von mir las-
sen, auf daß sie nicht verschmachten auf
dem Wege.
33 Da sprachen zu ihm seine Jünger:
Woher sollen wir so viel Brot nehmen in
der Wüste, daß wir so viel Volks sättigen?
34 Und Jesus sprach zu ihnen: Wieviel
Brote habt ihr? Sie sprachen: Sieben und
wenige Fischlein.
35 Und er hieß das Volk sich lagern auf
die Erde
36 und nahm die sieben Brote und die
Fische, dankte, brach sie und gab sie sei-
nen Jüngern, und die Jünger gaben sie
dem Volk.
37 Und sie aßen alle und wurden satt;
und hoben auf, was übrigblieb von Brok-
ken, sieben Körbe voll.
38 Und die da gegessen hatten, waren
viertausend Mann, ohne die Frauen und
Kinder.
39 Und da er das Volk hatte von sich
gelassen, trat er in ein Schiff und kam in
das Gebiet von Magadan*.

Zeichenforderung der Pharisäer

16 Da traten die Pharisäer und Saddu-
zäer zu ihm; die versuchten ihn und
forderten, daß er sie ein Zeichen vom
Himmel sehen ließe.
2 Aber er antwortete und sprach: 〈Des
Abends sprecht ihr: Es wird ein schöner
Tag werden, denn der Himmel ist rot.
3 Und des Morgens sprecht ihr: Es wird
heute Ungewitter sein, denn der Himmel
ist rot und trübe. Über des Himmels Aus-
sehen könnt ihr urteilen; könnt ihr dann
nicht auch über die Zeichen der Zeit ur-
teilen?〉
4 Dieses böse und abtrünnige Ge-
schlecht sucht ein Zeichen; und soll ihm
kein Zeichen gegeben werden denn das
Zeichen des Jona. Und er ließ sie und ging
davon.

Vom Sauerteig der Pharisäer
und Sadduzäer

5 Und als die Jünger ans andere Ufer
gekommen waren, hatten sie vergessen,
Brot mit sich zu nehmen.
6 Jesus aber sprach zu ihnen: Sehet zu
und hütet euch vor dem Sauerteig der
Pharisäer und Sadduzäer!

*Nach anderer Überlieferung: Magdala.

7 Da dachten sie bei sich selbst und sprachen: Das wird's sein, daß wir nicht haben Brot mit uns genommen.
8 Da das Jesus merkte, sprach er zu ihnen: Ihr Kleingläubigen, was bekümmert ihr euch doch, daß ihr nicht Brot habt?
9 Verstehet ihr noch nicht? Gedenket ihr nicht an die fünf Brote unter die fünftausend und wieviel Körbe ihr da aufhobt,
10 auch nicht an die sieben Brote unter die viertausend und wieviel Körbe ihr da aufhobt?
11 Wie verstehet ihr denn nicht, daß ich nicht vom Brot zu euch rede? Hütet euch aber vor dem Sauerteig der Pharisäer und Sadduzäer!
12 Da verstanden sie, daß er nicht gesagt hatte, daß sie sich hüten sollten vor dem Sauerteig des Brots, sondern vor der Lehre der Pharisäer und Sadduzäer.

Das Bekenntnis des Petrus

13 Da kam Jesus in die Gegend von Cäsarea Philippi und fragte seine Jünger und sprach: Wer sagen die Leute, daß des Menschen Sohn sei?
14 Sie sprachen: Etliche sagen, du seiest Johannes der Täufer; andere, du seiest Elia; wieder andere, du seiest Jeremia oder der Propheten einer.
15 Er sprach zu ihnen: Wer saget denn ihr, daß ich sei?
16 Da antwortete Simon Petrus und sprach: **Du bist Christus, des lebendigen Gottes Sohn!**
17 Und Jesus antwortete und sprach zu ihm: Selig bist du, Simon, Jonas Sohn; denn Fleisch und Blut hat dir das nicht offenbart, sondern mein Vater im Himmel.
18 Und ich sage dir auch: Du bist Petrus, und auf diesen Felsen will ich bauen meine Gemeinde, und die Pforten der Hölle sollen sie nicht überwältigen.
19 **Ich will dir des Himmelreichs Schlüssel geben, und alles, was du auf Erden binden wirst, soll auch im Himmel gebunden sein, und alles, was du auf Erden lösen wirst, soll auch im Himmel los sein.**
20 Da bedrohte er seine Jünger, daß sie niemand sagen sollten, daß er der Christus wäre.

Erste Leidensankündigung

21 Seit der Zeit fing Jesus Christus an und zeigte seinen Jüngern, wie er müßte hin nach Jerusalem gehen und viel leiden von den Ältesten und Hohenpriestern und Schriftgelehrten und getötet werden und am dritten Tage auferstehen.
22 Und Petrus nahm ihn zu sich, fuhr ihn an und sprach: Herr, das verhüte Gott! Das widerfahre dir nur nicht!
23 Er aber wandte sich um und sprach zu Petrus: Hebe dich, Satan, von mir! Du bist mir ein Ärgernis; denn du meinst nicht, was göttlich, sondern was menschlich ist.
24 Da sprach Jesus zu seinen Jüngern: **Will mir jemand nachfolgen, der verleugne sich selbst und nehme sein Kreuz auf sich und folge mir.**
25 **Denn wer sein Leben erhalten will, der wird's verlieren; wer aber sein Leben verliert um meinetwillen, der wird's finden.**
26 **Was hülfe es dem Menschen, wenn er die ganze Welt gewönne und nähme doch Schaden an seiner Seele? Oder was kann der Mensch geben, damit er seine Seele wieder löse?**
27 Denn es wird geschehen, daß des Menschen Sohn kommt in der Herrlichkeit seines Vaters mit seinen Engeln, und alsdann wird er einem jeglichen vergelten nach seinen Werken.
28 Wahrlich, ich sage euch: Es stehen etliche hier, die nicht schmecken werden den Tod, bis daß sie des Menschen Sohn kommen sehen in seinem Reich.

Verklärung Jesu

17 Und nach sechs Tagen nahm Jesus zu sich Petrus und Jakobus und Johannes, seinen Bruder, und ging mit ihnen allein auf einen hohen Berg.
2 Und er ward verklärt vor ihnen, und sein Angesicht leuchtete wie die Sonne, und seine Kleider wurden weiß wie das Licht.
3 Und siehe, da erschienen ihnen Mose und Elia; die redeten mit ihm.
4 Petrus aber hob an und sprach zu Jesus: Herr, hier ist für uns gut sein! Willst du, so wollen wir hier drei Hütten machen, dir eine, Mose eine und Elia eine.

5 Da er noch redete, siehe, da überschattete sie eine lichte Wolke. Und siehe, eine Stimme aus der Wolke sprach: **Dies ist mein lieber Sohn, an welchem ich Wohlgefallen habe; den sollt ihr hören!**
6 Da das die Jünger hörten, fielen sie auf ihr Angesicht und erschraken sehr.
7 Jesus aber trat zu ihnen, rührte sie an und sprach: Stehet auf und fürchtet euch nicht!
8 Da sie aber ihre Augen aufhoben, sahen sie niemand als Jesus allein.
9 Und da sie vom Berge herabgingen, gebot ihnen Jesus und sprach: Ihr sollt dies Gesicht niemand sagen, bis des Menschen Sohn von den Toten auferstanden ist.
10 Und seine Jünger fragten ihn und sprachen: Was sagen denn die Schriftgelehrten, zuvor müsse Elia kommen?
11 Jesus antwortete und sprach zu ihnen: Elia soll freilich kommen und alles zurechtbringen.
12 Doch ich sage euch: Elia ist schon gekommen, aber sie haben ihn nicht erkannt, sondern haben mit ihm getan, was sie wollten. So wird auch des Menschen Sohn leiden müssen von ihnen.
13 Da verstanden die Jünger, daß er von Johannes dem Täufer zu ihnen geredet hatte.

Heilung des mondsüchtigen Knaben

14 Und da sie zu dem Volk kamen, trat zu ihm ein Mensch und fiel ihm zu Füßen
15 und sprach: Herr, erbarme dich über meinen Sohn! denn er ist mondsüchtig und hat schwer zu leiden; er fällt oft ins Feuer und oft ins Wasser;
16 und ich habe ihn zu deinen Jüngern gebracht, und sie konnten ihm nicht helfen.
17 Jesus aber antwortete und sprach: O du ungläubiges und verkehrtes Geschlecht, wie lange soll ich bei euch sein? Wie lange soll ich euch dulden? Bringt ihn mir her!
18 Und Jesus bedrohte ihn; und der böse Geist fuhr aus von ihm, und der Knabe ward gesund zu derselben Stunde.
19 Da traten zu ihm seine Jünger besonders und sprachen: Warum konnten wir ihn nicht austreiben?
20 Er aber sprach zu ihnen: Um eures Kleinglaubens willen. Denn ich sage euch wahrlich: Wenn ihr Glauben habt wie ein Senfkorn, so könnt ihr sagen zu diesem Berge: Hebe dich von hinnen dorthin!, so wird er sich heben; und euch wird nichts unmöglich sein.
⟨21 Aber diese Art fährt nur aus durch Beten und Fasten.⟩

Zweite Leidensankündigung

22 Da sie aber versammelt waren in Galiläa, sprach Jesus zu ihnen: Es wird geschehen, daß des Menschen Sohn überantwortet wird in der Menschen Hände,
23 und sie werden ihn töten, und am dritten Tage wird er auferstehen. Und sie wurden sehr betrübt.

Tempelsteuer

24 Als sie nun nach Kapernaum kamen, gingen zu Petrus, die den Tempelgroschen einnahmen, und sprachen: Pflegt euer Meister nicht den Tempelgroschen zu geben?
25 Er sprach: Ja. Und als er heimkam, kam ihm Jesus zuvor und sprach: Was meinst du, Simon? Von wem nehmen die Könige auf Erden Zoll oder Steuer: von ihren Kindern oder von den Fremden?
26 Er sprach: Von den Fremden. Jesus sprach zu ihm: So sind die Kinder frei.
27 Auf daß wir ihnen aber nicht Ärgernis geben, so gehe hin an das Meer und wirf die Angel, und den ersten Fisch, der heraufkommt, den nimm; und wenn du sein Maul aufmachst, wirst du ein Zweigroschenstück finden; das nimm und gib's ihnen für mich und dich.

Von Kindersinn und Ärgernis

18 Zu derselben Stunde traten die Jünger zu Jesus und sprachen: Wer ist doch der Größte im Himmelreich?
2 Jesus rief ein Kind zu sich und stellte es mitten unter sie
3 und sprach: Wahrlich, ich sage euch: Wenn ihr nicht umkehret und werdet wie die Kinder, so werdet ihr nicht ins Himmelreich kommen.
4 Wer nun sich selbst erniedrigt wie dies Kind, der ist der Größte im Himmelreich.
5 Und wer ein solches Kind aufnimmt in meinem Namen, der nimmt mich auf.
6 Wer aber Ärgernis gibt einem dieser

Kleinen, die an mich glauben, dem wäre besser, daß ein Mühlstein an seinen Hals gehängt und er ersäuft würde im Meer, wo es am tiefsten ist.

7 Weh der Welt der Ärgernisse halben! Es muß ja Ärgernis kommen; doch weh dem Menschen, durch welchen Ärgernis kommt!

8 Wenn aber deine Hand oder dein Fuß dir Ärgernis schafft, so haue ihn ab und wirf ihn von dir. Es ist dir besser, daß du zum Leben lahm oder als ein Krüppel eingehest, als daß du zwei Hände oder zwei Füße habest und werdest in das ewige Feuer geworfen.

9 Und wenn dir dein Auge Ärgernis schafft, reiß es aus und wirf's von dir. Es ist dir besser, daß du einäugig zum Leben eingehest, als daß du zwei Augen habest und werdest in das höllische Feuer geworfen.

10 Sehet zu, daß ihr nicht jemand von diesen Kleinen verachtet. Denn ich sage euch: Ihre Engel im Himmel sehen allezeit das Angesicht meines Vaters im Himmel.

⟨11 Denn des Menschen Sohn ist gekommen, selig zu machen, was verloren ist.⟩

Das verlorene Schaf

12 Was meint ihr? Wenn irgendein Mensch hundert Schafe hätte und **eins** unter ihnen sich verirrte: läßt er nicht die neunundneunzig auf den Bergen, geht hin und sucht das verirrte?

13 Und wenn sich's begibt, daß er's findet, wahrlich, ich sage euch, er freut sich darüber mehr als über die neunundneunzig, die nicht verirrt sind.

14 Also ist's auch bei eurem Vater im Himmel nicht der Wille, daß eins von diesen Kleinen verloren werde.

Verhalten gegen sündige Brüder. Gemeinsames Beten

15 Sündigt aber dein Bruder, so gehe hin und halte es ihm vor zwischen dir und ihm allein. Hört er dich, so hast du deinen Bruder gewonnen.

16 Hört er dich nicht, so nimm noch einen oder zwei zu dir, auf daß jegliche Sache stehe auf zweier oder dreier Zeugen Mund.

17 Hört er die nicht, so sage es der Gemeinde. Hört er die Gemeinde nicht, so sei er dir wie ein Heide und Zöllner.

18 Wahrlich, ich sage euch: **Was ihr auf Erden binden werdet, soll auch im Himmel gebunden sein, und was ihr auf Erden lösen werdet, soll auch im Himmel los sein.**

19 Weiter sage ich euch: Wenn zwei unter euch eins werden auf Erden, worum sie bitten wollen, das soll ihnen widerfahren von meinem Vater im Himmel.

20 Denn **wo zwei oder drei versammelt sind in meinem Namen, da bin ich mitten unter ihnen.**

Der Schalksknecht

21 Da trat Petrus zu ihm und sprach: Herr, wie oft muß ich denn meinem Bruder, der an mir sündigt, vergeben? Ist's genug siebenmal?

22 Jesus sprach zu ihm: Ich sage dir: nicht siebenmal, sondern siebenzigmal siebenmal.

23 Darum ist das Himmelreich gleich einem König, der mit seinen Knechten rechnen wollte.

24 Und als er anfing zu rechnen, kam vor ihn einer, der war ihm zehntausend Pfund schuldig.

25 Da er's nun nicht hatte, zu bezahlen, hieß der Herr verkaufen ihn und sein Weib und seine Kinder und alles, was er hatte, und bezahlen.

26 Da fiel der Knecht nieder und warf sich auf sein Angesicht vor ihm und sprach: Habe Geduld mit mir; ich will dir's alles bezahlen.

27 Da jammerte den Herrn des Knechts, und er ließ ihn los, und die Schuld erließ er ihm auch.

28 Da ging derselbe Knecht hinaus und fand einen seiner Mitknechte, der war ihm hundert Silbergroschen schuldig; und er griff ihn an und würgte ihn und sprach: Bezahle, was du mir schuldig bist!

29 Da fiel sein Mitknecht nieder und bat ihn und sprach: Habe Geduld mit mir; ich will dir's bezahlen.

30 Er wollte aber nicht, sondern ging hin und warf ihn ins Gefängnis, bis daß er bezahlt hätte, was er schuldig war.

31 Da aber seine Mitknechte solches sahen, wurden sie sehr betrübt und kamen und brachten vor ihren Herrn alles, was sich begeben hatte.

32 Da forderte ihn sein Herr vor sich und sprach zu ihm: Du Schalksknecht,

alle diese Schuld habe ich dir erlassen, weil
du mich batest;
33 hättest du da dich nicht auch erbarmen sollen über deinen Mitknecht, wie ich mich über dich erbarmt habe?
34 Und sein Herr ward zornig und überantwortete ihn den Peinigern, bis daß er bezahlt hätte alles, was er ihm schuldig war.
35 So wird euch mein himmlischer Vater auch tun, wenn ihr nicht vergebet von Herzen, ein jeglicher seinem Bruder.

Über Ehe, Ehescheidung, Ehelosigkeit

19 Und es begab sich, da Jesus diese Reden vollendet hatte, machte er sich auf aus Galiläa und kam in das Gebiet des jüdischen Landes jenseits des Jordan;
2 und es folgte ihm viel Volks nach, und er heilte sie daselbst.
3 **Da** traten zu ihm die Pharisäer, versuchten ihn und sprachen: Ist's auch recht, daß sich ein Mann scheide von seiner Frau um irgendeiner Ursache willen?
4 Er antwortete aber und sprach: Habt ihr nicht gelesen, daß, der im Anfang den Menschen geschaffen hat, schuf sie als Mann und Weib
5 und sprach (1. Mose 2,24): «Darum wird ein Mensch Vater und Mutter verlassen und an seinem Weibe hangen, und werden die zwei **ein** Fleisch sein»?
6 So sind sie nun nicht mehr zwei, sondern **ein** Fleisch. **Was nun Gott zusammengefügt hat, das soll der Mensch nicht scheiden.**
7 **Da** sprachen sie: Warum hat dann Mose geboten, einen Scheidebrief zu geben, wenn man sich scheidet?
8 Er sprach zu ihnen: Mose hat euch erlaubt, euch zu scheiden von euren Frauen, um eures Herzens Härtigkeit willen; von Anbeginn aber ist's nicht so gewesen.
9 Ich aber sage euch: Wer sich von seiner Frau scheidet, es sei denn um der Hurerei willen, und freit eine andere, der bricht die Ehe.
10 **Da** sprachen die Jünger zu ihm: Steht die Sache eines Mannes mit seiner Frau so, dann ist's nicht gut, ehelich zu werden.
11 Er sprach aber zu ihnen: Dies Wort fasset nicht jedermann, sondern denen es gegeben ist.
12 Denn etliche enthalten sich der Ehe, weil sie von Geburt an zur Ehe unfähig sind; etliche enthalten sich, weil sie von Menschen zur Ehe untauglich gemacht sind; und etliche enthalten sich, weil sie um des Himmelreichs willen auf die Ehe verzichten. Wer es fassen kann, der fasse es!

Jesus segnet die Kinder

13 Da wurden Kinder zu ihm gebracht, daß er die Hände auf sie legte und betete. Die Jünger aber fuhren sie an.
14 Aber Jesus sprach: Lasset die Kinder und wehret ihnen nicht, zu mir zu kommen; denn solcher ist das Himmelreich.
15 Und er legte die Hände auf sie und zog von dannen.

Der reiche Jüngling

16 Und siehe, einer trat zu ihm und sprach: Meister, was soll ich Gutes tun, daß ich das ewige Leben möge haben?
17 Er aber sprach zu ihm: Was fragst du mich über das, was gut ist? Gut ist nur Einer. Willst du aber zum Leben eingehen, so halte die Gebote.
18 Da sprach er zu ihm: Welche? Jesus aber sprach: «Du sollst nicht töten; du sollst nicht ehebrechen; du sollst nicht stehlen; du sollst nicht falsch Zeugnis geben;
19 ehre Vater und Mutter»; und: «du sollst deinen Nächsten lieben wie dich selbst.»
20 Da sprach der Jüngling zu ihm: Das habe ich alles gehalten; was fehlt mir noch?
21 Jesus sprach zu ihm: Willst du vollkommen sein, so gehe hin, verkaufe, was du hast, und gib's den Armen, so wirst du einen Schatz im Himmel haben; und komm und folge mir nach!
22 Da der Jüngling das Wort hörte, ging er betrübt von ihm; denn er hatte viele Güter.
23 Jesus aber sprach zu seinen Jüngern: Wahrlich, ich sage euch: Ein Reicher wird schwer ins Himmelreich kommen.
24 Und weiter sage ich euch: Es ist leichter, daß ein Kamel durch ein Nadelöhr

gehe, als daß ein Reicher ins Reich Got-
tes komme.
25 Da das seine Jünger hörten, ent-
setzten sie sich sehr und sprachen: Ja, wer
kann dann selig werden?
26 Jesus aber sah sie an und sprach zu
ihnen: Bei den Menschen ist's unmöglich;
aber bei Gott sind alle Dinge möglich.

Vom Lohn der Nachfolge

27 Da fing Petrus an und sprach zu ihm:
Siehe, wir haben alles verlassen und sind
dir nachgefolgt; was wird uns dafür?
28 Jesus aber sprach zu ihnen: Wahr-
lich, ich sage euch: Ihr, die ihr mir seid
nachgefolgt, werdet dereinst bei der Wie-
dergeburt, da des Menschen Sohn wird
sitzen auf dem Thron seiner Herrlichkeit,
auch sitzen auf zwölf Thronen und richten
die zwölf Stämme Israels.
29 Und wer verläßt Häuser oder Brüder
oder Schwestern oder Vater oder Mutter
oder Kinder oder Äcker um meines Na-
mens willen, der wird's vielfältig empfan-
gen und das ewige Leben ererben.
30 Aber viele, die da sind die Ersten,
werden die Letzten und die Letzten wer-
den die Ersten sein.

Die Arbeiter im Weinberg

20 Das Himmelreich ist gleich einem
Hausvater, der früh am Morgen
ausging, Arbeiter zu dingen in seinen
Weinberg.
2 Und da er mit den Arbeitern eins
ward um einen Silbergroschen zum Tage-
lohn, sandte er sie in seinen Weinberg.
3 Und ging aus um die dritte Stunde und
sah andere an dem Markte müßig stehen
4 und sprach zu ihnen: Gehet ihr auch
hin in den Weinberg; ich will euch geben,
was recht ist.
5 Und sie gingen hin. Abermals ging er
aus um die sechste und neunte Stunde und
tat gleich also.
6 Um die elfte Stunde aber ging er aus
und fand andere stehen und sprach zu
ihnen: Was stehet ihr hier den ganzen Tag
müßig?
7 Sie sprachen zu ihm: Es hat uns nie-
mand gedingt. Er sprach zu ihnen: Gehet
ihr auch hin in den Weinberg.
8 Da es nun Abend ward, sprach der
Herr des Weinbergs zu seinem Verwalter:
Rufe die Arbeiter und gib ihnen den Lohn
und heb an bei den letzten bis zu den
ersten.
9 Da kamen, die um die elfte Stunde
gedingt waren, und empfing ein jeglicher
seinen Groschen.
10 Da aber die ersten kamen, meinten
sie, sie würden mehr empfangen; und sie
empfingen auch ein jeglicher seinen Gro-
schen.
11 Und da sie den empfingen, murrten
sie wider den Hausvater
12 und sprachen: Diese letzten haben
nur **eine** Stunde gearbeitet, und du hast
sie uns gleich gemacht, die wir des Tages
Last und die Hitze getragen haben.
13 Er antwortete aber und sagte zu
einem unter ihnen: Mein Freund, ich tue
dir nicht Unrecht. Bist du nicht mit mir
eins geworden um einen Groschen?
14 Nimm, was dein ist, und geh! Ich will
aber diesem letzten geben gleich wie dir.
15 Habe ich nicht Macht, zu tun, was
ich will, mit dem Meinen? Siehest du
darum scheel, daß ich so gütig bin?
16 So werden die Letzten die Ersten und
die Ersten die Letzten sein. ⟨Denn viele
sind berufen, aber wenige sind auser-
wählt.⟩

Dritte Leidensankündigung

17 Und da Jesus wollte hinaufziehen
nach Jerusalem, nahm er die Zwölf beson-
ders und sprach zu ihnen auf dem Wege:
18 Siehe, wir ziehen hinauf nach Jerusa-
lem, und des Menschen Sohn wird den Ho-
henpriestern und Schriftgelehrten über-
antwortet werden; und sie werden ihn
verdammen zum Tode
19 und werden ihn überantworten den
Heiden, ihn zu verspotten und zu geißeln
und zu kreuzigen, und am dritten Tage
wird er auferstehen.

Die Söhne des Zebedäus

20 Da trat zu ihm die Mutter der Kin-
der des Zebedäus mit ihren Söhnen, fiel
vor ihm nieder und wollte etwas von ihm
bitten.
21 Und er sprach zu ihr: Was willst du?
Sie sprach zu ihm: Laß diese meine zwei
Söhne sitzen in deinem Reich, einen zu
deiner Rechten und den andern zu deiner
Linken.

22 Aber Jesus antwortete und sprach:
Ihr wisset nicht, was ihr bittet. Könnt ihr
den Kelch trinken, den ich trinken werde
⟨und euch taufen lassen mit der Taufe,
mit der ich getauft werde⟩? Sie sprachen
zu ihm: Ja, das können wir.
23 Und er sprach zu ihnen: Meinen
Kelch sollt ihr zwar trinken, aber das
Sitzen zu meiner Rechten und Linken zu
geben, steht mir nicht zu, sondern denen
es bereitet ist von meinem Vater.
24 Da das die Zehn hörten, wurden sie
unwillig über die zwei Brüder.
25 Aber Jesus rief sie zu sich und
sprach: Ihr wisset: die Fürsten halten ihre
Völker nieder, und die Mächtigen tun
ihnen Gewalt.
26 So soll es nicht sein unter euch; son-
dern wer groß sein will unter euch, der
sei euer Diener;
27 und wer der Erste sein will unter
euch, sei euer Knecht;
28 gleichwie **des Menschen Sohn ist nicht
gekommen, daß er sich dienen lasse, sondern
daß er diene und gebe sein Leben zu einer
Erlösung für viele.**

Zwei Blinde vor Jericho

29 Und da sie von Jericho auszogen,
folgte ihm viel Volks nach.
30 Und siehe, zwei Blinde saßen am
Wege; und da sie hörten, daß Jesus vor-
überging, schrien sie und sprachen: Ach
Herr, du Sohn Davids, erbarme dich un-
ser!
31 Aber das Volk bedrohte sie, daß sie
schweigen sollten. Aber sie schrien noch
viel mehr und sprachen: Ach Herr, du
Sohn Davids, erbarme dich unser!
32 Jesus aber stand still und rief sie und
sprach: Was wollt ihr, daß ich euch tun
soll?
33 Sie sprachen zu ihm: Herr, daß unse-
re Augen aufgetan werden.
34 Und es jammerte ihn, und er rührte
ihre Augen an; und alsbald wurden sie
wieder sehend, und sie folgten ihm nach.

Einzug in Jerusalem

21 Da sie nun nahe an Jerusalem ka-
men, nach Bethphage an den Öl-
berg, sandte Jesus seiner Jünger zwei
2 und sprach zu ihnen: Gehet hin in den
Flecken, der vor euch liegt, und alsbald
werdet ihr eine Eselin finden angebunden
und ein Füllen bei ihr; bindet sie los und
führet sie zu mir!
3 Und wenn euch jemand etwas wird
sagen, so sprecht: Der Herr bedarf ihrer.
Alsbald wird er sie euch lassen.
4 Das geschah aber, auf daß erfüllt
würde, was gesagt ist durch den Prophe-
ten, der da spricht (Sach 9,9):
5 «Saget der Tochter Zion: Siehe, dein
König kommt zu dir sanftmütig und reitet
auf einem Esel und auf einem Füllen der
lastbaren Eselin.»
6 Die Jünger gingen hin und taten, wie
ihnen Jesus befohlen hatte,
7 und brachten die Eselin und das Fül-
len und legten ihre Kleider darauf, und
er setzte sich darauf.
8 Aber viel Volks breitete die Kleider
auf den Weg; andere hieben Zweige von
den Bäumen und streuten sie auf den
Weg.
9 Das Volk aber, das ihm voranging und
nachfolgte, schrie und sprach: **Hosianna
dem Sohn Davids! Gelobt sei, der da kommt
in dem Namen des Herrn! Hosianna in der
Höhe!**
10 Und als er zu Jerusalem einzog, er-
regte sich die ganze Stadt und sprach: Wer
ist der?
11 Das Volk aber sprach: Das ist Jesus,
der Prophet aus Nazareth in Galiläa.

Reinigung des Tempels

12 Und Jesus ging in den Tempel hinein
und trieb heraus alle Verkäufer und Käu-
fer im Tempel und stieß um der Wechsler
Tische und die Stühle der Taubenkrämer
13 und sprach zu ihnen: Es steht ge-
schrieben (Jes 56,7): «Mein Haus soll ein
Bethaus heißen»; ihr aber macht eine
Räuberhöhle daraus.
14 Und es gingen zu ihm Blinde und
Lahme im Tempel, und er heilte sie.
15 Da aber die Hohenpriester und
Schriftgelehrten sahen die Wunder, die er
tat, und die Kinder, die im Tempel schrien
und sagten: Hosianna dem Sohn Davids!
wurden sie entrüstet
16 und sprachen zu ihm: Hörst du auch,
was diese sagen? Jesus sprach zu ihnen:
Ja! Habt ihr nie gelesen (Ps 8,3): «Aus
dem Munde der Unmündigen und Säug-
linge hast du Lob zugerichtet»?

17 Und er ließ sie da und ging zur Stadt hinaus nach Bethanien und blieb daselbst über Nacht.

Der verdorrte Feigenbaum

18 Als er aber des Morgens wieder in die Stadt ging, hungerte ihn.

19 Und er sah einen Feigenbaum an dem Wege und ging hinzu und fand nichts daran als allein Blätter und sprach zu ihm: Nun wachse auf dir hinfort nimmermehr Frucht! Und der Feigenbaum verdorrte alsbald.

20 Und da das die Jünger sahen, verwunderten sie sich und sprachen: Wie ist der Feigenbaum so bald verdorrt?

21 Jesus aber antwortete und sprach zu ihnen: Wahrlich, ich sage euch: Wenn ihr Glauben habt und nicht zweifelt, so werdet ihr nicht allein solches mit dem Feigenbaum tun, sondern, wenn ihr werdet sagen zu diesem Berge: Hebe dich auf und wirf dich ins Meer! so wird's geschehen.

22 Und **alles, was ihr bittet im Gebet, wenn ihr glaubet, werdet ihr's empfangen.**

Die Frage nach Jesu Vollmacht

23 Und als er in den Tempel kam und lehrte, traten zu ihm die Hohenpriester und die Ältesten im Volk und sprachen: Aus was für Vollmacht tust du das, und wer hat dir die Vollmacht gegeben?

24 Jesus aber antwortete und sprach zu ihnen: Ich will euch auch **ein** Wort fragen; wenn ihr mir das saget, will ich euch auch sagen, aus was für Vollmacht ich das tue.

25 Woher war die Taufe des Johannes? War sie vom Himmel oder von den Menschen? Da bedachten sie's bei sich selbst und sprachen: Sagen wir, sie sei vom Himmel gewesen, so wird er zu uns sagen: Warum glaubtet ihr ihm denn nicht?

26 Sagen wir aber, sie sei von Menschen gewesen, so müssen wir uns vor dem Volk fürchten, denn sie halten alle Johannes für einen Propheten.

27 Und sie antworteten Jesus und sprachen: Wir wissen's nicht. Da sprach er zu ihnen: So sage ich euch auch nicht, aus was für Vollmacht ich das tue.

Die ungleichen Söhne

28 Was dünkt euch aber? Es hatte ein Mann zwei Söhne und ging zu dem ersten und sprach: Mein Sohn, gehe hin und arbeite heute im Weinberge.

29 Er antwortete aber und sprach: Ja, Herr! und ging nicht hin.

30 Und er ging zu dem anderen und sprach gleich also. Der antwortete aber und sprach: Ich will's nicht tun. Danach reute es ihn, und er ging hin.

31 Welcher unter den zweien hat des Vaters Willen getan? Sie sprachen: Der letzte. Jesus sprach zu ihnen: Wahrlich, ich sage euch: Die Zöllner und Huren mögen wohl eher ins Reich Gottes kommen als ihr.

32 Johannes kam zu euch und lehrte euch den rechten Weg, und ihr glaubtet ihm nicht; aber die Zöllner und Huren glaubten ihm. Und ob ihr's wohl sahet, tatet ihr dennoch nicht Buße, daß ihr ihm danach auch geglaubt hättet.

Die bösen Weingärtner

33 Höret ein anderes Gleichnis: Es war ein Hausvater, der pflanzte einen Weinberg und führte einen Zaun darum und grub eine Kelter darin und baute einen Turm und gab ihn an Weingärtner in Pacht und zog außer Landes.

34 Da nun herbeikam die Zeit der Früchte, sandte er seine Knechte zu den Weingärtnern, daß sie seine Früchte empfingen.

35 Da nahmen die Weingärtner seine Knechte; einen schlugen sie, den andern töteten sie, den dritten steinigten sie.

36 Abermals sandte er andere Knechte, mehr als das erste Mal; und sie taten ihnen gleich also.

37 Zuletzt sandte er seinen Sohn zu ihnen und sprach: Sie werden sich vor meinem Sohn scheuen.

38 Da aber die Weingärtner den Sohn sahen, sprachen sie untereinander: Das ist der Erbe; kommt, laßt uns ihn töten und sein Erbgut an uns bringen!

39 Und sie nahmen ihn und stießen ihn zum Weinberge hinaus und töteten ihn.

40 Wenn nun der Herr des Weinberges kommen wird, was wird er diesen Weingärtnern tun?

41 Sie sprachen zu ihm: Er wird die Bösewichte übel umbringen und seinen Weinberg an andere Weingärtner vergeben, die ihm die Früchte zu rechter Zeit geben.

42 Jesus sprach zu ihnen: Habt ihr nie gelesen in der Schrift (Ps 118,22.23): «Der Stein, den die Bauleute verworfen haben, der ist zum Eckstein geworden. Von dem Herrn ist das geschehen und ist ein Wunder vor unsern Augen»?

43 Darum sage ich euch: Das Reich Gottes wird von euch genommen und einem Volke gegeben werden, das seine Früchte bringt.

⟨44 Und wer auf diesen Stein fällt, der wird zerschellen; auf wen aber er fällt, den wird er zermalmen.⟩

45 Und da die Hohenpriester und Pharisäer seine Gleichnisse hörten, verstanden sie, daß er von ihnen redete.

46 Und sie trachteten danach, wie sie ihn griffen; aber sie fürchteten sich vor dem Volk, denn es hielt ihn für einen Propheten.

Die königliche Hochzeit

22 Und Jesus hob an und redete abermals in Gleichnissen zu ihnen und sprach:

2 Das Himmelreich ist gleich einem Könige, der seinem Sohn Hochzeit machte.

3 Und er sandte seine Knechte aus, daß sie die Gäste zur Hochzeit riefen; und sie wollten nicht kommen.

4 Abermals sandte er andere Knechte aus und sprach: Saget den Gästen: Siehe, meine Mahlzeit habe ich bereitet, meine Ochsen und mein Mastvieh ist geschlachtet und alles bereit; kommt zur Hochzeit!

5 Aber sie verachteten das und gingen hin, einer auf seinen Acker, der andere zu seiner Hantierung;

6 etliche aber griffen seine Knechte, höhnten und töteten sie.

7 Da ward der König zornig und schickte seine Heere aus und brachte diese Mörder um und zündete ihre Stadt an.

8 Dann sprach er zu seinen Knechten: Die Hochzeit ist zwar bereit, aber die Gäste waren's nicht wert.

9 Darum gehet hin auf die Straßen und ladet zur Hochzeit, wen ihr findet.

10 Und die Knechte gingen aus auf die Straßen und brachten zusammen, wen sie fanden, Böse und Gute; und die Tische wurden alle voll.

11 Da ging der König hinein, die Gäste zu besehen, und sah allda einen Menschen, der hatte kein hochzeitlich Kleid an,

12 und sprach zu ihm: Freund, wie bist du hereingekommen und hast doch kein hochzeitlich Kleid an? Er aber verstummte.

13 Da sprach der König zu seinen Dienern: Bindet ihm Hände und Füße und werfet ihn in die Finsternis hinaus! Da wird sein Heulen und Zähneklappen.

14 Denn viele sind berufen, aber wenige sind auserwählt.

Der Zinsgroschen

15 Da gingen die Pharisäer hin und hielten einen Rat, wie sie ihn fingen in seiner Rede,

16 und sandten zu ihm ihre Jünger samt des Herodes Leuten. Die sprachen: Meister, wir wissen, daß du wahrhaftig bist und lehrst den Weg Gottes recht und fragst nach niemand; denn du achtest nicht das Ansehen der Menschen.

17 Darum sage uns, was meinst du: Ist's recht, daß man dem Kaiser Steuer zahle, oder nicht?

18 Da nun Jesus merkte ihre Bosheit, sprach er: Ihr Heuchler, was versuchet ihr mich?

19 Weiset mir die Steuermünze! Und sie reichten ihm einen Groschen dar.

20 Und er sprach zu ihnen: Wes ist das Bild und die Aufschrift?

21 Sie sprachen zu ihm: Des Kaisers. Da sprach er zu ihnen: **So gebet dem Kaiser, was des Kaisers ist, und Gott, was Gottes ist!**

22 Da sie das hörten, verwunderten sie sich und ließen ihn und gingen davon.

Die Auferstehung der Toten

23 An demselben Tage traten zu ihm die Sadduzäer, die dafür halten, es gebe kein Auferstehen, und fragten ihn

24 und sprachen: Meister, Mose hat gesagt (5. Mose 25,5.6): «Wenn einer stirbt und hat nicht Kinder, so soll sein Bruder die Frau zum Weibe nehmen und seinem Bruder Nachkommen erwecken.»

25 Nun sind bei uns gewesen sieben Brüder. Der erste freite und starb; und weil er nicht Nachkommen hatte, ließ er seine Frau seinem Bruder;

26 desgleichen der zweite und der dritte bis an den siebenten.

27 Zuletzt nach allen starb die Frau.

28 Nun in der Auferstehung, wessen Frau wird sie sein unter den sieben? Sie haben sie ja alle gehabt.

29 Jesus aber antwortete und sprach zu ihnen: Ihr irret und kennet die Schrift nicht noch die Kraft Gottes.

30 In der Auferstehung werden sie weder freien noch sich freien lassen, sondern sie sind gleichwie die Engel im Himmel.

31 Habt ihr aber nicht gelesen von der Auferstehung der Toten, was euch gesagt ist von Gott, da er spricht (2. Mose 3,6):

32 «Ich bin der Gott Abrahams und der Gott Isaaks und der Gott Jakobs»? Gott ist nicht ein Gott der Toten, sondern der Lebendigen.

33 Und da solches das Volk hörte, entsetzten sie sich über seine Lehre.

Das größte Gebot

34 Da aber die Pharisäer hörten, daß er den Sadduzäern das Maul gestopft hatte, versammelten sie sich.

35 Und einer unter ihnen, ein Schriftgelehrter, versuchte ihn und fragte:

36 Meister, welches ist das vornehmste Gebot im Gesetz?

37 Jesus aber sprach zu ihm: **«Du sollst lieben Gott, deinen Herrn, von ganzem Herzen, von ganzer Seele und von ganzem Gemüte»** (5. Mose 6,5).

38 Dies ist das vornehmste und größte Gebot.

39 Das andre aber ist dem gleich: **«Du sollst deinen Nächsten lieben wie dich selbst»** (3. Mose 19,18).

40 In diesen zwei Geboten hängt das ganze Gesetz und die Propheten.

Davids Sohn und Herr

41 Da nun die Pharisäer beieinander waren, fragte sie Jesus

42 und sprach: Was denkt ihr von dem Christus? Wessen Sohn ist er? Sie sprachen: Davids.

43 Er sprach zu ihnen: Wie kann ihn dann David im Geist einen Herrn nennen, wenn er sagt (Ps 110,1):

44 «Der Herr hat gesagt zu meinem Herrn: Setze dich zu meiner Rechten, bis daß ich lege deine Feinde unter deine Füße»?

45 So nun David ihn einen Herrn nennt, wie ist er denn sein Sohn?

46 Und niemand konnte ihm ein Wort antworten, und wagte auch niemand von dem Tage an, ihn hinfort zu fragen.

Wider die Schriftgelehrten und Pharisäer

23 Da redete Jesus zu dem Volk und zu seinen Jüngern

2 und sprach: Auf des Mose Stuhl sitzen die Schriftgelehrten und Pharisäer.

3 Alles nun, was sie euch sagen, das tut und haltet; aber nach ihren Werken sollt ihr nicht tun; sie sagen's wohl, und tun's nicht.

4 Sie binden schwere Bürden und legen sie den Menschen auf den Hals; aber sie selbst wollen sie nicht mit einem Finger anrühren.

5 Alle ihre Werke aber tun sie, damit sie von den Leuten gesehen werden. Sie machen ihre Gebetsriemen breit und die Quasten an ihren Kleidern groß.

6 Sie sitzen gerne obenan bei Tisch und in den Synagogen

7 und haben's gerne, daß sie gegrüßt werden auf dem Markt und von den Menschen Rabbi genannt werden.

8 Aber ihr sollt euch nicht Rabbi nennen lassen; denn **einer** ist euer Meister; ihr aber seid alle Brüder.

9 Und ihr sollt niemand euren Vater heißen auf Erden; denn **einer** ist euer Vater, der im Himmel ist.

10 Und ihr sollt euch nicht lassen Lehrer nennen; denn **einer** ist euer Lehrer, Christus.

11 Der Größte unter euch soll euer Diener sein.

12 Denn wer sich selbst erhöht, der wird erniedrigt; und wer sich selbst erniedrigt, der wird erhöht.

13 Weh euch, Schriftgelehrte und Pharisäer, ihr Heuchler, die ihr das Himmelreich zuschließet vor den Menschen! Ihr gehet nicht hinein, und die hinein wollen, lasset ihr nicht hineingehen.

⟨14 Weh euch, Schriftgelehrte und Pharisäer, die ihr der Witwen Häuser fresset und verrichtet zum Schein lange Gebete! Darum werdet ihr ein desto schwereres Urteil empfangen.⟩

15 Weh euch, Schriftgelehrte und Pharisäer, ihr Heuchler, die ihr Land und Meer durchziehet, damit ihr **einen** Judengenossen gewinnet; und wenn er's geworden ist, machet ihr aus ihm ein Kind der Hölle, zwiefältig mehr, als ihr seid!
16 Weh euch, ihr blinden Führer, die ihr sagt: Wenn einer schwört bei dem Tempel, das gilt nicht; wenn aber einer schwört bei dem Gold am Tempel, das bindet.
17 Ihr Narren und Blinden! Was ist größer: das Gold oder der Tempel, der das Gold heiligt?
18 Oder: Wenn einer schwört bei dem Altar, das gilt nicht; wenn aber einer schwört bei dem Opfer, das darauf ist, das bindet.
19 Ihr Blinden! Was ist größer: das Opfer oder der Altar, der das Opfer heiligt?
20 Darum, wer da schwört bei dem Altar, der schwört bei demselben und bei allem, was darauf ist.
21 Und wer da schwört bei dem Tempel, der schwört bei demselben und bei dem, der darin wohnt.
22 Und wer da schwört bei dem Himmel, der schwört bei dem Thron Gottes und bei dem, der darauf sitzt.
23 Weh euch, Schriftgelehrte und Pharisäer, ihr Heuchler, die ihr verzehntet Minze, Dill und Kümmel und lasset dahinten das Wichtigste im Gesetz, nämlich das Recht, die Barmherzigkeit und den Glauben! Dies sollte man tun und jenes nicht lassen.
24 Ihr blinden Führer, die ihr Mücken seihet und Kamele verschluckt!
25 Weh euch, Schriftgelehrte und Pharisäer, ihr Heuchler, die ihr die Becher und Schüsseln auswendig rein haltet, inwendig aber sind sie voll Raub und Gier!
26 Du blinder Pharisäer, reinige zum ersten, was inwendig im Becher ist, auf daß auch das Auswendige rein werde!
27 Weh euch, Schriftgelehrte und Pharisäer, ihr Heuchler, die ihr seid gleichwie die übertünchten Gräber, welche auswendig hübsch scheinen, aber inwendig sind sie voller Totengebeine und lauter Unrat!
28 So auch ihr: von außen scheinet ihr vor den Menschen fromm, aber inwendig seid ihr voller Heuchelei und Übertretung.
29 Weh euch, Schriftgelehrte und Pharisäer, ihr Heuchler, die ihr den Propheten Grabmäler bauet und schmücket der Gerechten Gräber
30 und sprecht: Wären wir zu unsrer Väter Zeiten gewesen, so wären wir nicht mit ihnen schuldig geworden an der Propheten Blut!
31 So gebt ihr über euch selbst Zeugnis, daß ihr Kinder seid derer, die die Propheten getötet haben.
32 Wohlan, erfüllet auch ihr das Maß eurer Väter!
33 Ihr Schlangen, ihr Otterngezüchte! Wie wollt ihr der höllischen Verdammnis entrinnen?
34 Darum siehe, ich sende zu euch Propheten und Weise und Schriftgelehrte; und deren werdet ihr etliche töten und kreuzigen, und etliche werdet ihr geißeln in euren Synagogen und werdet sie verfolgen von einer Stadt zu der andern,
35 auf daß über euch komme all das gerechte Blut, das vergossen ist auf Erden, von dem Blut des gerechten Abel an bis auf das Blut des Zacharias, des Sohnes Barachjas, welchen ihr getötet habt zwischen Tempel und Altar.
36 Wahrlich, ich sage euch, daß solches alles wird über dies Geschlecht kommen.

Klage über Jerusalem

37 **Jerusalem, Jerusalem, die du tötest die Propheten und steinigst, die zu dir gesandt sind! Wie oft habe ich deine Kinder versammeln wollen, wie eine Henne versammelt ihre Küchlein unter ihre Flügel; und ihr habt nicht gewollt!**
38 Siehe, «euer Haus soll euch wüste gelassen werden» (Jer 22,5; Ps 69,26).
39 Denn ich sage euch: Ihr werdet mich von jetzt an nicht sehen, bis ihr sprecht: Gelobt sei, der da kommt im Namen des Herrn!

Vom Kommen Christi

24 Und Jesus ging hinweg von dem Tempel, und seine Jünger traten zu ihm, daß sie ihm zeigten des Tempels Gebäude.
2 Er aber sprach zu ihnen: Sehet ihr nicht das alles? Wahrlich, ich sage euch: Es wird hier nicht ein Stein auf dem andern bleiben, der nicht zerbrochen werde.

3 Und als er auf dem Ölberge saß, traten zu ihm seine Jünger besonders und sprachen: Sage uns, wann wird das geschehen? und welches wird das Zeichen sein deines Kommens und des Endes der Welt?

4 Jesus aber antwortete und sprach zu ihnen: Sehet zu, daß euch nicht jemand verführe.

5 Denn es werden viele kommen unter meinem Namen und sagen: Ich bin der Christus, und werden viele verführen.

6 Ihr werdet hören von Kriegen und Kriegsgeschrei; sehet zu und erschrecket nicht. Denn das muß so geschehen; aber es ist noch nicht das Ende.

7 Denn es wird sich empören ein Volk wider das andere und ein Königreich wider das andere, und werden sein teure Zeit und Erdbeben hin und her.

8 Das alles aber ist der Anfang der Wehen.

9 Alsdann werden sie euch überantworten in Trübsal und werden euch töten. Und ihr werdet gehaßt werden um meines Namens willen von allen Völkern.

10 Dann werden viele der Anfechtung erliegen und werden sich untereinander verraten und werden sich untereinander hassen.

11 Und es werden sich viele falsche Propheten erheben und werden viele verführen.

12 Und weil der Unglaube wird überhandnehmen, wird die Liebe in vielen erkalten.

13 **Wer aber beharret bis ans Ende, der wird selig.**

14 Und es wird gepredigt werden dies Evangelium vom Reich in der ganzen Welt zum Zeugnis für alle Völker, und dann wird das Ende kommen.

15 Wenn ihr nun sehen werdet den Greuel der Verwüstung stehen an der heiligen Stätte, von dem gesagt ist durch den Propheten Daniel (Dan 9,27; 11,31) – wer das liest, der merke auf! –,

16 alsdann fliehe auf die Berge, wer im jüdischen Lande ist;

17 und wer auf dem Dach ist, der steige nicht hernieder, etwas aus seinem Hause zu holen;

18 und wer auf dem Felde ist, der kehre nicht um, seinen Mantel zu holen.

19 Weh aber den Schwangeren und Säugenden zu jener Zeit!

20 Bittet aber, daß eure Flucht nicht geschehe im Winter oder am Sabbat.

21 Denn es wird alsdann eine große Trübsal sein, wie sie nicht gewesen ist von Anfang der Welt bisher und auch nicht wieder werden wird.

22 Und wenn diese Tage nicht würden verkürzt, so würde kein Mensch selig; aber um der Auserwählten willen werden die Tage verkürzt.

23 Wenn alsdann jemand zu euch wird sagen: Siehe, hier ist der Christus! oder da!, so sollt ihr's nicht glauben.

24 Denn mancher falsche Christus und falsche Propheten werden aufstehen und große Zeichen und Wunder tun, so daß, wenn es möglich wäre, auch die Auserwählten verführt würden.

25 Siehe, ich habe es euch zuvor gesagt.

26 Darum, wenn sie zu euch sagen werden: Siehe, er ist in der Wüste!, so gehet nicht hinaus; siehe, er ist in der Kammer!, so glaubt es nicht.

27 Denn wie der Blitz ausgeht vom Aufgang und leuchtet bis zum Niedergang, so wird auch sein das Kommen des Menschensohnes.

28 Wo das Aas ist, da sammeln sich die Geier.

29 Bald aber nach der Trübsal jener Zeit werden Sonne und Mond den Schein verlieren, und die Sterne werden vom Himmel fallen, und die Kräfte der Himmel werden ins Wanken kommen.

30 Und alsdann wird erscheinen das Zeichen des Menschensohnes am Himmel. Und alsdann werden heulen alle Geschlechter auf Erden und werden kommen sehen des Menschen Sohn in den Wolken des Himmels mit großer Kraft und Herrlichkeit.

31 Und er wird senden seine Engel mit hellen Posaunen, und sie werden sammeln seine Auserwählten von den vier Winden, von einem Ende des Himmels bis zum andern.

32 An dem Feigenbaum lernet ein Gleichnis: wenn sein Zweig jetzt treibt und die Blätter kommen, so wißt ihr, daß der Sommer nahe ist.

33 So auch ihr: wenn ihr das alles sehet, so wisset, daß es nahe vor der Tür ist.

34 Wahrlich, ich sage euch: Dies Ge-
schlecht wird nicht vergehen, bis daß die-
ses alles geschehe.
35 **Himmel und Erde werden vergehen;
aber meine Worte werden nicht vergehen.**
36 Von dem Tage aber und von der
Stunde weiß niemand, auch die Engel
nicht im Himmel, auch nicht der Sohn,
sondern allein der Vater.
37 Denn wie es in den Tagen Noahs war,
so wird auch sein das Kommen des Men-
schensohnes.
38 Denn wie sie waren in den Tagen vor
der Sintflut - sie aßen, sie tranken, sie
freiten und ließen sich freien bis an den
Tag, da Noah in die Arche hineinging;
39 und sie achteten's nicht, bis die Sint-
flut kam und nahm sie alle dahin –, so
wird auch sein das Kommen des Men-
schensohnes.
40 Dann werden zwei auf dem Felde
sein; einer wird angenommen, und der an-
dere wird verworfen werden.
41 Zwei werden mahlen auf der Mühle;
eine wird angenommen, und die andere
wird verworfen werden.

Vom Warten auf das Kommen Christi

42 Darum **wachet; denn ihr wisset nicht,
welchen Tag euer Herr kommen wird.**
43 Das sollt ihr aber wissen: Wenn ein
Hausvater wüßte, zu welcher Stunde in
der Nacht der Dieb kommt, so würde er
ja wachen und nicht in sein Haus ein-
brechen lassen.
44 Darum seid auch ihr bereit! Denn
des Menschen Sohn kommt zu einer
Stunde, da ihr's nicht meinet.
45 Wer ist nun der treue und kluge
Knecht, den der Herr gesetzt hat über
sein Gesinde, daß er ihnen zu rechter Zeit
Speise gebe?
46 Selig ist der Knecht, wenn sein Herr
kommt und findet ihn solches tun.
47 Wahrlich, ich sage euch: Er wird ihn
über alle seine Güter setzen.
48 Wenn aber jener als ein böser Knecht
in seinem Herzen sagt: Mein Herr kommt
noch lange nicht,
49 und fängt an, zu schlagen seine Mit-
knechte, isset und trinket mit den Trun-
kenen:
50 so wird der Herr desselben Knechtes
kommen an dem Tage, da er sich's nicht
versieht, und zu der Stunde, da er's nicht
meint,
51 und wird ihn in Stücke hauen lassen
und ihm seinen Lohn geben mit den
Heuchlern; da wird sein Heulen und
Zähneklappen.

Die klugen und törichten Jungfrauen

25 Dann wird das Himmelreich gleich
sein zehn Jungfrauen, die ihre Lam-
pen nahmen und gingen aus, dem Bräuti-
gam entgegen.
2 Aber fünf unter ihnen waren töricht,
und fünf waren klug.
3 Die törichten nahmen ihre Lampen;
aber sie nahmen nicht Öl mit sich.
4 Die klugen aber nahmen Öl in ihren
Gefäßen samt ihren Lampen.
5 Da nun der Bräutigam lange ausblieb,
wurden sie alle schläfrig und schliefen ein.
6 Zur Mitternacht aber ward ein Ge-
schrei: Siehe, der Bräutigam kommt; ge-
het aus, ihm entgegen!
7 Da standen diese Jungfrauen alle auf
und machten ihre Lampen fertig.
8 Die törichten aber sprachen zu den
klugen: Gebt uns von eurem Öl, denn
unsre Lampen verlöschen.
9 Da antworteten die klugen und spra-
chen: Nein, sonst würde es für uns und
euch nicht genug sein; gehet aber hin zu
den Krämern und kaufet für euch selbst.
10 Und da sie hingingen, zu kaufen,
kam der Bräutigam; und die bereit waren,
gingen mit ihm hinein zur Hochzeit, und
die Tür ward verschlossen.
11 Zuletzt kamen auch die andern Jung-
frauen und sprachen: Herr, Herr, tu uns
auf!
12 Er antwortete aber und sprach:
Wahrlich, ich sage euch: Ich kenne euch
nicht.
13 Darum wachet! Denn ihr wisset we-
der Tag noch Stunde, ⟨in welcher des
Menschen Sohn kommen wird⟩.

Die anvertrauten Zentner

14 Gleichwie ein Mensch, der über
Land zog, rief seine Knechte und ver-
traute ihnen seine Habe an;
15 und einem gab er fünf Zentner Silber,
dem andern zwei, dem dritten einen, ei-
nem jeden nach seiner Tüchtigkeit, und
zog hinweg.

16 Alsbald ging der hin, der die fünf
Zentner empfangen hatte, und handelte
mit denselben und gewann andere fünf.
17 Desgleichen, der die zwei Zentner
empfangen hatte, gewann zwei andere.
18 Der aber den einen empfangen hatte,
ging hin und machte eine Grube in die
Erde und verbarg seines Herrn Geld.
19 Über eine lange Zeit kam der Herr
dieser Knechte und hielt Rechenschaft
mit ihnen.
20 Da trat herzu, der die fünf Zentner
empfangen hatte, und legte andere fünf
Zentner dazu und sprach: Herr, du hast
mir fünf Zentner anvertraut; siehe da, ich
habe damit andere fünf Zentner gewon-
nen.
21 Da sprach sein Herr zu ihm: **Ei,
du frommer und getreuer Knecht, du bist
über wenigem getreu gewesen, ich will dich
über viel setzen; gehe ein zu deines Herrn
Freude!**
22 Da trat auch herzu, der die zwei
Zentner empfangen hatte, und sprach:
Herr, du hast mir zwei Zentner anvertraut;
siehe da, ich habe mit denselben zwei an-
dere gewonnen.
23 Sein Herr sprach zu ihm: Ei, du
frommer und getreuer Knecht, du bist
über wenigem getreu gewesen, ich will
dich über viel setzen; gehe ein zu deines
Herrn Freude!
24 Da trat auch herzu, der einen Zent-
ner empfangen hatte, und sprach: Herr,
ich wußte, daß du ein harter Mann bist:
du schneidest, wo du nicht gesät hast, und
sammelst, wo du nicht ausgestreut hast;
25 und ich fürchtete mich, ging hin und
verbarg deinen Zentner in die Erde. Siehe,
da hast du das Deine.
26 Sein Herr aber antwortete und sprach
zu ihm: Du böser und fauler Knecht!
Wußtest du, daß ich schneide, wo ich
nicht gesät habe, und sammle, wo ich
nicht ausgestreut habe,
27 so solltest du mein Geld zu den
Wechslern getan haben, und wenn ich ge-
kommen wäre, hätte ich das Meine zu
mir genommen mit Zinsen.
28 Darum nehmet von ihm den Zentner
und gebet ihn dem, der die zehn Zentner
hat.
29 Denn wer da hat, dem wird gegeben
werden, und er wird die Fülle haben; wer
aber nicht hat, dem wird auch, was er hat,
genommen werden.
30 Und den unnützen Knecht werft in
die Finsternis hinaus; da wird sein Heulen
und Zähneklappen.

Vom Weltgericht

31 Wenn aber des Menschen Sohn kom-
men wird in seiner Herrlichkeit und alle
Engel mit ihm, dann wird er sitzen auf
dem Thron seiner Herrlichkeit,
32 und werden vor ihm alle Völker ver-
sammelt werden. Und er wird sie vonein-
ander scheiden, gleichwie ein Hirt die
Schafe von den Böcken scheidet,
33 und wird die Schafe zu seiner Rech-
ten stellen und die Böcke zur Linken.
34 Da wird dann der König sagen zu
denen zu seiner Rechten: Kommt her, ihr
Gesegneten meines Vaters, ererbet das
Reich, das euch bereitet ist von Anbeginn
der Welt!
35 Denn ich bin hungrig gewesen, und
ihr habt mich gespeist. Ich bin durstig ge-
wesen, und ihr habt mich getränkt. Ich
bin ein Fremdling gewesen, und ihr habt
mich beherbergt.
36 Ich bin nackt gewesen, und ihr habt
mich bekleidet. Ich bin krank gewesen,
und ihr habt mich besucht. Ich bin gefan-
gen gewesen, und ihr seid zu mir gekom-
men.
37 Dann werden ihm die Gerechten ant-
worten und sagen: Herr, wann haben wir
dich hungrig gesehen und haben dich ge-
speist? oder durstig und haben dich ge-
tränkt?
38 Wann haben wir dich als einen
Fremdling gesehen und beherbergt? oder
nackt und haben dich bekleidet?
39 Wann haben wir dich krank oder ge-
fangen gesehen und sind zu dir gekom-
men?
40 Und der König wird antworten und
sagen zu ihnen: Wahrlich, ich sage euch:
**Was ihr getan habt einem unter diesen mei-
nen geringsten Brüdern, das habt ihr mir
getan.**
41 Dann wird er auch sagen zu denen
zur Linken: Gehet hin von mir, ihr Ver-
fluchten, in das ewige Feuer, das bereitet
ist dem Teufel und seinen Engeln!
42 Ich bin hungrig gewesen, und ihr
habt mich nicht gespeist. Ich bin durstig

gewesen, und ihr habt mich nicht getränkt.

43 Ich bin ein Fremdling gewesen, und ihr habt mich nicht beherbergt. Ich bin nackt gewesen, und ihr habt mich nicht bekleidet. Ich bin krank und gefangen gewesen, und ihr habt mich nicht besucht.

44 Da werden sie ihm auch antworten und sagen: Herr, wann haben wir dich gesehen hungrig oder durstig oder als einen Fremdling oder nackt oder krank oder gefangen und haben dir nicht gedient?

45 Dann wird er ihnen antworten und sagen: Wahrlich, ich sage euch: Was ihr nicht getan habt einem unter diesen Geringsten, das habt ihr mir auch nicht getan.

46 Und sie werden in die ewige Pein gehen, aber die Gerechten in das ewige Leben.

Letzte Leidensankündigung

26 Und es begab sich, da Jesus alle diese Reden vollendet hatte, sprach er zu seinen Jüngern:

2 Ihr wisset, daß nach zwei Tagen Ostern* wird; und des Menschen Sohn wird überantwortet werden, daß er gekreuzigt werde.

3 Da versammelten sich die Hohenpriester und die Ältesten des Volkes im Palast des Hohenpriesters, der da hieß Kaiphas,

4 und hielten Rat, wie sie Jesus mit List griffen und töteten.

5 Sie sprachen aber: Ja nicht am Fest, auf daß nicht ein Aufruhr werde im Volk!

Salbung in Bethanien

6 Da nun Jesus war zu Bethanien im Hause Simons, des Aussätzigen,

7 trat zu ihm eine Frau, die hatte ein Glas mit köstlichem Wasser und goß es auf sein Haupt, als er zu Tische saß.

8 Da das seine Jünger sahen, wurden sie unwillig und sprachen: Wozu diese Vergeudung?

9 Dieses Wasser hätte können teuer verkauft und den Armen gegeben werden.

10 Da das Jesus merkte, sprach er zu ihnen: Was bekümmert ihr die Frau? Sie hat ein gutes Werk an mir getan.

11 Arme habt ihr allezeit bei euch; mich aber habt ihr nicht allezeit.

12 Daß sie dies Wasser hat auf meinen Leib gegossen, hat sie getan, daß sie mich fürs Grab bereite.

13 Wahrlich, ich sage euch: Wo dieses Evangelium gepredigt wird in der ganzen Welt, da wird man auch sagen zu ihrem Gedächtnis, was sie getan hat.

Verrat des Judas

14 Da ging hin der Zwölfe einer, mit Namen Judas Ischarioth, zu den Hohenpriestern

15 und sprach: Was wollt ihr mir geben? Ich will ihn euch verraten. Und sie boten ihm dreißig Silberlinge.

16 Und von da an suchte er Gelegenheit, daß er ihn verriete.

Das heilige Abendmahl

17 Aber am ersten Tage der ungesäuerten Brote traten die Jünger zu Jesus und sprachen zu ihm: Wo willst du, daß wir dir bereiten, das Osterlamm zu essen?

18 Er sprach: Gehet hin in die Stadt zu einem und sprecht zu ihm: Der Meister läßt dir sagen: Meine Zeit ist nahe; ich will bei dir Ostern halten mit meinen Jüngern.

19 Und die Jünger taten, wie ihnen Jesus befohlen hatte, und bereiteten das Osterlamm.

20 Und am Abend setzte er sich zu Tisch mit den Zwölfen.

21 Und da sie aßen, sprach er: Wahrlich, ich sage euch: Einer unter euch wird mich verraten.

22 Und sie wurden sehr betrübt und hoben an, ein jeglicher unter ihnen, und sagten zu ihm: Herr, bin ich's?

23 Er antwortete und sprach: Der die Hand mit mir in die Schüssel getaucht hat, der wird mich verraten.

24 Des Menschen Sohn geht zwar dahin, wie von ihm geschrieben steht; doch weh dem Menschen, durch welchen des Menschen Sohn verraten wird! Es wäre ihm besser, daß derselbe Mensch nie geboren wäre.

25 Da antwortete Judas, der ihn verriet, und sprach: Bin ich's, Rabbi? Er sprach zu ihm: Du sagst es.

26 **Da sie aber aßen, nahm Jesus das Brot, dankte und brach's und gab's den Jüngern und sprach: Nehmet, esset; das ist mein Leib.**

27 **Und er nahm den Kelch und dankte, gab ihnen den und sprach: Trinket alle daraus;**

*Wörtlich: «Passa». Luther hat im Neuen Testament «Passa» mit «Ostern» wiedergegeben.

28 **das ist mein Blut des neuen Testaments, welches vergossen wird für viele zur Vergebung der Sünden.**

29 Ich sage euch: Ich werde von nun an nicht mehr von diesem Gewächs des Weinstocks trinken bis an den Tag, da ich's neu trinken werde mit euch in meines Vaters Reich.

30 Und da sie den Lobgesang gesprochen hatten, gingen sie hinaus an den Ölberg.

Ankündigung der Verleugnung des Petrus

31 Da sprach Jesus zu ihnen: In dieser Nacht werdet ihr alle Ärgernis nehmen an mir. Denn es steht geschrieben (Sach 13,7): «Ich werde den Hirten schlagen, und die Schafe der Herde werden sich zerstreuen.»

32 Wenn ich aber auferstehe, will ich vor euch hingehen nach Galiläa.

33 Petrus aber antwortete und sprach zu ihm: Wenn sie auch alle Ärgernis nähmen an dir, so will ich's doch nimmermehr tun.

34 Jesus sprach zu ihm: Wahrlich, ich sage dir: In dieser Nacht, ehe der Hahn kräht, wirst du mich dreimal verleugnen.

35 Petrus sprach zu ihm: Und wenn ich mit dir sterben müßte, so will ich dich nicht verleugnen. Desgleichen sagten auch alle Jünger.

Jesus in Gethsemane

36 Da kam Jesus mit ihnen zu einem Hofe, der hieß Gethsemane, und sprach zu seinen Jüngern: Setzet euch hier, bis daß ich dorthin gehe und bete.

37 Und er nahm zu sich Petrus und die zwei Söhne des Zebedäus und fing an zu trauern und zu zagen.

38 Da sprach Jesus zu ihnen: Meine Seele ist betrübt bis an den Tod; bleibet hier und wachet mit mir!

39 Und er ging hin ein wenig, fiel nieder auf sein Angesicht und betete und sprach: **Mein Vater, ist's möglich, so gehe dieser Kelch an mir vorüber; doch nicht wie ich will, sondern wie du willst!**

40 Und er kam zu seinen Jüngern und fand sie schlafend und sprach zu Petrus: Könnet ihr denn nicht **eine** Stunde mit mir wachen?

41 **Wachet und betet, daß ihr nicht in Anfechtung fallet! Der Geist ist willig; aber das Fleisch ist schwach.**

42 Zum andern Mal ging er wieder hin, betete und sprach: **Mein Vater, ist's nicht möglich, daß dieser Kelch an mir vorübergehe, ich trinke ihn denn, so geschehe dein Wille!**

43 Und er kam und fand sie abermals schlafend, und ihre Augen waren voll Schlafs.

44 Und er ließ sie und ging abermals hin und betete zum dritten Mal und redete dieselben Worte.

45 Da kam er zu seinen Jüngern und sprach zu ihnen: Ach, wollt ihr nun schlafen und ruhen? Siehe, die Stunde ist da, daß des Menschen Sohn in der Sünder Hände überantwortet wird.

46 Stehet auf, laßt uns gehen! Siehe, er ist da, der mich verrät.

Jesu Gefangennahme

47 Und als er noch redete, siehe, da kam Judas, der Zwölfe einer, und mit ihm eine große Schar mit Schwertern und mit Stangen von den Hohenpriestern und Ältesten des Volkes.

48 Und der Verräter hatte ihnen ein Zeichen gegeben und gesagt: Welchen ich küssen werde, der ist's; den greifet.

49 Und alsbald trat er zu Jesus und sprach: Gegrüßet seist du, Rabbi! und küßte ihn.

50 Jesus aber sprach zu ihm: Mein Freund, warum bist du gekommen? Da traten sie hinzu und legten die Hände an Jesus und griffen ihn.

51 Und siehe, einer von denen, die mit Jesus waren, reckte die Hand aus und zog sein Schwert und schlug nach des Hohenpriesters Knecht und hieb ihm ein Ohr ab.

52 Da sprach Jesus zu ihm: Stecke dein Schwert an seinen Ort! Denn wer das Schwert nimmt, der soll durchs Schwert umkommen.

53 Oder meinst du, daß ich nicht könnte meinen Vater bitten, daß er mir zuschickte alsbald mehr als zwölf Legionen Engel?

54 Wie würde dann aber die Schrift erfüllt, daß es muß also geschehen?

55 Zu der Stunde sprach Jesus zu den Scharen: Ihr seid ausgegangen wie zu einem Mörder mit Schwertern und mit Stangen, mich zu fangen. Habe ich doch täglich im Tempel gesessen und habe gelehrt, und ihr habt mich nicht gegriffen.

56 Aber das ist alles geschehen, damit

erfüllt würden die Schriften der Propheten.
Da verließen ihn alle Jünger und flohen.

Vor dem Hohen Rat

57 Die aber Jesus gegriffen hatten, führ-
ten ihn zu dem Hohenpriester Kaiphas,
wo die Schriftgelehrten und Ältesten sich
versammelt hatten.
58 Petrus aber folgte ihm nach von ferne
bis in den Palast des Hohenpriesters und
ging hinein und setzte sich zu den Knech-
ten, auf daß er sähe, wo es hinaus wollte.
59 Die Hohenpriester aber und der
ganze Hohe Rat suchten falsch Zeugnis
wider Jesus, auf daß sie ihn töteten.
60 Und wiewohl viele falsche Zeugen
herzutraten, fanden sie doch keins. Zu-
letzt traten zwei herzu
61 und sprachen: Er hat gesagt: Ich
kann den Tempel Gottes abbrechen und
in drei Tagen aufbauen.
62 Und der Hohepriester stand auf und
sprach zu ihm: Antwortest du nichts zu
dem, was diese wider dich zeugen?
63 Aber Jesus schwieg stille. Und der
Hohepriester sprach zu ihm: **Ich be-
schwöre dich bei dem lebendigen Gott, daß
du uns sagest, ob du seist der Christus, der
Sohn Gottes.**
64 **Jesus sprach zu ihm: Du sagst es.
Auch sage ich euch: Von nun an wird's ge-
schehen, daß ihr sehen werdet des Menschen
Sohn sitzen zur Rechten der Kraft und kom-
men in den Wolken des Himmels.**
65 Da zerriß der Hohepriester seine Klei-
der und sprach: Er hat Gott gelästert!
Was bedürfen wir weiter Zeugnis? Siehe,
jetzt habt ihr seine Gotteslästerung gehört.
66 Was dünkt euch? Sie antworteten
und sprachen: Er ist des Todes schuldig.
67 Da spien sie aus in sein Angesicht
und schlugen ihn mit Fäusten. Etliche
aber schlugen ihn ins Angesicht
68 und sprachen: Weissage uns, Christe,
wer ist's, der dich schlug?

Verleugnung des Petrus

69 Petrus aber saß draußen im Hof; und
es trat zu ihm eine Magd und sprach: Und
du warst auch mit dem Jesus aus Galiläa.
70 Er leugnete aber vor ihnen allen und
sprach: Ich weiß nicht, was du sagst.
71 Als er aber zur Tür hinausging, sah
ihn eine andere und sprach zu denen, die
da waren: Dieser war auch mit Jesus von
Nazareth.
72 Und er leugnete abermals und schwur
dazu: Ich kenne den Menschen nicht.
73 Und über eine kleine Weile traten
hinzu, die da standen, und sprachen zu
Petrus: Wahrlich, du bist auch einer von
denen, denn deine Sprache verrät dich.
74 Da hob er an, sich zu verfluchen und
zu schwören: Ich kenne den Menschen
nicht. Und alsbald krähte der Hahn.
75 Da dachte Petrus an die Worte Jesu,
da er zu ihm sagte: Ehe der Hahn krähen
wird, wirst du mich dreimal verleugnen,
und ging hinaus und weinte bitterlich.

Vor Pilatus. Ende des Verräters

27 Des Morgens aber hielten alle Ho-
henpriester und die Ältesten des
Volkes einen Rat über Jesus, daß sie ihn
töteten,
2 und banden ihn, führten ihn hin und
überantworteten ihn dem Landpfleger
Pontius Pilatus.
3 Da das sah Judas, der ihn verraten hatte,
daß er verdammt war zum Tode, gereute es
ihn, und brachte wieder die dreißig Silber-
linge den Hohenpriestern und den Ältesten
4 und sprach: Ich habe übel getan, daß
ich unschuldig Blut verraten habe. Sie spra-
chen: Was geht uns das an? Da siehe du zu!
5 Und er warf die Silberlinge in den
Tempel, hob sich davon, ging hin und er-
hängte sich selbst.
6 Aber die Hohenpriester nahmen die
Silberlinge und sprachen: Es taugt nicht,
daß wir sie in den Gotteskasten legen;
denn es ist Blutgeld.
7 Sie hielten aber einen Rat und kauften
den Töpfersacker dafür zum Begräbnis
der Pilger.
8 Daher ist dieser Acker genannt der
Blutacker bis auf den heutigen Tag.
9 Da ward erfüllt, was gesagt ist durch
den Propheten Jeremia, da er spricht:
«Sie haben genommen die dreißig Silber-
linge, den Preis, zu dem geschätzt war der
Verkaufte, welchen sie kauften von den
Kindern Israel,
10 und haben sie gegeben für den Töp-
fersacker, wie mir der Herr befohlen hat»
(Sach 11,12.13).
11 Jesus aber stand vor dem Landpfle-
ger; und der Landpfleger fragte ihn und

sprach: Bist du der Juden König? Jesus
aber sprach: Du sagst es.
12 Und da er verklagt ward von den
Hohenpriestern und Ältesten, antwortete
er nichts.
13 Da sprach Pilatus zu ihm: Hörst du
nicht, wie hart sie dich verklagen?
14 Und er antwortete ihm nicht auf **ein**
Wort, so daß sich der Landpfleger sehr
verwunderte.

Verurteilung und Verspottung

15 Auf das Fest aber hatte der Landpfle-
ger die Gewohnheit, dem Volk einen Ge-
fangenen loszugeben, welchen sie wollten.
16 Sie hatten aber zu der Zeit einen be-
sonderen Gefangenen, der hieß Barabbas.
17 Und da sie versammelt waren, sprach
Pilatus zu ihnen: Welchen wollt ihr, daß
ich euch losgebe, Barabbas oder Jesus,
von dem gesagt wird, er sei der Christus?
18 Denn er wußte wohl, daß sie ihn aus
Neid überantwortet hatten.
19 Und da er auf dem Richterstuhl saß,
schickte seine Frau zu ihm und ließ ihm
sagen: Habe du nichts zu schaffen mit
diesem Gerechten; ich habe heute viel er-
litten im Traum seinetwegen.
20 Aber die Hohenpriester und die
Ältesten überredeten das Volk, daß sie
um Barabbas bitten sollten und Jesus um-
brächten.
21 Da hob der Landpfleger an und
sprach zu ihnen: Welchen wollt ihr unter
diesen zweien, den ich euch soll losgeben?
Sie sprachen: Barabbas!
22 Pilatus sprach zu ihnen: Was soll ich
denn machen mit Jesus, von dem gesagt
wird, er sei der Christus? Sie sprachen
alle: Laß ihn kreuzigen!
23 Der Landpfleger sagte: Was hat er
denn Übles getan? Sie schrien aber noch
mehr und sprachen: Laß ihn kreuzigen!
24 Da aber Pilatus sah, daß er nichts aus-
richtete, sondern vielmehr ein Getümmel
entstand, nahm er Wasser und wusch die
Hände vor dem Volk und sprach: Ich bin
unschuldig an seinem Blut; sehet ihr zu!
25 Da antwortete das ganze Volk und
sprach: Sein Blut komme über uns und
unsere Kinder!
26 Da gab er ihnen Barabbas los, aber
Jesus ließ er geißeln und überantwortete
ihn, daß er gekreuzigt würde.
27 Da nahmen die Kriegsknechte des
Landpflegers Jesus mit sich in das Richt-
haus und holten die ganze Schar zu ihm her
28 und zogen ihn aus und legten ihm
einen Purpurmantel an
29 und flochten eine Dornenkrone und
setzten sie auf sein Haupt und gaben ihm
ein Rohr in seine rechte Hand und beug-
ten die Knie vor ihm und verspotteten ihn
und sprachen: Gegrüßet seist du, der
Juden König!
30 und spien ihn an und nahmen das
Rohr und schlugen damit sein Haupt.

Kreuzigung und Tod

31 Und da sie ihn verspottet hatten,
zogen sie ihm den Mantel aus und zogen
ihm seine Kleider an und führten ihn hin,
daß sie ihn kreuzigten.
32 Und wie sie hinausgingen, fanden sie
einen Menschen von Kyrene mit Namen
Simon; den zwangen sie, daß er ihm sein
Kreuz trug.
33 Und da sie an die Stätte kamen mit
Namen Golgatha, das ist verdeutscht:
Schädelstätte,
34 gaben sie ihm Wein zu trinken mit
Galle vermischt; und da er's schmeckte,
wollte er nicht trinken.
35 Da sie ihn aber gekreuzigt hatten, teil-
ten sie seine Kleider und warfen das Los
darum, damit erfüllt würde, was gesagt ist
durch den Propheten (Ps 22,19): «Sie haben
meine Kleider unter sich geteilt und haben
über meinen Rock das Los geworfen.»
36 Und sie saßen allda und bewachten
ihn.
37 Und oben zu seinen Häupten setzten
sie die Ursache seines Todes, und war ge-
schrieben: Dies ist Jesus, der Juden König.
38 Und da wurden zwei Mörder mit
ihm gekreuzigt, einer zur Rechten und
einer zur Linken.
39 Die aber vorübergingen, lästerten
ihn und schüttelten ihre Köpfe
40 und sprachen: Der du den Tempel
zerbrichst und baust ihn in drei Tagen,
hilf dir selber! Bist du Gottes Sohn, so
steig herab vom Kreuz!
41 Desgleichen spotteten auch die Ho-
henpriester samt den Schriftgelehrten und
Ältesten und sprachen:
42 Andern hat er geholfen und kann
sich selber nicht helfen. Ist er der König

Israels, so steige er nun vom Kreuz.
Dann wollen wir an ihn glauben.
43 Er hat Gott vertraut; der erlöse ihn
nun, hat er Lust zu ihm; denn er hat ge-
sagt: Ich bin Gottes Sohn.
44 Desgleichen schmähten ihn auch die
Mörder, die mit ihm gekreuzigt waren.
45 Und von der sechsten Stunde an
ward eine Finsternis über das ganze Land
bis zur neunten Stunde.
46 Und um die neunte Stunde schrie
Jesus laut und sprach: **Eli, Eli, lama
asabthani?** das ist: **Mein Gott, mein Gott,
warum hast du mich verlassen?**
47 Etliche aber, die da standen, da sie das
hörten, sprachen sie: Der ruft den Elia.
48 Und alsbald lief einer von ihnen,
nahm einen Schwamm und füllte ihn mit
Essig und steckte ihn auf ein Rohr und
tränkte ihn.
49 Die andern aber sprachen: Halt, laß
sehen, ob Elia komme und ihm helfe!
50 Aber Jesus schrie abermals laut und
verschied.
51 Und siehe da, der Vorhang im Tem-
pel zerriß in zwei Stücke von obenan bis
untenaus.
52 Und die Erde erbebte, und die Felsen
zerrissen, und die Gräber taten sich auf,
und standen auf viele Leiber der Heiligen,
die da schliefen,
53 und gingen aus den Gräbern nach
seiner Auferstehung und kamen in die
heilige Stadt und erschienen vielen.
54 Aber der Hauptmann und die bei
ihm waren und Jesus bewachten, da sie
sahen das Erdbeben und was da geschah,
erschraken sie sehr und sprachen: **Wahr-
lich, dieser ist Gottes Sohn gewesen!**
55 Und es waren viele Frauen da, die von
ferne zusahen, die da Jesus waren nachge-
folgt aus Galiläa und hatten ihm gedient;
56 unter welchen war Maria Magda-
lena und Maria, die Mutter des Jakobus
und Joseph, und die Mutter der Kinder
des Zebedäus.

Jesu Grablegung

57 Am Abend aber kam ein reicher
Mann von Arimathia, der hieß Joseph,
welcher auch ein Jünger Jesu war.
58 Der ging zu Pilatus und bat ihn um
den Leib Jesu. Da befahl Pilatus, man
sollte ihm ihn geben.
59 Und Joseph nahm den Leib und
wickelte ihn in eine reine Leinwand
60 und legte ihn in sein eigenes neues
Grab, welches er in einen Fels hatte hauen
lassen, und wälzte einen großen Stein vor
die Tür des Grabes und ging davon.
61 Es war aber allda Maria Magdalena
und die andere Maria, die setzten sich
dem Grab gegenüber.

Bewachung des Grabes

62 Des andern Tages, der da folgt nach
dem Rüsttag, kamen die Hohenpriester
und Pharisäer sämtlich zu Pilatus
63 und sprachen: Herr, wir haben be-
dacht, daß dieser Verführer sprach, da er
noch lebte: Ich will nach drei Tagen auf-
erstehen.
64 Darum befiehl, daß man das Grab
verwahre bis an den dritten Tag, auf daß
nicht seine Jünger kommen und stehlen
ihn und sagen zum Volk: Er ist auferstan-
den von den Toten; und werde der letzte
Betrug ärger als der erste.
65 Pilatus sprach zu ihnen: Da habt ihr
die Hüter; gehet hin und verwahret es, so
gut ihr könnt.
66 Sie gingen hin und verwahrten das
Grab mit den Hütern und versiegelten den
Stein.

Die Auferstehung

28 Als aber der Sabbat um war und
der erste Tag der Woche anbrach,
kam Maria Magdalena und die andere
Maria, das Grab zu besehen.
2 Und siehe, es geschah ein großes Erd-
beben. Denn ein Engel des Herrn kam
vom Himmel herab, trat hinzu und wälzte
den Stein ab und setzte sich darauf.
3 Und seine Erscheinung war wie der
Blitz und sein Kleid weiß wie Schnee.
4 Die Hüter aber erschraken vor Furcht
und wurden, als wären sie tot.
5 Aber der Engel hob an und sprach zu
den Frauen: Fürchtet euch nicht! Ich weiß,
daß ihr Jesus, den Gekreuzigten, suchet.
6 Er ist nicht hier; er ist auferstanden,
wie er gesagt hat. Kommt her und sehet
die Stätte, da er gelegen hat;
7 und gehet eilend hin und sagt es seinen
Jüngern, daß er auferstanden sei von den
Toten. Und siehe, er wird vor euch hin-
gehen nach Galiläa; da werdet ihr ihn

sehen. Siehe, ich habe es euch gesagt.

8 Und sie gingen eilend vom Grabe mit Furcht und großer Freude und liefen, daß sie es seinen Jüngern verkündigten.

9 Und siehe, da begegnete ihnen Jesus und sprach: Seid gegrüßt! Und sie traten zu ihm und umfaßten seine Füße und fielen vor ihm nieder.

10 Da sprach Jesus zu ihnen: Fürchtet euch nicht! Gehet hin und verkündigt es meinen Brüdern, daß sie gehen nach Galiläa; daselbst werden sie mich sehen.

11 Da sie aber hingingen, siehe, da kamen etliche von den Hütern in die Stadt und verkündeten den Hohenpriestern alles, was geschehen war.

12 Und sie kamen zusammen mit den Ältesten und hielten einen Rat und gaben den Kriegsknechten Geld genug

13 und sprachen: Saget, seine Jünger kamen des Nachts und stahlen ihn, während wir schliefen.

14 Und wenn es würde herauskommen bei dem Landpfleger, wollen wir ihn beschwichtigen und sorgen, daß ihr sicher seid.

15 Und sie nahmen das Geld und taten, wie sie gewiesen waren. Und so ist dies zum Gerede geworden bei den Juden bis auf den heutigen Tag.

Der Missionsbefehl

16 Aber die elf Jünger gingen nach Galiläa auf den Berg, wohin Jesus sie beschieden hatte.

17 Und da sie ihn sahen, fielen sie vor ihm nieder; etliche aber zweifelten.

18 Und Jesus trat zu ihnen, redete mit ihnen und sprach: **Mir ist gegeben alle Gewalt im Himmel und auf Erden.**

19 **Darum gehet hin und machet zu Jüngern alle Völker: taufet sie auf den Namen des Vaters und des Sohnes und des heiligen Geistes**

20 **und lehret sie halten alles, was ich euch befohlen habe. Und siehe, ich bin bei euch alle Tage bis an der Welt Ende.**

DAS EVANGELIUM NACH MARKUS

Johannes der Täufer. Sein Zeugnis von Christus

1 Dies ist der Anfang des Evangeliums von Jesus Christus.

2 Wie geschrieben steht im Propheten Jesaja: «Siehe, ich sende meinen Boten vor dir her, der da bereite deinen Weg.»

3 «Es ist eine Stimme eines Predigers in der Wüste: Bereitet den Weg des Herrn, machet seine Steige richtig!» (Mal 3,1; Jes 40,3).

4 Johannes der Täufer war in der Wüste und predigte die Taufe der Buße zur Vergebung der Sünden.

5 Und es ging zu ihm hinaus das ganze jüdische Land und alle Leute von Jerusalem und bekannten ihre Sünden und ließen sich von ihm taufen im Jordan.

6 Johannes aber war bekleidet mit Kamelhaaren und mit einem ledernen Gürtel um seine Lenden und aß Heuschrecken und wilden Honig

7 und predigte und sprach: Es kommt einer nach mir, der ist stärker als ich, und ich bin nicht genug, daß ich mich bücke und die Riemen seiner Schuhe auflöse.

8 Ich taufe euch mit Wasser; er aber wird euch mit dem heiligen Geist taufen.

Jesu Taufe und Versuchung

9 Und es begab sich zu der Zeit, da kam Jesus von Nazareth in Galiläa und ließ sich taufen von Johannes im Jordan.

10 Und alsbald, da er aus dem Wasser stieg, sah er, daß sich der Himmel auftat und der Geist gleichwie eine Taube herabkam auf ihn.

11 Und da geschah eine Stimme vom Himmel: **Du bist mein lieber Sohn, an dir habe ich Wohlgefallen.**

12 Und alsbald trieb ihn der Geist in die Wüste;

13 und er war in der Wüste vierzig Tage und ward versucht von dem Satan und war bei den Tieren, und die Engel dienten ihm.

Beginn der Wirksamkeit Jesu. Jüngerberufung

14 Nachdem aber Johannes gefangen gelegt war, kam Jesus nach Galiläa und predigte das Evangelium Gottes

15 und sprach: **Die Zeit ist erfüllt, und das Reich Gottes ist herbeigekommen. Tut Buße und glaubt an das Evangelium!**

16 Da er aber an dem Galiläischen Meer ging, sah er Simon und Andreas, seinen Bruder, daß sie ihre Netze ins Meer warfen; denn sie waren Fischer.

17 Und Jesus sprach zu ihnen: Folget mir nach; ich will euch zu Menschenfischern machen!

18 Alsbald verließen sie ihre Netze und folgten ihm nach.

19 Und als er von dannen ein wenig weiter ging, sah er Jakobus, den Sohn des Zebedäus, und Johannes, seinen Bruder, daß sie die Netze im Schiff flickten; und alsbald rief er sie.

20 Und sie ließen ihren Vater Zebedäus im Schiff mit den Tagelöhnern und folgten ihm nach.

Jesus in Kapernaum

21 Und sie gingen hinein nach Kapernaum; und alsbald am Sabbat ging er in die Synagoge und lehrte.

22 Und sie entsetzten sich über seine Lehre; denn er lehrte mit Vollmacht und nicht wie die Schriftgelehrten.

23 Und sogleich war auch in ihrer Synagoge ein Mensch, besessen von einem unsaubern Geist; der schrie

24 und sprach: Was willst du von uns, Jesu von Nazareth? Du bist gekommen, uns zu verderben. Ich weiß, wer du bist: der Heilige Gottes.

25 Und Jesus bedrohte ihn und sprach: Verstumme und fahre aus von ihm!

26 Und der unsaubere Geist riß ihn hin und her und schrie laut und fuhr aus von ihm.

27 Und sie entsetzten sich alle, so daß sie untereinander sich befragten und sprachen: Was ist das? Eine neue Lehre in Vollmacht! Er gebietet auch den unsaubern Geistern, und sie gehorchen ihm!

28 Und die Kunde von ihm erscholl alsbald umher im ganzen galiläischen Land.

29 Und sie gingen alsbald aus der Synagoge in das Haus des Simon und Andreas mit Jakobus und Johannes.

30 Und die Schwiegermutter Simons lag und hatte das Fieber; und alsbald sagten sie ihm von ihr.

31 Und er trat zu ihr und faßte sie bei der Hand und richtete sie auf; und das Fieber verließ sie, und sie diente ihnen.

32 Am Abend aber, da die Sonne untergegangen war, brachten sie zu ihm alle Kranken und Besessenen.

33 Und die ganze Stadt versammelte sich vor der Tür.

34 Und er half vielen Kranken, die mit mancherlei Gebrechen beladen waren, und trieb viele böse Geister aus und ließ die Geister nicht reden; denn sie kannten ihn.

35 Und des Morgens vor Tage stand er auf und ging hinaus. Und er ging an eine einsame Stätte und betete daselbst.

36 Und Simon mit denen, die bei ihm waren, eilte ihm nach.

37 Und da sie ihn fanden, sprachen sie zu ihm: Jedermann sucht dich.

38 Und er sprach zu ihnen: Laßt uns anderswohin in die nächsten Städte gehen, daß ich daselbst auch predige; denn dazu bin ich gekommen.

39 Und er kam und predigte in ihren Synagogen in ganz Galiläa und trieb die bösen Geister aus.

Heilung eines Aussätzigen

40 Und es kam zu ihm ein Aussätziger, der bat ihn, kniete nieder und sprach zu ihm: Willst du, so kannst du mich wohl reinigen.

41 Und es jammerte ihn, und er reckte die Hand aus, rührte ihn an und sprach zu ihm: Ich will's tun; sei gereinigt!

42 Und alsbald ging der Aussatz von ihm, und er ward rein.

43 Und Jesus bedrohte ihn und trieb ihn alsbald von sich

44 und sprach zu ihm: Siehe zu, daß du niemand davon sagest; sondern gehe hin und zeige dich dem Priester und opfere für deine Reinigung, was Mose geboten hat, ihnen zum Zeugnis.

45 Er aber, da er hinauskam, hob er an und sagte viel davon und machte die Geschichte kund, so daß Jesus hinfort nicht

mehr konnte öffentlich in eine Stadt gehen; sondern er war draußen an einsamen Orten, und sie kamen zu ihm von allen Enden.

Heilung des Gichtbrüchigen

2 Und nach etlichen Tagen ging er wieder nach Kapernaum; und es ward kund, daß er im Hause war.
2 Und es versammelten sich viele, so daß sie nicht Raum hatten, auch nicht draußen vor der Tür; und er predigte ihnen das Wort.
3 Und es kamen etliche zu ihm, die brachten einen Gichtbrüchigen von vieren getragen.
4 Und da sie ihn nicht konnten zu ihm bringen vor dem Volk, deckten sie das Dach auf, da er war, und machten eine Öffnung und ließen das Bett hernieder, darin der Gichtbrüchige lag.
5 Da nun Jesus ihren Glauben sah, sprach er zu dem Gichtbrüchigen: **Mein Sohn, deine Sünden sind dir vergeben.**
6 Es waren aber etliche Schriftgelehrte, die saßen allda und dachten in ihrem Herzen:
7 Wie redet dieser so? Er lästert Gott! Wer kann Sünden vergeben denn allein Gott?
8 Und Jesus erkannte alsbald in seinem Geist, daß sie so bei sich dachten, und sprach zu ihnen: Was denket ihr solches in euren Herzen?
9 Was ist leichter, zu dem Gichtbrüchigen zu sagen: Dir sind deine Sünden vergeben, oder zu sagen: Stehe auf, nimm dein Bett und wandle?
10 Auf daß ihr aber wisset, daß des Menschen Sohn Vollmacht hat, zu vergeben die Sünden auf Erden, – sprach er zu dem Gichtbrüchigen:
11 Ich sage dir, stehe auf, nimm dein Bett und gehe heim!
12 Und er stand auf, nahm sein Bett und ging alsbald hinaus vor allen, so daß sie sich alle entsetzten und Gott priesen und sprachen: Wir haben solches noch nie gesehen.

Berufung des Levi

13 Und Jesus ging wieder hinaus an das Meer; und alles Volk kam zu ihm, und er lehrte sie.
14 Und da er vorüberging, sah er Levi, den Sohn des Alphäus, am Zoll sitzen und sprach zu ihm: Folge mir nach! Und er stand auf und folgte ihm nach.
15 Und es begab sich, da er zu Tisch saß in seinem Hause, da setzten sich viele Zöllner und Sünder zu Tisch mit Jesus und seinen Jüngern; denn ihrer waren viele, und sie folgten ihm nach.
16 Und die Schriftgelehrten unter den Pharisäern, da sie sahen, daß er mit den Zöllnern und Sündern aß, sprachen sie zu seinen Jüngern: Isset er mit den Zöllnern und Sündern?
17 Da das Jesus hörte, sprach er zu ihnen: Die Starken bedürfen keines Arztes, sondern die Kranken. **Ich bin gekommen, die Sünder zu rufen und nicht die Gerechten.**

Über das Fasten

18 Und die Jünger des Johannes und die Pharisäer pflegten zu fasten; und es kamen etliche, die sprachen zu ihm: Warum fasten die Jünger des Johannes und die Jünger der Pharisäer, und deine Jünger fasten nicht?
19 Und Jesus sprach zu ihnen: Wie können die Hochzeitleute fasten, während der Bräutigam bei ihnen ist? Solange der Bräutigam bei ihnen ist, können sie nicht fasten.
20 Es wird aber die Zeit kommen, daß der Bräutigam von ihnen genommen wird; dann werden sie fasten, an jenem Tage.
21 Niemand flickt einen Lappen von neuem Tuch auf ein altes Kleid; denn der neue Lappen reißt doch vom alten, und der Riß wird ärger.
22 Und niemand füllt jungen Wein in alte Schläuche; sonst zerreißt der junge Wein die Schläuche, und der Wein kommt um samt den Schläuchen; sondern man soll jungen Wein in neue Schläuche füllen.

Jesus und der Sabbat

23 Und es begab sich, daß er am Sabbat durch ein Kornfeld ging; und seine Jünger fingen an, indem sie gingen, Ähren auszuraufen.
24 Und die Pharisäer sprachen zu ihm: Siehe zu, was tun deine Jünger am Sabbat, das nicht recht ist?

25 Und er sprach zu ihnen: Habt ihr nie gelesen, was David tat, da er in Not war und ihn hungerte samt denen, die bei ihm waren?
26 wie er ging in das Haus Gottes zur Zeit Abjathars, des Hohenpriesters, und aß die Schaubrote, die niemand essen darf als die Priester, und er gab sie auch denen, die bei ihm waren?
27 Und er sprach zu ihnen: Der Sabbat ist um des Menschen willen gemacht, und nicht der Mensch um des Sabbats willen.
28 So ist des Menschen Sohn ein Herr auch über den Sabbat.

3 Und er ging abermals in eine Synagoge. Und es war da ein Mensch, der hatte eine verdorrte Hand.
2 Und sie lauerten darauf, ob er auch am Sabbat ihn heilen würde, auf daß sie eine Sache wider ihn hätten.
3 Und er sprach zu dem Menschen mit der verdorrten Hand: Tritt hervor!
4 Und er sprach zu ihnen: Soll man am Sabbat Gutes tun oder Böses tun, Leben erhalten oder töten? Sie aber schwiegen stille.
5 Und er sah sie umher an mit Zorn und ward betrübt über ihr verstocktes Herz und sprach zu dem Menschen: Strecke deine Hand aus! Und er streckte sie aus; und seine Hand ward gesund.
6 Und die Pharisäer gingen hinaus und hielten alsbald einen Rat mit des Herodes Leuten über ihn, wie sie ihn umbrächten.

Zulauf des Volks. Viele Heilungen

7 Aber Jesus entwich mit seinen Jüngern an das Meer, und viel Volks folgte ihm nach aus Galiläa; auch aus Judäa
8 und von Jerusalem und aus Idumäa und von jenseits des Jordan und die um Tyrus und Sidon wohnen, eine große Menge, die seine Taten hörten, kamen zu ihm.
9 Und er sagte zu seinen Jüngern, daß sie ihm ein Schifflein bereithielten um des Volkes willen, damit sie ihn nicht drängten.
10 Denn er heilte ihrer viele, so daß ihn überfielen alle, die geplagt waren, auf daß sie ihn anrührten.
11 Und wenn ihn die unsaubern Geister sahen, fielen sie vor ihm nieder, schrien und sprachen: Du bist Gottes Sohn!
12 Und er bedrohte sie hart, daß sie ihn nicht offenbar machten.

Berufung der zwölf Jünger

13 Und er ging auf einen Berg und rief zu sich, welche er wollte, und die gingen hin zu ihm.
14 Und er ordnete zwölf, daß sie bei ihm sein sollten und daß er sie aussendete, zu predigen,
15 und daß sie Vollmacht hätten, die bösen Geister auszutreiben.
16 Und er setzte die Zwölf ein und gab Simon den Namen Petrus;
17 und Jakobus, den Sohn des Zebedäus, und Johannes, den Bruder des Jakobus, und gab ihnen den Namen Boanerges, das ist: Donnerskinder;
18 und Andreas und Philippus und Bartholomäus und Matthäus und Thomas und Jakobus, des Alphäus Sohn, und Thaddäus und Simon Kananäus
19 und Judas Ischarioth, der ihn dann verriet.

Jesus von den Seinen nicht verstanden

20 Und er kam nach Hause, und da kam abermals das Volk zusammen, so daß sie nicht vermochten zu essen.
21 Und da es die Seinen hörten, gingen sie aus und wollten ihn halten; denn sie sprachen: Er ist von Sinnen.

Jesu Macht über die bösen Geister

22 Die Schriftgelehrten aber, die von Jerusalem herabgekommen waren, sprachen: Er hat den Beelzebub und treibt die bösen Geister aus durch ihren Obersten.
23 Und er rief sie zusammen und sprach zu ihnen in Gleichnissen: Wie kann Satan den Satan austreiben?
24 Wenn ein Reich mit sich selbst uneins wird, kann es nicht bestehen.
25 Und wenn ein Haus mit sich selbst uneins wird, kann es nicht bestehen.
26 Erhebt sich nun der Satan wider sich selbst und ist mit sich selbst uneins, so kann er nicht bestehen, sondern es ist aus mit ihm.
27 Es kann niemand einem Starken in sein Haus dringen und seinen Hausrat

rauben, es sei denn, daß er zuvor den Starken binde und alsdann sein Haus beraube.

Die Sünde wider den Geist

28 Wahrlich, ich sage euch: Alle Sünden werden vergeben den Menschenkindern, auch die Lästerungen, so viel immer sie lästern;

29 wer aber den heiligen Geist lästert, der hat keine Vergebung ewiglich, sondern ist ewiger Sünde schuldig.

30 Denn sie sagten: Er hat einen unsaubern Geist.

Jesu wahre Verwandte

31 Und es kamen seine Mutter und seine Brüder und standen draußen, schickten zu ihm und ließen ihn rufen.

32 Und das Volk saß um ihn. Und sie sprachen zu ihm: Siehe, deine Mutter und deine Brüder und deine Schwestern draußen fragen nach dir.

33 Und er antwortete ihnen und sprach: Wer ist meine Mutter und meine Brüder?

34 Und er sah rings um sich auf die, die um ihn im Kreise saßen, und sprach: Siehe, das ist meine Mutter und meine Brüder!

35 Wer Gottes Willen tut, der ist mein Bruder und meine Schwester und meine Mutter.

Vom Säemann. Sinn der Gleichnisse

4 Und er fing abermals an, zu lehren am Meer. Und es versammelte sich sehr viel Volks zu ihm, so daß er mußte in ein Schiff treten und auf dem Wasser sitzen; und alles Volk stand auf dem Lande am Meer.

2 Und er lehrte sie vieles in Gleichnissen; und in seiner Predigt sprach er zu ihnen:

3 Höret zu! Siehe, es ging ein Säemann aus, zu säen.

4 Und es begab sich, indem er säte, fiel etliches an den Weg; da kamen die Vögel und fraßen's auf.

5 Etliches fiel auf das Felsige, wo es nicht viel Erde hatte, und ging bald auf, darum daß es nicht tiefe Erde hatte.

6 Da nun die Sonne hochstieg, verwelkte es, und weil es nicht Wurzel hatte, verdorrte es.

7 Und etliches fiel unter die Dornen, und die Dornen wuchsen empor und erstickten's, und es brachte keine Frucht.

8 Und etliches fiel auf gutes Land und ging auf und wuchs und brachte Frucht und trug dreißigfältig und sechzigfältig und hundertfältig.

9 Und er sprach: Wer Ohren hat, zu hören, der höre!

10 Und da er allein war, fragten ihn die um ihn waren, samt den Zwölfen, über die Gleichnisse.

11 Und er sprach zu ihnen: Euch ist das Geheimnis des Reiches Gottes gegeben; denen aber draußen widerfährt es alles durch Gleichnisse,

12 auf daß sie es mit sehenden Augen sehen und doch nicht erkennen, und mit hörenden Ohren hören und doch nicht verstehen, auf daß sie sich nicht etwa bekehren und ihnen vergeben werde.

13 Und er sprach zu ihnen: Versteht ihr dies Gleichnis nicht, wie wollt ihr dann die andern alle verstehen?

14 Der Säemann sät das Wort.

15 Das aber sind die an dem Wege: wo das Wort gesät wird, und wenn sie es gehört haben, so kommt alsbald der Satan und nimmt das Wort weg, das in sie gesät war.

16 Desgleichen die, bei denen auf das Felsige gesät ist: wenn sie das Wort gehört haben, nehmen sie es bald mit Freuden auf,

17 aber sie haben keine Wurzel in sich, sondern sind wetterwendisch; wenn sich Trübsal oder Verfolgung um des Wortes willen erhebt, so nehmen sie alsbald Ärgernis.

18 Und andere sind die, bei denen unter die Dornen gesät ist: die hören das Wort,

19 aber die Sorgen der Welt und der Betrug des Reichtums und die Begierden nach allem anderen dringen ein und ersticken das Wort, und es bleibt ohne Frucht.

20 Jene aber sind die, bei denen auf gutes Land gesät ist: die hören das Wort und nehmen's an und bringen Frucht, dreißigfältig und sechzigfältig und hundertfältig.

Gleichnis vom Licht

21 Und er sprach zu ihnen: Zündet man auch ein Licht an, daß man's unter den

Scheffel oder unter die Bank setze? Mitnichten, sondern daß man's auf den Leuchter setze.
22 Denn es ist nichts verborgen, das nicht soll offenbar werden, und ist nichts Heimliches, das nicht soll an den Tag kommen.
23 Wer Ohren hat, zu hören, der höre!
24 Und er sprach zu ihnen: Sehet zu, was ihr höret! Mit welcherlei Maß ihr messet, wird man euch wieder messen, und man wird euch noch zugeben.
25 Denn wer da hat, dem wird gegeben werden; und wer nicht hat, von dem wird man auch das nehmen, was er hat.

Die von selbst wachsende Saat

26 Und er sprach: Das Reich Gottes ist so, wie wenn ein Mensch Samen aufs Land wirft
27 und schläft und steht auf Nacht und Tag; und der Same geht auf und wächst, ohne daß er's weiß.
28 Denn die Erde bringt von selbst Frucht, zuerst den Halm, danach die Ähre, danach den vollen Weizen in der Ähre.
29 Wenn sie aber die Frucht gebracht hat, so schickt er alsbald die Sichel hin; denn die Ernte ist da.

Vom Senfkorn

30 Und er sprach: Wem wollen wir das Reich Gottes vergleichen, und durch welches Gleichnis wollen wir es abbilden?
31 Es ist wie ein Senfkorn: wenn es gesät wird aufs Land, so ist's das kleinste unter allen Samen auf Erden;
32 und wenn es gesät ist, so geht es auf und wird größer als alle Sträucher und treibt große Zweige, so daß die Vögel unter dem Himmel unter seinem Schatten wohnen können.
33 Und durch viele solche Gleichnisse sagte er ihnen das Wort so, wie sie es zu hören vermochten.
34 Und ohne Gleichnis redete er nicht zu ihnen; aber wenn sie allein waren, legte er seinen Jüngern alles aus.

Stillung des Sturmes

35 Und an demselben Tage des Abends sprach er zu ihnen: Laßt uns hinüberfahren.
36 Und sie ließen das Volk gehen und nahmen ihn mit, wie er im Schiff war, und es waren noch andere Schiffe bei ihm.
37 Und es erhob sich ein großer Windwirbel, und die Wellen schlugen in das Schiff, so daß das Schiff schon voll ward.
38 Und er war hinten auf dem Schiff und schlief auf dem Kissen. Und sie weckten ihn auf und sprachen zu ihm: Meister, fragst du nichts danach, daß wir verderben?
39 Und er stand auf und bedrohte den Wind und sprach zu dem Meer: Schweig und verstumme! Und der Wind legte sich, und es ward eine große Stille.
40 Und er sprach zu ihnen: Was seid ihr so furchtsam? Wie habt ihr denn keinen Glauben?
41 Und sie fürchteten sich sehr und sprachen untereinander: Wer ist der? Selbst Wind und Meer sind ihm gehorsam!

Heilung des besessenen Geraseners

5 Und sie kamen ans andere Ufer des Meeres in die Gegend der Gerasener.
2 Und als er aus dem Schiff trat, lief ihm alsbald von den Gräbern entgegen ein Mensch mit einem unsaubern Geist,
3 der seine Wohnung in den Grabhöhlen hatte. Und niemand konnte ihn mehr binden, auch nicht mit Ketten;
4 denn er war oft mit Fesseln und Ketten gebunden gewesen und hatte die Ketten zerrissen und die Fesseln zerrieben; und niemand konnte ihn bändigen.
5 Und er war allezeit, Tag und Nacht, in den Grabhöhlen und auf den Bergen, schrie und schlug sich mit Steinen.
6 Da er aber Jesus sah von ferne, lief er hinzu und fiel vor ihm nieder, schrie laut und sprach:
7 Was willst du von mir, o Jesu, du Sohn Gottes, des Allerhöchsten? Ich beschwöre dich bei Gott, daß du mich nicht quälest!
8 Denn er sprach zu ihm: Fahre aus, du unsauberer Geist, von dem Menschen!
9 Und er fragte ihn: Wie heißest du? Und er antwortete: Legion heiße ich; denn wir sind viele.
10 Und er bat Jesus sehr, daß er sie nicht aus der Gegend triebe.
11 Es war aber daselbst am Berge eine große Herde Säue auf der Weide.

12 Und die unsauberen Geister baten
ihn und sprachen: Laß uns in die Säue
fahren!
13 Und er erlaubte es ihnen. Da fuhren
die unsauberen Geister aus und fuhren in
die Säue, und die Herde stürzte sich den
Abhang hinunter ins Meer, ihrer waren
aber bei zweitausend, und ersoffen im
Meer.
14 Und ihre Hirten flohen und verkün-
deten das in der Stadt und auf dem Lande.
Und sie gingen hinaus, zu sehen, was da
geschehen war,
15 und kamen zu Jesus und sahen den,
der von den unsauberen Geistern be-
sessen gewesen war, wie er dasaß und war
bekleidet und vernünftig, und fürchteten
sich.
16 Und die es gesehen hatten, sagten
ihnen, was dem Besessenen widerfahren
war, und von den Säuen.
17 Und sie fingen an und baten ihn, daß
er aus ihrer Gegend zöge.
18 Und da er in das Schiff trat, bat ihn
der Besessene, daß er bei ihm bleiben
dürfte.
19 Aber Jesus ließ es ihm nicht zu, son-
dern sprach zu ihm: Gehe hin in dein
Haus zu den Deinen und verkündige
ihnen, wie große Wohltat dir der Herr
getan und sich deiner erbarmt hat.
20 Und er ging hin und fing an, zu ver-
kündigen in den Zehn Städten, wie große
Wohltat ihm Jesus getan hatte, und jeder-
mann verwunderte sich.

Des Jairus Tochter. Blutflüssige Frau

21 Und da Jesus wieder herübergefahren
war im Schiff, versammelte sich viel Volks
zu ihm, und er war an dem Meer.
22 Da kam einer von den Obersten der
Synagoge, mit Namen Jairus. Und da er
Jesus sah, fiel er ihm zu Füßen
23 und bat ihn sehr und sprach: Meine
Tochter liegt in den letzten Zügen; du
wollest kommen und deine Hände auf sie
legen, daß sie gesund werde und lebe.
24 Und er ging hin mit ihm; und es
folgte ihm viel Volks nach, und sie dräng-
ten ihn.
25 Und da war eine Frau, die hatte den
Blutfluß seit zwölf Jahren
26 und hatte viel erlitten von vielen
Ärzten und hatte all ihr Gut darauf ver-
wendet, und es half ihr nichts, sondern
vielmehr ward es ärger mit ihr.
27 Da die von Jesus hörte, kam sie im
Volk von hinten herzu und rührte sein
Kleid an.
28 Denn sie sagte sich: Wenn ich auch
nur seine Kleider könnte anrühren, so
würde ich gesund.
29 Und alsbald versiegte die Quelle
ihres Blutes, und sie fühlte es am Leibe,
daß sie von ihrer Plage geheilt war.
30 Und Jesus fühlte alsbald an sich
selbst, daß eine Kraft von ihm ausge-
gangen war, und wandte sich um in der
Menge und sprach: Wer hat meine Klei-
der angerührt?
31 Und seine Jünger sprachen zu ihm:
Du siehst, daß dich das Volk drängt, und
sprichst: Wer hat mich angerührt?
32 Und er sah sich um nach der, die das
getan hatte.
33 Die Frau aber fürchtete sich und
zitterte, denn sie wußte, was an ihr ge-
schehen war, kam und fiel vor ihm nieder
und sagte ihm die ganze Wahrheit.
34 Er sprach aber zu ihr: Meine Toch-
ter, dein Glaube hat dich gesund gemacht;
gehe hin in Frieden und sei gesund von
deiner Plage!
35 Da er noch redete, kamen etliche aus
dem Hause des Obersten der Synagoge
und sprachen: Deine Tochter ist gestor-
ben; was bemühest du weiter den Meister?
36 Jesus aber hörte mit an, was da ge-
sagt ward, und sprach zu dem Obersten:
Fürchte dich nicht, glaube nur!
37 Und ließ niemand mitgehen als Pe-
trus und Jakobus und Johannes, den
Bruder des Jakobus.
38 Und sie kamen in das Haus des Ober-
sten, und er sah das Getümmel und wie sie
sehr weinten und heulten.
39 Und er ging hinein und sprach zu
ihnen: Was lärmet und weinet ihr? Das
Kind ist nicht gestorben, sondern es
schläft. Und sie verlachten ihn.
40 Er aber trieb sie alle hinaus und
nahm mit sich den Vater des Kindes und
die Mutter und die bei ihm waren, und
ging hinein, wo das Kind lag,
41 und ergriff das Kind bei der Hand
und sprach zu ihr: Talitha kumi! das ist
verdolmetscht: Mägdlein, ich sage dir,
stehe auf!

42 Und alsbald stand das Mädchen auf und ging umher; es war aber zwölf Jahre alt. Und sie entsetzten sich alsbald über die Maßen.

43 Und er gebot ihnen hart, daß es niemand wissen sollte, und sagte, sie sollten ihr zu essen geben.

Verwerfung in Nazareth

6 Und er ging aus von dannen und kam in seine Vaterstadt, und seine Jünger folgten ihm nach.

2 Und da der Sabbat kam, hob er an, zu lehren in der Synagoge. Und die Menge, die zuhörte, verwunderte sich, und sie sprachen: Woher kommt dem solches? Und was für Weisheit ist es, die ihm gegeben ist? Und solche mächtigen Taten, die durch seine Hände geschehen!

3 Ist er nicht der Zimmermann, Marias Sohn, und der Bruder des Jakobus und Joses und Judas und Simon? Sind nicht auch seine Schwestern allhier bei uns? Und sie nahmen Ärgernis an ihm.

4 Jesus aber sprach zu ihnen: Ein Prophet gilt nirgend weniger als in seinem Vaterland und bei seinen Verwandten und in seinem Hause.

5 Und er konnte allda nicht eine einzige Tat tun; nur wenigen Kranken legte er die Hände auf und heilte sie.

6 Und er verwunderte sich ihres Unglaubens. Und er ging rings umher in die Dörfer und lehrte.

Aussendung der zwölf Jünger

7 Und er rief die Zwölf zu sich und hob an und sandte sie je zwei und zwei und gab ihnen Vollmacht über die unsaubern Geister

8 und gebot ihnen, daß sie nichts mitnähmen auf den Weg als allein einen Stab, kein Brot, keine Tasche, kein Geld im Gürtel,

9 wohl aber Schuhe an den Füßen, und daß sie nicht zwei Röcke anzögen.

10 Und er sprach zu ihnen: Wo ihr in ein Haus gehen werdet, da bleibet, bis ihr von dannen zieht.

11 Und wo man euch nicht aufnimmt noch hören will, aus dem Ort gehet hinaus und schüttelt den Staub von euren Füßen ihnen zum Zeugnis.

12 Und sie gingen aus und predigten, man sollte Buße tun,

13 und trieben viele böse Geister aus und salbten viele Kranke mit Öl und machten sie gesund.

Herodes und Jesus. Ende des Täufers

14 Und es kam vor den König Herodes; denn der Name Jesu war nun bekannt. Und die Leute sprachen: Johannes der Täufer ist von den Toten auferstanden; darum tut er solche Taten.

15 Etliche aber sprachen: Er ist Elia; etliche aber: Er ist ein Prophet wie einer der Propheten.

16 Da es aber Herodes hörte, sagte er: Johannes, den ich enthauptet habe, der ist auferstanden.

17 Denn er, Herodes, hatte ausgesandt und Johannes gegriffen und ins Gefängnis gelegt um der Herodias willen, der Frau seines Bruders Philippus, denn er hatte sie zum Weib genommen.

18 Denn Johannes hatte zu Herodes gesagt: Es ist nicht recht, daß du deines Bruders Frau hast.

19 Herodias aber stellte ihm nach und wollte ihn töten und konnte nicht.

20 Denn Herodes fürchtete den Johannes, weil er wußte, daß er ein frommer und heiliger Mann war, und verwahrte ihn; und wenn er ihn gehört hatte, ward er sehr unruhig; und doch hörte er ihn gerne.

21 Und es kam ein gelegener Tag, da Herodes an seinem Geburtstag ein Mahl gab seinen Großen und den Obersten und den Vornehmsten in Galiläa.

22 Da trat herein die Tochter der Herodias und tanzte und gefiel wohl dem Herodes und denen, die am Tisch saßen. Da sprach der König zu dem Mädchen: Bitte von mir, was du willst, ich will dir's geben.

23 Und er schwur ihr einen Eid: Was du wirst von mir bitten, will ich dir geben, bis an die Hälfte meines Königreichs.

24 Und sie ging hinaus und sprach zu ihrer Mutter: Was soll ich bitten? Die sprach: Das Haupt Johannes des Täufers.

25 Und sie ging alsbald hinein mit Eile zum König, bat und sprach: Ich will, daß du mir gebest jetzt zur Stunde auf einer Schüssel das Haupt Johannes des Täufers.

26 Und der König ward sehr betrübt;

doch um des Eides willen und derer, die
am Tische saßen, wollte er sie nicht lassen
eine Fehlbitte tun.
27 Und alsbald schickte der König den
Henker hin und hieß sein Haupt herbringen.
Der ging hin und enthauptete ihn im
Gefängnis
28 und trug her sein Haupt auf einer
Schüssel und gab's dem Mädchen, und
das Mädchen gab's seiner Mutter.
29 Und da das seine Jünger hörten,
kamen sie und nahmen seinen Leib und
legten ihn in ein Grab.

Speisung der Fünftausend

30 Und die Apostel kamen bei Jesus
zusammen und verkündeten ihm alles,
was sie getan und gelehrt hatten.
31 Und er sprach zu ihnen: Geht ihr
allein an eine einsame Stätte und ruhet
ein wenig. Denn ihrer waren viele, die ab
und zu gingen; und sie hatten nicht Zeit
genug, zu essen.
32 Und sie fuhren in einem Schiff an
eine einsame Stätte für sich allein.
33 Und das Volk sah sie wegfahren, und
viele merkten es und liefen dahin miteinander
zu Fuß aus allen Städten und kamen
ihnen zuvor.
34 Und Jesus stieg aus und sah das
große Volk; und es jammerte ihn derselben,
denn sie waren wie Schafe, die
keinen Hirten haben. Und er fing an eine
lange Predigt.
35 Da nun der Tag fast dahin war, traten
seine Jünger zu ihm und sprachen: Es ist
öde hier, und der Tag ist bald dahin;
36 laß sie von dir, daß sie hingehen umher
in die Höfe und Dörfer und kaufen
sich Brot.
37 Er aber antwortete und sprach zu
ihnen: Gebt ihr ihnen zu essen! Und sie
sprachen zu ihm: Sollen wir denn hingehen
und für zweihundert Silbergroschen
Brot kaufen und ihnen zu essen geben?
38 Er aber sprach zu ihnen: Wieviel
Brote habt ihr? Gehet hin und sehet! Und
da sie es erkundet hatten, sprachen sie:
Fünf und zwei Fische.
39 Und er gebot ihnen, daß sie sich alle
lagerten tischweise auf das grüne Gras.
40 Und sie setzten sich in Gruppen zu
hundert und zu fünfzig.
41 Und er nahm die fünf Brote und
zwei Fische und sah auf gen Himmel,
dankte und brach die Brote und gab sie
den Jüngern, daß sie ihnen vorlegten, und
die zwei Fische teilte er unter sie alle.
42 Und sie aßen alle und wurden satt.
43 Und sie hoben auf die Brocken,
zwölf Körbe voll, und von den Fischen.
44 Und die da die Brote gegessen hatten,
waren fünftausend Mann.

Jesus wandelt auf dem Meer

45 Und alsbald trieb er seine Jünger, daß
sie in das Schiff träten und vor ihm hinüberführen
nach Bethsaida, bis daß er das
Volk von sich ließe.
46 Und da er sie von sich gelassen hatte,
ging er hin auf einen Berg, zu beten.
47 Und am Abend war das Schiff mitten
auf dem Meer und er auf dem Lande
allein.
48 Und er sah, daß sie Not litten beim
Rudern, denn der Wind war ihnen entgegen.
Und um die vierte Nachtwache
kam er zu ihnen und wandelte auf dem
Meer
49 und wollte an ihnen vorübergehen.
Und da sie ihn sahen auf dem Meer wandeln,
meinten sie, es wäre ein Gespenst,
und schrien;
50 denn sie sahen ihn alle und erschraken.
Aber alsbald redete er mit ihnen und
sprach zu ihnen: Seid getrost, ich bin's;
fürchtet euch nicht!
51 und trat zu ihnen ins Schiff, und der
Wind legte sich. Und sie entsetzten sich
über die Maßen;
52 denn sie waren um nichts verständiger
geworden über den Broten, sondern
ihr Herz war verhärtet.
53 Und da sie hinübergefahren waren,
kamen sie ans Land nach Genezareth und
legten an.
54 Und da sie aus dem Schiff traten, erkannten
die Leute ihn alsbald
55 und liefen im ganzen Land umher
und hoben an, die Kranken umherzutragen
auf Betten, wo sie hörten, daß er
war.
56 Und wo er in Dörfer, Städte und
Höfe hineinging, da legten sie die Kranken
auf den Markt und baten ihn, daß
sie auch nur den Saum seines Kleides anrühren
dürften; und alle, die ihn anrührten,
wurden gesund.

Menschensatzungen und Gottes Gebot

7 Und es versammelten sich bei ihm die
Pharisäer und etliche von den Schrift-
gelehrten, die von Jerusalem gekommen
waren.
2 Und sie sahen etliche seiner Jünger mit
unreinen Händen, das heißt: ohne
Waschung der Hände, ihr Brot essen.
3 Denn die Pharisäer und alle Juden
essen nicht, sie waschen denn die Hände
mit einer Handvoll Wasser und halten so
die Satzungen der Ältesten;
4 und wenn sie vom Markt kommen,
essen sie nicht, sie waschen sich denn.
Und es sind viele andre Dinge, die sie zu
halten angenommen haben, wie: Trink-
gefäße und Krüge und Kessel zu waschen.
5 Da fragten ihn die Pharisäer und
Schriftgelehrten: Warum wandeln deine
Jünger nicht nach den Satzungen der
Ältesten, sondern essen ihr Brot mit un-
reinen Händen?
6 Er aber sprach zu ihnen: Gar fein hat
von euch Heuchlern Jesaja geweissagt,
wie geschrieben steht (Jes 29,13): «Dies
Volk ehrt mich mit den Lippen; aber ihr
Herz ist ferne von mir.
7 Vergeblich dienen sie mir, weil sie
lehren solche Lehren, die nichts als Men-
schengebote sind.»
8 Ihr verlasset Gottes Gebot und haltet
der Menschen Satzungen.
9 Und er sprach zu ihnen: Gar fein hebt
ihr Gottes Gebot auf, auf daß ihr eure
Satzungen haltet.
10 Denn Mose hat gesagt (2. Mose 20,12;
21,17): «Du sollst deinen Vater und deine
Mutter ehren», und: «Wer Vater oder
Mutter flucht, der soll des Todes sterben.»
11 Ihr aber sagt: Wenn einer spricht zu
Vater oder Mutter: Korban, das heißt
Opfergabe, soll sein, was dir sollte von
mir zukommen,
12 so laßt ihr ihn hinfort nichts tun für
seinen Vater oder seine Mutter
13 und hebt so Gottes Wort auf durch
eure Satzungen, die ihr aufgestellt habt;
und dergleichen tut ihr viel.
14 Und er rief das Volk wieder zu sich
und sprach zu ihnen: Höret mir alle zu
und fasset es!
15 Es ist nichts, was von außen in den
Menschen hineingeht, das ihn könnte un-
rein machen; sondern was aus dem Men-
schen herauskommt, das ist's, was den
Menschen unrein macht.
⟨16 Hat jemand Ohren, zu hören, der
höre.⟩
17 Und da er von dem Volk ins Haus
kam, fragten ihn seine Jünger über dies
Gleichnis.
18 Und er sprach zu ihnen: Seid ihr denn
auch so unverständig? Merket ihr nicht,
daß alles, was von außen in den Menschen
hineingeht, ihn nicht unrein machen kann?
19 Denn es geht nicht in sein Herz, son-
dern in den Bauch, und geht aus durch
den natürlichen Gang. So erklärte er alle
Speisen für rein.
20 Er sagte aber: Was aus dem Men-
schen herauskommt, das macht den Men-
schen unrein;
21 denn von innen, aus dem Herzen der
Menschen, kommen die bösen Gedanken,
Unzucht, Dieberei, Mord,
22 Ehebruch, Habsucht, Bosheit, List,
Schwelgerei, Mißgunst, Lästerung, Hof-
fart, Unvernunft.
23 All diese bösen Dinge kommen von
innen heraus und machen den Menschen
unrein.

Das kanaanäische Weib

24 Und er stand auf und ging von dan-
nen in die Gegend von Tyrus und ging in
ein Haus und wollte es niemand wissen
lassen und konnte doch nicht verborgen
bleiben.
25 Sondern alsbald hörte eine Frau von
ihm, deren Töchterlein einen unsaubern
Geist hatte, und sie kam und fiel nieder zu
seinen Füßen;
26 es war aber eine griechische Frau aus
Syrophönizien, und sie bat ihn, daß er den
bösen Geist von ihrer Tochter austriebe.
27 Jesus aber sprach zu ihr: Laß zuvor
die Kinder satt werden; es ist nicht fein,
daß man den Kindern ihr Brot nehme und
werfe es vor die Hunde.
28 Sie antwortete aber und sprach zu
ihm: Ja, Herr; aber doch essen die Hunde
unter dem Tisch von den Brosamen der
Kinder.
29 Und er sprach zu ihr: Um dieses
Wortes willen gehe hin; der böse Geist
ist von deiner Tochter ausgefahren.
30 Und sie ging hin in ihr Haus und

fand das Kind auf dem Bette liegen, und der böse Geist war ausgefahren.

Heilung eines Taubstummen

31 Und da er wieder fortging aus der Gegend von Tyrus, kam er durch Sidon an das Galiläische Meer, mitten in das Gebiet der Zehn Städte.

32 Und sie brachten zu ihm einen, der taub und stumm war, und sie baten ihn, daß er die Hand auf ihn legte.

33 Und er nahm ihn von dem Volk besonders und legte ihm die Finger in die Ohren und berührte mit Speichel seine Zunge

34 und sah auf gen Himmel, seufzte und sprach zu ihm: Hephatha! das ist: Tu dich auf!

35 Und alsbald taten sich seine Ohren auf, und das Band seiner Zunge ward los, und er redete recht.

36 Und er gebot ihnen, sie sollten's niemand sagen. Je mehr er aber verbot, desto mehr breiteten sie es aus.

37 Und sie wunderten sich über die Maßen und sprachen: Er hat alles wohl gemacht; die Tauben macht er hören und Sprachlose reden.

Speisung der Viertausend

8 Zu der Zeit, da wieder viel Volks da war und sie nichts zu essen hatten, rief Jesus die Jünger zu sich und sprach zu ihnen:

2 Mich jammert des Volks, denn sie haben nun schon drei Tage bei mir ausgeharrt und haben nichts zu essen.

3 Und wenn ich sie ohne Speise ließe heimgehen, würden sie auf dem Wege verschmachten; denn etliche sind von ferne gekommen.

4 Seine Jünger antworteten ihm: Wie kann sie jemand hier in der Wüste mit Brot sättigen?

5 Und er fragte sie: Wieviel Brote habt ihr? Sie sprachen: Sieben.

6 Und er gebot dem Volk, daß sie sich auf die Erde lagerten. Und er nahm die sieben Brote, dankte und brach sie und gab sie seinen Jüngern, daß sie sie vorlegten, und sie legten dem Volk vor.

7 Und sie hatten etliche Fischlein, und er dankte und hieß diese auch vorlegen.

8 Sie aßen aber und wurden satt und hoben die übrigen Brocken auf, sieben Körbe.

9 Und ihrer waren bei viertausend; und er ließ sie von sich.

Zeichenforderung der Pharisäer

10 Und alsbald trat er in das Schiff mit seinen Jüngern und kam in die Gegend von Dalmanutha.

11 Und die Pharisäer kamen heraus und fingen an, mit ihm zu streiten, versuchten ihn und begehrten von ihm ein Zeichen vom Himmel.

12 Und er seufzte in seinem Geist und sprach: Was sucht doch dies Geschlecht ein Zeichen? Wahrlich, ich sage euch: Es wird diesem Geschlecht kein Zeichen gegeben werden.

13 Und er ließ sie und trat wiederum in das Schiff und fuhr hinüber.

Warnung vor den Pharisäern und vor Herodes

14 Und sie hatten vergessen, Brot mit sich zu nehmen, und hatten nicht mehr mit sich im Schiff als **ein** Brot.

15 Und er gebot ihnen und sprach: Schauet zu und sehet euch vor vor dem Sauerteig der Pharisäer und vor dem Sauerteig des Herodes.

16 Und sie dachten hin und her und sprachen untereinander: Das ist's, daß wir nicht Brot haben.

17 Und Jesus merkte das und sprach zu ihnen: Was bekümmert ihr euch doch, daß ihr nicht Brot habt? Verstehet ihr noch nicht und begreifet ihr nicht? Habt ihr denn ein verhärtetes Herz in euch?

18 Ihr habt Augen, und sehet nicht? habt Ohren, und höret nicht? Und denkt ihr nicht daran:

19 als ich die fünf Brote brach unter die fünftausend, wieviel Körbe voll Brocken hobt ihr da auf? Sie sprachen: Zwölf.

20 Als ich die sieben brach unter die viertausend, wieviel Körbe voll Brocken hobt ihr da auf? Sie sprachen: Sieben.

21 Und er sprach zu ihnen: Begreifet ihr denn noch nicht?

Heilung eines Blinden

22 Und sie kamen nach Bethsaida. Und sie brachten zu ihm einen Blinden und baten ihn, daß er ihn anrührte.

23 Und er nahm den Blinden bei der Hand und führte ihn hinaus vor das

Dorf und tat Speichel auf seine Augen und legte seine Hände auf ihn und fragte ihn: Siehest du etwas?

24 Und er sah auf und sprach: Ich sehe die Menschen umhergehen, als sähe ich Bäume.

25 Danach legte er abermals die Hände auf seine Augen. Da sah er deutlich und ward wieder zurechtgebracht und konnte alles scharf sehen.

26 Und er schickte ihn heim und sprach: Gehe nicht hinein in das Dorf.

Das Bekenntnis des Petrus

27 Und Jesus ging fort mit seinen Jüngern in die Dörfer bei Cäsarea Philippi. Und auf dem Wege fragte er seine Jünger und sprach zu ihnen: Wer sagen die Leute, daß ich sei?

28 Sie antworteten: Sie sagen, du seiest Johannes der Täufer; etliche sagen, du seiest Elia; etliche, du seiest der Propheten einer.

29 Und er sprach zu ihnen: Ihr aber, wer saget ihr, daß ich sei? Da antwortete Petrus und sprach zu ihm: **Du bist der Christus!**

30 Und er bedrohte sie, daß sie niemand von ihm sagen sollten.

Erste Leidensankündigung

31 Und er hob an, sie zu lehren: Des Menschen Sohn muß viel leiden und verworfen werden von den Ältesten und Hohenpriestern und Schriftgelehrten und getötet werden und nach drei Tagen auferstehen.

32 Und er redete davon frei und offen. Und Petrus nahm ihn beiseite und fing an, ihm zu wehren.

33 Er aber wandte sich um und sah seine Jünger an und bedrohte Petrus und sprach: Hebe dich, Satan, von mir! denn du meinst nicht, was göttlich, sondern was menschlich ist.

34 Und er rief zu sich das Volk samt seinen Jüngern und sprach zu ihnen: **Wer mir will nachfolgen, der verleugne sich selbst und nehme sein Kreuz auf sich und folge mir nach.**

35 **Denn wer sein Leben erhalten will, der wird's verlieren; und wer sein Leben verliert um meinetwillen und um des Evangeliums willen, der wird's erhalten.**

36 **Denn was hülfe es dem Menschen, wenn er die ganze Welt gewönne und nähme an seiner Seele Schaden?**

37 **Denn was kann der Mensch geben, damit er seine Seele löse?**

38 Wer sich aber mein und meiner Worte schämt unter diesem abtrünnigen und sündigen Geschlecht, dessen wird sich auch des Menschen Sohn schämen, wenn er kommen wird in der Herrlichkeit seines Vaters mit den heiligen Engeln.

9 Und er sprach zu ihnen: Wahrlich, ich sage euch: Es stehen etliche hier, die werden den Tod nicht schmecken, bis daß sie sehen das Reich Gottes kommen mit Kraft.

Verklärung Jesu

2 Und nach sechs Tagen nahm Jesus zu sich Petrus, Jakobus und Johannes und führte sie auf einen hohen Berg, nur sie allein, und ward vor ihnen verklärt.

3 Und seine Kleider wurden ganz leuchtend weiß, wie sie kein Bleicher auf Erden so weiß machen kann.

4 Und es erschien ihnen Elia mit Mose, und sie redeten mit Jesus.

5 Und Petrus fing an und sprach zu Jesus: Rabbi, hier ist für uns gut sein. Und wir wollen drei Hütten machen, dir eine, Mose eine und Elia eine.

6 Er wußte aber nicht, was er redete; denn sie waren bestürzt.

7 Und es kam eine Wolke, die überschattete sie. Und eine Stimme geschah aus der Wolke und sprach: **Das ist mein lieber Sohn; den sollt ihr hören!**

8 Und auf einmal, als sie um sich blickten, sahen sie niemand mehr bei sich als Jesus allein.

9 Da sie aber vom Berge herabgingen, gebot ihnen Jesus, daß sie niemand sagen sollten, was sie gesehen hatten, bis des Menschen Sohn auferstünde von den Toten.

10 Und sie behielten das Wort und befragten sich untereinander: Was mag das heißen: auferstehen von den Toten?

11 Und sie fragten ihn und sprachen: Die Schriftgelehrten sagen doch, daß zuvor Elia kommen muß.

12 Er aber sprach zu ihnen: Ja, zuvor kommt Elia und bringt alles wieder zurecht. Und wie steht geschrieben von des

Menschen Sohn, daß er viel leiden soll
und verachtet werden?
13 Aber ich sage euch: Elia ist schon
gekommen, und sie haben an ihm getan,
was sie wollten, wie von ihm geschrieben
steht.

Heilung des fallsüchtigen Knaben

14 Und sie kamen zu den Jüngern und
sahen viel Volks um sie und Schriftge-
lehrte, die sich mit ihnen stritten.
15 Und alsbald, da alles Volk ihn sah,
entsetzten sie sich, liefen herzu und grüß-
ten ihn.
16 Und er fragte sie: Was streitet ihr
euch mit ihnen?
17 Einer aber aus dem Volk antwortete:
Meister, ich habe meinen Sohn herge-
bracht zu dir, der hat einen sprachlosen
Geist.
18 Und wo er ihn erwischt, so reißt er
ihn; und er schäumt und knirscht mit den
Zähnen und wird starr. Und ich habe mit
deinen Jüngern geredet, daß sie ihn aus-
trieben, und sie konnten es nicht.
19 Er antwortete ihnen aber und sprach:
O du ungläubiges Geschlecht, wie lange
soll ich bei euch sein? Wie lange soll
ich euch ertragen? Bringet ihn her zu
mir!
20 Und sie brachten ihn her zu ihm.
Und alsbald, da ihn der Geist sah, riß er
ihn. Und er fiel auf die Erde und wälzte
sich und schäumte.
21 Und Jesus fragte den Vater: Wie
lange ist's, daß ihm das widerfährt? Er
sprach: Von Kind auf.
22 Und oft hat er ihn ins Feuer und ins
Wasser geworfen, daß er ihn umbrächte.
Kannst du aber was, so erbarme dich
unser und hilf uns!
23 Jesus aber sprach zu ihm: Wie
sprichst du: Kannst du was? **Alle Dinge
sind möglich dem, der da glaubt.**
24 Alsbald schrie des Kindes Vater und
sprach: **Ich glaube; hilf meinem Unglau-
ben!**
25 Da nun Jesus sah, daß das Volk her-
zulief, bedrohte er den unsaubern Geist
und sprach zu ihm: Du sprachloser und
tauber Geist, ich gebiete dir, daß du von
ihm ausfahrest und fahrest hinfort nicht
in ihn!
26 Da schrie er und riß ihn sehr und
fuhr aus. Und der Knabe ward, als wä-
re er tot, so daß die Menge sagte: Er ist
tot.
27 Jesus aber ergriff ihn bei der Hand
und richtete ihn auf, und er stand auf.
28 Und da er heimkam, fragten ihn
seine Jünger allein: Warum konnten wir
ihn nicht austreiben?
29 Und er sprach: Diese Art kann durch
nichts ausfahren als durch Beten und
Fasten.

Zweite Leidensankündigung

30 Und sie gingen von da hinweg und
zogen durch Galiläa; und er wollte nicht,
daß es jemand wissen sollte.
31 Denn er lehrte seine Jünger und
sprach zu ihnen: Des Menschen Sohn
wird überantwortet werden in der Men-
schen Hände, und sie werden ihn töten;
und wenn er getötet ist, so wird er nach
drei Tagen auferstehen.
32 Sie aber verstanden das Wort nicht
und fürchteten sich, ihn zu fragen.

Wider Ehrgeiz und Unduldsamkeit

33 Und sie kamen nach Kapernaum.
Und da er daheim war, fragte er sie: Was
habt ihr miteinander auf dem Weg ver-
handelt?
34 Sie aber schwiegen; denn sie hatten
miteinander auf dem Weg verhandelt,
welcher der Größte wäre.
35 Und er setzte sich und rief die Zwölf
und sprach zu ihnen: So jemand will der
Erste sein, der soll der Letzte sein von
allen und aller Diener.
36 Und er nahm ein Kind und stellte es
mitten unter sie und herzte es und sprach
zu ihnen:
37 Wer ein solches Kind aufnimmt in
meinem Namen, der nimmt mich auf; und
wer mich aufnimmt, der nimmt nicht
mich auf, sondern den, der mich gesandt
hat.
38 Johannes sprach zu ihm: Meister,
wir sahen einen, der trieb böse Geister in
deinem Namen aus, aber er folgt uns
nicht nach; und wir verboten's ihm, weil
er uns nicht nachfolgt.
39 Jesus aber sprach: Ihr sollt's ihm
nicht verbieten. Denn niemand, der ein
Wunder tut in meinem Namen, kann bald
übel von mir reden.

40 Wer nicht wider uns ist, der ist für
uns.*
41 Denn wer euch tränkt mit einem
Becher Wasser in meinem Namen, weil ihr
Christus angehört, wahrlich, ich sage euch:
Es wird ihm nicht unvergolten bleiben.

Warnung vor Ärgernissen

42 Und wer einem dieser Kleinen, die an
mich glauben, Ärgernis gibt, dem wäre es
besser, daß ihm ein Mühlstein an seinen
Hals gehängt und er ins Meer geworfen
würde.
43 Wenn aber deine Hand dir Ärgernis
schafft, so haue sie ab! Es ist dir besser,
daß du als ein Krüppel zum Leben ein-
gehest, als daß du zwei Hände habest und
fahrest in die Hölle, in das ewige Feuer,
⟨44 wo ihr Wurm nicht stirbt und ihr
Feuer nicht verlöscht⟩.
45 Wenn dir dein Fuß Ärgernis schafft,
so haue ihn ab! Es ist besser, daß du
lahm zum Leben eingehest, als daß du
zwei Füße habest und werdest in die
Hölle geworfen,
⟨46 wo ihr Wurm nicht stirbt und ihr
Feuer nicht verlöscht⟩.
47 Wenn dir dein Auge Ärgernis schafft,
so wirf's von dir! Es ist besser, daß du
einäugig in das Reich Gottes gehest, als
daß du zwei Augen habest und werdest in
die Hölle geworfen,
48 wo ihr Wurm nicht stirbt und ihr
Feuer nicht verlöscht.
49 Es muß ein jeglicher mit Feuer ge-
salzen werden; ⟨denn jedes Opfer wird
mit Salz gesalzen⟩.
50 Das Salz ist gut; wenn aber das Salz
kraftlos wird, womit wird man's würzen?
Habt Salz bei euch und habt Frieden
untereinander!

Über Ehe und Ehescheidung

10 Und er machte sich auf von dannen
und kam in die Gegend von Judäa
und jenseits des Jordan. Und das Volk lief
abermals in Haufen zu ihm, und wie seine
Gewohnheit war, lehrte er sie abermals.
2 Und es traten Pharisäer zu ihm und
fragten ihn, ob ein Mann sich scheiden
dürfe von seiner Frau, und versuchten ihn
damit.

*Andere Überlieferung: «Wer nicht wider euch ist, der ist für euch.»

3 Er antwortete aber und sprach: Was
hat euch Mose geboten?
4 Sie sprachen: Mose hat zugelassen,
einen Scheidebrief zu schreiben und sich
zu scheiden.
5 Jesus aber sprach zu ihnen: Um eures
Herzens Härtigkeit willen hat er euch dies
Gebot geschrieben;
6 aber von Anbeginn der Schöpfung hat
Gott sie geschaffen als Mann und Weib.
7 Darum wird der Mensch seinen Vater
und seine Mutter verlassen ⟨und wird
seinem Weibe anhangen⟩
8 und werden die zwei **ein** Fleisch sein.
So sind sie nun nicht mehr zwei, sondern
ein Fleisch.
9 **Was denn Gott zusammengefügt hat,
soll der Mensch nicht scheiden.**
10 Und daheim fragten ihn abermals
seine Jünger danach.
11 Und er sprach zu ihnen: Wer sich
scheidet von seiner Frau und freit eine
andere, der begeht Ehebruch an ihr;
12 und so sich eine Frau scheidet von
ihrem Manne und freit einen andern, die
begeht Ehebruch.

Jesus segnet die Kinder

13 Und sie brachten Kinder zu ihm, daß
er sie anrührte. Die Jünger aber fuhren
die an, ⟨die sie trugen⟩.
14 Da es aber Jesus sah, ward er un-
willig und sprach zu ihnen: **Lasset die
Kinder zu mir kommen und wehret ihnen
nicht; denn solcher ist das Reich Gottes.**
15 Wahrlich, ich sage euch: Wer das
Reich Gottes nicht empfängt wie ein Kind,
der wird nicht hineinkommen.
16 Und er herzte sie und legte die Hände
auf sie und segnete sie.

Der reiche Jüngling

17 Und da er hinausging auf den Weg,
lief einer herzu, kniete vor ihm nieder und
fragte ihn: Guter Meister, was soll ich
tun, daß ich das ewige Leben ererbe?
18 Aber Jesus sprach zu ihm: Was hei-
ßest du mich gut? Niemand ist gut als
allein Gott.
19 Du weißt die Gebote: «Du sollst
nicht töten; du sollst nicht ehebrechen; du
sollst nicht stehlen; du sollst nicht falsch
Zeugnis reden; du sollst niemand be-
rauben; ehre Vater und Mutter.»

20 Er aber sprach zu ihm: Meister, das
habe ich alles gehalten von meiner Jugend
auf.
21 Und Jesus sah ihn an und liebte ihn
und sprach zu ihm: Eines fehlt dir. Gehe
hin, verkaufe alles, was du hast, und gib's
den Armen, so wirst du einen Schatz im
Himmel haben, und komm, folge mir
nach ⟨und nimm das Kreuz auf dich⟩.
22 Er aber ward unmutig über das Wort
und ging traurig davon; denn er hatte
viele Güter.
23 Und Jesus sah um sich und sprach zu
seinen Jüngern: Wie schwer werden die
Reichen in das Reich Gottes kommen!
24 Die Jünger aber entsetzten sich über
seine Worte. Aber Jesus antwortete wie-
derum und sprach zu ihnen: Liebe Kinder,
wie schwer ist's ⟨für die, so ihr Vertrauen
auf Reichtum setzen⟩, ins Reich Gottes
zu kommen!
25 Es ist leichter, daß ein Kamel durch
ein Nadelöhr gehe, als daß ein Reicher ins
Reich Gottes komme.
26 Sie entsetzten sich aber noch viel
mehr und sprachen untereinander: Wer
kann dann selig werden?
27 Jesus aber sah sie an und sprach: Bei
den Menschen ist's unmöglich, aber nicht
bei Gott; denn alle Dinge sind möglich bei
Gott.

Vom Lohn der Nachfolge

28 Da fing Petrus an und sagte zu ihm:
Siehe, wir haben alles verlassen und sind
dir nachgefolgt.
29 Jesus sprach: Wahrlich, ich sage
euch: Es ist niemand, der Haus oder Brü-
der oder Schwestern oder Mutter oder
Vater oder Kinder oder Äcker verläßt um
meinetwillen und um des Evangeliums
willen,
30 der nicht hundertfältig empfange
jetzt in dieser Zeit Häuser und Brüder und
Schwestern und Mütter und Kinder und
Äcker mitten unter Verfolgungen, und in
der zukünftigen Welt das ewige Leben.
31 Viele aber werden die Letzten sein,
die die Ersten sind, und die Ersten sein,
die die Letzten sind.

Dritte Leidensankündigung

32 Sie waren aber auf dem Wege hinauf
nach Jerusalem; und Jesus ging ihnen
voran, und sie entsetzten sich; die ihm
aber nachfolgten, fürchteten sich. Und er
nahm abermals zu sich die Zwölf und hob
an, ihnen zu sagen, was ihm widerfahren
würde:
33 Siehe, wir gehen hinauf nach Jerusa-
lem, und des Menschen Sohn wird über-
antwortet werden den Hohenpriestern
und Schriftgelehrten, und sie werden ihn
verdammen zum Tode und überantwor-
ten den Heiden.
34 Die werden ihn verspotten und ver-
speien und geißeln und töten, und nach
drei Tagen wird er auferstehen.

Die Söhne des Zebedäus

35 Da gingen zu ihm Jakobus und Jo-
hannes, die Söhne des Zebedäus, und
sprachen: Meister, wir wollen, daß du uns
tuest, was wir dich bitten werden.
36 Er sprach zu ihnen: Was wollt ihr,
daß ich euch tue?
37 Sie sprachen zu ihm: Gib uns, daß
wir sitzen einer zu deiner Rechten und
einer zu deiner Linken in deiner Herrlich-
keit.
38 Jesus aber sprach zu ihnen: Ihr
wisset nicht, was ihr bittet. Könnt ihr den
Kelch trinken, den ich trinke, oder euch
taufen lassen mit der Taufe, mit der ich
getauft werde?
39 Sie sprachen zu ihm: Ja, das können
wir. Jesus aber sprach zu ihnen: Ihr wer-
det zwar den Kelch trinken, den ich
trinke, und getauft werden mit der Taufe,
mit der ich getauft werde;
40 zu sitzen aber zu meiner Rechten und
zu meiner Linken, steht mir nicht zu, euch
zu geben, sondern welchen es bereitet ist.
41 Und da das die Zehn hörten, wurden
sie unwillig über Jakobus und Johannes.
42 Da rief Jesus sie zu sich und sprach
zu ihnen: Ihr wisset, daß die weltlichen
Fürsten ihre Völker niederhalten, und
ihre Mächtigen tun ihnen Gewalt.
43 Aber so soll es nicht sein unter euch;
sondern wer groß sein will unter euch, der
sei euer Diener;
44 und wer unter euch will der Erste
sein, der sei aller Knecht.
45 Denn auch **des Menschen Sohn ist
nicht gekommen, daß er sich dienen lasse,
sondern daß er diene und gebe sein Leben
zu einer Erlösung für viele.**

Der Blinde von Jericho

46 Und sie kamen nach Jericho. Und da
er aus Jericho wegging, er und seine Jün-
ger und eine große Menge, da saß ein
Blinder, Bartimäus, des Timäus Sohn, am
Wege und bettelte.
47 Und als er hörte, daß es Jesus von
Nazareth war, fing er an zu schreien und
zu sagen: Jesu, du Sohn Davids, erbarme
dich mein!
48 Und viele bedrohten ihn, er sollte
stillschweigen. Er aber schrie noch viel
mehr: Du Sohn Davids, erbarme dich
mein!
49 Und Jesus stand still und sprach:
Rufet ihn her! Und sie riefen den Blinden
und sprachen zu ihm: Sei getrost, stehe
auf! Er ruft dich!
50 Und er warf seinen Mantel von sich,
sprang auf und kam zu Jesus.
51 Und Jesus antwortete und sprach zu
ihm: Was willst du, daß ich dir tun soll?
Der Blinde sprach zu ihm: Rabbuni, daß
ich wieder sehen kann.
52 Jesus aber sprach zu ihm: Gehe hin,
dein Glaube hat dir geholfen. Und als-
bald konnte er wieder sehen und folgte
ihm nach auf dem Wege.

Einzug in Jerusalem

11 Und da sie nahe an Jerusalem kamen
nach Bethphage und Bethanien an
den Ölberg, sandte er seiner Jünger zwei
2 und sprach zu ihnen: Gehet hin in das
Dorf, das vor euch liegt. Und alsbald,
wenn ihr hineinkommt, werdet ihr finden
ein Füllen angebunden, auf welchem
noch nie ein Mensch gesessen hat; bindet
es los und führet es her!
3 Und wenn jemand zu euch sagen wird:
Was tut ihr da? so sprecht: Der Herr be-
darf sein und sendet es gleich wieder her.
4 Und sie gingen hin und fanden das
Füllen, gebunden an eine Tür außen an
der Straße, und banden es los.
5 Und etliche, die da standen, sprachen
zu ihnen: Was macht ihr, daß ihr das
Füllen losbindet?
6 Sie sagten aber zu ihnen, wie ihnen
Jesus geboten hatte, und die ließen's zu.
7 Und sie führten das Füllen zu Jesus
und legten ihre Kleider darauf, und er
setzte sich darauf.
8 Viele aber breiteten ihre Kleider auf
den Weg, andere aber grüne Zweige, die
sie auf den Feldern abgehauen hatten.
9 Und die vorangingen und die nach-
folgten, schrien und sprachen: **Hosianna!
Gelobt sei, der da kommt in dem Namen
des Herrn!**
10 Gelobt sei das Reich unsers Vaters Da-
vid, das da kommt! Hosianna in der Höhe!
11 Und er ging hinein nach Jerusalem
und in den Tempel, und er besah ringsum
alles, und am Abend ging er hinaus nach
Bethanien mit den Zwölfen.

**Der verdorrte Feigenbaum.
Reinigung des Tempels**

12 Und des andern Tages, da sie aus
Bethanien gingen, hungerte ihn.
13 Und er sah einen Feigenbaum von
ferne, der Blätter hatte; da trat er hinzu,
ob er etwas darauf fände. Und da er hin-
zukam, fand er nichts als nur Blätter;
denn es war nicht die Zeit für Feigen.
14 Und Jesus hob an und sprach zu
ihm: Nun esse von dir niemand mehr eine
Frucht ewiglich! Und seine Jünger hörten
das.
15 Und sie kamen nach Jerusalem. Und
Jesus ging in den Tempel und fing an aus-
zutreiben die Verkäufer und Käufer im
Tempel; und die Tische der Wechsler und
die Stühle der Taubenkrämer stieß er um
16 und ließ nicht zu, daß jemand etwas
durch den Tempel trüge.
17 Und er lehrte und sprach zu ihnen:
Steht nicht geschrieben (Jes 56,7): «Mein
Haus soll heißen ein Bethaus allen Völ-
kern»? Ihr aber habt eine Räuberhöhle
daraus gemacht.
18 Und es kam vor die Hohenpriester
und Schriftgelehrten, und sie trachteten,
wie sie ihn umbrächten. Denn sie fürchte-
ten sich vor ihm; denn alles Volk war er-
schrocken über seine Lehre.
19 Und des Abends gingen sie hinaus
aus der Stadt.
20 Und als sie am Morgen an dem Fei-
genbaum vorübergingen, sahen sie, daß
er verdorrt war bis auf die Wurzel.
21 Und Petrus dachte daran und sprach
zu ihm: Rabbi, siehe, der Feigenbaum,
den du verflucht hast, ist verdorrt.
22 Und Jesus antwortete und sprach zu
ihnen: Habt Glauben an Gott!

23 Wahrlich, ich sage euch: Wer zu diesem Berge spräche: Hebe dich und wirf dich ins Meer! und zweifelte nicht in seinem Herzen, sondern glaubte, daß es geschehen würde, was er sagt, so wird's ihm geschehen.

24 Darum sage ich euch: Alles, was ihr bittet in eurem Gebet, glaubet nur, daß ihr's empfangt, so wird's euch werden.

25 Und wenn ihr stehet und betet, so vergebet, wenn ihr etwas wider jemand habt, auf daß auch euer Vater im Himmel euch vergebe eure Übertretungen.

〈26 Wenn ihr aber nicht vergebet, so wird euer Vater, der im Himmel ist, eure Übertretungen auch nicht vergeben.〉

Die Frage nach Jesu Vollmacht

27 Und sie kamen abermals nach Jerusalem. Und da er im Tempel wandelte, kamen zu ihm die Hohenpriester und Schriftgelehrten und Ältesten

28 und sprachen zu ihm: Aus was für Vollmacht tust du das? oder wer hat dir diese Vollmacht gegeben, daß du solches tust?

29 Jesus aber sprach zu ihnen: Ich will euch **ein** Wort fragen; antwortet mir, so will ich euch sagen, aus was für Vollmacht ich das tue.

30 Die Taufe des Johannes, war sie vom Himmel oder von Menschen? Antwortet mir!

31 Und sie bedachten's bei sich selbst und sprachen: Sagen wir, sie war vom Himmel, so wird er sagen: Warum habt ihr ihm denn nicht geglaubt?

32 Oder sollen wir sagen, sie war von Menschen? – da fürchteten sie sich vor dem Volk. Denn sie hielten alle dafür, daß Johannes wirklich ein Prophet war.

33 Und sie antworteten und sprachen zu Jesus: Wir wissen's nicht. Und Jesus sprach zu ihnen: So sage ich euch auch nicht, aus was für Vollmacht ich solches tue.

Die bösen Weingärtner

12 Und er fing an, zu ihnen in Gleichnissen zu reden: Ein Mensch pflanzte einen Weinberg und führte einen Zaun darum und grub eine Kelter und baute einen Turm und gab ihn an Weingärtner in Pacht und zog außer Landes.

2 Und er sandte einen Knecht, da die Zeit kam, zu den Weingärtnern, daß er von den Weingärtnern nähme von den Früchten des Weinbergs.

3 Sie nahmen ihn aber und schlugen ihn und ließen ihn leer von sich.

4 Abermals sandte er zu ihnen einen andern Knecht; dem zerschlugen sie den Kopf und schmähten ihn.

5 Abermals sandte er einen andern; den töteten sie. Und viele andere; etliche schlugen sie, etliche töteten sie.

6 Da hatte er noch Einen, den geliebten Sohn; den sandte er zuletzt auch zu ihnen und sprach: Sie werden sich vor meinem Sohn scheuen.

7 Aber die Weingärtner sprachen untereinander: Dies ist der Erbe; kommt, laßt uns ihn töten, so wird das Erbe unser sein!

8 Und sie nahmen ihn und töteten ihn und warfen ihn hinaus vor den Weinberg.

9 Was wird nun der Herr des Weinbergs tun? Er wird kommen und die Weingärtner umbringen und den Weinberg andern geben.

10 Habt ihr nicht gelesen in der Schrift (Ps 118,22.23): «Der Stein, den die Bauleute verworfen haben, der ist zum Eckstein geworden.

11 Von dem Herrn ist das geschehen und ist ein Wunder vor unsern Augen»?

12 Und sie trachteten danach, wie sie ihn griffen, und fürchteten sich doch vor dem Volk; denn sie verstanden, daß er auf sie dies Gleichnis geredet hatte. Und sie ließen ihn und gingen davon.

Der Zinsgroschen

13 Und sie sandten zu ihm etliche von den Pharisäern und des Herodes Leuten, daß sie ihn fingen in seinen Worten.

14 Und sie kamen und sprachen zu ihm: Meister, wir wissen, daß du wahrhaftig bist und fragst nach niemand; denn du achtest nicht das Ansehen der Menschen, sondern du lehrest den Weg Gottes recht. Ist's recht, daß man dem Kaiser Steuer zahle, oder nicht? Sollen wir sie geben oder nicht geben?

15 Er aber merkte ihre Heuchelei und sprach zu ihnen: Was versuchet ihr mich? Bringt mir einen Groschen, daß ich ihn sehe!

16 Und sie brachten einen. Da sprach
er: Wes ist das Bild und die Aufschrift?
Sie sprachen zu ihm: Des Kaisers.
17 Da sprach Jesus zu ihnen: So gebet
dem Kaiser, was des Kaisers ist, und Gott,
was Gottes ist! Und sie verwunderten sich
über ihn.

Die Auferstehung der Toten

18 Da traten die Sadduzäer zu ihm, die
dafür halten, es gebe keine Auferstehung;
die fragten ihn und sprachen:
19 Meister, Mose hat uns geschrieben
(5. Mose 25,5.6): «Wenn jemandes Bru-
der stirbt und hinterläßt eine Frau und
hat keine Kinder, so soll sein Bruder die
Frau nehmen und seinem Bruder Nach-
kommen erwecken.»
20 Nun waren sieben Brüder. Der erste
nahm eine Frau; der starb und hinterließ
keine Kinder.
21 Und der zweite nahm sie und starb
und hinterließ auch keine Kinder. Der
dritte desgleichen.
22 Und alle sieben hinterließen keine
Kinder. Zuletzt nach allen starb die Frau
auch.
23 Nun in der Auferstehung, wenn sie
auferstehen, wessen Frau wird sie sein
unter ihnen? Denn alle sieben haben sie
zur Frau gehabt.
24 Da sprach Jesus zu ihnen: Ist's nicht
also? Ihr irret darum, daß ihr die Schrift
nicht kennt noch die Kraft Gottes.
25 Wenn sie von den Toten auferstehen
werden, so werden sie nicht freien noch
sich freien lassen, sondern sie sind wie die
Engel im Himmel.
26 Aber von den Toten, daß sie aufer-
stehen, habt ihr nicht gelesen im Buch des
Mose, wie Gott zu ihm bei dem Dorn-
busch sagte und sprach (2. Mose 3,6):
«Ich bin der Gott Abrahams und der Gott
Isaaks und der Gott Jakobs»?
27 Gott ist nicht der Toten, sondern der
Lebendigen Gott. Ihr irret sehr.

Das größte Gebot

28 Und es trat zu ihm einer von den
Schriftgelehrten, der ihnen zugehört hatte,
wie sie miteinander stritten. Und da er
merkte, daß er ihnen fein geantwortet
hatte, fragte er ihn: Welches ist das vor-
nehmste Gebot vor allen?
29 Jesus aber antwortete ihm: Das vor-
nehmste Gebot ist das: «Höre, Israel, der
Herr, unser Gott, ist allein der Herr,
30 und **du sollst Gott, deinen Herrn, lieben
von ganzem Herzen, von ganzer Seele, von
ganzem Gemüte und von allen deinen
Kräften»** (5. Mose 6,4.5).
31 Das andre ist dies: **«Du sollst deinen
Nächsten lieben wie dich selbst»** (3. Mose
19,18). Es ist kein anderes Gebot größer
als diese.
32 Und der Schriftgelehrte sprach zu
ihm: Meister, du hast wahrlich recht ge-
redet. Er ist nur **einer** und ist kein anderer
außer ihm;
33 und ihn lieben von ganzem Herzen,
von ganzem Gemüte und von allen Kräf-
ten, und seinen Nächsten lieben wie sich
selbst, das ist mehr als alle Brandopfer
und Schlachtopfer.
34 Da Jesus aber sah, daß er verständig
antwortete, sprach er zu ihm: Du bist
nicht ferne von dem Reich Gottes. Und
hinfort wagte niemand mehr, ihn zu fra-
gen.

Davids Sohn und Herr

35 Und Jesus hob an und sprach, da er
lehrte im Tempel: Wie sagen die Schrift-
gelehrten, der Christus sei Davids Sohn?
36 David selbst hat durch den heiligen
Geist gesagt (Ps 110,1): «Der Herr sprach
zu meinem Herrn: Setze dich zu meiner
Rechten, bis daß ich lege deine Feinde
unter deine Füße.»
37 Da heißt ihn ja David seinen Herrn.
Woher ist er denn sein Sohn? Und alles
Volk hörte ihn gerne.

Wider die Schriftgelehrten

38 Und er lehrte sie und sprach zu
ihnen: Hütet euch vor den Schriftgelehr-
ten, die gerne in langen Kleidern gehen
und sich auf dem Markte grüßen lassen
39 und sitzen gerne obenan in den Syn-
agogen und am Tisch beim Gastmahl;
40 sie fressen der Witwen Häuser und
verrichten zum Schein lange Gebete. Die
werden desto schwereres Urteil empfan-
gen.

Scherflein der Witwe

41 Und Jesus setzte sich dem Gottes-
kasten gegenüber und schaute, wie das

Volk Geld einlegte in den Gotteskasten.
Und viele Reiche legten viel ein.
42 Und es kam eine arme Witwe und
legte zwei Scherflein ein; die machen
einen Heller.
43 Und er rief seine Jünger zu sich und
sprach zu ihnen: Wahrlich, ich sage euch:
Diese arme Witwe hat mehr in den Got-
teskasten gelegt als alle, die eingelegt
haben.
44 Denn sie haben alle von ihrem Über-
fluß eingelegt; diese aber hat von ihrer
Armut alles, wovon sie lebte, ihre ganze
Habe, eingelegt.

Vom Kommen Christi

13 Und da er aus dem Tempel ging,
sprach zu ihm einer seiner Jünger:
Meister, siehe, was für Steine und was für
Bauten!
2 Und Jesus sprach zu ihm: Siehst du
diese großen Bauten? Nicht ein Stein wird
auf dem andern bleiben, der nicht zer-
brochen werde.
3 Und da er auf dem Ölberge saß gegen-
über dem Tempel, fragten ihn Petrus und
Jakobus und Johannes und Andreas für
sich allein:
4 Sage uns, wann wird das geschehen?
und was wird das Zeichen sein, wann das
alles soll vollendet werden?
5 Jesus fing an, ihnen zu sagen: Sehet zu,
daß euch nicht jemand verführe!
6 Es werden viele kommen unter mei-
nem Namen und sagen: Ich bin's, und
werden viele verführen.
7 Wenn ihr aber hören werdet von Krie-
gen und Kriegsgeschrei, so fürchtet euch
nicht. Es muß so geschehen. Aber das
Ende ist noch nicht da.
8 Denn es wird sich erheben ein Volk
wider das andere und ein Königreich wi-
der das andere. Und es werden Erdbeben
geschehen hin und her und wird teure Zeit
sein. Das ist der Anfang der Wehen.
9 Ihr aber, sehet euch vor! Denn sie
werden euch überantworten den Gerich-
ten, und in den Synagogen werdet ihr ge-
schlagen werden, und vor Fürsten und
Könige werdet ihr geführt werden um
meinetwillen, ihnen zum Zeugnis.
10 Und das Evangelium muß zuvor ver-
kündigt werden allen Völkern.
11 Wenn sie euch nun hinführen und
überantworten werden, so sorget nicht
zuvor, was ihr reden sollt; sondern was
euch zu der Stunde gegeben wird, das
redet. Denn ihr seid's nicht, die da reden,
sondern der heilige Geist.
12 Und es wird überantworten ein Bru-
der den andern zum Tode, und der Vater
den Sohn, und die Kinder werden sich
empören wider die Eltern und werden
ihnen zum Tode helfen.
13 Und ihr werdet gehaßt sein von je-
dermann um meines Namens willen. **Wer
aber beharret bis ans Ende, der wird selig.**
14 Wenn ihr aber sehet den Greuel der
Verwüstung stehen, wo er nicht soll – wer
es liest, der merke auf! –, alsdann, wer in
Judäa ist, der fliehe ins Gebirge.
15 Wer auf dem Dache ist, der steige
nicht hernieder und gehe nicht hinein,
etwas aus seinem Hause zu holen.
16 Und wer auf dem Felde ist, der
wende sich nicht um, seinen Mantel zu
holen.
17 Weh aber den Schwangeren und Säu-
genden zu jener Zeit!
18 Bittet aber, daß es nicht geschehe im
Winter.
19 Denn in diesen Tagen wird solche
Trübsal sein, wie sie nie gewesen ist bis-
her vom Anfang der Schöpfung, die Gott
geschaffen hat, und auch nicht wieder
werden wird.
20 Und wenn der Herr diese Tage nicht
verkürzt hätte, würde kein Mensch selig;
aber um der Auserwählten willen, die er
auserwählt hat, hat er diese Tage ver-
kürzt.
21 Wenn nun jemand zu der Zeit wird
zu euch sagen: Siehe, hier ist der Chri-
stus! siehe, da ist er!, so glaubet's nicht.
22 Denn mancher falsche Christus und
falsche Prophet wird sich erheben und
Zeichen und Wunder tun, so daß sie auch
die Auserwählten verführen würden, wenn
es möglich wäre.
23 Ihr aber sehet euch vor! Ich habe es
euch alles zuvor gesagt!
24 Aber zu der Zeit, nach dieser Trüb-
sal, werden Sonne und Mond ihren
Schein verlieren,
25 und die Sterne werden vom Himmel
fallen, und die Kräfte der Himmel wer-
den ins Wanken kommen.
26 Und dann werden sie des Menschen

Sohn kommen sehen in den Wolken mit großer Kraft und Herrlichkeit.
27 Und dann wird er seine Engel senden und wird versammeln seine Auserwählten von den vier Winden, vom Ende der Erde bis zum Ende des Himmels.
28 An dem Feigenbaum aber lernet ein Gleichnis: Wenn sein Zweig jetzt treibt und die Blätter kommen, so wißt ihr, daß der Sommer nahe ist.
29 Also auch, wenn ihr seht, daß solches geschieht, so wisset, daß es nahe vor der Tür ist.
30 Wahrlich, ich sage euch: Dies Geschlecht wird nicht vergehen, bis daß dies alles geschehe.
31 **Himmel und Erde werden vergehen; meine Worte aber werden nicht vergehen.**
32 Von dem Tage aber und der Stunde weiß niemand, auch die Engel im Himmel nicht, auch der Sohn nicht, sondern allein der Vater.

Vom Warten auf das Kommen Christi

33 Sehet euch vor, wachet! denn ihr wisset nicht, wann die Zeit da ist.
34 Gleichwie ein Mensch, der über Land zog und verließ sein Haus und gab seinen Knechten Vollmacht, einem jeglichen seine Arbeit, und gebot dem Türhüter, er solle wachen:
35 so wachet nun; denn ihr wisset nicht, wann der Herr des Hauses kommt, ob am Abend oder zu Mitternacht oder um den Hahnenschrei oder des Morgens,
36 auf daß er euch nicht schlafend finde, wenn er plötzlich kommt.
37 Was ich aber euch sage, das sage ich allen: Wachet!

Der Plan der Feinde

14 Es waren aber noch zwei Tage bis zum Osterfest* und den Tagen der ungesäuerten Brote. Und die Hohenpriester und Schriftgelehrten suchten, wie sie ihn mit List griffen und töteten.
2 Denn sie sprachen: Ja nicht am Fest, daß nicht ein Aufruhr im Volk werde!

Salbung in Bethanien

3 Und da er zu Bethanien war in Simons, des Aussätzigen, Hause und saß zu Tische, da kam eine Frau, die hatte ein Glas mit unverfälschtem und köstlichem Nardenöl, und sie zerbrach das Glas und goß es auf sein Haupt.
4 Da waren aber etliche, die wurden unwillig und sprachen untereinander: Was soll doch diese Vergeudung des Salböls?
5 Man hätte dieses Öl um mehr als dreihundert Silbergroschen verkaufen können und sie den Armen geben; und fuhren sie an.
6 Jesus aber sprach: Laßt sie! Was bekümmert ihr sie? Sie hat ein gutes Werk an mir getan.
7 Ihr habt allezeit Arme bei euch, und wenn ihr wollt, könnt ihr ihnen Gutes tun; mich aber habt ihr nicht allezeit.
8 Sie hat getan, was sie konnte; sie hat meinen Leib im voraus gesalbt zu meinem Begräbnis.
9 Wahrlich, ich sage euch: Wo das Evangelium gepredigt wird in aller Welt, da wird man auch das sagen zu ihrem Gedächtnis, was sie jetzt getan hat.

Verrat des Judas

10 Und Judas Ischarioth, einer von den Zwölfen, ging hin zu den Hohenpriestern, daß er ihn an sie verriete.
11 Da sie das hörten, wurden sie froh und verhießen, ihm Geld zu geben. Und er suchte, wie er ihn bei guter Gelegenheit verriete.

Das heilige Abendmahl

12 Und am ersten Tage der ungesäuerten Brote, da man das Osterlamm opferte, sprachen seine Jünger zu ihm: Wo willst du, daß wir hingehen und dir das Osterlamm bereiten, daß du es essest?
13 Und er sandte seiner Jünger zwei und sprach zu ihnen: Gehet hin in die Stadt, und es wird euch ein Mensch begegnen, der trägt einen Krug mit Wasser; folget ihm,
14 und wo er hineingeht, da sprecht zu dem Hausherrn: Der Meister läßt dir sagen: Wo ist das Gemach, darin ich das Osterlamm mit meinen Jüngern essen kann?
15 Und er wird euch einen großen Saal zeigen, der mit Polstern versehen und bereit ist; daselbst richtet für uns zu.
16 Und die Jünger gingen weg und

*Wörtlich: «Passa». Luther hat im Neuen Testament «Passa» mit «Ostern» wiedergegeben.

kamen in die Stadt und fanden's, wie er
ihnen gesagt hatte, und bereiteten das
Osterlamm.
17 Am Abend aber kam er mit den
Zwölfen.
18 Und als sie zu Tische saßen und aßen,
sprach Jesus: Wahrlich, ich sage euch:
Einer unter euch, der mit mir isset, wird
mich verraten.
19 Und sie wurden traurig und sagten
zu ihm, einer nach dem andern: Bin ich's?
20 Er aber sprach zu ihnen: Einer aus
den Zwölfen, der mit mir in die Schüssel
taucht.
21 Zwar des Menschen Sohn geht hin,
wie von ihm geschrieben steht; weh aber
dem Menschen, durch welchen des Men-
schen Sohn verraten wird! Es wäre dem-
selben Menschen besser, daß er nie ge-
boren wäre.
22 **Und indem sie aßen, nahm Jesus das
Brot, dankte und brach's und gab's ihnen
und sprach: Nehmet; das ist mein Leib.**
23 **Und nahm den Kelch und dankte und
gab ihnen den; und sie tranken alle dar-
aus.**
24 **Und er sprach zu ihnen: Das ist mein
Blut des neuen Testaments, das für viele ver-
gossen wird.**
25 Wahrlich, ich sage euch, daß ich hin-
fort nicht trinken werde vom Gewächs des
Weinstocks bis auf den Tag, da ich's neu
trinke in dem Reich Gottes.
26 Und da sie den Lobgesang gespro-
chen hatten, gingen sie hinaus an den Öl-
berg.

Ankündigung der Verleugnung des Petrus

27 Und Jesus sprach zu ihnen: Ihr wer-
det alle an mir Ärgernis nehmen; denn es
steht geschrieben (Sach 13,7): «Ich werde
den Hirten schlagen, und die Schafe wer-
den sich zerstreuen.»
28 Wenn ich aber auferstanden bin, will
ich vor euch hingehen nach Galiläa.
29 Petrus aber sagte zu ihm: Und wenn
sie alle an dir Ärgernis nähmen, so doch
ich nicht.
30 Und Jesus sprach zu ihm: Wahrlich,
ich sage dir: Heute, in dieser Nacht, ehe
denn der Hahn zweimal kräht, wirst du
mich dreimal verleugnen.
31 Er aber redete noch weiter: Wenn
ich auch mit dir sterben müßte, wollte ich
dich nicht verleugnen. Desgleichen sagten
sie alle.

Jesus in Gethsemane

32 Und sie kamen zu einem Hofe mit
Namen Gethsemane. Und er sprach zu
seinen Jüngern: Setzet euch hier, bis ich
gebetet habe.
33 Und nahm mit sich Petrus und Jako-
bus und Johannes und fing an zu zittern
und zu zagen
34 und sprach zu ihnen: Meine Seele ist
betrübt bis an den Tod; bleibet hier und
wachet!
35 Und ging ein wenig weiter, fiel auf die
Erde und betete, daß, so es möglich wäre,
die Stunde an ihm vorüberginge,
36 und sprach: **Abba, mein Vater, es ist
dir alles möglich; nimm diesen Kelch von
mir; doch nicht, was ich will, sondern was
du willst!**
37 Und kam und fand sie schlafend und
sprach zu Petrus: Simon, schläfst du? Ver-
mochtest du nicht **eine** Stunde zu wachen?
38 **Wachet und betet, daß ihr nicht in
Versuchung fallet! Der Geist ist willig; aber
das Fleisch ist schwach.**
39 Und er ging wieder hin und betete
und sprach dieselben Worte
40 und kam wieder und fand sie aber-
mals schlafend; denn ihre Augen waren
voll Schlafs, und sie wußten nicht, was sie
ihm antworten sollten.
41 Und er kam zum dritten Mal und
sprach zu ihnen: Ach, wollt ihr nun schla-
fen und ruhen? Es ist genug; die Stunde
ist gekommen. Siehe, des Menschen Sohn
wird überantwortet in der Sünder Hände.
42 Stehet auf, laßt uns gehen! Siehe, der
mich verrät, ist nahe.

Jesu Gefangennahme

43 Und alsbald, da er noch redete, kam
herzu Judas, der Zwölfe einer, und eine
große Schar mit ihm, mit Schwertern und
mit Stangen, von den Hohenpriestern und
Schriftgelehrten und Ältesten.
44 Und der Verräter hatte ihnen ein
Zeichen gegeben und gesagt: Welchen ich
küssen werde, der ist's; den greift und
führt ihn sicher hinweg.
45 Und da er kam, trat er alsbald zu
ihm und sprach zu ihm: Rabbi! und
küßte ihn.

46 Die aber legten ihre Hände an ihn und griffen ihn.

47 Einer aber von denen, die dabeistanden, zog sein Schwert und schlug des Hohenpriesters Knecht und hieb ihm ein Ohr ab.

48 Und Jesus antwortete und sprach zu ihnen: Ihr seid ausgegangen wie gegen einen Mörder mit Schwertern und mit Stangen, mich zu fangen.

49 Ich bin täglich bei euch im Tempel gewesen und habe gelehrt, und ihr habt mich nicht gegriffen. Aber es muß die Schrift erfüllt werden!

50 Da verließen ihn alle und flohen.

51 Und es war ein Jüngling, der folgte ihm nach, der war mit einer Leinwand bekleidet auf der bloßen Haut; und sie griffen ihn.

52 Er aber ließ die Leinwand fahren und floh nackt davon.

Vor dem Hohen Rat

53 Und sie führten Jesus hinweg zu dem Hohenpriester; und es versammelten sich alle Hohenpriester und Ältesten und Schriftgelehrten.

54 Petrus aber folgte ihm nach von ferne bis hinein in des Hohenpriesters Palast und saß bei den Knechten und wärmte sich am Feuer.

55 Aber die Hohenpriester und der ganze Hohe Rat suchten Zeugnis wider Jesus, auf daß sie ihn zum Tode brächten, und fanden nichts.

56 Viele gaben falsch Zeugnis wider ihn; aber ihr Zeugnis stimmte nicht überein.

57 Und etliche standen auf und gaben falsch Zeugnis wider ihn und sprachen:

58 Wir haben gehört, daß er sagte: Ich will diesen Tempel, der mit Händen gemacht ist, abbrechen und in drei Tagen einen andern bauen, der nicht mit Händen gemacht ist.

59 Aber ihr Zeugnis stimmte auch so nicht überein.

60 Und der Hohepriester stand auf, trat in die Mitte und fragte Jesus und sprach: Antwortest du nichts zu dem, was diese wider dich zeugen?

61 Er aber schwieg stille und antwortete nichts. Da fragte ihn der Hohepriester abermals und sprach zu ihm: **Bist du der Christus, der Sohn des Hochgelobten?**

62 **Jesus aber sprach: Ich bin's; und ihr werdet sehen des Menschen Sohn sitzen zur rechten Hand der Kraft und kommen mit des Himmels Wolken.**

63 Da zerriß der Hohepriester seine Kleider und sprach: Was bedürfen wir weiter Zeugen?

64 Ihr habt gehört die Gotteslästerung. Was dünkt euch? Sie aber sprachen alle das Urteil über ihn, daß er des Todes schuldig wäre.

65 Da fingen etliche an, ihn anzuspeien und sein Angesicht zu verdecken und ihn mit Fäusten zu schlagen und zu ihm zu sagen: Weissage uns! Und die Knechte schlugen ihn ins Angesicht.

Verleugnung des Petrus

66 Und Petrus war unten im Hof. Da kam eine von des Hohenpriesters Mägden;

67 und da sie sah Petrus sich wärmen, schaute sie ihn an und sprach: Und du warst auch mit Jesus von Nazareth.

68 Er leugnete aber und sprach: Ich weiß nicht und verstehe nicht, was du sagst. Und er ging hinaus in den Vorhof, ⟨und der Hahn krähte⟩

69 Und die Magd sah ihn und hob abermals an, zu sagen denen, die dabeistanden: Das ist einer von ihnen.

70 Und er leugnete abermals. Und nach einer kleinen Weile sprachen abermals zu Petrus, die dabeistanden: Wahrlich, du bist einer von ihnen; denn du bist ein Galiläer.

71 Er aber fing an, sich zu verfluchen und zu schwören: Ich kenne den Menschen nicht, von dem ihr redet.

72 Und alsbald krähte der Hahn zum andern Mal. Da gedachte Petrus an das Wort, das Jesus zu ihm sagte: Ehe der Hahn zweimal kräht, wirst du mich dreimal verleugnen. Und er hob an zu weinen.

Vor Pilatus

15 Und alsbald in der Frühe hielten die Hohenpriester einen Rat mit den Ältesten und Schriftgelehrten, dazu der ganze Hohe Rat, und banden Jesus und führten ihn hinweg und überantworteten ihn dem Pilatus.

2 Und Pilatus fragte ihn: Bist du der

König der Juden? Er antwortete aber und
sprach zu ihm: Du sagst es.
3 Und die Hohenpriester beschuldigten
ihn hart.
4 Pilatus aber fragte ihn abermals und
sprach: Antwortest du nichts? Siehe, wie
hart sie dich verklagen!
5 Jesus aber antwortete nichts mehr, so
daß sich Pilatus verwunderte.

Verurteilung und Verspottung

6 Er pflegte aber ihnen zum Fest einen
Gefangenen loszugeben, welchen sie be-
gehrten.
7 Es war aber einer, genannt Barabbas,
gefangen mit den Aufrührern, die im Auf-
ruhr einen Mord begangen hatten.
8 Und das Volk ging hinauf und bat,
daß er täte, wie er pflegte.
9 Pilatus aber antwortete ihnen: Wollt
ihr, daß ich euch den König der Juden
losgebe?
10 Denn er merkte, daß ihn die Hohen-
priester aus Neid überantwortet hatten.
11 Aber die Hohenpriester reizten das
Volk auf, daß er ihnen viel lieber den
Barabbas losgäbe.
12 Pilatus aber antwortete wiederum und
sprach zu ihnen: Was soll ich denn tun mit
dem, den ihr den König der Juden nennet?
13 Da schrien sie abermals: Kreuzige
ihn!
14 Pilatus aber sprach zu ihnen: Was
hat er denn Übles getan? Aber sie schrien
noch viel mehr: Kreuzige ihn!
15 Pilatus aber gedachte, dem Volk zu
Willen zu sein, und gab ihnen Barabbas
los und ließ Jesus geißeln und überant-
wortete ihn, daß er gekreuzigt würde.
16 Die Kriegsknechte aber führten ihn
hinein in die Burg, das ist ins Richthaus,
und riefen zusammen die ganze Schar,
17 und sie zogen ihm einen Purpur an
und flochten eine Dornenkrone und setz-
ten sie ihm auf
18 und fingen an, ihn zu grüßen: Ge-
grüßet seist du, der Juden König!
19 Und schlugen ihm das Haupt mit
einem Rohr und spien ihn an und fielen
auf die Knie und huldigten ihm.

Kreuzigung und Tod

20 Und da sie ihn verspottet hatten,
zogen sie ihm den Purpur aus und zogen
ihm seine eigenen Kleider an und führten
ihn hinaus, daß sie ihn kreuzigten,
21 und zwangen einen, der vorüberging,
mit Namen Simon von Kyrene, der vom
Felde kam – der war der Vater des Alexan-
der und des Rufus –, daß er ihm das Kreuz
trüge.
22 Und sie brachten ihn an die Stätte
Golgatha, das ist verdolmetscht: Schädel-
stätte.
23 Und sie gaben ihm Myrrhe in Wein
zu trinken; aber er nahm's nicht.
24 Und sie kreuzigten ihn.
Und sie teilten seine Kleider und warfen
das Los darum, wer was bekäme.
25 Es war aber um die dritte Stunde, da
sie ihn kreuzigten.
26 Und es war oben über ihm geschrie-
ben, was man ihm schuld gab, nämlich:
Der König der Juden.
27 Und sie kreuzigten mit ihm zwei
Mörder, einen zu seiner Rechten und
einen zur Linken.
〈28 Da ward die Schrift erfüllt, die da
sagt (Jes 53,12): «Er ist unter die Übeltäter
gerechnet.»〉
29 Und die vorübergingen, lästerten ihn
und schüttelten ihre Häupter und spra-
chen: Ha, der du den Tempel zerbrichst
und baust ihn in drei Tagen,
30 hilf dir nun selber und steig herab
vom Kreuz!
31 Desgleichen die Hohenpriester ver-
spotteten ihn untereinander samt den
Schriftgelehrten und sprachen: Er hat
andern geholfen und kann sich selber
nicht helfen.
32 Der Christus, der König in Israel,
der steige nun vom Kreuz, daß wir sehen
und glauben. Und die mit ihm gekreuzigt
waren, schmähten ihn auch.
33 Und um die sechste Stunde ward
eine Finsternis über das ganze Land bis
um die neunte Stunde.
34 Und um die neunte Stunde rief Je-
sus laut und sprach: **Eli, Eli, lama asab-
thani?** das ist verdolmetscht: **Mein Gott,
mein Gott, warum hast du mich verlas-
sen?**
35 Und etliche, die dabeistanden, da sie
das hörten, sprachen sie: Siehe, er ruft
den Elia.
36 Da lief einer und füllte einen
Schwamm mit Essig und steckte ihn auf

ein Rohr und tränkte ihn und sprach:
Halt, laßt sehen, ob Elia komme und ihn
herabnehme!
37 Aber Jesus schrie laut und verschied.
38 Und der Vorhang im Tempel zerriß
in zwei Stücke von obenan bis unten-
aus.
39 Der Hauptmann aber, der dabei-
stand ihm gegenüber und sah, daß er so
verschied, sprach: **Wahrlich, dieser Mensch
ist Gottes Sohn gewesen!**
40 Und es waren auch Frauen da, die
von ferne zuschauten, unter welchen war
Maria Magdalena und Maria, die Mutter
Jakobus des Kleinen und des Joses, und
Salome,
41 die ihm nachgefolgt waren, da er in
Galiläa war, und ihm gedient hatten, und
viele andere, die mit ihm hinauf nach
Jerusalem gegangen waren.

Jesu Grablegung

42 Und am Abend, weil es Rüsttag war,
das ist der Tag vor dem Sabbat,
43 kam Joseph von Arimathia, ein an-
gesehener Ratsherr, welcher auch auf das
Reich Gottes wartete. Der wagte es und
ging hinein zu Pilatus und bat um den
Leichnam Jesu.
44 Pilatus aber verwunderte sich, daß er
schon tot wäre, und rief den Hauptmann
und fragte ihn, ob er schon lange gestor-
ben wäre.
45 Und als er's erkundet von dem Haupt-
mann, überließ er Joseph den Leich-
nam.
46 Und der kaufte eine Leinwand und
nahm ihn ab und wickelte ihn in die Lein-
wand und legte ihn in ein Grab, das war
in einen Fels gehauen, und wälzte einen
Stein vor des Grabes Tür.
47 Aber Maria Magdalena und Maria,
des Joses Mutter, sahen, wo er hingelegt
ward.

Die Auferstehung

16 Und da der Sabbat vergangen war,
kauften Maria Magdalena und
Maria, des Jakobus Mutter, und Salome
Spezerei, auf daß sie kämen und salbten
ihn.
2 Und sie kamen zum Grabe am ersten
Tage der Woche sehr früh, als die Sonne
aufging.
3 Und sie sprachen untereinander: Wer
wälzt uns den Stein von des Grabes Tür?
4 Und sie sahen auf und wurden ge-
wahr, daß der Stein abgewälzt war; denn
er war sehr groß.
5 Und sie gingen hinein in das Grab und
sahen einen Jüngling zur rechten Hand
sitzen, der hatte ein langes weißes Kleid
an, und sie entsetzten sich.
6 Er aber sprach zu ihnen: Entsetzet
euch nicht! Ihr suchet Jesus von Naza-
reth, den Gekreuzigten. Er ist auferstan-
den, er ist nicht hier. Siehe da die Stätte,
wo sie ihn hinlegten!
7 Gehet aber hin und saget seinen Jün-
gern und Petrus, daß er vor euch hin-
gehen wird nach Galiläa; da werdet ihr
ihn sehen, wie er euch gesagt hat.
8 Und sie gingen hinaus und flohen
von dem Grabe; denn es war sie Zittern
und Entsetzen angekommen. Und sie
sagten niemand etwas; denn sie fürchte-
ten sich.

Erscheinungen des Auferstandenen. Missionsbefehl. Himmelfahrt

⟨9 Als er auferstanden war frühe am
ersten Tage der Woche, erschien er zu-
erst der Maria Magdalena, von welcher
er sieben böse Geister ausgetrieben hatte.
10 Und sie ging hin und verkündigte es
denen, die mit ihm gewesen waren, die da
Leid trugen und weinten.
11 Und diese, da sie hörten, daß er
lebte und wäre ihr erschienen, glaubten
sie nicht.
12 Danach offenbarte er sich unter einer
andern Gestalt zweien von ihnen unter-
wegs, da sie über Land gingen.
13 Und die gingen auch hin und ver-
kündigten das den andern. Und denen
glaubten sie auch nicht.
14 Zuletzt, da die Elf zu Tische saßen,
offenbarte er sich und schalt ihren Un-
glauben und ihres Herzens Härtigkeit,
daß sie nicht geglaubt hatten denen, die
ihn gesehen hatten auferstanden.
15 Und er sprach zu ihnen: **Gehet hin in
alle Welt und prediget das Evangelium aller
Kreatur.**
16 **Wer da glaubet und getauft wird, der
wird selig werden; wer aber nicht glaubet,
der wird verdammt werden.**
17 Die Zeichen aber, die da folgen wer-

den denen, die da glauben, sind die: in
meinem Namen werden sie böse Geister
austreiben, in neuen Zungen reden,
18 Schlangen vertreiben, und wenn sie
etwas Tödliches trinken, wird's ihnen
nicht schaden; auf Kranke werden sie die
Hände legen, so wird's besser mit ihnen
werden.
19 Und der Herr, nachdem er mit ihnen
geredet hatte, ward er aufgehoben gen
Himmel und setzte sich zur rechten Hand
Gottes.
20 Sie aber gingen aus und predigten an
allen Orten. Und der Herr wirkte mit
ihnen und bekräftigte das Wort durch die
mitfolgenden Zeichen.⟩

DAS EVANGELIUM NACH LUKAS

1 Nachdem schon viele es unternommen
haben, Bericht zu geben von den Geschichten,
die unter uns geschehen sind,
2 wie uns das überliefert haben, die es
von Anfang selbst gesehen und Diener
des Worts gewesen sind:
3 habe ich's auch für gut angesehen,
nachdem ich alles von Anbeginn mit
Fleiß erkundet habe, daß ich's dir, mein
edler Theophilus, in guter Ordnung
schriebe,
4 auf daß du erfahrest den sicheren
Grund der Lehre, in welcher du unterrichtet bist.

Ankündigung der Geburt Johannes des Täufers

5 Zu der Zeit des Herodes, des Königs
von Judäa, war ein Priester von der Ordnung
Abia, mit Namen Zacharias, und
sein Weib war von den Töchtern Aarons;
die hieß Elisabeth.
6 Sie waren aber alle beide fromm vor
Gott und wandelten in allen Geboten und
Satzungen des Herrn untadelig.
7 Und sie hatten kein Kind; denn Elisabeth
war unfruchtbar, und beide waren
wohlbetagt.
8 Und es begab sich, da er des Priesteramts
waltete vor Gott, als seine Ordnung
an der Reihe war,
9 traf ihn nach dem Brauch der Priesterschaft
das Los, zu räuchern; und er ging
in den Tempel des Herrn.
10 Und die ganze Menge des Volks war
draußen und betete zur Stunde des Räucherns.
11 Es erschien ihm aber ein Engel des
Herrn und stand zur rechten Hand am
Räucheraltar.
12 Und als Zacharias ihn sah, erschrak
er, und es kam ihn eine Furcht an.
13 Aber der Engel sprach zu ihm:
Fürchte dich nicht, Zacharias, denn dein
Gebet ist erhört, und dein Weib Elisabeth
wird dir einen Sohn gebären, des Namen
sollst du Johannes heißen.
14 Und du wirst Freude und Wonne
haben, und viele werden sich seiner Geburt
freuen.
15 Denn er wird groß sein vor dem
Herrn; Wein und starkes Getränk wird er
nicht trinken und wird schon von Mutterleibe
an erfüllt werden mit dem heiligen
Geist.
16 Und er wird der Kinder Israel viele
zu Gott, ihrem Herrn, bekehren.
17 Und er wird vor ihm hergehen in
Geist und Kraft des Elia, zu bekehren die
Herzen der Väter zu den Kindern und die
Ungehorsamen zu der Klugheit der Gerechten,
zuzurichten dem Herrn ein bereitet
Volk.
18 Und Zacharias sprach zu dem Engel:
Woran soll ich das erkennen? Denn ich
bin alt, und mein Weib ist betagt.
19 Der Engel antwortete und sprach zu
ihm: Ich bin Gabriel, der vor Gott steht,
und bin gesandt, mit dir zu reden, daß ich
dir solches verkündigte.
20 Und siehe, du wirst verstummen und
nicht reden können bis auf den Tag, da
dies geschehen wird, darum daß du meinen
Worten nicht geglaubt hast, welche
sollen erfüllt werden zu ihrer Zeit.
21 Und das Volk wartete auf Zacharias

und verwunderte sich, daß er so lange im
Tempel verweilte.
22 Und da er herausging, konnte er
nicht mit ihnen reden; und sie merkten,
daß er ein Gesicht gesehen hatte im Tempel.
Und er winkte ihnen und blieb
stumm.
23 Und es begab sich, da die Zeit seines
Dienstes um war, ging er heim in sein
Haus.
24 Und nach diesen Tagen ward sein
Weib Elisabeth schwanger und verbarg
sich fünf Monate und sprach:
25 So hat mir der Herr getan in den
Tagen, da er mich angesehen hat, daß er
meine Schmach unter den Menschen von
mir nähme.

Ankündigung der Geburt Jesu

26 Und im sechsten Monat ward der
Engel Gabriel gesandt von Gott in eine
Stadt in Galiläa, die heißt Nazareth,
27 zu einer Jungfrau, die vertraut war
einem Manne mit Namen Joseph, vom
Hause David; und die Jungfrau hieß
Maria.
28 Und der Engel kam zu ihr hinein und
sprach: Gegrüßet seist du, Hochbegnadete!
Der Herr ist mit dir!
29 Sie aber erschrak über seine Rede
und dachte bei sich selbst: Welch ein
Gruß ist das?
30 Und der Engel sprach zu ihr: Fürchte
dich nicht, Maria, du hast Gnade bei
Gott gefunden.
31 **Siehe, du wirst schwanger werden und
einen Sohn gebären, des Namen sollst du
Jesus heißen.**
32 **Der wird groß sein und ein Sohn des
Höchsten genannt werden; und Gott der
Herr wird ihm den Thron seines Vaters
David geben,**
33 **und er wird ein König sein über das
Haus Jakob ewiglich, und seines Reichs
wird kein Ende sein.**
34 Da sprach Maria zu dem Engel: Wie
soll das zugehen, da ich doch von keinem
Manne weiß?
35 Der Engel antwortete und sprach zu
ihr: Der heilige Geist wird über dich kommen,
und die Kraft des Höchsten wird
dich überschatten; darum wird auch das
Heilige, das von dir geboren wird, Gottes
Sohn genannt werden.
36 Und siehe, Elisabeth, deine Verwandte,
ist auch schwanger mit einem
Sohn in ihrem Alter und geht jetzt im
sechsten Monat, von der man sagt, daß
sie unfruchtbar sei.
37 Denn bei Gott ist kein Ding unmöglich.
38 Maria aber sprach: Siehe, ich bin des
Herrn Magd; mir geschehe, wie du gesagt
hast. Und der Engel schied von ihr.

**Besuch der Maria bei Elisabeth.
Marias Lobgesang**

39 Maria aber stand auf in den Tagen
und ging auf das Gebirge eilends zu einer
Stadt in Juda
40 und kam in das Haus des Zacharias
und grüßte Elisabeth.
41 Und es begab sich, als Elisabeth den
Gruß Marias hörte, hüpfte das Kind in
ihrem Leibe. Und Elisabeth ward des
heiligen Geistes voll
42 und rief laut und sprach: Gebenedeit
bist du unter den Weibern, und gebenedeit
ist die Frucht deines Leibes!
43 Und woher kommt mir das, daß die
Mutter meines Herrn zu mir kommt?
44 Siehe, da ich die Stimme deines
Grußes hörte, hüpfte vor Freuden das
Kind in meinem Leibe.
45 O selig bist du, die du geglaubt hast!
Denn es wird vollendet werden, was dir
gesagt ist von dem Herrn.
46 Und Maria sprach:
Meine Seele erhebt den Herrn,
47 **und mein Geist freuet sich Gottes,
meines Heilandes;**
48 denn er hat die Niedrigkeit seiner
Magd angesehen. Siehe, von nun an werden
mich selig preisen alle Kindeskinder.
49 Denn er hat große Dinge an mir getan,
der da mächtig ist und des Name heilig
ist.
50 Und seine Barmherzigkeit währet immer
für und für bei denen, die ihn fürchten.
51 Er übet Gewalt mit seinem Arm und
zerstreuet, die hoffärtig sind in ihres
Herzens Sinn.
52 Er stößet die Gewaltigen vom Thron
und erhebt die Niedrigen.
53 Die Hungrigen füllet er mit Gütern
und läßt die Reichen leer.
54 Er denket der Barmherzigkeit und
hilft seinem Diener Israel auf,

55 wie er geredet hat unsern Vätern,
Abraham und seinen Kindern ewiglich.
56 Und Maria blieb bei ihr etwa drei
Monate; danach kehrte sie wieder heim.

Geburt Johannes des Täufers

57 Und für Elisabeth kam ihre Zeit, daß
sie gebären sollte; und sie gebar einen
Sohn.
58 Und ihre Nachbarn und Verwandten
hörten, daß der Herr große Barmherzig-
keit an ihr getan hatte, und freuten sich
mit ihr.
59 Und es begab sich am achten Tage,
da kamen sie, zu beschneiden das Kind-
lein, und hießen es nach seinem Vater
Zacharias.
60 Aber seine Mutter antwortete und
sprach: Mitnichten, sondern er soll Jo-
hannes heißen.
61 Und sie sprachen zu ihr: Ist doch
niemand in deiner Verwandtschaft, der so
heißt.
62 Und sie winkten seinem Vater, wie er
ihn wollte heißen lassen.
63 Und er forderte ein Täfelein und
schrieb: Er heißt Johannes. Und sie ver-
wunderten sich alle.
64 Und alsbald ward sein Mund und
seine Zunge aufgetan, und er redete und
lobte Gott.
65 Und es kam eine Furcht über alle
Nachbarn; und diese ganze Geschichte
ward kund auf dem ganzen Gebirge Ju-
däas.
66 Und alle, die es hörten, nahmen's zu
Herzen und sprachen: Was, meinest du,
will aus dem Kindlein werden? Denn die
Hand des Herrn war mit ihm.

Lobgesang des Zacharias

67 Und sein Vater Zacharias ward des
heiligen Geistes voll, weissagte und
sprach:
68 Gelobet sei der Herr, der Gott Israels!
Denn er hat besucht und erlöset sein Volk
69 und hat uns aufgerichtet ein Horn des
Heils in dem Hause seines Dieners David,
70 wie er vorzeiten geredet hat durch
den Mund seiner heiligen Propheten:
71 daß er uns errettete von unsern Fein-
den und von der Hand aller, die uns has-
sen,
72 und Barmherzigkeit erzeigete unsern
Vätern und gedächte an seinen heiligen
Bund
73 und an den Eid, den er geschworen
hat unserm Vater Abraham, uns zu geben,
74 daß wir, erlöset aus der Hand unsrer
Feinde, ihm dieneten ohne Furcht unser
Leben lang
75 in Heiligkeit und Gerechtigkeit, die
ihm gefällig ist.
76 Und du, Kindlein, wirst ein Prophet
des Höchsten heißen. Du wirst vor dem
Herrn hergehen, daß du seinen Weg be-
reitest
77 und Erkenntnis des Heils gebest sei-
nem Volk in Vergebung ihrer Sünden,
78 durch die herzliche Barmherzigkeit
unsers Gottes, durch welche uns besucht
hat* der Aufgang aus der Höhe,
79 auf daß er erscheine denen, die da
sitzen in Finsternis und Schatten des
Todes, und richte unsere Füße auf den
Weg des Friedens.
80 Und das Kindlein wuchs und ward
stark im Geist. Und er war in der Wüste,
bis daß er sollte hervortreten vor das
Volk Israel.

Jesu Geburt

2 Es begab sich aber zu der Zeit, daß ein
Gebot von dem Kaiser Augustus aus-
ging, daß alle Welt geschätzt würde.
2 Und diese Schätzung war die aller-
erste und geschah zur Zeit, da Cyrenius
Landpfleger in Syrien war.
3 Und jedermann ging, daß er sich
schätzen ließe, ein jeglicher in seine Stadt.
4 Da machte sich auf auch Joseph aus
Galiläa, aus der Stadt Nazareth, in das
jüdische Land zur Stadt Davids, die da
heißt Bethlehem, darum daß er von dem
Hause und Geschlechte Davids war,
5 auf daß er sich schätzen ließe mit
Maria, seinem vertrauten Weibe, die war
schwanger.
6 Und als sie daselbst waren, kam die
Zeit, daß sie gebären sollte.
7 Und sie gebar ihren ersten Sohn und
wickelte ihn in Windeln und legte ihn in
eine Krippe; denn sie hatten sonst keinen
Raum in der Herberge.
8 Und es waren Hirten in derselben
Gegend auf dem Felde bei den Hürden,
die hüteten des Nachts ihre Herde.

* Andere Überlieferung: «besuchen wird».

9 Und siehe, des Herrn Engel trat zu
ihnen, und die Klarheit des Herrn leuch-
tete um sie; und sie fürchteten sich sehr.
10 Und der Engel sprach zu ihnen:
**Fürchtet euch nicht! Siehe, ich verkündige
euch große Freude, die allem Volk wider-
fahren wird;**
11 **denn euch ist heute der Heiland ge-
boren, welcher ist Christus, der Herr, in der
Stadt Davids.**
12 Und das habt zum Zeichen: ihr wer-
det finden das Kind in Windeln gewickelt
und in einer Krippe liegen.
13 Und alsbald war da bei dem Engel
die Menge der himmlischen Heerscharen,
die lobten Gott und sprachen:
14 **Ehre sei Gott in der Höhe und Friede
auf Erden und den Menschen ein Wohlge-
fallen.***
15 Und da die Engel von ihnen gen Him-
mel fuhren, sprachen die Hirten unterein-
ander: Laßt uns nun gehen nach Bethlehem
und die Geschichte sehen, die da geschehen
ist, die uns der Herr kundgetan hat.
16 Und sie kamen eilend und fanden
beide, Maria und Joseph, dazu das Kind
in der Krippe liegen.
17 Da sie es aber gesehen hatten, breite-
ten sie das Wort aus, welches zu ihnen von
diesem Kinde gesagt war.
18 Und alle, vor die es kam, wunderten
sich der Rede, die ihnen die Hirten ge-
sagt hatten.
19 Maria aber behielt alle diese Worte
und bewegte sie in ihrem Herzen.
20 Und die Hirten kehrten wieder um,
priesen und lobten Gott um alles, was sie
gehört und gesehen hatten, wie denn zu
ihnen gesagt war.
21 Und da acht Tage um waren und man
das Kind beschneiden mußte, da ward
sein Name genannt Jesus, wie er genannt
war von dem Engel, ehe denn er im Mut-
terleibe empfangen ward.

**Jesu Darstellung im Tempel.
Simeon und Hanna**

22 Und da die Tage ihrer Reinigung
nach dem Gesetz des Mose vollendet wa-
ren, brachten sie ihn nach Jerusalem, auf
daß sie ihn darstellten dem Herrn,
23 wie denn geschrieben steht in dem
Gesetz des Herrn (2. Mose 13,2): «Alle
männliche Erstgeburt soll dem Herrn ge-
heiligt heißen»,
24 und daß sie gäben das Opfer, wie es
gesagt ist im Gesetz des Herrn (3. Mose
12,8): «ein Paar Turteltauben oder zwei
junge Tauben».
25 Und siehe, ein Mensch war zu Jeru-
salem, mit Namen Simeon; und derselbe
Mensch war fromm und gottesfürchtig
und wartete auf den Trost Israels, und der
heilige Geist war mit ihm.
26 Und ihm war eine Antwort geworden
von dem heiligen Geist, er solle den Tod
nicht sehen, er habe denn zuvor den
Christ des Herrn gesehen.
27 Und er kam aus Anregen des Geistes
in den Tempel. Und da die Eltern das
Kind Jesus in den Tempel brachten, daß
sie für ihn täten, wie man pflegt nach dem
Gesetz,
28 da nahm er ihn auf seine Arme und
lobte Gott und sprach:
29 **Herr, nun lässest du deinen Diener im
Frieden fahren, wie du gesagt hast;**
30 **denn meine Augen haben deinen Hei-
land gesehen,**
31 welchen du bereitet hast vor allen
Völkern,
32 ein Licht, zu erleuchten die Heiden,
und zum Preis deines Volks Israel.
33 Und sein Vater und seine Mutter
wunderten sich des, das von ihm geredet
ward.
34 Und Simeon segnete sie und sprach
zu Maria, seiner Mutter: Siehe, dieser
wird gesetzt zum Fall und Aufstehen vie-
ler in Israel und zu einem Zeichen, dem
widersprochen wird
35 – und auch durch deine Seele wird
ein Schwert dringen –, auf daß vieler Her-
zen Gedanken offenbar werden.
36 Und es war eine Prophetin, Hanna,
eine Tochter Phanuels, vom Geschlecht
Asser; die war hochbetagt und hatte ge-
lebt sieben Jahre mit ihrem Manne nach
ihrer Jungfrauschaft
37 und war nun eine Witwe bei vierund-
achtzig Jahren; die kam nimmer vom
Tempel, diente Gott mit Fasten und Beten
Tag und Nacht.
38 Die trat auch hinzu zu derselben
Stunde und pries Gott und redete von

*Andere Übersetzung nach besser bezeugter Lesart: «Ehre sei Gott in der Höhe und Friede auf Erden bei den Menschen seines Wohlgefallens.»

ihm zu allen, die auf die Erlösung Jerusalems warteten.
39 Und da sie es alles vollendet hatten nach dem Gesetz des Herrn, kehrten sie wieder heim nach Galiläa in ihre Stadt Nazareth.
40 Aber das Kind wuchs und ward stark, voller Weisheit, und Gottes Gnade war bei ihm.

Der zwölfjährige Jesus im Tempel

41 Und seine Eltern gingen alle Jahre nach Jerusalem auf das Osterfest*.
42 Und da er zwölf Jahre alt war, gingen sie hinauf nach Jerusalem nach dem Brauch des Festes.
43 Und da die Tage vollendet waren und sie wieder nach Hause gingen, blieb das Kind Jesus zu Jerusalem, und seine Eltern wußten's nicht.
44 Sie meinten aber, er wäre unter den Gefährten, und kamen eine Tagereise weit und suchten ihn unter den Verwandten und Bekannten.
45 Und da sie ihn nicht fanden, gingen sie wiederum nach Jerusalem und suchten ihn.
46 Und es begab sich, nach drei Tagen fanden sie ihn im Tempel sitzen mitten unter den Lehrern, wie er ihnen zuhörte und sie fragte.
47 Und alle, die ihm zuhörten, verwunderten sich seines Verstandes und seiner Antworten.
48 Und da sie ihn sahen, entsetzten sie sich. Und seine Mutter sprach zu ihm: Mein Sohn, warum hast du uns das getan? Siehe, dein Vater und ich haben dich mit Schmerzen gesucht.
49 Und er sprach zu ihnen: Was ist's, daß ihr mich gesucht habt? **Wisset ihr nicht, daß ich sein muß in dem, das meines Vaters ist?**
50 Und sie verstanden das Wort nicht, das er zu ihnen redete.
51 Und er ging mit ihnen hinab und kam nach Nazareth und war ihnen untertan. Und seine Mutter behielt alle diese Worte in ihrem Herzen.
52 Und Jesus nahm zu an Weisheit, Alter und Gnade bei Gott und den Menschen.

*Wörtlich: «Passa». Luther hat im Neuen Testament «Passa» mit «Ostern» wiedergegeben.

Das Wirken Johannes des Täufers. Seine Gefangennahme

3 In dem fünfzehnten Jahr der Herrschaft des Kaisers Tiberius, da Pontius Pilatus Landpfleger in Judäa war und Herodes Vierfürst in Galiläa und sein Bruder Philippus Vierfürst in Ituräa und in der Landschaft Trachonitis und Lysanias Vierfürst zu Abilene,
2 da Hannas und Kaiphas Hohepriester waren, da geschah der Befehl Gottes an Johannes, des Zacharias Sohn, in der Wüste.
3 Und er kam in das ganze Land um den Jordan und predigte die Taufe der Buße zur Vergebung der Sünden,
4 wie geschrieben steht in dem Buch der Reden Jesajas, des Propheten, der da sagt (Jes 40,3-5): «Es ist eine Stimme eines Predigers in der Wüste: Bereitet den Weg des Herrn und machet seine Steige richtig!
5 Alle Täler sollen erhöht werden, und alle Berge und Hügel sollen erniedrigt werden; und was krumm ist, soll richtig werden, und was uneben ist, soll ebener Weg werden.
6 Und alles Fleisch wird den Heiland Gottes sehen.»
7 Da sprach Johannes zu dem Volk, das hinausging, daß es sich von ihm taufen ließe: Ihr Otterngezüchte, wer hat denn euch gewiesen, daß ihr dem zukünftigen Zorn entrinnen werdet?
8 Sehet zu, tut rechtschaffene Früchte der Buße; und nehmet euch nicht vor zu sagen: Wir haben Abraham zum Vater. Denn ich sage euch: Gott kann dem Abraham aus diesen Steinen Kinder erwecken.
9 Es ist schon die Axt den Bäumen an die Wurzel gelegt; welcher Baum nicht gute Frucht bringt, wird abgehauen und in das Feuer geworfen.
10 Und das Volk fragte ihn und sprach: Was sollen wir denn tun?
11 Er antwortete und sprach zu ihnen: Wer zwei Röcke hat, der gebe dem, der keinen hat; und wer Speise hat, tue auch also.
12 Es kamen auch die Zöllner, daß sie sich taufen ließen, und sprachen zu ihm: Meister, was sollen denn wir tun?
13 Er sprach zu ihnen: Fordert nicht mehr, als euch verordnet ist!

14 Da fragten ihn auch die Kriegsleute
und sprachen: Was sollen denn wir tun?
Und er sprach zu ihnen: Tut niemand Ge-
walt noch Unrecht und lasset euch ge-
nügen an eurem Solde!
15 Als aber das Volk voll Erwartung war
und alle dachten in ihren Herzen von Jo-
hannes, ob er vielleicht der Christus wäre,
16 antwortete Johannes und sprach zu
allen: Ich taufe euch mit Wasser; es
kommt aber ein Stärkerer als ich, und ich
bin nicht genug, daß ich ihm die Riemen
seiner Schuhe auflöse; der wird euch mit
dem heiligen Geist und mit Feuer taufen.
17 In seiner Hand ist die Worfschaufel,
und er wird seine Tenne fegen und wird
den Weizen in seine Scheune sammeln,
und die Spreu wird er mit unauslösch-
lichem Feuer verbrennen.
18 Und mit vielem anderen mehr er-
mahnte er das Volk und verkündigte ihm
das Heil.
19 Herodes aber, der Vierfürst, da er
von ihm zurechtgewiesen ward um der
Herodias willen, seines Bruders Frau, und
um alles Üblen willen, das Herodes tat,
20 legte zu alledem auch noch Johannes
gefangen.

Jesu Taufe

21 Und es begab sich, als sich alles Volk
taufen ließ und Jesus auch getauft war und
betete, da tat sich der Himmel auf,
22 und der heilige Geist fuhr hernieder
in leiblicher Gestalt auf ihn wie eine Tau-
be, und eine Stimme kam aus dem Him-
mel, die sprach: **Du bist mein lieber Sohn,
an dir habe ich Wohlgefallen.**

Jesu Stammbaum

23 Und Jesus war, als er anfing, unge-
fähr dreißig Jahre alt und ward gehalten
für einen Sohn Josephs, welcher war ein
Sohn Elis,
24 der war ein Sohn Matthats, der war
ein Sohn Levis, der war ein Sohn Melchis,
der war ein Sohn Jannais, der war ein
Sohn Josephs,
25 der war ein Sohn des Mattathias, der
war ein Sohn des Amos, der war ein Sohn
Nahums, der war ein Sohn Eslis, der war
ein Sohn Naggais,
26 der war ein Sohn Maaths, der war
ein Sohn des Mattathias, der war ein
Sohn Simeïs, der war ein Sohn Josechs,
der war ein Sohn Jodas,
27 der war ein Sohn Johanans, der war
ein Sohn Resas, der war ein Sohn Seru-
babels, der war ein Sohn Sealthiëls, der
war ein Sohn Neris,
28 der war ein Sohn Melchis, der war
ein Sohn Addis, der war ein Sohn Ko-
sams, der war ein Sohn Elmadams, der
war ein Sohn Ers,
29 der war ein Sohn des Jesus, der war
ein Sohn Eliësers, der war ein Sohn Jo-
rims, der war ein Sohn Matthats, der war
ein Sohn Levis,
30 der war ein Sohn Simeons, der war
ein Sohn Judas, der war ein Sohn Josephs,
der war ein Sohn Jonams, der war ein
Sohn Eliakims,
31 der war ein Sohn Meleas, der war ein
Sohn Mennas, der war ein Sohn Matta-
thas, der war ein Sohn Nathans, der war
ein Sohn Davids,
32 der war ein Sohn Jesses, der war ein
Sohn Obeds, der war ein Sohn des Boas,
der war ein Sohn Salmas, der war ein
Sohn Nachschons,
33 der war ein Sohn Amminadabs, der
war ein Sohn Admins, der war ein Sohn
Arnis, der war ein Sohn Hezrons, der war
ein Sohn des Perez, der war ein Sohn Judas,
34 der war ein Sohn Jakobs, der war ein
Sohn Isaaks, der war ein Sohn Abrahams,
der war ein Sohn Tharahs, der war ein
Sohn Nahors,
35 der war ein Sohn Serugs, der war ein
Sohn Regus, der war ein Sohn Pelegs, der
war ein Sohn Ebers, der war ein Sohn
Schelachs,
36 der war ein Sohn Kenans, der war
ein Sohn Arpachschads, der war ein Sohn
Sems, der war ein Sohn Noahs, der war
ein Sohn Lamechs,
37 der war ein Sohn Methuschelachs,
der war ein Sohn Henochs, der war ein
Sohn Jareds, der war ein Sohn Mahala-
lels, der war ein Sohn Kenans,
38 der war ein Sohn des Enosch, der war
ein Sohn Seths, der war ein Sohn Adams,
der war Gottes.

Jesu Versuchung

4 Jesus aber, voll heiligen Geistes, kam
wieder von dem Jordan und ward vom
Geist in die Wüste geführt

2 und ward vierzig Tage lang von dem Teufel versucht. Und er aß nichts in diesen Tagen, und da sie ein Ende hatten, hungerte ihn.

3 Der Teufel aber sprach zu ihm: Bist du Gottes Sohn, so sprich zu diesem Stein, daß er Brot werde.

4 Und Jesus antwortete ihm: Es steht geschrieben (5. Mose 8,3): **«Der Mensch lebt nicht allein vom Brot, ⟨sondern von einem jeglichen Wort Gottes⟩.»**

5 Und der Teufel führte ihn hinauf ⟨auf einen hohen Berg⟩ und zeigte ihm alle Reiche der ganzen Welt in einem Augenblick

6 und sprach zu ihm: Alle diese Macht will ich dir geben und ihre Herrlichkeit; denn sie ist mir übergeben, und ich gebe sie, welchem ich will.

7 Wenn du nun mich willst anbeten, so soll es alles dein sein.

8 Jesus antwortete ihm und sprach: Es steht geschrieben (5. Mose 6,13): **«Du sollst Gott, deinen Herrn, anbeten und ihm allein dienen.»**

9 Und er führte ihn nach Jerusalem und stellte ihn auf des Tempels Zinne und sprach zu ihm: Bist du Gottes Sohn, so wirf dich von hier hinunter;

10 denn es steht geschrieben (Ps 91, 11.12): «Er wird seinen Engeln befehlen über dir, daß sie dich bewahren.

11 Sie werden dich auf den Händen tragen, auf daß du deinen Fuß nicht an einen Stein stoßest.»

12 Jesus antwortete und sprach zu ihm: Es ist gesagt (5. Mose 6,16): **«Du sollst Gott, deinen Herrn, nicht versuchen.»**

13 Und da der Teufel alle Versuchung vollendet hatte, wich er von ihm eine Zeitlang.

Wirken in Galiläa. Predigt in Nazareth

14 Und Jesus kam in des Geistes Kraft wieder nach Galiläa, und die Kunde von ihm erscholl durch alle umliegenden Orte.

15 Und er lehrte in ihren Synagogen und ward von jedermann gepriesen.

16 Und er kam nach Nazareth, wo er erzogen war, und ging in die Synagoge nach seiner Gewohnheit am Sabbattage und stand auf und wollte lesen.

17 Da ward ihm das Buch des Propheten Jesaja gereicht. Und da er das Buch auftat, fand er die Stelle, da geschrieben steht (Jes 61,1.2):

18 **«Der Geist des Herrn ist bei mir, darum weil er mich gesalbt hat, zu verkündigen das Evangelium den Armen; er hat mich gesandt, zu predigen den Gefangenen, daß sie los sein sollen, und den Blinden, daß sie sehend werden, und den Zerschlagenen, daß sie frei und ledig sein sollen,**

19 **zu verkündigen das Gnadenjahr des Herrn.»**

20 Und als er das Buch zutat, gab er's dem Diener und setzte sich. Und aller Augen in der Synagoge sahen auf ihn.

21 Und er fing an, zu sagen zu ihnen: Heute ist dies Wort der Schrift erfüllt vor euren Ohren.

22 Und sie gaben alle Zeugnis von ihm und wunderten sich, daß solche Worte der Gnade aus seinem Munde gingen, und sprachen: Ist das nicht Josephs Sohn?

23 Und er sprach zu ihnen: Ihr werdet freilich zu mir sagen dies Sprichwort: Arzt, hilf dir selber! Denn wie große Dinge haben wir gehört, zu Kapernaum geschehen! Tu so auch hier in deiner Vaterstadt.

24 Er sprach aber: Wahrlich, ich sage euch: Kein Prophet gilt etwas in seinem Vaterlande.

25 Aber in Wahrheit sage ich euch: Es waren viele Witwen in Israel zu des Elia Zeiten, da der Himmel verschlossen war drei Jahre und sechs Monate und eine große Teuerung war im ganzen Lande,

26 und zu deren keiner ward Elia gesandt als allein nach Sarepta im Lande der Sidonier zu einer Witwe.

27 Und viele Aussätzige waren in Israel zu des Propheten Elisa Zeiten, und deren keiner ward gereinigt als allein Naëman aus Syrien.

28 Und sie wurden voll Zorn alle, die in der Synagoge waren, da sie das hörten,

29 und standen auf und stießen ihn zur Stadt hinaus und führten ihn an den Rand des Berges, darauf ihre Stadt gebaut war, daß sie ihn hinabstürzten.

30 Aber er ging mitten durch sie hinweg.

Jesus in Kapernaum

31 Und er kam nach Kapernaum, einer Stadt Galiläas, und lehrte sie am Sabbat.

32 Und sie verwunderten sich seiner Lehre; denn er predigte in Vollmacht.

33 Und es war ein Mensch in der Synagoge, besessen von einem unsaubern Geist; der schrie laut:

34 Halt, was willst du von uns, Jesu von Nazareth? Du bist gekommen, uns zu verderben. Ich weiß, wer du bist: der Heilige Gottes.

35 Und Jesus bedrohte ihn und sprach: Verstumme und fahre aus von ihm! Und der böse Geist warf ihn mitten unter sie und fuhr von ihm aus und tat ihm keinen Schaden.

36 Und es kam eine Furcht über sie alle, und sie redeten miteinander und sprachen: Was ist das für ein Ding? Er gebietet mit Vollmacht und Kraft den unsaubern Geistern, und sie fahren aus.

37 Und es erscholl die Kunde von ihm in alle Orte des umliegenden Landes.

Heilung der Schwiegermutter des Petrus

38 Und er machte sich auf aus der Synagoge und kam in Simons Haus. Und Simons Schwiegermutter lag in hohem Fieber, und sie baten ihn für sie.

39 Und er neigte sich zu ihr und gebot dem Fieber, und es verließ sie. Und alsbald stand sie auf und diente ihnen.

40 Und da die Sonne untergegangen war, brachten alle, die Kranke hatten mit mancherlei Leiden, sie zu ihm. Und er legte auf einen jeglichen die Hände und machte sie gesund.

41 Es fuhren auch die bösen Geister aus von vielen, schrien und sprachen: Du bist der Sohn Gottes! Und er bedrohte sie und ließ sie nicht reden; denn sie wußten, daß er der Christus war.

42 Da es aber Tag ward, ging er hinaus an eine einsame Stätte; und das Volk suchte ihn, und sie kamen zu ihm und hielten ihn fest, daß er nicht von ihnen ginge.

43 Er sprach aber zu ihnen: Ich muß auch den andern Städten das Evangelium verkündigen vom Reich Gottes; denn dazu bin ich gesandt.

44 Und er predigte in den Synagogen Judäas.

Fischzug des Petrus

5 Es begab sich aber, da sich das Volk zu ihm drängte, zu hören das Wort Gottes, daß er stand am See Genezareth

2 und sah zwei Schiffe am See liegen; die Fischer aber waren ausgestiegen und wuschen ihre Netze.

3 Da trat er in der Schiffe eines, welches Simons war, und bat ihn, daß er's ein wenig vom Lande führte. Und er setzte sich und lehrte das Volk aus dem Schiff.

4 Und als er hatte aufgehört zu reden, sprach er zu Simon: Fahre auf die Höhe und werfet eure Netze aus, daß ihr einen Zug tut!

5 Und Simon antwortete und sprach zu ihm: Meister, wir haben die ganze Nacht gearbeitet und nichts gefangen; aber auf dein Wort will ich das Netz auswerfen.

6 Und da sie das taten, fingen sie eine große Menge Fische, und ihre Netze begannen zu reißen.

7 Und sie winkten ihren Gesellen, die im andern Schiff waren, daß sie kämen und hülfen ihnen ziehen. Und sie kamen und füllten beide Schiffe voll, also daß sie sanken.

8 Da das Simon Petrus sah, fiel er Jesus zu Füßen und sprach: Herr, gehe von mir hinaus! Ich bin ein sündiger Mensch.

9 Denn es war ihn ein Schrecken angekommen und alle, die mit ihm waren, über diesen Fischzug, den sie miteinander getan hatten;

10 desgleichen auch Jakobus und Johannes, die Söhne des Zebedäus, Simons Gesellen. Und Jesus sprach zu Simon: Fürchte dich nicht! denn von nun an wirst du Menschen fangen.

11 Und sie führten die Schiffe zu Lande und verließen alles und folgten ihm nach.

Heilung eines Aussätzigen

12 Und es begab sich, als er in einer der Städte war, siehe, da war ein Mann voller Aussatz. Da der Jesus sah, fiel er auf sein Angesicht und bat ihn und sprach: Herr, willst du, so kannst du mich reinigen.

13 Und er streckte die Hand aus und rührte ihn an und sprach: Ich will's tun, sei gereinigt! Und alsbald ging der Aussatz von ihm.

14 Und er gebot ihm, daß er's niemand sagen sollte. Gehe aber hin und zeige dich dem Priester und opfere für deine Reinigung, wie Mose geboten hat, ihnen zum Zeugnis.

15 Aber die Kunde von ihm breitete sich immer weiter aus, und es kam viel Volks

zusammen, daß sie hörten und durch ihn
gesund würden von ihren Krankheiten.
16 Er aber entwich in die Wüste und
betete.

Heilung des Gichtbrüchigen

17 Und es begab sich auf einen Tag, daß
er lehrte, und es saßen da die Pharisäer
und Schriftgelehrten, die gekommen wa-
ren aus allen Orten in Galiläa und Judäa
und von Jerusalem. Und die Kraft des
Herrn wirkte, daß er die Kranken heilte.
18 Und siehe, etliche Männer brachten
einen Menschen auf einem Bett, der war
gichtbrüchig, und sie suchten, daß sie ihn
hineinbrächten und vor ihn legten.
19 Und da sie vor dem Volk nicht fan-
den, wie sie ihn hineinbrächten, stiegen
sie auf das Dach und ließen ihn durch die
Ziegel hernieder mit dem Bett mitten
unter sie vor Jesus.
20 Und da er ihren Glauben sah, sprach
er zu ihm: **Mensch, deine Sünden sind dir
vergeben.**
21 Und die Schriftgelehrten und Phari-
säer fingen an, bei sich zu sprechen: Wer
ist der, daß er Gotteslästerungen redet?
Wer kann Sünden vergeben denn allein
Gott?
22 Da aber Jesus ihre Gedanken merkte,
antwortete er und sprach zu ihnen: Was
denket ihr in euren Herzen?
23 Was ist leichter, zu sagen: Dir sind
deine Sünden vergeben, oder zu sagen:
Stehe auf und wandle?
24 Auf daß ihr aber wisset, daß des
Menschen Sohn Vollmacht hat, auf Erden
Sünden zu vergeben, – sprach er zu dem
Gichtbrüchigen: Ich sage dir, stehe auf,
hebe dein Bett auf und gehe heim!
25 Und alsbald stand er auf vor ihren
Augen und hob das Bett auf, darauf er ge-
legen hatte, und ging heim und pries Gott.
26 Und sie entsetzten sich alle und prie-
sen Gott und wurden voll Furcht und
sprachen: Wir haben heute seltsame Dinge
gesehen.

Berufung des Levi

27 Und danach ging er hinaus und sah
einen Zöllner mit Namen Levi am Zoll
sitzen und sprach zu ihm: Folge mir nach!
28 Und er verließ alles, stand auf und
folgte ihm nach.
29 Und Levi richtete ihm ein großes
Mahl zu in seinem Hause, und viele Zöll-
ner und andre saßen mit ihm zu Tisch.
30 Und die Pharisäer und ihre Schrift-
gelehrten murrten und sprachen zu seinen
Jüngern: Warum esset und trinket ihr
mit den Zöllnern und Sündern?
31 Und Jesus antwortete und sprach zu
ihnen: **Die Gesunden bedürfen des Arztes
nicht, sondern die Kranken.**
32 **Ich bin gekommen, zu rufen die Sünder
zur Buße, und nicht die Gerechten.**

Über das Fasten

33 Sie aber sprachen zu ihm: Des Jo-
hannes Jünger fasten oft und verrichten
ihre Gebete, desgleichen der Pharisäer Jün-
ger; aber deine Jünger essen und trinken.
34 Jesus aber sprach zu ihnen: Ihr könnt
die Hochzeitleute nicht fasten lassen, so-
lange der Bräutigam bei ihnen ist.
35 Es wird aber die Zeit kommen, daß
der Bräutigam von ihnen genommen
wird; dann werden sie fasten, in jenen
Tagen.
36 Und er sagte zu ihnen ein Gleichnis:
Niemand reißt einen Lappen von einem
neuen Kleid und flickt ihn auf ein altes
Kleid; sonst zerreißt er das neue, und der
Lappen vom neuen paßt nicht auf das alte.
37 Und niemand füllt jungen Wein in
alte Schläuche; sonst zerreißt der junge
Wein die Schläuche und wird verschüttet,
und die Schläuche kommen um.
38 Sondern den jungen Wein soll man
in neue Schläuche füllen.
39 Und niemand, der vom alten trinkt,
will neuen; denn er spricht: Der alte ist
milder.

Jesus und der Sabbat

6 Und es begab sich an einem Sabbat,
daß er durch ein Kornfeld ging; und
seine Jünger rauften Ähren aus und rie-
ben sie mit den Händen und aßen.
2 Etliche aber der Pharisäer sprachen:
Warum tut ihr, was am Sabbat nicht er-
laubt ist?
3 Und Jesus antwortete und sprach zu
ihnen: Habt ihr nicht das gelesen, was
David tat, da ihn hungerte und die mit
ihm waren?
4 wie er in das Haus Gottes ging und
nahm die Schaubrote und aß und gab

auch denen, die mit ihm waren; die doch niemand durfte essen als die Priester allein?

5 Und er sprach zu ihnen: Des Menschen Sohn ist ein Herr auch über den Sabbat.

6 Es geschah aber an einem andern Sabbat, daß er ging in die Synagoge und lehrte. Und da war ein Mensch, des rechte Hand war verdorrt.

7 Aber die Schriftgelehrten und Pharisäer lauerten darauf, ob er auch heilen würde am Sabbat, auf daß sie eine Sache wider ihn fänden.

8 Er aber merkte ihre Gedanken und sprach zu dem Mann mit der verdorrten Hand: Stehe auf und tritt hervor! Und er stand auf und trat dahin.

9 Da sprach Jesus zu ihnen: Ich frage euch: Ist es recht, am Sabbat Gutes zu tun oder Böses? Leben zu erhalten oder zu verderben?

10 Und er sah sie alle umher an und sprach zu dem Menschen: Strecke deine Hand aus! Und er tat's; da ward ihm seine Hand wieder zurechtgebracht.

11 Sie aber wurden ganz unsinnig und beredeten sich miteinander, was sie Jesus tun wollten.

Berufung der zwölf Jünger

12 Es begab sich aber zu der Zeit, daß er auf einen Berg ging, zu beten; und er blieb über Nacht im Gebet zu Gott.

13 Und da es Tag ward, rief er seine Jünger und erwählte aus ihnen zwölf, welche er auch Apostel nannte:

14 Simon, welchen er auch Petrus nannte, und Andreas, seinen Bruder; Jakobus und Johannes; Philippus und Bartholomäus;

15 Matthäus und Thomas; Jakobus, des Alphäus Sohn, und Simon, genannt Zelotes;

16 Judas, des Jakobus Sohn, und Judas Ischarioth, welcher ihn hernach verriet.

17 Und er ging herab mit ihnen und trat auf ein ebenes Feld. Und es war um ihn der Haufe seiner Jünger und eine große Menge des Volks aus dem ganzen jüdischen Lande und Jerusalem und aus dem Küstenlande von Tyrus und Sidon,

18 die da gekommen waren, ihn zu hören und daß sie geheilt würden von ihren Krankheiten; und die von unsaubern Geistern umgetrieben wurden, die wurden gesund.

19 Und alles Volk begehrte, ihn anzurühren; denn es ging Kraft von ihm aus und heilte alle.

Seligpreisungen

20 Und er hob seine Augen auf über seine Jünger und sprach: Selig seid ihr Armen; denn das Reich Gottes ist euer.

21 Selig seid ihr, die ihr hier hungert; denn ihr sollt satt werden. Selig seid ihr, die ihr hier weinet; denn ihr werdet lachen.

22 Selig seid ihr, so euch die Menschen hassen und euch ausstoßen und schelten euch und verwerfen euren Namen als einen bösen um des Menschensohnes willen.

23 Freuet euch an jenem Tage und frohlocket; denn siehe, euer Lohn ist groß im Himmel. Desgleichen taten ihre Väter den Propheten auch.

Weherufe

24 Aber dagegen: Weh euch Reichen! denn ihr habt euren Trost dahin.

25 Weh euch, die ihr hier satt seid! denn euch wird hungern. Weh euch, die ihr hier lachet! denn ihr werdet weinen und heulen.

26 Weh euch, wenn euch jedermann wohlredet! Desgleichen taten ihre Väter den falschen Propheten auch.

Von der Feindesliebe

27 Aber ich sage euch, die ihr zuhöret: **Liebet eure Feinde; tut wohl denen, die euch hassen;**

28 **segnet, die euch fluchen; bittet für die, so euch beleidigen.**

29 Und wer dich schlägt auf eine Backe, dem biete die andere auch dar; und wer dir den Mantel nimmt, dem wehre auch den Rock nicht.

30 Wer dich bittet, dem gib; und wer dir das Deine nimmt, von dem fordere es nicht wieder.

31 Und **wie ihr wollt, daß euch die Leute tun sollen, also tut ihnen auch.**

32 Und wenn ihr liebet, die euch lieben, was für Dank habt ihr davon? Denn auch die Sünder lieben ihre Freunde.

33 Und wenn ihr euren Wohltätern

wohltut, was für Dank habt ihr davon?
Denn die Sünder tun dasselbe auch.
34 Und wenn ihr denen leihet, von denen
ihr hoffet zu nehmen, was für Dank habt
ihr davon? Denn die Sünder leihen den
Sündern auch, auf daß sie Gleiches wieder
nehmen.
35 Vielmehr liebet eure Feinde; tut wohl
und leihet, wo ihr nichts dafür hoffet, so
wird euer Lohn groß sein, und ihr werdet
Kinder des Allerhöchsten sein; denn er ist
gütig über die Undankbaren und Bösen.

Wider den Richtgeist

36 **Seid barmherzig, wie auch euer Vater
barmherzig ist.**
37 Und richtet nicht, so werdet ihr auch
nicht gerichtet. Verdammt nicht, so wer-
det ihr nicht verdammt. Vergebet, so wird
euch vergeben.
38 Gebet, so wird euch gegeben. Ein
voll, gedrückt, gerüttelt und überfließend
Maß wird man in euren Schoß geben;
denn eben mit dem Maß, mit dem ihr
messet, wird man euch wieder messen.
39 Er sagte ihnen aber auch ein Gleich-
nis: Kann auch ein Blinder einem Blinden
den Weg weisen? Werden sie nicht alle
beide in die Grube fallen?
40 Der Jünger ist nicht über seinen Mei-
ster; wenn der Jünger vollkommen ist, so
ist er wie sein Meister.
41 Was siehest du aber den Splitter in
deines Bruders Auge, und des Balkens in
deinem Auge wirst du nicht gewahr?
42 Wie kannst du sagen zu deinem Bru-
der: Halt still, Bruder, ich will den Splitter
aus deinem Auge ziehen, und du siehst
selbst nicht den Balken in deinem Auge?
Du Heuchler, zieh zuvor den Balken aus
deinem Auge und siehe dann zu, daß du
den Splitter aus deines Bruders Auge zie-
hest!

Vom Tun des göttlichen Willens

43 Denn es ist kein guter Baum, der
faule Frucht trage, und kein fauler Baum,
der gute Frucht trage.
44 Ein jeglicher Baum wird an seiner
eignen Frucht erkannt. Denn man liest
nicht Feigen von den Dornen, auch liest
man nicht Trauben von den Hecken.
45 Ein guter Mensch bringt Gutes her-
vor aus dem guten Schatz seines Herzens;
und ein böser Mensch bringt Böses hervor
aus dem bösen Schatz seines Herzens.
Denn wes das Herz voll ist, des geht der
Mund über.
46 Was heißt ihr mich aber Herr, Herr,
und tut nicht, was ich euch sage?
47 Wer zu mir kommt und hört meine
Rede und tut sie, den will ich euch zeigen,
wem er gleich ist.
48 Er ist gleich einem Menschen, der ein
Haus baute und grub tief und legte den
Grund auf den Fels. Da aber eine Wasser-
flut kam, da riß der Strom an dem Hause
und konnte es nicht bewegen; denn es war
wohl gebaut*.
49 Wer aber hört und nicht tut, der ist
gleich einem Menschen, der ein Haus
baute auf die Erde ohne Grund; und der
Strom riß an ihm, und es fiel alsbald ein,
und das Haus tat einen großen Sturz.

Der Hauptmann zu Kapernaum

7 Nachdem aber Jesus vor dem Volk
ausgeredet hatte, ging er nach Ka-
pernaum.
2 Und eines Hauptmanns Knecht, den
er wert hielt, lag todkrank.
3 Da er aber von Jesus hörte, sandte er
die Ältesten der Juden zu ihm und bat
ihn, daß er käme und seinen Knecht ge-
sund machte.
4 Da sie aber zu Jesus kamen, baten sie
ihn mit Fleiß und sprachen: Er ist es wert,
daß du ihm das erzeigest;
5 denn er hat unser Volk lieb, und die
Synagoge hat er uns erbaut.
6 Jesus aber ging mit ihnen hin. Als er
aber nicht mehr ferne von dem Hause war,
sandte der Hauptmann Freunde zu ihm
und ließ ihm sagen: Ach Herr, bemühe
dich nicht; ich bin nicht wert, daß du
unter mein Dach gehest;
7 darum habe ich auch mich selbst nicht
würdig geachtet, daß ich zu dir käme; son-
dern sprich ein Wort, so wird mein Knecht
gesund.
8 Denn auch ich bin ein Mensch, der
Obrigkeit untertan, und habe Kriegs-
knechte unter mir; und spreche ich zu
einem: Gehe hin! so geht er; und zum
andern: Komm her! so kommt er; und zu
meinem Knecht: Tu das! so tut er's.

*Andere Überlieferung: «denn es war auf den Fels gegründet».

9 Da aber Jesus das hörte, verwunderte er sich über ihn und wandte sich um und sprach zu dem Volk, das ihm nachfolgte: Ich sage euch: Solchen Glauben habe ich in ganz Israel nicht gefunden.

10 Und da die Boten wiederum nach Hause kamen, fanden sie den Knecht gesund.

Der Jüngling zu Nain

11 Und es begab sich danach, daß er in eine Stadt mit Namen Nain ging; und seine Jünger gingen mit ihm und viel Volks.

12 Als er aber nahe an das Stadttor kam, siehe, da trug man einen Toten heraus, der der einzige Sohn war seiner Mutter, und sie war eine Witwe; und viel Volks aus der Stadt ging mit ihr.

13 Und da sie der Herr sah, jammerte ihn derselben, und er sprach zu ihr: Weine nicht!

14 Und trat hinzu und rührte den Sarg an, und die Träger standen. Und er sprach: Jüngling, ich sage dir, stehe auf!

15 Und der Tote richtete sich auf und fing an zu reden, und er gab ihn seiner Mutter.

16 Und es kam sie alle eine Furcht an, und sie priesen Gott und sprachen: Es ist ein großer Prophet unter uns aufgestanden, und: Gott hat sein Volk heimgesucht.

17 Und diese Rede über ihn erscholl in das ganze jüdische Land und in alle umliegenden Länder.

Des Täufers Frage

18 Und es verkündigten dem Johannes seine Jünger das alles. Und Johannes rief zu sich seiner Jünger zwei

19 und sandte sie zum Herrn und ließ ihm sagen: Bist du, der da kommen soll, oder sollen wir eines andern warten?

20 Da aber diese Männer zu ihm kamen, sprachen sie: Johannes der Täufer hat uns zu dir gesandt und läßt dir sagen: Bist du, der da kommen soll, oder sollen wir eines andern warten?

21 Zu derselben Stunde aber machte er viele gesund von Krankheiten und Plagen und bösen Geistern, und vielen Blinden schenkte er das Gesicht.

22 Und Jesus antwortete und sprach zu ihnen: Gehet hin und verkündiget Johannes, was ihr gesehen und gehört habt: Blinde sehen, Lahme gehen, Aussätzige werden rein, Taube hören, Tote stehen auf, Armen wird das Evangelium gepredigt;

23 und selig ist, der nicht Ärgernis nimmt an mir.

Jesu Zeugnis über den Täufer

24 Da aber die Boten des Johannes hingingen, fing Jesus an, zu reden zu dem Volk von Johannes: Was seid ihr hinausgegangen in die Wüste zu sehen? Wolltet ihr ein Rohr sehen, das vom Winde bewegt wird?

25 Oder was seid ihr hinausgegangen zu sehen? Wolltet ihr einen Menschen sehen in weichen Kleidern? Sehet, die herrliche Kleider tragen und üppig leben, die sind an den königlichen Höfen.

26 Oder was seid ihr hinausgegangen zu sehen? Wolltet ihr einen Propheten sehen? Ja, ich sage euch: Er ist mehr als ein Prophet.

27 Er ist's, von dem geschrieben steht (Mal 3,1): «Siehe, ich sende meinen Boten vor dir her, der da bereiten soll deinen Weg vor dir.»

28 Ich sage euch, daß unter denen, die vom Weibe geboren sind, kein Größerer ist als Johannes; der aber der Kleinste ist im Reich Gottes, der ist größer als er.

29 Und alles Volk, das ihn hörte, und die Zöllner gaben Gott recht und ließen sich taufen mit der Taufe des Johannes.

30 Aber die Pharisäer und Schriftgelehrten verachteten, was Gott ihnen zugedacht hatte, und ließen sich nicht von ihm taufen.

31 Wem soll ich die Menschen dieses Geschlechts vergleichen, und wem sind sie gleich?

32 Sie sind gleich den Kindern, die auf dem Markte sitzen und rufen einander zu und sprechen: Wir haben euch aufgespielt, und ihr habt nicht getanzt; wir haben euch vorgeklagt, und ihr habt nicht geweint.

33 Denn Johannes der Täufer ist gekommen und aß nicht Brot und trank keinen Wein; so sagt ihr: Er ist besessen.

34 Des Menschen Sohn ist gekommen, ißt und trinkt; so sagt ihr: Siehe, der Mensch ist ein Fresser und Weinsäufer, der Zöllner und Sünder Freund!

35 Und doch ist die Weisheit gerechtfertigt worden von allen ihren Kindern.

Jesu Salbung durch die Sünderin

36 Es bat ihn aber der Pharisäer einer, daß er mit ihm äße. Und er ging hinein in des Pharisäers Haus und setzte sich zu Tisch.
37 Und siehe, eine Frau war in der Stadt, die war eine Sünderin. Da die vernahm, daß er zu Tische saß in des Pharisäers Hause, brachte sie ein Glas mit Salbe
38 und trat hinten zu seinen Füßen und weinte und fing an, seine Füße zu netzen mit Tränen und mit den Haaren ihres Hauptes zu trocknen, und küßte seine Füße und salbte sie mit Salbe.
39 Da aber das der Pharisäer sah, der ihn geladen hatte, sprach er bei sich selbst und sagte: Wenn dieser ein Prophet wäre, so wüßte er, wer und welch eine Frau das ist, die ihn anrührt; denn sie ist eine Sünderin.
40 Jesus antwortete und sprach zu ihm: Simon, ich habe dir etwas zu sagen. Er aber sprach: Meister, sage an.
41 Es hatte ein Gläubiger zwei Schuldner. Einer war schuldig fünfhundert Silbergroschen, der andere fünfzig.
42 Da sie aber nicht hatten, zu bezahlen, schenkte er's beiden. Sage an, welcher unter denen wird ihn am meisten lieben?
43 Simon antwortete und sprach: Ich achte, dem er am meisten geschenkt hat. Er aber sprach zu ihm: Du hast recht geurteilt.
44 Und er wandte sich zu der Frau und sprach zu Simon: Siehst du dies Weib? Ich bin gekommen in dein Haus; du hast mir nicht Wasser gegeben für meine Füße; diese aber hat meine Füße mit Tränen genetzt und mit den Haaren ihres Hauptes getrocknet.
45 Du hast mir keinen Kuß gegeben; diese aber, nachdem ich hereingekommen bin, hat nicht abgelassen, meine Füße zu küssen.
46 Du hast mein Haupt nicht mit Öl gesalbt; sie aber hat meine Füße mit Salbe gesalbt.
47 Derhalben sage ich dir: **Ihr sind viele Sünden vergeben, darum hat sie mir viel Liebe erzeigt; wem aber wenig vergeben wird, der liebt wenig.**
48 Und er sprach zu ihr: Dir sind deine Sünden vergeben.
49 Da fingen an die mit zu Tische saßen und sprachen bei sich selbst: Wer ist dieser, der auch die Sünden vergibt?
50 Er aber sprach zu der Frau: **Dein Glaube hat dir geholfen; gehe hin in Frieden!**

Nachfolgerinnen Jesu

8 Und es begab sich danach, daß er reiste durch Städte und Dörfer und predigte und verkündigte das Evangelium vom Reich Gottes; und die Zwölf waren mit ihm,
2 dazu etliche Frauen, die er gesund gemacht hatte von bösen Geistern und Krankheiten, nämlich Maria, die da Magdalena heißt, von welcher waren sieben Geister ausgefahren,
3 und Johanna, die Frau des Chusa, eines Verwalters des Herodes, und Susanna und viele andere, die ihnen Handreichung taten von ihrer Habe.

Vom Säemann. Sinn der Gleichnisse

4 Da nun viel Volks beieinander war und sie aus den Städten zu ihm eilten, sprach er durch ein Gleichnis:
5 Es ging ein Säemann aus, zu säen seinen Samen. Und indem er säte, fiel etliches an den Weg und ward zertreten, und die Vögel unter dem Himmel fraßen's auf.
6 Und etliches fiel auf den Fels; und da es aufging, verdorrte es, darum daß es nicht Saft hatte.
7 Und etliches fiel mitten unter die Dornen; und die Dornen gingen mit auf und erstickten's.
8 Und etliches fiel auf ein gutes Land; und es ging auf und trug hundertfältige Frucht. Da er das sagte, rief er: Wer Ohren hat, zu hören, der höre!
9 Es fragten ihn aber seine Jünger und sprachen, was dies Gleichnis wäre.
10 Er aber sprach: Euch ist's gegeben, zu wissen die Geheimnisse des Reiches Gottes, den andern aber in Gleichnissen, auf daß sie es nicht sehen, ob sie es schon sehen, und nicht verstehen, ob sie es schon hören.
11 Das Gleichnis aber ist dies: Der Same ist das Wort Gottes.
12 Die aber an dem Wege sind, das

sind, die es hören; danach kommt der Teufel und nimmt das Wort von ihrem Herzen, auf daß sie nicht glauben und selig werden.

13 Die aber auf dem Fels sind die: wenn sie es hören, nehmen sie das Wort mit Freuden an. Doch sie haben nicht Wurzel; eine Zeitlang glauben sie, und zu der Zeit der Anfechtung fallen sie ab.

14 Das aber unter die Dornen fiel, sind die, die es hören und gehen hin unter den Sorgen, Reichtum und Freuden des Lebens und ersticken und bringen keine Frucht.

15 **Das aber auf dem guten Land sind, die das Wort hören und behalten in einem feinen, guten Herzen und bringen Frucht in Geduld.**

Gleichnis vom Licht. Vom rechten Hören

16 Niemand zündet ein Licht an und bedeckt es mit einem Gefäß oder setzt es unter eine Bank; sondern er setzt es auf einen Leuchter, auf daß, wer hineingeht, das Licht sehe.

17 Denn es ist nichts verborgen, was nicht offenbar werde, auch nichts Heimliches, was nicht kund werde und an den Tag komme.

18 So sehet nun darauf, wie ihr zuhöret. Denn wer da hat, dem wird gegeben; wer aber nicht hat, dem wird auch das genommen, was er meint zu haben.

Jesu wahre Verwandte

19 Es gingen aber hinzu seine Mutter und Brüder und konnten vor dem Volk nicht zu ihm kommen.

20 Und es ward ihm angesagt: Deine Mutter und deine Brüder stehen draußen und wollen dich sehen.

21 Er aber antwortete und sprach zu ihnen: Meine Mutter und meine Brüder sind diese, die Gottes Wort hören und tun.

Stillung des Sturmes

22 Und es begab sich an der Tage einem, daß er in ein Schiff trat samt seinen Jüngern; und er sprach zu ihnen: Laßt uns über den See fahren. Und sie stießen vom Lande.

23 Und da sie fuhren, schlief er ein. Und es kam ein Windwirbel auf den See, und die Wellen füllten das Schiff, und sie standen in großer Gefahr.

24 Da traten sie zu ihm und weckten ihn auf und sprachen: Meister, Meister, wir verderben! Da stand er auf und bedrohte den Wind und die Wogen des Wassers; und es ließ ab, und ward eine Stille.

25 Er sprach aber zu ihnen: Wo ist euer Glaube? Sie fürchteten sich aber und verwunderten sich und sprachen untereinander: Wer ist dieser? Selbst dem Wind und dem Wasser gebietet er, und sie sind ihm gehorsam.

Heilung des besessenen Geraseners

26 Und sie fuhren weiter in die Gegend der Gerasener, welche ist Galiläa gegenüber.

27 Und als er ans Land trat, begegnete ihm ein Mann aus der Stadt, der hatte böse Geister und tat von langer Zeit her keine Kleider an und blieb in keinem Hause, sondern in den Grabhöhlen.

28 Da er aber Jesus sah, schrie er auf und fiel vor ihm nieder und rief laut und sprach: Was willst du von mir, Jesu, du Sohn Gottes, des Allerhöchsten? Ich bitte dich, du wollest mich nicht quälen.

29 Denn er gebot dem unsaubern Geist, daß er von dem Menschen ausführe. Denn er hatte ihn lange Zeit geplagt, und er ward mit Ketten und Fesseln gebunden und gefangen gehalten und zerriß seine Bande und ward getrieben von dem bösen Geist in die Einöde.

30 Und Jesus fragte ihn und sprach: Wie heißest du? Er sprach: Legion. Denn es waren viele böse Geister in ihn gefahren.

31 Und sie baten ihn, daß er sie nicht hieße in die Hölle fahren.

32 Es war aber daselbst eine große Herde Säue auf der Weide an dem Berge. Und sie baten ihn, daß er ihnen erlaubte, in sie zu fahren. Und er erlaubte es ihnen.

33 Da fuhren die bösen Geister aus von dem Menschen und fuhren in die Säue; und die Herde stürzte sich von dem Abhang in den See und ersoff.

34 Da aber die Hirten sahen, was da geschah, flohen sie und verkündeten's in der Stadt und in den Dörfern.

35 Da gingen sie hinaus, zu sehen, was da geschehen war, und kamen zu Jesus und fanden den Menschen, von welchem die bösen Geister ausgefahren waren,

sitzend zu den Füßen Jesu, bekleidet und vernünftig, und erschraken.

36 Und die es gesehen hatten, verkündeten's ihnen, wie der Besessene war gesund geworden.

37 Und es bat ihn die ganze Menge aus dem umliegenden Lande der Gerasener, daß er von ihnen ginge; denn es war sie eine große Furcht angekommen. Und er trat in das Schiff und wandte wieder um.

38 Es bat ihn aber der Mann, von dem die bösen Geister ausgefahren waren, daß er bei ihm sein dürfte. Aber Jesus ließ ihn von sich und sprach:

39 Gehe wieder heim und sage, wie große Dinge dir Gott getan hat. Und er ging hin und verkündigte durch die ganze Stadt, wie große Dinge ihm Jesus getan hatte.

Des Jairus Tochter. Blutflüssige Frau

40 Und es begab sich, da Jesus wiederkam, nahm ihn das Volk auf mit Freuden; denn sie warteten alle auf ihn.

41 Und siehe, da kam ein Mann mit Namen Jairus, der ein Oberster der Synagoge war, und fiel Jesus zu den Füßen und bat ihn, daß er möchte in sein Haus kommen;

42 denn er hatte eine einzige Tochter von etwa zwölf Jahren, die lag in den letzten Zügen. Und da er hinging, umdrängte ihn das Volk.

43 Und eine Frau hatte den Blutfluß zwölf Jahre gehabt; die ⟨hatte alle ihre Nahrung an die Ärzte gewandt und⟩ konnte von niemand geheilt werden.

44 Die trat hinzu von hinten und rührte seines Kleides Saum an; und alsbald stand ihr Blutfluß.

45 Und Jesus sprach: Wer hat mich angerührt? Da sie aber alle leugneten, sprach Petrus: Meister, das Volk drängt und drückt dich.

46 Jesus aber sprach: Es hat mich jemand angerührt; denn ich fühlte, daß eine Kraft von mir gegangen ist.

47 Da aber die Frau sah, daß es nicht verborgen war, kam sie mit Zittern und fiel vor ihm nieder und verkündete vor allem Volk, aus welcher Ursache sie ihn hätte angerührt, und wie sie wäre alsbald gesund geworden.

48 Er aber sprach zu ihr: Meine Tochter, dein Glaube hat dir geholfen. Gehe hin in Frieden!

49 Da er noch redete, kam einer vom Gesinde des Obersten der Synagoge und sprach zu ihm: Deine Tochter ist gestorben; bemühe den Meister nicht.

50 Da aber Jesus das hörte, antwortete er ihm: Fürchte dich nicht; glaube nur, so wird sie gesund!

51 Da er aber in das Haus kam, ließ er niemand mit hineingehen als Petrus und Johannes und Jakobus und des Kindes Vater und Mutter.

52 Sie weinten aber alle und klagten um sie. Er aber sprach: Weinet nicht! Sie ist nicht gestorben, sondern sie schläft.

53 Und sie verlachten ihn, denn sie wußten wohl, daß sie gestorben war.

54 Er aber nahm sie bei der Hand und rief und sprach: Kind, stehe auf!

55 Und ihr Geist kam wieder, und sie stand alsbald auf. Und er befahl, man sollte ihr zu essen geben.

56 Und ihre Eltern entsetzten sich. Er aber gebot ihnen, daß sie niemand sagten, was geschehen war.

Aussendung der zwölf Jünger

9 Er rief aber die Zwölf zusammen und gab ihnen Gewalt und Vollmacht über alle bösen Geister und daß sie Krankheiten heilen konnten,

2 und sandte sie aus, zu predigen das Reich Gottes und zu heilen.

3 Und sprach zu ihnen: Ihr sollt nichts mit euch nehmen auf den Weg, weder Stab noch Tasche noch Brot noch Geld; es soll auch einer nicht zwei Röcke haben.

4 Und wenn ihr in ein Haus gehet, da bleibet, bis ihr von dannen weiterziehet.

5 Und wenn sie euch nicht aufnehmen, so gehet aus derselben Stadt und schüttelt den Staub von euren Füßen zu einem Zeugnis wider sie.

6 Und sie gingen hinaus und durchzogen die Dörfer, predigten das Evangelium und machten gesund allenthalben.

Herodes und Jesus

7 Es kam aber vor Herodes, den Vierfürsten, alles, was geschah; und er ward unruhig, weil von etlichen gesagt ward: Johannes ist von den Toten auferstanden;

8 von etlichen aber: Elia ist erschienen; von etlichen aber: Es ist der alten Propheten einer auferstanden.

9 Und Herodes sprach: Johannes, den
habe ich enthauptet; wer ist aber dieser,
von dem ich solches höre? Und begehrte
ihn zu sehen.

Speisung der Fünftausend

10 Und die Apostel kamen wieder und er-
zählten ihm, wie große Dinge sie getan hat-
ten. Und er nahm sie zu sich und entwich
abseits in eine Stadt, die da heißt Bethsaida.
11 Da das Volk des inneward, zog es
ihm nach. Und er ließ sie zu sich und
sagte ihnen vom Reich Gottes und machte
gesund, die es bedurften.
12 Aber der Tag fing an, sich zu neigen.
Da traten zu ihm die Zwölf und sprachen
zu ihm: Laß das Volk von dir, daß sie hin-
gehen in die Dörfer umher und in die
Höfe, daß sie Herberge und Speise finden;
denn wir sind hier in der Einöde.
13 Er aber sprach zu ihnen: Gebt ihr
ihnen zu essen. Sie sprachen: Wir haben
nicht mehr als fünf Brote und zwei Fische;
es sei denn, daß wir hingehen sollen und
Speise kaufen für dies ganze Volk;
14 denn es waren bei fünftausend Mann.
Er sprach aber zu seinen Jüngern: Lasset
sie sich setzen in Gruppen, je fünfzig und
fünfzig.
15 Und sie taten also und ließen alle sich
lagern.
16 Da nahm er die fünf Brote und zwei
Fische und sah auf gen Himmel und
dankte darüber, brach sie und gab sie den
Jüngern, daß sie dem Volk vorlegten.
17 Und sie aßen und wurden alle satt;
und es wurde aufgehoben, was ihnen
übrigblieb von Brocken, zwölf Körbe.

Bekenntnis des Petrus.
Erste Leidensankündigung

18 Und es begab sich, da er allein war
und betete und nur seine Jünger bei ihm
waren, fragte er sie und sprach: Wer
sagen die Leute, daß ich sei?
19 Sie antworteten und sprachen: Sie
sagen, du seiest Johannes der Täufer; et-
liche aber, du seiest Elia; etliche aber, es
sei der alten Propheten einer auferstanden.
20 Er aber sprach zu ihnen: Wer saget
ihr aber, daß ich sei? Da antwortete Petrus
und sprach: **Du bist der Christus Gottes!**
21 Und er bedrohte sie und gebot, daß
sie das niemand sagten,
22 und sprach: Des Menschen Sohn
muß viel leiden und verworfen werden von
den Ältesten und Hohenpriestern und
Schriftgelehrten und getötet werden und
am dritten Tage auferstehen.

Über die rechte Nachfolge

23 Da sprach er zu ihnen allen: **Wer mir
folgen will, der verleugne sich selbst und
nehme sein Kreuz auf sich täglich und folge
mir nach.**
24 **Denn wer sein Leben erhalten will, der
wird es verlieren; wer aber sein Leben ver-
liert um meinetwillen, der wird's erhalten.**
25 **Denn welchen Nutzen hätte der
Mensch, ob er die ganze Welt gewönne und
verlöre sich selbst oder nähme Schaden an
sich selbst?**
26 Wer sich aber mein und meiner Wor-
te schämt, des wird sich des Menschen
Sohn auch schämen, wenn er kommen
wird in seiner Herrlichkeit und seines Va-
ters und der heiligen Engel.
27 Ich sage euch aber wahrlich: Es sind
etliche von denen, die hier stehen, die wer-
den den Tod nicht schmecken, bis daß
sie das Reich Gottes sehen.

Verklärung Jesu

28 Und es begab sich nach diesen Reden
bei acht Tagen, daß er zu sich nahm Pe-
trus, Johannes und Jakobus und ging auf
einen Berg, zu beten.
29 Und da er betete, ward das Aussehen
seines Angesichts anders, und sein Kleid
ward weiß und glänzte.
30 Und siehe, zwei Männer redeten mit
ihm, welche waren Mose und Elia;
31 die erschienen verklärt und redeten
von dem Ausgang, welchen er erfüllen
sollte zu Jerusalem.
32 Petrus aber und die mit ihm waren,
waren voll Schlafs. Da sie aber aufwach-
ten, sahen sie, wie er verklärt war und die
zwei Männer bei ihm standen.
33 Und es begab sich, da die von ihm
schieden, sprach Petrus zu Jesus: Meister,
hier ist für uns gut sein! Lasset uns drei
Hütten machen, dir eine, Mose eine und
Elia eine. Und er wußte nicht, was er
redete.
34 Da er aber solches redete, kam eine
Wolke und überschattete sie; und sie er-
schraken, da sie die Wolke überzog.

35 Und es geschah eine Stimme aus der Wolke, die sprach: **Dieser ist mein auserwählter Sohn; den sollt ihr hören!**

36 Und als die Stimme geschah, fanden sie Jesus allein. Und sie verschwiegen es und verkündigten niemand in jenen Tagen, was sie gesehen hatten.

Heilung des fallsüchtigen Knaben

37 Es begab sich aber den Tag hernach, da sie von dem Berge kamen, kam ihnen entgegen viel Volks.

38 Und siehe, ein Mann unter dem Volk rief und sprach: Meister, ich bitte dich, sieh doch nach meinem Sohn; denn er ist mein einziger Sohn.

39 Siehe, ein Geist ergreift ihn, daß er plötzlich aufschreit, und reißt ihn hin und her, daß er schäumt, und weicht kaum mehr von ihm, wenn er ihn so zurichtet.

40 Und ich habe deine Jünger gebeten, daß sie ihn austrieben, und sie konnten nicht.

41 Da antwortete Jesus und sprach: O du ungläubiges und verkehrtes Geschlecht, wie lange soll ich bei euch sein und euch dulden? Bringe deinen Sohn her!

42 Und da er zu ihm kam, riß ihn der böse Geist und zerrte ihn. Jesus aber bedrohte den unsaubern Geist und machte den Knaben gesund und gab ihn seinem Vater wieder.

43 Und sie entsetzten sich alle über Gottes große Macht.

Zweite Leidensankündigung

Da sie sich aber alle verwunderten über alles, was er tat, sprach er zu seinen Jüngern:

44 Nehmet zu Ohren diese Rede: Des Menschen Sohn muß überantwortet werden in der Menschen Hände.

45 Aber das Wort verstanden sie nicht, und es war vor ihnen verborgen, so daß sie es nicht begriffen. Und sie fürchteten sich, ihn zu fragen um dieses Wort.

Wider Ehrgeiz und Unduldsamkeit

46 Es kam aber der Gedanke unter sie, welcher unter ihnen der Größte wäre.

47 Da aber Jesus den Gedanken ihres Herzens erkannte, nahm er ein Kind und stellte es neben sich

48 und sprach zu ihnen: Wer dies Kind aufnimmt in meinem Namen, der nimmt mich auf; und wer mich aufnimmt, der nimmt den auf, der mich gesandt hat. Denn wer der Kleinste ist unter euch allen, der ist groß.

49 Da hob Johannes an und sprach: Meister, wir sahen einen, der trieb böse Geister aus in deinem Namen; und wir wehrten ihm, denn er folgt dir nicht mit uns.

50 Und Jesus sprach zu ihm: Wehret ihm nicht! Denn wer nicht wider euch ist, der ist für euch.

Aufbruch nach Jerusalem

51 Es begab sich aber, da die Zeit erfüllt war, daß er sollte von hinnen genommen werden, wendete er sein Angesicht, stracks nach Jerusalem zu wandern.

52 Und er sandte Boten vor sich hin; die gingen hin und kamen in ein Dorf der Samariter, daß sie ihm Herberge bestellten.

53 Und sie nahmen ihn nicht auf, darum daß er sein Angesicht gewendet hatte, zu wandern nach Jerusalem.

54 Da aber das seine Jünger Jakobus und Johannes sahen, sprachen sie: Herr, willst du, so wollen wir sagen, daß Feuer vom Himmel falle und verzehre sie, ⟨wie auch Elia tat⟩.

55 Jesus aber wandte sich und bedrohte sie ⟨und sprach: Wisset ihr nicht, welches Geistes Kinder ihr seid?

56 Des Menschen Sohn ist nicht gekommen, der Menschen Seelen zu verderben, sondern zu erhalten⟩.

57 Und sie gingen in ein andres Dorf.

Vom Ernst der Nachfolge

Es begab sich aber, da sie auf dem Wege waren, sprach einer zu ihm: Ich will dir folgen, wo du hingehst.

58 Und Jesus sprach zu ihm: **Die Füchse haben Gruben, und die Vögel unter dem Himmel haben Nester; aber des Menschen Sohn hat nicht, wo er sein Haupt hinlege.**

59 Und er sprach zu einem andern: Folge mir nach! Der sprach aber: Erlaube mir, daß ich zuvor hingehe und meinen Vater begrabe.

60 Aber Jesus sprach zu ihm: **Laß die Toten ihre Toten begraben; gehe du aber hin und verkündige das Reich Gottes!**

61 Und ein andrer sprach: Herr, ich will
dir nachfolgen; aber erlaube mir zuvor,
daß ich Abschied nehme von denen, die
in meinem Hause sind.
62 Jesus aber sprach zu ihm: **Wer seine
Hand an den Pflug legt und sieht zurück, der
ist nicht geschickt zum Reich Gottes.**

Aussendung der siebzig Jünger

10 Danach sonderte der Herr andere
siebzig aus und sandte sie je zwei
und zwei vor sich her in alle Städte und
Orte, da er wollte hinkommen,
2 und sprach zu ihnen: **Die Ernte ist
groß, der Arbeiter aber sind wenige. Bittet
den Herrn der Ernte, daß er Arbeiter aus-
sende in seine Ernte.**
3 Gehet hin; siehe, ich sende euch wie
Lämmer mitten unter die Wölfe.
4 Tragt keinen Beutel noch Tasche noch
Schuhe und begrüßt niemand unterwegs.
5 Wenn ihr in ein Haus kommt, so
sprecht zuerst: Friede sei diesem Hause!
6 Und wenn daselbst wird ein Kind des
Friedens sein, so wird euer Friede auf ihm
ruhen; wo aber nicht, so wird sich euer
Friede wieder zu euch wenden.
7 In demselben Hause aber bleibet, es-
set und trinket, was man euch gibt; denn
der Arbeiter ist seines Lohnes wert. Ihr
sollt nicht von einem Hause zum andern
gehen.
8 Und wo ihr in eine Stadt kommt und
sie euch aufnehmen, da esset, was euch
wird vorgesetzt,
9 und heilet die Kranken, die daselbst
sind, und saget ihnen: Das Reich Gottes
ist nahe zu euch gekommen.
10 Wenn ihr aber in eine Stadt kommt,
in der sie euch nicht aufnehmen, so geht
heraus auf ihre Gassen und sprecht:
11 Auch den Staub, der sich an unsere
Füße gehängt hat von eurer Stadt, schüt-
teln wir ab auf euch; doch sollt ihr wissen,
daß euch das Reich Gottes nahe gewesen
ist.
12 Ich sage euch: Es wird Sodom erträg-
licher gehen an jenem Tage als solcher
Stadt.

Weherufe über galiläische Städte

13 Weh dir, Chorazin! Weh dir, Beth-
saida! Denn wären solche Taten zu Tyrus
und Sidon geschehen, die bei euch ge-
schehen sind, sie hätten längst in Sack und
Asche gesessen und Buße getan.
14 Doch es wird Tyrus und Sidon er-
träglicher gehen im Gericht als euch.
15 Und du, Kapernaum, wirst du bis
zum Himmel erhoben? In die Hölle wirst
du hinuntergestoßen werden.
16 Wer euch hört, der hört mich; und
wer euch verachtet, der verachtet mich;
wer aber mich verachtet, der verachtet
den, der mich gesandt hat.

Jesu Jubelruf

17 Die Siebzig aber kamen wieder mit
Freuden und sprachen: Herr, es sind uns
auch die bösen Geister untertan in deinem
Namen.
18 Er sprach aber zu ihnen: Ich sah den
Satan vom Himmel fallen wie einen Blitz.
19 Sehet, ich habe euch Vollmacht ge-
geben, zu treten auf Schlangen und Skor-
pione, und über alle Gewalt des Feindes;
und nichts wird euch schaden.
20 Doch darüber freuet euch nicht, daß
euch die Geister untertan sind. **Freuet
euch aber, daß eure Namen im Himmel ge-
schrieben sind.**
21 Zu der Stunde frohlockte Jesus im
heiligen Geist und sprach: Ich preise dich,
Vater und Herr Himmels und der Erde,
daß du solches den Weisen und Klugen
verborgen hast und hast es den Unmündi-
gen offenbart. Ja, Vater, so war es wohl-
gefällig vor dir.
22 Es ist mir alles übergeben von mei-
nem Vater. Und niemand weiß, wer der
Sohn sei, denn nur der Vater; noch wer
der Vater sei, denn nur der Sohn und
wem es der Sohn will offenbaren.
23 Und er wandte sich zu seinen Jün-
gern besonders und sprach: Selig sind die
Augen, die da sehen, was ihr sehet.
24 Denn ich sage euch: Viele Propheten
und Könige wollten sehen, was ihr sehet,
und haben's nicht gesehen, und hören,
was ihr höret, und haben's nicht gehört.

Vom barmherzigen Samariter

25 Und siehe, da stand ein Schriftge-
lehrter auf, versuchte ihn und sprach:
Meister, was muß ich tun, daß ich das
ewige Leben ererbe?
26 Er aber sprach zu ihm: Was steht im
Gesetz geschrieben? Wie liesest du?

27 Er antwortete und sprach: «**Du sollst Gott, deinen Herrn, lieben von ganzem Herzen, von ganzer Seele, von allen Kräften und von ganzem Gemüte und deinen Nächsten wie dich selbst**» (5. Mose 6,5; 3. Mose 19,18).

28 Er aber sprach zu ihm: Du hast recht geantwortet; tue das, so wirst du leben.

29 Er aber wollte sich selbst rechtfertigen und sprach zu Jesus: Wer ist denn mein Nächster?

30 Da antwortete Jesus und sprach: Es war ein Mensch, der ging von Jerusalem hinab nach Jericho und fiel unter die Räuber; die zogen ihn aus und schlugen ihn und gingen davon und ließen ihn halbtot liegen.

31 Es begab sich aber von ungefähr, daß ein Priester dieselbe Straße hinabzog; und da er ihn sah, ging er vorüber.

32 Desgleichen auch ein Levit; da er kam zu der Stätte und sah ihn, ging er vorüber.

33 Ein Samariter aber reiste und kam dahin; und da er ihn sah, jammerte ihn sein,

34 ging zu ihm, goß Öl und Wein auf seine Wunden und verband sie ihm und hob ihn auf sein Tier und führte ihn in eine Herberge und pflegte sein.

35 Des andern Tages zog er heraus zwei Silbergroschen und gab sie dem Wirte und sprach zu ihm: Pflege sein, und so du was mehr wirst dartun, will ich dir's bezahlen, wenn ich wiederkomme.

36 Welcher dünkt dich, der unter diesen dreien der Nächste sei gewesen dem, der unter die Räuber gefallen war?

37 Er sprach: Der die Barmherzigkeit an ihm tat. Da sprach Jesus zu ihm: So gehe hin und tue desgleichen!

Maria und Martha

38 Es begab sich aber, da sie weiterzogen, kam er in ein Dorf. Da war eine Frau mit Namen Martha, die nahm ihn auf in ihr Haus.

39 Und sie hatte eine Schwester, die hieß Maria; die setzte sich zu Jesu Füßen und hörte seiner Rede zu.

40 Martha aber machte sich viel zu schaffen, ihm zu dienen. Und sie trat hinzu und sprach: Herr, fragst du nicht danach, daß mich meine Schwester läßt allein dienen? Sage ihr doch, daß sie es auch angreife!

41 Der Herr aber antwortete und sprach zu ihr: Martha, Martha, du hast viel Sorge und Mühe.

42 **Eins aber ist not. Maria hat das gute Teil erwählt; das soll nicht von ihr genommen werden.***

Jesus lehrt beten

11 Und es begab sich, daß er war an einem Ort und betete. Und da er aufgehört hatte, sprach seiner Jünger einer zu ihm: Herr, lehre uns beten, wie auch Johannes seine Jünger lehrte.

2 Er aber sprach zu ihnen: Wenn ihr betet, so sprecht:

Unser Vater im Himmel!
Dein Name werde geheiligt.
Dein Reich komme.
Dein Wille geschehe auf Erden wie im Himmel.

3 **Gib uns unser täglich Brot immerdar.**

4 **Und vergib uns unsre Sünden; denn auch wir vergeben allen, die uns schuldig sind.**
Und führe uns nicht in Versuchung, sondern erlöse uns von dem Übel.*

Der bittende Freund

5 Und er sprach zu ihnen: Welcher ist unter euch, der einen Freund hat und ginge zu ihm um Mitternacht und spräche zu ihm: Lieber Freund, leihe mir drei Brote;

6 denn es ist mein Freund zu mir gekommen auf der Reise, und ich habe nicht, was ich ihm vorlege.

7 Und der drinnen würde antworten und sprechen: Mach mir keine Unruhe! Die Tür ist schon zugeschlossen, und meine Kindlein sind bei mir in der Kammer; ich kann nicht aufstehen und dir geben.

8 Ich sage euch: Und ob er nicht aufsteht und gibt ihm, darum daß er sein Freund ist, so wird er doch um seines unverschämten Drängens willen aufstehen und ihm geben, wieviel er bedarf.

*Vers 41 und 42 Andere Überlieferung: «Martha, Martha, du hast Sorge und Mühe um vielerlei; aber nur weniges, ja nur *eins* ist not. Maria ...» usw.

*Vers 2-4 Andere Überlieferung: «Vater, dein Name werde geheiligt. Dein Reich komme. Gib uns unser täglich Brot immerdar. Und vergib uns unsre Sünden; denn auch wir vergeben allen, die uns schuldig sind. Und führe uns nicht in Versuchung.»

9 Und ich sage euch auch: **Bittet, so wird euch gegeben; suchet, so werdet ihr finden; klopfet an, so wird euch aufgetan.**

10 Denn wer da bittet, der empfängt; und wer da sucht, der findet; und wer da anklopft, dem wird aufgetan.

11 Wo bittet unter euch ein Sohn den Vater ⟨ums Brot, der ihm einen Stein dafür biete? Und so er ihn bittet⟩ um einen Fisch, der ihm eine Schlange für den Fisch biete?

12 oder, so er um ein Ei bittet, der ihm einen Skorpion dafür biete?

13 So denn ihr, die ihr arg seid, könnt euren Kindern gute Gaben geben, wieviel mehr wird der Vater im Himmel den heiligen Geist geben denen, die ihn bitten!

Jesu Macht über die bösen Geister

14 Und er trieb einen bösen Geist aus, der war stumm. Und es geschah, als der Geist ausfuhr, da redete der Stumme. Und das Volk verwunderte sich.

15 Etliche aber unter ihnen sprachen: Er treibt die bösen Geister aus durch Beelzebub, ihren Obersten.

16 Andere aber versuchten ihn und begehrten von ihm ein Zeichen vom Himmel.

17 Er aber erkannte ihre Gedanken und sprach zu ihnen: Ein jegliches Reich, wenn es mit sich selbst uneins wird, das wird wüste, und ein Haus fällt über das andre.

18 Ist aber der Satan auch mit sich selbst uneins, wie will sein Reich bestehen? weil ihr saget, ich treibe die bösen Geister aus durch Beelzebub.

19 Wenn aber ich die Geister durch Beelzebub austreibe, durch wen treiben eure Söhne sie aus? Darum werden sie eure Richter sein.

20 Wenn ich aber durch Gottes Finger die bösen Geister austreibe, so ist ja das Reich Gottes zu euch gekommen.

21 Wenn ein Starker gewappnet seinen Palast bewacht, so bleibt das Seine in Frieden.

22 Wenn aber ein Stärkerer über ihn kommt und überwindet ihn, so nimmt er ihm seinen Harnisch, darauf er sich verließ, und teilt den Raub aus.

23 **Wer nicht mit mir ist, der ist wider mich; und wer nicht mit mir sammelt, der zerstreut.**

24 Wenn der unsaubere Geist von dem Menschen ausfährt, so durchwandelt er dürre Stätten, sucht Ruhe und findet sie nicht; so spricht er: Ich will wieder umkehren in mein Haus, daraus ich gegangen bin.

25 Und wenn er kommt, so findet er's gekehrt und geschmückt.

26 Dann geht er hin und nimmt sieben andere Geister zu sich, die ärger sind als er selbst; und wenn sie hineinkommen, wohnen sie da, und es wird hernach mit demselben Menschen ärger als zuvor.

Wort über Jesu Mutter

27 Und es begab sich, da er solches redete, erhob eine Frau im Volk die Stimme und sprach zu ihm: Selig ist der Leib, der dich getragen hat, und die Brüste, die du gesogen hast.

28 Er aber sprach: Ja, **selig sind, die das Wort Gottes hören und bewahren.**

Wider die Zeichenforderung

29 Das Volk aber drängte herzu. Da fing er an und sagte: Dies Geschlecht ist ein arges Geschlecht; es begehrt ein Zeichen, und es wird ihm kein Zeichen gegeben denn nur das Zeichen des Jona.

30 Denn wie Jona ein Zeichen war den Niniviten, so wird es auch des Menschen Sohn sein diesem Geschlecht.

31 Die Königin vom Süden wird auftreten im Jüngsten Gericht mit den Leuten dieses Geschlechts und wird sie verdammen; denn sie kam von der Welt Ende, zu hören die Weisheit Salomos. Und siehe, hier ist mehr als Salomo.

32 Die Leute von Ninive werden auftreten im Gericht mit diesem Geschlecht und werden's verdammen; denn sie taten Buße nach der Predigt des Jona. Und siehe, hier ist mehr als Jona.

Vom Licht und vom Auge

33 Niemand zündet ein Licht an und setzt es in einen Winkel, auch nicht unter einen Scheffel, sondern auf den Leuchter, auf daß, wer hineingeht, den Schein sehe.

34 Dein Auge ist des Leibes Leuchte. Wenn nun dein Auge lauter ist, so ist dein ganzer Leib licht; wenn aber dein Auge böse ist, so ist auch dein Leib finster.

35 So schaue darauf, daß nicht das Licht in dir Finsternis sei.

36 Wenn nun dein Leib ganz licht ist,
daß er kein Stück von Finsternis hat,
dann wird er so licht sein, wie wenn ein
Licht mit hellem Blitz dich erleuchtet.

Wider die Pharisäer und Schriftgelehrten

37 Als er noch redete, bat ihn ein Phari-
säer, daß er mit ihm das Mittagsmahl
äße. Und er ging hinein und setzte sich zu
Tische.

38 Da das der Pharisäer sah, verwun-
derte er sich, daß er die Waschung vor
dem Essen unterlassen hatte.

39 Der Herr aber sprach zu ihm: Ihr
Pharisäer haltet die Becher und Schüsseln
auswendig rein; aber euer Inwendiges ist
voll Raub und Bosheit.

40 Ihr Narren, hat nicht der, der das
Auswendige geschaffen hat, auch das In-
wendige geschaffen?

41 Gebt doch zum Almosen das, was
inwendig ist, siehe, so habt ihr alles rein.

42 Aber weh euch Pharisäern, daß ihr
verzehntet die Minze und Raute und allen
Kohl, und geht vorbei an dem Gericht
und an der Liebe Gottes! Dies sollte man
tun und jenes nicht lassen.

43 Weh euch Pharisäern, daß ihr gerne
obenan sitzet in den Synagogen und wollt
gegrüßet sein auf dem Markte!

44 Weh euch, daß ihr seid wie die ver-
deckten Gräber, darüber die Leute laufen
und wissen es nicht!

45 Da antwortete einer von den Schrift-
gelehrten und sprach zu ihm: Meister,
mit diesen Worten schmähest du uns auch.

46 Er aber sprach: Und weh auch euch
Schriftgelehrten! denn ihr beladet die
Menschen mit unerträglichen Lasten, und
ihr selbst rühret sie nicht mit einem Fin-
ger an.

47 Weh euch! denn ihr bauet den Pro-
pheten Grabmäler; eure Väter aber haben
sie getötet.

48 So bezeuget ihr und billigt eurer
Väter Werke; denn sie töteten sie, und ihr
bauet ihnen Grabmäler.

49 Darum spricht die Weisheit Gottes:
Ich will Propheten und Apostel zu ihnen
senden, und deren etliche werden sie
töten und verfolgen,

50 auf daß gefordert werde von diesem
Geschlecht aller Propheten Blut, das ver-
gossen ist, seit der Welt Grund gelegt ist,

51 von Abels Blut an bis auf das Blut des
Zacharias, der umkam zwischen dem Al-
tar und Tempel. Ja, ich sage euch: Es wird
gefordert werden von diesem Geschlecht.

52 Weh euch Schriftgelehrten! denn ihr
habt den Schlüssel der Erkenntnis weg-
genommen. Ihr ginget nicht hinein und
wehrtet denen, die hinein wollten.

53 Und als er von dort hinausging, fin-
gen an die Schriftgelehrten und Pharisäer,
hart auf ihn einzudringen und ihn mit
mancherlei Fragen auszuhorchen,

54 und lauerten auf ihn, ob sie etwas er-
jagen könnten aus seinem Munde.

Mahnung zum furchtlosen Bekennen

12 Indes lief das Volk herzu und kamen
etliche Tausend zusammen, so daß
sie sich untereinander traten. Da fing er
an und sagte zuerst zu seinen Jüngern:
Hütet euch vor dem Sauerteig der Phari-
säer, welches ist die Heuchelei.

2 Es ist aber nichts verborgen, was nicht
offenbar werde, noch heimlich, was man
nicht wissen werde.

3 Darum, was ihr in der Finsternis
saget, das wird man im Licht hören; was
ihr redet ins Ohr in den Kammern, das
wird man auf den Dächern ausrufen.

4 Ich sage euch aber, meinen Freunden:
Fürchtet euch nicht vor denen, die den
Leib töten und danach nichts mehr tun
können.

5 Ich will euch aber zeigen, vor wem ihr
euch fürchten sollt: Fürchtet euch vor
dem, der, nachdem er getötet hat, auch
Macht hat, zu werfen in die Hölle. Ja, ich
sage euch, vor dem fürchtet euch.

6 Verkauft man nicht fünf Sperlinge um
zwei Pfennige? Dennoch ist vor Gott
deren nicht einer vergessen.

7 Aber auch die Haare auf eurem Haupt
sind alle gezählt. Darum fürchtet euch
nicht; ihr seid mehr denn viele Sperlinge.

8 Ich sage euch aber: **Wer mich bekennet
vor den Menschen, den wird auch des Men-
schen Sohn bekennen vor den Engeln Gottes.**

9 **Wer mich aber verleugnet vor den Men-
schen, der wird verleugnet werden vor den
Engeln Gottes.**

10 Und wer da redet ein Wort wider des
Menschen Sohn, dem soll es vergeben
werden; wer aber lästert den heiligen
Geist, dem soll es nicht vergeben werden.

11 Wenn sie euch aber führen werden in ihre Synagogen und vor die Obrigkeit und vor die Gewaltigen, so sorget nicht, wie oder womit ihr euch verantworten oder was ihr sagen sollt;
12 denn der heilige Geist wird euch zu derselben Stunde lehren, was ihr sagen sollt.

Warnung vor Habsucht. Der reiche Kornbauer

13 Es sprach aber einer aus dem Volk zu ihm: Meister, sage meinem Bruder, daß er mit mir das Erbe teile.
14 Er aber sprach zu ihm: Mensch, wer hat mich zum Richter oder Erbteiler über euch gesetzt?
15 Und er sprach zu ihnen: Sehet zu und hütet euch vor aller Habgier; denn **niemand lebt davon, daß er viele Güter hat.**
16 Und er sagte ihnen ein Gleichnis und sprach: Es war ein reicher Mensch, des Feld hatte wohl getragen.
17 Und er dachte bei sich selbst und sprach: Was soll ich tun? Ich habe nicht, wo ich meine Früchte hin sammle.
18 Und sprach: Das will ich tun: ich will meine Scheunen abbrechen und größere bauen und will darein sammeln all mein Korn und meine Güter
19 und will sagen zu meiner Seele: Liebe Seele, du hast einen großen Vorrat auf viele Jahre; habe nun Ruhe, iß, trink und habe guten Mut!
20 Aber Gott sprach zu ihm: Du Narr! Diese Nacht wird man deine Seele von dir fordern; und wes wird's sein, das du bereitet hast?
21 So geht es dem, der sich Schätze sammelt und ist nicht reich für Gott.

Falsches und rechtes Sorgen

22 Er sprach aber zu seinen Jüngern: Darum sage ich euch: Sorget nicht um euer Leben, was ihr essen sollt, auch nicht um euren Leib, was ihr anziehen sollt.
23 Das Leben ist mehr als die Speise und der Leib mehr als die Kleidung.
24 Sehet die Raben an: sie säen nicht, sie ernten auch nicht, sie haben auch keinen Keller noch Scheune, und Gott nährt sie doch. Wieviel mehr seid ihr als die Vögel!
25 Welcher ist unter euch, ob er schon darum sorget, der da könnte seines Lebens Länge **eine** Spanne zusetzen?
26 So ihr denn das Geringste nicht vermöget, warum sorget ihr um das andre?
27 Sehet die Lilien an, wie sie nicht spinnen noch weben. Ich sage euch aber, daß auch Salomo in aller seiner Herrlichkeit nicht ist bekleidet gewesen wie deren **eine.**
28 So denn Gott das Gras, das heute auf dem Felde steht und morgen in den Ofen geworfen wird, also kleidet, wieviel mehr wird er euch kleiden, ihr Kleingläubigen!
29 Darum auch ihr, fraget nicht danach, was ihr essen oder was ihr trinken sollt, und machet euch keine Unruhe.
30 Nach solchem allen trachten die Heiden in der Welt; aber euer Vater weiß wohl, daß ihr des bedürfet.
31 Trachtet vielmehr nach seinem Reich, so wird euch das alles zufallen.
32 **Fürchte dich nicht, du kleine Herde! Denn es ist eures Vaters Wohlgefallen, euch das Reich zu geben.**
33 Verkauft, was ihr habt, und gebt Almosen. Macht euch Beutel, die nicht veralten, einen Schatz, der nimmer abnimmt, im Himmel, wo kein Dieb zukommt und den keine Motten fressen.
34 Denn wo euer Schatz ist, da wird auch euer Herz sein.

Vom Warten auf das Kommen Christi

35 Lasset eure Lenden umgürtet sein und eure Lichter brennen
36 und seid gleich den Menschen, die auf ihren Herrn warten, wann er aufbrechen wird von der Hochzeit, auf daß, wenn er kommt und anklopft, sie ihm alsbald auftun.
37 Selig sind die Knechte, die der Herr, wenn er kommt, wachend findet. Wahrlich, ich sage euch: Er wird sich aufschürzen und wird sie zu Tisch setzen und zu ihnen treten und ihnen dienen.
38 Und wenn er kommt in der zweiten Wache und in der dritten Wache und wird's so finden: selig sind diese Knechte.
39 Das sollt ihr aber wissen: Wenn ein Hausherr wüßte, zu welcher Stunde der Dieb käme, so ließe er nicht in sein Haus einbrechen.
40 Darum seid auch ihr bereit! Denn des Menschen Sohn kommt zu einer Stunde, da ihr's nicht meinet.

41 Petrus aber sprach zu ihm: Herr, sagst du dies Gleichnis zu uns oder auch zu allen?

42 Der Herr aber sprach: Wer ist denn der treue und kluge Haushalter, welchen der Herr setzt über sein Gesinde, daß er ihnen zu rechter Zeit gebe, was ihnen gebührt?

43 Selig ist der Knecht, welchen sein Herr findet also tun, wenn er kommt.

44 Wahrlich, ich sage euch: Er wird ihn über alle seine Güter setzen.

45 Wenn aber derselbe Knecht in seinem Herzen sagen wird: Mein Herr verzieht zu kommen, – und fängt an, zu schlagen Knechte und Mägde, auch zu essen und zu trinken und sich vollzusaufen:

46 so wird desselben Knechtes Herr kommen an dem Tage, da er sich's nicht versieht, und zu der Stunde, die er nicht weiß, und wird ihn in Stücke hauen lassen und wird ihm seinen Lohn geben mit den Ungläubigen.

47 Der Knecht aber, der seines Herrn Willen weiß, hat aber nichts bereitet noch nach seinem Willen getan, der wird viel Streiche leiden müssen.

48 Der ihn aber nicht weiß und hat getan, was der Streiche wert ist, wird wenig Streiche leiden. Denn welchem viel gegeben ist, bei dem wird man viel suchen; und welchem viel anbefohlen ist, von dem wird man viel fordern.

Jesus bringt Kampf

49 **Ich bin gekommen, daß ich ein Feuer anzünde auf Erden; was wollte ich lieber, als es brennete schon!**

50 Aber ich muß mich zuvor taufen lassen mit einer Taufe, und wie ist mir so bange, bis sie vollendet werde!

51 Meinet ihr, daß ich hergekommen bin, Frieden zu bringen auf Erden? Ich sage: Nein, sondern Zwietracht.

52 Denn von nun an werden fünf in **einem** Hause uneins sein, drei wider zwei und zwei wider drei.

53 Es wird sein der Vater wider den Sohn und der Sohn wider den Vater, die Mutter wider die Tochter und die Tochter wider die Mutter, die Schwiegermutter wider die Schwiegertochter und die Schwiegertochter wider die Schwiegermutter.

Beachtung der Zeichen der Zeit

54 Er sprach aber zu dem Volk: Wenn ihr eine Wolke sehet aufgehen vom Westen, so sprecht ihr alsbald: Es kommt ein Regen. Und es geschieht also.

55 Und wenn ihr sehet den Südwind wehen, so sprecht ihr: Es wird heiß werden. Und es geschieht also.

56 Ihr Heuchler! Das Aussehen der Erde und des Himmels versteht ihr zu prüfen; wie prüfet ihr aber diese Zeit nicht?

57 Und warum urteilet ihr nicht von euch selber, was recht ist?

58 Denn wenn du mit deinem Widersacher vor die Obrigkeit gehst, so mühe dich auf dem Wege, daß du ihn los werdest, auf daß er nicht etwa dich vor den Richter ziehe, und der Richter überantworte dich dem Gerichtsdiener, und der Diener werfe dich ins Gefängnis.

59 Ich sage dir: Du wirst von dort nicht herauskommen, bis du den allerletzten Heller bezahlest.

Untergang der Galiläer. Turm von Siloah

13 Es waren aber zu der Zeit etliche dabei, die verkündeten ihm von den Galiläern, deren Blut Pilatus mit ihrem Opfer vermischt hatte.

2 Und Jesus antwortete und sprach zu ihnen: Meinet ihr, daß diese Galiläer mehr als alle andern Galiläer Sünder gewesen sind, weil sie das erlitten haben?

3 Ich sage euch: Nein; sondern wenn ihr nicht Buße tut, werdet ihr alle auch so umkommen.

4 Oder meinet ihr, daß die achtzehn, auf welche der Turm in Siloah fiel und erschlug sie, seien schuldiger gewesen als alle anderen Menschen, die zu Jerusalem wohnen?

5 Ich sage euch: Nein; sondern wenn ihr nicht Buße tut, werdet ihr alle auch so umkommen.

Gleichnis vom Feigenbaum

6 Er sagte ihnen aber dies Gleichnis: Es hatte einer einen Feigenbaum, der war gepflanzt in seinem Weinberg, und er kam und suchte Frucht darauf und fand sie nicht.

7 Da sprach er zu dem Weingärtner: Siehe, ich bin nun drei Jahre lang alle Jahre

gekommen und habe Frucht gesucht auf
diesem Feigenbaum und finde sie nicht.
Haue ihn ab! Was hindert er das Land?
8 Er aber antwortete und sprach zu ihm:
Herr, laß ihn noch dies Jahr, bis daß ich
um ihn grabe und bedünge ihn,
9 ob er doch noch wollte Frucht bringen;
wo nicht, so haue ihn ab.

Heilung am Sabbat

10 Und er lehrte in einer Synagoge am
Sabbat.
11 Und siehe, eine Frau war da, die
hatte einen Geist der Krankheit achtzehn
Jahre, und sie war verkrümmt und konnte
sich nicht mehr aufrichten.
12 Da aber Jesus sie sah, rief er sie zu
sich und sprach zu ihr: Weib, sei los von
deiner Krankheit!
13 Und legte die Hände auf sie; und als-
bald richtete sie sich auf und pries Gott.
14 Da antwortete der Oberste der Syn-
agoge, denn er war unwillig, daß Jesus am
Sabbat heilte, und sprach zu dem Volk:
Es sind sechs Tage, an denen man arbeiten
soll; an ihnen kommt und laßt euch hei-
len, aber nicht am Sabbattage.
15 Da antwortete ihm der Herr und
sprach: Ihr Heuchler! Löst nicht ein jeg-
licher unter euch seinen Ochsen oder Esel
von der Krippe am Sabbat und führt ihn
zur Tränke?
16 Sollte dann diese, die doch Abra-
hams Tochter ist, welche der Satan ge-
bunden hatte nun wohl achtzehn Jahre,
nicht von diesem Bande gelöst werden am
Sabbattage?
17 Und als er solches sagte, mußten sich
schämen alle, die ihm zuwider gewesen
waren. Und alles Volk freute sich über
alle herrlichen Taten, die von ihm ge-
schahen.

Vom Senfkorn und Sauerteig

18 Er sprach aber: Wem ist das Reich
Gottes gleich, und wem soll ich's verglei-
chen?
19 Es ist einem Senfkorn gleich, welches
ein Mensch nahm und warf's in seinen
Garten; und es wuchs und ward ein
Baum, und die Vögel des Himmels wohn-
ten unter seinen Zweigen.
20 Und abermals sprach er: Wem soll
ich das Reich Gottes vergleichen?
21 Es ist einem Sauerteig gleich, welchen
ein Weib nahm und vermengte ihn unter
drei Scheffel Mehl, bis daß es ganz durch-
säuert ward.

Vom Ringen ums Seligwerden

22 Und er ging durch Städte und Dörfer
und lehrte und nahm seinen Weg nach
Jerusalem.
23 Es sprach aber einer zu ihm: Herr,
meinest du, daß wenige selig werden? Er
aber sprach zu ihnen:
24 Ringet danach, daß ihr durch die enge
Pforte eingehet; denn viele werden, das
sage ich euch, danach trachten, wie sie hin-
einkommen, und werden's nicht können.
25 Von da an, wenn der Hausherr auf-
gestanden ist und die Tür verschlossen
hat und ihr dann anfanget, draußen zu
stehen und an die Tür zu klopfen und zu
sagen: Herr, tu uns auf! wird er antworten
und zu euch sagen: Ich kenne euch nicht,
wo ihr her seid.
26 So werdet ihr dann anfangen zu
sagen: Wir haben vor dir gegessen und
getrunken, und auf unsern Gassen hast
du gelehrt.
27 Und er wird zu euch sagen: Ich weiß
nicht, wo ihr her seid; weichet alle von
mir, ihr Übeltäter!
28 Da wird sein Heulen und Zähne-
klappen, wenn ihr sehen werdet Abraham
und Isaak und Jakob und alle Propheten
im Reich Gottes, euch aber hinausge-
stoßen.
29 Und es werden kommen vom Osten
und vom Westen, vom Norden und vom
Süden, die zu Tische sitzen werden im
Reich Gottes.
30 Und siehe, es sind Letzte, die werden
die Ersten sein, und sind Erste, die werden
die Letzten sein.

**Feindschaft des Herodes.
Klage über Jerusalem**

31 Zur selben Stunde kamen etliche
Pharisäer und sprachen zu ihm: Gehe
fort und ziehe von hinnen; denn Herodes
will dich töten!
32 Und er sprach zu ihnen: Gehet hin
und saget diesem Fuchs: Siehe, ich treibe
böse Geister aus und mache gesund heut
und morgen, und am dritten Tage werde
ich am Ziel sein.

33 Doch muß ich heute und morgen und am Tage danach noch wandern; denn es geht nicht an, daß ein Prophet umkomme außerhalb von Jerusalem.

34 **Jerusalem, Jerusalem, die du tötest die Propheten und steinigst, die zu dir gesandt werden, wie oft habe ich wollen deine Kinder versammeln, wie eine Henne ihr Nest unter ihre Flügel, und ihr habt nicht gewollt!**

35 Sehet, «euer Haus soll euch wüste gelassen werden» (Jer 22,5; Ps 69,26). Denn ich sage euch: Ihr werdet mich nicht sehen, bis daß die Zeit komme, da ihr sagen werdet: Gelobt ist, der da kommt im Namen des Herrn!

Heilung des Wassersüchtigen am Sabbat

14 Und es begab sich, daß er kam in ein Haus eines Obersten der Pharisäer an einem Sabbat, das Brot zu essen; und sie lauerten ihm auf.

2 Und siehe, da war ein Mensch vor ihm, der war wassersüchtig.

3 Und Jesus hob an und sagte zu den Schriftgelehrten und Pharisäern und sprach: Ist's recht, am Sabbat zu heilen oder nicht?

4 Sie aber schwiegen stille. Und er faßte ihn an und heilte ihn und ließ ihn gehen.

5 Und er sprach zu ihnen: Welcher ist unter euch, dem sein Sohn oder sein Ochse in den Brunnen fällt, und der nicht alsbald ihn herauszieht am Sabbattage?

6 Und sie konnten ihm darauf nicht Antwort geben.

Mahnung zur Demut. Warnung vor Eigennutz

7 Er sagte aber ein Gleichnis zu den Gästen, da er merkte, wie sie suchten, obenan zu sitzen, und sprach zu ihnen:

8 Wenn du von jemand geladen wirst zur Hochzeit, so setze dich nicht obenan, daß nicht etwa ein Vornehmerer als du von ihm geladen sei,

9 und dann komme, der dich und ihn geladen hat, und spreche zu dir: Weiche diesem! und du müssest dann mit Scham untenan sitzen.

10 Sondern wenn du geladen wirst, so gehe hin und setze dich untenan, auf daß, wenn da kommt, der dich geladen hat, er spreche zu dir: Freund, rücke hinauf! Dann wirst du Ehre haben vor denen, die mit dir zu Tische sitzen.

11 Denn **wer sich selbst erhöht, der soll erniedrigt werden; und wer sich selbst erniedrigt, der soll erhöht werden.**

12 Er sprach auch zu dem, der ihn geladen hatte: Wenn du ein Mittags- oder Abendmahl machst, so lade nicht deine Freunde noch deine Brüder noch deine Verwandten noch reiche Nachbarn, auf daß sie dich nicht etwa wieder laden und dir vergolten werde.

13 Sondern wenn du ein Mahl machst, so lade die Armen, die Krüppel, die Lahmen, die Blinden,

14 so bist du selig, denn sie haben's nicht, dir zu vergelten; es wird dir aber vergolten werden in der Auferstehung der Gerechten.

Das große Abendmahl

15 Da aber solches hörte einer, der mit zu Tisch saß, sprach der zu ihm: Selig ist, der das Brot isset im Reich Gottes!

16 Er aber sprach zu ihm: Es war ein Mensch, der machte ein großes Abendmahl und lud viele dazu.

17 Und sandte seinen Knecht aus zur Stunde des Abendmahls, zu sagen den Geladenen: Kommt, denn es ist alles bereit!

18 Und sie fingen an alle nacheinander, sich zu entschuldigen. Der erste sprach zu ihm: Ich habe einen Acker gekauft und muß hinausgehen und ihn besehen; ich bitte dich, entschuldige mich.

19 Und der andere sprach: Ich habe fünf Joch Ochsen gekauft, und ich gehe jetzt hin, sie zu besehen; ich bitte dich, entschuldige mich.

20 Und der dritte sprach: Ich habe ein Weib genommen; darum kann ich nicht kommen.

21 Und der Knecht kam und sagte das seinem Herrn wieder. Da ward der Hausherr zornig und sprach zu seinem Knechte: Gehe schnell hinaus auf die Straßen und Gassen der Stadt und führe die Armen und Krüppel und Blinden und Lahmen herein.

22 Und der Knecht sprach: Herr, es ist geschehen, was du befohlen hast; es ist aber noch Raum da.

23 Und der Herr sprach zu dem Knechte: Gehe aus auf die Landstraßen und an

die Zäune und nötige sie hereinzukom-
men, auf daß mein Haus voll werde.
24 Denn ich sage euch, daß der Männer
keiner, die geladen waren, mein Abend-
mahl schmecken wird.

Kreuz und Nachfolge

25 Es ging aber viel Volks mit ihm; und
er wandte sich und sprach zu ihnen:
26 So jemand zu mir kommt und hasset
nicht seinen Vater, Mutter, Weib, Kinder,
Brüder, Schwestern, auch dazu sein eigen
Leben, der kann nicht mein Jünger sein.
27 Und wer nicht sein Kreuz trägt und
mir nachfolgt, der kann nicht mein Jün-
ger sein.
28 Wer ist aber unter euch, der einen
Turm bauen will, und sitzt nicht zuvor
und überschlägt die Kosten, ob er's habe,
hinauszuführen?
29 auf daß nicht, wenn er den Grund
gelegt hat und kann's nicht hinausführen,
alle, die es sehen, anfangen, sein zu spot-
ten,
30 und sagen: Dieser Mensch hob an zu
bauen und kann's nicht hinausführen.
31 Oder welcher König will sich be-
geben in einen Streit wider einen andern
König und sitzt nicht zuvor und rat-
schlagt, ob er könne mit zehntausend be-
gegnen dem, der über ihn kommt mit
zwanzigtausend?
32 Wo nicht, so schickt er Botschaft,
wenn jener noch ferne ist, und bittet um
Frieden.
33 Also auch ein jeglicher unter euch,
der nicht absagt allem, was er hat, kann
nicht mein Jünger sein.
34 Das Salz ist ein gutes Ding; wenn aber
das Salz kraftlos wird, womit wird man's
würzen?
35 Es ist weder auf das Land noch in den
Mist nütze, sondern man wird's wegwer-
fen. Wer Ohren hat, zu hören, der höre!

Verlorenes Schaf. Verlorener Groschen

15 Es nahten aber zu ihm allerlei Zöll-
ner und Sünder, daß sie ihn hörten.
2 Und die Pharisäer und Schriftgelehr-
ten murrten und sprachen: Dieser nimmt
die Sünder an und isset mit ihnen.
3 Er sagte aber zu ihnen dies Gleichnis
und sprach:
4 Welcher Mensch ist unter euch, der
hundert Schafe hat und, so er deren **eines**
verliert, der nicht lasse die neunundneun-
zig in der Wüste und hingehe nach dem
verlorenen, bis daß er's finde?
5 Und wenn er's gefunden hat, so legt
er's auf seine Achseln mit Freuden.
6 Und wenn er heimkommt, ruft er
seine Freunde und Nachbarn und spricht
zu ihnen: Freuet euch mit mir; denn ich
habe mein Schaf gefunden, das verloren
war.
7 Ich sage euch: Also wird auch Freude
im Himmel sein über **einen** Sünder, der
Buße tut, mehr als über neunundneunzig
Gerechte, die der Buße nicht bedürfen.
8 Oder welches Weib ist, die zehn Gro-
schen hat, so sie deren **einen** verliert, die
nicht ein Licht anzünde und kehre das
Haus und suche mit Fleiß, bis daß sie ihn
finde?
9 Und wenn sie ihn gefunden hat, ruft
sie ihre Freundinnen und Nachbarinnen
und spricht: Freuet euch mit mir; denn
ich habe meinen Groschen gefunden, den
ich verloren hatte.
10 **Also auch, sage ich euch, wird Freude
sein vor den Engeln Gottes über einen
Sünder, der Buße tut.**

Der verlorene Sohn

11 Und er sprach: Ein Mensch hatte
zwei Söhne.
12 Und der jüngere unter ihnen sprach
zu dem Vater: Gib mir, Vater, das Teil der
Güter, das mir gehört. Und er teilte ihnen
das Gut.
13 Und nicht lange danach sammelte
der jüngere Sohn alles zusammen und zog
ferne über Land; und daselbst brachte er
sein Gut um mit Prassen.
14 Als er nun all das Seine verzehrt
hatte, ward eine große Teuerung durch
dasselbe ganze Land, und er fing an zu
darben
15 und ging hin und hängte sich an einen
Bürger desselben Landes; der schickte ihn
auf seinen Acker, die Säue zu hüten.
16 Und er begehrte, seinen Bauch zu
füllen mit Trebern, die die Säue aßen; und
niemand gab sie ihm.
17 Da schlug er in sich und sprach: Wie
viel Tagelöhner hat mein Vater, die Brot
die Fülle haben, und ich verderbe im
Hunger!

18 Ich will mich aufmachen und zu
meinem Vater gehen und zu ihm sagen:
Vater, ich habe gesündigt gegen den Him-
mel und vor dir.
19 Ich bin hinfort nicht mehr wert, daß
ich dein Sohn heiße; mache mich zu
einem deiner Tagelöhner!
20 Und er machte sich auf und kam zu
seinem Vater. Da er aber noch ferne von
dannen war, sah ihn sein Vater, und es
jammerte ihn, lief und fiel ihm um seinen
Hals und küßte ihn.
21 Der Sohn aber sprach zu ihm: **Vater,
ich habe gesündigt gegen den Himmel und
vor dir; ich bin hinfort nicht mehr wert, daß
ich dein Sohn heiße.**
22 Aber der Vater sprach zu seinen
Knechten: Bringt schnell das beste Kleid
hervor und tut es ihm an und gebet ihm
einen Fingerreif an seine Hand und Schu-
he an seine Füße
23 und bringt das Kalb, das wir ge-
mästet haben, und schlachtet's; lasset uns
essen und fröhlich sein!
24 Denn **dieser mein Sohn war tot und ist
wieder lebendig geworden; er war verloren
und ist gefunden worden.** Und sie fingen
an, fröhlich zu sein.
25 Aber der ältere Sohn war auf dem
Felde. Und als er nahe zum Hause kam,
hörte er das Singen und den Reigen
26 und rief zu sich der Knechte einen
und fragte, was das wäre.
27 Der aber sagte ihm: Dein Bruder ist
gekommen, und dein Vater hat das ge-
mästete Kalb geschlachtet, weil er ihn ge-
sund wieder hat.
28 Da ward er zornig und wollte nicht
hineingehen. Da ging sein Vater heraus
und bat ihn.
29 Er aber antwortete und sprach zum
Vater: Siehe, so viel Jahre diene ich dir
und habe dein Gebot noch nie übertreten;
und du hast mir nie einen Bock gegeben,
daß ich mit meinen Freunden fröhlich
wäre.
30 Nun aber dieser dein Sohn gekom-
men ist, der dein Gut mit Dirnen verpraßt
hat, hast du ihm das gemästete Kalb ge-
schlachtet.
31 Er aber sprach zu ihm: Mein Sohn,
du bist allezeit bei mir, und alles, was
mein ist, das ist dein.
32 Du solltest aber fröhlich und guten
Mutes sein; denn dieser dein Bruder war
tot und ist wieder lebendig geworden, er
war verloren und ist wiedergefunden.

Vom ungetreuen Haushalter

16 Er sprach aber auch zu seinen Jün-
gern: Es war ein reicher Mann, der
hatte einen Haushalter; der ward vor ihm
beschuldigt, er vergeude ihm seine Güter.
2 Und er ließ ihn rufen und sprach zu
ihm: Was höre ich da von dir? Tu Rech-
nung von deinem Haushalten! denn du
kannst hinfort nicht Haushalter sein.
3 Der Haushalter sprach bei sich selbst:
Was soll ich tun? Mein Herr nimmt das
Amt von mir; graben kann ich nicht, auch
schäme ich mich zu betteln.
4 Ich weiß wohl, was ich tun will, daß
sie mich in ihre Häuser nehmen, wenn ich
nun von dem Amt gesetzt werde.
5 Und er rief zu sich die Schuldner sei-
nes Herrn, einen jeden für sich, und
sprach zu dem ersten: Wieviel bist du
meinem Herrn schuldig?
6 Er sprach: Hundert Tonnen Öl. Und
er sprach zu ihm: Nimm deinen Schuld-
brief, setze dich und schreib flugs fünfzig.
7 Danach sprach er zu dem andern: Du
aber, wieviel bist du schuldig? Er sprach:
Hundert Scheffel Weizen. Und er sprach
zu ihm: Nimm deinen Brief und schreib
achtzig.
8 Und der Herr lobte den ungerechten
Haushalter, daß er klüglich gehandelt hat-
te; denn die Kinder dieser Welt sind unter-
einander klüger als die Kinder des Lichts.
9 Und ich sage euch auch: Machet euch
Freunde mit dem ungerechten Mammon,
auf daß, wenn es damit zu Ende ist, sie
euch aufnehmen in die ewigen Hütten.

Treue im Irdischen

10 **Wer im Geringsten treu ist, der ist auch
im Großen treu; und wer im Geringsten un-
recht ist, der ist auch im Großen unrecht.**
11 So ihr nun mit dem ungerechten
Mammon nicht treu seid, wer will euch
das wahre Gut anvertrauen?
12 Und so ihr mit dem Fremden nicht treu
seid, wer wird euch geben, was unser ist?
13 Kein Knecht kann zwei Herren die-
nen: entweder er wird den einen hassen
und den andern lieben oder wird dem
einen anhangen und den andern verach-

ten. Ihr könnt nicht Gott dienen und dem Mammon.

Selbstgerechtigkeit. Stellung zum Gesetz

14 Das alles hörten die Pharisäer. Die waren geldgierig und spotteten sein.
15 Und er sprach zu ihnen: Ihr seid's, die ihr euch selbst als gerecht hinstellet vor den Menschen; aber Gott kennt eure Herzen; denn was hoch ist unter den Menschen, das ist ein Greuel vor Gott.
16 Das Gesetz und die Propheten reichen bis auf Johannes. Von da an wird das Evangelium vom Reich Gottes gepredigt, und jedermann drängt sich mit Gewalt hinein.
17 Es ist aber leichter, daß Himmel und Erde vergehen, als daß ein Tüpfelchen vom Gesetz falle.
18 Wer sich scheidet von seiner Frau und freit eine andere, der bricht die Ehe; und wer die von dem Manne Geschiedene freit, der bricht auch die Ehe.

Reicher Mann und armer Lazarus

19 Es war aber ein reicher Mann, der kleidete sich mit Purpur und köstlicher Leinwand und lebte alle Tage herrlich und in Freuden.
20 Es war aber ein Armer mit Namen Lazarus, der lag vor seiner Tür voller Schwären
21 und begehrte, sich zu sättigen von dem, was von des Reichen Tische fiel; dazu kamen auch noch die Hunde und leckten ihm seine Schwären.
22 Es begab sich aber, daß der Arme starb und ward getragen von den Engeln in Abrahams Schoß. Der Reiche aber starb auch und ward begraben.
23 Als er nun bei den Toten war, hob er seine Augen auf in seiner Qual und sah Abraham von ferne und Lazarus in seinem Schoß.
24 Und er rief und sprach: Vater Abraham, erbarme dich mein und sende Lazarus, daß er das Äußerste seines Fingers ins Wasser tauche und kühle meine Zunge; denn ich leide Pein in dieser Flamme.
25 Abraham aber sprach: Gedenke, Sohn, daß du dein Gutes empfangen hast in deinem Leben, Lazarus dagegen hat Böses empfangen; nun wird er hier getröstet, und du wirst gepeinigt.
26 Und über das alles ist zwischen uns und euch eine große Kluft befestigt, daß, die da wollten von hier hinüberfahren zu euch, könnten nicht, und auch nicht die von dort zu uns herüber können.
27 Da sprach er: So bitte ich dich, Vater, daß du ihn sendest in meines Vaters Haus;
28 denn ich habe noch fünf Brüder, daß er sie warne, auf daß sie nicht auch kommen an diesen Ort der Qual.
29 Abraham sprach: Sie haben Mose und die Propheten; laß sie dieselben hören.
30 Er aber sprach: Nein, Vater Abraham, sondern wenn einer von den Toten zu ihnen ginge, so würden sie Buße tun.
31 Er sprach zu ihm: Hören sie Mose und die Propheten nicht, so werden sie auch nicht glauben, wenn jemand von den Toten aufstünde.

Von Ärgernis und Vergebung

17 Er sprach aber zu seinen Jüngern: Es ist unmöglich, daß nicht Ärgernisse kommen; weh aber dem, durch welchen sie kommen!
2 Es wäre ihm besser, daß man einen Mühlstein an seinen Hals hängte und würfe ihn ins Meer, als daß er einem dieser Kleinen Ärgernis gibt.
3 Hütet euch!
Wenn dein Bruder sündigt, so halte es ihm vor; und wenn es ihn reut, vergib ihm.
4 Und wenn er siebenmal des Tages an dir sündigen würde und siebenmal wiederkäme zu dir und spräche: Es reut mich! so sollst du ihm vergeben.

Glaube und Werk

5 Und die Apostel sprachen zu dem Herrn: Mehre uns den Glauben!
6 Der Herr aber sprach: Wenn ihr Glauben habt wie ein Senfkorn und saget zu diesem Maulbeerbaum: Reiß dich aus und versetze dich ins Meer! so wird er euch gehorsam sein.
7 Wer unter euch, der einen Knecht hat, der ihm pflügt oder das Vieh weidet, sagt ihm, wenn er heimkommt vom Felde: Komm sogleich und setze dich zu Tische?
8 Ist's nicht vielmehr so, daß er zu ihm sagt: Richte zu, was ich zu Abend esse, schürze dich und diene mir, bis ich esse und trinke; danach sollst du auch essen und trinken?

9 Danket er auch dem Knechte, daß er getan hat, was ihm befohlen war?

10 So auch ihr! Wenn ihr alles getan habt, was euch befohlen ist, so sprechet: Wir sind unnütze Knechte; wir haben getan, was wir zu tun schuldig waren.

Die zehn Aussätzigen

11 Und es begab sich, da er reiste nach Jerusalem, zog er zwischen Samarien und Galiläa hin.

12 Und als er in ein Dorf kam, begegneten ihm zehn aussätzige Männer, die standen von ferne

13 und erhoben ihre Stimme und sprachen: Jesu, lieber Meister, erbarme dich unser!

14 Und da er sie sah, sprach er zu ihnen: Gehet hin und zeiget euch den Priestern! Und es geschah, da sie hingingen, wurden sie rein.

15 Einer aber unter ihnen, da er sah, daß er gesund geworden war, kehrte er um und pries Gott mit lauter Stimme

16 und fiel auf sein Angesicht zu Jesu Füßen und dankte ihm. Und das war ein Samariter.

17 Jesus aber antwortete und sprach: Sind ihrer nicht zehn rein geworden? Wo sind aber die neun?

18 Hat sich sonst keiner gefunden, der wieder umkehrte und gäbe Gott die Ehre, denn dieser Fremdling?

19 Und er sprach zu ihm: Stehe auf, gehe hin; dein Glaube hat dir geholfen.

Vom Kommen des Gottesreichs

20 Da er aber gefragt ward von den Pharisäern: Wann kommt das Reich Gottes? antwortete er ihnen und sprach: Das Reich Gottes kommt nicht so, daß man's mit Augen sehen kann;

21 man wird auch nicht sagen: Siehe, hier! oder: da! Denn siehe, das Reich Gottes ist mitten unter euch.*

22 Er sprach aber zu den Jüngern: Es wird die Zeit kommen, daß ihr werdet begehren, zu sehen einen der Tage des Menschensohnes, und werdet ihn nicht sehen.

23 Und sie werden zu euch sagen: Siehe da! siehe hier! Gehet nicht hin und folget auch nicht.

24 Denn wie der Blitz oben vom Himmel blitzt und leuchtet über alles, das unter dem Himmel ist, also wird des Menschen Sohn an seinem Tage sein.

25 Zuvor aber muß er viel leiden und verworfen werden von diesem Geschlecht.

26 Und wie es geschah zu den Zeiten Noahs, so wird's auch geschehen in den Tagen des Menschensohnes:

27 sie aßen, sie tranken, sie freiten, sie ließen sich freien bis auf den Tag, da Noah in die Arche ging und die Sintflut kam und brachte sie alle um.

28 Desgleichen, wie es geschah zu den Zeiten Lots: sie aßen, sie tranken, sie kauften, sie verkauften, sie pflanzten, sie bauten;

29 an dem Tage aber, als Lot aus Sodom ging, da regnete es Feuer und Schwefel vom Himmel und brachte sie alle um.

30 Auf diese Weise wird's auch gehen an dem Tage, wenn des Menschen Sohn wird offenbar werden.

31 An demselben Tage, wer auf dem Dache ist und hat seinen Hausrat im Hause, der steige nicht hernieder, ihn zu holen. Desgleichen, wer auf dem Felde ist, der wende sich nicht um nach dem, was hinter ihm ist.

32 Gedenket an Lots Weib!

33 Wer da sucht, seine Seele zu erhalten, der wird sie verlieren; und wer sie verlieren wird, der wird ihr zum Leben helfen.

34 Ich sage euch: In derselben Nacht werden zwei auf **einem** Bette liegen; einer wird angenommen, der andere wird verworfen werden.

35 Zwei werden mahlen miteinander; eine wird angenommen, die andere wird verworfen werden.

⟨36 Zwei werden auf dem Felde sein; einer wird angenommen, der andere wird verworfen werden.⟩

37 Und sie antworteten und sprachen zu ihm: Herr, wo? Er aber sprach zu ihnen: Wo das Aas ist, da sammeln sich auch die Geier.

Die bittende Witwe

18 Er sagte ihnen aber ein Gleichnis davon, daß man allezeit beten und nicht nachlassen solle,

*Andere Übersetzung: «Das Reich Gottes kommt nicht mit äußerlichen Gebärden; man wird auch nicht sagen: Siehe, hier! oder: da! Denn sehet, das Reich Gottes ist inwendig in euch.»

2 und sprach: Es war ein Richter in einer Stadt, der fürchtete sich nicht vor Gott und scheute sich vor keinem Menschen.

3 Es war aber eine Witwe in derselben Stadt, die kam zu ihm und sprach: Schaffe mir Recht vor meinem Widersacher!

4 Und er wollte lange nicht. Danach aber dachte er bei sich selbst: Ob ich mich schon vor Gott nicht fürchte noch vor keinem Menschen scheue,

5 so will ich doch dieser Witwe, weil sie mir so viel Mühe macht, ihr Recht schaffen, auf daß sie nicht zuletzt komme und tue mir etwas an.

6 Da sprach der Herr: Höret hier, was der ungerechte Richter sagt!

7 **Sollte Gott nicht auch Recht schaffen seinen Auserwählten, die zu ihm Tag und Nacht rufen, und sollte er's bei ihnen lange hinziehen?**

8 **Ich sage euch: Er wird ihnen ihr Recht schaffen in Kürze.** Doch wenn des Menschen Sohn kommen wird, meinest du, er werde den Glauben finden auf Erden?

Gleichnis vom Pharisäer und Zöllner

9 Er sagte aber zu etlichen, die sich selbst vermaßen, daß sie fromm wären, und verachteten die andern, dies Gleichnis:

10 Es gingen zwei Menschen hinauf in den Tempel, zu beten, einer ein Pharisäer, der andere ein Zöllner.

11 Der Pharisäer stand und betete bei sich selbst: Ich danke dir, Gott, daß ich nicht bin wie die andern Leute, Räuber, Ungerechte, Ehebrecher oder auch wie dieser Zöllner.

12 Ich faste zweimal in der Woche und gebe den Zehnten von allem, was ich einnehme.

13 Und der Zöllner stand von ferne, wollte auch seine Augen nicht aufheben gen Himmel, sondern schlug an seine Brust und sprach: **Gott, sei mir Sünder gnädig!**

14 Ich sage euch: Dieser ging hinab gerechtfertigt in sein Haus, nicht jener. Denn wer sich selbst erhöht, der wird erniedrigt werden; und wer sich selbst erniedrigt, der wird erhöht werden.

Jesus segnet die Kinder

15 Sie brachten auch junge Kindlein zu ihm, daß er sie sollte anrühren. Da es aber die Jünger sahen, fuhren sie sie an.

16 Aber Jesus rief sie zu sich und sprach: **Lasset die Kinder zu mir kommen und wehret ihnen nicht; denn solcher ist das Reich Gottes.**

17 Wahrlich, ich sage euch: Wer nicht das Reich Gottes annimmt wie ein Kind, der wird nicht hineinkommen.

Jesus und der Reiche

18 Und es fragte ihn ein Oberster und sprach: Guter Meister, was muß ich tun, daß ich das ewige Leben ererbe?

19 Jesus aber sprach zu ihm: Was heißest du mich gut? Niemand ist gut als Gott allein.

20 Du weißt die Gebote: «Du sollst nicht ehebrechen; du sollst nicht töten; du sollst nicht stehlen; du sollst nicht falsch Zeugnis reden; du sollst deinen Vater und deine Mutter ehren.»

21 Er aber sprach: Das habe ich alles gehalten von meiner Jugend auf.

22 Da Jesus das hörte, sprach er zu ihm: Es fehlt dir noch **eins.** Verkaufe alles, was du hast, und gib's den Armen, so wirst du einen Schatz im Himmel haben, und komm, folge mir nach!

23 Da er aber das hörte, ward er traurig; denn er war sehr reich.

24 Jesus aber sah ihn an und sprach: Wie schwer kommen die Reichen in das Reich Gottes!

25 Es ist leichter, daß ein Kamel gehe durch ein Nadelöhr, als daß ein Reicher in das Reich Gottes komme.

26 Da sprachen, die das hörten: Wer kann dann selig werden?

27 Er aber sprach: Was bei den Menschen unmöglich ist, das ist bei Gott möglich.

Vom Lohn der Nachfolge

28 Da sprach Petrus: Siehe, wir haben alles verlassen und sind dir nachgefolgt.

29 Er aber sprach zu ihnen: Wahrlich, ich sage euch: Es ist niemand, der ein Haus verläßt oder Weib oder Brüder oder Eltern oder Kinder um des Reiches Gottes willen,

30 der es nicht vielfältig wieder empfange in dieser Zeit, und in der zukünftigen Welt das ewige Leben.

Dritte Leidensankündigung

31 Er nahm aber zu sich die Zwölf und sprach zu ihnen: Sehet, wir gehen hinauf nach Jerusalem, und es wird alles vollendet werden, was geschrieben ist durch die Propheten von des Menschen Sohn.

32 Denn er wird überantwortet werden den Heiden, und er wird verspottet und geschmäht und verspeit werden,

33 und sie werden ihn geißeln und töten; und am dritten Tage wird er auferstehen.

34 Sie aber verstanden der keines, und die Rede war ihnen verborgen, und wußten nicht, was das Gesagte war.

Der Blinde von Jericho

35 Es geschah aber, als er nahe an Jericho kam, saß ein Blinder am Wege und bettelte.

36 Da er aber hörte das Volk, das vorbeiging, forschte er, was das wäre.

37 Da verkündeten sie ihm, Jesus von Nazareth ginge vorüber.

38 Und er rief und sprach: Jesu, du Sohn Davids, erbarme dich mein!

39 Die aber vornean gingen, bedrohten ihn, er sollte schweigen. Er aber schrie viel mehr: Du Sohn Davids, erbarme dich mein!

40 Jesus aber stand still und hieß ihn zu sich führen. Da sie ihn aber nahe zu ihm brachten, fragte er ihn

41 und sprach: Was willst du, daß ich dir tun soll? Er sprach: Herr, daß ich wieder sehen möge.

42 Und Jesus sprach zu ihm: Sei sehend! Dein Glaube hat dir geholfen.

43 Und alsbald ward er sehend und folgte ihm nach und pries Gott. Und alles Volk, das solches sah, lobte Gott.

Zachäus

19 Und er zog hinein und ging durch Jericho.

2 Und siehe, da war ein Mann, genannt Zachäus, der war ein Oberster der Zöllner und war reich.

3 Und er begehrte, Jesus zu sehen, wer er wäre, und konnte nicht vor dem Volk; denn er war klein von Person.

4 Und er lief voraus und stieg auf einen Maulbeerbaum, auf daß er ihn sähe; denn allda sollte er durchkommen.

5 Und als Jesus kam an die Stätte, sah er auf und sprach zu ihm: Zachäus, steig eilend hernieder; denn ich muß heute in deinem Hause einkehren.

6 Und er stieg eilend hernieder und nahm ihn auf mit Freuden.

7 Da sie das sahen, murrten sie alle und sprachen: Bei einem Sünder ist er eingekehrt.

8 Zachäus aber trat vor den Herrn und sprach: Siehe, Herr, die Hälfte meiner Güter gebe ich den Armen, und wenn ich jemand betrogen habe, das gebe ich vierfältig wieder.

9 Jesus aber sprach zu ihm: **Heute ist diesem Hause Heil widerfahren,** denn auch er ist Abrahams Sohn.

10 Denn **des Menschen Sohn ist gekommen, zu suchen und selig zu machen, was verloren ist.**

Die anvertrauten Pfunde

11 Da sie nun zuhörten, sagte er weiter ein Gleichnis, darum daß er nahe bei Jerusalem war und sie meinten, das Reich Gottes werde sogleich offenbar werden,

12 und sprach: Ein Edler zog ferne in ein Land, daß er das Königtum erlangte und dann wiederkäme.

13 Der ließ zehn seiner Knechte rufen und gab ihnen zehn Pfund und sprach zu ihnen: Handelt damit, bis daß ich wiederkomme!

14 Seine Bürger aber waren ihm feind und schickten Botschaft ihm nach und ließen sagen: Wir wollen nicht, daß dieser über uns herrsche.

15 Und es begab sich, da er wiederkam, nachdem er das Königtum erlangt hatte, hieß er dieselben Knechte rufen, welchen er das Geld gegeben hatte, daß er erführe, was ein jeglicher erhandelt hätte.

16 Da trat herzu der erste und sprach: Herr, dein Pfund hat zehn Pfund erworben.

17 Und er sprach zu ihm: Ei, du frommer Knecht, weil du bist im Geringsten treu gewesen, sollst du Macht haben über zehn Städte.

18 Der zweite kam und sprach: Herr, dein Pfund hat fünf Pfund getragen.

19 Zu dem sprach er auch: Und du sollst sein über fünf Städte.

20 Und der dritte kam auch und sprach:

Herr, siehe da, hier ist dein Pfund, wel-
ches ich habe im Schweißtuch behalten;
21 ich fürchtete mich vor dir, denn du
bist ein harter Mann; du nimmst, was du
nicht hingelegt hast, und erntest, was du
nicht gesät hast.
22 Er sprach zu ihm: Aus deinem Mun-
de richte ich dich, du böser Knecht.
Wußtest du, daß ich ein harter Mann bin,
nehme, was ich nicht hingelegt habe, und
ernte, was ich nicht gesät habe:
23 warum hast du denn mein Geld nicht
in die Wechselbank gegeben? Und wenn
ich gekommen wäre, hätte ich's mit Zin-
sen gefordert.
24 Und er sprach zu denen, die dabei-
standen: Nehmet das Pfund von ihm und
gebet's dem, der zehn Pfund hat.
25 Und sie sprachen zu ihm: Herr, er
hat doch schon zehn Pfund.
26 Ich sage euch aber: Wer da hat, dem
wird gegeben werden; von dem aber, der
nicht hat, wird auch das genommen wer-
den, was er hat.
27 Doch jene meine Feinde, die nicht
wollten, daß ich über sie herrschen sollte,
bringet her und macht sie vor mir nieder.
28 Und als er solches sagte, zog er fort
und reiste hinauf nach Jerusalem.

Einzug in Jerusalem

29 Und es begab sich, als er sich Beth-
phage und Bethanien nahte und an den
Berg kam, der da Ölberg heißt, sandte er
seiner Jünger zwei
30 und sprach: Gehet hin in den Ort, der
gegenüberliegt. Und wenn ihr hinein-
kommt, werdet ihr ein Füllen angebunden
finden, auf welchem noch nie ein Mensch
gesessen hat; bindet es los und bringet's
her!
31 Und wenn euch jemand fragt, warum
ihr's losbindet, so saget: Der Herr bedarf
sein.
32 Und die gesandt waren, gingen hin
und fanden's, wie er ihnen gesagt hatte.
33 Da sie aber das Füllen losbanden,
sprachen seine Herren zu ihnen: Warum
bindet ihr das Füllen los?
34 Sie aber sprachen: Der Herr bedarf
sein.
35 Und sie brachten's zu Jesus und war-
fen ihre Kleider auf das Füllen und setzten
Jesus darauf.
36 Da er nun hinzog, breiteten sie ihre
Kleider auf den Weg.
37 Und da er schon nahe am Abhang
des Ölbergs war, fing an der ganze Haufe
seiner Jünger, fröhlich Gott zu loben mit
lauter Stimme über alle Taten, die sie ge-
sehen hatten,
38 und sprachen: **Gelobt sei, der da
kommt, der König, im Namen des Herrn!
Friede sei im Himmel und Ehre in der Höhe!**
39 Und etliche der Pharisäer im Volk
sprachen zu ihm: Meister, wehre doch
deinen Jüngern!
40 Er antwortete und sprach zu ihnen:
Ich sage euch: Wenn diese werden schwei-
gen, so werden die Steine schreien.

Jesus weint über Jerusalem

41 Und als er nahe hinzukam, sah er die
Stadt an und weinte über sie
42 und sprach: Wenn doch auch du er-
kenntest zu dieser Zeit, was zu deinem
Frieden dient! Aber nun ist's vor deinen
Augen verborgen.
43 Denn es werden über dich die Tage
kommen, daß deine Feinde werden um
dich und deine Kinder einen Wall auf-
werfen, dich belagern und an allen Orten
ängstigen;
44 und werden dich schleifen und keinen
Stein auf dem andern lassen, darum daß
du nicht erkannt hast die Zeit, darin du
heimgesucht bist.

Reinigung des Tempels

45 Und er ging in den Tempel und fing
an auszutreiben, die da verkauften,
46 und sprach zu ihnen: Es steht ge-
schrieben (Jes 56,7): «Mein Haus soll ein
Bethaus sein»; ihr aber habt's gemacht zur
Räuberhöhle.
47 Und er lehrte täglich im Tempel.
Aber die Hohenpriester und Schriftge-
lehrten und die Vornehmsten im Volk
trachteten danach, daß sie ihn umbräch-
ten,
48 und fanden nicht, wie sie es machen
sollten; denn alles Volk hing ihm an und
hörte ihn.

Die Frage nach Jesu Vollmacht

20 Und es begab sich an der Tage
einem, als er das Volk lehrte im
Tempel und predigte das Evangelium, da

traten zu ihm die Hohenpriester und Schriftgelehrten mit den Ältesten

2 und sagten zu ihm und sprachen: Sage uns, aus was für Vollmacht tust du das? oder wer hat dir solche Vollmacht gegeben?

3 Er aber antwortete und sprach zu ihnen: Ich will euch auch **ein** Wort fragen; saget mir:

4 Die Taufe des Johannes, war sie vom Himmel oder von Menschen?

5 Sie aber bedachten's bei sich selbst und sprachen: Sagen wir, vom Himmel, so wird er sagen: Warum habt ihr ihm denn nicht geglaubt?

6 Sagen wir aber, von Menschen, so wird uns alles Volk steinigen; denn sie bestehen darauf, daß Johannes ein Prophet sei.

7 Und sie antworteten, sie wüßten nicht, wo sie her wäre.

8 Und Jesus sprach zu ihnen: So sage ich euch auch nicht, aus was für Vollmacht ich das tue.

Die bösen Weingärtner

9 Er fing aber an, zu sagen dem Volk dies Gleichnis: Ein Mensch pflanzte einen Weinberg und gab ihn an Weingärtner in Pacht und zog außer Landes eine gute Zeit.

10 Und zu seiner Zeit sandte er einen Knecht zu den Weingärtnern, daß sie ihm gäben von der Frucht des Weinbergs. Aber die Weingärtner schlugen ihn und ließen ihn leer von sich.

11 Und er sandte noch einen andern Knecht; sie aber schlugen den auch und höhnten ihn und ließen ihn leer von sich.

12 Und er sandte noch einen dritten; sie aber schlugen auch den blutig und stießen ihn hinaus.

13 Da sprach der Herr des Weinberges: Was soll ich tun? Ich will meinen lieben Sohn senden; vor dem werden sie sich doch scheuen.

14 Da aber die Weingärtner den Sohn sahen, dachten sie bei sich selbst und sprachen: Das ist der Erbe; kommt, lasset uns ihn töten, daß das Erbe unser sei!

15 Und sie stießen ihn hinaus vor den Weinberg und töteten ihn. Was wird nun der Herr des Weinberges ihnen tun?

16 Er wird kommen und diese Weingärtner umbringen und seinen Weinberg andern geben.

Da sie das hörten, sprachen sie: Das sei ferne!

17 Er aber sah sie an und sprach: Was ist dann das, was geschrieben steht (Ps 118,22): «Der Stein, den die Bauleute verworfen haben, ist zum Eckstein geworden»?

18 Wer auf diesen Stein fällt, der wird zerschellen; auf wen aber er fällt, den wird er zermalmen.

19 Und die Schriftgelehrten und Hohenpriester trachteten danach, wie sie die Hände an ihn legten noch zu derselben Stunde, und fürchteten sich vor dem Volk; denn sie verstanden, daß er auf sie dies Gleichnis gesagt hatte.

Der Zinsgroschen

20 Und sie stellten ihm nach und sandten Leute aus, die sich stellen sollten, als wären sie fromm, auf daß sie ihn in seiner Rede fingen, damit sie ihn überantworten könnten der Obrigkeit und Gewalt des Landpflegers.

21 Und sie fragten ihn und sprachen: Meister, wir wissen, daß du aufrichtig redest und lehrest und achtest keines Menschen Ansehen, sondern du lehrest den Weg Gottes recht.

22 Ist's recht, daß wir dem Kaiser Steuer geben, oder nicht?

23 Er aber merkte ihre List und sprach zu ihnen:

24 Zeiget mir einen Groschen! Wes Bild und Aufschrift hat er? Sie aber sprachen: Des Kaisers.

25 Er aber sprach zu ihnen: **So gebet dem Kaiser, was des Kaisers ist, und Gott, was Gottes ist!**

26 Und sie konnten ihn nicht fassen bei dem Wort vor dem Volk und verwunderten sich seiner Antwort und schwiegen stille.

Die Auferstehung der Toten

27 Da traten zu ihm etliche der Sadduzäer, welche dafür halten, es gebe kein Auferstehen, und fragten ihn

28 und sprachen: Meister, Mose hat uns geschrieben (5. Mose 25,5.6): «Wenn jemandes Bruder stirbt, der eine Frau hat,

und er stirbt kinderlos, so soll sein Bruder
die Frau nehmen und seinem Bruder
Nachkommen erwecken.»
29 Nun waren sieben Brüder. Der erste
nahm eine Frau und starb kinderlos.
30 Und der zweite nahm sie,
31 und der dritte, desgleichen alle sieben
und hinterließen keine Kinder und star-
ben.
32 Zuletzt starb auch die Frau.
33 Nun in der Auferstehung, wessen
Frau wird sie sein unter ihnen? Denn alle
sieben haben sie zur Frau gehabt.
34 Und Jesus sprach zu ihnen: Die Kin-
der dieser Welt freien und lassen sich
freien;
35 welche aber gewürdigt werden, jene
Welt zu erlangen und die Auferstehung
von den Toten, die werden weder freien
noch sich freien lassen.
36 Denn sie können auch hinfort nicht
sterben; denn sie sind den Engeln gleich
und Gottes Kinder, weil sie Kinder sind
der Auferstehung.
37 Daß aber die Toten auferstehen, dar-
auf hat auch Mose gedeutet bei dem Dorn-
busch, da er den Herrn heißt Gott Abra-
hams und Gott Isaaks und Gott Jakobs
(2. Mose 3,6).
38 Gott aber ist nicht der Toten, son-
dern der Lebendigen Gott; denn sie leben
ihm alle.
39 Da antworteten etliche der Schriftge-
lehrten und sprachen: Meister, du hast
recht gesagt.
40 Und sie wagten ihn hinfort nichts
mehr zu fragen.

Davids Sohn und Herr

41 Er sprach aber zu ihnen: Wie sagen
sie, der Christus sei Davids Sohn?
42 Und er selbst, David, spricht im
Psalmbuch (Ps 110,1): «Der Herr hat ge-
sagt zu meinem Herrn: Setze dich zu mei-
ner Rechten,
43 bis daß ich lege deine Feinde zum
Schemel deiner Füße.»
44 David nennt ihn also einen Herrn;
wie ist er dann sein Sohn?
45 Da aber alles Volk zuhörte, sprach er
zu seinen Jüngern:
46 Hütet euch vor den Schriftgelehrten,
die da wollen einhergehen in langen Klei-
dern und lassen sich gerne grüßen auf dem
Markte und sitzen gerne obenan in den
Synagogen und bei Tisch;
47 sie fressen der Witwen Häuser und
verrichten zum Schein lange Gebete. Die
werden desto schwereres Urteil empfan-
gen.

Scherflein der Witwe

21 Er sah aber auf und schaute die
Reichen, wie sie ihre Opfer einlegten
in den Gotteskasten.
2 Er sah aber auch eine arme Witwe, die
legte zwei Scherflein ein.
3 Und er sprach: Wahrlich, ich sage
euch: Diese arme Witwe hat mehr als sie
alle eingelegt.
4 Denn diese alle haben aus ihrem Über-
fluß eingelegt zu den Opfern; sie aber hat
von ihrer Armut alles eingelegt, wovon sie
lebte.

Vom Kommen Christi

5 Und da etliche sagten von dem Tem-
pel, daß er geschmückt wäre mit feinen
Steinen und Kleinodien, sprach er:
6 Es wird die Zeit kommen, in welcher
von dem allem, was ihr sehet, nicht ein
Stein auf dem andern gelassen wird, der
nicht zerbrochen werde.
7 Sie fragten ihn aber und sprachen:
Meister, wann soll das werden? und wel-
ches ist das Zeichen, wann das geschehen
wird?
8 Er aber sprach: Sehet zu, lasset euch
nicht verführen. Denn viele werden kom-
men unter meinem Namen und sagen: Ich
bin's, und: Die Zeit ist herbeigekom-
men. – Folget ihnen nicht nach!
9 Wenn ihr aber hören werdet von
Kriegen und Empörungen, so entsetzet
euch nicht. Denn solches muß zuvor ge-
schehen; aber das Ende ist noch nicht so
bald da.
10 Dann sprach er zu ihnen: Ein Volk
wird sich erheben wider das andere und
ein Reich wider das andere,
11 und es werden geschehen große Erd-
beben und hin und her Pestilenz und
teure Zeit; auch werden Schrecknisse und
große Zeichen vom Himmel geschehen.
12 Aber vor diesem allem werden sie die
Hände an euch legen und euch verfolgen
und werden euch überantworten in ihre
Synagogen und Gefängnisse und vor

Könige und Fürsten ziehen um meines
Namens willen.
13 Das wird euch zu Zeugen machen.
14 So nehmet nun zu Herzen, daß ihr
nicht sorget, wie ihr euch verantworten
sollt.
15 Denn ich will euch Mund und Weis-
heit geben, welcher nicht sollen wider-
stehen noch widersprechen können alle
eure Widersacher.
16 Ihr werdet aber überantwortet wer-
den von den Eltern, Brüdern, Verwandten
und Freunden; und sie werden euer etliche
töten.
17 Und ihr werdet gehaßt sein von je-
dermann um meines Namens willen.
18 Und kein Haar von eurem Haupt
soll verloren gehen.
19 **Wenn ihr beharret, werdet ihr euer
Leben gewinnen.**
20 Wenn ihr aber sehen werdet Jerusa-
lem belagert von einem Heer, so merket,
daß herbeigekommen ist seine Verwü-
stung.
21 Alsdann, wer in Judäa ist, der fliehe
auf das Gebirge, und wer in der Stadt ist,
der gehe hinaus, und wer auf dem Lande
ist, der komme nicht herein.
22 Denn das sind die Tage der Vergel-
tung, damit erfüllt werde alles, was ge-
schrieben ist.
23 Weh aber den Schwangeren und Säu-
genden in jenen Tagen! Denn es wird
große Not auf Erden sein und ein Zorn
über dies Volk,
24 und sie werden fallen durch des
Schwertes Schärfe und gefangen geführt
unter alle Völker; und Jerusalem wird zer-
treten werden von den Heiden, bis daß
der Heiden Zeit erfüllt ist.
25 Und es werden Zeichen geschehen an
Sonne und Mond und Sternen, und auf
Erden wird den Leuten bange sein, und
sie werden zagen, denn das Meer und die
Wasserwogen werden brausen,
26 und die Menschen werden ver-
schmachten vor Furcht und vor Warten
der Dinge, die kommen sollen über die
ganze Erde; denn auch der Himmel Kräf-
te werden ins Wanken kommen.
27 Und alsdann werden sie sehen des
Menschen Sohn kommen in einer Wolke
mit großer Kraft und Herrlichkeit.
28 Wenn aber dieses anfängt zu ge-
schehen, so sehet auf und erhebet eure
Häupter, darum daß sich eure Erlösung
naht.
29 Und er sagte ihnen ein Gleichnis:
Sehet an den Feigenbaum und alle Bäume:
30 wenn sie jetzt ausschlagen und ihr
sehet's, so wißt ihr selber, daß jetzt der
Sommer nahe ist.
31 So auch ihr: wenn ihr dies alles sehet
angehen, so wisset, daß das Reich Gottes
nahe ist.
32 Wahrlich, ich sage euch: Dies Ge-
schlecht wird nicht vergehen, bis daß es
alles geschehe.
33 **Himmel und Erde werden vergehen;
aber meine Worte vergehen nicht.**
34 Hütet euch aber, daß eure Herzen
nicht beschwert werden mit Fressen und
Saufen und mit Sorgen der Nahrung und
dieser Tag nicht schnell über euch komme
wie ein Fallstrick;
35 denn er wird unversehens herein-
brechen über alle, die auf Erden wohnen.
36 So seid nun wach allezeit und betet,
daß ihr stark werden möget, zu entfliehen
diesem allem, was geschehen soll, und zu
stehen vor des Menschen Sohn.
37 Und er lehrte des Tages im Tempel;
des Nachts aber ging er hinaus und blieb
über Nacht an dem Berg, den man den
Ölberg heißt.
38 Und alles Volk machte sich frühe auf
zu ihm, im Tempel ihn zu hören.

Verrat des Judas

22 Es war aber nahe das Fest der un-
gesäuerten Brote, das da Ostern*
heißt.
2 Und die Hohenpriester und Schriftge-
lehrten trachteten danach, wie sie ihn
töteten; denn sie fürchteten sich vor dem
Volk.
3 Es war aber der Satan gefahren in den
Judas, genannt Ischarioth, der da war aus
der Zahl der Zwölfe.
4 Und er ging hin und redete mit den
Hohenpriestern und mit den Hauptleuten,
wie er ihn wollte ihnen überantworten.
5 Und sie wurden froh und versprachen,
ihm Geld zu geben.
6 Und er sagte es zu und suchte Gelegen-
heit, daß er ihn überantwortete ohne Lärm.

* Wörtlich: «Passa». Luther hat im Neuen Testament «Passa» mit «Ostern» wiedergegeben.

Das heilige Abendmahl

7 Es kam nun der Tag der ungesäuerten Brote, an welchem man das Osterlamm opfern mußte.

8 Und er sandte Petrus und Johannes und sprach: Gehet hin, bereitet uns das Osterlamm, auf daß wir's essen.

9 Sie aber sprachen zu ihm: Wo willst du, daß wir's bereiten?

10 Er sprach zu ihnen: Siehe, wenn ihr hineinkommt in die Stadt, wird euch ein Mensch begegnen, der trägt einen Wasserkrug; folget ihm nach in das Haus, da er hineingeht,

11 und saget zu dem Hausherrn: Der Meister läßt dir sagen: Wo ist das Gemach, darin ich das Osterlamm essen kann mit meinen Jüngern?

12 Und er wird euch einen großen Saal zeigen, der mit Polstern versehen ist; daselbst bereitet es.

13 Sie gingen hin und fanden's, wie er ihnen gesagt hatte, und bereiteten das Osterlamm.

14 Und da die Stunde kam, setzte er sich nieder und die Apostel mit ihm.

15 Und er sprach zu ihnen: Mich hat herzlich verlangt, dies Osterlamm mit euch zu essen, ehe denn ich leide.

16 Denn ich sage euch, daß ich es hinfort nicht mehr essen werde, bis daß es seine Erfüllung findet im Reich Gottes.

17 Und er nahm den Kelch, dankte und sprach: Nehmet ihn und teilet ihn unter euch;

18 denn ich sage euch: Von nun an werde ich nicht trinken von dem Gewächs des Weinstocks, bis das Reich Gottes kommt.

19 **Und er nahm das Brot, dankte und brach's und gab's ihnen und sprach: Das ist mein Leib, der für euch gegeben wird; das tut zu meinem Gedächtnis.**

20 **Desselbigengleichen auch den Kelch nach dem Mahl und sprach: Dieser Kelch ist das neue Testament in meinem Blut, das für euch vergossen wird.**

21 Doch siehe, die Hand meines Verräters ist mit mir über Tische.

22 Denn des Menschen Sohn geht zwar hin, wie es beschlossen ist; doch weh dem Menschen, durch welchen er verraten wird!

23 Und sie fingen an, zu fragen unter sich selbst, welcher es wohl wäre unter ihnen, der das tun würde.

Gespräche mit den Jüngern

24 Es erhob sich auch ein Zank unter ihnen, welcher unter ihnen sollte für den Größten gehalten werden.

25 Er aber sprach zu ihnen: Die Könige der Völker herrschen, und ihre Mächtigen heißet man gnädige Herren.

26 Ihr aber nicht also! Sondern der Größte unter euch soll sein wie der Jüngste, und der Vornehmste wie ein Diener.

27 Denn welcher ist größer: der zu Tische sitzt oder der da dient? Ist's nicht der, der zu Tische sitzt? Ich aber bin unter euch wie ein Diener.

28 Ihr aber seid's, die ihr beharrt habt bei mir in meinen Anfechtungen.

29 Und ich will euch das Reich bescheiden, wie mir's mein Vater beschieden hat,

30 daß ihr essen und trinken sollt an meinem Tische in meinem Reich und sitzen auf Thronen und richten die zwölf Stämme Israels.

31 Simon, Simon, siehe, der Satan hat euer begehrt, daß er euch möchte sichten wie den Weizen.

32 **Ich aber habe für dich gebeten, daß dein Glaube nicht aufhöre.** Und wenn du dermaleinst dich bekehrst, so stärke deine Brüder.

33 Er sprach aber zu ihm: Herr, ich bin bereit, mit dir ins Gefängnis und in den Tod zu gehen.

34 Er aber sprach: Petrus, ich sage dir: Der Hahn wird heute nicht krähen, ehe denn du dreimal geleugnet hast, daß du mich kennest.

35 Und er sprach zu ihnen: Sooft ich euch ausgesandt habe ohne Beutel, ohne Tasche und ohne Schuhe, habt ihr auch je Mangel gehabt? Sie sprachen: Nie.

36 Da sprach er zu ihnen: Aber nun, wer einen Beutel hat, der nehme ihn, desgleichen auch die Tasche, und wer's nicht hat, verkaufe seinen Mantel und kaufe ein Schwert.

37 Denn ich sage euch: Es muß auch das noch vollendet werden an mir, was geschrieben steht (Jes 53,12): «Er ist unter die Übeltäter gerechnet.» Denn was von mir geschrieben ist, wird auch vollendet.

38 Sie sprachen aber: Herr, siehe, hier
sind zwei Schwerter. Er aber sprach zu
ihnen: Es ist genug.

Jesus in Gethsemane

39 Und er ging hinaus nach seiner Ge-
wohnheit an den Ölberg. Es folgten ihm
aber seine Jünger.
40 Und als er dahin kam, sprach er zu
ihnen: **Betet, auf daß ihr nicht in Anfechtung
fallet!**
41 Und er riß sich von ihnen einen Stein-
wurf weit und kniete nieder, betete
42 und sprach: Vater, willst du, so
nimm diesen Kelch von mir; **doch nicht
mein, sondern dein Wille geschehe!**
43 Es erschien ihm aber ein Engel vom
Himmel und stärkte ihn.
44 Und es geschah, daß er mit dem
Tode rang und betete heftiger. Es ward
aber sein Schweiß wie Blutstropfen, die
fielen auf die Erde.
45 Und er stand auf von dem Gebet und
kam zu seinen Jüngern und fand sie
schlafen vor Traurigkeit
46 und sprach zu ihnen: Was schlafet
ihr? Stehet auf und betet, auf daß ihr nicht
in Anfechtung fallet!

Jesu Gefangennahme

47 Als er aber noch redete, da kam die
Schar; und einer von den Zwölfen, der mit
dem Namen Judas, ging vor ihnen her und
nahte sich zu Jesus, ihn zu küssen.
48 Jesus aber sprach zu ihm: Judas, ver-
rätst du des Menschen Sohn mit einem
Kuß?
49 Als aber sahen, die um ihn waren,
was da werden wollte, sprachen sie zu
ihm: Herr, sollen wir mit dem Schwert
dreinschlagen?
50 Und einer von ihnen schlug nach des
Hohenpriesters Knecht und hieb ihm sein
rechtes Ohr ab.
51 Jesus aber antwortete und sprach:
Haltet ein! Und er rührte sein Ohr an und
heilte ihn.
52 Jesus aber sprach zu den Hohen-
priestern und Hauptleuten des Tempels
und den Ältesten, die zu ihm hergekom-
men waren: Ihr seid wie zu einem Mörder
mit Schwertern und mit Stangen ausge-
gangen.
53 Ich bin täglich bei euch im Tempel
gewesen, und ihr habt keine Hand an mich
gelegt. Aber dies ist eure Stunde und die
Macht der Finsternis.

Verleugnung des Petrus

54 Sie griffen ihn aber und führten ihn
hin und brachten ihn in des Hohenprie-
sters Haus. Petrus aber folgte von ferne.
55 Da zündeten sie ein Feuer an mitten
im Hof und setzten sich zusammen; und
Petrus setzte sich unter sie.
56 Da sah ihn eine Magd beim Feuer
sitzen und sah genau auf ihn und sprach:
Dieser war auch mit ihm.
57 Er aber leugnete und sprach: Weib,
ich kenne ihn nicht.
58 Und über eine kleine Weile sah ihn
ein anderer und sprach: Du bist auch
deren einer. Petrus aber sprach: Mensch,
ich bin's nicht.
59 Und über eine Weile, wohl nach einer
Stunde, bekräftigte es ein anderer und
sprach: Wahrlich, dieser war auch mit
ihm; denn er ist ein Galiläer.
60 Petrus aber sprach: Mensch, ich weiß
nicht, was du sagst. Und alsbald, da er
noch redete, krähte der Hahn.
61 Und der Herr wandte sich und sah
Petrus an. Und Petrus gedachte an des
Herrn Wort, wie er zu ihm gesagt hatte:
Ehe der Hahn heute kräht, wirst du mich
dreimal verleugnen.
62 Und Petrus ging hinaus und weinte
bitterlich.

Vor dem Hohen Rat

63 Die Männer aber, die Jesus hielten,
verspotteten ihn und schlugen ihn,
64 verdeckten ihn und fragten und spra-
chen: Weissage, wer ist's, der dich schlug?
65 Und viele andre Lästerungen sagten
sie wider ihn.
66 Und als es Tag ward, sammelten sich
die Ältesten des Volkes, die Hohenprie-
ster und Schriftgelehrten und führten ihn
hinauf vor ihren Rat
67 und sprachen: Bist du der Christus,
so sage es uns! Er aber sprach zu ihnen:
Sage ich's euch, so glaubet ihr's nicht;
68 frage ich aber, so antwortet ihr nicht.
69 Aber von nun an wird des Menschen
Sohn sitzen zur rechten Hand der Kraft
Gottes.
70 Da sprachen sie alle: **Bist du denn**

Gottes Sohn? Er sprach zu ihnen: Ihr sagt's, ich bin's.

71 Sie aber sprachen: Was bedürfen wir weiter Zeugnis? Wir haben's selbst gehört aus seinem Munde.

Vor Pilatus

23 Und der ganze Haufe stand auf, und sie führten ihn vor Pilatus

2 und fingen an, ihn zu verklagen, und sprachen: Diesen haben wir gefunden, wie er unser Volk abwendig macht und verbietet, dem Kaiser Steuern zu geben, und spricht, er sei Christus, ein König.

3 Pilatus aber fragte ihn und sprach: Bist du der Juden König? Er antwortete ihm und sprach: Du sagst es.

4 Pilatus sprach zu den Hohenpriestern und zum Volk: Ich finde keine Schuld an diesem Menschen.

5 Sie aber wurden noch ungestümer und sprachen: Er wiegelt das Volk auf damit, daß er lehrt hin und her im ganzen jüdischen Lande und hat in Galiläa angefangen bis hierher.

Jesus und Herodes

6 Da aber Pilatus das hörte, fragte er, ob der Mensch aus Galiläa wäre.

7 Und als er vernahm, daß er unter des Herodes Obrigkeit gehörte, sandte er ihn zu Herodes, welcher in den Tagen auch zu Jerusalem war.

8 Da aber Herodes Jesus sah, ward er sehr froh; denn er hätte ihn längst gerne gesehen; denn er hatte von ihm gehört und hoffte, er würde ein Zeichen von ihm sehen.

9 Und er fragte ihn mancherlei. Er aber antwortete ihm nichts.

10 Die Hohenpriester aber und Schriftgelehrten standen dabei und verklagten ihn hart.

11 Aber Herodes mit seinem Hofgesinde verachtete und verspottete ihn, legte ihm ein weißes Kleid an und sandte ihn wieder zu Pilatus.

12 Auf den Tag wurden Pilatus und Herodes Freunde miteinander; denn zuvor waren sie einander feind.

Jesu Verurteilung

13 Pilatus aber rief die Hohenpriester und die Obersten und das Volk zusammen

14 und sprach zu ihnen: Ihr habt diesen Menschen zu mir gebracht als einen, der das Volk abwendig mache; und siehe, ich habe ihn vor euch verhört und finde an dem Menschen der Sachen keine, deren ihr ihn beschuldigt;

15 Herodes auch nicht, denn er hat ihn uns zurückgesandt. Und siehe, er hat nichts getan, was des Todes wert sei.

16 Ich will ihn also züchtigen lassen und losgeben.

⟨17 Denn er mußte ihnen einen nach Gewohnheit des Festes losgeben.⟩

18 Da schrie der ganze Haufe und sprach: Hinweg mit diesem und gib uns Barabbas los!

19 Der war um eines Aufruhrs, welcher in der Stadt geschehen war, und um eines Mordes willen ins Gefängnis geworfen.

20 Da rief Pilatus abermals ihnen zu, weil er Jesus losgeben wollte.

21 Sie riefen aber und sprachen: Kreuzige, kreuzige ihn!

22 Er aber sprach zum dritten Mal zu ihnen: Was hat denn dieser Übles getan? Ich finde nichts an ihm, das den Tod verdient hätte; darum will ich ihn züchtigen und losgeben.

23 Aber sie lagen ihm an mit großem Geschrei und forderten, daß er gekreuzigt würde. Und ihr Geschrei nahm überhand.

24 Und Pilatus urteilte, daß ihre Bitte geschähe,

25 und ließ den los, der um Aufruhrs und Mordes willen war ins Gefängnis geworfen, um welchen sie baten; aber Jesus übergab er ihrem Willen.

Auf dem Wege nach Golgatha

26 Und als sie ihn hinführten, ergriffen sie einen, Simon von Kyrene, der vom Felde kam, und legten das Kreuz auf ihn, daß er's Jesus nachtrüge.

27 Es folgte ihm aber nach ein großer Haufe Volks und Frauen, die klagten und beweinten ihn.

28 Jesus aber wandte sich um zu ihnen und sprach: Ihr Töchter von Jerusalem, weinet nicht über mich, sondern weinet über euch selbst und über eure Kinder.

29 Denn siehe, es wird die Zeit kommen, in welcher man sagen wird: Selig sind die Unfruchtbaren und die Leiber, die nicht

geboren haben, und die Brüste, die nicht genährt haben!

30 Dann werden sie anfangen, zu sagen zu den Bergen: Fallet über uns! und zu den Hügeln: Decket uns!

31 Denn so man das tut am grünen Holz, was will am dürren werden?

Kreuzigung und Tod

32 Es wurden aber auch noch hingeführt andere, zwei Übeltäter, daß sie mit ihm abgetan würden.

33 Und als sie kamen an die Stätte, die da heißt Schädelstätte, kreuzigten sie ihn daselbst und die Übeltäter mit ihm, einen zur Rechten und einen zur Linken.

34 Jesus aber sprach: **Vater, vergib ihnen; denn sie wissen nicht, was sie tun!** Und sie teilten seine Kleider und warfen das Los darum.

35 Und das Volk stand und sah zu. Auch die Obersten spotteten und sprachen: Er hat andern geholfen; er helfe sich selber, ist er der Christus, der Auserwählte Gottes.

36 Es verspotteten ihn auch die Kriegsknechte, traten zu ihm und brachten ihm Essig

37 und sprachen: Bist du der Juden König, so hilf dir selber!

38 Es war aber auch über ihm die Überschrift: Dies ist der Juden König.

39 Aber der Übeltäter einer, die da gehenkt waren, lästerte ihn und sprach: Bist du nicht der Christus? Hilf dir selbst und uns!

40 Da antwortete der andere, strafte ihn und sprach: Fürchtest du dich auch nicht vor Gott, der du doch in gleicher Verdammnis bist?

41 Und wir zwar sind mit Recht darin, denn wir empfangen, was unsre Taten wert sind; dieser aber hat nichts Unrechtes getan.

42 Und er sprach: Jesus, gedenke an mich, wenn du in dein Reich kommst!

43 Und Jesus sprach zu ihm: **Wahrlich, ich sage dir: Heute wirst du mit mir im Paradiese sein.**

44 Und es war schon um die sechste Stunde, und es ward eine Finsternis über das ganze Land bis an die neunte Stunde,

45 und die Sonne verlor ihren Schein, und der Vorhang des Tempels zerriß mitten entzwei.

46 Und Jesus rief laut und sprach: **Vater, ich befehle meinen Geist in deine Hände!** Und als er das gesagt, verschied er.

47 Da aber der Hauptmann sah, was da geschah, pries er Gott und sprach: Fürwahr, dieser ist ein frommer Mensch gewesen!

48 Und alles Volk, das dabei war und zusah, da sie sahen, was da geschah, schlugen sich an ihre Brust und kehrten wieder um.

49 Es standen aber alle seine Bekannten von ferne und die Frauen, die ihm aus Galiläa waren nachgefolgt, und sahen das alles.

Jesu Grablegung

50 Und siehe, da war ein Mann mit Namen Joseph, ein Ratsherr, der war ein guter, frommer Mann

51 und hatte nicht gewilligt in ihren Rat und Handel. Er war von Arimathia, einer Stadt der Juden, einer, der auf das Reich Gottes wartete.

52 Der ging zu Pilatus und bat um den Leib Jesu

53 und nahm ihn ab, wickelte ihn in Leinwand und legte ihn in ein gehauenes Grab, darinnen niemand je gelegen hatte.

54 Und es war Rüsttag, und der Sabbat brach an.

55 Es folgten aber die Frauen nach, die mit ihm gekommen waren aus Galiläa, und beschauten das Grab und wie sein Leib gelegt ward.

56 Sie kehrten aber um und bereiteten Spezerei und Salben. Und den Sabbat über waren sie still nach dem Gesetz.

Die Auferstehung

24 Aber am ersten Tage der Woche sehr früh kamen sie zum Grabe und trugen die Spezerei, die sie bereitet hatten.

2 Sie fanden aber den Stein abgewälzt von dem Grabe

3 und gingen hinein und fanden den Leib des Herrn Jesus nicht.

4 Und da sie darum bekümmert waren, siehe, da traten zu ihnen zwei Männer mit glänzenden Kleidern.

5 Und sie erschraken und schlugen ihr Angesicht nieder zur Erde. Da sprachen die zu ihnen: **Was suchet ihr den Lebendigen bei den Toten?**

6 **Er ist nicht hier; er ist auferstanden.**
Gedenket daran, wie er euch sagte, da er
noch in Galiläa war
7 und sprach: Des Menschen Sohn muß
überantwortet werden in die Hände der
Sünder und gekreuzigt werden und am
dritten Tage auferstehen.
8 Und sie gedachten an seine Worte.
9 Und sie gingen wieder vom Grabe und
verkündigten das alles den elf Jüngern
und den andern allen.
10 Es war aber Maria Magdalena und
Johanna und Maria, des Jakobus Mutter,
und die andern mit ihnen, die solches den
Aposteln sagten.
11 Und es erschienen ihnen diese Worte,
als wären's Märchen, und glaubten ihnen
nicht.
⟨12 Petrus aber stand auf und lief zum
Grabe und bückte sich hinein und sah nur
die leinenen Tücher und ging davon und
wunderte sich über das, was geschehen
war.⟩

Die Emmausjünger

13 Und siehe, zwei von ihnen gingen an
demselben Tage in einen Ort, der lag von
Jerusalem bei zwei Stunden Wegs; des
Name heißt Emmaus.
14 Und sie redeten miteinander von
allen diesen Geschichten.
15 Und es geschah, da sie so redeten und
besprachen sich miteinander, da nahte
sich Jesus selbst und ging mit ihnen.
16 Aber ihre Augen wurden gehalten,
daß sie ihn nicht erkannten.
17 Er sprach aber zu ihnen: Was sind das
für Reden, die ihr zwischen euch handelt
unterwegs? Da blieben sie traurig stehen.
18 Und der eine, mit Namen Kleopas,
antwortete und sprach zu ihm: Bist du
allein unter den Fremdlingen zu Jerusa-
lem, der nicht wisse, was in diesen Tagen
darin geschehen ist?
19 Und er sprach zu ihnen: Was denn?
Sie aber sprachen zu ihm: Das von Jesus
von Nazareth, welcher war ein Prophet,
mächtig von Taten und Worten vor Gott
und allem Volk;
20 wie ihn unsre Hohenpriester und
Obersten überantwortet haben zur Ver-
dammnis des Todes und gekreuzigt.
21 Wir aber hofften, er sei es, der Israel
erlösen würde. Und über das alles ist
heute der dritte Tag, daß solches ge-
schehen ist.
22 Auch haben uns erschreckt etliche
Frauen aus unserer Mitte; die sind frühe
bei dem Grabe gewesen,
23 haben seinen Leib nicht gefunden,
kommen und sagen, sie haben eine Er-
scheinung von Engeln gesehen, welche
sagen, er lebe.
24 Und etliche unter uns gingen hin
zum Grabe und fanden's so, wie die
Frauen sagten; aber ihn sahen sie nicht.
25 Und er sprach zu ihnen: O ihr Toren
und trägen Herzens, zu glauben alle dem,
was die Propheten geredet haben!
26 **Mußte nicht Christus solches leiden
und zu seiner Herrlichkeit eingehen?**
27 Und fing an bei Mose und allen Pro-
pheten und legte ihnen in der ganzen
Schrift aus, was darin von ihm gesagt war.
28 Und sie kamen nahe zu dem Orte, da
sie hingingen. Und er stellte sich, als
wollte er weitergehen.
29 Und sie nötigten ihn und sprachen:
**Bleibe bei uns; denn es will Abend werden,
und der Tag hat sich geneigt.** Und er ging
hinein, bei ihnen zu bleiben.
30 Und es geschah, da er mit ihnen zu
Tische saß, nahm er das Brot, dankte,
brach's und gab's ihnen.
31 Da wurden ihre Augen geöffnet, und
sie erkannten ihn. Und er verschwand vor
ihnen.
32 Und sie sprachen untereinander:
Brannte nicht unser Herz in uns, da er mit
uns redete auf dem Wege, als er uns die
Schrift öffnete?
33 Und sie standen auf zu derselben
Stunde, kehrten wieder nach Jerusalem
und fanden die Elf versammelt und die
bei ihnen waren,
34 welche sprachen: **Der Herr ist wahr-
haftig auferstanden** und Simon erschienen.
35 Und sie erzählten ihnen, was auf dem
Wege geschehen war und wie er von ihnen
erkannt wäre, als er das Brot brach.

**Erscheinungen des Auferstandenen.
Missionsbefehl**

36 Da sie aber davon redeten, trat er
selbst, Jesus, mitten unter sie ⟨und sprach
zu ihnen: Friede sei mit euch!⟩.
37 Sie erschraken aber und fürchteten
sich, meinten, sie sähen einen Geist.

38 Und er sprach zu ihnen: Was seid ihr
so erschrocken, und warum kommen
solche Gedanken in euer Herz?
39 Sehet meine Hände und meine Füße,
ich bin's selber. Fühlet mich an und sehet;
denn ein Geist hat nicht Fleisch und Bein,
wie ihr sehet, daß ich habe.
⟨40 Und als er das gesagt hatte, zeigte
er ihnen die Hände und die Füße.⟩
41 Da sie aber noch nicht glaubten vor
Freuden und sich verwunderten, sprach
er zu ihnen: Habt ihr hier etwas zu essen?
42 Und sie legten ihm vor ein Stück von
gebratenem Fisch ⟨und Honigseim⟩.
43 Und er nahm's und aß vor ihnen.
44 Er sprach aber zu ihnen: Das ist's,
was ich zu euch sagte, als ich noch bei euch
war: es muß alles erfüllt werden, was von
mir geschrieben ist im Gesetz des Mose,
in den Propheten und in den Psalmen.
45 Da öffnete er ihnen das Verständnis,
daß sie die Schrift verstanden,
46 und sprach zu ihnen: **Also ist's ge-
schrieben, daß Christus mußte leiden und
auferstehen von den Toten am dritten Tage;**
47 **und daß gepredigt werden muß in
seinem Namen Buße zur Vergebung der
Sünden unter allen Völkern.** Hebt an zu
Jerusalem
48 und seid des alles Zeugen.
49 Und siehe, ich will auf euch senden die
Verheißung meines Vaters. Ihr aber sollt
in der Stadt bleiben, bis daß ihr angetan
werdet mit Kraft aus der Höhe.
50 Er führte sie aber hinaus bis nach
Bethanien und hob die Hände auf und
segnete sie.
51 Und es geschah, da er sie segnete,
schied er von ihnen ⟨und fuhr auf gen
Himmel⟩.
52 Sie aber kehrten wieder nach Jeru-
salem mit großer Freude
53 und waren allewege im Tempel und
priesen Gott.

DAS EVANGELIUM NACH JOHANNES

Das Wort ward Fleisch

1 Im Anfang war das Wort, und das
Wort war bei Gott, und Gott war das
Wort.
2 Dasselbe war im Anfang bei Gott.
3 Alle Dinge sind durch dasselbe ge-
macht, und ohne dasselbe ist nichts ge-
macht, was gemacht ist.
4 In ihm war das Leben, und das Leben
war das Licht der Menschen.
5 Und das Licht scheint in der Finster-
nis, und die Finsternis hat's nicht er-
griffen.
6 Es war ein Mensch, von Gott gesandt,
der hieß Johannes.
7 Der kam zum Zeugnis, daß er von
dem Licht zeugte, auf daß sie alle durch
ihn glaubten.
8 Er war nicht das Licht, sondern er
sollte zeugen von dem Licht.
9 Das war das wahrhaftige Licht, wel-
ches alle Menschen erleuchtet, die in diese
Welt kommen.
10 Er war in der Welt, und die Welt ist
durch ihn gemacht; aber die Welt er-
kannte ihn nicht.
11 Er kam in sein Eigentum; und die
Seinen nahmen ihn nicht auf.
12 Wie viele ihn aber aufnahmen, denen
gab er Macht, Gottes Kinder zu werden,
die an seinen Namen glauben,
13 welche nicht von dem Geblüt noch
von dem Willen des Fleisches noch von
dem Willen eines Mannes, sondern von
Gott geboren sind.
14 Und **das Wort ward Fleisch und wohnte
unter uns, und wir sahen seine Herrlichkeit,
eine Herrlichkeit als des eingebornen Soh-
nes vom Vater, voller Gnade und Wahrheit.**
15 Johannes zeugt von ihm, ruft und
spricht: Dieser war es, von dem ich ge-
sagt habe: Nach mir wird kommen, der
vor mir gewesen ist; denn er war eher als
ich.
16 Und **von seiner Fülle haben wir alle
genommen Gnade um Gnade.**
17 Denn das Gesetz ist durch Mose

gegeben; **die Gnade und Wahrheit ist durch Jesus Christus geworden.**

18 Niemand hat Gott je gesehen; der eingeborne Sohn, der in des Vaters Schoß ist, der hat ihn uns verkündigt.

Des Täufers Zeugnis von sich selbst

19 Und dies ist das Zeugnis des Johannes, da die Juden zu ihm sandten von Jerusalem Priester und Leviten, daß sie ihn fragten: Wer bist du?

20 Und er bekannte und leugnete nicht, und er bekannte: Ich bin nicht der Christus.

21 Und sie fragten ihn: Was denn? Bist du Elia? Er sprach: Ich bin's nicht. Bist du der Prophet? Und er antwortete: Nein.

22 Da sprachen sie zu ihm: Was bist du denn? daß wir Antwort geben denen, die uns gesandt haben. Was sagst du von dir selbst?

23 Er sprach: «Ich bin eine Stimme eines Predigers in der Wüste: Richtet den Weg des Herrn!» wie der Prophet Jesaja gesagt hat (Jes 40,3).

24 Und es kamen, die gesandt waren von den Pharisäern.

25 Die fragten ihn und sprachen zu ihm: Warum taufst du denn, wenn du nicht der Christus bist noch Elia noch der Prophet?

26 Johannes antwortete ihnen und sprach: Ich taufe mit Wasser; aber er ist mitten unter euch getreten, den ihr nicht kennet.

27 Der ist's, der nach mir kommen wird, des ich nicht wert bin, daß ich seine Schuhriemen auflöse.

28 Dies geschah zu Bethanien jenseits des Jordan, wo Johannes taufte.

Des Täufers Zeugnis vom Lamm Gottes

29 Des andern Tages sieht Johannes Jesus kommen und spricht: **Siehe, das ist Gottes Lamm, welches der Welt Sünde trägt!**

30 Dieser ist's, von dem ich gesagt habe: Nach mir kommt ein Mann, welcher vor mir gewesen ist, denn er war eher als ich.

31 Und ich kannte ihn nicht; sondern auf daß er offenbar würde in Israel, darum bin ich gekommen, zu taufen mit Wasser.

32 Und Johannes bezeugte und sprach: Ich sah, daß der Geist herabfuhr wie eine Taube vom Himmel und blieb auf ihm,

33 und ich kannte ihn nicht. Aber der mich sandte, zu taufen mit Wasser, der sprach zu mir: Über welchen du sehen wirst den Geist herabfahren und auf ihm bleiben, der ist's, der mit dem heiligen Geist tauft.

34 Und ich sah es und bezeugte, daß dieser ist Gottes Sohn.

Die ersten Jünger

35 Des andern Tages stand abermals Johannes und zwei seiner Jünger;

36 und als er sah Jesus wandeln, sprach er: Siehe, das ist Gottes Lamm!

37 Und die zwei Jünger hörten ihn reden und folgten Jesus nach.

38 Jesus aber wandte sich um und sah sie nachfolgen und sprach zu ihnen: Was suchet ihr? Sie aber sprachen zu ihm: Rabbi – das ist verdolmetscht: Meister –, wo bist du zur Herberge?

39 Er sprach zu ihnen: Kommt und sehet! Sie kamen und sahen's und blieben den Tag bei ihm. Es war aber um die zehnte Stunde.

40 Einer von den zweien, die es von Johannes hörten und Jesus nachfolgten, war Andreas, der Bruder des Simon Petrus.

41 Der findet zuerst seinen Bruder Simon und spricht zu ihm: Wir haben den Messias gefunden, das ist verdolmetscht: der Gesalbte,

42 und führte ihn zu Jesus. Da ihn Jesus sah, sprach er: Du bist Simon, des Johannes Sohn; du sollst Kephas heißen, das wird verdolmetscht: Fels.

43 Des andern Tages wollte Jesus wieder nach Galiläa ziehen und findet Philippus und spricht zu ihm: Folge mir nach!

44 Philippus aber war von Bethsaida, aus der Stadt des Andreas und Petrus.

45 Philippus findet Nathanael und spricht zu ihm: Wir haben den gefunden, von welchem Mose im Gesetz und die Propheten geschrieben haben, Jesus, Josephs Sohn von Nazareth.

46 Und Nathanael sprach zu ihm: Was kann von Nazareth Gutes kommen? Philippus spricht zu ihm: Komm und sieh es!

47 Jesus sah Nathanael kommen und spricht von ihm: Siehe, ein rechter Israelit, in welchem kein Falsch ist.

48 Nathanael spricht zu ihm: Woher

kennst du mich? Jesus antwortete und
sprach zu ihm: Ehe denn dich Philippus
rief, da du unter dem Feigenbaum warst,
sah ich dich.
49 Nathanael antwortete ihm: Rabbi,
du bist Gottes Sohn, du bist der König
von Israel!
50 Jesus antwortete und sprach zu ihm:
Du glaubst, weil ich dir gesagt habe, daß
ich dich gesehen habe unter dem Feigen-
baum; du wirst noch Größeres als das
sehen.
51 Und spricht zu ihm: Wahrlich, wahr-
lich, ich sage euch: Ihr werdet den Himmel
offen sehen und die Engel Gottes hinauf
und herab fahren auf des Menschen Sohn.

Hochzeit zu Kana

2 Und am dritten Tage war eine Hoch-
zeit zu Kana in Galiläa, und die Mut-
ter Jesu war da.
2 Jesus aber und seine Jünger wurden
auch auf die Hochzeit geladen.
3 Und da es an Wein gebrach, spricht die
Mutter Jesu zu ihm: Sie haben nicht Wein.
4 Jesus spricht zu ihr: Weib, was geht's
dich an, was ich tue? Meine Stunde ist
noch nicht gekommen.
5 Seine Mutter spricht zu den Dienern:
Was er euch sagt, das tut.
6 Es waren aber allda sechs steinerne
Wasserkrüge gesetzt nach der Sitte der
jüdischen Reinigung, und es gingen in
jeden zwei oder drei Maß.
7 Jesus spricht zu ihnen: Füllet die Was-
serkrüge mit Wasser! Und sie füllten sie
bis obenan.
8 Und er spricht zu ihnen: Schöpfet nun
und bringet's dem Speisemeister! Und sie
brachten's.
9 Als aber der Speisemeister kostete den
Wein, der Wasser gewesen war, und
wußte nicht, woher er kam – die Diener
aber wußten's, die das Wasser geschöpft
hatten –, ruft der Speisemeister den Bräu-
tigam
10 und spricht zu ihm: Jedermann gibt
zuerst den guten Wein und, wenn sie trun-
ken geworden sind, alsdann den geringern;
du hast den guten Wein bisher behalten.
11 Das ist das erste Zeichen, das Jesus
tat, geschehen zu Kana in Galiläa, und
offenbarte seine Herrlichkeit. Und seine
Jünger glaubten an ihn.
12 Danach zog er hinab nach Kaper-
naum, er, seine Mutter, seine Brüder und
seine Jünger, und blieben nicht lange da-
selbst.

Reinigung des Tempels

13 Und der Juden Ostern* war nahe,
und Jesus zog hinauf nach Jerusalem.
14 Und er fand im Tempel sitzen, die da
Ochsen, Schafe und Tauben feilhielten,
und die Wechsler.
15 Und er machte eine Geißel aus Strik-
ken und trieb sie alle zum Tempel hinaus
samt den Schafen und Ochsen und ver-
schüttete den Wechslern das Geld und
stieß die Tische um
16 und sprach zu denen, die die Tauben
feilhielten: Traget das von dannen und
machet nicht meines Vaters Haus zum
Kaufhause!
17 Seine Jünger aber gedachten daran,
daß geschrieben steht (Ps 69,10): «Der
Eifer um dein Haus hat mich gefressen.»
18 Da hoben nun die Juden an und spra-
chen zu ihm: Was zeigst du uns für ein
Zeichen, daß du solches tun darfst?
19 Jesus antwortete und sprach zu
ihnen: Brechet diesen Tempel ab, und in
drei Tagen will ich ihn aufrichten.
20 Da sprachen die Juden: Dieser Tem-
pel ist in sechsundvierzig Jahren erbaut;
und du willst ihn in drei Tagen aufrichten?
21 Er aber redete von dem Tempel
seines Leibes.
22 Da er nun auferstanden war von den
Toten, gedachten seine Jünger daran, daß
er dies gesagt hatte, und glaubten der
Schrift und dem Wort, das Jesus gesagt
hatte.
23 Als er aber zu Jerusalem war am
Osterfest, glaubten viele an seinen Na-
men, da sie die Zeichen sahen, die er tat.
24 Aber Jesus vertraute sich ihnen
nicht an; denn er kannte sie alle
25 und bedurfte nicht, daß jemand ihm
Zeugnis gäbe von einem Menschen; denn
er wußte wohl, was im Menschen war.

Jesus und Nikodemus

3 Es war aber ein Mensch unter den
Pharisäern mit Namen Nikodemus,
ein Oberster unter den Juden.

*Wörtlich: «Passa». Luther hat im Neuen Testament «Passa» mit «Ostern» wiedergegeben.

fragest du? oder: Was redest du mit ihr?
28 Da ließ die Frau ihren Krug stehen
und ging hin in die Stadt und spricht zu
den Leuten:
29 Kommt, sehet einen Menschen, der
mir gesagt hat alles, was ich getan habe,
ob er nicht der Christus sei!
30 Da gingen sie aus der Stadt und ka-
men zu ihm.
31 Indes aber ermahnten ihn die Jünger
und sprachen: Rabbi, iß!
32 Er aber sprach zu ihnen: Ich habe
eine Speise zu essen, von der ihr nicht
wisset.
33 Da sprachen die Jünger untereinan-
der: Hat ihm jemand zu essen gebracht?
34 Jesus spricht zu ihnen: Meine Speise
ist die, daß ich tue den Willen des, der
mich gesandt hat, und vollende sein Werk.
35 Saget ihr nicht: Es sind noch vier
Monate, dann kommt die Ernte? Siehe,
ich sage euch: Hebet eure Augen auf und
sehet in das Feld, denn es ist weiß zur
Ernte.
36 Schon empfängt Lohn, der da schnei-
det, und sammelt Frucht zum ewigen Le-
ben, auf daß sich miteinander freuen, der
da sät und der da schneidet.
37 Denn hier ist der Spruch wahr: Die-
ser sät, der andere schneidet.
38 Ich habe euch gesandt, zu schneiden,
was ihr nicht gearbeitet habt; andere ha-
ben gearbeitet, und ihr seid in ihre Arbeit
gekommen.
39 Es glaubten aber an ihn viele der
Samariter aus dieser Stadt um der Rede
der Frau willen, welche bezeugte: Er hat
mir gesagt alles, was ich getan habe.
40 Als nun die Samariter zu ihm kamen,
baten sie ihn, daß er bei ihnen bliebe; und
er blieb zwei Tage da.
41 Und viel mehr glaubten um seines
Wortes willen
42 und sprachen zu der Frau: Wir glau-
ben hinfort nicht um deiner Rede willen;
wir haben selber gehört und erkannt, daß
dieser ist wahrlich der Welt Heiland.

Heilung des Sohnes eines königlichen Beamten

43 Aber nach zwei Tagen zog er aus von
dannen nach Galiläa.
44 Denn er selber, Jesus, bezeugte, daß
ein Prophet daheim nichts gilt.
45 Da er nun nach Galiläa kam, nahmen
ihn die Galiläer auf, die gesehen hatten
alles, was er zu Jerusalem auf dem Fest
getan hatte; denn sie waren auch zum
Fest gekommen.
46 Und Jesus kam abermals nach Kana
in Galiläa, wo er das Wasser hatte zu
Wein gemacht.
47 Und es war ein Mann in des Königs
Dienst, des Sohn lag krank zu Kaper-
naum. Dieser hörte, daß Jesus kam aus
Judäa nach Galiläa, und ging hin zu ihm
und bat ihn, daß er hinabkäme und hülfe
seinem Sohn; denn der war todkrank.
48 Und Jesus sprach zu ihm: Wenn ihr
nicht Zeichen und Wunder seht, so glaubt
ihr nicht.
49 Der Mann sprach zu ihm: Herr,
komm hinab, ehe denn mein Kind stirbt!
50 Jesus spricht zu ihm: Gehe hin, dein
Sohn lebt! Der Mensch glaubte dem Wort,
das Jesus zu ihm sagte, und ging hin.
51 Und indem er hinabging, begegneten
ihm seine Knechte und sprachen: Dein
Kind lebt.
52 Da erforschte er von ihnen die Stun-
de, in welcher es besser mit ihm geworden
war. Und sie sprachen zu ihm: Gestern um
die siebente Stunde verließ ihn das Fieber.
53 Da merkte der Vater, daß es um die
Stunde war, in welcher Jesus zu ihm ge-
sagt hatte: Dein Sohn lebt. Und er glaubte
mit seinem ganzen Hause.
54 Das ist nun das zweite Zeichen, das
Jesus tat, als er aus Judäa nach Galiläa
kam.

Heilung eines Kranken am Teich Bethesda

5 Danach war ein Fest der Juden, und
Jesus zog hinauf nach Jerusalem.
2 Es ist aber zu Jerusalem bei dem
Schaftor ein Teich, der heißt auf hebrä-
isch Bethesda und hat fünf Hallen,
3 in welchen lagen viele Kranke, Blinde,
Lahme, Ausgezehrte, ⟨die warteten, wann
sich das Wasser bewegte.
4 Denn ein Engel des Herrn fuhr herab
von Zeit zu Zeit in den Teich und be-
wegte das Wasser. Wer nun zuerst, nach-
dem das Wasser bewegt war, hineinstieg,
der ward gesund, mit welcherlei Leiden er
behaftet war⟩.
5 Es war aber daselbst ein Mensch, der
lag schon achtunddreißig Jahre krank.

6 Da Jesus den sah liegen und vernahm, daß er schon lange gelegen hatte, spricht er zu ihm: Willst du gesund werden?
7 Der Kranke antwortete ihm: Herr, ich habe keinen Menschen, wenn das Wasser sich bewegt, der mich in den Teich bringe; wenn ich aber komme, so steigt ein anderer vor mir hinein.
8 Jesus spricht zu ihm: Stehe auf, nimm dein Bett und gehe hin!
9 Und alsbald ward der Mensch gesund und nahm sein Bett und ging hin.
Es war aber an dem Tage der Sabbat.
10 Da sprachen die Juden zu dem, der gesund geworden war: Es ist heute Sabbat; du darfst nicht das Bett tragen.
11 Er antwortete ihnen: Der mich gesund machte, der sprach zu mir: Nimm dein Bett und gehe hin!
12 Da fragten sie ihn: Wer ist der Mensch, der zu dir gesagt hat: Nimm dein Bett und gehe hin?
13 Der aber gesund geworden war, wußte nicht, wer es war; denn Jesus war entwichen, da so viel Volks an dem Ort war.
14 Danach fand ihn Jesus im Tempel und sprach zu ihm: Siehe, du bist gesund geworden; sündige hinfort nicht mehr, daß dir nicht etwas Ärgeres widerfahre.
15 Der Mensch ging hin und verkündete den Juden, es sei Jesus, der ihn gesund gemacht habe.
16 Darum verfolgten die Juden Jesus, weil er solches getan hatte am Sabbat.
17 Jesus aber antwortete ihnen: Mein Vater wirket bis auf diesen Tag, und ich wirke auch.
18 Darum trachteten ihm die Juden noch viel mehr nach, daß sie ihn töteten, weil er nicht allein den Sabbat brach, sondern auch sagte, Gott sei sein Vater, und machte dadurch sich selbst Gott gleich.

Der Sohn Gottes macht lebendig

19 Da antwortete Jesus und sprach zu ihnen: Wahrlich, wahrlich, ich sage euch: Der Sohn kann nichts von sich selber tun, sondern nur was er sieht den Vater tun; und was dieser tut, das tut gleicherweise auch der Sohn.
20 Denn der Vater hat den Sohn lieb und zeigt ihm alles, was er tut, und wird ihm noch größere Werke zeigen, daß ihr euch verwundern werdet.
21 Denn wie der Vater die Toten auferweckt und macht sie lebendig, so macht auch der Sohn lebendig, welche er will.
22 Denn der Vater richtet niemand; sondern alles Gericht hat er dem Sohn gegeben,
23 damit sie alle den Sohn ehren, wie sie den Vater ehren. Wer den Sohn nicht ehrt, der ehrt den Vater nicht, der ihn gesandt hat.
24 Wahrlich, wahrlich, ich sage euch: **Wer mein Wort hört und glaubet dem, der mich gesandt hat, der hat das ewige Leben und kommt nicht in das Gericht, sondern er ist vom Tode zum Leben hindurchgedrungen.**
25 Wahrlich, wahrlich, ich sage euch: Es kommt die Stunde und ist schon jetzt, daß die Toten werden die Stimme des Sohnes Gottes hören, und die sie hören werden, die werden leben.
26 Denn wie der Vater das Leben hat in sich selber, so hat er auch dem Sohn gegeben, das Leben zu haben in sich selber,
27 und hat ihm Macht gegeben, das Gericht zu halten, weil er des Menschen Sohn ist.
28 Verwundert euch des nicht. Denn **es kommt die Stunde, in welcher alle, die in den Gräbern sind, werden seine Stimme hören,**
29 **und werden hervorgehen, die da Gutes getan haben, zur Auferstehung des Lebens, die aber Übles getan haben, zur Auferstehung des Gerichts.**
30 Ich kann nichts von mir selber tun. Wie ich höre, so richte ich, und mein Gericht ist recht; denn ich suche nicht meinen Willen, sondern den Willen des, der mich gesandt hat.

Zeugen für den Sohn Gottes

31 Wenn ich von mir selbst zeuge, so ist mein Zeugnis nicht wahr.
32 Ein anderer ist's, der von mir zeugt; und ich weiß, daß das Zeugnis wahr ist, das er von mir zeugt.
33 Ihr schicktet zu Johannes, und er zeugte von der Wahrheit.
34 Ich aber nehme nicht Zeugnis von einem Menschen; sondern solches sage ich, damit ihr selig werdet.
35 Er war ein brennend und scheinend Licht; ihr aber wolltet eine kleine Weile fröhlich sein in seinem Lichte.

36 Ich aber habe ein größeres Zeugnis
als des Johannes Zeugnis; denn die
Werke, die mir der Vater gegeben hat, daß
ich sie vollende, eben diese Werke, die ich
tue, zeugen von mir, daß mich der Vater
gesandt hat.
37 Und der Vater, der mich gesandt hat,
der hat von mir gezeugt. Ihr habt niemals
weder seine Stimme gehört noch seine
Gestalt gesehen,
38 und sein Wort habt ihr nicht in euch
wohnen; denn ihr glaubet dem nicht, den
er gesandt hat.
39 Ihr suchet in der Schrift; denn ihr
meinet, ihr habt das ewige Leben darin;
und sie ist es, die von mir zeuget;
40 aber doch wollt ihr nicht zu mir kom-
men, daß ihr das Leben hättet.
41 Ich nehme nicht Ehre von Men-
schen;
42 aber ich kenne euch, daß ihr nicht
Gottes Liebe in euch habt.
43 Ich bin gekommen in meines Vaters
Namen, und ihr nehmet mich nicht an.
Wenn ein anderer wird in seinem eignen
Namen kommen, den werdet ihr anneh-
men.
44 Wie könnet ihr glauben, die ihr Ehre
voneinander nehmet? Aber die Ehre, die
von dem alleinigen Gott ist, suchet ihr
nicht.
45 Ihr sollt nicht meinen, daß ich euch
vor dem Vater verklagen werde; es ist
einer, der euch verklagt: Mose, auf wel-
chen ihr hoffet.
46 Wenn ihr Mose glaubtet, so glaubtet
ihr auch mir; denn er hat von mir ge-
schrieben.
47 Wenn ihr aber seinen Schriften nicht
glaubet, wie werdet ihr meinen Worten
glauben?

Speisung der Fünftausend

6 Danach fuhr Jesus weg über das Gali-
läische Meer, daran die Stadt Tiberias
liegt.
2 Und es zog ihm viel Volks nach, dar-
um daß sie die Zeichen sahen, die er an
den Kranken tat.
3 Jesus aber ging hinauf auf den Berg
und setzte sich daselbst mit seinen Jün-
gern.
4 Es war aber nahe Ostern, der Juden
Fest.
5 Da hob Jesus seine Augen auf und
sieht, daß viel Volks zu ihm kommt, und
spricht zu Philippus: Wo kaufen wir
Brot, daß diese essen?
6 Das sagte er aber, ihn zu prüfen; denn
er wußte wohl, was er tun wollte.
7 Philippus antwortete ihm: Für zwei-
hundert Silbergroschen Brot ist nicht
genug unter sie, daß ein jeglicher ein
wenig nehme.
8 Spricht zu ihm einer seiner Jünger,
Andreas, der Bruder des Simon Petrus:
9 Es ist ein Knabe hier, der hat fünf
Gerstenbrote und zwei Fische; aber was
ist das unter so viele?
10 Jesus aber sprach: Schaffet, daß sich
das Volk lagere. Es war aber viel Gras an
dem Ort. Da lagerten sich bei fünftausend
Mann.
11 Jesus aber nahm die Brote, dankte
und gab sie denen, die sich gelagert hat-
ten; desgleichen auch von den Fischen,
wieviel sie wollten.
12 Da sie aber satt waren, sprach er zu
seinen Jüngern: Sammelt die übrigen
Brocken, daß nichts umkomme.
13 Da sammelten sie und füllten von
den fünf Gerstenbroten zwölf Körbe mit
Brocken, die übrigblieben denen, die ge-
speist worden.
14 Da nun die Menschen das Zeichen
sahen, das Jesus tat, sprachen sie: Das ist
wahrlich der Prophet, der in die Welt
kommen soll.
15 Da Jesus nun merkte, daß sie kom-
men würden und ihn greifen, damit sie ihn
zum König machten, entwich er aber-
mals auf den Berg, er selbst allein.

Jesus wandelt auf dem Meer

16 Am Abend aber gingen die Jünger
hinab an das Meer
17 und traten in ein Schiff und kamen
über das Meer nach Kapernaum. Und es
war schon finster geworden, und Jesus
war nicht zu ihnen gekommen.
18 Und das Meer erhob sich von einem
großen Winde.
19 Da sie nun gerudert hatten bei einer
Stunde, sahen sie Jesus auf dem Meere
dahergehen und nahe zum Schiff kom-
men; und sie fürchteten sich.
20 Er aber sprach zu ihnen: Ich bin's;
fürchtet euch nicht!

21 Da wollten sie ihn in das Schiff neh-
men; und alsbald war das Schiff am
Lande, wohin sie fuhren.

Jesus das Brot des Lebens

22 Des andern Tages sah das Volk, das
drüben am Meer stand, daß kein anderes
Schiff daselbst war als das eine, und daß
Jesus nicht mit seinen Jüngern in das
Schiff getreten war, sondern seine Jünger
waren allein weggefahren.
23 Es kamen aber andere Schiffe von
Tiberias nahe zu der Stätte, wo sie das
Brot gegessen hatten unter des Herrn
Danksagung.
24 Da nun das Volk sah, daß Jesus
nicht da war noch seine Jünger, traten sie
auch in die Schiffe und kamen nach Ka-
pernaum und suchten Jesus.
25 Und da sie ihn fanden jenseits des
Meeres, sprachen sie zu ihm: Rabbi, wann
bist du hergekommen?
26 Jesus antwortete ihnen und sprach:
Wahrlich, wahrlich, ich sage euch: Ihr
suchet mich nicht darum, daß ihr Zeichen
gesehen habt, sondern weil ihr von dem
Brot gegessen habt und seid satt geworden.
27 Schaffet euch Speise, nicht, die ver-
gänglich ist, sondern die da bleibt in das
ewige Leben, welche euch des Menschen
Sohn geben wird; denn auf dem ist das
Siegel Gottes des Vaters.
28 Da sprachen sie zu ihm: Was sollen
wir tun, daß wir Gottes Werke wirken?
29 Jesus antwortete und sprach zu ihnen:
Das ist Gottes Werk, daß ihr an den glau-
bet, den er gesandt hat.
30 Da sprachen sie zu ihm: Was tust du
denn für ein Zeichen, auf daß wir sehen
und glauben dir? Was wirkest du?
31 Unsre Väter haben das Manna ge-
gessen in der Wüste, wie geschrieben steht
(Ps 78,24): «Er gab ihnen Brot vom Him-
mel zu essen.»
32 Da sprach Jesus zu ihnen: Wahrlich,
wahrlich, ich sage euch: Nicht Mose hat
euch das Brot vom Himmel gegeben, son-
dern mein Vater gibt euch das rechte Brot
vom Himmel.
33 Denn Gottes Brot ist das, das vom
Himmel kommt und gibt der Welt das
Leben.
34 Da sprachen sie zu ihm: Herr, gib uns
allewege solch Brot.
35 Jesus aber sprach zu ihnen: **Ich bin
das Brot des Lebens. Wer zu mir kommt,
den wird nicht hungern; und wer an mich
glaubt, den wird nimmermehr dürsten.**
36 Aber ich habe es euch gesagt, daß ihr
mich gesehen habt und glaubet doch
nicht.
37 Alles, was mir mein Vater gibt, das
kommt zu mir; und **wer zu mir kommt, den
werde ich nicht hinausstoßen.**
38 Denn ich bin vom Himmel gekom-
men, nicht damit ich meinen Willen tue,
sondern den Willen des, der mich ge-
sandt hat.
39 Das ist aber der Wille des, der mich
gesandt hat, daß ich nichts verliere von
allem, was er mir gegeben hat, sondern
daß ich's auferwecke am Jüngsten Tage.
40 Denn das ist der Wille meines Vaters,
daß, wer den Sohn sieht und glaubt an
ihn, habe das ewige Leben; und ich werde
ihn auferwecken am Jüngsten Tage.
41 Da murrten die Juden über ihn, weil
er sagte: Ich bin das Brot, das vom Him-
mel gekommen ist,
42 und sprachen: Ist dieser nicht Jesus,
Josephs Sohn, des Vater und Mutter wir
kennen? Wie spricht er denn: Ich bin vom
Himmel gekommen?
43 Jesus antwortete und sprach zu
ihnen: Murret nicht untereinander.
44 Es kann niemand zu mir kommen, es
sei denn, daß ihn ziehe der Vater, der
mich gesandt hat; und ich werde ihn auf-
erwecken am Jüngsten Tage.
45 Es steht geschrieben in den Prophe-
ten (Jes 54,13): «Sie werden alle von Gott
gelehrt sein.» Wer es nun hört vom Vater
und lernt es, der kommt zu mir.
46 Nicht daß jemand den Vater gesehen
hat außer dem, der von Gott ist; der hat
den Vater gesehen.
47 Wahrlich, wahrlich, ich sage euch:
Wer an mich glaubt, der hat das ewige
Leben.
48 Ich bin das Brot des Lebens.
49 Eure Väter haben das Manna ge-
gessen in der Wüste und sind gestorben.
50 Dies ist das Brot, das vom Himmel
kommt, auf daß, wer davon isset, nicht
sterbe.
51 Ich bin das lebendige Brot, vom
Himmel gekommen. Wer von diesem
Brot essen wird, der wird leben in Ewig-

keit. Und das Brot, das ich geben werde, das ist mein Fleisch, welches ich geben werde für das Leben der Welt.

52 Da stritten die Juden untereinander und sprachen: Wie kann dieser uns sein Fleisch zu essen geben?

53 Jesus sprach zu ihnen: Wahrlich, wahrlich, ich sage euch: Werdet ihr nicht essen das Fleisch des Menschensohnes und trinken sein Blut, so habt ihr kein Leben in euch.

54 Wer mein Fleisch isset und trinket mein Blut, der hat das ewige Leben, und ich werde ihn am Jüngsten Tage auferwecken.

55 Denn mein Fleisch ist die rechte Speise, und mein Blut ist der rechte Trank.

56 Wer mein Fleisch isset und trinket mein Blut, der bleibt in mir und ich in ihm.

57 Wie mich gesandt hat der lebendige Vater und ich lebe um des Vaters willen, so wird auch, wer mich isset, leben um meinetwillen.

58 Dies ist das Brot, das vom Himmel gekommen ist. Nicht, wie die Väter haben gegessen und sind gestorben: wer dies Brot isset, der wird leben in Ewigkeit.

59 Solches sagte er in der Synagoge, als er lehrte zu Kapernaum.

Scheidung unter den Jüngern

60 Viele nun seiner Jünger, die das hörten, sprachen: Das ist eine harte Rede; wer kann sie hören?

61 Da Jesus aber bei sich selbst merkte, daß seine Jünger darüber murrten, sprach er zu ihnen: Ist euch das ein Ärgernis?

62 Wie, wenn ihr nun sehen werdet des Menschen Sohn auffahren dahin, wo er zuvor war?

63 Der Geist ist's, der da lebendig macht; das Fleisch ist nichts nütze. Die Worte, die ich zu euch geredet habe, die sind Geist und sind Leben.

64 Aber es sind etliche unter euch, die glauben nicht. Denn Jesus wußte von Anfang wohl, wer die waren, die nicht glaubten, und wer ihn verraten würde.

65 Und er sprach: Darum habe ich euch gesagt: Niemand kann zu mir kommen, es sei ihm denn von meinem Vater gegeben.

Bekenntnis des Petrus

66 Von da an wandten seiner Jünger viele sich ab und wandelten hinfort nicht mehr mit ihm.

67 Da sprach Jesus zu den Zwölfen: Wollt ihr auch weggehen?

68 Da antwortete ihm Simon Petrus: **Herr, wohin sollen wir gehen? Du hast Worte des ewigen Lebens;**

69 **und wir haben geglaubt und erkannt, daß du bist der Heilige Gottes*.**

70 Jesus antwortete ihnen: Habe ich nicht euch Zwölf erwählt? Und euer einer ist ein Teufel.

71 Er redete aber von Judas, des Simon Ischarioth Sohn. Der verriet ihn hernach und war der Zwölfe einer.

Reise zum Laubhüttenfest

7 Danach zog Jesus umher in Galiläa; denn er wollte nicht in Judäa umherziehen, weil ihm die Juden nach dem Leben trachteten.

2 Es war aber nahe der Juden Laubhüttenfest.

3 Da sprachen seine Brüder zu ihm: Mache dich auf von dannen und gehe nach Judäa, auf daß auch deine Jünger sehen die Werke, die du tust.

4 Niemand tut etwas im Verborgenen und will doch gelten öffentlich. Willst du solches, so offenbare dich vor der Welt.

5 Denn auch seine Brüder glaubten nicht an ihn.

6 Da spricht Jesus zu ihnen: Meine Zeit ist noch nicht da; eure Zeit aber ist allewege.

7 Die Welt kann euch nicht hassen. Mich aber hasset sie, denn ich bezeuge ihr, daß ihre Werke böse sind.

8 Gehet ihr hinauf auf das Fest! Ich will noch nicht hinaufgehen auf dieses Fest, denn meine Zeit ist noch nicht erfüllt.

9 Da er aber das zu ihnen gesagt, blieb er in Galiläa.

10 Als aber seine Brüder hinaufgegangen waren zu dem Fest, da ging er auch hinauf, nicht öffentlich, sondern heimlich.

11 Da suchten ihn die Juden am Fest und sprachen: Wo ist der?

*Luther übersetzte nach anderer Überlieferung: «daß du bist Christus, der Sohn des lebendigen Gottes».

12 Und es war ein großes Gemurmel
über ihn unter dem Volk. Etliche spra-
chen: Er ist gut, die andern aber sprachen:
Nein, sondern er verführt das Volk.
13 Niemand aber redete frei heraus von
ihm aus Furcht vor den Juden.

Jesus auf dem Fest

14 Aber mitten im Fest ging Jesus hin-
auf in den Tempel und lehrte.
15 Und die Juden verwunderten sich und
sprachen: Wie kennt dieser die Schrift,
obwohl er sie doch nicht gelernt hat?
16 Jesus antwortete ihnen und sprach:
**Meine Lehre ist nicht mein, sondern des,
der mich gesandt hat.**
17 **Wenn jemand will des Willen tun, der
wird innewerden, ob diese Lehre von Gott
sei, oder ob ich von mir selbst rede.**
18 Wer von sich selbst redet, der sucht
seine eigne Ehre; wer aber sucht die Ehre
des, der ihn gesandt hat, der ist wahrhaf-
tig, und ist keine Ungerechtigkeit an ihm.
19 Hat euch nicht Mose das Gesetz ge-
geben? Und niemand unter euch tut das
Gesetz. Warum suchet ihr mich zu töten?
20 Das Volk antwortete: Du hast einen
bösen Geist; wer sucht dich zu töten?
21 Jesus antwortete und sprach: Ein
einziges Werk habe ich getan, und es
wundert euch alle.
22 Mose hat euch doch gegeben die Be-
schneidung – nicht daß sie von Mose
kommt, sondern von den Vätern –, und
ihr beschneidet den Menschen auch am
Sabbat.
23 Wenn nun ein Mensch die Beschnei-
dung empfängt am Sabbat, damit nicht
das Gesetz des Mose gebrochen werde,
zürnet ihr dann über mich, daß ich den
ganzen Menschen habe am Sabbat gesund
gemacht?
24 Richtet nicht nach dem, was vor
Augen ist, sondern richtet ein rechtes Ge-
richt.
25 Da sprachen etliche aus Jerusalem:
Ist das nicht der, den sie suchen zu töten?
26 Und siehe, er redet frei, und sie sagen
ihm nichts. Sollten unsre Obersten nun
wahrhaftig erkannt haben, daß er der
Christus sei?
27 Doch wir wissen, woher dieser ist;
wenn aber der Christus kommen wird, so
wird niemand wissen, woher er ist.
28 Da rief Jesus im Tempel, lehrte und
sprach: Ihr kennet mich und wisset, wo-
her ich bin. Aber von mir selbst bin ich
nicht gekommen, sondern es ist ein Wahr-
haftiger, der mich gesandt hat, welchen
ihr nicht kennet.
29 Ich kenne ihn; denn ich bin von ihm,
und er hat mich gesandt.
30 Da suchten sie ihn zu greifen; aber
niemand legte die Hand an ihn, denn seine
Stunde war noch nicht gekommen.
31 Aber viele vom Volk glaubten an ihn
und sprachen: Wenn der Christus kom-
men wird, wird er etwa mehr Zeichen tun,
als dieser tat?
32 Und es kam vor die Pharisäer, daß
im Volk solches Gemurmel über ihn war.
Da sandten die Hohenpriester und Phari-
säer Knechte aus, daß sie ihn griffen.
33 Da sprach Jesus zu ihnen: Ich bin
noch eine kleine Zeit bei euch, und dann
gehe ich hin zu dem, der mich gesandt hat.
34 Ihr werdet mich suchen und nicht
finden; und wo ich bin, könnt ihr nicht
hinkommen.
35 Da sprachen die Juden untereinan-
der: Wo will dieser hingehen, daß wir ihn
nicht finden werden? Will er zu denen
gehen, die in der Zerstreuung unter den
Griechen wohnen, und die Griechen leh-
ren?
36 Was ist das für eine Rede, daß er
sagte: Ihr werdet mich suchen und nicht
finden; und wo ich bin, da könnt ihr nicht
hinkommen?
37 Aber am letzten Tage des Festes,
welcher der höchste war, trat Jesus auf,
rief und sprach: Wen da dürstet, der kom-
me zu mir und trinke!
38 **Wer an mich glaubt, wie die Schrift
sagt, von des Leibe werden Ströme lebendi-
gen Wassers fließen.**
39 Das sagte er aber von dem Geist, wel-
chen empfangen sollten, die an ihn glaub-
ten; denn der Geist war noch nicht da,
denn Jesus war noch nicht verherrlicht.

Zwiespalt im Volk

40 Einige nun vom Volk, die diese Re-
den hörten, sprachen: Dieser ist wahrlich
der Prophet.
41 Andere sprachen: Er ist der Christus.
Etliche aber sprachen: Soll der Christus
aus Galiläa kommen?

42 Spricht nicht die Schrift: von dem
Geschlecht Davids und aus dem Orte
Bethlehem, wo David war, solle der Chri-
stus kommen?
43 Also ward eine Zwietracht unter dem
Volk über ihn.
44 Es wollten aber etliche ihn greifen;
aber niemand legte die Hand an ihn.
45 Die Knechte kamen zu den Hohen-
priestern und Pharisäern; und die spra-
chen zu ihnen: Warum habt ihr ihn nicht
gebracht?
46 Die Knechte antworteten: Es hat nie
ein Mensch so geredet wie dieser Mensch.
47 Da antworteten ihnen die Pharisäer:
Seid ihr auch verführt?
48 Glaubt auch irgendein Oberster oder
Pharisäer an ihn?
49 Nur das Volk tut's, das nichts vom
Gesetz weiß: verflucht ist es!
50 Spricht zu ihnen Nikodemus, der
vormals zu ihm gekommen war, welcher
einer von ihnen war:
51 Richtet unser Gesetz auch einen
Menschen, ehe man ihn verhört hat und
erkannt, was er tut?
52 Sie antworteten und sprachen zu
ihm: Bist du auch ein Galiläer? Forsche
und siehe, aus Galiläa steht kein Prophet
auf.

Jesus und die Ehebrecherin

8 ⟨53 Und ein jeglicher ging heim.
1 Jesus aber ging an den Ölberg.
2 Und frühmorgens kam er wieder in
den Tempel, und alles Volk kam zu ihm;
und er setzte sich und lehrte sie.
3 Aber die Schriftgelehrten und Phari-
säer brachten eine Frau zu ihm, im Ehe-
bruch ergriffen, und stellten sie in die
Mitte
4 und sprachen zu ihm: Meister, diese
Frau ist ergriffen auf frischer Tat im Ehe-
bruch.
5 Mose aber hat uns im Gesetz geboten,
solche zu steinigen. Was sagst du?
6 Das sprachen sie aber, ihn zu ver-
suchen, auf daß sie eine Sache wider ihn
hätten. Aber Jesus bückte sich nieder und
schrieb mit dem Finger auf die Erde.
7 Als sie nun anhielten, ihn zu fragen,
richtete er sich auf und sprach zu ihnen:
Wer unter euch ohne Sünde ist, der werfe
den ersten Stein auf sie.
8 Und bückte sich wieder nieder und
schrieb auf die Erde.
9 Da sie aber das hörten, gingen sie hin-
aus, einer nach dem andern, von den
Ältesten an; und Jesus ward allein gelas-
sen und die Frau in der Mitte stehend.
10 Jesus aber richtete sich auf und
sprach zu ihr: Weib, wo sind sie, deine
Verkläger? Hat dich niemand verdammt?
11 Sie aber sprach: Herr, niemand. Jesus
aber sprach: So verdamme ich dich auch
nicht; gehe hin und sündige hinfort nicht
mehr.⟩

Jesu Selbstzeugnis

12 Da redete Jesus abermals zu ihnen
und sprach: **Ich bin das Licht der Welt.
Wer mir nachfolgt, der wird nicht wandeln
in der Finsternis, sondern wird das Licht des
Lebens haben.**
13 Da sprachen die Pharisäer zu ihm:
Du zeugst von dir selbst; dein Zeugnis ist
nicht wahr.
14 Jesus antwortete und sprach zu ihnen:
Auch wenn ich von mir selbst zeuge, so
ist mein Zeugnis wahr; denn ich weiß, wo-
her ich gekommen bin und wohin ich
gehe; ihr aber wisset nicht, woher ich
komme und wohin ich gehe.
15 Ihr richtet nach dem Fleisch, ich
richte niemand.
16 Wenn ich aber richte, so ist mein Ge-
richt recht; denn ich bin nicht allein, son-
dern ich und der mich gesandt hat.
17 Auch steht in eurem Gesetz geschrie-
ben, daß zweier Menschen Zeugnis wahr
sei.
18 Ich bin's, der ich von mir selbst
zeuge; und der Vater, der mich gesandt
hat, zeugt auch von mir.
19 Da sprachen sie zu ihm: Wo ist dein
Vater? Jesus antwortete: Ihr kennet weder
mich noch meinen Vater; wenn ihr mich
kenntet, so kenntet ihr auch meinen Vater.
20 Diese Worte redete Jesus an dem
Gotteskasten, da er lehrte im Tempel; und
niemand griff ihn, denn seine Stunde war
noch nicht gekommen.

Jesus weist hin auf seinen Tod

21 Da sprach Jesus abermals zu ihnen:
Ich gehe hinweg, und ihr werdet mich su-
chen und in eurer Sünde sterben. Wo ich
hingehe, da könnt ihr nicht hinkommen.

22 Da sprachen die Juden: Will er sich
denn selbst töten, daß er spricht: Wohin
ich gehe, da könnt ihr nicht hinkommen?
23 Und er sprach zu ihnen: Ihr seid von
unten her, ich bin von oben her; ihr seid
von dieser Welt, ich bin nicht von dieser
Welt.
24 Darum habe ich euch gesagt, daß ihr
sterben werdet in euren Sünden; denn
wenn ihr nicht glaubet, daß ich es bin, so
werdet ihr sterben in euren Sünden.
25 Da sprachen sie zu ihm: Wer bist du
denn? Und Jesus sprach zu ihnen: Was
rede ich noch mit euch!
26 Ich habe viel über euch zu reden und
zu richten. Aber der mich gesandt hat, ist
wahrhaftig, und was ich von ihm gehört
habe, das rede ich zu der Welt.
27 Sie verstanden aber nicht, daß er
ihnen von dem Vater sagte.
28 Da sprach Jesus zu ihnen: Wenn ihr
des Menschen Sohn erhöhen werdet, dann
werdet ihr erkennen, daß ich es bin und
nichts von mir selber tue, sondern, wie
mich der Vater gelehrt hat, so rede ich.
29 Und der mich gesandt hat, ist mit mir.
Der Vater läßt mich nicht allein; denn ich
tue allezeit, was ihm gefällt.
30 Da er solches redete, glaubten viele
an ihn.

Die Wahrheit macht frei

31 Da sprach nun Jesus zu den Juden,
die an ihn glaubten: Wenn ihr bleiben
werdet an meiner Rede, so seid ihr in
Wahrheit meine Jünger
32 und werdet die Wahrheit erkennen,
und die Wahrheit wird euch frei machen.
33 Da antworteten sie ihm: Wir sind
Abrahams Kinder und sind niemals je-
mandes Knechte gewesen. Wie sprichst
du denn: Ihr sollt frei werden?
34 Jesus antwortete ihnen: Wahrlich,
wahrlich, ich sage euch: **Wer Sünde tut,
der ist der Sünde Knecht.**
35 Der Knecht aber bleibt nicht ewig-
lich im Hause; der Sohn bleibt ewiglich.
36 **Wenn euch nun der Sohn frei macht, so
seid ihr recht frei.**

Widersacher der Wahrheit

37 Ich weiß wohl, daß ihr Abrahams Kin-
der seid; aber ihr sucht mich zu töten, denn
mein Wort findet bei euch keinen Raum.
38 Ich rede, was ich von meinem Vater
gesehen habe; und ihr tut, was ihr von
eurem Vater gehört habt.
39 Sie antworteten und sprachen zu
ihm: Abraham ist unser Vater. Spricht
Jesus zu ihnen: Wenn ihr Abrahams Kin-
der wäret, so tätet ihr Abrahams Werke.
40 Nun aber sucht ihr mich zu töten,
einen solchen Menschen, der ich euch die
Wahrheit gesagt habe, die ich von Gott
gehört habe. Das hat Abraham nicht ge-
tan.
41 Ihr tut eures Vaters Werke. Da spra-
chen sie zu ihm: Wir sind nicht unehelich
geboren; wir haben **einen** Vater, Gott.
42 Jesus sprach zu ihnen: Wäre Gott
euer Vater, so liebtet ihr mich; denn ich
bin ausgegangen und komme von Gott;
denn ich bin nicht von mir selber gekom-
men, sondern er hat mich gesandt.
43 Warum versteht ihr denn meine
Sprache nicht? Weil ihr mein Wort nicht
könnt hören!
44 Ihr habt den Teufel zum Vater, und
nach eures Vaters Gelüste wollt ihr tun.
Der ist ein Mörder von Anfang und steht
nicht in der Wahrheit; denn die Wahrheit
ist nicht in ihm. Wenn er die Lüge redet,
so redet er von seinem Eignen; denn er ist
ein Lügner und der Vater der Lüge.
45 Ich aber, weil ich die Wahrheit sage,
so glaubet ihr mir nicht.

Das Geheimnis der Person Jesu

46 Welcher unter euch kann mich einer
Sünde zeihen? Wenn ich aber die Wahr-
heit sage, warum glaubet ihr mir nicht?
47 Wer von Gott ist, der hört Gottes
Wort; darum höret ihr nicht, denn ihr
seid nicht von Gott.
48 Da antworteten die Juden und spra-
chen zu ihm: Sagen wir nicht recht, daß
du ein Samariter bist und hast einen bösen
Geist?
49 Jesus antwortete: Ich habe keinen
bösen Geist, sondern ich ehre meinen Va-
ter, und ihr verunehrt mich.
50 Ich suche nicht meine Ehre; es ist
aber einer, der sie sucht und richtet.
51 **Wahrlich, wahrlich, ich sage euch: So
jemand mein Wort wird halten, der wird den
Tod nicht sehen ewiglich.**
52 Da sprachen die Juden zu ihm: Nun
erkennen wir, daß du einen bösen Geist

hast. Abraham ist gestorben und die Pro-
pheten, und du sprichst: So jemand mein
Wort hält, der wird den Tod nicht schmek-
ken ewiglich.
53 Bist du mehr als unser Vater Abra-
ham, welcher gestorben ist? Und die Pro-
pheten sind gestorben. Was machst du
aus dir selbst?
54 Jesus antwortete: Wenn ich mich
selber ehre, so ist meine Ehre nichts. Es
ist aber mein Vater, der mich ehrt, von
welchem ihr sprecht: Er ist unser Gott,
55 und kennet ihn nicht; ich aber kenne
ihn. Und wenn ich wollte sagen: Ich kenne
ihn nicht, – so würde ich ein Lügner,
gleichwie ihr seid. Aber ich kenne ihn und
halte sein Wort.
56 Abraham, euer Vater, ward froh, daß
er meinen Tag sehen sollte, und er sah ihn
und freute sich.
57 Da sprachen die Juden zu ihm: Du
bist noch nicht fünfzig Jahre alt und hast
Abraham gesehen?
58 Jesus sprach zu ihnen: Wahrlich,
wahrlich, ich sage euch: Ehe denn Abra-
ham ward, bin ich.
59 Da hoben sie Steine auf, daß sie auf
ihn würfen. Aber Jesus verbarg sich und
ging zum Tempel hinaus.

Heilung eines Blindgeborenen

9 Und Jesus ging vorüber und sah einen,
der blind geboren war.
2 Und seine Jünger fragten ihn und spra-
chen: Meister, wer hat gesündigt, dieser
oder seine Eltern, daß er ist blind geboren?
3 Jesus antwortete: Es hat weder dieser
gesündigt, noch seine Eltern, sondern es
sollen die Werke Gottes offenbar werden
an ihm.
4 Ich muß wirken die Werke des, der
mich gesandt hat, solange es Tag ist; es
kommt die Nacht, da niemand wirken
kann.
5 Dieweil ich bin in der Welt, bin ich das
Licht der Welt.
6 Da er solches gesagt, spie er auf die
Erde und machte einen Brei aus dem
Speichel und legte den Brei auf des Blin-
den Augen
7 und sprach zu ihm: Gehe hin zu dem
Teich Siloah, das ist verdolmetscht: ge-
sandt, und wasche dich! Da ging er hin
und wusch sich und kam sehend.
8 Die Nachbarn und die ihn zuvor ge-
sehen hatten, daß er ein Bettler war, spra-
chen: Ist dieser nicht, der dasaß und bet-
telte?
9 Etliche sprachen: Er ist's, etliche aber:
Nein, aber er ist ihm ähnlich. Er selbst
aber sprach: Ich bin's.
10 Da sprachen sie zu ihm: Wie sind
deine Augen aufgetan?
11 Er antwortete: Der Mensch, der Jesus
heißt, machte einen Brei und legte ihn auf
meine Augen und sprach: Gehe hin zu
dem Teich Siloah und wasche dich! Ich
ging hin und wusch mich und ward
sehend.
12 Da sprachen sie zu ihm: Wo ist er?
Er sprach: Ich weiß nicht.
13 Da führten sie ihn, der zuvor blind
war, zu den Pharisäern.
14 Es war aber Sabbat an dem Tage, da
Jesus den Brei machte und seine Augen
öffnete.
15 Da fragten sie ihn abermals, auch die
Pharisäer, wie er wäre sehend geworden.
Er aber sprach zu ihnen: Einen Brei legte
er mir auf die Augen, und ich wusch mich
und bin nun sehend.
16 Da sprachen etliche der Pharisäer:
Dieser Mensch ist nicht von Gott, weil er
den Sabbat nicht hält. Die andern aber
sprachen: Wie kann ein sündiger Mensch
solche Zeichen tun? Und es ward eine
Zwietracht unter ihnen.
17 Sie sprachen wieder zu dem Blinden:
Was sagst du von ihm, daß er hat deine
Augen aufgetan? Er aber sprach: Er ist
ein Prophet.
18 Die Juden glaubten nicht von ihm,
daß er blind gewesen und sehend gewor-
den wäre, bis daß sie riefen die Eltern des,
der sehend geworden war,
19 fragten sie und sprachen: Ist das euer
Sohn, von welchem ihr sagt, er sei blind
geboren? Wie ist er denn nun sehend?
20 Seine Eltern antworteten ihnen und
sprachen: Wir wissen, daß dieser unser
Sohn ist und daß er blind geboren ist.
21 Wie er aber nun sehend ist, wissen
wir nicht; oder wer ihm hat seine Augen
aufgetan, wissen wir auch nicht. Er ist alt
genug, fragt ihn, laßt ihn selbst für sich
reden.
22 Solches sagten seine Eltern, denn sie
fürchteten sich vor den Juden. Denn die

Juden hatten sich schon geeinigt: wenn
jemand ihn als den Christus bekennte, der
sollte in den Bann getan werden.
23 Darum sprachen seine Eltern: Er ist
alt genug, fraget ihn.
24 Da riefen sie zum andern Mal den
Menschen, der blind gewesen war, und
sprachen zu ihm: Gib Gott die Ehre! Wir
wissen, daß dieser Mensch ein Sünder ist.
25 Er antwortete: Ist er ein Sünder? Das
weiß ich nicht; eines aber weiß ich: daß
ich blind war und bin nun sehend.
26 Da sprachen sie zu ihm: Was tat er
dir? Wie tat er deine Augen auf?
27 Er antwortete ihnen: Ich habe es euch
schon gesagt, und ihr habt's nicht gehört!
Was wollt ihr's abermals hören? Wollt ihr
auch seine Jünger werden?
28 Da schmähten sie ihn und sprachen:
Du bist sein Jünger; wir aber sind des
Mose Jünger.
29 Wir wissen, daß Gott mit Mose ge-
redet hat; woher aber dieser ist, wissen
wir nicht.
30 Der Mensch antwortete und sprach
zu ihnen: Das ist ein wunderlich Ding,
daß ihr nicht wisset, woher er ist, und er
hat meine Augen aufgetan.
31 Wir wissen, daß Gott die Sünder
nicht hört; sondern wenn jemand gottes-
fürchtig ist und tut seinen Willen, den
hört er.
32 Vom Anbeginn der Welt hat man
nicht gehört, daß jemand einem Blindge-
borenen die Augen aufgetan habe.
33 Wäre dieser nicht von Gott, er könn-
te nichts tun.
34 Sie antworteten und sprachen zu
ihm: Du bist ganz in Sünden geboren und
lehrst uns? Und stießen ihn hinaus.
35 Es kam vor Jesus, daß sie ihn ausge-
stoßen hatten. Und da er ihn fand, sprach
er zu ihm: Glaubst du an des Menschen
Sohn?
36 Er antwortete und sprach: Herr, wer
ist's? auf daß ich an ihn glaube.
37 Jesus sprach zu ihm: Du hast ihn ge-
sehen, und der mit dir redet, der ist's.
38 Er aber sprach: Herr, ich glaube, und
fiel vor ihm nieder.
39 Und Jesus sprach: Ich bin zum Ge-
richt in diese Welt gekommen, auf daß,
die da nicht sehen, sehend werden, und
die da sehen, blind werden.
40 Solches hörten etliche der Pharisäer,
die bei ihm waren, und sprachen zu ihm:
Sind wir denn auch blind?
41 Jesus sprach zu ihnen: Wäret ihr
blind, so hättet ihr keine Sünde; nun ihr
aber sprecht: Wir sind sehend, bleibt eure
Sünde.

Der gute Hirte

10 Wahrlich, wahrlich, ich sage euch:
Wer nicht zur Tür hineingeht in den
Schafstall, sondern steigt anderswo hin-
ein, der ist ein Dieb und Räuber.
2 Der aber zur Tür hineingeht, der ist
der Hirte der Schafe.
3 Dem tut der Türhüter auf, und die
Schafe hören seine Stimme; und er ruft
seine Schafe mit Namen und führt sie aus.
4 Und wenn er alle die Seinen hat hin-
ausgelassen, geht er vor ihnen hin, und
die Schafe folgen ihm nach; denn sie ken-
nen seine Stimme.
5 Einem Fremden aber folgen sie nicht
nach, sondern fliehen vor ihm; denn sie
kennen der Fremden Stimme nicht.
6 Diesen Spruch sagte Jesus zu ihnen;
sie verstanden aber nicht, was es war, das
er zu ihnen sagte.
7 Da sprach Jesus wieder zu ihnen:
Wahrlich, wahrlich, ich sage euch: Ich
bin die Tür zu den Schafen.
8 Alle, die vor mir gekommen sind, die
sind Diebe und Räuber; aber die Schafe
haben ihnen nicht gehorcht.
9 Ich bin die Tür; wenn jemand durch
mich eingeht, der wird gerettet werden
und wird ein- und ausgehen und Weide
finden.
10 Ein Dieb kommt nur, daß er stehle,
würge und umbringe. Ich bin gekommen,
daß sie das Leben und volle Genüge ha-
ben sollen.
11 **Ich bin der gute Hirte. Der gute Hirte
läßt sein Leben für die Schafe.**
12 Der Mietling aber, der nicht Hirte
ist, des die Schafe nicht eigen sind, sieht
den Wolf kommen und verläßt die Schafe
und flieht; und der Wolf erhascht und zer-
streut die Schafe.
13 Der Mietling flieht; denn er ist ein
Mietling und achtet der Schafe nicht.
14 Ich bin der gute Hirte und kenne die
Meinen und bin bekannt den Meinen,
15 wie mich mein Vater kennt und ich

kenne den Vater. Und ich lasse mein Le-
ben für die Schafe.
16 Und ich habe noch andere Schafe,
die sind nicht aus diesem Stalle; und auch
diese muß ich herführen, und sie werden
meine Stimme hören, und wird **eine** Herde
und **ein** Hirte werden.
17 **Darum** liebt mich mein Vater, weil
ich mein Leben lasse, auf daß ich's wieder
nehme.
18 Niemand nimmt es von mir, sondern
ich lasse es von mir selber. Ich habe
Macht, es zu lassen, und habe Macht, es
wiederzunehmen. Solch Gebot habe ich
empfangen von meinem Vater.
19 **Da** ward abermals eine Zwietracht
unter den Juden über diese Worte.
20 Viele unter ihnen sprachen: Er hat
einen bösen Geist und ist unsinnig; was
höret ihr ihm zu?
21 Die andern sprachen: Das sind nicht
Worte eines Besessenen; kann ein böser
Geist auch der Blinden Augen auftun?
22 **Es** ward aber Tempelweihe zu Jeru-
salem und war Winter.
23 Und Jesus wandelte im Tempel in
der Halle Salomos.
24 Da umringten ihn die Juden und
sprachen zu ihm: Wie lange hältst du
unsre Seele im Ungewissen? Bist du der
Christus, so sage es frei heraus.
25 Jesus antwortete ihnen: Ich habe es
euch gesagt, und ihr glaubet nicht. Die
Werke, die ich tue in meines Vaters Na-
men, die zeugen von mir.
26 Aber ihr glaubet nicht, denn ihr seid
nicht von meinen Schafen.
27 **Meine Schafe hören meine Stimme,
und ich kenne sie, und sie folgen mir,**
28 **und ich gebe ihnen das ewige Leben, und
sie werden nimmermehr umkommen, und
niemand wird sie aus meiner Hand reißen.**
29 **Der Vater, der mir sie gegeben hat, ist
größer als alles, und niemand kann sie aus
meines Vaters Hand reißen.**
30 **Ich und der Vater sind eins.**

Feindschaft der Juden

31 Da hoben die Juden abermals Steine
auf, daß sie ihn steinigten.
32 Jesus antwortete ihnen: Viele gute
Werke habe ich euch erzeigt von meinem
Vater; um welches Werk unter ihnen
steinigt ihr mich?
33 Die Juden antworteten ihm: Um
eines guten Werkes willen steinigen wir
dich nicht, sondern um der Gotteslässte-
rung willen und weil du als ein Mensch
dich selber zu Gott machst.
34 Jesus antwortete ihnen: Steht nicht
geschrieben in eurem Gesetz (Ps 82,6):
«Ich habe gesagt: Ihr seid Götter»?
35 Wenn er Götter die nennt, zu welchen
das Wort Gottes geschah – und die
Schrift kann doch nicht gebrochen wer-
den –,
36 wie sprecht ihr denn zu dem, den der
Vater geheiligt und in die Welt gesandt
hat: Du lästerst Gott, – weil ich sagte: Ich
bin Gottes Sohn?
37 Tue ich nicht die Werke meines Va-
ters, so glaubet mir nicht;
38 tue ich sie aber, so glaubet doch –
wollt ihr **mir** nicht glauben – den **Werken,**
damit ihr zur Erkenntnis kommt und in
ihr bleibt, daß der Vater in mir ist und ich
in ihm.
39 **Da** suchten sie abermals ihn zu grei-
fen. Aber er entging ihnen aus ihren
Händen
40 und zog hin wieder jenseits des Jor-
dan an den Ort, da Johannes zuvor ge-
tauft hatte, und blieb allda.
41 Und viele kamen zu ihm und spra-
chen: Johannes tat kein Zeichen; aber
alles, was Johannes von diesem gesagt
hat, das ist wahr.
42 Und glaubten allda viele an ihn.

Auferweckung des Lazarus

11 Es lag aber einer krank mit Namen
Lazarus aus Bethanien, dem Dorfe
Marias und ihrer Schwester Martha.
2 Maria aber war es, die den Herrn ge-
salbt hat mit Salbe und seine Füße ge-
trocknet mit ihrem Haar. Deren Bruder
Lazarus war krank.
3 Da sandten seine Schwestern zu ihm
und ließen ihm sagen: Herr, siehe, den
du lieb hast, der liegt krank.
4 Da Jesus das hörte, sprach er: Diese
Krankheit ist nicht zum Tode, sondern
zur Verherrlichung Gottes, daß der Sohn
Gottes dadurch verherrlicht werde.
5 Jesus aber hatte Martha lieb und ihre
Schwester und Lazarus.
6 Als er nun hörte, daß er krank war, blieb
er noch zwei Tage an dem Ort, da er war;

7 danach aber spricht er zu seinen Jüngern: Laßt uns wieder nach Judäa ziehen!

8 Seine Jünger sprachen zu ihm: Meister, vor kurzem erst wollten die Juden dich steinigen, und du willst wieder dahin ziehen?

9 Jesus antwortete: Sind nicht des Tages zwölf Stunden? Wer des Tages wandelt, der stößt sich nicht; denn er sieht das Licht dieser Welt.

10 Wer aber des Nachts wandelt, der stößt sich; denn es ist kein Licht in ihm.

11 Solches sagte er, und danach spricht er zu ihnen: Lazarus, unser Freund, schläft; aber ich gehe hin, daß ich ihn aufwecke.

12 Da sprachen seine Jünger: Herr, schläft er, so wird's besser mit ihm.

13 Jesus aber sprach von seinem Tode; sie meinten aber, er rede vom leiblichen Schlaf.

14 Da sagte es ihnen Jesus frei heraus: Lazarus ist gestorben;

15 und ich bin froh um euretwillen, daß ich nicht dagewesen bin, auf daß ihr glaubet. Aber lasset uns zu ihm ziehen!

16 Da sprach Thomas, der genannt ist Zwilling, zu den Jüngern: Laßt uns mitziehen, daß wir mit ihm sterben!

17 Da kam Jesus und fand ihn schon vier Tage im Grabe liegen.

18 Bethanien aber war nahe bei Jerusalem, bei einer halben Stunde.

19 Und viele Juden waren zu Martha und Maria gekommen, sie zu trösten über ihren Bruder.

20 Als Martha nun hörte, daß Jesus kommt, ging sie ihm entgegen; Maria aber blieb daheim sitzen.

21 Da sprach Martha zu Jesus: Herr, wärest du hier gewesen, mein Bruder wäre nicht gestorben.

22 Aber auch jetzt noch weiß ich, daß, was du bittest von Gott, das wird dir Gott geben.

23 Jesus spricht zu ihr: Dein Bruder wird auferstehen.

24 Martha spricht zu ihm: Ich weiß wohl, daß er auferstehen wird in der Auferstehung am Jüngsten Tage.

25 Jesus spricht zu ihr: **Ich bin die Auferstehung und das Leben. Wer an mich glaubt, der wird leben, ob er gleich stürbe;**

26 **und wer da lebet und glaubet an mich, der wird nimmermehr sterben.** Glaubst du das?

27 Sie spricht zu ihm: Herr, ja; ich glaube, daß du bist der Christus, der Sohn Gottes, der in die Welt gekommen ist.

28 Und da sie das gesagt hatte, ging sie hin und rief ihre Schwester Maria heimlich und sprach: Der Meister ist da und ruft dich.

29 Dieselbe, als sie das hörte, stand sie eilends auf und kam zu ihm.

30 Jesus aber war noch nicht in das Dorf gekommen, sondern war noch an dem Ort, da ihm Martha entgegengekommen war.

31 Die Juden, die bei ihr im Hause waren und sie trösteten, da sie sahen, daß Maria eilends aufstand und hinausging, folgten sie ihr nach und dachten: Sie geht hin zum Grabe, daß sie daselbst weine.

32 Als nun Maria dahin kam, wo Jesus war, und ihn sah, fiel sie zu seinen Füßen und sprach zu ihm: Herr, wärest du hier gewesen, mein Bruder wäre nicht gestorben.

33 Als Jesus sie sah weinen und die Juden auch weinen, die mit ihr kamen, ergrimmte er im Geist und ward betrübt in sich selbst

34 und sprach: Wo habt ihr ihn hingelegt? Sie sprachen zu ihm: Herr, komm und sieh es!

35 Und Jesus gingen die Augen über.

36 Da sprachen die Juden: Siehe, wie hat er ihn so lieb gehabt!

37 Etliche aber unter ihnen sprachen: Konnte, der dem Blinden die Augen aufgetan hat, nicht schaffen, daß auch dieser nicht stürbe?

38 Da ergrimmte Jesus abermals in sich selbst und kam zum Grabe. Es war aber eine Höhle, und ein Stein davor gelegt.

39 Jesus sprach: Hebt den Stein weg! Spricht zu ihm Martha, die Schwester des Verstorbenen: Herr, er stinkt schon; denn er hat vier Tage gelegen.

40 Jesus spricht zu ihr: **Habe ich dir nicht gesagt: wenn du glaubtest, so würdest du die Herrlichkeit Gottes sehen?**

41 Da hoben sie den Stein weg. Jesus aber hob seine Augen empor und sprach: Vater, ich danke dir, daß du mich erhört hast.

42 Ich wußte wohl, daß du mich allezeit

hörst; aber um des Volks willen, das umhersteht, habe ich geredet, damit sie glauben, daß du mich gesandt hast.
43 Da er das gesagt hatte, rief er mit lauter Stimme: Lazarus, komm heraus!
44 Und der Verstorbene kam heraus, gebunden mit Grabtüchern an Füßen und Händen und sein Angesicht verhüllt mit einem Schweißtuch. Jesus spricht zu ihnen: Löset die Binden und lasset ihn gehen!
45 Viele nun von den Juden, die zu Maria gekommen waren und sahen, was Jesus tat, glaubten an ihn.

Jesu Feinde beschließen seinen Tod

46 Etliche aber von ihnen gingen hin zu den Pharisäern und sagten ihnen, was Jesus getan hatte.
47 Da versammelten die Hohenpriester und die Pharisäer den Rat und sprachen: Was tun wir? Dieser Mensch tut viele Zeichen.
48 Lassen wir ihn so, dann werden sie alle an ihn glauben, und es werden die Römer kommen und nehmen uns Land und Leute.
49 Einer aber unter ihnen, Kaiphas, der desselben Jahres Hoherpriester war, sprach zu ihnen: Ihr wisset nichts;
50 ihr bedenket auch nicht: Es ist euch besser, **ein** Mensch sterbe für das Volk, als daß das ganze Volk verderbe.
51 Solches aber redete er nicht von sich selbst, sondern, weil er desselben Jahres Hoherpriester war, weissagte er. Denn Jesus sollte sterben für das Volk,
52 und nicht für das Volk allein, sondern damit er auch die Kinder Gottes, die zerstreut waren, zusammenbrächte.
53 Von dem Tage an war es für sie beschlossen, daß sie ihn töteten.
54 Jesus aber wandelte nicht mehr öffentlich unter den Juden, sondern ging von dannen in eine Gegend nahe bei der Wüste, in eine Stadt, genannt Ephraim, und blieb daselbst mit seinen Jüngern.
55 Es war aber nahe das Ostern* der Juden; und es gingen aus der Gegend viele hinauf nach Jerusalem vor Ostern, daß sie sich reinigten.
56 Da standen sie und fragten nach Jesus und redeten miteinander im Tempel: Was dünkt euch? Wird er wohl kommen auf das Fest?
57 Es hatten aber die Hohenpriester und Pharisäer ein Gebot ausgehen lassen: wenn jemand wüßte, wo er wäre, solle er's anzeigen, damit sie ihn greifen könnten.

Salbung in Bethanien

12 Sechs Tage vor Ostern kam Jesus nach Bethanien, wo Lazarus war, welchen Jesus auferweckt hatte von den Toten.
2 Daselbst machten sie ihm ein Mahl, und Martha diente; Lazarus aber war deren einer, die mit ihm zu Tische lagen.
3 Da nahm Maria ein Pfund Salbe von unverfälschter, köstlicher Narde und salbte die Füße Jesu und trocknete mit ihrem Haar seine Füße; das Haus aber ward voll vom Geruch der Salbe.
4 Da sprach seiner Jünger einer, Judas Ischarioth, der ihn hernach verriet:
5 Warum ist diese Salbe nicht verkauft um dreihundert Silbergroschen und den Armen gegeben?
6 Das sagte er aber nicht, weil er nach den Armen fragte, sondern er war ein Dieb und hatte den Beutel und nahm an sich, was gegeben ward.
7 Da sprach Jesus: Laß sie mit Frieden! Mag es gelten für den Tag meines Begräbnisses.
8 Denn Arme habt ihr allezeit bei euch; mich aber habt ihr nicht allezeit.
9 Da erfuhr viel Volks der Juden, daß er daselbst war, und kamen nicht allein um Jesu willen, sondern damit sie auch Lazarus sähen, welchen er von den Toten erweckt hatte.
10 Aber die Hohenpriester beschlossen, daß sie auch Lazarus töteten;
11 denn um seinetwillen gingen viele Juden hin und glaubten an Jesus.

Einzug in Jerusalem

12 Des andern Tages, da viel Volks, das aufs Fest gekommen war, hörte, daß Jesus käme nach Jerusalem,
13 nahmen sie Palmenzweige und gingen hinaus ihm entgegen und schrien: **Hosianna! Gelobt sei, der da kommt in dem Namen des Herrn, der König von Israel!**
14 Jesus aber fand ein Eselsfüllen und

*Wörtlich: «Passa». Luther hat im Neuen Testament «Passa» mit «Ostern» wiedergegeben.

ritt darauf; wie denn geschrieben steht (Sach 9,9):

15 «Fürchte dich nicht, du Tochter Zion! Siehe, dein König kommt, reitend auf einem Eselsfüllen.»

16 Solches aber verstanden seine Jünger zuerst nicht; aber als Jesus verherrlicht ward, da dachten sie daran, daß solches von ihm geschrieben war und man solches ihm getan hatte.

17 Das Volk aber, das mit ihm war, als er Lazarus aus dem Grabe rief und von den Toten auferweckte, rühmte die Tat.

18 Darum ging ihm auch das Volk entgegen, da sie hörten, er hätte solches Zeichen getan.

19 Die Pharisäer aber sprachen untereinander: Ihr sehet, daß ihr nichts ausrichtet; siehe, alle Welt läuft ihm nach!

Die Verherrlichung naht

20 Es waren aber etliche Griechen unter denen, die hinaufgekommen waren, daß sie anbeteten auf dem Fest.

21 Die traten zu Philippus, der von Bethsaida aus Galiläa war, baten ihn und sprachen: Herr, wir wollten Jesus gerne sehen.

22 Philippus kommt und sagt's Andreas, und Philippus und Andreas sagten's Jesus weiter.

23 Jesus aber antwortete ihnen und sprach: Die Zeit ist gekommen, daß des Menschen Sohn verherrlicht werde.

24 Wahrlich, wahrlich, ich sage euch: Wenn das Weizenkorn nicht in die Erde fällt und erstirbt, so bleibt's allein; wenn es aber erstirbt, so bringt es viel Frucht.

25 Wer sein Leben lieb hat, der wird's verlieren; und wer sein Leben auf dieser Welt hasset, der wird's erhalten zum ewigen Leben.

26 Wer mir dienen will, der folge mir nach; und wo ich bin, da soll mein Diener auch sein. Und wer mir dienen wird, den wird mein Vater ehren.

27 **J**etzt ist meine Seele betrübt. Und was soll ich sagen? Vater, hilf mir aus dieser Stunde? Nein, darum bin ich in diese Stunde gekommen.

28 Vater, verherrliche deinen Namen! Da kam eine Stimme vom Himmel: Ich habe ihn verherrlicht und will ihn abermals verherrlichen.

29 Da sprach das Volk, das dabeistand und zuhörte: Es donnerte. Die andern sprachen: Es redete ein Engel mit ihm.

30 Jesus antwortete und sprach: Diese Stimme ist nicht um meinetwillen geschehen, sondern um euretwillen.

31 Jetzt geht das Gericht über die Welt; nun wird der Fürst dieser Welt ausgestoßen werden.

32 Und ich, wenn ich erhöht werde von der Erde, so will ich alle zu mir ziehen.

33 Das sagte er aber, zu zeigen, welches Todes er sterben würde.

34 **D**a antwortete ihm das Volk: Wir haben gehört im Gesetz, daß der Christus ewiglich bleibe; und wie sagst du denn: Des Menschen Sohn muß erhöht werden? Wer ist dieser Menschensohn?

35 Da sprach Jesus zu ihnen: Es ist das Licht noch eine kleine Zeit bei euch. Wandelt, solange ihr das Licht habt, damit euch die Finsternis nicht überfalle. Wer in der Finsternis wandelt, der weiß nicht, wo er hingeht.

36 Glaubet an das Licht, solange ihr's habt, auf daß ihr des Lichtes Kinder werdet.

Unglaube des Volkes

Solches redete Jesus und ging weg und verbarg sich vor ihnen.

37 Und ob er wohl solche Zeichen vor ihnen getan hatte, glaubten sie doch nicht an ihn;

38 auf daß erfüllt würde der Spruch des Propheten Jesaja, den er sagte (Jes 53,1): «Herr, wer glaubt unserm Predigen? Und wem ist der Arm des Herrn offenbart?»

39 Darum konnten sie nicht glauben, denn Jesaja sagte abermals (Jes 6,9.10):

40 «Er hat ihre Augen verblendet und ihr Herz verstockt, daß sie mit den Augen nicht sehen noch mit dem Herzen vernehmen und sich bekehren, und ich ihnen hülfe.»

41 Solches sagte Jesaja, da er seine Herrlichkeit sah, und redete von ihm.

42 Doch auch der Obersten glaubten viele an ihn; aber um der Pharisäer willen bekannten sie es nicht, auf daß sie nicht in den Bann getan würden.

43 Denn sie hatten lieber die Ehre bei den Menschen als die Ehre bei Gott.

44 Jesus aber rief und sprach: Wer an
mich glaubt, der glaubt nicht an mich,
sondern an den, der mich gesandt hat.
45 Und wer mich sieht, der sieht den,
der mich gesandt hat.
46 Ich bin gekommen in die Welt ein
Licht, damit, wer an mich glaubt, nicht in
der Finsternis bleibe.
47 Und wer meine Worte hört und be-
wahrt sie nicht, den werde ich nicht rich-
ten; denn ich bin nicht gekommen, daß
ich die Welt richte, sondern daß ich die
Welt rette.
48 Wer mich verachtet und nimmt mei-
ne Worte nicht auf, der hat schon seinen
Richter: Das Wort, welches ich geredet
habe, das wird ihn richten am Jüngsten
Tage.
49 Denn ich habe nicht von mir selber
geredet; sondern der Vater, der mich ge-
sandt hat, der hat mir ein Gebot gegeben,
was ich sagen und reden soll.
50 Und ich weiß: sein Gebot ist das ewi-
ge Leben. Darum, was ich rede, das rede
ich so, wie mir der Vater gesagt hat.

Die Fußwaschung

13 Vor dem Osterfest aber erkannte
Jesus, daß seine Stunde gekommen
war, daß er aus dieser Welt ginge zum
Vater; und wie er hatte geliebt die Seinen,
die in der Welt waren, so liebte er sie bis
ans Ende.
2 Und bei dem Abendessen, da schon
der Teufel hatte dem Judas, Simons Sohn,
dem Ischarioth, ins Herz gegeben, daß er
ihn verriete,
3 und Jesus wußte, daß ihm der Vater
hatte alles in seine Hände gegeben und
daß er von Gott gekommen war und zu
Gott ging:
4 stand er vom Abendmahl auf, legte
seine Kleider ab und nahm einen Schurz
und umgürtete sich.
5 Danach goß er Wasser in ein Becken,
hob an, den Jüngern die Füße zu waschen,
und trocknete sie mit dem Schurz, mit
dem er umgürtet war.
6 Da kam er zu Simon Petrus; der
sprach zu ihm: Herr, solltest du mir
meine Füße waschen?
7 Jesus antwortete und sprach zu ihm:
Was ich tue, das weißt du jetzt nicht; du
wirst es aber hernach erfahren.
8 Da sprach Petrus zu ihm: Nimmer-
mehr sollst du mir die Füße waschen! Je-
sus antwortete ihm: Werde ich dich nicht
waschen, so hast du kein Teil an mir.
9 Spricht zu ihm Simon Petrus: Herr,
nicht die Füße allein, sondern auch die
Hände und das Haupt!
10 Spricht Jesus zu ihm: Wer gewaschen
ist, der bedarf nichts als noch die Füße
waschen; denn er ist ganz rein. Und ihr
seid rein, aber nicht alle.
11 Denn er wußte seinen Verräter wohl;
darum sprach er: Ihr seid nicht alle rein.
12 Da er nun ihre Füße gewaschen
hatte, nahm er seine Kleider und setzte
sich wieder nieder und sprach abermals
zu ihnen: Wisset ihr, was ich euch getan
habe?
13 Ihr heißet mich Meister und Herr und
saget recht daran, denn ich bin's auch.
14 Wenn nun ich, euer Herr und Mei-
ster, euch die Füße gewaschen habe, so
sollt ihr auch euch untereinander die
Füße waschen.
15 **Ein Beispiel habe ich euch gegeben,
daß ihr tut, wie ich euch getan habe.**
16 Wahrlich, wahrlich, ich sage euch:
Der Knecht ist nicht größer als sein Herr,
noch der Apostel größer als der, der ihn
gesandt hat.
17 Wenn ihr solches wisset, selig seid
ihr, wenn ihr's tut.
18 Nicht rede ich von euch allen; ich
weiß, welche ich erwählt habe. Aber es
muß die Schrift erfüllt werden (Ps 41,10):
«Der mein Brot isset, der tritt mich mit
Füßen.»
19 Jetzt sage ich's euch, ehe denn es ge-
schieht, damit, wenn es geschehen ist, ihr
glaubet, daß ich es bin.
20 Wahrlich, wahrlich, ich sage euch:
Wer aufnimmt, wenn ich jemand senden
werde, der nimmt mich auf; wer aber
mich aufnimmt, der nimmt den auf, der
mich gesandt hat.

Jesus und der Verräter

21 Da Jesus solches gesagt hatte, ward
er betrübt im Geist und bezeugte und
sprach: Wahrlich, wahrlich, ich sage euch:
Einer unter euch wird mich verraten.
22 Da sahen sich die Jünger unterein-
ander an, und ward ihnen bange, von
welchem er redete.

23 Es war aber einer unter seinen Jüngern, welchen Jesus lieb hatte, der lag bei Tische an der Brust Jesu.
24 Dem winkte Simon Petrus und sprach zu ihm: Sag, wer ist's, von dem er redet!
25 Der lehnte sich an die Brust Jesu und sprach zu ihm: Herr, wer ist's?
26 Jesus antwortete: Der ist's, dem ich den Bissen eintauche und gebe. Und er tauchte den Bissen ein, nahm ihn und gab ihn dem Judas, des Simon Ischarioth Sohn.
27 Und nach dem Bissen fuhr der Satan in ihn. Da sprach Jesus zu ihm: Was du tust, das tue bald!
28 Es wußte aber niemand am Tische, wozu er's ihm sagte.
29 Etliche meinten, weil Judas den Beutel hatte, Jesus spräche zu ihm: Kaufe, was uns not ist zum Fest, oder daß er den Armen etwas gäbe.
30 Da er nun den Bissen genommen hatte, ging er alsbald hinaus. Und es war Nacht.

JESU ABSCHIEDSREDEN
(Kap 13,31-16,33)

Die Verherrlichung

31 Da Judas aber hinausgegangen war, spricht Jesus: Nun ist des Menschen Sohn verherrlicht, und Gott ist verherrlicht in ihm.
32 Ist Gott verherrlicht in ihm, so wird ihn Gott auch verherrlichen in sich und wird ihn alsbald verherrlichen.
33 Liebe Kinder, ich bin noch eine kleine Weile bei euch. Ihr werdet mich suchen; und wie ich zu den Juden sagte: Wo ich hingehe, da könnt ihr nicht hinkommen, so sage ich jetzt auch euch.
34 **Ein neu Gebot gebe ich euch, daß ihr euch untereinander liebet, wie ich euch geliebt habe, damit auch ihr einander lieb habet.**
35 **Daran wird jedermann erkennen, daß ihr meine Jünger seid, so ihr Liebe untereinander habt.**

Ankündigung der Verleugnung des Petrus

36 Spricht Simon Petrus zu ihm: Herr, wo gehst du hin? Jesus antwortete ihm: Wo ich hingehe, kannst du mir diesmal nicht folgen; aber du wirst mir nachmals folgen.
37 Petrus spricht zu ihm: Herr, warum kann ich dir diesmal nicht folgen? Ich will mein Leben für dich lassen.
38 Jesus antwortete ihm: Solltest du dein Leben für mich lassen? Wahrlich, wahrlich, ich sage dir: Der Hahn wird nicht krähen, bis du mich dreimal habest verleugnet.

Jesu Hingang zum Vater

14 Euer Herz erschrecke nicht! Glaubet an Gott und glaubet an mich!
2 In meines Vaters Hause sind viele Wohnungen. Wenn's nicht so wäre, würde ich dann zu euch gesagt haben: Ich gehe hin, euch die Stätte zu bereiten?
3 Und wenn ich hingehe, euch die Stätte zu bereiten, so will ich wieder kommen und euch zu mir nehmen, damit ihr seid, wo ich bin.
4 Und wo ich hingehe, – den Weg wisset ihr.
5 Spricht zu ihm Thomas: Herr, wir wissen nicht, wo du hingehst; und wie können wir den Weg wissen?
6 Jesus spricht zu ihm: **Ich bin der Weg und die Wahrheit und das Leben; niemand kommt zum Vater denn durch mich.**
7 Wenn ihr mich kenntet, so kenntet ihr auch meinen Vater. Und von nun an kennet ihr ihn und habt ihn gesehen.
8 Spricht zu ihm Philippus: Herr, zeige uns den Vater, so ist's uns genug.
9 Jesus spricht zu ihm: So lange bin ich bei euch, und du kennst mich nicht, Philippus? Wer mich sieht, der sieht den Vater! Wie sprichst du denn: Zeige uns den Vater?
10 Glaubst du nicht, daß ich im Vater und der Vater in mir ist? Die Worte, die ich zu euch rede, die rede ich nicht von mir selbst. Der Vater aber, der in mir wohnt, der tut seine Werke.
11 Glaubet mir, daß ich im Vater und der Vater in mir ist; wo nicht, so glaubet mir doch um der Werke willen.
12 Wahrlich, wahrlich, ich sage euch: Wer an mich glaubt, der wird die Werke auch tun, die ich tue, und wird größere als diese tun, denn ich gehe zum Vater.
13 Und was ihr bitten werdet in meinem Namen, das will ich tun, auf daß der Vater verherrlicht werde in dem Sohne.
14 Was ihr mich bitten werdet in meinem Namen, das will ich tun.

Verheißung des heiligen Geistes

15 Liebet ihr mich, so werdet ihr meine Gebote halten.

16 Und ich will den Vater bitten, und er wird euch einen andern Tröster* geben, daß er bei euch sei ewiglich:

17 den Geist der Wahrheit, welchen die Welt nicht kann empfangen, denn sie sieht ihn nicht und kennt ihn nicht. Ihr aber kennet ihn, denn er bleibt bei euch und wird in euch sein.

18 Ich will euch nicht als Waisen zurücklassen; ich komme zu euch.

19 Es ist noch um ein kleines, dann wird mich die Welt nicht mehr sehen. Ihr aber sollt mich sehen, denn **ich lebe, und ihr sollt auch leben.**

20 An demselben Tage werdet ihr erkennen, daß ich in meinem Vater bin und ihr in mir und ich in euch.

21 Wer meine Gebote hat und hält sie, der ist's, der mich liebt. Wer mich aber liebt, der wird von meinem Vater geliebt werden, und ich werde ihn lieben und mich ihm offenbaren.

22 Spricht zu ihm Judas, nicht der Ischarioth: Herr, was ist's, daß du dich uns willst offenbaren und nicht der Welt?

23 Jesus antwortete und sprach zu ihm: Wer mich liebt, der wird mein Wort halten; und mein Vater wird ihn lieben, und wir werden zu ihm kommen und Wohnung bei ihm machen.

24 Wer aber mich nicht liebt, der hält meine Worte nicht. Und das Wort, das ihr höret, ist nicht mein, sondern des Vaters, der mich gesandt hat.

25 Solches habe ich zu euch geredet, während ich bei euch gewesen bin.

26 Aber der Tröster, der heilige Geist, welchen mein Vater senden wird in meinem Namen, der wird euch alles lehren und euch erinnern alles des, was ich euch gesagt habe.

Der Friede Christi

27 **Den Frieden lasse ich euch, meinen Frieden gebe ich euch. Nicht gebe ich euch, wie die Welt gibt. Euer Herz erschrecke nicht und fürchte sich nicht.**

*Andere Übersetzungen: «Fürsprecher», «Beistand» (vgl. Mark 13,11; Röm 8,26; 2.Kor 3,17; 1.Joh 2,1).

28 Ihr habt gehört, daß ich euch gesagt habe: Ich gehe hin und komme wieder zu euch. Hättet ihr mich lieb, so würdet ihr euch freuen, daß ich zum Vater gehe, denn der Vater ist größer als ich.

29 Und nun habe ich's euch gesagt, ehe es geschieht, auf daß ihr glaubet, wenn es nun geschehen wird.

30 Ich werde nicht mehr viel mit euch reden, denn es kommt der Fürst der Welt. Er hat keine Macht über mich,

31 aber die Welt soll erkennen, daß ich den Vater liebe und tue, wie mir der Vater geboten hat. Stehet auf und lasset uns von hinnen gehen.

Der rechte Weinstock

15 Ich bin der rechte Weinstock, und mein Vater der Weingärtner.

2 Eine jegliche Rebe an mir, die nicht Frucht bringt, wird er wegnehmen; und eine jegliche, die da Frucht bringt, wird er reinigen, daß sie mehr Frucht bringe.

3 Ihr seid schon rein um des Wortes willen, das ich zu euch geredet habe.

4 Bleibet in mir und ich in euch. Gleichwie die Rebe kann keine Frucht bringen von sich selber, sie bleibe denn am Weinstock, so auch ihr nicht, ihr bleibet denn in mir.

5 **Ich bin der Weinstock, ihr seid die Reben. Wer in mir bleibt und ich in ihm, der bringt viel Frucht; denn ohne mich könnt ihr nichts tun.**

6 Wer nicht in mir bleibt, der wird weggeworfen wie eine Rebe und verdorrt, und man sammelt sie und wirft sie ins Feuer, und müssen brennen.

7 Wenn ihr in mir bleibet und meine Worte in euch bleiben, werdet ihr bitten, was ihr wollt, und es wird euch widerfahren.

8 Darin wird mein Vater verherrlicht, daß ihr viel Frucht bringet und werdet meine Jünger.

Bleibet in meiner Liebe!

9 Gleichwie mich mein Vater liebt, so liebe ich euch auch. Bleibet in meiner Liebe!

10 Wenn ihr meine Gebote haltet, so bleibet ihr in meiner Liebe, gleichwie ich meines Vaters Gebote halte und bleibe in seiner Liebe.

11 Solches rede ich zu euch, damit meine Freude in euch bleibe und eure Freude vollkommen werde.

12 Das ist mein Gebot, daß ihr euch untereinander liebet, gleichwie ich euch liebe.

13 **Niemand hat größere Liebe denn die, daß er sein Leben läßt für seine Freunde.**

14 **Ihr seid meine Freunde, wenn ihr tut, was ich euch gebiete.**

15 Ich sage hinfort nicht, daß ihr Knechte seid; denn ein Knecht weiß nicht, was sein Herr tut. Euch aber habe ich gesagt, daß ihr Freunde seid; denn alles, was ich habe von meinem Vater gehört, habe ich euch kundgetan.

16 **Ihr habt mich nicht erwählt, sondern ich habe euch erwählt und gesetzt, daß ihr hingehet und Frucht bringet und eure Frucht bleibe, damit, wenn ihr den Vater bittet in meinem Namen, er's euch gebe.**

17 Das gebiete ich euch, daß ihr euch untereinander liebet.

Der Haß der Welt

18 Wenn euch die Welt hasset, so wisset, daß sie mich vor euch gehaßt hat.

19 Wäret ihr von der Welt, so hätte die Welt das Ihre lieb. Weil ihr aber nicht von der Welt seid, sondern ich euch aus der Welt erwählt habe, darum hasset euch die Welt.

20 Gedenket an mein Wort, das ich euch gesagt habe: Der Knecht ist nicht größer als sein Herr. Haben sie mich verfolgt, so werden sie euch auch verfolgen; haben sie mein Wort gehalten, so werden sie eures auch halten.

21 Aber das alles werden sie euch tun um meines Namens willen; denn sie kennen den nicht, der mich gesandt hat.

22 Wenn ich nicht gekommen wäre und hätte es ihnen gesagt, so hätten sie keine Sünde; nun aber können sie nichts vorwenden, ihre Sünde zu entschuldigen.

23 Wer mich hasset, der hasset auch meinen Vater.

24 Hätte ich nicht die Werke getan unter ihnen, die kein anderer getan hat, so hätten sie keine Sünde. Nun aber haben sie es gesehen und hassen doch beide, mich und meinen Vater.

25 Doch muß erfüllt werden der Spruch, in ihrem Gesetz geschrieben (Ps 69,5): «Sie hassen mich ohne Ursache.»

26 Wenn aber der Tröster kommen wird, welchen ich euch senden werde vom Vater, der Geist der Wahrheit, der vom Vater ausgeht, der wird zeugen von mir.

27 Und auch ihr werdet meine Zeugen sein, denn ihr seid von Anfang bei mir gewesen.

16 Solches habe ich zu euch geredet, damit ihr nicht Ärgernis nehmt.

2 Sie werden euch in den Bann tun. Ja, es kommt die Stunde, daß wer euch tötet, wird meinen, er tue Gott einen Dienst damit.

3 Und solches werden sie darum tun, weil sie weder meinen Vater noch mich erkennen.

4 Aber solches habe ich zu euch geredet, damit, wenn die Stunde kommen wird, ihr daran gedenket, daß ich's euch gesagt habe. Solches aber habe ich euch von Anfang nicht gesagt, denn ich war bei euch.

Wirken des heiligen Geistes

5 Nun aber gehe ich hin zu dem, der mich gesandt hat; und niemand unter euch fragt mich: Wo gehst du hin?

6 Sondern weil ich solches zu euch geredet habe, ist euer Herz voll Trauerns geworden.

7 Aber ich sage euch die Wahrheit: es ist euch gut, daß ich hingehe. Denn wenn ich nicht hingehe, so kommt der Tröster nicht zu euch. Wenn ich aber gehe, will ich ihn zu euch senden.

8 Und wenn derselbe kommt, wird er der Welt die Augen auftun über die Sünde und über die Gerechtigkeit und über das Gericht;

9 über die Sünde: daß sie nicht glauben an mich;

10 über die Gerechtigkeit: daß ich zum Vater gehe und ihr mich hinfort nicht sehet;

11 über das Gericht: daß der Fürst dieser Welt gerichtet ist.

12 Ich habe euch noch viel zu sagen; aber ihr könnt es jetzt nicht tragen.

13 Wenn aber jener, der Geist der Wahrheit, kommen wird, der wird euch in alle Wahrheit leiten. Denn er wird nicht aus sich selber reden; sondern was er hören wird, das wird er reden, und was zukünftig ist, wird er euch verkündigen.

Kelch nicht trinken, den mir mein Vater gegeben hat?

Jesus vor Hannas und Kaiphas. Verleugnung des Petrus

12 Die Schar aber und der Oberhauptmann und die Diener der Juden nahmen Jesus und banden ihn

13 und führten ihn zuerst zu Hannas; der war der Schwiegervater des Kaiphas, welcher des Jahres Hoherpriester war.

14 Es war aber Kaiphas, der den Juden geraten hatte, es wäre gut, daß **ein** Mensch stürbe für das Volk.

15 Simon Petrus aber folgte Jesus nach und ein anderer Jünger. Dieser Jünger war dem Hohenpriester bekannt und ging mit Jesus hinein in des Hohenpriesters Palast.

16 Petrus aber stand draußen vor der Tür. Da ging der andere Jünger, der dem Hohenpriester bekannt war, hinaus und redete mit der Türhüterin und führte Petrus hinein.

17 Da sprach die Magd, die Türhüterin, zu Petrus: Bist du nicht auch einer von den Jüngern dieses Menschen? Er sprach: Ich bin's nicht.

18 Es standen aber die Knechte und Diener und hatten ein Kohlenfeuer gemacht, denn es war kalt, und wärmten sich. Petrus aber stand bei ihnen und wärmte sich.

19 Aber der Hohepriester fragte Jesus über seine Jünger und über seine Lehre.

20 Jesus antwortete ihm: Ich habe frei öffentlich geredet vor der Welt. Ich habe allezeit gelehrt in der Synagoge und in dem Tempel, wo alle Juden zusammenkommen, und habe nichts im Verborgenen geredet.

21 Was fragst du mich? Frage die, die gehört haben, was ich zu ihnen geredet habe. Siehe, diese wissen, was ich gesagt habe.

22 Als er aber solches redete, gab der Diener einer, der dabeistand, Jesus einen Backenstreich und sprach: Antwortest du so dem Hohenpriester?

23 Jesus antwortete: Habe ich übel geredet, so beweise, daß es böse sei; habe ich aber recht geredet, was schlägst du mich?

24 Und Hannas sandte ihn gebunden zu dem Hohenpriester Kaiphas.

25 Simon Petrus aber stand und wärmte sich. Da sprachen sie zu ihm: Bist du nicht seiner Jünger einer? Er leugnete aber und sprach: Ich bin's nicht.

26 Spricht einer von des Hohenpriesters Knechten, ein Verwandter des, dem Petrus das Ohr abgehauen hatte: Sah ich dich nicht im Garten bei ihm?

27 Da leugnete Petrus abermals, und alsbald krähte der Hahn.

Der König der Wahrheit

28 Da führten sie Jesus von Kaiphas vor das Richthaus. Und es war frühe; und sie gingen nicht in das Richthaus, damit sie nicht unrein würden, sondern Ostern* essen könnten.

29 Da ging Pilatus zu ihnen heraus und sprach: Was bringet ihr für Klage wider diesen Menschen?

30 Sie antworteten und sprachen zu ihm: Wäre dieser nicht ein Übeltäter, wir hätten dir ihn nicht überantwortet.

31 Da sprach Pilatus zu ihnen: So nehmet ihr ihn hin und richtet ihn nach eurem Gesetz. Da sprachen die Juden zu ihm: Wir dürfen niemand töten, –

32 auf daß erfüllt würde das Wort Jesu, das er sagte, um zu zeigen, welches Todes er sterben würde.

33 Da ging Pilatus wieder hinein ins Richthaus und rief Jesus und sprach zu ihm: Bist du der Juden König?

34 Jesus antwortete: Redest du das von dir selbst, oder haben's dir andere von mir gesagt?

35 Pilatus antwortete: Bin ich ein Jude? Dein Volk und die Hohenpriester haben dich mir überantwortet. Was hast du getan?

36 Jesus antwortete: **Mein Reich ist nicht von dieser Welt.** Wäre mein Reich von dieser Welt, meine Diener würden darum kämpfen, daß ich den Juden nicht überantwortet würde; aber nun ist mein Reich nicht von dieser Welt.

37 Da sprach Pilatus zu ihm: So bist du dennoch ein König? Jesus antwortete: Du sagst es, **ich bin ein König. Ich bin dazu geboren und in die Welt gekommen, daß ich für die Wahrheit zeugen soll. Wer aus der Wahrheit ist, der höret meine Stimme.**

*Wörtlich: «Passa». Luther hat im Neuen Testament «Passa» mit «Ostern» wiedergegeben.

38 Spricht Pilatus zu ihm: Was ist Wahr-
heit? Und da er das gesagt, ging er wieder
hinaus zu den Juden und spricht zu ihnen:
Ich finde keine Schuld an ihm.
39 Ihr habt aber eine Gewohnheit, daß
ich euch einen Gefangenen zum Osterfest
losgebe; wollt ihr nun, daß ich euch der
Juden König losgebe?
40 Da schrien sie wieder und sprachen:
Nicht diesen, sondern Barabbas! Barab-
bas aber war ein Räuber.

Geißelung und Verspottung

19 Da nahm Pilatus Jesus und ließ ihn
geißeln.
2 Und die Kriegsknechte flochten eine
Krone von Dornen und setzten sie auf sein
Haupt und legten ihm ein Purpurkleid an,
3 traten zu ihm und sprachen: Sei ge-
grüßt, lieber Judenkönig! und gaben ihm
Backenstreiche.
4 Da ging Pilatus wieder heraus und
sprach zu ihnen: Sehet, ich führe ihn her-
aus zu euch, damit ihr erkennet, daß ich
keine Schuld an ihm finde.
5 Da ging Jesus heraus und trug eine
Dornenkrone und ein Purpurkleid. Und
Pilatus spricht zu ihnen: **Sehet, welch ein
Mensch!**

Die Verurteilung

6 Da ihn die Hohenpriester und die
Diener sahen, schrien sie und sprachen:
Kreuzige! kreuzige! Pilatus spricht zu
ihnen: Nehmt ihr ihn hin und kreuzigt ihn,
denn ich finde keine Schuld an ihm.
7 Die Juden antworteten ihm: Wir ha-
ben ein Gesetz, und nach dem Gesetz muß
er sterben, denn er hat sich selbst zu Got-
tes Sohn gemacht.
8 Da Pilatus das Wort hörte, fürchtete
er sich noch mehr
9 und ging wieder hinein in das Richt-
haus und spricht zu Jesus: Woher bist du?
Aber Jesus gab ihm keine Antwort.
10 Da sprach Pilatus zu ihm: Redest du
nicht mit mir? Weißt du nicht, daß ich
Macht habe, dich loszugeben, und Macht
habe, dich zu kreuzigen?
11 Jesus antwortete: Du hättest keine
Macht über mich, wenn sie dir nicht wäre
von oben her gegeben. Darum: der mich
dir überantwortet hat, der hat größere
Sünde.
12 Von da an trachtete Pilatus, wie er
ihn losließe. Die Juden aber schrien und
sprachen: Läßt du diesen los, so bist du
des Kaisers Freund nicht; denn wer sich
zum König macht, der ist wider den Kai-
ser.
13 Da Pilatus das Wort hörte, führte er
Jesus heraus und setzte sich auf den Rich-
terstuhl an der Stätte, die da heißt Stein-
pflaster, auf hebräisch Gabbatha.
14 Es war aber der Rüsttag auf Ostern
um die sechste Stunde. Und er spricht zu
den Juden: Sehet, das ist euer König!
15 Sie schrien aber: Weg, weg mit dem!
Kreuzige ihn! Spricht Pilatus zu ihnen:
Soll ich euren König kreuzigen? Die Ho-
henpriester antworteten: Wir haben kei-
nen König denn den Kaiser.
16 Da überantwortete er ihnen Jesus,
daß er gekreuzigt würde.

Kreuzigung und Tod

Sie nahmen ihn aber,
17 und er trug sein Kreuz und ging hin-
aus zur Stätte, die da heißt Schädelstätte,
welche heißt auf hebräisch Golgatha.
18 Allda kreuzigten sie ihn und mit ihm
zwei andere zu beiden Seiten, Jesus aber
mitten inne.
19 Pilatus aber schrieb eine Überschrift
und setzte sie auf das Kreuz; und war ge-
schrieben: Jesus von Nazareth, der Juden
König.
20 Diese Überschrift lasen viele Juden,
denn die Stätte, da Jesus gekreuzigt ward,
war nahe bei der Stadt. Und es war ge-
schrieben in hebräischer, lateinischer und
griechischer Sprache.
21 Da sprachen die Hohenpriester der
Juden zu Pilatus: Schreibe nicht: Der Ju-
den König, sondern daß er gesagt habe:
Ich bin der Juden König.
22 Pilatus antwortete: Was ich geschrie-
ben habe, das habe ich geschrieben.
23 Die Kriegsknechte aber, da sie Je-
sus gekreuzigt hatten, nahmen sie seine
Kleider und machten vier Teile, einem
jeglichen Kriegsknecht einen Teil, dazu
auch den Rock. Der Rock aber war un-
genäht, von obenan gewebt durch und
durch.
24 Da sprachen sie untereinander: Las-
set uns den nicht zerteilen, sondern darum
losen, wes er sein soll, – auf daß erfüllt

würde die Schrift (Ps 22,19): «Sie haben meine Kleider unter sich geteilt und haben über meinen Rock das Los geworfen.» Solches taten die Kriegsknechte.

25 Es stand aber bei dem Kreuze Jesu seine Mutter und seiner Mutter Schwester, Maria, des Kleopas Frau, und Maria Magdalena.

26 Da nun Jesus seine Mutter sah und den Jünger dabeistehen, den er lieb hatte, spricht er zu seiner Mutter: **Weib, siehe, das ist dein Sohn!**

27 Danach spricht er zu dem Jünger: **Siehe, das ist deine Mutter!** Und von der Stunde an nahm sie der Jünger zu sich.

28 Danach, da Jesus wußte, daß schon alles vollbracht war, auf daß die Schrift erfüllt würde, spricht er: **Mich dürstet!**

29 Da stand ein Gefäß voll Essig. Sie aber füllten einen Schwamm mit Essig und steckten ihn auf einen Ysop und hielten es ihm dar zum Munde.

30 Da nun Jesus den Essig genommen hatte, sprach er: **Es ist vollbracht!** und neigte das Haupt und verschied.

31 Die Juden aber, weil es Rüsttag war, damit nicht die Leichname am Kreuze blieben den Sabbat über, denn es war ein großer Sabbat, baten sie den Pilatus, daß ihnen die Beine gebrochen und sie abgenommen würden.

32 Da kamen die Kriegsknechte und brachen dem ersten die Beine und dem andern, der mit ihm gekreuzigt war.

33 Als sie aber zu Jesus kamen und sahen, daß er schon gestorben war, brachen sie ihm die Beine nicht;

34 sondern der Kriegsknechte einer öffnete seine Seite mit einem Speer, und alsbald ging Blut und Wasser heraus.

35 Und der das gesehen hat, der hat es bezeugt, und sein Zeugnis ist wahr, und er weiß, daß er die Wahrheit sagt, damit auch ihr glaubet.

36 Denn solches ist geschehen, daß die Schrift erfüllt würde (2. Mose 12,46): «Ihr sollt ihm kein Bein zerbrechen.»

37 Und abermals spricht die Schrift (Sach 12,10): «Sie werden sehen auf den, in welchen sie gestochen haben.»

Jesu Grablegung

38 Danach bat den Pilatus Joseph von Arimathia, der ein Jünger Jesu war, doch heimlich aus Furcht vor den Juden, daß er den Leichnam Jesu dürfte abnehmen. Und Pilatus erlaubte es. Da kam er und nahm den Leichnam Jesu herab.

39 Es kam aber auch Nikodemus, der vormals bei der Nacht zu Jesus gekommen war, und brachte Myrrhe und Aloe untereinander gemengt, bei hundert Pfunden.

40 Da nahmen sie den Leichnam Jesu und banden ihn in leinene Tücher mit den Spezereien, wie die Juden pflegen zu begraben.

41 Es war aber an der Stätte, da er gekreuzigt ward, ein Garten und im Garten ein neues Grab, in welches niemand je gelegt war.

42 Dahin legten sie Jesus um des Rüsttages willen der Juden, weil das Grab nahe war.

Der Ostermorgen

20 An dem ersten Tage der Woche kommt Maria Magdalena frühe, da es noch finster war, zum Grabe und sieht, daß der Stein vom Grabe hinweg war.

2 Da läuft sie und kommt zu Simon Petrus und zu dem andern Jünger, welchen Jesus lieb hatte, und spricht zu ihnen: Sie haben den Herrn weggenommen aus dem Grabe, und wir wissen nicht, wo sie ihn hingelegt haben.

3 Da ging Petrus und der andere Jünger hinaus und kamen zum Grabe.

4 Es liefen aber die zwei miteinander, und der andere Jünger lief voraus, schneller als Petrus, und kam zuerst zum Grabe,

5 schaut hinein und sieht die leinenen Binden gelegt; er ging aber nicht hinein.

6 Da kam Simon Petrus ihm nach und ging hinein in das Grab und sieht die Binden gelegt

7 und das Schweißtuch, das Jesus um das Haupt gebunden war, nicht zu den Binden gelegt, sondern beiseits, zusammengewickelt, an einen besonderen Ort.

8 Da ging auch der andere Jünger hinein, der zuerst zum Grabe gekommen war, und sah und glaubte.

9 Denn sie verstanden die Schrift noch nicht, daß er von den Toten auferstehen müßte.

10 Da gingen die Jünger wieder heim.

Maria aus Magdala

11 Maria aber stand vor dem Grabe und
weinte draußen. Als sie nun weinte, schau-
te sie in das Grab
12 und sieht zwei Engel in weißen Klei-
dern sitzen, einen zu den Häupten und
den andern zu den Füßen, da sie den
Leichnam Jesu hingelegt hatten.
13 Und dieselben sprachen zu ihr: Weib,
was weinest du? Sie spricht zu ihnen:
Sie haben meinen Herrn weggenommen,
und ich weiß nicht, wo sie ihn hingelegt
haben.
14 Und als sie das sagte, wandte sie sich
zurück und sieht Jesus stehen und weiß
nicht, daß es Jesus ist.
15 Spricht Jesus zu ihr: Weib, was wei-
nest du? Wen suchest du? Sie meint, es sei
der Gärtner, und spricht zu ihm: Herr,
hast du ihn weggetragen, so sage mir,
wo hast du ihn hingelegt, so will ich ihn
holen.
16 Spricht Jesus zu ihr: Maria! Da
wandte sie sich um und spricht zu ihm
auf hebräisch: Rabbuni! das heißt: Mei-
ster!
17 Spricht Jesus zu ihr: Rühre mich
nicht an! denn ich bin noch nicht aufge-
fahren zum Vater. Gehe aber hin zu mei-
nen Brüdern und sage ihnen: Ich fahre auf
zu meinem Vater und zu eurem Vater, zu
meinem Gott und zu eurem Gott.
18 Maria Magdalena kommt und ver-
kündigt den Jüngern: Ich habe den Herrn
gesehen, und solches hat er zu mir gesagt.

Der Auferstandene im Jüngerkreis

19 Am Abend aber desselben ersten
Tages der Woche, da die Jünger versam-
melt und die Türen verschlossen waren
aus Furcht vor den Juden, kam Jesus und
trat mitten ein und spricht zu ihnen:
Friede sei mit euch!
20 Und als er das gesagt hatte, zeigte er
ihnen die Hände und seine Seite. Da wur-
den die Jünger froh, daß sie den Herrn
sahen.
21 Da sprach Jesus abermals zu ihnen:
Friede sei mit euch! Gleichwie mich der
Vater gesandt hat, so sende ich euch.
22 Und da er das gesagt hatte, blies er
sie an und spricht zu ihnen: **Nehmet hin
den heiligen Geist!**
23 **Welchen ihr die Sünden erlasset, denen
sind sie erlassen; und welchen ihr sie be-
haltet, denen sind sie behalten.**

Thomas

24 Thomas aber, der Zwölfe einer, der
da heißt Zwilling, war nicht bei ihnen, als
Jesus kam.
25 Da sagten die andern Jünger zu ihm:
Wir haben den Herrn gesehen. Er aber
sprach zu ihnen: Wenn ich nicht in seinen
Händen sehe die Nägelmale und lege mei-
nen Finger in die Nägelmale und lege mei-
ne Hand in seine Seite, kann ich's nicht
glauben.
26 Und über acht Tage waren abermals
seine Jünger drinnen und Thomas mit
ihnen. Kommt Jesus, da die Türen ver-
schlossen waren, und tritt mitten ein und
spricht: Friede sei mit euch!
27 Danach spricht er zu Thomas: Reiche
deinen Finger her und siehe meine Hände
und reiche deine Hand her und lege sie in
meine Seite und sei nicht ungläubig, son-
dern gläubig!
28 Thomas antwortete und sprach zu
ihm: **Mein Herr und mein Gott!**
29 Spricht Jesus zu ihm: Weil du mich
gesehen hast, Thomas, so glaubst du.
**Selig sind, die nicht sehen und doch glau-
ben!**
30 Noch viele andere Zeichen tat Jesus
vor den Jüngern, die nicht geschrieben
sind in diesem Buch.
31 Diese aber sind geschrieben, daß ihr
glaubet, Jesus sei der Christus, der Sohn
Gottes, und daß ihr durch den Glauben
das Leben habet in seinem Namen.

Der Auferstandene am See Tiberias

21 Danach offenbarte sich Jesus aber-
mals den Jüngern am See Tiberias.
Er offenbarte sich aber so:
2 Es waren beieinander Simon Petrus
und Thomas, der da heißt Zwilling, und
Nathanael von Kana in Galiläa und die
Söhne des Zebedäus und andere zwei sei-
ner Jünger.
3 Spricht Simon Petrus zu ihnen: Ich
will fischen gehen. Sie sprechen zu ihm:
So wollen wir mit dir gehen. Sie gingen
hinaus und traten in das Schiff, und in
derselben Nacht fingen sie nichts.
4 Als es aber schon Morgen wurde,

stand Jesus am Ufer, aber die Jünger
wußten nicht, daß es Jesus war.
5 Spricht Jesus zu ihnen: Kinder, habt
ihr nichts zu essen? Sie antworteten ihm:
Nein.
6 Er aber sprach zu ihnen: Werfet das
Netz zur Rechten des Schiffs, so werdet
ihr finden. Da warfen sie und konnten's
nicht mehr ziehen vor der Menge der
Fische.
7 Da spricht der Jünger, welchen Jesus
lieb hatte, zu Petrus: Es ist der Herr! Da
Simon Petrus hörte, daß es der Herr war,
gürtete er den Rock um, denn er war
nackt, und warf sich ins Meer.
8 Die andern Jünger aber kamen mit
dem Schiff, denn sie waren nicht ferne
vom Lande, sondern bei zweihundert
Ellen, und zogen das Netz mit den Fi-
schen.
9 Als sie nun ausstiegen auf das Land,
sahen sie Kohlen gelegt und Fische dar-
auf und Brot.
10 Spricht Jesus zu ihnen: Bringet her
von den Fischen, die ihr jetzt gefangen
habt!
11 Simon Petrus stieg hinein und zog
das Netz auf das Land voll großer Fische,
hundertdreiundfünfzig. Und wiewohl
ihrer so viel waren, zerriß doch das Netz
nicht.
12 Spricht Jesus zu ihnen: Kommt und
haltet das Mahl! Niemand aber unter den
Jüngern wagte, ihn zu fragen: Wer bist
du? Denn sie wußten, daß es der Herr
war.
13 Da kommt Jesus und nimmt das
Brot und gibt's ihnen, desgleichen auch
die Fische.
14 Das ist nun das dritte Mal, daß Jesus
offenbart ward den Jüngern, nachdem er
von den Toten auferstanden war.

Petrus und Johannes

15 Als sie nun das Mahl gehalten hatten,
spricht Jesus zu Simon Petrus: Simon, des
Johannes Sohn, hast du mich lieber, als
mich diese haben? Er spricht zu ihm: Ja,
Herr, du weißt, daß ich dich lieb habe.
Spricht Jesus zu ihm: Weide meine Läm-
mer!
16 Spricht er zum zweiten Mal zu ihm:
Simon, des Johannes Sohn, hast du mich
lieb? Er spricht zu ihm: Ja, Herr, du
weißt, daß ich dich lieb habe. Spricht
Jesus zu ihm: Weide meine Schafe!
17 Spricht er zum dritten Mal zu ihm:
Simon, des Johannes Sohn, hast du mich
lieb? Petrus ward traurig, daß er zum
dritten Mal zu ihm sagte: Hast du mich
lieb? und sprach zu ihm: Herr, du weißt
alle Dinge, du weißt, daß ich dich lieb
habe. Spricht Jesus zu ihm: Weide meine
Schafe!
18 **W**ahrlich, wahrlich, ich sage dir: Als
du jünger warst, gürtetest du dich selbst
und wandeltest, wo du hin wolltest; wenn
du aber alt wirst, wirst du deine Hände
ausstrecken, und ein anderer wird dich
gürten und führen, wo du nicht hin willst.
19 Das sagte er aber, zu zeigen, mit wel-
chem Tode er Gott preisen würde. Und
als er das gesagt, spricht er zu ihm: Folge
mir nach!
20 **P**etrus aber wandte sich um und sah
den Jünger folgen, welchen Jesus lieb
hatte, der auch an seiner Brust beim
Abendessen gelegen hatte und gesagt:
Herr, wer ist's, der dich verrät?
21 Da Petrus diesen sah, spricht er zu
Jesus: Herr, was wird aber mit diesem?
22 Jesus spricht zu ihm: Wenn ich will,
daß er bleibe, bis ich komme, was geht es
dich an? Folge du mir nach!
23 Da ging die Rede aus unter den Brü-
dern: Dieser Jünger stirbt nicht. Aber
Jesus sprach nicht zu ihm: Er stirbt nicht,
sondern: Wenn ich will, daß er bleibe, bis
ich komme, was geht es dich an?
24 **D**ies ist der Jünger, der von diesen
Dingen zeugt und dies geschrieben hat,
und wir wissen, daß sein Zeugnis wahr-
haftig ist.
25 Es sind auch viele andere Dinge, die
Jesus getan hat. Wenn sie aber sollten eins
nach dem andern geschrieben werden,
achte ich, die Welt würde die Bücher nicht
fassen, die zu schreiben wären.

DIE APOSTELGESCHICHTE DES LUKAS

Christi Himmelfahrt

1 Den ersten Bericht habe ich gegeben, lieber Theophilus, von all dem, was Jesus anfing zu tun und zu lehren

2 bis an den Tag, da er aufgenommen ward, nachdem er den Aposteln, welche er hatte erwählt, durch den heiligen Geist Weisung gegeben hatte.

3 Ihnen hat er sich auch als der Lebendige erzeigt nach seinem Leiden in mancherlei Erweisungen, und ließ sich sehen unter ihnen vierzig Tage lang und redete mit ihnen vom Reich Gottes.

4 Und als er sie versammelt hatte, befahl er ihnen, daß sie nicht von Jerusalem wichen, sondern warteten auf die Verheißung des Vaters, welche ihr, so sprach er, gehört habt von mir;

5 denn Johannes hat mit Wasser getauft, ihr aber sollt mit dem heiligen Geist getauft werden nicht lange nach diesen Tagen.

6 Die aber zusammengekommen waren, fragten ihn und sprachen: Herr, wirst du in dieser Zeit wieder aufrichten das Reich für Israel?

7 Er sprach aber zu ihnen: Es gebührt euch nicht, zu wissen Zeit oder Stunde, welche der Vater in seiner Macht bestimmt hat;

8 ihr werdet aber die Kraft des heiligen Geistes empfangen, welcher auf euch kommen wird, und werdet meine Zeugen sein zu Jerusalem und in ganz Judäa und Samarien und bis an das Ende der Erde.

9 Und da er solches gesagt, ward er aufgehoben zusehends, und eine Wolke nahm ihn auf vor ihren Augen weg.

10 Und als sie ihm nachsahen, wie er gen Himmel fuhr, siehe, da standen bei ihnen zwei Männer in weißen Kleidern,

11 welche auch sagten: Ihr Männer von Galiläa, was stehet ihr und sehet gen Himmel? Dieser Jesus, welcher von euch ist aufgenommen gen Himmel, wird so kommen, wie ihr ihn habt gen Himmel fahren sehen.

12 Da wandten sie sich um nach Jerusalem von dem Berge, der da heißt der Ölberg, welcher ist nahe bei Jerusalem und liegt einen Sabbatweg davon.

13 Und als sie hineinkamen, stiegen sie hinauf in das Obergemach des Hauses, wo sie sich aufzuhalten pflegten: Petrus, Johannes, Jakobus und Andreas, Philippus und Thomas, Bartholomäus und Matthäus, Jakobus, des Alphäus Sohn, und Simon Zelotes und Judas, des Jakobus Sohn.

14 Diese alle waren stets beieinander einmütig im Gebet samt den Frauen und Maria, der Mutter Jesu, und seinen Brüdern.

Wahl des Matthias

15 Und in den Tagen trat Petrus auf unter den Brüdern und sprach – es war aber eine Schar zusammen bei hundertzwanzig –:

16 Ihr Männer und Brüder, es mußte das Wort der Schrift erfüllt werden, welches zuvor gesagt hat der heilige Geist durch den Mund Davids über Judas, der den Weg zeigte denen, die Jesus fingen;

17 denn er war zu uns gezählt und hatte dies Amt mit uns empfangen.

18 Dieser hat erworben einen Acker um den Lohn für seine Ungerechtigkeit und stürzte vornüber und ist mitten entzweigeborsten und all sein Eingeweide ausgeschüttet.

19 Und es ist kundgeworden allen, die zu Jerusalem wohnen, so daß dieser Acker genannt wird auf ihre Sprache: Akeldamach, das heißt Blutacker.

20 Denn es steht geschrieben im Psalmbuch (Ps 69,26; 109,8): «Seine Behausung müsse wüste werden, und sei niemand, der darin wohne», und: «Sein Amt empfange ein anderer.»

21 So muß nun einer von diesen Männern, die bei uns gewesen sind die ganze Zeit über, welche der Herr Jesus unter uns ein- und ausgegangen ist,

22 von der Taufe des Johannes an bis
auf den Tag, da er von uns genommen ist,
ein Zeuge seiner Auferstehung mit uns
werden.
23 Und sie stellten zwei auf: Joseph, ge-
nannt Barsabas, mit dem Zunamen Ju-
stus, und Matthias,
24 beteten und sprachen: Herr, der du
aller Herzen kennst, zeige an, welchen du
erwählt hast unter diesen zweien,
25 daß einer träte an seinen Platz in
diesem Dienst und Apostelamt, von dem
Judas gewichen ist, daß er hinginge an
seinen Ort.
26 Und sie warfen das Los über sie, und
das Los fiel auf Matthias; und er ward zu-
geordnet zu den elf Aposteln.

Das Pfingstwunder

2 Und als der Tag der Pfingsten erfüllt
war, waren sie alle beieinander an
einem Ort.
2 Und es geschah plötzlich ein Brausen
vom Himmel wie eines gewaltigen Win-
des und erfüllte das ganze Haus, da sie
saßen.
3 Und es erschienen ihnen Zungen, zer-
teilt, wie von Feuer; und er setzte sich auf
einen jeglichen unter ihnen,
4 und **sie wurden alle voll des heiligen
Geistes** und fingen an zu predigen in an-
dern Zungen, wie der Geist ihnen gab
auszusprechen.
5 Es waren aber Juden zu Jerusalem
wohnend, die waren gottesfürchtige Män-
ner aus allerlei Volk, das unter dem Him-
mel ist.
6 Da nun diese Stimme geschah, kam
die Menge zusammen und wurde be-
stürzt; denn ein jeder hörte sie in seiner
eigenen Sprache reden.
7 Sie entsetzten sich aber, verwunderten
sich und sprachen: Siehe, sind nicht diese
alle, die da reden, aus Galiläa?
8 Wie hören wir denn ein jeglicher seine
Sprache, darin wir geboren sind?
9 Parther und Meder und Elamiter, und
die wir wohnen in Mesopotamien und in
Judäa und Kappadozien, in Pontus und
der Landschaft Asien,
10 Phrygien und Pamphylien, in Ägyp-
ten und der Gegend von Libyen bei
Kyrene und Ausländer von Rom,
11 Juden und Judengenossen, Kreter
und Araber: wir hören sie in unsern Zun-
gen die großen Taten Gottes reden.
12 Sie entsetzten sich aber alle und wur-
den bestürzt und sprachen einer zu dem
andern: Was will das werden?
13 Die andern aber hatten ihren Spott
und sprachen: Sie sind voll süßen Weins.

Pfingstpredigt des Petrus

14 Da trat Petrus auf mit den Elf, erhob
seine Stimme und redete zu ihnen: Ihr
Juden, liebe Männer, und alle, die ihr zu
Jerusalem seid, das sei euch kundgetan,
und lasset meine Worte zu euren Ohren
eingehen.
15 Denn diese sind nicht trunken, wie
ihr wähnet, ist es doch erst die dritte
Stunde am Tage;
16 sondern das ist's, was durch den Pro-
pheten Joel zuvor gesagt ist (Joel 3,1-5):
17 «Und es soll geschehen in den letzten
Tagen, spricht Gott, da will ich ausgießen
von meinem Geist auf alles Fleisch; und
eure Söhne und eure Töchter sollen weis-
sagen, und eure Jünglinge sollen Ge-
sichte sehen, und eure Alten sollen Träu-
me haben;
18 und auf meine Knechte und auf
meine Mägde will ich in jenen Tagen von
meinem Geist ausgießen, und sie sollen
weissagen.
19 Und ich will Wunder tun oben am
Himmel und Zeichen unten auf Erden,
Blut und Feuer und Rauchdampf;
20 die Sonne soll sich verkehren in
Finsternis und der Mond in Blut, ehe
denn der große Tag der Offenbarung des
Herrn kommt.
21 Und soll geschehen, wer den Namen
des Herrn anrufen wird, soll gerettet
werden.»
22 Ihr Männer von Israel, höret diese
Worte: Jesus von Nazareth, den Mann, von
Gott unter euch erwiesen mit Taten und
Wundern und Zeichen, welche Gott durch
ihn tat unter euch, wie ihr selbst wisset:
23 ihn, der durch Ratschluß und Vor-
sehung Gottes dahingegeben war, habt
ihr durch die Hand der Heiden ans
Kreuz geschlagen und getötet.
24 Den hat Gott auferweckt und aufge-
löst die Schmerzen des Todes, wie es denn
unmöglich war, daß er sollte von ihm ge-
halten werden.

25 Denn David spricht von ihm (Ps
16,8-11): «Ich habe den Herrn allezeit vor
Augen, denn er ist an meiner Rechten,
auf daß ich nicht wanke.
26 Darum ist mein Herz fröhlich, und
meine Zunge frohlocket; auch mein
Fleisch wird ruhen in der Hoffnung.
27 Denn du wirst meine Seele nicht bei
den Toten lassen, auch nicht zugeben, daß
dein Heiliger die Verwesung sehe.
28 Du hast mir kundgetan die Wege des
Lebens; du wirst mich erfüllen mit Freu-
den vor deinem Angesicht.»
29 Ihr Männer, liebe Brüder, lasset
mich frei reden zu euch von dem Erz-
vater David. Er ist gestorben und be-
graben, und sein Grab ist bei uns bis auf
diesen Tag.
30 Da er nun ein Prophet war und wuß-
te, daß ihm Gott verheißen hatte mit
einem Eide, daß sein Nachkomme sollte
auf seinem Thron sitzen,
31 hat er's vorausgesehen und geredet
von der Auferstehung des Christus, daß
er nicht bei den Toten gelassen ist und
sein Fleisch die Verwesung nicht gesehen
hat.
32 Diesen Jesus hat Gott auferweckt;
des sind wir alle Zeugen.
33 Nun er durch die Rechte Gottes er-
höht ist und empfangen hat den verhei-
ßenen heiligen Geist vom Vater, hat er
ausgegossen, was ihr hier sehet und höret.
34 Denn David ist nicht gen Himmel
gefahren. Er spricht aber (Ps 110,1): «Der
Herr hat gesagt zu meinem Herrn: Setze
dich zu meiner Rechten,
35 bis daß ich deine Feinde lege zum
Schemel deiner Füße.»
36 So wisse nun das ganze Haus Israel
gewiß, daß Gott diesen Jesus, den ihr ge-
kreuzigt habt, zum Herrn und Christus
gemacht hat.

Die erste Gemeinde

37 Als sie aber das hörten, ging's ihnen
durchs Herz, und sprachen zu Petrus und
zu den andern Aposteln: Ihr Männer,
liebe Brüder, was sollen wir tun?
38 Petrus sprach zu ihnen: **Tut Buße und
lasse sich ein jeglicher taufen auf den Namen
Jesu Christi zur Vergebung eurer Sünden,
so werdet ihr empfangen die Gabe des heili-
gen Geistes.**
39 Denn euer und eurer Kinder ist diese
Verheißung und aller, die ferne sind, so-
viele der Herr, unser Gott, herzurufen
wird.
40 Auch mit vielen andern Worten be-
zeugte er und ermahnte und sprach: Las-
set euch erretten aus diesem verkehrten
Geschlecht!
41 Die nun sein Wort annahmen, ließen
sich taufen; und wurden hinzugetan an
dem Tage bei dreitausend Seelen.
42 **Sie blieben aber beständig in der
Apostel Lehre und in der Gemeinschaft und
im Brotbrechen und im Gebet.**
43 Es kam aber alle Seelen Furcht an,
und geschahen auch viel Wunder und
Zeichen durch die Apostel.
44 Alle aber, die gläubig waren gewor-
den, waren beieinander und hatten alle
Dinge gemeinsam.
45 Auch verkauften sie Güter und Habe
und teilten sie aus unter alle, je nachdem
einer in Not war.
46 Und sie waren täglich und stets bei-
einander einmütig im Tempel und bra-
chen das Brot hin und her in den Häusern,
47 nahmen die Speise mit Freuden und
lauterem Herzen, lobten Gott und hatten
Gnade bei dem ganzen Volk. Der Herr
aber tat hinzu täglich, die gerettet wurden,
zu der Gemeinde.

Heilung des Lahmen

3 Petrus aber und Johannes gingen hin-
auf in den Tempel um die neunte
Stunde, da man pflegt zu beten.
2 Und es ward ein Mann herbeigetra-
gen, lahm von Mutterleibe; den setzten
sie täglich vor des Tempels Tür, die da
heißt die schöne, daß er bettelte um ein
Almosen von denen, die in den Tempel
gingen.
3 Da er nun sah Petrus und Johannes,
wie sie wollten zum Tempel hineingehen,
bat er um ein Almosen.
4 Petrus aber sah ihn an mit Johannes
und sprach: Sieh uns an!
5 Und er sah sie an und wartete, daß er
etwas von ihnen empfinge.
6 Petrus aber sprach: Silber und Gold
habe ich nicht; was ich aber habe, das
gebe ich dir: Im Namen Jesu Christi von
Nazareth stehe auf und wandle!
7 Und griff ihn bei der rechten Hand

und richtete ihn auf. Alsbald standen
seine Füße und Knöchel fest,
8 und er sprang auf, konnte gehen und
stehen und ging mit ihnen in den Tempel,
wandelte und sprang und lobte Gott.
9 Und es sah ihn alles Volk wandeln und
Gott loben.
10 Sie kannten ihn auch, daß er's war,
der um Almosen gesessen hatte vor der
schönen Tür des Tempels; und sie wurden
voll Wunderns und Entsetzens über das,
was ihm widerfahren war.
11 Als er aber sich zu Petrus und Johan-
nes hielt, lief alles Volk zu ihnen in die
Halle, die da heißt Salomos, und wunder-
ten sich sehr.
12 Als Petrus das sah, sprach er zu dem
Volk: Ihr Männer von Israel, was wundert
ihr euch darüber, oder was sehet ihr auf
uns, als hätten wir diesen wandeln ge-
macht durch unsre eigene Kraft oder
Frömmigkeit?
13 Der Gott Abrahams und Isaaks und
Jakobs, der Gott unsrer Väter, hat seinen
Knecht Jesus verherrlicht, welchen ihr
überantwortet und verleugnet habt vor
Pilatus, als der ihn loslassen wollte.
14 Ihr aber verleugnetet den Heiligen
und Gerechten und batet, daß man euch
den Mörder schenkte;
15 aber den Fürsten des Lebens habt ihr
getötet. Den hat Gott auferweckt von den
Toten; des sind wir Zeugen.
16 Und durch den Glauben an seinen
Namen hat diesen hier, den ihr sehet und
kennet, sein Name stark gemacht; und
der Glaube, der durch ihn gewirkt ist,
hat diesem gegeben diese Gesundheit vor
euer aller Augen.
17 Nun, liebe Brüder, ich weiß, daß ihr's
in Unwissenheit getan habt wie auch eure
Obersten.
18 Gott aber hat so erfüllt, was er durch
den Mund aller seiner Propheten zuvor
verkündigt hat, daß sein Christus leiden
sollte.
19 So tut nun Buße und bekehret euch,
daß eure Sünden getilgt werden,
20 auf daß da komme die Zeit der Er-
quickung von dem Angesicht des Herrn
und er sende den, der euch zuvor zum
Christus bestimmt ist, Jesus.
21 Ihn muß der Himmel aufnehmen bis
auf die Zeit, da alles wiedergebracht wird,
wovon Gott geredet hat durch den Mund
seiner heiligen Propheten von Anbeginn.
22 Mose hat gesagt (5. Mose 18,15.19):
«Einen Propheten wird euch der Herr,
euer Gott, erwecken aus euren Brüdern
gleichwie mich; den sollt ihr hören in
allem, was er euch sagen wird.
23 Und es wird geschehen, wer diesen
Propheten nicht hören wird, der soll ver-
tilgt werden aus dem Volk.»
24 Und alle Propheten von Samuel an
und hernach, wieviel ihrer geredet haben,
die haben auch diese Tage verkündigt.
25 Ihr seid der Propheten und des Bun-
des Kinder, welchen Gott gemacht hat
mit euren Vätern, da er sprach zu Abra-
ham (1. Mose 22,18): «Durch dein Ge-
schlecht sollen gesegnet werden alle Völ-
ker auf Erden.»
26 Für euch zuvörderst hat Gott er-
weckt seinen Knecht Jesus und hat ihn zu
euch gesandt, euch zu segnen, daß ein jeg-
licher sich bekehre von seiner Bosheit.

Petrus und Johannes vor dem Hohen Rat

4 Als sie aber zum Volk redeten, traten
zu ihnen die Priester und der Haupt-
mann des Tempels und die Sadduzäer,
2 die verdroß, daß sie das Volk lehrten
und verkündigten an Jesus die Aufer-
stehung von den Toten.
3 Und sie legten die Hände an sie und
setzten sie bis auf den Morgen ins Ge-
fängnis; denn es war schon Abend.
4 Aber viele unter denen, die dem Wort
zuhörten, wurden gläubig; und die Zahl
der Männer ward bei fünftausend.
5 Als nun der Morgen kam, versammel-
ten sich ihre Obersten und Ältesten und
Schriftgelehrten zu Jerusalem
6 und Hannas, der Hohepriester, und
Kaiphas und Johannes und Alexander,
und wie viel ihrer waren vom Hohen-
priestergeschlecht,
7 und stellten sie vor sich und fragten
sie: Aus welcher Kraft oder in welchem
Namen habt ihr das getan?
8 Petrus, voll des heiligen Geistes,
sprach zu ihnen: Ihr Obersten des Volks
und ihr Ältesten!
9 Wenn wir heute verhört werden wegen
dieser Wohltat an dem kranken Men-
schen, durch welche er ist gesund gewor-
den,

10 so sei euch und allem Volk von Israel kundgetan, daß in dem Namen Jesu Christi von Nazareth, welchen ihr gekreuzigt habt, den Gott von den Toten auferweckt hat, steht dieser hier vor euch gesund.

11 Das ist der Stein, von euch Bauleuten verworfen, der zum Eckstein geworden ist.

12 **In keinem andern ist das Heil, ist auch kein andrer Name unter dem Himmel den Menschen gegeben, darin wir sollen selig werden.**

13 Sie sahen aber den Freimut des Petrus und Johannes und verwunderten sich; denn sie waren gewiß, daß es ungelehrte und einfache Leute waren, und wußten auch von ihnen, daß sie mit Jesus gewesen waren.

14 Sie sahen aber den Menschen, der gesund geworden war, bei ihnen stehen und wußten nichts dagegen zu sagen.

15 Da hießen sie sie hinausgehen aus dem Hohen Rat und verhandelten miteinander und sprachen:

16 Was wollen wir mit diesen Menschen tun? Denn daß ein offenbares Zeichen durch sie geschehen ist, ist kund allen, die zu Jerusalem wohnen, und wir können's nicht leugnen.

17 Aber damit es nicht weiter einreiße unter dem Volk, laßt uns sie ernstlich bedrohen, daß sie hinfort zu keinem Menschen in diesem Namen reden.

18 Und sie riefen sie und geboten ihnen, daß sie durchaus nicht redeten noch lehrten in dem Namen Jesu.

19 Petrus aber und Johannes antworteten und sprachen zu ihnen: Richtet ihr selbst, ob es vor Gott recht sei, daß wir euch mehr gehorchen als Gott.

20 Wir können's ja nicht lassen, daß wir nicht reden sollten von dem, was wir gesehen und gehört haben.

21 Da drohten sie ihnen und ließen sie gehen und fanden nicht, wie sie sie strafen könnten, um des Volkes willen; denn sie lobten alle Gott über das, was geschehen war.

22 Denn der Mensch war über vierzig Jahre alt, an welchem dies Zeichen der Heilung geschehen war.

Gebet der Gemeinde

23 Und als man sie hatte gehen lassen, kamen sie zu den Ihren und berichteten, was die Hohenpriester und Ältesten zu ihnen gesagt hatten.

24 Da sie das hörten, erhoben sie ihre Stimme einmütig zu Gott und sprachen: Herr, der du Himmel und Erde und das Meer und alles, was darinnen ist, gemacht hast;

25 der du durch den heiligen Geist, durch den Mund unsers Vaters David, deines Knechtes, gesagt hast (Ps 2,1.2): «Warum toben die Heiden, und die Völker nehmen sich vor, was umsonst ist?

26 Die Könige der Erde treten zusammen, und die Fürsten versammeln sich zuhauf wider den Herrn und wider seinen Christus»:

27 wahrlich ja, sie haben sich versammelt in dieser Stadt wider deinen heiligen Knecht Jesus, welchen du gesalbt hast, Herodes und Pontius Pilatus mit den Heiden und den Völkern von Israel,

28 zu tun, was deine Hand und dein Rat zuvor bedacht hat, daß es geschehen sollte.

29 Und nun, Herr, siehe an ihr Drohen und gib deinen Knechten, mit allem Freimut zu reden dein Wort,

30 und strecke deine Hand aus, daß Heilungen und Zeichen und Wunder geschehen durch den Namen deines heiligen Knechtes Jesus.

31 Und da sie gebetet hatten, erbebte die Stätte, da sie versammelt waren; und sie wurden alle des heiligen Geistes voll und redeten das Wort Gottes mit Freimut.

Gütergemeinschaft der ersten Christen

32 Die Menge aber der Gläubigen war **ein** Herz und **eine** Seele; auch nicht einer sagte von seinen Gütern, daß sie sein wären, sondern es war ihnen alles gemeinsam.

33 Und mit großer Kraft gaben die Apostel Zeugnis von der Auferstehung des Herrn Jesus, und große Gnade war bei ihnen allen.

34 Es war auch keiner unter ihnen, der Mangel hatte; denn wie viel ihrer waren, die da Äcker oder Häuser hatten, die verkauften sie und brachten das Geld des verkauften Gutes

35 und legten es zu der Apostel Füßen; und man gab einem jeglichen, je nachdem einer in Not war.

36 Joseph aber, von den Aposteln ge-
nannt mit dem Zunamen Barnabas, das
heißt: Sohn des Trostes, ein Levit, aus
Cypern gebürtig,
37 der hatte einen Acker und verkaufte
ihn und brachte das Geld und legte es zu
der Apostel Füßen.

Ananias und Saphira

5 Ein Mann aber mit Namen Ananias
samt seiner Frau Saphira verkaufte
einen Acker
2 und entwendete etwas vom Gelde mit
Wissen seiner Frau und brachte einen
Teil und legte es zu der Apostel Füßen.
3 Petrus aber sprach: Ananias, warum
hat der Satan dein Herz erfüllt, daß du
den heiligen Geist belögest und entwende-
test etwas vom Gelde des Ackers?
4 Hättest du ihn doch wohl mögen be-
halten, da du ihn hattest; und da er ver-
kauft war, war es auch in deiner Gewalt.
Warum hast du dir solches in deinem
Herzen vorgenommen? Du hast nicht
Menschen, sondern Gott belogen.
5 Als Ananias aber diese Worte hörte,
fiel er nieder und gab den Geist auf. Und
es kam eine große Furcht über alle, die
dies hörten.
6 Es standen aber die Jünglinge auf und
deckten ihn zu und trugen ihn hinaus und
begruben ihn.
7 Und es begab sich über eine Weile, bei
drei Stunden, da kam seine Frau herein
und wußte nicht, was geschehen war.
8 Aber Petrus sprach zu ihr: Sage mir,
habt ihr den Acker so teuer verkauft? Sie
sprach: Ja, so teuer.
9 Petrus aber sprach zu ihr: Warum seid
ihr denn eins geworden, zu versuchen den
Geist des Herrn? Siehe, die Füße derer,
die deinen Mann begraben haben, sind vor
der Tür und werden dich hinaustragen.
10 Und alsbald fiel sie zu seinen Füßen
und gab den Geist auf. Da kamen die Jüng-
linge und fanden sie tot, trugen sie hinaus
und begruben sie neben ihren Mann.
11 Und es kam eine große Furcht über
die ganze Gemeinde und über alle, die
dieses hörten.

Wundertaten der Apostel

12 Es geschahen aber viel Zeichen und
Wunder im Volk durch der Apostel Hän-
de; und sie waren alle in der Halle Salo-
mos einmütig.
13 Von den andern aber wagte keiner,
sich zu ihnen zu tun; doch das Volk hielt
groß von ihnen.
14 Desto mehr aber wuchs die Zahl
derer, die da glaubten an den Herrn, eine
Menge Männer und Frauen,
15 so daß sie die Kranken sogar auf die
Gassen hinaustrugen und sie auf Betten
und Bahren legten, damit, wenn Petrus
käme, zum wenigsten sein Schatten einige
von ihnen überschattete.
16 Es kamen auch herzu viele aus den
Städten um Jerusalem und brachten die
Kranken und die von unsaubern Geistern
gepeinigt waren; und alle wurden gesund.

Die Apostel vor dem Hohen Rat

17 Es erhob sich aber der Hohepriester
und alle, die mit ihm waren, nämlich die
Sekte der Sadduzäer, und wurden voll
Eifer
18 und legten die Hände an die Apostel
und warfen sie in das öffentliche Gefäng-
nis.
19 Aber der Engel des Herrn tat in der
Nacht die Türen des Gefängnisses auf und
führte sie heraus und sprach:
20 Gehet hin und tretet auf und redet im
Tempel zum Volk alle Worte des Lebens.
21 Da sie das gehört hatten, gingen sie
frühe in den Tempel und lehrten. Der
Hohepriester aber kam und die mit ihm
waren und riefen zusammen den Hohen
Rat und alle Ältesten in Israel und sand-
ten hin zum Gefängnis, sie zu holen.
22 Die Diener aber kamen hin und fan-
den sie nicht im Gefängnis, kamen wieder
und sagten es an
23 und sprachen: Das Gefängnis fanden
wir verschlossen mit allem Fleiß und die
Hüter außen stehen vor den Türen; aber
als wir auftaten, fanden wir niemand
darin.
24 Da der Hauptmann des Tempels und
die Hohenpriester diese Rede hörten,
wurden sie darüber betreten, was das doch
werden wollte.
25 Da kam einer, der berichtete ihnen:
Siehe, die Männer, die ihr ins Gefängnis
geworfen habt, stehen im Tempel und
lehren das Volk.
26 Da ging hin der Hauptmann mit den

Dienern und holten sie, nicht mit Gewalt; denn sie fürchteten sich vor dem Volk, daß sie gesteinigt würden.

27 Und sie brachten sie und stellten sie vor den Hohen Rat. Und der Hohepriester fragte sie

28 und sprach: Wir haben euch doch mit Ernst geboten, daß ihr nicht solltet lehren in diesem Namen. Und sehet, ihr habt Jerusalem erfüllt mit eurer Lehre und wollt dieses Menschen Blut über uns bringen.

29 Petrus aber und die Apostel antworteten und sprachen: **Man muß Gott mehr gehorchen als den Menschen.**

30 Der Gott unsrer Väter hat Jesus auferweckt, welchen ihr an das Holz gehängt und getötet habt.

31 Den hat Gott durch seine rechte Hand erhöht zum Fürsten und Heiland, zu geben Israel Buße und Vergebung der Sünden.

32 Und wir sind Zeugen dieser Geschichten und der heilige Geist, welchen Gott gegeben hat denen, die ihm gehorchen.

33 Da sie das hörten, ging's ihnen durchs Herz und dachten, sie zu töten.

Der Rat des Gamaliel

34 Da stand aber auf im Hohen Rat ein Pharisäer mit Namen Gamaliel, ein Schriftgelehrter, in Ehren gehalten von allem Volk, und hieß die Apostel ein wenig hinaustun

35 und sprach: Ihr Männer von Israel, sehet euch vor mit diesen Menschen, was ihr tun wollt.

36 Denn vor diesen Tagen stand auf Theudas und gab vor, er wäre etwas, und hingen ihm an eine Zahl Männer, bei vierhundert; der ist erschlagen, und alle, die ihm zufielen, sind zerstreut und zunichte geworden.

37 Danach stand auf Judas aus Galiläa in den Tagen der Schätzung und machte viel Volks abfällig ihm nach; und der ist auch umgekommen, und alle, die ihm zufielen, sind zerstreut.

38 Und nun sage ich euch: Lasset ab von diesen Menschen und lasset sie gehen! Ist der Rat oder das Werk aus den Menschen, so wird's untergehen;

39 ist's aber aus Gott, so könnt ihr sie nicht hindern; auf daß ihr nicht erfunden werdet als solche, die wider Gott streiten wollen.

40 Da fielen sie ihm zu und riefen die Apostel, ließen sie schlagen und geboten ihnen, sie sollten nicht reden in dem Namen Jesu, und ließen sie gehen.

41 Sie gingen aber fröhlich von des Rates Angesicht, daß sie würdig gewesen waren, um Seines Namens willen Schmach zu leiden,

42 und hörten nicht auf, alle Tage im Tempel und hin und her in den Häusern zu lehren und zu predigen das Evangelium von Jesus Christus.

Wahl der sieben Almosenpfleger

6 In den Tagen aber, da der Jünger viel wurden, erhob sich ein Murren unter den griechischen Juden in der Gemeinde wider die hebräischen, darum daß ihre Witwen übersehen wurden bei der täglichen Versorgung.

2 Da riefen die Zwölf die Menge der Jünger zusammen und sprachen: Es taugt nicht, daß wir das Wort Gottes versäumen und zu Tische dienen.

3 Darum, ihr lieben Brüder, sehet euch um nach sieben Männern, die einen guten Ruf haben und voll heiligen Geistes und Weisheit sind, welche wir bestellen mögen zu diesem Dienst.

4 Wir aber wollen anhalten am Gebet und am Amt des Wortes.

5 Und die Rede gefiel der ganzen Menge wohl; und sie erwählten Stephanus, einen Mann voll Glaubens und heiligen Geistes, und Philippus und Prochorus und Nikanor und Timon und Parmenas und Nikolaus, den Judengenossen von Antiochien.

6 Diese stellten sie vor die Apostel; die beteten und legten die Hände auf sie.

7 Und das Wort Gottes breitete sich aus, und die Zahl der Jünger ward sehr groß zu Jerusalem. Es wurden auch viele Priester dem Glauben gehorsam.

Stephanus, der erste Märtyrer

8 Stephanus aber, voll Gnade und Kraft, tat Wunder und große Zeichen unter dem Volk.

9 Da standen etliche auf von der Synagoge der Libertiner und Kyrenäer und Alexandriner und von denen, die aus

Cilicien und der Landschaft Asien waren, und stritten mit Stephanus.

10 Und sie vermochten nicht, zu widerstehen der Weisheit und dem Geiste, aus welchem er redete.

11 Da stifteten sie etliche Männer an, die sprachen: Wir haben ihn gehört Lästerworte reden wider Mose und wider Gott.

12 Und sie erregten das Volk und die Ältesten und die Schriftgelehrten und traten herzu und griffen ihn und führten ihn vor den Hohen Rat

13 und stellten falsche Zeugen auf, die sprachen: Dieser Mensch hört nicht auf, zu reden Lästerworte wider diese heilige Stätte und das Gesetz.

14 Denn wir haben ihn sagen hören: Dieser Jesus von Nazareth wird diese Stätte zerstören und ändern die Sitten, die uns Mose gegeben hat.

15 Und sie sahen auf ihn alle, die im Rat saßen, und sahen sein Angesicht wie eines Engels Angesicht.

Rede des Stephanus

7 Da sprach der Hohepriester: Ist dem also?

2 Er aber sprach: Liebe Brüder und Väter, höret zu. Der Gott der Herrlichkeit erschien unserm Vater Abraham, als er noch in Mesopotamien war, ehe er wohnte in Haran,

3 und sprach zu ihm (1. Mose 12,1): «Gehe aus deinem Lande und von deiner Verwandtschaft und zieh in das Land, das ich dir zeigen will.»

4 Da ging er aus der Chaldäer Lande und wohnte in Haran. Und als sein Vater gestorben war, brachte Gott ihn von dort herüber in dies Land, darin ihr nun wohnet,

5 und gab ihm kein Eigentum darin, auch nicht einen Fuß breit, und verhieß nur, er wollte es geben zum Besitz ihm und seinem Geschlecht nach ihm, obwohl er noch kein Kind hatte.

6 Denn Gott sprach (1. Mose 15,13.14): «Dein Geschlecht wird ein Fremdling sein in einem fremden Lande, und sie werden es dienstbar machen und übel behandeln vierhundert Jahre.

7 Aber das Volk, dem sie dienen werden, will ich richten», sprach Gott, «und danach werden sie ausziehen und mir dienen an dieser Stätte.»

8 Und gab ihm den Bund der Beschneidung. Und so zeugte er Isaak und beschnitt ihn am achten Tage, und Isaak den Jakob, und Jakob die zwölf Erzväter.

9 Und die Erzväter beneideten Joseph und verkauften ihn nach Ägypten. Aber Gott war mit ihm

10 und errettete ihn aus aller seiner Trübsal und gab ihm Gnade und Weisheit vor dem Pharao, dem König in Ägypten; der setzte ihn zum Fürsten über Ägypten und über sein ganzes Haus.

11 Es kam aber eine teure Zeit über das ganze Land Ägypten und Kanaan und eine große Trübsal, und unsre Väter fanden nicht Nahrung.

12 Jakob aber hörte, daß in Ägypten Getreide wäre, und sandte unsre Väter aus zum ersten Mal.

13 Und beim zweiten Mal gab sich Joseph seinen Brüdern zu erkennen, und ward dem Pharao Josephs Herkunft offenbar.

14 Joseph aber sandte aus und ließ holen seinen Vater Jakob und seine ganze Verwandtschaft, fünfundsiebzig Seelen.

15 Und Jakob zog hinab nach Ägypten und starb, er und unsre Väter;

16 und sie sind herübergebracht nach Sichem und gelegt in das Grab, das Abraham gekauft hatte um Geld von den Kindern Hemor zu Sichem.

17 Da nun sich die Zeit der Verheißung nahte, die Gott Abraham zugesagt hatte, wuchs das Volk und mehrte sich in Ägypten,

18 bis daß ein andrer König über Ägypten aufkam, der nichts wußte von Joseph.

19 Dieser trieb Hinterlist mit unserm Geschlecht und behandelte unsre Väter übel und schaffte, daß man die jungen Kindlein aussetzen mußte, damit sie nicht lebendig blieben.

20 Zu der Zeit ward Mose geboren und war ein feines Kind vor Gott und ward drei Monate ernährt in seines Vaters Hause.

21 Als er aber ausgesetzt ward, nahm ihn die Tochter des Pharao auf und zog ihn auf als ihren Sohn.

22 Und Mose ward gelehrt in aller Weisheit der Ägypter und war mächtig in Worten und Werken.

23 Als er aber vierzig Jahre alt ward, gedachte er, nach seinen Brüdern, den Israeliten, zu sehen.

24 Und sah einen Unrecht leiden; da stand er ihm bei und rächte den, dem Leid geschah, und erschlug den Ägypter.

25 Er meinte aber, seine Brüder sollten's verstehen, daß Gott durch seine Hand ihnen Rettung gebe; aber sie verstanden's nicht.

26 Und am andern Tage kam er zu ihnen, als sie miteinander haderten, und mahnte sie, daß sie Frieden hielten, und sprach: Liebe Männer, ihr seid Brüder; warum tut einer dem andern Unrecht?

27 Der aber seinem Nächsten Unrecht tat, stieß ihn von sich und sprach (2. Mose 2,14): «Wer hat dich über uns gesetzt zum Obersten und Richter?

28 Willst du mich auch töten, wie du gestern den Ägypter getötet hast?»

29 Mose aber floh wegen dieser Rede und ward ein Fremdling im Lande Midian; daselbst zeugte er zwei Söhne.

30 Und nach vierzig Jahren erschien ihm in der Wüste an dem Berge Sinai der Engel des Herrn in einer Feuerflamme im Dornbusch.

31 Da das aber Mose sah, wunderte er sich des Gesichts. Als er aber hinzuging, zu schauen, geschah die Stimme des Herrn zu ihm (2. Mose 3,6):

32 «Ich bin der Gott deiner Väter, der Gott Abrahams und der Gott Isaaks und der Gott Jakobs.» Mose aber fing an zu zittern und wagte nicht hinzuschauen.

33 Aber der Herr sprach zu ihm (2. Mose 3,5.7.8.10): «Zieh die Schuhe aus von deinen Füßen; denn die Stätte, da du stehest, ist heilig Land!

34 Ich habe wohl gesehen das Leiden meines Volkes, das in Ägypten ist, und habe ihr Seufzen gehört und bin herabgekommen, sie zu erretten. Und nun komm her, ich will dich nach Ägypten senden.»

35 Diesen Mose, welchen sie verleugneten, da sie sprachen (2. Mose 2,14): «Wer hat dich zum Obersten und Richter gesetzt?», den sandte Gott als einen Obersten und Erlöser durch die Hand des Engels, der ihm erschien im Dornbusch.

36 Dieser führte sie aus und tat Wunder und Zeichen in Ägypten, im Roten Meer und in der Wüste vierzig Jahre.

37 Dies ist der Mose, der zu den Kindern Israel gesagt hat (5. Mose 18,15): «Einen Propheten wird euch der Herr, euer Gott, erwecken aus euren Brüdern gleichwie mich.»

38 Dieser ist's, der in der Gemeinde in der Wüste mitten zwischen dem Engel, der mit ihm redete auf dem Berge Sinai, und unsern Vätern stand. Dieser empfing Worte des Lebens, euch zu geben.

39 Ihm wollten unsre Väter nicht gehorsam werden, sondern stießen ihn von sich und wandten sich um mit ihren Herzen nach Ägypten

40 und sprachen zu Aaron (2. Mose 32,1): «Mache uns Götter, die vor uns hingehen; denn wir wissen nicht, was diesem Mose, der uns aus dem Lande Ägypten geführt hat, widerfahren ist.»

41 Und sie machten zu der Zeit ein Kalb und brachten dem Götzen Opfer und freuten sich der Werke ihrer Hände.

42 Aber Gott wandte sich ab und gab sie dahin, daß sie dienten dem Heer des Himmels; wie denn geschrieben steht in dem Buch der Propheten (Amos 5,25-27): «Habt ihr vom Hause Israel die vierzig Jahre in der Wüste mir auch je Opfer und Gaben dargebracht?

43 Ihr truget umher die Hütte Molochs und den Stern des Gottes Romphan, die Bilder, die ihr gemacht hattet, sie anzubeten. Und ich will euch wegführen bis jenseits Babylon.»

44 Es hatten unsre Väter die Stiftshütte in der Wüste, wie es ihnen verordnet hatte, der zu Mose redete, daß er sie machen sollte nach dem Vorbilde, das er gesehen hatte.

45 Dieselbe übernahmen unsre Väter und brachten sie auch mit Josua in das Land, das die Heiden innehatten, welche Gott ausstieß vor dem Angesicht unsrer Väter, bis zur Zeit Davids.

46 Der fand Gnade bei Gott und bat, daß er eine Wohnung finden möchte für den Gott Jakobs.

47 Salomo aber baute ihm ein Haus.

48 Aber der Allerhöchste wohnt nicht in Tempeln, die mit Händen gemacht sind, wie der Prophet spricht (Jes 66,1.2):

49 «Der Himmel ist mein Thron und die Erde meiner Füße Schemel; was wollt ihr mir denn für ein Haus bauen», spricht der

Herr, «oder welches ist die Stätte meiner
Ruhe?
50 Hat nicht meine Hand das alles ge-
macht?»
51 Ihr Halsstarrigen und Unbeschnitte-
nen an Herzen und Ohren, ihr widerstre-
bet allezeit dem heiligen Geist, wie eure
Väter so auch ihr.
52 Welchen Propheten haben eure Vä-
ter nicht verfolgt? Und sie haben getötet,
die da zuvor verkündigten das Kommen
des Gerechten, dessen Verräter und Mör-
der ihr nun geworden seid.
53 Ihr habt das Gesetz empfangen durch
der Engel Dienste und habt's doch nicht
gehalten.

Tod des Stephanus

54 Als sie solches hörten, ging's ihnen
durchs Herz und knirschten mit den
Zähnen über ihn.
55 Er aber voll heiligen Geistes sah auf
gen Himmel und sah die Herrlichkeit
Gottes und Jesus stehen zur Rechten Got-
tes und sprach: Siehe, ich sehe den Him-
mel offen und des Menschen Sohn zur
Rechten Gottes stehen.
56 Sie schrien aber laut und hielten ihre
Ohren zu und stürmten einmütig auf ihn
ein, stießen ihn zur Stadt hinaus und stei-
nigten ihn.
57 Und die Zeugen legten ab ihre Klei-
der zu den Füßen eines Jünglings, der
hieß Saulus,
58 und steinigten Stephanus, der betete
und sprach: **Herr Jesus, nimm meinen
Geist auf!**
59 Er kniete aber nieder und schrie laut:
Herr, behalte ihnen diese Sünde nicht! Und
als er das gesagt, entschlief er.
1 Saulus aber hatte Wohlgefallen an
seinem Tode.

Verfolgung der Gemeinde zu Jerusalem

8 Es erhob sich aber an jenem Tage eine
große Verfolgung über die Gemeinde
zu Jerusalem; und sie zerstreuten sich alle
in die Länder Judäa und Samarien, außer
den Aposteln.
2 Es bestatteten aber den Stephanus
gottesfürchtige Männer und hielten eine
große Klage über ihn.
3 Saulus aber wütete wider die Ge-
meinde, ging hin und her in die Häuser
und zog hervor Männer und Frauen und
überantwortete sie ins Gefängnis.
4 Die nun zerstreut waren, zogen umher
und predigten das Wort.

Philippus in Samaria. Der Zauberer Simon

5 Philippus aber kam hinab in die
Hauptstadt Samariens und predigte ihnen
von Christus.
6 Das Volk aber neigte sich dem, was
Philippus sagte, einmütig zu, wie sie hör-
ten und sahen, was er für Zeichen tat.
7 Denn die unsaubern Geister fuhren
aus vielen Besessenen aus mit großem Ge-
schrei, auch viele Gichtbrüchige und
Lahme wurden gesund gemacht;
8 und ward eine große Freude in der-
selben Stadt.
9 Es war aber ein Mann mit Namen Si-
mon, der zuvor in dieser Stadt Zauberei
trieb und bezauberte das samaritische
Volk und gab vor, er wäre etwas Großes.
10 Und sie hingen ihm alle an, klein und
groß, und sprachen: Der ist die Kraft Got-
tes, die da groß heißt.
11 Sie hingen ihm aber an, weil er sie
lange Zeit mit seiner Zauberei bezaubert
hatte.
12 Da sie aber glaubten den Predigten
des Philippus von dem Reich Gottes und
von dem Namen Jesu Christi, ließen sich
taufen Männer und Frauen.
13 Da ward auch Simon gläubig und
ließ sich taufen und hielt sich zu Philippus.
Und als er sah die Zeichen und großen Ta-
ten, die da geschahen, verwunderte er sich.
14 Da aber die Apostel hörten zu Jeru-
salem, daß Samarien das Wort Gottes an-
genommen hatte, sandten sie zu ihnen
Petrus und Johannes.
15 Die kamen hinab und beteten für sie,
daß sie den heiligen Geist empfingen.
16 Denn er war noch auf keinen von
ihnen gefallen, sondern sie waren allein
getauft auf den Namen des Herrn Jesus.
17 Da legten sie die Hände auf sie, und
sie empfingen den heiligen Geist.
18 Da aber Simon sah, daß der Geist ge-
geben ward, wenn die Apostel die Hände
auflegten, bot er ihnen Geld an
19 und sprach: Gebt mir auch die
Macht, daß, wenn ich jemand die Hände
auflege, derselbe den heiligen Geist emp-
fange.

20 Petrus aber sprach zu ihm: Daß du verdammt werdest mitsamt deinem Gelde, weil du meinst, Gottes Gabe werde durch Geld erlangt.

21 Du hast weder Teil noch Anrecht an diesem Wort; denn dein Herz ist nicht rechtschaffen vor Gott.

22 Darum tu Buße für diese deine Bosheit und bitte den Herrn, ob dir vergeben werden möchte die Tücke deines Herzens.

23 Denn ich sehe, daß du bist voll bitterer Galle und verstrickt in Ungerechtigkeit.

24 Da antwortete Simon und sprach: Bittet ihr den Herrn für mich, daß der keines über mich komme, davon ihr gesagt habt.

25 Sie aber, da sie bezeugt und geredet hatten das Wort des Herrn, kehrten sie wieder um nach Jerusalem und predigten das Evangelium vielen samaritischen Dörfern.

Der Kämmerer aus Mohrenland

26 Aber der Engel des Herrn redete zu Philippus und sprach: Stehe auf und gehe gen Süden auf die Straße, die von Jerusalem geht hinab nach Gaza, das da wüste ist.

27 Und er stand auf und ging hin. Und siehe, ein Mann aus Mohrenland, ein Kämmerer und Gewaltiger der Kandake, der Königin in Mohrenland, welcher war über ihre ganze Schatzkammer, der war gekommen nach Jerusalem, um anzubeten,

28 und zog wieder heim und saß auf seinem Wagen und las den Propheten Jesaja.

29 Der Geist aber sprach zu Philippus: Gehe hinzu und halte dich zu diesem Wagen!

30 Da lief Philippus hinzu und hörte, daß er den Propheten Jesaja las, und sprach: Verstehst du auch, was du liesest?

31 Er aber sprach: Wie kann ich, wenn mich nicht jemand anleitet? Und er bat Philippus, daß er aufstiege und sich zu ihm setzte.

32 Der Inhalt aber der Schrift, die er las, war dieser (Jes 53,7.8): «Er ist wie ein Schaf zur Schlachtung geführt, und wie ein Lamm still ist vor seinem Scherer, so hat er nicht aufgetan seinen Mund.

33 In seiner Niedrigkeit ward ihm gerechtes Urteil versagt. Wer wird von seinem Geschlechte reden? Denn sein Leben wird von der Erde weggenommen.»

34 Da antwortete der Kämmerer dem Philippus und sprach: Ich bitte dich, von wem redet der Prophet solches, von sich selber oder von jemand anders?

35 Philippus aber tat seinen Mund auf und fing mit diesem Wort der Schrift an und predigte ihm das Evangelium von Jesus.

36 Und als sie zogen der Straße nach, kamen sie an ein Wasser. Und der Kämmerer sprach: Siehe, da ist Wasser; was hindert's, daß ich mich taufen lasse?

⟨37 Philippus aber sprach: Wenn du von ganzem Herzen glaubst, so mag es geschehen. Er aber antwortete und sprach: Ich glaube, daß Jesus Christus Gottes Sohn ist.⟩

38 Und er hieß den Wagen halten, und stiegen hinab in das Wasser beide, Philippus und der Kämmerer, und er taufte ihn.

39 Als sie aber heraufstiegen aus dem Wasser, entrückte der Geist des Herrn den Philippus, und der Kämmerer sah ihn nicht mehr; er zog aber seine Straße fröhlich.

40 Philippus aber ward gefunden zu Asdod und zog umher und predigte allen Städten das Evangelium, bis daß er kam nach Cäsarea.

Bekehrung des Saulus

9 Saulus aber schnaubte noch mit Drohen und Morden wider die Jünger des Herrn und ging zum Hohenpriester

2 und bat ihn um Briefe nach Damaskus an die Synagogen, auf daß, wenn er etliche von der neuen Lehre fände, Männer und Frauen, er sie gebunden führte nach Jerusalem.

3 Und als er auf dem Wege war und nahe an Damaskus kam, umleuchtete ihn plötzlich ein Licht vom Himmel;

4 und er fiel auf die Erde und hörte eine Stimme, die sprach zu ihm: Saul, Saul, was verfolgst du mich?

5 Er aber sprach: Herr, wer bist du? Der Herr sprach: Ich bin Jesus, den du verfolgst.

6 Stehe auf und gehe in die Stadt; da wird man dir sagen, was du tun sollst.

7 Die Männer aber, die seine Gefährten
waren, standen und waren erstarrt; denn
sie hörten die Stimme, aber sahen niemand.
8 Saulus aber richtete sich auf von der
Erde; und als er seine Augen auftat, sah er
nichts. Sie nahmen ihn aber bei der Hand
und führten ihn nach Damaskus;
9 und er war drei Tage nicht sehend und
aß nicht und trank nicht.
10 Es war aber ein Jünger zu Damaskus
mit Namen Ananias; zu dem sprach der
Herr in einem Gesicht: Ananias! Und er
sprach: Hier bin ich, Herr.
11 Der Herr sprach zu ihm: Stehe auf
und gehe hin in die Gasse, die da heißt die
gerade, und frage in dem Hause des Judas
nach einem namens Saul von Tarsus.
Denn siehe, er betet
12 und hat gesehen in einem Gesicht
einen Mann mit Namen Ananias zu ihm
hereinkommen und die Hand auf ihn
legen, daß er wieder sehend werde.
13 Ananias aber antwortete: Herr, ich
habe von vielen gehört über diesen Mann,
wieviel Übles er deinen Heiligen getan hat
zu Jerusalem;
14 und hier hat er Vollmacht von den
Hohenpriestern, zu binden alle, die deinen
Namen anrufen.
15 Der Herr sprach zu ihm: Gehe hin;
denn dieser ist mir ein auserwähltes Rüst-
zeug, daß er meinen Namen trage vor
Heiden und vor Könige und vor das Volk
Israel.
16 Ich will ihm zeigen, wieviel er leiden
muß um meines Namens willen.
17 Und Ananias ging hin und kam in das
Haus und legte die Hände auf ihn und
sprach: Lieber Bruder Saul, der Herr hat
mich gesandt, Jesus, der dir erschienen ist
auf dem Wege, da du herkamst; du sollst
wieder sehend und mit dem heiligen Geist
erfüllt werden.
18 Und alsbald fiel es von seinen Augen
wie Schuppen, und er ward wieder sehend
19 und stand auf, ließ sich taufen und
nahm Speise zu sich und stärkte sich.
Saulus war aber eine Zeitlang bei den
Jüngern zu Damaskus.

Erstes Wirken des Saulus

20 Und alsbald predigte er in den Syn-
agogen von Jesus, daß dieser Gottes Sohn
sei.
21 Sie entsetzten sich aber alle, die es
hörten, und sprachen: Ist das nicht, der zu
Jerusalem die vertilgt hat, die diesen Na-
men anrufen, und ist er nicht darum her-
gekommen, daß er sie gebunden führe zu
den Hohenpriestern?
22 Saulus aber gewann immer mehr an
Kraft und trieb die Juden in die Enge, die
zu Damaskus wohnten, und bewies, daß
dieser ist der Christus.
23 Und nach vielen Tagen hielten die
Juden einen Rat zusammen, daß sie ihn
töteten.
24 Aber es ward Saulus kundgetan, daß
sie ihm nachstellten. Sie bewachten aber
Tag und Nacht die Tore, daß sie ihn töte-
ten.
25 Da nahmen ihn seine Jünger bei der
Nacht und ließen ihn in einem Korbe über
die Mauer hinab.
26 Da er aber nach Jerusalem kam, ver-
suchte er, sich zu den Jüngern zu halten;
und sie fürchteten sich alle vor ihm und
glaubten nicht, daß er ein Jünger wäre.
27 Barnabas aber nahm ihn zu sich und
führte ihn zu den Aposteln, und er er-
zählte ihnen, wie er auf dem Wege den
Herrn gesehen und der mit ihm geredet
und wie er zu Damaskus im Namen Jesu
mit Freimut gepredigt hätte.
28 Und er war bei ihnen und ging ein
und aus zu Jerusalem und predigte mit
Freimut im Namen des Herrn Jesus.
29 Er redete auch und stritt mit den
griechischen Juden; aber sie stellten ihm
nach, daß sie ihn töteten.
30 Da das die Brüder erfuhren, geleite-
ten sie ihn nach Cäsarea und schickten ihn
weiter nach Tarsus.
31 So hatte nun die Gemeinde Frieden
durch ganz Judäa und Galiläa und Sa-
marien und baute sich und wandelte in
der Furcht des Herrn und mehrte sich
durch den Beistand des heiligen Geistes.

Petrus in Lydda

32 Es geschah aber, als Petrus umher-
zog allenthalben, daß er auch zu den Hei-
ligen kam, die zu Lydda wohnten.
33 Daselbst fand er einen Mann mit
Namen Äneas, acht Jahre lang auf dem
Bette gelegen, der war gichtbrüchig.
34 Und Petrus sprach zu ihm: Äneas,
Jesus Christus macht dich gesund; stehe

auf und mache dir selber das Bett! Und
alsbald stand er auf.
35 Und es sahen ihn alle, die zu Lydda
und in Saron wohnten; die bekehrten sich
zu dem Herrn.

Auferweckung der Tabea

36 Zu Joppe aber war eine Jüngerin mit
Namen Tabea, welches verdolmetscht
heißt: Reh. Die war voll guter Werke und
Almosen, die sie gab.
37 Es begab sich aber zu der Zeit, daß
sie krank ward und starb. Da wuschen sie
dieselbe und legten sie in das Oberge-
mach.
38 Da aber Lydda nahe bei Joppe ist,
sandten die Jünger, als sie hörten, daß
Petrus daselbst war, zwei Männer zu ihm
und baten ihn: Säume nicht, zu uns zu
kommen!
39 Petrus aber stand auf und kam zu
ihnen. Und als er hingekommen war,
führten sie ihn hinauf in das Obergemach,
und es traten zu ihm alle Witwen, weinten
und zeigten ihm die Röcke und Kleider,
welche die Tabea gemacht hatte, als sie
noch bei ihnen war.
40 Und da Petrus sie alle hinausgetrie-
ben hatte, kniete er nieder, betete und
wandte sich zu dem Leichnam und
sprach: Tabea, stehe auf! Und sie tat ihre
Augen auf; und da sie Petrus sah, setzte
sie sich aufrecht.
41 Er aber gab ihr die Hand und ließ sie
aufstehen und rief die Heiligen und die
Witwen und stellte sie lebendig vor ihre
Augen.
42 Und es ward kund in ganz Joppe,
und viele wurden gläubig an den Herrn.
43 Und es geschah, daß er lange Zeit zu
Joppe blieb bei einem Simon, der ein
Gerber war.

Der Hauptmann Kornelius

10 Es war aber ein Mann zu Cäsarea
mit Namen Kornelius, ein Haupt-
mann von der Schar, die da heißt die
italische.
2 Der war fromm und gottesfürchtig
samt seinem ganzen Hause und gab dem
Volk viel Almosen und betete immer zu
Gott.
3 Der sah in einem Gesicht um die
neunte Stunde am Tage deutlich einen
Engel Gottes zu sich eintreten, der sprach
zu ihm: Kornelius!
4 Er aber sah ihn an, erschrak und
sprach: Herr, was ist's? Er aber sprach zu
ihm: Deine Gebete und deine Almosen
sind hinaufgekommen ins Gedächtnis vor
Gott.
5 Und nun sende Männer nach Joppe
und laß holen Simon, mit dem Zunamen
Petrus,
6 welcher ist zur Herberge bei einem
Gerber Simon, dessen Haus am Meer
liegt.
7 Und als der Engel, der mit Kornelius
redete, hinweggegangen war, rief er zwei
seiner Diener und einen gottesfürchtigen
Kriegsknecht von denen, die immer um
ihn waren,
8 und erzählte ihnen alles und sandte sie
nach Joppe.
9 Des andern Tages, da diese auf dem
Wege waren und nahe zur Stadt kamen,
stieg Petrus hinauf auf das Dach, zu beten
um die sechste Stunde.
10 Und da er hungrig ward, wollte er
essen. Als sie ihm aber zubereiteten, ward
er verzückt
11 und sah den Himmel aufgetan und
herniederfahren ein Gefäß wie ein großes
leinenes Tuch, an vier Zipfeln niederge-
lassen auf die Erde.
12 Darin waren allerlei vierfüßige und
kriechende Tiere der Erde und Vögel des
Himmels.
13 Und es geschah eine Stimme zu ihm:
Stehe auf, Petrus, schlachte und iß!
14 Petrus aber sprach: O nein, Herr;
denn ich habe noch nie etwas Gemeines
und Unreines gegessen.
15 Und die Stimme sprach zum zweiten
Mal zu ihm: Was Gott gereinigt hat, das
heiße du nicht gemein.
16 Und das geschah zu drei Malen; und
das Gefäß ward sogleich wieder aufge-
nommen gen Himmel.
17 Als aber Petrus noch in sich selbst
unruhig war, was das Gesicht bedeute,
das er gesehen hatte, siehe, da hatten die
Männer, von Kornelius gesandt, das Haus
Simons erfragt und standen an der Tür,
18 riefen und forschten, ob Simon, mit
dem Zunamen Petrus, allda zur Herberge
wäre.
19 Indem aber Petrus sich besann über

das Gesicht, sprach der Geist: Siehe, zwei
Männer suchen dich,
20 stehe auf, steig hinab und zieh mit
ihnen und zweifle nicht; denn ich habe sie
gesandt.
21 Da stieg Petrus hinab zu den Män-
nern und sprach: Siehe, ich bin's, den ihr
suchet; was ist die Sache, darum ihr hier
seid?
22 Sie aber sprachen: Kornelius, der
Hauptmann, ein frommer und gottes-
fürchtiger Mann und guten Rufs bei dem
ganzen Volk der Juden, hat Befehl emp-
fangen von einem heiligen Engel, daß er
dich sollte holen lassen in sein Haus und
hören, was du zu sagen hast.
23 Da rief er sie herein und herbergte
sie.
Des andern Tages machte er sich auf
und zog aus mit ihnen, und etliche Brüder
von Joppe gingen mit ihm.
24 Und des andern Tages kam er nach
Cäsarea. Kornelius aber wartete auf sie
und hatte zusammengerufen seine Ver-
wandten und nächsten Freunde.
25 Und als Petrus hineinkam, ging ihm
Kornelius entgegen und fiel zu seinen
Füßen und betete ihn an.
26 Petrus aber richtete ihn auf und
sprach: Stehe auf, ich bin auch nur ein
Mensch.
27 Und indem er mit ihm sprach, ging
er hinein und fand ihrer viele, die zusam-
mengekommen waren.
28 Und er sprach zu ihnen: Ihr wisset,
daß es ein unerlaubt Ding ist einem jüdi-
schen Mann, umzugehen mit einem
Fremdling oder zu ihm zu kommen; aber
Gott hat mir gezeigt, keinen Menschen
gemein oder unrein zu heißen.
29 Darum habe ich mich nicht geweigert
zu kommen, als ich geholt ward. So frage
ich euch nun, warum ihr mich habt holen
lassen.
30 Kornelius sprach: Vor vier Tagen
um diese Zeit betete ich um die neunte
Stunde in meinem Hause. Und siehe, da
stand ein Mann vor mir in einem hellen
Kleid
31 und sprach: Kornelius, dein Gebet
ist erhört, und deiner Almosen ist gedacht
worden vor Gott.
32 So sende nun nach Joppe und laß
herrufen Simon, mit dem Zunamen Pe-
trus, welcher ist zur Herberge in dem
Hause des Gerbers Simon an dem Meer.
33 Da sandte ich alsbald zu dir; und du
hast wohl getan, daß du gekommen bist.
Nun sind wir alle hier gegenwärtig vor
Gott, zu hören alles, was dir vom Herrn
befohlen ist.
34 Petrus aber tat seinen Mund auf und
sprach: **Nun erfahre ich in Wahrheit, daß
Gott die Person nicht ansieht;**
35 **sondern in jeglichem Volk, wer ihn
fürchtet und recht tut, der ist ihm ange-
nehm.**
36 Ihr wisset die Predigt, die Gott zu
den Kindern Israel gesandt hat, als er
verkündigen ließ den Frieden durch Jesus
Christus, welcher ist Herr über alle,
37 und was da geschehen ist im ganzen
jüdischen Land, und wie Gott angefangen
hat in Galiläa nach der Taufe, die Johan-
nes predigte,
38 und diesen Jesus von Nazareth ge-
salbt hat mit heiligem Geist und Kraft;
der ist umhergezogen und hat wohlgetan
und gesund gemacht alle, die vom Teufel
überwältigt waren, denn Gott war mit
ihm.
39 Und wir sind Zeugen alles des, was
er getan hat im jüdischen Lande und zu
Jerusalem. Den haben sie an das Holz
gehängt und getötet.
40 Den hat Gott auferweckt am dritten
Tage und hat ihn erscheinen lassen,
41 nicht allem Volk, sondern uns, den
von Gott vorerwählten Zeugen, die wir
mit ihm gegessen und getrunken haben,
nachdem er auferstanden war von den
Toten.
42 Und er hat uns geboten, zu predigen
dem Volk und zu bezeugen, daß er ist ver-
ordnet von Gott zum Richter der Leben-
digen und der Toten.
43 Von diesem zeugen alle Propheten,
daß durch seinen Namen alle, die an ihn
glauben, Vergebung der Sünden empfan-
gen sollen.
44 Da Petrus noch diese Worte redete,
fiel der heilige Geist auf alle, die dem
Wort zuhörten.
45 Und die Gläubigen aus den Juden,
die mit Petrus gekommen waren, entsetz-
ten sich, daß auch auf die Heiden die Gabe
des heiligen Geistes ausgegossen ward;
46 denn sie hörten, daß sie in Zungen

redeten und Gott hoch priesen. Da ant-
wortete Petrus:
47 Mag auch jemand dem Wasser weh-
ren, daß diese nicht getauft werden, die
den heiligen Geist empfangen haben
gleichwie auch wir?
48 Und befahl, sie zu taufen in dem
Namen Jesu Christi. Da baten sie ihn, daß
er etliche Tage dabliebe.

Petrus rechtfertigt sich in Jerusalem

11 Es kam aber vor die Apostel und
Brüder, die in dem jüdischen Lande
waren, daß auch die Heiden hätten Gottes
Wort angenommen.
2 Und da Petrus hinaufkam nach Jeru-
salem, stritten mit ihm die, die aus den
Juden waren,
3 und sprachen: Du bist gegangen zu
Männern, die nicht Juden sind, und hast
mit ihnen gegessen!
4 Petrus aber hob an und erzählte es
ihnen nacheinander und sprach:
5 Ich war in der Stadt Joppe im Gebet
und ward verzückt und sah ein Gesicht,
nämlich ein Gefäß herniederfahren wie
ein großes leinenes Tuch mit vier Zipfeln,
niedergelassen vom Himmel, das kam bis
zu mir.
6 Da hinein sah ich und ward gewahr
und sah vierfüßige Tiere der Erde und
wilde Tiere und kriechende Tiere und
Vögel des Himmels.
7 Ich hörte aber eine Stimme, die sprach
zu mir: Stehe auf, Petrus, schlachte und
iß!
8 Ich aber sprach: O nein, Herr; denn
es ist nie etwas Gemeines oder Unreines
in meinen Mund gegangen.
9 Aber die Stimme antwortete mir zum
zweiten Mal vom Himmel: Was Gott ge-
reinigt hat, das heiße du nicht gemein.
10 Das geschah aber dreimal; und alles
ward wieder hinauf gen Himmel gezogen.
11 Und siehe, alsbald standen drei Män-
ner vor dem Hause, darin ich war, ge-
sandt von Cäsarea zu mir.
12 Der Geist aber sprach zu mir, ich
sollte mit ihnen gehen und nicht zweifeln.
Es kamen aber mit mir auch diese sechs
Brüder, und wir gingen in des Mannes
Haus.
13 Und er verkündete uns, wie er ge-
sehen hätte einen Engel in seinem Hause
stehen, der zu ihm gesprochen hätte:
Sende nach Joppe und laß holen Simon,
mit dem Zunamen Petrus;
14 der wird dir die Botschaft sagen, da-
durch du selig wirst und dein ganzes
Haus.
15 Indem aber ich anfing zu reden, fiel
der heilige Geist auf sie gleichwie auf uns
am ersten Anfang.
16 Da dachte ich an das Wort des Herrn,
als er sagte: Johannes hat mit Wasser ge-
tauft; ihr aber sollt mit dem heiligen Geist
getauft werden.
17 Wenn nun Gott ihnen die gleiche
Gabe gegeben hat wie auch uns, die da
gläubig geworden sind an den Herrn
Jesus Christus: wer war ich, daß ich
konnte Gott wehren?
18 Da sie das hörten, schwiegen sie
stille und lobten Gott und sprachen: So
hat Gott auch den Heiden die Buße ge-
geben, die zum Leben führt!

Erste heidenchristliche Gemeinde in Antiochien

19 Die aber zerstreut waren in der Ver-
folgung, die sich wegen Stephanus erhob,
gingen umher bis nach Phönizien und
Cypern und Antiochien und redeten das
Wort zu niemand als allein zu den Juden.
20 Es waren aber etliche unter ihnen,
Männer von Cypern und Kyrene, die ka-
men nach Antiochien und redeten auch zu
den Griechen und predigten ihnen das
Evangelium vom Herrn Jesus.
21 Und die Hand des Herrn war mit
ihnen, und eine große Zahl ward gläubig
und bekehrte sich zu dem Herrn.
22 Es kam aber diese Kunde von ihnen
vor die Ohren der Gemeinde zu Jerusa-
lem; und sie sandten Barnabas nach An-
tiochien.
23 Als dieser hingekommen war und
sah die Gnade Gottes, ward er froh und
ermahnte sie alle, daß sie mit festem Her-
zen an dem Herrn bleiben sollten;
24 denn er war ein bewährter Mann,
voll heiligen Geistes und Glaubens. Und
es ward ein großes Volk dem Herrn zu-
getan.
25 Barnabas aber zog aus nach Tarsus,
Saulus zu suchen;
26 und da er ihn fand, führte er ihn
nach Antiochien. Und sie blieben bei der

Gemeinde ein ganzes Jahr und lehrten
viel Volks. Und es wurden die Jünger zu-
erst in Antiochien Christen genannt.
27 In diesen Tagen kamen Propheten
von Jerusalem nach Antiochien.
28 Und einer unter ihnen mit Namen
Agabus stand auf und weissagte durch
den Geist eine große Teuerung, die da
kommen sollte über den ganzen Kreis der
Erde; welche geschah unter dem Kaiser
Klaudius.
29 Aber unter den Jüngern beschloß ein
jeglicher, nach seinem Vermögen den
Brüdern, die in Judäa wohnten, eine
Gabe zu senden;
30 das taten sie auch und schickten's zu
den Ältesten durch die Hand des Barna-
bas und Saulus.

Tod des Jakobus. Befreiung des Petrus

12 Um diese Zeit legte der König He-
rodes die Hände an etliche von der
Gemeinde, sie zu peinigen.
2 Er tötete aber Jakobus, des Johannes
Bruder, mit dem Schwert.
3 Und da Herodes sah, daß es den Juden
gefiel, fuhr er fort und nahm auch Petrus
gefangen. Es waren aber eben die Tage
der ungesäuerten Brote.
4 Da er ihn nun griff, legte er ihn ins
Gefängnis und überantwortete ihn vier
Rotten, je von vier Kriegsknechten, ihn
zu bewachen, und gedachte, ihn nach
dem Fest vor das Volk zu stellen.
5 Und Petrus ward im Gefängnis ge-
halten; aber die Gemeinde betete ohne
Aufhören für ihn zu Gott.
6 Und da ihn Herodes wollte vorführen
lassen, in derselben Nacht schlief Petrus
zwischen zwei Kriegsknechten, gebunden
mit zwei Ketten, und die Hüter vor der
Tür hüteten das Gefängnis.
7 Und siehe, der Engel des Herrn kam
daher, und ein Licht schien in dem Ge-
mach; und er schlug Petrus an die Seite
und weckte ihn und sprach: Stehe be-
hende auf! Und die Ketten fielen ihm von
seinen Händen.
8 Und der Engel sprach zu ihm: Gürte
dich und tu deine Schuhe an! Und er tat
es. Und er sprach zu ihm: Wirf deinen
Mantel um dich und folge mir nach!
9 Und er ging hinaus und folgte ihm und
wußte nicht, daß es Wahrheit war, was
durch den Engel geschah, sondern er
meinte, er sähe ein Gesicht.
10 Sie gingen aber durch die erste und
zweite Wache und kamen zu der eisernen
Tür, welche zur Stadt führt; die tat sich
ihnen von selber auf. Und sie traten hin-
aus und gingen hin eine Gasse weit; und
alsbald schied der Engel von ihm.
11 Und da Petrus zu sich selber kam,
sprach er: Nun weiß ich wahrhaftig, daß
der Herr seinen Engel gesandt hat und
mich errettet aus der Hand des Herodes
und von allem, was das jüdische Volk er-
wartete.
12 Und als er sich besann, kam er vor
das Haus Marias, der Mutter des Johan-
nes, der mit dem Zunamen Markus hieß,
wo viele beieinander waren und beteten.
13 Als er aber an die Tür des Tores
klopfte, trat hervor eine Magd, zu hor-
chen, mit Namen Rhode.
14 Und als sie des Petrus Stimme er-
kannte, tat sie das Tor nicht auf vor Freu-
den, sondern lief hinein und verkündete
es ihnen, Petrus stünde vor dem Tor.
15 Sie aber sprachen zu ihr: Du bist von
Sinnen. Sie aber bestand darauf, es wäre
so. Sie sprachen: Es ist sein Engel.
16 Petrus aber klopfte weiter an. Da sie
nun auftaten, sahen sie ihn und entsetzten
sich.
17 Er aber winkte ihnen mit der Hand,
zu schweigen, und erzählte ihnen, wie ihn
der Herr hatte aus dem Gefängnis ge-
führt, und sprach: Verkündet dies dem
Jakobus und den Brüdern. Und ging hin-
aus und zog an einen andern Ort.

Ende des Herodes Agrippa

18 Da es nun Tag ward, war eine nicht
kleine Bestürzung unter den Kriegs-
knechten, wie es doch mit Petrus gegangen
wäre.
19 Herodes aber, da er ihn forderte und
nicht fand, ließ er die Hüter verhören und
hieß sie abführen; und zog von Judäa hin-
ab nach Cäsarea und blieb allda eine
Zeitlang.
20 Er war aber ergrimmt wider die von
Tyrus und Sidon. Sie aber kamen ein-
mütig zu ihm und überredeten des Königs
Kämmerer Blastus und baten um Frieden,
weil ihr Land sich nähren mußte von des
Königs Land.

21 Und an einem festgesetzten Tag tat Herodes das königliche Kleid an, setzte sich auf den Thron und hielt eine Rede an sie.

22 Das Volk aber rief ihm zu: Das ist Gottes Stimme und nicht eines Menschen!

23 Alsbald schlug ihn der Engel des Herrn, darum daß er die Ehre nicht Gott gab, und ward gefressen von den Würmern und gab den Geist auf.

24 Und das Wort des Herrn wuchs und mehrte sich.

25 Barnabas aber und Saulus kehrten von Jerusalem zurück, nachdem sie überbracht hatten die Gabe, und nahmen mit sich Johannes, mit dem Zunamen Markus.

Beginn der ersten Missionsreise

13 Es waren aber zu Antiochien in der Gemeinde Propheten und Lehrer, nämlich Barnabas und Simon, genannt Niger, und Lucius von Kyrene und Manahen, der mit Herodes, dem Vierfürsten, erzogen war, und Saulus.

2 Da sie aber dem Herrn dienten und fasteten, sprach der heilige Geist: Sondert mir aus Barnabas und Saulus zu dem Werk, dazu ich sie berufen habe.

3 Da fasteten sie und beteten und legten die Hände auf sie und ließen sie ziehen.

Auf der Insel Cypern

4 Als sie nun ausgesandt waren vom heiligen Geist, kamen sie nach Seleucia und von da zu Schiff nach Cypern.

5 Und da sie in die Stadt Salamis kamen, verkündigten sie das Wort Gottes in den Synagogen der Juden; sie hatten aber auch Johannes zum Gehilfen.

6 Und als sie die ganze Insel durchzogen bis zu der Stadt Paphos, fanden sie einen Zauberer und falschen Propheten, einen Juden, der hieß Bar-Jesus;

7 der war bei Sergius Paulus, dem Landvogt, einem verständigen Mann. Der rief zu sich Barnabas und Saulus und begehrte, das Wort Gottes zu hören.

8 Da widerstand ihnen Elymas, der Zauberer, denn so wird sein Name gedeutet, und trachtete, daß er den Landvogt vom Glauben abwendete.

9 Saulus aber, der auch Paulus heißt, voll heiligen Geistes, sah ihn an

10 und sprach: O du Kind des Teufels, voll aller List und aller Bosheit, Feind aller Gerechtigkeit, hörst du nicht auf, krumm zu machen die geraden Wege des Herrn?

11 Und nun siehe, die Hand des Herrn kommt über dich, und sollst blind sein und die Sonne eine Zeitlang nicht sehen! Und von Stund an fiel auf ihn Dunkelheit und Finsternis, und er ging umher und suchte jemand, der ihn bei der Hand leite.

12 Als der Landvogt sah, was geschehen war, glaubte er und verwunderte sich der Lehre des Herrn.

Zu Antiochien in Pisidien

13 Da aber Paulus und die um ihn waren von Paphos abfuhren, kamen sie nach Perge im Lande Pamphylien. Johannes aber wich von ihnen und zog wieder nach Jerusalem.

14 Sie aber zogen weiter von Perge und kamen nach Antiochien im Lande Pisidien und gingen in die Synagoge am Sabbattage und setzten sich.

15 Nach der Lesung aber des Gesetzes und der Propheten sandten die Vorsteher der Synagoge zu ihnen und ließen ihnen sagen: Liebe Brüder, wollt ihr etwas reden und das Volk ermahnen, so saget an.

16 Da stand Paulus auf und winkte mit der Hand und sprach: Ihr Männer von Israel und die ihr Gott fürchtet, höret zu!

17 Der Gott dieses Volkes Israel hat erwählt unsre Väter und groß gemacht das Volk, als sie Fremdlinge waren im Lande Ägypten, und mit starkem Arm führte er sie aus demselben,

18 und vierzig Jahre lang duldete er ihre Weise in der Wüste

19 und vertilgte sieben Völker in dem Lande Kanaan und gab ihnen deren Land zum Erbe;

20 das geschah in etwa vierhundertfünfzig Jahren. Danach gab er ihnen Richter bis auf den Propheten Samuel.

21 Und von da an baten sie um einen König; und Gott gab ihnen Saul, den Sohn des Kis, einen Mann aus dem Stamm Benjamin, vierzig Jahre lang.

22 Und als er denselben wegtat, erweckte er ihnen David zum König, von welchem er bezeugte (1. Sam 13,14): «Ich habe gefunden David, den Sohn Jesses, einen Mann nach meinem Herzen, der soll tun allen meinen Willen.»

23 Aus dessen Geschlecht hat Gott, wie
er verheißen hat, kommen lassen Jesus
dem Volk Israel zum Heiland,
24 nachdem Johannes zuvor dem ganzen Volk Israel gepredigt hatte die Taufe der Buße, ehe denn Jesus anfing.
25 Als aber Johannes seinen Lauf vollendete, sprach er: Ich bin nicht der, für den ihr mich haltet; aber siehe, er kommt nach mir, des ich nicht wert bin, daß ich ihm die Schuhe von seinen Füßen löse.
26 Ihr Männer, liebe Brüder, ihr Kinder des Geschlechtes Abrahams und die unter euch Gott fürchten, uns ist das Wort dieses Heils gesandt.
27 Denn die zu Jerusalem wohnen und ihre Obersten haben, weil sie Jesus nicht erkannten, mit ihrem Urteilsspruch die Worte der Propheten, welche an allen Sabbaten gelesen werden, zur Erfüllung gebracht.
28 Und wiewohl sie nichts an ihm fanden, das den Tod verdient hätte, baten sie doch Pilatus, ihn zu töten.
29 Und als sie alles vollendet hatten, was von ihm geschrieben ist, nahmen sie ihn von dem Holz und legten ihn in ein Grab.
30 Aber Gott hat ihn auferweckt von den Toten;
31 und er ist erschienen viele Tage denen, die mit ihm hinauf von Galiläa nach Jerusalem gegangen waren, welche jetzt seine Zeugen sind vor dem Volk.
32 Und wir verkündigen euch die Verheißung, die unseren Vätern geschehen ist, als frohe Botschaft,
33 weil Gott sie uns, ihren Kindern, erfüllt hat, indem er Jesus auferweckte; wie denn im zweiten Psalm geschrieben steht (Ps 2,7): «Du bist mein Sohn, heute habe ich dich gezeugt.»
34 Daß er ihn aber hat von den Toten auferweckt, auf daß er hinfort nicht verwese, spricht er so aus (Jes 55,3): «Ich will euch die Gnade, die David verheißen ist, treulich halten.»
35 Darum spricht er auch an einer anderen Stelle (Ps 16,10): «Du wirst es nicht zugeben, daß dein Heiliger die Verwesung sehe.»
36 Denn David, nachdem er zu seiner Zeit dem Willen Gottes gedient hatte, ist entschlafen und zu seinen Vätern versammelt worden und hat die Verwesung gesehen.
37 Den aber Gott auferweckt hat, der hat die Verwesung nicht gesehen.
38 So sei es nun euch kund, liebe Brüder, daß euch verkündigt wird Vergebung der Sünden durch diesen; und von dem allem, wovon ihr durch das Gesetz des Mose nicht konntet freigesprochen werden,
39 ist der gerechtfertigt, der an ihn glaubt.
40 Sehet nun zu, daß nicht über euch komme, was in den Propheten gesagt ist (Hab 1,5):
41 «Sehet, ihr Verächter, und verwundert euch und werdet zunichte! Denn ich tue ein Werk zu euren Zeiten, welches ihr nicht glauben werdet, wenn es euch jemand erzählen wird.»
42 Da sie aber aus der Synagoge hinausgingen, baten die Leute, daß sie am nächsten Sabbat ihnen von diesen Dingen wiederum sagen sollten.
43 Und als die Gemeinde voneinander ging, folgten dem Paulus und Barnabas nach viele Juden und gottesfürchtige Judengenossen. Sie aber sprachen mit ihnen und ermahnten sie, daß sie bleiben sollten in der Gnade Gottes.
44 Am folgenden Sabbat aber kam zusammen fast die ganze Stadt, das Wort Gottes zu hören.
45 Da aber die Juden das Volk sahen, wurden sie voll Neid und widersprachen dem, was von Paulus gesagt ward, und lästerten.
46 Paulus aber und Barnabas sprachen frei öffentlich: Euch mußte zuerst das Wort Gottes gesagt werden; nun ihr es aber von euch stoßet und achtet euch selbst nicht wert des ewigen Lebens, siehe, so wenden wir uns zu den Heiden.
47 Denn so hat uns der Herr geboten (Jes 49,6): «Ich habe dich den Heiden zum Licht gesetzt, daß du das Heil seiest bis an das Ende der Erde.»
48 Da das die Heiden hörten, wurden sie froh und priesen das Wort des Herrn und wurden gläubig, wie viel ihrer zum ewigen Leben verordnet waren.
49 Und das Wort des Herrn ward ausgebreitet durch die ganze Gegend.
50 Aber die Juden reizten die gottesfürchtigen angesehenen Frauen auf und

der Stadt Oberste und erregten eine Ver-
folgung wider Paulus und Barnabas und
stießen sie zu ihren Grenzen hinaus.
51 Sie aber schüttelten den Staub von
ihren Füßen über sie und kamen nach
Ikonion.
52 Die Jünger aber wurden voll Freude
und heiligen Geistes.

Zu Ikonion

14 Es geschah aber zu Ikonion, daß sie
gleicherweise in die Synagoge der
Juden gingen und so predigten, daß eine
große Menge der Juden und der Griechen
gläubig ward.
2 Die Juden aber, die ungläubig blieben,
erregten und entrüsteten die Seelen der
Heiden wider die Brüder.
3 Dennoch blieben sie daselbst eine
lange Zeit und lehrten frei öffentlich im
Herrn, welcher bezeugte das Wort seiner
Gnade und ließ Zeichen und Wunder ge-
schehen durch ihre Hände.
4 Die Menge aber der Stadt spaltete
sich; etliche hielten's mit den Juden und
etliche mit den Aposteln.
5 Als sich aber ein Sturm erhob der
Heiden und der Juden und ihrer Obersten,
sie zu schmähen und zu steinigen,
6 wurden sie des inne und entflohen in
die Städte des Landes Lykaonien, nach
Lystra und Derbe, und in die Gegend um-
her
7 und predigten daselbst das Evange-
lium.

In Lystra

8 Und es war ein Mann zu Lystra, der
hatte schwache Füße und konnte nur
sitzen; er war lahm von Mutterleibe und
hatte noch nie gehen können.
9 Der hörte Paulus reden. Und als die-
ser ihn ansah und merkte, daß er glaubte,
ihm könnte geholfen werden,
10 sprach er mit lauter Stimme: Stelle
dich aufrecht auf deine Füße! Und er
sprang auf und wandelte.
11 Da aber das Volk sah, was Paulus
getan hatte, erhoben sie ihre Stimme und
sprachen auf lykaonisch: Die Götter sind
den Menschen gleich geworden und zu
uns herniedergekommen,
12 und nannten Barnabas Jupiter und
Paulus Merkurius, weil er das Wort führte.
13 Und der Priester Jupiters aus dem
Tempel vor ihrer Stadt brachte Ochsen
und Kränze vor das Tor und wollte opfern
samt dem Volk.
14 Da das die Apostel Barnabas und
Paulus hörten, zerrissen sie ihre Kleider
und sprangen unter das Volk, schrien
15 und sprachen: Ihr Männer, was
macht ihr da? Wir sind auch sterbliche
Menschen gleichwie ihr und predigen
euch das Evangelium, daß ihr euch be-
kehren sollt von diesen falschen Göttern
zu dem lebendigen Gott, welcher ge-
macht hat Himmel und Erde und das
Meer und alles, was darinnen ist.
16 Zwar hat er in den vergangenen
Zeiten alle Heiden gehen lassen ihre eige-
nen Wege;
17 und doch hat er sich selbst nicht un-
bezeugt gelassen, hat viel Gutes getan und
euch vom Himmel Regen und fruchtbare
Zeiten gegeben und eure Herzen erfüllt
mit Speise und Freude.
18 Und da sie das sagten, beruhigten sie
kaum das Volk, daß sie ihnen nicht opfer-
ten.
19 Es kamen aber dahin Juden von
Antiochien und Ikonion und überredeten
das Volk und steinigten Paulus und
schleiften ihn zur Stadt hinaus und mein-
ten, er wäre gestorben.
20 Da ihn aber die Jünger umringten,
stand er auf und ging in die Stadt.

In Derbe. Rückkehr nach Antiochien in Syrien

Und den andern Tag ging er mit Barna-
bas weiter nach Derbe;
21 und sie predigten dieser Stadt das
Evangelium und machten viele zu Jün-
gern und zogen wieder nach Lystra und
Ikonion und Antiochien,
22 stärkten die Seelen der Jünger und
ermahnten sie, daß sie im Glauben blie-
ben, und daß **wir durch viel Trübsal müssen
in das Reich Gottes gehen.**
23 Und sie ordneten ihnen hin und her
Älteste in jeder Gemeinde, beteten und
fasteten und befahlen sie dem Herrn, an
den sie gläubig geworden waren.
24 Und zogen durch Pisidien und ka-
men nach Pamphylien
25 und redeten das Wort zu Perge und
zogen hinab nach Attalia.

26 Und von da fuhren sie zurück nach Antiochien, wo sie der Gnade Gottes befohlen worden waren zu dem Werk, das sie hatten ausgerichtet.

27 Als sie aber hinkamen, versammelten sie die Gemeinde und verkündigten, wieviel Gott, der mit ihnen war, getan hatte und daß er den Heiden hätte die Tür des Glaubens aufgetan.

28 Sie blieben aber allda eine nicht geringe Zeit bei den Jüngern.

Apostelversammlung in Jerusalem

15 Und etliche kamen herab von Judäa und lehrten die Brüder: Wenn ihr euch nicht beschneiden lasset nach der Weise des Mose, so könnt ihr nicht selig werden.

2 Da sich nun ein Zwiespalt erhob und Paulus und Barnabas einen nicht geringen Streit mit ihnen hatten, ordneten sie an, daß Paulus und Barnabas und etliche andre von ihnen hinaufzögen nach Jerusalem zu den Aposteln und Ältesten um dieser Frage willen.

3 Und sie wurden von der Gemeinde geleitet und zogen durch Phönizien und Samarien und erzählten von der Bekehrung der Heiden und machten große Freude allen Brüdern.

4 Als sie aber hinkamen nach Jerusalem, wurden sie empfangen von der Gemeinde und von den Aposteln und von den Ältesten. Und sie verkündigten, wieviel Gott, der mit ihnen war, getan hatte.

5 Da traten auf etliche von der Pharisäer Sekte, die gläubig geworden waren, und sprachen: Man muß sie beschneiden und ihnen gebieten, zu halten das Gesetz des Mose.

6 Aber die Apostel und die Ältesten kamen zusammen, über diese Sache sich zu beraten.

Die Verhandlungen

7 Da man sich aber lange gestritten hatte, stand Petrus auf und sprach zu ihnen: Ihr Männer, liebe Brüder, ihr wisset, daß Gott mich lange vor dieser Zeit unter euch erwählt hat, daß durch meinen Mund die Heiden das Wort des Evangeliums hörten und glaubten.

8 Und Gott, der die Herzen kennt, gab Zeugnis für sie, denn er gab ihnen den heiligen Geist gleichwie auch uns

9 und machte keinen Unterschied zwischen uns und ihnen, nachdem er ihre Herzen gereinigt hatte durch den Glauben.

10 Was versucht ihr denn nun Gott dadurch, daß ihr ein Joch auf der Jünger Hälse legt, welches weder unsre Väter noch wir haben tragen können?

11 Vielmehr glauben wir, durch die Gnade des Herrn Jesus selig zu werden, gleicherweise wie auch sie.

12 Da schwieg die ganze Menge stille und hörte Paulus und Barnabas zu, die da erzählten, wie große Zeichen und Wunder Gott durch sie getan hatte unter den Heiden.

13 Danach, als sie schwiegen, antwortete Jakobus und sprach: Ihr Männer, liebe Brüder, höret mir zu!

14 Simon hat erzählt, wie Gott zum ersten Mal die Heiden heimgesucht hat und angenommen aus ihnen ein Volk für seinen Namen.

15 Und dazu stimmen der Propheten Reden, wie geschrieben steht (Amos 9, 11.12):

16 «Danach will ich mich wieder zu ihnen wenden und will wieder bauen die Hütte Davids, die zerfallen ist, und ihre Trümmer will ich wieder bauen und will sie aufrichten,

17 auf daß, was übrig ist von Menschen, nach dem Herrn frage, dazu alle Heiden, über welche mein Name genannt ist, spricht der Herr,

18 der solches kundtut von alters her.»

19 Darum urteile ich, daß man denen, die aus den Heiden zu Gott sich bekehren, nicht Unruhe mache,

20 sondern schreibe ihnen, daß sie sich enthalten sollen von Befleckung durch Götzen und von Unzucht und vom Erstickten und vom Blut.

21 Denn Mose hat von langen Zeiten her in allen Städten solche, die ihn predigen, und wird alle Sabbattage in den Synagogen gelesen.

Beschluß der Apostel und Ältesten

22 Und es beschlossen die Apostel und Ältesten samt der ganzen Gemeinde, aus ihrer Mitte Männer zu erwählen und nach Antiochien zu senden mit Paulus und Barnabas, nämlich Judas, mit dem

Zunamen Barsabas, und Silas, angesehene
Männer unter den Brüdern.
23 Und sie gaben ein Schreiben in ihre
Hand, also lautend:
Wir, die Apostel und Ältesten, eure Brü-
der, wünschen Heil den Brüdern aus den
Heiden, die zu Antiochien und Syrien und
Cilicien sind.
24 Weil wir gehört haben, daß etliche
von den Unsern, denen wir doch nichts
befohlen hatten, euch mit Lehren irre ge-
macht und eure Seelen verwirrt haben,
25 so haben wir einmütig versammelt
beschlossen, Männer zu erwählen und zu
euch zu senden mit unsern geliebten Bar-
nabas und Paulus,
26 Männern, die ihr Leben eingesetzt
haben für den Namen unsers Herrn Jesus
Christus.
27 So haben wir gesandt Judas und Si-
las, welche euch auch mündlich dasselbe
verkündigen werden.
28 Denn beschlossen haben der heilige
Geist und wir, euch keine Last weiter
aufzulegen als nur diese nötigen Stücke:
29 daß ihr euch enthaltet vom Götzen-
opfer und vom Blut und vom Erstickten
und von Unzucht; wenn ihr euch vor
diesen bewahret, tut ihr recht. Gehabt
euch wohl!

Benachrichtigung der Gemeinde in Antiochien

30 So ließ man sie ziehen, und sie ka-
men nach Antiochien und versammelten
die Menge und übergaben den Brief.
31 Da sie den lasen, wurden sie des Zu-
spruchs froh.
32 Judas aber und Silas, die auch Pro-
pheten waren, ermahnten die Brüder mit
vielen Reden und stärkten sie.
33 Und da sie verweilt hatten eine Zeit-
lang, ließen die Brüder sie mit Frieden
ziehen zu denen, die sie gesandt hatten.
〈34 Es schien aber Silas gut, dort zu
bleiben.〉
35 Paulus aber und Barnabas blieben in
Antiochien, lehrten und predigten samt
vielen andern des Herrn Wort.

Beginn der zweiten Missionsreise

36 Nach etlichen Tagen aber sprach
Paulus zu Barnabas: Laß uns wiederum
ziehen und nach unsern Brüdern sehen in
allen Städten, in welchen wir des Herrn
Wort verkündigt haben, wie es um sie
steht.
37 Barnabas aber wollte, daß sie mit
sich nähmen auch Johannes, mit dem
Zunamen Markus.
38 Paulus aber erachtete es nicht für
billig, daß sie jemand mit sich nähmen,
der in Pamphylien von ihnen gewichen
war und nicht mit ihnen gezogen war zu
dem Werk.
39 Und sie kamen scharf aneinander, so
daß sie sich trennten. Barnabas nahm zu
sich den Markus und fuhr nach Cypern.
40 Paulus aber wählte den Silas und zog
hin, der Gnade Gottes befohlen von den
Brüdern.
41 Er zog aber durch Syrien und Cili-
cien und stärkte die Gemeinden.

Besuch der Gemeinden in Kleinasien

16 Er kam aber nach Derbe und Ly-
stra; und siehe, ein Jünger war da-
selbst mit Namen Timotheus, Sohn einer
jüdischen Frau, die gläubig war, aber
eines griechischen Vaters.
2 Der hatte einen guten Ruf bei den
Brüdern zu Lystra und zu Ikonion.
3 Diesen wollte Paulus mit sich ziehen
lassen und nahm und beschnitt ihn um
der Juden willen, die an jenen Orten wa-
ren; denn sie wußten alle, daß sein Vater
ein Grieche war.
4 Als sie aber durch die Städte zogen,
übergaben sie ihnen die Satzung, welche
von den Aposteln und den Ältesten zu
Jerusalem beschlossen war, daß sie sie
halten sollten.
5 Da wurden die Gemeinden im Glauben
befestigt und nahmen täglich zu an Zahl.
6 Sie zogen aber durch Phrygien und
das Land Galatien, da ihnen vom heiligen
Geist gewehrt ward, zu reden das Wort in
der Landschaft Asien.
7 Als sie aber kamen bis nach Mysien,
versuchten sie, nach Bithynien zu reisen;
und der Geist Jesu ließ es ihnen nicht zu.
8 Da zogen sie an Mysien vorüber und
kamen hinab nach Troas.

In Troas. Der Ruf nach Mazedonien

9 Und dem Paulus erschien ein Gesicht
bei der Nacht; das war ein Mann aus Ma-
zedonien, der stand da und bat ihn und

sprach: Komm herüber nach Mazedonien
und hilf uns!
10 Als er aber das Gesicht gesehen hatte,
da trachteten wir alsbald, zu reisen nach
Mazedonien, gewiß, daß uns Gott dahin
berufen hätte, ihnen das Evangelium zu
predigen.

In Philippi

11 Da fuhren wir aus von Troas; und
geradeswegs kamen wir nach Samothrake,
des andern Tages nach Neapolis
12 und von da nach Philippi, welches
ist die Hauptstadt dieses Teils von Mazedonien und eine römische Kolonie. Wir
blieben aber in dieser Stadt etliche Tage.
13 Am Tage des Sabbats gingen wir hinaus vor die Stadt an das Wasser, wo wir
dachten, daß man pflegte zu beten, und
setzten uns und redeten zu den Frauen,
die da zusammenkamen.

Bekehrung der Lydia

14 Und eine gottesfürchtige Frau mit
Namen Lydia, eine Purpurkrämerin aus
der Stadt Thyatira, hörte zu; dieser tat der
Herr das Herz auf, daß sie darauf achthatte, was von Paulus geredet ward.
15 Als sie aber mit ihrem Hause getauft
ward, bat sie uns und sprach: Wenn ihr
mich achtet, daß ich gläubig bin an den
Herrn, so kommt in mein Haus und bleibet allda. Und sie nötigte uns.

Die Magd mit dem Wahrsagegeist

16 Es geschah aber, da wir zu dem Gebet gingen, daß eine Magd uns begegnete,
die hatte einen Wahrsagegeist und trug
ihren Herren viel Gewinn ein mit ihrem
Wahrsagen.
17 Die folgte allenthalben Paulus und uns
nach, schrie und sprach: Diese Menschen
sind Knechte des allerhöchsten Gottes,
die euch den Weg des Heils verkündigen.
18 Solches tat sie manchen Tag. Paulus
aber tat das wehe, und er wandte sich um
und sprach zu dem Geist: Ich gebiete dir
in dem Namen Jesu Christi, daß du von
ihr ausfahrest. Und er fuhr aus zu derselben Stunde.
19 Da aber ihre Herren sahen, daß die
Hoffnung ihres Gewinnes ausgefahren
war, griffen sie Paulus und Silas, zogen
sie auf den Markt vor die Obersten
20 und führten sie vor die Stadtrichter
und sprachen: Diese Menschen bringen
unsre Stadt in Aufruhr; sie sind Juden
21 und verkündigen eine Weise, welche
uns nicht ziemt anzunehmen noch zu tun,
weil wir Römer sind.
22 Und das Volk ward erregt wider sie;
und die Stadtrichter ließen ihnen die Kleider abreißen und hießen sie mit Ruten
schlagen.

Der Kerkermeister

23 Und da man sie hart geschlagen hatte,
warf man sie ins Gefängnis und gebot dem
Kerkermeister, daß er sie wohl verwahrte.
24 Der, da er solches Gebot empfangen
hatte, warf sie in das innerste Gefängnis
und legte ihre Füße in den Stock.
25 Um die Mitternacht aber beteten
Paulus und Silas und lobten Gott. Und
es hörten sie die Gefangenen.
26 Plötzlich aber ward ein großes Erdbeben, so daß sich bewegten die Grundfesten des Gefängnisses. Und alsbald
wurden alle Türen aufgetan und die Fesseln aller gelöst.
27 Als aber der Kerkermeister aus dem
Schlafe fuhr und sah die Türen des Gefängnisses aufgetan, zog er das Schwert
und wollte sich selbst töten; denn er meinte, die Gefangenen wären entflohen.
28 Paulus aber rief laut und sprach: Tu
dir nichts Übles; denn wir sind alle hier!
29 Er forderte aber ein Licht und sprang
hinein und fing an zu zittern und fiel Paulus und Silas zu Füßen
30 und führte sie heraus und sprach:
Liebe Herren, was soll ich tun, daß ich
gerettet werde?
31 Sie sprachen: **Glaube an den Herrn
Jesus, so wirst du und dein Haus selig!**
32 Und sie sagten ihm das Wort Gottes
und allen, die in seinem Hause waren.
33 Und er nahm sie zu sich in derselben
Stunde der Nacht und wusch ihnen die
Striemen ab. Und er ließ sich taufen und
alle die Seinen alsbald
34 und führte sie in sein Haus und
deckte ihnen den Tisch und freute sich
mit seinem ganzen Hause, daß er an Gott
gläubig geworden war.
35 Und da es Tag ward, sandten die
Stadtrichter die Amtsdiener und sprachen: Laß die Menschen gehen!

36 Und der Kerkermeister verkündete
diese Rede dem Paulus: Die Stadtrichter haben hergesandt, daß ihr frei sein sollt. Nun ziehet aus und gehet hin mit Frieden!
37 Paulus aber sprach zu ihnen: Sie
haben uns ohne Recht und Urteil öffentlich geschlagen, die wir doch römische Bürger sind, und in das Gefängnis geworfen, und sollten uns nun heimlich fortschicken? Nicht also; sondern lasset sie selbst kommen und uns hinausführen!
38 Die Amtsdiener verkündeten diese
Worte den Stadtrichtern. Und sie fürchteten sich, da sie hörten, daß sie römische Bürger wären,
39 und kamen und redeten ihnen zu,
führten sie heraus und baten sie, daß sie auszögen aus der Stadt.
40 Da gingen sie aus dem Gefängnis und
gingen zu der Lydia. Und da sie die Brüder gesehen und ihnen zugesprochen hatten, zogen sie fort.

In Thessalonich

17 Nachdem sie aber durch Amphipolis und Apollonia gereist waren, kamen sie nach Thessalonich; da war eine Synagoge der Juden.
2 Wie nun Paulus gewohnt war, ging er
zu ihnen hinein und redete zu ihnen an drei Sabbaten aus der Schrift,
3 tat sie ihnen auf und legte ihnen dar,
daß Christus mußte leiden und auferstehen von den Toten und daß dieser Jesus, den ich – sprach er – euch verkündige, der Christus ist.
4 Und etliche unter ihnen fielen ihm zu
und gesellten sich zu Paulus und Silas, auch der gottesfürchtigen Griechen eine große Menge, dazu der angesehensten Frauen nicht wenige.
5 Aber die Juden wurden voll Neid und
nahmen zu sich etliche üble Männer aus dem Pöbel, rotteten sich zusammen und richteten einen Aufruhr in der Stadt an und zogen vor das Haus Jasons und suchten sie, um sie vor das Volk zu führen.
6 Sie fanden sie aber nicht. Da schleiften
sie den Jason und etliche Brüder vor die Obersten der Stadt und schrien: Diese, die den ganzen Weltkreis erregen, sind auch hierher gekommen;
7 die beherbergt Jason. Und diese alle
handeln wider des Kaisers Gebote, sagen, ein anderer sei König, nämlich Jesus.
8 Sie erregten aber das Volk und die
Obersten der Stadt, die solches hörten.
9 Und erst nachdem ihnen Bürgschaft
von Jason und den andern geleistet war, ließen sie sie los.

In Beröa

10 Die Brüder aber ließen alsbald bei
der Nacht Paulus und Silas nach Beröa ziehen. Da sie dahin kamen, gingen sie in die Synagoge der Juden.
11 Diese aber waren besser als die zu
Thessalonich; die nahmen das Wort auf ganz willig und forschten täglich in der Schrift, ob sich's so verhielte.
12 So glaubten nun viele von ihnen,
auch nicht wenige von den angesehenen Frauen und Männern unter den Griechen.
13 Als aber die Juden von Thessalonich
erfuhren, daß auch zu Beröa das Wort Gottes von Paulus verkündigt würde, kamen sie und erregten und verwirrten auch allda das Volk.
14 Da ließen die Brüder Paulus alsbald
ziehen, daß er ginge bis an das Meer; Silas aber und Timotheus blieben da.
15 Die aber Paulus geleiteten, führten
ihn bis nach Athen. Und nachdem sie Befehl empfangen hatten an Silas und Timotheus, daß sie aufs schnellste zu ihm kämen, kehrten sie zurück.

In Athen

16 Als aber Paulus auf sie zu Athen wartete, ergrimmte sein Geist in ihm, da er sah die Stadt voller Götzenbilder.
17 Und er redete zu den Juden und Gottesfürchtigen in der Synagoge, auch auf dem Markte alle Tage zu denen, die sich herzufanden.
18 Etliche Philosophen aber, Epikureer
und Stoiker, stritten mit ihm. Und etliche sprachen: Was will dieser Schwätzer sagen? Etliche aber: Es sieht aus, als wolle er fremde Götter verkündigen. Er hatte ihnen nämlich das Evangelium von Jesus und von der Auferstehung verkündigt.
19 Sie nahmen ihn aber und führten ihn
auf den Areopag und sprachen: Können wir erfahren, was das für eine neue Lehre ist, die du lehrest?
20 Denn du bringst etwas Neues vor

unsere Ohren; so wollen wir gerne wissen,
was das sei.
21 Die Athener aber alle, auch die
Fremdlinge, die bei ihnen wohnten, waren
gerichtet auf nichts andres, als etwas
Neues zu sagen oder zu hören.
22 Paulus aber stand mitten auf dem
Areopag und sprach: Ihr Männer von
Athen, ich sehe, daß ihr in allen Stücken
gar sehr die Götter fürchtet.
23 Ich bin umhergegangen und habe gesehen eure Heiligtümer und fand einen
Altar, darauf war geschrieben: Dem unbekannten Gott. Nun verkündige ich
euch, was ihr unwissend verehrt.
24 Gott, der die Welt gemacht hat und
alles, was darinnen ist, er, der ein Herr ist
Himmels und der Erde, wohnt nicht in
Tempeln mit Händen gemacht;
25 auch läßt er sich nicht von Menschenhänden dienen, als bedürfe er jemandes,
da er doch selber jedermann Leben und
Odem und alles gibt.
26 Und er hat gemacht, daß von **Einem**
aller Menschen Geschlechter stammen,
die auf dem ganzen Erdboden wohnen,
und hat bestimmt, wie lange und wie weit
sie wohnen sollen,
27 damit sie Gott suchen sollten, ob sie
wohl ihn fühlen und finden möchten; und
fürwahr, er ist nicht ferne von einem jeglichen unter uns.
28 **Denn in ihm leben, weben und sind wir;**
wie auch etliche Dichter bei euch gesagt
haben: Wir sind seines Geschlechts.
29 So wir denn göttlichen Geschlechts
sind, sollen wir nicht meinen, die Gottheit
sei gleich den goldenen, silbernen und
steinernen Bildern, durch menschliche
Kunst und Gedanken gemacht.
30 Die Zeit der Unwissenheit zwar hat
Gott übersehen; nun aber gebietet er den
Menschen, daß alle an allen Enden Buße
tun.
31 Denn er hat einen Tag gesetzt, an
welchem er richten will den Erdkreis mit
Gerechtigkeit durch **einen** Mann, den er
dazu bestimmt hat, und hat jedermann
den Glauben angeboten, indem er ihn
auferweckt hat von den Toten.
32 Da sie hörten von der Auferstehung
der Toten, da hatten's etliche ihren Spott;
etliche aber sprachen: Wir wollen dich
davon ein andermal hören.
33 So ging Paulus von ihnen.
34 Etliche Männer aber hingen ihm an
und wurden gläubig, unter welchen auch
war Dionysius, einer aus dem Rat, und
eine Frau mit Namen Damaris und andere mit ihnen.

In Korinth

18 Danach schied Paulus von Athen
und kam nach Korinth
2 und fand einen Juden mit Namen
Aquila, von Geburt aus Pontus, welcher
samt seiner Frau Priscilla kürzlich aus
Italien gekommen war, darum daß der
Kaiser Klaudius allen Juden geboten
hatte, Rom zu verlassen.
3 Zu denen ging Paulus; und weil er
gleichen Handwerks war, blieb er bei
ihnen und arbeitete mit ihnen. Sie waren
aber ihres Handwerks Zeltmacher.
4 Und er lehrte in der Synagoge an allen
Sabbaten und überzeugte Juden und Griechen.
5 Da aber Silas und Timotheus aus Mazedonien kamen, richtete sich Paulus ganz
auf die Verkündigung des Wortes und bezeugte den Juden, daß Jesus der Christus
sei.
6 Da sie aber widerstrebten und lästerten,
schüttelte er die Kleider aus und sprach zu
ihnen: Euer Blut komme über euer Haupt;
rein gehe ich von nun an zu den Heiden!
7 Und machte sich von dannen und kam
in das Haus eines Mannes mit Namen
Titius Justus, der gottesfürchtig war; dessen Haus war neben der Synagoge.
8 Krispus aber, der Vorsteher der Synagoge, kam zum Glauben an den Herrn
mit seinem ganzen Hause; und viele Korinther, die zuhörten, wurden gläubig und
ließen sich taufen.
9 Es sprach aber der Herr durch ein
Gesicht in der Nacht zu Paulus: **Fürchte
dich nicht, sondern rede und schweige nicht!**
10 **denn ich bin mit dir, und niemand soll
sich unterstehen, dir zu schaden; denn ich
habe ein großes Volk in dieser Stadt.**
11 Und er blieb daselbst ein Jahr und
sechs Monate und lehrte unter ihnen das
Wort Gottes.
12 Als aber Gallio Landvogt war in
Achaja, empörten sich die Juden einmütig wider Paulus und führten ihn vor
den Richterstuhl

13 und sprachen: Dieser Mensch überredet die Leute, Gott zu dienen dem Gesetze zuwider.

14 Als aber Paulus wollte den Mund auftun, sprach Gallio zu den Juden: Wenn es ein Frevel oder ein Vergehen wäre, ihr Juden, so hörte ich euch billig;

15 weil es aber Fragen sind von der Lehre und von Personen und von dem Gesetz unter euch, so sehet ihr selber zu; ich gedenke, darüber nicht Richter zu sein.

16 Und trieb sie von dem Richterstuhl.

17 Da ergriffen sie alle Sosthenes, den Vorsteher der Synagoge, und schlugen ihn vor dem Richterstuhl, und Gallio kümmerte sich nicht darum.

Rückkehr nach Antiochien

18 Paulus aber blieb noch eine Zeitlang daselbst. Danach nahm er Abschied von den Brüdern und wollte nach Syrien fahren und mit ihm Priscilla und Aquila. Und er schor sein Haupt zu Kenchreä, denn er hatte ein Gelübde.

19 Und sie kamen nach Ephesus, und er ließ sie daselbst; er aber ging in die Synagoge und redete mit den Juden.

20 Sie baten ihn aber, daß er längere Zeit bei ihnen bliebe. Doch er willigte nicht ein,

21 sondern nahm Abschied von ihnen und sprach: Will's Gott, so will ich wieder zu euch kommen. Und fuhr weg von Ephesus

22 und kam nach Cäsarea und ging hinauf nach Jerusalem und grüßte die Gemeinde und zog hinab nach Antiochien.

Beginn der dritten Missionsreise

23 Und nachdem er etliche Zeit verweilt hatte, brach er wieder auf und durchzog nacheinander das galatische Land und Phrygien und stärkte alle Jünger.

Apollos in Ephesus

24 Es kam aber nach Ephesus ein Jude mit Namen Apollos, von Geburt aus Alexandrien, ein beredter Mann und mächtig in der Schrift.

25 Dieser war unterwiesen in der Lehre des Herrn und redete brennend im Geist und lehrte richtig von Jesus, wußte aber nur von der Taufe des Johannes.

26 Dieser fing an, frei öffentlich zu predigen in der Synagoge. Da ihn aber Aquila und Priscilla hörten, nahmen sie ihn zu sich und legten ihm die Lehre Gottes noch genauer aus.

27 Da er aber wollte nach Achaja reisen, bestärkten ihn die Brüder und schrieben an die Jünger, daß sie ihn aufnähmen. Und als er dahin gekommen war, half er viel denen, die gläubig geworden waren durch die Gnade.

28 Denn er überwand die Juden mit Kraft und erwies öffentlich durch die Schrift, daß Jesus der Christus sei.

Paulus in Ephesus

19 Es geschah aber, als Apollos zu Korinth war, daß Paulus durchwanderte das obere Land und kam nach Ephesus und fand etliche Jünger;

2 zu denen sprach er: Habt ihr den heiligen Geist empfangen, als ihr gläubig wurdet? Sie sprachen zu ihm: Wir haben noch nie gehört, daß ein heiliger Geist ist.

3 Und er sprach zu ihnen: Worauf seid ihr dann getauft? Sie sprachen: Auf des Johannes Taufe.

4 Paulus aber sprach: Johannes hat getauft mit der Taufe der Buße und sagte dem Volk, daß sie sollten glauben an den, der nach ihm kommen sollte, das ist an Jesus.

5 Da sie das hörten, ließen sie sich taufen auf den Namen des Herrn Jesus.

6 Und da Paulus die Hände auf sie legte, kam der heilige Geist auf sie, und sie redeten in Zungen und weissagten.

7 Es waren aber zusammen etwa zwölf Männer.

8 Er ging aber in die Synagoge und predigte frei öffentlich drei Monate lang, lehrte und überzeugte sie von dem Reich Gottes.

9 Da aber etliche verstockt waren und nicht glaubten und übel redeten über die Lehre vor der Menge, wich er von ihnen und sonderte die Jünger ab und redete täglich in der Schule des Tyrannus.

10 Und das geschah zwei Jahre lang, so daß alle, die in der Landschaft Asien wohnten, das Wort des Herrn hörten, beide, Juden und Griechen.

11 Und Gott wirkte nicht geringe Taten durch die Hand des Paulus,

12 so daß sie auch von seiner Haut die Schweißtüchlein oder Binden über die Kranken hielten und die Krankheiten von ihnen wichen und die bösen Geister von ihnen ausfuhren.

13 Es unterstanden sich aber etliche der umherziehenden Juden, die da Beschwörer waren, den Namen des Herrn Jesus zu nennen über denen, die da böse Geister hatten, und sprachen: Ich beschwöre euch bei dem Jesus, den Paulus predigt.

14 Es waren ihrer aber sieben Söhne eines jüdischen Hohenpriesters Skevas, die solches taten.

15 Aber der böse Geist antwortete und sprach: Jesus kenne ich wohl, und von Paulus weiß ich wohl; wer seid ihr aber?

16 Und der Mensch, in dem der böse Geist war, sprang auf sie und ward ihrer aller mächtig und warf sie unter sich, so daß sie nackt und verwundet aus dem Hause entflohen.

17 Das aber ward kund allen, die zu Ephesus wohnten, sowohl Juden als Griechen; und es fiel eine Furcht über sie alle, und der Name des Herrn Jesus ward hoch gelobt.

18 Es kamen auch viele derer, die gläubig waren geworden, und bekannten und verkündeten, was sie getrieben hatten.

19 Viele aber, die da Zauberei getrieben hatten, brachten die Bücher zusammen und verbrannten sie öffentlich und überrechneten, was sie wert waren, und fanden des Geldes fünfzigtausend Silbergroschen.

20 So wuchs das Wort durch die Kraft des Herrn und ward mächtig.

21 Da das ausgerichtet war, setzte sich Paulus im Geiste vor, durch Mazedonien und Achaja zu ziehen und nach Jerusalem zu reisen, und sprach: Hernach, wenn ich daselbst gewesen bin, muß ich auch Rom sehen.

22 Und er sandte zwei, die ihm dienten, Timotheus und Erastus, nach Mazedonien; er aber blieb noch eine Weile in der Landschaft Asien.

Der Aufruhr des Demetrius

23 Es erhob sich aber um diese Zeit eine nicht geringe Unruhe über die neue Lehre.

24 Denn einer mit Namen Demetrius, ein Goldschmied, der machte silberne Tempel der Diana und wandte denen vom Handwerk nicht geringen Gewinn zu.

25 Dieselben und die Beiarbeiter dieses Handwerks versammelte er und sprach: Liebe Männer, ihr wisset, daß wir großen Gewinn von diesem Gewerbe haben;

26 und ihr sehet und höret, daß nicht allein zu Ephesus, sondern auch fast in der ganzen Landschaft Asien dieser Paulus viel Volks abfällig macht, überredet und spricht: Was von Händen gemacht ist, das sind keine Götter.

27 Aber es droht nicht nur unser Gewerbe dahin zu geraten, daß es nichts mehr gilt, sondern auch der Tempel der großen Göttin Diana wird für nichts geachtet werden, und sogar ihre göttliche Majestät wird untergehen, welcher doch die ganze Landschaft Asien und der Weltkreis Anbetung erzeigt.

28 Als sie das hörten, wurden sie voll Zorn, schrien und sprachen: Groß ist die Diana der Epheser!

29 Und die ganze Stadt ward voll Getümmel; sie stürmten aber einmütig zum Theater und ergriffen Gajus und Aristarchus aus Mazedonien, des Paulus Gefährten.

30 Da aber Paulus wollte unter das Volk gehen, ließen's ihm die Jünger nicht zu.

31 Auch etliche der Obersten in der Landschaft Asien, die ihm freundlich gesinnt waren, sandten zu ihm und ermahnten ihn, daß er sich nicht zum Theater begäbe.

32 Etliche schrien so, etliche anders, und die Versammlung war in Verwirrung, und die meisten wußten nicht, warum sie zusammengekommen waren.

33 Etliche vom Volk zogen den Alexander nach vorn, den die Juden vorschickten. Alexander aber winkte mit der Hand und wollte vor dem Volke reden.

34 Da sie aber innewurden, daß er ein Jude war, erhob sich **eine** Stimme von allen, und schrien bei zwei Stunden: Groß ist die Diana der Epheser!

35 Da aber der Kanzler das Volk beruhigt hatte, sprach er: Ihr Männer von Ephesus, wo ist ein Mensch, der nicht wisse, daß die Stadt Ephesus sei eine Hüterin der großen Göttin Diana und ihres Bildes, das vom Himmel gefallen ist?

36 Weil nun das unwidersprechlich ist, so sollt ihr ja stille sein und nichts Unbedachtes tun.

37 Ihr habt diese Menschen hergeführt, die weder Tempelräuber noch Lästerer unserer Göttin sind.

38 Hat aber Demetrius und die mit ihm sind vom Handwerk an jemanden einen Anspruch, so gibt es Gerichte und sind Landvögte da; lasset sie sich untereinander verklagen.

39 Wollt ihr aber noch etwas darüber hinaus, so mag man es ausrichten in einer ordentlichen Volksversammlung.

40 Denn wir stehen in der Gefahr, daß wir um des heutigen Tages willen des Aufruhrs verklagt werden möchten, und ist doch keine Sache vorhanden, womit wir solchen Aufruhr entschuldigen könnten. Und da er solches gesagt, ließ er die Versammlung gehen.

Paulus in Mazedonien und Griechenland

20 Da nun das Getümmel aufgehört hatte, rief Paulus die Jünger zu sich und ermahnte sie, nahm Abschied und zog aus, zu reisen nach Mazedonien.

2 Und als er diese Länder durchzogen und sie ermahnt hatte mit vielen Worten, kam er nach Griechenland und verweilte allda drei Monate.

3 Da ihm aber die Juden nachstellten, als er zu Schiff nach Syrien wollte fahren, beschloß er, zurückzukehren durch Mazedonien.

4 Es zogen aber mit ihm Sopater aus Beröa, des Pyrrhus Sohn, aus Thessalonich aber Aristarchus und Sekundus, und Gajus aus Derbe und Timotheus, aus der Landschaft Asien aber Tychikus und Trophimus.

5 Diese gingen voran und harrten unser zu Troas.

In Troas

6 Wir aber fuhren nach den Tagen der ungesäuerten Brote mit dem Schiff von Philippi ab und kamen am fünften Tag zu ihnen nach Troas und blieben daselbst sieben Tage.

7 Am ersten Tage der Woche aber, da wir versammelt waren, das Brot zu brechen, predigte ihnen Paulus und wollte des andern Tages weiterreisen und zog die Rede hin bis zur Mitternacht.

8 Und es waren viele Lampen in dem Obergemach, wo wir versammelt waren.

9 Es saß aber ein Jüngling mit Namen Eutychus in einem Fenster und sank in einen tiefen Schlaf, weil Paulus so lange redete, und ward vom Schlaf überwältigt und fiel hinunter vom dritten Stockwerk und ward tot aufgehoben.

10 Paulus aber ging hinab und legte sich auf ihn, umfing ihn und sprach: Machet kein Getümmel; denn seine Seele ist in ihm.

11 Dann ging er hinauf und brach das Brot und aß und redete viel mit ihnen, bis der Tag anbrach; und so zog er hinweg.

12 Sie brachten aber den Knaben lebendig und wurden nicht wenig getröstet.

13 Wir aber zogen voraus zum Schiff und fuhren nach Assos und wollten daselbst Paulus zu uns nehmen; denn er hatte es so befohlen, weil er selbst wollte zu Fuß gehen.

14 Als er nun uns traf zu Assos, nahmen wir ihn zu uns und kamen nach Mitylene.

15 Und von da fuhren wir weiter und kamen des andern Tages hin gegen Chios; und des folgenden Tages erreichten wir Samos; und des nächsten Tages kamen wir nach Milet.

16 Denn Paulus hatte beschlossen, an Ephesus vorüberzufahren, damit er nicht müßte in der Landschaft Asien Zeit zubringen; denn er eilte, auf den Pfingsttag zu Jerusalem zu sein, so es ihm möglich wäre.

In Milet. Abschied von den Ältesten von Ephesus

17 Aber von Milet sandte er nach Ephesus und ließ rufen die Ältesten von der Gemeinde.

18 Als aber die zu ihm kamen, sprach er zu ihnen: Ihr wisset, wie ich von dem ersten Tage an, da ich bin in die Landschaft Asien gekommen, allezeit bei euch gewesen bin

19 und dem Herrn gedient habe mit aller Demut und mit Tränen und Anfechtungen, die mir sind widerfahren von den Juden, die mir nachstellten.

20 Ich habe euch nichts vorenthalten, was da nützlich ist, daß ich's euch nicht verkündigt hätte und euch gelehrt öffentlich und in den Häusern

21 und habe bezeugt den Juden und Griechen die Bekehrung zu Gott und den Glauben an unsern Herrn Jesus.

22 Und nun siehe, im Geiste gebunden fahre ich hin nach Jerusalem, weiß nicht, was mir daselbst begegnen wird,

23 nur daß der heilige Geist in allen Städten mir bezeugt und spricht, Gefängnis und Trübsale warten mein.

24 Aber ich achte für mich selbst mein Leben keiner Rede wert, wenn ich nur vollende meinen Lauf und das Amt, das ich empfangen habe von dem Herrn Jesus, zu bezeugen das Evangelium von der Gnade Gottes.

25 Und nun siehe, ich weiß, daß ihr mein Angesicht nicht mehr sehen werdet, ihr alle, zu welchen ich hingekommen bin und das Reich gepredigt habe.

26 Darum bezeuge ich euch an diesem heutigen Tage, daß ich rein bin von aller Blut;

27 denn ich habe nicht unterlassen, euch zu verkündigen den ganzen Ratschluß Gottes.

28 **So habt nun acht auf euch selbst und auf die ganze Herde, unter welche euch der heilige Geist gesetzt hat zu Bischöfen, zu weiden die Gemeinde Gottes, welche er durch sein eigen Blut erworben hat.**

29 Denn das weiß ich, daß nach meinem Abscheiden werden unter euch kommen greuliche Wölfe, die die Herde nicht verschonen werden.

30 Auch aus euch selbst werden aufstehen Männer, die da verkehrte Lehren reden, die Jünger an sich zu ziehen.

31 Darum seid wachsam und denket daran, daß ich nicht abgelassen habe drei Jahre, Tag und Nacht, einen jeglichen mit Tränen zu vermahnen.

32 Und nun befehle ich euch Gott und dem Wort seiner Gnade, der da mächtig ist, euch zu erbauen und zu geben das Erbe unter allen, die geheiligt sind.

33 Ich habe von niemand unter euch Silber oder Gold oder Kleidung begehrt.

34 Denn ihr wisset selber, daß mir diese Hände zum Unterhalt gedient haben für mich und die, die mit mir gewesen sind.

35 Ich habe euch in allen Stücken gezeigt, daß man so arbeiten und sich der Schwachen annehmen müsse und gedenken an das Wort des Herrn Jesus, da er gesagt hat: **Geben ist seliger als nehmen.**

36 Und als er solches gesagt, kniete er nieder und betete mit ihnen allen.

37 Es ward aber viel Weinen unter ihnen allen, und sie fielen Paulus um den Hals und küßten ihn,

38 am allermeisten betrübt über das Wort, das er sagte, sie würden sein Angesicht nicht mehr sehen; und geleiteten ihn auf das Schiff.

Von Milet nach Cäsarea. Agabus

21 Als wir uns nun von ihnen losgerissen hatten und dahinfuhren, kamen wir geradeswegs nach Kos und am folgenden Tage nach Rhodus und von da nach Patara.

2 Und da wir ein Schiff fanden, das nach Phönizien fuhr, stiegen wir ein und fuhren hin.

3 Als aber Cypern in Sicht kam, ließen wir es zur linken Hand und fuhren nach Syrien und kamen an in Tyrus, denn daselbst sollte das Schiff die Ware ausladen.

4 Und als wir die Jünger fanden, blieben wir daselbst sieben Tage. Die sagten Paulus durch den Geist, er sollte nicht hinauf nach Jerusalem ziehen.

5 Und es geschah, da wir die Tage zugebracht hatten, machten wir uns auf und reisten weiter. Und sie geleiteten uns alle mit Frauen und Kindern bis hinaus vor die Stadt, und wir knieten nieder am Ufer und beteten.

6 Und als wir voneinander Abschied genommen hatten, stiegen wir ins Schiff; jene aber wandten sich wieder heimwärts.

7 Wir aber fuhren mit dem Schiff und kamen von Tyrus nach Ptolemais und grüßten die Brüder und blieben einen Tag bei ihnen.

8 Des andern Tages zogen wir weiter und kamen nach Cäsarea und gingen in das Haus des Philippus, des Evangelisten, der einer von den Sieben war, und blieben bei ihm.

9 Der hatte vier Töchter, die waren Jungfrauen und weissagten.

10 Und als wir mehrere Tage dablieben, kam herab aus Judäa ein Prophet mit Namen Agabus.

11 Und als er zu uns kam, nahm er den Gürtel des Paulus und band sich die Füße und Hände und sprach: Das sagt der heilige Geist: Den Mann, des der Gürtel ist, werden die Juden so binden zu Jerusalem und überantworten in der Heiden Hände.

12 Als wir aber solches hörten, baten
wir und die aus dem Ort waren, daß er
nicht hinauf nach Jerusalem zöge.
13 Paulus aber antwortete: Was macht
ihr, daß ihr weinet und brechet mir mein
Herz? Denn ich bin bereit, nicht allein
mich binden zu lassen, sondern auch zu
sterben zu Jerusalem um des Namens wil-
len des Herrn Jesus.
14 Da er aber sich nicht überreden ließ,
schwiegen wir und sprachen: Des Herrn
Wille geschehe.

Ankunft in Jerusalem

15 Und nach diesen Tagen machten wir
uns fertig und zogen hinauf nach Jerusa-
lem.
16 Es kamen aber mit uns auch etliche
Jünger von Cäsarea und führten uns zu
einem mit Namen Mnason aus Cypern,
der ein alter Jünger war, bei dem wir her-
bergen sollten.
17 Als wir nun nach Jerusalem kamen,
nahmen uns die Brüder mit Freuden auf.
18 Des andern Tages aber ging Paulus
mit uns zu Jakobus, und es kamen die
Ältesten alle dahin.
19 Und als er sie begrüßt hatte, erzählte
er eines nach dem andern, was Gott getan
hatte unter den Heiden durch seinen
Dienst.
20 Da sie aber das hörten, lobten sie Gott
und sprachen zu ihm: Bruder, du siehst,
wieviel tausend Juden gläubig geworden
sind, und sind alle Eiferer für das Gesetz;
21 ihnen ist aber berichtet worden über
dich, daß du alle Juden, die unter den
Heiden wohnen, lehrest von Mose abfal-
len und sagest, sie sollen ihre Kinder nicht
beschneiden, auch nicht nach jüdischer
Weise leben.
22 Was nun? Auf jeden Fall werden sie
hören, daß du gekommen bist.
23 So tu nun dies, was wir dir sagen.
24 Wir haben vier Männer, die haben ein
Gelübde auf sich; die nimm zu dir und
lasse dich reinigen mit ihnen und trage die
Kosten für sie, daß sie ihr Haupt scheren
können; so werden alle erkennen, daß es
nicht so sei, wie ihnen über dich berichtet
ist, sondern daß du selber auch nach dem
Gesetz lebst und es hältst.
25 Denn nur den Gläubigen aus den
Heiden haben wir geschrieben und be-
schlossen, daß sie sich bewahren sollen
vor dem Götzenopfer, vor Blut, vor Er-
sticktem und vor Unzucht.
26 Da nahm Paulus die Männer zu sich
und reinigte sich des andern Tages mit
ihnen und ging in den Tempel und zeigte
an, daß die Tage der Reinigung vollendet
seien, sobald für einen jeglichen unter
ihnen das Opfer gebracht wäre.

Gefangennahme des Paulus

27 Als aber die sieben Tage zu Ende
gingen, sahen ihn die Juden aus der Land-
schaft Asien im Tempel und erregten das
ganze Volk, legten die Hände an ihn und
schrien:
28 Ihr Männer von Israel, helft! Dies
ist der Mensch, der alle Menschen an
allen Enden lehrt wider unser Volk, wider
das Gesetz und wider diese Stätte; dazu
hat er auch Griechen in den Tempel ge-
führt und diese heilige Stätte entweiht.
29 Denn sie hatten mit ihm in der Stadt
Trophimus, den Epheser, gesehen; den,
meinten sie, hätte Paulus in den Tempel
geführt.
30 Und die ganze Stadt ward erregt, und
ward ein Auflauf des Volkes. Sie griffen
aber Paulus und zogen ihn zum Tempel
hinaus. Und alsbald wurden die Türen
zugeschlossen.
31 Da sie ihn aber töten wollten, kam
die Kunde hinauf vor den obersten Haupt-
mann der Schar, wie das ganze Jerusalem
in Aufruhr sei.
32 Der nahm alsbald Kriegsknechte und
Hauptleute zu sich und lief hinunter zu
ihnen. Da sie aber den Oberhauptmann
und die Kriegsknechte sahen, hörten sie
auf, Paulus zu schlagen.
33 Als aber der Oberhauptmann nahe
herzukam, nahm er ihn an sich und hieß
ihn binden mit zwei Ketten und fragte,
wer er wäre und was er getan hätte.
34 Einer aber rief dies, der andre das im
Volk. Da er aber nichts Gewisses erfahren
konnte um des Getümmels willen, hieß er
ihn in die Burg führen.
35 Und als er an die Stufen kam, muß-
ten ihn die Kriegsknechte tragen wegen
des Ungestüms des Volkes,
36 denn es folgte viel Volks nach und
schrie: Weg mit ihm!
37 Als aber Paulus in die Burg geführt

werden sollte, sprach er zu dem Ober-
hauptmann: Darf ich mit dir reden? Er
aber sprach: Kannst du Griechisch?
38 Bist du nicht der Ägypter, der vor
diesen Tagen einen Aufruhr gemacht hat
und führte in die Wüste hinaus viertau-
send Meuchelmörder?
39 Paulus aber sprach: Ich bin ein jüdi-
scher Mann von Tarsus, ein Bürger einer
namhaften Stadt in Cilicien. Ich bitte dich,
erlaube mir, zu reden zu dem Volk.
40 Als er aber es ihm erlaubte, trat Pau-
lus auf die Stufen und winkte dem Volk
mit der Hand. Da nun eine große Stille
ward, redete er zu ihnen auf hebräisch
und sprach:

Paulus verantwortet sich vor dem Volk

22 Ihr Männer, liebe Brüder und Vä-
ter, höret mir zu, wenn ich mich
jetzt vor euch verantworte.
2 Da sie aber hörten, daß er auf hebrä-
isch zu ihnen redete, wurden sie noch
stiller. Und er sprach:
3 Ich bin ein jüdischer Mann, geboren
zu Tarsus in Cilicien, aber erzogen in die-
ser Stadt, zu den Füßen Gamaliels unter-
wiesen mit allem Fleiß im väterlichen Ge-
setz, und war ein Eiferer für Gott, gleich-
wie ihr heute alle seid.
4 Ich habe die neue Lehre verfolgt bis
auf den Tod; ich band und überantwortete
ins Gefängnis Männer und Frauen,
5 wie mir auch der Hohepriester und die
Ältesten alle bezeugen. Denn von ihnen
empfing ich Briefe an die Brüder und
reiste nach Damaskus, daß ich auch, die
daselbst waren, gebunden führte nach
Jerusalem, damit sie bestraft würden.

Paulus berichtet seine Bekehrung

6 Es geschah aber, da ich hinzog und
nahe an Damaskus kam, umleuchtete
mich plötzlich um den Mittag ein großes
Licht vom Himmel.
7 Und ich fiel zu Boden und hörte eine
Stimme, die sprach zu mir: Saul, Saul,
was verfolgst du mich?
8 Ich antwortete aber: Herr, wer bist du?
Und er sprach zu mir: Ich bin Jesus von
Nazareth, den du verfolgst.
9 Die aber mit mir waren, sahen das
Licht; die Stimme aber des, der mit mir
redete, hörten sie nicht.
10 Ich sprach aber: Herr, was soll ich
tun? Und der Herr sprach zu mir: Stehe
auf und gehe nach Damaskus. Da wird
man dir sagen von allem, was dir zu tun
verordnet ist.
11 Als ich aber wegen der Klarheit dieses
Lichtes nicht sehen konnte, ward ich an
der Hand geleitet von denen, die mit mir
waren, und kam nach Damaskus.
12 Es war aber ein gottesfürchtiger
Mann nach dem Gesetz, Ananias, der
einen guten Ruf hatte bei allen Juden, die
daselbst wohnten.
13 Der kam zu mir und trat her und
sprach zu mir: Saul, lieber Bruder, sei
sehend! Und zu derselben Stunde konnte
ich ihn sehen.
14 Er aber sprach: Der Gott unserer
Väter hat dich verordnet, daß du seinen
Willen erkennen sollst und sehen den
Gerechten und hören die Stimme aus sei-
nem Munde;
15 denn du wirst für ihn vor allen Men-
schen Zeuge sein von dem, was du ge-
sehen und gehört hast.
16 Und nun, was zögerst du? Stehe auf
und rufe seinen Namen an und laß dich
taufen und abwaschen deine Sünden!
17 Es geschah aber, da ich wieder nach
Jerusalem kam und betete im Tempel,
daß ich verzückt ward und ihn sah.
18 Da sprach er zu mir: Eile und mache
dich behende von Jerusalem hinaus; denn
sie werden nicht annehmen dein Zeugnis
über mich.
19 Und ich sprach: Herr, sie wissen
selbst, daß ich die, die an dich glaubten,
gefangen legte und peinigte in den Syn-
agogen hin und her.
20 Und da das Blut des Stephanus, dei-
nes Zeugen, vergossen ward, stand ich
auch dabei und hatte Wohlgefallen daran
und verwahrte denen die Kleider, die ihn
töteten.
21 Und er sprach zu mir: Gehe hin; denn
ich will dich ferne unter die Heiden senden!
22 Sie hörten aber ihm zu bis zu diesem
Wort und erhoben ihre Stimme und spra-
chen: Hinweg mit diesem von der Erde!
Denn er darf nicht mehr leben.

Paulus vor dem römischen Oberhauptmann

23 Da sie aber schrien und ihre Kleider
abwarfen und Staub in die Luft wirbelten,

24 hieß ihn der Oberhauptmann in die
Burg führen und sagte, daß man ihn gei-
ßeln und verhören sollte, auf daß er er-
führe, um welcher Ursache willen sie so
über ihn schrien.
25 Als man ihn aber zum Geißeln fest-
band, sprach Paulus zu dem Hauptmann,
der dabeistand: Dürft ihr einen Menschen,
der römischer Bürger ist, ohne Urteil
geißeln?
26 Da das der Hauptmann hörte, ging
er zu dem Oberhauptmann und berichtete
ihm und sprach: Was willst du tun? Die-
ser Mensch ist römischer Bürger.
27 Da kam zu ihm der Oberhauptmann
und sprach zu ihm: Sage mir, bist du
römischer Bürger? Er aber sprach: Ja.
28 Und der Oberhauptmann antwortete:
Ich habe dies Bürgerrecht um eine große
Summe erworben. Paulus aber sprach:
Ich aber bin römisch geboren.
29 Da ließen alsbald von ihm ab, die ihn
verhören sollten. Und der Oberhaupt-
mann fürchtete sich, da er vernahm, daß
er römischer Bürger war, und er ihn hatte
festbinden lassen.
30 **D**es andern Tages wollte er sicher er-
kunden, warum er verklagt würde von den
Juden, und ließ ihn losbinden und hieß
die Hohenpriester und den ganzen Hohen
Rat zusammenkommen und führte Pau-
lus hinunter und stellte ihn vor sie.

Paulus vor dem Hohen Rat

23 Paulus aber sah den Hohen Rat an
und sprach: Ihr Männer, liebe Brü-
der, ich bin mit allem guten Gewissen ge-
wandelt vor Gott bis auf diesen Tag.
2 Der Hohepriester Ananias aber befahl
denen, die um ihn standen, daß sie ihn auf
den Mund schlügen.
3 Da sprach Paulus zu ihm: Gott wird
dich schlagen, du getünchte Wand! Sitzest
du, mich zu richten nach dem Gesetz, und
heißest mich schlagen wider das Gesetz?
4 Die aber umherstanden, sprachen:
Schiltst du den Hohenpriester Gottes?
5 Und Paulus sprach: Liebe Brüder, ich
wußte es nicht, daß er Hoherpriester ist.
Denn es steht geschrieben (2. Mose 22,
27): «Den Obersten deines Volkes sollst
du nicht schmähen.»
6 Da aber Paulus wußte, daß ein Teil
Sadduzäer war und der andere Teil Phari-
säer, rief er im Rat: Ihr Männer, liebe
Brüder, ich bin ein Pharisäer und eines
Pharisäers Sohn. Ich werde angeklagt um
der Hoffnung und um der Auferstehung
der Toten willen.
7 Da er aber das sagte, ward eine Zwie-
tracht unter den Pharisäern und Saddu-
zäern, und die Versammlung spaltete sich.
8 Denn die Sadduzäer sagen, es gebe kei-
ne Auferstehung noch einen Engel noch
einen Geist; die Pharisäer aber lehren das
alles.
9 Es ward aber ein großes Geschrei; und
etliche Schriftgelehrte von der Pharisäer
Partei standen auf, stritten und sprachen:
Wir finden nichts Arges an diesem Men-
schen; vielleicht hat doch ein Geist oder
ein Engel mit ihm geredet.
10 Da aber die Zwietracht groß ward,
befürchtete der oberste Hauptmann, sie
möchten Paulus zerreißen, und hieß das
Kriegsvolk hinabgehen und ihn von ihnen
reißen und in die Burg führen.
11 In der folgenden Nacht aber stand
der Herr bei ihm und sprach: Sei getrost!
denn wie du für mich Zeuge warst in
Jerusalem, so mußt du auch in Rom
Zeuge sein.

Mordanschlag gegen Paulus

12 Als es aber Tag ward, taten sich et-
liche Juden zusammen und verschworen
sich, weder zu essen noch zu trinken, bis
daß sie Paulus getötet hätten.
13 Ihrer aber waren mehr als vierzig, die
solchen Bund machten.
14 Die traten zu den Hohenpriestern
und Ältesten und sprachen: Wir haben
uns hart verschworen, nichts zu essen, bis
wir Paulus getötet haben.
15 So wirkt nun ihr mit dem Hohen Rat
bei dem Oberhauptmann dahin, daß er
ihn zu euch herunterführe, als wolltet ihr
ihn besser verhören; wir aber sind bereit,
ihn zu töten, ehe denn er vor euch kommt.
16 **D**a aber des Paulus Schwestersohn
von dem Anschlag hörte, ging er hin und
kam in die Burg und berichtete es Paulus.
17 Paulus aber rief zu sich einen von den
Hauptleuten und sprach: Diesen Jüngling
führe hin zu dem Oberhauptmann, denn
er hat ihm etwas zu sagen.
18 Der nahm ihn und führte ihn zum
Oberhauptmann und sprach: Der Gefan-

gene Paulus rief mich zu sich und bat mich, diesen Jüngling zu dir zu führen, der dir etwas zu sagen habe.

19 Da nahm ihn der Oberhauptmann bei der Hand und trat beiseite und fragte ihn: Was ist's, das du mir zu sagen hast?

20 Er aber sprach: Die Juden sind eins geworden, dich zu bitten, daß du morgen Paulus vor den Hohen Rat herunterbringen lassest, als wollten sie ihn besser verhören.

21 Du aber traue ihnen nicht; denn es lauern auf ihn mehr als vierzig Männer von ihnen, die haben sich verschworen, weder zu essen noch zu trinken, bis sie ihn getötet hätten; und sind jetzt bereit und warten auf deine Zusage.

22 Da ließ der Oberhauptmann den Jüngling von sich und gebot ihm, niemand zu sagen, daß er ihm solches eröffnet hätte.

Paulus wird nach Cäsarea gebracht

23 Und der Oberhauptmann rief zu sich zwei Hauptleute und sprach: Rüstet zweihundert Kriegsknechte, daß sie nach Cäsarea ziehen, und siebzig Reiter und zweihundert Schützen auf die dritte Stunde der Nacht;

24 und haltet Tiere bereit, daß sie Paulus draufsetzen und bringen ihn wohlbewahrt zu Felix, dem Landpfleger.

25 Und schrieb einen Brief, der lautete so:

26 Klaudius Lysias dem edlen Landpfleger Felix, Gruß zuvor!

27 Diesen Mann hatten die Juden gegriffen und wollten ihn töten. Da kam ich mit dem Kriegsvolk dazu und riß ihn von ihnen, als ich erfuhr, daß er ein römischer Bürger ist.

28 Da ich aber erkunden wollte die Ursache, um derentwillen sie ihn beschuldigten, führte ich ihn hinunter vor ihren Hohen Rat.

29 Da fand ich, daß er beschuldigt ward wegen Fragen ihres Gesetzes, aber keine Anklage gegen sich hatte, des Todes oder des Gefängnisses wert.

30 Und da vor mich kam, daß etliche auf ihn lauerten, sandte ich ihn alsbald zu dir und wies auch die Kläger an, daß sie vor dir sagten, was sie wider ihn hätten.

31 Die Kriegsknechte, wie ihnen befohlen war, nahmen Paulus und führten ihn bei der Nacht nach Antipatris.

32 Des andern Tages aber ließen sie die Reiter mit ihm ziehen und kehrten wieder in die Burg zurück.

33 Als aber jene nach Cäsarea kamen, übergaben sie den Brief dem Landpfleger und überantworteten ihm auch Paulus.

34 Da der Landpfleger den Brief las, fragte er, aus welchem Lande er wäre. Und da er erfuhr, daß er aus Cilicien wäre, sprach er:

35 Ich will dich verhören, wenn deine Verkläger auch da sind. Und hieß ihn verwahren in dem Palast des Herodes.

Vor dem Landpfleger Felix

24 Nach fünf Tagen zog hinab der Hohepriester Ananias mit einigen Ältesten und mit dem Anwalt Tertullus; die erschienen vor dem Landpfleger wider Paulus.

2 Als der aber herbeigerufen ward, fing Tertullus an, ihn zu verklagen, und sprach:

3 Daß wir in großem Frieden leben unter dir und viel Wohltaten diesem Volk widerfahren durch deine Fürsorge, edelster Felix, das erkennen wir an allewege und allenthalben mit aller Dankbarkeit.

4 Auf daß ich aber dich nicht zu lange aufhalte, bitte ich dich, du wollest uns in Kürze hören nach deiner Geneigtheit.

5 Wir haben diesen Mann erfunden als eine Pest und als einen, der Aufruhr erregt unter allen Juden auf dem ganzen Erdboden, und als einen Anführer der Sekte der Nazarener.

6 Er hat auch versucht, den Tempel zu entweihen. Ihn haben wir gegriffen, ⟨und wir wollten ihn richten nach unserem Gesetz,

7 aber Lysias, der Oberhauptmann, kam dazu und führte ihn mit großer Gewalt aus unseren Händen

8 und hieß seine Ankläger zu dir kommen⟩. Wenn du ihn verhörst, kannst du selbst das alles von ihm erkunden, weswegen wir ihn verklagen.

9 Die Juden aber redeten auch dazu und sprachen, es verhielte sich so.

10 Paulus aber, als ihm der Landpfleger winkte zu reden, antwortete: Weil ich weiß, daß du in diesem Volk nun viele

Jahre Richter bist, will ich unerschrocken
mich verantworten.
11 Du kannst erfahren, daß es nicht
mehr als zwölf Tage sind, daß ich bin hin-
auf nach Jerusalem gekommen, anzu-
beten.
12 Und sie haben mich weder im Tem-
pel noch in den Synagogen noch in der
Stadt gefunden mit jemand streiten oder
einen Aufruhr machen im Volk.
13 Sie können dir auch nicht beweisen,
dessen sie mich verklagen.
14 Das bekenne ich dir aber, daß ich
nach der Lehre, die sie eine Sekte heißen,
dem Gott meiner Väter so diene, daß ich
glaube allem, was geschrieben steht im
Gesetz und in den Propheten,
15 und habe die Hoffnung zu Gott, auf
welche auch sie selbst warten, nämlich daß
es geben wird eine Auferstehung der Ge-
rechten und Ungerechten.
16 **Dabei übe ich mich, zu haben ein un-
verletzt Gewissen allenthalben gegen Gott
und die Menschen.**
17 Nach mehreren Jahren aber bin ich
gekommen, um Almosen für mein Volk
zu bringen und zu opfern.
18 Dabei haben mich, wie ich mich ge-
reinigt hatte im Tempel ohne allen Lärm
und Getümmel,
19 etliche Juden aus der Landschaft
Asien gefunden, welche sollten hier sein
vor dir und mich verklagen, wenn sie
etwas wider mich hätten.
20 Oder laß diese hier selbst sagen, was
für ein Unrecht sie gefunden haben, als
ich stand vor dem Hohen Rat;
21 es wäre denn dies **eine** Wort, da ich
unter ihnen stand und rief: Um der Auf-
erstehung der Toten willen werde ich von
euch heute angeklagt.

Die Verschleppung des Prozesses

22 Felix aber zog sie hin; denn er wußte
gar wohl um diese Lehre und sprach: Wenn
Lysias, der Oberhauptmann, herabkommt,
so will ich eure Sache entscheiden.
23 Er befahl aber dem Hauptmann,
Paulus gefangen zu behalten, doch in
leichtem Gewahrsam, und daß er nie-
mand von den Seinen wehrte, ihm zu
dienen.
24 Nach etlichen Tagen aber kam Fe-
lix mit Drusilla, seiner Frau, die eine
Jüdin war, und ließ Paulus kommen und
hörte ihn über den Glauben an Christus
Jesus.
25 Da aber Paulus redete von Gerechtig-
keit und Enthaltsamkeit und von dem zu-
künftigen Gericht, erschrak Felix und ant-
wortete: Gehe hin für diesmal; wenn ich
gelegene Zeit habe, will ich dich wieder
rufen lassen.
26 Er hoffte aber daneben, daß ihm von
Paulus sollte Geld gegeben werden; dar-
um ließ er ihn auch oft kommen und be-
sprach sich mit ihm.
27 Als aber zwei Jahre um waren, kam
Porcius Festus an des Felix Statt. Felix
aber wollte den Juden eine Gunst erzeigen
und ließ Paulus gefangen zurück.

Gerichtsverhandlung vor Festus

25 Als nun Festus ins Land gekommen
war, zog er nach drei Tagen hinauf
von Cäsarea nach Jerusalem.
2 Da erschienen vor ihm die Hohen-
priester und die Vornehmsten der Juden
wider Paulus und drangen in ihn
3 und baten um die Gunst wider ihn,
daß er ihn kommen ließe nach Jerusalem,
und wollten ihm einen Hinterhalt legen,
auf daß sie ihn unterwegs umbrächten.
4 Da antwortete Festus, Paulus bleibe in
Gewahrsam zu Cäsarea; er selber aber
würde in kurzem wieder dahin ziehen.
5 Welche nun unter euch, sprach er,
Macht haben, die lasset mit hinabziehen
und den Mann verklagen, wenn etwas
Unrechtes an ihm ist.
6 Nachdem aber Festus bei ihnen nicht
mehr als acht oder zehn Tage gewesen war,
zog er hinab nach Cäsarea; und des an-
dern Tages setzte er sich auf den Richter-
stuhl und hieß Paulus holen.
7 Als der aber vor ihn kam, traten um
ihn her die Juden, die von Jerusalem her-
abgekommen waren, und brachten viele
und schwere Klagen vor, welche sie nicht
konnten beweisen,
8 da Paulus sich verantwortete und
sagte: Ich habe weder an der Juden Ge-
setz noch an dem Tempel noch am Kaiser
mich versündigt.

Des Paulus Berufung auf den Kaiser

9 Festus aber wollte den Juden eine
Gunst erzeigen und antwortete Paulus

und sprach: Willst du hinauf nach Jerusalem und daselbst über diese Sachen dich vor mir richten lassen?
10 Paulus aber sprach: Ich stehe vor des Kaisers Gericht, da muß ich gerichtet werden! Den Juden habe ich kein Unrecht getan, wie auch du aufs beste weißt.
11 Habe ich aber Unrecht getan und des Todes wert gehandelt, so weigere ich mich nicht zu sterben; ist aber nichts an dem, dessen sie mich verklagen, so darf mich auch niemand ihnen preisgeben. Ich berufe mich auf den Kaiser!
12 Da besprach sich Festus mit seinen Ratgebern und antwortete: Auf den Kaiser hast du dich berufen, zum Kaiser sollst du ziehen.

König Agrippa

13 Aber nach etlichen Tagen kamen der König Agrippa und Bernice nach Cäsarea, Festus zu begrüßen.
14 Und als sie etliche Tage daselbst gewesen waren, legte Festus dem König die Sache des Paulus vor und sprach: Es ist ein Mann von Felix zurückgelassen als Gefangener,
15 um welches willen die Hohenpriester und Ältesten der Juden vor mir erschienen, als ich zu Jerusalem war, und baten, ich sollte ihn richten lassen.
16 Denen antwortete ich: Es ist der Römer Weise nicht, daß ein Mensch preisgegeben werde, ehe denn der Verklagte seinen Klägern gegenüberstand und Gelegenheit hatte, sich auf die Anklage zu verantworten.
17 Als sie aber hier zusammenkamen, machte ich keinen Aufschub und hielt des andern Tages Gericht und hieß den Mann vorführen.
18 Und als seine Verkläger auftraten, brachten sie der schlimmen Klagen keine vor, die ich erwartete.
19 Sie hatten aber etliche Streitfragen wider ihn von ihrem Glauben und von einem verstorbenen Jesus, von welchem Paulus sagte, er lebe.
20 Da ich aber mich auf die Frage nicht verstand, sprach ich, ob er wollte nach Jerusalem reisen und daselbst sich darüber lassen richten.
21 Da aber Paulus sich darauf berief, daß er für des Kaisers Entscheidung im Gewahrsam behalten werde, hieß ich ihn behalten, bis daß ich ihn zum Kaiser sende.
22 Agrippa aber sprach zu Festus: Ich möchte den Menschen auch gerne hören. Er aber sprach: Morgen sollst du ihn hören.
23 Und am andern Tage kamen Agrippa und Bernice mit großem Gepränge und gingen in das Richthaus mit den Hauptleuten und vornehmsten Männern der Stadt, und da es Festus befahl, ward Paulus gebracht.
24 Und Festus sprach: König Agrippa und alle ihr Männer, die ihr mit uns hier seid, da sehet ihr den, um welchen mich die ganze Menge der Juden angegangen hat zu Jerusalem und auch hier und schrien, er dürfe nicht länger leben.
25 Ich aber, da ich erkannte, daß er nichts getan hatte, was des Todes wert sei, und er auch selber sich auf den Kaiser berief, habe ich beschlossen, ihn dorthin zu senden.
26 Etwas Gewisses aber habe ich über ihn nicht, das ich meinem Herrn schreibe. Darum habe ich ihn lassen herbringen vor euch, allermeist aber vor dich, König Agrippa, auf daß ich nach geschehenem Verhör etwas habe, was ich schreiben kann.
27 Denn es erscheint mir unsinnig, einen Gefangenen zu schicken und keine Beschuldigung wider ihn anzuzeigen.

Paulus verantwortet sich vor Festus und Agrippa

26 Agrippa aber sprach zu Paulus: Es ist dir erlaubt, für dich zu reden. Da reckte Paulus die Hand aus und verantwortete sich:
2 Es ist mir sehr lieb, König Agrippa, daß ich mich heute vor dir verantworten soll über alles, dessen ich von den Juden beschuldigt werde,
3 allermeist weil du kundig bist aller Sitten und Fragen der Juden. Darum bitte ich, du wollest mich geduldig hören.
4 Zwar mein Leben von Jugend auf, wie ich es von Anfang an unter meinem Volk und in Jerusalem zugebracht habe, ist allen Juden bekannt,
5 die mich von früher kennen, wenn sie es wollten bezeugen. Denn nach der

allerstrengsten Sekte unsers Glaubens ha-
be ich gelebt als Pharisäer.
6 Und nun stehe ich und werde ange-
klagt wegen der Hoffnung auf die Verhei-
ßung, die gegeben ist von Gott unsern
Vätern
7 und zu welcher hoffen zu kommen die
zwölf Stämme der Unsern mit unablässi-
gem Gottesdienst Tag und Nacht. Dieser
Hoffnung halben werde ich, o König, von
den Juden beschuldigt.
8 Warum wird das für unglaublich bei
euch geachtet, daß Gott Tote auferweckt?
9 Zwar meinte auch ich bei mir selbst,
ich müßte viel zuwider tun dem Namen
Jesu von Nazareth,
10 wie ich denn auch zu Jerusalem getan
habe, wo ich viele Heilige ins Gefängnis
brachte, wozu ich Vollmacht von den
Hohenpriestern empfangen hatte; und
wenn sie getötet wurden, half ich das Ur-
teil sprechen.
11 Und in allen Synagogen peinigte ich
sie oft und zwang sie zu lästern; und war
überaus unsinnig auf sie, verfolgte sie
auch bis in die fremden Städte.

Paulus schildert seine Bekehrung

12 Und als ich nach Damaskus reiste
mit Vollmacht und Befehl von den Hohen-
priestern,
13 sah ich mitten am Tage, o König, auf
dem Wege ein Licht vom Himmel, heller
als der Sonne Glanz, das mich und die
mit mir reisten umleuchtete.
14 Als wir aber alle zur Erde nieder-
fielen, hörte ich eine Stimme reden zu
mir, die sprach auf hebräisch: Saul, Saul,
was verfolgst du mich? Es wird dir schwer
sein, wider den Stachel zu löcken*.
15 Ich aber sprach: Herr, wer bist du?
Der Herr sprach: Ich bin Jesus, den du
verfolgst; aber stehe auf und tritt auf
deine Füße.
16 Denn dazu bin ich dir erschienen,
daß ich dich verordne zum Diener und
Zeugen dessen, was du von mir gesehen
hast und was ich dir noch will erscheinen
lassen.
17 Und ich will dich erretten von dem
Volk und von den Heiden, unter welche
ich dich sende,
18 aufzutun ihre Augen, daß sie sich be-
kehren von der Finsternis zu dem Licht
und von der Gewalt des Satans zu Gott,
um zu empfangen Vergebung der Sünden
und das Erbteil samt denen, die geheiligt
sind durch den Glauben an mich.
19 Daher, König Agrippa, war ich der
himmlischen Erscheinung nicht ungehor-
sam,
20 sondern verkündigte zuerst denen zu
Damaskus und zu Jerusalem und im gan-
zen jüdischen Land und auch den Heiden,
daß sie Buße täten und sich bekehrten zu
Gott und täten rechtschaffene Werke der
Buße.
21 Um deswillen haben mich die Juden
im Tempel gegriffen und versuchten, mich
zu töten.
22 Aber mit Gottes Hilfe stehe ich da bis
auf diesen Tag und gebe Zeugnis den Klei-
nen und Großen und sage nichts, als was
die Propheten und Mose gesagt haben,
daß es geschehen sollte:
23 daß der Christus sollte leiden und der
erste sein aus der Auferstehung von den
Toten und verkündigen das Licht dem
Volk und den Heiden.
24 Da er aber solches zur Verantwortung
vorbrachte, sprach Festus mit lauter Stim-
me: Paulus, du rasest! Das große Wissen
macht dich rasend.
25 Paulus aber sprach: Edler Festus, ich
rase nicht, sondern ich rede wahre und
vernünftige Worte.
26 Denn der König weiß solches wohl,
zu welchem ich freimütig rede. Denn ich
achte, ihm sei der keines verborgen; denn
solches ist nicht im Winkel geschehen.
27 Glaubst du, König Agrippa, den
Propheten? Ich weiß, daß du glaubst.
28 Agrippa aber sprach zu Paulus: Es
fehlt nicht viel, du wirst mich noch be-
reden und mich zum Christen machen.
29 Paulus aber sprach: Ich wünschte vor
Gott, es fehle nun viel oder wenig, daß
nicht allein du, sondern alle, die mich
heute hören, solche würden, wie ich bin,
ausgenommen diese Fesseln.
30 Da stand der König auf und der
Landpfleger und Bernice und die mit
ihnen saßen
31 und gingen beiseite, redeten mitein-
ander und sprachen: Dieser Mensch hat
nichts getan, was des Todes oder der Fes-
seln wert sei.

*d. h. ausschlagen.

32 Agrippa aber sprach zu Festus: Dieser Mensch hätte können losgegeben werden, wenn er sich nicht auf den Kaiser berufen hätte.

Paulus auf der Fahrt nach Rom

27 Da es aber beschlossen war, daß wir nach Italien fahren sollten, übergaben sie Paulus und etliche andre Gefangene einem Hauptmann mit Namen Julius von der kaiserlichen Schar.

2 Wir bestiegen aber ein adramyttisches Schiff, das die Küstenstädte der Landschaft Asien anlaufen sollte, und fuhren ab vom Lande; und mit uns war Aristarchus, ein Mazedonier von Thessalonich.

3 Und des andern Tages kamen wir an zu Sidon; und Julius hielt sich freundlich gegen Paulus und erlaubte ihm, zu seinen Freunden zu gehen und sich pflegen zu lassen.

4 Und von da stießen wir ab und fuhren im Schutz von Cypern hin, darum daß uns die Winde entgegen waren,

5 und fuhren durch das offene Meer bei Cilicien und Pamphylien und kamen nach Myra in Lycien.

6 Und daselbst fand der Hauptmann ein Schiff von Alexandrien, das nach Italien ging, und ließ uns darauf übersteigen.

7 Da wir aber in vielen Tagen langsam fuhren und nur mit Mühe bis Knidus kamen, denn der Wind wehrte uns, segelten wir im Schutz von Kreta hin bei Salmone

8 und kamen kaum daran vorüber und gelangten an eine Stätte, die heißt Gutfurt; dabei war nahe die Stadt Lasäa.

9 Da nun viel Zeit vergangen war und nunmehr die Schiffahrt gefährlich war, darum daß auch die Fastenzeit schon vorüber war, vermahnte sie Paulus

10 und sprach zu ihnen: Liebe Männer, ich sehe, daß die Fahrt nur mit Leid und großem Schaden vor sich gehen wird, nicht allein für die Ladung und das Schiff, sondern auch für unser Leben.

11 Aber der Hauptmann glaubte dem Steuermann und dem Schiffsherrn mehr als dem, was Paulus sagte.

12 Und da der Hafen ungelegen war zum Überwintern, bestanden die meisten von ihnen auf dem Plan, weiterzufahren, ob sie zum Überwintern bis nach Phönix kommen könnten, welches ist ein Hafen auf Kreta, offen gegen Südwest und Nordwest.

Seesturm und Schiffbruch

13 Da aber der Südwind wehte, meinten sie, sie könnten nun ihr Vorhaben ausführen, und lichteten die Anker und fuhren ganz nahe an Kreta hin.

14 Nicht lange aber danach erhob sich von der Insel her eine Windsbraut, die man nennt Nordost.

15 Und da das Schiff ergriffen ward und konnte sich nicht wider den Wind halten, gaben wir nach und trieben dahin.

16 Wir fuhren aber hin unter dem Schutz einer kleinen Insel, die heißt Klauda; da konnten wir kaum das Beiboot in unsre Gewalt bekommen.

17 Sie zogen es herauf und umspannten zum Schutz das Schiff mit Seilen. Da sie aber fürchteten, es möchte in die Syrte geraten, ließen sie die Treibanker herunter und trieben so dahin.

18 Und da wir großes Ungewitter erlitten, warfen sie des nächsten Tages Ladung ins Meer.

19 Und am dritten Tage warfen sie mit eigenen Händen das Schiffsgerät hinaus.

20 Da aber in vielen Tagen weder Sonne noch Sterne erschienen und ein gewaltiges Ungewitter uns bedrängte, war alle Hoffnung auf Rettung dahin.

21 Und da man lange nicht gegessen hatte, trat Paulus mitten unter sie und sprach: Liebe Männer, man sollte mir gehorcht haben und nicht von Kreta aufgebrochen sein und uns dieses Leides und Schadens überhoben haben.

22 Doch nun ermahne ich euch, daß ihr unverzagt seid; denn keiner von euch wird umkommen, nur das Schiff.

23 Denn diese Nacht ist bei mir gestanden der Engel Gottes, des ich bin und dem ich diene,

24 und sprach: Fürchte dich nicht, Paulus, du mußt vor den Kaiser gestellt werden; und siehe, Gott hat dir geschenkt alle, die mit dir fahren.

25 Darum, liebe Männer, seid unverzagt; denn ich glaube Gott, es wird also geschehen, wie mir gesagt ist.

26 Wir müssen aber anfahren an eine Insel.

27 Als aber die vierzehnte Nacht kam, seit wir im Adria-Meer fuhren, wähnten die Schiffsleute um die Mitternacht, sie kämen an ein Land.

28 Und sie warfen das Senkblei aus und fanden zwanzig Klafter tief; und ein wenig davon senkten sie abermals und fanden fünfzehn Klafter.

29 Da fürchteten sie, wir würden an Klippen stoßen, und warfen hinten vom Schiffe vier Anker und wünschten, daß es Tag würde.

30 Da aber die Schiffsleute zu fliehen suchten aus dem Schiffe und das Beiboot niederließen in das Meer und vorgaben, sie wollten die Anker vorn aus dem Schiffe lassen,

31 sprach Paulus zu dem Hauptmann und zu den Kriegsknechten: Wenn diese nicht im Schiffe bleiben, so könnt ihr nicht gerettet werden.

32 Da hieben die Kriegsknechte die Stricke ab von dem Boot und ließen es fallen.

33 Und da es anfing hell zu werden, ermahnte sie Paulus alle, daß sie Speise nähmen, und sprach: Es ist heute der vierzehnte Tag, daß ihr wartet und ohne Speise geblieben seid und habt nichts zu euch genommen.

34 Darum ermahne ich euch, Speise zu nehmen, denn das dient zu eurer Rettung; es wird euer keinem ein Haar vom Haupt fallen.

35 Und da er das gesagt, nahm er ein Brot, dankte Gott vor ihnen allen und brach's und fing an zu essen.

36 Da wurden sie alle guten Mutes und nahmen auch Speise.

37 Unser waren aber alle zusammen im Schiff zweihundertsechsundsiebzig Seelen.

38 Und nachdem sie satt geworden, erleichterten sie das Schiff und warfen das Getreide in das Meer.

39 Als es aber Tag ward, kannten sie das Land nicht; eine Bucht aber wurden sie gewahr, die hatte ein flaches Ufer. Da hinan wollten sie das Schiff treiben, wenn es möglich wäre.

40 Und sie hieben die Anker ab und ließen sie dem Meer, banden zugleich die Steuerruder los und richteten das Segel nach dem Winde und hielten auf das Ufer zu.

41 Und da sie auf eine Sandbank gerieten, ließen sie das Schiff auflaufen, und das Vorderschiff blieb feststehen unbeweglich, aber das Hinterschiff zerbrach von der Gewalt der Wellen.

42 Die Kriegsknechte aber hatten vor, die Gefangenen zu töten, auf daß nicht jemand fortschwimme und entfliehe.

43 Aber der Hauptmann wollte Paulus erhalten und wehrte ihrem Vorhaben und hieß, die da schwimmen könnten, sich zuerst in das Meer werfen und entrinnen an das Land,

44 die andern aber etliche auf Brettern, etliche auf den Trümmern des Schiffes. Und so geschah es, daß sie alle gerettet ans Land kamen.

Auf der Insel Malta

28 Und als wir gerettet waren, erfuhren wir, daß die Insel Malta hieß.

2 Die Leute aber erzeigten uns nicht geringe Freundschaft, zündeten ein Feuer an und nahmen uns alle auf um des Regens, der über uns gekommen war, und um der Kälte willen.

3 Als aber Paulus einen Haufen Reiser zusammenraffte und legte sie aufs Feuer, kam eine Otter von der Hitze hervor und fuhr Paulus an seine Hand.

4 Da aber die Leute sahen das Tier an seiner Hand hangen, sprachen sie untereinander: Dieser Mensch muß ein Mörder sein, welchen die Rache nicht leben läßt, ob er gleich dem Meer entgangen ist.

5 Er aber schlenkerte das Tier ins Feuer, und ihm widerfuhr nichts Übles.

6 Sie aber warteten, daß er anschwellen würde oder plötzlich tot niederfallen. Da sie aber lange warteten und sahen, daß ihm nichts Schlimmes widerfuhr, wurden sie andren Sinnes und sprachen, er wäre ein Gott.

7 In dieser Gegend aber hatte der Oberste der Insel, mit Namen Publius, ein Landgut; der nahm uns auf und beherbergte uns drei Tage freundlich.

8 Es geschah aber, daß der Vater des Publius am Fieber und an der Ruhr lag. Zu dem ging Paulus hinein und betete und legte die Hände auf ihn und machte ihn gesund.

9 Da das geschah, kamen auch die andern auf der Insel herzu, die Krankheiten

hatten, und ließen sich gesund machen.
10 Und sie taten uns große Ehre; und
als wir abreisten, luden sie auf, was uns
not war.

Von Malta nach Rom

11 Nach drei Monaten aber fuhren wir
ab in einem Schiffe von Alexandrien, wel-
ches bei der Insel überwintert hatte und
das Zeichen der Zwillinge führte.
12 Und als wir nach Syrakus kamen,
blieben wir drei Tage da.
13 Von da fuhren wir herum und kamen
nach Regium; und da am nächsten Tag
der Südwind sich erhob, kamen wir in
zwei Tagen nach Puteoli.
14 Da fanden wir Brüder und wurden
von ihnen gebeten, daß wir sieben Tage
dablieben. Und so kamen wir nach Rom.
15 Und von dort, da die Brüder von uns
hörten, gingen sie uns entgegen bis nach
Forum Appii und Tres Tabernä. Da Pau-
lus sie sah, dankte er Gott und gewann
Zuversicht.
16 Als wir aber nach Rom kamen,
⟨überantwortete der Unterhauptmann die
Gefangenen dem obersten Hauptmann.
Aber es⟩ ward Paulus erlaubt zu wohnen,
wo er wollte, mit einem Kriegsknechte,
der ihn bewachte.

Paulus in Rom

17 Es geschah aber nach drei Tagen, daß
Paulus zusammenrief die Vornehmsten
der Juden. Da die zusammenkamen,
sprach er zu ihnen: Ihr Männer, liebe
Brüder, ich habe nichts getan wider unser
Volk noch wider väterliche Sitten und bin
doch als Gefangener aus Jerusalem über-
geben in der Römer Hände,
18 die mich, nachdem sie mich verhört
hatten, losgeben wollten, weil nichts an
mir war, das den Tod verdient hätte.
19 Da aber die Juden dawider redeten,
ward ich genötigt, mich auf den Kaiser zu
berufen; nicht, als hätte ich mein Volk um
etwas zu verklagen.
20 Um dieser Ursache willen habe ich
euch gebeten, daß ich euch sehen und
sprechen dürfte; denn um der Hoffnung
Israels willen trage ich diese Kette.
21 Sie aber sprachen zu ihm: Wir haben
weder Briefe empfangen aus Judäa deinet-
halben, noch ist ein Bruder gekommen,
der von dir etwas Arges berichtet oder ge-
sagt hätte.
22 Doch wollen wir von dir hören, was
du denkst; denn von dieser Sekte ist uns
kund, daß ihr wird an allen Enden wider-
sprochen.
23 Und da sie ihm einen Tag bestimmt
hatten, kamen viele zu ihm in die Her-
berge, welchen er auslegte und bezeugte
das Reich Gottes, und predigte ihnen von
Jesus aus dem Gesetz des Mose und aus
den Propheten von frühmorgens an bis an
den Abend.
24 Und etliche fielen dem zu, was er
sagte; etliche aber glaubten nicht.
25 Sie waren aber untereinander uneins
und gingen weg, als Paulus das **eine** Wort
redete: Sehr recht hat der heilige Geist
gesagt durch den Propheten Jesaja zu
euren Vätern
26 und gesprochen (Jes 6,9.10): «Gehe
hin zu diesem Volk und sprich: Mit den
Ohren werdet ihr's hören, und nicht ver-
stehen; und mit den Augen werdet ihr's
sehen, und nicht erkennen.
27 Denn das Herz dieses Volks ist ver-
stockt, und sie hören schwer mit den
Ohren und ihre Augen haben sie ver-
schlossen, auf daß sie nicht etwa sehen
mit den Augen und hören mit den Ohren
und verständig werden im Herzen und
sich bekehren und ich ihnen hülfe.»
28 **So sei es euch kundgetan, daß den Hei-
den gesandt ist dies Heil Gottes; und sie
werden's hören.**
⟨29 Und da er solches redete, gingen die
Juden hin und hatten viele Fragen unter-
einander.⟩
30 Paulus aber blieb zwei volle Jahre in
seiner eigenen Wohnung und nahm auf
alle, die zu ihm kamen,
31 predigte das Reich Gottes und lehrte
von dem Herrn Jesus Christus mit allem
Freimut ungehindert.

DER BRIEF DES PAULUS AN DIE RÖMER

Paulus der Apostel der Heiden

1 Paulus, ein Knecht Jesu Christi, berufen zum Apostel, ausgesondert, zu predigen das Evangelium Gottes,

2 welches er zuvor verheißen hat durch seine Propheten in der heiligen Schrift,

3 von seinem Sohn Jesus Christus, unserm Herrn, der geboren ist aus dem Geschlecht Davids nach dem Fleisch,

4 und nach dem Geist, der da heiligt, eingesetzt ist als Sohn Gottes in Kraft durch die Auferstehung von den Toten.

5 Durch ihn haben wir empfangen Gnade und Apostelamt, in seinem Namen den Gehorsam des Glaubens aufzurichten unter allen Heiden,

6 zu denen auch ihr gehört, berufen von Jesus Christus,

7 allen Geliebten Gottes und berufenen Heiligen zu Rom:

Gnade sei mit euch und Friede von Gott, unserm Vater, und dem Herrn Jesus Christus!

Des Apostels Verlangen, nach Rom zu kommen

8 Aufs erste danke ich meinem Gott durch Jesus Christus euer aller halben, daß man von eurem Glauben in aller Welt spricht.

9 Denn Gott ist mein Zeuge, welchem ich diene in meinem Geist am Evangelium von seinem Sohn, daß ich ohne Unterlaß euer gedenke

10 und allezeit in meinem Gebet flehe, ob sich's einmal zutragen wollte durch Gottes Willen, daß ich zu euch käme.

11 Denn mich verlangt, euch zu sehen, auf daß ich euch mitteile etwas von geistlicher Gabe, euch zu stärken,

12 das heißt, daß ich samt euch getröstet würde durch euren und meinen Glauben, den wir miteinander haben.

13 Ich will euch aber nicht verschweigen, liebe Brüder, daß ich mir oft habe vorgesetzt, zu euch zu kommen – bin aber verhindert bisher –, damit ich auch unter euch Frucht schaffte gleichwie unter andern Heiden.

14 Ich bin ein Schuldner der Griechen und der Nichtgriechen, der Weisen und der Nichtweisen;

15 darum, soviel an mir ist, bin ich wohl willens, auch euch zu Rom das Evangelium zu predigen.

Bekenntnis zum Evangelium

16 Denn **ich schäme mich des Evangeliums von Christus nicht; denn es ist eine Kraft Gottes, die da selig macht alle, die daran glauben, die Juden vornehmlich und auch die Griechen.**

17 **Denn darin wird offenbart die Gerechtigkeit, die vor Gott gilt*, welche kommt aus Glauben in Glauben; wie denn geschrieben steht** (Hab 2,4): **«Der Gerechte wird aus Glauben leben.»**

Die Gottlosigkeit der Heiden

18 Denn Gottes Zorn vom Himmel wird offenbart über alles gottlose Wesen und Ungerechtigkeit der Menschen, die die Wahrheit in Ungerechtigkeit gefangen halten.

19 Denn was man von Gott erkennen kann, ist unter ihnen offenbar; Gott hat es ihnen offenbart.

20 Denn Gottes unsichtbares Wesen, das ist seine ewige Kraft und Gottheit, wird ersehen seit der Schöpfung der Welt und wahrgenommen an seinen Werken, so daß sie keine Entschuldigung haben.

21 Sie wußten, daß ein Gott ist, und haben ihn nicht gepriesen als einen Gott noch ihm gedankt, sondern haben ihre Gedanken dem Nichtigen zugewandt, und ihr unverständiges Herz ist verfinstert.

22 Da sie sich für weise hielten, sind sie zu Narren geworden

23 und haben verwandelt die Herrlichkeit des unvergänglichen Gottes in ein Bild gleich dem eines vergänglichen Men-

* Wörtlich: «Gottes Gerechtigkeit» (vgl. Röm 3,26).

schen und der Vögel und der vierfüßigen und der kriechenden Tiere.

24 Darum hat sie auch Gott dahingegeben in ihrer Herzen Gelüste, in Unreinigkeit, zu schänden ihre eigenen Leiber an sich selbst,

25 sie, die Gottes Wahrheit verwandelt haben in Lüge und haben geehrt und gedient dem Geschöpf statt dem Schöpfer, der da gelobt ist in Ewigkeit. Amen.

26 Darum hat sie Gott auch dahingegeben in schändliche Lüste; denn ihre Weiber haben verwandelt den natürlichen Umgang in den unnatürlichen;

27 desgleichen auch die Männer haben verlassen den natürlichen Umgang mit dem Weibe und sind aneinander entbrannt in ihren Lüsten und haben Mann mit Mann Schande getrieben und den Lohn ihrer Verirrung, wie es ja sein mußte, an sich selbst empfangen.

28 Und gleichwie sie es für nichts geachtet haben, daß sie Gott erkannten, hat sie auch Gott dahingegeben in verworfenen Sinn, zu tun, was nicht taugt,

29 voll alles Unrechten, Schlechtigkeit, Habsucht, Bosheit, voll Neides, Mordes, Haders, List, Tücke; Ohrenbläser,

30 Verleumder, Gottesverächter, Frevler, hoffärtig, ruhmredig, auf Böses sinnend, den Eltern ungehorsam,

31 unvernünftig, treulos, lieblos, unbarmherzig.

32 Sie wissen, daß, die solches tun, nach Gottes Recht des Todes würdig sind; aber sie tun es nicht allein, sondern haben auch Gefallen an denen, die es tun.

Die Schuld der Juden

2 Darum, o Mensch, kannst du dich nicht entschuldigen, wer du auch bist, der da richtet. Denn worin du den andern richtest, verdammst du dich selbst, weil du ebendasselbe tust, was du richtest.

2 Wir aber wissen, daß Gottes Urteil ist recht über die, so solches tun.

3 Denkst du aber, o Mensch, der du richtest die, so solches tun, und tust auch dasselbe, daß du dem Urteil Gottes entrinnen werdest?

4 Oder verachtest du den Reichtum seiner Güte, Geduld und Langmütigkeit? **Weißt du nicht, daß dich Gottes Güte zur Buße leitet?**

5 Du aber nach deinem verstockten und unbußfertigen Herzen häufest dir selbst den Zorn auf den Tag des Zorns und der Offenbarung des gerechten Gerichtes Gottes,

6 welcher geben wird einem jeglichen nach seinen Werken:

7 ewiges Leben denen, die in aller Geduld mit guten Werken trachten nach Preis und Ehre und unvergänglichem Wesen;

8 Ungnade und Zorn aber denen, die da zänkisch sind und der Wahrheit nicht gehorchen, gehorchen aber der Ungerechtigkeit.

9 Trübsal und Angst über alle Seelen der Menschen, die da Böses tun, vornehmlich der Juden und auch der Griechen;

10 Preis aber und Ehre und Friede allen denen, die da Gutes tun, vornehmlich den Juden und auch den Griechen.

11 **Denn es ist kein Ansehen der Person vor Gott.**

12 Welche ohne Gesetz gesündigt haben, die werden auch ohne Gesetz verloren gehen; und welche unter dem Gesetz gesündigt haben, die werden durchs Gesetz verurteilt werden.

13 Denn vor Gott sind nicht, die das Gesetz **hören,** gerecht, sondern die das Gesetz **tun,** werden gerecht sein.

14 Denn wenn die Heiden, die das Gesetz nicht haben, doch von Natur tun des Gesetzes Werk, so sind sie, obwohl sie das Gesetz nicht haben, sich selbst ein Gesetz;

15 denn sie beweisen, des Gesetzes Werk sei geschrieben in ihrem Herzen, da ja ihr Gewissen es ihnen bezeugt, dazu auch die Gedanken, die sich untereinander verklagen oder auch entschuldigen,

16 an dem Tag, da Gott das Verborgene der Menschen durch Jesus Christus richten wird, wie es mein Evangelium bezeugt.

Gesetz und Beschneidung

17 Du aber heißest ein Jude und verlässest dich aufs Gesetz und rühmst dich Gottes

18 und weißt seinen Willen; und weil du aus dem Gesetz unterrichtet bist, prüfst du, was das Beste zu tun sei,

19 und willst dich vermessen, ein Leiter zu sein der Blinden, ein Licht derer, die in Finsternis sind,

20 ein Erzieher der Törichten, ein Lehrer der Einfältigen, hast im Gesetz vor Augen, was zu erkennen und wahr ist.

21 Du lehrst nun andere, und lehrst dich selber nicht? Du predigst, man solle nicht stehlen, und du stiehlst?

22 Du sprichst, man solle nicht ehebrechen, und du brichst die Ehe? Du verabscheust die Götzen, und beraubst ihre Tempel?

23 Du rühmst dich des Gesetzes, und schändest Gott durch Übertretung des Gesetzes?

24 Denn «eurethalben wird Gottes Name gelästert unter den Heiden», wie geschrieben steht (Jes 52,5).

25 Die Beschneidung ist wohl nütze, wenn du das Gesetz hältst; hältst du aber das Gesetz nicht, so bist du aus einem Beschnittenen schon ein Unbeschnittener geworden.

26 Wenn nun der Unbeschnittene hält, was nach dem Gesetz recht ist, meinst du nicht, daß dann der Unbeschnittene wird dem Beschnittenen gleichgeachtet?

27 Und so wird, der von Natur unbeschnitten ist und das Gesetz vollbringt, dir ein Richter sein, der du unter dem Buchstaben und der Beschneidung stehst und das Gesetz übertrittst.

28 Denn nicht das ist ein Jude, der auswendig ein Jude ist, auch ist nicht das eine Beschneidung, die auswendig am Fleisch geschieht;

29 sondern das ist ein Jude, der's inwendig verborgen ist, und die Beschneidung des Herzens ist eine Beschneidung, die im Geist und nicht im Buchstaben geschieht. Eines solchen Lob ist nicht von Menschen, sondern von Gott.

Israels Untreue und Gottes Treue

3 Was haben denn die Juden für einen Vorzug, oder was nützt die Beschneidung?

2 Sehr viel und auf jegliche Weise. Zum ersten: ihnen ist anvertraut, was Gott geredet hat.

3 Daß aber etliche nicht treu waren, was liegt daran? Sollte ihre Untreue Gottes Treue aufheben?

4 Das sei ferne! Es bleibe vielmehr so: Gott ist wahrhaftig und alle Menschen Lügner; wie geschrieben steht (Ps 51,6): «Auf daß du gerecht erfunden werdest in deinen Worten und obsiegest, wenn man mit dir rechtet.»

5 Ist's aber so, daß unsre Ungerechtigkeit Gottes Gerechtigkeit ins Licht stellt, was wollen wir sagen? Ist Gott dann nicht ungerecht, wenn er über uns zürnt? – Ich rede so nach Menschenweise. –

6 Das sei ferne! Wie könnte sonst Gott die Welt richten?

7 Wenn aber die Wahrheit Gottes durch meine Lüge herrlicher wird zu seinem Preis, warum sollte ich dann noch als ein Sünder gerichtet werden?

8 Sollten wir's dann nicht vielmehr so halten, wie wir verlästert werden und wie etliche vorgeben, daß wir sagen: Lasset uns Übles tun, auf daß Gutes daraus komme? Deren Verdammnis ist ganz recht.

Alle Menschen schuldig vor Gott

9 Was sagen wir denn nun? Haben wir einen Vorzug? Gar keinen. Denn wir haben soeben bewiesen, daß beide, Juden und Griechen, alle unter der Sünde sind,

10 wie denn geschrieben steht (Ps 14, 1-3; 53,2-4): «Da ist keiner, der gerecht sei, auch nicht **einer.**

11 Da ist keiner, der verständig sei; da ist keiner, der nach Gott frage.

12 Sie sind alle abgewichen und allesamt untüchtig geworden. Da ist keiner, der Gutes tue, auch nicht **einer.**»

13 «Ihr Schlund ist ein offenes Grab; mit ihren Zungen handeln sie trüglich. Otterngift ist unter ihren Lippen» (Ps 5, 10; 140,4);

14 «ihr Mund ist voll Fluchens und Bitterkeit» (Ps 10,7).

15 «Ihre Füße sind eilend, Blut zu vergießen;

16 auf ihren Wegen ist lauter Schaden und Herzeleid,

17 und den Weg des Friedens wissen sie nicht» (Jes 59,7.8).

18 «Es ist keine Furcht Gottes bei ihnen» (Ps 36,2).

19 Wir wissen aber: was das Gesetz sagt, das sagt es denen, die unter dem Gesetz sind, auf daß aller Mund gestopft werde und alle Welt vor Gott schuldig sei,

20 weil kein Fleisch durch des Gesetzes Werke vor ihm gerecht sein kann. Denn

durch das Gesetz kommt Erkenntnis der Sünde.

Die Rechtfertigung allein durch Glauben

21 Nun aber ist ohne Zutun des Gesetzes die Gerechtigkeit, die vor Gott gilt, offenbart, bezeugt durch das Gesetz und die Propheten.

22 Ich rede aber von solcher Gerechtigkeit vor Gott, die da kommt durch den Glauben an Jesus Christus zu allen, die da glauben.

23 **Denn es ist hier kein Unterschied: sie sind allzumal Sünder und mangeln des Ruhmes, den sie bei Gott haben sollten,**

24 **und werden ohne Verdienst gerecht aus seiner Gnade durch die Erlösung, die durch Christus Jesus geschehen ist.**

25 Den hat Gott für den Glauben hingestellt in seinem Blut als Sühnopfer, damit Gott erweise seine Gerechtigkeit. Denn er hat die Sünden vergangener Zeiten getragen in göttlicher Geduld,

26 um nun zu diesen Zeiten seine Gerechtigkeit zu erweisen, auf daß er allein gerecht sei und gerecht mache den, der da ist des Glaubens an Jesus.

27 Wo bleibt nun der Ruhm? Er ist ausgeschlossen. Durch welches Gesetz? Durch der Werke Gesetz? Nicht also! Sondern durch des Glaubens Gesetz.

28 **So halten wir nun dafür, daß der Mensch gerecht werde ohne des Gesetzes Werke, allein durch den Glauben.**

29 Oder ist Gott allein der Juden Gott? Ist er nicht auch der Heiden Gott? Ja freilich, auch der Heiden Gott.

30 Denn es ist der **eine** Gott, der da gerecht macht die Juden aus dem Glauben und die Heiden durch den Glauben.

31 Wie? Heben wir denn das Gesetz auf durch den Glauben? Das sei ferne! Sondern wir richten das Gesetz auf.

Abrahams Beispiel und Davids Zeugnis

4 Was sagen wir denn von Abraham, unserm Vater nach dem Fleisch, daß er erlangt habe?

2 Das sagen wir: Ist Abraham durch die Werke gerecht, so hat er wohl Ruhm, aber nicht vor Gott.

3 Denn was sagt die Schrift (1. Mose 15,6)? «Abraham hat Gott geglaubt, und das ist ihm zur Gerechtigkeit gerechnet.»

4 Dem aber, der mit Werken umgeht, wird der Lohn nicht aus Gnade zugerechnet, sondern aus Pflicht.

5 **Dem aber, der nicht mit Werken umgeht, glaubt aber an den, der die Gottlosen gerecht macht, dem wird sein Glaube gerechnet zur Gerechtigkeit.**

6 Wie ja auch David sagt, daß die Seligkeit sei allein **des** Menschen, welchem Gott zurechnet die Gerechtigkeit ohne Zutun der Werke, wenn er spricht (Ps 32,1.2):

7 «Selig sind die, welchen ihre Ungerechtigkeiten vergeben sind und welchen ihre Sünden bedeckt sind!

8 Selig ist der Mann, welchem der Herr die Sünde nicht zurechnet!»

9 Diese Seligpreisung nun, gilt sie den Beschnittenen oder auch den Unbeschnittenen? Wir sagen doch: «Dem Abraham ist sein Glaube zur Gerechtigkeit gerechnet.»

10 Wie ist er ihm denn zugerechnet? Als er beschnitten oder als er noch unbeschnitten war? Ohne Zweifel: nicht als er beschnitten, sondern als er unbeschnitten war.

11 Das Zeichen der Beschneidung aber empfing er zum Siegel der Gerechtigkeit des Glaubens, welchen er hatte, als er noch nicht beschnitten war. So sollte er ein Vater werden aller, die da glauben und nicht beschnitten sind, damit ihnen ihr Glaube gerechnet werde zur Gerechtigkeit;

12 und sollte auch ein Vater werden der Beschnittenen, derer nämlich, die nicht allein beschnitten sind, sondern auch wandeln in den Fußtapfen des Glaubens, welcher war in unserm Vater Abraham, als er noch nicht beschnitten war.

13 Denn die Verheißung, daß er sollte der Welt Erbe sein, ist Abraham oder seinen Nachkommen nicht geschehen durchs Gesetz, sondern durch die Gerechtigkeit des Glaubens.

14 Denn wenn die vom Gesetz Erben sind, so ist der Glaube nichts, und die Verheißung ist abgetan.

15 Denn das Gesetz richtet nur Zorn an; wo aber das Gesetz nicht ist, da ist auch keine Übertretung.

16 Derhalben muß die Gerechtigkeit durch den Glauben kommen, auf daß sie

sei aus Gnaden und die Verheißung fest
bleibe allen Nachkommen, nicht denen
allein, die unter dem Gesetz sind, sondern
auch denen, die des Glaubens Abrahams
sind. Der ist unser aller Vater
17 – wie geschrieben steht (1. Mose 17,
5): «Ich habe dich gesetzt zum Vater vie-
ler Völker» – vor Gott, dem er geglaubt
hat, der da lebendig macht die Toten und
ruft dem, was nicht ist, daß es sei.
18 Und er hat geglaubt auf Hoffnung,
da nichts zu hoffen war, auf daß er würde
ein Vater vieler Völker, wie denn zu ihm
gesagt ist (1. Mose 15,5): «So soll dein Ge-
schlecht sein.»
19 Und er ward nicht schwach im Glau-
ben, sah auch nicht an seinen eigenen
Leib, welcher schon erstorben war, weil er
fast hundertjährig war, noch den erstor-
benen Leib der Sara.
20 Denn er zweifelte nicht durch Un-
glauben an der Verheißung Gottes, son-
dern ward stark im Glauben und gab
Gott die Ehre
21 und wußte aufs allergewisseste: was
Gott verheißt, das kann er auch tun.
22 Darum «ist's ihm auch zur Gerech-
tigkeit gerechnet» (1. Mose 15,6).
23 Das ist aber geschrieben nicht allein
um seinetwillen, daß es ihm zugerechnet
ist,
24 sondern auch um unsertwillen, wel-
chen es soll zugerechnet werden, wenn
wir glauben an den, der unsern Herrn Je-
sus auferweckt hat von den Toten,
25 **welcher ist um unsrer Sünden willen
dahingegeben und um unsrer Rechtfertigung
willen auferweckt.**

Friede und Gewißheit des künftigen Heils

5 **Nun wir denn sind gerecht geworden
durch den Glauben, so haben wir Frieden
mit Gott durch unsern Herrn Jesus Christus,**
2 durch welchen wir im Glauben den
Zugang haben zu dieser Gnade, darin wir
stehen, und rühmen uns der Hoffnung der
zukünftigen Herrlichkeit, die Gott geben
wird.
3 Nicht allein aber das, sondern wir
rühmen uns auch der Trübsale, weil **wir
wissen, daß Trübsal Geduld bringt;**
4 **Geduld aber bringt Bewährung; Bewäh-
rung aber bringt Hoffnung;**
5 **Hoffnung aber läßt nicht zuschanden
werden, denn die Liebe Gottes ist ausgegos-
sen in unser Herz durch den heiligen Geist,
welcher uns gegeben ist.**
6 Denn Christus ist ja zu der Zeit, da
wir noch schwach waren, für uns Gottlose
gestorben.
7 Nun stirbt kaum jemand um eines Ge-
rechten willen; um des Guten willen wagt
er vielleicht sein Leben.
8 Gott aber erweist seine Liebe gegen
uns darin, daß Christus für uns gestorben
ist, als wir noch Sünder waren.
9 Um wieviel mehr werden wir durch
ihn bewahrt werden vor dem Zorn, nach-
dem wir jetzt durch sein Blut gerecht ge-
worden sind!
10 Denn wenn wir mit Gott versöhnt
sind durch den Tod seines Sohnes, als wir
noch Feinde waren, um wieviel mehr wer-
den wir selig werden durch sein Leben,
nachdem wir nun versöhnt sind!
11 Nicht allein aber das, sondern wir
rühmen uns auch Gottes durch unsern
Herrn Jesus Christus, durch welchen wir
jetzt die Versöhnung empfangen haben.

Adam und Christus

12 Derhalben, wie durch **einen** Men-
schen die Sünde ist in die Welt gekommen
und der Tod durch die Sünde, so ist der
Tod zu allen Menschen durchgedrungen,
weil sie alle gesündigt haben.
13 Denn die Sünde war wohl in der Welt,
ehe das Gesetz kam; aber wo kein Gesetz
ist, da wird Sünde nicht zugerechnet.
14 Gleichwohl herrschte der Tod von
Adam an bis auf Mose auch über die, die
nicht gesündigt hatten mit gleicher Über-
tretung wie Adam, welcher ist ein Bild des,
der kommen sollte.
15 Aber nicht verhält sich's mit der Gabe
wie mit der Sünde. Denn wenn an **eines**
Sünde viele gestorben sind, so ist viel
mehr Gottes Gnade und Gabe vielen
überschwenglich widerfahren durch die
Gnade des **einen** Menschen Jesus Christus.
16 Und nicht ist die Gabe so gekommen,
wie durch den einen Sünder das Verder-
ben. Denn das Urteil hat aus des **einen**
Sünde geführt zur Verdammnis; die Gna-
de aber hilft aus **vielen** Sünden zur Ge-
rechtigkeit.
17 Denn wenn um des **einen** Sünde wil-
len der Tod geherrscht hat durch den

einen, wieviel mehr werden die, welche
empfangen die Fülle der Gnade und der
Gabe zur Gerechtigkeit, herrschen im
Leben durch den **einen,** Jesus Christus.
18 **Wie nun durch eines Sünde die Ver-
dammnis über alle Menschen gekommen
ist, so ist auch durch eines Gerechtigkeit
die Rechtfertigung zum Leben für alle Men-
schen gekommen.**
19 Denn gleichwie durch **eines** Men-
schen Ungehorsam viele zu Sündern ge-
worden sind, so werden auch durch **eines**
Gehorsam viele zu Gerechten.
20 Das Gesetz aber ist neben eingekom-
men, auf daß die Sünde mächtiger würde.
Wo aber die Sünde mächtig geworden ist,
da ist die Gnade viel mächtiger geworden,
21 auf daß, gleichwie die Sünde ge-
herrscht hat zum Tode, so auch herrsche
die Gnade durch die Gerechtigkeit zum
ewigen Leben durch Jesus Christus,
unsern Herrn.

Das neue Leben

6 Was wollen wir hierzu sagen? Sollen
wir denn in der Sünde beharren, auf
daß die Gnade desto mächtiger werde?
2 Das sei ferne! Wie sollten wir in der
Sünde leben wollen, der wir abgestorben
sind?
3 Oder **wisset ihr nicht, daß alle, die wir
in Jesus Christus getauft sind, die sind in
seinen Tod getauft?**
4 So sind wir ja mit ihm begraben durch
die Taufe in den Tod, damit, gleichwie
Christus ist auferweckt von den Toten
durch die Herrlichkeit des Vaters, also
sollen auch wir in einem neuen Leben
wandeln.
5 Denn wenn wir in ihn eingepflanzt
sind zu gleichem Tode, so werden wir ihm
auch in der Auferstehung gleich sein,
6 weil wir ja wissen, daß unser alter
Mensch samt ihm gekreuzigt ist, damit
der Leib der Sünde aufhöre, daß wir hin-
fort der Sünde nicht dienen.
7 Denn wer gestorben ist, der ist ge-
rechtfertigt und frei von der Sünde.
8 Sind wir aber mit Christus gestorben,
so glauben wir, daß wir auch mit ihm
leben werden,
9 und wissen, daß Christus, von den To-
ten erweckt, hinfort nicht stirbt; der Tod
kann hinfort über ihn nicht herrschen.
10 Denn was er gestorben ist, das ist er
der Sünde gestorben ein für allemal; was
er aber lebt, das lebt er Gott.
11 Also auch ihr, haltet euch dafür, daß
ihr der Sünde gestorben seid und lebet
Gott in Christus Jesus.
12 So lasset nun die Sünde nicht herr-
schen in eurem sterblichen Leibe, Gehor-
sam zu leisten seinen Gelüsten.
13 Auch ergebet nicht der Sünde eure
Glieder zu Waffen der Ungerechtigkeit,
sondern ergebet euch selbst Gott, als die
da aus den Toten lebendig sind, und eure
Glieder Gott zu Waffen der Gerechtigkeit.
14 Denn die Sünde wird nicht herrschen
können über euch, die ihr ja nicht un-
ter dem Gesetze seid, sondern unter der
Gnade.
15 Wie nun? Sollen wir sündigen, weil
wir nicht unter dem Gesetz, sondern un-
ter der Gnade sind? Das sei ferne!
16 Wisset ihr nicht: welchem ihr euch
als Knechte ergebet zum Gehorsam, des-
sen Knechte seid ihr und müsset ihm
gehorsam sein, es sei der Sünde zum
Tode oder dem Gehorsam zur Gerechtig-
keit?
17 Gott sei aber gedankt, daß ihr Knech-
te der Sünde **gewesen** seid, aber nun ge-
horsam geworden von Herzen dem Bild
der Lehre, welchem ihr ergeben seid.
18 Denn nun ihr frei geworden seid von
der Sünde, seid ihr Knechte geworden der
Gerechtigkeit.
19 Ich muß menschlich davon reden um
der Schwachheit willen eures Fleisches.
Gleichwie ihr eure Glieder ergeben hattet
zum Dienst der Unreinigkeit und von
einer Ungerechtigkeit zu der andern, so
ergebet auch nun eure Glieder zum Dienst
der Gerechtigkeit, daß sie heilig werden.
20 Denn als ihr der Sünde Knechte
waret, da waret ihr frei von der Gerechtig-
keit.
21 Was hattet ihr nun damals für
Frucht? Deren ihr euch jetzt schämt;
denn das Ende derselben heißt Tod.
22 Nun ihr aber seid von der Sünde frei
und Gottes Knechte geworden, habt ihr
eure Frucht, daß ihr heilig werdet, das
Ende aber ist ewiges Leben.
23 Denn **der Sünde Sold ist Tod; Gottes
Gabe aber ist ewiges Leben in Christus
Jesus, unserm Herrn.**

Geltung und Grenze des Gesetzes

7 Wisset ihr nicht, liebe Brüder – denn
ich rede mit solchen, die das Gesetz
wissen –, daß das Gesetz nur herrscht über
den Menschen, solange er lebt?
2 Denn eine Frau ist an ihren Mann ge-
bunden durch das Gesetz, solange der
Mann lebt; wenn aber der Mann stirbt, so
ist sie los vom Gesetz, das sie an den Mann
bindet.
3 Wenn sie nun eines anderen Mannes
wird, solange ihr Mann lebt, wird sie eine
Ehebrecherin geheißen; wenn aber ihr
Mann stirbt, ist sie frei vom Gesetz, so
daß sie nicht eine Ehebrecherin ist, wenn
sie eines anderen Mannes wird.
4 Also seid auch ihr, meine Brüder, ge-
tötet dem Gesetz durch den Leib Christi,
damit ihr einem andern angehöret, näm-
lich dem, der von den Toten auferweckt
ist, auf daß wir Gott Frucht bringen.
5 Denn solange wir im Fleisch waren,
da waren die sündlichen Lüste, welche
durchs Gesetz sich erregten, kräftig in
unsern Gliedern, dem Tode Frucht zu
bringen.
6 Nun aber sind wir dem abgestorben,
das uns gefangen hielt, und vom Gesetz
los, so daß wir dienen im neuen Wesen des
Geistes und nicht im alten Wesen des
Buchstabens.
7 Was wollen wir denn nun sagen? Ist
das Gesetz Sünde? Das sei ferne! Aber die
Sünde erkannte ich nicht außer durchs Ge-
setz. Denn ich wußte nichts von der Lust,
hätte das Gesetz nicht gesagt (2.Mose
20,17): «Laß dich nicht gelüsten!»
8 Es nahm aber die Sünde Anlaß am
Gebot und erregte in mir jegliche Lust;
denn ohne das Gesetz ist die Sünde tot.
9 Ich aber lebte vormals ohne Gesetz;
als aber das Gebot kam, ward die Sünde
lebendig,
10 ich aber starb; und es fand sich, daß
das Gebot mir zum Tode gereichte, das
mir doch zum Leben gegeben war.
11 Denn die Sünde nahm Anlaß am
Gebot und betrog mich und tötete mich
durch dasselbe Gebot.
12 So ist also das Gesetz heilig, und das
Gebot ist heilig, recht und gut.
13 Ist denn, was doch gut ist, mir zum
Tod geworden? Das sei ferne! Sondern
die Sünde, auf daß sie recht als Sünde er-
scheine, hat mir durch das Gute den Tod
gewirkt, damit die Sünde überaus sündig
würde durchs Gebot.
14 Denn wir wissen, daß das Gesetz
geistlich ist; ich aber bin fleischlich, unter
die Sünde verkauft.
15 Denn ich weiß nicht, was ich tue.
Denn ich tue nicht, was ich will; sondern
was ich hasse, das tue ich.
16 Wenn ich aber das tue, was ich nicht
will, so gebe ich zu, daß das Gesetz gut
sei.
17 So tue nun nicht ich es, sondern die
Sünde, die in mir wohnt.
18 Denn ich weiß, daß in mir, das ist in
meinem Fleische, wohnt nichts Gutes.
**Wollen habe ich wohl, aber vollbringen das
Gute finde ich nicht.**
19 Denn das Gute, das ich will, das tue
ich nicht; sondern das Böse, das ich nicht
will, das tue ich.
20 Wenn ich aber tue, was ich nicht will,
so tue nicht ich es, sondern die Sünde, die
in mir wohnt.
21 So finde ich nun ein Gesetz, daß mir,
der ich will das Gute tun, das Böse an-
hanget.
22 Denn ich habe Lust an Gottes Gesetz
nach dem inwendigen Menschen;
23 ich sehe aber ein ander Gesetz in
meinen Gliedern, das da widerstreitet dem
Gesetz in meinem Gemüte und nimmt
mich gefangen in der Sünde Gesetz, wel-
ches ist in meinen Gliedern.
24 **Ich elender Mensch! Wer wird mich
erlösen von dem Leibe dieses Todes?**
25 **Ich danke Gott durch Jesus Christus,
unsern Herrn!**
So diene ich nun mit dem Gemüte dem
Gesetz Gottes, aber mit dem Fleische dem
Gesetz der Sünde.

Das Leben im Geist

8 **So gibt es nun keine Verdammnis für
die, die in Christus Jesus sind.**
2 Denn das Gesetz des Geistes, der da
lebendig macht in Christus Jesus, hat
mich frei gemacht von dem Gesetz der
Sünde und des Todes.
3 Denn was dem Gesetz unmöglich war,
weil es durch das Fleisch geschwächt war,
das tat Gott: er sandte seinen Sohn in der
Gestalt des sündlichen Fleisches und um

der Sünde willen und verdammte die
Sünde im Fleisch,
4 auf daß die Gerechtigkeit, vom Ge-
setz gefordert, in uns erfüllt würde, die
wir nun nicht nach dem Fleische wandeln,
sondern nach dem Geist.
5 Denn die da fleischlich sind, die sind
fleischlich gesinnt; die aber geistlich sind,
die sind geistlich gesinnt.
6 Aber fleischlich gesinnt sein ist der
Tod, und geistlich gesinnt sein ist Leben
und Friede.
7 Denn fleischlich gesinnt sein ist Feind-
schaft wider Gott, weil das Fleisch dem
Gesetz Gottes nicht untertan ist; denn es
vermag's auch nicht.
8 Die aber fleischlich sind, können Gott
nicht gefallen.
9 Ihr aber seid nicht fleischlich, sondern
geistlich, wenn anders Gottes Geist in
euch wohnt. Wer aber Christi Geist nicht
hat, der ist nicht sein.
10 Wenn aber Christus in euch ist, so
ist der Leib zwar tot um der Sünde willen,
der Geist aber ist Leben um der Gerech-
tigkeit willen.
11 Wenn nun der Geist des, der Jesus
von den Toten auferweckt hat, in euch
wohnt, so wird derselbe, der Jesus Chri-
stus von den Toten auferweckt hat, auch
eure sterblichen Leiber lebendig machen
durch seinen Geist, der in euch wohnt.
12 So sind wir nun, liebe Brüder,
Schuldner nicht dem Fleisch, daß wir nach
dem Fleisch leben.
13 Denn wenn ihr nach dem Fleisch
lebet, so werdet ihr sterben müssen; wenn
ihr aber durch den Geist des Fleisches Ge-
schäfte tötet, so werdet ihr leben.
14 Denn **welche der Geist Gottes treibt,**
die sind Gottes Kinder.
15 Denn ihr habt nicht einen knechti-
schen Geist empfangen, daß ihr euch
abermals fürchten müßtet; sondern ihr
habt einen kindlichen Geist empfangen,
durch welchen wir rufen: Abba, lieber
Vater!
16 Der Geist selbst gibt Zeugnis unserm
Geist, daß wir Gottes Kinder sind.
17 Sind wir aber Kinder, so sind wir
auch Erben, nämlich Gottes Erben und
Miterben Christi, wenn anders wir mit
leiden, auf daß wir auch mit zur Herrlich-
keit erhoben werden.

Hoffnung und Gewißheit

18 Denn ich halte dafür, daß dieser Zeit
Leiden der Herrlichkeit nicht wert sei, die
an uns soll offenbart werden.
19 Denn das ängstliche Harren der
Kreatur wartet, daß Gottes Kinder offen-
bar werden.
20 Es ist ja die Kreatur unterworfen der
Vergänglichkeit – ohne ihren Willen, son-
dern um des willen, der sie unterworfen
hat – auf Hoffnung;
21 denn auch die Kreatur wird frei wer-
den von der Knechtschaft des vergäng-
lichen Wesens zu der herrlichen Freiheit
der Kinder Gottes.
22 Denn wir wissen, daß alle Kreatur
sehnet sich mit uns und ängstet sich noch
immerdar.
23 Nicht allein aber sie, sondern auch
wir selbst, die wir haben des Geistes Erst-
lingsgabe, sehnen uns auch bei uns selbst
nach der Kindschaft und warten auf
unsers Leibes Erlösung.
24 Denn wir sind wohl gerettet, doch
auf Hoffnung. Die Hoffnung aber, die
man sieht, ist nicht Hoffnung; denn wie
kann man des hoffen, das man sieht?
25 Wenn wir aber des hoffen, das wir
nicht sehen, so warten wir sein in Geduld.
26 Desgleichen hilft auch der Geist uns-
rer Schwachheit auf. Denn wir wissen
nicht, was wir beten sollen, wie sich's ge-
bührt; sondern der Geist selbst vertritt
uns mit unaussprechlichem Seufzen.
27 Der aber die Herzen erforscht, der
weiß, was des Geistes Sinnen sei; denn er
vertritt die Heiligen, wie es Gott gefällt.
28 **Wir wissen aber, daß denen, die Gott**
lieben, alle Dinge zum Besten dienen, denen,
die nach dem Vorsatz berufen sind.
29 Denn welche er zuvor ersehen hat,
die hat er auch verordnet, daß sie gleich
sein sollten dem Ebenbilde seines Sohnes,
auf daß derselbe der Erstgeborne sei unter
vielen Brüdern.
30 Welche er aber verordnet hat, die hat
er auch berufen; welche er aber berufen
hat, die hat er auch gerecht gemacht; wel-
che er aber hat gerecht gemacht, die hat er
auch herrlich gemacht.
31 Was wollen wir nun hierzu sagen?
Ist Gott für uns, wer mag wider uns sein?
32 **welcher auch seines eigenen Sohnes**

nicht hat verschonet, sondern hat ihn für uns alle dahingegeben; wie sollte er uns mit ihm nicht alles schenken?

33 **Wer will die Auserwählten Gottes beschuldigen? Gott ist hier, der da gerecht macht.**

34 **Wer will verdammen? Christus ist hier, der gestorben ist, ja vielmehr, der auch auferweckt ist, welcher ist zur Rechten Gottes und vertritt uns.**

35 Wer will uns scheiden von der Liebe Gottes? Trübsal oder Angst oder Verfolgung oder Hunger oder Blöße oder Fährlichkeit oder Schwert?

36 wie geschrieben steht (Ps 44,23): «Um deinetwillen werden wir getötet den ganzen Tag; wir sind geachtet wie Schlachtschafe.»

37 Aber in dem allem überwinden wir weit durch den, der uns geliebet hat.

38 Denn **ich bin gewiß, daß weder Tod noch Leben, weder Engel noch Fürstentümer noch Gewalten, weder Gegenwärtiges noch Zukünftiges,**

39 **weder Hohes noch Tiefes noch keine andere Kreatur kann uns scheiden von der Liebe Gottes, die in Christus Jesus ist, unserm Herrn.**

GOTTES WEG MIT ISRAEL
(Kap 9-11)

Israels Gotteskindschaft

9 Ich sage die Wahrheit in Christus und lüge nicht, wie mir Zeugnis gibt mein Gewissen in dem heiligen Geist,

2 daß ich große Traurigkeit und Schmerzen ohne Unterlaß in meinem Herzen habe.

3 Ich selber möchte verflucht und von Christus geschieden sein meinen Brüdern zugut, die meine Stammverwandten sind nach dem Fleisch;

4 die da sind von Israel, welchen die Kindschaft gehört und die Herrlichkeit und der Bund und das Gesetz und der Gottesdienst und die Verheißungen;

5 welcher auch sind die Väter, und aus welchen Christus herkommt nach dem Fleisch, der da ist Gott über alles, gelobt in Ewigkeit. Amen.

Die Verheißung an das wahre Israel

6 Aber nicht sage ich solches, als ob Gottes Wort nun aus sei. Denn nicht alle sind Israeliten, die von Israel stammen;

7 auch nicht alle, die Abrahams Nachkommen sind, sind darum auch Kinder. Sondern nur «was von Isaak stammt, soll dein Geschlecht heißen» (1. Mose 21,12),

8 das heißt: nicht das sind Gottes Kinder, die nach dem Fleisch Kinder sind; sondern nur die Kinder der Verheißung werden als sein Geschlecht gerechnet.

9 Denn dies ist ein Wort der Verheißung, da er spricht (1. Mose 18,10): «Um diese Zeit will ich kommen, und Sara soll einen Sohn haben.»

10 Aber nicht allein hier ist es so, sondern auch bei Rebekka, die von einem, unserm Vater Isaak, schwanger ward.

11 Ehe die Kinder geboren waren und weder Gutes noch Böses getan hatten, da ward – auf daß der Vorsatz Gottes bestehen bliebe und seine freie Wahl,

12 nicht aus Verdienst der Werke, sondern aus Gnade des Berufers – zu ihr gesagt (1. Mose 25,23): «Der Ältere soll dienstbar werden dem Jüngeren»,

13 wie denn geschrieben steht (Mal 1, 2.3): «Jakob habe ich geliebt, aber Esau habe ich gehaßt.»

Gottes freie Gnadenwahl

14 Was wollen wir denn hierzu sagen? Ist denn Gott ungerecht? Das sei ferne!

15 Denn er spricht zu Mose (2. Mose 33,19): «Welchem ich gnädig bin, dem bin ich gnädig; und wessen ich mich erbarme, des erbarme ich mich.»

16 **So liegt es nun nicht an jemandes Wollen oder Laufen, sondern an Gottes Erbarmen.**

17 Denn die Schrift sagt zum Pharao (2. Mose 9,16): «Ebendarum habe ich dich erweckt, daß ich an dir meine Macht erzeige, auf daß mein Name verkündigt werde in allen Landen.»

18 So erbarmt er sich nun, wessen er will, und verstockt, welchen er will.

19 Nun sagst du zu mir: Was beschuldigt er uns dann noch? Wer kann denn seinem Ratschluß widerstehen?

20 Ja, lieber Mensch, wer bist du denn, daß du mit Gott rechten willst? Spricht auch ein Werk zu seinem Meister: Warum machst du mich so?

21 Hat nicht ein Töpfer Macht, aus

einem Klumpen zu machen ein Gefäß zu
Ehren und das andre zu Unehren?
22 Derhalben, wiewohl Gott wollte
Zorn erzeigen und kundtun seine Macht,
hat er mit großer Geduld getragen die
Gefäße des Zorns, die da zugerichtet sind
zur Verdammnis,
23 auf daß er kundtäte den Reichtum
seiner Herrlichkeit an den Gefäßen der
Barmherzigkeit, die er zuvor bereitet hat
zur Herrlichkeit.
24 Das sind wir, die er berufen hat, nicht
allein aus den Juden, sondern auch aus
den Heiden.
25 Wie er denn auch durch Hosea
spricht (Hos 2,25; 2,1): «Ich will das mein
Volk heißen, das nicht mein Volk war, und
meine Liebste, die nicht die Liebste war.»
26 «Und soll geschehen: Anstatt daß zu
ihnen gesagt ward: ‹Ihr seid nicht mein
Volk›, sollen sie Kinder des lebendigen
Gottes genannt werden.»
27 Jesaja aber ruft aus über Israel (Jes
10,22.23): «Wenn die Zahl der Kinder
Israel würde sein wie der Sand am Meer,
so wird doch nur der Rest gerettet werden;
28 denn in Kürze wird der Herr sein
Wort vollenden und ausrichten auf
Erden.»
29 Und wie Jesaja zuvor gesagt hat (Jes
1,9): «Wenn uns nicht der Herr Zebaoth
hätte lassen Nachkommen übrigbleiben,
so wären wir wie Sodom geworden und
gleichwie Gomorra.»

Israels falsche Entscheidung

30 Was wollen wir nun hierzu sagen?
Das wollen wir sagen: Die Heiden, die
nicht haben nach der Gerechtigkeit ge-
trachtet, haben die Gerechtigkeit erlangt;
ich rede aber von der Gerechtigkeit, die
aus dem Glauben kommt.
31 Israel aber hat dem Gesetz der Ge-
rechtigkeit nachgetrachtet und hat das
Gesetz der Gerechtigkeit nicht erreicht.
32 Warum das? Weil es sie nicht aus
dem Glauben sucht, sondern als ob sie
aus den Werken komme. Sie haben sich
gestoßen an dem Stein des Anstoßes,
33 wie geschrieben steht (Jes 8,14; 28,
16): «Siehe da, ich lege in Zion einen
Stein des Anstoßes und einen Fels des
Ärgernisses; und wer an ihn glaubt, der
soll nicht zuschanden werden.»

10 Liebe Brüder, meines Herzens
Wunsch ist, und ich flehe auch zu
Gott für Israel, daß sie gerettet werden.
2 Denn ich gebe ihnen das Zeugnis, daß
sie eifern um Gott, aber mit Unverstand.
3 Denn sie erkennen die Gerechtigkeit
nicht, die Gottes ist, und trachten, ihre eige-
ne Gerechtigkeit aufzurichten, und sind so
der Gerechtigkeit Gottes nicht untertan.
4 Denn **Christus ist des Gesetzes Ende;
wer an den glaubt, der ist gerecht.**
5 Mose nämlich schreibt von der Ge-
rechtigkeit, die aus dem Gesetz kommt
(3. Mose 18,5): «Welcher Mensch sie tut,
der wird durch sie leben.»
6 Aber die Gerechtigkeit aus dem Glau-
ben spricht so (5. Mose 30,11-14): «Sprich
nicht in deinem Herzen: Wer will hinauf
gen Himmel fahren?» – nämlich Christus
herabzuholen –
7 oder: «Wer will hinab in die Tiefe
fahren?» – nämlich Christus von den To-
ten heraufzuholen –,
8 sondern was sagt sie? «Das Wort ist
dir nahe, in deinem Munde und in deinem
Herzen.» Dies ist das Wort vom Glauben,
das wir predigen.
9 Denn so du mit deinem Munde be-
kennst Jesus, daß er der Herr sei, und
glaubst in deinem Herzen, daß ihn Gott
von den Toten auferweckt hat, so wirst
du gerettet.
10 Denn **wenn man von Herzen glaubt,
so wird man gerecht; und wenn man mit
dem Munde bekennt, so wird man gerettet.**
11 Denn die Schrift spricht (Jes 28,16):
«Wer an ihn glaubt, wird nicht zuschan-
den werden.»
12 Es ist hier kein Unterschied zwischen
Juden und Griechen; es ist über sie allzu-
mal der **eine** Herr, reich für alle, die ihn
anrufen.
13 Denn «wer den Namen des Herrn wird
anrufen, soll gerettet werden» (Joel 3,5).
14 Wie sollen sie aber den anrufen, an
den sie nicht glauben? Wie sollen sie aber
an den glauben, von dem sie nichts gehört
haben? Wie sollen sie aber hören ohne
Prediger?
15 Wie sollen sie aber predigen, wenn
sie nicht gesandt werden? Wie denn ge-
schrieben steht (Jes 52,7): «Wie lieblich
sind die Füße derer, die gute Botschaft ver-
kündigen!»

16 Aber sie sind nicht alle der guten
Botschaft gehorsam. Denn Jesaja spricht
(Jes 53,1): «Herr, wer glaubt unserm
Predigen?»
17 **So kommt der Glaube aus der Predigt,
das Predigen aber durch das Wort Christi.**
18 Ich sage aber: Haben sie es nicht ge-
hört? Wohl, es ist ja «in alle Lande ausge-
gangen ihr Schall und ihr Wort bis an der
Welt Ende» (Ps 19,5).
19 Ich sage aber: Hat es Israel nicht
verstanden? Aufs erste spricht Mose (5.
Mose 32,21): «Ich will euch eifersüchtig
machen auf ein Volk, das nicht ein Volk
ist; und über ein unverständiges Volk will
ich euch zornig machen.»
20 Jesaja aber wagt es und sagt (Jes
65,1): «Ich bin gefunden von denen, die
mich nicht gesucht haben, und ich bin
erschienen denen, die nicht nach mir ge-
fragt haben.»
21 Zu Israel aber spricht er (Jes 65,2):
«Den ganzen Tag habe ich meine Hände
ausgestreckt nach dem Volk, das sich
nichts sagen läßt und widerspricht.»

Nicht ganz Israel ist verstockt

11 So sage ich nun: Hat denn Gott sein
Volk verstoßen? Das sei ferne! Denn
ich bin auch ein Israelit, von dem Ge-
schlecht Abrahams, aus dem Stamme
Benjamin.
2 Gott hat sein Volk nicht verstoßen,
welches er sich zuvor ersehen hat. Oder
wisset ihr nicht, was die Schrift sagt von
Elia, wie er tritt vor Gott wider Israel und
spricht (1. Kön 19,10):
3 «Herr, sie haben deine Propheten ge-
tötet und haben deine Altäre zerbrochen,
und ich bin allein übriggeblieben, und sie
stehen mir nach meinem Leben»?
4 Aber was sagt ihm die göttliche Ant-
wort (1. Kön 19,18)? «Ich habe mir lassen
übrigbleiben siebentausend Mann, die ihre
Knie nicht gebeugt haben vor dem Baal.»
5 So geht es auch jetzt zu dieser Zeit,
daß etliche übriggeblieben sind nach der
Wahl der Gnade.
6 Ist's aber aus Gnaden, so ist's nicht
aus Verdienst der Werke; sonst würde
Gnade nicht Gnade sein.
7 Wie denn nun? Was Israel sucht, das
erlangte es nicht; die Auserwählten aber
erlangten es. Die andern sind verstockt,
8 wie geschrieben steht (Jes 29,10):
«Gott hat ihnen gegeben einen Geist der
Betäubung, Augen, daß sie nicht sehen,
und Ohren, daß sie nicht hören, bis auf
den heutigen Tag.»
9 Und David spricht (Ps 69,23.24):
«Laß ihren Tisch zu einem Fallstrick wer-
den und zu einer Schlinge und zum Ärger-
nis, ihnen zur Vergeltung.
10 Verblende ihre Augen, daß sie nicht
sehen, und beuge ihren Rücken allezeit.»

Israel und die Berufung der Heiden

11 So sage ich nun: Sind sie darum ge-
strauchelt, daß sie fallen sollten? Das sei
ferne! Sondern durch ihren Fall ist den
Heiden das Heil widerfahren, auf daß
Israel ihnen nacheifern sollte.
12 Wenn aber schon ihr Fall der Welt
Reichtum ist und ihr Schade ist der Hei-
den Reichtum geworden, wieviel mehr
wird es Reichtum sein, wenn Israel in
seiner ganzen Fülle gewonnen wird!
13 Euch Heiden aber sage ich: Weil ich
der Heiden Apostel bin, will ich mein
Amt preisen,
14 ob ich wohl könnte die, welche meine
Stammverwandten sind, zum Nacheifern
reizen und ihrer etliche retten.
15 Denn wenn ihre Verwerfung der Welt
Versöhnung ist, was wird ihre Annahme
anderes sein als Leben aus den Toten!
16 Ist das Erste vom Teig heilig, so ist
auch der ganze Teig heilig; und wenn die
Wurzel heilig ist, so sind auch die Zweige
heilig.

Warnung an die Heiden vor Überhebung

17 Wenn aber nun etliche von den Zwei-
gen ausgebrochen sind und du, der du ein
wilder Ölbaum warst, bist unter sie ge-
pfropft und teilhaftig geworden der Wur-
zel und des Saftes im Ölbaum,
18 so rühme dich nicht wider die Zweige.
Rühmst du dich aber wider sie, so sollst
du wissen, daß nicht du die Wurzel trägst,
sondern die Wurzel trägt dich.
19 Nun sprichst du: Die Zweige sind
ausgebrochen, auf daß ich hineingepfropft
würde.
20 Ist wohl geredet! Sie sind ausgebro-
chen um ihres Unglaubens willen; du aber
stehst durch den Glauben. Sei nicht stolz,
sondern fürchte dich!

21 Hat Gott die natürlichen Zweige
nicht verschont, wird er dich auch nicht
verschonen.
22 Darum schau die Güte und den
Ernst Gottes: den Ernst an denen, die ge-
fallen sind, die Güte Gottes aber an dir,
sofern du bei seiner Güte bleibst; sonst
wirst du auch abgehauen werden.
23 Und wiederum jene, sofern sie nicht
bleiben in dem Unglauben, werden ein-
gepfropft werden; Gott kann sie wieder
einpfropfen.
24 Denn wenn du aus dem Ölbaum, der
von Natur wild war, bist abgehauen und
wider die Natur in den guten Ölbaum ge-
pfropft, wieviel mehr werden die natür-
lichen Zweige wieder eingepfropft werden
in ihren eigenen Ölbaum!

Israels endliche Errettung

25 Ich will euch, liebe Brüder, nicht ver-
hehlen dieses Geheimnis, auf daß ihr euch
nicht auf eigene Klugheit verlaßt: Blind-
heit ist Israel zum Teil widerfahren so-
lange, bis die Fülle der Heiden eingegan-
gen ist,
26 und alsdann wird das ganze Israel ge-
rettet werden, wie geschrieben steht (Jes
59,20; Jer 31,33): «Es wird kommen aus
Zion der Erlöser, der da abwende das
gottlose Wesen von Jakob.
27 Und dies ist mein Bund mit ihnen,
wenn ich ihre Sünden werde wegnehmen.»
28 Nach dem Evangelium sind sie zwar
Feinde um euretwillen; aber nach Gottes
gnädiger Wahl sind sie Geliebte um der
Väter willen.
29 Denn Gottes Gaben und Berufung
können ihn nicht gereuen.
30 Gleicherweise wie ihr zuvor nicht
habt an Gott geglaubt, nun aber Barm-
herzigkeit erlangt habt durch ihren Un-
glauben,
31 so haben auch jene jetzt nicht wollen
glauben an die Barmherzigkeit, die euch
widerfahren ist, damit auch sie Barm-
herzigkeit erlangen.
32 Denn Gott hat alle beschlossen unter
den Unglauben, auf daß er sich aller er-
barme.

Lobpreis der Wunderwege Gottes

33 **O welch eine Tiefe des Reichtums, bei-
des, der Weisheit und der Erkenntnis Gottes!
Wie gar unbegreiflich sind seine Gerichte
und unerforschlich seine Wege!**
34 **Denn «wer hat des Herrn Sinn erkannt,
oder wer ist sein Ratgeber gewesen?»** (Jes
40,13)
35 **Oder «wer hat ihm etwas zuvor ge-
geben, daß ihm werde wiedervergolten?»**
(Hiob 41,3)
36 **Denn von ihm und durch ihn und zu ihm
sind alle Dinge. Ihm sei Ehre in Ewigkeit!
Amen.**

Des Christen Leben ein Gottesdienst

12 Ich ermahne euch nun, liebe Brü-
der, durch die Barmherzigkeit Got-
tes, daß ihr eure Leiber gebet zum Opfer,
das da lebendig, heilig und Gott wohlge-
fällig sei. Das sei euer vernünftiger Gottes-
dienst.
2 Und stellet euch nicht dieser Welt
gleich, sondern verändert euch durch Er-
neuerung eures Sinnes, auf daß ihr prüfen
möget, was Gottes Wille ist, nämlich das
Gute und Wohlgefällige und Vollkom-
mene.

Die Gnadengaben im Dienst der Gemeinde

3 Denn ich sage durch die Gnade, die
mir gegeben ist, jedermann unter euch,
daß niemand höher von sich halte, als
sich's gebührt zu halten, sondern daß er
von sich mäßig halte, ein jeglicher, wie
Gott ausgeteilt hat das Maß des Glaubens.
4 Denn gleicherweise wie wir an **einem**
Leibe viele Glieder haben, aber nicht alle
Glieder einerlei Geschäft haben,
5 so sind wir viele **ein** Leib in Christus,
aber untereinander ist einer des andern
Glied,
6 und haben mancherlei Gaben nach
der Gnade, die uns gegeben ist.
7 Hat jemand Weissagung, so sei sie
dem Glauben gemäß. Hat jemand ein
Amt, so warte er des Amtes. Lehrt je-
mand, so warte er der Lehre.
8 Ermahnt jemand, so warte er des Er-
mahnens. Gibt jemand, so gebe er mit
lauterem Sinn. Regiert jemand, so sei er
sorgfältig. Übt jemand Barmherzigkeit,
so tue er's mit Lust.

Mahnung zu brüderlicher Gemeinschaft

9 Die Liebe sei ohne Falsch. Hasset das
Arge, hanget dem Guten an.

10 Die brüderliche Liebe untereinander sei herzlich. Einer komme dem andern mit Ehrerbietung zuvor.

11 Seid nicht träge in dem, was ihr tun sollt. Seid brennend im Geist. Dienet dem Herrn.*

12 **Seid fröhlich in Hoffnung, geduldig in Trübsal, haltet an am Gebet.**

13 Nehmet euch der Nöte der Heiligen an. Herberget gerne.

14 Segnet, die euch verfolgen; segnet, und fluchet nicht.

15 **Freuet euch mit den Fröhlichen und weinet mit den Weinenden.**

16 Habt einerlei Sinn untereinander. Trachtet nicht nach hohen Dingen, sondern haltet euch herunter zu den geringen. Haltet euch nicht selbst für klug.

17 Vergeltet niemand Böses mit Bösem. Befleißiget euch der Ehrbarkeit gegen jedermann.

18 Ist es möglich, soviel an euch ist, so habt mit allen Menschen Frieden.

19 Rächet euch selber nicht, meine Lieben, sondern gebet Raum dem Zorn Gottes; denn es steht geschrieben (5. Mose 32,35): «Die Rache ist mein; ich will vergelten, spricht der Herr.»

20 Vielmehr, «wenn deinen Feind hungert, so speise ihn; dürstet ihn, so tränke ihn. Wenn du das tust, so wirst du feurige Kohlen auf sein Haupt sammeln» (Spr 25,21.22).

21 Laß dich nicht vom Bösen überwinden, sondern überwinde das Böse mit Gutem.

Der Christ und die Obrigkeit

13 **Jedermann sei untertan der Obrigkeit, die Gewalt über ihn hat. Denn es ist keine Obrigkeit ohne von Gott; wo aber Obrigkeit ist, die ist von Gott verordnet.**

2 Wer sich nun der Obrigkeit widersetzt, der widerstrebt Gottes Ordnung; die aber widerstreben, werden über sich ein Urteil empfangen.

3 Denn die Gewalt haben, sind nicht bei den guten Werken, sondern bei den bösen zu fürchten. Willst du dich aber nicht fürchten vor der Obrigkeit, so tue Gutes; so wirst du Lob von ihr haben.

4 Denn sie ist Gottes Dienerin dir zugut. Tust du aber Böses, so fürchte dich; denn sie trägt das Schwert nicht umsonst: sie ist Gottes Dienerin, eine Rächerin zur Strafe über den, der Böses tut.

5 Darum ist's not, untertan zu sein, nicht allein um der Strafe willen, sondern auch um des Gewissens willen.

6 Derhalben gebet ihr ja auch Steuer; denn sie sind Gottes Diener, auf solchen Dienst beständig bedacht.

7 So gebet nun jedermann, was ihr schuldig seid: Steuer, dem die Steuer gebührt; Zoll, dem der Zoll gebührt; Furcht, dem die Furcht gebührt; Ehre, dem die Ehre gebührt.

Die Liebe des Gesetzes Erfüllung

8 Seid niemand etwas schuldig, außer daß ihr euch untereinander liebet; denn wer den andern liebt, der hat das Gesetz erfüllt.

9 Denn was da gesagt ist (2. Mose 20, 13-17): «Du sollst nicht ehebrechen; du sollst nicht töten; du sollst nicht stehlen; dich soll nichts gelüsten», und was noch mehr geboten ist, das wird in diesem Wort zusammengefaßt (3. Mose 19,18): «Du sollst deinen Nächsten lieben wie dich selbst.»

10 Die Liebe tut dem Nächsten nichts Böses. **So ist nun die Liebe des Gesetzes Erfüllung.**

Der kommende Tag

11 Und das tut, weil ihr die Zeit wisset, nämlich daß die Stunde da ist, aufzustehen vom Schlaf, denn unser Heil ist jetzt näher, als da wir gläubig wurden.

12 Die Nacht ist vorgerückt, der Tag aber nahe herbeigekommen. So lasset uns ablegen die Werke der Finsternis und anlegen die Waffen des Lichtes.

13 Lasset uns ehrbar wandeln als am Tage, nicht in Fressen und Saufen, nicht in Wollust und Unzucht, nicht in Hader und Neid;

14 sondern ziehet an den Herrn Jesus Christus und wartet des Leibes nicht so, daß ihr seinen Begierden verfallet.

Von den Schwachen und Starken im Glauben

14 Des Schwachen im Glauben nehmt euch an und verwirret die Gewissen nicht.

*Luther übersetzte nach anderer Überlieferung: «Schicket euch in die Zeit.»

2 Einer glaubt, er dürfe alles essen; wer aber schwach ist, der isset kein Fleisch.

3 Wer isset, der verachte den nicht, der da nicht isset; und wer nicht isset, der richte den nicht, der da isset; denn Gott hat ihn angenommen.

4 Wer bist du, daß du einen fremden Knecht richtest? Er steht oder fällt **seinem** Herrn. Er wird aber stehen bleiben; denn der Herr kann ihn wohl aufrecht halten.

5 Einer hält einen Tag höher als den andern; der andere aber hält alle Tage gleich. Ein jeglicher sei in seiner Meinung gewiß.

6 Wer auf die Tage hält, der tut's dem Herrn; und wer isset, der isset dem Herrn, denn er dankt Gott dabei; und wer nicht isset, der isset dem Herrn nicht und dankt Gott auch.

7 **Denn unser keiner lebt sich selber, und keiner stirbt sich selber.**

8 **Leben wir, so leben wir dem Herrn; sterben wir, so sterben wir dem Herrn. Darum: wir leben oder sterben, so sind wir des Herrn.**

9 **Denn dazu ist Christus gestorben und wieder lebendig geworden, daß er über Tote und Lebendige Herr sei.**

10 Du aber, was richtest du deinen Bruder? Oder, du anderer, was verachtest du deinen Bruder? Wir werden alle vor dem Richterstuhl Gottes dargestellt werden.

11 Denn es steht geschrieben (Jes 45, 23): «So wahr ich lebe, spricht der Herr, mir sollen sich alle Knie beugen, und alle Zungen sollen Gott bekennen.»

12 So wird nun ein jeglicher für sich selbst Gott Rechenschaft geben.

13 Darum lasset uns nicht mehr einer den andern richten; sondern richtet vielmehr darauf euern Sinn, daß niemand seinem Bruder einen Anstoß oder Ärgernis bereite.

14 Ich weiß und bin's gewiß in dem Herrn Jesus, daß nichts unrein ist an sich selbst; nur dem, der es für unrein hält, dem ist's unrein.

15 Wenn aber dein Bruder um deiner Speise willen betrübt wird, so wandelst du schon nicht nach der Liebe. Bringe den nicht durch deine Speise ins Verderben, um welches willen Christus gestorben ist.

16 Darum schaffet, daß nicht verlästert werde, was ihr Gutes habt.

17 Denn **das Reich Gottes ist nicht Essen und Trinken, sondern Gerechtigkeit und Friede und Freude in dem heiligen Geist.**

18 Wer darin Christus dient, der ist Gott gefällig und den Menschen wert.

19 Darum lasset uns dem nachstreben, was zum Frieden dient und zur Auferbauung untereinander.

20 Zerstöre nicht um der Speise willen Gottes Werk. Es ist zwar alles rein; aber es ist nicht gut für den, der es isset mit schlechtem Gewissen.

21 Es ist besser, du issest kein Fleisch und trinkest keinen Wein und tust nichts, daran sich dein Bruder stößt.

22 Den Glauben, den du hast, behalte bei dir selbst vor Gott. Selig ist, der sich selbst kein Gewissen macht bei dem, was er für recht hält.

23 Wer aber dabei zweifelt und isset doch, der ist gerichtet, denn es geht nicht aus dem Glauben. Was aber nicht aus dem Glauben geht, das ist Sünde.

15 Wir aber, die wir stark sind, sollen der Schwachen Unvermögen tragen und nicht uns selber zu Gefallen leben.

2 Es lebe ein jeglicher unter uns so, daß er seinem Nächsten gefalle zum Guten, zur Auferbauung.

3 Denn auch Christus hat nicht sich selber zu Gefallen gelebt, sondern wie geschrieben steht (Ps 69,10): «Die Schmähungen derer, die dich schmähen, sind auf **mich** gefallen.»

4 Denn was zuvor geschrieben ist, das ist uns zur Lehre geschrieben, auf daß wir durch Geduld und den Trost der Schrift die Hoffnung festhalten.

5 Der Gott aber der Geduld und des Trostes gebe euch, daß ihr einträchtig gesinnt seid untereinander nach Jesus Christus,

6 auf daß ihr einmütig mit **einem** Munde lobet Gott, den Vater unsers Herrn Jesus Christus.

7 Darum nehmet einander an, gleichwie uns Christus hat angenommen zu Gottes Lob.

8 Denn ich sage: Christus ist ein Diener geworden der Juden um der Wahrhaftigkeit Gottes willen, zu bestätigen die

Verheißungen, die den Vätern gegeben sind;
9 die Heiden aber sollen Gott loben um der Barmherzigkeit willen, wie geschrieben steht (Ps 18,50): «Darum will ich dich loben unter den Heiden und deinem Namen singen.»
10 Und abermals heißt es (5. Mose 32, 43): «Freuet euch, ihr Heiden, mit seinem Volk!»
11 Und abermals (Ps 117,1): «Lobet den Herrn, alle Heiden, und preiset ihn, alle Völker!»
12 Und abermals spricht Jesaja (Jes 11,10): «Es wird kommen die Wurzel Jesse und der aufstehen wird, zu herrschen über die Heiden; auf den werden die Heiden hoffen.»
13 Der Gott aber der Hoffnung erfülle euch mit aller Freude und Frieden im Glauben, daß ihr völlige Hoffnung habet durch die Kraft des heiligen Geistes.

Des Apostels Vollmacht

14 Ich weiß aber selbst gar wohl von euch, liebe Brüder, daß ihr selber voll guten Sinnes seid, erfüllt mit aller Erkenntnis, daß ihr euch untereinander könnet ermahnen.
15 Ich habe es aber dennoch gewagt und euch manches geschrieben, euch zu erinnern kraft der Gnade, die mir von Gott gegeben ist,
16 daß ich soll sein ein Diener Christi Jesu unter den Heiden, priesterlich zu warten des Evangeliums Gottes, auf daß die Heiden ein Opfer werden, Gott angenehm, geheiligt durch den heiligen Geist.
17 Nun kann ich mich rühmen in Christus Jesus vor Gott.
18 Denn ich wollte nicht wagen, von etwas zu reden, das Christus nicht durch mich gewirkt hat, um die Heiden zum Gehorsam zu bringen durch Wort und Werk,
19 durch Kraft der Zeichen und Wunder und durch Kraft des Geistes, so daß ich von Jerusalem an und umher bis Illyrien das Evangelium Christi voll ausgerichtet habe.
20 Dabei aber habe ich sonderlich meine Ehre darein gesetzt, das Evangelium zu predigen, wo Christi Name nicht bekannt war, auf daß ich nicht auf einen fremden Grund baute,
21 sondern ich habe getan, wie geschrieben steht (Jes 52,15): «Welchen nicht ist von ihm verkündigt, die sollen's sehen, und welche nicht gehört haben, sollen's verstehen.»

Reisepläne

22 Das ist auch die Ursache, warum ich so vielmal bin verhindert worden, zu euch zu kommen.
23 Nun ich aber nicht mehr Raum habe in diesen Ländern, habe aber Verlangen, zu euch zu kommen, von vielen Jahren her,
24 so will ich zu euch kommen, wenn ich reisen werde nach Spanien. Denn ich hoffe, daß ich bei euch durchreisen und euch sehen werde und von euch dorthin geleitet werden möge, doch so, daß ich zuvor mich ein wenig an euch erquicke.
25 Jetzt aber fahre ich hin nach Jerusalem den Heiligen zu Dienst.
26 Denn die aus Mazedonien und Achaja haben willig eine gemeinsame Gabe zusammengelegt für die Armen unter den Heiligen zu Jerusalem.
27 Sie haben's willig getan und sind auch ihre Schuldner. Denn so die Heiden sind ihrer geistlichen Güter teilhaftig geworden, ist's billig, daß sie ihnen auch in leiblichen Gütern Dienst erweisen.
28 Wenn ich nun solches ausgerichtet und ihnen diesen Ertrag treulich überantwortet habe, will ich von euch aus nach Spanien ziehen.
29 Ich weiß aber, wenn ich zu euch komme, daß ich mit dem vollen Segen Christi kommen werde.
30 Ich ermahne euch aber, liebe Brüder, durch unsern Herrn Jesus Christus und durch die Liebe des Geistes, daß ihr mir helfet kämpfen mit Beten für mich zu Gott,
31 damit ich errettet werde von den Ungläubigen in Judäa und mein Dienst, den ich für Jerusalem tue, angenehm werde den Heiligen,
32 auf daß ich mit Freuden zu euch komme durch den Willen Gottes und mich mit euch erquicke.
33 Der Gott aber des Friedens sei mit euch allen! Amen.

Empfehlung der Phöbe. Grüße

16 Ich befehle euch unsere Schwester
Phöbe, welche ist im Dienste der
Gemeinde zu Kenchreä,
2 daß ihr sie aufnehmet in dem Herrn,
wie sich's ziemt den Heiligen, und tut ihr
Beistand in allem Geschäfte, darin sie
euer bedarf; denn auch sie hat Beistand
vielen getan, auch mir selbst.
3 Grüßet die Priska und den Aquila,
meine Gehilfen in Christus Jesus,
4 welche für mein Leben ihren Hals hin-
gehalten haben, welchen nicht allein ich
danke, sondern alle Gemeinden unter den
Heiden.
5 Grüßet auch die Gemeinde in ihrem
Hause. Grüßet Epänetus, meinen Lieben,
welcher ist der Erstling für Christus unter
denen aus der Landschaft Asien.
6 Grüßet Maria, welche viel Mühe und
Arbeit um euch gehabt hat.
7 Grüßet den Andronikus und den Ju-
nias, meine Stammverwandten und Mit-
gefangenen, welche berühmte Apostel sind
und vor mir in Christus gewesen.
8 Grüßet Ampliatus, meinen Lieben in
dem Herrn.
9 Grüßet Urban, unsern Gehilfen in
Christus, und Stachys, meinen Lieben.
10 Grüßet Apelles, den Bewährten in
Christus. Grüßet, die da sind von des
Aristobulus Hausgenossen.
11 Grüßet Herodion, meinen Stamm-
verwandten. Grüßet, die da sind von des
Narzissus Hausgenossen in dem Herrn.
12 Grüßet die Tryphäna und die Try-
phosa, welche in dem Herrn arbeiten.
Grüßet die Persis, meine Liebe, welche in
dem Herrn viel gearbeitet hat.
13 Grüßet Rufus, den Auserwählten in
dem Herrn, und seine Mutter, die auch
mir eine Mutter war.
14 Grüßet Asynkritus, Phlegon, Her-
mes, Patrobas, Hermas und die Brüder
bei ihnen.
15 Grüßet Philologus und die Julia,
Nereus und seine Schwester und Olympas
und alle Heiligen bei ihnen.
16 Grüßet euch untereinander mit dem
heiligen Kuß. Es grüßen euch alle Ge-
meinden Christi.

Warnung vor Irrlehrern

17 Ich ermahne aber euch, liebe Brüder,
daß ihr achtet auf die, die da Zertrennung
und Ärgernis anrichten entgegen der Leh-
re, die ihr gelernt habt, und weichet von
ihnen.
18 Denn solche dienen nicht unserm
Herrn Christus, sondern ihrem Bauche;
und durch süße Worte und prächtige Re-
den verführen sie die Herzen der Arglosen.
19 Denn euer Gehorsam ist bei jeder-
mann kundgeworden. Derhalben freue
ich mich über euch; ich will aber, daß ihr
weise seid zum Guten und unvermengt
mit dem Bösen.
20 Der Gott des Friedens aber wird den
Satan unter eure Füße treten in kurzem.
Die Gnade unsers Herrn Jesus Christus
sei mit euch!

Grüße der Mitarbeiter

21 Es grüßen euch Timotheus, mein Ge-
hilfe, und Lucius und Jason und Sosipa-
ter, meine Stammverwandten.
22 Ich, Tertius, der ich diesen Brief ge-
schrieben habe, grüße euch in dem Herrn.
23 Es grüßt euch Gajus, mein und der
ganzen Gemeinde Gastgeber. Es grüßen
euch Erastus, der Stadt Rentmeister, und
Quartus, der Bruder.
24 Die Gnade unsers Herrn Jesus Chri-
stus sei mit euch allen! Amen.

Lobpreis Gottes

25 Dem aber, der euch stärken kann
laut meines Evangeliums und der Predigt
von Jesus Christus, durch welche das Ge-
heimnis offenbart ist, das von Anbeginn
verschwiegen war,
26 nun aber offenbart ist, auch kundge-
macht durch der Propheten Schriften nach
Befehl des ewigen Gottes, den Gehorsam
des Glaubens aufzurichten unter allen
Heiden:
27 dem Gott, der allein weise ist, sei
Ehre durch Jesus Christus von Ewigkeit
zu Ewigkeit! Amen.

DER ERSTE BRIEF DES PAULUS AN DIE KORINTHER

1 Paulus, berufen zum Apostel Jesu
Christi durch den Willen Gottes, und
Bruder Sosthenes
2 der Gemeinde Gottes zu Korinth, den
Geheiligten in Christus Jesus, den berufe-
nen Heiligen samt allen denen, die den
Namen unsers Herrn Jesus Christus an-
rufen an jedem Ort, bei ihnen und bei
uns:
3 Gnade sei mit euch und Friede von
Gott, unserm Vater, und dem Herrn Jesus
Christus!

Segen des Evangeliums in Korinth

4 Ich danke Gott allezeit eurethalben
für die Gnade Gottes, die euch gegeben
ist in Christus Jesus,
5 daß ihr seid durch ihn an allen Stücken
reich gemacht, an aller Lehre und in aller
Erkenntnis.
6 Denn die Predigt von Christus ist in
euch kräftig geworden,
7 so daß ihr keinen Mangel habt an
irgendeiner Gabe und nur wartet auf die
Offenbarung unsers Herrn Jesus Christus.
8 Der wird euch auch fest erhalten bis
ans Ende, daß ihr unsträflich seid auf den
Tag unsers Herrn Jesus Christus.
9 Denn **Gott ist treu, durch welchen ihr
berufen seid zur Gemeinschaft seines Soh-
nes Jesus Christus, unsers Herrn.**

Spaltungen in der Gemeinde

10 Ich ermahne euch aber, liebe Brüder,
durch den Namen unsers Herrn Jesus
Christus, daß ihr allzumal einerlei Rede
führet und lasset nicht Spaltungen unter
euch sein, sondern haltet fest aneinander
in **einem** Sinne und in **einerlei** Meinung.
11 Denn es ist mir kundgeworden, liebe
Brüder, über euch durch die Leute der
Chloe, daß Zank unter euch sei.
12 Ich meine aber dies, daß unter euch
einer spricht: Ich bin paulisch, der ande-
re: Ich bin apollisch, der dritte: Ich bin
kephisch, der vierte: Ich bin christisch.
13 Wie? Ist Christus nun zertrennt? Ist
denn Paulus für euch gekreuzigt? Oder
seid ihr auf des Paulus Namen getauft?
14 Ich danke Gott, daß ich niemand un-
ter euch getauft habe außer Krispus und
Gajus,
15 damit nicht jemand sagen möge, ihr
seiet auf meinen Namen getauft.
16 Ich habe aber auch getauft des Ste-
phanas Haus; weiter weiß ich nicht, ob ich
etliche andere getauft habe.
17 Denn Christus hat mich nicht ge-
sandt zu taufen, sondern das Evangelium
zu predigen; nicht mit klugen Worten, auf
daß nicht das Kreuz Christi zunichte
werde.

Die Weisheit der Welt ist Torheit vor Gott

18 Denn **das Wort vom Kreuz ist eine
Torheit denen, die verloren werden; uns
aber, die wir selig werden, ist's eine Gottes-
kraft.**
19 Denn es steht geschrieben (Jes 29,
14): «Ich will zunichte machen die Weis-
heit der Weisen, und den Verstand der
Verständigen will ich verwerfen.»
20 Wo sind die Klugen? Wo sind die
Schriftgelehrten? Wo sind die Weltwei-
sen? Hat nicht Gott die Weisheit dieser
Welt zur Torheit gemacht?
21 Denn weil die Welt durch ihre Weis-
heit Gott in seiner Weisheit nicht erkann-
te, gefiel es Gott wohl, durch törichte Pre-
digt zu retten, die daran glauben.
22 Denn die Juden fordern Zeichen, und
die Griechen fragen nach Weisheit,
23 wir aber predigen den gekreuzigten
Christus, den Juden ein Ärgernis und den
Griechen eine Torheit;
24 denen aber, die berufen sind, Juden
und Griechen, predigen wir Christus als
göttliche Kraft und göttliche Weisheit.
25 Denn die göttliche Torheit ist weiser,
als die Menschen sind, und die göttliche
Schwachheit ist stärker, als die Menschen
sind.
26 Sehet an, liebe Brüder, eure Beru-
fung: nicht viele Weise nach dem Fleisch,

nicht viele Gewaltige, nicht viele Edle sind
berufen.
27 Sondern was töricht ist vor der Welt,
das hat Gott erwählt, damit er die Weisen
zuschanden mache; und was schwach ist
vor der Welt, das hat Gott erwählt, damit
er zuschanden mache, was stark ist;
28 und das Unedle vor der Welt und das
Verachtete hat Gott erwählt, das da nichts
ist, damit er zunichte mache, was etwas
ist,
29 auf daß sich vor Gott kein Fleisch
rühme.
30 Durch ihn aber seid ihr in **Christus
Jesus, welcher uns gemacht ist von Gott zur
Weisheit und zur Gerechtigkeit und zur
Heiligung und zur Erlösung,**
31 auf daß, wie geschrieben steht (Jer
9,22.23): «Wer sich rühmt, der rühme sich
des Herrn!»

Des Apostels Predigt vom Kreuz

2 Auch ich, liebe Brüder, da ich zu euch
kam, kam ich nicht mit hohen Worten
und hoher Weisheit, euch zu verkündigen
die göttliche Predigt.
2 Denn ich hielt nicht dafür, daß ich
etwas wüßte unter euch als allein Jesus
Christus, den Gekreuzigten.
3 Auch war ich bei euch in Schwachheit
und in Furcht und mit großem Zittern;
4 und mein Wort und meine Predigt ge-
schah nicht mit überredenden Worten
menschlicher Weisheit, sondern in Er-
weisung des Geistes und der Kraft,
5 auf daß euer Glaube bestehe nicht auf
Menschenweisheit, sondern auf Gottes
Kraft.

Von der Weisheit Gottes

6 Wovon wir aber reden, das ist den-
noch Weisheit bei den Vollkommenen;
nicht eine Weisheit dieser Welt, auch nicht
der Herrscher dieser Welt, welche ver-
gehen.
7 Sondern wir reden von der heimlichen,
verborgenen Weisheit Gottes, welche Gott
verordnet hat vor der Zeit der Welt zu
unsrer Herrlichkeit,
8 welche keiner von den Herrschern die-
ser Welt erkannt hat; denn wenn sie die
erkannt hätten, so hätten sie den Herrn
der Herrlichkeit nicht gekreuzigt.
9 Sondern es ist gekommen, wie ge-
schrieben steht (Jes 64,3): **«Was kein Auge
gesehen hat und kein Ohr gehört hat und in
keines Menschen Herz gekommen ist, was
Gott bereitet hat denen, die ihn lieben.»**
10 Uns aber hat es Gott offenbart durch
seinen Geist; denn der Geist erforscht alle
Dinge, auch die Tiefen der Gottheit.
11 Denn welcher Mensch weiß, was im
Menschen ist, als allein der Geist des
Menschen, der in ihm ist? So weiß auch
niemand, was in Gott ist, als allein der
Geist Gottes.
12 Wir aber haben nicht empfangen den
Geist der Welt, sondern den Geist aus
Gott, daß wir wissen können, was uns von
Gott geschenkt ist.
13 Und davon reden wir auch nicht mit
Worten, welche menschliche Weisheit leh-
ren kann, sondern mit Worten, die der
Geist lehrt, und deuten geistliche Sachen
für geistliche Menschen.
14 Der natürliche Mensch aber ver-
nimmt nichts vom Geist Gottes; es ist ihm
eine Torheit, und er kann es nicht erken-
nen; denn es muß geistlich verstanden sein.
15 Der geistliche Mensch aber ergrün-
det alles und wird doch selber von nie-
mand ergründet.
16 Denn «wer hat des Herrn Sinn er-
kannt, oder wer will ihn unterweisen?»
(Jes 40,13). Wir aber haben Christi Sinn.

Der Auftrag der Lehrer

3 Und ich, liebe Brüder, konnte auch
mit euch nicht reden als mit geistlichen
Menschen, sondern als mit fleischlichen,
wie mit jungen Kindern in Christus.
2 Milch habe ich euch zu trinken ge-
geben, und nicht feste Speise; denn ihr
konntet sie noch nicht vertragen. Auch
jetzt könnt ihr's noch nicht,
3 weil ihr noch fleischlich seid. Denn
wenn Eifersucht und Zank unter euch
sind, seid ihr da nicht fleischlich und wan-
delt nach menschlicher Weise?
4 Denn so einer sagt: Ich bin paulisch,
der andere aber: Ich bin apollisch, ist das
nicht menschlich geredet?
5 Wer ist nun Apollos? Wer ist Paulus?
Diener sind sie, durch welche ihr seid
gläubig geworden, und das, wie es der
Herr einem jeglichen gegeben hat.
6 Ich habe gepflanzt, Apollos hat begos-
sen; aber Gott hat das Gedeihen gegeben.

7 So ist nun weder der da pflanzt noch
der da begießt etwas, sondern Gott, der
das Gedeihen gibt.
8 Der aber pflanzt und der da begießt,
die sind einer wie der andere. Ein jeglicher
aber wird seinen Lohn empfangen nach
seiner Arbeit.
9 Denn wir sind Gottes Mitarbeiter; ihr
seid Gottes Ackerfeld und Gottes Bau.
10 Ich nach Gottes Gnade, die mir ge-
geben ist, habe den Grund gelegt als ein
weiser Baumeister; ein anderer baut dar-
auf. Ein jeglicher aber sehe zu, wie er
darauf baue.

Die Verantwortung der Lehrer

11 **Einen andern Grund kann niemand
legen außer dem, der gelegt ist, welcher ist
Jesus Christus.**
12 Wenn aber jemand auf diesen Grund
baut Gold, Silber, edle Steine, Holz, Heu,
Stroh,
13 so wird eines jeglichen Werk offenbar
werden; der Tag wird's klar machen.
Denn mit Feuer wird er sich offenbaren;
und welcherlei eines jeglichen Werk sei,
wird das Feuer bewähren.
14 Wird jemandes Werk bleiben, das er
darauf gebaut hat, so wird er Lohn emp-
fangen.
15 Wird aber jemandes Werk verbren-
nen, so wird er Schaden leiden; er selbst
aber wird gerettet werden, doch so wie
durchs Feuer hindurch.
16 Wisset ihr nicht, daß ihr Gottes
Tempel seid und der Geist Gottes in euch
wohnt?
17 Wenn jemand den Tempel Gottes
verdirbt, den wird Gott verderben, denn
der Tempel Gottes ist heilig; der seid ihr.
18 Niemand betrüge sich selbst. Welcher
sich unter euch dünkt, weise zu sein in
dieser Welt, der werde ein Narr, auf daß
er möge weise sein.
19 Denn dieser Welt Weisheit ist Tor-
heit bei Gott. Denn es steht geschrieben
(Hiob 5,13): «Die Weisen erhascht er in
ihrer Klugheit»,
20 und abermals (Ps 94,11): «Der Herr
weiß der Weisen Gedanken, daß sie nich-
tig sind.»
21 Darum rühme sich niemand eines
Menschen; denn es ist alles euer:
22 es sei Paulus oder Apollos oder Ke-
phas, es sei Welt oder Leben oder Tod, es
sei Gegenwärtiges oder Zukünftiges, alles
ist euer,
23 ihr aber seid Christi, Christus aber
ist Gottes.

4 Dafür halte uns jedermann: für Chri-
sti Diener und Haushalter über Gottes
Geheimnisse.
2 Nun sucht man nicht mehr an den
Haushaltern, als daß sie treu erfunden
werden.
3 Mir aber ist's ein Geringes, daß ich
von euch gerichtet werde oder von einem
menschlichen Tage; auch richte ich mich
selbst nicht.
4 Ich bin mir nichts bewußt, aber darin
bin ich nicht gerechtfertigt; der Herr ist's
aber, der mich richtet.
5 Darum richtet nicht vor der Zeit, bis
der Herr kommt, welcher wird ans Licht
bringen, auch was im Finstern verborgen
ist, und wird das Trachten der Herzen
offenbar machen. Alsdann wird einem
jeglichen von Gott sein Lob widerfahren.

Gegen die Selbstüberhebung der Korinther

6 Solches aber, liebe Brüder, habe ich auf
mich und Apollos gedeutet um euretwil-
len, damit ihr an uns lernet, was das heißt:
Nicht über das hinaus, was geschrieben
steht! auf daß sich nicht einer wider den
andern um jemandes willen aufblase.
7 Denn wer gibt dir einen Vorzug? Was
hast du, das du nicht empfangen hast?
Wenn du es aber empfangen hast, was
rühmest du dich denn, als hättest du es
nicht empfangen?
8 Ihr seid schon satt geworden? Ihr seid
schon reich geworden? Ihr herrschet ohne
uns? Ja, wollte Gott, ihr herrschtet, auf
daß auch wir mit euch herrschen möch-
ten!
9 Denn mich dünkt, Gott habe uns
Apostel als die Allergeringsten darge-
stellt, wie dem Tode übergeben. Denn wir
sind ein Schauspiel geworden der Welt
und den Engeln und den Menschen.
10 Wir sind Narren um Christi willen,
ihr aber seid klug in Christus; wir schwach,
ihr aber stark; ihr herrlich, wir aber ver-
achtet.
11 Bis auf diese Stunde leiden wir Hun-
ger und Durst und Blöße und werden ge-
schlagen und haben keine sichere Stätte

12 und arbeiten und wirken mit unsern
eigenen Händen. Man schilt uns, so segnen wir; man verfolgt uns, so dulden wir's; man lästert uns, so reden wir freundlich.
13 Wir sind geworden wie der Abschaum der Welt, jedermanns Kehricht, bis heute.

Paulus der Vater der Gemeinde zu Korinth

14 Nicht schreibe ich solches, daß ich euch beschäme; sondern ich vermahne euch als meine lieben Kinder.
15 Denn ob ihr gleich zehntausend Zuchtmeister hättet in Christus, so habt ihr doch nicht viele Väter; denn ich habe euch gezeugt in Christus Jesus durchs Evangelium.
16 Darum ermahne ich euch: Seid meine Nachfolger!
17 Aus derselben Ursache habe ich Timotheus zu euch gesandt, welcher ist mein lieber und getreuer Sohn in dem Herrn, daß er euch erinnere an meine Wege, die in Christus Jesus sind, wie ich sie an allen Enden in allen Gemeinden lehre.
18 Es blähen sich etliche auf, als würde ich nicht zu euch kommen.
19 Ich werde aber gar bald zu euch kommen, so der Herr will, und kennenlernen nicht die Worte der Aufgeblasenen, sondern ihre Kraft.
20 Denn **das Reich Gottes steht nicht in Worten, sondern in Kraft.**
21 Was wollt ihr? Soll ich mit der Rute zu euch kommen oder mit Liebe und sanftmütigem Geist?

Ausschluß der Unzüchtigen aus der Gemeinde

5 Überdies geht die Rede, daß Unzucht unter euch ist, und zwar eine solche Unzucht, von der auch die Heiden nicht zu sagen wissen: daß einer seines Vaters Frau habe.
2 Und ihr seid aufgeblasen und habt nicht vielmehr Leid getragen, auf daß, der diese Tat begangen hat, aus eurer Mitte hinweggetan würde?
3 Ich zwar, der ich mit dem Leibe nicht da bin, doch mit dem Geist, habe schon, als sei ich gegenwärtig, beschlossen über den, der solches getan hat:
4 wenn ihr versammelt seid im Namen des Herrn Jesus und mein Geist samt der Kraft unsers Herrn Jesus bei euch ist,
5 wollen wir diesen Menschen übergeben dem Satan zum Verderben des Fleisches, auf daß der Geist gerettet werde am Tage des Herrn.
6 Euer Ruhm ist nicht fein. Wisset ihr nicht, daß ein wenig Sauerteig den ganzen Teig versäuert?
7 Darum feget den alten Sauerteig aus, auf daß ihr ein neuer Teig seid, wie ihr ja ungesäuert seid. Denn auch wir haben ein Osterlamm, das ist Christus, für uns geopfert.
8 Darum lasset uns Ostern halten, nicht im alten Sauerteig, auch nicht im Sauerteig der Bosheit und Argheit, sondern in dem Süßteig der Lauterkeit und der Wahrheit.
9 Ich habe euch geschrieben in dem Briefe, daß ihr nichts sollt zu schaffen haben mit den Unzüchtigen.
10 Das meine ich nicht insgemein von den Unzüchtigen in dieser Welt oder den Geizigen oder Räubern oder Götzendienern; sonst müßtet ihr ja die Welt räumen.
11 Vielmehr schrieb ich euch: ihr sollt nicht mit einem zu schaffen haben, der sich läßt einen Bruder nennen und ist ein Unzüchtiger oder ein Geiziger oder ein Götzendiener oder ein Lästerer oder ein Trunkenbold oder ein Räuber; mit dem sollt ihr auch nicht essen.
12 Denn was gehen mich die draußen an, daß ich sie sollte richten? Habt ihr nicht, die drinnen sind, zu richten?
13 Gott aber wird, die draußen sind, richten. Tut ihr selbst von euch hinaus, wer da böse ist!

Rechtssachen unter Christen

6 Wie darf jemand unter euch, wenn er einen Streit hat mit einem andern, sein Recht suchen vor den Ungerechten und nicht vor den Heiligen?
2 Wisset ihr nicht, daß die Heiligen die Welt richten werden? Wenn nun die Welt soll von euch gerichtet werden, seid ihr dann nicht gut genug, geringe Sachen zu richten?
3 Wisset ihr nicht, daß wir über Engel richten werden? Wieviel mehr über die zeitlichen Güter.
4 Ihr aber, wenn ihr über zeitlichen Gütern rechtet, so nehmt ihr solche, die in

der Gemeinde nichts gelten, und setzt sie
zu Richtern.
5 Euch zur Schande muß ich das sagen.
Ist so gar kein Weiser unter euch, auch
nicht **einer**, der da könnte richten zwi-
schen Bruder und Bruder?
6 Sondern ein Bruder rechtet mit dem
andern, dazu vor den Ungläubigen!
7 Es ist ja schon ein Mangel an euch,
daß ihr miteinander rechtet. Warum lasset
ihr euch nicht lieber Unrecht tun? Warum
lasset ihr euch nicht lieber übervorteilen?
8 Statt dessen tut ihr Unrecht und über-
vorteilt, und das an Brüdern!

Unzucht und christliche Freiheit

9 Wisset ihr nicht, daß die Ungerechten
werden das Reich Gottes nicht ererben?
Lasset euch nicht irreführen! Weder die
Unzüchtigen noch die Götzendiener noch
die Ehebrecher noch die Weichlinge noch
die Knabenschänder
10 noch die Diebe noch die Geizigen
noch die Trunkenbolde noch die Lästerer
noch die Räuber werden das Reich Gottes
ererben.
11 Und solche sind euer etliche gewesen.
Aber ihr seid abgewaschen, ihr seid ge-
heiligt, ihr seid gerecht geworden durch
den Namen des Herrn Jesus Christus und
durch den Geist unsers Gottes.
12 Mir ist alles erlaubt, es frommt aber
nicht alles. Mir ist alles erlaubt, es soll
mich aber nichts gefangen nehmen.
13 Die Speise dem Bauche und der
Bauch der Speise; aber Gott wird diesen
und jene zunichte machen. Der Leib je-
doch nicht der Unzucht, sondern dem
Herrn, und der Herr dem Leibe.
14 Gott aber hat den Herrn auferweckt
und wird auch uns auferwecken durch
seine Kraft.
15 Wisset ihr nicht, daß eure Leiber
Christi Glieder sind? Sollte ich nun die
Glieder Christi nehmen und Hurenglieder
daraus machen? Das sei ferne!
16 Oder wisset ihr nicht, daß, wer an der
Hure hanget, der ist **ein** Leib mit ihr?
Denn «es werden», sagt die Schrift (1.
Mose 2,24), «die zwei **ein** Fleisch sein».
17 Wer aber dem Herrn anhanget, der
ist **ein** Geist mit ihm.
18 Fliehet die Unzucht! Alle Sünden,
die der Mensch tut, sind außer seinem
Leibe; wer aber Unzucht treibt, der sün-
digt an seinem eigenen Leibe.
19 Oder **wisset ihr nicht, daß euer Leib ein
Tempel des heiligen Geistes ist, der in euch
ist, welchen ihr habt von Gott, und seid nicht
euer eigen?**
20 **Denn ihr seid teuer erkauft; darum so
preiset Gott an eurem Leibe.**

Ehe und Ehelosigkeit

7 Wovon ihr aber mir geschrieben habt,
darauf antworte ich: Es ist dem Men-
schen gut, daß er kein Weib berühre.
2 Doch um der Unkeuschheit willen
habe ein jeglicher seine eigene Frau, und
eine jegliche habe ihren eigenen Mann.
3 Der Mann leiste der Frau die schuldi-
ge Pflicht, desgleichen die Frau dem
Manne.
4 Die Frau ist ihres Leibes nicht mächtig,
sondern der Mann. Desgleichen der Mann
ist seines Leibes nicht mächtig, sondern
die Frau.
5 Entziehe sich nicht eins dem andern,
es sei denn mit beider Bewilligung eine
Zeitlang, daß ihr zum Beten Ruhe habt;
und dann kommt wiederum zusammen,
auf daß euch der Satan nicht versuche,
weil ihr euch nicht enthalten könnt.
6 Solches sage ich aber als Erlaubnis und
nicht als Gebot.
7 Ich wollte wohl lieber, alle Menschen
wären, wie ich bin; doch ein jeglicher hat
seine eigene Gabe von Gott, einer so, der
andere so.
8 Den Ledigen und Witwen sage ich: Es
ist ihnen gut, wenn sie auch bleiben wie
ich.
9 Wenn sie aber sich nicht können ent-
halten, so laß sie freien; es ist besser freien
als von Begierde verzehrt werden.

Ehescheidung

10 Den Ehelichen aber gebiete nicht ich,
sondern der Herr, daß die Frau sich nicht
scheide von dem Manne
11 – hat sie sich aber geschieden, soll sie
ohne Ehe bleiben oder sich mit dem Man-
ne versöhnen – und daß der Mann die
Frau nicht von sich schicke.
12 Den andern aber sage ich, nicht der
Herr: Wenn ein Bruder eine ungläubige
Frau hat, und sie ist willig, bei ihm zu
wohnen, der scheide sich nicht von ihr.

13 Und wenn eine Frau einen ungläubi-
gen Mann hat, und er ist willig, bei ihr zu
wohnen, die scheide sich nicht von ihm.
14 Denn der ungläubige Mann ist ge-
heiligt durch die Frau, und die ungläubige
Frau ist geheiligt durch den gläubigen
Mann. Sonst wären eure Kinder unrein;
nun aber sind sie heilig.
15 Wenn aber der Ungläubige sich
scheiden will, so laß ihn sich scheiden. Es
ist der Bruder oder die Schwester nicht
gebunden in solchen Fällen. Zum Frieden
hat euch Gott berufen.
16 Denn was weißt du, Frau, ob du den
Mann werdest retten können? Oder du,
Mann, was weißt du, ob du die Frau wer-
dest retten können?

Unterschiede in der Gemeinde

17 Vielmehr wie einem jeglichen der
Herr hat zugeteilt, wie einen jeglichen
Gott berufen hat, so wandle er. Und so
verordne ich's in allen Gemeinden.
18 Ist jemand als Beschnittener berufen,
der bleibe bei der Beschneidung. Ist je-
mand als Unbeschnittener berufen, der
lasse sich nicht beschneiden.
19 Beschnitten sein ist nichts, und unbe-
schnitten sein ist nichts, sondern Gottes
Gebote halten.
20 Ein jeglicher bleibe in dem, darin er
berufen ist.
21 Bist du als Sklave berufen, sorge dich
nicht; doch kannst du frei werden, so er-
greife es viel lieber.
22 Denn wer als Sklave berufen ist in
dem Herrn, der ist ein Freigelassener des
Herrn; desgleichen, wer als Freier be-
rufen ist, der ist ein Knecht Christi.
23 **Ihr seid teuer erkauft; werdet nicht der
Menschen Knechte.**
24 Ein jeglicher, liebe Brüder, worin er
berufen ist, darin bleibe er vor Gott.

Von den Unverheirateten

25 Über die Jungfrauen habe ich kein
Gebot des Herrn; ich sage aber meine
Meinung, als der ich die Barmherzigkeit
erlangt habe von dem Herrn, sein Ge-
treuer zu sein.
26 So meine ich nun, solches sei gut um
der kommenden Not willen – es sei dem
Menschen gut, ledig zu sein.
27 Bist du an eine Frau gebunden, so
suche nicht, von ihr loszukommen; bist
du los von der Frau, so suche keine Frau.
28 Wenn du aber doch freist, sündigst
du nicht, und wenn eine Jungfrau freit,
sündigt sie nicht; doch werden sie leib-
liche Trübsal haben. Ich aber schonte
euch gerne.
29 **Das** sage ich aber, liebe Brüder: Die
Zeit ist kurz. Fortan müssen auch die da
Frauen haben sein, als hätten sie keine;
und die da weinen, als weinten sie nicht;
30 und die sich freuen, als freuten sie
sich nicht; und die da kaufen, als be-
säßen sie es nicht;
31 und die diese Welt gebrauchen, als
gebrauchten sie sie nicht. Denn das Wesen
dieser Welt vergeht.
32 Ich möchte aber, daß ihr ohne Sorge
seid. Wer ledig ist, der sorgt um des Herrn
Sache, nämlich wie er dem Herrn gefalle;
33 wer aber gefreit hat, der sorgt um die
Dinge der Welt, nämlich wie er der Frau
gefalle, und so ist er geteilten Herzens.
34 Und die Frau, die keinen Mann hat,
und die Jungfrau sorgt um des Herrn
Sache, nämlich daß sie heilig sei am Leib
und auch am Geist; die aber gefreit hat,
die sorgt um die Dinge der Welt, nämlich
wie sie dem Manne gefalle.
35 Solches aber sage ich zu eurem eige-
nen Nutzen; nicht, daß ich euch einen
Strick um den Hals werfe, sondern dazu,
daß es fein zugehe und ihr stetig und un-
verhindert dem Herrn dienen könnt.
36 Wenn aber jemand sich läßt dünken,
es wolle übel geraten mit seiner Jungfrau,
weil sie mannbar ist, und es kann nicht
anders sein, so tue er, was er will; er sün-
digt nicht, er lasse sie freien.
37 Wenn einer aber in seinem Herzen
fest steht, der nicht unter Zwang ist und
seinen freien Willen hat, und beschließt in
seinem Herzen, seine Jungfrau ledig blei-
ben zu lassen, der tut wohl.
38 Demnach, welcher seine Jungfrau
verheiratet, der tut wohl; welcher sie aber
nicht verheiratet, der tut besser.

Von den Witwen

39 Eine Frau ist gebunden, solange ihr
Mann lebt; wenn aber ihr Mann ent-
schläft, ist sie frei, zu heiraten, welchen sie
will, nur daß es in dem Herrn geschehe!
40 Seliger ist sie aber, wenn sie ledig

bleibt, nach meiner Meinung. Ich halte aber dafür: auch ich habe den Geist Gottes.

Vom Essen des Götzenopferfleisches

8 Was aber das Götzenopfer anlangt, so haben wir ja alle das Wissen. Das Wissen bläst auf; aber die Liebe baut auf.

2 Wenn sich jemand dünken läßt, er wisse etwas, der weiß noch nicht, wie man erkennen soll.

3 Wenn aber jemand Gott liebt, der ist von ihm erkannt.

4 Von dem Essen des Götzenopfers aber wissen wir, daß kein Götze in der Welt ist und daß kein Gott ist als der eine.

5 Und wiewohl solche sind, die Götter genannt werden, es sei im Himmel oder auf Erden, wie es ja viele Götter und viele Herren gibt,

6 **so haben wir doch nur einen Gott, den Vater, von welchem alle Dinge sind und wir zu ihm; und einen Herrn, Jesus Christus, durch welchen alle Dinge sind und wir durch ihn.**

7 Es hat aber nicht jedermann das Wissen. Denn etliche, weil sie bisher an die Götzen gewöhnt waren, essen's als Götzenopfer; damit wird ihr Gewissen, weil es schwach ist, befleckt.

8 Aber Speise wird uns nicht Gott wohlgefällig machen. Essen wir nicht, so werden wir darum nichts weniger sein; essen wir, so werden wir darum nicht besser sein.

9 Sehet aber zu, daß diese eure Freiheit nicht gerate zu einem Anstoß für die Schwachen!

10 Denn wenn dich, der du das Wissen hast, jemand sähe zu Tische sitzen im Götzenhause, wird nicht sein Gewissen, da er doch schwach ist, bestärkt, das Götzenopfer zu essen?

11 Und so wird über deinem Wissen der Schwache ins Verderben kommen, der Bruder, um des willen doch Christus gestorben ist.

12 Wenn ihr aber so sündigt an den Brüdern und verletzet ihr schwaches Gewissen, so sündigt ihr an Christus.

13 Darum, wenn die Speise meinen Bruder zur Sünde verführt, wollte ich nimmermehr Fleisch essen, auf daß ich meinen Bruder nicht verführe.

Des Paulus Vorbild im Verzichten

9 Bin ich nicht frei? Bin ich nicht ein Apostel? Habe ich nicht unsern Herrn Jesus gesehen? Seid nicht ihr mein Werk in dem Herrn?

2 Bin ich andern nicht ein Apostel, so bin ich doch euer Apostel; denn das Siegel meines Apostelamts seid ihr in dem Herrn.

3 Denen, die über mich zu Gericht sitzen, antworte ich so:

4 Haben wir nicht das Recht, zu essen und zu trinken?

5 Haben wir nicht auch das Recht, eine Schwester als Ehefrau mit uns zu führen wie die andern Apostel und des Herrn Brüder und Kephas?

6 Oder haben allein ich und Barnabas nicht das Recht, nicht zu arbeiten?

7 Wer zieht jemals in den Krieg auf seinen eigenen Sold? Wer pflanzt einen Weinberg und isset nicht seine Frucht? Oder wer weidet eine Herde und nährt sich nicht von der Milch der Herde?

8 Rede ich aber solches nach menschlichem Gutdünken? Sagt nicht solches das Gesetz auch?

9 Denn im Gesetz des Mose steht geschrieben (5. Mose 25,4): «Du sollst dem Ochsen, der da drischt, nicht das Maul verbinden.» Sorgt sich Gott etwa um die Ochsen?

10 Oder redet er nicht allenthalben um unsertwillen? Denn es ist ja um unsertwillen geschrieben, daß, der da pflügt, soll auf Hoffnung pflügen; und der da drischt, soll auf Hoffnung dreschen, daß er sein Teil empfangen werde.

11 Wenn wir euch das Geistliche säen, ist es dann ein groß Ding, wenn wir euer Leibliches ernten?

12 Wenn andere dieses Rechtes an euch teilhaftig sind, warum nicht viel mehr wir? Aber wir haben solches Recht nicht gebraucht, sondern wir ertragen alles, daß wir nicht dem Evangelium Christi ein Hindernis bereiten.

13 Wisset ihr nicht, daß, die da opfern, vom Opfer essen und, die am Altar dienen, vom Altar genießen?

14 So hat auch der Herr befohlen, daß, die das Evangelium verkündigen, sollen sich vom Evangelium nähren.

15 Ich aber habe der keines gebraucht.

Ich schreibe auch nicht darum davon, daß es mit mir nun sollte so gehalten werden. Es wäre mir lieber, ich stürbe, als daß mir jemand meinen Ruhm sollte zunichte machen.

16 Denn daß ich das Evangelium predige, darf ich mich nicht rühmen; denn ich muß es tun. Und wehe mir, wenn ich das Evangelium nicht predigte!

17 Täte ich's aus eigenem Willen, so würde mir gelohnt. Ich tue es aber nicht aus eigenem Willen; mir ist das Amt befohlen.

18 Was ist denn nun mein Lohn? Daß ich predige das Evangelium frei umsonst, so daß ich von meinem Recht am Evangelium nicht Gebrauch mache.

19 Denn wiewohl ich frei bin von jedermann, habe ich doch mich selbst jedermann zum Knechte gemacht, auf daß ich ihrer viele gewinne.

20 Den Juden bin ich geworden wie ein Jude, auf daß ich die Juden gewinne. Denen, die unter dem Gesetz sind, bin ich geworden wie einer unter dem Gesetz – wiewohl ich selbst nicht unter dem Gesetz bin –, auf daß ich die, so unter dem Gesetz sind, gewinne.

21 Denen, die ohne Gesetz sind, bin ich wie einer ohne Gesetz geworden – wiewohl ich doch nicht ohne Gesetz bin vor Gott, sondern bin in dem Gesetz Christi –, auf daß ich die, so ohne Gesetz sind, gewinne.

22 Den Schwachen bin ich geworden ein Schwacher, auf daß ich die Schwachen gewinne. Ich bin allen alles geworden, damit ich auf alle Weise etliche rette.

23 Alles aber tue ich um des Evangeliums willen, auf daß ich seiner teilhaftig werde.

24 Wisset ihr nicht, daß die, so in der Kampfbahn laufen, die laufen alle, aber **einer** empfängt den Siegespreis? Laufet so, daß ihr ihn erlanget!

25 Ein jeglicher aber, der da kämpft, enthält sich alles Dinges; jene nun, daß sie einen vergänglichen Kranz empfangen, wir aber einen unvergänglichen.

26 Ich laufe aber so, nicht als aufs Ungewisse; ich fechte so, nicht als der in die Luft schlägt,

27 sondern ich züchtige meinen Leib und zähme ihn, daß ich nicht den andern predige und selbst verwerflich werde.

Das warnende Beispiel Israels

10 Ich will euch aber, liebe Brüder, nicht in Unwissenheit darüber lassen, daß unsre Väter sind alle unter der Wolke gewesen und sind alle durchs Meer gegangen

2 und sind alle auf Mose getauft mit der Wolke und mit dem Meer

3 und haben alle einerlei geistliche Speise gegessen

4 und haben alle einerlei geistlichen Trank getrunken; sie tranken aber von dem geistlichen Fels, der mitfolgte, welcher war Christus.

5 Aber an den meisten von ihnen hatte Gott kein Wohlgefallen, denn sie wurden niedergeschlagen in der Wüste.

6 Das ist aber uns zum Vorbilde geschehen, daß wir uns nicht gelüsten lassen des Bösen, gleichwie jene gelüstet hat.

7 Werdet auch nicht Götzendiener, gleichwie jener etliche wurden, wie geschrieben steht (2. Mose 32,6): «Das Volk setzte sich nieder, zu essen und zu trinken, und stand auf, zu spielen.»

8 Auch lasset uns nicht Unzucht treiben, wie etliche unter jenen Unzucht trieben, und fielen auf **einen** Tag dreiundzwanzigtausend.

9 Lasset uns auch den Herrn nicht versuchen, wie etliche von jenen ihn versuchten und wurden von den Schlangen umgebracht.

10 Murret auch nicht, gleichwie jener etliche murrten und wurden umgebracht durch den Verderber.

11 Solches widerfuhr jenen als ein Vorbild. Es ist aber geschrieben uns zur Warnung, auf welche das Ende der Welt gekommen ist.

12 Darum, **wer sich läßt dünken, er stehe, mag wohl zusehen, daß er nicht falle.**

13 Es hat euch noch keine denn menschliche Versuchung betroffen. Aber **Gott ist getreu, der euch nicht läßt versuchen über euer Vermögen, sondern macht, daß die Versuchung so ein Ende gewinne, daß ihr's könnet ertragen.**

Heiliges Abendmahl und Götzendienst

14 Darum, meine Lieben, fliehet den Götzendienst!

15 Als mit Klugen rede ich; urteilet ihr, was ich sage.

16 Der gesegnete Kelch, welchen wir
segnen, ist der nicht die Gemeinschaft des
Blutes Christi? Das Brot, das wir brechen,
ist das nicht die Gemeinschaft des Leibes
Christi?
17 Denn **ein** Brot ist's, so sind wir viele
ein Leib, weil wir alle **eines** Brotes teil-
haftig sind.
18 Sehet an das Israel nach dem Fleisch.
Welche die Opfer essen, sind die nicht in
der Gemeinschaft des Altars?
19 Was will ich nun damit sagen? Daß
das Götzenopfer etwas sei? Oder daß der
Götze etwas sei?
20 Nein; sondern was die Heiden opfern,
das opfern sie den bösen Geistern und
nicht Gott. Nun will ich nicht, daß ihr in
der Teufel Gemeinschaft sein sollt.
21 Ihr könnt nicht zugleich trinken des
Herrn Kelch und der Teufel Kelch; ihr
könnt nicht zugleich teilhaftig sein des
Tisches des Herrn und des Tisches der
Teufel.
22 Oder wollen wir dem Herrn trotzen?
Sind wir stärker als er?

Rücksicht auf das Gewissen

23 Alles ist erlaubt, aber es frommt
nicht alles. Alles ist erlaubt, aber es erbaut
nicht alles.
24 Niemand suche das Seine, sondern
das, was des andern ist.
25 Alles, was feil ist auf dem Fleisch-
markt, das esset, und forschet nicht nach,
auf daß ihr das Gewissen nicht beschweret.
26 Denn «die Erde ist des Herrn und
was darinnen ist» (Ps 24,1).
27 Wenn jemand von den Ungläubigen
euch einladet und ihr wollt hingehen, so
esset alles, was euch vorgesetzt wird, und
forschet nicht nach, auf daß ihr das Ge-
wissen nicht beschweret.
28 Wenn aber jemand würde zu euch
sagen: Das ist Opferfleisch, so esset nicht,
um des willen, der es euch anzeigte, auf
daß ihr das Gewissen nicht beschweret.
29 Ich rede aber vom Gewissen, nicht
deinem eigenen, sondern von dem des an-
dern. Denn warum sollte ich über meine
Freiheit lassen urteilen von eines andern
Gewissen?
30 So ich's mit Danksagung genieße,
was sollte ich mich dann verlästern lassen
über dem, wofür ich danke?
31 **Ihr esset nun oder trinket oder was ihr
tut, so tut es alles zu Gottes Ehre.**
32 Gebet kein Ärgernis weder den Ju-
den noch den Griechen noch der Gemein-
de Gottes,
33 gleichwie ich auch jedermann in
allem zu Gefallen lebe und suche nicht,
was mir, sondern was vielen frommt, da-
mit sie gerettet werden.
1 Seid meine Nachfolger, gleichwie ich
Christi!

Verhalten im Gottesdienst

11 2 Ich lobe euch, daß ihr an mich ge-
denket in allen Stücken und haltet
den Brauch, wie ich ihn euch gegeben
habe.
3 Ich lasse euch aber wissen, daß Chri-
stus ist eines jeglichen Mannes Haupt; der
Mann aber ist des Weibes Haupt; Gott
aber ist Christi Haupt.
4 Ein jeglicher Mann, der da betet oder
weissagt und hat etwas auf dem Haupt,
der schändet sein Haupt.
5 Eine Frau aber, die da betet oder weis-
sagt mit unbedecktem Haupt, die schän-
det ihr Haupt; denn es ist ebensoviel, als
wäre sie geschoren.
6 Will sie sich nicht bedecken, so schnei-
de man ihr auch das Haar ab. Nun es aber
einer Frau übel steht, daß sie das Haar
abgeschnitten habe oder geschoren sei, so
lasset sie das Haupt bedecken.
7 Der Mann aber soll das Haupt nicht
bedecken, denn er ist Gottes Bild und Ab-
glanz; die Frau aber ist des Mannes Ab-
glanz.
8 Denn der Mann ist nicht vom Weibe,
sondern das Weib ist vom Manne.
9 Und der Mann ist nicht geschaffen um
des Weibes willen, sondern das Weib um
des Mannes willen.
10 Darum soll die Frau eine Macht* auf
dem Haupte haben um der Engel willen.
11 Doch ist weder das Weib etwas ohne
den Mann, noch der Mann etwas ohne
das Weib in dem Herrn;
12 denn wie das Weib von dem Manne,
so kommt auch der Mann durch das Weib;
aber alles von Gott.
13 Urteilt bei euch selbst, ob es sich
ziemt, daß eine Frau unbedeckt vor Gott
bete.

*«Macht» bedeutet wohl: Schleier.

14 Lehrt euch nicht auch die Natur selbst, daß es einem Manne eine Unehre ist, so er langes Haar trägt,

15 aber der Frau eine Ehre, so sie langes Haar hat? Das Haar ist ihr zum Schleier gegeben.

16 Ist aber jemand unter euch, der Lust hat, darüber zu zanken, der wisse, daß wir solchen Brauch nicht haben, die Gemeinden Gottes auch nicht.

Feier des heiligen Abendmahls

17 Dies aber muß ich befehlen: Ich kann's nicht loben, daß ihr nicht zum Guten, sondern zum Schlimmen zusammenkommt.

18 Zum ersten, wenn ihr zusammenkommt in der Gemeinde, höre ich, es seien Spaltungen unter euch; und zum Teil glaube ich's.

19 Denn es müssen ja wohl Spaltungen unter euch sein, auf daß die, so rechtschaffen sind, offenbar unter euch werden.

20 Wenn ihr nun zusammenkommt, so hält man da nicht das Abendmahl des Herrn.

21 Denn ein jeglicher nimmt beim Essen sein eigenes Mahl vorweg, und einer ist hungrig, der andere ist trunken.

22 Habt ihr denn nicht Häuser, wo ihr essen und trinken könnt? Oder verachtet ihr die Gemeinde Gottes und beschämt die, die da nichts haben? Was soll ich euch sagen? Soll ich euch loben? Hierin lobe ich euch nicht.

23 Denn ich habe es von dem Herrn empfangen, was ich euch gegeben habe: **Der Herr Jesus in der Nacht, da er verraten ward, nahm er das Brot,**

24 **dankte und brach's und sprach: Nehmet, esset, das ist mein Leib, der für euch gegeben wird; solches tut zu meinem Gedächtnis.**

25 **Desselbigengleichen auch den Kelch nach dem Mahl und sprach: Dieser Kelch ist das neue Testament in meinem Blut; solches tut, sooft ihr's trinket, zu meinem Gedächtnis.**

26 Denn sooft ihr von diesem Brot esset und von diesem Kelch trinket, verkündigt ihr des Herrn Tod, bis daß er kommt.

27 Welcher nun unwürdig* von diesem Brot isset oder von dem Kelch des Herrn trinket, der ist schuldig an dem Leib und Blut des Herrn.

28 Der Mensch prüfe aber sich selbst, und so esse er von diesem Brot und trinke von diesem Kelch.

29 Denn welcher also isset und trinket, daß er nicht unterscheidet den Leib des Herrn, der isset und trinket sich selber zum Gericht.

30 Darum sind auch viele Schwache und Kranke unter euch, und ein gut Teil sind entschlafen.

31 Wenn wir uns selber richteten, so würden wir nicht gerichtet.

32 Wenn wir aber von dem Herrn gerichtet werden, so werden wir gezüchtigt, auf daß wir nicht samt der Welt verdammt werden.

33 Darum, meine lieben Brüder, wenn ihr zusammenkommt, zu essen, so wartet aufeinander.

34 Hungert jemand, der esse daheim, auf daß ihr nicht zum Gericht zusammenkommt.

Das andre will ich ordnen, wenn ich komme.

Viele Gaben – ein Geist

12 Über die geistlichen Gaben aber will ich euch, liebe Brüder, nicht ohne Erkenntnis lassen.

2 Ihr wisset: als ihr Heiden waret, zog es euch mit Macht zu den stummen Götzen.

3 Darum tue ich euch kund, daß niemand Jesus verflucht, der durch den Geist Gottes redet; und niemand kann Jesus den Herrn heißen ohne durch den heiligen Geist.

4 **Es sind mancherlei Gaben; aber es ist ein Geist.**

5 **Und es sind mancherlei Ämter; aber es ist ein Herr.**

6 **Und es sind mancherlei Kräfte; aber es ist ein Gott, der da wirket alles in allen.**

7 In einem jeglichen offenbaren sich die Gaben des Geistes zu gemeinem Nutzen.

8 Einem wird gegeben durch den Geist, zu reden von der Weisheit; dem andern wird gegeben, zu reden von der Erkenntnis, nach demselben Geist;

9 einem andern der Glaube, in demselben Geist; einem andern die Gabe, gesund zu machen, in dem **einen** Geist;

*d. h. in einer Weise, die die Heilstat Christi mißachtet.

10 einem andern die Kraft, Wunder zu
tun; einem andern Weissagung; einem
andern, Geister zu unterscheiden; einem
andern mancherlei Zungenrede; einem
andern, die Zungen auszulegen.
11 Dies alles aber wirkt derselbe **eine**
Geist und teilt einem jeglichen das Seine
zu, wie er will.

Viele Glieder – ein Leib

12 Denn gleichwie **ein** Leib ist und hat
doch viele Glieder, alle Glieder aber des
Leibes, wiewohl ihrer viel sind, doch **ein**
Leib sind: so auch Christus.
13 Denn wir sind durch **einen** Geist alle
zu **einem** Leibe getauft, wir seien Juden
oder Griechen, Unfreie oder Freie, und
sind alle mit **einem** Geist getränkt.
14 Denn auch der Leib ist nicht **ein**
Glied, sondern viele.
15 Wenn aber der Fuß spräche: Ich bin
keine Hand, darum bin ich des Leibes
Glied nicht, sollte er um deswillen nicht
des Leibes Glied sein?
16 Und wenn das Ohr spräche: Ich bin
kein Auge, darum bin ich nicht des Leibes
Glied, sollte es um deswillen nicht des
Leibes Glied sein?
17 Wenn der ganze Leib Auge wäre, wo
bliebe das Gehör? Wenn er ganz Gehör
wäre, wo bliebe der Geruch?
18 Nun aber hat Gott die Glieder ge-
setzt, ein jegliches am Leibe besonders,
wie er gewollt hat.
19 Wenn aber alle Glieder **ein** Glied
wären, wo bliebe der Leib?
20 Nun aber sind der Glieder viele, aber
der Leib ist **einer**.
21 Es kann das Auge nicht sagen zu der
Hand: Ich bedarf dein nicht; oder wieder-
um das Haupt zu den Füßen: Ich bedarf
euer nicht.
22 Sondern vielmehr die Glieder des
Leibes, die uns dünken die schwächsten
zu sein, sind die nötigsten;
23 und die uns dünken am wenigsten
ehrbar zu sein, die umkleiden wir mit be-
sonderer Ehre; und die uns übel anstehen,
die schmückt man am meisten.
24 Denn die uns wohl anstehen, die be-
dürfen's nicht. Aber Gott hat den Leib
zusammengefügt und dem geringeren
Glied höhere Ehre gegeben,
25 auf daß nicht eine Spaltung im Leibe
sei, sondern die Glieder füreinander gleich
sorgen.
26 Und wenn **ein** Glied leidet, so leiden
alle Glieder mit, und wenn **ein** Glied wird
herrlich gehalten, so freuen sich alle Glie-
der mit.
27 Ihr seid aber der Leib Christi und
Glieder, ein jeglicher nach seinem Teil.
28 Und Gott hat gesetzt in der Ge-
meinde aufs erste Apostel, aufs andre
Propheten, aufs dritte Lehrer, danach
Wundertäter, danach Gaben, gesund zu
machen, Helfer, Regierer, mancherlei
Zungen.
29 Sind sie alle Apostel? Sind sie alle
Propheten? Sind sie alle Lehrer? Sind sie
alle Wundertäter?
30 Haben sie alle Gaben, gesund zu ma-
chen? Reden sie alle in Zungen? Können
sie alle auslegen?
31 Strebet aber nach den besten Gaben!
Und ich will euch noch einen köstliche-
ren Weg zeigen.

Die Liebe als die höchste Geistesgabe

13 Wenn ich mit Menschen- und mit
Engelzungen redete und hätte der
Liebe nicht, so wäre ich ein tönend Erz
oder eine klingende Schelle.
2 Und wenn ich weissagen könnte und
wüßte alle Geheimnisse und alle Erkennt-
nis und hätte allen Glauben, so daß ich
Berge versetzte, und hätte der Liebe nicht,
so wäre ich nichts.
3 Und wenn ich alle meine Habe den
Armen gäbe und ließe meinen Leib bren-
nen und hätte der Liebe nicht, so wäre
mir's nichts nütze.
4 Die Liebe ist langmütig und freund-
lich, die Liebe eifert nicht, die Liebe treibt
nicht Mutwillen, sie blähet sich nicht,
5 sie stellet sich nicht ungebärdig, sie
suchet nicht das Ihre, sie läßt sich nicht er-
bittern, sie rechnet das Böse nicht zu,
6 sie freuet sich nicht der Ungerechtig-
keit, sie freuet sich aber der Wahrheit;
7 sie verträgt alles, sie glaubet alles, sie
hoffet alles, sie duldet alles.
8 **Die Liebe höret nimmer auf**, so doch die
Weissagungen aufhören werden und das
Zungenreden aufhören wird und die Er-
kenntnis aufhören wird.
9 Denn unser Wissen ist Stückwerk, und
unser Weissagen ist Stückwerk.

10 Wenn aber kommen wird das Vollkommene, so wird das Stückwerk aufhören.
11 Da ich ein Kind war, da redete ich wie ein Kind und war klug wie ein Kind und hatte kindliche Anschläge; da ich aber ein Mann ward, tat ich ab, was kindlich war.
12 Wir sehen jetzt durch einen Spiegel in einem dunkeln Wort; dann aber von Angesicht zu Angesicht. Jetzt erkenne ich stückweise; dann aber werde ich erkennen, gleichwie ich erkannt bin.
13 **Nun aber bleibt Glaube, Hoffnung, Liebe, diese drei; aber die Liebe ist die größte unter ihnen.**

Die Gaben des Lehrens und des Zungenredens

14 Strebet nach der Liebe! Befleißiget euch der geistlichen Gaben, am meisten aber, daß ihr weissagen möget!
2 Denn wer in Zungen redet, der redet nicht für Menschen, sondern für Gott; denn niemand versteht ihn, vielmehr redet er im Geist Geheimnisse.
3 Wer aber weissagt, der redet den Menschen zur Erbauung und zur Ermahnung und zur Tröstung.
4 Wer in Zungen redet, der erbaut sich selbst; wer aber weissagt, der erbaut die Gemeinde.
5 Ich wollte, daß ihr alle in Zungen reden könntet; aber noch viel mehr, daß ihr weissagtet. Denn der da weissagt, ist größer, als der in Zungen redet; es sei denn, daß er's auch auslege, auf daß die Gemeinde dadurch erbaut werde.
6 Nun aber, liebe Brüder, wenn ich zu euch käme und redete in Zungen, was wäre ich euch nütze, wenn ich nicht zu euch redete Worte entweder der Offenbarung oder der Erkenntnis oder der Weissagung oder der Lehre?
7 Verhält sich's doch auch so mit den Dingen, die da tönen und doch nicht leben, es sei eine Pfeife oder eine Harfe: wenn sie nicht unterschiedliche Töne von sich geben, wie kann man erkennen, was da gepfiffen und geharfet wird?
8 Und wenn die Posaune einen undeutlichen Ton gibt, wer wird sich zum Streit rüsten?
9 So auch ihr, wenn ihr in Zungen redet und nicht mit deutlichen Worten, wie kann man wissen, was geredet ist? Ihr werdet in den Wind reden.
10 Es ist mancherlei Art der Sprache in der Welt, und nichts ist ohne Sprache.
11 Wenn ich nun nicht weiß der Sprache Bedeutung, werde ich den nicht verstehen, der da redet, und der da redet, wird mich nicht verstehen.
12 So auch ihr: da ihr euch befleißiget der geistlichen Gaben, trachtet danach, daß ihr sie reichlich habet, auf daß ihr die Gemeinde erbaut.
13 Darum, welcher in Zungen redet, der bete, daß er's auch auslegen könne.
14 Denn wenn ich in Zungen bete, so betet mein Geist; aber was ich im Sinn habe, bleibt ohne Frucht.
15 Wie soll es aber denn sein? Ich will beten im Geist und will auch verständlich beten; ich will Psalmen singen im Geist und will Psalmen auch verständlich singen.
16 Wenn du lobpreist im Geist, wie soll der, der dabeisteht und begreift es nicht, das Amen sagen auf deine Danksagung, da er doch nicht weiß, was du sagst?
17 Du danksagest wohl fein; aber der andere wird nicht davon erbaut.
18 Ich danke Gott, daß ich mehr in Zungen rede als ihr alle.
19 Aber ich will in der Gemeinde lieber fünf Worte reden mit verständlichem Sinn, auf daß ich auch andere unterweise, als zehntausend Worte in Zungen.
20 Liebe Brüder, werdet nicht Kinder, wenn es zu verstehen gilt. Wenn es aber etwas Böses gilt, dann seid wie Kinder. Im Verstehen aber seid vollkommen.
21 Im Gesetz steht geschrieben (Jes 28, 11.12): «Ich will in andern Zungen und mit andern Lippen reden zu diesem Volk, und sie werden mich auch so nicht hören, spricht der Herr.»
22 Darum dient die Zungenrede zum Zeichen nicht den Gläubigen, sondern den Ungläubigen; die Weissagung aber nicht den Ungläubigen, sondern den Gläubigen.
23 Wenn nun die ganze Gemeinde zusammenkäme an einen Ort und redeten alle in Zungen, es kämen aber hinein Unkundige oder Ungläubige, würden sie nicht sagen, ihr wäret von Sinnen?
24 Wenn sie aber alle weissagten und käme dann ein Ungläubiger oder Unkundiger hinein, der würde von ihnen allen

ins Gericht genommen und von allen
überführt;
25 das Verborgene seines Herzens würde
offenbar, und so würde er auf sein Ange-
sicht fallen, Gott anbeten und bekennen,
daß Gott wahrhaftig in euch ist.
26 Wie ist es denn nun, liebe Brüder?
Wenn ihr zusammenkommt, so hat ein
jeglicher einen Psalm, er hat eine Lehre,
er hat Offenbarung, er hat Zungenrede,
er hat Auslegung. Lasset es alles gesche-
hen zur Erbauung!
27 Wenn jemand in Zungen redet, so
seien es ihrer zwei oder aufs meiste drei,
und einer nach dem andern; und einer
lege es aus.
28 Ist aber kein Ausleger da, so schweige
er in der Gemeinde und rede für sich sel-
ber und für Gott.
29 Propheten aber lasset reden zwei oder
drei, und die andern lasset die Rede prüfen.
30 Wenn aber eine Offenbarung ge-
schieht einem andern, der da sitzt, so
schweige der erste.
31 Ihr könnet alle weissagen, einer nach
dem andern, auf daß sie alle lernen und
alle ermahnt werden.
32 Und die Geister der Propheten sind
den Propheten untertan.
33 Denn Gott ist nicht ein Gott der Un-
ordnung, sondern des Friedens.
34 Wie in allen Gemeinden der Heiligen
lasset die Frauen schweigen in der Ge-
meinde; denn es soll ihnen nicht zuge-
lassen werden, daß sie reden, sondern sie
sollen sich unterordnen, wie auch das
Gesetz sagt.
35 Wollen sie aber etwas lernen, so lasset
sie daheim ihre Männer fragen. Es steht der
Frau übel an, in der Gemeinde zu reden.
36 Oder ist von euch das Wort Gottes
ausgegangen? Oder ist's allein zu euch ge-
kommen?
37 So sich jemand läßt dünken, er sei
ein Prophet oder vom Geist erfüllt, der
erkenne, daß es des Herrn Gebot ist, was
ich euch schreibe.
38 Wer aber das nicht anerkennt, der
wird auch nicht anerkannt.
39 Darum, liebe Brüder, befleißiget euch
des Weissagens und wehret nicht, in Zun-
gen zu reden.
40 Lasset aber alles ehrbar und ordent-
lich zugehen.

Gewißheit der Auferstehung Christi

15 Ich erinnere euch aber, liebe Brüder,
an das Evangelium, das ich euch
verkündigt habe, welches ihr auch ange-
nommen habt, in welchem ihr auch stehet,
2 durch welches ihr auch selig werdet,
wenn ihr's festgehalten habt, in welcher
Gestalt ich es euch verkündigt habe; es
wäre denn, daß ihr umsonst gläubig ge-
worden wäret.
3 Denn ich habe euch zuvörderst ge-
geben, was ich auch empfangen habe: daß
Christus gestorben ist für unsre Sünden
nach der Schrift;
4 und daß er begraben ist; und daß er
auferstanden ist am dritten Tage nach der
Schrift;
5 und daß er gesehen worden ist von
Kephas, danach von den Zwölfen.
6 Danach ist er gesehen worden von
mehr als fünfhundert Brüdern auf **einmal,**
von denen die meisten noch heute leben,
etliche aber sind entschlafen.
7 Danach ist er gesehen worden von
Jakobus, danach von allen Aposteln.
8 Am letzten nach allen ist er auch von
mir als einer unzeitigen Geburt gesehen
worden.
9 Denn ich bin der geringste unter den
Aposteln, der ich nicht wert bin, daß ich
ein Apostel heiße, darum daß ich die Ge-
meinde Gottes verfolgt habe.
10 Aber **von Gottes Gnade bin ich, was ich
bin.** Und seine Gnade an mir ist nicht ver-
geblich gewesen, sondern ich habe viel
mehr gearbeitet als sie alle; nicht aber ich,
sondern Gottes Gnade, die mit mir ist.
11 Es sei nun ich oder jene: so predigen
wir, und so habt ihr geglaubt.

Wider die Leugnung der Auferstehung

12 Wenn aber Christus gepredigt wird,
daß er ist von den Toten auferstanden,
wie sagen denn etliche unter euch: Es gibt
keine Auferstehung der Toten?
13 Gibt es aber keine Auferstehung der
Toten, so ist auch Christus nicht aufer-
standen.
14 **Ist aber Christus nicht auferstanden,
so ist unsre Predigt vergeblich, so ist auch
euer Glaube vergeblich.**
15 Wir würden aber auch erfunden als
falsche Zeugen Gottes, weil wir wider

Gott gezeugt hätten, er habe Christus auferweckt, den er nicht auferweckt hätte, wenn doch die Toten nicht auferstehen.
16 Denn wenn die Toten nicht auferstehen, so ist Christus auch nicht auferstanden.
17 Ist Christus aber nicht auferstanden, so ist euer Glaube nichtig, so seid ihr noch in euren Sünden;
18 so sind auch die, die in Christus entschlafen sind, verloren.
19 Hoffen wir allein in diesem Leben auf Christus, so sind wir die elendesten unter allen Menschen.
20 Nun aber **ist** Christus auferstanden von den Toten und der Erstling geworden unter denen, die da schlafen.
21 Denn da durch **einen** Menschen der Tod gekommen ist, so kommt auch durch **einen** Menschen die Auferstehung der Toten.
22 Denn gleichwie sie in Adam **alle** sterben, so werden sie in Christus **alle** lebendig gemacht werden.
23 Ein jeglicher aber in seiner Ordnung: der Erstling Christus; danach die Christus angehören, wenn er kommen wird;
24 danach das Ende, wenn er das Reich Gott, dem Vater, überantworten wird, wenn er vernichtet haben wird alle Herrschaft und alle Obrigkeit und Gewalt.
25 Denn er muß herrschen, bis daß er «alle Feinde unter seine Füße lege» (Ps 110,1).
26 Der letzte Feind, der vernichtet wird, ist der Tod.
27 Denn «alles hat er unter seine Füße getan» (Ps 8,7). Wenn er aber sagt, **alles** sei untertan, ist's offenbar, daß ausgenommen ist der, der ihm alles untergetan hat.
28 Wenn aber alles ihm untertan sein wird, alsdann wird auch der Sohn selbst untertan sein dem, der ihm alles untergetan hat, auf daß Gott sei alles in allem.
29 Was machen sonst, die sich taufen lassen für die Toten, wenn die Toten überhaupt nicht auferstehen? Was lassen sie sich taufen für die Toten?
30 Und was stehen wir alle Stunde in Gefahr?
31 Bei dem Ruhm, den ich an euch, liebe Brüder, habe in Christus Jesus, unserm Herrn: ich sterbe täglich.
32 Habe ich nur um menschlicher Dinge willen zu Ephesus mit wilden Tieren gefochten, was hilft's mir? Wenn die Toten nicht auferstehen, dann «lasset uns essen und trinken; denn morgen sind wir tot!» (Jes 22,13).
33 **Lasset euch nicht verführen! Böse Geschwätze verderben gute Sitten.**
34 Werdet doch einmal recht nüchtern und sündiget nicht! Denn etliche wissen nichts von Gott; das sage ich euch zur Schande.

Der Auferstehungsleib

35 Möchte aber jemand sagen: **Wie** werden die Toten auferstehen, und mit welcherlei Leibe werden sie kommen?
36 Du Narr: Was du säest, wird nicht lebendig, es sterbe denn.
37 Und was du säest, ist ja nicht der Leib, der werden soll, sondern ein bloßes Korn, etwa Weizen oder der andern eines.
38 Gott aber gibt ihm einen Leib, wie er will, und einem jeglichen Samen seinen eigenen Leib.
39 Nicht ist alles Fleisch einerlei Fleisch; sondern ein anderes Fleisch ist der Menschen, ein anderes des Viehs, ein anderes der Vögel, ein anderes der Fische.
40 Und es gibt himmlische Körper und irdische Körper; aber eine andere Herrlichkeit haben die himmlischen und eine andere die irdischen.
41 Einen anderen Glanz hat die Sonne, einen anderen Glanz hat der Mond, einen anderen Glanz haben die Sterne; denn ein Stern übertrifft den andern an Glanz.
42 So auch die Auferstehung der Toten. **Es wird gesät verweslich und wird auferstehen unverweslich.**
43 **Es wird gesät in Unehre und wird auferstehen in Herrlichkeit. Es wird gesät in Schwachheit und wird auferstehen in Kraft.**
44 **Es wird gesät ein natürlicher Leib und wird auferstehen ein geistlicher Leib.** Gibt es einen natürlichen Leib, so gibt es auch einen geistlichen Leib.
45 Wie geschrieben steht: Der erste Mensch, Adam, «ward zu einer lebendigen Seele» (1. Mose 2,7), und der letzte Adam zum Geist, der da lebendig macht.
46 Aber der geistliche Leib ist nicht der erste, sondern der natürliche; danach der geistliche.
47 Der erste Mensch ist von der Erde

und irdisch; der andere Mensch ist vom
Himmel.
48 Welcherlei der irdische ist, solcherlei
sind auch die irdischen; und welcherlei der
himmlische ist, solcherlei sind auch die
himmlischen.
49 Und wie wir getragen haben das Bild
des irdischen, so werden wir auch tragen
das Bild des himmlischen.

**Die Verwandlung der Gläubigen.
Der letzte Sieg**

50 Das sage ich aber, liebe Brüder, daß
Fleisch und Blut nicht können das Reich
Gottes ererben; auch wird das Verwes-
liche nicht erben die Unverweslichkeit.
51 Siehe, ich sage euch ein Geheimnis:
Wir werden nicht alle entschlafen, wir
werden aber alle verwandelt werden;
52 und dasselbe plötzlich, in einem
Augenblick, zur Zeit der letzten Posaune.
Denn es wird die Posaune schallen, und
die Toten werden auferstehen unverwes-
lich, und wir werden verwandelt werden.
53 Denn dies Verwesliche muß anziehen
die Unverweslichkeit, und dies Sterbliche
muß anziehen die Unsterblichkeit.
54 Wenn aber dies Verwesliche wird an-
ziehen die Unverweslichkeit und dies
Sterbliche wird anziehen die Unsterblich-
keit, dann wird erfüllt werden das Wort,
das geschrieben steht (Jes 25,8; Hos 13,14):
55 **«Der Tod ist verschlungen in den Sieg.
Tod, wo ist dein Stachel? Hölle, wo ist dein
Sieg?»***
56 Aber der Stachel des Todes ist die Sün-
de; die Kraft aber der Sünde ist das Gesetz.
57 **Gott aber sei Dank, der uns den Sieg
gibt durch unsern Herrn Jesus Christus!**
58 Darum, meine lieben Brüder, seid fest,
unbeweglich und nehmet immer zu in dem
Werk des Herrn, weil ihr wisset, daß eure
Arbeit nicht vergeblich ist in dem Herrn.

**Geldsammlung für die Gemeinde
in Jerusalem**

16 Was aber die Sammlung anlangt,
die für die Heiligen geschieht: wie
ich den Gemeinden in Galatien verordnet
habe, so sollt auch ihr tun!
2 An jeglichem ersten Tag der Woche
lege bei sich selbst ein jeglicher unter euch
zurück und sammle, was ihn gut dünkt,
auf daß nicht, wenn ich komme, dann erst
die Sammlung geschieht.
3 Wenn ich aber gekommen bin, so will
ich solche, die ihr für bewährt ansehet,
mit Briefen senden, daß sie hinbringen
eure Liebesgabe nach Jerusalem.
4 Wenn es aber wert ist, daß ich auch
hinreise, sollen sie mit mir reisen.

Reisepläne. Ermahnungen. Grüße

5 Ich will aber zu euch kommen, wenn
ich durch Mazedonien gezogen bin; denn
durch Mazedonien werde ich ziehen.
6 Bei euch aber werde ich vielleicht blei-
ben oder auch den Winter zubringen, da-
mit ihr mich dann geleitet, wo ich hin-
ziehen werde.
7 Ich will euch jetzt nicht sehen nur im
Vorüberziehen; denn ich hoffe, ich werde
etliche Zeit bei euch bleiben, wenn es der
Herr zuläßt.
8 Ich werde aber zu Ephesus bleiben bis
Pfingsten.
9 Denn mir ist eine große Tür aufgetan,
die viel Frucht wirkt. Und viele Wider-
sacher sind da.
10 Wenn Timotheus kommt, so sehet
zu, daß er ohne Furcht bei euch sei; denn
er treibt auch das Werk des Herrn wie ich.
11 Daß ihn nun nicht jemand verachte!
Geleitet ihn aber im Frieden, daß er zu
mir komme; denn ich warte sein mit den
Brüdern.
12 Von Apollos, dem Bruder, aber wis-
set, daß ich ihn sehr viel ermahnt habe,
daß er zu euch käme mit den Brüdern;
aber es war durchaus sein Wille nicht, daß
er jetzt käme; er wird aber kommen, wenn
es ihm gelegen sein wird.
13 **Wachet, stehet im Glauben, seid männ-
lich und seid stark!**
14 **Alle eure Dinge lasset in der Liebe ge-
schehen!**
15 Ich ermahne euch aber, liebe Brüder:
Ihr kennet das Haus des Stephanas, daß
sie sind die Erstlinge in Achaja und haben
sich selbst bereitgestellt den Heiligen zum
Dienst.
16 Seid auch ihr solchen Männern unter-
tan und allen, die mitwirken und arbeiten!
17 Ich freue mich über die Ankunft des
Stephanas und Fortunatus und Achaikus;

*Andere Überlieferung: «Der Tod ist verschlungen in den Sieg. Tod, wo ist dein Sieg? Tod, wo ist dein Stachel?»

denn da ich euch entbehren mußte, haben sie euch mir ersetzt.

18 Sie haben erquickt meinen und euren Geist. Erkennet solche Leute an!

19 Es grüßen euch die Gemeinden in der Landschaft Asien. Es grüßt euch sehr in dem Herrn Aquila und Priska samt der Gemeinde in ihrem Hause.

20 Es grüßen euch alle Brüder. Grüßet euch untereinander mit dem heiligen Kuß.

21 Hier mein, des Paulus, eigenhändiger Gruß.

22 Wenn jemand den Herrn nicht lieb hat, der sei verflucht. Maranatha!*

23 Die Gnade des Herrn Jesus sei mit euch!

24 Meine Liebe ist mit euch allen in Christus Jesus!

*d. h. «Unser Herr, komm!» oder «Unser Herr kommt!»

DER ZWEITE BRIEF DES PAULUS AN DIE KORINTHER

1 Paulus, ein Apostel Jesu Christi durch den Willen Gottes, und Bruder Timotheus

der Gemeinde Gottes zu Korinth samt allen Heiligen in ganz Achaja:

2 Gnade sei mit euch und Friede von Gott, unserm Vater, und dem Herrn Jesus Christus!

Dank für Gottes Trost in Trübsal

3 Gelobt sei Gott, der Vater unsers Herrn Jesus Christus, der Vater der Barmherzigkeit und Gott alles Trostes,

4 der uns tröstet in aller unserer Trübsal, damit wir trösten können, die da sind in allerlei Trübsal, mit dem Trost, mit dem wir selber getröstet werden von Gott.

5 Denn gleichwie wir des Leidens Christi viel haben, so werden wir auch reichlich getröstet durch Christus.

6 Haben wir aber Trübsal, so geschieht es euch zu Trost und Heil. Haben wir Trost, so geschieht es zu eurem Trost, welcher sich wirksam erweist, wenn ihr leidet mit Geduld dieselben Leiden, die auch wir leiden.

7 Und unsre Hoffnung steht fest für euch, weil wir wissen, daß, wie ihr des Leidens teilhaftig seid, so werdet ihr auch des Trostes teilhaftig sein.

8 Denn wir wollen euch nicht verschweigen, liebe Brüder, unsere Trübsal, die uns in der Landschaft Asien widerfahren ist, wo wir über die Maßen beschwert waren und über Vermögen, so daß wir auch am Leben verzagten

9 und wir selbst es für beschlossen hielten, wir müßten sterben. Das geschah aber darum, daß wir unser Vertrauen nicht sollten auf uns selbst stellen, sondern auf Gott, der die Toten auferweckt,

10 welcher uns von solchem Tode erlöset hat und erlösen wird. Auf ihn hoffen wir, er werde uns auch hinfort erlösen.

11 Dazu helft auch ihr durch eure Fürbitte für uns, auf daß unsertwegen für die Gabe, die uns gegeben ist, durch viele Personen viel Dank geschehe.

Wider den Vorwurf der Unwahrhaftigkeit

12 Denn unser Ruhm ist dieser: das Zeugnis unsers Gewissens, daß wir in Heiligkeit und göttlicher Lauterkeit, nicht in fleischlicher Weisheit, sondern in der Gnade Gottes unser Leben in der Welt geführt haben, und das vor allem bei euch.

13 Denn wir schreiben euch nichts anderes, als was ihr leset und auch verstehet. Ich hoffe aber, ihr werdet es noch völlig verstehen,

14 wie ihr uns zum Teil auch schon verstanden habt, nämlich, daß wir euer Ruhm sind, gleichwie auch ihr unser Ruhm seid am Tage unsers Herrn Jesus.

15 Und in solchem Vertrauen gedachte ich zunächst zu euch zu kommen, auf daß ihr abermals eine Wohltat empfinget.

16 Von euch aus wollte ich dann nach Mazedonien reisen, aus Mazedonien wieder zu euch kommen und mich von euch geleiten lassen nach Judäa.

17 Bin ich etwa leichtfertig gewesen, als
ich solches gedachte? Oder ist mein Vor-
haben fleischlich, so daß das Ja Ja bei mir
auch ein Nein Nein ist?
18 Gott ist mein Zeuge, daß unser Wort
an euch nicht Ja und Nein zugleich ist.
19 Denn der Sohn Gottes, Jesus Chri-
stus, der unter euch durch uns gepredigt
ist, durch mich und Silvanus und Timo-
theus, der war nicht Ja und Nein, sondern
es war Ja in ihm.
20 Denn **auf alle Gottesverheißungen ist
in ihm das Ja**; darum sprechen wir auch
durch ihn das Amen, Gott zu Lobe.
21 Gott ist's aber, der uns befestigt samt
euch in Christus und uns gesalbt
22 und versiegelt und in unsre Herzen
als Unterpfand den Geist gegeben hat.
23 Ich rufe aber Gott an zum Zeugen
über meine Seele, daß ich euch schonen
wollte und darum nicht wieder nach Ko-
rinth gekommen bin.
24 Nicht daß wir Herren wären über
euren Glauben, sondern wir sind Gehilfen
eurer Freude; denn ihr stehet im Glauben.
2 Ich hatte mir aber vorgenommen, daß
ich nicht abermals in Traurigkeit zu
euch käme.
2 Denn wenn ich euch traurig mache,
wer ist dann, der mich fröhlich mache?
Doch nur der, der von mir betrübt wird.
3 Und eben dies habe ich geschrieben,
damit ich nicht, wenn ich käme, über die
traurig sein müßte, über welche ich mich
billig sollte freuen. Habe ich doch zu euch
allen das Vertrauen, daß meine Freude
euer aller Freude sei.
4 Denn ich schrieb euch aus großer
Trübsal und Angst des Herzens mit viel
Tränen; nicht, daß ihr solltet betrübt wer-
den, sondern auf daß ihr die Liebe erkenn-
tet, welche ich habe sonderlich zu euch.

Bitte um Vergebung für ein bestraftes Gemeindeglied

5 Wenn aber jemand Betrübnis ange-
richtet hat, der hat nicht mich betrübt,
sondern zum Teil – auf daß ich nicht zu
viel sage – euch alle.
6 Es ist aber genug, daß derselbe von
den meisten so gestraft ist.
7 Nun möget ihr hinfort ihm desto mehr
vergeben und ihn trösten, auf daß er nicht
in allzu große Traurigkeit versinke.
8 Darum ermahne ich euch, daß ihr
Liebe an ihm beweiset.
9 Denn darum habe ich auch geschrie-
ben, daß ich erkennte eure Bewährung,
ob ihr gehorsam seid in allen Stücken.
10 Wem aber ihr etwas vergebet, dem
vergebe ich auch. Denn auch ich habe,
wenn ich etwas zu vergeben hatte, es ver-
geben um euretwillen vor Christi Ange-
sicht,
11 auf daß wir nicht übervorteilt werden
vom Satan; denn uns ist nicht unbewußt,
was er im Sinn hat.

Dank für das Wirken in Troas und Mazedonien

12 Als ich aber nach Troas kam, zu
predigen das Evangelium Christi, und
mir eine Tür aufgetan war in dem Herrn,
13 da hatte ich keine Ruhe in meinem
Geist, weil ich Titus, meinen Bruder, nicht
fand; sondern ich nahm Abschied von
ihnen und fuhr nach Mazedonien.
14 Aber Gott sei gedankt, der uns alle-
zeit Sieg gibt in Christus und offenbart
durch uns den Wohlgeruch seiner Er-
kenntnis an allen Orten!
15 Denn wir sind Gott ein guter Geruch
Christi unter denen, die gerettet werden,
und unter denen, die verloren gehen:
16 diesen ein Geruch des Todes zum
Tode, jenen aber ein Geruch des Lebens
zum Leben. Und wer ist hierzu tüchtig?
17 Wir sind ja nicht wie die vielen, die
mit dem Worte Gottes Geschäfte machen;
sondern wie man aus Lauterkeit und aus
Gott reden muß, so reden wir vor Gott in
Christus.

Die Herrlichkeit des Dienstes am neuen Bund

3 Heben wir denn abermals an, uns
selbst zu empfehlen? Oder bedürfen
wir, wie etliche, der Empfehlungsbriefe
an euch oder von euch?
2 Ihr seid unser Brief, in unser Herz ge-
schrieben, gekannt und gelesen von allen
Menschen!
3 Ist doch offenbar geworden, daß ihr
ein Brief Christi seid, durch unsern Dienst
zubereitet, geschrieben nicht mit Tinte,
sondern mit dem Geist des lebendigen
Gottes, nicht in steinerne Tafeln, sondern
in fleischerne Tafeln des Herzens.

4 Ein solch Vertrauen aber haben wir
durch Christus zu Gott.
5 Nicht daß wir tüchtig sind von uns
selber, etwas zu erdenken als von uns selber; sondern daß wir tüchtig sind, ist von Gott,
6 welcher uns auch tüchtig gemacht hat zu Dienern des neuen Bundes, nicht des Buchstabens, sondern des Geistes. Denn der Buchstabe tötet, aber der Geist macht lebendig.
7 Wenn aber schon das Amt, das mit Buchstaben in Stein gehauen war und das doch nur den Tod bringt, Herrlichkeit hatte, so daß die Kinder Israel das Angesicht des Mose nicht konnten ansehen um der Herrlichkeit willen auf seinem Angesicht, die doch aufhört,
8 wie sollte nicht viel mehr das Amt, das den Geist gibt, Herrlichkeit haben?
9 Denn wenn das Amt, das die Verdammnis predigt, Herrlichkeit hat, wieviel mehr hat das Amt, das die Gerechtigkeit predigt, überschwengliche Herrlichkeit.
10 Ja, die Herrlichkeit dort ist nimmermehr für Herrlichkeit zu achten gegen die überschwengliche Herrlichkeit hier.
11 Denn wenn das Herrlichkeit hatte, was da aufhört, wieviel mehr wird das Herrlichkeit haben, was da bleibt.
12 Weil wir nun solche Hoffnung haben, sind wir voll großer Zuversicht
13 und tun nicht wie Mose, der die Decke vor sein Angesicht hing, damit die Kinder Israel nicht sehen sollten das Ende dessen, was da aufhört.
14 Aber ihre Sinne wurden verstockt. Denn bis auf den heutigen Tag bleibt diese Decke unaufgedeckt über dem alten Testament, wenn sie es lesen, weil sie nur in Christus abgetan wird.
15 Doch bis auf den heutigen Tag, wenn Mose gelesen wird, hängt die Decke vor ihrem Herzen.
16 Wenn Israel aber sich bekehrt zu dem Herrn, so wird die Decke abgetan.
17 **Der Herr ist der Geist; wo aber der Geist des Herrn ist, da ist Freiheit.**
18 Nun aber spiegelt sich bei uns allen die Herrlichkeit des Herrn in unserm aufgedeckten Angesicht, und wir werden verklärt in sein Bild von einer Herrlichkeit zur andern von dem Herrn, der der Geist ist.

Des Apostels Lauterkeit in seinem Amt

4 Darum, weil wir ein solch Amt haben nach der Barmherzigkeit, die uns widerfahren ist, werden wir nicht müde,
2 sondern wir meiden schandbare Heimlichkeit und gehen nicht mit List um, fälschen auch nicht Gottes Wort; vielmehr weisen wir durch Offenbarung der Wahrheit uns aus vor aller Menschen Gewissen im Angesicht Gottes.
3 Ist nun unser Evangelium verdeckt, so ist's denen verdeckt, die verloren werden,
4 den Ungläubigen, denen der Gott dieser Welt den Sinn verblendet hat, daß sie nicht sehen das helle Licht des Evangeliums von der Herrlichkeit Christi, welcher ist das Ebenbild Gottes.
5 Denn wir predigen nicht uns selbst, sondern Jesus Christus, daß er sei der Herr, wir aber eure Knechte um Jesu willen.
6 Denn Gott, der da hieß das Licht aus der Finsternis hervorleuchten, der hat einen hellen Schein in unsre Herzen gegeben, daß durch uns entstünde die Erleuchtung zur Erkenntnis der Herrlichkeit Gottes in dem Angesicht Jesu Christi.

Des Apostels Leidensgemeinschaft mit Christus

7 Wir haben aber solchen Schatz in irdenen Gefäßen, auf daß die überschwengliche Kraft sei Gottes und nicht von uns.
8 Wir haben allenthalben Trübsal, aber wir ängsten uns nicht. Uns ist bange, aber wir verzagen nicht.
9 Wir leiden Verfolgung, aber wir werden nicht verlassen. Wir werden unterdrückt, aber wir kommen nicht um
10 und tragen allezeit das Sterben Jesu an unserm Leibe, auf daß auch das Leben Jesu an unserm Leibe offenbar werde.
11 Denn mitten im Leben werden wir immerdar in den Tod gegeben um Jesu willen, auf daß auch das Leben Jesu offenbar werde an unserm sterblichen Fleische.
12 So ist nun der Tod mächtig in uns, aber das Leben in euch.
13 Weil wir aber denselben Geist des Glaubens haben, wie geschrieben steht (Ps 116,10): **«Ich glaube, darum rede ich»**, so glauben wir auch, darum so reden wir auch
14 und wissen, daß der, der den Herrn Jesus hat auferweckt, wird uns auch auf-

erwecken mit Jesus und wird uns vor sich stellen samt euch.

15 Denn es geschieht alles um euretwillen, auf daß die überschwengliche Gnade durch vieler Danksagen Gott reichlich preise.

16 Darum werden wir nicht müde; sondern ob auch unser äußerlicher Mensch verfällt, so wird doch der innerliche von Tag zu Tag erneuert.

17 Denn **unsre Trübsal, die zeitlich und leicht ist, schafft eine ewige und über alle Maßen wichtige Herrlichkeit uns,**

18 **die wir nicht sehen auf das Sichtbare, sondern auf das Unsichtbare. Denn was sichtbar ist, das ist zeitlich; was aber unsichtbar ist, das ist ewig.**

Des Apostels Sehnsucht nach der himmlischen Heimat

5 Denn wir wissen: wenn unser irdisch Haus, diese Hütte, zerbrochen wird, so haben wir einen Bau, von Gott erbaut, ein Haus, nicht mit Händen gemacht, das ewig ist im Himmel.

2 Denn darum seufzen wir auch und sehnen uns danach, daß wir mit unserer Behausung, die vom Himmel ist, überkleidet werden,

3 weil wir dann bekleidet und nicht bloß erfunden werden.

4 Denn solange wir in dieser Hütte sind, seufzen wir und sind beschwert, weil wir lieber wollen nicht **ent**kleidet, sondern **über**kleidet werden, auf daß das Sterbliche würde verschlungen von dem Leben.

5 Der uns aber dazu bereitet hat, das ist Gott, der uns als Unterpfand den Geist gegeben hat.

6 So sind wir denn getrost allezeit und wissen: solange wir im Leibe wohnen, wallen wir ferne vom Herrn;

7 denn **wir wandeln im Glauben und nicht im Schauen.**

8 Wir sind aber getrost und haben vielmehr Lust, außer dem Leibe zu wallen und daheim zu sein bei dem Herrn.

9 Darum befleißigen wir uns auch, wir sind daheim oder wallen, daß wir ihm wohlgefallen.

10 Denn **wir müssen alle offenbar werden vor dem Richterstuhl Christi, auf daß ein jeglicher empfange, wie er gehandelt hat bei Leibesleben, es sei gut oder böse.**

Des Apostels Selbstlosigkeit

11 Weil wir denn wissen, daß der Herr zu fürchten ist, suchen wir Menschen zu gewinnen; aber vor Gott sind wir offenbar. Ich hoffe aber, daß wir auch in eurem Gewissen offenbar sind.

12 Wir loben uns nicht abermals bei euch, sondern geben euch Anlaß, von uns etwas zu rühmen. So könnt ihr denen antworten, die sich des Äußeren rühmen und nicht des Herzens.

13 Denn, sind wir von Sinnen gewesen, so war es für Gott; sind wir bei Sinnen, so sind wir's für euch.

14 Denn **die Liebe Christi dringet uns,** da wir dafür halten, daß wenn **einer** für alle gestorben ist, so sind sie alle gestorben.

15 Und er ist darum für alle gestorben, damit die, die da leben, hinfort nicht sich selbst leben, sondern dem, der für sie gestorben und auferstanden ist.

Des Apostels Botschaft von der Versöhnung

16 Darum kennen wir von nun an niemand mehr nach fleischlicher Weise; und ob wir auch Christus früher nach fleischlicher Weise erkannt haben, so erkennen wir ihn doch jetzt so nicht mehr.

17 Darum, **ist jemand in Christus, so ist er eine neue Kreatur; das Alte ist vergangen, siehe, es ist alles neu geworden!**

18 Aber das alles von Gott, der uns mit sich selber versöhnt hat durch Christus und uns das Amt gegeben, das die Versöhnung predigt.

19 Denn **Gott versöhnte in Christus die Welt mit ihm selber und rechnete ihnen ihre Sünden nicht zu und hat unter uns aufgerichtet das Wort von der Versöhnung.**

20 **So sind wir nun Botschafter an Christi Statt, denn Gott vermahnt durch uns; so bitten wir nun an Christi Statt: Lasset euch versöhnen mit Gott!**

21 **Denn er hat den, der von keiner Sünde wußte, für uns zur Sünde gemacht, auf daß wir würden in ihm die Gerechtigkeit, die vor Gott gilt.**

Des Apostels Bewährung in seinem Dienst

6 Als Mithelfer aber ermahnen wir euch, daß ihr nicht vergeblich die Gnade Gottes empfanget.

2 Denn er spricht (Jes 49,8): «Ich habe

dich in der angenehmen Zeit erhört und
habe dir am Tage des Heils geholfen.»
Siehe, jetzt ist die angenehme Zeit, siehe,
jetzt ist der Tag des Heils!
3 Und wir geben niemand irgendein
Ärgernis, auf daß unser Amt nicht verlästert werde;
4 sondern in allen Dingen erweisen wir
uns als Diener Gottes: in großer Geduld,
in Trübsalen, in Nöten, in Ängsten,
5 in Schlägen, in Gefängnissen, in Aufruhren, in Mühen, in Wachen, in Fasten,
6 in Keuschheit, in Erkenntnis, in Langmut, in Freundlichkeit, in dem heiligen
Geist, in ungefärbter Liebe,
7 in dem Wort der Wahrheit, in der
Kraft Gottes, durch Waffen der Gerechtigkeit zur Rechten und zur Linken,
8 durch Ehre und Schande, durch böse
Gerüchte und gute Gerüchte; als die Verführer, und doch wahrhaftig;
9 **als die Unbekannten, und doch bekannt; als die Sterbenden, und siehe, wir leben; als die Gezüchtigten, und doch nicht ertötet;**
10 **als die Traurigen, aber allezeit fröhlich; als die Armen, aber die doch viele reich machen; als die nichts haben, und doch alles haben.**

Heiligung der Gemeinde

11 O ihr Korinther, unser Mund hat
sich zu euch aufgetan, unser Herz ist weit
geworden.
12 Ihr habt nicht engen Raum in uns;
aber eng ist's in euren Herzen.
13 Ich rede mit euch als mit meinen
Kindern: stellet euch doch zu mir auch so
und machet auch euer Herz weit.
14 Ziehet nicht am fremden Joch mit
den Ungläubigen. Denn was hat die Gerechtigkeit zu schaffen mit der Ungerechtigkeit? Was hat das Licht für Gemeinschaft mit der Finsternis?
15 Wie stimmt Christus mit Belial?
Oder was für ein Teil hat der Gläubige
mit dem Ungläubigen?
16 Was hat der Tempel Gottes gemein
mit den Götzen? Wir aber sind der Tempel des lebendigen Gottes; wie denn Gott
spricht (3. Mose 26,11.12): «Ich will unter
ihnen wohnen und wandeln und will ihr
Gott sein, und sie sollen mein Volk sein.»
17 Darum «gehet aus von ihnen und
sondert euch ab», spricht der Herr; «und
rühret kein Unreines an, so will ich euch
annehmen
18 und euer Vater sein, und ihr sollt
meine Söhne und Töchter sein», spricht
der allmächtige Herr (Jes 52,11; Jer 31,9).
7 Weil wir nun solche Verheißungen haben, meine Lieben, so lasset uns von
aller Befleckung des Fleisches und des
Geistes uns reinigen und die Heiligung
vollenden in der Furcht Gottes.
2 Gebet uns Raum in euren Herzen! Wir
haben niemand Unrecht getan, wir haben
niemand verletzt, wir haben niemand
übervorteilt.
3 Nicht sage ich solches, euch zu verurteilen; denn ich habe schon zuvor gesagt, daß ihr in unsern Herzen seid, mitzusterben und mitzuleben.
4 Ich bin voller Zuversicht zu euch; ich
rühme viel von euch; ich bin erfüllt mit
Trost; ich habe überschwengliche Freude
in aller unsrer Trübsal.

Heilsame Reue der Gemeinde

5 Denn als wir nach Mazedonien kamen, fanden wir keine Ruhe; sondern
allenthalben waren wir in Trübsal, auswendig Streit, inwendig Furcht.
6 Aber Gott, der die Geringen tröstet, der
tröstete uns durch die Ankunft des Titus;
7 nicht allein aber durch seine Ankunft,
sondern auch durch den Trost, mit dem
er bei euch war getröstet worden. Er verkündete uns euer Verlangen, euer Weinen,
euren Eifer für mich, so daß ich mich noch
mehr freute.
8 Denn wenn ich euch auch durch den
Brief habe traurig gemacht, reut es mich
nicht. Und ob's mich reute – sehe ich
doch, daß jener Brief euch wohl eine
Weile betrübt hat –,
9 so freue ich mich doch jetzt nicht darüber, daß ihr seid betrübt worden, sondern darüber, daß ihr seid betrübt worden zur Reue. Denn ihr seid ja betrübt
worden nach Gottes Sinn, auf daß ihr von
uns keinen Schaden erlittet.
10 Denn **die göttliche Traurigkeit wirkt zur Seligkeit eine Reue, die niemand gereut; die Traurigkeit aber der Welt wirkt den Tod.**
11 Siehe: eben dies, daß ihr seid betrübt
worden nach Gottes Sinn, welchen Fleiß
hat das in euch gewirkt, dazu Verantwortung, Unwillen, Furcht, Verlangen, Eifer,

Bestrafung! Ihr habt euch erwiesen in allen Stücken, daß ihr rein seid in der Sache.

12 Darum, ob ich euch auch geschrieben habe, so ist's doch nicht geschehen um des willen, der beleidigt hat, auch nicht um des willen, der beleidigt ist, sondern um deswillen, daß euer Eifer für uns offenbar würde bei euch vor Gott.

13 Dadurch sind wir getröstet worden. Außer diesem unserm Trost aber haben wir uns überschwenglicher noch gefreut über die Freude des Titus; denn sein Geist ist erquickt an euch allen.

14 Denn was ich vor ihm von euch gerühmt habe, darin bin ich nicht zuschanden geworden; sondern, gleichwie alles wahr ist, was wir mit euch geredet haben, so ist auch unser Rühmen vor Titus wahr geworden.

15 Und er ist überaus herzlich gegen euch gesinnt, wenn er gedenkt an euer aller Gehorsam, wie ihr ihn mit Furcht und Zittern habt aufgenommen.

16 Ich freue mich, daß ich mich zu euch alles Guten versehen darf.

Die Geldsammlung für die Gemeinde in Jerusalem

8 Wir tun euch aber kund, liebe Brüder, die Gnade Gottes, die in den Gemeinden Mazedoniens gegeben ist.

2 Denn bei vieler Bewährung in Trübsal war ihre Freude überschwenglich, und wiewohl sie sehr arm sind, haben sie doch reichlich gegeben in aller Lauterkeit.

3 Denn nach allem Vermögen, das bezeuge ich, und über Vermögen waren sie willig

4 und baten uns mit vielem Zureden, daß sie mithelfen dürften an dem Liebeswerk für die Heiligen;

5 und das nicht nur, wie wir hofften, sondern sie gaben sich selbst, zuerst dem Herrn und danach uns, durch den Willen Gottes.

6 So haben wir Titus zugeredet, daß er, wie er zuvor hatte angefangen, so auch solches Liebeswerk unter euch vollende.

7 Gleichwie ihr aber in allen Stücken reich seid, im Glauben und im Wort und in der Erkenntnis und in allem Fleiß und in der Liebe, die wir in euch erweckt haben, so schaffet, daß ihr auch in diesem Liebeswerk reich seid.

8 Nicht sage ich, daß ich etwas gebiete; sondern, weil andere so fleißig sind, prüfe ich auch eure Liebe, ob sie rechter Art sei.

9 Denn **ihr wisset die Gnade unsers Herrn Jesus Christus, daß, ob er wohl reich ist, ward er doch arm um euretwillen, auf daß ihr durch seine Armut reich würdet.**

10 Nur meine Meinung hierin gebe ich; denn solches ist euch nützlich, die ihr angefangen habt seit vorigem Jahr nicht allein das Tun, sondern auch das Wollen.

11 Nun aber vollendet auch das Tun, auf daß, gleichwie ihr geneigt seid zu wollen, auch euer Tun sei nach dem Maße dessen, was ihr habt.

12 Denn wenn der gute Wille da ist, so ist er wohlgefällig nach dem, was er hat, nicht nach dem, was er nicht hat.

13 Nicht geschieht das in der Meinung, daß die andern gute Tage haben sollen und ihr Trübsal, sondern daß ein Ausgleich sei.

14 Euer Überfluß diene ihrem Mangel in der gegenwärtigen Zeit, damit auch ihr Überfluß hernach diene eurem Mangel und so ein Ausgleich geschehe,

15 wie geschrieben steht (2. Mose 16, 18): «Der viel sammelte, hatte nicht Überfluß, und der wenig sammelte, hatte nicht Mangel.»

16 Gott aber sei Dank, der solchen Eifer für euch gegeben hat in das Herz des Titus.

17 Denn er ließ sich gerne zureden; ja, weil er so sehr eifrig war, ist er von selber zu euch gereist.

18 Wir haben aber den Bruder mit ihm gesandt, dessen Lob am Evangelium durch alle Gemeinden geht.

19 Nicht allein aber das, sondern er ist auch verordnet von den Gemeinden zum Gefährten unsrer Fahrt in diesem Liebeswerk, welches durch uns ausgerichtet wird dem Herrn zu Ehren und zum Erweis unsers guten Willens.

20 So verhüten wir, daß uns nicht jemand übel nachrede bei solcher reichen Gabe, die durch unsern Dienst bereitet wird.

21 Denn wir sehen darauf, daß es redlich zugehe nicht allein vor dem Herrn, sondern auch vor den Menschen.

22 Auch haben wir mit ihnen gesandt unsern Bruder, den wir oft erfunden haben in vielen Stücken, daß er eifrig ist, nun aber noch viel eifriger aus großem Vertrauen zu euch.

23 Es sei nun Titus, welcher mein Genosse und Gehilfe unter euch ist, oder unsere Brüder, welche Boten sind der Gemeinden und eine Ehre Christi:
24 zeiget den Beweis eurer Liebe und unsers Rühmens über euch vor ihnen nun auch öffentlich vor den Gemeinden.

9 Denn von solchem Liebeswerk, das für die Heiligen geschieht, ist mir nicht not, euch zu schreiben.
2 Denn ich weiß euren guten Willen, den ich um euretwillen rühme bei denen aus Mazedonien und sage: Achaja ist schon voriges Jahr bereit gewesen. Und euer Beispiel wurde vielen ein Anreiz.
3 Ich habe aber diese Brüder darum gesandt, daß nicht unser Rühmen über euch zunichte würde in diesem Stücke und damit ihr bereit seid, wie ich von euch gesagt habe,
4 auf daß nicht, wenn die aus Mazedonien mit mir kommen und euch nicht bereit finden, wir, um nicht zu sagen: ihr, zuschanden würden mit dieser unsrer Zuversicht.
5 So habe ich es nun für nötig angesehen, die Brüder zu ermahnen, daß sie voranzögen zu euch, fertig zu machen den von euch zuvor verheißenen Segen, daß er bereit sei, so daß es sei eine Gabe des Segens und nicht des Geizes.

Segen freudigen Gebens

6 Ich meine aber das: **Wer da kärglich sät, der wird auch kärglich ernten; und wer da sät im Segen, der wird auch ernten im Segen.**
7 Ein jeglicher nach dem Willen seines Herzens, nicht mit Unwillen oder aus Zwang; denn **einen fröhlichen Geber hat Gott lieb.**
8 Gott aber kann machen, daß alle Gnade unter euch reichlich sei, damit ihr in allen Dingen allewege volle Genüge habt und noch reich seid zu jedem guten Werk;
9 wie geschrieben steht (Ps 112,9): «Er hat ausgestreut und gegeben den Armen; seine Gerechtigkeit bleibt in Ewigkeit.»
10 Der aber Samen reicht dem Säemann und Brot zur Speise, der wird auch euch Samen reichen und ihn mehren und wachsen lassen die Früchte eurer Gerechtigkeit.
11 So werdet ihr reich sein in allen Dingen, zu geben in Lauterkeit, welche durch uns wirkt Danksagung an Gott.
12 Denn die Handreichung dieses Liebeswerkes füllt nicht allein den Mangel der Heiligen aus, sondern ist auch überschwenglich darin, daß viele Gott danken.
13 Denn für diesen treuen Dienst preisen sie Gott über euern Gehorsam im Bekenntnis zum Evangelium Christi und über die Lauterkeit eurer Gabe an sie und an alle.
14 Und in ihrem Gebet für euch verlangen sie nach euch um der überschwenglichen Gnade Gottes willen bei euch.
15 Gott aber sei Dank für seine unaussprechliche Gabe!

Des Apostels Verteidigung gegen persönliche Angriffe

10 Ich selbst aber, Paulus, ermahne euch bei der Sanftmütigkeit und Lindigkeit Christi, der ich in eurer Gegenwart unterwürfig sein soll, aber dreist, wenn ich fern von euch bin.
2 Ich bitte aber, daß man mich nicht zwinge, wenn ich anwesend bin, dreist zu werden und mit der Kühnheit vorzugehen, die ich gegen etliche zu brauchen gedenke, die unseren Wandel für fleischlich halten.
3 Denn ob wir wohl im Fleisch wandeln, so streiten wir doch nicht fleischlicherweise.
4 Denn die Waffen, mit denen wir kämpfen, sind nicht fleischlich, sondern mächtig im Dienste Gottes, zu zerstören Befestigungen.
5 Wir zerstören damit Anschläge und alles Hohe, das sich erhebt wider die Erkenntnis Gottes, und nehmen gefangen alle Gedanken unter den Gehorsam Christi
6 und sind bereit, zu strafen allen Ungehorsam, wenn euer Gehorsam völlig geworden ist.
7 Sehet, was vor Augen liegt! Verläßt sich jemand darauf, daß er Christus angehöre, der bedenke solches auch wiederum bei sich, daß, gleichwie er Christus angehört, so auch wir!
8 Auch wenn ich mich noch weiter rühmte unsrer Vollmacht, welche uns der Herr gegeben hat, euch zu erbauen und nicht zu verderben, so würde ich nicht zuschanden werden.

9 Das sage ich nur, damit es nicht scheint, als hätte ich euch mit den Briefen schrecken wollen.

10 Denn seine Briefe, sprechen sie, sind stark und wiegen schwer; aber wenn er selbst anwesend ist, ist er schwach und seine Rede ohne Gewicht.

11 Wer so redet, der bedenke, daß, wie wir aus der Ferne mit Worten sind in unsern Briefen, so werden wir, wenn wir anwesend sind, auch sein mit unserm Tun.

Paulus greift nicht in fremde Arbeitsgebiete

12 Denn wir wagen nicht, uns unter die zu rechnen oder ihnen gleich zu achten, die sich selbst loben; aber weil sie sich nur an sich selbst messen und mit sich selbst vergleichen, verstehen sie nichts.

13 Wir aber wollen uns nicht über das Maß hinaus rühmen, sondern nur in dem Maß, wie uns Gott hat zugemessen das Arbeitsfeld, nämlich daß wir auch bis zu euch gelangen sollten.

14 Denn wir maßen uns nicht zuviel an, als wären wir nicht bis zu euch gelangt; denn wir sind ja wirklich mit dem Evangelium bis zu euch gekommen.

15 Wir rühmen uns nicht über das Maß hinaus, nämlich fremder Arbeit. Sondern wir haben die Hoffnung, wenn nun euer Glaube wächst, daß wir bei euch nach dem Maß unserer eigenen Arbeit mehr als genug zu Ehren kommen.

16 Denn wir wollen das Evangelium auch denen predigen, die jenseits von euch wohnen, und rühmen uns nicht mit dem, was auf fremdem Arbeitsfeld schon vollbracht ist.

17 «Wer sich aber rühmt, der rühme sich des Herrn» (Jer 9,22.23).

18 Denn nicht darum ist einer tüchtig, daß er sich selbst lobt, sondern daß ihn der Herr lobt.

Lauterkeit des Apostels und Unlauterkeit seiner Gegner

11 Wollte Gott, ihr hieltet mir ein wenig Torheit zugut! Doch ihr haltet mir's wohl zugut.

2 Denn ich eifere um euch mit göttlichem Eifer; denn ich habe euch verlobt einem einzigen Manne, daß ich Christus eine reine Jungfrau zuführte.

3 Ich fürchte aber, daß, wie die Schlange Eva verführte mit ihrer List, so auch eure Gedanken verkehrt werden hinweg von der Einfalt und Lauterkeit gegenüber Christus.

4 Denn wenn einer zu euch kommt und einen andern Jesus predigt, den wir nicht gepredigt haben, oder ihr einen andern Geist empfanget, den ihr nicht empfangen habt, oder ein ander Evangelium, das ihr nicht angenommen habt, so ertraget ihr das recht gern!

5 Ich achte doch, ich sei nicht weniger, als die hohen Apostel sind.

6 Und ob ich schon ungeschickt bin in der Rede, so bin ich's doch nicht in der Erkenntnis; sondern in jeder Weise und vor allen haben wir sie bei euch kundgetan.

Des Apostels Uneigennützigkeit bei der Verkündigung des Evangeliums

7 Oder habe ich gesündigt, als ich mich erniedrigt habe, auf daß ihr erhöht würdet? Denn ich habe euch das Evangelium Gottes umsonst verkündigt.

8 Andere Gemeinden habe ich beraubt und Geld von ihnen genommen, um euch dienen zu können.

9 Als ich bei euch anwesend war und Mangel hatte, war ich niemand beschwerlich. Denn meinen Mangel füllten die Brüder aus, die aus Mazedonien kamen. So habe ich mich in allen Stücken euch unbeschwerlich gehalten und will auch ferner mich so halten.

10 So gewiß die Wahrheit Christi in mir ist, so soll mir dieser Ruhm in den Ländern Achajas nicht verwehrt werden.

11 Warum das? Weil ich euch nicht lieb habe? Gott weiß es.

12 Was ich aber tue, das will ich auch ferner tun, damit ich die Ursache abschneide denen, die Ursache suchen, sich rühmen zu können, sie seien wie wir.

13 Denn solche falschen Apostel und arglistigen Arbeiter verstellen sich zu Christi Aposteln.

14 Und das ist auch kein Wunder; denn er selbst, der Satan, verstellt sich zum Engel des Lichtes.

15 Darum ist es nichts Großes, wenn sich auch seine Diener verstellen als Diener der Gerechtigkeit; deren Ende wird sein nach ihren Werken.

Die Fülle der Leiden des Apostels

16 Ich sage abermals: niemand halte mich für töricht; wenn aber doch, so nehmet mich an als einen Törichten, damit auch ich mich ein wenig rühme.

17 Was ich jetzt rede, das rede ich nicht als im Herrn, sondern als in der Torheit, weil wir in das Rühmen gekommen sind.

18 Da viele sich rühmen nach dem Fleisch, will ich mich auch rühmen.

19 Denn ihr ertraget gerne die Narren, ihr, die ihr klug seid!

20 Ihr ertraget's, wenn euch jemand zu Knechten macht, wenn euch jemand schindet, wenn euch jemand gefangen nimmt, wenn jemand euch trotzt, wenn euch jemand in das Angesicht schlägt.

21 Zu meiner Schande muß ich sagen, dazu waren wir freilich zu schwach!

Was aber einen kühn macht, ich rede in Torheit, das macht auch mich kühn.

22 Sie sind Hebräer – ich auch! Sie sind Israeliten – ich auch! Sie sind Abrahams Kinder – ich auch!

23 Sie sind Diener Christi – ich rede töricht: ich bin's wohl mehr; ich habe mehr gearbeitet, ich bin öfter gefangen gewesen, ich habe mehr Schläge erlitten, ich bin oft in Todesnöten gewesen;

24 von den Juden habe ich fünfmal empfangen vierzig Streiche weniger einen;

25 ich bin dreimal mit Ruten geschlagen, einmal gesteinigt, dreimal habe ich Schiffbruch erlitten, einen Tag und eine Nacht trieb ich auf dem tiefen Meer;

26 ich bin oft gereist, ich bin in Gefahr gewesen durch die Flüsse, in Gefahr unter den Räubern, in Gefahr unter den Juden, in Gefahr unter den Heiden, in Gefahr in den Städten, in Gefahr in den Wüsten, in Gefahr auf dem Meer, in Gefahr unter den falschen Brüdern;

27 in Mühe und Arbeit, in viel Wachen, in Hunger und Durst, in viel Fasten, in Frost und Blöße;

28 ohne was sich sonst zuträgt, nämlich daß ich täglich werde angelaufen und trage Sorge für alle Gemeinden.

29 Wer ist schwach, und ich werde nicht schwach? Wer leidet Ärgernis, und ich brenne nicht?

30 Wenn ich mich denn rühmen soll, will ich mich meiner Schwachheit rühmen.

31 Gott, der Vater des Herrn Jesus, welcher sei gelobt in Ewigkeit, weiß, daß ich nicht lüge.

32 Zu Damaskus bewachte der Statthalter des Königs Aretas die Stadt der Damasker und wollte mich greifen,

33 und ich ward in einem Korbe zum Fenster hinaus durch die Mauer niedergelassen und entrann seinen Händen.

Die Offenbarungen des Herrn und die Schwachheit des Apostels

12 Gerühmt muß werden, wenn's auch nichts nütze ist. So will ich kommen auf die Gesichte und Offenbarungen des Herrn.

2 Ich kenne einen Menschen in Christus; vor vierzehn Jahren – ist er in dem Leibe gewesen, so weiß ich's nicht; oder ist er außer dem Leibe gewesen, so weiß ich's auch nicht; Gott weiß es – da ward derselbe entrückt bis an den dritten Himmel.

3 Und ich kenne denselben Menschen – ob er in dem Leibe oder außer dem Leibe gewesen ist, weiß ich nicht; Gott weiß es –;

4 der ward entrückt in das Paradies und hörte unaussprechliche Worte, welche ein Mensch nicht sagen darf.

5 Von demselben will ich rühmen; von mir selbst aber will ich nichts rühmen, nur meine Schwachheit.

6 Doch wenn ich mich rühmen wollte, täte ich darum nicht töricht; denn ich würde die Wahrheit sagen. Ich enthalte mich aber dessen, auf daß nicht jemand mich höher achte, als er an mir sieht oder von mir hört.

7 Und auf daß ich mich nicht der hohen Offenbarungen überhebe, ist mir gegeben ein Pfahl ins Fleisch, nämlich des Satans Engel, der mich mit Fäusten schlage, auf daß ich mich nicht überhebe.

8 Dafür ich dreimal zum Herrn gefleht habe, daß er von mir wiche.

9 Und er hat zu mir gesagt: **Laß dir an meiner Gnade genügen; denn meine Kraft ist in den Schwachen mächtig.** Darum will ich mich am allerliebsten rühmen meiner Schwachheit, auf daß die Kraft Christi bei mir wohne.

10 Darum bin ich guten Mutes in Schwachheit, in Mißhandlungen, in Nöten, in Verfolgungen, in Ängsten, um Christi willen; denn wenn ich schwach bin, so bin ich stark.

Des Apostels Liebe zu seiner Gemeinde

11 Ich bin ein Narr geworden! Dazu
habt ihr mich gezwungen. Denn ich sollte
von euch gelobt werden, da ich doch
nicht weniger bin, als die hohen Apostel
sind, wiewohl ich nichts bin.
12 Denn es sind ja eines Apostels Zei-
chen unter euch geschehen in aller Geduld
mit Zeichen und mit Wundern und mit
Taten.
13 Was ist's, worin ihr zu kurz gekom-
men seid hinter anderen Gemeinden,
außer daß ich selbst euch nicht habe be-
schwert? Vergebet mir dieses Unrecht!
14 Siehe, ich bin jetzt bereit, zum dritten
Mal zu euch zu kommen, und will euch
nicht beschweren; denn ich suche nicht
das Eure, sondern euch. Denn es sollen
nicht die Kinder den Eltern Schätze sam-
meln, sondern die Eltern den Kindern.
15 Ich aber will gerne hingeben und hin-
gegeben werden für eure Seelen. Wenn ich
euch mehr liebe, soll ich darum weniger
geliebt werden?
16 Sei es also, ich habe euch nicht be-
schwert. Oder bin ich tückisch gewesen
und habe euch mit Hinterlist gefangen?
17 Habe ich euch etwa übervorteilt durch
derer einen, die ich zu euch gesandt habe?
18 Ich habe Titus zugeredet und mit ihm
gesandt den Bruder. Hat euch etwa Titus
übervorteilt? Sind wir nicht in **einem** Geist
gewandelt? Sind wir nicht in einerlei Fuß-
tapfen gegangen?

Baldiges Kommen des Apostels und Mahnung zur Buße

19 Schon lange werdet ihr denken, daß
wir uns vor euch verantworten. Wir reden
jedoch in Christus vor Gott! Das alles
aber geschieht, meine Lieben, damit ihr
auferbaut werdet.
20 Denn ich fürchte, wenn ich komme,
daß ich euch nicht finde, wie ich will, und
ihr mich auch nicht findet, wie ihr wollt,
sondern daß Hader, Neid, Zorn, Zank,
üble Nachrede, Ohrenblasen, Aufblähen,
Aufruhr da sei.
21 Ich fürchte, daß mich, wenn ich aber-
mals komme, mein Gott demütigt bei
euch und ich Leid tragen muß über viele,
die zuvor gesündigt und nicht Buße getan
haben für die Unreinigkeit und Unzucht
und Ausschweifung, die sie getrieben ha-
ben.

13 Jetzt komme ich zum dritten Mal
zu euch. «Auf zweier oder dreier
Zeugen Mund soll jegliche Sache stehen»
(5. Mose 19,15).
2 Ich habe es euch zuvor gesagt und sage
es noch einmal zuvor – wie bei meinem
zweiten Besuch, so auch nun aus der
Ferne – denen, die zuvor gesündigt haben,
und den andern allen: Wenn ich abermals
komme, so will ich nicht schonen;
3 ihr verlangt ja, daß ihr einmal gewahr
werdet, wer in mir redet, nämlich Christus,
welcher gegen euch nicht schwach ist,
sondern ist mächtig unter euch.
4 Und ob er wohl gekreuzigt ist aus
Schwachheit, so lebt er doch aus Gottes
Kraft. Und ob wir auch schwach sind in
ihm, so werden wir doch mit ihm uns
lebendig erweisen an euch in der Kraft
Gottes.
5 Versuchet euch selbst, ob ihr im Glau-
ben seid; prüfet euch selbst! Oder erken-
net ihr euch selbst nicht, daß Jesus Chri-
stus in euch ist? Es müßte denn sein, daß
ihr untüchtig seid.
6 Ich hoffe aber, ihr werdet erkennen,
daß wir nicht untüchtig sind.
7 Wir bitten aber Gott, daß ihr nichts Üb-
les tut; nicht damit wir als tüchtig ange-
sehen werden, sondern damit ihr das Gute
tut und wir wie die Untüchtigen seien.
8 Denn wir können nichts wider die
Wahrheit, sondern für die Wahrheit.
9 Wir freuen uns ja, wenn wir schwach
sind und ihr mächtig seid. Um dies beten
wir auch, um eure Vollkommenheit.
10 Derhalben schreibe ich auch solches
aus der Ferne, damit ich nicht, wenn ich
anwesend bin, scharf werden muß nach
der Vollmacht, welche mir der Herr ge-
geben hat zum Aufbauen, nicht zum Nie-
derreißen.
11 Zuletzt, liebe Brüder, freuet euch,
lasset euch zurechtbringen, lasset euch
mahnen, habt einerlei Sinn, seid friedsam!
So wird der Gott der Liebe und des Frie-
dens mit euch sein.
12 Grüßet euch untereinander mit dem
heiligen Kuß. Es grüßen euch alle Heiligen.
13 **Die Gnade unsers Herrn Jesus Christus
und die Liebe Gottes und die Gemeinschaft
des heiligen Geistes sei mit euch allen!**

DER BRIEF DES PAULUS AN DIE GALATER

1 Paulus, ein Apostel nicht von Men-
schen, auch nicht durch einen Men-
schen, sondern durch Jesus Christus und
Gott, den Vater, der ihn auferweckt hat
von den Toten,
2 und alle Brüder, die bei mir sind,
den Gemeinden in Galatien:
3 Gnade sei mit euch und Friede von
Gott, unserm Vater, und dem Herrn Jesus
Christus,
4 der sich selbst für unsre Sünden ge-
geben hat, daß er uns errette von dieser
gegenwärtigen, argen Welt nach dem
Willen Gottes, unsers Vaters,
5 welchem sei Ehre von Ewigkeit zu
Ewigkeit! Amen.

Wider die Verfälschung des Evangeliums

6 Mich wundert, daß ihr euch so bald
abwenden lasset von dem, der euch be-
rufen hat in die Gnade Christi, zu einem
andern Evangelium,
7 obwohl es doch kein andres gibt; nur
daß etliche da sind, die euch verwirren
und wollen das Evangelium Christi ver-
kehren.
8 Aber wenn auch wir oder ein Engel
vom Himmel euch würde Evangelium
predigen anders, als wir euch gepredigt
haben, der sei verflucht.
9 Wie wir eben gesagt haben, so sage ich
abermals: Wenn jemand euch Evange-
lium predigt anders, als ihr es empfangen
habt, der sei verflucht.
10 Predige ich denn jetzt Menschen oder
Gott zu Gefallen? Oder gedenke ich,
Menschen gefällig zu sein? **Wenn ich den
Menschen noch gefällig wäre, so wäre ich
Christi Knecht nicht.**

Das Apostelamt des Paulus

11 Ich tue euch aber kund, liebe Brüder,
daß das Evangelium, das von mir gepre-
digt ist, nicht menschlicher Art ist.
12 Denn ich habe es von keinem Men-
schen empfangen noch gelernt, sondern
durch eine Offenbarung Jesu Christi.
13 Denn ihr habt ja wohl gehört von
meinem Wandel vormals im Judentum, wie
ich über die Maßen die Gemeinde Gottes
verfolgte und sie zu zerstören suchte
14 und nahm zu im Judentum weit über
viele meiner Gefährten in meinem Volk
und eiferte über die Maßen für die väter-
lichen Satzungen.
15 Da es aber Gott wohlgefiel, der mich
von meiner Mutter Leibe an hat ausge-
sondert und berufen durch seine Gnade,
16 daß er seinen Sohn offenbarte in mir,
damit ich ihn durchs Evangelium ver-
kündigen sollte unter den Heiden, fuhr
ich zu und besprach ich mich nicht mit
Fleisch und Blut,
17 ging auch nicht hinauf nach Jerusa-
lem zu denen, die vor mir Apostel waren,
sondern zog hin nach Arabien und kam
wiederum nach Damaskus.
18 Danach über drei Jahre kam ich nach
Jerusalem, Kephas kennenzulernen, und
blieb fünfzehn Tage bei ihm.
19 Von den andern Aposteln aber sah
ich keinen außer Jakobus, des Herrn Bru-
der.
20 Was ich euch aber schreibe, siehe,
Gott weiß, ich lüge nicht!
21 Danach kam ich in die Länder Syrien
und Cilicien.
22 Ich war aber unbekannt von Ange-
sicht den christlichen Gemeinden in Judäa.
23 Sie hatten nur gehört: der uns vor-
mals verfolgte, der predigt jetzt den Glau-
ben, welchen er vormals zu vernichten
suchte,
24 und sie priesen Gott über mir.

Die Anerkennung des Paulus durch die anderen Apostel

2 Danach über vierzehn Jahre zog ich
abermals hinauf nach Jerusalem mit
Barnabas und nahm auch Titus mit mir.
2 Ich zog aber hin auf Grund einer
Offenbarung und besprach mich mit ihnen
über das Evangelium, das ich predige un-
ter den Heiden, besonders aber mit denen,

die das Ansehen hatten, auf daß ich nicht etwa vergeblich liefe oder gelaufen wäre.

3 Aber es ward selbst Titus, der mit mir war, nicht gezwungen, sich beschneiden zu lassen, obwohl er ein Grieche war.

4 Denn da etliche falsche Brüder sich mit eingedrängt hatten und neben eingeschlichen waren, auszukundschaften unsre Freiheit, die wir haben in Christus Jesus, damit sie uns knechteten,

5 wichen wir denselben auch nicht eine Stunde und waren ihnen nicht untertan, damit die Wahrheit des Evangeliums bei euch bestehen bliebe.

6 Von denen aber, die das Ansehen hatten – wer immer sie einst gewesen sind, daran liegt mir nichts; denn Gott achtet das Ansehen der Menschen nicht –, mir haben die, welche das Ansehen hatten, nichts weiter auferlegt.

7 Im Gegenteil, da sie sahen, daß mir anvertraut war das Evangelium an die Heiden gleichwie dem Petrus das Evangelium an die Juden

8 – denn der in Petrus kräftig gewesen ist zum Apostelamt unter den Juden, der ist auch in mir kräftig gewesen unter den Heiden –,

9 und da sie erkannten die Gnade, die mir gegeben war, Jakobus und Kephas und Johannes, die für Säulen angesehen werden, gaben sie mir und Barnabas die rechte Hand und wurden mit uns eins, daß wir unter den Heiden, sie aber unter den Juden predigten,

10 nur daß wir der Armen gedächten, welches ich auch fleißig gewesen bin zu tun.

Paulus und Petrus in Antiochien

11 Als aber Kephas nach Antiochien kam, widerstand ich ihm ins Angesicht, denn es war Grund zur Klage wider ihn.

12 Denn zuvor, ehe etliche von Jakobus kamen, aß er mit den Heiden; als sie aber kamen, zog er sich zurück und sonderte sich ab, weil er die aus dem Judentum fürchtete.

13 Und mit ihm heuchelten die andern Juden, so daß auch Barnabas verführt ward, mit ihnen zu heucheln.

14 Als ich aber sah, daß sie nicht richtig wandelten nach der Wahrheit des Evangeliums, sprach ich zu Kephas vor allen öffentlich: Wenn du, der du ein Jude bist, heidnisch lebst und nicht jüdisch, warum zwingst du denn die Heiden, jüdisch zu leben?

15 Wir sind von Natur Juden und nicht Sünder aus den Heiden.

16 Doch weil wir wissen, daß der Mensch durch des Gesetzes Werke nicht gerecht wird, sondern durch den Glauben an Christus Jesus, sind auch wir gläubig geworden an Christus Jesus, damit wir gerecht werden durch den Glauben an Christus und nicht durch des Gesetzes Werke; denn durch des Gesetzes Werke wird kein Fleisch gerecht.

17 Sollten wir aber, die wir suchen, durch Christus gerecht zu werden, selber als Sünder erfunden werden, so wäre Christus ein Diener der Sünde. Das sei ferne!

18 Wenn ich aber das, was ich zerbrochen habe, wiederum baue, so mache ich mich selbst zu einem Übertreter.

19 Denn ich bin durchs Gesetz dem Gesetz gestorben, damit ich Gott lebe; ich bin mit Christus gekreuzigt.

20 **Ich lebe; doch nun nicht ich, sondern Christus lebt in mir. Denn was ich jetzt lebe im Fleisch, das lebe ich im Glauben an den Sohn Gottes, der mich geliebt hat und sich selbst für mich dargegeben.**

21 Ich werfe nicht weg die Gnade Gottes; denn wenn durch das Gesetz die Gerechtigkeit kommt, so ist Christus vergeblich gestorben.

Die Gerechtigkeit aus dem Glauben

3 O ihr unverständigen Galater! Wer hat euch bezaubert, denen doch Jesus Christus vor die Augen gemalt war als der Gekreuzigte?

2 Das allein will ich von euch erfahren: Habt ihr den Geist empfangen durch des Gesetzes Werke oder durch die Predigt vom Glauben?

3 Seid ihr so unverständig? Im Geist habt ihr angefangen, wollt ihr's denn nun im Fleisch vollenden?

4 Habt ihr denn so viel umsonst erlitten? Wenn anders das konnte umsonst sein!

5 Der euch nun den Geist darreicht und tut solche Taten unter euch, tut er's durch des Gesetzes Werke oder durch die Predigt vom Glauben?

6 So hat doch «Abraham Gott geglaubt,
und es ist ihm gerechnet zur Gerechtig-
keit» (1. Mose 15,6).
7 Erkennet also: die des Glaubens sind,
das sind Abrahams Kinder.
8 Die Schrift aber hat es vorausgesehen,
daß Gott die Heiden durch den Glauben
gerecht macht. Darum verkündigte sie
dem Abraham (1. Mose 12,3): «In dir
sollen alle Heiden gesegnet werden.»
9 So werden nun, die des Glaubens sind,
gesegnet mit dem gläubigen Abraham.
10 Denn die mit des Gesetzes Werken
umgehen, die sind unter dem Fluch. Denn
es steht geschrieben (5.Mose 27,26): «Ver-
flucht sei jedermann, der nicht bleibt in
alle dem, was geschrieben steht in dem
Buch des Gesetzes, daß er's tue!»
11 Daß aber durchs Gesetz niemand ge-
recht wird vor Gott, ist offenbar; denn
«der Gerechte wird aus Glauben leben»
(Hab 2,4).
12 Das Gesetz aber ist nicht «aus Glau-
ben», sondern «der Mensch, der es **tut**,
wird dadurch leben» (3. Mose 18,5).
13 **Christus aber hat uns erlöst von dem
Fluch des Gesetzes, da er ward ein Fluch
für uns,** denn es steht geschrieben (5.
Mose 21,23): «Verflucht ist jedermann,
der am Holz hanget»,
14 auf daß der Segen Abrahams unter
die Heiden käme in Jesus Christus und
wir den verheißenen Geist empfingen
durch den Glauben.
15 Liebe Brüder, ich will nach mensch-
licher Weise reden: Man hebt doch eines
Menschen Testament nicht auf, wenn es
bestätigt ist, und tut auch nichts dazu.
16 Nun ist die Verheißung Abraham zu-
gesagt und «seinem Nachkommen». Es
heißt nicht: und den Nachkommen, als
gälte es vielen, sondern es gilt **einem**:
«und deinem Nachkommen» (1. Mose
22,18), welcher ist Christus.
17 Ich meine aber dies: Das Testament,
das von Gott zuvor bestätigt ist, wird nicht
aufgehoben durch das Gesetz, welches
vierhundertdreißig Jahre hernach gegeben
ist, so daß die Verheißung zunichte würde.
18 Denn wenn das Erbe durch das Ge-
setz erworben würde, so würde es nicht
durch Verheißung gegeben; Gott aber hat
es Abraham durch Verheißung frei ge-
schenkt.

Die Aufgabe des Gesetzes

19 Was soll nun das Gesetz? Es ist hin-
zugekommen um der Sünden willen, bis
der Nachkomme da sei, dem die Ver-
heißung gilt, und zwar ist es verordnet von
Engeln durch die Hand eines Mittlers.
20 Der Mittler aber ist nicht eines Ein-
zigen Mittler, Gott aber ist nur einer.
21 Wie? Ist denn das Gesetz wider Got-
tes Verheißungen? Das sei ferne! Denn
nur, wenn ein Gesetz gegeben wäre, das
da könnte lebendig machen, käme die
Gerechtigkeit wahrhaftig aus dem Gesetz.
22 Aber die Schrift hat alles beschlossen
unter die Sünde, auf daß die Verheißung
durch den Glauben an Jesus Christus ge-
geben würde denen, die da glauben.
23 Ehe aber der Glaube kam, wurden
wir unter dem Gesetz verwahrt und ver-
schlossen auf den Glauben hin, der da
sollte offenbart werden.
24 **So ist das Gesetz unser Zuchtmeister
gewesen auf Christus, damit wir durch
Glauben gerecht würden.**
25 Nun aber der Glaube gekommen ist,
sind wir nicht mehr unter dem Zuchtmei-
ster.
26 Denn **ihr seid alle Gottes Kinder durch
den Glauben an Christus Jesus.**
27 Denn wie viele von euch auf Christus
getauft sind, die haben Christus angezogen.
28 Hier ist nicht Jude noch Grieche,
hier ist nicht Knecht noch Freier, hier ist
nicht Mann noch Weib; denn ihr seid
allzumal **einer** in Christus Jesus.
29 Seid ihr aber Christi, so seid ihr ja
Abrahams Kinder und nach der Verhei-
ßung Erben.

Befreiung vom Gesetz durch Christus

4 Ich sage aber: Solange der Erbe un-
mündig ist, ist zwischen ihm und
einem Knechte kein Unterschied, ob er
wohl ein Herr ist aller Güter,
2 sondern er ist unter den Vormündern
und Pflegern bis auf die Zeit, die der Vater
bestimmt hat.
3 So auch wir: als wir unmündig waren,
waren wir in der Knechtschaft der Ele-
mente der Welt.
4 **Als aber die Zeit erfüllet ward, sandte
Gott seinen Sohn, geboren von einem Weibe
und unter das Gesetz getan,**

**5 auf daß er die, so unter dem Gesetz
waren, erlöste, damit wir die Kindschaft
empfingen.**
6 Weil ihr denn Kinder seid, hat Gott
gesandt den Geist seines Sohnes in unsre
Herzen, der schreit: Abba, lieber Vater!
7 So bist du nicht mehr Knecht, sondern
Kind; wenn aber Kind, dann auch Erbe
durch Gott.

Rückfall der Galater in Gesetzlichkeit

8 Aber zu der Zeit, da ihr Gott nicht
kanntet, dientet ihr denen, die in Wahr-
heit nicht Götter sind.
9 Nun ihr aber Gott erkannt habt, ja
vielmehr von Gott erkannt seid, wie wen-
det ihr euch denn wiederum zu den schwa-
chen und dürftigen Elementen, welchen
ihr von neuem dienen wollt?
10 Ihr haltet Tage und Monate und
Feste und Jahre.
11 Ich fürchte für euch, daß ich vielleicht
umsonst an euch gearbeitet habe.
12 Werdet doch wie ich, denn ich wurde
wie ihr; liebe Brüder, ich bitte euch. Ihr
habt mir kein Leid getan.
13 Ihr wisset doch, daß ich euch in
Schwachheit des Leibes das Evangelium
gepredigt habe das erste Mal.
14 Und was euch anfocht an meinem
Leib, das habt ihr nicht verachtet noch
verschmäht, sondern wie einen Engel Got-
tes nahmet ihr mich auf, ja wie Christus
Jesus.
15 Wie waret ihr dazumal so selig! Ich
bin euer Zeuge, daß, wenn es möglich ge-
wesen wäre, ihr hättet eure Augen ausge-
rissen und mir gegeben.
16 Bin ich denn damit euer Feind ge-
worden, daß ich euch die Wahrheit vor-
halte?
17 Es ist nicht recht, wie sie um euch
eifern; sie wollen euch nur von mir ab-
wendig machen, daß ihr um sie sollt eifern.
18 Eifrig umworben zu werden ist gut,
wenn's im Guten geschieht immerdar und
nicht allein dann, wenn ich anwesend bei
euch bin,
19 meine lieben Kinder, welche ich aber-
mals mit Ängsten gebäre, bis daß Christus
in euch Gestalt gewinne!
20 Ich wollte, daß ich jetzt bei euch
wäre und meine Stimme wandeln könnte;
denn ich bin irre an euch.

Knechtschaft und Freiheit gegenüber dem Gesetz

21 Saget mir, die ihr unter dem Gesetz
sein wollt: Höret ihr nicht das Gesetz?
22 Denn es steht geschrieben, daß Abra-
ham zwei Söhne hatte, einen von der
Magd, den andern von der Freien.
23 Aber der von der Magd war, ist nach
dem Fleisch geboren; der aber von der
Freien ist durch die Verheißung geboren.
24 Diese Worte bedeuten etwas. Denn
das sind die zwei Testamente: eins von
dem Berg Sinai, das zur Knechtschaft ge-
biert, welches ist die Hagar;
25 denn Hagar heißt in Arabien der
Berg Sinai und ist ein Gleichnis für das
Jerusalem dieser Zeit, das dienstbar ist
mit seinen Kindern.
26 Aber das Jerusalem, das droben ist,
das ist die Freie; die ist unsre Mutter.
27 Denn es steht geschrieben (Jes 54,1):
«Sei fröhlich, du Unfruchtbare, die du
nicht gebierst! Brich hervor und rufe, die
du nicht schwanger bist! Denn die Ein-
same hat viel mehr Kinder, als die den
Mann hat.»
28 Ihr aber, liebe Brüder, seid wie Isaak
Kinder der Verheißung.
29 Aber wie zu jener Zeit der nach dem
Fleisch Geborene verfolgte den, der nach
dem Geist geboren war, so geht es auch
jetzt.
30 Doch was spricht die Schrift (1. Mose
21,10)? «Stoß die Magd hinaus mit ihrem
Sohn; denn der Magd Sohn soll nicht
erben mit dem Sohn der Freien.»
31 So sind wir nun, liebe Brüder, nicht
der Magd Kinder, sondern der Freien.

Aufruf zur rechten Freiheit

5 Zur Freiheit hat uns Christus befreit!
So stehet nun fest und lasset euch
nicht wiederum in das knechtische Joch
fangen!
2 Siehe, ich, Paulus, sage euch: Wenn
ihr euch beschneiden lasset, so wird euch
Christus nichts nützen.
3 Ich bezeuge abermals einem jeden, der
sich beschneiden läßt, daß er das ganze
Gesetz zu tun schuldig ist.
4 Ihr habt Christus verloren, die ihr
durch das Gesetz gerecht werden wollt,
und seid aus der Gnade gefallen.

5 Denn wir warten im Geist durch den Glauben auf die Gerechtigkeit, auf die man hoffen muß.

6 Denn in Christus Jesus gilt weder Beschneidung noch Unbeschnittensein etwas, sondern **der Glaube, der durch die Liebe tätig ist.**

7 Ihr liefet fein. Wer hat euch aufgehalten, der Wahrheit nicht zu gehorchen?

8 Solch Überreden ist nicht von dem, der euch beruft.

9 Ein wenig Sauerteig durchsäuert den ganzen Teig.

10 Ich habe das Vertrauen zu euch in dem Herrn, ihr werdet nicht anders gesinnt sein. Wer euch aber irre macht, der wird sein Urteil tragen müssen, er sei, wer er wolle.

11 Ich aber, liebe Brüder, wenn ich die Beschneidung noch predige, warum leide ich denn Verfolgung? Só hätte ja das Ärgernis des Kreuzes aufgehört.

12 Sie sollten sich doch lieber gleich verschneiden lassen, die euch in Unruhe bringen!

13 Ihr aber, liebe Brüder, seid zur Freiheit berufen. Allein sehet zu, daß ihr durch die Freiheit nicht dem Fleisch Raum gebet, sondern durch die Liebe diene einer dem andern.

14 Denn das ganze Gesetz ist in **einem** Wort erfüllt, in dem (3. Mose 19,18): «Liebe deinen Nächsten wie dich selbst.»

15 Wenn ihr euch aber untereinander beißet und fresset, so sehet zu, daß ihr nicht voneinander verzehrt werdet.

Wandel im Geist

16 Ich sage aber: Wandelt im Geist, so werdet ihr die Lüste des Fleisches nicht vollbringen.

17 Denn das Fleisch streitet wider den Geist und der Geist wider das Fleisch; dieselben sind widereinander, daß ihr nicht tut, was ihr wollt.

18 Regiert euch aber der Geist, so seid ihr nicht unter dem Gesetz.

19 Offenbar sind aber die Werke des Fleisches, als da sind: Unzucht, Unreinigkeit, Ausschweifung,

20 Götzendienst, Zauberei, Feindschaft, Hader, Eifersucht, Zorn, Zank, Zwietracht, Spaltungen,

21 Neid, Saufen, Fressen und dergleichen, von welchen ich euch vorausgesagt habe und sage noch einmal voraus, daß, die solches tun, werden das Reich Gottes nicht erben.

22 **Die Frucht aber des Geistes ist Liebe, Freude, Friede, Geduld, Freundlichkeit, Gütigkeit, Glaube, Sanftmut, Keuschheit.**

23 Wider solche ist das Gesetz nicht.

24 Welche aber Christus Jesus angehören, die haben ihr Fleisch gekreuzigt samt den Lüsten und Begierden.

25 Wenn wir im Geist leben, so lasset uns auch im Geist wandeln.

26 Lasset uns nicht eitler Ehre geizig sein, einander nicht reizen, einander nicht neiden.

Mahnung zur Brüderlichkeit

6 Liebe Brüder, wenn ein Mensch etwa von einem Fehl übereilt würde, so helfet ihm wieder zurecht mit sanftmütigem Geist, ihr, die ihr geistlich seid; und siehe auf dich selbst, daß du nicht auch versucht werdest.

2 **Einer trage des andern Last, so werdet ihr das Gesetz Christi erfüllen.**

3 Denn wenn sich jemand läßt dünken, er sei etwas, obwohl er doch nichts ist, der betrügt sich selbst.

4 Ein jeglicher aber prüfe sein eigen Werk; und alsdann wird er an sich selbst den Ruhm haben und nicht an einem andern.

5 Denn ein jeglicher wird seine Last tragen.

6 Der aber unterrichtet wird im Wort, der teile mit allerlei Gutes dem, der ihn unterrichtet.

7 **Irret euch nicht! Gott läßt sich nicht spotten. Denn was der Mensch sät, das wird er ernten.**

8 **Wer auf sein Fleisch sät, der wird von dem Fleisch das Verderben ernten; wer aber auf den Geist sät, der wird von dem Geist das ewige Leben ernten.**

9 Lasset uns aber Gutes tun und nicht müde werden; denn zu seiner Zeit werden wir auch ernten, wenn wir nicht ablassen.

10 Darum, solange wir noch Zeit haben, **lasset uns Gutes tun an jedermann, allermeist aber an des Glaubens Genossen.**

Ruhm des Kreuzes Christi

11 Sehet, mit wie großen Buchstaben ich euch schreibe mit eigner Hand!

12 Die ein Ansehen haben wollen nach
dem Fleisch, die zwingen euch zur Beschneidung, nur damit sie nicht um des Kreuzes Christi willen verfolgt werden.

13 Denn auch sie selbst, die sich beschneiden lassen, halten das Gesetz nicht, sondern sie wollen, daß ihr euch beschneiden lasset, damit sie sich eures Fleisches rühmen können.

14 Von mir aber sei es ferne, mich zu rühmen, als allein des Kreuzes unsers Herrn Jesus Christus, durch welchen mir die Welt gekreuzigt ist und ich der Welt.

15 Denn in Christus Jesus gilt weder Beschneidung noch Unbeschnittensein etwas, sondern eine neue Kreatur.

16 Und wie viele nach dieser Regel einhergehen, – Friede und Barmherzigkeit sei über sie und über das Israel Gottes.

17 Hinfort mache mir niemand weiter Mühe; denn ich trage die Malzeichen Jesu an meinem Leibe.

18 Die Gnade unsers Herrn Jesus Christus sei mit eurem Geist, liebe Brüder! Amen.

DER BRIEF DES PAULUS AN DIE EPHESER

1 Paulus, ein Apostel Jesu Christi durch den Willen Gottes,
den Heiligen ⟨zu Ephesus⟩ und Gläubigen an Christus Jesus:

2 Gnade sei mit euch und Friede von Gott, unserm Vater, und dem Herrn Jesus Christus!

Lobpreis Gottes für seinen Heilsplan

3 **Gelobt sei Gott, der Vater unsers Herrn Jesus Christus, der uns gesegnet hat mit allerlei geistlichem Segen in himmlischen Gütern durch Christus.**

4 Denn in ihm hat er uns erwählt, ehe der Welt Grund gelegt war, daß wir sollten heilig und unsträflich sein vor ihm;

5 in seiner Liebe hat er uns dazu verordnet, daß wir seine Kinder seien durch Jesus Christus nach dem Wohlgefallen seines Willens,

6 zum Lob seiner herrlichen Gnade, mit der er uns begnadet hat in dem Geliebten.

7 In ihm haben wir die Erlösung durch sein Blut, die Vergebung der Sünden, nach dem Reichtum seiner Gnade,

8 die er uns reichlich hat widerfahren lassen in allerlei Weisheit und Klugheit.

9 Denn Gott hat uns wissen lassen das Geheimnis seines Willens nach seinem Ratschluß, den er sich vorgesetzt hatte in Christus,

10 damit er ausgeführt würde, wenn die Zeit erfüllt wäre: daß alle Dinge zusammengefaßt würden in Christus, beides, was im Himmel und auf Erden ist.

11 In ihm sind wir auch zum Erbteil gekommen, die wir zuvor verordnet sind nach dem Vorsatz des, der alle Dinge wirkt nach dem Rat seines Willens,

12 auf daß wir etwas seien zum Lob seiner Herrlichkeit, die wir zuvor auf Christus gehofft haben.

13 In ihm seid auch ihr, die ihr gehört habt das Wort der Wahrheit, nämlich das Evangelium von eurer Seligkeit – in ihm seid auch ihr, da ihr gläubig wurdet, versiegelt worden mit dem heiligen Geist, der verheißen ist,

14 welcher ist das Unterpfand unsers Erbes zu unsrer Erlösung, daß wir sein Eigentum würden zum Lob seiner Herrlichkeit.

Gebet um Erkenntnis der Herrlichkeit Christi

15 Darum auch ich, nachdem ich gehört habe von dem Glauben bei euch an den Herrn Jesus und von eurer Liebe zu allen Heiligen,

16 höre ich nicht auf, zu danken für euch, und gedenke euer in meinem Gebet,

17 daß der Gott unsers Herrn Jesus Christus, der Vater der Herrlichkeit, euch gebe den Geist der Weisheit und der Offenbarung, ihn zu erkennen.

18 Er erleuchte die Augen eures Her-

zens, daß ihr erkennen möget, zu welcher
Hoffnung ihr von ihm berufen seid, und
welchen Reichtum an Herrlichkeit er den
Heiligen beschieden hat,
19 und was da sei die überschwengliche
Größe seiner Kraft an uns, die wir glau-
ben, weil die Macht seiner Stärke bei uns
wirksam wurde,
20 die er in Christus wirken ließ. Durch
sie hat er ihn von den Toten auferweckt
und gesetzt zu seiner Rechten im Himmel
21 über alle Reiche, Gewalt, Macht,
Herrschaft und was sonst genannt mag
werden, nicht allein in dieser Welt, son-
dern auch in der zukünftigen;
22 und hat alle Dinge unter seine Füße
getan und hat ihn gesetzt zum Haupt der
Gemeinde über alles,
23 welche da ist sein Leib, nämlich die
Fülle des, der alles in allen erfüllt.

Gott hat auch uns zum Leben erweckt

2 Auch ihr waret tot in euren Übertre-
tungen und Sünden,
2 in welchen ihr vormals gewandelt seid
nach dem Lauf dieser Welt, nach dem
Mächtigen, der in der Luft herrscht,
nämlich nach dem Geist, der zu dieser
Zeit sein Werk hat in den Kindern des
Unglaubens.
3 Unter ihnen haben auch wir alle vor-
mals unsern Wandel gehabt in den Lüsten
unsers Fleisches und taten den Willen des
Fleisches und der Sinne und waren Kin-
der des Zornes von Natur, gleichwie auch
die andern.
4 Aber Gott, der da reich ist an Barm-
herzigkeit, hat um seiner großen Liebe
willen, mit der er uns geliebt hat,
5 auch uns, die wir tot waren in den
Sünden, samt Christus lebendig gemacht,
denn aus Gnade seid ihr gerettet worden.
6 Und hat uns samt ihm auferweckt und
samt ihm in das himmlische Wesen ge-
setzt in Christus Jesus,
7 auf daß er erzeigte in den kommenden
Zeiten den überschwenglichen Reichtum
seiner Gnade durch seine Güte gegen uns
in Christus Jesus.
8 Denn **aus Gnade seid ihr gerettet wor-
den durch den Glauben, und das nicht aus
euch: Gottes Gabe ist es,**
9 **nicht aus den Werken, auf daß sich nicht
jemand rühme.**
10 Denn wir sind sein Werk, geschaffen
in Christus Jesus zu guten Werken, welche
Gott zuvor bereitet hat, daß wir darin
wandeln sollen.

Heiden und Juden berufen zu einer Gemeinde

11 Darum gedenket daran, daß ihr, die
ihr vormals nach dem Fleisch Heiden ge-
wesen seid und die Unbeschnittenen ge-
nannt wurdet von denen, die genannt sind
die Beschneidung am Fleisch, die mit der
Hand geschieht, –
12 daß ihr zu jener Zeit waret ohne
Christus, ausgeschlossen vom Bürger-
recht in Israel und fremd den Testamenten
der Verheißung; daher ihr keine Hoffnung
hattet und waret ohne Gott in der Welt.
13 In Christus Jesus aber seid ihr jetzt,
die ihr vormals ferne gewesen seid, nahe
geworden durch das Blut Christi.
14 Denn er ist unser Friede, der aus bei-
den **eines** hat gemacht und hat abgebro-
chen den Zaun, der dazwischen war, näm-
lich die Feindschaft,
15 indem er in seinem Fleische hat abge-
tan das Gesetz mit seinen Geboten und
Satzungen, auf daß er in sich selber aus
den zweien **einen neuen** Menschen schüfe
und Frieden machte
16 und beide versöhnte mit Gott in
einem Leibe durch das Kreuz, an dem er
die Feindschaft getötet hat.
17 Er ist gekommen und hat verkündigt
im Evangelium den Frieden euch, die ihr
ferne waret, und Frieden denen, die nahe
waren.
18 Denn durch ihn haben wir den Zu-
gang alle beide in **einem** Geist zum Vater.
19 **So seid ihr nun nicht mehr Gäste und
Fremdlinge, sondern Mitbürger der Heili-
gen und Gottes Hausgenossen,**
20 **erbaut auf den Grund der Apostel und
Propheten, da Jesus Christus der Eckstein
ist,**
21 auf welchem der ganze Bau ineinan-
der gefügt wächst zu einem heiligen Tem-
pel in dem Herrn;
22 auf welchem auch ihr miterbaut wer-
det zu einer Behausung Gottes im Geist.

Des Paulus Apostelamt unter den Heiden

3 Derhalben bin ich, Paulus, der Ge-
fangene Christi Jesu für euch Heiden –

2 ihr habt ja gehört von dem Ratschluß
der Gnade Gottes, die mir für euch gegeben ist,
3 daß mir ist kundgeworden dieses Geheimnis durch Offenbarung, wie ich eben
aufs kürzeste geschrieben habe.
4 Daran könnt ihr, wenn ihr's leset, merken mein Verständnis des Geheimnisses
Christi,
5 welches in den vorigen Zeiten nicht
kundgetan ward den Menschenkindern, wie es jetzt offenbart ist seinen heiligen
Aposteln und Propheten durch den Geist;
6 nämlich daß die Heiden Miterben sind
und mit zu seinem Leibe gehören und Mitgenossen der Verheißung in Christus
Jesus sind durch das Evangelium,
7 dessen Diener ich geworden bin nach
der Gabe der Gnade Gottes, die mir nach seiner mächtigen Kraft gegeben ist.
8 Mir, dem allergeringsten unter allen
Heiligen, ist gegeben diese Gnade, den Heiden zu verkündigen den unausforschlichen Reichtum Christi
9 und ans Licht zu bringen, wie Gott
seinen geheimen Ratschluß ausführt, der von Weltzeiten her verborgen war in ihm, der alle Dinge geschaffen hat;
10 auf daß jetzt kund würde an der Gemeinde den Mächten und Gewalten im Himmel die mannigfaltige Weisheit Gottes.
11 Diesen ewigen Vorsatz hat Gott ausgeführt in Christus Jesus, unserm Herrn,
12 durch welchen wir haben Freimut
und Zugang in aller Zuversicht durch den Glauben an ihn.
13 Darum bitte ich, daß ihr nicht verzagt um meiner Trübsale willen, die ich für euch leide, welche euch eine Ehre sind.

Des Apostels Fürbitte für die Gemeinde

14 **Derhalben beuge ich meine Knie vor dem Vater,**
15 **der der rechte Vater ist über alles, was da Kinder heißt im Himmel und auf Erden,**
16 **daß er euch Kraft gebe nach dem Reichtum seiner Herrlichkeit, stark zu werden durch seinen Geist an dem inwendigen Menschen,**
17 **daß Christus wohne durch den Glauben in euren Herzen und ihr in der Liebe eingewurzelt und gegründet werdet,**
18 auf daß ihr begreifen möget mit allen
Heiligen, welches da sei die Breite und die Länge und die Höhe und die Tiefe;
19 auch erkennen die Liebe Christi, die
doch alle Erkenntnis übertrifft, damit ihr erfüllt werdet mit aller Gottesfülle.
20 Dem aber, der überschwenglich tun
kann über alles, was wir bitten oder verstehen, nach der Kraft, die da in uns wirkt,
21 dem sei Ehre in der Gemeinde und
in Christus Jesus zu aller Zeit, von Ewigkeit zu Ewigkeit! Amen.

Mahnung zur Einigkeit

4 So ermahne ich euch nun, ich Gefangener in dem Herrn, daß ihr wandelt, wie sich's gebührt eurer Berufung, mit der ihr berufen seid,
2 in aller Demut und Sanftmut, in Geduld; und vertraget einer den andern in der Liebe
3 und **seid fleißig, zu halten die Einigkeit im Geist durch das Band des Friedens:**
4 **ein Leib und ein Geist, wie ihr auch berufen seid zu einerlei Hoffnung eurer Berufung;**
5 **ein Herr, ein Glaube, eine Taufe;**
6 **ein Gott und Vater aller, der da ist über allen und durch alle und in allen.**
7 Einem jeglichen aber unter uns ist gegeben die Gnade nach dem Maß der Gabe Christi.
8 Darum heißt es (Ps 68,19): «Er ist
aufgefahren in die Höhe und hat das Gefängnis gefangen geführt und hat den Menschen Gaben gegeben.»
9 Daß er aber aufgefahren ist, was ist
das andres, als daß er auch hinuntergefahren ist in die untersten Örter der Erde?
10 Der hinuntergefahren ist, das ist derselbe, der aufgefahren ist über alle Himmel, auf daß er alles erfülle.
11 Und er hat etliche zu Aposteln gesetzt, etliche zu Propheten, etliche zu Evangelisten, etliche zu Hirten und Lehrern,
12 daß die Heiligen zugerüstet würden
zum Werk des Dienstes. Dadurch soll der Leib Christi erbaut werden,
13 bis daß wir alle hinankommen zur
Einheit des Glaubens und der Erkenntnis des Sohnes Gottes, zur Reife des Mannesalters, zum vollen Maß der Fülle Christi.
14 Auf daß wir nicht mehr unmündig

seien und uns bewegen und umhertreiben lassen von jeglichem Wind der Lehre durch Bosheit der Menschen und Täuscherei, womit sie uns beschleichen und uns verführen.
15 Lasset uns aber wahrhaftig sein in der Liebe und wachsen in allen Stücken zu dem hin, der das Haupt ist, Christus,
16 von welchem aus der ganze Leib zusammengefügt ist und ein Glied am andern hanget durch alle Gelenke, dadurch ein jegliches Glied dem andern kräftig Handreichung tut nach seinem Maße und macht, daß der Leib wächst und sich selbst auferbaut in der Liebe.

Vom neuen Wandel in Christus

17 So sage ich nun und bezeuge in dem Herrn, daß ihr nicht mehr wandeln dürft, wie die Heiden wandeln in der Nichtigkeit ihres Sinnes.
18 Ihr Verstand ist verfinstert, und sie sind fremd geworden dem Leben, das aus Gott ist, durch die Unwissenheit, die in ihnen ist, durch die Verstockung ihres Herzens;
19 in ihrem Gewissen sind sie stumpf geworden und ergeben sich der Unzucht und treiben jegliche Unreinigkeit voll Habgier.
20 Ihr aber habt Christus nicht so gelernt,
21 wenn anders ihr von ihm gehört habt und in ihm gelehrt seid, wie es in Jesus Wahrheit ist.
22 Leget von euch ab den alten Menschen mit seinem vorigen Wandel, der durch trügerische Lüste sich verderbt.
23 Erneuert euch aber im Geist eures Gemüts
24 und **ziehet den neuen Menschen an, der nach Gott geschaffen ist in rechtschaffener Gerechtigkeit und Heiligkeit.**
25 Darum leget die Lüge ab und redet die Wahrheit, ein jeglicher mit seinem Nächsten, weil wir untereinander Glieder sind.
26 Zürnet ihr, so sündiget nicht; **lasset die Sonne nicht über eurem Zorn untergehen**
27 und gebet nicht Raum dem Lästerer.
28 Wer gestohlen hat, der stehle nicht mehr, sondern arbeite und schaffe mit seinen Händen etwas Gutes, auf daß er habe, zu geben dem Bedürftigen.
29 Lasset kein faul Geschwätz aus eurem Munde gehen, sondern was gut ist und das Nötige fördert, das redet, auf daß es Segen bringe denen, die es hören.
30 Und betrübet nicht den heiligen Geist Gottes, mit dem ihr versiegelt seid auf den Tag der Erlösung.
31 Alle Bitterkeit und Grimm und Zorn und Geschrei und Lästerung sei ferne von euch samt aller Bosheit.
32 Seid aber miteinander freundlich, herzlich und vergebet einer dem andern, gleichwie Gott euch vergeben hat in Christus.

Kinder des Lichtes

5 So seid nun Gottes Nachfolger als die geliebten Kinder
2 und wandelt in der Liebe, gleichwie Christus euch hat geliebt und sich selbst dargegeben für uns als Gabe und Opfer, Gott zu einem lieblichen Geruch.
3 Unzucht aber und alle Unreinigkeit oder Habsucht lasset nicht von euch gesagt werden, wie es den Heiligen ziemt,
4 auch nicht schandbare Worte und närrische Dinge oder Scherze, welche euch nicht anstehen, sondern vielmehr Danksagung.
5 Denn das sollt ihr wissen, daß kein Unzüchtiger oder Unreiner oder Habsüchtiger, das ist ein Götzendiener, Erbe hat an dem Reich Christi und Gottes.
6 Lasset euch von niemand verführen mit nichtigen Worten; denn um dieser Dinge willen kommt der Zorn Gottes über die Kinder des Ungehorsams.
7 Darum seid nicht ihre Mitgenossen.
8 Denn ihr waret vormals Finsternis; nun aber seid ihr Licht in dem Herrn.
9 Wandelt wie die Kinder des Lichtes – die Frucht des Lichtes ist lauter Gütigkeit und Gerechtigkeit und Wahrheit –
10 und prüfet, was da sei wohlgefällig dem Herrn.
11 Und habt nicht Gemeinschaft mit den unfruchtbaren Werken der Finsternis, strafet sie vielmehr.
12 Denn was heimlich von ihnen geschieht, das ist schändlich auch nur zu sagen.
13 Das alles aber wird offenbar, wenn's vom Licht gestraft wird; denn alles, was offenbar wird, das ist Licht.

14 Darum heißt es: Wache auf, der du schläfst, und stehe auf von den Toten, so wird dich Christus erleuchten.

15 So sehet nun wohl zu, wie ihr wandelt, nicht als Unweise, sondern als Weise,

16 und kaufet die Zeit aus; denn es ist böse Zeit.

17 Darum werdet nicht unverständig, sondern verstehet, was da sei des Herrn Wille.

18 Und saufet euch nicht voll Wein, daraus ein unordentlich Wesen folgt, sondern werdet voll Geistes:

19 redet untereinander in Psalmen und Lobgesängen und geistlichen Liedern, singet und spielet dem Herrn in euren Herzen

20 und saget Dank allezeit für alles Gott, dem Vater, in dem Namen unsres Herrn Jesus Christus,

21 und seid einander untertan in der Furcht Christi.

Die christliche Haustafel

22 Die Frauen seien untertan ihren Männern als dem Herrn.

23 Denn der Mann ist des Weibes Haupt, gleichwie auch Christus das Haupt ist der Gemeinde, die er als seinen Leib erlöst hat.

24 Aber wie nun die Gemeinde ist Christus untertan, so seien es auch die Frauen ihren Männern in allen Dingen.

25 Ihr Männer, liebet eure Frauen, gleichwie auch Christus geliebt hat die Gemeinde und hat sich selbst für sie gegeben,

26 auf daß er sie heiligte, und hat sie gereinigt durch das Wasserbad im Wort,

27 auf daß er sie sich selbst darstellte als eine Gemeinde, die herrlich sei, die nicht habe einen Flecken oder Runzel oder etwas dergleichen, sondern daß sie heilig sei und unsträflich.

28 So sollen auch die Männer ihre Frauen lieben wie ihren eigenen Leib. Wer seine Frau liebt, der liebt sich selbst.

29 Denn niemand hat jemals sein eigen Fleisch gehaßt; sondern er nährt es und pflegt es, gleichwie auch Christus die Gemeinde.

30 Denn wir sind Glieder seines Leibes.

31 «Um deswillen wird ein Mensch verlassen Vater und Mutter und seinem Weibe anhangen, und werden die zwei **ein** Fleisch sein» (1. Mose 2,24).

32 Dieses Geheimnis ist groß; ich rede aber von Christus und der Gemeinde.

33 Darum auch ihr, ein jeglicher habe lieb seine Frau wie sich selbst; die Frau aber fürchte den Mann.

6 Ihr Kinder, seid gehorsam euren Eltern in dem Herrn; denn das ist recht.

2 «Ehre Vater und Mutter», das ist das erste Gebot, das eine Verheißung hat:

3 «auf daß dir's wohl gehe und du lange lebest auf Erden» (5. Mose 5,16).

4 Und ihr Väter, reizet eure Kinder nicht zum Zorn, sondern ziehet sie auf in der Zucht und Vermahnung zum Herrn.

5 Ihr Knechte, seid gehorsam euren leiblichen Herren mit Furcht und Zittern, in Einfalt eures Herzens, als dem Herrn Christus;

6 nicht mit Dienst allein vor Augen, um den Menschen zu gefallen, sondern als Knechte Christi, die den Willen Gottes tun von Herzen.

7 Tut euren Dienst mit gutem Willen als dem Herrn und nicht den Menschen

8 und wisset: was ein jeglicher Gutes tun wird, das wird er von dem Herrn wieder empfangen, er sei Knecht oder Freier.

9 Und ihr Herren, tut ihnen ein Gleiches und lasset das Drohen; wisset, daß euer und ihr Herr im Himmel ist, und ist bei ihm kein Ansehen der Person.

Die geistliche Waffenrüstung

10 Zuletzt: **Seid stark in dem Herrn und in der Macht seiner Stärke.**

11 Ziehet an die Waffenrüstung Gottes, daß ihr bestehen könnt gegen die listigen Anläufe des Teufels.

12 Denn wir haben nicht mit Fleisch und Blut zu kämpfen, sondern mit Mächtigen und Gewaltigen, nämlich mit den Herren der Welt, die in dieser Finsternis herrschen, mit den bösen Geistern unter dem Himmel.

13 Um deswillen ergreifet die Waffenrüstung Gottes, auf daß ihr an dem bösen Tage Widerstand tun und alles wohl ausrichten und das Feld behalten möget.

14 So stehet nun, umgürtet an euren Lenden mit Wahrheit und angetan mit dem Panzer der Gerechtigkeit

15 und an den Beinen gestiefelt, als
fertig, zu treiben das Evangelium des
Friedens.
16 **Vor allen Dingen aber ergreifet den
Schild des Glaubens, mit welchem ihr aus-
löschen könnt alle feurigen Pfeile des Bösen,**
17 **und nehmet den Helm des Heils und
das Schwert des Geistes, welches ist das
Wort Gottes.**
18 Und betet allezeit mit Bitten und
Flehen im Geist und wachet dazu mit
allem Anhalten und Flehen für alle Heili-
gen
19 und für mich, auf daß mir gegeben
werde das Wort mit freudigem Auftun
meines Mundes, daß ich möge kundma-
chen das Geheimnis des Evangeliums,
20 dessen Bote ich bin in Ketten, auf
daß ich mit Freudigkeit davon rede, wie
sich's gebührt.

Grüße und Segenswünsche

21 Auf daß ihr aber auch wisset, wie es
um mich steht und was ich schaffe, wird's
euch alles kundtun Tychikus, mein lieber
Bruder und getreuer Diener in dem
Herrn,
22 welchen ich dazu gesandt habe zu
euch, daß ihr erfahret, wie es um uns
steht, und daß er eure Herzen tröste.
23 Friede sei den Brüdern und Liebe
mit Glauben von Gott, dem Vater, und
dem Herrn Jesus Christus!
24 Die Gnade sei mit allen, die da lieb
haben unsern Herrn Jesus Christus, für
und für!

DER BRIEF DES PAULUS AN DIE PHILIPPER

1 Paulus und Timotheus, Knechte Jesu
Christi,
allen Heiligen in Christus Jesus zu Phil-
ippi samt den Bischöfen und Diako-
nen:
2 Gnade sei mit euch und Friede von
Gott, unserm Vater, und dem Herrn Jesus
Christus!

Dank und Fürbitte für die Gemeinde

3 Ich danke meinem Gott, sooft ich euer
gedenke
4 – welches ich allezeit tue in allem mei-
nem Gebet für euch alle und tue das Ge-
bet mit Freuden –,
5 für eure Gemeinschaft am Evangelium
vom ersten Tage an bis hierher
6 **und bin desselben in guter Zuversicht,
daß, der in euch angefangen hat das gute
Werk, der wird's auch vollführen bis an den
Tag Jesu Christi.**
7 Wie es mir denn billig ist, daß ich so
von euch allen denke. Denn ich habe euch
in meinem Herzen, die ihr alle mit mir der
Gnade teilhaftig seid in meiner Gefangen-
schaft und wenn ich das Evangelium ver-
antworte und bekräftige.
8 Gott ist mein Zeuge, wie mich nach
euch allen verlangt von Herzensgrund in
der Liebe Jesu Christi.
9 Und ich bete darum, daß eure Liebe
je mehr und mehr reich werde an Er-
kenntnis und aller Erfahrung,
10 daß ihr prüfen möget, was das Beste
sei, auf daß ihr seid lauter und unan-
stößig auf den Tag Christi,
11 erfüllt mit Frucht der Gerechtigkeit,
die durch Jesus Christus geschaffen wird
zu Gottes Ehre und Lob.

**Des Apostels Gefangenschaft und
Bereitschaft zum Sterben**

12 Ich lasse euch aber wissen, liebe Brü-
der: wie es um mich steht, das ist nur
mehr zur Förderung des Evangeliums ge-
raten.
13 Denn daß ich meine Fesseln für
Christus trage, das ist in dem ganzen
Richthause und bei den andern allen offen-
bar geworden,
14 und viele Brüder in dem Herrn ha-
ben aus meiner Gefangenschaft Zuver-
sicht gewonnen und sind desto kühner
geworden, Gottes Wort zu reden ohne
Scheu.
15 Etliche zwar predigen Christus auch

um Neides und Haders willen, etliche
aber auch aus guter Meinung:
16 diese aus Liebe, denn sie wissen, daß
ich zur Verantwortung des Evangeliums
hier liege;
17 jene aber verkündigen Christus aus
Streitsucht und nicht lauter, denn sie
möchten mir in meiner Gefangenschaft
eine Trübsal zuwenden.
18 Was tut's aber? Wenn nur Christus
verkündigt wird auf alle Weise, es geschehe
zum Vorwand oder in Wahrheit,
so freue ich mich darüber und will mich
auch fernerhin freuen.
19 Denn ich weiß, daß mir dies zum
Heil gereichen wird durch euer Gebet und
durch den Beistand des Geistes Jesu
Christi,
20 wie ich sehnlich warte und hoffe, daß
ich in keinem Stück zuschanden werde,
sondern frei und offen, wie immer so auch
jetzt, Christus verherrlicht werde an meinem
Leibe, es sei durch Leben oder durch
Tod.
21 Denn **Christus ist mein Leben, und
Sterben ist mein Gewinn.**
22 Wenn aber das Leben im Fleisch
mir dazu dient, mehr Frucht zu schaffen,
so weiß ich nicht, was ich erwählen soll.
23 Beides liegt mir hart an: **ich habe
Lust, abzuscheiden und bei Christus zu sein,**
was auch viel besser wäre;
24 aber es ist nötiger, im Fleisch zu bleiben,
um euretwillen.
25 In solcher Gewißheit weiß ich, daß
ich bleiben und bei euch allen sein werde,
euch zur Förderung und zur Freude im
Glauben,
26 auf daß euer Rühmen groß werden
möge in Christus Jesus um meinetwillen,
wenn ich wieder zu euch komme.

Einmütiger Kampf für das Evangelium

27 Wandelt nur würdig des Evangeliums
Christi, auf daß, ob ich komme und euch
sehe oder abwesend von euch höre, ihr
stehet in **einem** Geist und kämpfet mit uns
einmütig für den Glauben des Evangeliums
28 und euch in keinem Stück erschrekken
lasset von den Widersachern, was
ihnen ein Anzeichen der Verdammnis
ist, euch aber der Seligkeit, und das von
Gott.
29 Denn euch ist die Gnade gegeben,
um Christi willen beides zu tun: daß ihr
nicht allein an ihn glaubet, sondern auch
um seinetwillen leidet
30 und habet denselben Kampf, welchen
ihr an mir gesehen habt und nun von mir
höret.

Leben nach dem Vorbild Christi

2 Ist nun bei euch Ermahnung in Christus,
ist Trost der Liebe, ist Gemeinschaft
des Geistes, ist herzliche Liebe und
Barmherzigkeit,
2 so machet meine Freude völlig und
seid **eines** Sinnes, habt gleiche Liebe, seid
einmütig und einhellig.
3 Tut nichts aus Zank oder um eitler
Ehre willen, sondern in Demut achte
einer den andern höher als sich selbst;
4 und ein jeglicher sehe nicht auf das
Seine, sondern auch auf das, was des andern
ist.
5 **Ein jeglicher sei gesinnt, wie Jesus
Christus auch war:**
6 **welcher, ob er wohl in göttlicher Gestalt
war, nahm er's nicht als einen Raub, Gott
gleich zu sein,**
7 **sondern entäußerte sich selbst und nahm
Knechtsgestalt an, ward gleich wie ein
andrer Mensch und an Gebärden als ein
Mensch erfunden.**
8 **Er erniedrigte sich selbst und ward gehorsam
bis zum Tode, ja zum Tode am
Kreuz.**
9 **Darum hat ihn auch Gott erhöht und
hat ihm den Namen gegeben, der über alle
Namen ist,**
10 **daß in dem Namen Jesu sich beugen
sollen aller derer Knie, die im Himmel und
auf Erden und unter der Erde sind,**
11 **und alle Zungen bekennen sollen, daß
Jesus Christus der Herr sei, zur Ehre Gottes,
des Vaters.**

Sorge um das Heil

12 Also, meine Lieben, wie ihr allezeit
gehorsam gewesen seid, so seid es nicht
allein in meiner Gegenwart, sondern nun
auch viel mehr in meiner Abwesenheit
und **schaffet, daß ihr selig werdet, mit
Furcht und Zittern.**
13 **Denn Gott ist's, der in euch wirkt beides,
das Wollen und das Vollbringen, zu
seinem Wohlgefallen.**

14 Tut alles ohne Murren und ohne Zweifel,

15 auf daß ihr seid ohne Tadel und lauter, Gottes Kinder, unsträflich mitten unter einem verderbten und verkehrten Geschlecht, unter welchem ihr scheinet als Lichter in der Welt,

16 dadurch daß ihr haltet an dem Wort des Lebens, mir zum Ruhm an dem Tage Christi, daß ich nicht vergeblich gelaufen bin noch vergeblich gearbeitet habe.

17 Und ob ich auch geopfert werde bei dem Opfer und Gottesdienst eures Glaubens, so freue ich mich und freue mich mit euch allen.

18 Dessen sollt ihr euch auch freuen und sollt euch mit mir freuen.

Sendung des Timotheus und Rückkehr des Epaphroditus

19 Ich hoffe aber in dem Herrn Jesus, daß ich Timotheus bald werde zu euch senden, damit auch ich erquickt werde, wenn ich erfahre, wie es um euch steht.

20 Denn ich habe keinen, der so ganz meines Sinnes sei, der so herzlich für euch sorgen wird.

21 Denn sie suchen alle das Ihre, nicht, was Christi Jesu ist.

22 Ihr aber wisset, daß er sich bewährt hat; denn wie ein Kind dem Vater hat er mit mir gedient am Evangelium.

23 Ihn hoffe ich alsbald zu senden, wenn ich erfahren habe, wie es um mich steht.

24 Ich vertraue aber in dem Herrn, daß auch ich selbst bald kommen werde.

25 Ich habe es aber für nötig angesehen, den Bruder Epaphroditus zu euch zu senden, der mein Gehilfe und Mitstreiter und euer Bote und Helfer für mich ist;

26 denn er hatte nach euch allen Verlangen und war tief bekümmert, darum daß ihr gehört hattet, daß er krank gewesen sei.

27 Und er war auch todkrank, aber Gott hat sich über ihn erbarmt; nicht allein aber über ihn, sondern auch über mich, auf daß ich nicht eine Traurigkeit über die andre hätte.

28 Ich sende ihn nun desto eilender, auf daß ihr ihn sehet und wieder fröhlich werdet und ich auch weniger Traurigkeit habe.

29 So nehmet ihn nun auf in dem Herrn mit allen Freuden und habt solche Leute in Ehren.

30 Denn um des Werkes Christi willen ist er dem Tode so nahe gekommen, da er sein Leben gering achtete, um mir zu dienen an eurer Statt.

Warnung vor Rückfall in die Gerechtigkeit des Gesetzes

3 Weiter, liebe Brüder, freuet euch in dem Herrn! Daß ich euch immer dasselbe schreibe, verdrießt mich nicht und macht euch desto gewisser.

2 Gebt acht auf die Hunde, gebt acht auf die bösen Arbeiter, gebt acht auf die falsche Beschneidung!

3 Denn wir sind die rechte Beschneidung, die wir Gott in seinem Geiste dienen und rühmen uns Christi Jesu und verlassen uns nicht auf Fleisch,

4 wiewohl ich meine Zuversicht auch auf Fleisch setzen könnte. Wenn ein anderer sich dünken läßt, er könne sich auf Fleisch verlassen, so könnte ich es viel mehr:

5 der ich am achten Tag beschnitten bin, einer aus dem Volk Israel, vom Stamme Benjamin, ein Hebräer von Hebräern, nach dem Gesetz ein Pharisäer,

6 nach dem Eifer ein Verfolger der Gemeinde, nach der Gerechtigkeit im Gesetz gewesen unsträflich.

7 Aber was mir Gewinn war, das habe ich um Christi willen für Schaden geachtet.

8 Ja, ich achte es noch alles für Schaden gegen die überschwengliche Größe der Erkenntnis Christi Jesu, meines Herrn, um welches willen mir das alles ein Schaden geworden ist, und achte es für Kot, auf daß ich Christus gewinne

9 und in ihm erfunden werde, damit ich nicht habe meine eigene Gerechtigkeit, die aus dem Gesetz kommt, sondern die durch den Glauben an Christus, nämlich die Gerechtigkeit, die aus Gott kommt, auf Grund des Glaubens.

10 Ich möchte ja ihn erkennen und die Kraft seiner Auferstehung und die Gemeinschaft seiner Leiden und so seinem Tode gleichgestaltet werden,

11 damit ich gelange zur Auferstehung von den Toten.

Das himmlische Kleinod

12 Nicht, daß ich's schon ergriffen habe
oder schon vollkommen sei; ich jage ihm
aber nach, ob ich's wohl ergreifen möch-
te, nachdem ich von Christus Jesus er-
griffen bin.
13 Meine Brüder, ich schätze mich
selbst noch nicht so ein, daß ich's ergrif-
fen habe. Eins aber sage ich: **Ich vergesse,
was dahinten ist, und strecke mich nach
dem, das da vorne ist,**
14 **und jage nach dem vorgesteckten Ziel,
nach dem Kleinod der himmlischen Be-
rufung Gottes in Christus Jesus.**
15 Wie viele nun unter uns vollkom-
men sind, die lasset uns so gesinnt sein.
Und solltet ihr in einem Stück anders
denken, so wird euch Gott auch das
offenbaren.
16 Nur, was wir schon erreicht haben,
darin lasset uns auch wandeln!

Der Christen Heimat

17 Folget mir, liebe Brüder, und sehet
auf die, die so wandeln, wie ihr uns habt
zum Vorbilde.
18 Denn viele wandeln, von welchen ich
euch oft gesagt habe, nun aber sage ich's
auch unter Tränen: sie sind die Feinde des
Kreuzes Christi,
19 ihr Ende ist die Verdammnis, ihr
Gott ist ihr Bauch, und ihre Ehre ist in
ihrer Schande; sie sind irdisch gesinnt.
20 **Unsre Heimat aber ist im Himmel, von
dannen wir auch warten des Heilandes Jesus
Christus, des Herrn,**
21 **welcher unsern nichtigen Leib ver-
klären wird, daß er gleich werde seinem ver-
klärten Leibe nach der Wirkung seiner
Kraft, mit der er kann auch alle Dinge sich
untertänig machen.**

Mahnung zur Einigkeit und zur Freude im Herrn

4 Also, meine lieben und ersehnten Brü-
der, meine Freude und meine Krone,
stehet fest in dem Herrn, ihr Lieben.
2 Euodia ermahne ich und Syntyche,
daß sie **eines** Sinnes seien in dem Herrn.
3 Ja, ich bitte auch dich, mein treuer
Gefährte, stehe ihnen bei; sie haben mit
mir für das Evangelium gekämpft mit
Klemens und meinen andern Gehilfen,
deren Namen in dem Buch des Lebens
sind.
4 **Freuet euch in dem Herrn allewege, und
abermals sage ich: Freuet euch!**
5 **Eure Lindigkeit lasset kund sein allen
Menschen! Der Herr ist nahe!**
6 **Sorget nichts, sondern in allen Dingen
lasset eure Bitten im Gebet und Flehen mit
Danksagung vor Gott kund werden!**
7 **Und der Friede Gottes, welcher höher
ist als alle Vernunft, bewahre eure Herzen
und Sinne in Christus Jesus!**
8 Weiter, liebe Brüder: Was wahrhaftig
ist, was ehrbar, was gerecht, was rein, was
lieblich, was wohllautet, ist etwa eine
Tugend, ist etwa ein Lob, dem denket
nach!
9 Was ihr auch gelernt und empfangen
und gehört und gesehen habt an mir, das
tut; so wird der Gott des Friedens mit
euch sein.

Freude des Apostels über die Fürsorge der Gemeinde

10 Ich bin aber hocherfreut in dem
Herrn, daß ihr wieder Kraft habt, für
mich zu sorgen; wiewohl ihr allewege dar-
auf bedacht waret, aber die Zeit hat's
nicht wollen leiden.
11 Nicht sage ich das des Mangels hal-
ben; denn ich habe gelernt, mir genügen
zu lassen, wie ich's finde.
12 Ich kann niedrig sein und kann hoch
sein; mir ist alles und jedes vertraut; ich
kann beides: satt sein und hungern, bei-
des: übrig haben und Mangel leiden.
13 **Ich vermag alles durch den, der mich
mächtig macht, Christus.**
14 Doch ihr habt wohlgetan, daß ihr
euch meiner Bedrängnis angenommen
habt.
15 Ihr aber von Philippi wißt, daß von
Anfang meiner Predigt des Evangeliums
an, als ich auszog aus Mazedonien, kei-
ne Gemeinde mit mir Gemeinschaft ge-
habt hat im Geben und Nehmen als ihr
allein.
16 Denn auch nach Thessalonich sand-
tet ihr für meinen Bedarf einmal und da-
nach noch einmal.
17 Nicht, daß ich das Geschenk suche;
sondern ich suche die Frucht, damit sie
euch reichlich zugerechnet werde.
18 Denn ich habe alles und habe über-

flüssig. Ich habe die Fülle, da ich empfing
durch Epaphroditus, was von euch kam:
ein lieblicher Geruch, ein angenehmes
Opfer, Gott gefällig.
19 Mein Gott aber wird ausfüllen all
euren Mangel nach seinem Reichtum in
der Herrlichkeit in Christus Jesus.
20 Gott aber, unserm Vater, sei Ehre von
Ewigkeit zu Ewigkeit! Amen.

Segenswünsche

21 Grüßet alle Heiligen in Christus Je-
sus. Es grüßen euch die Brüder, die bei
mir sind.
22 Es grüßen euch alle Heiligen, sonder-
lich aber die von des Kaisers Hause.
23 Die Gnade des Herrn Jesus Christus
sei mit eurem Geiste!

DER BRIEF DES PAULUS AN DIE KOLOSSER

1 Paulus, ein Apostel Jesu Christi durch
den Willen Gottes, und Bruder Timo-
theus
2 den Heiligen zu Kolossä und den
gläubigen Brüdern in Christus:
Gnade sei mit euch und Friede von Gott,
unserm Vater!

Dank und Fürbitte für die Gemeinde

3 Wir danken Gott, dem Vater unsers
Herrn Jesus Christus, allezeit, wenn wir
für euch beten,
4 da wir gehört haben von eurem Glau-
ben an Christus Jesus und von der Liebe,
die ihr zu allen Heiligen habt,
5 um der Hoffnung willen, die für euch
bereit ist im Himmel. Von ihr habt ihr
schon jetzt gehört durch das Wort der
Wahrheit im Evangelium,
6 das zu euch gekommen ist, wie es auch
in aller Welt da ist und Frucht bringt und
so wächst, wie auch bei euch von dem
Tage an, da ihr's gehört habt und erkannt
die Gnade Gottes in der Wahrheit.
7 So habt ihr's gelernt von Epaphras,
unserm lieben Mitknecht, welcher ist ein
treuer Diener Christi für euch,
8 der uns auch kundgetan hat eure Liebe
im Geist.
9 Darum auch wir von dem Tage an, da
wir's gehört haben, lassen wir nicht ab, für
euch zu beten und zu bitten, daß ihr er-
füllt werdet mit Erkenntnis seines Willens
in aller geistlichen Weisheit und Einsicht,
10 auf daß ihr des Herrn würdig wan-
delt zu allem Gefallen und Frucht bringt
in jeglichem guten Werk
11 und wachset in der Erkenntnis Got-
tes und gestärkt werdet mit aller Kraft
durch seine herrliche Macht zu aller Ge-
duld und Langmut.
12 So saget nun Dank mit Freuden dem
Vater, der euch tüchtig gemacht hat zu
dem Erbteil der Heiligen im Licht
13 und uns errettet hat von der Macht
der Finsternis und hat uns versetzt in das
Reich seines lieben Sohnes,
14 in welchem wir die Erlösung haben,
nämlich die Vergebung der Sünden.

Die Herrlichkeit Christi und seines Werkes

15 **Er ist das Ebenbild des unsichtbaren
Gottes, der Erstgeborne vor allen Krea-
turen.**
16 **Denn in ihm ist alles geschaffen, was
im Himmel und auf Erden ist, das Sicht-
bare und Unsichtbare, es seien Throne
oder Herrschaften oder Reiche oder Ge-
walten; es ist alles durch ihn und zu ihm
geschaffen.**
17 Und er ist vor allem, und es besteht
alles in ihm.
18 Und er ist das Haupt des Leibes,
nämlich der Gemeinde; er, der der An-
fang ist, der Erstgeborne von den Toten,
auf daß er in allen Dingen der Erste
sei.
19 Denn es ist Gottes Wohlgefallen ge-
wesen, daß in ihm alle Fülle wohnen sollte
20 und alles durch ihn versöhnt würde
mit Gott, es sei auf Erden oder im Him-
mel, dadurch daß er Frieden machte
durch das Blut an seinem Kreuz.
21 Auch euch, die ihr vormals ihm

fremd und feindlich gesinnt waret in
bösen Werken,
22 hat er nun versöhnt mit dem Leibe
seines Fleisches durch den Tod, auf daß
er euch darstellte heilig und unsträflich
und ohne Tadel vor seinem Angesicht;
23 wenn ihr nur bleibet im Glauben,
gegründet und fest, und nicht weichet
von der Hoffnung des Evangeliums, das
ihr gehört habt und das gepredigt ist
unter aller Kreatur, die unter dem Himmel ist. Sein Diener bin ich, Paulus, geworden.

Des Apostels Amt unter den Heiden

24 Nun freue ich mich in den Leiden,
die ich für euch leide, und erstatte an meinem Fleisch, was noch mangelt an den
Trübsalen Christi, seinem Leibe zugut,
welcher ist die Gemeinde.
25 Ihr Diener bin ich geworden nach
dem Ratschluß Gottes, der mir anvertraut ist für euch, um Gottes Wort in seiner Fülle kundzumachen,
26 nämlich das Geheimnis, das verborgen gewesen ist von allen Zeiten und Geschlechtern her; nun aber ist es offenbart
seinen Heiligen.
27 Ihnen wollte Gott kundtun, was da
sei der herrliche Reichtum dieses Geheimnisses unter den Heiden, welches ist
Christus in euch, die Hoffnung der Herrlichkeit.
28 Den verkündigen wir und vermahnen
alle Menschen und lehren alle Menschen
mit aller Weisheit, auf daß wir einen jeglichen Menschen darstellen vollkommen
in Christus;
29 daran ich auch arbeite und ringe
in der Wirkung des, der in mir kräftig
wirkt.
2 Ich lasse euch aber wissen, welch
einen Kampf ich habe für euch und
für die zu Laodicea und alle, die meine
Person im Fleisch nicht gesehen haben,
2 auf daß ihre Herzen gestärkt und zusammengefügt werden in der Liebe und
zu allem Reichtum des vollen Verständnisses, zu erkennen das Geheimnis Gottes,
das **Christus** ist,
3 **in welchem verborgen liegen alle Schätze der Weisheit und der Erkenntnis.**
4 Ich sage das, auf daß euch niemand
betrüge mit verführerischen Reden.
5 Denn ob ich wohl leiblich ferne bin,
so bin ich doch im Geist bei euch und
freue mich, wenn ich sehe eure Ordnung und euren festen Glauben an Christus.
6 Wie ihr nun angenommen habt den
Herrn Christus Jesus, so wandelt in ihm
7 und seid verwurzelt und gegründet in
ihm und fest im Glauben, wie ihr gelehrt
seid, und seid reichlich dankbar.

Warnung vor Irrlehren

8 Sehet zu, daß euch niemand einfange
durch Philosophie und leeren Trug, gegründet auf der Menschen Lehre und
auf die Elemente der Welt und nicht auf
Christus.
9 Denn **in ihm wohnt die ganze Fülle der
Gottheit leibhaftig,**
10 und ihr habt diese Fülle in ihm,
welcher ist das Haupt aller Reiche und
Gewalten.
11 In ihm seid ihr auch beschnitten mit
einer Beschneidung, die nicht mit Händen
gemacht ist, als ihr nämlich euren fleischlichen Leib ablegtet bei der Beschneidung
durch Christus.
12 Mit ihm wurdet ihr begraben durch
die Taufe, und mit ihm seid ihr auch auferstanden durch den Glauben, den Gott
wirkt, welcher ihn auferweckt hat von den
Toten.
13 Und er hat euch mit ihm lebendig
gemacht, die ihr tot waret in den Sünden
und in eurem unbeschnittenen Fleisch,
und hat uns vergeben alle Sünden.
14 Getilgt hat er den Schuldbrief, der
wider uns war und durch die Satzungen
gegen uns stand, und hat ihn aus der Mitte
getan und an das Kreuz geheftet.
15 Er hat die Reiche und die Gewaltigen
ihrer Macht entkleidet und sie öffentlich
zur Schau gestellt und hat einen Triumph
aus ihnen gemacht in Christus.
16 So lasset nun niemand euch ein Gewissen machen über Speise oder über
Trank oder über bestimmte Feiertage
oder Neumonde oder Sabbate.
17 Das alles ist nur der Schatten von
dem, was zukünftig sein soll; aber leibhaftig ist es in Christus.
18 Lasset euch niemand das Ziel verrücken, der sich gefällt in falscher Demut
und Verehrung der Engel und sich mit

seinen Gesichten rühmt und ist ohne Ur-
sache aufgeblasen in seinem fleischlichen
Sinn

19 und hält sich nicht an das Haupt,
von dem her der ganze Leib durch Ge-
lenke und Bänder gestützt und zusam-
mengehalten wird und so wächst zu der
Größe, wie Gott sie will.

20 Wenn ihr denn nun abgestorben seid
mit Christus den Elementen der Welt, was
lasset ihr euch denn Satzungen aufer-
legen, als lebtet ihr noch in der Welt:

21 Du sollst das nicht angreifen, du
sollst dies nicht kosten, du sollst jenes
nicht anrühren?

22 Das alles soll sich doch unter den
Händen verzehren; es sind der Menschen
Gebote und Lehren,

23 die einen Schein von Weisheit haben
durch selbsterwählte Frömmigkeit und
Demut und dadurch, daß sie des Leibes
nicht schonen, nicht aus Ehrfurcht, son-
dern um des Fleisches Gelüsten zu dienen.

Das himmlische Ziel und der christliche Wandel

3 Seid ihr nun mit Christus auferstan-
den, so suchet, was droben ist, da
Christus ist, sitzend zu der Rechten Got-
tes.

2 **Trachtet nach dem, was droben ist, nicht
nach dem, was auf Erden ist.**

3 **Denn ihr seid gestorben, und euer Leben
ist verborgen mit Christus in Gott.**

4 **Wenn aber Christus, unser Leben, sich
offenbaren wird, dann werdet ihr auch offen-
bar werden mit ihm in Herrlichkeit.**

5 So tötet nun die Glieder, die auf
Erden sind, Unzucht, Unreinigkeit,
schändliche Lust, böse Begierde und die
Habsucht, welche ist Götzendienst,

6 um derentwillen der Zorn Gottes
kommt.

7 In dem allen seid auch ihr einst ge-
wandelt, als ihr noch darin lebtet.

8 Nun aber leget alles ab von euch,
Zorn, Grimm, Bosheit, Lästerung, schand-
bare Worte aus eurem Munde.

9 Belüget einander nicht; denn ihr habt
ja ausgezogen den alten Menschen mit
seinen Werken

10 und angezogen den neuen, der da
erneuert wird zur Erkenntnis nach dem
Ebenbilde des, der ihn geschaffen hat.

11 Da ist nicht mehr Grieche, Jude, Be-
schnittener, Unbeschnittener, Nichtgrie-
che, Skythe, Knecht, Freier, sondern alles
und in allen Christus.

12 So ziehet nun an als die Auserwähl-
ten Gottes, als die Heiligen und Gelieb-
ten, herzliches Erbarmen, Freundlichkeit,
Demut, Sanftmut, Geduld;

13 und vertrage einer den andern und
vergebet euch untereinander, wenn je-
mand Klage hat wider den andern; gleich-
wie der Herr euch vergeben hat, so auch
ihr.

14 Über alles aber ziehet an die Liebe,
die da ist das Band der Vollkommen-
heit;

15 und der Friede Christi regiere in
euren Herzen, zu welchem ihr auch be-
rufen seid in **einem** Leibe; und seid dank-
bar.

16 **Lasset das Wort Christi reichlich
wohnen in euch: lehret und vermahnet
euch selbst in aller Weisheit mit Psal-
men und Lobgesängen und geistlichen
Liedern und singet Gott dankbar in euren
Herzen.**

17 **Und alles, was ihr tut mit Worten oder
mit Werken, das tut alles in dem Namen des
Herrn Jesus und danket Gott, dem Vater,
durch ihn.**

Die christliche Haustafel

18 Ihr Frauen, seid untertan euren Män-
nern, wie sich's gebührt in dem Herrn.

19 Ihr Männer, liebet eure Frauen und
seid nicht bitter gegen sie.

20 Ihr Kinder, seid gehorsam den
Eltern in allen Dingen; denn das ist dem
Herrn gefällig.

21 Ihr Väter, erbittert eure Kinder nicht,
auf daß sie nicht scheu werden.

22 Ihr Knechte, seid gehorsam in allen
Dingen euren leiblichen Herren, nicht mit
Dienst vor Augen, um den Menschen zu
gefallen, sondern in Einfalt des Herzens
und in der Furcht des Herrn.

23 **Alles, was ihr tut, das tut von Herzen
als dem Herrn und nicht den Menschen**

24 und wisset, daß ihr von dem Herrn
zum Lohn das Erbe empfangen werdet.
Ihr dient dem Herrn Christus!

25 Wer aber unrecht tut, der wird emp-
fangen, was er unrecht getan hat; und gilt
kein Ansehen der Person.

4 Ihr Herren, was recht und billig ist,
das erweiset den Knechten, und bedenket,
daß auch ihr einen Herrn im Himmel habt.

Vom Gebet und vom Halten am Wort

2 Haltet an am Gebet und wachet in
ihm mit Danksagung;
3 und betet zugleich auch für uns, auf
daß Gott uns eine Tür für das Wort auftue,
zu sagen das Geheimnis Christi, um
deswillen ich auch gebunden bin,
4 auf daß ich es offenbar mache, wie es
mir zu sagen gebührt.
5 Wandelt weise gegen die, die draußen
sind, und kaufet die Zeit aus.
6 Eure Rede sei allezeit lieblich und mit
Salz gewürzt, daß ihr wisset, wie ihr einem
jeglichen antworten sollt.

Grüße und Segenswünsche

7 Wie es um mich steht, wird euch alles
kundtun Tychikus, der liebe Bruder und
getreue Diener und Mitknecht in dem
Herrn,
8 den ich darum zu euch sende, daß ihr
erfahret, wie es sich mit uns verhält, und
daß er eure Herzen aufrichte,
9 und mit ihm Onesimus, den getreuen
und lieben Bruder, welcher einer der
Euren ist. Alles, wie es hier steht, werden
sie euch kundtun.
10 Es grüßt euch Aristarchus, mein Mitgefangener,
und Markus, der Vetter des
Barnabas, über welchen ihr schon Weisung
empfangen habt – wenn er zu euch
kommt, nehmet ihn auf! –,
11 und Jesus, der da heißt Justus. Aus
den Juden sind diese allein meine Gehilfen
am Reich Gottes und sind mir ein
Trost geworden.
12 Es grüßt euch Epaphras, der einer
von den Euren ist, ein Knecht Christi Jesu,
der allezeit ringt für euch in seinen Gebeten,
auf daß ihr dastehet vollkommen
und erfüllt mit allem, was Gottes Wille ist.
13 Ich gebe ihm Zeugnis, daß er große
Mühe hat um euch und um die zu Laodicea
und zu Hierapolis.
14 Es grüßt euch Lukas, der Arzt, der
Geliebte, und Demas.
15 Grüßet die Brüder zu Laodicea und
die Nympha und die Gemeinde in ihrem
Hause.
16 Und wenn der Brief bei euch gelesen
ist, so sorget, daß er auch in der Gemeinde
zu Laodicea gelesen werde und daß ihr
den von Laodicea leset.
17 Und saget dem Archippus: Siehe auf
das Amt, das du empfangen hast in dem
Herrn, daß du es ausrichtest!
18 Mein Gruß mit meiner, des Paulus,
Hand. Gedenket meiner Ketten! Die
Gnade sei mit euch!

DER ERSTE BRIEF DES PAULUS AN DIE THESSALONICHER

1 Paulus und Silvanus und Timotheus
der Gemeinde zu Thessalonich in
Gott, dem Vater, und dem Herrn Jesus
Christus:
Gnade sei mit euch und Friede!

Das vorbildliche Glaubensleben der Gemeinde

2 Wir danken Gott allezeit für euch alle
und gedenken euer in unserm Gebet
3 und denken ohne Unterlaß vor Gott,
unserm Vater, an euer Werk im Glauben
und an eure Arbeit in der Liebe und an
eure Geduld in der Hoffnung auf unsern
Herrn Jesus Christus.
4 Denn, liebe Brüder, von Gott geliebt,
wir wissen, daß ihr erwählt seid;
5 denn unsere Predigt des Evangeliums
kam zu euch nicht allein im Wort, sondern
auch in der Kraft und in dem heiligen
Geist und in großer Gewißheit. Ihr wisset
ja, wie wir uns unter euch gehalten haben
um euretwillen.
6 Und ihr seid unserm Beispiel gefolgt

und dem des Herrn und habt das Wort
aufgenommen unter vielen Trübsalen mit
Freuden im heiligen Geist,
7 so daß ihr seid ein Vorbild geworden
allen Gläubigen in Mazedonien und
Achaja.
8 Denn von euch aus ist erschollen das
Wort des Herrn nicht allein in Maze-
donien und Achaja, sondern an allen
Orten ist euer Glaube an Gott bekannt
geworden, so daß uns nicht not ist, etwas
zu sagen.
9 Denn sie selbst berichten von uns,
welchen Eingang wir bei euch gehabt ha-
ben und wie ihr euch bekehrt habt zu
Gott von den Götzen, zu dienen dem
lebendigen und wahren Gott
10 und zu warten auf seinen Sohn vom
Himmel, welchen er auferweckt hat von
den Toten, Jesus, der uns von dem zu-
künftigen Zorn errettet.

Des Apostels Wirken bei Gründung der Gemeinde

2 Denn ihr wisset selbst, liebe Brüder,
wie es war, als wir zu euch kamen. Es
geschah nicht ohne Kraft,
2 sondern, ob wir gleich zuvor gelitten
hatten und geschmäht gewesen waren zu
Philippi, wie ihr wisset, fanden wir den-
noch in unserem Gott den freien Mut, bei
euch das Evangelium Gottes zu sagen
unter viel Kampf.
3 Denn unsre Predigt kam nicht aus
trügerischem oder unlauterem Sinn, noch
geschah sie mit List,
4 sondern als Menschen, die Gott wert
geachtet hat, sie mit dem Evangelium zu
betrauen, so reden wir; nicht, als wollten
wir den Menschen gefallen, sondern Gott,
der unsere Herzen prüft.
5 Denn wir sind nie mit Schmeichel-
worten umgegangen, wie ihr wisset, noch
mit versteckter Habsucht – Gott ist des
Zeuge –,
6 haben auch nicht Ehre gesucht von
den Leuten, weder von euch noch von an-
dern,
7 ob wir uns wohl hätten wichtig ma-
chen können als Christi Apostel. Aber
wir sind bei euch linde gewesen, gleichwie
eine Mutter ihre Kinder pflegt.
8 So hatten wir Herzenslust an euch und
waren willig, euch mitzuteilen nicht allein
das Evangelium Gottes, sondern auch
unser Leben, darum daß wir euch lieb ge-
wonnen hatten.
9 Ihr erinnert euch doch, liebe Brüder,
unsrer Arbeit und unsrer Mühe; denn
Tag und Nacht arbeiteten wir, daß wir
niemand unter euch beschwerlich wären,
und predigten unter euch das Evangelium
Gottes.
10 Des seid ihr Zeugen und Gott, wie
heilig und gerecht und unsträflich wir
bei euch, die ihr gläubig waret, gewesen
sind.
11 Denn ihr wisset, daß wir, wie ein
Vater seine Kinder, einen jeglichen unter
euch ermahnt und aufgerichtet
12 und euch beschworen haben, daß ihr
wandeln solltet würdig des Gottes, der
euch berufen hat zu seinem Reich und zu
seiner Herrlichkeit.

Die Aufnahme des Evangeliums in der Gemeinde

13 Darum danken wir auch Gott ohne
Unterlaß, daß ihr das Wort göttlicher Pre-
digt, als ihr es von uns empfinget, nicht
aufnahmet als Menschenwort, sondern,
wie es das in Wahrheit ist, als Gottes
Wort, welches auch wirkt in euch, die ihr
glaubet.
14 Damit seid ihr, liebe Brüder, den
gleichen Weg geführt worden wie die Ge-
meinden Gottes in Judäa, die in Christus
Jesus sind, denn ihr habt ebendasselbe er-
litten von euren Landsleuten, was jene
von den Juden.
15 Die haben den Herrn Jesus getötet
und die Propheten und haben uns ver-
folgt und gefallen Gott nicht und sind
allen Menschen feind.
16 Und auf daß sie das Maß ihrer Sün-
den erfüllen allewege, wehren sie uns, zu
predigen den Heiden zu ihrem Heil. Aber
der Zorn ist schon über sie gekommen
zum Ende hin.
17 Wir aber, liebe Brüder, nachdem wir
eine Weile von euch geschieden waren
nach dem Angesicht, nicht nach dem
Herzen, haben wir uns desto mehr ge-
müht, euer Angesicht zu sehen, mit gro-
ßem Verlangen.
18 Darum wollten wir zu euch kommen,
ich, Paulus, einmal und noch einmal,
doch Satan hat uns gehindert.

19 Denn wer ist unsre Hoffnung oder
Freude oder unser Ruhmeskranz – seid
nicht auch ihr es vor unserm Herrn Jesus,
wenn er kommt?
20 Ihr seid ja unsre Ehre und Freude.

Sendung des Timotheus

3 Darum ertrugen wir's nicht länger
und beschlossen, in Athen allein zu-
rückzubleiben,
2 und sandten Timotheus, unsern Bru-
der und Diener Gottes am Evangelium
Christi, euch zu stärken und zu ermahnen
in eurem Glauben,
3 daß nicht jemand weich würde in die-
sen Trübsalen. Denn ihr wisset selbst, daß
wir dazu gesetzt sind.
4 Denn schon als wir bei euch waren,
sagten wir's euch voraus, daß wir Trüb-
sale haben würden, wie es auch geschehen
ist und ihr wisset.
5 Darum habe ich's auch nicht länger
ertragen und habe ihn gesandt, daß ich
erführe euren Glauben, ob euch nicht
vielleicht versucht hätte der Versucher
und unsre Arbeit vergeblich würde.
6 Nun aber ist Timotheus zu uns von
euch gekommen und hat uns gute Bot-
schaft gebracht von eurem Glauben und
eurer Liebe, und daß ihr uns allezeit in
gutem Andenken habt und daß euch ver-
langt, uns zu sehen, wie denn auch uns
nach euch.
7 Dadurch haben wir, liebe Brüder, an
euch Trost gewonnen in aller unsrer Not
und Trübsal durch euren Glauben;
8 denn nun sind wir wieder lebendig,
wenn ihr feststehet in dem Herrn.
9 Denn was für einen Dank können wir
Gott vergelten eurethalben für alle diese
Freude, die wir an euch haben vor un-
serm Gott?
10 Wir bitten Tag und Nacht gar sehr,
daß wir sehen mögen euer Angesicht und
zurechtbringen, was etwa eurem Glauben
mangelt.
11 Er selbst aber, Gott, unser Vater,
und unser Herr Jesus richte unsern Weg
zu euch.
12 Euch aber lasse der Herr wachsen
und immer völliger werden in der Liebe
untereinander und gegen jedermann, wie
auch wir sie zu euch haben,
13 daß eure Herzen gestärkt werden und
unsträflich seien in der Heiligkeit vor
Gott, unserm Vater, wenn unser Herr
Jesus kommt samt allen seinen Heili-
gen.

Ermahnung zur Heiligung

4 Weiter, liebe Brüder, bitten wir euch
und ermahnen in dem Herrn Jesus –
da ihr von uns empfangen habt, wie ihr
sollt wandeln und Gott gefallen, was ihr
ja auch tut –, daß ihr darin immer völliger
werdet.
2 Denn ihr wisset, welche Gebote wir
euch gegeben haben durch den Herrn
Jesus.
3 Denn **das ist der Wille Gottes, eure Hei-
ligung,** daß ihr meidet die Unzucht
4 und ein jeglicher unter euch sein eigen
Weib zu gewinnen suche in Heiligung und
Ehrbarkeit,
5 nicht in gieriger Lust wie die Heiden,
die von Gott nichts wissen;
6 und daß niemand zu weit gehe und
betrüge seinen Bruder in solcher Sache;
denn der Herr ist ein Rächer über das
alles, wie wir euch schon zuvor gesagt und
bezeugt haben.
7 Denn Gott hat uns nicht berufen zur
Unreinigkeit, sondern zur Heiligung.
8 Wer dies nun verachtet, der verachtet
nicht Menschen, sondern Gott, der seinen
heiligen Geist in euch gibt.
9 Von der brüderlichen Liebe aber ist
nicht not euch zu schreiben; denn ihr seid
selbst von Gott gelehrt, euch unterein-
ander zu lieben.
10 Und das tut ihr auch an allen Brü-
dern, die in ganz Mazedonien sind. Wir
ermahnen euch aber, liebe Brüder, daß
ihr noch völliger werdet
11 und ringet danach, daß ihr stille seid
und das Eure schaffet und arbeitet mit
euren Händen, wie wir euch geboten
haben,
12 auf daß ihr ehrbar wandelt gegen
die, die draußen sind, und niemandes
bedürfet.

Von der Auferstehung der Toten

13 Wir wollen euch aber, liebe Brüder,
nicht im Ungewissen lassen über die, die
da schlafen, auf daß ihr nicht traurig
seid wie die andern, die keine Hoffnung
haben.

14 Denn wenn wir glauben, daß Jesus gestorben und auferstanden ist, so wird Gott auch, die da entschlafen sind, durch Jesus mit ihm einherführen.

15 **D**enn das sagen wir euch als ein Wort des Herrn, daß wir, die wir leben und übrigbleiben bis zur Ankunft des Herrn, werden denen nicht zuvorkommen, die entschlafen sind.

16 Denn er selbst, der Herr, wird mit befehlendem Wort, mit der Stimme des Erzengels und mit der Posaune Gottes herniederkommen vom Himmel, und die Toten in Christus werden auferstehen zuerst.

17 Danach wir, die wir leben und übrigbleiben, werden zugleich mit ihnen hingerückt werden in den Wolken, dem Herrn entgegen in die Luft, und werden so bei dem Herrn sein allezeit.

18 So tröstet euch nun mit diesen Worten untereinander.

Von der Erwartung des Herrn

5 Von den Zeiten aber und Stunden, liebe Brüder, ist nicht not euch zu schreiben;

2 denn ihr selbst wisset genau, daß der Tag des Herrn wird kommen wie ein Dieb in der Nacht.

3 Wenn sie sagen werden: Es ist Friede, es hat keine Gefahr, dann wird sie das Verderben schnell überfallen gleichwie der Schmerz ein schwangeres Weib, und werden nicht entfliehen.

4 Ihr aber, liebe Brüder, seid nicht in der Finsternis, daß der Tag wie ein Dieb über euch komme.

5 Denn ihr alle seid Kinder des Lichtes und Kinder des Tages. Wir sind nicht von der Nacht noch von der Finsternis.

6 So lasset uns nun nicht schlafen wie die andern, sondern lasset uns wachen und nüchtern sein.

7 Denn die da schlafen, die schlafen des Nachts, und die da trunken sind, die sind des Nachts trunken.

8 Wir aber, die wir des Tages sind, wollen nüchtern sein, angetan mit dem Panzer des Glaubens und der Liebe und mit dem Helm der Hoffnung auf das Heil.

9 Denn Gott hat uns nicht gesetzt zum Zorn, sondern das Heil zu gewinnen durch unsern Herrn Jesus Christus,

10 der für uns gestorben ist, auf daß, wir wachen oder schlafen, wir zugleich mit ihm leben sollen.

11 Darum ermahnet euch untereinander und erbauet einer den andern, wie ihr auch tut.

Ermahnungen und Grüße

12 Wir bitten aber euch, liebe Brüder, erkennet an, die an euch arbeiten und euch vorstehen in dem Herrn und euch vermahnen;

13 habt sie besonders lieb um ihres Werkes willen. Haltet Frieden untereinander.

14 Wir ermahnen aber euch, liebe Brüder: vermahnet die Unordentlichen, tröstet die Kleinmütigen, traget die Schwachen, seid geduldig gegen jedermann.

15 Sehet zu, daß keiner Böses mit Bösem vergelte, sondern jaget allezeit dem Guten nach untereinander und gegen jedermann.

16 **Seid allezeit fröhlich,**

17 **betet ohne Unterlaß,**

18 **seid dankbar in allen Dingen;** denn das ist der Wille Gottes in Christus Jesus an euch.

19 Den Geist dämpfet nicht.

20 Weissagungen verachtet nicht.

21 Prüfet aber alles, und das Gute behaltet.

22 Meidet das Böse in jeder Gestalt.

23 **Er aber, der Gott des Friedens, heilige euch durch und durch, und euer Geist ganz samt Seele und Leib müsse bewahrt werden unversehrt, unsträflich auf die Ankunft unsers Herrn Jesus Christus.**

24 **Getreu ist er, der euch ruft; er wird's auch tun.**

25 Liebe Brüder, betet für uns.

26 Grüßet alle Brüder mit dem heiligen Kuß.

27 Ich beschwöre euch bei dem Herrn, daß ihr diesen Brief lesen lasset vor allen Brüdern.

28 Die Gnade unsers Herrn Jesus Christus sei mit euch!

DER ZWEITE BRIEF DES PAULUS AN DIE THESSALONICHER

1 Paulus und Silvanus und Timotheus
der Gemeinde zu Thessalonich in
Gott, unserm Vater, und dem Herrn Jesus
Christus:
2 Gnade sei mit euch und Friede von
Gott, dem Vater, und dem Herrn Jesus
Christus!

Dank und Fürbitte für die Bewährung der Gemeinde

3 Wir müssen, liebe Brüder, Gott dan-
ken allezeit um euretwillen. So gebührt es
sich. Denn euer Glaube wächst sehr, und
die Liebe eines jeglichen unter euch allen
nimmt zu gegeneinander,
4 so daß wir uns euer rühmen unter den
Gemeinden Gottes wegen eurer Geduld
und eures Glaubens in allen Verfolgun-
gen und Trübsalen, die ihr erduldet.
5 Dies zeigt an, daß Gott recht richten
wird und ihr würdig erachtet werdet des
Reiches Gottes, für welches ihr auch lei-
det.
6 Denn es ist recht bei Gott, Trübsal zu
vergelten denen, die euch Trübsal antun,
7 euch aber, die ihr Trübsal leidet, Ruhe
zu geben mit uns, wenn nun der Herr Je-
sus sich offenbaren wird vom Himmel in
Feuerflammen mit der Macht seiner
Engel,
8 Vergeltung zu üben an denen, die
Gott nicht kennen wollen, und an denen,
die nicht gehorsam sind dem Evangelium
unsers Herrn Jesus.
9 Die werden Strafe leiden, das ewige
Verderben, fern von dem Angesicht des
Herrn und von seiner herrlichen Macht,
10 wenn er kommen wird, daß er herr-
lich erscheine bei seinen Heiligen und
wunderbar bei allen Gläubigen an jenem
Tage; denn was wir euch bezeugt haben,
das habt ihr geglaubt.
11 Und deshalb beten wir auch allezeit
für euch, daß unser Gott euch würdig
mache der Berufung und vollende allen
rechten Willen zur Güte und die Tat des
Glaubens in Kraft,
12 auf daß in euch verherrlicht werde
der Name unsers Herrn Jesus und ihr in
ihm, nach der Gnade unsers Gottes und
des Herrn Jesus Christus.

Das Auftreten des Widersachers vor dem Kommen Christi

2 Was nun das Kommen unsers Herrn
Jesus Christus angeht und unsre Ver-
einigung mit ihm, so bitten wir euch, liebe
Brüder,
2 daß ihr euch nicht so bald wankend
machen lasset in eurem Sinn noch er-
schrecken weder durch eine Offenbarung
im Geist noch durch ein Wort noch durch
einen Brief, wie von uns gesandt, als ob
der Tag des Herrn schon da sei.
3 Lasset euch von niemand verführen,
in keinerlei Weise; denn er kommt nicht,
es sei denn, daß zuvor der Abfall komme
und offenbart werde der Mensch der
Sünde, der Sohn des Verderbens,
4 der da ist der Widersacher und sich
überhebt über alles, was Gott oder Got-
tesdienst heißt, so daß er sich setzt in den
Tempel Gottes und vorgibt, er sei Gott.
5 Erinnert ihr euch nicht daran, daß ich
euch solches sagte, da ich noch bei euch
war?
6 Und ihr wisset, was ihn noch aufhält,
bis er offenbart werde zu seiner Zeit.
7 Denn es regt sich bereits das Geheim-
nis des Frevels, nur daß, der es jetzt auf-
hält, erst muß hinweggetan werden;
8 und alsdann wird der Frevler offen-
bart werden, welchen der Herr Jesus um-
bringen wird mit dem Hauch seines Mun-
des und wird ihm ein Ende machen durch
seine Erscheinung, wenn er kommt.
9 Denn der Frevler wird auftreten in der
Macht des Satans mit allerlei lügenhaften
Kräften und Zeichen und Wundern
10 und mit allerlei Verführung zur Un-

gerechtigkeit bei denen, die verloren werden, weil sie die Liebe zur Wahrheit nicht angenommen haben zu ihrer Rettung.
11 Darum sendet ihnen Gott auch kräftige Irrtümer, daß sie glauben der Lüge,
12 auf daß gerichtet werden alle, die der Wahrheit nicht geglaubt haben, sondern hatten Lust an der Ungerechtigkeit.

Mahnung zum Festhalten an der Lehre

13 Wir aber müssen Gott danken allezeit eurethalben, vom Herrn geliebte Brüder, daß euch Gott erwählt hat von Anfang zur Seligkeit, in der Heiligung durch den Geist und im Glauben an die Wahrheit,
14 wozu er euch auch berufen hat durch unser Evangelium, auf daß ihr gewinnet die Herrlichkeit unsers Herrn Jesus Christus.
15 So stehet nun fest, liebe Brüder, und haltet an der Lehre, in der ihr durch uns unterwiesen seid, es sei durch Wort oder Brief.
16 Er aber, unser Herr Jesus Christus, und Gott, unser Vater, der uns hat geliebt und uns gegeben einen ewigen Trost und eine gute Hoffnung durch Gnade,
17 der mache getrost eure Herzen und stärke euch in allem guten Werk und Wort.

Wünsche des Apostels für sich selbst und die Gemeinde

3 Weiter, liebe Brüder, betet für uns, daß das Wort des Herrn laufe und gepriesen werde wie bei euch,
2 und daß wir erlöst werden von den verkehrten und argen Menschen; denn der Glaube ist nicht jedermanns Ding.
3 Aber **der Herr ist treu; der wird euch stärken und bewahren vor dem Argen.**
4 Wir haben aber das Vertrauen zu euch in dem Herrn, daß ihr tut und tun werdet, was wir euch gebieten.
5 Der Herr aber richte eure Herzen zu der Liebe Gottes und zu der Geduld Christi.

Warnung vor Müßiggang

6 Wir gebieten euch aber, liebe Brüder, in dem Namen des Herrn Jesus Christus, daß ihr euch zurückziehet von jedem Bruder, der da unordentlich wandelt und nicht nach der Lehre, die ihr von uns empfangen habt.
7 Denn ihr wisset, wie ihr uns sollt nachfolgen. Denn wir sind nicht unordentlich unter euch gewesen,
8 haben auch nicht umsonst Brot von jemand genommen, sondern mit Arbeit und Mühe haben wir Tag und Nacht gewirkt, auf daß wir nicht jemand unter euch beschwerlich wären;
9 nicht darum, daß wir dazu nicht das Recht hätten, sondern damit wir uns selbst euch zum Vorbilde gäben, uns nachzufolgen.
10 Denn schon als wir bei euch waren, geboten wir euch: **wenn jemand nicht will arbeiten, der soll auch nicht essen.**
11 Denn wir hören, daß etliche unter euch wandeln unordentlich und arbeiten nichts, sondern treiben unnütze Dinge.
12 Solchen aber gebieten wir und ermahnen sie in dem Herrn Jesus Christus, daß sie mit stillem Wesen arbeiten und ihr eigen Brot essen.
13 Ihr aber, liebe Brüder, laßt's euch nicht verdrießen, das Gute zu tun.
14 Wenn aber jemand nicht gehorsam ist unserm Wort in diesem Brief, den merket euch und habt nichts mit ihm zu schaffen, auf daß er schamrot werde.
15 Doch haltet ihn nicht als einen Feind, sondern vermahnet ihn als einen Bruder.
16 Er aber, der Herr des Friedens, gebe euch Frieden allenthalben und auf allerlei Weise. Der Herr sei mit euch allen!

Gruß und Segenswunsch

17 Der Gruß mit meiner, des Paulus, Hand. Das ist das Zeichen in allen Briefen. So schreibe ich.
18 Die Gnade unsers Herrn Jesus Christus sei mit euch allen!

DER ERSTE BRIEF DES PAULUS AN TIMOTHEUS

1 Paulus, ein Apostel Christi Jesu nach
dem Befehl Gottes, unsers Heilandes,
und Christi Jesu, der unsre Hoffnung ist,
2 dem Timotheus, meinem rechten
Sohn im Glauben:
Gnade, Barmherzigkeit, Friede von
Gott, dem Vater, und unserm Herrn Jesus
Christus!

Wider die falschen Gesetzesprediger

3 Du weißt, wie ich dich ermahnt habe,
daß du zu Ephesus bliebest, als ich nach
Mazedonien zog, und gebötest etlichen,
daß sie nicht anders lehrten,
4 auch nicht achthätten auf die Fabeln
und Geschlechtsregister, die kein Ende
haben und mehr Fragen aufbringen als
Gehorsam gegen Gottes Ratschluß im
Glauben.
5 Die Hauptsumme aller Unterweisung
aber ist Liebe aus reinem Herzen und aus
gutem Gewissen und aus ungefärbtem
Glauben.
6 Davon sind etliche abgeirrt und haben
sich hingewandt zu unnützem Geschwätz,
7 wollen der Schrift Meister sein und
verstehen selber nicht, was sie sagen oder
was sie so kühnlich behaupten.
8 Wir wissen aber, daß das Gesetz gut
ist, wenn es jemand recht braucht
9 und weiß, daß dem Gerechten kein
Gesetz gegeben ist, sondern den Unge-
rechten und Ungehorsamen, den Gott-
losen und Sündern, den Unheiligen und
Ungeistlichen, den Vatermördern und
Muttermördern, den Totschlägern,
10 den Unzüchtigen, den Knabenschän-
dern, den Menschenhändlern, den Lüg-
nern, den Meineidigen und wenn noch
etwas anderes der gesunden Lehre zu-
wider ist.
11 So sagt es das Evangelium von der
Herrlichkeit des seligen Gottes, welches
mir anvertraut ist.

Lobpreis der göttlichen Barmherzigkeit

12 Ich danke unserm Herrn Christus
Jesus, der mich stark gemacht und treu
geachtet hat und gesetzt in das Amt,
13 der ich zuvor war ein Lästerer und
ein Verfolger und ein Frevler; aber mir ist
Barmherzigkeit widerfahren, denn ich
habe es unwissend getan im Unglauben.
14 Es ist aber desto reicher geworden
die Gnade unsers Herrn samt dem Glau-
ben und der Liebe, die in Christus Jesus
ist.
15 **Das ist gewißlich wahr und ein teuer
wertes Wort, daß Christus Jesus gekommen
ist in die Welt, die Sünder selig zu machen,
unter welchen ich der vornehmste bin.**
16 **Aber darum ist mir Barmherzigkeit
widerfahren, auf daß an mir vornehmlich
Jesus Christus erzeigte alle Geduld, zum
Vorbild denen, die an ihn glauben sollten
zum ewigen Leben.**
17 Aber Gott, dem ewigen König, dem
Unvergänglichen und Unsichtbaren, der
allein Gott ist, sei Ehre und Preis in Ewig-
keit! Amen.
18 Diese Botschaft befehle ich dir an,
mein Sohn Timotheus, nach den früheren
Weissagungen über dich, auf daß du in
ihrer Kraft eine gute Ritterschaft übest
19 und habest den Glauben und gutes
Gewissen, welches etliche von sich gesto-
ßen und am Glauben Schiffbruch erlitten
haben.
20 Unter ihnen ist Hymenäus und
Alexander, welche ich habe dem Satan
übergeben, daß sie in Zucht genommen
werden und nicht mehr lästern.

Das Gemeindegebet

2 So ermahne ich nun, daß man vor
allen Dingen zuerst tue Bitte, Gebet,
Fürbitte und Danksagung für alle Men-
schen,
2 für die Könige und für alle Obrigkeit,
auf daß wir ein ruhiges und stilles Leben
führen mögen in aller Gottesfurcht und
Ehrbarkeit.
3 Solches ist gut und angenehm vor
Gott, unserm Heiland,

4 **welcher will, daß allen Menschen geholfen werde und sie zur Erkenntnis der Wahrheit kommen.**

5 **Denn es ist ein Gott und ein Mittler zwischen Gott und den Menschen, nämlich der Mensch Christus Jesus,**

6 **der sich selbst gegeben hat für alle zur Erlösung,** daß solches zu seiner Zeit gepredigt würde.

7 Dazu bin ich gesetzt als Prediger und Apostel – ich sage die Wahrheit und lüge nicht –, als Lehrer der Heiden im Glauben und in der Wahrheit.

Verhalten im Gottesdienst

8 So will ich nun, daß die Männer beten an allen Orten und aufheben heilige Hände ohne Zorn und Zweifel.

9 Desgleichen daß die Frauen in schicklichem Kleide mit Scham und Zucht sich schmücken, nicht mit Haarflechten und Gold oder Perlen oder köstlichem Gewand,

10 sondern, wie sich's ziemt den Frauen, die ihre Gottesfurcht bekunden wollen, mit guten Werken.

11 Eine Frau lerne in der Stille mit aller Unterordnung.

12 Einer Frau gestatte ich nicht, daß sie lehre, auch nicht, daß sie sich über den Mann erhebe, sondern sie sei stille.

13 Denn Adam ist am ersten gemacht, danach Eva.

14 Und Adam ward nicht verführt; das Weib aber ward verführt und ist der Übertretung verfallen.

15 Sie wird aber selig werden dadurch, daß sie Kinder zur Welt bringt, wenn sie bleiben im Glauben und in der Liebe und in der Heiligung samt der Zucht.

Von den Bischöfen

3 Das ist gewißlich wahr: Wenn jemand ein Bischofsamt begehrt, der begehrt ein köstlich Werk.

2 Darum soll ein Bischof unsträflich sein, **eines** Weibes Mann, nüchtern, mäßig, sittig, gastfrei, geschickt zur Lehre,

3 nicht dem Wein ergeben, nicht händelsüchtig, sondern gelinde, nicht zänkisch, nicht geldgierig,

4 der seinem eigenen Hause wohl vorstehe, der seine Kinder im Gehorsam halte mit aller Ehrbarkeit;

5 denn wenn jemand seinem eigenen Hause nicht weiß vorzustehen, wie wird er die Gemeinde Gottes versorgen?

6 Er sei kein Neuling, auf daß er sich nicht aufblase und dem Urteil des Teufels verfalle.

7 Er muß aber auch ein gutes Zeugnis haben von denen, die draußen sind, auf daß er nicht geschmäht werde und falle in des Teufels Strick.

Von den Diakonen

8 Desgleichen die Diakone sollen ehrbar sein, nicht zweizüngig, nicht dem Wein ergeben, nicht schändlichen Gewinn suchen,

9 sondern das Geheimnis des Glaubens in reinem Gewissen haben.

10 Und dieselben erprobe man zuvor; danach lasse man sie dienen, wenn sie unsträflich sind.

11 Desgleichen ihre Frauen sollen ehrbar sein, nicht Lästerinnen, nüchtern, treu in allen Dingen.

12 Die Diakone laß einen jeglichen sein **eines** Weibes Mann, ihren Kindern wohl vorstehen und ihren eigenen Häusern.

13 Welche aber ihren Dienst wohl ausgerichtet haben, die erwerben sich selbst ein gutes Ansehen und eine große Freudigkeit im Glauben an Christus Jesus.

14 Solches schreibe ich dir und hoffe, bald zu dir zu kommen;

15 wenn es sich aber verzögert, daß du wissest, wie man wandeln soll in dem Hause Gottes, welches ist die Gemeinde des lebendigen Gottes, ein Pfeiler und eine Grundfeste der Wahrheit.

16 **Und kündlich groß ist das gottselige Geheimnis: ER ist offenbart im Fleisch, gerechtfertigt im Geist, erschienen den Engeln, gepredigt den Heiden, geglaubt in der Welt, aufgenommen in die Herrlichkeit.**

Falsche Enthaltsamkeit

4 Der Geist aber sagt deutlich, daß in den letzten Zeiten werden etliche von dem Glauben abfallen und anhangen den verführerischen Geistern und Lehren böser Geister

2 durch die Heuchelei der Lügenredner, die ein Brandmal in ihrem Gewissen haben.

3 Sie gebieten, nicht ehelich zu werden
und zu meiden die Speisen, die Gott dazu
geschaffen hat, daß sie mit Danksagung
empfangen werden von den Gläubigen
und denen, die die Wahrheit erkennen.
4 Denn alles, was Gott geschaffen hat,
ist gut, und nichts ist verwerflich, was mit
Danksagung empfangen wird;
5 denn es wird geheiligt durch das Wort
Gottes und Gebet.

Der Dienst des Timotheus

6 Wenn du den Brüdern solches vor-
hältst, so wirst du ein guter Diener Christi
Jesu sein, auferzogen in den Worten des
Glaubens und der guten Lehre, bei wel-
cher du immerdar gewesen bist.
7 Aber die ungeistlichen Altweiberfa-
beln weise ab; übe dich selbst aber in der
Gottesfurcht.
8 Denn die leibliche Übung ist wenig
nütze; aber **die Gottesfurcht ist zu allen
Dingen nütze und hat die Verheißung dieses
und des zukünftigen Lebens.**
9 Das ist gewißlich wahr und ein teuer
wertes Wort.
10 Denn dafür arbeiten und kämpfen
wir, weil wir auf den lebendigen Gott
hoffen, welcher ist der Heiland aller Men-
schen, sonderlich der Gläubigen.
11 Solches gebiete und lehre.
12 Niemand verachte deine Jugend;
sondern sei ein Vorbild den Gläubigen im
Wort, im Wandel, in der Liebe, im Glau-
ben, in der Reinheit.
13 Halte an mit Lesen, mit Ermahnen,
mit Lehren, bis ich komme.
14 Laß nicht außer acht die Gabe in dir,
die dir gegeben ist durch Weissagung mit
Handauflegung der Ältesten.
15 Dies laß deine Sorge sein, damit gehe
um, auf daß dein Zunehmen allen offen-
bar werde.
16 Hab acht auf dich selbst und auf die
Lehre; beharre in diesen Stücken. Denn
wenn du solches tust, wirst du dich selbst
retten und die dich hören.

Alte und Junge in der Gemeinde

5 Einen Alten schilt nicht, sondern er-
mahne ihn als einen Vater, die jungen
Männer als Brüder,
2 die alten Frauen als Mütter, die jungen
als Schwestern, in aller Keuschheit.

Von den Witwen

3 Ehre die Witwen, welche rechte Wit-
wen sind.
4 Wenn aber eine Witwe Kinder oder
Enkel hat, so sollen diese lernen, zuerst
im eigenen Hause gottesfürchtig zu leben
und sich den Eltern dankbar zu erzeigen;
denn das ist angenehm vor Gott.
5 Das ist aber recht eigentlich eine
Witwe, die einsam ist, die ihre Hoffnung
auf Gott stellt und bleibt am Gebet und
Flehen Tag und Nacht.
6 Welche aber ihren Lüsten lebt, die ist
lebendig tot.
7 Solches gebiete, auf daß sie untadelig
seien.
8 Wenn aber jemand die Seinen, son-
derlich seine Hausgenossen, nicht ver-
sorgt, der hat den Glauben verleugnet
und ist ärger als ein Heide.
9 Laß keine Witwe ausgewählt werden
unter sechzig Jahren und die da gewesen
sei **eines** Mannes Weib
10 und die ein Zeugnis habe guter Wer-
ke: wenn sie Kinder aufgezogen hat, wenn
sie gastfrei gewesen ist, wenn sie der Hei-
ligen Füße gewaschen hat, wenn sie denen
in Trübsal Handreichung getan hat, wenn
sie allem guten Werk nachgekommen ist.
11 Junge Witwen aber weise ab; denn
wenn sie ihrer Begier nachgeben Christus
zuwider, so wollen sie freien
12 und haben dann das Urteil auf sich,
daß sie die erste Treue gebrochen haben.
13 Daneben lernen sie Müßiggang, wenn
sie durch die Häuser laufen; nicht allein
aber sind sie faul, sondern auch ge-
schwätzig und vorwitzig und reden, was
nicht sein soll.
14 So will ich nun, daß die jungen Wit-
wen freien, Kinder gebären, haushalten,
dem Widersacher keine Ursache geben zu
lästern.
15 Denn es haben sich schon etliche ab-
gewandt dem Satan nach.
16 Wenn aber einer gläubigen Frau
Witwen anbefohlen sind, so versorge sie
dieselben und lasse die Gemeinde nicht
beschwert werden, auf daß die, so rechte
Witwen sind, mögen genug haben.

Von den Vorstehern der Gemeinde

17 Die Ältesten, die gut vorstehen, die

halte man zwiefacher Ehre wert, sonderlich die da arbeiten im Wort und in der Lehre.

18 Denn es spricht die Schrift (5. Mose 25,4): «Du sollst dem Ochsen, der da drischt, nicht das Maul verbinden»; und: «Ein Arbeiter ist seines Lohnes wert.»

19 Wider einen Ältesten nimm keine Klage an ohne zwei oder drei Zeugen.

20 Die da sündigen, die weise zurecht vor allen, auf daß sich auch die andern fürchten.

21 Ich bezeuge vor Gott und Christus Jesus und den auserwählten Engeln, daß du solches halten sollst ohne Vorurteil und nichts tust nach Gunst.

22 Die Hände lege niemand zu bald auf; mache dich auch nicht teilhaftig fremder Sünden. Halte dich selber rein.

23 Trinke nicht mehr nur Wasser, sondern brauche ein wenig Wein um deines Magens willen, und weil du oft krank bist.

24 Etlicher Menschen Sünden sind offenbar und gehen ihnen ins Gericht voran; bei etlichen aber werden sie hernach offenbar.

25 Desgleichen sind auch etlicher Menschen gute Werke zuvor offenbar, und die andern bleiben auch nicht verborgen.

Von den Sklaven

6 Die Knechte, die unter dem Joch sind, sollen ihre Herren aller Ehre wert halten, auf daß nicht der Name Gottes und die Lehre verlästert werde.

2 Welche aber gläubige Herren haben, sollen dieselben nicht weniger ehren, weil sie Brüder sind, sondern sollen ihnen um so mehr dienstbar sein, weil sie gläubig und geliebt sind und sich des Wohltuns befleißigen. Solches lehre und ermahne.

Mahnung an Timotheus und alle Brüder

3 Wenn jemand anders lehrt und bleibt nicht bei den heilsamen Worten unsers Herrn Jesus Christus und bei der Lehre, die gemäß ist der Gottesfurcht,

4 der ist aufgeblasen und weiß nichts, sondern hat die Seuche der Fragen und Wortkriege, aus welchen entspringt Neid, Hader, Lästerung, böser Argwohn,

5 Schulgezänke solcher Menschen, die zerrüttete Sinne haben und der Wahrheit beraubt sind, die da meinen, Frömmigkeit sei ein Gewerbe.

6 **Es ist aber ein großer Gewinn, wer gottselig ist und lässet sich genügen.**

7 **Denn wir haben nichts in die Welt gebracht; darum werden wir auch nichts hinausbringen.**

8 **Wenn wir aber Nahrung und Kleider haben, so lasset uns genügen.**

9 Denn die da reich werden wollen, die fallen in Versuchung und Stricke und viel törichte und schädliche Lüste, welche die Menschen versinken lassen in Verderben und Verdammnis.

10 Denn Habsucht ist eine Wurzel alles Übels; wie etliche gelüstet hat und sind vom Glauben abgeirrt und machen sich selbst viel Schmerzen.

11 Aber du, Gottesmensch, fliehe solches! Jage aber nach der Gerechtigkeit, der Gottesfurcht, dem Glauben, der Liebe, der Geduld, der Sanftmut;

12 **kämpfe den guten Kampf des Glaubens; ergreife das ewige Leben, dazu du berufen bist und bekannt hast das gute Bekenntnis vor vielen Zeugen.**

13 Ich gebiete dir vor Gott, der alle Dinge lebendig macht, und vor Christus Jesus, der unter Pontius Pilatus bezeugt hat das gute Bekenntnis,

14 daß du haltest das Gebot unbefleckt, untadelig, bis auf die Erscheinung unsers Herrn Jesus Christus,

15 welche uns wird zeigen zu seiner Zeit der Selige und allein Gewaltige, der König aller Könige und Herr aller Herren,

16 der allein Unsterblichkeit hat, der da wohnt in einem Licht, da niemand zukommen kann, welchen kein Mensch gesehen hat noch sehen kann. Dem sei Ehre und ewiges Reich! Amen.

Mahnung an die Reichen

17 Den Reichen in dieser Welt gebiete, daß sie nicht stolz seien, auch nicht hoffen auf den ungewissen Reichtum, sondern auf Gott, der uns alles reichlich darbietet, es zu genießen;

18 daß sie Gutes tun, reich werden an guten Werken, gerne geben, behilflich seien,

19 sich selbst einen guten Grund legen aufs Zukünftige, auf daß sie ergreifen das wahre Leben.

20 O Timotheus! Bewahre, was dir

anvertraut ist, und meide die ungeistli-
chen, losen Geschwätze und das Gezänke
der fälschlich so genannten Erkenntnis,
21 zu welcher sich etliche bekennen und
irren ab vom Glauben.
Die Gnade sei mit euch!

DER ZWEITE BRIEF DES PAULUS AN TIMOTHEUS

1 Paulus, ein Apostel Christi Jesu durch
den Willen Gottes nach der Verhei-
ßung des Lebens in Christus Jesus,
2 meinem lieben Sohn Timotheus:
Gnade, Barmherzigkeit, Friede von Gott,
dem Vater, und Christus Jesus, unserm
Herrn!

Furchtloses Bekennen

3 Ich danke Gott, dem ich diene von
meinen Voreltern her in reinem Gewissen,
wenn ich ohne Unterlaß dein gedenke in
meinem Gebet Tag und Nacht.
4 Und mich verlangt, dich zu sehen,
wenn ich denke an deine Tränen, auf daß
ich mit Freude erfüllt würde.
5 Denn ich erinnere mich des unge-
färbten Glaubens in dir, welcher zuvor
gewohnt hat in deiner Großmutter Lois
und in deiner Mutter Eunike; ich bin aber
gewiß, auch in dir.
6 Um solcher Ursache willen erinnere
ich dich, daß du erweckest die Gabe Got-
tes, die in dir ist durch die Auflegung
meiner Hände.
7 Denn **Gott hat uns nicht gegeben den
Geist der Furcht, sondern der Kraft und der
Liebe und der Zucht.**
8 Darum so schäme dich nicht des
Zeugnisses von unserm Herrn noch auch
meiner, der ich sein Gebundener bin, son-
dern leide mit mir für das Evangelium
nach der Kraft Gottes.
9 Er hat uns gerettet und berufen mit
einem heiligen Ruf, nicht nach unsern
Werken, sondern nach seinem eigenen
Vorsatz und nach der Gnade, die uns ge-
geben ist in Christus Jesus vor der Zeit
der Welt,
10 jetzt aber offenbart durch die Er-
scheinung unsers Heilandes **Jesus Chri-
stus, welcher hat dem Tode die Macht ge-
nommen und das Leben und ein unvergäng-
lich Wesen ans Licht gebracht durch das
Evangelium,**
11 für welches ich gesetzt bin als Predi-
ger und Apostel und Lehrer.
12 Um dieser Ursache willen leide ich
auch solches; aber ich schäme mich dessen
nicht; denn ich weiß, an wen ich glaube,
und bin gewiß, er kann mir bewahren, was
mir anvertraut ist, bis an jenen Tag.
13 Halte an dem Vorbilde der heilsamen
Worte, die du von mir gehört hast, im
Glauben und in der Liebe in Christus
Jesus.
14 Dies köstliche anvertraute Gut be-
wahre durch den heiligen Geist, der in uns
wohnt.
15 Das weißt du, daß sich von mir ge-
wandt haben alle, die in der Landschaft
Asien sind, unter welchen ist Phygelus
und Hermogenes.
16 Der Herr gebe Barmherzigkeit dem
Hause des Onesiphorus; denn er hat mich
oft erquickt und hat sich meiner Kette
nicht geschämt,
17 sondern als er in Rom war, suchte er
mich aufs fleißigste und fand mich.
18 Der Herr gebe ihm, daß er finde
Barmherzigkeit bei dem Herrn an jenem
Tage. Und wieviel er zu Ephesus gedient
hat, weißt du am besten.

Wider die Leidensscheu

2 So sei nun stark, mein Sohn, durch die
Gnade in Christus Jesus.
2 Und was du von mir gehört hast vor
vielen Zeugen, das befiehl treuen Men-
schen an, die da tüchtig sind, auch andere
zu lehren.
3 Leide mit als ein guter Streiter Christi
Jesu.
4 Kein Kriegsmann verstrickt sich in
Sorgen des alltäglichen Lebens, auf daß
er gefalle dem, der ihn geworben hat.

5 Und **wenn jemand auch kämpft, wird
er doch nicht gekrönt, er kämpfe denn recht.**
6 Es soll der Ackermann, der den Acker
baut, die Früchte als erster genießen.
Merke, was ich sage!
7 Der Herr aber wird dir in allen Dingen
Verstand geben.
8 Halt im Gedächtnis Jesus Christus,
der auferstanden ist von den Toten, aus
dem Geschlechte Davids, nach meinem
Evangelium,
9 für welches ich leide bis zu den Banden
wie ein Übeltäter; aber Gottes Wort
ist nicht gebunden.
10 Darum dulde ich alles um der Auserwählten
willen, auf daß auch sie die
Seligkeit erlangen in Christus Jesus mit
ewiger Herrlichkeit.
11 Das ist gewißlich wahr: Sind wir mit
gestorben, so werden wir mit leben;
12 dulden wir, so werden wir mit herrschen;
verleugnen wir, so wird er uns auch
verleugnen;
13 sind wir untreu, so bleibt er doch treu;
er kann sich selbst nicht verleugnen.

Warnung vor unnützem Wortgezänk

14 Daran erinnere sie und bezeuge vor
Gott, sie sollen nicht um Worte zanken,
welches nichts nütze ist als zu verwirren,
die da zuhören.
15 Befleißige dich, vor Gott dich zu erzeigen
als einen rechtschaffenen und unsträflichen
Arbeiter, der da recht austeilt
das Wort der Wahrheit.
16 Halte dich fern von ungeistlichem,
losem Geschwätz; denn das hilft denen,
die es treiben, nur mehr zum ungöttlichen
Wesen,
17 und ihr Wort frißt um sich wie der
Krebs. Unter ihnen ist Hymenäus und
Philetus,
18 welche von der Wahrheit abgeirrt
sind und sagen, die Auferstehung sei schon
geschehen, und haben etlicher Glauben
verkehrt.
19 Aber **der feste Grund Gottes besteht
und hat dieses Siegel: Der Herr kennt die
Seinen**; und: **Es trete ab von Ungerechtigkeit,
wer den Namen des Herrn nennt.**
20 In einem großen Hause aber sind
nicht allein goldene und silberne Gefäße,
sondern auch hölzerne und irdene, etliche
zu Ehren, etliche aber zu Unehren.
21 Wenn nun jemand sich reinigt von
solchen Leuten, der wird ein Gefäß sein
zu Ehren, geheiligt, dem Hausherrn
brauchbar und zu allem guten Werk bereitet.
22 Fliehe die Lüste der Jugend; jage
aber nach der Gerechtigkeit, dem Glauben,
der Liebe, dem Frieden mit allen, die
den Herrn anrufen aus reinem Herzen.
23 Aber die törichten und unnützen
Fragen weise ab; denn du weißt, daß sie
nur Zank erzeugen.
24 Ein Knecht aber des Herrn soll nicht
zänkisch sein, sondern freundlich gegen
jedermann, zum Lehren geschickt, der
Böses ertragen kann
25 und mit Sanftmut zurechtweise die
Widerspenstigen, ob ihnen Gott etwa
Buße gebe, die Wahrheit zu erkennen,
26 und sie wieder nüchtern würden aus
des Teufels Strick, von dem sie gefangen
sind, zu tun seinen Willen.

Die Verderbnis in den letzten Tagen

3 Das sollst du aber wissen, daß in den
letzten Tagen werden greuliche Zeiten
kommen.
2 Denn es werden die Menschen viel von
sich halten, geldgierig sein, ruhmredig,
hoffärtig, Lästerer, den Eltern ungehorsam,
undankbar, gottlos,
3 lieblos, unversöhnlich, Verleumder,
zuchtlos, wild, ungütig,
4 Verräter, Frevler, aufgeblasen, die die
Lüste mehr lieben als Gott,
5 die da haben den Schein eines gottesfürchtigen
Wesens, aber seine Kraft verleugnen
sie; solche meide.
6 Zu diesen gehören, die hin und her in
die Häuser schleichen und umgarnen die
losen Weiber, die mit Sünden beladen
sind und von mancherlei Lüsten umgetrieben,
7 immerdar lernen und nimmer zur Erkenntnis
der Wahrheit kommen.
8 Gleicherweise wie Jannes und Jambres
dem Mose widerstanden, so widerstehen
auch diese der Wahrheit: Menschen mit
zerrütteten Sinnen, untüchtig zum Glauben.
9 Aber sie werden's in die Länge nicht
treiben; denn ihre Torheit wird offenbar
werden jedermann, gleichwie es auch bei
jenen geschah.

Glaube lebt in der Verfolgung

10 Du aber bist nachgefolgt meiner
Lehre, meiner Weise, meiner Meinung,
meinem Glauben, meiner Langmut, meiner Liebe, meiner Geduld,
11 meinen Verfolgungen, meinen Leiden, welche mir widerfahren sind zu
Antiochien, zu Ikonion, zu Lystra. Welche
Verfolgungen ertrug ich da! Und aus allen
hat mich der Herr erlöst.
12 Und **alle, die gottesfürchtig leben wollen in Christus Jesus, müssen Verfolgung leiden.**
13 Mit den bösen Menschen aber und
Betrügern wird's je länger, je ärger: sie
verführen und werden verführt.

Glaube lebt in der Schrift

14 Du aber bleibe in dem, was du gelernt hast und dir vertraut ist, da du ja
weißt, von wem du gelernt hast,
15 und weil du von Kind auf die heilige
Schrift weißt, die dich unterweisen kann
zur Seligkeit durch den Glauben an Christus Jesus.
16 Denn **alle Schrift, von Gott eingegeben, ist nütze zur Lehre, zur Aufdeckung der Schuld, zur Besserung, zur Erziehung in der Gerechtigkeit,**
17 **daß ein Mensch Gottes sei vollkommen, zu allem guten Werk geschickt.**

Treue bis zum Ende

4 So ermahne ich dich inständig vor
Gott und Christus Jesus, der da kommen wird, zu richten die Lebendigen und
die Toten, und bei seiner Erscheinung und
seinem Reich:
2 Predige das Wort, stehe dazu, es sei zur
Zeit oder zur Unzeit; weise zurecht, drohe,
ermahne mit aller Geduld und Lehre.
3 Denn es wird eine Zeit sein, da sie die
gesunde Lehre nicht leiden werden; sondern nach ihren eigenen Lüsten werden sie
sich selbst Lehrer aufladen, wonach ihnen
die Ohren jücken,
4 und werden die Ohren von der Wahrheit wenden und sich zu den Fabeln kehren.
5 Du aber sei nüchtern allenthalben,
leide willig, tu das Werk eines Predigers
des Evangeliums, richte dein Amt redlich
aus.
6 Denn ich werde schon geopfert, und
die Zeit meines Abscheidens ist vorhanden.
7 **Ich habe den guten Kampf gekämpft, ich habe den Lauf vollendet, ich habe Glauben gehalten;**
8 **hinfort ist mir bereit die Krone der Gerechtigkeit, welche mir der Herr, der gerechte Richter, an jenem Tage geben wird, nicht mir aber allein, sondern auch allen, die seine Erscheinung lieb haben.**

Der Apostel und seine Mitarbeiter

9 Befleißige dich, daß du bald zu mir
kommst.
10 Denn Demas hat mich verlassen und
diese Welt lieb gewonnen und ist nach
Thessalonich gezogen, Crescens nach Galatien, Titus nach Dalmatien.
11 Lukas ist allein bei mir. Markus
nimm zu dir und bringe ihn mit dir; denn
er ist mir nützlich zum Dienst.
12 Tychikus habe ich nach Ephesus gesandt.
13 Den Mantel, den ich zu Troas ließ
bei Karpus, bringe mit, wenn du kommst,
und die Bücher, sonderlich die Pergamente.
14 Alexander, der Schmied, hat mir viel
Böses bewiesen; der Herr wird ihm vergelten nach seinen Werken.
15 Vor dem hüte du dich auch; denn er
hat unsern Worten sehr widerstanden.
16 Bei meinem ersten Verhör stand mir
niemand bei, sondern sie verließen mich
alle. Es sei ihnen nicht zugerechnet.
17 Der Herr aber stand mir bei und
stärkte mich, auf daß durch mich die Verkündigung reichlich geschähe und alle
Heiden sie hörten; so ward ich erlöst aus
des Löwen Rachen.
18 Der Herr aber wird mich erlösen von
allem Übel und mir aushelfen zu seinem
himmlischen Reich. Ihm sei Ehre von
Ewigkeit zu Ewigkeit! Amen.
19 Grüße Priska und Aquila und das
Haus des Onesiphorus.
20 Erastus blieb zu Korinth; Trophimus
aber ließ ich zu Milet krank.
21 Sieh nur zu, daß du vor dem Winter
kommst. Es grüßt dich Eubulus und Pudens und Linus und Klaudia und alle
Brüder.
22 Der Herr sei mit deinem Geiste! Die
Gnade sei mit euch!

DER BRIEF DES PAULUS AN TITUS

1 Paulus, ein Knecht Gottes und ein
Apostel Jesu Christi, in der Gemein-
schaft des Glaubens mit den Auserwähl-
ten Gottes und in gleicher Erkenntnis der
seligmachenden Wahrheit,
2 in der Hoffnung auf das ewige Leben,
welches vor den Zeiten der Welt verheißen
hat Gott, der nicht lügt;
3 aber zu seiner Zeit hat er offenbart sein
Wort durch die Predigt, die mir anver-
traut ist nach dem Befehl Gottes, unsers
Heilandes;
4 dem Titus, meinem rechten Sohn nach
unser beider Glauben:
Gnade und Friede von Gott, dem Vater,
und Christus Jesus, unserm Heiland!

Von den Ältesten

5 Derhalben ließ ich dich in Kreta, daß
du solltest vollends ausrichten, was noch
fehlt, und in den Städten hin und her
Älteste einsetzen, wie ich dir befohlen
habe:
6 wenn einer ist untadelig, **eines** Weibes
Mann, der gläubige Kinder hat, die nicht
in dem Ruf stehen, daß sie Schwelger und
ungehorsam sind.
7 Denn ein Bischof soll untadelig sein
als ein Haushalter Gottes, nicht eigen-
sinnig, nicht jähzornig, nicht dem Wein
ergeben, nicht händelsüchtig, nicht
schändlichen Gewinn suchen;
8 sondern gastfrei, gütig, besonnen, ge-
recht, fromm, enthaltsam,
9 der sich halte an das Wort, das gewiß
ist nach der Lehre, auf daß er mächtig sei,
zu ermahnen durch die gesunde Lehre und
zu überführen, die da widersprechen.

Wider die Irrlehrer

10 Denn es sind viel Freche, unnütze
Schwätzer und Verführer, sonderlich die
aus den Juden,
11 welchen man muß das Maul stopfen,
die da ganze Häuser verkehren und lehren,
was nicht taugt, um schändlichen Ge-
winnes willen.
12 Es hat einer von ihnen gesagt, ihr
eigener Prophet: Die Kreter sind immer
Lügner, böse Tiere und faule Bäuche.
13 Dies Zeugnis ist wahr. Darum weise
sie scharf zurecht, auf daß sie gesund
werden im Glauben
14 und nicht achten auf die jüdischen
Fabeln und die Gebote von Menschen,
welche sich von der Wahrheit abwenden.
15 Den Reinen ist alles rein; den Un-
reinen aber und Ungläubigen ist nichts
rein, sondern unrein ist beides, ihr Ver-
stand und ihr Gewissen.
16 Sie sagen, sie kennen Gott; aber mit
den Werken verleugnen sie ihn. Sie sind
es, die Gott ein Greuel sind, und gehor-
chen nicht und sind zu allem guten Werk
untüchtig.

Die Stände in der Gemeinde

2 Du aber rede, wie sich's ziemt nach
der gesunden Lehre.
2 Den Alten sage, daß sie nüchtern seien,
ehrbar, besonnen, gesund im Glauben, in
der Liebe, in der Geduld;
3 den alten Frauen gebiete, daß sie sich
halten, wie den Heiligen ziemt, nicht
Lästerinnen seien, nicht dem Wein er-
geben, sondern Gutes lehren;
4 daß sie die jungen Frauen lehren
züchtig sein, ihre Männer lieben, Kinder
lieben,
5 sittig sein, keusch, häuslich, gütig,
ihren Männern sich unterordnen, auf daß
nicht das Wort Gottes verlästert werde.
6 Desgleichen die jungen Männer er-
mahne, daß sie sich in Zucht halten.
7 Allenthalben aber stelle dich selbst
zum Vorbilde guter Werke, mit unver-
fälschter Lehre, mit Ehrbarkeit,
8 mit gesundem und untadeligem Wort,
auf daß der Widersacher beschämt werde
und nichts habe, daß er von uns könne
Böses sagen.
9 Den Knechten sage, daß sie sich ihren
Herren in allen Dingen unterordnen,
willig sind, nicht widerbellen,

10 nicht veruntreuen, sondern alle gute
Treue erzeigen, auf daß sie der Lehre
Gottes, unsers Heilandes, eine Zierde
seien in allen Stücken.

Die heilsame Gnade

11 Denn **es ist erschienen die heilsame
Gnade Gottes allen Menschen**
12 **und nimmt uns in Zucht, daß wir sollen
verleugnen das ungöttliche Wesen und die
weltlichen Lüste und züchtig, gerecht und
gottselig leben in dieser Welt**
13 **und warten auf die selige Hoffnung
und Erscheinung der Herrlichkeit des gro-
ßen Gottes und unsers Heilandes Christus
Jesus,**
14 **der sich selbst für uns gegeben hat,
auf daß er uns erlöste von aller Ungerech-
tigkeit und reinigte sich selbst ein Volk
zum Eigentum, das fleißig wäre zu guten
Werken.**
15 Solches rede und ermahne und stelle
ans Licht mit ganzem Ernst. Es soll dich
niemand verachten.

Der Christ in der Welt

3 Erinnere sie, daß sie sich der Obrig-
keit, die ihnen zu gebieten hat, unter-
ordnen und gehorsam seien, zu allem gu-
ten Werk bereit,
2 niemand lästern, nicht hadern, gelinde
seien, alle Sanftmütigkeit beweisen gegen
alle Menschen.
3 **Denn** auch wir waren vormals un-
weise, ungehorsam, verirrt, dienstbar den
Begierden und mancherlei Lüsten, und
wandelten in Bosheit und Neid, waren
verhaßt und haßten uns untereinander.
4 **Als aber erschien die Freundlichkeit und
Leutseligkeit Gottes, unsers Heilandes,
rettete er uns,**
5 **nicht um der Werke willen der Gerech-
tigkeit, die wir getan hatten, sondern nach
seiner Barmherzigkeit durch das Bad der
Wiedergeburt und Erneuerung im heiligen
Geiste,**
6 **welchen er ausgegossen hat über uns
reichlich durch Jesus Christus, unsern Hei-
land,**
7 **auf daß wir durch desselben Gnade ge-
recht und Erben seien des ewigen Lebens
nach der Hoffnung.**
8 **Das ist gewißlich wahr.**
Solches will ich, daß du kräftig lehrest,
auf daß die, so an Gott sind gläubig ge-
worden, in einem Stand guter Werke be-
funden werden. Solches ist gut und nütze
den Menschen.
9 Von törichten Fragen aber, von Ge-
schlechtsregistern, von Zank und Streit
über das Gesetz halte dich fern; denn sie
sind unnütz und eitel.
10 Einen ketzerischen Menschen meide,
wenn er einmal und abermals ermahnt
ist,
11 und wisse, daß ein solcher ganz ver-
kehrt ist, sündigt und spricht sich selbst
damit das Urteil.

Aufträge und Grüße

12 Wenn ich dir senden werde Artemas
oder Tychikus, so komm eilend zu mir
nach Nikopolis; denn ich habe beschlos-
sen, daselbst den Winter zu bleiben.
13 Zenas, den Schriftgelehrten, und
Apollos rüste zur Reise aus mit Fleiß, da-
mit ihnen unterwegs nichts gebreche.
14 Laß aber auch die Unsern lernen,
daß sie im Stand guter Werke sich finden
lassen, wo man solcher bedarf, auf daß
sie kein fruchtloses Leben führen.
15 Es grüßen dich alle, die bei mir sind.
Grüße alle, die uns lieben im Glauben.
Die Gnade sei mit euch allen!

DER BRIEF DES PAULUS AN PHILEMON

1 Paulus, Gefangener Christi Jesu, und Timotheus, der Bruder,
an Philemon, den Lieben, unsern Gehilfen,
2 und an Appia, die Schwester, und Archippus, unsern Streitgenossen, und an die Gemeinde in deinem Hause:
3 Gnade sei mit euch und Friede von Gott, unserm Vater, und dem Herrn Jesus Christus!
4 Ich danke meinem Gott und gedenke dein allezeit in meinem Gebet,
5 da ich höre von der Liebe und dem Glauben, welche du hast an den Herrn Jesus und gegen alle Heiligen,
6 auf daß der Glaube, den wir miteinander haben, in dir kräftig werde in Erkenntnis alles des Guten, das wir haben, für Christus.
7 Denn ich hatte große Freude und Trost durch deine Liebe, da die Herzen der Heiligen erquickt sind durch dich, lieber Bruder.

Fürsprache für Onesimus

8 Darum, wiewohl ich habe volle Freiheit in Christus, dir zu gebieten, was dir ziemt,
9 so will ich doch um der Liebe willen nur vermahnen, so wie ich bin: Paulus, ein alter Mann, nun aber auch ein Gefangener Christi Jesu.
10 So ermahne ich dich um meines Sohnes willen, Onesimus*, den ich gezeugt habe in meiner Gefangenschaft,
11 welcher vormals dir unnütz, jetzt aber dir und mir wohl nütze ist.
12 Den sende ich dir wieder zurück und damit mein eigen Herz.
13 Denn ich wollte ihn gerne bei mir behalten, daß er mir an deiner Statt diente in meiner Gefangenschaft um des Evangeliums willen.
14 Aber ohne deinen Willen wollte ich nichts tun, auf daß das Gute dir nicht wäre abgenötigt, sondern freiwillig.
15 Vielleicht aber ist er darum eine Zeitlang von dir genommen, daß du ihn ewig wieder hättest,
16 nun nicht mehr wie einen Knecht, sondern **mehr** als einen Knecht: als einen lieben Bruder, sonderlich mir, wieviel mehr aber dir, beides, nach dem Fleisch und in dem Herrn.
17 Wenn du mich nun für deinen Freund hältst, so wollest du ihn aufnehmen wie mich selbst.
18 Wenn er aber dir Schaden getan hat oder etwas schuldig ist, das rechne mir an.
19 Ich, Paulus, schreibe das mit meiner Hand: Ich will's bezahlen. Ich schweige davon, daß du dich selbst mir schuldig bist.
20 Ja, lieber Bruder, gönne mir, daß ich mich an dir erfreue in dem Herrn; erquicke mein Herz in Christus.
21 Ich habe im Vertrauen auf deinen Gehorsam dir geschrieben; und ich weiß, du wirst mehr tun, als ich sage.
22 Daneben bereite mir die Herberge; denn ich hoffe, daß ich durch euer Gebet euch geschenkt werde.
23 Es grüßt dich Epaphras, mein Mitgefangener in Christus Jesus,
24 Markus, Aristarchus, Demas, Lukas, meine Gehilfen.
25 Die Gnade unsers Herrn Jesus Christus sei mit eurem Geist!

*«Onesimus» bedeutet: der Nützliche.

DER ERSTE BRIEF DES PETRUS

1 Petrus, ein Apostel Jesu Christi,
den Fremdlingen in der Zerstreuung
in Pontus, Galatien, Kappadozien, der
Landschaft Asien und Bithynien,
2 die erwählt sind nach der Vorsehung
Gottes, des Vaters, in der Heiligung durch
den Geist, zum Gehorsam und zur Be-
sprengung mit dem Blut Jesu Christi:
Gott gebe euch viel Gnade und Frieden!

Lebendige Hoffnung

3 **Gelobt sei Gott, der Vater unsers Herrn**
Jesus Christus, der uns nach seiner großen
Barmherzigkeit wiedergeboren hat zu einer
lebendigen Hoffnung durch die Auferste-
hung Jesu Christi von den Toten,
4 zu einem unvergänglichen und unbe-
fleckten und unverwelklichen Erbe, das
behalten wird im Himmel
5 für euch, die ihr aus Gottes Macht
durch den Glauben bewahrt werdet zur
Seligkeit, welche bereit ist, daß sie offen-
bar werde zu der letzten Zeit.
6 Darüber freuet euch, die ihr jetzt eine
kleine Zeit, wenn es sein soll, traurig seid
in mancherlei Anfechtungen,
7 auf daß euer Glaube rechtschaffen und
viel köstlicher erfunden werde als das ver-
gängliche Gold, das durchs Feuer be-
währt wird, zu Lob, Preis und Ehre, wenn
offenbart wird Jesus Christus.
8 Ihn habt ihr nicht gesehen und habt
ihn doch lieb; und nun glaubt ihr an ihn,
wiewohl ihr ihn nicht sehet, und freuet
euch mit unaussprechlicher und herrlicher
Freude,
9 die ihr das Ziel eures Glaubens davon-
bringt, nämlich der Seelen Seligkeit.
10 Nach dieser Seligkeit haben gesucht
und geforscht die Propheten, die von der
Gnade geweissagt haben, die auf euch
kommen sollte,
11 und haben geforscht, worauf oder auf
was für eine Zeit der Geist Christi deutete,
der in ihnen war und zuvor bezeugt hat die
Leiden, die über Christus kommen soll-
ten, und die Herrlichkeit danach.
12 Ihnen ist offenbart worden, daß sie
nicht sich selbst, sondern euch dienten
mit dem, was euch nun verkündigt ist
durch die, so euch das Evangelium ver-
kündigt haben durch den heiligen Geist,
der vom Himmel gesandt ist, – was auch
die Engel gelüstet zu schauen.

Geheiligtes Leben

13 Darum so begürtet die Lenden eures
Gemütes, seid nüchtern und setzet eure
Hoffnung ganz auf die Gnade, die euch
dargeboten wird in der Offenbarung Jesu
Christi.
14 Solches tut als gehorsame Kinder und
bleibt nicht bei dem, was vormals war, da
ihr in Unwissenheit nach den Lüsten leb-
tet;
15 sondern wie der, der euch berufen
hat und heilig ist, seid auch ihr heilig in
allem eurem Wandel!
16 Denn es steht geschrieben (3. Mose
19,2): «Ihr sollt heilig sein, denn ich bin
heilig.»
17 Und da ihr den als Vater anrufet, der
ohne Ansehen der Person richtet nach
eines jeglichen Werk, so führet euren
Wandel, solange ihr hier als Fremdlinge
lebt, mit Furcht
18 und **wisset, daß ihr nicht mit vergäng-**
lichem Silber oder Gold erlöst seid von
eurem eitlen Wandel nach der Väter Weise,
19 **sondern mit dem teuren Blut Christi**
als eines unschuldigen und unbefleckten
Lammes.
20 Er ist zwar zuvor ersehen, ehe der
Welt Grund gelegt ward, aber offenbart
zu den letzten Zeiten um euretwillen,
21 die ihr durch ihn glaubt an Gott, der
ihn auferweckt hat von den Toten und
ihm die Herrlichkeit gegeben, auf daß ihr
Glauben und Hoffnung zu Gott haben
möchtet.
22 Haltet rein eure Seelen im Gehorsam
der Wahrheit zu ungefärbter Bruderliebe
und habt euch untereinander beständig
lieb von Herzen,

23 als die da wiedergeboren sind nicht aus vergänglichem, sondern aus unvergänglichem Samen, nämlich aus dem lebendigen Wort Gottes, das da bleibt.

24 Denn «alles Fleisch ist wie Gras und alle seine Herrlichkeit wie des Grases Blume. Das Gras ist verdorrt und die Blume abgefallen;

25 aber **des Herrn Wort bleibt in Ewigkeit**» (Jes 40,6-8). Das ist aber das Wort, welches unter euch verkündigt ist.

Das Gottesvolk des neuen Bundes

2 So leget nun ab alle Bosheit und allen Betrug und Heuchelei und Neid und alle üble Nachrede

2 und seid begierig nach der vernünftigen lauteren Milch wie die neugeborenen Kindlein, auf daß ihr durch dieselbe zunehmet zu eurem Heil,

3 wenn anders ihr geschmeckt habt, daß der Herr freundlich ist.

4 Zu ihm kommet als zu dem lebendigen Stein, der von den Menschen verworfen ist, aber bei Gott ist er auserwählt und köstlich.

5 Und bauet auch ihr euch als lebendige Steine zum geistlichen Hause und zur heiligen Priesterschaft, zu opfern geistliche Opfer, die Gott angenehm sind durch Jesus Christus.

6 Darum steht in der Schrift (Jes 28,16): «Siehe da, ich lege einen auserwählten, köstlichen Eckstein in Zion; und wer an ihn glaubt, der soll nicht zuschanden werden.»

7 Euch nun, die ihr glaubet, ist er köstlich; den Ungläubigen aber ist «der Stein, den die Bauleute verworfen haben, der zum Eckstein geworden ist,

8 ein Stein des Anstoßes und ein Fels des Ärgernisses» (Ps 118,22; Jes 8,14); denn sie stoßen sich, weil sie an das Wort nicht glauben, wozu sie auch verordnet sind.

9 **Ihr aber seid das auserwählte Geschlecht, das königliche Priestertum, das heilige Volk, das Volk des Eigentums, daß ihr verkündigen sollt die Wohltaten des, der euch berufen hat von der Finsternis zu seinem wunderbaren Licht;**

10 die ihr vormals «nicht ein Volk» waret, nun aber «Gottes Volk» seid, und vormals nicht in Gnaden waret, nun aber in Gnaden seid (Hos 2,25).

Das Verhalten vor der Welt

11 Liebe Brüder, ich ermahne euch als Fremdlinge und Pilgrime: Enthaltet euch von den fleischlichen Lüsten, welche wider die Seele streiten,

12 und führet einen guten Wandel unter den Heiden, auf daß die, so von euch Böses reden als von Übeltätern, eure guten Werke sehen und Gott preisen, wenn er alles ans Licht bringt.

13 Seid untertan aller menschlichen Ordnung um des Herrn willen, es sei dem König als dem Obersten

14 oder den Statthaltern, als die von ihm gesandt sind zur Strafe für die Übeltäter und zu Lobe den Rechtschaffenen.

15 Denn das ist der Wille Gottes, daß ihr mit guten Taten der Unwissenheit der törichten Menschen das Maul stopfet

16 als die Freien, und nicht als hättet ihr die Freiheit zum Deckmantel der Bosheit, sondern als die Knechte Gottes.

17 Tut Ehre jedermann, habt die Brüder lieb, fürchtet Gott, ehret den König!

Das Verhalten in der Gemeinde

18 Ihr Knechte, seid untertan mit aller Furcht den Herren, nicht allein den gütigen und gelinden, sondern auch den wunderlichen.

19 Denn das ist Gnade, wenn jemand vor Gott um des Gewissens willen das Übel erträgt und leidet das Unrecht.

20 Denn was ist das für ein Ruhm, wenn ihr um Missetat willen geschlagen werdet und das geduldig ertragt? Aber wenn ihr um guter Taten willen leidet und das ertragt, das ist Gnade bei Gott.

21 Denn dazu seid ihr berufen, da auch Christus gelitten hat für euch und euch ein Vorbild gelassen, daß ihr sollt nachfolgen seinen Fußtapfen;

22 welcher keine Sünde getan hat, ist auch kein Betrug in seinem Munde erfunden;

23 welcher nicht widerschalt, da er gescholten ward, nicht drohte, da er litt, er stellte es aber dem anheim, der da recht richtet;

24 **welcher unsre Sünden selbst hinaufgetragen hat an seinem Leibe auf das Holz, auf daß wir, der Sünde abgestorben, der Gerechtigkeit leben; durch welches Wunden ihr seid heil geworden.**

25 **Denn ihr waret wie die irrenden Schafe; aber ihr seid nun bekehrt zu dem Hirten und Bischof eurer Seelen.**

3 Desgleichen sollt ihr Frauen euren Männern untertan sein, auf daß auch die, die nicht glauben an das Wort, durch der Frauen Wandel ohne Wort gewonnen werden,

2 wenn sie sehen, wie ihr in Reinheit und Gottesfurcht wandelt.

3 Euer Schmuck soll nicht auswendig sein mit Haarflechten und Goldschmuck oder Kleiderpracht,

4 sondern der verborgene Mensch des Herzens im unvergänglichen Schmuck des sanften und stillen Geistes! Das ist köstlich vor Gott.

5 Denn so haben sich auch vorzeiten die heiligen Frauen geschmückt, die ihre Hoffnung auf Gott setzten und ihren Männern untertan waren,

6 wie die Sara Abraham gehorsam war und hieß ihn Herr, deren Töchter ihr geworden seid, wenn ihr recht tut und euch durch nichts beirren lasset.

7 Desgleichen, ihr Männer, wohnet bei ihnen mit Vernunft und gebet dem weiblichen als dem schwächeren Geschlecht seine Ehre. Denn auch die Frauen sind Miterben der Gnade des Lebens, und euer gemeinsames Gebet darf nicht gehindert werden.

8 Endlich aber seid allesamt gleichgesinnt, mitleidig, brüderlich, barmherzig, demütig.

9 **Vergeltet nicht Böses mit Bösem oder Scheltwort mit Scheltwort, sondern dagegen segnet, weil ihr dazu berufen seid, daß ihr den Segen ererbet.**

10 Denn «wer leben will und gute Tage sehen, der hüte seine Zunge, daß sie nichts Böses rede, und seine Lippen, daß sie nicht trügen.

11 Er wende sich vom Bösen und tue Gutes; er suche Frieden und jage ihm nach.

12 Denn die Augen des Herrn merken auf die Gerechten und seine Ohren auf ihr Gebet; das Angesicht aber des Herrn steht wider die, die Böses tun» (Ps 34, 13-17).

13 Und wer ist, der euch schaden könnte, wenn ihr dem Guten nacheifert?

14 Und ob ihr auch leidet um Gerechtigkeit willen, so seid ihr doch selig. Fürchtet euch aber vor ihrem Trotzen nicht und erschrecket nicht;

15 heiligt aber den Herrn Christus in euren Herzen. Seid allezeit bereit zur Verantwortung vor jedermann, der von euch Grund fordert der Hoffnung, die in euch ist,

16 und das mit Sanftmut und Gottesfurcht; und habt ein gutes Gewissen, damit die, die euch verleumden, zuschanden werden, daß sie euren guten Wandel in Christus geschmäht haben.

17 Denn es ist besser, so es Gottes Wille ist, daß ihr um einer Wohltat willen leidet als um einer Übeltat willen.

Niederfahrt und Auffahrt Christi

18 Denn auch Christus ist **einmal** für eure Sünden gestorben, der Gerechte für die Ungerechten, auf daß er euch zu Gott führte, und ist getötet nach dem Fleisch, aber lebendig gemacht nach dem Geist.

19 In demselben ist er auch hingegangen und hat gepredigt den Geistern im Gefängnis,

20 die vorzeiten nicht glaubten, da Gott harrte und Geduld hatte zu den Zeiten Noahs, da man die Arche zurüstete, in welcher wenige, das ist acht Seelen, gerettet wurden durchs Wasser hindurch.

21 Was jenen da widerfahren ist, das geschieht nun in der Taufe zu eurer Rettung. Denn in der Taufe wird nicht die Unreinigkeit am Fleisch abgetan, sondern wir bitten Gott, daß er uns ein gutes Gewissen schenke, durch die Auferstehung Jesu Christi,

22 welcher ist zur Rechten Gottes, aufgefahren gen Himmel, und sind ihm untertan die Engel und die Gewaltigen und die Kräfte.

Leiden und Leben des Christen

4 Weil nun Christus im Fleisch gelitten hat, so wappnet euch auch mit demselben Sinn; denn wer am Fleisch gelitten hat, der hat aufgehört mit der Sünde,

2 daß er hinfort die noch übrige Zeit im Fleisch nicht der Menschen Lüsten, sondern dem Willen Gottes lebe.

3 Denn es ist genug, daß ihr die ver-

gangene Zeit des Lebens zugebracht habt nach heidnischem Willen, da ihr gewandelt seid in Üppigkeit, Lüsten, Trunkenheit, Fresserei, Sauferei und greulichem Götzendienst.

4 Das befremdet sie, daß ihr nicht mehr mit ihnen laufet in dasselbe wüste, unordentliche Wesen, und sie lästern;

5 aber sie werden Rechenschaft geben dem, der bereit ist, zu richten die Lebendigen und die Toten.

6 Denn dazu ist auch den Toten das Evangelium verkündigt, auf daß sie zwar nach der Menschen Weise am Fleisch gerichtet werden, aber nach Gottes Weise im Geist das Leben haben.

7 Es ist aber nahe gekommen das Ende aller Dinge.

8 So seid nun mäßig und nüchtern zum Gebet. Vor allen Dingen habt untereinander eine inbrünstige Liebe; denn «die Liebe deckt auch der Sünden Menge» (Spr 10,12).

9 Seid gastfrei untereinander ohne Murren.

10 Und dienet einander, ein jeglicher mit der Gabe, die er empfangen hat, als die guten Haushalter der mancherlei Gnade Gottes:

11 wenn jemand redet, daß er's rede als Gottes Wort; wenn jemand ein Amt hat, daß er's tue als aus dem Vermögen, das Gott darreicht, auf daß in allen Dingen Gott gepriesen werde durch Jesus Christus. Sein ist die Ehre und Gewalt von Ewigkeit zu Ewigkeit! Amen.

Freudiges Ausharren in Verfolgungen

12 Ihr Lieben, lasset euch die Hitze nicht befremden, die euch widerfährt, daß ihr versucht werdet. Meinet nicht, es widerführe euch etwas Seltsames,

13 sondern freuet euch, daß ihr mit Christus leidet, auf daß ihr auch zur Zeit der Offenbarung seiner Herrlichkeit Freude und Wonne haben möget.

14 Selig seid ihr, wenn ihr geschmäht werdet über dem Namen Christi; denn der Geist, der ein Geist der Herrlichkeit und Gottes ist, ruht auf euch.

15 Niemand aber unter euch leide als ein Mörder oder Dieb oder Übeltäter oder der in ein fremdes Amt greift.

16 Leidet er aber als ein Christ, so schäme er sich nicht, sondern ehre Gott mit diesem Namen.

17 Denn es ist Zeit, daß anfange das Gericht an dem Hause Gottes. Wenn aber zuerst an uns, was will's für ein Ende werden mit denen, die dem Evangelium Gottes nicht glauben?

18 Und wenn der Gerechte kaum gerettet wird, wo will der Gottlose und Sünder erscheinen?

19 Darum, welche da leiden nach Gottes Willen, die sollen ihm als dem treuen Schöpfer ihre Seelen befehlen in guten Werken.

Die Gemeinde und ihre Hirten

5 Die Ältesten unter euch ermahne ich, der Mitälteste und Zeuge der Leiden Christi, der ich auch teilhabe an der Herrlichkeit, die offenbart werden soll:

2 Weidet die Herde Gottes, die euch befohlen ist, nach Gottes Willen, nicht gezwungen, sondern willig; nicht um schändlichen Gewinnes willen, sondern von Herzensgrund;

3 nicht als die über die Gemeinden herrschen, sondern werdet Vorbilder der Herde.

4 So werdet ihr, wenn erscheinen wird der Erzhirte, die unverwelkliche Krone der Ehren empfangen.

5 Desgleichen, ihr Jüngeren, seid untertan den Ältesten.

Demut und Festigkeit

Allesamt aber miteinander haltet fest an der Demut. Denn Gott widersteht den Hoffärtigen, aber den Demütigen gibt er Gnade.

6 So demütiget euch nun unter die gewaltige Hand Gottes, daß er euch erhöhe zu seiner Zeit.

7 **Alle eure Sorge werfet auf ihn; denn er sorget für euch.**

8 Seid nüchtern und wachet; denn euer Widersacher, der Teufel, geht umher wie ein brüllender Löwe und sucht, welchen er verschlinge.

9 Dem widerstehet, fest im Glauben, und wisset, daß ebendieselben Leiden über eure Brüder in der Welt gehen.

Segenswunsch und Grüße

10 Der Gott aber aller Gnade, der euch berufen hat zu seiner ewigen Herrlichkeit

in Christus, der wird euch, die ihr eine
kleine Zeit leidet, vollbereiten, stärken,
kräftigen, gründen.
11 Sein ist die Macht von Ewigkeit zu
Ewigkeit! Amen.
12 Durch Silvanus, den treuen Bruder –
wie ich meine –, habe ich euch wenige
Worte geschrieben, zu ermahnen und zu
bezeugen, daß das die rechte Gnade Gottes ist, darin ihr stehet.
13 Es grüßen euch aus Babylon, die
samt euch auserwählt sind, und mein
Sohn Markus.
14 Grüßet euch untereinander mit dem
Kuß der Liebe. Friede sei mit euch allen,
die ihr in Christus seid!

DER ZWEITE BRIEF DES PETRUS

1 Simon Petrus, ein Knecht und Apostel
Jesu Christi,
denen, die mit uns denselben teuren
Glauben überkommen haben durch die
Gerechtigkeit, die unser Gott gibt und der
Heiland Jesus Christus:
2 Gott gebe euch viel Gnade und Frieden durch die Erkenntnis Gottes und
unsers Herrn Jesus!

Zurüstung auf die Vollendung des Heils

3 Alles, was zum Leben und göttlichen
Wandel dient, hat uns seine göttliche
Kraft geschenkt durch die Erkenntnis des,
der uns berufen hat durch seine Herrlichkeit und Kraft.
4 Durch sie sind uns die teuren und allergrößten Verheißungen geschenkt, auf daß
ihr dadurch teilhaftig werdet der göttlichen Natur, die ihr entronnen seid der
verderblichen Lust in der Welt.
5 So wendet allen euren Fleiß daran und
beweist in eurem Glauben Tugend und in
der Tugend Erkenntnis
6 und in der Erkenntnis Mäßigkeit und
in der Mäßigkeit Geduld und in der Geduld Gottesfurcht
7 und in der Gottesfurcht brüderliche
Liebe und in der brüderlichen Liebe die
Liebe zu allen Menschen.
8 Denn wenn solches reichlich bei euch
ist, werdet ihr nicht faul noch unfruchtbar sein in der Erkenntnis unsers Herrn
Jesus Christus.
9 Wer aber solches nicht hat, der ist
blind und tappt im Dunkeln und hat vergessen, daß er rein geworden ist von seinen vorigen Sünden.
10 Darum, liebe Brüder, tut desto mehr
Fleiß, eure Berufung und Erwählung festzumachen. Denn wenn ihr solches tut,
werdet ihr nicht straucheln,
11 und so wird euch reichlich dargereicht werden der Eingang zu dem ewigen
Reich unsers Herrn und Heilandes Jesus
Christus.
12 Darum will ich's nicht lassen, euch
allezeit daran zu erinnern, wiewohl ihr's
wisset und gestärkt seid in der Wahrheit,
die bei euch ist.
13 Ich achte es aber für billig, solange
ich in dieser Hütte bin, euch zu erinnern
und zu erwecken;
14 denn ich weiß, daß ich meine Hütte
bald verlassen muß, wie mir denn auch
unser Herr Jesus Christus kundgetan hat.
15 Ich will aber Fleiß tun, daß ihr allezeit nach meinem Abscheiden solches im
Gedächtnis halten könnt.

Die Verklärung Jesu und das prophetische Wort

16 Denn wir sind nicht klugen Fabeln
gefolgt, als wir euch kundgetan haben die
Kraft und das Kommen unsers Herrn
Jesus Christus; sondern wir haben seine
Herrlichkeit selber gesehen.
17 Denn er empfing von Gott, dem Vater, Ehre und Preis durch eine Stimme,
die zu ihm kam von der großen Herrlichkeit: Dies ist mein lieber Sohn, an dem
ich Wohlgefallen habe.
18 Und diese Stimme haben wir gehört
vom Himmel kommen, als wir mit ihm
waren auf dem heiligen Berge.
19 Und **wir haben desto fester das pro-**

phetische Wort, und ihr tut wohl, daß ihr darauf achtet als auf ein Licht, das da scheint an einem dunkeln Ort, bis der Tag anbreche und der Morgenstern aufgehe in euren Herzen.
20 Und das sollt ihr vor allem wissen, daß keine Weissagung in der Schrift eine Sache eigener Auslegung ist.
21 Denn es ist noch nie eine Weissagung aus menschlichem Willen hervorgebracht; sondern von dem heiligen Geist getrieben haben Menschen im Namen Gottes geredet.

Gottes Gericht über die Irrlehrer

2 Es waren aber auch falsche Propheten unter dem Volk, wie auch unter euch sein werden falsche Lehrer, die nebeneinführen verderbliche Sekten und verleugnen den Herrn, der sie erkauft hat, und werden über sich selbst herbeiführen eine schnelle Verdammnis.
2 Und viele werden nachfolgen ihrem zuchtlosen Wandel; und um ihretwillen wird der Weg der Wahrheit verlästert werden.
3 Und aus Habsucht werden sie mit erdichteten Worten an euch ihren Vorteil suchen. Ihnen ist das Urteil seit langem bereitet, und ihre Verdammnis schläft nicht.
4 Denn Gott hat selbst die Engel, die gesündigt haben, nicht verschont, sondern hat sie in finstere Höhlen hinabgestoßen und übergeben, daß sie zum Gericht behalten werden;
5 und hat nicht verschont die vorige Welt, sondern bewahrte allein Noah, den Prediger der Gerechtigkeit, mit sieben andern und brachte die Sintflut über die Welt der Gottlosen;
6 und hat die Städte Sodom und Gomorra zu Asche gemacht, umgekehrt und verdammt und damit ein Beispiel gesetzt den Gottlosen, die hernach kommen würden;
7 und hat errettet den gerechten Lot, welchem die schändlichen Leute alles Leid taten mit ihrem unzüchtigen Wandel.
8 Denn der Gerechte, der unter ihnen wohnte, mußte alles mit ansehen und anhören und seine gerechte Seele von Tag zu Tag durch die Werke der Ungerechten quälen lassen.
9 Der Herr weiß die Frommen aus der Versuchung zu erretten, die Ungerechten aber zu behalten auf den Tag des Gerichts, sie zu strafen,
10 allermeist aber die, welche wandeln nach dem Fleisch in der unreinen Lust und die Herrschaft verachten. Frech und eigensinnig, zittern sie nicht davor, die Majestäten zu lästern,
11 wo doch die Engel, die größere Stärke und Macht haben, kein lästerndes Urteil wider sie fällen vor dem Herrn.
12 Aber sie sind wie die unvernünftigen Tiere, die von Natur dazu geboren sind, daß sie gefangen und geschlachtet werden; sie lästern, was sie nicht kennen, und werden in ihrem verderblichen Wesen umkommen
13 und auch den Lohn der Ungerechtigkeit noch verlieren. Ihre Wonne ist Schlemmen am hellen Tag, sie sind schandbare Schmutzflecken und schwelgen in ihren Betrügereien, wenn sie mit euch prassen,
14 haben Augen voll Ehebruch, nimmer satt der Sünde, locken an sich die ungefestigten Seelen, haben ein Herz durchtrieben von Habsucht, Kinder des Fluches.
15 Sie haben verlassen den richtigen Weg und gehen irre und folgen dem Wege Bileams, des Sohnes Beors, welcher liebte den Lohn der Ungerechtigkeit,
16 aber eine Zurechtweisung für seine Übertretung empfing: das stumme lastbare Tier redete mit Menschenstimme und wehrte des Propheten Torheit.
17 Das sind Brunnen ohne Wasser und Wolken, vom Windwirbel umgetrieben. Ihr Teil ist die dunkelste Finsternis.
18 Denn sie reden stolze Worte, da nichts hinter ist, und reizen durch Unzucht zur fleischlichen Lust diejenigen, die kaum entronnen waren denen, die im Irrtum wandeln,
19 und versprechen ihnen Freiheit, obwohl sie selbst Knechte des Verderbens sind. Denn von wem jemand überwunden ist, dessen Knecht ist er geworden.
20 Denn wenn sie durch die Erkenntnis des Herrn und Heilandes Jesus Christus entflohen sind dem Unrat der Welt, werden aber wiederum von demselben betört und überwunden, dann ist's mit

ihnen am Ende ärger geworden als zuvor.
21 Denn es wäre ihnen besser, daß sie
den Weg der Gerechtigkeit nicht erkannt
hätten, als daß sie ihn erkennen und sich
abkehren von dem heiligen Gebot, das
ihnen gegeben ist.
22 Es ist ihnen widerfahren das wahre
Sprichwort: Der Hund frißt wieder, was
er gespien hat; und: Die Sau wälzt sich
nach der Schwemme wieder im Kot.

Der Herr kommt gewiß

3 Dies ist nun der zweite Brief, den ich
euch schreibe, ihr Lieben, in welchem
ich euch wiederum erinnere und erwecke
euren lauteren Sinn,
2 daß ihr gedenket an die Worte, die
zuvor gesagt sind von den heiligen Propheten, und an das Gebot des Herrn und
Heilandes, das verkündet ist durch eure
Apostel.
3 So wisset aufs erste, daß in den letzten
Tagen kommen werden Spötter, des
Spottes voll, die nach ihrem eignen Gelüste wandeln
4 und sagen: Wo bleibt die Verheißung
seines Kommens? denn nachdem die Väter entschlafen sind, bleibt es alles, wie
es von Anfang der Schöpfung gewesen
ist.
5 Denn sie wollen nichts davon wissen,
daß ein Himmel vorzeiten auch war, dazu
eine Erde aus Wasser und im Wasser bestanden durch Gottes Wort;
6 dennoch ward damals die Welt durch
die Sintflut verderbt.
7 So auch werden der Himmel, der jetzt
ist, und die Erde durch dasselbe Wort aufbewahrt, daß sie zum Feuer behalten werden auf den Tag des Gerichts und der
Verdammnis der gottlosen Menschen.
8 Eines aber sei euch nicht verborgen,
ihr Lieben, daß **ein** Tag vor dem Herrn ist
wie tausend Jahre und tausend Jahre wie
ein Tag.
9 Der Herr verzögert nicht die Verheißung, wie es etliche für eine Verzögerung
achten; sondern er hat Geduld mit euch
und will nicht, daß jemand verloren werde,
sondern daß sich jedermann zur Buße
kehre.
10 Es wird aber des Herrn Tag kommen
wie ein Dieb; dann werden die Himmel
zergehen mit großem Krachen; die Elemente aber werden vor Hitze schmelzen,
und die Erde und die Werke, die darauf
sind, werden verbrennen.
11 Wenn das alles soll so zergehen, wie
müßt ihr da geschickt sein in heiligem
Wandel und gottesfürchtigem Tun,
12 die ihr wartet und eilet zu der Ankunft des Tages Gottes, an welchem die
Himmel vom Feuer zergehen und die Elemente vor Hitze zerschmelzen werden!
13 **Wir warten aber eines neuen Himmels
und einer neuen Erde nach seiner Verheißung, in welchen Gerechtigkeit wohnt.**

Letzte Ermahnungen

14 Darum, meine Lieben, weil ihr darauf wartet, so tut Fleiß, daß ihr vor ihm
unbefleckt und unsträflich im Frieden erfunden werdet;
15 und die Geduld unsers Herrn achtet
für eure Rettung, wie auch unser lieber
Bruder Paulus nach der Weisheit, die ihm
gegeben ist, euch geschrieben hat;
16 wie er auch in allen Briefen davon
redet, in welchen sind etliche Dinge
schwer zu verstehen, welche die Ungelehrigen und Ungefestigten verdrehen, wie
sie es auch bei den anderen Schriften tun,
zu ihrer eigenen Verdammnis.
17 Ihr aber, meine Lieben, weil ihr das
zuvor wisset, so hütet euch, daß ihr nicht
durch den Irrtum der ruchlosen Leute
samt ihnen verführt werdet und fallet aus
eurem festen Stand.
18 Wachset aber in der Gnade und Erkenntnis unsers Herrn und Heilandes
Jesus Christus. Dem sei Ehre nun und zu
ewigen Zeiten!

DER ERSTE BRIEF DES JOHANNES

Die apostolische Verkündigung

1 Das da von Anfang war, das wir ge-
hört haben, das wir gesehen haben mit
unsern Augen, das wir beschaut haben
und unsre Hände betastet haben, vom
Wort des Lebens –
2 und das Leben ist erschienen, und wir
haben gesehen und bezeugen und ver-
kündigen euch das Leben, das ewig ist,
welches war bei dem Vater und ist uns er-
schienen –,
3 was wir gesehen und gehört haben,
das verkündigen wir euch, auf daß auch
ihr mit uns Gemeinschaft habt; und
unsere Gemeinschaft ist mit dem Vater
und mit seinem Sohn Jesus Christus.
4 Und solches schreiben wir, auf daß
unsere Freude vollkommen sei.

Wandel im Licht

5 Und das ist die Botschaft, die wir von
ihm gehört haben und euch verkündigen,
daß Gott Licht ist und in ihm ist keine
Finsternis.
6 Wenn wir sagen, daß wir Gemein-
schaft mit ihm haben, und wandeln in der
Finsternis, so lügen wir und tun nicht die
Wahrheit.
7 **Wenn wir aber im Licht wandeln, wie er
im Licht ist, so haben wir Gemeinschaft un-
tereinander, und das Blut Jesu Christi, sei-
nes Sohnes, macht uns rein von aller Sünde.**
8 Wenn wir sagen, wir haben keine
Sünde, so verführen wir uns selbst, und
die Wahrheit ist nicht in uns.
9 Wenn wir aber unsre Sünden beken-
nen, so ist er treu und gerecht, daß er uns
die Sünden vergibt und reinigt uns von
aller Untugend.
10 Wenn wir sagen, wir haben nicht ge-
sündigt, so machen wir ihn zum Lügner,
und sein Wort ist nicht in uns.

Christus der Versöhner

2 **Meine Kindlein, solches schreibe ich
euch, auf daß ihr nicht sündigt. Und ob
jemand sündigt, so haben wir einen Für-
sprecher bei dem Vater, Jesus Christus, der
gerecht ist.**
2 **Und derselbe ist die Versöhnung für
unsre Sünden, nicht allein aber für die
unseren, sondern auch für die der ganzen
Welt.**
3 Und an dem merken wir, daß wir ihn
kennen, wenn wir seine Gebote halten.
4 Wer da sagt: Ich kenne ihn, und hält
seine Gebote nicht, der ist ein Lügner, und
in solchem ist die Wahrheit nicht.
5 Wer aber sein Wort hält, in dem ist
wahrlich die Liebe Gottes vollkommen.
Daran erkennen wir, daß wir in ihm sind.
6 Wer da sagt, daß er in ihm bleibt, der
soll auch wandeln, gleichwie er gewandelt
ist.

Die Bruderliebe

7 Meine Lieben, ich schreibe euch nicht
ein neues Gebot, sondern das alte Gebot,
das ihr habt von Anfang gehabt. Das alte
Gebot ist das Wort, das ihr gehört habt.
8 Wiederum, ein neues Gebot schreibe
ich euch, das da wahr ist in ihm und in
euch; denn die Finsternis vergeht, und das
wahre Licht scheint jetzt.
9 Wer da sagt, er sei im Licht, und has-
set seinen Bruder, der ist noch in der Fin-
sternis.
10 Wer seinen Bruder liebt, der bleibt
im Licht, und ist kein Ärgernis in ihm.
11 Wer aber seinen Bruder hasset, der ist
in der Finsternis und wandelt in der Fin-
sternis und weiß nicht, wo er hingeht;
denn die Finsternis hat seine Augen ver-
blendet.

Absage an die Welt

12 Liebe Kindlein, ich schreibe euch;
denn die Sünden sind euch vergeben
durch seinen Namen.
13 Ich schreibe euch Vätern; denn ihr
kennet den, der von Anfang ist. Ich schrei-
be euch Jünglingen; denn ihr habt den
Bösen überwunden.

14 Ich habe euch Kindern geschrieben;
denn ihr kennet den Vater. Ich habe euch
Vätern geschrieben; denn ihr kennet den,
der von Anfang ist. Ich habe euch Jüng-
lingen geschrieben; denn ihr seid stark,
und das Wort Gottes bleibt in euch, und
ihr habt den Bösen überwunden.
15 **Habt nicht lieb die Welt noch was in
der Welt ist. So jemand die Welt lieb hat, in
dem ist nicht die Liebe des Vaters.**
16 **Denn alles, was in der Welt ist, des
Fleisches Lust und der Augen Lust und
hoffärtiges Leben, ist nicht vom Vater, son-
dern von der Welt.**
17 **Und die Welt vergeht mit ihrer Lust;
wer aber den Willen Gottes tut, der bleibt in
Ewigkeit.**

Scheidung von den Widerchristen

18 Kinder, es ist die letzte Stunde! Und
wie ihr gehört habt, daß der Widerchrist
kommt, so sind nun schon viele Wider-
christen gekommen; daran erkennen wir,
daß die letzte Stunde ist.
19 Sie sind von uns ausgegangen, aber
sie waren nicht von uns. Denn wenn sie
von uns gewesen wären, so wären sie ja
bei uns geblieben; aber es sollte offenbar
werden, daß sie nicht alle von uns sind.
20 Doch ihr habt die Salbung von dem,
der heilig ist, und wisset alles*.
21 Ich habe euch nicht geschrieben, als
wüßtet ihr die Wahrheit nicht; sondern
ihr wisset sie und wisset, daß keine Lüge
aus der Wahrheit kommt.
22 Wer ist ein Lügner, wenn nicht, der
da leugnet, daß Jesus der Christus sei?
Das ist der Widerchrist, der den Vater und
den Sohn leugnet.
23 Wer den Sohn leugnet, der hat auch
den Vater nicht; wer den Sohn bekennt,
der hat auch den Vater.
24 Was ihr gehört habt von Anfang, das
bleibe in euch. Wenn in euch bleibt, was
ihr von Anfang gehört habt, so werdet ihr
auch in dem Sohn und dem Vater bleiben.
25 Und das ist die Verheißung, die er
uns verheißen hat: das ewige Leben.
26 Solches habe ich euch geschrieben
von denen, die euch verführen.
27 Und die Salbung, die ihr von ihm
empfangen habt, bleibt in euch, und ihr
bedürfet nicht, daß euch jemand lehre;
sondern wie euch die Salbung alles lehrt,
so ist's wahr und ist keine Lüge, und wie
sie euch gelehrt hat, so bleibet in ihm.
28 Und nun, Kindlein, bleibet in ihm,
damit, wenn er offenbart wird, wir Freu-
digkeit haben und nicht zuschanden wer-
den vor ihm, wenn er kommt.
29 Wenn ihr wisset, daß er gerecht ist,
so erkennet auch, daß, wer recht tut, der
ist von ihm geboren.

Herrlichkeit der Gotteskindschaft

3 **Sehet, welch eine Liebe hat uns der
Vater erzeiget, daß wir Gottes Kinder
sollen heißen;** und es auch sind! Darum
kennt uns die Welt nicht; denn sie kennt
ihn nicht.
2 Meine Lieben, **wir sind nun Gottes Kin-
der; und es ist noch nicht erschienen, was
wir sein werden. Wir wissen aber, wenn es
erscheinen wird, daß wir ihm gleich sein
werden; denn wir werden ihn sehen, wie er
ist.**
3 Und ein jeglicher, der solche Hoffnung
hat zu ihm, der reinigt sich, gleichwie er
auch rein ist.
4 Wer Sünde tut, steht wider das Gesetz,
und die Sünde ist Übertretung des Ge-
setzes.
5 Und ihr wisset, daß er ist erschienen,
damit er die Sünden wegnehme, und ist
keine Sünde in ihm.
6 Wer in ihm bleibt, der sündigt nicht;
wer da sündigt, der hat ihn nicht gesehen
noch erkannt.
7 Kindlein, lasset euch von niemand ver-
führen! Wer recht tut, der ist gerecht,
gleichwie er gerecht ist.
8 Wer Sünde tut, der ist vom Teufel;
denn der Teufel sündigt von Anfang. Da-
zu ist erschienen der Sohn Gottes, daß er
die Werke des Teufels zerstöre.
9 Wer aus Gott geboren ist, der tut nicht
Sünde, denn was er von Gott empfangen
hat, das bleibt in ihm; und kann nicht
sündigen, denn er ist von Gott geboren.
10 Daran wird es offenbar, welche die
Kinder Gottes und die Kinder des Teufels
sind: wer nicht recht tut, der ist nicht von
Gott, und wer nicht seinen Bruder lieb hat.
11 Denn das ist die Botschaft, die ihr
gehört habt von Anfang, daß wir uns
untereinander lieben sollen,

*Andere Überlieferung: «und habt alle das Wissen».

DER ZWEITE BRIEF DES JOHANNES

1 Der Älteste
an die auserwählte Herrin und ihre Kin-
der, die ich lieb habe in der Wahrheit, und
nicht allein ich, sondern auch alle, die die
Wahrheit erkannt haben,
2 um der Wahrheit willen, die in uns
bleibt und bei uns sein wird in Ewigkeit:
3 Gnade, Barmherzigkeit, Friede von
Gott, dem Vater, und von Jesus Christus,
dem Sohn des Vaters, sei mit uns in Wahr-
heit und in Liebe!

Wandel in Wahrheit und Liebe

4 Ich bin sehr erfreut, daß ich gefunden
habe unter deinen Kindern solche, die in
der Wahrheit wandeln, wie wir denn ein
Gebot vom Vater empfangen haben.
5 Und nun bitte ich dich, Herrin – nicht
als schriebe ich dir ein neues Gebot, son-
dern das wir gehabt haben von Anfang –,
daß wir uns untereinander lieben.
6 Und das ist die Liebe, daß wir wan-
deln nach seinen Geboten; das ist das Ge-
bot, wie ihr gehört habt von Anfang, da-
mit ihr in ihr wandeln sollt.

Warnung vor Irrlehrern

7 Denn viele Verführer sind in die Welt
hinausgegangen, die nicht bekennen, daß
Jesus Christus im Fleisch gekommen ist.
Das ist der Verführer und der Widerchrist.
8 Sehet euch vor, daß ihr nicht verlieret,
was wir erarbeitet haben, sondern vollen
Lohn empfanget.
9 Wer weitergeht und bleibt nicht in der
Lehre Christi, der hat Gott nicht; wer in
der Lehre Christi bleibt, der hat beide,
den Vater und den Sohn.
10 So jemand zu euch kommt und
bringt diese Lehre nicht, den nehmet nicht
ins Haus und grüßet ihn auch nicht.
11 Denn wer ihn grüßt, der macht sich
teilhaftig seiner bösen Werke.
12 Ich hätte euch viel zu schreiben, aber
ich wollte es nicht mit Brief und Tinte tun,
sondern ich hoffe, zu euch zu kommen
und mündlich mit euch zu reden, auf daß
unsre Freude vollkommen sei.
13 Es grüßen dich die Kinder deiner
Schwester, der Auserwählten.

DER DRITTE BRIEF DES JOHANNES

1 Der Älteste
an Gajus, den Lieben, den ich lieb habe
in der Wahrheit.
2 Mein Lieber, ich wünsche, daß dir's
in allen Stücken wohlgehe und du ge-
sund seiest, so wie es deiner Seele wohl-
geht.
3 Denn ich bin sehr erfreut worden, da
die Brüder kamen und Zeugnis gaben von
deiner Wahrheit, wie du denn wandelst in
der Wahrheit.
4 Ich habe keine größere Freude als die,
daß ich höre, wie meine Kinder in der
Wahrheit wandeln.

Gastliche Aufnahme reisender Brüder

5 Mein Lieber, du tust treulich, was du
tust an den Brüdern, zumal an den fremden,
6 die deine Liebe bezeugt haben vor der
Gemeinde; und du wirst wohl tun, wenn
du sie weitergeleitest, wie es sich ziemt vor
Gott.
7 Denn um seines Namens willen sind
sie ausgezogen und nehmen von den Hei-
den nichts.
8 So sollen wir nun solche Männer auf-
nehmen, auf daß wir Gehilfen der Wahr-
heit werden.

Klage über einen herrschsüchtigen Gemeindevorsteher

9 Ich habe der Gemeinde geschrieben;
aber Diotrephes, der unter ihnen will
hochgehalten sein, nimmt uns nicht auf.
10 Darum, wenn ich komme, will ich erinnern an seine Werke, die er tut; denn er
schwätzt mit bösen Worten wider uns und
läßt sich an dem nicht genügen, sondern
nimmt selbst die Brüder nicht auf und
wehrt denen, die es tun wollen, und stößt
sie aus der Gemeinde.
11 Mein Lieber, folge nicht dem Bösen
nach, sondern dem Guten. Wer Gutes tut,
der ist von Gott; wer Böses tut, der hat
Gott nicht gesehen.
12 Demetrius hat Zeugnis von jedermann und von der Wahrheit selbst; und
auch wir geben ihm Zeugnis, und du
weißt, daß unser Zeugnis wahr ist.
13 Ich hätte dir viel zu schreiben; aber
ich möchte nicht mit Tinte und Feder an
dich schreiben.
14 Ich hoffe aber, dich bald zu sehen;
dann wollen wir mündlich miteinander
reden.
15 Friede sei mit dir! Es grüßen dich die
Freunde. Grüße die Freunde, jeden mit
Namen.

DER BRIEF AN DIE HEBRÄER

1 Nachdem vorzeiten Gott manchmal
und auf mancherlei Weise geredet hat
zu den Vätern durch die Propheten,
2 hat er in diesen letzten Tagen zu uns
geredet durch den Sohn. Ihn hat Gott gesetzt zum Erben über alles; durch ihn hat
er auch die Welt gemacht.
3 **Er ist der Abglanz seiner Herrlichkeit
und das Ebenbild seines Wesens und trägt
alle Dinge mit seinem kräftigen Wort und
hat vollbracht die Reinigung von unsern
Sünden und hat sich gesetzt zu der Rechten
der Majestät in der Höhe**
4 und ist so viel höher geworden als die
Engel, so viel erhabener der Name ist,
den er vor ihnen ererbt hat.

Christus höher als die Engel

5 Denn zu welchem Engel hat Gott jemals gesagt (Ps 2,7): «Du bist mein Sohn,
heute habe ich dich gezeugt»? und abermals (2. Sam 7,14): «Ich werde sein Vater
sein, und er wird mein Sohn sein»?
6 Und wiederum, da er den Erstgebornen in die Welt einführt, spricht er (Ps
97,7): «Und es sollen ihn alle Engel Gottes
anbeten.»
7 Von den Engeln heißt es (Ps 104,4):
«Er macht seine Engel zu Winden und
seine Diener zu Feuerflammen»,
8 aber von dem Sohn (Ps 45,7.8): «Gott,
dein Thron währt von Ewigkeit zu Ewigkeit», und: «Das Zepter der Gerechtigkeit
ist seines Reiches Zepter.
9 Du hast geliebt die Gerechtigkeit und
gehaßt die Ungerechtigkeit; darum hat
dich, o Gott, gesalbt dein Gott mit dem
Öl der Freude wie keinen andern neben
dir.»
10 Und (Ps 102,26-28): «Du, Herr, hast
im Anfang die Erde gegründet, und die
Himmel sind deiner Hände Werk.
11 Sie werden vergehen, du aber bleibst.
Sie werden alle veralten wie ein Kleid;
12 und wie einen Mantel wirst du sie
zusammenrollen, wie ein Gewand werden
sie gewechselt werden. Du aber bist derselbe, und deine Jahre werden nicht aufhören.»
13 Zu welchem Engel aber hat er jemals
gesagt (Ps 110,1): «Setze dich zu meiner
Rechten, bis ich lege deine Feinde zum
Schemel deiner Füße»?
14 Sind sie nicht allzumal dienstbare
Geister, ausgesandt zum Dienst um derer
willen, die das Heil ererben sollen?
2 Darum sollen wir desto mehr achthaben auf das Wort, das wir hören,
damit wir nicht am Ziel vorbeitreiben.
2 Denn wenn das Wort fest geworden
ist, das durch die Engel geredet ist, und
eine jegliche Übertretung und jeder Unge-

horsam den rechten Lohn empfangen hat,
3 wie wollen wir entrinnen, wenn wir
ein solches Heil nicht achten, welches zu-
erst gepredigt ist durch den Herrn und bei
uns bekräftigt durch die, die es gehört
haben?
4 Und Gott hat dazu Zeugnis gegeben
mit Zeichen, Wundern und mancherlei
mächtigen Taten und mit Austeilung des
heiligen Geistes nach seinem Willen.

Erniedrigung und Erhöhung Christi

5 Denn nicht den Engeln hat er unter-
tan gemacht die zukünftige Welt, von der
wir reden.
6 Es bezeugt aber einer an einer Stelle
der Schrift und spricht (Ps 8,5-7): «Was
ist der Mensch, daß du sein gedenkest,
und des Menschen Sohn, daß du auf ihn
achtest?
7 Du hast ihn eine kleine Zeit niedriger
sein lassen als die Engel; mit Preis und
Ehre hast du ihn gekrönt und hast ihn ge-
setzt über die Werke deiner Hände,
8 alles hast du unter seine Füße getan.»
Wenn er ihm alles unter die Füße getan
hat, so hat er nichts ausgenommen, was
ihm nicht untertan wäre. Jetzt aber sehen
wir noch nicht, daß ihm alles untertan ist.
9 Den aber, der «eine kleine Zeit niedri-
ger gewesen ist als die Engel», Jesus,
sehen wir durch sein Todesleiden «ge-
krönt mit Preis und Ehre», auf daß er aus
Gottes Gnade für alle den Tod schmeckte.
10 Denn so ist Gott, um deswillen alle
Dinge sind und durch den sie alle sind,
daß er den, der da viel Kinder zur Herr-
lichkeit geführt hat, als den Herzog ihrer
Seligkeit, durch Leiden vollendete.
11 Denn weil sie alle von **einem** kom-
men, beide, der da heiligt und die da ge-
heiligt werden, darum schämt er sich auch
nicht, sie Brüder zu heißen,
12 und spricht (Ps 22,23): «Ich will ver-
kündigen deinen Namen meinen Brüdern
und mitten in der Gemeinde dir lob-
singen.»
13 Und abermals (Jes 8,17): «Ich will
mein Vertrauen auf ihn setzen»; und
abermals (Jes 8,18): «Siehe da, ich und
die Kinder, welche mir Gott gegeben hat.»
14 Weil nun die Kinder Fleisch und
Blut haben, ist auch er der gleichen Art
teilhaftig geworden, damit er durch seinen
Tod die Macht nähme dem, der des Todes
Gewalt hatte, das ist dem Teufel,
15 und erlöste die, so durch Furcht vor
dem Tode im ganzen Leben Knechte sein
mußten.
16 Denn er nimmt sich ja nicht der
Engel an, sondern der Kinder Abrahams
nimmt er sich an.
17 **Daher mußte er in allen Dingen seinen
Brüdern gleich werden, auf daß er barm-
herzig würde und ein treuer Hoherpriester
vor Gott, zu sühnen die Sünden des Volks.**
18 Denn worin er selber gelitten hat und
versucht ist, kann er denen helfen, die ver-
sucht werden.

Christus höher als Mose

3 Darum, ihr heiligen Brüder, die ihr
mit berufen seid durch die himmlische
Berufung, schauet auf den Apostel und
Hohenpriester, den wir bekennen, Jesus,
2 der da treu ist dem, der ihn gemacht
hat, wie auch Mose in Gottes ganzem
Hause.
3 Er aber ist doch größerer Ehre wert
als Mose, weil größere Ehre als das Haus
der hat, der es erbaute.
4 Denn ein jedes Haus wird von jemand
erbaut; Gott aber ist's, der alles erbaut hat.
5 Und Mose zwar war treu in Gottes
ganzem Hause als Knecht, um zu bezeu-
gen, was dereinst gesagt werden sollte.
6 Christus aber war treu als Sohn über
sein Haus. Dessen Haus sind wir, wenn
wir das Vertrauen und den Ruhm der
Hoffnung bis ans Ende fest behalten.

Verheißung der Gottesruhe

7 Darum, wie der heilige Geist spricht
(Ps 95,7-11): «Heute, wenn ihr hören
werdet seine Stimme,
8 so verstocket eure Herzen nicht, wie
geschah bei der Verbitterung am Tage der
Versuchung in der Wüste,
9 da mich eure Väter versuchten und
prüften, und hatten doch gesehen meine
Werke vierzig Jahre lang.
10 Darum ward ich entrüstet über dies
Geschlecht und sprach: Immerdar irren
sie mit dem Herzen! Aber sie verstanden
meine Wege nicht,
11 so daß ich schwur in meinem Zorn, sie
sollten zu meiner Ruhe nicht kommen.»
12 Sehet zu, liebe Brüder, daß nicht

jemand unter euch ein arges, ungläubiges
Herz habe, das da abfalle von dem leben-
digen Gott,
13 sondern ermahnet euch selbst alle
Tage, solange es «heute» heißt, daß nicht
jemand unter euch verstockt werde durch
den Betrug der Sünde.
14 Denn wir sind Christi teilhaftig ge-
worden, wenn anders wir die Zuversicht
vom Anfang bis ans Ende fest behalten.
15 Wenn es heißt: «Heute, wenn ihr
seine Stimme hören werdet, so verstocket
eure Herzen nicht, wie bei der Verbitte-
rung geschah», –
16 wer hat sie denn gehört und eine Ver-
bitterung angerichtet? Waren's nicht alle,
die von Ägypten auszogen mit Mose?
17 Und über wen ward Gott entrüstet
vierzig Jahre lang? War's nicht über die,
die da sündigten, deren Leiber in der
Wüste verfielen?
18 Welchen schwur er, daß sie nicht zu
seiner Ruhe kommen sollten, wenn nicht
den Ungehorsamen?
19 Und wir sehen, daß sie nicht haben
hineinkommen können um ihres Unglau-
bens willen.

4 So lasset uns nun mit Furcht darauf
achten, daß euer keiner dahinten-
bleibe, solange die Verheißung noch be-
steht, daß wir einkommen zu seiner Ruhe.
2 Denn es ist auch uns verkündigt gleich-
wie jenen; aber das Wort der Predigt half
jenen nichts, da die nicht glaubten, die es
hörten.
3 Denn wir, die wir glauben, gehen ein
in die Ruhe, wie er spricht (Ps 95,11): «Ich
schwur in meinem Zorn, sie sollten zu
meiner Ruhe nicht kommen.» Nun waren
ja die Werke von Anbeginn der Welt fertig,
4 denn so spricht er an einer Stelle der
Schrift von dem siebenten Tag (1. Mose
2,2): «Und Gott ruhte am siebenten Tage
von allen seinen Werken.»
5 Gleichwohl heißt es an dieser Stelle
abermals: «Sie sollen nicht kommen zu
meiner Ruhe.»
6 Da es nun bestehen bleibt, daß etliche
sollen zu Gottes Ruhe kommen, und die,
denen es zuerst verkündigt ist, nicht dazu
gekommen sind um des Ungehorsams
willen,
7 bestimmt er abermals einen Tag, ein
«Heute», und sagt durch David nach sol-
cher langen Zeit, wie eben gesagt ist:
«Heute, wenn ihr seine Stimme hören
werdet, so verstocket eure Herzen nicht.»
8 Denn wenn Josua sie hätte zur Ruhe
gebracht, würde Gott nicht hernach von
einem andern Tage geredet haben.
9 **So ist also noch eine Ruhe vorhanden
dem Volke Gottes.**
10 Denn wer zu Gottes Ruhe gekommen
ist, der ruht auch von seinen Werken
gleichwie Gott von den seinen.
11 So lasset uns nun Fleiß tun, hinein-
zukommen zu dieser Ruhe, auf daß nicht
jemand zu Fall komme in gleichem Un-
gehorsam.
12 Denn **das Wort Gottes ist lebendig und
kräftig und schärfer denn ein zweischneidig
Schwert und dringt durch, bis daß es schei-
det Seele und Geist, auch Mark und Bein,
und ist ein Richter der Gedanken und Sinne
des Herzens.**
13 Und keine Kreatur ist vor ihm ver-
borgen, sondern es ist alles bloß und auf-
gedeckt vor Gottes Augen, dem wir
Rechenschaft geben müssen.

Christus der wahre Hohepriester

14 Weil wir denn einen großen Hohen-
priester haben, Jesus, den Sohn Gottes,
der die Himmel durchschritten hat, so
lasset uns halten an dem Bekenntnis.
15 Denn **wir haben nicht einen Hohen-
priester, der nicht könnte mit leiden mit
unserer Schwachheit, sondern der versucht
ist allenthalben gleichwie wir, doch ohne
Sünde.**
16 **Darum lasset uns hinzutreten mit Freu-
digkeit zu dem Thron der Gnade, auf daß
wir Barmherzigkeit empfangen und Gnade
finden auf die Zeit, wenn uns Hilfe not sein
wird.**

5 Denn ein jeglicher Hoherpriester, der
aus den Menschen genommen wird,
der wird gesetzt für die Menschen zum
Dienst vor Gott, auf daß er opfere Gaben
und Opfer für die Sünden.
2 Er kann mitfühlen mit denen, die da
unwissend sind und irren, weil er auch
selber Schwachheit an sich trägt.
3 Darum muß er, wie für das Volk, so
auch für sich selbst opfern für die Sünden.
4 Und niemand nimmt sich selbst die
hohepriesterliche Würde, sondern er wird
berufen von Gott gleichwie Aaron.

5 So hat auch Christus sich nicht selbst die Ehre beigelegt, Hoherpriester zu werden, sondern der hat's getan, der zu ihm gesagt hat (Ps 2,7): «Du bist mein Sohn, heute habe ich dich gezeugt.»

6 Wie er auch an anderer Stelle spricht (Ps 110,4): «Du bist ein Priester in Ewigkeit nach der Ordnung Melchisedeks.»

7 Und er hat in den Tagen seines Fleisches Gebet und Flehen mit starkem Geschrei und Tränen geopfert dem, der ihm von dem Tode konnte aushelfen; und ist auch erhört, darum daß er Gott in Ehren hielt.

8 So hat er, wiewohl er Gottes Sohn war, doch an dem, was er litt, Gehorsam gelernt.

9 Und da er vollendet war, ist er geworden allen, die ihm gehorsam sind, der Urheber ihres ewigen Heils,

10 und ist von Gott genannt ein Hoherpriester nach der Ordnung Melchisedeks.

Von der Zuversicht des Glaubens

11 Davon hätten wir wohl viel zu reden; aber es ist schwer, weil ihr so harthörig geworden seid.

12 Denn die ihr solltet längst Meister sein, bedürfet wiederum, daß man euch den ersten Anfang der göttlichen Worte lehre und daß man euch Milch gebe und nicht feste Speise.

13 Denn wem man noch Milch geben muß, der ist unerfahren in dem Wort der Gerechtigkeit, denn er ist wie ein kleines Kind.

14 Feste Speise aber gehört den Vollkommenen; sie haben durch steten Gebrauch geübte Sinne und können Gutes und Böses unterscheiden.

6 Darum wollen wir jetzt lassen, was im Anfang über Christus zu sagen ist, und uns zum Vollkommenen wenden; wir wollen nicht abermals Grund legen mit der Lehre vom Abtun der toten Werke, vom Glauben an Gott,

2 vom Taufen, vom Händeauflegen, von der Toten Auferstehung und vom ewigen Gericht.

3 Das wollen wir ein ander Mal tun, wenn Gott es zuläßt.

4 **D**enn es ist unmöglich, die, so einmal erleuchtet sind und geschmeckt haben die himmlische Gabe und teilhaftig geworden sind des heiligen Geistes

5 und geschmeckt haben das gütige Wort Gottes und die Kräfte der zukünftigen Welt

6 und dann doch abgefallen sind, wiederum zu erneuern zur Buße, sie, die für sich selbst den Sohn Gottes abermals kreuzigen und zum Spott machen.

7 Denn die Erde, die den Regen trinkt, der oft über sie kommt, und dann nützliche Frucht trägt denen, die sie bauen, empfängt Segen von Gott.

8 Wenn sie aber Dornen und Disteln trägt, so ist sie nichts nütze und dem Fluch nahe, daß man sie zuletzt abbrennt.

9 **O**bwohl wir aber so reden, ihr Lieben, so haben wir doch für euch Zuversicht auf ein Besseres, das euch retten kann.

10 Denn Gott ist nicht ungerecht, daß er vergäße eures Werks und der Liebe, die ihr erzeigt habt seinem Namen, da ihr den Heiligen dientet und noch dienet.

11 Wir begehren aber, daß ein jeglicher von euch denselben Eifer beweise, die Hoffnung festzuhalten bis ans Ende,

12 damit ihr nicht träge werdet, sondern Nachfolger derer, die durch Glauben und Geduld ererben die Verheißungen.

13 **D**enn als Gott dem Abraham die Verheißung gab, schwur er bei sich selbst, da er bei keinem Größeren zu schwören hatte,

14 und sprach (1. Mose 22,16.17): «Wahrlich, ich will dich segnen und mehren.»

15 Und so wartete Abraham in Geduld und erlangte die Verheißung.

16 Die Menschen schwören ja bei einem Größeren, als sie sind; und der Eid dient ihnen zur Bekräftigung und macht aller Widerrede ein Ende.

17 Darum hat Gott, da er wollte den Erben der Verheißung überschwenglich beweisen, daß sein Ratschluß nicht wanke, sich noch mit einem Eid verbürgt.

18 So sollten wir durch zwei Stücke, die nicht wanken – denn es ist unmöglich, daß Gott lügt –, einen starken Trost haben, die wir unsre Zuflucht dazu genommen haben, festzuhalten an der angebotenen Hoffnung.

19 An ihr haben wir einen sichern und festen Anker unsrer Seele, der hinein-

reicht bis in das Innere hinter dem Vorhang.
20 Dahin ist als Vorläufer für uns eingegangen Jesus, der ein Hoherpriester geworden ist in Ewigkeit nach der Ordnung Melchisedeks.

Christus und Melchisedek

7 Dieser Melchisedek aber war ein König von Salem, ein Priester Gottes, des Allerhöchsten; der ging Abraham entgegen, da er von der Könige Schlacht wiederkam, und segnete ihn;
2 ihm gab Abraham auch den Zehnten aller Güter. Aufs erste wird sein Name verdolmetscht: König der Gerechtigkeit; danach aber heißt er auch: König von Salem, das ist: König des Friedens.
3 Er ist ohne Vater, ohne Mutter, ohne Stammbaum und hat weder Anfang der Tage noch Ende des Lebens. So gleicht er dem Sohn Gottes und bleibt Priester in Ewigkeit.
4 Schauet aber, wie groß der ist, dem Abraham, der Erzvater, den Zehnten gab von der eroberten Beute!
5 Zwar die Kinder Levi, die das Priestertum empfangen, haben nach dem Gesetz das Recht, den Zehnten zu nehmen vom Volk, das ist von ihren Brüdern, wiewohl diese gleich ihnen von Abraham abstammen.
6 Aber der nicht von ihrem Stamme war, der nahm den Zehnten von Abraham und segnete den, der die Verheißungen hatte.
7 Nun ist's ohn alles Widersprechen so, daß das Geringere von dem Höheren gesegnet wird.
8 Hier nehmen den Zehnten sterbliche Menschen, dort aber einer, dem bezeugt wird, daß er lebe.
9 Und sozusagen ist in Abraham auch Levi, der doch selbst den Zehnten nimmt, mit dem Zehnten belegt worden.
10 Denn er sollte seinem Vater ja erst noch geboren werden, als ihm Melchisedek entgegenging.
11 Wäre nun die Vollendung durch das levitische Priestertum gekommen – denn unter demselben hat das Volk das Gesetz empfangen –, wozu war es dann noch nötig, einen anderen als Priester nach der Ordnung Melchisedeks einzusetzen und nicht nach der Ordnung Aarons?
12 Denn wo das Priestertum verändert wird, da muß auch das Gesetz verändert werden.
13 Denn der, von dem solches gesagt wird, der ist von einem andern Stamm, aus welchem nie einer am Altar gedient hat.
14 Denn es ist ja offenbar, daß aus Juda unser Herr hervorgegangen ist, zu welchem Stamme Mose nichts geredet hat vom Priestertum.
15 Und das ist noch viel klarer, wenn nach der Weise Melchisedeks ein anderer als Priester aufkommt,
16 welcher nicht dazu gemacht ist nach dem Gesetz der leiblichen Herkunft, sondern nach der Kraft des unendlichen Lebens.
17 Denn es wird bezeugt (Ps 110,4): «Du bist ein Priester ewiglich nach der Ordnung Melchisedeks.»
18 Damit wird das vorige Gebot aufgehoben – darum daß es zu schwach und nicht nütze war;
19 denn das Gesetz konnte nichts zur Vollendung bringen –, und eingeführt wird eine bessere Hoffnung, durch welche wir zu Gott nahen.
20 Und das geschah nicht ohne Eid. Jene sind ohne Eid Priester geworden,
21 dieser aber mit dem Eid, durch den, der zu ihm spricht (Ps 110,4): «Der Herr hat geschworen, und es wird ihn nicht gereuen: Du bist ein Priester in Ewigkeit.»
22 So ist Jesus eines viel besseren Bundes Bürge geworden.
23 Und jener sind viele, die Priester wurden, darum daß sie der Tod nicht bleiben ließ;
24 dieser aber hat darum, daß er ewig bleibt, ein unvergängliches Priestertum.
25 Daher kann er auch auf ewig selig machen, die durch ihn zu Gott kommen; denn er lebt immerdar und bittet für sie.
26 Denn **einen solchen Hohenpriester sollten wir haben, der da ist heilig, unschuldig, unbefleckt, von den Sündern abgesondert und höher, als der Himmel ist.**
27 Ihm ist nicht täglich not, wie jenen Hohenpriestern, zuerst für die eigenen Sünden Opfer zu tun, danach für des Volkes Sünden; denn das hat er getan ein für allemal, da er sich selbst opferte.
28 Denn das Gesetz macht zu Hohen-

priestern Menschen, die da Schwachheit
haben; dies Wort des Eides aber, das erst
nach dem Gesetz gesagt ward, setzt den
Sohn ein, der ewig und vollkommen ist.

Der Mittler des neuen Bundes

8 Das ist nun die Hauptsache bei dem,
wovon wir reden: Wir haben einen
solchen Hohenpriester, der da sitzt zu der
Rechten des Thrones der Majestät im
Himmel
2 und ist ein Diener am Heiligtum und
an der wahren Stiftshütte, welche Gott
aufgerichtet hat und kein Mensch.
3 Denn ein jeglicher Hoherpriester wird
eingesetzt, zu opfern Gaben und Opfer.
Darum muß auch dieser etwas haben, was
er opfere.
4 Wenn er nun auf Erden wäre, so wäre er
nicht Priester, weil da schon Priester sind,
die nach dem Gesetz die Gaben opfern.
5 Sie dienen aber nur dem Abbilde und
Schatten des Himmlischen; wie Gottes
Stimme zu Mose sprach, als er die Stifts-
hütte vollenden sollte (2. Mose 25,40):
«Schaue zu», sprach er, «daß du machest
alles nach dem Bilde, das dir auf dem
Berge gezeigt ist.»
6 Nun aber hat er ein besseres Amt er-
langt, wie er ja auch Mittler eines besseren
Bundes ist, der auf besseren Verheißungen
steht.
7 Denn wenn der erste Bund untadelig
gewesen wäre, würde nicht Raum für
einen andern gesucht.
8 Denn Gott tadelt sie und sagt (Jer
31,31-34): «Siehe, es kommen die Tage,
spricht der Herr, daß ich mit dem Hause
Israel und mit dem Hause Juda einen
neuen Bund machen will;
9 nicht wie der Bund gewesen ist, den
ich gemacht habe mit ihren Vätern an
dem Tage, da ich ihre Hand ergriff, sie
auszuführen aus Ägyptenland. Denn sie
sind nicht geblieben in meinem Bund;
darum habe ich ihrer auch nicht wollen
achten, spricht der Herr.
10 Denn **das ist der Bund, den ich machen
will mit dem Hause Israel nach diesen
Tagen, spricht der Herr: Ich will geben
mein Gesetz in ihren Sinn, und in ihr Herz
will ich es schreiben und will ihr Gott sein,
und sie sollen mein Volk sein.**
11 Und wird keiner lehren seinen Näch-
sten noch jemand seinen Bruder und
sagen: Erkenne den Herrn! denn sie wer-
den mich alle kennen von dem Kleinsten
an bis zu dem Größten.
12 Denn ich will gnädig sein ihrer Un-
gerechtigkeit, und ihrer Sünden will ich
nicht mehr gedenken.»
13 Indem er sagt: «Einen neuen Bund»,
macht er den ersten alt. Was aber alt und
überlebt ist, das ist nahe bei seinem Ende.

Das Opfer Christi

9 Es hatte zwar auch der erste Bund
seine Satzungen für den Gottesdienst
und sein irdisches Heiligtum.
2 Denn es war da aufgerichtet der vor-
dere Teil der Stiftshütte, worin der Leuch-
ter war und der Tisch und die Schaubrote,
und er heißt das Heilige.
3 Hinter dem zweiten Vorhang aber war
die Hütte, die da heißt das Allerheiligste;
4 die hatte das goldene Räuchergefäß
und die Lade des Bundes, allenthalben
mit Gold überzogen, in welcher war der
goldene Krug mit dem Himmelsbrot und
der Stab Aarons, der gegrünt hatte, und
die Tafeln des Bundes;
5 obendrüber aber waren die Cherubim
der Herrlichkeit, die überschatteten die
Stätte der Versöhnung; von welchen Din-
gen jetzt nicht im einzelnen zu reden ist.
6 Da nun solches so eingerichtet war,
gingen die Priester allezeit in die vordere
Hütte und richteten den Gottesdienst aus.
7 In die andere Hütte aber ging nur **ein-
mal** im Jahr allein der Hohepriester, nicht
ohne Blut, das er opferte für sich selbst
und des Volkes unwissentliche Sünden.
8 Damit tat der heilige Geist kund, daß
noch nicht offenbart sei der Weg zum
Heiligen, solange die vordere Hütte stün-
de.
9 Sie ist ein Gleichnis auf die gegen-
wärtige Zeit: es werden da Gaben und
Opfer geopfert, die doch nicht können im
Gewissen vollkommen machen den, der
da Gottesdienst tut.
10 Es sind nur Satzungen äußerlicher
Heiligkeit über Speise und Trank und
mancherlei Waschungen, die auferlegt
sind bis auf die Zeit, da die richtige Ord-
nung kommt.
11 Christus aber ist gekommen, daß er
sei ein Hoherpriester der zukünftigen

Güter, und ist durch die größere und voll-
kommenere Hütte eingegangen, die nicht
mit Händen gemacht, das heißt: die nicht
von dieser Schöpfung ist;
12 er ist auch nicht mit der Böcke oder
Kälber Blut, sondern durch sein eigen Blut
ein für allemal in das Heilige eingegangen
und hat eine ewige Erlösung erworben.
13 Denn wenn der Böcke und der
Ochsen Blut und die Asche von der Kuh,
gesprengt auf die Unreinen, sie heiligt zu
der leiblichen Reinigkeit,
14 **wieviel mehr wird das Blut Christi, der
sich selbst als ein Opfer ohne Fehl durch den
ewigen Geist Gott dargebracht hat, unser
Gewissen reinigen von den toten Werken, zu
dienen dem lebendigen Gott!**
15 Und darum ist er auch ein Mittler
des neuen Bundes, auf daß durch seinen
Tod, der geschehen ist zur Erlösung von
den Übertretungen unter dem ersten
Bund, die, so berufen sind, das verheißene
ewige Erbe empfangen.
16 Denn wo ein Testament* ist, da muß
noch der Tod eintreten des, der das Testa-
ment gemacht hat.
17 Denn ein Testament tritt erst in Kraft
mit dem Tode; es hat noch nicht Kraft,
wenn der noch lebt, der es gemacht hat.
18 Daher ward auch der erste Bund
nicht ohne Blut gestiftet.
19 Denn als Mose alle Gebote nach dem
Gesetz dem ganzen Volk vorgelegt hatte,
nahm er das Blut von Kälbern und Bök-
ken mit Wasser und Scharlachwolle und
Ysop und besprengte das Buch und da-
nach alles Volk
20 und sprach (2. Mose 24,8): «Das ist
das Blut des Bundes, den Gott für euch
verordnet hat.»
21 Und die Stiftshütte und alles Gerät
des Gottesdienstes besprengte er desglei-
chen mit Blut.
22 Denn nach dem Gesetz wird fast
alles mit Blut gereinigt, und ohne Blut-
vergießen geschieht keine Vergebung.
23 Es mußten also die Abbilder der
himmlischen Dinge so gereinigt werden;
aber sie selbst, die himmlischen Dinge,
müssen bessere Opfer haben, als jene
waren.

*Das griechische Wort für «Bund» bedeutet auch «Testament». Darum wird hier eine Regel, die für ein Testament gilt, auf den Bund Gottes angewandt.

24 Denn Christus ist nicht eingegangen
in das Heilige, das mit Händen gemacht
ist, welches ist ein Gegenbild des wahr-
haftigen Heiligtums, sondern in den Him-
mel selbst, um jetzt zu erscheinen vor dem
Angesicht Gottes für uns;
25 auch nicht, damit er sich oftmals
opfere, gleichwie der Hohepriester alle
Jahre in das Heilige geht mit fremdem
Blut;
26 sonst hätte er oft müssen leiden von
Anfang der Welt her. Nun aber, am Ende
der Zeiten, ist er **einmal** erschienen, durch
sein eigen Opfer die Sünde aufzuheben.
27 Und wie den Menschen gesetzt ist,
einmal zu sterben, danach aber das Ge-
richt:
28 so ist Christus **einmal** geopfert, weg-
zunehmen vieler Sünden; zum andern
Mal wird er nicht um der Sünde willen
erscheinen, sondern denen, die auf ihn
warten, zum Heil.

10 **Denn** das Gesetz hat nur den Schat-
ten von den zukünftigen Gütern,
nicht das Wesen der Güter selbst. Des-
halb kann es, die da opfern, nicht für im-
mer vollkommen machen, da man alle
Jahre die gleichen Opfer bringen muß.
2 Sonst hätte das Opfern aufgehört,
weil die, die den Gottesdienst ausrichten,
so sie einmal gereinigt wären, sich kein
Gewissen mehr gemacht hätten über ihre
Sünden.
3 Vielmehr geschieht dadurch nur eine
Erinnerung an die Sünden alle Jahre.
4 Denn es ist unmöglich, durch das Blut
von Ochsen und Böcken Sünden wegzu-
nehmen.
5 Darum spricht er bei seinem Kommen
in die Welt (Ps 40,7-9): «Opfer und Gaben
hast du nicht gewollt; einen Leib aber hast
du mir bereitet.
6 Brandopfer und Sündopfer gefallen
dir nicht.
7 Da sprach ich: Siehe, ich komme – im
Buch steht von mir geschrieben –, daß ich
tue, Gott, deinen Willen.»
8 Zuerst hatte er gesagt: «Opfer und
Gaben, Brandopfer und Sündopfer hast
du nicht gewollt, sie gefallen dir auch
nicht», welche doch nach dem Gesetz ge-
opfert werden!
9 Dann aber sprach er: «Siehe, ich kom-
me, zu tun, Gott, deinen Willen.» Da

hebt er das erste auf, damit er das andre einsetze.

10 In diesem Willen sind wir geheiligt ein für allemal durch das Opfer des Leibes Jesu Christi.

11 Und ein jeglicher Priester ist eingesetzt, daß er alle Tage seinen Dienst tue und oftmals die gleichen Opfer bringe, welche doch nimmermehr können die Sünden wegnehmen.

12 Dieser aber hat **ein** Opfer für die Sünden geopfert, sitzt nun für immer zur Rechten Gottes

13 und wartet hinfort, bis daß seine Feinde zum Schemel seiner Füße gelegt werden.

14 Denn mit **einem** Opfer hat er für immer vollendet, die geheiligt werden.

15 Es bezeugt uns das aber auch der heilige Geist. Denn nachdem der Herr gesagt hat (Jer 31,33.34):

16 «Das ist der Bund, den ich ihnen machen will nach diesen Tagen», spricht er: «Ich will mein Gesetz in ihr Herz geben, und in ihren Sinn will ich es schreiben,

17 und ihrer Sünden und ihrer Ungerechtigkeit will ich nicht mehr gedenken.»

18 **Wo aber Vergebung der Sünden ist, da geschieht für sie kein Opfer mehr.**

Vom Bekenntnis der Hoffnung

19 Weil wir denn nun, liebe Brüder, durch das Blut Jesu die Freiheit haben zum Eingang in das Heilige,

20 welchen er uns bereitet hat als neuen und lebendigen Weg durch den Vorhang, das ist durch sein Fleisch,

21 und haben einen Hohenpriester über das Haus Gottes:

22 so **lasset uns hinzugehen mit wahrhaftigem Herzen in völligem Glauben, besprengt in unsern Herzen und los von dem bösen Gewissen und gewaschen am Leibe mit reinem Wasser.**

23 **Lasset uns halten an dem Bekenntnis der Hoffnung und nicht wanken; denn er ist treu, der sie verheißen hat;**

24 und lasset uns aufeinander achthaben, uns anzureizen zur Liebe und guten Werken,

25 und nicht verlassen unsere Versammlung, wie etliche pflegen, sondern einander ermahnen; und das um so mehr, je mehr ihr sehet, daß sich der Tag naht.

26 Denn so wir mutwillig sündigen, nachdem wir die Erkenntnis der Wahrheit empfangen haben, haben wir hinfort kein andres Opfer mehr für die Sünden,

27 sondern es bleibt nichts als ein schreckliches Warten auf das Gericht und das gierige Feuer, das die Widersacher verzehren wird.

28 Wenn jemand das Gesetz des Mose bricht, der muß sterben ohne Barmherzigkeit auf zwei oder drei Zeugen hin.

29 Wieviel ärgere Strafe, meinet ihr, wird der verdienen, der den Sohn Gottes mit Füßen tritt und das Blut des Bundes unrein achtet, durch welches er doch geheiligt wurde, und den Geist der Gnade schmäht?

30 Denn wir kennen den, der gesagt hat (5. Mose 32,35.36): «Die Rache ist mein, ich will vergelten», und abermals: «Der Herr wird sein Volk richten.»

31 Schrecklich ist's, in die Hände des lebendigen Gottes zu fallen.

32 Gedenket aber an die vorigen Tage, in welchen ihr, nachdem ihr erleuchtet waret, erduldet habt einen großen Kampf des Leidens

33 und zum Teil selbst durch Schmach und Trübsal ein Schauspiel wurdet, zum Teil Gemeinschaft hattet mit denen, welchen es so ging.

34 Denn ihr habt mit den Gefangenen gelitten und den Raub eurer Güter mit Freuden erduldet, weil ihr wisset, daß ihr eine bessere und bleibende Habe besitzet.

35 Darum **werfet euer Vertrauen nicht weg, welches eine große Belohnung hat.**

36 **Geduld aber ist euch not, auf daß ihr den Willen Gottes tut und das Verheißene empfanget.**

37 Denn «noch über eine kleine Weile, so wird kommen, der da kommen soll, und wird's nicht hinziehen.

38 Mein Gerechter aber wird aus Glauben leben. Wer aber weichen wird, an dem wird meine Seele kein Gefallen haben» (Hab 2,3.4).

39 **Wir aber sind nicht von denen, die da weichen und verdammt werden, sondern von denen, die da glauben und die Seele erretten.**

Der Glaubensweg im Alten Bund

11 **Es ist aber der Glaube eine gewisse Zuversicht des, das man hofft, und ein**

Nichtzweifeln an dem, das man nicht sieht.

2 In solchem Glauben haben die Alten Zeugnis empfangen.

3 Durch den Glauben erkennen wir, daß die Welt durch Gottes Wort gemacht ist, so daß alles, was man sieht, aus nichts geworden ist.

4 **Durch** den Glauben hat **Abel** Gott ein besseres Opfer gebracht als Kain; deshalb wurde ihm bezeugt, daß er gerecht sei, da Gott selbst für seine Gaben Zeugnis gab; und durch den Glauben redet er noch, wiewohl er gestorben ist.

5 Durch den Glauben ward **Henoch** weggenommen, daß er den Tod nicht sähe, und ward nicht mehr gefunden, darum daß ihn Gott wegnahm; denn vor seiner Wegnahme hat er das Zeugnis gehabt, daß er Gott gefallen habe.

6 Aber **ohne Glauben ist's unmöglich, Gott zu gefallen; denn wer zu Gott kommen will, der muß glauben, daß er sei und denen, die ihn suchen, ein Vergelter sein werde.**

7 Durch den Glauben hat **Noah** Gott geehrt und die Arche zubereitet zur Rettung seines Hauses, da er ein göttliches Wort empfing über das, was man noch nicht sah; und durch seinen Glauben sprach er der Welt ihr Urteil und hat ererbt die Gerechtigkeit, die durch den Glauben kommt.

8 **Durch** den Glauben ward gehorsam **Abraham,** als er berufen ward, auszugehen in ein Land, das er erben sollte, und er ging aus und wußte nicht, wo er hinkäme.

9 Durch den Glauben ist er ein Gast gewesen in dem verheißenen Lande wie in einem fremden und wohnte in Zelten mit Isaak und Jakob, den Miterben derselben Verheißung;

10 denn er wartete auf die Stadt, die einen festen Grund hat, deren Baumeister und Schöpfer Gott ist.

11 Durch den Glauben empfing auch **Sara** Kraft, daß sie schwanger ward über die Zeit ihres Alters hinaus; denn sie achtete den treu, der es verheißen hatte.

12 Darum sind auch von dem einen, wiewohl er erstorbenen Leibes war, viele geboren wie die Sterne am Himmel und wie der Sand am Rande des Meeres, der unzählig ist.

13 Diese alle sind gestorben im Glauben und haben das Verheißene nicht erlangt, sondern es nur von ferne gesehen und gegrüßt und haben bekannt, daß sie Gäste und Fremdlinge auf Erden sind.

14 Denn die solches sagen, die geben zu verstehen, daß sie ein Vaterland suchen.

15 Und zwar, wenn sie das gemeint hätten, von welchem sie ausgezogen waren, hätten sie ja Zeit gehabt, wieder umzukehren.

16 Nun aber begehren sie eines besseren Vaterlandes, nämlich eines himmlischen. Darum schämt sich Gott ihrer nicht, ihr Gott zu heißen; denn er hat ihnen eine Stadt zubereitet.

17 **Durch** den Glauben opferte **Abraham** den Isaak, als er versucht ward, und gab dahin den einzigen Sohn, obwohl er schon die Verheißungen empfangen hatte

18 und ihm gesagt war (1. Mose 21,12): «Was von Isaak stammt, soll dein Geschlecht heißen.»

19 Er dachte, Gott kann auch wohl von den **Toten** erwecken; daher er ihn auch als Zeichen des Zukünftigen wiederbekam.

20 **Durch** den Glauben segnete **Isaak** den Jakob und Esau auf das hin, was erst kommen sollte.

21 Durch den Glauben segnete **Jakob,** als er starb, beide Söhne Josephs und neigte sich gegen seines Stabes Spitze.

22 Durch den Glauben redete **Joseph** vom Auszug der Kinder Israel, als er starb, und tat Befehl über seine Gebeine.

23 **Durch** den Glauben ward **Mose,** als er geboren war, drei Monate verborgen von seinen Eltern, weil sie sahen, daß er ein schönes Kind war, und fürchteten sich nicht vor des Königs Gebot.

24 Durch den Glauben wollte Mose, als er groß ward, nicht mehr ein Sohn heißen der Tochter des Pharao,

25 sondern wollte viel lieber mit dem Volk Gottes Ungemach leiden, als den vergänglichen Genuß der Sünde haben,

26 und achtete die Schmach Christi für größern Reichtum als die Schätze Ägyptens; denn er sah hin auf die Belohnung.

27 Durch den Glauben verließ er Ägypten und fürchtete nicht des Königs Grimm; denn er hielt sich an den, den er nicht sah, als sähe er ihn.

28 Durch den Glauben hielt er das Passa

und das Blutbesprengen, auf daß der
Würger ihre Erstgeburten nicht träfe.
29 Durch den Glauben gingen sie durchs
Rote Meer wie durch trockenes Land; das
versuchten die Ägypter auch und ertranken.
30 Durch den Glauben fielen die Mauern
Jerichos, als Israel sieben Tage um sie
herumgezogen war.
31 Durch den Glauben ward die Hure
Rahab nicht umgebracht mit den Ungehorsamen, als sie die Kundschafter
freundlich aufnahm.
32 Und was soll ich mehr sagen? Die
Zeit würde mir zu kurz, wenn ich sollte
erzählen von Gideon und Barak und Simson und Jephthah und David und Samuel
und den Propheten,
33 welche haben durch den Glauben
Königreiche bezwungen, Gerechtigkeit
gewirkt, Verheißungen erlangt, der Löwen Rachen verstopft,
34 des Feuers Kraft ausgelöscht, sind
des Schwertes Schärfe entronnen, sind
kräftig geworden aus der Schwachheit,
sind stark geworden im Streit, haben der
Fremden Heere zum Weichen gebracht.
35 Frauen haben ihre Toten durch Auferstehung wiederbekommen. Andere aber
sind gemartert worden und haben die
Freilassung nicht angenommen, auf daß
sie die Auferstehung, die besser ist, erlangten.
36 Etliche haben Spott und Geißeln erlitten, dazu Ketten und Gefängnis;
37 sie wurden gesteinigt, gefoltert, zersägt, durchs Schwert getötet; sie sind umhergezogen in Schafpelzen und Ziegenfellen, mit Mangel, mit Trübsal, mit Ungemach.
38 Deren die Welt nicht wert war, die
sind im Elend umhergeirrt in den Wüsten,
auf den Bergen und in den Klüften und
Löchern der Erde.
39 Diese alle haben durch den Glauben
das Zeugnis Gottes empfangen und doch
nicht erlangt, was verheißen war,
40 weil Gott etwas Besseres für uns zuvor ersehen hat, damit sie nicht ohne uns
vollendet würden.

Der Glaubensweg der Christen

12 Darum auch wir, weil wir eine solche
Wolke von Zeugen um uns haben,
lasset uns ablegen alles, was uns beschwert, und die Sünde, die uns ständig
umstrickt, und lasset uns laufen mit Geduld in dem Kampf, der uns verordnet ist,
2 und aufsehen auf Jesus, den Anfänger
und Vollender des Glaubens, welcher, da
er wohl hätte können Freude haben, erduldete das Kreuz und achtete der Schande nicht und hat sich gesetzt zur Rechten
des Thrones Gottes.
3 Gedenket an den, der ein solches Widersprechen von den Sündern wider sich
erduldet hat, auf daß ihr nicht matt werdet und nicht in eurem Mut ablasset.
4 Ihr habt noch nicht bis aufs Blut widerstanden im Kampf wider die Sünde
5 und habt bereits vergessen des Trostes, der zu euch redet als zu seinen Kindern (Spr 3,11.12): «Mein Sohn, achte
nicht gering die Züchtigung des Herrn und
verzage nicht, wenn du von ihm gestraft
wirst.
6 Denn **welchen der Herr lieb hat, den
züchtigt er, und er straft einen jeglichen
Sohn, den er aufnimmt.**»
7 Gott erzieht euch, wenn ihr dulden
müßt! Als seinen Kindern begegnet euch
Gott; denn wo ist ein Sohn, den der Vater
nicht züchtigt?
8 Seid ihr aber ohne Züchtigung, welche sie alle erfahren haben, so seid ihr
Ausgestoßene und nicht Kinder.
9 Und so wir unsre leiblichen Väter haben zu Züchtigern gehabt und sie gescheut, sollten wir dann nicht viel mehr
untertan sein dem Vater der Geister, auf
daß wir leben?
10 Denn jene haben uns gezüchtigt
wenige Tage, wie es ihnen gut dünkte, dieser aber zu unserm Besten, auf daß wir an
seiner Heiligkeit Teil erlangen.
11 **Alle Züchtigung aber, wenn sie da ist,
dünkt uns nicht Freude, sondern Traurigkeit zu sein; aber danach wird sie geben eine
friedsame Frucht der Gerechtigkeit denen,
die dadurch geübt sind.**
12 Darum richtet wieder auf die lässigen
Hände und die müden Knie
13 und tut gewisse Tritte mit euren Füßen, daß nicht jemand strauchle wie ein
Lahmer, sondern vielmehr gesund werde.
14 **Jaget dem Frieden nach gegen jedermann und der Heiligung, ohne die niemand
den Herrn sehen wird,**
15 und sehet darauf, daß nicht jemand

Gottes Gnade versäume; daß nicht etwa eine bittere Wurzel aufwachse und Unfrieden anrichte und die Gemeinde dadurch befleckt werde;

16 daß nicht jemand sei ein Abtrünniger oder Gottloser wie Esau, der um der einen Speise willen seine Erstgeburt verkaufte.

17 Ihr wisset ja, daß er hernach, da er den Segen ererben wollte, verworfen ward; denn er fand keinen Raum zur Buße, wiewohl er sie mit Tränen suchte.

18 Denn ihr seid nicht gekommen zu dem Berge, den man anrühren konnte und der mit Feuer brannte, noch zu dem Dunkel und Finsternis und Ungewitter,

19 noch zu dem Hall der Posaune und zum Schall der Worte, bei dem die Hörer baten, daß ihnen kein Wort mehr gesagt würde;

20 denn sie vermochten's nicht zu ertragen, was da gesagt ward (2. Mose 19, 13): «Und wenn auch nur ein Tier den Berg anrührt, soll es gesteinigt werden.»

21 Und so schrecklich war die Erscheinung, daß Mose sprach (5. Mose 9,19): «Ich bin erschrocken und zittere.»

22 Sondern ihr seid gekommen zu dem Berge Zion und zu der Stadt des lebendigen Gottes, dem himmlischen Jerusalem, und den vielen tausend Engeln

23 und zu der Versammlung und Gemeinde der Erstgebornen, die im Himmel angeschrieben sind, und zu Gott, dem Richter über alle, und zu den Geistern der vollendeten Gerechten

24 und zu dem Mittler des neuen Bundes, Jesus, und zu dem Blut der Besprengung, das da besser redet als Abels Blut.

25 Sehet zu, daß ihr den nicht abweiset, der da redet. Denn wenn jene nicht entronnen sind, die Gott abwiesen, als er auf Erden redete, wieviel weniger wir, wenn wir den abweisen, der vom Himmel redet.

26 Seine Stimme hat zu jener Zeit nur die Erde bewegt, nun aber verheißt er und spricht (Hagg 2,6): «Noch einmal will ich bewegen nicht allein die Erde, sondern auch den Himmel.»

27 Solches «Noch einmal» zeigt an, daß das Bewegliche soll verwandelt werden, weil es geschaffen ist, damit allein das Unbewegliche bleibe.

28 Darum, weil wir empfangen ein unbeweglich Reich, lasset uns dankbar sein und also Gott dienen, ihm zu gefallen, in Zucht und Furcht;

29 denn unser Gott ist ein verzehrend Feuer.

Letzte Ermahnungen

13 Bleibet fest in der brüderlichen Liebe.

2 Gastfrei zu sein, vergesset nicht; denn dadurch haben etliche ohne ihr Wissen Engel beherbergt.

3 Gedenket der Gebundenen als die Mitgebundenen und derer, die Trübsal leiden, als solche, die auch noch im Leibe leben.

4 Die Ehe soll in Ehren gehalten werden bei allen und das Ehebett unbefleckt; denn die Unzüchtigen und die Ehebrecher wird Gott richten.

5 Der Wandel sei ohne Geldgier; lasset euch genügen an dem, was da ist. Denn der Herr hat gesagt (Jos 1,5): «Ich will dich nicht verlassen noch versäumen.»

6 So dürfen auch wir getrost sagen: «Der Herr ist mein Helfer, ich will mich nicht fürchten; was sollte mir ein Mensch tun?» (Ps 118,6)

7 Gedenket an eure Lehrer, die euch das Wort Gottes gesagt haben; ihr Ende schauet an und folget ihrem Glauben nach.

8 **Jesus Christus gestern und heute und derselbe auch in Ewigkeit.**

9 Lasset euch nicht durch mancherlei und fremde Lehren umtreiben, denn **es ist ein köstlich Ding, daß das Herz fest werde, welches geschieht durch Gnade,** nicht durch Speisegebote, davon keinen Nutzen haben, die damit umgehen.

10 Wir haben einen Altar, davon kein Recht haben zu essen, die der Stiftshütte dienen.

11 Denn die Leichname der Tiere, deren Blut getragen wird durch den Hohenpriester in das Heilige für die Sünde, werden außerhalb des Lagers verbrannt.

12 Darum hat auch Jesus, damit er heiligte das Volk durch sein eigen Blut, gelitten draußen vor dem Tor.

13 So lasset uns nun zu ihm hinausgehen aus dem Lager und seine Schmach tragen.

14 Denn **wir haben hier keine bleibende Stadt, sondern die zukünftige suchen wir.**

15 So lasset uns nun durch ihn Gott allezeit das Lobopfer bringen, das ist die Frucht der Lippen, die seinen Namen bekennen.

16 **Wohlzutun und mitzuteilen vergesset
nicht; denn solche Opfer gefallen Gott wohl.**
17 Gehorchet euren Lehrern und folget
ihnen; denn sie wachen über eure Seelen,
als die da Rechenschaft dafür geben sollen;
damit sie das mit Freuden tun und nicht
mit Seufzen, denn das ist euch nicht gut.
18 Betet für uns.
Unser Trost ist der, daß wir ein gutes
Gewissen haben und uns befleißigen, guten Wandel zu führen in allen Stücken.
19 Ich ermahne aber desto mehr, solches
zu tun, auf daß ich um so schneller euch
wiedergegeben werde.

Segenswunsch und Grüße

20 Der Gott aber des Friedens, der von
den Toten ausgeführt hat den großen Hirten der Schafe durch das Blut des ewigen
Bundes, unsern Herrn Jesus,
21 der mache euch tüchtig in allem Guten, zu tun seinen Willen, und schaffe in
uns, was vor ihm gefällig ist, durch Jesus
Christus; welchem sei Ehre von Ewigkeit
zu Ewigkeit! Amen.
22 Ich ermahne euch aber, liebe Brüder,
haltet das Wort der Ermahnung mir zugut; denn ich habe euch nur kurz geschrieben.
23 Wisset, daß unser Bruder Timotheus
wieder frei ist; mit ihm, wenn er bald
kommt, will ich euch sehen.
24 Grüßet alle eure Lehrer und alle Heiligen. Es grüßen euch die Brüder aus
Italien.
25 Die Gnade sei mit euch allen!

DER BRIEF DES JAKOBUS

1 Jakobus, ein Knecht Gottes und des Herrn Jesus Christus,
den zwölf Stämmen in der Zerstreuung
Freude zuvor!

Der Christ in der Anfechtung

2 Meine lieben Brüder, achtet es für lauter Freude, wenn ihr in mancherlei Anfechtung fallet,
3 und wisset, daß euer Glaube, wenn er
bewährt ist, Geduld wirkt.
4 Die Geduld aber soll ihr Werk tun bis
ans Ende, auf daß ihr seid vollkommen
und ohne Tadel und kein Mangel an euch
sei.
5 Wenn aber jemandem unter euch
Weisheit mangelt, der bitte Gott, der da
gern gibt jedermann und allen mit Güte
begegnet, so wird ihm gegeben werden.
6 Er bitte aber im Glauben und zweifle
nicht; denn wer da zweifelt, der ist gleich
wie die Meereswoge, die vom Winde getrieben und bewegt wird.
7 Solcher Mensch denke nicht, daß er
etwas von dem Herrn empfangen werde.
8 Ein Zweifler ist unbeständig in allen
seinen Wegen.
9 Ein Bruder aber, der niedrig ist, rühme sich seiner Höhe;
10 und der da reich ist, rühme sich seiner
Niedrigkeit, denn wie eine Blume des Grases wird er vergehen.
11 Die Sonne geht auf mit der Hitze,
und das Gras verwelkt, und seine Blume
fällt ab, und seine schöne Gestalt verdirbt:
so wird der Reiche in seinen Wegen verwelken.
12 **Selig ist der Mann, der die Anfechtung
erduldet; denn nachdem er bewährt ist, wird
er die Krone des Lebens empfangen, welche
Gott verheißen hat denen, die ihn lieb haben.**

Der Ursprung der Versuchung

13 Niemand sage, wenn er versucht
wird, daß er von Gott versucht werde.
Denn Gott kann nicht versucht werden
zum Bösen, und er selbst versucht niemand.
14 Sondern ein jeglicher wird versucht,
wenn er von seiner eigenen Lust gereizt
und gelockt wird.
15 Danach, wenn die Lust empfangen
hat, gebiert sie die Sünde; die Sünde aber,
wenn sie vollendet ist, gebiert sie den Tod.
16 Irret nicht, liebe Brüder.

17 **Alle gute Gabe und alle vollkommene
Gabe kommt von oben herab, von dem Vater
des Lichts, bei welchem ist keine Verände-
rung noch Wechsel des Lichts und der Fin-
sternis.**
18 Er hat uns geschaffen nach seinem
Willen durch das Wort der Wahrheit, auf
daß wir wären Erstlinge seiner Kreaturen.

Hörer und Täter

19 Wisset, liebe Brüder, ein jeglicher
Mensch sei schnell zum Hören, langsam
zum Reden, langsam zum Zorn.
20 Denn des Menschen Zorn tut nicht,
was vor Gott recht ist.
21 Darum so leget ab alle Unsauberkeit
und alle Bosheit und nehmet das Wort an
mit Sanftmut, das in euch gepflanzt ist,
welches kann eure Seelen selig machen.
22 **Seid aber Täter des Worts und nicht
Hörer allein,** wodurch ihr euch selbst be-
trüget.
23 Denn so jemand ist ein Hörer des
Worts und nicht ein Täter, der ist gleich
einem Mann, der sein leiblich Angesicht
im Spiegel beschaut.
24 Denn nachdem er sich beschaut hat,
geht er davon und vergißt von Stund an,
wie er gestaltet war.
25 Wer aber durchschaut in das voll-
kommene Gesetz der Freiheit und darin
beharrt und ist nicht ein vergeßlicher
Hörer, sondern ein Täter, der wird selig
sein in seiner Tat.
26 Wenn sich jemand läßt dünken, er
diene Gott, und hält seine Zunge nicht im
Zaum, sondern betrügt sein Herz, dessen
Gottesdienst gilt nichts.
27 **Ein reiner und unbefleckter Gottes-
dienst vor Gott, dem Vater, ist der: die
Waisen und Witwen in ihrer Trübsal be-
suchen und sich selbst von der Welt unbe-
fleckt halten.**

Kein Ansehen der Person

2 Liebe Brüder, haltet den Glauben an
Jesus Christus, unsern Herrn der
Herrlichkeit, frei von aller Ansehung der
Person.
2 Denn so in eure Versammlung käme
ein Mann mit einem goldenen Ringe und
mit einem herrlichen Kleide, es käme aber
auch ein Armer in einem unsaubern
Kleide,
3 und ihr sähet auf den, der das herr-
liche Kleid trägt, und sprächet zu ihm:
Setze du dich her aufs beste! und sprächet
zu dem Armen: Stehe du dort! oder: Setze
dich unten her zu meinen Füßen! –
4 ist's recht, daß ihr solchen Unter-
schied bei euch selbst macht und richtet
nach argen Gedanken?
5 Höret zu, meine lieben Brüder! Hat
nicht Gott erwählt die Armen auf dieser
Welt, daß sie am Glauben reich seien und
Erben des Reichs, welches er verheißen
hat denen, die ihn lieb haben?
6 Ihr aber habt dem Armen Unehre ge-
tan. Sind es nicht die Reichen, die Gewalt
an euch üben und ziehen euch vor Gericht?
7 Verlästern sie nicht den guten Namen,
der über euch genannt ist?
8 Wenn ihr das königliche Gesetz er-
füllt nach der Schrift (3. Mose 19,18):
»Liebe deinen Nächsten wie dich selbst«,
so tut ihr wohl;
9 wenn ihr aber die Person ansehet, tut
ihr Sünde und werdet überführt vom Ge-
setz als Übertreter.
10 Denn so jemand das ganze Gesetz
hält und sündiget an **einem,** der ist's ganz
schuldig.
11 Denn der da gesagt hat (2. Mose 20,
13.14): «Du sollst nicht ehebrechen», der
hat auch gesagt: «Du sollst nicht töten.»
Wenn du nun nicht die Ehe brichst, tötest
aber, bist du ein Übertreter des Gesetzes.
12 Redet so und handelt so wie Leute,
die dereinst durchs Gesetz der Freiheit
gerichtet werden.
13 Denn es wird ein unbarmherziges
Gericht über den ergehen, der nicht
Barmherzigkeit getan hat; Barmherzig-
keit aber rühmt sich wider das Gericht.

Glaube und Werke

14 Was hilft's, liebe Brüder, so jemand
sagt, er habe Glauben, und hat doch keine
Werke? Kann auch der Glaube ihn selig
machen?
15 Wenn aber ein Bruder oder eine
Schwester bloß wäre und Mangel hätte an
der täglichen Nahrung
16 und jemand unter euch spräche zu
ihnen: Gehet hin in Frieden! Wärmet
euch und sättiget euch! ihr gäbet ihnen
aber nicht, was dem Leibe not ist: was
hülfe ihnen das?

17 So auch **der Glaube, wenn er nicht Werke hat, ist er tot in sich selber.**
18 Aber es könnte jemand sagen: Du
hast Glauben, und ich habe Werke; zeige
mir deinen Glauben ohne die Werke, so
will ich dir meinen Glauben zeigen aus
meinen Werken.
19 Du glaubst, daß nur einer Gott ist?
Du tust wohl daran; die Teufel glauben's
auch und zittern.
20 Willst du aber erkennen, du törichter
Mensch, daß der Glaube ohne Werke tot
ist?
21 Ist nicht Abraham, unser Vater,
durch Werke gerecht geworden, als er sei-
nen Sohn Isaak auf dem Altar opferte?
22 Da siehest du, daß der Glaube zu-
sammengewirkt hat mit seinen Werken
und durch die Werke der Glaube voll-
kommen geworden ist,
23 und so ist die Schrift erfüllt, die da
spricht (1. Mose 15,6): «Abraham hat
Gott geglaubt, und das ist ihm zur Ge-
rechtigkeit gerechnet», und ward «ein
Freund Gottes» geheißen (Jes 41,8).
24 So sehet ihr nun, daß der Mensch
durch Werke gerecht wird, nicht durch
Glauben allein.
25 Ist nicht desgleichen die Hure Rahab
durch Werke gerecht geworden, da sie die
Boten aufnahm und ließ sie auf einem an-
dern Weg hinaus?
26 Denn gleichwie der Leib ohne Geist
tot ist, so ist auch der Glaube ohne Werke
tot.

Die Zucht der Zunge

3 Liebe Brüder, werfe sich nicht ein
jeder zum Lehrer auf, sondern be-
denkt, daß wir Lehrer ein strengeres Ur-
teil empfangen werden.
2 Denn wir fehlen alle mannigfaltig.
Wer aber auch im Wort nicht fehlet, der
ist ein vollkommener Mann und kann
auch den ganzen Leib im Zaum halten.
3 Wenn wir den Pferden den Zaum ins
Maul legen, daß sie uns gehorchen, so
lenken wir ihren ganzen Leib.
4 Siehe, auch die Schiffe, ob sie wohl so
groß sind und von starken Winden getrie-
ben werden, werden sie doch gelenkt mit
einem kleinen Ruder, wo der hin will, der
es regiert.
5 So ist auch die Zunge ein kleines Glied
und richtet große Dinge an. Siehe, ein
kleines Feuer, welch einen Wald zündet's
an!
6 Und die Zunge ist auch ein Feuer, eine
Welt voll Ungerechtigkeit. So ist die Zun-
ge unter unsern Gliedern: sie befleckt den
ganzen Leib, sie setzt des Lebens Kreis in
Flammen und ist selbst von der Hölle ent-
zündet.
7 Denn die Natur aller Tiere und Vögel
und Schlangen und Meerwunder wird ge-
zähmt und ist gezähmt von der mensch-
lichen Natur,
8 aber die Zunge kann kein Mensch
zähmen, das unruhige Übel, voll tödlichen
Giftes.
9 Durch sie loben wir den Herrn und
Vater, und durch sie fluchen wir den
Menschen, die nach dem Bilde Gottes ge-
macht sind.
10 Aus **einem** Munde geht Loben und
Fluchen. Es soll, liebe Brüder, nicht so sein.
11 Läßt denn die Quelle aus **einem** Loch
Süßes und Bitteres fließen?
12 Kann auch, liebe Brüder, ein Feigen-
baum Ölbeeren oder ein Weinstock Feigen
tragen? So kann auch eine salzige Quelle
nicht süßes Wasser geben.

Die wahre Weisheit

13 Wer ist weise und klug unter euch?
Der erzeige mit seinem guten Wandel seine
Werke in Sanftmut und Weisheit.
14 Habt ihr aber bittern Neid und Zank
in eurem Herzen, so rühmet euch nicht
und lüget nicht wider die Wahrheit.
15 Das ist nicht die Weisheit, die von
oben herab kommt, sondern sie ist irdisch,
menschlich und teuflisch.
16 Denn wo Neid und Zank ist, da ist
Unordnung und allerlei böses Ding.
17 Die Weisheit aber von oben her ist
aufs erste lauter, danach friedsam, ge-
linde, läßt sich etwas sagen, voll Barm-
herzigkeit und guter Früchte, unpartei-
isch, ohne Heuchelei.
18 Die Frucht aber der Gerechtigkeit
wird gesät im Frieden denen, die Frieden
halten.

Warnung vor Unfriede und Weltsinn

4 Woher kommt Streit und Krieg unter
euch? Kommt's nicht daher: aus euren
Lüsten, die da streiten in euren Gliedern?

2 Ihr seid begierig und erlanget's damit
nicht; ihr mordet und neidet und gewinnet damit nichts; ihr streitet und kämpfet. Ihr habt nicht, darum daß ihr nicht bittet;
3 ihr bittet und empfanget nicht, darum
daß ihr übel bittet, nämlich darum, daß ihr's in euren Lüsten verzehren wollt.
4 Ihr Abtrünnigen, wisset ihr nicht, daß
der Welt Freundschaft Gottes Feindschaft ist? Wer der Welt Freund sein will, der wird Gottes Feind sein.
5 Oder meint ihr, die Schrift sage um-
sonst: Der Geist, den Gott hat in uns wohnen lassen, begehrt und eifert?
6 Er gibt aber desto reichlicher Gnade.
Darum heißt es (Spr 3,34): «Gott widersteht den Hoffärtigen, aber den Demütigen gibt er Gnade.»
7 So seid nun Gott untertänig. **Wider-
stehet dem Teufel, so flieht er von euch.**
8 **Nahet euch zu Gott, so nahet er sich zu
euch.** Reiniget die Hände, ihr Sünder, und heiliget eure Herzen, ihr Wankelmütigen.
9 Werdet eures Elends inne und traget
Leid und weinet; euer Lachen verkehre sich in Weinen und eure Freude in Traurigkeit.
10 Demütiget euch vor dem Herrn, so
wird er euch erhöhen.
11 Verlästert einander nicht, liebe Brü-
der. Wer seinen Bruder verlästert oder richtet seinen Bruder, der verlästert das Gesetz und richtet das Gesetz. Richtest du aber das Gesetz, so bist du nicht ein Täter des Gesetzes, sondern sein Richter.
12 Einer ist Gesetzgeber und Richter,
der retten und verdammen kann. Wer aber bist du, der du den andern richtest?

Der Christ vor der Zukunft

13 Wohlan nun, die ihr saget: Heute
oder morgen wollen wir gehen in die oder die Stadt und wollen ein Jahr dort zubringen und Handel treiben und Gewinn machen, –
14 die ihr nicht wisset, was morgen sein
wird. Denn was ist euer Leben? Ein Dampf seid ihr, der eine kleine Zeit währt, danach aber verschwindet er.
15 Dafür solltet ihr sagen: So der Herr
will und wir leben, wollen wir dies oder das tun.
16 Nun aber rühmet ihr euch in eurem
Übermut. All solches Rühmen ist böse.
17 **Wer nun weiß, Gutes zu tun, und tut's
nicht, dem ist es Sünde.**

Das Gericht über die Reichen

5 Wohlan nun, ihr Reichen, weinet und
heulet über das Elend, das über euch kommen wird!
2 Euer Reichtum ist verfault, eure Klei-
der sind von Motten zerfressen.
3 Euer Gold und Silber ist verrostet,
und ihr Rost wird wider euch Zeugnis geben und wird euer Fleisch fressen wie Feuer. Ihr habt euch Schätze gesammelt am Ende der Tage!
4 Siehe, der Arbeiter Lohn, die euer
Land abgeerntet haben, der von euch vorenthalten ist, der schreit, und das Rufen der Schnitter ist gekommen vor die Ohren des Herrn Zebaoth.
5 Ihr habt wohlgelebt auf Erden und
eure Lust gehabt und eure Herzen geweidet am Schlachttag!
6 Ihr habt verurteilt den Gerechten und
getötet, und er hat euch nicht widerstanden.

Ruf zur Geduld

7 So seid nun geduldig, liebe Brüder,
bis auf den Tag, da der Herr kommt. Siehe, ein Ackermann wartet auf die köstliche Frucht der Erde und ist geduldig darüber, bis sie empfange den Frühregen und Spätregen.
8 Seid auch ihr geduldig und stärket eure
Herzen; denn der Herr kommt bald.
9 Seufzet nicht widereinander, liebe Brü-
der, auf daß ihr nicht gerichtet werdet. Siehe, der Richter ist vor der Tür.
10 Nehmet, liebe Brüder, zum Vorbild
des Leidens und der Geduld die Propheten, die geredet haben in dem Namen des Herrn.
11 Siehe, wir preisen selig, die erduldet
haben. Von der Geduld Hiobs habt ihr gehört und habt gesehen, wie's der Herr hinausgeführt hat; denn der Herr ist barmherzig und ein Erbarmer.
12 Vor allen Dingen aber, meine Brü-
der, schwört nicht, weder bei dem Himmel noch bei der Erde noch mit einem andern Eid. Es sei aber euer Ja ein Ja und das Nein ein Nein, auf daß ihr nicht unter das Gericht fallet.

Die Gemeinde und ihre Kranken

13 Leidet jemand unter euch, der bete; ist jemand guten Mutes, der singe Psalmen.

14 Ist jemand unter euch krank, der rufe zu sich die Ältesten der Gemeinde, daß sie über ihm beten und ihn salben mit Öl in dem Namen des Herrn.

15 Und das Gebet des Glaubens wird dem Kranken helfen, und der Herr wird ihn aufrichten; und wenn er hat Sünden getan, wird ihm vergeben werden.

16 Bekennet einer dem andern seine Sünden und betet füreinander, daß ihr gesund werdet. **Des Gerechten Gebet vermag viel, wenn es ernstlich ist.**

17 Elia war ein schwacher Mensch wie wir; und er betete ein Gebet, daß es nicht regnen sollte, und es regnete nicht auf Erden drei Jahre und sechs Monate.

18 Und er betete abermals, und der Himmel gab Regen, und die Erde brachte ihre Frucht.

Liebe zu den irrenden Brüdern

19 Liebe Brüder, wenn jemand unter euch irren würde von der Wahrheit und jemand bekehrte ihn,

20 so wisset, daß, wer den Sünder bekehrt hat von dem Irrtum seines Weges, der wird dessen Seele vom Tode erretten und bedecken eine Menge von Sünden.

DER BRIEF DES JUDAS

1 Judas, ein Knecht Jesu Christi und Bruder des Jakobus,

den Berufenen, die da geliebt sind in Gott, dem Vater, und bewahrt für Jesus Christus:

2 Gott gebe euch viel Barmherzigkeit und Frieden und Liebe!

Gottes Gericht über die Irrlehrer

3 Ihr Lieben, da es mir sehr am Herzen lag, euch zu schreiben von unser aller Heil, hielt ich's für nötig, euch in meinem Briefe zu ermahnen, daß ihr für den Glauben kämpfet, der ein für allemal den Heiligen übergeben ist.

4 Denn es sind etliche Menschen neben eingeschlichen, für die schon längst geschrieben ist solches Urteil; Gottlose sind sie, mißbrauchen die Gnade unseres Gottes für ihre Lüste und verleugnen unsern alleinigen Herrscher und Herrn Jesus Christus.

5 Ich will euch aber erinnern, die ihr dies alles ja schon wisset, daß der Herr, nachdem er dem Volk einmal aus Ägypten geholfen hatte, das andere Mal umbrachte, die da nicht glaubten.

6 Auch die Engel, die ihren himmlischen Stand nicht bewahrten, sondern ihre Behausung verließen, hat er behalten zum Gericht des großen Tages mit ewigen Banden in der Finsternis;

7 wie auch Sodom und Gomorra und die umliegenden Städte, die gleicherweise wie sie Unzucht getrieben haben und fremdem Fleisch nachgegangen sind, zum Beispiel gesetzt sind und leiden des ewigen Feuers Pein.

8 Ihresgleichen sind auch diese Träumer, die ihr Fleisch beflecken, die Herrschaft verachten und die Majestäten lästern.

9 Michael aber, der Erzengel, als er mit dem Teufel stritt und mit ihm rechtete über den Leichnam des Mose, hat nicht gewagt, gegen ihn ein lästerndes Urteil zu fällen, sondern sprach: Der Herr strafe dich!

10 Diese aber lästern alles, wovon sie nichts wissen; was sie aber von Natur kennen wie die unvernünftigen Tiere, daran verderben sie.

11 Weh ihnen! Denn sie gehen den Weg Kains und fallen in den Irrtum des Bileam um Gewinnes willen und kommen um in dem Aufruhr Korahs.

12 Diese Schandtäter prassen bei euren Liebesmahlen ohne Scheu, weiden sich selbst; sie sind Wolken ohne Wasser, von

dem Winde umgetrieben, kahle, unfrucht-
bare Bäume, zweimal erstorben und aus-
gewurzelt,
13 wilde Wellen des Meeres, die ihre
eigene Schande ausschäumen, unstete
Sterne, welchen behalten ist das Dunkel
der Finsternis in Ewigkeit.
14 Es hat aber auch von ihnen geweis-
sagt Henoch, der siebente von Adam an,
und gesprochen: Siehe, der Herr kommt
mit viel tausend Heiligen,
15 Gericht zu halten über alle und zu
strafen alle Gottlosen für alle Werke ihres
gottlosen Wandels, womit sie gottlos ge-
wesen sind, und für all das Freche, das die
gottlosen Sünder wider ihn geredet haben.
16 Diese murren und hadern mit ihrem
Geschick, aber wandeln dabei nach ihren
Lüsten; und ihr Mund redet stolze Worte,
aber um des Nutzens willen achten sie das
Ansehen der Person.
17 Ihr aber, meine Lieben, erinnert euch
der Worte, die zuvor gesagt sind von den
Aposteln unsers Herrn Jesus Christus,
18 da sie euch sagten, daß zu der letzten
Zeit werden Spötter sein, die nach ihren
eigenen gottlosen Lüsten wandeln.
19 Diese sind es, die da Spaltungen ma-
chen, irdisch Gesinnte, die den Geist nicht
haben.

Mahnung und Lobpreis

20 Ihr aber, meine Lieben, erbauet euch
auf euren allerheiligsten Glauben, betet
im heiligen Geist
21 und erhaltet euch in der Liebe Got-
tes und wartet auf die Barmherzigkeit
unsers Herrn Jesus Christus zum ewigen
Leben.
22 Und erbarmet euch derer, die da
zweifeln,
23 reißet sie aus dem Feuer und rettet
sie. Der andern erbarmt euch mit Furcht
und hasset auch den Rock, der vom Flei-
sche befleckt ist.
24 Dem aber, der euch kann behüten
vor dem Straucheln und stellen vor das
Angesicht seiner Herrlichkeit unsträflich
mit Freuden,
25 dem einen Gott, unserm Heiland
durch Jesus Christus, unsern Herrn, sei
Ehre und Majestät und Gewalt und Macht
vor aller Zeit, jetzt und in alle Ewigkeit!
Amen.

DIE OFFENBARUNG DES JOHANNES

1 Dies ist die Offenbarung Jesu Christi,
die ihm Gott gegeben hat, seinen
Knechten zu zeigen, was in Kürze geschehen
soll; und er hat sie durch seinen
Engel gesandt und gedeutet seinem
Knecht Johannes,
2 der kundgetan hat das Wort Gottes
und das Zeugnis Jesu Christi, alles, was er
gesehen hat.
3 Selig ist, der da liest und die da hören
die Worte der Weissagung und behalten,
was darin geschrieben ist; denn die Zeit
ist nahe.

Gruß an die sieben Gemeinden

4 Johannes den sieben Gemeinden in
der Landschaft Asien: Gnade sei mit euch
und Friede von dem, der da ist und der
da war und der da kommt, und von den
sieben Geistern, die da sind vor seinem
Thron,
5 und von Jesus Christus, welcher ist
der treue Zeuge und Erstgeborne von den
Toten und Herr über die Könige auf
Erden! Dem, der uns liebt und erlöst hat
von unsern Sünden mit seinem Blut
6 und hat uns zu Königen und Priestern
gemacht vor Gott, seinem Vater, ihm sei
Ehre und Gewalt von Ewigkeit zu Ewigkeit!
Amen.
7 Siehe, er kommt mit den Wolken, und
es werden ihn sehen alle Augen und alle,
die ihn durchbohrt haben, und es werden
wehklagen um seinetwillen alle Geschlechter
der Erde. Ja, Amen.
8 **Ich bin das A und das O, der Anfang und
das Ende, spricht Gott der Herr, der da ist
und der da war und der da kommt, der Allmächtige.**

Der Auftrag an Johannes

9 Ich, Johannes, euer Bruder und Mitgenosse
an der Trübsal und am Reich und
im Ausharren bei Jesus, ich war auf der
Insel, die da heißt Patmos, um des Wortes
Gottes willen und des Zeugnisses von
Jesus.
10 Der Geist kam über mich an des
Herrn Tag, und ich hörte hinter mir eine
große Stimme wie von einer Posaune,
11 die sprach: Was du siehest, das
schreibe in ein Buch und sende es zu den
sieben Gemeinden: nach Ephesus und
nach Smyrna und nach Pergamon und
nach Thyatira und nach Sardes und nach
Philadelphia und nach Laodicea.
12 Und ich wandte mich um, zu sehen
nach der Stimme, die mit mir redete. Und
als ich mich wandte, sah ich sieben goldene
Leuchter
13 und mitten unter den Leuchtern
einen, der war eines Menschen Sohn
gleich, der war angetan mit einem langen
Gewand und begürtet um die Brust mit
einem goldenen Gürtel.
14 Sein Haupt aber und sein Haar war
weiß wie weiße Wolle, wie der Schnee,
und seine Augen wie eine Feuerflamme,
15 und seine Füße gleichwie goldenes
Erz, das im Ofen glüht, und seine Stimme
wie großes Wasserrauschen;
16 und er hatte sieben Sterne in seiner
rechten Hand, und aus seinem Munde
ging ein scharfes, zweischneidiges Schwert,
und sein Angesicht leuchtete, wie die
Sonne scheint in ihrer Macht.
17 Und als ich ihn sah, fiel ich zu seinen
Füßen wie ein Toter; und er legte seine
rechte Hand auf mich und sprach zu mir:
**Fürchte dich nicht! Ich bin der Erste und der
Letzte**
18 **und der Lebendige. Ich war tot, und
siehe, ich bin lebendig von Ewigkeit zu
Ewigkeit und habe die Schlüssel der Hölle
und des Todes.**
19 Schreibe, was du gesehen hast, und
was ist, und was geschehen soll danach.
20 Das Geheimnis der sieben Sterne, die
du gesehen hast in meiner rechten Hand,
und die sieben goldenen Leuchter: die
sieben Sterne sind Engel der sieben Gemeinden,
und die sieben Leuchter sind die
sieben Gemeinden.

Die sieben Sendschreiben

2 Dem Engel der Gemeinde zu **Ephesus** schreibe: Das sagt, der da hält die sieben Sterne in seiner Rechten, der da wandelt mitten unter den sieben goldenen Leuchtern:

2 Ich weiß deine Werke und deine Arbeit und deine Geduld und daß du die Bösen nicht ertragen kannst, und hast geprüft die, welche sagen, sie seien Apostel, und sind's nicht, und hast sie als Lügner erfunden,

3 und hast Geduld, und hast um meines Namens willen Last getragen, und bist nicht müde geworden.

4 Aber ich habe wider dich, daß du die erste Liebe verlässest.

5 Gedenke, wovon du gefallen bist, und tue Buße und tue die ersten Werke. Wo aber nicht, werde ich über dich kommen und deinen Leuchter wegstoßen von seiner Stätte, wenn du nicht Buße tust.

6 Aber das hast du, daß du die Werke der Nikolaiten hassest, welche ich auch hasse.

7 Wer Ohren hat, der höre, was der Geist den Gemeinden sagt! Wer überwindet, dem will ich zu essen geben von dem Baum des Lebens, der im Paradies Gottes ist.

8 Und dem Engel der Gemeinde zu **Smyrna** schreibe: Das sagt der Erste und der Letzte, der tot war und ist lebendig geworden:

9 Ich weiß deine Trübsal und deine Armut – du bist aber reich – und die Lästerung von denen, die da sagen, sie seien Juden, und sind's nicht, sondern sind des Satans Synagoge.

10 Fürchte dich vor keinem, was du leiden wirst! Siehe, der Teufel wird etliche von euch ins Gefängnis werfen, auf daß ihr versucht werdet, und werdet Trübsal haben zehn Tage. **Sei getreu bis an den Tod, so will ich dir die Krone des Lebens geben.**

11 Wer Ohren hat, der höre, was der Geist den Gemeinden sagt! Wer überwindet, dem soll kein Leid geschehen von dem zweiten Tode.

12 Und dem Engel der Gemeinde zu **Pergamon** schreibe: Das sagt, der da hat das scharfe, zweischneidige Schwert:

13 Ich weiß, wo du wohnst: da des Satans Thron ist; und hältst an meinem Namen und hast den Glauben an mich nicht verleugnet auch in den Tagen, in denen Antipas, mein treuer Zeuge, bei euch getötet wurde, wo der Satan wohnt.

14 Aber ich habe ein Kleines wider dich, daß du daselbst hast, die an der Lehre Bileams halten, welcher den Balak lehrte, zu verführen die Kinder Israel, daß sie Götzenopfer aßen und Unzucht trieben.

15 So hast auch du solche, die in gleicher Weise an der Lehre der Nikolaiten halten.

16 Tue Buße; wo aber nicht, so werde ich bald über dich kommen und mit ihnen streiten durch das Schwert meines Mundes.

17 Wer Ohren hat, der höre, was der Geist den Gemeinden sagt! Wer überwindet, dem will ich geben von dem verborgenen Manna und will ihm geben einen weißen Stein; auf dem Stein aber steht ein neuer Name geschrieben, welchen niemand kennt, als der ihn empfängt.

18 Und dem Engel der Gemeinde zu **Thyatira** schreibe: Das sagt der Sohn Gottes, der Augen hat wie Feuerflammen, und seine Füße sind gleichwie goldnes Erz:

19 Ich weiß deine Werke und deine Liebe und deinen Glauben und deinen Dienst und deine Geduld, und daß deine letzten Werke mehr sind als die ersten.

20 Aber ich habe wider dich, daß du das Weib Isebel duldest, die da spricht, sie sei eine Prophetin, und lehrt und verführt meine Knechte, Unzucht zu treiben und Götzenopfer zu essen.

21 Und ich habe ihr Zeit gegeben, daß sie sollte Buße tun, und sie will nicht von ihrer Unzucht lassen.

22 Siehe, ich werfe sie auf ihr Bett und werfe in große Trübsal, die mit ihr die Ehe gebrochen haben, wenn sie nicht lassen von des Weibes Werken,

23 und ihre Kinder will ich zu Tode schlagen. Und alle Gemeinden sollen erkennen, daß ich es bin, der die Nieren und Herzen erforscht, und ich werde geben einem jeglichen unter euch nach euren Werken.

24 Euch aber sage ich, den anderen zu Thyatira, die solche Lehre nicht haben und nicht erkannt haben die Tiefen des

Satans – wie sie sagen –: Ich will nicht auf
euch werfen eine andere Last;
25 doch was ihr habt, das haltet, bis daß
ich komme.
26 Und wer da überwindet und hält
meine Werke bis ans Ende, dem will ich
Macht geben über die Heiden,
27 und er soll sie weiden mit einem eiser-
nen Stabe, und wie eines Töpfers Gefäße
soll er sie zerschmeißen,
28 wie auch ich's von meinem Vater
empfangen habe; und ich will ihm geben
den Morgenstern.
29 Wer Ohren hat, der höre, was der
Geist den Gemeinden sagt!
3 Und dem Engel der Gemeinde zu
Sardes schreibe: Das sagt, der die sie-
ben Geister Gottes hat und die sieben
Sterne: Ich weiß deine Werke: Du hast
den Namen, daß du lebest, und bist tot.
2 Werde wach und stärke das andre, das
sterben will, denn ich habe deine Werke
nicht als völlig erfunden vor meinem Gott.
3 So gedenke nun, wie du empfangen
und gehört hast, und halte es und tue
Buße. Wenn du aber nicht wachen wirst,
werde ich kommen wie ein Dieb, und du
wirst nicht wissen, zu welcher Stunde ich
über dich kommen werde.
4 Aber du hast etliche zu Sardes, die
ihre Kleider nicht besudelt haben; die
werden mit mir wandeln in weißen Klei-
dern, denn sie sind's wert.
5 Wer überwindet, der soll mit weißen
Kleidern angetan werden, und ich werde
seinen Namen nicht austilgen aus dem
Buch des Lebens, und ich will seinen Na-
men bekennen vor meinem Vater und vor
seinen Engeln.
6 Wer Ohren hat, der höre, was der
Geist den Gemeinden sagt!
7 Und dem Engel der Gemeinde zu
Philadelphia schreibe: Das sagt der Hei-
lige, der Wahrhaftige, der da hat den
Schlüssel Davids, der auftut, und niemand
schließt zu, der zuschließt, und niemand
tut auf:
8 Ich weiß deine Werke. Siehe, ich habe
vor dir gegeben eine offene Tür, und nie-
mand kann sie zuschließen; denn du hast
eine kleine Kraft und hast mein Wort be-
halten und hast meinen Namen nicht ver-
leugnet.
9 Siehe, ich werde geben aus des Satans
Synagoge, die da sagen, sie seien Juden,
und sind's nicht, sondern lügen; siehe, ich
will sie dazu bringen, daß sie kommen
sollen und niederfallen zu deinen Füßen
und erkennen, daß ich dich geliebt habe.
10 Weil du bewahrt hast das Wort von
meiner Geduld, will ich auch dich be-
wahren vor der Stunde der Versuchung,
die kommen wird über den ganzen Welt-
kreis, zu versuchen, die da wohnen auf
Erden.
11 Siehe, ich komme bald; **halte, was du
hast, daß niemand deine Krone nehme!**
12 Wer überwindet, den will ich machen
zum Pfeiler in dem Tempel meines Got-
tes, und er soll nicht mehr hinausgehen,
und ich will auf ihn schreiben den Namen
meines Gottes und den Namen des neuen
Jerusalem, der Stadt meines Gottes, die
vom Himmel herniederkommt von mei-
nem Gott, und meinen Namen, den neuen.
13 Wer Ohren hat, der höre, was der
Geist den Gemeinden sagt!
14 Und dem Engel der Gemeinde zu
Laodicea schreibe: Das sagt, der da Amen
heißt, der treue und wahrhaftige Zeuge,
der Anfang der Schöpfung Gottes:
15 Ich weiß deine Werke, daß du weder
kalt noch warm bist. Ach, daß du kalt
oder warm wärest!
16 Weil du aber lau bist und weder
warm noch kalt, werde ich dich ausspeien
aus meinem Munde.
17 Du sprichst: Ich bin reich und habe
gar satt und bedarf nichts! und weißt
nicht, daß du bist elend und jämmerlich,
arm, blind und bloß.
18 Ich rate dir, daß du Gold von mir
kaufest, das mit Feuer durchläutert ist,
daß du reich werdest, und weiße Kleider,
daß du dich antust und nicht offenbar
werde die Schande deiner Blöße, und
Augensalbe, deine Augen zu salben, daß
du sehen mögest.
19 **Welche ich lieb habe, die strafe und
züchtige ich.** So mache dich auf und tue
Buße!
20 **Siehe, ich stehe vor der Tür und klopfe
an. So jemand meine Stimme hören wird
und die Tür auftun, zu dem werde ich ein-
gehen und das Abendmahl mit ihm halten
und er mit mir.**
21 Wer überwindet, dem will ich geben,
mit mir auf meinem Throne zu sitzen, wie

ich überwunden habe und mich gesetzt
mit meinem Vater auf seinen Thron.
22 Wer Ohren hat, der höre, was der
Geist den Gemeinden sagt!

Vor dem Throne Gottes

4 Danach sah ich, und siehe, eine Tür
war aufgetan im Himmel, und die
erste Stimme, die ich gehört hatte mit mir
reden wie eine Posaune, die sprach: Steig
herauf, ich will dir zeigen, was nach die-
sem geschehen soll.
2 Alsbald kam der Geist über mich.
Und siehe, ein Thron war gesetzt im Him-
mel, und auf dem Thron saß einer;
3 und der da saß, war anzusehen gleich-
wie der Stein Jaspis und Sarder; und ein
Regenbogen war um den Thron, anzu-
sehen gleichwie ein Smaragd.
4 Und um den Thron waren vierund-
zwanzig Throne, und auf den Thronen
saßen vierundzwanzig Älteste, mit weißen
Kleidern angetan, und hatten auf ihren
Häuptern goldene Kronen.
5 Und von dem Thron gingen aus Blitze,
Stimmen und Donner; und sieben Fak-
keln mit Feuer brannten vor dem Thron,
welches sind die sieben Geister Gottes.
6 Und vor dem Thron war es wie ein
gläsernes Meer, gleich dem Kristall, und
mitten am Thron und um den Thron vier
himmlische Gestalten, voll Augen vorne
und hinten.
7 Und die erste Gestalt war gleich einem
Löwen, und die zweite Gestalt war gleich
einem Stier, und die dritte hatte ein Ant-
litz wie ein Mensch, und die vierte Gestalt
war gleich einem fliegenden Adler.
8 Und eine jegliche der vier Gestalten hat-
te sechs Flügel, und sie waren außenherum
und inwendig voll Augen, und sie hatten
keine Ruhe Tag und Nacht und sprachen:
Heilig, heilig, heilig ist Gott der Herr, der
Allmächtige, der da war und der da ist
und der da kommt.
9 Und wenn die Gestalten gaben Preis
und Ehre und Dank dem, der da auf dem
Thron saß, der da lebt von Ewigkeit zu
Ewigkeit,
10 fielen die vierundzwanzig Ältesten
nieder vor dem, der auf dem Thron saß,
und beteten den an, der da lebt von Ewig-
keit zu Ewigkeit, und legten ihre Kronen
nieder vor dem Thron und sprachen:
11 Herr, unser Gott, du bist würdig, zu
nehmen Preis und Ehre und Kraft; denn
du hast alle Dinge geschaffen, und durch
deinen Willen haben sie das Wesen und
sind geschaffen.

Das Lamm allein ist würdig, die Siegel zu öffnen

5 Und ich sah in der rechten Hand des,
der auf dem Thron saß, ein Buch, be-
schrieben inwendig und auswendig, ver-
siegelt mit sieben Siegeln.
2 Und ich sah einen starken Engel, der
rief aus mit großer Stimme: Wer ist wür-
dig, das Buch aufzutun und seine Siegel
zu brechen?
3 Und niemand im Himmel noch auf
Erden noch unter der Erde konnte das
Buch auftun und hineinsehen.
4 Und ich weinte sehr, daß niemand
würdig erfunden ward, das Buch aufzu-
tun und hineinzusehen.
5 Und einer von den Ältesten spricht zu
mir: Weine nicht! Siehe, es hat überwun-
den der Löwe, der da ist vom Geschlecht
Juda, die Wurzel Davids, aufzutun das
Buch und seine sieben Siegel.
6 Und ich sah: mitten zwischen dem
Thron und den vier Gestalten und mitten
unter den Ältesten stand ein Lamm, wie
wenn es erwürget wäre, und hatte sieben
Hörner und sieben Augen, das sind die
sieben Geister Gottes, gesandt in alle
Lande.
7 Und es kam und nahm das Buch aus
der rechten Hand des, der auf dem Thron
saß.
8 Und da es das Buch nahm, da fielen
die vier Gestalten und die vierundzwanzig
Ältesten nieder vor dem Lamm, und ein
jeglicher hatte eine Harfe und goldene
Schalen voll Räucherwerk, das sind die
Gebete der Heiligen,
9 und sie sangen ein neues Lied und
sprachen: Du bist würdig, zu nehmen das
Buch und aufzutun seine Siegel; denn du
bist erwürgt und hast mit deinem Blut für
Gott erkauft Menschen aus allen Ge-
schlechtern und Sprachen und Völkern
und Nationen
10 und hast sie unserem Gott zu Köni-
gen und Priestern gemacht, und sie wer-
den herrschen auf Erden.
11 Und ich sah, und hörte eine Stimme

vieler Engel um den Thron und um die
Gestalten und um die Ältesten her, und
ihre Zahl war vieltausendmal tausend,
12 und sprachen mit großer Stimme:
**Das Lamm, das erwürget ist, ist würdig, zu
nehmen Kraft und Reichtum und Weisheit
und Stärke und Ehre und Preis und Lob.**
13 Und alle Kreatur, die im Himmel ist
und auf Erden und unter der Erde und im
Meer, und alles, was darinnen ist, hörte
ich sagen: Dem, der auf dem Thron sitzt,
und dem Lamm sei Lob und Ehre und
Preis und Gewalt von Ewigkeit zu Ewig-
keit!
14 Und die vier Gestalten sprachen:
Amen! Und die Ältesten fielen nieder und
beteten an.

Die Öffnung der ersten sechs Siegel

6 Und ich sah, daß das Lamm eines der
sieben Siegel auftat, und ich hörte
eine der vier Gestalten sagen wie mit
einer Donnerstimme: Komm!
2 Und ich sah, und siehe, ein weißes
Pferd. Und der darauf saß, hatte einen
Bogen, und ihm ward gegeben eine Krone,
und er zog aus sieghaft und daß er siegte.
3 Und da es das zweite Siegel auftat,
hörte ich die zweite Gestalt sagen:
Komm!
4 Und es ging heraus ein anderes Pferd,
das war feuerrot. Und dem, der darauf
saß, ward gegeben, den Frieden zu neh-
men von der Erde und daß sie sich unter-
einander erwürgten, und ihm ward ein
großes Schwert gegeben.
5 Und da es das dritte Siegel auftat,
hörte ich die dritte Gestalt sagen: Komm!
Und ich sah, und siehe, ein schwarzes
Pferd. Und der darauf saß, hatte eine
Waage in seiner Hand.
6 Und ich hörte eine Stimme unter den
vier Gestalten sagen: Ein Pfund Weizen
um ein Silberstück und drei Pfund Gerste
um ein Silberstück; aber Öl und Wein
taste nicht an!
7 Und da es das vierte Siegel auftat,
hörte ich die Stimme der vierten Gestalt
sagen: Komm!
8 Und ich sah, und siehe, ein fahles
Pferd. Und der darauf saß, des Name hieß
Tod, und die Hölle folgte ihm nach. Und
ihnen ward Macht gegeben über den vier-
ten Teil der Erde, zu töten mit dem
Schwert und Hunger und Tod und durch
die wilden Tiere auf Erden.
9 Und da es das fünfte Siegel auftat, sah
ich unten am Altar die Seelen derer, die
getötet waren um des Wortes Gottes und
um ihres Zeugnisses willen.
10 Und sie schrien mit großer Stimme
und sprachen: Herr, du Heiliger und
Wahrhaftiger, wie lange richtest du nicht
und rächest nicht unser Blut an denen, die
auf der Erde wohnen?
11 Und ihnen wurde gegeben einem jeg-
lichen ein weißes Kleid, und ward zu
ihnen gesagt, daß sie ruhen müßten noch
eine kleine Zeit, bis daß vollends dazu
kämen ihre Mitknechte und Brüder, die
auch noch sollten getötet werden gleich-
wie sie.
12 Und ich sah: als es das sechste Siegel
auftat, da ward ein großes Erdbeben, und
die Sonne ward finster wie ein schwarzer
Sack, und der Mond ward wie Blut,
13 und die Sterne des Himmels fielen
auf die Erde, gleichwie ein Feigenbaum
seine Feigen abwirft, wenn er von großem
Wind bewegt wird.
14 Und der Himmel entwich, wie ein Buch
zusammengerollt wird, und alle Berge und
Inseln wurden bewegt von ihrer Stätte.
15 Und die Könige der Erde und die
Großen und die Obersten und die Reichen
und die Gewaltigen und alle Knechte und
alle Freien verbargen sich in den Klüften
und Felsen an den Bergen
16 und sprachen zu den Bergen und
Felsen: Fallet über uns und verberget uns
vor dem Angesichte des, der auf dem
Thron sitzt, und vor dem Zorn des Lam-
mes!
17 Denn es ist gekommen der große Tag
seines Zorns, und wer kann bestehen?

Die Versiegelten

7 Und danach sah ich vier Engel stehen
an den vier Ecken der Erde, die hielten
die vier Winde der Erde, auf daß kein
Wind über die Erde bliese noch über das
Meer noch über irgendeinen Baum.
2 Und ich sah einen andern Engel auf-
steigen vom Aufgang der Sonne, der hatte
das Siegel des lebendigen Gottes und rief
mit großer Stimme zu den vier Engeln,
welchen gegeben war, Schaden zu tun der
Erde und dem Meer,

3 und er sprach: Tut nicht Schaden der Erde noch dem Meer noch den Bäumen, bis daß wir versiegeln die Knechte unsres Gottes an ihren Stirnen.

4 Und ich hörte die Zahl derer, die versiegelt wurden: hundertvierundvierzigtausend, die versiegelt waren von allen Geschlechtern Israels:

5 von dem Geschlechte Juda zwölftausend versiegelt, von dem Geschlechte Ruben zwölftausend, von dem Geschlechte Gad zwölftausend,

6 von dem Geschlechte Asser zwölftausend, von dem Geschlechte Naphthali zwölftausend, von dem Geschlechte Manasse zwölftausend,

7 von dem Geschlechte Simeon zwölftausend, von dem Geschlechte Levi zwölftausend, von dem Geschlechte Isaschar zwölftausend,

8 von dem Geschlechte Sebulon zwölftausend, von dem Geschlechte Joseph zwölftausend, von dem Geschlechte Benjamin zwölftausend versiegelt.

Die Überwinder

9 Danach sah ich, und siehe, eine große Schar, welche niemand zählen konnte, aus allen Nationen und Stämmen und Völkern und Sprachen, vor dem Thron stehend und vor dem Lamm, angetan mit weißen Kleidern und Palmen in ihren Händen;

10 die riefen mit großer Stimme und sprachen: Das Heil ist bei dem, der auf dem Thron sitzt, unserm Gott und dem Lamm!

11 Und alle Engel standen um den Thron und um die Ältesten und um die vier Gestalten und fielen vor dem Thron auf ihr Angesicht und beteten Gott an

12 und sprachen: Amen, Lob und Ehre und Weisheit und Dank und Preis und Kraft und Stärke sei unserm Gott von Ewigkeit zu Ewigkeit! Amen.

13 Und es hob der Ältesten einer an und sprach zu mir: Wer sind diese, mit den weißen Kleidern angetan, und woher sind sie gekommen?

14 Und ich sprach zu ihm: Herr, du weißt es. Und er sprach zu mir: **Diese sind's, die gekommen sind aus der großen Trübsal und haben ihre Kleider gewaschen und haben ihre Kleider hell gemacht im Blut des Lammes.**

15 **Darum sind sie vor dem Thron Gottes und dienen ihm Tag und Nacht in seinem Tempel; und der auf dem Thron sitzt, wird über ihnen wohnen.**

16 **Sie wird nicht mehr hungern noch dürsten; es wird auch nicht auf sie fallen die Sonne oder irgendeine Hitze;**

17 **denn das Lamm mitten auf dem Thron wird sie weiden und leiten zu den lebendigen Wasserbrunnen, und Gott wird abwischen alle Tränen von ihren Augen.**

Das siebente Siegel

8 Und da das Lamm das siebente Siegel auftat, ward eine Stille in dem Himmel bei einer halben Stunde.

2 Und ich sah die sieben Engel, die da stehen vor Gott, und ihnen wurden sieben Posaunen gegeben.

3 Und ein andrer Engel kam und trat an den Altar und hatte ein goldenes Räuchergefäß, und ihm ward viel Räucherwerk gegeben, daß er es gäbe zum Gebet aller Heiligen auf den goldenen Altar vor dem Thron.

4 Und der Rauch des Räucherwerks stieg auf mit dem Gebet der Heiligen von der Hand des Engels vor Gott.

5 Und der Engel nahm das Räuchergefäß und füllte es mit Feuer vom Altar und schüttete es auf die Erde. Und da geschahen Donner und Stimmen und Blitze und Erdbeben.

Die ersten sechs Posaunen

6 Und die sieben Engel mit den sieben Posaunen hatten sich gerüstet und hoben an.

7 Und der erste Engel posaunte; und es ward ein Hagel und Feuer, mit Blut gemengt, und fiel auf die Erde; und der dritte Teil der Erde verbrannte, und der dritte Teil der Bäume verbrannte, und alles grüne Gras verbrannte.

8 Und der zweite Engel posaunte; und es fuhr wie ein großer Berg mit Feuer brennend ins Meer, und der dritte Teil des Meeres ward Blut,

9 und der dritte Teil der lebendigen Kreaturen im Meer starb, und der dritte Teil der Schiffe ging zugrunde.

10 Und der dritte Engel posaunte; und es fiel ein großer Stern vom Himmel, der brannte wie eine Fackel und fiel auf den

dritten Teil der Wasserströme und über
die Wasserbrunnen.
11 Und der Name des Sterns heißt Wer-
mut. Und der dritte Teil der Wasser ward
Wermut, und viele Menschen starben von
den Wassern, denn sie waren bitter gewor-
den.
12 Und der vierte Engel posaunte; und
es ward geschlagen der dritte Teil der
Sonne und der dritte Teil des Mondes und
der dritte Teil der Sterne, daß ihr dritter
Teil verfinstert ward und den dritten Teil
des Tages das Licht nicht schien und in
der Nacht desgleichen.
13 Und ich sah, und hörte einen Adler
fliegen durch des Himmels Mitte und sa-
gen mit großer Stimme: Weh, weh, weh
denen, die auf Erden wohnen, um der an-
dern Posaunen willen der drei Engel, die
nun ihre Stimme erheben sollen!
9 Und der fünfte Engel posaunte; und
ich sah einen Stern, gefallen vom Him-
mel auf die Erde; und ihm ward der
Schlüssel zum Brunnen des Abgrunds ge-
geben.
2 Und er tat den Brunnen des Abgrunds
auf, und es ging auf ein Rauch aus dem
Brunnen wie der Rauch eines großen
Ofens, und es ward verfinstert die Sonne
und die Luft von dem Rauch des Brunnens.
3 Und aus dem Rauch kamen Heu-
schrecken auf die Erde, und ihnen ward
Macht gegeben, wie die Skorpione auf
Erden Macht haben.
4 Und es ward ihnen gesagt, daß sie
nicht sollten Schaden tun dem Gras auf
Erden noch allem Grünen noch einem
Baum, sondern allein den Menschen, die
nicht haben das Siegel Gottes an ihren
Stirnen.
5 Und es ward ihnen gegeben, daß sie
die Menschen nicht töteten, sondern sie
quälten fünf Monate lang; und ihre Qual
war wie eine Qual vom Skorpion, wenn
er einen Menschen sticht.
6 Und in jenen Tagen werden die Men-
schen den Tod suchen und nicht finden,
werden begehren zu sterben, und der Tod
wird von ihnen fliehen.
7 Und die Heuschrecken sind gleich den
Rossen, die zum Kriege gerüstet sind, und
auf ihrem Haupt ist's wie Kronen, dem
Golde gleich, und ihr Antlitz gleich der
Menschen Antlitz;
8 und hatten Haare wie Weiberhaare,
und ihre Zähne waren wie die der Löwen,
9 und hatten Panzer wie eiserne Panzer,
und das Rasseln ihrer Flügel war wie das
Rasseln der Wagen vieler Rosse, die in
den Krieg laufen,
10 und hatten Schwänze gleich den
Skorpionen, und Stacheln; und in ihren
Schwänzen war ihre Macht, Schaden zu
tun den Menschen fünf Monate lang,
11 und hatten über sich einen König,
den Engel des Abgrunds, des Name heißt
auf hebräisch Abaddon, und auf grie-
chisch hat er den Namen Apollyon.
12 Das erste Wehe ist dahin; siehe, nach
ihm kommen noch zwei Wehe.
13 Und der sechste Engel posaunte; und
ich hörte eine Stimme aus den vier Ecken
des goldenen Altars vor Gott,
14 die sprach zu dem sechsten Engel,
der die Posaune hatte: Löse die vier Engel,
die gebunden sind an dem großen Wasser-
strom Euphrat.
15 Und es wurden die vier Engel los, die
bereit waren auf die Stunde und auf den
Tag und auf den Monat und auf das Jahr,
daß sie töteten den dritten Teil der Men-
schen.
16 Und die Zahl des reitenden Volkes
war vieltausendmal tausend; ich hörte
ihre Zahl.
17 Und so sah ich im Gesicht: die Rosse
und die darauf saßen, daß sie hatten feuri-
ge und blaue und schwefelgelbe Panzer;
und die Häupter der Rosse waren wie die
Häupter der Löwen, und aus ihren Mäu-
lern ging Feuer und Rauch und Schwefel.
18 Von diesen drei Plagen ward getötet
der dritte Teil der Menschen, von dem
Feuer und Rauch und Schwefel, der aus
ihren Mäulern ging.
19 Denn die Macht der Rosse war in
ihrem Maul und in ihren Schwänzen; und
ihre Schwänze waren den Schlangen
gleich und hatten Häupter, und mit den-
selben taten sie Schaden.
20 Und die übrigen Leute, die nicht ge-
tötet wurden von diesen Plagen, taten
doch nicht Buße für die Werke ihrer
Hände, daß sie nicht mehr anbeteten die
bösen Geister und die goldenen, silbernen,
ehernen, steinernen und hölzernen Göt-
zen, welche weder sehen noch hören noch
wandeln können,

21 und taten auch nicht Buße für ihre
Morde, Zauberei, Unzucht und Dieberei.

Johannes empfängt ein Büchlein

10 Und ich sah einen andern starken
Engel vom Himmel herabkommen;
der war mit einer Wolke bekleidet und
hatte den Regenbogen auf seinem Haupt
und ein Antlitz wie die Sonne und Füße
wie Feuersäulen.
2 Und er hatte in seiner Hand ein Büch-
lein, das war aufgetan. Und er setzte sei-
nen rechten Fuß auf das Meer und den
linken auf die Erde,
3 und er schrie mit großer Stimme, wie
ein Löwe brüllt. Und da er schrie, er-
hoben sieben Donner ihre Stimmen.
4 Und da die sieben Donner geredet
hatten, wollte ich schreiben. Da hörte
ich eine Stimme vom Himmel sagen
zu mir: Halte versiegelt, was die sieben
Donner geredet haben, und schreibe es
nicht!
5 Und der Engel, den ich stehen sah auf
dem Meer und auf der Erde, hob seine
rechte Hand auf gen Himmel
6 und schwur bei dem, der da lebt von
Ewigkeit zu Ewigkeit, der den Himmel
geschaffen hat und was darinnen ist, und
die Erde und was darinnen ist, und das
Meer und was darinnen ist, daß hinfort
keine Zeit mehr sein soll,
7 sondern in den Tagen der Stimme des
siebenten Engels, wenn er posaunen wird,
dann ist vollendet das Geheimnis Gottes,
wie er verkündigt hat seinen Knechten,
den Propheten.
8 Und die Stimme, die ich vom Himmel
gehört hatte, redete abermals mit mir und
sprach: Gehe hin, nimm das offene Büch-
lein von der Hand des Engels, der auf dem
Meer und auf der Erde steht!
9 Und ich ging hin zu dem Engel und
sprach zu ihm: Gib mir das Büchlein!
Und er sprach zu mir: Nimm hin und ver-
schling's! und es wird dich im Bauch
grimmen; aber in deinem Munde wird's
süß sein wie Honig.
10 Und ich nahm das Büchlein von der
Hand des Engels und verschlang's, und
es war süß in meinem Munde wie Honig;
und da ich's gegessen hatte, grimmte
mich's im Bauch.
11 Und es ward zu mir gesagt: Du mußt
abermals weissagen von Völkern und Na-
tionen und Sprachen und vielen Königen.

Die beiden Zeugen

11 Und es ward mir ein Rohr gegeben,
einem Meßstab gleich, und er sprach:
Stehe auf und miß den Tempel Gottes und
den Altar und die darinnen anbeten.
2 Aber den Vorhof außerhalb des Tem-
pels laß weg und miß ihn nicht, denn er
ist den Heiden gegeben; und die heilige
Stadt werden sie zertreten zweiundvierzig
Monate.
3 Und ich will meinen zwei Zeugen ge-
ben, daß sie sollen weissagen zwölfhun-
dertsechzig Tage, angetan mit Trauer-
kleidern.
4 Das sind die zwei Ölbäume und die
zwei Leuchter, die vor dem Herrn der Erde
stehen.
5 Und wenn ihnen jemand will Schaden
tun, so geht Feuer aus ihrem Munde und
verzehrt ihre Feinde; und wenn ihnen je-
mand will Schaden tun, der muß so ge-
tötet werden.
6 Diese haben Macht, den Himmel zu
verschließen, daß es nicht regne in den
Tagen ihrer Weissagung, und haben
Macht über die Wasser, sie zu wandeln in
Blut, und zu schlagen die Erde mit allerlei
Plage, sooft sie wollen.
7 Und wenn sie ihr Zeugnis geendet
haben, so wird das Tier, das aus dem Ab-
grund aufsteigt, mit ihnen Krieg führen
und wird sie überwinden und wird sie
töten.
8 Und ihre Leichname werden liegen
auf der Gasse der großen Stadt, die da
geistlich heißt: Sodom und Ägypten, wo
auch ihr Herr gekreuzigt ist.
9 Und es werden etliche aus den Völkern
und Geschlechtern und Sprachen und
Nationen ihre Leichname sehen drei Tage
und einen halben und werden ihre Leich-
name nicht lassen ins Grab legen.
10 Und die auf Erden wohnen, freuen
sich über sie und sind guter Dinge und
werden einander Geschenke senden; denn
diese zwei Propheten quälten die auf Er-
den wohnten.
11 Und nach drei Tagen und einem hal-
ben fuhr in sie der Geist des Lebens von
Gott, und sie traten auf ihre Füße; und eine
große Furcht fiel auf alle, die sie sahen.

12 Und sie hörten eine große Stimme
vom Himmel zu ihnen sagen: Steiget herauf! Und sie stiegen auf in den Himmel in einer Wolke, und es sahen sie ihre Feinde.
13 Und zu derselben Stunde ward ein
großes Erdbeben, und der zehnte Teil der Stadt fiel, und wurden getötet in dem Erdbeben siebentausend Menschen, und die andern erschraken und gaben Ehre dem Gott des Himmels.
14 Das zweite Wehe ist dahin; siehe, das
dritte Wehe kommt schnell.

Die siebente Posaune

15 Und der siebente Engel posaunte;
und es erhoben sich große Stimmen im Himmel, die sprachen: **Es sind die Reiche der Welt unsers Herrn und seines Christus geworden, und er wird regieren von Ewigkeit zu Ewigkeit.**
16 Und die vierundzwanzig Ältesten, die
vor Gott auf ihren Thronen saßen, fielen auf ihr Angesicht und beteten Gott an
17 und sprachen: Wir danken dir, Herr,
allmächtiger Gott, der du bist und der du warst, daß du hast an dich genommen deine große Macht und herrschest!
18 Die Völker sind zornig geworden; da
ist gekommen dein Zorn und die Zeit, zu richten die Toten und zu geben den Lohn deinen Knechten, den Propheten, und den Heiligen und denen, die deinen Namen fürchten, den Kleinen und den Großen, und zu verderben, die die Erde verderbt haben.
19 Und der Tempel Gottes im Himmel
ward aufgetan, und die Lade seines Bundes ward in seinem Tempel gesehen; und es geschahen Blitze und Stimmen und Donner und Erdbeben und ein großer Hagel.

Das Weib und der Drache

12 Und es erschien ein großes Zeichen
am Himmel: ein Weib, mit der Sonne bekleidet, und der Mond unter ihren Füßen und auf ihrem Haupt eine Krone von zwölf Sternen.
2 Und sie war schwanger und schrie in
Kindesnöten und hatte große Qual bei der Geburt.
3 Und es erschien ein anderes Zeichen
am Himmel, und siehe, ein großer, roter Drache, der hatte sieben Häupter und zehn Hörner und auf seinen Häuptern sieben Kronen,
4 und sein Schwanz fegte den dritten Teil
der Sterne des Himmels hinweg und warf sie auf die Erde. Und der Drache trat vor das Weib, die gebären sollte, auf daß, wenn sie geboren hätte, er ihr Kind fräße.
5 Und sie gebar einen Sohn, ein Knäb-
lein, der alle Völker sollte weiden mit eisernem Stabe. Und ihr Kind ward entrückt zu Gott und seinem Thron.
6 Und das Weib entfloh in die Wüste,
wo sie einen Ort hat, bereitet von Gott, daß sie daselbst ernährt würde zwölfhundertsechzig Tage.
7 Und es erhob sich ein Streit im Him-
mel: Michael und seine Engel stritten wider den Drachen. Und der Drache stritt und seine Engel
8 und siegten nicht, auch ward ihre
Stätte nicht mehr gefunden im Himmel.
9 Und es ward gestürzt der große Dra-
che, die alte Schlange, die da heißt Teufel und Satan, der die ganze Welt verführt. Er ward geworfen auf die Erde, und seine Engel wurden mit ihm dahin geworfen.
10 Und ich hörte eine große Stimme, die
sprach im Himmel: **Nun ist das Heil und die Kraft und das Reich unsers Gottes geworden und die Macht seines Christus, weil der Verkläger unserer Brüder verworfen ist, der sie verklagte Tag und Nacht vor unserm Gott.**
11 **Und sie haben ihn überwunden durch
des Lammes Blut und durch das Wort ihres Zeugnisses und haben ihr Leben nicht geliebt bis an den Tod.**
12 Darum freuet euch, ihr Himmel und
die darinnen wohnen! Weh aber der Erde und dem Meer! denn der Teufel kommt zu euch hinab und hat einen großen Zorn und weiß, daß er wenig Zeit hat.
13 Und da der Drache sah, daß er ge-
worfen war auf die Erde, verfolgte er das Weib, die das Knäblein geboren hatte.
14 Und es wurden dem Weibe gegeben
die zwei Flügel des großen Adlers, daß sie in die Wüste flöge an ihren Ort, wo sie ernährt würde eine Zeit und zwei Zeiten und eine halbe Zeit fern von dem Angesicht der Schlange.
15 Und die Schlange schoß aus ihrem
Rachen nach dem Weibe ein Wasser wie einen Strom, daß er sie ersäufe.

16 Aber die Erde half dem Weibe und
tat ihren Mund auf und verschlang den
Strom, den der Drache aus seinem Rachen
schoß.
17 Und der Drache ward zornig über
das Weib und ging hin, zu streiten wider
die übrigen von ihrem Geschlecht, die da
Gottes Gebote halten und haben das
Zeugnis Jesu.
18 Und er trat an den Strand des Meeres.

Der Antichrist und sein Prophet

13 Und ich sah ein Tier aus dem Meer
steigen, das hatte zehn Hörner und
sieben Häupter und auf seinen Hörnern
zehn Kronen und auf seinen Häuptern
lästerliche Namen.
2 Und das Tier, das ich sah, war gleich
einem Panther und seine Füße wie Bären-
füße und sein Rachen wie eines Löwen
Rachen. Und der Drache gab ihm seine
Kraft und seinen Thron und große Macht.
3 Und ich sah seiner Häupter eines, als
wäre es tödlich wund, und seine tödliche
Wunde ward heil. Und die ganze Erde
verwunderte sich des Tieres,
4 und sie beteten den Drachen an, weil er
dem Tier die Macht gab, und beteten das
Tier an und sprachen: Wer ist dem Tier
gleich, und wer kann wider es streiten?
5 Und es ward ihm gegeben ein Maul,
zu reden große Dinge und Lästerungen,
und ward ihm gegeben, daß es mit ihm
währte zweiundvierzig Monate lang.
6 Und es tat sein Maul auf zur Läste-
rung gegen Gott, zu lästern seinen Namen
und sein Haus und die im Himmel woh-
nen.
7 Und ihm ward gegeben, zu streiten
wider die Heiligen und sie zu überwinden;
und ihm ward gegeben Macht über alle
Geschlechter und Völker und Sprachen
und Nationen.
8 Und alle, die auf Erden wohnen, beten
es an, deren Namen nicht geschrieben
sind von Anfang der Welt in dem Lebens-
buch des Lammes, das erwürget ist.
9 Hat jemand Ohren, der höre!
10 Wenn jemand andre in das Gefäng-
nis führt, der wird selber in das Gefängnis
gehen; wenn jemand mit dem Schwert
tötet, der muß mit dem Schwert getötet
werden. **Hier ist Geduld und Glaube der
Heiligen!**
11 Und ich sah ein zweites Tier aufstei-
gen von der Erde, das hatte zwei Hörner
gleichwie ein Lamm und redete wie ein
Drache.
12 Und es übt alle Macht des ersten
Tieres vor ihm, und es macht, daß die
Erde und die darauf wohnen, anbeten das
erste Tier, dessen tödliche Wunde heil ge-
worden war.
13 Und es tut große Zeichen, daß es auch
macht Feuer vom Himmel fallen auf die
Erde vor den Menschen;
14 und verführt, die auf Erden wohnen,
durch die Zeichen, die ihm gegeben sind,
zu tun vor dem Tier; und sagt denen, die
auf Erden wohnen, daß sie ein Bild ma-
chen sollen dem Tier, das die Wunde vom
Schwert hatte und lebendig geworden war.
15 Und es ward ihm gegeben, daß es
dem Bilde des Tieres Geist gab, damit des
Tieres Bild redete und machte, daß alle,
welche nicht des Tieres Bild anbeteten,
getötet würden.
16 Und es macht, daß sie allesamt, die
Kleinen und Großen, die Reichen und
Armen, die Freien und Knechte, sich ein
Malzeichen geben an ihre rechte Hand
oder an ihre Stirn,
17 daß niemand kaufen oder verkaufen
kann, er habe denn das Malzeichen, näm-
lich den Namen des Tieres oder die Zahl
seines Namens.
18 Hier ist Weisheit! Wer Verstand hat,
der überlege die Zahl des Tieres; denn es
ist eines Menschen Zahl, und seine Zahl
ist sechshundertsechsundsechzig.

Das Lamm und die Seinen

14 Und ich sah, und siehe, das Lamm
stand auf dem Berg Zion und mit
ihm hundertvierundvierzigtausend, die
hatten seinen Namen und den Namen
seines Vaters geschrieben an ihrer Stirn.
2 Und ich hörte eine Stimme vom Him-
mel wie eines großen Wassers und wie
eine Stimme eines großen Donners: Und
die Stimme, die ich hörte, war wie von
Harfenspielern, die auf ihren Harfen spie-
len,
3 und sie sangen ein neues Lied vor dem
Thron und vor den vier Gestalten und den
Ältesten; und niemand konnte das Lied
lernen außer den hundertvierundvierzig-
tausend, die erkauft sind von der Erde.

4 Diese sind's, die sich mit Frauen nicht
befleckt haben, denn sie sind jungfräulich,
und folgen dem Lamme nach, wo es hin-
geht. Diese sind erkauft aus den Men-
schen zu Erstlingen Gott und dem Lamm,
5 und in ihrem Munde ist kein Falsch
gefunden; sie sind unsträflich.
6 Und ich sah einen andern Engel fliegen
mitten durch den Himmel, der hatte ein
ewiges Evangelium zu verkündigen denen,
die auf Erden wohnen, und allen Natio-
nen und Geschlechtern und Sprachen und
Völkern
7 und sprach mit großer Stimme:
Fürchtet Gott und gebet ihm die Ehre;
denn die Stunde seines Gerichts ist ge-
kommen! Und betet den an, der gemacht
hat Himmel und Erde und Meer und die
Wasserbrunnen!
8 Und ein zweiter Engel folgte nach, der
sprach: Sie ist gefallen, sie ist gefallen,
Babylon, die große Stadt; denn sie hat
mit dem Zorneswein ihrer Unzucht ge-
tränkt alle Völker.
9 Und ein dritter Engel folgte ihnen
nach und sprach mit großer Stimme: So
jemand das Tier anbetet und sein Bild und
nimmt das Malzeichen an seine Stirn oder
an seine Hand,
10 der soll von dem Wein des Zornes
Gottes trinken, der unvermischt einge-
schenkt ist in seines Zornes Kelch, und
wird gequält werden mit Feuer und
Schwefel vor den heiligen Engeln und vor
dem Lamm.
11 Und der Rauch ihrer Qual wird auf-
steigen von Ewigkeit zu Ewigkeit; und sie
haben keine Ruhe Tag und Nacht, die das
Tier anbeten und sein Bild, und wer das
Malzeichen seines Namens annimmt.
12 Hier ist Geduld der Heiligen! Hier
sind, die da halten die Gebote Gottes und
den Glauben an Jesus!
13 Und ich hörte eine Stimme vom
Himmel zu mir sagen: Schreibe: **Selig
sind die Toten, die in dem Herrn sterben von
nun an. Ja, der Geist spricht, daß sie ruhen
von ihrer Arbeit; denn ihre Werke folgen
ihnen nach.**

Beginn des Gerichts

14 Und ich sah, und siehe, eine weiße
Wolke. Und auf der Wolke saß einer, der
gleich war eines Menschen Sohn; der
hatte eine goldene Krone auf seinem
Haupt und in seiner Hand eine scharfe
Sichel.
15 Und ein andrer Engel kam aus dem
Tempel und rief mit großer Stimme zu
dem, der auf der Wolke saß: Schlag an
mit deiner Sichel und ernte; denn die Zeit
zu ernten ist gekommen, denn die Ernte
der Erde ist reif geworden!
16 Und der auf der Wolke saß, schlug
an mit seiner Sichel an die Erde, und die
Erde ward geerntet.
17 Und ein andrer Engel kam aus dem
Tempel im Himmel, der hatte auch ein
scharfes Winzermesser.
18 Und ein andrer Engel kam vom
Altar, der hatte Macht über das Feuer
und rief mit großer Stimme zu dem, der
das scharfe Messer hatte, und sprach:
Schlag an mit deinem scharfen Winzer-
messer und schneide die Trauben am
Weinstock der Erde, denn seine Beeren
sind reif!
19 Und der Engel schlug an mit seinem
Winzermesser an die Erde und schnitt die
Trauben der Erde und warf sie in die gro-
ße Kelter des Zornes Gottes.
20 Und die Kelter ward draußen vor der
Stadt getreten, und das Blut von der Kel-
ter ging bis an die Zäume der Pferde tau-
sendsechshundert Feld Wegs weit.

Das Lied der Überwinder

15 Und ich sah ein anderes Zeichen am
Himmel, das war groß und wunder-
sam: sieben Engel, die hatten die letzten
sieben Plagen, denn mit denselben ist
vollendet der Zorn Gottes.
2 Und ich sah, und es war wie ein gläser-
nes Meer, mit Feuer gemengt; und die den
Sieg behalten hatten über das Tier und
sein Bild und über die Zahl seines Na-
mens, die standen an dem gläsernen Meer
und hatten Gottes Harfen
3 und sangen das Lied des Mose, des
Knechtes Gottes, und das Lied des Lam-
mes und sprachen: Groß und wundersam
sind deine Werke, Herr, allmächtiger
Gott! Gerecht und wahrhaftig sind deine
Wege, du König der Völker.
4 Wer sollte dich nicht fürchten, Herr,
und deinen Namen preisen? Denn du
allein bist heilig! Ja, alle Völker werden
kommen und anbeten vor dir, denn deine

gerechten Gerichte sind offenbar geworden.

Die Schalen des Zorns

5 Danach sah ich: da ward aufgetan der
Tempel, die Stiftshütte im Himmel,
6 und es gingen aus dem Tempel die
sieben Engel, die die sieben Plagen hatten,
angetan mit reiner, heller Leinwand und
umgürtet die Brust mit goldenen Gürteln.
7 Und eine der vier Gestalten gab den
sieben Engeln sieben goldene Schalen voll
vom Zorn Gottes, der da lebt von Ewigkeit zu Ewigkeit.
8 Und der Tempel ward voll Rauch von
der Herrlichkeit Gottes und von seiner
Kraft; und niemand konnte in den Tempel gehen, bis die sieben Plagen der sieben
Engel vollendet waren.

16 Und ich hörte eine große Stimme
aus dem Tempel, die sprach zu den
sieben Engeln: Gehet hin und gießet aus
die sieben Schalen des Zornes Gottes auf
die Erde!
2 Und der erste ging hin und goß seine
Schale aus auf die Erde; und es ward ein
böses und arges Geschwür an den Menschen, die das Malzeichen des Tieres hatten und die sein Bild anbeteten.
3 Und der zweite Engel goß aus seine
Schale ins Meer; und es ward Blut wie
eines Toten, und alle lebendigen Wesen
im Meer starben.
4 Und der dritte Engel goß aus seine
Schale in die Wasserströme und in die
Wasserbrunnen; und es ward Blut.
5 Und ich hörte den Engel der Wasser
sagen: Gerecht bist du, der du bist und
der du warst, du Heiliger, daß du solches
Urteil gesprochen hast;
6 denn sie haben das Blut der Heiligen
und der Propheten vergossen, und Blut
hast du ihnen zu trinken gegeben; sie
sind's wert.
7 Und ich hörte den Altar sagen: **Ja,
Herr, allmächtiger Gott, deine Gerichte
sind wahrhaftig und gerecht.**
8 Und der vierte Engel goß aus seine
Schale in die Sonne, und ward ihr gegeben, die Menschen zu versengen mit
Feuer.
9 Und die Menschen wurden versengt
von großer Hitze und lästerten den Namen Gottes, der Macht hat über diese
Plagen, und taten nicht Buße, ihm Ehre
zu geben.
10 Und der fünfte Engel goß aus seine
Schale auf den Thron des Tieres; und sein
Reich ward verfinstert, und sie zerbissen
ihre Zungen vor Schmerzen
11 und lästerten Gott im Himmel um
ihrer Schmerzen und ihrer Schwären willen und taten nicht Buße für ihre Werke.
12 Und der sechste Engel goß aus seine
Schale auf den großen Wasserstrom
Euphrat; und sein Wasser vertrocknete,
damit bereitet würde der Weg den Königen vom Aufgang der Sonne.
13 Und ich sah aus dem Munde des
Drachen und aus dem Munde des Tieres
und aus dem Munde des falschen Propheten drei unreine Geister gehen, gleich
Fröschen;
14 diese sind Teufelsgeister, die tun
Zeichen und gehen aus zu den Königen
der ganzen Welt, sie zu versammeln zum
Streit auf jenen großen Tag Gottes, des
Allmächtigen.
15 Siehe, ich komme wie ein Dieb. Selig
ist, der da wacht und bewahrt seine Kleider, daß er nicht nackt wandle und man
nicht seine Blöße sehe.
16 Und er hat sie versammelt an einen
Ort, der da heißt auf hebräisch Harmagedon*.
17 Und der siebente Engel goß aus seine
Schale in die Luft; und es ging aus eine
große Stimme aus dem Tempel vom
Thron, die sprach: Es ist geschehen!
18 Und es wurden Blitze und Stimmen
und Donner; und ward ein großes Erdbeben, wie solches nicht gewesen ist, seit
Menschen auf Erden gewesen sind, solch
Erdbeben, so groß.
19 Und aus der großen Stadt wurden
drei Teile, und die Städte der Heiden fielen. Und Babylon, der großen, ward gedacht vor Gott, ihr zu geben den Kelch
mit dem Wein seines grimmigen Zornes.
20 Und alle Inseln entflohen, und keine
Berge wurden mehr gefunden.
21 Und ein großer Hagel wie Zentnerstücke fiel vom Himmel auf die Menschen; und die Menschen lästerten Gott

*d. i. «Berg von Megiddo». Megiddo war eine Stadt in Palästina, bei der zwei vernichtende Schlachten stattfanden (Richt 4,12-24; 5,19 und 2.Kön 23,29; 2.Chron 35,22-24).

3 Und sie sprachen zum andern Mal:
Halleluja! Und ihr Rauch steigt auf in
Ewigkeit.
4 Und die vierundzwanzig Ältesten und
die vier Gestalten fielen nieder und bete-
ten Gott an, der auf dem Thron saß, und
sprachen: Amen, Halleluja!
5 Und eine Stimme ging aus von dem
Thron: Lobet unsern Gott, alle seine
Knechte, die ihn fürchten, beide, klein und
groß!
6 Und ich hörte, und es war wie eine
Stimme einer großen Schar und wie eine
Stimme großer Wasser und wie eine Stim-
me starker Donner, die sprachen: **Halle-
luja! denn der Herr, unser Gott, der All-
mächtige, hat das Reich eingenommen!**
7 **Lasset uns freuen und fröhlich sein und
ihm die Ehre geben, denn die Hochzeit des
Lammes ist gekommen, und seine Braut
hat sich bereitet!**
8 Und es ward ihr gegeben, sich anzutun
mit schöner reiner Leinwand. Die köst-
liche Leinwand aber ist die Gerechtigkeit
der Heiligen.
9 Und er sprach zu mir: Schreibe: **Selig
sind, die zum Abendmahl* des Lammes be-
rufen sind.** Und er sprach zu mir: Dies
sind wahrhaftige Worte Gottes.
10 Und ich fiel ihm zu Füßen, ihn anzu-
beten. Und er sprach zu mir: Siehe zu,
tu es nicht! Ich bin dein und deiner Brü-
der Mitknecht, die das Zeugnis Jesu ha-
ben. Bete Gott an! Das Zeugnis Jesu aber
ist der Geist der Weissagung.

Christus der Sieger

11 Und ich sah den Himmel aufgetan;
und siehe, ein weißes Pferd, und der dar-
auf saß, hieß: Treu und wahrhaftig, und
richtet und streitet mit Gerechtigkeit.
12 Seine Augen sind eine Feuerflamme
und auf seinem Haupt viele Kronen; und
er trug einen Namen geschrieben, den nie-
mand wußte als er selbst.
13 Und er war angetan mit einem
Kleide, das mit Blut besprengt war, und
sein Name heißt: Das Wort Gottes.
14 Und ihm folgte nach das Heer im
Himmel auf weißen Pferden, angetan mit
weißer, reiner Leinwand.
15 Und aus seinem Munde ging ein
scharfes Schwert, daß er damit die Völker
schlüge; und er wird sie regieren mit eiser-
nem Stabe; und er tritt die Kelter voll
vom Wein des grimmigen Zornes Gottes,
des Allmächtigen;
16 und trägt einen Namen geschrieben
auf seinem Kleid und auf seiner Hüfte:
König aller Könige und Herr aller Herren.
17 Und ich sah einen Engel in der Sonne
stehen, und er rief mit großer Stimme und
sprach zu allen Vögeln, die unter dem
Himmel fliegen: Kommt, versammelt
euch zu dem großen Mahl Gottes,
18 daß ihr esset das Fleisch der Könige
und der Hauptleute und das Fleisch der
Starken und der Pferde und derer, die
darauf sitzen, und das Fleisch aller Freien
und Knechte, der Kleinen und der Gro-
ßen!
19 Und ich sah das Tier und die Könige
auf Erden und ihre Heere versammelt,
Krieg zu führen mit dem, der auf dem
Pferde saß, und mit seinem Heer.
20 Und das Tier ward gegriffen und mit
ihm der falsche Prophet, der die Zeichen
tat vor ihm, durch welche er verführte,
die das Malzeichen des Tieres nahmen
und die das Bild des Tieres anbeteten.
Lebendig wurden diese beiden in den
feurigen Pfuhl geworfen, der mit Schwefel
brannte.
21 Und die andern wurden erschlagen
mit dem Schwert, das aus dem Munde
ging des, der auf dem Pferde saß. Und alle
Vögel wurden satt von ihrem Fleisch.

Das tausendjährige Reich

20 Und ich sah einen Engel vom Him-
mel fahren, der hatte den Schlüssel
zum Abgrund und eine große Kette in
seiner Hand.
2 Und er griff den Drachen, die alte
Schlange, das ist der Teufel und Satan,
und band ihn tausend Jahre
3 und warf ihn in den Abgrund und ver-
schloß ihn und tat ein Siegel oben darauf,
daß er nicht mehr verführen sollte die
Völker, bis daß vollendet würden die tau-
send Jahre. Danach muß er los werden
eine kleine Zeit.
4 Und ich sah Throne, und sie setzten
sich darauf, und ihnen ward gegeben das
Gericht. Und ich sah die Seelen derer, die
enthauptet sind um des Zeugnisses von
Jesus und um des Wortes Gottes willen,

*Wörtlich: «Hochzeitsmahl».

und die nicht angebetet hatten das Tier
noch sein Bild und nicht genommen hatten
sein Malzeichen an ihre Stirn und auf ihre
Hand; diese wurden lebendig und regier-
ten mit Christus tausend Jahre.
5 Die andern Toten aber wurden nicht
wieder lebendig, bis daß die tausend Jahre
vollendet wurden. Dies ist die erste Auf-
erstehung.
6 Selig ist der und heilig, der teilhat an
der ersten Auferstehung. Über solche hat
der zweite Tod keine Macht; sondern sie
werden Priester Gottes und Christi sein
und mit ihm regieren tausend Jahre.

Der letzte Kampf

7 Und wenn die tausend Jahre vollendet
sind, wird der Satan los werden aus seinem
Gefängnis
8 und wird ausgehen, zu verführen die
Völker an den vier Enden der Erde, den
Gog und Magog, um sie zu versammeln
zum Streit; deren Zahl ist wie der Sand
am Meer.
9 Und sie zogen herauf auf die Breite
der Erde und umringten das Heerlager
der Heiligen und die geliebte Stadt. Und
es fiel Feuer vom Himmel und verzehrte
sie.
10 Und der Teufel, der sie verführte,
ward geworfen in den Pfuhl von Feuer
und Schwefel, da auch das Tier und der
falsche Prophet war, und werden gequält
werden Tag und Nacht von Ewigkeit zu
Ewigkeit.

Das Weltgericht

11 Und ich sah einen großen, weißen
Thron und den, der darauf saß; und vor
seinem Angesicht floh die Erde und der
Himmel, und ihnen ward keine Stätte ge-
funden.
12 Und ich sah die Toten, beide, groß
und klein, stehen vor dem Thron, und
Bücher wurden aufgetan. Und ein andres
Buch ward aufgetan, welches ist das Buch
des Lebens. Und die Toten wurden ge-
richtet nach dem, was geschrieben steht
in den Büchern, nach ihren Werken.
13 Und das Meer gab die Toten, die
darin waren, und der Tod und sein Reich
gaben die Toten, die darin waren; und sie
wurden gerichtet, ein jeglicher nach seinen
Werken.
14 Und der Tod und sein Reich wurden
geworfen in den feurigen Pfuhl. Das ist
der zweite Tod: der feurige Pfuhl.
15 Und so jemand nicht gefunden ward
geschrieben in dem Buch des Lebens, der
ward geworfen in den feurigen Pfuhl.

Das neue Jerusalem

21 Und ich sah einen neuen Himmel
und eine neue Erde; denn der erste
Himmel und die erste Erde vergingen, und
das Meer ist nicht mehr.
2 Und ich sah die heilige Stadt, das neue
Jerusalem, von Gott aus dem Himmel
herabfahren, bereitet wie eine geschmück-
te Braut ihrem Mann.
3 Und ich hörte eine große Stimme von
dem Thron, die sprach: **Siehe da, die Hütte
Gottes bei den Menschen! Und er wird bei
ihnen wohnen, und sie werden sein Volk sein,
und er selbst, Gott, wird mit ihnen sein;**
4 **und Gott wird abwischen alle Tränen
von ihren Augen, und der Tod wird nicht
mehr sein, noch Leid noch Geschrei noch
Schmerz wird mehr sein; denn das Erste ist
vergangen.**
5 Und der auf dem Thron saß, sprach:
Siehe, ich mache alles neu! Und er spricht:
Schreibe, denn diese Worte sind wahr-
haftig und gewiß!
6 Und er sprach zu mir: Es ist geschehen.
Ich bin das A und das O, der Anfang und
das Ende. Ich will dem Durstigen geben
von dem Brunnen des lebendigen Wassers
umsonst.
7 **Wer überwindet, der wird es alles er-
erben, und ich werde sein Gott sein, und er
wird mein Sohn sein.**
8 Der feigen Verleugner aber und Un-
gläubigen und Frevler und Totschläger
und Unzüchtigen und Zauberer und Göt-
zendiener und aller Lügner, deren Teil
wird sein in dem Pfuhl, der mit Feuer und
Schwefel brennt; das ist der zweite Tod.
9 Und es kam zu mir einer von den sie-
ben Engeln, welche die sieben Schalen
hatten voll der letzten sieben Plagen, und
redete mit mir und sprach: Komm, ich
will dir das Weib zeigen, die Braut des
Lammes.
10 Und er führte mich hin im Geist auf
einen großen und hohen Berg und zeigte
mir die heilige Stadt Jerusalem hernieder-
fahren aus dem Himmel von Gott,

11 die hatte die Herrlichkeit Gottes. Und ihr Licht war gleich dem alleredelsten Stein, einem Jaspis, klar wie Kristall.

12 Und sie hatte eine große und hohe Mauer und hatte zwölf Tore und auf den Toren zwölf Engel und Namen darauf geschrieben, nämlich der zwölf Geschlechter der Kinder Israel:

13 von Morgen drei Tore, von Mitternacht drei Tore, von Mittag drei Tore, von Abend drei Tore.

14 Und die Mauer der Stadt hatte zwölf Grundsteine und auf ihnen die zwölf Namen der zwölf Apostel des Lammes.

15 Und der mit mir redete, hatte einen Meßstab, ein goldnes Rohr, daß er die Stadt messen sollte und ihre Tore und Mauer.

16 Und die Stadt liegt viereckig, und ihre Länge ist so groß wie die Breite. Und er maß die Stadt mit dem Rohr auf zwölftausend Feld Wegs. Die Länge und die Breite und die Höhe der Stadt sind gleich.

17 Und er maß ihre Mauer hundertvierundvierzig Ellen nach Menschenmaß, das der Engel gebrauchte.

18 Und ihre Mauer war aus Jaspis und die Stadt aus reinem Golde, gleich dem reinen Glase.

19 Und die Grundsteine der Mauer um die Stadt waren geschmückt mit allerlei Edelgestein. Der erste Grundstein war ein Jaspis, der zweite ein Saphir, der dritte ein Chalcedon, der vierte ein Smaragd,

20 der fünfte ein Sardonyx, der sechste ein Sarder, der siebente ein Chrysolith, der achte ein Beryll, der neunte ein Topas, der zehnte ein Chrysopras, der elfte ein Hyazinth, der zwölfte ein Amethyst.

21 Und die zwölf Tore waren zwölf Perlen, und ein jegliches Tor war von einer einzigen Perle, und die Gassen der Stadt waren lauteres Gold wie durchscheinendes Glas.

22 Und ich sah keinen Tempel darin; denn der Herr, der allmächtige Gott, ist ihr Tempel, und das Lamm.

23 Und die Stadt bedarf keiner Sonne noch des Mondes, daß sie ihr scheinen; denn die Herrlichkeit Gottes erleuchtet sie, und ihre Leuchte ist das Lamm.

24 Und die Völker werden wandeln in ihrem Licht; und die Könige auf Erden werden ihre Herrlichkeit in sie bringen.

25 Und ihre Tore werden nicht verschlossen des Tages; denn da wird keine Nacht sein.

26 Und man wird die Pracht und die Herrlichkeit der Völker in sie bringen.

27 Und wird nicht hineingehen irgendein Unreines und nicht, der da Greuel tut und Lüge, sondern allein, die geschrieben sind in dem Lebensbuch des Lammes.

22 Und er zeigte mir einen Strom des lebendigen Wassers, klar wie Kristall, der ausgeht von dem Thron Gottes und des Lammes.

2 Auf beiden Seiten des Stromes mitten auf der Gasse ein Baum des Lebens, der trägt zwölfmal Früchte und bringt seine Früchte alle Monate, und die Blätter des Baumes dienen zur Heilung der Völker.

3 Und es wird nichts mehr unter dem Bann sein. Und der Thron Gottes und des Lammes wird darinnen sein, und seine Knechte werden ihm dienen

4 und sehen sein Angesicht, und sein Name wird an ihren Stirnen sein.

5 Und wird keine Nacht mehr sein, und sie werden nicht bedürfen einer Leuchte oder des Lichts der Sonne; denn Gott der Herr wird sie erleuchten, und sie werden regieren von Ewigkeit zu Ewigkeit.

Der Herr kommt

6 Und er sprach zu mir: Diese Worte sind gewiß und wahrhaftig; und der Herr, der Gott der Geister der Propheten, hat seinen Engel gesandt, zu zeigen seinen Knechten, was bald geschehen muß.

7 Siehe, ich komme bald. Selig ist, der da hält die Worte der Weissagung in diesem Buch.

8 Und ich, Johannes, bin es, der solches gehört und gesehen hat. Und da ich's gehört und gesehen, fiel ich nieder, anzubeten zu den Füßen des Engels, der mir solches zeigte.

9 Und er spricht zu mir: Siehe zu, tu es nicht! denn ich bin dein Mitknecht und deiner Brüder, der Propheten, und derer, die da halten die Worte dieses Buches. Bete Gott an!

10 Und er spricht zu mir: Versiegle nicht die Worte der Weissagung in diesem Buch; denn die Zeit ist nahe!

11 Wer böse ist, der sei fernerhin böse, und wer unrein ist, der sei fernerhin

unrein; aber wer fromm ist, der sei fernerhin fromm, und wer heilig ist, der sei fernerhin heilig.
12 Siehe, ich komme bald und mein Lohn mit mir, zu geben einem jeglichen, wie seine Werke sind.
13 **Ich bin das A und das O, der Erste und der Letzte, der Anfang und das Ende.**
14 Selig sind, die ihre Kleider waschen, auf daß sie teilhaben dürfen an dem Baum des Lebens und zu den Toren eingehen in die Stadt.
15 Draußen sind die Hunde und die Zauberer und die Unzüchtigen und die Totschläger und die Götzendiener und jeder, der Lüge lieb hat und tut.
16 Ich, Jesus, habe gesandt meinen Engel, solches euch zu bezeugen für die Gemeinden. Ich bin die Wurzel und das Geschlecht Davids, der helle Morgenstern.
17 **Und der Geist und die Braut sprechen: Komm! Und wer es hört, der spreche: Komm! Und wen dürstet, der komme; und wer da will, der nehme das Wasser des Lebens umsonst.**
18 Ich bezeuge allen, die da hören die Worte der Weissagung in diesem Buch: Wenn jemand etwas dazusetzt, so wird Gott zusetzen auf ihn die Plagen, die in diesem Buch geschrieben stehen.
19 Und wenn jemand etwas davontut von den Worten des Buchs dieser Weissagung, so wird Gott abtun seinen Anteil vom Baum des Lebens und von der heiligen Stadt, davon in diesem Buch geschrieben steht.
20 **Es spricht, der solches bezeugt: Ja, ich komme bald. Amen, ja komm, Herr Jesus!**
21 Die Gnade des Herrn Jesus sei mit allen!

ANHANG

INHALT

Maße, Gewichte und Münzen	297
Sach- und Worterklärungen	299
Zeittafel	310
Ortsregister zu den Landkarten	315
Landkarten	

MASSE, GEWICHTE UND MÜNZEN

Längenmaße

die Elle, etwa 46 cm; die Groß-Elle (2. Chron 3,3), etwa 52 cm
die Spanne (2. Mose 28,16), eine halbe Elle, etwa 23 cm
die Handbreite (2. Mose 25,25), ein Drittel der Spanne, etwa 8 cm
die Fingerbreite (Jer 52,21), ein Viertel der Handbreite, etwa 2 cm
die Rute (Hes 40,5), 6 Ellen, etwa 3 m
das Klafter (Apg 27,28), 180 cm

Wegmaße im Neuen Testament

das griechische Stadion («Stunde», Luk 24,13; «Feld Wegs», Offb 14,20), 185 m
die römische Meile (Matth 5,41), 8 Stadien, etwa 1,5 km
der jüdische Sabbatweg (Apg 1,12), 2000 Ellen, etwa 1 km

Hohlmaße für Flüssigkeiten im Alten Testament

das Faß (hebr. homer), etwa 393 l
der Eimer (hebr. bath), der 10. Teil des Fasses, etwa 39,3 l
die Kanne (hebr. hin), der 6. Teil des Eimers, etwa 6,6 l
der Becher (hebr. log), der 12. Teil der Kanne, etwa 0,54 l

Hohlmaße für trockene Dinge im Alten Testament

der Sack (hebr. kor oder homer), etwa 393 l
der Scheffel, Sach 5,6-10 die Tonne (hebr. epha), der 10. Teil des Sacks, etwa 39,3 l
das Maß (hebr. seah), ein Drittelscheffel, etwa 13,1 l
der Krug (hebr. gomer oder issaron), ein Zehntelscheffel, etwa 3,9 l
eine Handvoll (hebr. ein Viertel-Kab), etwa 1/2 l

Hohlmaße im Neuen Testament

der Scheffel Luk 16,7, etwa 393 l
die Tonne Luk 16,6 und das Maß Joh 2,6, etwa 39 l
der Scheffel Matth 5,15, etwa 9 l; Matth 13,33, etwa 13 l

Gewichte

der Zentner (hebr. kikkar), gleich 3000 Lot, darum nach gefundenen Gewichtssteinen 33,6 bis 36,6 kg
das Pfund (hebr. manäh), gleich 50 Lot, etwas mehr als unser Pfund
das Lot (hebr. schäqäl), nach gefundenen Gewichtssteinen 11,2 bis 12,2 g
das Gramm (hebr. gerah), der 20. Teil eines Lots, etwa 1/2 g

Geld und Münzen im Alten Testament

Geprägte Münzen gab es in älterer Zeit nicht, man zahlte nach dem Gewicht des Edelmetalls. Zwar waren wohl schon früh abgewogene Gewichtsstücke von bestimmter Form und bestimmtem Wert im Umlauf; doch pflegte man beim Handel die Metallstücke mit einer Waage, die man samt den Gewichtssteinen im Beutel trug, abzuwägen (Jer 32,10). An geprägten Münzen kommen im Alten Testament die persische Darike und die griechische Drachme vor.

Gewichtswerte

das Goldtalent («Zentner Gold», 1. Kön 9,14), etwa 160000 Mark

der Goldschekel («Lot Gold», 1.Chron 21,25; «Goldgulden», 2.Kön 5,5), etwa 50 Mark
das Goldstück (1.Mose 33,19; Jos 24,32; Hiob 42,11; hebr. qesitah), in Gewicht und Wert unbekannt
das Silbertalent («Zentner Silber», 1.Kön 16,24), etwa 9000 Mark
die Silbermine («Pfund Silber», Esra 2,69), etwa 150 Mark
der Silberschekel («Lot Silber», 1.Mose 23,5; «Taler», hebr. schäqäl, 2.Mose 30,13; «Silbertaler», hebr. schäqäl käsäf, 1.Sam 9,8; «Silberstück», hebr. käsäf, 1.Mose 20,16), etwa 3 Mark

Münzen

die Darike («Gulden», hebr. adarkon, 1.Chron 29,7; Esra 8,27), etwa 27 Mark
die Golddrachme («Gulden», hebr. darkemon, Esra 2,69; Neh 7,69-71), etwa 14 Mark

Geld und Münzen im Neuen Testament

Zur neutestamentlichen Zeit ist allgemein geprägtes Geld im Gebrauch. Zur Bestimmung höherer Summen werden jedoch weiterhin die alten Gewichtseinheiten («Pfund», «Zentner») verwendet. Hellenistische Kultur und römische Herrschaft führten zu einem Nebeneinander von griechischer und römischer Währung (griechisch: Talent, Mine, Stater, Drachme, Lepton; römisch: Denar, Assarion, Quadrans).

Gewichtswerte

das Talent («Zentner», Matth 25,15), etwa 9000 Mark
die Mine («Pfund», Luk 19,13), etwa 150 Mark

Silbermünzen

der Stater («Zweigroschenstück», Matth 17,27), etwa 4 Mark. Er dürfte auch mit dem «Silberling» Matth 26,15 gemeint sein
die Doppeldrachme («Tempelgroschen», Matth 17,24), etwa 2 Mark
die Drachme («Groschen», nur Luk 15,8.9), etwa 1 Mark
der Denar («Groschen», Matth 22,19; sonst «Silbergroschen», Matth 18,28), etwa 1 Mark

Kupfermünzen

das Assarion («Pfennig», Matth 10,29), etwa 4 Pfennig
der Quadrans («Heller», Matth 5,26; Mark 12,42), etwa 1 Pfennig
das Lepton («Scherflein», Mark 12,42; «Heller», Luk 12,59), etwa 1/2 Pfennig

Bei den angegebenen Gegenwerten in Mark handelt es sich durchweg um Näherungswerte. Die Kaufkraft des Geldes läßt sich daran nur bedingt ablesen. Für das Neue Testament gibt Matth 20,2 einen Anhaltspunkt zur Abschätzung der tatsächlichen Werte: Der «Silbergroschen» = 1 «Mark» ist der gewöhnliche Tageslohn eines Arbeiters.

SACH- UND WORTERKLÄRUNGEN

Die Worterklärungen wollen nicht in erster Linie Luthers Übersetzung erklären, sondern den zugrunde liegenden Urtext

A und O: Alpha und Omega, der erste und der letzte Buchstabe des griechischen Alphabets; darum in der Offenbarung des Johannes Bezeichnung Gottes (1,8; 21,6) und Christi (22,13) als des Ersten und des Letzten, der am Anfang und am Ende der Herr ist, aus dem und zu dem alles ist.

Abaddon (hebräisch) = **Apollyon** (griechisch): der «Verderber», Name des über den Ort des Verderbens gesetzten Engels (Offb 9,11).

Abba: aramäischer Gebetsruf zu Gott dem Vater (Mark 14,36; Röm 8,15; Gal 4,6).

Abgrund: im AT (Hiob 26,6; Spr 15,11; 27,20) Aufenthaltsort der Toten; in der Offenbarung (9,1.11; 11,7; 17,8; 20,1.3) Gefängnis des Teufels und der abtrünnigen Geister (Luk 8,31 «Hölle»).

Abib (Ährenmonat, 2.Mose 13,4): der siebte Monat des althebräischen Jahres, später Nisan genannt, etwa Mitte März bis Mitte April.

Adar: siehe Monate.

Älteste (griechisch **Presbyter**): im Judentum Mitglieder des Hohen Rats, in den christlichen Gemeinden Vorsteher der Gemeinden; die vierundzwanzig Ältesten der Offenbarung (4,4) sind Vertreter der erlösten Gemeinde, je zwölf aus Israel und den Heiden.

Aloe: ein wohlriechendes Holz, dessen Harz zum Einbalsamieren von Toten verwendet wurde (Joh 19,39).

Amen (hebräisch): ein Wort feierlicher Bestätigung; Offb 3,14 ein Name Christi.

Apollyon: siehe Abaddon.

Apostel: die «Gesandten», die «Boten», Bezeichnung der Jünger Jesu, aber auch eines weiteren Kreises von Verkündigern des Evangeliums (Röm 16,7); auch Christus selbst wird als der von Gott Gesandte (Matth 10,40) so genannt (Hebr 3,1).

Arbe (3.Mose 11,22): Heuschreckenart.

Ariel: «Gottesherd»; Hes 43,15.16 der oberste Teil des Brandopferaltars; daher Jes 29, 1.2.7 dichterische Bezeichnung Jerusalems, weil dort der Brandopferaltar stand.

Asasel (3.Mose 16,8): Wüstendämon.

Aschera: an vielen Stellen die Göttin der Fruchtbarkeit (auch Astoreth oder Astarte genannt), deren Kult auch nach Israel eindrang (1.Kön 18,19; die «Himmelskönigin» Jer 7,18), an anderen Stellen der der Göttin heilige Holzpfahl.

Aufgang aus der Höhe: Luk 1,78 Bezeichnung des von oben, von Gott herkommenden Erlösers.

Ausländer: wer zu einem fremden Volk gehört, nur für eine gewisse Zeit (etwa als Händler) in Israel weilt oder, wenn er im Land bleibt (z.B. 2.Sam 15,19; 1.Kön 11,1.8), die angestammte Religions- und Volkszugehörigkeit festhält, also nicht «Beisasse» oder «Fremdling» wird. In dieser Übersetzung des Alten Testaments ist dafür oft «Fremder» gesagt. Im Neuen Testament sind Ausländer in diesem Sinne die «Fremdlinge» von Luk 17,18 und Apg 10,28, während die «Ausländer von Rom» Apg 2,10 aus Rom stammende Juden sind.

Aussatz: Lepra, eine schwere, einst unheilbare, zum Abfaulen der Glieder führende Erkrankung der Haut, die den Kranken um der Ansteckung willen aus der menschlichen Gemeinschaft ausschloß.

Baal: «Herr», «Besitzer» (entspricht dem babylonischen Bel), wichtigste Bezeichnung der Gottheit bei den Kanaanitern, von den Israeliten vielfach übernommen (Hos 2,18; Namen wie Eschbaal, Merib-Baal). Da mit dem Namen vielfach auch die Formen des Baalsdienstes mit viel Zuchtlosigkeit übernommen wurden (1.Kön 14,24; 19,18), wurden die Propheten scharfe Gegner allen Baalsdienstes. Einzelne berühmte Lokalgötter sind

Baal-Berith, der «Herr des Bundes» in Sichem (Richt 8,33; 9,4), Baal-Peor (4.Mose 25,3-5), Baal-Sebub, der «Herr der Fliegen» in Ekron (2.Kön 1,2), der Baal von Sidon (1.Kön 16,31).

Babylon: einst die Hauptstadt des babylonischen Reiches am Euphrat (Babel), in der Offenbarung des Johannes Verkörperung der gottfeindlichen Weltmacht und Deckname für die Weltstadt Rom.

Bann: 1. der Rechtsakt, durch den im heiligen Krieg über Orte mit ihren Bewohnern und ihrem Vieh die Vernichtung verhängt wird (4.Mose 21,2; 5.Mose 13,16; 1.Sam 15,3); wer zuwiderhandelt, verfällt selbst dem Gericht Gottes (Jos 7,15.24.25; 1.Sam 15,23); 2. im Judentum Ausschluß aus der Gemeinschaft mit völligem Boykott (Joh 9,22; 12,42; 16,2). Auch in der christlichen Gemeinde war der Ausschluß ein Mittel der Zucht (1.Kor 5,2.5; Anathema 1.Kor 16,22).

Bedolachharz (1.Mose 2,12; 4.Mose 11,7): ein wohlriechendes Harz Südarabiens.

Beelzebub (Matth 10,25; 12,24; griechisch Beelzebul; vgl. Baal-Sebub 2.Kön 1,2): im Judentum Name des obersten der bösen Geister.

Beisasse (2.Mose 12,45; 4.Mose 35,15): im Unterschied von den Vollbürgern, den Fremdlingen und den Sklaven ein Schutzbürger, der – meist nur vorübergehend – an einem Ort ansässig ist, ohne das Bürgerrecht zu erlangen. Vgl. Ausländer und Fremdling.

Belial (2.Kor 6,15): «Nichtsnutzigkeit», «Verderben», Name des Teufels.

Beschneidung: in Israel das sakramentale Zeichen der Zugehörigkeit zum Gottesvolk, an allen Knaben am 8. Tag nach der Geburt vollzogen.

Bischof (= Aufseher): in den ältesten neutestamentlichen Gemeinden Bezeichnung aller an der Aufsicht über die Gemeinden beteiligten Ältesten; 1.Petr 2,25 auf Jesus übertragen.

Block (Hiob 13,27; Jer 20,2.3): ein Holzblock, in den die Füße eines Gefangenen eingespannt wurden.

Bluträcher: siehe Erlöser.

Brandopfer: siehe Opfer.

Bul (1.Kön 6,38): der zweite Monat des althebräischen Jahres, später Marcheschwan genannt, ungefähr Mitte Oktober bis Mitte November.

Buße: 1. = Strafe (Esra 7,26); 2. = bereuen (Hiob 42,6; Jer 31,19); 3. = Umkehr, Sinnesänderung, Bekehrung (Matth 3,2).

Cherub, Mehrzahl Cherubim: himmlische Wesen mit Flügeln. 1. Wächter des Paradieses (1.Mose 3,24); 2. Träger des Thrones Gottes (Ps 18,11; Hes 10,1; 11,22); 3. Nachbildungen der Cherubim über der Lade im Tempel.

Dachsfelle (2.Mose 25,5): vielleicht die Haut einer Art Delphine.

Dagon: der wichtigste Gott der Philister (Tempel in Asdod 1.Sam 5,1-5 und Gaza Richt 16,23).

Dankopfer: siehe Opfer.

Diana: Göttin der Fruchtbarkeit; ihr Tempel in Ephesus wurde zu den sieben Weltwundern gezählt (Apg 19,23-40).

Drache: verschiedene schreckenerregende Tiere, im Meer (Ps 74,13; Jes 27,1; 51,9) und auf dem Land, an einzelnen Stellen deutlich das Krokodil (Hes 29,3; 32,2) oder eine Schlange (5.Mose 32,33; Ps 91,13). In der Offenbarung des Johannes Bild für den Teufel (12,3.9). Siehe auch Leviathan.

Dreschschlitten, Dreschwagen (2.Sam 24,22; 1.Chron 21,23; Jes 41,15): ein nach vorn aufgebogenes Brett, in das auf der unteren Seite scharfe Steine oder Eisenstücke eingefügt waren, oder ein Holzrahmen mit Walzen; dadurch, daß der Schlitten oder Wagen mit dem Fahrer, der darauf saß oder stand, auf der Tenne von Tieren über das Getreide gezogen wurde, wurden die Körner zerrieben.

Eingeboren (Joh 1,14.18; 3,16.18; 1.Joh 4,9): der in seiner Art einzige.

Einsetzungsopfer: siehe Opfer.

Elul: siehe Monate.

Ephod (Luther: Leibrock): ein Teil der Priesterkleidung («Priesterschurz»); besonders vielleicht die Tasche mit den Stimmsteinen, die beim Orakelsuchen gebraucht wurden (1.Sam 14,18; 23,9; 30,7). Dagegen ist Richt 8,27 ein Gottesbild (oder sein Überzug?) gemeint.

Epikureer (Apg 17,18): Anhänger des griechischen Philosophen Epikur, Vertreter einer den Lebensgenuß lehrenden Weltanschauung.

Erlaßjahr: siehe Sabbatjahr.

Erlöser, Löser: 1. der Mensch, der das Eigentum der Sippe «auslöst» und zurückerwirbt (3. Mose 25,25), der einen in Schuldsklaverei Geratenen freikauft (3. Mose 25,48), der Verwandte, der z. B. eine kinderlose Witwe durch Heirat von der Kinderlosigkeit erlöst (Ruth 3,9.12; 4,1.3.6; Luther übersetzte hier «Erbe»), der «Bluträcher», der durch Tötung des Totschlägers die Schuld der Tötung einlöst (4. Mose 35,12; 5. Mose 19,6); 2. Gott, der die Seinigen aus fremder Gewalt befreit hat, so Israel aus der Knechtschaft in Ägypten (2. Mose 6,6; 15,13) und aus der babylonischen Gefangenschaft (Jes 41,14; 52,9), so den Frommen (Ps 19,15; 103,4), so die Witwen und Waisen (Spr 23,11). Gottes erlösendes Werk sieht das Neue Testament in Christus vollendet.

Ersticktes: Fleisch von verendeten Tieren, in dem das Blut noch war; für den Juden ungenießbar, weil das Blut als Träger des Lebens galt; darum das Verbot Apg 15,20.29; 21,25.

Erz- (Erzengel, Erzhirte, Erzvater): bezeichnet den im Range «Ersten», also Höchsten.

Ethanim: der erste Monat des althebräischen Jahres, später Tischri genannt, Mitte September bis Mitte Oktober.

Evangelist: Verkündiger der frohen Botschaft von Christus, im Neuen Testament der Missionar, der die Botschaft über die Gemeinde hinausträgt (Apg 21,8; Eph 4,11; vgl. 2. Tim 4,5).

Evangelium: frohe Botschaft, besonders die Freudenbotschaft von der Gnade Gottes in Jesus Christus.

Fabel: 1. eine erdichtete kleine Erzählung, in der Pflanzen oder Tiere reden und handeln (Richt 9,8; 2. Kön 14,9); 2. die Pastoralbriefe kennzeichnen so die phantastischen Spekulationen der Irrlehrer (1. Tim 1,4; 2. Tim 4,4), während 2. Petr 1,16 betont, daß das Wort vom Kommen Christi nicht eine klug erdachte Fabel ist.

Feldgeister: böse Geister, wohl in Bocksgestalt gedacht (Jes 13,21; 34,14), gefürchtet, aber auch abergläubisch verehrt (3. Mose 17,7; 2. Chron 11,15).

Feste Israels: Die drei alten Jahresfeste waren zunächst Erntefeste und wurden dann mit der Erinnerung an Gottes Taten in der Geschichte Israels verbunden: das Passa zusammen mit dem Fest der ungesäuerten Brote, zum Beginn der Gerstenernte, mit dem Gedenken an den Auszug aus Ägypten; sieben Wochen später das Wochenfest (Pfingstfest) zum Beginn der Weizenernte, später mit der Erinnerung an die Gesetzgebung verknüpft; dann im Herbst bei der Obst- und Weinernte das Laubhüttenfest. Dazu kamen das Neujahrsfest am ersten Tag des siebten Monats und 10 Tage später der große Versöhnungstag. Jüngere Feste waren das Purimfest, dessen Anlaß im Estherbuch dargestellt wird, und das Fest der Tempelweihe zum Gedenken an die Wiederweihung des Tempels durch den Makkabäer Judas. Im Neuen Testament sind erwähnt das Passa (Ostern), das Pfingstfest (Apg 2,1), das Laubhüttenfest (Joh 7,2), das Tempelweihfest (Joh 10,22) und der Versöhnungstag (Hebr 9,7).

Fischtor: eines der alten Stadttore Jerusalems, westlich von der späteren Burg Antonia (Neh 3,3; 12,39; Zeph 1,10).

Fremdling: wer den angestammten Sippenverband verlassen hat, in der Fremde Zuflucht suchte und dort als Schutzbürger gewisse Rechte genießt, ohne Vollbürger zu sein. Auch ein Israelit, der sich im Gebiet eines anderen israelitischen Stamms aufhält, kann als Fremdling bezeichnet werden. Vgl. Ausländer und Beisasse.

Frühregen: gewöhnlich Ende Oktober oder Anfang November, zum Beginn der etwa 6 Monate währenden Regenzeit, nach der Trockenzeit des Sommers zur neuen Aussaat nötig.

Fürstentümer: in den Briefen des Paulus Mächte und Gewalten der jenseitigen Welt.

Gabbatha (Joh 19,13): ein erhöhter, mit Steinplatten belegter Platz bei dem Schloß des Statthalters in Jerusalem, auf dem unter freiem Himmel die Gerichtsurteile gesprochen wurden.

Galbanum (2. Mose 30,34; Sir 24,21): ein stark riechendes Harz.

Gebetsriemen (Matth 23,5): Die Juden befestigten zum Gebet mit langen Riemen auf der Stirn und am linken Arm lederne Kapseln, in denen mit Schriftworten beschriebene Pergamentstreifen verwahrt waren.

Gihon (1. Kön 1,33): eine Quelle bei Jerusalem.

Gittith (Ps 8,1; 81,1; 84,1): ein Musikinstrument oder eine Tonart.

Gog: nach Hes 38 und 39 ein Fürst im Land **Magog**, das im Norden zu suchen ist; Offb 20,8 ist Gog und Magog Bezeichnung der Weltmacht, die am Ende der Zeit gegen das Gottesvolk anstürmt.

Gottesfürchtig (Apg 13,50; 16,14; 17,17; 18,7): So werden Heiden genannt, die sich zur Synagoge hielten, ohne sich beschneiden zu lassen und das Halten der Gebote zu übernehmen; Apg 13,43 sind die Judengenossen und die Gottesfürchtigen zusammengenommen.

Gräber (Matth 23,27): galten in Israel als unrein. Damit sie nicht ahnungslos betreten würden, wurden sie durch Übertünchen mit weißer Farbe kenntlich gemacht.

Griechen: «Juden und Griechen» = Juden und Heiden (Röm 1,16); «Griechen und Nichtgriechen (Barbaren)» = alle Völker (Röm 1,14). Die Griechen Joh 12,20 sind griechisch redende Proselyten («Judengenossen»).

Grummet (Amos 7,1): vielleicht der durch den Spätregen gezeitigte Graswuchs.

Gutfurt (Apg 27,8): «Guter Hafen», Name eines Ankerplatzes an der Südküste von Kreta.

Hadad-Rimmon (Sach 12,11): Wahrscheinlich ist hier auf die Totenklage um den Gott der Vegetation hingewiesen, dessen Sterben in der Trockenheit des Sommers beklagt wurde, wie nach dem neu belebenden Frühregen im Herbst sein Auferstehen gefeiert wurde.

Hagab (3. Mose 11,22): Heuschreckenart.

Halleluja: Lobet den Herrn!

Hanes (Jes 30,4): Grenzstadt in Süd-Ägypten.

Hargol (3. Mose 11,22): Heuschreckenart.

Hebopfer (2. Mose 29,27.28): der Teil des Besitzes, der «aufgehoben» und für Gott oder die Priester geweiht wird, z. B. die rechte Keule beim Dankopfer.

Hebräer: im Alten Testament (z. B. 1. Mose 40,15; 2. Mose 3,18; Jona 1,9) die Israeliten im Unterschied von anderen Völkern; im Neuen Testament Apg 6,1 die aramäisch redenden Juden im Unterschied von den griechisch redenden, während Paulus 2. Kor 11,22 und Phil 3,5 damit seine Zugehörigkeit zu dem alten Gottesvolk betont.

Heer des Himmels: 1. die Engel um Gottes Thron (1. Kön 22,19; 2. Chron 18,18; Luk 2,13); 2. die Gestirne (Jes 34,4; 40,26), häufig abgöttisch verehrt (5. Mose 4,19; Zeph 1,5).

Himmelskönigin (Jer 7,18; 44,17-19): die babylonische Göttin Ischtar, die Göttin des Venus-Sterns, auch in Jerusalem und von den nach Ägypten geflüchteten Juden verehrt.

Hölle: an 11 Stellen des Neuen Testaments (Matth 5,22.29.30; 10,28; 18,9; 23,33; Mark 9,43.45.47; Luk 12,5; Jak 3,6; im Alten Testament nur Hiob 11,8) der Ort der Verdammten (2. Petr 2,4), von Jesus unter verschiedenen Bildern beschrieben (ewiges Feuer, Finsternis und Kälte, nagender Wurm); dem entspricht in der Offenbarung des Johannes der feurige Pfuhl (19,20; 20,10.14.15).

Hoherpriester: im Alten Bund Aaron und seine Nachfolger oder der oberste Priester an den verschiedenen Heiligtümern wie Eli in Silo. Die makkabäischen Hohenpriester legten sich die Königswürde bei. Herodes und ebenso die Römer nahmen dem hohenpriesterlichen Amt die Lebenslänglichkeit und die Erblichkeit. Daher spricht das Neue Testament von Hohenpriestern in der Mehrzahl, weil auch die von den Römern abgesetzten Hohenpriester und die Glieder der (fünf) hohenpriesterlichen Familien so genannt wurden.

Horn: Sinnbild der Kraft und Macht (1. Kön 22,11), der Macht eines Staates (Jer 48,25), der Weltmacht (Sach 2,1). Die Hörner an den vier Ecken des Brandopferaltars sind Symbol der göttlichen Macht und Gegenwart, darum Zufluchtsstätte (1. Kön 1,50).

Hosianna (Matth 21,9; Mark 11,9.10): ein Gebetsruf aus dem messianischen Psalm 118,25 «Ach, hilf!», «Rette doch!», «Gib doch Heil!».

Hundegeld (5.Mose 23,19): Lohn für widernatürliche Unzucht (1.Kön 14,24; Offb 22,15).

Hurerei: oft bildlich für Untreue gegen Gott und für Götzendienst (besonders bei Hesekiel).

Ir-Heres (Jes 19,18): Heliopolis (On); Jer 43,13 dafür Beth-Schemesch.

Jachin und Boas (1.Kön 7,21): Säulen oder Pfeiler am Eingang des Tempels in Jerusalem. Die Namen sind vielleicht der Anfang von Verheißungen für das Königshaus: «Jachin» = «festmachen wird» (der Herr)...; «Boas» = «durch ihn (den Herrn) stark...».

Japho (Jona 1,3): das heutige Jaffa.

Jareb (Hos 5,13; 10,6): Geheimname für den assyrischen Großkönig.

Jeschurun (5.Mose 32,15; 33,5.26; Jes 44,2): dichterischer Name für Israel, «der Wackere, der Redliche».

Judäa: zur Zeit der Römer der südliche Teil Palästinas mit der Hauptstadt Jerusalem oder auch das ganze Palästina.

Judengenossen = **Proselyten** (Matth 23,15; Apg 2,11): geborene Heiden, die sich dem Judentum zugewendet hatten, sich beschneiden ließen und das mosaische Gesetz hielten; Apg 13,43 sind die «Proselyten» mit den «Gottesfürchtigen» zusammengefaßt.

Jupiter (Apg 14,12.13): der oberste Gott der Römer, bei den Griechen Zeus.

Kämmerlein (Matth 6,6): das Vorratshäuslein neben dem Bauernhaus, das bei geschlossener Tür völlig dunkel und sehr unfeierlich ist; aber dort, in der Verborgenheit, war echtes Beten möglich.

Kalmus (2.Mose 30,23): ein Rohrgewächs, aus dessen Wurzel ein Gewürz gewonnen wurde.

Kalno (Jes 10,9), **Kalne** (Amos 6,2): Hauptstadt eines nordsyrischen Staates, 738 v. Chr. von den Assyrern unterworfen.

Kandake (Apg 8,27): der Titel der Königinnen von Äthiopien.

Karkemisch (Jes 10,9): am Euphrat, Hauptstadt eines hethitischen Staats, 712 v. Chr. von den Assyrern erobert; dort schlug Nebukadnezar den Pharao Necho von Ägypten (Jer 46,2).

Kassia (2.Mose 30,24; Hes 27,19): ein Gewürz (eine Art Zimt?).

Kedar (Ps 120,5; Jes 21,16.17; 42,11; 60,7; Jer 2,10; Hes 27,21): nomadisierende Händler in der arabischen Wüste, als Kämpfer gefürchtet.

Kelle (1.Makk 1,23): gemeint sind Räuchergefäße.

Kemosch: der Hauptgott der Moabiter.

Kinnereth (4.Mose 34,11): im Neuen Testament der See Genezareth.

Kislew: siehe Monate.

Kittim, Kittiter: So hießen (von der phönizischen Gründung Kition auf Cypern) zunächst die Insel Cypern (Jes 23,1.12) und ihre Bewohner (1.Mose 10,4; 1.Chron 1,7; Hes 27,6). Später nannte man so die Inselwelt des Ägäischen Meers (Jer 2,10), Mazedonien (1.Makk 1,1; 8,5) und schließlich das römische Weltreich (Dan 11,30).

Knauf: Verzierung am Leuchter (2.Mose 25,31); Kapitell der Säule (1.Kön 7,16; Amos 9,1; Zeph 2,14).

Krether und Plether: die Leibwache Davids; der Name bezeichnet die Söldner nach ihrer Herkunft als Philister (1.Sam 30,14; 2.Sam 15,18).

Kusch: der Name des Reiches, das von 645 v. Chr. bis 350 n. Chr. die Könige von Napata und Meroe südlich von Ägypten zwischen den 3. und den 6. Nilkatarakten, also im heutigen Sudan, beherrschten. Von Palästina her dachte man freilich bei dem Namen Kusch meist überhaupt an die Länder südlich von Ägypten; dieses Gebiet mit seinen hochgewachsenen, dunkelhäutigen Bewohnern (Jes 18,7; Jer 13,23) hieß in der Antike Äthiopien. Die Herrscher der 25. Dynastie (715–663 v. Chr.) gewannen von ihrer Hauptstadt Napata aus die Herrschaft über Ägypten und konnten Assyrien entgegentreten (vgl. 2.Kön 19,9; Jes 20,5; 37,9; Jer 26,9). Zur Zeit des Neuen Testaments herrschten über das zwischen Assuan und Kartum gelegene Reich Kusch Königinnen mit dem Titel Kandake (Apg 8,27). Luthers Übersetzung «Mohrenland» blieb in Ps 68,32 und Apg 8,27; häufiger blieb «Mohr» (für Kuschiter), z. B. Ps 87,4; Jer 13,23; 38,7; Amos 9,7.

Lade (Bundeslade, «Lade Gottes» 1.Sam 3,3, **«Lade des Zeugnisses»** Jos 4,16): aus Akazienholz gearbeitet, 1,25 m lang, 75 cm breit und hoch, mit Tragstangen (1.Kön 8,8) und der goldenen Deckplatte («Gnadenthron», «Sühnemittel»), das Zeichen der Gegenwart Gottes in seinem Heiligtum.

Landpfleger: in der römischen Zeit der Statthalter für Syrien (Luk 2,2) und die Prokuratoren für Judäa (Matth 27,2; Apg 23,24; 24,27), die als Vertreter des Kaisers die Besatzungstruppen befehligten, die obersten Richter waren und die Aufsicht über das Finanzwesen hatten.

Last: heißen Jes 13-23; Nah 1,1 und sonst Prophetenworte meist drohender Art. Jer 23,33-39 sind die Spötter bedroht, die in den Gottesworten eine Last sahen.

Laststein (Sach 12,3): der Stein, den die jungen Männer hoben, um ihre Kraft zu erweisen.

Laubhüttenfest: siehe Feste.

Legion: eine Einheit des römischen Heeres, etwa 6000 Mann, Matth 26,53; Ausdruck für eine hohe Zahl («ein ganzes Regiment»), Mark 5,9.

Lesung des Gesetzes und der Propheten (Apg 13,15): Im Gottesdienst der Synagoge wurde regelmäßig nach bestimmter Ordnung je ein Abschnitt aus dem Gesetz (den fünf Büchern Mose) und aus den prophetischen und geschichtlichen Büchern des Alten Testaments (im jüdischen Kanon «Propheten» genannt) als Schriftlesung vorgetragen.

Leviathan: Alte Überlieferung erzählte von Meerungeheuern mit mehreren Köpfen (Ps 74,14). Jes 27,1 heißt Assur, das Land des reißenden Tigris, ein flüchtiger, Babylonien mit dem gewundenen Euphrat ein gewundener Leviathan, an denen Gott das Gericht vollstreckt. Die Schilderung Hiob 40,25-41,26 zeichnet deutlich das Krokodil, doch auch mit den Farben eines Urdrachen.

Libertiner (Apg 6,9): Juden, die aus der Sklaverei freigelassen wurden und nun in Jerusalem eine eigene Synagoge (mit griechischer Sprache im Gottesdienst) hatten.

Licht und Recht (**Urim und Thummim**, 2. Mose 28,39): offenbar altheilige Orakelgegenstände, die in der Brusttasche des Hohenpriesters verwahrt und vom Priester (4. Mose 27,21) oder auch vom König (1. Sam 14,41) benützt wurden, um Gottes Willen zu erforschen.

Liebesmahl: Die Einheit der urchristlichen Gemeinden, die sich als eine große Familie fühlten, sollte auch in gemeinsamem Essen sichtbar werden; doch zeigten sich früh böse Mißstände (1. Kor 11,17-34; Judas 12).

Löser: siehe Erlöser.

Mal, Steinmal: ein aufrecht hingestellter heiliger Stein. 1. als Denkstein für einen Vertragsschluß und Grenzstein (1. Mose 31,45); 2. als Grabstein (1. Mose 35,20; 2. Sam 18,18); 3. als Gedenkstein an heiliger Stätte (1. Mose 28,18; 2. Mose 24,4); 4. Steine zu Ehren heidnischer Götter, darum für Israel streng verboten (3. Mose 26,1; 5. Mose 7,5) und doch errichtet (1. Kön 14,23; 2. Kön 3,2).

Mammon (Matth 6,24): zusammenfassende Bezeichnung für Geld und Gut.

Maranatha: in aramäischer Sprache das Bekenntnis «Unser Herr kommt» oder ein Gebetsruf «Komm, unser Herr!».

Merkurius (Apg 14,12): bei den Römern der Herold und Sprecher der Götter, Begleiter des höchsten Gottes Jupiter, der Gott des Handels (bei den Griechen «Hermes»).

Merodach (Jer 50,2): Marduk, der Hauptgott des babylonischen Reiches.

Meschech: die Moscher, ein Gebirgsvolk südöstlich vom Schwarzen Meer, meist neben Tubal genannt. Ps 120,5 ist eher an den nordarabischen Stamm Massa (Spr 31,1) zu denken.

Messias (hebräisch) = **Christus** (griechisch): der «Gesalbte», der zur Herrschaft in Gottes Reich Berufene.

Mietling (Joh 10,12): Tagelöhner, gegen Lohn angestellter Hirte.

Milkom (1. Kön 11,5): Gott der Ammoniter.

Millo: in Sichem (Richt 9,6) und in Jerusalem (2. Sam 5,9; 1. Kön 9,15; 2. Kön 12,21) wohl die Akropolis (eigentlich die «Aufschüttung»), in Jerusalem das Gebiet der Davidsburg.

Minze (Luk 11,42): ein Gartengewächs, als Gewürz geschätzt.

Mörser (Zeph 1,11): Name eines Stadtteils von Jerusalem.

Mohrenland (Ps 68,32; Apg 8,27): siehe Kusch.

Moloch (eigentlich Melech, «König»): Gott der Ammoniter, dem Kinder geopfert wurden (3. Mose 18,21), auch bei Jerusalem im Tal Hinnom (2. Kön 23,10; Jer 32,35); vgl. 1. Kön 11,7; Apg 7,43.

Monat, Jahr: Die vorderasiatischen Kalender richteten sich nach dem Mondumlauf, der ägyptische nach dem Sonnenumlauf. Das Mondjahr hat 354 Tage und bleibt deshalb hinter dem Naturjahr (Sonnenjahr) zurück. Daher wurden Schaltmonate eingefügt, ursprünglich wohl alle 3 Jahre ein Schaltmonat, seit dem 6. Jahrhundert v. Chr. in einem 8-Jahr-Turnus 3 Schaltmonate. Das altisraelitische Jahr begann im Herbst. Nach 722 v. Chr. wurde aber für Handel und Verkehr der assyrische Kalender übernommen, bei dem das Jahr im Frühjahr beginnt. Für Israels Feste blieb man nach wie vor beim Herbstkalender. Von den alten kanaanäischen Monatsnamen blieben vier länger im Gebrauch: Abib, Bul, Siw, Ethanim (siehe diese Namen). Nach dem Exil verwendeten die Juden den neubabylonischen Kalender, der auch der persische Staatskalender war. Die babylonischen Monatsnamen heißen:

1. Nisan (Neh 2,1; Esth 3,7)	ungefähr	Mitte	März bis April
2. Ijar	,,	,,	April bis Mai
3. Siwan (Esth 8,9)	,,	,,	Mai bis Juni
4. Tammus	,,	,,	Juni bis Juli
5. Ab	,,	,,	Juli bis August
6. Elul (Neh 6,15)	,,	,,	August bis September
7. Tischri	,,	,,	September bis Oktober
8. Marcheschwan	,,	,,	Oktober bis November
9. Kislew (Sach 7,1; Neh 1,1)	,,	,,	November bis Dezember
10. Tebeth (Esth 2,16)	,,	,,	Dezember bis Januar
11. Sebat (Sach 1,7)	,,	,,	Januar bis Februar
12. Adar (Esra 6,15; Esth 3,7)	,,	,,	Februar bis März.

Myrrhe: ein wohlriechendes Harz, bei Salben und Räucherwerk verwendet (Matth 2,11), auch zum Einbalsamieren von Leichen (Joh 19,39) und als betäubender Zusatz zum Wein (Mark 15,23).

Nachtwache: Die Nacht, vom Sonnenuntergang bis Sonnenaufgang – etwa 6 Uhr abends bis 6 Uhr morgens –, wurde ursprünglich in drei Nachtwachen geteilt, zur Zeit des Neuen Testaments in vier Nachtwachen zu je drei Stunden. Die letzte Nachtwache wurde auch Morgenwache genannt.

Narde, Nardenöl (Joh 12,3; Mark 14,3): eine Pflanze, aus deren Wurzeln ein kostbares, duftendes Öl zum Salben gewonnen wurde.

Nebajoth (Jes 60,7): ein arabischer Stamm.

Nebo (Jes 46,1): einer der Hauptgötter Babels, der Gott des Schicksals, der das Buch des Lebens hat, der Gott der Schreibkunst.

Neumond: Der Tag, an dessen Vorabend der zunehmende Mond wieder sichtbar wurde, wurde als Monatsbeginn festlich begangen. Hos 5,7 droht an, daß gerade von dem entarteten Kult her das Gericht über Israel kommt.

Nieren: gelten als Sitz der Gemütsbewegungen in Freude und Leid (Ps 73,21), der Gewissensregungen, überhaupt des inneren Lebens (Jer 20,12), wie auch das Herz.

Nisan: siehe Monate.

Nisroch (2. Kön 19,37; Jes 37,38): ein (unbekannter) assyrischer Gott.

Noph (Jes 19,13; Jer 2,16): das alte Memphis, südlich von Kairo, die Hauptstadt der Pharaonen im «Alten Reich».

Opfer: Gabe an Gott, um ihm zu danken und zu huldigen, um seine Hilfe zu erbitten, um Schuld zu sühnen. Opfer werden in der Bibel von Anfang an (1. Mose 4,3) und bei allen Völkern vorausgesetzt; sie sind stets mit Gebet, mit Anrufung des Gottesnamens verbunden (1. Mose 12,8). Die Stätten des Opfers sind Altar und Tempel. Als Opfergaben werden dargebracht: im unblutigen Opfer Früchte, Mehl, Brot, Wein, Öl, Weihrauchkörner; im blutigen Opfer reine Tiere: Rinder, Kälber, Schafe, Ziegen und Tauben. Verboten ist in Israel das Menschenopfer (1. Mose 22,12). Wichtigste Opferarten sind das

Brandopfer oder Ganzopfer, bei dem das ganze Tier auf dem Brandopferaltar verbrannt wurde (1. Mose 8,20), – das Dankopfer und Lobopfer, bei dem der größte Teil des Opfers von den Opfernden in froher Mahlzeit an heiliger Stätte verzehrt wurde zum Ausdruck der Gemeinschaft mit Gott und untereinander, – das Sündopfer und Schuldopfer, bei dem die sühnende Kraft in dem Blut des Tieres als dem Sitz des Lebens gesucht wurde, – das freiwillig dargebrachte Speis- und Trankopfer, mit dem der Mensch Gott als den Geber aller Gaben ehrte, – das Einsetzungsopfer bei der Priesterweihe (vgl. auch Hebopfer und Schwingopfer). Jesus hat wenig vom Opfer gesprochen und hat mit dem Untergang des Tempels (Matth 23,38; 24,2) das Aufhören allen Opferdienstes vorausgesagt. Jesu Gemeinde sah in Jesu Sterben das große, für alle Zeiten gültige Opfer und wußte von Gott wohlgefälligen Opfern im Christenleben (Röm 12,1; 1. Petr 2,5).

Ophel (2. Chron 27,3; 33,14; Neh 3,27): in Jerusalem der Teil des östlichen Höhenzugs zwischen der alten Davidsstadt im Süden und dem Tempel- und Palastbezirk im Norden.

Ophir (1. Kön 9,28): wahrscheinlich in Südarabien.

Ordnung Melchisedeks (Ps 110,4; Hebr 7,17; vgl. 1. Mose 14,18-20): die Weise, in der Melchisedek sein Priestertum führte, Priester und König zugleich.

Orion (Hiob 9,9; 38,31; Amos 5,8): ein Sternbild.

Ostern: in Luthers Übersetzung das jüdische Passafest, das mit dem achttägigen Fest der ungesäuerten Brote im Frühjahr zur Erinnerung an die Rettung aus Ägypten gefeiert wurde.

Palmenstadt: Jericho (5. Mose 34,3; Richt 3,13; 2. Chron 28,15). Richt 1,16 ist wohl Thamar (1. Kön 9,18) gemeint.

Paradies (Luk 23,43; 2. Kor 12,4; Offb 2,7): der Ort, an dem die durch Christus Erlösten auf die Auferstehung warten. Gottes Werk in der Vollendung wird als Wiederkehr des Paradieses am Anfang mit dem Lebensbaum gedacht (1. Mose 2,8.9; 3,24).

Parbar (1. Chron 26,18) und **Parwarhaus** (2. Kön 23,11): wohl ein Anbau am Tempel.

Parwajim (2. Chron 3,6): soll wohl der Name eines goldreichen Landes sein.

Passa: siehe Feste und Ostern.

Pathros (Jer 44,1): Oberägypten.

Pergamente: zum Schreiben hergerichtete, gern für heilige Texte benützte Tierhäute, wie Paulus einige (neben den aus Papyrusstreifen hergestellten Büchern) besaß (2. Tim 4,13).

Pharisäer: «Abgesonderte», die stärkste religiöse Partei seit den Makkabäerkriegen, die das Erbe Israels, das Gesetz und die Überlieferungen der Väter in Ehren hielt, der Verheißung Gottes vertraute, darum auch an die Auferstehung der Toten glaubte und vor allem mit leidenschaftlichem Eifer für pünktliche Beobachtung des Gesetzes bis in die Kleinigkeiten des alltäglichen Lebens hinein kämpfte, um die Erfüllung der messianischen Verheißungen vom Menschen her zu sichern. Zunächst eine Laienbewegung, waren sie doch bald eng verbunden mit dem Stand der Schriftgelehrten. Ihre Gefahr war die Gesetzlichkeit, die zu selbstgerechtem Stolz und liebloser Härte führte und Jesus zum unerbittlichen Gegner dieser Frömmigkeit machte. Mit den Pharisäern rangen um die Führung im Volk die Sadduzäer; seit dem Untergang Jerusalems (70 n. Chr.) beherrschten und prägten die Pharisäer das Denken des Judentums.

Posaune: nicht ein Instrument aus Metall, sondern aus dem Horn des Widders oder Ziegenbocks gefertigt, für kriegerische Signale verwendet (Jer 4,19.21), vielfach auch im Kultus gebraucht (Ps 81,4), darum auch mit der Schilderung von Gottes künftigem Handeln verbunden (Jes 18,3; Zeph 1,16; Offb 8,6).

Psalter: 1. ein Saiteninstrument (Ps 33,2); 2. die Sammlung der Psalmen, das Psalmbuch (Luk 20,42; Apg 1,20).

Purim: Name eines jüdischen Festes am 14. und 15. Adar zur Erinnerung an die im Estherbuch erzählte Rettung der persischen Judenschaft.

Rabbi, verstärkt **Rabbuni:** «mein Herr, mein Meister», ehrende Anrede an die Schriftgelehrten, die Kenner und Lehrer des Gesetzes (Theologen und Juristen in einem).

Rabsaris (2. Kön 18,17): ein assyrischer Hofbeamter.

Rabschake (2. Kön 18,17; Jes 36,2): ein hoher assyrischer Hofbeamter, vielleicht der Obermundschenk.

Räuchern, Räucheropfer: die Verbrennung wohlriechender Harze und Pflanzenteile auf glühenden Kohlen im Heiligen des Tempels; Offb 8,3.4 Sinnbild des Gebets.

Rahab: in der Dichtung Name eines Ungeheuers der Urzeit (Hiob 9,13; 26,12; Ps 89,11), dann auf Ägypten übertragen (Jes 30,7).

Rat, Hoher Rat: zur Zeit Jesu die oberste Behörde des Judentums unter dem Vorsitz des Hohenpriesters; die vornehmsten Priester, die führenden Schriftgelehrten und angesehene «Älteste», zusammen 71 Männer, bildeten den Rat. Die Römer haben die weltliche Vollmacht des Rats eingeschränkt, jedoch seine Autorität in religiösen Entscheidungen anerkannt.

Rauchopfersäule: ein säulenartiger Aufsatz auf einem Altarunterbau, der eine schalenartige Vertiefung zum Darbringen eines Weihrauchopfers besitzt (3. Mose 26,30).

Raute (Luk 11,42): eine Gewürzpflanze.

Romphan (Apg 7,43): eine heidnische Sterngottheit (vgl. Amos 5,26).

Rosch (Hes 38,2.3; 39,1): vermutlich ein im nördlichen Kleinasien wohnender Völkerstamm in der Nachbarschaft von Tubal und Meschech (siehe dort), mit denen er stets zusammen genannt ist.

Rüsttag: der Freitag, an dessen Nachmittag man sich zur Sabbatfeier rüstete (Mark 15,42; Luk 23,54); der Tag vor dem Passa (Joh 19,14).

Sabbat: der siebte Tag der Woche, der in Israel in Erinnerung an Gottes Ruhen (1. Mose 2,2) geheiligt sein sollte (2. Mose 20,8-11 und 5. Mose 5,12-15, mit verschiedener Begründung), das Zeichen des Bundes zwischen Gott und Israel (2. Mose 31,13.17; Hes 20,12). Die Sabbatheiligung durch Unterlassung jeder Arbeit (vgl. 2. Mose 16,22; 4. Mose 15,32) vom Beginn des Sabbats am Freitag-Abend an wurde von den Pharisäern mit größtem Eifer überwacht; mit dieser gesetzlichen und lieblosen Sabbatheiligung stieß Jesus vielfach zusammen (Matth 12,1-8; Mark 1,21; Luk 13,10-17; Joh 5,9-16; 9,14).

Sabbatjahr: jedes 7. Jahr, in dem Felder und Weinberge brachliegen und ruhen (3. Mose 25,1-7) und alle Schulden erlassen werden sollten (5. Mose 15,1). Diese weitgehende Forderung wurde offenbar vielfach nicht beachtet (3. Mose 26,34; 2. Chron 36,21), von der nachexilischen Gemeinde jedoch neu übernommen (Neh 10,32).

Sabbatweg (Apg 1,12): die Strecke, die nach der Sabbatsatzung zur Zeit Jesu ein Jude am Sabbat von seinem Wohnort aus gehen durfte: 2000 Ellen, etwa 1 km.

Sack: Zu den Zeichen der Trauer und der Buße gehörte, daß als Trauergewand ein grobgewebtes Tuch mit einem Strick um den Leib gebunden wurde (2. Sam 3,31; Jes 3,24).

Sadduzäer: die Partei im Judentum, die in der Linie alter Überlieferung dem Pharisäismus widersprach, die Satzungen der «Ältesten» nicht anerkannte und den Versuch, das ganze Leben dem Gesetz zu unterwerfen, ablehnte, die in manchem freisinnig dachte, daher die Möglichkeit der Auferstehung und den volkstümlichen Engelglauben bestritt (Matth 22,23; Apg 23,8) und sich der hellenistischen Kultur öffnete. Ihr gehörten die führenden Familien des reich gewordenen hohenpriesterlichen Adels an. Mit dem Untergang des Tempels verschwinden Priestertum und Sadduzäismus.

Salzmeer (1. Mose 14,3): das Tote Meer.

Satan: der Widersacher Gottes, als der Verkläger der Menschen (Hiob 1,6; Sach 3,1; Luk 10,18), der Versucher Jesu (Mark 1,13) und seiner Gemeinde (1. Kor 7,5; 2. Kor 11,14), der Anstifter des Bösen (Luk 22,3; Apg 5,3; Offb 12,9), der Herr eines Reiches (Matth 12,26; Offb 2,13), der Feind des Gottesreiches (Mark 4,15; 2. Kor 12,7) bis hin zum letzten großen Endkampf (Offb 20,7); auf Menschen übertragen, die zum Verführer werden (2. Sam 19,23; Mark 8,33).

Schätzung (Luk 2,1.2): Anlegung einer Liste der Bevölkerung für Zwecke der Besteuerung; vermutlich fällt die Schätzung durch Cyrenius (Quirinius), den römischen Statthalter von Syrien, in das Jahr 7 v. Chr.

Schatten (Kol 2,17; Hebr 8,5; 10,1): im Unterschied von dem Gegenstand selbst ein schattenhafter Hinweis auf ihn.

Schihor (1. Chron 13,5; Jes 23,3): ein Arm des Nils.

Schlauch (Matth 9,17): aus der Haut eines Tieres, gewöhnlich einer Ziege, verfertigt zur Aufbewahrung von Flüssigkeiten.

Schriftgelehrte: Gesetzeskenner und Gesetzeslehrer, gleichzeitig Theologen und Juristen, die das Gesetz auslegten und Gruppen von Jüngern in der Gesetzeskenntnis unterwiesen. Die führenden Schriftgelehrten wurden die Häupter der pharisäischen Partei.

Schuldopfer: siehe Opfer.

Schwingopfer (2. Mose 29,24.27): Teile des Opfers wurden vor dem Altar «geschwungen», d. h. hin- und herbewegt.

Sebat: siehe Monate.

Sela: vielleicht eine Anweisung für die Musiker, die den Psalmengesang begleiteten.

Seraphim (Jes 6,2): Engelwesen, den Cherubim ähnlich; siehe Cherub.

Sinear (1. Mose 11,2): Mesopotamien; Sach 5,11 Name für Babel.

Sinim (Jes 49,12): wahrscheinlich Syene (das heutige Assuan) an der Südgrenze von Ägypten.

Siw (1. Kön 6,1.37): der achte Monat des althebräischen Jahres, Mitte April bis Mitte Mai.

Siwan: siehe Monate.

Skorpion (5. Mose 8,15; Hes 2,6; Luk 10,19; 11,12): ein zu den Spinnen zählendes giftiges Insekt, das mit seinem langen Stachel schmerzhaft stechen kann. 1. Kön 12,11.14; 2. Chron 10,11.14 das Bild für eine mit Stacheln versehene Peitsche.

Solam (3. Mose 11,22): Heuschreckenart.

Spätregen (5. Mose 11,14; Jak 5,7): am Ende der Regenzeit, etwa März/April, wichtig für die Entwicklung der Körner des Wintergetreides.

Spezerei: Gewürze verschiedener Art zur Bereitung von Salben, Räucherwerk und Arzneien.

Stakte (2. Mose 30,34): ein wohlriechendes Harz.

Steinpflaster: siehe Gabbatha.

Stiftshütte (2. Mose 33,7): das heilige Zelt, das «Zelt der Begegnung» zwischen Gott und Mose, das Heiligtum Israels während der Wüstenwanderung (2. Mose 25-27; 33-38).

Stock (Apg 16,24): siehe Block.

Stoiker (Apg 17,18): Anhänger der Stoa, der griechischen Philosophenschule, die zur Überlegenheit des Menschen über die äußeren Bedingungen erziehen wollte.

Sündopfer (3. Mose 4,1-5,13; 6,17-23; 2. Mose 29,14): siehe Opfer.

Süßteig (1. Kor 5,8): ungesäuerter Teig, aus dem die Passabrote gebacken wurden.

Synagoge (Luther: **Schule**): der Betsaal der jüdischen Gemeinde hin und her in den Ortschaften, in dem ein aus Gebet, Schriftlesung und Auslegung bestehender Gottesdienst gehalten und in der Kenntnis des Alten Testaments unterrichtet wurde.

Syrte (Apg 27,17): ein Meerbusen des Mittelländischen Meers an der nordafrikanischen Küste mit gefährlichen Sandbänken.

Tachpanches (Jer 2,16): eine ägyptische Stadt im östlichen Nildelta.

Tammus (Hes 8,14): der im Vorderen Orient verehrte Gott der aufblühenden und welkenden Vegetation, um dessen Sterben auch in Jerusalem Totenklage gehalten wurde; auch Dan 11,37 ist wohl er gemeint.

Tanne (1. Mose 6,14; Hos 14,9): Luther sah in den hohen, immergrünen Bäumen der Bibel Tannen, während es Zypressen sind; vielleicht ist an einigen Stellen auch der Wacholder gemeint. Auch an den beiden Stellen, an denen noch von Tannen die Rede ist, sind Zypressen gemeint.

Tarsisschiffe (1. Kön 10,22; Jes 23,1.14; 60,9; Hes 27,25): große Handelsschiffe, wie sie etwa nach Tartessus, der phönizischen Siedlung in Südspanien (Jona 1,3), fuhren.

Tartan (2. Kön 18,17; Jes 20,1): Titel des Heerführers im assyrischen Heer.

Taumelbecher, Taumelkelch: der Kelch des Gerichts (Jes 51,17.22; Jer 25,15-17), den Gott im Zorn zu trinken gibt und der die Betroffenen wie Trunkene taumeln läßt (Ps 60,5; Sach 12,2).

Tebeth: siehe Monate.

Teman (Amos 1,12): eine Landschaft in Edom mit der Hauptstadt Bozra.

Tempelweihe (Joh 10,22): das Fest, das zur Erinnerung an die Wiedereinweihung des

Tempels durch Judas Makkabäus im Jahr 165 v. Chr. jährlich 8 Tage lang gefeiert wurde (vgl. 1. Makk 4,59; 2. Makk 1,9); siehe Feste.

Testament: letztwillige Verfügung (Gal 3,15; Hebr 9,16.17); oft = von Gott gestifteter Bund (1. Kor 11,25).

Topheth (2. Kön 23,10; Jer 7,31.32; 19,6.11-13): die Stätte des Molochkults im Hinnomtal bei Jerusalem.

Trankopfer: siehe Opfer.

Treber (Luk 15,16): die ausgepreßten Schoten des Johannisbrotbaums, die als Viehfutter verwendet wurden.

Tüpfelchen (Matth 5,18; Luk 16,17): ein Strich, ein Häklein an einem Buchstaben.

Ulai (Dan 8,12): ein Fluß in Persien.

Versöhnungstag: siehe Feste.

Vierfürst (Matth 14,1; Luk 3,1; Apg 13,1): ursprünglich der Fürst eines viergeteilten Landes, dann Fürst über ein kleineres Gebiet.

Walker (Jes 7,3): Er bearbeitete Stoffe in einem laugehaltigen Wasser durch Stampfen und Schlagen, bis die Härchen sich verfilzten.

Wallen: 1. = überwallen (Ps 46,4); 2. = wallfahren, eine Wallfahrt machen (Ps 42,5), davon übertragen: das Leben führen, wandern (2. Kor 5,6-9).

Wasser, lebendiges: 1. Mose 26,19; Jer 2,13; Sir 21,16 Quellwasser; als Bild bleibenden Lebens Sach 14,8; Joh 4,10; 7,38; Offb 7,17; 21,6; 22,1.17.

Weben, leben und weben (1. Mose 1,21; Hes 47,9; Apg 17,28): sich regen und bewegen.

Ysop (2. Mose 12,22; 4. Mose 19,18; Ps 51,9; Joh 19,29): ein Strauch, dessen Büschel bei der kultischen Reinigung zur Besprengung gebraucht wurden.

Zebaoth (2. Sam 5,10; 1. Kön 22,19; Hos 12,6; Amos 3,13; Luk 2,13): Gott heißt der «Gott der Heerscharen» – dabei ist wohl nicht an die Heerscharen Israels (1. Sam 17,45) gedacht, sondern an himmlische Scharen.

Zeloten: im Judentum eine Gruppe von glühenden Anhängern des Gesetzes, die – zum Handeln entschlossen, zum Einsatz des Lebens bereit – den Kampf gegen die römische Besatzungsmacht im Kleinkrieg aufnahmen. Unter den Jüngern Jesu war neben dem ehemaligen Zollbeamten, der mit der Besatzungsmacht zusammengearbeitet hatte, auch ein früheres Glied dieser Untergrundbewegung, Simon Zelotes, Simon der «Eiferer» (Luk 6,15; Apg 1,13).

Zimbeln (2. Sam 6,5; Ps 150,5): flache metallene Becken, die als Schlaginstrumente gebraucht wurden.

Zinne (Jes 54,12): Mauerzinne; die Zinne des Tempels (Matth 4,5) war vielleicht ein Balkon an der mächtig aufragenden Mauer, die den Tempelplatz trug.

Zoan (Ps 78,12; Jes 19,13; 30,4): eine Stadt im östlichen Teil des Nildeltas.

Zuchtmeister (Gal 3,24.25): der Sklave, der im vornehmen griechischen Haus mit der Erziehung der Knaben beauftragt war; von Paulus als Bild für den Dienst benutzt, den das fordernde Gesetz Gottes tun sollte.

Zunge: 1. Mose 11,1; Offb 5,9 Sprache. Jes 28,11; Apg 2,4 mit einer anderen Zunge reden, in neuer Weise verkündigen. Gottes Geist wirkte ein neues Gebet und Zeugnis am Pfingstfest (Apg 2,4), bei Kornelius (Apg 10,46) und bei den Jüngern des Johannes in Ephesus (Apg 19,6). Als eine Gabe des Geistes wurde das Reden in Zungen (1. Kor 14,2) hoch geschätzt, bei dem in der Verzückung (Ekstase) gebetet und gesprochen wurde, ohne daß die Töne verständlich waren; Paulus wehrte der Überbewertung dieses ekstatischen Betens.

Zyperblume (Hoheslied 1,14; 4,13): wohlriechende traubenförmige Blüte, auch zum Färben benutzt (Hennatraube).

ZEITTAFEL

Das Alte Testament ist reich an chronologischen Angaben, doch läßt sich die Zeit der Patriarchen nicht festlegen, und auch noch der Aufenthalt der Israeliten in Ägypten und ihr Auszug lassen sich nur mit Wahrscheinlichkeit in das 14. und 13. Jahrhundert v. Chr. datieren. Erst mit der Königszeit beginnt eine zuverlässigere Überlieferung, die aber einer genaueren Auslegung bedarf. Einige Daten stehen jetzt durch assyrische und babylonische Quellen eindeutig fest, so die erste Eroberung Jerusalems und der Tribut des Jehu. Von daher ist es möglich, die Regierungszeiten der Könige von Israel und Juda ziemlich genau festzulegen. Gewisse Unstimmigkeiten ergeben sich daraus, daß die Königsjahre verschieden gezählt wurden; dazu haben sich wohl auch einige Fehler in die Überlieferung eingeschlichen.

I. ISRAELS FRÜHZEIT, ZEIT DES GEEINTEN REICHES

um 1230 Einbruch israelitischer Stämme unter Josua
etwa 1200-1012 Richterzeit bis auf Samuel; Philisterkämpfe
1012-1004 Saul
1004- 998 David König in Hebron
997- 965 David König in Jerusalem
965- 926 Salomo
962- 955 Tempelbau
926 Teilung des Reiches

II. DAS GETEILTE REICH

Juda	*Israel*	*Umwelt*
926-910 Rehabeam	926-907 Jerobeam I.	922 Palästinischer Feldzug Schischaks von Ägypten
910-908 Abia	907-906 Nadab	
908-868 Asa	906-883 Baësa	
	883-882 Ela	
	882-878 Kampf zwischen Tibni und Omri	
	882-871 Omri	
	876 Gründung Samarias	
868-847 Josaphat	871-852 Ahab Prophet Elia	873-842 Ittobaal von Tyrus 858-824 Salmanasser III. von Assur
	853 Ahab kämpft bei Karkar gemeinsam mit Damaskus gegen Salmanasser III.	
852 Joram Mitregent	852-851 Ahasja	
847-845 Joram	851-845 Joram	
845 Ahasja	845 Revolution des Jehu	
845-840 Athalja	845-818 Jehu	845-801 Hasaël von Damaskus
840-801 Joas	841 Tribut des Jehu an Salmanasser III.	
	818-802 Joahas	
801-787 (773) Amazja um 788 Kampf zwischen Amazja und Joas	802-787 Joas	nach 801 Benhadad von Damaskus

Juda	*Israel*	*Umwelt*
787-736 Asarja (Usia)	787-747 Jerobeam II.	
756-741 Jotham Mitregent und König	Prophet Amos Prophet Hosea	
	747 Sacharja (6 Monate)	
	747 Schallum (1 Monat)	
	747-738 Menahem	745-727 Tiglath-Pileser III. (Phul) von Assur
741-725 Ahas Mitregent und König	738 Tribut an Tiglath-Pileser III.	
736 Tod Usias, Berufung des Propheten Jesaja	737-736 Pekachja	
	735-732 Pekach	734 Züge gegen die Philister, Damaskus und Israel
725-697 Hiskia	732 Revolution des Hosea	
	731-723 Hosea	
	722 Eroberung Samarias, Ende des Reiches Israel	726-722 Salmanasser V. von Assur

III. JUDA BIS ZUR ZERSTÖRUNG JERUSALEMS

Juda	*Umwelt*
725-697 Hiskia	721-705 Sargon von Assur
	711 Entsendung des Tartan gegen die Philister (Jes 20,1)
701 Belagerung Jerusalems durch Sanherib Prophet Micha	704-681 Sanherib von Assur
696-642 Manasse	690-663 Tirhaka von Ägypten
	680-669 Asar-Haddon von Assur erobert 671 Ägypten (Memphis)
641-640 Amon	
639-609 Josia Prophet Zephanja	
628 Beginn der Reform des Josia	
627 Berufung des Propheten Jeremia	
622 Auffindung des Gesetzbuches; Zentralisation des Opferkultes in Jerusalem	612 Eroberung Ninives durch Babylonier und Meder
609 Josia fällt im Kampf gegen Necho bei Megiddo; Joahas König	609-594 Pharao Necho von Ägypten
608-598 Jojakim	
605 Niederschrift der Reden des Propheten Jeremia	605 Sieg des Kronprinzen Nebukadnezar über die Ägypter bei Karkemisch
	604-562 Nebukadnezar von Babylon
604 Jojakim unterwirft sich Nebukadnezar	604 Zug gegen Syrien; Einnahme Askalons (Jer 36,9)
601 Abfall Jojakims	601 unentschiedener Kampf Nebukadnezars gegen Ägypten
etwa 6. 12. 598 bis 16. 3. 597 Jojachin	
16. 3. 597 Einnahme Jerusalems, Gefangennahme Jojachins; 1. Exil	597 Zug Nebukadnezars gegen Jerusalem
597-587 Zedekia	
594 Koalition gegen Babylon (Jer 27)	594-588 Psammetich II. v. Ägypten
593 Berufung des Propheten Hesekiel	
589 Erneuter Abfall von Babylon	
Mitte Jan. 588 Beginn der Belagerung Jerusalems durch Nebukadnezar	
588 Die Ägypter unter Hophra von den Babyloniern zurückgeschlagen	588-569 Hophra von Ägypten

Juda	*Umwelt*
etwa Aug. 587 Jerusalem erobert; 2. Exil	
März 560 Freilassung Jojachins	561-560 Amelmarduk (Evil-Merodach)

IV. Juda in persischer Zeit

Juda	*Persien*
Prophet Deuterojesaja	558 Cyrus König von Persien; seit 553 König von Medien
	29. 10. 539 Einzug in Babel
538 Edikt des Cyrus, erste Rückkehr der Exulanten nach Jerusalem, Beginn des Tempelbaus	24. 3. 538-Aug. 530 König in Babel
	12. 4. 529-522 Kambyses, erobert 525 Ägypten
520 Statthalter Serubabel Hoherpriester Josua (Jeschua) Propheten Haggai und Sacharja	521-486 Darius I.
1. 4. 515 Tempelweihe	
Prophet Maleachi	
	485-465 Xerxes (Ahasveros)
458 Esra (398?)	464-424 Artaxerxes (Arthahsastha)
445-433 Nehemia; Mauerbau	

V. Die Zwischenzeit zwischen Altem und Neuem Testament

332 Alexander der Große in Jerusalem
332-323 Palästina unter mazedonischer Herrschaft
323-312 Palästina unter der Herrschaft verschiedener Nachfolger Alexanders
312-198 Palästina unter ägyptischer Herrschaft (Dynastie der Ptolemäer). Kämpfe zwischen Ägypten und Syrien um den Besitz Palästinas
198 Schlacht bei Paneas. Palästina unter syrischer Herrschaft
167 Verbot des jüdischen Gottesdienstes durch Antiochus IV. Epiphanes. Der Tempel wird dem Zeus Olympios geweiht
166-160 Judas Makkabäus Führer des jüdischen Kampfes gegen die Syrer
164 Reinigung und Wiederweihe des Tempels
140-63 Dynastie der Makkabäer bzw. Hasmonäer
64 Pompejus macht Syrien zur römischen Provinz
63 Pompejus erobert Jerusalem und erstürmt den Tempel. Palästina unter römischer Herrschaft
47 Antipater römischer Prokurator von Judäa
40 Herodes, Sohn des Antipater, in Rom zum König von Judäa ernannt
37 Herodes und die Römer erstürmen Jerusalem
37-4 Herodes der Große

VI. Neutestamentliche Zeit

Die Zeitangaben für das Leben Jesu sind unsicher. Nicht einmal das Geburts- und Todesjahr lassen sich mit Sicherheit festlegen. Daß unsere Zeitrechnung unrichtig angesetzt ist, zeigt sich daran, daß nach Matth 2,1 (vgl. auch Luk 1,5) Jesus unter dem König Herodes dem Großen geboren wurde, der bereits im Jahr 4 v. Chr. gestorben ist. Die in Luk 2,1 erwähnte Schätzung des Augustus unter dem Statthalter Quirinius (= Cyrenius) könnte hier einen Anhaltspunkt bieten, ihre Datierung ist jedoch umstritten. Für das Todesjahr steht auf Grund übereinstimmender Zeugnisse nur fest, daß die Kreuzigung Jesu während eines Passa-Festes unter der Statthalterschaft des Pontius Pilatus (26-36 n. Chr.) erfolgte. Die Angabe von Luk 3,1, wonach Johannes der Täufer im 15. Jahr des Kaisers Tiberius an die Öffentlichkeit trat (28 n. Chr.), läßt nur Vermutungen zu, da sich keine eindeutigen Aussagen über Beginn und Dauer der Wirksamkeit Jesu finden.

Auch bei der zeitlichen Festlegung der in der Apostelgeschichte berichteten Ereignisse muß vieles offen bleiben. Mit einiger Sicherheit lassen sich lediglich der in Apg 12,20-23 berichtete Tod des Herodes Agrippa (44) und die Amtszeit des Statthalters Gallio, vor dem Paulus gegen Ende seines Aufenthaltes in Korinth angeklagt wurde (Apg 18,12-18), bestimmen (Frühjahr 51 bis Frühjahr 52, eventuell auch 52/53). Alle übrigen Zeitangaben können nur von diesen Daten aus durch Zurück- und Vorrechnen gewonnen werden. Da sich hierbei infolge der nicht immer eindeutigen Angaben der Apostelgeschichte verschiedene Möglichkeiten ergeben, sind jeweils neben den gebräuchlichsten die nächstwahrscheinlichen Jahreszahlen in Klammern angeführt. Ereignisse, für deren Berechnung jeder Anhaltspunkt fehlt, sind in die Übersicht nicht aufgenommen worden.

Römische Kaiser	*Palästina*	*Jesus. Urgemeinde*
30 v. - 14 n. Augustus (Luk 2,1)	4 v. Tod Herodes d. Gr. Archelaus wird Herrscher in Judäa, Samaria und Idumäa (Matth 2,22), Herodes Antipas in Galiläa und Peräa (Mark 6,14-29), Philippus im Ostjordanland und Lysanias im Antilibanongebiet (Luk 3,1)	etwa 7 v. Geburt Jesu (Matth 2,1; Luk 2,1-7)
	6 n. Verbannung des Archelaus. Sein Gebiet wird römische Provinz	
14-37 Tiberius (Luk 3,1)	26-36 Pontius Pilatus Statthalter in Judäa und Samaria (Luk 3,1)	28 Auftreten Johannes des Täufers (Luk 3,1)
		um 30 Tod Jesu
	34 Der Vierfürst Philippus stirbt kinderlos. Sein Gebiet wird der römischen Provinz Syrien einverleibt	35 (32) Bekehrung des Paulus (Apg 9,1-9)
37-41 Caligula	37 Herodes Agrippa I. erhält als Günstling Caligulas die ehemaligen Herrschaftsbereiche des Philippus und Lysanias	37/38 (34/35) 1. Aufenthalt des Paulus in Jerusalem (Gal 1,18-19), anschließend Wirksamkeit in Syrien und Cilicien (Gal 1,21; vgl. auch Apg 15,41)
	39 Absetzung des Herodes Antipas. Galiläa und Peräa fallen an Herodes Agrippa I.	
41-54 Klaudius	41 Herodes Agrippa I. erhält auch das bisher von römischen Statthaltern verwaltete Gebiet von Judäa, Idumäa und Samaria	43/44 Verfolgung der Gemeinde in Jerusalem. Tod des Jakobus (Apg 12,1-6)
	44 Tod des Herodes Agrippa I. (Apg 12,20-23). Sein Gebiet wird römische Provinz	etwa 47 1. Missionsreise
49 Vertreibung von Juden aus Rom (Apg 18,2)		48 (50) Zusammenkunft der Apostel in Jerusalem (Apg 15,1-29; Gal 2,1-10)
	50 Herodes Agrippa II., Sohn des Herodes Agrippa I., erhält vom Kaiser	

Römische Kaiser	*Palästina*	*Jesus. Urgemeinde*
	das kleine Königreich Chalkis, dazu das Recht der Aufsicht über den Jerusalemer Tempel, wenig später auch die ehemaligen Territorien des Philippus und Lysanias (Apg 25,13-27; 26,1-3.19-32). Judäa, Idumäa und Samaria bleiben römische Provinz	48/49-51/52 (50-52) 1. Reise des Paulus nach Kleinasien und Griechenland = 2. Missionsreise (Apg 15,36-18,22)
		51 (52) In Korinth Zusammentreffen des Paulus mit dem Statthalter der Provinz Achaja L. Iunius Gallio (Apg 18,12-18)
54-68 Nero	52-60 (53-55) Antonius Felix Statthalter von Judäa, Idumäa und Samaria (Apg 23,24.35; 24,1-27)	51/52-55/56 (52-54) 2. Reise des Paulus nach Kleinasien und Griechenland = 3. Missionsreise (Apg 18,23-21,17)
		57-60 Gefangenschaft des Paulus in Jerusalem und Cäsarea (Apg 21,33-26,33)
	60 (55) Porcius Festus Nachfolger des Antonius Felix (Apg 24,27)	60/61 (55/56) Überführung des Paulus nach Rom (Apg 27,1-28,16)
64 Brand Roms. Christenverfolgungen	66 Beginn des Jüdischen Aufstandes	62 (58) Ende des lukanischen Berichts (Apg 28,30)
	70 Belagerung und Zerstörung Jerusalems	

Die Unterlagen für die Zeittafel wurden von Alfred Jepsen, Greifswald, zur Verfügung gestellt.

ORTSREGISTER ZU DEN LANDKARTEN

AO = Der Alte Orient zur Zeit des Alten Testaments
PA = Palästina zur Zeit des Alten Testaments
PN = Palästina zur Zeit des Neuen Testaments
RP = Die Reisen des Apostels Paulus

Abel-Beth-Maacha PA D2
Abel-Schittim PA D6
Abila PN D3
Abilene PN E1
Achaja RP C2-C3
Achmetha AO G3
Achor, Tal PA C6
Achsib PA B2
Adam(a) PA C5/D5
Adorajim PA B7
Adramyttion RP E2
Adria-Meer RP B1-C3
Adullam PA A2
Adummim, Steige von PA B1
Ägypten AO B4-B5; RP F5-G5
Ägyptens, Bach AO C4
Änon PN C4
Ai PA B1
Ajalon PA A1
Akkad AO F3 (2mal)
Akko PA B3
Akrabata PN C5
Alexandreion PN C5
Alexandrien RP F5
Amalek AO C4
Amana (Geb., Fluß) PA E1
Ammon AO D4
Ammoniter PA D5-E6
Amphipolis RP D2
Anathoth PA B1
Ancyra RP F2
Antilibanos-Gebirge PA E1; PN E1
Antiochien RP F2; G3
Antipatris PN B5; RP G4
Aphek PA B5; D3
Apollonia RP D2
Arabien AO E4-F5; PN E3-E5; RP G5-H4
Arad PA B7
Aram AO D2-D3
Aram-Naharaim AO D2-E3
Ararat AO E1
Archelais PN C6
Arimathia PN B5
Armenien RP H1-H2
Arnon PA D7
Aroër PA B8; D7
Arpachschad AO E2-F2
Arpad AO D2
Aruma PA C5
Arwad AO D3
Aschkenas AO F1-F2
Aschtaroth PA E3
Asdod PA A6
Aseka PA B6
Asia RP E3-F2
Askalon PA A6; PN A6
Asser PA C2-C3
Assos RP E2
Assur AO E3
Assyrien AO E2-F2
Ataroth PA D7
Athen AO A1; RP D3
Attalia RP F3
Auranitis PN E4
Azotos PN A6

Baal-Zephon AO C4
Babel AO F3
Babylonien AO F3-G4
Bach Ägyptens AO C4
Bach Kana PA B5
Bahurim PA B1
Basan AO D3; PA D3-E4
Batanäa PN D2-E3
Beeroth PA A1 (2mal)
Beerseba PA B8
Benjamin PA C6
Beröa RP C2
Besek PA C4
Bethanien PN C6
(Beth-)Baal-Meon PA D6
Bethel PA B1; C6
Beth-Hogla PA C6
Beth-Horon, Niederes (= Unteres) u. Oberes PA A1; B6
Beth-Kerem PA A2

Bethlehem PA A2; C6; PN C6
Beth-Nimra PA D6
Bethsaida PN D3
Beth-Schean PA C4
Beth-Schemesch PA A2; B6
Beth-Sur PN B7
Beth-Zur PA B7
Betonim PA D5
Bithynien RP E2-F1
Bozra AO D4
Byblus AO D3

Cäsarea PN B4; RP G4
Cäsarea Philippi PN D2
Chaldäer AO F4-G4
Chattuscha AO C1/D1
Chios RP D2
Chorazin PN D3
Cilicien RP G2-G3
Cypern AO C3; RP G3

Daberath PA C3
Dalmatien RP B1-C1
Damaskus AO D3; PA E1; PN E1; RP H4
Dan PA D2 (2mal)
Debir PA B7
Decapolis PN D5-E3
Dedan AO D5
Derbe RP F3
Dibon PA D7
Dion PN E3
Dor PA B4
Dothan PA C4
Duma AO E4

Ebal PA C5
Eden AO D2
Edom AO C4
Edreï AO D3; PA E4
Eglon PA B7
Ekbatana AO G3
Ekron PA B6
Elale PA D6
Elam AO G3
Elath AO C4
Elischa AO C3
Ellasar AO F4
Elteke PA B6
Emmaus PN B6/C6
Endor PA C4
En-Gedi PA C7; PN C7
Ephesus AO B2; RP E2/E3
Ephraim PA C5; PN C6
Ephron PA B1

Epirus RP C2
Erech AO F4
Eschtaol PA A1
Eschtemoa PA B7
Etam PA A2
Euphrat AO E3; RP H2
Ezjon-Geber AO C4

Fluß Libnath PA B4
Forum Appii RP A1

Gad PA D6-D7
Gadara PN D4
Galatia RP F2-G1
Galatien RP F1-G2
Galiläa PN C3-C4
Garizim PA C5
Gath PA B6; B7
Gath-Hepher PA C3
Gaulanitis PN D2-D3
Gaza AO C4; PA A7; PN A7
Geba PA B1; C6
Gebal AO D3
Gedor PA A2
Genezareth, See PN D3; RP G4
Gerar PA A7
Gerasa PN D5
Gergesa PN D3
Geschur PA D3
Geser PA B6
Gibbethon PA B6
Gibea PA A1/B1; C6
Gibeon PA A1 (2mal); C6
Gilboa PA C4
Gilead PA D4-D5
Gilgal PA B1; C6
Ginäa PN C4
Gischala PN C2/C3
Gold- u. Weihrauchstraße AO D4-D5
Gomer AO C1-D2
Gophna PN C6
Gosan AO E2
Gosen AO B4-C4
Griechenland RP C3-D3
Großes Meer AO A3-C3; PA A4-A6
Große Syrte RP B5-C5
Gutfurt RP D4

Habor AO E2
Hadid PA B6
Hadrach AO D2
Halys AO C1
Hamath AO D3
Haran AO D2

Haroscheth PA B3
Hazor PA D3
Hebron PA B7; PN B7
Helbon PA E1
Heliopolis RP F5
Helkath PA B3
Hermon PA D1-D2; PN D1-D2
Herodeion PN C6
Hesbon PA D6
Hierapolis RP E2
Hippos PN D3
Horeb AO C5
Hügelland PA B6-B7
Hyrkaneion PN C6

Idumäa PN A7-C7
Ijjon PA D2
Ikonion RP F2
Illyrien RP C1
Isaschar PA C4
Italien RP A1-B2
Ituräa PN D1-D2

Jabbok PA D5
Jabesch PA D4
Jabneel PA B6
Jamnia PN B6
Japho AO C4; PA B5
Jarmuth PA A2
Jaser PA D6
Jattir PA B7
Jawan AO A2-B2; B1-B2
Jericho PA B1; C6; PN C6
Jerusalem AO C4; PA B1; C6; PN C6; RP G4
Jeschana PA B1
Jesreel PA C4
Jetur AO D4
Jibleam PA C4
Jiphtach-El PA B3-C3
Jogbeha PA D5
Jokneam PA B4
Joppe PN B5
Jordan PA C5-C6; PN D5-D6
Juda PA B7-C6
Juda, Wüste PA C7
Judäa PN B6-C6
Julias PN D3
Jutta PA B7

Kabul PA C3
Kadesch AO C4; D3
Kana PN C3
Kana, Bach PA B5
Kanaan AO C4-D3
Kapernaum PN D3
Kaphtor AO A2/A3
Kappadozien RP G2-H2
Karien RP E3-F3
Karkar AO D2/D3
Karkemisch AO D2
Karmel (Gebirge) PA B3; PN B3
Karmel (Ort) PA B7/C7
Kasius AO C4; D2
Kedar AO D4
Kedesch PA C2
Kegila PA A2; B7
Kelach AO F2
Kenchreä RP D3
Kephira PA A1
Kercha AO G3
Kesalon PA A1
Kinnereth (Ort) PA C3
Kinnereth (See) PA D3
Kirjath-Jearim PA A1
Kison PA C4
Kittim AO C3
Klauda RP D4
Knidus RP E3
Knossus AO A2
Kolossä RP E2/E3/F3
Korinth RP D3
Kos RP E3
Kreta AO A2; RP D3/D4
Kutha AO F3
Kyrene RP C4

Lachisch PA B7
Lajisch PA D2
Laodicea RP E2/E3
Lasäa RP D4
Lebona PA C5
Lesbos RP D2/E2
Libanon-Gebirge PA D1; PN D1
Libna PA B6
Libnath, Fluß PA B4
Libyen AO A4; RP D5-E5
Livias PN D6
Lod PA B6
Lud AO B2-C1
Lycien RP E3-F3
Lydda PN B6
Lydien RP E2
Lykaonien RP F2-G2
Lystra RP F2/F3

Mabortha PN C5
Machaerus PN D7
Madai AO G2

Magdala PN C3
Mahanajim PA D5
Malta RP A3
Manasse PA B5-C4
Maon AO D4; PA B7/C7
Marescha PA B7
Mari AO E3
Masada PN C7
Massa AO D5
Mazedonien RP C1-D1
Medeba PA D6; PN D6
Medien AO G2/G3
Megiddo AO C3; PA C4
Me-Jarkon PA B5
Memphis RP F5
Menephtoach PA A1
Merom PA C3
Mescha AO D5-E5
Meschech AO C2; E1-F1
Mesopotamien AO D2-E3
Michmas PA B1; C6
Michmethath PA C5
Midian AO C4-C5
Migdol AO C4
Milet RP E3
Mittelländisches Meer PN A5-B1; RP C4-F4
Mitylene RP E2
Mizpa PA A1; D5
Mizpe PA D6
Mizraim AO B4-B5
Moab AO D4
Moabiter PA D6-D7
Modeïn PA A1; PN B6
Morescheth-Gath PA B6
Myra RP F3
Mysien RP E2

Nabatäer PN A8-D8; E2-E6
Nahalol PA B3
Nain PN C4
Naphthali PA C3-D2; PN C3-D3
Nazareth PN C3
Neapolis RP D1/D2
Nebajoth AO D4
Netopha PA A2
Nikopolis RP C2; D1; G3/H2
Nil AO B4-B5; RP F5
Ninive AO E2/F2
No-Amon AO B5
Nob PA B1
Noph (-Memphis) AO B4

On AO B4
Ono PA B5
Ophra PA B1; C4
Orontes AO D2-D3

Palmyra AO D3; RP H3
Pamphylien RP F3-G3
Paphos RP F3
Paran AO C5
Parpar PA E2
Patara RP E3/F3
Pathros AO B5
Patmos RP D3-E3
Pella PN D4
Peräa PN D5-D6
Pergamon RP E2
Perge RP F3
Persepolis AO H4
Persien AO H4
Pessinus RP F2
Petra RP H5
Phasaëlis PN C5
Philadelphia PN D6; RP E2
Philippi RP D1/D2
Philister PA A7-B6
Phönix RP D3/D4
Phönizien RP G3-G4
Phrygien RP E2-F2
Pirathon PA C5
Pisidien RP F2
Pithom AO C4
Pnuël PA D5
Pontus RP F1-G1
Ptolemais PN B3; RP G4
Punon AO C4/D4
Put AO A4
Puteoli RP A1

Qumran PN C6

Rabbath-Ammon PA D6
Rama PA A1/B1; C3; C6
Ramoth PA E4
Ramses AO C4
Raphana PN E3
Regium RP B2
Rezeph AO D3
Rhodus AO B2; RP E3
Ribla AO D3
Rimmon PA B1
Rom RP A1
Ruben PA D6

Saïs RP F5
Salamis RP G3
Salim PN C4

Salmone RP E3
Salzmeer PA C6-C8
Salzstadt PA C6
Salztal PA C8
Samaria PA C5; PN B4-C4
Samos RP E3
Samothrake RP D2-E2
Sanoach PA A2
Sardes AO B1/B2; RP E2
Sarepta PN C1
Sarid PA C4
Saron PA B4-B5; PN B4-B5
Schilfmeer AO C4-C5 (2mal)
Schur, Wüste AO C4
Schwarzes Meer RP E1-H1
Sebaste PN C5
Sebulon PA C3; PN C3
See Genezareth PN D3; RP G4
See Kinnereth PA D3
See Semachonitis PN D2
Seleucia RP G3
Senir PA E1
Sepphoris PN C3
Sichem PA C5; PN C5
Sicilien RP A2-A3
Sidon AO D3; PA C1; RP G4
Silo PA C5
Simchu-See PA D2
Simeon PA B7-B8
Sinai AO C5
Sinear AO F4
Sinope RP G1
Siph PA B7/C7
Sizilien s. Sicilien
Skythopolis PN C4
Smyrna RP E2
Socho PA A2; B4
Steige von Adummim PA B1
Südland PA A8-B8
Sukkoth AO C4; PA D5
Sumer AO F4
Sunem PA C4
Susa AO G4
Sychar PN C5
Syrakus RP A3
Syrien RP H3-H4
Syro-Phönizien PN B3-C1

Taanach PA C4
Tabor PA C3/C4; PN C3
Tadmor AO D3
Tal Achor PA C6
Tappuach PA C5
Tarsus RP G3
Tavium RP G2
Tebez PA C4/C5
(Tell el-Amarna) AO B5
(Tell Halaf) AO E2
Tema AO D5
Thamar AO C4
Thamna PN B5
Theben AO B5
Thekoa PA A2; C6
Thessalonich RP D2
Thracien RP D1-E1
Thyatira RP E2
Tiberias PN C3/D3
Tigris AO F3
Timna PA B6
Timnath-Heres (-Serach) PA B5
Tiphsach AO D2/D3
Tiras AO B1
Tirza PA C5
Togarma AO E1/E2
Totes Meer PN C6-C8; RP G4-G5
Trachonitis PN E2
Tres Tabernä RP A1
Troas RP D2/E2
Tubal AO C2-D2; D1-E1
Tyrrhenisches Meer RP A2
Tyrus AO C3/D3; PA C2; PN C2; RP G4

Ugarit AO D3
Ur AO F4
Urartu AO D1-E1
Urmia-See AO F2

Van-See AO E2

Weidenbach PA C8-D8
West-Meer AO A3-C3; PA A4-A6
Wüste Juda PA C7
Wüste Schur AO C4
Wüste Zin AO C4

Zab, Oberer gr. AO F2
Zab, Unterer kl. AO F3
Zarpath PA C1
Ziklag PA B7
Zin, Wüste AO C4
Zoan AO C4
Zoar PA C8
Zoara PN C8
Zora PA A1

LANDKARTEN

Bearbeitung Karl Elliger Tübingen
Gestaltung Württembergische Bibelanstalt Stuttgart
und Kartographisches Institut Helmut Fuchs Leonberg

DIE REISEN DES APOSTELS PAULUS
Maßstab 1 : 13 200 000
0 100 200
Kilometer
Erste Reise
Zweite Reise
Dritte Reise
Reise nach Rom
unter 0
0 bis 200
200 bis 500
500 bis 1000
1000 bis 2000
2000 bis 3000
über 3000
Die Zahlen geben die Höhen
Schwarzes Meer
Adria-Meer
Tyrrhenisches Meer
Mittelländisches Meer
Grosse Syrte
Italien
Rom
Tres Tabernä
Forum Appii
Puteoli
Regium
Sicilien
Syrakus
Malta
Dalmatien
Illyrien
Thracien
Mazedonien
Nikopolis
Philippi
Neapolis
Thessalonich
Amphipolis
Apollonia
Beröa
Samothrake
Epirus
Achaja
Griechenland
Korinth
Kenchreä
Athen
Troas
Adramyttion
Assos
Lesbos
Mitylene
Chios
Smyrna
Samos
Ephesus
Patmos
Milet
Kos
Knidus
Rhodus
Mysien
Pergamon
Thyatira
Sardes
Lydien
Philadelphia
Hierapolis
Laodicea
Kolossä
Karien
Phrygien
Asia
Bithynien
Pontus
Sinope
Galatien
Galatia
Ancyra
Tavium
Pessinus
Kappadozien
Armenien
Euphrat
Antiochien
Pisidien
Ikonion
Lykaonien
Lystra
Derbe
Pamphylien
Attalia
Perge
Lycien
Patara
Myra
Cilicien
Tarsus
Nikopolis
Seleucia
Antiochien
Syrien
Palmyra
Cypern
Salamis
Paphos
Kreta
Phönix
Salmone?
Lasäa?
Gutfurt?
Klauda
Phönizien
Damaskus
Sidon
Tyrus
Ptolemais
See Genezareth
Cäsarea
Antipatris
Jerusalem
Totes Meer
Arabien
Petra
Kyrene
Libyen
Alexandrien
Ägypten
Saïs
Heliopolis
Memphis
Nil